Flore/Tsambikakis
Steuerstrafrecht
Kommentar

Flore/Tsambikakis

Steuerstrafrecht

Kommentar

Herausgegeben von

Dr. Ingo Flore
Rechtsanwalt & Steuerberater, Dortmund

Dr. Michael Tsambikakis
Rechtsanwalt, Köln

Carl Heymanns Verlag 2013

Zitiervorschlag: Flore/Tsambikakis/*Autor*, Steuerstrafrecht, § ... Rn. ...

Bibliografische Information der Deutschen Nationalbibliothek

Die Deutsche Nationalbibliothek verzeichnet diese Publikation in der Deutschen Nationalbibliografie; detaillierte bibliografische Daten sind im Internet über http://dnb.d-nb.de abrufbar.

ISBN 978-3-452-27533-2

www.wolterskluwer.de
www.heymanns.com

Umschlagkonzeption: Martina Busch, Grafikdesign, Homburg Kirrberg
Satz: TypoScript GmbH, München
Druck und Weiterverarbeitung: L.E.G.O. S.p.A. – Lavis, Italy

Gedruckt auf säurefreiem und alterungsbeständigem Papier

Vorwort

Die Einführung zum materiellen Steuerstrafrecht beginnt *Salditt* mit mehr als einer bloßen Wetterstandsmeldung: KLIMAWANDEL! Das Steuerrecht ist Not leidend geworden. Es fehlt ihm nicht nur die Akzeptanz breiter Schichten der bürgerlichen Gesellschaft, die dem Staat als Sachwalter des Steuersubstrats nicht trauen und Gelder lieber auf Auslandskonten deponieren. Niemand wagt zu hoffen, irgendeine Regierung könnte es schaffen, mit breiter Mehrheit das Steuerrecht so zu reformieren, dass dieses von den Steuerpflichtigen als gerecht, verständlich und gemeinwohlförderlich erkannt wird. Kollabierende Finanzsysteme, Haushaltsnotstände öffentlicher Kassen und Umbrüche in den Weltwirtschaftssytemen lassen dem kleinmütigen Beharren des Gesetzgebers auf dem Vorhandenen den Vortritt.

Die Abkehr des Staates von dem einmütig ersehnten Projekt einer umfassenden Steuerreform, hat sichtbare Folgen: Unternehmen beschäftigen Heerscharen von Steuerberatern und Steueranwälten, um zuweilen bei einem einzelnen Deal Milliarden von Steuern zu sparen. Der vermeintlich düpierte Steuerstaat wechselt dagegen die Waffen der Verteidigung. Der Fiskus hat angesichts leerer Kassen die eher passive, von Teilen der höchstrichterlichen Justiz offensichtlich als nachlässig empfundene Behandlung von Steuerhinterziehern aufgegeben und sich in die Niederungen alttestamentarischer „Zahn-um-Zahn"-Gepflogenheiten begeben: Es wird kalkuliert, welcher Nutzen in Gestalt von erhofften Steuerzuflüssen aus feilgebotenen Datenträgern gezogen werden kann, dann werden Steuergelder zum Datenankauf eingesetzt und medial spektakulär begleitete Ermittlungen angestoßen. Das Ziel von Strafrahmenkaskaden und öffentlichkeitswirksamer Sanktionierung ist klar: Wer Steuern hinterzieht, stellt sich außerhalb des Gemeinwesens. Bankgeheimnisse als ausgemachte Trutzburgen für Steuerfluchtgeld werden durch bi- und multilaterale Abkommen geschliffen, neue Steuern werden kreiert, unter dem verbalen Deckmäntelchen der „Verbreitung der Bemessungsgrundlage" werden Steuern in der Summe erhöht. Dieses Jahrzehnt hat den Wutbürger als politisches Gewicht hervorgebracht. Den Steuerwutbürger gibt es noch (!) nicht.

Die Neukommentierung des Steuerstrafrechts versteht sich als Rettungsschirm. Sie wendet sich an die Kollegen und Kolleginnen auf den Fluren der Gerichte, Finanz- und Zollbehörden, Universitäten, Anwalts-, Steuerberater- und Wirtschaftsprüferbüros in der täglichen Arbeit und dem Umgang mit dem Massenphänomen der Steuerhinterziehung. Dieser Kommentar richtet sich an die Praxis! Der an Publikationen im Steuerrecht und im Strafrecht übersättigte Markt bietet keine Auswahl bei dem Hauptwerkzeug des Praktikers im Alltag – dem einbändigen Kommentar. Es gibt bislang keine zwei einbändigen Kommentare zum Steuerstrafrecht auf dem Markt! Die aktuelle Rechtslage findet sich in diesem Format derzeit überhaupt nicht kommentiert. Das gilt z.B. für das am 17.3.2011 beschlossene Gesetz zur Verbesserung der Bekämpfung von Geldwäsche und Steuerhinterziehung (Schwarzgeldbekämpfungsgesetz) und die hier ausführlich kommentierte Verschärfung der strafbefreienden Selbstanzeige gem. § 371 AO. Das gilt aber auch für die signifikant verschärfte Rechtsprechung des BGH, die der Zuständigkeitswechsel für das Steuerstrafrecht vom 5. Strafsenat zum 1. Strafsenat bewirkt hat.

Wenn die Entscheidung des Bundesverfassungsgerichts zu den Durchsuchungsbeschlüssen „Rasterfahndung" bei der Dresdner Bank Anfang der 90er Jahre (BVerfG vom 23.3.1994, 2 BvR 396/94, NJW 1994, 2079) vielleicht so etwas wie die Geburtsstunde des Steuerstrafrechts markiert, so stellte die Entscheidung des BGH vom 20.5.2010 (1 StR 577/09 wistra 2010, 304) die Landmarke dar, vom 1. Strafsenat ausgemachte Straftatbestandsdefekte und damit Strafbarkeitsdefizite der Judikative zu überantworten. Mangelnde Normenklarheit wird durch Hinweise in breiten obiter dicta überwunden. Die Mutation vom sprichwörtlichen Hinweis „Das Gesetz ist der Baum der Rechtsfrüchte" zum Richterrecht „Case-Law" ist spürbar. Arbeitsrechtler wissen zu berichten, was dieser Zustand in der Phase des pathologischen Dämmerns bedeutet. In dieser Situation bedarf es eines profunden Kompasses: Für die Rechtsanwendung, für die Rechtsverteidigung, für die Rechtsverfolgung. Dieser Aufgabe stellen sich die Kommentatoren dieses Werks, die den Patienten, das Steuerstrafrecht, aus den verschiedensten Blickwinkeln der beruflichen Befassung behandeln.

Das Steuerstrafrecht wird traditionell anhand der §§ 369 ff. AO kommentiert. Dieses strenge Korsett kann unübersichtlich werden, wenn man – wie wir – den Anspruch hat, möglichst das gesamte Steuerstrafrecht abzubilden. Wir haben deshalb zusätzlich andere uns unentbehrliche erscheinende Paragraphen der Abgabenordnung, des Strafgesetzbuchs, der Strafprozessordnung usw. aufgenommen und steuerstrafrechtlich kommentiert. Einzelne Komplexe, auf die wir nicht verzichten wollten, die sich aber der Zuordnung zu einem einzelnen Paragraphen völlig entziehen, haben wir unter übergreifenden Stichworten abgehandelt (z.B. Vermögenssicherung oder Beweisverwertungsverbote).

Eine wertvolle Besonderheit bietet das Werk für Auslandsachverhalte mit Bezügen zur Schweiz, Österreich, Luxemburg und Liechtenstein. Zu allen vier Ländern finden sich die praxisrelevanten Informationen zur Rechts- und Amtshilfe in den übergreifenden „Stichwortkapiteln". Dies ist ein Abschnitt der in Zukunft auf Wunsch der Leser auf andere Länder ausgeweitet werden könnte.

Damit die nächste Auflage den Nutzen für den Leser weiter erhöht, sind wir für alle Hinweise und jede Kritik dankbar (steuerstrafrecht@fgvw.de).

Dortmund, Köln im Juli 2012

Ingo Flore & Michael Tsambikakis

Die Bearbeiter

Dr. Markus Adick
Rechtsanwalt, Bonn

Dr. Jan Böing
Rechtsanwalt, Luxemburg-Stadt, Luxemburg

Pierre Brandenstein
Direktor des Amtsgerichts, Dipl.-Finanzw., Korbach

Ulrike Burmann
Rechtsanwältin & Steuerberaterin, Bremen

Markus Ebner, LL.M.
Staatsanwalt, Nürnberg-Fürth/Karlsruhe

Dr. Ingo Flore
Rechtsanwalt & Steuerberater, Dortmund

Dr. Heinz Frommelt
Rechtsanwalt, Vaduz, Liechtenstein

Prof. Dr. Karsten Gaede
Juniorprofessor, Bucerius Law School, Hamburg

Dr. Philipp Gehrmann
Rechtsanwalt, Berlin

Prof. Dr. Frank Hardtke
Rechtsanwalt, Greifswald

Dr. Uwe Hartmann
Rechtsanwalt & Steuerberater, Frankfurt am Main

Dr. Frank Heerspink
Rechtsanwalt, Köln

Daniel Holenstein
Rechtsanwalt, eidg. dipl. Steuerexperte, Zürich, Schweiz

Jesco Idler
Diplom-Kaufmann, Wirtschaftsprüfer, Steuerberater, Bonn

Antje Klötzer-Assion
Rechtsanwältin, Dipl.-Finanzw. (FH), Bonn

Ines Larisch
Rechtsanwältin, Dortmund

Dr. Sonja Christine Nikolaus
Staatsanwältin, Hamburg

Dr. Alexander Putzer
Dr. iur, Walser Privatbank AG, Riezlern, Österreich

Prof. Dr. Holm Putzke, LL.M.
Universität Passau

Dr. Dietrich Quedenfeld
Rechtsanwalt, Stuttgart

Dr. Markus Rübenstahl, Mag. iur
Rechtsanwalt, Frankfurt am Main

Prof. Dr. Franz Salditt
Rechtsanwalt und Justizrat, Neuwied

Lutz Schade
Rechtsanwalt, Köln

Dr. Alexandra Schmitz
Rechtsanwältin, Stuttgart

Kathie Schröder
Rechtsanwältin, Mainz

Dr. Friedrich Schultehinrichs
Rechtsanwalt, Frankfurt am Main

Prof. Dr. Frank Peter Schuster
Julius-Maximilians-Universität Würzburg

Dr. Tobias Schwartz
Rechtsanwalt, Bonn

Dr. Alexander Sommer
Rechtsanwalt, Sindelfingen/Stuttgart

Prof. Dr. Alain Steichen
Rechtsanwalt, Howald, Luxembourg

Ulrike E. Traut
Rechtsanwältin, Hamburg

Dr. Michael Tsambikakis
Rechtsanwalt, Köln

Andreas Wattenberg
Rechtsanwalt, Berlin

Dr. Karsten Webel, LL.M.
Oberregierungsrat, Hamburg

Prof. Dr. Carsten Wegner
Rechtsanwalt, Berlin

Thomas Wenzler
Rechtsanwalt, Köln

Prof. Dr. Jürgen Wessing
Rechtsanwalt, Düsseldorf

Frank Wietschorke
Rechtsanwalt & Steuerberater, Frankfurt am Main

Gernot Zimmermann
Rechtsanwalt, Mainz

Inhaltsverzeichnis

Inhaltsverzeichnis

Literaturverzeichnis

Ahlbrecht,	Internationales Strafrecht in der Praxis, 2008
Amelung/Beulke/Lilie,	Strafrecht – Biorecht – Rechtsphilosophie: Festschrift für Hans-Ludwig Schreiber zum 70. Geburtstag, 2005
Appel,	Verfassung und Strafe, 1998
Backes,	Zur Problematik der Abgrenzung von Tatbestands- und Verbotsirrtum im Steuerstrafrecht, 1981
Bartone/von Wedelstädt,	Korrektur von Steuerverwaltungsakten, 2006
Beermann/Gosch,	Abgabenordnung Finanzgerichtsordnung mit Nebengesetzen / EuGH-Verfahrensrecht. Kommentar, Loseblatt
Bender/Möller/Retemeyer,	Zoll- und Verbrauchsteuerstrafrecht, Loseblatt
Bernsmann/Gatzweiler,	Verteidigung bei Korruptionsfällen, 2008
Bieneck,	Handbuch des Außenwirtschaftsrechts mit Kriegswaffenkontrollrecht, Verbote und Beschränkungen – Systematischer Überblick und geschützte Rechtsgüter, 2005
Birk,	Handbuch des Europäischen Steuer- und Abgabenrechts, 2000
Birle,	Beck'sches Steuer- und Bilanzrechtslexikon, 2012
Binnewies/Spatscheck,	Festschrift für Michael Streck zum 70. Geburtstag, 2011
Blumer/Göggerle,	Handbuch des Verteidigers und Beraters im Steuerstrafverfahren, 1989
Blümich,	EStG, KStG, GewStG, Einkommensteuergesetz, Körperschaftsteuergesetz, Gewerbesteuergesetz, Kommentar, 113. Aufl. 2012
Bockemühl,	Handbuch des Fachanwalts Strafrecht, 5. Aufl. 2012
Bohnert,	OWiG, Kommentar zum Ordnungswidrigkeitengesetz, 3. Aufl. 2010
Borstell/Engler/Kotschenreuther/ Vögele,	Handbuch der Verrechnungspreise, 2. Aufl. 2008
Böckmann,	Das Zusammentreffen von Jugendstrafrecht und Steuerstrafrecht, 1964
Böttger,	Wirtschaftsstrafrecht in der Praxis, 2011
Brüssow/Gatzweiler/Krekeler/ Mehle,	Strafverteidigung in der Praxis, Grundlagen des Strafverfahrens; Besondere Verfahrensarten, 4. Aufl. 2007
Bunjes/Geist,	Umsatzsteuergesetz: UStG, Kommentar, 9. Aufl. 2009
Busse-Muskala,	Strafrechtliche Verantwortlichkeit der Informationsvermittler im Netz, 2006
Carl/Klos,	Leitfaden zur internationalen Amts- und Rechtshilfe in Steuersachen, 1995
Dannecker,	Das intertemporale Strafrecht, 1993
Dannecker,	Festschrift für Harro Otto, 2007
Dannecker/Knierim/Hagemeier,	Insolvenzstrafrecht, 2. Aufl. 2009
Danzer,	Bekämpfung von Umsatzsteuerkarussellgeschäften, 2008
Dathe,	Umsatzsteuerhinterziehung, 2. Aufl. 2009
Debatin/Wassermeyer,	Doppelbesteuerung: DBA, Loseblatt-Kommentar zu allen deutschen Doppelbesteuerungsabkommen, 116. Aufl. 2012
Demko,	Zur »Relativität der Rechtsbegriffe« in strafrechtlichen Tatbeständen. 2002
Dolzer,	Bonner Kommentar zum Grundgesetz, Loseblatt
Dölling/Duttge/Rössner,	Gesamtes Strafrecht StGB – StPO – Nebengesetze, Handkommentar, 2. Aufl. 2011
Dölling/Hartmann,	Täter-Opfer-Ausgleich im Erwachsenenstrafrecht, 2000

Dreier/Wittreck,	Grundgesetz: GG, Textausgabe mit sämtlichen Änderungen und weitere Texte zum deutschen und europäischen Verfassungsrecht, 6. Aufl. 2011
Duttge/Geilen/Meyer-Goßner,	Gedächtnisschrift für Ellen Schlüchter, 2002
Eidam,	Die strafprozessuale Selbstbelastungsfreiheit am Beginn des 21. Jahrhunderts, 2006
Eidam,	Unternehmen und Strafe Vorsorge- und Krisenmanagement, 3. Aufl. 2008
Eisele,	Die Regelbeispielstechnik, 2004
Eisenberg,	Beweisrecht der StPO, 7. Aufl. 2011
Epping/Hillgruber,	Beck'scher Online Kommentar Grundgesetz
Erbs/Kohlhaas,	Strafrechtliche Nebengesetze mit Straf- und Bußgeldvorschriften des Wirtschafts- und Verwaltungsrechts, Loseblatt
Eser,	Festschrift für Theodor Lenckner zum 70. Geburtstag, 1998
Fehn,	Rauschgiftschmuggelbekämpfung durch den Zollfahndungsdienst der BRD und europäischer Binnenmarkt: unter besonderer Berücksichtigung der verwaltungsmäßigen Stellung und der Aufgaben des Kriminalinstituts, 1991
Fischer,	Strafgesetzbuch: StGB und Nebengesetze, Kommentar, 59. Aufl. 2012
Flämig,	Steuerrecht als Dauerrecht, 1985
Franzen/Gast/Joecks,	Steuerstrafrecht mit Zoll- und Verbrauchsteuerstrafrecht, Kommentar §§ 369-412 AO, § 32 ZollVG, 7. Aufl. 2009
Frisch/Schmid,	Festschrift fur Hans-Jurgen Bruns zum 70. Geburtstag, 1978
Gey,	Internationale Amtshilfe im liechtensteinischen Finanzmarkt- und Steuerrecht, 2009
Gohlsong,	Internationaler Kommentar zur Europäischen Menschenrechtskonvention, Loseblatt
Golombek,	Der Schutz ausländischer Rechtsgüter im System des deutschen Strafanwendungsrechts, 2010
Gosch/Kroppen/Grotherr,	DBA-Kommentar, 22. Aufl. 2009
Göhler,	Gesetz über Ordnungswidrigkeiten: OWiG, Kommentar, 16. Aufl. 2012
Götzenberger,	Der gläserne Steuerbürger, 2. Aufl. 2008
Grabitz/Hilf/Nettesheim,	Das Recht der Europäischen Union,Kommentar, 46. Aufl. 2011
Graf,	Strafprozessordnung: StPO, Mit Gerichtsverfassungsgesetz und Nebengesetzen, Kommentar, 2010
Graf,	Strafprozessordnung, Beck'scher Online Kommentar
Graf/Jäger/Wittig,	Wirtschafts- und Steuerstrafrecht, Kommentar, 2011
Graul/Wolf,	Gedächtnisschrift für Dieter Meurer, 2002
Grieser,	Strafrechtliche Analyse der Umsatzsteuerhinterziehung und ihre Bekämpfung, 2005
Gropp,	Strafrecht Allgemeiner Teil, erweitert, überarbeitet 2005
Große-Vorholt,	Wirtschaftsstrafrecht, Risiken, Verteidigung, Prävention, 3. Aufl. 2011
Grünewald,	Festschrift für Friedrich Schaffstein zum 70. Geburtstag, 1975
Grützner/Pötz/Kreß,	Internationaler Rechtshilfeverkehr in Strafsachen, 3. Aufl. 2007
Hackner/Lagodny/Schomburg/ Wolf,	Internationale Rechtshilfe in Strafsachen, 2003
Halaczinsky,	Die Haftung im Steuerrecht, 2004
Hanack/Hilger/Mehle/ Widmaier,	Festschrift für Peter Rieß zum 70. Geburtstag, 2002
Hanack,	Festschrift für Hanns Dünnebier zum 75. Geburtstag, 1982

Hannich,	Karlsruher Kommentar zur Strafprozessordnung: StPO mit GVG, EGGVG und EMRK, 6. Aufl. 2008
Hartmann/Metzenmacher,	Umsatzsteuergesetz, Kommentar mit Umsatzsteuer-Durchführungsverordnung, Umsatzsteuer-Richtlinien, Verwaltungsanweisungen, Nebengesetzen, Verordnungen sowie den einschlägigen internationalen Verträgen und Abkommen, 7. Aufl. 2011
Hartung,	Steuerstrafrecht, 3. Aufl. 1962
Heinrich/Jäger/Schünemann,	Festschrift für Claus Roxin zum 80. Geburtstag: Strafrecht als Scientia Universalis, 2011
Heintschel-Heinegg,	Beck'scher Online Kommentar StGB
Hendricks,	Internationale Informationshilfe im Steuerverfahren , 2004
Henke,	Verbote und Beschränkungen bei der Ein- und Ausfuhr: Lehrbuch und Fallsammlung. Abfall, Artenschutz, Arzneimittel, Betäubungsmittel, Grundstoffe, Gewerblicher Rechtschutz, Waffen, 2000
Herberger,	juris PraxisKommentar BGB, 2011
Herrmann/Heuer/Raupach,	Einkommensteuer- und Körperschaftsteuergesetz. Kommentar, 2011
Heß/Martin,	Investitionszulagengesetz: InvZulG, Kommentar, 2009
Hiebl/Kassebohm/Lilie,	Festschrift für Volkmar Mehle zum 65. Geburtstag, 2009
Hilgendorf,	Tatsachenaussagen und Werturteile im Strafrecht entwickelt am Beispiel des Betruges und der Beleidigung, 1998
Laufhütte/Rissing-van Saan/Tiedemann,	Strafgesetzbuch. Leipziger Kommentar, 12. Aufl. 2008 ff.
Hirsch/Wolter/Brauns,	Festschrift für Günter Kohlmann zum 70. Geburtstag, 2003
Hosp/Langer,	Rechtsquellen zum Steuerstandort Liechtenstein, Das neue Steuerrecht mit Doppelbesteuerungs- und Informationsabkommen, 2011
Hoyer,	Festschrift für Friedrich-Christian Schroeder zum 70. Geburtstag, 2006
Hübschmann/Hepp/Spitaler,	Abgabenordnung – Finanzgerichtsordnung, Loseblatt-Kommentar, Loseblatt
Ignor/Rixen,	Handbuch Arbeitsstrafrecht, Personalverantwortung als Strafbarkeitsrisiko, 2. Aufl. 2008
Jarass/Pieroth,	Grundgesetz für die Bundesrepublik Deutschland: GG, Kommentar, 11. Aufl. 2011
Jasper/Sönksen/Rosarius,	Investitionsförderung Handbuch, Steuererleichterungen, Zulagen, Zuschüsse, Finanzierungs- und Förderprogramme Deutschland und EU, Loseblatt
Jescheck/Weigend,	Lehrbuch des Strafrechts Allgemeiner Teil, 5. Aufl. 1996
Joecks,	Recht – Wirtschaft – Strafe: Festschrift für Erich Samson: Festschrift für Erich Samson zum 70. Geburtstag, 2010
Joecks/Miebach,	Münchener Kommentar zum Strafgesetzbuch: StGB, 2. Aufl. 2012 ff.
Kindhäuser/Neumann/Paeffgen,	Strafgesetzbuch, 3. Aufl. 2010
Kirchhof,	EStG Einkommensteuergesetz, 11. Aufl. 2012
Klein,	Abgabenordnung: AO einschließlich Steuerstrafrecht, Kommentar, 11. Aufl. 2012
Klein,	Unternehmen Steuern: Festschrift für Hans Flick zum 70. Geburtstag, 1997
Kley/Sünner/Willemsen,	Festschrift für Wolfgang Ritter, 1997
Kohlmann,	Steuerstrafrecht, Ordnungswidrigkeitenrecht und Verfahrensrecht Kommentar zu den §§ 369 – 412 AO 1977, Loseblatt
Koch/Scholtz,	Abgabenordnung, Kommentar, 5. Aufl. 1996

Kohte/Ahrens/Grote/Busch,	Verfahrenskostenstundung, Restschuldbefreiung und Verbraucherinsolvenzverfahren, Kommentar, 5. Aufl. 2011
Köhler,	Strafrecht Allgemeiner Teil , 1997
Körner/Patzak/Volkmer,	Betäubungsmittelgesetz: BtMG, Arzneimittelgesetz – Grundstoffüberwachungsgesetz, Kommentar, 7. Aufl. 2012
Krahl,	Die Rechtsprechung des Bundesverfassungsgerichts und des Bundesgerichtshofs zum Bestimmtheitsgrundsatz im Strafrecht, 1986
Kretschmer,	Rechts- als Geisteswissenschaft: Festschrift für Wolfgang Schild zum 60. Geburtstag, 2007
Krey,	Studien zum Gesetzesvorbehalt im Strafrecht, 1977
Krisch,	Die Steuerhehlerei § 374 AO – eine Normanalyse unter Beruecksichtigung des Vergleichstatbestandes § 259 StGB, 1993
Krekeler/Löffelmann/Sommer,	AnwaltKommentar StPO, Kommentar, 2010
Kudlich/Christensen,	Die Methodik des BGH in Strafsachen. Eine medienwissenschaftliche Inhaltsanalyse von Entscheidungsgründen in Strafsachen, 2008
Kuhlen,	Die verfassungskonforme Auslegung von Strafgesetzen, 2006
Kühl,	Strafrecht. Allgemeiner Teil, 6. Aufl. 2008
Kühn/von Wedelstädt,	Abgabenordnung und Finanzgerichtsordnung, Kommentar 19. Aufl. 2008
Kühn/Kutter/Hofmann,	Abgabenordnung Finanzgerichtsordnung, Nebengesetze, 1990
Kühne,	Festschrift für Koichi Miyazawa, Dem Wegbereiter des japanisch-deutschen Strafrechtsdiskurses, 1995
Laaths,	Das Zeitgesetz gem. § 2 IV StGB unter Berücksichtigung des Blankettgesetzes, 1991
Lackner,	Festschrift für Wilhelm Gallas zum 70. Geburtstag, 1973
Lackner/Kühl,	Strafgesetzbuch: StGB, Kommentar, 27. Aufl. 2011
Lademann,	Kommentar zum Einkommensteuergesetz – EStG, 2008
Larenz/Canaris,	Methodenlehre der Rechtswissenschaft, 3. Aufl. 1995
Leipold/Tsambikakis/Zöller,	AnwaltKommentar StGB, Kommentar, 2010
Lippross,	Basiskommentar Steuerrecht, Loseblatt
Löwe/Rosenberg/Erb,	Strafprozessordnung und GVG, 26. Aufl. 2006 ff.
Ludolph,	Investitionszulagengesetz 2010: Systematik.Erläuterungen des Antrags.Aktuelle Rechtsprechung.Beispiele: Systematische Kommentierung, 2010
Maatz,	Strafverfahrensrecht in Theorie und Praxis. Festschrift für Lutz Meyer-Goßner zum 65. Geburtstag, 2001
Matt/Renzikowski,	Strafgesetzbuch: StGB, Kommentar, 2012
Marxer,	Liechtensteinisches Wirtschaftsrecht, 2009
Maunz/Dürig,	Grundgesetz, Loseblatt-Kommentar, 63. Aufl. 2011
Meyer-Goßner,	Strafprozessordnung: StPO, Gerichtsverfassungsgesetz, Nebengesetze und ergänzende Bestimmungen, Kommentar, 55. Aufl. 2012
Michalke/Köberer,	Festschrift für Rainer Hamm zum 65. Geburtstag, 2008
Mirre/Baumann,	Das Rennwett- und Lotteriegesetz vom 8. April 1922 (RGBl. S. 393) nebst den Ausführungsbestimmungen vom 16. Juni 1922 sowie mit sämtlichen Nachträgen und der einschlägigen Landesgesetzgebung, 2. Aufl. 1934
Moll,	Europäisches Strafrecht durch nationale Blankettstrafgesetzgebung?, 1998
Müller-Dietz/Müller/Kunz,	Festschrift für Heike Jung, 2008
Müller-Gugenberger/Bieneck,	Wirtschaftsstrafrecht, Handbuch des Wirtschaftsstraf- und –ordnungswidrigkeitenrechts, 5. Aufl. 2011

Nacke,	Die Haftung für Steuerschulden, Beratung – Gestaltung – Verfahren, 2007
Nagel,	Beweisaufnahme im Ausland, 1988
Naucke,	Über Generalklauseln und Rechtsanwendung im Strafrecht, 1973
Niemöller/Schlothauer/Weider,	Gesetz zur Verständigung im Strafverfahren, Kommentar, 2010
Pahlke/Koenig,	Abgabenordnung: AO, §§ 1 bis 368, Kommentar, 2. Aufl. 2009
Park,	Handbuch Durchsuchung und Beschlagnahme, 2002
Pritz/Jung/Koriath/Müller,	Festschrift für Dr. Heinz Müller-Dietz, 2001
Pump/Leibner,	AO Kommentar zu §§ 130 – 134, 219, 2008
Putzke/Scheinfeld,	Strafprozessrecht, 4. Aufl. 2012
Quedenfeld/Füllsack,	Verteidigung in Steuerstrafsachen, 4. Aufl. 2012
Radtke/Hohmann,	Strafprozessordnung: StPO, Kommentar, 2011
Randt,	Der Steuerfahndungsfall, Beratung und Verteidigung in Steuerstrafsachen. Beratungsstrategie, Selbstanzeige, Steuerfahndung, Steuerstraftaten, Steuerstrafverfahren, Kommentar, 2004
Ransiek,	Gesetz und Lebenswirklichkeit, 1989
Rau/Dürrwächter,	Kommentar zum Umsatzsteuergesetz, Loseblatt
Rebmann/Roth/Herrmann,	Gesetz über Ordnungswidrigkeiten, Kommentar, Loseblatt
Reiß/Kraeusel/Langer,	Umsatzsteuergesetz, UStG mit Nebenbestimmungen, Gemeinschaftsrecht, Loseblatt
Rolletschke/Kemper/Leise,	Steuerverfehlungen, Kommentar zum Steuerstrafrecht, Loseblatt
Roxin,	Strafrecht Allgemeiner Teil Band I: Grundlagen. Der Aufbau der Verbrechenslehre, 4. Aufl. 2006
Rönnau,	Vermögensabschöpfung in der Praxis, 2003
Rudolphi/Horn/Samson,	Systematischer Kommentar zum Strafgesetzbuch (SK-StGB), Loseblatt
Sachs,	Grundgesetz: GG, Kommentar, 6. Aufl. 2011
Satzger,	Internationales und Europäisches Strafrecht, 5. Aufl. 2011
Satzger/Schmitt/Widmaier,	Strafgesetzbuch: StGB, Kommentar, 2009
Säcker,	Münchener Kommentar zum Bürgerlichen Gesetzbuch: BGB, Band 1: Allgemeiner Teil, §§ 1 – 240, ProstG, AGG, Kommentar, 6. Aufl. 2012
Schäfer/Sander/van Gemmeren,	Praxis der Strafzumessung, 5. Aufl. 2012
Schaumburg,	Internationales Steuerrecht, Außensteuerrecht – Doppelbesteuerungsrecht, 3. Aufl. 2011
Schick,	Vergleiche und sonstige Vereinbarungen zwischen Staat und Bürger im Steuerrecht, 1967
Schlüchter,	Kriminalistik und Strafrecht: Festschrift fur Friedrich Geerds zum 70. Geburtstag, 1995
Schmidt,	Einkommensteuergesetz: EStG, Kommentar, 31. Aufl. 2012
Schmoller,	Festschrift für Otto Triffterer zum 65. Geburtstag, 1996
Schomburg/Lagodny/Gless/ Hackner,	Internationale Rechtshilfe in Strafsachen, Kommentar 4. Aufl. 2006
Schöch/Dölling/Helgerth/König,	Recht gestalten – dem Recht dienen. Festschrift für Reinhard Böttcher zum 70. Geburtstag, 2007
Schöch,	Festschrift für Gunter Widmaier zum 70. Geburtstag, Strafverteidigung, Revision und die gesamten Strafrechtswissenschaften, 2008
Schönke/Schröder,	Strafgesetzbuch: StGB, Kommentar, 28. Aufl. 2010
Schroeder/Zipf,	Festschrift fur Reinhart Maurach zum 70. Geburtstag, 1972
Schürmann,	Unterlassungsstrafbarkeit und Gesetzlichkeitsprinzip, 1986

Schwarz/Wockenfoth/Rahn,	Zollrecht, 2011
Schwarz,	Kommentar zur Abgabenordnung: AO, Kommentar, 2009
Seebode,	Festschrift für Günter Spendel zum 70. Geburtstag, 1992
Seer,	Verständigungen im Steuerstrafrecht, 1996
Senge,	Karlsruher Kommentar zum Gesetz über Ordnungswidrigkeiten: OWiG, Kommentar, 3. Aufl. 2006
Sieber/Brüner/Satzger/ Heintschel-Heinegg,	Europäisches Strafrecht, 2011
Sieber,	Strafrecht und Wirtschaftsstrafrecht. Dogmatik, Rechtsvergleich, Rechtstatsachen. Festschrift für Klaus Tiedemann zum 70. Geburtstag, 2008
Simon,	Gesetzesauslegung im Strafrecht, 2005
Sölch/Ringleb,	Umsatzsteuergesetz: UStG, Kommentar, 66. Aufl. 2012
Spindler/Tipke/Rödder,	Steuerzentrierte Rechtsberatung: Festschrift für Harald Schaumburg, 2009
Stadie,	Umsatzsteuergesetz (UStG), Kommentar, 2009
Stahlschmidt/Laws,	Handbuch des Auskunftsverkehrs in Steuersachen, 2009
Sternberg-Lieben/Böse,	Grundlagen des Straf- und Strafverfahrensrechts. Festschrift für Knut Amelung zum 70. Geburtstag, 2010
Storch/Wiebe,	Lehrbuch der Mathematik, Band 3, Analysis mehrerer Veränderlicher – Integrationstheorie, 2010
Streck/Spatscheck,	Die Steuerfahndung, 2006
Suhr/Naumann/Bilsdorfer,	Steuerstrafrechtskommentar, 4. Aufl. 1986
Tiedemann/Dannecker,	Die gesetzliche Milderung im Steuerstrafrecht – dargestellt am Beispiel der Abzugsfähigkeit von Parteispenden, 1985
Tipke/Kruse,	Abgabenordnung – Finanzgerichtsordnung, Loseblatt
Tipke/Lang,	Steuerrecht, Kommentar, 20. Aufl. 2009
Thoss,	Abschied vom Bannbruch, 2004
Vogel/Lehner,	Doppelbesteuerungsabkommen (DBA), Kommentar der Bundesrepublik Deutschland auf dem Gebiet der Steuern vom Einkommen und Vermögen., 5. Aufl. 2008
Volk,	Münchener Anwaltshandbuch Verteidigung in Wirtschafts- und Steuerstrafsachen, 2006
von Briel/Ehlscheid,	Anwaltspraxis, Steuerstrafrecht, 2000
von Heintschel-Heinegg/Stöckel,	KMR – Kommentar zur Strafprozessordnung, Loseblatt
von Münch/Kunig,	Grundgesetz-Kommentar: GG, Band 2: Art. 70 bis Art. 146 und Gesamtregister, 6. Aufl. 2012
von Staudinger,	J. von Staudingers Kommentar zum Bürgerlichen Gesetzbuch, 15. Aufl. 1993 ff.
Wabnitz/Janovsky,	Handbuch des Wirtschafts- und Steuerstrafrechts, 3. Aufl. 2007
Wabnitz/Janovsky/Natale/ Schmitt,	Wirtschaftskriminalität, 4. Aufl. 1997
Walter,	Der Kern des Strafrechts, 2004
Wamers/Fehn,	ZFdG – Zollfahndungsdienstgesetz, Handkommentar, 2004
Wannemacher,	Steuerstrafrecht, 5. Aufl. 2004
Webel,	Steuerfahndung-Steuerstrafverteidigung Durchsuchung, Beschlagnahme, Arrest, Verhaftung. Befugnisse der Steuerfahndung, 2009
Weber,	Betäubungsmittelgesetz: BtMG, Verordnungen zum BtMG, Kommentar, 3. Aufl. 2009

Weigend/Küpper,	Festschrift für Hans Joachim Hirsch zum 70. Geburtstag, 1999
Wessels/Beulke,	Strafrecht Allgemeiner Teil, Die Straftat und ihr Aufbau, 41. Aufl. 2011
Wessels/Hillenkamp,	Strafrecht Besonderer Teil/2, Straftaten gegen Vermögenswerte, 33. Aufl. 2010
Widmaier,	Münchener Anwaltshandbuch Strafverteidigung, 2006
Wolter,	Systematischer Kommentar zur Strafprozessordnung (Mit GVG und EMRK) Band VII, 4. Aufl. 2010 ff.
Worm,	Die Strafbarkeit eines directors einer englischen Limited nach deutschem Strafrecht, 2009
Zöller,	Zivilprozessordnung, 29. Aufl. 2012

Abkürzungsverzeichnis

a.	auch
a.a.O.	am angegebenen Ort
a.F.	alte Fassung
a.M.	Andere Meinung
AB	Ausführungsbestimmung
AbfVerbrBußV	Verordnung zur Durchsetzung von Vorschriften in Rechtsakten der Europäischen Gemeinschaft über die Verbringung von Abfällen
abgedr.	abgedruckt
abl. Anm.	ablehnende Anmerkung
ABl. EG	Amtsblatt der Europäischen Gemeinschaften
ABl. EU	Amtsblatt der Europäischen Union
abl.	ablehnend
ABl.	Amtsblatt
Abs	Absender
Abs.	Absatz
Abschn.	Abschnitt
abw.	abweichend
AbwAG	Abwasserabgabengesetz
abzgl.	abzüglich
AdV	Aussetzung der Vollziehung
ADV	Automatisierte Datenverarbeitung
AE	Akteneinsicht /Anwendungserlass
AE	Arbeitsrechtliche Entscheidungen (Zs.)
AEAO	Anwendungserlass zur Abgabenordnung
AEUV	Vertrag über die Arbeitsweise der Europäischen Union
AfA	Absetzung für Abnutzung oder Arbeitsgemeinschaft für Agrarfragen
AG	Aktiengesellschaft/Amtsgericht
AgrarR	Agrarrecht (Zs.)
AHG	Amtshaftungsgesetz (Österreich)
ähnl.	ähnlich
AktG	Aktiengesetz
allg.	allgemein
allgM	allgemeine Meinung
Alt.	Alternative
AMG	Arzneimittelgesetz
Amtl.	amtlich
ÄndG	Änderungsgesetz
AnfG	Anfechtungsgesetz
Angekl.	Angeklagte/r
Anm. d. Verf.	Anmerkung des Verfassers
Anm.	Anmerkung
AnwBl.	Anwaltsblatt (Zs.)
AO	Abgabenordnung (auch AO 1977)
AO-StB	Der AO-Steuer-Berater (Zs.)
AR	Aufsichtsrat
ArbG	Arbeitgeber/Arbeitsgericht
arg. e	argumentum ex
Art.	Artikel
AStBV (St)	Anweisungen für das Straf- und Bußgeldverfahren (Steuer)
AStG	Außensteuergesetz
AT	Allgemeiner Teil
AufenthG	Aufenthaltsgesetz
Auff.	Auffassung
Aufl.	Auflage
AÜG	Arbeitnehmerüberlassungsgesetz

AuslG	Ausländergesetz
Ausn.	Ausnahme
AWD	Außenwirtschaftsdienst des Betriebs-Beraters (Zs.)
AWG	Außenwirtschaftsgesetz
AW-Prax	Außenwirtschaftliche Praxis (Zs.)
Az.	Aktenzeichen
BaFin	Bundesanstalt für Finanzdienstleistungsaufsicht
BAG	Bundesarbeitsgericht
BAnz	Bundesanzeiger
BAO	Bundesabgabenordnung (Österreich)
BÄO	Bundesärzteordnung
BArchG	Bundesarchivgesetz
BAT	Bundesangestelltentarifvertrag
BauGB	Baugesetzbuch
BayObLG	Bayerisches Oberstes Landesgericht
BayObLGSt	Amtliche Sammlung der Entscheidungen des Bayerischen Obersten Landesgerichts in Strafsachen
BayVerfGHE	Amtliche Sammlung von Entscheidungen des Bayerischen Verwaltungsgerichtshofs mit Entscheidungen des Bayerischen Verfassungsgerichtshofs
BayVerwBl.	Bayerische Verwaltungsblätter
BB	Betriebs-Berater (Zs.)
BBG	Beitragsbemessungsgrenze
BBG	Bundesbeamtengesetz
BbgVerfG	Brandenburgisches Verfassungsgericht
BC	Bilanzbuchhalter und Controller (Zs.)
Bd.	Band
BdF	Bundesminister der Finanzen
BDG	Bundesdisziplinargesetz
BDSG	Bundesdatenschutzgesetz
BeamtStG	Beamtenstatusgesetz
BeamtVG	Beamtenversorgungsgesetz
BeckRS	Beck-Rechtsprechung
Begr.	Begründung/Begründer
ber.	berichtigt
BergPG	Bergmannsprämiengesetz
BerlinFG	Berlinförderungsgesetz
BerlVerfGH	Verfassungsgerichtshof des Landes Berlin
bes.	besonders
Besch.	Beschuldigte(r)
Beschl. v.	Beschluss vom
betr.	betreffend/betrifft
BetrVG	Betriebsverfassungsgesetz
BewG	Bewertungsgesetz
BFH	Bundesfinanzhof
BFH/NV	Sammlung amtlich nicht veröffentlichter Entscheidungen des Bundesfinanzhofs
BFHE	Entscheidungen des Bundesfinanzhofs
BG	Berufsgenossenschaft (Zs.)
BGB	Bürgerliches Gesetzbuch
BGBl.	Bundesgesetzblatt
BGE	Amtliche Sammlung der Entscheidungen des Schweizerischen Bundesgerichts
BGE	Bundesgerichtsentscheidungen
BGer	Bundesgericht (Schweiz)
BGH	Bundesgerichtshof
BGH-FG	50 Jahre Bundesgerichtshof, Festgabe aus der Wissenschaft

BGHR	Rechtsprechung des Bundesgerichtshofs/Systematische Sammlung der BGH-Rechtsprechung in Zivil- und Strafsachen
BGHSt	Amtliche Sammlung der Entscheidungen des Bundesgerichtshofes in Strafsachen
BGHZ	Amtliche Sammlung der Entscheidungen des Bundesgerichtshofs in Zivilsachen
BierStG	Biersteuergesetz
BierStV	Biersteuerverordnung (Verordnung zur Durchführung des Biersteuergesetzes)
BilMoG	Bilanzrechtsmodernisierungsgesetz
BIP	Bruttoinlandsprodukt
BJagdG	Bundesjagdgesetz
BKA	Betriebskostenabrechnung/Bundeskriminalamt
BMF	Bundesministerium der Finanzen
BMJ	Bundesministerium der Justiz
BNatSchG	Bundesnaturschutzgesetz
BND	Bundesnachrichtendienst
BNotO	Bundesnotarordnung
BP	Betriebsprüfung
BP-Bericht	Betriebsprüfungsbericht
BpO	Betriebsprüfungsordnung
BR	Betriebsrat
BRAK	Bundesrechtsanwaltskammer
BRAK-Mitt.	Mitteilungen der Bundesrechtsanwaltskammer (Zs.)
BranntwMonG	Branntweinmonopolgesetz
BRAO	Bundesrechtsanwaltsordnung
BRD	Bundesrepublik Deutschland
BR-Drucks.	Bundesrats-Drucksache
BrennO	Brennereiordnung (Anlage zur Branntweinmonopolverordnung)
BRRG	Beamtenrechtsrahmengesetz
BrStV	Branntweinsteuerverordnung
BSozG	Bundessozialgericht
Bsp.	Beispiel
bspw.	beispielsweise
BStBl.	Bundessteuerblatt
BT	Deutscher Bundestag
BT-Drucks.	Bundestagsdrucksache
BtM	Betäubungsmittel
BtMG	Betäubungsmittelgesetz
BtMVV	Betäubungsmittel-Verschreibungsverordnung
Buchst.	Buchstabe
BuStra	Bußgeld- und Strafsachenstellen
BVerfG	Bundesverfassungsgericht
BVerfGE	Amtliche Sammlung der Entscheidungen des Bundesverfassungsgerichts
BVerfGE	Senatsentscheidungen des Bundesverfassungsgerichts
BVerfGG	Bundesverfassungsgerichtsgesetz
BVerfGK	Kammerentscheidungen des Bundesverfassungsgerichts
BVerwG	Bundesverwaltungsgericht
BVerwGE	Amtliche Sammlung der Entscheidungen des Bundesverwaltungsgerichts
BW	Baden- Württemberg
BWahlG	Bundeswahlgesetz
bzgl.	bezüglich
BZR	Bundeszentralregister
BZRG	Bundeszentralregistergesetz
BZRG	Bundeszentralregistergesetz
BZSt	Bundeszentralamt für Steuern
bzw.	beziehungsweise

ca.	circa
CD	Compact Disc
CDU	Christlich Demokratische Union
Co.	Company
CpD-Konten	Conto pro Diverse-Konten
CR	Computer und Recht (Zs.)
CSU	Christlich-Soziale Union
d.	der/des/die/das/den/durch
DAI	Deutsches Anwaltsinstitut
DAR	Deutsches Autorecht (Zs.)
Das Recht	Rundschau für den deutschen Juristenstand (Zs.)
DAV	Deutscher Anwaltverein
DB	Der Betrieb (Zs.)
DBA	Doppelbesteuerungsabkommen
DBG	Bundesgesetz über die direkte Bundessteuer (Schweiz)
DDR	Deutsche Demokratische Republik
ddz	Der deutsche Zollbeamte (Zs.)
ders.	derselbe
Die Justiz	Amtsblatt des Justizministeriums Baden-Württemberg (Zs.)
Die Polizei	Die Polizei (Zs.)
dies.	dieselbe/n
diesbzgl.	diesbezüglich
Diss.	Dissertation
DM	Deutsche Mark
DNotZ	Deutsche Notar-Zeitschrift (Zs.)
DÖV	Die Öffentliche Verwaltung (Zs.)
DR	Deutsches Recht (Zs.)
DRiG	Deutsches Richtergesetz
DRiZ	Deutsche Richterzeitung (Zs.)
DSB	Datenschutzberater (Zs.)
DStJG	Deutsche Steuerjuristische Gesellschaft e.V.
DStR	Deutsches Steuerrecht (Zs)
DStRE	Deutsches Steuerrecht Entscheidungsdienst (Zs.)
DStZ	Deutsche Steuer-Zeitung (Zs.)
DStZ/E	Deutsche Steuer-Zeitung, Eildienst (Zs.)
dt.	deutsch
DuD	Datenschutz und Datensicherheit (Zs.)
DVBl	Deutsches Verwaltungsblatt (Zs.)
ecolex	Fachzeitschrift für Wirtschaftsrecht (Zs.)
EDV	Elektronische Datenverarbeitung
EFG	Entscheidungen der Finanzgerichte (Zs.)
EFTA	European Free Trade Association (Europäische Freihandelsassoziation)
EG	Europäische Gemeinschaft
EGAO	Einführungsgesetz zur Abgabenordnung
EGGVG	Einführungsgesetz zum Gerichtsverfassungsgesetz
EGStGB	Einführungsgesetz zum Strafgesetzbuch
EGV	Vertrag zur Gründung der Europäischen Gemeinschaft
EigZulG	Eigenheimzulagengesetz
Einf.	Einführung
Einl.	Einleitung
einschl.	einschließlich
einschr.	einschränkend
Einz.	Einzahlung
EK	Eigenkapital/Einlagenkonto
EMRK	Europäische Konvention zum Schutze der Menschenrechte und Grundfreiheiten

EnergieStG	Energiesteuergesetz
EnergieStV	Verordnung zur Durchführung des Energiesteuergesetzes
entspr.	entspricht/entsprechend
ErbSt	Erbschaft- und Schenkungsteuer
ErbStG	Erbschaftsteuer- und Schenkungsteuergesetz
erg.	ergänzend
ESt	Einkommensteuer
EStDV	Einkommensteuer- Durchführungsverordnung
ESt-Erklärung	Einkommensteuererklärung
EStG	Einkommensteuergesetz
EStH	amtliches Einkommensteuer-Handbuch
EStR	Einkommensteuer-Richtlinien
ESTV	Eidgenössische Steuerverwaltung
etc.	et cetera
EU	Europäische Union
EuAbgG	Europaabgeordnetengesetz
EuAlÜbk	Europäisches Auslieferungsübereinkommen
EUBestG	Gesetz zu dem Protokoll vom 27. September 1996 zum Übereinkommen über den Schutz der finanziellen Interessen der Europäischen Gemeinschaften
EuGH	Europäischer Gerichtshof
EuGHE	Sammlung der Entscheidungen des EUGH
EuGRZ	Europäische Grundrechte-Zeitschrift (Zs.)
EuHb	Europäischer Haftbefehl
EUR	Euro
EUStBV	Einfuhrumsatzsteuer-Befreiungsverordnung
EUV	Vertrag über die Europäische Union
EuZW	Europäische Zeitschrift für Wirtschaftsrecht (Zs.)
evtl.	eventuell
EWG	Europäische Wirtschaftgemeinschaft
EWR	Europäischer Wirtschaftsraum
F.	Fach (ZAP)
f.	folgende (Seite u. Ä., = eine folgende Seite)
FA	Finanzamt
FAG	Finanzausgleichsgesetz
FAGO	Finanzamt-Geschäftsordnung
FAZ	Frankfurter Allgemeine Zeitung
FB	Finanz Betrieb (Zs.)
FDP	Freie Demokratische Partei
FeuerschStG	Feuerschutzsteuergesetz
ff.	fortfolgende
FG	Finanzgericht/Festgabe
FGJ	Franzen/Gast/Joecks
FGO	Finanzgerichtsordnung
FinB	Finanzbehörde
FinMin	Finanzministerium
FinVerw	Finanzverwaltung
FlHG	Fleischhygienegesetz
FN	Firmenbuchnummer (Österreich)
Form.	Formular
FPR	Familie, Partnerschaft, Recht (Zs.)
FR	Finanzrundschau (Zs.)
Frankfurt/M.	Frankfurt am Main
FS	Festgabe/Festschrift
FS	Forum Strafvollzug (Zs.)
FVG	Finanzverwaltungsgesetz

GA	Goltdammers Archiv für Strafrecht (Zs.)
GastG	Gaststättengesetz
GATT	Allgemeines Zoll- und Handelsabkommen
GbR	Gesellschaft bürgerlichen Rechts
GE	Das Grundeigentum (Zeitschrift)
gem.	gemäß oder gemeinsam
GenG	Genossenschaftsgesetz
Ges.	Gesetz
GewArch	Gewerbearchiv (Zs.)
GewO	Gewerbeordnung
GewSt	Gewerbesteuer
GewStG	Gewerbesteuergesetz
GFG	Gemeinsame Finanzermittlungsgruppe
GG	Grundgesetz
ggf.	gegebenenfalls
ggü.	gegenüber
GKG	Gerichtskostengesetz
GmbH	Gesellschaft mit beschränkter Haftung
GmbHG	GmbH-Gesetz
GmbHR	GmbH-Rundschau (Zs.)
GmbH-StB	Der GmbH-Steuer-Berater (Zs.)
GO	Gemeindeordnung
GoB	Grundsätze ordnungsmäßiger Buchführung
Gr.	Gruppe
grds.	grundsätzlich
GrEStG	Grunderwerbsteuergesetz
GrStG	Grundsteuergesetz
GS	Gedächtnisschrift/Gedenkschrift
GSSt	Großer Senat für Strafsachen (des Bundesgerichtshofes)
GÜG	Grundstoffüberwachungsgesetz
GüKG	Güterkraftverkehrsgesetz
Gutachten	Gutachten des Deutschen Notarinstituts
GV	Gerichtsvollzieher
GVBl.	Gesetz- und Verordnungsblatt
GVG	Gerichtsverfassungsgesetz
GWB	Gesetz gegen Wettbewerbsbeschränkungen
GwG	Geldwäschegesetz
H	Hinweise zu den Erbschaftsteuer-Richtlinien
h. Rspr.	herrschende Rechtsprechung
h.L.	herrschende Lehre
h.M.	herrschende Meinung
Halbs.	Halbsatz
Hess.	Hessen
HFA	Hauptfachausschuss des Instituts der Wirtschaftsprüfer
HFR	Höchstrichterliche Finanzrechtsprechung (Zs.)
HGB	Handelsgesetzbuch
HRRS	Höchstrichterliche Rechtsprechung im Strafrecht (Online-Zeitschrift)
Hrsg.	Herausgeber
hrsg.	herausgegeben
HV	Hauptverhandlung
HZA	Hauptzollamt
i.d.F.	in der Fassung
i.d.R.	in der Regel
i.d.S.	in dieser Sache
i.e.	id est (das heißt)
i.e.S.	im engeren Sinne

i.H.d.	in Höhe des/der
i.H.e.	in Höhe eines/einer
i.R.	im Rahmen
i.R.d	im Rahmen des/der
i.R.v.	im Rahmen von
i.S.	im Sinne
i.S.e.	im Sinne eines/einer
i.S.v.	im Sinne von
i.Ü.	im Übrigen
i.V.m.	in Verbindung mit
i.w.S.	im weiteren Sinne
i.Z.m.	im Zusammenhang mit
IDW	Institut der Wirtschaftsprüfer in Deutschland e.V.
IES	Internationales und Europäisches Strafrecht
INF	Die Information über Steuer und Wirtschaft (Zs.)
InfAuslR	Informationsbrief Ausländerrecht (Zs.)
inkl.	inklusive
insbes.	insbesondere
InsO	Insolvenzordnung
IntBestG	Gesetz zur Bekämpfung internationaler Bestechung
InvZulG	Investitionszulagengesetz
IPBPR	Internationaler Pakt über bürgerliche und politische Rechte
IPR	Internationales Privatrecht
IRG	Internationales Rechtshilfegesetz
IStR	Internationales Steuerrecht (Zs.)
IWB	Internationale Wirtschafts-Briefe (Zs.)
J.	Jahr/e
JA	Juristische Arbeitsblätter (Zs.)
jew.	jeweils
JGG	Jugendgerichtsgesetz
JR	Juristische Rundschau (Zs.)
JStG	Jahressteuergesetz
JuMoG	Justizmodernisierungsgesetz
Jura	Juristische Ausbildung (Zs.)
jurisPR-SteuerR	juris PraxisReport Steuerrecht (Zs.)
jurisPR-StrafR	juris PraxisReport Strafrecht (Zs.)
JuS	Juristische Schulung (Zs.)
JVA	Justizvollzugsanstalt
JVEG	Justizvergütungs- und -entschädigungsgesetz
JW	Juristische Wochenschrift (Zs.)
JZ	Juristenzeitung (Zs.)
KaffeeStG	Kaffeesteuergesetz
KaffeeStV	Kaffeesteuerverordnung)
KAG	Kapitalanlagegesellschaft
KAG	Kommunalabgabengesetz
Kap.	Kapitel
KEV	Kontrolleinheit Verkehrswege
Kfz	Kraftfahrzeug
KG	Kammergericht/Kommanditgesellschaft
km	Kilometer
KMU	Kleine und mittlere Unternehmen
KO	Konkursordnung
KOM	Kommissionsdokument
KÖSDI	Kölner Steuerdialog (Zs.)
KraftStDV	Kraftfahrzeugsteuer-Durchführungsverordnung
KraftStG	Kraftfahrzeugsteuergesetz

Kriminalistik	Kriminalistik, Zeitschrift für die gesamte kriminalistische Wissenschaft und Praxis (Zs.)
krit. Anm.	kritische Anmerkung
krit.	kritisch
KritV	Kritische Vierteljahresschrift für Gesetzgebung und Rechtswissenschaft (Zs.)
KSt	Körperschaftsteuer
KStG	Körperschaftsteuergesetz
KStZ	Kommunale Steuer-Zeitschrift (Zs.)
KultgSchG	Kulturschutzgesetz (Gesetz zum Schutz deutschen Kulturgutes gegen Abwanderung)
KVStDV	Kapitalverkehrsteuer-Durchführungsverordnung
KWG	Kreditwesengesetz
LAG	Landesarbeitsgericht
LBG	Landwirtschaftliche Berufsgenossenschaft
Lfg.	Lieferung
LG	Landgericht
LGT	Liechtenstein Global Trust (frühere Bank in Liechtenstein)
lit.	Buchstabe
Lit.	Literatur
LJZ	Liechtensteinische Juristenzeitung
LKA	Landeskriminalamt
Lkw	Lastkraftwagen
LMBG	Lebensmittel- und Bedarfsgegenständegesetz
LSt	Lohnsteuer
LStDV	Lohnsteuer-Durchführungsverordnung
lt.	laut
Ltd.	Limited
m. abl. Anm.	mit ablehnender Anmerkung
m. abl. Bespr.	mit ablehnender Besprechung
m. Anm.	mit Anmerkung
m. Bespr.	mit Besprechung
m. krit. Anm.	mit kritischer Anmerkung
m. krit. Bespr.	mit kritischer Besprechung
m. zust. Anm.	mit zustimmender Anmerkung
m. zust. Bespr.	mit zustimmender Besprechung
m.a.W.	mit anderen Worten
m.E.	meines Erachtens
m.N.	mit Nachweisen
m.w.Bsp.	mit weiteren Beispielen
m.w.N.	mit weiteren Nachweisen
m.z.N.	mit zahlreichen Nachweisen
MarkenG	Markengesetz
MarkenR	MarkenRecht, Zeitschrift für deutsches, europäisches und internationales Kennzeichenrecht (Zs.)
max.	maximal
MDR	Monatsschrift für Deutsches Recht (Zs.)
MedR	Medizinrecht (Zs.)
mind.	mindestens
Mio.	Million/en
MiStra	Anordnung über Mitteilungen in Strafsachen
MKG	Mobile Kontrollgruppe(n)
MMR	MultiMedia und Recht (Zs.)
MOG	Marktorganisationsgesetz

MRK	Menschenrechtskonvention
MschrKrim	Monatsschrift für Kriminologie und Strafrechtsreform (Zs.)
MünchKomm	Münchener Kommentar
n.v.	nicht veröffentlicht
Nachw.	Nachweis
Nds. FG	Niedersächsisches Finanzgericht
Nds.	Niedersachsen
NdsRpfl	Niedersächsische Rechtspflege (Zs.)
NJ	Neue Justiz (Zs.)
NJW	Neue Juristische Wochenschrift (Zs.)
NJW-RR	Neue Juristische Wochenschrift Rechtsprechungs-Report (Zs.)
NJW-Spezial	Beilage zur Neuen Juristischen Wochenschrift (Zs.)
NK	Neue Kriminalpolitik (Zs.)
NK	Nomos Kommentar
Notar	Zeitschrift des Deutschen Notarvereins (Zs.)
Nr.	Nummer
nrkr	nicht rechtskräftig
NStZ	Neue Zeitschrift für Strafecht
NStZ-RR	Neue Zeitschrift für Strafrecht Rechtsprechungs-Report
NuR	Natur und Recht (Zs.)
NV	Die Neue Verwaltung (Zs.)
NVwZ-RR	Neue Zeitschrift für Verwaltungsrecht Rechtsprechungs-Report
NW	Nordrhein-Westfalen
NWB	Neue Wirtschafts-Briefe, Zeitschrift für Steuer- und Wirtschaftsrecht
NZA	Neue Zeitschrift für Arbeitsrecht (Zs.)
NZV	Neue Zeitschrift für Verkehrsrecht (Zs.)
o.a.	oben angeführten
o.ä.	oder ähnliche(s)
o.a.	oder andere
o.g.	oben genannt/e/er/es
ÖBA	Österreichisches Bank-Archiv (Zs.)
obj.	objektiv(e/er/es)
OECD	Organisation für wirtschaftliche Zusammenarbeit
OECD-MA	OECD-Musterdoppelbesteuerungsabkommen
OEZ	Observationseinheit Zoll
OFD	Oberfinanzdirektion
OGH	Oberster Gerichtshof (Österreich)
oHG	offene Handelsgesellschaft
OLAF	Europäisches Amt für Betrugsbekämpfung (Office de la Lutte Antifraude)
OLG	Oberlandesgericht
OLG-NL	OLG-Rechtsprechung Neue Länder (Zs.)
OLGR	OLG-Report (Zeitschrift)
OrgStA	Anordnung über Organisation und Dienstbetrieb der Staatsanwaltschaften
OVG	Oberverwaltungsgericht
OWi	Ordnungswidrigkeit
OWiG	Ordnungswidrigkeitengesetz
OWi-Verfahren	Ordnungswidrigkeitenverfahren
P.	Punkt
p.a.	per anno (pro Jahr)
PartG	Partnerschaftsgesellschaft
PatAO	Patentanwaltsordnung
PBefG	Personenbeförderungsgesetz
PflSchG	Pflanzenschutzgesetz
PflVG	Pflichtversicherungsgesetz

Pkw	Personenkraftwagen
PM	Pressemitteilung(en)
Polizei	Die Polizei (Zs.)
pp.	perge perge (etc.)
PStR	Praxis Steuerstrafrecht (Zs.)
RA	Rechtsanwalt
RAO	Reichsabgabenordnung
Recht	Das Recht (Zs.)
RennwLottAB	Ausführungsbestimmungen zum Rennwett- und Lotteriegesetz
RennwLottG	Rennwett- und Lotteriegesetz
Rep.	Republik
resp.	respektive
Rev.	Revision(s)
RevGer	Revisionsgericht
RFH	Reichsfinanzhof
RFHE	Sammlung der Entscheidungen und Gutachten des Reichsfinanzhofs
RG	Reichsgericht
RGBl.	Reichsgesetzblatt
RGSt	Amtliche Sammlung der Entscheidungen des Reichsgerichts in Strafsachen
RGZ	Amtliche Sammlung der Entscheidungen des Reichsgerichts in Zivilsachen
RiStBV	Richtlinien für das Straf- und Bußgeldverfahren
RiVASt	Richtlinien für den Rechtshilfeverkehr mit dem Ausland in strafrechtlichen Angelegenheiten
RIW	Recht der Internationalen Wirtschaft (Zs.)
rkr.	rechtskräftig
RL	Richtlinie
Rn.	Randnummer
Rpfleger	Der Deutsche Rechtspfleger (Zs.)
RPflG	Rechtspflegergesetz
Rs.	Rechtssache (des EuGH)
Rs.	Rechtssache
Rs.	Rechtsstreit
RSB	Restschuldbefreiung
RStBl.	Reichssteuerblatt
RStGB	Reichsstrafgesetzbuch
RVG	Rechtsanwaltsvergütungsgesetz
RVGreport	RVG Report (Zs.)
RVO	Reichsversicherungsordnung
Rz.	Randziffer
S.	Satz/Seite
s.o.	siehe oben
s.u.	siehe unten
SchlHA	Schleswig-Holsteinisches Justizministerialblatt
SchwarzArbG	Schwarzarbeitsbekämpfungsgesetz
SDÜ	Schengener Durchführungsübereinkommen
SGB	Sozialgesetzbuch
SGG	Sozialgerichtsgesetz
SIS	Schengener Informationssystem
SK	Systematischer Kommentar
Slg.	Amtliche Sammlung der Entscheidungen des Europäischen Gerichtshofs
Slg.	Sammlung
SMS	Short Message Service
sog.	sogenannt(e)
st. Rspr.	ständige Rechtsprechung

StA	Staatsanwalt
StB	Steuerberater
StB	Strafbefehl
StBerG	Steuerberatungsgesetz
Stbg.	Die Steuerberatung (Zs.)
StBGebV	Steuerberatergebührenverordnung
StBp.	Die steuerliche Betriebsprüfung (Zs.)
Std.	Stunde(n)
SteuerStud	Steuer und Studium (Zs.)
SteuK	Steuerrecht kurzgefaßt (Zs.)
StGB	Strafgesetzbuch
StGH	Staatsgerichtshof
StIdV	Verordnung zur Vergabe steuerlicher Identifikationsnummern
Stpfl	Steuerpflichtige/r
StPO	Strafprozessordnung
StR	Steuerrecht
str.	streitig
StraBEG	Strafbefreiungserklärungsgesetz
StraBu	Straf- und Bußgeldsachenstelle
StraFo	Strafverteidiger Forum (Zs.)
StrÄndG	Strafrechtsänderungsgesetz
StrEG	Gesetz über die Entschädigung für Strafverfolgungsmaßnahmen
StRR	StrafRechtsReport (Zs)
StrRG	Strafrechts-Reformgesetz
StuB	Steuern und Bilanzen (Zs.)
StuW	Steuer und Wirtschaft (Zs.)
StV	Strafverteidiger (Zs.)
StVG	Straßenverkehrsgesetz
StVO	Straßenverkehrsordnung
StVollstrO	Strafvollstreckungsordnung
StW	Die Steuer-Warte (Zs.)
StWK	Steuer- und Wirtschaft-Kurzpost (Zs.)
subj.	subjektiv
SubvG	Subventionsgesetz
SWI	Steuer & Wirtschaft International (Zs.)
SWK	Steuer- und WirtschaftsKartei (Zs.)
SZ	Entscheidungen des österreichischen Obersten Gerichtshofes in Zivilsachen
T.	Teil
TabStG	Tabaksteuergesetz
TabStV	Tabaksteuerverordnung
tel	telefonisch
TierSchG	Tierschutzgesetz
TierSG	Tierseuchengesetz
TK	Telekommunikation
TKG	Telekommunikationsgesetz
TKÜ	Überwachung des Telekommunikationsverkehrs
TOA	Täter-Opfer-Ausgleich
Tz.	Teilziffer
u.a.	unter anderen
u.Ä.	und Ähnliche/s
Ubg	Die Unternehmensbesteuerung (Zs.)
U-Haft	Untersuchungshaft
Univ.	Universität
unstr.	unstreitig
unzutr.	unzutreffend

UR	Umsatzsteuer-Rundschau (Zs.)
USt	Umsatzsteuer
UStDV	Umsatzsteuerdurchführungsverordnung
UStG	Umsatzsteuergesetz
usw.	und so weiter
UVR	Umsatzsteuer- und Verkehrsteuer-Recht (Zs.)
UWG	Gesetz gegen den unlauteren Wettbewerb
v.	vom/von
v.a.	vor allem
VA	Verwaltungsakt
vEK	verwendbares Eigenkapital
Verf	Verfügung
VermBG	Vermögensbildungsgesetz
VersSt	Versicherungsteuer
VersStDV	Versicherungsteuer-Durchführungsverordnung
VersStG	Versicherungsteuergesetz
VG	Verwaltungsgericht
vGA	verdeckte Gewinnausschüttung
VGH	Verfassungsgerichtshof
VGH	Verwaltungsgerichtshof
vgl.	vergleiche
VO	Verordnung
Vorbem.	Vorbemerkung
Vorlagebeschl.	Vorlagebeschluss
VPI	Verbraucherpreisindex
VRS	Verkehrsrechtssammlung (Zs.)
vs.	versus
VSF	Vorschriftensammlung Bundesfinanzverwaltung
VStG	Vermögensteuergesetz oder Bundesgesetz über die Verrechnungssteuer (Schweiz)
VuB	Recht der Verbote und Beschränkungen für den grenzüberschreitenden Warenverkehr
VuV	Vermietung und Verpachtung
VV	Vergütungsverzeichnis
VW	Versicherungswirtschaft (Zs.)
VwGH	Verwaltungsgerichtshof (Österreich)
VwGO	Verwaltungsgerichtsordnung
VwKostG	Verwaltungskostengesetz
VwVfG	Verwaltungsverfahrensgesetz
VwVG	Verwaltungsvollstreckungsgesetz
VwZG	Verwaltungszustellungsgesetz
VZ	Veranlagungszeitraum
WaffenG	Waffengesetz
wg.	wegen
wistra	Zeitschrift für Wirtschafts- und Steuerstrafrecht
WM	Wertpapier-Mitteilungen (Zs.)
WoPG	Wohnungsbauprämiengesetz
WPrO	Wirtschaftsprüferordnung
WRV	Weimarer Reichsverfassung
www	World Wide Web
z.	zu/zum/zur
z.B.	zum Beispiel
z.T.	zum Teil
z.Zt.	zur Zeit
ZBR	Zeitschrift für Beamtenrecht

ZFdG	Zollfahndungsdienstgesetz
ZfZ	Zeitschrift für Zölle und Verbrauchsteuern
ZGR	Zeitschrift für Unternehmens- und Gesellschaftsrecht
Ziff.	Ziffer
ZInsO	Zeitschrift für das gesamte Insolvenzrecht
ZIP	Zeitschrift für Wirtschaftsrecht
ZIS	Zeitschrift für Internationale Strafrechtsdogmatik
ZJS	Zeitschrift für das Juristische Studium
ZK	Zollkodex
ZKA	Zollkriminalamt
ZollV	Zollverordnung
ZollVG	Zollverwaltungsgesetz
ZP-EuAlÜbk	Zusatzprotokoll zum Europäischen Auslieferungsübereinkommen
ZPO	Zivilprozessordnung
ZRP	Zeitschrift für Rechtspolitik
ZSEG	Zeugen- und Sachverständigen-Entschädigungsgesetz
ZStW	Zeitschrift für die gesamte Strafrechtswissenschaft
ZUM	Zeitschrift für Urheber- und Medienrecht
zusf.	zusammenfassend
zust.	zuständigkeitshalber
zutr.	zutreffend
ZUZ	Zentrale Unterstützungsgruppe Zoll
ZVI	Zeitschrift für Verbraucher- und Privat-Insolvenzrecht
zw.	zweifelhaft, zweifelnd, zwischen
ZWH	Zeitschrift für Wirtschaftsstrafrecht und Haftung im Unternehmen
zzgl.	zuzüglich

1. Teil Materielles Steuerstrafrecht

Zur Einführung

Klimawandel

Wer das Steuerstrafrecht kommentiert, handelt mit einem empfindlichen Gegenstand. Die Nor- 1
mierung und die Erhebung der Steuern gehören zum Kernbereich des staatlichen Interesses. Steuern finanzieren die Ausübung staatlicher Macht, die Erfüllung sozialer Aufgaben, die Bedienung
öffentlicher Schulden und das Aufspannen gewaltiger Rettungsschirme. Das Steuerstrafrecht, bei
dem der Staat als Opfer auftritt, zwingt den betroffenen Bürger daher in eine Konfrontation mit
dessen Gewalten, wie sie sonst nur selten vorkommt. Wird dabei das staatliche Interesse für die
agierenden Amtsträger und Richter zum bestimmenden Maßstab, wächst die Gefahr. Dem wird
entgegengewirkt, wenn man das Steuerstrafrecht aus einer anderen Perspektive betrachtet. Aus dieser Sicht geht es darum, dass die Hinterziehung von Steuern das Interesse der Bürger an einer
gerechten Verteilung der Lasten verletzt und deren Vertrauen auf Steuergerechtigkeit erschüttert.
Ein solcher Maßstab lenkt den Blick weg von staatlicher Macht. Er stellt bei Amtsträgern und
Richtern von vornherein die Distanz her, ohne die deren Aufgaben nicht mit der gebotenen
Unparteilichkeit wahrgenommen werden können.

Zurzeit stehen die Chancen für einen derartigen Wechsel der Perspektive schlecht. Seit der
berüchtigten Durchsuchung in Köln-Marienburg, die das Frühstücksfernsehen übertragen hat, ist
die Rhetorik im Umgang mit Steuerhinterziehern martialisch geworden.[1] Joecks beschreibt einen
„Klimawandel" und prognostiziert eine ungeahnte Ausdehnung des Steuerstrafrechts als Folge von
Rating, Scoring und Profiling durch neue Computer-Modelle der Finanzbehörden,[2] die den
Anfangsverdacht elektronisch feststellen. Der Gesetzgeber hat den Sündenfall des fruchtlosen
Amnestiegesetzes[3] überwunden, den unpraktikablen § 370a AO wieder kassiert und seither in auf-
einanderfolgenden Schritten die materielle und formelle Strafrechtslage verschärft.[4] Im Parlament
ist die Legitimität der Selbstanzeige mit gesteigertem Argwohn diskutiert worden.[5] Der seit wenigen Jahren für das Steuerstrafrecht zuständige 1. Strafsenat des BGH hat die Praktiker des Steuerstrafrechts mit Entscheidungen überrascht, die als Signal verstanden werden, das mehr Härte

---

1 Der Spiegel 17/2008 aus Anlass des Falles Z. Nach einer Allensbach-Erhebung vom Juli 2012 halten 76
   Prozent der Befragten es für sinnvoll, die finanzielle Lage des Staates durch „konsequente Verfolgung von
   Steuerhinterziehern" zu bessern (FAZ 18.07.2012). Die BILD-Zeitung vom 16.07.2012 berichtet, von
   den Banken-CDs aus der Schweiz seien mit Schwerpunkt Bürger im Westen, insbesondere um den Starn-
   berger See, um München, Stuttgart und Frankfurt betroffen.
2 W. Joecks, Klimawandel, in: Hrsg. Spindler/Tipke/Rödder, Steuerzentrierte Rechtsberatung, FS für Harald
   Schaumburg, Köln 2009, S. 1225 ff.
3 StraBEG v. 23.12.2003, BGBl. I, 2928.
4 Dazu Joecks, wie vor, S. 1234 ff.
5 Anlaß war das Schwarzgeldbekämpfungsgesetz vom 28.04.2011 (BGBl I, 676). Aufschluß über dessen
   Entstehungsgeschichte geben Anhörungen im Finanzausschuß des Bundestages, die wörtlich aufgezeichnet
   worden sind. Die Novellierung des § 371 AO ist wesentlich durch die Entscheidung des BGH vom
   20.05.2010 1 StR 577/09, BGHSt 55, 180 = wistra 2010, 304, beeinflußt worden (dazu Beckemper/
   Schmitz/Wegner/Wulf wistra 2011, 281 ff).

nahelegt.[6] Der Münchner Strafrechtslehrer Bernd Schünemann vermutet eine „angeklagtenun-freundliche Attitüde".[7] Er befürchtet die „Verflüssigung aller rechtsstaatlichen Begrenzung von Richtermacht."[8]

Das Instrument, dessen sich der 1. Strafsenat virtuos bedient, ist das ausführliche Obiter Dictum, das er seinen Revisionsentscheidungen beifügt. Solche Mitteilungen ergehen nicht nach rechtli-chem Gehör der Verfahrensbeteiligten, weil es in deren Fällen auf sie nicht ankommt. Oft genug erstaunen sie sogar die juristischen Öffentlichkeit, die beim Althergebrachten verharrte. Obiter Dicta zielen auf die große Masse der Verfahren ab, die den BGH gar nicht erst erreichen, weil sie „konsensual" abgeschlossen werden. Bindungswirkung für die Tatrichter entfalten sie nicht einmal nach Aufhebung und Rückverweisung, schon gar nicht für unbeteiligte Spruchkörper. Doch will die Autorität ihrer Urheber von den Akteuren der „zweiten Welt" des Steuerstrafrechts zur Kennt-nis genommen werden, in der man gewöhnt ist, die „Fälle" durch Verständigung oder durch Anklage beim AG zu erledigen, um sie dem Zugriff des Revisionsgerichts in Karlsruhe zu entzie-hen. Ob das Signal und die verhüllte Drohung, das allzu flexibel betriebene Geschäft des Deal könne Rechtsbeugung sein, Wirkung erzielen, lässt sich noch nicht zuverlässig beurteilen. Erste Anzeichen sprechen aber dafür, dass Staatsanwälte wie Tatrichter hellhörig werden und ihre zur Routine gewordenen Übungen korrigieren.

Das Programm des 1. Strafsenats ist in seinen Konturen erkennbar. Der Respekt vor dem BGH verlangt, dass es geprüft und diskutiert wird. Dabei handelt es sich um drei Kernpunkte, nämlich erstens um das vom Steuerstrafrecht geschützte Rechtsgut, zweitens um das Verweigerungs- und Schweigerecht des betroffenen Bürgers (kurz Nemo-Tenetur genannt) einschließlich der Selbstan-zeige als Verzicht auf dieses Recht und drittens um das Strafmaß. Die drei Themen sind untrenn-bar miteinander verbunden. Es gibt Gründe, den mit umfangreicher Systematik präsentierten Obiter Dicta des 1. Strafsenats in wesentlichen Teilen zu widersprechen. Zudem zeichnet sich eine gesteigerte neue Unberechenbarkeit ab, namentlich bei den Voraussetzungen der Rückkehr zum Recht nach § 371 AO, die Einfluß auf die Praxis des Steuerstrafrechts ausüben wird.

Rechtsgut

2 Eine besonders nüchterne Beurteilung des Steuerstrafrechts verdanken wir dem unvergessenen Kommentator Günter Kohlmann. Er hat sie im Jahr 1983, das Ewigkeiten zurückzuliegen scheint, der Deutschen Steuerjuristischen Gesellschaft vorgetragen.[9] Klaus Tipke, Nestor des Steuerrechts und Kölner Fakultätskollege Kohlmanns, hatte diese Vereinigung initiiert. Ihrem Vorstand und Beirat gehörten schon damals die höchsten Vertreter des Steuerrechts an – der Präsident des BFH und dessen Vorgänger, andere hohe und im Schrifttum dominierende Richter sowie der seinerzeit

---

6 Großen Einfluß üben die Betrachtungen des BGH vom 02.12.2008 I StR 416/08, BGHSt 53, 71 = wistra 2009, 107, aus. Danach ist die Höhe verkürzter Steuern ein „bestimmender Strafzumessungsgrund." Diese Entscheidung wird durch die Beschlüsse vom 05.05.2011 1 StR 116/11, wistra 2011, 347, und vom 12.07.2011 1 StR 81/11, wistra 2011, 396, fortgeführt. Die Formulierung begünstigt eine bedenkliche Neigung, das Gewicht anderer Strafzumessungsgründe (z. B. zum Handlungsunwert) zu unterschätzen.

7 B. Schünemann, Richterbezogene Attitüdenforschung und der Indikator des „qualifizierten Begründungs-fehlers", in: Hrsg. Hiebl/Kassebohm/Lilie, FS für Volkmar Mehle, Baden-Baden 2009, S. 613 ff., 615. Neuerdings hat sich Erb kritisch mit dem 1. Strafsenat auseinandergesetzt: Ein Freibrief zur Willkür? Zur Akzeptanz dubioser tatrichterlicher Unterstellungen durch den 1. Strafsenat des BGH, GA 2012, 72 ff. Er formuliert in sonst ungewohnter Härte in FN 39 (S. 84 f) den „Verdacht, daß der 1. Strafsenat seine Groß-zügigkeit gegenüber den Tatgerichten in erster Linie dort walten läßt, wo dies zu Lasten des Angeklagten geht.".

8 Wie vor S. 619.

9 Günter Kohlmann, Der Straftatbestand der Steuerhinterziehung – Anspruch und Wirklichkeit, in: Hrsg. Kohlmann, Strafverfolgung und Strafverteidigung im Steuerstrafrecht, Köln 1983, S. 1 ff.

Salditt

amtierende, der ehemalige und der künftige Leiter der Steuerabteilung des BMF. Damit war die Werkstatt des Gesetzgebers ebenso vertreten wie die rechtsprechende und die vollziehende Gewalt.

In diesem Kreise über das Steuerstrafrecht vorzutragen, das verlangte Aufrichtigkeit, Sachkunde und Autorität. Kohlmann erfüllte alle drei Voraussetzungen zugleich.[10] Was er seinen illustren Zuhörern im Jahr 1983 mitzuteilen hatte, war eine eher kühle Diagnose. Danach stellt § 370 AO „nicht die Verletzung von Rechtsgütern und Wertvorstellungen unter Strafe, sondern die Zuwiderhandlung gegen den steuerlichen Gesetzesbefehl." Geschützt sei „also nur die öffentliche Kasse, mehr nicht."[11] Auch die Schlussfolgerung ersparte Kohlmann dem Publikum nicht: „Verdankt der Fiskus seine Mittel einem bloßen Gesetzesbefehl, dem keine den sonstigen Strafrechtsnormen vergleichbaren Wertvorstellungen zugrunde liegen, dann sind Zweifel am Grad ihrer strafrechtlichen Schutzwürdigkeit unausweichlich."[12]

Damit hatte Kohlmann die Frage nach dem von § 370 AO geschützten Rechtsgut gestellt und verworfen. Dogmatisch interessierte Teilnehmer der Tagung wussten, dass es eine breite wissenschaftliche Strömung gibt, die Strafandrohungen für illegitim hält, wenn diese sich nicht auf den Schutz eines Rechtsguts berufen können.[13] Den Gerichten freilich blieben die von Kohlmann aufgeworfenen Einwendungen fremd. Sie halten „die Sicherung des staatlichen Steueranspruchs, d. h. des rechtzeitigen und vollständigen Steueraufkommens", für einen hinreichend gewichtigen Zweck.[14] Diese Sicht ordnet § 370 AO den Vermögensdelikten zu, hebt auf die Finanzinteressen des Fiskus ab und befürwortet ausdrücklich eine „Vergleichbarkeit mit dem Betrug.".[15] Richtig ist, dass es sich bei dem Betrug um ein Vermögensdelikt handelt. Doch bedroht § 263 StGB nur die durch Täuschung herbeigeführte Vermögensschädigung mit Strafe."[16] Wie zum Betrug der damit vorausgesetzte gefährliche Angriff gehört, knüpft auch § 266 StGB als weiteres Vermögensdelikt[17] an ebenfalls besondere Bedingungen an. Hier handelt es sich um die Auslieferung des Opfers an die Dispositionsmacht des Täters; deshalb konstituiert bei der Untreue die Mißachtung der Dispositionsfreiheit (des Rechtsträgers) das Unrecht wesentlich mit.[18]

Anders verhält es sich beim Tatbestand des § 370 AO. Er hängt weder davon ab, dass es eine Täuschung gegeben hat, noch von einer Irrtumserregung. Die pflichtwidrig unterlassene Offenbarung allein reicht als strafbare Schadensursache aus.[19] Der BGH hält es ausdrücklich für entbehrlich, dass der Täter „eine von ihm herbeigeführte oder aufrechterhaltene irrige Vorstellung der Finanz- 3

---

10 Zur Person Kohlmanns: H. J. Hirsch, Persönlichkeit und Werk von Günter Kohlmann, FS für Kohlmann Köln 2003, S. 1 ff. An dieser Festschrift hat auch die damalige Vorsitzende des für das Steuerstrafrecht seinerzeit zuständigen 5. Strafsenats des BGH, Monika Harms, mitgewirkt (S. 413 ff.).

11 Kohlmann a.a.O. FN 9 S. 19.

12 Kohlmann a.a.O. FN 9 S. 19 f.

13 Dazu W. Hassemer, Strafrechtswissenschaft in der Bundesrepublik Deutschland, in: Hrsg. D. Simon, Rechtswissenschaft in der Bonner Republik, Frankfurt am Main 1994, S. 259 ff., 282. Kritisch C. F. Stuckenberg, Grundrechtsdogmatik statt Rechtsgutlehre – Bemerkungen zum Verhältnis von Strafe und Staat, GA 2011, 653 ff.

14 BGHSt 53, 71 ff., 80 unter Hinweis auf BGHSt 36, 100, 102; 40, 109, 111; 41, 1, 5; 46, 107, 120.

15 BGHSt 53, 71 ff., 83.

16 Zu dieser Selbstverständlichkeit Wessels/Hillenkamp, Strafrecht BT/2, 30. Aufl. 2007, Rdn. 489 mit Nachweisen.

17 Wessels/Hillenkamp, a.a.O. FN 16, RdN 747.

18 Wessels/Hillenkamp, a.a.O. FN 16, RdN 747.

19 § 370 Abs. 1 Nr. 2 AO.

behörden zur Tat ausnutzt ...“[20] Selbst wenn online abgegebene (falsche) Steuererklärungen durch Computer „veranlagt" werden, gilt § 370 AO als erfüllt.

Auch wäre es abwegig, den Steuerpflichtigen, ähnlich wie den Täter des § 266 StGB, in einem von spezieller Zugriffsmöglichkeit geprägten Sonderverhältnis zum Inhaber des geschützten Vermögensguts zu sehen. Die Staatsangehörigkeit des Hinterziehers ist unerheblich. Steueransprüche können ohne Wohnsitz oder Aufenthalt des Steuerpflichtigen im Inland entstehen. Ein besonderes Verhältnis zwischen Staat und Abgabenschuldner setzt der Straftatbestand der Steuerhinterziehung deshalb nicht voraus. Das Kernstrafrecht dagegen kennt keinen Vermögensschutz außerhalb eines gefährlichen Angriffs, einer Sonderbeziehung oder einer für das Rechtsgut riskanten Zugriffslage.[21] Aus diesen Gründen hat Kohlmann vor dem Forum des Jahres 1983 den Straftatbestand des § 370 AO als singulären Fall bloßer Prävention kritisiert.[22] Diese Kritik wird von einer Grundauffassung getragen, die dem staatlichen Vermögen, dessen wesentliche Bestandteile Steueransprüche sind, keine größere strafrechtliche Schutzwürdigkeit zubilligen will als privaten Rechtsgütern auch.

Der BGH hat sich mit solchen Überlegungen nicht auseinandergesetzt. Die von ihm propagierte Gleichstellung des § 370 AO mit dem Betrugstatbestand führt dazu, dass er bereits die bloße Höhe der verkürzten Steuern als einen „bestimmenden Strafzumessungsumstand" betrachtet.[23] Folgerichtig passen die Richter das Regelbeispiel des § 370 Abs. 3 Satz 2 Nr. 1 AO (Steuern in „großem Ausmaß") der Rechtsprechung zu § 263 Abs. 3 Satz 2 Nr. 2, 1. Alt. StGB („Vermögensverlust großen Ausmaßes") rechnerisch an.[24] Die zur Begründung behauptete Ähnlichkeit[25] kollidiert jedoch mit einem prinzipiellen Text, mit dem das BVerfG das klassische Steuerschuldverhältnis beschrieben hat. Danach nämlich greift der Staat „ohne individuelle Gegenleistung ... auf das Vermögen des Einzelnen zu, indem er ihm die Pflicht auferlegt, von dem Seinigen etwas abzugeben."[26] Die Vorenthaltung des „Seinigen" als Vermögensdelikt ist dem Kernstrafrecht und insbesondere dem Betrugstatbestand aber völlig fremd.[27]

4 Dem Anspruch, den das Gesetz für den Steuergläubiger begründet, legt das BVerfG auch nicht schon deshalb eine besondere Dignität[28] bei, weil es um den Staat als Gläubiger geht, der seine umfassenden Aufgaben finanzieren muss. Vielmehr fügt das Gericht hinzu: Der in der Besteuerung liegende „Eingriff in die Vermögens- und Rechtssphäre des Steuerpflichtigen gewinnt seine

20 BGHSt 37, 266, 285. In Übereinstimmung damit geht der 1. Strafsenat in seinem Beschluß vom 14.12.2010 davon aus, daß der Tatbestand der Steuerhinterziehung nicht entfällt, wenn den zuständigen Finanzbehörden alle für die Steuerfestsetzung bedeutsamen Tatsachen (anderweitig) bekannt waren (1 StR 275/10 NJW 2011, 1299 f). Diese Auffassung ist jedoch nicht frei von Widersprüchen. Geschützt werden soll das Rechtsgut gegen einen Angriff, der mit Betrug gleichgestellt wird. Gerade dann aber dürfte man der Duldung oder Nachlässigkeit des „Opfers" nicht von vornherein jeden Einfluß auf den Tatbestand (bei Duldung) oder auf die Strafzumessung (bei Nachlässigkeit) absprechen (dazu auch Steinberg, wistra 2012, 45 ff. u. Anm. Wulf, NStZ 2011, 408).
21 Eine wegen des rechtlichen Bandes der Solidarität begründete Ausnahme, auf die Kohlmann (a.a.O. FN 9) hingewiesen hat, stellt die Verletzung der Unterhaltspflicht nach § 170 StGB dar, die mit Freiheitsstrafe bis zu (nur) drei Jahren oder mit Geldstrafe bestraft wird.
22 Kohlmann, a.a.O. FN 9 S. 20, 22 ff.
23 BGHSt 53, 71, 80.
24 BGHSt 53, 71, 81 ff.
25 BGHSt 53, 71, 83.
26 BVerfG Urt. v. 27.06.1991 NJW 1991, 2129.
27 Dazu Kohlmann, a.a.O. FN 9 und 22, unter Hinweis auf die erwähnte Ausnahme des § 170 StGB, die eher geeignet scheint, diese Schlußfolgerung zu unterstreichen.
28 B. Schünemann, Richterbezogene Attitütenforschung und der Indikator des „qualifizierten Begründungsfehlers", a.a.O. FN 7, S. 613 ff., 618 kritisiert: Gerade der quantitative Schematismus könne nicht überzeugen „und hätte zumindest durch eine Berücksichtigung der Dignität des durch die Steuerhinterziehung verletzten Solidaritätsanspruches ergänzt werden müssen.".

Rechtfertigung daher auch und gerade aus der Gleichheit der Lastenzuteilung."[29] Anders als bei Betrug und Untreue und anders als in der Rhetorik des BGH steht hier nicht das Vermögensinteresse des Opfers im Vordergrund. Stattdessen wird die Legitimation betont, auf die der Eingriff in das Vermögen des Schuldners angewiesen ist. Dieser Eingriff wird besonderen Anforderungen unterworfen, indem er sich auf der Seite des Verletzten durch die „Gleichheit der Lastenzuteilung" rechtfertigen muss.

Der verfassungsrechtliche Maßstab wird beiseitegeschoben, wenn der BGH den Primärzweck des § 370 AO nach dem Muster des § 263 StGB auf die Vermeidung des Schadens verengt, den der Täter dem Fiskus zufügt. Mit der behaupteten Gleichstellung von Steuerhinterziehung und Betrug hat der 1. Strafsenat stattdessen die Höhe der verkürzten Steuern sogar als „bestimmenden" Strafzumessungsgrund unterstrichen und legitimiert. Die Gleichstellung erscheint verfehlt, weil die Steuerverkürzung im Kern darin besteht, dass der zu belastende Vermögensinhaber die ihm obliegenden Mitteilungspflichten verletzt, auf deren Grundlage der Anspruch zu berechnen ist. Anders ausgedrückt: Der Täter des § 370 AO entzieht sich der ihm auferlegten Transparenz und damit in den klassischen Anwendungsfällen dieser Norm der rechtzeitigen Festsetzung (Veranlagung) des vollen Steueranspruchs. Von Täuschung, Irrtumserregung oder Treubruch wird der Tatbestand rechtlich nicht geprägt.[30] Der Betrugsanalogie fehlt jede Grundlage; folglich führt sie in die Irre.

Die besondere Strafwürdigkeit der Steuerhinterziehung ergibt sich weder aus dem eingesetzten 5 Mittel noch daraus, dass staatliches Vermögen betroffen ist. Vielmehr geht es um einen „Erfolg" von anderer Qualität. Der Täter nämlich stört mit seiner Tat die von Verfassungs wegen gebotene „Gleichheit der Lastenzuteilung." Sein Verhalten kann die Steuernorm zwar nicht außer Kraft setzen; sie fügt aber dem Vertrauen der Allgemeinheit in die praktizierte Steuergerechtigkeit Schaden zu. Der Vertrauensverlust verursacht Steuerwiderstand. Im Ergebnis bedroht das eine Voraussetzung, auf die der Abgaben erhebende Staat, der nicht jedem Bürger nachspüren kann, angewiesen ist. Vertrauen in praktizierte Steuergerechtigkeit aber hängt von mehr ab als nur von der Durchsetzung bestimmter Steuernormen. Es verlangt ein a priori gerechtes Steuersystem, aus dem sich Vertrauen entwickeln kann. Wenn bereits hier erhebliche Defizite bestehen, trägt der Staat Mitverantwortung für die eintretenden Folgen. Auch das klassische Korruptionsstrafrecht begnügt sich nicht schlicht damit, die bloße Verbotsnorm als geschütztes Rechtsgut zu umschreiben und durch Hinweis auf einen anderen Straftatbestand, der mehr kriminelle Energie voraussetzt, rhetorisch aufzuwerten.[31]

In einem Steuersystem, das den Schlauen und gut Beratenen legale Schlupflöcher eröffnet, sind es 6 eher die Dummen, die ihren Vorteil durch Hinterziehung suchen. Klaus Tipke hat die Lage seit

---

29 BVerfG a.a.O. FN 26.

30 Gerade weil eine solche Prägung nicht besteht, kann der eigenverantwortlichen Hinnahme oder Förderung einer Steuerhinterziehung durch die Finanzbehörde rechtliche Bedeutung zukommen, indem das Verhalten des Angeklagten ins Verhältnis zum Verhalten der zum Schutze der staatlichen Vermögensinteressen berufenen Beamten zu setzen ist (dazu aber der in FN 20 zitierte BGH Beschluß vom 14.12.2010 NJW 2011, 1299 ff, Nr. (30)). Im Jahre 1983 hatte der BGH noch darauf hingewiesen, der bei der Steuerhinterziehung aufgewendete Wille sei ein maßgeblicher bei der Strafzumessung auch nach § 370 AO zu berücksichtigender Umstand, weshalb es wesentlich bleibe, daß dem Täter sein Vorgehen „erleichtert worden ist, weil dies einen Rückschluß auf die zur Begehung der Straftat notwendige und tatsächlich eingesetzte kriminelle Energie zuläßt" (1 StR 25/83 wistra 1983, 145). Der Beschluß des Jahres 2010 engt die Formulierung des Jahres 1983 auf eine nicht nachvollziehbare Weise ein.

31 Beim Korruptionsstrafrecht verweist der BGH auf das Vertrauen der Allgemeinheit in die Lauterkeit des öffentlichen Dienstes als geschütztes Rechtsgut: BGHSt 15, 88, 96; 30, 46; 47, 295, 309.

Jahren analysiert und bedenkliche Befunde öffentlich gemacht.[32] Er hat in einem bekannten Fall das BVerfG mit Erfolg angerufen, weil die Steuernorm und die nicht angemessen auf Durchsetzung angelegte Erhebungspraxis auseinanderklafften.[33] Auch die berüchtigte Vorschrift des § 30a der Abgabenordnung, die aus dem Bankenerlass des Jahres 1979 hervorgegangen ist, gehört in diesen Zusammenhang.[34] Die der Norm gegebene Überschrift „Schutz von Bankkunden" war lange Zeit hindurch als Augenzwinkern des Gesetzgebers zu verstehen, das dem Steuerpflichtigen signalisierte, Rechtstreue sei bei Kapitaleinkünften eine Frage der Freiwilligkeit. Das hat die Hemmschwelle gesenkt oder, besser ausgedrückt, es hat ihrer Entwicklung entgegengewirkt. Wenn dennoch die bloße Hinterziehungssumme als „bestimmender Strafzumessungsgrund" gelten soll, wird damit eine weit zurückreichende Wirklichkeit ignoriert, die keineswegs nur dem betroffenen Steuerpflichtigen zur Last gelegt werden darf.

Freiheit von Zwang zur Selbstbelastung

7   Zu einem gerechten Steuersystem gehört auch ein faires Besteuerungsverfahren. Mehr und mehr ist die Steuerverwaltung in den vergangenen zwei Jahrzehnten mit polizeilichen Funktionen betraut worden, die das Steuergeheimnis aufheben. Ein Beispiel dafür bietet § 31b AO aus dem Jahr 2002.[35] Danach muss die Finanzbehörde die ihr aus Steuererklärungen und Prüfungen bekanntgewordenen Tatsachen, die auf Geldwäsche hindeuten, an die Verfolgungsbehörden weitergeben. Heute bedarf es dazu nicht einmal mehr eines Anfangsverdachts.[36] Der Umfang dieser Verpflichtung erstreckt sich mit dem Katalog des § 261 StGB auf Wahrnehmungen, die von Korruption bis hin zu bestimmten Erscheinungsformen von Betrug und Untreue reichen können. Betroffen davon sind nicht nur Täter oder deren Gehilfen, sondern auch Dritte, die mit den wirtschaftlichen Aspekten solcher Taten in Berührung kommen. Thomas Fischer, Richter am BGH und Kommentator des Strafgesetzbuchs, bezeichnet Geldwäsche als „objektiv unvermeidlich" und fügt hinzu, sie sei „alltägliches Verhalten fast aller Bürger."[37] Er spricht vom „Ausbau eines furchterregenden Kontrollapparats, der fast alles erlaubt."[38] Soweit die Finanzbehörde diesem „Apparat" einverleibt wird, tritt sie dem Bürger längst nicht mehr nur als Hüter steuerlicher Gerechtigkeit entgegen. Die Abgabenordnung enthält kein Recht der Bürger, die auf der Grundlage ihrer Steuererklärungen solche Weiterungen befürchten müssen, sich dagegen zu schützen und von einschlägigen Angaben in ihren Steuererklärungen abzusehen. Ein Nemo-Tenetur analog § 55 StGB für außersteuerliche Delikte erkennt der Gesetzgeber im Bereich der Besteuerung nicht an.[39]

---

32   Die Steuerrechtsordnung, Band 1, 2 und 3, Köln 1993; vorbereitet durch: Klaus Tipke, Steuergerechtigkeit in Theorie und Praxis – Vom politischen Schlagwort zum Rechtsbegriff und zur praktischen Anwendung, Köln 1981.

33   Als Folge eines solchen Spannungsverhältnisses kann bereits die Steuernorm verfassungswidrig sein: So, im Fall Klaus Tipke, das BVerfG Urt. v. 09.03.2004 NJW 2004, 1022.

34   Der Bankenerlass ist abgedruckt im Bundessteuerblatt 1979 I, 590; dazu Tipke, BB 1998, 241 ff.

35   Eingeführt mit dem FinanzmarktförderungsG v. 21.06.2002 BGBl. I, 2010; dazu auch Art. 7a d. Ges. zur Ergänzung der Bekämpfung der Geldwäsche und der Terrorismusfinanzierung v. 13.08.2008 BGBl. I, 1690, 1706.

36   § 31 b AO i. d. F. des Ges. zur Optimierung der Geldwäscheprävention v. 22. 12.2011 BGBl I 2959, 2969; dazu Drüen in: Tipke/Kruse, AO (2012), RdN 3 zu § 31 b AO.

37   Thomas Fischer, StGB, 57. Aufl. München 2010, RdN 4a zu § 261.

38   Thomas Fischer a.a.O. FN 37, RdN 4b zu § 261; seit der 58. Aufl. 2011, RdN 4 b zu § 261, ist nur der Zusatz „furchterregend" gestrichen worden (59. Aufl. 2012, RdN 4 b zu § 261).

39   Nach § 393 Abs. 1 Satz 2 AO sind Zwangsmittel gegen den Steuerpflichtigen nur unzulässig, wenn er dadurch gezwungen würde, sich selbst wegen einer von ihm begangenen „Steuerstraftat oder Steuerordnungswidrigkeit" zu belasten oder wenn gegen ihn „wegen einer solchen Tat" das Strafverfahren eingeleitet worden ist. Die restriktive Regelung hängt letztlich damit zusammen, dass nach § 40 AO auch strafbare Verhaltensweisen besteuert werden.

Ursprünglich wurde das darin liegende Spannungsverhältnis durch die Verbotsregelung des § 393 Abs. 2 AO überwunden. Danach dürfen Tatsachen oder Beweismittel, welche der Finanzverwaltung im Wege der Erfüllung steuerrechtlicher Pflichten bekannt werden, gegen den betroffenen Bürger nicht für die Verfolgung einer Tat verwendet werden, die keine Steuerstraftat ist. Dieser mittelbare Schutz gilt heute als weitgehend wirkungslos. § 31b AO hat ihn ausgehebelt. Er dient ausdrücklich auch der Repression, weshalb angenommen wird, die Verbindung von Besteuerung und Strafverfolgung entspreche dort und bei schwereren Delikten einem zwingenden öffentlichen Interesse (§§ 393 Abs. 2 Satz 2, 30 Abs. 4 Nr. 5 AO). Dazu gehört ähnlich die ebenfalls noch junge Regelung des § 4 Abs. 5 Nr. 10 Satz 3 EStG. Auf dieser Grundlage teilt die Finanzbehörde Tatsachen, die den Verdacht einer rechtswidrigen Handlung des Korruptionsrechts begründen, der Staatsanwaltschaft (oder der mit Strafsachen befassten Finanzbehörde) mit.[40] Aus Sicht des BGH werden solche Täter, wenn sie ihre steuerlichen Pflichten erfüllen müssen, weder durch ein Steuergeheimnis noch durch ein Verwertungsverbot davor geschützt, dass ihre eigenen Angaben die Strafverfolgung auslösen.[41]

Das BVerfG hat mit Beschluß v. 27.04.2010 alle Anstrengungen unternommen, eine Vorlage des **8** LG Göttingen, das dieses Spiel mit dem Begriff des öffentlichen Interesses für verfassungswidrig hielt, aus formalen Gründen abzuschmettern.[42] Erstmals in ihrer langen Geschichte können die Finanzbehörden, denen gegenüber die Steuerpflichtigen gesetzlich zur Transparenz gezwungen sind, heute die mächtige Rolle einer sachkundigen und mit umfassender Prüfungsgewalt ausgestatteten Außenstelle der Polizei einnehmen. Deren Macht ist hier sogar stärker als im klassischen Strafverfahren, weil die Finanzbehörde die zwei Gewalten des Steuer- und des Strafrechts in sich vereinigen kann. Dabei wird aus dem Fundus geschöpft, den die Steuerpflichtigen mit ihren vorgeschriebenen Erklärungen oder aus Anlaß von Prüfungen speisen. Das Grundrecht der Bürger, nicht zur eigenen Verfolgung beitragen zu müssen, hat dem nicht Stand gehalten. Es verschwindet hinter der Wolke der Erkenntnisse, die auf die beschriebene Weise zusammengetragen werden. Polizeilich aufgeladene Steuerpflichten, bei denen die im Strafverfahren geltenden Grundrechte versagen, sprengen die schützenden Formen. Ein bedrückendes Beispiel dafür bietet die tolerierte Einmischung des Bundesnachrichtendienstes.[43] Steuergerechtigkeit aber lässt sich ohne faires Verfahren nicht denken. Deshalb trägt der Staat Mitverantwortung dafür, dass dem Vertrauen auf Steuergerechtigkeit und damit dem Rechtsgut, dessen Schutz § 370 AO gewährleisten soll, geschadet wird. Auch dieser Befund relativiert.

---

40 BMF BStBl. I, 02, 1031; Heinicke in: Ludwig Schmidt, EStG, 31. Aufl. München 2012, RdN 612 zu § 4.
41 BGH 5 StR 193/03 wistra 2004, 391, 393 = StV 2004, 578. Dazu d. Verf., Menschenwürde und Steuerpflicht, StuW 2005, 367 ff., 371.
42 BVerfG 27.04.2010 2 BvL 13/07 wistra 2010, 341. Die Vorlage (LG Göttingen wistra 2007, 231) ist mit höchst differenzierten Erwägungen als unzulässig verworfen worden, weil das LG Göttingen den Anforderungen „nicht gerecht" geworden sei.
43 Das BVerfG im Beschluß v. 09.11.2010, JZ 2011, 249 mit Anm. Wohlers, im Liechtenstein-Komplex hat keinen Anlass gesehen, die Einschaltung des Bundesnachrichtendienstes aufzugreifen und als Anlass eines Verwertungsverbotes zu behandeln. Da die Beschwerdeführer die Rolle des Bundesnachrichtendienstes vor den Fachgerichten nicht hätten aufklären lassen, sei von den Feststellungen des AG und LG auszugehen, wonach dieser „die Daten im Wege der Amtshilfe lediglich entgegengenommen und weitergeleitet habe." Das zumindest schien dem BVerfG, wie sich aus der Begründung des Beschlusses ergibt, hinnehmbar. Eine Grenze wird für den hypothetischen Fall gezogen, dass der Bundesnachrichtendienst „zur gezielten Erlangung von Zufallsfunden für nicht-nachrichtendienstliche Zwecke eingesetzt" worden wäre (Roggan/Bergemann NJW 2007, 876). Bei aller Zurückhaltung, aus dem Beschluss über die Nichtannahme der Verfassungsbeschwerde materielle Aussagen abzuleiten, bleibt Unbehagen. Wolfgang Janisch in der SZ v. 01.12.2010 weist zutreffend darauf hin, dass der Richterspruch aus Karlsruhe auf der Prämisse beruhe, dem Auslandsgeheimdienst sei die Steuer-CD gleichsam in den Schoß gefallen, ganz so wie dem Sterntaler-Mädchen, dem lauter harte blanke Taler vom Himmel fielen. Er meint, das Bundesverfassungsgericht habe sich „naiv gestellt", was auf eine Abneigung der Richter dagegen deuten könnte, beim Steuerstrafrecht dem Bundesnachrichtendienst in den Arm zu fallen.

9   Wie gering das Grundrecht auf Freiheit von Selbstbelastung wiegen soll, zeigt der Beschluss des BGH v. 17.03.2009.[44] Er unterwirft sogar den vorsätzlichen Täter der Steuerhinterziehung einer strafbewehrten (steuerlichen) Pflicht zur Anzeige gegen sich selbst. Diese soll greifen, wenn der Täter den Finanzbehörden zuvor objektiv falsche Angaben unter billigender oder gleichgültiger Inkaufnahme der Unrichtigkeit gemacht hat. Ausgelöst wird die in § 153 AO hineingelesene erweiterte Anzeigepflicht, sobald der zunächst noch bedingte Vorsatz des Täters im weiteren Verlauf zu sicherem Wissen erstarkt. Das Risiko der durch die Anzeige verursachten Strafverfolgung gegen sich selbst hält der BGH unter Hinweis auf § 371 AO (als Ausstiegsoption) für gering. Wo aber Sperrwirkungen, etwa das Erscheinen des Prüfers, die Strafaufhebung durch Selbstanzeige verhindern, soll ein Beweismittelverwertungs- oder Verwendungsverbot helfen.[45] Dies freilich wird sich schnell als eine fromme Illusion erweisen. Die Behörden und Gerichte werden das Beweisverbot dadurch unterlaufen, dass bereits für die erste Phase ein direkter Vorsatz angenommen und die nachfolgende Berichtigung nicht als Erfüllung einer gesetzlichen Pflicht, sondern als freiwillig betrachtet wird.

Selbst wenn es dem Beschuldigten bei seiner Verteidigung gelänge, das Gericht vom ursprünglich nur bedingten Vorsatz zu überzeugen, kann das so angestrebte Verwertungsverbot in der Praxis auf ein weiteres Hindernis stoßen. Die als Folge der aufgezwungenen Berichtigung herbeigeführte Bestrafung soll nämlich nach Auffassung des BGH im Beschluß vom 17.03.2009 unbedenklich eingreifen, falls die Strafaufhebung nach § 371 AO nur daran scheitert, dass der Täter nicht in der Lage ist, den steuerlichen Schaden wiedergutzumachen. Der Grundsatz der Selbstbelastungsfreiheit, so formuliert der BGH, „gebietet nicht, den Steuerhinterzieher gegenüber anderen Steuerpflichtigen besser zu stellen, nur weil er auch Steuerstraftäter ist." Zur Begründung dieses Umgangs mit dem Nemo-Tenetur-Recht heißt es: „Der Staat ist darauf angewiesen, die ihm gesetzlich zustehenden Steuereinnahmen tatsächlich zu erzielen, um seinen vielfältigen Aufgaben gerecht zu werden."[46] Dieser – die Regelung fortbildende – Text wägt das Grundrecht auf Freiheit von Selbstbelastung gegen das Steuerinteresse ab und lässt es im Konfliktfall an diesem scheitern. Wäre aber das Vertrauen der Allgemeinheit auf eine gerechte Steuerordnung der als Rechtsgut geschützte Zweck des § 370 AO, so sähe das Ergebnis ganz anders aus: Zur gerechten Besteuerung gehört selbstverständlich gerade auch an dieser Stelle das die Grundrechte achtende faire Verfahren.

Normative Einladung zur Selbstanzeige

10 Ähnliche Probleme treten beim gewandelten Verständnis der Selbstanzeige auf. Der BGH geht von einer „doppelten Rechtfertigung" des § 371 AO aus. Zum einen sollen verborgene Steuerquellen erschlossen, zum anderen soll ein Anreiz geschaffen werden, zur Steuerehrlichkeit zurückzukehren.[47] Die vom 1. Strafsenat als „Privilegierung" bezeichnete Strafaufhebung[48] beruht damit insgesamt auf dem schon mehrfach hervorgehobenen „fiskalischen Zweck." Dies habe, so meint der BGH, heute angesichts der national und international bestehenden Ermittlungsmöglichkeiten „zunehmend an Bedeutung verloren."[49] Auf dieser (dynamischen) Grundlage hat der 1. Strafsenat die bisherige Auslegung verschärft und das „Privileg" verengt. Das senkt den für die Selbstanzeige gewährten „Preis." Teilselbstanzeigen sieht der BGH seither als unzulässig an,[50] und die normierten Sperrgründe hält er für Ausnahmen von der Ausnahme.[51] Damit hat der 1. Strafsenat, obwohl

---

44 BGHSt 53, 210 ff. = NJW 2009, 1984.
45 BVerfGE 56, 37 =NJW 1981, 1431;BGH NStZ 2005, 519 =wistra 2005, 148.
46 BGHSt 53, 210 ff, 219 (Rz 29).
47 Beschl. v. 20.05.2010 1 StR 577/09 BGHSt 55, 180.
48 BGH wie vor S.181 (Rz 6 und 7).
49 BGH wie vor S.183 (Rz 10).
50 BGH wie vor S.182 (Rz 8 ff).
51 BGH wie vor S.184 (Rz 17).

jede Restriktion des § 371 AO indirekt die Reichweite der Strafnorm ausdehnt, die Sperrwirkungen durch Richterspruch erweitert.[52]

Betroffen davon ist insbesondere die Tatentdeckung, die der Strafaufhebung entgegensteht, wenn sie zum Zeitpunkt der Selbstanzeige objektiv eingetreten war „und der Täter dies wußte oder bei verständiger Würdigung der Sachlage damit rechnen mußte" (§ 371 Abs. 2 Nr. 2 AO). Nach Auffassung des BGH dürfen „jedenfalls heute keine hohen Anforderungen an die Annahme des „Kennenmüssens" der Tatentdeckung mehr gestellt werden." Daher werde dieser Sperrgrund „heute maßgeblich durch die objektive Voraussetzung der Tatentdeckung ... und weniger durch die subjektive Komponente bestimmt."[53] Dieses dem Gesetzestext unterlegte neue Verständnis verschiebt die Gewichte und verändert die Praxis.

Dahinter steht die Erwägung, dass der Staat, dessen Behörde Kenntnis von der Steuerverkürzung erlangt, aus dem bloßen Vermögensinteresse heraus keinen Anlass mehr hat, für die Rückkehr des betroffenen Täters zum Recht Strafaufhebung zu gewähren.[54] Genau hier aber scheiden sich die Geister. Das hängt zunächst mit einem von der Strafjustiz verdrängten Zweck des § 371 AO zusammen. Steuerdelikte sind oft Serientaten. Wer dem Finanzamt Einkünfte aus einer bestimmten dauerhaften Quelle verschwiegen hat, steht in den Folgejahren immer wieder vor der Frage, ob er sein früheres Verhalten fortsetzen soll. Steuerehrlichkeit für das spätere Jahr bringt (mittelbar) das vorausgegangene Delikt zur Entdeckung. Diese Gefahr bedeutet freilich nicht, dass der Steuerpflichtige, um sich strafrechtlich zu schützen, die wiederum gebotenen richtigen Angaben unterlassen darf.[55] Damit holt die Vergangenheit den verstrickten Bürger als neues gegenwärtiges Dilemma ein. § 371 AO überwindet, soweit seine Voraussetzungen erfüllt werden können, den Konflikt durch Strafaufhebung.

Auch der BGH, der das Dilemma nicht anerkennt,[56] verweist den Steuerpflichtigen auf die Möglichkeit, sein früheres Delikt durch Selbstanzeige mit Strafaufhebung aus der Welt zu schaffen. Er trägt aber keine Bedenken, diesen Ausweg zu erschweren. Wo eine Selbstanzeige wirkungslos bleibt, weil Sperrwirkungen (etwa: anhängige Außenprüfungen) greifen, soll die Verwendung der für das Folgejahr gelieferten Informationen nur steuerlich statthaft sein.[57] Ob solche subtilen Einschränkungen wirksam schützen können, darf bezweifelt werden. Im Kern ist es, soweit § 371 AO dies noch zuläßt, die Selbstanzeige, mit deren Hilfe die gebotene Steuerehrlichkeit trotz zurückliegender Verfehlungen mit dem Grundrecht des Nemo-Tenetur vereinbar gemacht werden kann.

11

---

52 Dieses Zusammenhangs und des möglichen Spannungsverhältnisses zu Art. 103 Abs. 2 GG ist der Senat sich bewusst. Die Auffassung des BGH hat den Gesetzgeber des Jahres 2011 (a. a. O. FN 5) nur für die Zukunft teilweise beeinflußt. Der Gesetzgeber hat Vertrauensschutz gewährt und in Art. 97 § 24 EGAO anerkannt, daß für die bis zum Tage der Ausfertigung des neuen Gesetzes (am 28.04.2011) abgegebenen unvollständigen Selbstanzeigen wirksam bleiben.

53 BGHSt 55, 180, 189 (Rz 33).

54 Dieser Aspekt wird aufgegriffen von Ransiek/Hinghaus, Tatbegriff und Selbstanzeige nach § 371 AO, StV 2010, 711 ff., 713 f. Sie halten es bei der Entdeckung nicht für entscheidend, ob einzelne Beamte die Informationen bereits subjektiv wahrgenommen haben, sondern lassen die Möglichkeit genügen, ohne Weiteres von diesen Kenntnis nehmen zu können. In einem solchen Fall sei dem Täter die Beseitigung des Hinterziehungserfolges nicht mehr als „eigenes Werk" zuzurechnen (a.a.O. S. 714 l.). Den Behörden, nicht aber dem Täter, sei die Beseitigung des Erfolgs zuzurechnen, wenn sie bereits über sämtliche Informationen objektiv verfügen, aus denen sich der Verdacht einer Steuerstraftat ergibt. Es bleibt offen, ob Ransiek/Hinghaus unter dieser Voraussetzung ebenso wie der 1. Strafsenat dem gesetzlich geregelten subjektiven Aspekt, nämlich der Kenntnis von der Entdeckung oder der Erkennbarkeit, de lege lata minderes Gewicht beimessen wollen.

55 BGH v. 26.04.2001 5 StR 587/00, BGHSt 47, 8, 15 m. Anm. d. Verf. NStZ 2001, 544.

56 Eine Besonderheit gilt freilich im Fall der Einleitung eines Steuerstrafverfahrens, dessen Gegenstand sich mit der noch zu erfüllenden Steuerpflicht zumindest teilweise deckt: BGH v. 23.01.2002 5 StR 540/01 StV 2002, 203; BGH v. 26.04.2001 5 StR 587/00, BGHSt 47, 8, 15.

57 BGH v. 12.01.2005 5 StR 191/04, NJW 2005, 763, 765 = StV 2005, 316.

Erst die Selbstanzeige stellt bei den Seriendelikten die sonst nicht denkbare verfassungsrechtliche Brücke her. Da die Menschen keine Heiligen sind, sichert sie das Nemo-Tenetur-Recht. Steuergerechtigkeit und das die Grundrechte respektierende Verfahren lassen sich nicht voneinander trennen. Deshalb darf man das Institut der Selbstanzeige nicht als disponibles „Privileg" missverstehen. Es handelt sich vielmehr um ein wesentliches Element einer gerechten Steuerrechtsordnung.

12 Wie daraus folgt, beruht die Selbstanzeige auch nicht primär auf einem fiskalischen Interesse. Die Abgabe von Selbstanzeigen, deren Statistik in die öffentliche Berichterstattung eingeht, verdeutlicht, dass zur Rechtstreue zurückgefunden wird. Dies stärkt das Vertrauen der Allgemeinheit auf Steuergerechtigkeit. Bei richtigem Verständnis geht es der Vorschrift des § 371 AO um dieses übergreifende Ziel und nicht um Privilegierung. Die Tatentdeckung als Sperre, an der die mit der Selbstanzeige angestrebte Strafaufhebung scheitert, wird zur Probe aufs Exempel. In dem Maße nämlich, in dem eine für den Betroffenen unbekannte Entdeckung den negativen Ausschlag geben soll, wäre die Selbstanzeige zum Zeitpunkt ihrer Einreichung unkalkulierbar. Besonders deutlich wurde das bei den (gescheiterten) politischen Bestrebungen, im Zuge der Novellierung auf subjektive Elemente ganz zu verzichten und schon den bloßen verwaltungsinternen Eingang von Kontrollmitteilungen für die Sperrwirkung ausreichen zu lassen. So weit konnte der BGH, der sich zum geltenden Recht äußerte, nicht gehen. Sein Versuch, den objektiven Teil der Entdeckung höher zu gewichten und die Kenntnis oder Erkennbarkeit dahinter zurücktreten zu lassen, wirkt aber ominös und zielt in eine derartige Richtung.

Geht man dagegen von einer durch die Grundrechte geprägten Vorstellung von Steuergerechtigkeit und Verfahren aus, wiegt das fiskalische Argument, das der 1. Strafsenat zur Rechtfertigung in den Vordergrund rückt, geringer. Dann verbietet es sich, den Steuerhinterzieher gesetzlich zur Selbstanzeige einzuladen, bei der es sich um einen Verzicht auf das Nemo-Tenetur-Recht handelt, während ihm damit zugleich ein unkalkulierbares Risiko aufgebürdet wird. Dieses Risiko bestünde darin, dass sich die Selbstanzeige wegen einer vom Steuerpflichtigen unvorhergesehenen objektiven Entdeckung in ein strafrechtlich verwertbares Geständnis verwandelt. Die Bedeutung des Grundrechts lässt aber keine zynisch wirkende Regelung zu, als deren Folge Selbstanzeigen zum Russischen Roulette würden. Da § 371 AO, wie es geboten ist, als Anreiz verstanden werden muss, der durch die gesetzliche Einladung zur Offenbarung mehr steuerliche Gerechtigkeit schafft, geht die erweiternde Auslegung von Sperrwirkungen fehl. Ganz und gar unstatthaft wäre es, Selbstanzeigen, die im berechtigten Vertrauen auf die bisherige Judikatur und Rechtslage erstattet worden sind, nachträglich durch rückwirkende richterliche Verschärfung die Grundlage zu entziehen.

Strafe

13 Der 1. Strafsenat des BGH zitiert in seinem Beschluß vom 05.05.2011 den Finanzausschuß des Bundestages mit der Bewertung, „daß Steuerhinterziehung kein Kavaliersdelikt sei und entsprechend bekämpft werden müsse."[58] Deshalb sei „eine Aussetzung der Freiheitsstrafe auf Bewährung bei Hinterziehung in Millionenhöhe ... nicht mehr möglich." Die Empfehlung des Finanzausschusses wiederum berief sich auf den BGH. Zugleich macht der 1. Strafsenat die Dienstaufsicht der Staatsanwaltschaften ausdrücklich verantwortlich dafür, dies notfalls auch gegen stattgefundene Verständigungen auf dem Revisionswege durchzusetzen.[59]

Bei seinen Leitlinien zur Strafzumessung greift der BGH, wie die schon zitierten Ausführungen zum Regelbeispiel des § 370 Abs. 3 Satz 2 Nr. 1 AO zeigen, auf die bereits erwähnte „Vergleichbarkeit mit dem Betrug" zurück.[60] Danach ist, so ausdrücklich, „bei von der Begehungsweise und

---

58 1 StR 116/11 wistra 2011, 347, 348.
59 Wie vor S. 348.
60 BGHSt 53, 71 ff., 83.

vom Unwertgehalt ähnlichen Delikten wie bei dem Betrug und der Steuerhinterziehung eine ähnliche Grenzziehung in Betracht zu ziehen ...“[61] Diese Gleichstellung der beiden Tatbestände hat aber auch in der rechtsgeschichtlichen Entwicklung keine Grundlage. Sie ist ahistorisch. Der Betrug (§ 263 RStGB) sah schon im 19. Jahrhundert Gefängnis und daneben Geldstrafe als Sanktion vor. Die Gefängnisstrafe reichte bis zu fünf Jahren (§ 16 RStGB). Beim dritten Rückfall war Zuchthaus bis zu zehn Jahren zu verhängen, beim Rückfall unter mildernden Umständen Gefängnis nicht unter drei Monaten (§ 264 RStGB). Im Kaiserreich waren die – nach Ländern unterschiedlichen – Strafandrohungen für Steuerdelikte dagegen auf Geldstrafen beschränkt, teilweise mit der Möglichkeit der Umwandlung in eine Ersatzfreiheitsstrafe.[62] Erstmals das Kriegssteuergesetz 1916 drohte neben Geldstrafe eine Gefängnisfreiheitsstrafe bis zu einem Jahr an.[63] Das auf besondere Anlässe zugeschnittene Steuerfluchtgesetz 1918 sah Gefängnis nicht unter drei Monaten vor.[64]

Selbst in der gesteigerten Finanznot der Jahre ab 1918 ließ der Gesetzgeber keine Neigung erkennen, die Steuerhinterziehung wie einen Betrug zu behandeln. Die Reichsabgabenordnung 1919 verwies auf Einzelregelungen, die ein elaboriertes System von Geldstrafen aufrechterhielten.[65] Mit der Neufassung des Jahres 1924 wurde zwar die Möglichkeit geschaffen, neben der Geldstrafe eine Freiheitsstrafe bis zu zwei Jahren zu verhängen[66], was noch weit hinter dem Betrug zurückblieb. Vor diesem Hintergrund war es eine tiefgreifende Veränderung, dass aus Anlaß der beiden Steueramnestien des Jahres 1931, jedoch nur für eng gefasste Sonderfälle, Zuchthaus bis zu zehn Jahren angedroht wurde. Die nationalsozialistische Gesetzgebung des Jahres 1933 brandmarkte den Sonderfall der Steuerhinterziehung, die durch Verlagerung ins Ausland begangen wurde, als „Verrat der deutschen Volkswirtschaft“. Dieser Ton, dessen verschwiegener Hintergrund durch die Geschichte beleuchtet wird, war neu und unerhört. Vorsätzliche Nichtanzeige war mit Zuchthaus von drei bis zehn Jahren zu bestrafen. Im übrigen überdauerte der grundsätzlich mäßige Strafrahmen des Jahres 1924, dessen Höchstgrenze Gefängnis bis zu zwei Jahren betrug, sogar bis zum Kriegsende.[67]

Nicht einmal die Zeit nach 1945 führte dazu, dass die moderate Strafandrohung der Steuerhinterziehung dem Betrugstatbestand nachhaltig angeglichen wurde. Im Jahr 1949 fand eine Verschärfung zunächst nur für das Vereinigte Wirtschaftsgebiet und Rheinland-Pfalz statt, also nicht für Baden, Württemberg-Hohenzollern und Berlin.[68] Mit der bundeseinheitlichen Neufassung des § 396 Abs. 1 der Reichsabgabenordnung wurde die Strafandrohung danach wieder auf „Geldstrafe oder Gefängnis und Geldstrafe“ gemindert, was der „Geldstrafe als Regelstrafe“ gleichkam.[69]

Dabei blieb es bis zum Inkrafttreten der Abgabenordnung 1977, die mit § 370 AO die Freiheits- **14** strafe bis zu fünf Jahren zur neuen Regel werden ließ und durch den neuen dritten Absatz benannte Beispiele für besonders schwere Fälle einführte, bei denen der Strafrahmen Freiheitsstrafe von sechs Monaten bis zu zehn Jahren vorsah. Der insoweit ältere Betrugstatbestand dagegen hatte bereits lange einen unbenannten Strafschärfungsgrund enthalten; er ist strukturell erst mit dem 6. Strafrechtsreformgesetz des Jahres 1998 durch Regelbeispiele konkretisiert worden. Doch dauerten letzte Unterschiede bis in unsere Zeit fort. Während die besonders schwere Steuerhinterziehung bei großem Ausmaß (bis zur Neuregelung vom 21.12.2007[70]) zugleich „groben“

---

61 BGHSt 53, 71, ff, 83 unter Hinweis auf BGHSt 48, 360, 364.
62 Joecks in: Franzen/Gast/Joecks, Steuerstrafrecht, 7. Aufl. München 2009, RdN 1a zu § 370 AO.
63 Joecks a.a.O. FN 62.
64 Joecks a.a.O. FN 62.
65 Joecks, a.a.O. FN 62 Einl. 38.
66 Joecks, a.a.O. FN 62 RdN 2 zu § 370 AO; im Rückfall war Gefängnis bis zu 5 Jahren angedroht.
67 Kohlmann, a.a.O. FN 9, S. 17.
68 Joecks a.a.O. FN 62 RdN 3 zu § 370 AO und Kohlmann a.a.O. FN 9 S. 17.
69 Kohlmann a.a.O. FN 9 S. 17, Joecks a.a.O. FN 62 RdN 3 zu § 370 AO.
70 BGBl. I 2007, 3198.

Eigennutz voraussetzte, genügte beim Betrug von vornherein der objektive Vermögensverlust großen Ausmaßes. In der geschichtlichen Entwicklung entwarf § 263 StGB mithin nie ein Leitbild, an dem sich der Tatbestand der Steuerhinterziehung orientierte. Der 1. Strafsenat hat dies mit seinem zitierten Obiter Dictum vernachlässigt und eine Gleichstellung dekretiert, die weder im Tatbestand noch im Blick auf die geschichtliche Entwicklung der Sanktion gerechtfertigt ist.

15 Als der Große Strafsenat im Jahr 1994 im Fall einer Verurteilung wegen fortgesetzten Betrugs darüber zu entscheiden hatte, ob die Rechtsprechung zum Fortsetzungszusammenhang zu korrigieren sei, war er sich der schwerwiegenden Folgen bewusst: Die Höchststrafe einer einzigen (fortgesetzten) Handlung nämlich war notwendigerweise niedriger als die bei Tatmehrheit sich ergebende Obergrenze („dies selbst dann, wenn die Vielzahl der Einzelakte einen besonders schweren Fall begründet").[71] Der Große Strafsenat gab den Fortsetzungszusammenhang insbesondere für Betrugstaten auf. Er rechnete diesen Deliktstatbestand ausdrücklich nicht zu dem Kreis, der „indiziell für die Annahme von Fortsetzungszusammenhang sein" könnte.[72] Der Betrug nämlich setze eine Täuschungshandlung und eine Vermögensverfügung voraus. Damit seien die einzelnen Verhaltensweisen jeweils hinreichend voneinander abgrenzbar. Deshalb gebe es keine Gründe, „welche eine über die natürliche Handlungseinheit hinausgehende Wertung mehrerer Tatbestandshandlungen als eine fortgesetzte Tat gebieten würden."[73]

Ob das „Richterrecht" zum Fortsetzungszusammenhang bei Steuerhinterziehungen aufrechtzuerhalten war, hat der Große Strafsenat nicht entschieden. Er hat allerdings erwähnt, dort habe der Fortsetzungszusammenhang „nicht nur in Extremfällen dazu geführt, daß etwa Steuerhinterziehungen über siebenundzwanzig und dreizehn Jahre ... zu jeweils einer einzigen Straftat zusammengefaßt worden" seien.[74] Weil für Steuerhinterziehungen nicht zwangsläufig gelten musste, was für den Betrug gelten sollte, hatte darüber später der seinerzeit zuständige 5. Strafsenat zu befinden.[75] Er hat sich dem Großen Strafsenat angeschlossen.[76] Dem lag eine Umsatzsteuerhinterziehung zugrunde, die sechs Veranlagungszeiträume umfasst hatte und als eine Tat abgeurteilt worden war. Insoweit war der Ausgangsfall ein klassisches Beispiel für Serien, wie sie dem Steuerrecht eigentümlich sind, das in aller Regel dazu zwingt, Jahr für Jahr wieder neue Steuererklärungen abzugeben. Dies ist damals nicht näher erwogen worden. Abweichend vom Betrug verlangt hier nämlich die Unterlassung solcher neuer Taten oft mehr Energie als deren Begehung, weil mit nachfolgenden ehrlichen Erklärungen häufig die Aufdeckung früherer Verfehlungen verbunden wäre.

Der Übergang vom Fortsetzungszusammenhang zur Tatmehrheit hatte die Anwendung der §§ 53, 54 StGB zur Folge. Damit stieg bei steuerstrafrechtlichen Serien die Obergrenze der Freiheitsstrafe von zehn auf fünfzehn Jahre an (§ 38 Abs. 2 StGB). Vermutlich ist im Jahre 1994 auch beraten worden, ob es überhaupt möglich sei, eine solche fundamentale Veränderung einer über hundertjährigen Rechtsprechung durch Richterrecht vorzunehmen. Heute ist fast vergessen: In der Entscheidung des Großen Strafsenats heißt es noch beschwichtigend, der Übergang von der bisherigen Praxis weitgehender Annahme des Fortsetzungszusammenhangs zur Tatmehrheit brauche nicht zur Erhöhung des allgemeinen Strafenniveaus, insbesondere bei der tatsächlichen Höhe der Freiheitsstrafen, zu führen.[77]

Während der langen Zeit des vom vormaligen Richterrecht getragenen Fortsetzungszusammenhangs war im Fall des § 370 AO nahezu immer nur „eine" Tat bestraft worden. Weil die Gerichte sich der Anwendung des § 370 Abs. 3 AO verweigerten, lief dessen Strafandrohung faktisch an der

---

71 BGHSt 40, 138 , 148.
72 BGHSt 40, wie vor, 165, 167.
73 BGHSt 40, wie vor, 167.
74 BGHSt 40 wie vor, 147.
75 BGHSt 40, wie vor, 195.
76 BGHSt 40, wie vor, 196.
77 BGHSt 40, 138, wie vor, 162.

Obergrenze von fünf Jahren aus. Die ab 1994 anzunehmende Tatmehrheit durchbrach diese Struktur. Seither, so schien es damals, entfiel zwar der über die Jahresgrenze hinaus addierte und gesteigerte Schaden als entsprechend hohe verschuldete Auswirkung der Tat. Dafür eröffnete aber die wegen der Einzeltaten zu verhängende Gesamtstrafe einen nunmehr bis zu fünfzehn Jahren reichenden Rahmen.

Der Vorteil, dass die fortan anzunehmenden Einzeltaten geringere Verkürzungsbeträge ergeben, 16 hat dies nicht kompensiert. Er ist inzwischen obsolet geworden: Nach Auffassung des BGH strahlt nämlich der kumulierte Gesamtschaden bereits auf die Festsetzung der Einzelstrafen und damit auf diesen Teil der Zumessung aus.[78] Was bliebe, wäre der mit Wegfall des Fortsetzungszusammenhangs heute eher als zuvor beginnende Lauf der Verfolgungsverjährung. Auch hier weist die Tendenz jedoch in eine andere Richtung. Für besonders schwere Fälle hat der Gesetzgeber die Verfolgungsverjährung von fünf Jahren auf zehn verlängert (§ 376 Abs. 1 AO).[79] Zugleich hat das neue der Selbstanzeige durch den BGH auferlegte Vollständigkeitsgebot den Gesetzgeber beeinflußt. Die Neuregelung löst sich insoweit tendenziell vom Tatbegriff, der 1994 den Ausschlag gegeben hatte, und zwingt dazu, hinsichtlich der noch nicht verjährten Vergangenheit für die betroffene Steuerart „reinen Tisch" zu machen.[80] Dies greift auf alte Vorstellungen zum Fortsetzungszusammenhang zurück. So haben sich die jeweils strengsten Elemente der unterschiedlichen rechtlichen Lösungsmodelle vereinigt.

---

78 Im Urteil v. 17.03.2009 1 StR 627/08, BGHSt 53, 212, 232 f (Rz 48) hat der 1. Strafsenat sich zur Strafzumessung der Einzelstrafen bei Tatmehrheit geäußert: In solchen Fällen sei „nicht allein der jeweils durch die Einzeltat verursachte Schaden maßgeblich für die Bemessung der Einzelstrafe; vielmehr muß auch bei der Zumessung der Einzelstrafen die Gesamtserie und der dadurch verursachte Gesamtschaden in den Blick genommen werden ...".Der 1. Strafsenat hat dies durch Beschluß v. 29.11.2011 1 StR 459/ 11, wistra 2012, 151, bestätigt. Danach ist bereits bei der Zumessung der Einzelstrafen nicht allein der durch die Einzeltat verursachte Schaden entscheidend, sondern auch die Gesamtserie und der dadurch verursachte Gesamtschaden in den Blick zu nehmen. In jüngster Zeit, mit Urt. v. 22.05.2012 1 StR 103/ 12, NJW 2012, 2599, hat der erste Strafsenat entschieden, dass bei der Ermittlung der Zumessungsschwellen nach § 370 Abs. 3 Satz 2 Nr. 1 AO („großes Ausmaß") die Beträge aller mehrheitlichen Taten zusammenzurechnen sind, „selbst wenn jeder für sich genommen die Grenze zum großen Ausmaß nicht überschreitet."
79 Nach § 376 Abs. 1 AO beträgt die Verjährungsfrist in den in § 370 Abs. 3 Satz 2 Nr. 1 bis 5 AO genannten Fällen besonders schwerer Steuerhinterziehung zehn Jahre (Jahressteuergesetz 2009 BGBl. I 2008, 2794). Diese Rechtslage besteht seit dem 25.12.2009 und erfaßt (indirekt rückwirkend) auch die damals noch nicht verjährten Altfälle.
80 Die Koalitionsfraktionen des Bundestages hatten sich wie die Bundesregierung in BT-Drucks. 17/1352 mit Antrag v. 19.05.2010 (BT-Drucks. 17/1755), der den Titel trägt: „Steuerhinterziehung wirksam und zielgenau bekämpfen", im Vorfeld der Novellierung des § 371 AO für punktuelle Restriktionen der strafbefreienden Selbstanzeige ausgesprochen. Die SPD-Fraktion brachte den Entwurf eines Gesetzes ein, das die Selbstanzeige als Instrument zur Wiederherstellung der Steuerehrlichkeit als überholt ansah, weil § 371 AO keinen Rückgang der Steuerhinterziehung bewirkt habe (v. 20.04.2010 BT-Drucks. 17/1411). § 371 AO signalisiere, dass sich der Staat damit begnüge, hinterzogene Steuern verspätet zu erhalten. Mit einer entschlossenen Bekämpfung der Steuerkriminalität sei ein genereller Verzicht auf den Strafanspruch unvereinbar. Die Bundesregierung definierte in einem vom BMF dem Bundestag am 06.04.2010 zugeleiteten Schreiben (BT-Drucks. 17/1352) ihr Ziel, das Instrument der strafbefreienden Selbstanzeige zu erhalten, aber dort, wo die Selbstanzeige mit krimineller Energie von Anfang an bereits in die Steuerhinterziehungsplanung miteinbezogen werde, Schranken zu setzen. Das Ergebnis war der Kompromiß des Gesetzes vom 02.05.2011 (a.a.O. FN 5), der beim „reinen Tisch" hinter der Auffassung des 1. Strafsenats, die nicht auf die gleiche Steuerart beschränkt war, zurückgeblieben ist und für die Zeit vor Inkrafttreten des Gesetzes Vertrauensschutz gewährt.

Hemmschwelle

17 Zeichen und Erfahrung sprechen dafür, dass das Steuerstrafrecht unter dem kontinuierlichen Einfluss richterrechtlicher Veränderung schärfer wird. Wenn es eines weiteren Belegs hierfür bedürfte, dann wäre dies das lautlose Verschwinden eines Begriffs. Bei ihm handelt es sich um das schöne Wort von der Hemmschwelle, die gerade dem Serientäter – und dazu gehört in erster Linie der Steuerhinterzieher – im Zuge wiederholter Tatbegehung Jahr für Jahr mehr abhandenkommt. Serienmäßig begangene Delikte sind dadurch geprägt, „daß eine wiederholte Tatbegehung nicht in jedem Fall Ausdruck einer sich steigernden rechtsfeindlichen Einstellung sein muß, sondern auch darauf zurückzuführen sein kann, daß die Hemmschwelle immer niedriger wurde, was nicht nur bei Bildung der Einzelstrafen, sondern auch bei Bildung der Gesamtstrafe zugunsten des Täters zu berücksichtigen ist."[81] Die Einzelstrafen der späteren Taten sollten deshalb zu Geldstrafen tendieren. Das konnte nach § 53 Abs. 2 Satz 2 StGB eine kombinierte Gesamtstrafe möglich machen, zu der neben Freiheitsstrafe auch Geldstrafe gehört.[82]

Der Aspekt der Hemmschwelle wird, wie man lesen kann, „vom Bundesgerichtshof immer wieder betont, um nach Wegfall der fortgesetzten Handlung einem nicht beabsichtigten Ansteigen des Strafenniveaus entgegenzuwirken."[83] Das Steuerstrafrecht aber hat den Umgang mit der Hemmschwelle verlernt, die eine differenzierte Betrachtung nahelegen würde. Angesichts der völlig unbestrittenen hohen Gelehrsamkeit der Revisionsrichter beruht das nicht auf Vergesslichkeit. Es folgt vielmehr aus der falschen Perspektive. Interessierte Juristen erörtern neuerdings weltweit die Theorie der Gerechtigkeit, die Amartya Sen, Professor an der Harvard Universität in den USA, vorgestellt hat.[84] Eines seiner Kapitel heißt „Position, Relevance and Illusion."[85] Das Prinzip ist nur scheinbar schlicht: „What we can see is not independent from where we stand in relation to what we are trying to see. And this in turn can influence our beliefs, understanding and decisions."[86] Sen fordert als Voraussetzung eines unbefangenen Urteils die „position independence."[87] Dies sollten wir uns zueigen machen. Ein falsches Rechtsgut erzeugt die falsche Perspektive. Sie besteht in der dogmatischen „Ausschaltung" des Interesses der Bürger.[88]

18 Wie anstößig ein Wechsel der Perspektive wirken könnte, das hat uns zuletzt Peter Sloterdijk gezeigt, dessen polemisch-dialektischer Vorschlag, an die Stelle „imperativen Leistungszwangs" freiwillig gezahlte Steuern treten zu lassen, unverstanden geblieben ist.[89] Sloterdijks Denkfigur zielt weniger auf einen gesetzlichen Umsturz als auf eine neue und „steuerethisch reflektierte Rechtfertigung des staatlichen Teilnehmens an den ökonomischen Erfolgen der Gesellschaft".

---

81 Schäfer/Sander/van Gemmeren, Praxis der Strafzumessung, 4. Aufl. München 2008, RdN 664 S. 268 f. Zuletzt hat der BGH, nämlich der 4. Strafsenat, die Verminderung des Schuldgehalts der Folgetaten durch herabgesetzte Hemmschwelle mit Beschluß vom 22.12.2011 = StV 2012, 289 anerkannt.

82 Schäfer/Sander/van Gemmeren, wie vor, RdN 670, 671: „Ist die Gesamtfreiheitsstrafe das größere Gesamtübel, müssen die Urteilsgründe ergeben, daß der Tatrichter sich der Möglichkeit bewußt war, auf Geldstrafe gesondert zu erkennen und daß in den Fällen, in denen die Gesamtstrafe das schwerere Strafübel ist, dieses nach allgemeinen Strafzumessungsgesichtspunkten gewollt oder nicht gewollt war." In diesem Zusammenhang spielt dieSchwelle der Freiheitsstrafe von zwei Jahren, bis zu der die Aussetzung zur Bewährung möglich ist (§ 56 Abs. 1 und 2 StGB), eine wesentliche Rolle. Im Steuerstrafrecht, so scheint es, hat eine solche Betrachtung auf der Seite der Strafjustiz keine Anhänger mehr. Der BGH verlangt nunmehr, wenn sich sämtliche Taten gegen dasselbe Rechtsgut richten, die Einbeziehung von Geldstrafen in die Gesamtfreiheitsstrafe. Im Steuerstrafrecht bereitet dies dem „Kombimodell" das Aus (Beschl. v. 07.10.2010 1 StR 484/10 wistra 2011, 19).

83 Schäfer/Sander/van Gemmeren, wie vor, RdN 366 S. 122.

84 The Idea of Justice, New York und London 2009.

85 Wie vor S. 155 ff.

86 Wie vor S. 155 f.

87 Wie vor S. 157.

88 Peter Sloterdijk, Über die Ausschaltung der Bürger in Demokratien, Der Spiegel 45/2010.

89 P. Sloterdijk, Die Zeit 02.12.2010: „Warum ich recht habe.".

Diese Veränderung, so meint er, würde das Gegenteil einer Auffassung, die den Staat in die Mitte stellt. Wie wahr – inmitten eines neuen Verständnisses stünden die Bürger. Steuerehrlichkeit wäre eine Tugend im Verhältnis der Bürger zueinander.[90] Diese Perspektive stürzt das Steuerrecht nicht um. Sie löst das Steuerstrafrecht aber von der verfehlten Fixierung auf den Geldwert des Staatsinteresses. Unter den Bürgern geht es um mehr.

Unberechenbarkeit und Absprachenzwang

Die Rechtslage seit dem Gesetz vom 02.05.2011 schließt in vielen Fällen eine berechenbare Auskunft, ob eine erwogene Selbstanzeige wirksam wäre, aus.[91] Besondere Unsicherheit schafft die Auffassung des BGH, eine unbewußte Abweichung der Selbstanzeige bereits von mehr als fünf Prozent des Steuersolls vernichte die angestrebte Strafaufhebung in vollem Umfang.[92] Derartige Risiken können es nahelegen, nach Abgabe der Selbstanzeige einen „worst case" zu antizipieren und die möglichen strafrechtlichen Folgen unter Verzicht auf Strafaufhebung durch Absprache zu begrenzen.[93] Das gilt erst recht, wenn die Grenzen der Sperrwirkung bei Entdeckung und Verfahrenseinleitung verschwimmen.[94] Betrachtet man die Gesamtheit der Regelungen, die eine massiv gesteigerte normative Unberechenbarkeit zur Folge haben, dann erscheint die Entwicklung nicht als Zufall. Unberechenbares Recht, noch dazu an den Grenzlinien zwischen Strafaufhebung und Strafbarkeit, schafft Furcht statt Vertrauen. Selbstanzeigen aber werden von Furcht und Vertrauen zugleich getragen. In dem Maße, in dem Selbstanzeigen durch Absprachen flankiert oder ersetzt werden müssen, geht es um Furcht und Mißtrauen. Zu mehr Steuerehrlichkeit und zu mehr Gerechtigkeit wird diese Entwicklung nicht beitragen. **19**

Unberechenbarkeit droht auch an anderer Stelle. Materiell hängt das Steuerstrafrecht von der Bestimmtheit des Steuerrechts im Tatbestandsblankett ab. Die steuerliche Bestimmtheit gilt allgemein als mangelhaft.[95] Trotzdem hat der 1. Strafsenat des BGH bemerkt, es gebe „keinen Steueranspruch des Staates, der nach dem Willen des Gesetzes nicht gegen eine rechtswidrige und **20**

---

90 Stephan Speicher, Warum das Steuerzahlen eine moderne Tugend ist, SZ 15.12.2010.

91 Dazu Beckemper/Schmitz/Wegner/Wulf a.a.O. FN 5: S. 283 (offene Fragen zum Lauf der strafrechtlichen Verfolgungsverjährung), S. 284 (offene Fragen zur Geringfügigkeitsschwelle angesichts des neuen Vollständigkeitsgebots), S. 284 ff (offene Fragen zum neuen Grenzbetrag von mehr als 50.000,00 €), S. 286 ff (offene Fragen zur Berechnung und persönlichen Reichweite des § 398 a AO).

92 1 StR 631/10 v. 25.07.2011 (wistra 2011, 428). Bei „wertender Betrachtung" soll diese Wirkung schon von einer geringeren Quote ausgehen können.

93 Das wird insbesondere dann unvermeidlich sein, wenn der Fünf-Prozent-Zuschlag nach § 398 a AO n. F., der bei Steuerhinterziehung jenseits der Schwelle von 50.000,00 € Bedingung für die Einstellung des Strafverfahrens ist, nicht oder nicht vollständig entrichtet werden kann. Diese neue Rechtslage sollte dem BGH im übrigen neue Überlegungen zur Reichweite des Nemo-Tenetur-Prinzips abverlangen, soweit die Strafaufhebung nur an dieser Bedingung zu scheitern droht und der Stpfl., anstatt eine Selbstanzeige abzugeben, sich bei nachfolgenden Erklärungen gegen die befürchtete Selbstoffenbarung zu schützen versucht.

94 Zu dieser Sorge gibt der Beschluß des BGH vom 20.05.2010, a. a. O. FN 5, besonderen Anlaß.

95 Es gibt eine einflußreiche Meinung, die steuerschärfende Analogien zuläßt (Tipke, Steuergerechtigkeit a. a. O. FN 32 S. 126 ff, 128 ff; Drüen in: Tipke/Kruse, a. a. O. FN 36, RdN 361 zu § 4; dieser Meinung folgen BFH BStBl 84, 221 (224); dagegen aber BVerfG NJW 1996, 3146, wonach ein hoheitlicher finanzieller Eingriff auf einer gesetzlichen Grundlage beruhen muß, die nicht durch Analogie geschaffen werden kann). Die Zulassung der steuerrechtlichen Analogie steht strafrechtlich in einem Spannungsverhältnis zu Art. 103 Abs. 2 GG. Die einschlägigen Fragen sind Gegenstand der einstweiligen Anordnung des BVerfG i. S. 2 BvR 542/09 v. 23.07.2009 und der einen Verstoß gegen Art. 103 Abs. 2 GG verneinenden abschließenden Entscheidung des BVerfG vom 16.06.2011 wistra 2011, 458 (dazu Anm. Hölzle DStR 2011, 1700). Damit wurde der Beschluß des BGH 1 StR 354/08 v. 20.11.2008 BGHSt 53, 45 bestätigt.

schuldhafte Verkürzung strafrechtlich geschützt sein soll."[96] Bei einer solchen Rechtslage wird der Steuerpflichtige gegen unbestimmtes Steuerrecht nur noch durch die alte Rechtsprechung geschützt, nach der ein Irrtum über den Steueranspruch den Vorsatz ausschließt und deshalb straflos macht (§ 16 StGB).[97] Manche befürchten, der 1. Strafsenat, der das Steuerstrafrecht von Grund auf erneuert, werde Fehlvorstellungen über die Steuerpflicht fortan als Verbotsirrtum (§ 17 StGB) behandeln. Dann käme es nur noch auf die Vermeidbarkeit des Irrtums an. Wenn man aus der Komplexität des Steuerrechts für jeden Bürger einen prinzipiellen Anlaß ableiten will, sich im Zweifelsfall fachlich beraten zu lassen, wäre ein Verbotsirrtum kaum mehr vermeidbar. Präventiv herangezogene steuerliche Berater müssen (zum eigenen Schutz) dazu neigen, auf Unbestimmtheiten hinzuweisen und mögliche Risiken zu thematisieren.

21   Mit Urteil vom 08.09.2011 hat der BGH die bisherige Rechtsprechung zwar (einstweilen) nicht aufgegeben.[98] Doch befürwortet er die Annahme des bedingten Vorsatzes, soweit der Angeklagte „die für sein Gewerbe bestehenden steuerlichen Erkundigungspflichten ... gleichgültig ignoriert hat." Dieser Maßstab erleichtert Urteilsfeststellungen, wenn ein Irrtum des Steuerpflichtigen in Betracht zu ziehen ist, aber durch fachlichen Rat ausgeräumt worden wäre. In Zweifelsfällen soll der betroffene Bürger allgemein gehalten sein, Rechtsrat einzuholen: „Informiert sich ein Kaufmann über die in seinem Gewerbe bestehenden steuerrechtlichen Pflichten nicht, kann dies auf seine Gleichgültigkeit hinsichtlich der Erfüllung dieser Pflichten hindeuten. Dasselbe gilt, wenn es ein Steuerpflichtiger unterläßt, in Zweifelsfragen Rechtsrat einzuholen." Im Ergebnis vernachlässigen solche Formulierungen das voluntative Element des Vorsatzes; so wird der Unterschied zwischen dem Irrtum über Tatumstände (§ 16 StGB) und dem Verbotsirrtum (§ 17 StGB) verwischt.

Dies könnte dazu führen, daß Tatrichter die fließenden Grenzen zwischen strafbarem Vorsatz und strafloser Fahrlässigkeit retrospektiv eher beliebig definieren. So kann, wenn der steuerliche Gesetzeswortlaut Fragen offenläßt (also provoziert), und das ist leider ein Regelfall, unbestimmtes Recht in Strafbarkeit umschlagen. Die Hoffnung, Art. 103 Abs. 2 GG werde dagegen schützen, wäre trügerisch.[99] Unbestimmte, aber strafbewehrte, Steuergesetze machen den Menschen zum ängstlichen Untertan statt zum selbstbewußten Bürger, der er von Rechts wegen sein sollte. Einer solchen Entwicklung ist entgegenzutreten; sie verlagert die dem Parlament obliegende Verantwortung auf die nicht aus demokratischer Wahl hervorgegangenen Richter.

Der Wechsel der Domäne

22   Das Steuerstrafrecht hat seit dem 19. Jahrhundert vier Staatsformen gedient, ohne daß sich die Definition des Rechtsgut geändert hätte. Zugenommen hat die Intensität, mit der das staatliche Interesse geschützt werden soll. Und gewandelt hat sich das Verhältnis des Revisionsgerichts zu den Tatrichtern. War Strafzumessung früher die „Domäne" der Tatrichter, die dem Zugriff des Revisionsgerichts entzogen blieb[100], so hat heute der 1. Strafsenat die Zügel fest in der Hand. Die von ihm „bestimmten" Hinterziehungsschwellen an der Grenze zwischen Geld und Freiheitsstrafe

---

96   Beschluß v. 08.02.2011 1 StR 24/10 wistra 2011, 264, 266 (27).
97   BGHSt 5, 90, 92.
98   BGH 1 StR 38/11 v. 08.09.2011 wistra 2011, 465. Dagegen wird das voluntative Element des Vorsatzes im Urteil des 6. Zivilsenats des BGH vom 20.12.2011 ausdrücklich berücksichtigt (wistra 2012, 155). Zum bedingten Vorsatz bei Steuerhinterziehung Ransiek/Hüls NStZ 2011, 678 ff.
99   Zuletzt (und enttäuschend) BVerfG 16.06.2011 wistra 2011, 458; dazu Kempf/Schilling, Revisionsrichterliche Rechtsfortbildung im Strafrecht, NJW 2012, 1849.
100   RGSt 59, 157, 162; schon in den Motiven zur StPO hieß es, Strafzumessung sei ein tatrichterlicher Akt, der nur auf der Basis einer mündlichen Beweisverhandlung vorgenommen werden könne und sich der Feststellung durch die Schrift entziehe (Hahn, Die gesamten Materialien zur StPO, Berlin 1880, S. 259; dazu BVerfG Beschl. v. 14.06.2007 StV 2007, 394, 395).

(02.12.2008)[101]; Anforderungen an die Urteile der Tatrichter, wenn solche Schwellen überschritten sind (05.05.2011)[102]; das sich abzeichnende Ende einer den Schaden mindernden Berechnung bei Steuerhinterziehung „auf Zeit" (17.03.2009)[103]; Strafzumessung nach dem aus einem „Gesamtsystem" statt aus der einzelnen Tat des Hinterziehers entstandenen deliktischen Schaden (30.04.2009)[104]; Berücksichtigung des Gesamtschadens der Serie bereits bei Zumessung von Einzelstrafen (29.11.2011)[105], keine Kombination von Geld- und Freiheitsstrafe (07.10.2010)[106], die Berechnung des Schadens bei Lohnsteuerhinterziehung ohne Rücksicht auf die individuelle Einkommensteuerschuld des betroffenen Arbeitnehmers (08.02.2011)[107]; keine Anpassung von Strafen an eine bei anderen Gerichten praktizierte mildere Übung (28.06.2011)[108]; Vortäuschung von Betriebsausgaben, um Steuererstattungen oder –verrechnungen zu erwirken, als „Griff in die Kasse des Staates" (15.12.2011)[109]; die mahnende Erinnerung an eine ungeschriebene gesetzliche Schadensgrenze, jenseits derer nur bei Gründen, die dem Revisionsgericht als gewichtig einleuchten, die Vollstreckung der Strafe zur Bewährung ausgesetzt werden darf (07.02.2012)[110]; die Herabstufung der Schadenswiedergutmachung als Milderungsgrund, wenn der Beschuldigte diese angesichts guter Vermögensverhältnisse ohne erkennbare Einbuße seiner Lebensführung und ohne persönlichen Verzicht erbringen konnte (05.05.2011)[111]; bei der Ermittlung des „großen Ausmaßes" und der Schwellenbeträge der Strafzumessung addition aller Einzeltaten, „selbst wenn jede für sich genommen die Grenze zum großen Ausmaß nicht überschreitet" (22.05.2012).[112] Manche dieser Leitinien mag bei jeweils isolierter Betrachtung unauffällig sein, in der Dichte und der Rhetorik wird aber deutlich, daß den Tatrichtern die unkontrollierten Spielräume entzogen werden und mehr (schematische) Härte vorgegeben wird.

Anders als die Tatrichter entscheidet das Revisionsgericht nicht in der persönlichen Anschauung des Angeklagten, sondern in einem komplizierten Verfahren nach dem Papier. Und anders als die Tatrichter, deren Zahl, soweit das Steuerstrafrecht betroffen ist, dreistellig sein wird, kommt es bei dem Revisionsgericht auf wenige Richter an, die mit ihren Texten die gesamte Strafjustiz ansprechen. Diese Richter beraten in Distanz zur unmittelbaren Hauptverhandlung und sind dabei auch sonst auf sich gestellt. Im allgemeinen Strafrecht nämlich konkurrieren am Bundesgerichtshof fünf Strafsenate miteinander; beim Steuerstrafrecht nimmt der 1. Strafsenat die Alleinstellung ein. Auf lange Sicht darf man die damit verbundene Gefahr nicht übersehen, daß der ständige Diskurs, auf den das Recht angewiesen ist, der es belebt und differenziert, im Steuerstrafrecht verarmt.

23

---

101 A. a. O. FN 6.

102 1 StR 116/11 StV 2012, 219.

103 Urt. v. 17.03.2009 1 StR 627/08 BGHSt 53, 221 (dazu FN 78).

104 Urt. v. 30.04.2009 1 StR 342/08 wistra 2009, 359.

105 Beschl. v. 29.11.2011 1 Str 459/11 = wistra 2012, 151, dazu bereits BGHSt 53, 221.

106 A. a. O. FN 82.

107 Beschl. v. 08.02.2011 1 StR 651/10 wistra 2011, 267.

108 Beschl. v. 28.06.2011 1 StR 282/11 StV 2011, 722.

109 1 StR 579/11 NJW 2012, 1015 = wistra 2012, 191, 192.

110 Urt. v. 07.02.2012 1 StR 525/11 m. Anmerkung Adick in PStR 2012, 121 ff = wistra 2012, 236. In diesem Urteil blickt der 1. Strafsenat zufrieden auf seine Rechtsprechung zurück. Er nimmt auf die „Grundsatzscheidung" vom 02.12.2008 Bezug, die er mehrfach bestätigt und fortgeschrieben hat. Mahnend und bindend hebt er hervor, daß bei einem sechsstelligen Hinterziehungsbetrag die Verhängung einer Geldstrafe nur bei Vorliegen von „gewichtigen" Milderungsgründen noch schuldangemessen sei. Bei Hinterziehungsbeträgen in Millionenhöhe komme eine aussetzungsfähige Freiheitsstrafe nur im Falle „besonders gewichtiger" Milderungsgründe noch in Betracht. In der schriftlichen Fassung sind die Worte, um die Prioritäten hervorzuheben, *gewichtig* und *besonders gewichtig* unterstrichen.

111 Zur Relativierung der Schadenswiedergutmachung BGH Beschl. v. 05.05.2011 1 StR 116/11 wistra 2011, 347 (Rz 17); dazu Anm. Schwartz StV 2012, 477.

112 1 StR 103/12 a.a.O. FN 78.

24 Je stärker auf die Höhe der verkürzten Steuern als bestimmender Strafzumessungsgrund abgestellt wird, desto mehr treten innere Widersprüche hervor. Wenn entscheidend die Höhe der verkürzten Steuern ins Gewicht fällt, dann doch deshalb, weil dem Staat dieser Vermögenswert entgeht. An die unterbleibende oder unvollständige Festsetzung von Steuern als Gefährdung der staatlichen Einnahmen knüpft der Straftatbestand des § 370 AO nur formal an. Der Schaden schlägt sich in den Kassen des Haushalts nieder. Soweit der Bürger, der sich durch falsche oder pflichtwidrig unterlassene Angaben seiner zutreffenden Veranlagung entzieht, aber zur Entrichtung seiner geschuldeten Steuern nicht in der Lage ist, verkürzt er einen Steueranspruch von geringem wirtschaftlichen Wert. Das darf bei der Strafzumessung, nämlich bei der Einschätzung des Erfolgsunwerts, nicht unberücksichtigt bleiben. Der 1. Strafsenat hält es für unerheblich.[113] Auch die Betrugsanalogie, die zu den Grundlagen der neuen Regeln der Strafzumessung gehört, erfordert Konsequenz. Macht der Geschädigte dem Täter die Tat leicht, spricht dies für eine geringere kriminelle Energie und mindert es den Handlungsunwert.[114] Der 1. Strafsenat setzt sich darüber in dem zweiten Teil seines Beschlusses vom 14.12.2010 hinweg, der den Einwand als Strafzumessungsgrund prinzipiell verwirft und damit zur Betrugsanalogie nicht passen will.[115]

Ob es so kommt?

25 Insgesamt wirken die Veränderungen revolutionär. Die Hervorhebung des bestimmenden staatlichen Interesses, die schleichende Aushöhlung des Nemo-Tenetur-Rechts, die durch verschwimmende Grenzen unberechenbar gewordene Selbstanzeige, die vereinfachte Konstruktion des bedingten Vorsatzes, die punitive Aufladung des Straftatbestands, der Verzicht darauf, die bei Serientaten abnehmende Hemmschwelle zu berücksichtigen, die Relativierung der Schadenswiedergutmachung, die zurückgedrängten Spielräume der Tatrichter – damit wird das Steuerstrafrecht tiefgreifend umgestaltet. Die Verteidigung des betroffenen Bürgers muß fortan mehr auf opportune Unterwerfung als auf Kampf ums Recht bedacht sein, der Tatrichter wird unselbständiger, das Verfahren autoritärer, die Strafzumessung einfacher, schärfer, schablonenhafter.

Ob es so kommt, hängt insbesondere von dem Selbstbewußtsein und der Bereitschaft der Tatrichter ab, ihre Unabhängigkeit gegenüber dem Revisionsgericht zu bewahren (Art. 97 GG). Die juristische Auseinandersetzung, die auch der Anwaltschaft anvertraut ist, muß den Obiter Dicta des BGH nachfolgen, weil sie ihnen nicht vorausgehen konnte. Wahre Achtung vor dem Revisionsgericht verlangt mehr als eine nur affirmative Sichtung und Darstellung seiner Entscheidungen. Man möchte den Autoren dieses Kommentars wünschen, daß es ihnen gelingt, neue Fragen aufzuwerfen und neue Antworten zu finden, die behutsame Korrekturen eines allzu dynamisch verlaufenden Kurses ermöglichen.[116]

---

113 Urt. v. 17.03.2008 1 StR 479/08 BGHSt 53, 210 ff, 210 (Rz 29).

114 Schäfer/Sander/van Gemmeren, a. a. O. FN 82, RdN 926 f am Beispiel der Untreue; BGH Beschl. v. 03.03.1983 1 StR 25/83 wistra 1983, 145 zu § 370 AO; Schauf in Kohlmann, Steuerstrafrecht Köln 2009, RdN 1062 zu § 370 AO. Selbstverständlich ist aber vorauszusetzen, daß der säumige Amtsträger nicht kollusiv mit dem Steuerpflichtigen zusammenwirkt (Steinberg a. a. O. FN 20).

115 A. o. O. FN 20. Die Einschränkungen in RZ 30 des Beschlusses werden bislang so verstanden, daß eine Ausnahme gilt, wenn „den staatlichen Entscheidungsträgern die Tatgenese vorgeworfen werden kann." Generell soll die Ausnahme aber davon abhängig sein, daß „das staatlichen Stellen vorwerfbare Verhalten unmittelbar auf das Handeln des Angeklagten Einfluß genommen hat ..." Der in Klammern ebenfalls erwähnten Taterleichterung wird, so scheint es, eigene Bedeutung nicht beigemessen.

116 Der vorstehende Text berücksichtigt die Entwicklung bis Ende Mai 2012. Es handelt sich nicht um eine vorgezogene Anmerkung zu den unabhängig davon verfaßten Kommentierungen.

Salditt

1. Kapitel Abgabenordnung

A. Strafvorschriften

§ 369 AO Steuerstraftaten (Bindung des Steuerstrafrechts an allgemeine strafrechtliche Maßstäbe; Gesetzlichkeitsprinzip; Meistbegünstigungsprinzip)

(1) Steuerstraftaten (Zollstraftaten) sind:

1. Taten, die nach den Steuergesetzen strafbar sind,
2. der Bannbruch,
3. die Wertzeichenfälschung und deren Vorbereitung, soweit die Tat Steuerzeichen betrifft,
4. die Begünstigung einer Person, die eine Tat nach den Nummern 1 bis 3 begangen hat.

(2) Für Steuerstraftaten gelten die allgemeinen Gesetze über das Strafrecht, soweit die Strafvorschriften der Steuergesetze nichts anderes bestimmen.

Literatur speziell zu § 369 AO:
Bender, Die Bekämpfung der grenzüberschreitenden Rauschgiftkriminalität als Aufgabe des Zollfahndungsdienstes, wistra 1990, 285; *ders.*, Schmuggelprivileg und Zuschlag'97, ZfZ 1997, 110; *Böckmann*, Das Zusammentreffen von Jugendstrafrecht und Steuerstrafrecht, 1964; *Gaede* Die objektive Täuschungseignung als Ausprägung der objektiven Zurechnung beim Betrug, FS Roxin II, S. 967; *ders.*, Zeitgesetze im Wirtschaftsstrafrecht und rückwirkend geschlossene Ahndungslücken – Auslaufmodelle infolge des Meistbegünstigungsprinzips der EU-Grundrechtecharta?, wistra 2011, 365; *Golombek*, Der Schutz ausländischer Rechtsgüter im System des deutschen Strafanwendungsrechts, 2010; *Gribbohm/Utech*, Probleme des allgemeinen Steuerstrafrechts, NStZ 1990, 209; *Hild*, Verknüpfung zwischen Handlung und Erfolg beim Tatbestand der Steuerhinterziehung, StraFo 2008, 445; *Hübner*, Reform des Steuerstrafrechts – Neuerungen-Atavismen, JR 1977, 58; *Janovsky*, Die Strafbarkeit des illegalen grenzüberschreitenden Warenverkehrs, NStZ 1998, 117; *Klötzer*, Modernisierung des Zollkodex – der Weg zum europäischen Zollstrafrecht, wistra 2007, 1; *Kramer*, Zur Zulässigkeit gemeinsamer Ermittlungsgruppen des Polizeivollzugsdienstes und des Zollfahndungsdienstes im Zusammenhang mit der Betäubungsmittelkriminalität, wistra 1990, 169; *Kratzsch*, Zur Neuregelung der Begünstigung im Steuerstrafrecht, NJW 1975, 199 (mit Erwiderung *Hübner*, NJW 1975, 1111); *Mösbauer*, Die Bedeutung der Definitionsnorm des § 369 AO für die steuerstrafrechtliche Ermittlungszuständigkeit der Finanzbehörden, wistra 1996, 252; *Rönnau*, Die Verkürzung von Kirchensteuern – ein Betrug ohne Folgen?, wistra 1995, 47; *ders.*, Untreue durch den „Director" einer Offshore-Gesellschaft, NStZ 2011, 557; *Schwedhelm*, Strafrechtliche Risiken steuerlicher Beratung, DStR 2006, 1017; *Wamers*, Der Bannbruchtatbestand ein Problem?, ZfZ 1998, 287; *Wulf*, Telefonüberwachung und Geldwäsche im Steuerstrafrecht, wistra 2008, 321.

Literatur speziell zu Art. 103 Abs. 2 GG und den §§ 1 und 2 StGB:
Appel, Verfassung und Strafe, 1998; *Becker*, Das Bundesverfassungsgericht und die Untreue: Weißer Ritter oder feindliche Übernahme?, HRRS 2010, 381; *Bergmann*, Zeitliche Geltung und Anwendbarkeit von Steuerstrafvorschriften, NJW 1986, 233; *Bülte*, Das Steuerstrafrecht im Spannungsfeld zwischen der Missbrauchsrechtsprechung des EuGH und dem Grundsatz nullum crimen sine lege, BB 2010, 1759; *ders.*, Zur Strafbarkeit der Verschleierung von Sanktionsansprüchen als Umsatzsteuerhinterziehung, HRRS 2011, 465; *Dannecker*, Das intertemporale Strafrecht, 1993; *ders.*, Die Grenzen des sachlichen Anwendungsbereichs des Finanzstrafrechts, in: Finanzstrafrecht 2004, hrsg. von Leitner, 2005, S. 67 ff.; *ders.*, Der zeitliche Geltungsbereich von Strafgesetzen und der Vorrang des Gemeinschaftsrechts, FS F.C. Schroeder, S. 761; *ders.*, Nullum crimen, nulla poena sine lege und seine Geltung im Allgemeinen Teil des Strafrechts, FS Otto, S. 25; *Demko*, Zur Relativität der Rechtsbegriffe im Strafrecht, 2002; *dies.*, Keine Strafe ohne Gesetz, HRRS 2004, 19; *Eisele*, Die Regelbeispielstechnik, 2004; *Enderle*, Blankettstrafgesetze, 2000; *Flämig*, Steuerrecht als Dauerrecht, 1985; *Gaede*, Verfassungswidrigkeit der gewerbsmäßigen bzw. bandenmäßigen Steuerhinterziehung

(§ 370a AO), HRRS 2004, 318; *ders.*, Ungehobene Schätze in der Rechtsprechung des EGMR für die Verteidigung, HRRS-Festgabe Fezer, S. 21; *ders.*, Vorzeitiger Abschied von der Teilselbstanzeige?, PStR 2010, 282; *ders.*, Zeitgesetze im Wirtschaftsstrafrecht und rückwirkend geschlossene Ahndungslücken – Auslaufmodelle infolge des Meistbegünstigungsprinzips der EU-Grundrechtecharta?, wistra 2011, Heft 6; *Gaede/Mühlbauer*, Wirtschaftsstrafrecht zwischen europäischem Primärrecht, Verfassungsrecht und der richtlinienkonformen Auslegung am Beispiel des Scalping, wistra 2005, 9; *Gehm*, Steuerliche und steuerstrafrechtliche Aspekte des Umsatzsteuerkarussells, NJW 2012, 1257; *Gleß*, Zum Begriff des mildesten Gesetzes (§ 2 Abs. 3 StGB), GA 2000, 224; *Grünwald*, Bedeutung und Begründung des Satzes „nulla poena sine lege", ZStW 76 (1964), 1; *ders.*, Die Entwicklung der Rechtsprechung zum Gesetzlichkeitsprinzip, FS Arth. Kaufmann, S. 433; *Harms*, § 370a AO – Optimierung des steuerstrafrechtlichen Sanktionensystems oder gesetzgeberischer Fehlgriff?, FS Kohlmann S. 413; *Harms/Heine*, EG-Verordnung und Blankettgesetz, FS Amelung S. 393; *Hettinger/Engländer*, Täterbelastende Rechtsprechungsänderung im Strafrecht, FS Meyer-Goßner S. 145; *Christian Jäger*, Grund und Grenze des Gesetzlichkeitsprinzips im Strafprozessrecht, GA 2006, 615; *Markus Jäger*, Anforderungen an die Sachdarstellung im Urteil bei Steuerhinterziehung, StraFo 2006, 477; *Krahl*, Die Rechtsprechung des Bundesverfassungsgerichts und des Bundesgerichtshofs zum Bestimmtheitsgrundsatz im Strafrecht, 1986; *Krey*, Studien zum Gesetzesvorbehalt im Strafrecht, 1977; *ders.*, Gesetzestreue und Strafrecht, Schranken richterlicher Rechtsfortbildung, ZStW 101 (1989), 838; *Kudlich/Christensen*, Die Methodik des BGH in Strafsachen, 2009; *Kuhlen*, Die verfassungskonforme Auslegung von Strafgesetzen, 2006; *ders.*, Zum Verhältnis von Bestimmtheitsgebot und Analogie, FS Otto, S. 89; *Kunert*, Zur Rückwirkung des milderen Steuerstrafgesetzes, NStZ 1982, 276; *Laaths*, Das Zeitgesetz gem. § 2 IV StGB unter Berücksichtigung des Blankettgesetzes, 1991; *Lackner*, Zu den Grenzen der richterlichen Befugnis, mangelhafte Strafgesetze zu berichtigen, FS Univ. Heidelberg, S. 39; *Langer*, Gesetzlichkeitsprinzip und Strafmilderungsgründe, FS Dünnebier S. 421; *Maiwald*, Bestimmtheitsgebot, tatbestandliche Typisierung und die Technik der Regelbeispiele, FS Gallas S. 137; *Meyberg*, Die Strafbarkeit der Hinterziehung von Antidumping-Zöllen, PStR 2010, 278; *Müller-Dietz*, Abschied vom Bestimmtheitsgrundsatz im Strafrecht?, FS Lenckner S. 179; *Moll*, Europäisches Strafrecht durch nationale Blankettstrafgesetzgebung?, 1998; *Mosiek*, Fremdrechtsanwendung – quo vadis?, StV 2008, 94; *Mosiek/Schlösser*, Anwendbarkeit ausländischen Gesellschaftsrechts im Rahmen der Untreue bei einer EU-Auslandsgesellschaft, HRRS 2010, 424; *Naucke*, Über Generalklauseln und Rechtsanwendung im Strafrecht, 1973; *Neumann*, Rückwirkungsverbot bei belastenden Rechtsprechungsänderungen der Strafgerichte, ZStW 103 (1991), 331; *Niehaus*, Blankettnormen und Bestimmtheitsgebot vor dem Hintergrund zunehmender europäischer Rechtssetzung, wistra 2004, 206; *Paeffgen*, Strafrecht und Verfassungsrecht, StraFo 2007, 442; *Papier*, Der Bestimmtheitsgrundsatz, in: DStJG 12 (1989), 61; *Radtke*, Strafrechtliche Untreue durch Manager und verfassungsrechtlicher Bestimmtheitsgrundsatz, GmbHR 2010, 1121; *Ransiek*, Gesetz und Lebenswirklichkeit, 1989; *ders.*, Bestimmtheitsgrundsatz, Analogieverbot und § 370 AO, FS Kohlmann S. 171; *ders.*, § 370 AO und Steuerbefreiungen für innergemeinschaftliche Lieferungen, HRRS 2009, 421; *Rüping*, Blankettnormen als Zeitgesetze, NStZ 1984, 450; *Rüthers/Höpfner*, Analogieverbot und subjektive Auslegungsmethode, JZ 2005, 21; *Salditt*, Gestutzte Selbstanzeige – der Beschluss des 1. Strafsenats des BGH vom 20. Mai 2010, PStR 2010, 168; *Saliger/Gaede*, Rückwirkende Ächtung der Auslandskorruption und Untreue als Korruptionsdelikt, HRRS 2008, 57; *Saliger*, Das Untreuestrafrecht auf dem Prüfstand der Verfassung, NJW 2010, 3195; *Samson*, Möglichkeiten einer legislatorischen Bewältigung der Parteispendenproblematik, wistra 1983, 235; *Satzger*, Die Internationalisierung des Strafrechts als Herausforderung für den strafrechtlichen Bestimmtheitsgrundsatz, JuS 2004, 943; *ders.*, Die zeitliche Geltung des Strafgesetzes – ein Überblick über das „intertemporale Strafrecht", Jura 2006, 746; *Schmidhäuser*, Strafgesetzliche Bestimmtheit: eine rechtsstaatliche Utopie, GS Martens, S. 231; *Schreiber*, Rückwirkungsverbot bei einer Änderung der Rechtsprechung im Strafrecht?, JZ 1973, 713; *Schmitz/Wulf*, Erneut: Hinterziehung ausländischer Steuern und Steuerhinterziehung im Ausland, § 70 Abs. 6, 7 AO, wistra 2001, 361; *Schmitz*, Die Neufassung des § 19 Abs. 2 InsO durch das FMStG und seine Bedeutung für strafrechtliche „Altfälle", wistra 2009, 369; *Schroeder*, Die zeitliche Geltung der Strafgesetze, FS Bockelmann, S. 785; *C. Schröder*, Zur Fortgeltung und Anwendbarkeit des Tatzeitrechts trotz Rechtsänderung, ZStW 112 (2000), 44; *ders.*, Europäische Richtlinien und deutsches Strafrecht, 2002; *ders.*, Neue Verteidigungsstrategien im europäisierten Wirtschaftsstrafrecht usw., FS Mehle, S. 597; *Schulze-Osterloh*, Unbestimmtes Steuerrecht und strafrechtlicher Bestimmtheitsgrundsatz, in: DStJG 6 (1983), 43; *Schünemann*, Nulla poena sine lege?, 1978; *Schürmann*, Unterlassungsstrafbarkeit und Gesetzlichkeitsprinzip, 1986; *Seebode*, Zur gesetzlichen Bestimmtheit des unechten Unterlassungsdelikts, FS Spendel S. 317; *ders.*, Wortlautgrenze und Strafbedürfnis, JZ 1998, 781; *Simon*, Gesetzesauslegung im Strafrecht, 2005; *Sommer*, Das „mildeste Gesetz" i.S.d. § 2 III StGB, 1979; *Tiedemann*, Zeitliche Grenzen des Strafrechts, FS Peters, S. 193; *ders.*, Straftatbestand und Normambivalenz, FS Schaffstein S. 195; *Tiedemann/Dannecker*, Die gesetzliche Milderung im Steuerrecht, 1985; *Tiedemann*, Das Parteienfinanzierungsgesetz als strafrechtliche lex mitior, NJW 1986, 2475; *Walter*, Der Kern des Strafrechts, 2004; *ders.*, Ist Steuerstrafrecht Blankett-strafrecht?, FS Tiedemann S. 969 ff.; *Wulf*, Strafbarkeit der Vermögensteuerhinterziehung und § 370 AO als Blankettgesetz, wistra 2001, 41; *ders.*, Auf dem Weg zur Abschaffung der strafbefreienden Selbstanzeige (§ 371 AO)?, wistra 2010, 286.

A. Allgemeines

In § 369 AO liegt eine Grundnorm des Steuerstrafrechts. Sie verfolgt einen **doppelten Zweck**: Die 1 Norm will *erstens* mit ihrem Abs. 1 das Steuerstrafrecht umreißen, indem sie die Steuerstraftaten definiert (näher dazu unten § 369 AO Rdn. 3 ff.). Dies entlastet die Gesetzgebung, da der Gesetzgeber auf die geschaffene Legaldefinition in anderen Normen zurückgreifen kann. *Zweitens* will die Norm mit ihrem Abs. 2 die grundsätzliche Anbindung des Steuerstrafrechts an das allgemeine Strafrecht gewährleisten. Auch wenn das Steuerstrafrecht in Steuergesetzen normiert wird, ist es in erster Linie ein Teil des v.a. mit dem StGB ausgeprägten Strafrechts (näher dazu unten § 369 AO Rdn. 35 ff.).

2   Mit diesen Zwecksetzungen entfaltet die Norm in der Praxis **sowohl verfahrensrechtliche, als auch materiellrechtliche Wirkungen.** So wirkt sich die **Legaldefinition der Steuerstraftaten des Abs. 1** verfahrensrechtlich z.B. unmittelbar auf die Reichweite der Strafverfolgungskompetenz der Finanzbehörden aus, weil diese Kompetenz grds. nur für Steuerstraftaten besteht (vgl. § 386 Abs. 1, Abs. 2 Nr. 1 AO, näher § 369 AO Rdn. 29). Weitere verfahrensrechtliche Anschlüsse finden sich etwa in den §§ 208, 376 AO. Materiellrechtlich ist Abs. 2 v.a. der Schlüssel zur stets erforderlichen **Rückbindung** der steuerstrafrechtlichen Rechtsanwendung an das allgemeine Strafrecht. Ebenso wird die Legaldefinition des § 369 Abs. 1 AO z.B. bei der Selbstanzeige relevant (§ 371 Abs. 2 Nr. 1a AO).

B. Die Steuerstraftaten

3   Als **Legaldefinition** legt Abs. 1 AO fest, welche Taten dem Steuerstrafrecht unterfallen. Die Norm verbindet dafür **formale Kriterien** (Regelung in Steuergesetzen, Nr. 1 und 2) und **materielle Kriterien** (Begehung von Taten bzgl. steuerlich geschützter Rechtsinstitute/Positionen, Nr. 3 und 4) miteinander (anders MüKo-StGB/*Schmitz* § 369 Rn. 5: [rein] formale Abgrenzung; HHSp/*Rüping* §§ 369 Rn. 17 f.; i.E. wie hier Graf/Jäger/Wittig/*Allgayer* §§ 369 Rn. 2). Sie geht historisch weitgehend auf § 392 AO 1968 zurück (näher Kohlmann/*Ransiek* § 369 Rn. 1 ff.). Als verbindender und kennzeichnender Grundgedanke aller Steuerstraftaten erscheint eine typisiert betrachtet bei allen Delikten vorhandene **Bezogenheit der Tat auf materielle steuerliche Rechtspositionen oder primär steuerlich motivierte Verfahren** (zu Letzterem beim Bannbruch § 369 AO Rdn. 12 f.). Der Gesetzgeber hat einen solchen steuerlichen Bezug aber anders als in früheren Fassungen der AO nicht stets ausschlaggebend sein lassen (s. § 369 AO Rdn. 26 f.; anders noch § 392 RAO 1939: [alle] Verletzungen von Pflichten, die Steuergesetze im Interesse der Besteuerung auferlegen). Als bemerkenswerte Gemeinsamkeit aller Steuerstraftaten lässt sich festhalten, dass alle Taten – auch wenn sie im besonders schweren Fall begangen worden sind (§ 12 Abs. 3 StGB) – lediglich Vergehen darstellen. Nach der Abschaffung des früheren § 370a AO überschreitet das Steuerstrafrecht – so wie es traditionell der Fall war – nicht mehr die Grenze zum Verbrechen, da kein Tatbestand als Mindeststrafe die Freiheitsstrafe von einem Jahr vorsieht (vgl. die danach differenzierende Legaldefinition in § 12 Abs. 1 StGB).

4   Von den in § 377 Abs. 1 AO definierten Steuerordnungswidrigkeiten grenzen sich die Steuerstraftaten *de lege lata* durch die Anordnung einer **Kriminalstrafe als kennzeichnender Rechtsfolge** (praktisch: Geldstrafe oder Freiheitsstrafe) nach den §§ 38 ff. StGB ab (Graf/Jäger/Wittig/*Allgayer* § 369 Rn. 6). Gleiches gilt für die Abgrenzung von steuerrechtlichen Sanktionen wie z.B. dem Verspätungszuschlag (§ 152 AO).

5   In der Folge werden zunächst anhand der **gesetzlichen Positivliste** die Steuerstraftaten benannt (I. bis IV., § 369 AO Rdn. 6 ff.). Dann wird gezeigt, wo die §§ 369 ff. AO **kraft gesetzlicher Verweisung** (teilweise) eingreifen (V., § 369 AO Rdn. 22). Welche Straftaten damit trotz vorhandener Bezüge zum Steuerrecht *de lege lata* nicht als Steuerstraftaten eingeordnet werden dürfen, behandelt der folgende Abschnitt (VI., § 369 AO Rdn. 26). Zuletzt wird erläutert, welche Rechtsfolgen die Einordnung als Steuerstraftat mit sich führt (VII., § 369 AO Rdn. 29).

I. Die Straftaten nach den Steuergesetzen

Straftaten nach den Steuergesetzen (§ 369 Abs. 1 Nr. 1 AO) sind **alle Tatbestände**, mit denen im 6
Wege eines Blanketts oder durch die vollständige Beschreibung des strafbaren Verhaltens **in einem
thematisch dem Steuerrecht zuzurechnenden Gesetz** eine Strafbarkeit begründet wird. Steuergesetze in diesem Sinne sind alle Gesetze, die jedenfalls auch die Begründung oder Verwirklichung
von Steueransprüchen i.S.d. § 3 Abs. 1 AO regeln (Kohlmann/*Ransiek* § 369 Rn. 20; ähnlich
MüKo-StGB/*Schmitz* §369 Rn. 6, 12; a.A. HHSp/*Rüping* § 369 Rn. 23 f.: Einzelnorm entscheidet). Z.T. wird auch gefordert, dass die Strafnorm das Steueraufkommen zumindest vor einer
unmittelbaren Gefährdung schützen müsse (FGJ/*Joecks* § 369 Rn. 5). Eine ausschließlich steuerliche Zwecksetzung aller Normen eines solchen Gesetzes ist nach jeder Ansicht entbehrlich (m.w.N.
Kohlmann/*Ransiek* § 369 Rn. 20). Steuern sind bekanntlich gem. § 3 Abs. 1 AO Geldleistungen,
die keine Gegenleistung für eine besondere Leistung darstellen und von einem öffentlich-rechtlichen Gemeinwesen zur Erzielung von Einnahmen allen auferlegt werden, bei denen der Tatbestand zutrifft, an den das Gesetz die Leistungspflicht knüpft, auch wenn der Zweck der Einnah-
meerzielung Nebenzweck sein mag.

Für § 369 Abs. 1 Nr. 1 AO genügt es *de lege lata* (zu § 391 AO a.F. aber z.B. Koch/Scholtz/*Scheuer-* 7
mann-Kettner § 369 Rn. 3) damit nicht, dass ein Strafgesetz auch die Verletzung steuerlicher
Pflichten in Bezug nimmt (MüKo-StGB/*Schmitz* § 369 Rn. 6; § 369 AO Rdn. 3, 26 f.). Zudem ist
zu bedenken, dass die gesamte AO durch **§ 1 Abs. 1, Abs. 2 AO** in ihrem **Anwendungsbereich
begrenzt** ist. Auch § 369 Abs. 1 Nr. 1 AO gilt folglich zunächst nur für Steuern (Steuervergütungen), die durch Bundesrecht oder das Recht der Europäischen Gemeinschaften geregelt sind und
durch Bundes- oder Landesfinanzbehörden verwaltet werden (Kohlmann/*Ransiek* § 369 Rn. 23).
§ 1 Abs. 2 Nr. 7 AO erklärt das Steuerstrafrecht (den achten Teil der AO) erweiternd auch auf
Realsteuern (§ 3 Abs. 2 AO) für anwendbar, die den Gemeinden zur Verwaltung übertragen sind.
Demnach unterfallen (andere) **Landessteuergesetze** aber nicht § 369 Abs. 1 Nr. 1 AO, selbst wenn
in ihnen – etwa bzgl. örtlicher Verbrauch- und Aufwandsteuern – eine Strafvorschrift vorgesehen
ist (vgl. aber § 369 AO Rdn. 24 f.). Mit § 1 Abs. 1 Satz 2 AO ist im deutschen Recht zudem explizit anerkannt, dass die Anwendung der AO durch das **Recht der Europäischen Gemeinschaften**
(heute: der EU) ausgeschlossen werden kann.

Demzufolge sind **Steuerstraftaten der AO**: die Steuerhinterziehung (§ 370 AO), der Bannbruch 8
soweit er sich auf Steuern bezieht (§ 372 AO, näher § 369 AO Rdn. 12 f.), der gewerbsmäßige,
gewaltsame oder bandenmäßige Schmuggel (§ 373 AO, zu seiner aktuellen Einordnung § 373 AO
Rdn. 1 f.; MüKo-StGB/*Schmitz* § 369 Rn. 9: selbstständige Qualifikation) und die Steuerhehlerei
(§ 374 AO). Zu diesen Kernstraftaten des Steuerstrafrechts tritt mit einer noch sehr geringen praktischen Bedeutung die **gewerbs- oder bandenmäßige Schädigung des Umsatzsteueraufkommens**
hinzu (§ 26c UStG). Zu den Steuerstraftaten wird auch **§ 23 RennwettLottG** gezählt (MüKo-
StGB/*Schmitz* § 369 Rn. 11; Kohlmann/*Ransiek* § 369 Rn. 21; FGJ/*Joecks* § 369 Rn. 3; *Mösbauer*,
wistra 1996, 252 [253]).

Steuerstraftaten sind nach dem Wortlaut des § 369 Abs. 1 AO auch die **Zollstraftaten**. Hierin liegt 9
nur noch eine Klarstellung, weil § 3 Abs. 3 AO den Begriff der Steuer erweitert: Die Einfuhr- und
Ausfuhrabgaben gem. Art. 4 Nr. 10, 11 Zollkodex und damit die derzeit einzig legitim erhobenen
Zölle sind in § 3 Abs. 3 AO als Unterfall der Steuer definiert. Sie sind also schon deshalb von
Straftaten erfasst, die das Steueraufkommen schützen (MüKo-StGB/*Schmitz* § 369 Rn. 2). Als
Ausprägungen kommen nach Ansicht des BGH auch **Antidumpingzölle** in Betracht, soweit sie
gem. Art. 6 GATT 1994 und nach europäischem Recht legitim sind (BGH, wistra 2011, 70; mit
guten Gründen aber für eine Begrenzung des § 370 AO bei Antidumpingzöllen und Vergeltungs-
zöllen *Dannecker* Finanzstrafrecht, S. 67 ff. [104 ff.]). Andere Zölle wie Durchfuhr- und Transfer-
zölle sind nach verbindlichen internationalen Abkommen prinzipiell nicht mehr zulässig (Art. V
Abs. 3 GATT 1994; Kohlmann/*Ransiek* § 369 Rn. 15). Soweit Zölle betroffen sind, werden die
Steuerstraftatbestände durch das heute **europarechtlich besonders geprägte Zollrecht** mitbe-

stimmt (vgl. zu den zu diskutierten Zukunftsplänen *Klötzer*, wistra 2007, 1 ff.; Graf/Jäger/Wittig/ *Heine* § 369 Rn. 62). Es kommt dann z.B. auch auf die Auslegung der Gestellungspflicht und des Begriffs des „Verbringers" nach dem **Zollkodex** an, der eine europäische Verordnung darstellt (zu Art. 38, 40 ZK BGH, NJW 2007, 1294 ff. m. krit. Anm. *Bender*, wistra 2007, 309 ff.). Unterfälle des weiterhin vom Gesetz gebrauchten Begriffs der Zollstraftaten sind z.B. die Eingangsabgaben- hinterziehung und die Steuerhehlerei, sowie die Begünstigung hinsichtlich dieser (Vor-) Tat (Erbs/ Kohlhaas/*Senge* § 369 Rn. 3).

10   Für alle Steuerstraftaten ist charakteristisch, dass ihre **Ausfüllung und Anwendung in breitem Umfang über Blankettmerkmale oder normative Tatbestandsmerkmale auf das Steuerrecht Bezug nehmen**. So ergeben sich z.B. die von § 370 AO in Bezug genommenen Erklärungspflich- ten aus den Steuergesetzen. Sie können zum einen aus weiteren Vorschriften der AO folgen (z.B. §§ 149, 153 AO), zum anderen aber auch aus anderen Steuergesetzen wie z.B. § 144 Abs. 1, 2 BranntwMonG resultieren. Ebenso nimmt der Gesetzgeber für die Berechnung der geschuldeten Steuer und damit bei der Steuerhinterziehung z.B. für den Taterfolg der Steuerverkürzung auf das Steuerrecht Bezug. So ist die Steuerverkürzung z.B. bei der ESt primär nach dem EStG, bei der Körperschaftsteuer primär nach dem KStG etc. zu berechnen.

11   Die akzessorische Natur der Steuerstraftaten gem. § 369 Abs. 1 Nr. 1 AO aber auch der weiteren Steuerstraftaten führt dazu, dass die Steuerstraftaten die **Probleme und Eigenheiten des Steuer- rechts** in sich aufnehmen. Dies kann Probleme unbestimmter, für den Bürger schwer überschau- barer und daher kaum noch vorhersehbarer (oder gar einsichtiger) Normsetzung bedeuten (*Papier*, DStJG 12 [1989], 61 ff., 69 ff., dazu näher § 369 AO Rdn. 75 ff.). Ebenso ist der häufige Wandel steuerrechtlicher Vorschriften in der steuerstrafrechtlichen Rechtsanwendung (*Jäger*, StraFo 2006, 477, 478; dazu näher § 369 AO Rdn. 112 ff.) und ein hohes Maß an Europäisierung zu bewältigen (Graf/Jäger/Wittig/*Jäger* Vor § 369 Rn. 3; dazu näher § 369 AO Rdn. 104 ff.). Bei allem ist jeweils zu beachten, dass **steuerrechtliche Besonderheiten nach den Maßstäben des Strafrechts zu beur- teilen und zu bewerten** sind. Eine schlichte Hinnahme bedenklicher Zustände des Steuerrechts im Steuerstrafrecht ist nicht veranlasst. Die **Akzessorietät des Steuerstrafrechts** ist insoweit **durch die spezifischen Anforderungen an strafrechtliche Gesetze** und die strafrechtliche Rechtsanwen- dung insb. gem. Art. 103 Abs. 2 GG **begrenzt**. Auch § 369 Abs. 2 AO räumt nur **Straf**vorschriften der AO einen eventuellen Vorrang vor allgemeinen strafrechtlichen Grundsätzen ein (FGJ/*Joecks* § 369 Rn. 4; s. näher § 369 AO Rdn. 41).

II. Der strafbare Bannbruch

12   Das Unrecht des gem. § 372 AO strafbaren Bannbruchs liegt in einem **Verstoß gegen ein Verbrin- gungsverbot**. Diese Verbote werden durch den Tatbestand selbst nur im Wege eines Blanketts beschrieben. Erfasst werden verschiedenste Verbote, die disparat motiviert sind und denen allen- falls selten steuerliche Erwägungen oder Verfahren zugrunde liegen (*Mösbauer*, wistra 1996, 252 [253]; *Janovsky*, NStZ 1998, 117 [119]; *Rönnau*, NStZ 2000, 513 [514]). So ist z.B. die Einfuhr von Elfenbein aus Gründen des Artenschutzes ebenso untersagt und durch § 372 AO strafrecht- lich abgesichert, wie die Ausfuhrverbote des Kriegswaffenkontrollgesetzes (*Rönnau* wistra 2000, 513 [514]). Überwiegend wird in solchen Fällen eines nicht steuerlich motivierten Verbringungs- verbotes in § 369 Abs. 1 Nr. 2 AO eine konstitutive Erweiterung des Kreises der Steuerstraftaten ggü. § 369 Abs. 1 Nr. 1 AO gesehen (Rolletschke/Kemper/*Dietz* § 369 Rn. 6; FGJ/*Joecks* § 369 Rn. 9; Klein/*Jäger* § 369 Rn. 5; Erbs/Kohlhaas/*Senge* § 369 Rn. 2, 5; Graf/Jäger/Wittig/*Allgayer* § 369 Rn. 3, 9; partiell Kohlmann/*Ransiek* § 369 Rn. 31). Angesichts des vorherrschenden forma- len Verständnisses des § 369 Abs. 1 Nr. 1 AO, das allein auf den Regelungsstandort der Strafnorm abstellt (§ 369 AO Rdn. 6) wird § 369 Abs. 1 Nr. 2 AO trotz des teilweise mangelnden Bezuges zur Besteuerung auch eine lediglich klarstellende Bedeutung zugestanden (so z.B. MüKo-StGB/ *Schmitz* § 369 Rn. 8; differenzierend Kohlmann/*Ransiek* § 369 Rn. 31: soweit der Bannbruch nicht gem. § 372 Abs. 2 AO hinter Nichtsteuerstraftaten zurücktritt). Praktische Folgen aus dieser

unterschiedlichen Einordnung ergeben sich indes nicht (Kohlmann/*Ransiek* § 369 Rn. 30). Soweit das Verbringungsverbot *auch steuerlich* motiviert ist, wird der Verstoß gegen ein Einfuhr-, Ausfuhr- oder Durchfuhrverbot nicht selten schon nach §§ 370, 373 AO strafbar sein. Hier liegt in § 369 Abs. 1 Nr. 2 AO in jedem Fall nur eine klarstellende Norm (Kohlmann/*Ransiek* § 369 Rn. 31).

Die Einordnung des Bannbruchs als Steuerstraftat hat auch dann eine **Verfolgungszuständigkeit** 13 **der Finanzbehörden** zur Folge (§ 386 AO), wenn die Bestrafung letztlich nicht nach § 370 AO, sondern etwa nach dem BtMG erfolgt (m.w.N. *Bender*, wistra 1990, 285 [286 ff.]; *Wamers*, ZfZ 1998, 287 f.; MüKo-StGB/*Schmitz* § 369 Rn. 13; Kohlmann/*Ransiek* § 369 Rn. 31; a.A. *Kramer*, wistra 1990, 169 [173 ff.]). Schon der uneingeschränkte Wortlaut der Legaldefinition des § 369 I Nr. 2 AO, die angesichts der gesetzgeberischen Konzeption nicht für unmaßgeblich erklärt werden kann, spricht für die weite Anerkennung des Bannbruchs als Steuerstraftat. Sie rechtfertigt sich auch organisatorisch daraus, dass den Zollbehörden, die mit der Erhebung der Einfuhr- und Ausfuhrabgaben betraut sind, zugleich die Aufgabe zukommt, nicht steuerlich motivierte Verbringungsverbote durchzusetzen und entsprechende Verstöße aufzuklären (**§ 1 Abs. 1, Abs. 3, Abs. 4 ZollVG**; HHSp/*Rüping* § 369 Rn. 10; Rolletschke/Kemper/*Dietz* § 369 Rn. 6; FGJ/*Jäger* § 372 Rn. 54 f.; in diesem Sinne auch BGHSt 25, 137 [140]).

Als **Spezialproblem** ist zu beachten, dass § 372 Abs. 2 AO als Straftatbestand und mithin auch als 14 Steuerstraftat ausscheidet, wenn der Gesetzgeber den **Verstoß gegen das Verbringungsverbot** in einer anderen bzw. spezielleren Vorschrift **nur mit Geldbuße bedroht**. So liegt es z.B. bei einem Verstoß gegen die Anmeldepflicht der §§ 50 Abs. 1, 69 Abs. 3 Nr. 22 BNatSchG (Ein-, Durch- oder Ausfuhr von Tieren). In diesem Fall ist der Verstoß gegen das Verbringungsverbot gem. § 1 OWiG nur als Ordnungswidrigkeit zu betrachten. Dann greift eine Sperrwirkung ein, die auch die Einordnung des Bannbruchs als Steuerstraftat entfallen lässt (*Bender*, wistra 1990, 285, 286; MüKo-StGB/*Schmitz* § 369 Rn. 13; Klein/*Jäger* § 369 Rn. 5; vgl. bestätigend auch § 12 ZollVG). Auch dann ist aber auf **besondere Zuständigkeitsregelungen** zu achten. So können z.B. die §§ 23, 14 Abs. 2 KWKG zu einer Ermittlungszuständigkeit einer speziellen Verwaltungsbehörde führen. Für weitere Details des Bannbruchs vgl. § 372 AO Rdn. 1 ff.

III. Die strafbare Wertzeichenfälschung anhand von Steuerzeichen

§ 148 StGB   Wertzeichenfälschung

(1) Mit Freiheitsstrafe bis zu fünf Jahren oder mit Geldstrafe wird bestraft, wer

> *1. amtliche Wertzeichen in der Absicht nachmacht, daß sie als echt verwendet oder in Verkehr gebracht werden oder daß ein solches Verwenden oder Inverkehrbringen ermöglicht werde, oder amtliche Wertzeichen in dieser Absicht so verfälscht, daß der Anschein eines höheren Wertes hervorgerufen wird,*
>
> *2. falsche amtliche Wertzeichen in dieser Absicht sich verschafft oder*
>
> *3. falsche amtliche Wertzeichen als echt verwendet, feilhält oder in Verkehr bringt.*

(2) Wer bereits verwendete amtliche Wertzeichen, an denen das Entwertungszeichen beseitigt worden ist, als gültig verwendet oder in Verkehr bringt, wird mit Freiheitsstrafe bis zu einem Jahr oder mit Geldstrafe bestraft.

(3) Der Versuch ist strafbar.

§ 149 StGB   Vorbereitung der Fälschung von Geld und Wertzeichen

(1) Wer eine Fälschung von Geld oder Wertzeichen vorbereitet, indem er

> *1. Platten, Formen, Drucksätze, Druckstöcke, Negative, Matrizen, Computerprogramme oder ähnliche Vorrichtungen, die ihrer Art nach zur Begehung der Tat geeignet sind,*

2. *Papier, das einer solchen Papierart gleicht oder zum Verwechseln ähnlich ist, die zur Herstellung von Geld oder amtlichen Wertzeichen bestimmt und gegen Nachahmung besonders gesichert ist, oder*

3. *Hologramme oder andere Bestandteile, die der Sicherung gegen Fälschung dienen, herstellt, sich oder einem anderen verschafft, feilhält, verwahrt oder einem anderen überläßt, wird, wenn er eine Geldfälschung vorbereitet, mit Freiheitsstrafe bis zu fünf Jahren oder mit Geldstrafe, sonst mit Freiheitsstrafe bis zu zwei Jahren oder mit Geldstrafe bestraft.*

(2) Nach Absatz 1 wird nicht bestraft, wer freiwillig

1. *die Ausführung der vorbereiteten Tat aufgibt und eine von ihm verursachte Gefahr, daß andere die Tat weiter vorbereiten oder sie ausführen, abwendet oder die Vollendung der Tat verhindert und*

2. *die Fälschungsmittel, soweit sie noch vorhanden und zur Fälschung brauchbar sind, vernichtet, unbrauchbar macht, ihr Vorhandensein einer Behörde anzeigt oder sie dort abliefert.*

(3) Wird ohne Zutun des Täters die Gefahr, daß andere die Tat weiter vorbereiten oder sie ausführen, abgewendet oder die Vollendung der Tat verhindert, so genügt an Stelle der Voraussetzungen des Absatzes 2 Nr. 1 das freiwillige und ernsthafte Bemühen des Täters, dieses Ziel zu erreichen.

§ 150 StGB Erweiterter Verfall und Einziehung

(1) In den Fällen der §§ 146, 148 Abs. 1, der Vorbereitung einer Geldfälschung nach § 149 Abs. 1, der §§ 152a und 152b ist § 73d anzuwenden, wenn der Täter gewerbsmäßig oder als Mitglied einer Bande handelt, die sich zur fortgesetzten Begehung solcher Taten verbunden hat.

(2) Ist eine Straftat nach diesem Abschnitt begangen worden, so werden das falsche Geld, die falschen oder entwerteten Wertzeichen und die in § 149 bezeichneten Fälschungsmittel eingezogen.

§ 152 StGB Geld, Wertzeichen und Wertpapiere eines fremden Währungsgebiets

Die §§ 146 bis 151 sind auch auf Geld, Wertzeichen und Wertpapiere eines fremden Währungsgebiets anzuwenden.

15 Mit § 369 Abs. 1 Nr. 3 AO wird ein **Straftatbestand** abweichend von den Nr. 1 und 2 nicht vollständig, sondern **nur teilweise zu einer Steuerstraftat erklärt**. Die Wertzeichenfälschung (§ 148 StGB) ist einschließlich ihres Versuchs (§ 148 Abs. 2 StGB) und ihrer strafbaren Vorbereitung (§ 149 StGB) dann eine Steuerstraftat, wenn sich die Tat auf Steuerzeichen bezieht. **Steuerzeichen** sind Marken oder ähnliche Wertzeichen, die öffentlichen Glauben genießen und vom Staat, Gebiets- oder sonstigen Körperschaften oder Anstalten des öffentlichen Rechts unter Verkörperung eines bestimmten Geldwertes ausgegeben werden, um die Zahlung von Abgaben (Steuern) zu vereinfachen oder zu sichern (BeckOK-StGB/*Weidemann* § 148 StGB Rn. 3; im Kern schon RGSt 59, 321 [323]; allgemein zum Wertzeichen BGHSt 32, 68 [75 f.]). Steuerzeichen sind damit Unterfälle der von den §§ 148 ff. StGB erfassten Wertzeichen. Ihr Sinn besteht darin, die Steuerfestsetzung und -erhebung durch eine vorherige Entrichtung des in den Steuerzeichen verkörperten Wertes zu ersetzen (*Mösbauer*, wistra 1996, 252 [253]). In der Praxis unterfallen dem Begriff der Steuerzeichen lediglich die von den Steuerbehörden gegen Entrichtung ihres Wertes abgegebenen „Tabaksteuerbanderolen", die gem. § 17 Abs. 1 TabStG zur Entrichtung der Tabaksteuer zu verwenden sind (mit Nachweisen zu früheren Steuerzeichen MüKo-StGB/*Schmitz* § 369 Rn. 15, § 370 Rn. 104 f.; vgl. auch schon RGSt 62, 203 [205 f.]). Auch Steuerzeichen genießen dabei öffentlichen Glauben, beweisen also für jedermann die Entrichtung der betroffenen Steuer (Kohlmann/*Ransiek* § 369 Rn. 38). Ob ein Steuerzeichen gegeben ist, bestimmt sich zunächst nach deutschem Recht. Nach bislang einhelliger Ansicht gilt aber auch für Steuerzeichen die **Erstreckung des § 152 StGB** auf ausländische Wertzeichen (Kohlmann/*Ransiek* § 369 Rn. 38; m.w.N. HHSp/*Rüping* § 369 Rn. 41, 12: Strafbarkeit unabhängig von einem steuerlichen Unrecht; bereits mit Zweifeln FGJ/*Joecks* § 369 Rn. 168a). Ob ein Wert- bzw. Steuerzeichen vorliegt, soll sich dann

auch nach dem ausländischen Recht bemessen (BGHSt 32, 68 [76 ff.]). Dies ist jedoch so uneingeschränkt zweifelhaft. Der Gesetzgeber hat sich nicht explizit auch auf § 152 StGB bezogen, sodass eine an steuerstrafrechtlichen Wertungen orientierte eingeschränkte Interpretation der §§ 148, 152 StGB, § 369 Abs. 1 Nr. 3 AO unschwer möglich und sinnvoll ist. Weder § 370 AO (§ 369 AO Rdn. 150 f.) noch § 263 StGB (BayObLG, NJW 1980, 1057; m.w.N. Leipold/Tsambikakis/Zöller/*Gaede* § 263 Rn. 2) schützen ausländische Steueransprüche uneingeschränkt. Der Schutz ausländischer Steuerzeichen ist deshalb auf Steuerzeichen zu beschränken, die Steuern betreffen, denen die §§ 370 ff. AO einen Schutz zukommen lassen.

Das Steuerstrafrecht verfolgt in Form des § 369 Abs. 1 Nr. 3 AO damit nicht mehr den z.B. noch   **16**
in § 405 RAO a.F. beschrittenen Weg, einen Sondertatbestand der Steuerzeichenfälschung vorzusehen (zur Gesetzgebungsgeschichte näher Kohlmann/*Ransiek* § 369 Rn. 36; HHSp/*Rüping* § 369 Rn. 11; zum früheren Vorläufer im Überblick *Hartung*, Steuerstrafrecht, S. 157 ff.). Vielmehr zieht der Gesetzgeber seit dem EGStGB – wie allgemein in § 369 Abs. 2 AO zu beobachten – eine Einbettung in das allgemeine Strafrecht vor. Sie wird jedoch über § 369 Abs. 1 Nr. 3 AO mit einer Verfolgungszuständigkeit der sachkundigen Steuerbehörden kombiniert (BT-Drucks. VI/1982, S. 193; Koch/Scholtz/*Scheuermann-Kettner* § 369 Rn. 5; *Mösbauer*, wistra 1996, 252, 253; zur Kritik näher i.E. zust. HHSp/*Rüping* § 369 Rn. 13).

Obschon gem. § 149 StGB bereits die Tatvorbereitung strafbar ist, erlangt § 369 Abs. 1 Nr. 3 AO   **17**
infolge des weitgehenden Verzichts auf Steuerzeichen keine nennenswerte praktische Bedeutung (Kohlmann/*Ransiek* § 369 Rn. 37). Die (Tabak-) Steuerhinterziehung wird heute offenbar primär schon durch eine gänzlich verschwiegene Einfuhr angestrebt. Auch wenn eine Tatbegehung durch den Import von Billigzigaretten mit gefälschten Tabaksteuerbanderolen jedenfalls in Betracht kommt, unterbleibt eine nähere Erörterung bisweilen zugunsten praktisch relevanterer Sachverhaltskonstellationen und Normen.

Soweit eine Wertzeichenfälschung in der Praxis einmal in Rede steht, darf die früh eingreifende   **18**
Strafbarkeit nicht übersehen werden: Gem. § 149 StGB ist auf die **Strafbarkeit diverser Vorbereitungshandlungen** zu achten. Hierbei ist wiederum einzubeziehen, dass der Gesetzgeber diese früh einsetzende Strafbarkeit abmildert, in dem er auf eine **Tätige Reue** gem. § 149 Abs. 2, Abs. 3 StGB Rücksicht nimmt (Rolletschke/Kemper/*Dietz* § 369 Rn. 7). Die Selbstanzeige gem. § 371 AO entfaltet demgegenüber keine strafbefreiende Wirkung (Rolletschke/Kemper/*Dietz* § 369 Rn. 7). Als Besonderheit ist zudem festzuhalten, dass § 150 Abs. 1 StGB den **erweiterten Verfall** gestattet. Mit § 150 Abs. 2 StGB werden die Einziehungsbefugnisse erweitert (beachte § 74 Abs. 4 StGB), indem eine **zwingende Einziehung** der Tatgegenstände vorgeschrieben wird. Die Unterlassung des Einsatzes von Steuerzeichen ist schon gem. §§ 370 Abs. 1 Nr. 3, 369 Abs. 1 Nr. 1 AO als Steuerstraftat erfasst.

IV. Die strafbare Begünstigung der Beteiligten einer Steuerstraftat

§ 257 StGB   Begünstigung

(1) Wer einem anderen, der eine rechtswidrige Tat begangen hat, in der Absicht Hilfe leistet, ihm die Vorteile der Tat zu sichern, wird mit Freiheitsstrafe bis zu fünf Jahren oder mit Geldstrafe bestraft.

(2) Die Strafe darf nicht schwerer sein als die für die Vortat angedrohte Strafe.

(3) Wegen Begünstigung wird nicht bestraft, wer wegen Beteiligung an der Vortat strafbar ist. Dies gilt nicht für denjenigen, der einen an der Vortat Unbeteiligten zur Begünstigung anstiftet.

(4) Die Begünstigung wird nur auf Antrag, mit Ermächtigung oder auf Strafverlangen verfolgt, wenn der Begünstiger als Täter oder Teilnehmer der Vortat nur auf Antrag, mit Ermächtigung oder auf Strafverlangen verfolgt werden könnte. § 248a [StGB] gilt sinngemäß.

19   Auch in § 369 Abs. 1 Nr. 4 AO erklärt der Gesetzgeber einen sinnvoll im allgemeinen Strafrecht verankerten Straftatbestand (hier: die Begünstigung gem. § 257 StGB) nur dann zu einer Steuerstraftat, wenn sich die konkrete Art und Weise der Tatbegehung hinreichend auf Rechtsgüter des Steuerstrafrechts bezieht. Dies befürwortet der Gesetzgeber bei der Begünstigung, wenn sie einer Person geleistet wird, „die eine **Tat nach den Nummern 1 bis 3** begangen hat". Das Grundmodell jener Regelung geht schon auf § 356 Abs. 2 RAO 1919 zurück (Kohlmann/*Ransiek* § 369 Rn. 50).

20   Begünstigung i.S.d. § 369 Abs. 1 Nr. 4 AO ist heute **nur das in § 257 StGB gesetzlich vertypte Verhalten** (MüKo-StGB/*Schmitz* § 369 Rn. 16; Kühn/von Wedelstädt/*Blesinger* § 369 Rn. 8; FGJ/*Joecks* § 369 Rn. 174). Ein weiteres Verständnis scheidet schon deshalb aus, weil § 369 Abs. 1 Nr. 4 AO für sich genommen weder eine eigene Straftatdefinition in bestimmter Form leistet, noch leisten will (Art. 103 Abs. 2 GG). Insb. kann die Strafvereitelung des § 258 StGB (früher sog. persönliche Begünstigung) nicht über § 369 Abs. 1 Nr. 4 AO in Anlehnung an frühere, vom Gesetzgeber aufgegebene Fassungen der Begünstigung, als Steuerstraftat eingeordnet werden (*Hübner*, NJW 1975, 1111, 1112; *Lohmeyer*, ZfZ 1976, 300, 301; Erbs/Kohlhaas/*Senge* § 369 Rn. 7; Kohlmann/*Ransiek* § 369 Rn. 52; krit. *Kratzsch*, NJW 1975, 199 f.).

21   Die Begünstigung gem. § 257 StGB ist folglich genau dann eine Steuerstraftat, wenn der Täter dem **Tatbeteiligten einer rechtswidrig begangenen Steuerstraftat nach den § 369 Abs. 1 Nr. 1-3 AO Hilfe leistet**, um diesem die **Vorteile zu sichern, die er aus einer solchen Steuerstraftat erlangt hat** (sog. sachliche und damit tatbezogene Begünstigung). Die Vortat muss selbst eine Steuerstraftat sein. Vorteile i.S.d. Begünstigung liegen in der Praxis z.B. in Steuervorteilen des § 370 AO wie z.B. Steuervergütungen. Sie sollen aber auch in der tatsächlichen „Ersparnis" von Steuern (= der eintretenden Steuerverkürzung des § 370 AO) liegen können (so BGH, wistra 1999, 103 [104 f.]; BGHSt 46, 107 [116 ff.]; Kohlmann/*Ransiek* Rn. 55 ff.; *Jäger*, wistra 2000, 344, 346 f.; zu Recht krit. z.B. FGJ/*Joecks* § 369 Rn. 186a ff.; *Schwedhelm*, DStR 2006, 1017 ff.; näher § 257 StGB Rdn. 38 ff.). Die Begünstigung ist bei der Steuerhinterziehung vollendet, wenn die geleistete Hilfe die Durchsetzung des Steueranspruchs unmöglich macht oder jedenfalls noch mehr erschwert, als dies bereits durch die erfolgte Hinterziehung bewirkt wurde (so BGH wistra 1999, 103 [105]; BGHSt 46, 107 [117 f.]). In diesem Sinne muss die **Tathandlung nach herrschender Meinung objektiv geeignet** und subjektiv dazu bestimmt sein, dem Täter die Vorteile der begangenen Steuerstraftat gegen eine Entziehung zu sichern (BGHSt 4, 221 [224 f.]; Kohlmann/*Ransiek* § 369 Rn. 58 [62 f.]; m.w.N. krit. Leipold/Tsambikakis/Zöller/*Tsambikakis* § 257 Rn. 12: Besserstellung des Täters erforderlich). Nach dieser Ansicht können z.B. falsche Auskünfte ggü. dem FA oder die Verschleierung eines *aus Steuerhinterziehungen erlangten* (!) „Schwarzgeldes" tatbestandsmäßig sein (BGHSt 46, 107 [116 ff.] m. Anm. *Jäger*, wistra 2000, 344 [346 f.]; MüKo-StGB/*Schmitz* § 369 Rn. 18 f.: nicht das „Schwarzgeld", *mit dem* eine Steuerhinterziehung begangen wird; *Schwedhelm*, DStR 2006, 1016 [1020, 1022 f.]). Soweit der Täter der Begünstigung handelt, um den Täter der Vortat auch vor Strafe zu schützen, muss auch eine **Strafvereitelung** des Mandanten/Beschuldigten geprüft werden (s. aber § 369 AO Rdn. 27 f.). Näheres wie z.B. die konstitutive **Vorteilssicherungsabsicht** oder die problematische Tateinheit zwischen Beihilfe zur Steuerhinterziehung und Begünstigung behandelt § 257 StGB Rdn. 1 ff.

V. Die Steuerstraftaten kraft Verweisung

22   Von Steuerstraftaten kraft Verweisung lässt sich **über § 369 Abs. 1 AO hinausgehend** dann sprechen, wenn ein **Bundesgesetz** für die **Hinterziehung nichtsteuerlicher Abgaben auf die Vorschriften der §§ 369 ff. AO verweist** (siehe aber § 369 AO Rdn. 25). Dies ist z.B. bei § 12 MOG der Fall (zu seiner Problematik aber jüngst BVerfG, HRRS 2011 Nr. 120; § 369 AO Rdn. 70). Das Marktordnungsrecht verweist dort für die **Hinterziehung von EU-Marktordnungsabgaben** auf die Regelungen der AO. Gleiches gilt gem. § 8 Abs. 2 WoPG für **Wohnungsbau- und Sparprämien**, gem. § 14 Abs. 2, Abs. 3 5. VermBG für die **Arbeitnehmersparzulage** und gem. § 96 Abs. 7 EStG für die **Altersvorsorgezulage**. In diesen Fällen liegt zwar nicht stets ein materiell steuerlicher

Bezug vor. Der Gesetzgeber hat aber aufgrund einer befürworteten Ähnlichkeit der gegenständlichen Zahlungen per Gesetz die Geltung des steuerstrafrechtlichen Regelungsmodells der §§ 369 ff. AO angeordnet.

Keine Steuerstraftaten sind hingegen mangels Verweises die **Erschleichung von Investitionszula-**   23
gen z.B. nach dem InvZulG 2010 und die **Erschleichung der Eigenheimzulage** nach dem Eig-ZulG (dazu näher BGH, NJW 2007, 2864 [2867]). Sie können jedoch gem. §§ 264, 263 StGB strafbar sein. Zudem sieht § 15 InvZulG 2010 durch den Verweis auf die §§ 385 ff. AO insb. die Ermittlungszuständigkeit der Finanzbehörden auch für Betrugtaten (§§ 263, 264 StGB) vor. In **§ 15 Abs. 2 EigZulG** wird entsprechend für den Betrug (§ 263 StGB) und die darauf bezogene Begünstigung auf die §§ 385 ff. AO verwiesen. Die **§ 20 BerlinFG** und **§ 6 StahlInvZuG** verweisen für Taten gegen § 264 StGB (Subventionsbetrug) und sich darauf beziehende Begünstigungen auf die strafverfahrensrechtlichen Vorschriften der AO. Für die **Begünstigung** in den Fällen der § 8 Abs. 2 WoPG, § 14 Abs. 3 5. VermBG und § 96 Abs. 7 EStG ist jeweils im zweiten Satz der Norm bestimmt, dass auf die Begünstigungen die verfahrensrechtlichen Regelungen der §§ 385 bis 408 AO Anwendung finden. Zudem ist gem. § 128 Abs. 1 BranntwMonG zu beachten, dass „die für das Strafverfahren wegen Steuerstraftaten geltenden Vorschriften der Abgabenordnung, mit Ausnahme des § 386 Abs. 2 sowie der §§ 399 bis 401, [..] bei einer Straftat, die unter Vorspiegelung monopolrechtlich erheblicher Tatsachen auf die Erlangung von Vermögensvorteilen gerichtet ist und kein Steuerstrafgesetz verletzt, entsprechend anzuwenden [sind]".

Angesichts der prinzipiellen **Beschränkung des § 369 Abs. 1 Nr. 1 AO auf § 1 Abs. 1, Abs. 2 AO**   24
existieren **zahlreiche Landesgesetze**, die z.B. zur Pönalisierung der Hinterziehung von Kirchensteuer (vgl. so § 6 Abs. 1 KiStG Niedersachsen, § 12 Abs. 1 SächsKiStG) auf § 370 AO verweisen (MüKo-StGB/*Schmitz* § 369 Rn. 12; MüKo-StGB/*Schmitz/Wulf* § 370 Rn. 10 [49 f.]; Kohlmann/ *Ransiek* § 369 Rn. 24, 26 mit umfangreicher Auflistung). V.a. in **Kommunalabgabengesetzen** findet sich regelmäßig ein Verweis auf die Vorschriften der AO, der auch ihre Strafvorschriften teilweise einschließt (vgl. z.B. §§ 3; 7 Abs. 1 Satz 2, Abs. 3 KAG BW und §§ 1 Nr. 1; 2 Abs. 1 Nr. 1; 3 Nr. 1; 4 AbgabenG Hamburg). Es können jedoch auch **eigenständige Strafvorschriften** vorgesehen sein (s. nur die typisch erscheinenden Regelungen § 7 Abs. 1 Satz 1 KAG BW, § 16 Abs. 1 Satz 1 KAG und Art. 14 Abs. 1 Satz 1 KAG Bayern).

▶ Praxistipp: 25

Bei Steuerstraftaten kraft Verweisung muss stets geprüft werden, **ob tatsächlich alle Vorschriften der §§ 370 ff. AO** durch die Verweisung erfasst werden. So verweist § 12 Abs. 1 Satz 1 MOG „entsprechend" auf alle strafrechtlichen Vorschriften, während z.B. § 8 Abs. 2 WoPG, § 14 Abs. 3 Satz 1 5. VermBG und § 96 Abs. 7 Satz 1 EStG **nur auf ausgewählte Normen bzw. ausgewählte Absätze einzelner Normen verweisen** (z.B. nur auf § 370 Abs. 1 bis 4 AO). Diese Prüfung ist auch für Landesteuerrecht bedeutsam, auf das die AO gem. § 1 Abs. 1 AO prinzipiell keine Anwendung findet. Auch im Kontext des Landesrechts darf z.B. bei der **Kirchensteuer** nicht selbstverständlich von einer vollumfänglichen Verweisung auf die Strafvorschriften der AO ausgegangen werden (Kohlmann/*Ransiek* § 369 Rn. 26: überwiegend keine Anwendbarkeit). Für die Kirchensteuer ist jedoch im Fall einer fehlenden Verweisung eine Betrugsstrafbarkeit zu prüfen, die der 5. Strafsenat des BGH in einem *obiter dictum* – zu Unrecht – bejaht hat (s. so am Beispiel Nordrhein-Westfalens BGH, NStZ 2009, 157 [158 f.]; *Rönnau*, wistra 1995, 47 ff.; wie hier a.A. z.B. FGJ/*Randt* § 386 Rn. 21; MüKo-StGB/*Schmitz* § 369 Rn. 50; Leipold/Tsambikakis/Zöller/*Gaede* § 263 Rn. 200).

VI. Die ausgeschiedenen Straftaten

Aufgrund der abschließenden Natur der Aufzählung in § 369 Abs. 1 AO und mangels eines geson-   26
derten Verweises auf die §§ 369 ff. AO sind **folgende Straftaten keine Steuerstraftaten:**

- die **Verletzung des Steuergeheimnisses** entgegen § 30 AO gem. § 355 StGB (näher dazu BT-Drucks. 7/1261, S. 51; *Hübner*, JR 1977, 58; MüKo-StGB/*Schmitz* § 369 Rn. 6; Kohlmann/*Ransiek* § 369 Rn. 22; zur gesetzgeberischen Umsetzung krit. FGJ/*Joecks* § 369 Rn. 5; anders etwa noch § 376 RAO 1919),
- die **Verletzung von Privatgeheimnissen** entgegen der §§ 57 **Abs. 1, 62 StGB** gem. § 203 **Abs. 1 Nr. 3, Abs. 3 Satz 1, Abs. 5 StGB** sowie
- die **Abgabenüberhöhung** gem. § 353 StGB (m.w.N. Kohlmann/*Ransiek* § 369 Rn. 22).

27   Auch wenn die Begünstigung des § 257 StGB teilweise eine Steuerstraftat ist und die Steuerhehlerei (§ 374 AO) speziell geregelt wurde, hat der Gesetzgeber keine weiteren Anschlussstraftaten in den Kreis der Steuerstraftaten aufgenommen: Weder die **Strafvereitelung** (§ 258 StGB) noch die **Geldwäsche** (§ 261 Abs. 1 Satz 2 Nr. 4b StGB) sind Steuerstraftaten, selbst wenn sie sich auf Steuerstraftaten als Vortaten beziehen (MüKo-StGB/*Schmitz* § 369 Rn. 16 [20]; § 369 AO Rdn. 7). Eine analoge Anwendung des § 369 Abs. 1 Nr. 4 AO scheidet aus. Schon eine *planwidrige* Regelungslücke ist nicht erkennbar. Überdies steht der (strafrechtliche) Gesetzesvorbehalt einer Analogie entgegen, die in der Rechtspraxis auf erweiterte Eingriffsbefugnisse und ggf. auch auf eine erweiterte Strafbarkeit hinauslaufen dürfte. Vielmehr bleiben die aufgezählten Taten allgemeine Straftaten. Den Finanzbehörden kommen deshalb z.B. bei der Strafvereitelung auch dann keine originären eigenen strafverfahrensrechtlichen Ermittlungsbefugnisse zu, wenn sich die Tat auf die Vereitelung der Bestrafung wegen einer Steuerhinterziehung bezieht (allgM, Klein/*Jäger* § 369 Rn. 7; zu den Gründen auch näher *Hübner*, NJW 1975, 1111 [1112]).

28 ▶ **Praxistipp:**

Bei der Tataufklärung kann die StA aber auch in den Fällen der Strafvereitelung und der Geldwäsche gemäß und i.R.d. §§ 402, 404 AO die Unterstützung der Finanzbehörde beanspruchen. § 403 AO billigt der Finanzbehörde Mitwirkungsrechte zu, wenn die staatsanwaltlichen Ermittlungen neben der Strafvereitelung auch Steuerstraftaten betreffen (s.a. § 407 AO). Dies ist regelmäßig dann der Fall, wenn Steuerstraftaten Vortaten von Strafvereitelung und Geldwäsche ausmachen. Auch die Geldwäsche kann heute als Anschlusstat zu einer Steuerhinterziehung begangen werden, wenn sie gewerbs- oder bandenmäßig begangen wurde (§ 261 Abs. 1 Satz 2 Nr. 4b StGB, dazu statt vieler krit. bereits *Wulf*, wistra 2008, 321 [327 ff.]).

VII. Die Rechtsfolgen

29   Die Einordnung als Steuerstraftat führt dazu, dass die Finanzbehörden (§ 386 Abs. 1 Satz 2 AO) den Sachverhalt im Verdachtsfall ermitteln dürfen, § 386 Abs. 1 Satz 1 AO. **Gem. § 386 Abs. 2 Nr. 1 AO** kommt eine **Kompetenz zur selbstständigen Ermittlung durch die Finanzbehörden** in Betracht, wenn nur der Verdacht auf Steuerstraftaten besteht (s. aber ergänzend § 386 Abs. 2 Nr. 2 AO).

30   Eine weitere praktisch bedeutsame Rechtsfolge ergibt sich aus § 32 ZollVG, der für das sog. **Schmuggelprivileg** auf § 369 AO verweist:

§ 32 ZollVG   **Nichtverfolgung von Steuerstraftaten und Steuerordnungswidrigkeiten, Erhebung eines Zuschlags**

(1) Steuerstraftaten und Steuerordnungswidrigkeiten (§§ 369, 377 der Abgabenordnung), die im grenzüberschreitenden Reiseverkehr begangen werden, werden als solche nicht verfolgt, wenn sich die Tat auf Waren bezieht, die weder zum Handel noch zur gewerblichen Verwendung bestimmt sind und der verkürzte Einfuhrabgabenbetrag oder der Einfuhrabgabenbetrag, dessen Verkürzung versucht wurde, 130 Euro nicht übersteigt.

(2) Absatz 1 gilt nicht, wenn der Täter
  1. die Waren durch besonders angebrachte Vorrichtungen verheimlicht oder an schwer zugängli-
  chen Stellen versteckt hält oder
  2. durch die Tat den Tatbestand einer Steuerstraftat innerhalb von sechs Monaten zum wieder-
  holten Male verwirklicht.

(3) Liegt eine im grenzüberschreitenden Reiseverkehr begangene Steuerstraftat oder Steuerordnungs-
widrigkeit vor, kann in den Fällen einer Nichtverfolgung nach Absatz 1 oder einer Einstellung nach
§ 398 der Abgabenordnung ein Zuschlag bis zur Höhe der Einfuhrabgaben, höchstens jedoch bis zu
130 Euro erhoben werden.

(4) Die Absätze 1 bis 3 gelten auch bei der Einreise aus einer Freizone.

Nach § 32 Abs. 1 ZollVG werden Steuerstraftaten damit „als solche" nicht verfolgt, wenn   31

– sich die Tat auf Waren bezieht, die **zum privaten Verbrauch** bestimmt sind,
– die Tat im **grenzüberschreitenden Reiseverkehr** begangen wird,
– die verkürzten Einfuhrabgaben in Versuch oder Vollendung **130,00 € nicht übersteigen** und
– **keine qualifizierenden Umstände nach § 32 Abs. 2 ZollVG vorliegen.**

Die Norm begründet nicht nur die Straflosigkeit der Tat, sondern auch ein Verfahrenshindernis,   32
welches zur alsbaldigen Einstellung des Verfahrens führen muss (näher auch zu den Motiven der
Regelung Erbs/Kohlhaas/*Häberle* § 32 ZollVG Rn. 1 [7]; FGJ/*Jäger* § 32 ZollVG Rn. 3 f.; *Janovsky*,
NStZ 1998, 117 [122 f.]). Allerdings gilt das **Verfahrenshindernis nur für Steuerstraftaten** und
nicht auch für andere tateinheitlich verwirklichte Delikte (Erbs/Kohlhaas/*Häberle* § 32
ZollVG Rn. 7). Reiseverkehr meint dabei auch den Berufsverkehr (BGHSt 18, 40 ff. [zu einer früheren Fassung]; Erbs/Kohlhaas/*Häberle* § 32 ZollVG Rn. 3) und eine nur dem – nichtkommerziel-
len – Schmuggel dienende Reise (BayObLG, NStZ-RR 2003, 373 [374 f.]; FGJ/*Jäger* § 32
ZollVG Rn. 22). Erfasst ist auch der Schmuggel über die sog. grüne Grenze (BayObLG, NStZ-
RR 2003, 373 [374]; *Bender*, ZfZ 1997, 110 [112]). Bei der Berechnung der verkürzten Einfuhrabgaben sind Freimengen stets in Abzug zu bringen (BayObLG wistra 2001, 113 m. Anm. *Ben-*
der, NStZ-RR 2003, 373 [374]). Auch der Bannbruch gem. § 372 AO wird mehrheitlich als eine
Tat iS des § 32 ZollVG angesehen, obschon er tatsächlich keine Steuern bzw. Zölle beeinträchtigt
(m.w.N. Erbs/Kohlhaas/*Häberle* § 32 ZollVG Rn. 2; *Bender*, ZfZ 1997, 110 f.; a.A. FGJ/*Jäger* § 32
ZollVG Rn. 15 f.). Die Anwendung des § 32 ZollVG scheidet aber auch hier aus, wenn die Taten
bzw. die Waren kommerziellen Motiven dienen (*Bender*, ZfZ 1997, 110 f.; Erbs/Kohlhaas/*Häberle*
§ 32 ZollVG Rn. 5). Gleiches gilt, wenn sich die Strafbarkeit über § 372 Abs. 2 AO nach anderen
Normen wie etwa denen des BtMG richtet (FGJ/*Jäger* § 32 ZollVG Rn. 16).

Qualifizierende Umstände iS des § 32 Abs. 2 ZollVG, die das Verfahrenshindernis ausschließen, lie-   33
gen vor, wenn Waren durch besonders angebrachte Vorrichtungen verheimlicht werden, Waren an
schwer zugänglichen Stellen versteckt gehalten werden oder der Täter mit der Tat innerhalb von
6 Monaten zum wiederholten Male den Tatbestand einer Steuerstraftat verwirklicht (näher dazu
Erbs/Kohlhaas/*Häberle* § 32 ZollVG Rn. 9 ff.; FGJ/*Jäger* § 32 ZollVG Rn. 30 ff.). Hierbei bezieht
sich der Sechsmonatszeitraum nur auf Taten i.R.d. grenzüberschreitenden Reiseverkehrs, die der
Beschuldigte vor der nun verfolgten Tat begangen hat (so schon BGHSt 18, 40 [44 ff.]; vgl. auch
FGJ/*Jäger* § 32 ZollVG Rn. 42 ff., der aber jede Steuerstraftat unabhängig von ihrer Begehung im
Reiseverkehr erfassen will, str., vgl. anders *Bender*, Tz. 87/3h). Soll das Schmugglerprivileg wegen
einer vorherigen Tat im Sechsmonatszeitraum ausgeschlossen werden, muss diese Tat selbst prozes-
sual ordnungsgemäß festgestellt werden. Der schlichte Umstand eines früher gem. § 32 Abs. 1
ZollVG eingestellten Verfahrens genügt nicht (ähnlich Erbs/Kohlhaas/*Häberle* § 32 ZollVG Rn. 12).
Ist die vorherige Tat festgestellt, darf dieser Tat, welche die Verfolgbarkeit der aktuell abgeurteilten
Tat überhaupt erst ermöglicht, in der Strafzumessung nur ein relativiertes Gewicht zukommen (Bay-
ObLG NStZ-RR 2003, 373 [375]). Ob *nach* der zu beurteilenden Tat weitere Taten innerhalb von
6 Monaten vorliegen, ist für die Verfolgbarkeit dieser Tat irrelevant (BGHSt 18, 40 [44 ff.]).

34   Soweit die Steuerstraftat nach § 32 Abs. 1 ZollVG nicht verfolgt wird oder die Verfolgung gem. § 398 AO eingestellt wird, darf gem. § 32 Abs. 3 ZollVG ein **Zuschlag** bis zur Höhe der Einfuhrabgaben, höchstens jedoch **bis zu 130,00 €** erhoben werden. Er soll weder Strafe noch Geldbuße, sondern allein ein „abgabenrechtliches Mittel sein, das den Reisenden zur Erfüllung seiner steuerlichen Pflichten im grenzüberschreitenden Reiseverkehr anhalten soll" (BT-Drucks. 12/3734, S. 21; Erbs/Kohlhaas/*Häberle* § 32 ZollVG Rn. 13).

C. Die Geltung der allgemeinen Gesetze über das Strafrecht

I. Verankerung des Steuerstrafrechts im allgemeinen Strafrecht

1. Verhältnis zwischen Steuerstrafrecht und allgemeinem Strafrecht

35   Das Steuerstrafrecht erscheint angesichts seiner gesonderten Regelung in den Steuergesetzen und infolge seines besonderen Gegenstandes – dem als kompliziert bekannten Steuerrecht – auf den ersten Blick v.a. als „Sonderstrafrecht". Ihm scheinen nahezu selbstverständlich besondere Regeln und Prinzipien eigen zu sein. Tatsächlich ist das **Steuerstrafrecht in erster Linie ein *Teil des Strafrechts***, so wie es unter Beachtung verfassungsrechtlicher Garantien mit den strafrechtlichen Gesetzen v.a. über das StGB ausgeprägt wurde. In eben diesem Sinne drückt § 369 Abs. 2 AO aus, dass die allgemeinen Gesetze des Strafrechts auch im Steuerstrafrecht prinzipiell maßgeblich sind. Bei diesem Gebot handelt es sich um eine sog. dynamische Verweisung (MüKo-StGB/*Schmitz* § 369 Rn. 22; Kohlmann/*Ransiek* § 369 Rn. 81; Graf/Jäger/Wittig/*Allgayer* § 369 Rn. 15). Sie stellt die **Geltung der jeweils aktuellen Fassung der allgemeinen Gesetze des Strafrechts** im Steuerstrafrecht sicher (FGJ/*Joecks* § 369 Rn. 14). Soweit § 2 StGB nichts anderes bestimmt (zu ihm näher § 369 AO Rdn. 112, 113 ff.) wirken sich z.B. Änderungen des StGB umgehend auch im Steuerstrafrecht aus.

36   Der § 369 Abs. 2 AO bekräftigt damit als **Ankernorm** nicht nur die bereits aus Art. 1 EGStGB folgende Selbstverständlichkeit, dass der **Allgemeine Teil des StGB** auch für das in der AO geregelte sog. Nebenstrafrecht gilt (a.A. Graf/Jäger/Wittig/*Allgayer* § 369 Rn. 15). Der Rekurs auf die „allgemeinen Gesetze des Strafrechts" verschafft auch den Besonderheiten des **JGG** nach Maßgabe des § 2 JGG im Steuerstrafrecht Geltung (zur unstreitigen aber kaum praktischen Anwendbarkeit des JGG näher FGJ/*Joecks* § 369 Rn. 140 ff.; HHSp/*Rüping* § 369 Rn. 35 f.). Ebenso gelten die Besonderheiten des **WehrStrG** im Steuerstrafrecht, wenn Bundeswehrangehörige oder Zivildienstleistende Steuerstraftaten begehen bzw. begangen haben können (FGJ/*Joecks* § 369 Rn. 145; auch zum ZDG Graf/Jäger/Wittig/*Allgayer* § 369 Rn. 14). Auch soweit z.B. die Menschenrechte der EMRK das Strafrecht beeinflussen, ist dies über § 369 Abs. 2 AO zu beachten. V.a. aber knüpft der Gesetzgeber das Steuerstrafrecht mit § 369 Abs. 2 AO inhaltlich an das allgemeine Strafrecht an. Er verankert das Steuerstrafrecht im allgemeinen Strafrecht. Das Gesetz verweigert sich dem Kurzschluss, das aus dem besonderen Tatgegenstand des Steuerrechts besondere strafrechtliche Dogmatiken oder etwa Auslegungsmaximen folgen: Nur wenn *und* „soweit die **Straf**vorschriften der Steuergesetze" (§ 369 Abs. 2 AO) anderes bestimmen, darf der Rechtsanwender von den allgemeinen Gesetzen des Strafrechts oder von den ihnen zugrunde liegenden Wertungen und Lehren abweichen (s.a. FGJ/*Joecks* Rn. 2 [4]; Rolletschke/Kemper/*Dietz* § 369 Rn. 1). Allein diese steuerrechtlichen *Straf*vorschriften stellen dann – in den Grenzen höherrangigen Rechts – *leges speciales* dar (Kohlmann/*Ransiek* § 369 Rn. 10). Bezeichnenderweise wird dieses Regelungsmuster des § 369 Abs. 2 AO in § 385 AO auch für das Steuerstrafverfahrensrecht wieder aufgegriffen. Es verbietet sich vor diesem Hintergrund, den Grundnormen des allgemeinen Strafrechts im Steuerstrafrecht eine lediglich ergänzende Bedeutung zuzuerkennen (so aber Kohlmann/*Ransiek* § 369 Rn. 80).

37   Die prinzipielle **dynamische Übernahme** des allgemeinen Strafrechts (näher unten § 369 AO Rdn. 111, 157 ff.) bezieht sich zunächst auf die **expliziten Normen des Strafrechts**, wie sie etwa in den §§ 15 bis 17 StGB oder in den §§ 25 bis 29 StGB zu finden sind. Zugleich werden aber auch

die **strafrechtlichen Lehren** übernommen, die Rechtsprechung und Wissenschaft zur Auslegung und Komplettierung der allgemeinen Strafgesetze entwickelt haben (MüKo-StGB/*Schmitz* § 369 Rn. 21; Klein/*Jäger* § 369 Rn. 10: Rechtsgrundsätze des Strafrechts; Erbs/Kohlhaas/*Senge* § 369 Rn. 8). So gelten im Steuerstrafrecht z.B. auch die bislang ungeschriebenen Grundsätze der Behandlung von Sachverhaltsungewissheiten (**normatives Stufenverhältnis, Postpendenzfeststellung und Wahlfeststellung**, FGJ/*Joecks* § 369 Rn. 15; Rolletschke/Kemper/*Dietz* § 369 Rn. 48; zu ihnen m.w.N. Leipold/Tsambikakis/Zöller/*Gaede* § 1 Rn. 43 ff.). Auch dann, wenn z.B. das strafrechtliche Gesetz einen Begriff wie den Vorsatz durch die §§ 15 bis 17 StGB nicht abschließend definiert, ist zunächst davon auszugehen, dass sein Verständnis im Steuerstrafrecht nicht von seiner Interpretation im allgemeinen Strafrecht abweicht. Deshalb ist z.B. im Steuerstrafrecht für den Vorsatz neben dem intellektuellen Element auch das voluntative Element eine zwingende Tatvoraussetzung (näher § 15 StGB Rdn. 7 ff.; Matt/Renzikowski-StGB/*Gaede* § 15 Rn. 14 ff.).

Darüber hinaus ist § 369 Abs. 2 AO eine deklaratorisch wirkende Norm, die verfassungsgesetzlich ausgeprägte oder anhand der Verfassung hergeleitete Grundlagen des Strafrechts in das Steuerstrafrecht integriert. So ist selbstverständlich auch das Gesetzlichkeitsprinzip gem. Art. 103 Abs. 2 GG mit all seinen Ausprägungen uneingeschränkt zu achten (dazu näher § 369 AO Rdn. 50 ff.). Auch der Grundsatz *in dubio pro reo* bzw. die vom Staat vor dem Hintergrund der Unschuldsvermutung zu tragende „Beweislast" findet auf das Steuerstrafrecht bzw. im Steuerstrafverfahren Anwendung (Klein/*Jäger* § 369 Rn. 10). **38**

Eine weitere Ebene der **Verankerung** des Steuerstrafrechts im allgemeinen Strafrecht bedarf der Betonung, weil sie bislang nicht genügend Beachtung erfährt (vgl. aber schon Kühn/von Wedelstädt/*Blesinger* Vor § 369 Rn. 1). Die Einwirkungen des allgemeinen Strafrechts beschränken sich nicht allein auf den Allgemeinen Teil des StGB oder auf verfassungsmäßige strafrechtliche Grundsätze. Vorschriften mit einer systematisch vermittelten allgemeineren Bedeutung für das Steuerstrafrecht können sich auch im **Besonderen Teil des StGB** finden. So kann z.B. der Vorsteher eines FA sich nicht nur an einer Steuerstraftat beteiligen, sondern er kann sich auch gem. §§ 357, 358 StGB strafbar machen (FGJ/*Joecks* § 369 Rn. 13). Ganz allgemein sind Steuerstraftaten, die sich an Strafvorschriften des allgemeinen Strafrechts anlehnen oder als verdrängende Sondervorschrift wirken, so zu lesen, dass der Gesetzgeber mit ihnen eine **sinnvolle und systematisch nachvollziehbare Adaption der Vorschriften des StGB** hat leisten wollen. Mit anderen Worten: Steuerstrafrecht ist **kein Sonderstrafrecht** (Kühn/von Wedelstädt/*Blesinger* § 369 Rn. 2). Die Steuerstrafgesetze sind nicht so zu deuten, als habe der Gesetzgeber die Steuerstraftaten beliebig und ohne Anspruch auf innere Kohärenz seines gesamten Strafrechtseinsatzes geschaffen. Dementsprechend ist bei der Anwendung der Steuerstraftaten, die sich wie die Steuerhinterziehung als Ausprägungen des Vermögensstrafrechts erweisen (dazu m.w.N. näher MüKo-StGB/*Schmitz/Wulf* § 370 Rn. 2 [6 f.]; ebenso jüngst BGHSt, 53, 221 [232 f.]), in systematischer Auslegung stets darauf zu achten, dass keine illegitimen Widersprüche zum allgemeinen Vermögensstrafrecht auftreten. **39**

▶ **Praxistipp:** **40**

Konkret ist dafür *erstens* zu fragen, ob der Gesetzgeber eine vom allgemeinen Strafrecht abweichende, zumeist ausdehnende Reichweite des strafrechtlichen Schutzes tatsächlich vorgezeichnet hat (s.a. Erbs/Kohlhaas/*Senge* § 369 Rn. 8). Auch wenn eine Anknüpfung an das Steuerstrafgesetz möglich ist, muss *zweitens* durchdacht sein, ob der abweichende Schutzumfang auch bei der Erörterung einer verfassungskonformen oder verfassungsorientierten Auslegung legitim ist. In diesem Sinne verbietet es sich z.B., die als Erfolgsdelikt normierte Steuerhinterziehung mehr und mehr in ein allgemeines abstraktes Gefährdungsdelikt zu verzeichnen, welches das allgemeine Vermögensstrafrecht unstreitig nicht kennt. Eine einschränkende Auslegung der Tatbestände des Steuerstrafrechts kann im Hinblick auf das allgemeine Strafrecht erforderlich sein, weil bestehende Unterschiede sachlich nicht gerechtfertigt sind.

41   Umstritten ist, ob auch **nichtstrafrechtlichen Vorschriften des Steuerrechts** über den Wortlaut des § 369 Abs. 2 AO hinaus ein **Vorrang zukommen kann**, indem diese die Auslegung des Steuerstrafrechts verbindlich regeln (so etwa Kohlmann/*Ransiek* § 369 Rn. 10; a.A. wohl FGJ/*Joecks* § 369 Rn. 4). Richtigerweise ist **zu differenzieren**. Eine nicht durch Strafgesetze selbst begründete Ausweitung der strafrechtlichen Rechtsanwendung ist abzulehnen. Die Akzessorietät steuerstrafrechtlicher Rechtsanwendung geht nur so weit, wie es die Wortlaute und Zweckbestimmungen der Steuer*straf*normen zulassen: Sie und nicht das Steuerrecht entscheiden, welche Rechtsanwendung des Steuerstrafrechts die vorzugswürdige ist. Denkbar ist es hingegen, dass steuerrechtliche Normen den Schutzgegenstand der Steuerstraftaten abschließend regeln und damit strafbarkeitsbegründend wirkende allgemeine strafrechtliche Lehren verdrängen. Hauptbeispiel für diese Kontroverse ist die Frage, ob bei der Steuerhinterziehung eine Garantenstellung aus Ingerenz über §§ 13 Abs. 1 StGB, 370 Abs. 1 Nr. 1 AO zur Unterlassungsstrafbarkeit führt, wenn der für diesen Fragenkreis einschlägige § 153 AO keine steuerrechtliche Erklärungspflicht vorsieht (gegen die Anwendung des § 13 Abs. 1 StGB z.B. Kohlmann/*Ransiek* § 369 Rn. 10; MüKo-StGB/*Schmitz/Wulf* § 370 Rn. 298 ff.; für seine Anwendung z.B. FGJ/*Joecks* § 370 Rn. 162a). Diese bei § 13 StGB behandelte Problematik (dazu § 13 StGB Rdn. 18) hat in der Praxis allerdings durch die nun sehr weite Auslegung des § 153 AO durch den BGH an Bedeutung verloren (BGHSt, 53, 210 ff.; zur Kritik stellvertretend *Wulf*, PStR 2009, 190 ff.; *Alvermann/Talaska*, HRRS 2010, 166 ff.).

2. Gebotene Prüfungsschritte

42   Praktisch bedeutet die Verankerung im allgemeinen Strafrecht für die Prüfung von Steuerstraftaten (§ 369 Abs. 1 AO) Folgendes:

43   Die Prüfung einer Strafbarkeit muss immer von einem der oben aufgeführten Straftatbestände des Steuerstrafrechts und damit z.B. von einer Steuerstraftat wie § 370 AO ausgehen (**erster Schritt: tatbestandsorientierte Prüfung**). Die Steuerstraftaten fungieren hier wie ein Straftatbestand des Besonderen Teils des StGB. Der Rechtsanwender hat deshalb gem. Art. 103 Abs. 2 GG in besonderer Weise auf die Vorhersehbarkeit und Wortlautnähe seiner Auslegung zu achten (näher § 369 AO Rdn. 75 ff.).

44   Die Steuerstraftatbestände sind sodann prinzipiell gemäß der aktuellen (zu § 2 StGB s. aber § 369 AO Rdn. 113 ff.) Normen und Lehren des allgemeinen Strafrechts anzuwenden (**zweiter Schritt: Prüfung unter Einbeziehung des allgemeinen Strafrechts**). Dies bedeutet v.a., die Regeln des Allgemeinen Teils des StGB auf die Steuerstraftatbestände umzusetzen. Erst hierdurch wird z.B. der Tatvorsatz zu einem konstitutiven Bestandteil der Steuerhinterziehung: Da die Steuerstraftaten im Lichte der allgemeinen Strafgesetze zu lesen sind, folgt auch für die Steuerhinterziehung aus § 15 StGB, dass sie nur bei vorsätzlichem Handeln strafbar ist, weil § 370 AO fahrlässiges Handeln nicht explizit für strafbar erklärt.

45   Komplett ist die Prüfung allerdings nur, wenn immer auch durchdacht wird, ob die *Straf*vorschriften des Steuerstrafrechts zu Abweichungen von den allgemeinen Normen und Lehren des Strafrechts führen (**dritter Schritt: Prüfung von Abweichungen infolge von *Straf*vorschriften der Steuergesetze**). So ist z.B. augenfällig, dass im Steuerstrafrecht bei der Steuerhinterziehung gem. § 371 AO die im allgemeinen Strafrecht so nicht existente strafbefreiende Selbstanzeige zu beachten ist. Für den Regelfall lässt sich aber sagen, dass das allgemeine Strafrecht auf die Steuerstraftaten Anwendung findet, während abweichende strafrechtliche Normen der Steuergesetze selten sind (Klein/*Jäger* § 369 Rn. 1; Kühn/von Wedelstädt/*Blesinger* Vor § 369 Rn. 1; im Überblick zu möglichen Besonderheiten § 369 AO Rdn. 161 ff.).

46   Bei der Vollziehung der Prüfungsschritte ist vorab zu beachten, dass der Sachverhalt im Steuerstrafrecht nicht nach den steuerlichen Verfahrensmaßstäben, sondern nach den strengeren **Maßstäben des (Steuer-) Strafverfahrens** zu beurteilen ist. So muss z.B. bedacht sein, dass die Unschuldsvermutung im Steuerstrafrecht ebenso gilt wie die – aus ihr abzuleitende – Entscheidungsregel *in dubio pro reo*. Für die Überzeugungsbildung gilt nach § 261 StPO, dass eine Tat nur

bewiesen ist, wenn das Gericht auf einer **objektiv tragfähigen Beweisgrundlage** von der Tatverwirklichung durch den Angeklagten/Mandanten überzeugt ist (m.w.N. nur zur stRspr statt vieler *Meyer-Goßner* § 261 Rn. 2).

Wenn der Sachverhalt dazu Anlass gibt, müssen die drei Prüfungsschritte für **mehrere Steuerstraftaten** durchlaufen werden. So können im Einzelfall mehrere Taten gem. § 370 AO zu prüfen sein, weil sich der Täter sogleich zu mehreren Steuerarten pflichtwidrig nicht erklärt und hierdurch Steuern verkürzt. Gleichfalls kann § 370 AO neben § 26c UStG anzuwenden sein. In der jeweils nach den einzelnen Straftaten zu unterscheidenden Prüfung kann sich sodann z.B. ergeben, dass die Strafbarkeit gem. § 370 AO für einen Sachverhalt infolge einer Selbstanzeige gem. § 371 AO ausscheidet, während eine ebenfalls für den gleichen Sachverhalt denkbare Strafbarkeit gem. § 26c UStG je nach vertretener Auffassung bestehen bleibt (zum Meinungsstand vgl. § 26c UStG Rdn. 32 f.).   47

II. Verfassungsrechtliche und europarechtliche Maßstäbe der Rechtsanwendung im (Steuer-) Strafrecht

Die **Anwendung des Steuerstrafrechts unterliegt in besonderer Weise verfassungsrechtlichen Bindungen**. V.a. sind die besonderen strafrechtlichen Schranken des Gesetzlichkeitsprinzips (dazu 1.) und des *ne bis in idem* (dazu knapp 2. und näher Kap. 13 zum *ne bis in idem*) einzuhalten. Hinzu kommt, dass schon die den Straftaten regelmäßig zugrunde liegende Steuerpflicht zunächst einen Eingriff in Grundrechte darstellt. Er bedarf besonders dann einer überzeugenden Legitimation, wenn er – wie hier der Fall – durch eine Strafbewehrung abgesichert und damit vertieft wird (im Überblick 3.). Über das deutsche Verfassungsrecht hinaus ist zur Kenntnis zu nehmen, dass auch das Europarecht bzw. das heutige Unionsrecht Maßstäbe für Anwendung des Steuerstrafrechts aufstellt (im Überblick 4.).   48

1. Achtung des Gesetzlichkeitsprinzips

▶ **Praxistipp:**   49

Das BVerfG stellt in jüngeren Entscheidungen durch neu anerkannte Grundsätze gesteigerte Anforderungen an die Achtung des Gesetzlichkeitsprinzips (vgl. v.a. BVerfGE 126, 170 [194 ff.] = NJW 2010, 3209 ff.; dazu *Becker*, HRRS 2010, 383 ff.; *Radtke* GmbHR 2010, 1121 [1125 ff.]; *Saliger*, NJW 2010, 3195 f.; sowie Leipold/Tsambikakis/Zöller/*Gaede* § 1 Rn. 17 ff. [28 ff.]). Die Konsequenzen, die hieraus für das Steuerstrafrecht zu ziehen sind, sind noch nicht abschließend geklärt (s.a. § 369 AO Rdn. 52, 95). Viel wird von der Konsequenz abhängen, mit der das BVerfG die neuen Maßstäbe in seiner Kammerrechtsprechung umsetzt (positiv BVerfG, HRRS 2012 Nr. 27; im Ergebnis enttäuschend BVerfG, NJW 2011, 3778 f. = HRRS 2011 Nr. 1128 m. abl. Bespr. *Bülte*, HRRS 2011, 465 ff.). In der Praxis kommt es v.a. darauf an, die Beachtung der Maßstäbe auch und gerade schon von den Strafverfolgungsbehörden und den Fachgerichten stets von Neuem einzufordern. Dies muss durch eine möglichst differenzierte Argumentation erfolgen. Ein lediglich pauschal behauptetes Verdikt der Unbestimmtheit oder der analogen Rechtsanwendung wird kaum eine selbstkritischere Strafverfolgungspraxis herbeiführen. Es darf nicht erst auf das BVerfG gewartet werden, das seine eigene Subsidiarität bei der Kammerrechtsprechung beachten muss und in den meisten Fällen (notwendig) zu spät kommt.

Artikel 103 GG

[...]

(2) Eine Tat kann nur bestraft werden, wenn die Strafbarkeit gesetzlich bestimmt war, bevor die Tat begangen wurde.

§ 1 StGB   Keine Strafe ohne Gesetz

Eine Tat kann nur bestraft werden, wenn die Strafbarkeit gesetzlich bestimmt war, bevor die Tat begangen wurde.

50   Das StGB bekennt sich bezeichnenderweise mit seinem ersten Paragrafen in wörtlicher Übereinstimmung zu dem in Art. 103 Abs. 2 GG verbürgten Verfassungssatz **nulla poena sine lege** (*nullum crimen sine lege*). Das damit garantierte **Gesetzlichkeitsprinzip gilt auch im Steuerstrafrecht uneingeschränkt.** Es ist nun auch in der Rechtsprechung des BVerfG zunehmend präsent, weil das Gericht sowohl eine Präzisierungspflicht für die Gerichte (näher § 369 AO Rdn. 79 ff.), als auch ein erweitertes Analogieverbot („Entgrenzungsverbot", näher § 369 AO Rdn. 88 ff.) anerkannt hat. Das Gesetzlichkeitsprinzip verkörpert eine **freiheitsbewahrende Magna Charta des Bürgers** (BVerfGE 64, 389 [393 ff.]; 32, 346 [362]; 109, 133 [172]). Der mit Art. 103 Abs. 2 GG gewährleistete **strenge verfassungsrechtliche Gesetzes- und Parlamentsvorbehalt** (BVerfGE 95, 96 [131 f.]; 47, 109 [120]; 92, 1 [11 f.]; *Seebode*, FS Spendel, S. 317 [320 ff.]; *Kuhlen*, FS Otto, S. 89 [91 ff.]) will verhindern, dass grundrechtlich gewährleistete Freiheiten aus Angst vor willkürlichen Einschränkungen über das ausgrenzend und stigmatisierend wirkende Strafrecht nur verkürzt wahrgenommen werden können (m.w.N. Leipold/Tsambikakis/Zöller/*Gaede* § 1 Rn. 1 f.).

51   Das Gesetzlichkeitsprinzip verfolgt **zwei Schutzrichtungen.** Sie begründen jeweils ein Gebot der besonderen formalen Strenge bei der Strafrechtsanwendung, das schon bei der Missachtung *eines* Schutzzwecks verletzt ist. Art. 103 Abs. 2 GG gewährleistet, dass eine Tat nur bestraft werden kann, wenn ihre Strafbarkeit gesetzlich bestimmt war, bevor die Tat begangen wurde. Dies verpflichtet den Gesetzgeber, die Voraussetzungen der Strafbarkeit so genau zu umschreiben, dass *Tragweite und Anwendungsbereich* der Straftatbestände für den Normadressaten schon aus dem Gesetz zu erkennen sind, damit sich der Normadressat nach dem Gesetz zu richten vermag (**bürgerbezogener freiheitssichernder Gehalt des Gesetzlichkeitsprinzips,** dafür etwa schon BVerfGE 71, 108 [114 f.]; 73, 206 [234 ff.]; 75, 329 [340]; 78, 374 [381 f.]; 96, 68 [97]). Mit der strengen Bindung der strafenden Staatsgewalt an das Gesetz schützt Art. 103 Abs. 2 GG das **Vertrauen der Bürger,** dass der Staat nur dasjenige Verhalten als strafbare Handlung verfolgen und bestrafen wird, das zum Zeitpunkt der Tat gesetzlich bestimmt war (BVerfGE 78, 374 [382]; 81, 132 [135]; 95, 96 [130 f.]; 105, 135 [152 f.]). Art. 103 Abs. 2 GG verbürgt zugleich, dass **nur der Gesetzgeber** abstrakt-generell über die Strafbarkeit entscheidet (**staatsrechtlicher und straflegitimierender Gehalt des Gesetzlichkeitsprinzips,** dafür BVerfGE 47, 109 [120 f.]; 73, 206 [247]; 75, 329 [341]; 95, 96 [131]; 123, 267 [360, 408]; BVerfGE 126, 170 [194] = BVerfG, NJW 2010, 3209 ff.; *Köhler*, AT, S. 73 ff.; *Schroeder*, NJW 1999, 89 [91]). Die Verfassung verpflichtet die Legislative, die Grenzen der Strafbarkeit *selbst* zu bestimmen, weil die auf den Bürger einschneidend und ausgrenzend wirkende Strafverfolgung und Bestrafung einer unmittelbaren **demokratischen Legitimation als formaler und keiner Abwägung zugänglicher Mindestvoraussetzung** bedarf (vgl. BVerfGE 95, 96 [131 f.]; m.w.N. Leipold/Tsambikakis/Zöller/*Gaede* § 1 Rn. 2). Gerade weil die materiellen verfassungsrechtlichen Schranken der Strafgewalt (bislang) kaum als legitimierender Test wirken, muss die Verantwortungsübernahme durch das Parlament stärker als bisher in ihrer Bedeutung als legitimierende Grundvoraussetzung des Strafeinsatzes erkannt *und* beachtet werden. Schon deshalb darf die Legislative die Entscheidung über die Strafbarkeit weder anderen Staatsgewalten überlassen (sog. **Delegationsverbot,** BVerfGE 47, 109 [120]; 75, 329 [342]; 95, 96 [131]; BVerfG, NJW 2003, 1030 f.), noch dürfen andere Staatsgewalten wie z.B. die Strafjustiz die Entscheidung über die Strafbarkeit wohlmeinend an sich reißen, indem sie unbestimmte oder veraltet scheinende Gesetze *nach eigenem Dafürhalten* nachbessern (BVerfGE 47, 109 [120 f.]; 64, 389 [393]; 73, 206 [235 f.]; 105, 135 [153]; *Fischer* § 1 Rn. 1). Insb. dürfen sie auch den Zweck einer Strafnorm nicht ohne hinreichende Grundlage kurzerhand austauschen und damit die Strafbarkeit ausdehnen (auch dazu anhand § 371 AO m.w.N. *Gaede*, PStR 2010, 282 ff. [285 f.]). Allein der Gesetzgeber hat zu entscheiden, **ob und in welchem Umfang er ein bestimmtes Rechtsgut** gerade mit den Mitteln des Strafrechts verteidigen will

(BVerfGE 71, 108 [115 f.]; BVerfG, NJW 2007, 1666 ff.; 2008, 3627 ff.; BGH, NJW 2004, 2990 [2991 f.]). Dies gilt auch dann, wenn infolge des Bestimmtheitsgebots Einzelfälle aus dem Anwendungsbereich eines Strafgesetzes herausfallen, obwohl sie ähnlich strafwürdig erscheinen mögen wie das pönalisierte Verhalten. Es ist dann Sache des Gesetzgebers, die vermeintliche Strafbarkeitslücke zu schließen oder bestehen zu lassen (zu beidem abermals BVerfGE 92, 1 [12 f., 19]; BVerfG, NJW 2007, 1666 f.; 2008, 3627; Leipold/Tsambikakis/Zöller/*Gaede* § 1 Rn. 3 [28 ff.]).

Bei der Prüfung des Gesetzlichkeitsprinzips ist zu beachten, dass es auch als **Menschenrecht** Anerkennung gefunden hat (Art. 15 IPbpR, Art. 7 EMRK, Art. 49 Abs. 1 GRC). Daher ist *erstens* jeweils zu durchdenken, ob die u.U. abweichenden europäischen oder internationalen Gewährleistungen **im Einzelfall weiter reichende Garantien** enthalten (vgl. nur zu dem ergänzenden Meistbegünstigungsprinzip des Art. 49 Abs. 1 Satz 3 GRC m.w.N. *Gaede,* wistra 2011, 365 ff.; zum erweiterten Begriff der Strafe s. EGMR, HRRS 2010 Nr. 1 und 64 zur rückwirkenden Sicherungsverwahrung). Da das Steuerrecht seit Langem stark europäisiert ist, ist in der Rechtsanwendung *zweitens* besonders zu beachten, dass das Gesetzlichkeitsprinzip auch dann gilt, wenn **Unionsrecht** (früher: Gemeinschaftsrecht/Europarecht) auf eine Ahndung hinwirkt. Das Gesetzlichkeitsprinzip gilt mit Nuancen auch im Unionsrecht über **Art. 7 EMRK** (dazu etwa EGMR, EuGRZ 1999, 193 ff., §§ 29 ff.; *Schröder* S. 355 ff.; *Demko,* HRRS 2004, 19 [21 f.]; *Gaede/Mühlbauer,* wistra 2005, 9 [15 f.]; *Ransiek,* HRRS 2009, 421 [422]), über **Art. 49 Abs. 1 GRC, Art. 6 Abs. 1 EUV** und als **allgemeiner Rechtsgrundsatz des Europarechts** (Art. 6 Abs. 3 EUV, näher m.w.N. EuGH, NJW 2005, 2839 [2841 f.]; 2006, 2465 [2467]; EuZW 2005, 369 [371 ff.]; *Dannecker,* BGH-FG 2000, S. 339 [365 f.]; SSW-StGB/*Satzger* § 1 Rn. 6; m.w.N. Leipold/Tsambikakis/Zöller/*Gaede* § 1 Rn. 3). Auch eine auf europäischer Ebene begründete Strafwürdigkeit muss damit dem in seiner demokratischen Dimension unverkürzten Gesetzlichkeitsprinzip genügen (s.a. BVerfGE 123, 267 [360, 408 f.]). Dies unterschätzt der – von einem Blanketttatbestand ausgehende – 1. Strafsenat des BGH, indem er die §§ 4 Nr. 1 Buchst. b), 6a Abs. 1 UStG („**innergemeinschaftliche Lieferung**") unter einen im Wortlaut nicht ausgewiesenen Missbrauchsvorbehalt stellt und darauf die Strafbarkeit wegen Steuerhinterziehung gründet (wie hier *Bielefeld,* DStR 2009, 580 f.; *Schauf/Höink,* PStR 2010, 200 f.; für Fälle vor der Entscheidung seitens des EuGH iE auch *Bülte,* BB 2010, 1759 [1764 ff.]; a.A. überaus knapp begründet BGHSt 53, 45 [53]; BGH, DStR 2009, 1688 ff.). Das BVerfG neigte dieser Beurteilung anfangs zu, indem es die Vollstreckung einer Verurteilung im Wege einer einstweiligen Anordnung wegen einer denkbaren Verletzung des Art. 103 Abs. 2 GG angehalten hat, die auf der Ansicht des 1. Strafsenats beruht (BVerfG, HRRS 2009 Nr. 656, inzwischen mit mehreren Aufrechterhaltungen). Nunmehr hat es die erhobene Verfassungsbeschwerde aber ohne überzeugende Begründung verworfen (so in BVerfG, NJW 2011, 3778 f. = HRRS 2011 Nr. 1128 m. abl. Bespr. *Bülte,* HRRS 2011, 465 ff.; zust. aber zB *Hölzle,* DStR 2011, 1700 ff.; *P. Fischer,* jurisPR-SteuerR 33/2011 Anm. 2; zusf. *Gehm,* NJW 2012, 1257 ff.). 52

a) Anwendungsbereiche des Gesetzlichkeitsprinzips

Das Gesetzlichkeitsprinzip gilt auch im Steuerstrafrecht zweifellos für den **Garantietatbestand**, also für das in den Tatbeständen beschriebene Verhalten bzw. die in den Tatbeständen beschriebene „Tat" (s. z.B. zum früheren § 370a AO nur BGH, NJW 2004, 2990 [2991 f.]; 2005, 374 [375 f.]). Als Tat iS der § 1 StGB und Art. 103 Abs. 2 GG sind alle menschlichen Verhaltensweisen und alle Menschen zurechenbaren Zustände erfasst, die der Staat als Straftat ahnden oder zumindest feststellen *will* (m.w.N. Leipold/Tsambikakis/Zöller/*Gaede* § 1 Rn. 5; zum strafbaren Besitz BVerfG, NJW 1994, 2412 f.). Dies gilt nicht nur für aktive Handlungen, sondern auch für Unterlassungen (s. klarstellend z.B. Art. 49 Abs. 1 Satz 2 GRC und § 8 StGB). 53

Art. 103 Abs. 2 GG gilt unvermindert auch für **Qualifikationen**, die über zusätzliche abschließende Tatbestandsmerkmale (vgl. § 12 StGB) zu einer Strafschärfung führen. Dementsprechend hat die Rechtsprechung z.B. die frühere Qualifikation der Steuerhinterziehung in § 370a AO als zu unbestimmt beurteilt, die für Taten, die „in großem Ausmaß" begangen wurden, eine Verdopp- 54 lung des Höchststrafrahmens anordnete (BGH, NJW 2004, 2990 [2991 f.]; 2005, 374 [375 f.]; im Anschluss an *Harms*, FS Kohlmann, S. 413 [419 ff.]; *Gaede*, HRRS 2004, 318 [319 f.]). Darüber hinaus gilt das Gesetzlichkeitsprinzip auch für die im **AT des StGB** beschriebenen allgemeinen **Strafbarkeitsvoraussetzungen** (wie hier i.E. m.w.N. zu anderen Auffassungen BVerfGE 95, 96 [131 f.]; 96, 68 [97 f.]; BVerfG, wistra 2003, 255 [257]; BGHSt 42, 158 [160 ff.]; *Krahl*. S. 58 ff.; *Dannecker*, FS Otto, S. 25 ff.; Dreier-*Schultze-Fielitz*, Art. 103 Abs. 2 GG Rn. 23). So hat sich der BGH z.B. gegen eine teleologische Reduktion des in § 24 StGB verbürgten Rücktritts vom Versuch ausgesprochen (BGHSt, 42, 158 ff.).

55 Praktisch bedeutet die Anwendbarkeit auf den AT indes bislang kaum eine Einschränkung. Dies soll aus den sehr **allgemeinen Regelungsgegenständen** des AT folgen, zu denen auch nur eine allgemeinere Regelung erwartet werden könne (MüKo-StGB/*Schmitz* § 1 Rn. 25; *Roxin*, AT/I § 5 Rn. 78; zur Rechtfertigung treffend LK-StGB/*Rönnau* Vor § 32 Rn. 69). Vom Standpunkt der herrschenden Meinung ist so z.B. die Regelung der unechten Unterlassungsdelikte in § 13 Abs. 1 StGB hinreichend bestimmt (BVerfGE 96, 68 [97 ff.]; BVerfG, NJW 2003, 1030 f. m. abl. Anm. *Seebode*, JZ 2004, 305 ff.; LK-StGB/*Dannecker* § 1 Rn. 220; a.A. z.B. m.w.N. *Schürmann*, passim; MüKo-StGB/*Schmitz* § 1 Rn. 47 f.). Der *status quo* muss tatsächlich kritisch beurteilt werden. Ob die allgemeine Natur der Regelungsgegenstände eine abstraktere Regelung bedingt, muss für jeden einzelnen Gegenstand untersucht werden. Allgemeine Unterstellungen sind fehl am Platze. Die allgemeine Natur des AT darf z.B. nicht dazu führen, dass die **Rechtsprechung** nahezu **beliebig** mit den Regelungen der **Täterschaft und Teilnahme** gem. den §§ 25 ff. StGB etwa bei der (Mit-) Täterschaft und der mittelbaren Täterschaft umgeht (vgl. aber z.B. BGH, NStZ 2009, 321 f. abl. Anm. *Becker*, HRRS 2009, 242 ff.; HRRS 2010 Nr. 535; s.a. BGHSt, 41, 182 ff.). Vielmehr muss das Gesetz auch im AT nach der Maßgabe des Bestimmtheitsgebots angewendet werden (s.a. zum Präzisierungsgebot § 369 AO Rdn. 79 ff.; in diesem Sinne für die herrschende Lehre zur Fahrlässigkeit m.w.N. Matt/Renzikowski-StGB/*Gaede* § 15 Rn. 30 ff.; für verfassungskonforme Auslegung *Duttge*, FS Kohlmann S. 13 [29 ff.]; zur Begründung von Garantenstellungen m.w.N. NK-StGB/ *Wohlers* § 13 Rn. 3 [29 ff.]). Dies ist insb. dann geboten, wenn Institute des AT wie z.B. die mittelbare Täterschaft strafbarkeitserweiternd wirken (ähnlich schon *Dannecker*, FS Otto, S. 25 [33 ff.]).

56 Das Gesetzlichkeitsprinzip gilt auch für die möglichen **Rechtsfolgen** einer Straftat. **Art. 103 Abs. 2 GG umfasst insb. die Strafandrohung** (grundlegend m.w.N. BVerfGE 105, 135 [153 ff.]) und somit auch **strafschärfende Strafzumessungsregeln** wie z.B. Regelungen über besonders schwere Fälle (BVerfGE 45, 363 [366 f., 370 ff.]; BVerfG, NJW 2008, 3627 [3628 f.]) einschließlich der heute oft vorgesehenen Regelbeispiele (m.w.N. BVerfG, NJW 2008, 3627 [3628 f.]). Erfasst sind Hauptstrafen einschließlich der Ersatzfreiheitsstrafe (BVerfG, NJW 2006, 3626 [3627]), Nebenstrafen und strafrechtliche Nebenfolgen mit zumindest strafähnlichem Charakter wie z.B. die Bekanntmachung nach den §§ 165, 200 (m.w.N. Leipold/Tsambikakis/Zöller/*Gaede* § 1 Rn. 7). Darüber hinaus gilt Art. 103 Abs. 2 GG in der Rechtspraxis mit „Einschränkungen aus der Natur des Rechtsgebiets" für Disziplinarmaßnahmen, nicht aber für Beugemittel wie Zwangshaft und Zwangsgeld (BVerfGE 26, 186 [203 f.]; 45, 346 [351 f.]; 66, 337 [355 f.]; BVerfG, NJW 2002, 3693 [3694]). **Keine Anwendung** findet Art. 103 Abs. 2 GG auf das **Strafvollstreckungs- und Strafvollzugsrecht** (BVerfGE 86, 288 [310 f. zu § 57a zw.]; BVerfG, NJW 2007, 1933, 1941: Art. 104 Abs. 1, 20 Abs. 3 GG).

57 Gegen die Geltung des Gesetzlichkeitsprinzips für **Maßregeln der Besserung und Sicherung**, die im Steuerstrafrecht kaum praktische Bedeutung erlangen, wendet sich schon das einfache Recht in § 2 Abs. 6 StGB, indem es hier eine Rückwirkung prinzipiell gestattet. Dies erfolgt mit der Billigung des BVerfG (BVerfGE 109, 133, 167 ff.; m.w.N. BVerfG, NJW 2010, 1514 ff.). Dies ist insb. durch die Rechtsprechung des EGMR zumindest für die Sicherungsverwahrung infrage gestellt (vgl. näher EGMR, HRRS 2010 Nr. 1 und 64; m.w.N. *Gaede*, HRRS 2010, 329 ff.) und auch verfassungsrechtlich nicht überzeugend (dazu *Best*, ZStW 114 [2002], 88 [99 ff.]; *Kinzig*, StV 2000, 330 [333 ff.]; *Ullenbruch*, NStZ 1998, 326 [329 f.]; *ders.* 2007, 62 [64 f.]). Das BVerfG hat seine Rechtsprechung daraufhin durch einen erweiterten allgemeinen Vertrauensschutz einge-

schränkt, der auch Steuerstraftaten aus dem möglichen Anwendungsbereich der Sicherungsverwahrung herausnimmt. Die Ausklammerung der Maßregeln aus Art. 103 Abs. 2 GG hat es jedoch aufrechterhalten (zu beidem BVerfG, NJW 2011, 1931 ff.).

Keine Anwendung findet Art. 103 Abs. 2 GG **auf** *rein* **strafverfahrensrechtliche Regelungen** 58 (BGHSt, 46, 310 [317 ff.]; 4, 379 [384 f.]; NK-StGB/*Hassemer/Kargl*, § 1 Rn. 60 ff.; SSW-StGB/ *Satzger*, § 1 Rn. 59; a.A. *Schreiber*, ZStW 80 [1968], 348 ff.; MüKo-StGB/*Schmitz* § 1 Rn. 17). Dies wird heute kaum bestritten, weil man den Sinn des Art. 103 Abs. 2 GG nur darin sieht, die Vorhersehbarkeit der **strafrechtlichen Bewertung** eines bestimmten Sachverhalts zu gewährleisten (BVerfGE 25, 269 [285 ff.]; 81, 132 [135 f.]; BVerfG, NJW 1995, 1145; BGHSt 40, 113 [118 f.]; *Dannecker* S. 322 ff.). Dem Bürger wird also keine Vorhersehbarkeit hinsichtlich der Dauer der Verfolgbarkeit einer strafbaren Tat gewährleistet (BVerfGE 81, 132 [135 ff.]). Indes ist zu beachten, dass die Einordnung eines Rechtsinstituts bzw. einer Vorschrift als reines Verfahrensrecht streitig sein kann (m.w.N. zu weiteren Streitfällen Leipold/Tsambikakis/Zöller/*Gaede* § 1 Rn. 10 f.). So wird z.B. die **Verjährung** oft *auch* als ein materiell-rechtliches Institut betrachtet. Sie soll auch ein Strafaufhebungsgrund sein, auf den Art. 103 Abs. 2 GG Anwendung finden müsse (m.w.N. LK-StGB/*Dannecker* § 1 Rn. 428; offen lassend BGHSt 40, 113 [118 f.]; für die abl. h.M. z.B. BVerfGE 25, 269 [284 ff.]; *Roxin*, AT/I, § 5 Rn. 60). Nach dieser Ansicht verstößt nicht nur die Neubegründung einer Strafbarkeit nach Ablauf einer Verjährungsfrist gegen Art. 103 Abs. 2 GG (so auch die h.M.). Vielmehr soll auch die **Verlängerung einer bereits laufenden aber noch nicht abgelaufenen Verjährungsfrist** gegen Art. 103 Abs. 2 GG verstoßen (so z.B. LK-StGB/*Dannecker* § 1 Rn. 428; Lackner/*Kühl* § 2 Rn. 6a, § 78 Rn. 1; für die engere h.M. BVerfG, NJW 2000, 1554 f.; BGHSt, 2, 300 [305 ff.]; 4, 379 [384 f.]; NK-StGB/*Hassemer/Kargl* § 1 Rn. 62 f.). Der EGMR hat indes aus Art. 7 EMRK – bisher ohne nähere Folgen – auch einen **Schutz gegen willkürliche Straf***verfolgung* abgeleitet (EGMR, NJW 2001, 3035, § 50; m.w.N. IntKomm-EMRK/*Renzikowski* Art. 7 Rn. 52).

▶ **Praxistipp:** 59

Für das Verfahrensrecht ist zu bedenken, dass die Unanwendbarkeit des Art. 103 Abs. 2 GG keine abschließende verfassungsrechtliche Aussage bedeutet! Die **Zulässigkeit einer Rückwirkung von Verfahrensrecht**, seine gebotene **Bestimmtheit**, die Anwendbarkeit von **Gewohnheitsrecht** (m.w.N. BVerfGE 22, 114 [121 ff.]; 29, 183 [196]; SSW-StGB/*Satzger* § 1 Rn. 59; zur Abgrenzung von allgem. Richterrecht BGHSt, GS 40, 138 [167 f.]) und ein etwaiges **Analogieverbot im Verfahrensrecht** sind stets auch am **Recht auf ein faires Verfahren**, anhand der **Grundrechte** sowie am **Rechtsstaatsprinzip** (insb.: Vertrauensschutzgrundsatz) zu messen (vgl. z.B. die Prüfung in BGHSt, 46, 310 [318 ff.] und schon BVerfGE 25, 269 [289 ff.]; m.w.N. Sachs-GG/*Degenhart*, Art. 103 Rn. 54). So ist etwa gem. Art. 6 EMRK der Grundsatz *nullum judicium sine lege* zu beachten (EGMR, Coëme ua. v. Belgien, Rep. 2000-VII, §§ 98 ff.; *Gaede*, ZStW 115 [2003], 845 [869 ff.]; ders., Fairness als Teilhabe [2007], S. 310 f. [817 ff.]). Ein allgemeines **Analogieverbot** wird **auch für das Strafverfahrensrecht** vermehrt befürwortet (m.w.N. LR-StPO/*Lüderssen/Jahn*, Einl. M Rn. 42 ff. [47]; diff. *C. Jäger*, GA 2006, 615 ff.; für die prinzipiell abl. h.M. aber m.w.N. KG, NJW 1979, 1668 [1669]; *Meyer-Goßner*, Einl. § Rn. 198; MüKo-StGB/*Schmitz* § 1 Rn. 17). Z.B. *C. Jäger* gestattet den Gerichten eine Analogie nur bei Prozessnormen, die ausschließlich der Verfahrensordnung bzw. Verfahrensleitung dienen oder keine Beschwer für den Betroffenen bedeuten (*C. Jäger*, GA 2006, 615 ff.; zust. BeckOK-StGB/*von Heintschel-Heinegg* § 1 Rn. 12a). Ebenso muss eine analoge Anwendung von Verfahrensrecht zur Überwindung des grundrechtlichen Gesetzesvorbehaltes ausscheiden (Art. 2 ff. GG, weitgehend wie hier *C. Jäger*, GA 2006, 615 ff.; *Krey*, ZStW 101 [1989], 838 [840, 853 ff.]; ders. S. 241 ff.; LK-StGB/*Dannecker* § 1 Rn. 273; SSW-StGB/*Satzger* § 1 Rn. 59 [61]; zu Art. 10 GG *Gaede*, StV 2009, 96 [99 f.]; zu Art. 104 Abs. 1 GG BVerfGE 29, 183 [195 f.]). Gleiches gilt, soweit das **Recht auf den gesetzlichen Richter** betroffen ist (Art. 101 Abs. 1 Satz 2 GG, s. BVerfGE 118, 212 [242 ff.]; *Dehne-Niemann*, StraFo 2010, 32 [33]; *Gaede*, GA 2008, 394 [410 f.]; ders. StV 2011, 139 ff.).

b) Anwendung des Gesetzlichkeitsprinzips auf das Steuerrecht

aa) Vorherrschende Unterscheidung nach Blankettgesetzen und normativen Tatbestandsmerkmalen

60   Die Rechtsanwendung im Steuerstrafrecht besteht praktisch stets darin, **sowohl strafrechtliche als auch steuerrechtliche Normen methodisch korrekt anzuwenden**. Schon die Steuerstraftaten etwa des § 370 AO oder des § 26c UStG setzen zu ihrer Ausfüllung unstreitig die zutreffende, vom Gericht darzustellende Anwendung des einschlägigen Steuerrechts voraus (zusf. und auch für ausländisches Steuerrecht bestätigend BGH, NStZ 2007, 595 f. m. Anm. *Gaede*, wistra 2008, 184). Die Tatbestände des Steuerstrafrechts sehen vielfach explizite oder durch Auslegung zu erschließende Verweisungen auf das materielle/formelle Steuerrecht vor.

61   **Steuerrecht und Strafrecht folgen jedoch nicht stets den gleichen Grundsätzen.** Zwar sind beide Rechtsgebiete, die aus Sicht des betroffenen Bürgers in erster Linie Rechtseingriffe bedeuten, an Grundrechte und rechtsstaatliche Prinzipien gebunden. Das **Strafrecht** weist hingegen insb. mit dem Gesetzlichkeitsprinzip **besonders strenge Maßstäbe** auf. So gilt z.B. im Strafrecht das Verbot der analogen Rechtsanwendung: Der Wortlaut setzt dem Rechtsanwender eine unübersteigbare Schranke (BVerfGE 105, 135 [157]; BVerfG, NJW 2010, 754 [755]; näher § 369 AO Rdn. 75 ff.). Anders ist dies hingegen – nach Ansicht der heutigen Praxis – im Steuerrecht. In ihm sollen belastende Analogien bzw. belastende Rechtsfortbildungen zulässig sein (zu dieser allerdings streitigen Rechtslage m.w.N. Tipke/Lang/*Lang* § 5 Rn. 57 f.; *Birk* § 2 Rn. 173 ff.; s. aber schon BVerfG, NJW 1996, 3146; *Schulze-Osterloh*, DStJG 6 [1983], 43, 54 f.]; krit. auch *Papier*, DStJG 12 [1989], 61 [62 f., 72 ff.]). Aufgrund der z.T. unterschiedlichen Standards von Steuerrecht und Strafrecht stellt sich die **Frage, welcher Standard maßgeblich ist**, wenn Steuerrecht bei der Anwendung des Steuerstrafrechts auszulegen ist. Bei der Antwort auf diese Frage wird überwiegend wie folgt differenziert: Entscheidend ist, *mit welcher Technik* die Norm des Steuerstrafrechts auf das Steuerrecht verweist. Während bei der Blankettechnik prinzipiell ein strengerer Maßstab gilt [dazu Rdn. 62 f. (1)], soll der Maßstab bei normativen Tatbestandsmerkmalen [dazu Rdn. 64 ff.(2)] verkürzt sein.

62   (1) Wenn die einschlägige Steuerstraftat die sog. **Blankettechnik** wählt und damit auf das Steuerrecht akzessorisch verweist, gelten alle Erfordernisse des strafrechtlichen Gesetzlichkeitsprinzips auch für die Auslegung und Anwendung der steuerrechtlichen Normen, auf die das Steuerstrafgesetz dadurch Bezug nimmt. Einen solchen Blankettverweis bejaht auch die Rechtsprechung des 1. Strafsenats insb. bei der Steuerhinterziehung gem. § 370 AO (BVerfGE 37, 201 [208 f. zur Steuerverkürzung a.F.]; BVerfG, NJW 1992, 35; BGHSt, 20, 177, 180; 34, 272 [282 f.]; BGH, NStZ 1982, 206; 1984, 510 [511]; BGH, NStZ 2007, 595 f.; OLG Hamburg, wistra 2001, 112 [113]; *Jäger*, StraFo 2006, 477 f.; *Harms*, FS Kohlmann, S. 413 [414 ff.]; *Kirchhof*, NJW 1985, 2977 [2982 f.]; uneingeschränkt jüngst wieder BGH, DStR 2009, 1688 [1691]; BVerfG, NJW 2011, 3778 f. = HRRS 2011 Nr. 1128). Ein Blankettverweis liegt für sie offensichtlich schon wegen der ersichtlich insgesamt auf die Anwendung der Steuergesetze abzielenden Regelungsstruktur vor (s. etwa BGHSt, 20, 177 [180 zu § 396 AO a.F.]), die der Gesetzgeber zudem nicht im StGB, sondern in der AO ausgeprägt hat. Z.B. RiBGH *Jäger* führt aus, dass die Steuerhinterziehung schon deshalb ein Blankettbestand sei, weil sie „nicht alle Tatbestandsmerkmale selbst enthält" (*Jäger*, StraFo 2006, 477). Dadurch gilt für den BGH und für die Praxis prinzipiell: „Steuerstrafrecht ist Blankettstrafrecht" (BGH, NStZ 2007, 595 f.; *Jäger*, StraFo 2006, 477 f.; Graf/Jäger/Wittig/*Allgayer* § 369 Rn. 20 ff., 30 ff.).

63   Diese Rechtsprechung führt prima facie zu einer für den Steuerpflichtigen günstigen Rechtslage, weil damit die strengeren Maßstäbe des Strafrechts für das Steuerstrafrecht maßgeblich sind (§ 369 AO Rdn. 66). Jene Judikatur flankiert der BGH aber gleichzeitig unübersehbar mit einem sehr **restriktiven Ansatz zur Umsetzung der Anforderungen des Art. 103 Abs. 2 GG**. So soll z.B. die Norm des § 42 AO (BGH, NStZ 1982, 206 ff.) und die Versagung der steuerfreien innergemeinschaftlichen Lieferung gem. §§ 6a Abs. 1, 4 Nr. 1 Buchst. b) UStG bei einer – im Normwortlaut

nicht erwähnten – Missbrauchsabsicht dem strafrechtlichen Bestimmtheitsgebot des Art. 103 Abs. 2 GG genügen (so BGH, DStR 2009, 1688 ff.; i.E. auch *Ransiek*, HRRS 2009, 421 ff. und nun BVerfG, NJW 2011, 3778 f. = HRRS 2011 Nr. 1128). Darüber hinaus steht der zugrunde gelegte Blankettbegriff infrage. Das immer stärker anwachsende Schrifttum verfolgt einen engeren Blankettbegriff, der das Steuerstrafrecht an die im StGB vorherrschende Dogmatik heranführt. Danach ist ein **Blankettstrafgesetz** (im Kontext des Art. 103 Abs. 2 GG) **nur ein Strafgesetz, welches das Tatunrecht nicht vollständig selbst beschreibt**, sondern zur nicht nur klarstellenden Ausfüllung des bei Strafe gebotenen oder verbotenen Verhaltens für zumindest ein Tatbestandserfordernis auf andere Rechtsnormen (formelle Gesetze oder Rechtsverordnungen) oder Verwaltungsakte verweist (LK-StGB/*Vogel* § 16 Rn. 36; LK-StGB/*Dannecker* § 1 Rn. 148 f.; implizit BVerfGE 78, 205 [213]; weiterführend dazu *Puppe*, GA 1990, 145 [162 ff.]; NK-StGB/*Puppe* § 16 Rn. 19 ff.). Um zu erkennen, welches konkrete Verbot bzw. welche Verhaltensnorm sich an den Bürger richtet, muss hier eine weitere (blankettausfüllende) Norm herangezogen werden (ähnlich *Schmitz*, wistra 2009, 369 [371]). Im Anschluss an diesen Blankettbegriff und im Verein mit weiteren beachtlichen Gründen wird § 370 AO oft nicht mehr als Blanketttatbestand beurteilt (m.w.N. *Ransiek*, HRRS 2009, 421 ff.; *Weidemann*, wistra 2006, 132 f.; FGJ/*Joecks* § 370 Rn. 140; LK-StGB/*Dannecker* § 1 Rn. 149; zur Steuerverkürzung *Walter* FS Tiedemann S. 969 ff.). Z.T. wird § 370 AO nur noch hinsichtlich des in § 370 Abs. 1 Nr. 2, Nr. 3 AO enthaltenen Pflichtwidrigkeitsmerkmals und bzgl. § 370 Abs. 6 Satz 2 AO als Blanketttatbestand gesehen (m.w.N. MüKo-StGB/*Schmitz/Wulf* § 370 Rn. 13 ff.; *Wulf*, wistra 2001, 41 [45, 47]; s.a. NK-StGB/*Puppe* § 16 Rn. 149). Konsequenz dieser Auffassung wäre insb., dass die Steuerverkürzung und die steuerlich erheblichen Angaben (nur) normative Tatbestandsmerkmale darstellen würden.

(2) So weit der Wortlaut einer (Steuer-) Straftat den von ihr **erfassten Unwert abschließend 64 beschreibt** und lediglich bei der Subsumtion unter die verwendeten Begriffe auf weitere Rechtsgrundlagen zurückgegriffen werden muss, geht die strafrechtliche Dogmatik von einem geschlossenen Tatbestand („Vollstrafgesetz") aus, der sog. (rechts-)**normative Tatbestandsmerkmale** aufweist. In diesem Fall bezieht sich das Gesetzlichkeitsprinzip nach der Rechtsprechung und noch herrschender Lehre ausschließlich auf die strafrechtliche Norm (dafür etwa m.w.N. BVerfGE 78, 205 [213]; BGH, wistra 2010, 268 [269 f.]; LK-StGB/*Dannecker* § 1 Rn. 149; *Schlösser/Mosiek* HRRS 2010, 424 [426]; *Ransiek*, HRRS 2009, 421 [422 ff.]): Es ist ausreichend, wenn *die strafrechtliche Norm* allen Erfordernissen des Gesetzlichkeitsprinzips durch eine parlamentsgesetzliche, bestimmte und nicht zurückwirkende Grundlage genügt und ohne Überdehnung angewendet wird. Das typische, auch von der Rechtsprechung anerkannte Beispiel hierfür entstammt dem Diebstahltatbestand: Sein Tatmerkmal der *fremden* Sache kommt in der Rechtsanwendung ersichtlich nicht ohne die Prüfung etwaiger zivilrechtlich geprägter Vorfragen aus (m.w.N. LK-StGB/*Dannecker* § 1 Rn. 149). Dennoch wird hier nur ein normatives Tatbestandsmerkmal gesehen. Jene Deutung wird auch für die Steuerhinterziehung vermehrt vertreten (dafür soeben schon § 369 AO Rdn. 63).

▶ **Praxistipp:** 65

Soweit „Steuerstrafrecht Blankettstrafrecht ist", müssen bei der Anwendung des Steuerrechts unbestritten die Forderungen des Gesetzlichkeitsprinzips beachtet werden (BVerfGE 48, 48 [57 ff.]; BVerfG, NJW 1992, 35; *Papier*, DStJG 12 [1989], 61 ff.; *Schulze-Osterloh*, DStJG 6 [1983], 43 [49 ff.]; Klein/*Jäger* § 369 Rn. 10). Da (noch) keine konkreten Ansätze der Rechtsprechung ersichtlich sind, die zunehmende Kritik am weiten Blankettbegriff insb. bei der Steuerhinterziehung (konkret: der Steuerverkürzung) zu übernehmen, kann die Geltung des Art. 103 Abs. 2 GG im Steuerstrafrecht auch für das Steuerrecht weiter eingefordert werden. Ein **Neuansatz** hätte zwar mit dem Verfahren zur Versagung der Steuerbefreiung bei einer missbräuchlichen innergemeinschaftlichen Lieferung durchaus erfolgen können (dazu instruktiv in diesem Sinne m.w.N. *Ransiek*, HRRS 2009, 421 ff.). Dies gilt v.a. deshalb, weil das BVerfG den Steuerhinterziehungstatbestand vor Kurzem in seiner Bezugnahme durch § 12 Abs. 1 MOG praktisch als vollständigen Tatbestand beschrieben und seinen Blankettcharakter explizit unter Verweis auf die Kritik an dieser Einordnung offen gelassen hat (BVerfG, HRRS 2011 Nr. 120; so auch schon BGHSt 37, 266 [272]). Das BVerfG hat dann aber erneut die Blankettstrafbarkeit bestätigt (BVerfG, NJW 2011, 3778 f. = HRRS 2011 Nr. 1128), sodass die Geltung des Gesetzlichkeitsprinzips für das blankettausfüllende Steuerrecht auf absehbare Zeit gesichert erscheint. Auch vor dem Hintergrund der jüngeren Rechtsprechung des BVerfG (BVerfGE 126, 170 [194 ff.] = NJW 2010, 3209 ff.) erscheint eine tatsächliche oder gar rückwirkende Abschwächung der Maßstäbe durch das BVerfG fernliegend. Im Gegenteil ist nicht zu verkennen, dass die **tatsächlich bislang gebremste Übertragung der strafrechtlichen Maßstäbe auf das Steuerrecht** insb. bei der Geringschätzung des Bestimmtheitsgrundsatzes der Korrektur bedarf (s.a. § 369 AO Rdn. 48 f.). Gerade hier ist es angebracht, die jüngere Aufwertung des Gesetzlichkeitsprinzips, die auch für die Auslegung normativer Tatbestandsmerkmale gilt (BVerfGE 126, 170, 194 = NJW 2010, 3209 ff.), entgegen der bisher zu großzügigen steuerstrafrechtlichen Praxis durchzusetzen (s. schon krit. zum *status quo* etwa bei § 42 AO *Ulsenheimer*, wistra 1983, 12 [15 ff.]; *Köhler*, AT, S. 89 f.; MüKo-StGB/*Schmitz* § 1 Rn. 60; für eine Verletzung des Analogieverbots *Ransiek*, HRRS 2009, 421 [424]).

bb) Näheres zu den Folgen der (Nicht-) Einordnung als Blankettstrafgesetz

66 Erweist sich eine Steuerstraftat als **Blankettstrafgesetz**, das die nötige Bestimmtheit nicht schon selbst herstellt, gilt das **Gesetzlichkeitsprinzip in vollem Umfang** auch für die zumeist außerstrafrechtlichen Normen, die das Blankettverbot materiell ausfüllen (sog. Ausfüllungsnormen; BVerfGE 14, 245 [252]; 37, 201 [208 f.] mit zur hinreichenden Umsetzung abw. Meinung *Seuffert/Hirsch*; 48, 48 [60 f.]; 75, 329 [342 ff.]; 78, 374 [381 ff.]; 110, 33 [62 ff.]; BVerfG NJW 1992, 35; 1993, 1909 [1910]; 2006, 2684 [2685]; 2010, 754 f.; BGHSt 37, 266 [272 ff. zu § 370 Abs. 1 Nr. 1 AO]; 41, 127 [130 f.]; 42, 219 [220 ff.]; 50, 105 [114 f.]; BGH, NStZ 1984, 510 [511]; OLG Hamburg, NStZ-RR 2007, 233 f.; Graf/Jäger/Wittig/*Allgayer* § 369 Rn. 30 ff.; MüKo-StGB/*Schmitz* § 1 Rn. 49 ff.). Oft sieht das Blankettstrafgesetz nur Art und Maß der Strafe vor, die der Gesetzgeber für den Fall der Zuwiderhandlung gegen ein Ver- oder Gebot anordnet, das in anderen Normen oder Verwaltungsakten ausgeführt ist (s. etwa § 20 Abs. 1 Satz 1 Nr. 4 VereinsG; dazu etwa NK-StGB/*Puppe* § 16 Rn. 18 f.; *Tiedemann*, WStR AT, Rn. 99 ff.; krit. z.B. *Moll* S. 148 ff., 276 f.). Erst durch das sog. **Zusammenlesen** der strafrechtlichen Sanktionsnorm und der inhaltlich aussagekräftigen Ausfüllungsnorm(-en) ergibt sich ein vollständiges strafrechtliches Verhaltensver- oder -gebot (BVerfG, NJW 1993, 1909 f.; BGHSt, 24, 54 [61 f.]; 41, 127 [129 ff.]; *Tiedemann*, WStR AT, Rn. 99 ff. [220 ff.]; zur Verbrauchsteuerhinterziehung im EU-Kontext BGH, NStZ 2007, 595 f.). Dies bringt z.B. mit sich, dass eine im Steuerrecht zulässige analoge Anwendung der ausfüllenden Ver- oder Gebotsnormen bei der Sanktionierung durch das Strafrecht nicht mit zu vollziehen ist (oft sog. **Normspaltung**, *Tiedemann*, FS Schaffstein, S. 195 ff.; *Otto*, Jura 2005, 538 f.; *ders.*, FS Seebode, S. 81 [84 ff.]; LK-StGB/*Dannecker* § 1 Rn. 340 ff.; vgl. z.B. BVerfGE 48, 48 [60 ff.]; s.a. BVerfG, NJW 2002, 3693 [3694]; 2010, 754 f.). Auch eine außerstrafrechtlich zulässige Rückwirkung blankettausfüllender Vorschriften ist im Strafrecht unzulässig (MüKo-StGB/*Schmitz* § 1 Rn. 35; SSW-StGB/*Satzger* § 1 Rn. 56; unabhängig vom Blankettcharakter für belastende Änderungen des Steuerrechts LK-StGB/*Dannecker* § 1 Rn. 395).

67 Soweit das Tatbestandsmerkmal eines Strafgesetzes nicht als Blankettmerkmal, sondern **als normatives Tatbestandsmerkmal eingeordnet** wird, ermöglicht die bisher herrschende Meinung z.B. beim Diebstahl, die Fremdheit einer Sache durch eine analoge Anwendung von eigentumsbegründenden Normen zu gewinnen (m.w.N. LK-StGB/*Dannecker* § 1 Rn. 149; *Mosiek*, StV 2008, 94, 97 f.; i.E. auch BVerfGE 78, 205, 213; BGH, wistra 2010, 268, 269 f.; zw. BK-GG/*Rüping*, Art. 103 Abs. 2 Rn. 41). Eine Normspaltung soll bei normativen Tatbestandsmerkmalen ausscheiden; auch die Bestimmtheitsanforderungen des Art. 103 Abs. 2 GG sollen für die in Bezug genommenen außerstrafrechtlichen Vorschriften selbst nicht greifen (m.w.N. BVerfGE 126, 170 [196] = NJW 2010, 3209 ff.; vgl. aber § 369 AO Rdn. 79 ff.). Diese **Behandlung normativer Tatbestands-**

merkmale wie z.B. der Pflichtwidrigkeit des § 266 StGB (so die h.M.) muss aus der Perspektive des Art. 103 Abs. 2 GG aber als unbefriedigend erkannt werden, da sich die im Hinblick auf das Gesetzlichkeitsprinzip aufgeworfenen Probleme in der Sache auch bei normativen Tatbestandsmerkmalen darstellen (s. z.B. schon *Rönnau*, ZStW 119 [2007], 887 [905 f.]; *Bülte*, BB 2010, 1759 [1766 ff.]). Ihre Behandlung **muss** und dürfte im Zuge der stärkeren Bindung der Rechtsprechung an Art. 103 Abs. 2 GG (s. § 369 AO Rdn. 49 f.) und im Hinblick auf Art. 49 Abs. 1 Satz 1, 2 GRC (s.a. die Andeutungen bei *Bülte*, BB 2010, 1759 [1766 f.]) eine **Fortentwicklung erfahren** (vgl. auch *Schmitz*, wistra 2009, 369 [372]: Gleichbehandlung bei akzessorischer Übernahme; schon früh *Rüping*, NStZ 1984, 450 [451]: Geltung bei „unselbständigen Strafnormen"). Sie muss zu einem höheren Maß an Bestimmtheit bei der Anwendung normativer Tatbestandsmerkmale führen.

c) Einzelne Ausprägungen des Gesetzlichkeitsprinzips im Steuerstrafrecht

Das Gesetzlichkeitsprinzip kennt vier Hauptausprägungen: Das Verbot strafbarkeitsbegründenden 68
Gewohnheitsrechts bzw. Gebot eines Parlamentsgesetzes (§ 369 AO Rdn. 70 ff.), das Bestimmtheitsgebot (§ 369 AO Rdn. 75 ff.), das erweiterte Analogieverbot (§ 369 AO Rdn. 88 ff.) und das Rückwirkungsverbot (§ 369 AO Rdn. 96 ff.). Die hierin liegenden Forderungen sind, wie das BVerfG in seinem Grundsatzurteil zur Untreue 2010 eindringlich betont hat (BVerfGE 126, 170 [194 f.] = NJW 2010, 3209 ff.; zust. AnwaltK-StGB/*Gaede* § 1 Rn. 17 ff.; *Saliger*, NJW 2010, 3195 f.) nicht nur an den **Gesetzgeber** gerichtet, sondern in der täglichen Praxis **von jedem Rechtsanwender einschließlich der Rechtsprechung zu beachten** (vgl. schon *Gaede*, StraFo 2003, 392 [394]; MüKo-StGB/*Schmitz* § 1 Rn. 6 f.; SSW-StGB/*Satzger* § 1 Rn. 4; vertiefend *Kuhlen* FS Otto, S. 89 [93 ff.]). Alle Ausprägungen des Art. 103 Abs. 2 GG wenden sich unstreitig **nur gegen Belastungen des Angeklagten**. Art. 103 Abs. 2 GG steht Abweichungen von den Forderungen des Art. 103 Abs. 2 GG von vornherein nicht entgegen, sodass insb. eine Analogie zugunsten des Angeklagten/des Steuerpflichtigen aus Sicht des Art. 103 Abs. 2 GG zulässig ist.

aa) Erforderliches Parlamentsgesetz: Verbot strafbegründenden Gewohnheitsrechts

Der strenge Gesetzesvorbehalt des Art. 103 Abs. 2 GG beschränkt die strafbegründenden Rechts- 69
quellen auf geschriebenes, vom Parlament herrührendes Gesetzesrecht. Ob ein geltendes Gesetz iS des Gesetzlichkeitsprinzips vorliegt, bestimmt sich nach dem Staatsrecht und damit insb. nach den Art. 70 ff. GG (vgl. m.w.N. MüKo-StGB/*Schmitz* § 2 Rn. 11; zum Inkrafttreten und der Derogation von Gesetzen m.w.N. *Dannecker* FS Schroeder S. 761 [762]). Auch ein Strafgesetz kann durch das BVerfG mangels Gesetzgebungskompetenz oder wegen Verstößen gegen Grundrechte für nichtig zu erklären sein (vgl. z.B. BVerfGE 110, 141 [174 ff.]; zu ausfüllenden Steuergesetzen beim Blankettstrafgesetz BVerfGE 110, 94 ff.). Ein zulasten des Angeklagten wirkendes Gewohnheitsrecht darf zur Begründung oder Schärfung einer Strafe nicht herangezogen werden (BVerfGE 14, 174 [185]; 25, 269 [285 f.]; 71, 108 [115]; 73, 206 [235]; BGHSt 42, 235 [241]; näher zu Begriff und Reichweite des Verbots Leipold/Tsambikakis/Zöller/*Gaede* § 1 Rn. 13). Soweit strafrechtliche Normen über normative Tatbestandsmerkmale (oben § 369 AO Rdn. 60 ff., 67) Rechtstatsachen anderer Rechtsgebiete aufnehmen bzw. durch außerstrafrechtliche Normen beeinflusst werden, ist Gewohnheitsrecht jedoch zu beachten, soweit der Wortsinn des jeweiligen Merkmals nicht übertreten wird (RGSt, 46, 108 [111 f.]; *Jescheck/Weigend* § 15 III 1; SSW-StGB/*Satzger* § 1 Rn. 32). In jedem Fall muss der Rechtsanwender ein den angeklagten **Steuerpflichtigen begünstigendes Gewohnheitsrecht bzw. Richterrecht** bei seiner Entscheidung beachten (BVerfGE 109, 133 [172]; BGHSt, 11, 241 [244 ff.]; BayObLG, MDR 1982, 1040 f.; SSW-StGB/*Satzger* § 1 Rn. 31).

Das Erfordernis des Parlamentsgesetzes ist bei Verweisungen besonders auf seine Beachtung zu 70
prüfen. **Verweisungen** müssen stets so gestaltet werden, dass der **Bürger erkennen kann, worauf sich die Verweisung bezieht** (BVerfGE 48, 48 [55]; 51, 60 [74]; 75, 329 [343]; *Satzger*, JuS 2004, 943 [947 f.]; *Tiedemann*, WStR AT, Rn. 106). Dynamische Verweisungen auf deutsches

Recht kommen nur in Betracht, wenn die Norm auf eine zukünftige gesetzliche Ausprägung des Verbotsinhalts durch den Gesetzgeber verweist und der Bürger diese Ausprägung zumutbar auffinden kann (BVerfGE 47, 285 [311 ff.]; 75, 329 [343 f.]; LK-StGB/*Dannecker* § 1 Rn. 158; *Niehaus*, wistra 2004, 206 [208 f.]; *Satzger*, JuS 2004, 943 [948]). Gestattet das Gesetz die Verhängung einer Freiheitsstrafe, ist auch gem. Art. 104 Abs. 1 GG ein formelles Parlamentsgesetz erforderlich, in dem der Gesetzgeber die Strafbarkeit bestimmt anordnet. Soweit ein Tatbestand auf normkonkretisierende Verordnungen, Verwaltungsvorschriften oder Verwaltungsakte verweist, setzt dies nach Art. 103 Abs. 2 GG und ggf. auch **Art. 104 Abs. 1 GG** voraus, dass sich die Sanktionsdrohung, die Voraussetzungen der Strafbarkeit und die Art der Strafe schon aus dem Parlamentsgesetz hinreichend bestimmt ergeben. In Bezug genommene Exekutivakte wie z.B. die Anlage I zum BtMG (Liste der Betäubungsmittel) müssen sich **lediglich** als (zusätzliche) **Spezifizierungen** darstellen (s. zu beidem BVerfGE 14, 174 [186 f. zu Art. 104 GG]; 22, 21 [25 zu Art. 103 Abs. 2 GG]; 75, 329 [342]; 78, 374, 382 ff. zum Verwaltungsakt]; 110, 33 [64 f.]; BVerfG, NJW 1997, 1910 [1911]; NVwZ, 2009, 239 f.; LK-StGB/*Dannecker* § 1 Rn. 118 ff.). Die **Praxis geht** indes noch **von einem zu weiten Begriff der Spezifizierung** aus. So haben die Gerichte die Hinterziehung der zusätzlichen Milchabgabe nach der Verordnung (EG) Nr. 3950/92 gem. § 12 **MOG a.F., § 370 AO** als strafbar eingestuft. Dies soll legitim sein, obschon sich der für die Strafbarkeit entscheidende – und vom Unionsrecht gerade nicht präjudizierte – Umstand, dass eine Saldierung von Milchmengen zwischen neuen und alten Bundesländern ausgeschlossen war, erst aus der Milch-Garantiemengenverordnung der Exekutive (§ 7b Abs. 1 Satz 8 MGV) ergab (BVerfG, HRRS 2011 Nr. 120: „noch" hinreichend bestimmt; OLG Frankfurt am Main, NStZ-RR 2004, 275 ff.). Diese Verordnung wiederum beruhte auf den §§ 1 Abs. 2, 8 Abs. 1, 12 MOG und empfing inhaltliche Vorgaben fast ausschließlich aus einem dynamischen und pauschalen Verweis auf Unionsrecht (a.A. z.B. wie hier bereits *Niehaus*, wistra 2004, 206 ff. [210 f.]; Dreier/*Schultze-Fielitz* Art. 103 Abs. 2 GG Rn. 33).

71 Nach herrschender Meinung darf ein Blankettstrafgesetz – in den soeben bezeichneten Grenzen – nicht nur auf deutsche Gesetze, sondern auch auf **unmittelbar anwendbares Gemeinschaftsrecht** wie z.B. Verordnungen verweisen (vgl. z.B. den Zollkodex als Verordnung der EG/EU), wenn hinreichend deutlich wird, worauf sich der Verweis bezieht (BGHSt, 42, 219 [220 ff.]; 41, 127 [131 f. implizit, mit dem Erfordernis der Veröffentlichung im Bundesgesetzblatt oder Bundesanzeiger, BVerfGE 32, 346 [362]; 47, 285 [311]; BGH, NStZ 1995, 550 [551]; BGH, NStZ 2007, 595 f.; *Harms/Heine,* FS Amelung S. 393 [394 ff.]; *Hecker* § 7 Rn. 76 ff.). Blankettstrafgesetze, die auf die *jeweils in Kraft befindliche* Vorschrift der EU oder anderer Mitgliedsstaaten verweisen (sog. **dynamische Verweisung**), sind auch im Steuerstrafrecht wegen der darin liegenden Kompetenzdelegation verfassungswidrig (OLG Koblenz, NStZ 1989, 188 [189]; OLG Stuttgart, NJW 1990, 657, [658]; *Niehaus*, wistra 2004, 206 [208 ff.]; LK-StGB/*Dannecker* § 1 Rn. 146; nur i.d.R. so *Satzger*, IES § 8 Rn. 67 f. [97]). Dies gilt aber nach Ansicht des BVerfG offenbar dann nicht, soweit die Verweise nur zu Spezifizierungen führen (BVerfG, HRRS 2011 Nr. 120; OLG Frankfurt am Main, NStZ-RR 2004, 275 [278]; *Harms/Heine* FS Amelung S. 393 [395 f.]; mit einem engeren Begriff der Spezifizierung auch *Moll* S. 194 f.: soweit die EU in dem in Bezug genommenen Gebiet Regelungskompetenz besitzt; s. aber schon § 369 AO Rdn. 52, 72; wie hier strenger *Niehaus*, wistra 2004, 206 [208 ff.]). Beim Einsatz der Blanketttechnik zur Umsetzung europäischen Rechts sind daher primär **statische Verweise** oder auch die **Formulierung neuer geschlossener Tatbestände** (vgl. partiell auch *Harms/Heine,* FS Amelung S. 393 [398 ff.]) zu wählen. Passt der Gesetzgeber einen statischen Verweis auf eine zwischenzeitlich aufgehobene europäische Verordnung nicht an, indem er den Verweis auf eine neue, die alte ersetzende Verordnung versäumt, verstößt eine (rückwirkende) Anwendung des deutschen Blankettstrafgesetzes auf die neue Verordnung gegen Art. 103 Abs. 2 GG. Dies gilt auch dann, wenn das Gemeinschaftsrecht die Anwendung nationaler Strafnormen einfordert und die neue Verordnung inhaltsgleich ist (OLG Koblenz, NStZ 1989, 188 f.; *Dannecker/Freitag*, ZStW 116 [2004], 797 [809 ff.]; SSW-StGB/*Satzger* § 1 Rn. 58; für den Ersatz eines deutschen Gesetzes durch eine EG-Verordnung auch BGHSt,

27, 181 [182]; a.A. *Harms/Heine,* FS Amelung S. 393 [394 ff.]; dagegen schon Sch/Sch/*Eser/ Hecker* § 2 Rn. 35; *Gaede,* wistra 2011, 365 [372]).

Während der Verweis auf ausländisches Recht im Allgemeinen unzulässig ist (BGHSt, 52, 323 **72** [344 f.]; OLG Karlsruhe, NStZ 1985, 317; *Saliger/Gaede,* HRRS 2008, 57 [61]), kommt im Steuerstrafrecht ein europarechtlich begründeter **Verweis auf europäisierte (Verbrauchs-) Steuergesetze anderer Mitgliedsstaaten der EU** bei § 370 AO in Betracht (BGH, NStZ 2007, 595 f. m. Anm. *Gaede,* wistra 2008, 184; NJW 2007, 1294 ff.; wistra 2001, 62 f.; *Harms/Heine,* FS Amelung S. 393 [394 ff.]; s.a. § 369 AO Rdn. 104 ff.). Liegt ein Blankettgesetz vor, müssen dann aber auch – vom deutschen Gesetzgeber abgesehen – die in Bezug genommenen Rechtsnormen jedenfalls die Anforderungen des Gesetzlichkeitsprinzips vollständig erfüllen (BGH, wistra 2001, 62 [63]; OLG Koblenz, NStZ 1989, 188 f.; *Moll* S. 61 f. [75 ff.]). Deshalb müssen Methoden der Rechtsanwendung, die in Deutschland der Rechtsfortbildung zuzurechnen sind, bei der Anwendung des (Steuer-) Strafrechts ausscheiden (Leipold/Tsambikakis/Zöller/*Gaede* § 1 Rn. 15; enger SSW-StGB/*Satzger* § 1 Rn. 57: besonders auf die Bestimmtheit zu achten; *ders.* JuS 2004, 943 [947 f.]; letztlich offen lassend BVerfG, HRRS 2011 Nr. 120). Dies ist im Urteil durch eine (Berechnungs-) Darstellung einzulösen, welche die zutreffende Fremdrechtsanwendung durch das Gericht belegt (BGH, NStZ 2007, 595 f. m. Anm. *Gaede,* wistra 2008, 184).

Selbst wenn dies beachtet wird, kommt es bzgl. dieser grenzüberschreitenden **Sachverhalte** noch **73** immer zu einer **bemerkenswerten Fremdrechtsanwendung**. Sie soll das Gesetzlichkeitsprinzip nicht verletzen, obschon sie infolge europarechtlicher Vorgaben nun in größerem Umfang auftritt (m.w.N. BGH, wistra 2010, 268 [269 f.]; 2001, 62 f.; OLG Karlsruhe, NStZ 1985, 317; RGSt 27, 135 [136]; *Walter,* FS Tiedemann S. 969 [985 f.]). Der BGH hat dies jüngst für die Pflichtwidrigkeit der Untreue bestätigt, bei der englisches Recht Anwendung findet, wenn eine Tat zulasten einer englischen Limited-Gesellschaft zu verhandeln ist (m.w.N. BGH, wistra 2010, 268 [269 f.]; so z.B. schon *Radtke,* GmbHR 2008, 729 ff.). Der Rückgriff auf ausländisches Recht wird besonders mit dem Argument erklärt, dass sich der Bürger in den einschlägigen Fällen der Maßgeblichkeit einer fremden Rechtsanwendung zumeist selbst aussetze (BeckOK-GG/*Radtke/ Hagemeier* Art. 103 Rn. 35.1; *Radtke,* NStZ 2011, 556, 557; *Worm,* Strafbarkeit eines directors einer englischen Limited nach deutschem Strafrecht [2009], S. 112 ff.). Tatsächlich ist die Fremdrechtsanwendung aber nur dann verfassungsrechtlich akzeptabel, wenn *erstens* über das IPR oder das Europarecht ein (mittelbarer) Anwendungsbefehl aus deutschem Recht aufgewiesen werden kann. In jedem Fall muss *zweitens* bei der Anwendung deutschen Strafrechts gesichert sein, dass die Anknüpfung an ausländisches Recht nicht unter der Hand durch fremde Rechtsvorstellungen auf eine qualitative Ausweitung der durch den Gesetzgeber gebilligten Strafbarkeit hinausläuft (zu bedenken aus dem Demokratie- und Gesetzlichkeitsprinzip bereits noch weiter einschränkend *Rönnau,* ZGR 2005, 832 [847 ff., 854 ff.]; *ders.,* NStZ 2011, 558 f.; *Mosiek,* StV 2008, 94 [97 ff.]). Zudem dürfen *drittens* bei der Anwendung *und* Darstellung fremden Rechts keine abgeschwächten Maßstäbe gelten (so auch richtig bereits BGH, NStZ 2007, 595 f. m. zust. Anm. *Gaede,* wistra 2008, 184). Dies kann in der Rechtswirklichkeit infolge zahlreich entstehender Praxisprobleme insb. bei geringen Inlandsbezügen der Tat zu **Verfahrenseinstellungen** führen (beispielhaft zu diesen Problemen BGH, wistra 1991, 29; *Mosiek,* StV 2008, 94 [95, 99]; auch für § 266 StGB BGH, wistra 2010, 268 [269 f.]; *Schlösser/Mosiek,* HRRS 2010, 424 [425 ff.]). *Drittens* darf die Praxis die Möglichkeit von **Tatbestands- und (unvermeidbaren) Verbotsirrtümern** nicht vorschnell leugnen, schon weil es für diese Irrtümer darauf ankommt, ob *der konkrete individuelle Rechtsadressat* genügende Kenntnisse besaß (zu möglichen Irrtümern auch *Schlösser/Mosiek,* HRRS 2010, 424 [425 f.]; *Gaede,* wistra 2008, 184 [186]; mehrdeutig BGH, wistra 2010, 268 [270]).

Sonderproblem: Soweit das Steuerstrafgesetz im Wege eines Blankettverweises auf **Steuerrecht** ver- **74** weist, das **wegen Verstoßes gegen die Verfassung nichtig** ist, entfällt auch eine an diesem Gesetz ansetzende Strafbarkeit wegen Steuerhinterziehung (BVerfG, wistra 2007, 60 [62]; FGJ/*Joecks* § 369 Rn. 29). So lag es etwa bei der Hinterziehung von ESt, die aus der Besteuerung der Erträge aus Spekulationsgeschäften mit Wertpapieren in den Veranlagungszeiträumen 1997 und 1998 entstand. Das BVerfG hatte das zugrunde liegende Steuerrecht wegen eines Verstoßes gegen Art. 3 Abs. 1 GG für nichtig erklärt (BVerfGE 110, 94 [111 ff.]; vorzeichnend BVerfGE 84, 239 [268 ff.]: Gebot der tatsächlichen Belastungsgleichheit). Ergeht eine solche Entscheidung nach dem rechtskräftigen Abschluss des Strafverfahrens, ist eine Wiederaufnahme gem. § 79 I BVerfGG möglich. Zur problematischen Besteuerung von Spekulationsgeschäften in den Folgejahren vgl. aber m.w.N. FGJ/*Joecks* § 369 Rn. 29a.

bb) Bestimmtheitsgebot: Vorhersehbarkeit für den Steuerpflichtigen

75   (1) **Adressaten:** Der Bestimmtheitsgrundsatz ist vornehmlich **durch den Gesetzgeber zu wahren** (m.w.N. BVerfGE 105, 135 [152 ff.]; BVerfG, NJW 2007, 1193; 2007, 1666 f.). Die Gewährleistung eines bestimmten und damit vorhersehbaren Strafrechtseinsatzes ist aber nach der heutigen zustimmungswürdigen Rechtsprechung auch ein **Maßstab und eine Aufgabe der Rechtsanwender einschließlich der Gerichte und Strafverfolgungsbehörden**, da sich die mit dem Strafgesetz verbundene Legitimation auch in jedem Einzelfall über die Auslegung vermitteln muss (*Kuhlen*, FS Otto, S. 89 [91 ff., 100 f.]; *Gaede*, StraFo 2003, 392 [394]; NK-StGB/*Hassemer/Kargl* § 1 Rn. 14a; *Kudlich/Christensen* S. 5 f.). Das BVerfG verwirklicht dies heute zum einen über **positive Handlungsgebote**, wie die Rechtsprechung zur Bestimmtheit beizutragen hat (näher § 369 AO Rdn. 79 ff.). Zum anderen setzt das BVerfG auf eine Erweiterung des Analogieverbotes (näher § 369 AO Rdn. 88 ff.), mit dem traditionell das Ziel verfolgt wird, zu extensive und daher nicht durch das Strafgesetz legitimierte Rechtsanwendungen durch ein **negatives Überdehnungsverbot** zu verhindern.

76   (2) **Maßstäbe:** In den Worten des BVerfG verpflichtet Art. 103 Abs. 2 GG den Gesetzgeber, die Voraussetzungen der Strafbarkeit so konkret zu umschreiben, dass sich der **Anwendungsbereich und die Tragweite der Straftatbestände** aus dem Wortlaut ergeben oder durch Auslegung ermitteln lassen (BVerfGE 25, 269 [285]; 75, 329 [341 f.]; 105, 135 [152 f.]; BVerfG, NJW 2008, 3267; LK-StGB/*Dannecker* § 1 Rn. 181). V.a. diese Verpflichtung soll den freiheitssichernden Gehalt des Art. 103 Abs. 2 GG einlösen, der eine besondere Willkürschranke darstellt (§ 369 AO Rdn. 51), indem sie eine bestimmte Strafbarkeit zum Zeitpunkt der aktiven Tathandlung oder Unterlassung (nicht des Erfolgseintritts, vgl. § 8 StGB) fordert. Das Gesetz muss folglich i.S.d. Normenklarheit (BVerfGE 126, 170, 195 = NJW 2010, 3209 ff.; BVerfGE 93, 213 [238]) sicherstellen, dass die **Normadressaten vorhersehen können, welches Verhalten verboten und mit Strafe bedroht ist**, damit sie die Strafbarkeit vermeiden können. Art. 103 Abs. 2 GG fordert also nicht nur die Subsumierbarkeit einer Auslegung unter den Wortlaut der Norm, sondern auch ihre **Vorhersehbarkeit** (so aus dem Steuerstrafrecht BGH, NJW 2005, 374 [375 f. im Anschluss an *Gaede*, HRRS 2004, 318 [319 f.]]). Ein Tatbestand, der in seiner Anwendung allein vom jeweiligen Vorverständnis des individuellen Rechtsanwenders abhängt, verstößt gegen den Bestimmtheitsgrundsatz (BGH, NJW 2004, 2990 [2991 f.]; 2005, 374 [376]; *Fischer* § 1 Rn. 5). Die Überschreitung des Wortlauts ist die äußerste, nicht jedoch die einzige durch Art. 103 Abs. 2 GG gezogene Grenze (BGH, NJW 2005, 374 [376]; *Saliger/Gaede*, HRRS 2008, 57 [63 f.])!

77   Der Gesetzgeber hat sich **um größtmögliche Präzision zu bemühen** (*Krahl* S. 298 ff. [399 ff.]; *Appel* S. 120; NK-StGB/*Hassemer/Kargl* § 1 Rn. 41; MüKo-StGB/*Schmitz* § 1 Rn. 41; *Radtke*, GmbR 2010, 1121 [1125]; für ein Optimierungsgebot LK-StGB/*Dannecker* § 1 Rn. 195 f.; *Kuhlen*, FS Otto, S. 89 [95 f.]; *Becker*, HRRS 2010, 383 [384 f.]; abschwächend auch BVerfGE 126, 170 [195 ff.] = NJW 2010, 3209 ff.). Art. 103 Abs. 2 GG legt den Gesetzgeber aber schon wegen der Mehrdeutigkeit jeder lebendigen Sprache nicht auf rein deskriptive, scheinbar nicht auslegungsbedürftige Begriffe fest (m.w.N. BVerfGE 4, 352 [358]; 73, 206 [235 ff.]; 75, 329 [342 ff.]; 85, 69 [73]; 96, 68 [97 f.]; BVerfGE 126, 170 [196] = NJW 2010, 3209 ff.; NJW 2008, 3627; 1993, 1911; BGHSt, 11, 365 [377]; 18, 359 [361 f.]; NK-StGB/*Hassemer/Kargl* § 1 Rn. 19 f. [30 ff., 40 ff.]: nur Programmsicherung garantiert). Auch die **Verwendung von Begriffen, die normativ, wie unbestimmte Rechtsbegriffe wertausfüllungsbedürftig sind** und damit in

besonderem Maß der Deutung durch den Richter bedürfen, ist nicht von vornherein ausgeschlossen (BVerfGE 4, 352, 358; 71, 108 [115]; 78, 374 [384, 389]; BGHSt, 30, 285 [287 f.]; 37, 266 [272 ff.]; 53, 128 [132 f.]; EGMR, NJW 2001, 3035, § 50). So genügt dem BVerfG/BGH z.B. der **Tatbestand der Steuerhinterziehung**, da die für ihn maßgebliche Steuerpflicht und damit auch Begriffe wie die „Steuerverkürzung" prinzipiell anhand der Steuergesetze (z.B. KStG, EStG) konkretisiert werden können (BVerfG, NJW 1992, 35; 1995, 1883; 2011, 3778 f.; BGHSt, 37, 266 [272 ff.]; m.w.N. MüKo-StGB/*Schmitz/Wulf* § 370 AO Rn. 19). Ganz allgemein wird die Bestimmtheit bejaht, wenn infolge des Normzusammenhangs und/oder einer **gefestigten Rechtsprechung** eine **zuverlässige Grundlage für die strafrechtliche Rechtsanwendung** gegeben scheint (dazu vgl. – oft angreifbar – BVerfGE 4, 352 [357]; 28, 175 [183 ff.]; 45, 363 [371 ff.]; 57, 250 [262 ff.]; 75, 329 [342 ff.]; 80, 244 [256 f.]; 93, 266 [291 f.]; 96, 68 [98 f.]; BVerfG NJW 1992, 223 f.; 1993, 1911; NJW 1995, 2776 [2777]; 1997, 1910 [1911]; 2000, 3417; 2008, 3346 ff.; 2008, 3627 [3628]; 2009, 2370 [2371 f.]; StV 1997, 405 f.; BGHSt 18, 359 [361 f.]; 30, 285 [287]; 38, 120 [121 f.]; 43, 129 [137]; GS, 50, 252 [258 ff.]; BGH, NJW 1987, 1833 f.; zur zahlreichen Kritik § 369 AO Rdn. 85 ff.). So liegt es für BGH und BVerfG z.B. hinsichtlich der verdeckten Gewinnausschüttung gem. § 8 Abs. 3 Satz 2 KStG (BVerfG, NJW 2008, 3346 f.; BGH, NStZ 2008, 412 f.).

Für diese Lesart wird neben den sprachlichen Gründen insb. geltend gemacht, dass der Gesetzgeber **78** auch im Strafrecht vor der Notwendigkeit stehe, der **Vielgestaltigkeit des Lebens** (BVerfGE 11, 234 [237 f.]; 48, 48 [56]; BVerfG, NJW 2009, 2370 [2371 f.]; BGHSt, 18, 359 [361 f.]; 37, 266 [272 ff.]; 53, 128 [132 ff.]) und dem möglichen **Wandel der Verhältnisse** (BVerfGE 14, 245 [251]; 41, 314 [320]; 45, 363 [371]; 75, 329 [344 f.]; 96, 68 [97]; BVerfG, NJW 2000, 3417) Rechnung zu tragen. Wegen der Allgemeinheit und Abstraktheit von Strafnormen soll es unvermeidlich sein, dass in Einzelfällen zweifelhaft sein kann, ob ein Verhalten noch unter den Tatbestand fällt oder nicht (m.w.N. BVerfGE 47, 109 [120 f.]; BVerfG, NJW 1998, 2589 [2590]; 2010, 754 [755]; BeckOK-StGB/*von Heintschel-Heinegg* § 1 Rn. 10). Jedenfalls im Regelfall müsse der Normadressat aber schon anhand des gesetzlichen Wortlauts voraussehen können, ob ein Verhalten strafbar ist. **In den Grenzfällen muss jedenfalls das Risiko einer Bestrafung hinreichend sicher erkennbar sein** (BVerfGE 47, 109 [120 f.]; 75, 329 [341 f.]; 87, 209 [224]; 92, 1 [12]; BVerfG, NJW 1992, 223 f.; 1998, 2589 [2590]; 2001, 1848 [1849 ff.]; NVwZ 2009, 239 [240]; BGH, NJW 2007, 524 [525 f.]; treffend krit. *Seebode*, JZ 2004, 305 [308 f.]; LK-StGB/*Dannecker* § 1 Rn. 184; *Walter* S. 228 ff.; *Naucke* S. 13 ff.; selbst BVerfGE 92, 1, 18: fragwürdiges Argument). Auch eine **Häufung auslegungsbedürftiger Tatbestandsmerkmale** in einer Strafnorm soll nicht gegen Art. 103 Abs. 2 GG verstoßen, wenn die Norm durch Auslegung konkretisiert werden kann (BVerfGE 75, 329 [344 f.]; 87, 209 [224 f.]; 92, 1 [12]; 96, 68 [97 ff.]; *Fischer* § 1 Rn. 5c; a.A. *Schünemann* S. 35 ff.; MüKo-StGB/*Schmitz* § 1 Rn. 45; *Gazeas*, JR 2007, 497 [501 f.]). Das BVerfG setzt für diese Position immerhin implizit voraus, dass – was indes in der Praxis noch unzureichend beachtet wird – die **Handhabung der Irrtumsregelungen** in den Grenzfällen **angemessene Lösungen ermöglicht** (zu Blankettgesetzen außerhalb des StGB so BVerfGE 75, 329 [343]; 78, 205 [213 f.]; 95, 96 [140 ff.]; BGHSt, 30, 285 [288]; zum Stand der Praxis und positiven Ansätzen s. aber m.w.N. Matt/Renzikowski-StGB/*Gaede* § 17 Rn. 1 f. [20 ff.]).

(3) Gebot der Eingrenzung und Präzisierung durch die Rechtsprechung: Diese einschränkende **79** Lesart des Bestimmtheitsgrundsatzes lockert im Bewusstsein um die Unvermeidlichkeit der Gesetzesauslegung ersichtlich den *Parlaments*vorbehalt, der doch gerade die Rechtsprechung streng binden sollte. Er weist der Rechtsprechung aber auch eine **Mitverantwortung** für eine gesetzlich fundierte und damit den Gesetzesvorbehalt wahrende Strafrechtsanwendung zu (s. v.a. BVerfGE 126, 170 [197 f.] = NJW 2010, 3209 ff.). *Einerseits* verwehrt das im Bestimmtheitsgebot konkretisierte Gesetzlichkeitsprinzip **dem Strafrichter**, ein **unbestimmtes Gesetz von sich aus nachzubessern**, indem er eine zwar klare, jedoch *nicht auf den Gesetzgeber zurückführbare* Auslegung zur Schließung sog. Strafbarkeitslücken postuliert (BVerfGE 47, 109 [120 f.]; 64, 389 [393]; 73, 206 [235]; 105, 135 [153]; BGH, NJW 2005, 374 [375 f.]). *Andererseits* ist die Rechtsprechung verpflichtet, verbleibende Unklarheiten über den Anwendungsbereich von Strafnormen durch Präzisierung und Konkretisierung im Wege der Auslegung des Gesetzes nach Möglichkeit auszuräumen (**Eingrenzungs- und Präzisierungsgebot**; BVerfGE 126, 170 [196 ff.] = NJW 2010, 3209 ff.; AnwaltK-StGB/*Gaede* § 1 Rn. 17 ff. [28 ff.]; *Saliger*, NJW 2010, 3195 f.; *Radtke*, GmbR 2010, 1121 [1125]; zuvor vgl. z.B. schon die Prüfungen der Rechtsprechung am Bestimmtheitsgebot in BVerfGE 92, 1 ff.; BVerfG, NJW 2009, 2370 [2371 f.]; 2010, 754 [755 f.]; vgl. aufgreifend schon BGHSt, 48, 360 ff.; BGH, NStZ 2004, 105 [107 f.] m. zust. Anm. *Gaede*, StraFo 2003, 392 [393 f.]). Erst recht dürfen die Gerichte nicht durch eine fernliegende Interpretation oder durch ein Normverständnis, das keine klaren Konturen mehr erkennen lässt, dazu beitragen, bestehende Unklarheiten über den Anwendungsbereich einer Strafnorm zu vermehren (BVerfGE 126, 170 [197, 198] = NJW 2010, 3209 ff.; BVerfGE 71, 108 [121]; 87, 209 [224 ff.]; 92, 1 [19]). Schließlich müssen die Fachgerichte verhindern, dass ein nach dem Willen des Gesetzgebers strafloses Verhalten durch eine nicht methodengerechte Auslegung strafbewehrt wird: Die Gerichte sind also durch Art. 103 Abs. 2 GG in besonderem Maße zur „methodengerechten Auslegung" gehalten. Dies kann das **Gebot zu einer restriktiven, den weiter gefassten Wortlaut unterschreitenden Auslegung** bedeuten (BVerfGE 126, 170 [197, 198] = NJW 2010, 3209 ff. mit Verweis auf BVerfGE 87, 209 [224]; Leipold/Tsambikakis/Zöller/*Gaede* § 1 Rn. 20; *Saliger*, NJW 2010, 3195 f.). Dies gilt nach dem BVerfG besonders für Tatbestände, die der Gesetzgeber *i.R.d. Zulässigen*, z.B. durch Verwendung von Generalklauseln, verhältnismäßig weit und unscharf gefasst hat. Hier müssen die Gerichte in besonderem Maße zur Erkennbarkeit der Voraussetzungen der Strafbarkeit beitragen, indem sie ein gefestigtes Normverständnis mit tragfähigen Obersätzen erarbeiten, zugrunde legen und folgerichtig weiterentwickeln (BVerfGE 126, 170 [199] = NJW 2010, 3209 ff.; vgl. auch schon *Kuhlen* FS-Otto S. 89 [102 ff.]). In diesem Sinne kann auch ein dem Wortlaut selbst nicht zu entnehmendes Tatbestandsmerkmal durch Auslegung anzuerkennen sein (Leipold/Tsambikakis/Zöller/*Gaede* § 1 Rn. 20). Das BVerfG sieht sich **uneingeschränkt** berechtigt, diese Anforderungen *hinsichtlich der durch die Obersätze geleisteten Bestimmtheit* **zu überprüfen** (BVerfGE 126, 170 [200] = NJW 2010, 3209 ff.; m. zust. Bespr. *Saliger*, NJW 2010, 3195 f.; dazu näher Leipold/Tsambikakis/Zöller/*Gaede* § 1 Rn. 30; *Becker*, HRRS 2010, 383 [386 ff.]).

80 **(4) Differenzierungen:** Das BVerfG geht unter weitgehender Zustimmung im Schrifttum ganz allgemein davon aus, dass sich die zu wahrenden **Bestimmtheitsmaßstäbe je nach Regelungsgegenstand und gesetzgeberischem Normzweck unterscheiden** können (m.w.N. BVerfGE 26, 41 [42]; 41, 314 [320]; 73, 206 [246 f.]; 92, 1 [18 f.]; BVerfGE 126, 170 [196] = NJW 2010, 3209 ff.: Eigenart der zu ordnenden Lebenssachverhalte mitentscheidend; NJW 1993, 1909 [1910 f.]; 2000, 3417; NJW 2003, 1030 f.; BGHSt, 30, 285 [287]; *Becker*, HRRS 2010, 383 [386 ff.]). Es lässt sich danach nicht allgemein angeben, wann Strafnormen bestimmt sind. Vielmehr soll im Wege einer wertenden Gesamtbetrachtung unter Berücksichtigung möglicher Regelungsalternativen zu entscheiden sein, ob der Gesetzgeber seinen Verpflichtungen aus Art. 103 Abs. 2 GG im Einzelfall nachgekommen ist (so erneut BVerfGE 126, 170 [196] = NJW 2010, 3209 ff.). So sollen die Anforderungen an die Bestimmtheit z.B. auch davon abhängen, ob sich eine Norm (ausschließlich) an Adressaten richtet, deren **berufsbedingt erforderliche Kenntnisse** für die Vorhersehbarkeit sprechen (sehr zw., so aber BVerfGE 126, 170 [221] NJW 2010, 3209 ff.; BVerfGE 48, 48 [57 ff.]; BVerfG, NJW 2003, 1030 f.; BeckOK-GG/*Radtke/Hagemeier* Art. 103 Rn. 25; *Müller-Dietz* FS Lenckner S. 179 [190]; begrenzend *Satzger*, JuS 2004, 943 f.; *Rönnau*, ZGR 2005, 842 [856]; *Moll* S. 139 f. [276]: Expertenstrafrecht macht Bürger nicht zum Experten in Gesetzgebungstechnik; ganz a.A. *Seebode*, JZ 2004, 305 [309]; *Krahl* S. 155 f.; *Niehaus*, wistra 2004, 206 [211]). Nach dem BVerfG muss der strafrechtliche Tatbestand umso präziser gefasst sein, je schwerer die bei seiner Verwirklichung angedrohte Sanktion wiegt (BVerfGE 14, 245 [251]; 75, 329 [342]; 105, 135 [155 f.]; BVerfGE 126, 170 [196] = NJW 2010, 3209 ff.; BVerfG, NJW 1993, 1909; BGH, NJW 2004, 2990 [2992]; SSW-StGB/*Satzger* § 1 Rn. 20; a.A. z.B. LK-StGB/*Dannecker* § 1 Rn. 186; *Appel* S. 119 f.). Für die Bestimmtheit spricht es regelmäßig, wenn der **auslegungsleitende Zweck** der Norm deutlich feststellbar ist, und damit eine hinreichend

klare Normanwendung gewährleistet (so z.B. BVerfG, wistra 2004, 99; *Roxin,* AT/I § 5 Rn. 75; *Gropp,* AT § 2 Rn. 29; i.E. z.B. auch BVerfG, NJW 2007, 1193 f.).

Auch die **Strafandrohung** und die **strafrechtlichen Rechtsfolgen** i.Ü. müssen bestimmt gefasst **81** sein (BVerfGE 25, 269 [285 ff.]; 45, 363 [371 f.]; 86, 288 [310]; 105, 135 [152 ff.]; *Maiwald,* FS Gallas S. 137 ff.; m.w.N. krit. Leipold/Tsambikakis/Zöller/*Gaede* § 1 Rn. 22). Dies fordert jedoch nicht die Regelung einer absoluten bzw. punktgenauen Strafe für jede einzelne Tat. Vielmehr darf dem Richter eine nicht beliebige Auswahl aus mehreren Rechtsfolgen bzw. Strafen und auch ein Strafrahmen zur Verfügung stehen (BVerfGE 105, 135 [153 ff.]; Sch/Sch/*Eser/Hecker* § 1 Rn. 22). Die Bestimmtheitsanforderungen sind herabgesetzt, damit der Richter durch eine dem Einzelfall gerecht werdende Sanktion den **Schuldgrundsatz** und das Gebot verhältnismäßigen Strafens wahren kann (m.w.N. BVerfGE 105, 135 [154 ff.]; MüKo-StGB/*Schmitz* § 1 Rn. 52; krit. m.w.N. Leipold/Tsambikakis/Zöller/*Gaede* § 1 Rn. 22). Für die Strafzumessung anhand von Regelbeispielen sollen im Vergleich zur Regelung von Tatbestandsmerkmalen **geringere Bestimmtheitsanforderungen** gelten (zw., so aber BGH, NJW 2004, 2990 [2991]; 2005, 374 [376]; wohl zust. *Eisele* S. 392 ff.; zu Recht krit. *Fischer* § 1 Rn. 5 f.; *Maiwald,* FS Gallas S. 137 ff.; s. nun auch BVerfG, NJW 2008, 3627 ff.). Sogar die Zulassung eines **unbenannten besonders schweren Falles,** der z.B. bei § 370 Abs. 3 Satz 1 AO zur Verdoppelung der Freiheitsstrafenandrohung führt, wird als verfassungskonform beurteilt (sehr zw., anhand § 94 Abs. 2 StGB so aber BVerfGE 45, 363 [371 ff.]; LK-StGB/*Dannecker* § 1 Rn. 234 f.: Regelbeispiele immerhin gesetzliche Leitlinie; SSW-StGB/ *Satzger* § 1 Rn. 27; a.A. wie hier *Fischer* § 1 Rn. 6, § 46 Rn. 90; MüKo-StGB/*Schmitz* § 1 Rn. 54; NK-StGB/*Hassemer/Kargl* § 1 Rn. 27 [74]; eingehend krit. schon *Maiwald,* FS Gallas S. 137 ff.).

Den Anforderungen des Bestimmtheitsgrundsatzes genügt es nicht, wenn die Bestimmtheit z.B. **82** durch Rechtsverordnungen oder Verwaltungsvorschriften und damit von der **Exekutive** hergestellt wird (BVerfGE 75, 329 [342]; BVerfG, NJW 2010, 754 ff. und oben § 369 AO Rdn. 63, 70). Insb. bei **Blankettstrafgesetzen,** die Freiheitsstrafe androhen, darf in diesen Vorschriften nur die **Spezifizierung** einer im Parlamentsgesetz bereits hinreichend bestimmten Verbotsmaterie und damit eine (verfassungsrechtlich überobligatorische) **zusätzliche Konkretisierung** liegen (vgl. schon § 369 AO Rdn. 66, 70). Macht der Gesetzgeber wie z.B. bei § 12 Abs. 1 MOG, § 370 AO von sog. **Verweisungsketten** Gebrauch, soll allein dies noch kein Verstoß gegen den Bestimmtheitsgrundsatz darstellen (BGHSt. 42, 219 [222 f.]: im Nebenstrafrecht übliche Regelungstechnik; BVerfG, NVwZ 2009, 239 [240]; HRRS 2011 Nr. 120). Der **Bürger muss** die ausfüllenden **Vorschriften** aber auch hier immer noch – namentlich beim Verweis auf Europarecht oder ausländische Steuergesetze – **ohne unzumutbaren Aufwand auffinden können** (so zu Recht *Moll* S. 180 ff.; *Niehaus,* wistra 2004, 206 [208 ff.]; *Dannecker/Freitag,* ZStW 116 [2004], 797 [813 f.]; SSW-StGB/*Satzger* § 1 Rn. 54; MüKo-StGB/*Schmitz/Wulf* § 370 Rn. 20; eingehend m.w.N. LK-StGB/ *Dannecker* § 1 Rn. 163 ff.; früher auch BGHSt. 18, 359 [362]). Dies ist bei Verweisungsketten allenfalls und *nicht per se* bei Tatbeständen zu bejahen, die sich gleichsam als **Expertenstrafrecht** *ausschließlich* an notwendig besonders kundige und spezialisierte Adressaten wenden (LK-StGB/ *Dannecker* § 1 Rn. 211 [216]; SSW-StGB/*Satzger* § 1 Rn. 54; weithin auch BVerfGE 48, 48 [57 ff.]; BVerfG, HRRS 2011 Nr. 120; m.w.N. AnwaltK-StGB/*Gaede* § 1 Rn. 23; nun zu Art. 10 GG auch krit. BVerfGE 110, 33 [62 ff.]). Letzteres ist jedenfalls für Steuerrecht, das für jedermann und nicht für die Ausübung bestimmter gewählter Berufe gilt, kaum anzunehmen.

(5) Anwendungsbeispiele: Ein **Verstoß gegen das Bestimmtheitsgebot wurde zutreffend bejaht: 83** bei der Einführung der **Vermögensstrafe** (§ 43a StGB a.F.), deren Anwendungsbereich nicht durch einen Strafrahmen und eine bestimmte Bemessungsgrundlage geregelt war (BVerfGE 105, 135); beim Merkmal des „Verstoßes gegen die öffentliche Ordnung" (BayVerfGHE, 4, 194) und bei dem früheren § 15 Abs. 2a FAG (BVerfGE 78, 374). Im Steuerstrafrecht hat der früher zuständige 5. Strafsenat des BGH den **früheren Verbrechenstatbestand des § 370a AO** als zu unbestimmt beurteilt, weil sich dessen Tatbestandsmerkmal der im „großen Ausmaß" begangenen Tat nicht bestimmt auslegen ließ (BGH, NJW 2004, 2990 [2991 f.]; 2005, 374 [375 f.]; im Anschluss an *Harms,* FS Kohlmann S. 413 [419 ff.]; *Gaede,* HRRS 2004, 318 [319 f.]; eher distanzierend aber dann BGHSt, 53, 71 [83]). Der Tatbestand wurde daraufhin vom Gesetzgeber unter Anerkennung dieser Kritik aufgehoben (BT-Drucks. 16/5846, S. 74), nur um diesen über eine Neuregelung des besonders schweren Falles der Steuerhinterziehung weithin wieder zu etablieren (krit. dazu *Gaede*, JA 2008, 800 [803 f.]; auch zur Gewerbsmäßigkeit treffend krit. *Wulf*, wistra 2008, 321 [327]).

84 Insgesamt betrachtet hat das Bestimmtheitsgebot im Steuerstrafrecht bislang – wie im übrigen Strafrecht (mit Beispielen dazu Leipold/Tsambikakis/Zöller/*Gaede* § 1 Rn. 26) – im Wesentlichen kaum begrenzend gewirkt. So wird insb. der Tatbestand der Steuerhinterziehung (§ 370 AO) als bestimmt beurteilt (m.w.N. BVerfG, NJW 1995, 1883; 2011, 3778 f.; BGHSt, 37, 266 [272 ff.]). Der Einsatz des „großen Ausmaßes" soll als Regelbeispiel ausreichend bestimmt sein, obschon sich in der Sache nicht erkennen lässt, wie dieses Merkmal nunmehr besser als bisher zu konkretisieren sein sollte (zur heutigen Auslegung vgl. § 370 AO Rdn. 551 ff.). Die Anknüpfung (steuer-)strafrechtlicher Tatbestände an **Missbrauchsregelungen des Steuerrechts (§ 42 AO)** wird ebenfalls von der Rechtsprechung akzeptiert (BGH, NStZ 1982, 206 m. abl. Bespr. *Ulsenheimer*, wistra 1983, 12 [15 ff.]; abl. auch z.B. *Köhler* AT S. 89 f.; MüKo-StGB/*Schmitz* § 1 Rn. 60; ohne Bedenken zulassend aber FGJ/*Joecks* § 369 Rn. 21, § 370 Rn. 140 f.). Auch die Regelungen zum **Scheingeschäft (§ 41 Abs. 2 AO)** werden als bestimmt akzeptiert (BVerfG, NJW 2008, 3346 [3347]). Zu den Fallgruppen der §§ 41 und 42 AO s. im Einzelnen die gesonderte Kommentierung im Kap. 2.3. von *Hartmann*.

Im Steuerrecht schafft der Gesetzgeber im übrigen Normen wie den früheren § 2b EStG 1999 (dazu zweifelnd etwa BFH, DStR 2007, 2150 ff.) oder die Regelungen zur Mindestbesteuerung (s. dazu die Vorlage des BFH an das BVerfG, BFH BStBl. II 2007, 167 ff. = DStR 2006, 2019 ff. [nach 4 Jahren als unzulässig verworfen {!} BVerfG, DB 2010, 2477 f.]; Tipke/Lang/*Lang* § 4 Rn. 169: krasser Fall rechtsstaatswidriger Unbestimmtheit). Sie erheben theoretisch auch im Strafrecht über § 370 AO Anspruch auf uneingeschränkte Geltung (zu weiteren früheren Beispielen krit. *Papier*, DStJG 12 [1989], 61 [62 ff.]). Zudem hat sich der Gesetzgeber bei der – Art. 103 Abs. 2 GG nach herrschender Meinung allerdings nicht unterfallenden – **Verjährung im Steuerstrafrecht mit § 376 Abs. 1 AO** i.d.F. des Art. 10 des Jahressteuergesetzes 2009 (JStG 2009) v. 19.12.2008 (BGBl. I S. 2794) imstande gesehen, eine Regelung zu schaffen, die angelehnt an die Regelbeispiele des § 370 Abs. 3 Satz 2 AO eine verlängerte Verjährungsfrist für Fälle „besonders schwerer Steuerhinterziehung" vorsieht (s. dazu verfassungsrechtlich m.w.N. krit. § 376 AO Rdn. 6 ff.; MüKo-StGB/*Wulf* § 376 Rn. 5 ff.; *ders.*, DStR 2009, 459 ff.; *Wegner*, PStR 2009, 33 ff.; *Samson/Brüning*, wistra 2010, 1 ff.). S.a. schon oben zur innergemeinschaftlichen Lieferung § 369 AO Rdn. 52.

85 **(6) Kritik und Neuorientierung:** Das Bestimmtheitsgebot wird nicht selten als rechtsstaatliche Utopie kritisiert (*Schmidhäuser*, GS Martens, S. 231, 238 ff.; *Ransiek* S. 20 ff.; *Walter* S. 228 ff.; zur tatsächlich normativen Deutung der Vorhersehbarkeit m.w.N. etwa *Paeffgen*, StraFo 2007, 442, 443). Ebenso wird festgehalten, dass die (bisherige) Praxis des BVerfG („skandalöserweise") allenfalls die Bestimmbarkeit durch die Auslegung der Strafgerichte garantiere (*Naucke* S. 13 ff.; m.w.N. *Krahl*, passim und S. 391; *Schürmann* S. 161 ff.; MüKo-StGB/*Schmitz* § 1 Rn. 46; feststellend *Kühl*, HRRS 2008, 359, 360; m.w.N. *Walter* S. 231 f.: Gewähr richtiger Rechtsanwendung; *Ransiek* S. 47 ff.). Tatsächlich läuft der Bestimmtheitsgrundsatz infolge des Einsatzes von unbestimmten Rechtsbegriffen Gefahr, in der Praxis leer zu laufen (LK-StGB/*Dannecker* § 1 Rn. 184; Lackner/*Kühl* § 1 Rn. 2; *Welzel*, AT S. 23; *Köhler*, AT S. 88; aus jüngerer Zeit z.B. zu Recht scharf krit. *Seebode*, JZ 2004, 305 [306 f.]: Art. 103 Abs. 2 GG dem Verfall Preis gegeben). Seine Handhabung wirkt – in schroffem Gegensatz zu seinem eigenen Ziel – alles andere als vorhersehbar. Dies gilt besonders für seine – nach der bisherigen Rechtsprechung gebotene – Übertragung auf das Steuerrecht. Die Aussage des **BVerfG**, das **rechtsstaatliche Gebot der Voraussehbarkeit und Berechenbarkeit der Steuerlasten** forderten „eine Einfachheit und Klarheit der gesetzlichen Regelungen, die dem nicht steuerrechtskundigen Pflichtigen erlauben, seinen – strafbewehrten (§ 370 AO) – Erklärungspflichten sachgerecht zu genügen" (BVerfGE 99, 216 [243 f.]; zust.

Klein/*Jäger* § 369 Rn. 10; Graf/Jäger/Wittig/*Allgayer* § 369 Rn. 38), bleibt offensichtlich uneingelöst (krit. schon *Papier*, DStJG 12 [1989], 61 ff.: „Verfassungsrecht und Wirklichkeit klaffen selten so stark auseinander wie beim Bestimmtheitsgrundsatz"; m.w.N. Tipke/Lang/*Lang* § 4 Rn. 168).

Die geringe Bindungshärte liegt sicher auch darin begründet, dass das **Mittel der auslegungsbe-** **86** **dürftigen Sprache** ihrerseits unvermeidbare Unschärfen aufweist. Das ist aber nicht die einzige Ursache. Vielmehr liegt der Ursprung des Problems auch darin, dass dem Gesetzgeber bisher eine **kaum begrenzte materiellrechtliche Pönalisierungs- (und Besteuerungs-)prärogative** zugestanden wird, die er – nach dem verfassungsgerichtlichen *status quo* legitim – auch regelmäßig in der Absicht wahrnimmt, eine erhebliche Reichweite der strafrechtlichen Ver- und Gebote abzusichern. Dieser Prärogative wird zu oft der Vorrang vor dem lediglich als Optimierungsgebot verstandenen Bestimmtheitsgrundsatz eingeräumt. Bei Weitem zu vorschnell ist es indes, den Bestimmtheitsgrundsatz als totes Recht abzuschreiben (so aber *Rotsch*, ZJS 2008, 132 [139]; dagegen wie hier z.B. SSW-StGB/*Satzger* § 1 Rn. 19; *Kuhlen* S. 86 ff.; vgl. z.B. BVerfGE 105, 135 ff.; 87, 399 [411 f.]; BVerfG, NJW 2010, 754 [755]; BGH, NJW 2004, 2990; 2005, 374). Er ist auch nicht wegen der illusorisch anmutenden unmittelbaren Verständlichkeit des geschriebenen Rechts für seine Adressaten zu marginalisieren. Die Bestimmtheit des Gesetzes ist als **normative Leitplanke der Strafgesetzgebung**, der nicht nur Richter, sondern in erster Linie alle Bürger unterworfen sind, wohlbegründet und auch heute **unverzichtbar**. Die geregelten Tatbestandsmerkmale bzw. ihre Handhabung müssen eine hinreichende Gewähr gegen Überdehnungen der Strafnormen leisten und damit die Nachprüfbarkeit der Strafjustiz herstellen (*Kuhlen*, FS Otto, S. 89 [93 ff.]; NK-StGB/*Hassemer/Kargl* § 1 Rn. 13 [27]; LK-StGB/*Dannecker* § 1 Rn. 52 [113]; m.w.N. Leipold/Tsambikakis/Zöller/*Gaede* § 1 Rn. 24). Die jüngere Rechtsprechung erkennt dies mit der Erstreckung des Bestimmtheitsgebots auf die fachgerichtliche Rechtsanwendung einschließlich des erweiterten Analogieverbots vermehrt an. Diese Erstreckung dürfte im Einzelnen noch ausarbeitungsbedürftig sein. Das BVerfG zieht mit ihr aber jedenfalls eine überfällige Konsequenz aus dem Umstand, dass die Gesetzgebung des Parlaments – von einem methodenehrlichen Standpunkt aus betrachtet – die vorhersehbare Strafrechtsanwendung allein nicht abschließend sichern kann. Zu Recht verankert das Gericht **die besondere Gesetzesbindung der Strafgerichte**, welche die Legitimation des Strafgesetzes in den Einzelfall tragen muss, nicht nur in Art. 20 Abs. 3 GG, sondern auch in Art. 103 Abs. 2 GG (m.w.N. schon Leipold/Tsambikakis/Zöller/*Gaede* § 1 Rn. 24; *Saliger*, NJW 2010, 3195 f.). Ebenso ist die im Strafrecht erhöhte Kontrolldichte des BVerfG prinzipiell zu begrüßen. Sie muss aber in erster Linie dazu führen, dass die **Fachgerichte selbst die Bestimmtheit höher gewichten** (vgl. auch schon § 369 AO Rdn. 49 ff., 79)! Vornehmlich der BGH darf die neue Linie des BVerfG nicht abwehrend aufnehmen und hoffen, dass das BVerfG seine neue Linie nicht strikt umsetzen werde.

Die Stärkung des Bestimmtheitsgrundsatzes darf sich aber in Zukunft nicht nur auf die Auslegung **87** durch die Gerichte beziehen. Die besondere Gesetzesbindung der Strafgerichte bedeutet nicht, dass wir schon auf das Erfordernis einer überhaupt *im Anschluss an den Gesetzgeber präzisierungsfähigen* gesetzlichen Regelung verzichten könnten. Um das Bestimmtheitsgebot zu stärken, müssen der Gesetzgeber und das BVerfG mehr als bislang akzeptieren, dass die **materiellrechtliche Prärogative des Gesetzgebers keinen unbegrenzten Vorrang vor dem Bestimmtheitsgrundsatz und den betroffenen Grundrechten** genießen darf. Der Gesetzgeber muss zugunsten der Freiheitsrechte des Bürgers, die den Bestimmtheitsgrundsatz begründen, Strafgesetze einschränken, die schon nach ihrem Wortlaut nicht nur ermöglichen, sondern begünstigen, dass Rechtsanwender über die legitimen Anwendungsbereiche der Norm hinausgehen. Derartige Normen entfalten einen hinzunehmenden *chilling effect* für die Ausübung der Freiheitsrechte. Die Unklarheit in Grenzfällen darf jedenfalls dann, wenn nicht nur die Handlungsfreiheit, sondern speziellere Grundrechte wie Art. 4, 5, 8, 10, 12, 13 oder 14 GG betroffen sind, nach der freiheitswahrenden Stoßrichtung des Art. 103 Abs. 2 GG nicht vorschnell als unvermeidlich hingenommen werden (m.w.N. bereits Leipold/Tsambikakis/Zöller/*Gaede* § 1 Rn. 25). Ganz allgemein müssen Optionen zu einer genaueren Tatbeschreibung, welche die gesetzgeberischen Ziele umsetzen kann, nicht nur bei besonders schweren Rechtsfolgeandrohungen, sondern bei jedem Strafgesetz geprüft und genutzt werden (*Naucke* S. 3 ff.; SSW-StGB/*Satzger* § 1 Rn. 22; NK-StGB/*Hassemer/Kargl* § 1 Rn. 41 [20]: entscheidend ist, was der Gesetzgeber durch das Gesetz beherrschen kann; Sch/Sch/*Eser/Hecker* § 1 Rn. 20; LK-StGB/*Dannecker* § 1 Rn. 196).

cc) Erweitertes Analogieverbot und Verbot der teleologischen Reduktion begünstigender Normen

88 Mit dem Analogieverbot wird traditionell die Beachtung des Gesetzlichkeitsprinzips in der Rechtsanwendung insb. der Gerichte gewährleistet (BVerfGE 92, 1 [12]; BVerfG, NJW 2006, 3050 f.; 1995, 2776 f.; LK-StGB/*Dannecker* § 1 Rn. 308; NK-StGB/*Hassemer/Kargl* § 1 Rn. 70). Inhaltlich bedeutet das Analogieverbot ein **Verbot der belastenden Rechtsfortbildung**. Daher ist mit ihm – was gerade im Steuerstrafrecht der Beachtung bedarf – nicht nur die Analogie im technischen Sinne, sondern v.a. auch die teleologische Reduktion strafbefreiender oder -mildernder Normen ausgeschlossen (näher § 369 AO Rdn. 95). **Gestattet** ist die unvermeidliche **Auslegung innerhalb des möglichen Wortsinns** einer Norm (BVerfG, NJW 1982, 1512; wistra 2004, 99; BGHSt, 8, 66 [70]; m.w.N. auch zu den Grenzen der Auslegung gem. Art. 103 Abs. 2 GG Leipold/Tsambikakis/Zöller/*Gaede* § 1 Rn. 33 ff.). Zu beachten ist dabei, dass die **klassischen Auslegungsmaximen** Wortlaut, Systematik und (historisch beurteilter) Sinn und Zweck der Norm heute immer unter Berücksichtigung einer möglicherweise gebotenen verfassungskonformen, unionsrechtskonformen oder völkerrechtsfreundlichen Auslegung zu handhaben sind (auch dazu jüngst zusf. SSW-StGB/*Satzger* § 1 Rn. 45 ff.; s.a. § 369 AO Rdn. 104 f.).

89 Nicht nur der Bestimmtheitsgrundsatz, sondern auch das Analogieverbot wird in der Praxis oft „kriminalpolitisch gebremst" gehandhabt (so zuletzt leider wieder BVerfG, NJW 2011, 3778 f. = HRRS 2011 Nr. 1128). Hin und wieder wird es aber auch belastbar durchgesetzt (s. zu positiven und negativen Beispielen und zu den Gründen der Praxis zusf. Leipold/Tsambikakis/Zöller/*Gaede* § 1 Rn. 27 [33, 38]; positiv z.B. BVerfGE 71, 108 [115 ff.]; BVerfG, NJW 2006, 3050 f.). Gerade durch die in den letzten Jahren vertieften Ansätze zu einem erweiterten Analogieverbot sind die Maßstäbe des Analogieverbotes bei der Kontrolle der Rechtsprechung in der Praxis heute durchaus beachtlich:

90 **(1) Maßstäbe:** Für die Rechtsprechung folgt aus dem Gesetzlichkeitsprinzip ein dem Bestimmtheitsgrundsatz korrespondierendes Verbot analoger Strafbegründung (BVerfGE 71, 108 [115 ff.]; 87, 399 [411]; BVerfG, NJW 2008, 3627 ff.; 2003, 1030 f.; klärend *Simon* S. 445 ff.; *Kuhlen*, FS Otto, S. 89 [98 ff.]). Analogie ist die Übertragung einer gesetzlich aufgestellten rechtlichen Regel auf einen nicht vom Gesetzeswortlaut umfassten Fall im Wege eines **Ähnlichkeitsschluss**es. Sie erfordert eine planwidrige Regelungslücke und eine vergleichbare Interessenlage (m.w.N. *Larenz/Canaris*, Methodenlehre der Rechtswissenschaft, S. 202 ff.). Die Analogie iS des Art. 103 Abs. 2 GG ist aber nicht allein im engeren technischen Sinn zu verstehen. Ausgeschlossen ist vielmehr jede Rechtsanwendung, die über den für den Bürger vorhersehbaren Inhalt einer Strafnorm hinausgeht (BVerfGE 71, 108 [115]; 92, 1 [12]; BVerfG, NJW 2005, 2140 f.; 2007, 1193; 2008, 3627; BGHSt, 7, 190 [193 f.]; Dreier/*Schultze-Fielitz* Art. 103 Abs. 2 GG Rn. 47; *Fischer* § 1 Rn. 10; m.w.N. auch zum EGMR Leipold/Tsambikakis/Zöller/*Gaede* § 1 Rn. 28). Da Gegenstand der Gesetzesauslegung immer nur der Gesetzestext sein kann, folgt aus ihm das hauptsächlich maßgebliche Kriterium (BVerfG, wistra 2003, 255 [257]; NK-StGB/*Hassemer/Kargl* § 1 Rn. 70 [78 ff.]; *Rüthers/Höpfner*, JZ 2005, 21 ff.; *Krey* S. 55 ff. [127 ff., 146 ff., 246]). Der **mögliche Wortsinn des Gesetzes** markiert die äußerste Grenze zulässiger richterlicher Interpretation (BVerfGE 71, 108 [115 ff.]; 87, 363 [391 f.]; 92, 1 [12]; BVerfG, NJW 1995, 2776 f.; 2001, 1848 [1849]; BGHSt, 50, 370 [372]; 48, 354 [357 f.]; 43, 237 [238 f.]; BGH, NJW 2007, 524 [525 f.]; *Roxin*, AT/I § 5 Rn. 26 ff.; NK-StGB/*Hassemer/Kargl*, § 1 Rn. 78 ff.). Da Art. 103 Abs. 2 GG die Vorhersehbarkeit der Strafandrohung für den Normadressaten garantieren will, ist diese Grenze *zunächst* **aus Sicht der Bürger und damit nach dem allgemeinen Sprachgebrauch der Gegenwart zu bestimmen** (BVerfGE 47, 109 [120 f., 123]; 71, 108 [115]; 92, 1 [12 ff.]; BVerfG, NJW 2001,

1848 [1849]; 2005, 2140 [2141]; BGHSt, 22, 235 [236]; 52, 89 [92 ff.]; BayObLG, NStZ 2001, 320 [321]; SSW-StGB/*Satzger* § 1 Rn. 39; sinnvoll ergänzend und einschränkend MüKo-StGB/*Schmitz* § 1 Rn. 68 f.). Überschreitet ein Gericht bei seiner Anwendung der Strafgesetze diesen Sprachgebrauch, verletzt es Art. 103 Abs. 2 GG. Gleiches gilt für die **StA** und für die **Finanzbehörden!**

Das heute erweiterte Analogieverbot bleibt hierbei indes nicht stehen. Nach dem Sinn des Analo- 91
gieverbots umfasst der mögliche Wortsinn iS des Art. 103 Abs. 2 GG auch keine Bedeutungen, die in der Gegenwartssprache in gänzlich anderen Kontexten auftreten und im strafrechtlichen Normkontext so konstruiert erscheinen, dass aus Sicht des Bürgers nicht mit der Erkenntnis eines Verhaltensver- oder -gebots gerechnet werden muss (vgl. schon BVerfGE 92, 1 [11, 16 ff. und auch 20 f.]; 87, 399 [411 ff.]; BGHSt, 43, 381 [403 ff.]; *Kuhlen*, FS Otto, S. 89 [97, 102]; LK-StGB/*Dannecker* § 1 Rn. 251; *Foth*, NStZ-RR 2009, 138; m.w.N. Leipold/Tsambikakis/Zöller/*Gaede* § 1 Rn. 29 f.). **Auch innerhalb des denkmöglichen Wortsinns darf keine Auslegung über Sinn und Zweck der Norm hinausgehen** (BVerfGE 92, 1 [11, 16 ff., 20 f.]; im Kontext der teleologischen Reduktion *Gaede*, PStR 2010, 282 ff.). Auch dann, wenn der **gesetzliche Normkontext den möglichen Wortsinn begrenzt**, indem der Gesetzgeber z.B. eine **Legaldefinition** aufstellt (NK-StGB/*Hassemer/Kargl* § 1 Rn. 106; SK-StGB/*Rudolphi* § 1 Rn. 29) oder ein **juristischer Sprachgebrauch** existiert (BGHSt, 14, 116 [118 ff.]; MüKo-StGB/*Schmitz* § 1 Rn. 68; LK-StGB/*Dannecker* § 1 Rn. 303; eingehend *Simon* S. 111 ff.), ist von einer **zusätzlichen Verengung des möglichen Wortsinns** auszugehen. Ihre objektiv willkürliche Missachtung durch die Gerichte kann ebenfalls zur Verletzung des Analogieverbots führen und vom BVerfG gerügt werden (BVerfG, NJW 2011, 3778 f.; NJW 2007, 1666 [1667 f.] m. zust. Anm. *Simon*, JR 2010, 79 [82 ff.]; *Kuhlen*, FS Otto, S. 89 [97]; *Simon*, NStZ 2009, 84 f.; *ders.*, S. 111 ff. [440 ff.]; *Kudlich*, JR 2009, 210 [211 f.]; Leipold/Tsambikakis/Zöller/*Gaede* § 1 Rn. 29; *Becker*, HRRS 2010, 383 [386 ff.]; mustergültig zu § 240 StGB schon BVerfGE 92, 1 [11 f., 16 ff.]; zu § 371 AO näher *Gaede*, PStR 2010, 282 [283 ff.]). Deshalb muss z.B. zu § 266 StGB die Ausgestaltung als Verletzungserfolgs- und Vermögensdelikt sowie die fehlende Versuchsstrafbarkeit bei der Auslegung des Nachteils beachtet werden (s. insoweit treffend BVerfG, NJW 2009, 2370 [2372 f.]; BVerfGE 126, 170 [205 f.] = NJW 2010, 3209 ff.; m.w.N. *Saliger*, HRRS 2006, 10 [12 ff.]; zu § 142 Abs. 2 Nr. 2 StGB, vgl. BVerfG, NJW 2007, 1666 m. zust. Anm. *Simon*). Ganz allgemein dürfen die Gerichte einzelne Tatbestandsmerkmale auch innerhalb ihres sprachlich abstrakt möglichen Wortsinns nicht so weit auslegen, dass sie vollständig in anderen Tatbestandsmerkmalen aufgehen und folglich zwangsläufig mit diesen mitverwirklicht werden, wodurch sie ihre eingrenzende Wirkung verlieren (sog. **Verschleifungsverbot**, so im Anschluss an *Saliger* grundlegend BVerfGE 126, 170 [197 f.] = NJW 2010, 3209 ff.; m.w.N. näher Leipold/Tsambikakis/Zöller/*Gaede* § 1 Rn. 29; *Radtke*, GmbR 2010, 1121 [1125]). Damit wird das Analogieverbot auf ein spezielles Willkürverbot erweitert, das an dem durch den Normkontext begrenzten Wortsinn ansetzt. Es stellt sich als Ausprägung der nunmehr klar anerkannten Bindung der Fachgerichte an das Bestimmtheitsgebot/das Gesetzlichkeitsprinzip dar (§ 369 AO Rdn. 49 ff.). Diese Entwicklung ist zu begrüßen, weil nur eine effektiv prüfbare Bindung der Gerichte an das Gesetz gewährleistet, dass in der Rechtspraxis allein gesetzlich legitimierte Strafen verhängt werden (vgl. näher auch zur Abgrenzung von fachgerichtlicher und verfassungsgerichtlicher Auslegungskompetenz Leipold/Tsambikakis/Zöller/*Gaede* § 1 Rn. 30; *Becker*, HRRS 2010, 383 [386 ff.]).

Methodisch hält das Analogieverbot den Rechtsanwender dazu an, den **Gesetzgeber „beim Wort** 92
zu nehmen" (BVerfGE 47, 109 [124]; 64, 389 [393]; 71, 108 [115 f.]; BVerfG, wistra 2003, 255 [258]; NK-StGB/*Hassemer/Kargl* § 1 Rn. 70; LK-StGB/*Dannecker* § 1 Rn. 242). Insb. darf eine Strafnorm – entgegen Stimmen aus dem vornehmlich methodologischen Schrifttum – auf einen Fall nicht allein deshalb angewendet werden, weil ihr (vermeintlicher) Zweck dies gebietet (m.w.N. auch zu Gegenstimmen BVerfG, NJW 1982, 1512; *Krey*, ZStW 101 [1989], 838 [844 ff.]; Leipold/Tsambikakis/Zöller/*Gaede* § 1 Rn. 31; a.A. m.w.N. z.B. *Demko* S. 174 ff.). Führt erst eine über den möglichen Wortsinn der Vorschrift hinausgehende Deutung zur Strafbarkeit

eines Verhaltens, so müssen die Gerichte vielmehr insoweit zum Freispruch gelangen (BVerfGE 71, 108 [115 f.]; 64, 389 [393]; 47, 109 [124]; 92, 1 [12 f.]; BGH, NJW 2005, 374 [375 f.]). Dies gilt auch dann, wenn der „**Täter**" **das Gesetz bewusst umgeht** (SK-StGB/*Rudolphi* § 1 Rn. 23; MüKo-StGB/*Schmitz* § 1 Rn. 59; SSW-StGB/*Satzger* § 1 Rn. 35; vgl. so in der Sache auch BVerfG, NJW 2006, 3050 f.). Auch wenn sich ein als zu eng bewerteter Wortlaut als ein sog. **Redaktionsversehen** beschreiben lässt, ist keine Ausnahme gestattet (BVerfG, wistra 2003, 255 [257 f.]; NStZ 1990, 394 [395]; BayObLG, NStZ 2001, 320 [321]; MüKo-StGB/*Schmitz* § 1 Rn. 32, 73; m.w.N. Leipold/Tsambikakis/Zöller/*Gaede* § 1 Rn. 31). Dies hat der BGH im Steuerstrafrecht nicht beachtet, als er einen früher fehlenden Verweis des § 370 Abs. 7 AO i.d.F. des Umsatzsteuer-Binnenmarktgesetzes auf § 370 Abs. 6 AO nicht als Hindernis gesehen hat, die Hinterziehung ausländischer Umsatzsteuern und harmonisierter Verbrauchsteuern auch bei reinen Auslandstaten zu bestrafen (so BGH, wistra 2001, 263 ff., dagegen wie hier BVerfG, wistra 2003, 255 [257 f.]; s. schon m.w.N. *Schmitz/Wulf,* wistra 2001, 361 [362 ff.]).

93 **(2) (Weitere) instruktive Anwendungsbeispiele und Anwendungsbereiche:** Verstöße gegen das Analogieverbot liegen z.B. in: der Subsumtion einer allein psychisch wirkenden Sitzblockade unter den Gewaltbegriff (BVerfGE 92, 1 ff.; 104, 92 [101 ff.]); der Anwendung des „Mit-Sich-Führens einer Waffe" auf eine fest installierte Selbstschussanlage, die einen Hanfanbau schützen soll (BGHSt, 52, 89 ff.); und der Einstufung eines Zombies als Mensch (BVerfGE 87, 209 ff.). Auch die Erfassung eines Pkw als Waffe iS des Regelbeispiels § 113 Abs. 2 Satz 2 Nr. 1 StGB wurde als Verstoß gerügt (BVerfG, NJW 2008, 3627 ff.; krit. dazu aber *Hüpers,* HRRS 2009, 66 ff.; *Kudlich,* JR 2009, 210 ff.). Das Analogieverbot soll z.B. unverletzt sein bei: der Subsumtion des Schwarzfahrens unter § 265a StGB (BGHSt, 53, 122 ff.; BVerfG, NJW 1998, 1135 f.; für die abl. herrschende Lehre *Fischer* § 265a Rn. 4 ff.; *Gaede,* HRRS 2009, 69 ff.); der Einordnung des Klavierspielens als „Lärm" (BVerfG, NJW 2010, 754 ff.) und der Subsumtion einer gewaltsamen Ausschaltung eines Opfers, das den Täter noch nicht bemerkt hatte, unter das „Betroffensein" des § 252 StGB (BGHSt, 26, 95 ff.).

94 Das Analogieverbot gilt bei Blankettstrafgesetzen auch für **blankettausfüllende Normen** (BVerfGE 75, 329 [342 ff.]; BGHSt, 24, 54 [61 f.]; LK-StGB/*Dannecker* § 1 Rn. 257; *Roxin* AT/I § 5 Rn. 40), nicht aber bei der Auslegung normativer Tatbestandsmerkmale (h.M., vgl. schon § 369 AO Rdn. 64). Im AT untersagt das Analogieverbot die Überdehnung gesetzlich festgelegter Zurechnungslehren (*Dannecker,* FS Otto S. 25 [33 ff.]; *Roxin* AT/I § 5 Rn. 41; vgl. schon § 369 AO Rdn. 55). Soweit der Gesetzgeber ergänzende **Spezifizierungen** durch die Exekutive gestattet hat, **darf der Bürger** die von ihnen gezogenen Grenzen **zu seiner Orientierung heranziehen** und grds. darauf vertrauen, dass ihr Wortsinn nicht überschritten wird (so implizit BGH, NJW 2007, 524 ff.; OLG Koblenz, NStZ-RR 2006, 218 ff.; m.w.N. Leipold/Tsambikakis/Zöller/*Gaede* § 1 Rn. 14 f. [23]). Einer **Abweichung** vom geschriebenen Recht **zugunsten des Angeklagten** steht das Analogieverbot nicht entgegen (BGHSt, 7, 190 [193 f.]; 9, 310 [311 f.]; Sch/Sch/*Eser/Hecker* § 1 Rn. 30 ff.; eingehend LK-StGB/*Dannecker* § 1 Rn. 282 ff.; einschränkend, soweit sie im Strafverfahrensrecht Strafe begründet *C. Jäger,* GA 2006, 615 [621 f.]). Dies praktiziert die Rechtsprechung z.B. bei der sog. Vollstreckungslösung analog § 51 StGB zur Kompensation rechtsstaatswidriger Verfahrensverzögerungen, mit der sie zugleich den deutschen Verpflichtungen aus Art. 6, 13 EMRK nachkommt (vgl. BGHSt, GS 52, 124 ff.; zur defizitären Reichweite der Kompensation vgl. aber *Gaede,* HRRS-FG Fezer, S. 21 [38 ff.]).

95 **(3) Verbot der teleologischen Reduktion begünstigender Strafnormen:** Das insoweit ungenau formulierte (erweiterte) Analogieverbot untersagt auch die teleologische Reduktion aller Vorschriften, welche die Strafbarkeit einschränken oder ausschließen (BVerfG, NJW 2011, 3778 f.; BGHSt, 42, 158 [161 f.]; *Kuhlen,* FS Otto S. 89 [97]; LK-StGB/*Dannecker* § 1 Rn. 238 [261 f., 178]; v. Münch-GG/*Kunig* Art. 103 Rn. 26). Eine teleologische Reduktion liegt vor, wenn der Rechtsanwender zugunsten von Zweckerwägungen die Grenze des möglichen Wortsinns im heute erweiterten Sinne (§ 369 AO Rdn. 88 ff. [91]) unterschreitet (BGHSt, 42, 158 [161 f.]; 43, 237 ff.; LK-StGB/*Dannecker* § 1 Rn. 252 [261]; *Krey* S. 27 ff. [167 f.]; *Seebode,* JZ 1998, 781 [782]; *Simon*

S. 190 ff.; m.w.N. *Gaede*, PStR 2010, 282 ff.). So darf der Rechtsanwender z.B. gesetzliche Subsidiaritätsklauseln wie die des § 246 StGB nicht auf Zueignungsdelikte begrenzen (BGHSt, 47, 243 ff.; vgl. schon zu § 125 StGB grundlegend BGHSt, 43, 237 [238 ff.]). In diesem Sinne darf der Richter dem Täter z.B. gesetzliche Rechtfertigungs- (*Engels*, GA 1982, 107 [123 ff.]; *Erb*, ZStW 108 [1996], 266 ff.; m.w.N. auch zu krit. Stimmen Leipold/Tsambikakis/Zöller/*Gaede* § 1 Rn. 39), Entschuldigungs-, Milderungs- (*Langer*, FS Dünnebier S. 420 [433 ff.]; *Krey* S. 234 ff.; SSW-StGB/*Satzger* § 1 Rn. 35), Strafausschließungs- und Strafaufhebungsgründe wie den Rücktritt (BGHSt, 42, 158 [160 ff.]; NK-StGB/*Hassemer/Kargl* § 1 Rn. 72) oder die Selbstanzeige nicht gegen den Wortlaut versagen (SSW-StGB/*Satzger* § 1 Rn. 36; MüKo-StGB/*Schmitz* § 1 Rn. 59; *Jescheck/Weigend* AT § 15 III 2 c). Auch dann, wenn eine steuerrechtliche Vorschrift wie z.B. §§ 6a Abs. 1, 4 Nr. 1 Buchst. b) UStG zu einer – die Steuerhinterziehung ausschließenden – Steuerbefreiung führt, darf die Norm nicht teleologisch reduziert werden (dazu m.w.N. *Bielefeld*, DStR 2009, 580 f.; *Schauf/Höink*, PStR 2009, 200 f.; auch – für den konkreten Fall aber mit anderem Ergebnis bzw. Begründung – *Bülte*, BB 2010, 1759 [1765 f.]; *Ransiek*, HRRS 2009, 421 [422 f.]; a.A. aber nun in der Subsumtion BVerfG, NJW 2011, 3778 f. = HRRS 2011 Nr. 1128). Gegen das Analogieverbot hat der **BGH im Steuerstrafrecht** verstoßen, indem er durch eine teleologische Neuinterpretation des § 371 AO aF etwa die **Teilselbstanzeige (§ 371 Abs. 1 AO)** – im Vorgriff auf eine diskutierte Gesetzesänderung – **zugunsten seiner eigenen Vorstellungen abgeschafft hatte** (so aber BGH, NJW 2010, 2146 ff. m. z.T. krit. Anm. *Bittmann*; näher zu hier vertretenen Position schon m.w.N. *Gaede*, PStR 2010, 282 ff.; a.A. zur Entscheidung auch bereits *Salditt*, PStR 2010, 168 [171 ff.]; *Weidemann*, PStR 2010, 175 f.; *Wulf*, wistra 2010, 286 ff.).

dd) Rückwirkungsverbot

Das Rückwirkungsverbot untersagt dem Gesetzgeber und in der Konsequenz auch dem Richter und den Strafverfolgungsbehörden, eine Strafbarkeit rückwirkend zu begründen oder zu schärfen. Der Staat darf kein Verhalten seiner Bürger zu ihren Lasten im Nachhinein strafrechtlich neu bewerten (M.w.N. BVerfGE 25, 269 [285 f.]; 46, 188 [192 f.]; 95, 96 [130 f.]; 113, 273 [308]; LK-StGB/*Dannecker* § 1 Rn. 360 f. [380]). Damit darf insb. ein neu geschaffener Straftatbestand lediglich auf ein Verhalten angewendet werden, das nach seinem Inkrafttreten erfolgt. Auch **die rückwirkende Verwerfung eines Rechtfertigungs- oder Schuldausschlussgrundes** scheidet aus (BGHSt, 39, 1 [27 f.]; 40, 113 [118]; näher m.w.N. auch zu Gegenstimmen LK-StGB/*Rönnau* Vor § 32 Rn. 70). Dies gilt selbst bei gewohnheitsrechtlich begründeten Rechtsinstituten (SSW-StGB/*Satzger* § 1 Rn. 49; LK-StGB/*Dannecker* § 1 Rn. 392; Sachs-GG/*Degenhart* Art. 103 Rn. 71; a.A. z.B. LK-StGB/*Rönnau* Vor § 32 Rn. 65 [70]; *Roxin* AT/I § 5 Rn. 54; offen BVerfGE 95, 96 [132]). Gleiches gilt für objektive Bedingungen der Strafbarkeit und persönliche Strafausschließungs- und Aufhebungsgründe (m.w.N. Leipold/Tsambikakis/Zöller/*Gaede* § 1 Rn. 40).

Auf eine strafbarkeitserweiternd wirkende **Änderungen einer ständigen Rechtsprechung** sollte Art. 103 Abs. 2 GG nach Ansicht von BGH und BVerfG schon angesichts seines allein auf das Gesetz bezogenen Wortlauts bislang keine Anwendung finden. Damit war z.B. eine wissenschaftlichen Erkenntnissen folgende Absenkung der von der Rechtsprechung formelhaft zugrunde gelegten „Promille-Grenzen" bei der Anwendung des § 316 StGB (Trunkenheit im Verkehr) keine verbotene Rückwirkung (BVerfG, NJW 1990, 3140 für reine Änderungen der Erkenntnisgrundlagen; BGHSt, 21, 157 ff.; 37, 89 ff.; BGH, GA 1971, 37; BayObLG, NJW 1990, 2833; *Schünemann*, FS Bruns S. 223 [233 f.]). Die herrschende Meinung will hiermit die „richterliche Rechtsfortentwicklung" ermöglichen (BayObLG, NJW 1990, 2833; m.w.N. LK-StGB/*Dannecker* § 1 Rn. 436 f.; a.A. schon zu geänderter grundlegender BFH-Rspr., OLG Köln, wistra 1994, 272 [273 ff.]; NK-StGB/*Hassemer/Kargl* § 1 Rn. 59; MüKo-StGB/*Schmitz* § 1 Rn. 36). Ebenso will die herrschende Meinung eine Gleichstellung der durch Art. 103 Abs. 2 GG gezielt getrennten Staatsgewalten verhindern (LK-StGB/*Dannecker* § 1 Rn. 437; *Roxin* AT/I § 5 Rn. 61; *Köhler* AT S. 98). Dem Bürger wird kein begründetes Vertrauen darauf eingeräumt, dass sich eine Rechtsprechung nicht – aus sachlichen Gründen – ändern könne (BVerfG, NJW 1990, 3140; NJW 2008, 3205

96

97

[3206]; vermittelnd LK-StGB/*Dannecker* § 1 Rn. 445: Vertrauensschutz über Art. 20 Abs. 3 GG). Von der früheren Rechtsprechung begünstigte konkrete Irrtümer seien durch eine – in der Praxis bislang aber kaum eingelöste – „**großzügige Anwendung**" des unvermeidbaren Verbotsirrtums bzw. des **Tatbestandsirrtums** zu kompensieren (SK-StGB/*Rudolphi* § 1 Rn. 8; SSW-StGB/*Satzger* § 1 Rn. 52; GesStrafR/*Rössner* § 1 StGB Rn. 2; *Roxin* AT/I § 5 Rn. 61; praktisch so z.B. KG, NJW 1990, 782 [783]; krit. LK-StGB/*Dannecker* § 1 Rn. 437 [441 ff., 445: zweitbeste Lösung]). S. für einen Beispielsfall anhand „nachträglich" durch den BFH verschärfter Anforderungen an die Geltendmachung von Werbungskosten OLG Köln, wistra 1994, 272 [273 ff.].

98   Das Rückwirkungsverbot muss aber jedenfalls dann gelten, wenn die ständige Rechtsprechung bereits die Qualität von **Gewohnheitsrecht** erreicht hatte (*Fischer* § 1 Rn. 17; zur geringen Reichweite aber NK-StGB/*Hassemer/Kargl* § 1 Rn. 65 ff.: „Schimäre"). Gleich muss entgegen der bisherigen herrschenden Meinung der Fall beurteilt werden, in dem die Judikatur das strafrechtliche Unwerturteil insgesamt ändert (vgl. dazu bereits offen lassend BVerfG, NJW 2008, 3205 [3206]; 1990, 3140; zust. LK-StGB/*Dannecker* § 1 Rn. 435; in der Sache bereits BGHSt, 52, 323 [339 f., 342 – Fall Siemens]; *Saliger/Gaede*, HRRS 2008, 57 [63 f.]). Zudem muss – teilt man die herrschende Meinung zu einer notwendig begrenzten Reichweite des Bestimmtheitsgrundsatzes (§ 369 AO Rdn. 77 ff.) – eine **Rückwirkung bei der Änderung der Rechtsprechung zu Normen bzw. Tatbestandsmerkmalen ausgeschlossen sein, bei denen erst eine historisch herausgebildete ständige Rechtsprechung überhaupt zur Bejahung der Bestimmtheit führt** (*Neumann*, ZStW 103 [1991], 331 ff.; *Krahl*, NJW 1991, 808 f.; *Hettinger/Engländer*, FS Meyer-Goßner S. 145 ff.; *Ransiek* S. 22; *Schulze-Osterloh*, DStJG 6 [1983], 43 [60 f.]; MüKo-StGB/*Schmitz* § 1 Rn. 33 f.; *Jarass/Pieroth* Art. 103 GG Rn. 66; Maunz/Dürig/*Schmidt-Aßmann* Art. 103 Abs. 2 Rn. 240 f.; NK-StGB/*Hassemer/Kargl* § 1 Rn. 51 ff.; m.w.N. Leipold/Tsambikakis/Zöller/*Gaede* § 1 Rn. 41). Heute erkennt hier auch das BVerfG an, dass die **Präzisierungspflicht** der Gerichte über allgemeine Grundsätze des Vertrauensschutzes hinaus gehen kann (BVerfG, 126, 170 [199] = NJW 2010, 3209 ff.; zust. *Gaede*, PStR 2010, 282 [286 f.]; *Saliger*, NJW 2010, 3195 [3196]; siehe jüngst auch *Kuhlen*, HRRS 2012, 114 ff.). So muss z.B. auch bei der vom 1. Strafsenat vorgenommenen **Änderung der Rechtsprechung zur Selbstanzeige**, die Selbstbelastungen veranlasst, ein Rückwirkungsverbot gelten (wie hier schon *Salditt*, PStR 2010, 168 [174]; *Wulf*, wistra 2010, 286 [290]; *Kamps*, DB 2010, 1488 [1492 f.]; näher m.w.N. *Gaede*, PStR 2010, 282 [286 f.]).

99   **Sonderproblem:** Keine Anwendung findet das Rückwirkungsverbot nach herrschender Meinung auf eine **nachträglich beseitigte Gleichheitswidrigkeit steuerlicher Ausfüllungsvorschriften des § 370 AO**, soweit diese allein in der mangelhaften Durchsetzung der gesetzlich ausgeprägten und damit vorhersehbaren Rechtsmaßstäbe bestand (so BVerfG, NJW 2008, 3205 [3206 f.]; BGH, NStZ 2008, 408; zw.).

2. Ne bis in idem

Artikel 103 GG

[...]

(3) Niemand darf wegen derselben Tat auf Grund der allgemeinen Strafgesetze mehrmals bestraft werden.

100   Auch im Steuerstrafrecht gilt gem. Art. **103 Abs. 3 GG** das Doppelbestrafungsverbot. Wurde eine (Steuer) Straftat bereits rechtskräftig abgeurteilt, schützt dieser Umstand gegen eine weitere Verfolgung eben dieser Tat. Auf europäischer Ebene schützt **Art. 54 SDÜ** mit einem z.T. erweiterten Schutzbereich vor einer transnationalen Doppelbestrafung hinsichtlich derselben Tat, wenn jemand durch eine Vertragspartei des SDÜ wegen dieser Tat bereits rechtskräftig abgeurteilt worden ist und die im Fall einer Verurteilung verhängte Sanktion bereits vollstreckt wurde, gerade vollstreckt wird oder nach dem Recht des Urteilsstaats nicht mehr vollstreckt werden kann. Dies

kann etwa der Bestrafung einer **einheitlichen „Schmuggelfahrt"** durch mehrere EU-Mitgliedsstaaten nach deutschem Steuerstrafrecht eine erhebliche Schranke setzen (BGHSt, 52, 275 ff. m. Bespr. *Heger*, HRRS 2008, 413 ff.). Zusätzlich gewährleistet nun auch **Art. 50 GRC** bei der Durchführung von Unionsrecht (Art. 51 GRC) *ohne das Vollstreckungserfordernis* ein transnationales *ne bis in idem*. Allerdings ist streitig, ob das Vollstreckungserfordernis i.R.d. gem. Art. 52 GRC zulässigen Einschränkungen auch zu Art. 50 GRC Geltung erlangt. Der BGH hat dies kürzlich in Anlehnung an die dahin tendierenden offiziellen Erläuterungen zur Charta bejaht (m.w.N. BGH, HRRS 2010 Nr. 1053). S. im Einzelnen zum Gehalt dieses Rechts die Kommentierung von *Brandenstein* im Kap. 13 zum *ne bis in idem*.

3. Steuerstrafrecht als Eingriffsrecht zu qualifizierten Grundrechtsbeschränkungen

Wenn der Staat eine Verhaltensnorm bei Strafe gebieten will, muss der Staat sowohl das **Verhal-** 101 **tensverbot/-gebot** als auch die **Befugnis zu strafen** vor den Grundrechten rechtfertigen (zum aktuellen, allerdings kritikwürdigen Rechtsprechungsstand vgl. BVerfGE 120, 224 ff. m. abl. Sondervotum *Hassemer*; auch zur Kritik *Hörnle*, NJW 2008, 2085 ff.; *Roxin*, StV 2009, 544 ff.; *Greco*, ZIS 2008, 254 ff.).

Im Steuerstrafrecht ist dieser **Bedarf, Grundrechtseingriffe zu rechtfertigen, besonders** 102 **ausgeprägt**. Soweit das Steuerstrafrecht das Ziel hat, Steueransprüche zu realisieren, ist stets zu bedenken, dass die Steueransprüche des Staates einschließlich der mit ihnen einhergehenden Erklärungs- und Mitwirkungspflichten aus Grundrechtseingriffen entspringen: I.d.R. wird das **Vermögen des Bürgers** bei Strafe beansprucht. Die Anwendung und Auslegung des Steuerrechts muss daher besonders im Steuerstrafrecht in dem Wissen erfolgen, dass schon die ihm zugrunde liegenden steuerlichen Pflichten rechtfertigungsbedürftig sind. Nur verfassungskonforme, über Gesetze überzeugend gerechtfertigte steuerliche Grundrechtseingriffe dürfen die Grundlage für Ahndungen gemäß den Steuerstraftatbeständen sein (dazu auch schon § 369 AO Rdn. 74).

Beispielhaft ist *insb.* zu prüfen, ob 103

– der bislang zuvörderst vom BVerfG akzentuierte **Gleichheitsgrundsatz des Art. 3 Abs. 1 GG** gewahrt ist (im Überblick m.w.N. Tipke/Lang/*Lang* § 4 Rn. 70 ff.),
– die heute vermehrt einschlägige **Eigentumsfreiheit** des Art. 14 GG unverletzt ist (vgl. m.w.N. BVerfGE 115, 97 [110 ff.] m. zust. Anm. *Sacksofsky*, NVwZ 2006, 661 [662]; BVerfG, NVwZ 2007, 1168 [1169]; Tipke/Lang/*Lang* § 4 Rn. 213 [214 ff.]),
– das **Grundrecht auf informationelle Selbstbestimmung** und das **Allgemeine Persönlichkeitsrecht** i.Ü. gem. Art. 2 Abs. 1, 1 Abs. 1 GG beachtet sind (m.w.N. Tipke/Lang/*Lang* § 4 Rn. 201 ff. [197 ff.]) und schließlich
– die allgemeine, vergleichsweise schwach schützende Handlungsfreiheit nach Art. 2 Abs., 1 GG geachtet bleibt.

4. Rechtsanwendung im Einklang mit dem Unionsrecht

Das deutsche Steuerrecht und sein flankierendes Steuerstrafrecht dienen heute in großem Umfang 104 der Durchführung und Umsetzung europäischen Steuerrechts. V.a. für das Umsatzsteuerrecht ist jene Erkenntnis eine Binsenweisheit. Die Europäisierung verlangt dem Steuer- und Steuerstrafjuristen **detaillierte Kenntnisse des Europarechts** ab. Sie können für die Strafbarkeit nach dem Steuerstrafrecht entscheidend sein (s. etwa schon BGH, NJW 2003, 2842 f. [„drei Tenöre-Entscheidung" zum Gesangssolist als Einrichtung iS des Umsatzsteuerrechts]). Dies zeigte jüngst erneut die Kontroverse um die Steuerbefreiung bei einer missbräuchlichen innergemeinschaftlichen Lieferung zwischen BGH und BFH (gegen die Befreiung BGHSt, 53, 45 ff.; BGH, DStR 2009, 1588 ff.; *Bülte*, BB 2010, 1759 ff.; für diese BFH, DStR 2009, 1693 ff.; *Ransiek*, HRRS 2009, 421 ff.), die schließlich durch den EuGH zu entscheiden war (s. nun EuGH, NJW 2011, 203 ff.; daran anschließend und erweiternd BGH, NJW 2011, 3797 ff.). V.a. die Steuerhinterziehung dient heute in großem Umfang auch dazu, die Einnahmen der EU zu schützen (MüKo-StGB/ *Schmitz/Wulf* § 370 AO Rn. 35 ff. [56 ff.]; Leipold/Tsambikakis/Zöller/*Gaede* § 263 Rn. 6). Das **deutsche Steuerstrafrecht** ist hierzu – wie das deutsche Strafrecht allgemein – **unionsrechtskonform auszulegen** (BGHSt, 53, 45 [50 ff.]; BGH, NJW 2003, 2842 f.; *Satzger*, IES § 9 Rn. 86 ff.; Graf/Jäger/Wittig/*Heine* § 369 Rn. 69; m.w.N. Leipold/Tsambikakis/Zöller/*Gaede* § 1 Rn. 37). Dies gilt indes nur in den Grenzen des auch unionsrechtlich anerkannten Gesetzlichkeitsprinzips (§ 369 AO Rdn. 52). Weitere Schranken aus deutschem Verfassungsrecht erscheinen bei der Anwendung des Unionsrechts demgegenüber zunehmend praxisfern, da das BVerfG eine Kontrolle europäischen Rechts auf eine sehr begrenzte ultra-vires-Prüfung begrenzt hat (zusf. BVerfG, NJW 2010, 3422 ff. [Fall Mangold]). Anderes gilt allerdings, soweit umsetzungsbedürftiges europäisches Recht **dem deutschen Gesetzgeber** tatsächlich **Ausfüllungsspielräume gelassen hat** – sie sind selbstverständlich unter Beachtung des deutschen Verfassungsrechts zu nutzen (mustergültig zum europäischen Haftbefehl vgl. BVerfGE 113, 273 ff.).

105 Die in der Rechtsprechung bislang vorrangig akzentuierte und z.T. überdehnte (vgl. BGHSt, 48, 373 [377 ff.]; 53, 45 [50 ff.]) strafbarkeitsfördernde Bedeutung des Unionsrechts ist stets gemeinsam mit **begrenzend wirkenden Maßstäben des Europarechts** zu sehen: Die belastende Rechtsanwendung im Steuerstrafrecht muss jeweils am aktuell vorliegenden Primärrecht und am einschlägigen Sekundärrecht der EU gemessen werden. Dies bedeutet nicht selten auch Maßstäbe, die einer möglichen Strafbarkeit unabhängig von deutschem Recht entgegenstehen.

106 I.R.d. Prüfung, ob geltendes **Primärrecht** beachtet wurde, muss untersucht werden, ob

– **Rechte und Freiheiten der Charta der Grundrechte der EU,**
– **Grundrechte**, die der EuGH als **allgemeine Rechtsgrundsätze des Primärrechts** anerkannt hat (zur ihrer Fortgeltung z.B. *Kokott/Sobotta*, EuGRZ 2010, 265 ff.),
– **Grundfreiheiten des AEUV** (z.B. die Warenverkehrsfreiheit des Art. 34 AEUV; Graf/Jäger/ Wittig/*Heine* § 369 Rn. 59; zu § 372 AO m.w.N. FGJ/*Jäger* § 372 AO Rn. 20 ff.) oder
– **übrige primärrechtliche Vorschriften** (z.B. das Diskriminierungsverbot des Art. 18 AEUV und die Regelungen der Art. 110 ff. AEUV, dazu Graf/Jäger/Wittig/*Heine* § 369 Rn. 60)

durch die Bejahung einer Strafbarkeit verletzt sind.

107 Die Prüfung am Primärrecht ist auch dann unverzichtbar, wenn eine belastende Rechtsfolge von europäischem Sekundärrecht (Verordnungen, Richtlinien) prima facie gedeckt wird: Auch ein ggf. **strafbarkeitsförderndes Sekundärrecht der EU** ist daraufhin zu prüfen, ob es seinerseits mit dem Primärrecht und damit insb. mit den europäischen Grundrechten und Grundfreiheiten übereinstimmt (*Schröder* S. 440 ff.; *Gaede/Mühlbauer*, wistra 2005, 9 [15 f.]; *Gaede*, wistra 2011, 365 [371 f.]).

108 Aber auch das **Sekundärrecht** muss als Prüfungsmaßstab herangezogen werden. So kann z.B. deutsches Umsatzsteuerrecht bzw. seine Auslegung gegen europäisches Umsatzsteuerrecht verstoßen (BGH, NJW 2003, 2842 f.; s.a. die Aufgabe früherer Rechtsprechung in BGHSt, 53, 45 [48 f.]). Soweit eine unionsrechtskonforme Auslegung methodisch möglich ist, kann sie in diesem Fall auch strafbefreiend wirken. Gleiches gilt für eine deutsche Auslegung, die gegen Primärrecht verstößt: Auch hier ist nach Möglichkeit eine einschränkende unionsrechtskonforme Auslegung vorzunehmen.

109 Soweit deutsches Recht, das zu einer Strafbarkeit führen würde, gegen unmittelbar anwendbares Europarecht verstößt, ohne dass schon eine unionsrechtskonforme Auslegung diesen Zustand vermeiden kann, ist das **deutsche (Straf-) Recht** nach dem heute praktisch anerkannten **Anwendungsvorrang des Unionsrechts** auch im Steuerstrafrecht **nicht anzuwenden** (m.w.N. *Satzger*, IES § 9 Rn. 76 ff.; *Gaede*, wistra 2008, 184 [185 f.]): Die Strafbarkeit hat in diesem Fall uneingeschränkt zu entfallen (sog. **Neutralisierungswirkung**).

III. Spezielle Ausprägungen der Verankerung der Steuerstraftaten im StGB und die allgemeine Straftatdogmatik

V.a. der Allgemeine Teil des StGB (§§ 1 bis 79b StGB) ist für das Steuerstrafrecht von grundlegender Bedeutung (Kühn/von Wedelstädt/*Blesinger* § 369 Rn. 10; Rolletschke/Kemper/*Dietz* § 369 Rn. 9 f.). Es gilt, die **allgemeinen Normen und Lehren des Strafrechts insb. auf die besonderen Delikte der §§ 370, 372 bis 374 AO ohne Abstriche anzuwenden** (§ 369 AO Rdn. 36 ff.). Entsprechend werden in diesem Kommentar zahlreiche allgemeine Fragestellungen des StGB gesondert aus dem Blickwinkel steuerstrafrechtlicher Bedürfnisse kommentiert: die Voraussetzungen des Unterlassungsdelikts (§ 13 StGB), der Vorsatz einschließlich der Irrtumsregelungen (§§ 15 bis 17 StGB), der Versuch (§§ 22 bis 24 StGB), die Täterschaft und Teilnahme (§§ 25 ff. StGB), die Strafzumessung (§§ 46 ff. StGB) und die Verfolgungsverjährung (§§ 78 ff. StGB). Weitere Felder der Anwendung des StGB auf die Steuerstraftaten sind direkt bei der Steuerhinterziehung behandelt § oder sie werden bei einschlägigen Sondernormen der AO erörtert (zu Einziehung und Verfall vgl. § 375 AO Rdn. 1 ff.). 110

Zu § 369 Abs. 2 AO sind jedoch allgemeine Vorfragen zu behandeln, die sich schon **bzgl. der Anwendbarkeit des Steuerstrafrechts** stellen können (vgl. zum zeitlichen Anwendungsbereich § 369 AO Rdn. 112 ff. und zum räumlichen Anwendungsbereich des Steuerstrafrechts § 369 AO Rdn. 145 ff.). Zudem sind die Anwendung der **allgemeinen strafrechtlichen Lehren** (§ 369 AO Rdn. 152 ff.) **und ihre Dynamik** (§ 369 AO Rdn. 157 ff.) zu erläutern. 111

1. Der zeitliche Anwendungsbereich der Steuerstrafgesetze

Der zeitliche Anwendungsbereich der Strafgesetze wird verfassungsrechtlich insb. durch das Rückwirkungsverbot vorgeprägt. Auch zu seiner Konkretisierung trifft das StGB in § 2 StGB eine Regelung, die gemeinsam mit § 8 StGB den zeitlichen Anwendungsbereich einschlägiger Gesetze wie folgt normiert: 112

§ 2 StGB   Zeitliche Geltung

(1) Die Strafe und ihre Nebenfolgen bestimmen sich nach dem Gesetz, das zur Zeit der Tat gilt.

(2) Wird die Strafdrohung während der Begehung der Tat geändert, so ist das Gesetz anzuwenden, das bei Beendigung der Tat gilt.

(3) Wird das Gesetz, das bei Beendigung der Tat gilt, vor der Entscheidung geändert, so ist das mildeste Gesetz anzuwenden.

(4) Ein Gesetz, das nur für eine bestimmte Zeit gelten soll, ist auf Taten, die während seiner Geltung begangen sind, auch dann anzuwenden, wenn es außer Kraft getreten ist. Dies gilt nicht, soweit ein Gesetz etwas anderes bestimmt.

(5) Für Verfall, Einziehung und Unbrauchbarmachung gelten die Absätze 1 bis 4 entsprechend.

(6) Über Maßregeln der Besserung und Sicherung ist, wenn gesetzlich nichts anderes bestimmt ist, nach dem Gesetz zu entscheiden, das zur Zeit der Entscheidung gilt.

§ 8 StGB   Zeit der Tat

Eine Tat ist zu der Zeit begangen, zu welcher der Täter oder der Teilnehmer gehandelt hat oder im Falle des Unterlassens hätte handeln müssen. Wann der Erfolg eintritt, ist nicht maßgebend.

a) Ausgestaltung des Rückwirkungsverbotes gem. § 2 StGB

Infolge des **Rückwirkungsverbotes** (vgl. schon § 369 AO Rdn. 96 ff.) ist auch für das Steuerstrafrecht zu beachten, dass Gesetzesänderungen eine Strafbarkeit nicht rückwirkend begründen oder schärfen können. Darüber hinaus regelt **§ 2 StGB** auch im Steuerstrafrecht den Umgang mit 113

Rechtsänderungen, die nach Beginn der möglicherweise strafbaren aktiven Handlung oder Unterlassung in Kraft treten (LK-StGB/*Dannecker* § 2 Rn. 1 [3]; NK-StGB/*Hassemer/Kargl* § 2 Rn. 3 f. [8 ff.]). Diese Norm bestimmt in ihrem **Abs. 1** im Einklang mit dem Rückwirkungsverbot auch für Nebenfolgen, dass prinzipiell das zur Tatzeit (vgl. § 8 StGB) geltende Strafgesetz anzuwenden ist. Das Strafrecht weicht damit ggf. von dem Grundsatz *lex posterior derogat legi priori* ab (Sch/Sch/*Eser/Hecker* § 2 Rn. 1 f.; MüKo-StGB/*Schmitz* § 2 Rn. 3 ff.; für eine Rechtsanwendungsregel z.B. m.w.N. LK-StGB/*Dannecker* § 2 Rn. 14 ff.). Bei verschiedenen Beteiligten ist der Zeitpunkt der eigenen Tathandlung jedes einzelnen Beteiligten maßgeblich (BGH, NStZ 2000, 197 [198 f.]; 2007, 211; NK-StGB/*Hassemer/Kargl* § 2 Rn. 13).

114   Der **Abs. 2** des § 2 StGB legt für die **Art und Höhe der Strafdrohung** fest, dass bei fortdauernder Tatbegehung das zum Zeitpunkt der Beendigung geltende Recht Anwendung findet (OLG Karlsruhe, NStZ 2001, 654; LK-StGB/*Dannecker* § 2 Rn. 47 ff.). Dies betrifft nach Aufgabe der fortgesetzten Handlung in der Praxis nur noch Dauerdelikte (s. aber für die Steuerhinterziehung auch fraglich BGHSt 34, 272 [276]). **Dauerdelikte** sind Straftaten, bei denen die Tat mit der Verwirklichung des Tatbestandes nicht abgeschlossen ist, sondern durch den fortdauernden deliktischen Willen des Täters so lange aufrechterhalten wird, wie der von ihm geschaffene rechtswidrige Zustand bestehen bleibt (*Roxin* AT/1 § 10 Rn. 105 f.; in der Sache auch BGHSt, 42, 215 [216 f.]; vgl. z.B. §§ 123, 239 StGB). Ändert sich während der Begehung eines Dauerdelikts die Strafdrohung zugunsten oder zulasten des Täters, ist das zum **Zeitpunkt der Beendigung** geltende Gesetz maßgeblich (BGHSt, 29, 124 [128 f.]; 34, 272 [276]; OLG Stuttgart, NStZ-RR 1996, 75 [76]). Hiermit will der Gesetzgeber eine einheitliche Beurteilung der Dauerstraftat ermöglichen (BGHSt, 29, 124 [128 f.]; 34, 272 [276]; m.w.N. AnwaltK-StGB/*Gaede* § 2 Rn. 2).

115   ▶ **Praxistipp:**

§ 2 Abs. 2 StGB darf und soll das Rückwirkungsverbot des Art. 103 Abs. 2 GG nicht dispensieren. Deshalb darf Teilakten eines Dauerdelikts, die vor einer Sanktionsverschärfung geschehen sind, im Urteil ersichtlich nur das Gewicht beigemessen werden, welches ihnen schon nach dem zur Tatzeit geltenden Recht zukam (BVerfG, NStZ 1996, 192 f.; BGH, StV 1984, 202; NStZ 1995, 92 f.; wistra 1999, 465; a.A. noch zur Ehrengerichtsbarkeit BGHSt, 29, 124 [159]). Zudem **gilt § 2 Abs. 2 StGB auch nicht für die Voraussetzungen der Strafbarkeit**. So muss z.B. eine zwischenzeitliche Heraufstufung von einer Ordnungswidrigkeit zu einer Straftat unmaßgeblich bleiben (BGHR, StGB § 2 Abs. 2 Ordnungswidrigkeit 1; OLG Brandenburg, NStZ 2008, 531; m.w.N. Leipold/Tsambikakis/Zöller/*Gaede* § 2 Rn. 2). § 2 Abs. 2 StGB eröffnet auch keine rückwirkende Strafbarkeit in Fällen, in denen die Strafbarkeit des Gesamtgeschehens erst während der Tatbegehung gesetzlich bestimmt wird. Hier kann sich allein aus den **nach der Gesetzesänderung ablaufenden Teilakten der Tat** eine Strafbarkeit ableiten. Dies setzt voraus, dass die nach der Gesetzesänderung vollzogenen Teilakte selbst alle Merkmale des infrage kommenden Delikts verwirklichen (m.w.N. OLG Karlsruhe, NStZ 2001, 654; OLG Stuttgart, NJW 2003, 228 [229]; OLG Brandenburg, NStZ 2008, 531 f.). Auch wenn alle Tatmerkmale verwirklicht sind, darf das Gericht frühere, noch tatbestandslose Handlungen nicht strafschärfend verwerten (m.w.N. OLG Karlsruhe, NStZ 2001, 654; LK-StGB/*Dannecker* § 2 Rn. 40).

116   Der **Abs. 5** des § 2 StGB erstreckt die Geltung des Rückwirkungsverbots (und des Prinzips der Meistbegünstigung, § 369 AO Rdn. 118 ff.) auch auf den (erweiterten) Verfall, die Einziehung und die Unbrauchbarmachung. Dies hat z.B. zur Folge, dass die **Neufassung des Auffangrechtserwerbs** (§ 111i Abs. 2 bis 5 StPO) nicht rückwirkend zur Anwendung gelangt (BGH, NJW 2008, 1093 f. m. zust. Anm. *Pananis*, NStZ 2008, 579; NStZ-RR 2009, 56 f.; 2009, 113; *Mosbacher/Claus*, wistra 2008, 1 [3 f.]).

117   Mit **Abs. 6** des § 2 StGB ordnet der Gesetzgeber an, dass – vorbehaltlich anderer gesetzlicher Regelungen – auf **Maßregeln der Besserung und Sicherung** (§ 61 StGB) das z.Zt. der Urteilsfindung geltende Recht anzuwenden ist. Diese für das Steuerstrafrecht kaum praktische Einschrän-

kung des Rückwirkungsverbots bedarf insb. gem. Art. 7 Abs. 1 Satz 2 EMRK und auch verfassungsrechtlich einer einschränkenden Auslegung (dazu näher m.w.N. Leipold/Tsambikakis/Zöller/ *Gaede* § 2 Rn. 17 f.). Für die im Steuerstrafrecht einzig ernsthafte relevante Maßregel, das **Berufsverbot** (**§ 70 StGB**), bestimmt **Art. 305 EGStGB** abweichend, dass das zur Tatzeit geltende Recht Anwendung findet. Damit gilt hier schon jetzt das Rückwirkungsverbot.

b) Meistbegünstigungsprinzip gem. § 2 Abs. 3, 4 StGB und Art. 49 Abs. 1 Satz 3 GRC

aa) Prinzipielle Geltung im Steuerstrafrecht und verfassungsrechtliche Bedeutung

§ 2 Abs. 3 StGB ordnet auch für das Steuerstrafrecht ggü. § 2 Abs. 1, 2 StGB vorrangig an, dass **118** unter mehreren nach Tatbeginn geltenden Strafgesetzen das **mildeste Gesetz** eingreift (*„lex mitior"*). Wird das materielle Recht *nach der Tatbeendigung aber vor der Entscheidung über die Tat* geändert, ist dem Urteil die für den Angeklagten insgesamt günstigste Rechtslage (= das mildeste Gesetz) zugrunde zu legen (**Prinzip der Meistbegünstigung**). Damit eröffnet § 2 Abs. 3 StGB dem Angeklagten die Möglichkeit, von nachträglichen begünstigenden Gesetzesänderungen zu profitieren, soweit nicht – was im Steuerstrafrecht eine besonders wichtige Ausnahme bedeutet – ein sog. Zeitgesetz das Meistbegünstigungsprinzip gem. § 2 Abs. 4 StGB legitim einschränkt (dazu näher § 369 AO Rdn. 136 ff.). Das Meistbegünstigungsprinzip will verhindern, dass der Angeklagte nach einer Strenge abgeurteilt wird, zu der sich der Gesetzgeber z.Zt. der Urteilsfindung nicht mehr bekennt (so schon RGSt 21, 294 f.; später z.B. LK-StGB/*Dannecker* § 2 Rn. 55 ff., SK-StGB/ *Rudolphi* § 2 Rn. 8b; auf Fälle geänderter Rechtsauffassungen im Gegensatz zu veränderten tatsächlichen Verhältnissen begrenzt FGJ/*Joecks* § 369 Rn. 23; *Roxin* AT/I § 5 Rn. 66). Zudem will das Meistbegünstigungsprinzip das anwendbare Strafrecht **in qualifizierter Weise vor Willkür schützen**: Niemand soll das anwendbare Recht durch Manipulationen hinsichtlich des vom Angeklagten kaum zu beeinflussenden Entscheidungszeitpunkts beeinflussen können (NK-StGB/*Hassemer/Kargl* § 2 Rn. 22 f.; LK-StGB/*Dannecker* § 2 Rn. 59 f.; SSW-StGB/*Satzger* § 2 Rn. 14 f.: Missbrauch durch die Strafverfolgung auszuschließen; MüKo-StGB/*Schmitz* § 2 Rn. 18; m.w.N. näher *Gaede*, wistra 2011, 365 [367 ff.]).

Das Meistbegünstigungsprinzip gewährt dem Angeklagten eine **über das Rückwirkungsverbot des** **119** **Art. 103 Abs. 2 GG hinausgehende Rechtsposition** (BVerfGE 81, 132 [135 ff.]; BVerfG, NJW 2008, 3769 [3770]; SSW-StGB/*Satzger* § 2 Rn. 16). Die Gerichte sehen im Meistbegünstigungsprinzip bislang lediglich ein Institut des einfachen Rechts, das der Gesetzgeber dem Steuerpflichtigen per Gesetz entziehen kann, ohne an besondere verfassungsrechtliche Schranken gebunden zu sein (BVerfGE 81, 132 [135 ff.]; BVerfG, NJW 2008, 3769 [3770]; Sch/Sch/*Eser/Hecker* § 2 Rn. 14; *Harms/Heine*, FS Amelung S. 393, 397 [400]). Tatsächlich verwirklicht § 2 Abs. 3 StGB ein in **Art. 15 Abs. 1 Satz 3 IPbpR** garantiertes Menschenrecht (LK-StGB/*Dannecker* § 2 Rn. 6 f. [55 ff.]; *ders.* S. 424 ff.) und ein in **Art. 49 Abs. 1 Satz 3 GRC** gewährleistetes europäisches Grundrecht (eingehend dazu *Gaede*, wistra 2011, 365 ff.; zuvor schon EuGH EuZW 2005, 369 [371 ff.]; *Dannecker*, FS Schroeder S. 761 [765 ff.]). Entsprechend ist das Meistbegünstigungsprinzip auch als **verfassungsmäßiges Gebot** anzuerkennen (m.w.N. LK-StGB/*Dannecker* § 2 Rn. 55; *ders.* S. 407 ff.; KK-OWiG/*Rogall* § 4 Rn. 20; *Gaede*, wistra 2011, 365 [369 ff.]; s. dafür auch gem. Art. 7 EMRK, EGMR, HRRS 2011 Nr. 600 und *Bohlander*, StraFo 2011, 169 ff.). Mindestens soweit Art. 49 Abs. 1 Satz 3 GRC wegen der Durchführung von Unionsrecht anwendbar ist, dürfen **Einschränkungen des Meistbegünstigungsprinzips nur nach Maßgabe des Art. 52 Abs. 1 GRC** vorgenommen werden (s. dazu am Beispiel der Ahndung hinterzogener aber zwischenzeitlich nicht mehr erhobener Antidumpingzölle gem. § 373 AO näher *Gaede*, wistra 2011, 365 [367 ff.]).

bb) Ermittlung des „mildesten Gesetzes"

Zur Anwendung des Meistbegünstigungsprinzips ist die maßgebliche mildeste Rechtslage („das **120** mildeste Gesetz") zunächst zu ermitteln. Dies geschieht durch einen auf den konkreten Einzelfall bezogenen **Vergleich** zwischen **der Rechtslage zur Tatzeit sowie den später** durch Gesetzesänderungen **eingetretenen Rechtslagen**. Zu den Rechtslagen, die in den Günstigkeitsvergleich einzubeziehen sind, zählt auch das sog. **Zwischenrecht**: Werden die anwendbaren Gesetze nach der Tatbegehung mehrfach geändert, ist für jede entstehende (Zwischen-) Rechtslage ein Günstigkeitsvergleich nach den obigen Maßstäben anzustellen (BGHSt, 39, 353 [370 f.]; 50, 138 [140]; BGH, NStZ 1992, 535 f.; OLG Bremen, NStZ 2010, 174). Um das mildeste Gesetz ermitteln zu können, ist für die zu vergleichenden Rechtslagen der **gesamte für den konkreten Angeklagten relevante Rechtszustand des materiellen Rechts** heranzuziehen (BGHSt, 20, 22 [25]; 20, 177 [181]; 37, 320 [322]; 50, 138 [140 f.]; 55, 11 [16 ff.]; BGH, NStZ 1994, 231 [232]; 2006, 32 f.; NStZ-RR 2008, 342; LK-StGB/*Dannecker* § 2 Rn. 105 f.; zu den erfassten Gesetzesänderungen s. sogleich § 369 AO Rdn. 128 ff.). In dieser Prüfung kann sich erweisen, dass eine Gesetzesnovelle sowohl den Angeklagten begünstigende (z.B. eine gesenkte Mindeststrafe) als auch belastende Änderungen (z.B. eine angehobene Höchststrafe) mit sich geführt hat. In diesem Fall sind die begünstigenden Regelungen des alten und des neuen Rechts nach der Rechtsprechung nicht zu kombinieren, sondern es ist nach dem **Grundsatz strikter Alternativität** ausschließlich das zu den jeweiligen Vergleichszeitpunkten geltende (Gesetzes-) Recht zugrunde zu legen (BGHSt, 20, 22 [29 f.]; 24, 94 [97]; 37, 320 [322 f.]; 38, 66 [67]; 48, 77 [97]; BGH, NJW 1997, 951 f.; NStZ 1983, 80 f.; 2000, 136; NStZ-RR 2002, 201 f.; OLG München, wistra 2007, 34 [35]). Es darf folglich z.B. nicht ein nach altem Recht niedrigerer Normalstrafrahmen mit einem minder schweren Fall kombiniert werden, der nach neuem Recht die Abkehr von einem nun angehobenen Normalstrafrahmen gestattet (BGH, NJW 1997, 951 f.; m.w.N. Leipold/Tsambikakis/Zöller/ *Gaede* § 2 Rn. 9).

121 Der im Einzelfall **zugrunde liegende konkrete Sachverhalt** darf bei der gebotenen Subsumtion unter die verschiedenen Rechtslagen und damit auch bei der Subsumtion unter das geänderte Gesetz nicht verändert werden (BGHSt, 34, 272 [284]; lesenswert krit. dazu aber *Tiedemann*, NJW 1987, 1247; *ders.*, NJW 1986, 2475 [2577]; *Burchard*, HRRS 2010, 132 [138]). So darf etwa im Steuerstrafrecht nach Ansicht des BGH ein Steuersachverhalt aus einem bestimmten Veranlagungszeitraum (z.B. das Jahr 2009), zeitlich nicht in einen anderen Veranlagungszeitraum verlegt werden (z.B. das Jahr 2010), für den andere rechtliche Maßgaben gelten (BGHSt, 34, 272 [284]; zum Hintergrund unten § 369 AO Rdn. 133 ff.).

122 Erforderlich ist ein **Vergleich, der auf den jeweiligen Angeklagten und die konkret begangenen Taten persönlich bezogen ist.** Ein abstrakter, von der zu beurteilenden Anklage abgelöster Vergleich der konkurrierenden Rechtslagen ist unzureichend (BGHSt, 20, 22 [25, 29 f.]; 38, 66 [67]; 48, 373 [382 f.]; BGH, NStZ-RR 1998, 103 [104]; 2002, 201 f.; OLG München, wistra 2007, 34 [35]): Entscheidend ist, welche Rechtslage für den **individuellen Einzelfall** nach seinen besonderen Umständen die mildeste Beurteilung zulässt. So wird z.B. eine gleichzeitige Senkung der Mindeststrafe bei Anhebung der Höchststrafe für besonders gravierende Taten regelmäßig dazu führen, dass das frühere Tatzeitrecht als milderes Recht zu beurteilen ist (näher dazu Sch/Sch/*Eser*/ *Hecker* § 2 Rn. 30; zum konträren Fall der Orientierung des Gerichts an der Untergrenze der möglichen Strafe z.B. BGH, NStZ 1983, 268; 1983, 416).

123 Das **mildeste Gesetz** ist dabei stets das Gesetz, nach dem die **Straflosigkeit** oder die Herabstufung zu einer Ordnungswidrigkeit eintritt (BGHSt, 20, 116 [119]; BGH, NStZ 1992, 535 [536]; OLG Köln, NStZ 1991, 498; LK-StGB/*Dannecker* § 2 Rn. 62; für die Herabstufung BGHSt, 12, 148 [152 f.]; 18, 12 [18]; BayObLG, NJW 1961, 688 [689]; OLG Saarbrücken, NJW 1974, 1009). Regelmäßig ist die geänderte Rechtslage milder, wenn der besonders schwere Fall einer Tat entfallen ist oder wenn eine vertypte Strafmilderungsmöglichkeit geschaffen wurde (OLG Koblenz, NStZ 1983, 82; *Fischer* § 2 Rn. 10; vgl. aber BGH, NStZ 1983, 80). Nach der Rechtsprechung ist aber immer der **Gesamtvergleich aller einschlägigen Strafnachteile** entscheidend, in dem die Hauptstrafen vorrangig zu vergleichen sein sollen (BGH, NJW 1965, 1723; 1991, 1241 f.; NStZ 1983, 80; 1983, 416; OLG München, wistra 2007, 34 [35]; a.A. für die Trennung nach einzelnen Rechtsfolgen LK-StGB/*Dannecker* § 2 Rn. 115 f.; MüKo-StGB/*Schmitz* § 2 Rn. 35; NK-StGB/*Hassemer*/*Kargl* § 2 Rn. 45). Im Rahmen dieses Vergleichs ist eine einzig drohende

Geldstrafe stets milder als eine drohende Freiheitsstrafe (BGH, MDR/D 1975, 541; BayObLG, MDR 1972, 884; m.w.N. zu einschränkenden Ansichten Leipold/Tsambikakis/Zöller/*Gaede* § 2 Rn. 10). Bei Taten geringerer Schwere ist regelmäßig die Mindeststrafe vorentscheidend (OLG München, wistra 2007, 34 [35]; i.E. BGH, HRRS 2008 Nr. 286; über das Verschlechterungsverbot BGHSt, 38, 66 [67]). Bei gleichen Strafarten kommt es auf den Strafrahmen an. Dabei sind für die Prognose der Straferwartung im Einzelfall die **gesetzlichen Strafschärfungs- und Milderungsmöglichkeiten** einschließlich der Strafrahmenverschiebungen z.B. gem. § 27 Abs. 2 StGB (Beihilfe) oder § 23 Abs. 2 StGB (Versuch, m.w.N. OLG München, wistra 2007, 34 [35]) und eines konkret möglichen minder schweren Falles zu berücksichtigen (BGH, NStZ-RR 2006, 306; 2008, 342). Nach herrschender Meinung sollen **Nebenstrafen und Nebenfolgen** in den Vergleich nur dann einzubeziehen sein, wenn die Hauptstrafen keinen Unterschied aufweisen: Es erfolgt keine nach Haupt- und Nebenstrafen (Nebenfolgen) getrennte Ermittlung des mildesten Gesetzes. So soll z.B. eine Einziehung erfolgen können, die bei der Rechtslage mit der härteren Hauptstrafe unzulässig gewesen wäre (mit diesem Beispiel BGH, NJW 1965, 1723 m. abl. Anm. *H. Schröder*, JR 1966, 68 ff.; BGHSt, 37, 320 [322 offen lassend für Teilbereiche etwa bei unvergleichbaren oder neuen Sanktionen]; m.w.N. schon RGSt, 77, 219 [221 ff.]; SK-StGB/ *Rudolphi* § 2 Rn. 12; *Fischer* § 2 StGB Rn. 10). Dies wird allerdings zunehmend bestritten und ist insb. wegen der hierdurch erforderlichen komplizierten Vergleiche kaum vergleichbarer Rechtsfolgen zweifelhaft (vgl. *Sommer* S. 90 ff.; Sch/Sch/*Eser/Hecker* § 2 Rn. 34; LK-StGB/*Dannecker* § 2 Rn. 115 f.; NK-StGB/*Hassemer/Kargl* § 2 Rn. 45). Jedenfalls für die **Rechtsfolgen des § 2 Abs. 5 StGB** ist dass das mildeste Gesetz unstreitig gesondert zu ermitteln (MüKo-StGB/*Schmitz* § 2 Rn. 50; NK-StGB/*Hassemer/Kargl* § 2 Rn. 56).

Eine Anwendung des Meistbegünstigungsprinzips ist schon dann geboten, wenn sich das zum **124** Zeitpunkt der Urteilsfindung geltende, **neu erlassene Strafgesetz als eine qualitativ andere Straftat darstellt.** In diesem Fall liegt die Gesetzesänderung aus der Perspektive des Angeklagten und des früher anwendbaren Strafgesetzes in seiner Aufhebung (**Entkriminalisierung**). Sie ist stets als das mildeste Gesetz iS des § 2 Abs. 3 StGB anzusehen (näher m.w.N. Leipold/Tsambikakis/Zöller/ *Gaede* § 2 Rn. 8; MüKo-StGB/*Schmitz* § 2 Rn. 3 [6, 22, 23 ff.]; i.E. auch BGHSt, GS 26, 167 [171 ff.]; 39, 54 [67 f.]; 40, 30 [34 f.]). Die Bestrafung nach dem qualitativ neuen Strafgesetz, das zum Zeitpunkt der Urteilsfindung gilt, untersagt dann bereits das Rückwirkungsverbot (BGHSt, GS 26, 167 [172]; 39, 54 [68]). Schwierig zu beurteilen sind Fälle, in denen der Gesetzgeber Tatbestands- oder Qualifizierungsmerkmale verändert. Die Rechtsprechung bejaht hier nur dann ein qualitativ anderes Strafgesetz mit der Folge der **Straflosigkeit, wenn die Gesetzesänderung den Unrechtskern des Delikts verändert** und der Tatvorwurf damit nicht im Wesentlichen derselbe geblieben ist (sog. mangelnde Unrechtskontinuität, dafür BGHSt, GS 26, 167 [172 ff.]; 37, 320 [322]; 48, 373 [383]; BGH, JZ 1979, 75 [77]; BayObLG, NJW 1995, 540 [541]; näher zur Kritik an dieser Lehre und ihren Ergebnissen *Tiedemann*, JZ 1975, 692 ff.; NK-StGB/*Hassemer/Kargl* § 2 Rn. 26 ff.; Leipold/Tsambikakis/Zöller/*Gaede* § 2 Rn. 8).

Als **milder** hat die Rechtsprechung – unter dem Vorbehalt der konkreten Betrachtung! – z.B. **125** beurteilt: § 146 Abs. 1 StGB n.F. ggü. § 146 Abs. 1 StGB a.F. (BGH, StV 1998, 380; NStZ-RR 1999, 263); §§ 529, 1428 RVO a.F. ggü. § 266a StGB (BGH, wistra 1988, 353 [354]). Bei **Blankettgesetzen** muss zu jedem Zeitpunkt sowohl eine wirksame (außerstrafrechtliche) Verhaltensnorm als auch eine wirksame strafrechtliche Sanktionsnorm bestehen, die durch einen bestimmten Verweis verbunden sind. Fehlt eine dieser Normen z.B. wegen eines fehlgehenden Verweises auf Unionsrecht oder erfolgt eine unbestimmte Verweisung auch nur vorübergehend, ist die eintretende Straflosigkeit als mildestes Gesetz zugrunde zu legen (BGH, NStZ 1992, 535 f.; *Mosbacher*, wistra 2005, 54 [56]; z.B. des EU-Rechts BGHSt, 27, 181 [182]; OLG Koblenz, NStZ 1989, 188 [189]; auch OLG Stuttgart, NJW 1990, 657 [658]; MüKo-StGB/*Schmitz* § 2 Rn. 25 ff.). **Nicht milder** sind §§ 265, 263 Abs. 1, 3 Satz 2 Nr. 5 StGB n.F. ggü. § 265 StGB a.F. (so für fehlende Gegenindikation des Regelbeispiels m.w.N. BGH, NStZ-RR 1998, 235; *Fischer* § 2 Rn. 11). Vorsicht ist geboten, wenn die Strafdrohung in einem möglicherweise besonders schweren Fall auf der Grundlage eines **neu geschaffenen Regelbeispiels** (z.B. § 263 Abs. 3 Satz 2 StGB n.F.) mit einem Strafrahmen zu vergleichen ist, der schon früher besonders schwere Fälle ermöglichte. Hier ist zu prüfen, ob nach dem früheren Recht tatsächlich im konkreten Einzelfall ein unbenannter besonders schwerer Fall zu bejahen gewesen wäre, da das ältere Recht ohne diesen nicht stets, sondern nur regelmäßig milder ist (BGH, wistra 2001, 303 f.; NStZ-RR 2007, 193; 2002, 50 f.).

126   Das Gericht muss eine etwaige Begünstigung gem. § 2 Abs. 3 StGB **in jeder Lage des Verfahrens** beachten. Selbst das **Revisionsgericht** muss gem. § 2 Abs. 3 StGB verfahren, wenn nach der Urteilsfindung einschlägige begünstigende Gesetzesänderungen greifen, § 354a StPO (näher m.w.N. SK-StPO/*Wohlers* § 354a Rn. 2; für Anwendungsbeispiele BGHSt, 18, 12 [18]; 20, 74 [75 ff.]; 20, 116 [117]; 44, 103 [106 f.]). Allerdings muss dafür nach der Rechtsprechung eine **Sachrüge** in der Revision erhoben worden sein (BGHSt, 26, 94 m. abl. Anm. *Küper*, NJW 1975, 1329; dagegen m.w.N. SK-StPO/*Wohlers* § 354a Rn. 12). Kann das Gericht keinen Unterschied im Mildegrad der verschiedenen anwendbaren Vorschriften ausmachen oder bewirkt eine Gesetzesänderung eine Verschärfung, so hat das Gericht das zur Tatzeit gem. § 2 Abs. 1, 2 StGB geltende Recht anzuwenden (BGH, JR 1953, 109 f.; BayObLG, NJW 1995, 540 [541]).

cc) Begriff der Gesetzesänderung insb. im Steuerstrafrecht

127   Eine große Bedeutung kommt besonders im Steuerstrafrecht der Frage zu, welche Gesetzesänderungen in den anzustellenden Gesamtvergleich (§ 369 AO Rdn. 120 ff.) einzubeziehen sind. Eine Legaldefinition fehlt. Während Änderungen explizit strafrechtlicher Gesetze geborene Fälle für eine Gesetzesänderung iS des § 2 Abs. 3 StGB darstellen, ist v.a. für Änderungen steuerrechtlicher Gesetze oft umstritten, ob sie Änderungen iS des § 2 Abs. 3 StGB ausmachen und eine Meistbegünstigung des Steuerpflichtigen gebieten. Zunächst ist **von folgenden allgemeinen Maßstäben auszugehen:**

128   **(1) Erfasstes materielles Strafrecht:** Ein Gesetz iS des § 2 Abs. 3 StGB ist jede Norm, welche die Strafbarkeit an sich (das „**Ob**") und das Ausmaß der Bestrafung einschließlich der drohenden Nebenfolgen (das „**Wie**") mitbestimmt (BGHSt, 20, 22 [25]; OLG Düsseldorf, NJW 1991, 710 [711]; näher LK-StGB/*Dannecker* § 2 Rn. 25 ff.). Änderungen sind alle Umgestaltungen dieser Normen durch anerkannte Rechtsquellen einschließlich der Amnestie (BGHSt, 3, 134 [136]; OLG Frankfurt am Main, NJW 1973, 1514; Leipold/Tsambikakis/Zöller/*Gaede* § 2 Rn. 5). Als geändertes Gesetz kommt **allein materielles Recht** in Betracht (BGHSt, 20, 22 [25]; 24, 378 [382]; BGH, NStZ 2006, 32; OLG Köln, NJW 1953, 1156 f.; OLG Bremen, NStZ 2010, 174). Dies erfasst zunächst **Änderungen der Tatbestände** des BT des StGB oder des Nebenstrafrechts (z.B. §§ 370 ff. AO, §§ 26b, 26c UStG) einschließlich ihrer Rechtsfolgenbestimmungen. Ebenso sind geänderte Rechtssätze des AT des StGB von § 2 Abs. 3 StGB umfasst, also z.B. eingefügte oder aufgehobene (ungeschriebene) Rechtfertigungsgründe, Entschuldigungstatbestände, Strafaufhebungs- und Strafausschließungsgründe (näher OLG Hamm, NJW 1954, 1735 f.; NK-StGB/*Hassemer/Kargl* § 2 Rn. 12; zur Rechtfertigung auch BGHSt, 39, 1 [8 ff., 27 f.]; zur Selbstanzeige BGHSt, 29, 37 [40]). Auch das **Strafanwendungsrecht** der §§ 3 ff. StGB (BVerfG, wistra 2003, 255 [257]; BGHSt, 20, 22 [25]; 38, 88 [89]; *Burchard*, HRRS 2010, 132 [135 ff., 154]) und **Strafzumessungsnormen** – wie z.B. § 51 BZRG zur Verwertbarkeit von Vorstrafen – zählen zu den Gesetzen iS des § 2 Abs. 3 StGB (BGHSt, 24, 378 ff. [382]; 25, 81 [83]; OLG München, NStZ-RR 2010, 105 [§ 29 Abs. 8 StVG]). Die ganz herrschende Meinung behandelt auch Änderungen von Vorschriften über den **Widerruf der Straf- oder Maßregelaussetzung** zumindest ana-**log** § 2 Abs. 3 StGB (OLG Hamm, StV 1987, 69; NStZ-RR 1996, 357 [358]; OLG Dresden, StV 2008, 313 f.; OLG Düsseldorf, MDR 1989, 281; m.w.N. näher Leipold/Tsambikakis/Zöller/ *Gaede* § 1 Rn. 5). Eine Gesetzesänderung iS des § 2 Abs. 3 StGB kann zudem in der Änderung unmittelbar anwendbaren **europäischen Rechts** liegen (z.B. Primärrecht oder Verordnungen der EG/EU, dazu OLG Stuttgart, NJW 1990, 657 [658]; *Gleß*, GA 2000, 224 ff.; LK-StGB/*Dannecker* § 2 Rn. 101 f.). Einer Änderung des Gesetzes steht auch das den Angeklagten begünstigende

umsetzungsbedürftige **Unionsrecht** (z.B. Richtlinien) gleich, wenn der deutsche Gesetzgeber dieses pflichtwidrig noch nicht umgesetzt hat, und die unionsrechtliche (gemeinschaftsrechtliche) Vorgabe unbedingt und hinreichend bestimmt ist (m.w.N. *Gleß*, GA 2000, 224 [226 f., 230 ff. auch schon für den Fall des Bestehens der begünstigenden Richtlinie]; *Dannecker,* FS Schroeder S. 761 [770 ff.]; m.w.N. Leipold/Tsambikakis/Zöller/*Gaede* § 2 Rn. 5). Nach der verfehlten, im Steuerstrafrecht aber bislang nicht praxisrelevanten Rechtsprechung soll § 2 Abs. 3 StGB dann nicht zur Anwendung gelangen, wenn sich „lediglich" der **persönliche Anwendungsbereich einer Strafnorm** durch die Änderung in Bezug genommener außerstrafrechtlicher Vorschriften verändert, während die aufgestellte Verhaltensnorm unverändert blieb (BGHSt, 50, 105 [120 f.]; 52, 67 [72 f.] m. abl. Anm. *Rübenstahl,* NJW 2008, 598 [599]; zust. *Heger,* JZ 2008, 369 [372]; a.A. schon LG Bremen, StV 2005, 220 f.; LK-StGB/*Dannecker* § 2 Rn. 102; NK-StGB/*Hassemer/Kargl* § 2 Rn. 14; Leipold/Tsambikakis/Zöller/*Gaede* § 2 Rn. 6).

(2) Prinzipiell ausgeschlossenes Verfahrensrecht: Änderungen des Verfahrensrechts wie z.B. der   **129** Wegfall des Strafantragserfordernisses oder eine Veränderung der Verjährungsfrist sind – soweit man den betroffenen Instituten nicht auch einen materiellen Charakter zugesteht – kein Fall des § 2 Abs. 3 StGB (BGHSt, 50, 138 [141]; 46, 310 [317 ff.]; 20, 22 [27, zw., vgl. heute 50, 138, 141]; LK-StGB/*Dannecker* § 2 Rn. 30 ff.). Z.B. die Verjährung ist damit unter Beachtung etwaiger Übergangsregelungen prinzipiell nach dem Recht zu beurteilen, das zum Entscheidungszeitpunkt gilt (BVerfG, NJW 2000, 1554 f.; BGHSt, 50, 138 [140 f.]; *Fischer* § 2 Rn. 7a; a.A. z.B. LK-StGB/*Dannecker* § 2 Rn. 32 f.). Allerdings sind **bei Änderungen des materiellen Rechts** die *Folgen* für die Verjährung zu berücksichtigen: So darf eine nach der Tatbegehung angehobene Höchststrafe (§ 78 Abs. 3 StGB) gem. § 2 Abs. 3 StGB nicht zu einer Verlängerung der Verjährungsfrist führen, ebenso wie eine **Fristverkürzung** infolge einer abgesenkten bestimmten Höchststrafdrohung auch in einer Zwischenrechtslage zu beachten ist (BGHSt, 50, 138 [140 ff.]; 21, 367 [369 f.]; BGH, NStZ 2006, 32 f. m. krit. Anm. *Mitsch*; BGHSt, 55, 11 [16 ff. zum Sonderfall einer unanwendbaren Ruhensregelung]; OLG München, wistra 2007, 34 [35]; NK-StGB/*Saliger* Vor §§ 78 ff. Rn. 10). Zudem gelten auch **neue Normen des Verfahrensrechts, die den Angeklagten begünstigen,** i.d.R. sofort nach ihrem Inkrafttreten, sodass z.B. ein nachträglich eingeführtes Strafantragserfordernis auch in einem laufenden Strafverfahren unabhängig von § 2 Abs. 3 StGB sogleich zu beachten ist (OLG Hamm, NJW 1970, 578; BGHSt, 21, 367 [369 f.]; 46, 310 [317 ff.]; 50, 138 [140]).

(3) Probleme bei der Anwendung außerstrafrechtlicher Normen: Nach den vorstehend geschil-   **130** derten allgemeinen Maßstäben steht die Anwendbarkeit des § 2 Abs. 3 StGB auf Änderungen steuerstrafrechtlicher Normen außer Frage. Große Schwierigkeiten bereitet demgegenüber aber die Anwendung auf außerstrafrechtliche Normen: Greift der Meistbegünstigungsgrundsatz auch dann ein, wenn ein Steuersatz nach Tatbegehung gesenkt wird? Ist § 2 Abs. 3 StGB auch dann anzuwenden, wenn ein Besteuerungstatbestand, zu dem der Steuerpflichtige bzgl. eines Jahres pflichtwidrig keine oder falsche Angaben gemacht hat, für Folgejahre abgeschafft oder zugunsten des Steuerpflichtigen etwa durch eine erweiterte Absetzbarkeit von Betriebsausgaben oder Werbungskosten modifiziert wird? Diese Frage stellte sich z.B. zur erweiterten Absetzbarkeit von Parteispenden in den 80er Jahren (vgl. dazu BGHSt, 34, 272 ff.).

α PrinzipielleAnwendbarkeitaufsteuerstrafrechtlichesBlankettstrafrecht. Für die Antwort ist   **131** zunächst zu berücksichtigen, dass das **Steuerstrafrecht** nach der vorherrschenden Deutung insb. des Steuerhinterziehungstatbestandes (§ 370 AO) **in der Praxis als Blankettstrafrecht** eingeordnet wird (BGH, NStZ 2007, 595 f.; näher schon § 369 AO Rdn. 62 ff.). Das Reichsgericht und anfangs auch der BGH standen für Blankettstrafgesetze auf dem Standpunkt, dass außerstrafrechtliche Gesetzesänderungen keine Gesetzesänderungen iS des strafrechtlichen Meistbegünstigungsgrundsatzes sein könnten (RGSt, 49, 410 [413 f.]; BGHSt, 7, 294 f.). Der BGH hat diese Haltung jedoch zu Recht aufgegeben. In seiner **Grundsatzentscheidung** (BGHSt, 20, 177 [180 ff.]) hob das Gericht hervor, dass allein die formale Technik der Gesetzgebung (Inkorporation der Verhaltensanforderung in das Strafgesetz oder Trennung von außerstrafrechtlicher [hier: steuerrechtlicher] Verhaltensanforderung und Strafnorm beim Blankettgesetz) nicht über die Reichweite des Meistbegünstigungsgrundsatzes entscheiden könne, sondern zu willkürlichen oder zufälligen Ergebnissen führen müsse. Der BGH erkannte daher an, dass auch dann, wenn eine blankettausfüllende außerstrafrechtliche Norm geändert werde, ein wesentlicher Teil des nur durch seine gesetzliche Ausfüllung funktionsfähigen strafrechtlichen Blankettgesetzes geändert ist. Daher sind **Änderungen blankettausfüllender außerstrafrechtlicher Normen auch des Steuerrechts *prinzipiell* Gesetzesänderungen iS des § 2 Abs. 3 StGB** (dafür s. BVerfG, NJW 1995, 315 f.; BGHSt, 6, 30 ff.; 20, 177 [180 ff.]; 34, 272 [282]; 40, 378 [381]; 47, 138 [143]; BGH, NStZ 1992, 535 f.; OLG Düsseldorf, NJW 1991, 710 [711]; OLG Stuttgart, NJW 1990, 657 [658]; LG München II, NStZ 2000, 93 [94]; BT-Drucks. 7/550 S. 206; MüKo-StGB/*Schmitz* § 2 Rn. 28 ff.; FGJ/*Joecks* § 369 Rn. 23 [26]; *Gribbohm/Utech*, NStZ 1990, 209 f.; *Meyberg*, PStR 2010, 278 [280 f.]).

132 Anderes würde nach herrschender Meinung erneut (vgl. schon § 369 AO Rdn. 64 f.) dann gelten, soweit man in den Steuerstraftaten – entgegen der bisherigen Rechtsprechung! – keine Blankettstrafgesetze, sondern Strafgesetze mit normativen Tatbestandsmerkmalen sehen würde. Wenn außerstrafrechtliche Normen die Anwendung normativer Tatbestandsmerkmale mitbestimmen, werden ihre Änderungen nach der noch überwiegenden Ansicht nicht als Änderungen iS des § 2 Abs. 3 StGB eingestuft, da sich das vollständige und allein maßgebliche *Straf*gesetz selbst nicht geändert hat (BVerfG, NJW 1995, 315 [316]; *Samson*, wistra 1983, 235 [237]; SSW-StGB/*Satzger* § 2 Rn. 23). Allerdings wird diese Ansicht bestritten. Oft wird eine mehr oder weniger weitreichende Anwendung auch auf normative Tatbestandsmerkmale vorgeschlagen (so *Tiedemann/Dannecker* S. 20 ff.; *Flämig* S. 71 ff.; LK-StGB/*Dannecker* § 2 Rn. 83 [87]: es sei denn, es fehle eine Bewertungsänderung; *ders.* S. 478 ff.; *C. Schröder*, ZStW 112 [2000], 44 [61 ff.]: Abgrenzung nur nach der [fehlenden] Unrechtsrelevanz der Änderung). *Schmitz* schlägt überdenkenswert vor, eine Gesetzesänderung dann zu bejahen, wenn sich die Auslegung des normativen Tatbestandsmerkmals mit der Änderungen des außerstrafrechtlichen Rechts automatisch ändert, weil es streng akzessorisch zu diesem ausgelegt wird (*Schmitz*, wistra 2009, 369 [372]; s.a. schon NK-StGB/*Hassemer/Kargl* § 2 Rn. 33).

133 **β DurchbrechungenderAnwendbarkeitimSteuerrecht.** Da die Rechtsprechung betont, „Steuerstrafrecht ist Blankettstrafrecht", resultiert aus dem Vorhergehenden eine **prinzipielle Anwendbarkeit** auf steuerrechtliche Gesetzesänderungen. Diese Rechtslage wird aber **auf zwei Wegen empfindlich durchbrochen.** Zum einen ist zu bedenken, dass Steuergesetze als Zeitgesetze gem. § 2 Abs. 4 StGB unter eine – allerdings problematische – Ausnahme vom Meistbegünstigungsgrundsatz fallen können (näher dazu § 369 AO Rdn. 136 ff.). Zum anderen und v.a. wird der **Begriff der Gesetzesänderung von der Rechtsprechung speziell im Steuerrecht nach einem anderen Kriterium begrenzt:** Wenn der Gesetzgeber – wie es bei der Parteispendenaffäre der Fall war – neu geltendes begünstigendes Steuerrecht schafft, das nach der gesetzlichen Anordnung erst auf Folgejahre i.R.d. stets nach Veranlagungszeiträumen getrennten Besteuerung Anwendung finden soll (vgl. z.B. § 54 Abs. 1 KStG 1984), verneint die Rechtsprechung eine Gesetzesänderung. In diesem Fall beurteile der Gesetzgeber den in Rede stehenden Sachverhalt – die Behandlung einer bestimmten steuerlichen Frage in den Jahren vor 1984 – tatsächlich nicht anders (BGHSt, 34, 272 [282 ff.]; im Wesentlichen so schon *Samson*, wistra 1983, 235 ff.). Nach der Rechtsprechung stellen Absenkungen von Steuertarifen, neu geschaffene oder verbesserte Abschreibungsmöglichkeiten oder andere begünstigende steuerliche Regelungen damit regelmäßig keine Gesetzesänderungen iS des § 2 Abs. 3 StGB dar – **entstandene Steueransprüche bleiben geschützt** (BGHSt, 34, 272 [282 ff.] m. abl. Anm. *Tiedemann*, NJW 1987, 1247 f.; Sch/Sch/*Eser/Hecker* § 2 Rn. 20 f.; MüKo-StGB/*Schmitz/Wulf* § 370 AO Rn. 183 [188]; SK-StGB/*Rudolphi* § 2 Rn. 8c; FGJ/*Joecks* Rn. 27 f.; i.E. *C. Schröder*, ZStW 112 [2000], 44 [66 f.]). Anders liegt es danach nur dann, wenn die Auslegung der neuen steuerlichen Regelung ergibt, dass der Gesetzgeber damit auch frühere Vorschriften außer Kraft setzen wollte (*Samson*, wistra 1983, 235 [237]; FGJ/*Joecks* § 369 Rn. 27) oder eine Verfahrensregelung wie § 153 Abs. 1 AO betroffen ist (*Samson*, wistra

1983, 235 [237]; MüKo-StGB/*Schmitz/Wulf* § 370 Rn. 185 [189]; FGJ/*Joecks* § 369 Rn. 28). Insoweit bleiben Gesetzesänderungen außer Betracht, die nur für die Zukunft gelten, ohne etwas an derjenigen Rechtslage ändern zu wollen, welche die zuvor geltenden Normen geschaffen haben (BGHSt, 34, 272 [282 ff.]; *Bergmann*, NJW 1986, 233 ff.; Sch/Sch/*Eser/Hecker* § 2 Rn. 20 f. [24 f.]; Lackner/*Kühl* § 2 StGB Rn. 4). Zur zeitweisen Vermögensteuererhebung gemäß BVerfGE 93, 121 ff. s. § 369 AO Rdn. 143.

Diese Begrenzung durch den BGH wird vom **Schrifttum** oft nicht oder doch nur im Ergebnis **134** mitgetragen. Einige Stimmen folgen dem BGH im Ergebnis, weil sie in den betroffenen Merkmalen der Steuerhinterziehung normative Tatbestandsmerkmale sehen und deshalb das Meistbegünstigungsprinzip für unanwendbar halten (für diese Ansicht *Wulf*, wistra 2001, 41 [45 f.]; MüKo-StGB/*Schmitz/Wulf* § 370 Rn. 184; *Gribbohm/Utech*, NStZ 1990, 209 [210]). Andere unterscheiden danach, ob die Blankettstrafdrohung sich – die Geltung des § 2 Abs. 3 StGB auslösend – darauf beschränkt, die Beachtung der in den Ausfüllungsnormen aufgestellten Verbote und Gebote zu sichern, oder ob die Strafnorm – die Geltung des § 2 Abs. 3 StGB verhindernd – nur außerstrafrechtlich begründete Regelungseffekte schützt bzw. schützen will (mit Nuancen im Detail so z.B. *Jakobs* AT Rn. 4/66 [70 ff.]; SK-StGB/*Rudolphi* § 2 Rn. 8a [8b f.]; *Samson*, wistra 1983, 235 [237 f.]; *Laaths* S. 112 ff.; dagegen schon m.w.N. insoweit *Kunert*, NStZ 1982, 276 ff.; *Rüping*, NStZ 1984, 450 [451]; *Tiedemann/Dannecker* S. 11 ff. [18 ff.] *Flämig* S. 71 ff.; NK-StGB/*Hassemer/Kargl* § 2 Rn. 35 ff.; MüKo-StGB/*Schmitz* § 2 Rn. 30; LK-StGB/*Dannecker* § 2 Rn. 81 ff.). Oftmals wird im Schrifttum zu Recht nur Raum dafür gesehen, Neuregelungen von der Geltung des § 2 Abs. 3 StGB auszuschließen, die aus Sicht des Adressaten keine wirkliche Begünstigung (z.B. Zurücknahme von Geschwindigkeitsbegrenzungen), sondern **nur eine (technisch) andere Regelung** (z.B. der fiktive Wechsel von einem Rechts- auf ein Linksfahrgebot im Straßenverkehr) ausmachen. Einzubeziehen sind danach alle durch geänderte Gesetze eintretende Begünstigungen hinsichtlich der Verbotsmaterie des Strafgesetzes (NK-StGB/*Hassemer/Kargl* § 2 Rn. 38 ff.; *Tiedemann/Dannecker* S. 18 ff.; *Tiedemann*, NJW 1986, 2475 ff.; LK-StGB/*Dannecker* § 2 Rn. 82 ff.; *ders.*, FS Schroeder S. 761 [774 ff.]).

γ **Stellungnahme.** Soweit nicht nur eine technisch andere Regelung, sondern eine begünstigende **135** Neuregelung für die Zukunft erfolgt, bedeutet die Rechtsprechung des BGH eine **rechtfertigungsbedürftige Einschränkung des Meistbegünstigungsprinzips**. Auch hier bewertet der Gesetzgeber die Rechtslage neu, indem er etwa eine erweiterte Abziehbarkeit von Parteispenden in Abkehr von altem Recht positiv bewertet. Wenn er im Steuerrecht zugleich bewusst entscheidet, die Folgen dieser Bewertungsänderung durch eine zeitliche Vorgabe zu beschränken, stellt dies tatsächlich die Wandelung seiner Rechtsauffassung zu einem zutreffenden Steuerrecht nicht *per se* infrage. Der Gesetzgeber sieht sich vielmehr lediglich *nicht gezwungen*, seine entstandenen bzw. entstehenden Steueransprüche preiszugeben. Er hält sich für berechtigt, eine Geltung der *lex mitior* durch die zeitliche Begrenzung verhindern zu können. Die hieran anschließende Rechtsprechung des BGH bedarf deshalb – mindestens soweit Art. 49 Abs. 1 Satz 3 GRC über Art. 51 GRC anwendbar ist – der verhältnismäßigen Rechtfertigung (dazu § 369 AO Rdn. 139 f. und in anderem Kontext *Gaede*, wistra 2011, 365, 369 ff.). Auch dann ist diese **Rechtfertigung** aber **bei Steueransprüchen**, die anders als z.B. Antidumpingzölle jedenfalls auch zur Erlangung von Staatsvermögen erhoben werden, diskutabel. Mit diesen Ansprüchen ist nach dem alten Recht Vermögen geschaffen, das unabhängig von der zukünftigen Fortgeltung der begründenden früheren Rechtslage schutzwürdig sein kann. Diese Besonderheit könnte ein Grund sein, das Meistbegünstigungsprinzip in Abhängigkeit von den betroffenen steuerlichen Regelungen zurücktreten zu lassen.

dd) Ausnahmen insb. bei Zeitgesetzen und anderen gesetzlichen Fortgeltungsanordnungen

(1) Einschränkung bei Zeitgesetzen gem. § 2 Abs. 4 StGB: Schon der Gesetzgeber durchbricht **136** das Meistbegünstigungsprinzip durch § 2 Abs. 4 StGB auch im Steuerstrafrecht für Taten, die während der Anwendbarkeit sog. Zeitgesetze begangen worden sind. Zeitgesetze gelten gemäß ihrer *groben Legaldefinition* in § 2 Abs. 4 StGB nur „für eine bestimmte Zeit". Bei ihnen wird v.a.

zum Ende ihrer Geltungszeit befürchtet, dass die mit der Inkriminierung qualifiziert bezweckte Gesetzesachtung infolge der absehbaren Anwendbarkeit des Meistbegünstigungsprinzips beeinträchtigt ist (BGHSt, 6, 30 [38]; m.w.N. NK-StGB/*Hassemer/Kargl* § 2 Rn. 46 ff.; SSW-StGB/ *Satzger* § 2 Rn. 31). Je näher der Zeitpunkt kommt, an dem ein Zeitgesetz außer Kraft treten soll/ außer Kraft tritt, umso plausibler ist aus Sicht des Bürgers die Erwartung, dass eine Strafe für seine Übertretung nicht mehr während seiner Geltungsdauer ausgesprochen werden kann (BGHSt, 6, 30 [38]; BGH, wistra 2011, 70). Um zu vermeiden, dass das Zeitgesetz aus dieser Erwägung heraus schon vor dem Eintritt der Gesetzesänderung kalkuliert missachtet wird, schließt § 2 Abs. 4 StGB das Meistbegünstigungsprinzip beim Fortfall von Zeitgesetzen für Taten aus, die während der Anwendbarkeit dieser Gesetze begangen wurden. Zur Rechtfertigung wird z.T. auch eine Zeitgesetze erfordernde „Ausnahmesituation" herangezogen (BGHSt, 6, 30 [38]; 18, 12 [14 f.]; BGH, StV 1999, 26 f.; NJW 1952, 72 f.; RGSt 21, 294 [295]; vgl. auch *Frank* § 2 V 2 a; BT-Drucks. 7/ 550, S. 6; Amtl. Begründung E 1962, S. 107; zudem *Roxin* AT/I § 5 Rn. 66: Ausschluss von Fällen, in denen sich nur die tatsächlichen Verhältnisse geändert haben). Das Meistbegünstigungsprinzip gilt bei Zeitgesetzen prinzipiell nur dann noch unstreitig fort, wenn der Gesetzgeber im Einzelfall anderes bestimmt, das Zeitgesetz infolge einer veränderten Rechtsauffassung aufhebt (SK-StGB/*Rudolphi* § 2 Rn. 16; Sch/Sch/*Eser/Hecker* § 2 Rn. 39 [40]; offen lassend BGHSt, 20, 177 [182]) oder ein Zeitgesetz durch die Einführung eines weiteren Zeitgesetzes für die vorliegenden Verhältnisse aufhebt (RGSt, 50, 398 [400 ff.]). Das Prinzip gilt auch uneingeschränkt, wenn der Gesetzgeber eine begünstigende Gesetzesänderung vollzieht, indem er ein Zeitgesetz i.S.d. § 2 Abs. 4 StGB erlässt: Hier greift § 2 Abs. 4 StGB von vornherein nicht ein (grundlegend *Schmitz*, wistra 2009, 369 [372 f.]; wohl auch BGH, wistra 2010, 219 [220]; a.A. aber z.B. *Dannecker/Knierim/Hagemeier*, Insolvenzstrafrecht, Rn. 55).

137 **(2) Begriff des Zeitgesetzes:** Ein Zeitgesetz ist jedes Gesetz, dessen Geltung der Gesetzgeber kalendermäßig befristet oder auf den Eintritt eines bestimmten in absehbarer Zeit eintretenden Ereignisses bedingt hat (**Zeitgesetz im engeren Sinne**, dafür BGHSt, 6, 30 [36 f.]; OLG Düsseldorf, NJW 1991, 710 [711]; m.w.N. MüKo-StGB/*Schmitz* § 2 Rn. 43). Ein Gesetz kann auch durch die nachträgliche Befristung oder Bedingung seiner Geltung ein Zeitgesetz werden (OLG Karlsruhe, NStZ 1981, 264; BayObLGSt, 1961, 149 [150 ff.]; MüKo-StGB/*Schmitz* § 2 Rn. 43 [46]). Dies wird – wegen Art. 49 Abs. 1 Satz 3 GRC heute zu Unrecht – nicht nur für Taten angenommen, die **nach** der Befristung oder Bedingung geschehen sind, sondern auch für zuvor begangene Taten, obschon der Zeitgesetzcharakter auf ihre Begehung keinen Einfluss haben konnte (so aber z.B. für die Steuerhinterziehung dennoch OLG Hamburg, wistra 2001, 112 f.; *Wulf*, wistra 2001, 41 [49]; wie hier i.E. auch schon *Ulsamer/Müller*, wistra 1998, 1 [6]).

138 Darüber hinaus soll nach der Rechtsprechung auch jedes Gesetz ein Zeitgesetz sein, das nach seinem Inhalt und Zweck erkennbar nur als vorübergehende Regelung für die Dauer besonderer wirtschaftlicher oder sonstiger Verhältnisse gedacht ist (**Zeitgesetz im weiteren Sinne**, dafür BGHSt, 18, 12 [14 f.]; 40, 378 [381 f.]; BGH, StV 1999, 26 f.; NJW 1952, 72 f.; *Fischer* § 2 Rn. 13; BT-Drucks. 7/550 S. 206). Enger forderte der BGH auch bereits, dass das Gesetz nach seinem Inhalt „von selbst gegenstandslos werden müsse" (so BGHSt, 6, 30 [39]; Sch/Sch/*Eser/Hecker* § 2 Rn. 35; LK-StGB/*Dannecker* § 2 Rn. 127). Ein Gesetz verliert seinen Charakter als Zeitgesetz, wenn seine Geltungsdauer infolge veränderter Umstände unübersehbar wird und dadurch nicht mehr nur für eine bestimmte Zeit gilt (BGHSt, 6, 30 [39]; 40, 378 [381 ff. mit sehr enger Subsumtion]; SSW-StGB/*Satzger* § 2 Rn. 34; Leipold/Tsambikakis/Zöller/*Gaede* § 2 Rn. 14).

139 Besonders im jüngeren **Schrifttum** wird das **Zeitgesetz** (im weiteren Sinne) **zusätzlich eingeschränkt** (vgl. z.B. m.w.N. NK-StGB/*Hassemer/Kargl* § 2 Rn. 46 ff.; *Walter*, FS Tiedemann S. 969 [982 f.]; Leipold/Tsambikakis/Zöller/*Gaede* § 2 Rn. 14). Es wird zu Recht gefordert, dass bereits bei Erlass des Gesetzes oder infolge einer nachträglichen expliziten Befristung/Bedingung genau absehbar sein müsse, dass *und* wann das Gesetz wieder außer Kraft treten wird (*Kunert*, NStZ 1982, 276 [279 f.]; *Rüping*, NStZ 1984, 450 [451]; MüKo-StGB/*Schmitz* § 2 Rn. 45 f.; NK-StGB/*Hassemer/Kargl* § 2 Rn. 48 [53]; *Laaths* S. 45 f. [70 f., 132 f.]; LK-StGB/*Dannecker* § 2

Rn. 129; *Flämig* S. 120 f.; ähnlich SSW-StGB/*Satzger* § 2 Rn. 32). Dies folgt schon daraus, dass ein nur vage möglicher Schluss auf eine bevorstehende Gesetzesänderung die Gesetzgeltung nicht ernsthaft gefährdet (NK-StGB/*Hassemer/Kargl* § 2 Rn. 48; m.w.N. *Gaede*, wistra 2011, 365, 369 ff.). Die prinzipielle Geltung des § 2 Abs. 3 StGB, die durch Art. 49 Abs. 1 Satz 3 GRC in weitem Umfang geboten ist, darf nicht über § 2 Abs. 4 StGB im Wirtschafts- und Steuerstrafrecht in den Ausnahmefall verkehrt werden (näher *Gaede*, wistra 2011, 365, 369 ff.; vgl. schon MüKo-StGB/*Schmitz* § 2 Rn. 45 f.). Darüber hinaus wird im Hinblick auf Art. 49 Abs. 1 Satz 3 GRC und eine gebotene verfassungsrechtliche Verankerung des Meistbegünstigungsprinzips in Art. 20 Abs. 3 GG in Zukunft stets zu prüfen sein, ob die Einschränkung des Meistbegünstigungsprinzips über die Annahme eines Zeitgesetzes zu einer noch **verhältnismäßigen Einschränkung** führt (dazu näher *Gaede*, wistra 2011, 365, 369 ff.).

Ob nach diesen Maßstäben ein Zeitgesetz vorliegt und das Meistbegünstigungsprinzip deshalb nicht **140** eingreift, ist nach überwiegender Ansicht auch **bei blankettausfüllenden Normen stets für jedes einzelne Gesetz zu prüfen** (OLG Stuttgart, NJW 1990, 657 [658]: konkreter Zweck und Inhalt entscheidend; *Kunert*, NStZ 1982, 276 [278 ff.]; MüKo-StGB/*Schmitz* § 2 Rn. 47; NK-StGB/*Hassemer/Kargl* § 2 Rn. 54 f.; m.w.N. Leipold/Tsambikakis/Zöller/*Gaede* § 2 Rn. 15). Entscheidend ist hierbei die konkret geänderte Regelung, nicht das gesamte Gesetz, in dem sich die geänderte Regelung befindet (*Kunert*, NStZ 1982, 276 [278 ff.]). Die Gerichte haben Zeitgesetze insb. in Embargo-Vorschriften (BGH, StV 1999, 26 f.; NStZ 2007, 644 f.; OLG München, wistra 2007, 34 f.) oder in Erstattungsverordnungen nach EG-Recht (implizit BGH, NStZ 1990, 35 [36]; Sch/Sch/*Eser/Hecker* § 2 Rn. 36) gesehen. Verneint wurde ein Zeitgesetz z.B. bei einer EG-Verordnung über die Weinherstellung (OLG Stuttgart, NJW 1990, 657 [658]) und bei Geschwindigkeitsbegrenzungen nach der StVO (BGHSt, 6, 30 [32 ff.]; OLG Stuttgart, NZV 1989, 121). Zu weiteren Beispielen vgl. m.w.N. Leipold/Tsambikakis/Zöller/*Gaede* § 2 Rn. 16.

(3) Zeitgesetze im Steuerstrafrecht: Da das Steuerrecht in der Praxis als schnelllebiges, vielen **141** Änderungen unterworfenes Rechtsgebiet bekannt ist, haben sich vereinzelte AG und Autoren dafür ausgesprochen, in steuerlichen Regelungen praktisch stets Zeitgesetze zu sehen, wodurch das Meistbegünstigungsprinzip im Steuerstrafrecht weitgehend ausgeschlossen wäre (AG Bochum, NJW 1985, 1968 [1969]; AG Köln, NJW 1985, 1037 [1040 für absolute Betragsgrenzen]; AG Düsseldorf, NJW 1985, 1971; *Franzheim*, NStZ 1982, 137 [138]; i.E. für Regelungen zu Grund und Höhe des Steueranspruchs *Samson*, wistra 1983, 235 [237 ff.]). Tatsächlich ist aber eine **pauschale Einordnung als Zeitgesetz** aus mehreren Gründen **verfehlt**: *Erstens* bedarf es einer konkreten Prüfung der jeweils im Einzelfall geänderten Rechtsnorm, die nicht durch eine grobe Einstufung eines gesamten Rechtsgebiets ersetzt werden kann (insb. gegen das Kriterium der häufigen Neuregelungen *Kunert*, NStZ 1982, 276 [278 f.]). *Zweitens* haben Normen des Steuerrechts keineswegs *nur* einen tagesaktuellen Inhalt, der stets aus vorübergehenden Ausnahmesituationen folgt. Zahlreiche Inhalte wie die Ausrichtung an der Leistungsfähigkeit (im Überblick m.w.N. Tipke/Lang/*Lang* § 4 Rn. 81 ff.) oder die gebotene Berücksichtigung des Parteiensystems (*Kunert*, NStZ 1982, 276 [278 f.]) sind dem Gesetzgeber nicht in jedem Detail, wohl aber prinzipiell vorgegeben. Die Steuergesetzgebung steht allgemein unter dem Gebot, den dauerhaft beträchtlichen Finanzbedarf des Staates gerecht und unter gleichzeitiger Bewahrung und Förderung des Wirtschaftslebens zu erheben, das die Steuerressourcen im Wesentlichen zu erbringen hat. Der Umstand, dass die Vorstellungen zur Gerechtigkeit gerade hier oft streitig und die gewählten Mittel zu ihrer Realisierung oftmals auf fehleranfälligen Prognosen beruhen, nimmt auch der Steuergesetzgebung nicht den Anspruch, eine tragfähige und nachhaltige Regelung zu treffen. Geboten ist daher eine **Prüfung jeder einzelnen Norm**, die sich an den oben dargelegten allgemeinen Kriterien ausrichten muss (i.E. wie hier LG München II, NStZ 2000, 93 [94]; *Kunert*, NStZ 1982, 276 ff.; *Tiedemann/Dannecker* S. 35 ff.; *Flämig* S. 86 ff.; *Walter*, FS Tiedemann S. 969 [981 f.]; MüKo-StGB/*Schmitz/Wulf* § 370 Rn. 187; Sch/Sch/*Eser/Hecker* § 2 Rn. 37; *Rüping*, NStZ 1984, 450 [451]; *Ulsenheimer*, NJW 1985, 1929 [1934]; *Ulsamer/Müller*, wistra 1998, 1 [5 f.]; offen lassend auch nur BGHSt, 34, 272 [282, 284]).

142 Als Zeitgesetz hat die **Rechtsprechung** § 8 MinÖlStG 1957 beurteilt (so – verfehlt – BGHSt, 20, 177 [182 ff.]; a.A. wie hier m.w.N. NK-StGB/*Hassemer/Kargl* § 2 Rn. 53; MüKo-StGB/ *Schmitz* § 2 Rn. 48). Auch eine von vornherein befristete und nunmehr abgelaufene **EG-Verordnung**, mit der **Antidumpingzölle** verhängt wurden, hat der BGH als Zeitgesetz eingestuft (BGH, wistra 2011, 70 m. zust. Bespr. *Meyberg*, PStR 2010, 278 [280 f.]; gegen diese Entscheidung aber gem. Art. 49 Abs. 1 Satz 3 GRC m.w.N. *Gaede*, wistra 2011, 365 [370 ff.]). Die früheren, restriktiven steuerlichen Regelungen zur Behandlung von Parteispenden hat der BGH in seinem Grundsatzurteil zur Parteispendenaffäre der 80er zwar nicht explizit als Zeitgesetze klassifiziert, sondern diese Frage vielmehr offen gelassen (BGHSt, 34, 272 [284]). Er hat aber den Rechtsgedanken des § 2 Abs. 4 StGB in diesem Fall herangezogen, um schon den Anwendungsbereich des § 2 Abs. 3 StGB auszuschließen (BGHSt, 34, 272 [283 f.]).

143 Der BGH hat die **Vorschriften des früheren VStG „wie Zeitgesetze"** gem. § 2 Abs. 4 StGB behandelt, weil das BVerfG § 10 Nr. 1 VStG als (nur) mit der Verfassung (Art. 3 Abs. 1 GG) unvereinbar erklärt hat und seine befristete Weitergeltung gem. § 31 Abs. 2 BVerfGG mit Gesetzeskraft bis zum 31.12.1996 angeordnet hat (BGHSt, 47, 138 [143 f.]; BFH, wistra 2001, 26 ff.; OLG Hamburg, wistra 2001, 112 [113 direkte Anwendung]; OLG Frankfurt am Main, NJW 2000, 2368 m. abl. Anm. *Salditt*, NStZ 2000, 538; *Haas*, NStZ 2002, 454 f.; *Wulf*, wistra 2001, 41 [48 f.]; Sch/Sch/*Eser/Hecker* § 2 Rn. 37; a.A. z.B. LG München II NStZ 2000, 93 [94]; *Ulsamer/ Müller*, wistra 1998, 1 [5 f.]; *Salditt*, StraFo 1997, 65 [68]; *Staechlin*, BB 2000, 1663 f.; LK-StGB/ *Dannecker* § 2 Rn. 86; krit. *Fischer* § 2 Rn. 12: nicht nur Frage des Art. 3 GG). Damit durfte die Praxis bis zum 31.12.1996 entstandene Vermögensteueransprüche über § 370 AO schützen, obschon der Gesetzgeber die Frist zur Neuregelung verstreichen ließ (daher gegen die h.M. LG München II, NStZ 2000, 93 [94]). Nach Ablauf dieses Datums entstanden lediglich keine weiteren Ansprüche, die tauglicher Gegenstand einer Tat nach § 370 AO hätten sein können (so BGHSt, 47, 138 [143 f.]). Jene Rechtsprechung beruhte indes auf einer unzutreffend weiten Auslegung des § 370 AO. Sie wäre als Einschränkung des Meistbegünstigungsprinzips – jedenfalls soweit Art. 49 Abs. 1 Satz 3 GRC eingreift – heute schon wegen einer mangelnden bestimmten gesetzlichen Grundlage i.S.d. Art. 52 Abs. 1 GRC nicht mehr zu akzeptieren (s.a. über den strafrechtlicher Gesetzesvorbehalt i.E. wie hier LK-StGB/*Dannecker* § 2 Rn. 86).

144 **(4) Befugnis des Gesetzgebers zu weiteren Einschränkungen:** In der Rechtsanwendung darf nicht übersehen werden, dass der Gesetzgeber nach der bisherigen herrschenden Meinung auch über § 2 Abs. 4 StGB hinaus und sogar nachträglich befugt sein soll, das **Meistbegünstigungsprinzip auszuschließen** (BVerfG, NJW 2008, 3769 f. zu § 8 Abs. 3 FahrPersG und § 4 Abs. 3 OWiG; BGHSt GS 42, 114 [119 ff.]; OLG Stuttgart, NuR 1999, 416 ff.; i.E. schon BVerfGE 81, 132 [135 ff.]). Jedenfalls in Fällen, in denen ein schutzwürdiges Vertrauen nicht entstehen konnte, soll der Gesetzgeber vom Meistbegünstigungsprinzip absehen können, indem er z.B. eine durch fehlgehende Verweise auf zwischenzeitlich geändertes Unionsrecht entstandene Ahndungslücke mittels einer Dispensierung vom Meistbegünstigungsprinzip nachträglich schließt (BVerfG, NJW 2008, 3769 f.; 1993, 321 [322]; OLG Stuttgart, NuR 1999, 416 ff. zu § 39 Abs. 2 BNatSchG). Diese Ausschlussbefugnis ist jedenfalls im Anwendungsbereich der **Art. 49 Abs. 1 Satz 3, 51 GRC** und angesichts der gebotenen Anerkennung des Meistbegünstigungsprinzips als Verfassungssatz darüber hinaus einzuschränken (wie hier i.E. bereits *Schröder*, FS Mehle S. 597 [601 ff.]; SSW-StGB/ *Satzger* § 2 Rn. 16; *Pfohl*, wistra 1999, 161 [166]; zur Bedeutung der EU-Grundrechtecharta und zu Einzelmaßstäben dieser bislang im Steuerstrafrecht nicht virulenten Fallgruppe näher *Gaede*, wistra 2011, 365, 372 f.). In der Aufhebung milderen Zwischenrechts wird in der Literatur z.T. auch ein Verstoß gegen Art. 103 Abs. 2 GG gesehen (so *Grünwald* FS Arth. Kaufmann, S. 433 ff.; SK-StGB/*Rudolphi* § 2 Rn. 6; MüKo-StGB/*Schmitz* § 2 Rn. 18; a.A. aber z.B. BVerfGE 81, 132 ff.; LK-StGB/*Dannecker* § 2 Rn. 61).

2. Der räumliche Anwendungsbereich der Steuerstrafgesetze: Auslandssachverhalte

▶ **Praxistipp:** 145

Wenn Sachverhalte einen Auslandsbezug aufweisen, weil
- ein Tatverdächtiger Ausländer ist,
- die Tat im Ausland begangen wurde
- und/oder sich die Tat gegen Steuer- oder Zollansprüche der EU oder eines anderen Staates richtet,

muss in einer zweistufigen Prüfung untersucht werden, ob das deutsche Steuerstrafrecht eingreift (dafür auch allgemein Leipold/Tsambikakis/Zöller/Zöller Vor § 3 ff. Rn. 5 ff.; zum Steuerstrafrecht knapp mit einer anderen Prüfungsreihenfolge FGJ/Joecks § 369 Rn. 33 f.). Zunächst ist zu prüfen, ob das deutsche Strafrecht nach seinem Strafanwendungsrecht (sog. internationalen Strafrecht, insb. die §§ 3 ff. StGB) Anwendung findet. Sodann ist immer zusätzlich für den möglicherweise einschlägigen konkreten Tatbestand des Steuerstrafrechts zu untersuchen, ob er nach seinem Schutzzweck und seinem Wortlaut gerade auch den konkreten Auslandssachverhalt erfasst. Beides ist – auch soweit EU-Recht einschlägig ist – nicht als selbstverständlich zu unterstellen.

a) Anwendbarkeit des deutschen Strafrechts („internationales Strafrecht")

§ 3 StGB   Geltung für Inlandstaten

Das deutsche Strafrecht gilt für Taten, die im Inland begangen werden.

§ 4 StGB   Geltung für Taten auf deutschen Schiffen und Luftfahrzeugen

Das deutsche Strafrecht gilt, unabhängig vom Recht des Tatorts, für Taten, die auf einem Schiff oder in einem Luftfahrzeug begangen werden, das berechtigt ist, die Bundesflagge oder das Staatszugehörigkeitszeichen der Bundesrepublik Deutschland zu führen.

§ 9 StGB   Ort der Tat

(1) Eine Tat ist an jedem Ort begangen, an dem der Täter gehandelt hat oder im Falle des Unterlassens hätte handeln müssen oder an dem der zum Tatbestand gehörende Erfolg eingetreten ist oder nach der Vorstellung des Täters eintreten sollte.

(2) Die Teilnahme ist sowohl an dem Ort begangen, an dem die Tat begangen ist, als auch an jedem Ort, an dem der Teilnehmer gehandelt hat oder im Falle des Unterlassens hätte handeln müssen oder an dem nach seiner Vorstellung die Tat begangen werden sollte. Hat der Teilnehmer an einer Auslandstat im Inland gehandelt, so gilt für die Teilnahme das deutsche Strafrecht, auch wenn die Tat nach dem Recht des Tatorts nicht mit Strafe bedroht ist.

Der räumliche Anwendungsbereich des deutschen Steuerstrafrechts richtet sich **in erster Linie** 146 **nach den §§ 3 ff. StGB.** Die dort aufgenommenen Regelungen bestimmen, wann deutsches Strafrecht ggü. einem ggf. im Ausland oder von einem Ausländer verwirklichten Sachverhalt einen Regelungs- und Bestrafungsanspruch erhebt (näher zu den §§ 3 ff. StGB die aktuelle Kommentierung AnwaltK-StGB/Zöller Vor §§ 3 ff. Rn. 1 ff.). Hiernach ergibt sich die Anwendbarkeit des deutschen Steuerstrafrechts regelmäßig bereits aus einem gem. §§ 3, 4, 9 StGB vorliegenden **Inlandsbezug** (sog. **Territorialitätsprinzip**). Dieser Inlandsbezug ist gem. § 9 StGB gegeben, wenn

- der **Täter oder (!) Teilnehmer** in Deutschland handelte,
- der **Täter oder (!) Teilnehmer** in Deutschland hätte handeln müssen,
- der **Taterfolg in Deutschland eingetreten ist**

– oder nach der Vorstellung des Täters oder Teilnehmers hätte eintreten sollen (strafbarer **Versuch**).

147   Zum Inland gehören neben § 3 StGB laut § 4 StGB auch unter deutscher Flagge fahrende Schiffe. Im Fall der **Steuerhinterziehung** tritt der Erfolg stets in Deutschland ein, soweit sich die Tat auf eine deutsche Steuer bezieht. Für den Bannbruch ergibt sich die Anwendbarkeit deutschen Strafrechts schon aus dessen gesetzlicher Definition, nach der für die Tatbegehung eine Einfuhr, Durchfuhr oder Ausfuhr aus dem deutschen Hoheitsgebiet erforderlich ist.

148   Wird eine nach deutschem Recht tatbestandsmäßige Steuerhinterziehung ausschließlich im Ausland z.B. zulasten ausländischer Eingangsabgaben verwirklicht, ohne dass eine deutsche Steuer betroffen ist, fehlt der Inlandsbezug. Dass der Täter Deutscher war (sog. Personalprinzip), begründet die Anwendbarkeit deutschen Strafrechts allein nicht (FGJ/*Joecks* § 369 Rn. 32 [34]). Hier begründet jedoch § 370 **Abs. 7 AO ergänzend** die Anwendbarkeit deutschen Strafrechts. Diese Ergänzung gilt gem. § 373 **Abs. 4 AO** auch für den gewerbsmäßigen, gewaltsamen und bandenmäßigen Schmuggel und gem. § 374 **Abs. 4 AO** auch für die Steuerhehlerei (veraltet auf § 5 Nr. 12, 13 StGB verweist aber noch FGJ/*Joecks* § 369 Rn. 34). Soweit das Steuerstrafrecht der AO gem. § 12 Abs. 1 MOG auch für Marktordnungsabgaben Anwendung findet oder die §§ 370 ff. AO auch auf Zölle für Marktordnungswaren und Ausfuhrabgaben anzuwenden sind, bestimmt § 35 **MOG**, dass deutsches Steuerstrafrecht unabhängig vom Recht des Tatorts auch für Taten gilt, die außerhalb des Geltungsbereichs des MOG begangen werden.

149   Soweit eine entsprechende **Ergänzung** wie z.B. bei § 26c UStG **fehlt** und im Einzelfall auch die §§ 5, 6, 7 StGB nicht greifen, darf das Steuerstrafrecht nicht auf Auslandssachverhalte angewendet werden. Das BVerfG hat bekräftigt, dass das Gesetzlichkeitsprinzip des Art. 103 Abs. 2 GG auch für das „internationale Strafrecht" gilt (BVerfG, wistra 2003, 255 ff.). Die Geltung des deutschen Steuerstrafrechts darf folglich nicht über eine Analogie oder mit dem Argument begründet werden, eine mangelnde Regelung stelle ein Redaktionsversehen dar (§ 369 AO Rdn. 92).

b) Anwendbarkeit des konkreten Steuerstraftatbestands

150   Von der prinzipiellen Anwendbarkeit des deutschen Strafrechts muss in der Praxis im Steuerstrafrecht die Frage unterschieden werden, ob ein **deutscher Straftatbestand** *de lege lata* auch die jeweils betroffenen **Rechtsgüter bzw. Steueransprüche schützt** (dazu eingehend – allerdings gegen eine strikte Trennbarkeit der Frage von den §§ 3 ff. StGB – m.w.N. *Golombek* S. 13 ff.; vgl. am Beispiel des § 299 StGB a.F. aus jüngerer Zeit auch BGHSt, 52, 323 [339 ff.]: ausländischer Wettbewerb nicht für sich genommen geschützt). Der Schutz besteht nur dann unproblematisch, wenn die Tat **inländische Steuern, Steuerzeichen oder Verbringungsverbote** (§ 372 AO) betrifft. Bei **Rechtsgütern anderer Staaten** oder internationaler Organisationen bedarf die Frage nach der Erstreckung auf ausländische oder internationale Rechtsgüter und Schutzobjekte jedoch besonderer Untersuchung. Prinzipiell ist anzunehmen, dass Rechtsgüter anderer Staaten durch deutsche Straftatbestände nicht geschützt werden, es sei denn der Gesetzgeber bringt die ausnahmsweise Erstreckung des deutschen Schutzes im Gesetz bestimmt zum Ausdruck (m.w.N. AnwaltK-StGB/ *Zöller* Vor §§ 3 ff. Rn. 5 ff.; krit. m.w.N. *Golombek* S. 18 f. [27 ff.]). Entsprechend ist für Steuern, Zölle und Verbringungsverbote anderer Staaten davon auszugehen, dass der Gesetzgeber das deutsche Steuerstrafrecht nicht auf diese Schutzobjekte erstreckt hat (statt vieler so FGJ/*Joecks* § 369 Rn. 33). Wer z.B. polnische ESt hinterzieht, indem er seine Einkommensteuererklärung von Berlin nach Warschau schickt, verstößt damit nicht gegen § 370 AO, auch wenn die Tathandlung (§§ 3, 8, 9 StGB) teilweise in Deutschland ausgeführt wurde.

151   Insb. im Zuge der **Europäisierung des Steuerrechts** hat der Gesetzgeber jedoch die Geltung des deutschen Steuerstrafrechts und damit auch seine Rechtsgüter (MüKo-StGB/*Schmitz/Wulf* § 370 AO Rn. 9) explizit erweitert. Gem. § 370 **Abs. 6 Satz 1 AO** schützt die Steuerhinterziehung auch das Steueraufkommen aus Einfuhr- oder Ausfuhrabgaben, die von einem anderen Mitgliedsstaat der EG verwaltet werden oder die einem Mitgliedsstaat der EFTA oder einem mit der EFTA asso-

ziierten Staat zustehen. Gleiches gilt für Umsatzsteuern und harmonisierte Verbrauchsteuern, die sich auf Waren beziehen, die in Art. 3 Abs. 1 RL 92/12/EWG des Rates v. 25.02.1992 (ABl., EG Nr. L 76 S. 1, „Systemrichtlinie", außer Kraft getreten zum 15.01.2009) genannt waren bzw. heute in Art. 1 Abs. 1 RL 2008/118/EG des Rates v. 16.12.2008 über das allgemeine Verbrauchsteuersystem und zur Aufhebung der Richtlinie 92/12/EWG geregelt sind (zur heutigen Fassung BGBl., I 2010, S. 1768, 1793 und BGBl., I 2011, S. 2592, 2615). Dies galt bis zum 07.12.2010 allerdings nur, *wenn und soweit* die Gegenseitigkeit der Verfolgung zur Tatzeit verbürgt und in einer Rechtsverordnung gem. § 370 Abs. 6 Satz 4 AO festgestellt ist (**§ 370 Abs. 6 Satz 2 und 3 AO**). Die Erweiterung des § 370 Abs. 6 *Satz 1* AO wurde mit § 373 Abs. 4 AO auf den gewerbsmäßigen, gewaltsamen oder bandenmäßigen Schmuggel übertragen und durch § 374 **Abs. 4 AO** auch für die Steuerhehlerei eingeführt. Vgl. näher § 370 AO Rdn. 605 ff., § 373 AO Rdn. 4, 10 und § 374 AO Rdn. 8 ff.

3. Die Anwendung der Steuerstraftaten mithilfe der allgemeinen Straftatdogmatik

Ist das deutsche Steuerstrafrecht nach den vorhergehend geschilderten Maßstäben anwendbar, bedeutet die Verankerung im allgemeinen Strafrecht primär, dass die einzelnen Steuerstraftaten nach dem heute dominierenden **dreistufigen Deliktsaufbau** („Straftatschema") geprüft werden müssen. Die Steuerstraftaten wie z.B. § 370 AO und § 374 AO sind mit diesem Deliktsaufbau zu verzahnen. Die Straftat setzt sich danach aus **drei kumulativen Stufen** zusammen, die eine gezielte und strukturierte Rechtsanwendung ermöglichen. Zu fragen ist daher jeweils gesondert nach der Tatbestandsmäßigkeit des Verhaltens, nach seiner Rechtswidrigkeit und schließlich nach der tatbezogenen Schuld des jeweiligen Tatbeteiligten. Gerichte dürfen also auch im Steuerstrafrecht nur denjenigen bestrafen, der **tatbestandsmäßig, rechtswidrig und schuldhaft** gehandelt hat. Außerhalb dieser Stufen ist auch im Steuerstrafrecht auf persönliche Strafaufhebungsgründe (§ 24 StGB; § 371 AO) sowie auf etwaige fehlende Prozessvoraussetzungen und Verfahrenshindernisse wie z.B. § 19 StGB (Kindesalter) oder § 32 ZollVG („Schmuggelprivileg") zu achten. Weitere Verfahrenshindernisse können in den § 50e Abs. 2 EStG und in § 37 TabStG liegen (vgl. Graf/Jäger/Wittig/ *Jäger* Vor § 369 Rn. 20 f.).

Auf der **ersten Stufe** ist zu prüfen, ob das in den Steuerstraftaten beschriebene Verhalten verwirklicht wurde (**Tatbestandsmäßigkeit**). Hierfür muss der zu prüfende Sachverhalt bzw. der Mandant/Beschuldigte z.B. die im § 370 AO gesetzlich umschriebenen äußerlich fassbaren Tatbestandsmerkmale verwirklicht haben, mit denen der Gesetzgeber entsprechend seiner Pflicht aus Art. 103 Abs. 2 GG einen bestimmten Unrechtstypus beschreiben wollte. Sie machen den *objektiven Tatbestand*. Bei **Erfolgsdelikten** wie der Steuerhinterziehung ist somit zu fragen, ob der Täter den im Tatbestand beschriebenen Erfolg (hier: der Steuerverkürzung oder der Erlangung eines Steuervorteils) durch eine in den § 370 Abs. 1 Nr. 1 bis Nr. 3 AO beschriebene Tathandlung (aktives Tun [Nr. 1] oder Unterlassen [primär Nr. 2 und 3]) kausal und objektiv zurechenbar verwirklicht hat. Bei den von der herrschenden Meinung anerkannten **Tätigkeitsdelikten** genügt es dagegen, dass der Täter eine im Strafgesetz beschriebene Tathandlung begangen oder unterlassen hat. So verhält es sich nach herrschender Meinung z.B. beim Bannbruch, § 372 Abs. 1 AO. Bestandteile des objektiven Tatbestandes können zum einen Tatbestandsmerkmale sein, die deskriptiv erfassbare äußerliche Sachverhalte umschreiben (z.B. die Einfuhr eines Tieres bei § 372 Abs. 1 AO). Zum anderen können die Tatbestandsmerkmale so beschaffen sein, dass sie sich von vornherein nur unter Rückgriff auf Wertungen erfassen lassen (sog. normative oder rechtsnormative Tatbestandsmerkmale). Dies ist im Steuerstrafrecht als Regelfall anzusehen, da auch die steuerrechtlichen Tatbestände regelmäßig Wertungen erfordern. So muss z.B. das Bestehen eines Einfuhrverbots durch die *Auslegung des jeweiligen Verbotsgesetzes* ermittelt werden (§ 372 AO) und die Steuerverkürzung des § 370 AO muss *nach den Maßgaben der Steuergesetze berechnet* werden. Nach der heute ganz vorherrschenden Ansicht muss der Täter schon als Element der Tatbestandsmäßigkeit auch subjektiv den **Vorsatz** hinsichtlich des objektiven Geschehens aufweisen, § 15 StGB. Bei der Steuerhehlerei (§ 374 AO) gehört zu diesem *subjektiven Tatbestand* zusätzlich die **Bereiche-**

rungsabsicht des Täters als besonderes subjektives Unrechtsmerkmal (näher dazu § 374 AO Rdn. 33 ff.; zur Gewerbsmäßigkeit s.a. § 26c UStG Rdn. 28). Erfüllt der Sachverhalt (bzw. der Beschuldigte/Mandant) alle Voraussetzungen, die eine Steuerstraftat z.B. gem. § 370 AO in Verzahnung mit dem allgemeinen Strafrecht für den objektiven *und* subjektiven Tatbestand aufstellt, ist die Tatbestandsmäßigkeit des Verhaltens festgestellt.

154 Auf der **zweiten Stufe** ist zu fragen, ob die Tatbestandsverwirklichung auch rechtswidrig war (**Rechtswidrigkeit**). Daran fehlt es nur dann, wenn ausnahmsweise ein Rechtfertigungsgrund eingreift, der die Verwirklichung des Tatbestandes rechtmäßig sein lässt. Abstrakt betrachtet kommen als Rechtfertigungsgründe diverse Institute aus der gesamten Rechtsordnung in Betracht (z.B. der rechtfertigende Notstand des § 34 StGB, die gewohnheitsrechtlich anerkannte Einwilligung [h.M.] etc.). Konkret stellt die Rechtswidrigkeitsprüfung indes in der Praxis keine ernsthaft bedeutsame Fragestellung dar. Z.B. eine „Steuerhinterziehung aus Notwehr" oder andere Konstellationen der Rechtfertigung wie z.B. ein rechtfertigender Notstand im Steuerstrafrecht können allenfalls in konstruierten Lehrbuchfällen relevant sein. So mag man etwa den Fall bilden, in dem eine Grenze unter Inkaufnahme eines Bannbruchs möglichst schnell übertreten werden muss, um einen Schwerverletzten zu retten (hier für eine Rechtfertigung FGJ/*Joecks* § 369 Rn. 95). Insb. kann eine Steuerhinterziehung nicht über **§ 34 StGB** (**rechtfertigender Notstand**) mit dem Argument gerechtfertigt werden, nur auf diese Art und Weise einen Betrieb, Arbeitsplätze oder private Gläubiger retten bzw. befriedigen zu können (Koch/Scholtz/*Scheuermann-Kettner* § 369 Rn. 33; Rolletschke/Kemper/*Dietz* § 369 Rn. 21). Es fehlt hier sowohl an einem Überwiegen der geltend gemachten Beweggründe, zumal vorrangig besonders vorgesehene Verfahren in der AO zu nutzen sind (vgl. z.B. § 222 AO [Stundung] und § 227 AO [Erlass]). Sind die ersten beiden Stufen der (Steuer-) Straftat (Tatbestandsmäßigkeit und Rechtswidrigkeit) festgestellt, steht damit zugleich fest, dass der Täter Unrecht verwirklicht hat.

155 Es bleibt auf der **dritten Stufe** zu prüfen, ob der Täter auch schuldhaft gehandelt hat (**Schuld**). Hierfür ist zu fragen, ob der Täter schuldfähig war (§§ 19 bis 21 StGB), hinsichtlich seiner Tat(-en) zumindest potenzielles Unrechtsbewusstsein besaß (vgl. § 17 StGB, näher § 17 StGB Rdn. 6) und ob er ausnahmsweise entschuldigt handelte (insb. § 35 StGB). Auch diese Prüfungsstufe stellt den Rechtsanwender regelmäßig nicht vor reale Probleme (Rolletschke/Kemper/*Dietz* § 369 Rn. 29). Lediglich die i.R.d. Vorsatzkommentierung näher behandelte **Prüfung eines Verbotsirrtums** könnte bzw. müsste in der Praxis eine gewisse Bedeutung erlangen (§ 17 StGB Rdn. 3 ff.; für eine realistischere und insofern großzügigere Anwendung des § 17 StGB m.w.N. Matt/Renzikowski-StGB/*Gaede* § 17 Rn. 3 ff., 20 ff.). Für das **Unterlassungsdelikt** ist jedoch das im Ergebnis unstreitig anerkannte – allerdings unterschiedlich verortete – **Erfordernis der Zumutbarkeit der Handlungspflicht** zu beachten.§). So kann die Erfüllung steuerlicher Pflichten in besonderen Fällen z.B. wegen einer drohenden Selbstbelastung unzumutbar sein (s. näher zu den praktischen Problemfällen § 370 AO Rdn. 166).

156 Im Steuerstrafrecht kommt *de lege lata* nur die soeben geschilderte vorsätzliche Straftat in Betracht. Eine **Fahrlässigkeitsstrafbarkeit** müsste auch im Steuerstrafrecht durch den Gesetzgeber besonders angeordnet werden (§ 369 Abs. 2 AO, § 15 StGB). Hieran fehlt es jedoch. Lediglich die Steuerordnungswidrigkeiten kennen Fahrlässigkeitstaten (vgl. z.B. die bedeutsame leichtfertige Steuerhinterziehung, § 378 AO).

4. Die Dynamik der allgemeinen Straftatdogmatik

157 Dem geschilderten dreistufigen Deliktsaufbau kommt eine lange Tradition zu. Auch seine einzelnen Begriffe weisen eine beträchtliche Konstanz auf. Sie steht dafür, dass sich der Rechtsanwender im Steuerstrafrecht auf **oftmals altvertraute strafrechtliche Lehren** verlassen kann. Seit dem Abschluss der Reformgesetzgebung in den 70er Jahren ist auch die gesetzliche Ausgangslage im Allgemeinen Teil von Konstanz gekennzeichnet. Dieser Basisbefund ist indes in doppelter Hinsicht ergänzenswert:

Erstens sind **auch allgemeine strafrechtliche Kategorien** einer oft nicht geringen und auch für die 158
Rechtsprechung bedeutsamen **Diskussion und Entwicklung** unterzogen (vgl. schon HHSp/*Rüping*
§ 369 Rn. 29; FGJ/*Joecks* § 369 Rn. 15 [44 ff.]). So hat sich z.B. im objektiven Tatbestand neben dem
Erfordernis der kausalen Erfolgsherbeiführung auch das Erfordernis der objektiven Zurechnung
weithin in der Lehre durchgesetzt (*Roxin* AT/I § 11 Rn. 1 f. [44 ff.]; *Wessels/Beulke* AT Rn. 154 f.
[176 ff.]; FGJ/*Joecks* § 370 Rn. 47; näher zur Anwendung auf den Betrug *Gaede*, FS Roxin II
S. 967 ff.; zu § 370 AO ua bereits m.w.N. *Hild*, StraFo 2008, 445 [447 ff.]). Diese Entwicklung führt
dazu, dass nun auch die Rechtsprechung die **objektive Zurechnung** bei Vorsatzdelikten als Straftat-
voraussetzung erwägt (vgl. BGHSt, 38, 32 [34]; BGH, NStZ 2006, 214 [217]; HRRS 2010
Nr. 794). Bei Fahrlässigkeitstaten bringt sie diese in der Sache schon seit Langem zur Anwendung
(BGH, NJW 2009, 1155 ff.; 2000, 2754 [2757]; BGHSt, 11, 1 [7]; OLG Köln, NStZ-RR 2002,
304; OLG Stuttgart, NStZ 1997, 190 f.). Ein weiteres, älteres Beispiel für Wandlungen des allgemeinen Strafrechts liegt in der Aufgabe der konkurrenzrechtlichen Figur des Fortsetzungszusammenhangs, der mehrere selbstständige Taten zu einer einzigen Tat verband (BGHSt, GS 40, 138 ff.).
Nach seiner Aufgabe im allgemeinen Strafrecht (konkret insb. für den Betrug) wurde diese binnen
kurzer Frist auf das Steuerstrafrecht übertragen (BGHSt, 40, 195 ff.; vgl. aber krit. FGJ/*Joecks* § 369
Rn. 114). Schon weil § 369 Abs. 2 AO eine **dynamische Verweisung** bedeutet (§ 369 AO Rdn. 35),
muss die Rechtsanwendung im Steuerstrafrecht stets darauf achten, die stellenweise durchaus vorhandene Dynamik strafrechtlicher Meinungsstände unverzüglich zu erfassen.

Zweitens kann sich nicht nur bei der Prüfung von Delikten des StGB, sondern auch **anlässlich** 159
von Steuerstraftaten die Frage stellen, ob die **allgemeinen Lehren** nicht im Zuge besserer
Erkenntnis, infolge gewandelter Normsituationen oder aufgrund neuer Fallgestaltungen **der Fort-**
entwicklung bedürfen (vgl. an Beispielen auch Kohlmannn/*Ransiek* § 369 Rn. 64: Straflosstellung
neutraler Handlungen bei Beihilfe *und* Begünstigung). So wurde die in BGHSt aufgenommene
Grundsatzentscheidung zur Behandlung der „neutralen Handlungen" anhand eines steuerstrafrechtlichen Falls, konkret an der Mitwirkung von Bankangestellten an Geldtransfers ins Ausland
getroffen (m.w.N. zu vorherigen Ansätzen BGHSt, 46, 107 ff.). Auch steuerstrafrechtlichen Konstellationen kann also eine Schrittmacherfunktion für die allgemeinen Lehren des Strafrechts
zukommen.

▶ **Praxistipp:** 160

Bei aller Konstanz der strafrechtlichen Rechtsmaßstäbe, die insb. durch die ständige Rechtsprechung verbürgt wird, muss die steuerstrafrechtliche Beratung sicher stellen, dass Tendenzen zu
einer Fortentwicklung des Strafrechts sowohl hinsichtlich seiner Ausdehnung durch Auslegung
(s. aber § 369 AO Rdn. 49 ff. [79 ff.]) aber auch hinsichtlich seiner möglichen Begrenzung
nicht übersehen werden (beispielhaft auch schon *Hild*, StraFo 2008, 445 ff.). Ein aktueller
Überblick über die Rechtsprechung und die strafrechtliche Diskussion zum Allgemeinen Teil
des StGB und zu den nichtsteuerstrafrechtlichen Delikten, die dem Steuerstrafrecht vergleichbare Fragen aufwerfen, muss hierfür vorhanden sein. Eine Kooperation z.B. des Steuerberaters
mit einem (Steuer-) Strafverteidiger ist in diesem Sinne regelmäßig angeraten. Jedenfalls ist
eine Aufarbeitung im Fluss befindlicher Rechtsfragen des allgemeinen Strafrechts auch für das
Steuerstrafrecht unverzichtbar.

IV. Überblick über Besonderheiten der Strafvorschriften der Steuergesetze

Als Besonderheit ggü. dem sog. Kernstrafrecht des StGB sticht v.a. die **Selbstanzeige gem. § 371** 161
AO hervor. Mit ihr wird die allgemeine Regelung des Rücktritts (§ 24 StGB) in Form eines besonderen persönlichen Strafaufhebungsgrundes noch immer bedeutsam ergänzt. Der Gesetzgeber hat
die Selbstanzeige für die Zukunft jedoch begrenzt (dazu näher § 371 AO Rdn. 1 ff.). Zuvor hatte
schon die Rechtsprechung die Selbstanzeige – ohne ausreichendes Mandat – weithin dezimiert
(BGH, wistra 2010, 304 ff.; *Meyberg*, PStR 2010, 162 ff.; zur Kritik *Salditt*, PStR 2010, 168 ff.;
Wulf, wistra 2010, 286 ff.; *Gaede*, PStR 2010, 282 ff.).

162 Über die Selbstanzeige hinaus trifft § 376 AO **zur Verjährung** heute zahlreiche Abweichungen vom allgemeinen Strafrecht. Soweit die verlängerte Verfolgungsverjährungsfrist jetzt auch an einen besonders schweren Fall (§ 376 Abs. 1 AO) anknüpft, ist sie allerdings durchgreifenden verfassungsrechtlichen Bedenken ausgesetzt (§ 369 AO Rdn. 84; zu alledem näher § 376 AO Rdn. 1 ff.; prägnant MüKo-StGB/*Schmitz* Rn. 25: „vollständige missglückte Sonderregelung").

163 Mit § 375 AO werden bei den **Steuerstraftaten der AO besondere Nebenfolgen** zugelassen. So kann das Tatgericht nach den Maßgaben des § 375 Abs. 1 AO in Anlehnung an § 45 Abs. 2 StGB auf den Verlust des passiven Wahlrechts und der Fähigkeit zur Bekleidung öffentlicher Ämter erkennen. Die erweiterte Einziehung von Gegenständen gem. §§ 74, 74a StGB lässt § 375 Abs. 2 AO zu. In der Regelung des § 375 AO liegt allerdings keine wirkliche Abweichung von einem Prinzip des StGB. Die betroffenen Nebenfolgen dürfen z.T. auch im StGB nur differenziert nach den betroffenen Delikten verhängt werden (vgl. §§ 45 Abs. 2, 74 Abs. 4 StGB).

164 Als Besonderheiten können sich aus der Perspektive des allgemeinen Strafrechts zudem die **Formulierung und Auslegung der einzelnen Steuerstraftatbestände** erweisen. Dies gilt besonders für § 370 AO und § 26c UStG, die eine ggü. dem Betrug des allgemeinen Strafrechts (§ 263 StGB) erheblich abweichende Tatbestandsfassung aufweisen. Gerade hier muss aber mehr als bislang hinterfragt werden, ob *prima facie* naheliegende Abweichungen vom allgemeinen Strafrecht tatsächlich vom Gesetzgeber vorgegeben *und* legitim sind (vgl. schon oben § 369 AO Rdn. 35 ff.).

§ 370 AO   Steuerhinterziehung

(1) Mit Freiheitsstrafe bis zu fünf Jahren oder mit Geldstrafe wird bestraft, wer

1. den Finanzbehörden oder anderen Behörden über steuerlich erhebliche Tatsachen unrichtige oder unvollständige Angaben macht,
2. die Finanzbehörden pflichtwidrig über steuerlich erhebliche Tatsachen in Unkenntnis lässt oder
3. pflichtwidrig die Verwendung von Steuerzeichen oder Steuerstemplern unterlässt

und dadurch Steuern verkürzt oder für sich oder einen anderen nicht gerechtfertigte Steuervorteile erlangt.

(2) Der Versuch ist strafbar.

(3) In besonders schweren Fällen ist die Strafe Freiheitsstrafe von sechs Monaten bis zu zehn Jahren. Ein besonders schwerer Fall liegt in der Regel vor, wenn der Täter.

1. in großem Ausmaß Steuern verkürzt oder nicht gerechtfertigte Steuervorteile erlangt,
2. seine Befugnisse oder seine Stellung als Amtsträger missbraucht,
3. die Mithilfe eines Amtsträgers ausnutzt, der seine Befugnisse oder seine Stellung missbraucht,
4. unter Verwendung nachgemachter oder verfälschter Belege fortgesetzt Steuern verkürzt oder nicht gerechtfertigte Steuervorteile erlangt, oder
5. als Mitglied einer Bande, die sich zur fortgesetzten Begehung von Taten nach Absatz 1 verbunden hat, Umsatz- oder Verbrauchssteuern verkürzt oder nicht gerechtfertigte Umsatz- oder Verbrauchssteuervorteile erlangt.

(4) Steuern sind namentlich dann verkürzt, wenn sie nicht, nicht in voller Höhe oder nicht rechtzeitig festgesetzt werden; dies gilt auch dann, wenn die Steuer vorläufig oder unter Vorbehalt der Nachprüfung festgesetzt wird oder eine Steueranmeldung einer Steuerfestsetzung unter Vorbehalt der Nachprüfung gleichsteht. Steuervorteile sind auch Steuervergütungen; nicht gerechtfertigte Steuervorteile sind erlangt, soweit sie zu Unrecht gewährt oder belassen werden. Die Voraussetzungen der Sätze 1 und 2 sind auch dann erfüllt, wenn die Steuer, auf die sich die

Tat bezieht, aus anderen Gründen hätte ermäßigt oder der Steuervorteil aus anderen Gründen hätte beansprucht werden können.

(5) Die Tat kann auch hinsichtlich solcher Waren begangen werden, deren Einfuhr, Ausfuhr oder Durchfuhr verboten ist.

(6) Die Absätze 1 bis 5 gelten auch dann, wenn sich die Tat auf Einfuhr- oder Ausfuhrabgaben bezieht, die von einem anderen Mitgliedstaat der Europäischen Gemeinschaften verwaltet werden oder die einem Mitgliedstaat der Europäischen Freihandelsassoziation oder einem mit dieser assoziierten Staat zustehen. Das Gleiche gilt, wenn sich die Tat auf Umsatzsteuern oder auf harmonisierte Verbrauchsteuern, für die in Artikel 3 Abs. 1 der Richtlinie 92/12/EWG des Rates vom 25. Februar 1992 (ABl. EG Nr. L 76 S. 1) genannten Waren bezieht, die von einem anderen Mitgliedstaat der Europäischen Gemeinschaften verwaltet wird.

(7) Die Absätze 1 bis 6 gelten unabhängig von dem Recht des Tatortes auch für Taten, die außerhalb des Geltungsbereiches dieses Gesetzes begangen werden.

A. Architektur des Steuerstrafrechts

I. Die Tatbestände im Überblick

§ 370 Abs. 1 AO stellt den Grundtatbestand der Normen zur Steuerhinterziehung dar. Die Vorschrift wurde aus § 359 RAO 1919 entwickelt, die die erste Strafrechtsnorm eines Delikts der Steuerhinterziehung darstellte. **1**

Nach gefestigter Rechtsprechung des BVerfG (BVerfGE 37, 201) und des BGH (BGH v. 08.02.2011 – 1 StR 24/10, Rz. 27; BGH v. 19.12.1990 – 3 StR 90/90, BGHSt 37, 266 ff.) bestehen an der hinreichenden Bestimmtheit der Norm des § 370 AO selbst keine Zweifel. **2**

Die Regelungen in den Abs. 4 bis 6 des § 370 AO stellen im eigentlichen Sinne Ergänzungen des Grundtatbestandes in Abs. 1 dar. Von besonderer Bedeutung ist insb. Abs. 4, der den Erfolg der Steuerhinterziehung definiert und deutlich macht, dass der Erfolg der Steuerhinterziehung tatbestandsmäßig nicht – wie gemeinhin angenommen – nur in dem monetären Verkürzungserfolg liegt, sondern bereits zeitlich früher ansetzt, nämlich im Ergebnis der Veranlagungsarbeiten im zuständigen Festsetzungs-Finanzamt. Steuern sind danach namentlich (bereits) dann verkürzt, wenn sie nicht, nicht in voller Höhe oder nicht rechtzeitig festgesetzt werden. Erfolgsqualifizierend ist somit die Festsetzung bzw. Nichtfestsetzung oder auch die nicht rechtzeitige Festsetzung der Steuer; auf die Ersparnis oder Erstattung von Steuerbeträgen kommt es insoweit also nicht an. Die Nichtbezahlung fälliger Steuern ist danach nicht nach dieser Norm strafbar. Hier bedarf es Sondertatbestände, wie z.B. die §§ 26b, c UStG, die für den Bereich der USt die Nichtentrichtung fälliger USt ausdrücklich unter Strafe stellen. Diese Grundstruktur der Norm des § 370 AO bildet damit in zutreffender Weise die Differenzierung zwischen dem steuerlichen Festsetzungs- und dem nachfolgenden Erhebungsverfahren ab. **3**

Steuerstrafrecht wird „plakativ" als „Blankettstrafrecht" bezeichnet. Dies fußt darauf, dass sich die ausfüllenden Merkmale der Straftat bei dem Delikt der Steuerhinterziehung nicht in der sog. „Blankettstrafnorm" des § 370 AO finden, sondern in den im Einzelfall anzuwendenden materiellsteuerrechtlichen einzelsteuerlichen Normen, aus denen sich wiederum ergibt, welches steuerlich erhebliche Verhalten i.R.d. jeweiligen Abgabenart zu dem Erfolg einer Steuerverkürzung geführt hat (std. Rspr.: BGH v. 24.06.2009 – 1 StR 229/09; BGH v. 12.05.2008 – 1 StR 718/08). **4**

▶ **Beispiel** **5**

Der Steuerpflichtige verkürzt ESt durch die überhöhte Angabe von Werbungskosten. Der Erfolg der Steuerhinterziehung tritt nicht (erst) mit der Auszahlung einer Einkommensteuererstattung oder der Minderung der ESt-Zahllast ein, sondern zeitlich früher mit der Bekanntgabe des Steuerbescheids auf Basis der falschen Einkommensteuererklärung. Diese zeitliche Vorverlagerung des tatbestandlichen Erfolgs begründet die Qualifizierung der Normen der Steuerhinterziehung als Gefährdungstatbestände: Bereits die vorsätzlich herbeigeführte falsche Steuerfestsetzung führt zum Eintritt des tatbestandlichen Erfolgs. Würde der Täter nach Zustellung des – fehlerhaften – Steuerbescheids und noch vor Ablauf der Zahlungsfrist die von ihm zutreffend errechnete – höhere – Steuerlast an das Festsetzungs-Finanzamt entrichten, ließe dies den zunächst eingetretenen tatbestandlichen Erfolg unberührt.

6   § 370 Abs. 2 AO schließlich bestimmt die Strafbarkeit des Versuchs der Steuerhinterziehung. Wenn die Steuerhinterziehung über das geschützte Rechtsgut des Fiskalaufkommens ein Gefährdungsdelikt ist, entspricht es der gesetzgeberischen Logik, bereits den Versuch unter Strafe zu stellen.

7   In § 370 Abs. 3 AO wiederum greift der Gesetzgeber auf eine Technik aus der Normensystematik des allgemeinen Strafrechts zurück und ergänzt den Grundtatbestand in § 370 Abs. 1 AO um eine Strafrahmenerhöhung für besonders schwere Fälle. Das in der Literatur – und den Medien – besonders beachtete Urteil des 1. Senats des BGH v. 02.12.2008 mit der Schaffung einer Strafrahmen-Kaskade zur Ausfüllung des unbestimmten Rechtsbegriffs aus § 370 Abs. 3 Satz 2 Nr. 1 AO, „in großem Ausmaß", ist hier zu verorten.

II.   Blankettstrafrecht

8   Strukturell begründet § 370 Abs. 1 AO ein Tatbestand der Steuerhinterziehung im bisherigen Verständnis als sog. Blankett-Strafrechtsnorm (s.o.). Wenn der tatbestandliche Erfolg einer Steuerverkürzung vor dem eigentlichen merkantilen Erfolg des Täters in Gestalt der Bezahlung geringerer als geschuldeter Steuern oder der Erstattung höherer als geschuldeter Steuern liegt, in dem auf den vorgelagerten Umstand abgestellt wird, dass der Erfolg bereits dann eintritt, wenn Steuern nicht, nicht rechtzeitig oder nicht in voller Höhe festgesetzt werden, bedarf es zur Ausfüllung dieser Norm der Beantwortung der Frage, wie die zutreffende Steuerfestsetzung – im steuerstrafrechtlichen Sinne – zu erfolgen hat. Diese Frage klärt nicht der Tatbestand der Steuerhinterziehung in § 370 Abs. 4 AO, da der Erfolg in dieser Norm nur abstrakt an die Steuerfestsetzung geknüpft wird. Folglich muss das materielle Steuerrecht – korrigiert um steuerstrafrechtliche Normaspekte – über die sog. Soll-Steuer entscheiden. Das materielle Steuerrecht findet sich z.B. in den Normen des Einkommensteuer-, Körperschaftsteuer-, Umsatzsteuer- oder auch Gewerbesteuerrechts etc.

9   Im Steuerstrafrecht wird der Umfang und die Reichweite des Tatbegriffs neben den einschlägigen Blankettvorschriften maßgeblich durch die sie ausfüllenden Normen des Steuerrechts bestimmt (BGHSt 49, 359; BGH, wistra 2005, 145; BGH, wistra 2008, 22). Zur Tat als Prozessgegenstand gehört das gesamte Verhalten des Angeklagten, soweit es mit dem durch die Anklage bezeichneten geschichtlichen Vorkommnis nach der Auffassung des Lebens einen einheitlichen Vorgang bildet. Bei der Hinterziehung von ESt liegt hinsichtlich eines Veranlagungszeitraums materiell-rechtlich und somit auch prozessual eine einheitliche Tat vor. Maßgeblich ist dafür die Festsetzung als Jahressteuer aufgrund einer Steuererklärung (§§ 2 Abs. 7, 25 Abs. 1, Abs. 3 Satz 1, 36 Abs. 1 EStG), in deren Rahmen die verschiedenen Einkunftsarten lediglich Rechnungsposten bilden (§ 2 Abs. 1, Abs. 5 Satz 1 EStG). Aufgrund des in § 370 Abs. 1 Nr. 1 und 2, Abs. 4 AO normierten Verhaltens bzw. Taterfolgs kann ESt daher immer nur insgesamt und nicht nur bzgl. einzelner Einkunftsarten hinterzogen werden.

10 Bei dieser Dualität der des Normengefüges

– Rückgriff auf das materielle Steuerrecht
– Korrektur des Ergebnisses um steuerstrafrechtliche Normaspekte

wird auch klar, warum sich in § 370 Abs. 4 Satz 3 AO eine der umstrittensten Vorschriften im Recht der Normen zur Steuerhinterziehung lokalisiert, das sog. Kompensationsverbot. Mit der Anknüpfung an das materielle Steuerrecht macht sich der Tatbestand der Steuerhinterziehung in gewisser Hinsicht abhängig von den im materiellen Steuerrecht bestehenden Gestaltungsmöglichkeiten, insb. den Verrechnungsmöglichkeiten mit Verlusten. Bereits an dieser Stelle sei auf die neuere Rsp. des BGH (BGH v. 02.11.2010 – 1 StR 544/10) verwiesen, wonach es rechtsfehlerhaft wäre, mit Blick auf das Kompensationsverbot in § 370 Abs. 4 Satz 3 AO einen – gewerbesteuerlichen – Verlustvortrag eines vorangehenden VZ außer Ansatz zu lassen, wenn sich der Täter hierauf bereits im Besteuerungsverfahren berufen hatte. Der BGH hat sich damit noch nicht an die – nach diesseitiger Auffassung zwingend zu bejahende – Fragestellung getraut, ob generell ein von Amts wegen vorzunehmender Verlustabzug auch ohne Geltendmachung durch den Steuerpflichtigen bei der Berechnung hinterzogener Steuern zu berücksichtigen ist (so aber: BayOLG v. 21.04.1982 – R ReG 4 St 20/82, wistra 1982, 199). Nimmt man ergänzend noch den Umstand der Abschnittsbesteuerung und die Technik der Jahressteuerveranlagung in den Blick, wird verständlich, dass der Gesetzgeber mit dem Kompensationsverbot auf einen statischen Betrachtungspunkt abstellt, um dem Tatbestand der Steuerhinterziehung auf der materiellen Ebene hinreichend Konturen geben zu können. Nach hier vertretenem Verständnis ist § 370 Abs. 4 AO ein Ausdruck der Notwendigkeit, das materielle steuerrechtliche Ergebnis steuerstrafrechtlich zu korrigieren.

Die Schwierigkeiten der Architektur der Tatbestände zur Steuerhinterziehung über die formgebende Ausgestaltung einer Verfahrensvorschrift mit materiellem Unterbau wird noch durch den Umstand potenziert, dass das Gesetz im strafrechtlichen Normengefüge des § 370 AO drei Verhaltensweisen mit zwei Taterfolgen kombiniert und auf diese Weise verfahrensrechtlich insgesamt sechs mögliche Tatbestandsvarianten schafft: 11

(1) Der Steuerpflichtige macht ggü. den Finanzbehörden unrichtige oder unvollständige Angaben   12
und verkürzt dadurch Steuern.
(2) Der Steuerpflichtige macht ggü. den Finanzbehörden unrichtige oder unvollständige Angaben
und erlangt dadurch für sich oder einen anderen nicht gerechtfertigte Steuervorteile.
(3) Der Steuerpflichtige lässt die Finanzbehörden pflichtwidrig über steuerlich erhebliche Tatsachen in Unkenntnis und verkürzt dadurch Steuern.
(4) Der Steuerpflichtige lässt die Finanzbehörden pflichtwidrig über steuerlich erhebliche Tatsachen in Unkenntnis und erlangt dadurch für sich oder einen anderen nicht gerechtfertigte Steuervorteile.
(5) Der Steuerpflichtige unterlässt pflichtwidrig die Verwendung von Steuerzeichen oder Steuernstemplern und verkürzt dadurch Steuern.
(6) Der Steuerpflichtige unterlässt pflichtwidrig die Verwendung von Steuerzeichen oder Steuerstemplern und erlangt dadurch für sich oder einen anderen nicht gerechtfertigte Steuervorteile.

Die Komplexität wird besonders deutlich, wenn zugleich zu berücksichtigen ist, dass der tatbestandliche Erfolg in zeitlicher Hinsicht zugleich die strafrechtliche Tatbeendigung markiert, was wiederum das entscheidende zeitliche Momentum für den Beginn der strafrechtlichen Verfolgungsverjährung ist, § 78a StGB: 13

– Bei sog. Veranlagungssteuern (z.B. ESt, KSt, GewSt) kommt es für den Beginn der strafrechtlichen Verfolgungsverjährung – nicht der steuerlichen Festsetzungsverjährung i.S.v. § 169 AO, die völlig anders berechnet wird und nicht mit der Verfolgungsverjährung verwechselt werden darf – auf die Bekanntgabe des jeweiligen Steuerbescheids an. Die Steuerfestsetzung wird mit der Bekanntgabe des Steuerbescheids an den Steuerpflichtigen wirksam, § 124 AO. Das ist das auslösende Momentum für den Beginn der strafrechtlichen Verfolgungsverjährung. Die steuerliche Festsetzungsverjährung ist demgegenüber nach anderen, eigenständig steuerrechtlichen Kriterien zu bestimmen. Die steuerliche Festsetzungsfrist (Regelverjährung = 4 Jahre, § 169 Abs. 2 Nr. 2 AO; in Fällen vorsätzlicher Steuerhinterziehung = 10 Jahre, § 169 Abs. 2 Nr. 2 Satz 2 AO) beginnt – anders als die strafrechtliche Verfolgungsverjährung nicht mit dem tatsächlichen Datum der Bekanntgabe des Steuerbescheids. Regelmäßig ist gem. § 170 Abs. 1 AO auf den Ablauf des Kalenderjahres, in dem die Steuer entstanden ist, abzustellen.
– Im Bereich der Voranmeldungen, also der USt- und LSt-Voranmeldung steht die Anmeldung einer Steuerfestsetzung unter dem Vorbehalt der Nachprüfung, § 168 Satz 1 AO, sofern in der Voranmeldung ein Zahlungssoll ausgewiesen ist. Mit Eingang einer solchen Voranmeldung im FA beginnt die steuerstrafrechtliche Verjährung.
– Wird eine Voranmeldung (früher auch als sog. Rotmeldung bezeichnet) abgegeben, die einen Vorsteuerüberhang und damit eine Erstattung ausweist, stellt die Rechtsprechung für die Bestimmung des Verjährungsbeginns auf die Zustimmung des FA zur Auszahlung des Guthabens ab, da erst diese Zustimmung des FA die Vorbehaltsfestsetzung auslöse (BGH, Urt.

v. 05.04.2000 – 5 StR 226/99, wistra 2000, 219). Im Fall der zu niedrigen Festsetzung sind mithin auch noch 3 (Unter-) Sachverhaltskonstellationen zu unterscheiden:
- Veranlagungsbescheid;
- zu niedrige Anmeldung;
- Anmeldung einer überhöhten Erstattung (vgl. auch *Wulf,* PStR 2010, 13, 14).

14 Aus der Normenstruktur des § 370 Abs. 1 i.V.m. Abs. 4 AO wird ersichtlich, dass der tatbestandliche Erfolg der Steuerhinterziehung in der Verkürzung des Steueranspruchs mittels unrichtiger, unvollständiger oder unterlassener Angaben liegt. Das geschützte Rechtsgut ist mithin der materielle Steueranspruch des Fiskus (BGH v. 02.12.2008 – 1 StR 416/08, wistra 2009, 107, 110) in Gestalt steuerstrafrechtlicher Korrekturen.

15 Der materielle Steueranspruch des Staates, wie er sich aus einer Steuerfestsetzung unter Ausblendung des täterschaftlichen Verhaltens ergibt, stellt nicht auf das geschützte Rechtsgut ab.

16 Wenn der Steuerpflichtige z.B. gezahlte ausländische Quellensteuern im Veranlagungsverfahren aufgrund fehlender oder nicht rechtzeitig vorgelegter Belege nicht angerechnet erhält und deshalb eine höhere Einkommensteuerzahllast zu leisten hat, als er unter Vorlage der Belege eigentlich zahlen müsste, kann die erhöhte Zahllast nicht das steuerstrafrechtlich geschützte Rechtsgut definieren, da sich der Fiskus dann steuerstrafrechtlich „bereichern" würde, weil – bei Vorlage der Belege – unzweifelhaft ein Abzugsposten bestünde. Ähnlich verhält es sich mit anzurechnenden Verlustvorträgen, wobei es nach der hier vertretenen Auffassung für die steuerstrafrechtlich zutreffende Berechnung des Erfolgs nicht darauf ankommt, ob sich der Steuerpflichtige bereits im Veranlagungsverfahren auf die Anwendung berufen hat; steuerstrafrechtlich sind bestehende Verlustvorträge zu berücksichtigen.

17 Steuerstrafrechtlich kann das geschützte Rechtsgut nur der Steueranspruch sein, der sich bei – idealtypischer – Veranlagung unter Berücksichtigung verfahrensrechtlich zulässiger Abzugspositionen ergibt. Dies folgt zwingend aus dem Charakter als Gefährdungstatbestand: Gefährdet ist nur die Steuer, die der Fiskus bei idealtypischer Veranlagung beanspruchen könnte.

18 In der Literatur (Nachweise bei *Suhr* 1989, 18 ff.) wird das geschützte Rechtsgut indessen anders interpretiert; das Verständnis reicht von dem Ansatz der steuerlichen Offenbarungspflichten (*Ehlers,* FR 1976, 505) über den Bestand der Steueransprüche als solche (*Backes* S. 149) bis hin zum Schutzgut gleichmäßiger Lastenverteilung (*Salditt,* StraFo 1997, 65). Diese Auffassungen übersehen, dass sich gerade aus dem Kompensationsverbot in § 370 Abs. 4 Satz 3 AO zwingend der materielle Steueranspruch im Kleide steuerstrafrechtlicher Korrekturen als das geschützte Rechtsgut ergibt. Steuern in der Vergleichsbetrachtung idealtypischer Veranlagung als ein Vermögensanspruch oder eine Vermögensposition des Fiskus sind der Inbegriff des geschützten Rechtsgutes. Der maximale Hinterziehungserfolg besteht in dem minimalsten Steueranspruch bei idealtypischer Veranlagung.

19 Geschütztes Rechtsgut ist die so ermittelte inländische Steuer, Steuern ausländischer Staaten fallen nicht unter § 370 AO.

III. Steuern

1. Übersicht

20 Steuern sind gem. § 3 Abs. 1 AO Geldleistungen, die keine Gegenleistung für eine besondere Leistung darstellen und von einem öffentlich-rechtlichen Gemeinwesen zur Erzielung von Einnahmen allen auferlegt werden, bei denen der Tatbestand zutrifft, an denen das Gesetz die Leistungspflicht knüpft; die Erzielung von Einnahmen kann Nebenzweck sein.

21 Der Solidaritätszuschlag (Soli) ist eine Steuer in diesem Sinne.

Die Einfuhr- und Ausfuhrabgaben nach dem Zollkodex sind begrifflich gem. § 3 Abs. 3 AO eben- 22
falls Steuern.

Keine Steuern sind dagegen die steuerlichen Nebenleistungen, die in § 3 Abs. 4 AO im Einzelnen 23
aufgezählt sind:

- Verzögerungsgelder, § 146 Abs. 2b AO;
- Verspätungszuschlag, § 152 AO;
- Zuschläge gem. § 162 Abs. 4 AO;
- Zinsen, § 233 bis 237 AO;
- Säumniszuschläge, § 240 AO;
- Zwangsgelder, § 329 AO;
- Kosten, §§ 89, 178, 178a und §§ 337 bis 345 AO;
- Zinsen i.S.d. Zollkodex.

2. Kirchensteuer

Die Kirchensteuer ist keine Steuer i.S.v. § 3 Abs. 1 AO (BGH, Urt. v. 17.04.2008 – 5 StR 547/07, 24
wistra 2008, 310). Nach Art. 4 Abs. 3 Nr. 1 EGStGB lassen die Vorschriften des StGB über
Betrug, Vereitelung und Begünstigung die Vorschriften des Landesrechts unberührt, die bei Steuern oder anderen Angaben die Straf- und Bußgeldvorschriften der AO für anwendbar erklären.
Über diese Ausfüllungsnorm hat das Land Niedersachsen (*Rönnau*, wistra 1995, 47) die Anwendbarkeit der §§ 369 ff. AO und damit die Geltung der Norm der Steuerhinterziehung gem. § 370
AO auf die Kirchensteuerhinterziehung für anwendbar erklärt. Dies macht die Kirchensteuer aber
nicht zu einer Steuer, sondern führt nur zur Anwendbarkeit der Vorschriften der Steuerhinterziehung gem. §§ 369 ff. AO auf die niedersächsische Kirchensteuer. Die Norm ist ein Antragsdelikt,
§ 10 Abs. 1 Satz 4 KiStG.

Die Verkürzung der Kirchensteuer unterfällt dagegen z.B. für NRW nicht dem Anwendungsbe- 25
reich des § 370 AO (vgl. *Lipsky*, PStR 2008, 151).

3. Ausländische Steuern

Mangels Rechtsgutqualität sind Steuern ausländischer Staaten keine Steuern i.S.v. § 3 Abs. 1 AO. 26

IV. Zölle

Einfuhr- und Ausfuhrabgaben nach Art. 4 Nr. 10 und 11 des Zollkodex sind Steuern, § 3 Abs. 3 27
AO. Zölle sind Steuern, die zolltariflich beim Warenverkehr über die Grenze erhoben werden
(HHSp/*Hellmann* § 370 Rn. 124).

V. Einfuhrumsatzsteuer

Bei der Einfuhrumsatzsteuer (EUSt) handelt es sich neben dem Zoll und den besonderen Ver- 28
brauchsteuern (z.B. auf Mineralölerzeugnisse, Alkohol und alkoholartige Getränke sowie Tabakwaren) um eine Steuer, die bei der Einfuhr von Waren aus Drittländern in die BRD erhoben wird.
Im Gegensatz zur USt ist die EUSt eine Verbrauchsteuer und eine Einfuhrabgabe i.S.d. Zollrechts.
Von der USt des Ausfuhrlandes entlastete Ware wird im Gegenzug mit der Einfuhrumsatzsteuer
des Einfuhrlandes belastet. Durch diese Einfuhrbesteuerung soll verhindert werden, dass die eingeführten Waren ohne USt an den Endverbraucher gelangen. Die Einfuhrumsatzsteuer wird von
der Bundeszollverwaltung erhoben. Warenbewegungen innerhalb der Europäischen Gemeinschaft
werden seit der Vollendung des Europäischen Binnenmarktes zum 01.01.1993 nicht mehr mit
EUSt belegt, sog. steuerfreie innergemeinschaftliche Lieferung. Für Hamburg sind bis zum Aus-
laufen der Regelung in 2013 die Besonderheiten des Freihafens und des Transports von Waren aus
und in die Freihafensonderlager zu beachten.

29   Mit der Rechtsprechung des BGH (BGH, Urt. v. 08.11.2000, wistra 2001, 62; Urt. v. 21.02.2001, wistra 2001, 263) handelt es sich bei der Einfuhrumsatzsteuer um eine Einfuhrabgabe i.S.v. § 370 Abs. 6 Satz 1 AO.

B. Straftatbestände

30   Nach § 370 Abs. 1 AO wird mit Freiheitsstrafe bis zu 5 Jahren oder mit Geldstrafe bestraft, wer durch die in den Nr. 1 – 3 bezeichneten Tatbestandsvarianten Steuern verkürzt oder für sich oder einem anderen nicht gerechtfertigte Steuervorteile erlangt. In besonders schweren Fällen ist die Strafe Freiheitsstrafe von 6 Monaten bis zu 10 Jahren.

I. Steuerhinterziehung durch aktives Tun, § 370 Abs. 1 Nr. 1 AO

31   Nach § 370 Abs. 1 Nr. 1 AO muss der Täter den Taterfolg – Verkürzung von Steuern – dadurch herbeigeführt haben, dass er den Finanzbehörden oder anderen Behörden durch aktives Tun über steuerlich erhebliche Tatsachen unrichtige oder unvollständige Angaben gemacht hat.

1. Tatausführende Person

a) Täter

32   Die schlichte Voranstellung des Wörtchens „Wer" vor der Beschreibung der Tathandlung ohne eine weitere sprachliche Eingrenzung macht deutlich, dass jedermann tauglicher Täter einer Steuerhinterziehung in der Begehungsvariante des § 370 Abs. 1 Nr. 1 AO sein kann. Die Unterschiedlichkeit der Tatbestände und die „Jedermann-Qualifizierung" des Täters in Nr. 1 zeigt sich im Vergleich zum Tatbestand der leichtfertigen Steuerverkürzung in § 378 Abs. 1 Satz 1 AO. Danach handelt ordnungswidrig, wer als *Steuerpflichtiger* oder *bei Wahrnehmung der Angelegenheiten eines Steuerpflichtigen* eine der in § 370 Abs. 1 bezeichneten Taten leichtfertig begeht. Demgegenüber beschränkt der Grundtatbestand der Steuerhinterziehung in § 370 Abs. 1 Nr. 1 AO den Täterkreis nicht.

33   Täter ist danach jeder, der über unrichtige oder unvollständige Angaben auf den Steueranspruch des Fiskus einwirkt.

aa) Alleintäter

34   Das allgemeine Strafrecht unterscheidet verschiedene Täterformen. Diese Regelungen finden über § 369 Abs. 2 AO auch im Steuerstrafrecht Anwendung.

35   Als Allein-Täter wird bestraft, wer die Straftat selbst begeht, § 25 Abs. 1, 1. Alt. StGB.

36   Der Steuerpflichtige kann als Alleintäter handeln, indem er bspw. in einer von ihm selbst erstellten Einkommensteuererklärung vorsätzlich Werbungskosten überhöht ansetzt.

bb) Mittäter

37   Begehen mehrere Täter die Straftat gemeinschaftlich, so wird jeder als Täter bestraft (Mittäter), § 25 Abs. 2 StGB.

38   Eine Mittäterschaft qualifiziert sich durch den gemeinsamen Tatwillen zweier oder mehrerer Personen. Eine „klassische Mittäterschaft" im Bereich der Steuerhinterziehung ist z.B. die Abgabe einer gemeinsamen, selbst erstellten Einkommensteuererklärung zusammenveranlagter Ehegatten, die mit einem einheitlichen Tatentschluss z.B. Werbungskosten durch die Angabe eines z.B. tatsächlich nicht vorhandenen Arbeitszimmers manipulieren.

39   Mittäter einer Steuerhinterziehung i.S.v. § 370 AO, § 25 StGB ist auch, wer i.R.d. gemeinsamen Tatplanung und Tatausführung die Funktion eines faktischen Mitgeschäftsführers innehat und

somit Verfügungsberechtigter i.S.d. § 35 AO ist (FG Mecklenburg-Vorpommern v. 14.05.2008 –
1 K 205/04).

cc) Mittelbare Täterschaft

Als Täter wird auch bestraft, wer die Straftat durch einen anderen begeht, § 25 Abs. 1, 2. Alt. 40
StGB.

Eine mittelbare Täterschaft ist dadurch gekennzeichnet, dass der Täter nicht in eigener Person 41
selbst die Tatausführung übernimmt, sondern kraft überlegenen Wissens eine dritte Person, die
selbst keine Kenntnis vom Tatplan hat, (sog. undoloses Werkzeug), die eigentliche Tat ausführen
lässt.

b) Teilnehmer

Über die strafrechtliche Beteiligungsform eines Täters hinaus kennt das StGB noch die Rechtsfi- 42
gur des sog. Teilnehmers.

Unter diesem Oberbegriff der Beteiligung an einer Straftat erfasst die Rechtsprechung und Litera- 43
tur auf der einen Seite die täterschaftliche Begehung und auf der anderen Seite die Teilnahme an
einer fremden vorsätzlichen Steuerhinterziehung durch die Varianten der Anstiftung oder der Beihilfe.

Eine Teilnahme setzt eine – fremde – Haupttat voraus, sog. Akzessorietät der Teilnahme (*Fischer* 44
Vor § 25 Rn. 8); der Gehilfe oder Anstifter „braucht" somit einen Täter. Der Täter wiederum
muss eine tatbestandsmäßige und rechtswidrige Tat im dreigliedrigen strafrechtlichen Tatbestands-
aufbau

(1) Tatbestand, unterteilt in 45
    (a) objektiven und
    (b) subjektiven Tatbestand,
(2) Rechtswidrigkeit und
(3) Schuld

verwirklicht haben.

Schuldmerkmale – als der dritten Ebene – müssen bei dem Haupttäter nicht erfüllt sein, es 46
kommt somit nicht auf die Schuldfähigkeit oder das Vorliegen eines Entschuldigungsgrundes an,
sog. limitierte Akzessorietät der Teilnahme (*Fischer* Vor § 25 Rn. 8). Dagegen muss der Haupttäter
den Tatbestand in objektiver und subjektiver Hinsicht erfüllt, insb. vorsätzlich gehandelt haben.
Die Teilnahme in Form einer Anstiftung oder Beihilfe an einer fahrlässigen Tat ist daher denknotwendig ausgeschlossen, erst recht im Steuerstrafrecht: Fahrlässige Steuerhinterziehung ist nicht
strafbar.

Der Versuch der Beihilfe ist, anders als z.B. die versuchte Steuerhinterziehung durch den Täter, 47
§ 370 Abs. 2 AO, nicht strafbar (*Fischer* Vor § 25 Rn. 8). Das Gesetz stellt den Versuch der Anstiftung nur in dem engen Rahmen des § 30 Abs. 1 StGB unter Strafe, also nur in dem Fall, in dem
der Anstifter versucht, einen anderen zu bestimmen, ein Verbrechen zu begehen. Der Unterschied
erklärt sich aus der höheren kriminellen Energie des Anstifters im Vergleich zu der des Gehilfen,
was sich auch im Strafrahmen ausdrückt. In Abgrenzung zu einem Vergehen, § 12 Abs. 2 StGB, ist
ein Verbrechen nach der Legaldefinition des § 12 Abs. 1 StGB eine rechtswidrige Tat, die im Mindestmaß mit Freiheitsstrafe von einem Jahr oder darüber bedroht ist. Der besonders schwere Fall
der Steuerhinterziehung in § 370 Abs. 3 Satz 1 AO sieht eine Freiheitsstrafe von 6 Monaten bis zu
10 Jahren voraus, mithin keine Mindestfreiheitsstrafe von einem Jahr, bleibt also in der Qualifizierung eines Vergehens, sodass in Steuerhinterziehungsfällen der Versuch zur Anstiftung nicht strafbar ist.

48 Unterschiedliche Formen der Beteiligung an *einer* Straftat nach Maßgabe des strafprozessualen Tatbegriffs, § 264 Abs. 1 StPO, werden nach dem Grad der Schwere der Beteiligung erfasst: Die leichteste Tatvariante geht in der zugleich verwirklichten schwereren Tatvariante auf: Die Beihilfe, deren Strafrahmen im Gegensatz zur Anstiftung gem. § 27 Abs. 2 Satz 2 StGB zu mildern ist, geht in der Anstiftung auf (BGH St 4, 244), die Anstiftung und Beihilfe als Formen der Teilnahme gehen in einer Täterschaft auf. Die Beihilfe zur Beihilfe, Anstiftung zur Beihilfe und Beihilfe zur Anstiftung werden als Beihilfe zur Haupttat (*Fischer* Vor § 25 Rn. 11) behandelt.

aa) Anstiftung

49 Als Anstifter wird gleich einem Täter bestraft, wer vorsätzlich einen anderen zu dessen vorsätzlich begangener rechtswidriger Tat bestimmt hat, § 26 StGB. Anstiftung ist begrifflich das vorsätzliche Bestimmen einer anderen Person zur Begehung einer vorsätzlichen rechtswidrigen Tat (*Fischer* § 26 Rn. 2).

50 In der allgemeinen Strafrechtsliteratur und Rechtsprechung finden sich mehrere Theorien, die begrifflich den Einfluss des Anstifters auf den Täter zu umschreiben versuchen. Die sog. Verursachungstheorie (BGHSt 9, 379; 45, 373, 374; LK-StGB/*Schünemann* 17; Sch/Sch/*Cramer* § 26 Rn. 4) stellt auf das kausale Hervorrufen des Tatentschlusses ab, die Kommunikationstheorie fordert das Hinzutreten eines irgendwie gearteten Moments ausdrücklicher oder konkludenter Kommunikation (*Puppe*, GA 84, 112), die sog. Unrechtpakttheorie stellt schlicht auf einen notwendigen sog. Unrechtpakt zwischen den Beteiligten ab. Bestimmen i.S.v. § 26 StGB setzt nach bisherigem Verständnis ein Bezugsmoment zwischen dem Anstifter und dem Täter voraus und lässt eine bloße Verursachung ohne jeglichen kausalen, finalen Einwirkungsakt nicht ausreichen.

51 ▶ **Beispiel**

Der Autor eines Kommentars zum Steuerstrafrecht, der unterschiedliche Formen der Tatbegehung aus der Analyse von Urteilen erläutert, stiftet die Leser nicht zur Tatbestandsverwirklichung an, weil jegliches voluntative Moment einer Einwirkung fehlt.

52 Eine tatbestandliche Anstiftung ist nicht nur in dem individuellen Bestimmen eines Täters denkbar, sie kann auch einen individuell bestimmbaren, abgegrenzten Personenkreis als Adressaten erfassen.

53 ▶ **Beispiel**

Der Steuerberater stiftet die mit ihm befreundeten, zusammen zur ESt veranlagten Eheleute zur Steuerhinterziehung an.

54 Eine Anstiftung durch Unterlassen, § 13 Abs. 1 StGB, ist grds. strafrechtlich relevant, wird indessen nur in seltenen Ausnahmefällen gegeben sein. Das schlichte Schweigen ggü. einem Tatentschlossenen reicht dabei zunächst nicht (BGH, NStZ 1993, 489). Eine sog. Ketten-Anstiftung ist durch die Anstiftung eines Anstifters gekennzeichnet und damit strafbar. Der erste Anstifter in der Kette muss dabei den späteren Täter als Kettenendglied nicht kennen (BGHSt 6, 359; 40, 313). Ein Bestimmen ist auch in dem Fall möglich, in dem sich der Täter schon mit dem Gedanken an die Tat trägt, aber in letzter Konsequenz noch nicht tatentschlossen ist oder z.B. schwankt, die Tat durch die Abgabe einer wiederholt falschen ESt-Erklärung, wie in den vergangenen Jahren geschehen, erneut zu begehen. Die Anstiftungshandlung ist erst dann kausallos und damit strafrechtlich unbeachtlich, wenn der Täter bereits fest zur Tat entschlossen ist (BGH, wistra 1988, 108). Hier verfehlt ein äußerer Anstoß jede strafrechtlich sanktionierte Wirkung. Veranlasst der Teilnehmer bei einem tatentschlossenen Täter lediglich eine Modifikation der Tatausführung derselben Tat, ist das Verhalten des Teilnehmers als sog. psychische Beihilfe zu werten (*Fischer* § 26 Rn. 3c). Ist der Täter entschlossen, eine Steuerhinterziehung aus dem Grundtatbestand des § 370 Abs. 1 AO zu begehen und bestimmt der Teilnehmer den Täter zu einer Steuerhinterziehung in einem beson-

ders schweren Fall durch Erfüllung eines der dort genannten Regelbeispiele, so liegt Anstiftung vor (BGHSt 19, 339).

Die eigene Tathandlung des Anstifters muss vorsätzlich erfolgen. Eine fahrlässige Anstiftung ist   55 nicht strafbar. Der Vorsatz des Anstifters muss sich somit auf seine eigene Anstiftungshandlung und auf die Tatvollendung des Täters beziehen, sog. Doppelvorsatz (LK-StGB/*Schünemann* § 26 Rn. 57).

Der Vorsatz des Anstifters muss sich dabei auf eine bestimmte Haupttat richten. Allgemeine For-   56 mulierungen wie: *„Wer Steuern zahlt, ist selbst Schuld"*, sind nicht tatgeeignet.

Der Vorsatz des Anstifters muss eine hinreichende Konkretisierung der Haupttat erfahren haben,   57 also z.B. darauf gerichtet sein, dass eine Gewerbesteuererklärung durch den Steuerpflichtigen als Täter nicht abgegeben wird oder Angaben in der durch den Täter abzugebenden Einkommensteuererklärung durch diesen manipulieren zu wollen. Umfasst die Vorstellung des Anstifters in der vom Angestifteten zu begehenden Tat mehrere Möglichkeiten der konkreten Tatausführung, so ist die von dem Angestifteten tatsächlich gewählte Art der Tatausführung vollumfänglich kausal (*Fischer* § 26 Rn. 6 unter Hinweis auf BGH, NStZ 1997, 281).

Der Anstifter muss die wesentlichen Tatumstände kennen, die der Haupttäter i.R.d. Tatausfüh-   58 rung auszuführen hat, um nach der Vorstellung und dem Willen des Anstifters eine tatbestandsmäßige und rechtswidrige Steuerhinterziehung zu begehen. Der Anstifter muss mithin die konkrete Tatvollendung wollen; richtet sich der Vorsatz des Anstifters nur darauf, dass die Tatausführung im Versuchsstadium stecken bleibt, ist tatbestandlich keine Anstiftung gegeben (BGH, GA 75, 333).

Die Anstiftungshandlung muss dabei nicht die alleinige Ursache für den Tatentschluss des Täters   59 sein (SK-StGB/*Hoyer* § 26 Rn. 5); es reicht, wenn sie auch kausal geworden ist.

Eine versuchte Anstiftung zur Steuerhinterziehung (§ 12 Abs. 2 StGB) ist nicht strafbar; Steuerhinter-   60 ziehung ist immer ein Vergehen und erreicht in keiner Tatbestandsvariante Verbrechensqualität.

Die Anstiftung zur Anstiftung ist tatbestandlich eine Anstiftung zur Haupttat; stiftet der Anstifter   61 zu einer Beihilfe zur Haupttat an, ist tatbestandlich Beihilfe zur Haupttat gegeben (BGHSt 6, 361) wie auch im umgekehrten Fall der Beihilfe zur Anstiftung (OLG Bamberg, NJW 2006, 2935, 2937).

Über die generelle Akzessorietät der Teilnahmehandlungen Beihilfe und Anstiftung ist die   62 Tathandlung des Anstifters mit der Tathandlung des Täters verknüpft. Abweichungen der Tatausführung vom Vorstellungsbild des Anstifters sind nur dann beachtlich, wenn die konkrete Tatausführung erheblich vom Tatplan des Anstifters abweicht und so das bestimmende Element in der Kausalitätskette fehlt. Unerhebliche Abweichungen, z.B. geringfügige Modifikationen in der betragsmäßigen Falschangabe der Werbungskosten, berühren die Kausalität und damit die Akzessorietät nicht. Entspricht es dem Tatplan des Anstifters, dass der Täter keine Einkommensteuererklärung abgibt und gibt der Täter tatsächlich keine Umsatzsteuererklärung, hingegen aber die Einkommensteuererklärung ab, so steht die Umsatzsteuererklärung nach einer jüngeren Entscheidung des BGH v. 20.05.2010 in einem tatengen Zusammenhang mit der zugleich abzugebenden Einkommensteuererklärung. Diese Abweichung in der Tatausführung wäre damit im Verständnis der jüngeren Rechtsprechung unbeachtlich.

Diese Rechtsprechung verlässt indessen das Vorstellungsbild des Anstifters vom Bestimmen des   63 Täters. Hier ist u.E. eine erhebliche Abweichung vom Kausalverlauf eingetreten. Richtet sich das Bestimmen des Teilnehmers auf die Nichtabgabe der ESt-Erklärung, ist die tatsächlich erfolgte Nichtabgabe der USt-Jahreserklärung nicht tatbestandsmäßig. Der BGH lässt mit seinen vorzugswürdig zur Sperrwirkung einer Selbstanzeige ergangenen Ausführungen die Konturen des strafprozessualen Tatbegriffs grenzenlos werden, was im Blick auf das Bestimmtheitsgebot der Norm inakzeptabel ist. Die materiellen Einzelsteuergesetze normieren den Tatbestand in der Beschreibung des geschützten Rechtsguts. Wer ESt hinterziehen soll und USt hinterzieht, benötigt vollständig andere Werkzeuge der Tatausführung in Gestalt völlig unterschiedlicher Formulare. Hier besteht eine erhebliche Abweichung vom Kausalverlauf.

64 Zielt die Anstiftungshandlung auf die Verkürzung von Lohnsteuern ab, so ist der damit denklogisch zugleich erfüllte Tatbestand des Sozialversicherungsbetruges gem. § 266a StGB vom Anstiftervorsatz umfasst.

65 Verwirklicht der Täter ein gänzlich anderes Delikt, ist diese Tatausführung dem Anstifter nicht zuzurechnen.

66 ▶ **Beispiel**

Der Anstifter will den Täter dazu bestimmen, fortwährend keine Steuererklärungen mehr abzugeben. Der Täter erschießt in der Folge aus Wut über den ungerechten Steuerstaat einen Finanzbeamten. Eine Bestimmung i.S.d. § 26 StGB ist nicht gegeben.

67 Zielt die Anstiftungshandlung auf eine Steuerhinterziehung im Grundtatbestand und verwirklicht der Täter ein Regelbeispiel und wird dieser folglich aus dem Strafrahmen des § 370 Abs. 3 Satz 1 AO bestraft, so ist auch der Strafrahmen des Anstifters aus dieser Vorschrift zu nehmen.

68 Der Anstifter wird gem. § 26 StGB gleich einem Täter bestraft, sodass der Strafrahmen des Täters und des Anstifters gleich ist.

bb) Beihilfe

69 Als Gehilfe wird gem. § 27 Abs. 1 StGB bestraft, wer vorsätzlich einem anderen zu dessen vorsätzlich begangener rechtswidriger Tat Hilfe geleistet hat. Die Beihilfe unterscheidet sich von der Täterschaft elementar dadurch, dass der Gehilfe den Tatbeitrag eines anderen Täters fördert. Die andere Person kann Täter oder Anstifter (BGH, NStZ 2000, 421) sein. Der Gehilfe in einem Umsatzsteuer-Karussell kann zugleich Täter einer eigenen Umsatzsteuer-Hinterziehung sein (BGH, wistra 2003, 140).

70 Die Beihilfe setzt eine rechtswidrige, vorsätzliche Haupttat voraus. Die Beihilfe ist damit akzessorisch. Die Beihilfe zu einer versuchten Steuerhinterziehung als Haupttat ist strafbar.

71 Bei einer Beihilfe zur Steuerhinterziehung ist für die Bemessung der Strafe des Gehilfen das im Gewicht seines Tatbeitrages zum Ausdruck kommende Maß seiner Schuld maßgeblich; dabei ist auch zu berücksichtigen, inwieweit Umfang und Folgen der Haupttat ihm zuzuordnen sind (BGH v. 24.06.2009 – 1 StR 229/09; BGH, wistra 2000, 463).

72 Die tatbestandliche Hilfeleistung erblickt die Rechtsprechung und Literatur nach einhelligem Verständnis der Förderung einer Haupttat.

73 Als Hilfeleistung in diesem Sinne ist grds. jede Handlung anzusehen, die die Herbeiführung des Taterfolgs durch den Haupttäter objektiv fördert oder erleichtert; dass sie für den Eintritt dieses Erfolgs in seinem konkreten Gepräge in irgendeiner Weise kausal wird, ist nicht erforderlich (BGHR § 27 Abs. 1 Hilfeleistung 21, 27).

74 Die notwendige Akzessorietät grenzt zunächst in zeitlicher Hinsicht tatbestandstaugliche Hilfeleistungen ein. Eine kausale Hilfeleistung kann bereits im Stadium der Vorbereitungshandlungen zur Haupttat (BGH, NJW 1985, 1035) beginnen. In dieser Phase muss der Täter noch nicht final zur Tat entschlossen sein (BGHSt 2, 146). Die „Hilfe" kann auch darin bestehen, dass der Täter erst durch die Handlungen des Gehilfen in seinem Tatentschluss bestärkt wird. Im allgemeinen Strafrecht ist anerkannt, dass eine Beihilfe auch noch nach Tatvollendung geleistet werden kann (Nachweise bei *Fischer* § 27 Rn. 6), z.B. durch Unterstützungshandlungen zur Sicherung der Tatbeute. Erst nach Beendigung der Tat ist eine Beihilfe ausgeschlossen. Dann beginnt der Bereich der Begünstigung, § 257 StGB. Im Bereich der Steuerhinterziehung dürfte sich die Beihilfe regel-

mäßig auf Förderungshandlungen bis zur Vollendung der Haupttat, Abgabe der Steuererklärung, beschränken.

Wie im allgemeinen Strafrecht wird auch im Steuerstrafrecht zwischen einer physischen und der 75
psychischen Hilfeleistung unterschieden. Die physische Beihilfe ist dadurch gekennzeichnet, dass
der Gehilfe quasi körperlich die Haupttat fördert, z.B. dadurch, dass die durch den Täter mit
Unterstützung des Gehilfen erstellte falsche Steuererklärung beim zuständigen FA abgegeben wird.
Demgegenüber ist die psychische Beihilfe durch eine Unterstützungshandlung auf der Willens-
ebene des Haupttäters charakterisiert. Die psychische Beihilfe wirkt auf den Tatplan, den Tatentschluss oder den Tatausführungswillen (*Fischer* § 27 Rn. 11) ein. Sie stellt einen durch eine aktive
Handlung oder ein garantenpflichtwidriges Unterlassen geleisteten Tatbeitrag, der den Täter in
seinem Tatentschluss bestärkt, dar (*Fischer* § 27 Rn. 11). Eine solche Tatausführung ist im Bereich
der Steuerhinterziehungsdelikte z.B. dadurch anzutreffen, dass der Täter durch den Gehilfen in
Richtung auf die Tatbestandsverwirklichung zur Steuerhinterziehung motiviert wird. Die Abgrenzung zwischen der psychischen Beihilfe und der z.B. straflosen Rechtsauskunft ist zwangsläufig
fließend. Dies deshalb, weil sich die psychische Beihilfe – von außen betrachtet – als eine normgerechte, völlig sozialadäquate Handlung darstellt, im Blick auf das Verhältnis Gehilfe zum Haupttäter jedoch der entscheidende Tatbeitrag sein kann, der den Haupttäter bestärkt, den Tatplan
umzusetzen, z.B. dergestalt, dass der Rat ihm den Eindruck vermittelt, eine Tatentdeckung sei
höchst unwahrscheinlich. Keine Beihilfe ist dagegen das schlichte Dulden einer fremden Tat, z.B.
dadurch, dass der Steuerberater positiv weiß, dass der Steuerpflichtige die Einkommensteuererklärung ohne die gebotene Anlage AUS zur Erklärung von im Ausland erzielten Kapitaleinkünften
abgibt. Der Steuerberater kommt dadurch auch nicht in eine Garantenstellung.

Hilfeleistung i.S.v. § 27 StGB differenziert nach der Qualität der Förderungshandlungen der 76
Haupttat. Es ist mithin nicht notwendig, dass der Gehilfe durch seinen Tatbeitrag allein ursächlich für die schlussendliche Vollendung der Haupttat geworden ist, es ist vielmehr ausreichend,
wenn der Tatbeitrag des Gehilfen ein kausales, die Haupttat förderndes Element ist. (BFH,
wistra 2004, 313, 315). Die Hilfe zur Tatbestandsverwirklichung unterscheidet sich von der –
zeitlich später einsetzenden – Hilfe, die Vorteile der Tat zu sichern (= Begünstigung, § 257 StGB)
durch das zeitliche Moment. Die Hilfe i.S.d. § 27 StGB ist der Tatbestandsvollendung durch den
Haupttäter vor- oder gleich- nicht nachgelagert.

▶ **Beispiel** 77

> Billigt der Steuerberater frühere strafrechtlich relevante Tatbestandshandlungen seines Man-
> danten, ist dies straflos. Die Schwelle zur Strafbarkeit wird erst dann überschritten, wenn der
> Steuerberater in folgenden Veranlagungszeiträumen Hilfestellungen zur weiteren Tatbestand-
> vollendung leistet.

Ein Gehilfe, der dem Haupttäter Scheinrechnungen überlässt, auf deren Grundlage dieser für eine 78
GmbH unrichtige USt-Voranmeldungen und unrichtige LSt-Anmeldungen abgibt, begeht bezogen auf jeden Monat nur eine Beihilfetat (BGH v. 04.03.2008 – 5 StR 594/07).

Der Tatbestand der Beihilfe zur Steuerhinterziehung kann nicht nur durch eine aktive Begehung 79
einer Straftat, also nicht nur durch positive, aktive Handlungen, sondern auch durch ein Unterlassen erfolgen. In der Systematik des § 370 Abs. 1 AO finden sich die Normen zur Unterlassungsstrafbarkeit explizit in Abs. 1 Nr. 2 und Abs. 1 Nr. 3. Danach ist der Tatbestand erfüllt, wenn der
Täter die Finanzbehörde pflichtwidrig über steuerlich erhebliche Tatsachen in Unkenntnis lässt.
Über den Anwendungsbereich des § 370 Abs. 1 Nr. 2 und Nr. 3 AO hinaus ist aber ebenfalls denkbar, dass die Tatbestandsvariante in Abs. 1 Nr. 1 durch ein Unterlassungsdelikt begangen wird.
Nach § 370 Abs. 1 Nr. 1 AO wird bestraft, wer den Finanzbehörden über steuerlich erhebliche
Tatsachen unrichtige oder unvollständige Angaben macht. Die allgemeine Norm der Unterlas-
sungsstrafbarkeit in § 13 StGB findet auch in § 370 Abs. 1 Nr. 1 AO Anwendung. § 13 StGB
behandelt die praktisch wichtigen Unterlassungserfolgsdelikte (*Fischer* § 13 Rn. 2).

80 Derjenige, der den Eintritt eines von ihm nicht durch aktives Tun herbeigeführten Erfolgs nicht verhindert, kann dem Aktivhandelnden nur dann gleichgestellt werden, wenn er rechtlich verpflichtet ist, die Rechtsgutsbeeinträchtigung zu verhindern, also eine sog. Garantenstellung innehat. Eine Garantenstellung wiederum setzt voraus, dass demjenigen die Verhinderung des Erfolgseintritts durch pflichtgemäßes Handeln möglich und zumutbar ist und das Unterlassen einem aktiven Tun gleichwertig entsprechen würde. Eine Strafbarkeit nach § 370 Abs. 1 Nr. 1 AO i.V.m. § 13 StGB ist demnach denkbar, wenn bspw. ein dazu nach § 13 StGB Verpflichteter die Berichtigung bereits gemachter falscher Angaben unterlässt (*Kohlmann* § 370 Rn. 85).

c) Einzelfälle

aa) Steuerberater

81 Die Steuerhinterziehung in § 370 Abs. 1 AO ist kein Sonderdelikt in dem Sinne, dass die Tat nur durch den Steuerpflichtigen selbst begangen werden kann, sodass der Steuerberater in jedem Fall tauglicher Täter einer Steuerhinterziehung sein kann. Dabei bestimmt sich die strafrechtliche Verantwortlichkeit des StB für eine unter seiner Mitwirkung zustande gekommene unrichtige Steuererklärung im Allgemeinen nach dem Umfang der Aufgaben, die er ausdrücklich oder stillschweigend ggü. dem Steuerpflichtigen übernommen hat (Bay. ObLG v. 24.09.1958 – 1 St 626/1956, ZfZ 60/343).

82 Äußerlich neutrale, berufstypische oder professionell adäquate Handlungen eines Steuerberaters erkennt der BGH jedoch nicht ohne Weiteres als strafloses Handeln an (BGH v. 01.08.2000, wistra 2000, 340).

83 Der Steuerberater ist tauglicher Täter einer Steuerhinterziehung, wenn er für seinen Mandanten eine falsche Steuererklärung ausfertigt und selbst zum FA abreicht. Damit ist die unrichtige oder unvollständige Erklärung dem Steuerberater als eigene Erklärung zurechenbar. Dies ist zunächst denkbar in Bezug auf Steuererklärungen, die keine eigenhändige Unterschrift des Steuerpflichtigen verlangen, z.B. USt-VA, LSt- und KESt-Anmeldungen (*Durst*, PRST 2008, 235).

84 Fertigt der Steuerberater eine bewusst falsche Steuererklärung an und lässt er diese Steuererklärung durch den Steuerpflichtigen unterzeichnen, macht sich der Steuerpflichtige durch diese Unterschrift (Skripturakt) die Steuererklärung zu eigen und zu seiner eigenen, sodass dadurch das täterschaftliche Verhalten des Steuerberaters zurücktritt. Die Strafbarkeit des Steuerberaters nach § 378 AO lebt wiederum auf, wenn der Steuerberater die Zustellung der bewusst falschen, vom Steuerpflichtigen eigenhändig unterzeichneten Steuererklärung zum FA veranlasst.

85 Diese Normensystematik hat die Rechtspraxis entwickelt, wonach die Steuerberater Steuererklärungen erstellen, diese aber üblicherweise nicht unmittelbar den Finanzbehörden zustellen, sondern die Steuererklärung dem Steuerpflichtigen zukommen lassen, damit dieser die Steuererklärung selbst- und eigenhändig unterschreibt und anschließend dem zuständigen FA zustellt.

86 Zentrales Tatbestandskriterium für die Steuerhinterziehung durch Steuerberater in der Veranlagung ist indessen, dass die Steuererklärung durch den Täter auch der Finanzbehörde zugestellt wird, sodass in der Rechtspraxis der Steuerberater nur in den Fällen tauglicher Täter einer Steuerhinterziehung ist, in denen er im Rahmen gesetzlich zulässiger Stellvertretung des Steuerpflichtigen dessen Erklärung fertigt und in Stellvertretung unterzeichnet, z.B. in den Fällen der Umsatzsteuervoranmeldung, der Lohnsteueranmeldung, der Erbschaftsteuererklärung etc.

87 Sind infolge der Umsetzung der Ergebnisse einer Außen-(Betriebs-)prüfung Änderungsveranlagungen zu erwarten, die den vom Steuerpflichtigen in der Vergangenheit durch Steuerhinterziehungen entstandenen Schaden im Wege der Neufestsetzung der Steuern korrigieren und entschließt sich der Steuerberater, dem Steuerpflichtigen die durch dessen vorangegangenen Taten erlangten Vorteile zu sichern, stellen sich dessen Tathandlungen als gemeinschaftlich mit dem

Steuerpflichtigen begangene versuchte Steuerhinterziehung dar (BGH v. 07.07.1993 – 5 StR 212/93, wistra 1993, 302).

Ein Steuerberater, der i.R.d. Betriebsprüfung einen unrichtigen Beleg vorlegt, um dadurch einer **88** nach seiner Auffassung irrigen Rechtsauffassung des Finanzbeamten Rechnung zu tragen und zu verhindern, dass seinem Mandanten eine ungerechtfertigte steuerliche Mehrbelastung entsteht, begeht weder eine vollendete noch eine versuchte Steuerhinterziehung (BGH v. 08.03.1983 – 5 StR 7/83, wistra 1983, 113).

Weitere Fälle aus der Rechtsprechung: **89**

- In Kenntnis positiver zu versteuernder Einkünfte beantragt der Steuerberater wider besseren Wissens eine Herabsetzung der EStVZ auf 0,00 € (OLG Stuttgart v. 21.05.1987, wistra 1987, 263).
- Der Steuerberater verschleiert Gewinne des Steuerpflichtigen ggü. dem FA (BGH v. 16.05.1984, wistra 1984, 178) aufgrund eigenen Tatentschlusses.

Den Steuerberater trifft indessen keine Berichtigungspflicht nach § 153 AO, selbst in dem Fall **90** nicht, in dem er die unzutreffende oder unvollständige Steuererklärung des Mandanten selbst unterzeichnet hat (BGH v. 20.12.1995, NStZ 1996, 563).

bb) RA

RA können sowohl als Täter einer eigenen Steuerhinterziehung wie auch als Mittäter und Gehilfe **91** einer fremden Steuerhinterziehung auftreten. RA, die als Bevollmächtigte eines Steuerpflichtigen mit der Finanzverwaltung in dessen Namen über die Steuerfestsetzung verhandeln, trifft eine unmittelbare Pflicht zu wahrheitsgemäßen und vollständigen Angaben gem. § 90 Abs. 1 AO. Wenn der RA im Rahmen einer Tatsächlichen Verständigung vorsätzlich unzutreffende Angaben macht, die wiederum zu unzutreffenden Steuerfestsetzungen führen, macht sich der RA selbst in eigener Person wegen Steuerhinterziehung zugunsten des Steuerpflichtigen strafbar (BGH v. 26.10.1998, wistra 1999, 103). Tatsächliche Verständigungen müssen nach der Rechtsprechung des BFH in der Nähe des tatsächlichen Lebenssachverhalts eine Einigung zwischen dem Steuerpflichtigen und der Finanzverwaltung herbeiführen. In der Rechtspraxis ist es indessen immer wieder anzutreffen, dass eine Tatsächliche Verständigung vor dem Hintergrund vermeintlich erschwerter Sachverhaltsermittlungen abgeschlossen wird und dabei möglicherweise beide Seiten Steuerpflichtiger bzw. dessen RA auf der einen Seite und die Vertreter der Finanzverwaltung auf der anderen Seite unterstellen, dass das gefundene Ergebnis wohl nicht dem tatsächlichen Lebenssachverhalt nahekommt. Insb. bei dem Abschluss einer Tatsächlichen Verständigung ist daher für den RA höchste Vorsicht geboten und auch von der Unsitte Abstand zu nehmen, dass der RA – in welcher Funktion auch immer – eine Tatsächliche Verständigung eigenverantwortlich (mit-)unterzeichnet. Dies ist Aufgabe des Steuerpflichtigen.

Tatsächliche Verständigungen sind als Vereinbarungen über eine bestimmte steuerliche Behand- **92** lung von Sachverhalten grds. anerkannt (BFH, BStBl. II 1985, S. 305; BStBl. II 1991, S. 45; BStBl. II 1991, S. 637). Sie dienen dazu, Ungewissheiten und Unklarheiten auf tatsächlichem Gebiet – wie sie v.a. bei Schätzungen auftreten – in einvernehmlicher Weise auszuräumen (BFH, BStBl. II 1991, S. 45, 46). Der für die Besteuerung erhebliche Sachverhalt wird zur Vermeidung eines unverhältnismäßigen Aufwandes nicht vollständig aufgeklärt. Allerdings obliegt es den Beteiligten zunächst, den Sachverhalt so weit wie möglich zu ermitteln; erst die verbleibenden Unsicherheiten sollen durch die Tatsächliche Verständigung mit Wahrscheinlichkeitsüberlegungen ausgeglichen werden. Auf dieser Grundlage ist eine solche Vereinbarung nach den Grundsätzen von Treu und Glauben bindend für die Beteiligten (BFH, BStBl. II 1991, S. 673). Wird von den Steuerpflichtigen und ihre Vertretern (RA/Steuerberatern) bei den zugrunde liegenden Erwartungen bewusst der Sachverhalt verfälscht oder verschleiert und werden für die Besteuerung wesentliche Tatsachen ggü. der Finanzverwaltung verschwiegen, kann die Tatsächliche Verständigung nach

Auffassung des BGH keine Bindungswirkung entfalten. Folglich können i.R.d. Abschlusses einer Tatsächlichen Verständigung Steuerverkürzungen begangen werden.

93 Mittäterschaftliche Steuerhinterziehung eines den Steuerpflichtigen vertretenen RA ist gegeben, wenn der RA die vom Mandanten unrichtig abgegebene Steuererklärung aufgrund eines gemeinsamen Tatplans gefertigt und die steuerlichen Interessen des Mandanten weiterhin gegen Honorar vertritt (BGH v. 18.06.1991 – 5 StR 32/91). Der BGH hatte in der vorgenannten Entscheidung ein Urteil des LG in der Revision gehalten, obwohl die Steuererklärung seitens der zusammenveranlagten Eheleute unterschrieben und von diesem abgegeben worden war. Der BGH ließ es ausreichen, dass der RA bei der Erstellung der Steuererklärung „arbeitsteilig mitgewirkt" und die Erklärung aufgrund gemeinsamen Tatplans mit den Steuerpflichtigen gefertigt habe. Dass das LG das eigene Interesse des Angeklagten an der Tatbegehung als Kriterium in Abgrenzung zwischen einer Beihilfe und einer Mittäterschaft nicht besonders untersucht hatte, hat der BGH für unbeachtlich erkannt, weil der RA die Steuerpflichtigen auch nach Abgabe der inkriminierten Einkommensteuererklärung gegen Honorar vertreten hatte.

94 Hilft ein RA Steuerpflichtigen, die Herkunft und den Verbleib verschwiegener Einkünfte zu verschleiern, im Urteilsfall durch Umbuchung auf Rechtsanwaltsanderkonten und Transaktionen über Domizil-Gesellschaften (BGH v. 26.10.1998 – 5 StR 746/97), so kann darin eine Begünstigung i.S.v. § 369 Abs. 1 Nr. 4 AO, § 257 StGB gesehen werden und zwar i.H.d. ersparten Steuern. Einnahmen aus „steuerunehrlichen Geschäften" sind nach der vorgenannten Entscheidung des BGH für sich betrachtet keine Vorteile aus einer Steuerhinterziehung; Einnahmen, die buchmäßig nicht erfasst werden in der Absicht, sie auch zu einem späteren Zeitpunkt ggü. den Finanzbehörden nicht zu erklären, sind nicht aus der Steuerhinterziehung erlangt, sondern aus dem jeweils zugrunde liegenden geschäftlichen Vorgang. Werden diese Einnahmen indes in der Folgezeit ggü. dem FA verheimlicht und erfolgen deswegen zu niedrige Steuerfestsetzungen, so sind in dem verschwiegenen Gesamtbetrag auch die „ersparten" Steuern nach Auffassung des BGH enthalten, somit ein aus der Steuerhinterziehung erlangter Vorteil.

cc) Notar

95 Die steuerstrafrechtliche – eigene – Verantwortlichkeit eines Notars i.R.d. Tatbestandserfüllung einer Steuerhinterziehung durch Verletzung der Amtspflichten ist in der Vergangenheit insb. unter dem Blickwinkel der Vernachlässigung der Mitteilungspflichten im Bereich grunderwerbsteuerlicher Vorgänge Gegenstand der Rechtsprechung gewesen (BGH v. 11.07.2008 – 5 StR 156/08). Die Nichtanzeige von Übertragungen von Gesellschaftsanteilen grundbesitzender Gesellschaften, Publikums-Gesellschaften oder auch Fonds in bewusster und gewollter Tatbestandserfüllung war Gegenstand einer Entscheidung des LG Berlin (Pressemitteilung PM 02/09 v. 16.01.2009). In dem Verfahren ging es u.a. um die Nichtanzeige der Übertragung von Gesellschaftsanteilen mehrerer Kommanditgesellschaften, deren Veräußerung die Grunderwerbsteuerpflicht ausgelöst hatte, da die Gesellschaften Grundbesitz hielten. Im Urteilsfall waren aufgrund der pflichtwidrig unterbliebenen vollständigen Übersendung der „Vertragskaskaden" mehrere Millionen Euro Grunderwerbsteuer nicht festgesetzt worden. Übersendet der Notar bewusst und gewollt der Grunderwerbsteuerstelle die von ihm beurkundeten Vertragsinhalte nicht vollständig, sodass es gem. dem Tatplan zu einer Verkürzung von Grunderwerbsteuern kommt, ist der Tatbestand des § 370 Abs. 1 Nr. 1 AO erfüllt (zum Rechtsweg einer Klage des Notars auf Bekanntgabe des Namens des Informanten, der den Notar beim Finanzministerium der Grunderwerbsteuer-Hinterziehung bezichtigt, FG Rheinland-Pfalz v. 19.09.1995 – 5 K 2084/95, EFG 1996, 30. Weiß der Steuerpflichtige, dass der Notar vorsätzlich oder leichtfertig eine unvollständige Anzeige nach § 18 GrEStG der zuständigen Grunderwerbsteuerstelle gemacht hat, so ist der Steuerpflichtige selbst berichtigungspflichtig i.S.d. § 153 Abs. 1 Satz 1 Nr. 1 AO. Unterlässt er die Berichtigung der falschen Anzeige des Notars, ist sein Verhalten gem. § 370 Abs. 1 Nr. 2 AO als Steuerhinterziehung durch Unterlassen zu werten. Die Berichtigungspflicht des Steuerpflichtigen bezieht sich nicht nur auf die von ihm selbst abgegebenen Erklärungen, sondern auch auf die Erklärungen, die von Dritten mit Wissen des Steuerpflichtigen für diesen abgegeben worden sind. Hierunter fallen auch Anzeigen eines Notars (BGH v. 11.07.2008 – 5 StR 156/08, PStR 2008, 250) von steuerpflichtigen, z.B. erbschaftsteuerpflichtigen Rechtsgeschäften.

dd) Bankmitarbeiter

Die Rechtsprechung nimmt die Abgrenzung zwischen dem strafrechtlich irrelevanten, sog. sozial   96
adäquaten Verhalten eines Bankmitarbeiters und dem strafrechtlich relevanten sozial inadäquaten Verhalten des Bankmitarbeiters über dessen Einbindung in den Tatplan des Steuerpflichtigen vor. Sozial adäquat i.S.e. banktypischen, nicht strafbaren Verhaltens ist es z.B., wenn sich der Mitarbeiter der Bank die Ausweispapiere des Kunden vorzeigen lässt, auf dessen Wunsch ein Depot eröffnet und für das Depot eine Kapitalanlage hereinnimmt und dabei sämtliche Transaktionen zu dem Depot völlig banküblich abgewickelt werden. Verkürzt der Steuerpflichtige in der im Folgejahr abzugebenden Einkommensteuererklärung dann die aus dieser Kapitalanlage erzielten Einkünfte aus Kapitalvermögen, liegt keine strafbare Beihilfe des Bankmitarbeiters vor.

Die frühere Rechtsprechung des BVerfG (BVerfG v. 23.03.1994, wistra 1994, 221), wonach   97
Nummernkonten „nur die Funktion hätten", Steuerhinterziehungen zu ermöglichen, ist in der aktuellen Rechtspraxis faktisch bedeutungslos, da die schweizerischen und österreichischen Nummernkonten bereits seit Längerem nicht mehr zulässig sind. Es bedarf regelmäßig auch nicht der Erwägung, dass die Einrichtung eines Nummernkontos möglicherweise aus dem Grunde gerechtfertigt gewesen sein könnte, weil der Steuerpflichtige eben darüber erzielte Einkünfte aus Kapitalvermögen im Rahmen eines potenziellen späteren Scheidungsverfahrens vor seiner Ehefrau verbergen wollte. Auch diese Argumentation des Verheimlichens im Fall eines Scheidungsverfahrens wird der Steuerpflichtige bei der Errichtung eines Nummernkontos dem Bankmitarbeiter ggü. nicht offenbart haben.

Die Grenze zur strafbaren Beihilfe ist dann überschritten, wenn der Bankmitarbeiter ein Konto   98
für den Kunden unter Missachtung der Legitimationsprüfung des § 154 AO eröffnet. Aber auch dies wird nicht regelmäßige Bankpraxis sein. In der alltäglichen Beratung geht es vielmehr um die Fälle, in denen der Bankkunde dem Bankmitarbeiter offen ggü. kommuniziert, dass er entweder nicht wünscht, dass die Zinsen aus der Kapitalanlage in Deutschland versteuert werden oder er offen ausspricht oder durch konkludentes Verhalten unmissverständlich deutlich macht, dass bereits die gesamte Kapitalquelle, der Kapitalstamm, aus nicht versteuerten inländischen Einnahmen stammt.

Lässt sich ein Bankmitarbeiter in Kenntnis dieses Wissens seitens des Bankkunden auf eine Kapi   99
talanlage ein, ist unter Geltung der Prämisse der sozialen Adäquanz die Strafbarkeitsschwelle dann nicht überschritten, wenn die Kapitalanlage in völlig banküblicher Form erfolgt, z.B. als einfache Festgeldanlage. Die Hereinnahme steuerstrafrechtlich sog. „kontaminierten Geldes" in dieser Form zum Zwecke einer üblichen Festkapitalanlage überschreitet noch nicht die Schwelle zur Strafbarkeit. Der Bankmitarbeiter wird mangels Garantenstellung über das steuerliche Verhalten des Kunden dadurch weder zum Mittäter noch zum Gehilfen, noch ist er faktisch in der Lage, den Angaben des Kunden von der erfolgten oder nicht erfolgten Versteuerung zu verifizieren, noch ist dies seine Aufgabe.

Anders ist es indes in den Fällen, in denen der Kunde dem Bankmitarbeiter ggü. ausdrücklich den   100
Wunsch äußert, er möchte über die weitere Entwicklung der Kapitalanlage nicht unterrichtet werden, insb. möchte er nicht auf üblichem, schriftlichem Wege in den Besitz von jährlichen Erträgnisaufstellungen kommen (sog. HAM-Prinzip, Hold-All-Mail). In dieser Fallgestaltung hat der Bankkunde faktisch überhaupt keine Möglichkeiten, im Rahmen seiner Einkommensteuererklärung die bei einer ausländischen Kapitalanlage erzielten Einkünfte aus Kapitalvermögen zu erklären, weil ihm schlicht die hierfür notwendigen Bankunterlagen fehlen. Folgt der Bankmitarbeiter diesem Wunsch des Kunden, ist die Schwelle zur Strafbarkeit der Beihilfe zur Steuerhinterziehung überschritten. Diese „Verschattung" im Inland steuerpflichtiger Einkünfte ausländischer Kapital-

vermögens überschreitet die Kausalitätslinie und ist notwendiger, essenzieller Baustein im – offenbarten – Tatplan des Kunden. Das Verhalten des Kunden hat und kann aus Sicht des Bankmitarbeiters einzig nur den Zweck haben, die erzielten Einkünfte aus Kapitalvermögen nicht zu offenbaren, insb. nicht dadurch, dass z.B. in das Inland die jährliche Erträgnisaufstellung gesandt wird.

101 Gleiches gilt, wenn der Bankmitarbeiter mit dem Kunden eine Kommunikationsform vereinbart, die es dem Kunden ermöglicht, nur z.B. unter Angabe einer nur ihm zugeteilten Ziffer – häufig fernmündlich – Auskünfte über seine Kapitalanlage zu erfahren. Auch hier unterbleibt regelmäßig die Zusendung der jährlichen Erträgnisaufstellungen aufgrund des ausdrücklichen Wunsches des Kunden. Auch dieses „verschattende" Verhalten kann aus Sicht des Bankmitarbeiters nur zum Zwecke der Steuerhinterziehung gedeutet werden. Mit der Nichtübersendung der Erträgnisaufstellungen hat sich der Bankmitarbeiter in die deliktischen Pläne des Kunden in der Weise einbeziehen lassen, dass sein eigenes Handeln nicht nur einfach ursächlich für den Taterfolg der Steuerhinterziehung ist, sondern in erheblichem Maße tatbestandsfördernd (BGH v. 01.08.2000 – BGHSt 46, 107).

102 Bei Auslandskonten ist die Entscheidung des FG Köln v. 22.02.2009 (10 K 398/98) zu beachten. Danach darf die Feststellung der Steuerhinterziehung durch den Steuerpflichtigen nicht auf die Verletzung von Mitwirkungspflichten gestützt werden; das gilt auch für die erweiterte Mitwirkungspflicht bei Auslandssachverhalten gem. § 90 Abs. 2 AO (BFH v. 24.01.2008 – VIII 163/06, BFH/NV 2008, 1099).

103 Insb. könne der Vorsatz der Steuerhinterziehung nicht bereits deshalb angenommen werden, weil der Steuerpflichtige Geldbeträge im Ausland angelegt hat. Das bedeutet, dass die konkret hinterzogenen Beträge im Einzelnen festzustellen sind – ohne Sicherheitszuschläge. Der FG Köln ist in der o.a. Entscheidung der abweichenden Auffassung des BFH zur Minderung des erforderlichen Beweismaßes im Fall der Verletzung von Mitwirkungspflichten (BFH v. 02.07.1998 – IV R 39/97, BStBl. II 1999, S. 28) ausdrücklich nicht gefolgt.

ee) Ehepartner

104 Bei der Zusammenveranlagung von Ehegatten im Einkommensteuerrecht liegt eine Beihilfe oder Mittäterschaft eines Ehegatten nicht schon dann vor, wenn ein Ehegatte die EStE mit unterzeichnet, obschon er weiß, dass die Angaben seines Ehepartners über dessen Einkünfte unzutreffend sind (BFH, BStBl. II 1999, S. 203).

105 Das bloße Mitunterzeichnen einer Steuererklärung, zu der der andere Ehegatte bei der Zusammenveranlagung schlicht verpflichtet ist, damit diese veranlagt ist, begründet noch keine Mitverantwortung des mitunterzeichnenden Ehegatten für die unrichtige Offenbarung der Einkünfte des anderen Ehegatten (*Kohlmann* § 370 Rn. 115.2).

106 Der Umstand, dass ein Ehegatte über die Verweigerung seiner Unterschrift die Zusammenveranlagung der Ehegatten gem. § 26b EStG faktisch verhindern kann, weil die gemeinsame Einkommensteuererklärung der Ehegatten gem. § 25 Abs. 3 Satz 5 EStG durch beide Ehegatten gemeinsam zu unterzeichnen ist, macht diesen noch nicht zum Beherrschenden des Vorgangs und zum Aussteller einer falschen Einkommensteuererklärung. Zusammenveranlagte Ehegatten müssen nach § 25 Abs. 3 Satz 2 EStG eine gemeinsame Einkommensteuererklärung abgeben. Beide haben den amtlichen Vordruck eigenhändig zu unterzeichnen. Damit versichern beide Ehegatten zugleich, die Angaben nach bestem Wissen und Gewissen gemacht zu haben, § 25 Abs. 3 Satz 5 EStG. Daraus lässt sich mit dem BFH (BFH v. 16.04.2002 – IX R 40/00, NRW 2002, 2495) indessen nicht folgern, dass alle Angaben auch von beiden Ehegatten mitgetragen werden. Vielmehr beschränkt sich der Erklärungsgehalt der Unterschrift des jeweiligen Ehegatten auf die Tatsachen, die den jeweiligen Ehegatten betreffen. Ein Ehegatte macht Angaben nur zu dem Sachverhalt, der seine Wissenssphäre zuzurechnen ist (BGH, BStBl. II 1999, S. 203). Mit der so jeweils zu unterscheidenden Wissenssphäre korrespondiert der Erklärungsgehalt der Unterschrift und damit

der Verantwortungsbereich des jeweiligen Ehepartners. Die bloße Unterschrift macht den Ehepartner mithin nicht zum Aussteller der gemeinsamen Erklärung, auch nicht zum Aussteller des Erklärungsteils seines Ehepartners, der falsche Angaben enthält. Erfasst die Erklärung Einkünfte, die nur von einem Ehegatten erzielt werden, so macht nur derjenige Ehegatte im steuertechnischen Sinne „Angaben", der den Tatbestand dieser Einkunftsart verwirklicht.

Anders ist dagegen der Sachverhalt zu beurteilen, wenn in der gemeinsamen Steuererklärung der   107
Ehegatten Angaben über gemeinsame Vermögenspositionen enthalten sind, z.B. Versicherungen, außergewöhnliche Belastungen etc. oder auch gemeinsame Angaben über gemeinsam erzielte Einkünfte, z.B. aus einer gemeinsamen Kapital-(Festgeld-) Anlage. In diesem Fall erstrecken sich die Angaben beider Eheleute auf sie beide.

Mittäter ist derjenige, der im Rechtsverkehr als Miturheber der gemeinsam unterzeichneten Steuererklärung der Eheleute nach außen hin auftritt (*Kohlmann* § 370 Rn. 115). Das bloße Mitunter-   108
zeichnen der gemeinsam zu unterzeichnenden Steuererklärung gemeinsam veranlagter Eheleute macht den unterzeichnenden Ehepartner nicht zum Aussteller der gemeinsamen Steuererklärung und damit zum Urheber von steuerlich relevanten Angaben.

Anders ist die Situation dagegen zu beurteilen, wenn sich der eigene Tatbeitrag des Ehepartners   109
nicht in dem schlichten, gebotenen, Unterzeichnen des amtlichen Vordrucks zur Einkommensteuererklärung erschöpft.

▶ **Beispiel**   110

Die Eheleute leben seit Jahren getrennt, geben gleichwohl fortwährend eine gemeinsame Einkommensteuererklärung mit dem Ziel ab, die steuergünstigere Zusammenveranlagung gem. § 26b EStG zu erwirken, was auch geschieht.

In diesem Fällen liegt eine mittäterschaftliche Einkommensteuerhinterziehung vor. Die Tatbei-   111
träge beider Ehegatten gehen über das schlichte Unterzeichnen einer Einkommensteuererklärung hinaus. Beide Ehegatten wollen über die fehlerhafte Angabe zum vermeintlich nicht dauernden Getrenntleben die Zusammenveranlagung erreichen.

Die Schwelle zur mittäterschaftlichen Tatbegehung ist jedoch dann noch nicht überschritten,   112
wenn der eine Ehepartner lediglich ein gesteigertes Interesse an der Verwirklichung des Tatplans des anderen Ehepartners über falsche Angaben in der gemeinsam unterzeichneten Einkommensteuererklärung hat (OLG Karlsruhe v. 16.12.2007, NJW 2008, 162).

Der die gemeinsame Einkommensteuererklärung mit unterzeichnende Ehegatte ist auch nicht in   113
einer Garantenstellung ggü. dem anderen Ehegatten dergestalt, dass er zur Vermeidung einer Steuerhinterziehung durch Unterlassen verpflichtet ist, die falschen Angaben des Ehepartners zu offenbaren (BFH v. 16.04.2002 – IX R 40/00, NJW 2002, 2495).

Der Erklärungsgehalt der Unterschrift eines Ehegatten beschränkt sich auf die Tatsachen, die ihn   114
selbst betreffen (*Kohlmann* § 370 Rn. 115.2), also seine eigenen steuerpflichtigen Einkünfte. Diese Differenzierung in der Rechtsprechung ist zwingend, weil die Zusammenveranlagung von Ehegatten nicht dazu führt, dass die jeweiligen Einkunftsquellen der Ehegatten zu faktisch einer werden, sondern schlicht dem Umstand geschuldet ist, dass bei Ehegatten eine Erleichterung der Abgabe der Einkommensteuererklärung und ein steuerlicher Vorteil in Form der Zusammenveranlagung erreicht werden soll. Diese formellen steuertechnischen Konsequenzen führen nicht dazu, dass sich ein mitunterzeichnender Ehegatte quasi dolos die steuerlich falsche Erklärung des anderen Ehegatten zueigen macht. Der Ehegatte, der in ehrlicher Art und Weise nur seine erzielten Einkünfte angeben möchte, hat i.R.d. Zusammenveranlagung faktisch keine andere Wahl, als die gemeinsame Steuererklärung zu unterzeichnen.

Verlässt der Ehegatte diese Form der Passivität, die sich lediglich in der aktiven Unterzeichnung   115
der Steuererklärung äußert, z.B. dadurch, dass er den anderen Ehegatten bestärkt, bestimmte Ein-

künfte nicht anzugeben, überschreitet das Verhalten des mitunterzeichnenden Ehegatten die Schwelle der Strafbarkeit (BFH v. 16.04.2002 – IX R 40/00, NJW 2002, 245).

116 Die eigenhändige Unterschrift eines Ehegatten ist damit nur als Wissenszurechnung für die Einkünfte anzusehen, die dieser Ehegatte selbst erzielt oder, im Bereich gemeinsam getätigter Ausgaben, z.B. Sonderausgaben, auch für solche Aufwendungen, die steuerlich geltend gemacht werden, die in der Person beider Ehepartner entstanden sind.

117 ▶ **Beispiel**

Unterhalten beide Ehegatten in der Form eines sog. „Und-Kontos" im Ausland eine Festgeldanlage und erklären beide keine Einkünfte aus dieser ausländischen Kapitalanlage dadurch, dass schlicht die entsprechende Anlage zur Einkommensteuererklärung selbiger nicht beigefügt wird, machen sich beide Ehegatten mit der Unterzeichnung der Einkommensteuererklärung und nachfolgenden Zusendung zum Wohnsitz-Finanzamt strafbar.

118 Unterhält dagegen nur ein Ehegatte im Ausland eine verschwiegene Bankverbindung und erzielt nur er aus dieser ausländischen Kapitalanlage Einkünfte aus Kapitalvermögen, wobei der andere Ehepartner lediglich eine Vollmacht über das Konto besitzt, ist die schlichte Mitunterzeichnung des lediglich bevollmächtigten Ehepartners keine eigene Steuerhinterziehung und damit nicht als Wissenszurechnung im Bereich der verschwiegenen Einkünfte aus Kapitalvermögen des anderen Ehegatten anzusehen.

119 Diese Beurteilung ändert sich erst dann, wenn der über lediglich eine Vollmacht verfügende Ehepartner den anderen Ehepartner i.R.d. Erstellung und Unterzeichnung der gemeinsamen Einkommensteuererklärung bestärkt, die im Ausland erzielten Einkünfte aus Kapitalvermögen nicht anzugeben.

2. Adressaten der Tathandlungen

120 Die Tathandlung wird in § 370 Abs. 1 Nr. 1 AO dahin gehend beschrieben, dass der Täter

– den Finanzbehörden oder
– anderen Behörden

über

– steuerlich erhebliche Tatsachen;
– unrichtige oder
– unvollständige Angaben

macht.

a) Finanzbehörden

121 Die Legaldefinition einer Finanzbehörde findet sich in § 6 Abs. 2 AO. Danach sind Finanzbehörden:

122 1. Das BMF und die für die Finanzverwaltung zuständigen obersten Landesbehörden als oberste Behörden;
2. Die Bundesmonopolverwaltung für Branntwein und das Bundeszentralamt für Steuern als Bundesoberbehörden;
3. Rechenzentren als Landesoberbehörden;
4. Die Bundesfinanzdirektionen, die OFD und das Zollkriminalamt als Mittelbehörden;
4a. Die nach dem Finanzverwaltungsgesetz oder dem Landesrecht anstelle einer OFD eingerichteten Landesfinanzbehörden;
5. Die Hauptzollämter einschließlich ihrer Dienststellen, die Zollfahndungsämter, die FA unter den besonderen Landesfinanzbehörden als örtliche Behörden;
6. Familienkassen;

7. Die zentrale Stelle i.S.d. § 81 EStG;
8. Die Deutsche Rentenversicherung Knappschaft-Bahn-See/Verwaltungsstelle Cottbus (§ 40a EStG.

Bei dem für die Vollendung der Tat und dem Eintritt der Verjährung maßgeblichen Veranla- 123
gungsschluss bei Unterlassungsdelikten kommt es auf das zuständige FA (BGH v. 24.06.2009 –
1 StR 229/09, wistra 2009, 396) an und nicht auf den Veranlagungsbezirk (so: FG Niedersachsen
v. 20.08.2008 – 9 K 352/06, DStRE 2009, 693).

b) Andere Behörden

Eine andere Behörde in diesem Sinne ist gem. § 6 Abs. 1 AO jede Stelle, die Aufgaben der öffentli- 124
chen Verwaltung wahrnimmt. Privatpersonen sind mithin niemals taugliche Adressaten einer
Steuerhinterziehung.

3. Tatmethoden

a) Steuerlich erhebliche Tatsachen

Tatsache im Allgemeinen ist das, was durch das Denken sicher als der Erfahrungsinhalt, als 125
Bestandteil der gesetzlichen Ordnung der Dinge und Ereignisse feststeht. Die Tatsachen als solche
sind nicht einfach gegeben, sondern müssen erst aufgrund der Erfahrung methodisch-denkend
gesetzt werden.

Tatsachen im strafrechtlichen und damit steuerstrafrechtlichem Sinne in dem hier zugrunde zu 126
legenden Verständnis sind dem Beweis zugängliche Ereignisse oder Zustände der Gegenwart oder
Vergangenheit (Sch/Sch/*Cramer* § 263 Rn. 8; *Fischer* § 263 Rn. 2; vgl. auch: *Hilgendorf*).

Keine Tatsachen sind Werturteile, Meinungsäußerungen, Rechtsansichten und künftige Gescheh- 127
nisse. Die Abgrenzung zwischen Tatsachenbehauptung und Werturteil ist fließend. Maßgebend
ist, ob der Sinn der Äußerung einen nachprüfbaren Kern ergibt.

Reine Werturteile und Rechtsauffassungen werden dann als Tatsachenbehauptung behandelt, 128
wenn der Erklärende eine besondere Fachkompetenz besitzt oder diese auch nur vortäuscht und
der Empfänger der Erklärung nicht in der Lage ist, den Wahrheitsgehalt dieser Wertung zu überprüfen.

▶ **Beispiel** 129

Ein Strafverteidiger behauptet in der Hauptverhandlung, „dass es mehrere Gerichtsentscheidungen gebe, die das Vorgehen des Angeklagten als gerechtfertigt ansehen, so dass dieser freizusprechen sei". Durch diese (objektiv unzutreffende) Behauptung könnte sich der Strafverteidiger wegen versuchten Prozessbetrugs gem. §§ 263, 22 StGB strafbar gemacht haben.
Nach Auffassung des OLG Koblenz wird indessen kein Richter eine solche pauschale Behauptung seiner Urteilsfindung zugrunde legen. Diese Behauptung sei deshalb schon in objektiver
Hinsicht in kleinster Weise geeignet, bei dem zuständigen Richter eine Fehlvorstellung herbeizuführen. (OLG Koblenz, NJW 2001, 1364).

aa) Steuererklärungsvordrucke

Nach § 150 Abs. 1 Satz 1 AO sind Steuererklärungen nach amtlich vorgeschriebenem Vordruck 130
abzugeben, soweit nicht eine mündliche Steuererklärung zugelassen ist. Die Ausgestaltung der
Vordrucke für die Steuererklärungen verlangt vom Steuerpflichtigen vielfach über die Erklärung
von Tatsachen hinaus die Beachtung von Rechtsausführungen und zudem materiell steuerrechtliche Kenntnisse der Rechtslage. Dies sind in Summe jedoch keine Tatsachen im hiesigen Sinne,
was sich bereits aus § 150 Abs. 2 Satz 1 AO ergibt, wo die Formulierung „Angaben" gebraucht
wird. Angaben in diesem Sinne ist der Sammelbegriff für Tatsachen, Werturteile, Rechtsauffassun-

gen, Ergebnisse von Steuerberechnungen etc. Es bleibt daher in jedem Einzelfall zu prüfen, ob eine Angabe in einer Steuererklärung eine – falsche – Tatsache darstellt oder möglicherweise Ausdruck einer Rechtsauffassung ist.

131 Die Behauptung, weder fachlich noch sprachlich in der Lage zu sein, eine ESt-Erklärung auszufüllen, entlastet den Täter einer Steuerhinterziehung nicht, wenn ersichtlich ist, dass er die ESt mindernde Umstände erkannt und in ihrer Bedeutung tatsächlich erfasst hat. Da die Bewertung des Sinngehalts von Angaben tatsächlicher Art in einer Steuererklärung nicht unterschiedlich je nachdem ausfallen kann, ob es sich um steuererhöhende oder steuermindernde Umstände handelt, ist davon auszugehen, dass auch steuererhöhende Umstände in ihrer Bedeutung erfasst werden können (FG Münster v. 23.04.2008, EFG 2008, 1385).

bb) Rechtsauffassungen

132 Die Frage, ob der Steuerpflichtige überhaupt und ggf. in welchen Fällen er das FA auf seine von der Rechtsauffassung der Finanzverwaltung oder der Rechtsprechung der FG abweichende Rechtsnormen hinweisen muss, wird kontrovers diskutiert (vgl. *Dörn*, wistra 1992, 241 ff.). Auf der einen Seite steht die Auffassung, der Steuerpflichtige müsse i.R.d. Erstellung der Steuererklärung den typisierten Empfängerhorizont der Finanzverwaltung zugrunde legen und auf jede von ihm vertretene, aber von der Rechtsprechung oder in Richtlinie der Finanzverwaltung abweichende Rechtsauffassung hinweisen (vgl. Nachweise bei: *Kohlmann* § 370 Rn. 30.1). Dieses Verständnis mutet dem vielfach steuerlichen Laien nahezu vollständige Fachkenntnisse zu, was faktisch absurd ist. Auf der anderen Seite steht die Ansicht, der Steuerpflichtige könne jede Rechtsansicht vertreten, ohne hierauf besonders hinweisen zu müssen, soweit die Auffassung nur vertretbar sei (so: *Kohlmann* § 370 Rn. 30.2; *Dörn*, wistra 1992, 241 ff.). Auch das kann nicht richtig sein. Weiß der Steuerpflichtige um seine möglicherweise solitäre Sichtweise, muss er sich offenbaren. Der BFH hat diese Frage bislang ausdrücklich offen gelassen (BFH, BStBl. II 1989, S. 11, 131, 132).

133 Dem Steuerpflichtigen steht es frei, jeweils die ihm günstigste steuerrechtliche Gestaltung zu wählen. Er macht jedenfalls dann keine unrichtigen Angaben i.S.v. § 370 Abs. 1 Nr. 1 AO, wenn er offen oder verdeckt eine ihm günstige, gleichwohl i.E. unzutreffende Rechtsansicht vertritt, aber die steuerlich erheblichen Tatsachen richtig und vollständig vorträgt und es dem FA dadurch ermöglicht, die Steuer ggf. unter abweichender rechtlicher Beurteilung zutreffend festzusetzen (BGHSt 37, 266, 284).

134 Die Frage, welche Tatsachen in einer Steuererklärung zu berücksichtigen sind, hängt – mindestens mittelbar – auch von der jeweils geltenden Rechtslage ab. In vielen Fällen erschöpfen sich die Angaben ggü. dem FA in Steuererklärungsvordrucken in der Wiedergabe quantifizierter Beträge ohne Sachverhaltsschilderung. Die Bestimmung dieser Beträge ist indes das Ergebnis einer auch von einer Rechtsauffassung abhängigen steuerrechtlichen Beurteilung, bei der vom Steuerpflichtigen zwischen rechtlich erheblichen und rechtlich unerheblichen Tatsachen unterschieden werden muss (*Dörn*, wistra 1992, 241 ff.).

135 Der Umfang der für den Steuerpflichtigen bestehenden Mitteilungspflichten ergibt sich indes unmittelbar aus dem Verfahrensrecht. So steht es dem Steuerpflichtigen nicht frei, den Steuerberater aus einem Gesamtsachverhalt nur einen Teil der Tatsachen richtig vorzutragen und sie i.Ü. nach Maßgabe einer nicht offengelegten, ersichtlich strittigen eigenen rechtlichen Bewertung des Vorgangs zu verschweigen, obwohl die Einzelheiten für die steuerliche Beurteilung bedeutsam sein können (BGHSt 37, 266, 284 f.). Letztlich kommt es mithin auf den Kenntnisgrad des Steuerpflichtigen vom steuerrechtlichen Normengefüge an.

136 Nach § 90 Abs. 1 Satz 2 AO haben die Beteiligten im Rahmen ihrer Mitwirkungspflichten im Besteuerungsverfahren die für die Besteuerung erheblichen Tatsachen vollständig und wahrheitsgemäß offenzulegen. Nach § 370 Abs. 1 Nr. 1 AO müssen diese Angaben nicht nur richtig, sondern auch vollständig sein. Da sich hinter den mitgeteilten Zahlen die verschiedensten Sachver-

halte verbergen können, die für das FA nicht offen erkennbar sein müssen, besteht nach zutreffender Auffassung der Rechtsprechung zumindest eine Offenbarungspflicht für diejenigen Sachverhaltselemente, deren rechtliche Relevanz objektiv zweifelhaft ist (BGH, wistra 1995, 69). Dies ist nach der Rechtsprechung immer dann der Fall, wenn die von dem Steuerpflichtigen vertretene Auffassung über die Auslegung von Rechtsbegriffen oder die Subsumtion bestimmter Tatsachen von der Rechtsprechung, Richtlinie der FinVerw oder der regelmäßigen, bekannten Veranlagungspraxis abweicht. In einem derartigen Fall kann es gleichwohl ausreichend sein, die abweichende Rechtsauffassung mitzuteilen, wenn deren Schilderung die erforderliche Tatsachenmitteilung enthält (BGH v. 10.11.1999, Rz. 25).

4. Täuschungshandlungen

In Abgrenzung zu den Unterlassungsdelikten in § 370 Abs. 1 Nr. 2 und Nr. 3 AO besteht die Tathandlung in § 370 Abs. 1 Nr. 1 AO in einem aktiven Tun dergestalt, dass den Finanzbehörden oder anderen Behörden über steuerlich erhebliche Tatsachen unrichtige oder unvollständige Angaben gemacht werden.   137

a) Unrichtige Angaben

Eine Angabe ist unrichtig, wenn ihr Erklärungsinhalt oder Erklärungsgehalt den tatsächlichen Verhältnissen widerspricht. Die Unrichtigkeit beschreibt somit eine Abweichung vom tatsächlichen objektivierbaren Ist-Zustand. Dabei kommt es zunächst auf das Maß der Unrichtigkeit, also den Grad der Unrichtigkeit, nicht an. Die Unrichtigkeit kann somit in einer unzutreffenden Mengenangabe, Größenbeschreibung, Umfang einer Belastung oder einer sonstigen Qualifikation bestehen.   138

Eine solche unrichtige Angabe liegt z.B. dann vor, wenn ein Arbeitnehmer für die Fahrten zum Arbeitsort mehr als das Doppelte der Wegstrecke erklärt (FG Rheinland-Pfalz v. 29.03.2011 – 3 K 2635/08).   139

b) Unvollständige Angaben

Jede unvollständige Angabe scheint zugleich auch unrichtig zu sein. Bei diesem Verständnis hätte es allerdings einer solchen Differenzierung zwischen unrichtigen und unvollständigen Angaben im Gesetzestext nicht bedurft.   140

Demnach ist eine Angabe in diesem Sinne nur dann unvollständig, wenn die einzelnen Bestandteile dieser Angabe als solche richtig sind.   141

▶ **Beispiel**   142

Der Steuerpflichtige erklärt seine inländischen Einkünfte aus Kapitalvermögen in vollem Umfange, allerdings verschweigt er die aus einer ausländischen Kapitalanlage erzielten Einkünfte aus Kapitalvermögen. Seine Angabe ist folglicherweise unvollständig.

Die Unvollständigkeit einer Angabe i.S.v. § 370 Abs. 1 Nr. 1 AO ist schließlich noch von dem Unterlassen von Angaben i.S.v. § 370 Abs. 1 Nr. 2 AO abzugrenzen. Eine Erklärung ist unvollständig, wenn der Steuerpflichtige mit der eigenhändigen Unterzeichnung oder auf sonstiger Weise den Erklärungsinhalt ggü. der Finanzverwaltung vermittelt, seine Angaben seien vollständig erklärt. Die Abgrenzung zwischen einer unvollständigen Angabe und dem Unterlassen der notwendigen Erklärung ist dem Erklärungsinhalt der Erklärung des Steuerpflichtigen zu entnehmen: Erklärt dieser – z.B. mit seiner eigenhändigen Unterschrift auf dem Mantelbogen der Einkommensteuererklärung – zugleich konkludent, sich ggü. der Finanzverwaltung vollständig erklärt zu haben, ist das schlichte Verschweigen z.B. einer ausländischen Kapitalanlage als unvollständige Angabe in diesem Sinne zu werten. Die Begründung liefert § 150 Abs. 1 AO: Einer eigenhändig unterzeichneten Einkommensteuererklärung kommt (auch) der Erklärungsinhalt der Vollständigkeit zu.   143

c) Kenntnis der Finanzverwaltung

144 Die Kenntnis der Finanzverwaltung von den Besteuerungsgrundlagen lässt eine Strafbarkeit wegen vollendeter Steuerhinterziehung nach § 370 Abs. 1 Nr. 1 AO nicht entfallen (BGH v. 14.12.2010 – 1 StR 275/10).

145 Der BGH setzt sich ausdrücklich mit der Auffassung der Literatur auseinander, wonach der Tatbestand der Steuerhinterziehung durch aktives Tun im Wege der teleologischen Auslegung durch das Merkmal einer „Unkenntnis der Finanzbehörde vom tatsächlichen Sachverhalt" zu ergänzen sei (FGJ/*Joecks* § 370 Rn. 198). Der BGH verwirft diese Auffassung. Der Tatbestand des § 370 Abs. 1 Nr. 1 AO setze keine gelungene Täuschung des zuständigen Finanzbeamten voraus (*Meyberg*, PStR 2011, 58). Es genüge, dass die unrichtigen oder unvollständigen Angaben über steuerlich erhebliche Tatsachen in anderer Weise als durch eine Täuschung für die Steuerverkürzung oder das Erlangen nicht gerechtfertigter Steuervorteile ursächlich werden (BGH v. 06.06.2007 – 5 StR 127/07, NStZ 2007, 596). Dies gelte auch, wenn der zuständige Finanzbeamte von allen für die Steuerfestsetzung bedeutsamen Besteuerungsgrundlagen Kenntnis hat und zudem sämtliche Beweismittel bekannt und verfügbar sind. Dass die Finanzbehörden die Tat nicht verhindert habe oder nicht frühzeitig dagegen eingeschritten seien, könne die Strafbarkeit nicht infrage stellen (BGH v. 06.06.2007 – 5 StR 127/07, NStZ 2007, 596; BGH v. 12.01.2005 – 5 StR 191/04, wistra 2005, 148). Die Kenntnis der Finanzbehörden könne allenfalls auf der Ebene der Strafzumessung von Bedeutung sein, allerdings nur in dem Fall, in dem die Finanzbehörden durch vorwerfbares Verhalten unmittelbar auf das Handeln des Steuerstraftäters eingewirkt hätten und quasi die Tat selbst verursacht hätten (BGH v. 29.01.2009 – 3 StR 474/08, NStZ-RR 09, 167). Hier sei eine Strafmilderung in Betracht zu ziehen. Eine solche komme indessen nicht in Betracht, wenn die Tatausführung – obwohl tatsächlich möglich – nicht verhindert worden ist. Ein solcher Anspruch auf Einschreiten der Behörden folge insb. auch nicht aus dem Recht auf ein faires Verfahren gem. Art. 6 Abs. 1 EMRK (BGH v. 17.07.2007 – 1 StR 312/07, NStZ 2007, 635). Steuerhinterziehung ist ein Erklärungsdelikt. Für das Abstellen auf den tatbestandlichen Erfolg kommt es mithin nicht auf die Kenntnislage der Finanzverwaltung an, sondern ausschließlich auf die Defizite im Erklärungsverhalten des Steuerpflichtigen.

146 Unter Hinweis auf eine Entscheidung des FG München v. 10.06.2011 (8 K 1016/08, EFG 11, 2123), wonach in dem Fall, in dem die durch ein pflichtwidriges Handeln des Steuerpflichtigen in Gang gesetzten Ursachenkette durch Fehler des FA so überlagert werden, dass bei einer wertenden Betrachtung letztere entscheidend für die Steuerverkürzung sind, liege keine Steuerhinterziehung oder leichtfertige Steuerverkürzung vor, wird in der Literatur (*Wegner*, PStR 2012, 46) die Auffassung vertreten, dass in den Fällen der überlagernden Kenntnis des Finanzbeamten jedenfalls auf der Ebene der Strafzumessung korrigierende Überlegungen vorzunehmen sind, wenn nicht unter Berücksichtigung der Rechtsprechung des FG München bereits der objektive Tatbestand zu verneinen sei. Der Auffassung der Literatur ist zuzustimmen. Wenn das Verhalten des Täters keinen Einfluss auf die Disposition des geschützten Rechtsguts, des Steueranspruchs, haben kann, weil der Finanzbeamte die faktische Dispositionshoheit hat, scheidet die Erfüllung des objektiven Tatbestandes aus.

II. Steuerhinterziehung durch Unterlassen, § 370 Abs. 1 Nr. 2 AO

147 Nach § 370 Abs. 1 Nr. 2 AO wird bestraft, wer die Finanzbehörden pflichtwidrig über steuerlich erhebliche Tatsachen in Unkenntnis lässt. § 370 Abs. 1 Nr. 2 AO ist damit ein Unterlassungsdelikt.

148 In der Rechtsprechung und Literatur (vgl. Nachweise bei *Kohlmann* § 370 Rn. 272) ist i.R.d. typisierenden Einordnung der Vorschrift des § 370 Abs. 1 Nr. 2 AO umstritten, ob es sich dabei um ein echtes oder um ein unechtes Unterlassungsdelikt handelt. Die Sichtweise eines eigenständigen, damit echten Unterlassungsdeliktes in § 370 Abs. 1 Nr. 2 AO hätte zur Folge, dass insb. die Vorschrift des § 13 StGB mit der in § 13 Abs. 2 StGB normierten Verweisung auf die Milderungsvor-

schrift des § 49 Abs. 1 StGB nicht zur Anwendung käme. Demgegenüber scheint die noch herrschende Meinung (vgl. Nachweise wie vor) die Einordnung als unechtes Unterlassungsdelikt zu favorisieren. § 370 Abs. 1 Nr. 2 AO ist kein selbstständiges, echtes Unterlassungsdelikt, sondern eine sprachliche Ausprägung einer Tatbestandsvariante der Steuerhinterziehung mit der Normierung des Verletzung einer Verbotsnorm, nämlich des Eintritts des Erfolgs der Steuerverkürzung gem. § 370 Abs. 4 Satz 1 AO. § 13 StGB mit der Verweisung auf § 49 Abs. 1 StGB ist damit unmittelbar anwendbar.

In § 370 Abs. 1 Nr. 2 AO ist folgendes Verhalten tatbestandsmäßig: **149**

– Der Täter muss pflichtwidrig handeln, also muss das Steuergesetz eine Rechtspflicht zur Offenbarung steuerlich erheblicher Tatsachen normieren;
– Die Pflichtwidrigkeit indiziert zugleich, dass es dem Täter möglich und zumutbar sein muss, steuerlich erhebliche Tatsachen den Finanzbehörden zu offenbaren;
– Die Finanzbehörden haben keine Kenntnis (Unkenntnis) von diesen steuerlich erheblichen Tatsachen.

§ 370 Abs. 1 Nr. 2 AO lässt sich typisierend von § 370 Abs. 1 Nr. 1 AO, der Begehensvariante, **150** dadurch unterscheiden, dass der Täter bei § 370 Abs. 1 Nr. 1 AO der Finanzverwaltung ggü. Tatsachen offenbart, diese Tatsachen jedoch unrichtig oder unvollständig sind. Demgegenüber macht der Täter in der Unterlassungstatbestandsvariante des § 370 Abs. 1 Nr. 2 AO ggü. den Finanzbehörden keinerlei Angaben oder macht diese Angaben erst verspätet.

In der Rechtspraxis erfasst § 370 Abs. 1 Nr. 2 AO insb. folgende Sachverhalte: **151**

– Der Steuerpflichtige unterlässt die vorgeschriebene Abgabe einer z.B. Einkommensteuererklärung;
– Der Steuerpflichtige unterlässt die Abgabe einer monatlichen Umsatzsteuer-Voranmeldung oder einer monatlichen Lohnsteuer-Anmeldung;
– Der Steuerpflichtige kommt seinen Verpflichtungen zur Abgabe einer Steuererklärung oder Steuervoranmeldung nur verspätet nach;
– Der Steuerpflichtige erkennt nach Abgabe einer Steuererklärung oder Steueranmeldung, dass diese falsch ist; er kommt der Verpflichtung zur Berichtigung gem. § 153 Abs. 1, Abs. 2 AO jedoch nicht nach.

Anders als im Tatbestand des § 370 Abs. 1 Nr. 1 AO ist das Unterlassungsdelikt nicht durch jedermann begehbar, sondern stellt ein Sonderdelikt dar, dessen Tatbestand nur von dem erfüllt werden **152** kann, dem die Handlungspflicht obliegt (*Weidemann*, wistra 2010, 463). Diese wiederum ergibt sich nicht aus § 370 Abs. 1 Nr. 2 AO, sondern muss dem materiellen Steuerrecht (EStG, KStG, etc.) entnommen werden.

1. In Unkenntnis lassen

a) Unkenntnis

Unkenntnis der Finanzbehörde ist nicht abstrakt zu verstehen, sondern steht in Bezug zu den **153** steuerlich erheblichen Tatsachen. Es kommt mithin nicht auf eine gesamtbetrachtende Sichtweise an, sondern auf die Unkenntnis der Finanzbehörde von den steuerlich erheblichen Tatsachen, also insb. auch von den einzelnen Tatsachen i.R.d. jeweiligen Steuerfestsetzung. In diesem Sinne liegt Unkenntnis von steuerlich erheblichen Tatsachen vor, wenn der Steuerpflichtige der Finanzverwaltung zwar seine Einkommensteuererklärung mit der Anlage GSE zu den gewerblichen Einkünften richtig ausgefüllt übermittelt, jedoch die Abgabe einer Umsatzsteuererklärung zum Zwecke der Festsetzung von USt unterlässt. Unkenntnis meint daher nicht die mangelnde Kenntnis der Finanzverwaltung von einem Lebenssachverhalt, sondern die mangelnde Kenntnis der Finanzverwaltung von steuerlich erheblichen Tatsachen i.R.d. vorzunehmenden Steuerfestsetzung.

154 Die Unkenntnis der Finanzverwaltung wird insb. bei dem Vorliegen einer Kontrollinformation seitens einer anderen Finanzverwaltung über die steuerlich erheblichen Tatsachen ausscheiden. Gleiches gilt, wenn die Finanzverwaltung z.B. durch den Ankauf von Daten auf CD detaillierte Informationen über die Einkünfte aus Kapitalvermögen aus einer ausländischen Bankverbindung seitens des Steuerpflichtigen hat.

155 Keine Unkenntnis liegt dagegen vor, wenn die Finanzverwaltung zwar in den Besitz der steuerlich erheblichen Tatsachen gekommen ist, nicht aber in gehöriger Form; insb. nicht auf amtlich vorgeschriebenen Vordruck.

156 Unkenntnis von steuerlich erheblichen Tatsachen stellt auf den konkreten Veranlagungsvorgang ab. Weiß der Sachgebietsleiter um die steuerlich erhebliche Tatsache, der die Veranlagung bearbeitende Sachbearbeiter jedoch nicht, liegt keine Unkenntnis vor.

157 Kennt der Betriebsprüfer die steuerlich erheblichen Tatsachen, der die Veranlagung bearbeitende Sachbearbeiter aber nicht, liegt keine Unkenntnis vor.

158 Erklärt der Steuerpflichtige und Erbe die Einkünfte aus einer verschwiegenen ausländischen Einkunftsquelle seiner Eltern nach und versteuert er i.R.d. Einkommensteuer-Veranlagung die laufenden Einkünfte aus Kapitalvermögen aus eben dieser Quelle, unterlässt er aber die Abgabe einer Erbschaftsteuererklärung, so liegt i.R.d. durchzuführenden Erbschaftsteuerfestsetzung bei dem zuständigen Sachbearbeiter im Erbschaftsteuer-FA Unkenntnis in diesem Sinne vor.

159 Gibt der Steuerpflichtige die Erbschaftsteuererklärung in Unkenntnis der finanzamtsinternen Zuständigkeiten bei dem Wohnsitz-Finanzamt ab, liegt keine Unkenntnis i.S.v. § 370 Abs. 1 Nr. 2 AO für die Erbschaftsteuer-Festsetzung im Erbschaftsteuer-Finanzamt vor.

160 Wertet das zuständige FA Kontrollmitteilungen über die Beziehung von Renteneinkünften aus, liegt insoweit keine Unkenntnis (mehr) vor.

b) Steuerlich erhebliche Tatsachen

161 Steuerlich erhebliche Tatsachen sind dem Beweis zugängliche Ereignisse oder Zustände der Gegenwart oder Vergangenheit. Die Begrifflichkeit der steuerlich erheblichen Tatsachen wird in § 370 Abs. 1 Nr. 2 AO in gleicher Weise verstanden wie in § 370 Abs. 1 Nr. 1 AO.

c) Unterlassen

162 Das pflichtwidrige Unterlassen, die Finanzverwaltung über steuerlich erhebliche Tatsachen zu unterrichten, ist Tatbestandsmerkmal in § 370 Abs. 1 Nr. 2 AO.

163 Vom Vorsatz des Täters umfasst sein muss die Vorstellung, dass aus dem verwirklichten Sachverhalt ein Steueranspruch des Fiskus entstanden ist, den seine pflichtwidrige Unterlassung verletzt; weiß er nicht, dass ein Steueranspruch besteht, liegt ein den Vorsatz ausschließender Tatumstandsirrtum i.S.d. § 16 Abs. 1 StGB vor (*Weidemann*, wistra 2010, 463, 464).

164 Dem Unterlassen kommt nur dann eine steuerstrafrechtliche Deliktsqualität zu, wenn es dem Steuerpflichtigen zumutbar und möglich ist, die Finanzverwaltung über die steuerlich erheblichen Tatsachen zu unterrichten. Der Steuerpflichtige muss tatsächlich in der Lage sein, die Finanzverwaltung zu informieren. Dem steht nicht entgegen, dass der Steuerpflichtige, z.B. durch die Vereinbarung mit der ausländischen Bank, ihm keinerlei Erträgnisaufstellungen zuzusenden, im Inland nicht über die für die Besteuerung erheblichen Tatsachen verfügt. Gleiches gilt, wenn der Steuerpflichtige aus mangelnder Beweisvorsorge im Inland nicht mehr im Besitz geeigneter Unterlagen für die Durchführung der Besteuerung ist.

165 Eine vollendete Hinterziehung durch Unterlassen liegt nach hier vertretener Auffassung – entgegen der Rechtsprechung (BGH v. 07.11.2001 – 5 StR 395/01, PStR 2002, 3) erst dann vor, wenn

das zuständige FA die Veranlagungsarbeiten in dem betreffenden Bezirk für den maßgeblichen Zeitraum vollständig (Rspr.: zu 95 %) abgeschlossen hat.

Die Verpflichtung zur Abgabe einer an sich gebotenen Steuererklärung oder Steueranmeldung ist 166 wegen des Verbots des Zwangs zur Selbstbelastung dann suspendiert, wenn wegen der Steuerart und des konkreten Veranlagungszeitraums ein steuerstrafrechtliches Ermittlungsverfahren geführt wird. Dies setzt nach der Rechtsprechung des BGH (BGH v. 02.02.2010 – 1 StR 530/09) indessen voraus, dass dem Täter die Einleitung eines steuerstrafrechtlichen Ermittlungsverfahrens zuvor bekannt gegeben worden ist.

Unterläuft der Finanzverwaltung i.R.d. Veranlagung ein Fehler, der nicht auf einem Fehler verur- 167 sachenden ausgegangenen Tun des Steuerpflichtigen beruht, begeht der Steuerpflichtige, der die Finanzverwaltung nicht auf den Fehler hinweist, keine Steuerhinterziehung durch Unterlassen (*Rolletschke*, Stbg 2011, 404, 405)

2. Unterlassene Anzeige gem. § 153 AO

Erkennt ein Steuerpflichtiger nachträglich vor Ablauf der Festsetzungsfrist, 168

1. dass eine von ihm oder für ihn abgegebene Erklärung unrichtig oder unvollständig ist und dass 169 es dadurch zu einer Verkürzung von Steuern kommen kann oder bereits gekommen ist (BGH v. 17.03.2009 – 1 StR 479/08) oder
2. dass eine durch Verwendung von Steuerzeichen oder Steuerstemplern zu entrichtende Steuer nicht in der richtigen Höhe entrichtet worden ist,

so ist er verpflichtet, dies unverzüglich anzuzeigen und die erforderliche Richtigstellung vorzunehmen, § 153 Abs. 1 Satz 1 AO. Diese Verpflichtung trifft auch den Gesamtrechtsnachfolger eines Steuerpflichtigen und die nach den §§ 34 und 35 AO für den Gesamtrechtsnachfolger oder den Steuerpflichtigen handelnden Personen (*Wulf*, Stbg 2010, 295, 296).

Unterlässt ein Steuerpflichtiger die nach § 153 Abs. 1 AO gebotene Berichtigung von Erklärungen, 170 so ist § 370 Abs. 1 Nr. 2 AO tatbestandlich eröffnet. Das Unterlassen der nach § 153 Abs. 1 AO gebotenen Anzeige und Berichtigung kann zu einer Steuerhinterziehung durch Unterlassen führen (BGH v. 25.09.1997 – 1 StR 702/78, NJW 1980, 845). Es liegt eine sog. Erklärungspflichtverletzung vor. Strafbar ist gleichfalls die nur scheinbare Berichtigung mit erneut falschen Angaben (BGH v. 17.03.2009 – 1 StR 479/08).

§ 153 Abs. 1 Satz 1 AO statuiert bei Vorliegen nachstehender Voraussetzungen eine Erklärungs- 171 pflicht (vgl. auch: *Kohlmann* § 370 Rn. 329):

– Der Steuerpflichtige hat oder für den Steuerpflichtigen ist eine unrichtige oder unvollständige Steuererklärung abgegeben worden;
– Die Finanzverwaltung hat in Veranlagung dieser unrichtigen oder unvollständigen Erklärung Steuerbescheide bekannt gegeben, sodass es bereits zu einer Steuerverkürzung gekommen ist oder der Eintritt einer Steuerverkürzung jedenfalls droht;
– Der Steuerpflichtige muss beides nachträglich erkennen (das ist genau der Gegensatz zur Selbstanzeige gem. § 371 AO: dort weiß der Steuerpflichtige bei Abgabe einer Erklärung oder dem Unterlassen selbiger bereits um die beabsichtigte Herbeiführung des Verkürzungserfolgs);
– Die Festsetzungsfrist darf noch nicht abgelaufen sein, sodass eine Korrektur der ergangenen fehlerhaften Steuerfestsetzung noch möglich ist (vgl. auch *Wulf*, Stbg 2010, 295, 296).

Die in § 153 Abs. 1 Satz 1 AO statuierte Anzeige und Berichtigungspflicht ist von der Selbstan- 172 zeige gem. § 371 Abs. 1 AO abzugrenzen. Die Formulierung in § 371 Abs. 1 a.E. AO „wird insoweit straffrei" macht deutlich, dass die Selbstanzeige tatbestandlich nur in den Fällen eingreift, in denen der Steuerpflichtige sich zuvor strafbar gemacht hat. Dies setzt wiederum eine vorsätzlich falsche Erklärung ggü. der Finanzverwaltung voraus. Demgegenüber erkennt der Steuerpflichtige im Anwendungsbereich des § 153 Abs. 1 AO nachträglich vor Ablauf der Festsetzungsfrist, dass eine seinerzeit von ihm oder für ihn abgegebene Erklärung unrichtig oder unvollständig ist; das vorherige fehlerhafte Verhalten, d.h. die zuvor fehlerhaft abgegebene Erklärung war mithin nicht in dem Bewusstsein abgegeben worden, dass diese fehlerhaft war. Die bloße Möglichkeit, die Unrichtigkeit erkennen zu können, genügt angesichts des eindeutigen Wortlauts des § 153 AO nicht. Die Rechtsfolge dieser Unterscheidung ist beachtlich: Die Vorschrift des § 235 AO über die Festsetzung von Hinterziehungszinsen kommt nur im Fall der Selbstanzeige gem. § 371 AO zur Anwendung und nicht im Fall der Berichtigung gem. § 153 AO.

173 Nur derjenige Steuerpflichtige ist verpflichtet, eine Anzeige und Richtigstellung gem. § 153 AO vorzunehmen, der zuvor eine Steuererklärung als unrichtig oder unvollständig abgegeben hat oder weiß, dass für ihn eine unrichtige oder unvollständige Steuererklärung abgegeben wurde. Die Verpflichtung zum Einschreiten setzt mithin ein vorheriges, nicht absichtliches = vorsätzliches eigenes Fehlverhalten oder ein Fehlverhalten eines für ihn handelnden Dritten voraus.

174 Ob eine steuerrechtliche Anzeige- und Berichtigungspflicht gem. § 153 AO besteht, wenn der Steuerpflichtige erst nachträglich erfährt, dass er unrichtige Angaben gemacht hat, er aber bei Abgabe der Steuererklärung die Unrichtigkeit seiner Angaben in Kauf genommen und sich deshalb – durch die Abgabe der unrichtigen Steuererklärung – zugleich auf wegen bedingt vorsätzlich begangener Steuerhinterziehung, § 370 Abs. 1 Nr. 1 AO, strafbar gemacht hat, ist im Schrifttum umstritten. Bejahend: HHSp/*Heuermann* § 153 Rn. 12; Klein/*Brockmeyer* § 153 Rn. 4; Verneinend: *Kohlmann* § 370 Rn. 332; FGJ/*Joecks* § 370 Rn. 182). Nach Ansicht des BGH (Beschl. v. 17.03.2009 – 1 StR 479/08) gebieten Wortlaut, Sinn und Zweck der Vorschrift des § 153 Abs. 1 Satz 1 Nr. 1 AO, eine steuerrechtliche Anzeige- wie Berichtigungspflicht auch dann anzunehmen, wenn der Steuerpflichtige die Unrichtigkeit seiner Angaben bei Angabe der Steuererklärung nicht gekannt, aber billigend in Kauf genommen hat und er später zu der sicheren Erkenntnis gelangt ist, dass die Angaben unrichtig sind. Nach dem eindeutigen Wortlaut § 153 Abs. 1 Satz 1 Nr. 1 AO besteht auch in diesem Fall eine Berichtigungspflicht, weil auch derjenige, der zunächst mit der Unrichtigkeit der Angaben nur gerechnet, sie aber nicht sicher gekannt hat, die Unrichtigkeit „nachträglich erkennt", wenn er später positiv erfährt, dass seine Angaben tatsächlich unrichtig waren.

175 Auch nach Sinn und Zweck der Vorschrift des § 153 Abs. 1 Nr. 1 AO sollen Steuerpflichtige im Verständnis des BGH, die bereits bedingt vorsätzlich unrichtige Steuererklärungen abgegeben haben, von der steuerrechtlichen Anzeige- und Berichtigungspflicht nicht ausgenommen werden. Die Vorschrift begründe eine gesetzliche Garantenpflicht, die ihre Rechtfertigung in dem Fehler verursachenden vorangegangenen Tun finde. Die Verpflichtung zur Berichtigung nach bedingt vorsätzlicher Abgabe unrichtiger Steuererklärungen führt nach Auffassung des BGH auch nicht dazu, dass die Steuerhinterziehung zu einem Dauerdelikt würde (so aber FGJ/*Joecks* § 370 Rn. 182). Denn sie träfe den Steuerpflichtigen erst dann, wenn er von der Unrichtigkeit seiner Erklärung tatsächlich Kenntnis erlangt. Dann verwirkliche er aber nicht mehr den Tatbestand des § 370 Abs. 1 Nr. 1 AO, sondern aufgrund eines neuen Tatentschlusses den des § 370 Abs. 1 Nr. 2 AO. Die Strafbarkeit nach § 370 Abs. 1 Nr. 2 AO durch Nichtbeachtung der steuerrechtlichen Pflicht des § 153 AO ist grds. auch dann strafbewährt, wenn der Steuerpflichtige mit der Berichtigung unrichtiger Steuervoranmeldungen bedingt vorsätzlich begangene Taten der Steuerhinterziehung, § 370 Abs. 1 Nr. 1 AO, oder Steuerordnungswidrigkeiten gem. § 378 AO aufdecke, die er bei der Abgabe unrichtiger Umsatzsteuervoranmeldungen begangen habe. Die Nichterfüllung der danach bestehenden Anzeige- und Berichtigungspflicht des § 153 AO sei als Steuerhinterziehung durch Unterlassen, § 370 Abs. 1 Nr. 2 AO, zu bestrafen. Geht dieser Tat eine bedingt vorsätzliche Steuerhinterziehung durch aktives Tun voraus, weil der Täter bei der Abgabe der Ursprungserklärung die Unrichtigkeit seiner Angaben billigend in Kauf genommen hat, sind beide Gesetzesverstöße Teil derselben Tat im prozessualen Sinne gem. § 264 StPO (vgl. auch BGH, wistra 2005, 66, 67; BGH, wistra 2008, 22, 25).

Im Verständnis der Rechtsprechung des BGH im Beschl. v. 17.03.2009 – 1 StR 479/08, können **176** mithin drei Fallgruppen unterschieden werden:

(1) Der Steuerpflichtige hat vorsätzlich z.B. unrichtige USt-Voranmeldungen oder sonstige Steuer- **177** erklärungen abgegeben. Dann ist regelmäßig der Tatbestand der Steuerhinterziehung durch aktives Tun gem. § 370 Abs. 1 Nr. 1 AO erfüllt. Eine steuerrechtliche Anzeige- und Berichtigungspflicht gem. § 153 AO bestehe nicht;

(2) Die Gegenposition: Der Steuerpflichtige kennt bei Abgabe einer Steuererklärung oder – im entschiedenen Urteilssachverhalt – einer Umsatzsteuer-Voranmeldung deren Unrichtigkeit nicht und nimmt eine solche Unrichtigkeit auch nicht billigend in Kauf. Dann liegt keine vorsätzliche Steuerhinterziehung gem. § 370 Abs. 1 Nr. 1 AO im Zeitpunkt des Tuns vor. Hat der Steuerpflichtige die Unrichtigkeit leichtfertig nicht erkannt, kommt – als Ordnungswidrigkeit – allenfalls eine leichtfertige Steuerverkürzung gem. § 378 AO in Betracht. Erlangt der Steuerpflichtige nunmehr nachträglich Kenntnis von der Unrichtigkeit der Angaben, trifft ihn die Anzeige- und Berichtigungspflicht aus § 153 Abs. 1 Satz 1 Nr. 1 AO. Kommt der Steuerpflichtige dieser Anzeige- und Berichtigungspflicht vorsätzlich nicht nach, ist der Tatbestand der Steuerhinterziehung durch Unterlassen gem. § 370 Abs. 1 Nr. 2 AO erfüllt.

(3) BGH-Tatbestandserweiterung: Der Steuerpflichtige nimmt bei Abgabe einer Steuererklärung oder einer Voranmeldung die Unrichtigkeit seiner Angaben in Kauf und erfährt erst nachträglich, dass er unrichtige Angaben gemacht hat. Der Steuerpflichtige hat mithin im Zeitpunkt der Abgabe der Steuererklärung nicht sicher gewusst, dass die Erklärung falsch ist, sondern dies nur ernsthaft für möglich gehalten und billigend in Kauf genommen. Durch die Abgabe der unrichtigen Steuererklärung bzw. Voranmeldung hat sich der Steuerpflichtige wegen vorsätzlicher Steuerhinterziehung gem. § 370 Abs. 1 Nr. 1 AO durch aktives Tun strafbar gemacht und in der Folge zusätzlich gem. § 370 Abs. 1 Nr. 2 AO i.V.m. § 153 Abs. 1 Satz 1 Nr. 1 AO wegen unterlassener Berichtigung der zuvor fehlerhaften Steuererklärung.

Der BGH sieht in diesem tatbestandserweiternden Verständnis der Berichtigungspflicht aus § 153 **178** Abs. 1 Nr. 1 Satz 1 AO keinen Verstoß gegen den verfassungsrechtlich verankerten Grundsatz der Selbstbelastungsfreiheit (vgl. dazu BVerfGE 56, 37). Zum einen ergebe sich auch aus Art. 2 Abs. 1 GG kein schutzwürdiger lückenloser Schutz gegen einen staatlichen Zwang zur Selbstbelastung, zum anderen sei in der Berichtigung zugleich eine Selbstanzeige zu sehen, sodass keine unauflösbare Konfliktlage bestehe. Soweit Fälle eines unzumutbaren Zwangs zur Selbstbelastung verblieben, etwa weil wegen des Vorliegens eines Sperrgrundes eine wirksame Selbstanzeige ausgeschlossen ist, § 371 Abs. 2 AO, könne diesem Umstand durch Annahme eines Beweismittelverwertungs- oder -verwendungsverbots Rechnung getragen werden (BGH, wistra 2005, 148). Nur in dem Fall, in dem dem Täter zuvor die Einleitung eines Steuerstrafverfahrens bekannt gegeben worden sei, hat der BGH im Hinblick darauf, dass sich die Erklärungspflicht auf dieselbe Steuerart und denselben Besteuerungszeitraum bezog, für die Dauer des Steuerstrafverfahrens eine Suspendierung der Verpflichtung zur Berichtigung angenommen (BGHSt 47, 8, 14). Die Nichterfüllung der Anzeige- und Berichtigungspflicht des § 153 AO stellt eine Steuerhinterziehung durch Unterlassen gem. § 370 Abs. 1 Nr. 2 AO dar. Geht dieser Tat eine bedingt vorsätzliche Steuerhinterziehung durch aktives Tun voraus, weil der Steuerpflichtige bei der Abgabe der Ursprungserklärung die Unrichtigkeit seiner Angaben billigend in Kauf genommen habe, seien beide Gesetzesverstöße Teil derselben Tat im prozessualen Sinne gem. § 264 StPO (vgl. auch BGH, wistra 2005, 67; wistra 2008, 22, 25).

Erkennt der Steuerpflichtige, dass der Finanzverwaltung i.R.d. Steuerveranlagung ein Fehler **179** unterlaufen ist, so ist er nicht verpflichtet, die Finanzverwaltung auf diesen Fehler hinzuweisen (*Kohlmann* § 370 Rn. 329). Es fehlt an einer ihm zuzurechnenden Fehler auslösenden Verhaltensweise.

Bei Grundstückskaufverträgen beruht die Steuerfestsetzung nicht auf einer Steuererklärung des **180** Steuerschuldners, sondern auf der Anzeige des Notars, § 18 GrEStG. Enthält die Anzeige unzutreffende Angaben, ist der Steuerpflichtige gem. dem BGH-Beschl. v. 11.07.2008 (BGH v. 11.07.2008 – 5 StR 156/08, NStZ 2009, 273) ggf. anzeige- und berichtigungspflichtig i.S.d. § 153 Abs. 1 Satz 1 AO.

a) Handlungspflichten

181   Erkennt ein Steuerpflichtiger nachträglich vor Ablauf der Festsetzungsfrist, dass eine von ihm oder für ihn abgegebene Erklärung unrichtig oder unvollständig ist, so ist er verpflichtet, dies unverzüglich anzuzeigen und die erforderliche Richtigstellung vorzunehmen.

182   Eine Erklärung in diesem Sinne ist nicht nur eine unrichtige und unvollständige Steuererklärung, sondern darüber hinaus jegliche Willensäußerung des Steuerpflichtigen, sofern diese geeignet war, dass es zu einer Verkürzung von Steuern kommen kann oder bereits gekommen ist. Fehlerhafte Erklärungen des Steuerpflichtigen im Stundungs- und Erlassverfahren nach rechtskräftiger Festsetzung der Steuern sind keine tauglichen Erklärungen in diesem Sinne, weil es insoweit nicht zu einer Verkürzung von Steuern kommen kann oder kam.

183   Das Reaktionsgebot des § 153 Abs. 1 Nr. 1 AO greift auch nicht in den Fällen, in denen die Finanzbehörde mangels zuvor abgegebener Steuererklärungen die Besteuerungsgrundlagen gem. § 162 AO geschätzt hat. Die Schätzung der Finanzverwaltung beseitigt nicht die Verpflichtung des Steuerpflichtigen zur – fortwährenden – Abgabe der Steuererklärung, § 149 Satz 4 AO.

184   Der Steuerpflichtige muss *nachträglich*, also nach Abgabe der Erklärung erkannt haben, dass diese unrichtig oder unvollständig ist. Über dieses Zeitmoment unterscheidet sich § 153 Abs. 1 Nr. 1 AO von §§ 370 Abs. 1, 371 Abs. 1 AO. Im letztgenannten Fall hat der Steuerpflichtige bereits zum Zeitpunkt der Abgabe der Erklärung das Wissen, dass diese unrichtig oder unvollständig ist.

185   § 153 Abs. 1 Nr. 1 AO ist in allen Fällen vorsätzlich unrichtiger oder unvollständiger Erklärungen ausgeschlossen, also auf allen Vorsatzstufen.

b) Abgrenzung zu § 378 AO

186   Ordnungswidrig handelt gem. § 378 Abs. 1 AO, wer als Steuerpflichtiger eine der in § 370 Abs. 1 AO bezeichneten Taten leichtfertig begeht. § 378 Abs. 1 AO stellt eine Ordnungswidrigkeit dar, § 378 Abs. 2 AO.

187   Hat der Steuerpflichtige bei Abgabe der Erklärung leichtfertig i.S.d. § 378 AO die Unrichtigkeit bzw. Vollständigkeit der Erklärung nicht erkannt, so lässt dies nach herrschender Meinung die Anzeige- und Berichtigungspflicht i.S.d. § 153 AO unberührt (*Kohlmann* § 370 Rn. 333, zu Recht krit.; m.w.N.).

188   Unabhängig davon, ob diese Rechtsauffassung unter Geltung des Nemo-Tenetur-Prinzips noch aufrechterhalten werden kann, wird die Anzeigeverpflichtung aus § 153 Abs. 1 Nr. 1 AO durch die Sonderregelung des § 378 Abs. 3 Satz 1 AO verdrängt. Danach kann eine Geldbuße für eine leichtfertige Steuerverkürzung nicht (mehr) festgesetzt werden, soweit der Täter unrichtige oder unvollständige Angaben bei der Finanzbehörde berichtigt oder ergänzt oder unterlassene Angaben nachholt, bevor ihm oder seinem Vertreter die Einleitung eines Straf- oder Bußgeldverfahrens wegen der Tat bekannt gegeben worden ist. § 378 Abs. 3 Satz 1 AO eröffnet demnach die Möglichkeit einer Selbstanzeige in den Fällen der leichtfertigen Steuerverkürzung. Damit unterstellt der Gesetzgeber die leichtfertige Steuerverkürzung, wenngleich nunmehr zur Ordnungswidrigkeit herabgestuft, dem strafrechtlich relevanten Tun des § 370 AO. Eine leichtfertige Steuerverkürzung kann somit nur noch durch eine Selbstanzeige gem. § 378 Abs. 3 Satz 1 AO beseitigt werden; folglich ist die fortwährende Verpflichtung zur Berichtigung gem. § 153 Abs. 1 Nr. 1 AO nach Kenntnis des Täters, dass er leichtfertig unrichtige oder unvollständige Angaben gemacht hat, ausgeschlossen.

Die Verpflichtung, eine Anzeige ggü. der Finanzverwaltung abzugeben und die erforderliche Richtigstellung gem. § 153 Abs. 1 Nr. 1 AO vorzunehmen, trifft den Steuerpflichtigen nur in dem Fall, in dem er positive Kenntnis von der Unrichtigkeit oder Unvollständigkeit der zuvor von ihm oder für ihn abgegebenen Erklärung hat. **189**

Kennen-Müssen oder fahrlässiges Nicht-Kennen ist nicht ausreichend. **190**

Die Unrichtigkeit oder Unvollständigkeit bezieht sich auf steuerlich erhebliche Tatsachen und damit nicht auf Rechtsentwicklungen. Tritt nach Abgabe der Steuererklärung z.B. eine Änderung in der Rechtsprechung ein, so führt dies nicht zur Handlungsverpflichtung des Steuerpflichtigen gem. § 153 Abs. 1 Nr. 1 AO. Gleiches gilt, wenn die Finanzverwaltung – nachträglich – eine andere Rechtsposition einnimmt. Vertritt der Betriebsprüfer in einer laufenden Außenprüfung eine andere Rechtsauffassung, so führt auch dies nicht zu einer Anzeige- und Berichtigungspflicht. **191**

Die Formulierung „unverzüglich anzuzeigen und die erforderliche Richtigstellung" vorzunehmen, ist zweistufig zu verstehen. Der Moment der Unverzüglichkeit, § 121 BGB (ohne schuldhaftes Zögern), erfasst die Anzeigepflicht. In der Folgezeit kann dann die erforderliche Richtigstellung vorgenommen werden. Anzeige und Richtigstellung müssen mithin nicht synchron unverzüglich erfolgen. **192**

Die Verpflichtung zur Anzeige und zur Richtigstellung ist ggü. dem FA vorzunehmen, ggü. dem die seinerzeit unrichtige oder unvollständige Erklärung abgegeben wurde. Kommt es hier zu einem Fehler in der Adressierung durch den Steuerpflichtigen, wird regelmäßig mangels Vorsatz der Tatbestand des § 370 Abs. 1 Nr. 2 AO i.V.m. § 153 Abs. 1 Nr. 1 AO ausgeschlossen sein. **193**

aa) Adressat

(a) Steuerpflichtiger

Die Verpflichtung, unverzüglich eine Anzeige zu erstatten und im Anschluss die erforderliche Richtigstellung vorzunehmen, trifft zunächst gem. § 153 Abs. 1 den Steuerpflichtigen. Steuerpflichtiger ist gem. § 33 Abs. 1 AO derjenige, der eine Steuer schuldet, für eine Steuer haftet, eine Steuer für Rechnung eines Dritten einzubehalten und abzuführen hat, wer eine Steuererklärung abzugeben, Sicherheit zu leisten, Bücher und Aufzeichnungen zu führen oder andere ihm durch die Steuergesetze auferlegte Verpflichtungen zu erfüllen hat. Steuerpflichtiger, und damit zur Anzeige und Richtigstellung i.S.v. § 153 AO verpflichtet, ist bei der Zusammenveranlagung von Ehegatten nur der Ehepartner, der das Einkommen bezieht, auf das sich die Steuerpflicht bezieht. **194**

▶ **Beispiel** **195**

Unterhält ein Ehepartner im Ausland ein auf nur ihn laufendes nicht angegebenes Konto, ist auch nur dieser Ehepartner im Fall der Zusammenveranlagung verpflichtet, die Anzeige und Berichtigungspflicht unter den dortigen tatbestandlichen Voraussetzungen abzugeben.

Die Verpflichtung nach § 153 Abs. 1 AO gilt daher nur für denjenigen Ehegatten, der das betreffende Einkommen erzielt bzw. Inhaber des betreffenden Vermögens ist (so auch m.w.N.: *Kuhlmann* § 370 Rn. 338). **196**

(b) Gesamtrechtsnachfolger

Die Verpflichtung zur Anzeige und Richtigstellung trifft gem. § 153 Abs. 1 Satz 2 AO auch den Gesamtrechtsnachfolger eines Steuerpflichtigen. Erkennt der Gesamtrechtsnachfolger, dass eine von seinem Rechtsvorgänger abgegebene Erklärung unrichtig oder unvollständig ist, so ist der Gesamtrechtsnachfolger verpflichtet, dies dem zuständigen FA anzuzeigen und eine Richtigstellung vorzunehmen. Unterlässt der Gesamtrechtsnachfolger die Anzeige und Richtigstellung, so macht er sich gem. § 370 Abs. 1 Nr. 2 AO i.V.m. § 153 Abs. 1 AO wegen Unterlassens strafbar. **197**

198 ▶ **Beispiel**

Diese Situation tritt insb. in den Fällen des sog. hinterzogenen verschwiegenen (Kapital-) Vermögens ein, also in den Fällen, in denen z.B. der Vater im Ausland eine jahrelange Kontoverbindung unterhält und die dortigen Einkünfte aus Kapitalvermögen nicht erklärt hat. Erfährt nun der Sohn als z.B. alleiniger Erbe nach seinem Vater von dieser Einkunftsquelle, ist er verpflichtet, dies dem zuständigen FA anzuzeigen und die Richtigstellung vorzunehmen, d.h. die Einkünfte anhand der Erträgnisaufstellungen nachzuerklären. Es ist mithin nicht damit getan, dass der Erbe in dem Veranlagungszeitraum des Todes des Rechtsvorgängers beginnt, die Einkünfte aus Kapitalvermögen ertragsteuerlich offenzulegen.

199 Gesamtrechtsnachfolge setzt den Kraft Gesetzes erfolgenden Übergang eines gesamten Vermögens oder Sondervermögens voraus (BFH v. 28.10.1970, BStBl. II, 1971, S. 26, 27). Der klassische Fall ist der Erbe gem. § 1922 BGB. Gesamtrechtsnachfolge tritt aber auch in den Fällen der Anwachsung ein, also z.B. in dem Fall, in dem aus einer zweigliedrigen Personengesellschaft ein Gesellschafter ausscheidet und das diesem zugehörige Vermögen dem anderen Gesellschafter kraft Gesetzes anwächst, § 738 BGB.

200 Kein Gesamtrechtsnachfolger ist der Vermächtnisnehmer gem. § 2174 BGB. Das Vermächtnis begründet nur einen schuldrechtlichen Anspruch auf einen Vermögensgegenstand im Nachlass und keine Gesamtrechtsnachfolge.

201 ▶ **Beispiel**

Wird die Ehefrau als Vorerbin eines Berliner Testaments nach dem Tode des erstversterbenden Ehemannes mit dem Vermächtnis beschwert, das in der Schweiz unterhaltene, bislang der Finanzverwaltung verschwiegene Auslandskonto dem alleinigen Sohn zuzuwenden, ist dieser Begünstigter eines Vermächtnisses mit der Konsequenz, dass der Sohn nicht gem. § 370 Abs. 1 Nr. 2 AO i.V.m. § 153 Abs. 1 AO verpflichtet ist, der zuständigen Finanzverwaltung eine Anzeige über das ausländische Kapitalvermögen und eine Richtigstellung vorzunehmen. Diese Verpflichtung gilt jedoch für die Mutter als Erbin.

(c) Gesetzlicher Vertreter

202 Die Anzeige und Berichtigungspflicht trifft gem. § 153 Abs. 1 AO auch den gesetzlichen Vertreter des Steuerpflichtigen. Nach § 34 Abs. 1 AO haben die gesetzlichen Vertreter natürlicher und juristischer Personen die steuerlichen Pflichten der Steuerpflichtigen zu erfüllen. Sie haben insb. dafür zu sorgen, dass die Steuern aus den Mitteln entrichtet werden, die sie verwalten, § 34 Abs. 1 Satz 2 AO. Die gleiche Verpflichtung ist Geschäftsführern von nicht rechtsfähigen Personenvereinigungen und Vermögensmassen auferlegt, § 34 Abs. 1 Satz 1 AO.

203 Bedeutsam ist in diesem Zusammenhang die Regelung in § 34 Abs. 3 AO. Steht eine Vermögensverwaltung anderen Personen als den Eigentümern des Vermögens oder deren gesetzlichen Vertretern zu, so haben die Vermögensverwalter die in § 34 Abs. 1 AO bezeichneten Verpflichtungen, soweit ihre Verwaltung reicht. Damit ist der Insolvenzverwalter anzeige- und berichtigungspflichtig für unrichtige und unvollständige Steuererklärungen des Gemeinschuldners, die in die Insolvenzmasse fallende Steueransprüche betreffen und die zeitlich vor Beginn der Bestellung des Insolvenzverwalters abgegeben wurden. Der vorläufige Insolvenzverwalter ist dagegen nicht anzeige- und berichtigungspflichtig. Ihn treffen nur Sicherungsmaßnahmen für das Vermögen.

204 Wer als Verfügungsberechtigter im eigenen oder fremden Namen auftritt, hat gem. § 35 AO die Pflichten eines gesetzlichen Vertreters i.S.v. § 34 Abs. 1 AO, soweit er sie rechtlich und tatsächlich erfüllen kann. Im Umfang der rechtlichen und tatsächlichen Erfüllbarkeit ist daher der Verfügungsberechtigte zur Anzeige und Richtigstellung gem. § 153 Abs. 1 AO verpflichtet, mit der Folge, dass ein Unterlassen strafbewährt ist.

Diesen gesetzlichen Verpflichtungen kann der Vertretungsberechtigte oder Verfügungsberechtigte 205
nicht dadurch entgehen, dass er seine Verpflichtung kündigt oder dass die Vertretungs- und Verfügungsberechtigung erlischt. Gem. § 36 AO ist das Erlöschen der Vertretungsmacht oder der Verfügungsmacht für die nach §§ 34, 35 AO entstandenen Pflichten gegenstandslos, soweit diese den Zeitraum betreffen, in dem die Vertretungsmacht oder Verfügungsmacht bestanden hat und soweit der Verpflichtete sie erfüllen kann.

Vorbehaltlich tatsächlicher Erfüllbarkeit bleiben somit die Anzeige- und Berichtigungspflicht für 206
den Zeitraum bestehen, für den die Vertretungs- und Verfügungsmacht bestand. Aus der Umklammerung des § 153 Abs. 1 AO können sich diese Betroffenen nur dann lösen, wenn die Vertretungsmacht oder Verfügungsmacht erst gar nicht bestand.

(d) Anwalt/Steuerberater

Die schriftliche Vollmacht eines RA oder Steuerberaters zur Vertretung des Steuerpflichtigen in 207
steuerlichen Angelegenheiten lässt für diesen Personenkreis die Verpflichtungen aus § 34 AO i.V.m. § 153 Abs. 1 AO nicht entstehen. Der Steuerberater ist grds. nicht verpflichtet, nach Erkennen einer Unrichtigkeit oder Unvollständigkeit der Steuererklärung des Mandanten auf eine Richtigstellung bzw. Anzeige hinzuwirken. Dies gilt selbst in dem Fall, in dem der Steuerberater die fehlerhafte und unzutreffende Steuererklärung des Mandanten selbst unterzeichnet hat (BGH v. 20.12.1995 – 5 StR 412/95, NStZ 1996, 563).

In dieser Entscheidung hat der BGH auch deutlich gemacht, dass den Steuerberater keine Garan- 208
tenstellung i.S.d. § 13 StGB trifft. Gleiches gilt für den RA. Folglich trifft den RA und Steuerberater, der nicht auf eine nach Abgabe der Steuererklärung erkannte Berichtigung einer Unrichtigkeit oder Unvollständigkeit hinwirkt, keine Unterlassensstrafbarkeit.

Der Steuerberater bzw. RA ist auch nicht verpflichtet, den Mandanten durch aktives Tun dazu zu 209
bewegen, im Ausland bislang nicht erklärte Einkünfte aus Kapitalvermögen im Wege einer Selbstanzeige zu repatriieren. Der Steuerberater und RA ist – strafbewehrt, § 103 StGB – zur Verschwiegenheit verpflichtet. Dies gilt auch ggü. Angehörigen der Finanzverwaltung. Dem entspricht ein Auskunftsverweigerungsrecht des RA/Steuerberaters nach § 102 Abs. 1 Nr. 3b AO über alle Angelegenheiten, die ihm in dieser Eigenschaft anvertraut oder bekannt geworden sind, sowie ein Zeugnisverweigerungsrecht im Strafverfahren nach § 53 Abs. 1 Nr. 3 StPO, durch das das Vertrauensverhältnis zu Mandanten geschützt und dem Geheimnisträger jeweils ein aus einer möglichen Zwangslage erwachsener Pflichtenwiderstreit mit anderen öffentlichen Interessen der Allgemeinheit erspart werden soll.

Stellt der RA/Steuerberater nachträglich Steuerhinterziehungen i.S.v. § 370 AO anhand der 210
Bücher und Unterlagen seines Mandanten fest oder werden ihm solche vom Mandanten offenbart, ist er mit Rücksicht auf den Grundsatz der Mandantentreue gehalten, nach Außen sein Wissen für sich zu behalten. Eine eigene Handlungspflicht aus § 153 AO trifft den Steuerberater nicht.

Diese Rechtsposition des Steuerberaters und RA überträgt sich auch auf die Hilfspersonen des 211
Steuerberaters und RA, die i.R.d. beruflichen Erledigung an der Fertigung der Steuererklärungen und der z.B. Finanzbuchhaltung mitgewirkt haben. Auch insoweit besteht keine Berichtigungspflicht gem. § 153 Abs. 1 AO.

bb) Zeitpunkt

Die Anzeige- und Berichtigungspflicht nach § 153 Abs. 1 AO besteht bis zum Ablauf der Festset- 212
zungsfrist. Die regelmäßige Festsetzungsfrist beträgt gem. § 169 Abs. 2 Nr. 2 AO 4 Jahre für Steuern. Die steuerliche Festsetzungsfrist verlängert sich gem. § 169 Abs. 2 Satz 2 AO auf Jahre, soweit eine Steuer hinterzogen und auf 5 Jahre, soweit eine Steuer leichtfertig verkürzt worden ist. Erkennt ein Steuerpflichtiger die Unrichtigkeit oder Unvollständigkeit der abgegebenen Steuerer-

klärung erst nach Ablauf der Festsetzungsfrist, so erlischt die Anzeige- und Berichtigungspflicht gem. § 153 Abs. 1 AO.

III. Steuerhinterziehung durch Nichtverwendung von Steuerzeichen und Steuerstemplern

213   § 370 Abs. 1 AO weist neben der Steuerhinterziehung durch aktives Tun gem. § 370 Abs. 1 Nr. 1 AO und der Steuerhinterziehung in der Variante des Unterlassens gem. § 370 Abs. 1 Nr. 2 AO eine weitere Tatbestandsvariante dergestalt auf, dass der Tatbestand auch dann erfüllt ist, wenn der Täter pflichtwidrig die Verwendung von Steuerzeichen und Steuerstemplern unterlässt und dadurch Steuern verkürzt oder für sich oder für einen anderen nicht gerechtfertigte Steuervorteile erlangt (§ 370 Abs. 1 Nr. 3 AO).

214   Nach § 17 Abs. 1 Satz 1 des Tabaksteuergesetzes (TabStG) i.d.F. des Gesetzes v. 21.12.2010 (BGBl. I 2010, S. 2221), ist für Tabakwaren die Steuer durch Verwendung von Steuerzeichen zu entrichten. Die Steuerzeichen müssen verwendet sein, wenn die Steuer entsteht. Der Hersteller oder der Einführer haben die Steuerzeichen nach amtlich vorgeschriebenem Vordruck zu bestellen und darin die Steuerzeichenschuld selbst zu berechnen (Steueranmeldung), § 17 Abs. 2 Satz 1 TabStG. Die Regelung des § 17 TabStG ist derzeit der einzige Anwendungsfall des § 370 Abs. 1 Nr. 3 AO. Ausweislich des ausdrücklichen Wortlauts der Vorschrift setzt die tatbestandliche Erfüllung die pflichtwidrige Verwendung von Steuerzeichen oder Steuerstemplern voraus. Das Gesetz definiert die Pflichtwidrigkeit nicht. Die über den Wortlaut hinausgehende umfassende Definition, wonach pflichtwidriges Handeln vorliege, wenn entgegen der gesetzlichen Pflichten Steuerzeichen oder Steuerstemplern überhaupt nicht, nicht zur rechten Zeit oder nicht in der geschuldeten Höhe verwendet würde (*Kohlmann* § 370 Rn. 362) wird von Teilen der Literatur (*Kohlmann* § 370 Rn. 62) unter Hinweis auf den Verstoß gegen das Bestimmtheitsgebot des Art. 103 Abs. 2 GG mit zutreffenden Gründen abgelehnt.

215   Die Fälschung von Steuerzeichen und Steuerstemplern ist kein Unterfall der Pflichtwidrigkeit, wird indessen nicht durch § 370 Abs. 1 Nr. 3 AO, sondern über § 369 Abs. 1 Nr. 3 AO i.V.m. § 148 StGB erfasst.

C. Taterfolg

216   Die Formulierung in § 370 Abs. 1 a.E. AO „und dadurch Steuer verkürzt" macht deutlich, dass der Taterfolg in einem finalen, d.h. kausalem Element besteht, der Verkürzung von Steuern bzw. in der zweiten Variante des § 370 Abs. 1 AO in dem Erfolg, für sich oder einen anderen nicht gerechtfertigte Steuervorteile erlangt zu haben. § 370 Abs. 1 AO ist damit ein Erfolgsdelikt (*Kohlmann* § 370 Rn. 400). Bleibt der tatbestandliche Erfolg aus, verbleibt als „Minus" die Prüfung der Strafbarkeit wegen Versuchs gem. § 370 Abs. 2 AO. Der Taterfolg der Steuerhinterziehung, also die kausale Verkürzung von Steuern bzw. die kausale Erlangung nicht gerechtfertigter Steuervorteile im Zusammenhang mit den beschriebenen Tathandlungen in § 370 Abs. 1 Nr. 1 – 3 AO macht deutlich, dass die Strafbarkeit der Steuerhinterziehung nicht aus Differenz des sog. Norm-Soll-/Ist-Vergleichs ermittelt werden kann. Die persönliche einer nur nach Kriterien des materiellen Rechts ermittelten Zahlungsunfähigkeit des Täters ist ebenfalls ohne Belang.

I. Erfolgsvarianten

217   § 370 Abs. 1 a.E. AO nennt zwei Varianten des tatbestandsmäßigen Erfolges:

– „dadurch Steuern verkürzt" oder
– „für sich oder einen anderen nicht gerechtfertigte Steuervorteile erlangt".

218   In der Rechtsprechung und Literatur ist seit jeher umstritten, in welchem tatbestandlichen Verhältnis diese beiden tatbestandlichen Erfolgskriterien zueinanderstehen, die Steuerverkürzung und

die Erlangung ungerechtfertigter Steuervorteile. Dieser Meinungsstreit kann hier jedoch dahinstehen, da über die Formulierung „oder" im Gesetzeswortlaut klargestellt ist, dass in beiden Tatbestandsvarianten „unbeachtlich von der tatbestandlichen Weite im Einzelnen" – der Erfolg der Steuerverkürzung gesehen wird.

II. Steuerverkürzung, § 370 Abs. 1 a.E. i.V.m. Abs. 4 AO

1. Verkürzungsbegriff

Die exakte Definition einer Steuerverkürzung bestimmt die Tatvollendung. Damit wird als Reflex 219
zugleich eine Abgrenzung zur Strafbarkeit des Versuchs, § 370 Abs. 2 AO, hergestellt.

In Abhängigkeit vom Eintritt des Verkürzungserfolges als finale Tatvollendung besteht das Zeit- 220
fenster, ob dem Täter noch ein Rücktritt von der Tat(-ausführung) oder eine Selbstanzeige gem.
§ 371 AO möglich ist.

Im Steuerstrafrecht werden der Umfang und die Reichweite der prozessualen Tat neben der ein- 221
schlägigen Blankettvorschrift maßgeblich durch die sie ausfüllenden Normen des materiellen Steuerrechts bestimmt (BGHSt 49, 359; BGH, wistra 2005, 145; wistra 2008, 22).

a) Soll-/Ist-Vergleich

Für die Definition des Verkürzungserfolges wird regelmäßig der Vergleich der Ist-Steuerschuld mit 222
der Soll-Steuerschuld herangezogen (vgl. FGJ/*Joecks* § 370 Rn. 40). Dabei wird der Verkürzungserfolg in der Unterschreitung der Soll-Einnahme gesehen. Hier wird dann weiter differenziert: Der
Fiskus erleide einen „echten Vermögensschaden", wenn die tatsächlichen Leistungen des Steuerpflichtigen mengenmäßig geringer ausfallen als die Soll-Einnahme (FGJ/*Joecks* § 370 Rn. 41). In
dieser Definition wird vom „Steueranspruch zum Nennwert" ausgegangen und gefragt, ob die tatsächliche Einnahme hinter der geschuldeten Steuer zurückbleibt. In der Literatur wird dieser Auffassung zumeist zugestimmt, zuweilen werden Abweichungen für das Vollstreckungsverfahren eingefordert (FGJ/*Joecks* § 370 Rn. 41).

Der Verkürzungserfolg sei dabei auch dann eingetreten, wenn der Steuerpflichtige verspätet 223
erfüllt und die Steuer verspätet festgesetzt wird. Dieser Verspätungsschaden wird dem mengenmäßigen Schaden, mithin dem Minus zum Soll-Steueranspruch qualitativ gleichgestellt (*Kohlmann*
§ 370 Rn. 451).

b) Steuer Norm-Soll/Ist

Dieses Verständnis vom Steuerverkürzungserfolg vermag nicht abschließend zu überzeugen. Die 224
rechen-mathematische Gegenüberstellung eines – ohnehin materiell nicht näher ausdefinierten –
Soll-/Ist-Vergleichs übersieht, dass eine „Soll-Steuer" als solches nicht festgestellt werden kann.
I.R.d. Veranlagung zur ESt gibt es *ein* idealtypisches „richtiges" Ergebnis; gleichwohl hängt die
Höhe der konkreten ESt vielmehr – auch – davon ab, in welchem Umfang der Steuerpflichtige
zulässige Gestaltungsmittel wie Werbungskosten, Sonderausgaben, außergewöhnliche Belastungen, tarifliche Eingruppierungen, Splittingtarife, steuerliche Verluste gem. § 10d EStG materiell
geltend macht. Eine Steuerfestsetzung ist nicht dadurch falsch, weil der Steuerpflichtige nicht
sämtliche zulässigen Werbungskosten geltend gemacht hat. Spätestens im Bereich der Unterlassungsdelikte wird dies deutlich, wenn fiktiv von einem Soll-Steueranspruch des Fiskus ausgegangen werden muss. Ein solcher Anspruch lässt sich auf Basis der „Draufschau" nicht mit den bisherigen Ansätzen zu vermitteln. Anders als teilweise in der Literatur vertreten, gibt es auch keinen
„gesetzlich geschuldeten" Steueranspruch (so aber: FGJ/*Joecks* § 370 Rn. 63). Wenn dort ausgeführt wird, dass die „gesetzlich geschuldete Steuer durch Anwendung der materiellen Vorschriften
des jeweiligen Steuergesetzes auf dem wirklichen Sachverhalt ermittelt" wird, so muss diese Definition – um zur „Idealsteuer" zu kommen, unterstellen, dass *sämtliche* steuermindernden Tatsa-

chen zugunsten des Steuerpflichtigen berücksichtigt werden, gleich ob geltend gemacht oder nicht. In diesem Sinne sind auch frühere BGH-Entscheidungen unpräzise, wenn dort von „richtiger Rechnung" (BGH v. 01.12.1953, DStR 1954, 470) gesprochen wird. Auch helfen im materiellen Recht verhaftete Formulierungen im Ergebnis nicht weiter, wonach die Steuer zu ermitteln ist, die bei „richtiger Rechtsanwendung" zu ermitteln wäre.

225 Diese Rechtsauffassung läuft im Ergebnis auf eine hypothetische Veranlagungs-Soll-Steuer hinaus, nämlich eine solche Steuer, die bei unterstellter „normaler" Veranlagung festgesetzt worden wäre. Diese Hypothese vermag sich jedoch mit dem Bestimmtheitsgrundsatz des Strafrechts nicht in Übereinstimmung bringen zu lassen.

226 Dies wird deutlich, wenn die Entscheidung des BFH v. 29.04.2008 (DStR 2008, 1377) zu Rate gezogen wird. Dort hatte der BFH eine Steuerverkürzung in dem Fall bejaht, in dem der Steuerpflichtige die dem Zinsabschlag unterliegenden Kapitalerträge nicht erklärte und auch keine – i.R.d. Steuerveranlagung vorzulegenden – Steuerbescheinigungen vorlegte. Der BGH stellt in dieser Entscheidung somit nicht auf die „minimalste Soll-Steuer" als Ergebnis der Anwendung sämtlicher, im konkreten Fall für den Steuerpflichtigen in Betracht kommender Minderungspositionen der steuerlichen Zahllast ab, sondern ermittelt die Soll-Steuer als die Steuer, die konkret im Rahmen einer Veranlagung unter Berücksichtigung der Möglichkeit des Steuerpflichtigen, Betriebsausgaben oder Werbungskosten ordnungsgemäß durch entsprechende Nachweise belegen zu können, festzusetzen wäre.

227 Dieser Ansatz ist indessen für Unterlassungsdelikte gänzlich ungeeignet, da bei Nichtabgabe einer Steuererklärung nicht hypothetisch ermittelt werden kann, welche Belege der Steuerpflichtige im Veranlagungsverfahren vorgelegt hätte, um steuermindernde Abzugspositionen geltend machen zu können. Das Abstellen auf letztlich bekannt gewordenen Tatsachen im Rahmen einer Veranlagung hilft allenfalls im Bereich des § 370 Abs. 1 Nr. 1 AO, wo der Steuerpflichtige bei Abgabe einer Erklärung eine unrichtige Steuerfestsetzung bewirkt hat. In Unterlassungssachverhalten können hypothetisch und abstrakt keinerlei Werbungskosten/Betriebsausgaben aus der Ermittlung der Soll-Steuer herausgelassen werden. Der Umstand, dass der Steuerpflichtige aus Nachlässigkeit, aus mangelnder Beweisvorsorge, aus dem zufälligen Untergang von Belegen, aus dem Umstand, dass eine Bank ihrer Aufbewahrungspflicht nicht nachgekommen ist, etc. nicht in der Lage ist, grds. steuerlich zu berücksichtigende, steuerminimierende Tatsachen in Gestalt von Werbungskosten, Betriebsausgaben, Sonderausgaben, außergewöhnliche Belastungen etc. geltend zu machen, kann strafrechtlich bei der abstrakten Ermittlung des strafrechtlichen Steuerverkürzungserfolges nicht unberücksichtigt bleiben. Der strafrechtliche Verkürzungserfolg muss daher mit der Steuerzahllast übereinstimmen, die im Rahmen eines Unterlassungsdeliktes rechnerisch ermittelbar ist. Insoweit geht es nicht um eine „Normal-Veranlagungs-Steuer" als tatbestandliche Ausfüllung des Begriffs der Soll-Steuer, sondern um den rechnerischen Steueranspruch des Fiskus, der diesem zustände, wenn der Steuerpflichtige in Kenntnis aller rechtlichen Möglichkeiten seine Steuererklärung abgegeben hätte, insb. in unterstellter Kenntnis sämtlicher möglicher steuermindernden Tatsachen.

228 Dieses Verständnis der Ermittlung einer Soll-Steuer als hier so bezeichnete Norm-Soll-Steuer, also die – fiktive – festzusetzende Steuer unter Berücksichtigung sämtlicher, zulässiger, im Einzelfall anwendbarer steuermindernder Normen, erschließt sich auch unter Berücksichtigung der Regelung zum Kompensationsverbot in § 370 Abs. 4 Satz 3 AO. Danach sind Steuern nach Maßgabe der Regelung in § 370 Abs. 4 Satz 1 AO namentlich dann verkürzt, wenn sie nicht, nicht in voller Höhe oder nicht rechtzeitig festgesetzt werden; dies gilt auch dann, wenn die Steuer vorläufig oder unter Vorbehalt der Nachprüfung festgesetzt wird oder eine Steueranmeldung einer Steuerfestsetzung unter Vorbehalt der Nachprüfung gleichsteht – und im Blick auf die Regelung in § 370 Abs. 4 Satz 2 AO, wonach Steuervorteile auch Steuervergütungen sind. Nicht gerechtfertigte Steuervorteile sind erlangt, soweit sie zu Unrecht gewährt oder erlassen werden, auch dann, wenn die Steuer, auf die sich die Tat bezieht, aus *anderen* Gründen hätte ermäßigt oder der Steuervorteil aus anderen Gründen hätte beansprucht werden können.

Unabhängig von dem unterschiedlichen Begriffsverständnis des RG von der Formulierung „andere **229**
Gründe" (RG v. 02.12.1935, 70, 3) bzw. der vom BGH bevorzugten objektiven Auslegung
(BGHSt. 7, 336), wird bereits aus dem Wortlaut „andere Gründe" deutlich, dass sich § 370 Abs. 4
Satz 3 AO nicht nur in den Regelungen zum sog. Kompensationsverbot erschöpft, sondern über
die Formulierung *„die Voraussetzungen der Sätze 1 und 2 sind auch dann erfüllt"*, der Erfüllung und
der Definition des Steuerverkürzungserfolgs in § 370 Abs. 4 Satz 1 AO dient. Wenn nur „andere
Gründe" bei der Steuerberechnung außen vor zu bleiben haben, mithin „nicht andere Gründe" zu
berücksichtigen sind, so bleibt unabhängig von der Frage, was „andere Gründe" sind, die bereits
am Wortlaut festzumachende Erkenntnis, dass mit dieser Formulierung die Beschreibung eines
spezifischen strafrechtlichen Steuer-Norm-Solls gemeint ist. „Andere Gründe" können nach dies-
seitigem Verständnis von Normen im Zusammenhang mit § 370 Abs. 4 AO nicht solche sein, die
im unmittelbaren Zusammenhang mit der Festsetzung des Norm-Steuersolls stehen. Wenn § 370
Abs. 4 Satz 3 AO unmittelbar an § 370 Abs. 4 Satz 1 AO anknüpft und per Definition die Voraussetzungen dieser Norm auch dann als erfüllt ansieht, so müssen andere Gründe nämliche sein, die
außerhalb des konkreten steuerlichen Festsetzungsverfahrens zu suchen sind.

Dieses Verständnis vom Umfang des steuerlichen Verkürzungserfolges und damit unmittelbar **230**
auch vom Umfang des Kompensationsverbotes ergibt sich aus dem Satzteil „wenn die Steuer, auf
die sich die Tat" bezieht. Hier verknüpft § 370 Abs. 4 AO das in § 370 Abs. 4 Satz 1 AO als Parameter herangezogene steuerliche Festsetzungsverfahren mit dem strafprozessualen Tatbegriff in
§ 264 StPO „die Tat". Damit soll keine Einschränkung der normativen Steuer-Schuld formuliert
werden, sondern es soll lediglich deutlich gemacht werden, dass tatunabhängige Gesichtspunkte
nicht zu einer Minimierung der Norm-Steuer führen könne. Die Entscheidung des BGH
v. 24.10.1990 (wistra 1991, 107), wonach der Tatbestand der Steuerhinterziehung in einem Fall
der Nichtabgabe einer Umsatzsteuer-Voranmeldung auch dann als erfüllt angesehen wurde, wenn
der anzumeldenden USt betragsmäßig überkompensatorisch abzugsfähige Vorsteuern entgegenstehen, sodass sich eine negative Zahllast ergeben würde, missversteht im eigentlichen Sinne nicht
die Reichweite des Kompensationsverbots, sondern die begriffliche Schärfe des Norm-Steuer-Solls.
Diese Unschärfe ist der Weg, auf den sich der BGH beginnend mit dieser Entscheidung begeben
hat und die ihren vorläufigen Höhepunkt in der vollkommen missglückten Entscheidung zur
Selbstanzeige v. 20.05.2010 gefunden hat. Wenn dort das Erscheinen eines Amtsträgers im Rahmen eines Durchsuchungsbeschlusses für die Jahre 2001 und 2002 über die Sperrwirkung auch
von „damit im Zusammenhang stehenden Taten" der Jahre 2000 und 2001 gesehen wird, kommt
es zu einer gänzlichen Verwässerung auch des Tatbegriffs.

Dass der BGH in dieser Entscheidung mit der Interpretation des Wortes „insoweit" in § 371 **231**
Abs. 1 AO die Grenzen zulässiger richterlicher Rechtsfortbildung m.E. überschritten hat, ist bei
genauer Sicht das zwingende Ergebnis der Interpretation des Norm-Steuer-Solls vor einem fiskalischen, auf eine maximale Steuereinnahme und damit möglichst weitgehender Ausblendung von
steuermindernden Tatsachen belegtem Verständnis zu sehen. Die Ausblendung von steuermindernden Tatsachen mit dem unausgesprochenen Argument, der Steuerpflichtige habe diese i.R.d.
Veranlagungsverfahrens nicht geltend gemacht, missachtet den spezifisch strafrechtlichen Norm-
Steuerbegriff, der dem Steuerverkürzungserfolg zugrunde zu legen ist. Die in Teilen nur noch
schwer verständliche und kaum noch erträgliche, überbordende fiskalische Sichtweise des BGH
setzt sich dem Einwand aus, dass der Norm-Soll-Steuerbegriff des Verkürzungserfolges zum einen
den akademischen Anspruch erheben muss, sowohl für Tätigkeitsdelikte als auch für Unterlassungsdelikte einen einheitlichen Norm-Steuer-Maßstab zu schaffen und zum anderen – da Steuerhinterziehung ein Erklärungs- und ein Gefährdungsdelikt ist – übersieht, dass der Norm-Steuer-
Begriff nicht als eine holzschnittartige „Normal-Veranlagung" verstanden werden darf. Insoweit ist
Steuerstrafrecht eben kein Blankett-Strafrecht. Über die Brücke des § 370 Abs. 4 Satz 3 AO zur
strafprozessualen „Tat" wird deutlich, dass die ausfüllenden Normen des Steuerstrafrechts zwar
solche des materiellen Steuerrechts sind, dass aber der steuerstrafrechtliche Steuerverkürzungserfolg nicht nur materiell unter Anwendung der inkriminierten Tat zu verstehen ist, sondern eine

steuerstrafrechtliche Komponente dergestalt hat, dass sich der Fiskus an der Ermittlung des steuerstrafrechtlichen Verkürzungserfolges „nicht bereichern darf". Nur dieses Verständnis der Norm-Steuer und des Norm-Steuer-Solls wird zugleich dem strafrechtlichen Grundprinzip des „in dubio pro reo" hinreichend gerecht. Der materielle Steuer-Norm-Anspruch des Fiskus bedarf eines „steuerstrafrechtlichen Upgrades", um verfahrensrechtliche Blockaden im Festsetzungsverfahren unter Berücksichtigung sämtlicher in Betracht kommender steuermindernder Normen zu überwinden.

232 ▶ **Beispiel:**

Hat der Steuerpflichtige Einkünfte aus Kapitalvermögen bei einer Bank im österreichischen Kleinwalsertal bezogen und diese im Rahmen seiner Steuerveranlagung nicht erklärt, kann bei der Ermittlung des Norm-Steuer-Solls bei einem Unterlassungsdelikt nicht unterstellt werden, die – jedenfalls für die Regel-Verjährung festzusetzende – österreichische Quellensteuer bleibe unberücksichtigt.

233 Mit der Entscheidung des BFH, wonach die Verlängerung der steuerlichen Festsetzungsfrist von 4 Jahre auf 10 Jahre dem Steuerhinterzieher nicht zugutekommen soll (BFH v. 26.02.2008 – VIII R 107) verkennt auch der BFH die Begrifflichkeit spezifisch des steuerstrafrechtlichen Verkürzungserfolges als Steuer-Norm-Soll. Wenn das FG München (v. 10.11.2005, wistra 2006, 470) den objektiven Tatbestand der Steuerhinterziehung auch in dem Fall als erfüllt ansieht, indem der Täter in seiner Einkommensteuer-Erklärung Einkünfte aus Kapitalvermögen nicht erklärt hat, bei der Gutschrift der Kapitalerträge aber in einem Umfang Abzugsteuer einbehalten worden ist, wonach im Veranlagungsverfahren die Festsetzung einer Mehrsteuer saldiert worden wäre, so wird in dieser Entscheidung die singulär fiskalische, der Ermittlung jedenfalls des steuerstrafrechtlichen Verkürzungserfolgs nicht gerecht werdende Sichtweise deutlich. Die Entscheidung ist bereits unter dem Gesichtspunkt des missverstandenen Kompensationsverbots falsch (*Rolletschke*, wistra 2006, 471, 472). Die Entscheidung gesteht dem Fiskus einen Steueranspruch, der bei einer normengerechten Steuerfestsetzung minimalist entstanden wäre. Der Steuerverkürzungserfolg soll indessen nicht zu einer Bereicherung des Fiskus führen, sondern einen idealtypischen Steuer-Norm-Anspruch als Bemessungsgrundlage haben.

234 Der Steuerverkürzungserfolg besteht mithin in der Differenz zwischen der im Festsetzungsverfahren bei einem Tätigkeitsdelikt festgesetzten Steuer im Vergleich zu einer Norm-Soll-Steuer, die den tatsächlichen – verkürzten – Einnahmen sämtliche, im Rahmen einer Steuerveranlagung in zulässiger Weise geltend zu machende steuermindernden Tatsachen in Abzug bringt. Im Rahmen eines Unterlassungsdeliktes gilt Gleiches. Hier ist die insgesamt unterbliebene Steuerfestsetzung in Differenz zum Norm-Steuer-Soll bei zulässiger Berücksichtigung aller steuermindernden Tatsachen zu ermitteln.

235 Das Steuerstrafrecht hat sich somit von dem Stereotyp des sog. Blankett-Strafrechts zu emanzipieren. Der spezifisch steuerstrafrechtliche Verkürzungserfolg als Minus zum Norm-Steuer-Soll ist nicht mit einer steuerlichen Soll-Steuer gleichzusetzen, bei der ggf. Unzulänglichkeiten im steuerlichen Festsetzungsverfahren durch mangelnde Beibringung von Belegen Berücksichtigung zu finden haben.

2. Vermögensgefährdung

236 Nach der gesetzlichen Definition in § 370 Abs. 4 Satz 1 AO sind Steuern namentlich dann verkürzt, wenn sie nicht, nicht in voller Höhe oder nicht rechtzeitig *festgesetzt* werden. Der Verkürzungserfolg der Steuerhinterziehung besteht mithin nicht in dem Ausbleiben der im Verhältnis zum Norm-Steuer-Soll geschuldeten Zahlung – anders als bei §§ 26b, 26c UStG, sondern in der unrichtigen Steuerfestsetzung. Die Nichtzahlung geschuldeter Steuern ist im Bereich der Steuerhinterziehung grds. irrelevant. Mit der Bekanntgabe der unrichtigen Steuerfestsetzung kommt es zur Tatvollendung (BGH v. 27.05.2009 – 1 StR 665/08). Der Verkürzungserfolg ist eingetreten. Zahlt der Steuerpflichtige – unabhängig von der unzutreffenden Festsetzung – innerhalb z.B. der

fünfwöchigen Zahlungsfrist den Norm-Steuer-Sollbetrag der ESt, kann er durch dieses Verhalten den Verkürzungserfolg nicht mehr beeinflussen. Folglich verlagert § 370 Abs. 4 Satz 1 AO den steuerstrafrechtlichen Vollendungszeitpunkt zeitlich vor dem möglichen Erfüllungszeitpunkt der Steuerschuld. Dies belegt den Charakter der Steuerhinterziehung als ein Vermögensgefährdungs- delikt.

Der Vermögensschaden in Gestalt der Differenz zum Norm-Steuer-Soll wird daher als Gefähr- 237 dungsschaden definiert. Die Vollendung der Steuerhinterziehung ist mit der – unrichtigen – Fest- setzung eingetreten. Der Grund der konkreten Vermögens-Gefährdungslage kann durchaus unter- schiedlich ausfallen. Der Fiskus hat innerhalb der Festsetzungsfrist zunächst die Möglichkeit, die unrichtige Steuerfestsetzung durch eine normgerechte Steuerfestsetzung zu korrigieren. Bei einer Steuerfestsetzung unter dem Vorbehalt der Nachprüfung gem. § 164 AO besteht ein zeitlich wei- ter gehendes Nachbesserungsrecht des Fiskus als Eingriffsrecht in die Steuerfestsetzung. Die Fragi- lität der Vermögensgefährdung wird besonders deutlich, wenn die Steuerfestsetzung gem. § 165 AO vorläufig erfolgt. Der Fiskus weiß hier im Blick auf streitige Rechtsfragen, dass die festgesetzte Steuer möglicherweise nicht dem Norm-Steuer-Soll entspricht. Steuerstrafrechtlich kann in dieser Situation mithin bei der Berechnung des Norm-Steuer-Solls die unter dem Vorläufigkeitsvermerk gestellte Steuerfestsetzung nur dahin gehend korrigiert, im Regelfall minimiert, werden, als dass die streitige Position steuermindernd zum Abzug gebracht wird. Die mögliche Rechtswidrigkeit der mit einem Vorläufigkeitsvermerk versehenen Steuerfestsetzung kann nicht – in dubio pro reo – bei der Bemessung des Norm-Steuer-Solls zulasten des Steuerpflichtigen gehen.

Die umfangreichen Mitwirkungspflichten des Steuerpflichtigen im Festsetzungsverfahren oder im 238 Laufe einer (Außen-) Betriebsprüfung, § 200 AO, und die Sanktionierung ausgebliebener Mitwir- kungshandlungen bis hin zur Zulässigkeit einer Schätzung machen deutlich, dass es sich im Bereich des Verkürzungserfolges um ein Gefährdungsdelikt handelt: Die fehlerhafte Steuerfestset- zung ist der Verkürzungserfolg, mithin muss das Normengefüge des Festsetzungsverfahrens darauf ausgerichtet sein, diese Steuerfestsetzung am Steuer-Norm-Soll auszurichten. *Steuerlich* gelangen mangelnde Mitwirkung, lückenhafte Beschaffung von Unterlagen, mangelnde Vorlage von Unter- lagen, die Unmöglichkeit, z.B. Erträgnisaufstellungen aus Vorjahren zu beschaffen, zum Nachteil des Steuerpflichtigen. Diese Besonderheiten des Veranlagungsverfahrens, die auch von dem Gedanken getragen sind, dass dieses zeitlich nicht unendlich offen gehalten werden darf, mithin zu irgendeinem Zeitpunkt der durch Rechtskraft eingetretenen Rechtsfrieden Fehler in der Veran- lagung neutralisieren soll, dürfen aber nicht das Norm-Steuer-Soll des spezifischen steuerstraf- rechtlichen Verkürzungserfolges für den Steuerpflichtigen und Beschuldigten nachteilig berühren. Bei einem normgerechten, sämtliche Möglichkeiten zulässiger minimierender Steuerfestsetzung durch durchlaufende Veranlagungsverfahren, hätte der Fiskus ein geringeres Norm-Steuer-Soll, als dies möglicherweise i.R.d. tatsächlichen Steuerfestsetzung entstanden ist. Diese rechnerische Dif- ferenz kann hingegen nicht i.R.d. spezifisch steuerstrafrechtlichen Ermittlung des Verkürzungser- folgs zulasten des Steuerpflichtigen gewertet werden.

3. Vollendung vs. Verspätung

Nach bisheriger Auffassung, insb. der Rsp. des BGH, ermittelt sich der Verkürzungserfolg in einer 239 mengenmäßigen Differenz des Norm-Steuer-Solls im Vergleich zu der i.R.d. Steuerfestsetzung festgesetzten durch die Steuerhinterziehungshandlung manipulierten Ist-Steuer. Der Steuerpflich- tige hat durch Manipulationen bei den Werbungskosten oder Betriebsausgaben oder der gekürz- ten Mitteilung von Besteuerungsgrundlagen i.R.d. Einkünfte auf die Festsetzung dahin gehend eingewirkt, dass ein zu niedriger Steuerbetrag festgesetzt wird. Der Verkürzungserfolg berechnet sich in diesen Fällen in der Abweichung vom Steuer-Norm-Soll im Vergleich zur festgesetzten Ist- Steuer.

Damit ist aber das Gefährdungspotenzial für den Steueranspruch des Fiskus noch nicht erschöpft. 240

241   § 370 Abs. 4 Satz 1 AO geht darüber hinaus. Mit der Formulierung „nicht rechtzeitig festgesetzt" stellt die verspätete Steuerfestsetzung in gleicher Weise wie die unterbliebene oder unrichtige Steuerfestsetzung einen steuerstrafrechtlich relevanten Verkürzungserfolg dar. Auch ein Verspätungsschaden i.R.d. Steuerfestsetzung ist mithin ein steuerstrafrechtlich relevanter Verkürzungserfolg.

242   Die praktischen Schwierigkeiten, den Verspätungsschaden steuerstrafrechtlich im Blick auf den eingetretenen Verkürzungserfolg betragsmäßig korrekt zu erfassen, bestehen in dreierlei Hinsicht:

243   (1) Bemessung des Umfangs des Steuer-Norm-Solls und
      (2) Bemessung des Umfangs des Verspätungsschadens sowie
      (3) Ermittlung des Zeitpunkts des Eintritts des Vermögensschadens.

244   Nach Maßgabe des hier vertretenen Steuer-Norm-Soll-Begriffs ist dieser einheitlich für alle Varianten der Tatbestandserfüllung des § 370 AO dahin gehend zu bestimmen, dass ausgehend von dem – ggf. durch Schätzung – zu ermittelnden Einkünften sämtliche steuermindernden, im Rahmen einer Festsetzung zulässigerweise anwendbaren Minderungsgründe zu berücksichtigen ist.

245   Die Rechtsprechung – und bisherige Verwaltungspraxis – stellt hingegen auf den schlichten Vergleich zwischen der Ist-Steuer und der Soll-Steuer, diese ermittelt als das Ergebnis der Veranlagung, ab.

246   In zeitlicher Hinsicht ist als Anknüpfungspunkt für die Tatvollendung der Zeitpunkt der tatsächlichen Leistung der Steuerzahllast mit demjenigen Zeitpunkt zu vergleichen, in dem die Zahlung ohne die kausale Täterhandlung erfolgt wäre (FGJ/*Joecks* § 370 Rn. 42). Dabei ist zugunsten des Täters bei der Ermittlung dieses hypothetischen Leistungszeitpunktes zu fragen, wann der Soll-Zeitpunkt eingetreten ist. Mögliche Einwirkungsmaßnahmen auf den Steuerpflichtigen durch die Ankündigung oder den Vollzug von Vollstreckungsmaßnahmen (so FGJ/*Joecks* § 370 Rn. 42) sind indessen nicht zu berücksichtigen. Ist der Fälligkeitszeitpunkt im materiellen Steuerrecht exakt definiert, ist unter dem Gesichtspunkt des Art. 3 GG davon auszugehen, dass dieser Fälligkeitszeitpunkt zugleich den Soll-Zeitpunkt markiert. Der steuerstrafrechtliche Soll-Zeitpunkt ist mithin der Abschluss des Festsetzungsverfahrens im materiellen Steuerrecht und nicht der des steuerlichen Beitreibungsverfahren. Gibt es außerhalb der Fälligkeitszeitpunkte für Anmelde-Steuern allgemeine Fälligkeitszeitpunkte, z.B. den Zeitpunkt der Fälligkeit der Abgabe der jährlichen Einkommensteuererklärung, ist zur Ermittlung eines Verspätungsschadens zur fragen, wann die Finanzverwaltung eine eingegangene Steuererklärung bearbeitet hätte. In dubio pro reo ist für die Ermittlung des spezifischen steuerstrafrechtlichen Verkürzungserfolgs davon auszugehen, dass die Finanzverwaltung die Steuererklärung des Betroffenen erst als letzte bearbeitet hätte. Dies markiert den Soll-Zeitpunkt. Es kommt daher nicht – unscharf – auf den Abschluss der „allgemeinen Veranlagungsarbeiten", auch nicht auf eine „95 %-Grenze", so aber wohl die bisherige Rechtsprechung, sondern auf die letzte Sachbearbeitung konkret an. In einfach gelagerten Fällen will der 1. Strafsenat wohl von der 95 %-Grenze abrücken und eine 1-Jahres-Frist annehmen. Dabei kommt es auf den Veranlagungsschluss im zuständigen FA (BGH v. 24.06.2009 – 1 StR 229/09, wistra 2009, 396) an und nicht auf den im „Veranlagungsbezirk" (so unscharf: FG Niedersachsen v. 20.08.2008 – 9 K 352/06, DStRE 2009, 693) an.

247   ▶ Rechtsprechung

      Die ESt-Erklärung für den abgelaufenen VZ, § 25 Abs. 3 Satz 1 EStG, ist gem. § 149 Abs. 2 Satz 1 AO spätestens 5 Monate danach abzugeben, also zum 31.05. des Folgejahres. Zum 31.05. des darauf folgenden Jahres wäre in sog. einfachen Veranlagungsfällen bei Unterlassungsdelikten Tatvollendung gegeben.

248   Ein Verspätungsschaden kann nur dann eintreten, wenn der Steuerpflichtige zu irgendeinem – späteren – Zeitpunkt die Steuerschuld tatsächlich erfüllt hat. Mit der Erfüllung ist der materielle Steueranspruch des Fiskus untergegangen, wie er sich i.R.d. Festsetzung errechnet hat. Der reine Verspätungsschaden bemisst sich daher nach den Grundsätzen der Vollverzinsung gem. § 238

Abs. 1 AO. Der Zinssatz beträgt p.a. 6 %. Die Zinsen und damit der Zinsschaden ist gem. § 238 Abs. 1 Satz 2 AO von dem Tag, an dem der Zinslauf beginnt, nur für volle Monate zu zahlen; angefangene Monate bleiben außer Ansatz. I.R.d. Ermittlung des Verkürzungserfolgs kann nicht eingewandt werden, der tatsächliche Kapitalmarktzins sei geringer. Wenn hinterzogene Steuern gem. § 235 Abs. 1 Satz 1 AO zu verzinsen sind und der gesetzliche Zinsanspruch 6 % p.a. beträgt, dann ist der Verkürzungserfolg auf Basis dieses gesetzlichen Zinsanspruchs zu berechnen.

Im Blick auf die Überschuldung der öffentlichen Haushalte kann auch nicht eingewandt werden, 249 dass der Fiskus bei einer Anlage des rechtzeitig erlangten Steuerbetrages niedrigere Kapitalmarktzinsen als 6 % erzielt hätte; der Fiskus „lebt" nicht von Guthaben, sondern muss sich ohnehin am Kapitalmarkt (re-)finanzieren.

4. Fälligkeits- und Veranlagungsteuern

I.R.d. Steuerfestsetzung wird zwischen zu veranlagenden Steuererklärungen gem. § 150 Abs. 1 250 Satz 1 AO und Steueranmeldungen gem. § 150 Abs. 1 Satz 3 AO unterschieden. Im letztgenannten Fall der Steueranmeldung hat der Steuerpflichtige in dem amtlichen Vordruck die Steuer selbst zu berechnen. Ist eine Steuer aufgrund gesetzlicher Verpflichtung gem. § 150 Abs. 1 Satz 3 AO anzumelden, so ist eine *Festsetzung* der Steuer nach § 155 AO nur erforderlich, wenn die Festsetzung zu einer abweichenden Steuer führt oder der Steuer- oder Haftungsschuldner die Steueranmeldung nicht abgibt. Das Veranlagungsverfahren schließt mit einer Steuerfestsetzung; einer solcher bedarf es in den Fällen nicht, in denen der Steuerpflichtige verpflichtet ist, die Steuer selbst zu berechnen. Hier kommt es im Regelfall nur dann zu einer Festsetzung, wenn die Finanzverwaltung von dem Betrag in der Steueranmeldung abweichen möchte. Diesem Dualismus folgend spricht man auch von Veranlagungsteuern, also Steuern, deren Festsetzung auf Basis abgegebener Steuererklärungen erfolgt, § 155 AO, und sog. Anmeldesteuern, also solchen Steuern, die der Steuerpflichtige selbst errechnet hat, § 150 Abs. 1 Satz 3 AO.

Fälligkeitsteuern, deren Festsetzung im Regelfall ein Veranlagungsverfahren nach zuvor abgegebe- 251 ner Steuererklärung vorangeht, sind dann hinterzogen, wenn die Steuern nicht, nicht richtig oder nicht rechtzeitig festgesetzt wurden. Der Regelfall „namentlich" in § 370 Abs. 4 Satz 1 AO trifft diesen (Regel-) Sachverhalt. Mit dem Abschluss des Festsetzungsverfahrens in Gestalt der Bekanntgabe eines Steuerbescheids ist Tatvollendung eingetreten. Dies ist der maßgebliche Zeitpunkt für die Frage, ob noch ein Rücktritt oder eine Selbstanzeige möglich ist. Der Eintritt des Hinterziehungserfolges setzt weder die Nichtzahlung, noch die zu niedrige oder verspätete Zahlung von Steuern voraus (BGH v. 13.10.2005 – 5 StR 368/05, wistra 2006, 66).

Unschädlich ist, dass die Steuerfestsetzung noch nicht in Rechtskraft erwachsen ist. Die Tatvollen- 252 dung und damit der Steuerverkürzungserfolg ist auch in den Fällen eingetreten, in denen die Festsetzung noch nicht abschließend erfolgt ist, insb. auch in folgenden Fällen:

– § 164 AO: Steuerfestsetzung unter dem Vorbehalt der Nachprüfung. Solange der Vorbehalt der Nachprüfung wirksam ist, kann die Steuerfestsetzung gem. § 164 Abs. 2 Satz 1 AO aufgehoben oder geändert werden. Diese – einseitige – Änderungskompetenz der Finanzverwaltung verschiebt indessen nicht den Zeitpunkt des Eintritts des Verkürzungserfolgs;

– § 165 AO: Vorläufige Steuerfestsetzung. Soweit ungewiss ist, ob die Voraussetzungen für die Entstehung einer Steuer eingetreten sind, kann diese gem. § 165 Abs. 1 Satz 1 AO vorläufig festgesetzt werden. Soweit die Finanzbehörde eine Steuer vorläufig festgesetzt hat, kann sie die Festsetzung aufheben oder ändern, § 165 Abs. 2 Satz 1 AO. Auch eine vorläufige Steuerfestsetzung verschiebt nicht den Eintritt des Verkürzungserfolges und damit die Tatvollendung zeitlich nach hinten. Das Veranlagungsverfahren schließt mit der Bekanntgabe eines schriftlichen, § 157 AO, Steuerbescheids, § 155 Abs. 1 AO. Mit der Bekanntgabe gem. § 124 Abs. 1 AO ist das Festsetzungsverfahren abgeschlossen. Dies ist der Zeitpunkt des Eintritts des Verkürzungserfolgs.

253 Gibt der Steuerpflichtige entgegen der gesetzlichen Verpflichtung keine Steuererklärung ab und unterlässt die Finanzverwaltung eine Schätzung gem. § 162 AO, kommt es zu einer gänzlich unterbliebenen Steuerfestsetzung. Kommt es bei einer sog. Veranlagungsteuer mangels durchgeführtem Veranlagungsverfahren nicht zu einer Steuerfestsetzung, z.B. weil der Steuerpflichtige keine Steuererklärung abgegeben hat, tritt der – spezifisch steuerstrafrechtlich zu berechnende – Verkürzungserfolg in dem Zeitpunkt ein, in dem die Veranlagung und Festsetzung bei fristgerechter Abgabe der Steuererklärung durchgeführt worden wäre. Die bisherige Rechtsprechung des BGH bestimmt den Zeitpunkt dahin gehend, wann die Veranlagungsarbeiten in dem betreffenden Finanzamtsbezirk „im Großen und Ganzen" abgeschlossen sind (BGH v. 28.10.1998, wistra 1999, 385, OLG Düsseldorf v. 04.04.2005, wistra 2005, 353).

254 Dies konnte zuweilen einen Zeitraum bis zu 2 Jahren umfassen (*Meyberg*, PStR 2011, 82).

255 Demgegenüber wird in der Literatur zutreffend darauf hingewiesen, dass es nicht auf den Abschluss der Veranlagungsarbeiten „im Großen und Ganzen", auch als sog. 95 %-Schwelle bezeichnet, ankommt, sondern dass der Bestimmtheitsgebot des Strafrechts es erfordert, hier einen genauen Zeitpunkt unter Berücksichtigung des Grundsatzes in dubio pro reo zu bestimmen, also den Zeitpunkt der Sachbearbeitung der letzten Steuererklärung (FGJ/*Joecks* § 370 Rn. 37a). Nicht 95 % der Veranlagungsarbeiten müssen mithin abgeschlossen sein, sondern 100 %.

256 Bei der Hinterziehung von Veranlagungsteuern durch Unterlassen, § 370 Abs. 1 Nr. 2 AO, soll nach neuerer Rechtsprechung des BGH (v. 19.01.2011 – 1 StR 640/10) – zumindest bei einfach gelagerten Sachverhalten – Tatvollendung regelmäßig ein Jahr nach Ablauf der Erklärungsfrist eintreten (vgl. auch *Meyberg*, PStR 2011, 82 f.).

257 Der BGH tritt der – hier vertretenen – Rechtsauffassung entgegen, zugunsten des Angeklagten müsse stets davon ausgegangen werden, der Angeklagte sei der zuletzt veranlagte Steuerpflichtige gewesen. Es sei weder aus allgemeinen Gründen noch insb. aus dem Zweifelssatz geboten, Tatvollendung erst zum Zeitpunkt der Tatbeendigung anzunehmen (BGH v. 19.01.2011 – 1 StR 640/10). Dies ist eine Rechtsauffassung, die ersichtlich an dem vermeintlichen Bedürfnis der Rechtspraxis Einzelfall abgehobene Lösungsschemata (in gleicher Weise „funktioniert" die Strafrahmenkaskade) zur Verfügung zu stellen; dieses Petitum vermag jedoch keine Begründung zu ersetzten.

258 In den Fällen, in denen der Steuerpflichtige die Steuer selbst zu berechnen hat (Steueranmeldung), in denen es also gem. § 167 Abs. 1 AO regelmäßig keines bekannt zu gebenden Steuerbescheids bedarf, stellt die Abgabe der Steuererklärung (Steueranmeldung) den Abschluss des Festsetzungsverfahrens dar, sodass dieser Zeitpunkt zugleich den Eintritt des Verkürzungserfolges markiert.

259 Steueranmeldungen sind z.B. die

 – Umsatzsteuer-Voranmeldung, § 18 UStG und die
 – Lohnsteuer-Anmeldung, § 41a EStG.

260 Die Steuerhinterziehung ist mit Eingang der Steueranmeldung bei dem zuständigen FA vollendet. Dies gilt auch dann, wenn die Steueranmeldung vor dem gesetzlichen Fälligkeitstermin abgegeben wird (*Rolletschke*/Kemper § 370 Rn. 94).

5. Steuern

261 Der tatbestandliche Erfolg der Steuerhinterziehung, mittels eines strafrechtlich relevanten Erklärungsverhaltens, Steuern verkürzt zu haben, setzt Steuern als taugliches Tatobjekt voraus.

262 Steuern sind gem. § 3 Abs. 1 AO Geldleistungen, die nicht eine Gegenleistung für eine besondere Leistung darstellen und von einem öffentlich-rechtlichen Gemeinwesen zur Erzielung von Einnahmen allen auferlegt werden, bei denen der Tatbestand zutrifft, an den das Gesetz die Leistungspflicht knüpft; die Erzielung von Einnahmen kann Nebenzweck sein.

Steuern werden üblicherweise nach folgenden Kriterien unterteilt: 263

- Verkehrsteuern, (z.B. USt, Grunderwerbsteuer, Versicherungsteuer);
- Verbrauchsteuern, (z.B. Mineralölsteuer, Stromsteuer, Tabaksteuer);
- Ertragsteuern, (z.B. ESt, Körperschaftsteuer, Gewerbesteuer);
- Substanzsteuer, (B. Grundsteuer)

In Bezug auf die wirtschaftliche Belastung wird zwischen direkten und indirekten Steuern unter- 264
schieden. Bei den direkten Steuern sind der Steuerschuldner und der Steuerträger personeniden-
tisch, während die wirtschaftliche Steuerlast bei indirekten Steuern vom Steuerschuldner auf den
Steuerträger verlagert wird. Hinsichtlich des Besteuerungsobjektes wird zwischen Personensteuern
und Realsteuern differenziert. Personensteuern sind an die persönlichen Verhältnisse des Steuerpflichtigen geknüpft, Realsteuern sind als Substanzsteuern unabhängig von diesen Verhältnissen.
Darüber hinaus wird auch nach den Steuergegenständen differenziert:

- Umweltsteuern, (.B. Stromsteuer, Mineralölsteuer); 265
- Aufwandsteuern, (.B. Jagdsteuer, Hundesteuer, Zweitwohnungsteuer);
- Verbrauchsteuern, (z.B. Getränkesteuer, Tabaksteuer, Stromsteuer).

Einfuhr- und Ausfuhrabgaben nach Art. 4 Nr. 10 und 11 des Zollkodexes sind Steuern im Sinne 266
dieses Gesetzes, § 3 Abs. 3 AO.

Der Solidaritätszuschlag ist eine Steuer i.S.v. § 3 Abs. 1 Satz 1 AO (*Rolletschke/Kemper* § 370 267
Rn. 75 a).

Steuerliche Nebenleistungen i.S.v. § 3 Abs. 4 AO sind keine Steuern. Bei den steuerlichen Neben- 268
leistungen handelt es sich um

- Verzögerungsgelder, § 146 Abs. 2b AO;
- Verspätungszuschläge, § 152 AO;
- Zuschläge gem. § 164 Abs. 4 AO;
- Zinsen gem. §§ 233 bis 237 AO;
- Säumniszuschläge, § 240 AO;
- Zwangsgelder, § 329 AO;
- Kosten, §§ 89, 178, 178 a, 337 – 345 AO;
- Zinsen i.S.d. Zollkodexes.

III. Eintritt des Taterfolgs

Steuern sind gem. § 370 Abs. 4 Satz 1 AO namentlich dann verkürzt, wenn sie 269

- nicht;
- nicht in voller Höhe oder
- nicht rechtzeitig festgesetzt

werden. Steuern werden gem. § 155 Abs. 1 AO von der Finanzbehörde durch Steuerbescheid festgesetzt. Steuerbescheid ist gem. § 155 Abs. 1 Satz 2 AO der nach § 122 Abs. 1 AO bekannt gegebene Verwaltungsakt.

§ 370 Abs. 1 i.V.m. Abs. 4 AO klassifiziert die Steuerhinterziehung als sog. Erklärungs-Strafrecht. 270
Der Steuerpflichtige kommt seiner Verpflichtung zur Mitwirkung im steuerlichen Veranlagungs-
verfahren nicht, nicht richtig oder nicht rechtzeitig nach und dadurch wird kausal der Taterfolg,
die unterbliebene, nicht ordnungsgemäße oder nicht rechtzeitige Steuerfestsetzung herbeigeführt.
Die finanzielle Leistungsfähigkeit des Steuerpflichtigen oder die Bereitschaft zur Zahlung der
Steuern ist demnach vollends unbeachtlich. Die Steuerhinterziehung sanktioniert die kriminelle
Missachtung der Steuererklärungspflichten und nicht das kriminelle Vorenthalten der geschuldeten Soll-Steuer im Vergleich zur Ist-Steuer.

1. Unterbliebene Steuerfestsetzung

271 Eine Steuerfestsetzung i.S.v. § 155 AO durch Bekanntgabe eines Steuerbescheids ist dann unterblieben, wenn die zuständige Finanzbehörde mangels der Abgabe einer Erklärung des Steuerpflichtigen keine positive Kenntnis von den Besteuerungsgrundlagen hat. Maßgeblich ist mithin die Steuerfestsetzung. Die Form der Steuerfestsetzung wiederum steht in Abhängigkeit zu den jeweiligen Steuerarten.

272 Steuern werden gem. § 155 Abs. 1 AO von der Finanzbehörde durch Steuerbescheid festgesetzt. Steuerbescheid ist der nach § 122 Abs. 1 AO bekannt gegebene Verwaltungsakt. Dieser wird gem. § 124 Abs. 1 AO ggü. demjenigen, für den er bestimmt ist oder der von ihm betroffen wird, zu dem Zeitpunkt wirksam, in dem er bekannt gegeben wird.

273 Die Bekanntgabe vollzieht sich nach Maßgabe des § 122 AO. Die Bekanntgabe-Fiktion gem. § 122 Abs. 2 AO kommt mithin auch steuerstrafrechtlich zur Anwendung. Danach gilt ein schriftlicher Verwaltungsakt, der durch die Post übermittelt wird, als bekannt gegeben,

– bei einer Übermittlung im Inland am dritten Tage nach der Aufgabe zur Post;
– bei einer Übermittlung im Ausland einen Monat nach der Aufgabe zur Post;
– außer wenn er nicht oder zu einem späteren Zeitpunkt zugegangen ist.

274 Ein elektronisch übermittelter Verwaltungsakt gilt gem. § 122 Abs. 2a AO am dritten Tage nach der Absendung als bekannt gegeben, außer wenn er nicht oder zu einem späteren Zeitpunkt zugegangen ist.

275 Ein früherer Zugang ist mithin unbeachtlich und vermag den Fristbeginn nicht nach vorne zu verlagern.

276 Mit der Bekanntgabe des Steuerbescheids ist die Steuerfestsetzung wirksam. Das ist der Zeitpunkt des Eintritts des Taterfolgs der Steuerverkürzung. Und damit des Zeitpunkts der Tatvollendung.

277 Auf die Bestandskraft des bekannt gegebenen Steuerbescheids kommt es nicht an.

a) Veranlagungsteuern

278 Die klassischen Veranlagungsteuern, die Einkommen-, Körperschaft- und Gewerbesteuer entstehen mit Ablauf des Kalenderjahres. Die ESt z.B. wird gem. § 25 Abs. 1 EStG nach Ablauf des Kalenderjahres (Veranlagungszeitraum) nach dem Einkommen veranlagt, das der Steuerpflichtige in diesem Veranlagungszeitraum bezogen hat. Der Steuerpflichtige hat gem. § 25 Abs. 3 EStG für den abgelaufenen Veranlagungszeitraum eine Einkommensteuererklärung abzugeben.

aa) Aktives Tun

279 Die Erklärung ist gem. § 25 Abs. 4 EStG nach amtlich vorgeschriebenem Datensatz durch Datenfernübertragung zu ermitteln, wenn Einkünfte nach § 2 Abs. 1 Satz 1 Nr. 1 – 3 EStG erzielt werden.

280 Die Steuerverkürzung und damit der Eintritt der tatbestandsmäßigen Vollendung im Fall der unterbliebenen Steuerfestsetzung tritt mit der Bekanntgabe des Steuerbescheids ein (*Rolletschke* Kemper § 370 Rn. 91).

281 Bei der Hinterziehung von ESt liegt hinsichtlich eines Veranlagungszeitraums sowohl materiellrechtlich als auch prozessual eine einheitliche Tat vor. Maßgeblich dafür ist die Festsetzung als Jahressteuer aufgrund einer Steuererklärung (§ 2 Abs. 7, § 25 Abs. 1, Abs. 3 Satz 1, § 36 Abs. 1 EStG; §§ 90 ff., §§ 149 ff. AO), in deren Rahmen die verschiedenen Einkunftsarten lediglich Rechnungsposten bilden (§ 2 Abs. 1, Abs. 5 Satz 1 EStG). Aufgrund des in § 370 Abs. 1 Nr. 1 und 2, Abs. 4 AO normierten Verhaltens bzw. des Taterfolges kann ESt daher immer nur insgesamt und nicht nur bzgl. einzelner Einkunftsarten hinterzogen werden. Beendet ist eine solche Tat mit der Bekanntgabe des unrichtigen Steuerbescheids (BGH v. 27.05.2009 – I StR 665/08).

Bei der Hinterziehung von Gewerbesteuer ist die Tat mit der Bekanntgabe des Gewerbesteuerbescheids durch die Gemeinde vollendet. Mit der Bekanntgabe des Gewerbesteuermessbetragsbescheids durch das FA tritt noch keine Vollendung einer Gewerbesteuerhinterziehung ein. Diese knüpft an die Bekanntgabe des Gewerbesteuerbescheids als des Folgebescheids nach dem Gewerbesteuermessbetragsbescheid als Grundlagenbescheid durch die zuständige Gemeinde und nicht an die Zustellung des Gewerbesteuermessbetragsbescheids durch die zuständige Finanzbehörde an. 282

Bei der Gewerbesteuerhinterziehung ggü. mehreren Gemeinden ist für den Beginn der Verjährungsfrist die zeitlich letzte Zustellung des Gewerbesteuerbescheids maßgebend (*Rolletschke*/Kemper § 370 Rn. 93). 283

bb) Unterlassen

(1) Allgemein

Wenn es bei den Veranlagungsteuern auf den Zeitpunkt der Zustellung des Steuerbescheids ankommt, so stellt sich die Frage, wie der Zeitpunkt der Tatvollendung in den Fällen zu bestimmen ist, in denen der Steuerpflichtige seinen Erklärungspflichten nicht nachgekommen ist und schlicht keine Erklärung abgegeben hat. 284

Die – bisherige – Rechtsprechung (BGH v. 19.03.1991, wistra 1991, 223) und die herrschende Meinung (Nachweise bei *Kohlmann* § 370 Rn. 448) bemüht in diesen Fällen zur Bestimmung des Zeitpunkts einen hypothetischen Kausalverlauf. Der Zeitpunkt wird in diesen Fällen danach bestimmt, wann der unrichtige Steuerbescheid bei Abgabe der Erklärung durch den Steuerpflichtigen in einem regelmäßigen Gang der Sachbearbeitung zugestellt worden wäre. Zugunsten des Steuerpflichtigen wird dabei zuweilen unterstellt, dass seine – fiktive – Steuererklärung als letzte im Veranlagungsbezirk bearbeitet worden wäre, sodass der tatbestandliche Erfolg der Steuerverkürzung erst mit Abschluss der allgemeinen Veranlagungsarbeiten für den maßgeblichen Zeitraum vollendet ist (BGH v. 28.10.1998, wistra 1999, 385). 285

Damit kommt es zu folgender zeitlicher Skalierung: 286

- Ende des Kalenderjahres bis zum Zeitpunkt gem. § 149 Abs. 2 AO, 5 Monate danach;
- Fristablauf 31.05. bzw. bei beantragter und gewährter Fristverlängerung zur Abgabe bis zum Abschluss des Veranlagungsarbeiten „im Großen und Ganzen";
- Abschluss der Veranlagungsarbeiten.

Für die tatbestandliche Frage der Nichtfestsetzung einer ESt ist der erste Zeitraum irrelevant, der zweite Zeitraum bestimmt die Möglichkeit der Strafbarkeit des Versuchs und der dritte Zeitraum den Zeitpunkt der Tatvollendung. 287

Strafrechtlich ist dabei zugunsten des Steuerpflichtigen zu unterstellen, dass seine – fiktive – Steuererklärung als letzte bearbeitet worden wäre. Die Rechtsprechung akzeptierte bislang die sog. 95 %-Grenze (BayObLG v. 09.11.2000, wistra 2001, 194). Maßgeblich war danach, ob die Veranlagungsarbeiten in dem örtlich zuständigen Festsetzungs-Finanzamt zu 95 % abgeschlossen waren. Hierüber erteilt das örtlich zuständige Festsetzungs-Finanzamt regelmäßig Auskunft. 288

Zur Bestimmung des exakten Zeitpunkts der Tatvollendung ist daher in diesen Fällen eine Auskunft seitens des zuständigen Festsetzungs-Finanzamts im steuerstrafrechtlichen Ermittlungsverfahren einzuholen, wann der Zeitpunkt eingetreten war, an dem die Veranlagungsarbeiten zu 95 % durchgeführt worden waren. Nach hier vertretener Auffassung ist demgegenüber der Schluss der Veranlagungsarbeiten – also der letztmögliche Zeitpunkt der richtige Zeitpunkt. 289

Der BGH (BGH v. 07.11.2001, wistra 2002, 64) stellte bislang auf den spätestmöglichen Zeitpunkt der Tatbeendigung, nämlich auf die endgültige Nichtfestsetzung der Steuern als den maßgeblichen Zeitpunkt ab. Der BGH lässt sich bei dieser Fristbestimmung von dem Gedanken leiten, dass nach diesem Zeitpunkt eine Steuerfestsetzung gem. § 155 AO nicht mehr erfolgen könne. 290

291   Der BGH hat sich in einer neueren Entscheidung v. 19.01.2011 – 1 StR 640/10, konkret mit dem Zeitpunkt der Tatvollendung bei Unterlassungstaten befasst. Nach dem Verständnis des BGH sind hier drei Fallgruppen zu unterscheiden:

292   (1) Bei der USt als Anmeldungsteuer stehe die Steueranmeldung gem. § 168 AO einer Steuerfestsetzung gleich. Folglich tritt Tatvollendung und damit zugleich Tatbeendigung mit Ablauf des Fälligkeitstages ein (vgl. auch: BGH v. 02.12.2008 – 1 StR 344/08, wistra 09, 189);

(2) Bei Veranlagungsteuern ist für den Zeitpunkt der Tatvollendung und damit des Eintritts des Hinterziehungserfolgs auf den Zeitpunkt abzustellen, zu dem – fiktiv – die Veranlagung stattgefunden hätte. Diesbezüglich hatte die Rechtsprechung bislang auf den Stand der Veranlagungsarbeiten im konkret zuständigen FA für den betreffenden Veranlagungszeitraum abgestellt und den Zeitpunkt auf den Punkt fixiert, zu dem im Wesentlichen die Veranlagungsarbeiten abgeschlossen waren (BGH v. 28.10.1998 – 5 StR 500/98 wistra 99, 385; BGH v. 02.11.2010 – 1 StR 544/09, PStR 11, 31).

(3) Der 1. Strafsenat des BGH folgt in vorgenannter Entscheidung v. 19.01.2011 (1 StR 640/10) der Vorinstanz und kam zu dem Ergebnis, dass zumindest bei einfach gelagerten Veranlagungsfällen regelmäßig von einer Zeitspanne der Bearbeitung fristgerecht eingereichter Steuererklärungen von längstens einem Jahr auszugehen sei. Maßgeblich seien nicht nur die konkreten Verhältnisse in dem für die Veranlagung zuständigen FA, sondern zugleich auch die für die Dauer der Bearbeitung mitentscheidenden konkreten Verhältnisse des Steuerpflichtigen, wie sie sich in der Steuererklärung abbilden. Der BGH tritt zumindest in den sog. einfachen Veranlagungsfällen der hier vertretenen Rechtsauffassung entgegen, wonach in Unterlassungssachverhalten anzunehmen ist, dass der Betroffene der zuletzt veranlagte Steuerpflichtige sei. Nach Auffassung des BGH ist es weder durch den Zweifelssatz noch sonst geboten, zugunsten des Steuerhinterziehers von Annahmen auszugehen, für deren Vorliegen es an zureichenden Anhaltspunkten fehle (Hinweis auf BVerfG v. 17.07.2007 – 2 BvR 496/07, NStZ-RR 07, 380, 381). Der BGH scheint damit eine Abkehr von der bisherigen Rechtsprechung zu vollziehen, die auf den allgemeinen Stand der Veranlagungsarbeiten im konkreten FA abstellte. Er nimmt nunmehr zusätzlich auch in den Blick, dass jedenfalls in einfach gelagerten Sachverhalten Besonderheiten außer Betracht zu lassen seien. *Meyberg*, PStR 2011, 82, 83, merkt hierzu an, dass der Umstand, dass die Vollendung noch nicht eingetreten sei, nicht automatisch zu einer Strafmilderung führe, mithin die neuere Rechtsprechung, die Vollendung nunmehr früher bejahe, nicht zu einem anderen Ergebnis in der Beurteilung der Strafbarkeit komme. Denn die Versuchsmilderung gem. §§ 23 Abs. 2, 49 Abs. 1 StGB sei nicht zwingend, sondern von einer Gesamtwürdigung der Tatumstände abhängig. Insb. bei – auch zeitlicher – Nähe zur Tatvollendung könne das Gericht eine Strafrahmenverschiebung ohnehin ablehnen. Dieser Blick auf die Rechtsfolgenseite ist zutreffend; zu beachten ist jedoch, dass nunmehr in einfach gelagerten Sachverhalten die Rechtspraxis in einer gewissen stereotypen Annahme davon ausgeht, dass die Tatvollendung bei der Hinterziehung von Veranlagungsteuern durch Unterlassen regelmäßig ein Jahr nach Ablauf der Erklärungsfrist eingetreten ist. Diese zeitliche Annahme gilt indessen nur, wenn Feststellungen zu einem hypothetischen Veranlagungszeitpunkt nicht getroffen wurden oder nicht getroffen werden konnten (*Meyberg*, EStR 2011/ 82, 83).

(2) In Schätzungsfällen

293   Steuerhinterziehung bei Nichtabgabe von Steuererklärungen in Schätzungsfällen:

294   Drei Varianten sind denkbar:

295   (1) Der Schätzungsbescheid fällt zu hoch aus,
(2) Der Schätzungsbescheid fällt zu niedrig aus oder
(3) Der Schätzungsbescheid ist zutreffend.

(1) Gem. § 149 Abs. 1 Satz 2 AO bleibt die Verpflichtung zur Abgabe einer Steuererklärung auch **296** dann bestehen, wenn die Finanzbehörde die Besteuerungsgrundlagen gem. § 162 AO geschätzt hat. Wird der auf einer Schätzung beruhende Steuerbescheid dem Steuerpflichtigen vor dem Abschluss der allgemeinen Veranlagungsarbeiten gem. § 124 AO bekannt gegeben, liegt i.H.d. Differenz zwischen der tatsächlichen Festsetzung der Steuer im Schätzungsbescheid und der bei Kenntnis der Besteuerungsgrundlagen tatsächlich zu entrichtenden Steuer (Differenzschaden) eine vollendete Steuerhinterziehung vor, wenn die Schätzung niedriger ausgefallen ist.

(2) Hat die Finanzverwaltung im umgekehrten Fall vor Abschluss der allgemeinen Veranlagungs- **297** arbeiten mangels Abgabe einer Steuererklärung durch den Steuerpflichtigen die Besteuerungs- grundlagen geschätzt und einen Schätzungsbescheid gem. § 124 AO bekannt gegeben, der betragsmäßig höher ausgefallen ist als er bei Kenntnis der Besteuerungsgrundlagen ausgefallen wäre, liegt ein – strafbarer – Versuch der Steuerhinterziehung gem. § 370 Abs. 2 AO vor.

(3) Dies gilt auch in dem dritten denkbaren Fall, in dem die Schätzung die Besteuerungsgrundla- **298** gen zutreffend festgesetzt hat.

Offen ist damit noch die Frage, wie der Sachverhalt zu beurteilen ist, wenn die örtlich zuständige **299** Finanzbehörde trotz Kenntnis des Steuerpflichtigen und des Verstreichens der Frist zur Abgabe der Steuererklärung nicht von einer Schätzung von § 162 AO Gebrauch macht. Dabei ist zu beachten, dass nach § 162 Abs. 1 Satz 1 AO die Finanzbehörde die Besteuerungsgrundlagen – ohne dass ihr ein Ermessen eingeräumt ist – in den Fällen zu schätzen hat, in denen sie diese nicht ermitteln oder berechnen kann. In § 162 Abs. 1 Satz 1 a.E. AO heißt es: „... *hat sie zu schätzen*". Unterlässt die Finanzverwaltung eine ihr zumutbare Schätzung gem. § 162 Abs. 1 AO, steht das Unterlassen der Verpflichtung zur Schätzung gegen das Unterlassen der Erklärungspflichten aufseiten des Steu- erpflichtigen. Da die Finanzverwaltung die Verpflichtung zur Abgabe der Steuererklärung gem. §§ 328 ff. AO mit Zwangsmitteln durchsetzen kann, alternativ die unterlassene Schätzung hätte vornehmen können, ist mit *Dörn* (wistra 1991, 10; wistra 1992, 129; NStZ 2002, 191) dem Steu- erpflichtigen der Taterfolg – keine Steuerfestsetzung – nicht objektiv zurechenbar. Dies gilt nur in den Fällen nicht, in denen der Finanzverwaltung eine sachgerechte Schätzung der Besteuerungs- grundlagen nicht möglich ist.

Der Sachverhalt kann nicht über den Eintritt der Verjährung gelöst werden. Danach beginnt die **300** Verjährung in den Fällen, in denen die Finanzverwaltung nicht von der Möglichkeit einer Schät- zung der Besteuerungsgrundlagen Gebrauch macht, bereits mit Ablauf der ersten Schätzungsmög- lichkeit wenige Tage nach Verstreichen der Abgabefrist und nicht – worauf der BGH bislang abstellt – mit dem 95 %igen Abschluss der Veranlagungsarbeiten. Wenn die Finanzverwaltung indessen schätzen kann, davon aber Abstand nimmt, hat sie es praktisch in der Hand, Elemente des Taterfolgs zu bestimmen. Dies widerspricht aber dem Gedanken des Erklärungsstrafrechts im Bereich der Steuerhinterziehung. Das Instrumentarium der Finanzverwaltung, über Zwangsmittel den Steuerpflichtigen zur Abgabe der gebotenen Steuererklärung anzuhalten, soll diesen gerade auch vor dem Eintritt steuerstrafrechtlicher Folgen bewahren, sodass in den Fällen, in denen die Finanzverwaltung trotz der Möglichkeit einer Schätzung von selbiger Abstand nimmt, das Unter- lassen des Steuerpflichtigen in dem Zeitraum nach dem Verstreichenlassen des Termins zur Ver- pflichtung zur Abgabe der Steuererklärung nicht tatbestandsrelevant ist.

b) Fälligkeitsteuern

Fälligkeitsteuern sind dadurch gekennzeichnet, dass zu bestimmten, gesetzlich definierten Fällig- **301** keitsterminen Steuerzahllasten entstehen. Bei Fälligkeitsteuern hat der Steuerschuldner gem. § 150 Abs. 1 Satz 3 AO die Steuer in der Steuererklärung selbst zu berechnen (Steueranmeldung). Fällig- keitsteuern sind:

- die Einkommensteuer-Vorauszahlung gem. § 37 EStG.

  Danach hat der Steuerpflichtige am 10. März, 10. Juni, 10. September und 10. Dezember Vorauszahlungen auf die ESt zu entrichten, die er für den laufenden Veranlagungszeitraum voraussichtlich schulden wird. Die Einkommensteuer-Vorauszahlung entsteht jeweils mit Beginn des Kalendervierteljahres, in dem die Vorauszahlung zu entrichten ist, § 37 Abs. 1 AO.

- § 48 KStG.

  Danach entsteht die Vorauszahlung zur Körperschaftsteuer mit Beginn des Kalendervierteljahres, in dem die Vorauszahlung zu entrichten ist.

- Lohnsteuer-Anmeldung gem. § 41a Abs. 1 EStG.

  Danach hat der Arbeitgeber spätestens am 10. Tag nach Ablauf eines jeden Lohnsteuer-Anmeldezeitraums dem Betriebsstätten-Finanzamt ggü. eine Lohnsteuer-Anmeldung abzugeben.

- Umsatzsteuer-Anmeldung, § 18 UStG.

  Danach hat der Unternehmer bis zum 10. Tag nach Ablauf eines jeden Voranmeldungszeitraums eine Voranmeldung nach amtlich vorgeschriebenem Datensatz durch Datenfernübertragung nach Maßgabe der Steuerdaten-Übermittlungsverordnung zu übermitteln, indem er die Steuer für den Voranmeldezeitraum (Vorauszahlung) selbst zu berechnen hat. Voranmeldezeitraum ist grds. das Kalendervierteljahr, § 18 Abs. 2 Satz 1 UStG; beträgt die Steuer für das vorangegangene Kalenderjahr mehr als 7.500,00 €, ist der Kalendermonat Voranmeldezeitraum, § 18 Abs. 2 Satz 2 UStG.

302   Bei Fälligkeitsteuern tritt die Tatvollendung mit dem Verstreichenlassen des sich aus den Einzelsteuergesetzen vorgesehenen Termins für die Abgabe der Steueranmeldung ein.

aa) USt

303   Die USt ist eine Jahressteuer. Gleichwohl hat der Unternehmer im Verfahren zur Umsatzbesteuerung bezogen auf jedes Kalenderjahr mehrere steuerliche Erklärungspflichten. Zum einen hat er beim FA bis zum 10. Tag nach Ablauf jedes Voranmeldungszeitraums – i.d.R. des Kalendermonats, § 18 Abs. 2 Satz 2 UStG – eine Umsatzsteuer-Voranmeldung einzureichen, in der er die Steuer für den Voranmeldungszeitraum selbst zu berechnen hat, § 18 Abs. 1 Satz 1 UStG. Zum anderen hat er für das Kalenderjahr – ebenfalls in Form einer Steueranmeldung – eine Umsatzsteuerjahreserklärung abzugeben, in der er die zu entrichtende Steuer oder den Überschuss, der sich zu seinen Gunsten ergibt, selbst zu berechnen hat, § 18 Abs. 3 Satz 1 UStG. Bei der Pflicht zur Abgabe einer Jahreserklärung verhält es sich um eine ggü. der Pflicht zur Einreichung von Voranmeldungen eigenständigen Pflicht, deren Nichterfüllung einen selbstständigen Unrechtsgehalt besitzt (BGHSt 47, 8, 13; BGHR AO § 370 Abs. 1 Konkurrenz 13). Sind monatlich Umsatzsteuer-Voranmeldungen abzugeben, trifft den Unternehmer hinsichtlich der USt bezogen auf das Kalenderjahr die Pflicht zur Abgabe von insgesamt 13 Steueranmeldungen, nämlich von 12 Umsatzsteuer-Voranmeldungen und einer Umsatzsteuer-Jahreserklärung. Ist der Voranmeldungszeitraum das Vierteljahr, § 18 Abs. 2 Satz 1 UStG, hat der Unternehmer insgesamt fünf Steueranmeldungen einzureichen. Die Pflicht zur Abgabe einer Umsatzsteuer-Jahreserklärung besteht auch dann, wenn einzelne oder alle Voranmeldungen für das jeweilige Kalenderjahr unrichtig sind (BGH v. 17.03.2009 – 1 StR 479/08).

304   Unterlässt es der Unternehmer, zum 10. eines Folgemonats die Umsatzsteuer-Anmeldung zum FA zu übermitteln, so ist mit Ablauf des 10. des Folgemonats Tatvollendung eingetreten.

305   Kommt es nach Ablauf des 10. des Folgemonats zum Erlass eines Schätzungsbescheides durch die Finanzverwaltung, beeinflusst dieser die bereits eingetretene tatbestandliche Textvollendung nicht.

306   Reicht der Unternehmer nach Ablauf des 10. des Folgemonats eine Umsatzsteuer-Voranmeldung ein, wird dies regelmäßig als Selbstanzeige gem. § 371 Abs. 1 AO zu werten sein.

bb) Lohnsteuer

Nach § 41a Abs. 1 Nr. 1 und 2 EStG hat der Arbeitgeber die Lohnsteuer anzumelden und abzu- 307
führen (vgl. *Weidemann*, wistra 2010, 463, 464).

Unterlässt es der Unternehmer zum Fälligkeitszeitpunkt am 10. des Folgemonats, eine Lohnsteu- 308
er-Anmeldung abzugeben, ist zu diesem Zeitpunkt die Lohnsteuerhinterziehung vollendet. Für
die Eintritt der Lohnsteuerverkürzung ist maßgeblich, dass die Lohnsteuer zum Fälligkeitszeitpunkt nicht fristgemäß angemeldet (erklärt) wurde.

Erklärt der Unternehmer zum 10. des Folgemonats eine ordnungsgemäße Lohnsteuer-Anmeldung 309
und führt er die vorangemeldeten Steuerbeträge nicht rechtzeitig zum FA ab, ist der Tatbestand
der Gefährdung von Abzugsteuern gem. § 380 Abs. 1 AO erfüllt. Danach handelt ordnungswidrig,
wer vorsätzlich oder leichtfertig seiner Verpflichtung, Steuerabzugsbeträge einzubehalten und
abzuführen nicht, nicht vollständig oder nicht rechtzeitig nachkommt, § 380 Abs. 1 AO.

cc) Verbrauchsteuern

Verbrauchsteuern sind Fälligkeitsteuern, sodass die Ausführungen zur Umsatzsteuer- und Lohn- 310
steuerhinterziehung hier entsprechend gelten.

2. Nicht in voller Höhe

Kommt es zu einer Steuerfestsetzung gem. § 155 AO in niedrigerer als der zutreffenden Höhe, ist 311
die Tat mit der Bekanntgabe des Steuerbescheids, §§ 124, 122 AO, vollendet. Die Strafbarkeit der
betragsmäßig zu geringen Festsetzung ist unabhängig davon, ob der Steuerpflichtige innerhalb der
auf dem Steuerbescheid vermerkten Frist die Zahlung der Steuerschuld – in zu niedriger oder in
zutreffender Höhe – entrichtet.

Maßgeblich für die Tatvollendung ist die Bekanntgabe desjenigen Steuerbescheids, an den die 312
Steuerzahllast geknüpft ist. Werden zuvor seitens der Finanzverwaltung, z.B. i.R.d. einheitlichen
und gesonderten Gewinnfeststellung, Grundlagenbescheide (Feststellungsbescheide) erlassen, ist
die Bekanntgabe dieses Feststellungsbescheids noch nicht die Tatvollendung, sondern selbige setzt
erst mit der Bekanntgabe des Festsetzungsbescheides als Folgebescheid ein, der die Besteuerungsgrundlagen aus dem Feststellungsbescheid umsetzt.

Gibt der Unternehmer im Bereich der USt eine betragsmäßig zu niedrige Umsatzsteuer-Voranmel- 313
dung ab, die mit einem Erstattungsanspruch zu seinen Gunsten schließt, so gilt gem. § 168
Satz 2 AO die Steueranmeldung des Unternehmers als Festsetzung unter Vorbehalt der Nachprüfung bei der Zustimmung des FA. Diese Zustimmung wird bei Auskehrung der vom Unternehmer selbst errechneten Zahllast konkludent erteilt. Zu diesem Zeitpunkt ist die Tat vollendet.

Gibt der Unternehmer hingegen eine Umsatzsteuer-Voranmeldung ab, die betragsmäßig unterhalb 314
der tatsächlich geschuldeten Umsatzsteuer-Zahllast verbleibt, aber (noch) nicht zu einem Erstat-
tungsbetrag zugunsten des Unternehmers führt, so ist die Tatvollendung mit der Übermittlung
der Umsatzsteuer-Voranmeldung bei dem zuständigen FA eingetreten.

Entsprechendes gilt im Bereich der unrichtigen Lohnsteuer-Anmeldung. In Fällen unrichtiger 315
Lohnsteuer-Voranmeldung ist die Tat mit der Übermittlung der Lohnsteuer-Voranmeldung beim
FA vollendet, in Erstattungsfällen mit der durch die Auskehrung des Betrages konkludent erteilten
Zustimmung seitens des FA.

3. Nicht rechtzeitig

Die Rechtsprechung des BGH beurteilt die Tatvollendung in Fällen der nicht rechtzeitigen Fest- 316
setzung der Steuer als Tatbestandsvariante in § 370 Abs. 4 Satz 1 AO für den Erfolgseintritt wie
folgt:

317 „Es liegt eine vollendete Verkürzung einer Veranlagungsteuer in der verspäteten Abgabe der Steuererklärung nur dann vor, wenn die verspätete Abgabe die verspätete Festsetzung der Steuer verursacht. Daher tritt die Vollendung der Steuerhinterziehung – ebenso wie bei der Nichtabgabe einer Steuererklärung – dann ein, wenn die Festsetzung erfolgt, nachdem die Veranlagungsarbeiten in dem Bezirk für den maßgeblichen Zeitraum allgemein abgeschlossen sind. Erst dann ist die rechtzeitige Festsetzung der Steuer vereitelt. Bis zu diesem Zeitpunkt liegt nur eine versuchte Steuerhinterziehung vor." (BGH v. 19.03.1991, wistra 1991, 223).

318 Dieser allgemeine Abschluss der Veranlagungsarbeiten wurde bislang mit der 95 %-Grenze umschrieben. Diese ist dann erreicht, wenn „im Großen und Ganzen" die Abschlussarbeiten erfolgt sind. Hierbei ist auf den konkreten Bearbeitungsstand im zuständigen Festsetzungs-Finanzamt abzustellen. Nach hier vertretener Auffassung kommt es auf den Abschluss der Veranlagungsarbeiten und nicht auf den 95 %igen Abschluss an. Anderenfalls ist dem steuerstrafrechtlichen Grundsatz „in dubio pro reo" nicht ausreichend Rechnung getragen. Die Rechtsprechung des 1. Senats des BGH (s.o.) stellt in einfach gelagerten Fällen auf die Jahresgrenze nach Ablauf der Frist zur Abgabe der Steuererklärung ab.

a) Steuerverkürzung auf Zeit

319 Steuern sind gem. § 370 Abs. 4 Satz 1 AO „namentlich" u.a. auch dann verkürzt, wenn sie nicht rechtzeitig festgesetzt werden. Die Nichtabgabe einer gebotenen Steuererklärung wird damit der nicht rechtzeitigen Abgabe tatbestandsmäßig gleichgestellt. Die Steuerverkürzung auf Dauer ist damit ebenso wie die Steuerverkürzung auf Zeit tatbestandsmäßig. Die Abgabe einer unrichtigen USt-Voranmeldung führt ebenso wie das pflichtwidrige Unterlassen der Abgabe zu einer „Steuerhinterziehung auf Zeit"; erst die Abgabe einer falschen USt-Jahreserklärung bzw. die pflichtwidrige Nichtabgabe bewirken die Steuerverkürzung auf Dauer (*Lipsky*, PStR 2009, 150). (vgl. auch die systematische Darstellung Steuerhinterziehung auf Zeit bei *Wulf*, Stbg 2011, 445 ff.).

320 Vor dem Hintergrund, dass § 370 Abs. 1 AO nicht die Nichtzahlung geschuldeter Steuern unter Strafe stellt, sondern in der Form eines Erklärungs-Strafrechts das mangelhafte Erklärungsverhalten des Steuerpflichtigen sanktioniert, dieses aber wiederum in zahlreichen Einzelsteuergesetzen fristgebunden ist, so wird verständlich, dass für das strafrechtlich tatbestandsmäßige Verhalten bei Säumnis der Fristen aus den Einzelsteuergesetzen abzuleiten ist.

321 In der Literatur wird teilweise die Auffassung vertreten, die Steuerverkürzung auf Zeit solle dem Anwendungsbereich des Ordnungswidrigkeitenrechts unterstellt werden (*Kohlmann* § 370 Rn. 461). Andere vertreten die Auffassung, die Steuerverkürzung auf Zeit sei nicht tatbestandsmäßig, jedenfalls in den Fällen, in den der Steuerpflichtige dem FA bekannt sei und dieses daher mit den Möglichkeiten der Schätzung oder des Verwaltungszwangs auf die Einhaltung der Frist bzw. Sanktionierung der Fristversäumnis reagieren können (*Hilgers*, Diss. Köln 1985, 172; *Dörn*, S. 43, 46).

322 Dabei wird jedoch übersehen, dass sich die Problematik der Steuerverkürzung auf Zeit in der Schwierigkeit erschöpft, den Steuerschaden exakt zu greifen.

323 Unterlässt der Steuerpflichtige die Abgabe der Einkommensteuer-Jahreserklärung, § 25 Abs. 3 Satz 1 EStG, kann das FA mithin keine zutreffenden Einkommensteuer-Vorauszahlungen festsetzen. Folglich ist mit Ablauf der quartalsweisen Vorauszahlungs-Termine der Tatbestand der Steuerhinterziehung (auf Zeit) bzgl. der Einkommensteuer-Vorauszahlungen erfüllt.

324 Der Arbeitgeber hat spätestens am 10. Tag nach Ablauf eines jeden Lohnsteuer-Anmeldezeitraums eine Lohnsteuer-Anmeldung abzugeben, § 41a Abs. 1 Satz 1 Nr. 1 EStG. Kommt der Arbeitgeber dieser Verpflichtung nicht nach und hält er den gesetzlich vorgegebenen Termin des 10. Tages nicht ein, ist der Tatbestand der Steuerhinterziehung (auf Zeit) gem. § 370 Abs. 1 Satz 1 Nr. 2 AO erfüllt. Steuerverkürzungen auf Zeit können folglich immer in den Fällen eintreten, in denen der Gesetzgeber dem Steuerpflichtigen auferlegt, die Steuerschuld zu bestimmten Zeitpunkten unter-

jährig über die Einreichung entsprechender Erklärungen/Anmeldungen zu erfüllen. Dies gilt insb. für die

– Umsatzsteuer-Voranmeldung   325
– Einkommensteuer-Vorauszahlung und
– Lohnsteuer-Anmeldung.

Mit der Entscheidung v. 17.03.2009 (I StR 627/08) hat der BGH seine bisherige Rechtsprechung   326
zur Steuerhinterziehung auf Zeit aufgegeben. Der BGH stellt nunmehr darauf ab, dass bei einer
Verletzung von Pflichten zur Einreichung von Umsatzsteuer-Voranmeldungen die strafbewehrte
Gefährdung des sich aus § 18 Abs. 1 und Abs. 2 UStG ergebenden Steueranspruchs unabhängig
davon besteht, ob der Steuerpflichtige beabsichtigt, in der Jahreserklärung falsche Angaben zu
berichtigen bzw. fehlende nachzuholen oder nicht. In jedem Fall habe der Täter eine unrichtige
Festsetzung bewirkt, die es rechtfertige, in dieser Höhe von einer tatbestandlichen Steuerverkürzung auszugehen. Erst auf der Ebene der Strafzumessung habe das Tatgericht dann zu berücksichtigen, ob und ggf. wie der Täter eine Schadenswiedergutmachung – und damit lediglich eine Verkürzung auf Zeit – angestrebt habe. Der BGH unterscheidet hier folgende Konstellationen (vgl.
Lipsky, PStR 2009, 150, 151):

– Berichtigung in der Umsatzsteuer-Jahreserklärung und Nachzahlung der zunächst hinterzoge-   327
  nen Steuern:
  I.d.R. liegen die Voraussetzungen einer strafbefreienden Selbstanzeige gem. § 371 AO vor,
  sodass sich die Frage einer Strafbarkeit nicht stellt;
– Tritt dabei ausnahmsweise keine Strafbefreiung ein:
  Berücksichtigung, dass der Vorsatz nur auf eine Verkürzung „auf Zeit" gerichtet war und die
  Schadenswiedergutmachung durch den Täter;
– Scheitert die Schadenswiedergutmachung (nach zutreffender Umsatzsteuer-Jahreserklärung)
  aus finanziellen Gründen:
  Dauerhafte Verkürzung, jedoch strafmildernde Berücksichtigung der Wiedergutmachungsab-
  sicht, wenn nicht bereits bestehende finanzielle Schwierigkeiten Motiv für die Abgabe falscher
  Voranmeldungen waren;
– Keine Berichtigung entgegen dem ursprünglichen Vorhaben des Täters:
  Keine Besonderheit, weil die als Verkürzung „auf Zeit" geplante Hinterziehung in eine „auf
  Dauer" übergegangen ist.

Der BGH rückt mit dieser Entscheidung von der bisherigen Notwendigkeit des Tatrichters ab,   328
eine Zinsberechnung zur Schadensfeststellung durchführen zu müssen. Nunmehr wird der qualitative Unterschied einer Steuerverkürzung „auf Dauer" im Verhältnis zu einer Steuerverkürzung
„auf Zeit" auf die Ebene der Strafzumessung transportiert und dort berücksichtigt. Folglich muss
sich der Strafrichter nur mehr mit der Motivationslage des Steuerpflichtigen zum Zeitpunkt der
Abgabe der Umsatzsteuer-Voranmeldung befassen. Den finanziellen Verhältnissen des Täters zum
Tatzeitpunkt (Abgabe der Umsatzsteuer-Voranmeldung) kommen in diesem Fall besondere
Bedeutung zu. Ist die Unmöglichkeit der späteren Schadenswiedergutmachung bereits bei Abgabe
falscher Voranmeldungen absehbar und erweist sich die Schadenswiedergutmachungsabsicht daher
als bloße Hoffnung, kann diese bei der Strafzumessung keine Berücksichtigung finden (*Lipsky*,
PStR 2009, 150, 151). Anders herum: Standen dem Täter zum Zeitpunkt der Abgabe der falschen Umsatzsteuer-Voranmeldung ausreichend finanzielle Mittel zur Verfügung, wird die
Behauptung des Tatmotivs – Schaffung von Liquidität – regelmäßig als Schutzbehauptung ausscheiden.

▶ **Beispiel:**   329

Der Unternehmer gibt entgegen der gesetzlichen Verpflichtung am 10. des Folgemonats keine
Umsatzsteuer-Voranmeldung ab. I.R.d. Umsatzsteuer-Jahreserklärung erklärt der Unternehmer
dagegen die Umsätze vollständig und zutreffend.

330   Mit der Abgabe der Umsatzsteuer-Jahreserklärung hat der Unternehmer tatbestandsmäßig eine Selbstanzeige gem. § 371 Abs. 1 AO abgegeben. Die Steuerverkürzung auf Zeit ist damit durch die Selbstanzeige straflos.

331   Im bisherigen Verständnis bestand bei einer Steuerverkürzung auf Zeit der Schaden in einem Zinsschaden des Fiskus. Der Zinsschaden berechnete sich gem. § 238 Abs. 1 Satz 1 AO mit 0,5 % je Monat. Die Zinsen waren von dem Tag an, an dem der Zinslauf beginnt, für volle Monate zu berechnen, angefangene Monate bleiben außer Ansatz, § 238 Abs. 1 Satz 2 AO (BGH v. 22.10.1997, StV 1998, 4). Die in der Literatur vertretene Ansicht (*Kohlmann* § 370 Rn. 467), wonach bei einer Zahlungsunfähigkeit des Steuerschuldners der Zinsschaden fragwürdig sei, ist mit der neuen Rechtsprechung des BGH gegenstandslos. Weder bei der Steuerverkürzung auf Dauer, noch bei der Steuerverkürzung auf Zeit kam und kommt der tatsächlichen Zahlung der Steuerschuld durch den Steuerpflichtigen, noch der Fähigkeit, die Steuerschuld bezahlen zu können, materielle Bedeutung zu. Eine andere Auffassung (*Vogelberg*, Nachweis in *Kohlmann* § 370 Rn. 467) wollte aus Vereinfachungsgründen bei einer Steuerverkürzung auf Zeit die Strafmaßtabelle im Umfang von 25 % anwenden. Der Vorschlag mochte der Praktikabilität geschuldet sein, ist jedoch weder sachlich noch fachlich überzeugend.

332   Die Abgrenzung der Steuerverkürzung auf Zeit von einer Steuerverkürzung auf Dauer hat über die Feststellungen zum Vorsatz des Täters zu erfolgen (herrschende Auffassung: vgl. nur BGH v. 26.02.1988, wistra 1988, 185). Ist das Verhalten des Täters darauf gerichtet, weder der unterjährigen noch der sich anschließenden jährlichen Steuererklärungspflicht nachzukommen, liegt eine Steuerverkürzung auf Dauer vor. Kommt es dem Täter indessen darauf an, über die Nichtabgabe der unterjährigen Steuererklärung/-anmeldung Zeit und damit Liquidität bis zur Abgabe der Jahressteuererklärung zu gewinnen bzw. Liquiditätsabflüsse zu verhindern, ist eine Steuerverkürzung auf Zeit gegeben. Maßgeblich ist somit die subjektive Vorstellung des Täters, ob er einen Steuerschaden auf Dauer oder einen solchen auf Zeit zum Bestandteil seines Tatplans gemacht hat.

333   ▶ **Beispiel:**

   Der Unternehmer gibt eine bewusst nach unten gerechnete Umsatzsteuer-Voranmeldung auf den 10. Oktober ab, um dadurch dringend notwendige Liquidität anderweit verfügbar zu haben. Er geht bei Abgabe der zu gering bemessenen Umsatzsteuer-Voranmeldung davon aus, dass er zum Zeitpunkt der Abgabe der Umsatzsteuer-Jahreserklärung die zutreffenden Werte erklärt, weil er zu diesem Zeitpunkt glaubt, genügend Liquidität (wieder) zu haben.

334   Hierbei handelt es sich im Zeitpunkt der Abgabe der untersetzten Umsatzsteuer-Voranmeldung um eine geplante Steuerverkürzung auf Zeit. Gibt der Unternehmer in der Folge eine zutreffende Umsatzsteuer-Jahreserklärung ab und hat die Finanzverwaltung bis zu diesem Zeitpunkt die Steuerverkürzung auf Zeit noch nicht entdeckt, ist in der Umsatzsteuer-Jahreserklärung eine strafbefreiende Selbstanzeige gem. § 371 AO zu sehen.

335   Entschließt sich der Unternehmer aufgrund sich wider erwartend doch nicht einstellender verbesserter Liquidität, auch die Umsatzsteuer-Jahreserklärung nach Maßgabe der verkürzten Werte für den Monat September insgesamt verkürzt zu erklären, liegt eine Steuerverkürzung auf Dauer in Gestalt der verkürzten Umsatzsteuer-Jahreserklärung vor.

336   Bei der Strafzumessung wird mit der neuen Rechtsprechung des BGH zu beachten sein, dass einer Steuerhinterziehung auf Zeit aufgrund des dadurch intendierten Zinsschadens ein geringerer Unrechtsgehalt zukommt als einer vorsätzlichen Steuerverkürzung auf Dauer. Hier wird es über § 46 Abs. 2 StGB zu einem milderen Strafrahmen kommen müssen.

b) Steuerverkürzung bei Vorauszahlungen

Im Bereich der ESt setzt das FA gem. § 37 Abs. 3 Satz 1 EStG Vorauszahlungen durch Vorauszah- 337
lungsbescheid fest. Die Vorauszahlungen bemessen sich grds. nach der ESt, die sich bei der letzten
Veranlagung ergeben hat, § 37 Abs. 3 Satz 2 EStG. Hat der Steuerpflichtige eine unrichtige Einkommensteuer-Jahreserklärung, § 25 Abs. 3 Satz 1 EStG, abgegeben und dadurch bewirkt, dass
das FA unrichtige Vorauszahlungen in einem Vorauszahlungs-Bescheid festgesetzt hat, so tritt mit
der Bekanntgabe des Vorauszahlungsbescheids an den Steuerpflichtigen § 124 Abs. 1 Satz 1 AO,
Tatvollendung durch Festsetzung eines unrichtigen Vorauszahlungs-Bescheids, ein.

Mit der Rechtsprechung des BFH ist der Tatbestand der vollendeten Steuerhinterziehung einer 338
Einkommensteuer-Vorauszahlung dann gegeben, wenn der Steuerpflichtige durch unrichtige
Angaben in der Einkommensteuer-Erklärung den kausalen Baustein dafür setzt, dass das FA auf
Basis der unrichtigen Angaben in der Jahressteuererklärung einen unrichtigen Vorauszahlungs-
Bescheid erlässt. Dies ist zwingend, da das FA die Vorauszahlungen gem. Vorauszahlungs-Bescheid
für Folge-Zeiträume auf Basis der abgegebenen Einkommensteuer-Jahreserklärung des Vor-Zeit-
raums ermittelt. Über die Doppelfunktion der Einkommensteuer-Jahreserklärung,

– Festsetzung der Einkommensteuer-Schuld des Veranlagungszeitraums, für den die Einkommensteuer-Jahreserklärung abgegeben wurde und
– Festsetzung von Vorauszahlungen, auch nachträglicher Vorauszahlungen, für offene bzw. folgende Veranlagungs-Zeiträume,

hat der Steuerpflichtige mit einer falschen Einkommensteuer-Erklärung zugleich zwei kausal wirkende Tathandlungen bewirkt; auf der einen Seite die fehlerhafte Festsetzung der Jahres-Einkom-
mensteuer-Schuld und auf der anderen Seite die Festsetzung zu niedriger Einkommensteuer-
Vorauszahlungen.

Bewirkt der Steuerpflichtige mit der Abgabe einer – unrichtigen – Einkommensteuererklärung 339
zugleich die Festsetzung zu niedriger Einkommensteuer-Vorauszahlungen des Folgejahres und gibt
er zum Fälligkeitstermin für das Folgejahr eine zutreffende Einkommensteuer-Jahreserklärung ab,
liegt im Blick auf die Einkommensteuer-Verkürzung der Vorauszahlungen lediglich eine Steuerverkürzung auf Zeit vor. Dies deshalb, weil Steuern „namentlich" auch dann verkürzt sind, wenn
sie nicht rechtzeitig festgesetzt werden, § 370 Abs. 4 Satz 1 AO. Mit der Abgabe der zutreffenden
nachfolgenden Einkommensteuer-Jahreserklärung wird diese Steuerverkürzung auf Zeit über die
in der korrekten Einkommensteuer-Jahreserklärung zugleich zu sehende Selbstanzeige gem. § 371
Abs. 1 AO straffrei.

Gibt der Steuerpflichtige aufgrund eines einheitlichen Tatplans für einen Veranlagungszeitraum 340
eine unrichtige Einkommensteuer-Erklärung mit dem Ziel ab, sowohl die Jahres-Einkommensteu-
erschuld zu verkürzen als auch zu niedrigere Vorauszahlungen zu erreichen und entschließt er sich
dann im Laufe des folgenden Jahres, entweder keine oder erneut eine unrichtige Einkommensteuer-Jahreserklärung abzugeben, wird aus der Steuerverkürzung auf Zeit eine Steuerhinterziehung auf Dauer.

Wird gegen den Steuerpflichtigen ein Ermittlungsverfahren noch vor Abgabe der folgenden Ein- 341
kommensteuer-Jahreserklärung eingeleitet und bleibt es somit bei der Festsetzung zu niedriger
Einkommensteuer-Vorauszahlungen und damit bei einer Steuerverkürzung auf Zeit, richtet sich
der Steuerschaden gem. § 238 Abs. 1 Satz 1 AO. Der Zinsschaden ermittelt sich für jeden Monat
mit 0,5 %. Die Zinsen sind von dem Tag an, an dem der Zinslauf beginnt, nur für volle Monate
fällig; angefangene Monate bleiben außer Ansatz, § 238 Abs. 1 Satz 2 AO. Der Zinslauf beginnt
mit der Bekanntgabe, § 124 AO, des Vorauszahlungsbescheids.

Gibt der Steuerpflichtige eine ordnungsgemäße Einkommensteuer-Erklärung ab und erzielt er im 342
folgenden Veranlagungszeitraum höhere Einkünfte, so ist der Steuerpflichtige nicht verpflichtet,
unterjährig dem FA zur Festsetzung angepasster, erhöhter Vorauszahlungen das erhöhte unterjäh-

rige Einkommen des Folge-Veranlagungszeitraums mitzuteilen. Das Unterlassen dieser Mitteilung stellt keine tatbestandsmäßige Steuerverkürzung (auf Zeit) dar.

343   Im umgekehrten Fall ist dagegen der Tatbestand erfüllt: Gibt der Steuerpflichtige eine ordnungs-gemäße Einkommensteuer-Jahreserklärung ab und beantragt er auf den daraufhin auf Basis der Besteuerungsgrundlagen des Vorjahres für den folgenden Veranlagungszeitraum ergangenen Vorauszahlungsbescheid die Anpassung der Vorauszahlungen nach unten (Herabsetzung), obwohl er zum Zeitpunkt dieses Antrags weiß, dass sich die voraussichtliche Einkommensteuer-Jahres-schuld nicht reduziert, führt der Herabsetzungsantrag zu einer fehlerhaften Festsetzung eines unzutreffenden Vorauszahlungs-Bescheids, sofern das FA dem Antrag nachkommt. In diesem Fall ist mit der Bekanntgabe des unzutreffenden, auf den Herabsetzungsantrag folgenden Vorauszah-lungsbescheid die Tat vollendet.

344   Gleiches gilt, wenn der Steuerpflichtige für einen noch nicht veranlagten, abgelaufenen Veranla-gungs-Zeitraum über einen Herabsetzungsantrag eine sachlich unzutreffende Herabsetzung nach-träglicher Einkommensteuer-Vorauszahlungen erwirkt.

345   In den unzutreffenden Vorauszahlungs-Bescheiden liegt eine vollendete Steuerhinterziehung auf Zeit. Der Steuerschaden berechnet sich als Zinsschaden nach Maßgabe der Regelung des § 238 Abs. 1 AO mit 0,5 % je Monat.

346   Die nachfolgende Abgabe einer zutreffenden Einkommensteuer-Jahreserklärung für den Zeitraum unzutreffend festgesetzter Vorauszahlungen ist als Selbstanzeige gem. § 371 Abs. 1 AO zu werten.

IV. Feststellung des Verkürzungserfolgs

347   Steuerstrafrecht ist insoweit Blankett-Strafrecht, als dass es sich zur Ermittlung der verkürzten Steuer des materiellen Rechts, insb. des Einkommen-, Körperschaft-, Umsatz- und Gewerbesteu-errechts sowie des Rechts der anderen Steuerarten bedienen muss. Dabei darf aber nicht verkannt werden, dass die Ermittlung des Verkürzungserfolgs (auch) nach den strafprozessualen Regeln zu erfolgen hat und nicht isoliert nur nach den Regeln der abgabenrechtlichen Steuerfestsetzung. Es gibt mithin – häufig abweichende – steuerliche und steuerstrafrechtliche Verkürzungsbeträge. Dies wird in der Praxis u.a. daran deutlich, dass es einen steuerlichen Bericht über die steuerliche Ermittlung der verkürzten Steuer und einen steuerstrafrechtlichen Bericht über die Ermittlung des strafverhafteten Hinterziehungsbetrages gibt.

348   Die Finanzverwaltung, hier insb. die Straf- und Bußgeldsachenstellen, der Amtsrichter bei Erlass eines Strafbefehls mit einer Anlage der Darstellung der verkürzten Steuerbeträge, die regelmäßig dem Straf- und Bußgeldsachenstellenbericht entnommen ist, sowie das Strafgericht selbst in Hauptverhandlung haben im konkreten Einzelfall die Höhe der hinterzogenen Steuer genau fest-zustellen (BGH v. 27.01.1984, StV 1984, 497; v. 15.03.2005, wistra 2005, 307). In den Urteils-gründen muss das Gericht Feststellungen dazu treffen, wie auf Basis der Besteuerungsgrundlagen die hinterzogene Steuer im Einzelnen zu berechnen ist (BGH v. 30.07.1985, wistra 1986, 23; v. 09.06.2004, wistra 2004, 424).

349   Bei einem Strafbefehl sind die Besteuerungsgrundlagen anzugeben, die Tat gem. § 264 StPO ist durch die Angabe des Tatzeitraumes, der betroffenen Steuerarten, der Form der Tathandlung zu beschreiben. Dabei ist der Hinterziehungserfolg in Gestalt der Differenz zwischen der Norm-Soll-Steuer und der Ist-Steuer zu beziffern (OLG Düsseldorf v. 26.05.1988, wistra 1988, 365). Erleich-terungen in dieser umfangreichen Sachverhaltsdarstellung im Strafbefehl und auch im strafgericht-lichen Urteil sind allenfalls dann zulässig, wenn sich ein sachkundiger Steuerpflichtiger als Ange-schuldigter bzw. Angeklagter geständig eingelassen oder die Steuerschuld als solche nicht bestritten hat (BGH v. 25.10.2000, wistra 2001, 22).

350   Die Straf- und Bußgeldsachenstellen auf der Ebene der Finanzverwaltung wie auch der Strafrich-ter haben nach den straf-(prozessualen) Regeln das Norm-Steuer-Soll zu ermitteln. Zwischenzeit-

lich ergangene Entscheidungen der FG oder außergerichtliche Einspruchsentscheidungen der Finanzverwaltung binden nicht. Ebenso wenig gibt es eine Bindung an bestandskräftige Steuerbescheide (*Barkmann*, 71). So wie der Strafrichter nicht an Feststellungen im finanzgerichtlichen Urteil gebunden ist, so ist umgekehrt auch der Finanzrichter nicht an Feststellungen im Strafurteil gebunden. Dies gilt insb. dann, wenn ein abgekürztes Urteil gem. § 267 Abs. 4 StPO vorliegt.

▶ **Beispiel:** 351

Alle zur Anfechtung Berechtigten verzichten nach dem Urteilsspruch auf Rechtsmittel oder es wird innerhalb der Frist kein Rechtsmittel eingelegt.

Dann müssen in einem Urteil die erwiesenen Tatsachen, in denen sich die gesetzlichen Merkmale 352 der Straftat abbilden und das angewandte Strafgesetz angegeben werden. Den weiteren Inhalt der Urteilsgründe bestimmt das Gericht unter Berücksichtigung der Umstände des Einzelfalls nach seinem Ermessen, § 267 Abs. 4 StPO. Sofern ein solches Urteil des Strafrichters lediglich – was in der Praxis nicht selten anzutreffen ist – mit abgekürzten Urteilsfeststellungen auf einen Bericht der Straf- und Bußgeldsachenstelle Bezug nimmt, muss das FG auf einen entsprechenden Antrag des Klägers die Steuer eigenständig ermitteln und kann sich die (abgekürzten) Feststellungen im strafrechtlichen Urteil nicht zu eigen machen. Dies eröffnet eine nicht zu unterschätzende Verteidigungsperspektive in den Fällen, in denen das strafrechtliche Urteil auf einer Absprache zwischen den Verfahrensbeteiligten beruht und der Steuerpflichtige im Besteuerungsverfahren seine Rechte weiterhin nachdrücklich vertreten möchte. Mit den abgekürzten Feststellungen des strafgerichtlichen Urteils ist noch keine Entscheidung über die Höhe der festzusetzenden Steuer im Besteuerungsverfahren gefallen.

Die Unterschiede in der steuerlichen und steuerstrafrechtlichen Ermittlung des Verkürzungsbetrages zeigen sich besonders deutlich im Bereich der Schätzung. Die in einer steuerlichen Schätzung 353 gem. § 162 AO häufig vorhandenen Sicherheitszuschläge kommen im Rahmen einer strafrechtlichen Schätzung regelmäßig nicht oder mit (Sicherheits-) Abschlägen gekürzt vor.

▶ **Beispiel** 354

Im Rahmen eines steuerstrafrechtlichen Ermittlungsverfahrens gegen einen Gastwirt stellt die Straf- und Bußgeldsachenstelle fest, dass der Steuerpflichtige Einnahmen aus der Bewirtung anlässlich von Volksfesten verkürzt hat. Über eine Ermittlung des Wareneinkaufs bei vergleichbaren Festen wird – auch unter Berücksichtigung der steuerlichen Richtsatzsammlung – ein steuerliches Mehrergebnis unter Einbeziehung eines sog. Sicherheitszuschlages festgestellt. Dieser Sicherheitszuschlag, der steuerlich Abrechnungsungenauigkeiten berücksichtigen soll, ist i.R.d. strafrechtlichen Verkürzungserfolgs regelmäßig gänzlich unberücksichtigt zu lassen oder nur erheblich gekürzt anzuwenden.

Bei der Sachverhalts-Darstellung in einem strafgerichtlichen Urteil ist es nicht ausreichend, auf 355 Berichte der Betriebsprüfung oder Ermittlungsergebnisse der Steuerfahndung im sog. strafrechtlichen „Rot"-Bericht schlicht zu verweisen (BGH v. 13.10.2005 – 5 StR 368/05, wistra 2006, 66). Steuerstrafrecht ist ein Erklärungsdelikt, d.h. aus den ausführenden Urteilsgründen muss sich ergeben, welche Steuererklärung für welchen Zeitraum der Angeklagte nicht, nicht vollständig oder nicht rechtzeitig abgegeben hat. Aus dem Charakter als Erfolgsdelikt folgt schließlich, dass im Urteil nicht nur die Summe der jeweils verkürzten Steuern, sondern für jede Steuerart und für jeden Steuerabschnitt (Veranlagungszeitraum) gesondert die Berechnung der Höhe der jeweils verkürzten Steuern anzugeben ist (BGH v. 12.04.1989 – 3 StR 472/88, HFR 1990, 333; v. 12.05.1989 – 3 StR 55/89, wistra 1989, 264, 267).

Erfolgte die Verurteilung wegen Beihilfe zur Steuerhinterziehung muss sich aus den Urteilsgründen ergeben, in welcher Höhe die eingetretene Steuerverkürzung von dem Gehilfen gefördert 356 wurde (BGH v. 24.06.2009 – 1 StR 229/09, wistra 2009, 396).

1. Ist-/Normsollabgleich

357 Bei der Ermittlung der Höhe der verkürzten Steuer ist ein eingeständiger steuerstrafrechtlicher Verkürzungserfolg zugrunde zu legen. Die Ermittlung der tatsächlich strafrechtlich verkürzten Steuer folgt nicht uneingeschränkt den steuerlichen, abgabenrechtlichen Feststellungsmethoden, insb. den Regeln der steuerlichen Festsetzung, weil die Verletzung von Mitwirkungspflichten, die mangelnde Beibringung von Bescheinigungen und Belegen steuerlich Berücksichtigung finden muss; nicht aber strafrechtlich. Die Ermittlung der steuerstrafrechtlich verkürzten Steuer hat spezifisch steuerstrafrechtlichen Regeln zu folgen:

358 (1) Ausgangspunkt der Berechnungen ist das materielle Steuerrecht;
(2) Das materielle steuerrechtliche Ergebnis, welches die steuerlichen Festsetzungsregeln berücksichtigt, wird strafrechtlich korrigiert/bereinigt;
(3) Dies erfolgt verfahrensrechtlich nach den Regeln der Strafprozessordnung.

359 In Abweichung zu der hier vertretenen Meinung von der Notwendigkeit der Feststellung eines eigenständigen strafrechtlichen Verkürzungserfolges geht die herrschende Meinung dergestalt vor, dass ein Soll-/Ist-Vergleich vorgenommen wird, d.h., dass die strafrechtlich zu bemessende Steuer, der strafrechtliche Verkürzungserfolg, nach den Regeln des materiellen Steuerrechts ermittelt wird, wobei die Bedeutung der steuerlichen Nachweiserfordernisse im Einzelnen umstritten ist. Indessen wird man mit der neueren Rechtsprechung des EuGH (*Albert Collée*, C-146/05, Slg. 2007, I-7861) einen anderen Denkansatz verfolgen müssen. Der EuGH hatte in der vorgenannten Entscheidung deutlich gemacht, dass die umsatzsteuerlichen Belanforderungen als Formvorschriften und nicht als Elemente des materiellen Rechts zu betrachten sind. Könne der Lieferer einer innergemeinschaftlichen Lieferung zweifelsfrei nachweisen, dass der Gegenstand der innergemeinschaftlichen Lieferung im EU-Ausland angekommen ist, ist die Lieferung grds. umsatzsteuerbefreit gem. § 6a UStG. Lediglich in den Fällen, in denen die Ausstellung unrichtiger Rechnungen als Steuerhinterziehung anzusehen seien und der Lieferer bei der Lieferung die Identität des wahren Erwerbers verschleiert habe, um diesem zu ermöglichen, die USt zu hinterziehen, sei der Liefervorgang nicht umsatzsteuerbefreit (EuGH v. 07.12.2010 – C-285/09).

360 Übertragen auf die Regelungen zur Ermittlung des steuerstrafrechtlichen Verkürzungserfolgs bedeutet dies über den entschiedenen umsatzsteuerlichen Einzelfall hinaus, dass die steuerlichen Nachweiserfordernisse keine materiell-rechtlichen Tatbestandsmerkmale des eigenständig zu ermittelnden strafrechtlichen Verkürzungsbegriffs sind, sondern lediglich steuerlich zu berücksichtigende formale Beweisregeln. Dies wiederum hat zur Konsequenz, dass steuerstrafrechtlich von dem Verkürzungserfolg auszugehen ist, der dem tatsächlichen Steueranspruch des Fiskus entspricht. In diese Richtung zielt auch eine jüngere Entscheidung des BGH ab (BGH v. 02.11.2010 – 1 StR 544/10). Danach dürfen Steuervorteile, die dem Täter schon aufgrund seiner Angaben im Besteuerungsverfahren zustanden, diesem im Steuerstrafverfahren nicht vorenthalten werden. Das BayObLG hatte für das Steuerstrafverfahren entschieden, dass ein von Amtswegen zu berücksichtigender Verlustabzug auch ohne Geltendmachung durch den Steuerpflichtigen bei der Berechnung hinterzogener Steuern zu berücksichtigen sei (BayObLG v. 21.04.1982, wistra 1982, 199).

361 Die Berechnung der strafrechtlich verkürzten Steuer ergibt sich demnach nicht nur aus der Differenz zwischen der Steuer, die aufgrund bisheriger unrichtiger (Nicht-)-Angaben des Steuerpflichtigen zu berechnen wäre und der gesetzlich geschuldeten Steuer, wie sie nach Richtigstellung der unwahren Angaben oder deren Nachholung in der Steuererklärung des Steuerpflichtigen ergäbe (*Kohlmann* § 370 Rn. 478), sondern es sind darüber hinaus zugunsten des Steuerpflichtigen die steuerlichen Abzugspositionen (Betriebsausgaben, Werbungskosten, Sonderausgaben) zu berücksichtigen, die den Steuerpflichtigen bei entsprechender Geltendmachung ohne Berücksichtigung von Beweislastregeln zugestanden hätten.

2. Steuerliche Nachweisvorschriften

Das Fehlen bestimmter formaler steuerrechtlicher Nachweise kann nach Auffassung der Literatur 362
einen Steuerverkürzungserfolg nicht begründen (*Kohlmann* § 370 Rn. 441). Es sei jedenfalls steuerstrafrechtlich zulässig, die materiellen steuerlichen Voraussetzungen durch jedes – andere –
geeignete Beweismittel nachzuweisen (*Kohlmann* § 370 Rn. 441). Die bisherige Rechtsprechung
des BFH und des BGH (BGH v. 12.05.2005, DStR 2005, 2171), die in den formellen steuerlichen Nachweisvorschriften materielle Tatbestandsmerkmale erkannte, ist durch die Rechtsprechung des EuGH – jedenfalls für den Bereich der USt – gegenstandslos geworden (EuGH – C-
146/05, Slg. 2007, I-7861, *Albert Collée*). Die entscheidende Frage ist nur, ob es steuerstrafrechtlich dem Steuerpflichtigen obliegt, steuermindernde Tatsachen unter Beweis zu stellen, oder ob
diese nicht bereits als Bestandteil des gesondert zu ermittelnden steuerstrafrechtlichen Verkürzungserfolgs von Amts wegen zu berücksichtigen sind.

▶ **Beispiel** 363

> Der Steuerpflichtige, der Einkünfte aus Kapitalvermögen hinterzogen hat, kann die steuermin-
> dernden Abzugsvoraussetzungen eines beruflichen Arbeitszimmers geltend machen, verabsäumt
> aber in seiner Steuererklärung, ein Arbeitszimmer (z.B. durch einen Lageplan etc.) nachzuwei-
> sen und die entsprechenden Kosten geltend zu machen.

Steuerrechtlich hat dies zwanglos zur Folge, dass die ESt ohne Berücksichtigung eines Arbeitszim- 364
mers festgesetzt wird. Fraglich ist, ob steuerstrafrechtlich bei der Ermittlung des Verkürzungserfolgs in Gestalt der hinterzogenen Einkünfte aus Kapitalvermögen und der darauf beruhenden
hinterzogenen ESt steuermindernd die Kosten für ein Arbeitszimmer angesetzt werden können
oder nicht. Wenn ein Arbeitszimmer unzweifelhaft gegeben ist (in der Sprache des EuGH: eine
innergemeinschaftliche Lieferung zweifelsfrei stattgefunden hat), ist diese Abzugsposition (Werbungskosten) steuerstrafrechtlich bei der rechnerischen Ermittlung des Verkürzungserfolgs zu
berücksichtigen. Es handelt sich mithin nicht um eine formelle Nachweispflicht, sondern um
einen Bestandteil des materiellen Verkürzungserfolgs. Steuerliche Nachweisvorschriften sind insoweit steuerstrafrechtlich unbeachtlich.

3. Kompensationsverbot, § 370 Abs. 4 Satz 3 AO

Eine der im Anwendungsbereich umstrittensten Normen des Steuerstrafrechts ist das sog. Kom- 365
pensationsverbot in § 370 Abs. 4 Satz 3 AO. Danach sind die Voraussetzungen der Satz 1 und 2
auch dann erfüllt (also Steuern verkürzt), wenn die Steuer, auf die sich die Tat bezieht, aus anderen Gründen hätte ermäßigt oder der Steuervorteil aus anderen Gründen hätte beansprucht werden können. Augenscheinlich wird der tatbestandliche Verkürzungserfolg steuerstrafrechtlich
nicht dadurch beeinflusst, dass die Steuer – Gleiches gilt für den Steuervorteil – aus anderen
Gründen hätte ermäßigt werden können.

a) Bedeutung der Vorschrift

Die Anordnung des Kompensationsverbotes in § 370 Abs. 4 AO, der Vorschrift zum steuerstraf- 366
rechtlichen Verkürzungserfolg und die ausdrückliche Bezugnahme auf die Legaldefinitionen der
Steuerverkürzung verdeutlichen zunächst, dass es sich bei dem Kompensationsverbot in § 370
Abs. 4 Satz 3 AO um eine Regelung i.S.e. Korrekturvorschrift handelt, die das zuvor in den
Satz 1 und 2 des § 370 Abs. 4 AO gefundene steuerstrafrechtliche Ergebnis des Verkürzungserfolges nicht infrage stellen soll. Die Norm kommt dem Grunde nach einer Sperrwirkung vergleichbar der i.R.d. Selbstanzeige gleich. Auch i.R.d. Berechnung des Verkürzungserfolges gibt es mit
dem Kompensationsverbot mithin eine Art Sperrwirkung des Ausschlusses bestimmter begünstigender Umstände.

Frühere höchstrichterliche Rechsprechung (BGH v. 18.11.1960 – 4 StR 131/60, BStBl. I 1961, S. 495, 367
497), aber auch die jüngere instanzgerichtliche Rechtsprechung (OLG Karlsruhe v. 06.03.1985 – 3 Ws

80/84, StRK AO 1977, § 370 R. 74; wistra 1985, 163) vertraten die Auffassung, dass mit dieser Norm dem Strafrichter die Errechnung des Verkürzungsbetrages erleichtert werden sollte (so: *Kohlmann* § 370 Rn. 502), § 370 Abs. 4 Satz 3 AO. Das Kompensationsverbot in § 370 Abs. 4 Satz 3 AO sei Bestandteil des objektiven Tatbestandes der Norm des § 370 AO. Die vorgenannte Auffassung kam mithin zu dem Ergebnis, dass im Bereich des objektiven Tatbestandes bestimmte, den Täter begünstigende Steuerverkürzungsberechnungen entbehrlich seien, hingegen nach einhelliger Auffassung die Feststellung steuermindernder Umstände im Bereich der Strafzumessung vorzunehmen sei. Im Bereich der Strafzumessung findet § 370 Abs. 4 Satz 3 AO indessen keine Anwendung. Folglich kann die vorgenannte Auffassung nicht überzeugen. Kohlmann ist der Auffassung, dass § 370 Abs. 4 Satz 3 AO „praktisch für die Berechnung der verkürzten Steuerbeträge von Bedeutung" sei. Danach stecke die Vorschrift den Rahmen ab, innerhalb dessen die Steuerverkürzung zu ermitteln sei (*Kohlmann* § 370 Rn. 506). Zur Begründung wird eine ältere Entscheidung des BGH (BGH v. 03.06.1954 – 3 StR 302/53, BGH St 7, 336, 345) mit folgendem Zitat herangezogen:

368 „(Wonach die schädigenden Folgen der Tat) nur im Rahmen der durch die unrichtigen Angaben des Täters geschaffenen Besteuerungsgrundlagen geprüft werden. Ob und in welchem Umfang ein Nachteil entstanden ist, ergibt sich demnach aus dem Vergleich zwischen der Steuer, die aufgrund der unwahren Angaben festgesetzt wurde, und der Steuer, die zur erheben gewesen wäre, wenn anstelle der unrichtigen die der Wahrheit entsprechenden Angaben zugrunde gelegt werden. Welche Steuerbeträge auf diese Weise zu ermitteln sind, richtet sich nach dem zur Zeit der Tat geltenden Steuergesetzen."

369 In Abgrenzung zum RG, welches einer eher subjektiven Interpretation der „anderen Gründe" den Vorzug eingeräumt hatte, scheint der BGH die Abgrenzung der kompensationsfähigen Umstände vor dem Hintergrund einer eher objektiven Sichtweise vornehmen zu wollen. Danach gilt das Kompensationsverbot in den Fällen nicht, in denen in einem unmittelbaren wirtschaftlichen Zusammenhang stehende Steuervorteile geltend gemacht oder festgestellt werden (BGH v. 23.06.1976 – 3 StR 45/76, MDR 1976, 770).

370 In einer späteren Entscheidung hat der BGH präzisiert:

371 „Danach sind nicht nur die Umsatz- und Gewerbesteuer, die auf die nicht oder falsch verbuchten Geschäfte entfallen, sondern grundsätzlich alle Betriebsausgaben gewinnmindernd zu berücksichtigen, soweit sie mit diesen Geschäften in einem unmittelbaren wirtschaftlichen Zusammenhang stehen und nicht nach § 4 Abs. 5 EStG vom Abzug ausgeschlossen sind."

(BGH v. 31.01.1978 – 5 StR 458/77, GA 1978, 307).

372 Der BGH baut somit einen im Gegensatz zwischen den „anderen Gründen" und dem „unmittelbaren wirtschaftlichen Zusammenhang" auf. Kann man der Rechtsprechung in der Folgezeit bei dieser Wertung, nämlich der Herausnahme von Steuervorteilen, die in einem unmittelbaren wirtschaftlichen Zusammenhang stehen, aus dem „Pool" der anderen Gründe im Bereich des Ertragsteuerrechts noch folgen, so findet sich im Bereich des Umsatzsteuerrechts eine völlig andere höchstrichterliche Sichtweise. Insoweit soll das Kompensationsverbot uneingeschränkt im Verhältnis USt und Vorsteuerabzug (vgl. nur BGH v. 23.07.1985 – 5 StR 465/85, wistra 1985, 225; oder auch BGH v. 12.01.2005 – 5 StR 301/04, wistra 2005, 144, 145) gelten.

373 Während der BGH an anderer Stelle noch betont, dass im Bereich der ESt die Hinterziehung der Einkünfte aus einer einzelnen Einkunftsart nicht möglich sei, da die einzelnen Einkunftsarten nur Verrechnungsposten im Bereich des zu versteuernden Einkommens seien, geht der BGH umsatzsteuerlich und wohl auch einfuhrumsatzsteuerlich einen völlig anderen Weg und entschied, trotz des Umstandes, dass Umsatzsteuer- und Vorsteuerabzug zur Berechnung der Umsatzsteuerzahllast nur unselbstständige Rechnungspositionen sind, dass beide Positionen nicht in einem unmittelbaren wirtschaftlichen Zusammenhang stünden. Dies ist steuersystematisch sicherlich unzutreffend. So wie eine einzelne Einkunftsart i.R.d. einkommensteuerlich zu ermittelnden zu versteuernden

Einkommens eine schlichte Abrechnungsposition zum Zwecke der Ermittlung der einkommensteuerlichen Zahllast ist, so ist der Vorsteuerabzug als Abzugsposition von der USt auch nur eine unselbstständige Abzugsposition zur Ermittlung der umsatzsteuerlichen Zahllast. Dies geht rein rechtspraktisch bereits aus der Gestaltung des Vordrucks zur Umsatzsteuer-Voranmeldung oder Umsatzsteuer-Jahreserklärung hervor, in der die Vorsteuerbeträge als unselbstständige Abzugspositionen zur Errechnung der umsatzsteuerlichen Zahllast ausgewiesen sind. Dies entspricht dem gesetzlichen Verständnis des § 15 UStG.

Mit der Implementierung des Kompensationsverbots im Bereich des Saldos zwischen USt und **374** Vorsteuer hat die höchstrichterliche Rechtsprechung erst den steuersystematischen Irrweg i.R.d. Besteuerung und auch Bestrafung von Teilnehmern an sog. Umsatzsteuer-Karussellen eröffnet. Das dort von der Rechtsprechung für zutreffend erachtete Ergebnis, wonach einem Mitglied in der Kette, sog. Buffer, trotz formal ordnungsgemäßer Umsatzsteuer-Voranmeldung und der Berechnung der Umsatzsteuer-Zahllast unter Berücksichtigung der abzugsfähigen Vorsteuer bei Qualifikation als Mitglied in einem Umsatzsteuer-Karussell, der Vorsteuerabzug schlicht versagt wird, mit der Konsequenz eines dadurch ermittelten fiktiven Verkürzungsverfolgs, ist dem rechtsirrigen Verständnis von der Anwendbarkeit des Kompensationsverbots im Bereich der USt geschuldet.

b) Anwendungsbereich

Nach einer Auffassung der Literatur (*Kohlmann* § 370 Rn. 509) kann eine Verkürzung nur inso- **375** weit vorliegen, als bei wahrheitsgemäßen Angaben die Steuer höher festzusetzen gewesen wäre. Aus diesem Grunde müssten ohne Rücksicht auf das Kompensationsverbot in § 370 Abs. 4 Satz 3 AO alle Ermäßigungsgründe bzw. Steuervorteile bei Ermittlung des Verkürzungsbetrags angesetzt werden, die im unmittelbaren wirtschaftlichen Zusammenhang mit den verschwiegenen oder unrichtig erklärten steuererhöhenden Vorgänge stehen.

Die Schwierigkeiten der Literatur und der Rechtsprechung mit der Handhabung des Kompensati- **376** onsverbots werden zugespitzt daran deutlich, dass nach einhelliger Auffassung der Literatur das Kompensationsverbot bei der Nichtabgabe einer Steuererklärung bzw. bei Schätzungen keine Anwendung finden sollte. § 370 Abs. 4 Satz 3 AO findet mithin im Bereich der Unterlassungstaten des § 370 Abs. 1 Nr. 2 AO nach dieser Auffassung keine Anwendung (*Meine*, wistra 1982, 133; *Kohlmann* § 370 Rn. 510 m.w.N.). Das überzeugt rechtssystematisch auch nicht. Genauso wenig wie die Feststellung, dass sich der Steuerpflichtige nicht auf Vorteile berufen könne, die von ihm nicht im Zusammenhang mit seiner Tathandlung erklärt worden seien (*Kohlmann* § 370 Rn. 509).

Das Verständnis des § 370 Abs. 4 Satz 3 AO erschließt sich zunächst aus einer genauen Analyse **377** des Wortlauts der Norm. Es fällt zunächst auf, dass dort die Formulierung „andere Gründe" verwandt wird und nicht die Formulierung, die in § 370 Abs. 1 AO Eingang gefunden hat, nämlich „Angaben". Weiter ist zu beachten, dass am Satzende die Formulierung „aus anderen Gründen hätte beansprucht werden können" steht, insb. mit dem Wort „können" wird keine Einschränkung dahin gehend ersichtlich, dass Korrekturen bei dem gefundenen steuerlichen Verkürzungserfolg ausgeschlossen sein sollen, die seitens des Steuerpflichtigen i.R.d. Veranlagung „nicht erklärt" wurden. Schlussendlich nimmt § 370 Abs. 4 Satz 3 AO ausdrücklich Bezug auf die Formulierung „die Tat" und damit dem strafprozessualen Tatbegriff aus § 264 StPO.

In der Zusammenschau muss daher zusammen mit dem hier vertretenen Normsteuersoll-Begriff **378** das Kompensationsverbot daher wie folgt rechtlich eingeordnet werden:

Das Kompensationsverbot ist auf der Ebene des objektiven Tatbestandes zu prüfen Steuern, auf **379** die sich die Tat bezieht, meint zunächst, dass Steuerbeträge, die ohne Zusammenhang mit der Tat betroffen sein könnten, vom Kompensationsverbot nicht berührt werden. „Aus anderen Gründen" ist augenscheinlich etwas anderes als „Angaben" in § 370 Abs. 1 AO. Angaben tätigt der Steuerpflichtige. „Andere Gründe" sind sprachlich von einem Tun des Steuerpflichtigen abgekoppelt und beschreiben eine rechtliche Würdigung. Deshalb kann es nicht auf die gemachten oder unterlassenen Angaben des Steuerpflichtigen i.R.d. eigentlichen steuerstrafrechtlichen Tat ankommen. Vergegenwärtigt man sich dann weiter, dass die aus „anderen Gründen" mögliche „Ermäßigung" hätte beansprucht werden können, so kann es nicht bei dieser Norm um einen Eingriff in die steuerstrafrechtliche Berechnung des Verkürzungserfolgs nach Maßgabe einer gesetzlich durchzuführenden Veranlagung gehen. § 370 Abs. 4 Satz 3 AO ist keine Sanktionsvorschrift sui generes dergestalt, dass ein steuerstrafrechtlicher Verkürzungserfolg größer zu rechnen wäre, obwohl im Rahmen einer gesetzlichen Veranlagung der steuerliche Schaden des Fiskus kleiner ausfallen würde. Es geht auch nicht darum, dem Strafrichter die Ermittlung des Verkürzungserfolgs rechnerisch dadurch zu erleichtern, dass gesetzlich gebotene Steuerberechnungen im Bereich der Minderungspositionen zu unterbleiben hätten. „Andere Gründe" und „können" kann nur darauf hindeuten, dass der Gesetzgeber den Täter der Steuerhinterziehung von dem Einwand abschneiden wollte, gesetzlich grds. mögliche Alternativpositionen, die für ihn günstiger ausfallen, i.R.d. Ermittlung des Verkürzungserfolgs steuerstrafrechtlich vorzutragen. Dies sind steuerrechtlich zulässige Wahlrechte bzw. Antragsrechte des Steuerpflichtigen. Die Formulierung „können" macht deutlich, dass im Zusammenhang – auch im unmittelbaren Zusammenhang – mit z.B. hinterzogenen Einnahmen stehende Betriebsausgaben zu berücksichtigen sind. Hierbei handelt es sich nicht um andere Gründe. Dieses Verständnis, wovon die Rechtsprechung mit der Begrifflichkeit des unmittelbaren wirtschaftlichen Zusammenhangs ein Stück weit abweicht, würde zu einem Verständnis des § 370 Abs. 4 Satz 3 AO führen, wonach es sich um eine eigenständige schadensverschärfende Berechnungsvariante des Verkürzungserfolgs handeln würde.

380 Hat der Täter einer Umsatzsteuerhinterziehung im Zusammenhang mit den verschwiegenen umsatzsteuerbelasteten Umsätzen Vorsteuern gezahlt, sind diese Vorsteuern als Abzugsposition zur Ermittlung der Umsatzsteuerzahllast zu berücksichtigen und nicht unter Hinweis auf „andere Gründe" von der Abzugsfähigkeit gesperrt. „Beansprucht werden können" und „ermäßigt werden können" sind sprachliche Umschreibungen von steuerlich zulässigen Wahlrechten des Steuerpflichtigen, die dieser nunmehr nicht nachträglich geltend machen kann. Er ist somit – sofern nicht gänzlich unterlassen – an seine bisherigen Angaben im Veranlagungsverfahren gebunden. Dieses Verständnis von der Anwendbarkeit des Kompensationsverbotes führt einzig zu einer sachgerechten Ermittlung des steuerstrafrechtlichen Verkürzungserfolgs. Nach dem hier vertretenen Normsteuersoll-Begriff ist i.R.d. steuerstrafrechtlichen Verkürzungsberechnung bei der Ermittlung der Soll-Steuer von einer „richtigen Rechtsanwendung" auszugehen, d.h. dem Täter grds. zustehende steuerliche Abzugsbeträge sind zu berücksichtigen.

381 ▶ **Beispiel**

Dies wird am Beispiel der im Ausland tatsächlich einbehaltenen, mithin gezahlten Quellensteuer bei in der deutschen Steuererklärung nicht erklärten Einkünften aus Kapitalvermögen deutlich.

382 Wenn nach dem ausländischen Ertragsteuerrecht bei Einkünften aus Kapitalvermögen eine Quellensteuer erhoben wird, so ist die vom Täter gezahlte Quellensteuer i.R.d. Ermittlung des steuerstrafrechtlichen Verkürzungsbegriffs steuermindernd zu berücksichtigen. Die Berücksichtigung gezahlter Quellensteuern kann nicht unter Hinweis auf die mangelnde Vorlage von Belegen im Festsetzungsverfahren oder unter Hinweis auf die Anwendbarkeit des Kompensationsverbots verneint werden.

383 ▶ **Beispiel**

Hat der Täter zusammen mit seiner Ehefrau – aus welchen Gründen auch immer – die getrennte steuerliche Veranlagung gewählt und würde unter Berücksichtigung der gemeinsamen Veranlagung gem. § 26b EStG ein steuerlich günstigeres Ergebnis erreicht werden können, so kann der Täter i.R.d. Ermittlung des steuerstrafrechtlichen Verkürzungsbegriffs nicht damit gehört werden, dass die Steuer auf diesen Gründen – nämlich der Anwendbarkeit der gemeinsamen Veranlagung – hätte ermäßigt werden können.

Wahlrechte und Antragsrechte, die erst bei Ausübung durch den Steuerpflichtigen die Ermittlung 384
des zu versteuernden Einkommens beeinflussen, sind nach Maßgabe der Regelung des § 370
Abs. 4 Satz 3 AO – einzig – ausgeschlossen.

In seiner Entscheidung v. 10.01.2002 hatte sich der BGH diesem Verständnis genähert. Der BGH 385
(v. 10.01.2002 – 5 StR 452/01, StRK AO 1977, § 370 R. 288) hatte darüber zu befinden, ob der
steuerstrafrechtlich nach Maßgabe des § 370 Abs. 4 Satz 1 AO gefundene Verkürzungserfolg
dadurch hätte ermäßigt werden müssen, weil der Steuerpflichtige – nachträglich – steuerstrafrechtlich geltend gemacht hatte, die Anwendbarkeit des Realsplittings sei geboten. Das Realsplitting ist dadurch gekennzeichnet, dass Unterhaltszahlungen an den geschiedenen oder dauernd
getrennt lebenden Ehegatten dann steuerlich als Sonderausgaben berücksichtigt werden können,
wenn damit einhergehend der Ehegatte als Empfänger die Zahlungen versteuert. Dies setzt einen
Antrag voraus, § 10 Abs. 1 Nr. 1 EStG.

Der BGH hat dann aus zutreffenden Gründen das Realsplitting den „anderen Gründen" in § 370 386
Abs. 4 Satz 3 AO und damit dem Kompensationsverbot zugeordnet. Dort, wo sich eine steuerliche
Situation bei der Ausübung bestimmter steuerlicher Wahlrechte für den Steuerpflichtigen nachträglich günstiger darstellt und damit der steuerstrafrechtliche Verkürzungserfolg geringer ausfiele,
ist dem Täter unter Hinweis auf das Kompensationsverbot die Berufung auf den Vorteil verwehrt.
Abzugs- und Minderungspositionen, die sich demgegenüber als unselbstständige Rechnungspositionen gegenüberstehen (USt zu Vorsteuer; USt zu gezahlter Einfuhrumsatzsteuer) sind nach diesseits vertretener Auffassung nicht vom Kompensationsverbot ausgeschlossen.

c) Beispiele

– Betriebsausgaben gem. § 4 Abs. 4 EStG   387

Die Rechtsprechung sieht zutreffend Betriebsausgaben, die in einem unmittelbaren wirtschaftli- 388
chen Zusammenhang mit verschwiegenem Betriebseinnahmen stehen, als nicht vom Kompensationsverbot gesperrt an (BGH v. 31.01.1978 – 5 StR 458/77, TRK AO 1877, § 370 R. 2).

– Werbungskosten gem. § 8 EStG   389

Der unmittelbare wirtschaftliche Zusammenhang, den die Rechtsprechung i.R.d. Gewinnein- 390
künfte zwischen Betriebsausgaben und nicht erklärten Betriebseinnahmen sieht, muss – vom
Ansatz der Rechtsprechung her – ebenfalls im Bereich der Einnahmen-Überschuss-Einkünfte für
die Werbungskosten gelten, die in einem unmittelbaren wirtschaftlichen Zusammenhang mit verschwiegenen Einkünften stehen.

– USt/Vorsteuer gem. § 15 UStG   391

Die Rechtsprechung bejaht sowohl in den Fällen der Steuerhinterziehung durch aktives Tun 392
(BGH v. 18.04.1978 – 5 StR 692/77, HFR 1978, 421) wie auch in den Fällen der Nichtabgabe
einer Steuererklärung oder Umsatzsteuer-Voranmeldung (BGH v. 24.10.1990 – 3 StR 16/90,
wistra 1991, 107) die uneingeschränkte Anwendung des Kompensationsverbotes.

Die Rechtsprechung sieht den Vorsteuerabzug als nicht in einem unmittelbaren wirtschaftlichen 393
Zusammenhang mit der Umsatzsteuerzahllast stehend. Das überzeugt nicht.

Mit Kohlmann (*Kohlmann* § 370 Rn. 524) ist dem entgegenzuhalten, dass USt und Vorsteuer zu 394
einem einheitlichen Betrag als Zahllast oder Guthaben, § 16 Abs. 2 UStG i.R.d. Umsatzsteuer-
Voranmeldung bzw. Umsatzsteuer-Jahreserklärung verrechnet werden. Ein engerer wirtschaftlicher
Zusammenhang ist damit kaum denkbar.

395 – Verlustabzug gem. § 10d EStG

396 Negative Einkünfte, die bei der Ermittlung des Gesamtbetrags der Einkünfte nicht ausgeglichen werden, sind vom Gesamtbetrag der Einkünfte des unmittelbaren vorangegangenen Veranlagungszeitraums vorrangig vor Sonderausgaben, außergewöhnliche Belastungen und sonstigen Abzugsbeträge abzuziehen (Verlustrücktrag), § 10d Abs. 1 Satz 1 EStG. Die Gewährung des Verlustrücktrags ist nicht (mehr) antragsgebunden.

Nach neuerer Systematik, § 10d Abs. 1 Satz 5 EStG, bedarf es eines Antrags des Steuerpflichtigen nur in dem Fall, in dem ganz oder teilweise vom Verlustrücktrag Abstand genommen werden soll.

397 Der BGH hat nach hiesigem Verständnis zu Unrecht entschieden, dass der Verlustvortrag/Verlustrücktrag dem Kompensationsverbot unterliegt (BGH v. 26.06.1984 – 5 StR 322/84, wistra 1984, 183; ausdrücklich für den Verlustrücktrag: BGH v. 25.04.2001 – 5 StR 613/00, wistra 2001, 309).

398 – „Schwarzlöhne"

399 Die Rechtsprechung (BGH v. 17.03.2005 – 5 StR 461/05, PStR 2005, 125) wendet das Kompensationsverbot uneingeschränkt für den Fall an, dass der Täter mittels sog. Abdeckrechnungen Schwarzlohnzahlungen finanziert hat. Es handelt sich nach der Rechtsprechung hier um „andere Gründe". Dieser Rechtsprechung ist zu folgen; es handelt sich um einen vollständig anderen Lebenssachverhalt.

400 – Sonderausgaben

401 Macht der Steuerpflichtige i.R.d. Steuerstrafverfahrens – erstmals – Sonderausgaben zur Minimierung seiner einkommensteuerlichen Belastung geltend, so unterwirft die Rechtsprechung diese Sonderausgaben dem Kompensationsverbot (BGH v. 18.04.1978 – 5 StR 692/77, DB 1979, 142). Nach diesseitiger Rechtsauffassung ist das nicht haltbar. Sonderausgaben, die im Rahmen gesetzlicher Veranlagung dem Steuerpflichtigen zu gewähren wären, sind steuerstrafrechtlich bei der Berechnung des Verkürzungserfolgs zu berücksichtigen. Anders hingegen die – ständige – Rechtsprechung.

402 – Innergemeinschaftlicher Erwerb

403 Nach § 15 Abs. 1 Nr. 3 UStG führt der innergemeinschaftliche Erwerb von Gegenständen zum Vorsteuererstattungsanspruch. Dieser Anspruch ist an keine weiteren Voraussetzungen geknüpft, insb. muss weder die Erwerbsteuer entrichtet sein, noch eine Rechnung des Lieferanten vorliegen, da der abzugsberechtigte Unternehmer selbst die Erwerbsteuer schuldet, errechnet und steuerlich zu erklären hat (Reiß/Kraeusel/Langer/*Forgách* § 15 Rn. 358). Die Berechtigung, die Erwerbsteuer als Vorsteuer abzuziehen, entsteht zeitgleich mit dem Steueranspruch selbst, § 18 Abs. 1 Satz 2 UStG i.V.m. § 16 Abs. 2 Satz 1 UStG. Der Unternehmer kann daher den Vorsteuerabzug in der Voranmeldung oder Umsatzsteuer-Jahreserklärung geltend machen, in der er den innergemeinschaftlichen Erwerb anzumelden oder zu erklären hat (vgl. *Erb*, PStR 2009, 95, 97). Mit der zutreffenden Auffassung in der Literatur (*Erb*, PStR 2009, 98) ist bei innergemeinschaftlichen Lieferungen der Vorsteuerabzug nicht als anderer Grund i.S.d. § 370 Abs. 4 Satz 3 AO anzusehen. Das Kompensationsverbot gilt folglich in diesen Fällen nicht.

4. Steuerliche Mitwirkungspflichten

404 Nach § 90 Abs. 1 AO sind die Beteiligten zur Mitwirkung bei der Ermittlung des Sachverhalts verpflichtet. Sie kommen dieser Mitwirkungspflicht insb. dadurch nach, § 90 Abs. 1 Satz 2 AO, dass sie die für die Besteuerung erheblichen Tatsachen vollständig und wahrheitsgemäß offen legen und die ihnen bekannten Beweismittel angeben. Ist ein Sachverhalt zu ermitteln und steuerrechtlich zu beurteilen, der sich auf Vorgänge außerhalb des Geltungsbereiches der AO bezieht, so haben die Beteiligten diesen Sachverhalt aufzuklären und die erforderlichen Beweismittel zu

beschaffen. Die – einfache – Mitwirkungspflicht gem. § 90 Abs. 1 AO für Inlands-Sachverhalte wird durch § 90 Abs. 2 AO durch eine erweiterte Mitwirkungspflicht für Auslandssachverhalte steuerlich ergänzt. Die steuerlichen Mitwirkungspflichten können ggf. durch Zwangsmittel, §§ 328 ff. AO durchgesetzt werden. Dieses Normengefüge gilt steuerstrafrechtlich nicht. Nach der Einleitung eines steuerstrafrechtlichen Ermittlungsverfahrens können Mitwirkungspflichten nicht mehr zwangsweise durchgesetzt werden, § 393 Abs. 1 Satz 3 AO. Folglich kann steuerstrafrechtlich bei der Feststellung des Verkürzungserfolgs eine Verletzung der steuerlichen Mitwirkungspflichten nicht sanktioniert werden. Auch kommt dem allgemeinen steuerlichen Grundsatz, wonach der Steuerpflichtige die Beweislast = Feststellungslast für steuermindernde Tatsachen trägt, steuerstrafrechtlich bei der Ermittlung des Verkürzungserfolgs keine Bedeutung zu.

5. Strafrechtlicher Schlussbericht/Abschlussvermerk

Nach Abschluss der Ermittlungen im steuerstrafrechtlichen Ermittlungsverfahren ist von der   **405** Ermittlungsbehörde die Feststellung zu treffen, ob ein hinreichender Tatverdacht gegeben ist und in welcher Form das Ermittlungsverfahren zum Abschluss gebracht werden soll. Der Abschluss der Ermittlungen ist durch die zuständige Stelle gem. § 385 Abs. 1 AO i.V.m. § 169a StPO formell in den Strafakten zu vermerken. Die Grundlage für die zu treffende Entscheidung der Straf- und Bußgeldsachenstelle, bzw. BuStra wie das steuerstrafrechtliche Ermittlungsverfahren beendet werden soll, wird auf Basis des strafrechtlichen Abschlussvermerks getroffen. Der Zeitpunkt der zu treffenden Feststellung, dass die Ermittlungen abgeschlossen sind, eröffnet zugleich das Akteneinsichtsrecht des Verteidigers gem. § 147 StPO. Mit Abschluss der Ermittlungen ist dem Verteidiger Akteneinsicht zu gewähren und darüber hinaus die Einsicht – an Amtsstelle – in die Beweisordner und Beweisstücke zu gewähren. Bestandteil des umfassenden Akteneinsichtsrechts sind die Steuerakten, so diese für die Bearbeitung des Sachverhalts zu den Strafakten beigezogen worden sind. Nicht Gegenstand des strafprozessualen Akteneinsichtsrechts sind die Handakten der Steuerfahndungsprüfer und der Betriebsprüfer sowie andere innerdienstliche Vorgänge. Der strafrechtliche Abschlussbericht – sog. Rotbericht – baut sich wie folgt auf:

– Tatvorwurf   **406**
– Beschreibung des der Tat zugrunde liegenden Lebenssachverhalts, § 264 StPO
– Einlassung des Beschuldigten
– Beweismittel (Zeugenaussagen)
– Steuerstrafrechtliche Bewertung des Ermittlungsergebnisses
– Darstellung der verkürzten Steuern
– Abschließende Entscheidung mit Strafzumessung

Mit der steuerstrafrechtlichen Verkürzungsberechnung wird in Steuerstrafverfahren die Höhe der   **407** verkürzten Steuer bzw. der verkürzten Steuerbeträge seitens der Ermittlungsbehörde berechnet. Dies dient dazu, den Umfang des Verkürzungserfolgs festzustellen und somit den Sachverhalt unter den Tatbestand des § 370 AO zu subsumieren. Ergibt sich nach einer Verkürzungsberechnung, dass eine Steuerverkürzung anzunehmen ist, so dienen die berechneten Verkürzungsbeträge als Grundlage für den Vorschlag zur Strafzumessung. Für die Strafzumessung ist zu berechnen, in welcher Höhe Steuern verkürzt sind und festzustellen, inwieweit die Verkürzung vom Vorsatz des Täters umfasst ist (Nr. 149 Abs. 1 AStBV [St] 2008). Mit der Verkürzungsberechnung wird in Steuerstrafverfahren – eigenständig – die Höhe des Hinterziehungserfolgs und damit die Höhe der steuerstrafrechtlich verkürzten Steuerbeträge berechnet. Dabei ist unter Zugrundelegung des strafrechtlich ermittelten Sachverhalts, also der Tat gem. § 264 StPO, eine gesonderte steuerstrafrechtliche Verkürzungsberechnung durchzuführen. In der Praxis werden dabei häufig steuerliche Sicherheitszuschläge herausgenommen. Der steuerstrafrechtliche Schlussbericht – Fahndungsbericht – kann nicht mit dem Rechtsmittel des Einspruchs angefochten werden (Wannemacher/ *Grötsch* Rn. 4501).

6. Darstellung in der Anklage

408   Die Anklageschrift gem. § 200 Abs. 1 StPO hat den Angeschuldigten, die Tat, die ihm zur Last gelegt wird, Zeit und Ort ihrer Begehung, die gesetzlichen Merkmale der Straftat und die anzuwendenden Strafvorschriften zu bezeichnen (Anklagesatz). In der Anklageschrift ist ferner gem. § 200 Abs. 2 Satz 1 StPO das wesentliche Ergebnis der Ermittlungen darzustellen. Davon kann abgesehen werden, § 200 Abs. 2 Satz 2 StPO, wenn die Anklage beim Strafrichter erhoben wird.

409   Wird eine Anklage u.a. wegen Steuerhinterziehung auf eine Schätzung der Besteuerungsgrundlagen, § 162 AO, gestützt, obwohl eine exaktere Berechnung nach der Durchführung weiterer, ohne übermäßigen Arbeitsaufwand durchzuführender Ermittlungen möglich ist, wobei das Ausmaß der weiteren Ermittlungen gleichwohl über einzelne Beweiserhebungen i.S.v. § 202 StPO hinausgeht, so rechtfertigt dies die Ablehnung der Eröffnung des Hauptverfahrens mangels hinreichenden Tatverdachts (OLG Celle v. 19.07.2011 – 1 ws 271-274/11). Nach der Rechtsprechung ist es zwar grds. zulässig, den Steuerschaden in einer Anklage mittels einer Schätzung zu berechnen, gleichwohl dürfen seitens der Ermittlungsbehörden nicht „vorschnell" (vgl. auch *Wegner*, PStR 2011, 247) auf eine Schätzung abgestellt werden, wenn die Ermittlung der Besteuerungsgrundlagen anhand der verfügbaren Beweismittel mit zumutbaren weiteren Beweiserhebungen jedenfalls exakter möglich ist. § 202 StPO ermöglicht dem angerufenen Gericht im Zwischenverfahren einzelne Beweiserhebungen, indessen ist es nicht Aufgabe des Gerichts, die umfassenden Beweisermittlungen einer Anklage schlüssig zu machen.

410   Aufgabe der StA in der Formulierung der Anklage ist daher, den Lebenssachverhalt, § 264 StPO, abgegrenzt darzustellen (Umgrenzungsfunktion der Anklage). Erfüllt eine Anklage diese Umgrenzungsfunktion nicht, ist – ggf. nach Rückgabe der Anklage zur StA zwecks Nachbesserung – die Eröffnung des Hauptverfahrens abzulehnen.

7. Feststellungen im Urteil

411   Eine Verurteilung wegen Steuerhinterziehung setzt voraus, dass alle steuerlich erheblichen Tatsachen festgestellt sind. Dazu gehören die Tatsachen, die den staatlichen Steueranspruch begründen und diejenigen Tatsachen, die für die Höhe der geschuldeten und der verkürzten Steuern von Bedeutung sind (BGH v. 24.06.2009 – 1 StR 229/09). Da die Steuerhinterziehung ein Erklärungsdelikt ist, ist im Urteil festzustellen, wann der Angeklagte welche Steuererklärung mit welchem Inhalt abgegeben hat (BGH v. 12.05.2009 – 1 StR 718/08, wistra 2009, 398). Da die Steuerhinterziehung darüber hinaus ein Erfolgsdelikt ist, bedarf es weiter der Feststellung, welche Steuern seitens der Finanzbehörden zu welchem Zeitpunkt festgesetzt wurden (sog. Ist-Steuer), ferner ist die von Gesetzes wegen geschuldete Steuer, die Normsoll-Steuer, festzustellen. Aus der Gegenüberstellung von Steuernormsoll und Ist-Steuer ergibt sich dann die verkürzte Steuer (*Rolletschke*, Stgb 2010, 251, 256).

412   Bei einer Körperschaftsteuer-Hinterziehung durch Verschweigen einer verdeckten Gewinnausschüttung bedarf es nach dem BGH-Urt. v. 02.12.2008 (BGH v. 02.12.2008 – 1 StR 375/08, wistra 2009, 68) der Darstellung der i.R.d. Anrechnungsverfahrens herzustellenden Ausschüttungsbelastung, § 27 Abs. 1, Abs. 3 Satz 2 KStG a.F. Durch die Herstellung der Ausschüttungsbelastung könne sich die geschuldete Körperschaftsteuer je nach vorhandenem verwendbaren Eigenkapital um den Unterschiedsbetrag zwischen Tarifbelastung und Ausschüttungsbelastung mindern oder erhöhen, § 27 Abs. 1 KStG a.F. (*Rolletschke*, Stgb 2010, 251, 256).

413   Bei einer Verurteilung wegen der Abgabe falscher Umsatzsteuer-Voranmeldungen haben die Urteilsgründe Feststellungen darüber zu enthalten, welchen Inhalt die abgegebenen Umsatzsteuer-Voranmeldungen hatten. Der Zeitpunkt der Abgabe der Erklärungen ist ebenso darzustellen wie auszuführen ist, ob die Voranmeldungen zu einer Zahllast oder zu einer Erstattung geführt haben. Es ist weiter mitzuteilen, in welchem Umfang die angemeldeten von den zu erklärenden Umsätzen abwichen (BGH v. 17.03.2009 – 1 StR 479/08).

a) Besteuerungsgrundlagen in Strafurteilen

Grundlage für die Zumessung der Strafe ist bei einer Steuerhinterziehung – wie bei jeder anderen 414
Straftat auch – die persönliche Schuld des Täters (BGH v. 02.12.2008 – 1 StR 516/08,
HRRS 2009 Nr. 27). Bei der Zumessung einer Strafe wegen Steuerhinterziehung hat das von § 46
Abs. 2 Satz 2 StGB vorgegebene Kriterium der verschuldeten Auswirkungen der Tat i.R.d. erfor-
derlichen Gesamtwürdigung besonderes Gewicht. Auswirkungen der Tat sind insb. die Folgen für
das durch die Strafnorm geschützte Rechtsgut. Das durch § 370 AO geschützte Rechtsgut ist die
Sicherung des staatlichen Steueranspruchs, d.h. des rechtzeitigen und vollständigen Steueraufkom-
mens. Deshalb ist die Höhe der verkürzten Steuern ein bestimmender Strafzumessungsumstand
(BGH v. 02.12.2008 – 1 StR 516/08, HRRS 2009 Nr. 27). Eine Verurteilung wegen Steuerhinterziehung setzt den Beweis einer vorsätzlichen, rechtswidrigen und schuldhaften Tat voraus. Die
Ermittlung der Höhe der verkürzten Steuern ist demnach bestimmender Strafzumessungsgrund.
Der Strafrichter ist daher bei der Darstellung des Urteils – zum Zwecke revisionsrechtlicher Überprüfung – gehalten, den Verkürzungserfolg exakt zu ermitteln und die Berechnung der Steuerverkürzung – differenzierend nach jeder Steuerart und jedem Veranlagungszeitraum – darzustellen
(BGH v. 12.05.2009 – 1 StR 718/08, BGHR StPO, § 267 Abs. 1 Steuerhinterziehung). Dabei
muss erkennbar werden, dass der Strafrichter in seinem Urteil nicht lediglich pauschal auf Feststellungen der Steuerfahndung oder Straf- und Bußgeldsachenstelle Bezug nimmt und damit pauschal auf dem steuerstrafrechtlichen Schlussbericht, sondern es muss erkennbar werden, dass der
Strafrichter – nach den Grundsätzen der Strafprozessordnung in freier Beweiswürdigung – selbst
zu dem Schluss gekommen ist, dass der Täter in dem darzustellenden Umfang Steuern hinterzogen hat.

Soweit ein unberechtigter Vorsteuerabzug gem. § 15 UStG auf der Grundlage von Scheinrechnun- 415
gen erfolgt ist, reicht es für die Sachdarstellung in den Urteilsgründen, dass dessen Höhe beziffert
wird (BGH v. 14.12.2010 – 1 StR 421/10, wistra 2011, 185, 186).

Soweit USt dadurch verkürzt wurde, dass in den Umsatzsteuervoranmeldungen und Umsatzsteu- 416
erjahreserklärungen eines Unternehmens steuerbare Umsätze verschwiegen wurden, sind grds.
Feststellungen zur Höhe der verschwiegenen Umsätze geboten. Davon kann in Fällen eines
Geständnisses des Angeklagten, welche das Tatgericht überprüft hat, oder anhand von verlässli-
chen Wahrnehmungen von Beamten der Finanzverwaltung, die diese in der Hauptverhandlung als
Zeugen gemacht haben, Abstand genommen werden.

Der Tatrichter muss in den Urteilsgründen – für das Revisionsgericht nachvollziehbar – darlegen, 417
wie er in Schätzungsfällen zu den Schätzungsergebnissen gelangt ist (BGH v. 28.07.2010 – 1 StR
643/09, wistra 2011, 28, 31).

Der Tatrichter darf in Schätzungsfällen im Urteil auf Betriebsprüfungs- und Steuerfahndungsbe- 418
richte verweisen, vorausgesetzt, er ist von der Richtigkeit – unter Berücksichtigung der vom
Besteuerungsverfahren abweichenden strafrechtlichen Verfahrensgrundsätze – überzeugt (BGH,
NStZ-RR 2005, 209, 211). Er muss aber in jedem Fall begründen, wie er zu den Schätzungsergebnissen gelangt ist (OLG Hamm v. 20.05.2008 – 3 Ss 179/08, für eine Schätzung einer Prostituierten).

Der Strafrichter ermittelt den Verkürzungserfolg und damit den Umfang der Steuerhinterziehung 419
nach strafprozessualen Kriterien und ist demzufolge an Feststellungen weder der Finanzverwaltung
noch der FG gebunden, da diese Feststellungen nach rein steuerlichen, abgabenrechtlichen Kriterien vollzogen wurden. Dies wird besonders deutlich anhand der Ermittlungen der Straf- und
Bußgeldsachenstelle. Hier werden regelmäßig ein steuerlicher und ein strafrechtlicher Schlussbericht gefertigt. Beide Berichte kommen zu durchaus abweichenden Ergebnissen hinsichtlich der
Ermittlung der festzusetzenden Steuerschuld und des steuerstrafrechtlichen Verkürzungserfolgs.
An beide Berechnungsgrundlagen ist der Strafrichter indessen nicht gebunden.

420 Dies gilt auch umgekehrt. Das FG ist zudem nicht an die Feststellung des Strafrichters gebunden. Kommt es z.B. zu einem abgekürzten Urteil gem. § 267 Abs. 4 StPO, also einem Verfahrensabschluss, bei dem der Verurteilte das Urteil angekommen und auf Rechtsmittel verzichtet hat – häufig „konkludenter" wenngleich formal unzulässiger Bestandteil einer Verfahrensabsprache – und nimmt der Strafrichter dann in den Urteilsfeststellungen – die obergerichtlich nicht mehr überprüft werden können – lediglich Bezug auf Feststellungen der Steuerfahndung oder der Straf- und Bußgeldsachenstelle und widerspricht der Betroffene im finanzgerichtlichen Verfahren deren Verlesung und Verwertung, so ist der Finanzrichter gehalten, die Feststellungen zum Umfang der Steuerlast nach den Kriterien der AO selbstständig zu ermitteln.

421 In den schriftlichen Urteilsgründen ist im Fall einer Schätzung unter Heranziehung der Richtsatzsammlung über den ermittelten Rohgewinnaufschlag hinaus die Mitteilung maßgeblicher Umstände geboten, die die Grundlage für die weitere Umsatz- und Steuerberechnung liefern. Er sind die Wareneinsatzbeträge und der gewählte Weg der errechneten Gesamtumsätze aufzuzeigen (BGH v. 28.07.2010 – 1 StR 643/09, wistra 2011, 28, 31).

422 Bei einer Verurteilung wegen Beihilfe zur Steuerhinterziehung muss sich aus dem Urteil auch ergeben, in welcher Höhe die eingetretene Steuerverkürzung vom Gehilfen gefördert wurde, wenn der Haupttäter unabhängig von den Beihilfehandlungen des Gehilfen weitere Steuern verkürzt hat (BGH v. 24.06.2009 – 1 StR 229/09).

423 Bei Beihilfe zur Hinterziehung von Ertragsteuern durch die Überlassung von Scheinrechnungen müssen in steuerstrafrechtlichen Urteilen grds. nicht nur Feststellungen zu den dem Haupttäter überlassenen Scheinrechnungen und der Höhe der von diesem verkürzten Steuern getroffen werden. Vielmehr sind in den Urteilsgründen sämtliche steuerlich erheblichen Tatsachen anzugeben.

b) Verfahrensaussetzung, § 396 AO

424 Der Strafrichter hat dabei die grundsätzliche Möglichkeit, das Verfahren gem. § 396 Abs. 2 AO auszusetzen. Hängt die Beurteilung der Tat als Steuerhinterziehung davon ab, ob ein Steueranspruch besteht, ob Steuern verkürzt oder ob nicht gerechtfertigte Steuervorteile erlangt sind, so kann gem. § 396 Abs. 1 AO das Strafverfahren ausgesetzt werden, bis das Besteuerungsverfahren rechtskräftig abgeschlossen ist. Eine solche Aussetzung des Verfahrens gem. § 396 AO entbindet den Strafrichter bei der dann später vorliegenden finanzamtlichen oder finanzgerichtlichen Entscheidung über die Höhe des materiellen Steueranspruchs nicht, den steuerstrafrechtlichen Verkürzungserfolg nach den Regeln der Strafprozessordnung zu ermitteln. In der Rechtspraxis wird sich der Strafrichter dann aber weitestgehend an den Feststellungen des FA und des FG orientieren. Im Blick auf die regelmäßig lange Zeitdauer finanzgerichtlicher Verfahren hat die Bereitschaft der Strafrichter, von der Aussetzung des Verfahrens gem. § 396 AO Gebrauch zu machen, in der Praxis wohl abgenommen. Die Berechnung der verkürzten Steuern darf insb. nicht schlicht dem Urteil als Anlage beigefügt oder im Urteil als schlichter Verweis behandelt werden (BGH v. 25.02.1987, wistra 1987, 181).

425 Der allgemeine strafrechtliche Grundsatz „in dubio pro reo" gilt naturgemäß auch im Steuerstrafverfahren und damit auch i.R.d. steuerstrafrechtlichen Feststellung des Verkürzungserfolgs. Eine verurteilende Entscheidung des Strafrichters setzt voraus, dass dieser i.R.d. freien Beweiswürdigung die Besteuerungsgrundlagen und die Höhe des steuerstrafrechtlichen Verkürzungserfolgs zu seiner vollen Überzeugung festgestellt hat. Der Grundsatz der freien Beweisführung indessen erlaubt es, dass der Strafrichter i.R.d. freien Beweiswürdigung naturgemäß auch auf eine Schätzung – nach steuerstrafrechtlichen Kriterien – zur Feststellung der Besteuerungsgrundlagen zurückgreift. Der Strafrichter hat sich eine volle Überzeugung von dem Umfang der verkürzten Steuern und damit von den Besteuerungsgrundlagen, der materiellen Steuerberechnung und der eigenständigen steuerstrafrechtlichen Verkürzungsermittlung zu machen (st. Rspr., vgl. Nachweise im Einzelnen, *Kohlmann* § 370 Rn. 475 m.w.N.). Die schlichte Übernahme der Berechnungen der Steuerfahndungsstelle oder Straf- und Bußgeldsachenstelle oder des Veranlagungsbezirks zur

Ermittlung der Besteuerungsgrundlagen und zugleich zur Ermittlung des steuerstrafrechtlichen Umfangs des Verkürzungserfolgs ist nicht ausreichend.

Gleiches gilt für die Ausführungen in einem Bericht der Betriebsprüfung. Die schlichte Über- 426 nahme der dortigen Feststellungen und teilweise wortgleiche Wiedergabe des Berichtes der Betriebsprüfung in den Feststellungen des Urteils ersetzt nicht die notwendige eigene Überzeugungsbildung des Strafrichters vom Umfang des Verkürzungserfolgs (BGH v. 04.09.1979, StRK AO 1977, § 370 R. 16).

In Abhängigkeit von den steuerlichen Vorkenntnissen des Angeklagten und von dessen Verhalten 427 in der Hauptverhandlung steht das Maß der Darstellung der Besteuerungsgrundlagen und der eigenständigen Ermittlung des Verkürzungserfolgs durch den Strafrichter. Bestreitet der Angeklagte den Vorwurf der Steuerhinterziehung oder schweigt er zum Vorwurf der Steuerhinterziehung, muss der Strafrichter in seinem Urteil nachvollziehbar für jede Steuerart und für jeden Veranlagungszeitraum den Umfang des Verkürzungserfolges ermitteln.

Im Rahmen einer Hauptverhandlung kann sich der Strafrichter dabei der zeugenschaftlichen Ver- 428 nehmung der Vertreter der Finanzverwaltung bedienen oder den Bericht der Straf- und Bußgeldsachenstelle i.R.d. Urkundenbeweises auch verlesen, gleichwohl ersetzen diese Hilfsmittel der Beweisführung nicht die notwendige eigene Überzeugungsbildung des Strafrichters.

Ist der Täter dagegen geständig und hat der Täter nach den weiteren Urteilsfeststellungen eigene 429 Kenntnisse von seinen steuerlichen Verpflichtungen, kann in diesem Einzelfall der Strafrichter bei den Ausführungen zur Feststellung des steuerstrafrechtlichen Verkürzungserfolges auf eine belastbare, ausführliche geständige Einlassung des Angeklagten und sich möglicherweise damit deckende Feststellungen der Finanzverwaltung zurückgreifen (BGH v. 13.10.2005, wistra 2006, 66; BGH v. 12.02.2003, wistra 2003, 262).

8. Schätzung

Sofern eine vollständige Aufklärung der Besteuerungsgrundlagen nicht möglich ist, kann die 430 Finanzverwaltung gem. § 162 AO die Besteuerungsgrundlagen schätzen. Voraussetzung einer Schätzung der Besteuerungsgrundlagen ist auf der einen Seite die Verletzung der Mitwirkungspflichten des Steuerpflichtigen und auf der anderen Seite die Erfüllung der Aufklärungspflichten durch die Finanzverwaltung (BFH v. 15.02.1989, BStBl. II 1989, S. 462). Der Untersuchungsgrundsatz der Finanzverwaltung entbindet nicht von der Mitwirkungspflicht (BFH v. 22.12.1997, BFH/NV 1989, 944). Die Nichtvorlage von Gesetzes wegen vorgeschriebener Aufzeichnungen oder die Unvollständigkeit einer Buchführung sind der typische Anwendungsfall des § 162 AO. Auf die Gründe für die Nichtvorlage von vorzulegenden Unterlagen kommt es dabei nicht an (BFH v. 09.03.1994, BFH/NV 1995, 28). Bei unvollständigen Buchführungsunterlagen ist es unerheblich, aus welchen Gründen der Steuerpflichtige die erforderlichen Unterlagen und Aufzeichnungen nicht vorlegen konnte (BFH v. 19.07.2010 – X S 10/10). Die Pflichtverletzung muss nicht schuldhaft verursacht worden sein. Ein schuldhaftes Verhalten des Steuerpflichtigen ist keine Voraussetzung für eine Schätzung. § 162 AO stellt allein auf die objektive Unmöglichkeit der konkreten Ermittlung der Besteuerungsgrundlagen ab.

Eine Schätzung ist auch dann zulässig, wenn höhere Gewalt die Buchführungsunterlagen des 431 Steuerpflichtigen und einen Teil der Belege vernichtet haben (BFH v. 28.06.1972, BStBl. II 1972, S. 819). Die Schätzung ist ein Verfahren, Besteuerungsgrundlagen mithilfe von Wahrscheinlichkeitsüberlegungen zu ermitteln, wenn eine sichere Feststellung trotz des Bemühens um Aufklärung nicht möglich ist (BFH v. 19.02.1987, BStBl. II 1987, S. 412). Das Schätzungsergebnis muss schlüssig, wirtschaftlich möglich und vernünftig sein (BFH, BStBl. II 2001, S. 381). Hat der Steuerpflichtige seine Mitwirkungspflichten verletzt und dadurch die Schätzung erst veranlasst, ist es nach der Rechtsprechung des BFH gerechtfertigt, dass die Schätzung bei steuererhöhenden Tatsachen an die obere, bei steuermindernden Tatsachen an die untere Grenze des Schätzungsrahmens gehen kann (BFH/NV 1999, 741). Allerdings ist die Feststellung einer Steuerhinterziehung im Schätzungswege mittels reduziertem Beweismaß bei nicht behebbaren Zweifeln unzulässig (BFH v. 07.11.2006 – VIII R 81/04, BStBl. II 2007, S. 364).

432   Ein Schätzungsbescheid ist nichtig, wenn das Schätzungsergebnis deutlich von den zu unterstellenden tatsächlichen Gegebenheiten abweicht und für die Finanzverwaltung ausreichende Möglichkeiten vorhanden waren, den Sachverhalt aufzuklären, und es zudem in keiner Weise erkennbar ist, dass die Finanzverwaltung sachliche Schätzungserwägungen angestellt hat (BFH v. 15.05.2002, BFH/NV 2002, 1415). Unzulässig ist es, in die Schätzung einen Strafzuschlag einzubeziehen, selbst wenn die Schätzung durch eine „böswillige" Verletzung von Steuerpflichten erforderlich wurde (FG Berlin v. 07.09.1982, EFG 1983, 324). Strafschätzungen sind unzulässig (BFH v. 20.12.2000 – I R 50/00, v. 15.05.2002 – X R 33/99). Demgegenüber ist ein Sicherheitszuschlag zulässig. Der Sicherheitszuschlag lässt sich als eine griffweise Schätzung, die in einem vernünftigen Verhältnis zu den erklärten oder nicht verbuchten Umsätzen steht, charakterisieren (BFH v. 26.10.1994, BFH/NV 1995, 373). Die Schätzungsmethode muss geeignet sein, ein vernünftiges und der Wirklichkeit entsprechendes Ergebnis zu erzielen (BFH v. 24.11.1988, BFH/NV 1989, 416). Dabei ist die Finanzverwaltung nicht verpflichtet, das aufgrund einer gewählten Schätzungsmethode erzielte Ergebnis noch durch die Anwendung einer weiteren Schätzungsmethode verifizieren (BFH v. 03.09.1998, BFH/NV 1999, 290). Der Steuerpflichtige hat zudem keinen Anspruch auf die Anwendung einer bestimmten Schätzungsmethode (BFH v. 03.09.1998, BFH/NV 1999, 290).

433   Es ist jedoch zulässig, sich im Rahmen einer sog. Tatsächlichen Verständigung auf eine anzuwendende Schätzungsmethode zu einigen (BFH v. 12.08.1999 – XI R 27/98).

a) Schätzungsmethoden

434   Die Schätzung ist ein Verfahren, Besteuerungsgrundlagen mithilfe von Wahrscheinlichkeitsüberlegungen zu ermitteln, wenn eine sichere Feststellung trotz des Bemühens der Finanzverwaltung um Aufklärung nicht möglich ist (BFH v. 19.02.1987, BStBl. II 1987, S. 412). Das Schätzungsergebnis muss schlüssig, wirtschaftlich möglich und vernünftig sein (BFH, BStBl. II 2001, S. 381). Die von der Finanzverwaltung gewählte Schätzungsmethode muss geeignet sein, ein vernünftiges und der Wirklichkeit entsprechendes Ergebnis zu erzielen (BFH v. 24.11.1988, BFH/NV 1989, 416). Das FA muss sich bei den Schätzungsgrundlagen an der den Umständen nach wahrscheinlichsten Sachverhaltsgestaltung orientieren. Eine Schätzung, die überwiegend auf nicht konkreten Angaben dritter Personen beruht, ist unzulässig, wenn diese Umstände nicht objektivierbar sind (FG Sachsen-Anhalt v. 12.07.2007 – 1 K 112/04).

435   Der Steuerpflichtige hat keinen Anspruch auf die Anwendung einer bestimmten Schätzungsmethode (BFH v. 03.09.1998, BFH/NV 1999, 290). Auch im Steuerstrafverfahren ist die Schätzung von Besteuerungsgrundlagen zulässig, wenn zwar feststeht, dass der Steuerpflichtige einen Besteuerungstatbestand erfüllt hat, das Ausmaß der verwirklichten Besteuerungsgrundlagen aber ungewiss ist. Dies gilt auch und gerade dann, wenn Belege nicht mehr vorhanden sind (BGH v. 28.07.2010 – 1 StR 643/09, wistra 2011, 28, 31). Zur Durchführung der Schätzung kommen die auch im Besteuerungsverfahren anerkannten Schätzungsmethoden einschließlich der Heranziehung der Richtsatzsammlung des BMF zur Anwendung (BGH v. 24.05.2007 – 5 StR 58/07, BGHR AO § 370 Abs. 1, Steuerschätzung 3).

436   Wenn sämtliche Besteuerungsgrundlagen geschätzt werden, spricht man von einer sog. Vollschätzung. Meistens bedarf es einer Vollschätzung nicht, weil die Finanzverwaltung wenigstens teilweise Aufzeichnungen zur Feststellungen der Besteuerungsgrundlagen verwenden kann. Die Formulierung in § 162 AO „soweit" lässt eine sog. Teilschätzung zu. Dabei werden Teile der Besteuerungsgrundlagen geschätzt, für die unbrauchbare oder fehlende Aufzeichnungen festzustellen sind. Die Teilschätzungen unterfallen in Zuschätzungen und Aufteilungsschätzungen. Zuschätzungen zu den betrieblichen Einnahmen finden steuerlich statt, wenn festgestellt wird, dass die Aufzeichnun-

gen nicht alle betrieblichen Einnahmen enthalten. Häufig besteht bei der Ermittlung der Besteuerungsgrundlagen die Notwendigkeit zu Aufteilungsschätzungen (Zurechnungsschätzungen), wenn bestimmte Aufwendungen oder Einnahmen steuerlich unterschiedlich zu behandeln sind und eine genaue Zuordnung unmöglich oder nur mit unwirtschaftlichen Kosten durchführbar ist.

Im Steuerstrafverfahren ist eine Schätzung zulässig (BGH, wistra 1992, 147; wistra 1986, 65; **437** BGH R § 370 Abs. 1 AO Steuerschätzung 1, 2; BGH v. 24.05.2007, PStR 2007, 175), wenn feststeht, dass der Steuerpflichtige einen Besteuerungstatbestand erfüllt hat, das Ausmaß der verwirklichten Besteuerungsgrundlagen aber ungewiss ist. Zur Durchführung einer Schätzung im Steuerstrafverfahren kommen die auch im Besteuerungsverfahren anerkannten – und ggf. kombiniert anzuwendenden – Schätzungsmethoden in Betracht. Der BGH erlaubt die Schätzung anhand der Richtsatzsammlung des BMF (BGH v. 24.05.2007, PStR 2007, 175). Hängt die Rechtmäßigkeit eines Steuerbescheids davon ab, dass eine Steuerhinterziehung vorliegt, kann das Gericht eine Straftat nur feststellen, wenn es von ihrem Vorliegen überzeugt ist (BFH v. 19.12.2007 – X B 34/07). Die Schätzung der Höhe nach hinterzogenen Steuern bleibt trotz Geltung des Grundsatzes „in dubio pro reo" zulässig. Unzulässig ist es aber, die Schätzung der hinterzogenen Steuern an der oberen Grenze des für den Einzelfall zu beachtenden Schätzungsrahmens auszurichten (BFH v. 20.06.2007, BFH/NV 2007, 2057).

aa) Nachkalkulation

Eine Fortwirkung der Mitwirkungspflichten – nicht erzwingbar – im Besteuerungsverfahren wäh- **438** rend eines laufenden Steuerstrafverfahrens ist verfassungsrechtlich nicht zu beanstanden (BFH v. 19.09.2001, BStBl. II 2002, S. 4).

Eine Nachkalkulation kann den Nachweis erbringen, dass ein formell ordnungsmäßig ermitteltes **439** Buchführungsergebnis unrichtig ist (BFH v. 14.11.1981, BStBl. II 1982, S. 430; BFH v. 09.05.1996, BFH/NV 1996, 747). Je genauer die Nachkalkulation ist, umso höher ist ihr Aussagewert für die Beurteilung, ob die festgestellte Abweichung im Verhältnis zum ausgewiesenen Umsatz als wesentlich anzusehen ist (BFH v. 17.11.1981, BStBl. II 1982, S. 430). Bei geringfügigen Abweichungen muss erwogen werden, dass Schätzungsunschärfen vorliegen (BFH v. 26.04.1983, BStBl. II. 1983, S. 618). Da sich der Umsatz eines Betriebes eines Steuerpflichtigen auf eine Mehrzahl von Warengattungen mit unterschiedlichem Nutzungsspannen erstrecken kann, erfordert eine kalkulationsmäßige Schätzung des wirtschaftlichen Umsatzes zu dem Ziele einer exakten Berechnung der Besteuerungsgrundlagen den Wareneinsatz, d.h. den Wareneingang – unter Berücksichtigung von Rücksendungen – sowie die Bestände am Anfang und Ende des Wirtschaftsjahres nach den verschiedenen Bruttoaufschlaggruppen aufzugliedern (BFH v. 31.07.1974, BStBl. II 1975, S. 96). Einwendungen des Steuerpflichtigen gegen das Ergebnis der Nachkalkulation hat dieser genau und nachprüfbar vorzutragen (FG Bremen v. 01.10.2003 – 2 V 628, 634/02). Die Kalkulation ist ihrem Wesen nach eine Schätzung. Sie ist wie jede Schätzung mit Unsicherheiten behaftet (BFH v. 26.04.1983, BStBl. II 1983, S. 618). Diese Unsicherheitsfaktoren, auch Unschärfebereich genannt, dürfen dem Steuerpflichtigen, dessen Buchführung formell ordnungsgemäß ist, nicht zum Nachteil gereichen. Dies hat zur Folge, dass keine Zuschätzung erfolgen darf, wenn sich der Umsatzbetrag, der hinzugeschätzt werden soll, im Verhältnis zu dem vom Steuerpflichtigen erklärten Umsatz in diesem Unschärfebereich befindet. Bei Abweichungen von 1,5 % – 2,7 % sieht der BFH den Unschärfebereich als noch nicht verlasst an (BFH v. 26.04.1983, BStBl. II 1983, S. 618). Bei einer sorgfältigen Kalkulation kann eine Abweichung von 3 % indessen außerhalb des Unschärfebereichs liegen, sodass eine Hinzuschätzung trotz formell ordnungsgemäßer Buchführung zulässig ist (BFH v. 28.03.1964, BStBl. III 1974, S. 381).

Bei formell nicht ordnungsgemäßer Buchführung gibt es keinen Unschärfebereich, der dem Steu- **440** erpflichtigen nicht hinzugerechnet werden darf. Der Steuerpflichtige muss die Schätzungsunschärfe hinnehmen (FG Niedersachsen v. 02.09.2004 – 10 V 52/04).

441 Eine Form der Nachkalkulation ist die Erhöhung der Einnahmen über die festgestellten Kassen-fehlbeträge. Es ist zulässig, wenn der höchste Kassenfehlbestand als Schätzungsgrundlage genutzt wird (FG Hamburg v. 24.06.2005 – I-153/04). Dieses Verfahren ist höchstrichterlich nicht bean-standet worden (BFH v. 20.09.1989, BStBl. II 1990, S. 109). Nach Auffassung der Rechtspre-chung und Teilen der Literatur (*Bichel*, StBp 1974, 114, 116; *Jost*, StW 1975, 137) ist diese Form der Zuschätzung indessen zulässig. Eine Betriebseinnahmenerhöhung im Umfang des höchsten Fehlbetrages und eines Sicherheitszuschlags i.H.e. angemessenen Kassenbestandes decke alle vor-kommenden Fehlbeträge. Ggf. könne sogar eine Addition der Fehlbeträge in Betracht kommen (BFH v. 20.09.1989, BFHE 158, 301). Dass diese steuerrechtlich zulässige Methode keine unkor-rigierte Umsetzung bei der Ermittlung des steuerstrafrechtlichen Verkürzungserfolgs erfahren darf, liegt auf der Hand. Auch zusätzliche Sicherheitszuschläge sind im Rahmen dieser Kalkulation steuerlich zulässig (BFH v. 12.05.1999, BFH/NV 1999, 1448). Anders als bei Einzahlungen auf ein privates Konto trifft den Steuerpflichtigen bei Einzahlungen auf ein betriebliches Konto eine erhöhte Mitwirkungspflicht zur Sachverhaltsaufklärung hinsichtlich der Herkunft der verbuchten Guthaben (BFH v. 04.12.2001, BFH/NV 2002, 426). Beruht der Sachaufklärungsmangel auf der unzureichenden Mitwirkung des Steuerpflichtigen, so verringert sich das Beweismaß entsprechend der Pflichtverletzung auf eine größtmögliche Wahrscheinlichkeit und die Besteuerungsgrundlagen sind in der Höhe anzusetzen, die der Wirklichkeit am nächsten kommt (BFH v. 07.05.2004, BFH/NV 2004, 1367).

bb) Vermögenszuwachsrechnung

442 Bei einer formell ordnungsmäßigen Buchführung rechtfertigt ein ungeklärter Vermögenszuwachs die – steuerliche – Annahme, dass höhere Betriebseinnahmen erzielt und höhere Privatentnahmen getätigt als verbucht wurden. Wird mit einer dem Einzelfall angepassten Vermögenszuwachsrech-nung ein ungeklärter Vermögenszuwachs aufgedeckt, so trägt der Steuerpflichtige steuerlich die objektive Beweislast (sog. Feststellungslast) für die Herkunft des Geldes (BFH v. 07.11.1990, BFH/NV 1991, 724; BFH v. 02.07.1999, BFH/NV 1999, 1450). Eine Vermögenszuwachsrech-nung ist nicht nur ein Mittel der Verprobung der Besteuerungsgrundlagen, sondern eine geeignete Schätzungsgrundlage (BFH v. 28.05.1986, BStBl. II 1986, S. 732). Mit der Vermögenszuwachs-rechnung sollen aus dem Privatverbrauch unter Berücksichtigung der Vermögensentwicklung Rückschlüsse auf die Höhe der steuerpflichtigen Einnahmen als Bestandteil der Besteuerungs-grundlagen möglich werden. Die Rechtsprechung (BGH v. 20.12.1954, BStBl. I 1955, S. 365) und ihr folgend Teile der Literatur (*Joecks*, wistra 1990, 52, 54) halten die Vermögenszuwachs-rechnung auch in Steuerstrafverfahren für eine geeignete Methode, die Besteuerungsgrundlagen nachzuweisen. Allerdings seien die Anforderungen an deren Logik und Vollständigkeit noch erheblich höher als im Besteuerungsverfahren (*Wannemacher* § 370 Rn. 339).

cc) Geldverkehrsrechnung

443 Die Geldverkehrsrechnung ist eine Schätzungsmethode, die die Beweiskraft einer formell ord-nungsmäßigen Buchführung widerlegt und i.H.d. errechneten Fehlbeträge nicht verbuchte Betriebseinnahmen nachweisen kann (BFH v. 08.09.1994, BFH/NV 1995, 573). Die auf Ein-nahme- und Ausgabevorgänge ausgerichtete Gesamtgeldverkehrsrechnung ist eine Abwandlung der Vermögenszuwachsrechnung (BFH v. 02.03.1982, BStBl. II 1984, S. 504; BFH v. 08.11.1989, BStBl. II 1990, S. 268). Eine Teilgeldverkehrsrechnung kann sich auf den betrieblichen oder den privaten Bereich des Steuerpflichtigen beschränken. Sie ist vom BFH als Verprobungs- und Schät-zungsmethode anerkannt worden (BFH v. 20.09.1989, BStBl. II 1990, S. 109; BFH v. 08.11.1989, BStBl. II 1989, S. 268; BFH v. 24.11.1988, BFH/NV 1989, 416). Die einfachste Form der Teil-geldverkehrsrechnung ist die sog. Ausgaben-Deckungsrechnung. Dabei werden die tatsächlich geleisteten Barausgaben den Beträgen gegenübergestellt, die dem Steuerpflichtigen durch Barabhe-bungen zur Begleichung dieser Ausgaben zur Verfügung standen. Auch diese Methode ist nach der höchstrichterlichen Rechtsprechung grds. steuerlich geeignet, ungeklärte Einnahmen des Steuer-

pflichtigen aufzudecken (BFH v. 25.07.1991, BFH/NV 1991, 796). Der BFH hat die Geldverkehrsrechnung als Beweismittel für Zuschätzungen auch bei einer formell ordnungsmäßigen Buchführung zugelassen (BFH v. 28.05.1985, BStBl. II 1985, S. 732). Die Geldverkehrsrechnung (BFH v. 08.11.1989, BStBl. II 1990, S. 268, 270 f.) wird von der Rechtsprechung auch im Steuerstrafverfahren zur Feststellung der Besteuerungsgrundlagen akzeptiert (BFH v. 02.03.1982, BStBl. II 1984, S. 504). Die Geldverkehrsrechnung ist eine Abwandlung der Vermögenszuwachsrechnung. Sie umfasst im Wesentlichen die Einnahme- und Ausgabevorgänge des Steuerpflichtigen. Die verfügbaren Mittel müssen grds. zur Deckung der ermittelten Ausgaben des Steuerpflichtigen ausreichen. Die Geldverkehrsrechnung beruht – wie die Vermögenszuwachsrechnung – auf der Annahme, dass alle getätigten Ausgaben durch vorhandene steuerpflichtige Einkünfte oder aus anderen bekannten Quellen gedeckt sein müssen. Durch die Geldverkehrsrechnung werden innerhalb eines bestimmten Vergleichszeitraums alle Geldbewegungen erfasst und überprüft. Dabei werden die dem Steuerpflichtigen zur Verfügung stehenden Mittel mit dem von ihm verbrachten Mittel verglichen. Der Grundgedanke der Geldverkehrsrechnung beruht darauf, dass ein Steuerpflichtiger in einem Vergleichszeitraum nicht mehr Geld ausgeben kann, als ihm in diesem Zeitraum aus versteuertem Einkünften oder anderen – bekannten – Quellen zufließt (BFH v. 21.02.1974, BStBl. II 1974, S. 591). In der Praxis wird durch die Geldverkehrsrechnung die Feststellungslast bei einem Ausgabeüberhang – Deckungslücke – umgekehrt. Durch eine Einkünfteverprobung mithilfe der Geldverkehrsrechnung kann die Vermutung der Richtigkeit der Buchführung gem. § 158 AO erschüttert bzw. widerlegt werden (BFH v. 02.03.1982 – VIII R 225/80; v. 24.11.1988 – IV R 150/86). Prüfungsgegenstand der Gesamtgeldverkehrsrechnung sind alle betrieblichen und privaten Vermögenswerte somit die Vermögensbewegungen aufseiten des Steuerpflichtigen. Die Gesamtgeldverkehrsrechnung umfasst den betrieblichen und den privaten Bereich des Steuerpflichtigen. Entscheidend ist der Vergleichszeitraum. Er muss überschaubar und nachvollziehbar sein. Innerhalb des Vergleichszeitraums muss die Geldverkehrsrechnung den gesamten Geldverkehr des Steuerpflichtigen umfassen. Der Geldverkehr wiederum umfasst den gesamten Barverkehr sowie alle Bewegungen auf den Konten. Vermögensänderungen sind nur dann zu berücksichtigen, wenn sie mit einer Geldbewegung verbunden sind. Der BFH sieht einen Zeitraum von 3 Jahren als angemessen, einen von 5 bis 12 Jahren als bedenklich an (BFH v. 02.03.1982, BStBl. II 1984, S. 504). Die Verwertbarkeit einer Geldverkehrsrechnung zur Ermittlung des steuerstrafrechtlichen Verkürzungsumfangs ist indessen begrenzt, da die Geldverkehrsrechnung durch die Heranziehung von statistischen Zahlen einer Richtsatzschätzung nahekommt.

dd) Zeitreihenvergleich

Der Zeitreihenvergleich ist eine Schätzungsmethodik, die i.R.d. Betriebsprüfung erst seit kürzerer Zeit eingesetzt wird. Er ist ein Instrument des sog. Inneren Betriebsvergleichs, d.h. er vergleicht Zahlen, die sich regelmäßig aufgrund wechselseitiger Abhängigkeit gleichförmig zueinander entwickeln (Allokation), wie z.B.   **444**

– Umsatz- und Wareneinkauf;   **445**
– Umsatz und Gewinn;
– Umsatz und Rohgewinnaufschlag.

Der Zeitreihenvergleich stellt z.B. den wöchentlichen oder monatlichen Einkauf den wöchentlich   **446** oder monatlich erfassten Umsätzen ggü. und ermittelt daraus den jeweils erzielten Rohaufschlag. Schwankt dieser Aufschlag und gibt es dafür keine plausible betriebsbedingte Erklärung, so kann unterstellt werden, dass in den Wochen/Monaten des Vergleichszeitraums mit geringem Aufschlag sog. Schwarzumsätze getätigt wurden. In diesem Fall wird der höchste Aufschlagsatz für das gesamte Jahr zugrunde gelegt. In der Praxis weist eine Nachkalkulation auf Basis des Zeitreihenvergleichs regelmäßig Mehrumsätze aus, die weit oberhalb der tatsächlichen Realität liegen können. Nach einer Entscheidung des FG Münster (Urt. v. 17.02.1999 – 10 K 3407/98) soll für die Verprobung einer Zeitreihe ein Zeitraum von 7 Wochen ausreichend sein. Die Betriebsprüfung unterstellt regelmäßig eine Zeitreihe von 10 Wochen je Prüfungsjahr. Der BFH hat den Zeitreihenvergleich mit der Entscheidung v. 14.12.1989 (BFH 419/89) zugelassen. Nach Auffassung des FG Düsseldorf lässt der Zeitreihenvergleich als Methode des inneren Betriebsvergleichs kaum Raum für Zweifel, dass Erlöse und Wareneinsatz nicht zutreffend verbucht wurden (FG Düsseldorf v. 15.02.2007 – 16 V 4691/06; v. 20.03.2008 – 16 K 4689/06). Nach Ansicht des FG Köln ist das Ergebnis eines Zeitreihenvergleichs dagegen nicht geeignet, die Beweiskraft einer formell ordnungsgemäßen Buchführung gem. § 158 AO zu verwerfen (FG Köln v. 27.01.2009 – 6 K 3954/07). (vgl. auch *Bisle*, PStR 2012, 15, 17 unter Hinweis auf FG Köln v. 27.01.2009 – 6 K 3954/07, PStR 09,153).

ee) Richtsatzschätzung

447 Die Finanzverwaltung verfügt aus der Auswertung der Ergebnisse der Betriebsprüfungen über umfangreiches statistisches Kontrollmaterial. Hieraus wurde die sog. Richtsatzsammlung gefertigt. Diese wird ständig aktualisiert. Erweist sich eine konkrete Ermittlung oder Schätzung der tatsächlichen Umsätze als nicht möglich, kann nach der Rechtsprechung des BGH (BGH v. 28.07.2010 – 1 StR 643/09, wistra 2011, 28, 31) pauschal geschätzt werden, etwa unter Heranziehung der Richtwerte für Rohgewinnaufschlagsätze aus der Richtsatzsammlung des BMF.

448 Das Unterschreiten des untersten Rohgewinnsatzes (Aufschlagssatzes) der Richtsatzsammlung rechtfertigt bei formell ordnungsmäßiger Buchführung eine Schätzung nur dann, wenn der Prüfer zusätzlich konkrete Hinweise auf die sachliche Unrichtigkeit des Buchführungsergebnisses hat, etwa ungeklärten Privatverbrauch oder der Steuerpflichtige selbst dokumentiert hat, gegen die Grundsätze ordnungsgemäßer Buchführung verstoßen zu haben (BFH v. 18.10.1983, BStBl. II 1984, S. 88; v. 09.05.1996, BFH/NV 1996, 747).

449 Wenn die Buchführung den Grundsätzen ordnungsmäßiger Buchführung nicht entspricht, mithin mangelhaft ist, oder die für eine Nachkalkulation benötigten Unterlagen fehlen oder eine Vermögenszuwachsrechnung mit durchgreifenden Zweifeln behaftet ist, kommt eine ergänzende Schätzung unter Berücksichtigung der Richtsätze in Betracht (BFH v. 12.09.1990, BFH/NV 1991, 573). Eine Richtsatzschätzung ist ebenfalls eine schlichte Reingewinnschätzung (BFH v. 17.05.1990, BFH/NV 1991, 646). Das bloße Unterschreiten auch des untersten Rohgewinn-Richtsatzes rechtfertigt für sich alleine noch keine Schätzung, wenn die Buchführung *formell ordnungsgemäß* ist (BFH v. 18.09.1974 – I R 94/72).

450 Bei der Festsetzung des Rohgewinnaufschlagsatzes muss sich das Gericht nicht zugunsten eines Angeklagten an den unteren Werten der in der Richtsatzsammlung genannten Spanne orientieren, wenn sich Anhaltspunkte für eine positive Ertragslage ergeben, wie z.B. ein guter Standort oder sonst nicht erklärbare Vermögenszuwächse oder auch örtliche Vergleichsdaten (BGH v. 28.07.2010 – 1 StR 643/09, wistra 2011, 28, 31).

451 Auch die Bildung eines Mischwertes aus zwei Richtsatzwerten im Verhältnis der jeweiligen Umsatzanteile begegnet keine rechtlichen Bedenken (BGH v. 28.07.2010 – 1 StR 643/09, wistra 2011, 28, 31).

452 Die Richtsätze beruhen auf der Gewinnermittlung durch Betriebsvermögensvergleich gem. § 4 Abs. 1 EStG. Ermittelt der Steuerpflichtige seinen Gewinn i.R.d. Einnahmen-Überschuss-Rechnung gem. § 4 Abs. 3 EStG kommt eine Richtsatzschätzung nicht in Betracht. Hier wird häufig eine Geldverkehrsrechnung vorzunehmen sein (BFH v. 02.03.1982, BStBl. II 1984, S. 504). Nur in dem Fall, in dem die Gewinnermittlung gem. § 4 Abs. 3 EStG im Vergleichszeitraum von der Gewinnermittlung gem. § 4 Abs. 1 EStG nicht abweicht, kann die Finanzverwaltung ausnahmsweise eine Richtsatzschätzung vornehmen (BFH v. 15.04.1999, BStBl. II 1999, S. 481).

ff) Chi-Quadrat-Test

Der Chi-Quadrat-Test ist eine mathematische Methode, bei der imkerisch-beobachtete, mit theo-   453
retisch erwarteten Häufigkeiten verglichen werden. In der Entscheidung des FG Münster
v. 10.11.2003 (6 V 4562/03, EFG 2004, 236) beruhte der Test auf der Annahme, dass die erste
und zweite Stelle vor dem Komma und die erste Stelle nach dem Koma bei einer relativ großen
Menge von Erfassungen (von Kassenbeständen) gleich verteilt sind. Die gebildeten Messwertklas-
sen (Ziff. 0 bis 9) werden mit den in den Kassenbucheintragungen vorgefundenen Werten verglichen, die Summe der Differenz quadriert und durch die Zahl der erwarteten Häufigkeit dividiert.
Die gefundene Testgröße ist abhängig von der sog. Anzahl der Freiheitsgrade (Anzahl der Klassen./. 1) und der angenommenen Fehlertoleranz (Signifikanzniveau). Nimmt man ein Signifikant-
niveau von 95 % an (zu 95 % wahrscheinliches Ergebnis) und einen Freiheitsgrad von 9, so
beträgt der kritische Wert von Chi-Quadrat 21,66 (*Storch/Wiebe* S. 755, Tafel 5). Die Finanzverwaltung bzw. die FG prüfen dann, ob signifikante Abweichungen von dem anzunehmenden Chi-
Quadrat-Wert festzustellen sind. Ist dies der Fall, wird dies als starkes Indiz für die Manipulationen angenommen (vgl. auch *Bisle*, PStR 2012, 15, 16 unter Hinweis auf FG Rheinland-Pfalz
v. 24.08.11 – 2 K 1277/10).

Allein der Umstand, dass ein „Chi-Quadrat-Test" auf eine Manipulation schließen lässt, rechtfer-   454
tigt nach jüngster Rechtsprechung des FG Rheinland-Pfalz (v. 24.08.2011 – 2 K 1277/10) eine
Zuschätzung. Im Streitfall konnte das häufige Auftreten bestimmter Zahlen mit der besonderen
Preisgestaltung im Unternehmen erklärt werden.

b) Steuerliche Einwendungen gegen Schätzungsergebnisse

Der Steuerpflichtige, der – steuerlich – gegen das Ergebnis einer Schätzung opponiert, muss   455
beweisbare Tatsachen oder Erfahrungssätze beibringen, die geeignet sind, einen anderen als den
vom FA geschätzten Betrag als wahrscheinlicher erscheinen zu lassen (BFH v. 13.03.2000, BFH/
NV 2000, 1119; BFH v. 20.04.2006, BFH/NV 2006, 1338). Ein Zeugenbeweis für die Tatsache,
dass Spielgewinne gemacht wurden, um freie Liquidität im Rahmen einer Geldverkehrsrechnung
oder Vermögenszuwachsrechnung substantiiert vortragen zu können, oder selbst dafür, dass die
Spielgewinne in bestimmter Höhe gemacht wurden, ist ohne Beweisantritt zu den Spielverlusten
und der Verwendung der Überschüsse untauglich zum Nachweis von Vermögenszuflüssen aus
einem Spiel (FG Baden-Württemberg v. 17.03.1998, EStG 1998, 919). Stellt sich heraus, dass der
Steuerpflichtige ein Vermögen erworben hat, das unter Berücksichtigung seiner Angaben nicht aus
den von ihm in seinen Steuererklärungen angegebenen Einkünften stammen kann, so gehört es zu
seinen – steuerlichen – Mitwirkungspflichten, darzulegen, aufgrund welcher Ausnahmesachver-
halte er diesen Vermögenszuwachs erworben hat (BFH v. 13.11.1969, BStBl. II 1970, S. 189). Es
ist nicht ausreichend, in diesem Fall die Schätzung und die Schätzungsgrundlagen schlicht zu
bestreiten (BFH v. 13.11.1995, BFH/NV 1996, 553).

Die Finanzverwaltung darf von der zunächst angewandten Schätzungsmethode abweichen und   456
eine neue Schätzungsmethode anwenden, wenn die bisherige Methode angesichts der neuen
Schätzungsgrundlagen versagt (BFH v. 03.12.1981, BStBl. II 1982, S. 273; v. 02.03.1982,
BStBl. II 1984, S. 504).

c) Gerichtliche Überprüfung von Schätzungen

Im finanzgerichtlichen Verfahren hat die Finanzverwaltung die Grundlagen der Schätzung und die   457
Berechnung des Schätzungsergebnisses substantiiert darzustellen (BFH v. 11.02.1999 – V R 40/
98). Die Schätzungsbefugnis geht im finanzgerichtlichen Verfahren von der Finanzverwaltung auf
das FG über (BFH v. 20.10.1993 – II R 59/91) mit der Folge, dass die Wahrscheinlichkeitsüberlegungen des Gerichts an die Stelle des FA treten (BFH, BStBl. II 2004, S. 171). Erstinstanzliche
Schätzungen können im Revisionsverfahren nur auf die Einhaltung der anerkannten Schätzungs-
grundsätze, Denkgesetze und allgemeinen Erfahrungssätze revisionsgerichtlich überprüft werden

(BFH v. 28.11.2001 – I R 44/00). Schätzungsfehler begründen weder einen Revisionsgrund gem. § 115 Abs. 2 Nr. 3 FGO, noch einen solchen der Zulassung wegen grundsätzlicher Bedeutung nach § 115 Abs. 2 Nr. 1 FGO.

9. Verwertung von Steuer-Daten-CD

458 Die 1. Kammer des 2. Senats des BVerfG hatte mit Beschl. v. 09.11.2010 (2 BvR 2101/09, wistra 2011, 61) keine Bedenken an der Verwertung von Daten einer „Steuer-CD" mit Angaben zu Kunden liechtensteinischer Finanzinstitute im steuerstrafrechtlichen Ermittlungsverfahren. Die Entscheidung beruht im Wesentlichen auf der Annahme, dass die Behauptung der Beschwerdeführer, der Bundesnachrichtendienst (BND) sei nur eingeschaltet worden, um dessen besonderen Möglichkeiten auszunutzen, durch „nichts belegt" sei, sodass das Verbot, den BND zur gezielten Erlangung von Zufallsfunden für nicht-nachrichtendienstliche Zwecke einzusetzen (vgl. *Roggan/ Bergemann*, NJW 2007, 876) nicht berührt sei (vgl. hierzu auch: *Salditt*, PStR 2008, 84, 85). Das AG und das LG seien davon ausgegangen, dass der BND die Daten im Wege der Amtshilfe lediglich entgegengenommen und weitergeleitet habe. Weder der BND noch die Strafverfolgungsbehörden hätten veranlasst, dass die Daten hergestellt, verschafft oder auf sonstige Weise erfasst worden seien. Der Informant habe sich vielmehr von sich aus an den BND gewandt. Es bestehe i.Ü. kein Rechtssatz des Inhalts, dass im Fall einer rechtsfehlerhaften Beweiserhebung die Verwertung der gewonnenen Beweise stets unzulässig wäre (BVerfG v. 19.09.2006 – 2 BvR 2115/01, BVerfGK 9, 174, 196). Der Rechtsstaat könne „sich nur verwirklichen, wenn ausreichende Vorkehrungen dafür getroffen (seien), dass Straftäter im Rahmen der geltenden Gesetze verfolgt, abgeurteilt und einer gerechten Bestrafung zugeführt werden". Daran gemessen bedeute ein Beweisverwertungsverbot eine Ausnahme, die nur nach ausdrücklicher gesetzlicher Vorschrift oder aus übergeordneten wichtigen Gründen im Einzelfall anzuerkennen sei. Beweismittel, die von Privaten erlangt wurden, seien – selbst wenn dies in strafbewehrter Weise erfolge – grds. verwertbar (vgl. hierzu auch: LG Düsseldorf v. 17.09.2010, wistra 2011, 37, 38). Dies bedeute, dass allein von dem Informanten begangene Straftaten bei der Beurteilung eines möglichen Verwertungsverbotes von vornherein nicht berücksichtigt werden müssten.

459 Die Unverwertbarkeit solchen „privat-deliktisch" beigebrachten Beweismaterials sei nach herrschender Meinung allerdings dann anzunehmen, wenn die Beweisbeschaffung des Privaten „extrem rechtswidrig" war, die Verwertung des Materials einen eigenen und ungerechtfertigten Grundrechtseingriff oder das privat-deliktische Vorgehen durch Ermittlungsbehörden gezielt veranlasst worden sei. (*Kölbel*, NStZ 2008, 241, 242). Dies wurde bei einer durch das Land NRW angekauften Daten-CD mit 1.106 Datensätzen verneint (LG Düsseldorf v. 17.09.2010, wistra 2011, 37, 38).

460 Die gegenteilige Auffassung in der Literatur (*Trüg/Habertha*, NStZ 2008, 481, 491; *Göres/Kleinert*, NJW 2008, 1353, 1357; *Schünemann*, NStZ 2008, 305, 309), wie auch die aufgeworfene Frage, ob der gesetzliche Richter in den sog. LGT-Fällen tatsächlich „in Bochum sitzt" (*Bach*, PStR 2009, 70) ist damit praktisch gegenstandslos geworden. Die entscheidende Frage, ob der BND tatsächlich nur die Rolle eingenommen hat, von der das BVerfG aufgrund des Sachverhalts auszugehen hatte, wird sich – in weiteren Gerichtsverfahren – nicht klären lassen, auch wenn es schon eines gesunden – fast unkritischen – Selbstvertrauens in die Strafverfolgungsbehörden bedarf, anzunehmen, die Daten seien dem BND quasi schlicht „in den Schoß gefallen".

461 Mit der Entscheidung des BVerfG ist indessen für die Rechtspraxis die Frage abschließend positiv beantwortet, ob die Ermittlungsbehörden steuerstrafrechtliche Ermittlungsmaßnahmen wie Durchsuchungen auf Erkenntnisse aus angekauften Daten-CDs stützen dürfen. Der Ankauf von Steuerdaten auf Daten-CD wird regelmäßig als durch die allgemeine Ermittlungsbefugnis gem. § 399 Abs. 1, § 404 AO i.V.m. § 161 Abs. 1, § 163 Abs. 1 StPO gedeckt gesehen (LG Düsseldorf v. 17.09.2010, wistra 2011, 37, 38).

Nach Auffassung des FG Köln in einem AdV-Verfahren (FG Köln v. 15.12.2010 – 14 V 2484/10)   462
bestehen keine ernstlichen Zweifel an der Verwertbarkeit der auf einer angekauften Daten-CD
gespeicherten Daten sowie der Schätzungsbefugnis der FinVerw bei unterlassener Mitwirkung des
Steuerpflichtigen im Besteuerungsverfahren (vgl. auch: *Matthes/Rau*, PStR 2011, 168 ff.; zur Ver-
wertungsproblematik insgesamt: *Joecks*, Steueranwaltsmagazin 2011, 21 ff., vgl. hierzu auch die
Darstellung bei *Wulf*, PStR 2012, 33)

10. Einzelfälle

a) Verdeckte Gewinnausschüttung

Der BFH definiert die verdeckte Gewinnausschüttung i.S.d. § 8 Abs. 3 Satz 2 KStG in ständiger   463
Rechtsprechung als Vermögensminderung oder verhinderte Vermögensmehrung, die durch das
Gesellschaftsverhältnis veranlasst ist, sich auf die Höhe des Einkommens, d.h. des Unterschiedsbetrages gem. § 4 Abs. 1 Satz 1 EStG i.V.m. § 8 Abs. 1 KStG auswirkt und in keinem Zusammenhang mit einer offenen Ausschüttung steht (BFHE 199, 144, 145; 183, 94, 95; 156, 155, 156).
Dabei muss die Minderung des Unterschiedsbetrages geeignet sein, beim Gesellschafter einen
sonstigen Bezug i.S.d. § 20 Abs. 1 Nr. 1 Satz 2 EStG auszulösen (BFHE 200, 197, 198).

Wurden Zuwendungen an einen Gesellschafter gewährt, ist zur Abgrenzung, ob sie aus betriebli-   464
chen Gründen erfolgten oder mit Rücksicht auf das Gesellschaftsverhältnis gewährt wurden, ein
Fremdvergleich vorzunehmen (BFHE 199, 144, 145). Danach ist eine Zuwendung dann nicht
durch das Gesellschaftsverhältnis veranlasst, wenn die Gesellschaft bei Anwendung der Sorgfalt
eines ordentlichen und gewissenhaften Geschäftsleiters den Vorteil auch einer Person, die nicht
Gesellschafter ist, gewährt hätte.

Ein strengerer Maßstab gilt bei Zuwendungen an einen beherrschenden Gesellschafter. Hier ist die   465
Veranlassung durch das Gesellschaftsverhältnis bereits dann anzunehmen, wenn die Leistung der
Gesellschaft an den Gesellschafter nicht auf einer klaren, von vornherein abgeschlossenen, zivilrechtlich wirksamen und tatsächlich durchgeführten Vereinbarung beruht (BFHE 183, 94, 95;
172, 51, 54). Fehlt es an einer solchen Vereinbarung, liegt regelmäßig eine verdeckte Gewinnausschüttung vor (BGHSt 39, 146, 151; 36, 21, 24). Diese Grundsätze gelten auch dann, wenn die
Kapitalgesellschaft an eine dem beherrschenden Gesellschafter nahestehende Person leistet, sofern
und insoweit die Zuwendung durch das Gesellschaftsverhältnis veranlasst ist. Dabei kann die
Beziehung zwischen dem beherrschenden Gesellschafter und dem Dritten auch gesellschaftsrecht-
licher Art sein (BFH, BStBl. II 1997, S. 301, 302).

Eine verdeckte Gewinnausschüttung i.S.d. § 20 Abs. 1 Nr. 1 Satz 2 EStG, die auf der Ebene des   466
Gesellschafters zu Einkünften aus Kapitalvermögen führt, ist demnach gegeben, wenn die Kapitalgesellschaft ihrem Gesellschafter außerhalb der gesellschaftsrechtlichen Gewinnverteilung einen
Vermögensvorteil zuwendet und die Zuwendung ihren Anlass im Gesellschaftsverhältnis hat
(BFH, DStRE 2005, 764, 765). Allerdings bedarf es grds. eines Zuflusses beim Gesellschafter
i.S.v. § 11 EStG (BGH, wistra 2004, 109). Es genügt jedoch, wenn der Vorteil dem Gesellschafter
mittelbar in der Weise zugewendet wird, dass eine ihm nahestehende Person aus der Vermögens-
verlagerung Nutzen zieht. Sofern die Zuwendung allein auf dem Näheverhältnis des Empfängers
zum Gesellschafter beruht, ist die Zuwendung so zu beurteilen, als hätte der Gesellschafter selbst
den Vorteil erhalten und diesen an die nahestehende Person – als steuerliche unbeachtliche Ein-
kommensverwendung – weitergegeben. Das BVerfG hat das Verständnis der ständigen Rechtsprechung von der Inhaltsbestimmung einer verdeckten Gewinnausschüttung in Ausfüllung des Straftatbestandes des § 370 Abs. 1 AO gebilligt (BVerfG v. 26.06.2008 – 2 BvR 2067/07).

Eine verdeckte Gewinnausschüttung erfüllt dabei nicht als solche den Tatbestand einer Steuerhin-   467
terziehung, da mit einer verdeckten Gewinnausschüttung unmittelbar keinerlei konkrete steuerliche Erklärungspflichten verbunden sind. Für ein tatbestandsmäßiges Verhalten i.S.v. § 370 Abs. 1
Nr. 1, 2 AO ist es erforderlich, dass der Steuerpflichtige seinen – weiteren – Erklärungspflichten

nicht ordnungsgemäß nachkommt (*Mäscher*, PStR 2011, 92, 93). Allein das Vorliegen einer verdeckten Gewinnausschüttung erfüllt nicht den Tatbestand der Steuerhinterziehung. Werden die zutreffenden steuerlichen Folgen in den gebotenen steuerlichen Erklärungen gezogen, ist der Sachverhalt steuerstrafrechtlich irrelevant (*Mäscher*, PStR 2011, 92, 93, BGH v. 15.05.1997 – 5 StR 45/97, NStZ-RR 97, 277; *Flore*, GmbH-StB 1999, 75, 76). Eine Steuerhinterziehung durch Verkürzung von Kapitalertragsteuer ist dann vollendet, wenn seitens der Gesellschaft keine KESt-Anmeldung bis zum 11. Tag des auf die Vornahme der verdeckten Gewinnausschüttung folgenden Monats abgegeben wird (§§ 44 Abs. 1 Satz 5, 45a Abs. 1 Satz 1 EStG). Die Hinterziehung der Kapitalertragsteuer ist bei einer verdeckten Gewinnausschüttung „notwendiges Durchgangsstadium" einer Einkommensteuer-Hinterziehung.

468 Der Täter unterliegt bei einer vGA keinem tatbestandsausschließenden Irrtum, wenn ihm die Grundsätze der Steuertechnik im Bereich der KSt, also z.B. das Anrechnungs-, Halb- oder Teileinkünfteverfahren, nicht bekannt ist (BGH v. 24.01.1990 – 3 StR 290/89, wistra 1990, 193).

b) Einkommensteuer-VZ

469 Taterfolg einer Steuerhinterziehung kann auch eine Einkommensteuer-Vorauszahlung sein (OLG Stuttgart v. 21.05.1987, *wistra* 87, 263; FG Nürnberg v. 24.03.1993, EFG 1993, 698; FG Düsseldorf v. 24.05.1989, EFG 1989, 491). Ist die mit der Stellung eines Antrags auf Herabsetzung der Einkommensteuer-Vorauszahlungen gestellte Prognose im Zeitpunkt der Stellung des Antrags vorsätzlich falsch, weil bereits zu diesem Zeitpunkt erkennbar ist, dass sich das zu versteuernde Einkommen deutlich höher verhält als in der Prognose für die Einkommensteuer-Vorauszahlung angegeben, kann eine Steuerverkürzung gegeben sein. Entscheidende ist, dass die Erklärung zum Zeitpunkt ihrer Abgabe tatbestandlich vorsätzlich falsch war (FG Berlin v. 11.03.1998, EFG 1998, 1166). Waren die Angaben im Antrag auf Herabsetzung der ESt zum Zeitpunkt der Antragstellung zutreffend und hat sich gleichwohl die damit verbundene Prognose nicht eingestellt, entsteht keine Berichtigungspflicht (OFD Münster v. 04.07.1994, DB 94, 1690):

470 „Eine Berichtigungspflicht nach § 153 Abs. 1 Nr. 1. i.V.m. Abs. 2 AO ist nicht zu bejahen, wenn einem mit zutreffenden Angaben versehenen Antrag auf Herabsetzung der Vorauszahlungen entsprochen worden ist und erst danach Umstände – nachträgliche höhere Umsatz- und Ertragsentwicklung – eintreten, die zu einer höheren Steuer führen".

V. Erlangung nicht gerechtfertigter Steuervorteile

471 Tatbestandlicher Erfolg ist gem. § 370 Abs. 1 AO neben dem Eintritt einer Steuerverkürzung als zweite gleichberechtigte Tatbestandsalternative auch die Erlangung ungerechtfertigter Steuervorteile für sich oder einen anderen.

1. Abgrenzung Steuervorteil/Steuerverkürzung

472 § 370 Abs. 1 AO definiert nicht, was unter einem Steuervorteil oder der Erlangung eines ungerechtfertigten Steuervorteils zu verstehen ist. Die in der Literatur teilweise sehr breit erörterte Abgrenzung zwischen beiden Tatbestandsvarianten, teilweise unter Rückgriff auf ältere, nicht mehr aktuelle Rechtsprechung, ist nicht praxisrelevant. Der Taterfolg der Steuerhinterziehung besteht gem. § 370 Abs. 4 Satz 1 AO darin, dass Steuern namentlich dann verkürzt sind, wenn sie nicht, nicht in voller Höhe oder nicht rechtzeitig festgesetzt werden. Steuervorteile sind gem. § 370 Abs. 4 Satz 2 AO auch Steuervergütungen; nicht gerechtfertigte Steuervorteile sind erlangt, soweit sie zu Unrecht gewährt oder belassen werden. Mit dieser Legaldefinition wird deutlich, dass der Gesetzgeber in der Erlangung ungerechtfertigter Steuervorteile eine tatbestandsmäßige Steuerverkürzung erblickt, sodass die im Einzelfall durchaus schwierige rechtstheoretische Abgrenzung des Steuervorteils von der Steuerverkürzung rechtspraktisch vernachlässigt werden kann.

2. Steuervorteil

Nach § 370 Abs. 4 Satz 2 AO sind Steuervorteile *auch* Steuervergütungen. Neben dieser Teilmenge 473
aus dem Begriff der Steuervorteile beschreibt das Gesetz indessen nicht, was genau unter einem
Steuervorteil zu verstehen ist.

Die Aufnahme des Begriffs Steuervorteil in die Definition des Verkürzungserfolgs der Steuerhin- 474
terziehung macht deutlich, dass die in der Entwicklung v.a. der Rechtsprechung problematisierte
Abgrenzung des Steuervorteils und damit des § 370 Abs. 1 AO zum Tatbestand des Betruges gem.
§ 263 StGB und insb. zu § 264 StGB, Subventionsbetrug, keinen aktuelle Praxisbezug mehr hat.
§ 370 AO geht als lex specialis vor (BGH v. 17.04.2008, wistra 2008, 310, 312). Folglich muss es
sich bei dem Steuervorteil um einen spezifisch steuerstrafrechtlichen Vorteil handeln (*Kohlmann*
§ 370 Rn. 542), der Steuervorteil muss sich aus dem materiellen Steuerrecht, mithin den Einzelsteuergesetzen, ergeben.

Andererseits kann es sich nicht um den Vorteil einer fehlerhaften Steuerfestsetzung handeln; diese 475
Verkürzung ist gem. § 370 Abs. 4 Satz 1 AO begrifflich der Steuerverkürzung zugewiesen. Danach
sind Steuern namentlich dann verkürzt, wenn sie nicht, nicht in voller Höhe oder nicht rechtzeitig
festgesetzt werden. Die Abgrenzung zwischen der Steuerverkürzung in Gestalt der nicht, nicht in
voller Höhe oder nicht rechtzeitigen Festsetzung und der ungerechtfertigten Erlangung eines Steuervorteils ist mithin rein verfahrensrechtlich nach den Kriterien der AO vorzunehmen. Die Steuerverkürzung nach § 370 Abs. 4 Satz 1 AO knüpft an eine unzutreffende Steuerfestsetzung an. Die
Steuerfestsetzung ist in der Abgabenordnung in den §§ 155 ff. AO geregelt. Dem folgt das steuerliche Erhebungsverfahren gem. §§ 218 ff. AO und das Vollstreckungsverfahren gem. §§ 249 ff. AO.
Da eine Steuerverkürzung z.B. in Gestalt einer überhöhten Erstattung vorausgezahlter ESt aufgrund einer unzutreffenden Einkommensteuer-Erklärung begrifflich nicht zugleich die Erlangung
eines Steuervorteils sein kann, ist nach zutreffender Auffassung in der Literatur *(Rolletschke/*Kemper § 370 Rn. 113 ff. m.w.N.) die Abgrenzung nach Maßgabe der Verfahrensabschnitte der AO
vorzunehmen. Ein ungerechtfertigter Steuervorteil kann somit nur außerhalb des Verfahrens der
Steuerfestsetzung erlangt werden (so auch: *Müller*, DStZ 2001, 613). Der Einwand, diese klare
und praxistaugliche Abgrenzung entspreche nicht der Rechtsprechung (so: *Kohlmann* § 370
Rn. 548) übersieht, dass die Rechtsprechung selbst in sich außerordentlich widersprüchlich ist
(vgl. die Nachweise bei: *Bansemer*, wistra 1994, 329), sodass diese nicht für sich in Anspruch nehmen kann, die Systematik dogmatisch zweifelsfrei erfasst zu haben.

Ein Steuervorteil ist demnach ein Vorteil spezifisch steuerlicher Art, der auf dem Tätigwerden 476
(zum Untätigsein: *Kohlmann* § 370 Rn. 549) der Finanzbehörde beruht und eine hinreichend konkrete Gefährdung des Steueranspruchs bewirkt (BGH v. 10.12.2008 – 1 StR 322/08 wistra 2009,
114). Mit dieser Entscheidung hat der BGH die Erlangung eines ungerechtfertigten Steuervorteils
zugleich als Gefährdungsdelikt eingeordnet (gegen: *Rolletschke/*Kemper § 370 Rn. 113). Diese
zutreffende Definition der Erlangung eines steuerlichen Vorteils macht zugleich deutlich, dass der
tatbestandliche Anwendungsbereich dieser Begehungsvariante der Steuerhinterziehung der weitere
ist; die Steuerverkürzung, die sich auf einen Hinterziehungserfolg im Bereich des steuerlichen
Festsetzungsverfahrens beschränkt, der tatbestandlich engere Begriff ist (anders, genau umgekehrt:
Kohlmann § 370 Rn. 541).

3. Beispiele für Steuervorteile

- Stundung gem. § 222 AO (BGH v. 19.11.2007 – 5 StR 213/07; BFH, wistra 2008, 22); 477
- Zahlungsaufschub gem. § 223 AO;
- Erlass, § 227 AO;
- Einstweilige Einstellung oder Beschränkung der Vollstreckung, § 258 AO;
- Aussetzung, § 361 Abs. 2 Satz 1 AO oder Aufhebung, § 361 Abs. 2 Satz 3 AO der Vollziehung
  ohne Sicherheitsleistung;

- Bekanntgabe eines unrichtigen Feststellungsbescheides (BGH v. 10.12.2008 – 1 StR 322/08, wistra 2009, 114);
- Verlustfeststellungsbescheid (BGH v. 02.11.2010 – 1 StR 544/10);
- Verlustvortrag nach § 10d EStG (FG München v. 23.02.2010, PStR 2010, 241).

478   Der BGH sieht in der Bekanntgabe eines unrichtigen Feststellungsbescheides die Erlangung eines ungerechtfertigten Vorteils. In der Feststellung unrichtiger Besteuerungsgrundlagen mit Bindungswirkung liege ein Vorteil spezifisch steuerlicher Art, der auf dem Tätigwerden der Finanzbehörde beruhe und damit einen Steuervorteil begründe.

479   Bei einem Gewerbeverlustfeststellungsbescheid als Grundlagenbescheid gem. § 180 Abs. 1 Nr. 2a AO erlangt der Steuerpflichtige einen Vorteil spezifisch steuerlicher Art, der auf dem Tätigwerten der Finanzbehörden beruhe und der eine hinreichend konkrete Gefährdung des Steueranspruchs begründe, die für die Annahme eines nicht gerechtfertigten Steuervorteils genüge. Der Verlustfeststellungsbescheid entfalte gem. § 182 AO im Abzugsjahr Bindungswirkung, die Höhe des Verlusts kann dann nicht mehr überprüft werden. Deshalb werde eine Besserstellung des Steuerpflichtigen nicht erst durch die tatsächliche Feststellung des Verlustabzuges, sondern bereits durch die Feststellung des vortragsfähigen Verlustes bewirkt (BGH v. 02.11.2010 – 1 StR 544710).

480   Diese Entscheidung greift auf die Grundsatzentscheidung des BGH v. 10.12.2008 (1 StR 322/08) zurück, mit der der BGH die umstrittene Frage höchstrichterlich entschieden hatte, wie das Erwirken eines unrichtigen Feststellungsbescheids steuerstrafrechtlich zu würdigen ist. Der BGH kommt zu dem zutreffenden Ergebnis, dass bereits in dem Erwirken eines unrichtigen Feststellungsbescheids das Erlagen eines nicht gerechtfertigten Steuervorteils i.S.v. § 370 Abs. 1 AO zu sehen ist. Der BGH führt zur Begründung aus:

481   – Der in der Feststellung unrichtiger Besteuerungsgrundlagen mit Bindungswirkung, § 182 Abs. 1 Satz 1 AO, liegende Vorteil ist ein spezifischer Steuervorteil;
- Die exakte betragsmäßige Bestimmung der erst durch den Folgebescheid eingetretenen Steuerverkürzung ist nicht Voraussetzung für die Annahme eines Steuervorteils;
- Sowohl für die Steuerverkürzung als auch für die Annahme eines nicht gerechtfertigten Steuervorteils genügt die konkrete Gefährdung des Steueranspruchs; eine tatsächliche Verletzung ist nicht erforderlich;
- Die Bindungswirkung des Feststellungsbescheids als Grundlagenbescheid für das Festsetzungsverfahren rechtfertigt bereits die Annahme einer konkreten Gefährdung des Steueraufkommens;
- Die bei der Steuerfestsetzung in den Folgebescheiden bewirkte Steuerverkürzung ist nur ein weiter gehender Tatererfolg. Dieser ist für den Zeitpunkt der Tatbeendigung – und damit für den Beginn der Verjährung relevant.

482   Nach einer Auffassung der Literatur (*Kohlmann* § 370 Rn. 553) ist die Bekanntgabe eines unrichtigen Feststellungsbescheides nicht immer ein Steuervorteil (anders: *Hardtke/Leip*, NStZ 1996, 212); erst mit der Steuerfestsetzung, die auch die strafrechtliche Verjährung in Gang setzt, sei der angestrebte Steuervorteil erlangt.

483   Kein Steuervorteil ist insb. eine rechtswidrige Steuererstattung aufgrund unrichtiger oder unvollständiger Angaben in der Steuererklärung; hierbei handelt es sich begrifflich um eine Steuerverkürzung (*Kohlmann* § 370 Rn. 556).

484   – Steuervergütungen sind stets Steuervorteile, § 370 Abs. 4 Satz 2 AO.

485   Die Eigenheimzulage ist keine Steuervergütung (BGH v. 06.06.2007, wistra 2007, 388, 391) und damit kein Steuervorteil.

486   – die Bewilligung zollbegünstigter Läger gem. dem ZK ist ein Steuervorteil.

4. Nicht gerechtfertigt

Steuervorteile sind nach § 370 Abs. 4 Satz 2 AO erlangt, soweit sie zu Unrecht gewährt oder belas- 487
sen werden. Mithin ist unter der Erlangung oder Belassung eines nicht gerechtfertigten Steuervorteils gem. § 370 Abs. 1 AO ein Steuervorteil gemeint, auf den der Steuerpflichtige bzw. Antragsteller bei tatbestandlich zutreffender Rechtsanwendung keinen Rechtsanspruch für die Gewährung
oder das Behalten hat.

Ist die Erlangung oder die fortwährende Gewährung des Steuervorteils von einer Ermessensent- 488
scheidung der Finanz- oder Zollverwaltung abhängig, ist der Steuervorteil rechtswidrig erlangt
oder wird dieser rechtswidrig belassen, wenn die Ermessensentscheidung der Finanzverwaltung
aufgrund unrichtiger oder unvollständiger Angaben erwirkt wurde.

Nach Auffassung der Literatur ist in dem Fall, in dem das Gesetz die Gewährung von Steuervor- 489
teilen davon abhängig macht, dass bestimmte sachliche Voraussetzungen durch besondere Aufzeichnungen oder Verzeichnisse (Aufzeichnungs- oder Buchführungspflichten) nachgewiesen
werden, der Steuervorteil auch dann nicht gerechtfertigt, wenn die materiellen Voraussetzungen
vorliegen (FGJ/*Joecks* § 370 Rn. 103, *Rolletschke*/Kemper § 370 Rn. 120). Diesem materiell steuerlichen Verständnis des Verkürzungsbegriffs ist steuerstrafrechtlich nicht zu folgen. Wenn die materiellen Voraussetzungen für die Gewährung oder das Belassen des Steuervorteils vorliegen, ist dieser steuerstrafrechtlich immer gerechtfertigt. Soweit es sich nicht um eine bewusst unrichtige oder
unterlassene Angabe handelt, sondern z.B. um ein schlichtes verfahrensrechtliches Versäumnis in
einer Antragstellung, mag der Steuervorteil materiell steuerrechtlich zurückgefordert werden können, steuerstrafrechtlich ist er indessen gerechtfertigt. Den Ausführungen von Joecks (FGJ/*Joecks*
§ 370 Rn. 96), wonach eine materielle Abgrenzung des Steuervorteils vom Regelfall der Besteuerung nicht möglich sei, da die z.T. überaus stark differenzierenden Steuergesetze eine „Normal"-
Steuer nicht festzustellen erlauben, ist nicht zu folgen, da diese verkennen, dass der steuerstrafrechtliche Begriff des Verkürzungserfolges und damit des Steuervorteils nicht mit dem nach den
Einzelsteuergesetzen zu ermittelnden materiellen Steuersoll identisch ist. Steuerstrafrechtlich darf
eine Verurteilung wegen Steuerhinterziehung in Gestalt der Erlangung eines nicht gerechtfertigten
Steuervorteils nicht darauf gestützt werden, dass der Täter eine verfahrensrechtlich gebotene
Handlung verabsäumt hat, obwohl ihm materiell-rechtlich der Steuervorteil zustand. Hier fehlt es
bereits an einer tatbestandlichen Gefährdung des Steueraufkommens (*Kohlmann* § 370 Rn. 60).
Der steuerstrafrechtliche Begriff des Steuernorm-Solls kann nur den Verkürzungsschaden umfassen, der dem Fiskus unter Berücksichtigung auch verfahrensrechtlich zulässiger und möglicher
Anträge entstanden wäre. Anderenfalls würde bei der Schadensberechnung eine Größenordnung
zugrunde gelegt werden, welche dem Fiskus bei einer idealtypischen Veranlagung gerade nicht
entstanden wäre. Dies ist steuerstrafrechtlich nicht hinzunehmen. Wird hingegen das Vorhandensein vorgeschriebener Bescheinigungen, Ausweise oder sonstiger Belege vorgetäuscht, auf die auch
materiell-rechtlich kein Anspruch bestünde, ist der Steuervorteil nicht gerechtfertigt (BGH
v. 08.02.1983, wistra 1983, 115).

5. Tatvollendung

Nach § 370 Abs. 4 Satz 2 AO sind nicht gerechtfertigte Steuervorteile dann erlangt, soweit sie zu 490
Unrecht gewährt oder belassen werden. In der Gewährung oder dem Belassen liegt die Tatvollendung. Synchron zu dem Hinterziehungserfolg im Festsetzungsverfahren in Gestalt der nicht, nicht
in voller Höhe oder nicht rechtzeitig erfolgten Steuerfestsetzung, die als Gefährdungsdelikt den
tatbestandlichen Erfolg nicht an die Bezahlung oder Nichtbezahlung geschuldeter Steuer
anknüpft, ist im Bereich der Erlangung nicht gerechtfertigter Steuervorteile, die Tat bereits dann
vollendet, wenn diese gewährt oder belassen werden, also wenn die Verfügung der Finanzverwaltung bekannt gegeben wurde (*Rolletschke*/Kemper § 370 Rn. 121). Das Gewähren eines Steuervorteils entspricht daher der Bewilligung desselben durch die Finanzverwaltung.

491 Das Belassen entspricht der fortwährenden Bewilligung, obwohl die tatbestandlichen Voraussetzungen zwischenzeitlich weggefallen sind.

492 Die auf Erlangung z.B. eines unrichtigen Grundalgenbescheids (Verlustfeststellungsbescheid) nach § 10a Satz 6 GewStG gerichtete Steuerhinterziehung ist erst beendet, wenn der überhöht festgestellte Gewerbeverlust in den Folgejahren zum Tragen kommt. Die Verjährung dieser Tat beginnt also erst mit Bekanntgabe des letzten den überhöhten Verlustvortrag berücksichtigenden Gewerbesteuerbescheids (*Meyberg*, PStR 2011, 31, 32).

6. Für sich oder einen anderen

493 Die Steuervorteile kann der Täter für sich oder einen anderen erlangen. Im Gegensatz zu der Formulierung bei § 370 Abs. 4 Satz 1 AO, der Steuerverkürzung im Festsetzungsverfahren, stellt der Gesetzgeber im Bereich der Erlangung nicht gerechtfertigter Steuervorteile durch diese Formulierung ausdrücklich klar, dass Täter nicht nur der Steuerpflichtige und damit der Steuerschuldner sein kann, sondern jedermann.

D. Versuchte Steuerhinterziehung, § 370 Abs. 2 AO

I. Strafbarkeit

494 Eine Straftat versucht, wer nach seiner Vorstellung von der Tat zur Verwirklichung des Tatbestandes unmittelbar ansetzt, § 22 StGB. Der Versuch eines Verbrechens ist stets strafbar, der Versuch eines Vergehens gem. § 23 Abs. 1 StGB nur dann, wenn das Gesetz dies ausdrücklich bestimmt. Eine solche ausdrückliche Bestimmung findet sich in § 370 Abs. 2 AO. Danach ist der Versuch der Steuerhinterziehung strafbar.

II. Tatbestandsmäßigkeit

495 Die Struktur der Versuchsstrafbarkeit im Allgemeinen ist dadurch gekennzeichnet, dass der Täter auf der subjektiven Willensseite sämtliche Merkmale – in gleicher Weise wie bei einer Tatvollendung – erfüllt hat, es indessen Defizite auf der Ebene des objektiven Tatbestands gibt, was letztlich den Versuch von der Tatvollendung unterscheidet.

1. Tatentschluss

496 § 22 StGB betont die subjektive Komponente i.R.d. Versuchsstrafbarkeit, in dem eine Straftat dann versucht ist, wenn der Täter nach seinen Vorstellungen von der Tat zur Verwirklichung des – objektiven – Tatbestandes unmittelbar ansetzt. Der Täter hat mithin den Tatentschluss gefasst, den Tatbestand zu verwirklichen. Die Formulierung „Tatentschluss" beschreibt i.R.d. Versuchsstrafbarkeit auf der subjektiven Ebene die gleichen Elemente wie im Bereich der Tatvollendung der Vorsatz gekennzeichnet ist. Vorsatz und Tatentschluss entsprechen sich. Der Tatentschluss ist somit durch das Wissen und Wollen von der Tatbestandsverwirklichung gekennzeichnet. In der Blaupause zwischen einer Tatvollendung und einer versuchten Strafbarkeit finden sich mithin auf der subjektiven Tatseite keinerlei Differenzierungen.

497 Die Vorstellung des Täters von der unmittelbar bevorstehenden Tatbestandsverwirklichung ist dann auch das zentrale Kriterium zur Abgrenzung der Irrtumsproblematik, des Rücktritts vom Versuch, der Selbstanzeige und des Wahndelikts.

2. Ansetzen zur Tat

498 Das Ansetzen zur Tat ist dadurch gekennzeichnet, dass der Täter mit Handlungen begonnen hat, die nach seiner Vorstellung der Verwirklichung eines Tatbestandsmerkmals unmittelbar vorgelagert sind und die im Fall eines ungestörten Fortgangs ohne Zwischenakte in die Tatbestandshand-

lung unmittelbar einmünden (BGH v. 07.02.2002, wistra 2002, 263; BGH v. 19.06.2003, wistra 2003, 389).

Der objektive Tatbestand i.R.d. Versuchsstrafbarkeit weist im Vergleich zur Tatvollendung einen 499 Defekt auf, d.h. nicht alle Merkmale des objektiven Tatbestands sind vom Täter vollendet worden, obwohl dieser in seiner subjektiven Vorstellung unmittelbar zur Tatbestandsverwirklichung angesetzt hat.

Das „Ansetzen zur Tat" ist das notwendige Korrektiv, um straflose Vorbereitungshandlungen, im 500 Vorfeld der Gefährdung eines geschützten Rechtsguts liegende vorbereitende Maßnahmen, von im Schutzbereich des Tatbestandes liegenden Handlungen abzugrenzen. Der Wille, d.h. die subjektive Vorstellung des Täters von der unmittelbaren Tatbestandsverwirklichung, muss objektiv mit dem Eintritt in den Nahbereich des gefährdeten Rechtsguts korrespondieren, um die Schwelle von der straflosen Vorbereitungshandlung zur Strafbarkeit des Versuchs zu überschreiten. Mit den Worten des BGH ist darin „die strikte Anknüpfung des Unmittelbarkeitserfordernisses an die tatbestandsmäßige Handlung" (BGHSt v. 16.09.1975, BGHSt 26, 203) verbunden. Über das unmittelbare Ansetzen zur Tatbestandsverwirklichung und dem im weiteren Verlauf festzustellenden Defekt i.R.d. vollständigen Verwirklichung sämtlicher Merkmale des objektiven Tatbestandes grenzt sich der Versuch somit auf der einen Seite von der Tatvollendung und auf der anderen Seite von der straflosen Vorbereitungshandlung ab.

3. Vorbereitung/Versuch/Vollendung

Der Versuch unterscheidet sich von der Tatvollendung zunächst dadurch, dass nicht sämtliche 501 Merkmale des objektiven Tatbestandes durch den Täter verwirklicht wurden. Über das „unmittelbare Ansetzen zur Tatbestandsverwirklichung" wird auf der anderen Seite der Versuch in die Nähe der Tatbestandsvollendung gebracht, um mit Ausnahme der Erfüllung sämtlicher objektiver Tatbestandsmerkmale zum Zwecke der Rechtfertigung einer Strafbarkeit eine unmittelbare Gefährdung des geschützten Rechtsguts erkennbar zu machen.

An der Schwelle zum Versuch steht die straflose Vorbereitungshandlung. Die straflose Vorberei- 502 tungshandlung ist auf der einen Seite in objektiver Hinsicht dadurch gekennzeichnet, dass es sich hier um Maßnahmen handelt, die der Täter beherrscht, sodass es von seinem Willen abhängt, ob der nächste Schritt hin zu einer Rechtsgutgefährdung getan wird. Die straflose Vorbereitungshandlung ist durch Maßnahmen gekennzeichnet, die indessen noch keine unmittelbare Gefährdung des geschützten Rechtsguts auslösen; der Handelnde befindet sich noch im „Safe Haven" straflosen Tuns.

Nach § 22 StGB versucht eine Straftat, wer nach seiner Vorstellung von der Tat zur Verwirkli- 503 chung des Tatbestandes unmittelbar ansetzt. Mithin kommt es auf die Vorstellung des Täters „von der Tat" an. Dieses subjektive Element wiederum grenzt den strafbaren Versuch vom untauglichen Versuch und vom Wahndelikt ab. Das Versuchsstadium als solches wiederum ist durch den noch nicht beendeten und den beendeten Versuch gekennzeichnet. Dies führt zur Unterscheidung nachstehender Deliktstufen:

– Tatentschluss   504

Der Tatentschluss grenzt den Versuch von Wahndelikt ab.   505

▶ **Beispiel:**   506

Der Steuerpflichtige geht aktuell davon aus, zum 31. Dezember eines Jahres müsse er eine Vermögensteuererklärung abgeben. Er lässt den Termin des 31. Dezember verstreichen in der Vorstellung, er habe sich dadurch strafbar gemacht.
Diese Vorstellung des Täters wird einem Wahndelikt entsprechen (Burckhardt, wistra 1982, 178).

507 – Vorbereitungshandlungen

508 Mit der Umsetzung des subjektiven Tatentschlusses in objektive Vorbereitungshandlungen beginnt der Täter auf die Erfüllung des Tatbestandes hinzuarbeiten, überschreitet jedoch noch nicht die Schwelle zur Strafbarkeit. Das Unmittelbarkeitsprinzip beschreibt auch hier die entscheidende Zäsur. Setzt der Täter unmittelbar zur Tat an bei Handlungen, die nach seiner Vorstellung der Verwirklichung eines Tatbestandsmerkmals unmittelbar vorgelagert sind und die im Fall ungestörten Fortgangs ohne Zwischenakte in die Tatbestandshandlung unmittelbar einmünden (BGH v. 07.02.1002, wistra 2002, 263; v. 19.06.2003, wistra 2003, 389), so ist die Schwelle zum geschützten gefährdeten Rechtsgut überschritten und damit die Strafbarkeit des Versuchs erreicht; mangelt es hiergegen an der Unmittelbarkeit des tatbestandlichen Ansatzes, liegen (noch) straflose Vorbereitungshandlungen vor.

509 ▶ **Beispiel:**

Bei Veranlagungs- und Fälligkeitsteuern zählen dazu regelmäßig alle Handlungen, die der Täter vor dem Abgabetermin einer Steuererklärung oder Steueranmeldung mit dem Ziel einer späteren Steuerverkürzung unternimmt (Kohlhammer § 370 Rn. 758).

510 – Erstellung einer falschen Buchführung (BayOLG v. 23.03.1992, wistra 1992, 238, 240),
   – Fehlerhafte Erstellung des Inventurergebnisses
   – Ausstellen falscher Belege
   – Absprache mit dem Geschäftspartner zum Zwecke der Erstellung fiktiver Rechnungen
   – Transfer von Tafelpapieren oder „Schwarzgeld" über die Grenze, um es dort zugriffssicher anzulegen
   – Die unrichtige, unvollständige oder unterlassene Aufnahme von Gegenständen des Anlage- oder Umlaufvermögens in der Buchführung
   – Die Erstellung fehlerhafter Einnahme-Überschuss-Rechnungen
   – Die Erstellung einer falschen GuV-Rechnung
   – Das vorsätzlich falsche Ausfüllen von Steuererklärungsvordrucken ohne Abgabe
   – Versuch

511 Der Versuch als strafbare Handlungsform durchläuft gem. § 24 Abs. 1 StGB seinerseits zwei Phasen. Nach § 24 Abs. 1 StGB wird wegen Versuchs nicht bestraft, wer freiwillig die weitere Ausführung der Tat aufgibt oder deren Vollendung verhindert. Wird die Tat ohne Zutun des Zurücktretenden nicht vollendet, so wird er straflos, wenn er sich freiwillig und ernsthaft bemüht, die Vollendung zu verhindern, § 24 Abs. 1 Satz 2 StGB. Danach ist die Strafbarkeitsschwelle zum Versuch mit der Ausführung der Tat überschritten, gleichwohl kann in diesem Stadium noch der straflose Rücktritt vom Versuch vollzogen werden, sofern die Tatvollendung entweder gem. § 24 Abs. 1 Satz 1 StGB verhindert wird oder in dem Fall, in dem die Tat ohne Zutun des Zurücktretenden nicht vollendet wird, er sich jedenfalls freiwillig und ernsthaft bemüht, die Vollendung zu verhindern. Das unmittelbare Ansetzen zur Tatbestandsverwirklichung geht demnach in die Phase der Ausführung der Tat über, die bis zum Abschluss der Ausführungshandlungen, mithin der Vollendung, dauert. Insoweit spricht man vom noch nicht beendeten und beendeten Versuch.

512 – Vollendung

513 Hat der Täter mit dem unmittelbaren Ansetzen zur Tat die auf die Verwirklichung eines Tatbestandsmerkmals gerichtete Tätigkeit aufgenommen und bis zur Vollendung gebracht, scheitert aber die Tatvollendung als solche aufgrund eines Defektes im objektiven Tatbestand, so liegt als Minus zur Vollendung die Strafbarkeit des Versuchs vor.

4. Abgrenzungs-, Fälligkeits-, Veranlagungsteuern

a) Fälligkeitsteuern

Bei Fälligkeitsteuern besteht insofern die Besonderheit, dass eine Festsetzung der Steuer nach § 155 AO nur erforderlich ist, wenn die Festsetzung zu einer – im Vergleich zur angemeldeten Steuer – abweichenden Steuer führt oder der Steuer- oder Haftungsschuldner die Steueranmeldung nicht abgibt, § 167 Abs. 1 Satz 1 AO. Eine solche Steueranmeldung steht gem. § 168 Satz 1 AO einer Steuerfestsetzung unter den Vorbehalt der Nachprüfung gleich. Führt die Steueranmeldung dagegen zu einer Herabsetzung der bisher zu entrichtenden Steuer oder zu einer Steuervergütung, so steht die Steueranmeldung erst dann einer Steuerfestsetzung unter dem Vorbehalt der Nachprüfung gleich, wenn die Finanzbehörde zustimmt. Die Zustimmung bedarf keiner Form, § 168 Satz 3 AO, und wird regelmäßig in der Auszahlung des angemeldeten Betrages liegen. Eine Steueranmeldung, die mithin nicht zu einer Herabsetzung der bisher zu entrichtenden Steuer oder zu einer Steuervergütung führt, hat mit ihrem Eingang bei der Finanzbehörde die Wirkung einer Steuerfestsetzung unter dem Vorbehalt der Nachprüfung. Die fällige Steuer ist ohne besonderes Leistungsgebot nach Eingang der Anmeldung vollstreckbar (§ 249 Abs. 1, § 154 Abs. 1 Satz 4 AO). Die erstmalige Steueranmeldung, die zu einer Steuervergütung führt, z.B. einem Vorsteuerüberhang, wirkt erst dann als Steuerfestsetzung unter dem Vorbehalt der Nachprüfung, wenn dem Steuerpflichtigen die Zustimmung der Finanzbehörde bekannt gegeben wird (BFH v. 28.02.1996, BStBl. II 1996, S. 660). Bis dahin ist sie als Antrag auf Steuerfestsetzung anzusehen. Will die Finanzbehörde von der angemeldeten Steuer abweichen, ist eine Steuerfestsetzung vorzunehmen und darüber ein Steuerbescheid zu erteilen. Die abweichende Festsetzung wiederum kann unter dem Vorbehalt der Nachprüfung oder unter den Voraussetzungen des § 165 AO vorläufig vorgenommen werden. Wird die Zustimmung zur Steueranmeldung nicht erteilt, so ist der Antrag des Steuerpflichtigen auf Steuerfestsetzung bzw. auf Änderung der Steuerfestsetzung durch Bescheid abzulehnen, § 155 Abs. 1 Satz 3 AO.

514

Diese Besonderheiten der Steueranmeldung bei Fälligkeitsteuern wie der Umsatz- und der Lohnsteuer führen zu folgenden steuerstrafrechtlichen Konsequenzen i.R.d. Versuchsstrafbarkeit:

515

Reicht der Steuerpflichtige eine Umsatzsteuer-Voranmeldung mit einer Zahllast ein, steht diese Umsatzsteuer-Voranmeldung einer Steuerfestsetzung unter dem Vorbehalt der Nachprüfung unmittelbar gleich, sodass mit der Abgabe der Umsatzsteuer-Voranmeldung beim zuständigen FA zugleich Tatvollendung eingetreten ist.

516

Eine Strafbarkeit des Versuchs bei Fälligkeitsteuern und einer angemeldeten Zahllast scheidet daher aus.

517

Führt dagegen die Umsatzsteuer-Voranmeldung zu einem Erstattungsanspruch des Steuerpflichtigen bzw. will der Steuerpflichtige über die entsprechende Ausgestaltung der Umsatzsteuer-Voranmeldung einer Erstattung von Umsatzsteuern (Vorsteuerüberhang) erwirken, so tritt die Fiktion, wonach die Anmeldung einer Steuerfestsetzung unter dem Vorbehalt der Nachprüfung gleichsteht, erst mit der erteilten Zustimmung des FA ein. Die Phase zwischen der Abgabe dieser Steueranmeldung und der Erteilung der Zustimmung durch die Finanzverwaltung ist die Phase der Versuchsstrafbarkeit. Mit Bekanntgabe – darauf kommt es an – der Zustimmung durch das FA ist Tatvollendung eingetreten. Solange dem Täter die Zustimmung der Finanzverwaltung – und sei es konkludent – noch nicht bekannt gegeben wurde, unterbleibt die Tatausführung im Versuchsstadium (BGH v. 10.08.1988, wistra 1988, 355; BGH v. 09.09.2006, wistra 2007, 116).

518

b) Veranlagungsteuern

Die Schwelle zur Strafbarkeit des Versuchs hat der Täter mit Handlungen überschritten, die nach seiner Vorstellung der Verwirklichung eines Tatbestandsmerkmals unmittelbar vorgelagert sind und die im Fall ungestörten Fortgangs ohne Zwischenakte in die Tatbestandshandlung unmittelbar einmünden. Bei Veranlagungsteuern ist diese Schwelle mit der Versendung oder der Abgabe

519

der Steuererklärung beim zuständigen FA erreicht. In Abhängigkeit von der Zustellungsform kann dies entweder der Einwurf der Steuererklärung in den Briefkasten des FA, die Abgabe der Steuererklärung beim Postamt zur postalischen Versendung oder die Übergabe der Steuererklärung an einem Boten zum Zwecke des Einwurfs beim zuständigen FA sein. In diesen Fällen hat der Steuerpflichtige die Kausalkette in Gang gesetzt und seinerseits jegliche Einwirkungsmöglichkeiten auf den Kausalverlauf verloren.

520   In der Literatur heftig umstritten ist die Frage der Strafbarkeit eines Versuchs bzw. der Beschreibung des Versuchsstadiums im Verhältnis Grundlagenbescheid-Folgebescheid, insb. im Bereich eines unrichtigen Feststellungsbescheids (zum Meinungsstand *Kohlmann* § 370 Rn. 786 ff.). Die Rechtsauffassungen reichen von einer mangelnden Gefährdung bis hin zur Strafbarkeit. Eine zutreffende und praktikable Lösung erschließt sich durch den Rückgriff auf § 22 StGB. § 22 StGB lässt es ausreichen sein, wenn der Täter nach seiner Vorstellung von der Tat zur Verwirklichung des Tatbestands unmittelbar ansetzt. Hierbei ist es unbeachtlich, welche Verwaltungsstrukturen aufseiten der Finanzverwaltung für die Sachbearbeitung der eingereichten Steuererklärung notwendig sind. Insb. kann die Notwendigkeit einer einheitlichen und gesonderten Gewinnermittlung gem. §§ 179 ff. AO dem Täter hier nicht zum Vorteil gereichen, da er mit einer falschen Feststellungserklärung gleichwohl nach seiner Vorstellung von der Tat zur Verwirklichung des Tatbestands unmittelbar angesetzt hat, denn sein Vorsatz umfasst zwangsläufig nicht die unrichtige Angabe in einem Grundlagenbescheid ohne konkrete Folgen für einen Folgebescheid, sondern naturgemäß in notwendig ganzheitlicher Betrachtung das steuerliche Ergebnis seines Handelns. Falsche Erklärungen im Zusammenhang mit einer einheitlichen und gesonderten Feststellung überschreiten damit die Strafbarkeit des Versuchs, auch wenn es z.B. noch an der Abgabe einer weiteren Einkommensteuererklärung fehlt (so auch: *Kohlmann* § 370 Rn. 788).

5. Abgrenzung, Tätigkeits- (§ 370 Abs. 1 Nr. 1 AO), Unterlassungs-Variante (§ 370 Abs. 1 Nr. 2 AO)

a) Versuch durch positives Tun

521   Im Bereich der versuchten Steuerhinterziehung durch aktives Tun wird die Schwelle zur Strafbarkeit des Versuchs nicht erst mit dem Zugang der inkriminierten Steuererklärung beim FA überschritten. Ein unmittelbares Ansetzen zur Tatbestandsverwirklichung ist im Vorfeld des Zugangs der Erklärung beim FA bereits in der Abgabe der Erklärung zu sehen. Die Abgabe, d.h. die Entäußerung von der Steuererklärung, kann dabei sowohl auf dem Wege des Einwurfs in den Postkasten des FA geschehen, wie auch in der Variante der Aufgabe der Steuererklärung zur Post. In diesen Fällen hat der Steuerpflichtige den Kausalverlauf aus der Hand gegeben. Die Schwelle von der straflosen Vorbereitungshandlung zum strafbaren Versuch ist damit überschritten.

b) Versuch durch Unterlassen

522   In besonderem Maße umstritten ist die Bestimmung des Zeitpunkts des Übergangs der straflosen Vorbereitungshandlung hin zum strafbaren Versuch in der Tatbestandsvariante der Steuerhinterziehung durch Unterlassen. Nach einer Auffassung beginnt in der Unterlassungsalternative der Versuch in dem Zeitpunkt, in dem der Täter die Steuererklärung bei pflichtgemäßem Verhalten spätestens hätte abgeben müssen (OLG Düsseldorf v. 03.10.1986, wistra 1987, 354; *Rolletschke* Kemper § 370 Rn. 154). Dies sei bei der Umsatzsteuer-Voranmeldung und der Lohnsteueranmeldung jeweils der 10. Tag nach Ablauf des Anmeldungszeitraums, §§ 18 Abs. 1 Satz 1 UStG; 41a Abs. 1 Satz 1 EStG, bei der Umsatzsteuerjahreserklärung, § 18 Abs. 3 Satz 1 UStG, der Einkommensteuererklärung, der Körperschaftsteuer- und Gewerbesteuererklärung jeweils der 31.05. des Folgejahres, § 149 Abs. 2 Satz 1 AO.

523   Nach anderer Auffassung (FGJ/*Joecks* § 370 Rn. 263) erscheint die Anknüpfung z.B. an den 31.05. des Folgejahres als regulären Abgabezeitpunkt „überaus problematisch“. Nicht der 31.05. sei kennzeichnend für das unmittelbare Ansetzen zur Tatbestandsverwirklichung, sondern erst der

durch eine Verzögerung erreichte Zeitpunkt, in dem eine unmittelbare Gefahr für das geschützte Handlungsobjekt entsteht. Diesem Ansatz liegt die Vorstellung zugrunde, dass mit Ablauf eines Fälligkeitstermins z.B. des 31.05. regelmäßig noch keine konkrete Gefährdung des geschützten Rechtsguts eintritt, weil zu diesem Zeitpunkt unter Berücksichtigung des Grundsatzes in dubio pro reo regelmäßig nicht davon ausgegangen werden könne, dass für den Fall der Abgabe der Steuererklärung selbige bereits – unter Berücksichtigung einer überaus kurzen Bearbeitungsfrist – bearbeitet worden wäre. Nach dieser Auffassung soll der Versuch erst dann „nahen", wenn sich der Zeitlauf dem Zeitpunkt genähert hat, in dem die Veranlagungsarbeiten im Großen und Ganzen abgeschlossen sind. *Joecks legt diesen Zeitpunkt auf den 31.12. des Folgejahres* (FGJ/*Joecks* § 370 Rn. 263a). So richtig der dogmatische Ansatzpunkt ist, den Versuchsbeginn nicht statisch an einen Fälligkeitszeitpunkt, z.B. des 31.05. anzuknüpfen, so willkürlich – und unzutreffend – ist die Schlussfolgerung, im Bereich der ESt das Datum mit dem 31.12. des Folgejahres zu markieren. Die Gefährdung eines geschützten Rechtsguts tritt nicht mit der willkürlichen Auswahl eines Datums ein, sondern mit dem konkreten Zeitpunkt, in dem die Veranlagungsarbeiten nahezu gänzlich abgeschlossen sind. Bei vernünftiger Beurteilung geht i.R.d. Unterlassungsvariante kein Steuerpflichtiger davon aus, dass im Fall des Verstreichenlassens des 31.05. eines Jahres die Strafbarkeit eines Versuchs erreicht ist. Vielmehr wird sich dieser Zeitpunkt erst in der Folgezeit verdichten.

In diese Richtung argumentiert auch der BGH, wenn er fragt, ob die Untätigkeit nach der Vorstellung des Täters zu einer Gefahrerhöhung für das geschützte Rechtsgut führt (BGH v. 22.09.1992 – 5 StR 379/92, BGHR § 13 StGB Versuch 1). Dies bedeutet, dass ein Versuchsbeginn erst kurz vor Abschluss der Veranlagungsarbeiten angenommen werden kann (vgl. *Aue*, PStR 2010, 207, 208). **524**

Unter Berücksichtigung des Bestimmtheitsgebotes, Art. 103 Abs. 2 GG, ist dies der Zeitpunkt des Abschlusses der Veranlagungsarbeiten. So wie es im Bereich der Tatvollendung auf den Abschluss der Veranlagungsarbeiten ankommt, so ist parallel im Bereich der Versuchsstrafbarkeit auch auf diesem Zeitpunkt abzustellen. Dabei ist nicht das zuweilen von der Rechtsprechung herangezogene Kriterium des Abschlusses von 95 % der Veranlagungsarbeiten heranzuziehen, sondern der Zeitpunkt der letzten durchgeführten Veranlagung. Mit dem Abschluss der Veranlagungsarbeiten tritt im Bereich der Unterlassungsdelikte Tatvollendung ein. Bis zu diesem Zeitpunkt reicht das Versuchsstadium. Die Strafbarkeit des Versuchs kann somit objektiv im Blick auf die bereits eingetretene Tatvollendung ausgeschlossen werden, wenn die letzte Veranlagung im Veranlagungsbezirk des zuständigen FA durchgeführt wurde. Das Stadium des Versuchs kann auf der anderen Seite frühestens mit Ablauf des Fälligkeitstermins zur Abgabe der Steuererklärung erreicht werden, wird aber regelmäßig zu diesem Zeitpunkt nach Maßgabe der subjektiven Vorstellung des Steuerpflichtigen noch nicht erreicht sein. Bei Unterlassungsdelikten wird es daher regelmäßig ein „enges Zeitfenster" zur Bestimmung der Strafbarkeit des Versuchs geben. Der Beginn der Versuchsstrafbarkeit dürfte regelmäßig erst kurz vor dessen Beendigung, nämlich dem Abschluss der Veranlagungsarbeiten liegen. Die genaue Bestimmung des Zeitpunkts kann objektiv isoliert nicht vorgenommen werden, sondern muss die Vorstellung des Täters in den Blick nehmen, wann dieser nach seiner Vorstellung von der Tat unmittelbar zur Verwirklichung des Tatbestandes – in der Unterlassungsvariante – angesetzt hat, m.a.W. wann der Täter davon ausgegangen ist, sein Unterlassen habe sämtliche Voraussetzungen erfüllt, zu denen die Finanzverwaltung nunmehr handeln könnte. **525**

Von dem Beginn der Versuchsstrafbarkeit ist der Beginn der Verjährung der Strafbarkeit des Versuchs strikt zu unterscheiden. **526**

III. Rücktritt vom Versuch

1. Rechtsgrundlagen

527 Wegen Versuch wird nicht bestraft, wer freiwillig die weitere Ausführung der Tat aufgibt oder deren Vollendung verhindert, § 24 Abs. 1 Satz 1 StGB. Wird die Tat ohne Zutun des Zurücktretenden nicht vollendet, so wird er straflos, wenn er sich freiwillig und ernsthaft bemüht, die Vollendung zu verhindern, § 24 Abs. 1 Satz 2 StGB.

528 Über die Verweisungsnorm des § 369 Abs. 2 AO finden die Regelungen des Rücktritts aus dem Allgemeinen Teil des StGB auch Anwendung im Bereich der versuchten Steuerhinterziehung.

529 Der Versuch und damit die Versuchsstrafbarkeit sind denklogisch der Tatvollendung vorgelagert. Gleichwohl unterscheidet der Gesetzgeber in § 24 Abs. 1 StGB wiederum zwei Phasen der Tatausführung im Bereich des Versuchs:

– den noch nicht beendeten Versuch und
– den beendeten Versuch.

530 Bei dem noch nicht beendeten Versuch ist die Gefährdungslage des geschützten Rechtsguts noch nicht so virulent, sodass der Täter mit der freiwilligen Beendigung der weiteren Tatausführung straflos wird. Hat der Täter dagegen seiner Vorstellung nach alles getan, um die unmittelbare Tatausführung in Gang gesetzt zu haben, so ist Straflosigkeit im weiteren erreicht, wenn sich der Täter freiwillig und ernsthaft bemüht, die Tatvollendung zu verhindern. Diese Privilegierung des Täters in der Versuchsstrafbarkeit findet auch i.R.d. versuchten Steuerhinterziehung nach den vorgenannten allgemeinen Grundsätzen Anwendung.

2. Abgrenzung zur Selbstanzeige

531 Bei dem noch nicht beendeten Versuch eröffnet § 24 Abs. 1 Satz 1 StGB eine „konkurrenzlose" Privilegierung für den Weg zur Straffreiheit. Die Regeln der AO kennen kein vergleichbares Instrument.

532 Anders dagegen ist die Situation nach dem beendeten Versuch zu beurteilen. § 24 Abs. 1 Satz 2 StGB gibt dem Täter zur Erreichung der Straflosigkeit in diesem Fall „nur" auf, sich freiwillig und ernsthaft zu bemühen, die Vollendung zu verhindern. Dies scheint mit § 371 Abs. 1 AO, den Regeln zur Selbstanzeige, zu kollidieren. Die Selbstanzeige, die eingeschränkt in ein zeitliches Korsett der Sperrwirkungen den Weg zur Straffreiheit nur über eine Anzeige und eine Berichtigung sowie die Nachzahlung der hinterzogenen Steuern ebnet, stellt mithin weit höhere Anspruchsvoraussetzungen. § 24 StGB und § 371 AO stehen in keinem Rangverhältnis zueinander, sondern selbstständig nebeneinander (BGH v. 19.03.1991, wistra 1991, 223, 225; v. 30.03.1993, wistra 1993, 227). Wenn beide Vorschriften gleichberechtigt nebeneinanderstehen, wird § 24 StGB mit der niedrigen Anspruchsschwelle zur Straflosigkeit nur in dem Fall von § 371 Abs. 1 AO in der Anwendbarkeit eingeschränkt, indem die Rechtsfolgen des § 371 AO im konkreten Sachverhalt für den Täter günstiger sind. Die Anwendbarkeit des § 24 StGB ist daher regelmäßig eine Teilschnittmenge der generellen Anwendbarkeit des § 371 Abs. 1 AO, der über die Anwendbarkeit i.R.d. Versuchsstrafbarkeit dem Täter auch nach einer Tatvollendung einer Haupttat noch unter den dort genannten Voraussetzungen den Weg zur Straffreiheit eröffnet. Dass sich der Täter nach einem beendeten Versuch zuweilen über § 371 Abs. 1 AO besser stellt als über den Weg nach § 24 Abs. 1 Satz 2 StGB, wird z.B. daran deutlich, dass § 371 Abs. 1 AO keine Freiwilligkeit voraussetzt, was hingegen Tatbestandsvoraussetzung des Rücktritts vom Versuch gem. § 24 Abs. 1 Satz 2 StGB ist. Demgegenüber ist § 24 Abs. 1 StGB insoweit für den Täter günstiger, als dass er in den Fällen dieser Norm weder eine Berichtigung, Ergänzung oder eine Nachholung von Angaben vorzunehmen und insb. auch keine hinterzogenen Steuerbeträge nachzuentrichten hat, um straffrei zu werden.

▶ **Beispiel:** 533

Der Steuerpflichtige lässt sich im Büro des Steuerberaters im Einzelnen die Steuererklärung erläutern und unterzeichnet diese zusammen mit den Anlagen, allerdings ohne die Anlage AUS, in dem er bewusst Einkünfte aus einer ausländischen Bankverbindung z.B. in der Schweiz verschweigt. Er bittet nach Unterzeichnung der Steuererklärung die Mitarbeiterin im Steuerbüro, diese persönlich bei dem zuständigen FA im dortigen Briefkasten einzuwerfen. Die Mitarbeiterin des Steuerbüros macht sich auf den Weg. Dann reut es den Steuerpflichtigen, er erreicht die Mitarbeiterin via Mobilfunk und stellt so sicher, dass die Steuererklärung nicht eingeworfen und ihm nochmals ausgehändigt wird.

Mit der Unterzeichnung der Steuererklärung und Aushändigung an die Mitarbeiterin im Steuer- 534 büro als Botin hat der Steuerpflichtige unmittelbar zur Tat angesetzt, als er erfahren hat, dass sich die Botin auf den Weg zum Einwurf der Steuererklärung beim zuständigen FA macht. Mit seinem erfolgreichen Bemühen, sich die Steuererklärung vor Einwurf beim FA wieder aushändigen zu lassen, ist er vom beendeten Versuch zurückgetreten. Die Prüfung der weiteren Voraussetzungen einer wirksamen Selbstanzeige gem. § 371 Abs. 1 AO bedarf es nicht.

IV. Verjährung

Bei Unterlassungsdelikten, insb. auch bei der versuchten Steuerhinterziehung durch Unterlassen, 535 stellt sich die Frage, an welchem Zeitpunkt man das unmittelbare Ansetzen zur Tatbestandsverwirklichung anknüpfen will, um die Zeitpunkte der straflosen Vorbereitungshandlung und des Beginns des strafbaren Versuchs – durch Unterlassen – zu fixieren. Mit dem Abschluss der Veranlagungsarbeiten ist Tatvollendung eingetreten. Bis zu diesem Zeitpunkt ist somit noch die Versuchsstrafbarkeit gegeben. Fraglich ist nur der Beginn der Versuchsstrafbarkeit. Dies wird nach einer Auffassung im Bereich der ESt auf den 31.05. eines Jahres, nach anderer Auffassung auf den 31.12. des Folgejahres gelegt. Ein statischer Zeitpunkt trägt indessen der notwendigen steuerstrafrechtlichen Bestimmtheit, Art. 103 Abs. 2 GG, nicht ausreichend Rechnung. Es kommt hier auf den Einzelfall an, insb. nach Maßgabe des § 22 StGB auf das Vorstellungsbild des Täters, wann er nach seinem Tatplan – durch das Unterlassen – unmittelbar zur Tatbestandsverwirklichung angesetzt hat. Die – erste – Abgabefrist einer Steuererklärung im Jahr ist hier kein tauglicher Anknüpfungspunkt.

Anders – und genau gegenläufig – ist die Rechtsfrage des Beginns der Verjährung zu sehen. Die 536 Verjährung ist auf den Beginn und nicht auf das Ende der Veranlagungsarbeiten zu legen. Für den Beginn der Veranlagungsarbeiten kann der regelmäßige Abgabetermin des materiellen Steuerrechts herangezogen werden, also im Bereich der ESt der 31.05. des Folgejahres. In dubio pro reo ist der Verjährungsbeginn zugunsten des Täters so weit wie möglich nach vorne zu legen und zu unterstellen, dass die erstmögliche Amtshandlung seine Steuererklärung beträfe.

Der BGH hat in der bisherigen Rechtsprechung unterlassener Abgabe von Umsatzsteuerjahreser- 537 klärungen ausdrücklich den 31. Mai als Tag der Tatbeendigung bezeichnet (BGH v. 11.12.90 – 5 StR 519/90, wistra 91, 215, 216; BGH v. 09.01.91 – 3 StR 243/90, wistra 91, 217; BGH v. 10.12.91 – 5 StR 536/91, wistra 92, 93; BGH v. 27.10.92 – 5 StR 517/92, wistra 91, 113, 114). In einer neueren Entscheidung (BGH v. 31.05.11 – 1 StR 189/11) wird nicht der 31. Mai, sondern der 1. Juni genannt. Nach einer Auffassung in der Literatur handelt es sich um einen Wechsel der Rechtsprechung. Dem Stichtag 1. Juni wird widersprochen und auf den 31.05. als zutreffenden Zeitpunkt weiterhin abgestellt (*Vogelberg*, PStR 2011, 243).

V. Strafrahmen

Der Strafrahmen einer Strafbarkeit wegen versuchter Steuerhinterziehung richtet sich am Strafrah- 538 men für die vollendete Steuerhinterziehung aus. Das Strafmaß reicht von einer Freiheitsstrafe von einem Monat bis zu 5 Jahren oder Geldstrafe. Der Versuch kann gem. § 23 Abs. 2 StGB milder als die vollendete Tat bestraft werden. Der nach § 23 Abs. 2 StGB i.V.m. § 49 Abs. 1 StGB gemilderte Strafrahmen ist gleichwohl aus dem erhöhten Strafrahmen des § 370 Abs. 3 AO zu entnehmen, wenn i.R.d. Versuchs die Voraussetzungen einer versuchten Steuerhinterziehung im großen Ausmaß vorliegen (BGH v. 28.07.2010 – 1 StR 332/10; vgl. dazu auch: *Lübbersmann*, PStR *2010, 238*).

539 Der Umstand, dass ebenso wie das Grunddelikt des § 370 Abs. 1 Nr. 1 AO auch das Regelbeispiel des § 370 Abs. 3 Satz 2 Nr. 1 AO nur versucht worden ist, steht dem nicht entgegen. Für den Eintritt der Regelwirkung der Regelbeispiele besonders schwerer Steuerhinterziehung gem. § 370 Abs. 3 Satz 2 AO kann es bei der versuchten Steuerhinterziehung, § 370 Abs. 2 AO nach der Rechtsprechung des BGH (BGH v. 28.07.2010 – 1 StR 332/10) nur darauf ankommen, ob der Täter nach seiner Vorstellung zur Verwirklichung des Regelbeispiels bereits unmittelbar angesetzt hat. Denn bei der versuchten Steuerhinterziehung ist auch für die Indizwirkung der Regelbeispiele auf die subjektive Tatseite abzustellen. Dabei sind bei der Bestimmung des für den strafbaren Deliktsversuch geltenden Strafrahmens die Regelbeispiele besonders schwerer Steuerhinterziehung im Ergebnis wie ein Tatbestandsmerkmal zu behandeln, weil sie einem ggü. dem Tatbestand erhöhten Unrechts- und Schuldgehalt typisieren (BGHSt. 33, 370, 374). Ist der Schuldgehalt der versuchten Tat geringer, kommt auch für den Strafrahmen des besonders schweren Falls der Steuerhinterziehung, § 370 Abs. 3 Satz 1 AO, die Strafrahmenverschiebung des § 23 Abs. 2 StGB i.V.m. § 49 Abs. 1 StGB in Betracht.

E. Besonders schwere Fälle, § 370 Abs. 3 AO

I. Systematik

540 In § 370 Abs. 3 AO ist für besonders schwere Fälle der Steuerhinterziehung der Strafrahmen vom Grundtatbestand der Steuerhinterziehung in § 370 Abs. 1 AO (Freiheitsstrafe bis zu 5 Jahren oder Geldstrafe) auf Freiheitsstrafe von 6 Monaten bis zu 10 Jahren ausgeweitet. § 370 Abs. 3 Nr. 1 AO, wonach ein besonders schwerer Fall i.d.R. vorliegt, wenn der Täter in großem Ausmaß Steuern verkürzt oder nicht gerechtfertigte Steuervorteile erlangt, wurde mit dem Gesetz zur Neuregelung der Telekommunikationsüberwachung und andere Ermittlungsmaßnahmen (BGBl. I 2007, S. 4198) neu gefasst.

541 Die Neuregelung verzichtet auf das bisherige Tatbestandsmerkmal des groben Eigennutzes. Während bislang eine „Gesamtschau aus groben Eigennutz und groben Ausmaß" (FGJ/*Joecks* § 370 Rn. 271b) vonnöten war, ist diese Prüfung ab dem 01.01.2008 hinfällig.

542 Zu beachten ist, dass sich über die Neuregelung in § 376 Abs. 1 AO die strafrechtliche Verfolgungsverjährung für Steuerhinterziehung in besonders schweren Fällen gem. § 370 Abs. 3 Satz 2 AO auf 10 Jahre verlängert. Damit wird in den besonders schweren Fällen der Steuerhinterziehung ein weitestgehender Gleichlauf zwischen der strafrechtlichen Verfolgungsverjährung und der steuerlichen Festsetzungsverjährung in § 169 Abs. 2 AO erreicht. § 376 Abs. 1 AO 1977 wurde mit Wirkung zum 01.01.2009 eingefügt (JStG 2009 v. 19.12.2008, BGBl. I, S. 2794). Während sich die strafrechtliche Verfolgungsverjährung bei Steuerhinterziehung bislang nach § 78 Abs. 3 Nr. 4 StGB richtete und einheitlich 5 Jahre betrug, wurde diese mit Wirkung zum 01.01.2009 für die besonders schweren Fällen der Steuerhinterziehung in § 370 Abs. 3 AO auf 10 Jahre verlängert.

543 Das Gesetz verwendet in § 370 Abs. 3 AO die Regelbeispielstechnik. Über die Gesetzestechnik der Regelbeispiele („… ein besonders schwerer Fall liegt in der Regel vor") wird der Sanktionsspielraum in der Rechtspraxis größer, da Regelbeispiele selbst nicht Tatbestandsqualifikationen sind (FGJ/*Joecks* § 370 Rn. 267).

544 Die Regelbeispielstechnik unterscheidet sich von einem sog. Qualifikationstatbestand, dass letztere auf der Ebene der Prüfung des gesetzlichen Straftatbestandes erfüllt sein muss, hingegen Regelbei-

spiele ausschließlich auf der Rechtsfolgenseite (Strafrahmenwahl) wirken (*Lübbersmann*, PStR 2010, 256). Die Regelbeispielstechnik ist verfassungsrechtlich unbedenklich (BVerfG v. 21.06.1977, BVerfGE 45, 363).

Drei Fälle werden unterschieden: 545

(1) Regelbeispiel erfüllt = Besonders schwerer Fall 546
(2) Regelbeispiel nicht erfüllt, Gesamtwürdigung bejaht, Regelwirkung = Besonders schwerer Fall
(3) Regelbeispiel erfüllt, Milderungsgrund liegt vor = Kein besonders schwerer Fall.

Ist ein Regelbeispiel erfüllt, dann stellt dies nur ein Indiz für das Vorliegen eines besonders schwe- 547 ren Falles dar, welches in einer Gesamtschau entkräftet werden kann. Dazu sind sämtliche Umstände heranzuziehen, die das Unrecht oder die Schuld gemindert erscheinen lassen (BGH v. 02.12.2008 – 1 StR 416/08). Dies bedeutet im Umkehrschluss zugleich, dass ein besonders schwerer Fall auch dann erfüllt sein kann, wenn das Regelbeispiel als solches nicht erfüllt ist.

Die fünf Regelbeispiele in § 370 Abs. 3 AO 548

(1) in großem Ausmaß Steuern verkürzt oder nicht gerechtfertigte Steuervorteile erlangt, 549
(2) seine Befugnisse oder seine Stellung als Amtsträger missbraucht,
(3) die Mithilfe eines Amtsträgers ausnutzt, der seine Befugnisse oder seine Stellung missbraucht,
(4) unter Verwendung nachgemachter oder verfälschter Belege fortgesetzt Steuern verkürzt oder nicht gerechtfertigte Steuervorteile erlangt oder
(5) als Mitglied einer Bande, die sich zur fortgesetzten Begehung von Taten nach Abs. 1 verbunden hat, Umsatz- oder Verbrauchsteuern verkürzt oder nicht gerechtfertigte Umsatz- oder Verbrauchsteuervorteile erlangt

umschreiben nur exemplarisch die gesetzgeberischen Wertungen, in denen ein besonders schwerer Fall erfüllt ist.

Für die Strafzumessung beim Teilnehmer kommt es darauf an, ob dieser selbst die Vorausset- 550 zungen des § 370 Abs. 3 AO erfüllt (BGH v. 22.09.2008 – 1 StR 323/08).

II. Regelbeispielsfälle

1. Steuerverkürzung in großem Ausmaß (§ 370 Abs. 3 Nr. 1 AO)

Der BGH hat in seiner Entscheidung v. 02.12.2008 (1 StR 416/08, NJW 2009, 528), sein neues 551 Verständnis vom Tatbestandsbereich der besonders schweren Steuerhinterziehung im Bereich der Größe des Hinterziehungsvolumens, der Sanktion und einer sog. Strafrahmenkaskade vorgestellt; diese Entscheidung ist durch das Urteil vom 07.02.2012 (1 StR 525/11) weiter präzisiert worden. Der BGH sieht sich mit seiner entwickelten Strafrahmen-Kaskade durch die Beschlussempfehlungen und den Bericht des Finanzausschusses des Deutschen Bundestages bestätigt.

Grundlage für die Zumessung der Strafe sei bei einer Steuerhinterziehung – wie bei jeder anderen 552 Straftat auch – die persönliche Schuld des Täters. Nach Auffassung des BGH in seiner Entscheidung v. 02.12.2008 (BGH v. 02.12.2008 – 1 StR 416/08, NJW 2009, 528) kommt dem zu § 46 Abs. 2 Satz 2 StGB vorgegebenen Kriterium der „verschuldeten Auslegung der Tat" bei der Zumessung einer Strafe wegen Steuerhinterziehung i.R.d. erforderlichen Gesamtwürdigung besonderes Gewicht zu.

„Auswirkungen der Tat" seien insb. die Folgen für das durch die Strafnorm geschützte Rechtsgut. 553 Das durch § 370 AO geschützte Rechtsgut sei die Sicherung des staatlichen Steueranspruchs, d.h. des rechtzeitigen und vollständigen Steueraufkommens. Deshalb sei die Höhe der verkürzten Steuern ein bestimmender Strafzumessungsumstand. Das gelte nicht nur für die Strafrahmenwahl, § 370 Abs. 3 Satz 2 Nr. 1 AO, sondern auch für die konkrete Strafzumessung in dem Strafrahmen des § 370 Abs. 1 AO. Dass die Höhe des Hinterziehungsbetrages nicht nur ein bestimmender

Strafzumessungsfaktor, sondern darüber hinaus dann, wenn er hoch sei, ein auch für die konkrete Strafzumessung gewichtiger Strafschärfungsgrund sei, zeige insb. die gesetzgeberische Wertung in § 370 Abs. 3 Satz 2 Nr. 1 AO.

554 Der BGH hebt damit unmittelbar auf den besonders schweren Fall der Verkürzung von Steuern in großem Ausmaß ab (dazu: *Flore*, HRRS 2009, Nr. 27).

555 Dem BGH geht es im Rahmen einer allgemeinen Leitlinie zunächst um drei Kernaussagen (*Salditt*, PStR 2009, 25):

- § 46 Abs. 2 Satz 1 StGB erfordert eine Gesamtwürdigung. Bei dieser haben die verschuldeten Auswirkungen der Tat besonderes Gewicht. Deshalb ist die Höhe der verkürzten Steuer ein bestimmender Strafzumessungsgrund. Dies gilt auch für die Strafrahmenwahl im besonders schweren Fall, § 370 Abs. 3 AO;
- Zwar darf die Strafe sich nicht „tarifmäßig" an der Hinterziehungssumme orientieren. Doch kommt dem Merkmal des „großen Ausmaßes" sowohl für den Normalstrafrahmen als auch für den erhöhten Strafrahmen prägende Bedeutung zu;
- In Anlehnung an die Entscheidung des BGH v. 07.10.2003 (BGHSt 48, 360) zum Vermögensverlust großen Ausmaßes als besonders schwerer Fall des Betrugs, dort § 236 Abs. 3 Nr. 2 StGB, soll das Merkmal „in großem Ausmaß" nur dann vorliegen, wenn der Hinterziehungsbetrag in Fällen der Steuerhinterziehung durch aktives Tun 50.000,00 € übersteigt.

556 Nach Joecks (FGJ/*Joecks* § 370 Rn. 270) ist demgegenüber ein großes Ausmaß der Steuerhinterziehung „zahlenmäßig nicht zu beschreiben". Den unbestimmten Rechtsbegriff „großes Ausmaß" beschrieb der BGH in seiner Entscheidung v. 07.11.1996 noch – mit dem ebenfalls unbestimmten Begriff – „Täuschungsgebäude großem Ausmaßes" (BGH v. 07.11.1986, wistra 1987, 71). Joecks nennt als Zahl für ein großes Ausmaß Beträge „ab 50.000 €" (FGJ/*Joecks* § 370 Rn. 270).

557 Mit dem vom Bundestag am 17.03.2011 beschlossenen Schwarzgeldbekämpfungsgesetz dürfte die betragsmäßige Diskussion der Höhe des großen Ausmaßes zugunsten des BGH entschieden worden sein. Über das Schwarzgeldbekämpfungsgesetz wird die strafbefreiende Wirkung einer Selbstanzeige auf Hinterziehungsbeträge bis 50.000,00 € begrenzt und an die fristgerechte Nachzahlung der Steuerschuld geknüpft. Ist der hinterzogene Betrag höher als 50.000,00 € bleibt der Hinterzieher künftig nur dann straffrei, wenn er neben Steuern und Zinsen zusätzlich 5 % des Hinterziehungsbetrages entrichtet. Die Anknüpfung der Straffreiheit der Selbstanzeige an den Schwellenwert von 50.000,00 € im Blick auf den Strafzins von 5 % dürfte ein gewichtiges Indiz dafür sein, dass der Gesetzgeber die Wertung des BGH vom großen Ausmaß betragsmäßig teilt.

558 Bis zur Änderung des § 370 Abs. 3 AO durch das TKÜNReglG v. 21.12.2007, BGBl. I 2007, S. 3198 musste hinzukommen, dass der Täter grob eigennützig handelte. Ein solches Verhalten lag nach der Rechtsprechung dann vor, wenn der Täter sich bei seinem Verhalten von dem Streben nach eigenem Vorteil und besonders anstößigem Maße leiten ließ (BGH v. 20.11.1990, wistra 1991, 106). Mit der Neuregelung des § 370 Abs. 3 Nr. 1 AO und dem Verzicht auf das Erfordernis des groben Eigennutzes sieht der BGH offensichtlich den Weg geebnet, § 370 Abs. 3 Nr. 1 AO mit dem großen Ausmaß beim Betrugstatbestand vergleichen zu können.

559 Das Täterverhalten und damit der Erfüllungsgrad des Regelbeispiels wird vom BGH wie folgt differenziert:

- Bei großen ertragsteuerpflichtigen Einkünften bzw. umsatzsteuerpflichtigen Umsätzen wird der Grenzwert schneller erreicht sein, als bei einer wirtschaftlichen Betätigung des Steuerpflichtigen im kleinen Umfang. Eine solche „qualitative" Besonderheit soll nach der Entscheidung des BGH v. 02.12.2008 nichts an der Erfüllung des Ausmaßes der Steuerverkürzung ändern (*Salditt*, PStR 2009, 25, 26). Dies sei allenfalls auf der Ebene der Strafzumessung einzelfallgerecht zu würdigen.

- Die Betragsgrenze von 50.000,00 € ist namentlich dann anzuwenden, wenn der Täter ungerechtfertigte Zahlungen von der Finanzverwaltung erlangt.
- Beschränkt sich das Verhalten des Täters darauf, die Finanzbehörde pflichtwidrig über steuerlich erhebliche Tatsachen in Unkenntnis zu lassen, also bei Unterlassungsdelikten, führte das lediglich zu einer Gefährdung des Steueranspruchs. Hier hält der BGH eine Wertgrenze von 100.000,00 € für angemessen. Anders ist nach der Beurteilung des BGH die Sachlage indessen dann, wenn der Täter steuermindernde Umstände vortäuscht, indem er etwa tatsächlich nicht vorhandene Betriebsausgaben vortäuscht oder nicht bestehende Vorsteuerbeträge geltend macht. Denn in einem solchen Fall beschränke sich das Verhalten des Täters nicht darauf, den bestehenden Steueranspruch durch bloßes Verschweigen von Einkünften oder Umsätzen zu gefährden. Vielmehr unternehme er einen „Griff in die Kasse des Staates", weil die Tat zu einer Erstattung eines (tatsächlich nicht bestehenden) Steuerguthabens oder zum (scheinbaren) Erlöschen einer bestehenden Steuerforderung führen solle. Es bleibt dann deshalb für das gesetzliche Merkmal „in großem Ausmaß" bei der Wertgrenze von 50.000,00 € (BGH v. 15.12.2011 – 1 StR 579/11, wistra 2012, 191, 192).
- Die Schwelle des großen Ausmaßes ist für jede einzelne Tat i.S.d. § 264 StGB im materiellen Sinne gesondert zu bestimmen. Eine Ausnahme macht der BGH insofern, als dass bei tateinheitliche Verwirklichung des Tatbestandes in Gestalt der gleichzeitigen Abgabe von Erklärungen mit übereinstimmender – manipulierter – Bemessungsgrundlage, also z.B. ESt/USt, eine Addition der Beträge zulässig sei. Entscheidend sei daher im Grundsatz allein die einzelne zu beurteilende Tat i.S.d. § 52 StGB bzw. § 264 StPO (vgl. auch BGH v. 28.10.2004, wistra 2005, 30). Nur bei der gleichzeitigen Abgabe unrichtiger Steuererklärungen liege *eine Handlung* i.S.d. § 52 StGB vor; in diesem Fall sei eine Addition vorzunehmen (dagegen: FGJ/*Joecks* § 370 Rn. 271d). Bei mehrfacher tateinheitlicher Verwirklichung des Tatbestandes der Steuerhinterziehung ist das „Ausmaß" des jeweiligen Taterfolges zu addieren, da in solchen Fällen eine einheitliche Handlung i.S.d. § 52 vorliege (BGHSt 53, 71, 85; BGH v. 15.12.2011 – 1 StR 579/11, wistra 2012, 191, 192). Eine nachträgliche „Schadenswiedergutmachung" hat für die Frage, ob eine Steuerhinterziehung „in großem Ausmaß" vorliegt oder nicht, keine Bedeutung. Die Höhe des auf Dauer beim Fiskus verbleibenden „Steuerschadens" ist ein Umstand, der erst bei der Prüfung, ob die Indizwirkung des Regelbeispiels im Einzelfall widerlegt ist, und im Übrigen als bloße Zumessungserwägung in die Strafzumessung einbezogen werden kann (BGH v. 15.12.2011 – 1 StR 579/11, wistra 2012, 191, 192).

Der Begriff des Vermögensverlustes in großem Ausmaß ist nach der Rechtsprechung des BGH in der Entscheidung v. 02.12.2008 nach objektiven Gesichtspunkten zu bestimmen. Die Abgrenzung, die sich für § 263 Abs. 3 Satz 2 Nr. 2, 1. Alt. StGB wertmäßig an einem Vermögensverlust i.H.v. 50.000,00 € ausrichtet, schafft nach der vorgenannten Entscheidung „für die Praxis Rechtssicherheit" (vgl. hierzu auch: *Rolletschke/Roth*, wistra 2012, 216, 217). **560**

a) Strafrahmenkaskade

Ausgehend von der Feststellung struktureller Gleichwertigkeit des Betruges und der Steuerhinterziehung greift der BGH die Rechtsprechung zum Begriff des „großen Ausmaßes" in § 263 Abs. 3 Satz 2 Nr. 2, 1. Alt. StGB auf und kommt zu folgender Strafrahmenkaskade: **561**

1. Stufe: **562**

Hinterziehungsbetrag bis 50.000,00 €

Im Fall der Erlangung ungerechtfertigter Zahlungen vom FA, etwa bei Steuererstattungen mittels eines Umsatzsteuer-Karussells, bzw. in dem Fall, in dem sich das Verhalten des Klägers darauf beschränkt, die Finanzbehörde pflichtwidrig über steuerlich erhebliche Tatsachen in Unkenntnis zu lassen, Wertgrenze 100.000,00 €: **Geldstrafe.** **563**

564   **2. Stufe:**

Hinterziehungsbetrag oberhalb 50.000,00 € bzw. 100.000,00 € bis max. 1 Mio. €

Freiheitsstrafe mit Aussetzung zur Gewährung.

565   **3. Stufe:**

Hinterziehungsbetrag oberhalb 1 Mio. €

Freiheitsstrafe ohne Aussetzung zur Bewährung.

b) Milderungs-, Strafschärfungsgründe

566   Ist die Wertgrenze „großes Ausmaß" erreicht, muss in einem weiteren Schritt geprüft werden, ob die Besonderheiten des Einzelfalls die Indizwirkung des Regelbeispiels entkräften können. Dabei kommt es auf Umstände an, die das Unrecht der Tat oder die Schuld so deutlich vom Regelfall abwägen, dass die Anwendung des erschwerten Strafrahmens unangemessen erscheint (BGH v. 01.12.1964, BGHSt. 20, 121, 125).

aa) Milderungsgründe

567   – Ein die Indizwirkung des Hinterziehungsbetrages beseitigender Milderungsgrund ist nach Auffassung des BGH etwa gegeben, wenn sich der Täter im Tatzeitraum *„im wesentlichen steuerehrlich"* verhalten hat und die Tat nur einen verhältnismäßig geringen Teil seiner steuerlich relevanten Betätigungen betrifft. Bedeutsam sei daher das Verhältnis der verkürzten zu den gezahlten Steuern.
  – Hat sich der Täter vor der Tat über einen längeren Zeitraum steuerehrlich verhalten, sei auch dies in den Blick zu nehmen.
  – In die vorzunehmende Gesamtwürdigung sei die Lebensleistung des Täters einzubeziehen.
  – Das Verhalten des Täters nach Aufdeckung der Tat, insb. die Ablegung eines frühzeitigen Geständnisses ist zu berücksichtigen.
  – Die Nachzahlung der verkürzten Steuern oder jedenfalls das ernsthafte Bemühen hierzu sind ebenfalls kontraindiziell.

Milderungsgründe dürfen indessen nicht mit besonderen Milderungsgründen verwechselt werden. Die Nachzahlung einer geschuldeten und hinterzogenen Steuer, die ein Steuerpflichtiger nach dem Gesetz ohnehin schuldet und zu deren Zahlung er als „ehrlicher Steuerbürger ohnehin verpflichtet" gewesen wäre, verliert nach Auffassung des BGH in seiner Entscheidung vom 07.02.2012 (1 StR 525/11) sein besonderes Gewicht. Eine solche Schadenswiedergutmachung sei mit keinem besonderen persönlichen Verzicht verbunden.

bb) Strafschärfungsgründe

568   So wie die Indizwirkung der Erfüllung des Regelbeispiels des großen Ausmaßes nach Maßgabe der vorgenannten Voraussetzungen in Wegfall geraten kann, so ist nach der Rechtsprechung des BGH in der Grundlagenentscheidung v. 02.12.2008 ein Regelbeispiel in der Form des besonders schweren Falls und damit das große Ausmaß erfüllt, wenn folgende Voraussetzungen vorliegen, wobei das Vorliegen dieser Voraussetzungen zugleich gegen die Verhängung einer Geldstrafe und gegen eine zur Bewährung ausgesetzte Freiheitsstrafe sprechen soll:

569   – Gegen eine Geldstrafe oder – bei entsprechend hohem Hinterziehungsbetrag – eine aussetzungsfähige Freiheitsstrafe zur Bewährung spreche insb., wenn der Täter Aktivitäten entfalten hat, die von vornherein auf die Schädigung des Steueraufkommens in großem Umfang ausgelegt waren. Der BGH nennt als Beispiel den Täter, der unter Vorspiegelung erfundener Sachverhalte das FA „als Bank" betrachtet und in erheblichem Umfang ungerechtfertigte Vorsteuererstattungen erlangt hat.

- Strafschärfend wirke, wenn der Täter die Steuerhinterziehung in sonstiger Weise erwerbsmäßig oder gar „als Gewerbe" betreibe.
- Gleiches gelte auch für den Aufbau eines aufwendigen Täuschungssystems, der systematischen Verschleierung von Sachverhalten und der Erstellung oder Verwendung unrichtiger oder verfälschter Belege zu Täuschungszwecken.
- Strafschärfende Bedeutung habe es zudem, wenn der Täter besondere Unternehmensstrukturen aufgebaut habe, die auch der Bereicherung durch Steuerhinterziehung dienen sollen.
- Wenn der Täter das Ziel verfolgt habe, das Steueraufkommen durch wiederholte Tatbegehung über einen längeren Zeitraum nachhaltig zu schädigen.
- Wenn der Täter andere Personen verstrickt habe.
- Wenn er systematisch Scheingeschäfte getätigt oder Scheinhandlungen vorgenommen habe oder
- wenn er in größerem Umfang hochtechnische Manipulationen vorgenommen oder
- gezielt durch Einschaltung von „Domizil-Gesellschaften" im Ausland oder Gewinnverlagerungen ins Ausland schwer aufklärbare Sachverhalte geschaffen habe.
- Wenn der Täter anpassungsfähige Hinterziehungssysteme wie etwa die Umsatzsteuer-Karussell-Geschäfte geschaffen oder
- Kettengeschäfte unter Einschaltung sog. „Service-Unternehmen" oder
- illegale Arbeitnehmerüberlassungen zum Instrument der Steuerhinterziehung gemacht hat.

In einer weiteren Entscheidung v. 28.07.2010 (BGH v. 28.07.2010 – 1 StR 643/09, wistra 2011, 28, 31) hat der BGH erkannt, dass eine Verletzung von Buchführungs- und Aufbewahrungspflichten hinsichtlich der geschäftlichen Unterlagen ebenfalls ein bestimmender Strafschärfungsgrund sei. **570**

Die tatbestandliche Systematik des Regelbeispiels der Verkürzung von Steuern oder der Erlangung nicht gerechtfertigter Steuervorteile in großem Ausmaß gem. § 370 Abs. 3 Nr. 1 AO lässt sich daher im Lichte der Rechtsprechung des BGH wie folgt zusammenfassen: **571**

„(1) Die Schwelle des „großen Ausmaßes" ist grundsätzlich bei einem Steuerschaden von 50.000 € je Tat erreicht. In Unterlassungssachverhalten, in denen nur zu einer Gefährdung des Steueranspruchs kommt, ist die betragsmäßige Grenze mit 100.000 € je Tat fixiert. **572**

(2) Die Ermittlung des Schwellenwerts von 50.000 € bzw. 100.000 € hat grundsätzlich getrennt je Veranlagungszeitraum je Steuerart zu erfolgen. Nur in den Fällen, in den bei gleichzeitiger Abgabe mehrerer Steuererklärungen (z.B. der Einkommensteuer- und Umsatzsteuererklärung)"

2. Missbrauch der Befugnisse oder Stellung als Amtsträger

Nach § 370 Abs. 2 Nr. 2 AO ist ein besonders schwerer Fall i.d.R. dann gegeben, wenn der Täter seine Befugnisse oder seine Stellung als Amtsträger missbraucht. Amtsträger ist nach der Legaldefinition in § 7 AO **573**

- (1) wer Beamter oder Richter ist,
- (2) in einem sonstigen öffentlich-rechtlichen Amtsverhältnis steht oder
- (3) sonst dazu bestellt ist, bei einer Behörde oder einer sonstigen Stelle oder in deren Auftrag Aufgaben der öffentlichen Verwaltung wahrzunehmen.

Die Literatur (*Kohlmann* § 370 Rn. 1100; FGJ/*Joecks* § 370 Rn. 272, *Weyand*, wistra 1988, 180) liest in § 370 Abs. 3 Nr. 2 AO das ungeschriebene Tatbestandsmerkmal hinein, wonach nur Amtsträger einer Finanz- oder einer sonstigen mit Steuerangelegenheiten befassten Behörde in Betracht kommen. **574**

Umstritten ist, ob der für die konkrete Veranlagung zuständige Beamte der Finanzverwaltung tauglicher Täter gem. § 370 Abs. 2 Nr. 2 AO sein kann oder ob dieses Regelbeispiel nur den Fall meine, dass der Steuerpflichtige als Täter auf den Veranlagungsbeamten einwirke, folglich der Ver- **575** anlagungsbeamte kein tauglicher Täter sein könne (so ausdrücklich: FGJ/*Joecks* § 370 Rn. 272; *Kohlmann* § 370 Rn. 1101).

576   Die Begründung der Literatur, wonach Steuerhinterziehung wenigstens Unkenntnis des zuständigen Beamten verlange, hat der BGH in der Entscheidung v. 14.12.2010 – 1 StR 275/10, zurückgewiesen. Danach entfällt eine Strafbarkeit wegen vollendeter Steuerhinterziehung nach § 370 Abs. 1 Nr. 1 AO nicht dadurch, dass den Finanzbehörden die zur Steuerfestsetzung relevanten Besteuerungsgrundlagen bekannt sind.

577   Der Auffassung der Literatur ist der BGH bereits in früheren Entscheidungen entgegen getreten (BGH v. 06.06.2007 – 5 StR 127/07, PStR 07, 173).

578   Wenn die Kenntnis des für die konkrete Steuerveranlagung zuständigen Beamten der Finanzverwaltung von allen für die Steuerfestsetzung relevanten Tatsachen den tatbestandlichen Erfolg nicht ausschließt, kommt es mithin auf ein unbeschriebenes Tatbestandsmerkmal der Unkenntnis der zuständigen Beamten nicht (mehr) an. Folglich kann auch der jeweilige Veranlagungsbeamte Täter des Regelbeispiels in § 370 Abs. 3 Nr. 2 AO sein.

579   Das OLG Brandenburg hat in einem Fall geringwertigen Steuerschadens die Indizwirkung des Regelbeispiels verneint (OLG Brandenburg v. 03.03.2005, wistra 2005, 315).

3. Ausnutzung der Mithilfe eines seiner Befugnisse oder Stellung missbrauchenden Amtsträgers, § 370 Abs. 3 Nr. 3 AO

580   Eine Steuerhinterziehung in einem besonders schweren Fall liegt i.d.R. auch dann vor, wenn der Steuerpflichtige die Mithilfe eines Amtsträgers ausnutzt, der seine Befugnisse oder seine Stellung missbraucht. Der Wortlaut dieses Regelbeispiels macht deutlich, dass Täter hier nicht der Amtsträger selbst ist, sondern der Steuerpflichtige. Dieser bedient sich zur Taterfüllung des Amtsträgers. Der Amtsträger kann täterschaftlich als Mittäter oder als Teilnehmer (Gehilfe) tätig werden. Die Erfüllung des Regelbeispiels in § 370 Abs. 3 Nr. 3 AO bedingt zugleich die Erfüllung von Abs. 3 Nr. 2 AO (*Kohlmann* § 370 Rn. 1111).

581   Wesensmerkmal des Regelbeispiels in Nr. 3 ist das kollusive Zusammenwirken zwischen dem Steuerpflichtigen als Täter und dem Amtsträger als Mittäter oder Gehilfen. Davon zu unterscheiden ist der vom LG Saarbrücken entschiedene Sachverhalt, in dem der Täter davon ausging, der Amtsträger werde die Unrichtigkeit der Steuererklärung nicht erkennen, mithin als sog. undoloses Werkzeug handeln; Fall mittelbarer Täterschaft (LG Saarbrücken v. 14.07.1987, wistra 1988, 202).

582   Ausnutzen i.S.v. Abs. 3 Nr. 3 AO ist dahin gehend zu verstehen, dass dem Steuerpflichtigen bewusst ist, dass der Amtsträger missbräuchlich tätig wird, der Steuerpflichtige mithin den Unrechtsgehalt des Tuns des Finanzbeamten erkennt.

4. Fortgesetzte Steuerhinterziehung unter Verwendung nachgemachter oder verfälschter Belege, § 370 Abs. 3 Nr. 4 AO

583   Ein besonders schwerer Fall der Steuerhinterziehung liegt als Regelbeispiel vor, wenn der Täter unter Verwendung nachgemachter oder verfälschter Belege fortgesetzt Steuern verkürzt oder nicht gerechtfertigte Steuervorteile erlangt.

584   Der Täter muss nachgemachte oder verfälschte Belege verwenden. Ein Beleg ist eine Urkunde, die eine steuerlich erhebliche Tatsache dokumentiert. In Betracht kommen Buchungsbelege wie Quittungen, Rechnungen, Lieferscheine, Kassenzettel etc. Derartige Belege müssen nachgemacht oder verfälscht sein. Nachgemachte oder verfälschte Belege sind unechte Urkunden (BGH v. 16.08.1989, wistra 1990, 26). Unecht ist eine Urkunde, wenn die in ihr enthaltene Erklärung nicht von demjenigen herrührt, der sich aus ihr als Aussteller ergibt (FGJ/*Joecks* § 370 Rn. 274).

Die unechte Urkunde ist von der schlichten schriftlichen Lüge zu unterscheiden (BGH 585
v. 24.01.1998 – 3 StR 313/88, wistra 1990, 26). Eine schriftliche Lüge täuscht nicht über den
Aussteller der Erklärung, sondern über den Inhalt der Erklärung.

▶ **Beispiel:** 586

Der Steuerpflichtige reicht mit seiner Einkommensteuererklärung Rechnungen über Steuerbe-
ratungskosten ein, die ihm sein Steuerberater deutlich zu hoch als die tatsächlich erbrachten
Leistungen ausgestellt hat.
Eine solche unwahre Urkunde, die inhaltlich über die Höhe der tatsächlichen Rechnungs-
summe täuscht, ist eine schriftliche Lüge, da die Rechnung selbst weder nachgemacht, noch
vom Steuerpflichtigen verfälscht worden ist.

Steuerstrafrechtlich relevant ist nicht bereits die Zuführung einer unechten Urkunde zu den 587
Besteuerungsunterlagen, sondern erst deren ausdrückliche Verwendung. Die Aufnahme einer
unechten Urkunde in der Buchführung des Steuerpflichtigen (vgl. BGH v. 24.01.1989 – 3 StR
313/88, wistra 1989, 190) oder die Übergabe einer unechten Urkunde i.R.d. Unterlagen zur
Erstellung der Steuererklärung an den Steuerberater (vgl. BGH v. 05.04.1989 – 3 StR 87/89,
wistra 1989, 228) stellt kein tatbestandliches „Verwenden" dar. Hier kommt es darauf an, dass die
unechte Urkunde ggü. der Finanzverwaltung i.R.d. Veranlagung gebraucht wird.

Der sich aus der Erfüllung des Regelbeispiels ergebende besondere Strafrahmen ist erst dann tatbe- 588
standlich in Abs. 3 Nr. 4 AO erfüllt, wenn der Täter fortgesetzt nachgemachte oder verfälschte
Belege zum Zwecke der Verkürzung von Steuern verwendet. Fortgesetzt in diesem Sinne bedeutet,
dass der Täter zuvor in gleicher Tatausführung, mindestens zwei Steuerhinterziehungen unter Vorlage gefälschter Belege begangen hat (BGH v. 16.08.1989, wistra 1990, 26).

5. Bandenmäßige Verkürzung von Umsatz- oder Verbrauchsteuern, § 370 Abs. 3 Nr. 5 AO

Ein besonders schwerer Fall liegt i.d.R. vor, wenn der Täter als Mitglied einer Bande, die sich zur 589
fortgesetzten Begehung von Taten nach § 370 Abs. 1 AO verbunden hat, Umsatz- oder Verbrauchsteuern verkürzt oder nicht gerechtfertigte Umsatz- oder Verbrauchsteuervorteile erlangt.

Die Vorschrift wurde mit Wirkung zum 01.01.2008 durch das Gesetz v. 21.12.2007 (BGBl. I, 590
S. 3198) eingeführt. Ziel dieses Regelbeispiels ist die Bekämpfung des kriminaltypischen Phäno-
mens der bandenmäßigen Umsatzsteuer- und Verbrauchsteuerhinterziehung aufgrund des dort
regelmäßig anzutreffenden hohen Steuerschadens.

a) Bande

Eine Bande im steuerstrafrechtlichen Sinne setzt den Zusammenschluss von mindestens drei Per- 591
sonen voraus (BGH v. 22.03.2001 – GSSt 1/00, BGHSt. 46, 321).

Einziges, ausfüllendes Merkmal einer Bande ist neben der Personenanzahl von drei in diesem 592
Sinne, dass sich die Mitglieder der Bande zur fortgesetzten Begehung von Steuerhinterziehungsdelikten der Umsatz- oder Verbrauchsteuer miteinander verbunden haben. Weder bedarf es eines
„gefestigten Bandenwillens" (BGH v. 11.09.2003, NStZ 2004, 398, 399) oder eines übergeordneten Bandeninteresses (BGH v. 04.02.2004, wistra 2004, 262); noch einer gleichen Wertigkeit der
Stellung aller Bandenmitglieder; Bandenmitglieder können auch Personen sein, die lediglich
Gehilfenfunktionen haben (BGH v. 15.01.2002 – 4 StR 499/01, NJW 2002, 1662).

Familiäre Verbindungen der handelnden Personen stehen in der Annahme einer Bande nicht ent- 593
gegen (BGH v. 12.07.2006 – 2 StR 180/06, NStZ 2007, 339).

Bestimmt das Gesetz, dass besondere persönliche Merkmale die Strafe schärfen, mildern oder aus- 594
schließen, so gilt das nur für den Beteiligten (Täter oder Teilnehmer), bei dem sie vorliegen, § 28

Abs. 2 StGB. Das Bandenmerkmal bewirkt folglich immer nur für den Beteiligten eine Strafschärfung, bei dem es persönlich vorliegt (BGHSt 47, 214, 216 m.w.N.).

b) Fortgesetzte Begehung

595 Notwendig ist, dass sich die Bande zur fortgesetzten Begehung von Steuerstraftaten der Umsatz- oder Verbrauchsteuerhinterziehung verbunden hat. Ist eine solche fortgesetzte Begehung geplant, ist bereits die erste Tat für die daran Beteiligten eine bandenmäßige (BGH v. 17.05.2004, NJW 2840, 2842).

596 Maßgebend ist der in der Verbindung zur Bande zum Ausdruck kommende Wille der wiederholten Tatbegehung. Kommt dieser Entschluss erst nach einer ersten Tat zustande, wird die erste Tat nicht rückwirkend zu einer in bandenmäßiger Ausführung (BGH v. 05.08.2005, NStZ 2006, 176).

c) Umsatz- und Verbrauchsteuerhinterziehung

597 Die Erfüllung des Regelbeispiels in Nr. 5 setzt voraus, dass die Bande Umsatz- oder Verbrauchsteuern verkürzt oder nicht gerechtfertigte Umsatz- oder Verbrauchsteuervorteile erlangt. Das Regelbeispiel zielt damit ersichtlich auf die Bekämpfung der Umsatzsteuer-Karusselle ab. Die Verkürzung von Umsatz- oder Verbrauchsteuern wird durch falsche Umsatzsteuer-Voranmeldungen oder Umsatzsteuererklärungen oder z.B. Energiesteueranmeldungen herbeigeführt. Das schlichte Nichtbezahlen rechtmäßig festgesetzter zutreffender Umsatzsteuern wird von § 370 Abs. 3 Nr. 5 AO nicht erfasst und ist ausschließlich – i.R.d. bandenmäßigen Begehung – nach § 26c UStG unter Strafe gestellt.

598 Danach wird mit Freiheitsstrafe bis zu 5 Jahren oder mit Geldstrafe bestraft, wer in den Fällen des § 26b UStG erwerbsmäßig oder als Mitglied einer Bande, die sich zur fortgesetzten Begehung solcher Handlungen verbunden hat, handelt, nämlich Umsatzsteuern zum Fälligkeitszeitpunkt nicht oder nicht vollständig entrichtet, § 26b Abs. 1 UStG.

599 Anders als i.R.d. Regelbeispiels des großen Ausmaßes in § 370 Abs. 3 Nr. 1 UStG kommt es im Bereich der bandenmäßigen Hinterziehung von Umsatz- oder Verbrauchsteuern nicht auf die Erfüllung des qualifizierenden Elementes eines großen Ausmaßes, also einer betragsmäßigen Höhe an. Maßgebend für das Vorliegen des Regelbeispiels ist die bandenmäßige Begehung unabhängig von der Höhe des tatsächlich eingetretenen Steuerschadens.

600 In Einzelfällen wird bei einem äußerst geringen Hinterziehungsvolumen die Erfüllung des Regelbeispiels verneint werden können.

601 Dem Wortlaut nach ist die Anwendung des § 370 Abs. 3 Nr. 5 AO ausschließlich auf Umsatz- oder Verbrauchsteuern begrenzt. Die Frage, ob auch bei einer bandenmäßigen Hinterziehung von Ertragsteuern das Regelbeispiel des § 370 Abs. 3 Nr. 5 AO erfüllt ist, hatte die Bundesregierung im Gesetzgebungsverfahren ausdrücklich verneint (BT-Drucks. 16/5846, S. 97).

d) Täterkreis

602 Nicht jedes Mitglied der Bande muss ein Steuerpflichtiger sein. Die Tat muss lediglich als Bandenmitglied begangen worden sein; die handelnde Person muss somit lediglich in dem gemeinsamen Willen einbezogen worden sein, als Bande tätig zu werden.

F. Besondere Tatobjekte, § 370 Abs. 5 AO

603 Nach § 370 Abs. 5 AO kann die Tat der Steuerhinterziehung auch hinsichtlich solcher Waren begangen werden, deren Einfuhr, Ausfuhr oder Durchfuhr verboten ist. Diese Vorschrift erklärt sich aus dem historischen Zusammenhang, wonach bereits im Geltungsbereich der RAO streitig

war, ob die Hinterziehung von Zoll nur begrifflich beim Schmuggeln solcher Gegenstände möglich sei, deren Einfuhr erlaubt sei.

Der RFH (RFH v. 24.09.1924, RFHE 14, 251) hatte diese Frage ausdrücklich verneint. In diesem **604** Sinne hat der Gesetzgeber dann bereits in der RAO und nunmehr auch in der AO für eine Klarstellung gesorgt.

G. Hinterziehung von EU-Einfuhr- und Ausfuhrabgaben, § 370 Abs. 6 AO

Tatobjekt einer im Inland strafbaren Steuerhinterziehung können gem. § 370 Abs. 6 AO auch Einfuhr- oder Ausfuhrabgaben sein, die von einem anderen Mitgliedsstaat der EU verwaltet werden oder die einem Mitgliedsstaat der Europäischen Freihandelsassoziation oder einem mit dieser assoziiertem Staat zusteht. Dabei handelt es sich um eine materielle Strafrahmenerweiterung. Voraussetzung ist, dass die betreffende Abgabe von dem ausländischen Staat erhoben wird und ihm damit zusteht (*Kohlmann* § 370 Rn. 371). **605**

Das materielle Steuerrecht wird insoweit durch die Normen des ausländischen Staates ausgeführt. **606** Die Hinterziehung dieser, dem ausländischen Staat zugewiesenen Abgaben, richtet sich indessen nach deutschem Recht (*Kohlmann* § 370 Rn. 371).

Das gleiche gilt gem. § 370 Abs. 6 Satz 2 AO, wenn sich die Tat auf Umsatzsteuern oder auf harmonisierte Verbrauchsteuern bezieht, die von einem anderen Mitgliedsstaat der europäischen Gemeinschaften verwaltet werden. Die bislang geltende Einschränkung gem. § 370 Abs. 6 Satz 3 AO, wonach die Taten nur verfolgt werden konnten, wenn die Gegenseitigkeit z.Zt. der Tat verbürgt und dies in einer Rechtsverordnung des BMF festgestellt war, ist mit dem Wegfall des § 370 Abs. 6 Satz 3 u. 4 AO durch das JStG 2010 (BGBl. I 2010, 1768) unbeachtlich. Die Mitwirkung des Lieferanten an der Steuerhinterziehung in dem anderen Mitgliedstaat ist in Deutschland als strafbare Beihilfe erfasst. Zur Frage, ob die Verbürgung der Gegenseitigkeit objektive Berechnung der Strafbarkeit (h.M.) oder schlichte Strafverfahrensvoraussetzung war (vgl. *Tully/Merz*, wistra 2011, 121 ff.), dort auch zu den Fragen der Rückwirkung der Aufhebung der Satz 3, 4 in § 370 Abs. 6 AO (i.Ü. auch dazu: *Spatschek/Höll*, Steueranwaltsmagazin 2011, 64, 65 f.). **607**

Die Anwendbarkeit der Abs. 1 bis 5 macht deutlich, dass auch der erhöhte Strafrahmen bei der **608** Erfüllung eines Regelbeispiels des besonders schweren Falls vorliegend zur Anwendung kommt. § 370 Abs. 6 Satz 1 AO ist regelmäßig dann erfüllt, wenn falsche Ursprungserzeugnisse oder unrichtige Verzögerungsunterlagen erstellt werden (*Kohlmann* § 370 Rn. 370).

H. Geltung für Auslandstaten, § 370 Abs. 7 AO

Nach § 370 Abs. 7 AO gelten die Abs. 1 bis 6 der Vorschrift des § 370 AO unabhängig von dem **609** Recht des Tatortes auch für Taten, die außerhalb des Geltungsbereiches der AO begangen werden. Zum geschichtlichen Hintergrund der Vorschrift vgl. *Kohlmann* § 370 Rn. 380 ff.

Die Regelung gilt auch für ausländische Einfuhrabgabenhinterziehungen zulasten von Drittstaaten **610** sowie ausländische Verkürzung in von durch einen anderen EU-Mitgliedsstaat verwalteten Umsatzsteuern oder harmonisierte Verbrauchsteuern (*Kohlmann* § 370 Rn. 382).

Die Frage der Anwendbarkeit deutschen Strafrechts stellt sich insb. auch in den Fällen des Transit- **611** schmuggels. Im Zusammenhang mit dieser Vorschrift ist insb. auch Art. 54 SDÜ (BGBl. II 1993, S. 1013) zu beachten. Art. 54 des Schengener Durchführungsabkommens regelt das Verbot der Doppelbestrafung wie folgt:

„Wer durch eine Vertragspartei rechtskräftig abgeurteilt worden ist, darf durch die andere Ver- **612** tragspartei wegen derselben Tat nicht verfolgt werden, vorausgesetzt, dass im Falle einer Verurteilung die Sanktion bereits vollstreckt worden ist, gerade vollstreckt wird oder nach dem Recht des Urteilsstaats nicht mehr vollstreckt werden kann."

613 Art. 54 des Schengener Durchführungsübereinkommens (SDÜ) normiert den Grundsatz ne bis in idem. Nach der Rechtsprechung des EuGH ist für die Anwendbarkeit des Grundsatzes ne bis in idem kein unbeschränkter Strafklageverbrauch durch ein Urteil notwendig; ausreichend ist ein beschränkter Strafklageverbrauch, z.B. im Rahmen einer Einstellung nach § 153a Abs. 1 Nr. 5 StPO mit der Erfüllung der Auflagen (EuGH v. 11.02.2003 – C 187/01 – C 385/01, NJW 2003, 1173).

I. Nebenfolgen der Steuerhinterziehung

1. Keine Reisepassausstellung

614 Steuerliche Verpflichtungen, die vom Steuerpflichtigen missachtet worden sind, können einen Grund für eine Passversagung i.S.d. § 7 Abs. 1 Nr. 4 PassG sein (OVG Berlin-Brandenburg v. 11.09.2007 – 5 S 56/07). Ein Passversagungsgrund i.S.v. § 7 Abs. 1 Nr. 4 PassG ist dann anzunehmen, wenn bestimmte Tatsachen die Annahme begründen, dass der Passbewerber

– sich seinen steuerlichen Verpflichtungen entziehen oder
– den Vorschriften des Zoll- und Monopolrechts oder des Außenwirtschaftsrechts zuwiderhandeln oder
– schwerwiegende Verstöße gegen Einfuhr-, Ausfuhr- oder Durchfuhrverbote oder -beschränkungen begehen will.

615 Eine solche steuerliche Verpflichtung ist nach Ansicht des OVG Berlin-Brandenburg bereits dann zu bejahen, wenn ein vollziehbarer, nicht offensichtlich rechtswidriger Steuerbescheid – unabhängig von dessen Bestandskraft – ergangen ist (ebenso VGH Baden-Württemberg, NJW 90, 660; OVG Nordrhein-Westfalen, DVBl. 1996, 576). Ein Indiz für den sog. Steuerfluchtwillen wird in der Höhe der Steuerforderung gesehen (OVG Berlin-Brandenburg v. 09.02.2006 – 5 S 51/05). Das OVG Niedersachsen hat in seiner Entscheidung v. 04.11.2008 (11 NE 286/08, NJW 2009, 1988) den Steuerfluchtwillen gem. § 7 Abs. 1 Nr. 4, 1. Alt. PassG angenommen, wenn sich aufgrund bestimmter Tatsachen aus dem gesamten Verhalten des Passinhabers und aus sonstigen Umständen dessen Absicht ergebe, dass er sich ins Ausland absetzen wolle, um seinen steuerlichen Verpflichtungen zu entgehen. Im Entscheidungssachverhalt ging es um eine Steuerschuld i.H.v. 4,5 Mio. €. Die Höhe der Steuerschuld ist damit für die VG häufig ein Indiz für die Annahme des subjektiven Merkmals des Steuerfluchtwillens, der zum objektiven Tatbestand, der erheblichen Steuerrückstände, hinzutreten muss. Indessen muss die Versagung der Ausstellung des Passes geeignet sein, den mit ihr verfolgten Zweck einer erleichterten Begleichung der Steuerrückstände des Passinhabers tatsächlich möglich zu machen. Diese Rechtsprechung hat das OVG Berlin-Brandenburg im Beschl. v. 07.11.11 (5 N 31.08) bestätigt. In der instanzgerichtlichen Entscheidung wurde das Vorliegen des Steuerfluchtwillens mit der Begründung bejaht, es bestünden erhebliche Steuerrückstände, Begründung eines Wohnsitzes im Ausland (Argentinien) und der damit verbundenen fehlenden Erreichbarkeit.

II. Gewerbeuntersagung

616 Die mangelnde Erfüllung der steuerlichen Zahlungs- und Erklärungspflichten – in gleicher Weise wie die Missachtung der sozialversicherungsrechtlichen Verpflichtungen – kann zur Gewerbeuntersagung führen. Die Anhäufung erheblicher Verbindlichkeiten über Jahre hinweg ggü. öffentlichen Kassen und Sozialversicherungsträgern, hohe Verbindlichkeiten ggü. Kreditinstituten und das nicht ordnungsgemäße Nachkommen der gesetzlichen Erklärungspflichten ggü. der Finanzverwaltung ist nach Auffassung des OVG Saarland v. 21.06.2010 (3 A 384/09) geeignet, den Gewerbeuntersagungsbescheid zu bestätigen.

III. Widerruf der ärztlichen Approbation

Wer als Arzt dem Fiskus beharrlich Steuern in großem Umfang entzieht, verliert nach der Recht- **617** sprechung auch ohne unmittelbar berufsbezogenes Fehlverhalten das notwendige Vertrauen in die vorrangig am Wohl seiner Patienten und nicht an seiner eigenen finanziellen Lage orientierte ärztliche Berufsausübung und ist deshalb unwürdig i.S.d. BÄO (OVG Niedersachsen v. 04.12.2009 – 8 LA 197/09). Im streitgegenständlichen Sachverhalt wurde ein Augenarzt wegen Hinterziehung von ESt in fünf Fällen mit einem Steuerschaden von ca. 300.000,00 € zu einer Freiheitsstrafe von 2 Jahren auf Bewährung verurteilt. Der Vollzug der Freiheitsstrafe wurde zur Bewährung ausgesetzt. Für Vorjahre vor dem abgeurteilten Tatzeitraum hatte der Augenarzt eine Selbstanzeige abgegeben. Das OVG Niedersachsen sah keine ernstlichen Zweifel an der Rechtmäßigkeit des Widerrufs der ärztlichen Approbation. Zwar führe nicht jedes Steuervergehen zur Annahme der Unwürdigkeit i.S.d. § 3 Abs. 1 Satz 1 Nr. 2, 1. Alt. BÄO, jedoch rechtfertigt ein schwerwiegendes, beharrliches steuerliches Fehlverhalten die Annahme, dass der Betroffene als Arzt nicht tragbar sei. Das OVG Nordrhein-Westfalen hat in einer früheren Entscheidung (OVG Nordrhein-Westfalen v. 31.08.2006 – 13 A 1190/05, ZGMR 07, 51) den Widerruf der Approbation bei einer Freiheitsstrafe von mehr als 3 Jahren wegen Steuerhinterziehung bestätigt.

Diese Rechtsprechung hat das OVG Nordrhein-Westfalen in seiner Entscheidung v. 31.03.2010 **618** (13 A 2837/09) bestätigt. Danach ist – im Streitsachverhalt bei einem Zahnarzt – die berufsrechtlich noch hinzunehmende Grenze überschritten, wenn die steuerstrafrechtliche Verurteilung im Zusammenhang mit der Ausübung des Berufs steht und eine Würdigung des Gesamtverhaltens, der gesamten Persönlichkeit und der derzeitigen Lebensumstände keine positive Prognose ermögliche, die eine Gewähr für eine ordnungsgemäße Ausübung des Arztberufes bietet. Das OVG Nordrhein-Westfalen hatte eine Verurteilung wegen gemeinschaftlicher Steuerhinterziehung in mehreren Fällen für ausreichend erachtet, ein schwerwiegendes Fehlverhalten und damit eine Unwürdigkeit i.S.d. BÄO zu bejahen.

IV. Einzug des Waffenscheins

Nach § 18 Satz 1 BJagdG i.V.m. § 17 Abs. 1 Satz 1 Nr. 2 BJagdG ist die Behörde, die den Jagd- **619** schein erteilt hat, verpflichtet, diesen für ungültig zu erklären und einzuziehen, wenn nach Erteilung Tatsachen eintreten, die die Annahme rechtfertigen, der Inhaber besitze nicht die erforderliche Zuverlässigkeit. Gem. § 5 Abs. 2 Nr. 1a WaffG besitzen die erforderliche Zuverlässigkeit i.d.R. u.a. Personen nicht, die wegen einer vorsätzlichen Straftat zu einer Geldstrafe von mindestens 60 Tagessätzen rechtskräftig verurteilt worden sind, wenn seit dem Eintritt der Rechtskraft der letzten Verurteilung 5 Jahre noch nicht verstrichen sind. Das VG Münster hatte daher in seiner Entscheidung v. 05.03.2010 (L 106/10) folgerichtig eine Klage gegen eine Ungültigerklärung und Einziehung des Jagdscheins einschließlich der Aufforderung zur Rückgabe des Jagdscheins zurückgewiesen, weil der Kläger wegen Steuerhinterziehung in fünf Fällen zu einer Geldstrafe von 65 Tagessätzen verurteilt worden war. Der Regelvermutung liegt die Einschätzung zugrunde, dass derjenige, der außerhalb van Bagatelldelikten wegen vorsätzlichen Verstoßes gegen Strafvorschriften gleich welcher Deliktsart verurteilt worden ist, regelmäßig solche Zweifel an seiner Vertrauenswürdigkeit weckt, sodass die Wertung gerechtfertigt ist, der Waffenbesitz sei ein nicht hinnehmbares Risiko (PStR 2010, 213).

V. Entzug der Zulassung als Steuerberater/RA

Qualifiziert sich eine Steuerhinterziehung, was in aller Regel über die Höhe des hinterzogenen **620** Volumens bejaht werden wird, danach, dass nach den Umständen des Einzelfalls in besonderem Maße die Tat geeignet ist, Achtung und Vertrauen in einer für die Ausübung der Berufstätigkeit oder für das Ansehen des Berufs bedeutsamen Weise zu beeinträchtigen, § 89 Abs. 2 StBerG, so kann der Tatbestand der Steuerhinterziehung eine Sanktion bis zur Ausschließung aus dem Beruf nach sich ziehen (BGH, DStR 1994, 479). Nach § 10 StBerG teilt die Finanzbehörde den Kammern mit, wenn Tatsachen den Verdacht begründen, dass ein Steuerberater, ein Wirtschaftsprüfer oder ein RA seine Berufspflichten verletzt hat. § 10 Abs. 1 StBerG durchbricht ausdrücklich das Steuergeheimnis (*Bielefeld*, PStR 2008, 53). Die Mitteilungspflicht entspricht einer Ermessenreduzierung auf Null (*Weyand*, INF 2003, 598). Es besteht eine Mitteilungspflicht (7. Gesetz zur Änderung des StBerG v. 24.06.2000, BGBl. I, S. 874). Gemäß einem Erlass der obersten Finanzbehörden der Länder v. 13.08.2002 (DStR 2002, 1733, 1734) ergeht eine Mitteilung, wenn eine spätere Ahndung oder Verurteilung wahrscheinlich ist. Dies setzt einen hinreichenden Tatverdacht voraus. Bagatellverstöße werden nicht gemeldet (*Weyand*, INF 2003, 598).

VI. DNA-Feststellungen bei Steuerhinterziehung

621   Auch Straftaten der Steuerhinterziehung können Grundlage für die Anordnung einer DNA-Identitätsfeststellung gem. § 81g StPO sein (LG Saarbrücken v. 08.12.2010 – 2 Qs 26/10, wistra 2011, 79; vgl. auch: *Reichling/Maschlanka*, PStR 2011, 229 ff.).

622   Nach den Urteilsfeststellungen des LG Saarbrücken traten der Betroffene und ein belgischer Staatsangehöriger als Mitglied einer international agierenden Bande, die sich zur fortgesetzten Hinterziehung von Umsatzsteuern zusammengeschlossen hatte, unter falschen Personalien und unter Verwendung gefälschter Ausweispapiere auf. Es wurden Unternehmen in Deutschland gegründet, deren Geschäftsgegenstand der Handel mit Elektronikbauteilen und Computerspielen seien sollte. Diese Gesellschaften dienten dabei allein dem Zweck, Scheinrechnungen auszustellen und i.R.d. Umsatzsteuervoranmeldungen Vorsteuern ggü. dem FA geltend machen zu können.

623   Nach der Entscheidung des LG Saarbrücken dürfen dem Beschuldigten einer Straftat von erheblicher Bedeutung zur Identitätsfeststellung in künftigen Strafverfahren Körperzellen entnommen und zur Feststellung des DNA-Identifizierungsmusters sowie des Geschlechts molekulargenetisch untersucht werden, wenn wegen der Art oder Ausführung der Tat, der Persönlichkeit des Beschuldigten oder sonstiger Erkenntnisse Grund zu der Annahme besteht, dass gegen ihn künftig Strafverfahren wegen einer Straftat von erheblicher Bedeutung zu führen sind. Bei den von dem Betroffenen begangenen Delikten der Steuerhinterziehung handelt es sich nach Auffassung des LG Saarbrücken um Straftaten von erheblicher Bedeutung. Angesichts des Umfangs der durch den Betroffenen verursachten Steuerverkürzungen, der bandenmäßigen Begehungsweise und der Höhe der verhängten Gesamtfreiheitsstrafe (4 Jahre 6 Monate), die auf einen gesteigerten Tat- und Schuldgehalt verweisen, seien diese Voraussetzungen erfüllt. Die durch den Betroffenen begangenen Straftaten rechtfertigen zudem die Annahme, dass gegen ihn auch künftig Strafverfahren wegen Straftaten von erheblicher Bedeutung zu führen sein werden. Diese ergeben sich aus der organisierten Tatausführung sowie der Verschleierung der Identität durch Verwendung von Alias-Personalien, die auf eine erhöhte kriminelle Energie und damit auf eine gesteigerte Bereitschaft zur Begehung von Straftaten schließen ließen.

624   Auch Straftaten der Steuerhinterziehung können danach Grundlage für die Anordnung einer DNA-Identitätsfeststellung gem. § 81g StPO sein (LG Bielefeld v. 25.02.2010 – 1 Qs 78/10).

625   Gerade bei der Beteiligung an Umsatzsteuerkarussellen würden – wie auch bei den Anlasstaten des Betroffenen – regelmäßig Scheinrechnungen verwendet, um diese i.R.d. monatlichen Umsatzsteuervoranmeldungen zum unberechtigten Vorsteuerabzug zu nutzen. Deshalb sei zugleich damit zu rechnen, dass die Beteiligten auch DNA-Spuren an den Rechnungen und anderen, im Zusammenhang mit der Deliktsbegehung verwendeten Unterlagen zurückließen.

VII. Dienstrechtliche Maßnahmen

626   Mit dem Schreiben v. 20.07.2011 (IV A 3 – S 0130/08/10006 2011/0483626) hat das BMF die Anweisungen hinsichtlich der Mitteilungsverpflichtung der Finanzbehörden zur Durchführung

dienstrechtlicher Maßnahmen bei Beamten und Richtern konkretisiert. Nach Auffassung des BMF besteht ein zwingendes öffentliches Interesse in den Fällen insb. schwerer Dienstvergehen, insb. wenn zu erwarten steht, dass eine laufbahnrechtliche Zurückstufung oder eine Entfernung aus dem Dienst als Disziplinarmaßnahme verhängt werden wird.

Ein Verstoß gegen die Dienstpflichten und damit gegen ein nach Auffassung des BMF zu beja-   627
hendes zwingendes öffentliches Interesse an der Mitteilung der Finanzbehörden unter Durchbrechung des Steuergeheimnisses wird dann angenommen, wenn das in Rede stehende Delikt das
Ansehen und die Funktionsfähigkeit des Beamtentums schädigen könnte. Dies wird bei einer
Kernbereichspflichtenverletzung immer angenommen in Fällen der Steuerhinterziehung regelmäßig bei Mitarbeitern der Finanzverwaltung.

▶ **Beispiel:**   628

Ein Mitarbeiter der Finanzverwaltung wird wegen Steuerhinterziehung bestraft. Hier hat die
zuständige Straf- und Bußgeldsachenstelle dem Disziplinarvorgesetzten Mitteilung zu machen.

Bei der Prüfung, ob eine Pflichtverletzung im Kernbereich vorliegt, ist in Fällen der Steuerhinter-   629
ziehung nicht nur das vertragsmäßige Hinterziehungsvolumen der Maßstab; darüber hinaus ist
auch die Tatausführung und die Dauer der Tat (Veranlagungszeiträume) zu berücksichtigen. Ein
zwingendes öffentliches Interesse für eine Mitteilung kann auch in den Fällen eines geringen
betragsmäßigen Steuerstaates angenommen werden, wenn der Täter ein Mitarbeiter der Finanzverwaltung ist.

Der VGH Baden-Württemberg hat in einer Entscheidung v. 27.01.11 (DL 13 S 2145/10) in   630
einem Sachverhalt, in dem bei einem Finanzbeamten das steuerstrafrechtliche Ermittlungsverfahren wegen des Verdachts der Einkommensteuer-Hinterziehung für die Jahre 1999 bis 2003 aufgrund wirksamer Selbstanzeige gem. § 371 Abs. 1 AO nach Maßgabe des § 170 Abs. 2 StPO
betreffend die Jahre 1999 bis 2002 eingestellt und i.Ü. betreffend 2003 gem. § 153a StPO gegen
Zahlung einer Geldauflage eingestellt worden war, die Einstellung eines Disziplinarverfahrens
unter Hinweis auf ein zwingendes öffentliches Interesse (§ 49 Abs. 4, 6 BeamtStG, § 30 Abs. 4
Nr. 5 AO) abgelehnt. Eine wirksame Selbstanzeige führt damit zur Straffreiheit indessen nicht zur
Disziplinarverstoßfreiheit.

Das OVG Mecklenburg-Vorpommern hat in einer Entscheidung vom 11.10.2011 (10 M 154/11)
die vorläufige Dienstenthebung eines Vorstehers eines Finanzamts, der wegen Steuerhinterziehung
rechtskräftig verurteilt war, aufrechterhalten. Das LG sah es als erwiesen an, dass der Vorsteher
während der Veranlagungszeiträume 2002 bis 2006 von seiner Ehefrau dauernd getrennt lebte
und bewusst falsch in den jeweiligen ESt-Erklärungen eine Zusammenveranlagung angegeben
hatte. Dass im vorliegenden Fall eine nur sehr geringe Steuerschuld – möglicherweise nur
300,00 € – entstanden sei, sei im Blick auf die besondere Stellung des Vorstehers nicht ausschlaggebend.

VIII. Aberkennung der Gemeinnützigkeit

In einer Entscheidung v. 30.06.2011 hatte das FG Münster (9 K 2649/10 K) über die Frage zu   631
entscheiden, ob das FA einem Verein zu Recht die Gemeinnützigkeit entzogen hatte, weil wiederholt keine Steuererklärungen abgegeben wurden. Nach Auffassung des FG Münster reicht allein
die verspätete Abgabe von Steuererklärungen durch die Geschäftsführung des Vereins nicht aus,
um die Gemeinnützigkeit zu entziehen. In Abhängigkeit von der Schwere der steuerlichen Pflichtverletzung kann dies in Einzelfällen gleichwohl zur Aberkennung der Gemeinnützigkeit führen
(FG Berlin v. 24.02.97 – 8435/96, EFG 97, 1006).

IX. Personenbeförderungsschein

632   Das VG Aachen ist in einer Entscheidung v. 28.06.11 (2 K 1952/10) zu dem Ergebnis gelangt, dass eine Vorstrafe u.a. wegen Steuerhinterziehung der Erteilung einer Genehmigung zur Fahrgastbeförderung als Taxifahrer entgegenstehen kann. Die Vorstrafe ließe eine erhebliche Neigung und Bereitschaft erkennen (*Gehrmann*, PStR 2011, 277), Rechtsvorschriften zu missachten. Dies stünde der Erteilung der Erlaubnis zur Personenbeförderung entgegen.

J. Vorsatz

633   Für Steuerstraftaten gelten gem. § 369 Abs. 2 AO die allgemeinen Gesetze über das Strafrecht. Wer danach gem. § 16 Abs. 1 Satz 1 StGB bei Begehung der Tat einen Umstand nicht kennt, der zum gesetzlichen Tatbestand gehört, handelt nicht vorsätzlich. Steuerhinterziehung ist nur strafbar, wenn sie vom Täter vorsätzlich begangen worden ist.

634   Vorsatz setzt die Kenntnis des Täters von den wesentlichen Merkmalen des gesetzlichen Tatbestandes voraus. Dabei kommt es nicht auf juristische Kenntnisse vom gesetzlichen Tatbestand, sondern auf die sog. „Parallelwertung in der Laienssphäre" an (vgl. OLG Düsseldorf v. 04.09.2000 – 2b Ss 222/00-64/00, I NJW 2001, 167, 168).

635   Während der Vorsatz die Kenntnis von dem objektiven gesetzlichen Tatbestandsmerkmalen umfassen muss, ist das Unrechtsbewusstsein nicht Wesensmerkmal des Vorsatzes, da nicht Element des objektiven Tatbestandes. Wer daher nicht weiß, dass er etwas Verbotenes tut, befindet sich in einem Irrtum. Diese Rechtsfolgen werden in § 17 StGB und nicht in § 16 StGB behandelt.

636   Im allgemeinen Strafrecht werden drei verschiedene Erscheinungsformen des Tatbestandsvorsatzes behandelt:

– Absicht als stärkste Vorsatzform liegt dann vor, wenn es dem Täter gerade darauf ankommt, den Eintritt des tatbestandlichen Erfolges herbeizuführen oder den Umstand zu verwirklichen, für den das Gesetz absichtliches Handeln voraussetzt.
– Direkter Vorsatz als zweite Stufe des Vorsatzes ist dann gegeben, wenn der Täter weiß oder als sicher voraussieht, dass sein Handeln zur Verwirklichung des gesetzlichen Tatbestandes führt.
– Eventualvorsatz, sog. dolus eventualis, bedeutet, dass es der Täter ernstlich für möglich hält und sich damit abfindet, dass sein Verhalten zur Verwirklichung des gesetzlichen Tatbestandes führt.

637   Diese drei Vorsatzformen grenzen den Vorsatz von der Fahrlässigkeit, § 15 StGB, ab. Fahrlässige Steuerhinterziehung ist nicht strafbar. Im Steuerstrafrecht kommt hier allenfalls § 378 AO, die Ordnungswidrigkeit der leichtfertigen Steuerverkürzung in Betracht.

638   Mit bedingtem Vorsatz handelt, wer den Erfolgseintritt als möglich – als nicht ganz fernliegend – erkennt und ihn billigend in Kauf nimmt. In Kauf nimmt der Täter auch einen an sich unerwünschten Erfolg, mit dessen möglichen Eintritt er sich aber abfindet. Anders ist es, wenn der Täter ernsthaft – nicht nur vage – darauf vertraut, dass der Erfolg nicht eintritt (BGHR StGB § 15 – Vorsatz bedingter, 1, 2, 7).

639   Der Grad der Wahrscheinlichkeit des Erfolgseintritts ist nicht allein entscheidend. Insb. bei der Erörterung der Frage, ob der Täter den Eintritt des als möglich erkannten Erfolgs billigt, muss sich der Tatrichter mit der Persönlichkeit des Täters und allen für das Tatgeschehen bedeutsamen Umständen auseinandersetzen. In seiner Entscheidung v. 16.12.2009 (BGH – 1 StR 491/09) hat sich der BGH zur subjektiven Tatseite eines Beteiligten an einem Umsatzsteuer-Karussell geäußert. Danach sei keine Absicht und kein direkter Vorsatz des Täters notwendig. Der Täter muss auch nicht sicher erkannt haben, dass er in ein Umsatzsteuer-Karussell einbezogen worden sei. Es soll ausreichend sein, wenn der Täter angesichts der ihm bekannten Umstände seine Einbeziehung in ein Umsatzsteuer-Karussell für möglich hielt und dies auch billigte. Das ist die Selbstaufgabe

jeglichen subjektiven Tatbestandsmerkmals. Diese Konturenlosigkeit und faktische Annahme des Versatzes aus der Erfüllung des objektiven Tatbestandes, aus der – weit entfernten – Einbeziehung des Handelnden in einem tatbestandlichen Geschehensablauf ist rechtsstaatlich unzulässig und demonstriert vielmehr den Versuch des 1. Strafsenats, Rechtspolitik zu gestalten.

Der Täter verwirklicht indessen nur dann vorsätzlich ein gesetzliches Tatbestandsmerkmal, wenn **640** er dessen Sinngehalt und den des darunter zu subsumierenden Verhaltens begreift (*Ransiek*, PStR 2011, 74).

Bei normativen Merkmalen reicht es nicht aus, dass der Täter die den Begriff erfüllenden Tatsa- **641** chen kennt, sondern er muss auch den rechtlich-sozialen Bedeutungsgehalt des Tatumstandes richtig erfassen (*Wessels/Beulke* AT Rn. 243).

Nach herrschender Meinung ist ein Irrtum über die steuerlich gebotenen Pflichten, z.B. die **642** Pflicht als Arbeitgeber, Lohnsteuer anzumelden, als bloßer Verbotsirrtum nach § 17 StGB zu behandeln (*Ransiek*, PStR 2011, 75).

Einzig der Irrtum über die Tatsachen, die eine Handlungspflicht begründen, rechtfertigt die **643** Annahme eines Tatbestandsirrtums nach § 16 StGB (*Rolletschke*/Kemper § 370 Rn. 122d).

Im Fall eines Unterlassungsdelikts muss es der Täter zumindest für möglich halten und billigen, **644** dass die von ihm verschwiegenen Angaben steuerlich erheblich sind. Zum Vorsatz der Steuerhinterziehung gehört mithin, dass der Täter den angegriffenen Steueranspruch kennt und dass er ihn trotz dieser Kenntnis ggü. der Finanzverwaltung verkürzen will.

Ein den Vorsatz ausschließender Irrtum wurde in dem Fall bejaht, in dem ein Steuerpflichtiger irr- **645** tümlich annahm, der deutsche Fiskus habe aufgrund eines DBA auf sein Besteuerungsrecht verzichtet (BayObLG v. 30.01.1990 – 4 St 132/89, DStR 1990, 310).

Zu den normativen Tatbestandselementen, die i.R.d. Steuerhinterziehung nach § 370 Abs. 1 **646** Nr. 1 AO durch positives Tun im Täterwissen stehen bzw. von ihm für möglich gehalten werden müssen, gehören

– die Offenbarung unrichtiger oder unvollständiger Angaben;
– dass die unrichtigen oder unvollständigen Angaben steuerlich erhebliche Tatsachen betreffen;
– dass Adressat der unrichtigen oder unvollständigen Angaben die Finanzverwaltung oder andere Behörden sind;
– dass durch die unrichtigen oder unvollständigen Angaben kausal Steuern verkürzt oder nicht gerechtfertigte Steuervorteile erlangt werden.

Demgegenüber muss in der Unterlassungsvariante gem. § 370 Abs. 1 Nr. 2 AO vom Vorsatz des **647** Täters umfasst sein:

– dass der Täter weiß oder billigend in Kauf nimmt, die Finanzbehörde in Unkenntnis zu lassen;
– dass das in Unkenntnis lassen steuerlich erhebliche Tatsachen betrifft;
– dass das in Unkenntnis lassen pflichtwidrig ist und
– dass dadurch kausal Steuern verkürzt oder nicht gerechtfertigte Steuervorteile erlangt werden.

Sowohl in der Tätigkeits- als auch in der Unterlassungsvariante muss mithin vom Vorsatz des **648** Täters umfasst sein, dass seitens der Finanzverwaltung gegen ihn ein Steueranspruch besteht. Irrt der Täter über das Bestehen eben dieses Steueranspruchs, kommt ein den Vorsatz ausschließender Tatbestandsirrtum in Betracht (BGH v. 05.03.1986 – 2 StR 666/85, wistra 1986, 174).

Dass der Täter die Höhe des Steueranspruchs lediglich erkennen kann, ist für ein vorsätzliches **649** Handeln nicht ausreichend (BGH v. 07.04.1978 – 5 StR 48/78, StRK AO 1977, § 370 R. 4), mithin ist es auch nicht ausreichend, wenn der Täter erkennen kann, er sei in ein Umsatzsteuer-Karussell einbezogen.

650 Vertritt der Steuerpflichtige bzw. sein Steuerberater eine Rechtsauffassung, die von der feststehenden Rechtsprechung der Instanz und Obergerichte sowie von der Auffassung der Finanzverwaltung abweicht und macht er diese i.R.d. abgegebenen Erklärung nicht für den Veranlagungsbeamten kenntlich, so sieht der BGH in diesem Verhalten den bedingten Vorsatz als erfüllt an (BGH v. 10.11.1999 – 5 StR 221/99, wistra 2000, 137).

651 Der Vorsatz kann hingegen nicht mit folgender Argumentation unterstellt werden:

– der Täter habe sich besser über die Steuerpflicht informieren müssen (FG Hamburg v. 07.12.2010, PStR 11, 116),
– der Täter habe seine steuerlichen Angelegenheiten augenscheinlich einer fachlich nicht kundigen Person überlassen oder einen bestimmten amtlichen Vordruck für die Abgabe der Steuererklärung benutzt und deshalb grds. um seine Steuerpflicht positive Kenntnis gehabt (FG Münster v. 05.09.07, EFG 08, 274);
– der Täter habe einen Bericht der Betriebsprüfung – mit dessen formularmäßigen Hinweisen – nicht sorgfältig gelesen (FG Hamburg v. 06.12.2011 – VI 103/99; vgl. auch: *Adick*, PStR 2011, 245, 246).

652 Die Steuerrechtsprechung verneint einen Vorsatz auch in dem Fall, in dem der Steuerpflichtige seine steuerlichen Angelegenheiten, insb. die Erstellung einer Steuererklärung, einem als sachkundig und zuverlässig anerkannten Steuerberater – ohne eigene weitere Prüfungen – überlässt (FG München v. 20.04.2011 – 13 V 446/11).

K. Irrtum

653 Für die Irrtumsproblematik im Steuerstrafrecht gelten über § 369 Abs. 2 AO die allgemeinen Regeln des StGB. Während § 16 StGB den Tatbestandsirrtum umfasst, regelt § 17 StGB den sog. Verbotsirrtum.

654 Die Rechtsfolgen beider Irrtümer weichen erheblichen voneinander ab. § 16 Abs. 1 Satz 1 StGB schließt den Vorsatz als Merkmal des gesetzlichen Tatbestandes aus, sodass dann – mangels Strafbarkeit der fahrlässigen Steuerhinterziehung – allenfalls die Prüfung einer leichtfertigen Steuerverkürzung nach § 378 AO bleibt. Hingegen betrifft der Verbotsirrtum nach § 17 StGB die Schuldfeststellung. Hier kommt es in einer weiteren Prüfung darauf an, ob der Irrtum vermeidbar oder unvermeidbar war.

655 Gerade aufgrund der Komplexität des Steuerstrafrechts sind in der Rechtspraxis die Irrtumsproblematiken immer wieder Gegenstand der Befassung. Es ist zwischen dem

– Tatbestandsirrtum gem. § 16 StGB und dem
– Verbotsirrtum gem. § 17 StGB

zu unterscheiden.

I. Tatbestandsirrtum

656 Wer bei Begehung der Tat einen Umstand nicht kennt, der zum gesetzlichen Tatbestand gehört, handelt nicht vorsätzlich, § 16 Abs. 1 Satz 1 StGB. In den Worten des BGH (BGH v. 19.05.1989 – 3 StR 590/88, wistra 1989, 263):

657 „Zum Vorsatz der Steuerhinterziehung gehört, dass der Täter den angegriffenen Steueranspruch kennt und dass er ihn trotz dieser Kenntnis gegenüber der Steuerbehörde verkürzen will. Nimmt der Angeklagte an, dass die steuerliche Behandlung der Angelegenheit korrekt gewesen sei, liegt ein den Vorsatz ausschließender Tatbestandsirrtum vor."

658 Dabei ist für die Bejahung des Vorsatzes und damit gegen die Annahme eines den Vorsatz ausschließenden Tatbestandsirrtum ausreichend, wenn der Steuerpflichtige über die sog. „Parallelwertung in der Laienssphäre" (Bay. ObLG v. 02.12.1980 – 4 St 168/80, NDR 1981, 427) den wesentlichen Bedeutungsgehalt des Tatbestandsmerkmals erfasst hat.

Der Steuerpflichtige muss den Steueranspruch des Fiskus dem Grunde und der Höhe nach ken- **659** nen bzw. einen solchen für möglich halten; die genaue Kenntnis der Steuerart und der Anspruchs begründenden Norm ist hingegen nicht notwendig (BGH v. 17.02.1989 – 5 StR 624/97, wistra 1998, 22; OLG Karlsruhe v. 17.08.1978 – 2 Ss 183/78, BB 1979, 1134).

Ein Tatbestandsirrtum ist gegeben, wenn der Steuerpflichtige rechtsirrig davon ausgeht, der deut- **660** sche Fiskus habe in einem DBA auf sein Besteuerungsrecht verzichtet (bei ObLG v. 30.01.1990 – 4 St 132/89, wistra 1990, 202).

II. Verbotsirrtum

Fehlt dem Täter bei Begehung der Tat die Einsicht, Unrecht zu tun, so handelt er ohne Schuld, **661** wenn er diesen Irrtum nicht vermeiden konnte. Konnte der Täter den Irrtum vermeiden, so kann die Strafe nach § 49 Abs. 1 StGB gemildert werden, § 17 StGB.

Irrt der Täter dagegen über ein gesetzliches Tatbestandsmerkmal, liegt ein Tatbestandsirrtum vor, **662** sodass ein Verbotsirrtum nach § 17 StGB nicht mehr zu prüfen ist. Der Verbotsirrtum behandelt die Frage, ob der Täter das Unrecht seines Verhaltens erkennen konnte, ob er mithin davon aus- ging, sein Verhalten sei rechtmäßig oder rechtswidrig.

Straffreiheit kann der Täter gem. § 17 Satz 1 a.E. StGB indessen nur dann erreichen, wenn der Irr- **663** tum, in dem er sich befand, unvermeidbar war. Vermeidbar ist ein Verbotsirrtum, wenn der Täter trotz der ihm nach den Umständen des Falls und nach der seinem Lebens- und Lebenskreis und beruflichen Fähigkeiten zuzumutenden Anspannung seines Gewissens die Einsicht in das Unrechtmäßige seines Tuns nicht zu gewinnen vermochte (BGH v. 18.03.1952 – GSSt 2/51, BGHSt. II, S. 194, 202).

Die Rechtsprechung geht i.d.R. von der Vermeidbarkeit des Irrtums aus und hält einen Irrtum **664** nur dann für unvermeidbar, wenn ein Täter die Rechtswidrigkeit seines Handelns tatsächlich nicht erkennen konnte (*Kohlmann* § 370 Rn. 705 m.w.N.).

Nach einer neueren Auffassung in der Literatur (Graf/Jäger/Wittig/*Allgayer* § 369 Rn. 28) liegt nur **665** ein Verbotsirrtum i.S.v. § 17 StGB vor, wenn der Täter bei der rechtlichen Subsumtion irrt, also trotz vollständiger Kenntnis des Geschehensablaufs annimmt, ein verwirklichter Vorgang sei nicht steuerpflichtig (vgl. auch Hinweise in *Wulf*, Stbg 2012, 19, 20). An die Vermeidbarkeit werden dann strenge Anforderungen gestellt. Eine Vermeidbarkeit sei immer dann zu bejahen, wenn dem Täter die Möglichkeit offen stand, einen qualifizierten Rechtsrat oder auch eine Auskunft bei dem zuständigen FA einzuholen (*Wulf*, Stbg 2012, 19, 20). Zu Ende gedacht bedeutet dies, dass bei einer unrichtigen Subsumtion immer ein vermeidbarer Verbotsirrtum anzunehmen ist, da stets die Möglichkeit offen stand, eine Auskunft bei dem zuständigen FA einzuholen. Eine andere Beurtei- lung wäre wohl nur dann angezeigt, wenn zuvor eine Auskunft eines als zuverlässig eingeschätzten Steuerberaters oder RA eingeholt worden wäre. Im Ergebnis führt diese Rechtsauffassung dazu, dass die Irrtumsproblematik im Steuerstrafrecht nahezu vollständig gegenstandslos würde, d.h. die Berufung des Täters auf einen Irrtum irrelevant ist, weil ein Missverständnis steuerlicher Normen immer vermeidbar ist. Demgegenüber nimmt die bisherige Auffassung in der Literatur die gegen- teilige Position ein: Ein Täter, der über das Vorliegen eines normativen Tatbestandsmerkmals irrt, kann nicht wegen vorsätzlicher Steuerhinterziehung sanktioniert werden (*Wulf*, Stbg 2012, 21).

L. Besonderheiten einzelner Steuerhinterziehungsvarianten

I. Innergemeinschaftliche Lieferungen

666 Nach der jüngsten Entscheidung des EuGH (EuGH v. 07.12.2010 – C-285/09, wistra 2011, 99) entfällt bei einem bewussten Ermöglichen von Steuerhinterziehungen im EU-Ausland durch kollusives Zusammenwirken die Steuerfreiheit innergemeinschaftlicher Lieferungen gem. § 6a UStG. In dem durch den BGH ausgelösten Anrufungsfall des EuGH hatte der Generalanwalt in seinem Schlussantrag v. 29.06.2010 (285/09) noch eine andere Position bezogen. Der Generalanwalt vertrat die Rechtsauffassung, dass Art. 28c Teil A Buchst. a) der 6. Richtlinie keine Ausnahme von der Umsatzsteuerbefreiung vorsehe, wenn die innergemeinschaftliche Lieferung tatsächlich ausgeführt worden sei. Nachdem der BGH schon immer die Rechtsposition einnahm, dass die Steuerfreiheit innergemeinschaftlicher Erwerbe bei einem kollusiven Verhalten nicht schutzwürdig sei und daher – wenn sämtliche Merkmale des objektiveren, insb. auch des subjektiven Tatbestandes erfüllt seien – der Tatbestand der Steuerhinterziehung gegeben ist, kam der EuGH zunächst zu einer differenzierteren Auffassung. Dabei vertrat der EuGH in seiner bisherigen Rechtsprechung, dass ein innergemeinschaftlicher Erwerb und damit eine USt-Steuerfreiheit anzunehmen sei, wenn feststehe, dass das Wirtschaftsgut der Warenbewegung tatsächlich im Mitgliedsstaat angekommen ist. Die Buch- und Belegnachweise wurden nicht als Tatbestandsmerkmale eingestuft. Über diesen Weg hatte zunächst der BFH versucht, die Steuerfreiheit des innergemeinschaftlichen Erwerbs zu versagen. Nach Auffassung des Generalanwalts sehe die Richtlinie auch in den Fällen keine Ausnahme von der Steuerfreiheit vor, wenn aufgrund objektiver Umstände feststehe, dass der Steuerpflichtige

667 – wusste, dass er sich mit der Lieferung an einen innergemeinschaftlichen Erwerb beteiligt, der nur darauf angelegt ist, Umsatzsteuern zu hinterziehen oder
  – Handlungen vorgenommen hat, die objektiv darauf abzielten, die Person des Warenerwerbers zu verschleiern, um diesem oder einem Dritten zu ermöglichen, USt zu hinterziehen.

668 Der EuGH hat die Rechtsansicht des BGH indessen bestätigt (EuGH v. 07.12.2010 – C-285/09). In dem zugrunde liegenden Sachverhalt ermöglichte es der Angeklagte, Händlern in Portugal durch Verschleierung der tatsächlichen Käufer USt zu hinterziehen, in dem er Scheinrechnungen auf Scheinkäufe ausstellte, deren Umsatzsteuer-Identifikationsnummer sowie der Zusatz „Steuerfreie innergemeinschaftliche Lieferung nach § 6a UStG" angab und suggerierte, die USt werde in Portugal entrichtet.

669 Der Angeklagte wurde erstinstanzlich wegen Steuerhinterziehung zu einer Freiheitsstrafe verurteilt. Der BGH vertrat die Rechtsauffassung, die tatbestandlichen Voraussetzungen der Annahme einer steuerfreien innergemeinschaftlichen Lieferung seien zu verneinen, da sich der Angeklagte missbräuchlich auf das Gemeinschaftsrecht berufe. Das im Verfahren angerufene BVerfG hatte zwischenzeitlich den Vollzug der Freiheitsstrafe aufgesetzt (BVerfG v. 23.07.2007 – 2 BvR 542/09).

670 Der EuGH folgte in dieser konkreten Entscheidung dem BGH, wonach keine steuerbefreite innergemeinschaftliche Lieferung vorliege. Ein Steuerpflichtiger, der sich vorsätzlich an einer Steuerhinterziehung beteilige und damit faktisch die Funktionsfähigkeit des innereuropäischen Umsatzsteuer-Systems gefährde, könne sich nicht auf die EG-Richtlinie berufen. Auch in dem Fall, in dem tatsächlich eine Warenbewegung i.d.F. einer innergemeinschaftlichen Lieferung stattgefunden habe, der Lieferer jedoch die Identität des tatsächlichen Erwerbers verschleiere, um diesen auf diese Weise die Hinterziehung von USt zu ermöglichen, könne ein Mitgliedsstaat die Steuerbefreiung versagen.

671 Die Entscheidung des EuGH weist sachverhaltsbedingt etliche Besonderheiten auf, die den EuGH veranlassen mussten, dies mit Formulierungen wie „im Ausgangsfall" oder „unter Umständen wie dem des Ausgangsfalls" deutlich zu machen. Gleichwohl steht zu erwarten, dass die Strafrechtsjustiz in vergleichbaren Fällen kollusiven Verhaltens die objektiven und subjektiven Tatbestandsmerkmale einer Steuerhinterziehung bejahen werden (zweifelnd: *Höink/Adick*, PStR 2011, 37, 39 f.).

Auch der Gesetzgeber hat reagiert. Mit dem Jahressteuergesetz 2010 (BGBL I 2010, 1768) wurde   672
§ 370 Abs. 6 AO dahin gehend geändert, dass die bislang bestehende Notwendigkeit gem. Abs. 6
Satz 2 – Verbürgung der Gegenseitigkeit – bei Umsatzsteuerhinterziehungstaten entfallen ist. Die
Sätze 3 und 4 des bisherigen § 370 Abs. 6 AO wurden ersatzlos aufgehoben.

Jedenfalls dann, wenn derjenige, für den eine Lieferung ausgeführt wird, weiß, dass diese Teil   673
eines auf Hinterziehung von USt angelegten Systems ist, so ist er hinsichtlich dieser Lieferung
nicht als Unternehmer i.S.d. § 15 UStG tätig. Macht er dennoch die in einer Rechnung für diese
Lieferung ausgewiesene USt nach § 15 UStG als Vorsteuer geltend, begeht er eine Steuerhinterziehung (BGH v. 08.02.2011 – 1 StR 24/10). Der BGH hat in dieser Entscheidung die Rechtsfrage
bejaht, ob eine Verurteilung wegen Steuerhinterziehung erfolgen kann, wenn dem Unternehmer
nach den vom EuGH aufgestellten Grundsätzen (EuGH v. 06.07.2006 – C 439/04, PStR 2007,
221) das Recht auf Vorsteuerabzug zu versagen ist (*Sackreuther*, PStR 2011, 108).

Im Urteilssachverhalt wurden zum Schein Fakturierungsketten aufgebaut, die den Abzug von in   674
Rechnungen ausgewiesener USt als Vorsteuer ermöglichen sollten. Zu diesem Zweck wurden
jeweils mindestens zwei Gesellschaften vorgeschaltet, deren Aufgabe im Wesentlichen darin
bestand, Rechnungen mit ausgewiesener USt zu erstellen. Irgendeinen unternehmerischen Spielraum hatten die Gesellschaften dabei nicht, die Rechnungen waren ihnen zuvor von den Angeklagten samt Lieferpapieren übersandt worden. Die Rechnungssummen waren dabei planmäßig so
gewählt, dass ein Umsatzsteuergewinn erwirtschaftet wurde, der verschleiert an Gesellschaften im
Ausland transferiert werden konnte.

Das erste Unternehmen der Kette erwarb die Waren aufgrund einer innergemeinschaftlichen Lie-   675
ferung umsatzsteuerfrei von Unternehmen aus anderen EU-Staaten. Das erste Unternehmen veräußerte dann die Waren an ein anderes, in Deutschland ansässiges Unternehmen. Der Nettoaus-
gangsrechnungsbetrag wurde entsprechend aufgepreist. Die in diesen Rechnungen ausgewiesene
USt wurde von der ersten Gesellschaft der jeweiligen Kette weder angemeldet noch abgeführt.

Der BGH hat den Vorsteuererstattungsanspruch nach § 15 Abs. 1 Satz 1 Nr. 1 UStG verneint. Ein   676
Vorsteueranspruch setze voraus, dass in Rechnungen gem. § 14 UStG für Lieferungen eines anderen Unternehmers, § 2 Abs. 1 UStG an den Unternehmer, der den Vorsteuerabzug geltend macht,
gesondert USt ausgewiesen ist. Die in den Fakturierungsketten den den Vorsteuerabzug geltend
machenden Unternehmen vorgeschalteten Gesellschaften waren im Urteilssachverhalt in diesem
Sinne nach Auffassung des BGH keine Unternehmer, sondern nicht als Unternehmer einzustu-
fende Strohmänner.

Bei der Entscheidung darüber, ob umsatzsteuerrechtlich ein Unternehmen vorliege, ist nach der   677
Rechtsprechung des BGH die Gesamtheit der Gegebenheiten des Einzelfalls den Umständen
gegenüberzustellen, unter denen gewöhnlich eine entsprechende vergleichbare wirtschaftliche
Tätigkeit ausgeübt wird (vgl. auch EuGH v. 26.09.1996 – C-230/94, Rn. 28, 30). Entscheidend
sei daher, ob die hier jeweils den grds. vorsteuerabzugberechtigten Unternehmen vorgeschaltete
Gesellschaft als Teil der Lieferkette wie ein typischer Händler gehandelt habe. Das Bild des Handelns sei dabei durch die wiederholte Anschaffung und Veräußerung von Wirtschaftsgütern i.S.e.
marktmäßigen Umschlags von Sachwerten gekennzeichnet. Der BGH hat dies verneint. Die
Unternehmen hätten vielmehr ohne eigenen Spielraum im Wesentlichen nur vorgegebene Rechnungen auszustellen. Der BGH hat auch das subjektive Tatbestandsmerkmal bejaht. Den Angeklagten sei bekannt gewesen, dass sich die Unternehmen durch den zumindest auf dem Papier
erfolgten Erwerb der in den Lieferketten fakturierten Waren an Umsätzen beteiligten, die in
Umsatzsteuerhinterziehungen einbezogen waren. Damit liege ein betrügerischer Missbrauch vor,
da sich der Steuerpflichtige bewusst an einem in einem Mehrwertsteuer- bzw. Umsatzsteuerhinterziehung einbezogenen Umsatz beteilige. Es komme dabei nicht darauf an, ob er auch schon die
frühere Umsatzsteuerhinterziehung selbst begangen habe, sondern es genüge, wenn ihm diese
bekannt sei (BGH v. 08.11.2011 – 1 StR 24/10, Rn. 23). Das Vorliegen eines Unternehmers i.S.d.
§ 15 Abs. 1 UStG sei bei solcher wirtschaftlicher Betätigung zu verneinen, die sich durch bewusste

Beteiligung an und bewusste Ausnutzung von anderweitigen Steuerstraftaten steuerrechtliche Vorteile verschafften, wie im Streitsachverhalt „Umsatzsteuergewinne" auf der Grundlage von Umsatzsteuerhinterziehungen, die innerhalb einer eigens zu diesem Zweck geschaffenen Lieferkette begangen wurden.

678 Der BGH hat in seiner Entscheidung v. 20.10.11 (1 StR 41/09) die bisherige strenge Rechtsprechung bestätigt und die Voraussetzungen für die Steuerfreiheit einer innergemeinschaftlichen Lieferung mit zwei verschiedenen Begründungsmustern versagt:

– im Fall einer beiderseitigen kollusiven Täuschung über den tatsächlichen Abnehmer fehle es tatbestandlich bereits an den Voraussetzungen einer Steuerbefreiung gem. § 6a Abs. 1 Satz 1 Nr. 3 UStG;
– ein Verstoß gegen die Buch- und Belegpflichten aus § 6a Abs. 3 UStG i.V.m. §§ 17a, 17c UStDV mit dem Ziel der Täuschung über den wahren Abnehmer stehe einer Steuerbefreiung ebenfalls entgegen.

679 Der BGH sieht das letzte Argument nicht durch die Entscheidung des EuGH v. 27.09.07 (*Albert Collée*, C-146/05, DStR 2007, 1811) als gegenstandslos an. Zwar habe der EuGH bei Mängeln des Buch- und Belegwesens die Steuerfreiheit einer innergemeinschaftlichen Lieferung in dem Fall anerkannt, in dem der Gegenstand der Warenbewegung tatsächlich im Ausland angekommen war, jedoch sei zumindest steuerstrafrechtlich die Berufung auf diese Ausnahme verwehrt, wenn der Verstoß gegen die Nachweispflichten dazu diene, den „sicheren Nachweis" über die tatsächliche Identitäten des Abnehmers zu verschleiern (vgl. auch *Adick*, PStR 2012, 9, 11). Die Literatur (*Adick*, PStR 2012, 9, 11) bemängelt an dieser Entscheidung des 1. Strafsenats einmal mehr die Konturenlosigkeit der Begrifflichkeit. Wenn der BGH die Rechtsprechung des EuGH mit dem Argument aushebeln zu können glaubt, dass in den Fällen, in denen die Verschleierung „Züge einer Mehrwertsteuerhinterziehung" habe, die Steuerfreiheit einer innergemeinschaftlichen Lieferung zu versagen und der Tatbestand der Steuerhinterziehung gem. § 370 AO zu bejahen sei, so ersetzt dieses „diffuses" (*Adick*, PStR 2012, 9, 11) Begründungsmuster keine notwendigen Feststellungen. Adick weist (PStR 2012, 9, 11) zu Recht auf die Rechtsprechung des BFH hin, wonach „allein der Hinweis auf ein Karussellgeschäft keine tatsächlichen Feststellungen ersetzt" (BFH v. 17.02.2011 – V R 30/10, PStR 11, 217).

680 Der BGH liegt damit auf der Linie des BFH. Auch dieser versagt den Vorsteuerabzug, wenn aufgrund objektiver Umstände feststeht, dass der Steuerpflichtige wusste oder wissen konnte bzw. hätte wissen müssen, dass er sich mit seinem Erwerb an einem Umsatz beteilige, der in eine Umsatzsteuerhinterziehung einbezogen war (BFH v. 19.05.2010 – XI R 78/07). Der BFH hatte einen Sachverhalt zu beurteilen, in dem die Klägerin des Ausgangsverfahrens als sog. Buffer II in ein europaweites Umsatzsteuer-Karussell eingebunden war. Dabei wurden die Waren aus einem anderen EU-Mitgliedstaat als innergemeinschaftliche Lieferung steuerfrei an einen für die Finanzverwaltung nicht greifbaren Erwerber, sog. Missing-Trader, in Deutschland geliefert. Dieser Missing-Trader veräußerte die Ware an ein weiteres Unternehmen in der Kette, den sog. Buffer I, der wiederum den in der Rechnung des Missing-Traders ausgewiesenen Umsatzsteuer-Betrag als Vorsteuer gem. § 15 Abs. 1 UStG geltend machte. In der Kette veräußerte dann das als Buffer I bezeichnete Unternehmen die Ware an den weiteren Erwerber, hier den Buffer II. Auch dieser machte den Vorsteuerabzug gem. § 15 Abs. 1 UStG geltend und veräußerte die Ware anschließend an den weiteren Erwerber, den sog. Distributor, der wiederum nach erneutem Vorsteuerabzug die Ware als innergemeinschaftlichen Erwerb über die Grenze in einen anderen Mitgliedstaat veräußerte. Diese Warenbewegung „beschleunigt" sich bei dem Handel von z.B. CO_2-Zertifikaten noch entsprechend, sodass es zu sog. Mehrfach-Durchläufen kommen kann.

681 Der BFH versagte den Vorsteuerabzug gem. § 15 Abs. 1 UStG, obwohl ordnungsgemäße Rechnungen i.S.d. § 14 UStG vorgelegt worden waren. Man könne den Umsatz der Klägerin des Ausgangsverfahrens nicht isoliert betrachten. Stehe aufgrund objektiver Umstände fest, dass der Steuerpflichtige wusste oder wissen konnte bzw. hätte wissen müssen, dass er sich mit einem Erwerb

an einem Umsatz beteilige, der in eine Umsatzsteuerhinterziehung einbezogen sei, entfalle das Recht zum Vorsteuerabzug. Dies sei auch dann gegeben, wenn das Unternehmen, das den Vorsteuerabzug geltend macht, „relativ weit entfernt" von dem Unternehmen in der Lieferkette stehe, welches die USt nicht abgeführt habe.

BGH und BFH lassen es ausreichen, dass die am Ende der Lieferketten stehenden Gesellschaften **682** auf der Grundlage der Rechtsprechung des EuGH keine Unternehmen i.S.d. UStG sind. Bereits daran scheitere der Vorsteuerabzug gem. § 15 Abs. 1 UStG. Der BGH lässt in seiner o.a. Entscheidung ausdrücklich offen, ob das Recht zum Vorsteuerabzug bereits auch mit der Begründung zu verneinen sein könnte, dass unter den gegebenen Umständen (trotz möglicherweise durchgeführter Warenbewegung i.S.d. § 3 Abs. 1 UStG) auch keine Lieferung im umsatzsteuerrechtlichen, zum Vorsteuerabzug berechtigenden Sinne vorliege (BGH v. 08.11.2011 – 1 StR 24/10, Rn. 25; unter Hinweis auf BFH/NV 2011, 81). Kommt es nicht darauf an, ob tatsächlich eine Warenbewegung ausgeführt worden ist und ist es vielmehr ausreichend, dass der Angeklagte um das Hinterziehungssystem wusste, können Beweisanträge, die auf den Nachweis tatsächlich erfolgter Lieferungen zielen, wohl regelmäßig wegen Bedeutungslosigkeit abgelehnt werden (*Sackreuther*, PStR 2011, 108, 109).

Nach Auffassung des BFH (BFH v. 05.08.2010 – V R 13/09) ist zudem die EuGH-Rechtspre- **683** chung, wonach eine hinterziehungsbehaftete „Lieferung" (= Warenbewegung) keine Lieferung i.S.d. UStG darstelle, nur für den Vorsteuerabzug gem. § 15 Abs. 1 UStG und dessen Versagung von Bedeutung, nicht jedoch für die Besteuerung von Ausgangsumsätzen. Die zum Zwecke der Steuerhinterziehung ausgeführten Lieferungen seien ertragsteuerlich der Besteuerung zugrunde zu legen. Die EuGH-Rechtsprechung, wonach die objektiven Kriterien einer Lieferung im Fall einer Steuerhinterziehung nicht vorliegen, begründet zwar einen eigenständigen Vorsteuerversagungsgrund, für die ertragsteuerliche Besteuerung von Auslandsumsätzen sei dies aber ohne Bedeutung.

II. Einfuhrumsatzsteuer

Die Einfuhrumsatzsteuer ist eine Verbrauchsteuer i.S.d. AO, § 21 Abs. 1 UStG. Für die Einfuhr- **684** umsatzsteuer gelten die Vorschriften für Zölle sinngemäß, § 21 Abs. 2 UStG.

Der Unternehmer kann gem. § 15 Abs. 1 Nr. 2 UStG die einrichtete Einfuhrumsatzsteuer für **685** Gegenstände, die für sein Unternehmen nach § 1 Abs. 1 Nr. 4 UStG eingeführt worden sind, als Vorsteuer abziehen.

Im Bereich der EUSt ist die EUSt-Befreiungsverordnung v. 11.08.1992 (BGBl. I 1992, 1526) zu **686** beachten.

Die gesetzliche Formulierung in § 1 Abs. 1 EUStBV *„vorbehaltlich der §§ 1a bis 10"*, macht deut- **687** lich, dass diese Regelungen als lex speciales vorrangig zu prüfen sind. § 10 EUStBV regelt die Einfuhrumsatzsteuerfreiheit von Behältnissen und Verpackungen. Die Einfuhrumsatzsteuerfreiheit von Verpackungsmitteln hängt davon ab, dass ihr Wert in die Bemessungsgrundlage für die Einfuhr einbezogen wurde.

Die Steuerfreiheit gilt gem. § 10 Abs. 2 EUStBV auch für die Einfuhr von Behältnissen und **688** befüllten Verpackungen, wenn sie für die mit ihnen gestellten oder in ihnen verpackten Waren üblich sind oder unabhängig von ihrer Verwendung als Behältnisse oder Verpackung keinen dauernden selbstständigen Gebrauchwert haben.

Darüber hinaus ist § 15 EUStBV zu beachten. Danach wird Einfuhrumsatzsteuer nicht festgesetzt **689** für Gegenstände, die nur der Einfuhrumsatzsteuer unterliegen, wenn sie weniger als 10,00 € beträgt und nach § 15 Abs. 1 Nr. 2 UStG als Vorsteuer abgezogen werden könnte.

690 Dieser gesetzlichen Regelung liegt die Erwägung zugrunde, dass bei Warenlieferungen die Verpackungen, die üblicherweise als Umschließungen die Waren im Transport schützen, nicht gesondert der Einfuhrumsatzsteuer unterliegen sollen.

691 Die Einfuhrumsatzsteuer wird fällig bei der Einfuhr eines Gegenstandes in das Gemeinschaftsgebiet. Zugleich entsteht in diesem Zeitpunkt dem Unternehmer ein Vorsteuererstattungsanspruch gem. § 15 Abs. 1 Nr. 2 UStG. Damit wird in einer Handlung – Gestellung des Gegenstandes der Einfuhr – Einfuhrumsatzsteuer fällig wie zugleich ein Vorsteuererstattungsanspruch begründet, dessen konkrete Umsetzung von der folgenden Umsatzsteuervoranmeldung schlussendlich nur noch abhängt. Damit kommt in diesen Fällen das Kompensationsverbot gem. § 370 Abs. 4 Satz 3 AO nicht zur Anwendung. Es besteht ein enger, unmittelbarer wirtschaftlicher Zusammenhang zwischen der Entstehung der Zahllast von Einfuhrumsatzsteuer und dem Vorsteuererstattungsanspruch gem. § 15 UStG.

III. Liechtensteinische Stiftungen

692 Die Rechtsprechung des Fürstlichen Liechtensteinischen Obersten Gerichtshofs sieht es nicht als Widerspruch zu dem das liechtensteinische Stiftungsrecht beherrschenden sog. Erstarrungsprinzip, wenn sich der Stifter in den Statuten Interventions- und Gestaltungsrechte vorbehält (vgl. auch *Söffing*, Liechtenstein-Journal 3/2010, 76 ff.).

693 Dieses Erstarrungs- oder auch Trennungsprinzip, also der Selbstständigkeit des liechtensteinischen Vermögens nach liechtensteinischem Recht ggü. dem Stifter hat der BFH schenkungsteuerlich in der Entscheidung v. 28.06.2007 (BFH v. 28.06.2007 – II 21/05, BStBl. II 2007, S. 669) im Fall der sog. transparenten Stiftung durchbrochen.

694 Behält sich der Stifter die Gründerrechte vor, liegt eine sog. transparente Stiftung vor. Die transparente Stiftung ist eine Besonderheit liechtensteinischen Rechts und geht auf die Möglichkeit zur Durchbrechung des Trennungs- und Erstarrungsprinzips durch den Stifter zurück (*Jakob/Studen*, Liechtenstein-Journal 2011, 15, 16).

695 Der Stifter kann sich in der Stiftungsurkunde genuine Stifterrechte (*Jakob/Studen*, Liechtenstein-Journal 2011, 15, 16) vorbehalten, insb. das Recht zur Änderung des Zwecks und der Statuten (Beistatuten). Macht der Stifter hiervon Gebrauch, wird die Stiftung schenkungsteuerlich nicht als selbstständiges Vermögen anerkannt, da eine transparente Stiftung vorliegt. Schenkungsteuerlich kann der Stifter nach wirksamer Stiftungsgründung über das Stiftungsvermögen wie über sein eigenes Vermögen verfügen, insofern ist der Stifter nicht entreichert, folglich ist in der Zuführung der Mittel für die Errichtung der Stiftung kein schenkungsteuerpflichtiger Tatbestand zu sehen.

696 Der schenkungsteuerlichen Rechtsprechung folgen nunmehr zwei Entscheidungen des OLG Düsseldorf v. 30.04.2010 (OLG Düsseldorf v. 30.04.2010 – 22 U 126/06) und OLG Stuttgart (OLG Stuttgart v. 29.06.2009 – 5 U 40/09) in ertragsteuerlicher Hinsicht und kommen auch insoweit zu einer Durchbrechung des Trennungsprinzip aufgrund des Vorliegens einer transparenten Stiftung.

697 Auch wenn die Stiftung nach liechtensteinischem Recht wirksam errichtet worden ist – und damit nach liechtensteinischem Verständnis das Trennungsprinzip gilt – kommt die oberlandesgerichtliche Rechtsprechung zur Durchbrechung in den Fällen einer transparenten Stiftung, also insb. in den Fällen, in denen sich der Stifter vorbehalten hat, auf den Stiftungszweck und auf die Statuten Einfluss zu nehmen.

698 In der Praxis ist hierbei von Bedeutung, dass sich der Stifter häufig vorbehält, den Zweitbegünstigten oder den Erstbegünstigten auch nach Errichtung der Stiftung noch zu ändern. In all diesen Fällen liegt eine transparente Stiftung vor. Diese Transparenz führt dazu, dass kein schenkungsteuerpflichtiger Tatbestand anzunehmen ist, dass im Bereich möglicher hinterzogener Einkünfte aus Kapitalvermögen (nur) die Einkünfte aus Kapitalvermögen/privaten Veräußerungsgewinnen dem

Stifter fortwährend im Inland zuzurechnen sind, allerdings führt dies in zivilrechtlicher Hinsicht dazu, dass das Trennungsprinzip durchbrochen wird und damit die liechtensteinische Stiftung nicht zu einer Vermögensabschirmung, insb. bei nicht berücksichtigtem Erben, führt.

Überlässt der Stifter dagegen z.B. dem Stiftungsrat das Recht, die Satzung zu ändern, liegt eine **699** sog. intransparente Stiftung vor. Dies hat in den Fällen einer verschwiegenen Vermögensanlage erhebliche steuerliche Konsequenzen. Die intransparente Stiftung ist auch nach deutschem Verständnis als selbstständiges Steuerrechtssubjekt zu behandeln, sodass die Mittel, die für die Gründung der Stiftung aufgewandt wurden, der Schenkungsteuerpflicht unterliegen.

IV. Erbschaft-, Schenkungsteuerhinterziehung

Das Erbschaft- und Schenkungsteuergesetz ist durch einen steuerstrafrechtlich irrelevanten Dualis- **700** mus gekennzeichnet: Der eigentlichen Veranlagung nach Abgabe einer Erbschaft- und Schenkungsteuererklärung ist eine Anzeigerpflicht vorgeschaltet.

Jeder der Erbschaftsteuer unterliegende Erwerb ist vom Erwerber gem. § 30 Abs. 1 ErbStG binnen **701** einer Frist von 3 Monaten nach erlangter Kenntnis dem für die Verwaltung der Erbschaftsteuer zuständigen FA schriftlich anzuzeigen. Die Anzeigepflicht wird in schenkungsteuerpflichtigen Sachverhalten gem. § 30 Abs. 2 ErbStG auch auf den Schenker erweitert.

Die Anzeigepflicht ist nach § 30 Abs. 3 ErbStG suspendiert, wenn der Erwerb auf einer von einem **702** deutschen Gericht, einem Notar eröffneten Verfügung von Todes wegen beruht und sich aus der Verfügung das Verhältnis des Erwerbers zum Erblasser unzweifelhaft ergibt.

Eine Anzeige bedarf es auch nicht, wenn eine Schenkung unter Lebenden notariell beurkundet **703** worden ist, § 30 Abs. 3 ErbStG. Dem liegt die Überlegung zugrunde, dass die Finanzverwaltung in diesen Fällen über die Mitteilungspflichten des Notars oder der Versicherungsgesellschaften, §§ 33, 34 ErbStG, ohnehin vom Erbanfall oder von der Schenkung Kenntnis erhalten hat.

Der Anzeigepflicht auf der ersten Stufe folgt gem. § 31 ErbStG auf der zweiten Stufe die Ver- **704** pflichtung zur Abgabe einer Steuererklärung, sofern das FA selbige anfordert.

Steuerstrafrechtlich ist sowohl die unterlassene Anzeige gem. § 30 ErbStG als auch die Nichtab- **705** gabe einer Erbschaft- oder Schenkungsteuererklärung gem. § 31 ErbStG als Steuerhinterziehung durch Unterlassen gem. § 370 Abs. 1 Nr. 2 AO zu qualifizieren (vgl. auch *Rolletschke/Kemper* § 370 Rn. 213; *Wannemacher* Rn. 1166 ff.).

Überträgt der Inhaber eines im Ausland unterhaltenen Depots durch Umschreibung des Kontos **706** vom bisherigen Einzelkonto auf ein „Und"-Konto die Valuta hälftig auf seinen Ehepartner und ist das hälftige Depotvolumen größer als der schenkungsteuerliche Freibetrag, so ist sowohl der übertragende Ehemann als Schenker als auch die in die Kontoverbindung mit aufgenommene Ehefrau als Beschenkte verpflichtet, dem FA diesen Tatbestand anzuzeigen. Wird dieser Verpflichtung zur Anzeige nicht nachgekommen, ist der Tatbestand der Steuerhinterziehung durch Unterlassen gem. § 370 Abs. 1 Nr. 2 AO erfüllt.

In gleicher Weise ist eine Steuerhinterziehung durch Unterlassen gegeben, wenn der Erbe bislang **707** verschwiegenen Vermögens im Ausland es unterlässt, im Erbfall dem Erbschaftsteuer-Finanzamt eine entsprechende Anzeige zu erstatten. Hierbei ist insb. zu beachten, dass das schweizerische und liechtensteinische Recht keine postmortalen Vollmachten kennt, mithin zu Lebzeiten erteilte Vollmachten zur Verfügung über Konten und Depots in der Schweiz und in Liechtenstein mit dem Tode untergehen, sodass die Anzeigeverpflichtung gem. § 30 ErbStG den Erben trifft.

Die strafrechtliche Verfolgungsverjährung ist in Erbschaftsteuerfällen im Fall des Todes des Erblas- **708** sers naturgemäß irrelevant, sodass den Erben die Verpflichtung trifft, das ererbte Vermögen und die vom Erblasser hinterzogenen Einkünfte aus Kapitalvermögen bzw. hinterzogenen privat Veräußerungsgewinne zuzüglich Hinterziehungszinsen nachzuversteuern.

709 Hinterlässt der Erblasser Vermögen, gebunden in einer transparenten liechtensteinischen Stiftung, also in einer liechtensteinischen Stiftung, in der er sich vorbehalten hatte, auch nach Stiftungserrichtung auf die Stiftungssatzung und insb. auf die Auswahl der erst- und zweitbegünstigten Einfluss zu nehmen, entsteht mit der Errichtung der Stiftung kein schenkungsteuerpflichtiger Tatbestand, sodass im Erbfall (lediglich) das in der Stiftung gehaltene, auf den jeweiligen Begünstigten übergegangene Vermögen erbschaftsteuerpflichtig ist. Dieser Vorgang ist naturgemäß anzeigepflichtig.

710 Auch eine insoweit unterlassene Anzeige erfüllt den Tatbestand der Erbschaftsteuerhinterziehung gem. § 370 Abs. 1 Nr. 2 AO durch Unterlassen.

711 Der erbschaftsteuerliche Erwerb ist in den Fällen hinterzogenen, verschwiegenen ausländischen Vermögens um die bis zum Erbfall entstandene Erbschaftsteuer und die Hinterziehungszinsen zu minimieren (Wannemacher/*Seipel* Rn. 1186).

712 Für die Hinterziehungsberechnung in Sachverhalten mit Auslandsbezug ist zunächst zu prüfen, ob der Vorgang unter ein Doppelbesteuerungsabkommen fällt und wenn ja, ob der Vorgang aufgrund der Regelungen in den DBA der Freistellungs- oder der Anrechnungsmethode unterliegt.

713 In Freistellungssachverhalten beschränkt sich die Prüfung darauf, ob evtl. inländische Steuer hinterzogen worden ist (so auch: Wannemacher/*Seipel* Rn. 1189).

714 In Anrechnungssachverhalten ist die Nachanrechnung evtl. entrichteter ausländischer Steuer verbleibende inländische Erbschaftsteuer hinterzogen.

§ 371 AO (a.F.)   Selbstanzeige bei Steuerhinterziehung

(1) Wer in den Fällen des § 370 unrichtige oder unvollständige Angaben bei der Finanzbehörde berichtigt oder ergänzt oder unterlassene Angaben nachholt, wird insoweit straffrei.

(2) Straffreiheit tritt nicht ein, wenn

Nr. 1: vor der Berichtigung, Ergänzung oder Nachholung

a) ein Amtsträger der Finanzbehörde zur steuerlichen Prüfung oder zur Ermittlung einer Steuerstraftat oder einer Steuerordnungswidrigkeit erschienen ist oder

b) dem Täter oder seinem Vertreter die Einleitung des Straf- oder Bußgeldverfahrens wegen der Tat bekannt gegeben worden ist oder

Nr. 2: die Tat im Zeitpunkt der Berichtigung, Ergänzung oder Nachholung ganz oder zum Teil bereits entdeckt war und der Täter dies wusste oder bei verständiger Würdigung der Rechtslage damit rechnen musste.

(3) Sind Steuerverkürzungen bereits eingetreten oder Steuervorteile erlangt, so tritt für einen an der Tat Beteiligten Straffreiheit nur ein, soweit er die zu seinen Gunsten hinterzogenen Steuern innerhalb der ihm bestimmten angemessenen Frist entrichtet.

(4) Wird die in § 153 vorgesehene Anzeige rechtzeitig und ordnungsgemäß erstattet, so wird ein Dritter, der die in § 153 bezeichneten Erklärungen abzugeben unterlassen oder unrichtig oder unvollständig abgegeben hat, strafrechtlich nicht verfolgt, es sei denn, dass ihm oder seinem Vertreter vorher die Einleitung eines Straf- oder Bußgeldverfahrens wegen der Tat bekannt gegeben worden ist. Hat der Dritte zum eigenen Vorteil gehandelt, so gilt Absatz 3 entsprechend.

§ 371 AO (n.F.) Selbstanzeige bei Steuerhinterziehung

(1) Wer gegenüber der Finanzbehörde zu allen unverjährten Steuerstraftaten einer Steuerart in vollem Umfang die unrichtigen Angaben berichtigt, die unvollständigen Angaben ergänzt oder die unterlassenen Angaben nachholt, wird wegen dieser Steuerstraftaten nicht nach § 370 bestraft.

(2) Straffreiheit tritt nicht ein, wenn

Nr. 1: bei einer der zur Strafanzeige gebrachten unverjährten Steuerstraftaten vor der Berichtigung, Ergänzung oder Nachholung

a) dem Täter oder seinem Vertreter eine Prüfungsanordnung nach § 196 bekannt gegeben worden ist oder

b) dem Täter oder seinem Vertreter die Einleitung des Straf- oder Bußgeldverfahrens bekannt gegeben worden ist oder

c) ein Amtsträger der Finanzbehörde zur steuerlichen Prüfung, zur Ermittlung einer Steuerstraftat oder einer Steuerordnungswidrigkeit erschienen ist oder

Nr. 2: eine der Steuerstraftaten im Zeitpunkt der Berichtigung, Ergänzung oder Nachholung ganz oder zum Teil bereits entdeckt war und der Täter dies wusste oder bei verständiger Würdigung der Sachlage damit rechnen musste oder

Nr. 3: die nach § 370 Absatz 1 verkürzte Steuer oder der für sich oder einen anderen erlangte nicht gerechtfertigte Steuervorteil einen Betrag von 50 000 Euro je Tat übersteigt.

(3) Sind Steuerverkürzungen bereits eingetreten oder Steuervorteile erlangt, so tritt für den an der Tat Beteiligten Straffreiheit nur ein, wenn er die aus der Tat zu seinen Gunsten hinterzogenen Steuern innerhalb der ihm bestimmten angemessenen Frist entrichtet.

(4) Wird die in § 153 vorgesehene Anzeige rechtzeitig und ordnungsgemäß erstattet, so wird ein Dritter, der die in § 153 bezeichneten Erklärungen abzugeben unterlassen oder unrichtig oder unvollständig abgegeben hat, strafrechtlich nicht verfolgt, es sei denn, dass ihm oder seinem Vertreter vorher die Einleitung eines Straf- oder Bußgeldverfahrens wegen der Tat bekannt gegeben worden ist. Hat der Dritte zum eigenen Vorteil gehandelt, so gilt Absatz 3 entsprechend.

A. Einführung

I. Begriff

1 Der vom Gesetz seit dem 2. AOStrafÄndG verwendete Begriff „Selbstanzeige" erweckt den Eindruck, dass sich der Täter einer Steuerhinterziehung zum einen selbst der Straftat ggü. den Behörden bezichtigen muss und zum anderen, dass sich die Handlung in der Anzeige erschöpft. Beides
ist nicht der Fall. Der Täter ist nicht verpflichtet, eine Steuerhinterziehung anzuzeigen, sondern es

genügt bereits, wenn er in neutraler Form den Sachverhalt aufdeckt, aus dem sich die Steuerhinterziehung ableiten lässt. Auch muss – wie §371 Abs. 4 AO verdeutlicht – der Täter sich nicht stets persönlich anzeigen; auch einer Fremdanzeige kann – allerdings nur für einen Sonderfall – strafbefreiende Wirkung zukommen. Zu kurz greift der Begriff deshalb, weil die Strafbefreiung nur eintritt, wenn neben der erforderlichen Berichtigungserklärung auch die hinterzogene Steuer innerhalb der gesetzten Frist gezahlt wird.

Der früher verwendete Begriff der „tätigen Reue" ist als irreführend zurückzuweisen, da die persönlichen Motive des Täters, die ihn zu der Selbstanzeige bewegen, für ihre Wirksamkeit keine Rolle spielen (FGJ §371 Rn. 12). Aber auch die Begriffe der „strafbefreienden Wiedergutmachung" und der „Selbstberichtigung" haben sich nicht durchsetzen können (dazu *Kohlmann* §371 Rn. 2). Der Gesetzgeber hat sich mit dem Begriff der Selbstanzeige vielmehr für die Bezeichnung entschieden, die sich im allgemeinen Sprachgebrauch durchgesetzt hat, um künftig einen einheitlichen Sprachgebrauch zu gewährleisten (Begründung BT-Drucks. V/1812, 24). Rückschlüsse auf den Regelungsgehalt des §371 AO lassen sich aus dem Begriff daher nicht unmittelbar ziehen (Schwarz/*Dumke* §371 Rn. 4).

II. Entstehungsgeschichte

Nachdem die Selbstanzeige zunächst mit unterschiedlichsten Anforderungen in den jeweiligen Ländergesetzen (vgl. dazu i.e. FGJ §371 Rn. 1 f.) geregelt war, enthielt §374 RAO 1919 erstmals eine -reichseinheitliche Regelung, die unverändert in §410 RAO 1931 übernommen wurde. Bereits damals war neben der Berichtigungserklärung die Rückzahlung der hinterzogenen Steuern innerhalb einer bestimmten Frist erforderlich. Die Berichtigungserklärung musste vor einer Anzeige oder einer Untersuchungseinleitung erfolgen und ohne dass eine „unmittelbare Gefahr der Entdeckung" für den Täter bestand (zum Wortlaut der Norm vgl. *Kohlmann* §371 AO Rn. 4).

Nach einer Ausdehnung des Anwendungsbereiches von §410 RAO 1931 auf die Vergehen des Bannbruchs (§401a RAO) und des Schmuggels unter erschwerenden Umständen (§401b RAO) erleichterte der Gesetzgeber durch das 2. Gesetz zur vorläufigen Neuordnung von Steuern v. 20.04.1949 die Voraussetzungen für eine Selbstanzeige wesentlich. Einer Selbstanzeige stand nur noch entgegen, wenn dem Täter die Einleitung einer Untersuchung durch die Steuerbehörde eröffnet worden war. Auf eine Entdeckungsgefahr kam es nicht mehr an. Zweieinhalb Jahre später verschärfte der Gesetzgeber mit Gesetz v. 07.12.1951 (BGBl. I 1951, 941) §410 RAO wieder deutlich. Neben der Herausnahme des Schmuggels (§410b RAO) aus dem Bereich der selbstanzeigefähigen Straftaten wurde §410 Abs. 1 Satz 2 RAO neu eingefügt. Danach war die Straffreiheit durch eine Selbstanzeige ausgeschlossen, wenn „ein Prüfer der Finanzbehörde zur steuerlichen oder steuerstrafrechtlichen Prüfung erschienen ist, oder wenn dem Täter oder seinem Vertreter die Einleitung einer steuerstrafrechtlichen Untersuchung eröffnet worden ist."

Nachfolgend stellte der Gesetzgeber mit Art. 6 Nr. 2 des Steueränderungsgesetzes 1965 (Gesetz v. 14.05.1965, BGBl. I 1965, S. 377) klar, dass die Strafbefreiung nur die fristgemäße Zahlung der verkürzten Steuern, nicht aber der Hinterziehungszinsen verlangt. Aus §410 RAO wurde durch das 2. AO Strafrechtsänderungsgesetz v. 12.08.1968 die Vorschrift des §395 RAO (BGBl. I 1968, S. 953). Zugleich wurde der Bannbruch aus dem Anwendungsbereich der Selbstanzeige ausgenommen und klargestellt, dass die Zahlung der verkürzten Steuern für die strafbefreiende Wirkung nur für denjenigen Täter Voraussetzung ist, der die Steuern selbst schuldet. §395 RAO wurde nahezu wörtlich in §371 Abs. 1 und 2 AO 1977 übernommen (BT-Drucks. VI/1982, S. 80 ff.), während in §371 Abs. 3 AO klargestellt wurde, dass die Strafbefreiung auch dann die Zahlung der Steuern verlangt, wenn der Täter zwar nicht selbst Steuerschuldner ist, ihm aber die Vorteile aus der Tat in vollem Umfang zugekommen.

6   Aufgrund der Vielzahl von Selbstanzeigen, welche im Zusammenhang mit dem Ankauf von Bankdaten ausländischer Kreditinstitute (insb. Schweiz und Liechtenstein) eingereicht wurden, ist die Frage nach einer Berechtigung der Selbstanzeige bzw. nach ihrer stärkeren Einschränkung laut geworden.

7   Zeitlich parallel zu dieser politischen Diskussion hatte der 1. Strafsenat die bis dahin gefestigte Rechtsprechung zur strafbefreienden Selbstanzeige mit Urt. v. 20.05.2010 – 1 StR 577/09 (NJW 2010, 2146) deutlich verschärft und insb. eine Teilselbstanzeige – bezogen auf die jeweilige Tat, also i.d.R. auf eine bestimmte unrichtige Steuererklärung – auch bzgl. des offenbarten Teils für unwirksam erklärt (zur restriktiven Tendenz der Rechtsprechung des 1. Senates vgl. *Wessing/ Biesgen*, NJW 2010, 2689). Auch dies beeinflusste das Gesetzgebungsverfahren.

8   Während zunächst sogar seitens der SPD-Fraktion ein Gesetzentwurf zur vollständigen Abschaffung der Selbstanzeige ab dem 01.01.2011 eingebracht wurde (BT-Drucks. 17/1411), fokussierte sich das Gesetzgebungsverfahren bald auf eine Beschränkung des Anwendungsbereiches des § 371 AO. In seiner Stellungnahme zum Entwurf eines Jahressteuergesetzes 2010 (Beschl. v. 09.07.2010, BR-Drucks. 318/10) regte der Bundesrat eine Einschränkung der Selbstanzeige dahin gehend an, dass eine Rückkehr in die Steuerehrlichkeit nur noch zu einer Straffreiheit führen solle, wenn die Selbstanzeige freiwillig, vollständig und richtig erstattet wird. Teilselbstanzeigen sollten aus dem Anwendungsbereich ausgenommen und die Zeitpunkte der Ausschließung einer Selbstanzeige vorverlagert werden (Zum Beispiel Abstellen auf die Absendung der Prüfungsanordnung anstelle des Erscheinens des Prüfers). Außerdem sollte nach den Vorstellungen des Bundesrates neben der hinterzogenen Steuer ein Zuschlag von 5 % auf die hinterzogenen Steuern zu zahlen sein, der zusammen mit den verkürzten Steuern fristgemäß nachzuzahlen ist, um die Straffreiheit zu erlangen. Die Bundesregierung hatte die Vorschläge des Bundesrates nicht in vollem Umfang übernommen und eine Änderung des § 371 AO aus dem zustimmungspflichtigen Jahressteuergesetz herausgenommen. Auf Basis des Gesetzentwurfes der Fraktion CDU/CSU und FDP (BT-Drucks. 17/4182) und unter Einbeziehung der vom Finanzausschuss empfohlenen Änderungen (BT-Drucks. 17/5067 (neu) wurde das Schwarzgeldbekämpfungsgesetz am 17.03.2011 vom Deutschen Bundestag beschlossen (BT-Drucks. 17/5067) und ist am 03.05.2011 in Kraft getreten. Das Gesetz zur Verbesserung der Bekämpfung der Geldwäsche und Steuerhinterziehung (Schwarzgeldbekämpfungsgesetz) (BGBl. I 2011, S. 676) weitete die vom BGH tatbezogen angenommene Unwirksamkeit der Teilselbstanzeige auf alle steuerstrafrechtlich unverjährten Steuerstraftaten einer Steuerart aus. Darüber hinaus stellt nunmehr die Bekanntgabe (nicht das Absenden, wie noch in der BR-Drucks. 318/10) der Prüfungsanordnung einen Sperrgrund dar, sodass das Erscheinen des Prüfers nur noch in Ausnahmefällen – wie der Umsatzsteuernachschau – maßgeblich ist. Weiter ist ein zusätzlicher Betrag von 5 % auf die hinterzogenen Steuern zu entrichten, wenn die hinterzogene Steuer je Tat einen Betrag von 50.000,00 € übersteigt. In den zuletzt genannten Fällen kommt keine Straffreiheit nach § 371 AO in Betracht, sondern nur noch ein Absehen von einer Strafverfolgung nach dem neu in die Abgabenordnung eingefügten § 398a AO.

9   Im Zusammenhang mit dieser Gesetzesverschärfung und der Verschärfung der Erfordernisse für eine Selbstanzeige durch die aktuelle Rechtsprechung des BGH, welcher die Ausschließungsgründe weit zulasten des Täters auslegt, ist die Frage berechtigt, ob die Selbstanzeige künftig noch ihren Zweck erfüllen wird. Denn wenn die Straffreiheit, welche der Täter mit der Selbstanzeige anstrebt, nicht mehr vorhersehbar bzw. nur noch unter erschwerten Bedingungen erreicht werden kann, dürfte in vielen Fällen die psychologische Anreizwirkung für den Täter zur Selbstanzeige fehlen. Ob die tatsächliche Entwicklung diese Vermutung bestätigt, bleibt abzuwarten.

III. Zweck und Systematik

10   § 371 AO regelt in den Abs. 1 und 3 die Voraussetzungen einer wirksamen Selbstanzeige, in deren Zentrum die Berichtigungserklärung und die fristgerechte Nachzahlung der hinterzogenen Steuern stehen. In Abs. 4 des § 371 AO werden diese Wirksamkeitsvoraussetzungen für den Sonderfall

der Fremdanzeige behandelt. § 371 Abs. 2 AO führt demgegenüber die Fälle an, in denen eine Selbstanzeige ausgeschlossen ist: Nach der aktuellen Gesetzesfassung beim Zugang einer Prüfungsanordnung, der Bekanntgabe einer Einleitung eines Straf- bzw. Bußgeldverfahrens, dem Erscheinen eines Amtsträgers der Finanzbehörde zur steuerlichen Prüfung oder zur Ermittlung einer Steuerstraftat oder Steuerordnungswidrigkeit, der sog. Tatentdeckung und wenn die hinterzogene Steuer je Tat einen Betrag von 50.000,00 € übersteigt.

Folge einer wirksamen Selbstanzeige ist eine Strafbefreiung hinsichtlich der Steuerhinterziehung, **11** die in dieser Form für das deutsche Strafrecht weitgehend einmalig ist (zu §§ 266a Abs. 6 und 261 Abs. 9 StGB s.u. Rdn. 216 f.). Während ein strafbefreiender Rücktritt vom vollendeten Delikt ausgeschlossen ist, eröffnet § 371 AO die Strafbefreiung auch dann, wenn Vollendung und Beendigung der Tat mehrere Jahre zurück liegen. Die Rückgewähr der erlangten Vorteile aus einer Tat, hier die Nachzahlung der verkürzten Steuern, hat als Wiedergutmachungshandlung in anderen Fällen regelmäßig lediglich Einfluss auf die Höhe der Strafe (Strafmilderung) (*Kohlmann* § 371 Rn. 9 unter Hinweis auf die Besonderheiten des Täter-Opfer-Ausgleichs, § 46a StGB). Diese Sonderstellung der Selbstanzeige gibt bis heute Anlass zu Kritik und lässt immer wieder Zweifel an ihrer Berechtigung laut werden. In dem Schwarzgeldbekämpfungsgesetz hat der Gesetzgeber jedoch an dem Rechtsinstitut der Selbstanzeige festgehalten, wenn auch unter deutlich erschwerten Voraussetzungen.

Die rechtspolitische Rechtfertigung der Selbstanzeige lässt sich dabei nur über ihren Zweck erreichen: Vorrangig ist die steuerpolitische Zielrichtung des § 371 AO zu nennen, wonach es um die **12** nachträgliche Erfüllung der steuerlichen Pflichten und damit um die Erschließung bisher verheimlichter Steuerquellen geht (beispielhaft BGH, Urt. v. 19.03.1991 – 5 StR 516/90, wistra 1991, 223; BayObLG, Urt. v. 07.01.1953, NJW 1954, 244; *Bilsdorfer,* wistra 1984, 93; FGJ § 371 Rn. 19. So auch ausdrücklich der Gesetzentwurf der Fraktionen der CDU/CSU und FDP zum Schwarzgeldbekämpfungsgesetz, BT-Drucks. 17/4182). Diese Zwecksetzung bringt das Gesetz dadurch unmittelbar zum Ausdruck, dass es die Strafbefreiung allein an objektive Voraussetzungen anknüpft und auf ein subjektives Freiwilligkeitsmoment verzichtet. Im Vordergrund steht die psychische Anreizwirkung für den Täter (RG, Urt. v. 04.01.1927, RGSt 61, 115, 118; BGH, Urt. v. 13.11.1952 – 3 StR 398/52, BGHSt 3, 373, 375; *Bilsdorfer,* wistra 1984, 93; *Streck,* DStR 1985, 9), dem in großzügiger Weise die Rückkehr zur Steuerehrlichkeit eröffnet werden soll. Dieses Ziel wird folgerichtig nur dann erreicht, wenn der Täter anhand der Tatbestandsvoraussetzungen des § 371 AO eindeutig und ohne Wertungsrisiken – wie sie aber einem Freiwilligkeitserfordernis anhaften würden – prüfen kann, ob eine Selbstanzeige ihm Straffreiheit gewährt oder nicht. Die Freiwilligkeit i.S.d. § 24 StGB ist demgemäß weder nach dem Gesetzeswortlaut noch nach dem Sinn und Zweck des § 371 AO eine Voraussetzung für die Erlangung der Straffreiheit (ganz h.M., statt vieler HHSp/*Rüping,* § 371 Rn. 35; *Kohlmann* § 371 Rn. 13 f.; a.A. noch *Susat,* DStR 1952, 33; *Kopacek,* BB 1961, 41, 45; *Ehlers,* DStR 1974, 696). Das Festhalten an einem Freiwilligkeitserfordernis würde gegen das Analogieverbot des Art. 103 Abs. 2 GG verstoßen (FGJ § 371 Rn. 17; *Kohlmann* § 371 Rn. 15). Die in § 371 Abs. 2 AO normierten Ausschließungsgründe beinhalten eine ausreichende Beschränkung der Selbstanzeige (so auch *Kohlmann* § 371 Rn. 16).

An diese fiskalpolitischen Interessen knüpft der kriminalpolitische Zweck der Selbstanzeige unmit- **13** telbar an. Die erweiterte Strafbefreiung bei der Steuerhinterziehung trägt den erschwerten Ermittlungen bei Steuerhinterziehungen und den dadurch bedingten hohen Dunkelziffern Rechnung, denen sich die Strafverfolgungsbehörden nicht nur aufgrund des chronischen Personalnotstandes, sondern auch dem Fehlen eines Opfers, das die Tat zur Anzeige bringen könnte, ausgesetzt sieht. Die Rückkehr zur Straffreiheit und damit der Weg in die Steuerehrlichkeit sind insb. in den Fällen periodisch wiederkehrender Steuern geboten. Denn ohne die Möglichkeit einer Selbstanzeige wäre der Täter, der in die Steuerehrlichkeit zurückkehren möchte, gezwungen, sich unter Inkaufnahme der Strafe selbst einer Steuerhinterziehung zu bezichtigen (BGH, Urt. v. 13.05.1983 – 3 StR 82/83, wistra 1983, 197; Urt. v. 24.10.1984 – 3 StR 315/84, wistra 1985, 74; *Breyer,* Der Inhalt der strafbefreienden Selbstanzeige, 1996, 67 ff.; FGJ § 371 Rn. 26; *Klos,* NJW 1996, 2326; *Lenckner/ Schumann/Winkelbauer,* wistra 1983, 123, 124. Ebenso der Gesetzentwurf zum Schwarzgeldbekämpfungsgesetz, BT-Drucks. 17/4182).

14 Teile der Literatur wollen die Selbstanzeige dagegen vornehmlich oder ausschließlich aus einer strafrechtlichen Zielsetzung ableiten (FGJ § 371 Rn. 22 für einen Vorrang von strafrechtlichen und kriminalpolitischen Aspekten; während *Brauns,* wistra 1987, 233, 235 und 1985, 171 strafrechtliche und fiskalische Zwecke gleich gewichtet), indem sie eine Einordnung in das Rücktrittssystem des StGB vornehmen (z.B. *Löffler* Grund und Grenzen der steuerstrafrechtlichen Selbstanzeige, 104 f.) oder als eigenständige Regelung in diesem Zusammenhang verstehen (*Frees* 171). Der strafrechtliche Wiedergutmachungsgedanke komme bei § 371 AO zum Ausdruck und zwar in der Form, dass die Nachzahlung der hinterzogenen Steuern das Erfolgsunrecht kompensiere und die personalisierte Berichtigungsverpflichtung ggü. den Finanzbehörden das Handlungsunrecht, die Pflicht zu wahrheitsgemäßen Angaben ggü. den Steuerbehörden, beseitige (vgl. *Lütt,* Das Handlungsunrecht der Steuerhinterziehung, 60 f.; zu dieser Differenzierung auch FGJ § 371 Rn. 25).

15 Mit Beschl. v. 20.05.2010 (1 StR 577/09, NJW 2010 S. 2146) stellt der BGH die fiskalpolitischen Gründe in den Hintergrund und betont den Willen zur Rückkehr in die Steuerehrlichkeit, der honoriert werden soll. Nach Ansicht des BGH erlangt die Rückkehr zur Steuerehrlichkeit vor dem Hintergrund der aktuellen Ermittlungsmöglichkeiten und der verbesserten internationalen Zusammenarbeit besondere Bedeutung. Diese Betonung eines Kriteriums, das im Gesetzeswortlaut (a.F.) keinen Ausdruck fand und die dadurch eintretende Zurückdrängung des wesentlichen Zwecks (Sicherung des Steueraufkommens) ist abzulehnen (vgl. *Schwedhelm,* Stbg 2010, 349). Aufgrund der bereits aufgezeigten Abweichung zu § 24 StGB und dem Fehlen des Freiwilligkeitserfordernisses bei § 371 AO erscheint eine rein strafrechtlich orientierte Zielsetzung im Ergebnis nicht vertretbar. Jedoch sind die aufgezeigten strafrechtlichen Zielsetzungen keineswegs unbeachtlich, da es sich bei § 371 AO um eine materielle Strafrechtsnorm und nicht eine Norm des Besteuerungsverfahrens handelt. Der Zweck der Selbstanzeige bestimmt sich somit aus einer Kombination dieser aufgezeigten unterschiedlichen Begründungsansätze. Im Vordergrund steht nach wie vor die steuerpolitische Zielsetzung (Sicherung des Steueraufkommens), ergänzt durch kriminalpolitische und strafrechtliche Zwecke. Diese Zwecksetzung ist bei der erforderlichen Auslegung der einzelnen Tatbestandsmerkmale des § 371 AO von Bedeutung.

16 In Anlehnung an die strengere höchstrichterliche Rechtsprechung sieht die Neufassung durch das Schwarzgeldbekämpfungsgesetz die Strafbefreiung für einen Steuerhinterzieher nur noch dann als gerechtfertigt an, wenn der Täter bezogen auf die jeweilige Steuerart (z.B. ESt) für alle steuerstrafrechtlich noch nicht verjährten Jahre vollständig in die Steuerehrlichkeit zurückkehrt. Ein bloßes Taktieren durch eine nur teilweise Aufdeckung der Hinterziehungssachverhalte soll künftig nicht mehr belohnt werden. Diesem einschränkenden Zweck trägt das Schwarzgeldbekämpfungsgesetz Rechnung.

IV. Verfassungsgemäßheit

17 Die verfassungsrechtlichen Zweifel gegen das Rechtsinstitut der strafbefreienden Selbstanzeige als solchem, die das AG Saarbrücken in seinem Vorlagebeschluss an das BVerfG v. 02.12.1982 (35-55/82, wistra 1983, 84) geäußert hatte, bestehen aufgrund der besonderen Zwecksetzung und der sich daraus ergebenden Rechtfertigung nicht (z.B. HHSp/*Rüping* § 371 Rn. 42 ff.; *Streck,* DStR 1985, 12; *Zöbeley,* DStZ 1984, 198). Während das AG Saarbrücken einen Verstoß gegen Art. 3 Abs. 1 und 20 GG gegeben sah, weil die privilegierte Schadenswiedergutmachung durch den Steuerhinterzieher ggü. anderen Straftätern kein sachlicher Differenzierungsgrund sei und die fiskalischen Interessen als sachfremde Erwägungen bezeichnete, wies das BVerfG die Vorlage als unzulässig zurück (Beschl. v. 28.06.1983 – 1 BvL 31/82, wistra 1983, 251). Ebenso wenig teilte der BGH die Auffassung des AG Saarbrücken (Urt. v. 13.05.1983 – 3 StR 82/83, NStZ 1983,

415). Durch die Einführung des Täter-Opfer-Ausgleichs ist zwischenzeitlich auch die Schadenswiedergutmachung als strafrechtlicher Grund anerkannt, der ein Absehen von Strafe rechtfertigen kann (so auch *Kohlmann* § 371 Rn. 24). Auch auf die der Selbstanzeige vergleichbaren Normen der §§ 266a Abs. 6 und 261 Abs. 9 StGB ist zu verweisen, sodass sich die Rechtfertigung des § 371 AO sehr wohl auch aus strafrechtlichen Erwägungen ableiten lässt. Im Gesetzgebungsverfahren zum Schwarzgeldbekämpfungsgesetz (Gesetzentwurf BT-Drucks. 17/4182) wurde die Möglichkeit einer Selbstanzeige explizit als „verfassungsrechtlich anerkannte Brücke in die Steuerehrlichkeit" bezeichnet.

Bestehen somit ggü. dem Rechtsinstitut der strafbefreienden Selbstanzeige als solchem keine verfassungsrechtlichen Bedenken, so bietet die jetzige Ausgestaltung durch das Schwarzgeldbekämpfungsgesetz mit ihrer pauschalen Differenzierung in §§ 371 Abs. 2 Nr. 3 nach der Höhe der verkürzten Steuer und einem Zuschlag als Voraussetzung für das Absehen von Strafverfolgung Anlass für Zweifel an der Verfassungskonformität der Regelungen der §§ 371 Abs. 2 Nr.3, 398 a AO. **18**

Zu dem in der Stellungnahme des Bundesrates zu dem Gesetzentwurf der Bundesregierung (BR-Drucks. 851/10) vorgesehenen Zuschlag von 5 % in dem Entwurf des § 371 Abs. 3 AO als Voraussetzung der Straffreiheit bei einer Selbstanzeige waren im Gesetzgebungsverfahren verfassungsrechtliche Bedenken geäußert worden (vgl. Schriftliche Stellungnahme *Spatscheck* zur Anhörung des Finanzausschuss mit Stellungnahme des Deutschen Anwaltverein als Anhang.) Der Zuschlag werde pauschal allein nach der Höhe der hinterzogenen Steuer bemessen und entspreche daher weder dem entstandenen Verwaltungsaufwand bei Bearbeitung der Selbstanzeige, noch der persönlichen Schuld und wirke daher wie eine automatisch per Gesetz festgesetzte Geldstrafe. Bei der Strafzumessung ist jedoch nach § 46 Abs. 2 StGB nicht nur die Höhe der verkürzten Steuer zu berücksichtigen, sondern sind alle für und gegen den Täter sprechenden Umstände gegeneinander abzuwägen. Dies entspricht dem verfassungsrechtlichen Grundsatz, dass die Strafe in einem gerechten Verhältnis zur Schwere der Tat und zum Verschulden des Täters stehen muss (vgl. etwa BVerfG, BVerfGE 96, 245; BVerfGE 50, 205 m.w.N.). **19**

In der Gesetz gewordenen Fassung des § 371 Abs. 2 Nr. 3 AO ist die Straffreiheit nicht mehr mit der Zahlung eines Zuschlages verknüpft, sondern entfällt bereits unabhängig hiervon mit dem Überschreiten der 50.000,00 € je Tat. Auch hierbei ist lediglich die Höhe der verkürzten Steuer zu berücksichtigen. Die Grenze für die Straffreiheit differenziert somit weiterhin nicht nach der Schwere der Schuld, für welche auch andere Umstände zu würdigen sind. Allerdings ist § 371 AO keine Strafzumessungsnorm, sondern gewährt unter dem Gesichtspunkt der tätigen Reue und aus fiskalpolitischen Erwägungen in gesetzlich normierten Fällen Straffreiheit. Auch die bisherige Vorschrift weist hierbei Differenzierungen auf, welche nicht der Schwere der Schuld entsprechen. So ist nach § 371 Abs. 3 AO die Straffreiheit von der Nachentrichtung der verkürzten Steuer abhängig, obwohl auch eine Schadenswiedergutmachung nur ein Aspekt der Schuld ist. Dies wird von der Rechtsprechung als verfassungskonform angesehen (BVerfG, BVerfGE 64 S. 251 [die Vorlage des AG Saarbrücken wurde allerdings als unzulässig betrachtet]; BGH, NStZ 1983 S. 415). **20**

So konzentriert sich die Frage der Verfassungsmäßigkeit weiterhin auf die Zulässigkeit des Zuschlages (Bedenken bei *Heuel/Beyer* StBW 2011 S. 315, 322; *Stahl*, KÖSDI, 17442, 17450; *Mack* Stbg. 2011 S. 162, 165; *Obenhaus* Stbg. 2011 S. 166, 175), welches bei § 398a AO zu betrachten ist. **21**

V. Übergangszeitraum

Die Neufassung des § 371 AO durch das Schwarzgeldbekämpfungsgesetz trat mit Wirkung zum 03.05.2011 in Kraft (Art. 4 des Schwarzgeldbekämpfungsgesetz [BGBl. I 2011, S. 676], verkündet am 02.05.2011). Vor dem 03.05.2011 bei der zuständigen Finanzbehörde eingegangene Selbstanzeigen bleiben unter den leichteren Voraussetzungen des § 371 AO a.F. wirksam. Hierbei bleibt **22** für die Auslegung des § 371 AO a.F. grds. weiterhin die verschärfende Auslegung des 1. Strafsenat des BGH in dem Urt. v. 20.05.2010 – 1 StR 577/09 (NJW 2010, 2146) maßgeblich.

23 Bzgl. der vom 1. Strafsenat in diesem Urteil erstmals erkannten vollständigen Unwirksamkeit der Teilselbstanzeige findet sich allerdings in § 24 EGAO eine Übergangsregelung. Danach ist für bis zum 28.04.2011 bei der zuständigen Finanzbehörde eingegangene Selbstanzeigen § 371 AO a.F. mit der Maßgabe anzuwenden, dass im Umfang der ggü. der zuständigen Finanzbehörde berichtigten, ergänzten oder nachgeholten Angaben Straffreiheit eintritt. Dies bedeutet, dass es für diese Selbstanzeigen bei der (teilweisen) strafbefreienden Wirksamkeit von Teilselbstanzeigen verbleibt (BGH, Beschl. v. 25.07.2011 – 1 StR 631/10, NJW 2011, 3249, 3254) Für Altfälle sieht das Gesetz somit in Bezug auf Teilselbstanzeigen eine Vertrauensschutzregelung im Hinblick auf die geänderte Rechtsprechung vor (Kohlmann/*Schauf* § 371 AO Rn. 67.6 m.w.N.). Dies hat insb. für die Vielzahl der Anfang 2010 nach dem Bekanntwerden des Erwerbs von Bankdaten durch die Finanzbehörden eingereichten Selbstanzeigen mit ausländischen Kapitaleinkünften Bedeutung.

24 Die Regelung geht allerdings noch über diesen Vertrauensschutz hinaus, da sie auch für nach der Verkündung des BGH-Urteils bis zum 28.04.2011 eingegangene Selbstanzeigen greift. Sie wirkt materiell wie eine Teilamnestie (BGH, NJW 2011 3249, 3254; *Rolletschke/Roth*, Stbg. 2011 S. 200, 207; *Habammer*, StBW 2011 S. 310, 313).

25 Sofern zwischen dem 28.04.2011 und dem 03.05.2011 Selbstanzeigen eingegangen sein sollten, so würde nach dem Gesetzeswortlaut § 371 a.F. in der Auslegung durch den 1. Strafsenat, also ohne jede strafbefreiende Wirkung der Teilselbstanzeige gelten (Kohlmann/*Schauf* § 371 AO Rn. 67.6).

B. Voraussetzungen

I. Die Berichtigungserklärung (§ 371 Abs. 1 AO)

26 Eine wirksame Selbstanzeige setzt nach § 371 Abs. 1 AO n.F. voraus, dass „zu allen unverjährten Steuerstraftaten einer Steuerart in vollem Umfang die unrichtigen Angaben berichtigt, die unvollständigen Angaben ergänzt oder die unterlassenen Angaben nachgeholt" werden.

1. Die Person des Anzeigeerstatters

a) Täter und Teilnehmer

27 Nach dem Gesetzeswortlaut wird straffrei, „wer" die Berichtigungserklärung vornimmt. Die Selbstanzeige kann deshalb immer derjenige vornehmen, der ansonsten bestraft würde, also jeder Täter (Allein-, Mit- oder mittelbarer Täter) oder Teilnehmer (Anstifter oder Gehilfe) einer selbstanzeigefähigen Straftat. Der Anzeigeerstatter muss dagegen nicht zugleich Steuerschuldner sein (BGH, Urt. v. 03.06.1954 – 3 StR 302/53, BGHSt 7, 336 für den Fall der Haftung gem. § 71 AO für die hinterzogene Steuer).

28 Da es sich bei § 371 AO um einen persönlichen Strafaufhebungsgrund handelt (s.u. Rdn. 183), erstreckt sich die Straffreiheit nur auf denjenigen, der in seiner Person die Voraussetzungen der Selbstanzeige erfüllt. Erstattet somit nur ein Teilnehmer Selbstanzeige, gilt diese nicht für den Täter und umgekehrt. Vielmehr im Gegenteil führt die isolierte Selbstanzeige eines Beteiligten für die anderen zu einer Tatentdeckung i.S.v. § 371 Abs. 2 AO und damit zu einem Ausschluss einer strafbefreienden Selbstanzeige. Aus Beratersicht empfiehlt sich daher stets im Vorfeld einer Selbstanzeige, eine Abstimmung zwischen den Beteiligten zu erreichen (dazu auch *Bilsdorfer*, wistra 1984, 93, 94).

b) Stellvertretung

Es ist jedoch keine höchstpersönliche Abgabe der Berichtigungserklärung erforderlich. Auch eine 29
Stellvertretung ist zulässig, wenn der Täter oder Teilnehmer der Steuerhinterziehung dies persönlich veranlasst hat und es seinem Willen entspricht (*Kohlmann* § 371 Rn. 39.1 m.w.N.). Dementsprechend bedarf es für die Stellvertretung bei der Berichtigungserklärung eines nach der Tat und
vor der Anzeigeerstattung erteilten ausdrücklichen Auftrages durch den Täter bzw. Teilnehmer
verbunden mit einer besonderen Vollmacht (RG, Urt. v. 11.05.1922 – III Ss 142/22,
RGSt 56, 385 f.; BGH, Urt. v. 13.11.1952 – 3 StR 398/52, BGHSt 3, 373 f.; Urt. v. 24.10.1984 –
3 StR 315/84, wistra 1985, 74, 75; *Mösbauer*, DStZ 1985, 325, 326). Zwar besteht insoweit kein
Schriftformerfordernis. Die Schriftform empfiehlt sich aber aus Beweisgründen (z.B. Rolletschke/
Kemper § 371 Rn. 8).

Das in § 146 StPO normierte Verbot der Mehrfachvertretung steht einer Vertretung mehrerer 30
Steuerpflichtiger im Rahmen einer Selbstanzeige nicht entgegen (HHSp/*Rüping* § 371 Rn. 48).
Die Selbstanzeige stellt keine Maßnahme der Verteidigung in einem Strafverfahren i.S.d. § 146
StPO dar.

Auch eine verdeckte Stellvertretung ist zulässig. Der Bevollmächtigte muss bei der Berichtigungs- 31
erklärung nicht nach außen zu erkennen geben, dass er auch im Namen eines anderen Täters oder
Teilnehmers die Erklärung abgibt (BayObLG, Urt. v. 07.10.1953 – 1 St 41/53, NJW 1954, 244 f.;
Kohlmann § 371 Rn. 41 m.w.N.; *Theil*, BB 1983, 1274, 1276). Voraussetzung ist jedoch, dass der
Anzeigeerstatter im Innenverhältnis mit der erforderlichen Vollmacht handelt und den Finanzbehörden – soweit Steuern zu dessen Gunsten hinterzogen worden sind – die Person des Vertretenen
bekannt wird, damit diese eine Frist i.S.d. § 371 Abs. 3 AO setzen kann (BGH, Urt. v. 05.05.2004,
wistra 2004, 309, 310; FGJ § 371 Rn. 83 unter Hinweis auf BGH, Beschl. v. 21.06.1994 – 5 StR
105/94, ZfZ 1995, 218). Diese Anforderungen werden bspw. immer dann erfüllt, wenn der
Anzeigeerstatter die von ihm verdeckt vertretene Person namentlich in der Berichtigungserklärung
nennt und den Sachverhalt insoweit vollständig ggü. der Finanzbehörde aufdeckt. Eine Ausnahme
von dem Erfordernis der namentlichen Benennung in der Berichtigungserklärung gilt aber dann,
wenn sich die Tat noch im Versuchsstadium befindet, weil es noch nicht zu einer unrichtigen
Steuerfestsetzung gekommen ist. Dann ist eine Fristsetzung nach § 371 Abs. 3 AO ohnehin nicht
erforderlich (BGH, Urt. v. 05.05.2004, NJW 2005, 2720).

Bei Abgabe einer Berichtigungserklärung für einen Dritten ohne Vertretungsmacht oder von 32
einem Geschäftsführer ohne Auftrag wirkt die Genehmigung der Handlung durch den Täter bzw.
Teilnehmer der Steuerhinterziehung nicht auf den Zeitpunkt der Einreichung der Berichtigungserklärung zurück. Die Genehmigung wirkt erst ex nunc mit der Folge, dass es für das Vorliegen
der Voraussetzungen von § 371 AO (insb. die Beurteilung der Ausschließungsgründe nach § 371
Abs. 2 AO) auf den Zeitpunkt der Genehmigung und nicht die Einreichung der Berichtigungserklärung ankommt (*Ehlers*, DStR 1974, 695, *Pfaff*, DStZ 1982, 361 f.; enger wohl Rolletschke/
Kemper § 371 Rn. 8a und *Senge* § 371 Rn. 7). Dies gilt auch dann, wenn es sich bei dem Anzeigeerstatter um einen Mittäter bzw. Teilnehmer an der Tat des Dritten handelt (a.A. Franzen/Gast/
Samson/*Franzen* § 371 Rn. 57, 59, wonach es in diesen Fällen genügen soll, dass die Anzeige dem
mutmaßlichen Willen des Dritten entspricht; ablehnend zu Recht *Kohlmann* § 371 Rn. 44 sowie
FGJ § 371 Rn. 85). Eine Ausnahme hat der BGH lediglich für den Fall der Selbstanzeige eines
Gesellschafters auch zugunsten eines Mitgesellschafters anerkannt (BGH, Urt. v. 24.10.1984 –
3 StR 315/84, wistra 1985, 74, 75; krit. *Kohlmann* § 371 Rn. 45). Nach dem Grundsatz in dubio
pro reo ist aber in allen Fällen grds. zu vermuten, dass der tatbeteiligte Dritte den Anzeigeerstatter
ebenfalls mit Einreichung der Berichtigungserklärung beauftragt hat (*Kohlmann* § 371 Rn. 42;
Theil, BB 1983, 1274, 1276; BGH, Urt. v. 13.11.1952 – 3 StR 398/52, BGHSt 3, 373, 377 für
die Erstreckung der Anzeige des Ehemannes auch auf die Ehefrau).

c) Anzeigeerstatter bei Gesellschaften

33 Die Anzeige einer Steuerverkürzung wegen einer verdeckten Gewinnausschüttung wirkt zunächst nur für die Körperschaft und die für sie handelnden gesetzlichen Vertreter. Für den Gesellschafter, dem die verdeckte Gewinnausschüttung zugute kam, wirkt die Anzeige nur, wenn er dem Anzeigeerstatter einen entsprechenden Auftrag erteilt hat (z.B. *Kohlmann* § 371 Rn. 47.1).

34 Bei einer Personengesellschaft wirkt die Berichtigungserklärung betreffend die gesonderte und einheitliche Gewinnfeststellung grds. nur zugunsten des Gesellschafters, der die Anzeige erstattet (HHSp/*Rüping* § 371 Rn. 52). Aufgrund der Bindungswirkung des daraufhin zu ändernden Grundlagenbescheids (§ 182 Abs. 1 AO) bedarf es keiner zusätzlichen Selbstanzeige bei den Veranlagungsfinanzämtern der einzelnen Gesellschafter. Vergleichbares gilt für Gewerbesteuermessbescheid und Gewerbesteuerbescheid (FGJ § 371 Rn. 87).

d) Der Steuerberater als Anzeigeerstatter

35 Erkennt ein Steuerberater die durch seinen Mandanten begangene Steuerhinterziehung aus den ihm vorliegenden Unterlagen, ohne dass er selbst Teilnehmer oder Mittäter der Steuerhinterziehung ist, steht die Verschwiegenheitsverpflichtung nach § 203 StGB sowie der Grundsatz der Mandantentreue einer Anzeige durch den Berater gegen den Willen des Mandanten entgegen. Ob der Steuerberater in der Folge das Mandat niederlegt oder fortsetzt, ist keine Frage des Strafrechts. Ist der Steuerberater dagegen Teilnehmer oder Mittäter der Steuerhinterziehung des Mandanten, ist er an einer eigenen Selbstanzeige nicht gehindert, da er den Interessen des Mandanten nicht Vorrang vor der Vermeidung seiner eigenen Bestrafung geben muss (HHSp/*Rüping* § 371 Rn. 45; *Bilsdorfer,* wistra 1984, 93, 94).

2. Form

36 Für die Berichtigungserklärung ist keine besondere Form vorgeschrieben. Weder muss die Selbstanzeige auf amtlichem Vordruck erfolgen (*Bilsdorfer,* wistra 1984, 93, 95) noch besteht Schriftformzwang. Die Erklärung kann auch per E-Mail, Telefax, mündlich (OLG Hamburg, Beschl. v. 21.11.1985 – 1 Ss 108/85, wistra 1986, 116), telefonisch oder zu Protokoll der Finanzbehörde abgegeben werden (*Kohlmann* § 371 Rn. 50). Eine schriftliche Berichtigung braucht nicht unterschrieben zu sein (BayObLG, Urt. v. 07.10.1953 – 1 St 41/53, NJW 1954, 244 f.; s.o. zur verdeckten Stellvertretung, Rdn. 31). Sie muss weder das Wort Selbstanzeige enthalten (HHSp/*Rüping* § 371 Rn. 54) noch muss sich der Steuerpflichtige in ihr zu einem strafbaren Verhalten bekennen (*Kohlmann* § 371 Rn. 51 f. unter Hinweis auf BGH, Urt. v. 13.10.1992 – 5 StR 253/92, wistra 1993, 66, 68; dazu auch FGJ § 371 Rn. 67; *Streck,* DStR 1985, 9). Selbst das Abstreiten der Strafbarkeit schadet nicht, soweit die Finanzbehörde aufgrund des Inhaltes der Erklärung in die Lage versetzt wird, die verkürzten Steuern nachzuerheben (OLG Celle, Urt. v. 05.11.1970 – 1 Ss 152/70, DB 1971, 707; LG Stuttgart, Urt. v. 21.08.1989 – 10 KLs 137/88, wistra 1990, 72, 73). Da es für die Wirksamkeit der Selbstanzeige wegen der in § 371 Abs. 2 AO normierten Ausschlussgründe u.a. auf den Zeitpunkt des Zugangs der Berichtigungserklärung ankommt, sollte der Anzeigeerstatter stets vorsorglich für einen Nachweis des Zugangs Sorge tragen, auch wenn in Zweifelsfällen der Grundsatz in dubio pro reo Anwendung findet.

3. Adressat

37 Die Berichtigung i.S.v. § 371 AO muss „gegenüber der Finanzbehörde" erfolgen.

a) Finanzbehörde

38 Finanzbehörden werden in § 6 Abs. 2 AO legaldefiniert. Da die Entgegennahme einer Selbstanzeige noch nicht Teil des in den §§ 385 ff. AO gesondert geregelten Strafverfahrens ist, finden die in § 386 Abs. 1 Satz 2 AO vorgesehenen Beschränkungen der Zuständigkeit keine Anwendung

(z.B. *Wrenger*, DB 1987, 2325). Adressat der Berichtigungserklärung ist nach heute überwiegender Ansicht jede Finanzbehörde i.S.d. § 6 Abs. 2 AO, auch wenn diese weder sachlich noch örtlich zuständig für die im konkreten Fall verkürzte Steuer ist, soweit die örtlich und sachlich zuständige Behörde aus der Anzeige erkennbar ist (z.B. *Wrenger*, DB 1987, 2325; *Streck/Olgemöller*, DStR 1994, 966; Kohlmann/*Schauf* § 371 AO Rn. 80 f; FGJ/*Joecks* § 371 AO Rn. 90; Klein/*Jäger* § 371 AO Rn. 26; a.A. Abgabe bei der sachlich und örtlich zuständigen Finanzbehörde noch: OLG Frankfurt am Main, Urt. v. 17.11.1960 – 1 Ss 724/60, BB 1961, 628; Urt. v. 18.10.1961 – 1 Ss 854/61, NJW 1962, 974 m. abl. Anm. *Leise*; einschränkend RG, Urt. v. 04.01.1927 – I Ss 612/26, RGSt 61, 115). Denn die Finanzbehörden sind gem. §§ 111 ff. AO zur Weiterleitung der Berichtigungserklärung im Wege der Amtshilfe verpflichtet (FGJ § 371 Rn. 90; *Kohlmann* § 371 Rn. 81; ähnlich *Wrenger*, DB 1987, 2325). Entsprechend dem Zweck des § 371 AO, dem Täter einen psychischen Anreiz zur Aufdeckung verborgener Steuerquellen zu setzen (s.o. Rdn. 12), verzichtet das Gesetz in der Norm im Gegensatz zu anderen Regelungen in der AO (z.B. §§ 137 f., 357 AO) auf eine Konkretisierung der Finanzbehörde. Die Beschränkung auf die sachlich und örtlich zuständige Finanzbehörde würde den nicht beratenen Steuerpflichtigen oftmals wegen der Unkenntnis der Behördenstrukturen von der Einreichung einer Selbstanzeige abhalten, welches dem Zweck des § 371 AO zuwiderlaufen würde (ebenso *Kohlmann* § 371 Rn. 81). Auf einen Streitentscheid kommt es immer dann nicht an, wenn die Weiterleitung an die zuständige Finanzbehörde fristgemäß, also vor dem Eingreifen eines Ausschließungsgrundes nach § 371 Abs. 2 AO, erfolgt. Der Berater des Steuerpflichtigen sollte jedoch vorsorglich für eine Einreichung der Selbstanzeige bei dem sachlich und örtlich zuständigen Finanzamt Sorge tragen.

b) Staatsanwaltschaft, Polizei, Gericht

Da die Verpflichtung des § 116 AO zur Weiterleitung von sich aus einer Selbstanzeige ergebenden **39** Tatsachen, die auf eine Steuerstraftat schließen lassen, an die zuständige Finanzbehörde auch für die Staatsanwaltschaft (vgl. Nr. 266 RiStBV), Polizei und die Gerichte besteht, kann eine Berichtigungserklärung auch wirksam ggü. diesen Behörden abgegeben werden (FGJ § 371 Rn. 91; *Kohlmann* § 371 Rn. 82; s.a. *Streck/Olgemöller*, DStR 1994, 966). Der BGH hat dies allerdings für eine ggü. der Staatsanwaltschaft erklärte Selbstanzeige ausdrücklich offen gelassen (BGH, wistra 2003 S. 385). Jedenfalls trägt der Steuerpflichtige hier das Risiko einer rechtzeitigen Weiterleitung an die Finanzbehörde, da für die Rechtzeitigkeit der Selbstanzeige in Bezug auf die Sperrgründe des § 371 Abs. 2 AO der Eingang bei der Finanzbehörde maßgebend ist (Klein/*Jäger* § 371 Rn. 26). Dagegen genügt auch die Abgabe der Selbstanzeige ggü. einem Betriebsprüfer oder einem Fahndungsbeamten im Außendienst, wenn die Berichtigungserklärung zu amtlicher Kenntnis bestimmt ist (RG, Urt. v. 04.02.1924 – III Ss 1178/23, RGSt 58, 83; Rolletschke/*Kemper* § 371 Rn. 33b; BayObLG, Beschl. v. 02.12.1980 – 4 St 168/80, MDR 1981, 427; *Bilsdorfer*, wistra 1984, 93, 96; a.A. *Pfaff*, DStZ 1982, 361, 362). Denn auch diese Personen werden in diesem Fall als Finanzbehörden i.S.d. § 371 AO tätig (*Kohlmann* § 371 Rn. 84).

c) Zugang

Es kommt auf den Zugang der Berichtigungserklärung bei der Finanzbehörde an. Dieser ist ent- **40** sprechend den Grundsätzen von empfangsbedürftigen Willenserklärungen zu bejahen, wenn die Finanzbehörde in der Lage war, von der Selbstanzeige Kenntnis zu nehmen. Hierzu wird im Schrifttum vertreten, dass bei nachweisbarer Aufgabe zur Post die Anzeige in dem Zeitpunkt als zugegangen gilt, der dem normalen Postlauf entspricht (HHSp/*Rüping* § 371 Rn. 104; *Kohlmann* § 371 Rn. 85). Bei falscher Adressierung soll ein Zugang anzunehmen sein, wenn die Erklärung bei ordnungsgemäßem Geschäftsgang an die zuständige Finanzbehörde gelangt wäre (*Bilsdorfer*, wistra 1984, 96; FGJ § 371 Rn. 90; *Wrenger*, DB 1987, 2325). Eine darüber hinausgehende verzögerte Weiterleitung soll danach nicht zulasten des Anzeigeerstatters gereichen. Jedoch betont die Rechtsprechung in anderem Zusammenhang, dass es nicht darauf ankommt, ob die Voraussetzungen einer wirksamen Selbstanzeige schuldhaft oder unverschuldet verfehlt werden (BGH, DB 1977, 1342). Danach dürfte der Steuerpflichtige auch das Risiko einer Post-verzögerung tragen.

4. Inhalt

41   § 371 Abs. 1 AO a.F. verlangte, dass „unrichtige oder unvollständige Angaben berichtigt oder ergänzt oder unterlassene Angaben nachgeholt" werden. Nach der Neufassung des § 371 Abs. 1 AO ist dagegen erforderlich, dass zu allen unverjährten Steuerstraftaten einer Steuerart in vollem Umfang die unrichtigen Angaben berichtigt, die unvollständigen Angaben ergänzt oder die unterlassenen Angaben nachgeholt werden (zur Teilselbstanzeige s. unter Rdn. 72 ff.).

42   Diese Tathandlung ist rein objektiv zu beurteilen. Auf die Motive und Absichten des Täters kommt es ebenso wenig an wie auf einen besonderen Berichtigungswillen des Anzeigeerstatters (HHSp/*Rüping* § 371 Rn. 110). Die bloße Nachzahlung der Steuern genügt nicht. Es kommt bei der rein objektiven Betrachtung grundsätzlich nicht darauf an, dass die berichtigten Tatsachen für die Finanzbehörde neu sind oder der Anzeigeerstatter dies zumindest glaubt (*Kohlmann* § 371 Rn. 57 ausführlich und m.w.N. in Fn. 5 auch zu der zu § 410 RAO 1949 vertretenen a.A.). Allerdings kann anderenfalls unter den Voraussetzungen des § 371 Abs. 2 Nr. 2 AO eine Tatentdeckung der Wirksamkeit der Selbstanzeige entgegen stehen (siehe hierzu Rdn. 124 ff.) Auch steht es der Berichtigung nicht entgegen, wenn sich die Finanzbehörde diese aufgedeckten Tatsachen selbst im Wege der Amtshilfe hätte beschaffen können (LG Stuttgart, Beschl. v. 21.08.1989 – 10 KLs 137/88, wistra 1990, 72, 73).

43   Die Berichtigungserklärung muss grds. die Angaben enthalten, die der Steuerpflichtige bei ord-nungsgemäßer Erfüllung seiner steuerrechtlichen Erklärungs- und Auskunftspflichten schon frü-her hätte abgeben müssen (BGH, Urt. v. 11.11.1958, BGHSt 12, 100 f.; LG Hamburg, Urt. v. 18.06.1986 – [50] 117/86, wistra 1988, 120, 122; HHSp/*Rüping* § 371 Rn. 111; *Zacharias/Rinnewitz/Spahn*, DStZ 1988, 391 ff.). Er muss die steuererheblichen Tatsachen so mitteilen, dass die Finanzbehörde in die Lage versetzt wird, die in Betracht kommenden Steuern nachträglich festzusetzen (z.B. BGH, Urt. v. 20.07.1965 – 1 StR 95/65, DStR 1966, 150; Urt. v. 14.12.1976 – 1 StR 196/76, DB 1977, 1347). Der Steuerpflichtige muss dabei weder die betroffenen einzelnen Steuerarten konkret bezeichnen (RG, Urt. v. 09.09.1939, RStBl. II 1940, S. 649; OLG Frankfurt am Main, Urt. v. 18.10.1961 – 1 Ss 854/61, NJW 1962, 976), noch den offengelegten Sachver-halt i.S.d. Finanzbehörde rechtlich zutreffend bewerten (LG Stuttgart, Beschl. v. 21.08.1989 – 10 KLs 137/88, wistra 1990, 72, 73). Entscheidend ist, dass sich aus dem offenbaren Sachverhalt alle zur Steuerfestsetzung relevanten Tatsachen ableiten lassen, also die Besteuerungsgrundlagen nach Art und Höhe erkennbar werden.

44   Welche Berichtigung i.R.d. Selbstanzeige erforderlich ist, hängt folglich von den Umständen eines jeden Einzelfalles ab. Stets ist die Angabe von konkret berichtigten Besteuerungsgrundlagen, also regelmäßig die Angabe von Zahlen (z.B. zur Höhe der Einnahmen oder des Umsatzes) notwendig (z.B. FGJ § 371 Rn. 49; zur Schätzung s.u. Rdn. 59). Es ist jedoch nicht erforderlich, dass der Sachverhalt der Finanzbehörde so aufbereitet wird, dass diese die Neuveranlagung ohne eigene Ermittlungen auf der Stelle durchführen kann (BGH, Urt. v. 05.09.1974 – 4 StR 369/74, NJW 1974, 2293 f.; strenger aber noch BGH, Urt. v. 13.11.1952, BGHSt 3, 373, 376; wie hier OLG Düsseldorf, Urt. v. 27.05.1981 – 2 Ss 214/81-142/81 III, BB 1982, 544; *Zacharias/Rinne-witz/Spahn*, DStZ 1988, 391 ff.). Eine gewisse eigene Aufklärung durch das Finanzamt (z.B. die Beiziehung von Steuerakten oder Anfragen bei auskunftspflichtigen Stellen) schadet nicht (RG, Urt. v. 09.11.1936 – III Ss 3D 619/36, RGSt 70, 350, 351 f.; BGH, Urt. v. 05.09.1974 – 4 StR 369/74, NJW 1974, 2293; *Kohlmann* § 371 Rn. 62 m.w.N.; nicht ausreichend z.B. die Angaben im Fall von BGH, Urt. v. 20.07.1965 – 1 StR 95/65, BB 1966, 150).

45   Fraglich ist, ob der steuererhebliche Sachverhalt so dargelegt werden muss, dass auch Umstände außerhalb der eigentlichen Besteuerungsgrundlagen den Finanzbehörden für die Erlangung der Straffreiheit dargelegt werden müssen. Genügt daher für den notwendigen Inhalt einer Selbstan-

zeige die Angabe, dass eine verdeckte Gewinnausschüttung in bestimmter Höhe von einer inländischen Gesellschaft zugeflossen ist oder muss die Gesellschaft bezeichnet werden? Muss auch die Bank konkret benannt werden, bei welcher die hinterzogenen Kapitalerträge erzielt wurden oder genügt die Angabe zu Art und Höhe der Kapitalerträge? Soweit Angaben nicht ausnahmsweise Tatbestandsvoraussetzungen der jeweiligen Besteuerungsgrundlage sind, stellen sie keinen notwendigen Inhalt für eine Selbstanzeige dar (ebenso FGJ § 371 Rn. 60a; *Hofmann*, DStR 1998, 399; a.A. *Marschall*, BB 1998, 2502; *Rolletschke*, DStZ 1999, 107). Für eine strafbefreiende Selbstanzeige muss daher bspw. die Bank nicht bezeichnet werden. Es dürfen keine höheren Anforderungen an die Berichtigung i.R.d. Selbstanzeigeerklärung gestellt werden als an die ursprünglich i.R.d. Besteuerung abzugebende Erklärung (Schwarz/*Dumke* § 371 Rn. 40). Auch hier ist jedoch die jeweilige Bank i.R.d. Einkommensteuererklärung nicht zwingend anzugeben, wenn keine Steueranrechnung begehrt wird.

Nicht ausreichend für eine Berichtigung i.S.v. § 371 AO sind damit u.a. folgende Erklärungen **46** ggü. einer Finanzbehörde (*Kohlmann* § 371 Rn. 63):

- die bloße Erklärung, „Selbstanzeige zu erstatten" ohne weitere Angaben (*Henneberg*, INF 1972, 493)
- die bloße Aufforderung, die abgegebene Erklärung „ad acta zu legen" oder der allgemeine Hinweis auf die Unrichtigkeit der Steuererklärung (LG Frankfurt, Urt. v. 12.03.1954 – 2 NS 13/51, StP 1954, 360, evtl. aber Rücktritt gem. § 24 StGB, dazu unten Rdn. 209 ff.)
- die bloße Nachzahlung der Steuern ohne Berichtigungserklärung (BGH, Urt. v. 25.09.1959, DStZ/B 1959, 499; HHSp/*Rüping* § 371 Rn. 77)
- die Anerkennung von Ergebnissen einer Außenprüfung (BGH, Urt. v. 16.06.2005 – 5 StR 118/05, wistra 2005, 381)
- der isolierte Antrag auf Durchführung einer Betriebsprüfung (OLG Düsseldorf, Urt. v. 27.05.1981 – 2 Ss 214/81-142/81 III, wistra 1982, 119; *Bilsdorfer*, wistra 1984, 93, 95; anders aber, wenn daneben weiterführende Angaben getätigt werden, vgl. BGH, Urt. v. 13.11.1953, BGHSt 3, 373 f.; krit. dazu *Coring*, DStR 1963, 376; s.a. LG Lüneburg, Urt. v. 10.09.1959, DStZ/B 1960, 263)
- der Hinweis auf einen gestellten Insolvenzantrag (BGH, Urt. v. 13.10.1992 – 5 StR 253/92, wistra 1993, 68)
- die Erklärung nach Erhalt einer Prüfungsanordnung, vorsorglich im Hinblick auf alle aus der Prüfung resultierenden Mehrsteuern Selbstanzeige zu erstatten (*Bilsdorfer*, wistra 1984, 93, 96)
- die Auflösung einer zum Zwecke der Steuerhinterziehung gebildeten Rückstellung im Folgejahr (BGH, Urt. v. 09.07.1997 – 5 StR 234/96, StV 1997, 512)

a) Selbstanzeigefähige Straftaten

§ 371 Abs. 1 AO nimmt unmittelbar auf § 370 AO Bezug und gilt damit für Steuerhinterziehun- **47** gen. Dies bestätigt die Gesetzesüberschrift, die von der „Selbstanzeige bei Steuerhinterziehung" spricht. Zugleich wird die Beschränkung der selbstanzeigefähigen Straftaten deutlich, wenn der Gesetzgeber explizit nur die Steuerhinterziehung nennt, obwohl in dem gesetzlichen Kontext noch weitere Steuervergehen geregelt sind. Eine Selbstanzeige i.S.d. § 371 AO ist danach bei einer vollendeten und einer versuchten Steuerhinterziehung zulässig und zwar begangen als Täter oder Teilnehmer.

Selbstanzeigefähig sind damit alle in § 370 AO genannten Steuerhinterziehungsformen: **48**

- Steuerhinterziehung durch aktives Tun, § 370 Abs. 1 Nr. 1 AO
- Steuerhinterziehung durch Unterlassen, § 370 Abs. 1 Nr. 2 AO
- die pflichtwidrig unterlassene Verwendung von Steuerzeichen oder Steuerstemplern nach § 370 Abs. 1 Nr. 3 AO
- Steuerhinterziehung in einem besonders schweren Fall gem. § 370 Abs. 3 AO.

49 Bei einem besonders schweren Fall der Steuerhinterziehung i.S.d. § 370 Abs. 3 Nr. 1 AO durch Steuerverkürzung oder Erlangung nicht gerechtfertigter Steuervorteile in großem Ausmaß wird jedoch jetzt regelmäßig der Sperrgrund des § 371 Abs. 2 Nr. 3 AO vorliegen, sodass nur noch ein Absehen von der Strafverfolgung nach § 398a AO in Betracht kommt. Grund hierfür ist, dass der BGH (NJW 2009, 528; NJW 2011, 2450; wistra 2011, 396) das Merkmal des großen Ausmaß regelmäßig bei einem eingetretenen Steuerschaden von mehr als 50.000,00 € (bei einem Gefährdungsschaden ab 100.000,00 €) annimmt, und § 370 Abs. 3 Nr. 1 AO einen Sperrgrund bei einer Steuerhinterziehung von mehr als 50.000,00 € normiert. Hierbei gilt der Betrag von 50.000,- € EUR, wenn der Täter – etwa durch Vortäuschung von Vorsteuerbeträgen – ungerechtfertigte Zahlungen in dieser Höhe erlangt oder durch Vortäuschen von steuermindernden Umständen, wie Betriebsausgaben eine entsprechende Minderung der Steuerschuld erreicht. Dagegen gilt der Betrag von 100.000 EUR, wenn der Steuerpflichtige die Finanzbehörde pflichtwidrig über Einnahmen in Unkenntnis lässt oder steuerpflichtige Einnahmen oder Umsätze zu niedrig erklärt (BGH, Beschl. v. 15.12.2011 – 1 StR 579/11, NJW 2012, 1015).

50 Die Aufzählung ist grds. abschließend. Darüber hinaus kommt eine Anwendung des § 371 AO nur in Betracht, sofern dessen Anwendung ausdrücklich gesetzlich angeordnet wird. Mangels Bezugnahme auf § 371 AO scheidet demgemäß seine Anwendung bei den §§ 369 Abs. 1 Nr. 3 und 4, 372, 373, 374 AO aus. Aufgrund des Verweises in § 378 Abs. 3 AO gilt § 371 AO mit eingeschränkten Sperrgründen auch für die leichtfertige Steuerverkürzung (§ 378 AO).

51 In weiteren Fällen gilt § 371 AO kraft Verweisung entsprechend:

– Abgabenhinterziehung zu Marktordnungszwecken, §§ 12 Abs. 1 Satz 1, 35 MOG
– Erschleichen von Prämien und Zulagen, §§ 8 Abs. 2 Satz 1 WoPG, 5a Abs. 2 Satz 1 BergPG a.F. (aufgehoben zum 31.12.2011), 14 Abs. 3 Satz 1 5. VermBG
– Abwasserabgabenhinterziehung, § 14 AbwAG
– bei entsprechenden Verweisen in den Kommunalabgabengesetzen der Länder.

Dagegen finden bei der Erschleichung von Zulagen nach dem BerlinFG, dem InvZulG und dem EigZulG, welche als Betrug bzw. Subventionsbetrug strafbar sind, nur die formellen Steuerstrafvorschriften Anwendung (§ 20 BerlinFG, § 15 InvZulG 2010, 15 Abs. 2 EigZulG), nicht jedoch die materielle Norm des § 371 AO (*Kohlmann* § 371 AO Rn. 34.2.)

52 Die Hinterziehung von Kirchensteuern fällt nur dann in den Anwendungsbereich des § 370 AO mit der Folge des Eingreifens von § 371 AO, wenn die Kirchensteuergesetze der Länder die Anwendung der §§ 370 ff. AO ausdrücklich anordnen. Von dieser Anordnung hat lediglich das Bundesland Niedersachsen (vgl. § 6 Abs. 1 KiStRG Niedersachsen) Gebrauch gemacht (Kohlmann/*Hilgers-Klautzsch* § 386 AO Rn. 76 f); in allen anderen Ländern erfüllt die Kirchensteuerhinterziehung bereits nicht den Tatbestand des § 370 AO (BGH, NStZ 2009 S. 157, 159), sodass ein Anwendungsbereich für eine Selbstanzeige nach § 371 AO insoweit nicht eröffnet ist. Ob insoweit eine Strafbarkeit wegen Betruges nach § 263 StGB in Betracht kommt (verneinend FGJ/ *Randt* § 386 AO Rn. 21a; Kohlmann/*Hilgers-Klautzsch* § 386 AO Rn. 79; a.A. *Rönnau*, wistra 1995 S. 47, 48 f.) hat der BGH (NStZ 2009, 157, 159) erwogen, jedoch letztlich offengelassen.

53 Demgegenüber entfaltet die Selbstanzeige ggü. gleichzeitig mitverwirklichten Straftatbeständen des StGB (z.B. Urkundenfälschung nach § 267 StGB) keine strafbefreiende Wirkung. Sie schließt eine Bestrafung nach den Vorschriften des StGB nicht aus (dazu unten Rdn. 204).

b) Zeitraum

54 Die wirksame Selbstanzeige führt zur Straffreiheit. Demgemäß ist die Abgabe einer Berichtigungserklärung i.S.v. § 371 AO zur Erlangung der Straffreiheit nur insoweit erforderlich, als die zugrunde liegende Steuerstraftat noch nicht strafrechtlich verjährt ist. Dies gilt auch für § 371 Abs. 1 AO n.F. (vgl. Kohlmann/*Schauf* § 371 Rn. 49; Geuenich, NWB 13/2011, 1051 f.), da der

Gesetzeswortlaut ausdrücklich nur die Berichtigung „zu allen unverjährten Steuerstraften einer Steuerart" voraussetzt. Die strafrechtliche Verjährungsfrist der Steuerhinterziehung beträgt – anders als die steuerliche 10-jährige Festsetzungsfrist im Fall einer Steuerhinterziehung (§ 169 Abs. 2 Satz 2 AO) – gem. § 78 Abs. 3 Nr. 4 StGB i.V.m. § 369 Abs. 2 AO grds. 5 Jahre. Sie verlängert sich gem. § 376 Abs. 1 AO n.F. auf 10 Jahre, wenn ein besonders schwerer Fall der Steuerhinterziehung i.S. eines der Regelbeispiele des § 370 Abs. 3 Satz 2 Nr. 1-5 AO vorliegt. Dagegen bleibt es bei der fünfjährigen Verjährungsfrist, wenn trotz der Verwirklichung des Regelbeispiels nach der notwendigen Gesamtabwägung ausnahmsweise kein besonders schwerer Fall der Steuerhinterziehung vorliegt oder wenn ein solcher aus besonderen Gründen anzunehmen ist, obwohl keines der Regelbeispiele verwirklicht ist (Kohlmann/*Schauf* § 376 Rn. 20 ff.).

Die strafrechtliche Verjährungsfrist beginnt bei Abgabe einer unrichtigen Steuererklärung bei Veranlagungsteuern, wie der Einkommensteuer, Körperschaftsteuer oder Gewerbesteuere mit der zu niedrigen Festsetzung der Steuer ggü. dem Steuerpflichtigen (BGHSt 36, 111). Bei unterlassener Abgabe einer Steuererklärung beginnt die strafrechtliche Verjährungsfrist nach Ansicht der Rechtsprechung in dem Zeitpunkt zu laufen, in welchem bei rechtzeitiger Abgabe eine Veranlagung spätestens erfolgt wäre. Dies soll der Fall sein, wenn die Veranlagungsarbeiten des zuständigen Bezirkes im Wesentlichen (zu 95 %) abgeschlossen sind (z.B. BGHSt 36, 105, 111; BayObLG, wistra 2001, 194; a.A. *Schmitz,* wistra 1993, 248; *Wulf,* wistra 2003, 89: Beginn der Veranlagungsarbeiten; zum Meinungsstand auch *Fischer* § 78a StGB Rn. 15). Da bei der nicht periodisch festzusetzenden Erbschaft- und Schenkungsteuer ein solcher Zeitraum nicht zu bestimmen ist, ist hier maßgeblich, wann die Veranlagung bei rechtzeitiger Anzeige der Schenkung frühestens bekannt gegeben worden wäre, wobei der BGH (Beschl. v. 25.07.2011 – 1 StR 631/10, NJW 2011 3249, 3253) davon ausgeht, dass dies 4 Monate nach der Schenkung der Fall ist. 55

Für die richtige Bestimmung der zu berichtigenden steuerstrafrechtlich noch unverjährten Jahre ist in Fällen des § 370 Abs. 3 Satz 2 Nr. 1 bis 5 AO auch zu beachten, dass die auf 10 Jahre verlängerte Verjährungsfrist gem. § 23 EGAO nur für alle bei Inkrafttreten des Jahressteuergesetz 2009 am 25.12.2008 noch nicht verjährten Steuerstraftaten gilt. Bei der Verkürzung einer Veranlagungssteuer im Fall des § 370 Abs. 3 Satz 2 Nr. 1 bis 5 AO kommt es danach etwa darauf an, ob die zur Beendigung der Steuerhinterziehung führende unrichtige Steuerfestsetzung nach dem 24.12.2003 erfolgte. 56

Zur Wirksamkeit der Selbstanzeige ist es erforderlich, dass alle strafrechtlich unverjährten Steuerstraftaten einer Steuerart (z.B. der ESt) in vollem Umfang erklärt werden, § 371 Abs. 1 AO n.F. Nicht schädlich ist es demgemäß, wenn der Täter etwa neben der Einkommensteuerhinterziehung noch Steuerstraftaten im Bereich der Umsatz- oder Gewerbesteuer begangen hat. Deckt er im Rahmen seiner Selbstanzeige alle unverjährten hinterzogenen Einkommensteuerbeträge auf, entfaltet die Selbstanzeige – wenn die übrigen Voraussetzungen eingehalten werden – Wirksamkeit für die hinterzogene ESt, nicht aber die übrigen nicht offengelegten Steuerarten. 57

Bzgl. Selbstanzeigen, welche Altfälle betreffen, ist § 24 EGAO zu berücksichtigen (s.o. Rdn. 23 ff.) 58

c) Schätzung

Ist der Steuerpflichtige – z.B. aufgrund fehlender Unterlagen oder Aufzeichnungen – nicht in der Lage, die Besteuerungsgrundlagen zahlenmäßig ggü. der Finanzbehörde zu beziffern, kann eine Schätzung der Nachsteuern ausreichen, wenn er in der Berichtigungserklärung die Tatsachen mitteilt, welche die Finanzbehörde für eine Schätzung gem. § 162 AO benötigt (*Joecks,* wistra 1990, 54 ff.). Eine völlig freie eigene Schätzung des Umsatzes ohne jede Tatsachengrundlage genügt demgegenüber nicht (*Bilsdorfer,* wistra 1984, 93, 95 f.; DStZ 1982, 302; a.A. Schwarz/*Dumke* § 371 Rn. 57). 59

Liegt die Schätzung in der Anzeige zu niedrig, liegt eine grds. nicht strafbefreiende Teilselbstanzeige vor (zur Teilselbstanzeige i.e. unten Rdn. 72 ff.). Zu § 371 Abs. 1 AO a.F. wurde einhellig 60 angenommen, dass geringfügige Abweichungen nicht schadeten und einer vollumfänglich wirksamen Selbstanzeige nicht entgegen standen (BGH, wistra 1999 S. 27). Hierbei wurden von der Rechtsprechung Abweichungen von gut 3 % (OLG Köln, Urt. v. 28.08.1980 – 1 Ss 574-575/79, Stbg 1981, 197) und auch nicht ganz 6 % (OLG Frankfurt am Main, Urt. v. 18.10.1961 – 1 Ss 854/61, NJW 1962, 974) als unschädlich angesehen. In der Literatur wurde eine Differenz von bis zu 10 % noch als geringfügig betrachtet (Kohlmann/*Schauf* § 371 Rn. 68). Den Gesetzesmaterialien (BT-Drucks. 17/5067 [neu]) ist zu entnehmen, dass geringfügige Abweichungen auch weiterhin nicht zur Unwirksamkeit der Selbstanzeige führen sollen.

61 Der 1. Strafsenat des BGH hat mit Beschl. v. 25.07.2011 – 1 StR 631/10 (NJW 2011, 3249, 3255) erkannt, dass auch nach § 371 Abs. 1 AO n.F. geringfügige Abweichungen unschädlich sind. Hierbei sei allerdings jedenfalls eine Abweichung mit einer Auswirkung von mehr als 5 % des Verkürzungsbetrages i.S.d. § 370 Abs. 4 AO nicht mehr geringfügig. Der Beschluss stellt hierbei nicht auf die Bemessungsgrundlage, sondern die verkürzte und durch die Selbstanzeige aufgedeckte Steuer ab. Hierdurch ist bei der Berechnung auch das Kompensationsverbot zu beachten (*Geuenich/Kiesel*, BB 2011 S. 155, 158). Allerdings können bei wertender Betrachtung auch Abweichungen unter 5 % im konkreten Fall als nicht mehr geringfügig erscheinen. Bewusst vorgenommene Abweichungen seien i.d.R. auch bei Abweichungen unter 5 % nicht als geringfügig anzusehen (so auch Graf/Jäger/Wittig § 371 AO Rn. 44). Der 1. Strafsenat bleibt auch hier seiner restriktiven Tendenz treu.

62 In dem vorgenannten Beschluss nicht entschieden ist, ob die geringfügige Abweichung auf die einzelne Steuererklärung oder die Summe der verkürzten und berichtigten Steuer aus allen zur Selbstanzeige gebrachten Steuererklärungen derselben Steuerart zu beziehen ist. Da § 371 Abs. 1 AO n.F. sich für die Vollständigkeit der Selbstanzeige vom materiellen Tatbegriff der regelmäßig einzelnen unrichtigen Steuererklärung löst und auf alle unverjährten Straftaten einer Steuerart abstellt, muss sich auch die Frage der geringfügigen Abweichungen, welche zur Unvollständigkeit führt, auf letzteres beziehen (so auch Kohlmann/*Schauf* § 371 AO Rn. 68.1.; *Bürger*, BB 2012, 34, 36; *Buse*, StBp. 2011, 153, 155; *Geuenich/Kiesel*, BB 2012, 155, 159; *Heuel/Beyer*, StBW 2011 S. 315, 316; *Hunsmann*, NJW 2011 1482, 1484; *Schwartz*, PStR 2011, 122, 123; a.A. *Rolletschke/Roth*, Stbg. 2011, 200, 201; *Sackreuther*, PStR 2011, 244).

63 Die bloße Überreichung von Buchführungsunterlagen zum Zwecke der Außenprüfung genügt grds. zur Selbstanzeige nicht (BGH, Urt. v. 24.10.1990 – 3 StR 16/90, wistra 1991, 107; Schwarz/*Dumke* § 371 Rn. 46). Ist der Steuerpflichtige aber aus finanziellen Gründen nicht in der Lage, die verkürzten Steuern selbst zu berechnen und weist er auf die strafbefangenen Bereiche hin, kommt jedoch eine Ausnahme zugunsten des Steuerpflichtigen in Betracht (FGJ § 371 Rn. 57; *Kohlmann* § 371 Rn. 64.7). Denn in diesen Fällen kann auch zur Erfüllung der steuerlichen Pflichten die Abgabe der Buchführungsunterlagen genügen; insoweit sind an eine Selbstanzeige keine höheren Anforderungen zu stellen.

64 Sind die Buchführungsunterlagen lückenhaft und ist dem Steuerpflichtigen daher eine Nacherklärung auch im Wege einer auf Tatsachen gestützten Schätzung nicht möglich, kann er sich nicht im Rahmen einer Selbstanzeige darauf berufen, dass ihm eine Berichtigung aufgrund der fehlenden Unterlagen nicht möglich ist. Das Risiko der Berichtigung trägt in vollem Umfang der Steuerpflichtige. Ob ihm die Berichtigung schuldhaft oder unverschuldet nicht möglich ist, ist insoweit unerheblich (LG Hamburg v. 18.06.1986, wistra 1988, 120; BGH, Urt. v. 14.12.1976 – I StR 196/76, DB 1977, 1342 m.w.N.; Schwarz/*Dumke* § 371 Rn. 42 m.w.N.).

d) Einzelfragen

aa) Umsatzsteuer(Jahres)erklärung

65 Enthält die Umsatzsteuerjahreserklärung die zutreffenden Umsatzangaben, wirkt diese als strafbefreiende Selbstanzeige, ohne dass eine Berichtigung der Umsatzsteuer-Voranmeldungen erforder-

lich ist. Ebenso wenig bedarf es einer Aufteilung der (Mehr-) Umsätze auf die einzelnen Monate, denn nach § 18 Abs. 3 UStG ist die USt für das ganze Jahr zu berechnen und Besteuerungszeitraum das ganze Jahr, § 16 Abs. 1 Satz 1 UStG (BGH, Urt. v. 13.10.1998 – 5 StR 392/98, wistra 1999, 27; OLG Hamburg, Beschl. v. 12.02.1985 – 1 Ss 191/84, wistra 1985, 166; Schwarz/ *Dumke* § 371 Rn. 55; FGJ § 371 Rn. 69; *Streck,* DStR 1985, 9, 10; für eine Aufteilung auf die Monate aber LG Hamburg, Urt. v. 09.05.1983 – [50] 33/83 NS, wistra 1983, 267; HHSp/*Rüping* § 371 Rn. 117; *Garbers,* wistra 1984, 49, 51). Eine Verteilung auf die einzelnen Monate kann nur das Ziel haben, der Finanzbehörde die zutreffende Festsetzung der Hinterziehungszinsen pro Monat zu ermöglichen, die jedoch gerade keine Wirksamkeitsvoraussetzung der Selbstanzeige ist (*Kohlmann* § 371 Rn. 64.2). Demgegenüber stellt die Nachholung unterlassener Angaben in einem anderen Besteuerungszeitraum (z.B. das Weglassen von Umsätzen in einem Monat und deren Angabe in der Umsatzsteuer-Voranmeldung des Folgemonats) keine Berichtigung der unrichtigen Angabe der ersten Umsatzsteuer-Voranmeldung dar (BFH, Urt. v. 18.10.1956, BStBl. II 1957, S. 122; FGJ § 371 Rn. 72).

bb) Einkommensteuererklärung

Die Abgabe der Einkommensteuerjahreserklärung ohne weitere Erläuterungen kann eine Selbstanzeige im Hinblick auf die vorangegangene unzutreffende Herabsetzung der Einkommensteuer-Vorauszahlungen (§ 37 Abs. 3 EStG) darstellen (OLG Stuttgart, Urt. v. 21.05.1987 – 1 Ss 221/87, wistra 1987, 263, zustimmend *Bilsdorfer,* wistra 1987, 265; FGJ § 371 Rn. 71; a.A. noch LG Stuttgart, Beschl. v. 25.11.1983 – 10 Qs 146/83, wistra 1984, 197; *Marschall,* BB 1998, 2500). Denn wie bei der USt sind die Vorauszahlungen auf die ESt nach § 37 EStG auf die Einkommensteuerjahresschuld anzurechnen. Vergleichbares gilt für die Korrektur von Lohnsteuer-Anmeldungen (*Bilsdorfer,* wistra 1987, 265; für eine Korrektur der vorsätzlich falschen Anmeldung aber OLG Celle, Urt. v. 05.11.1970 – 1 Ss 152/70, BB 1971, 205; vgl. Schwarz/*Dumke* § 371 Rn. 56). Jedoch wirkt die Korrektur i.R.d. Einkommensteuererklärung nicht automatisch zugunsten des Arbeitgebers, der seiner Lohnsteuerabzugsverpflichtung nicht nachgekommen ist (dazu FGJ § 371 Rn. 71).

66

cc) Erbschaftsteuererklärung

Bei Abgabe einer unrichtigen Erbschaftsteuererklärung führt die spätere Korrektur der Erbschaftsteuererklärung, wenn die Voraussetzungen des § 371 AO eingehalten werden, zu einer Selbstanzeige. Als Vorstufe zur Erbschaftsteuererklärung ist der Erbe nach § 30 ErbStG verpflichtet, den Erbfall fristgerecht beim FA anzuzeigen, damit dem FA ein Anfordern der Erbschaftsteuererklärung möglich ist. Die Frist für den Erben beträgt 3 Monate nach Kenntnis des Erbfalls. Lässt der Erbe die Frist verstreichen, ohne eine Anzeige zu erstatten, so liegt eine Pflichtverletzung i.S.d. § 370 Abs. 1 Nr. 2 AO vor (BGH, NJW 2011, 3249, 3253; FGJ/*Joecks* § 370 AO Rn. 233 f., *Kohlmann* § 370 AO Rn. 1516, Wannemacher /*Seipl* Rn. 1178 ff., *Rolletschke,* wistra 2001, 288; s.a. BFH, BFH/NV 2002, 917). Bei Veranlagungssteuern, wie der Erbschaftsteuer, ist eine Tat durch pflichtwidriges Unterlassen im S. des § 370 Abs. 1 Satz 2 AO allerdings erst dann vollendet, wenn das zuständige FA die Veranlagungsarbeiten in dem betreffenden Bezirk für den maßgeblichen Zeitraum allgemein abgeschlossen hat (BGH, NJW 2002, 762, 764). Bei der Erbschaftsteuer stellt der BGH in Bezug auf die für den Verjährungsbeginn maßgebliche Tatbeendigung allerdings auf den Zeitpunkt ab, in welchem das FA bei rechtzeitiger Einreichung der Steuererklärung frühestens die Steuer festgesetzt hätte, welches 4 Monate nach der Schenkung anzunehmen sein soll (BGH, NJW 2011, 3249, 3253 f.) Der in dubio-Grundsatz gebietet es allerdings für die Tatvollendung nicht auf den frühesten Zeitpunkt der Veranlagung abzustellen (*Kohlmann* § 370 AO Rn. 1517), so dass dieser Zeitpunkt nicht auf die Tatvollendung übertragbar ist. Bis zur Tatvollendung kann durch bloße Nachholung der unterlassenen Handlung ein strafbefreiender Rücktritt vom Versuch erfolgen, sofern diese zur Steuerfestsetzung vor dem danach angenommenen Vollendungszeitpunkt führt. Ab der Tatvollendung ist eine Strafbefreiung nur noch über eine Selbstan-

67

zeige zu erlangen, wenn die entsprechenden Angaben korrigiert und die weiteren Voraussetzungen des § 371 AO eingehalten werden.

dd) Fälle des § 370 Abs. 1 Nr. 3 AO

68 Es gelten die allgemeinen Anforderungen an die Erklärung gem. § 371 AO. Das pflichtwidrige Unterlassen der Verwendung von Steuerzeichen und Steuerstemplern kommt insb. bei der Tabaksteuerverkürzung in Betracht. Der Steuerpflichtige muss demgemäß bei der Berichtigungserklärung zur zutreffenden Tabaksteuerfestsetzung die Menge der Tabakwaren angeben, die er nicht mit den notwendigen Banderolen versehen hat (dazu auch *Kohlmann* § 371 Rn. 64.5).

ee) Berichtigungserklärung des Teilnehmers und Mittäters

69 Für eine ausreichende Berichtigungserklärung ist erforderlich, dass der Teilnehmer (Anstifter oder Gehilfe) seinen Tatbeitrag zur Steuerhinterziehung eliminiert, in dem er seine Beteiligung offen legt und dadurch die Ermittlung der zutreffenden Besteuerungsgrundlagen und der hinterzogenen Steuern ermöglicht (dazu BGH v. 18.06.2003, wistra 2003, 385). Je geringer sein Tatbeitrag zu der Steuerhinterziehung war, umso weniger muss er für eine wirksame Selbstanzeige erklären. Hat er von bestimmten unrichtigen Umständen oder Tatsachen keine Kenntnis, kann von ihm auch insoweit keine Berichtigung verlangt werden (vgl. FGJ § 371 Rn. 63; Kohlmann/*Schauf* § 371 Rn. 65.2). Erforderlich ist jedoch, dass er zumindest seinen Tatbeitrag zur Steuerhinterziehung rückgängig macht, also z.B. der Steuerberater als Gehilfe die willkürlich in die Umsatzsteuervoranmeldungen eingesetzten Umsätze des Steuerpflichtigen offenbart, ohne dass er die zutreffenden Umsatzzahlen des Steuerpflichtigen kennen muss (Schwarz/*Dumke* § 371 AO Rn. 60; FGJ § 371 Rn. 62; im Ergebnis auch OLG Hamburg v. 21.11.1985, wistra 1986, 116 f.; HHSp/*Rüping* § 371 Rn. 90). Dies gilt jedenfalls dann, wenn die durch diese Offenbarung veranlassten weiteren Ermittlungen der Finanzbehörde schließlich eine zutreffende Steuerfestsetzung ermöglichen (Kohlmann/*Schauf* § 371 Rn. 65.1.; offengelassen in BGH, NJW 2003, 2996).

5. Selbstanzeige in Stufen

70 Bei einer Selbstanzeige in Stufen (gestufte Selbstanzeige) enthält die Berichtigungserklärung des Steuerpflichtigen zunächst nicht alle notwendigen Angaben für eine strafbefreiende Wirkung der Selbstanzeige. Erst durch eine später nachfolgende Ergänzung werden bei einer einheitlichen Betrachtung die Anforderungen einer strafbefreienden Selbstanzeige erfüllt (z.B. BGH, Urt. v. 16.06.2005 – 5 StR 118/05, wistra 2005, 381; *Rolletschke*, wistra 2002, 17). Eine solche Erklärung stellt lediglich die Ankündigung einer Selbstanzeige dar, die erst mit einer späteren Nachlieferung der fehlenden Angaben eine Strafbefreiung herbeiführen kann. Bis zu diesem späteren Zeitpunkt kann jederzeit ein Ausschlussgrund i.S.v. § 371 Abs. 2 AO eintreten, der eine Strafbefreiung verhindert. Die noch unvollständige erste Selbstanzeige kann hierbei auch schon selbst zur Tatentdeckung i.S.d. § 371 Abs. 2 Nr. 2 AO führen und damit die strafbefreiende Wirkung selbst vereiteln. Ein solches Vorgehen sollte daher dringend vermieden werden.

71 Etwas anderes gilt aber dann, wenn der Steuerpflichtige die Besteuerungsgrundlagen hinreichend konkretisiert und lediglich die zum Zeitpunkt der Erklärung noch ausstehende Höhe der hinterzogenen Steuern mittels einer die tatsächlichen Besteuerungsgrundlagen nicht unterschreitenden Schätzung bemisst. Eine solche Erklärung erfüllt bereits die Erfordernisse einer strafbefreienden Selbstanzeige (*Buse*, Stbg 2010, 355). Es handelt sich dann nicht um eine gestufte Selbstanzeige, sondern die spätere konkrete Steuerberechnung dient lediglich der Konkretisierung der Schätzung und führt nicht erst die Selbstanzeigewirkung herbei. Hier kann sich lediglich die Frage stellen, ob die Schätzung ausreichend war und damit Strafbefreiung eintritt oder eine nicht zur Strafbefreiung führende Teilselbstanzeige vorliegt (s.u. Rdn. 72 ff.). Dies hat auch nach dem BGH-Beschl. v. 20.05.2010 (1 StR 577/09, NJW 2010, 2146) weiterhin Gültigkeit, da der BGH eine spätere Konkretisierung der Schätzung zulässt. Dies steht auch grds. nicht im Widerspruch zur neuen Gesetzesfassung, die in § 371 Abs. 1 AO eine Berichtigung in vollem Umfang verlangt, wenn die Berichtigungserklärung durch eine hinreichende Schätzung eine vollständige Erfassung der Besteuerungsgrundlagen ermöglicht.

Eine andere Frage ist, ob die Finanzbehörde verpflichtet ist, nach Eingang einer nicht die notwendigen Kriterien erfüllenden (unvollständigen) gestuften Selbstanzeige dem Steuerpflichtigen eine Frist zur Nachbesserung zu gewähren oder sie sich auf die Unwirksamkeit der Selbstanzeige berufen und umgehend einen Ausschlussgrund für eine Selbstanzeige herbeiführen darf, z.B. über die Einleitung eines Steuerstrafverfahrens. Der Hinweis auf die Möglichkeit der Gewährung einer Stellungnahmefrist (so Nr. 120 Abs. 1 Satz 1 AStBV a.F.) ist in späteren Fassungen ab der AStBV 2004 (v. 18.12.2003, BStBl. I 2003, S. 654) nicht mehr enthalten. Das Gesetz sieht eine solche Nachfrist nicht vor. Die unvollständige Berichtigungserklärung führt damit grds. nicht zu einer Strafbefreiung; ein Anspruch auf eine Nachbesserungsfrist besteht nicht (vgl. auch BGH, NJW 2010 S. 2146; Kohlmann/*Schauf* § 371 Rn. 53; anders aber z.B. HHSp/*Rüping* § 371 Rn. 84; Rolletschke/*Kemper* § 371 Rn. 25b). Dieses Verständnis entspricht auch der neuen Gesetzesfassung, wonach der Täter bereits nach dem Tatbestand des § 371 Abs. 1 AO verpflichtet ist, i.R.d. Selbstanzeige alle unverjährten Steuerstraftaten einer Steuerart in vollem Umfang zu erklären. Unvollständige Selbstanzeigen schließt das Gesetz nunmehr in der Neufassung bezogen auf die jeweilige Steuerart nach seinem Wortlaut aus. Jedoch kann die unvollständige Selbstanzeige auch nach der Gesetzesneufassung zumindest als Geständnis zu einer Strafmilderung führen (so auch Schwarz/*Dumke* § 371 Rn. 41).

6. Teilselbstanzeige (dolose und undolose Teilberichtigung)

Eine Teilselbstanzeige, bei welcher der Steuerpflichtige nur einen Teil der von ihm begangenen 72 Steuerhinterziehung (z.B. die Kapitalerträge aus dem schweizerischen Konto und nicht die Erträge des liechtensteinischen Bankkontos) aufdeckt und berichtigt, wurde nach bisherigem Recht und früherer Rechtsprechung als zulässig erachtet (z.B. BGH, Urt. v. 13.10.1998 – 5 StR 392/98, wistra 1999, 27; HHSp/*Rüping* § 371 Rn. 81). Hinsichtlich des aufgedeckten Teils trat Straffreiheit ein, wenn die übrigen Voraussetzungen erfüllt waren (z.B. Simon/*Vogelberg* S. 172; FGJ § 371 Rn. 64a). Auf die erhebliche Unrichtigkeit kam es – anders als noch bei § 395 Abs. 1 RAO – nicht mehr an (vgl. BGH, Urt. v. 14.12.1976 – I StR 196/76, DB 1977, 1347). Die frühere Rechtsprechung berief sich auf den Gesetzeswortlaut, dass im Umfang der Berichtigung „insoweit" Straffreiheit eintrat. Damit konnte die Teiloffenbarung eines Sachverhaltes, bei dem eine Entdeckung befürchtet wurde, auch zu einer (teilweisen) Straffreiheit führen. Sowohl die dolose als auch die unbewusst unvollständige Teilselbstanzeige führten daher nach früherer einhelliger Ansicht in Rechtsprechung und Literatur zu einer Straffreiheit, soweit die Selbstanzeige reichte.

Diese früher von Rechtsprechung und Literatur vertretene Zulässigkeit einer Teilselbstanzeige war 73 aus Sicht der neueren Rechtsprechung des ersten Strafsenats des BGH bereits unter der Geltung des § 371 Abs. 1 AO a.F. abzulehnen. Denn in seinem Beschl. v. 20.05.2010 – 1 StR 577/09 – (NJW 2011, 2146) erkennt der BGH, dass für eine Strafbefreiung nach § 371 AO die Rückkehr zur vollständigen Steuerehrlichkeit Voraussetzung ist. Diese erfordere vollständige und richtige Angaben des Steuerhinterziehers. Eine Teilselbstanzeige erfüllt diese Anforderungen danach aber gerade nicht, vielmehr muss „reiner Tisch" gemacht werden. Der BGH sieht auch keinen Widerspruch zum Wortlaut der Norm. Denn seiner Meinung nach bezieht sich das Wort „insoweit" nicht auf den Umfang der gemachten Angaben, sondern allein auf den Umfang der Strafbefreiung. „Diese tritt also erst dann ein, wenn die Angaben insgesamt richtig sind. Hätte der Gesetzgeber eine Strafbefreiung auch schon für nur teilweise richtige Angaben (Teilselbstanzeige) gewollt, dann hätte er das Gesetz anders formuliert („Soweit ... berichtigt ..."). „Insoweit" bedeutet danach namentlich: Neben der Straffreiheit für – gänzlich verschiedene – Steuerdelikte könnte auch ein Täter, der zusätzlich verfälschte Belege gebraucht oder ein Bestechungsdelikt begeht, Straffreiheit (nur) wegen der Steuerhinterziehung erlangen." Eine dolose Teilselbstanzeige, bei welcher der Täter nicht vollständig zur Steuerehrlichkeit zurückkehrt und bspw. nur eines von mehreren

Bankkonten in der Schweiz erklärt, nämlich das, bei dem er eine Entdeckung befürchtet, stellt danach eine unwirksame Selbstanzeige dar, der keine strafbefreiende Wirkung zukommt, auch nicht in dem Umfang, in dem der Hinterziehungssachverhalt offengelegt wird.

74 Diese im Rahmen eines obiter dictum erfolgten Ausführungen des BGH stehen im Widerspruch zum Wortlaut des § 371 AO a.F. und sind in der Literatur zu Recht fast einhellig auf Ablehnung gestoßen (z.B. *Schwedhelm*, Stbg 2010, 348 ff.: „Die vornehmlich moralisierende Begründung ist wenig überzeugend." vgl. auch Kohlmann/*Schauf* § 371 Rn. 67.1 ff m.w.N.). Bereits aus dem Wortlaut und der Stellung des § 371 AO a.F. wird deutlich, dass sich eine Straffreiheit ausschließlich auf Steuerhinterziehungen i.S.d. § 370 AO erstreckt. Dem Wort „insoweit" würde – bei einer Auslegung i.S.d. ersten Strafsenats – keine Bedeutung mehr zukommen (*Webel*, PStR 2010, 190). Des Weiteren blieb nach dieser Entscheidung unklar, wann eine sich nicht aus dem Gesetz ergebende vollständige Rückkehr zur Steuerehrlichkeit i.S.d. 1. Strafsenats zu bejahen ist. Bezog sich die Vollständigkeit der Selbstanzeige tatbezogen nur auf ein Jahr oder alle steuerstrafrechtlich noch unverjährten Jahre derselben oder aller Steuerarten? Ab welchem Umfang der Abweichung lag eine schädliche unvollständige Berichtigung vor, die eine Strafbefreiung ausschließt? Auch der vornehmlich fiskalpolitisch motivierte Zweck der Selbstanzeige (s.o. Rdn. 12) steht einer teilweisen strafbefreienden Wirkung nicht entgegen. Denn „insoweit" wird gerade dem Zweck der Norm – der Sicherung des Steueraufkommens – Rechnung getragen (*Schwedhelm*, Stbg 2010, 349).

75 Durch die Übergangsregelung des § 24 EGAO geklärt ist, dass trotz dieser Rechtsprechung für bis zum 28.04.2011 bei der zuständigen Finanzbehörde eingegangene Selbstanzeigen die Teilselbstanzeige im Umfang der Berichtigung weiterhin zur Straffreiheit führt (vgl. o. Rdn. 23).

76 In dem Gesetzgebungsverfahren zum Schwarzgeldbekämpfungsgesetz wurden in Bezug auf die Anforderungen an den Umfang der Vollständigkeit und die Frage, ob auch eine undolose Teilselbstanzeige unwirksam ist, unterschiedliche Fassungen erörtert. In dem ursprünglichen Gesetzentwurf der Fraktionen der CDU/CSU und FDP (BT-Drucks. 17/4182) war in § 371 Abs. 1 AO nur vorausgesetzt, dass der Steuerpflichtige „die unrichtigen Angaben berichtigt, die unvollständigen Angaben ergänzt oder die unterlassenen Angaben nachholt" Dies dürfte noch tatbezogen auf eine bestimmte Steuererklärung zu beziehen gewesen sein. Zudem wurde in diesem Gesetzentwurf noch zwischen einer bewussten und einer unbewussten Teilselbstanzeige differenziert. Eine bewusste (Teil-)Selbstanzeige, bei welcher der Täter die Unvollständigkeit seiner Berichtigung kennt oder bei verständiger Würdigung mit ihr rechnen musste, sollte keine Strafbefreiung mehr bewirken, da es an einer vollständigen Rückkehr in die Steuerehrlichkeit fehlt. Dies gelte nicht für den unwissenden Täter, der versehentlich nur eine Teilberichtigung vornimmt. Demgemäß sollte nach § 371 Abs. 2 Nr. 3 AO keine Straffreiheit eintreten, wenn „die Berichtigung, Ergänzung oder Nachholung ihrerseits unvollständige oder unrichtige Angaben i.S.v. § 370 Abs. 1 Nr. 1 AO enthält und der Täter dies wusste oder bei verständiger Würdigung der Sachlage damit rechnen musste."

77 In der Begründung des Gesetzentwurfes heißt es ausdrücklich „Straffreiheit soll dann nicht gewährt werden, wenn von den bisher verschwiegenen Besteuerungsgrundlagen bewusst nur ausgewählte Sachverhalte nacherklärt werden, z.B. weil nur genau deren Aufdeckung unmittelbar befürchtet wird. Unbewusste Unrichtigkeiten und Unvollständigkeiten führen nicht zum Ausschluss der Straffreiheit."

78 Im weiteren Verlauf des Gesetzgebungsverfahrens wählte das auf Basis der Änderungsempfehlungen des Finanzausschusses (BT-Drucks. 17/5067 [neu]) beschlossene Schwarzgeldbekämpfungsgesetz eine abweichende Formulierung: Das Erfordernis der Vollständigkeit der Selbstanzeige wird nicht als Ausschlusstatbestand i.S.d. § 371 Abs. 2 Nr. 3 AO aufgenommen, sondern bereits in den Tatbestand des § 371 Abs. 1 AO eingefügt und über die jeweilige Tat hinaus erweitert, indem es erforderlich ist, dass der Täter bei einer Selbstanzeige die Angaben zu allen unverjährten Steuerstraftaten einer Steuerart in vollem Umfang berichtigt, ergänzt oder nachholt. Damit wird ggü. der alten Gesetzesfassung der notwendige Umfang einer Berichtigung erweitert und zugleich des-

sen Grenzen bestimmt. Denn nach dem eindeutigen Wortlaut muss die Selbstanzeige „nur" bezogen auf die jeweilige Steuerart (z.B. ESt) vollständig sein und alle unverjährten hinterzogenen Steuern dieser Steuerart erfassen. Insoweit ist eine Teilselbstanzeige, die z.B. nur 3 von 4 strafrechtlich nicht verjährten Veranlagungsjahren der ESt umfasst, nicht wirksam und durch das Gesetz ausgeschlossen. Anders ist es dagegen bei Steuerhinterziehungen, die verschiedene Steuerarten betreffen. Eine Teilselbstanzeige betreffend die ESt kann wirksam sein, wenn sie i.S.d. Gesetzes vollständig bezogen auf die ESt ist, während vom Täter hinterzogene und nicht verjährte Umsatzsteuern weiterhin bewusst verschwiegen werden (vgl. auch Kohlmann/*Schauf* § 371 Rn. 49.2.). Steuerartübergreifend kann daher auch zukünftig noch im weiteren Sinne der Begriff einer Teilselbstanzeige verwendet werden. Das Gesetz hat hier ggü. der insoweit unbestimmten Rechtsprechung des BGH zumindest eine mit Blick auf die Praxis handhabbarere Konkretisierung gebracht.

Der schließlich Gesetz gewordenen Änderungsempfehlung des Finanzausschusses lässt sich nicht **79** entnehmen, dass mit der Nichtübernahme des § 371 Abs. 2 Nr. 3 AO aus dem Gesetzentwurf der CDU/CSU und FDP nunmehr auch die undolos unvollständige Teilselbstanzeige nicht zur Straffreiheit führen soll. Vielmehr haben die Koalitionsfraktionen in den Beratungen des Finanzausschuss betont, dass auch die unbewusst unvollständige Selbstanzeige zur Straffreiheit führen solle (BT-Drucks. 17/5067 S. 22).

Es entspricht damit nicht nur dem Willen des Gesetzgebers, sondern auch dem Sinn und Zweck **80** des Schwarzgeldbekämpfungsgesetzes eine undolos unvollständige Selbstanzeige als wirksam anzusehen. Durch die Gesetzesänderung sollte einem taktischen Umgang mit der Selbstanzeige entgegen gewirkt werden. Es sollten „Steuerhinterzieher, die ihre Selbstanzeige nur insoweit erstatten, wie sie eine Aufdeckung fürchten, nicht mehr mit Strafbefreiung belohnt werden" (Gesetzentwurf der Fraktionen CDU/CSU und FDP, BT-Drucks. 17/4182). Eine versehentliche Unvollständigkeit – etwa bei der oft schwierigen Ermittlung nacherklärter Kapitaleinkünfte aus thesaurierenden Fondsanteilen oder Finanzinnovationen – ist jedoch kein taktischer Umgang mit einer Selbstanzeige.

Daher sollte die nur undolos unvollständige Selbstanzeige als wirksam betrachtet werden (Kohl- **81** mann/*Schauf* § 371 Rn. 68.3.; *Adick*, HRRS 2011 S. 197, 199; *Buse*, StBp. 2011 S. 153, 154; *Heuel/Beyer*, StBW 2011, 315, 316; *Hunsmann*, NJW 2011, 1482, 1484; *Schauf/Schwartz*, PStR 2011, 117, 120 f.; a.A. *Ransiek/Hinghaus*, BB 2011, 2271, 2273; *Rolletschke/Roth*; Stbg. 2011, 200, 201).

Allerdings ist dem Beschl. v. 25.07.2011 – 1 StR 631/10 – (NJW 2011, 3249) zu entnehmen, dass **82** der 1. Strafsenat offenbar grds. auch die undolos unvollständige Teilselbstanzeige als nicht strafbefreiend ansieht (so auch *Bürger*, BB 2012 S. 34, 37). In der Begründung wird ausgeführt, dass grds. geringfügige Abweichungen bis zu 5 % der verkürzten Steuer die Straffreiheit nicht ausschließen (s.a. Rdn. 61). Bewusst vorgenomme Abweichungen sind danach jedoch nicht als geringfügig anzusehen. Hieraus folgt, dass sich die Geringfügigkeitsgrenze von 5 % auf undolose Selbstanzeigen beziehen soll, welches jedoch keinen Sinn macht, wenn diese vom 1. Strafsenat generell als wirksam angesehen würden.

Die Beratungspraxis wird sich darauf einstellen müssen, dass – unabhängig von den Gründen der **83** Unvollständigkeit – nur eine vollständige Selbstanzeige Straffreiheit verschaffen kann. Dies erfordert eine vollständige Aufklärung aller möglichen Unrichtigkeiten der ursprünglichen Steuererklärungen für alle unverjährten Jahre derselben Steuerart. Die Mandanten sollten von dem Berater hierüber ausdrücklich belehrt und diese Belehrung sollte entsprechend dokumentiert werden. Anzumerken ist allerdings, dass für eine vollständige Selbstanzeige nur alle ursprünglich vorsätzlichen Unrichtigkeiten oder Unvollständigkeiten berichtigt werden müssen. Bleiben nur ursprünglich nicht auf Vorsatz beruhende Unrichtigkeiten unberichtigt, so liegt keine unwirksame Teilselbstanzeige vor. Dies ergibt sich auch aus dem BGH-Beschluss v. 25.07.2011 (NJW 2011, 3249), welcher die schädliche Abweichung von mehr als 5 % auf die vorsätzlich verkürzte Steuer bezieht. Allerdings ist der Steuerpflichtige, wenn er die ursprünglich unvorsätzliche Unrichtigkeit später entdeckt, nach § 153 AO zur Berichtigung verpflichtet. Das vorsätzliche Unterlassen einer solchen Berichtigung kann wiederum selbst eine Steuerhinterziehung im S. des § 370 Abs. 1 Nr. 2 AO sein (BGH, BGHSt 28, 371; Kohlmann/*Ransiek* § 370 Rn. 335;)

7. Koordinierte Selbstanzeige

84 Bei einer sog. koordinierten Selbstanzeige wird solchen Steuerpflichtigen, auf die sich die Selbstanzeige auswirkt und bei denen es dadurch zu einer Tatentdeckung i.S.v. § 371 Abs. 2 Nr. 2 AO kommt, von den zur Selbstanzeige entschlossenen Steuerpflichtigen die Gelegenheit gegeben, eine gemeinsame Selbstanzeige zu erstatten. Typischer Fall ist die Einbindung der Arbeitnehmer in die Selbstanzeige des Arbeitgebers für den Fall einer Lohnsteuerhinterziehung und der daraus möglicherweise resultierenden Einkommensteuerverkürzung durch den Arbeitnehmer (vgl. *Joecks* S. 65; s.a. *Plewka/Heerspink*, BB 1998, 1337 und *Ditges/Graß*, BB 1998, 1978 für die abweichend diskutierten Fälle bei Bankenprüfungen, in denen die Kunden in die Selbstanzeige einbezogen werden sollen).

II. Ausschluss der Straffreiheit (§ 371 Abs. 2 AO)

1. Allgemeines

85 § 371 Abs. 2 AO regelt, bis wann eine strafbefreiende Selbstanzeige zulässig und ab wann sie ausgeschlossen ist. Entgegen bislang weitverbreiteter Ansicht (z.B. BayObLG, Urt. v. 23.01.1985, MDR 1985, 519; *Keller/Kelnhofer*, wistra 2001, 370) will der BGH § 371 AO als Ausnahmevorschrift restriktiv auslegen (Beschl. v. 20.05.2010 – 1 StR 577/09, NJW 2010, 2146). Dieses Verständnis hat zugleich Auswirkung auf die weite Auslegung der Sperrgründe des § 371 Abs. 2 AO . Diese Auffassung des 1. Strafsenates ist nicht überzeugend, da auch bei § 371 AO das strafrechtliche Analogieverbot und der Bestimmtheitsgrundsatz des Art. 103 Abs. 2 GG einzuhalten sind (Kohlmann/*Schauf* § 371 Rn. 28; FGJ/*Joecks* § 371 Rn. 34;).

Durch die gesetzliche Neuregelung des Abs. 2 werden die bisherigen Ausschlussgründe nicht nur verschärft, sondern auch zwei neue Ausschlussgründe hinzugefügt. Die grundlegende Änderung besteht für alle Sperrgründe bis auf § 371 Abs. 2 Nr. 3 AO darin, dass die Sperrwirkung jetzt sämtliche noch nicht verjährten Steuerstraftaten der betroffenen Steuerart umfasst. D.h. ein für ein Jahr der jeweiligen Steuerart verwirklichter Sperrgrund schlägt auf alle unverjährten Straftaten bzgl. dieser Steuerart durch mit der Folge, dass Straffreiheit bezüglich dieser Steuerart für den Gesamtzeitraum nicht in Betracht kommt. Soweit hier vereinzelt versucht wird, das Gesetz anders und selbstanzeigefreundlicher zu interpretieren, indem die Sperrwirkung nicht für jegliche Steuerstraftaten derselben Steuerart gelten soll (*Hechtner*, DStZ 2011, 265, 268 ff.; *Geuenich*, NWB 2011, 1050, 1055), ist dies durch den eindeutigen Wortlaut und die Gesetzesbegründung nicht möglich. Der neu eingefügte Passus „bei einer der zur Selbstanzeige gebrachten unverjährten Steuerstraftaten" und der insoweit eindeutig zum Ausdruck gebrachte Wille des Gesetzgebers lassen keine andere Auslegung zu (BT-Drucks. 17/4182, S. 5; BT-Drucks. 17/5067, S. 21; so auch FinMin NRW v. 05.05.2011 – S 0702 – 8 – V A 1; *Füllsack/Bürger*, BB 2011, 1239, 1242; *Hunsmann*, NJW 2011, 1482, 1484 f.; *Schauf/Schwartz*, PStR 2011, 117, 118).

86 Die Neuregelung der Sperrgründe ist ab dem Tag nach der Gesetzesverkündung, also ab dem 03.05.2011 (BGBl. I 2011, 677) anzuwenden. Für Selbstanzeigen, die vor diesem Zeitpunkt eingegangen sind, gilt noch § 371 a.F. (o. Rdn. 22).

2. Bekanntgabe der Prüfungsanordnung (Nr. 1 Buchst. a)

a) Allgemeines

87 Der Sperrgrund der Nr. 1 Buchst. a) wird durch die Neufassung in zeitlicher Hinsicht deutlich verschärft. Während nach dem jetzt in § 371 Abs. 2 Nr. 1 c) n.F. (vgl. hierzu Rn. 106 ff) geregelten

§ 371 Abs. 2 Nr. 1 a) a.F. das Erscheinen des Prüfers oder Ermittlers ausschlaggebend war, sodass grds. erst ab diesem Zeitpunkt die Erstattung einer Selbstanzeige ausgeschlossen war (FGJ § 371 Rn. 138), wollte der Gesetzgeber den Ausschlussgrund deutlich vorverlegen, um Taktieren und Abwägen des Entdeckungsrisikos durch die Täter zu vermeiden (BR-Drucks. 166/11, S. 7; *Prowatke/Felten*, DStR 2011, 899, 900). Damit verliert der Steuerpflichtige nunmehr die Möglichkeit, noch unmittelbar vor Beginn der Außenprüfung Selbstanzeige zu erstatten. Gerade der Zeitraum zwischen Ankündigung und Beginn der Außenprüfung spielte in der Praxis bisher eine große Rolle, da der Steuerpflichtige häufig erst nach Zusendung der Prüfungsanordnung fachkundigen Rat einholte (so auch *Hunsmann*, NJW 2011, 1482, 1485).

b) Bekanntgabe

In der jetzigen Fassung hat sich der Gesetzgeber nunmehr für die Bekanntgabe und nicht, wie noch im Gesetzgebungsverfahren vorgesehen, für die Absendung der Prüfungsanordnung als Voraussetzung entschieden (s. zu letzterem *Geuenich*, BB 2010, 2148, 2150). Diese Voraussetzung birgt diverse Unsicherheitsfaktoren sowohl in Bezug auf ihre Auslegung als auch in Bezug ihrer praktischen Handhabung. **88**

Zwar ist die Bekanntgabe der Prüfungsordnung in § 197 detailliert geregelt. Jedoch lässt sich die Bekanntgabefiktion des § 122 Abs. 1, nach welchem Verwaltungsakte grds. am dritten Tag nach Aufgabe zur Post als bekannt gegeben gelten, nicht auf das Strafverfahren übertragen (so h.M., vgl. nur MüKo-StGB/*Kohler* § 371 Rn. 196; Kohlmann/*Schauf* §371 Rn. 119.1; *Prowatke/Felten*, DStR 2011, 899, 901; a.A. *Hechtner*, DStZ 2011, 265, 269; *Ende*, SteuK 2011, 157). Tatrichterliche Beweiswürdigungen dürfen nicht auf Fiktionen gründen, vielmehr muss der konkrete Nachweis des tatsächlichen Zugangs geführt werden. Auch Schuld darf nicht an einer Fiktion festgemacht werden (*Hunsmann*, NJW 2011, 1482, 1484). Die Anwendung der Bekanntgabefiktion widerspräche dem Bestimmtheitsgebot des Art. 103 Abs. 2 GG, § 1 StGB (*Adick*, HRRS 2011, 197, 200). Muss aber die Behörde den Zugang nachweisen, so wird aus Gründen der Rechtssicherheit und zu Beweiszwecken eine förmliche Zustellung per Postzustellungsurkunde nach § 3 VwZG zu fordern sein (so *Hunsmann*, NJW 2011, 1482, 1484). Allerdings erscheint fraglich, ob dies in der Praxis aus Kostengründen auch tatsächlich erfolgen wird. So wurde in der Sitzung des Finanzausschusses auf den kostenträchtigen, immensen Verwaltungsaufwand hingewiesen, der durch die zwecks prophylaktischer Beweissicherung verschickten ca. 200.000 Postzustellungsurkunden entstehen würde (BT-Protokoll 17/42, S. 27 v. 21.02.2011). Die bisherige Praxis der Finanzverwaltung zeigt jedenfalls noch keine Umstellung auf eine regelmäßige Versendung per Postzustellungsurkunde. Festzuhalten bleibt, dass die FA die Bekanntgabe der Prüfungsordnung zu beweisen haben. Da der Beschuldigte im Strafverfahren keine Angaben zu dem Zugang der Prüfungsanordnung machen muss, wird dieser Beweis per Versendung der Prüfungsanordnung durch einfache Post regelmäßig nicht zu erbringen sein, so dass die Praxistauglichkeit abzuwarten bleibt. **89**

Die bloße unförmliche Ankündigung der Prüfung etwa im Rahmen einer Terminsabstimmung bewirkt nach dem eindeutigen Wortlaut der Norm noch keine Sperrwirkung (Kohlmann/*Schauf* § 371 Rn. 119.1), so dass hierdurch häufig noch Zeit für eine Selbstanzeige verbleibt, die jedoch von der entsprechenden Praxis der Finanzbehörden abhängt (vgl. auch Rdn. 93).

c) Prüfungsanordnung

Ein weiterer Unsicherheitsfaktor bzgl. der Auslegung ist darin zu sehen, dass sich weder aus dem Wortlaut der Neufassung noch aus der Gesetzesbegründung ergibt, ob und wie sich eine fehlerhafte Prüfungsanordnung auswirkt. Der BGH hatte jedenfalls zu § 371 Abs. 2 Nr. 1 a) a.F. für die nichtige Prüfungsanordnung entschieden, dass das hierdurch angekündigte Erscheinen des Prüfers aufgrund besonders schwerwiegender, offenkundiger Fehler der Prüfungsanordnung, keine Sperrwirkung entfalten kann (BGH, Beschl. v. 16.06.2005 – 5 StR 118/05, NJW 2005, 2723, 2725). Fraglich ist, wie mit rechtswidrigen, aber nicht nichtigen, Prüfungsanordnungen in der Praxis zu **90** verfahren ist. Vorsorglich sollten diese angefochten werden, da jedenfalls im Fall der erfolgreich angefochtenen Prüfungsanordnung die Sperrwirkung des § 371 Abs. 2 Nr. 1 Buchst. a) nicht eintreten dürfte (so *Ende*, SteuK 2011, 157). Soweit per se die formelle oder materielle Rechtswidrigkeit infrage steht, bleibt die Spruchpraxis der Gerichte abzuwarten. Es sprechen gute Gründe dafür, auch bei der rechtswidrigen Prüfungsanordnungen, ob bestandskräftig oder nicht, die Sperrwirkung nicht eintreten zu lassen (*Adick*, HRRS 2011, 197, 200; so auch *Geuenich*, NWB 2011, 1050, 1054, allerdings mit unzutreffender, sich angeblich aus der BGH-Entscheidung ergebenden Begründung, tatsächlich lässt der BGH (NJW 2005, 2723, 2725) in einem obiter dictum erkennen, dass er eher der Gegenauffassung zuneigt; a.A. Kohlmann/*Schauf* § 371 Rn. 119.1. mwN). Bekannt gegebene rechtswidrige Prüfungsanordnungen können keine Sperrwirkung entfalten, weil dies verfassungsrechtlich verbürgte Rechte aushebeln würde. Rechtswidrige Verwaltungsakte können nicht die Möglichkeit einer gesetzlich garantierten Straffreiheit außer Kraft setzen. Ansonsten würde der Steuerpflichtige mit Mitteln des Strafrechts gezwungen, sich einem rechtswidrigen Verwaltungsakt unterzuordnen. Wenn allein rechtmäßige Verwaltungsakte strafrechtlich relevante Verhaltenspflichten begründen (MüKo-StGB/*Schmitz* Vor §§ 324 ff. Rn. 76, 81), dann muss die rechtswidrige Prüfungsanordnung unbeachtlich bleiben mit der Folge, dass eine strafbefreiende Selbstanzeige weiterhin möglich ist. Auch in der Literatur zur a.F. wurde argumentiert, dass die Rechtswidrigkeit einer Prüfungsanordnung an sich dazu führt, dass das Erscheinen des Prüfers keine Sperrwirkung auslöst (MüKo-StGB/*Kohler* § 371 Rn. 190 m.w.N.; *Kohlmann* § 371 AO a.F. Rn. 155.5.; vgl. auch BayObLG, wistra 1987 S.77). Dann aber spricht im Fall der Bekanntgabe der Prüfungsanordnung als alleiniger Sperrgrund viel dafür, hier aus Gründen der Rechtssicherheit auf die Rechtmäßigkeit der Prüfungsanordnung abzustellen. Hinzuweisen ist allerdings darauf, dass mit dem Argument der „Einheit der Rechtsordnung" das Strafrecht nach a.A. auch gesetzwidrige Verwaltungsentscheidungen schützen soll (so das grds. Bekenntnis der Verwaltungsakzessorietät des Umweltstrafrechts, *Fischer* Vor § 324 Rn. 6f m.w.N.). Aus diesem Grund wurde zur a.F. vielfach dafür plädiert, es bedürfe einer erfolgreichen Anfechtung, um die Wirksamkeit einer fehlerhaften Prüfungsanordnung zu beseitigen (*Wenzler*, PStR 2006, 59, 60; *Wassmann*, Die Selbstanzeige im Steuerrecht, S. 64).

91 Bezweifelt wird auch, ob sich die Sperrwirkung nur auf die in der Anordnung benannten Veranlagungszeiträume erstreckt oder ob dem Steuerpflichtigen durch die Prüfungsanordnung die Möglichkeit zur Selbstanzeige für alle unverjährten Zeiträume der genannten Steuerart genommen werden soll. Vertreten wird, dass trotz der Gesetzesänderung hier an den materiell-rechtlichen Tatbegriff anzuknüpfen sei und aus Gründen der Rechtssicherheit der sachliche Umfang der Sperrwirkung nach den in der Prüfungsanordnung aufgeführten Steuerarten und Besteuerungszeiträumen zu bemessen ist (*Hunsmann*, NJW 2011, 1482, 1485). Dies wird man nach dem erkennbaren Wortlaut und der Gesetzesbegründung nicht mehr vertreten können. Vielmehr sperrt die Prüfungsanordnung unabhängig von den genannten Besteuerungszeiträumen alle unverjährten Steuerstraftaten aller in der Prüfungsanordnung genannter Steuerarten. Lediglich die nicht aufgeführten Steuerarten werden durch die Prüfungsanordnung auch nicht gesperrt (so auch Kohlmann/*Schauf* § 371 m.w.N.).

92 Die Sperrwirkung für die in der Prüfungsordnung genannten Steuerarten bleibt aber nur bis zum Abschluss der Prüfung bestehen. Ist diese abgeschlossen, so lebt die Möglichkeit zur Selbstanzeige wieder auf (so auch Kohlmann/*Schauf* § 371 Rn. 119.3; *Hechtner*, DStZ 2011, 295, 269).

d) Kritik und Praxistauglichkeit des Sperrgrundes

93 Insgesamt betrachtet bleibt die Praxistauglichkeit dieses neuen Sperrgrundes mehr als fraglich. Neben den Nachweisschwierigkeiten bezüglich des Zugangs der Prüfungsanordnung werden die Berater vermehrt dazu übergehen, die Prüfungsanordnung vorsorglich mit dem Ziel der Aufhebung anzufechten (*Geuenich*, NWB 2011, 1050, 1054; *Prowatke/Felten*, DStR 2011, 899 901). Daneben stehen aufgrund der unterschiedlichen Handhabung der Betriebsprüfung und deren Vorbereitung durch die FA verfassungsrechtliche Bedenken im Raum. Während einige FA unan-

gekündigt Prüfungsanordnungen verschicken werden, hat sich vielfach die Praxis durchgesetzt, die Außenprüfung bereits vor Übersendung der Prüfungsanordnung telefonisch abzustimmen (*Ende*, SteuK 2011, 157). Dann aber kommt es zu eklatanten Ungleichbehandlungen, da räumliche Zuständigkeiten und divergierende Verfahrensweisen über die Frage entscheiden, ob Straffreiheit gewährt wird oder nicht. Der gesetzliche Grund der Bekanntgabe der Prüfungsordnung läuft im Fall der telefonischen Ankündigung ins Leere. Da aber nicht jeder Steuerpflichtige in den Genuss der Vorabinformation kommt, liegt ein Verstoß gegen Art. 3 GG auf der Hand.

Vorhersehbar ist bei dieser Rechtslage, dass nunmehr wegen der fehlenden Warnwirkung einer 94 Prüfungsanordnung verstärkt versucht werden wird, problematische Vorgänge in Prüfungen zu verschleiern und über die Prüfung zu retten. I.S.d. Grundgedankens der Selbstanzeigemöglichkeit, dem Steuerbürger zugunsten der Staatskasse den Weg in die Steuerehrlichkeit zu ermöglichen, ist die Rechtsänderung nicht.

3. Bekanntgabe der Einleitung des Straf- oder Bußgeldverfahrens (Nr. 1 Buchst. b)

Der Sperrgrund in § 371 Abs. 2 Nr. 1 Buchst. b) ist auf den ersten Blick im Wesentlichen unverän- 95 dert auch in der Neufassung übernommen worden. Lediglich der bislang umstrittene Passus „wegen der Tat" (zur a.F. FGJ § 371 Rn. 180 f.) wurde gestrichen. Aus dem systematischen Zusammenhang mit dem vorangestellten Satzteil in Nr. 1 folgt allerdings, dass bereits durch die Verfahrenseinleitung wegen einer der zur Selbstanzeige gebrachten unverjährten Steuerstraftaten im materiell-rechtlichen Sinn die gesamte Selbstanzeige gesperrt ist (so auch Kohlmann/*Schauf* § 371 Rn. 190; *Hunsmann*, NJW 2011, 1482, 1485; *Adick*, HRRS 2011, 197, 200; *Schauf/Schwartz*, PStR 2011, 117). Hierdurch wurde auch dieser Sperrgrund erheblich ausgeweitet.

a) Einleitung eines Straf- oder Bußgeldverfahrens

Nach der Legaldefinition in § 397 Abs. 1 AO ist ein Strafverfahren wegen einer Steuerstraftat ein- 96 geleitet, „sobald die Finanzbehörde, die Polizei, die Staatsanwaltschaft, eine ihrer Ermittlungspersonen oder der Strafrichter eine Maßnahme trifft, die erkennbar darauf abzielt, gegen jemanden wegen einer Steuerstraftat strafrechtlich vorzugehen". § 397 Abs. 1 gilt gem. § 410 Abs. 1 Nr. 6 für die Einleitung eines Bußgeldverfahrens wegen einer Steuerordnungswidrigkeit entsprechend. Die Einleitung setzt also ein tatsächliches Moment, eine konkrete Maßnahme voraus, deren straf- oder ordnungsrechtliche Zielsetzung objektiv erkennbar ist (s. die Kommentierung zu § 397 AO Rdn. 43 ff.; MüKo-StGB/*Kohler* § 371 Rn. 192). Daher genügt ein bloßer Vermerk über die Einleitung eines Straf- oder Bußgeldverfahrens nicht den Anforderungen des Nr. 1 Buchst. b) (FGJ § 371 Rn. 164). Ebenso wenig reichen bloße Büroverfügungen, Kontrollmitteilungen oder eine interne Aktenanforderung aus. Allerdings wird eine Verfahrenseinleitung i.S.d. Nr. 1 Buchst. b) bei Weisung des Sachgebietsleiters, in einer bestimmten Sache strafrechtliche Ermittlungsmaßnahmen vorzunehmen, bejaht, obwohl dies ebenfalls eine interne Maßnahme darstellt (hierzu MüKo-StGB/ *Kohler* § 371 Rn. 193 m.N.). Hinsichtlich der Abgrenzung im Einzelnen wird auf die Kommentierung zu § 397 AO verwiesen.

b) Bekanntgabe

Weitere Voraussetzung für das Eingreifen des Sperrgrundes ist die Bekanntgabe der Verfahrensein- 97 leitung dem Täter oder seinem Vertreter ggü. Die Einleitung des Straf- oder Bußgeldverfahrens ist dann bekannt gegeben, wenn dem Betreffenden amtlich mitgeteilt wird, dass gegen ihn strafrechtliche Ermittlungen geführt werden oder ein Bußgeldverfahren gegen ihn anhängig ist. Daher muss die Mitteilung offiziell mit Wissen und Wollen der Behörde erfolgen, Hinweise von privater Seite oder infolge von Indiskretionen in der Behörde genügen dem Erfordernis der Bekanntgabe nicht (MüKo-StGB/*Kohler* § 371 Rn. 194; FGJ § 371 Rn. 166). Allerdings kann die durch Indiskretion vermittelte Kenntnis bewirken, dass der Sperrgrund des § 371 Abs. 2 Nr. 2 AO eingreift (hierzu später unter Rdn. 124 ff.).

98 Eine bestimmte Form der Bekanntgabe ist auch nach der Neufassung gesetzlich nicht bestimmt. Sie kann also schriftlich oder auch durch mündliche Erklärung des mit der Sache befassten Amtsträgers erfolgen. Da dem Täter im Strafverfahren aber nachgewiesen werden muss, dass ihm die Verfahrenseinleitung mitgeteilt wurde, wird die mündliche Bekanntgabe aber der Ausnahmefall bleiben (*Adick*, HRRS 2011, 197, 200; FGJ § 371 Rn. 167). Erfolgt die Bekanntgabe schriftlich, so kann – wie bei der Prüfungsanordnung auch – der Zugangsnachweis problematisch werden. Die Bekanntgabefiktion gilt auch hier nicht, sodass bei Bestreiten die tatrichterliche Beweiswürdigung greift und der Zugang mit strafprozessualen Mitteln des Strengbeweisverfahrens nachgewiesen werden muss. Häufig wird die Bekanntgabe mittels förmlicher Zustellung nach §§ 3 ff. VwZG erfolgen; ausreichend ist aber, dass der Steuerpflichtige im Rahmen eindeutiger strafprozessualer Maßnahmen von der Einleitung des Straf- oder Bußgeldverfahrens Kenntnis erlangt. Kritisch zu sehen ist, dass wegen des fehlenden Formerfordernisses auch eine konkludente Bekanntgabe ausreichend sein soll. So wird bei eindeutigen Amtshandlungen, die unzweifelhaft als strafverfahrensrechtliche Ermittlungsmaßnahmen erkennbar sind, regelmäßig die Bekanntgabe der Verfahrenseinleitung zu bejahen sein (FGJ § 371 Rn. 168; Klein/*Jäger* § 371 Rn. 55). Sind Zweifel über den Zweck der Maßnahme kaum möglich, wie bei einer Verhaftung oder vorläufigen Festnahme des Verdächtigen, so wird man die Bekanntgabe ebenso als verwirklicht ansehen, wie im Fall einer Beschlagnahme von Geschäftspapieren oder von Zollgut und verbrauchsteuerbaren Waren oder einer Durchsuchung bei dem Beschuldigten nach § 102 StPO (FGJ § 371 Rn. 168). Beschlagnahme- und Durchsuchungsbeschlüsse sind dem Betroffenen bekanntlich bekannt zu geben und auszuhändigen. Die Problematik liegt im Detail: Ergibt sich aus der Beschlagnahmeanordnung der Vorwurf und die betroffene Person eindeutig, so liegt eine Bekanntgabe i.S.d. Vorschrift vor. Wird die Beschlagnahme bei Gefahr im Verzug angeordnet, so muss der Fahndungsbeamte oder der Amtsträger den Steuerpflichtigen mündlich über den Maßnahmezweck informieren, was bei Bestreiten erhebliche Beweisprobleme mit sich bringt. Wird der Gegenstand freiwillig vom Steuerpflichtigen herausgegeben und bedarf es einer Beschlagnahme nicht, so darf allein aufgrund des Herausgabeverlangens nicht ohne Weiteres auf die Einleitung des Ermittlungsverfahrens geschlossen werden (FGJ § 371 Rn. 169). Bei der Durchsuchung ist nach § 106 Abs. 2 Satz 1 StPO gesetzlich vorgeschrieben, dass der Zweck der Maßnahme dem Inhaber der zu durchsuchenden Räume oder Gegenstände bzw. in Abwesenheit einer anderen zugezogenen Person vor Beginn der Durchsuchung bekannt gemacht werden muss. Diese Bekanntmachung entspricht der Bekanntgabe i.S.d. § 371 Abs. 2 Nr. 1 Buchst. b) AO, sofern der Inhaber oder die zugezogene Person identisch mit dem Beschuldigten oder als dessen Vertreter anzusehen ist (FGJ § 371 Rn. 170). Benennt der Durchsuchungsbeschluss allerdings keine konkreten Personen, sondern erfolgt z.B. in einem Ermittlungsverfahren „gegen Verantwortliche des Unternehmens", so ist dies für eine Bekanntgabe nicht ausreichend. Dies gilt sogar dann, wenn sich die verantwortlichen Personen der Akte entnehmen lassen (FGJ/*Joecks* § 371 Rn. 170; *Teske*, wistra 1988, 295). Bei Vernehmungen ist das Ermittlungsverfahren bekannt gegeben, wenn ein Amtsträger der Steuerfahndung oder der Strafsachenstelle einer Finanzbehörde dem Steuerpflichtigen gleich zu Beginn der Befragung die zur Last gelegten Straf- und Bußgeldvorschriften mitteilt. Oftmals wird jedoch eine Befragung des Steuerpflichtigen zunächst im routinemäßigen Besteuerungsverfahren erfolgen, um die Besteuerungsgrundlage festzustellen. Hier enthält § 10 BpO eine einschlägige Regelung, die vorsieht, dass der Amtsträger dann, wenn er den Verdacht einer Steuerstraftat oder -ordnungswidrigkeit hegt, entweder von einer weiteren Befragung absehen oder sofort klarstellen muss, dass weitere Ermittlungen nunmehr auch einem Straf- bzw. Bußgeldverfahren dienen und eine Mitwirkung des Steuerpflichtigen an den zu diesem Zweck zu treffenden Feststellungen nicht mehr erzwungen werden kann (BpO v. 15.03.2000, BStBl. I, S. 368 ff.). Geht es um die Prüfung in Zollsachen, enthält die Prüfungs-DA VSF S 1310 Nr. 22-26) eine vergleichbare Regelung (s. hierzu FGJ § 371 Rn. 172).

99 Die Bekanntgabe hat inhaltlich zwei Voraussetzungen zu erfüllen. Zum einen muss sich aus der Mitteilung unmissverständlich ergeben, dass gegen den Adressaten der Mitteilung bzw. den von ihm Vertretenen ein Straf- oder Bußgeldverfahren eingeleitet worden ist (MüKo-StGB/*Kohler* § 371 Rn. 197). Lediglich unbestimmte Andeutungen sind dagegen nicht ausreichend. So wird ein

Vorbehalt in der Schlussbesprechung gem. § 201 Abs. 2 AO, die strafrechtliche Würdigung sei der Feststellung in einem besonderen Verfahren vorbehalten, den Anforderungen nicht genügen, da ein konkreter Tatverdacht in diesem Fall zu verneinen ist. Ansonsten träfe nämlich den Prüfer schon vor der Schlussbesprechung die Pflicht, das Strafverfahren einzuleiten (FGJ § 371 Rn. 173). Zweite inhaltliche Voraussetzung ist die der genauen sachlichen Bezeichnung des Sachverhalts nach dem Stand der Kenntnisse der Behörde. Da der Passus „wegen der Tat" gelöscht wurde, bleibt abzuwarten, wie konkret hier die Mitteilung zu erfolgen hat. Da auch nach der a.F. eine zeitliche Abgrenzung nicht unbedingt erforderlich war, wird es hier nach wie vor eher um die Nachzeichnung eines bestimmten Sachverhalts gehen (zur a.F. FGJ § 371 Rn. 174), zumal die Entdeckung auch nur einer der von der Selbstanzeige erfassten Taten nach § 371 Abs. 2 Nr. 2 n.F. (vgl. hierzu Rdn. 124 ff.) ohnehin die Strafbefreiung für alle unverjährten Taten der betroffenen Steuerart ausschließt (*Adick*, HRRS 2011, 197, 200).

Adressat der Mitteilung ist der Täter oder sein Vertreter. Die früher nahezu einhellige Auffassung **100** legte in der a.F. den Täterbegriff weit aus und sah über den Wortlaut hinaus auch den Teilnehmer der Tat als von Abs. 2 Nr. 1 Buchst. b) erfasst an. Angesichts des eindeutigen Wortlaut mehrten sich aber die kritischen Stimmen, die den Teilnehmer nicht mehr unter den Täterbegriff fallen lassen wollten und die Tätereigenschaft allein nach § 25 StGB bestimmten (MüKo-StGB/*Kohler* § 371 Rn. 199; FGJ § 371 Rn. 177 zum Streitstand). Leider hat der Gesetzgeber die Chance vertan, hier für Klarheit zu sorgen, da der Gesetzesbegründung nicht zu entnehmen ist, dass man absichtlich und zwecks enger Auslegung am Täterbegriff in Abs. 2 Nr. 1 Buchst. b) festgehalten hätte. Hier bleibt nur die Spruchpraxis der Gerichte abzuwarten. Bislang orientierte sich die Strafverfolgungspraxis nicht an der einschränkenden und nur auf den Täter i.S.d. § 25 StPO bezogenen Auslegung, sodass der Berater gut daran tut, den Täterbegriff sicherheitshalber weit zu fassen und auch den Teilnehmer hierunter zu subsumieren. Kommt es zur Anklage, kann immer noch auf die zweifelhafte und auch durch die Neufassung nicht geklärte Auslegungsfrage hingewiesen werden, sollte die Mitteilung nur an den Teilnehmer erfolgt sein. Regelmäßig wird allerdings in diesen Fällen jedenfalls der Sperrgrund der Tatentdeckung des § 371 Abs. 2 Nr. 2 AO eingreifen.

Unsicherheiten bestehen auch im Hinblick auf die Frage, wer unter den Vertreterbegriff fällt. Die **101** Gesetzesbegründung zur Einfügung im Jahr 1951 gab keinerlei Auslegungshinweise. Nach der herrschenden Meinung sind Empfangsvertreter für die Bekanntgabe gesetzliche Vertreter nach §§ 34, 35 AO und gewillkürte Vertreter, wie z.B. die bevollmächtigten Personen gem. §§ 80, 81 AO (MüKo-StGB/*Kohler* § 371 Rn. 200; m.w.N.; FGJ § 371 Rn. 178). Ob darüber hinaus auch derjenige Vertreter i.S.d. Vorschrift ist, der zur Sphäre des Täters dergestalt gehört, dass von ihm die Übermittlung der bekannt gegebenen Einleitung des Ermittlungsverfahrens an den eigentlichen Adressaten unter gewöhnlichen Umständen erwartet werden kann, ist umstritten (hierfür Kohlmann/*Schauf*, § 371 Rn. 187; *Braun*, PStR 2002, 87, 88). Praktikabilitätsgründe sprechen sicher für eine solche Auffassung, da so auch Ehegatten, volljährige Familienmitglieder und Betriebsangehörige vom Vertreterbegriff erfasst würden (Kohlmann/*Schauf*, § 371 Rn. 189; FGJ § 371 Rn. 178). Allerdings führen Abgrenzungsschwierigkeiten im Einzelnen zum doch recht schwammigen Begriff der „Sphäre" zu bedenken im Hinblick auf die Rechtssicherheit und Bestimmtheit des Sperrgrundes, zumal die Ausschlussgründe prinzipiell restriktiv auszulegen sind (So auch MüKo-StGB/*Kohler* § 371 Rn. 201; FGJ § 371 Rn. 178). Als Vertreter gelten damit neben den gesetzlich vorgesehenen nur solche Personen, die der betreffende Täter ausdrücklich zur Entgegennahme oder Abgabe von Erklärungen bevollmächtigt hat (MüKo-StGB/*Kohler* § 371 Rn. 201).

c) Umfang der Sperrwirkung

Der Umfang der Sperrwirkung hat eine persönliche, sachliche und zeitliche Dimension. **102**

In persönlicher Hinsicht beschränkt sich der Umfang der Sperrwirkung auf diejenige Person, der **103** persönlich oder ggü. ihrem Vertreter die Einleitung des Strafverfahrens bekannt gegeben worden ist. Dabei ist es nach herrschender Meinung unerheblich, ob im Laufe weiterer Ermittlungen die Form der Tatbeteiligung ggü. dem ursprünglich Angenommenen divergiert (FGJ § 371 Rn. 179; MüKo-StGB/*Kohler* § 371 Rn. 203). Allerdings hat die Bekanntgabe auf den Beschuldigtenstatus des Betreffenden einzugehen und diesen Status hinreichend zu konkretisieren (MüKo-StGB/*Kohler* § 371 Rn. 202). Geht es um die Sperrwirkung für den Vertreter, so ist diese zu verneinen, wenn ihm lediglich die Tatbeteiligung des vertretenen Dritten eröffnet wird. Der Vertreter selbst kann für sich selbst weiterhin wirksam Selbstanzeige ergreifen, selbst wenn er im Ermittlungsverlauf zum Beschuldigten wird. Dies ändert sich erst dann, wenn sich die Bekanntgabe auf seine Tatbeteiligung erstreckt (MüKo-StGB/*Kohler* § 371 Rn. 203).

104   Der sachliche Umfang der Sperrwirkung ist durch die Streichung des Passus „wegen der Tat" und der für alle Sperrgründe des § 371 Abs. 2 Nr. 1 n.F. geltenden vorangestellten Formulierung „bei einer der zur Selbstanzeige gebrachten unverjährten Steuerstraftaten" ggü. der a.F. erheblich ausgeweitet worden. Während es früher auf den – umstrittenen – Tatbegriff angekommen ist (ausf. hierzu MüKo-StGB/*Kohler* § 371 Rn. 204), ist dieser Streit nunmehr irrelevant. Die Sperrwirkung erstreckt sich aufgrund des Wortlauts und des eindeutigen Willens des Gesetzgebers nicht nur auf die entdeckte Tat, sondern die Strafbefreiung wird für alle unverjährten Taten der betroffenen Steuerart ausgeschlossen (Kohlmann/*Schauf* § 371 Rn. 190; *Adick*, HRRS 2011, 197, 200; *Schauf/ Schwartz*, PStR 2011, 117, 118; *Hunsmann*, NJW 2011, 1482, 1485).

105   Mit dem zeitlichen Umfang der Sperrwirkung ist zunächst die Frage angesprochen, für welche Besteuerungszeiträume die Sperrwirkung greift. Dies richtete sich nach § 371 Abs. 2 Nr. 1 b) a.F. allein danach, welche Besteuerungszeiträume nach dem Inhalt der Bekanntgabe der Einleitung des Ermittlungsverfahrens von diesem umfasst waren (Kohlmann/*Schauf* § 371 Rn. 193; FGJ/*Joecks* § 371 Rn. 182). Nach der Neuregelung umfasst die Sperrwirkung hinsichtlich der in der Bekanntgabe genannten Steuerarten alle steuerstrafrechtlich unverjährten Zeiträume.

Was die Frage der Dauer der Sperrwirkung betrifft, so dürfte sich auch durch die Neufassung nichts an der Auslegung geändert haben. Wurde das Verfahren nach § 170 Abs. 2 StPO oder § 153 StPO bzw. § 398 AO eingestellt, so lebt die Selbstanzeigemöglichkeit wieder auf (h.M., s. nur Kohlmann/*Schauf* § 371 Rn. 198; FGJ § 371 Rn. 208; MüKo-StGB/*Kohler* § 371 Rn. 209 m.w.N.). Hierbei ist streitig, ob es auf den Zeitpunkt des Vermerks der Einstellung in den Ermittlungsakten durch die Einstellungsverfügung (so Kohlmann/*Schauf* § 371 Rn. 198), der Absendung der Einstellungsmitteilung (HHSp/*Rüping* § 371 Rn. 198) oder deren Zugang bei dem Beschuldigten (*Brauns*, wistra 1987, 242) ankommt. Der BGH hat sich bezüglich des Wiederauflebens der Selbstanzeigemöglichkeit bisher lediglich zum Sperrgrund der Betriebsprüfung geäußert. Dort lebe die Selbstanzeigemöglichkeit mit Abschluss der Außenprüfung wieder auf (BGH, wistra 1994, 228). Diese wird erst mit dem Wirksamwerden der aufgrund der Außenprüfung geänderten Steuerbescheide oder der Mitteilung nach § 202 Abs. 1 S. 3 AO abgeschlossen, da hierdurch die Berechtigung der Finanzbehörde aufgrund der Prüfungsanordnung Prüfungshandlungen vorzunehmen endet (FG Rheinland-Pfalz, EFG 1985, 158; TK/*Seer* § 202 Rn. 16). Dagegen wird das Ermittlungsverfahren bereits durch die Einstellungsverfügung eingestellt (LR-StPO /*Graalmann-Scheerer* § 170 Rn. 37.) Dass nicht auf die Mitteilung über die Einstellung abzustellen ist, ergibt sich schon daraus, dass diese nach § 170 Abs. 2 Satz 2 StPO nicht stets, sondern nur in den im Gesetz genannten Fällen erfolgen muss.

Wird das Strafverfahren durch eine Einstellung nach § 153a Abs. 1 oder Abs. 2 StPO oder durch rechtskräftiges Urteil oder Strafbefehl beendet, so stellt sich die Frage eines Wiederauflebens der Selbstanzeigemöglichkeit wegen des Strafklageverbrauchs nicht (Kohlmann/*Schauf* § 371 Rn. 198; FGJ/*Schauf* § 371 Rn. 208).

4. Erscheinen eines Amtsträgers (Nr. 1 Buchst. c)

a) Allgemeines

Der Sperrgrund in Nr. 1 Buchst. a) a.F. wurde in der Neufassung verschoben und findet sich nun **106** nahezu wortgleich in Nr. 1 Buchst. c) wieder. Die Gesetzesbegründung betont, dass dadurch der gesetzliche Regelfall des Erscheinens des Amtsträgers zur Ausnahme wird (BT-Drucks. 17/4182, S. 8). Die praktische Bedeutung tritt durch den zeitlich vorverlagerten Sperrgrund in Nr. 1 Buchst. a) n.F. zurück, da i.d.R. entweder eine Prüfungsanordnung oder die Einleitung eines Ermittlungsverfahrens bekannt gegeben werden wird. Anwendung in der Praxis dürfte dieser Grund nur dann finden, wenn es keiner Bekanntgabe einer Prüfungsanordnung bedarf, wie etwa bei Vorfeldermittlungen der Steuerfahndung nach § 208 Abs. 1 Nr. 3 AO, welche eine Sperrwirkung nach § 371 Abs. 2 Nr. 1 c) bewirken können (Kohlmann/*Schauf* § 371 Rn. 135). Praktische Bedeutung wird der Sperrgrund des Nr. 1 Buchst. c) auch bei der Umsatzsteuernachschau beibehalten, da diese nach § 27b UStG ohne Prüfungsordnung, ohne vorherige Ankündigung, außerhalb einer Außenprüfung und unabhängig von einem eingeleiteten Ermittlungsverfahren erfolgen kann. Zur streitigen Frage, ob ein Erscheinen des Amtsträgers zur Umsatzsteuernachschau eine Sperrwirkung auslösen kann, siehe Rdn. 114.

Da der Ausschlussgrund des Erscheinens eines Amtsträgers in seinen Voraussetzungen inhaltlich **107** keinerlei Änderungen erfahren hat, wird insoweit die Auslegung zu § 371 Abs. 2 Nr. 1 a) AO a.F. weiterhin gelten. Lediglich die zeitliche und sachliche Dimensionierung der Sperrwirkung ist wie bei den anderen Ausschlussgründen zu Nr. 1 erheblich ausgedehnt worden, sodass diese wiederum für alle unverjährten Steuerstraftaten einer Steuerart eintritt (vgl. Rdn. 91 u. 105).

b) Amtsträger der Finanzbehörde

Amtsträger der Finanzbehörde sind alle Beamten und Angestellten der Finanzverwaltung, die mit **108** den in Nr. 1 Buchst. c) beschriebenen Funktionen betraut sind (Klein/*Jäger* § 371 Rn. 36). Dazu zählen Steuer- und Zollfahndungsbeamte, Betriebsprüfer, Umsatzsteuersonder- und Lohnsteuerprüfer, Nachschaubeamte und Veranlagungssachbearbeiter und Angehörige der Finanzverwaltung, die eine Prüfungsanordnung für die Finanzbehörde ausführen wollen oder im Veranlagungsverfahren als Prüfer tätig werden. Nicht erforderlich ist also, dass der agierende Bedienstete ständig im Dienst der Betriebsprüfungsstellen, der Steuer- oder Zollfahndung steht (FGJ § 371 Rn. 135; MüKo-StGB/*Kohler* § 371 Rn. 151). Wegen des klaren Wortlauts stehen Amtsträger anderer Verwaltungsbehörden den Amtsträgern einer Finanzbehörde selbst dann nicht gleich, wenn sie aufgrund eines Amtshilfeersuchens der zuständigen Finanzbehörde tätig werden. Daher können Staatsanwälte und Polizeibeamte keine Sperrwirkung nach Nr. 1 Buchst. c) auslösen, jedoch kann hier gleichwohl bei entsprechender Mitteilung der Ausschlussgrund des Nr. 1 Buchst. b) oder ggf. Nr. 2 greifen. Nicht zu verwechseln ist dies aber mit Beamten der Steuerfahndung, selbst wenn sie ggü. der das steuerstrafrechtliche Verfahren führenden StA weisungsgebunden sind. Diese gelten als Amtsträger der Finanzbehörde i.S.d. Vorschrift (LG Stuttgart, wistra 1990, 72; FGJ/*Joecks* § 371 Rn. 136 f.; MüKo-StGB/*Kohler* § 371 Rn. 152 f.; a.A. bzgl. letztem Fall Kohlmann/*Schauf*, § 371 Rn. 122).

c) Erscheinen zur steuerlichen Prüfung oder zur Ermittlung von Steuerstraftaten

Das Erscheinen nach Nr. 1 Buchst. c) setzt die physische Anwesenheit des Amtsträgers voraus. **109** Diese ist zu bejahen, wenn der Amtsträger das Grundstück mit den Betriebs- oder Wohnräumen in Ermittlungsabsicht betritt. Eine telefonische Ankündigung des Eintreffens bzw. die schriftliche Ankündigung, die durch Boten oder persönlich erfolgt, reicht nicht aus (h.M., s. nur FGJ § 371 Rn. 138 m.w.N.). Neben diesen klar abgegrenzten Sachverhalten gibt es aber durchaus Randbereiche, in denen die Frage, ob ein Erscheinen zu bejahen ist, umstritten und als nicht abschließend geklärt betrachtet werden muss. So hat das OLG Stuttgart (Urt. v. 22.05.1989 – 3 Ss 21/89, NStZ 1989, 436) entschieden, dass der Amtsträger bereits dann i.S.d. der Vorschrift erschienen ist, wenn er zwar noch nicht am Ort der Prüfung eingetroffen, jedoch bereits in das Blickfeld des Selbstanzeigenden gelangt ist. Diese zwar vom Wortlaut gedeckte Auffassung ist jedoch mit erheblichen Unsicherheiten verbunden, da die Frage der optischen Wahrnehmbarkeit stark von den Örtlichkeiten abhängt und Feststellungen hierzu teilweise schwierig sein dürften. Daher sprechen neben grundsätzlichen Bedenken an der zeitlichen Vorverlagerung des Zeitpunkts des Erscheinens Praktikabilitätserwägungen gegen die Sichtweise des OLG Stuttgart (so auch MüKo-StGB/*Kohler* § 371 Rn. 155).

110 Nicht erforderlich ist, dass der Amtsträger den Steuerpflichtigen persönlich angetroffen hat. Ausreichend ist, dass der Amtsträger versucht hat, die Räumlichkeiten zu betreten, auch wenn er am Prüfungsort niemanden antrifft (h.M. MüKo-StGB/*Kohler* § 371 Rn. 156 m.w.N.). Ansonsten hätte es der Steuerpflichtige in der Hand, durch Verwehrung des Zutritts oder Nichtöffnen den Sperrgrund ins Leere laufen zu lassen. Auch eine Kenntnis des Steuerpflichtigen vom Eintreffen des Amtsträgers ist nach der Gesetzesfassung nicht erforderlich. Dies ergibt sich aus der Formulierung „zur´ steuerlichen Prüfung", die eben eine Kenntnisnahme nicht voraussetzt, um Beweisschwierigkeiten zu vermeiden (Kohlmann/*Schauf* § 371 Rn. 129; zum Meinungsstand ausf. FGJ/*Joecks* § 371 Rn. 143, a.A. *Westpfahl* 62). Die von dem Amtsträger zu fordernde Absicht der Prüfungsdurchführung hat aber zur Folge, dass z.B. Scheinhandlungen, die lediglich dazu dienen, die Hemmung der Verjährung nach § 171 Abs. 4 AO zu erreichen, indem sich der Amtsträger nach kurzem Aufenthalt wieder entfernt, ohne mit der Prüfungstätigkeit zu beginnen, nicht ausreichen, um den Sperrgrund in Gang zu setzen. Hier sind die von der Rechtsprechung entwickelten Grundsätze über eine wirksame Unterbrechungshandlung der Strafverfolgungsverjährung heranzuziehen (BGH, Beschl. v. 22.05.1958 – 1 StR 533/57, NJW 1958, 1004; *Schmitz*, DStR 2001, 1821, 1823; FGJ § 371 Rn. 143 m.w.N.).

111 Die Frage, an welchem Ort der Amtsträger zu erscheinen hat, lässt auch die Neufassung dieses Ausschlussgrundes offen, sodass die bisherigen Auslegungsgesichtspunkte Berücksichtigung finden. Danach entscheidet die Finanzbehörde nach pflichtgemäßem Ermessen, wo die Prüfung stattfindet (BFH, BStBl. II 1984, S. 815; 1987, S. 360). I.d.R. wird die Außenprüfung in den Geschäfts- oder Wohnräumen des Steuerpflichtigen stattfinden. Allerdings ist es auch möglich, mit dem Steuerpflichtigen eine Prüfung an einem dritten Ort, wie z.B. in den Büroräumen des Steuerberaters oder Insolvenzverwalters, zu vereinbaren. Auch hier tritt mit dem Erscheinen des Amtsträgers zur Prüfung die Sperrwirkung ein (h.M. FGJ § 371 Rn. 144; MüKo-StGB/*Kohler* § 371 Rn. 157). Strittig ist dagegen, ob der Sperrgrund auch greift, wenn die Prüfung an Amtsstelle stattfindet. Eine verbreitete Auffassung bejaht hier unabhängig von der Frage, weshalb der Steuerpflichtige mit seinen Geschäftsunterlagen auf Vorladung beim FA erscheinen muss, die Anwendbarkeit. Eine andere Auffassung (Kohlmann/*Schauf* § 371 Rn. 126 mwN) will auf die Gründe abstellen und den Sperrgrund nur dann annehmen, wenn er dem Prüfer keinen geeigneten Raum zur Verfügung stellen kann und allein aus diesem Grunde die Unterlagen nach § 200 Abs. 2 Satz 1 AO an Amtsstelle vorzulegen hat . Die Auffassungen, die eine Sperrwirkung im Fall der Prüfung an Amtsstelle annehmen, divergieren aber bzgl. des Zeitpunkts des Erscheinens. Während teilweise vertreten wird, ein Erscheinen sei zu bejahen, wenn der Steuerpflichtige mit den prüfungsrelevanten Unterlagen das FA betritt, um mit der Übergabe der Unterlagen die Prüfung zu ermöglichen und nicht um zunächst eine Berichtigungserklärung zu übergeben (FGJ/*Joecks*, § 371 Rn. 145), stellen andere auf das Betreten des Dienstzimmers oder den persönlichen Kontakt mit dem Prüfer im FA ab (*Braun*, PStR 2001, 34, 36; Klein/*Jäger*, § 371 Rn. 38; FG Münster, Urt. v. 09.08.2007 – 6 K 5364/04, EFG 2008, 79). Allerdings sind diese Auffassungen allesamt abzulehnen und auf den Wortsinn des Begriffs des Erscheinens abzustellen. Das Erscheinen setzt als dynamisches Moment eine örtliche Bewegung voraus, sodass bei einer Prüfung an Amtsstelle die Ausschlusswirkung nach Nr. 1 Buchst. c) nicht in Betracht kommen kann (MüKo-StGB/*Kohler* § 371 Rn. 158). Schaut man auf die Wortbedeutung des Begriffs „erscheinen", so erklärt sich diese durch ein „Einfinden an einem Ort" (Duden, Bd. 10, Bedeutungswörterbuch, S. 338). Jemand, der schon an einem Ort ist, kann sich dort nicht einfinden, sondern ist

bereits da. Außerdem wird zutreffend darauf hingewiesen, dass ansonsten die Sperrwirkung auch dann eintreten würde, wenn der Steuerpflichtige trotz Vorladung nicht erscheint, da der Amtsträger der Finanzbehörde immer zur Prüfung an Amtsstelle „erschienen" wäre (*Mösbauer*, NStZ 1989, 11). Dies ist ersichtlich nicht gewollt.

Verfügt der Steuerpflichtige über mehrere Betriebe, so löst das Erscheinen des Amtsträgers in einem Betrieb nach herrschender Meinung die Sperrwirkung auch bzgl. einer Steuerhinterziehung aus, die der Steuerpflichtige in anderen Betrieben begangen hat (FGJ § 371 Rn. 146; MüKo-StGB/*Kohler* § 371 Rn. 159). Die frühere Ausnahme, dass dies dann nicht gilt, wenn sich die Prüfungsanordnung nur auf einen bestimmten Betrieb beschränkt, wird angesichts der Neufassung und dem Erstrecken auf alle unverjährten Steuerstraftaten derselben Steuerart nicht mehr greifen. Lediglich die Ausnahme der Prüfung einer bestimmten Steuerart, die nur in dem geprüften und aufgesuchten Betrieb entstehen kann, wird weiterhin zu einer Sperrwirkung nur für diese Steuerart führen (hierzu auch unten Rdn. 121). **112**

Der Begriff der steuerlichen Prüfung wird nach herrschender Meinung weit verstanden und umfasst jede Ermittlungsmaßnahme der Finanzbehörde, die der Ermittlung und Erfassung der steuerlichen Verhältnisse eines Steuerpflichtigen dient und das Ziel richtiger und vollständiger Steuerfestsetzung verfolgt (MüKo-StGB/*Kohler* § 371 Rn. 161 m.w.N.). Wichtigster Fall in der Praxis ist die Außenprüfung nach §§ 193 ff., worunter ordentliche Betriebsprüfungen genauso fallen wie Sonderprüfungen und außerordentliche Prüfungen bzgl. einzelner Steuerarten oder eines bestimmten Vorgangs (FGJ § 371 Rn. 139). Umstritten ist dagegen, ob sog. betriebsnahe Veranlagungen eine steuerliche Prüfung darstellen. Die herrschende Meinung, unter ihr auch das BayObLG, bejaht dies angesichts der weiten Definition des Prüfungsbegriffs (BayObLG, Beschl. v. 17.09.1986 – RReg. 4 St 155/86, NStZ 1987, 130; HHSp/*Rüping* § 371 Rn. 148; MüKo-StGB/*Kohler* § 371 Rn. 163; a.A. FGJ § 371 Rn. 140). **113**

Ob die mit § 27b UStG eingeführte Umsatzsteuernachschau eine steuerliche Prüfung i.S.d. Nr. 1 Buchst. c) darstellt, ist ebenfalls umstritten. Während die überwiegende Auffassung in der Literatur der Umsatzsteuernachschau Prüfungsqualität abspricht (Kohlmann/*Schauf* § 371 Rn. 136; FGJ § 371 Rn. 140a; *Stahl*, KÖSDI 2002, 13208; Dietz/Cratz/Rolletschke/*Kemper* § 371 Rn. 4a), geht die Finanzverwaltung (OFD Karlsruhe v. 2.2.2004 – S 0700 – 0735, AO-Kartei BW §§ 369 – 412 AO Karte 1) und eine . m.M. in der Literatur davon aus, dass die Umsatzsteuernachschau eine steuerliche Prüfung i.S.d. Vorschrift darstellt (MüKo-StGB/*Kohler* § 371 Rn. 164; *Gast-de Haan*, PStR 2002, 266). Es sprechen aber gewichtigere Gründe dafür, die Umsatzsteuernachschau als steuerliche Prüfung anzusehen. Denn wenn die allgemeine Nachschau gem. § 210 Abs. 1 AO Sperrwirkung auslösen kann (für diese auch Kohlmann/*Schauf* § 371 Rn. 135; HHSp/*Spitaler*/*Rüping* § 371 Rn. 156; a.A. FGJ/*Joecks* § 371 Rn. 157), ist eine Differenzierung bzgl. der Umsatzsteuernachschau sachlich nicht gerechtfertigt, da beide Institute rechtlich vergleichbar ausgestaltet sind. Folgt man der allgemeinen, sehr weitgehenden Definition von oben, so wird man die steuerliche Prüfungsqualität beiden Instituten nicht absprechen können (ausf. MüKo-StGB/*Kohler* § 371 Rn. 164). **114**

Bei Richtsatzprüfungen der Finanzverwaltung zwecks Ermittlung von Vergleichszahlen für bestimmte Branchen ist zu differenzieren. Beschränkt sich der Prüfer darauf, ohne nähere Prüfung der Buchführung des Richtsatzbetriebs nur die maßgeblichen Zahlen zu entnehmen, wird eine steuerliche Prüfung i.S.d. Vorschrift zu verneinen sein. Eine steuerliche Prüfung kann nur dann angenommen werden, wenn neben diesen Zahlen auch die Besteuerungsgrundlagen überprüft werden (Kohlmann/*Schauf* § 371 Rn. 136.2; FGJ/*Joecks*, § 371 Rn. 141; MüKo-StGB/*Kohler* § 371 Rn. 167). **115**

In der 2. Alt. tritt eine Sperrwirkung außerdem dann ein, wenn der Amtsträger zur Ermittlung einer Steuerstraftat oder -ordnungswidrigkeit erschienen ist. Die praktische Bedeutung dieser Alternative, die hauptsächlich Ermittlungen der Steuer- und Zollfahndung erfasst, ist gering, da zumeist der Sperrgrund des Nr. 1 Buchst. b) gegeben sein wird. Lediglich in dem Fall, dass die **116**

Ermittlungen eine Bekanntgabe der Verfahrenseinleitung nicht oder noch nicht erfordern, wird diese Alternative eingreifen (MüKo-StGB/*Kohler* § 371 Rn. 168 m.w.N.). Die Begriffe Steuerstraftat und Steuerordnungswidrigkeit sind in §§ 369, 377 legal definiert, sodass auf die Kommentierung dort verwiesen werden kann.

117 Das Erfordernis der Prüfungs- oder Ermittlungsabsicht ergibt sich, wie schon in Rdn. 110 erwähnt, aus dem Wort „zur". Dies bedeutet, dass der Prüfer subjektiv die Absicht verfolgen muss, eine steuerliche Prüfung oder Ermittlungen durchzuführen. Es kommt also nicht darauf an, ob der Prüfer tatsächlich mit der Prüfung beginnt, entscheidend ist, ob er mit der erforderlichen Absicht vor Ort eintrifft. Aus Gründen der Rechtssicherheit ist aber zumindest zu fordern, dass die erforderliche Prüfungsabsicht erkennbar nach außen tritt. Nicht erforderlich ist allerdings, dass der Steuerpflichtige die Prüfungsabsicht tatsächlich erkennt (MüKo-StGB/*Kohler* § 371 Rn. 173). Die Absicht ist zu verneinen, wenn der Prüfer den Steuerpflichtigen lediglich zwecks Besprechung dienstlicher, privater oder sonstiger Fragen aufsucht oder wenn er eine Prüfung lediglich ankündigt oder einen Termin vereinbart. Bei Betriebsbesichtigungen ist danach zu differenzieren, ob die Besichtigung den Beginn einer materiellen Forschungstätigkeit darstellt oder nicht. Nur wenn man den Beginn der materiellen Forschungstätigkeit bejaht, ist die erforderliche Absicht gegeben (*Burkhard*, wistra 1998, 217; MüKo-StGB/*Kohler* § 371 Rn. 171). Scheinhandlungen des Prüfers lassen die Absicht entfallen.

d) Umfang der Sperrwirkung

118 Der Umfang der Sperrwirkung hat wiederum eine persönliche, sachliche und zeitliche Dimension.

119 In persönlicher Hinsicht trifft auch die n.F. nach wie vor keine Feststellungen, wer Adressat des Erscheinens sein soll. Daher ist auf die Auslegung zur a.F. zurückzugreifen, die eine persönliche Sperrwirkung nicht unbegrenzt eintreten lassen wollte. Zunächst kann sich die Ausschlusswirkung nur auf Verkürzungen der Steuern des Beteiligten richten, in dessen Besteuerungsverfahren die Ermittlungen geführt werden (OLG Düsseldorf, Beschl. v. 27.05.1981 – 2 Ss 214/81 – 142/81 III, wistra 1982, 119; MüKo-StGB/*Kohler* § 371 Rn. 175 m.w.N.). Bei Kapitalgesellschaften gilt daher, dass die gegen die Kapitalgesellschaft gerichtete Prüfungsanordnung nicht die Selbstanzeige der Gesellschafter bzgl. ihrer persönlichen Steuern sperrt (BGH, Beschl. v. 15.01.1988 – 3 StR 465/87).

120 Eine andere Frage ist, inwieweit sich die Sperrwirkung des Erscheinens bei dem Steuerpflichtigen, dessen Steuern verkürzt wurden, auch auf andere Beteiligte an diesen Steuerverkürzungen erstreckt. Eine sehr weit gefasste Ansicht geht davon aus, dass die Sperrwirkung für eine strafbefreiende Selbstanzeige wegen betriebsbezogener Taten nicht nur ggü. den Betriebsinhabern und gesetzlichen, handlungspflichtigen Vertretern, sondern ebenfalls ggü. allen an der Tat beteiligten Betriebsangehörigen besteht (LG Stuttgart, Beschl. v. 21.08.1989 – 10 KLs 137/88, NStZ 1990, 189, 190 m. Anm. *Gallandi*). Eine sehr enge Auffassung möchte demgegenüber die Sperrwirkung hinsichtlich der tatbeteiligten Betriebsangehörigen nur dann eintreten lassen, wenn der jeweilige Betriebsangehörige positive Kenntnis von dem Erscheinen des Amtsträgers hat (FGJ/*Joecks*, § 371 Rn. 148). Letztere Auffassung ist schon deshalb abzulehnen, weil der Sperrgrund allein objektiv zu bestimmen ist und es auch i.R.d. Erscheinens gerade nicht auf die Kenntnis des Steuerpflichtigen ankommt. Diese dann für das Eintreten der Sperrwirkung bei anderen Tatbeteiligten als ausschlaggebend anzusehen, ist systemwidrig. Daher ist nach einer vermittelnden Auffassung wegen der grds. restriktiven Handhabung zwar nicht die weite Auslegung zu favorisieren, sondern einschränkend unter dem Sphärengedanken darauf abzustellen, ob die beteiligten Betriebsangehörigen unter gewöhnlichen Umständen die Möglichkeit zur Kenntnisnahme haben (MüKo-StGB/*Kohler* § 371 Rn. 177).

121 Der zur a.F. schwelende Streit um die Reichweite der sachlichen und zeitlichen Sperrwirkung hat sich dagegen weitgehend erledigt und unzählige Kommentarseiten zu Makulatur gemacht. Schon vor der Neufassung hat der BGH deutlich gemacht, dass der Sperrgrund nicht nur solche Taten

betrifft, die vom Ermittlungs- oder Prüfungswillen des erschienenen Amtsträgers erfasst sind, sondern auch auf solche Taten, die mit dem bisherigen Ermittlungsgegenstand in sachlichen Zusammenhang stehen. Der Wortlaut enthalte ersichtlich weder eine zeitliche noch eine sachliche Beschränkung. Insoweit werden auch solche steuerlichen Sachverhalte erfasst, die bei üblichem Gang des Ermittlungsverfahrens erwartungsgemäß ohnehin in die Überprüfung einbezogen würden (BGH, Beschl. v. 20.05.2010 – 1 StR 577/09, NJW 2010, 2146, 2147 f.). Dadurch wurde die Möglichkeit zur Selbstanzeige für andere Jahre bereits erheblich eingeschränkt (*Wessing/Biesgen*, NJW 2010, 2689, 2692). Nunmehr muss man aufgrund des eindeutigen Gesetzeswortlautes davon ausgehen, dass die Sperrwirkung nicht nur die Straftaten, welche von der steuerlichen Prüfung oder der Ermittlung erfasst sind, sondern alle unverjährten Steuerstraftaten derselben Steuerart betrifft. Nicht stets von der Sperrwirkung erfasst sind dagegen eventuelle Straftaten bzgl. anderer Steuerarten. Nur insoweit kann der bisherige Meinungsstreit noch etwa für die Frage von Bedeutung sein, ob diese von der Sperrwirkung mitumfasst sind, wenn sie zwar zum Zeitpunkt des Erscheinens des Prüfers nicht Gegenstand des Anfangsverdachtes der strafrechtlichen Ermittlungen sind, jedoch nach dem üblichen Gang der Ermittlungen erwartungsgemäß ohnehin in die Prüfung einbezogen würden.

Nach Abschluss der steuerlichen Prüfung oder der Ermittlung, ist die Erstattung einer Selbstanzeige mit strafbefreiender Wirkung wieder möglich (h.M. BGH, Besch. v. 23.03.1994 – 5 StR 38/94, wistra 1994, 229; *Mösbauer*, NStZ 1989, 11, 13; MüKo-StGB/*Kohler* § 371 Rn. 186 m.w.N.). Die mM, nach der mit dem Erscheinen eine feste zeitliche Grenze einsetze, die bei Überschreitung jede spätere Selbstanzeigemöglichkeit ausschließt (so HHSp/*Hübner* § 371 Rn. 89 ff.), überzeugt nicht. Denn nach der Prüfung oder Ermittlung ohne Tatentdeckung ist die Situation des Steuerpflichtigen keine andere als vor der Prüfung. Ganz im Gegenteil, ist das Entdeckungsrisiko geringer als vorher (so auch *Mösbauer*, NStZ 1989, 11, 13). **122**

Hinsichtlich des Wiederauflebens der Selbstanzeigemöglichkeit wird man mit der herrschenden Meinung bei einer erfolgten Außenprüfung auf den im Anschluss daran ergangenen Steuerbescheid bzw. die Mitteilung nach § 202 Abs. 1 Satz 3 AO abstellen. Die Schlussbesprechung reicht insoweit nicht aus, weil der Prüfer nicht an die Schlussbesprechung gebunden ist (MüKo-StGB/*Kohler* § 371 Rn. 187) und danach Prüfungshandlungen noch wieder aufnehmen kann (TK/*Seer* § 201 AO Rn. 11). Ist der Amtsträger zu steuerstraf- oder steuerordnungswidrigkeitenrechtlichen Ermittlungen erschienen, so lebt die Selbstanzeigemöglichkeit nach Abschluss des Strafverfahrens wieder auf. Die Selbstanzeige ist wieder möglich, wenn die Einstellung des Verfahrens in den Akten vermerkt worden ist (MüKo-StGB/*Kohler* § 371 Rn. 210, siehe auch Rdn. 105). **123**

5. Tatentdeckung (Nr. 2)

Fast unverändert beibehalten wurde der Sperrgrund der Tatentdeckung. Allerdings ist – wie bei den obigen Sperrgründen – darauf hinzuweisen, dass in der Neufassung verschärfend geregelt wird, dass schon die Tatentdeckung einer der unverjährten Steuerstraftaten ausreicht, um die Sperrwirkung für alle unverjährten Steuerstraftaten derselben Steuerart eintreten zu lassen (h.M.; *Hechtner*, DStZ 2011, 265, 270; *Hunsmann*, NJW 2011, 1482, 1485; *Obenhaus*, StBg. 2011, 166, 174; *Rolletschke/Roth*, Stbg 2011 S. 200, 202; *Schauf/Schwartz*, PStR 2011, 117, 118; a.A. Kohlmann/*Schauf* § 371 Rn. 241; *Beyer*, AO-StB 2011, 119, 123; *Prowatke/Felten*, DStR 2011, 899, 902). Hierfür spricht der neue Wortlaut, wonach Straffreiheit nicht eintritt, wenn „*eine der Steuerstraftaten* .. ganz oder zum Teil bereits entdeckt war.“ Allerdings ist in Nr. 2 anders als in Nr. 1 nicht von einer „*der zur Selbstanzeige gebrachten*“ Steuerstrafdaten die Rede, so dass man sich fragen könnte, ob bei Nr. 2 sogar eine Sperrwirkung für Steuerstraftaten anderer Steuerarten eintreten soll. Nach den Beratungen im Finanzausschuss ergibt sich jedoch kein Hinweis, dass die unterschiedliche Formulierung einen inhaltlichen Unterschied begründen soll (*Hechtner*, DStZ 2011, 265, 270). **124**

a) Gegenstand der Entdeckung einer der Steuerstraftaten

125   Gegenstand des Sperrgrundes ist die Entdeckung „einer der Steuerstraftaten". Durch diese Formulierung wird auch in der Neufassung klargestellt, dass es auf die Entdeckung einer Tat ankommt (zur a.F. *Füllsack/Bürger*, BB 2010, 2403, 2405). Leider wurde durch die Neufassung der Streit nicht geklärt, welcher Tatbegriff zu favorisieren ist. Während der BGH bisher ohne Festlegung auf einen materiellen oder prozessualen Tatbegriff auf die einzelne Steuererklärung abstellte (BGH, Beschl. v. 05.05.2000 – 5 StR 226/99, NStZ 2000, 427, 430), wurde in der Literatur .vorwiegend ein materiell-rechtlicher Ansatz vertreten (Kohlmann/*Schauf* § 371 Rn. 191.2 mwN; FGJ). Die genaue Abgrenzung wird indes rein praktisch kaum mehr relevant werden, da die Sperrwirkung unabhängig vom Tatbegriff alle unverjährten Steuerstraftaten derselben Steuerart erfasst.

126   Weiter von Bedeutung wird allerdings bleiben, ob auch die Person des Täters bzw. Teilnehmers schon entdeckt sein muss. Dies ist umstritten, jedenfalls der BGH hält dies für nicht notwendig (so auch betonend BGH, Beschl. v. 20.05.2010 – 1 StR 577/09, NJW 2010, 2146, 2148). Die Literatur weist darauf hin, dass das schwache Wortlautargument nicht ausreicht (*Füllsack/Bürger*, BB 2010, 2403, 2405) und auf die Tat als Ganzes abgestellt werden muss, sodass die Person des Täters bekannt oder wenigstens bestimmbar sein muss (Kohlmann/*Schauf* § 371 Rn. 210; MüKo-StGB/*Kohler* § 371 Rn. 220; FGJ § 371 Rn. 191). Eng in diesem Zusammenhang steht die Frage, welche Verdachtsgrade man für die Tatentdeckung für ausreichend erachtet, sodass das Erfordernis der Identifizierbarkeit in diesem Zusammenhang zu betrachten ist.

127   Der Begriff der Entdeckung der Tat hat in der Vergangenheit zu zahlreichen Diskussionen geführt, sodass der BGH es in der Entscheidung v. 20.05.2010 (1 StR 577/09, NJW 2010, 2146, 2148) für notwendig erachtete, nochmals ausführlich dazu Stellung zu beziehen. Tatentdeckung wurde nach der bisherigen Rechtsprechung dann angenommen, wenn eine vorläufige Tatbewertung die Wahrscheinlichkeit eines verurteilenden Erkenntnisses nahelegte (BGH, Beschl. v. 05.04.2000 – 5 StR 226/99, NStZ 2000, 427; . In der Literatur wurde konkretisierend darauf abgestellt, dass hierzu ein hinreichender Tatverdacht i.S.d. §§ 170 Abs. 1, 203 StPO erforderlich ist (*Randt/Schauf*, DStR 2008, 489, 490; MüKo-StGB/*Kohler* § 371 Rn. 212). Hätte man eine solche Auslegungskonkretisierung auch seitens der höchstrichterlichen Rechtsprechung für gut befunden, so wäre viel Rechtssicherheit gewonnen worden, da die Frage, wann hinreichender Tatverdacht im Einzelnen zu bejahen ist, in der Strafprozessordnung und durch zahlreiche Entscheidungen der Gerichte konkretisiert worden ist. Der BGH verneint in seiner Entscheidung v. 20.05.2010 aber ausdrücklich das Erfordernis des hinreichenden Tatverdachts und legt die Definition der Rechtsprechung anders aus als die vorwiegende Literatur. Nach Auffassung des BGH erfordere die Definition der Tatentdeckung eine doppelte, zweistufige Prognose. Auf der ersten Stufe erfolgt eine vorläufige Bewertung der Verdachtslage aufgrund der vorhandenen, aber regelmäßig noch unvollständigen Informationen. Dieser vorläufig bewertete Sachverhalt, der die Verdachtslage begründet, muss auf der zweiten Stufe rechtlich geeignet sein, eine Verurteilung wegen einer Steuerstraftat oder – ordnungswidrigkeit zu rechtfertigen. Hier rekrutiert der BGH den Begriff der Wahrscheinlichkeit, d.h. ist ein Sachverhalt wahrscheinlich, der eine Aburteilung rechtfertigen würde, so gilt die Tat als entdeckt. An die Wahrscheinlichkeitsprognose stellt der BGH aber keine hohen Anforderungen, da sie sich naturgemäß auf einer noch schmalen Tatsachenbasis begründet (BGH, Beschl. v. 20.05.2010 – 1 StR 577/09, NJW 2010, 2146, 2148). Dadurch legt der BGH eine eigene Verdachtsstufe sui generis fest, die sehr niedrig angesiedelt wird. Da die Sperrgründe ohnehin durch die gesetzliche Neufassung weitere Kreise ziehen als vorher, bleibt abzuwarten, wie sich die weite Auslegung des Begriffs der Tatentdeckung auswirken wird. Der Gesetzgeber hat diesbezüglich in seinen Motiven leider keine Stellung bezogen. Der BGH jedenfalls nimmt eine Tatentdeckung nunmehr bereits dann an, „wenn unter Berücksichtigung der zur Steuerquelle oder zum Auffinden der Steuerquelle bekannten weiteren Umstände nach allgemeiner kriminalistischer Erfahrung eine Steuerstraf- oder ordnungswidrigkeit naheliegt" (BGH, Beschl. v. 20.05.2010 – 1 StR 577/09, NJW 2010, 2146, 2149). Dabei ist der Begriff der „kriminalistischen Erfahrung" ein äußerst dehnbarer und manch ambitionierter Ermittlungsbeam-

ter wird hier optimistischer sein, als ein anderer, wenn er das Naheliegen einer Steuerstraftat bejaht. Auch der BGH ist optimistisch, wenn er nicht nur dann von einer Tatentdeckung ausgeht, sobald ein Abgleich mit den Steuererklärungen des Steuerpflichtigen ergibt, dass die Steuerquelle nicht oder unvollständig angegeben wurde. Vielmehr bejaht er in bestimmten Fällen schon vor einem Abgleich die Tatentdeckung, so etwa bei Zeugenaussagen, die inhaltlich zur Steuererklärung Angaben machen können oder bei verschleierten Steuerquellen, soweit nach kriminalistischer Erfahrung die Art und Weise der Verschleierung ein signifikantes Indiz für unvollständige oder unrichtige Angaben sei (BGH, Beschl. v. 20.05.2010 – 1 StR 577/09, NJW 2010, 2146, 2149). Dieser Passus ist sicher vor dem Hintergrund der Diskussion um den staatlichen Ankauf von Steuer-CDs zu sehen (hierzu *Rüping*, DStR 2010, 1768; *Trüg*, StV 2011, 111) und hat insoweit Bedeutung für den Zeitpunkt der Entdeckung bei Steuerpflichtigen mit nicht deklarierten Kapitaleinkünften aus ausländischen Konten. Ergibt sich aus solch einer angekauften CD die Zuordnung eines vom BGH wohl als verschleiernd angesehenen ausländischen Nummernkontos, so wird nach der Auffassung des BGH mit der Kontozuordnung zu dem Steuerpflichtigen bereits eine Tatentdeckung zu bejahen sein. Auf den Abgleich mit dessen Steuererklärung kommt es in diesen Fällen danach nicht mehr an (*Wessing/Biesgen*, NJW 2010, 2689, 2692).

Neben dieser bedenklichen Vorverlagerung des Zeitpunkts der Tatentdeckung ist die BGH-Entscheidung jedenfalls mit dem Wortlaut des § 370 Abs. 1 Nr. 2 AO n.F. nicht mehr vereinbar, wenn sie eine rechtliche Würdigung dahin gehend vornimmt, dass aufgrund der Tatsachen der Schluss auf ein vorsätzliches Verhalten nicht gezogen werden muss. Der BGH verweist dazu auf die Formulierung in Nr. 1, wonach die Einleitung auch eines Ordnungswidrigkeitenverfahrens oder das Erscheinen eines Amtsträgers zur Ermittlung einer Ordnungswidrigkeit eine Sperrwirkung auslöst und ist der Auffassung, dass sich weder aus dem Wortlaut des § 371 Abs. 1 Nr. 2 AO a.F. welcher auf die Entdeckung der „Tat" abstellte, noch aus dem Zweck der Norm ergebe, dass der Gesetzgeber lediglich die vorsätzliche Steuerstraftat im Blick hatte. . Diese Argumentation war bereits für § 370 Abs. 1 Nr. 2 AO äußerst zweifelhaft (*Füllsack/Bürger*, BB 2010, 2403, 2406). Schaut man auf den Wortlaut der Neufassung, so dürfte die Ansicht des BGH jedenfalls als überholt gelten, weil der Gesetzgeber nunmehr ausdrücklich von einer der Steuer*straf*taten spricht und damit die Ordnungswidrigkeiten ausgenommen hat. Jede andere Auslegung wäre contra legem, da eine Gleichsetzung zwischen Steuerstraftat und -ordnungswidrigkeit in Nr. 2 im Gegensatz zu Nr. 1 gerade nicht stattfindet. Insoweit ist mit der bisher herrschenden Meinung der Literatur davon auszugehen, dass erst die Entdeckung einer vorsätzlichen Tat genügt und die Entdeckung nur leichtfertigen Handelns den Sperrgrund der Nr. 2 nicht greifen lässt (Kohlmann/*Schauf* § 371 Rn. 209; MüKo-StGB/*Kohler* § 371 Rn. 219). **128**

Gem. Abs. 2 Nr. 2 tritt eine Sperrwirkung schon dann ein, wenn die Tat nur „zum Teil" entdeckt ist. Entscheidend ist hierbei wiederum die Frage, welchen Tatbegriff man zugrunde legt, allerdings wird diese zur alten Fassung kontroverse Frage (vgl. FGJ/*Joecks* § 371 Rn. 195 auch hier wegen der nach der Neufassung ohnehin umfassenden Sperrwirkung kaum noch praktische Bedeutung mehr haben (s.o. Rdn. 124; FGJ Allerdings die Problematik, ob die Wahrnehmung von Vorstufen einer vollendeten Steuerhinterziehung eine z.T. entdeckte Tat darstellt, ist weiterhin relevant. Der BGH bejaht eine Tatentdeckung auch bei der Aufdeckung von reinen Vorbereitungshandlungen (BGH, Urt. v. 13.05.1987 – 3 St 37/87, NStZ 1987, 464, 465), während die Literatur dies mit der Begründung verneint, dass Vorbereitungshandlungen als Vorstufen der Tatbestandsverwirklichung gerade noch keine Teile der Straftat sind (MüKo-StGB/*Kohler* § 371 Rn. 222). **129**

b) Zeitpunkt

Im Gegensatz zu Abs. 2 Nr. 1, der den Eintritt des Ausschlussgrundes *vor* der Berichtigung, Ergänzung oder Nachholung erfordert, muss nach Abs. 2 Nr. 2 die Steuerstraftat *im Zeitpunkt* der Berichtigung, Ergänzung oder Nachholung ganz oder teilweise entdeckt sein. Diese Formulierung begründet indes nach herrschender Meinung keinen sachlichen Unterschied in zeitlicher Hinsicht (MüKo-StGB/*Kohler* § 371 Rn. 225). **130**

c) Entdecker

131 Über die Frage, wer die Tat entdeckt hat, also bzgl. der Person des Tatentdeckers schweigt das Gesetz nach wie vor. Insoweit ist wie zur a.F. davon auszugehen, dass grds. jedermann eine Tat i.S.d. Abs. 2 Nr. 2 entdecken kann (MüKo-StGB/*Kohler* § 371 Rn. 223; Klein/*Jäger* § 371 Rn. 66). Natürlich werden in erster Linie Amtsträger der Finanz- und Strafverfolgungsbehörde sowie Richter und Amtsträger anderer, auch ausländischer Behörden, in Betracht kommen (BGH, Urt. v. 13.05.1987 – 3 StR 37/87, NStZ 1987, 464, 465; MüKo-StGB/*Kohler* § 371 Rn. 223). Aber auch Privatpersonen kommen in Betracht (BGH, v. 27.4.1988 – 3 Str 55/88, wistra 1988 S. 308, 309; Klein/*Jäger*, § 371 Rn. 66). Da auch nach der neuen Rechtsprechung des BGH eine – wenn auch niedrig anzusetzende – Wahrscheinlichkeitsprognose der Verurteilung notwendig ist (BGH Beschl. v. 20.05.2010 – 1 StR 577/09, NJW 2010, 2146, 2149), wird weiterhin darauf abzustellen sein, ob damit zu rechnen ist, ob der Amtsträger oder Dritte seine Kenntnisse an die zuständige Behörde weiterleitet (Kohlmann/*Schauf* § 371 Rn. 211; MüKo-StGB/*Kohler* § 371 Rn. 223; FGJ § 371 Rn. 193). Dies ist bei der Entdeckung durch andere Behörden dann der Fall, wenn sie nach § 116 zur Weiterleitung verpflichtet sind oder dem Legalitätsprinzip unterliegen (MüKo-StGB/*Kohler* § 371 Rn. 224). Bei ausländischen Behörden ist danach zu fragen, ob der betreffende Staat internationale Rechtshilfe leisten wird (BGH Beschl. v. 03.06.1987 – 3 StR 146/87, wistra 1987, 293, 295 m. Anm. *Franzen*, wistra 1987, 342; FGJ § 371 Rn. 194).

132 Bei Privatpersonen wird zunächst darauf abgestellt, ob der Betreffende das Verhalten des Steuerpflichtigen seinem Sinngehalt nach erfasst hat (*Blumers*, wistra 1985, 87). Ist dies der Fall, so wird es darauf ankommen, ob die Tatentdecker dem Steuerpflichtigen nahe stehen. Bei nahestehenden Personen wird man vermuten, dass diese ihre Kenntnisse nicht an die zuständige Behörde weiterleiten (BGH Urt. v. 27.04.1987 – 3 StR 55/88, NStZ 1988, 413, 414). Nahestehende Personen sind Verwandte, aber auch Mitgesellschafter oder sonstige Bevollmächtigte des Steuerpflichtigen, inbesondere soweit letztere gerade tätig werden, um Selbstanzeige zu erstatten. Auch Tatbeteiligte werden die Tat regelmäßig nicht offenbaren wollen, sodass diese als Tatentdecker ausscheiden. Ebenfalls nicht in Betracht kommen für den Steuerpflichtigen tätige RA und Steuerberater, da sie der Schweigepflicht unterliegen (MüKo-StGB/*Kohler* § 371 Rn. 224 m.z.N. aus Lit. und Rspr.). Durch diese zahlreichen Ausnahmen wird die Tatentdeckung durch Privatpersonen praktisch kaum relevant werden (Kohlmann/*Schauf* § 371 Rn. 217; FGJ § 371 Rn. 193).

d) Subjektives Merkmal

133 Auch das subjektive Merkmal des Wissens oder „damit rechnen" Müssens des Täters ist in der Neufassung beibehalten worden. Der Gesetzgeber hat den zwischenzeitlich diskutierten Verzicht auf die subjektiven Elemente nicht übernommen (*Adick*, HRRS 2011, 197, 200). Insoweit scheint fraglich, ob die vom BGH vorgenommene Objektivierung weiterhin richtungsweisend sein wird (BGH, Beschl. v. 20.05.2010 – 1 StR 577/09, NJW 2010, 2146, 2149; *Füllsack/Bürger*, BB 2011, 1239, 1242). Da aber den BGH auch schon der entgegenstehende Wortlaut der a.F. nicht daran gehindert hat, festzustellen, dass der Sperrgrund „weniger durch die subjektive Komponente bestimmt" und deshalb „keine hohen Anforderungen an die Annahme des „Kennenmüssens" der Tatentdeckung mehr gestellt werden", wird man abwarten müssen, ob sich die Rechtsprechung an diese Vorgaben weiterhin hält, oder doch mit der Literatur die Feststellung des positiven Wissens von der Tatentdeckung oder deren Kennenmüssen als eigenständiges Tatbestandsmerkmal ernst nimmt (MüKo-StGB/*Kohler* § 371 Rn. 227, vgl. zur kritischen Würdigung dieser Rechtsprechung auch *Salditt*, PStR 2010 S. 168, 173; *Wulf*, wistra 2010 S. 286, 289). Hiernach wäre für die Kenntnis von der Entdeckung erforderlich, dass der Täter aus den ihm bekannten Tatsachen den Schluss zieht, dass eine Behörde oder ein anzeigebereiter Dritter von seiner Tat soviel erfahren hat, dass eine vorläufige Tatbewertung seine Verurteilung wahrscheinlich werden lässt (FGJ § 371 Rn. 197). Die andere Alternative des Rechnenmüssens mit einer Entdeckung stellt darauf ab, dass der Täter aus dem ihm bekannten Sachverhalt den Schluss hätte ziehen müssen, das die Tat entdeckt ist (Klein/*Jaeger* § 371 Rn. 198). Der BGH datiert nun allerdings die Kenntnis im Hinblick

auf die verbesserten Ermittlungsmöglichkeiten bei Steuerstraftaten und die stärkere Kooperation bei der internationalen Zusammenarbeit ebenso wie den Zeitpunkt der Tatentdeckung weiter nach vorne. Damit dürfte nach Auffassung des BGH der Sperrwirkung des Abs. 2 Nr. 2 bei der Problematik angekaufter CDs auch keine mangelnde Kenntnis entgegenstehen, sofern eine Zuordnung des Kontos zu dem Steuerpflichtigen erfolgt ist und der Erwerb der CD durch die Medien bekannt geworden ist (*Wessing/Biesgen*, NJW 2010, 2689, 2692; *Hunsmann*, NJW 2011, 1482, 1485). Der Steuersünder muss sich danach faktisch schon ab Erwerb der CD durch den Staat ertappt fühlen, da er nicht wissen kann, wann die Zuordnung tatsächlich erfolgt. Dann wird aber die Kenntnis jenseits jeglicher Sachverhaltsfeststellung fingiert und die Auslegung durch faktische Aufhebung des subjektiven Merkmals unbestimmt. Dies stellt einen eklatanten Verstoß gegen den Bestimmtheitsgrundsatz dar (krit. mit dem Argument, dann keine verlässliche Tatsachengrundlage zu haben, auch *Kohler*, MünchKomm, § 371 Rn. 229; vgl. zu den „Steuer-CD-Fällen" eingehend auch Kohlmann/*Schauf* § 371 Rn. 230.1 ff.).

e) Umfang der Sperrwirkung

Wie schon erwähnt (vgl. Rdn. 124) hat sich der Umfang der Sperrwirkung auch beim Ausschlussgrund des Abs. 2 Nr. 2 ausgedehnt. Nach dem Wortlaut der Neufassung und den Gesetzesmotiven erfasst der sachliche Umfang alle unverjährten Steuerstraftaten einer Steuerart (h.M. *Hunsmann*, NJW 2011, 1482, 1485; *Schauf/Schwartz*, PStR 2011, 117, 118; *Füllsack/Bürger*, BB 2011, 1239, 1242; a.A. *Prowatke/Felten*, DStR 2011, 899, 901).   **134**

In persönlicher Hinsicht beschränkt sich der Ausschlussgrund trotz der ausufernden Rechtsprechung des BGH weiterhin auf den Täter oder Teilnehmer, der weiß bzw. vorwerfbar nicht weiß, dass seine Tat bzw. Tatbeteiligung i.S.d. Abs. 2 Nr. 2 entdeckt ist (zur a.F. auch MüKo-StGB/*Kohler* § 371 Rn. 233, zum BGH, Beschl. v. 20.05.2010 – 1 StR 577/09, NJW 2010, 2146, 2149). Auch *Füllsack/Bürger* weisen darauf hin, dass die durch den BGH angedeutete einschränkende Auslegung des subjektiven Erfordernisses keinen Eingang in den neuen Gesetzestext gefunden hat (BB 2011, 1239, 1242).   **135**

Die zeitliche Dauer der Sperrwirkung richtet sich nach dem mit der Tatentdeckung verbundenen Sachverhalt. Gründet sich die Tatentdeckung auf eine Prüfung oder Ermittlungsmaßnahmen nach Nr. 1 oder löst sie diese aus, so richtet sich das Wiederaufleben der Selbstanzeigemöglichkeit nach den dort geltenden Grundsätzen (Rdn. 105 u. 123; vgl. auch Kohlmann/*Schauf* § 371 Rn. 68.8. u. 249.2). Ist der Tatvorwurf entkräftet worden, bevor eine Sperrwirkung nach Nr. 1 eintritt, gilt dies erst recht (MüKo-StGB/*Kohler* § 371 Rn. 234). Gleichgestellt wird die Situation, dass der Verdacht beseitigt worden ist, bevor es zur Einleitung eines Ermittlungsverfahrens kommt (MüKo-StGB/ *Kohler* § 371 Rn. 235). Bei der letzten Situation ist jedoch der genaue Zeitpunkt für das Ende der Ausschlusswirkung problematisch. Während hier teilweise auf den wenig präzisen Zeitraum abgestellt wird, innerhalb dessen nach üblichen Gepflogenheiten mit einer Weitergabe an oder einer Bearbeitung durch die Behörde zu rechnen ist (*Simon/Vogelberg* S. 200), ist aus Gründen der Rechtssicherheit die Auffassung zu favorisieren, die Selbstanzeigemöglichkeit analog zu § 171 Abs. 4 Satz 2 dann aufleben zu lassen, wenn dem Täter binnen 6 Monaten nach Kenntnis von der Tatentdeckung die Verfahrenseinleitung nicht bekannt gegeben worden ist (h.M. FGJ § 371 Rn. 209; MüKo-StGB/*Kohler* § 371 Rn. 235).   **136**

6. Einführung einer Höchstbetragsgrenze (Nr. 3)

Neu in das Gesetz aufgenommen wurde der Sperrgrund für einen Steuerhinterziehungsbetrag von über 50.000,00 €, um so die Täter großvolumiger Steuerhinterziehungen nicht mehr straffrei zu stellen (BT-Drucks. 17/5067, S. 22). Allerdings können diese nach dem neu geschaffenen § 398a in den Genuss kommen, dass von der Strafverfolgung abgesehen wird, wenn sie zusätzlich zur zu ihren Gunsten hinterzogenen Steuer einen Geldbetrag i.H.v. 5 % der hinterzogenen Steuern zugunsten der Staatskasse zahlen. Insofern hat sich der ursprünglich vom Bundesrat geforderte   **137** generelle Zuschlag von 5 % des Hinterziehungsbetrags bei jeder Selbstanzeige (vgl. Empfehlungen des Finanzausschuss und Rechtsausschuss des Bundesrates, BR-Drucks. 851/1/10), der kontrovers diskutiert wurde und sich vielen verfassungsrechtlichen und systematischen Bedenken ausgesetzt sah (*Geuenich*, BB 2010, 2148, 2153; *Schwab*, DStR-KR 2011, 9) nicht durchgesetzt. In Abs. 2 Nr. 3 wird in Abweichung zu den anderen Sperrgründen ein Ausschlussgrund pro Tat festgelegt, sodass nachweislich des Gesetzeswortlauts und der Gesetzesbegründung eine Sperrwirkung für andere unverjährte Steuerstraftaten nicht deshalb eintritt, weil eine Steuerstraftat über dem gesetzlichen Höchstbetrag liegt. Vielmehr tritt die Sperrwirkung nur für die eine materiell-rechtliche Tat ein (BT-Drucks. 17/5067, S. 21; FinMin NRW, Erlass v. 05.05.2011 – S 0702 – 8 – V A 1, S. 3; Kohlmann/*Schauf* § 371 Rn. 249.4; *Ende*, SteuK 2011, 157; *Hunsmann*, NJW 2011, 1482, 1486; a.A. *Erb/Schmitt*, PStR 2011, 144, 145).

a) Bemessungsgrenze i.H.v. 50.000,00 €

138 Der am Hinterziehungsvolumen bemessene Ausschlussgrund des Abs. 2 Nr. 2 greift ein, wenn die nach § 370 Abs. 1 verkürzte Steuer oder der für sich oder einen anderen erlangte nicht gerechtfertigte Steuervorteil einen Betrag von 50.000,00 € für die jeweilige Tat überschreitet. Der Gesetzgeber hat sich bei der Bemessung der Betragshöhe an der BGH-Rechtsprechung zum Regelbeispiel des § 370 Abs. 3 Nr. 1 orientiert (BT-Drucks. 17/5067, S. 21). Die Rechtsprechung zum Regelbeispiel sieht das Merkmal des „großen Ausmaßes" grundsätzlich bei 50.000,00 € als erfüllt an (BGH, Urt. v. 02.12.2008 – 1 StR 416/08, BGHSt 53, 71 = NJW 2009, 528, 532). Nicht bedacht hat der Gesetzgeber aber die Tatsache, dass die Bejahung des großen Ausmaßes bei den Betragshöhen auch i.R.d. Regelbeispiels durchaus divergiert und der BGH im Fall bloßer Gefährdungsschäden die Grenze auf 100.000,00 € erhöht (BGH, Urt. v. 02.12.2008 – 1 StR 416/08, BGHSt 53, 71 = NJW 2009, 528, 532; BGH, Beschl. v. 15.12.2011 – 1 StR 579/11, NJW 2012 S. 1015; daher krit. *Erb/Schmitt*, PStR 2011, 144; *Adick*, HRRS 2011, 1997, 201; vgl. auch Rdn. 49). Auch hat der Verkürzungsbetrag i.R.d. Regelbeispiels lediglich eine Indizwirkung, sodass der Grenzbetrag von mehr als 50.000,00 € etwas zufällig anmutet, zumal im Fall des Überschreitens die „freiwillige" Zahlung des Zuschlags zwecks Strafverfolgungsfreiheit auch in Fällen der einfachen Steuerhinterziehung notwendig ist (*Geuenich*, NWB 2011, 1050, 1055). Doch nun steht der Hinterziehungsbetrag ausdrücklich im Gesetz und man wird damit leben müssen, über die Höhe kann man trefflich streiten, doch ist dies angesichts des Wortlauts müßig. Nicht überflüssig ist es dagegen, in der Praxis im Einzelnen auf die Schwierigkeiten hinsichtlich der Ermittlung des genauen Hinterziehungsbetrags hinzuweisen, der sich auf die einzelne Tat bezieht. Der Betrag bezieht sich auf die hinsichtlich der einzelnen materiellen Tat verkürzte Steuer, sodass Zinsen zur Steuer, Zuschläge oder andere steuerliche Nebenleistungen nicht in die Berechnung eingehen. Eventuelle Berechnungsprobleme können sich aber in Fällen ergeben, in denen das Kompensationsverbot des § 370 Abs. 4 Satz 3 zu berücksichtigen ist oder die exakte Steuerberechnung aus sonstigen Gründen kompliziert und aufwendig ist. Daher wagen *Erb/Schmitt* die Prognose, dass aufgrund dieser Unabwägbarkeiten womöglich viele Selbstanzeigen über längere Zeit im Zustand einer „schwebenden Unwirksamkeit" verharren, bis die Frage der Freigrenzenüberschreitung geklärt ist (PStR 2011, 144, 145).

139 Zu beachten ist ferner, dass die Bemessungsgrenze nicht i.S.e. Freibetrags, sondern als Freigrenze mit der Folge zu verstehen ist, dass bei Überschreitung dieses Hinterziehungsvolumens die gesamte Steuerstraftat und nicht nur der 50.000,00 € übersteigende Teil der Sperrwirkung unterfällt (*Hunsmann*, NJW 2011, 1482, 1486). Soweit aus Gründen der Verhältnismäßigkeit aufgrund der sprunghaft hohen Effektivzinsen bei einer um wenige Tage verspäteten Steueranmeldung, die eine Steuerhinterziehung darstellt, eine Auslegung als Freibetrag bevorzugt wird, dürften wegen des eindeutigen Wortlauts die Erfolgsaussichten, dass sich die Rechtsprechung dieser Argumentation anschließt als sehr gering einzuschätzen sein. (vgl. *Heuel/Beyer*, StBW 2011, 315, 321 f.).

b) Betragsmäßige Beschränkung pro Tat

Der Wortlaut des Abs. 2 Nr. 3 bezieht die Bemessungsgrenze auf die jeweilige einzelne Tat, die **140** durch die Steuerart, den Steuerpflichtigen und den Besteuerungszeitraum definiert wird. So gilt die Betragsgrenze z.B. für die Steuerart ESt jeweils für den jährlichen Besteuerungszeitraum (BT-Drucks. 17/5067, S. 21; *Geuenich*, NWB 2011, 1050, 1055). Dies bedeutet, dass bei Berichtigung mehrerer Steuerstraftaten einer Steuerart für jede Einzelne die Grenze von 50.000,00 € zu überprüfen ist mit der eventuellen Folge, dass die Summe dieses gemeinsamen Verbunds an Steuerstraftaten die Obergrenze um ein vielfaches übersteigen kann. Dem Versuch eine nicht genutzte Obergrenze für eine Tat auf eine andere anzurechnen, wird aber der Erfolg versagt bleiben. Vielmehr gilt der Betrag von 50.000,00 € einmalig (hierzu insg. *Hechtner*, DStZ 2011, 265, 271). Soweit *Hechtner* allerdings zwischen Tateinheit und Tatmehrheit differenzieren will und alle tateinheitlich begangenen Steuerstraftaten addieren und prüfen will, ob die Höchstgrenze nach Addition überschritten ist, überzeugt dies nicht (*Hechtner*, DStZ 2011, 265, 271). Vielmehr findet eine Addition verkürzter Steuerbeträge aufgrund des gesetzgeberischen Willens gerade nicht statt (*Füllsack/Bürger*, BB 2011, 1239, 1241; *Hunsmann*, NJW 2011, 1482, 1486).

c) Verhältnis des Sperrgrunds zu den anderen und zu § 398a AO

Nur wenn die Freigrenze von 50.000,00 € nicht überschritten ist, keine anderen Sperrgründe **141** gegeben und die Voraussetzungen des § 371 Abs. 3 erfüllt sind, kann Straffreiheit erlangt werden (FinMin, Erlass v. 05.05.2011 – S 0702 – 8 – V A 1, S. 3). Ist allein die Freigrenze überschritten, so bleibt immer noch die Möglichkeit der Selbstanzeige „zweiter Klasse", wie *Hechtner* sie nennt (DStZ 2011, 265, 270). Dann kann nämlich unter den Voraussetzungen des § 398a AO von der Strafverfolgung bei Zahlung eines Zuschlags abgesehen werden. Diese Systematik führt aber zu Auslegungsschwierigkeiten bei der Frage, für welchen Personenkreis der Sperrgrund des Abs. 2 Nr. 3 bzw. der Einstellungsgrund des § 398a AO greift.

Dem Wortlaut nach ist der Sperrgrund des Abs. 2 Nr. 3 tatbezogen ausgerichtet und kann danach **142** für Täter und Teilnehmer gleichermaßen greifen. Dagegen spricht § 398a AO ausdrücklich vom „Täter", nicht dagegen auch vom an der Tat Beteiligten. Da die korrespondierenden Vorschriften aber nur einheitlich ausgelegt werden können, ist die Frage, ob man den Sperrgrund teleologisch reduziert und nur noch auf den Täter bezieht (so *Heuel/Beyer*, StBW 2011, 315, 321; *Hunsmann*, NJW 2011, 1482, 1487) oder ob man § 398a AO erweiternd auslegt, sodass auch dieser den Teilnehmer einer Tat mit erfasst (so Kohlmann/*Schauf* § 398 a Rn. 3; zum Streit auch § 398a AO Rdn. 37 ff.). Das redaktionelle Versehen seitens des Gesetzgebers ist nicht so groß, als dass man wegen der ausdrücklichen Regelung in § 398a AO den Ausschlussgrund des § 371 Abs. 2 Nr. 3 AO im Einklang mit dieser Regelung teleologisch nur auf die täterschaftliche Steuerhinterziehung zu beschränken hätte (so aber *Hunsmann*, NJW 2011, 1482, 1487; *Heuel/Beyer*, StBW 2011, 315, 321). Da § 398a vom Absehen der Verfolgung einer Steuerstraftat spricht, geht auch § 398a AO von der Tat als Ganzes aus, sodass Täter und Teilnehmer erfasst werden (; *Hechtner*, DStZ 2011, 265, 271, vgl. auch *Rolletschke/Roth*, Stbg. 2011, 200, 206; *Buse*, StBp 2011, 153, 158). Des Weiteren spricht für eine Orientierung am Wortlaut des § 371 Abs. 2 Nr. 3 AO, dass die Vorschrift des § 398a AO ausdrücklich hierauf verweist. Täter und Teilnehmer werden daher gleichermaßen vom Sperrgrund des Abs. 2 Nr. 3 erfasst.

d) Umfang der Sperrwirkung

Wie schon erwähnt, ist die Sperrwirkung in sachlicher Hinsicht weniger umfangreich, als bei den **143** anderen Ausschlussgründen zuvor. Sie bezieht explizit nicht alle unverjährten Steuerstraftaten mit ein, sondern erfasst nur die jeweilige Steuerstraftat.

Dagegen dürfte ein Wiederaufleben der Selbstanzeigemöglichkeit bei diesem Sperrgrund nicht in Betracht kommen, da durch weitere später berichtigte Steuerverkürzungen die Freigrenze erst

Recht überschritten bleibt. Ggf. möglich bleibt jedoch nach dem Ende aller übrigen Sperrgründe eine erneute Einstellung nach § 398a AO.

III. Fristgerechte Nachzahlung (§ 371 Abs. 3 AO)

144 Die Straffreiheit bei Selbstanzeige hängt davon ab, dass die hinterzogenen Beträge fristgerecht nachgezahlt werden. Die Berichtigungserklärung allein vermag daher den Strafanspruch nicht zu beseitigen, sondern gewährt nur ein Anwartschaftsrecht auf eine mögliche Straffreiheit (Schwarz/ Dumke § 371 AO Rn. 122). Der Strafanspruch besteht bis zur Nachzahlung fort und ist damit auflösend bedingt durch die Zahlung der hinterzogenen Steuern (BGH, Urt. v. 03.06.1954 – 3 StR 302/53, BGHSt 7, 336 ff.; BayObLG, Urt. v. 03.11.1989 – RReg 4 StR 135/89, wistra 1990, 159).

145 Die Berichtigungserklärung als solche genügt dagegen immer dann für eine Straffreiheit, wenn eine Steuerverkürzung noch nicht eingetreten ist, also noch keine Vollendung eingetreten, sondern die Tat im Versuchsstadium stecken geblieben ist.

1. Nachzahlungspflichtiger

146 Nach dem Wortlaut des § 371 Abs. 3 AO n.F. tritt „für den an der Tat Beteiligten" Straffreiheit nur ein, wenn er die „aus der Tat zu seinen Gunsten hinterzogenen Steuern" nachentrichtet.

147 An der Tat beteiligt ist nicht nur der (Mit-)Täter, sondern auch jeder Teilnehmer (Gehilfe oder Anstifter). Vom Grundsatz her kommt daher als Zahlungsverpflichteter jeder Täter oder Teilnehmer der Steuerhinterziehung in Betracht. Lediglich ein Tatunbeteiligter Dritter scheidet aus (statt vieler Schwarz/Dumke § 371 Rn. 127).

148 Der Täter bzw. Teilnehmer ist jedoch nur verpflichtet, die „zu seinen Gunsten hinterzogene Steuer" nach zu entrichten. Dies gilt unzweifelhaft für den Täter, der zugleich Steuerschuldner ist und damit aus der Steuerhinterziehung unmittelbar einen eigenen Vorteil gezogen hat. Strittig ist aber, ob und inwieweit eine Nachentrichtungspflicht auch für fremde Steuerschulden besteht. Anknüpfungspunkt sind hier v.a. die Fälle, in denen ein Gesellschafter, Geschäftsführer oder Angestellter einer Gesellschaft an einer Hinterziehung von Unternehmensteuern mitwirkt.

149 Die Ansicht, die jeden (finanziellen) Vorteil und damit einen bloß mittelbaren Zusammenhang zur Steuerhinterziehung genügen lassen will (Meine, wistra 1983, 59; s.a. Bilsdorfer, BB 1981, 490), greift zu weit. Damit würde im Ergebnis fast jeder Teilnehmer an einer sogar ausschließlich fremdnützigen Steuerhinterziehung durch diese begünstigt und wäre zur Nachentrichtung der hinterzogenen Steuern verpflichtet (Franzen, DStR 1983, 323). Zu fordern ist vielmehr im Einklang mit der herrschenden Meinung, dass derjenige zur Nachentrichtung verpflichtet ist, der durch die Tat einen unmittelbaren wirtschaftlichen Vorteil erlangt hat (BGH, Urt. v. 04.07.1979 – 3 StR 130/79, BGHSt 29, 37; LG Stuttgart, Urt. v. 20.01.1987 – 6 KLs 243/86, wistra 1988, 36; OLG Hamburg, Beschl. v. 21.11.1985 – 1 Ss 108/85, wistra 1986, 116; Kohlmann, wistra 1982, 2 ff.; FGJ § 371 AO Rn. 99 ff.; zust. BMF-Schreiben v. 21.09.1981, BStBl. 1981 I, 625: „Vorteile, die sich der Täter angeeignet hat"; a.A. dagegen Bringewat, JZ 1980, 347; Dumke, BB 1981, 117; Reiß, NJW 1980, 1291, die nur eigene steuerliche Vorteile genügen lassen wollen.). Dies hat zur Konsequenz, dass nicht nur der Steuerschuldner selbst zur Nachzahlung verpflichtet ist. Steuerlicher Vorteil und wirtschaftlicher Vorteil können auch auseinanderfallen (BGH, Urt. v. 04.07.1979 – 3 StR 130/79, BGHSt 29, 37). Zu verlangen ist, dass der Beteiligte an der Steuerhinterziehung einen konkreten wirtschaftlichen Vorteil erhält, der den Gegenwert des vom Steuerschuldner erlangten Steuervorteils verkörpert (so ausdrücklich Kohlmann § 371 AO Rn. 89.6).

150 Partizipiert der Beteiligte am Gewinn einer Gesellschaft (z.B. als Gesellschafter oder Gesellschafter-Geschäftsführer), führt die Hinterziehung von Betriebssteuern für ihn zu einem erhöhten

Gewinnanspruch und damit zu einem unmittelbaren wirtschaftlichen Vorteil mit der Folge einer Nachentrichtungsverpflichtung. Dies gilt für die Hinterziehung von Unternehmensteuern durch den Gesellschafter-Geschäftsführer einer Einmann-GmbH (FGJ § 371 Rn. 101; HHSp/*Rüping* § 371 AO Rn. 105. Zu einer geringeren Beteiligung an der Gesellschaft, OLG Stuttgart, Urt. v. 04.05.1984 – 1 Ss (23) 205/84, wistra 1984, 239). Dasselbe gilt für den Geschäftsführer einer KG, der zugunsten der KG falsche Umsatzsteuer-Voranmeldungen abgibt, um zugleich die hinterzogenen Beträge zu eigenen Zwecken zu veruntreuen (BGH, Urt. v. 04.07.1979 – 3 StR 130/79, BGHSt 29, 37). Demgegenüber genügt es für einen unmittelbaren wirtschaftlichen Zusammenhang nicht, wenn der Beteiligte an der Hinterziehung von Unternehmensteuern lediglich Angestellter des Unternehmens ohne Gewinnbeteiligung ist und nur mitwirkt, um seinen Arbeitsplatz zu erhalten (BGH, Urt. v. 04.07.1979 – 3 StR 130/79, BGHSt 29, 37; FGJ § 371 Rn. 100). Dies gilt auch für einen angestellten Fremd-Geschäftsführer ohne Gewinnbeteiligungsrecht (BGH, Urt. v. 22.07.1987 – 3 StR 224/87, wistra 1987, 514; LG Stuttgart, Beschl. v. 21.08.1989 – 10 KLs 137/88, wistra 1990, 72). Eine mögliche Haftung nach §§ 69, 71 AO genügt insoweit ebenfalls nicht, um eine Hinterziehung zu eigenen Gunsten annehmen zu können (ausführlich dazu Kohlmann § 371 AO Rn. 89.9 m.w.N.). Ebenso wenig genügt es für einen unmittelbaren wirtschaftlichen Zusammenhang, wenn ein im Betrieb angestellter Ehegatte zugunsten des Betriebsinhabers Unternehmensteuern hinterzieht (soweit keine Veruntreuung zu eigenen Zwecken erfolgt, wie dies im Fall des Urteils des BGH v. 04.07.1979 – 3 StR 130/79, BGHSt 29, 37, gegeben war; s.a. FGJ § 371 AO Rn. 102; *Göggerle*, GmbHR 1980, 177). Gleiches gilt für Geschäftspartner des Steuerschuldners, die sich durch die Mitwirkung an dessen Steuerhinterziehung einen Erhalt bzw. eine Verbesserung der Geschäftsbeziehungen versprechen, so v.a. der Steuerberater oder Vermögensverwalter (Schwarz/*Dumke* § 371 Rn. 133; *Kohlmann* § 371 Rn. 89.7). Mangels unmittelbarem wirtschaftlichen Vorteil aus der Steuerhinterziehung sind diese nicht nachentrichtungspflichtig.

2. Nachzahlungsbetrag

a) Höhe des Nachzahlungsbetrages

Nachzuentrichten ist nach dem Wortlaut des § 371 Abs. 3 AO die hinterzogene Steuer, sodass **151** steuerliche Nebenleistungen gem. § 3 Abs. 4 AO, wie Verspätungszuschläge, Stundungszinsen, Säumniszuschläge . Zinsen im S. des § 233 a AO und Hinterziehungszinsen (§ 235 AO), nicht erfasst werden (statt vieler *Kohlmann* § 371 AO Rn. 91; s.a. OLG Hamburg, Beschl. v. 12.02.1985 – 1 Ss 191/84, wistra 1985, 166). Ihre Nachentrichtung ist keine Bedingung für die Erlangung der Straffreiheit infolge der Selbstanzeige. Etwas anderes gilt ausnahmsweise in dem Fall, dass die steuerlichen Nebenleistungen selbst Gegenstand der Steuerhinterziehung sind, wie z.B. das Erschleichen eines Erlasses von Stundungszinsen (ebenso FGJ § 371 AO Rn. 103) oder das Bewirken einer zu hohen Festsetzung von Erstattungszinsen im S. des § 233 a AO (BGH v. 6.6.2007 – 5 StR 127/07, NJW 2007, 2864).

Soweit der Gesetzgeber meint, dass die geringfügige Änderung des § 371 Abs. 3 AO durch das **152** Schwarzgeldbekämpfungsgesetz eine Klarstellung beinhalte, dass für die nicht den Höchstbetrag nach § 371 Abs. 2 Nr. 3 AO übersteigenden hinterzogenen Steuern eine Straffreiheit nur eintritt, „wenn die Steuern nebst angefallen Zinsen nachentrichtet worden sind" (BT-Drucks. 17/5067, S. 24), hat dies im Gesetzeswortlaut keinen Niederschlag gefunden. Die Ersetzung des Wortes „soweit" durch das Wort „wenn" und die Einfügung der Worte „aus der Tat" im letzten Halbs. des § 371 Abs. 3 AO, ist lediglich dahin gehend zu verstehen, dass die hinterzogenen Steuern aus der Tat vollständig gezahlt werden müssen. Anders als nach § 371 Abs. 3 AO a.F. führt eine nur teilweise Nachentrichtung der Steuer damit nicht mehr zu einer teilweisen Straffreiheit (Kohlmann/ *Schauf* § 371 Rn. 114 m.w.N., a.A. *Rolletschke/Roth*, Stbg. 2011, 200, 204). Durch den Zusatz „aus der Tat" wird aber klargestellt, dass die vollständige Nachzahlung für jede einzelne Tat im materiellen Sinne gesondert zu beurteilen ist. Eine Ausdehnung auf die Zinsen ist dagegen nicht erkennbar, denn das Gesetz stellt weiterhin auf die „hinterzogenen Steuern" ab, worunter die Zinsen als steuerliche Nebenleistungen gem. § 3 Abs. 4 AO – wie aufgezeigt – gerade nicht fallen.

Werden i.R.d. Ermittlung der Steuerfestsetzung weitere Mehrsteuern entdeckt, die der Täter ursprünglich fahrlässig oder ohne Verschulden nicht erklärt hatte, muss der Anteil der Steuern, der auf diese Beträge entfällt, nicht zur Erlangung der Straffreiheit nachentrichtet werden. In solchen Fällen hat also eine Aufteilung der Steuern in die i.R.d. Selbstanzeige nachzuentrichtenden Steuern und die übrigen Mehrsteuern zu erfolgen (FGJ § 371 Rn. 103).

153 Die Höhe der nachzuzahlenden verkürzten Steuer ermittelt sich nach strafrechtlichen Grundsätzen mit der Folge, dass diese niedriger (bei Anwendung des Grundsatzes in dubio pro reo ggü. Schätzungen der Finanzverwaltung) oder höher (bei Eingreifen des Kompensationsverbotes nach § 370 Abs. 4 AO) als die nominal festzusetzende Steuer ausfallen kann. Da der Täter aber nicht verpflichtet werden kann, zur Erlangung der Straffreiheit höhere Beträge als ggü. der Finanzverwaltung geschuldet, an diese zu zahlen, um diese gleich darauf erstattet zu erhalten, sind auch die dem Kompensationsverbot unterliegenden Steuerermäßigungsgründe bei der Nachzahlungsverpflichtung zu berücksichtigen (*Kohlmann* § 371 Rn. 93.1; FGJ/*Joecks* § 371 Rn. 105; *Albrecht,* DB 2006, 1696; *Blesinger,* DB 2007, 487; *Rolletschke,* Rn. 638). Hätte der Täter auch bei ordnungsgemäßer Erfüllung seiner steuerlichen Pflichten die hinterzogenen Steuern, z.B. aufgrund Vermögensverfalls, nicht zahlen können, wäre der Staat auch bei steuerehrlichem Verhalten mit der Steuer ausgefallen. Dementsprechend entfällt dann auch die Nachentrichtung der hinterzogenen Beträge. Auch insoweit ist nicht auf den Nominalbetrag der Steuer abzustellen, sondern eine wirtschaftliche Betrachtung vorzunehmen (FGJ § 371 Rn. 105 unter Hinweis auf die Entscheidung des BFH v. 26.08.1992, BFHE 169, 13 zu § 71 AO).

154 Ist der Beteiligte nicht selbst Steuerschuldner und hat er aus der Steuerhinterziehung einen unmittelbaren wirtschaftlichen Vorteil erlangt, der nicht in vollem Umfang der hinterzogenen Steuer entspricht, ist er auch nur verpflichtet, den anteiligen von ihm erlangten Vorteil zurückzugewähren (*Kohlmann* § 371 Rn. 93.2 mit einem Beispiel).

155 Bei mehreren (Mit-) Tätern und Teilnehmern haben diese nur jeweils anteilig den von ihnen erlangten Vorteil zurückzugewähren. Eine gesamtschuldnerische Haftung für die insgesamt hinterzogene Steuer scheidet insoweit aus (Schwarz/*Dumke* § 371 Rn. 138; *Wrenger,* DB 1987, 2325; *Kohlmann* § 371 Rn. 94).

156 Liegen die Voraussetzungen des § 371 Abs. 2 Nr. 3 AO vor, d.h. übersteigt die verkürzte Steuer einen Betrag von 50.000,00 € je Tat, genügt der Ausgleich der hinterzogenen Steuern nicht, um eine Strafverfolgung zu verhindern. Nach dem neu eingefügten § 398a AO müssen für ein Absehen von der Strafverfolgung zusätzlich innerhalb einer bestimmten angemessenen Frist 5 % der hinterzogenen Steuern zugunsten der Staatskasse gezahlt werden.

b) Zahlung durch Mittäter oder Dritten

157 Die Art und Weise der Entrichtung der Steuern lässt das Gesetz offen. Es kommen alle denkbaren Zahlungswege in Betracht, z.B. Bar- oder Scheckzahlung, wobei für die Rechtzeitigkeit der Zahlung per Scheck die 3-Tages-Frist des § 224 Abs. 2 Nr. 1 AO ab Scheckeingang beachtet werden muss (FGJ § 371 Rn. 122). Eine Erfüllung tritt auch ein bei fristgerechter Aufrechnung des Täters mit unstreitigen fälligen Erstattungsansprüchen (FGJ § 371 AO 121), während eine Sicherheitsleistung ebenso wie eine Pfändung durch die Finanzbehörden oder eine Niederschlagung nach § 261 AO mangels Erfüllungswirkung nicht genügen (*Kohlmann* § 371 Rn. 112.2 ff.). Ein fristgerechter Steuererlass durch die Finanzbehörden scheidet in der Praxis bei hinterzogenen Steuern regelmäßig mangels Erlasswürdigkeit aus (BFH, Urt. v. 17.12.2007, BFH/NV 2008, 338; FGJ § 371 Rn. 125 m.w.N.).

158 Unerheblich ist ebenfalls, wer die Zahlung leistet. Es handelt sich nicht um eine höchstpersönliche Wiedergutmachung, sodass die Zahlung auch durch einen anderen Mittäter (z.B. BGH,

Urt. v. 03.06.1954, BGHSt 7, 336) oder einen fremden Dritten zugunsten des Tatbeteiligten mit strafbefreiender Wirkung für diesen erfolgen kann. Die Zahlung fremder Steuern erfüllt keinen Straftatbestand (keine Strafvereitelung oder Begünstigung, vgl. BGH, Urt. v. 07.11.1990 – 2 StR 439/90, wistra 1991, 103).

Muss die Finanzbehörde nach einer erfolgreichen Anfechtung durch den Insolvenzverwalter die fristgemäß gezahlte Steuer an diesen zurückzahlen, ändert dies an der strafbefreienden Wirkung der Selbstanzeige nichts (*Klaproth,* wistra 2008, 174)   159

c) Rechtsbehelf

Gegen die Steuerfestsetzung sind die finanzrechtlichen Rechtsbehelfe – der Einspruch und die   160
anschließende Klage vor dem FG – zulässig. Streitigkeiten über die Höhe der festzusetzenden Steuer stehen einer Wirksamkeit der Selbstanzeige grds. nicht entgegen. Das Vorgehen gegen die Steuerfestsetzung hemmt aber nicht automatisch den Lauf einer für das Strafrecht relevanten Nachfristsetzung gem. § 371 Abs. 3 AO. Um hier kein Risiko einzugehen, sollte der Steuerpflichtige entweder vorsorglich die geforderten Beträge ohne Anerkennung einer Rechtspflicht zahlen oder um eine Verlängerung der Nachfrist bis zur Entscheidung über den Einspruch nachsuchen.

3. Nachzahlungsfrist

Für die Zahlung der hinterzogenen Steuern ist dem Täter eine angemessene Nachzahlungsfrist zu   161
setzen. Es handelt sich um eine strafrechtliche Fristbestimmung (BFH, Urt. v. 17.12.1981 – IV R 94/77, BStBl. 1982 II, S. 352; AG Saarbrücken, Beschl. v. 21.06.1983 – 9 As 86/83, wistra 1983, 268), die nicht mit den steuerlichen Fälligkeitsfristen (z.B. der Monatsfrist nach Bekanntgabe der Steuerfestsetzung bei Veranlagungssteuern) zwingend identisch ist. Mittels der Fristsetzung soll einerseits dem Täter die Möglichkeit gegeben werden, die hinterzogenen Steuern zurückzuzahlen und sich evtl. erforderliche Mittel zuvor zu beschaffen, sowie andererseits Rechtssicherheit über den Eintritt der Straffreiheit oder nicht erreicht werden. Nur die fristgerechte Nachzahlung kann zur Straffreiheit führen, unabhängig davon, ob den Steuerpflichtigen ein Verschulden bezüglich der Fristversäumnis trifft. Auch ein unverschuldetes Unvermögen zur (rechtzeitigen) Zahlung kann diese nicht ersetzen (*Kohlmann* § 371 Rn. 106, 113).

a) Angemessene Frist

Der Steuerpflichtige hat Anspruch auf eine solche Fristsetzung und zwar selbst dann, wenn er auf-   162
grund Insolvenz voraussichtlich nicht in der Lage sein wird, die Nachzahlung aufzubringen (BFH, Urt. v. 17.12.1981 – IV R 94/77, BStBl. 1982 II, S. 352; OLG Frankfurt am Main, Urt. v. 02.04.1952 – 2 Ss 105/52, BB 1952, 484). Die Möglichkeit, sich während des Fristlaufes die benötigten Mittel von dritter Seite zu beschaffen, darf ihm nicht von vornherein versagt werden. Die Fristsetzung gilt sowohl für Fälligkeitsteuern, wie z.B. Umsatz- und Lohnsteuer, als auch Veranlagungssteuern. Auf eine Fristsetzung kann lediglich dann verzichtet werden, wenn die Steuerbeträge bereits etwa im Rahmen einer freiwilligen Vorauszahlung oder aufgrund bereits erfolgter Steuerfestsetzung beglichen wurden (BayObLG, Beschl. v. 03.11.1989 – RReg. 4 StR 135/89, wistra 1990, 159).

Die Frist muss angemessen sein. Die Fristsetzung steht im pflichtgemäßen Ermessen der Behörde,   163
das strafgerichtlich auf seine ordnungsgemäße Ausübung überprüft werden kann (LG Hamburg, Urt. v. 04.03.1987 – [50] 187/86 Ns, wistra 1988, 317). Dabei muss die Behörde die konkreten Umstände des Einzelfalles, wie die persönliche Situation des Täters und die Höhe der hinterzogenen Beträge, berücksichtigen. Die Frist ist danach so zu bestimmen, dass der Steuerpflichtige in der Lage ist, die Nachzahlungsbeträge aufzubringen (LG Koblenz, Urt. v. 13.12.1985 – 105 Js [Wi] 17.301/83-10 KLs, wistra 1986, 79). Zur Vorbeugung von Missbrauchsfällen darf die Frist aber auch nicht unangemessen lang bestimmt werden; der rechtswidrig erlangte Vorteil soll dem Steuerpflichtigen nicht länger als unbedingt nötig verbleiben. Es ist z.B. zu berücksichtigen, dass

der Täter bereits seit Abgabe der Berichtigungsanzeige Zeit hatte, sich auf die Zahlungsverpflichtung einzustellen (z.B. OLG Köln, Beschl. v. 12.06.1987 – Ss 141/87, wistra 1988, 274). Dies gilt zumindest dann, wenn kein Streit über die Höhe der nachzuzahlenden Steuern bestand.

164 Eine starre Grenzziehung, wonach die Frist nicht mehr als 6 Monate betragen dürfe, ist nicht mit der notwendigen Ermessensabwägung im Einzelfall zu vereinbaren (*Kohlmann* § 371 AO Rn. 99; a.A. AG Saarbrücken, Beschl. v. 21.06.1983 – 9 As 86/83, wistra 1983, 268). Demgegenüber stellt ein sofortiges Zahlungsverlangen keine ausreichende Fristsetzung dar (z.B. Schwarz/*Dumke* § 371 AO Rn. 164 gegen OLG Düsseldorf, Urt. v. 26.03.1953, DStR 1954, 332). Regelmäßig wird die bei den Steuerfestsetzungen übliche Monatsfrist als angemessen angesehen (FGJ § 371 Rn. 110).

165 Weitere Auflagen, wie z.B. die fristgerechte Zahlung der laufenden Steuern oder Sicherheitsleistungen, neben der fristgerechten Zahlung darf die Behörde zur Erlangung der Straffreiheit nicht treffen (*Maaßen,* DStZ 1952, 237).

166 Bei unangemessen kurzer Frist ist die Fristsetzung insgesamt unwirksam. Sie verlängert sich nicht automatisch auf eine angemessene Frist, sondern es muss eine neue angemessene Frist bestimmt werden (LG Koblenz, Beschl. v. 13.12.1985 – 105 Js [Wi] 17.301/83-10 KLs, wistra 1986, 81; *Kohlmann* § 371 Rn. 102).

167 Die Fristsetzung wird erst mit positiver Kenntnis durch den Steuerpflichtigen wirksam (LG Hamburg, Urt. v. 04.03.1987 – [50] 187/86 Ns, wistra 1988, 317); erst dann wird der Fristlauf in Gang gesetzt. Eine öffentliche Zustellung erfüllt das Erfordernis der positiven Kenntnis nicht, sodass zulasten des nicht auffindbaren Steuerpflichtigen kein Fristlauf in Gang gesetzt werden kann (so OLG Bremen, Urt. v. 27.11.1957 – R-Ss 83/57, ZfZ 1958, 84; *Kohlmann* § 371 Rn. 104).

168 Zwar sieht das Gesetz keine Verpflichtung der Behörde vor, den Steuerpflichtigen über die Folgen der Fristversäumung zu belehren (RG, RGSt 73, 368; FGJ § 371 AO Rn. 113). Die Praxis nimmt allerdings eine solche Belehrung grds. vor. Auch Nr. 120 Abs. 2 AStBV schreibt einen solchen Hinweis vor (vgl. auch OFD Hamburg v. 19.10.1959, BB 1960, 123: Pflicht der Behörde).

b) Fristverlängerung

169 In Einzelfällen kommt insb. bei angespannten finanziellen Verhältnissen und geleisteten Abschlagszahlungen auf Antrag des Täters eine Verlängerung der gesetzten Zahlungsfrist in Betracht. Voraussetzung ist aber, dass der Fristverlängerungsantrag vor Ablauf der Zahlungsfrist gestellt wird (*Kohlmann* § 371 Rn. 100). Dann sind auch wiederholte Fristverlängerungen nicht ausgeschlossen (BGH, Urt. v. 03.06.1954 – 3 StR 302/53, BGHSt 7, 336), wenn dies bei Anlegung eines strengen Maßstabes gerechtfertigt erscheint. Dies scheidet z.B. aus, wenn der Täter durch anderweitigen Verbrauch seiner Finanzmittel bei Fristablauf nicht über die erforderlichen Mittel zur Tilgung der Steuerschuld verfügen kann (LG Hamburg, Urt. v. 04.03.1987 – [50] 187/86 Ns, wistra 1988, 317).

170 Alternativ zur Fristverlängerung können auch eine Stundung oder Ratenzahlung im Rahmen des Steuerstrafverfahrens bewilligt werden. Eine bloße Stundung im Besteuerungsverfahren führt jedoch nicht automatisch zur Verlängerung der Frist im S. des § 371 Abs. 3 AO.

c) Zuständige Behörde

171 Entsprechend den obigen Ausführungen handelt es sich nach herrschender Meinung um eine strafrechtliche Nachfrist, sodass sich auch die Zuständigkeit für die Fristsetzung unter strafrechtlichen Gesichtspunkten bestimmt. Damit ist die Finanzbehörde zuständig, die für das Steuerstrafverfahren zuständig ist (Strafsachenstelle gem. § 386 Abs. 1 AO; vgl. AG Saarbrücken, Urt. v. 21.06.1983, wistra 1983, 268; OLG Karlsruhe, Urt. v. 22.12.2006, wistra 2007, 159; *Esskandari,* DStZ 2008, 215; FGJ § 371 AO Rn. 115, *Kohlmann* § 371 Rn. 103; a.A. HHSp/

Rüping, § 371 AO Rn. 125: steuerrechtliche Frist mit Zuständigkeit der Finanzbehörde, die für die jeweilige Steuer zuständig ist; ähnlich OLG Braunschweig, Beschl. v. 26.03.1962 – Ws 207/61, DStZ/B 1962, 246). Bei Zuständigkeit der StA (§ 386 Abs. 4 AO) oder Anhängigkeit vor Gericht, sind auch diese Stellen zur Fristsetzung zuständig (OLG Karlsruhe, Urt. v. 22.12.2006, wistra 2007, 159; Rolletschke/*Kemper* § 371 Rn. 95). Da die sachliche und funktionale Zuständigkeit jedoch nicht in § 371 AO ausdrücklich geregelt ist, darf es dem Steuerpflichtigen nicht zum Nachteil gereichen, wenn zwischen den Behörden Streit über die Zuständigkeit besteht und demgemäß verschiedene Fristsetzungen erfolgen. Zugunsten des Steuerpflichtigen ist in diesen Fällen von der längeren und damit für ihn günstigeren Frist auszugehen (*Kohlmann* § 371 Rn. 103; zustimmend FGJ § 371 Rn. 115). In der Praxis wird regelmäßig zunächst die Monatsfrist für die Steuernachzahlung abgewartet, bevor eine explizite Fristsetzung i.S.v. § 371 Abs. 3 AO erfolgt und sich damit die Frage nach der Zuständigkeit stellt.

d) Rechtsbehelf

Zwar sieht das Gesetz keinen Rechtsbehelf gegen die Fristsetzung vor. Es besteht aber Einigkeit **172** darüber, dass sich der Steuerpflichtige nach den Grundsätzen des Art. 19 Abs. 4 GG gegen eine unangemessen kurze Fristsetzung zur Wehr setzen können muss (OLG Braunschweig, Beschl. v. 26.03.1962 – Ws 207/61, DStZ/B 1962, 246; FGJ § 371 Rn. 116; offen gelassen von BFH, Urt. v. 17.12.1981 – IV R 94/77, BStBl. II 1982, S. 352). Streitig ist aber, auf welche Weise diese Überprüfung erfolgt.

Aufgrund des strafverfahrensrechtlichen Charakters der Fristsetzung scheidet der Finanzrechtsweg **173** zur Überprüfung der Angemessenheit aus. Denn die § 347 Abs. 3 AO und § 33 Abs. 3 FGO untersagen ausdrücklich eine Anwendung der steuerlichen Rechtsbehelfsverfahren auf das Straf- und Bußgeldverfahren (BFH, Urt. v. 17.12.1981 – IV R 94/77, BStBl. II 1982, S. 352; anders noch OLG Braunschweig, Beschl. v. 26.03.1962 – Ws 207/61, DStZ/B 1962, 246; *Hübner*, MDR 1977, 726). Vielmehr ist der ordentliche Rechtsweg eröffnet (ganz h.M., z.B. LG Koblenz, Beschl. v. 13.12.1985 – 105 Js [Wi] 17.301/83-KLs, wistra 1986, 79; FG München, Urt. v. 15.02.1977 – II 229/76, EFG 1977, 384; Hessisches FG, Urt. v. 08.02.1973 – VI 137/71, EFG 1973, 389, *Großmann*, DB 1979, 1201; *Kramer*, DB 1980, 853). Mangels Vorliegens eines Justizverwaltungsaktes scheidet der Rechtsweg nach §§ 23 ff. EGGVG aus (Schwarz/*Dumke* § 371 Rn. 170). Ist bereits ein Strafverfahren vor Gericht anhängig, übernimmt das Strafgericht die umfassende Überprüfung der Fristsetzung in der Hauptverhandlung und kann eine neue Fristsetzung vornehmen (s.a. LG Hamburg, Urt. v. 04.03.1987, wistra 1988, 317; *Esskandari*, DStZ 2008, 215). Umstritten ist dagegen, ob eine Überprüfung der Fristsetzung bereits im Vorfeld des gerichtlichen Strafverfahrens zulässig ist. Während eine Ansicht die Überprüfung im anschließenden Gerichtsverfahren für ausreichend erachtet (FG München, Urt. v. 15.02.1977 – II 229/76, EFG 1977, 384; FG Hannover, Urt. v. 27.08.1963 – 30/62, DStZ/B 1963, 402; *Kramer*, DB 1980, 853), ist nach richtiger a.A. aus verfahrensökonomischen Gründen bereits zuvor eine Überprüfung der Fristsetzung zulässig (AG Saarbrücken, Urt. v. 21.06.1983, wistra 1983, 268; FGJ § 371 Rn. 117; *Kohlmann* § 371 Rn. 110.3). Richtiges Rechtsmittel ist der Antrag auf gerichtliche Entscheidung analog §§ 304 ff. StPO i.V.m. Art. 19 Abs. 4 GG. Die Vorschrift des § 305 StPO steht dem nicht entgegen, weil es sich bei der Fristsetzung nach § 371 Abs. 3 AO nicht um eine Maßnahme handelt, die das gerichtliche Verfahren vorbereiten soll (*Großmann*, DB 1979, 1201; *Kohlmann* § 371 Rn. 110.3 m.w.N.). Die Beschwerde gegen die Fristsetzung hat jedoch keine aufschiebende Wirkung.

C. Fremdanzeige nach § 371 Abs. 4 AO

I. Allgemeines

174   § 371 Abs. 4 AO regelt, inwieweit der Berichtigungserklärung i.S.v. § 153 AO für einen Dritten eine strafrechtliche Bedeutung zukommt. Anders als die Berichtigungserklärung bei Selbstanzeige gem. § 371 Abs. 1 AO hindert § 371 Abs. 4 AO bei Erfüllung seiner Voraussetzungen lediglich die Strafverfolgung, führt aber nicht zu einer materiellen Strafaufhebung, wie dies bei der Selbstanzeige der Fall ist (*Kohlmann* § 371 Rn. 275 m.w.N.).

175   Der Wirkungsumfang des § 371 Abs. 4 AO ist umstritten. Trotz der Kritik in der Fachliteratur (z.B. *Samson,* wistra 1985, 245) hat der Gesetzgeber i.R.d. Schwarzgeldbekämpfungsgesetzes keine Gesetzesänderung vorgenommen. Nach dem Wortlaut der Norm kommt das Hindernis bei der Strafverfolgung dem Dritten zugute, „der die in § 153 AO bezeichneten Erklärungen abzugeben unterlassen oder unrichtig oder unvollständig abgegeben hat". Unklar ist dabei, worauf sich die Pflichtverletzung des Dritten erstrecken muss. Verdeutlichen lässt sich die Problematik anhand eines Beispiels: Bei einer GmbH gibt ein Geschäftsführer eine unrichtige Steuererklärung ab. Der zweite Geschäftsführer erfährt davon, unternimmt jedoch nichts. Der neu eingesetzte dritte Geschäftsführer erstattet unverzüglich, nachdem er von dem Geschehen erfahren hat, Anzeige beim FA und berichtigt die Erklärung gem. § 153 Abs. 1 AO.

176   Nach einer Ansicht sind sowohl die Ursprungserklärung, die der erste Geschäftsführer unrichtig abgegeben hat, als auch die unterlassene Berichtigungserklärung durch den zweiten Geschäftsführer von § 371 Abs. 4 AO erfasst (*Samson,* wistra 1990, 245; HHSp/*Rüping* § 371 Rn. 276 f.; FGJ § 371 Rn. 228a ff.). Beide würden durch die ordnungsgemäße Anzeige des dritten Geschäftsführers als Dritte von einer Strafverfolgung verschont. „Erklärung" i.S.v. § 371 Abs. 4 AO sei zwar nur die Ursprungserklärung (*Samson,* wistra 1990, 245). Im Wege eines Erst-Recht-Schlusses könne aber nicht derjenige, der bloß eine Berichtigung nach § 153 Abs. 1 AO unterlässt, strenger bestraft werden, als derjenige, der vorsätzlich eine unrichtige Steuererklärung einreiche (HHSp/*Rüping* § 371 Rn. 276 f.). Demzufolge soll dies ein Gestaltungsmittel sein, wenn eine Selbstanzeige für die Dritten etwa aufgrund des Zugangs einer Prüfungsanordnung (§ 371 Abs. 2 Nr. 1 Buchst. a) AO) oder wegen Tatentdeckung (§ 371 Abs. 2 Nr. 2 AO) ausgeschlossen sei. Setze man in einem solchen Fall gezielt einen neuen Geschäftsführer ein und erstatte dieser nach Inkenntnissetzung über die vorangegangenen Steuerhinterziehungen eine Berichtigungsanzeige, so sollen die Dritten als Steuerhinterzieher einer Strafverfolgung nach § 371 Abs. 4 AO entzogen sein, auch wenn eine Selbstanzeige durch diese an § 371 Abs. 2 AO scheitern würde (so ausdrücklich FGJ § 371 AO Rn. 230).

177   Dem ist aber entgegenzuhalten, dass bei einer solchen Auslegung die Ausschlussgründe für eine Selbstanzeige nach § 371 Abs. 2 AO weitgehend unterlaufen werden könnten (OLG Stuttgart, Beschl. v. 31.01.1996 – Ws 1/96, wistra 1996, 190; *Kohlmann* § 371 AO Rn. 283.3). Nach richtiger Ansicht erfasst § 371 Abs. 4 AO nur den Dritten, der seiner nachträglichen Berichtigungserklärung i.S.v. § 153 AO nicht nachgekommen ist, nicht aber denjenigen, der die Ursprungserklärung unrichtig abgegeben hat. Danach kann im Beispielsfall die Anzeige des dritten Geschäftsführers nur zu einem Strafverfolgungshindernis für den zweiten Geschäftsführer werden, während der erste Geschäftsführer nicht von der Strafverfolgung befreit wird. Für diese Ansicht spricht, dass § 371 Abs. 4 AO auf § 153 AO verweist, der die nachträgliche Anzeigeverpflichtung regelt. Ein Verweis auf die §§ 149, 150 AO und damit die fehlerhafte Erstellung der Ursprungserklärung fehlt gerade, sodass dieser Fall nicht abgedeckt wird (so ausführlich OLG Stuttgart, Beschl. v. 31.01.1996 – Ws 1/96, wistra 1996, 190 mit Hinweis auf das Urt. des BGH v. 27.04.1988 – 3 StR 55/88, wistra 1988, 308; s.a. Schwarz/*Dumke* § 371 AO Rn. 190).

II. Voraussetzungen

1. Berichtigungspflicht (§ 153 AO)

Für den Anzeigeerstatter muss eine Berichtigungspflicht nach § 153 AO bestanden haben, der er   178
nachgekommen ist (s. dazu i.e. die Kommentierung zu § 153 AO). Diese Berichtigungspflicht
besteht, wenn der Steuerpflichtige nachträglich vor Ablauf der Festsetzungsfrist Erklärungsfehler
in den abgegebenen Steuererklärungen erkennt, nachträgliche Veränderungen bei Steuervergünstigungen eingetreten und dem Steuerpflichtigen bekannt sind oder wenn er erkennt, dass eine
durch Verwendung von Steuerzeichen oder Steuerstemplern zu entrichtende Steuer nicht in der
richtigen Höhe entrichtet wurde. Notwendig ist danach, dass der Steuerpflichtige in subjektiver
Hinsicht erst nachträglich, d.h. nach Abgabe der entsprechenden Steuererklärung, positive Kenntnis von deren Unrichtigkeit erlangt hat. Diese (nachträglich eingetretene) positive Kenntnis zum
Zeitpunkt der Berichtigungspflicht ist allerdings deren Voraussetzung. Eine fahrlässige Unkenntnis genügt insoweit nicht, um eine Berichtigungspflicht auszulösen (*Samson*, wistra 1990, 245).
Hat er von vornherein vorsätzlich eine falsche Erklärung abgegeben, ist er ebenfalls nicht zu einer
Berichtigung verpflichtet, da er sich nicht selbst belasten muss. Die neuere Rechtsprechung des
BGH (vgl. BGH v. 17.03.2009 – 1 StR 479/08, NJW 2009, 1984) geht allerdings auch bei
ursprünglich bedingt vorsätzlichem Handeln von einer Berichtigungspflicht aus, wenn später
sichere Kenntnis eintritt (vgl. hierzu Rn. 214). Folgt man dieser Auffassung, dann muss allerdings
auch der ursprünglich bedingt vorsätzlich handelnde Täter, welcher später eine Berichtigung nach
§ 153 AO unterlässt, in den Anwendungsbereich des § 371 Abs. 4 AO fallen.

2. Rechtzeitige und ordnungsgemäße Anzeige

Die Anzeige nach § 153 AO muss rechtzeitig und ordnungsgemäß erfolgt sein. Die Rechtzeitigkeit   179
ist zu bejahen, wenn die Erklärung unverzüglich, d.h. ohne schuldhaftes Zögern abgegeben worden ist (OLG Stuttgart, Beschl. v. 31.01.1996 – Ws 1/96, wistra 1996, 190; HHSp/*Rüping* § 371
Rn. 209). Dies wird gerechnet ab positiver Kenntnis des Anzeigenerstatters von dem zu berichtigenden Sachverhalt, wobei es nicht zum Nachteil des Anzeigenerstatters gereicht, wenn er sich
zunächst fachkundigen Rat einholt. Ordnungsgemäß ist eine Anzeige bereits dann, wenn diese an
eine nach den Umständen als zuständige Behörde erscheinende Finanzbehörde gerichtet ist und
die Behörde durch die Erklärung in die Lage versetzt wird, nähere Nachforschungen zur Aufklärung anzustellen. Weitere Anforderungen – entsprechend den Angaben bei einer Selbstanzeigebe-
richtigungserklärung – sind nicht zu stellen (OLG Stuttgart, Beschl. v. 31.01.1996 – Ws 1/96,
wistra 1996, 190; *Kohlmann* § 371 Rn. 279; HHSp/*Rüping* § 371 Rn. 215).

3. Dritter

Von dem der Anzeige zugrunde liegenden Sachverhalt muss zugleich ein Dritter betroffen sein,   180
der seiner Berichtigungsverpflichtung nicht nachgekommen ist. Von einer rechtzeitigen und ordnungsgemäßen Anzeige soll der Anzeigeerstatter nicht dadurch abgehalten werden, dass er damit
gleichzeitig einen Dritten belastet. Dementsprechend sieht das Gesetz ein Strafverfolgungshindernis bezüglich des Dritten vor, sodass der Anzeigeerstatter keinen entsprechenden Gewissenskon-
flikt durchlaufen muss (dazu *Kohlmann* § 371 Rn. 275 m.w.N.).

4. Ausschlussgrund

Das Gesetz sieht – anders als § 371 Abs. 2 AO – auch i.d.F. nach dem Schwarzgeldbekämpfungs-   181
gesetz nur einen Ausschlussgrund vor: die Bekanntgabe der Einleitung eines Straf- oder Bußgeldverfahrens wegen der Tat (dazu oben Rdn. 95 ff.) vor Anzeigeerstattung an den Dritten oder seinen Vertreter.

5. Nachzahlungspflicht

182 Hat der Dritte zum eigenen Vorteil gehandelt, verweist das Gesetz auf § 371 Abs. 3 AO analog mit der Folge, dass in diesen Fällen der Dritte verpflichtet ist, die erlangten Steuervorteile aus der Tat innerhalb einer ihm gesetzten angemessenen Frist an die Steuerbehörde nachzuentrichten. Nur wenn er dieser Nachzahlungsverpflichtung vollständig und fristgerecht nachkommt, wird von der Strafverfolgung nach § 371 Abs. 4 AO abgesehen. Da nur auf § 371 Abs. 3 AO verwiesen wird und der Sperrgrund des § 371 Abs. 2 Nr. 3 AO bei § 371 Abs. 4 AO nicht gilt, muss in diesen Fällen auch bei einer Steuerverkürzung von mehr als 50.000,- € je Tat kein zusätzlicher Zuschlag von 5 % entsprechend § 398a Nr. 2 AO gezahlt werden.

D. Rechtsfolgen

I. Strafrechtliche Folgen

1. Allgemeines

183 Bei § 371 AO handelt es sich um einen persönlichen Strafaufhebungsgrund (BGH, Urt. v. 24.10.1984 – 3 StR 315/84, wistra 1985, 74, 75; BayObLG, Beschl. v. 03.11.1989 – 4 St 185/89, wistra 1990, 159, 162; OLG Stuttgart, Urt. v. 21.05.1987 – 1 Ss 221/87, wistra 1987, 263, 264; *Bilsdorfer,* wistra 1984, 93, 94; *Kohlmann* § 371 Rn. 25), da der durch die Steuerhinterziehung zunächst verwirklichte Strafanspruch nach dem Gesetzeswortlaut („wird straffrei") rückwirkend wieder beseitigt wird. Weil die Selbstanzeige einen bereits entstandenen Strafanspruch beseitigt, scheidet eine Qualifizierung als Strafausschließungsgrund aus (so auch FGJ § 371 Rn. 32 m.w.N.; a.A. aber z.B. noch BGH, Urt. v. 13.11.1952, NJW 1953, 476; *Tiedemann,* JR 1975, 387). Denn bei einem Strafausschließungsgrund müssen die strafbefreienden Tatumstände bereits bei der Tat vorliegen, sodass ein Strafanspruch überhaupt nicht erst zur Entstehung gelangt. Dies ist bei § 371 AO gerade nicht der Fall.

184 Folgen der Einstufung als persönlicher Strafaufhebungsgrund sind:

– Die Selbstanzeige wirkt grds. nur für denjenigen, der ihre Voraussetzungen erfüllt (BGH, Urt. v. 24.10.1984 – 3 StR 315/84, wistra 1985, 74, 75; *Bilsdorfer,* wistra 1984, 93, 94). § 371 AO ist für jeden Teilnehmer und Täter selbstständig zu prüfen.

– Entscheidend ist die objektive Erfüllung der Tatbestandsvoraussetzungen des § 371 AO. Irrtümer über die Tatumstände des § 371 AO sind ebenso unbeachtlich (BGH, Urt. v. 14.12.1976 – 1 StR 196/76, BB 1978, 698) wie das Unvermögen des Täters, die hinterzogenen Steuern fristgerecht nachzuzahlen (dazu oben Rdn. 161), oder ein Verschulden seines Vertreters (*Kohlmann* § 371 Rn. 27).

– Das strafrechtliche Analogieverbot (Art. 103 Abs. 2 GG, § 1 StGB) ist bei der Auslegung von § 371 AO zu beachten (z.B. *Lenckner/Schumann/Winkelbauer,* wistra 1983, 123 f.).

– Der Grundsatz in dubio pro reo ist zu beachten (FGJ § 371 Rn. 34). Bei Vorliegen der Voraussetzungen des § 371 AO in der Hauptverhandlung ist der Täter freizusprechen (OLG Frankfurt am Main, Urt. v. 18.10.1961 – 1 Ss 854/61, NJW 1962, 974; HHSp/*Rüping* § 371 Rn. 26).

185 Verfahrenstechnisch ist die Finanzbehörde als Strafverfolgungsbehörde (§ 386 AO) verpflichtet, die Selbstanzeige auf ihre Wirksamkeit zu prüfen. Demgemäß wird regelmäßig zunächst ein Steuerstrafverfahren wegen des Verdachts der Steuerhinterziehung (§ 397 AO) eingeleitet, in dem die Erfüllung der Anforderungen der Selbstanzeige geprüft werden. Ist dies der Fall, wird das Ermittlungsverfahren gem. § 385 AO, § 170 Abs. 2 StPO eingestellt. Nur ausnahmsweise dann, wenn die Wirksamkeit der Selbstanzeige zweifelsfrei feststeht und die Steuernachzahlung zugleich mit der Abgabe der Selbstanzeigeerklärung entrichtet wird, ist die Einleitung eines Ermittlungsverfahrens entbehrlich (Schwarz/*Dumke* § 371 AO Rn. 15).

Befindet sich das Verfahren bereits im Zwischenverfahren, ist die Eröffnung des Hauptverfahrens 186
gem. § 204 StPO abzulehnen. Wird die strafbefreiende Wirkung der Selbstanzeige erst im Hauptverfahren festgestellt, ist der Angeklagte nach § 267 Abs. 5 StPO freizusprechen (z.B. OLG Frankfurt am Main, Urt. v. 18.10.1961 – 1 Ss 854/61, NJW 1962, 974; *Bilsdorfer* wistra 1984, 131).

2. Verhältnis zu §§ 379, 380 AO, §§ 26b, 26c UStG

Nach ihrem Wortlaut schließt die Selbstanzeige nach § 371 Abs. 1 AO nur eine Bestrafung wegen 187
Steuerhinterziehung nach § 370 AO aus. Auf die Steuergefährdung nach § 379 AO (dazu i.e.
§ 379 AO Rdn. 152 ff.), die keine § 371 AO entsprechende Regelung und auch keinen Verweis
enthält, wird nicht Bezug genommen. Die Tathandlung der Steuerhinterziehung ist aber oftmals
mit einer von § 379 AO verlangten Tathandlung verbunden, so wenn etwa der unrichtigen Steuererklärung auch unrichtige Belege (§ 379 Abs. 1 Nr. 1 AO) oder eine unrichtige Verbuchung von
Geschäftsvorfällen zu Grunde liegen. Das Fehlen einer § 371 AO entsprechenden Regelung wurde
seitens des BVerfGs (Beschl. v. 11.07.1997 – 2 BvR 997/92, wistra 1997, 297) nicht beanstandet.
Über § 21 Abs. 2 OWiG kommt demnach eine Ahndung als Steuergefährdung in Betracht, wenn
die Bestrafung wegen Steuerhinterziehung aufgrund wirksamer Selbstanzeige ausscheidet (KG,
Urt. v. 07.05.1992 – 2 Ss 33/92 – 4 Ws [B] 48/92, wistra 1994, 36; *Dörn*, wistra 1995, 7; *Klos*,
NJW 1996, 2336; a.A. *Bornemann*, DStR 1973, 691; *Pfaff*, DStZ 1982, 365). Diese Entscheidung steht im Ermessen der Finanzbehörde (§ 47 Abs. 1 S. 1 OWiG) und ist verfassungskonform.

Der ggü. einer Steuerhinterziehung nach § 370 AO subsidiäre und in § 380 AO (vgl. § 380 AO 188
Rdn. 84 ff.) geregelte Bußgeldtatbestand der Gefährdung von Abzugsteuern lebt auf, wenn die
Steuerhinterziehung infolge wirksamer Selbstanzeige nicht geahndet werden kann (BayObLG,
Urt. v. 03.03.1980 – 4 St 266/79, DStR 1980, 385 ff.). Denn die Tatbestände stehen nicht im Ver-
hältnis von Vorbereitungshandlung zu Ausführungshandlung; die Gefährdung von Abzugsteuern
gem. § 380 AO ist keine Vorbereitungshandlung für die Steuerhinterziehung nach § 370 AO (Bay-
ObLG, Urt. v. 03.03.1980 – 4 St 266/79, DStR 1980, 385 ff.). Dies gilt etwa, wenn eine wirksame
Selbstanzeige wegen der unterlassenen Anmeldung der Lohnsteuer erfolgt ist. Regelmäßig wurde
in solchen Fällen auch die Lohnsteuer nicht abgeführt, so dass die hierdurch verwirklichte Ordnungswidrigkeit des § 380 Abs. 1 AO weiterhin geahndet werden kann.

Das zu § 380 AO Gesagte gilt ebenfalls für die Schädigung des Umsatzsteueraufkommens nach 189
den §§ 26b, 26c UStG (Schwarz/*Dumke* § 371 Rn. 21; Sölch/Ringleb/*Klenk* § 26c UStG Rn. 11;
Weyand, INF 2002, 183; a.A. *Joecks*, wistra 2002, 201), auch wenn es sich bei der gewerbsmäßigen oder bandenmäßigen Schädigung des Umsatzsteueraufkommens im S. des § 26c UStG um
einen Straftatbestand handelt.

3. Verhältnis zu strafrechtlichen Nebenfolgen

Bei wirksamer Selbstanzeige dürfen strafrechtliche Nebenfolgen (dazu § 370 AO Rdn. 614 ff.) 190
nicht verhängt werden.

4. Bewährungswiderruf

§ 56f Abs. 1 Nr. 1 StGB ermöglicht den Widerruf der Strafaussetzung, wenn der Verurteilte wäh- 191
rend der Bewährungszeit eine Straftat begeht. Damit müssen mit Blick auf die Steuerhinterziehung v.a. zwei Voraussetzungen erfüllt sein, damit es wegen der Verwirklichung des § 370 AO zu
einem Bewährungswiderruf kommen kann:

Die Steuerhinterziehung muss während der Bewährungszeit begangen worden sein. Wird lediglich 192
während des Fristlaufes eine bereits vorher begangene Steuerhinterziehung aufgedeckt, greift § 56f
Abs. 1 Nr. 1 StGB bereits aus diesem Grund nicht ein und scheidet ein Bewährungswiderruf aus
(*Streck/Spatscheck*, NStZ 1995, 269).

193   Darüber hinaus müssen bei einer in der Bewährungszeit begangenen Steuerhinterziehung alle materiellen Voraussetzungen der Strafbarkeit nach § 370 AO erfüllt sein. Dies bedeutet, dass neben einer tatbestandsmäßigen, rechtswidrigen und schuldhaften Steuerhinterziehung auch keine Strafaufhebungsgründe erfüllt sein dürfen. Da die wirksame Selbstanzeige, wie dargestellt, einen persönlichen Strafaufhebungsgrund darstellt, scheidet die Erfüllung des § 56f Abs. 1 Nr. 1 StGB aus. Ein Bewährungswiderruf kommt bei einer wirksamen Selbstanzeige nicht in Betracht (ebenso *Streck/Spatscheck,* NStZ 1995, 269 ff.; *Kohlmann* § 371 Rn. 261).

II. Steuerrechtliche Folgen

194   Die Selbstanzeige hat allein strafrechtliche Bedeutung und verhindert die steuerrechtlichen Konsequenzen nicht, die aus der Berichtigungserklärung gezogen werden können. Auch diese steuerlichen Folgen sind in die Beratung mit einzubeziehen. Die Finanzbehörde kann danach die sich aus der Erklärung ergebenden Steuern festsetzen, wobei zu berücksichtigen ist, dass sich die steuerliche Festsetzungsfrist auf 10 Jahre gem. den §§ 169 Abs. 2 Satz 2, AO verlängert und die Festsetzungsfrist gemäß § 171 Abs. 9 AO nicht vor Ablauf eines Jahres nach Eingang der Selbstanzeige bei der örtlich und sachlich zuständigen Finanzbehörde endet (). Auch kann die Steuerbehörde für die nachträgliche Steuerfestsetzung trotz Selbstanzeige die steuerlichen Nebenleistungen (wie z.B. Verspätungszuschläge, und insb. Hinterziehungszinsen gem. § 235 AO, z.B. FG Hamburg, Urt. v. 14.07.2004 – I 184/04, EFG 2005, 166 festsetzen.

195   Haftungsansprüche nach den §§ 70, 71 AO wegen Steuerhinterziehung können auch bei wirksamer Selbstanzeige durch die Steuerbehörden geltend gemacht werden. So haftet der Steuerhinterzieher, welcher nicht selbst Schuldner der hinterzogenen Steuer ist, auch als bloßer Gehilfe nach § 71 AO für die hinterzogenen Steuern einschließlich Hinterziehungszinsen. Dies gilt auch für den Geschäftsführer einer GmbH (§ 34 AO), der eine Steuerhinterziehung zugunsten der von ihm vertretenen Gesellschaft begeht. Nach § 70 AO haftet auch die durch einen Geschäftsführer vertretene Gesellschaft, wenn der Geschäftsführer Täter oder Teilnehmer einer Steuerhinterziehung ist, bei welcher allerdings nicht Steuern dieser Gesellschaft verkürzt wurden.

III. Disziplinarrechtliche und berufsrechtliche Folgen

196   Die strafbefreiende Wirkung einer Selbstanzeige erstreckt sich nicht auch auf disziplinar- und berufsrechtliche Folgen (BVerfG, NJW 2008, 3489; BVerwG, NJW 2001, 1151; FGJ § 371 Rn. 218; Klein/*Jäger* § 371 AO Rn. 5; *Wessing,* SAM 2010, 99, 102).

197   Bei erheblichen Steuerverkürzungen durch Finanzbeamte wird regelmäßig trotz der zugunsten des Beamten zu berücksichtigenden Selbstanzeige auf eine Entfernung aus dem Beamtenverhältnis erkannt (OVG Nordrhein-Westfalen, Beschl. v. 05.04.2001 – 15 d A 878/00.O; OVG Nordrhein-Westfalen v. 09.06.2004 – 22 d A 1396/02.O; OVG Nordrhein-Westfalen, Urt. v. 30.05.2006 – 21 d A 3905/05.O). Bei Beamten ohne Beziehung der Steuerhinterziehung zu dessen Kernbereichspflicht kommt diese Maßnahme bei sehr hohen Steuerverkürzungen und Handeln über einen längeren Zeitraum ebenfalls in Betracht (OVG Nordrhein-Westfalen, Urt. v. 23.09.2009 – 3 d A 1849/08.O bei einem Hinterziehungsbetrag von 1,2 Mio. € und einem Zeitraum von 10 Jahren). Bei mittleren Verkürzungsbeträgen wird häufig auf eine Dienstgradherabsetzung erkannt (BVerwGE 93, S. 151; BVerwG, ZBR 2005, 91), bei geringeren Beträgen kommt auch eine mildere Maßnahme, wie eine vorübergehende Gehaltskürzung in Betracht.

198   Jedenfalls bei einem Angestellten einer Finanzbehörde kann eine Steuerhinterziehung in erheblicher Höhe auch bei einer strafbefreienden Selbstanzeige ein wichtiger Grund für eine fristlose Kündigung sein (BAG, NZA 2002, 1030). Bei Angestellten in anderen Bereichen ist zu beachten, dass nach § 41 Satz 1 TVöD-BT-V für Angestellte im öffentlichen Dienst keine weiter gehenden vertraglichen Nebenpflichten mehr gelten, als in der Privatwirtschaft (BAG, NJW 2010, 220). Die früher in § 8 Abs. 1 Satz 1 BAT geregelten besonderen Anforderungen an das außerdienstliche

Verhalten bestehen nicht mehr. Danach kommt eine arbeitsvertragliche Sanktion bei außerdienstlich begangenen Straftaten mit einem Bezug zur Tätigkeit des Arbeitnehmers oder bei Ausübung einer hoheitlichen Tätigkeit in Betracht (BAG, NJW 2010, 220).

Auch bei einem Steuerberater stellt auch eine außerhalb der beruflichen Tätigkeit begangene Steuerhinterziehung eine Verletzung von Berufspflichten i.S.d. § 57 Abs. 2 Satz 2 StBerG dar. Für einen Ausschluss aus dem Beruf legt die Rechtsprechung allerdings strenge Maßstäbe an (BGH, DStR 1994, 479). Er kommt daher wegen einer Steuerhinterziehung nur im seltenen Ausnahmefall in Betracht (BGH, HFR 1998 S. 1025). Selbst in Fällen erheblicher Verkürzungsbeträge wurde auf mildere Maßnahmen erkannt (vgl. etwa LG Köln v. 08.04.2002 – 171 StL 13/00, berufsrechtliche Geldbuße von 24.000,00 € bei Steuerverkürzung zugunsten des Mandanten i.H.v. mehr als 2 Mio. €). **199**

Ebenso kann bei RA (§ 113 Abs. 2 BRAO), Wirtschaftsprüfern (§ 43 Abs. 2 Satz 3 WPO) und Ärzten (§ 3 Abs. 1 Satz 1 Nr. 2 BÄO) eine Steuerhinterziehung auch bei Vorliegen einer Selbstanzeige eine berufsrechtliche Pflichtverletzung darstellen, welche standesrechtliche Sanktionen zur Folge haben kann. **200**

IV. Die missglückte Selbstanzeige

Scheitert eine Selbstanzeige daran, dass eine Wirksamkeitsvoraussetzung nicht erfüllt ist (erfolgt z.B. die Nachentrichtung der Steuer nicht fristgerecht oder ist ein Ausschlussgrund nach § 371 Abs. 2 AO erfüllt), hat sie nicht die in § 371 Abs. 1 AO vorgesehene strafbefreiende Wirkung. Trotzdem ist sie für das Strafverfahren nicht unerheblich. In Abhängigkeit von den Umständen des Einzelfalles kommt die Einstellung des Verfahrens nach § 398 AO, §§ 153 ff. StPO infrage oder eine Strafmilderung (z.B. OLG Köln, Urt. v. 7.6.1957 – Ss 40/57, ZfZ 1958, 87). **201**

V. Widerruf der Selbstanzeige

Im Ergebnis besteht Einigkeit darüber, dass der Täter, der die tatsächlichen Angaben, die er in seiner Selbstanzeige gemacht hat, widerruft, nicht in den Genuss der strafbefreienden Wirkung der Selbstanzeige kommt (z.B. RG, Urt. v. 12.06.1941, RG St 75, 261). Streitig ist lediglich die rechtliche Begründung für dieses Ergebnis. Während eine Ansicht in dem Widerruf eine erneute Steuerhinterziehung sieht (FGJ § 371 Rn. 95), ermöglicht nach a.A. die damit widersprüchliche Selbstanzeige dem FA nicht die Ermittlung der Besteuerungsgrundlagen, wie dies von § 371 Abs. 1 AO vorausgesetzt wird (HHSp/*Rüping* § 371 Rn. 95; ähnlich Kohlmann/*Schauf* § 371 Rn. 75 ff.). **202**

Demgegenüber ist es unschädlich für die Wirkung der Selbstanzeige, wenn der Steuerpflichtige ggü. dem FA eine andere rechtliche Würdigung vertritt und dies im Rechtsbehelfsverfahren durchzusetzen versucht. Schädlich wäre insoweit nur, wenn er das Rechtsbehelfsverfahren mit abweichenden Tatsachen zu begründen versucht (vgl. Kohlmann/*Schauf* § 371 Rn. 76). **203**

E. Besondere Risiken der Selbstanzeige

Die strafbefreiende Wirkung der Selbstanzeige erfasst nach dem eindeutigen Wortlaut des § 371 Abs. 1 AO nur den Tatbestand der Steuerhinterziehung, nicht aber gleichzeitig mitverwirklichte allgemeine Straftatbestände des StGB, z.B. die Urkundenfälschung nach § 267 StGB oder den Betrug nach § 263 StGB, wenn z.B. aufgrund nicht erklärter Einkünfte Arbeitslosengeld oder niedrigere Unterhaltszahlungen erschlichen werden. Gleiches gilt etwa für den gewerbsmäßigen, gewaltsamen und bandenmäßigen Schmuggel gem. § 373 AO, auf den § 371 AO ebenfalls keine Anwendung findet. **204**

Eine vollständige Straffreiheit kommt in diesen Fällen nur dann in Betracht, wenn der allgemeine Straftatbestand seinerseits eine der Selbstanzeige ähnliche Strafbefreiungsvorschrift enthält oder **205** ein Absehen von Strafe regelt, wie z.B. in § 266a Abs. 6 StGB (dazu unten Rdn. 216) und § 261 Abs. 9 StGB (s.u. Rdn. 217).

I. Zusammentreffen mit nicht selbstanzeigefähigen Straftaten

206   Die Straftatbestände, die eine der Selbstanzeige ähnliche Regelung enthalten, sind beschränkt. So kennen weder der häufig mitverwirklichte § 263 StGB noch § 267 StGB eine solche Regelung. Auch die Aufstellung und Abgabe unrichtiger Jahresabschlüsse kann Grundlage einer Steuerhinterziehung sein. Die unrichtige Wiedergabe der Verhältnisse einer Kapitalgesellschaft im Jahresabschluss (§ 331 Abs. 1 Nr. 1 HGB) und der

Verstoß gegen Form, Inhalt und Bewertung bei der Aufstellung und Feststellung des Jahresabschlusses (§ 334 Abs. 1a, b HGB) sind als Bilanzfälschung nach § 331 HGB (Straftat) bzw. nach § 334 HGB (Ordnungswidrigkeit) zu ahnden, wenn durch sie die Verhältnisse einer Kapitalgesellschaft unrichtig wiedergegeben oder verschleiert werden. Das Gesetz sieht keine Selbstanzeige vor, sodass die Einreichung einer korrigierten Bilanz, die für die Selbstanzeige bei der Steuerhinterziehung erforderlich sein kann, nicht zu einer Strafbefreiung gem. §§ 331, 334 HGB führt. Das zuvor verwirklichte Bilanzdelikt entfällt dadurch nicht rückwirkend (*Muscat*, PStR 2006, 159).

207   Auch in Bezug auf alle anderen nichtsteuerstrafrechtlichen Delikte kann eine Selbstanzeige zwar zu deren Entdeckung führen, bewirkt jedoch insoweit keine Straffreiheit. Häufig verwirklicht ist eine Urkundenfälschung bei Verbuchung unechter Belege oder ein Betrug, wenn etwa ein Kapitalvermögen im Ausland auch in einem Vermögensverzeichnis im Rahmen einer Erbauseinandersetzung oder Scheidung verschwiegen worden ist.

II. Beraterrisiken

208   Haftungsrisiken entstehen, wenn der Berater mit der Prüfung einer möglichen Selbstanzeige und ihren Konsequenzen beauftragt ist. Betrachtet er isoliert die Folgen der Selbstanzeige nach § 371 AO auf die Steuerhinterziehung nach § 370 AO und übersieht er dabei weitere mitverwirklichte Straftatbestände oder disziplinarrechtliche Konsequenzen (dazu oben Rdn. 196 f.) kann er sich ggü. seinem Mandanten haftbar machen wegen einer schuldhaften Pflichtverletzung des Beratungsvertrages. Dies ist insb. dann der Fall, wenn er den Mandanten im Glauben lässt, dass mit der Selbstanzeige eine Strafbarkeit oder disziplinarrechtliche Folgen insgesamt ausscheiden. Auf die in Rdn. 206 aufgezeigten nicht selbstanzeigefähigen Straftaten ist daher in der Beratungspraxis ein besonderes Augenmerk zu richten.

F. Konkurrenzen

I. Rücktritt vom Versuch, § 24 StGB

209   Nach heute herrschender Ansicht wird § 24 StGB nicht von § 371 AO als lex specialis verdrängt, vielmehr stehen beide Normen selbstständig nebeneinander. Somit ist § 24 StGB, ohne die Voraussetzungen einer Selbstanzeige, auf den Versuch einer Steuerhinterziehung anwendbar (BGH, Urt. v. 19.03.1991 – 5 StR 516/90, BGHSt 37, 340, 345, wistra 1991, 223; Beschl. v. 30.03.1993 – 5 StR 77/93, wistra 1993, 227). Dahinter steht die Erwägung, dass § 371 AO aus steuerpolitischen Gründen die Möglichkeiten zum Abstandnehmen von Straftaten nicht einschränken, sondern erweitern soll (FGJ § 371 Rn. 232). Umgekehrt ist § 371 AO auch – ohne dass die Voraussetzungen des § 24 StGB vorliegen müssen – auf den Versuch der Steuerhinterziehung anwendbar.

1. Rücktritt vom unbeendeten Versuch (§ 24 Abs. 1 Satz 1, 1. Alt. StGB)

Durch Abgabe einer unrichtigen Steuererklärung bzw. Nichtabgabe innerhalb der einschlägigen 210
Frist ist der Versuch der Steuerhinterziehung regelmäßig beendet. Folglich ist die Bedeutung der
ersten Alternative des § 24 Abs. 1 Satz 1 StGB, Straffreiheit lediglich durch die freiwillige Aufgabe
der weiteren Ausführung der Tat zu erlangen, praktisch unbedeutend (vgl. *Kohlmann* § 371
Rn. 268). Im Bereich der Hinterziehung von Eingangsabgaben beim Warenschmuggel über die
grüne Grenze scheint ein Rücktritt vom unbeendeten Versuch möglich, wenn der Täter noch vor
Grenzübertritt trotz bestehender Realisierbarkeit freiwillig sein Vorhaben aufgibt (BGHSt 7, 296;
HHSp/*Rüping* § 371 Rn. 126).

2. Rücktritt vom beendeten Versuch (§ 24 Abs. 1 Satz 1, 2. Alt. StGB)

Dagegen liegt ein Rücktritt vom beendeten Versuch vor, wenn der Steuerpflichtige bei Veranla- 211
gungssteuern im Zeitraum zwischen Einreichung der Steuererklärung und Bekanntgabe des Steuerbescheides unrichtige Angaben berichtigt und hierdurch bewirkt, dass es nicht zu einer Bekanntgabe des auf der ursprünglichen Erklärung basierenden unrichtigen Steuerbescheides kommt.
Kommt es gleichwohl zur Bekanntgabe des Steuerbescheides liegt unabhängig von den Gründen
hierfür kein wirksamer Rücktritt vom Versuch vor.

II. § 378 Abs. 3 AO

Zwischen § 371 AO und § 378 Abs. 3 AO besteht tatbestandliche Exklusivität, da nur entweder 212
eine vorsätzliche Steuerhinterziehung oder eine leichtfertige Steuerverkürzung vorliegen kann.

Da die Selbstanzeige nach § 371 AO und § 378 Abs. 3 AO keine Angaben zur subjektiven Tatseite 213
enthalten muss, kann dieselbe Selbstanzeige alternativ zur Straffreiheit nach § 371 AO oder § 378
Abs. 3 AO führen. Hierbei kann eine Selbstanzeige nach § 378 Abs. 3 AO im Einzelfall auch nach
Eintritt eines Sperrgrundes im S. des § 371 Abs. 2 AO noch wirksam sein, da die Erweiterung der
Sperrgründe durch das Schwarzgeldbekämpfungsgesetz nicht in § 378 Abs. 3 AO übernommen
wurde und hier nach wie vor nur die Bekanntgabe der Einleitung eines Straf- oder Bussgeldverfah-
rens einen Sperrgrund darstellt.

III. § 153 AO

Kannte der Steuerpflichtige ursprünglich die Unrichtigkeit der Erklärung, greift § 153 AO schon 214
nach seinem Wortlaut nicht ein (FGJ § 370 Rn. 182, Klein/*Rätke* § 153 Rn. 4) Hier kann dann
lediglich eine Selbstanzeige vorliegen. Dagegen geht die neuere Rechtsprechung entgegen den
meisten Stimmen in der Literatur (FGJ/*Joecks* § 370 Rn. 182; Kohlmann/*Ransiek* § 370 Rn. 337;
TK/*Seer* § 153 AO Rn. 11; *Rolletschke*/Kemper § 370 Rn. 273; *Helmrich*, DStR 2009, 2132, *Wes-
sing/Biesgen*, NJW 2010, 2689, 2691) bei ursprünglich bedingt vorsätzlichem Handeln von der
Anwendbarkeit des § 153 AO aus (BGH v. 17.3.2009 – 1 StR 479/08, NJW 2009, 1984).
Danach kann bei ursprünglich bedingt vorsätzlichem Handeln nach § 153 AO eine Pflicht zur
Selbstanzeige bestehen. Dies soll – solange dem Steuerpflichtigen nicht die Einleitung eines Steuerstrafverfahrens bekannt gegeben ist – auch gelten, wenn die Selbstanzeige wegen Eintritts einer
der Sperrgründe des § 371 Abs. 2 AO nicht wirksam sein kann. Dem verfassungsrechtlich verankerten Grundsatz der Selbstbelastungsfreiheit (BVerfG, BVerfGE 56, 37) will der BGH in solchen
Fällen durch Annahme eines Beweismittelverwertungs- oder Verwendungsverbotes bezüglich der
in der Berichtigungserklärung nach § 153 AO offenbarten Tatsachen Rechnung tragen (BGH,
a.a.O. Tz. 27).

IV. § 264 Abs. 5 StGB

215 Die Steuerhinterziehung nach § 370 AO und der Subventionsbetrug des § 264 StGB stehen in einem tatbestandlichen Exklusivitätsverhältnis, sodass es nicht zu Überschneidungen kommt (*Kohlmann* § 371 Rn. 271; SK StGB/*Samson* § 264 Rn. 30).

V. § 266a Abs. 6, 261 Abs. 9 StGB

216 § 266a Abs. 6 normiert die Möglichkeit des Absehens von Strafe bei einer zeitlich eng begrenzten Selbstanzeige für den zahlungsunfähigen Arbeitgeber. Zu einem Zusammentreffen mit dem selbstständig stehenden Strafaufhebungsgrund des § 371 AO kann es insb. bei Lohnsteuer- und Beitragshinterziehung im Bereich der Schwarzarbeit kommen (*Kohlmann* § 371 Rn. 272). Rein tatbestandlich gibt es allerdings keine Überschneidungen.

217 § 261 Abs. 9 StGB enthält für den Tatbestand der Geldwäsche einen selbstständigen Strafaufhebungsgrund, der bei freiwilliger Selbstanzeige einer unentdeckten Tat eingreift (vgl. BGH v. 20.09.2000 – 5 StR 252/00, wistra 2000, 464; dazu näher *Carl/Klos*, wistra 1994, 161).

VI. StraBEG

218 Das bereits ausgelaufene „Gesetz zur Förderung der Steuerehrlichkeit" (auch: Amnestiegesetz), StraBEG v. 23.12.2003 (BGBl. I, S. 2928) gab „Steuersündern" bis zum 31.03.2005 die neben der Selbstanzeige nach § 371 AO bestehende Möglichkeit, falsche oder fehlende Angaben über steuerlich erhebliche Tatsachen richtigzustellen oder zu ergänzen.

VII. § 4 Abs. 2 EStG und Art. 65 ZK

219 Soweit nicht die Voraussetzungen des § 371 AO zugleich erfüllt sind, entfalten Bilanzberichtigungen nach § 4 Abs. 2 EStG keine strafbefreiende Wirkung. Gleiches gilt für Berichtigungen von Zollanmeldungen gem. Art. 65 ZK (OLG Hamburg v. 23.12.1953, ZfZ 1954, 313 f.; HHSp/*Rüping* § 371 Rn. 232).

§ 372 AO Bannbruch

(1) Bannbruch begeht, wer Gegenstände entgegen einem Verbot einführt, ausführt oder durchführt.

(2) Der Täter wird nach § 370 Absatz 1, 2 bestraft, wenn die Tat nicht in anderen Vorschriften als Zuwiderhandlung gegen ein Einfuhr-, Ausfuhr- oder Durchfuhrverbot mit Strafe oder mit Geldbuße bedroht ist.

A. Anwendungsbereich

Wegen Bannbruchs macht sich strafbar, wer gegen ein Ein-, Aus- oder Durchfuhrverbot verstößt **1** (*Bender*, Das Zoll- und Verbrauchsteuerstrafrecht mit Verfahrensrecht, S. 207; *Janovsky*, NStZ 1998, 117; *Retemeyer/Möller*, AW-Prax 2009, 340). § 372 AO ist eine Blankettnorm, die durch Verbotsgesetze ausgefüllt werden muss. Dies kann durch nationale Gesetze und Verordnungen sowie Vorschriften des Unionsrechts geschehen (zu den Anforderungen an den Strafgesetzgeber BVerfG, wistra 2010, 396, 402).

I. Einfuhrmonopole

Der unmittelbare Anwendungsbereich des § 372 AO war auf Verstöße gegen Einfuhrmonopole **2** des Staates ausgerichtet. Nachdem das letzte bestehende **Einfuhrmonopol für Branntwein** mit Inkrafttreten der Verordnung (EG) Nr. 670/2003 mit besonderen Maßnahmen für den Markt für Ethylalkohol landwirtschaftlichen Ursprungs v. 08.03.2003 (ABl. L 97/6 v. 15.04.2003) zum 01.04.2004 **weggefallen** ist, hat die Vorschrift heute praktisch kaum einen eigenständigen Anwendungsbereich (*Thoss* Abschied vom Bannbruch). Für die Einfuhr von Branntwein gelten die nichtsteuerlichen Regelungen der Verordnung (EG) Nr. 670/2003 v. 08.03.2003, der VO (EG) Nr. 2336/2003 v. 30.12.2003 mit den Durchführungsbestimmungen sowie VO (EG) Nr. 1291/2000 mit gemeinsamen Durchführungsbestimmungen für Einfuhr- und Ausfuhrlizenzen sowie Vorausfestsetzungsbescheinigungen für landwirtschaftliche Erzeugnisse (detaillierte Informationen sind abrufbar unter www.zoll-online.de/Zoll- und Steuern/Verbrauchsteuern).

Der Ministerrat der EU und das Europäische Parlament haben im Dezember 2010 die letztmalige Verlängerung der EU-beihilferechtlichen Ausnahmeregelung zur Gewährung produktionsbezogener Beihilfen nach dem deutschen Branntweinmonopol formell beschlossen. Nach der entsprechenden Verordnung (EU) zur Änderung der VO (EG) Nr. 1234/2007 können die landwirtschaftlichen Brennereien (Verschlussbrennereien) bis Ende 2013 und die Abfindungsbrenner, Stoffbesitzer und Obstgemeinschaftsbrennereien bis Ende 2017 Alkohol i.R.d. Branntweinmonopols produzieren und an die Bundesmonopolverwaltung für Branntwein (BfB) abliefern, VO (EG) Nr. 1234/2010 v. 15.12.2010 (ABl. L 346/11 v. 30.10.2011).

II. Sonstige Ein-, Aus- und Durchfuhrverbote

3   Die Zahl der durch gesetzliche Ein-, Aus- oder Durchfuhrverbote geschützten Rechtsgüter ist groß und wächst stetig. Für den Rechtsanwender ist die Rechtslage daher unübersichtlich. Informationen zu bestehenden Verboten lassen sich überblickartig über www.bafa.de unter den Rubriken „Ausfuhrkontrolle" und „weitere Aufgaben" – Einfuhr sowie unter www.zoll-online.de unter der Rubrik „Zoll und Steuern" – Verbote und Beschränkungen, Außenwirtschaft und unter www.europa.eu.int/eur-lex-EG-Verordnungen online abrufen (ausführlich auch *Henke*, Verbote und Beschränkungen bei Ein- und Ausfuhr; Bieneck/*Henke* Handbuch des Außenwirtschaftsrechts mit Kriegswaffenkontrollrecht, Verbote und Beschränkungen – Systematischer Überblick und geschützte Rechtsgüter; Wabnitz/Janovsky/*Harder* 20. Kap. Rn. 133).

Einen großen Bereich nehmen außenwirtschaftsrechtliche Beschränkungen ein, die in Form von Verboten, Genehmigungsvorbehalten oder sonstigen Überwachungsmaßnahmen auftreten. Verbote existieren z.B. im Rahmen von Embargomaßnahmen. Beschränkungen bestehen u.a. beim Handel von Rohdiamanten i.S.d. Kimberley-VO und beim Handel mit bestimmten Gütern, die zur Vollstreckung der Todesstrafe und Folter verwendet werden könnten. Genehmigungsvorbehalte machen die Ein- und Ausfuhr bestimmter Waren von der Vorlage eines entsprechenden Genehmigungsbescheids abhängig. Sonstige Überwachungsmaßnahmen verpflichten unter bestimmten Voraussetzungen zur Vorlage besonderer berechtigender Warenbegleitpapiere wie z.B. Ursprungszeugnisse bei Textileinfuhren (zu den materiell zollrechtlichen und zollstrafrechtlichen Konsequenzen von Umgehungseinfuhren s. *Rogmann/Klötzer*, AW-Prax 4/2006, 155 ff.). Die Bekämpfung der Betäubungsmittelkriminalität und die Grundstoffüberwachung (dazu Wabnitz/Janovsky/*Harder* 20. Kap. Rn. 173) bilden einen weiteren Schwerpunkt der Strafverfolgung, ebenso Maßnahmen in den Bereichen gewerblicher Rechtsschutz und Artenschutz (zum „Artenschutz-Strafrecht" *Pfohl*, wistra 1999, 161).

1. Schutzbereiche

4   Die existierenden **Verbringungsverbote** lassen sich im Wesentlichen fünf **Schutzbereichen** zuordnen:

- Schutz der öffentlichen Sittlichkeit, Ordnung und Sicherheit (z.B. verbotene Pornografie, verfassungswidrige und jugendgefährdende Schriften, Waffen, Betäubungsmittel)
- Schutz der Gesundheit und des Lebens von Menschen (z.B. Sicherheit der Nahrungskette, Arzneimittel, Produktsicherheit)
- Schutz der Umwelt sowie der Tier- und Pflanzenwelt (z.B. Abfallverbringung, Artenschutz, Tierseuchen)
- Schutz von Kulturgütern mit künstlerischem, geschichtlichem oder archäologischem Wert (z.B. Maßnahmen gegen die Abwanderung wertvollen Kulturgutes)
- Gewerblicher Rechtsschutz (z.B. falsche Herkunftsangaben oder Marken-, Urheberrechts- oder Patentrechtsverletzungen, Einfuhr von Falsifikaten).

2. Erfasste Verbote

5   Der Anwendungsbereich von § 372 AO ist weit. Grds. findet die Norm auf sämtliche Verbringungsverbote Anwendung und zwar unabhängig davon, ob sie verwaltungsrechtlicher Natur sind oder vom Strafgesetzgeber im StGB geregelt wurden (Wabnitz/Janovsky/*Harder* 20. Kap. Rn. 103; HHSp/*Hübner* vor § 372 Rn. 22; *Wamers*, AW-Prax 1999, 212; so nun auch FGJ/*Jäger* § 372 Rn. 6 ff., der zu Recht darauf hinweist, dass systematische Gründe für eine Ausnahme der im StGB geregelten Verbote nicht vorliegen; noch anders in der Vorauflage FGJ/*Voß* § 372 Rn. 7; ebenfalls a.A. Wannemacher/*Kindshofer* § 372 Rn. 1986).

Als eigenständige Strafnorm greift § 372 Abs. 1 AO gegenwärtig nur im Bereich des Kulturgüterschutzes und bei bestimmten Konstellationen im gewerblichen Rechtsschutz (s.u. Rdn. 13). Allerdings kann § 372 AO zur Anwendung kommen, wenn der Gemeinschaftsgesetzgeber Verbringungsverbote erlässt und den Mitgliedstaaten deren Sanktionierung aufgibt, soweit diese nicht bereits spezialgesetzlich sichergestellt ist. I.Ü. existieren zahlreiche Verbote mit eigenständiger Straf- oder Bußgeldandrohung, bei denen der Anwendungsbereich des § 372 Abs. 1 AO eröffnet ist, wenngleich bei einfacher Tatausführung die Subsidiaritätsklausel nach § 372 Abs. 2 AO greift (Rdn. 17).

Folgende Verbringungsverbote sind beispielhaft zu nennen: 6

a) Schutz der öffentlichen Sittlichkeit, Ordnung und Sicherheit

- § 53 Abs. 1 Nr. 2 WaffG   7
- § 19 Abs. 1 Nr. 1 KrwaffkontrG für Atomwaffen
- § 20 Abs. 1 Nr. 1 KrwaffkontrG für biologische und chemische Waffen
- § 20a Abs. 1 KrwaffkontrG für Antipersonenminen und Streumunition
- § 22 Abs. 1 Nr. 4 KrwaffkontrG für sonstige Kriegswaffen
- § 86 Abs. 1 StGB für Propagandamittel verfassungswidriger Organisationen
- § 87 Abs. 1 Nr. 3 StGB für Sabotagemittel
- § 184 Abs. 1 Nr. 4, 8, 9 StGB für pornografische Schriften
- § 275 StGB für Vorrichtungen oder Papier zur Fälschung von Ausweisen
- § 328 Abs. 1 StGB für Kernbrennstoffe

b) Schutz der Gesundheit und des Lebens von Menschen

- §§ 29 Abs. 1 Nr. 1, 30 Abs. 1 Nr. 4, 30a BtMG   8
- § 3 GÜG
- §§ 73, 73a, 96 Nr. 4, 18c AMG zur Einfuhr verschiedener Arzneimittel, auch Tier- und Fütterungsarzneimittel
- § 47 Abs. 1 LMBG für diverse Lebensmittel
- § 28 Abs. 1 Nr. 7 FlHG für nicht untersuchtes Fleisch
- § 11 Abs. 1 PflSchG für bestimmte Pflanzenschutzmittel

c) Schutz der Umwelt sowie der Tier- und Pflanzenwelt

aa) Abfallverbringung

Der Gesetzgeber hat sich der verstärkten Ahndung illegaler Geschäfte mit Abfällen und der 9 Bekämpfung des sog. Abfalltourismus verschrieben (BT-Drucks. 12/192, S. 20). Internationale Abkommen und Vereinbarungen sind vom Gemeinschaftsgesetzgeber u.a. mit der Verordnung (EG) Nr. 1013/2006 umgesetzt worden, die verschiedene Ein- und Ausfuhrverbote für Abfälle (Definition s. Art. 2 VO [EG] Nr. 1013/2006 sowie Richtlinie 2006/12/EG) sowie Verfahrensregeln für das Verbringen von Abfällen in das, aus dem und durch das Gebiet der Gemeinschaft normiert (zu den einzelnen Tatbeständen *Hurst*, Kommentar zur Abfallverbringungsverordnung, 2008). Art. 50 VVA verpflichtet die Mitgliedstaaten zur Festlegung von Sanktionen bei Zuwiderhandlungen gegen die entsprechenden Verbote.

Der deutsche Strafgesetzgeber hatte dem zunächst mit Einführung des § 326 Abs. 2 StGB (Art. 1 10 Nr. 10 des 31. Strafrechtsänderungsgesetzes vom 27.06.1994, BGBl. I, S. 1440) Rechnung getragen, der jedoch nur das verbotswidrige Verbringen der in § 326 Abs. 1 StGB bis dato bezeichneten **gefährlichen** Abfälle betraf.

Weitere Regelungen enthielten das Abfallverbringungsgesetz (AbfVerbG) v. 19.07.2007 (BGBl. I, 11 S. 1462) und die Verordnung zur Durchsetzung von Vorschriften in Rechtsakten der Europäischen Gemeinschaft über die Verbringung von Abfällen (Abfallverbringungsbußgeldverordnung – AbfVerbrBußV, BGBl. I 2007 S. 1761). Verstöße gegen die nachstehend aufgeführten Verbote waren danach lediglich als Ordnungswidrigkeit zu ahnden, § 1 Abs. 1 Nr. 2 AbfVerbrBußV:

– Ausfuhren von Abfällen aus der Gemeinschaft mit Ausnahme der Verbringung zur Beseitigung (Begriffsbestimmung in Art. 2 Nr. 4 VVA i.V.m. Art. 1 Abs. 1 Buchst. e) der Richtlinie 2006/12/EG) in EFTA-Staaten, Art. 34 Abs. 1 VVA

– Ausfuhren von Abfällen aus der Gemeinschaft zur Verwertung (Begriffsbestimmung in Art. 1 Nr. 6 VVA i.V.m. Art. 1 Abs. 1 Buchst. f) Richtlinie 2006/12/EG) in Staaten, für die der OECD-Beschluss über die Kontrolle der grenzüberschreitenden Verbringung bestimmter Abfälle (OECD-Beschluss C (2001107 endg.) nicht gilt, Art. 36 Abs. 1 VVA

– Ausfuhren von Abfällen aus der Gemeinschaft in die Antarktis, Art. 39 VVA

– Ausfuhren von bestimmten Abfällen aus der Gemeinschaft zur Beseitigung in überseeische Länder und Gebiete, Art. 40 Abs. 1 VVA

– Einfuhr zur Beseitigung bestimmter Abfälle unter Ausnahme der Vertragsparteien des Baseler Abkommens (Baseler Übereinkommen über die Kontrolle grenzüberschreitender Verbringung von gefährlichen Abfällen und ihrer Entsorgung v. 22.03.1989, s. www.basel.int/ratif/convention.htm), Art. 41 Abs. 1 VVA

– Einfuhr von Abfällen in die Gemeinschaft zur Verwertung unter Ausnahme bestimmter Staaten, Art. 43 Abs. 1 VVA.

Seit Inkrafttreten des 45. Strafrechtsänderungsgesetzes zur Umsetzung der Richtlinie des Europäischen Parlaments und des Rates über den strafrechtlichen Schutz der Umwelt v. 6.12.2011 (BGBl. I 2011, Nr. 64, S. 2557) zum 14.12.2011 sind Verstöße gegen die vorgenannten Abfallverbringungsverbote gem. § 326 Abs. 2 StGB in der Fassung v. 14.12.2011 strafbar. Die Umsetzung der Richtlinie 2008/99/EG v. 19.11.2008 (ABl. L 328/28 v. 06.12.2008) führt zu einer Verschärfung der Strafnorm § 326 Abs. 2 StGB, die nun nicht mehr nur das verbotswidrige Verbringen gefährlicher Abfälle umfasst (*Kropp* NStZ 2011, 674 ff.). § 1 Abs. 1 AbfVerbrBußV wurde aufgehoben, Abs. 2 wurde neu gefasst. Die verschärfte Sanktionierung von Verstößen gegen Abfallverbringungsverbote, vor allem aber die Unbestimmtheit des in § 326 Abs. 2 StGB n.F. nunmehr verwendeten Abfallbegriffs stoßen auf Kritik (siehe Stellungnahme des DAV Nr. 71/2010; Stellungnahme des DRB Nr. 48/10; *Kropp* Der Begriff der Abfallverbringung in § 326 II StGB im Lichte des EU-Rechts – Änderungen nach Umsetzung der Umweltstrafrechtslinie 2008/99/EG, NStZ 2011, 674 [676]).

bb) Tier-, Pflanzen- sowie Artenschutz

12 – §§ 69, 71 BNatSchG für verschiedene Tier- und Pflanzenarten

– Art. 4, 5 ArtenschutzVO (VO [EG] Nr. 338/97)

– § 18 Abs. 1 Nr. 21a TierSchG für bestimmte Wirbeltiere

– §§ 74 Abs. 1 Nr. 2, Abs. 4, 76 Abs. 2 Nr. 2a TierSG für verseuchte Tiere etc.

– § 40 Abs. 1 Nr. 6, 8b, 9 PflSchG z.B. für nicht zugelassene Pflanzenschutzmittel.

d) Schutz von Kulturgütern mit künstlerischem, geschichtlichem oder archäologischem Wert

13 Kunstwerke und anderes Kulturgut, deren Abwanderung aus der Europäischen Gemeinschaft und damit auch aus Deutschland einen wesentlichen Verlust für den europäischen und nationalen Kulturbesitz bedeuten würde, unterliegen besonderen Schutzmaßnahmen.

aa) Europäischer Schutz von Kulturgut

14 Mit der Verwirklichung des Binnenmarktes wurden gemeinschaftsrechtliche Vorschriften notwendig, die den Schutz von Kulturgütern gegen Abwanderung gewährleisten. Danach dürfen Kulturgüter bestimmter Kategorien, sofern sie den festgelegten Alters- und Wertgrenzen entsprechen, nur mit einer Genehmigung aus dem Zollgebiet der Gemeinschaft ausgeführt werden. Einer Ausfuhrgenehmigung bedürfen z.B. Bücher mit einem Wert ab 50.000,00 €, die älter als 100 Jahre sind, gedruckte Landkarten mit einem Wert ab 15.000,00 €, die älter als 200 Jahre sind, archäologische Gegenstände und Handschriften, Wiegedrucke oder Archive. Eine vollständige Auflis-

tung der geschützten Kulturgüter mit den jeweiligen Wertgrenzen enthielt die Verordnung (EWG) Nr. 3911/92 des Rates v. 09.12.1992 über die Ausfuhr von Kulturgütern (ABl. Nr. L 395), die aufgrund zahlreicher Änderungen neu kodifiziert wurde, VO (EG) Nr. 116/2009 des Rates v. 18.01.2008, ABl. L 39/1 v. 10.02.2009 (mit den Durchführungsbestimmungen VO [EWG] Nr. 752/93). Die Mitgliedstaaten werden durch Art. 9 VO (EG) Nr. 116/2009 verpflichtet, wirksame Sanktionen für Zuwiderhandlungen einzuführen. Vorliegend ist § 372 AO anzuwenden.

bb) Schutz des nationalen Kulturgutes

Nach den Bestimmungen des Gesetzes zum Schutz deutschen Kulturgutes gegen Abwanderung werden für den deutschen Kulturbesitz besonders bedeutsame Kunstwerke und anderes Kulturgut (einschließlich Bibliotheksgut) in ein Verzeichnis eingetragen. Dieses Verzeichnis besteht aus einem „Gesamtverzeichnis national wertvollen Kulturgutes" und einem „Gesamtverzeichnis national wertvoller Archive". Diese werden von dem Beauftragten der Bundesregierung für Kultur und Medien erstellt und im Bundesanzeiger veröffentlicht. Die Ausfuhr eingetragenen Kulturgutes bedarf einer Genehmigung, die der Beauftragte der Bundesregierung für Kultur und Medien erteilt. Über die Eintragung eines national wertvollen Kulturgutes in das Verzeichnis entscheidet die oberste Landesbehörde. Das Gesamtverzeichnis enthält derzeit fast ausschließlich im Privateigentum stehende Kulturgüter. **15**

§§ 1 Abs. 4, 4, 16 KultgSchG regelt die entsprechenden Ausfuhrverbote. Das Gesetz enthält keine eigene Strafandrohung, sodass § 372 AO greift. **16**

cc) Besonderer Schutz irakischen Kulturgutes

Die Auseinandersetzungen im Irak i.R.d. Golfkriege haben dort zu zahlreichen Plünderungen von Museen sowie zu illegalen Grabungen in archäologisch interessanten Gebieten geführt. Im Irak illegal erworbene Kulturgüter sind außer Landes gebracht worden oder werden weiterhin gesetzeswidrig aus ihrem Ursprungsland geschmuggelt, um sie auf dem europäischen Kunstmarkt anzubieten. Gem. Art. 3 VO (EG) Nr. 1210/2003 v. 08.07.2003 über bestimmte spezifische Beschränkungen in den wirtschaftlichen und finanziellen Beziehungen zu Irak ist es untersagt, irakische Kulturgüter und andere Gegenstände von archäologischer, historischer, kultureller sowie besonderer wissenschaftlicher und religiöser Bedeutung in die EU einzuführen oder aus der EU auszuführen und mit ihnen zu handeln, soweit sie von irakischen Orten illegal entfernt oder unter Verstoß gegen irakische Bestimmungen aus dem Irak verbracht worden sind. Ausgenommen hiervon sind lediglich Kulturgüter, die nachweislich entweder vor dem 06.08.1990 aus dem Irak ausgeführt wurden oder zum Zwecke der Rückführung in den Irak ausgeführt werden. **17**

e) Gewerblicher Rechtsschutz

Die Europäische Kommission, andere EU-Organe und die Mitgliedstaaten bekämpfen verstärkt Marken- und Produktpiraterie. Der Bereich wurde mit VO (EG) Nr. 1383/2003 des Rates v. 22.07.2003 über das Vorgehen der Zollbehörden gegen Waren, die im Verdacht stehen, bestimmte Rechte geistigen Eigentums zu verletzen, und die Maßnahmen ggü. Waren, die bekanntermaßen derartige Rechte verletzen (ProduktpiraterieVO, ABl. L Nr. 196 v. 02.08.2003), neu geregelt. Die ProduktpiraterieVO ist seit 01.07.2004 in Kraft. Sie soll größere Rechtsklarheit geben, den Geltungsbereich der Rechtsvorschriften auf weitere Rechte an geistigem Eigentum ausdehnen, den Zugang von Rechteinhabern zum Rechtsweg vereinfachen und ein wirksames Rechtsinstrument entwickeln, um diese Art von Betrug wirksamer zu bekämpfen (dazu auch Mitteilung der Kommission KOM [2005] 479 v. 11.10.2005; zu den weiteren Initiativen s. http://ec.europa.eu/taxation_customs unter Zoll/Zollkontrollen/Markenschutz und Produktpiraterie; zu den Befugnissen der Zollbehörden bei der Bekämpfung der Einfuhr nachgeahmter Waren / Transitproblematik siehe EuGH, 1. Kammer, Urt. v. 1.12.2011, C-446/09 und 495/09, MarkenR 2011, 521 ff.). **18**

19   Gem. Art. 16 ProduktpiraterieVO dürfen Waren, bei denen nach Abschluss des in Art. 9 vorgesehenen Verfahrens festgestellt wurde, dass sie ein Recht geistigen Eigentums verletzen, nicht in das Zollgebiet der Gemeinschaft eingelassen, in den zollrechtlich freien Verkehr übergeführt, nicht aus dem Zollgebiet der Gemeinschaft verbracht, ausgeführt, wiederausgeführt sowie nicht in ein Nichterhebungsverfahren (vgl. Art. 135 ff. MZK) übergeführt oder in eine Freizone oder ein Freilager verbracht werden. Damit konstituiert Art. 16 ein unmittelbares Ein-, Aus- und Durchfuhrverbot. Der Anwendungsbereich des § 372 AO ist eröffnet (zust. Wabnitz/Janovsky/*Harder* 20. Kap. Rn. 141; FGJ/*Jäger* § 372 Rn. 7; noch anders in der Vorauflage FGJ/*Voß* § 372 Rn. 7). Die Strafandrohung folgt aus § 372 AO.

20   Der Richtlinienvorschlag der Europäischen Kommission zum Schutz der Rechte des geistigen Eigentums, der strafrechtliche Maßnahmen zur Durchsetzung dieser Rechte zum Gegenstand hatte (KOM (2006) 168 endg.), wurde zwischenzeitlich aufgehoben. Inzwischen liegt ein Vorschlag für eine neue Verordnung zur Durchsetzung der Rechte des geistigen Eigentums durch die Zollbehörden vor (KOM (2011) 285). Beachtenswert bleiben aber die Bestrebungen der Kommission, Vorgaben zur Sanktionierung der Rechtsverletzungen zu machen (zur Kompetenz seit Inkrafttreten des AEUV [ABl. C 115/47 v. 09.05.2008] s. *Böxler*, wistra 2011, 11, 13 ff. m.w.N.; *Manshöfer*, HRRS 1/2010, 11; zum Richtlinienvorschlag Mitteilungen der Kommission v. 02.12.2009, KOM [2009] 665 endg. und v. 12.04.2010, KOM [2010] 147 endg.; zu den Harmonisierungsbestrebungen auf dem gesamten Gebiet des Zollstrafrechts *Klötzer*, wistra 2007, 1, 4 ff. und *Klötzer*, wistra 2008, 254).

21   Strafrechtliche Verbots- und damit Bannbruchtatbestände ergeben sich ferner aus § 143 Abs. 1 Nr. 1 – 3 MarkenG, wonach unter den dort genannten Voraussetzungen z.B. die Ein- und Ausfuhr von Falsifikaten mit Strafe bedroht ist (Wabnitz/Janovsky/*Harder* 20. Kap. Rn. 133 ff.; OLG Stuttgart, wistra 1999, 152).

B. Tatbestandsvoraussetzungen

I. Ein-, Aus- und Durchfuhr beweglicher Sachen

22   Objekt des Bannbruchs ist eine bewegliche Sache.

1. Einfuhr

23   Unter Einfuhr versteht man das Verbringen von Gegenständen aus fremden Hoheitsgebieten in das Gebiet der BRD (FGJ/*Jäger* § 372 Rn. 9; Klein/*Jäger* § 372 Rn. 6). Dies gilt, soweit sich die entsprechenden Verbote auf das Gebiet der BRD erstrecken.

Wenn Einfuhrverbote aufgrund zollrechtlich normierter Verbote und Beschränkungen i.S.d. Art. 50 MZK (VO [EG] 450/2008 v. 23.04.2008, ABl. L 145/1 v. 04.06.2008) bestehen, betreffen diese das Zollgebiet der Gemeinschaft, Art. 2 MZK. Welche Gebiete zum Zollgebiet der Gemeinschaft gehören ist v.a. in den Fällen praktisch relevant, in denen Einfuhren in sog. Zollanschlüsse, d.h. Hoheitsgebiete, welche aufgrund eines Staatsvertrages dem Zollgebiet der BRD angeschlossen sind, sowie in Freizonen oder Freilager, die zu keinem Zollgebiet gehören, erfolgen. Zollanschlussgebiete gehören nicht zum Staatsgebiet der Mitgliedstaaten der EG, sind aber in steuerlicher und zollrechtlicher Hinsicht den Gebieten der EG gleichgestellt. Freizonen und Freilager unterliegen einer besonderen zollamtlichen Überwachung, Art. 155 MZK.

Verschiedene Einzelgesetze wie das AWG, das WaffenG oder das SprengstoffG enthalten eine eigene Definition des Einfuhrbegriffs, der bei der Prüfung der Tatbestandsmäßigkeit zugrunde zu legen ist (HHSp/*Hübner* § 372 Rn. 2 f., 10 ff.; s.a. Fischer § 184 Rn. 15 für die Einfuhr pornografischer Schriften im Versandhandel; Besonderheiten gelten z.B. auch für das Inverkehrbringen von Chemikalien, siehe VG Hamburg, Urt. v. 9.11.2011 – 5 K 523/10 Rn. 33, juris). Gem. § 4 AWG liegt bspw. bei dem Verbringen einer Ware in eine Freizone erst dann eine Einfuhr vor, wenn die

Ware dort verbraucht, be- oder verarbeitet oder in den zollrechtlich freien Verkehr übergeführt worden ist. Dies hat zur Folge, dass der Einfuhrtatbestand des § 372 AO z.B. nicht erfüllt ist, wenn Waffen verbotswidrig in einen Freihafen verbracht werden, da es sich bei den Freihäfen um Freizonen im zollrechtlichen Sinne handelt.

2. Ausfuhr

Bei der Ausfuhr handelt es sich um ein Verbringen eines Gegenstandes aus dem durch § 372 AO   24
oder die sonstigen Normen geschützten Gebiet in ein fremdes Gebiet. In § 4 Abs. 2 Nr. 3 AWG ist der Begriff der Ausfuhr definiert.

3. Durchfuhr

Durchfuhr ist das Verbringen von Gegenständen aus einem fremden Gebiet in ein drittes Land   25
über das geschützte Gebiet, ohne dass die Ware in den freien Verkehr gelangt. Der Durchfuhrbegriff ist im Außenwirtschaftsrecht ebenfalls definiert, § 4 Abs. 2 Nr. 5 AWG.

4. Verbringen

Das Verbringen ist der Oberbegriff für Ein-, Aus- und Durchfuhren von Gegenständen/Waren. In   26
der zollrechtlichen Terminologie unterscheidet man das Verbringen außerdem von der Ein- und Ausfuhr als Beförderung innergemeinschaftlicher Waren von einem Mitgliedstaat in einen anderen Mitgliedstaat (zur Auslegungsproblematik bei der Abfallverbringung *Kropp*, NStZ 2011, 674 ff.).

II. Subjektiver Tatbestand

§ 372 AO kann nur durch vorsätzliches Handeln verwirklicht werden. Der Vorsatz muss sich   27
dabei auf das Verbot der Ein-, Aus- oder Durchfuhr beziehen. Bedingter Vorsatz ist ausreichend. Ist nicht nachweislich, dass der Täter das Verbringungsverbot kannte, scheidet eine Bestrafung nach § 372 Abs. 1 AO aus. In solchen Fällen liegt ein Tatbestandsirrtum gem. § 16 StGB vor.

III. Versuch

Der Versuch des Bannbruchs ist strafbar, §§ 370 Abs. 2, 372 AO i.V.m. §§ 22, 23 StGB.   28

Für die Abgrenzung vom strafbaren Versuch zur straflosen Vorbereitungshandlung ist darauf abzustellen, ob der Täter mit dem Verbringen eines Gegenstandes über die Grenze begonnen, d.h. dazu unmittelbar angesetzt hat, indem er zum Grenzübertritt aufbricht (zur Abgrenzung bei Ein- Aus- und Durchfuhr s. HHSp/*Hübner* § 372 Rn. 62 ff.). Bei Verstößen auf dem Postweg wird der Versuch bei Aufgabe der Sache erfüllt sein (im Einzelnen FGJ/*Jäger* § 372 Rn. 31 ff.).

IV. Täterschaft und Teilnahme

1. Täter

Täter eines Bannbruchs kann jedermann sein. Infrage kommt, wer Bannware über die Grenze   29
oder an den Bestimmungsort befördert, als Lieferant auftritt oder auch als Abnehmer die Lieferung in Auftrag gegeben hat. Soweit Verbotsgesetze des öffentlichen Rechts den Charakter eines Sonderdeliktes aufweisen, also etwa bestimmte Verfügungsberechtigte oder besondere Personen als Täter bestimmen, kommt es zu entsprechenden Einschränkungen. Z.B. definieren §§ 8, 9, 39 Abs. 1 AWV den Begriff des Einführers.

Auch die Definition des **Verbringers** kann von entscheidender Bedeutung sein. Der EuGH hat den Begriff des Verbringers in den Rechtssachen C-238/02 [Viluckas] und C-246/02 [Jonusas] im Urt. v. 04.03.2004 (EuGH, wistra 2004, 376, 378) für den Fall des Verbringens in einem Kfz verbindlich ausgelegt, was zunächst zu erheblichen Unklarheiten insb. im Bereich organisierter Kriminalität führte (*Bender* wistra 2004, 368; BGH wistra 2007, 224 m. Anm. von *Bender*, wistra 2007, 309). Klarzustellen ist, dass auch **Hinterleute**, die an dem Transportvorgang nicht unmittelbar beteiligt sind, als Täter in Betracht kommen. Sie sind aufgrund eines gemeinsamen Tatplanes und ggf. arbeitsteiliger Durchführung der Tat Mittäter gem. § 25 Abs. 2 StGB oder – wenn bspw. der Transporteur nicht weiß, dass er Waren oder Gegenstände über die Grenze befördert, die einem Verbringungsverbot unterliegen – mittelbare Täter gem. § 25 Abs. 1, 2. Alt. StGB. Im Bereich der organisierten Kriminalität haben regelmäßig die Hinterleute, nicht die Transporteure die Sachherrschaft über die beförderten Waren und Gegenstände (BGH wistra 2007, 224, 226 in Ergänzung zu BGH, wistra 2007, 262; allgemein zum **Organisationsdelikt** BGH, NStZ 2008, 89, 90, Festhaltung an BGHSt 45, 270; *Fischer* § 25 Rn. 7 m.w.N.).

2. Mittäterschaft/Beihilfe

30 Hinsichtlich der Abgrenzung zwischen Mittäterschaft und Beihilfe gelten die allgemeinen Regeln. Zu berücksichtigen ist, dass auch **Inlandsgeschäfte** insofern strafrechtliche Risiken bergen, als bspw. das Zurverfügungstellen von Gütern, deren Ausfuhr verboten ist, eine Strafbarkeit wegen des **Förderns** eines fremden Ausfuhrverstoßes begründen kann (*Deiters*, ZIS 6/2009, 306 ff.; zu den **Fördertatbeständen** des KWKG Wabnitz/Janovsky/*Harder* 20. Kap. Rn. 67 ff.; zum mittäterschaftlichen Handeln bei Steuerdelikten BGH, NStZ 2006, 44 sowie BFH 7. Senat, Beschl. v. 08.06.2007 – VII B 280/06; zum Erwerb i.S.d. [Kriegs]waffenrechts *Fehn*, Kriminalistik 2008, 677 m. Anm. zu BGH, NStZ 2008, 158).

3. Sonderfall des Verbringenlassens

31 Verschiedene Verbringungsverbote sanktionieren das **Verbringen*lassen***, vgl. § 21b AWV. Dies bedeutet aber keine Ausweitung des Täterkreises, da es sich beim Verbringen*lassen* um Ausprägungen der intellektuellen und mittelbaren Täterschaft bzw. der Teilnahmeformen der Beihilfe und Anstiftung handelt (FGJ/*Jäger* § 372 Rn. 14; a.A. HHSp/*Hübner* § 372 Rn. 41; ausführlich zur mittelbaren Tatherrschaft Leipold/Tsambikakis/Zöller/*Waßmer* § 25 Rn. 7 ff.).

V. Subsidiarität der Strafandrohung/Konkurrenzen

32 Eine Bestrafung wegen Bannbruchs mit der Strafandrohung aus §§ 372 Abs. 2, 370 Abs. 1, 2 AO kommt nur in Betracht, wenn der deutsche Strafgesetzgeber für bestimmte Zuwiderhandlungen **keine** entsprechende **Strafvorschrift** zur Verfügung stellt.

Ist eine Zuwiderhandlung gegen ein Ein-, Aus- oder Durchfuhrverbot nur mit **Geldbuße** bedroht, folgt aus § 372 Abs. 2 Halbs. 2 AO die Umkehrung des in § 21 Abs. 1 OWiG normierten Grundsatzes, dass nur das Strafgesetz zur Anwendung kommt, wenn eine Handlung gleichzeitig Straftat und Ordnungswidrigkeit ist (FGJ/*Jäger* § 372 Rn. 42; Klein/*Jäger* § 372 Rn. 20; a.A. HHSp/*Hübner* § 372 Rn. 89).

Die Subsidiaritätsklausel greift nicht in den Fällen, in denen die Zuwiderhandlung gegen ein Ein-, Aus- oder Durchfuhrverbot gewerbsmäßig, bewaffnet und/oder bandenmäßig begangen wird, weil hier eine Bestrafung über § 373 AO erfolgt (FGJ/*Jäger* § 372 Rn. 44).

I.Ü. kann § 372 AO tateinheitlich mit § 370 AO begangen werden, wenn zugleich Einfuhrabgaben verkürzt werden.

C. Nebenfolgen

I. Nebenfolgen nach AO

1. Aberkennung der Amtsfähigkeit und Wählbarkeit, § 375 Abs. 1 AO

In den Fällen, in denen der Bannbruch wie Steuerhinterziehung nach §§ 372 Abs. 2, 370   **33**
Abs. 1, 2 AO zu bestrafen ist bzw. ein bandenmäßiger Bannbruch vorliegt, kann das Gericht dem
verurteilten Täter für die Dauer von 2 – 5 Jahren die Fähigkeit aberkennen, öffentliche Ämter zu
bekleiden und Rechte aus öffentlichen Wahlen zu erlangen. Ein gewerbsmäßiger Monopolbann-
bruch scheidet nach Wegfall des Branntweinmonopols als Tatbestandsalternative aus.

2. Einziehung, § 375 Abs. 2 AO

In den vorgenannten Fällen kann gem. § 375 AO die Einziehung der Bannwaren sowie der Beför-   **34**
derungsmittel erfolgen. Zu beachten ist, dass über § 375 Abs. 2 Nr. 2 Satz 2 AO und den Verweis
auf § 74a StGB abweichend von § 74 Abs. 2 Nr. 1 StGB Gegenstände auch dann eingezogen werden können, wenn sie Dritten gehören oder zustehen, soweit der Dritte wenigstens leichtfertig
dazu beigetragen hat, dass die Sache Mittel oder Gegenstand der Tat oder ihrer Vorbereitung
gewesen ist. Das gilt auch, wenn der Dritte Gegenstände in Kenntnis der Umstände, welche die
Einziehung zugelassen hätten, in verwerflicher Weise erworben hat.

II. Nebenfolgen nach sonstigen Vorschriften

1. Einziehung, §§ 74 ff. StGB

Wird der Täter des Bannbruchs aufgrund der Subsidiaritätsklausel nach einem vorrangigen Ver-   **35**
botsgesetz und nicht nach §§ 372, 370 Abs. 1, 2 AO bestraft, kann die Einziehung nur nach allgemeinen strafrechtlichen Vorschriften oder aufgrund einer Vorschrift des betroffenen Verbotsgesetzes durchgeführt werden. Die Einziehungsvorschriften anderer Verbotsgesetze können dabei enger
oder weiter sein.

2. Einziehung nach Spezialgesetzen

Nach verschiedenen Sondervorschriften ist auch im Bereich der Bannbruch – relevanten Delikte   **36**
eine Einziehung möglich, z.B. gem. § 33 BtMG, § 54 WaffG, § 72 BNatSchG, § 92b StGB.

3. Anordnung des Verfalls, §§ 73 ff. StGB

Soweit der Täter oder ein Teilnehmer aus der Tat einen Vermögensvorteil erlangt hat, kann der   **37**
Verfall angeordnet werden. Allerdings unterliegt der Veräußerungsgewinn nicht dem Verfall des
Wertersatzes nach § 73a StGB sondern der Einziehung gem. § 74c StGB (ausführlich FGJ/*Joecks*
§ 375 Rn. 69 ff.).

D. Verfahrensfragen

I. Zuständigkeiten und Verfahren

Die Zollbehörden überwachen gem. Art. 2 MZK, § 1 ZollVG den grenzüberschreitenden Waren-   **38**
verkehr und damit auch die Einhaltung der Verbringungsverbote. Mit der Schaffung des Binnen-
markts in der EU sind die Zollgrenzen zwischen den Mitgliedstaaten beseitigt worden. Seitdem
gibt es dort keine förmlichen Zollkontrollen mehr, sodass die Überwachung nur noch an den
Außengrenzen der EU stattfindet. Gleichwohl werden zur der Überwachung des innergemeinschaftlichen Warenverkehrs sog. Kontrolleinheiten Verkehrswege (KEV, früher Mobile Kontroll-
gruppen = MKG) eingesetzt.

Der Gesetzgeber hat den Bannbruch ausdrücklich als Steuerstraftat qualifiziert, § 369 Abs. 1 Nr. 2 AO. Damit findet auch auf die nicht steuerlichen Verbringungsverbote das Verfahrensrecht der AO Anwendung, §§ 385 ff. AO. Beim Verdacht des Bannbruchs ist die Finanzbehörde Ermittlungsbehörde, hier das HZA, § 386 Abs. 1 Satz 2 AO. Etwas anderes gilt nur, wenn gegen den Beschuldigten ein Haft- oder Unterbringungsbefehl erlassen ist (§ 386 Abs. 3 AO) oder das Verfahren an die StA abgegeben bzw. von der StA an sich gezogen wurde (§ 386 Abs. 4 Satz 1, 2 AO). Wird der Bannbruch i.S.d. § 372 AO in anderen Vorschriften **mit Strafe** bedroht, gelten dennoch §§ 385 ff. AO, denn die Zollverwaltung soll auch für die Strafverfolgung bei Verstößen gegen nichtsteuerliche Verbotsnormen zuständig sein (FGJ/*Jäger* § 372 Rn. 54; HHSp/*Hübner* § 372 Rn. 90; *Bender* ZfZ 1992, 201; *Bender*, wistra 1998, 93 m. Anm. zu OLG Braunschweig wistra 1998, 71; *Fehn*, Rauschgiftschmuggelbekämpfung durch den Zollfahndungsdienst der BRD und europäischer Binnenmarkt: unter besonderer Berücksichtigung der verwaltungsmäßigen Stellung und der Aufgaben des Kriminalinstituts). Ist ein Bannbruch in anderen Vorschriften hingegen nur **mit Geldbuße** bedroht, finden die besonderen Verfahrensvorschriften der §§ 409 ff. AO keine Anwendung, es sei denn, die Zuwiderhandlung trifft mit einer Verkürzung von Einfuhrabgaben zusammen, die wiederum eine Steuerstraftat nach § 370 AO darstellt.

Die Durchführung der Ermittlungen obliegt regelmäßig dem Zollfahndungsdienst, § 208 Abs. 1 Nr. 1 AO (zu Organisation, Aufgaben und Befugnissen des Zollfahndungsdienstes im Einzelnen s. § 404 Rdn. 6 ff.)

II. Nichtverfolgung von Steuerstraftaten und -ordnungswidrigkeiten gem. § 32 ZollVG

39   Für Steuerstraftaten und -ordnungswidrigkeiten, die im grenzüberschreitenden Reiseverkehr begangen werden, gilt gem. § 32 Abs. 1 ZollVG, dass die Tat nicht verfolgt wird, soweit die Waren weder zum Handel noch zur gewerblichen Verwendung bestimmt waren und der verkürzte Einfuhrabgabenbetrag 130,00 € nicht übersteigt. In solchen Fällen kann ein Zollzuschlag bis zur Höhe der eigentlichen Einfuhrabgaben, höchstens jedoch bis zu 130,00 € erhoben werden. Inwieweit dieses sog. „Schmuggelprivileg" auf Steuerstraftaten wie dem Bannbruch, der nicht die Verkürzung von Einfuhrabgaben betrifft, anwendbar ist, ist umstritten (abl. Klein/*Jäger* § 372 Rn. 25; FGJ/*Jäger* § 32 ZollVG Rn. 15; zust. HHSp/*Hübner* Rn. 33 vor § 372; zur Historie *Bender*, Das Zoll- und Verbrauchsteuerstrafrecht mit Verfahrensrecht, S. 187 ff.; *Bender*, ZfZ 1997, 110). Aus dem Wortlaut des § 32 ZollVG ist jedoch bereits zu folgern, dass sich das „Schmuggelprivileg" im Reiseverkehr bei sog. Bagatellverstößen auf die Hinterziehung von Einfuhrabgaben geringer Größenordnung beziehen soll. Darauf gründet gerade die Ahndung durch Erhebung eines Zollzuschlages i.H.d. verkürzten Abgabenbetrages unter Absehen von Strafe, sodass § 32 ZollVG auf § 372 AO nicht anwendbar ist.

§ 373 AO   Gewerbsmäßiger, gewaltsamer und bandenmäßiger Schmuggel

(1) Wer gewerbsmäßig Einfuhr- oder Ausfuhrabgaben hinterzieht oder gewerbsmäßig durch Zuwiderhandlungen gegen Monopolvorschriften Bannbruch begeht, wird mit Freiheitsstrafe von sechs Monaten bis zu zehn Jahren bestraft. In minder schweren Fällen ist die Strafe Freiheitsstrafe bis zu fünf Jahren oder Geldstrafe.

(2) Ebenso wird bestraft, wer

1. eine Hinterziehung von Einfuhr- oder Ausfuhrabgaben oder einen Bannbruch begeht, bei denen er oder ein anderer Beteiligter eine Schusswaffe bei sich führt,
2. eine Hinterziehung von Einfuhr- oder Ausfuhrabgaben oder einen Bannbruch begeht, bei denen er oder ein anderer Beteiligter eine Waffe oder sonst ein Werkzeug oder Mittel bei sich führt, um den Widerstand eines anderen durch Gewalt oder Drohung mit Gewalt zu verhindern oder zu überwinden, oder

3. als Mitglied einer Bande, die sich zur fortgesetzten Begehung der Hinterziehung von Einfuhr- oder Ausfuhrabgaben oder des Bannbruchs verbunden hat, eine solche Tat begeht.

(3) Der Versuch ist strafbar.

(4) § 370 Abs. 6 Satz 1 und Abs. 7 gilt entsprechend.

A. Grundsätzliches

I. Regelungsgegenstand und Rechtscharakter

§ 373 AO ist ein **Qualifikationstatbestand** zu § 370 AO, soweit es um die Hinterziehung von Einfuhr- oder Ausfuhrabgaben geht, und zum Bannbruch gem. § 372 AO. Der Bannbruch ist im Fall des § 373 Abs. 1 AO allerdings beschränkt auf die Zuwiderhandlung gegen (heute praktisch bedeutungslose) Monopolvorschriften. Ein eigenes Grunddelikt des „Schmuggels" gibt es nicht. Erfasst werden Konstellationen, denen im Vergleich zu den Ausgangstatbeständen eine gesteigerte Gefährlichkeit innewohnt. Ein gewerbs- (§ 373 Abs. 1 AO) oder bandenmäßig (§ 373 Abs. 2 Nr. 3 AO) handelnder Täter bedroht wegen der Wiederholungsabsicht die durch die Grundtatbestände geschützten Rechtsgüter (Steuer- und Abgabenaufkommen) besonders nachhaltig. Das Beisichführen von (Schuss-)Waffen und qualifizierten Nötigungsmitteln (§ 373 Abs. 2 Nr. 1 und 2 AO) führt dagegen zu einer erhöhten körperlichen Gefährdung der Zollbeamten (BGHSt 6, 260, 262). 1

Die qualifizierenden Begleitumstände machen § 373 AO aber nicht (wie § 249 im Verhältnis zu § 242 StGB) zu einem verselbstständigten Delikt mit eigenem Unrechtstypus, was für die Teilnahmelehre (Rdn. 43 ff.) und beim Versuchsbeginn (Rn. 52) von Bedeutung ist (Kohlmann/*Hilgers-Klautzsch* § 373 Rn. 10; Rolletschke/*Kemper* § 373 Rn. 4 ff.; HHSp/*Engelhardt* § 373 Rn. 7; insofern missverständlich FGJ/*Jäger* § 373 Rn. 2 und BT-Drucks. 16/5846, S. 75, wo jeweils von einem „selbstständigen" Qualifikationstatbestand die Rede ist; zur üblichen Terminologie vgl. aber *Jescheck/Weigend* Strafrecht AT, § 26 Abs. 3; *Roxin* Strafrecht AT/I § 10 Rn. 132 ff.). Der Charakter als **unselbstständige Abwandlung** in Form eines Qualifikationstatbestands wird auch nicht dadurch infrage gestellt, dass mit § 373 Abs. 3 AO eine ausdrückliche Anordnung der Versuchsstrafbarkeit getroffen wurde. Eine solche Regelung findet sich regelmäßig auch bei anderen unselbstständigen Qualifikationstatbeständen (§§ 224 Abs. 2, 244 Abs. 2, 260 Abs. 2 StGB), damit in entsprechenden Fällen nicht nur der Versuch des Grunddelikts bestraft werden kann. 2

II. Entstehungsgeschichte

3 Dem § 373 AO entsprechende Vorschriften (zum jeweiligen Wortlaut vgl. Kohlmann/*Hilgers-Klautzsch* § 373 Rn. 1 ff.) über die bandenmäßige und bewaffnete Kontrebande (Bannbruch) und Defraudation (Zollhinterziehung) fanden sich bereits in den §§ 146, 148 Vereinszollgesetz des Norddeutschen Bundes (BGBl. 1869, S. 317). Im Jahr 1939 wurden sie als § 401b in die Reichsabgabenordnung (RAO) übernommen und um den Tatbestand des gewerbsmäßigen Schmuggels erweitert (RGBl. I 1939, S. 1181). Durch das 2. AO-StrafÄndG (BGBl. I 1968, S. 953) wurde daraus § 397 AO, woraus wiederum § 373 AO 1977 (BGBl. I 1976, S. 613) entstand. Im Zuge dieser Neuregelung wurde der sachliche Anwendungsbereich bei gewerbsmäßigem Bannbruch auf Zuwiderhandlungen gegen (heute praktisch bedeutungslose) Monopolvorschriften beschränkt. Zugleich wurden die Vorschriften, was die gewerbsmäßige und bewaffnete Begehungsweise anbelangt, an die damaligen §§ 244 Abs. 1, 250 Abs. 1 StGB (Diebstahl mit Waffen und Bandendiebstahl/Schwerer Raub) angepasst. Die spätere Neufassung der §§ 244, 250 StGB durch das 6. StrRG (BGBl. I 1998, S. 164) wurde allerdings nicht nachvollzogen.

4 Das StÄndG (BGBl. I 2001, S. 3974) ersetzte den Begriff der „Eingangsabgaben" durch den Begriff der „Einfuhr- oder Ausfuhrabgaben". Damit erfolgte eine Anpassung an die Terminologie des Art. 4 Nr. 10 bis 11 Zollkodex (VO 2913/92/EWG) bzw. Art. 4 Nr. 15 bis 16 Modernisierter Zollkodex (VO 450/2008/EG). Ihre heutige Fassung erhielt die Vorschrift schließlich mit Wirkung v. 01.01.2008 durch das TKÜNeureglG (BGBl. 2007 I, S. 3198): Der Strafrahmen wurde im Mindest- und Höchstmaß angehoben und an § 370 Abs. 3 AO angepasst. In § 373 Abs. 2 Nr. 3 AO wurde auf das bisherige Qualifikationsmerkmal der Tatausführung „unter Mitwirkung eines anderen Bandenmitglieds" verzichtet. Ferner erfolgte mit § 373 Abs. 3 AO erstmals eine eigenständige Regelung der Versuchsstrafbarkeit (Rdn. 50). Durch Einfügung von § 373 Abs. 4 AO, der auf § 370 Abs. 6 Satz 1 und Abs. 7 AO verweist, sind erstmals auch Einfuhr- und Ausfuhrabgaben erfasst, die von einem anderen EU-Mitgliedstaat verwaltet werden bzw. die einzelnen EFTA-Staaten (Island, Liechtenstein, Norwegen und der Schweiz) selbst zustehen (Rdn. 10).

B. Anwendungsbereich – Die Grundtatbestände

5 § 373 AO ist nur dann anwendbar, wenn einer der Grundtatbestände des § 370 AO oder des § 372 AO in objektiver und subjektiver Hinsicht erfüllt ist.

I. Hinterziehung von Einfuhr- oder Ausfuhrabgaben

6 In der jeweils ersten Variante ist § 373 AO eine Qualifikation zu § 370 AO, soweit es um die Hinterziehung von Einfuhr- oder Ausfuhrabgaben geht (Rdn. 1 f.).

1. Begriff der Einfuhr- und Ausfuhrabgaben

7 Unter Einfuhr- oder Ausfuhrabgaben versteht man Zölle und Abgaben mit gleicher Wirkung, die beim oder nach dem Verbringen einer Ware über die Grenze aufgrund der Einfuhr oder Ausfuhr entstehen. Vgl. Art. 4 Nr. 10 bis 11 ZK bzw. Art. 4 Nr. 15 bis 16 MZK (gem. Art. 188 Abs. 2 MZK erst nach Erlass der Durchführungsvorschriften, spätestens jedoch ab dem 24.06.2013 anwendbar).

8 Entsprechend gehören zu den **Einfuhrabgaben**:

– **Zölle**, die der EU zustehen und nach Maßgabe des Gemeinsamen Zolltarifs (Verordnung 2658/87/EWG) aufgrund der erstmaligen Einfuhr aus Drittstaaten in das Zollgebiet erhoben werden. An den Binnengrenzen fallen aufgrund der Zollunion (Art. 28, 30 AEUV) keine Zölle mehr an. Nationale Zölle der Mitgliedstaaten sind unzulässig. Eine Einfuhrzollschuld entsteht gem. § 212 Satz 2 ZK bzw. Art. 50 Abs. 2 MZK auch für Waren, die Einfuhr- oder Ausfuhrverboten oder -beschränkungen gleich welcher Art unterliegen. Keine Einfuhrabgaben werden allerdings erhoben auf Falschgeld, Suchtstoffe oder psychotrope Stoffe, die vorschriftswidrig in das Zollgebiet der EU verbracht werden. Die verbotswidrige Einfuhr ist jedoch ggf. als solche strafbar (vgl. Rdn. 18 f.). Antidumpingzölle fallen ebenfalls unter § 373 AO, auch wenn die für einen bestimmten Zeitraum geltende Antidumping-Maßnahme nach Tatbegehung entfällt (keine Anwendung von § 2 Abs. 3 StGB, vgl. BGH v. 27.08.2010 – 1 StR 217/10 und 218/10; auf § 2 Abs. 4 StGB kommt es insofern allerdings nicht an, da die nachfolgende Senkung oder der spätere Wegfall einer Abgabe generell keine Auswirkungen auf vergangene Veranlagungszeiträume haben, vgl. auch BGHSt 34, 272, 282, 284; *Schuster*, Das Verhältnis von Strafnormen und Bezugsnormen aus anderen Rechtsgebieten, S. 247 ff.).

– **Abgaben zu Marktordnungszwecken**, die auf der Grundlage der Einfuhr aus einem Drittland in das deutsche Erhebungsgebiet anfallen, wenn der Preis der Ware unter dem Schwellenpreis liegt. Die Bestimmungen der AO sind nach Maßgabe von § 12 Abs. 1 Satz 1 MOG entsprechend anzuwenden. Das Erschleichen von Ausfuhrerstattungen ist dagegen nach § 264 StGB (Subventionsbetrug) strafbar.

– **Abgaben mit zollgleicher Wirkung**, d.h. finanzielle Belastungen der grenzüberschreitenden Ware, die zwar formell nicht als Zoll definiert sind, jedoch funktionell diesem gleich stehen (Beschränkung des freien Warenverkehrs). Dieser Begriff des EG-Rechts umfasst Abgaben, die regelmäßig als Verwaltungsgebühren und Steuern zu qualifizieren sind, wie z.B. Statistikgebühren und Gebühren für gesundheitspolizeiliche Untersuchungen von Waren (vgl. Beispiele bei Grabitz/Hilf/*Voß* Art. 25 EGV Rn. 19). Abgaben zollgleicher Wirkung sind jedoch im Warenverkehr zwischen Mitgliedstaaten der EU (Art. 30 AEUV) bzw. mit denen des EWR (Art. 10 EWR-Abkommen, ABl. 1994 Nr. L 1/3) und auch mit Drittstaaten (EuGH Rs. 266/81 Slg. 1983, 731 – SIOT) verboten, soweit es sich um nationale Abgaben handelt. In diesem Fall entfällt eine Strafbarkeit nach § 373 AO mangels Anwendbarkeit der betreffenden nationalen Abgabenvorschrift.

– **nationale Verbrauchsteuern**, soweit diese auf Grundlage der **Einfuhr aus einem Drittland** in **9** das deutsche Erhebungsgebiet anfallen. Erfasst werden die **Einfuhrumsatzsteuer** gem. §§ 1 Abs. 1 Nr. 4, 21 UStG und **Verbrauchsteuern** besonderer Art (§ 147 Abs. 1 BranntwMonG; § 19 EnergieStG; § 13 KaffeeStG; § 21 TabStG; § 18 Abs. 1 SchaumwZwStG). Die jeweiligen Verbrauchsteuergesetze verweisen insofern auf die Zollvorschriften. Die **deutsche** Verbrauchsteuer gilt allerdings nur dann als Einfuhrabgabe, wenn die Waren unmittelbar aus dem Nicht-Mitgliedstaat in die Bundesrepublik verbracht werden (vgl. BGH, NStZ 2007, 590, 591; NStZ 2011, 410; anders noch BGH, wistra 2004, 475, 476). Dies ist bei den Transporten über den Landweg durch andere Mitgliedsstaaten nicht der Fall; in Betracht kommt dann jedoch eine strafbare Hinterziehung ausländischer Einfuhrabgaben (Rdn. 10).

– **Einfuhrabgaben von EU- und EFTA-Staaten** (seit dem 01.01.2008; vgl. Rdn. 4) nach Maß- **10** gabe der §§ 373 Abs. 4 i.V.m. 370 Abs. 6 Satz 1 AO. Dies gilt nicht nur für **Zölle**, die von anderen Mitgliedstaaten für die EU verwaltet werden, sondern auch für **nationale Verbrauchsteuern**, die aufgrund der Einfuhr aus einem Drittland anfallen (BGH, NStZ 2001, 201; NJW 2007, 1294, 1297). Dass für die Berechnung des Steuersolls i.S.d. § 370 Abs. 4 Satz 1 AO ausländisches Recht angewendet werden muss, ist im Hinblick auf Art. 103 Abs. 2 GG unproblematisch, da die Steuerhinterziehung nach zutreffender Ansicht insoweit keine Blanketteigenschaften i.e.S. aufweist (*Schuster*, Das Verhältnis von Strafnormen und Bezugsnormen aus anderen Rechtsgebieten, S. 187 ff., 373 ff. m.w.N.); die Existenz des Steueranspruchs ist vielmehr rechtsnormatives Tatbestandsmerkmal (vgl. auch § 370 AO Rdn. 346). Gegen eine Anwendung auf ausländische Abgaben wenden sich allerdings *Bender* wistra 2001, 161, 163 f.; *Schmitz/Wulf*, wistra 2001, 361, 367 f., die darauf verweisen, dass entsprechende Einfuhrabgaben den Mitgliedsstaaten unmittelbar zustehen. Aber auch eigene Einfuhrabgaben werden vom jeweiligen Mitgliedstaat „selbst verwaltet" (vgl. Kohlmann/*Ransiek* § 370 Rn. 552).

11 **Keine Einfuhrabgaben** sind dagegen:

– Verbrauchsteuern auf inländische Erzeugnisse oder Erzeugnisse anderer EU-Mitgliedstaaten, denn insofern fehlt es an einem Einfuhrvorgang in das Zollgebiet der EU. Dies gilt auch für die deutsche USt, die im Rahmen eines innergemeinschaftlichen Erwerbs anfällt (§§ 1 Abs. 1 Nr. 5, 13a Abs. 1 Nr. 2 UStG), und für besondere Verbrauchsteuern (z.B. gem. §§ 23 Abs. 1, 17 Abs. 1 TabStG beim gewerblichen Handel mit Tabakwaren aus anderen Mitgliedsstaaten). Die Verkürzung stellt jedoch eine Steuerhinterziehung gem. § 370 AO dar (BGH, NStZ 2007, 592, 594) und zwar regelmäßig in Form eines besonders schweren Falls nach § 370 Abs. 3 Satz 2 Nr. 5 AO.

12 **Ausfuhrabgaben** werden regelmäßig nur dann erhoben, wenn der Weltmarktpreis für ein knappes Gut über dem Inlandspreis liegt (etwa aufgrund einer sozialpolitisch motivierten Subventionierung). In der EU wird von dieser Möglichkeit (Art. 4 Nr. 11 ZK bzw. Art. 4 Nr. 16 MZK) derzeit nicht Gebrauch gemacht.

2. Tathandlung

13 Das Grunddelikt kann durch Tun oder durch Unterlassen (§ 370 Abs. 1 Nr. 1 oder 2 AO) begangen werden. Denkbar sind folgende Erscheinungsformen (vgl. im Detail auch Bender/Möller/Retemeyer C V Rn. 815 ff.; Kohlmann/*Schauf* § 370 Rn. 1532 ff.):

14 Im Rahmen eines „klassischen" Schmuggels **unter Umgehung der Zollstellen** über die grüne Grenze oder auf dem Seeweg verletzt der Täter seine Gestellungspflichten nach Art. 40 ZK bzw. Art. 95 MZK, sodass die Unterlassensvariante des § 370 Abs. 1 Nr. 2 AO zur Anwendung kommt. Da die Zollschuld gem. Art. 202 ZK bzw. Art. 46 MZK sofort entsteht und direkt an der Zollstelle festgesetzt werden würde, tritt der tatbestandliche Erfolg sofort ein. Wegen der Osterweiterung der EU spielt diese Variante, da beim Verbringen von Waren in die Bundesrepublik i.d.R. keine Zollgrenze mehr überschritten wird, eine weit geringere praktische Rolle (*Jäger* FS-Amelung, S. 447, 448 f.). Vgl. zur Möglichkeit der Ahndung von Auslandssachverhalten allerdings Rdn. 10.

15 Überschreitet der Täter die Grenze **an der Zollstelle**, so z.B. im **Reiseverkehr**, täuscht er i.d.R. aktiv i.S.d. § 370 Abs. 1 Nr. 1 AO. Dies geschieht entweder ausdrücklich, indem er die Frage des Zollbeamten, ob er etwas zu verzollen habe, unrichtig oder unvollständig beantwortet, oder konkludent durch andere Formen der Willensäußerung (Benutzung des grünen Ausgangs am Flughafen). Die Unterlassensvariante des § 370 Abs. 1 Nr. 2 AO, die auch greifen würde (der Reisende ist ebenfalls gestellungspflichtig), tritt dahinter zurück. Bei Schmuggel über die Zollstelle liegt oft nur ein Versuch (vgl. Rdn. 50 ff.) vor, da die Einfuhrabgaben bei Entdeckung meist noch rechtzeitig festgesetzt werden können (im Einzelnen Bender/Möller/Retemeyer/*Bender* C V Rn. 1241). Bei Einreise über den Landweg ist auf das erstmalige Überschreiten der Zollgrenze abzustellen (seit der Osterweiterung meist in anderen Mitgliedstaaten der EU, vgl. dazu Rdn. 10, 14).

Beim Schwarzhandel mit Zigaretten ohne gültiges Steuerzeichen zum eigenen Bedarf geht der Bußgeldtatbestand des § 37 TabStGB vor; § 373 AO dürfte in diesen Fällen aber schon tatbestandlich ausscheiden. Zum Verfolgungshindernis des § 32 ZollVG beim Reiseverkehr vgl. Rdn. 55.

16 Die Formen des sog. **Intelligenzschmuggels** sind vielfältig (Bender/Möller/Retemeyer C V Rn. 903 ff.). Oft gestellt der Täter zwar die Ware, macht aber unrichtige Angaben (§ 370 Abs. 1 Nr. 1 AO) über die Menge, die Stückzahl, die tariferhebliche Beschaffenheit (Fertigerzeugnisse als Waren in einer niedrigeren Bearbeitungsstufe), das Herkunftsland (Präferenzbehandlung) oder den Zollwert (doppelte Rechnungen oder Verlagerung von Teilen des Kaufpreises auf nichtzollpflichtige Nebenleistungen). Auch kann der regelmäßige Verzicht auf die Zollbeschau den Täter dazu veranlassen, bei der Gestellung eine Zollanmeldung abzugeben, in der beigepackte Waren verheimlicht werden (LKWs oder Container mit Zigaretten hinter Tarnladung, doppelten Wän-

den etc.; vgl. BGHSt 48, 108). Anfällig für die Hinterziehung von Einfuhrabgaben ist auch das Versandverfahren (Verzollung nicht bei Grenzübertritt, sondern am Bestimmungsort) i.R.d. internationalen Güterverkehrs; dabei werden die unverzollten Waren während des Transportes der zollamtlichen Überwachung entzogen und in den freien Verkehr überführt (vgl. BGH, NStZ 2001, 379; *Bender,* wistra 2001, 161). Auch aus Freihäfen können Waren z.B. unter Vorlage falscher Zollanmeldungen in das Gemeinschaftsgebiet geschmuggelt werden. Das Verbringen in einen Freihafen ist dagegen nur eine Vorbereitungshandlung, da die Waren gem. Art. 170 Abs. 1 ZK weder zu gestellen noch anzumelden sind (BGH, wistra 2003, 389, 391) bzw. es zu diesem Zeitpunkt – d.h. auch nach Inkrafttreten (s. Rdn. 7) von Art. 157 Abs. 1 MZK (Begründung der Gestellungspflicht in der Freizone) – regelmäßig am Verkürzungserfolg fehlen wird (FGJ/*Jäger* § 373 Rn. 39). I.R.d. sog. Truppenschmuggels (vgl. BayObLGSt 1984, 45) werden von Angehörigen fremder NATO-Streitkräfte Waren, die zur ausschließlichen Verwendung durch die Truppe oder zum privaten Verbrauch durch ihre Mitglieder zollfrei eingeführt worden sind, an nicht privilegierte Personen weitergegeben, ohne dass die zweckwidrige Verwendung gem. § 16 TrZollG angezeigt wird.

Sind mehrere an der Tat beteiligt, ist i.R.d. **Unterlassensvariante** (§ 370 Abs. 1 Nr. 2 AO) für jede   17
Person gesondert zu prüfen, ob sie als gestellungspflichtig anzusehen ist; nur dann kommt sie als Täter (und nicht bloß als Teilnehmer) in Betracht, da die Vorschrift insoweit Sonderdelikt ist (vgl. Rdn. 44). Gestellungspflichtig ist gem. Art. 40 ZK der Verbringer und derjenige, der Verantwortung für ihre Weiterbeförderung übernommen hat. Art. 95 MZK (zum Inkrafttreten s. Rdn. 7) sieht zusätzlich eine entsprechende Pflicht für denjenigen vor, in dessen Namen oder Auftrag der Verbringer handelt. Solange Art. 40 ZK gilt, treten dann Probleme auf, wenn sich der Spediteur als **gutgläubig** erweist und es um die Strafbarkeit der Hinterleute als mittelbare Täter gem. § 25 Abs. 1, 2. Alt. StGB geht. Zu den Verbringern i.S.d. Art. 40 ZK gehören nach EuGH, wistra 2004, 376, 378 – Viluckas und Jonusas nämlich diejenigen, „die die Herrschaft über das Fahrzeug im Zeitpunkt der Verbringung haben, nämlich u.a. die Fahrer, und zwar derjenige, der das Fahrzeug lenkt, und sein Beifahrer oder Ersatzmann, sofern er sich im Fahrzeug befindet". Nach t.v.A. soll dies die Straflosigkeit der nicht im Fahrzeug befindlichen Hinterleute zur Folge haben (*Weidemann,* wistra 2006, 45, 46; vgl. auch *Bender,* wistra 2004, 368, 370 f.), denn für eine Anstiftung oder Beihilfe gem. §§ 26, 27 StGB fehlt es an der erforderlichen vorsätzlichen Haupttat (vgl. Rdn. 43). Nach BGH, NJW 2007, 1294, 1296 verfügen allerdings auch „diejenigen Organisatoren des Transports, die beherrschenden Einfluss auf den Fahrzeugführer haben, indem sie die Entscheidung zur Durchführung des Transports treffen und die Einzelheiten der Fahrt (z.B. Fahrtroute, Ort und Zeit der Einfuhr) bestimmen [...] kraft ihrer Weisungsbefugnis" über die Herrschaft über das Transportfahrzeug; die Erwähnung von Fahrer, Beifahrer und weiterer im Fahrzeug befindlicher Personen durch den EuGH stelle keine abschließende Aufzählung dar.

Mit Art. 95 Abs. 1 Buchst. b) MZK, der eine generelle Gestellungspflicht der Person vorsieht, in deren Namen oder Auftrag die Waren eingeführt wurden, wird dieser Streitstand entschärft. Schon jetzt allerdings wird man im Regelfall (Passieren der Grenze an der Zollstelle, Rn. 15) auf die Abgabe einer unrichtigen Zollanmeldung abstellen können; die aktive Täuschungshandlung (§ 370 Abs. 1 Nr. 1 AO) kann dabei auch vom Nicht-Gestellungspflichtigen in mittelbarer Täterschaft begangen werden (Bender/Möller/Retemeyer C III Rn. 135; *Jäger* FS-Amelung, S. 447, 452). Bei Transport unter Umgehung der Zollstellen (Rdn. 14) wird sich der Fahrer dagegen kaum auf fehlenden Vorsatz berufen können (*Kohlmann* § 373 Rn. 99; *Jäger* FS-Amelung, S. 447, 457). Die Gestellungspflicht ist auch in der Unterlassensvariante des § 370 Abs. 1 Nr. 2 AO **kein besonderes persönliches Merkmal** i.S.d. § 28 Abs. 1 StGB (vgl. Rdn. 48).

II. Bannbruch

Soweit § 372 AO der Grundtatbestand ist (zu den Tathandlungen vgl. § 372 Rdn. 7 ff.), kommt   18
§ 373 Abs. 1 AO in Form der Gewerbsmäßigkeit nur in Betracht, wenn der Bannbruch durch

Zuwiderhandlung gegen Monopolvorschriften begangen wurde. Seit Aufhebung des letzen Einfuhrverbots gem. § 3 BranntwMonG (BGBl. I 2003, S. 2924) läuft die Vorschrift insofern leer.

19   Bei § 373 **Abs. 2 AO** wird dagegen keine entsprechende Einschränkung auf Zuwiderhandlung gegen Monopolvorschriften gemacht. Der Qualifikationstatbestand kommt zudem nicht nur in den (wenigen) Fällen zur Anwendung, in denen § 372 AO noch einen eigenen praktischen Anwendungsbereich hat (z.B. bei nicht eigenständig strafbewehrten Verbringungsverboten des Europarechts, vgl. § 372 AO Rdn. 5 ff.). Vielmehr soll insoweit auch die Subsidiaritätsklausel des § 372 Abs. 2 Halbs. 2 AO außer Betracht bleiben (BGHSt 25, 215), wegen der der Bannbruch als Grunddelikt i.d.R. nur nach den Straf- oder Bußgeldvorschriften speziellerer Verbotsgesetze zu verfolgen ist (§ 372 AO Rdn. 17). Dies soll auch dann gelten, wenn dadurch eine Ordnungswidrigkeit zum Straftatbestand aufgewertet wird (a.A. HHSp/*Hübner* § 372 Rn. 99). Für eine entsprechende Auslegung spricht, dass der Wortlaut von § 370 Abs. 2 AO **lediglich** eine **Subsidiarität der Strafdrohung**, nicht jedoch des Tatbestandes vorsieht (vgl. HHSp/*Engelhardt* § 373 Rn. 23; Kohlmann/*Hilgers-Klautzsch* § 373 Rn. 33). Entsprechende Taten verlieren bei Vorhandensein speziellerer Sanktionsnormen also nicht ihre Eigenschaft als Bannbruch (was auch für die Zuständigkeit der Zollbehörden nach § 386 AO eine wichtige Rolle spielt). Der Sache nach lässt sich die qualifizierte Strafdrohung jedenfalls im Fall des § 373 Abs. 2 Nr. 1 und 2 AO dadurch rechtfertigen, dass das Mitführen von (Schuss-) Waffen und besonderen Nötigungsmitteln **unabhängig von der Art des Schmuggelgutes** zu einer stärkeren körperlichen Gefährdung der eingesetzten Beamten führt (vgl. FGJ/*Jäger* § 373 Rn. 8; Bender/Möller/Retemeyer C III Rn. 498; Müller-Guggenberger/Bieneck/*Bender* § 29 Rn. 211). Bei § 373 Abs. 2 Nr. 3 AO spielt bei Tätigwerden einer Einzelperson dieser Aspekt allerdings keine Rolle mehr, da die Mitwirkung eines anderen Bandenmitglieds vom Gesetz nicht mehr verlangt wird (vgl. Rdn. 41). Wo das Verbringungsgesetz selbst eine erhöhte Strafe für eine bandenmäßige (z.B. § 34 Abs. 6 Nr. 2, 2. Alt. AWG; § 30a Abs. 1 BtMG für den Fall der nicht geringen Menge) oder bewaffnete Vorgehensweise (§ 30a Abs. 2 Nr. 2 BtMG) androht, geht diese allerdings als *lex specialis* vor (vgl. Kohlmann/*Hilgers-Klautzsch* § 373 Rn. 31; krit. *Ellinger/Sticker*, ZfZ 1978, 295). Problematisch bleibt die Frage, ob entsprechende Regelungen für § 373 AO auch hinsichtlich nichterfasster Fälle (z.B. bewaffneter § 34 Abs. 1 AWG oder § 29 Abs. 1 Nr. 1 BtMG bei einer geringen Menge) eine Sperrwirkung entfalten.

C. Die einzelnen Qualifikationstatbestände

I. Gewerbsmäßiger Schmuggel

20   § 373 Abs. 1 AO spielt praktisch nur bei der Hinterziehung von Einfuhrabgaben eine Rolle (Rdn. 6 ff., Rdn. 18).

21   Die Gewerbsmäßigkeit ist ein subjektives Tatbestandsmerkmal und findet sich in einer Vielzahl von Qualifikationstatbeständen und Regelbeispielen innerhalb und außerhalb des StGB (§§ 146 Abs. 2, 180a Abs. 1, 2 Nr. 1, 243 Abs. 1 Nr. 3, 253 Abs. 4, 260 Abs. 1 Nr. 1, 260a Abs. 1, 263 Abs. 3 Nr. 1, Abs. 5, 267 Abs. 3 Nr. 1 StGB, §§ 29 Abs. 3 Satz 2 Nr. 1, 30 Abs. 1 Nr. 2 BtMG). Nach Rechtsprechung und herrschender Literatur bedeutet Gewerbsmäßigkeit die **Absicht** des Täters, „sich durch wiederholte Begehung" des Ausgangstatbestandes „eine fortlaufende Einnahmequelle von einigem Umfang und einiger Dauer zu verschaffen" (RGSt 58, 19, 20; BGHSt 1, 383; BGH bei Dallinger MDR 1975, 725; BGH, StV 2008, 357). Gewerbsmäßigkeit setzt damit stets eigennütziges Handeln und damit die Absicht der Erlangung **tätereigener** Einnahmen voraus (BGH, StV 2008, 357), wobei es ausreicht, dass es dem Täter auf mittelbare Vorteile durch Dritte ankommt.

Um die Haupt- oder gar alleinige Einnahmequelle des Täters muss es sich dabei nicht handeln; schon Nebeneinkünfte von einigem Umfang reichen aus (BGHSt 42, 219, 225). Der Täter muss aus der Tat kein kriminelles Gewerbe gemacht haben oder den Schmuggel wie einen Beruf betreiben. Nicht verlangt wird zudem, dass die Einnahmequelle dem Täter tatsächlich dauernde Einkünfte erschließt. Liegt die Absicht wiederholter Tatbegehung vor, ist vielmehr bereits die erste Tat als gewerbsmäßig anzusehen, auch wenn es zu keinen weiteren Taten kommt (BGH, NStZ 1995, 85). Die geldwerten Vorteile können mit dem gewinnbringenden Verkauf des nicht mit Einfuhrabgaben belasteten Schmuggelgutes erzielt werden (*Harms*, FS-Kohlmann, S. 413, 422). Es reicht aber auch aus, wenn sich der Täter aus den Tathandlungen mittelbare geldwerte Vorteile über Dritte (z.B. Gewinnbeteiligung, Vergütung) verspricht (BGH, NStZ 1998, 622, 623). Gewerbsmäßigkeit liegt jedoch nicht bereits dann vor, wenn für eine einzelne Tat mehrere Teilbeträge gezahlt werden sollen, insofern fehlt es an der Absicht der wiederholten Begehung (BGHR § 29 Abs. 3 Nr. 1 BtMG, gewerbsmäßig 2). Der Täter kann die geschmuggelten Gegenstände jedoch auch für sich verwenden, wenn er dadurch wiederholt höhere Aufwendungen erspart (OLG Stuttgart, wistra 2003, 33, 34); allerdings muss die jeweilige Ersparnis mehr als geringfügig sein (fraglich beim Schmuggel von Genussmitteln zum Eigenbedarf; zum Zigarettenschmuggel vgl. auch Rdn. 15).

Bloße Vermutungen reichen für die Annahme einer Wiederholungsabsicht nicht aus. Der Einbau **22** von Schmuggelverstecken (z.B. Schmuggeltanks, doppelte Böden) in ein Fahrzeug kann jedoch wegen des damit verbundenen erheblichen Aufwands dafür sprechen (FGJ/*Jäger* § 373 Rn. 11). In der Zollpraxis bieten des Weiteren folgende Umstände Anhaltspunkte für gewerbsmäßiges Handeln: Gründung von Scheinfirmen, Ankauf manipulierbarer Zollverschlüsse, Aufheben der Verschlusssicherheit von Fahrzeugen im TIR- oder Versandverfahren, Herstellung von Rechnungsformularen nicht existierender Firmen oder von Zollstempelfalsifikaten. Der Nachweis einer Weiterverkaufsabsicht rechtfertigt dagegen noch nicht die Annahme von Gewerbsmäßigkeit (OLG Köln, NStZ 1991, 585).

Die gewerbsmäßige Begehungsweise ist ein besonderes persönliches Merkmal. Da es sich bei § 373 **23** AO um einen Qualifikationstatbestand handelt (Rdn. 2), wirkt er strafverschärfend i.S.d. § 28 Abs. 2 StGB und nicht etwa strafbegründend. Damit ist die Gewerbsmäßigkeit nur demjenigen Täter oder Teilnehmer zuzurechnen, bei dem sie vorliegt (BGH, wistra 1987, 30; wistra 2005, 227). Auch dem Teilnehmer muss es dafür auf eigene Einnahmen (z.B. Gewinnbeteiligung, Vergütung) ankommen (BGH, wistra 1987, 30; StV 2008, 357). Eine Tatbestandsverschiebung kann sowohl zugunsten als auch zulasten des Täters oder Teilnehmers vorgenommen werden. Wer z.B. als Teilnehmer selbst nicht gewerbsmäßig handelt, ist nur wegen Anstiftung oder Beihilfe zu §§ 370, 372 AO strafbar. Umgekehrt kann aber auch ein gewerbsmäßig handelnder Teilnehmer wegen §§ 26, 27 StGB zu § 373 AO verurteilt werden, während beim Haupttäter lediglich einer der beiden Grunddelikte greift (BGH, GA 1955, 366).

Die Annahme von Gewerbsmäßigkeit, führt nicht dazu, dass mehrere Taten zu einer Sammelstraf- **24** tat zusammengefasst werden; sie bleiben vielmehr selbstständig (BGH, NJW 1953, 955).

II. Gewaltsamer (bzw. bewaffneter) Schmuggel

§ 373 Abs. 2 Nr. 1 und 2 AO spielen sowohl bei der Hinterziehung von Einfuhrabgaben als auch **25** bei verschiedenen Formen des Bannbruchs eine Rolle (Rdn. 6 ff., Rdn. 19). Sie tragen der typischerweise erhöhten Gefährdung der Zollbeamten Rechnung, wenn den Tätern im Fall ihrer Entdeckung Waffen oder qualifizierte Nötigungsmittel zur Verfügung stehen. Zu einer wirklichen Konfrontation oder Gewaltanwendung muss es dabei allerdings nicht kommen; bei den Qualifikationstatbeständen handelt es sich vielmehr um **abstrakte Gefährdungsdelikte**. Die Bezeichnung als „gewaltsamer" Schmuggel in der gesetzlichen Überschrift ist deshalb irreführend (so auch Bender/Möller/Retemeyer C III Rn. 508; Kohlmann/*Hilgers-Klautzsch* § 373 Rn. 12, 55).

1. Schmuggel mit Schusswaffen (§ 373 Abs. 2 Nr. 1 AO)

Der Qualifikationstatbestand des § 373 Abs. 2 Nr. 1 AO ist erfüllt, wenn der Täter oder ein ande- **26** rer Beteiligter bei der Tat eine Schusswaffe bei sich führt. Der Gesetzgeber geht insofern **unabhän-**

gig von einer bestimmten Verwendungsabsicht von einem gesteigerten Gefährdungspotenzial aus. Dieses beruht auf der schnellen Einsatzbereitschaft von Schusswaffen und der Möglichkeit zur Überwindung größerer Distanzen zwischen Täter und Opfer. Der Begriff der Schusswaffe spielt allerdings heute lediglich im Nebenstrafrecht eine größere praktische Rolle (z.B. § 96 Abs. 2 Nr. 3 AufenthG, § 30a Abs. 2 Nr. 2 BtMG). Im StGB findet er sich dagegen nur noch in den §§ 89a Abs. 2 Nr. 1, 121 Abs. 3 Satz 2 Nr. 1, 125a Satz 2 Nr. 1, 292 Abs. 2 Nr. 3 StGB. Bis zum 6. StrRG (1998) wurde er dagegen auch von den §§ 244 Abs. 1 Nr. 1, 250 Abs. 1 Nr. 1 StGB a.F. verwendet, sodass insofern auf eine umfangreiche Judikatur zurückgegriffen werden kann. Die neuere Rechtsprechung zu den §§ 244, 250 StGB ist dagegen nur bedingt übertragbar.

27 Nach der waffenrechtlichen Begriffsbestimmung des § 1 Abs. 2 Nr. 1 WaffG i.V.m. Anlage 1 Absch. 1 Unterabsch. 1 Nr. 1.1 sind Schusswaffen „Gegenstände, die zum Angriff oder zur Verteidigung, zur Signalgebung, zur Jagd, zur Distanzinjektion, zur Markierung, zum Sport oder zum Spiel bestimmt sind und bei denen Geschosse durch einen Lauf getrieben werden". Das WaffG verfolgt in Hinblick auf die dort geregelten Verbote und Erlaubnispflichten einen eigenen Regelungszweck (BGH NJW 1965, 2115). Die Definition kann für den strafrechtlichen Schusswaffenbegriff jedoch als Orientierungshilfe (BGHSt 48, 197, 203) dienen.

„Lauf" ist ein durchbohrtes, glattes oder mit Zügen versehenes Metallrohr, das an beiden Seiten Öffnungen aufweist und i.d.R. über eine gradlinige Seelenachse verfügt (BGHSt 24, 136, 139). Die Geschosse müssen infolge der Entwicklung von Explosionsgasen oder durch Luftdruck durch den Lauf getrieben werden. Als Geschosse gelten nicht nur feste Körper, sondern auch Flüssigkeiten und Gase (BGH, NStZ 1981, 301), sodass Gaspistolen grds. Schusswaffen sein können. Dass die feste Umhüllung den Lauf mit dem Schuss nicht verlässt, weil Sperrvorrichtungen dies verhindern, ist ohne Bedeutung. Ist die Gaspistole jedoch so konstruiert, dass das Gas nicht nach vorne durch den Lauf, sondern durch seitliche Öffnungen ausströmt, so liegt keine Schusswaffe vor (BGH bei Holtz, MDR 1976, 813); das Gleiche gilt für bloße Reizstoffsprühgeräte. In beiden Fällen wird allerdings § 373 Abs. 2 Nr. 2 AO in Betracht kommen. Luftgewehre und -pistolen fallen dagegen unter den Schusswaffenbegriff (BGH bei Dallinger, MDR 1974, 547; BGH, Urt. v. 11.01.2000 – 5 StR 444/99, Rn. 7). Mit Knallkartuschen geladene Schreckschusspistolen werden nach der Entscheidung des Großen Strafsenats BGHSt 48, 197, 201 ff. als Waffen i.S.d. §§ 244, 250 StGB n.F. angesehen, da der aus dem Lauf nach vorn austretende Explosionsdruck geeignet ist, erhebliche Verletzungen hervorzurufen. Nach BGH, NStZ 2006, 176 sollen sie deshalb auch dem Schusswaffenbegriff unterfallen. Rein optisch wirkende Schießgeräte sind hingegen keine Schusswaffen (FGJ/*Jäger* § 373 AO Rn. 20). Das Gleiche gilt für Spielzeugpistolen (BGH, NJW 1998, 2914; BGHR StGB § 250 Abs. 2 Wertungsfehler 2). Zur Scheinwaffenproblematik vgl. Rdn. 35.

28 Eine Schusswaffe im strafrechtlichen Sinne muss **funktionsfähig** sein, denn nur dann rechtfertigt die Gefährlichkeit des bloßen Mitführens eine höhere Strafandrohung. Unerheblich ist es jedoch, wenn aufgrund besonderer Umstände (z.B. schusssichere Verglasung) im Einzelfall eine konkrete Gefährdung anderer ausgeschlossen ist (BGHSt 45, 92, 95). Weist die Waffe dagegen einen Defekt auf, sodass sie nicht einsetzbar ist, liegt keine Schusswaffe vor; unschädlich wiederum ist eine vorübergehende Ladehemmung, die schnell beseitigt werden kann (*Körner* § 30a BtMG, Rn. 50). Die Schusswaffe muss auch nicht zwingend geladen oder durchgeladen sein (BGH, NStZ 1981, 301). An der notwendigen abstrakten Gefährlichkeit fehlt es jedoch, wenn der Täter keine Munition bei sich führt (BGHSt 3, 229, 232 f.; 44, 103, 105). Wenn zur Art und Funktionsfähigkeit der Waffe keine Feststellungen getroffen werden können, ist zugunsten des Angeklagten davon auszugehen, dass es sich entweder um eine Scheinwaffe oder um eine ungeladene Schusswaffe handelte (BGH, StraFo 2008, 85). Bei geplanter Verwendung als Schlagwerkzeug oder Scheinwaffe kann allerdings § 373 Abs. 2 Nr. 2 AO in Betracht kommen (Rdn. 33 ff.).

29 Ein **Beisichführen** setzt voraus, dass die Schusswaffe wenigstens griffbereit ist (BGH bei Holtz MDR 1983, 91). Ausreichend ist dabei, dass sie einem der Täter zu irgendeinem Zeitpunkt **wäh-**

rend des Tathergangs zur Verfügung stand (BGH, NStZ 1984, 216 [217]). Erfasst ist dabei nicht nur die Tatbestandsverwirklichung bis zur Vollendung, die beim klassischen Schmuggel bereits mit Überschreiten der „grünen Grenze" eintritt (vgl. Rdn. 14), sondern das gesamte Geschehen bis zu dessen tatsächlicher Beendigung (BGHSt 20, 194, 197). Dies ist erst dann der Fall, wenn das geschmuggelte Gut in Sicherheit gebracht und zur „Ruhe gekommen", d.h. seinem Bestimmungsort zugeführt worden ist (vgl. Rdn. 47).

Für den berufsmäßigen Schusswaffenträger (z.B. tatbeteiligter Zollbeamter) ergeben sich keine **30** Einschränkungen. Lässt er sich zu einer Straftat hinreißen, ist er nicht weniger gefährlich als ein anderer Täter (BGHSt 30, 44, 45 f.; BVerfG, NStZ 1995, 76; zur Gegenauffassung vgl. Sch/Sch/ *Eser/Bosch*§ 244 Rn. 6 m.w.N.).

Um Vorsatz zu haben, muss sich der Täter bewusst sein, die Schusswaffe gebrauchsbereit bei sich **31** zu haben (BGH, StV 2003, 80). Bedingter Vorsatz reicht aus. Auf eine subjektive Verwendungsabsicht kommt es im Gegensatz zu § 373 Abs. 2 Nr. 2 AO nicht an (BGH, NStZ 1996, 498).

Bei mehreren Tatbeteiligten reicht es aus, dass ein Täter oder Teilnehmer eine Schusswaffe bei **32** sich führt. Die anderen Beteiligten benötigen nur diesbezüglichen Vorsatz. Auch § 28 Abs. 2 StGB ist insofern nicht anwendbar, denn das Mitführen einer Schusswaffe ist kein besonderes persönliches Merkmal, da es die besondere Gefährlichkeit der Tat selbst näher umschreibt.

2. Schmuggel mit sonstigen Waffen, Werkzeugen oder Mitteln (§ 373 Abs. 2 Nr. 2 AO)

Der Qualifikationstatbestand des § 373 Abs. 2 Nr. 2 AO ist erfüllt, wenn der Täter oder ein ande- **33** rer Beteiligter bei der Tat eine Waffe oder sonst ein Werkzeug oder Mittel bei sich führt, um den Widerstand eines anderen durch Gewalt oder Drohung mit Gewalt zu verhindern oder zu überwinden. Im Unterschied zu § 373 Abs. 2 Nr. 1 AO genügt hier nicht schon das bloße „Beisichführen" der Waffe, des Werkzeugs oder des Mittels. Vielmehr muss dies mit Gebrauchsabsicht geschehen; § 373 Abs. 2 Nr. 2 AO enthält also ein zusätzliches subjektives Element. Die Formulierung stimmt mit den §§ 244 Abs. 1 Nr. 2, 250 Abs. 1 Nr. 2 StGB i.d.F. vor dem 6. StrRG (1998) überein, sodass auch auf die dazu ergangene Rechtsprechung und Literatur zurückgegriffen werden kann (vgl. Rdn. 26).

Waffen sind solche Gegenstände, die dazu geeignet und auch dazu bestimmt sind, Menschen auf **34** mechanischem oder chemischem Wege körperlich zu verletzen (BGHSt 4, 125, 127). Dazu gehören v.a. Hieb-, Stoß- oder Stichwaffen, z.B. Kampfmesser, Schlagringe (BGH, NStZ 2010, 224), Gummiknüppel (BGH, StV 2002, 80), Teleskopschlagstöcke etc. Auch Schusswaffen fallen darunter; insoweit ist jedoch § 373 Abs. 2 Nr. 1 AO vorrangig. Keine Waffen sind dagegen Alltagsgegenstände, die sich zwar aufgrund ihrer objektiven Beschaffenheit als Angriffs- oder Verteidigungsmittel eignen, jedoch vorrangig zu anderen Zwecken gebraucht werden (z.B. Äxte, Beile, Schraubenzieher, Stuhlbein, Fahrradkette etc.). Diese sind jedoch, wenn der Täter sie zur Gewaltanwendung mitführt, als sonstige Werkzeuge oder Mittel den Waffen gleichgestellt. Der Umschreibung kommt damit eine Auffangfunktion zu (Kohlmann/*Hilgers-Klautzsch* § 373 Rn. 67). Werkzeuge sind auch ein Pkw (BGH bei Dallinger, MDR 1978, 987 f.) oder ein bissiger Hund (BGH, NStZ 2000, 431). Die Vorschrift erfasst auch Werkzeuge, die nicht unmittelbar gegen Zollbeamte, sondern zur Abwehr der von ihnen zur Schmuggelbekämpfung verwendeten Arbeitsgeräte Verwendung finden sollen, z.B. Wurfeisen oder Fußangeln gegen Verfolgerfahrzeuge; Hundespray gegen Zollhunde (Bender/Möller/Retemeyer C III Rn. 516). Auf den Aggregatzustand der Sache kommt es nicht an, sodass auch Reizgase oder Flüssigkeiten (z.B. Säure) als Tatmittel erfasst werden. Die Faust oder andere Körperteile stellen dagegen mangels Gegenständlichkeit kein Werkzeug oder Mittel dar (BGH StV 1985, 456); u.U. jedoch der „Schuh am Fuß" (so BGHSt 30, 375; dazu krit. *Hettinger,* JuS 1982, 895).

Lange Zeit umstritten war die Frage, ob auch Schein- und Anscheinswaffen (ungeladene Schuss- **35** waffen, Spielzeugpistolen, Bombenattrappen etc.) als sonstige Werkzeuge oder Mittel von der Vorschrift umfasst sind. Für die §§ 244, 250 StGB hat sich dieser Streitstand mit dem 6. StrRG (BGBl. I 1998, S. 164) erledigt; insofern kommen eindeutig § 244 Abs. 1 Nr. 1 Buchst. b) (Diebstahl mit Waffen) und § 250 Abs. 1 Nr. 1 Buchst. b) (Schwerer Raub) StGB n.F. zur Anwendung (BGHSt 44, 103, 105; BT-Drucks. 13/9064, S. 18), da es nur auf die Absicht zur Überwindung des Widerstandes und nicht auf die objektive Gefährlichkeit des eingesetzten Mittels ankommt. Nach der Rechtsprechung (BGHSt 24, 339) galt dies schon vorher für die §§ 244 Abs. 1 Nr. 2 und 250 Abs. 1 Nr. 2 StGB a.F., denen § 373 Abs. 2 Nr. 2 AO nachgebildet ist; das Merkmal der Drohung setzte nicht voraus, dass das angekündigte Übel überhaupt realisierbar ist. Die damals herrschende Literatur verneinte dagegen die Anwendbarkeit im Hinblick auf die fehlende objektive Gefährlichkeit und den hohen Strafrahmen des § 250 StGB a.F. (Sch/Sch/*Eser* 25. Aufl. § 244 Rn. 14 m.w.N.). Das **steuerstrafrechtliche** Schrifttum hat sich mittlerweile, auch wenn das 6. StrRG bei § 373 AO nicht nachvollzogen wurde (vgl. Rdn. 3), der Rechtsprechung angeschlossen (Kohlmann/*Hilgers-Klautzsch* § 373 Rn. 69; FGJ/*Jäger* § 373 Rn. 27; HHSp/*Engelhardt* § 373 Rn. 56; Bender/Möller/Retemeyer C III Rn. 516; a.A. Rolletschke/*Kemper* § 373 Rn. 43). Dem ist zuzustimmen: Der Wortlaut des § 373 Abs. 2 Nr. 2 StGB verlangt keine objektive Gefährlichkeit. Zudem weist die Tat bereits dann ein erheblich erhöhtes Eskalationspotenzial auf, wenn der Schmuggler entschlossen ist, bei Entdeckung mit Gewaltanwendung zu drohen und dafür einen entsprechenden Gegenstand bei sich führt. Insofern hebt sich die Tat in ihrem Unrechtgehalt erheblich von der einfachen Verwirklichung der §§ 370, 372 AO ab.

Da objektiv ein bloßes Beisichführen ausreicht, ist es **unerheblich**, wenn das Opfer bemerkt, dass die Scheinwaffe ungefährlich ist. Auch die Absicht des Täters, ggf. mit einer Scheinwaffe zu drohen, entfällt bei tatsächlicher Anwendung nicht dadurch, dass das Opfer den Plan durchschaut (BGH, StV 1990, 546). Der Täter muss jedoch wollen, dass das Opfer die Drohung ernst nimmt (BGH, NStZ 1981, 436).

Gegenstände, die aus Sicht eines objektiven Beobachters **nicht** bereits aufgrund ihres **äußeren Erscheinungsbilds** als gefährlich erscheinen (z.B. Plastikrohr oder Lippenpflegestift, auch wenn gegen den Rücken oder Hals gedrückt), sind dagegen selbst nach der Rechtsprechung kein taugliches Werkzeug oder Mittel, da die Zwangswirkung beim Opfer insofern maßgeblich durch Täuschung (z.B. ausdrückliche Erklärung des Täters, er sei bewaffnet) hervorgerufen wird, nicht durch das Erscheinungsbild des mitgeführten Gegenstandes als solchen (BGHSt 38, 116; StV 2007, 186; StV 2008, 520).

36   Auch bei § 373 Abs. 2 Nr. 2 AO ist es nicht erforderlich, dass das Tatmittel tatsächlich zum Einsatz kommt; zum Begriff des Beisichführens s. Rn. 29. Neben **Vorsatz** (s. Rdn. 31) verlangt § 373 Abs. 2 Nr. 2 AO aber eine **subjektive Verwendungsabsicht** (vgl. Rdn. 33). Bei **mehreren Tatbeteiligten** gilt Rdn. 32 entsprechend.

III. Bandenmäßiger Schmuggel

37   § 373 Abs. 2 Nr. 3 AO spielt sowohl bei der Hinterziehung von Einfuhrabgaben (zur Hinterziehung von Verbrauchsteuern als Binnenabgabe vgl. § 370 Abs. 3 Satz 2 Nr. 5 AO) als auch bei verschiedenen Formen des Bannbruchs eine Rolle (Rdn. 6 ff., Rdn. 19). Ein unmittelbares körperliches Zusammenwirken der Bandenmitglieder ist dabei nicht mehr erforderlich. Anders war dies vor der Neufassung durch das TKÜNeuregIG (Rdn. 4), als der Gesetzeswortlaut noch die „Mitwirkung eines anderen Bandenmitglieds" verlangte. Der ursprüngliche Grund der Strafschärfung, dass das „örtlich und zeitlich verbundene Auftreten einer Mehrzahl von Schmugglern, die bewusst zusammenwirken" (vgl. RGSt 69, 105, 106), mit erhöhten körperlichen Gefahren für die Zollbeamten verbunden ist, ist damit nicht mehr der entscheidende Gesichtspunkt. Vielmehr stellt die dauerhafte Verbindung von mehreren Personen und die damit verbundene Wiederholungsabsicht, wie bei den §§ 146 Abs. 2, 260 Abs. 1 Nr. 2, 263 Abs. 3 Nr. 1, Abs. 5 StGB, § 30a Abs. 1 BtMG etc., eine erhöhte Gefährdung für die durch die Grundtatbestände geschützten Rechtsgüter dar (*Bender,* ZfZ 2008, 145, 147; s.a. bereits oben Rdn. 1).

Nach BGHSt 46, 321 – GS besteht eine Bande aus einem Zusammenschluss von mindestens **drei** 38
Personen, die sich mit dem **Willen** verbunden haben, künftig für eine gewisse Dauer mehrere
selbstständige, im Einzelnen noch ungewisse Straftaten des im Gesetz genannten Deliktstyps zu
begehen. Vor der genannten Grundsatzentscheidung ließ die ständige Rechtsprechung zwei Personen genügen (BGHSt 23, 239; daran festhaltend Sch/Sch/*Eser/Bosch* § 244 Rn. 24 m.w.N.). Dies
führte jedoch zu erheblichen Schwierigkeiten bei der Abgrenzung zur wiederholten gemeinschaftlichen Tatbegehung durch zwei Personen, die nur Mittäter sind. Gruppendynamische Willensbil-
dungsprozesse, die die besondere Gefährlichkeit der Bande ausmachen, entstehen zudem typischerweise erst ab Dreipersonengruppen.

Die Bandenabrede kann konkludent gefasst, aber auch stillschweigend aufgekündigt werden 39
(BGHSt 50, 160, 162). Ein „gefestigter Bandenwille" oder ein „Tätigwerden in einem übergeordneten Bandeninteresse" ist nicht erforderlich. Auch muss die Bande nicht den Organisationsgrad
einer kriminellen Vereinigung i.S.d. § 129 StGB erreichen. Die Bandenmitglieder müssen sich **zur
fortgesetzten Begehung** der Grunddelikte, d.h. auf die Begehung mehrerer selbstständiger, im
Einzelnen noch unbestimmter Taten i.S.d. §§ 370, 372 AO, verbunden haben. Eine gegenseitige
Verpflichtung der Mitglieder zur Begehung solcher Delikte braucht nicht vorzuliegen. Die Planung einer Tat, die in mehreren Teilakten ausgeführt werden soll, reicht dagegen nicht aus (FGJ/
Jäger § 373 Rn. 32a). Auch muss die Verabredung auf eine gewisse Dauer angelegt sein; dies ist bei
einer kurzfristigen Verbindung für wenige Stunden nicht der Fall (OLG Hamm, NJW 1981,
2207). Sofern eine bandenmäßige Verbindung vorliegt, erfüllt allerdings schon die **erste Schmuggeltat** den Tatbestand, auch wenn es zu keinen weiteren Taten mehr kommt (s.o. Rdn. 21).

Mitglied einer Bande kann jeder sein. Dies gilt auch für den allein diensthabenden Zollbeamten 40
(a.A. *Kohlmann* § 373 Rn. 80; ebenso, aber veraltet, BGH GA 1955, 366), da die körperliche
Gefährdung der Zollbeamten nicht mehr der entscheidende Gesichtspunkt der Strafschärfung ist.
Die Gefährlichkeit einer Bande für das Abgabenaufkommen ist sogar erhöht, wenn ein Zollbe-
diensteter ihr angehört (FGJ/*Jäger* § 373 Rn. 32a).

Die **Tatausführung** bedarf seit der Neufassung durch das TKÜNeureglG kein Zusammenwirken 41
mit anderen Bandenmitgliedern (Rdn. 37). Die einzelne Tat kann also auch, wenn sie dem Ban-
denzweck entspricht, in Alleintäterschaft begangen werden. Bei mehreren Tatbeteiligten setzt die
bandenmäßige Begehung für den Einzelnen keine körperliche Anwesenheit bei der Tatausführung
voraus. Eine Schmuggelfahrt kann sogar durch einen bandenfremden Täter ausgeführt werden,
während das Bandenmitglied andere Tatbeiträge (z.B. organisatorischer Art) erbringt. Bei der
Abgrenzung von Täterschaft und Teilnahme gelten dabei die allgemeinen Grundsätze
(BGHSt 46, 321, 338), s. dazu Rdn. 43 ff.

Sowohl Mittäter wie Gehilfen können als Mitglied einer Bande handeln. Bei der Bandenmitglied- 42
schaft handelt es sich um ein **besonderes persönliches Merkmal** i.S.d. § 28 Abs. 2 StGB. Damit ist
die Bandenmäßigkeit nur demjenigen Täter oder Teilnehmer zuzurechnen, bei dem es vorliegt
(s.a. Rdn. 23 zur Gewerbsmäßigkeit).

D. Täterschaft und Teilnahme

Täterschaft gem. § 25 StGB ist auch beim Schmuggel in allen Formen, also unmittelbare Täter- 43
schaft, mittelbare Täterschaft und Mittäterschaft, denkbar. Die Teilnahme setzt eine vorsätzliche,
rechtswidrige Haupttat eines anderen voraus. Der Anstifter wird gem. § 26 StGB gleich dem Täter
bestraft; i.R.d. Beihilfe erfolgt gem. § 27 Abs. 2 Satz 2 StGB eine zwingende Strafmilderung nach
§ 49 Abs. 1 StGB (Rdn. 53).

Der Schmuggel ist, soweit § 370 Abs. 1 Nr. 1 AO und § 372 AO den Grundtatbestand darstellen, 44
kein Sonderdelikt. Insb. kann auch der Täter sein, der nicht selbst Steuerpflichtiger oder Steuerschuldner ist (BGH, NStZ-RR 2007, 345). Dagegen setzt § 370 Abs. 1 Nr. 2 AO als **echtes Unter-**

lassungsdelikt voraus, dass die Betreffenden selbst Gestellungs- oder Anmeldepflichten treffen; nur dann kommen sie als Täter (und nicht bloß als Teilnehmer) in Betracht. Zum Problem des gutgläubigen Verbringers und der Strafbarkeit der Hinterleute vgl. bereits Rdn. 17.

45 Für die **Abgrenzung** von Täterschaft und Teilnahme stellt die Rechtsprechung grds. auf die innere Willensrichtung ab, die unter Heranziehung sowohl objektiver als auch subjektiver Kriterien bestimmt wird. Vgl. dazu auch § 25 StGB Rdn. 12. Für die Ermittlung eines Täterwillens bilden der Grad des Eigeninteresses am Erfolg der Tat, der Umfang der Tatbeteiligung und die Tatherrschaft oder wenigstens der Wille dazu die wesentlichen Beurteilungskriterien (BGHSt 34, 124, 126; 36, 363, 367; NStZ-RR 2004, 56). Der Grad des Eigeninteresses hängt dabei u.a. davon ab, ob der Beteiligte am Erlös partizipiert oder bloß einen relativ geringen, erfolgsunabhängigen Lohn erhält (BGH, StV 1998, 587, 588; 596, 597; StV 2000, 261; StV 2003, 279). Eine extrem subjektive Sicht, die nur auf das Tatinteresse abstellt (so noch RGSt 74, 84 – Badewannen-Fall; BGHSt 18, 87 – Stachynskij-Fall), ist allerdings heute nicht mehr vertretbar. Deshalb bleibt auch derjenige Täter, der den Tatbestand eigenhändig erfüllt, dies jedoch nur im Interesse eines anderen tut (BGHSt 38, 315; StV 1999, 427). Beim besonders Tatinteressierten (z.B. Bandenchef) jedoch reicht objektiv irgendein die Tatbestandsverwirklichung fördernder Beitrag aus, der sich auf eine Vorbereitungs- oder Unterstützungshandlung beschränken kann (BGH, NStZ 1999, 609). Räumliche Anwesenheit ist nicht erforderlich.

46 Als **Beihilfe** i.S.d. § 27 StGB sind alle möglichen Unterstützungshandlungen zu sehen. Sogar die bloße Zusage solcher kann ausreichen, wenn dadurch ein schon gefasster Tatentschluss bestärkt oder dem Haupttäter ein erhöhtes Gefühl der Sicherheit vermittelt wird (BGHR-StGB § 27 Abs. 1 Hilfeleisten 8).

47 Personen, die erst nach dem Einschmuggeln von Gegenständen am Transport oder Absatz mitwirken, können nach der Rechtsprechung unter Annahme von **sukzessiver Mittäterschaft** oder sukzessiver **Beihilfe** zu § 373 AO verurteilt werden, wenn sie einen Tat- oder Gehilfenbeitrag zwar nach Vollendung, aber vor Beendigung der Tat leisten (BGH, wistra 2000, 425). Zugerechnet werden dabei auch die tatbezogenen Erschwerungsgründe, d.h. Beisichführen von (Schuss-)Waffen und qualifizierten Nötigungsmitteln i.S.d. §§ 373 Abs. 1 Nr. 1 und 2 AO, die der Haupttäter zuvor allein verwirklicht hat, soweit der hinzukommende Beteiligte hiervon erfährt (BGHSt 2, 344, 346 f.). Maßgeblich für die **Beendigung** des Schmuggels (vgl. auch schon Rdn. 29) ist, dass die gefährliche Phase des Grenzübergangs abgeschlossen und das geschmuggelte Gut in Sicherheit gebracht wurde; es muss zur „Ruhe gekommen" und seinem Bestimmungsort zugeführt worden sein (BGHSt 3, 40, 44 f.; NStZ 2000, 594). Ausreichend ist allerdings, dass das Schmuggelgut an einem Ort geraume Zeit lagern soll und seine Weiterbeförderung von weiteren Entscheidungen abhängt, sodass sich nach den Gesamtumständen des Einzelfalls das Zwischenlagern nicht mehr als ein bloßes Umladen darstellt (BGH, wistra 2007, 224, 225). **Nach Beendigung** kommen nur noch Begünstigung gem. § 257 StGB oder Steuerhehlerei gem. § 374 AO in Betracht. Zwischen Vollendung und Beendigung ist bei der Abgrenzung zu den Anschlussdelikten auf die Willensrichtung abzustellen (BGH, NStZ 1994, 486). Wenn man dagegen mit der herrschenden Literatur der Tatherrschaftslehre folgt, scheidet jedenfalls die sukzessive Mittäterschaft bereits nach Vollendung aus, da nachträglich eintretende Mittäter über Vorgänge der Vergangenheit schon begrifflich keine Tatherrschaft haben können (*Lackner/Kühl* § 25 Rn. 12).

48 Die Gestellungspflicht ist auch in der Unterlassensvariante des § 370 Abs. 1 Nr. 2 AO **kein besonderes persönliches Merkmal** i.S.d. § 28 Abs. 1 StGB, sodass beim nicht gestellungspflichtigen Teilnehmer keine gesonderte Strafmilderung nach § 49 Abs. 1 StGB vorzunehmen ist. Die gesetzliche Festlegung, wer im Einzelfall anzeige-, erklärungs- oder gestellungspflichtig ist, erfolgt nach reinen Zweckmäßigkeitsgesichtspunkten im Interesse besserer Überwachung fiskalisch oder marktordnungsrechtlich erheblicher Vorgänge und ist deshalb tatbezogen (BGHSt 41, 1, 4).

49 Gewerbsmäßigkeit und Bandenmitgliedschaft gem. § 373 Abs. 1 und Abs. 2 Nr. 3 AO sind dagegen strafverschärfende (Rdn. 2) **besondere persönliche Merkmale** i.S.d. § 28 Abs. 2 StGB. Sie sind

deshalb nur demjenigen Täter oder Teilnehmer zuzurechnen, bei dem sie vorliegen (Rdn. 23, 42). Ist dies nicht der Fall, sind sie lediglich wegen Täterschaft oder Teilnahme am Grundtatbestand (§§ 370, 372 AO) zu bestrafen (sog. Tatbestandsverschiebung). Das Beisichführen von (Schuss-)Waffen und qualifizierten Nötigungsmitteln i.S.d. §§ 373 Abs. 1 Nr. 1 und 2 AO ist dagegen **tatbezogen** und **nicht persönlich**, sondern wird wechselseitig zugerechnet (Rdn. 32, 36).

E. Versuch

Die Strafbarkeit des Versuchs wurde durch das TKÜNeureglG mit Wirkung v. 01.01.2008 (vgl. **50** Rdn. 4) in Abs. 3 geregelt. Entsprechende Regelungen finden sich auch bei anderen unselbstständigen Qualifikationstatbeständen, stellen also keine Besonderheit dar (Rdn. 2).

Die Versuchshandlung liegt gem. § 22 StGB darin, dass der Täter nach seiner Vorstellung von der **51** Tat zur Verwirklichung des Tatbestandes unmittelbar ansetzt. Allgemein dazu s. § 22 StGB Rdn. 7 f., 19. Da es sich bei § 373 AO um einen unselbstständigen Qualifikationstatbestand und kein Delikt mit eigenem Unrechtstypus handelt (vgl. Rdn. 2), reicht das bloße Ansetzen zum qualifizierenden Merkmal, z.B. Einstecken der (Schuss-)Waffe, Gründung der Bande etc., nicht aus. Der Täter muss vielmehr zur Verwirklichung des „gesamten tatbestandlichen Unrechts" ansetzt haben (SK-StGB/*Rudolphi* § 22 Rn. 18; Sch/Sch/*Eser* § 22 Rn. 58).

Danach gilt für Einfuhrdelikte, bei denen die beabsichtigte Steuerverkürzung durch Abgabe **52** inhaltlich falscher Anmeldungen bei der zollamtlichen Abfertigung bewirkt werden soll (Rdn. 15 f.), dass erst mit der Vorlage der wahrheitswidrigen – weil unvollständigen – Zollanmeldung der Versuch beginnt (BGH, wistra 2003, 389, 391); bei diesen Erklärungsdelikten liegt vor Erreichen der Zollgrenzstelle i.d.R. kein Angriff auf das geschützte Rechtsgut (Steueraufkommen) vor (*Harms/Jäger*, NStZ 2004, 191, 195). Beim Schmuggel unter Umgehung der Zollstellen tritt allerdings schon unmittelbar nach Überschreiten der Grenze Vollendung ein (Rdn. 14), deshalb soll es für den Versuchsbeginn ausreichen, dass sich der Täter der Zollgrenze so weit genähert hat, dass nach seiner Auffassung nähere Hindernisse vor dem Überschreiten nicht mehr zu erwarten sind (BGHSt 4, 333). Das bloße Anschaffen des Schmuggelguts, Verladen oder Losfahren Richtung Grenze sind dagegen immer nur Vorbereitungshandlungen. Nur der mittelbare Täter setzt evtl. schon in diesem Stadium zur Tatverwirklichung an, wenn er den Geschehensablauf aus der Hand gibt (vgl. BGHSt 30, 363, 365), z.B. durch Losschicken eines gutgläubigen LKW-Fahrers mit versteckter Ladung. Beim Bannbruch beginnt der Versuch grds. kurz vor Erreichung der Hoheitsgrenze (BGH, NJW 1990, 654); im Flugverkehr allerdings schon mit Einchecken des Reisegepäcks bzw. bei Handgepäck mit Besteigen des abflugbereiten Flugzeuges, denn ab diesem Zeitpunkt kann der Täter die Vollendung (Überschreiten der Hoheitsgrenze) nicht mehr verhindern (BGH, StV 1990, 408, 409; StV 2010, 129). Beim Schmuggeln von Zigaretten als Erklärungsdelikt setzt der Täter dagegen erst am Zielflughafen nach der Gepäckannahme durch Wahl des „grünen Ausgangs" (Rdn. 15) an.

F. Strafen, Konkurrenzen, Strafklageverbrauch

I. Strafrahmen, Strafzumessung, Strafaufhebungsgründe

Der Täter eines § 373 AO wird mit Freiheitsstrafe von 6 Monaten bis zu 10 Jahren bestraft. Inso- **53** fern fand mit dem TKÜNeureglG (vgl. Rdn. 4) eine Angleichung an § 370 Abs. 3 AO statt. Für den Versuch sieht § 23 Abs. 2 StGB eine fakultative, im Fall der Beihilfe § 27 Abs. 2 Satz 2 StGB eine zwingende Milderung des Strafrahmens vor. Das Höchstmaß liegt dann bei 7 Jahren und 6 Monaten Freiheitsstrafe (§ 49 Abs. 1 Nr. 2 StGB), das Mindestmaß bei einem Monat (§§ 49 Abs. 1 Nr. 3, 38 Abs. 2 StGB); wegen § 47 Abs. 2 StGB kommt auch eine Geldstrafe in Betracht. Eine nicht vorhandene Gestellungspflicht führt zu **keiner** gesonderten Strafmilderung gem. §§ 28 Abs. 1, 49 Abs. 1 StGB (Rdn. 48).

In minder schweren Fällen ist die Strafe gem. § 373 Abs. 1 Satz 2 AO bis zu 5 Jahre Freiheitsstrafe oder Geldstrafe.

54   Die Erfüllung mehrerer Qualifikationstatbestände durch dieselbe Tat ist innerhalb des Strafrahmens schärfend zu berücksichtigen. Darüber hinaus spielt i.R.d. **Strafzumessung** u.a. der Zollwert des Schmuggelgutes, die Bedeutung des jeweiligen Tatbeitrags, speziell bei § 373 Abs. 2 Nr. 1 und 2 AO die Gefährlichkeit der mitgeführten (Schuss-) Waffen, Werkzeuge und Mittel, ihr tatsächlicher Einsatz bzw. der Grad der Verwendungsabsicht, bei § 373 Abs. 2 Nr. 3 AO die Größe der Bande sowie die Intensität und Dauer der Verbindung eine Rolle (vgl. FGJ/*Jäger* § 373 Rn. 50). Dabei ist allerdings das Doppelverwertungsverbot nach § 46 Abs. 3 StGB zu beachten. Diesem unterliegt z.B. die strafverschärfende Überlegung, der Täter habe sich wiederholt zulasten der Allgemeinheit bereichert, denn entsprechende Gründe waren bereits Anlass zur Schaffung des Tatbestandes. Eine besondere Gefährlichkeit der Bewaffnung (Maschinenpistole, Bewaffnung mehrerer) darf jedoch zulasten des Täters gewertet werden (vgl. *Schäfer/Sander/van Gemmeren* Praxis der Strafzumessung, Rn. 999, 1028), da sie über die bloße Tatbestandserfüllung hinausgeht. Strafmildernd zu berücksichtigen sind die Tatsache, dass Waren, hinsichtlich derer Abgaben hinterzogen worden sind, nicht in den freien Verkehr gelangt sind (FGJ/*Jäger* § 373 Rn. 50a), sowie der Lockspitzeleinsatz, in besonderem Maße dann, wenn er mit einer fast durchgehenden Observation der Angeklagten und der Schmuggelware einherging (BGH, StV 2000, 555). Wird eine unverdächtige und zunächst nicht tatgeneigte Person in einer dem Staat zuzurechnenden Weise zu der Straftat verleitet, ist dies wegen eines Verstoßen gegen Art. 6 Abs. 1 Satz 1 MRK gesondert zu kompensieren (BGHSt 45, 321; zur Vollstreckungslösung BGHSt 52, 124 – GS).

55   Die Möglichkeit zur **Selbstanzeige** nach § 371 AO ist beim gewerbsmäßigen, gewaltsamen und bandenmäßigen Schmuggel nicht vorgesehen. Vgl. dazu § 371 AO Rdn. 204. Im **Reiseverkehr** kommt, wenn sich die Tat auf Waren bezieht, die weder zum Handel noch zur gewerblichen Verwendung bestimmt sind und der verkürzte Einfuhrabgabenbetrag 130,00 € nicht übersteigt, allerdings § 32 ZollVG als Nichtverfolgungsgrund zur Anwendung. Zum Bannbruch als Grunddelikt vgl. insofern § 372 Rdn. 24.

56   Als besondere **Nebenfolgen** kommt insb. gem. § 375 Abs. 2 AO die Einziehung des Schmuggelgutes und der Beförderungsmittel, die zur Tat benutzt worden sind, in Betracht. Die Anordnung eines Verfalls scheitert dagegen jedenfalls i.R.d. Hinterziehungsvariante regelmäßig an § 73 Abs. 1 Satz 2 StGB, da auch der Steuerfiskus Verletzter i.S.d. Vorschrift ist und die hinterzogenen Abgaben weiterhin geschuldet werden bzw. gegen jeden Tatbeteiligten auch ein Ersatzanspruch aus § 71 AO besteht. Eine Verfallsanordnung zugunsten des Justizfiskus würde daher zu einer Doppelbelastung des Betroffenen führen (grundlegend BGH, NStZ 2001, 155 ff.; NStZ-RR 2007, 237, 238). Bei Weiterleitung des aus einer Hinterziehung Erlangten an unbeteiligte Dritte ist der Wertersatzverfall aber anwendbar (BGH, PStR 2010, 233 m. krit. Anm. *Gehrmann*). Ein dinglicher Arrest als vorläufige Maßnahme i.R.d. sog. Rückgewinnungshilfe (§§ 111b Abs. 2, Abs. 5, 111d StPO i.V.m. §§ 73a, 73 Abs. 1 Satz 2 StGB) kann aber im Strafverfahren angeordnet werden, da es insoweit nicht auf etwaige Ansprüche von Verletzten ankommt (krit. zum Sicherungsbedürfnis des Fiskus, der über eigene Sicherungsmaßnahmen nach der AO verfügt OLG Celle, wistra 2008, 359; LG Mannheim, StraFo 2007, 115).

II. Konkurrenzen

57   Da es sich bei § 373 AO um eine **unselbstständige Qualifikation** handelt (Rdn. 2), ergeben sich im Verhältnis zu den Grundtatbeständen keine Konkurrenzprobleme. Dies gilt seit Angleichung der Strafrahmen (Rdn. 4) auch hinsichtlich § 370 Abs. 3 AO (vgl. zur alten Rechtslage dagegen BGHSt 32, 95). Eine Verurteilung erfolgt aus §§ 370, 373 AO bzw. §§ 372, 373 AO (Kohlmann/*Hilgers-Klautzsch* § 373 Rn. 144). Bei Erfüllung mehrerer Qualifikationsmerkmale (vgl. auch Rdn. 52) sind alle in den Schuldspruch aufzunehmen; bzgl. Schusswaffen geht § 373 Abs. 2 Nr. 1 AO jedoch § 373 Abs. 2 Nr. 2 AO vor (Rdn. 34).

Tateinheit ist denkbar mit § 113 und §§ 223, 224 StGB, sofern Widerstand gegen Zollbeamte 58 geübt wird, mit § 129 StGB, sofern die Schmuggelbande gleichzeitig die Voraussetzungen einer kriminellen Vereinigung erfüllt, mit § 267 AO bei Verwendung falscher Belege zur Täuschung der Zollbeamten, mit §§ 51, 52 WaffG wegen des Führens von Waffen. Beim Entwenden von Waren aus Beständen fremder Truppen oder Unterschlagung einer gestellungspflichtigen Sendung durch einen Postbediensteten werden die §§ 242 bzw. 246 StGB tateinheitlich erfüllt. Hinsichtlich der hinterzogenen Abgaben selbst wird § 263 StGB jedoch von §§ 370, 373 AO verdrängt (vgl. § 370 AO Rdn. 474). Zum Schwarzhandel mit Zigaretten gem. § 37 TabStG vgl. Rn. 15. Zu Verbringungsverboten mit eigener erhöhter Strafdrohung (z.B. § 34 Abs. 6 Nr. 2, 2. Alt. AWG; § 30a Abs. 1 BtMG) vgl. Rdn. 19. Ein täterschaftlich begangener § 373 AO schließt § 374 AO aus; im Fall von § 373 AO i.V.m. §§ 26, 27 StGB ist jedoch Tatmehrheit möglich (vgl. § 374 AO Rdn. 15, 52).

Die Annahme von Gewerbsmäßigkeit oder Bandenmäßigkeit führt trotz der damit verbundenen 59 Wiederholungsabsicht **nicht** dazu, dass mehrere Taten **zu einer Sammelstraftat** zusammengefasst werden (Rdn. 24). Trotz gleichzeitiger Hinterziehung mehrerer Zoll- und Steuerarten (Rdn. 8 ff.) liegt Tateinheit vor, wenn die erforderlichen Angaben durch eine Handlung zu machen sind.

III. Strafklageverbrauch; Art. 54 SDÜ

Für **inländische Verurteilungen** gilt gem. Art. 103 Abs. 3 GG der Grundsatz „ne bis in idem". 60

Eine **Aburteilung im Ausland** schließt dagegen eine nochmalige Strafverfolgung im Inland grds. nicht aus. Aus § 153c Abs. 1 Nr. 1 StPO folgt lediglich eine Lockerung des Verfolgungszwangs. Ansonsten wird die im Ausland verbüßte Strafe gem. § 51 Abs. 3 StGB angerechnet. Dies dürfte jedoch nur beim Bannbruch als Grunddelikt eine Rolle spielen, da die Hinterziehung deutscher Ein- und Ausfuhrabgaben im Nicht-EU/EFTA-Ausland regelmäßig nicht strafbar sein dürfte. Bei rechtskräftiger Sanktionierung in einem anderen EU-Mitgliedsstaat oder einem der Nicht-EU-Schengen-Staaten (Island, Norwegen, Schweiz, gleichzeitige EFTA-Mitglieder) greift dagegen Art. 54 SDÜ bzw. Art. 50 EU-Grundrechtecharta (mit Art. 6 Abs. 1 EUV-Lissabon verbindlich geworden, zum Verhältnis der Vorschriften s. LG Aachen, StV 2010, 237; BGH v. 25.10.2010 –1 StR 57/10). Zum Strafklageverbrauch bei einer einheitlichen „Schmuggelfahrt" vgl. BGHSt 52, 275.

§ 374 AO   Steuerhehlerei

(1) Wer Erzeugnisse oder Waren, hinsichtlich deren Verbrauchsteuern oder Einfuhr- und Ausfuhrabgaben im Sinne des Artikels 4 Nr. 10 und 11 des Zollkodexes hinterzogen oder Bannbruch nach § 372 Abs. 2, § 373 begangen worden ist, ankauft oder sonst sich oder einem Dritten verschafft, sie absetzt oder abzusetzen hilft, um sich oder einen Dritten zu bereichern, wird mit Freiheitsstrafe bis zu fünf Jahren oder mit Geldstrafe bestraft.

(2) Handelt der Täter gewerbsmäßig oder als Mitglied einer Bande, die sich zur fortgesetzten Begehung von Straftaten nach Absatz 1 verbunden hat, so ist die Strafe Freiheitsstrafe von sechs Monaten bis zu zehn Jahren. In minder schweren Fällen ist die Strafe Freiheitsstrafe bis zu fünf Jahren oder Geldstrafe.

(3) Der Versuch ist strafbar.

(4) § 370 Abs. 6 Satz 1 und Abs. 7 gilt entsprechend.

A. Grundsätzliches

I. Regelungsgegenstand und Rechtscharakter

1 Der Tatbestand des § 374 AO entspricht strukturell dem der Sachhehlerei gem. § 259 StGB. Der Unrechtsgehalt liegt zum einen in der **Aufrechterhaltung und Vertiefung** („Perpetuierung") eines durch die Vortat geschaffenen steuerrechts- bzw. bannwidrigen Zustands (BGHSt 29, 239, 242; wistra 2008, 105, 106). Durch die Weiterverschiebung der Ware an dritte Personen verflüchtigt sich nicht nur das einzige Beweismittel für die Existenz des Steueranspruchs, sondern zugleich das Zugriffsobjekt, auf das sich die Sachhaftung des § 76 AO (Rdn. 5) bezieht (*Rönnau*, NStZ 2000, 513, 515 f.). Hehlereihandlungen untergraben zum anderen die Wirkungskraft strafrechtlicher Verhaltensnormen (Sch/Sch/*Stree/Hecker* § 259 Rn. 3). Deshalb spielt auch der Aspekt eine Rolle, dass durch die Bereitschaft Dritter, zu einem günstigen Preis nicht mit Verbrauchsteuern oder Einfuhr- und Ausfuhrabgaben belastete Waren zu erwerben, ein **Anreiz** geschaffen wird, im größeren Umfang entsprechende Hinterziehungstaten zu begehen (HHSp/*Engelhardt* § 374 Rn. 13). Bei der Bannbruch-Hehlerei gilt Entsprechendes; im Fall von nichtwirtschaftlichen Einfuhr-, Ausfuhr- und Durchfuhrverboten kommen aber auch alle mit der verbotswidrigen Einfuhr verbundenen Gefahren (Artenschutz, Vermeidung von Tierseuchen etc.) zum Tragen (Kohlmann/*Hilgers-Klautzsch* § 374 Rn. 14; z.T. krit. *Rönnau*, NStZ 2000, 513, 516 f.). Durch die Strafdrohung des § 374 AO sollen diese Gegenstände verkehrsunfähig gemacht werden.

II. Entstehungsgeschichte

2 Dem § 374 AO entsprechende Vorschriften fanden sich bereits in § 368 der Reichsabgabenordnung 1919 (RGBl. I 1919, S. 1993) sowie in Spezialgesetzen wie z.B. § 60 TabStG 1919 (RGBl. I 1919, S. 1667). Im Jahr 1931 wurde die Steuerhehlerei als § 403 RAO neu gefasst (RGBl. I 1931, S. 161; zum jeweiligen Wortlaut vgl. auch *Kohlmann* § 374 Rn. 1 ff.) und im Jahr 1939 unter Einbeziehung des Bannbruchs als Vortat nochmals neu formuliert (RGBl. I 1939, S. 1181). Durch das 2. AO-StrafÄndG (BGBl. I 1968, S. 953) wurde daraus § 398 AO, die Vorgängernorm von § 374 AO 1977 (BGBl. I 1976, S. 613). Mit erfasst waren ab dann auch Eingangsabgaben, die von einem anderen EG-Mitgliedstaat verwaltet werden bzw. einem EFTA-Staat (Island, Liechtenstein, Norwegen und der Schweiz) selbst zustehen. Das StÄndG (BGBl. I 2001, S. 3974) ersetzte den Begriff des „Zolls" bzw. der „Eingangsabgaben" durch den Begriff der „Einfuhr- oder Ausfuhrabgaben"; damit erfolgte eine Anpassung an die Terminologie des Art. 4 Nr. 10 – 11 Zollkodex (VO 2913/92/EWG). Die derzeitige Fassung gilt seit dem 01.01.2008 und

beruht auf dem TKÜNeureglG (BGBl. I 2007, S. 3198). Die Strafrahmen sind nunmehr in § 374 AO selbst geregelt, Gleiches gilt für die Qualifikationen in § 374 Abs. 2 AO und die Versuchsstrafbarkeit in § 374 Abs. 4 AO. Auslandssachverhalte (Rdn. 8) werden über den Verweis in § 374 Abs. 4 AO auf § 370 Abs. 6 Satz 1 und Abs. 7 AO einbezogen.

Das bevorstehende Inkrafttreten des Modernisierten Zollkodex (VO 450/2008/EG) nach Maß- 3
gabe von Art. 188 Abs. 2 MZK (bei Erlass der Durchführungsvorschriften, spätestens jedoch ab dem 24.06.2013) wird eine rechtzeitige Anpassung des Verweises in § 374 Abs. 1 AO notwendig machen; maßgeblich sind dann Art. 4 Nr. 15 – 16 MZK.

B. Tatobjekt und einschlägige Vortaten

I. Tatobjekt

Gegenstand einer Steuerhehlerei gem. § 374 AO sind ausschließlich (bewegliche) Sachen, die ver- 4
brauchsteuer- oder einfuhrabgabenpflichtig sind (Ausfuhrabgaben auf Waren sind derzeit nicht realisiert, vgl. § 373 Rdn. 12) oder die einem Bann unterliegen. Die vom Gesetz verwendeten Begriffe „Erzeugnisse und Waren" sind inhaltlich identisch und knüpfen lediglich an den Sprachgebrauch des Zollrechts (Waren) und des Verbrauchsteuerrechts (Erzeugnisse) an (HHSp/*Engelhardt* § 374 Rn. 34). Betroffen ist in der Praxis vorrangig der Handel mit Zigaretten gefolgt von Alkohol und Mineralöl.

Die vorwiegend neuere Literatur fordert, dass das Tatobjekt zum Zeitpunkt der Tat gem. § 76 AO 5
mit der Sachhaftung verstrickt sein müsse (MüKo-StGB/*Wegner* § 374 AO Rn. 9; FGJ/*Jäger* § 374 Rn. 5; *Krisch*, Die Steuerhehlerei § 374 AO, S. 108). Hinsichtlich verbrauchsteuer- und einfuhrpflichtiger Waren ist dem vor dem Hintergrund des Schutzzwecks der Norm (s. Rdn. 1) zuzustimmen. Erlischt diese Haftung z.B. nach § 76 Abs. 4 i.V.m. § 47 AO durch Begleichen der zugrunde liegenden Steuerschuld, wodurch die Ware in den freien Verkehr gelangt, ist der nachfolgende Erwerb straflos (Bender/Möller/Retemeyer C IV Rn. 672; MüKo-StGB/*Wegner* § 374 AO Rn. 9).

Die sog. **Ersatzhehlerei**, mit der die Ersetzung des Objektes der Vortat durch eine andere Sache 6
umschrieben wird (z.B. aus dem Verkaufserlös des ursprünglichen Tatobjektes oder dessen Tausch), ist nicht von § 374 AO umfasst (BFHE 161, 225 zur Haftung wegen Steuerhehlerei; *Kohlmann* § 374 Rn. 16; FGJ/*Jäger* § 374 Rn. 7; Erbs/Kohlhaas/*Senge* § 374 Rn. 13; Rolletschke/*Kemper* § 374 Rn. 16; Klein/*Wisser* § 374 Rn. 3; ebenso zur Sachhehlerei BGHSt 9, 137, 139; BGH, NJW 1969, 1260 f.), da der Gesetzeswortlaut vom Erwerb unmittelbar „bann-" oder „steuerbemakelter" Ware ausgeht. Die Grenze ist dort zu ziehen, wo die Identität des ursprünglichen Tatobjektes durch Entstehen einer gänzlich neuen Sache nicht mehr gegeben ist (RGSt 57, 159 zu § 259 StGB; ebenso FGJ/*Jäger* § 374 Rn. 7). Dies ist vor dem Hintergrund des Normzwecks unter spezifisch steuerrechtlichen Gesichtspunkten zu bestimmen (BFHE 161, 225 ff. unter Bejahung der Identität nach zoll- und verbrauchsteuerrechtlichen Bestimmungen bei Verarbeitung von geschmuggeltem „Sprit" zu Trinkbranntwein; Identität ausdrücklich offengelassen bei einfuhrumsatzsteuerrechtlicher Betrachtungsweise). Die auf Eigentumsfragen abzielenden Bestimmungen der §§ 947, 948, 950 BGB (Vermischung/Vermengung/Verarbeitung) bieten dagegen keine verlässlichen Kriterien zur Identitätsfeststellung des Tatgegenstandes (BFHE 161, 225 ff.; MüKo-StGB/*Wegner* § 374 AO Rn. 18; a.A. HHSp/*Engelhardt* § 374 Rn. 36).

II. Vortaten der Steuerhehlerei

1. Steuerhinterziehung und Bannbruch

Nach § 374 Abs. 1 AO müssen sich die Hehlereihandlungen auf Waren beziehen, hinsichtlich 7
derer **Verbrauchsteuern oder Einfuhr- und Ausfuhrabgaben hinterzogen** bzw. **Bannbruch** begangen wurde.

Hinsichtlich **nach § 370 AO** hinterzogener **Verbrauchsteuern** (zum Begriff vgl. § 373 AO Rn. 9) werden nicht nur grenzüberschreitende Sachverhalte erfasst, sondern gerade auch Hinterziehungshandlungen im Zusammenhang mit der Herstellung in, dem Transport von oder der Entfernung der Ware aus inländischen Herstellungsbetrieben. So ist bspw. ein Tabakwarenherstellungsbetrieb Steuerlager i.S.v. § 5 TabStG n.F. (BGBl. I 2009, S. 1870, in Kraft getreten am 01.04.2010). Nach § 15 TabStG n.F. entsteht die Steuer durch unrechtmäßige Entnahme aus dem Steuerlager oder bei Unregelmäßigkeiten bei der Beförderung der Ware. Nach § 17 Abs. 3 TabStG n.F. sind von den verantwortlichen Personen unverzüglich Steuererklärungen abzugeben (*Weidemann*, wistra 2012, 1, 3).

8 Mit Verweis auf die „Einfuhr- und Ausfuhrabgaben nach Artikel 4 Nr. 10 und 11 ZK" werden nicht nur die von Deutschland verwalteten Einfuhrabgaben geschützt (vgl. § 373 AO Rdn. 8). Über § 374 Abs. 4 AO i.V.m. § 370 Abs. 6 Satz 1 AO erstreckt sich der Tatbestand auch auf die Abgaben, die von einem anderen EU-Mitgliedstaat oder einem der EFTA-Staaten (Rdn. 2) verwaltet werden, soweit diese auf Grundlage der Einfuhr aus einem Drittland angefallen sind (vgl. § 373 AO Rdn. 10). Dabei werden auch Vortaten erfasst, die außerhalb des Geltungsbereichs der Abgabenordnung begangen worden sind (zu den Auslandstaten s. § 370 AO Rdn. 605 ff., 609 ff.). Wird eine Ware zunächst durch einen anderen EU-Mitgliedstaat transportiert und dortige Verbrauchsteuern, Zoll oder Einfuhrabgaben hinterzogen, liegen regelmäßig zwei Vortaten zugrunde (BGH v. 02.02.2010 – 1 StR 635/09, Rn. 20, insoweit bei BGH, NStZ 2010, 644 nicht abgedruckt, zur Hinterziehung polnischer Einfuhrabgaben einerseits und bei Weitertransport von Zigaretten in das Steuergebiet der Bundesrepublik Hinterziehung deutscher Tabaksteuer andererseits). Die Möglichkeit der Erstattung von in anderen Mitgliedstaaten entstandenen und auch erhobenen Verbrauchsteuern führt dann nicht zum Wegfall einer Vortat, sie ist allerdings strafzumessungsrelevant (BGH, wistra 2011, 348, 349, der insofern auch die Anwendung von §§ 154, 154a StPO für naheliegend erachtet)

9 Die fahrlässige Steuerverkürzung nach § 378 AO ist keine taugliche Vortat (Rdn. 12), ebenso wenig die Hinterziehung gem. § 370 AO von Besitz- und Verkehrsteuern. Ebenfalls nicht erfasst ist die Hinterziehung von **nicht** einfuhrbezogenen (dazu Rdn. 8 und § 374 Abs. 4 AO) Verbrauchsteuern fremder Staaten.

10 Der **Bannbruch** muss „nach § 372 Abs. 2, § 373 AO" begangen worden sein. Aufgrund der Subsidiaritätsklausel des § 372 Abs. 2 AO, wonach eine Bestrafung gem. § 370 AO ausscheidet, soweit die Tat in anderen (Spezial-) Vorschriften mit Strafe bedroht ist (hierzu § 372 AO Rdn. 5), ist der **praktische Anwendungsbereich** des Bannbruchs als Vortat auf die **qualifizierten** Formen des gewerbsmäßigen, gewaltsamen oder bandenmäßigen Schmuggels nach § 373 AO beschränkt. Der Bannbruch gem. §§ 372 Abs. 2, 370 AO bezieht sich nämlich nur noch auf vereinzelte europäische Verbringungsverbote, seitdem § 3 Abs. 1 BranntwMonG entfallen ist (vgl. § 373 AO Rdn. 18). Ist die Vortat in anderen spezielleren Gesetzen als Straftat oder Ordnungswidrigkeit zu ahnden, verliert sie dadurch allerdings nicht ihre Qualifikation als Bannbruch (vgl. § 373 AO Rdn. 19) und ist bei einer qualifizierten Tatbegehung i.S.d. § 373 AO taugliche Vortat der Steuerhehlerei. Dass dies zu Wertungswidersprüchen führen kann, ist angesichts des eindeutigen Verweises auf § 373 AO hinzunehmen (krit. hierzu HHSp/*Engelhardt* § 374 Rn. 25).

11 Die **Steuerhehlerei** kommt aufgrund des eindeutigen Wortlauts des § 374 Abs. 1 AO als Vortat nicht in Betracht (HHSp/*Engelhardt* § 374 Rn. 26; MüKo-StGB/*Wegner* § 374 AO Rn. 15; OLG Brandenburg, NStZ 1996, 300 f.). Die Gegenauffassung (Erbs/Kohlhaas/*Senge* § 374 Rn. 11; *Krisch* S. 73; Schwarz/Wockenfoth/Rahn/*Weyand*, Zollrecht, Rn. 5) verkennt, dass ein Vergleich zur Sachhehlerei nicht möglich ist, da dort jedes Vermögensdelikt als Vortat ausreicht, damit auch § 259 StGB. Der Steuerhehler muss die Sache allerdings **nicht direkt** von demjenigen erworben haben, der die in § 374 AO genannte Vortat begangen hat (so auch HHSp/*Engelhardt* § 374 Rn. 27). Z.T. wird zwar angeführt, dass mit Blick auf den Schutzzweck der Norm Unmittelbarkeit gefordert werden müsse, da der Hehler den Vortäter der Sorge um die gefahrlose Verwer-

tung einer Sache enthebe und so die Begehung weiterer Taten befördere, während ein entsprechender Anreiz durch eine dritte Person gerade nicht geschaffen werde (MüKo-StGB/*Wegner* § 374 AO Rn. 16). Diese Auffassung führt jedoch zu erheblichen Strafbarkeitslücken bei weiteren Abnehmern (gerade bei Zigaretten dürfte der Direkterwerb vom Schmuggler in der Praxis eher die Ausnahme sein) und zu Beweisproblemen (Rdn. 17), selbst wenn in Wahrheit ein unmittelbarer Erwerb vorliegt. Ein Unmittelbarkeitserfordernis ist deshalb abzulehnen. Die Strafbarkeit des Folgeabnehmers entfällt natürlich dann, wenn er nicht weiß oder nicht zumindest billigend in Kauf nimmt, dass hinsichtlich der erworbenen Sache eine relevante Steuerhinterziehung oder ein Bannbruch begangen wurde (zur Konkretisierung des Vorsatzes s. Rdn. 31). Je weiter sich der Abnehmer vom Vortäter entfernt, desto kritischer wird das subjektive Element betrachtet werden müssen. Verneint man das Unmittelbarkeitserfordernis, ist Steuerhehlerei auch dann möglich, wenn der erste Abnehmer gutgläubig handelt und dadurch straflos ist. Anders als bei den §§ 932 ff. BGB (zur Sachhehlerei vgl. *Wessels/Hillenkamp*, Strafrecht BT 2, Rn. 843) führt ein gutgläubiger Zwischenerwerb schließlich auch nicht dazu, dass das Tatobjekt nicht mehr mit der Sachhaftung gem. § 76 AO (Rdn. 5) verstrickt ist. Beim zweiten Abnehmer kommt es dann nur auf seine Kenntnis der Vortat (§§ 370, 372 Abs. 2, 373 AO) an.

2. Limitierte Akzessorietät

Es entspricht heute einhelliger Auffassung, dass der Vortäter vorsätzlich und rechtswidrig gehandelt haben muss, Entschuldigungsgründe beim Vortäter (z.B. Verbotsirrtum gem. § 17 StGB) für die Strafbarkeit des Nachtäters aber keine Rolle spielen (*Kohlmann* § 374 Rn. 35 ff.; FGJ/*Jäger* § 374 Rn. 9 ff.; HHSp/*Engelhardt* § 374 Rn. 29; Rolletschke/*Kemper* § 374 Rn. 22 ff.; Bender/Möller/Retemeyer C IV Rn. 672; MüKo-StGB/*Wegner* § 374 AO Rn. 20, s.a. BFHE 155, 17, 19). Zu beachten ist dabei allerdings, dass bei der Steuerhinterziehung der Irrtum über das Bestehen eines Steueranspruchs gem. § 16 Abs. 1 Satz 1 StGB den Vorsatz ausschließt (§ 370 AO Rdn. 648, 659). In diesem Fall kommt eine Strafbarkeit wegen Steuerhehlerei nicht mehr in Betracht, auch wenn die notwendige Kenntnis beim „Nachtäter" vorliegt; u.U. denkbar ist dann allerdings eine Steuerhinterziehung in mittelbarer Täterschaft (FGJ/*Jäger* § 374 Rn. 12).

Prozesshindernisse, die die Vortat betreffen, wie z.B. Verjährung, schließen die Hehlerei nicht aus, ebenso wenig persönliche Strafausschließung- bzw. Aufhebungsgründe wie die Selbstanzeige gem. § 371 AO (vgl. Sch/Sch/*Stree/Hecker* § 259 Rn. 10). Der Erwerb der Schmuggelware ist aber, insb. auch im Fall des § 371 AO oder § 32 ZollVG (dazu § 373 AO Rdn. 56), dann straflos, wenn die hinterzogenen Abgaben bereits nacherhoben worden sind (Rdn. 5).

3. Abgeschlossenheit der Vortat

§ 374 Abs. 1 AO knüpft an eine Vortat an, die „begangen worden ist". Umstritten ist dabei, ob die Vortat **vollendet** oder **beendet** sein muss. Die Vollendung wird teilweise mit dem Hinweis als ausreichend angesehen, dass nicht einzusehen sei, wieso derjenige, der das Schmuggelgut erst nach Eintreffen am endgültigen Bestimmungsort erwerbe, anders zu behandeln sei als derjenige, der dem Vortäter räumlich entgegenkomme und die Ware schon kurz zuvor übernehme (HHSp/*Engelhardt* § 374 AO Rn. 17; MüKo-StGB/*Wegner* § 374 AO Rn. 23; Graf/Jäger/Wittig/*Tully* § 374 AO Rn. 11). Mit der herrschenden Meinung ist jedoch richtigerweise auf die **Beendigung** der Vortat abzustellen (Kohlmann/*Hilgers-Klautzsch* § 374 Rn. 29; Erbs/Kohlhaas/*Senge* § 374 Rn. 5; diff. Bender/Möller/Retemeyer C IV Rn. 676). Sieht man den Normzweck in der Aufrechterhaltung und Vertiefung eines steuerrechtswidrigen Zustandes, setzt dies voraus, dass dieser Zustand bereits hergestellt ist und nicht erst im Zusammenwirken mit dem Vortäter herbeigeführt wird (Kohlmann/*Hilgers-Klautzsch* § 374 Rn. 31). Die Gegenansicht lässt den Umstand unbeachtet, dass andernfalls im Steuerstrafrecht die Grenzen zwischen einer Beteiligung an der Vortat, die auch noch im Stadium zwischen Vollendung und Beendigung begangen werden kann, und der Hehlereihandlung verschwimmen. Tritt z.B. der Nachtäter bei einer Tabaksteuerhinterziehung schon in den Versendungsvorgang ein und nimmt die Ware an sich, ist er regelmäßig selbst als

„Empfänger" i.S.d. § 23 Abs. 1 Satz 2, 3 TabStG Steuerschuldner und erklärungspflichtig, somit (Mit- oder Neben-)Täter einer Steuerhinterziehung. Erst nach Beendigung, also wenn die Tabakwaren die „gefährliche" Phase des Grenzübertritts passiert und ihren Bestimmungsort erreicht haben (BGH, wistra 2000, 425; NStZ 2010, 644, 645), treffen einen Nachtäter keine eigenen Erklärungspflichten mehr. Nur diese zeitliche Zäsur ist geeignet, der Unterscheidung zwischen Teilnahme an der Vortat und Steuerhehlerei klare Konturen zu verleihen.

4. Verhältnis der Steuerhehlerei zur Beteiligung an der Vortat

15 Für die Sachhehlerei bestimmt § 259 StGB ausdrücklich, dass die vorangegangene Vermögensstraftat durch „einen anderen" begangen worden sein muss. Für die Steuerhehlerei kann für den Vortäter bereits **tatbestandlich** nichts anderes gelten, da niemand sein eigener Hehler sein kann (MüKo-StGB/*Wegner* § 374 Rn. 27). FGJ/*Jäger* § 374 Rn. 14; HHSp/*Engelhardt* § 374 Rn. 73 gehen dagegen von einer mitbestraften Nachtat aus, was nach herkömmlichem Verständnis erst auf Konkurrenzebene zum Tragen käme (*Jescheck/Weigend*, Strafrecht AT, § 69 Abs. 2 Satz 3a; *Roxin* Strafrecht AT II § 33 Rn. 219 ff.; insofern widersprüchlich BGHSt 5, 378, 379; Kohlmann/*Hilgers-Klautzsch* § 374 Rn. 66). Dann wäre die Absatzhilfe als tatbestandlich verselbstständigte Form der Beihilfe (Rdn. 27) aber überflüssig. Zur Wahl- oder Postpendenzfeststellung, wenn die Beteiligung an der Vortat nicht aufgeklärt werden kann, vgl. Rdn. 54.

16 Weitgehende Einigkeit besteht darin, dass sich Teilnehmer (Anstifter und Gehilfen) an der Vortat anders als der Vortäter wegen Hehlerei strafbar machen können (a.A. SK-StGB/*Hoyer* § 259 Rn. 9) und zwar auch dann, wenn sie es bereits bei der Teilnahmehandlung auf die Beute abgezielt hatten (BGHSt 7, 134 – GrS; BGHSt 33, 44, 48; diff. LK/*Walter* § 259 StGB Rn. 93 m.w.N.). Nach Verteilung der steuerbemakelten Waren ist laut Rechtsprechung allerdings auch der Vortäter wieder tauglicher Täter einer Hehlerei, wenn er Teile der Beute von einem Mittäter oder Dritten erwirbt (BGHSt 3, 191 ff.; 8, 390 zu § 259 StGB; ebenso FGJ/*Jäger* § 374 Rn. 14; a.A. MüKo-StGB/*Wegner* § 374 AO Rn. 27). In diesem Fall sei der innere Zusammenhang zwischen Vortat und Nachtat aufgehoben.

5. Nachweis der Vortat

17 Nach Durchführung der Beweisaufnahme muss feststehen, dass hinsichtlich des Tatobjekts eine Vortat i.S.d. § 374 AO begangen wurde (Sch/Sch/*Stree/Hecker* § 259 Rn. 11). Nicht ausreichend ist es, wenn das Tatgericht lediglich formelhaft feststellt, dass „Verbrauchsteuern oder Zoll hinterzogen worden seien". Die Feststellung einer bestimmten, im Einzelnen zu bezeichnenden Tat oder näherer Einzelheiten zur Person des Vortäters ist jedoch nicht erforderlich. Offenbleiben kann auch, aus welcher von mehreren Taten die Waren stammen (BGHR § 259 Abs. 1 StGB, Vortat 3) oder welche „Schmuggelwege" eingeschlagen wurden (OLG Brandenburg, NStZ-RR 2010, 312). I.R.d. Überzeugungsbildung können Indizien, wie das Fehlen des deutschen Tabaksteuerzeichens (Banderole), die Produktion von Tabakwaren außerhalb des EU-Zollgebietes (OLG Brandenburg, NStZ-RR 2010, 312), das Fehlen formeller zollrechtlicher Nachweise (BGH, NStZ-RR 1999, 280; MüKo-StGB/*Wegner* § 374 AO Rn. 25 f.), eine Rolle spielen. Zur inneren Tatseite vgl. Rdn. 31.

18 Das Gericht muss sich bei der Berechnung des Steuer-Solls selbst mit den Bezugsnormen des materiellen Steuerrechts befassen und diese auf den Einzelfall anwenden. Sind i.R.d. Vortaten Verbrauchsteuergesetze anderer EU-Mitgliedstaaten betroffen, muss das Tatgericht nachvollziehbare Feststellungen zu den einschlägigen Vorschriften des ausländischen Rechts treffen und entsprechende Berechnungen vornehmen, notfalls mittels Schätzung (BGH, NStZ 2007, 595 f.).

C. Tathandlungen

Die einschlägigen Tathandlungen des Hehlers liegen darin, dass er das Tatobjekt ankauft oder 19
sonst sich oder einem Dritten verschafft (sog. Erwerbshehlerei), es absetzt oder absetzen hilft (sog.
Absatzhehlerei). Für alle Tatvarianten gilt ein Einvernehmenserfordernis mit dem Vorbesitzer
(Rdn. 23).

I. Ankaufen, sich oder einem Dritten verschaffen

In den ersten beiden Varianten, der sog. Erwerbshehlerei, wird der Täter im eigenen oder im Inte- 20
resse eines Dritten tätig (*Kudlich*, JA 2002, 672, 673). Das **Ankaufen** ist dabei nur ein besonders
praxisrelevanter Unterfall des Verschaffens, muss also alle diesbezüglichen Voraussetzungen erfüllen; insb. reicht nicht bereits der Abschluss eines (regelmäßig nach §§ 134, 138 BGB nichtigen)
Kaufvertrages (zum Versuchsbeginn vgl. Rdn. 42).

Unter **Verschaffen** versteht man jedes Begründen einer (vom Vortäter unabhängigen) tatsächli- 21
chen Verfügungsgewalt zu eigenen Gunsten oder zu Gunsten eines Dritten. Der vorübergehende
Gebrauch (RGSt 51, 179, 181), das Ansichnehmen zum Zwecke der Vernichtung
(BGHSt 15, 53, 56), das Zurverfügungstellen von Lagermöglichkeiten (BVerfG, NStZ-RR 1996,
82), das Verarbeiten (BGH, NStZ-RR 2005, 373, 374) oder die Veräußerung als „Verkaufskom-
missionär" für Rechnung des Vorbesitzers (BGH, NJW 1976, 1698 f.), reicht dafür nicht aus,
u.U. stellen entsprechende Verhaltensweisen aber ein Absetzen bzw. eine Absatzhilfe dar
(Rdn. 24 ff.) oder fallen unter § 257 StGB (Begünstigung). Mittelbarer Besitz kann dagegen genügen; so erlangt auch derjenige Verfügungsgewalt i.S.d. § 374 AO, zu dessen Gunsten ein Dritter
Waren in Verwahrung nimmt (BGHSt 7, 273, 275 f.; 27, 160, 163).

Der Vortäter kann die Sache auch mehreren Personen übertragen. Bei Mitverfügungsbefugnis von 22
Vortäter und Erwerber liegt § 374 AO jedoch nur dann vor, wenn der Erwerber unabhängig vom
Willen des Vortäters über die Sache verfügen kann (BGHSt 35, 172, 176; StV 2005, 87). Der
Mitverzehr von Genuss- oder Nahrungsmitteln in der Form unmittelbaren Verbrauchs genügt
deshalb nicht (BGHSt 9, 137; NStZ 1992, 36; StV 1999, 604). Zwar sieht dies eine verbreitete
Literaturansicht (HHSp/*Engelhardt* § 374 Rn. 45; Kohlmann/*Hilgers-Klautzsch* § 374 Rn. 52; FGJ/
Jäger § 374 Rn. 19; Sch/Sch/*Stree/Hecker* § 259 Rn. 22) anders, weil die Einverleibung der Sache
notwendigerweise ein Stadium eigener Verfügungsgewalt durchlaufe. Dies überzeugt jedoch nicht,
da der Vortäter beim gemeinsamen Verzehr jederzeit entscheiden kann, mit der Sache anders zu
verfahren. Der kurze Augenblick des Kauens oder Schluckens ist insofern zu vernachlässigen (LK/
Walter § 259 StGB Rn. 48). Der Gast kann das Genussmittel schließlich nicht abweichend vom
Willen des Vortäters weiterverkaufen oder verschenken (MüKo-StGB/*Lauer* § 259 StGB Rn. 73).

Umstritten ist, ob das Sichverschaffen im **Einvernehmen mit dem Vorbesitzer** geschehen muss, 23
wobei der Vorbesitzer i.d.R. mit dem Vortäter identisch sein wird, was aber nicht zwingend ist
(BGHSt 15, 53, 57; NK/*Altenhain* § 259 StGB Rn. 25; a.A. SK-StGB/*Hoyer* § 259 Rn. 32, der nur
auf den Vortäter abstellt). Die wohl herrschende Meinung verlangt als Verbindungslinie zur Vortat
auch im Rahmen von § 374 AO eine einvernehmliche Übertragung (RGSt 71, 49, 51; MüKo-
StGB/*Wegner* § 374 AO Rn. 29; Bender/Möller/Retemeyer C IV Rn. 688; Kohlmann/*Hilgers-
Klautzsch* § 374 Rn. 46; a.A. FGJ/*Jäger* § 374 Rn. 18; Graf/Jäger/Wittig/*Tully* § 374 AO Rn. 14;
Hruschka, JR 1980, 221, 222 zu § 259 StGB), obwohl eine Perpetuierung des steuerrechtswidrigen Zustands bzw. der mit der verbotswidrigen Einfuhr verbundenen Gefahren (Rdn. 1) regelmäßig auch dann eintritt, wenn die Waren oder Erzeugnisse gegen oder ohne Willen des Vorbesitzers
in die Verfügungsgewalt eines anderen gelangen. Das Erfordernis eines abgeleiteten Erwerbs lässt
sich deshalb nur damit erklären, dass auch bei § 374 AO das Anreizmoment eine entscheidende
Rolle spielt, also dass der Hehler „durch sein einverständliches Zusammenwirken mit dem Vortäter [Vorbesitzer] die Bereitschaft zur Begehung [von entsprechenden Vortaten] fördert und
dadurch die allgemeinen Sicherheitsinteressen gefährdet" (BGHSt 42, 196, 200 zu § 259 StGB im
Fall des abgepressten Erwerbs). Bestohlen (§§ 242, 249 StGB) oder durch Drohungen zur Über-

tragung der Verfügungsmacht veranlasst (§§ 253, 255 StGB) zu werden, ist jedenfalls keine Aussicht, die zur Begehung weiterer Steuerstraftaten motiviert (zumal wegen der genannten Tatbestände keine Strafbarkeitslücken zu befürchten sind). MüKo-StGB/*Wegner* § 374 Rn. 29; Sch/Sch/ *Stree/Hecker* § 259 Rn. 37; LK-StGB/*Walter* § 259 Rn. 35; SK-StGB/*Hoyer* § 259 Rn. 31; *Kudlich*, JA 2002, 672, 675 möchten deshalb auch im Fall der Täuschung (§ 263 StGB) einen einvernehmlichen Erwerb ablehnen. Dies dürfte jedoch zu weit gehen. Die Fehlvorstellungen bei der Willensbildung ändern nichts an der Einvernehmlichkeit (so auch BGH, NStZ 2010, 517 zu § 261 Abs. 2 Nr. 1 StGB; NK/*Altenhain* § 259 StGB Rn. 27; *Lackner/Kühl* § 259 Rn. 10). Wer getäuscht wird ist trotzdem damit einverstanden, dass der andere die Sache bekommt und merkt vielleicht niemals, dass er betrogen wurde. Da beim Betrug i.d.R. eine Gegenleistung erbracht oder versprochen werden muss, spielt es zudem für die erstrebte Bereicherung des Hehlers (Rdn. 34) anders als bei Wegnahme oder Erpressung weiterhin eine Rolle, dass das Tatobjekt nicht mit Verbrauchsteuern und Einfuhrabgaben belastet ist. Scheitert § 374 AO am Erfordernis des abgeleiteten Erwerbs, soll nach Bender/Möller/Retemeyer C IV Rn. 688, 690 jedoch ein späteres Absetzen den Tatbestand des § 374 AO erfüllen (zweifelhaft, da es auch insofern an der Einvernehmlichkeit fehlen dürfte).

II. Absetzen und Absatzhilfe

24 Bei der dritten und vierten Variante von § 374 AO, der sog. Absatzhehlerei, ist der Hehler dem Lager des Vortäters zuzurechnen (*Kudlich*, JA 2002, 672, 673), obgleich es ihm auch auf eigene Vorteile oder solche von Dritten ankommen muss (Rdn. 33 ff.).

25 Unter **Absetzen** versteht man die wirtschaftliche Verwertung der Sache durch rechtsgeschäftliche Übertragung der Verfügungsgewalt an gut- oder bösgläubige Dritte. Der Hehler handelt dabei (anders als bei der Absatzhilfe, Rdn. 27) im Verhältnis zum Vortäter **selbstständig**, wenn auch in dessen Interesse (Rdn. 24; ansonsten liegt i.d.R. bereits ein Verschaffen vor). Typischer Fall ist der des „Verkaufskommissionärs", der die Ware für Rechnung des Vorbesitzers veräußert (BGH, NJW 1976, 1698 f.). Ein Verleihen oder Vermieten reicht nicht. Zum Erfordernis der Einvernehmlichkeit gilt Rdn. 23 entsprechend.

26 Umstritten ist, ob das vollendete Absetzen, aber auch die Absatzhilfe (Rdn. 27) einen **Absatzerfolg** voraussetzen oder bereits jede **auf den Absatz gerichtete Tätigkeit** ausreicht. Nach der **Rechtsprechung** genügt für ein Absetzen schon die Übernahme zum Zwecke des Verkaufs (BGH, NStZ 1983, 455). Einer Vollendung steht es nicht entgegen, wenn die Schmuggelware vor Übergabe an den Abnehmer sichergestellt wird (BGHSt 43, 110, 111; NStZ 2008, 570; zust. HHSp/ *Engelhardt* § 374 Rn. 54). Dafür werden v.a. historische Gründe vorgebracht: Mit den beiden Tatvarianten des Absetzens und der Absatzhilfe habe der Gesetzgeber dasselbe gemeint wie mit dem früheren Tatbestandsmerkmal „Mitwirken am Absatz" bei § 259 StGB a.F., so implizit auch BT-Drucks. 7/550, S. 252 (wobei § 403 RAO 1939 allerdings als Vorgängernorm von § 374 AO nur das „Absetzen" erfasste, vgl. Rdn. 2). Das Bemühen um Absatz muss nach der Rechtsprechung aber immerhin **geeignet** sein, den steuerrechts- bzw. bannwidrigen Zustand aufrechtzuerhalten oder zu vertiefen, was nicht der Fall ist, wenn der Hehler ausschließlich mit einem (von ihm nicht als solchen erkannten) Polizeibeamten oder V-Person verhandelt (BGHSt 43, 110, 111; BGH, NStZ-RR 2000, 266). In Betracht kommt dann jedoch ein untauglicher Versuch (Rn. 40, 43). Eine verbreitete **Literaturauffassung** sieht die Tat dagegen erst bei Übertragung der tatsächlichen Verfügungsgewalt auf den Erwerber als vollendet an (MüKo-StGB/*Wegner* § 374 Rn. 35; Sch/Sch/ *Stree/Hecker* § 259 Rn. 29; *Fischer* § 259 Rn. 21 ff.; so auch noch BGH, NJW 1976, 1698). Begründet wird dies v.a. damit, dass es keinen Grund gebe, dem Absatzhehler vor Übergang der Verfügungsgewalt die Möglichkeit eines Rücktritts von der versuchten Tat zu versperren, und damit schlechter zu behandeln als den Erwerber im Rahmen eines Sichverschaffens (dagegen allerdings *Wessels/Hillenkamp*, Strafrecht BT 2, Rn. 867).

Das Merkmal der **Absatzhilfe** erfasst solche Handlungen, mit denen sich der Hehler an den   27
Absatzbemühungen eines unter dem Gesichtspunkt der Steuerhehlerei nicht strafbaren Vorbesitzers (insb. des Vortäters, Rdn. 15) in dessen Interesse **unselbstständig** beteiligt (BGH, NStZ 2008,
409, 410; NStZ 2009, 161). Mangels rechtswidriger Haupttat kommt § 27 StGB (Beihilfe) hier
nicht zum Tragen, sodass die Absatzhilfe tatbestandlich verselbstständigt werden musste
(BGHSt 26, 358, 362 zu § 259 StGB; beachte aber auch Rdn. 28). Nach der Rechtsprechung, die
keinen Absatzerfolg voraussetzt (Rdn. 26), kann eine Absatzhilfe grds. in jeder Tätigkeit liegen,
durch die der Absatz gefördert wird, unabhängig davon, ob sie im Vorbereitungs- oder Ausführungsstadium des Absetzens geleistet wird und wie groß ihre Bedeutung für die Sachverschiebung
ist (vgl. NK/*Altenhain* § 259 StGB Rn. 54). Typische Tathandlungen sind die Vermittlung von
Kontakten zu Kaufinteressenten, die Hilfe beim Transport an einen Abnehmer, die Unterstützung
von Verkaufsverhandlungen. Bei der Vorbereitung eines späteren Absatzes müssen allerdings
Umstände vorliegen, die für den Vorbesitzer einen Beginn des Absetzens bedeuten (BGH,
wistra 2006, 16). Die bloße Lagerung des Schmuggelgutes auch zum Zwecke des späteren Verkaufs reicht z.B. nicht aus, solange es zu keinen Absatzbemühungen kommt (BGH, NJW 1989,
1490; OLG Düsseldorf, wistra 2001, 157). Wenn die Verwahrung dazu dient, die Beute zu
sichern, greift allerdings § 257 StGB (Begünstigung). Dem Absetzen ebenfalls nur vorgelagert ist
die Annahme zur Reparatur (BGH, NStZ 1994, 395). Unproblematisch als vollendete Absatzhilfe
anzusehen, ist dagegen der Transport der Beute zum Umsatzort (BGH, NJW 1990, 2897, 2898).
Zum bloßen Versuch bei Hilfe zum Absatz an Verdeckte Ermittler vgl. Rdn. 26.

Die Unterstützung beim Absatz, den ein anderer für den Vortäter vornimmt, ist bloße **Beihilfe zur**   28
Steuerhehlerei des Absetzenden gem. § 374 AO i.V.m. § 27 StGB (BGHSt 26, 358, 362). Entsprechendes gilt, wenn der Vermittler von Schmuggelware im Lager des Käufers steht; er leistet als
Unterstützer des Erwerbsvorgangs Beihilfe zum Sichverschaffen (OLG Düsseldorf, wistra 1989,
196, 197).

III. Steuerhehlerei durch Unterlassen

Wer Garant dafür ist, den Erwerb oder das Absetzen von Schmuggelware zu verhindern, kann sich   29
auch wegen Steuerhehlerei durch Unterlassen strafbar machen. Ein Geschäftsherr, der die Verwendung von Schmuggelware in seinem Betrieb duldet (FGJ/*Jäger* § 374 Rn. 22), wird i.d.R. auch die
für die Annahme eines täterschaftlichen Unterlassens notwendige Bereicherungsabsicht
(Rdn. 33 ff.) aufweisen. Bei Zollbeamten und anderen, die von Amts wegen zum Einschreiten verpflichtet sind, wenn sie im Rahmen ihrer Dienstausübung auf den Absatz von Schmuggelware stoßen, dürfte dagegen meist nur Beihilfe durch Unterlassen vorliegen, insb. wenn sie nur aus
Gleichgültigkeit untätig bleiben (s. allg. zum Problem der Abgrenzung von Täterschaft und Teilnahme beim Unterlassen *Roxin*, Strafrecht AT II § 31 Rn. 124 ff.; LK-StGB/*Schünemann* § 25
Rn. 205 ff.); aus ermittlungstaktischen Gründen darf ohnehin von einem sofortigen Zugriff abgesehen werden (FGJ/*Jäger* § 374 Rn. 22). Wer Schmuggelware gutgläubig erworben hat (Rdn. 32)
und später von der Vortat erfährt, hat keine Rechtspflicht zur Erstattung einer Anzeige (*Kohlmann*
§ 374 Rn. 75).

D. Subjektiver Tatbestand

I. Vorsatz

Der subjektive Tatbestand des § 374 AO erfordert zu einem Vorsatz (§ 15 StGB) hinsichtlich aller   30
objektiven Tatbestandsmerkmale, wobei insofern Eventualvorsatz ausreicht.

Insb. muss der Täter zumindest billigend in Kauf nehmen, dass hinsichtlich des Tatobjekts Ein-   31
fuhrabgaben oder Verbrauchsteuern hinterzogen wurden oder ein Bannbruch begangen worden
ist. Das Vorliegen der Vortat (normatives Tatbestandsmerkmal) muss als Rechtsfolge laienhaft

erfasst werden, ansonsten liegt ein Tatbestandsirrtum i.S.d. § 16 Abs. 1 StGB vor (vgl. *Schuster*, Das Verhältnis von Strafnormen und Bezugsnormen aus anderen Rechtsgebieten, S. 171 f.). Spezielle tatsachenbezogene Kenntnisse hinsichtlich der Vortaten (Art und Zeitpunkt der Tatausführung, Schmuggelroute, Höhe der hinterzogenen Abgaben, Person des Vortäters) sind dagegen nicht erforderlich (RGSt 55, 234; BGH, MDR/*Holtz* 1977, 283; OLG Hamm, wistra 2003, 237). Regelmäßig dürften der ungewöhnlich günstige Preis, die Umstände des Ankaufs (Lieferung ohne Lieferschein oder außerhalb der Geschäftsstunden), fehlende (Tabak-)Steuerzeichen, Marke und Herkunft der Ware, unübliche Verkaufsmengen etc. den Täter erkennen lassen, dass diesbezüglich eine einschlägige Vortat begangen wurde (s.a. Rdn. 17). Wissenmüssen reicht zwar nicht aus. Je eindeutiger die äußeren Umstände, desto eher wird das Gericht jedoch davon ausgehen können, dass der Täter auch tatsächlich mit einem entsprechenden Makel rechnete und die Hehlereihandlung auch für den Fall wollte, dass seine Annahme zutrifft. Allgemein zur Abgrenzung von bewusster Fahrlässigkeit vgl. § 15 StGB Rn. 7 f. Ging der Täter irrtümlich davon aus, der Gegenstand stamme aus einem Diebstahl oder einer anderen gegen das Vermögen gerichteten Straftat, ohne dass Abgaben hinterzogen wurden, liegt allerdings nur eine versuchte Sachhehlerei gem. §§ 259, 22 StGB vor (Rdn. 40, auch zur Frage, wenn der Täter beides für möglich hält).

32 Der Vorsatz muss zum Zeitpunkt des Erwerbs vorliegen. Steuerhehlerei kommt sonst nur in Betracht, wenn der Erwerber nach erlangter Kenntnis eine andere Handlung begeht, welche die Merkmale des § 374 AO erfüllt (FGJ/*Jäger* § 374 Rn. 26; s. aber auch Rdn. 29).

II. Bereicherungsabsicht

33 Über den Vorsatz hinaus muss der Täter in der Absicht (dolus directus 1. Grades) gehandelt haben, **sich oder einen Dritten zu bereichern**. Da es sich dabei um eine **überschießende Innentendenz** (Sch/Sch/*Lenckner*/*Eisele* Vor §§ 13 ff. Rn. 63) handelt, braucht der erstrebte Vermögensvorteil nicht wirklich eintreten oder überhaupt erreichbar gewesen sein (BGH/*Holtz*, MDR 1981, 267). Der Täter kann auch nur irrtümlich davon ausgehen, dass die angebotene unversteuerte Ware günstiger sei als der reguläre Marktpreis (Rdn. 34). Die Vorteilserlangung braucht weder der einzige noch der in erster Linie verfolgte Zweck gewesen zu sein. Es reicht vielmehr aus, wenn der Vorteil als End- oder notwendiges Zwischenziel erstrebt wird. Dagegen genügt nicht, wenn der Täter die Bereicherung nur als notwendige Folge seines Handelns hinnimmt (dolus directus 2. Grades) und er z.B. nur deshalb hilft, eine Sache abzusetzen, um die Entdeckung der Vortat abzuwenden (FGJ/*Jäger* § 374 Rn. 28).

34 Der Vermögensvorteil beim Ankauf und Verschaffen wird regelmäßig darin bestehen, dass der Täter die nicht mit Verbrauchsteuern oder Einfuhr- und Ausfuhrabgaben belasteten Waren **besonders günstig** erwirbt, entweder, um selbst damit Geschäfte machen zu können, oder, um sie später zu konsumieren. Vermögensvorteil ist dann auch der übliche Geschäftsverdienst durch Weiterverkauf des Erlangten (BGH/*Holtz*, MDR 1981, 267). Auch beim Konsum reicht die Erlangung der Ware unter Marktpreis; es ist nicht der Nachweis erforderlich, dass der Täter sonst versteuerte Genussmittel in derselben Menge konsumiert hätte, also der Vermögensvorteil in Form von ersparten regelmäßigen Aufwendungen eingetreten ist (a.A. Bender/Möller/Retemeyer C IV Rn. 701 unter Berufung auf OLG Stuttgart, wistra 2003, 33, 34; zur Frage der Gewerbsmäßigkeit vgl. allerdings § 373 AO Rn. 23). An einem Vermögensvorteil fehlt es jedoch, wenn gleichwertige Leistungen ausgetauscht werden sollen; der Erwerber also davon ausgeht, die Waren auch anderswo zum gleichen Preis kaufen zu können (RGSt 58, 122, 123; BGH, GA 1980, 69).

35 Ist die **Vortat ein Bannbruch** und erfolgt der Erwerb zum Eigengebrauch, wird es an der Bereicherungsabsicht meist dann fehlen, wenn der Erwerber nicht die Wahl zwischen legal eingeführter Ware und billigerer Schmuggelware hat (Bender/Möller/Retemeyer C IV Rn. 702; s.a. BGH, NJW 1979, 2358 zum Erwerb von BtM, wobei es insofern heute schon an einer einschlägigen Vortat fehlt, vgl. § 373 AO Rdn. 8, 19; *Körner* § 29 BtMG Rn. 1190 f.). Nicht nur immaterielle

Bedürfnisse, sondern wirtschaftliche Interessen spielen dagegen beim Erwerb von Bannware zum gewinnbringenden Weiterverkauf eine Rolle.

Nicht erforderlich ist, dass die Bereicherung unmittelbar durch die Sache bewirkt wird, die **36** Gegenstand der Vortat war; Stoffgleichheit zwischen Hehlereigegenstand und Vermögensvorteil braucht anders als bei § 263 StGB (Betrug) nicht vorzuliegen (Sch/Sch/*Stree/Hecker* § 259 Rn. 42). So ist es beim Absetzen oder der Absatzhilfe unerheblich, ob der Hehler seinen Vorteil aus der Hehlereihandlung oder aus sonstigen Quellen (vorherige Entlohnung durch den Vortäter) erstrebt.

Drittbereicherungsabsicht reicht ebenfalls aus, was damit korrespondiert, dass der Gesetzgeber **37** beim Verschaffen neben der Begründung eigener Verfügungsgewalt auch die eines Dritten genügen lässt (Rdn. 21). Dies zielt in erster Linie darauf ab, Gewerbegehilfen, nahestehende Personen etc. auch dann wegen Steuerhehlerei bestrafen zu können, wenn sie den Vermögensvorteil nicht für sich, sondern für den Geschäftsherrn, den Angehörigen etc. erstreben (BT-Drucks. 7/550, S. 252). Wie bei § 259 StGB ist allerdings ungeklärt, ob auch der **Vortäter** Dritter sein kann, was insb. beim Absetzen und der Absatzhilfe eine Rolle spielen würde (für § 259 StGB bejahend: Sch/Sch/*Stree/Hecker* § 259 Rn. 42; LK-StGB/*Walter* § 259 Rn. 82; BGH, NJW 1979, 2621, 2622; NStZ 2008, 516). Der Wortlaut von § 374 AO steht dem wohl nicht entgegen. Wer dem Vortäter aus Gefälligkeit hilft, das Schmuggelgut vorteilhaft abzusetzen, trägt zudem zur Aufrechterhaltung des steuer- oder bannwidrigen Zustands bei und schafft jedenfalls für diesen einen Anreiz zur Begehung von Steuerstraftaten (vgl. Rdn. 1). Allerdings erscheint es ungereimt, beim Verschaffen den „Dritten" des obj. Tatbestandes, der nicht der Vortäter sein kann (Rdn. 15), anders auszulegen, als den „Dritten" des subj. Tatbestandes, der bereichert werden soll. Darüber hinaus können andere Vortäter nicht mit einer entsprechenden (rein altruistischen) Hilfeleistung rechnen, sodass durch die Tat kein allgemeiner Nährboden für Steuerstraftaten geschaffen wird. Deshalb ist es naheliegend, dass der Gesetzgeber mit Einfügung der Drittbereicherungsabsicht lediglich die fremdnützige Hehlerei mit unter Strafe stellen wollte, der Vermögensvorteil jedoch weiterhin wie das Tatobjekt vom Vortäter weg verschoben werden muss (so auch MüKo-StGB/*Wegner* § 374 AO Rn. 51; Erbs/Kohlhaas/*Senge* § 374 Rn. 25; zu § 259 StGB: BGH, NStZ 1995, 595; *Lackner/Kühl* § 259 Rn. 17; NK/*Altenhain* § 259 StGB Rn. 71; MüKo-StGB/*Lauer* § 259 Rn. 109; *Fischer* § 259 Rn. 27). Beim Handeln zugunsten des Vortäters liegt bei vorheriger Zusage jedoch psychische Beihilfe zur Vortat (§ 27 StGB) vor, auch sonst greift § 257 StGB (Begünstigung).

Die Bereicherungsabsicht ist ein tatbezogenes Merkmal; § 28 Abs. 1 StGB ist nicht anwendbar (Sch/ **38** Sch/*Stree/Hecker*, § 259 Rn. 40; SSW-StGB/*Jahn* § 259 Rn. 30; a.A. SK-StGB/*Hoyer* § 259 Rn. 45).

E. Versuch

Die Strafbarkeit des Versuchs wurde durch das TKÜNeureglG mit Wirkung v. 01.01.2008 (vgl. **39** Rdn. 2) in § 373 Abs. 3 AO ausdrücklich geregelt.

Auch der untaugliche Versuch (s. dazu § 22 StGB Rdn. 9) der Steuerhehlerei ist strafbar. Ein sol- **40** cher kommt z.B. dann zum Tragen, wenn sich die Vortat nicht nachweisen lässt (BGH wistra 1993, 264) oder die unter verdächtigen Umständen erworbenen Waren (zum Eventualvorsatz vgl. Rdn. 31) entgegen der Vorstellung des Täters nicht geschmuggelt, sondern gestohlen wurden. Wenn der Täter beides für möglich hält (kumulativ oder alternativ), ist von Tateinheit gem. § 52 StGB (Rdn. 52) auszugehen; jeder Erfolg ist vom Täter in zumindest bedingter Form gewollt (a.A. *Wessels/Beulke* AT Rn. 234, der beim Alternativvorsatz nur das vollendete Delikt bestrafen möchte).

Die Abgrenzung strafloser Vorbereitungshandlungen vom strafbaren Versuch richtet sich nach den **41** allgemeinen Grundsätzen (s. dazu § 22 StGB Rdn. 7 f.). Gem. § 22 StGB muss der Hehler nach seiner Vorstellung von der Tat zur Verwirklichung des Tatbestandes unmittelbar angesetzt haben.

42 Der Versuch des **Ankaufens** oder sich **Verschaffens** (Rdn. 20 ff.) beginnt demnach mit dem unmittelbaren Ansetzen zur Übernahme der tatsächlichen Verfügungsgewalt (Sch/Sch/*Stree/Hecker* § 259 Rn. 45). Kaufverhandlungen stellen nur dann einen Versuch dar, wenn sich die Übergabe der Waren oder Erzeugnisse an den Käufer sofort anschließen soll (BGH, NStZ 2008, 409, 410). Soll die Ware nicht unmittelbar an den Käufer übergeben werden, fehlt es an einer unmittelbaren Einleitung des Übertragungsaktes, solange noch keine Einigung über Zeit und Ort der Lieferung erfolgt ist. Ein versuchtes Verschaffen ist aber dann gegeben, wenn der Vortäter mit der Lieferung beginnt und der Abnehmer am verabredeten Übergabeort schon eingetroffen ist.

43 Der Versuchsbeginn beim **Absetzen** (Rdn. 24 ff.) fällt nach der Rechtsprechung regelmäßig mit der Vollendung zusammen, da diese insofern schon jede auf den Absatz gerichtete Tätigkeit genügen lässt (Rdn. 26). Der Versuch spielt nur dann eine Rolle, wenn das Tatobjekt untauglich oder die Absatzbemühungen ungeeignet sind, den steuerrechts- bzw. bannwidrigen Zustand aufrechtzuerhalten oder zu vertiefen (z.B. Verhandeln mit Polizeibeamten oder V-Person: BGHSt 43, 110, 111; BGH, NStZ-RR 2000, 266). Wenn man mit der herrschenden Literatur für die Vollendung einen Absatzerfolg verlangt, beginnt der Versuch (parallel zu Rdn. 42) mit dem Ansetzen zur Übertragung der Verfügungsgewalt (NK/*Altenhain* § 259 StGB Rn. 74). Bei der **Absatzhilfe** (Rdn. 27) reicht ein Ansetzen zur eigenen Unterstützungshandlung noch nicht aus. Vielmehr erscheint es sachgerecht, den Versuch quasi-akzessorisch am Versuch des tatbestandslosen Absetzens durch den Vortäter zu orientieren (NK/*Altenhain* § 259 StGB Rn. 75; in diesem Sinne wohl auch BGH, NStZ 2008, 152; *Kohlmann* § 374 Rn. 103; FGJ/*Jäger* § 374 Rn. 30e).

F. Qualifikationen – Gewerbsmäßig- oder Bandenmäßigkeit

44 Durch das TKÜNeureglG (Rdn. 2) wurde in § 374 Abs. 2 AO die gewerbs- oder bandenmäßige Begehung der Steuerhehlerei als Qualifikationstatbestand aufgenommen. Zum Begriff der Gewerbsmäßigkeit und der Bande s. § 373 AO Rn. 20 ff. bzw. Rdn. 37 ff. Bei der Bande muss es sich, anders als bei der Sachhehlerei § 260 StGB, wo eine gemischte Bande ausreicht (*Fischer* § 260 Rn. 3), um eine reine Hehlerbande von mindestens **drei Personen** handeln, die sich zur fortgesetzten Begehung von Straftaten nach § 374 Abs. 1 AO verbunden hat. Gewerbs- und Bandenmäßigkeit sind besondere persönliche Merkmale i.S.d. § 28 Abs. 2 StGB (s. dazu § 373 AO Rdn. 23, 42). Ein solches ist nur demjenigen Täter oder Teilnehmer zuzurechnen, bei dem es vorliegt.

G. Privilegierung – Schwarzhandel mit Zigaretten zum eigenen Bedarf

45 Bestimmte Fälle der Kleinhehlerei hat der Gesetzgeber aus kriminalpolitischen Gründen (im Hinblick auf den massenhaften Schmuggel von Zigaretten, namentlich in den neuen Bundesländern) im Jahr 1994 zur Ordnungswidrigkeit herabgestuft. Nach § 37 Abs. 1 Satz 1 TabStG handelt ordnungswidrig, wer vorsätzlich oder fahrlässig Zigaretten in Verpackungen erwirbt, an denen ein gültiges Steuerzeichen nicht angebracht ist, soweit der einzelnen Tat nicht mehr als 1.000 Zigaretten zugrunde liegen. Die §§ 369 bis 374 AO finden dann gem. § 37 Abs. 1 Satz 2 TabStG keine Anwendung. Die Zigaretten können aber gem. § 111b Abs. 1 StPO i.V.m. § 46 Abs. 1 OWiG beschlagnahmt und nach § 37 Abs. 3 TabStG, § 23 OWiG eingezogen werden.

H. Strafen, Konkurrenzen, Wahl- und Postpendenzfeststellung, Strafklageverbrauch

I. Strafrahmen und -zumessung, Strafaufhebungsgründe, Nebenfolgen

46 Der Täter eines § 374 Abs. 1 AO wird mit Freiheitsstrafe bis zu 5 Jahren oder Geldstrafe bestraft. Für den Versuch sieht § 23 Abs. 2 StGB eine fakultative, im Fall der Beihilfe § 27 Abs. 2 Satz 2 StGB (nicht jedoch der verselbstständigten Absatzhilfe; a.A. SK-StGB/*Hoyer* § 259 StGB Rn. 48) eine zwingende Milderung des Strafrahmens vor. Das Höchstmaß liegt dann bei 3 Jahren und 9

Monaten Freiheitsstrafe (§ 49 Abs. 1 Nr. 2 StGB). Für den Qualifikationstatbestand des § 374 Abs. 2 Satz 1 AO gilt ein Strafrahmen von 6 Monaten bis zu 10 Jahren Freiheitsstrafe, es sei denn, es liegt ein minder schwerer Fall i.S.d. Satz 2 vor (vgl. dazu auch § 373 AO Rdn. 53 f.).

I.R.d. **Strafzumessung** wird v.a. der Zollwert des Schmuggelgutes bzw. die Gefährlichkeit der 47 Bannware eine Rolle spielen. Zur Berechnung des Zollwertes vgl. Rdn. 18 sowie BGH, NStZ-RR 2009, 343; NStZ 2010, 338 (ausländische Zigaretten ohne inländischen Marktpreis). Die Erfüllung mehrerer Qualifikationstatbestände durch dieselbe Tat ist innerhalb des Strafrahmens schärfend zu berücksichtigen. Zur Strafzumessung vgl. auch § 373 AO Rdn. 54.

Die Möglichkeit einer Selbstanzeige als **Strafaufhebungsgrund** gem. § 371 AO ist bei der Steuer- 48 hehlerei nicht vorgesehen. Auch für den Nichtverfolgungsgrund des § 32 ZollVG im grenzüberschreitenden Reiseverkehr (vgl. dazu § 373 AO Rdn. 55) dürfte es bei der Steuerhehlerei kaum praktische Anwendungsfälle geben, da § 374 AO eine bereits beendete Vortat voraussetzt (Rdn. 14). Privilegiert ist gem. § 37 TabStG der Schwarzhandel mit Zigaretten zum eigenen Bedarf (Rdn. 45).

Als besondere **Nebenfolgen** kommt insb. gem. § 375 Abs. 2 AO die Einziehung der Hehlerware 49 und der Beförderungsmittel, die zur Tat benutzt worden sind, in Betracht. Die Anordnung eines Verfalls (Erlös, Gewinn; vgl. zum Erlangten auch BGH, wistra 2011, 394, 395) scheidet jedenfalls bei einer Steuerhinterziehung als Vortat gem. § 73 Abs. 1 Satz 2 StGB wegen der bestehenden Steueransprüche gegen den Steuerhehler nach § 71 AO regelmäßig aus (BGH, NStZ 2001, 155 ff.; s.a. § 373 AO Rdn. 56 m.w.N.); möglich bleibt aber ein Ausspruch nach § 111i Abs. 2 StPO.

II. Konkurrenzen, Wahl- und Postpendenzfeststellung

Zur täterschaftlichen Beteiligung an der Vortat, die bereits den Tatbestand der Steuerhehlerei ent- 50 fallen lässt, vgl. Rdn. 15.

Tateinheit gem. § 52 StGB ist denkbar im Verhältnis zur Begünstigung gem. § 257 StGB 51 (Rdn. 21, 27, 37), zur (versuchten) Sachhehlerei gem. § 259 StGB (Rn. 40), zum Betrug gem. § 263 StGB (beim Sichverschaffen wie in Rdn. 23; beim Absatz an einen gutgläubigen Abnehmer, der der Haftung nach § 76 StGB unterworfen ist) oder zur Vorteilsannahme und Bestechlichkeit gem. §§ 331, 332 StGB (BGH 5, 155, 162 zur Annahme von Schmuggelware als Geschenk). Auch im Verhältnis zur Geldwäsche (§§ 373, 374 Abs. 2 AO sind taugliche Vortaten) erscheint Tateinheit möglich (Kohlmann/*Hilgers-Klautzsch* § 374 Rn. 124). Bei Beteiligung an der Vortat (Täterschaft oder Teilnahme) scheidet diese jedoch gem. § 261 Abs. 9 Satz 2 StGB aus. Dies soll auch dann gelten, wenn keine zeitliche Zäsur zwischen einer Katalogtat und der Geldwäschehandlung vorliegt; eine gewerbs- oder bandenmäßige Hehlereihandlung also zugleich Tathandlung der Geldwäsche ist (BGH, NStZ 2000, 653, 654; ausführlich auch MüKo-StGB/*Wegner* § 374 AO Rn. 63).

Tatmehrheit gem. § 53 StGB ist möglich im Verhältnis zur Teilnahme (§§ 26, 27 StGB) an der 52 Vortat (Rdn. 16; BGHSt 22, 206, 207) oder zu einer späteren Steuerhinterziehung gem. § 370 AO (BGH, NStZ 2009, 159 zum steuerhehlerischen Erwerb von Zigaretten in Polen und der späteren Einfuhr in die Bundesrepublik). Begeht der Steuerhehler an derselben Sache nacheinander verschiedene hehlerische Handlungen, ist die zweite Handlung im Verhältnis zur ersten mitbestrafte Nachtat (FGJ/*Jäger* § 374 Rn. 38a).

Zwischen Steuerhinterziehung, Bannbruch oder Schmuggel gem. §§ 370, 372 Abs. 2, 373 AO 53 und Steuerhehlerei ist eine Wahlfeststellung möglich, wenn nicht aufgeklärt werden kann, ob der Täter die Waren selbst geschmuggelt oder von einem anderen nach Beendigung der Vortat übernommen hat (vgl. BGH, NStZ 2000, 473). Ist der Fall allerdings so gelagert, dass zwar evtl. eine täterschaftliche Beteiligung an der Vortat gegeben ist (die eine Steuerhehlerei eigentlich ausschließen würde, Rdn. 15), die zeitlich spätere Hehlereihandlung jedoch sicher festgestellt werden kann, ist der Täter im Wege der Postpendenzfeststellung eindeutig wegen Steuerhehlerei gem. § 374 AO zu verurteilen (vgl. BGHSt 35, 86).

III. Strafklageverbrauch; Art. 54 SDÜ

54   S. dazu § 373 AO Rdn. 60

§ 375 AO   Nebenfolgen

(1) Neben einer Freiheitsstrafe von mindestens einem Jahr wegen

1. Steuerhinterziehung,
2. Bannbruchs nach § 372 Abs. 2, § 373,
3. Steuerhehlerei oder
4. Begünstigung einer Person, die eine Tat nach den Nummern 1 bis 3 begangen hat,

kann das Gericht die Fähigkeit, öffentliche Ämter zu bekleiden, und die Fähigkeit, Rechte aus öffentlichen Wahlen zu erlangen, aberkennen (§ 45 Abs. 2 des Strafgesetzbuchs).

(2) [1]Ist eine Steuerhinterziehung, ein Bannbruch nach § 372 Abs. 2, § 373 oder eine Steuerhehlerei begangen worden, so können

1. die Erzeugnisse, Waren und andere Sachen, auf die sich die Hinterziehung von Verbrauchsteuer oder Einfuhr- und Ausfuhrabgaben im Sinne des Artikels 4 Nr. 10 und 11 des Zollkodexes, der Bannbruch oder die Steuerhehlerei bezieht, und
2. die Beförderungsmittel, die zur Tat benutzt worden sind,

eingezogen werden. [2]§ 74a des Strafgesetzbuchs ist anzuwenden.

A. Grundsätzliches

I. Zielrichtung und praktische Bedeutung

§ 375 AO zielt nach seinem **Sinn und Zweck** mit **Abs. 1** darauf ab, in ausreichendem Umfang **1** sicherzustellen, dass öffentliche Ämter (i.w.S.) von Personen freigemacht oder freigehalten werden, die sich aufgrund einer Verurteilung in dem im Gesetz genannten Umfang (mindestens 1 Jahr Freiheitsstrafe) zumindest vorübergehend als ungeeignet für die Repräsentation und Ausübung staatlicher Autorität erwiesen haben (vgl. FGJ/*Joecks* § 375 Rn. 8; Graf/Jäger/Wittig/*Heine* § 375 Rn. 1 [„Verwirkungsgedanke"]; HHSp/*Engelhardt* § 375 Rn. 10; Klein/*Jäger* § 375 Rn. 1; Kohlmann/*Kutzner* § 375 Rn. 9; Schwarz/*Dumke* § 375 Rn. 11; erg. Rdn. 3). Die Abs. 1 innewohnende Annahme persönlicher Ungeeignetheit ergibt sich aus dem unauflösbaren Widerspruch, der bei einer derartigen Sanktionsintensität wegen eines *zulasten des Fiskus* begangenen Steuerdelikts im Verhältnis zum Postulat einer weiteren, stets gesetzeskonform (Art. 20 Abs. 3 GG), d.h. grds. auch *pro fisco*, auszurichtenden Wahrnehmung öffentlicher Ämter auftritt. Ein im Umfang von Abs. 1 wegen der dort genannten Taten (Rdn. 12) vorbestrafter (vgl. §§ 32 Abs. 2 Nr. 5b, 53 Abs. 1 Nr. 1 BZRG) Amtsträger kann nicht (mehr) erwarten, dass ihm von seinem Dienstherrn bzw. der Öffentlichkeit das notwendige Vertrauen in seine Gesetzestreue und die Lauterkeit seiner Amtsführung entgegen gebracht wird (zu den rechtspolitischen Bedenken gegen diese Argumentation: Lackner/*Kühl* § 45 Rn. 6 m.w.N.; krit. auch Sch/Sch/*Stree/Kinzig* § 45 Rn. 1: „als Relikt früherer Ehrenstrafen mehr als fragwürdig und durchaus entbehrlich"). Der mit der Hinterziehung von Steuern durch einen Vertreter des Staates bewirkten gesteigerten Störung des Rechtsfriedens trägt im Übrigen auch § 370 Abs. 3 Satz 2 Nr. 2 AO Rechnung. **Abs. 2** betrifft dagegen in erster Linie die organisierte – untechnisch ausgedrückt – Schmuggel- bzw. Zollkriminalität (vgl. FGJ/*Joecks* § 375 Rn. 28; Klein/*Jäger* § 375 Rn. 14 a.E.; Kohlmann/*Kutzner* § 375 Rn. 39; erg. Rdn. 10, 24) und bezweckt, ihr durch den dauerhaften Entzug der im Gesetz genannten Gegenstände (s. Rdn. 28 f.) einschließlich des Eigentums hieran (s. Rdn. 31), ähnlich wie § 261 Abs. 1 Satz 2 Nr. 3, 4b, Abs. 2 StGB (vgl. SSW-StGB/*Jahn* § 261 Rn. 3, 23 ff.), weitestgehend (erg. Rdn. 28) die Früchte bereits begangener und – vor allem auch – die Grundlage künftiger Straftaten zu entziehen.

§ 375 AO **erweitert** damit *fakultativ* (Abs. 1: „kann" bzw. Abs. 2: „können") den **Anwendungsbe- 2 reich der §§ 45 ff., 74 ff. StGB** und ergänzt so den im Steuerstrafverfahren gem. § 369 Abs. 2 AO ohnehin geltenden Allgemeinen Teil des StGB für bestimmte, abschließend aufgezählte Steuerstraftaten (s. Rdn. 12 ff., 27). **In der Praxis** ist zu beobachten, dass insbesondere Abs. 2 angesichts einer realiter z.T. bestehenden Unkenntnis der Norm in Kumulation mit einer andauernd hohen Arbeitsbelastung der Strafverfolgungsbehörden und Gerichte (grdl. *Harms* GS für Schlüchter, S. 451, 465 ff.) bisweilen nicht ausdrücklich bzw. nicht in vollem Umfang zur Anwendung gebracht wird. Die Unkenntnis (der Funktion [s. Rdn. 24]) der Vorschrift wird, wenn Einziehungsmaßnahmen nicht ohnehin gänzlich unterbleiben (auch weil sie übersehen werden), bisweilen durch eine (unnötige) erweiternde Auslegung der Einziehungstatbestände des StGB (§§ 74 ff. StGB) kompensiert, was formal rechtswidrig sein kann, im Ergebnis aber unschädlich ist, soweit die Voraussetzungen des Abs. 2 tatsächlich vorliegen (ähnl. HHSp/*Engelhardt* § 375 Rn. 130). § 375 AO zählt zwar zu den gem. § 260 Abs. 5 Satz 1 StPO im Urteil anzugebenden *angewendeten Vorschriften*. Die unterlassene Nennung von § 375 AO führt aber, da die Liste der angewendeten Vorschriften kein Teil der Urteilsformel ist (BGH, NStZ-RR 1997, 166) und nur im Hinblick auf § 5 Abs. 1 Nr. 6 BZRG erstellt wird (vgl. *Meyer-Goßner* § 260 Rn. 50 f.), nicht zu einem die Revision begründenden Rechtsfehler (zum Erfordernis der genauen Bezeichnung der Einziehungsgegenstände in der Urteilsformel s. Rdn. 37). Das Revisionsgericht kann eine fehlerhafte Liste ohne Weiteres berichtigen (ergänzen), ohne dass damit ein Teilerfolg i.S.v. § 473 Abs. 4 StPO verbunden wäre (vgl. *Meyer-Goßner* § 260 Rn. 62).

3   Die durch **Abs. 1** (i.V.m. § 45 Abs. 2 StGB) eröffnete Möglichkeit, die Amtsfähigkeit und/oder (s. Rdn. 20) Wählbarkeit des Täters ausnahmsweise auch bei bestimmten Steuer*vergehen* (anders bei der zwingenden Vorschrift des § 45 Abs. 1 StGB: „Verbrechen") abzuerkennen (sog. **Statusfolgen**), hat – wie die Nebenfolgen der §§ 45 ff. StGB insgesamt – im Steuerstrafrecht **bis dato keine erkennbare praktische Bedeutung** erlangt (vgl. Graf/Jäger/Wittig/*Heine* § 375 Rn. 1 a.E.; NK/ *Albrecht* § 45 Rn. 2 [„Zufallsstrafrecht"]). Im Gegenteil: Abs. 1 führt trotz einer geringen, aber durchaus vorhandenen Zahl von Steuerstrafverfahren, die Amts- bzw. Mandatsträger betreffen (z.B. BGH, NStZ-RR 2004, 242 m. krit. Anm. *Odenthal*, wistra 2004, 427 u. *Zetzsche*, wistra 2004, 428 [stellvertretender Amtsleiter im Stadtplanungsamt und Leiter der Koordinierungsstelle Stadtsanierung]; BGHSt 51, 44 m. zust. Anm. *Feinendegen*, NJW 2006, 2014 u. *Szesny/Brockhaus*, NStZ 2007, 624 [Stadtratsmitglied]; BGH, wistra 2009, 398 [Steueroberinspektor]; LG Cottbus, Urt. v. 14.11.2008 – 22 KLs 40/08, BeckRS 2009, 15722, u. LG Hildesheim, NdsRpfl 2009, 432 [jew. Finanzbeamte im mittleren Dienst]; erg. BAG, NZA 2002, 1030 m. Bespr. *Mareck*, PStR 2002, 59 [außerordentliche Kündigung einer FA-Angestellten trotz wirksamer Selbstanzeige]) noch immer ein **Schattendasein**. Das geht so weit, dass – soweit ersichtlich – in der *veröffentlichten* Strafrechtsprechung kein einziger Fall überliefert ist, in dem Abs. 1 seit seiner Einführung durch das 2. AOStrafÄndG v. 12.08.1968 (BGBl. I, S. 953; zur Normenhistorie: HHSp/*Engelhardt* § 375 Rn. 1 ff.; erg. Kohlmann/*Kutzner* § 375 Rn. 5 ff.; MüKo-StGB/*Wegner* § 375 AO Rn. 3) zur Anwendung gelangt wäre. Das mag seinen Grund nicht zuletzt darin haben, dass mit einer rechtskräftigen strafgerichtlichen Verurteilung in der von Abs. 1 vorausgesetzten Höhe kraft Gesetzes ein Verlust der Beamten- resp. Statusrechte einhergeht (vgl. § 41 Abs. 1 Satz 1 Nr. 1 BBG, § 24 Abs. 1 Satz 1 Nr. 1 BeamtStG, § 24 Nr. 1 DRiG; FGJ/*Joecks* § 375 Rn. 22 f.; Graf/Jäger/Wittig/*Heine* § 375 Rn. 14; Kohlmann/*Kutzner* § 375 Rn. 26 ff.; Klein/*Jäger* § 400 Rn. 17; *Parigger*, StraFo 2011, 447, 453 f.) bzw. straffällig gewordene Mandatsträger (Wahlbeamte) z.T. noch während des (öffentlich gewordenen) Ermittlungsverfahrens von ihrem Amt zurücktreten, was eine Anwendung von Abs. 1 für die Gegenwart (vgl. § 45 Abs. 3, 4 StGB; erg. Rdn. 19 f.), nicht aber für die Zukunft (vgl. §§ 45 Abs. 2, 45a StGB; erg. Rdn. 20 f.) entbehrlich machen kann (erg. MiStra Nr. 18 Abs. 1 Satz 1 Nr. 1a lit. cc im Hinblick auf Versorgungsberechtigte). Die aus dieser **Überlagerung durch beamtenrechtliche Statusfolgen** (beispielhaft VG Münster, PStR 2012, 1 [doppelter Bezug von Kindergeld durch verbeamteten Postbetriebsassistenten]; s. aber auch BVerwG, NJW 2000, 3297 [kein Verlust der Beamtenrechte kraft Gesetzes bei Verurteilung im Strafbefehlsweg [erg. § 400 Rdn. 26] m. Bespr. *Hoffmann/Wißmann*, PStR 2000, 279]) resultierende *faktische* Ausblendung von Abs. 1 in der strafgerichtlichen Praxis kann der Verteidigung als Argument dafür dienen, das Gericht von einer im Einzelfall doch (zusätzlich) im Raum stehenden Anordnung nach Abs. 1 auf Ermessensebene (s. Rdn. 23) abzubringen. Rechtlich zwingend ist dies jedoch nicht, zumal die Anordung – auch wenn sie als solche bereits durch das Beamtenrecht überholt ist bzw. in absehbarer Zeit überholt werden wird – durchaus ihre Berechtigung haben kann, da sie geeignet ist, dem strafgerichtlichen Unwerturteil mehr Gewicht zu verleihen (erg. Rdn. 18, 23 zur Berücksichtung beamtenrechtlicher Statusfolgen bei der Strafzumessung). Zu den in der Praxis ebenfalls oft verkannten Folgen der Aberkennung des passiven Wahlrechts s. Rdn. 19.

II. Anwendungsbereich

4   Der **Anwendungsbereich des § 375 AO** ist grds. (s. Rdn. 6 f.) auf die dort abschließend aufgezählten Steuerstraftaten **beschränkt** und kann durch Auslegung in keine Richtung erweitert werden (erg. Rdn. 14, 27). § 410 Abs. 1 AO erfasst die Vorschrift **nicht**, woraus sich ergibt, dass § 375 AO **im Steuer-OWi-Recht** insgesamt nicht angewendet werden darf (Klein/*Jäger* § 375 Rn. 4). Diese gesetzgeberische Wertung kann auch nicht über den Umweg des § 22 Abs. 1 OWiG unterlaufen

werden. Denn § 375 AO erfüllt den Tatbestand dieser Vorschrift – anders als etwa § 37 Abs. 3 Satz 1 TabStG – in der Zusammenschau mit § 410 Abs. 1 AO gerade nicht. Statusfolgen sind dem OWi-Recht aus Gründen der Verhältnismäßigkeit ohnehin gänzlich fremd.

Im **Jugendstrafrecht** (§ 385 Abs. 1 AO, § 1 JGG) findet **Abs. 2** gem. § 369 Abs. 2 AO i.V.m. §§ 2   **5** Abs. 2, 8 Abs. 3 JGG uneingeschränkt Anwendung. In der Praxis kommt dies i.d.R. in Fällen des Zigarettenschmuggels in Betracht (erg. BGH, NJW 2010, 3106 m. zust. Anm. *Altenhain*, NStZ 2011, 272 u. abl. Anm. *Eisenberg*, StV 2010, 580 [Zulässigkeit des Verfalls [von Wertersatz] im Jugendstrafrecht]). Das gilt gem. § 76 Satz 1 JGG auch im vereinfachten Jugendverfahren. Die Anordnung von **Statusfolgen** (Abs. 1) ist dagegen bei *Jugendlichen* (§ 1 Abs. 2 JGG) gem. § 6 Abs. 1 Satz 1 JGG insgesamt untersagt (Erbs/Kohlhaas/*Senge* § 375 Rn. 1; Graf/Jäger/Wittig/*Heine* § 375 Rn. 5; HHSp/*Engelhardt* § 375 Rn. 25; Kohlmann/*Kutzner* § 375 Rn. 15). Bei *Heranwachsenden* können Statusfolgen angeordnet werden, wenn die Voraussetzungen des § 105 Abs. 1 JGG *nicht* gegeben sind, also das Erwachsenenstrafrecht zur Anwendung kommt, und die jeweilige Statusfolge den erzieherischen Grundsätzen des JGG im Einzelfall nicht zuwider läuft (vgl. *Eisenberg* § 6 Rn. 4). Der Vorschrift des § 106 Abs. 2 JGG kommt im Zusammenhang mit Abs. 1 keine Bedeutung zu, da sie sich nur auf die Fälle des § 45 Abs. 1 (*nicht* des hier relevanten [s. Rdn. 3] § 45 Abs. 2) StGB bezieht.

Darüber hinaus existieren einige, in der Rechtspraxis nur selten relevante **Verweisungen auf Abs. 1**   **6** **und/oder Abs. 2**, in denen diese Vorschriften bei sog. Analogtaten [vgl. Nr. 19 Ziff. 1-3 ASB] für entsprechend anwendbar erklärt werden. Ohne Anspruch auf Vollständigkeit sind dies aus dem **Bundesrecht** u.a. die §§ 12 Abs. 1 Satz 1, 35 MOG (Abgaben zu Marktordnungszwecken [betr. Abs. 1 und 2]), § 5a Abs. 1 Satz 1 BergPG (Bergmannsprämie [betr. nur Abs. 1]), § 29a Abs. 1 BerlinFG (Berlinzulage [betr. nur Abs. 1]), § 8 Abs. 2 Satz 1 WoPG (Wohnungsbauprämie [betr. nur Abs. 1]) und § 96 Abs. 7 Satz 1 EStG (Altersvorsorgezulage [betr. nur Abs. 1]). Auf **Monopolvorspiegelungstaten** i.S.v. § 128 Abs. 1 BranntwMonG (i.V.m. § 263 StGB) findet § 375 AO dagegen insgesamt *keine* Anwendung, da § 375 AO dem materiellen Steuerstrafrecht und nicht dem von § 128 Abs. 1 BranntwMonG ausschließlich in Bezug genommenen Steuerstraf*verfahrens*recht („Die für das Straf*verfahren* wegen Steuerstraftaten geltenden Vorschriften der Abgabenordnung ...") zuzuordnen ist (vgl. BT-Drucks. 10/1636 S. 80 f.; a.A. Erbs/Kohlhaas/*Senge* § 375 Rn. 1, 6; Klein/*Jäger* § 375 Rn. 2 a.E.; abw. auch Kohlmann/*Kutzner* § 375 Rn. 14 u. MüKo-StGB/*Wegner* § 375 Rn. 6, die [unzutr.] darauf abstellen, dass § 128 BranntwMonG seit 1986 aufgehoben sei; erg. HHSp/*Engelhardt* § 375 Rn. 21, 29). Auf Ebene des **Landesrechts** verweisen die AO-Anwendungs- bzw. (Kommunal-) Abgabengesetze entweder pauschal auf sämtliche Strafvorschriften der AO (so z.B. § 1 Abs. 1 Nr. 1 BlnAOAnwG) oder § 375 AO wird dort zusammen mit anderen Vorschriften im Wege einer differenzierteren Handhabung ausdrücklich von dieser Verweisung ausgenommen (so z.B. in Art. 14 Abs. 1 Satz 2 BayKAG). Das Erschleichen der **Investitions- oder Eigenheimzulage** ist nicht als Steuerhinterziehung, sondern als (Subventions-) Betrug (§§ 263, 264 StGB) strafbar, sodass § 375 AO – obwohl die Finanzbehörden auch mit der Verfolgung dieser Straftaten betraut sind (vgl. § 15 InvZulG 2010, § 15 Abs. 2 EigZulG) – hier ebenfalls nicht anwendbar ist.

Die Hinterziehung von **Kirchensteuer** ist kraft landesrechtlicher (Global-) Verweisung auf die   **7** §§ 369 bis 384 AO in § 6 Abs. 1 Satz 1 NdsKiStRG nur im Bundesland Niedersachsen als Steuerhinterziehung strafbar (grdl. BGH, NStZ 2009, 157 m. Bespr. *Ebner*, SAM 2008, 221; erg. § 370 Rdn. 24 f.; § 387 Rdn. 32). In allen übrigen KiSt-Gesetzen der Länder ist eine Anwendung der §§ 369 ff AO – und damit auch des § 375 AO – ausdrücklich ausgeschlossen (so z.B. in Art. 18 Abs. 2 BayKiStG). Die Verweisung in § 6 Abs. 1 NdsKiStRG ist, abgesehen von dem Strafantragserfordernis in § 10 Abs. 1 Satz 4 NdsKiStRG, dagegen uneingeschränkt auf die §§ 369 bis 384 AO erfolgt und erfasst daher – praktisch allerdings wohl weitestgehend bedeutungslos – grds. auch § 375 AO. Kirchliche Ämter selbst sind von Abs. 1 generell nicht betroffen (vgl. Rdn. 19).

III. Sonstige dogmatische Fragen

8 Die **gesetzliche Überschrift** des § 375 AO („Nebenfolgen") ist nach der (gem. § 369 Abs. 2 AO maßgeblichen) Diktion des StGB **unvollständig**, da sie nur Abs. 1, nicht aber *Abs. 2* erfasst (ähnl. *Bäckermann*, ZfZ 1976, 366 f.; Graf/Jäger/Wittig/*Heine* § 375 Rn. 1 [„Begriff der Nebenfolge ... untechnisch"]). **De lege ferenda** könnte erwägt werden, die Überschrift zur Klarstellung entweder um den Begriff „Einziehung" zu ergänzen (dann: „Nebenfolgen, Einziehung") oder diese von vornherein abstrakter zu fassen (z.B. in Anlehnung an die Bezeichnung des Dritten Abschnitts des Allgemeinen Teils des StGB: „Weitere Rechtsfolgen der Steuerstraftat").

9 Insbesondere bei der in der Praxis im Vordergrund stehenden *Einziehung* nach **Abs. 2** handelt es sich – jedenfalls formell – **nicht** um eine **(Neben-) Strafe** im eigentlichen Sinne (str.; ähnl. Koch/Scholtz/*Scheurmann-Kettner* § 375 Rn. 2; abw. die wohl h.M., vgl. u.a. BGH, NJW 1983, 2710 [zu § 74 Abs. 2 Nr. 1 StGB]; Erbs/Kohlhaas/*Senge* § 375 Rn. 4; *Fischer* § 74 Rn. 2; Graf/Jäger/Wittig/*Heine* § 375 Rn. 1, 2; HHSp/*Engelhardt* § 375 Rn. 10; Kohlmann/*Kutzner* § 375 Rn. 10; MAH-WiStra/*Lohr* § 29 Rn. 624; MüKo-StGB/*Wegner* § 375 Rn. 1, 22; Schwarz/*Dumke* § 375 Rn. 12; ausdr. abw. auch OLG München, NJW 1982, 2330, 2331 zu § 21 Abs. 3 StVG [s. Rdn. 10]; diff. *Bäckermann*, ZfZ 1976, 366; Bender/*Möller/Retemeyer* B. V. Rn. 396, 412; Blumers/*Göggerle* Rn. 711 [„Doppelnatur"]; FGJ/*Joecks* § 375 Rn. 30 [„Doppelnatur"]; Kohlmann/*Kutzner* § 375 Rn. 38 [„mehrspurige Konzeption"]), sondern um eine, wie sich aus **§ 11 Abs. 1 Nr. 8 StGB** ergibt, „Maßnahme" eigener Art, die stets zumindest auch den Schutz der Allgemeinheit vor künftigen Straftaten bezweckt (erg. Rdn. 1 a.E.). Die bewusste Vereitelung von Maßnahmen nach Abs. 2 unterfällt ungeachtet der str. dogmatischen Einordnung der Einziehung in jedem Fall den §§ 258, 258a und 261 StGB (vgl. BGH, wistra 2010, 443; Bender/*Möller/Retemeyer* B. V. Rn. 421). Die einzige echte, vom Gesetzgeber ausdrücklich als solche bezeichnete „Nebenstrafe" ist das Fahrverbot gem. § 44 StGB (erg. Rdn. 44). Da der Einziehung *materiell* aber auch eine gewisse repressive Zielrichtung nicht abzusprechen ist, wird ihre Anordnung, jedenfalls soweit sie Täter oder Teilnehmer betrifft (zur sog. Dritteinziehung s. Rdn. 30), gemeinhin zutreffend als **Teil der Strafzumessungsentscheidung** – und damit für das Gericht grds. wertungsoffen – eingestuft (grdl. BGH, NJW 1983, 2710). Um angesichts der dogmatischen Unklarheiten bei der Einordnung von Maßnahmen nach § 375 AO (zur Qualifizierung der Statusfolgen s. *Fischer* § 45 Rn. 7, 9) keinem revisiblen Rechtsfehler zu unterliegen (vgl. *Meyer-Goßner* § 267 Rn. 43), sollte der Tatrichter bei Abfassung der Urteilsgründe *stets* (erg. Rdn. 23) **§ 267 Abs. 3 Satz 1 StPO** zur Anwendung bringen und seine Entscheidung auch insofern in dem im Einzelfall erforderlichen Umfang (vgl. Graf/Jäger/Wittig/*Heine* § 375 Rn. 9; Kohlmann/*Kutzner* § 375 Rn. 23; *Meyer-Goßner* § 267 Rn. 18, 38;) begründen (vgl. u.a. BGH, StV 1986, 58; StV 1994, 76; NStZ-RR 1996, 56; erg. Rdn. 34 a.E., 38).

10 **Abs. 2** ist, was das Gesetz – anders als bei Abs. 1 in Bezug auf § 45 Abs. 2 StGB – nicht unmittelbar selbst kenntlich macht, eine **„besondere Vorschrift"** i.S.v. **§ 74 Abs. 4 StGB**, die insbesondere in Schmuggel- bzw. Steuerhehlereifällen (erg. Rdn. 1 a.E., 28) die Einziehung von sog. Beziehungsgegenständen (s. Rdn. 24) gestattet (BGH, wistra 1995, 30). Eine ebenfalls speziell auf die Einziehung von Kfz (erg. Rdn. 29) abzielende **Parallelregelung** zu Abs. 2 Satz 1 Nr. 2 enthält **§ 21 Abs. 3 StVG** für wiederholt begangene Vergehen des Fahrens ohne Fahrerlaubnis (s.a. § 6 Abs. 3 PflVG). Die wegen des in der Praxis häufigeren Auftretens der letztgenannten Fälle de facto umfangreichere Judikatur zu § 21 Abs. 3 StVG kann im Einzelfall als **Auslegungs- und Argumentationshilfe** auf Abs. 2 Satz 1 Nr. 2 übertragen werden (so z.B. die Entscheidung BVerfG, Beschl. v. 14.05.2002 – 2 BvR 614/02, BeckRS 2002, 22020, zur Verfassungsmäßigkeit von § 21 Abs. 3 StVG). Gleiches gilt, wenn auch in engerem Rahmen, für die Rechtsprechung zu den weiteren Parallelvorschriften zu Abs. 2 im Kern- und Nebenstrafrecht (z.B. BGH, NStZ-RR 2009, 384 zu § 33 BtMG [Bestimmtheitserfordernis bei der Bezeichnung einzuziehender Gegenstände im Urteil]; NStZ-RR 2011, 338 zu § 261 Abs. 7 StGB [Ausschluss der Einziehung von Beziehungsgegenständen bei gleichzeitigem Eingreifen von § 73 Abs. 1 Satz 2 StGB]; erg. Rdn. 37).

Alternativ zu der repressiv ausgerichteten Einziehung nach Abs. 2 i.V.m. §§ 74 ff. StGB einschließ- **11** lich der strafprozessualen Begleitmaßnahmen (§§ 111b, 111c StPO; erg. Rdn. 41) kann, wenn bewegliche Sachen (Wertgegenstände) durch die FinB in Besitz genommen werden, auch eine **steuerliche Vollstreckungsmaßnahme** gem. §§ 281 ff. AO, insbesondere gem. § 286 AO, vorliegen (Schmuggelzigaretten sind gem. § 23 Abs. 1 Satz 5 TabStG stets gem. § 215 im Aufsichtsweg sicherzustellen [erg. Rdn. 35 u. *Middendorp*, ZfZ 2011, 197, 203). Da dies durch Vollziehungsbe-amte der Vollstreckungsstelle des FA oder – äußerlich zumeist nicht unterscheidbar – auch durch Beamte der Steufa (vgl. § 208 Abs. 2 Nr. 2 AO) grds. *zeitgleich* mit einer Durchsuchung durch die Strafverfolgungsbehörden erfolgen kann (vgl. § 287 AO; einschr. *Blumers/Göggerle* Rn. 710: „In der Praxis ... regelmäßig nicht"), sind die Rechtsnatur der Maßnahme und – darauf fußend – der zutreffende Rechtsbehelf dagegen (grdl. Pahlke/Koenig/*Fritsch* § 287 Rn. 21 [Einspruch gem. § 347 Abs. 1 AO und vorläufiger Rechtsschutz gem. § 361 AO, § 69 FGO zum FG, *nicht* Antrag auf richterliche Entscheidung gem. §§ 98 Abs. 2 Satz 2 [analog] oder 111e Abs. 2 Satz 3 StPO zum AG – Ermittlungsrichter]) für den Berater auf den ersten Blick oft nicht sicher erkennbar. Stattdessen setzt dies i.d.R. eine genaue Durchsicht und Prüfung der übergebenen bzw. vor Ort zurück gelassenen Niederschriften (Pfändungsniederschrift [§§ 286 Abs. 3, 291 AO] bzw. Beschlagnahmeprotokoll [§§ 111b Abs. 4, 107 Satz 2 StPO]) voraus. Wohnungsdurchsuchungen zur Durchführung steuerlicher Vollstreckungsmaßnahmen können nicht auf Grundlage eines ermittlungsrichterlichen bzw. strafgerichtlichen Durchsuchungsbeschlusses gem. §§ 102, 103 StPO gleichsam *mit*durchgeführt" werden (*Blumers/Göggerle* Rn. 710). Vielmehr muss, wenn keine vollstreckungsgerichtliche Durchsuchungsanordnung (§ 287 Abs. 4 Satz 3 AO) vorliegt, ent-weder die (ggf. konkludent erklärte) Einwilligung des Inhabers der Räumlichkeiten (§ 287 Abs. 4 Satz 1 AO) vorliegen oder Gefahr im Verzug (§ 287 Abs. 4 Satz 2 AO) gegeben sein. Letzteres darf – soweit im Vorfeld Abstimmungsmöglichkeiten mit den Strafverfolgungsbehörden beste-hen – nicht durch Untätigkeit bewusst herbeigeführt werden. In allen anderen Fällen ist zwingend eine eigenständige Durchsuchungsanordnung des Vollstreckungs(zivil-)gerichts einzuholen.

B. Anordnungsvoraussetzungen im Einzelnen

I. Verlust der Amtsfähigkeit und Wählbarkeit (Abs. 1)

1. Straftatenkatalog (Abs. 1 Nr. 1 bis 4)

Anders als die im Steuerstrafrecht gem. § 369 Abs. 2 AO ohnehin *grds.* geltenden §§ 45 ff. StGB, **12** die vordergründig eine Verurteilung wegen (irgend-) eines Verbrechens (§ 12 Abs. 1 StGB) voraus-setzen (§ 45 Abs. 1 StGB ist seit der Streichung von § 370a AO zum 01.01.2008 im Steuerstraf-recht obsolet geworden), ist der Anwendungsbereich von Abs. 1 nur dann eröffnet, wenn der Täter wegen (mindestens) eines der in Nr. 1 – 4 genannten **Vergehen** verurteilt, d.h. schuldig gesprochen (§ 260 Abs. 4 Satz 1, 2 StPO), worden ist. Abs. 1 ist eine, wie das Gesetz bereits selbst aussagt, besondere gesetzliche Anordnung i.S.v. § 45 Abs. 2 (*nicht:* § 45 Abs. 5 [erg. Rdn. 19 a.E.]) StGB. Der **Straftatenkatalog** in Abs. 1 (sog. Anknüpfungstaten) ist demgemäß unstreitig **abschlie-ßend** (Klein/*Jäger* § 375 Rn. 2; Kohlmann/*Kutzner* § 375 Rn. 12) und kann durch Auslegung grds. nicht erweitert werden (erg. Rdn. 14). Er enthält nicht alle, sondern nur eine mit Blick auf den Grundsatz der Verhältnismäßigkeit sowie die Grundrechte der Berufsfreiheit (Art. 12 Abs. 1 GG), des gleichen Zugangs zu öffentlichen Ämtern (Art. 33 Abs. 2 GG) und des (passiven) Wahlrechts (Art. 38, 28 GG i.V.m. dem Demokratieprinzip [Art. 20 Abs. 1 GG]) getroffene Auswahl der schwerwiegendsten, in § 369 Abs. 1 AO genannten Steuer- und Zollstraftaten (ähnl. Kühn/v. Wedelstädt/*Blesinger* § 375 Rn. 1). Die Tatsache, dass Abs. 1 **insbesondere** Vergehen der gewerbs-oder bandenmäßigen Schädigung des Umsatzsteueraufkommens gem. §§ 26b, 26c UStG bis heute **nicht erfasst**, lässt sich angesichts des Gewichts dieser Straftat allenfalls als unbeabsichtigtes gesetzgeberisches (Anpassungs-) Versäumnis erklären (§ 26c UStG wurde erst mit Wirkung zum 01.01.2002 durch das StVBG v. 19.12.2001 [BGBl. I, S. 3922] eingeführt) und sollte **de lege ferenda** überdacht werden.

13 Der Katalog des Abs. 1 umfasst *derzeit* (vgl. Rdn. 12 u. 14 jew. a.E.) Vergehen der **Steuerhinterzie-hung** (d.h. § 370 AO [und § 23 RennwLottG: „Wegen *Hinterziehung* wird auch bestraft"]), des **Bannbruchs** (allerdings nur in den praktisch kaum vorkommenden Fällen, in denen die Subsidia-ritätsklausel des § 372 Abs. 2 nicht eingreift [vgl. Bender/*Möller/Retemeyer* B. V. Rn. 409; Graf/Jäger/Wittig/*Heine* § 375 Rn. 3; Klein/*Jäger* § 375 Rn. 2; Koch/Scholtz/*Scheurmann-Kettner* § 375 Rn. 11; *Lohmeyer*, ZfZ 1979, 72, 73; MAH-WiStra/*Lohr* § 29 Rn. 642]), der **Steuerhehlerei** (§ 374 AO) und der **Begünstigung** (§ 369 Abs. 1 Nr. 4 AO, § 257 StGB) solcher Personen, die eine der vorgenannten Taten begangen haben. Für Vergehen der Abgabenüberhebung (§ 353 Abs. 1 StGB) und der Verletzung des Steuergeheimnisses (§ 355 StGB [i.V.m. § 30 AO]), die weder im Straf-tatenkatalog des Abs. 1 genannt sind, noch zu den Steuerstraftaten i.S.v. § 369 Abs. 1 AO zählen, enthält § 358 StGB eine Parallelregelung zu Abs. 1 (erg. Rdn. 17).

14 Nach dem Wortlaut von Abs. 1 Nr. 1 und 2 ist unklar, inwieweit eine Verurteilung wegen **gewerbsmäßigen, gewaltsamen oder** (*nicht:* und) **bandenmäßigen Schmuggels** (§ 373 AO) die in Abs. 1 vorgesehenen Statusfolgen nach sich ziehen kann. Da es sich bei § 373 AO in der seit 01.01.2008 geltenden Fassung deliktssystematisch unzweifelhaft um einen „selbstständigen Quali-fikationstatbestand" (BT-Drucks. 16/5846 S. 75) zu § 370 AO *und* § 372 AO handelt, stellt sich die Frage, ob ein Schuldspruch wegen „Schmuggels" (§ 373 AO; zur Urteilsformel [§ 260 Abs. 4 Satz 1, 2 StPO] vgl. *Harms/Jäger*, NStZ-RR 2000, 129, 133) nur dann Abs. 1 unterfällt, wenn der Tat ein Vergehen nach § 372 (Abs. 2) AO zugrunde liegt, oder ob auch eine auf der Hinterziehung (§ 370 AO) von Einfuhr- und Ausfuhrabgaben fußende Verurteilung die im Gesetz vorgesehenen Statusfolgen auslösen kann (so die allg., bisher unbestr. Auffassung, vgl. nur FGJ/*Joecks* § 375 Rn. 16 [„§ 370 AO, ggf. iVm § 373 AO"]; Klein/*Jäger* § 375 Rn. 2; Koch/Scholtz/*Scheurmann-Kettner* § 375 Rn. 5). Für die zuletzt genannte Auslegung spricht, dass § 372 selbst nur dann Abs. 1 unterfällt, wenn die Strafe § 370 Abs. 1, 2 AO zu entnehmen ist (Rdn. 13); zudem handelt es sich bei § 373 AO – spätestens seit 01.01.2008 gesichert – um einen Qualifikationstatbestand zu § 370 AO, der die Verwirklichung sämtlicher Tatbestandsmerkmale der von Nr. 1 erfassten Steuerhinter-ziehung voraussetzt und daher mitumfasst (der Schmuggel ist in diesen Fällen deliktssystematisch also *auch* Steuerhinterziehung). **Problematisch** erscheint allerdings der (nach wie vor unverän-derte) **Wortlaut von Abs. 1 Nr. 1 und 2**, wonach Abs. 1 Nr. 1 „die Steuerhinterziehung" (ohne weiteren Paragraphenzusatz) und Abs. 1 Nr. 2 den „Bannbruch nach § 372 Abs. 2, *§ 373*" AO erfasst. Aufgrund des Zitats von § 373 AO, das im Gesetz ausschließlich im Zusammenhang mit dem Bannbruch, nicht aber (auch) bei der Steuerhinterziehung erfolgt ist, steht der Umkehr-schluss (argumentum e contrario) im Raum, dass ein Schuldspruch gem. § 373 AO nur dann taugliche Grundlage einer Statusfolge i.S.v. Abs. 1 sein kann, wenn die Qualifikation auf einem Bannbruch fußt. Andernfalls – so die denkbare Argumentationslinie – hätte der Gesetzgeber, da sowohl die Steuerhinterziehung als auch der Bannbruch jeweils tauglicher Grundtatbestand des Schmuggels sind, entweder in Abs. 1 Nr. 2 das Zitat des § 373 AO weggelassen oder in Abs. 1 Nr. 1 ein solches Zitat aufgenommen (etwa „Steuerhinterziehung nach § 370, § 373 AO"; s. inso-fern nur Graf/Jäger/Wittig/*Heine* § 375 Rn. 3 [„Steuerhinterziehung *gem § 370 AO*"]; Schwarz/*Dumke* § 375 Rn. 7 [„Steuerhinterziehung *nach § 370*" u. Rn. 21). Angesichts des auch für Neben-folgen geltenden (vgl. *Fischer* § 1 Rn. 10; Sch/Sch/*Eser/Hecker* § 1 Rn. 28) strafrechtlichen Analo-gieverbots (Art. 103 Abs. 2 GG; § 369 Abs. 2 AO i.V.m. § 1 StGB) kann dieses **Redaktionsverse-hen**, das im Übrigen auch in Abs. 2 Satz 1 auftritt und dort in weitaus gewichtigerem Umfang mit der Zielsetzung des Gesetzes (s. Rdn. 1) in Konflikt zu geraten droht (s. Rdn. 27), vom Rechtsan-wender nur durch Auslegung behoben werden. Dabei besteht allerdings die Gefahr, sich dem (sinnwidrigen) Einwand ausgesetzt zu sehen, dass *nach dem Wortlaut* von Abs. 1 Nr. 1, 2 zwar bei einer Verurteilung nur wegen der Hinterziehung (§ 370 AO) von Einfuhr- oder Ausfuhrabgaben, *nicht* aber bei einer (qualifizierten) Verurteilung wegen eines darauf beruhenden Schmuggels Sta-tusfolgen angeordnet werden können. Insofern wäre eine Klarstellung durch den Gesetzgeber angezeigt (erg. Rdn. 27).

Im Übrigen ist **unerheblich, ob** die Katalogtat vollendet oder **versucht** wurde (nur der Versuch   15
der [Steuerstraftat-] Begünstigung [s. Rdn. 13] ist nicht strafbar) oder ob die Verurteilung wegen
Täterschaft i.S.v. § 25 StGB **oder Teilnahme** (§§ 26, 27 StGB) erfolgt ist (Erbs/Kohlhaas/*Senge*
§ 375 Rn. 2; FGJ/*Joecks* § 375 Rn. 17 f.; Graf/Jäger/Wittig/*Heine* § 375 Rn. 4, 20; HHSp/*Engelhardt* § 375 Rn. 47; Klein/*Jäger* § 375 Rn. 8; Koch/Scholtz/*Scheurmann-Kettner* § 375 Rn. 5; Kohl-
mann/*Kutzner* § 375 Rn. 18; *Lohmeyer* ZfZ 1979, 72, 73; MAH-WiStra/*Lohr* § 29 Rn. 632;
Schwarz/*Dumke* § 375 Rn. 9).

Zudem genügt es, wenn bei einer Verurteilung wegen mehrerer (tateinheitlich [§§ 52, 54 StGB]   16
oder tatmehrheitlich [§ 53 StGB]) verwirklichter Straftatbestände **eine Katalogtat** im Schuldspruch (§ 260 Abs. 4 Satz 1, 2 StPO) aufgeführt ist (Erbs/Kohlhaas/*Senge* § 375 Rn. 3; Klein/*Jäger*
§ 375 Rn. 8; zur erf. Strafhöhe in diesem Fall s. Rdn. 17). Wird dagegen gem. § 154 Abs. 1,
2 StPO von der Verfolgung sämtlicher Katalogtaten abgesehen oder wird die Strafverfolgung gem.
§ 154a Abs. 1, 2 StPO ausschließlich auf Nichtkatalogtaten beschränkt, ist damit einer Anwendung von *Abs. 1* die Grundlage entzogen. (Nur) Im Hinblick auf *Abs. 2* kann in diesen Fällen ggf.
weiterhin eine (dann: *selbstständige*) Einziehungsanordnung im sog. objektiven Verfahren (§ 76a
StGB; s. Rdn. 39) erfolgen (erg. LG Osnabrück, Beschl. v. 13.02.2007 – 10 Qs 730 Js 23947/
06, 1/07, juris).

2. Erreichen der Jahresgrenze

Die aus Gründen der Verhältnismäßigkeit in Anlehnung an §§ 45 Abs. 1, 12 Abs. 1 StGB („Ver-   17
brechen") statuierte **Jahresgrenze** („Neben einer Freiheitsstrafe von *mindestens einem Jahr*") **muss**
für Anordnungen nach Abs. 1 nur **erreicht** (*nicht:* überschritten) **werden**, d.h. die Verurteilung zu
einer Freiheitsstrafe i.S.v. § 38 StGB (*nicht:* § 43 StGB [Ersatzfreiheitsstrafe]) von *exakt 1 Jahr* ist
erforderlich, aber auch ausreichend. Es kommt insofern ausschließlich auf den **Rechtsfolgenausspruch in der Urteilsformel** an (s. dazu im Einzelnen: *Meyer-Goßner* § 260 Rn. 28 ff.). Eine evtl.
Anrechnung von Untersuchungshaft (§ 51 StGB) spielt für das Erreichen der Jahresgrenze ebenso
wenig eine Rolle (vgl. *Fischer* § 45 Rn. 6), wie der Ausspruch über eine Entschädigung nach den
Grundsätzen der sog. Vollstreckungslösung wegen überlanger Verfahrensdauer (MüKo-StGB/*Wegner* § 375 Rn. 15; erg. BGHSt 52, 124; Klein/*Jäger* § 376 Rn. 5). Die Jahresgrenze ist demnach
unproblematisch erreicht, wenn wegen einer oder mehrerer **tateinheitlich** verwirklichter Katalogtaten *eine* Strafe i.S.v. § 52 StGB verhängt wird, die auf Freiheitsstrafe von mindestens 1 Jahr lautet. Gleiches gilt bei dieser Strafhöhe, wenn bei tateinheitlich (§ 52 StGB) neben der Katalogtat
verwirklichten Nichtkatalogtaten auch wegen dieser (Nichtsteuer-) Delikte schuldig gesprochen
worden ist, und zwar unabhängig davon, aus welchem Strafrahmen (vgl. § 52 Abs. 2 Satz 1 StGB)
die Strafe entnommen wurde (FGJ/*Joecks* § 375 Rn. 19; HHSp/*Engelhardt* § 375 Rn. 50; Klein/
Jäger § 376 Rn. 8; Koch/Scholtz/*Scheurmann-Kettner* § 375 Rn. 5; MAH-WiStra/*Lohr* § 29
Rn. 632; *Rolletschke*/Kemper § 375 Rn. 14; Schwarz/*Dumke* § 375 Rn. 10). **Uneinigkeit** herrscht
dagegen, wenn bei **tatmehrheitlich** (§ 53 StGB) begangenen Katalogtaten auf eine Gesamtfreiheitsstrafe (§ 54 StGB) erkannt worden ist, die zwar als solche die Jahresgrenze erreicht oder überschreitet, aber aus Einzelstrafen gebildet wurde, von denen keine auf Freiheitsstrafe von mindestens 1 Jahr lautet (z.B. 1 Jahr Gesamtfreiheitsstrafe, gebildet aus 9 Monaten Freiheitsstrafe wegen
Steuerhinterziehung [Abs. 1 Nr. 1] und 6 Monaten Freiheitsstrafe wegen Steuerhehlerei [Abs. 1
Nr. 3]). Während die h.M. (vgl. BGH, NStZ 2008, 283 [zu § 358 StGB] m. Anm. *Klaws*,
StRR 2008, 192; FGJ/*Joecks* § 375 Rn. 20; Graf/Jäger/Wittig/*Heine* § 375 Rn. 6; HHSp/*Engelhardt* § 375 Rn. 51; Koch/Scholtz/*Scheurmann-Kettner* § 375 Rn. 5; Klein/*Jäger* § 375 Rn. 8; *Rolletschke*/Kemper § 375 Rn. 16; a.A. Erbs/Kohlhaas/*Senge* § 375 Rn. 3; Kohlmann/*Kutzner* § 375
Rn. 17; *Lohmeyer*, ZfZ 1979, 72, 73; MAH-WiStra/*Lohr* § 29 Rn. 632) zutreffend davon ausgeht,
dass auch diese Konstellation Abs. 1 unterfällt, ist **gänzlich unklar**, ob Abs. 1 die Anordnung von
Statusfolgen auch dann zulässt, wenn hinzukommt, dass die die Jahresgrenze erreichende oder
überschreitende Gesamtfreiheitstrafe aus Einzelstrafen gebildet wurde, die nicht allesamt für Katalogtaten verhängt worden sind. Zu bejahen ist dies jedenfalls dann, wenn für die bzw. eine von

mehreren Katalogtat(en) eine Einzelstrafe von mindestens 1 Jahr verwirkt ist (z.B. 1 Jahr und 3 Monate Gesamtfreiheitsstrafe, gebildet aus 1 Jahr Freiheitsstrafe wegen Steuerhinterziehung [Abs. 1 Nr. 1] und 6 Monaten Freiheitsstrafe wegen Geldwäsche [Nichtkatalogtat]) (zust. Graf/ Jäger/Wittig/*Heine* § 375 Rn. 6; Koch/Scholtz/*Scheurmann-Kettner* § 375 Rn. 5; Schwarz/*Dumke* § 375 Rn. 10). Dagegen ist **Abs. 1** nach, soweit ersichtlich, bislang einhelliger Auffassung **unanwendbar**, wenn die Jahresgrenze durch eine Gesamtfreiheitsstrafe erreicht oder überschritten wird, die aus Einzelstrafen gebildet worden ist, die für Katalog- und Nichtkatalogtaten verhängt wurden *und* sich die für die Katalogtat(en) ausgeworfene(n) Einzelstrafe(n) unterhalb der Jahresgrenze bewegt/en ([umgekehrtes] Bsp.: 1 Jahr und 3 Monate Gesamtfreiheitsstrafe, gebildet aus 6 Monaten Freiheitsstrafe wegen Steuerhinterziehung [Abs. 1 Nr. 1] und 1 Jahr Freiheitsstrafe wegen Geldwäsche [Nichtkatalogtat]). Begründet wird diese einschränkende Auslegung von Abs. 1 bislang nicht. Sie ist, da weder der Wortlaut noch Sinn und Zweck von Abs. 1 (s. Rdn. 1) gegen eine Anordnung von Statusfolgen auch in diesem Fall sprechen, abzulehnen (abw. Kohlmann/*Kutzner* § 375 Rn. 17). Die die Jahresgrenze erreichende oder überschreitende Gesamtfreiheitsstrafe ist – mehr fordert der Wortlaut von Abs. 1 nicht – zumindest *auch* „wegen" der Katalogtat ausgeworfen worden. Art und Schutzrichtung der verwirklichten Nichtkatalogtat(en) werden in solchen Fällen bei der tatrichterlichen Ermessensausübung (s. Rdn. 23) aber besondere Berücksichtigung (und Erörterung [s. Rdn. 18]) finden müssen.

18   Mit Blick auf den Grundsatz der Verhältnismäßigkeit und die durch die Anordnung von Statusfolgen betroffenen Grundrechte (s. Rdn. 12) besteht für das Tatgericht in **revisionsrechtlicher Hinsicht** angesichts der im Steuerstrafrecht vielfach gegebenen Möglichkeit, das Erreichen der Jahresgrenze bei *Tatmehrheit* (§ 53 StGB) zu vermeiden, indem gem. **§ 53 Abs. 2 Satz 2 StGB** *neben* einer unter der Jahresgrenze rangierenden (Gesamt-) Freiheitsstrafe eine (Gesamt-) Geldstrafe verhängt wird, eine **besondere Erörterungspflicht** (vgl. BGH, wistra 2004, 264; NStZ 2008, 283 m. Anm. *Klaws*, StRR 2008, 192). Das Gericht sollte demgemäß in den schriftlichen Urteilsgründen kenntlich machen, dass es diese Möglichkeit (§ 53 Abs. 2 Satz 2 StGB: „kann") gesehen und in seine Rechtsfolgenerwägungen mit einbezogen hat. Zudem sollte es, was durch das Revisionsgericht aber nur eingeschränkt überprüfbar ist, nachvollziehbar begründen, weshalb es hiervon i.R.d. tatrichterlichen Ermessensausübung keinen Gebrauch gemacht hat. Die Verletzung dieser Erörterungspflicht hat das Revisionsgericht bereits auf die (allgemeine) Sachrüge hin zu überprüfen (erg. Rdn. 23). Einen gleich gelagerten, in den Urteilsgründen ebenfalls gesondert zu erörternden „Ausweg" in Fällen von *Tateinheit* (§ 52 StGB) bietet § 41 **Satz 1 StGB** (vgl. BGH, wistra 1985, 147 m. zust. Anm. *Bruns*, JR 1986, 71; wistra 1993, 297; NStZ-RR 1998, 108).

3. Rechtsfolgen der Aberkennung und vorzeitige Wiederverleihung

a) Wirksamkeit

19   Statusfolgen i.S.v. Abs. 1 werden gem. § 369 Abs. 2 AO i.V.m. § 45a Abs. 1 StGB kraft Gesetzes mit dem Eintritt der (formellen) **Rechtskraft** (grdl. *Meyer-Goßner* Einl. Rn. 164 ff.) des Urteils, in dem diese angeordnet worden sind, wirksam. Eine vorläufige Anordnung von Statusfolgen sieht das Gesetz, anders als etwa in Fällen des (u.U. parallel möglichen, s. Rdn. 42 a.E.) Berufsverbots (vgl. § 70 Abs. 3 StGB, § 132a StPO) *nicht* vor. Der Eintritt der Rechtskraft führt *ex nunc* nicht nur dazu, dass der Verurteilte für die Dauer der Aberkennung, also *vorübergehend* (s. Rdn. 20), keine neuen bzw. anderen öffentlichen Ämter bekleiden darf, sondern insbesondere auch *endgültig* seines aktuell ausgeübten Amtes enthoben ist (**Amtsverlust**), § 45 Abs. 3 StGB. *Öffentliche Ämter* i.d.S. sind in erster Linie Ämter der (deutschen resp. inländischen) staatlichen Verwaltung und Justiz, egal, ob auf Bundes- oder Landesebene, sowie Amtsträgerstellungen in Gemeinden und Körperschaften bzw. Anstalten des öffentlichen Rechts (z.B. Universitäten, Landesrundfunkanstalten etc.), wegen Art. 140 GG, Art. 137 Abs. 3 WRV *nicht* dagegen kirchliche Ämter (vgl. u.a. Graf/Jäger/Wittig/*Heine* § 375 Rn. 13; Kohlmann/*Kutzner* § 375 Rn. 20 f.; *Lohmeyer*, ZfZ 1979, 72, 73; Schwarz/*Dumke* § 375 Rn. 5; erg. HHSp/*Engelhardt* § 375 Rn. 24, 40, 43 [auch zur Nor-

menhistorie]). Aufgrund der von ihnen wahrgenommenen hoheitlichen Aufgaben unterfallen v.a. auch Notare (vgl. §§ 1, 47 Nr. 4, 49 BNotO; erg. BGH, wistra 1987, 60) und ehrenamtliche Richter (Schöffen; vgl. § 1 DRiG, § 32 GVG) der Regelung des Abs. 1 (vgl. *Fischer* § 45 Rn. 2; Kohlmann/*Kutzner* § 375 Rn. 20). Bei *Rechtsanwälten* ist die Zulassung zur Anwaltschaft im Fall eines strafgerichtlich angeordneten Verlusts der Fähigkeit, öffentliche Ämter zu bekleiden, gem. §§ 7 Nr. 2, 14 Abs. 2 Nr. 2 BRAO zwingend (gesondert) zu widerrufen (vgl. BGH, BRAK-Mitt. 2000, 42); für *Steuerberater* sehen die §§ 40 Abs. 2 Satz 2 Nr. 2, 46 Abs. 2 Nr. 2 StBerG gleichartige Regelungen vor (vgl. HessFG, EFG 1990, 388; Kohlmann/*Kutzner* § 375 Rn. 28; *Parigger*, StraFo 2011, 447, 455 f.; Wannemacher/*Grötsch* Rn. 3041 ff.). Ferner tritt – soweit angeordnet – mit Urteilsrechtskraft auch ein umfassender **Verlust des passiven Wahlrechts** (Wählbarkeit) in öffentlichen Angelegenheiten für die durch das Gericht bestimmte Dauer ein, was gem. § 45 Abs. 4 StGB auch mit dem Verlust sämtlicher bereits bestehender Rechtsstellungen und Rechte des Mandatsträgers (einschl. der Mitgliedschaft in der jeweiligen Partei, vgl. § 10 Abs. 1 Satz 4 PartG) einhergeht (ausgenommen sind BT-Mandate, über deren Verlust der Ältestenrat des BT entscheiden muss, vgl. §§ 46 Abs. 1 Satz 1 Nr. 3, 47 Abs. 1 Nr. 3 BWahlG). Eines gesonderten Strafvollstreckungsaktes (§§ 449 ff. StPO) der StA (vgl. § 451 StPO) bedarf es hierzu nicht. Das *passive* Wahlrecht umfasst dabei nicht nur Wahlen zu Gesetzgebungsorganen (Stadt- oder Gemeinerat, Kreistag, Landtag, Bundestag [erg. § 15 Abs. 2 Nr. 2 BWahlG]), sondern, ebenso wie die Wahlrechtsgrundsätze des Art. 38 GG selbst (vgl. Jarass/*Pieroth* Art. 38 Rn. 2), auch Wahlen zu den Organen der Sozialversicherung und zu Organen berufsständischer Organisationen, die Körperschaften des öffentlichen Rechts sind (insbes. Rechtsanwalts- und Steuerberaterkammern sowie Industrie- und Handelskammern, nicht dagegen Gewerkschaften oder Betriebsräte [s. aber § 8 Abs. 1 Satz 3 BetrVG], vgl. Graf/Jäger/Wittig/*Heine* § 375 Rn. 15; HHSp/*Engelhardt* § 375 Rn. 41 ff.; Kohlmann/*Kutzner* § 375 Rn. 22; Schwarz/*Dumke* § 375 Rn. 6). **Das aktive Wahlrecht** (Stimmrecht) kann über Abs. 1 **in keinem Fall** beschränkt werden, da § 375 AO keine Verweisung auf § 45 Abs. 5 StGB enthält (Graf/Jäger/Wittig/*Heine* § 375 Rn. 16; HHSp/*Engelhardt* § 375 Rn. 36; Kohlmann/*Kutzner* § 375 Rn. 8; Kühn/v. Wedelstädt/*Blesinger* § 375 Rn. 3; MAH-WiStra/ *Lohr* § 29 Rn. 627; Rolletschke/Kemper § 375 Rn. 22; erg. Koch/Scholtz/*Scheurmann-Kettner* § 375 Rn. 1 zur bis zum 2. AOStrafÄndG von 1968 abw. Rechtslage gem. § 400 RAO).

b) Sperrfirst

Die **Dauer der** durch das Gericht festzusetzenden (hier sog.) **Sperrfrist** beträgt gem. § 375 Abs. 1 AO i.V.m. § 45 Abs. 2 StGB **mindestens 2 und höchstens 5 Jahre** (auch bei einer Gesamtfreiheitsstrafe, vgl. RGSt 68, 176; MAH-WiStra/*Lohr* § 29 Rn. 635). So wie die in Abs. 1 vorgesehenen Statusfolgen nach dem Gesetzeswortlaut auch *isoliert* angeordnet werden können (z.B. nur der Verlust der Fähigkeit, öffentliche Ämter zu bekleiden , vgl. Erbs/Kohlhaas/*Senge* § 375 Rn. 1; *Fischer* § 45 Rn. 7; FGJ/*Joecks* § 375 Rn. 11; Graf/Jäger/Wittig/*Heine* § 375 Rn. 8; HHSp/*Engelhardt* § 375 Rn. 44; Koch/Scholtz/*Scheurmann-Kettner* § 375 Rn. 4/1; Kohlmann/*Kutzner* § 375 Rn. 24 a.E.; *Lohmeyer*, ZfZ 1979, 72; MAH-WiStra/*Lohr* § 29 Rn. 636; MüKo-StGB/*Wegner* § 375 Rn. 10; a.A. Schwarz/*Dumke* § 375 Rn. 4), ist es grds. ebenfalls möglich, die *Dauer* der beiden Statusfolgen *unterschiedlich lang* zu bemessen (z.B. Verlust der Fähigkeit, öffentliche Ämter zu bekleiden, für 5 Jahre und Verlust der Wählbarkeit für 2 Jahre). Eine solche Differenzierung kann bspw. angezeigt sein, wenn die Tat unter einem langandauernden und schwerwiegenden Missbrauch der Befugnisse oder der Stellung des verurteilten Amtsträgers (vgl. § 370 Abs. 1 Satz 2 Nr. 2 AO) begangen worden ist, bei dem der Amtsverlust nicht zuletzt auch aus generalpräventiven Gründen in den Vordergrund treten muss und der Verlust des passiven Wahlrechts im Vergleich dazu eine eher untergeordnete Rolle spielt. In der Regel werden die beiden in Abs. 1 vorgesehenen Statusfolgen jedoch *einheitlich*, d.h. für dieselbe Dauer, anzuordnen sein. Aus einer Differenzierung im vorgenannten Umfang erwächst für den Tatrichter eine gesteigerte Erörterungs- und Begründungspflicht i.S.v. § 267 Abs. 3 Satz 1 StPO (s. Rdn. 9 a.E.). Die Bemessung der konkreten Aberkennungsfrist(en) (Frage des „Wie lange?"), die der Tatrichter im Urteilstenor in Anlehnung an § 39 StGB vornehmen kann (abw. *Fischer* § 45 Rn. 8, wonach die Aberkennungsfrist nur in vollen Jahren bemessen werden soll; dahin tendierend auch Graf/Jäger/Wittig/*Heine* § 375 Rn. 10), liegt – ebenso wie die Anordnung als solche (Frage des „Ob") – im Ermessen des Gerichts (s. Rdn. 23). Eine lebenslange Aberkennung von Statusrechten ist, anders als bei der Maßregel des Berufsverbots (vgl. § 70 Abs. 1 Satz 2 StGB [„für immer"]; erg. Rdn. 42), nicht möglich, mit der Folge, dass der Verurteilte nach Ablauf der Sperrfrist (s. Rdn. 21) grds. erneut Zugang zu öffentlichen Ämtern nach Maßgabe der einschlägigen beamtenrechtlichen Vorschriften (insbes. über die persönliche Eignung) hat und auch wieder gewählt werden kann. In aufgrund der Verurteilung gem. § 45 Abs. 3, 4 StGB verloren gegangene Amts- bzw. Rechtspositionen rückt der Verurteilte dagegen *nicht* automatisch wieder ein. Dieser Verlust ist **endgültig** (*Fischer* § 45 Rn. 10; HHSp/*Engelhardt* § 375 Rn. 54; Kohlmann/*Kutzner* § 375 Rn. 25).

21   Der **Lauf der Sperrfrist**, während derer die Statusfolgen für den Verurteilten wirksam sind, **beginnt** gem. § 369 Abs. 2 AO i.V.m. § 45a Abs. 2 Satz 1 StGB an *dem* Tag (der angesichts des in diese Richtung deutenden Wortlauts [„von dem Tage an"] und mangels gegenläufiger gesetzlicher Regelung – wie bei § 187 Abs. 2 Satz 1 BGB – *mitgezählt* wird), an dem die Freiheitsstrafe vollständig **verbüßt**, ihre Vollstreckung (gem. §§ 79 ff. StGB) **verjährt** oder sie (im Fall einer Aussetzung der Vollstreckung [des Restes] der Freiheitsstrafe zur Bewährung) **erlassen** worden ist (vgl. Kohlmann/*Kutzner* § 375 Rn. 29; a.A. ohne nähere Begr. *Fischer* § 45a Rn. 5 [Fristbeginn am Folgetag]). Die Sperrfrist **endet** – zugunsten des Verurteilten wie bei § 188 Abs. 2, 2. Alt. BGB – nach dem Verstreichen des durch das Gericht bestimmten Zeitraums um 24.00 Uhr desjenigen Tages, der dem Tag des Fristbeginns nach seiner kalendermäßigen Bezeichnung vorausgegangen ist, d.h. bei einer mit Ende der Strafvollstreckung (Entlassung aus der JVA) am 01.07.2010 beginnenden 5-jährigen Sperrfrist am 30.06.2015 um 24.00 Uhr (vgl. *Diether/Hamann*, Rpfleger 1981, 218). Die Wirkungen einer Anordnung nach Abs. 1 können daher faktisch weitaus länger anhalten, als die im Gesetz vorgesehene Sperrfrist von 2 bis 5 Jahren auf den ersten Blick vermuten lässt (MüKo-StGB/*Radtke* § 45a Rn. 5; erg. LG Ravensburg, Rpfleger 1986, 402 [Unbeachtlichkeit der Überschreitung des Höchstmaßes der Bewährungszeit für die Berechnung der Sperrfrist]). Ist neben der Freiheitsstrafe eine *freiheitsentziehende* Maßregel der Besserung und Sicherung (i.S.v. § 61 Nr. 1 – 3 StGB, *nicht* also ein Berufsverbot [s. Rdn. 42] oder die Entziehung der Fahrerlaubnis [s. Rdn. 43]), angeordnet worden, beginnt die Sperrfrist gem. § 45a Abs. 2 Satz 2 StGB erst ab *dem* Tag (der ebenfalls *mitgezählt* wird, s.o.) zu laufen, an dem auch diese Maßregel erledigt ist. Das dient in erster Linie dazu, die angeordneten Statusfolgen nicht dadurch wirkungslos werden zu lassen, dass die Sperrfrist noch während der Inhaftierung des Verurteilten (z.T.) abläuft (Graf/Jäger/Wittig/*Heine* § 375 Rn. 12). **§ 45a Abs. 3 StGB** sieht für den Fall einer erfolgreich absolvierten Bewährungszeit mit anschließendem Straferlass (§§ 56g, 57 Abs. 3, 67b StGB) in Ausnahme zu § 45a Abs. 2 Satz 1 StGB vor, dass die Bewährungszeit (§ 56a StGB) als „Belohnung" für die erbrachte Resozialisierungsleistung nachträglich in den Sperrfristlauf mit eingerechnet wird. Das soll dem Verurteilten einen zusätzlichen Anreiz bieten, während der Bewährungszeit keine weiteren Straftaten zu begehen (erg. Sch/Sch/*Stree/Kinzig* § 45a Rn. 8).

c) Rehabilitation

22   § 45b StGB, der gem. § 369 Abs. 2 AO auch im Steuerstrafrecht uneingeschränkt Anwendung findet und seine Existenzberechtigung aus den durch die Statusfolgen betroffenen Grundrechten (s. Rdn. 12) ableitet, sieht die Möglichkeit („kann") der **vorzeitigen Wiederverleihung** der nach Abs. 1 aberkannten Fähigkeiten und Rechte *als solcher* (*nicht:* der konkret verlustig gegangenen Ämter bzw. Rechtsstellungen [s. Rdn. 20 a.E.]) vor (sog. **Rehabilitation** [für die Zukunft]). Voraussetzung ist, dass die Hälfte der Sperrfrist verstrichen ist (§ 45b Abs. 1 Nr. 1 StGB; zur Fristberechnung s. § 45b Abs. 2 StGB sowie Rdn. 21) *und* dem Verurteilten eine günstige Sozialprognose i.S.v. § 56 Abs. 1 StGB ausgestellt werden kann, § 45b Abs. 1 Nr. 2 StGB (vgl. Graf/Jäger/Wittig/*Heine* § 375 Rn. 15; HHSp/*Engelhardt* § 375 Rn. 59 [„Die erforderliche günstige Täterprognose beschränkt sich nicht auf Steuerstraftaten, sondern erstreckt sich auf vorsätzliche Straftaten aller Art"]; Kohlmann/*Kutzner* § 375 Rn. 30). Zuständig für die Entscheidung, die nur auf Antrag

des Verurteilten (a.A. ohne nähere Begr. *Fischer* § 45b Rn. 5) im schriftlichen Verfahren durch Beschluss erfolgt, ist das Gericht des ersten Rechtszuges oder, wenn die ausgeworfene Freiheitsstrafe vollstreckt wird, die Strafvollstreckungskammer am LG (vgl. §§ 462 Abs. 1 Satz 2, 462a Abs. 1, 2 StPO). Die Rehabilitation kann sich spiegelbildlich zur Aberkennungsentscheidung (s. Rdn. 20) auch nur auf eine von mehreren Statusfolgen beschränken (*Fischer* § 45b Rn. 4 a.E.).

4. Tatrichterliche Ermessensausübung („kann")

Die Anordnung von Statusfolgen nach Abs. 1 ist in mehrfacher Hinsicht ermessensoffen ausgestaltet. Das tatrichterliche Ermessen bezieht sich nicht nur auf die Frage der Anordnung als solche (Frage des „Ob"), sondern auch darauf, welche Statusfolgen (Nur eine oder beide?, s. Rdn. 20) angeordnet werden und wie lange die Sperrfrist (s. Rdn. 20) andauern soll. Auch die evtl. Rehabilitation des Verurteilten (s. Rdn. 22) ist eine Ermessensentscheidung (vgl. OLG Jena, Beschl. v. 01.07.2009 – 1 Ws 201/09, BeckRS 2009, 86293). Da die Anordnung von Statusfolgen in jedem Fall Teil der Rechtsfolgenentscheidung ist, ist bei der pflichtgemäßen Ermessensausübung grds. das volle Kriterienspektrum des § 46 StGB, insbesondere die limitierende Wirkung des Schuldmaßprinzips (vgl. Kohlmann/*Kutzner* § 375 Rn. 204; MüKo-StGB/*Radtke* § 45 Rn. 23; erg. *Fischer* § 46 Rn. 19), maßgebend. Es kann insofern auch zu Wechselwirkungen mit der Festsetzung der Rechtsfolgen im Übrigen kommen (erg. Rdn. 18). I.R.d. durch das Tatgericht auszuübenden **Anordnungsermessens** (Frage des „Ob") spielen in der Praxis in erster Linie die zu erwartenden oder bereits eingetretenen status- bzw. beamtenrechtlichen Folgen eine Rolle (s. aber Rdn. 3 a.E.). Auf derselben Ebene sind neben general- und spezialpräventiven Gesichtspunkten v.a. die in § 46 Abs. 1 Satz 2 StGB ausdrücklich genannten „Wirkungen" (insbes. auch nach anderen Gesetzen, wie z.B. § 14 Abs. 2 Nr. 2 BRAO [erg. BGH, BRAK-Mitt. 2000, 42]) anzusiedeln, „die von der Anordnung für das künftige Leben des Täters in der Gesellschaft zu erwarten sind" – konkret also, ob dem Verurteilten hierdurch die Grundlage für die berufliche Existenz (dauerhaft) entzogen wird (vgl. BGH, NStZ 1981, 342; 1982, 507; 1985, 215; 1987, 550; NStZ-RR 1998, 205). Dem sind i.R. einer umfassenden Gesamtabwägung die (stets im Vordergrund stehende) Resozialisierung des Täters, das Maß der steuerlichen Pflichtwidrigkeit (erg. Rdn. 21 a.E.) und die vom Gesetzgeber mit Abs. 1 verfolgten Ziele (s. Rdn. 1) gegenüberzustellen. Die Frage, für **wie lange** die durch das Gericht angeordnete Sperrfrist zu bemessen ist, richtet sich ebenfalls zuvorderst nach dem Maß der Pflichtwidrigkeit, den daraus abzuleitenden Gefahren bei einer – hypothetischen – erneuten Amts- bzw. Tätigkeitsausübung und der Intensität der Störung des Rechtsfriedens durch die konkret zur Aburteilung anstehende(n) Tat(en). Schließlich sollte bei der Entscheidung nach Abs. 1 auch der u.a. in §§ 47 Abs. 1 und 56 Abs. 3 StGB zum Ausdruck kommende (Leit-) Gedanke der Verteidigung der Rechtsordnung in ausreichendem Umfang Berücksichtigung finden (vgl. OLG Jena, Beschl. v. 01.07.2009, 1 Ws 201/09, BeckRS 2009, 86293: „Einwirkung auf das allgemeine Rechtsbewusstsein" [zu § 45b StGB]; erg. *Fischer* § 46 Rn. 9, 10). Die tatrichterliche Ermessensausübung ist, sofern sie pflichtgemäß erfolgt, durch das Revisionsgericht nur in eingeschränktem Umfang überprüfbar. **Revisionsrechtlich angreifbar** ist das Urteil aber, wenn das Gericht in Fällen, in denen die Tatbestandsvoraussetzungen des Abs. 1 vorliegen, (ggf. sogar trotz eines entsprechenden Antrags der StA) keinerlei Ausführungen zur Anordnung von Statusfolgen gemacht hat (ähnl. Graf/Jäger/Wittig/*Heine* § 375 Rn. 9; das gilt allerdings bei einer Revision der StA, da es sich um einen Rechtsfehler *zugunsten* des Angeklagten handelt) oder im Fall der Anordnung von Statusfolgen in den Urteilsgründen nicht zu erkennen gibt, dass es sich des ihm vom Gesetzgeber eingeräumten Ermessens bewusst war (zur besonderen Erörterungspflicht im Hinblick auf das Überschreiten der Jahresgrenze s. Rdn. 18). Diese Fehler können bereits auf die (allgemeine) Sachrüge hin zur Aufhebung des Urteils im (wegen der möglichen Wechselwirkungen [s.o.]: *gesamten*) Rechtsfolgenausspruch führen. Hat das (erstinstanzliche) Tatgericht bei Vorliegen der Voraussetzungen des Abs. 1 Ausführungen zur Anordnung von Statusfolgen in den Urteilsgründen gänzlich unterlassen, greift das **Verbot der reformatio in peius** *insoweit* weder in der Berufungs- (§ 331 StPO) noch in der Revisionsinstanz (§ 358 Abs. 2 StPO) ein (vgl. *Meyer-Goßner* § 331 Rn. 7, § 358 Rn. 11; erg. OLG Düsseldorf, NJW 1972, 1382 [zur Siche-

23

rungseinziehung]; OLG Koblenz, Beschl. v. 03.07.2007 , 1 Ss 171/07, BeckRS 2008, 08773 [Einziehungsentscheidung durch das RevGer.]).

II. Erweiterte Einziehungsmöglichkeiten (Abs. 2)

1. Funktion des Abs. 2

a) Instrumenta/producta sceleris und – zusätzlich – Beziehungsgegenstände

24 Durch Abs. 2 werden die bereits über § 369 Abs. 2 AO i.V.m. §§ 74 ff. StGB eröffneten (allgemeinen) Möglichkeiten zur **Einziehung** von Gegenständen, die durch Steuer- oder Zollstraften hervorgebracht worden sind oder zur Begehung oder Vorbereitung solcher Taten gebraucht wurden bzw. bestimmt waren, für die im Gesetz genannten Katalogtaten **in zweifacher Hinsicht** (Rdn. 24 und 25) *fakultativ* („können") **erweitert**: Mittels **Abs. 2 Satz 1** wird das Gericht in die Lage versetzt, nicht nur die Einziehung von durch die Tat hervorgebrachten Gegenständen (§ 74 Abs. 1, *1. Alt.* StGB [producta sceleris]) oder Tatmitteln (§ 74 Abs. 1, *2. Alt.* StGB [instrumenta sceleris]) anzuordnen, sondern diese Anordnung auch auf von § 74 Abs. 1 StGB nicht erfasste sog. **Beziehungsgegenstände** auszudehnen. *Producta sceleris* sind Gegenstände (oder Rechte, vgl. *Fischer* § 74 Rn. 3; s. aber Rdn. 28), die unmittelbar durch die konkrete Straftat hervorgebracht worden sind (z.B. ein gefälschter Beleg bei § 267 StGB), *nicht* dagegen das durch die Tat Erlangte (z.B. **Erlöse aus dem Verkauf von geschmuggelten Zigaretten**; vgl. FGJ/*Joecks* § 375 Rn. 43; Kohlmann/*Kutzner* § 375 Rn. 53; erg. BGH, NStZ-RR 1997, 318; BGHR StGB § 74 Abs. 1 Tatmittel 2]) oder das von einem Dritten für die Tatbegehung bezahlte Entgelt (z.B. **Schmuggler- bzw. Kurierlohn**). In den zuletzt genannten Fällen wird allerdings häufig die Anordnung des Verfalls (von Wertersatz) gem. § 369 Abs. 2 AO i.V.m. §§ 73 ff. StGB in Betracht kommen (vgl. BGH, NStZ 1993, 340 a.E.; erg. Rdn. 28, 41). *Instrumenta sceleris* sind Gegenstände, die bei der Begehung der Tat verwendet wurden bzw. – aus damaliger Sicht – verwendet werden sollten (*nicht:* [präventiv] *künftig* für andere Straftaten verwendet werden *sollen*) und die Tat i.w.S. gefördert haben bzw. fördern sollten (*nicht:* wie vor) (*Fischer* § 74 Rn. 6). Im Steuer- bzw. Zollstrafrecht sind dies insbesondere (Schuss-) **Waffen** oder andere gefährliche Werkzeuge (vgl. Bender/*Möller/Retemeyer* B. V. Rn. 404; FGJ/*Joecks* § 375 Rn. 44; Graf/Jäger/Wittig/*Heine* § 375 Rn. 27), wie z.B. in Fällen des § 373 Abs. 2 Nr. 1, 2 AO, **Transportbehältnisse** aller Art, wie z.B. Taschen, Rucksäcke, Koffer, Kartons, Kisten, Container etc. (vgl. FGJ/*Joecks* § 375 Rn. 34, 44; erg. Rdn. 28 f.), **Mobiltelefone**, die [nachweislich] zur Kommunikation z.B. beim [Zigaretten-] Schmuggel oder bei der Steuerhehlerei gedient haben (BGHR StGB § 74 Abs. 1 Tatmittel 5; Graf/Jäger/Wittig/*Heine* § 375 Rn. 27; Kohlmann/*Kutzner* § 375 Rn. 52) bzw. hierzu dienen *sollten*, wovon sich das Gericht im Einzelfall bereits dadurch überzeugen kann (§ 261 StPO), dass Schmuggler und Steuerhehler die Mobilfunkrufnummer des jeweils anderen und/oder die Rufnummer einer gemeinsamen Kontaktperson auf ihren Handys gespeichert und die Mobiltelefone während der Tatausführung bei sich hatten (vgl. BGH, Beschl. v. 04.09.2002, 3 StR 251/02, BeckRS 2002, 07911; a.A. MüKo-StGB/*Wegner* § 375 Rn. 32 [„Alltagsgerät"]); darüber hinaus **Reisespesen** (z.B. für Kraftstoff) für die Schmuggelfahrt (BGH, NStZ 1993, 340; BGHR StGB § 73 Erlangtes 3) sowie – erst recht – das für den Erwerb von Schmuggelzigaretten bestimmte **Geld** (vgl. BGH, NStZ 1985, 262; Bender/*Möller/Retemeyer* B. V. Rn. 402, 407; *Fischer* § 74 Rn. 8); ferner **Kfz**, die zum Transport von Schmuggelgut bzw. Steuerhehlereiwaren eingesetzt worden sind (BGH, NStZ 2005, 232; einschr. BGH, StV 2005, 210 [keine Einziehung gem. § 74 Abs. 1 StGB bei nur „gelegentlicher" Benutzung eines Kfz im Zusammenhang mit der Straftat]; unzutr. OLG Koblenz, StV 2004, 320 [Erforderlichkeit eines „verkehrsspezifischen Zusammenhangs"]) oder zur Flucht vom Tatort gedient haben (*Fischer* § 74 Rn. 9). **Nicht abschließend geklärt** ist, ob und wenn ja, unter welchen Voraussetzungen **Grundstücke** (insbes., wenn sie als Lagerstätte für unverzollte und unversteuerte Zigaretten gedient haben) als Tatmittel eingezogen werden können (tendenziell dagegen OLG Köln, NStZ 2006, 225, 226 m. abl. Anm. *Burr*, NStZ 2006, 226, 227: „Zumindest in Fällen der von Gewinn- und Machtstreben bestimmten Organisierten Kriminalität erschiene es nicht

hinnehmbar, wenn die Einziehung von zu Straftaten verwendeter Grundstücke von vornherein ausgeschlossen wäre."]; dagegen auch Kohlmann/*Kutzner* § 375 Rn. 52 a.E.; erg. zum Verfall: BGH, NStZ 2000, 483 [ausl. Grundstück]). *Beziehungsgegenstände* sind im Gegensatz dazu weder Produkte der resp. Werkzeuge für die Tat (Ausschlussprinzip), sondern Sachen, die i.w.S. den (notwendigen) Gegenstand der Tat selbst bilden (z.B. das Kfz beim Fahren ohne Fahrerlaubnis [erg. Rdn. 10] oder – im hiesigen Kontext – das Schmuggelgut bzw. die Steuerhehlereiwaren selbst [z.B. unverzollte und unversteuerte Zigaretten; s. Rdn. 28]). Dass Abs. 2 Satz 1 *Nr. 1* solche Beziehungsgegenstände betrifft, lässt sich unmittelbar dem Wortlaut der Vorschrift („Erzeugnisse, Waren oder andere Sachen, auf die sich die Hinterziehung ... *bezieht*" entnehmen. Die Vorschrift ermöglicht demnach in Erweiterung von § 74 Abs. 1 StGB die Einziehung des Schmuggelguts bzw. der Steuerhehlereiwaren selbst (Kühn/v. Wedelstädt/*Blesinger* § 375 Rn. 7). Die in Abs. 2 Satz 1 *Nr. 2* genannten „Beförderungsmittel, die *zur Tat benutzt* worden sind", unterfallen im Gegensatz dazu als instrumenta sceleris i.d.R. bereits § 74 Abs. 1, 2. Alt. StGB, sodass die Funktion von Abs. 2 Satz 1 Nr. 2 fraglich erscheint. Sie könnte mit Blick auf die Zielrichtung der Vorschrift (vgl. BGHSt 3, 1, 2: „schlagkräftige Waffe zur nachdrücklichen Bekämpfung von Zoll- und Steuervergehen"; ähnl. Bender/*Möller/Retemeyer* B. V. Rn. 403 a.E.: „Bekämpfung des Schmuggels ... durch harte Einziehungsmaßnahmen"; erg. Rdn. 1) darin gesehen werden, eine Einziehung auch dann noch zu ermöglichen, wenn ein unmittelbarer Zusammenhang zwischen der Benutzung des Beförderungsmittels und der Tat im Sinne einer *kausalen* Förderung nicht festgestellt werden kann, wie etwa bei einer (unangekündigten) **Beobachtungsfahrt** während der Tatausführung durch den ansonsten nur im Hintergrund agierenden „Bandenchef". Dann wäre aber auch eine Benutzung des Beförderungsmittels im Vorbereitungsstadium und/oder nach Beendigung der Tat (insbes. [nur] zur zeitlich vor- bzw. nachgelagerten **An- oder Abreise** [nicht: zur Flucht, vgl. *Fischer* § 74 Rn. 9] oder zu **Orientierungsfahrten** zum Auskundschaften des späteren Tatorts) für die Anwendung von Abs. 2 Satz 1 Nr. 2 ausreichend. Das wird jedoch bisher unter Verweis auf den Wortlaut der Norm („zur Tat benutzt") von der einhelligen Meinung abgelehnt (vgl. BGHSt 3, 1, 4; Erbs/Kohlhaas/*Senge* § 375 Rn. 11; FGJ/*Joecks* § 375 Rn. 39; Graf/Jäger/Wittig/*Heine* § 375 Rn. 25; Klein/*Jäger* § 375 Rn. 15; Kohlmann/*Kutzner* § 375 Rn. 50; Kühn/v. Wedelstädt/*Blesinger* § 375 Rn. 10; MAH-WiStra/*Lohr* § 29 Rn. 647; MüKo-StGB/*Wegner* § 375 Rn. 29; Schwarz/*Dumke* § 375 Rn. 21), mit der Folge, dass sich die Bedeutung von Abs. 2 Satz 1 Nr. 2 *hiernach* – bis auf die Fälle der Dritteinziehung nach Abs. 2 Satz 2 (s. Rdn. 25) – auf eine letztlich bedeutungslose lex specialis zu § 74 Abs. 1 StGB beschränkt (so Bender/*Möller/Retemeyer* B. V. Rn. 403, 418, der die „einzige praktische Bedeutung" des Abs. 2 in der Verweisung auf § 74a StGB in Satz 2 sieht; ebenso *Bäckermann*, ZfZ 1976, 366, 370). Diese Auslegung ist – auch vor dem Hintergrund des eindeutigeren Wortlauts des § 74 Abs. 1 StGB („zu[r] ... *Begehung oder Vorbereitung ... gebraucht*" [erg. BGH, StV 2005, 210]) – nicht zweifelsfrei und sollte (ggf. auch de lege ferenda) überdacht werden. Unabhängig davon ist gesichert, dass jedenfalls **Begleit- und Sicherungsfahrzeuge** (auch) von Abs. 2 Satz 1 Nr. 2 erfasst sind (vgl. BGHSt 3, 355, 357; OLG Köln, MDR 1956, 55, 56 sowie die vorgenannten Nachw. zur h.M.; zw. einzig MüKo-StGB/*Wegner* § 375 Rn. 29 ohne nähere Begr.; erg. Rdn. 29).

b) Dritteinziehung (Abs. 2 Satz 2)

Darüber hinaus erweitert **Abs. 2** die allgemeinen Einziehunsvoraussetzungen in **Satz 2** dahingehend, dass dort auch **§ 74a StGB** (sog. **Dritteinziehung**) für anwendbar erklärt wird. Das ist trotz § 369 Abs. 2 AO erforderlich, da eine erweiterte Einziehung nur dann möglich ist, wenn – wie in Abs. 2 Satz 2 erfolgt – gesondert auf diese Vorschrift verwiesen wird. Die Verweisung auf § 74a StGB bezieht sich nach dem Regelungszusammenhang nur auf die in Abs. 2 Satz 1 genannten Katalogtaten (*nicht:* auf sämtliche Steuerstraftaten i.S.v. § 369 Abs. 1 AO) und hat zur Folge, dass eine Einziehung der in Abs. 2 abschließend aufgezählten Gegenstände **in Abweichung von § 74 Abs. 2 Nr. 1 StGB** auch dann angeordnet werden kann, wenn die **(dritte) Person** (*nicht:* der Täter oder Teilnehmer der Katalogtat, sondern in erster Linie dessen Mittels- oder Hintermänner [vgl. Koch/Scholtz/*Scheurmann-Kettner* § 375 Rn. 15; Kühn/v. Wedelstädt/*Blesinger* § 375 Rn. 14]), in

25

deren Eigentum der Gegenstand im Zeitpunkt der Einziehungsanordnung steht, wenigstens *leichtfertig* (vgl. § 378 Rdn. 63 f.) dazu beigetragen hat, dass die Sache zum Mittel oder Gegenstand der Tat oder ihrer Vorbereitung geworden ist (§ 74a Nr. 1 StGB, sog. Beihilfeklausel [erg. Graf/Jäger/Wittig/*Heine* § 375 Rn. 35; *Janovsky*, NStZ 1998, 117, 123 [„grobfahrlässige Unterstützung"]). Gleiches gilt für den Fall, dass der Dritte den Gegenstand in positiver Kenntnis (*nicht:* fahrlässiger oder leichtfertiger Unkenntnis) der Umstände, welche die Einziehung zugelassen hätten, in verwerflicher Weise erworben hat (§ 74a Nr. 2 StGB; sog. Erwerbsklausel [vgl. *Fischer* § 74a Rn. 8]). Hierzu muss das Gericht, ebenso wie zu den Eigentumsverhältnissen insgesamt (vgl. Graf/Jäger/Wittig/*Heine* § 375 Rn. 29), umfassende Feststellungen treffen (BGH, wistra 1995, 30). Die sog. **Sicherungseinziehung** (§ 74 Abs. 2 Nr. 2, Abs. 3, 4 StGB), die § 74a StGB grds. verdrängt (*Fischer* § 74a Rn. 1), kann in den Fällen des Abs. 2 insbesondere bei unklarer Eigentumslage Bedeutung erlangen (erg. Rdn. 26, 30).

c) Einverständnis mit der formlosen Einziehung

26   Eine förmliche (d.h. gerichtliche) Anordnung nach Abs. 2 ist entbehrlich, wenn sich der von einer Sicherstellung bzw. Beschlagnahme Betroffene – ggf. auch außerhalb des Anwendungsbereichs der §§ 369 Abs. 2, 375 Abs. 2 AO, §§ 74 ff. StGB – **mit der formlosen Einziehung** der Gegenstände ausdrücklich **einverstanden** erklärt (MüKo-StGB/*Wegner* § 375 Rn. 71; diff. *Hellmann*, ZfZ 2000, 2, 4 f.). Eine solche Erklärung beinhaltet einen unwiderruflichen Verzicht auf etwa bestehende Herausgabeansprüche (BayObLG, NStZ-RR 1997, 51; OLG München, OLGR München 2000, 179 [keine Anfechtung gem. § 123 BGB]; einschr. OLG Düsseldorf, NStZ-RR 1999, 114, wenn im Zeitpunkt der Erklärung nicht absehbar ist, welche Gegenstände konkret betroffen sein sollen). Sie setzt daher, ebenso wie die Einziehung selbst (s. Rdn. 30), voraus, dass der Betroffene seine Zustimmung als Eigentümer oder sonst Verfügungsberechtigter überhaupt erteilen kann. Um nicht in die Verlegenheit zu kommen, weitere, noch unbekannte Tatbeteiligte nennen zu müssen, wird dies i.d.R. auch der Nichteigentümer vorgeben, was dann ggf. – alternativ – den Weg für einen gutgläubigen Eigentumserwerb (§§ 932 ff. BGB) durch den Landesjustizfiskus außerhalb des Anwendungsbereichs des § 74e Abs. 1 StGB (erg. Rdn. 31) ebnen kann. Bei zweifelhafter Eigentumslage bietet es sich nicht zuletzt mit Blick auf § 932 Abs. 2 BGB dennoch an, trotz erklärter Zustimmung eine auf (Abs. 2 i.V.m.) § 74 Abs. 2 Nr. 2, Abs. 4 StGB gestützte Sicherungseinziehung (erg. Rdn. 25, 30) anzuordnen (zur sog. fehlerhaften Dritteinziehung s. Sch/Sch/*Eser* § 74e Rn. 4). Spricht das Gericht trotz wirksamem Einverständnis mit der formlosen Einziehung (zusätzlich) eine Einziehungsanordnung im Urteil aus, kommt dieser Anordnung nur deklaratorische Wirkung zu; die Entscheidung wird dadurch nicht rechtsfehlerhaft und ist mangels Beschwer des Verurteilten in diesem Punkt auch nicht angreifbar (vgl. OLG Düsseldorf, NStZ 1993, 452; BayObLG, NStZ-RR 1997, 51; Graf/Jäger/Wittig/*Heine* § 375 Rn. 39; Kohlmann/*Kutzner* § 375 Rn. 74). Die Zustimmung zur formlosen Einziehung kann (und wird in der Praxis auch häufig) durch den Täter (erst) in der Hauptverhandlung in Anwesenheit des Verteidigers erklärt werden, dem in diesem Fall die Einziehungsgebühr nach Nr. 4142 VV RVG zusteht (LG Essen, RVGreport 2007, 465; erg. OLG Brandenburg, NStZ-RR 2010, 192 [eingezogene unversteuerte Zigaretten haben keinen Gegenstandswert]). Das Einverständnis mit der formlosen Einziehung kann bei der Strafzumessung als Ausdruck von Reue und Schuldeinsicht als positives Nachtatverhalten zugunsten des Täters berücksichtigt werden (BayObLG, NStZ-RR 1997, 51).

2. Anknüpfungstaten und von Abs. 2 erfasste Ein- bzw. Beziehungsgegenstände

a) Straftatenkatalog (Abs. 2 Satz 1)

27   Der Straftatenkatalog in Abs. 2 Satz 1 ist, ebenso wie im Fal des Abs. 1, **abschließend**. Er ist **im Vergleich zu Abs. 1** insofern **enger**, als die Begünstigung (Abs. 1 Nr. 4, § 257 StGB; s. Rdn. 13) als Anknüpfungstat nicht erfasst wird. Allerdings hat der Gesetzgeber in Abs. 2 Satz 1 keine qualitative Beschränkung anhand der Strafhöhe (Jahresgrenze, s. Rdn. 17) vorgenommen (Kühn/v. Wedelstädt/*Blesinger* § 375 Rn. 1). Die Ausführungen zum Straftatenkatalog des Abs. 1 in

Rdn. 12 ff. gelten sinngemäß, insbesondere genügt der Versuch einer Anknüpfungstat bzw. die Beteiligung an einem der in Abs. 2 Satz 1 genannten Vergehen (Rdn. 15); die Verurteilung wegen Bannbruchs muss auf § 372 Abs. 2 i.V.m. § 370 Abs. 1, 2 AO beruhen, da andernfalls die in den einschlägigen außersteuerlichen Spezialgesetzen bestehenden Einziehungsvorschriften (z.B. § 33 BtMG) vorrangig und abschließend gelten (vgl. Klein/*Jäger* § 375 Rn. 3; Kohlmann/*Kutzner* § 375 Rn. 40). Das im Hinblick auf § 373 AO im Raum stehende **Redaktionsversehen** (s. Rdn. 14) konfligiert bei Abs. 2 Satz 1 in weitaus größerem Umfang mit der gesetzgeberischen Zielsetzung der Norm (s. Rdn. 1), als bei der rechtspraktisch eher bedeutungsarmen (s. Rdn. 3) Vorschrift des Abs. 1. Die unklare Gesetzesfassung kann insbesondere hier so (miss-) verstanden werden, dass die erweiterten Einziehungsmöglichkeiten des Abs. 2 bei einem Schuldspruch wegen Schmuggels (§ 373 AO) nur dann eingreifen, wenn die Verwirklichung des Schmuggeltatbestands – was heute nahezu ausgeschlossen ist (s. Rdn. 13) – auf einem Bannbruch (§ 372 AO), nicht aber auf einer Steuerhinterziehung (§ 370 AO) fußt (s. insofern u.a. Schwarz/*Dumke* § 375 Rn. 7: „Steuerhinterziehung *nach § 370*"). Das hätte die nicht hinnehmbare Folge, dass die Einziehung des Schmuggelguts (z.B. der unverzollten und unversteuerten Zigaretten) gem. Abs. 2 Satz 1 Nr. 1 bei Vorliegen eines Schmuggels nur dann angeordnet werden kann, wenn die Tat *nicht* unter den erschwerten Voraussetzungen des § 373 Abs. 2 AO begangen worden ist, also weder gewaltsames noch bandenmäßiges Handeln vorliegt und – was praktisch kaum vorkommt, bisweilen nur nicht hinreichend sicher nachweisbar ist – der Täter auch nicht gewerbsmäßig i.S.v. § 373 Abs. 1 AO gehandelt hat. Dieses Ergebnis kann nur durch Auslegung vermieden werden, was sich **angesichts des missverständlichen Wortlauts** von Abs. 1 Satz 1 im Hinblick auf das strafrechtliche Analogieverbot (Art. 103 Abs. 2 GG; § 369 Abs. 2 AO i.V.m. § 1 StGB) als **nicht unproblematisch** erweist (s. Rdn. 14). Letztendlich lässt sich jedenfalls *jetzt*, nachdem der Gesetzgeber § 373 AO seit 01.01.2008 ausdrücklich als „Qualifikationstatbestand" zu § 370 AO eingestuft hat (vgl. BT-Drucks. 16/5846, S. 75), nicht nur unter teleologischen Gesichtspunkten, sondern auch mit systematischen Argumenten gut vertreten, dass die in Abs. 2 Satz 1 ohne zusätzliche Paragraphenbezeichnung allein anhand der gesetzlichen Überschrift mit „Steuerhinterziehung" beschriebene Anknüpfungstat auch die Fälle des § 373 AO erfasst.

b) Beziehungsgegenstände (Abs. 2 Satz 1 Nr. 1)

Abs. 2 Satz 1 Nr. 1 erlaubt die Einziehung von (körperlichen) „Erzeugnissen, Waren und anderen Sachen" (*nicht* [wie bei §§ 74 ff. StGB]: von Rechten bzw. Forderungen [*Bäckermann*, ZfZ 1976, 366, 369; Erbs/Kohlhaas/*Senge* § 375 Rn. 8; Graf/Jäger/Wittig/*Heine* § 375 Rn. 21; HHSp/*Engelhardt* § 375 Rn. 76; Kohlmann/*Kutzner* § 375 Rn. 39), soweit diese Beziehungsgegenstand (s. Rdn. 24) einer Tat i.S.v. Abs. 2 Satz 1 (s. Rdn. 27) waren, durch die Verbrauchsteuern oder Einfuhr- und Ausfuhrabgaben verkürzt worden sind. Der **Anwendungsbereich** der Vorschrift ist demnach **doppelt eingeschränkt**: Sie greift (1.) *nur* bei Vorliegen einer der abschließend aufgezählten Anknüpfungstaten und (2.) *nur* im Fall der Verkürzung der dort bezeichneten Abgaben (Verbrauchsteuern oder Einfuhr- und Ausfuhrabgaben i.S.v. Art. 4 Nr. 10, 11 ZK [*künftig*: Art. 4 Nr. 15, 16 MZK, vgl. Graf/Jäger/Wittig/*Heine* § 375 Rn. 22 a.E.; Klein/*Jäger* § 370 Rn. 150]). Damit wird von Abs. 2 Satz 1 Nr. 1 ausschließlich der spezifisch zollstrafrechtliche Bereich der Schmuggelkriminalität i.w.S. erfasst. Die Vorschrift soll, da dies i.R.d. §§ 74 ff. StGB nicht möglich ist (s. Rdn. 24), die **Einziehung des Schmuggelguts bzw. der Steuerhehlereiwaren selbst** (z.B. unverzollte und unversteuerte Zigaretten) ermöglichen, für die die hinterzogenen Abgaben zu entrichten gewesen wären. Als Schmuggelgut bzw. Steuerhehlereiwaren i.d.S. kommen neben Tabakerzeugnissen u.a. Kaffee (vgl. BGHSt 4, 333; 7, 33; 7, 291), Brannt- und Schaumwein einschließlich sog. Alkopops (*Rolletschke*/Kemper § 375 Rn. 31; erg. Rdn. 6), Mineralölerzeugnisse (Kohlmann/*Kutzner* § 375 Rn. 44; einschr. KG, NJW 1957, 801; OLG Köln, NJW 1959, 2128 [im Tank eines Kfz geschmuggeltes Benzin, das unmittelbar verbraucht werden soll; ebenso Erbs/Kohlhaas/*Senge* § 375 Rn. 10]) sowie Handelswaren aller Art in Betracht, deren Einfuhr gegen Importbeschränkungen verstößt (vgl. beispielhaft LG Marburg, NStZ 1992, 43 m. abl. Anm. *Weidemann*, wistra 1993, 214 [Herrenhemden aus Korea und Jugoslawien]; erg. OLG Düsseldorf,

NJW 1991, 647 [rechtswidrige Einziehung gefälschter Markenkleidung]). Eingezogen werden können nur das konkrete Schmuggelgut und die Steuerhehlereiware selbst, nicht dagegen Ersatzgegenstände, die durch den Verkauf der Ware oder durch Vermischung (§ 948 BGB) oder Verarbeitung (§ 950 BGB) in das Eigentum des Täters oder eines Dritten übergegangen sind (vgl. Bender/*Möller/Retemeyer* B. V. Rn. 411; Kohlmann/*Kutzner* § 375 Rn. 48; MüKo-StGB/*Wegner* § 375 Rn. 26). Der **Schmuggler- oder Kurierlohn** unterfällt daher **nicht** Abs. 2 Satz 1 Nr. 1 (MüKo-StGB/*Wegner* § 375 Rn. 26 a.E.; erg. Rdn. 24, 41). Insofern ist aber eine Einziehung des Wertersatzes (§§ 74c, 76 StGB; instr. Bender/*Möller/Retemeyer* B. V. Rn. 449 ff.) oder – nachrangig – eine Verfallsanordnung (§§ 73, 73a, 76 StGB) zu prüfen (vgl. BGH, NStZ-RR 2009, 320). Die Einziehung von (**Transport-**) **Behältnissen**, in denen sich die geschmuggelten bzw. gehehlten Gegenstände befunden haben bzw. noch befinden (Kartons, Kisten, Container, Tanks etc.), richtet sich nur dann nach Abs. 2 Satz 1 Nr. 1, wenn das Behältnis nach der Verkehrsauffassung im Einzelfall als „Zubehör" (§ 97 BGB) des beförderten Inhalts anzusehen ist (BGHSt 7, 78; FGJ/*Joecks* § 375 Rn. 34; Kohlmann/*Kutzner* § 375 Rn. 46 [„Verkehrseinheit"]; *Rolletschke*/Kemper § 375 Rn. 31); andernfalls gilt (nur) § 74 Abs. 1 StGB (Klein/*Jäger* § 375 Rn. 16; erg. Rdn. 24, 29).

c) Beförderungsmittel (Abs. 2 Satz 1 Nr. 2)

29 Bei den **Abs. 2 Satz 1 Nr. 2** genannten „Beförderungsmitteln, die zur Tat benutzt worden sind", handelt es sich nicht um Beziehungsgegenstände, sondern um **instrumenta sceleris**, die bereits § 74 Abs. 1 StGB unterfallen (s. Rdn. 24 a.E.). Ist das Beförderungsmittel als Schmuggelgut bzw. Steuerhehlereiware selbst Gegenstand der Tat, gilt nicht Abs. 2 Satz 1 Nr. 2, sondern Abs. 2 Satz 1 *Nr. 1.* Sofern der gegenständliche Anwendungsbereich („Beförderungsmittel") von Abs. 2 Satz 1 Nr. 2 eröffnet ist, muss lediglich eine der in Abs. 2 Satz 1 genannten Anknüpfungstaten begangen worden sein; die in Abs. 2 Satz 1 Nr. 1 vorgenommene weitere Einschränkung, dass nur bestimmte Abgaben von der Tat betroffen sein dürfen (s. Rdn. 28), gilt *nicht.* **Beförderungsmittel** i.S.d. Vorschrift sind Fahrzeuge aller Art und – heute praktisch nicht mehr relevant – auch Tiere (z.B. ein Packesel beim Schmuggel über die grüne Grenze), die entweder dem Transport der Täter und/oder der Beziehungsgegenstände gedient haben (Erbs/Kohlhaas/*Senge* § 375 Rn. 10; Klein/*Jäger* § 375 Rn. 15; Kohlmann/*Kutzner* § 375 Rn. 49) oder die sonst in irgendeiner Art und Weise bei der *Ausführung* der Anknüpfungstat zum Einsatz gekommen sind (z.B. Begleit- oder Sicherungsfahrzeuge [s. d. Nachw. in Rdn. 24 a.E.]). Stets gilt: Je loser der Zusammenhang zwischen der Benutzung des Beförderungsmittels und der Tat im Einzelfall, desto mehr muss dem Grundsatz der Verhältnismäßigkeit (§ 74b StGB) bei der Einziehungsanordnung Rechnung getragen werden (vgl. FGJ/*Joecks* § 375 Rn. 37 [keine Einziehung eines Reisebusses, dessen Fahrgäste Schmuggelgut mit sich führen]; dem ist jedenfalls dann, wenn die Einfuhr von Schmuggelgut [z.B. unverzollte und unversteuerte Zigaretten] nicht das vom Reiseveranstalter eigentlich angebotene Ziel der Reise war [§ 27 StGB], zuzustimmen; erg. Rdn. 32 u. § 297 StGB [Gefährdung von Schiffen, Kraft- u. Luftfahrzeugen durch Bannware]). *Fahrzeuge* i.d.S. sind **in erster Linie Kfz**, d.h. Fahrzeuge, die durch Motor- bzw. Maschinenkraft bewegt werden (vgl. § 1 Abs. 2 StVG, § 248b Abs. 2 StGB), wobei nicht nur Landfahrzeuge (z.B. Krafträder [BGHSt 3, 355], Pkw, Kleintransporter [BGH, wistra 1995, 30], Lkws und Busse, jeweils einschl. etwaiger Anhänger), sondern auch Schienen-, Wasser- und Luftfahrzeuge aller Art von der Vorschrift erfasst sind. Die Einziehung eines Kfz umfasst dabei auch die zugehörigen Zulassungsbescheinigungen Teil I (*vormals:* Fahrzeugschein) und Teil II (*vormals:* Fahrzeugbrief) (vgl. FGJ/*Joecks* § 375 Rn. 36; MAH-WiStra/*Lohr* § 29 Rn. 646 a.E.), was in der Urteilsformel ausdrücklich ausgesprochen werden sollte (erg. Rdn. 37). Abs. 2 Satz 1 Nr. 2 ermöglicht darüber hinaus auch die Einziehung von Fahrzeugen, die durch Körperkraft bewegt werden, wie etwa Fahrräder oder Handwägen (vgl. LG Essen, RVGreport 2007, 465 [„Omaschiebekarren"]). **Nicht** vom Anwendungsbereich der Vorschrift erfasst ist das **Schmuggelgut bzw. die Steuerhehlereiware selbst** (Abs. 2 Satz 1 Nr. 1, s. Rdn. 28) sowie **Beförderungsgegenstände**, wie Taschen, Rucksäcke, Koffer, Kartons, Kisten, Container, Tanks etc., die entweder als Zubehör eines Beziehungsgegenstands Abs. 2 Satz 1 Nr. 1 oder – nachrangig – § 74 Abs. 1 StGB unterfallen (s. Rdn. 24, 28).

3. Wirkungen und Voraussetzungen der Einziehung im Übrigen

a) Eigentümerstellung und Eigentumsverlust

Aus der allgemeinen Einziehungsdogmatik, die wegen § 369 Abs. 2 AO auch im Steuerstrafverfah- **30** ren umfassend zu beachten ist, der in Abs. 2 Satz 2 erfolgten Anordnung, dass § 74a StGB gilt, und nicht zuletzt aus § 74 Abs. 4 StGB ergibt sich, dass die von Abs. 2 Satz 1 erfassten Gegenstände (spätestens) im Zeitpunkt der letzten tatrichterlichen Entscheidung (Bender/*Möller/Reteme-yer* B. V. Rn. 413; Graf/Jäger/Wittig/*Heine* § 375 Rn. 29; HHSp/*Engelhardt* § 375 Rn. 105; Kohlmann/*Kutzner* § 375 Rn. 61; MAH-WiStra/*Lohr* § 29 Rn. 649; MüKo-StGB/*Wegner* § 375 Rn. 38) grds. im (Allein-) **Eigentum des Täters oder Teilnehmers** (zur Einziehung bei Miteigentum: OLG Karlsruhe, NJW 1974, 709 u. HHSp/*Engelhardt* § 375 Rn. 78 ff.; umf. zu weiteren denkbaren Konstellationen: FGJ/*Joecks* § 375 Rn. 53 ff.; zum Verbandseigentum [z.B. „Schmuggel-" Lkw einer Speditions-GmbH] s. § 75 StGB) stehen müssen (einhellige Meinung, vgl. FGJ/*Joecks* § 375 Rn. 47; Klein/*Jäger* § 375 Rn. 13; unklar HHSp/*Engelhardt* § 375 Rn. 77 [„nicht unerheblich, wer ... Eigentümer ist"]; mit der Formulierung „oder zustehen" in § 74 Abs. 2 Nr. 1 StGB ist die bei Abs. 2 nicht relevante Inhaberschaft von Rechten gemeint [Sch/Sch/*Eser* § 74 Rn. 22]). Ist dies nicht der Fall oder nicht nachweisbar, kommt eine Dritteinziehung in Betracht, wenn (1.) die Gegenstände nach ihrer Art und den Umständen des Einzelfalls die Allgemeinheit gefährden oder die Gefahr besteht, dass sie im Fall der Nichteinziehung zur Begehung weiterer rechtswidriger Taten dienen werden (sog. **Sicherungseinziehung**, § 74 Abs. 2 *Nr. 2* StGB; s. Rdn. 25 a.E.) oder – nachrangig (*Fischer* § 74a Rn. 1) – wenn (2.) die Voraussetzungen von Abs. 2 Satz 2 i.V.m. *§ 74a StGB* vorliegen. Die (Dritt-) Einziehungsmöglichkeiten nach § 74 **Abs. 2 Nr. 2 StGB** bestehen aufgrund ausdrücklich gesetzlicher Anordnung in § 74 *Abs. 4* StGB selbst dann, wenn es sich bei dem einzuziehenden Gegenstand um einen Beziehungsgegenstand i.S.v. Abs. 2 Satz 1 Nr. 1 (s. Rdn. 24, 28) handelt (*Fischer* § 74 Rn. 19). Die Vorschrift ist demgemäß nicht nur auf Tatmittel (instrumenta sceleris; s. Rdn. 24), wie Schmuggelwesten, doppelbödige Koffer oder zum Schmuggel **besonders umgebaute bzw. präparierte Fahrzeuge** (Abs. 2 Satz 1 Nr. 2) oder Gefäße (vgl. FGJ/*Joecks* § 375 Rn. 51; MüKo-StGB/*Wegner* § 375 Rn. 38), anwendbar. Sie führt insbesondere auch in Bezug auf das **Schmuggelgut bzw.** die **Steuerhehlereiwaren selbst** (z.B. unverzollte und unversteuerte Zigaretten) dazu, dass diese im Regelfall **unabhängig von der bestehenden Eigentumslage** aufgrund der konkreten Gefahr, dass sie (jedenfalls bis zu Begleichung der Abgabenschuld) zur Begehung weiterer rechtswidriger Taten (insbes. Vergehen gem. § 374 AO u. § 261 StGB; erg. BGH, NJW 2000, 3725 m. Bespr. *Vahle*, Kriminalistik 2001, 116) dienen werden, eingezogen werden können. In allen anderen Fällen, in der Praxis v.a. dann, wenn ein zur Durchführung eines Schmuggels bzw. einer Steuerhehlerei benutztes (nicht besonders präpariertes) Fahrzeug nicht im Eigentum eines Tatbeteiligten steht, muss das Gericht – wie grds. auch sonst – umfassende Feststellungen zu den Eigentumsverhältnissen treffen (vgl. BGH, wistra 1995, 30). Liegt danach kein Anwendungsfall von § 74 Abs. 1 Nr. 1 oder 2, Abs. 4 StGB vor, kann der Gegenstand bzw. das Fahrzeug nur unter den erweiterten Voraussetzungen des Abs. 2 Satz 2 i.V.m. § 74a StGB eingezogen werden (s. Rdn. 25).

Die Anordnung der Einziehung hat gem. § 369 Abs. 2 AO i.V.m. § 74e Abs. 1 StGB zur Folge, **31** dass der Einziehungsgegenstand mit dem Eintritt der Rechtskraft der Entscheidung kraft Gesetzes (d.h. insbesondere ohne gesonderte Besitzergreifung oder weitergehende Übertragungsakte) in das **Eigentum des Staates** (konkret: des Landes*justiz*fiskus, vgl. § 60 Satz 1 StVollstrO; *Bäckermann*, ZfZ 1976, 366 [367]; Bender/*Möller/Retemeyer* Rn. 434; Graf/Jäger/Wittig/*Heine* § 375 Rn. 43; Kühn/v. Wedelstädt/*Blesinger* § 375 Rn. 21) übergeht, der mit diesem dann gem. §§ 63 ff. StVollstrO weiterverfährt. Es handelt sich dabei um eine Enteignung i.S.v. Art. 14 Abs. 3 GG (FGJ/*Joecks* § 375 Rn. 48; erg. BVerfG, NJW 1996, 246; zur steuermindernden Berücksichtigung von Einziehungsanordnungen als Betriebsausgaben s. BFHE 82, 85). Verfügungen über den Einziehungsgegenstand, insbesondere dessen Veräußerung, sind in der Zeit zwischen der (ersten) gerichtlichen Einziehungsanordnung und der Rechtskraft der Entscheidung gem. §§ 74e **Abs. 3, 73e Abs. 2 StGB** i.V.m. §§ 135, 136 BGB zivilrechtlich unwirksam (relatives [behördliches] Veräußerungsverbot, vgl. OLG München, NJW 1982, 2330 zu § 21 Abs. 3 StVG [erg. Rdn. 10]; Koch/Scholtz/*Scheurmann-Kettner* § 375 Rn. 23; Sch/Sch/*Eser* § 74e Rn. 5). Gleiches gilt gem. § 385 Abs. 1 AO i.V.m. §§ **111b, 111c Abs. 5** (, 111g Abs. 3) **StPO** auch schon im Ermittlungsverfahren (vgl. BGH, NStZ 1985, 262; OLG Düsseldorf, NJW 1995, 2239 m. zust. Anm. *von Danwitz*, NStZ 1999, 262; *Fischer* § 74e Rn. 2). Eine Durchbrechung dieser sog. **Erwerbssperren** im Wege des gutgläubigen Erwerbs ist gem. §§ 135 Abs. 2, 932 ff. BGB zwar grds. denkbar (es steht dann ggf. eine [erneute] Strafbarkeit des Täters gem. § 136 Abs. 1 StGB im Raum), jedoch wird ein solcher Eigentumserwerb zumeist an den tatsächlichen Gegebenheiten scheitern (vgl. OLG München, NJW 1982, 2330, 2331: kein Besitzmittlungsverhältnis zwischen Ermittlungsbehörde und Eigentümer/Täter; kein guter Glaube des Erwerbers bei einer Verwahrung des Gegenstands durch die Ermittlungsbehörden]; *Fischer* § 74e Rn. 3). Bei Gegenständen, die wegen ihrer allgemeinen Gefährlichkeit der Sicherungseinziehung (§ 74 Abs. 2 Nr. 2 StGB; erg. Rdn. 30) unterliegen, kann wegen der sich daraus ergebenden Verkehrsunfähigkeit zudem ein absolutes Veräußerungsverbot gem. § 134 BGB bestehen (vgl. *Meyer-Goßner* § 111c Rn. 12; Sch/Sch/*Eser* § 74e Rn. 5). **Rechte Dritter** an dem Einziehungsgegenstand erlöschen gem. § 74e Abs. 2 StGB grds. nicht (*Fischer* § 74e Rn. 4; Kühn/v. Wedelstädt/*Blesinger* § 375 Rn. 12; Schwarz/*Dumke* § 375 Rn. 19; zur Entschädigung [Art. 14 Abs. 3 Satz 2 GG] Drittbetroffener s. § 74f StGB sowie erg. Kühn/v. Wedelstädt/*Blesinger* § 375 Rn. 18).

b) Verhältnismäßigkeitsfragen

32 Angesichts dieser weitgehenden Wirkungen sieht § 74b StGB bei **ermessensgebundenen Einziehungsentscheidungen** (anders wegen § 150 Abs. 2 StGB bei gefälschten Steuerzeichen einschl. der Fälschungsmittel [§ 369 Abs. 1 Nr. 3 AO]) aus Gründen der Verhältnismäßigkeit (1.) ein **Einziehungsverbot** (§ 74b Abs. 1 StGB [Frage des „Ob"]), (2.) den **Vorbehalt der Einziehung** i.V.m. mit der Anordnung weniger einschneidender Maßnahmen (§ 74b Abs. 2 StGB [sog. Schonungsklausel]; s. dazu KG, NStZ-RR 2010, 58 zu § 21 Abs. 3 StVG [erg. Rdn. 10; Frage des „Wann"]) und (3.) die **Beschränkung der Einziehung** auf einen Teil der einziehungsfähigen Gegenstände (§ 74b Abs. 3 StGB; sog. Teileinziehung [Frage des „Was"]) vor. Auch diese Vorschrift hat mit Blick auf Art. 14 GG in erster Linie verfassungsrechtliche Hintergründe (vgl. BVerfG, NJW 1996, 246). Sie betrifft nach ihrem Wortlaut zwar nur die Fälle der §§ 74 Abs. 2 Nr. 1, 74a StGB, die wegen § 74 Abs. 4 StGB auch auf § 375 Abs. 2 AO anzuwenden sind (s. Rdn. 30). Ungeachtet dessen ist der **Verhältnismäßigkeitsgrundsatz**, wie bei Abs. 1 i.V.m. §§ 45 ff. StGB, wo eine § 74b StGB entsprechende Regelung ebenfalls fehlt, als eines der wesentlichen Leitprinzipien staatlichen Handelns (*Meyer-Goßner* Einl. Rn. 20) auch bei der Sicherungseinziehung (BGHSt 53, 69) zu beachten (erg. Sch/Sch/*Eser* § 74b Rn. 2, insbes. zur Umdeutung obligatorischer Einziehungsvorschriften [§ 369 Abs. 1 Nr. 3 AO, § 150 Abs. 2 StGB] in Ermessensregeln im Wege der verfassungskonformen Auslegung; s.a. § 401 Rdn. 5). Bei der mithin in jedem Fall durchzuführenden **Gesamtabwägung**, die im Urteil nachvollziehbar dargelegt sein muss (s. Rdn. 33), kommt es insbesondere auf den durch das Gericht konkret festzustellenden **Wert** des Einziehungsgegenstandes und die wirtschaftliche Wirkung der Einziehung auf den Betroffenen **im Verhältnis zur Bedeutung der Tat** an (vgl. Bender/*Möller*/*Retemeyer* B. V. Rn. 426: „Regelstrafe für den Durchschnittsfall"), die sich im Anwendungsbereich des Abs. 2 nicht nur (allerdings i.d.R. *maßgeblich*) an dem Verkürzungsumfang (§ 370 Abs. 4 AO; erg. BGHSt 53, 71), sondern auch an den Begleitumständen der Tat (vgl. §§ 370 Abs. 3, 373; Bender/*Möller*/*Retemeyer* B. V. Rn. 428; Graf/Jäger/Wittig/*Heine* § 375 Rn. 39; HHSp/*Engelhardt* § 375 Rn. 69 ff.; MAH-WiStra/*Lohr* § 29 Rn. 658; MüKo-StGB/*Wegner* § 375 Rn. 48) und der Zielsetzung der Vorschrift als solcher (s. Rdn. 1 a.E.) orientiert (so bereits OLG Hamm, NJW 1962, 828 [Unverhältnismäßigkeit der Einziehung eines Pkw beim Schmuggel von 600 Zigaretten und 5 l Benzin]; ebenso Erbs/Kohlhaas/*Senge* § 375 Rn. 13 [keine Einziehung eines Pkw, in dem eine Flasche Schnaps geschmuggelt wurde]). Speziell in den Fällen der §§ 74 Abs. 2 Nr. 2, 74a StGB ist in diese Abwägung auch der Vorwurf, der dem Dritteigentümer gemacht werden kann, miteinzubeziehen (grdl. BGH, StV 1983, 107; KG, NStZ-RR 2010, 58). Bei **besonders umgebauten bzw. präparierten Schmuggelfahrzeugen** muss das Gericht daher, ins-

besondere wenn dem Fahrzeug im Einzelfall ein entsprechend hoher Wert zukommt, sorgfältig prüfen, ob die Anordnung des Vorbehalts der Einziehung i.V.m. mit der Anweisung, die Umbauten resp. Veränderungen – soweit überhaupt möglich – rückgängig zu machen (z.B. durch den Rückbau bzw. Austausch eines zum Schmuggel von Zigaretten speziell präparierten Kraftstofftanks [vgl. beispielhaft BGH, NStZ-RR 1998, 43]; erg. Bender/*Möller/Retemeyer* B. V. Rn. 433), genauso gut geeignet ist, dem Sicherungszweck der Einziehung (Abs. 2 Satz 1 Nr. 2 i.V.m. § 74 Abs. 2 Nr. 2 StGB) in ausreichendem Umfang Rechnung zu tragen, § 74b Abs. 2 Satz 2 Nr. 2 StGB (im Fall des präparierten Kraftstofftanks könnte das Gericht demnach die *kombinierte* Anordnung aussprechen, den das Schmuggelversteck enthaltenden Tank auszubauen [§ 74b Abs. 2 Satz 2 *Nr. 2* StGB] und diesen sodann unbrauchbar zu machen [§ 74b Abs. 2 Satz 2 *Nr. 1* StGB]). Ist dies der Fall, *muss* das Gericht diese Anordnung treffen (vgl. BGHSt 53, 69, 73). Andernfalls ist der (hohe) Wert des Einziehungsgegenstands wenigstens bei der Strafzumessung zu berücksichtigen (vgl. BGH, NJW 1983, 2710; StV 1993, 70; StV 1994, 76; OLG Schleswig, SchlHA 2002, 147; OLG Nürnberg, NJW 2006, 3448; Graf/Jäger/Wittig/*Heine* § 375 Rn. 9; Kühn/v. Wedelstädt/*Blesinger* § 375 Rn. 19; Schwarz/*Dumke* § 375 Rn. 1).

Die gesteigerte Bedeutung des Verhältnismäßigkeitsgrundsatzes bei der ermessengebundenen Einziehung (s. Rdn. 23 zu Abs. 1) spiegelt sich auch in den **Anforderungen an die Urteilsgründe** wieder. Obwohl die tatrichterliche Ermessensausübung durch das Revisionsgericht nur eingeschränkt überprüfbar ist, muss das Urteil in jedem Fall erkennen lassen, dass sich das Tatgericht bewusst war, eine Ermessensentscheidung zu treffen (dagegen kann im Einzelfall schon die in der Praxis nicht selten anzutreffende Wendung „… *war* gem. § 74 StGB einzuziehen" sprechen [vgl. OLG Saarbrücken, NJW 1975, 65, 66]); zudem müssen die Gründe, die für die Ermessensausübung maßgebend waren, genannt sein (vgl. BGH, wistra 1994, 224; OLG Düsseldorf, VRS 80, 23). Auch die mit Blick auf den Grundsatz der Verhältnismäßigkeit durchzuführende Gesamtabwägung einschließlich der Erörterung ggf. im Raum stehender milderer Mittel i.S.v. § 74b Abs. 2, 3 StGB (s. Rdn. 32) muss den Urteilsgründen entnommen und anhand der getroffenen Feststellungen nachvollzogen werden können (vgl. BGH, NStZ 1981, 104; erg. HHSp/*Engelhardt* § 375 Rn. 131 m.w.N.). Formelhafte Pauschalfeststellungen wie „Die Einziehung ist auch nicht unverhältnismäßig." werden dem in aller Regel nicht gerecht werden (KG, NStZ-RR 2010, 58). **33**

C. Verfahrensrechtliche Hinweise

I. Strafbefehlsverfahren

Im **Strafbefehlsverfahren** (§§ 385 Abs. 1, 400 Halbs. 1 AO, §§ 407 ff. StPO), das in der steuerstrafrechtlichen Praxis mit Abstand am häufigsten vorkommt und i.d.R. durch einen Antrag der FinB (§ 386 Abs. 1 Satz 2 AO) eingeleitet wird (s. § 400 Rdn. 10), können gem. § 385 Abs. 1 AO, § 407 Abs. 2 StPO **keine Statusfolgen** i.S.v. Abs. 1 angeordnet werden (Graf/Jäger/Wittig/*Heine* § 375 Rn. 7; Kohlmann/*Kutzner* § 375 Rn. 23; Schwarz/*Dumke* § 375 Rn. 13). Hierzu bedarf es im Umkehrschluss (argumentum e contrario) stets einer Anklageerhebung (§§ 199 ff. StPO) durch die StA, obschon das für Abs. 1 notwendige Erreichen der Jahresgrenze (s. Rdn. 17) grds. auch im Strafbefehlsweg möglich ist (vgl. § 407 Abs. 2 Satz 2 StPO). Stehen Statusfolgen im Raum, muss die FinB daher, wenn sie das Verfahren nicht ohnehin gem. § 400 Halbs. 2 abgibt, die StA *in jedem Fall* über das Verfahren informieren, damit diese entscheiden kann, ob sie von ihrem Evokationsrecht (§ 386 Abs. 4 Satz 2 AO) Gebrauch macht (vgl. BGHSt 54, 9, 13 a.E. m. Anm. *Theile*, ZIS 2009, 446 u. *Wessing*, SAM 2009, 187). **Einziehungsanordnungen** i.S.v. Abs. 2 sind im Gegensatz dazu gem. § 407 Abs. 2 StPO im Strafbefehlsverfahren **uneingeschränkt möglich**, insbesondere muss der Betroffene auch bei einem hohen Sachwert des Einziehungsgegenstands (i.d.R. bei Kfz) nicht gem. §§ 140 Abs. 2 Satz 1, 407 Abs. 2 Satz 2, 408b StPO notwendig verteidigt zu sein (die Entscheidungen KG, VRS 95, 113 u. LG Limburg, VRS 83, 196 [jew. zu § 21 Abs. 3 StVG; erg. Rdn. 10] sind nur bedingt übertragbar, da die Voraussetzungen des § 140 Abs. 2 StPO in beiden Fällen bereits aus anderen Gründen vorlagen). **34**

II. Verständigung (§ 257c StPO)

35 Statusfolgen und die Einziehung von Gegenständen im Anwendungsbereich des § 375 Abs. 2 AO können, da es sich durchweg um fakultative Anordnungen handelt (*nicht:* die zwingende Einziehungsanordnung nach § 150 Abs. 2 StGB [erg. Rdn. 32], vgl. BeckOK-StPO/*Eschelbach* § 257c Rn. 15) und weder der Schuldspruch noch Maßregeln der Besserung und Sicherung (§ 61 StGB) betroffen sind (vgl. § 257c Abs. 2 Satz 3 StPO), Gegenstand einer Verständigung i.S.v. § 257c StPO sein (vgl. *Meyer-Goßner* § 257c Rn. 10). Bei den **Statusfolgen** (Abs. 1) kann entweder als Strafobergrenze eine (Gesamt-) Freiheitsstrafe vereinbart werden, die die Jahresgrenze (s. Rdn. 17) nicht erreicht, oder die Verfahrensbeteiligten kommen bei einer Strafobergrenze von bzw. über 1 Jahr (Gesamt-) Freiheitsstrafe explizit dahingehend überein, dass keine Statusfolgen verhängt werden. Ersteres kann aus Sicht der Verteidigung mit Blick auf § 41 Abs. 1 Satz 1 Nr. 1 BBG bzw. § 24 Abs. 1 Satz 1 Nr. 1 BeamtStG (erg. Rdn. 3, 19) *zwingend* vorzugswürdig sein, wenn es darum geht, unter Einbeziehung der beamtenrechtlichen Folgen eine den Status des betroffenen Amtsträgers ggf. erhaltende „Gesamtlösung" zu erreichen (vgl. *Quedenfeld/Füllsack* Rn. 1077; erg. § 400 Rdn. 26). Da die in Abs. 1 vorgesehenen Statusfolgen auch einzeln angeordnet werden können (s. Rdn. 20), kann sich eine Verständigung darüber hinaus auch darauf beziehen, dass bspw. nur das passive Wahlrecht und – etwa im Hinblick auf § 14 Abs. 2 Nr. 2 BRAO (s. Rdn. 19) – *nicht* die Fähigkeit, öffentliche Ämter zu bekleiden, aberkannt wird. Auch die Dauer der Sperrfrist (s. Rdn. 20) kann Gegenstand der Verständigung sein. Bei einer Verständigung über die (Nicht-) Anordnung der **Einziehung** von Gegenständen, die sich bereits im Ermittlungsverfahren (§ 385 Abs. 1 AO, § 160b StPO) faktisch in Gestalt der Freigabe der betroffenen Sache (mit der Folge, dass die Erwerbssperren [s. Rdn. 31] erlöschen) ankündigen kann, ist in Fällen der Sicherungseinziehung (§ 74 Abs. 2 Nr. 2 StGB; s. Rdn. 25, 30) zu beachten, dass Gegenstände, die zur erneuten Tatbegehung gebraucht werden können (insbes. **besonders umgebaute bzw. präparierte Schmuggelfahrzeuge**), ohne vorherige Unbrauchbarmachung (s. Rdn. 32 a.E.) nicht herausgegeben werden dürfen. Eine Herausgabe oder Vernichtung des Schmuggelguts bzw. der Steuerhehlereiwaren kommt selbst bei vollständiger Begleichung der Abgabenschuld vor rechtskräftigem Abschluss des Verfahrens *keinesfalls* in Betracht, da nicht zuletzt mit Blick auf § 302 Satz 2 StPO stets damit zu rechnen ist, dass diese (doch noch) als Beweismittel benötigt werden (erg. *Ziemann/Ziethen*, JR 2011, 65, 66 f. zur evtl. Amtsträgerstrafbarkeit gem. §§ 258, 258a StGB); bei Schmuggelzigaretten kommt zudem gem. § 23 Abs. 1 Satz 5 TabStG i.V.m. §§ 215, 216 StPO eine Überführung in das Eigentum des Bundes durch Verwaltungsakt in Betracht, falls diese nicht gem. Abs. 2 Satz 1 Nr. 1 eingezogen werden [vgl. *Middendorp*, ZfZ 2011, 197, 203; erg. Rdn. 11].

III. Anforderungen an Anklage und Urteil

36 Aufgrund der Überlagerung straf- und beamtenrechtlicher *Statusfolgen* (s. Rdn. 3) unterbleibt in der Praxis regelmäßig bereits der gem. **Nr. 110 Abs. 2 Buchst. c RiStBV** in die Anklage aufzunehmende Hinweis (vgl. *Meyer-Goßner* § 200 Rn. 10; erg. *Fischer* § 69 Rn. 54 m.w.N. zur parallelen Situation bei § 69 StGB [s.a. Rdn. 43]) auf die Möglichkeit der Anordnung dieser Nebenfolgen. In den **Anklagesatz** (§ 200 Satz 1 StPO; *nicht:* in den Strafbefehl, s. Rdn. 34) sollte daher, sofern die StA eine Anordnung nach Abs. 1 ernsthaft anstrebt, etwa folgender Satz aufgenommen werden: „Durch die Tat hat sich der Angeschuldigte als ungeeignet erwiesen, öffentliche Ämter zu bekleiden und Rechte aus öffentlichen Wahlen zu erlangen." Zusätzlich empfiehlt sich die Aufnahme des Normenzitats „§ 375 Abs. 1 AO" in der Liste der anzuwendenden Vorschriften (abw. *Meyer-Goßner* § 200 Rn. 14 [nicht zwingend erforderlich, zu § 45 StGB]). Ist all dies unterblieben, muss spätestens in der Hauptverhandlung analog § 265 Abs. 2 StPO ein diesbzgl. richterlicher Hinweis erfolgen (str.; a.A. *Meyer-Goßner* § 265 Rn. 24 m.w.N.). Für die *Einziehung* gelten diese Anforderungen an den Anklagesatz entsprechend. Die Anklage resp. der Strafbefehl (erg. Rdn. 34) sollte etwa den hier beispielhaft auf ein Schmuggelfahrzeug bezogenen Hinweissatz „Der zur Tat benutzte Pkw ..., amtliches Kennzeichen ..., Fahrzeug-Identifizierungsnummer ..., unterliegt der Einziehung." enthalten. In der Liste der anzuwendenden Vorschriften sollten zudem „§ 375 Abs. 2

AO" und die einschlägigen Normen aus dem Kreis der §§ 74 ff. StGB zitiert werden. Bei Ditteinziehungen sind im Übrigen die §§ 431 ff. StPO zu beachten, im Strafbefehlsverfahren insbesondere § 438 StPO (Zustellung des Strafbefehls auch an den Einziehungsbeteiligten).

Die eingezogenen Gegenstände müssen in der **Urteilsformel** (§ 260 Abs. 4 StPO) bzw. in der 37 Rechtsfolgenfestsetzung im Strafbefehl (§ 409 Abs. 1 Satz 1 Nr. 6 StPO) so genau wie möglich bezeichnet werden. Denn für die Verfahrensbeteiligten und die Vollstreckungsorgane muss Klarheit darüber bestehen, worauf sich die Einziehungsanordnung bezieht und in welchem Umfang sie erfolgt ist (*Fischer* § 74 Rn. 4; MüKo-StGB/*Wegner* § 375 Rn. 24). Eine Bezugnahme auf den Anklagesatz oder ein Sicherstellungs-, Beschlagnahme- oder Asservatenverzeichnis genügt hierfür nicht, da sich die Vollstreckung der Einziehungsanordnung allein auf den Urteilstenor einschließlich einer hierzu ggf. gesondert zu fertigenden Anlage stützt (vgl. BGHSt 9, 88; BGH, StraFo 2008, 302; NStZ-RR 2009, 384; StraFo 2010, 424; OLG Brandenburg, Beschl. v. 24.02.2010, [1] 53Ss 9/10 [6/10], BeckRS 2010, 07655; instr. auch OLG Koblenz, Beschl. v. 03.07.2007, 1 Ss 171/07, BeckRS 2008, 08773 [Einziehungsanordnung durch das RevGer.]; *Fischer* § 74 Rn. 21). Die Urteilsgründe können allerdings ergänzend zur Auslegung des Tenors herangezogen werden (vgl. BGH, NStZ 1993, 95; StV 1993, 245; MüKo-StGB/*Wegner* § 375 Rn. 24). Unklarheiten und Versäumnisse in diesem Bereich können nachträglich weder durch einen Berichtigungsbeschluss des Gerichts (*Fischer* § 74 Rn. 21; erg. *Meyer-Goßner* § 268 Rn. 9 ff.) noch im Wege des objektiven Verfahrens nach § 76a StGB (s. Rdn. 39) korrigiert werden. Allerdings kann das Revisionsgericht eine unklare Urteilsformel ergänzen, wenn sich die Einziehungsanordnung mit Hilfe der Entscheidungsgründe konkretisieren lässt (vgl. BGH, Beschl. v. 19.10.2011, 2 StR 399/11, BeckRS 2011, 27324). In den Fällen des Wertersatzverfalls bedarf es zudem – anders als bei § 111i StPO (vgl. BGHSt 56, 39) – bei mehreren Tätern oder Teilnehmern i.d.R. eines Ausspruchs über die gesamtschuldnerische Haftung (vgl. BGH, NStZ 2012, 382, 383). Die Möglichkeit von nachträglichen Anordnungen nach § 76 StGB bezieht sich nur auf die Einziehung oder den Verfall von Wertersatz. Die (versäumte) förmliche Einziehung der betreffenden Gegenstände kann dann allenfalls noch durch sicherheitsbehördliche Anordnungen nachgeholt werden.

IV. Rechtsmittelbeschränkung

Eine **Beschränkung der Berufung** (§ 318 StPO) **oder der Revision** (§ 344 StPO) auf die Anord- 38 nung von Statusfolgen i.S.v. Abs. 1 ist nach der sog. Trennbarkeitsformel (vgl. *Meyer-Goßner* § 318 Rn. 6) grds. möglich (FGJ/*Joecks* § 375 Rn. 27; MAH-WiStra/*Lohr* § 29 Rn. 636 a.E.; Schwarz/ *Dumke* § 375 Rn. 14). Berufung und Revision können ebenfalls auf eine Einziehung nach Abs. 2 beschränkt werden, allerdings wird in *beiden* Fällen wegen des engen (inneren) Zusammenhangs der Anordnungen nach § 375 AO mit der Strafzumessung im Übrigen i.d.R. der gesamte Rechtsfolgenausspruch betroffen (und damit angefochten) sein (vgl. BGH, NStZ 1993, 400; KG, NStZ-RR 2010, 58; *Meyer-Goßner* § 318 Rn. 22, § 344 Rn. 7; HHSp/*Engelhardt* § 375 Rn. 133). Es liegt in diesen Fällen mithin meist (Ausn.: OLG Hamm, NJW 1975, 67 [Einziehung eines Pkw]) eine auf den Rechtsfolgenausspruch (insgesamt) beschränkte Berufung resp. Revision vor, d.h. die weiter gehende Beschränkung des Rechtsmittels innerhalb des Rechtsfolgenausspruchs ist unwirksam. Die StA kann spiegelbildlich dazu eine Beschränkung ihrer Berufung oder Revision auf die *Nicht*anordnung von Statusfolgen oder der Einziehung vornehmen (vgl. *Meyer-Goßner* § 318 Rn. 22).

V. Sonderfragen der Einziehung

Ist die Anordnung der Einziehung in einem gegen den Täter selbst geführten (subjektiven) Ver- 39 fahren aus den in § 76a StGB genannten Gründen nicht möglich, kann diese nach Maßgabe von § 385 Abs. 1 AO i.V.m. §§ 440 bis 442 StPO auch im Wege eines sog. **objektiven Verfahrens** selbstständig angeordnet werden. Dies ist *nicht* der Fall, wenn das Gericht ein subjektives Verfahren durchgeführt und die Anordnung der Einziehung im Urteil versehentlich unterlassen hat oder die Urteilsformel hinsichtlich der Einziehung zu ungenau gefasst ist (s. Rdn. 37 a.E.). Zulässig ist das objektive Verfahren gem. § 76a Abs. 1, 3 StGB vielmehr nur dann, wenn (1.) wegen der Tat aus tatsächlichen Gründen keine bestimmte Person verfolgt oder verurteilt werden kann (i.d.R. bei unbekannten oder flüchtigen bzw. sich verborgen haltenden Tätern), (2.) das Gericht von Strafe bzw. der Verfolgung absieht (z.B. gem. § 46a Nr. 2 StGB [erg. Klein/*Jäger* § 371 Rn. 100 ff.], § 46b Abs. 1 Satz 4 StGB oder § 398a) oder (3.) das Verfahren nach einer Vorschrift eingestellt worden ist, die dies nach dem Ermessen der StA, der FinB und/oder des Gerichts zulässt (§§ 153 ff., 154 ff. StPO, § 398). Den Antrag auf Durchführung des objektiven Verfahrens kann im Steuerstrafrecht entweder die StA (§ 385 Abs. 1 AO i.V.m. § 440 Abs. 1 StPO) oder die FinB gem. § 401 AO stellen, Letztere allerdings nur, soweit diese das Verfahren gem. §§ 386 Abs. 2, 399 AO selbstständig führt (vgl. § 401 Rdn. 3). Die Einleitung und Durchführung des objektiven Verfahrens kann in Fällen des § 394 entbehrlich sein bzw. nachträglich werden (vgl. u.a. Bender/*Möller/Retemeyer* B. V. Rn. 445 f.; *Hellmann* ZfZ 2000, 2, 3 f.).

40   Unter den Voraussetzungen der §§ 430, 442 StPO können die **Einziehung** und der **Verfall** aus prozessökonomischen Gründen ganz oder teilweise von der Verfolgung **ausgenommen** werden. Das gilt auch noch in der Revisionsinstanz (vgl. beispielhaft BGH, Beschl. v. 26.05.2009, 1 StR 134/09, BeckRS 2009, 14406 [zum Verfall von Wertersatz]). Die Vorschriften knüpfen an den Rechtsgedanken des § 154a StPO an und ergänzt insoweit die §§ 73c, 74b StGB (erg. Rdn. 32). Die Vornahme dieser Beschränkungen steht gem. § 385 Abs. 1 AO i.V.m. § 430 Abs. 2 Satz 1 StPO auch der das Verfahren selbstständig durchführenden FinB zu (Schwarz/*Dumke* § 375 Rn. 29) und kann von dieser (oder der StA nach Ausübung des Evokationsrechts) über den Wortlaut des § 430 Abs. 3 StPO hinaus auch im Ermittlungsverfahren jederzeit wieder rückgängig gemacht werden, ohne dass es hierzu einer gerichtlichen Anordnung bedarf (vgl. HHSp/*Engelhardt* § 375 Rn. 128; Kohlmann/*Kutzner* § 375 Rn. 87 ff.). In Schmuggel- bzw. Steuerhehlereifällen wird § 430 Abs. 1 StPO in Bezug auf das Schmuggelgut bzw. die Steuerhehlereiwaren selbst jedoch kaum jemals eingreifen.

D. Weitere strafrechte Folgen der Steuerstraftat

I. Verfall

41   Eine (partielle) **Verfallsanordnung** kommt gem. § 369 Abs. 2 AO i.V.m. §§ 73 ff. StGB grds. auch im Steuerstrafrecht in Betracht (a.A. nur *Blumers/Göggerle* Rn. 706 [überholt]). Im Gegensatz zur Einziehung, die producta und instrumenta sceleris (s. Rdn. 24) sowie – im Fall des Abs. 2 – auch Beziehungsgegenstände erfasst, zielt der Verfall auf die Abschöpfung dessen („etwas") ab, was der Täter *für* die oder *aus* den von ihm begangenen (Steuer-) Straftaten „erlangt" hat. Dieser nach dem **Bruttoprinzip** (vgl. *Fischer* § 73 Rn. 7 m.w.N.; erg. Bender/*Möller/Retemeyer* B. V. Rn. 480; HHSp/*Hellmann* § 401 Rn. 25 ff.) zu bestimmende Vermögenszufluss soll dem Täter nicht verbleiben, (insbes. auch Steuer-) Straftaten sollen sich wirtschaftlich „nicht lohnen". Die bei Vorliegen der gesetzlichen Voraussetzungen grds. *zwingende* Anordnung des Verfalls (§ 73 Abs. 1 Satz 1 StGB: „so *ordnet* das Gericht ... an", vgl. Bender/*Möller/Retemeyer* Rn. 509; Ausn.: § 73c StGB u. §§ 430 Abs. 1, 442 StPO [erg. Rdn. 40]) scheidet nicht selten (im Steuerstrafrecht *regelmäßig* [vgl. *Bäckermann*, ZfZ 1976, 366, 368; MAH-WiStra/*Lohr* § 29 Rn. 666]) gem. § 73 Abs. 1 Satz 2 StGB aus, *soweit* der Täter oder Teilnehmer „aus" der Tat (*nicht:* „für" die Tat, vgl. *Fischer* § 73 Rn. 6, 11 sowie BGH, NStZ-RR 2012, 81 [zu § 111i Abs. 2 StPO]) etwas erlangt hat und dem Verletzten daraus ein Gegenanspruch erwachsen ist, dessen Erfüllung dem Täter oder Teilnehmer den Wert des Erlangten entziehen würde. Hintergrund dieser zentralen Vorschrift des Verfallsrechts ist, dass eine dem Schuldmaßprinzip widersprechende doppelte Inanspruchnahme des Täters vermieden und der Befriedigung der Ansprüche des Verletzten im Verhältnis zu einer Verfallsanordnung zugunsten des Justizfiskus der Vorrang eingeräumt werden soll (vgl. *Fischer* § 73 Rn. 11; erg. *Barreto da Rosa*, ZRP 2012, 39, der sich für eine Abschaffung von § 73 Abs. 1 Satz 2 StGB ausspricht). „Verletzter" i.d.S. kann bei Steuerdelikten auch der (vom Justizfiskus strikt zu

trennende) *Steuer*fiskus sein, sodass eine Verfallsanordnung hier i.d.R. wegen § 73 Abs. 1 Satz 2 StGB in Höhe des sich „aus" der Tat ergebenden Steuernachzahlungs- oder -haftungsanspruchs (letzteres aus § 71 AO, vgl. *Bäckermann*, ZfZ 1976, 366, 368) ausscheidet (grdl. BGH, NJW 2001, 693 m. Anm. *Wassmann*, ZfZ 2001, 351 u. *Rönnau/Hohn*, JR 2002, 298; s. ferner BGH, wistra 2008, 262 m. Bespr. *Jope*, StRR 2008, 315 u. *Wegner*, PStR 2008, 129 [Vorrang des Steuerfiskus *und* des Herausgabeanspruchs des Geschäftsherrn gem. §§ 687 Abs. 2, 681 Satz 2, 667 BGB bei Bestechlichkeit im geschäftlichen Verkehr i.S.v. § 299 StGB]; in Abgr. dazu: BGH, NStZ 2000, 589 m. Bespr. *Vahle*, Kriminalistik 2001, 498 [bei der Bestechung eines Beamten ist dessen Dienstherr *nicht* Verletzter i.S.v. § 73 Abs. 1 Satz 2 StGB]; s.a. LG Augsburg, Urt. v. 19.11.2009, 10 KLs 103 Js 1011064/09, bei juris Tz. 110 [Vorrang des Steuerfiskus und des Anspruchs des Sozialversicherungsträgers in Fällen des § 266a StGB]). Der Vermögenszufluss des Täters kann den fiskalischen Steueranspruch aber durchaus auch übersteigen, etwa wenn ein **Schmuggel- oder Kurierlohn** (s. Rdn. 24, 28) bezahlt worden ist (dieser unterfällt, da er „für" die Tat und nicht „aus" ihr erlangt ist, bereits deshalb nicht § 73 Abs. 1 Satz 2 StGB [vgl. *Bäckermann*, ZfZ 1976, 366, 367 f.; *Fischer* § 73 Rn. 6, 11]). Auch kann sich der Steueranspruch durch Aufrechnung (§ 226 AO) mit Steuererstattungsansprüchen verringert oder sogar ganz erledigt haben, z.B. wenn ein Dritter die Steuerschulden des Täters für diesen bezahlt oder nach einer Teilzahlung der Rest der Steuerforderung gem. § 227 AO erlassen worden ist (erg. BGH, NStZ 2006, 621 [keine Anwendung des § 73 Abs. 1 Satz 2 StGB bei zivilrechtl. Verzicht und Verjährung] m. krit. Anm. *Brettschneider*, wistra 2006, 461 u. *Paul*, wistra 2007, 343). In Betracht kommt ferner, dass die dem Täter aus der Steuerstraftat erwachsenen **Zinsvorteile** höher sind, als die Hinterziehungszinsen gem. §§ 235, 238 Abs. 1 AO (HHSp/*Hellmann* § 401 Rn. 29 a.E.). In sog. **Verschiebungsfällen**, in denen der Täter oder Teilnehmer einer Steuerhinterziehung die Vorteile der Tat einem nicht tatbeteiligten Dritten unentgeltlich oder auf sonst bemakelte Weise zukommen lässt, um sie dem Zugriff des Gläubigers zu entziehen oder die Tat zu verschleiern, kann gem. §§ 73a i.V.m. 73 Abs. 3 StGB auch *gegen den Dritten* eine Verfallsanordnung ergehen. Dem steht § 73 Abs. 1 Satz 2 StGB nicht entgegen, weil dem Steuerfiskus keine, insbesondere nicht auf § 71 gestützte Ansprüche gegen den tatunbeteiligten Dritten zustehen (BGH, wistra 2010, 406 m. Bespr. *Gehrmann*, PStR 2010, 233; OLG Köln, Beschl. v. 23.09.2009, 2 Ws 440/09, BeckRS 2010, 00502; erg. *Rhode*, wistra 2012, 85).

II. Berufsverbot

Gem. § 369 Abs. 2 AO i.V.m. §§ 70 ff. StGB ist auch im Steuerstrafrecht die **Anordnung eines** **Berufsverbots** zulässig. Zwar trifft die Pflicht, Steuern zu bezahlen, nicht nur bestimmte Berufsgruppen, sondern grds. Jedermann, sodass die „bloße" Steuerunehrlichkeit als solche keine spezifisch berufsbezogene Pflichtverletzung i.S.v. § 70 Abs. 1 StGB darstellt (KG, JR 1980, 247 [zur USt u. GewSt; auszugsweise abgedr. u. bespr. bei *Kohlmann* Teil B Rn. 662]; *Fischer* § 70 Rn. 4; ausdr. offen gelassen von BGH, NStZ 1995, 124). Der erforderliche Missbrauch von Beruf oder Gewerbe zur Hinterziehung von Steuern liegt vielmehr nur vor, wenn der Täter unter bewusster Missachtung der ihm gerade durch seinen Beruf oder sein Gewerbe gestellten Aufgaben seine Tätigkeit gezielt ausnutzt, um einen diesen Aufgaben zuwider laufenden, strafrechtlich relevanten Zweck zu verfolgen (Bender/*Möller/Retemeyer* B. V. Rn. 523: „innerer Zusammenhang"). Diese berufstypische Verbindung ist bei Abgabendelikten insbesondere dann gegeben, wenn die inmitten stehende **berufliche Tätigkeit auf die systematische Hinterziehung Steuern angelegt** ist, die Steuerhinterziehung in großem Ausmaß (vgl. § 370 Abs. 3 Satz 2 Nr. 1 AO) über einen längeren Zeitraum zum betrieblichen Kalkulationsfaktor wird und dies u.a. mit schwerwiegenden Verletzungen der Buchführungs- und Aufzeichnungspflichten einhergeht (BGH, NStZ 1995, 124 [abl. nur im Hinblick auf ein unter diesen Umständen verhängtes *lebenslanges* Berufsverbot]; Brüssow/ Gatzweiler/Krekeler/Mehle/*Kuhlmann* § 22 Rn. 179; Graf/Jäger/Wittig/*Heine* § 375 Rn. 47; Koch/ Scholtz/*Scheurmann-Kettner* § 375 Rn. 25; *Kohlmann* Teil B Rn. 663 [„Das betrifft zB die Beschäftigung von Schwarzarbeitern in der Baubranche oder die an sog. Umsatzsteuerkarussellen oder

42

Schmuggel beteiligten Unternehmen."]). Ein solcher Fall ist grds. auch dann anzunehmen, wenn ein *Rechtsanwalt* und vereidigter Buchprüfer (oder ein *Steuerberater* [*Kohlmann* Teil B Rn. 664 f.]) für einen Mandanten ein „Steuersparmodell" entwickelt, das es diesem ermöglicht, unter Verwendung überhöhter Rechnungen in der Buchhaltung über einen längeren Zeitraum eine Verkürzung von KSt, GewSt, USt und ESt herbeizuführen (BGH, Beschl. v. 20.02.2001 – 5 StR 544/00, BeckRS 2001, 02962, in NStZ 2001, 380 insoweit nicht abgedr.; Graf/Jäger/Wittig/*Heine* § 375 Rn. 47). In der Praxis **scheitert** die Anordnung eines Berufsverbots **bei Ersttätern häufig an** den vor dem Hintergrund von Art. 12 Abs. 1 GG besonders strengen Anforderungen an **Gefahrenprognose** (vgl. BGH, NStZ 1995, 124; erg. BVerfGK 7, 110, OLG Nürnberg, NStZ-RR 2011, 346 u. LG Marburg, NStZ-RR 2007, 172 jew. zum vorläufigen Berufsverbot [§ 132a StPO]; einschr. auch *Parigger* StraFo 2011, 447, 451 [„sparsam anzuwenden"]; *Quedenfeld/Füllsack* Rn. 1001 [„nur in engen Grenzen"]). Dabei dürfen insbesondere aus zulässigem Verteidigungsverhalten keine nachteiligen Schlüsse gezogen werden (vgl. BGH, Beschl. v. 20.02.2001 – 5 StR 544/00, BeckRS 2001, 02962, in NStZ 2001, 380 insoweit nicht abgedr. [teilweises Bestreiten der Tat]; *Fischer* § 70 Rn. 8). Einen gleichwie gearteten Grundsatz, dass bei Ersttätern angesichts der bisherigen Straflosigkeit im Sinne einer Regelwirkung kein Berufsverbot angeordnet werden darf, gibt es allerdings nicht. Eine derartige, dem Urteil ggf. auch konkludent zugrunde gelegte Annahme ist rechtsfehlerhaft und kann auf die Revision (Sachrüge) der StA *insoweit* zur Urteilsaufhebung führen. Auf der anderen Seite kann der Wegfall des Schuldspruchs wegen einer „Symptomtat" in der Revision auch den Wegfall des Berufsverbots nach sich ziehen (vgl. BGH, Beschl. v. 15.12.2011 – 5 StR 122/11, BeckRS 2012, 01007 = NZWiSt 2012, 237). Handelt es sich bei dem Täter um einen Amts- oder Mandatsträger, wird § 70 StGB durch Abs. 1 i.V.m. §§ 45 ff. StGB (leges speciales) *grds.* verdrängt (*Fischer* § 70 Rn. 5; erg. BGH, wistra 1987, 60 [Notar]). Angesichts der Möglichkeit, bestimmte Berufe auch außerhalb des öffentlichen Dienstes auszuüben, kann es – umgekehrt – im Einzelfall aber auch geboten sein, die Anordnungen nach Abs. 1 i.V.m. §§ 45 ff. StGB und § 70 StGB zu kombinieren (vgl. BGH, NStZ 2002, 198 [Lehrer]). Die Verhängung eines Berufsverbots gegen den Vorsitzenden eines Lohnsteuerhilfevereins (§§ 4 Nr. 11, 13 ff, 162 f. StBerG) hat jedoch nicht zur Folge, dass der Verein eines vertretungsberechtigten Organs ermangelt und deshalb prozessunfähig wird (BFHE 154, 422).

III. Entziehung der Fahrerlaubnis und Fahrverbot

43   Speziell in Fällen des (Zigaretten-) Schmuggels oder der Steuerhehlerei, bei denen der Transport der inkriminierten Waren in bzw. durch das Bundesgebiet mittels Kfz ein maßgebliches Kriterium der Tatausführung darstellt, kann im Einzelfall gem. § 369 Abs. 2 AO i.V.m. §§ 69 ff. StGB die **Entziehung der Fahrerlaubnis** angeordnet werden (vgl. Bender/*Möller*/Retemeyer B. V. Rn. 520; FGJ/*Joecks* § 400 Rn. 17; HHSp/*Hellmann* § 400 Rn. 31; Koch/Scholtz/*Scheurmann-Kettner* § 375 Rn. 25; *Kohlmann* Teil B Rn. 656; Kohlmann/*Hilgers-Klautzsch* § 400 Rn. 77; MAH-WiStra/*Lohr* § 29 Rn. 626; *Quedenfeld/Füllsack* Rn. 1000). Das kann grds. auch einen Beifahrer (vgl. BGH, NStZ 2004, 617; *Fischer* § 69 Rn. 45 a.E.) oder einen sonst mitfahrenden Tatbeteiligten (vgl. OLG Düsseldorf, NStZ-RR 2002, 314; krit. *Zopfs*, NZV 2010, 179) betreffen. Zwar sind Steuerstraftaten als nicht-verkehrsspezifische Anlasstaten *nicht* im Regelkatalog des § 69 Abs. 2 StGB genannt. Eine Fahrerlaubnisentziehung kann jedoch gem. § 69 Abs. 1 StGB ungeachtet dessen grds. auch auf allgemeine Straftaten – wie Steuerdelikte – gestützt werden (vgl. OLG Hamm, NZV 2002, 380 [vorläufige Entziehung der Fahrerlaubnis bei Zigarettenschmuggel] sowie beispielhaft aus dem BtM-Strafrecht: BGH, NStZ-RR 1998, 43 [BtM-Schmuggel mittels eines speziell präparierten Kraftstofftanks]; erg. *Fischer* § 69 Rn. 42 m.w.N.). Nach der die bisherige Judikatur **einschränkenden Entscheidung des Großen Strafsenats des BGH** v. 27.04.2005 (BGHSt [GrS] 50, 93) ist hierfür jedoch Voraussetzung, dass die Anlasstat tragfähige Rückschlüsse darauf zulässt, dass der Täter bereit ist, die von § 69 StGB geschützte Sicherheit des Straßenverkehrs seinen eigenen kriminellen Interessen unterzuordnen. Es kommt also darauf an, ob sich aus den Umständen der Tatausführung konkrete Anhaltspunkte dafür ergeben, dass von dem Täter eine

Gefahr *auch* für den öffentlichen Straßenverkehr ausgeht. Eine entsprechende **Indizwirkung** kann sich etwa daraus ergeben, dass es aufgrund von Umbaumaßnahmen an dem zu einer Schmuggelfahrt benutzten oder für diese vorgesehenen Kfz zu einem verkehrsgefährdenden Einsatz des Fahrzeugs gekommen ist bzw. kommen sollte oder dass nach der Planung des Täters nötigenfalls auch ein verkehrsgefährdender Einsatz des Fahrzeugs vorgesehen war (z.B. [Polizei-] Flucht bei Tatentdeckung „ohne Rücksicht auf Verluste" oder Verfolgungsfahrt zur Wiedererlangung entwendeter Schmuggelzigaretten [BGHR StPO § 264 Abs. 1 Tatidentität 33]; vgl. u.a. *Fischer* § 69 Rn. 45; *Sowada*, NStZ 2004, 169, 172). Erkenntnisse zu einem *beabsichtigten* verkehrsgefährdenden Einsatz eines Kfz können sich insbesondere aus den eigenen Angaben des Täters, den Angaben von Mitbeschuldigten und Zeugen oder TKÜ-Maßnahmen ergeben, bei Mehrfachtätern auch aus (dem Verlauf von) vergleichbaren früheren Straftaten (vgl. BGHSt [GrS] 50, 93, 103 ff.; *Pießkalla/Leitgeb*, NZV 2006, 185, 187). Die Tatsache, dass Kfz-Steuer hinterzogen worden ist, ist für die Gefahrenprognose i.R.v. § 69 Abs. 1 StGB dagegen ohne Belang (Erbs/Kohlhaas/*Senge* § 400 Rn. 4; zur denkbaren Anordnung eines Fahrverbots in diesen Fällen s. Rdn. 44).

V.a. bei leichter und mittlerer Abgabenkriminalität, die im Zusammenhang mit dem Führen eines **44** Kfz begangen worden ist, kommt im Übrigen gem. § 369 Abs. 2 AO i.V.m. § 44 StGB auch die Verhängung eines **Fahrverbots** in Betracht (Bender/*Möller/Retemeyer* B. V. Rn. 520; FGJ/*Joecks* § 400 Rn. 17; Graf/Jäger/Wittig/*Heine* § 375 Rn. 46; HHSp/*Hellmann* § 400 Rn. 28; Koch/Scholtz/*Scheurmann-Kettner* § 375 Rn. 25; Kohlmann/*Hilgers-Klautzsch* § 400 Rn. 77; Rolletschke/Kemper/*Schützeberg* § 400 Rn. 22). Als einzige echte Nebenstrafe (s. Rdn. 9) soll das Fahrverbot u.a. eine Denkzettel- und Besinnungswirkung entfalten. Ein Fahrverbot bietet sich daher besonders bei wiederholten (*Kohlmann* Teil B Rn. 500: „gewerbsmäßigen") Schmuggelfahrten in das benachbarte Ausland, bei motorisierter Liefertätigkeit eines Steuerhehlers, in Fällen der Verdieselung von Heizöl (vgl. *Kohlmann* Teil B Rn. 500 [der die Verdieselung von Heizöl a.a.O. allerdings [unzutr.] als KfzSt-Hinterziehung einordnet] und Rn. 629) und bei der Hinterziehung von KfzSt an. Zur nach wie vor aktuellen Diskussion um die Aufwertung des Fahrverbots von einer „bloßen" Nebenstrafe zur Hauptstrafe bei allgemeiner Kriminalität s. u.a. BT-Drucks. 16/8695, BR-Drucks. 39/08, *Streng*, ZRP 2004, 237 und – in Form einer Pro/Contra-Gegenüberstellung – *Luczak/Sonnen*, DRiZ 2010, 118 f.).

IV. Sicherungsverwahrung

Die Anordnung der Unterbringung in der **Sicherungsverwahrung** (§§ 66 ff. StGB) wegen Steuer- **45** hinterziehungsdelikten **ist** nach der Einschränkung des Katalogs der tauglichen Anlass- und Vortaten zum 01.01.2011 durch das Gesetz zur Neuordnung des Rechts der Sicherungsverwahrung vom 22.12.2010 (BGBl. I, S. 2300) **nicht mehr möglich** (Übergangsregelung: Art. 316e EGStGB; zur alten Rechtslage: BGH, NStZ 2002, 535, 536; NStZ-RR 2003, 20, 22; Bender/*Möller/Retemeyer* B. V. Rn. 518: „Tätertyp[en:] ... gewissenloser Heizölhändler ..., der immer wieder unter raffinierten Tarnmanövern erhebliche Heizölmengen verdieselt ..., ‚Intelligenzschmuggler, ... sowie der Organisator des mafiamäßig organisierten Zigarettenschmuggels"; Wabnitz/Janovsky/*Raum* 4. Kap. Rn. 181). Auf das Urteil des BVerfG v. 04.05.2011 (2 BvR 2333/08 u.a., BVerfGE 128, 326), in dem es alle tragenden Regelungen der Sicherungsverwahrung für unvereinbar mit Art. 2 Abs. 2 Satz 2 i.V.m. 104 Abs. 1 GG erklärt, eine Weitergeltungsanordnung bis zum 31.05.2013 ausgesprochen und (u.a.) vorgegeben hat, dass Unterbringungsanordnungen gem. § 66 StGB in der Übergangszeit bis zur Neuregelung durch den Gesetzgeber verfassungsrechtlich nur noch dann zulässig sind, „wenn der Schutz hochwertiger Rechtsgüter dies unter strikter Beachtung des Verhältnismäßigkeitsgrundsatzes erfordert" (BVerfG a.a.O., Tz. 98; zusf. *Mosbacher*, HRRS 2011, 229), kommt es im Steuerstrafrecht nicht mehr an.

§ 376 AO   Verfolgungsverjährung

(1) In den in § 370 Abs. 3 Satz 2 Nr. 1 bis 5 genannten Fällen besonders schwerer Steuerhinterziehung beträgt die Verjährungsfrist zehn Jahre.

(2) Die Verjährung der Verfolgung einer Steuerstraftat wird auch dadurch unterbrochen, dass dem Beschuldigten die Einleitung des Bußgeldverfahrens bekannt gegeben oder diese Bekanntgabe angeordnet wird.

A. Grundsätzliches

1 § 376 AO regelt, wie sich bereits aus dem Wortlaut der Vorschrift ergibt, die Verfolgungsverjährung von Steuerstraftaten nur ausschnittsweise und ist daher als Ergänzung der §§ 78 ff. StGB, die gem. § 369 Abs. 2 AO auch im Steuerstrafrecht Anwendung finden, zu verstehen (Klein/*Jäger*, § 376 Rn. 1). Die genannten Vorschriften werden gesondert kommentiert.

2 Im Rahmen von Steuerstrafverfahren ist aber nicht nur die Frage der strafrechtlichen Verfolgungsverjährung von Bedeutung, sondern auch die Frage, ob ein im Rahmen eines Steuerstrafverfahrens aufgedeckter Steueranspruch noch festgesetzt werden kann. Diese sog. Festsetzungsverjährung ist in den §§ 169 ff. AO geregelt.

B. Die Neuregelung der strafrechtlichen Verfolgungsverjährung durch das JStG 2009

I. Hintergrund und Gang des Gesetzgebungsverfahrens, Inkrafttreten

3 Bis zum 25.12.2008 galt die Fünf-Jahres-Frist auch für besonders schwere Fälle nach § 370 Abs. 3 AO, weil sich die Verjährungsfristen an der Strafdrohung des Gesetzes ohne Rücksicht auf Strafschärfungen orientieren, vgl. § 78 Abs. 4 StGB. Mit Wirkung ab dem 25.12.2008, vgl. Art. 97 § 23 EGAO, wurde zu § 376 AO ein neuer erster Absatz hinzugefügt, während der bisherige alleinige Absatz zum zweiten Absatz wurde. Hintergrund der Vorschrift ist das Aufkommen der sog. Liechtenstein-Fälle, in deren Geleitzug sich Politiker gegenseitig mit Forderungen nach einem schärferen Vorgehen gegen Steuerhinterziehung übertrafen. Vor diesem Hintergrund wurde zunächst die Forderung erhoben, die Verfolgungsverjährungsfrist für Steuerstraftaten generell auf 10 Jahre anzuheben. Das wurde unter Hinweis auf die verlängerte Festsetzungsfrist des § 169 Abs. 2 Satz 2 AO bei Steuerhinterziehung damit begründet, dass eine Parallelität zwischen Steuerfestsetzungsverjährung und Strafverfolgungsverjährung herbeigeführt werden müsse (BT-Drucks. 16//10189, S. 82; *Haas/Wilke*, NStZ 2010, 297, 299). Dieses Ziel könnte aber mit Blick auf die unterschiedliche Fristberechnung, die verschiedenen Anlauf- und Ablaufhemmungsgründe nach §§ 170, 171 AO und die strafrechtlichen Unterbrechungs- und Ruhenstatbestände, §§ 78b und 78c StGB, nie erreicht werden.

4 Für den Bedarf einer (verschärfenden) Neuregelung wurde sodann auch auf die in § 384 AO enthaltene Verjährungsvorschrift für Ordnungswidrigkeiten hingewiesen. Allerdings wurde dabei übersehen, dass diese Vorschrift eine Verschärfung ggü. § 31 Abs. 2 OWiG enthält, man also sozusagen die Verschärfung mit der Verschärfung begründet.

Bereits im Gesetzgebungsverfahren wurde von maßgeblichen Stimmen deutlich gemacht, dass die 5 geplante (generelle) Verlängerung der Verjährungsfrist für Steuerhinterziehung den systematischen Zusammenhang mit den allgemeinen Verjährungsvorschriften des StGB sprengen und zu erheblichen Wertungswidersprüchen im Verhältnis zu Straftaten mit bedeutend höherem Unrechtsgehalt führen werden (*Pelz*, NJW 2009, 470 m.w.N.). Diese Kritik ist berechtigt, wenn man sich § 264 StGB (Subventionsbetrug), § 266a StGB (Vorenthalten und Veruntreuen von Arbeitsentgelt) oder § 334 StGB (Beamtenbestechung) ansieht (*Schäfer*, NJW-Spezial 2008, 408). Vor dem Hintergrund dieser Kritik wurde kurz vor Toresschluss die Verlängerung der Verjährungsfrist auf bestimmte Fälle besonders schwerer Steuerhinterziehung beschränkt. § 376 Abs. 1 AO beinhaltet dabei mit Blick auf die Vorschrift des § 78 Abs. 4 StGB, wonach sich die Verfolgungsverjährungsfrist nach der Strafdrohung des Gesetzes ohne Rücksicht auf Schärfungen für besonders schwere Fälle richtet, einen Systembruch (*Schäfer*, NJW-Spezial 2008, 408).

II. Verfassungsrechtliche Bedenken gegen § 376 Abs. 1

Gegen die Vorschrift werden verfassungsrechtliche Bedenken vorgebracht. Diese ergeben sich 6 jedoch nicht aus dem Rückwirkungsverbot. Dieses betrifft nämlich nicht Vorschriften, die ausschließlich die Verfolgungsvoraussetzungen betreffen oder sich als verfahrensrechtliche Vorschriften darstellen (BVerfG, NJW 2005, 1554, 1555; FGJ/*Joecks* § 376 Rn. 14 c). In Betracht kommt allerdings ein Verstoß gegen Art. 3 GG. Die unbenannten Fälle besonders schwerer Steuerhinterziehung verjähren nämlich bereits nach 5 Jahren, die in den Regelbeispielen des § 370 Abs. 3 Nr. 1 bis 5 AO genannten besonders schweren Fälle aber erst nach 10 Jahren. Dabei ist § 370 Abs. 3 Satz 1 AO die Grundnorm, die die Strafzumessungsregel für den besonders schweren Fall enthält und einen erweiterten Strafrahmen vorsieht. Der Unrechts- und Schuldgehalt der unbenannten und der benannten besonders schweren Fälle ist vergleichbar (*Pelz*, NJW 2009, 470, 471; *Wegner*, PStR 2009, 33, 35). In Betracht kommt sodann auch ein Verstoß gegen das Bestimmtheitsgebot, Art. 103 Abs. 2 GG. Zwar begegnen nach Ansicht des BVerfG (zuletzt NJW 2008, 3627, 3628) Strafzumessungsregeln, die einen erhöhten Strafrahmen an das Vorliegen eines besonders schweren Fall anknüpfen, unter dem Gesichtspunkt des Bestimmtheitsgebots keinen grundsätzlichen Bedenken. Indes müssen auch Verjährungsregeln sich an objektiven, nach außen erkennbaren Merkmalen orientieren, was bei Strafzumessungsregeln nicht der Fall ist. Ob ein besonders schwerer Fall vorliegt, ist stets und zwar im Fall eines Regelbeispiels anhand einer Gesamtabwägung der Umstände des Einzelfalls zu entscheiden (*Pelz*, NJW 2009, 470, 472; vgl. auch *Wulf*, DStR 2009, 459, 460 f.). Insoweit ist allerdings zu beachten, dass nach maßgeblicher Auffassung es nicht erforderlich sein soll, dass eine Verurteilung wegen eines besonders schweren Falls für die Anwendung von § 376 Abs. 1 AO erforderlich sein soll. Nach dieser Auffassung soll schon das Vorliegen eines Regelbeispiels ausreichen, um die Verfolgungsverjährungsfrist auf 10 Jahre zu verlängern (vgl. unten Rdn. 10). Dann stellt sich die Frage nach dem Bestimmtheitsgebot nur noch im Zusammenhang mit § 370 Abs. 3 Nr. 1 AO.

In § 370 Abs. 3 Nr. 1 AO wird nämlich zusätzlich noch mit dem unbestimmten Rechtsbegriff des 7 „großen Ausmaßes" gearbeitet. Also kann man *Pelz* (NJW 2009, 470, 472) jedenfalls im Hinblick auf diese Vorschrift nur zustimmen, wenn er ausführt, dass durch § 376 Abs. 1 AO die Frage der Verjährung für den betroffenen Steuersünder zur Lotterie werden kann.

Die dargestellten Bedenken werden bei alledem keineswegs von allen Stimmen in der Literatur geteilt (*Mosbacher*, steueranwalt 2009/2010, 131, 143).

Die gegen § 376 Abs. 1 AO vorgebrachten verfassungsrechtlichen Bedenken sind durchaus nach- 8 vollziehbar. Gleichwohl muss gerade in der Selbstanzeigenberatung von der Wirksamkeit der Vorschrift ausgegangen und deren Eingreifen in geeigneten Fällen geprüft werden. Würde in solchen Fällen nämlich nur die kurze Frist von 5 Jahren in Betracht gezogen, obwohl für einen oder gar mehrerer Veranlagungszeiträume die 10-Jahres-Frist greifen könnte, liefert man den Mandanten der Gefahr der Strafverfolgung und -schlimmstenfalls – der Bestrafung wegen Steuerhinterziehung für die nicht berücksichtigten weiteren 5 Jahre aus. Das wäre ein in die Haftungsfalle führender Beratungsfehler.

C. § 376 Abs. 1

9   Zu beachten ist zunächst, dass die mit § 376 Abs. 1 AO geschaffene lange Frist – wie bereits erwähnt – nur für die dort benannten schweren Fälle von Steuerhinterziehung gilt. Auf sog. unbenannte schwere Fälle findet sie keine Anwendung (Klein/*Jäger* § 376 Rn. 1; *Wulf*, DStR 2009, 459, 462).

10   Zweifelhaft ist, ob die 10-jährige Frist nach § 376 Abs. 1 AO auch dann greift, wenn zwar ein Regelbeispiel vorliegt, aber die Indizwirkung des Regelbeispiels für einen besonders schweren Fall zu verneinen ist. *Joecks* (FGJ/*Joecks* § 376 Rn. 14 f.) und auch *Mosbacher* (steueranwalt 2009/2010, 131, 142) meinen, dass der Gesetzeswortlaut nicht vorgebe, dass die Verlängerung der Verjährungsfrist tatsächlich von einer Anwendung von § 370 Abs. 3 Satz 2 AO abhänge. Das spreche dafür, dass die verlängerte Verjährungsfrist auch dann greife, wenn ein besonders schwerer Fall nicht ausgeurteilt werde. Auch könne von einem individuellen Strafzumessungsakt schwerlich die Frage der Verjährung abhängen, die jederzeit klar und eindeutig zu beantworten sein müsse. *Jäger* (Klein/*Jäger* § 376 Rn. 11) meint, dass bei anderer Betrachtung die Vorschrift des § 376 Abs. 1 AO kaum handhabbar sei. *Schauf* (Kohlmann/*Schauf*, § 376 Rn. 20 ff.) vertritt allerdings unter Hinweis auf den Gesetzeswortlaut und die gesetzgeberische Intention sehr nachvollziehbar die Gegenauffassung und verneint in diesen Fällen die Anwendbarkeit von § 376 Abs. 1 AO.

D. § 376 Abs. 2

11   Diese Vorschrift, die bis zum JStG 2009, der einzige Absatz von § 376 AO war, ergänzt den Katalog der Unterbrechungshandlungen des § 78c StGB. Während nach der allgemeinen Vorschrift des § 78c Abs. 1 Nr. 1 StGB nur die Bekanntgabe der Einleitung des Ermittlungsverfahrens wegen einer Straftat oder deren Anordnung die Verfolgungsverjährungsfrist unterbricht, genügt nach § 376 Abs. 2 AO für die Unterbrechung der Verjährungsfrist schon die Bekanntgabe der Einleitung eines Bußgeldverfahrens bzw. die Anordnung dieser Bekanntgabe.

12   Die Existenz des mit der Vorschrift geschaffenen weiteren Unterbrechungstatbestands wird nach allerdings bestrittener Ansicht damit begründet, dass am Anfang eines Verfahrens bzw. bei Aufnahme von Ermittlungen häufig nicht abzusehen ist, ob der aufzuklärende Sachverhalt den Tatbestand einer Ordnungswidrigkeit oder den einer Steuerstraftat erfüllt. Ob Vorsatz oder aber nur Leichtfertigkeit vorliege, lasse sich nicht selten erst am Ende der Ermittlungen feststellen. Ohne § 376 Abs. 2 AO bestünde aber in Fällen, in denen zunächst nur von einem leichtfertigen Verhalten ausgegangen worden ist und deshalb im Bußgeldverfahren ermittelt wurde, die Gefahr, dass eine Überleitung vom Bußgeldverfahren in ein Strafverfahren nicht mehr möglich ist, weil die Straftat verjährt ist (*Rolletschke*/Kemper § 376 Rn. 65; Kohlmann/*Schauf* § 376 Rn. 11).

13   Verfassungsrechtliche Bedenken gegen die Vorschrift bestehen nicht (FGJ/*Joecks* § 376 Rn. 38).

14   Eine Anordnung der Bekanntgabe liegt bei alledem vor, wenn ein Ermittlungsorgan den Willen geäußert hat, dass dem Betroffenen die Einleitung mitgeteilt werden soll (Rolletschke/Kemper § 376 Rn. 65a). Eine solche Anordnung liegt bereits in der Verfügung des Sachbearbeiters, dem Betroffenen einen Anhörungsbogen zu übersenden (BGHSt 25, 6, 8). Es reicht dazu aus, dass der Sachbearbeiter die Erstellung und Versendung eines Anhörungsbogens durch individuellen elektronischen Befehl veranlasst, wenn sich Zeitpunkt und Bearbeiter dieses Vorgangs sicher feststellen lassen (BGH, NJW 2006, 2338, 2339).

B. Bußgeldvorschriften

Einführung §§ 377 ff. AO

A. Überblick

I. Materielles Steuerordnungswidrigkeitenrecht

Die §§ 377 ff. AO behandeln das materielle Steuerordnungswidrigkeitenrecht; das formelle Ord- **1** nungswidrigkeitenrecht findet sich in den §§ 409 bis 412 AO. Das materielle Recht ist aber nicht erschöpfend in der AO geregelt, vielmehr ist gem. § 377 Abs. 2 AO ergänzend das OWiG anzuwenden. Das OWiG wird seinerseits teilweise durch Spezialregelungen der §§ 377 ff. AO – etwa die ggü. § 31 OWiG verlängerte Verjährungsfrist (§ 384 AO) – überlagert.

In den Vorschriften dieses Abschnittes werden Zuwiderhandlungen gegen steuerliche Normen **2** behandelt, die nach der Wertung des Gesetzgebers kein derart schweres Gewicht haben, dass sie mit Kriminalstrafe bedroht werden müssten (Klein/*Jäger* AO § 377 Rn. 1). Ein ethisches Unwerturteil ist mit einer Sanktionierung als Ordnungswidrigkeit nicht verbunden (BVerfGE 9, 167, 171; 27, 18), sodass es vertretbar erscheint, im Ordnungswidrigkeitenrecht nicht das strenge Legalitätsprinzip (§ 152 Abs. 2 StPO) sondern das Opportunitätsprinzip (§ 47 OWiG) anzuwenden; die Behörde trifft eine Ermessensentscheidung, ob sie den Vorwurf verfolgt oder nicht.

3   Vor diesem Hintergrund erklärt sich auch das strukturell andere Sanktionssystem des OWiG. Anders als bei Straftaten werden nicht nach einem im Tagessatzsystem (§ 40 StGB) zu differenzierende Geld- bzw. Freiheitsstrafen festgelegt. Vielmehr kommt es lediglich zu einer als Summe zu benennenden Geldbuße (§ 17 OWiG), die im Fall der Uneinbringlichkeit auch nicht in eine Ersatzfreiheitsstrafe (§ 40 StGB) umgewandelt werden kann (§ 377 Rdn. 64).

4   Das strukturell mildere und dem Opportunitätsprinzip unterliegende Sanktionenrecht des OWiG bedeutet aber nicht, dass die Geldbußen nicht durchaus empfindlich ausfallen können. Für Steuerordnungswidrigkeiten sind regelmäßig die allgemeinen Sätze des OWiG (§ 17 Abs. 1 OWiG: 5,00 € – 1.000,00 €) übersteigende Geldbußen vorgesehen (§§ 378 ff. AO: 5.000,00 € bis zu 50.000,00 €). Die genannten Höchstbeträge können überschritten werden, soweit dies zur Abschöpfung von Gewinnen aus der Ordnungswidrigkeit erforderlich ist (§ 17 Abs. 4 OWiG).

5 – 10   Einstweilen frei.

II. Unternehmensstrafrecht

11   Gesondert behandelt wird hier auch das sog. Unternehmensstrafrecht (Rdn. 21 ff.). Das Unternehmensstrafrecht hat selbstverständlich nicht allein steuerliche Bezüge, es ist nicht einmal durchgehend Strafrecht. Gleichwohl soll es hier dargestellt werden, denn der strafrechtliche Beratungsbedarf wegen Regelverstößen im Zusammenhang mit Unternehmenssachverhalten nimmt deutlich zu, wie sich schon an der Vielzahl von Veröffentlichungen zum Thema Compliance, der systemischen Vermeidung von Regelverstößen im Unternehmen, ablesen lässt.

12   Der Steuerberater wird mit einer Vielzahl auch nicht steuerlicher Regelverstöße im und „für" das Unternehmen konfrontiert sein. Wenngleich sich ihm die Hinterziehungs- (§ 370 AO) oder Verkürzungssachverhalte (§ 378 AO) nicht stets offenbaren werden, wird er doch häufig von verspäteten Zahlungen i.S.d. § 26a UStG bzw. § 266a StGB oder aufgrund seiner Nähe zum Unternehmen von (drohender) Insolvenz, Umweltstraftaten, Verstößen gegen sozialrechtliche Normen oder Bestimmungen des Datenschutzes Kenntnis erlangen. Die Darstellung zum Unternehmensstrafrecht gilt sowohl für Steuer- als auch für nicht steuerliche Delikte.

13   Allerdings ist der Begriff Unternehmensstrafrecht irreführend. Deutschland kennt – anders als viele Nachbarstaaten – kein Unternehmensstrafrecht im engeren Sinne. Sich unmittelbar gegen das Unternehmen richtende Sanktionen entstammen allein dem Ordnungswidrigkeitenrecht. Neben einer Sanktion kann das Unternehmen auch durch sog. Nebenfolgen empfindlich betroffen sein, etwa durch Kontenarrestierung oder Verfallsanordnung.

14 – 15   Einstweilen frei.

B. Materielle Steuerordnungswidrigkeiten

16   Im zweiten Abschnitt sind die nachfolgenden Steuerordnungswidrigkeiten normiert:

- § 378 AO Leichtfertige Steuerverkürzung
- § 379 AO Steuergefährdung
- § 380 AO Gefährdung der Abzugsteuern
- § 381 AO Verbrauchsteuergefährdung
- § 382 AO Gefährdung der Einfuhr- und Ausfuhrabgaben
- § 383 AO Unzulässiger Erwerb von Steuererstattungs- und Vergütungsansprüchen
- § 383a AO Zweckwidrige Verwendung des Identifikationsmerkmals nach § 139a

17   Gem. § 377 Abs. 1 AO zählen neben den genannten Normen auch die Bußgeldtatbestände zu den Steuerordnungswidrigkeiten, die in Steuergesetzen normiert sind (vgl. § 377 Rdn. 12).

Bei einer Reihe von nicht in Steuergesetzen geregelten Normen – z.B. auch bei § 130 OWiG **18** soweit eine steuerliche Anknüpfungstat zugrunde liegt (§§ 131 Abs. 3, 36 OWiG, 409, 387, 386 Abs. 1 Satz 2 AO) – ist zwar die Finanzbehörde zuständige Ermittlungsbehörde. Gleichwohl handelt es sich nicht um Steuerordnungswidrigkeiten i.S.d. der Definition des § 377 AO, sodass die §§ 377 ff. AO nicht zur Anwendung kommen (§ 377 Rdn. 13 f.). Dies kann insb. für die Frage der Verjährung (§ 384 AO) von Bedeutung sein; diese richtet sich dann allein nach den §§ 31 ff. OWiG, sodass die verlängerte Verjährungsfrist des § 384 AO nicht zur Anwendung kommt.

Einstweilen frei. **19 – 20**

C. Unternehmensstrafrecht

I. Überblick

Eigener Darstellung bedarf das in seiner Bedeutung zunehmende sog. Unternehmensstrafrecht. **21** Der **Begriff** ist unscharf, denn soweit das Unternehmen als sanktionsbetroffenes Subjekt betroffen ist, handelt es sich um Ordnungswidrigkeitenrecht. Der Begriff soll hier gleichwohl verwendet werden, denn neben dem Sanktionsrecht umfasst er auch Fragen der Verantwortlichkeit für aus dem Unternehmen heraus begangenen Straftaten sowie die Verhängung von Nebenfolgen (z.B. Arrest oder Abschöpfungsmaßnahmen) gegen das Unternehmen.

Das Unternehmen als solches kann nicht „bestraft" werde. Nach deutschen Rechtsverständnis (zu **22** ausländischen Sichtweisen vgl. *Eidam*, Unternehmen und Strafe, Rn. 909 ff.; Sch/Sch/*Heine* Vor §§ 25 ff. Rn., 121 ff.) basiert **Strafe** auf einem „sozialethisches Unwerturteil" (BVerfGE 9, 167, 171; 27, 18). Zu ethisch-moralischem Verhalten sind nach deutschem Rechtsverständnis nur Menschen in der Lage, juristischen Personen als solche besitzen keinen inneren, sozialethischen Kompass; daran können auch Ethik-Richtlinien vieler Unternehmen nichts ändern. Straftatbestände sind daher also solche nicht unmittelbar auf das Unternehmen anwendbar.

Wenngleich sich Unternehmen nach gegenwärtigem Rechtsverständnis nicht strafbar machen **23** können, passieren aus dem Unternehmen heraus doch Normverstöße, für die – neben den handelnden Personen – das Unternehmen bzw. deren Leitungspersonen zur **Verantwortung** gezogen werden können.

Da mit dem Ordnungswidrigkeitenrecht die Einhaltung einer bestimmten Ordnung gewährleistet **24** werden soll und die Geldbuße dabei als ein **spürbarer Pflichtenapell** an den Betroffenen ohne Beeinträchtigung des Ansehens und des Leumunds eingesetzt wird, ist es auch auf Unternehmen anwendbar. Der zusätzliche Zweck der Geldbuße, mittels Gewinnabschöpfung unlauterem Gewinnstrebens bei einer wirtschaftlichen Betätigung vorzubeugen (Rolletschke/Kemper/*Dietz* § 377 Rn. 2), erlangt beim Unternehmen besondere Bedeutung.

Soweit die Leitungsperson persönlich gefehlt hat, kann sie auch mit den Mitteln der Kriminal- **25** strafe zur Verantwortung gezogen werden. Soll hingegen das Unternehmen als solches sanktioniert werden, geht dies nur im Wege des Ordnungswidrigkeitenrechts (§ 30 OWiG).

Bei demjenigen, der selbst und eigenhändig gegen eine Verbotsnorm verstößt, bestehen auch im **26** unternehmerischen Zusammenhang keine Besonderheiten. Typische Besonderheiten des Unternehmensstrafrechts sind hingegen die

– Zurechnung fremder Verantwortlichkeiten (§§ 14 StGB, 9 OWiG; Rdn. 31 ff.)
– Verantwortlichkeit für das Verhalten Dritter und Delegation (Rdn. 50 ff., 61 ff.)
– Sanktionstatbestände der §§ 30, 130 OWiG (Rdn. 106 ff. bzw. 186 ff.).

27 Zudem kann das Unternehmen Nebenbeteiligte des Straf- oder Bußgeldverfahrens sein, weil aufgrund von Ordnungswidrigkeiten oder Straftaten aus dem Unternehmen heraus gegen dieses Nebenfolgen verhängt werden sollen. Hier sind relevant

– Arrest (Rdn. 174 ff.),
– Gewinnabschöpfung (Rdn. 133 ff.) und
– Verfall (Rdn. 150 ff.).

28 – 30 Einstweilen frei.

II. Zurechnung fremder Verantwortlichkeiten (§§ 14 StGB, 9 OWiG)

31 Eine rechtliche Verantwortlichkeit besteht grds. nur für den Normadressaten. Zumeist schränkt die Straf- oder Bußgeldnorm den Kreis der Verpflichteten nicht ein; „wer" etwas tut oder unterlässt ist Normadressat (Jedermannsdelikt). Teilweise bezieht sich die Norm aber auf einen ausgewählten Adressatenkreis (**Sonderdelikt**) und setzt eine besondere Pflichtenstellung (besondere persönliche Merkmale i.S.d. §§ 14 StGB, 9 OWiG) voraus.

32 Die Leitungsebene sieht sich der Besonderheiten einer **Zurechnung** fremder Pflichten via §§ 14 StGB, 9 OWiG ausgesetzt. Mittels dieser Zurechnungsnormen wird die Anwendbarkeit von Sonderdelikten auf Personen erstreckt, die tatbestandlich von der Sanktionsdrohung nicht erfasst werden.

33 Auch das Steuerstraf- und -ordnungswidrigkeitenrecht kennt eine Vielzahl von Sonderdelikten (z.B. § 378 AO, vgl. § 378 Rdn. 16; § 377 Rdn. 44), klassisches Beispiel ist jedoch § 266a StGB. Danach wird der „Arbeitgeber" bestraft, wenn er die Sozialversicherungsabgaben nicht abführt. Nach dem Wortlaut der Norm könnte ein GmbH-Geschäftsführer wegen der Nichtabführung nicht verurteilt werden, denn mit ihm besteht der Arbeitsvertrag nicht, er ist nicht „Arbeitgeber." Arbeitgeber ist die GmbH, diese kann als juristische Person aber nicht bestraft werden (Rdn. 22). Die Zurechnungsnormen der §§ 14 StGB, 9 OWiG fingieren nun Leitungspersonen – im Bsp. den Geschäftsführer – zu Normadressaten; der Geschäftsführer mutiert zum Zwecke der Sanktionierung zum Arbeitgeber, ihm werden die bei ihm fehlenden „besonderen persönlichen Merkmale" des Normadressaten aufgrund seines Status zugerechnet (*Große Vorholt*, Wirtschaftsstrafrecht, Rn. 7; Ignor/Rixen/*Venn* § 11 Rn. 3 ff.). Dies führt zu einer Vervielfachung der Normadressaten und damit auch der Anzahl möglicher Täter.

34 **Leitungspersonen** sind primär die entsprechenden (Kollegial-) **Organe** des Unternehmens, bei der AG der Vorstand (§§ 76, 84, 85 AktG), bei der GmbH der Geschäftsführer (§ 35 GmbHG), bei der oHG alle vertretungsberechtigten Gesellschafter (§§ 105, 125 ff. HGB), bei der KG die persönlich haftenden Gesellschafter (§§ 161, 125, 170 HGB). Entsprechend ihrer Gesamtverantwortung erfolgt bei ihnen eine Gesamterstreckung der persönlichen Merkmale.

35 Mit Blick auf das Gesetzlichkeitsprinzip (Art. 103 GG, § 1 StGB, § 3 OWiG) ist die Anwendung der § 14 StGB, § 9 OWiG auf **faktische Organschaftsverhältnisse** zweifelhaft (Göhler/*Gürtler* § 9 Rn. 9a), von der Rechtsprechung aber – zur Vermeidung von Umgehungen – durchgehend anerkannt (vgl. BGHSt 31, 118, 122; BGH, v. 19.04.1983, 1 StR 736/83, StV 1984, 461 m. Anm. *Otto*; BGH-Nack, v. 20.09.1999, 5 StR 729/98 = NStZ 2000, 34; v. 28.05.2002, 5 StR 16/02 = BGHSt 47, 318). Wann eine zur Verantwortungszurechnung führende faktische Organschaft vorliegt, ist in den Einzelheiten umstritten. Man wird jedenfalls verlangen müssen, dass die Gesellschafter damit einverstanden sind, dass die Gesellschaft von der fraglichen Person geführt wird (Quasi-Bestellung) und diese Person auch als Organ nach außen auftritt (im Einzelnen vgl. KK-OWiG/*Rogall* § 9 Rn. 46 ff.).

36 Eine weitere Zurechnung erfolgt via § 14 Abs. 2 StGB und § 9 Abs. 2 OWiG für diejenigen, die vom Betriebsinhaber oder sonst dazu Befugten mit der (Teil-) Betriebsleitung oder mit der Wahrnehmung bestimmter Inhaberaufgaben in eigener Verantwortung ausdrücklich **beauftragt** sind.

Eine Beauftragung i.S.d. jeweiligen Nr. 1 (**innerbetrieblich**) kommt insb. im Fall räumlich 37
getrennter Betriebsteile (z.B. bei Zweig- und Nebenstellen) oder Unterabteilungen innerhalb des
Betriebes (z.B. Personal, Export, Einkauf) in Betracht. Innerbetrieblich Beauftragte qua Stellung
können aber nur solche Personen sein, deren Position im Betrieb so verantwortlich ist, dass die
Übernahme von Aufgaben des Betriebsleiters selbstverständlich erscheint. Soweit die vertraglichen
Pflichten unscharf sind können die in § 5 Abs. 3 und 4 BetrVG enthaltene Umschreibung des leitenden Angestellten als Abgrenzungskriterium herangezogen werden (Ignor/Rixen/*Venn* § 11
Rn. 9), insbes. Abs. 3 S. 2: „Leitender Angestellter ist, wer nach Arbeitsvertrag und Stellung im
Unternehmen oder im Betrieb 1. zur selbstständigen Einstellung und Entlassung von im Betrieb
oder in der Betriebsabteilung beschäftigten Arbeitnehmern berechtigt ist oder ... 3. regelmäßig
sonstige Aufgaben wahrnimmt, die für den Bestand und die Entwicklung des Unternehmens oder
eines Betriebs von Bedeutung sind und deren Erfüllung besondere Erfahrungen und Kenntnisse
voraussetzt, wenn er dabei entweder die Entscheidungen im Wesentlichen frei von Weisungen
trifft oder sie maßgeblich beeinflusst; dies kann auch bei Vorgaben insbesondere aufgrund von
Rechtsvorschriften, Plänen oder Richtlinien sowie bei Zusammenarbeit mit anderen leitenden
Angestellten gegeben sein." Die Kriterien des § 5 Abs. 4 BetrVG können zwar bei der Bewertung
mit einfließen, die dort angeordnete Fiktion („Leitender Angestellter ... ist im Zweifel") darf im
Straf- oder Ordnungswidrigkeitenrecht aber nicht angewendet werden. Soweit sich die Beauftrag-
tenstellung nicht aus der Position des Mitarbeiters ergibt, kann er – wie ein externer Dritter
(Rdn. 38) – ausdrücklich beauftragt werden.

Auch **externe Dritte** – z.B. Wirtschaftsprüfer, Rechtsanwälte, Steuerberater – können Beauftragte 38
sein (jew. Nr. 2). Ihre Pflichtenstellung kann sich aber nicht bereits aus der Funktion ergeben, sondern setzt einen ausdrücklichen Auftrag zur eigenverantwortlichen Erledigung konkretisierter Aufgaben voraus. Der Dritte muss wissen, welche Inhaberpflichten er übernimmt. Bei der Erledigung
dieser Pflichten muss er eigenverantwortlich entscheiden können, d.h. in der Lage sein, von sich
aus und ohne Nachfrage bei seinem Auftraggeber die Maßnahmen zu ergreifen, die zur Vermeidung der Zuwiderhandlung erforderlich sind (KK-OWiG/*Rogall* § 9 Rn. 80, 81). Soweit diese
Voraussetzungen gegeben sind, kann ein solches ausdrückliches Beauftragungsverhältnis auch
mit – ansonsten nicht leitenden – Mitarbeitern geschlossen werden; sie erhalten dann Leitungs-
macht für Einzelfragen.

Da die Position des „Beauftragten" vertraglich steuerbar ist, eignet sie sich als Mittel der **Verant-** 39
wortungsabstufung. Auf den Beauftragten können Pflichten zur eigenverantwortlichen Wahrnehmung übertragen werden, sodass bei der Geschäftsführung nur Auswahl- und Überwachungspflichten verbleiben.

Einstweilen frei. 40 – 49

III. Verantwortlichkeit für das Verhalten Dritter und Delegation

1. Täterschaftliche Verantwortlichkeit für das Verhalten von Untergebenen (mittelbare Täter-schaft)

Das Strafrecht arbeitet mit den Begriffen „Täterschaft" und „Teilnahme" (§§ 25 bis 27 StGB), das 50
Ordnungswidrigkeitenrecht mit dem Begriff des „Beteiligten" (§ 14 OWiG), in dem die strafrechtlichen Begrifflichkeiten aufgehen (einheitlicher Täterbegriff; vgl. § 377 Rdn. 53 ff.). Es kann
mithin sanktioniert werden, wer die Tat selbst begeht, einen anderen zu einer Tat anstiftet oder
ihm Hilfe leistet. Insoweit gelten für die Verantwortlichkeit im Unternehmen keine rechtstechni-
schen Besonderheiten.

Auch im Unternehmen gibt es eine Verantwortlichkeit als **mittelbarer Täter** (§ 25 Abs. 1, 2. Alt. 51
StGB). Diese Art der Täterschaft liegt vor, wenn jemand die Tat durch einen anderen begeht, also
die Tatbestandsmerkmale nicht oder nicht sämtlich durch unmittelbar eigenes Handeln verwirklicht. Voraussetzung ist hierfür i.d.R. ein Defizit des Vordermanns, des sog. Werkzeugs oder Tat-

mittlers, was in Schuldunfähigkeit oder Irrtum bestehen kann und dazu führt, dass eine eigene Strafbarkeit des Werkzeugs entfällt (*Fischer* § 25 Rn. 4 bis 6).

52 Im Kernstrafrecht gab es seit jeher Streit, ob eine mittelbare Täterschaft auch angenommen werden könne, wenn das Werkzeug volldeliktisch handelt oder sich nicht klären lässt, ob es gut- oder bösgläubig war. Der Mafia-Pate, der niedere Chargen agieren lässt ist dann, Täter nicht Anstifter. Auch der Vorstand einer Bank, der sehenden Auges die organisatorischen Voraussetzungen dafür schafft, dass die Mitarbeiter in der Privatkundenabteilung die Kunden zu „steueroptimierten" Auslandsanlagen bei einer Auslands-Bank animiert, kann so zum Steuerhinterzieher definiert werden.

53 Die Rechtsprechung bejaht eine mittelbare Täterschaft **kraft Organisationsherrschaft**, die auch bei volldeliktischem Handeln des Werkzeugs greift (vgl. *Große-Vorholt* Rn. 17). Dazu wird von der Rspr. insb. vorausgesetzt, dass „der Hintermann durch Organisationsstrukturen bestimmte Rahmenbedingungen ausnutzt" und sein eigener Tatbeitrag wegen dieser Organisationsstrukturen „regelhafte Abläufe auslöst" (BGHSt 40, 218 ff. = BGH, NJW 1994, 2703, 2706; vgl. BGH, NJW 2000, 443, 448; BGH, StV 2010, 363). Wer eine schwarze Kasse zur Zahlung nützlicher Aufwendungen einrichten lässt, könnte aufgrund der Einrichtung dieser Organisationsstruktur auch dann wegen Bestechung zur Verantwortung gezogen werden, wenn er im Einzelfall nicht in die Entscheidung über die Zahlung einer Spezialprovision eingebunden wurde. Er hätte durch die schwarze Kasse die Voraussetzungen für ein regelhaftes Korruptionsgeschehen geschaffen.

54 Ursprung dieser Rechtsprechung ist die „Mauerschützen"-Entscheidung des – damals auch für Steuerstrafsachen zuständigen – 5. Strafsenats des BGH (BGHSt 40, 218 ff. = BGH, NJW 1994, 2703 ff.). Der BGH machte die Mitglieder des Nationalen Verteidigungsrates zu (mittelbaren) Tätern der Tötungen an der Grenze und beschränkte sich nicht darauf, sie als Anstifter oder Gehilfen zu qualifizieren. Doch der BGH machte nicht bei staatlichen Strukturen halt: In „Fallgruppen, bei denen trotz eines uneingeschränkt verantwortlich handelnden Tatmittlers der Beitrag des Hintermannes nahezu automatisch zu der von diesem Hintermann erstrebten Tatbestandsverwirklichung führt [liegt mittelbare Täterschaft vor. So] wenn der Hintermann durch Organisationsstrukturen bestimmte Rahmenbedingungen ausnutzt, innerhalb derer sein Tatbeitrag regelhafte Abläufe auslöst. Derartige Rahmenbedingungen mit regelhaften Abläufen kommen insbesondere bei staatlichen, unternehmerischen oder geschäftsähnlichen Organisationsstrukturen und bei Befehlshierarchien in Betracht. ... Eine so verstandene mittelbare Täterschaft wird nicht nur beim Mißbrauch staatlicher Machtbefugnisse, sondern auch in Fällen mafiaähnlich organisierten Verbrechens in Betracht kommen ... Auch das Problem der Verantwortlichkeit beim Betrieb wirtschaftlicher Unternehmen läßt sich so lösen" (BGHSt 40, 218 ff. = BGH, NJW 1994, 2703, 2706).

55 Die Gerichte haben diese Kriterien inzwischen in vielen wirtschaftsstrafrechtlichen Fällen umgesetzt und nehmen mittelbare Täterschaft kraft Herrschaft über „Organisationsstrukturen, die über bestimmte Rahmenbedingungen regelhafte Abläufe" selbst bei kleinen GmbHs an. Dass die Möglichkeiten eines Unternehmers allerdings andere als die eines Mafiapaten oder eines Unrechtsstaates sind und er mit den Möglichkeiten der Abmahnung und Kündigung keine hinreichenden Drohpotentiale zur absoluten Sicherstellung einer weisungsgemäßen Tatausführung hat, wird zu Recht **kritisiert** (*Schmucker*, StraFo 2010, 235). Die Frage, ob das Vorhandensein von staatlichen Machtstrukturen ähnlich stark ausgestalteter Weisungsverhältnisse eine Voraussetzung für die Übertragung der in der „Mauerschützen"-Entscheidung entwickelten Grundsätze ist, wird in den Urteilsbegründungen oftmals nicht problematisiert (vgl. BGH, NJW 1998, 767, 769; BGHSt 43, 219, 231 f.; BGHSt 48, 331, 332; BGH wistra 2003, 266).

56 – 60 Einstweilen frei.

2. Zurechnung fremden Tuns oder Unterlassens

Durch die Delegation von Pflichten kann sich der Verpflichtete seiner straf- bzw. bußgeldrechtli- **61** chen Verantwortung nicht entziehen, er ist dann für die Pflichterfüllung durch den Dritten verantwortlich. Dies gilt auch, sofern es sich bei der übertragenen Pflicht um eine Sonderpflicht handelt, also eine Pflicht die den Delegierenden qua § 14 StGB bzw. § 9 OWiG als sekundär verantwortlichen Normadressaten trifft. Die Verantwortlichkeit geht nicht unter, wandelt sich aber um und ist in der Kette zu untersuchen. Pflichtendelegation kann im Unternehmen auf unterschiedliche Weise geschehen.

a) Horizontale Pflichtendelegation – Gesamt- und Ressortverantwortlichkeit in Gremien

Die Geschäftsleitung obliegt in kleineren Unternehmen meist einzelnen Personen, z.B. dem **62** Allein-Geschäftsführer einer GmbH. Je größer das Unternehmen ist, desto vielfältiger und komplexer werden die Führungsaufgaben und damit auch die Koordinationsprobleme. Führungsaufgaben müssen dann zunehmend arbeitsteilig vollzogen werden (*Eidam*, Unternehmen und Strafe, Rn. 1047). Insb. in **mehrköpfig besetzten Führungsgremien** gibt es deshalb die Möglichkeit, bestimmte Aufgaben- und Verantwortungsbereiche sachgerecht untereinander in verschiede Ressorts aufzuteilen. Diese Möglichkeit der Verteilung nennt sich horizontale Pflichtendelegation.

Eine typische Gestaltung ist, dass sich ein Geschäftsführer um die technischen Gegebenheiten **63** kümmert, während ein anderer die **Ressortverantwortlichkeit** für den Bereich Steuern übernimmt. Kommt es zu einer solchen Pflichtendelegation, darf das „unzuständige" Organmitglied grds. darauf **vertrauen**, dass das mit der Wahrnehmung bestimmter Aufgabenbereiche betraute „zuständige" Organmitglied die ihm zugewiesenen Aufgaben und Verpflichtungen sachgerecht und pflichtgemäß erfüllt.

Der Grundsatz der **Allzuständigkeit** und damit auch Generalverantwortung jedes einzelnen **64** Geschäftsführers lebt aber wieder auf, wenn **aus besonderem Anlass** das Unternehmen als Ganzes betroffen ist, z.B. bei Krisen- und Ausnahmesituationen (BGH, NJW 1990, 2560, 2565; Müller-Gugenberger/Bieneck/*Schmid* § 30 Rn. 29).

Darüber hinaus kann man sich auf die Ressortzuständigkeit des jeweils anderen nicht verlassen, **65** wenn bei unternehmerischen Entscheidungen verschiedene Ressorts des – ansonsten horizontal geteilten – Arbeitsprozesses involviert sind und Maßnahmen einen ressortübergreifenden Charakter haben. Der eine Ressortverantwortliche kann dann nicht mehr still darauf vertrauen, dass sich der andere um die Angelegenheit kümmern möge. Die betroffenen Ressortleiter müssen sich vielmehr **aktiv koordinieren** (BGHSt 37, 106 ff. = NJW 1990, 2560 ff. Lederspray).

Bei mehrköpfigen Gremien stellt sich die Frage der strafrechtlichen Verantwortlichkeit aufgrund **66** des **Abstimmungsverhaltens**. Schon in der Lederspray-Entscheidung hat der BGH auch mit Blick auf die Entscheidungsfindung festgestellt, dass „jeder ... dazu verpflichtet [ist], unter vollem Einsatz seiner Mitwirkungsrechte das ihm Mögliche und Zumutbare zu tun, um einen Beschluß der Gesamtgeschäftsführung über Anordnung und Vollzug des gebotenen Rückrufs zustandezubringen" (BGHSt 37, 106 ff. = NJW 1990, 2560, 2565 f.). Der BGH wies darauf hin, dass eine Entlastung allein damit, dass sein Bemühen, die gebotene Kollegialentscheidung herbeizuführen, erfolglos geblieben wäre, weil ihn die anderen Beteiligten im Streitfall überstimmt hätten, nicht möglich ist. Auch ein Verweis auf die gleichartige und ebenso pflichtwidrige Untätigkeit der anderen Geschäftsführer schließt nach der Rechtsprechung die eigene Zurechnung der tatbestandsmäßigen Schadensfolgen nicht aus. Dies liegt im Wesentlichen darin begründet, dass die Rechtsprechung – anders als die ganz herrschende Lehre (objektive Tatherrschaft) – der subjektiven Täterlehre anhängt (zu den Theorien vgl. NK-StGB/*Schild* § 25 Rn. 23 ff.). Danach tritt die strenge conditio-sine-qua-non-Formel hinter dem Täterwillen und dem Tatherrschaftsbewusstsein zurück. Für beides dient der Grad des eigenen Interesses am Erfolg als maßgeblicher Faktor.

67 Bisher ist gerichtlich nicht geklärt, was geschieht, wenn in der Geschäftsleitung tatsächlich unterschiedliche Meinungen vertreten werden und es zu einem echten – strafrechtlich relevanten – **Mehrheitsentscheid** kommt. Was gilt für diejenigen, die sich der Stimme enthalten oder explizit gegen die Maßnahme gestimmt haben? Aus diesem Spannungsfeld hat der BGH in der Entscheidung Mannesmann/Vodafone (BGHSt 50, 331 ff. = BGH, NJW 2006, 522 ff.) lediglich einen Aspekt geklärt: Weiß der Abstimmende, dass seine Teilnahme an der Abstimmung die Beschlussfähigkeit herbeiführt, so kann er sich von der Verantwortung für die Entscheidung nicht dadurch entlasten, dass er sich der Stimme enthält. Ob dies auch bei Abgabe einer Gegenstimme gilt, ist damit nicht geklärt.

68 Im Ergebnis wird jedem Organmitglied abverlangt, alles ihm **Mögliche und Zumutbare** zu unternehmen, um den tatbestandsmäßigen Erfolg zu verhindern (MAH-WiStra/*Knauer* § 3 Rn. 48).

69 Dies führt weiter zu der Frage, wie man sich nach einer **Abstimmungsniederlage** zu verhalten hat. Ob also dem unterlegenen Entscheidungsträger noch weitere Pflichten verbleiben, wenn es darum geht, die gegen seine Überzeugung gefällte Mehrheitsentscheidung im Unternehmen umzusetzen. Besteht eine **Widerstandspflicht?**

70 Grds. besteht die Pflicht der überstimmten Führungskraft, sich dem Gesamtinteresse der Mehrheit unterzuordnen und die Entscheidung auch im eigenen Arbeitsbereich umzusetzen, selbst wenn er Gegner der beschlossenen Maßnahme ist. Kennt dieser aber das entstandene oder entstehende strafrechtliche Risiko, ist er verpflichtet, Rechtsgutsverletzungen zu verhindern, auch wenn er insoweit entgegen der getroffenen Entscheidung handeln müsste.

71 Dies gilt jedenfalls, wenn die getroffene Entscheidung im **eigenen Zuständigkeitsbereich** umgesetzt werden muss. Niemand ist berechtigt, aufgrund einer privatrechtlich getroffenen Entscheidung, die staatlicherseits getroffene Rechtsgüterschutzentscheidung zu unterlaufen.

72 Gehört zum zumutbaren Widerstand auch eine gegen den Mehrheitswillen erfolgende Unterrichtung der Öffentlichkeit, also ein eigenmächtiger **Rückruf**? Auf der Basis der Argumentation des BGH im Lederspray-Fall ist eine derartige Pflicht zu verneinen sofern Gesamtvertretung erforderlich ist. In einem solchen Fall besteht lediglich die Pflicht, das Zumutbare und Mögliche zur Herbeiführung dieses Gesamtaktes zu tun (vgl. *Eidam*, Unternehmen und Strafe, Rn. 2457, 2480). Im Gegenschluss lässt sich eine Plicht zum eigenmächtigen Rückruf aber bejahen, wenn der Gesellschaftsvertrag die Einzelvertretung vorsieht.

73 Eine darüber hinausgehende Pflicht zur **Anzeige bei den Behörden** wird man nur in den engen Grenzen gesetzlich angeordneter Meldepflichten annehmen können (vgl. *Große-Vorholt* Rn. 91 bis 95; *Eidam*, Unternehmen und Strafe, Rn. 1193). Selbst der BGH hat in seinem sog. Compliance-Officer-Urteil (NJW 2009, 3173 ff. = NStZ 2009, 686 ff.) eine entsprechende Meldepflicht nicht angenommen.

74 Als letzten Ausweg muss man einem Entscheidungsträger nahe legen – und auch zumuten –, dass er sein **Amt niederlegt** und damit aus der ihm obliegenden Generalverantwortung ausscheidet (*Große-Vorholt* Rn. 96, 102). Eine entsprechend weitgehende Pflicht für Umsetzungsakte in Zuständigkeitsbereichen Dritter sehe ich nicht.

75 Bestehen Zweifel auf der Sachverhaltsebene, kann sich ein Organmitglied im Regelfall auf die Angaben eines zuständigen und fachlich versierteren Organmitglieds verlassen. Im Einzelfall allerdings ist auch das unzuständige Organmitglied verpflichtet, **fachmännischen Rat** zur Überprüfung der Position seiner grds. besser unterrichteten Kollegen einzuholen (BGH, wistra 2000, 137, 141).

76 Ein solcher Fall tritt bei betrieblichen **Ausnahmezuständen** ein. In diesen Fällen tritt die Ressortverantwortlichkeit hinter die Gesamtleitungsaufgabe zurück. Typischer Anwendungsfall ist das Unternehmen in der Krise, also im Vorfeld der Insolvenz. In Krisensituationen besteht eine ver-

schärfte Überwachungs- und Kontrollpflicht, die sich nicht nur auf die Vertikale – also nachgeordnete Mitarbeiter – sondern insb. auch auf die Horizontale bezieht.

Einstweilen frei. 77 – 80

b) Exkurs: Zusammenarbeit mehrerer Unternehmen

Die Grundsätze der innerbetrieblich horizontalen Delegation gelten sinnentsprechend, wenn meh- 81 rere Unternehmen arbeitsteilig einen bestimmten Erfolg generieren sollen (zur Subunternehmerschaft BGH, NStZ 2009, 146; vgl. *Bußmann*, NStZ 2009, 386; *Renzikowski*, StV 2009, 443). Der **primäre Verkehrssicherungspflichtige** ergibt sich aus dem Vertrag. Derjenige, der die gefährliche Handlung unternimmt bleibt aber **sekundärer Verkehrssicherungspflichtiger**. Ihm obliegt die Pflicht zur Abstimmung und – bei erkennbarer Pflichtverletzung durch den primär Verpflichteten – des Unterlassens der Gefahr begründenden Handlung. Ist die Pflichtwidrigkeit des anderen hingegen nicht erkennbar, darf der sekundär Verpflichtete auf den primär Verantwortlichen vertrauen.

Obgleich die vorgenannte Entscheidung des BGH den Fall eines arbeitsteiligen Gewerks zum 82 Gegenstand hatte, ist die Argumentation meines Erachtens auch auf das Verhältnis Auftraggeber/Dienstleister zu übertragen. Nimmt z.B. der **Steuerberater** einen Auftrag entgegen, kann sich der Auftraggeber solange auf die ordnungsgemäße Arbeit des Beraters verlassen, wie nicht erkennbar wird, dass dieser fehlerhaft arbeitet. Umgekehrt kann sich der Steuerberater darauf verlassen, dass er umfassend informiert wird und Fragen wahrheitsgemäß beantwortet werden. Beide müssen einander nicht mit Misstrauen begegnen.

Einstweilen frei. 83 – 85

c) Vertikale Pflichtendelegation – Verantwortungsmanagement für nachgeordnete Mitarbeiter

Neben der horizontalen Pflichtendelegation tritt die Möglichkeit und Notwendigkeit einer verti- 86 kalen Verteilung der Arbeit, also der Weiterleitung in der innerbetrieblichen Hierarchiekette nach unten.

Der Geschäftsführer muss die in sein Ressort fallenden Aufgaben nicht in eigener Person erledi- 87 gen, sondern darf sie kraft seiner internen Organisationsgewalt auf andere Personen delegieren. Dies gilt selbstverständlich auch für die Aufgabenübertragung auf Mitarbeiter nachgeordneter Hierarchieebenen.

Die arbeitsteilige Unternehmensorganisation führt aber nicht unbedingt zu einer Begrenzung son- 88 dern im Gegenteil meist zu einer Vervielfältigung strafrechtlicher Verantwortlichkeiten. Ein innerhalb des Betriebs aufgetretener Fehler kann die Verantwortungsbereiche mehrerer Beteiligter auf horizontaler Ebene wie auch in der vertikalen Hierarchiestruktur des Unternehmens betreffen. Die **Verantwortungskette** kann sich von dem letztverursachenden Arbeiter über mittlere Führungskräfte bis hin zur Geschäftsleitung ziehen. Delegation als solche vermeidet weder Verantwortung noch Strafe (*Eidam*, Unternehmen und Strafe, Rn. 1100, 1124; vgl. bereits den Contergan-Fall LG Aachen, JZ 1971, 507 ff. bei *Eidam*, Unternehmen und Strafe, Rn. 2434.).

Auf jeder Stufe stellt sich die Frage: Hat der jeweils betroffene Mitarbeiter alles ihm **Zumutbare** 89 **und Mögliche** getan, um die Realisierung eines strafrechtlichen Erfolges zu vermeiden? Das Maß dessen, was zumutbar ist, folgt aus dem je eigenen Kompetenzbereich (Bienenstich-Fall bei *Eidam*, Unternehmen und Strafe, Rn. 2448).

Verantwortungsketten gibt es in nahezu allen Unternehmen. Je nach Art des betroffenen Delikts und 90 betrieblicher Organisation erwachsen aus diesen Ketten unterschiedliche Verantwortlichkeiten.

Eines **Allgemeindelikts** kann sich jeder strafbar machen. Stürzt beispielsweise aufgrund mangelhaf- 91 ter Durchführung einer statischen Berechnung eine Halle ein, so ist für den dadurch verursachten

Tod eines Passanten auch der Angestellte verantwortlich, der die fehlerhafte Berechnung durchgeführt hat. Es ist auch irrelevant, „wer" die Person ist, die unrichtige Belege ausstellt (§ 379 Abs. 1 Nr. 1 AO).

92 Hat hingegen ein Mitarbeiter der Personalabteilung nicht dafür gesorgt, dass die Sozialversicherungsabgaben rechtzeitig abgeführt werden (§ 266a StGB), trifft ihn nur ausnahmsweise eine strafrechtliches Verschulden. Da er nicht „Arbeitgeber" ist, muss er sich für das sog. **Sonderdelikt** des § 266a StGB nur dann verantworten, wenn er eine Pflichtenstellung i.S.d. § 14 StGB übernommen hat. Dies wird auf den Leiter der Personalabteilung regelmäßig zutreffen (Teilbetriebsleitung i.S.d. § 14 Abs. 2 Nr. 1 StGB), für den einfachen Mitarbeiter hingegen nur dann, wenn er einen ausdrücklich in Eigenverantwortung wahrzunehmenden Auftrag (vgl. § 14 Abs. 2 Nr. 2 StGB) missachtet hat (Rdn. 38). Im Ordnungswidrigkeitenrecht gilt entsprechendes gem. § 9 OWiG. Die Eigenverantwortlichkeit ist vertraglich steuerbar (Rdn. 39). Meistens fehlt es aber an der Eigenverantwortlichkeit, sodass der nachgeordnete Mitarbeiter nicht in die Pflichtenstellung eintritt.

93 Aber auch wenn ein nachgeordneter Mitarbeiter strafrechtliche Verantwortung zu übernehmen hat, wird dadurch die primäre Verantwortlichkeit des Unternehmensleiters nicht aufgehoben, wohl aber verändert.

94 Der primär Verantwortliche kann sich dann **strafrechtlich entlasten**, wenn die Delegation der Pflicht in einem umfassenden Sinne ordnungsgemäß war. Andernfalls kann das tatsächliche Haftungsrisiko, z.B. durch falsche Verteilung, sogar erhöht sein (*Froesch*, DB 2009, 722, 725). Erst die Ordnungsgemäßheit des Delegationsvorgangs führt zu einer Begrenzung der eigenen strafrechtlichen Verantwortlichkeit.

95 Eine **ordnungsgemäße Delegation** lässt sich schlagwortartig dadurch kennzeichnen, dass die Auswahl des Mitarbeiters, auf den delegiert wird, sachgerecht sein muss (**Auswahlpflicht**), dieser eindeutig, klar und lückenlos eingewiesen wird (**Instruktionspflicht**) und dessen Tätigkeiten in der Folge auch sachgerecht überwacht wird (**Überwachungs- und Kontrollpflicht**). Besondere Anforderungen an die genannten Pflichten werden gestellt, wenn es sich um neu eingestelltes Personal oder bekanntermaßen gefährdete Unternehmensbereiche handelt. Weiterhin ist der Aufsichtspflichtige gehalten, die sachlichen Betriebsmittel in einen funktionstüchtigen Zustand zu versetzen und in diesem zu erhalten, auf dass es der Belegschaft möglich ist, die ihnen obliegenden Pflichten zu erfüllen (**Investitionspflicht**). Im Ergebnis muss sichergestellt und überprüft werden, dass zu jeder Zeit ein kompetenter und zuverlässiger Mitarbeiter die Pflichtenerfüllung gewährleistet (zu den einzelnen Pflichten vgl. *Eidam*, Unternehmen und Strafe, Rn. 1117 ff.; *Große-Vorholt* Rn. 1589 ff.; *Froesch*, DB 2009, 722, 725). Der delegierende Entscheidungsträger muss Pflichtenübertragungen in der Weise organisieren, dass die Pflichtenerfüllung durch die mit ihrer Wahrnehmung betrauten Mitarbeiter stets – auch in Zeiten seiner oder ihrer Abwesenheit, z.B. Urlaub – gewährleistet ist (BGHZ 134, 304, 313 = BGH NJW 1997, 1237, 1239). Ist ein Entscheidungsträger als primär Handlungsverpflichteter zu einer effektiven Kontrolle der von ihm zur Pflichtenerfüllung eingesetzten Personen selbst nicht in der Lage, weil ihm die hierfür erforderliche Sachkunde fehlt, darf er sich nicht uneingeschränkt auf den durch ihn Beauftragten verlassen. Vielmehr kann er verpflichtet sein, einen ihm als zuverlässig und erfahren bekannten externen Sachverständigen oder weiteren Mitarbeiter zur effektiven Kontrolle heranzuziehen (BGHSt 7, 336, 349, 351; BGH, wistra 2000, 137, 141).

96 Die beim Entscheidungsträger verbleibenden Kontrollverpflichtungen dürfen jedoch nicht überspannt werden. Es ist im Rahmen von betrieblichen Aufgabenverteilungen möglich, erforderlich und letztlich sogar wünschenswert, dass sich bei Mitarbeitern Spezialkenntnisse herausbilden, die eine sachgerechte Aufgabenerfüllung nicht nur gewährleisten, sondern auf bessere Weise sicherstellen, als würde der Entscheidungsträger die fraglichen Pflichten höchstpersönlich erfüllen. Abhängig vom Einzelfall werden die Kontrollverpflichtungen des Entscheidungsträgers ggü. dem zuständigen Mitarbeiter so stark eingeschränkt sein, dass sich der Entscheidungsträger – mit Ausnahme

besonders hoher Risiken – auf die Berichterstattung des zuständigen Mitarbeiters verlassen darf. Im Hierarchiegefüge des Unternehmens baut eine Tätigkeit auf der anderen auf. Aus der Arbeitsteilung ergeben sich deshalb **Bereiche des Vertrauens** (*Eidam*, Unternehmen und Strafe, Rn. 1154). Besondere **Rückfragen oder Nachprüfungen** sind erst dann geboten, wenn sich aus dem Bereich des zuständigen Mitarbeiters Zweifel oder Unstimmigkeiten ergeben (BGH, ZIP 2000, 1210, 1212 = BGH NJW 2000, 2364, 2366; *Große-Vorholt* Rn. 48, 49, 62 bis 65). Diese können sich etwa aus Schadensmeldungen Dritter oder behördlichen Maßnahmen oder Stellungnahmen – z.B. im Rahmen einer Betriebsprüfung – ergeben. In solchen Fällen sind die Entscheidungsträger verpflichtet, zu überprüfen, ob die ursprünglich zur Schadensabwehr eingesetzten bzw. vorgesehenen Maßnahmen noch ausreichend sind und der eingesetzte Mitarbeiter in der Lage ist, das zur Verhinderung von Rechtsgutverletzungen erforderliche Sicherheitsniveau zu gewährleisten.

Beachtet der Unternehmer diese Maßstäbe und kommt es gleichwohl zu einer Straftat, ist er straf- und ordnungsrechtlich dadurch entlasten, dass er auf ordnungsgemäß ausgewählte und in der Vergangenheit zuverlässig arbeitende Mitarbeiter vertrauen durfte. **97**

Einstweilen frei. **98 – 105**

IV. Geldbuße gegen juristische Personen und Personengesellschaften (§ 30 OWiG)

§ 30 OWiG   Geldbuße gegen juristische Personen und Personenvereinigungen

(1) Hat jemand
1. als vertretungsberechtigtes Organ einer juristischen Person oder als Mitglied eines solchen Organs,
2. als Vorstand eines nicht rechtsfähigen Vereins oder als Mitglied eines solchen Vorstandes,
3. als vertretungsberechtigter Gesellschafter einer rechtsfähigen Personengesellschaft,
4. als Generalbevollmächtigter oder in leitender Stellung als Prokurist oder Handlungsbevollmächtigter einer juristischen Person oder einer in Nummer 2 oder 3 genannten Personenvereinigung oder
5. als sonstige Person, die für die Leitung des Betriebs oder Unternehmens einer juristischen Person oder einer in Nummer 2 oder 3 genannten Personenvereinigung verantwortlich handelt, wozu auch die Überwachung der Geschäftsführung oder die sonstige Ausübung von Kontrollbefugnissen in leitender Stellung gehört,
eine Straftat oder Ordnungswidrigkeit begangen, durch die Pflichten, welche die juristische Person oder die Personenvereinigung treffen, verletzt worden sind oder die juristische Person oder die Personenvereinigung bereichert worden ist oder werden sollte, so kann gegen diese eine Geldbuße festgesetzt werden.

(2) Die Geldbuße beträgt
1. im Falle einer vorsätzlichen Straftat bis zu einer Million Euro,
2. im Falle einer fahrlässigen Straftat bis zu fünfhunderttausend Euro.
Im Falle einer Ordnungswidrigkeit bestimmt sich das Höchstmaß der Geldbuße nach dem für die Ordnungswidrigkeit angedrohten Höchstmaß der Geldbuße. Satz 2 gilt auch im Falle einer Tat, die gleichzeitig Straftat und Ordnungswidrigkeit ist, wenn das für die Ordnungswidrigkeit angedrohte Höchstmaß der Geldbuße das Höchstmaß nach Satz 1 übersteigt.

(3) § 17 Abs. 4 und § 18 gelten entsprechend.

(4) Wird wegen der Straftat oder Ordnungswidrigkeit ein Straf- oder Bußgeldverfahren nicht eingeleitet oder wird es eingestellt oder wird von Strafe abgesehen, so kann die Geldbuße selbständig festgesetzt werden. Durch Gesetz kann bestimmt werden, daß die Geldbuße auch in weiteren Fällen selbständig festgesetzt werden kann. Die selbständige Festsetzung einer Geldbuße gegen die juristische Person oder Personenvereinigung ist jedoch ausgeschlossen, wenn die Straftat oder Ordnungswidrigkeit aus rechtlichen Gründen nicht verfolgt werden kann; § 33 Abs. 1 Satz 2 bleibt unberührt.

(5) Die Festsetzung einer Geldbuße gegen die juristische Person oder Personenvereinigung schließt es aus, gegen sie wegen derselben Tat den Verfall nach den §§ 73 oder 73a des Strafgesetzbuches oder nach § 29a anzuordnen.

1. Überblick

106 Obgleich Deutschland kein Unternehmensstrafrecht kennt (Rdn. 11 ff., 22), ist es auch nach deutschem Recht möglich, ein Unternehmen zu sanktionieren. Wird durch eine Straftat oder Ordnungswidrigkeit eine Pflicht verletzt, die die juristische Person oder die Personengesellschaft betrifft, oder ist die juristische Person oder die Personengesellschaft dadurch bereichert worden oder sollte es bereichert werden, „kann" gem. § 30 OWiG eine Sanktion gegen das Unternehmen in Form einer sog. Unternehmens- oder Verbandsgeldbuße erfolgen; wegen der Verletzung einer Verbandspflicht durch Verbandsverantwortliche wird der Verband sanktioniert. Dies gilt auch soweit eine Gesamtrechtnachfolge eingetreten ist, sofern zwischen dem früheren und dem neuen Vermögensträger bei wirtschaftlicher Betrachtung nahezu Identität besteht (BGH, wistra 2012, 152 ff.). Die Geldbuße beträgt nach § 30 Abs. 2 OWiG im Fall einer vorsätzlichen Straftat bis zu 1 Mio. €, im Fall einer fahrlässigen Straftat bis zu 500.000,00 € (§ 17 Abs. 2 OWiG). Im Fall einer Ordnungswidrigkeit bestimmt sich das Höchstmaß der Geldbuße nach dem für die Ordnungswidrigkeit angedrohten Höchstmaß.

107 § 30 OWiG umfasst zum einen juristische Personen, also insb.

- AG,
- Genossenschaft
- GmbH
- KG auf Aktien
- eingetragener Verein
- selbstständige Stiftung

sowie alle rechtsfähigen Personengesellschaften, also

- offene Handelsgesellschaft,
- KG, insb. GmbH & Co. KG,
- GbR,
- Partnerschaftsgesellschaft und
- nicht rechtsfähige Vereine.

108 Da die GbR Normadressat ist, können auch Vor(gründungs)gesellschaften oder faktische Gesellschaften mit Geldbuße belegt werden (MAH-WiStra/*Britz* § 5 Rn. 8.).

109 – 110 Einstweilen frei.

2. Tatbestand des § 30 OWiG

a) Leitungsperson

111 Erforderlich ist, dass eine **Leitungsperson** des Unternehmens die Anknüpfungstat begangen hat. Lässt sich hingegen nicht aufklären, ob die objektiv festgestellte Anknüpfungstat von einer Leitungsperson oder nur von einem nachgeordneten Mitarbeiter begangen wurde, scheidet die Festsetzung einer Unternehmensgeldbuße aus (*Heerspink* AO-StB 2008, 86 [88]).

112 Die Leitungspersonen sind dem **Katalog** des § 30 Abs. 1 OWiG zu entnehmen. Primär angesprochen sind die Organe des Unternehmens (§ 30 Abs. 1 Nr. 1 bis 3 OWiG). Obgleich keine Organe genügt als Anknüpfungspunkt für eine Unternehmensgeldbuße auch die Tat eines jeden Generalbevollmächtigten oder eines in leitender Stellung tätigen (vgl. Rn. 113) Prokuristen oder Handlungsbevollmächtigten (§ 30 Abs. 1 Nr. 4 OWiG).

Als Auffangtatbestand ist schließlich § 30 Abs. 1 Nr. 5 OWiG ausgebildet, er erfasst alle sonstigen   113
Personen, die verantwortlich das Unternehmen leiten oder – wie der Aufsichtsrat – die Unternehmensleitung überwachen; zur Abgrenzung kann auf die Kriterien der §§ 14 StGB, 9 OWiG
zurückgegriffen werden (vgl. Rdn. 34 ff., insbes. Rdn. 37). Dies erfasst nunmehr auch Fälle der
faktischen Leitung und kann vom Wortlaut her auch solche Repräsentanten erfassen, die nicht
vom Unternehmen sondern staatlicherseits bestellt werden – z.B. Insolvenzverwalter – (Göhler/
Gürtler, OWiG, § 30 Rn. 14; KK-OWiG/*Rogall* § 30 Rn. 68a; a.A. *Bohnert* OWiG § 30 Rn. 20;
vgl. *Wegner*, PStR 2003, 180, 183).

Bei **mehrköpfigen Organen** kommt es im Fall einer Zuwiderhandlung nicht auf die interne   114
Geschäftsverteilung an. Auch wenn die Leitungsperson die Zuwiderhandlung unter Überschreitung seiner Kompetenzen begeht, innerbetrieblich nicht zur Erfüllung der Pflicht zuständig war
oder Aufgaben an sich zieht, die einem nachgeordneten Betriebsangehörigen obliegen, bleibt es
ein „rollenhaftes" Verhalten der Unternehmensleitung (KK-OWiG/*Rogall* § 30 Rn. 96, 97).

b) Anknüpfungstat

Erforderlich für die Sanktionierung des Unternehmens ist, dass die betreffende Leitungsperson in   115
Ausübung – nicht nur bei Gelegenheit – ihrer Leitungsfunktion eine sog. betriebsbezogene Pflicht
verletzt (§ 30 Abs. 1, 1. Alt. OWiG) oder das Unternehmen durch die Tat bereichern will.

aa) Verstoß gegen betriebsbezogene Pflichten

Betriebsbezogen sind Pflichten, wenn sie das Unternehmen als solches treffen und dieses Ge- oder   116
Verboten unterliegt. Erfasst sind davon z.B. Pflichten im Hinblick auf Sonderdelikte, in denen
besondere Verhältnisse wie etwa die Stellung als Arbeitgeber, Bauherr, Eigentümer einer Anlage,
Erzeuger oder Verteiler von Waren, Halter eines Kfz, Steuerpflichtiger, Veranstalter oder Inhaber
einer Verkaufsstelle eine Rolle spielen (KK-OWiG/*Rogall* § 30 Rn. 74).

Hat also z.B. der Geschäftsführer der GmbH entschieden, dass aus Liquiditätsgründen die Sozial-   117
versicherungsabgaben und Vorsteuern erst mit einigen Wochen Verzug gezahlt werden sollen,
kann nicht nur er wegen der Straftat nach § 266a StGB bestraft und wegen der Ordnungswidrigkeit nach § 26b UStG sanktioniert werden.

Wegen dieser Tat seiner Leitungsperson kann auch die GmbH gem. § 30 OWiG mit einer Geld-   118
buße belegt werden.

Oftmals werden die Straftaten oder Ordnungswidrigkeiten im Unternehmen nicht durch die   119
Organe, sondern unterhalb des Leitungsbereichs durch ausführendes Personal begangen, deren
Fehlverhalten als Bezugstat des § 30 OWiG aber nicht ausreicht. Ein Durchgriff auf das Unternehmen wäre grds. nur dann möglich, wenn neben dem Mitarbeiter auch eine Leitungsperson verantwortlich gemacht werden könnte, etwa über die Konstruktion einer mittelbaren Täterschaft
(Rdn. 50 ff.). Dies wird aber nur im Ausnahmefall möglich sein. Üblicherweise erfolgt der Durchgriff über § 130 OWiG (dazu Rdn. 184 ff.).

Betriebsbezogene Pflichten sind auch die von § 130 OWiG erfassten **Aufsichtsmaßnahmen** (zu   120
§ 130 OWiG vgl. Rdn. 184 ff.). Das Vorliegen einer Aufsichtspflichtverletzung des Organs nach
§ 130 OWiG ist die in der Praxis bedeutsamste Anknüpfungstat des § 30 OWiG (KK-OWiG/
Rogall § 30 Rn. 75). Nach § 130 OWiG werden der Inhaber eines Betriebes oder Unternehmens
und die ihm gleichstehenden gesetzlichen Vertreter einer juristischen Person (§ 9 OWiG) nicht
wegen der Begehung der von Mitarbeitern des Unternehmens verwirklichten Zuwiderhandlung
belangt, sie haften aber aus § 130 OWiG, wenn sie die Betriebsabläufe nicht ausreichend organisieren bzw. überwachen.

bb) Unternehmensbereicherung

121 § 30 OWiG sanktioniert auch die Verletzung von nicht betriebsbezogenen Pflichten, wenn das Unternehmen durch die Straftat oder die Ordnungswidrigkeit **bereichert** wurde oder bereichert werden sollte. Als Anknüpfungstaten der Leitungsperson kommen grds. sämtliche Verstöße gegen Straf- oder Bußgeldtatbestände des geltenden Rechts in Betracht.

122 Primär werden **vermögensstrafrechtliche Taten** (z.B. Kreditbetrug, Steuerhinterziehung) Anknüpfungspunkt für eine Unternehmensgeldbuße sein, etwa die betrügerische Einpreisung von Bestechungsgeldern zur Auftragsgewinnung (BGH, NJW 1998, 2373, 2375). Aber auch **nicht vermögensstrafrechtliche Tatbestände** (z.B. Nötigung, Bestechung, Urkundenfälschung, Verwahrungsbruch) sind geeignete Vortaten; wenn also bspw. die unternehmerische Müllentsorgung zwar kostengünstig erfolgt, aber gleichzeitig eine strafbare Umweltverschmutzung (z.B. Gewässerverunreinigung nach § 324 StGB, Bodenverunreinigung nach § 324a StGB; Unerlaubter Umgang mit gefährlichen Abfällen nach § 326 StGB) darstellt, sind die eingesparten Kosten für die ordnungsgemäße Abfallentsorgung die erlangte Bereicherung des Unternehmens, die i.R.d. Geldbuße berücksichtigt werden kann.

123 Die Bereicherung i.S.e. **Vermögensvorteils** muss **rechtswidrig** sein (KK-OWiG/*Rogall* § 30 Rn. 79, 82). Dies ist nicht der Fall, wenn ein Organ der juristischen Person z.B. mit Mitteln der Nötigung (§ 240 StGB) eine fällige Forderung des Unternehmens eintreibt. Dies stellt zwar einen durch die Straftat erlangten Vermögensvorteil dar, dieser ist aber nicht rechtswidrig, da das Unternehmen einen Anspruch hierauf hatte (KK-OWiG/*Rogall* § 30 Rn. 82).

c) Vorsatz

124 Die Tatbestandsverwirklichung setzt Vorsatz (**dolus eventualis** genügt) voraus, insoweit bestehen keine Besonderheiten.

125 Verfolgt der Täter nicht einmal subjektiv das **Verbandsinteresse**, scheidet § 30 OWiG aus. So werden sog. Exzesstaten, also unerlaubte Handlungen, die sich gegen den Vertretenen selbst richten, nicht erfasst. Dies gilt nach zutreffender Ansicht auch dann, wenn der Unternehmensträger einen scheinbaren Vorteil erlangt, dies aber nur um von einem anderen Schaden abgelenkt zu werden. Eine Verbandsgeldbuße scheidet also aus, wenn das Organmitglied für die Gesellschaft eine falsche Steuererklärung abgibt, dies aber nur, um eine selbst begangene Unterschlagung zu verdecken (KK-OWiG/*Rogall* § 30 Rn. 95 m.w.N. auch zur Gegenauffassung, die auf das Opportunitätsprinzip verweist).

126 In der Bereicherungsvariante muss der Vorsatz von der Absicht (**dolus directus 1. Grades**) einer Unternehmensbereicherung begleitet sein. Die Bereicherung muss zwar nicht eingetreten, dem Täter muss es aber auf diese Bereicherung angekommen sein; dass er sie nur als sichere Folge voraussah, genügt nicht (KK-OWiG/*Rogall* § 30 Rn. 82).

127 – 129 Einstweilen frei.

3. Rechtsfolge

130 Ein Verstoß gegen § 30 OWiG zieht eine **Geldbuße** nach sich. Die Festsetzung der Geldbuße ist allerdings nicht zwingend, sondern vielmehr eine **Ermessensentscheidung** der zuständigen Behörde oder des Gerichts.

131 Die **Höhe** der Geldbuße (vgl. auch § 377 Rdn. 60 ff.) beträgt bis zu 1 Mio. € bei vorsätzlichen Anknüpfungsstraftaten, bis zu der Hälfte bei fahrlässigen Straftaten (§ 17 Abs. 2 OWiG). Bei Anknüpfungsordnungswidrigkeiten gilt das Höchstmaß der dort angedrohten Geldbuße (§ 30 Abs. 2 OWiG). Wenn die Geldbuße höher wäre als die für eine Straftat maximal zu verhängende Strafe, ist der Bußgeldtatbestand anzuwenden; diese Sonderregel des § 30 Abs. 2 Satz 3 OWiG zielt primär auf Kartelldelikte.

§ 30 OWiG ist kein Steuerdelikt (§ 377 Rdn. 13). Einer **Selbstanzeige** (§§ 371, 378 Abs. 3 AO) **132** kommt mittelbare Bedeutung zu, denn nach wirksamer Selbstanzeige des einzigen Täters scheitert dessen Verfolgung „aus Rechtsgründen", sodass gem. § 30 Abs. 4 Satz 3 OWiG eine selbstständige Festsetzung einer Geldbuße gegen das Unternehmen ausscheidet (Rolletschke/Kemper/*Dietz* § 377 Rn. 45). In anderen Fällen wird das Opportunitätsprinzip (§ 47 OWiG) einer Ahndung regelmäßig entgegenstehen.

Sofern eine Unternehmensgeldbuße verhängt wird, „soll" – auch insoweit besteht Ermessen (§ 377 **133** Rdn. 63) – diese Geldbuße den wirtschaftlichen Vorteil, der aus dem Verstoß gezogen wurde, übersteigen (§§ 30 Abs. 3, 17 Abs. 4 OWiG). Es gilt also die Formel: Sanktion + Gewinnabschöpfung = Geldbuße. Die **Gewinnabschöpfung** erfolgt über die Bemessung der Geldbuße, sodass zu diesem Zweck die angedrohte Maximalsanktion (1 Mio. €) überschritten werden kann. Eine doppelte Erfassung via Abschöpfung und Besteuerung des abgeschöpften Gewinns wäre unzulässig (BVerfGE 81, 228). Der Abschöpfungsanteil ist keine Geldbuße i.S.d. § Abs. 5 Satz 1 Nr. 8 EStG und daher als Betriebsausgabe abziehbar (BFH, BStBl. II 1999, S. 658 = DStR 1999, 1518). Ist dies nicht möglich, muss die Steuer bei der Abschöpfung berücksichtigt werden (BGHSt 47, 260, 265). Zu den sich ergebenden Wechselwirkungen zwischen Verfall und Steuer vgl. *Heerspink*, AO-StB 2003, 173 ff.

Bei der Gewinnabschöpfung i.R.d. Geldbuße nach §§ 30 Abs. 3, 17 Abs. 4 OWiG wird nach dem **134** sog. **Nettoprinzip** verfahren (anders §§ 73 Abs. 3, 73a StGB: Bruttoprinzip; str. für § 29a OWiG vgl. Rdn. 157). § 17 Abs. 4 OWiG nimmt Bezug auf den „wirtschaftlichen Vorteil". Hinter dieser Formulierung verbirgt sich die Vornahme einer echten Saldierung. Das aus der Tat Erlangte darf nicht in voller Höhe abgeschöpft werden, vielmehr sind die für seine Erlangung nötigen Aufwendungen abzuziehen (KK-OWiG/*Rogall* § 30 Rn. 124; MAH-WiStra/*Britz* § 5 Rn. 25.). Der Täter kann also seine tatsächlich getätigten Aufwendungen finanzieller Art (Werbungskosten) berücksichtigen (KK-OWiG/*Rogall* § 17 Rn. 118). Nur der so errechnete Rest kann als Vermögensvorteil abgeschöpft werden.

Zur Begleichung der Geldbuße können **Zahlungserleichterungen** gewährt werden (§§ 30 **135** Abs. 3, 18 OWiG).

Einstweilen frei. **136 – 139**

4. Verfahren

Regelmäßig wird sowohl gegen die Leitungsperson wie auch gegen das Unternehmen eine Geld- **140** buße festgesetzt (sog. **verbundenes Verfahren**). Das Unternehmen ist dann Beteiligte im Straf- bzw. Bußgeldverfahren gegen die Leitungsperson. Diese Verfahrensart ist das gesetzliche Leitbild (KK-OWiG/*Rogall* § 30 Rn. 141).

Es besteht aber auch die ausnahmsweise Möglichkeit eines **selbstständigen Verfahrens** gegen das **141** Unternehmen. Ist erwiesen, dass eine Tat vorliegt, die von einer (ggf. unbekannt bleibenden) Lei- tungsperson begangen wurde, kann die Unternehmensgeldbuße auch dann verhängt werden, wenn gegen den Täter – aus welchen Gründen auch immer – keine Sanktion erfolgt. Die Unter- nehmensgeldbuße kann also als „anonyme Unternehmensgeldbuße" festgesetzt werden, wenn nur jemand aus dem Täterkreis des § 30 Abs. 1 OWiG gehandelt haben und die Vorsätzlichkeit oder Fahrlässigkeit dieses Anonymus nicht zweifelhaft sein kann (BGH, wistra 1994, 232, 233; KK- OWiG/*Rogall* § 30 Rn. 102, 103).

Die **Zuständigkeit** der Finanzbehörden für die Verhängung einer Unternehmensgeldbuße für **142** vorausgegangenem Steuerdelikt wird von Nr. 101 Abs. 1 Nr. 2, 100 Abs. 2 Satz 2 AStBV (St) 2011 (BStBl. I 2010, S. 1434) vorausgesetzt. Sie folgt der Anlasstat, mit der § 30 OWiG grds. in einem verbundenen Verfahren verfolgt werden soll. Zu weiteren Verfahrensfragen vgl. insb. die Darstel- lung bei *Rogall* (KK-OWiG § 30 Rn. 141 ff., 171 ff. 204 ff.).

143 Da § 30 OWiG keinen eigenen Tatbestand beschreibt, sondern eine Sanktionsfolge an die Verwirklichung einer anderweitig beschrieben Tat knüpft, gelten verjährungsrechtlich die Regeln der Anknüpfungstat (**akzessorische Verjährung**, BGHSt 46, 207, 211). Dies geht nach der vorgenannten BGH-Entscheidung so weit, dass verjährungsunterbrechende Maßnahmen gegenüber der Leitungsperson auf den Verband duchschlagen, solange gegen diesen noch kein selbstständiges Verfahren geführt wird.

144 – 149 Einstweilen frei.

V. Nebenfolgen

1. Verfall (§§ 73 ff. StGB, 29a OWiG)

a) Voraussetzungen

150 Der Gesetzgeber will verhindern, dass sich Verstöße lohnen, **Rechtsbruch darf sich nicht lohnen**. Im Regelfall folgt einer rechtswidrigen Tat daher die Abschöpfung des bemakelten Gewinns. Das aus der Tat Erlangte soll dem durch die Tat Begünstigten nicht erhalten bleiben. Diesem Zweck dient der Verfall (§§ 73 ff. StGB bzw. 29a OWiG)

151 Dabei ist es grds. irrelevant, ob der Begünstigte eine natürliche Person oder der Rechtsträger eines Unternehmens ist. Abschöpfung deliktisch erlangter Gewinne soll ihrer **Rechtsnatur** nach keine Strafe (zweifelhaft hinsichtlich des Bruttoprinzips des § 73 StGB, NK-StGB/*Herzog* Vor §§ 73 ff. Rn. 4 f.) sondern eine Maßnahme sein, mit der die präventive Effizienz des Straf- und Ordnungswidrigkeitenrechts gewährleistet werden soll. Es soll verhindert werden, dass der durch die Tat erzielte Gewinn den Täter trotz auferlegter Strafe oder Geldbuße günstiger stellt, als er ohne die Tat stünde (KK-OWiG/*Mitsch* § 29a Rn. 1).

152 Bei **Unternehmen** erfolgt primär eine Abschöpfung über die Geldbuße nach §§ 30, 17 Abs. 4 OWiG (Rdn. 133 ff.). Sofern eine solche verhängt wird, darf zur Vermeidung einer Doppelabschöpfung der Verfall nicht zusätzlich angeordnet werden (§ 30 Abs. 5 OWiG). Die konkreten Vorteile, die dem Unternehmen aus der Tat erwachsen sind, können diesem aber auch auf anderem Wege entzogen werden (Verbandsverfall nach §§ 73, 73a StGB bzw. § 29a OWiG). Diese Möglichkeit wird genutzt (vgl. *Fischer* § 73 Rn. 30; KK-OWiG/*Rogall* § 30 Rn. 107; KK-OWiG/ *Mitsch* § 29a Rn. 35), wenn

– nicht feststeht, ob eine Leitungsperson den Normbruch begangen hat (kein § 30 OWiG),
– feststeht, dass keine Leitungsperson den Normbruch begangen hat (kein § 30 OWiG),
– feststeht, dass ein Unternehmensfremder die Tat begangen hat (kein § 30 OWiG) oder
– trotz Normbruch der Leitungsperson (§ 30 OWiG) in Ausübung des Ermessens („kann") von einer Geldbuße abgesehen werden soll.

153 – 154 Einstweilen frei.

b) Höhe des Verfallsbetrags

155 Für die Abschöpfung des Vorteils via Geldbuße gem. §§ 30, 17 Abs. 4 OWiG und den Verfall nach §§ 73, 73a StGB gelten unterschiedliche Regeln bei der Bemessung des zu entziehenden Betrages. Anders als i.R.d. § 30, 17 Abs. 4 OWiG (Nettoprinzip; Rdn. 134) gilt beim Verfall gem. §§ 73 Abs. 3, 73a StGB das sog. **Bruttoprinzip**. Vereinfacht: Aus der Gewinnabschöpfung wird eine Abschöpfung des Umsatzes nach Steuern. Ob sich der Verfall bei § 29a nach dem Brutto- oder Nettoprinzip richtet, ist streitig.

156 Dem **Verfall nach §§ 73, 73a StGB** unterliegt „das **Erlangte**" selbst, also das, was der Begünstigte unmittelbar als Resultat der Tat „hat", etwa der durch Bestechung akquirierte Auftrag, die eingesparten Müllentsorgungskosten oder die zu Unrecht erhaltene Steuererstattung. Kosten oder Aufwendungen – z.B. das Bestechungsgeld – resultieren nicht „aus" der Tat, sind nicht ihr Erfolg und

können nicht abgezogen werden (BGHSt 47, 369, 370). Sorgfältig zu prüfen ist allerdings, was aus der Tat erlangt wurde. Am Beispiel der Auftragsakquisition durch Bestechung hat der BGH (BGHSt 50, 299, 310 Kölner Müllskandal) verdeutlicht, dass – unter Fortgeltung des Bruttoprinzips – nicht der Werklohn sondern der deutlich niedrigere betriebswirtschaftliche Wert des Auftrags erlangt wurde; der Werklohn wird erst dadurch erwirtschaftet, dass der Auftrag abgearbeitet wird, der Werklohn ist also nicht unmittelbarer Vorteil. Auf dem Tatgewinn bestandkräftig lastende **Steuern** sind abzuziehen (Rdn. 133).

Für den Sonderfall des **Verfall gem. § 29a OWiG** ist streitig, ob entsprechend §§ 73, 73a StGB   157 das Bruttoprinzip oder vergleichbar § 17 Abs. 4 OWiG das Nettoprinzip zur Anwendung kommt. *Kohlmann* (§ 377 Rn. 82; ebenso Göhler/*Gürtler* § 29a Rn. 6) vertritt unter Verweis auf den geänderten Gesetzestext („erlangtes Etwas") und die parallele Regelung im StGB die erstgenannte Auffassung. *Mitsch* (KK-OWiG, § 29a Rn. 45; vgl. HHSp/*Hellmann* § 401 Rn. 27) vertritt auch für § 29a OWiG das i.R.d. § 17 Abs. 4 OWiG anerkannte Nettoprinzip (§ 377 Rdn. 62). Trotz des Wortlauts der Norm scheint Letzteres zutreffend, denn § 29a OWiG ist ein Auffangtatbestand der nur greift, wenn die primäre Abschöpfung des Vorteils im Wege der Geldbuße (§ 17 Abs. 4 OWiG) aus zufälligen Gründen scheitert (vgl. § 29a Abs. 1 OWiG „und wird ... Geldbuße nicht festgesetzt" und § 30 Abs. 5 OWiG). Die vorrangige Norm (§ 17 Abs. 4 OWiG) orientiert sich aber am Nettoprinzip. Es erscheint nicht nachvollziehbar, bei einem Täter der z.B. aufgrund fehlender Einsichtsfähigkeit (§ 12 OWiG) nicht mit einer Geldbuße belegt werden kann, via § 29a OWiG einen erlangten Vorteil mittels des Bruttoprinzip abzuschöpfen und so zu einer Quasi-Sanktion zu kommen; wäre er verantwortlich gewesen, hätte der Vorteil nur nach dem für ihn günstigeren Nettoprinzip abgeschöpft werden können.

Ist das Erlangte nicht mehr vorhanden, tritt an seine Stelle der **Sachwert** (§ 73a StGB, Wertersatz-   158 verfall). In § 29a Abs. 1 OWiG wird für das Ordnungswidrigkeitenrecht von vornherein der Verfall des Geldbetrages angeordnet, der dem Wert des Erlangten entspricht.

Aus der Tat resultierende **Ersatzansprüche des Verletzten sperren** den Verfall (§ 73 Abs. 1 Satz 1   159 StGB). Auch der Staat, insb. der Fiskus, kann Verletzter der Tat sein (vgl. NK-StGB/*Herzog* § 73 Rn. 20). Fraglich ist, ob der **hinterzogene Steueranspruch** aus der Tat resultiert. Dies ist regelmäßig nicht der Fall, denn der Steueranspruch resultiert zumeist nicht aus § 370 AO, § 370 AO setzt vielmehr einen existierenden Steueranspruch voraus; bei der Hinterziehung von Steuererstattungsansprüchen wird die Auszahlung hingegen im Wege des § 370 AO generiert. Über dieses Erfordernis setzt sich der BGH hinweg, indem er nur einen engen Zusammenhang der Steuerforderung mit der Hinterziehung fordert (BGH, StV 2001, 275, 276). Im Regelfall überzeugt das Ergebnis, die Gegenauffassung gleicht die ansonsten entstehende Doppelbelastung über § 73c StGB aus (so SK-StGB/*Horn*, 109. Lfg., § 73 Rn. 17; anders SK-StGB/*Wolters/Horn*, 110 Lfg., 73 Rn. 17a).

Da das Unternehmen nicht selbst Täter sein kann, ist es stets Dritter. Beim sog. **Drittverfall** ist   160 der Frage der Unmittelbarkeit des Erlangten besondere Bedeutung beizumessen. Das Unternehmen geht zwar aus der Tat ggf. als der Begünstigte hervor, hat aber selbst nicht vorwerfbar gehandelt und möglicherweise sogar gutgläubig etwas erlangt. Trotz aller – berechtigter – Kritik (KK-OWiG/*Mitsch* § 29a Rn. 45, 46) wird aber auch hier das Brutto-Prinzip angewendet (*Fischer* § 73 Rn. 29). Zur Abmilderung der Konsequenzen hat die Rechtsprechung für Fälle der Drittbegünstigung drei Fallgruppen gebildet:

– In **Vertretungsfällen** ergibt sich der Bereicherungszusammenhang aus dem (betrieblichen)   161 Zurechnungsverhältnis. Auf die Unmittelbarkeit des Dritterwerbs durch die Tathandlung sowie auf Bösgläubigkeit des Dritten kommt es hier nicht an. Ist der Dritte eine juristische Person, insb. ein Wirtschaftsunternehmen, bedarf es einer Organstellung des Handelnden nicht, zurechenbar sind auch Taten von Angestellten.

– In **Verschiebungsfällen** wendet der Täter oder Teilnehmer primär im eigenen Interesse einem   162 Dritten Tatvorteile unentgeltlich oder aufgrund eines bemakelten Rechtsgeschäfts zu, um sie dem Zugriff des Geschädigten zu entziehen oder um die Tat zu verschleiern. Auch hier kommt es auf die Unmittelbarkeit und Bösgläubigkeit des Dritten nicht an. Die Verfallsanordnung ist in einem Verschiebungsfall auch dann möglich, wenn der Taterlös mit legalem Vermögen vermischt und erst dann an den Dritten weitergegeben wurde.

163 – In **Erfüllungsfällen** wendet der Täter einem gutgläubigen Dritten Tatvorteile in Erfüllung einer nicht bemakelten entgeltlichen Forderung zu, deren Entstehung und Inhalt nicht im Zusammenhang mit der Tat steht. Hier soll der Unmittelbarkeit entscheidende Bedeutung zukommen und das entgeltliche Rechtsgeschäft eine Zäsur bewirken, sodass es an einem (mittelbaren) Erlangten durch die Tat fehle (Rechtsgedanke des § 822 BGB).

164 Bei Gutgläubigkeit der Unternehmensleitung ist ein **Härteausgleich gem.** § 73c StGB zu prüfen. Danach kommt ein Verzicht auf die Verfallsanordnung insb. dann in Betracht, wenn die Bereicherung weggefallen ist. Es kann auch eine „unbillige Härte" sein, wenn der Gewinn so reinvestiert wurde, dass der wertmäßige Ausgleich die Existenz des Unternehmens gefährden würde (*Fischer* § 73c Rn. 3, 3a). Eine Drittverfallsanordnung hat dann zu unterbleiben. Die Härteregel ist i.R.d. § 29a OWiG Aspekt der Ermessensausübung.

165 – 169 Einstweilen frei.

c) Verfahren

170 Der Verfall kann in einem mit dem Täter verbundenen Verfahren oder in einen selbstständigen Verfahren gegen das Unternehmen erfolgen (§§ 29a Abs. 4, 87 OWiG). Auch in einem verbundenen Strafverfahren muss das Unternehmen nicht durch ein Organ vertreten sein, es ist zwar Nebenbeteiligte, kann sich aber durch einen Rechtsanwalt vertreten lassen oder der Hauptverhandlung fern bleiben (§ 46 OWiG, §§ 431, 434, 436 StPO).

171 – 173 Einstweilen frei.

2. Arrest (§ 111b StPO)

174 Gewinnabschöpfung und Verfall stehen erst am Ende eines möglicherweise langen Verfahrens, der Arrest am Anfang. Diese Maßnahme kann auch zur Sicherung der sog. **Rückgewinnungshilfe** für den Geschädigten erfolgen (§ 111b Abs. 5 StPO). Damit hilft der Staat durch Sicherung der Vermögenswerte des Beschuldigten dem potenziellen Opfer dabei, dessen möglicherweise bestehende Ansprüche später realisieren zu können.

175 Für die Anordnung des Arrestes müssen lediglich Gründe, nicht notwendigerweise dringende, die Annahme rechtfertigen, dass die betreffenden Vermögensgüter später dem Verfall unterliegen. Hinsichtlich der zugrunde liegenden Tat genügt bereits **einfacher Tatverdacht** (OLG Zweibrücken, NStZ 2003, 446 ff.; *Meyer-Goßner* § 111b Rn. 8). Sollten sich keine **dringenden Gründe** für die Annahme des späteren Verfalls oder Wertersatzes einstellen, muss der Arrest nach spätestens 6 Monaten aufgehoben werden (§ 111b Abs. 3 StPO), anderenfalls darf die Maßnahme bis zu 12 Monate aufrechterhalten werden.

176 **Zuständig** für die Arrestanordnung ist gem. § 111e Abs. 1 StPO grds. der Richter, bei Gefahr in Verzug allerdings auch die StA, die die Notwendigkeit des Arrests in den Akten niederlegen, den Betroffenen dazu aber vorher gem. § 33 Abs. 4 StPO nicht anhören muss (da dies in den meisten Fällen wohl den Zweck der Maßnahme „gefährden" würde). Sieht der Staatsanwalt also die Notwendigkeit, schnell zu handeln, ordnet er den Arrest an. Er muss lediglich nach § 111e Abs. 2 StPO innerhalb 1 Woche die richterliche Bestätigung der Arrestanordnung beantragen.

177 Die Vollziehung des dinglichen Arrests richtet sich nach den Vorschriften der ZPO. In das bewegliche Vermögen und in Forderungen erfolgt die Arrestierung durch Pfändung gem. § 930 ZPO. Geht es also darum, dem Beschuldigten später einen Vermögenswert zu entziehen, den er möglicherweise aus der ihm vorgeworfenen Tat (Steuerhinterziehung, Betrug, Untreue, Bestechung etc.)

erlangt hat, kann die Sicherung durch **Kontenpfändung** geschehen. Geringfügige Beträge (bis 125,00 €; *Meyer-Goßner* § 111d Rn. 7) dürfen zwar nach § 111d Abs. 1 Satz 3 StPO nicht durch Arrest gesichert werden. In den meisten Fällen, insb. im wirtschaftlichen Bereich, werden die zu erwartenden Vorteile aus der Tat jedoch höher ausfallen und der Arrest ist ohne größere Probleme möglich. Der zu sichernde Betrag ist in dem Beschluss zu beziffern (*Meyer-Goßner* § 111d Rn. 10). Da er am Anfang des Ermittlungsverfahrens noch nicht feststeht und sich nahezu jedes Verfahren am Beginn deutlich gravierender darstellt als am Ende, sind die Beträge oft deutlich überhöht (*Zöller* § 803 Rn. 5, § 829 Rn. 12).

Folge des Arrestbeschlusses ist, dass die der Ermittlungsbehörde bekannten (inländischen) Konten i.R.d. Kontopfändung zunächst „eingefroren" werden. Der Beschuldigte besitzt von einem Moment auf den anderen **keinerlei Zugriffs- bzw. Verfügungsmöglichkeiten** mehr.   **178**

Insb. der dingliche Arrests (§ 111d StPO) der Firmenkonten führt nicht selten zur Insolvenz, denn die Banken stellen daraufhin häufig sämtliche Unternehmenskredite fällig. Die gem. § 111b Abs. 3 StPO nach spätestens sechs/12 Monaten notwendige Aufhebung der Maßnahme ist dann oft zu spät. Eine Entschädigung ist nach den Regeln des StrEG möglich, wird sich aber nur in Ausnahmefällen begründen lassen.   **179**

Einstweilen frei.   **180 – 183**

VI. Geldbuße wegen Verletzung der Aufsichtspflicht (§ 130 OWiG)

§ 130 OWiG   Verletzung der Aufsichtspflicht in Betrieben und Unternehmen

(1) Wer als Inhaber eines Betriebes oder Unternehmens vorsätzlich oder fahrlässig die Aufsichtsmaßnahmen unterläßt, die erforderlich sind, um in dem Betrieb oder Unternehmen Zuwiderhandlungen gegen Pflichten zu verhindern, die den Inhaber treffen und deren Verletzung mit Strafe oder Geldbuße bedroht ist, handelt ordnungswidrig, wenn eine solche Zuwiderhandlung begangen wird, die durch gehörige Aufsicht verhindert oder wesentlich erschwert worden wäre. Zu den erforderlichen Aufsichtsmaßnahmen gehören auch die Bestellung, sorgfältige Auswahl und Überwachung von Aufsichtspersonen.

(2) Betrieb oder Unternehmen im Sinne des Absatzes 1 ist auch das öffentliche Unternehmen.

(3) Die Ordnungswidrigkeit kann, wenn die Pflichtverletzung mit Strafe bedroht ist, mit einer Geldbuße bis zu einer Million Euro geahndet werden. Ist die Pflichtverletzung mit Geldbuße bedroht, so bestimmt sich das Höchstmaß der Geldbuße wegen der Aufsichtspflichtverletzung nach dem für die Pflichtverletzung angedrohten Höchstmaß der Geldbuße. Satz 2 gilt auch im Falle einer Pflichtverletzung, die gleichzeitig mit Strafe und Geldbuße bedroht ist, wenn das für die Pflichtverletzung angedrohte Höchstmaß der Geldbuße das Höchstmaß nach Satz 1 übersteigt.

1. Überblick

Nicht nur das Unternehmen als solches, sondern auch der **Inhaber des Unternehmens** kann sanktioniert werden, wenn aus dem Unternehmen heraus eine betriebsbezogene Pflicht verletzt wird und dies durch ordnungsgemäße Aufsichtsmaßnahmen hätte verhindert werden können. Maßgebliche Vorschrift ist § 130 OWiG, der eine verschuldensabhängige Generalverantwortung des Unternehmensinhabers und – diesem über § 9 OWiG gleichgestellt – der **Leitungsebene** für die Rechtmäßigkeit des Unternehmensalltags schafft (Ignor/Rixen/*Venn* § 12 Rn. 1).   **184**

§ 130 OWiG ist damit ggü. § 30 OWiG ein besonderer Auffangtatbestand für solche Fälle, in denen aufgrund der arbeitsteiligen Organisation von Betrieben und Unternehmen Pflichten, die originär den Inhaber des Betriebes bzw. Unternehmens treffen, auf einen nachgeordneten Dritten übertragen und von diesem verletzt werden (Ignor/Rixen/*Venn* § 12 Rn. 2). Die Vorschrift knüpft an das zur Problematik der vertikalen Pflichtendelegation und im Hinblick auf die Überwa-   **185** chungs- und Auswahlpflichten bereits Gesagte an (Rdn. 86 ff.). Insb. in Fällen, in denen keine Bußgelder nach § 30 OWiG verhängt werden können, weil sich das Unternehmensorgan nicht selbst an der Zuwiderhandlung beteiligt hat, auch nicht im Rahmen fahrlässiger Nebentäterschaft, oder insofern Beweisprobleme bestehen, wird von § 130 OWiG Gebrauch gemacht (KG, VRS, Bd. 70, 29, 30; Ignor/Rixen/*Venn* § 12 Rn. 2, 3).

186 § 130 OWiG erfasst nur die Fälle, in denen der Aufsichtspflichtige **allein** in Bezug auf die **Aufsichtspflichtverletzung** vorsätzlich oder fahrlässig gehandelt hat, nicht aber auch hinsichtlich der Zuwiderhandlung. Bleibt unaufklärbar, ob dem Betriebsinhaber die konkrete Zuwiderhandlung zugerechnet werden kann oder ob ihm nur eine Aufsichtspflichtverletzung zur Last zu legen ist, erfolgt wegen des normativen Stufenverhältnisses (bei Vorliegen der tatbestandlichen Voraussetzungen i.Ü.) nur eine Ahndung aus § 130 OWiG (Ignor/Rixen/*Venn* § 12 Rn. 32).

187 – 193 Einstweilen frei.

2. Tatbestand

a) Anlasstat

194 § 130 OWiG setzt eine vorausgehende Anlasstat voraus, sie ist **Bedingung der Strafbarkeit** (BGHSt 32, 389, 391).

195 Diese Anlasstat muss sich – vergleichbar mit der Regelung des § 30 OWiG – auf **betriebsbezogene Pflichten** beziehen. Dies sind zunächst Pflichten, die den Inhaber „als solchen" treffen, etwa die Pflichten als „Steuerpflichtiger" oder als „Arbeitgeber" etc. Auf diesem Weg – nicht über § 377 Abs. 2 AO – wäre § 130 OWiG auch steuerstrafrechtlich anwendbar. Ob eine **Steuerordnungswidrigkeit als Anlasstat** in Betracht kommt, ist allerdings umstritten. Die ganz h.M. (vgl. Nachw. bei FGJ/*Joecks*, § 377 Rn. 53) bejaht dies gegen *Suhr/Naumann/Bilsdorfer* (Rn 362, 411 ff.), die auf die zutreffende Tatsache hinweisen, dass § 130 OWiG stets auch einfach fahrlässiges Handeln erfasse, was dem System der §§ 377 ff. fremd sei. Dieser lange vereinzelt gebliebenen Meinung schließt sich nun *Sahan* (Graf/Jäger/Wittig § 377 Rn. 18) in der Weise an, dass § 130 OWiG zwar anwendbar sei, der Aufsichtspflichtige aber mit dem Grad des von der Anknüpfungstat geforderten Verschuldensgrad (i.d.R. mind. Leichtfertigkeit) gehandelt haben müsse (teleologische Reduktion des § 130 OWiG).

196 Betriebsbezogen sind aber auch allgemeine Pflichten, wenn ein enger Zusammenhang mit der Betriebsführung gegeben ist, es sich also um konkrete Pflichten des Betriebs handelt. Beispielhaft sei auf die Verantwortlichkeit wegen fahrlässiger Körperverletzung (§ 229 StGB) oder gar Tötung (§ 222 StGB) verwiesen, wenn es in einem Betrieb aufgrund unzureichender Verkehrssicherung oder des Inverkehrbringens von gefährlichen Gütern zu einer Verletzung oder zum Tode eines Mitarbeiters (oder Kunden) gekommen ist (KK-OWiG/*Rogall* § 130 Rn. 79, 81; Ignor/Rixen/*Venn* § 12 Rn. 10). Der Unternehmensinhaber hat als Arbeitgeber dafür einzustehen, dass seine Arbeitnehmer bei der Arbeit unversehrt bleiben, ihm obliegt die Rechtspflicht zur Gefahrenabwendung (so schon 1929 RGSt 63, 211 ff. bei *Eidam*, Unternehmen und Strafe Rn. 2432, „Ziegenhaarpinsel").

197 – 203 Einstweilen frei.

b) Inhaber eines Betriebes oder Unternehmen

204 Die Begriffe **Betrieb** und **Unternehmen** werden vorausgesetzt und sind in der Praxis im Regelfall außer Streit. Eine terminologische Abgrenzung ist für Zwecke des § 130 OWiG nicht erforderlich und auch schwierig (im Einzelnen vgl. KK-OWiG/*Rogall* § 9 Rn. 67).

205 **Inhaber** ist der, dem die Erfüllung der betrieblichen Pflichten i.S.d. § 130 OWiG obliegt (KK-OWiG/*Rogall* § 130 Rn. 23). Sofern es sich bei dem Betriebsinhaber nicht um eine natürliche Person handelt, sondern um eine juristische Personen oder Personengesellschaft, sind Adressaten die

in § 9 Abs. 1 OWiG genannten vertretungsberechtigten Gesellschafter, **Organe** oder Organmitglieder. Entsprechendes gilt für **Beauftragte** oder **Teilbetriebsleiter** i.S.d. § 9 Abs. 2 OWiG. Die Rechtsprechung wendet § 9 OWiG auch auf **faktische Organschaftsverhältnisse** an, was mit Blick auf das Gesetzlichkeitsprinzip zweifelhaft ist (vgl. Rdn. 35).

Einstweilen frei.   206 – 213

c) Tathandlung: Aufsichtspflichtverletzung

Liegt eine Anlasstat eines Dritten vor, ist zu prüfen, ob der Inhaber **geeignete Aufsichtsmaßnah-**   214
men unterlasen hat. Der Inhaber ist dafür verantwortlich, dass durch entsprechende **Organisation**
und Aufsicht, die betrieblichen Pflichten erfüllt werden. Versäumt er dies, liegt in dem Versäumnis die Tathandlung i.S.d. § 130 OWiG.

Wie er zu organisieren und zu beaufsichtigen hat, hängt vom Einzelfall ab. Die Rechtsprechung   215
fordert die Umsetzung von „**objektiv erforderlichen und zumutbaren**" **Maßnahmen** (Müller-Gugenberger/Bieneck/*Schmid* § 30 Rn. 141; *Hauschka/Greeve*, BB 2007, 165, 166; *Pampel*,
BB 2007, 1636, 1637), ohne sie umfassend zu beschreiben.

Der Aufsichtspflichtige hat jedenfalls für eine sorgfältige Auswahl von Mitarbeitern zu sorgen und   216
ist verpflichtet, eine den etwaigen spezialgesetzlichen Anforderungen (z.B. GoB) genügende sowie
i.Ü. sachgerechte Organisation und Aufgabenverteilung vorzunehmen. Dazu zählt insb. die Pflicht
zur Erstellung eines Organisationsplans (KK-OWiG/*Rogall* § 130 Rn. 66) und die Durchführung
notwendiger Investitionen in die sächliche Ausstattung des Unternehmens. Der Inhaber – bei der
juristischen Person das Organ (§ 9 Abs. 1 OWiG) – muss zudem die Mitarbeiter im Hinblick auf
ihre Aufgaben und Pflichten instruieren, aufklären sowie überwachen. Er ist zudem gehalten,
gegen ihm bekannt werdende Verstöße einzuschreiten, um künftigen Verstößen präventiv vorzubeugen (KK-OWiG/*Rogall* § 130 Rn. 40; Ignor/Rixen/*Venn* § 12 Rn. 14). Bei bekannt gewordenen
Mängeln besteht – jedenfalls für eine Übergangszeit – eine erhöhte Überwachungspflicht um neuerliche Verstöße zu vermeiden (vgl. KG, VRS, Bd. 70, 29 ff. bzgl. Lenkzeitverstößen; OLG Celle,
VRS, Bd. 112, 289 ff. zu Ladungssicherheitsvorschriften).

Eine Pflicht zur Begründung eines **Compliance-Systems** (Rdn. 11) ist § 130 OWiG nach ganz   217
herrschender Meinung nicht zu entnehmen, denn er knüpft an eine Aufsichtspflichtverletzung an,
definiert aber keine Aufsichtspflicht. Welche organisatorischen Maßnahmen diese Voraussetzungen erfüllen, lässt sich § 130 OWiG nicht entnehmen, insoweit ist man entweder auf spezialgesetzliche Vorgaben oder auf Kasuistik angewiesen (vgl. etwa Nachw. bei Göhler/*König* § 130
Rn. 9 ff.; KK-OWiG/*Rogall* § 130 Rn. 51 ff.). Bei der Abwehr des Vorwurfs einer Aufsichtspflichtverletzung kann ein – gesetzlich nicht erforderliches – Compliance-System helfen.

Für die Haftung der Mitglieder von **Kollegialorganen** spielt – anders als bei § 30 OWiG – die   218
Geschäftsverteilung eine herausragende Rolle, denn § 130 OWiG stellt auf die individuelle Aufsichtspflicht des Einzelnen ab. Das einzelne Mitglied der Geschäftsführung ist speziell für die Aufsicht des ihm übertragenen Ressorts verantwortlich. Die nach der Ressortverteilung unzuständigen
Geschäftsführungsmitglieder dürfen grds. darauf vertrauen, dass der Zuständige seiner Aufsichtspflicht gerecht wird, eine allgemeine gegenseitige Überwachungspflicht ohne besondere Veranlassung besteht nicht (vgl. OLG Naumburg b. Korte, NStZ 1998, 450). Etwas anderes gilt nur für
denjenigen, der Kenntnis vom Unterlassen der Aufsicht durch das zuständige Organ hatte oder
aufgrund konkreter Anhaltspunkte hätte handeln müssen (OLG Hamm, NJW 1971, 817 f.;
Ignor/Rixen/*Venn* § 12 Rn. 25).

An die **Zumutbarkeit** von Überwachungsaufgaben dürfen aber keine überspannten Anforderun-   219
gen gestellt werden. Dies insb. nicht in Fällen, in denen der Inhaber auf die Zuarbeit von – dafür
bezahlten – internen oder externen Spezialisten (z.B. Steuerberater) angewiesen ist. Etwa im
Bereich der LSt sind die gesetzlichen Anforderungen so unübersichtlich, dass sich der Unternehmer als Nicht-Fachmann auf seine Steuerabteilung oder seinen Steuerberater muss verlassen kön-

nen (Klein/*Jäger* § 377 Rn. 19). Dies jedenfalls solange, wie er nicht aufgrund besonderer Vorkommnisse (z.B. kritischer BP-Bericht) davon ausgehen muss, dass seine Spezialisten fehlerhaft arbeiten.

220 – 228 Einstweilen frei.

d) Kausalität

229 Einer nachweisbaren Kausalität, dass der missbilligte Erfolg bei gehöriger Aufsicht sicher unterblieben wäre, bedarf es nicht. § 130 OWiG lässt es bereits genügen, dass der Eintritt des missbilligten Erfolgs bei gehöriger Aufsicht „wesentlich erschwert worden wäre" (hypothetischer Kausalverlauf, vgl. KG, VRS, Bd. 70, 29 ff.).

230 Vor diesem Hintergrund lässt sich die Ursächlichkeit der Pflichtverletzung oftmals leicht begründen. Denn die Organisation soll Pflichtverletzungen und Schäden vorbeugen, sodass jeder Organisationsmangel prima vista den Eintritt des missbilligten Erfolgs erleichtert. Allerdings ist die Pflichtverletzung zu begründen, ein Schluss vom Schaden auf den Organisationsmangel – weil der Mitarbeiter die Voranmeldungen verspätet abgibt, war die Fristenkontrolle unzureichend, was bei gehöriger Überwachung aufgefallen und geändert worden wäre – ist unzulässig.

231 – 233 Einstweilen frei.

e) Subjektiver Tatbestand

234 Der Inhaber muss seine Aufsichtspflicht **vorsätzlich oder fahrlässig** verletzt haben. Ihm muss dabei zumindest erkennbar gewesen sein, dass seine Aufsichtspflichtverletzung die Gefahr für eine Verletzung betriebsbedingter Pflichten i.S.d. Anlasstat begründet. Er muss also die erhöhte Gefahr der Anlasstat aufgrund seiner mangelnden Aufsicht vorsehen, zumindest vorsehen können (KK-OWiG/*Rogall* § 130 Rn. 103).

235 Da auf die Aufsichtspflicht abzustellen ist, kann der Inhaber dem Wortlaut nach auch dann zur Verantwortung gezogen werden, wenn er selbst nur fahrlässig handelt und die **fahrlässige Begehung der Anlasstat nicht strafbar** wäre. So wäre eine fahrlässige Steuerhinterziehung oder Steuerverkürzung nicht möglich, es ist Vorsatz (§ 370 AO) oder Leichtfertigkeit (§ 378 AO) erforderlich. Den fahrlässigen Inhaber anstelle des die Anlasstat begehenden Mitarbeiters gedacht, läge keine Straftat oder Ordnungswidrigkeit vor, denn er hat nicht mindestens leichtfertig seine Pflicht verletzt. Dies ist der Hintergrund, warum teilweise (Suhr/Naumann/Bilsdorfer, Steuerstrafrecht, Rn. 413; ähnlich Graf/Jäger/Wittig/*Sahan* § 377 Rn. 18) vertreten wird, § 130 OWiG sei auf Steuerdelikte nicht anwendbar (vgl. Rdn. 195).

236 – 243 Einstweilen frei.

3. Rechtsfolgen, Konkurrenzen, Verfahren

244 Zur Höhe der **Geldbuße** und den **Nebenfolgen** gelten die Ausführungen zu § 30 OWiG (Rdn. 130 ff., Rdn. 150 ff., 174 ff.) entsprechend.

245 § 130 ist kein Steuerdelikt (§ 377 Rdn. 13). Eine **Selbstanzeige** (§§ 371, 378 Abs. 3) ist nicht möglich. Sofern nicht eine Drittanzeige i.S.v. § 371 Abs. 4 AO gestaltbar ist, wird in derartigen Fällen das Opportunitätsprinzip (§ 47 OWiG) einer Ahndung regelmäßig entgegenstehen.

246 § 130 OWiG tritt hinter der Anlassnorm zurück, sofern diese unmittelbar vom Inhaber verletzt wurde. Dies gilt auch, sofern ein Mitarbeiter die Pflichtverletzung aktiv begangen hat, der Inhaber aber dies bewusst geschehen ließ. In einem solchen Fall läge in dem Unterlassen des Inhabers eine eigenständige Pflichtverletzung in Nebentäterschaft die auch als Fahrlässigkeitsdelikt denkbar ist (KK-OWiG/*Rogall* § 130, Rn. 108).

Gem. § 131 Abs. 2 OWiG gelten **Antrag**serfordernisse der Anlasstat entsprechend für § 130   247
OWiG.

Die **Verjährung** folgt den allgemeinen Regeln (§§ 130 Abs. 3, 31 ff. OWiG). Da § 130 OWiG   248
keine Steuerordnungswidrigkeit ist, gilt § 384 AO nicht. Die Verjährung beginnt mit der Beendigung der Anlasstat. Soweit der BGH (BGHSt 32, 392 f.) den Beginn dadurch verzögert, dass er
eine Beendigung bei möglichen künftigen Anlasstaten gleicher Art verneint, ist ihm zu widersprechen. Nach Beendigung der Anlasstat fängt ggf. eine neue Aufsichtspflichtverletzung an. Dies
ändert an der Beendigung der ersten Tat aber nichts, dieser Zeitpunkt kann nicht aufgrund vager
Prognoseentscheidungen verlagert werden (KK- OWiG/*Rogall* § 130 Rn. 112).

Die sachliche **Zuständigkeit** der Finanzbehörde für die Verfolgung des § 130 OWiG i.V.m. einem   249
Steuerdelikt (Anlasstat) ergibt sich aus §§ 131 Abs. 3, 36 Abs. 1 OWiG, 409, 387 AO (FGJ/*Jäger*
§ 377 Rn. 65).

§ 377 AO   Steuerordnungswidrigkeiten

**(1) Steuerordnungswidrigkeiten (Zollordnungswidrigkeiten) sind Zuwiderhandlungen, die nach
den Steuergesetzen mit Geldbuße geahndet werden können.**

**(2) Für Steuerordnungswidrigkeiten gelten die Vorschriften des Ersten Teils des Gesetzes über Ord-
nungswidrigkeiten, soweit die Bußgeldvorschriften der Steuergesetze nichts anderes bestimmen.**

A. Überblick

Mit § 377 AO beginnt der Abschnitt „Bußgeldvorschriften der Abgabenordnung". In diesem sind   1
überwiegend (§§ 378 bis 383a AO) besondere Ordnungswidrigkeitstatbestände geregelt. § 377
AO und § 384 AO haben hingegen einen allgemeinen Regelungsgehalt und beziehen sich auf
sämtliche Steuerordnungswidrigkeiten.

Mit § 377 AO wiederholt der Gesetzgeber seine bereits durch § 369 AO bekannte Technik. In   2
gleicher Weise wie § 369 Abs. 1 AO „Steuerstraftaten" definiert, zieht § 377 Abs. 1 AO den Begriff
der „Steuerordnungswidrigkeit" gesetzestechnisch vor die Klammer und ermöglicht so eine Bezugnahme; auf diesen Oberbegriff nehmen bspw. die §§ 409 ff. AO Bezug. Sodann erfolgt über § 377
Abs. 2 AO eine Verweisung auf den allgemeinen Teil des OWiG (§§ 1 bis 34 OWiG).

Einstweilen frei.   3 – 10

B. Steuer(zoll)ordnungswidrigkeit

In Entsprechung zu § 1 Abs. 1 OWiG definiert § 377 Abs. 2 AO eine Ordnungswidrigkeit über die   11
angedrohte Rechtsfolge. Danach liegt immer dann eine Ordnungswidrigkeit vor, wenn eine
„Geld*buße*" angedroht wird. Der Begriff der „Buße" ist ein kategoriales Unterscheidungsmerkmal
zwischen dem Strafrecht einerseits und dem Ordnungswidrigkeitenrecht andererseits. Die Unterscheidung erfolgt insoweit positivistisch entsprechend der vom Gesetzgeber getroffenen Anordnung. Zu den rechtsethischen Unterschieden zwischen Straf- und Ordnungswidrigkeitenrecht vgl.
Einf. §§ 377 ff. Rdn. 2, 22.

12 Eine Ordnungswidrigkeit wird zur **Steuer**-Ordnungswidrigkeit, wenn der entsprechende Tatbestand in einem „Steuergesetz" geregelt ist. Um eine Norm des Steuerrechts handelt es sich dann, wenn die Norm eine Regelung im Zusammenhang mit Steuern i.S.d. § 3 trifft; dies betrifft allein inländische Steuern. Entsprechend § 4 ist **Gesetz** jede Rechtsnorm, also auch Verordnungen, nicht aber Verwaltungsanweisungen. Da **Zölle** gem. § 3 Abs. 1 Satz 2 zu den Steuern gehören, hätte es der zusätzlichen Legaldefinition durch den Klammerzusatz „Zollordnungswidrigkeiten" nicht bedurft; dieser hat allein klarstellende Bedeutung. Zu den Steuerordnungswidrigkeiten zählen z.B.:

– die leichtfertigen Steuerverkürzung (§ 378 AO),
– die Steuergefährdung (§ 379 AO),
– die Gefährdung der Abzugsteuern (§ 380 AO),
– die Verbrauchsteuergefährdung (§ 381 AO i.V.m. den VerbrauchStG, z.B. TabakStG; vgl. § 381 Rdn. 5),
– Gefährdung der Ein- und Ausfuhrabgaben (§ 382 AO),
– unzulässiger Erwerb von Steuererstattungs- und -vergütungsansprüchen (§ 383 AO),
– zweckwidrige Verwendung des Identifikationsmerkmals (§ 383a AO),
– Verstoß gegen Mitwirkungspflichten nach § 50e EStG,
– Verstoß gegen § 26a und § 26b UStG.

13 Eine Ordnungswidrigkeit wird nicht allein dadurch zur Steuerordnungswidrigkeit, dass über Verweisungsketten ein Zusammenhang mit der Abgabenordnung hergestellt werden kann. Keine Steuerordnungswidrigkeiten sind z.B.:

– die Verbandsgeldbuße (§ 30 OWiG),
– die unternehmerische Aufsichtspflichtverletzung (§ 130 OWiG),
– berufsrechtliche Verstöße i.S.d. §§ 160 ff. StBerG.

14 Bei diesen Nicht-Steuerordnungswidrigkeiten kann kraft Verweisung zwar eine Zuständigkeit der Finanzbehörden oder die Anwendung einzelner Vorschriften (z.B. von § 378 AO) gegeben sein. Regelungen die auf „Steuerordnungswidrigkeiten" Bezug nehmen, gelten aber für sie nicht bzw. nur aufgrund ausdrücklicher Anordnung. Sofern nicht ausdrücklich angeordnet greift bspw. die abweichend vom allgemeinen Verjährungsrecht (§§ 31 ff. OWiG) verlängerte Verjährung gem. § 384 AO für derartige Nicht-Steuerordnungswidrigkeiten auch dann nicht, wenn die Finanzverwaltung den Sachverhalt bearbeitet.

15 – 20 Einstweilen frei.

C. Verweisung auf das OWiG (§ 377 Abs. 2 AO)

I. Verweisungsumfang

21 Für Steuerordnungswidrigkeit i.S.d. §§ 377 Abs. 1 AO verweist § 377 Abs. 2 AO auf die Anwendung der Vorschriften des OWiG. Der Wortlaut der Verweisung umfasst aber nur den ersten Teil des OWiG, also die §§ 1 bis 34 OWiG. Die Verweisung ist auch abschließend (HHSp/*Rüpping* § 377 Rn. 19; a.A. Schwarz/*Weyand* § 377 Rn. 4), allerdings finden sich an anderer Stelle der AO ergänzende Verweisungen auf das OWiG (z.B. in § 410 AO).

22 Aus dem abschließenden Charakter der Verweisungen gem. § 377 Abs. 2 AO ergibt sich, dass über diese Norm zwar § 30 OWiG im Steuerordnungswidrigkeitenrecht Anwendung findet. Eine Anwendbarkeit von § 130 OWiG (unternehmerische Aufsichtspflichtverletzung) auf Steuerdelikte folgt daraus aber nicht; diese müsste auf anderem Wege begründet werden (dazu Einf. §§ 377 ff. Rdn. 195).

Die Verweisung auf die §§ 1 bis 34 OWiG wird beschränkt durch etwaige Spezialregelungen in 23 den Bußgeldvorschriften der Steuergesetze. Dies sind insb. die §§ 377 bis 384 AO. Eine in diesem Sinne vorrangige Regelung findet sich in § 384 AO zur Verjährung.

Einstweilen frei. 24 – 30

II. Die Regelungen des OWiG

Der in Bezug genommene erste Teil des OWiG regelt die allgemeinen Vorschriften. Er ist gelie- 31 dert in die Abschnitte zum Geltungsbereich (§§ 1 bis 7 OWiG), den Grundlagen der Ahndung (§§ 8 bis 16 OWiG), dem Abschnitt zur Geldbuße (§§ 17, 18 OWiG), den der Regelung zum Zusammentreffen mehrerer Gesetzesverletzungen (§§ 19 bis 21 OWiG), den Regelungen zur Einziehung (§§ 22 bis 29 OWiG), den Regelungen zum Verfall und der Geldbuße gegen juristische Personen (§§ 29a, 30 OWiG) sowie dem Abschnitt zur Verjährung (§§ 31 bis 34 OWiG).

Diese allgemeinen Regelungen sind ganz überwiegend regelungsidentisch mit den auch im steuer- 32 strafrechtlichen zu beachtenden und von § 369 AO in Bezug genommenen allgemeinen Regeln des StGB. Insoweit kann auf die Kommentierung zu § 369 Abs. 2 AO verwiesen werden. Nachfolgend soll daher nur eine Gegenüberstellung der Normen erfolgen und auf die Besonderheiten des Ordnungswidrigkeitenrechts eingegangen werden.

OWiG	StGB
Erster Abschnitt: Geltungsbereich	
§ 1 Begriffsbestimmung	

Abs. 1. definiert den Begriff der **Ordnungswidrigkeit** als „eine rechtswidrige und vorwerfbare 33 Handlung, die den Tatbestand eines Gesetzes verwirklicht, das die Ahndung mit einer Geldbuße zuläßt." Die Definition wird für das Steuerrecht durch § 377 Abs. 1 AO ergänzt (Rdn. 11 ff.).

Der Begriff der „**Vorwerfbarkeit**" ist in der praktischen Anwendung mit dem der strafrechtlichen 34 „Schuld" deckungsgleich (Göhler/*Gürtler* Vor § 1 Rn. 30). Im OWiG wird lediglich eine andere Diktion verwendet, um auszudrücken, dass mit der Sanktionierung eines bloßen Ordnungsverstoßes keine „sozialethische Mißbilligung" (BT-Drucks. V/1269, S. 46) verbunden ist; diese wohnt dem Strafrecht und dem dortigen Schuldbegriff inne (vgl. Einf. §§ 377 ff. Rdn. 22).

Abs. 2: Einer mit „Geldbuße bedrohten Handlung" fehlt das Vorwerfbarkeitselement des Abs. 1. 35 In einem solchen Fall kommt zwar die Verhängung einer Geldbuße nicht in Betracht, dennoch können Nebenfolgen verhängt werden (z.B. Verfall, § 29a OWiG, dazu Einf. §§ 377 ff. Rdn. 150 ff.).

OWiG	StGB	
§ 2 OWiG: Sachliche Geltung		36
§ 3 OWiG: Keine Ahndung ohne Gesetz	§ 1 StGB: Keine Strafe ohne Gesetz	

Wie das Steuerstrafrecht ist auch das Steuerordnungswidrigkeitenrecht von Blankettvorschriften 37 (vgl. § 370 Rdn. 8 ff.) geprägt. Diese Verweisungstechnik ist allgemein im Ordnungswidrigkeitenrecht stark ausgeprägt und ist von § 3 OWiG gedeckt (vgl. Göhler/*Gürtler* Vor § 1 Rn. 17 ff.).

OWiG	StGB
§ 4 OWiG: Zeitliche Geltung	§ 2 StGB: Zeitliche Geltung

38   § 4 Abs. 3 OWiG bestimmt, dass nach einer Gesetzesänderung stets das mildere Gesetz anzuwenden ist. Im Verhältnis zwischen Straf- und Bußgeldvorschriften sind Letztere stets das mildere Gesetz i.S.d. Norm (FGJ/*Joecks* § 377, Rn. 10; Göhler/*König* § 4 Rn. 6).

39 § 5 OWiG: Räumliche Geltung	§ 3 StGB: Geltung für Inlandstaten
	§ 4 StGB: Geltung für Taten auf deutschen Schiffen und Luftfahrzeugen

40 § 6 OWiG: Zeit der Handlung	§ 8 StGB: Zeit der Tat

41 § 7 OWiG: Ort der Handlung	§ 9 StGB: Ort der Tat
Zweiter Abschnitt: Grundlagen der Ahndung	
§ 8 OWiG: Begehen durch Unterlassen	§ 13 StGB: Begehen durch Unterlassen

42   § 8 OWiG erfasst nur **unechte Unterlassensdelikte**, also Tatbestände, die dem Wortlaut nach an eine (nicht vorgenommene) Handlung anknüpfen. Die Regelung normiert die Voraussetzungen, wann das Nicht-Handeln dem Handeln gleich zu stellen ist. § 8 OWiG ist regelungsidentisch mit § 13 StGB, es bestehen lediglich einige sprachliche Anpassungen an das jeweilige Teilrechtsgebiet.

43   Viele Tatbestände des Ordnungswidrigkeitenrechts und auch des Steuerordnungswidrigkeitenrechts kennen für den Normadressaten auch eine explizite Unterlassensvariante (z.B. § 378 AO: Nichtabgabe, verspätete Abgabe; § 379 AO: Nicht-Buchung oder -Mitteilung; § 380 AO Nicht-Abführung; sog. **echte Unterlassendelikte**). In diesen Fällen greift § 8 OWiG nicht, sodass es keiner Garantenstellung etc. für die Sanktionierung bedarf. Das Unterlassen ist dann unmittelbarer Anknüpfungspunkt für die Sanktionierung. Erst wenn nicht der eigentliche Normadressat sondern für diesen ein Dritter handeln sollte, stellt sich beim unterbleiben der gebotenen Handlung die Frage, ob der Dritte eine Garantenstellung i.S.d. § 8 OWiG übernommen hat.

§ 9 OWiG: Handeln für einen anderen **(1) Handelt jemand** **1. als vertretungsberechtigtes Organ einer juristischen Person oder als Mitglied eines solchen Organs,** **2. als vertretungsberechtigter Gesellschafter einer rechtsfähigen Personengesellschaft oder** **3. als gesetzlicher Vertreter eines anderen,** **so ist ein Gesetz, nach dem besondere persönliche Eigenschaften, Verhältnisse oder Umstände (besondere persönliche Merkmale) die Möglichkeit der Ahndung begründen, auch auf den Vertreter anzuwenden, wenn diese Merkmale zwar nicht bei ihm, aber bei dem Vertretenen vorliegen.**	§ 14 StGB: Handeln für einen anderen

(2) Ist jemand von dem Inhaber eines Betriebes oder einem sonst dazu Befugten
1. beauftragt, den Betrieb ganz oder z.T. zu leiten, oder
2. ausdrücklich beauftragt, in eigener Verantwortung Aufgaben wahrzunehmen, die dem Inhaber des Betriebes obliegen,
und handelt er aufgrund dieses Auftrages, so ist ein Gesetz, nach dem besondere persönliche Merkmale die Möglichkeit der Ahndung begründen, auch auf den Beauftragten anzuwenden, wenn diese Merkmale zwar nicht bei ihm, aber bei dem Inhaber des Betriebes vorliegen. Dem Betrieb i.S.d. Satzes 1 steht das Unternehmen gleich. Handelt jemand aufgrund eines entsprechenden Auftrages für eine Stelle, die Aufgaben der öffentlichen Verwaltung wahrnimmt, so ist Satz 1 sinngemäß anzuwenden.
(3) Die Abs. 1 und 2 sind auch dann anzuwenden, wenn die Rechtshandlung, welche die Vertretungsbefugnis oder das Auftragsverhältnis begründen sollte, unwirksam ist.

Nicht wenige Steuerordnungswidrigkeiten kämen ohne § 9 OWiG nie zur Anwendung (ebenso **44** FGJ/*Joecks* § 377 Rn. 23; a.A. *Kohlmann* § 377 Rn. 38; Rolletschke/Kemper/*Dietz* § 377, Rn. 19, die aufgrund der Weite des Begriffs des Steuerpflichtigen i.S.d. § 33 AO kaum praktische Relevanz sehen). Häufig agieren Personen, die nicht Normadressaten sind, während die Normadressaten nicht agieren bzw. nicht agieren können. So ist bspw. die GmbH als solche „Steuerpflichtige", „Gewerbetreibende", „Arbeitgeberin" etc. Die GmbH als solche ist aber nicht handlungsfähig. Sie muss mittels ihrer Organe oder sonstiger Mitarbeiter handeln. Ihr Organ – der Geschäftsführer – kann in persona zwar „Steuerpflichtiger" (§§ 33, 34 AO) aber nicht „Gewerbetreibender", „Arbeitgeber" etc. sein. In solchen Fällen könnte der Handelnde (Geschäftsführer) nicht belangt werden, weil er nicht Normadressat ist, während der Normadressat (GmbH) nicht belangt werden kann, weil er den Pflichtenverstoß nicht begangen hat. Das Normgebot liefe leer. Ein derartiges Leerlaufen gesetzlicher Handlungsanforderungen verhindert der dem § 14 StGB entsprechende § 9 OWiG. Er rechnet die besonderen persönlichen Merkmale des Normadressaten bestimmten Handelnden zu; beim Handelnden werden die besonderen persönlichen Merkmale des Verpflichteten fingiert. Eine Zurechnung erfolgt aber nur sofern der Handelnde als

– Organ,
– vertretungsberechtigter Gesellschafter einer rechtsfähigen Personengesellschaft,
– gesetzlicher Vertreter,
– Betriebsleiter oder
– Beauftragter

agiert.

Ob § 9 OWiG auch bei **faktischer Organschaft** greift, ist streitig (Einf. §§ 377 ff. Rdn. 35). **45** **Betriebsleiter** ist, wer kraft ausdrücklichen Auftrags die selbstständige Leitung eines Betriebes oder eines organisatorisch abgegrenzten Teilbetriebes übernommen hat. **Beauftrager** i.S.d. § 9 OWiG ist nur, wer kraft ausdrücklichen Auftrags die eigenverantwortliche Erledigung einer Inhaberpflicht übernommen hat. Nachgeordnete Weisungsempfänger ohne eigene Entscheidungsbefugnisse kommen damit als Beauftragte nicht in Betracht (vgl. auch Einf. §§ 377 ff. Rdn. 33). Hingegen können Externe (z.B. Steuerberater) Beauftragte sein, wenn ihre Tätigkeit über eine rein beratende Funktion hinaus geht und eigene Entscheidungsbefugnisse umfasst (FGJ/*Joecks* § 377 Rn. 26; Göhler/*Gürtler* § 9 Rn. 23). In allen Fällen kommt es auf die faktische Übernahme, nicht auf die Rechtswirksamkeit an (§ 9 Abs. 3 OWiG).

§ 10 OWiG: Vorsatz und Fahrlässigkeit	§ 15 StGB: Vorsätzliches und fahrlässiges Handeln

46   Der Vorsatz- und Fahrlässigkeitsbegriff im OWiG und StGB ist deckungsgleich (FGJ/*Joecks* § 377 Rn. 16). Anders als bei den Verbrechenstatbeständen des StGB ist die fahrlässige Verwirklichung eines Bußgeldtatbestands jedoch nur dann ordnungswidrig, wenn dies ausdrücklich angeordnet ist. Im Bereich der Steuerordnungswidrigkeiten wird regelmäßig auf den Begriff der Leichtfertigkeit (gesteigerte Form der Fahrlässigkeit, vgl. § 378 Rdn. 61 ff.) abgestellt (Ausn. z.B. §§ 379 Abs. 3, 382 AO: einfache Fahrlässigkeit).

§ 11 OWiG: Irrtum	§ 16 StGB: Irrtum über Tatumstände § 17 StGB: Verbotsirrtum

47   Für den **Tatumstandsirrtum** (§ 11 Abs. 1 OWiG) gelten keine Besonderheiten, sodass auf § 370 Rdn. 656 ff. verwiesen werden kann. Aufgrund des Tatumstandsirrtums kann die Tat zwar nicht wegen Vorsatz wohl aber wegen einer ihr innewohnenden Fahrlässigkeit sanktioniert werden. Da im Bereich der Steuerordnungswidrigkeiten aber regelmäßig der Begriff der Leichtfertigkeit verwendet wird, muss diese gesteigerte Form der Fahrlässigkeit festgestellt werden (vgl. auch Rolletschke/Kemper/*Dietz* § 377 Rn. 26).

48   Auch wenn § 11 Abs. 2 StGB den **Verbotsirrtum** als fehlendes Bewusstsein der „Unerlaubtheit" definiert, wird dadurch ggü. § 17 StGB („Unrecht", dazu vgl. § 377 Rn. 661) keine sachliche Änderung begründet; die unterschiedliche Diktion ist wiederum lediglich dem fehlenden Strafcharakter des OWiG geschuldet.

49   Da „die im Recht des Ordnungswidrigkeiten zum Ausdruck kommenden Werturteile [nicht auf sozialethischen Werturteilen beruhen und oft reinen Zweckmäßigkeitserwägungen folgen, berühren sie] den Bereich des Gewissens in vielen Fällen nicht" (BT-Drucks. V/1269 S. 46), drängen sie sich dem Betroffenen nicht ohne Weiteres auf, er kann daher auch durch die im Strafrecht geforderte (GrS BGHSt 2, 194; *Fischer* § 17 Rn. 8) besondere Gewissensanspannung nicht zur Erkenntnis von der „Unerlaubtheit" gelangen. Aus diesem Grunde hat der Verbotsirrtum im Ordnungswidrigkeitenrecht einen tatsächlich größeren Anwendungsspielraum als im Strafrecht, wenngleich die Anforderungen zur Vermeidung des Verbotsirrtum nur im Einzelfall, unter Berücksichtigung der individuellen Fähigkeiten zu klären und bei bestehenden oder sich aufdrängenden Zweifeln fachkundige Auskünfte einzuholen sind (FGJ/*Joecks* § 377 Rn. 14; Göhler/*Gürtler* § 11 Rn. 23 ff.).

50   Der unvermeidbare Verbotsirrtum wirkt sanktionsvermeidend, der vermeidbare Verbotsirrtum wird regelmäßig strafmildernd zu berücksichtigen sein.

§ 12 OWiG: Verantwortlichkeit	§ 19 StGB: Schuldunfähigkeit des Kindes § 20 StGB: Schuldunf. wegen seelischer Störungen

51   Die Verantwortlichkeit des § 12 OWiG folgt den Regeln der Schuld gem. §§ 19, 20 StGB (vgl. § 369 Rdn. 155). Allerdings fehlt im OWiG eine Regelung vergleichbar § 21 StGB (Verminderte Schuldfähigkeit). § 21 StGB bildet einen vertypten Strafmilderungsgrund. Da das OWiG keine erhöhten Mindestgeldbußen kennt, bedarf es – anders als das StGB – keiner gesetzlichen Herabsetzung des Strafrahmens (§ 21 StGB). Der Milderungsgedanke des § 21 StGB ist aber i.R.d. Bußgeldbemessung zu berücksichtigen (KK-OWiG/*Rengier* § 21 Rn. 25).

§ 13 OWiG: Versuch	§ 22 StGB: Begriffsbestimmung § 23 StGB: Strafbarkeit des Versuchs § 24 StGB: Rücktritt

Eine fahrlässige Ordnungswidrigkeit kann schon dogmatisch nicht versucht werden, doch auch **52** versuchte vorsätzliche Steuerordnungswidrigkeiten sind regelmäßig mangels ausdrücklicher Anordnung i.S.d. § 13 Abs. 2 OWiG nicht sanktionsfähig. Nur für wenige Steuerordnungswidrigkeiten ist eine Versuchsahndung vorgesehen. In einem solchen Fall gelten im Ordnungsrecht dieselben Regeln wie im Strafrecht (vgl. § 370 Rdn. 494 ff.).

§ 14 OWiG: Beteiligung (1) Beteiligen sich mehrere an einer Ordnungswidrigkeit, so handelt jeder von ihnen ordnungswidrig. Dies gilt auch dann, wenn besondere persönliche Merkmale (§ 9 Abs. 1), welche die Möglichkeit der Ahndung begründen, nur bei einem Beteiligten vorliegen. (2) Die Beteiligung kann nur dann geahndet werden, wenn der Tatbestand eines Gesetzes, das die Ahndung mit einer Geldbuße zulässt, rechtswidrig verwirklicht wird oder in Fällen, in denen auch der Versuch geahndet werden kann, dies wenigstens versucht wird. (3) Handelt einer der Beteiligten nicht vorwerfbar, so wird dadurch die Möglichkeit der Ahndung bei den anderen nicht ausgeschlossen. Bestimmt das Gesetz, dass besondere persönliche Merkmale die Möglichkeit der Ahndung ausschließen, so gilt dies nur für den Beteiligten, bei dem sie vorliegen. (4) Bestimmt das Gesetz, dass eine Handlung, die sonst eine Ordnungswidrigkeit wäre, bei besonderen persönlichen Merkmalen des Täters eine Straftat ist, so gilt dies nur für den Beteiligten, bei dem sie vorliegen.	§ 25 StGB: Täterschaft § 26 StGB: Anstiftung § 27 StGB: Beihilfe

Anders als im Strafrecht (vgl. § 370 Rdn. 32 ff.) unterscheidet das Ordnungswidrigkeitenrecht **53** nicht zwischen Täter, Mittäter, mittelbarem Täter, Anstifter und Gehilfen. Das OWiG geht vielmehr vom Begriff des **Einheitstäters** aus. Ob die vom Gesetzgeber (BT-Drucks. V/1269 S. 48) beabsichtigte Rechtsanwendungserleichterung tatsächlich eintritt, ist zweifelhaft, denn zur Vermeidung von Wertungswidersprüchen zum Strafrecht muss auf dort verwendeten Begrifflichkeiten zurückgegriffen werden, zudem wird man i.R.d. Bemessung einer Geldbuße auf den unterschiedlichen Schweregrad der Tatbeteiligung Rücksicht nehmen müssen.

Als **Beteiligter** handelt, wer an der Tat bewusst und gewollt, also vorsätzlich, mitwirkt. **54**

Wer nur *fahrlässig* bewirkt, dass ein *anderer vorsätzlich* eine Tat begeht, ist nicht Beteiligter **55** (HHSp/*Rüping* § 377 Rn. 27; FGJ/*Joecks* § 377 Rn. 21; *Kohlmann* § 377 Rn. 29; Rolletschke/Kemper/*Dietz* § 377 Rn. 30; Göhler/*Gürtler* § 14 Rn. 4). Denkbar ist allein eine **fahrlässige Nebentäterschaft**; bei sämtlichen Akteuren ist je eigenständig ihr jeweiliges Verhalten auf eine mögliche Tatbestandverwirklichung zu beurteilen (vgl. *Kohlmann* § 377 Rn. 30; HHSp/*Rüping* § 377 Rn. 27).

56 Hingegen ist streitig, ob Beteiligter ist, wer *vorsätzlich* bewirkt, dass ein *anderer fahrlässig* eine Tat begeht. Der BGH (BGHSt, 31, 309, 311) hält fest: „Wer vorsätzlich mitverursacht, daß ein anderer fahrlässig eine Ordnungswidrigkeit begeht, beteiligt sich damit nicht im Sinne von § 14 Abs. 1 OWiG an dieser Tat." Dies, weil sich an „einer Straftat ... (zwar) mehrere Personen als Mittäter, Gehilfen oder Anstifter beteiligen (können). Dabei müssen (aber) alle Beteiligten vorsätzlich handeln. Wer vorsätzlich mitverursacht, daß ein anderer lediglich fahrlässig eine Straftat begeht, kann – abgesehen von den Fällen, in denen er mittelbarer Täter ist – nicht bestraft werden (vgl. BGHSt 9, 370 f.)." Zur Vermeidung von Wertungswidersprüchen müsse dies auch im Bereich des Ordnungswidrigkeitenrechts gelten. Im Anschluss an *Göhler* (wistra 1983, 242, 245) wird diese Auffassung teilweise kritisiert (FGJ/*Joecks* § 377 Rn. 21; Kohlmann § 377 Rn. 31). Ein Wertungswiderspruch zwischen Straf- und Ordnungswidrigkeitenrecht könne nur im Bereich von Sondertatbeständen entstehen, also bei Delikten, die ein besonderes persönliches Merkmal (§§ 9 Abs. 1, 14 Abs. 1. Satz 2 OWiG) voraussetzen (FGJ/*Joecks* § 377 Rn. 21; Kohlmann § 377 Rn. 31). Die Eigenschaft „Steuerpflichtiger" ist ein derartiges persönliches Merkmal, sodass dieser Streit bei vielen Steuerordnungswidrigkeiten keine Relevanz entfaltet. Bei den Jedermannsdelikten (z.B. § 379) führt die Auffassung der Literatur zu einer Erweiterung der Sanktionierungsmöglichkeiten.

57 Während **besondere persönliche Merkmale** (§ 9 Abs. 1 OWiG; Rdn. 44), die die Tat begründen, allen Beteiligten zugerechnet werden (§ 14 Abs. 1 Satz 2 OWiG), kommen besondere persönliche Merkmale, die die Ahndung ausschließen, nur dem Beteiligten zugute, bei dem sie vorliegen (§ 14 Abs. 3 Satz 2 OWiG). I.R.d. Bemessung der Geldbuße ist zu berücksichtigen, ob bei dem jeweils betroffenen Tatbeteiligten das persönliche Merkmal vorliegt oder nicht.

58	§ 15 OWiG: Notwehr	§ 32 StGB: Notwehr § 33 StGB: Überschreitung der Notwehr

59	§ 16 OWiG: Rechtfertigender Notstand	§ 34 StGB: Rechtfertigender Notstand
	Dritter Abschnitt: Geldbuße	
	§ 17 OWiG: Höhe der Geldbuße	§ 46 StGB: Grundsätze der Strafzumessung

60 Die Geldbuße beträgt zwischen 5,00 € und 1.000,00 € (§ 17 Abs. 1 OWiG). Die Steuerordnungswidrigkeitstatbestände setzen als lex specialis die **Höchstgeldbuße** regelmäßig herauf (z.B. §§ 378, 383 AO: 50.000,00 €, § 380 AO: 25.000,00 €; §§ 379, 381, 382 AO: 5.000,00 €). Bei Fahrlässigkeit (Leichtfertigkeit) gelten davon die hälftigen Beträge als Höchstsummen (§ 17 Abs. 2 OWiG).

61 Auch wenn das OWiG kein Tagessatzsystem (§ 40 StGB) kennt, richtet sich die **Bemessung** der Geldbuße grds. nach den gleichen Kriterien wie die Strafzumessung. § 46 StGB bietet daher auch für das OWiG aussagekräftige Merkmale an.

62 Allerdings gehen neben der Sanktionierung auch der Zweck der **Vorteilsabschöpfung** in die Bemessung der Geldbuße ein (§ 17 Abs. 4 OWiG). Während dieser Zweck im StGB durch das Institut des Verfalls (§§ 73 ff. StGB) eigenständig verfolgt wird, kann im Ordnungswidrigkeitenrecht der Höchstbetrag der Geldbuße um max. den Betrag des gezogenen Vorteils überschritten werden. Der Verfall hat im Ordnungswidrigkeitenrecht daher nur dann einen eigenständigen Anwendungsbereich (vgl. auch Einf. §§ 377 ff. Rdn. 150 ff.), wenn – aus welchen Gründen auch immer – keine Geldbuße festgesetzt werden kann (§ 29a OWiG). Anders als im Strafrecht erfolgt die Abschöpfung nach § 17 Abs. 4 OWiG nicht nach dem Brutto- sondern nach dem **Nettoprinzip** (ganz h.M., vgl. FGJ/*Joecks* § 377 Rn. 30; *Kohlmann* § 377 Rn. 56; KK-OWiG/*Mitsch* § 17

Rn. 118; a.A. Göhler/*Gürtler* § 17 Rn. 38a). Das bedeutet, dass der Täter nicht seinen Umsatz sondern seinen – um Aufwendungen bereinigten – Gewinn nach Steuern (BVerfGE 81, 228) und Ersatzansprüchen (BGH, Beschl. v. 15.03.1984, 1 StR 819/83, jurion) abzuführen hat; dies gilt auch für Aufwendungen, die steuerlich nicht berücksichtigungsfähig wären (z.B. Bestechungsgelder, § 4 Abs. 5 Nr. 10 EStG).

§ 17 Abs. 4 OWiG ist eine **Soll-Vorschrift**, von der Vorteilsabschöpfung kann daher in zu begrün- **63** denden Einzelfällen ganz oder in Teilen abgesehen werden (im Einzelnen vgl. Göhler/*Gürtler* § 17 Rn. 46).

§ 18 OWiG: Zahlungserleichterungen	§ 42 StGB: Zahlungserleichterungen

Anders als im Strafrecht findet eine Ersatzfreiheitsstrafe (§ 43 StGB) laut OWiG nicht statt. Nicht **64** beizutreibende Geldbußen können niedergeschlagen werden (§ 95 Abs. 2 OWiG).

Vierter Abschnitt: Zusammentreffen mehrerer Gesetzesverletzungen	
§ 19 OWiG: Tateinheit § 20 OWiG: Tatmehrheit § 21 OWiG: Zusammentreffen von Straftat und Ordnungswidrigkeit	§ 52 StGB: Tateinheit § 53 StGB: Tatmehrheit

Wie im Strafrecht wird bei der **tateinheitlichen**, also durch dieselbe Handlung erfolgenden, **65** gleichzeitigen Verletzung mehrerer Ordnungswidrigkeitstatbestände, nur wegen des Tatbestands mit der höchsten Sanktion eine Geldbuße verhängt.

Anders als im Strafrecht erfolgt bei der **tatmehrheitlichen** – mehrere, zeitlich nacheinander gestaf- **66** felte, Verletzungshandlungen – Verletzung von Tatbeständen keine Bildung einer Gesamtbuße. Die einzelnen Taten werden vielmehr je für sich sanktioniert.

Steht die Ordnungswidrigkeit dabei in tateinheitlicher **Konkurrenz zu einer Straftat**, wird sie von **67** der Straftat verdrängt (§ 21 Abs. 1 OWiG). Zwar können neben der Strafe ordnungsrechtliche Nebenfolgen verhängt werden (§ 21 Abs. 1 Satz 2 OWiG); eine Sanktionierung als Ordnungswidrigkeit ist aber nur möglich, wenn eine Strafe aus Rechtsgründen (z.B. Selbstanzeige) nicht verhängt werden kann (§ 21 Abs. 2 OWiG). Dies ist nach ganz herrschender Meinung etwa der Fall, bei Vorliegen von Verfahrenshindernissen oder der Einstellung nach §§ 153, 153b oder 154 StPO (mit beachtlichen Gründen sieht *Bohnert* § 153 StPO als Sperre für ein Bußgeld an; KK-OWiG § 21 Rn. 31). Entgegen *Rüping* (HHSp § 378, Rn. 79; unklar *Rolletschke*/Kemper § 378 Rn. 44 ff.: „§§ 153 ff. StPO") ist nach Einstellung gem. § 153a StPO keine Möglichkeit gegeben, ein Bußgeld zu verhängen; die Auflagenerfüllung führt zu dem Verfahrenshindernis des § 153a Abs. 1 Satz 5 StPO. Dieses ermöglicht – unabhängig von neuen Tatsachen – eine Neubewertung der Tat nur als Verbrechen und geht als lex specialis dem § 21 Abs. 2 OWiG vor (*Meyer-Goßner* § 153a Rn. 52; Göhler/*Gürtler* § 21 Rn. 26). Gleiches gilt bei einer Verwarnung mit Strafvorbehalt (Göhler/*Gürtler* § 21 Rn. 26; a.A. KK-OWiG/*Bohnert* § 21 Rn. 25) und wohl auch bei einer Einstellung gemäß § 398a AO.

Fünfter Abschnitt: Einziehung	
§ 22 OWiG: Voraussetzungen der Einziehung	§ 74 StGB: Voraussetzungen der Einziehung
§ 23 OWiG: Erweiterte Voraussetzungen der Einz.	§ 74a StGB: Erweiterte Voraussetzungen der Einz.
§ 24 OWiG: Grundsatz der Verhältnismäßigkeit	§ 74b StGB: Grundsatz der Verhältnismäßigkeit
§ 25 OWiG: Einziehung des Wertersatzes	§ 74c StGB: Einziehung des Wertersatzes
§ 26 OWiG: Wirkung der Einziehung	§ 74e StGB: Wirkung der Einziehung
§ 27 OWiG: Selbstständige Anordnung	§ 76a StGB: Selbstständige Anordnung
§ 28 OWiG: Entschädigung	§ 74f StGB: Entschädigung
§ 29 OWiG: Sondervorschrift für Organe und Vertreter	§ 75 StGB: Sondervorschrift für Organe u. Vertreter

68 Die Einziehungsbestimmungen nach OWiG und StGB sind nahezu deckungsgleich (vgl. daher § 375 Rdn. 1 ff). Die §§ 22 ff. OWiG sind grds. auch auf Steuerordnungswidrigkeiten anwendbar. Anders als im Strafrecht bedarf es aber im Ordnungswidrigkeitenrecht stets der gesetzgeberischen Verweisung auf die Nebenfolge der Einziehung. Eine solche Anordnung fehlt in der AO, ist aber bei einigen Nebengesetzen vorgesehen (z.B. § 37 Abs. 3 TabStG, § 36 AWG, § 36 Abs. 7 MOG).

Sechster Abschnitt: Verfall und Geldbuße gegen juristische Personen und Personenvereinigungen	
§ 29a OWiG: Verfall	

69 Zwar kennt auch das StGB mit seinen §§ 73 bis 73e sowie §§ 76, 76a StGB Verfallsregelungen. Diese sind aber nur wenig vergleichbar, da das OWiG einen anderen Regelungsansatz gewählt hat.

70 Der Verfall dient dazu, Vermögensvorteile abzuschöpfen, die durch die Tat erlangt wurden. Gem. § 17 Abs. 4 OWiG geschieht dies im Ordnungswidrigkeitenrecht über die entsprechende Erhöhung der Geldbuße.

71 § 29a OWiG kommt nur dann zur Anwendung, wenn die Verhängung einer Geldbuße zulasten desjenigen, dem den Vorteil aus der Tat zugewachsen ist, scheitert. Abs. 1 behandelt den Fall, dass gegen den Täter keine Geldbuße festgesetzt werden kann, z.B. weil es ihm an der notwendigen Verantwortlichkeit (§ 12 OWiG) fehlt. Abs. 2 erfasst Drittvorteile des Nicht-Täters, z.B. wenn Steuern zugunsten einer GmbH hinterzogen wurden, aber die Voraussetzungen für eine Geldbuße gem. § 30 OWiG nicht vorliegen.

72 Für den Sonderfall des § 29a OWiG ist streitig, ob hier – anders als i.R.d. Vorteilsabschöpfung des § 17 Abs. 4 OWiG – nicht das Netto- sondern das Bruttoprinzip zur Anwendung kommt. Nach diesseitiger Auffassung kommt das Nettoprinzip zur Anwendung, denn § 29a StGB ist eine Auffangregelung für den Fall, dass die primäre Abschöpfung via § 17 Abs. 4 OWiG nicht zum Tragen kommt (vgl. Einf. §§ 377 ff. Rdn. 157 m.N.)

73 Auch der Verfall nach § 29a OWiG ist eine Ermessensvorschrift („kann"). Von der Verhängung kann aus Opportunität verzichtet werden.

§ 30 OWiG: Geldbuße gegen juristische Personen und Personenvereinigungen	

74 § 30 OWiG ermöglicht die Verhängung einer unmittelbar zulasten des Unternehmens (AG, GmbH, KG etc.) gerichteten Geldbuße. Da gegen juristische Personen die Verhängung einer Kriminalstrafe nicht in Betracht kommt (vgl. Einf. §§ 377 ff. Rdn. 22), kennt das StGB keine dem

§ 30 OWiG entsprechende Norm. Die Einzelheiten zu § 30 OWiG werden im Zusammenhang mit dem sog. Unternehmensstrafrecht (Einf. §§ 377 ff. Rdn. 184 ff.) erläutert.

Siebenter Abschnitt: Verjährung	
§ 31 OWiG: Verfolgungsverjährung	§ 78 StGB: Verjährungsfrist § 78a StGB: Beginn

Steuerordnungswidrigkeiten verjähren nach den Regeln des OWiG, die ihrerseits prinzipiell mit den Normen des StGB vergleichbar sind. Insoweit bestehen keine Besonderheiten, jedoch ist die **Verjährungsfrist** der §§ 378 bis 380 AO (und nur dieser Steuerordnungswidrigkeiten) durch § 384 AO auf 5 Jahre verlängert.   75

§ 32 OWiG: Ruhen der Verfolgungsverjährung	§ 78b StGB: Ruhen (vgl. Abs. 1 Nr. 2, Abs. 3)	76

§ 33 OWiG: Unterbrechung der Verfolgungsverjährung	§ 78c StGB: Unterbrechung	77
§ 34 OWiG: Vollstreckungsverjährung	§ 79 StGB: Verjährungsfrist § 79a StGB: Ruhen	

Eine dem § 79b StGB (Verlängerung der Vollstreckungsverjährung bei Aufenthalt im nicht kooperierenden Ausland) entsprechende Norm kennt das OWiG nicht.   78

§ 378 AO   Leichtfertige Steuerverkürzung

(1) Ordnungswidrig handelt, wer als Steuerpflichtiger oder bei Wahrnehmung der Angelegenheiten eines Steuerpflichtigen eine der in § 370 Abs. 1 bezeichneten Taten leichtfertig begeht. § 370 Abs. 4 bis 7 gilt entsprechend.

(2) Die Ordnungswidrigkeit kann mit einer Geldbuße bis zu fünfzigtausend Euro geahndet werden.

(3) Eine Geldbuße wird nicht festgesetzt, soweit der Täter gegenüber der Finanzbehörde die unrichtigen Angaben berichtigt, unvollständige Angaben ergänzt oder die unterlassenen Angaben nachholt, bevor ihm oder seinem Vertreter die Einleitung eines Straf- oder Bußgeldverfahrens wegen der Tat bekannt gegeben worden ist. § 371 Abs. 3 und 4 gilt entsprechend.

A. Überblick

1   § 378 Abs. 1 und 2 AO bilden das Pendant zu § 370 AO für den Fall, dass die Steuerverkürzung nicht vorsätzlich sondern leichtfertig (Rdn. 61 ff.) erfolgte; dies ist der wesentliche Unterschied der Tatbestände. In einem solchen Fall wird die Straftat des § 370 AO zu einer Ordnungswidrigkeit herabgestuft. Vielfach wird vor diesem Hintergrund von einem Auffangtatbestand gesprochen (vgl. BGH v. 8.09.2011 – 1 StR 38/11, BeckRS 2011, 24006, Rn. 16), dies entbindet jedoch nicht von der Notwendigkeit, leichtfertiges Verhalten festzustellen. Die einfach fahrlässige Steuerverkürzung ist nicht strafbar.

2   Eine Besonderheit bildet die kraft ausdrücklicher gesetzlicher Anordnung mögliche vorsätzliche Steuerverkürzung (§§ 378 AO, 50e EStG) bei geringfügiger Beschäftigung in Privathaushalten.

3   Die objektiven Tatbestände von § 370 AO und § 378 AO entsprechen sich im Wesentlichen, sodass auf die Kommentierung zu § 370 AO verwiesen werden kann. Allerdings handelt es sich bei § 378 AO um ein Sonderdelikt (eingeschränkter Täterkreis, vgl. Rdn. 16), während § 370 AO ein Jedermannsdelikt („wer") ist.

4   Entsprechend seiner Natur als fahrlässiges Delikt ist eine Begehung im Versuch nicht vorstellbar, sodass § 378 Abs. 1 AO nicht auf § 370 Abs. 2 AO verweist.

5   Auch von einer Verweisung auf die Regelbeispiele des § 370 Abs. 3 AO wurde abgesehen. Als indizielle Merkmale einer besonders schweren Schuld sind die Regelbeispiele unvereinbar (Kohlmann/*Schauf* § 378 Rn. 6; *Rolletschke*/Kemper § 378 Rn. 5) mit der Schuldneutralität des Ordnungswidrigkeitenrechts (vgl. Einf. §§ 377 ff. Rdn. 2, 22).

6   Während die Abs. 2 und 3 § 370 AO wiederspiegeln, korreliert § 378 Abs. 3 mit § 371 AO. Entgegen der ursprünglichen Absicht haben sich hier durch das Schwarzgeldbekämpfungsgesetz nur wenige Änderungen ergeben (Rdn. 111 ff.).

7 – 10   Einstweilen frei.

B. Objektiver Tatbestand

11   Der objektive Tatbestand des § 378 AO ist gekennzeichnet durch einen ggü. § 370 AO eingeschränkten Täterkreis (Rdn. 16 ff.). Hingegen sind Tatobjekt und Tathandlung kraft Verweisung identisch mit § 370 AO, sodass im Wesentlichen auf die dortige Kommentierung verwiesen werden kann. Nachfolgend werden lediglich einige wenige Besonderheiten bei der Tathandlung i.R.d. § 378 AO dargestellt (Rdn. 41 ff.).

12 – 15   Einstweilen frei.

I. Täterkreis

16   Anders als § 370 AO kann § 378 AO nur vom „Steuerpflichtigen" oder durch jenen begangen werden, der die steuerlichen Angelegenheiten des Steuerpflichtigen wahrnimmt. Nur der so charakterisierte Täter kann die Ordnungswidrigkeit begehen (**Sonderdelikt** i.S.d. § 9 OWiG; vgl. § 377 Rdn. 44 f.) und sich in Form des Einheitstäters (§ 14 OWiG; vgl. § 377 Rdn. 53 ff.) an dem Delikt beteiligen (FGJ/*Joecks* § 378 Rn. 7).

17   Aufgrund der nachfolgend darzustellenden Weite der Definition kommt der Streit, ob § 9 OWiG (vgl. § 377 Rdn. 44) anwendbar ist (Kohlmann/*Schauf* § 378 Rn. 9, 28) oder durch § 378 Abs. 1 AO – als einer Spezialregelung i.S.d. § 377 Abs. 2 AO – verdrängt wird (so FGJ/*Joecks* § 378 Rn. 9; *Rolletschke*/Kemper § 378 Rn. 7; HHSp/*Rüping* § 378 Rn. 17; Schwarz/*Weyand* § 378 Rn. 3) nur selten zum Tragen; § 9 Abs. 1 OWiG wird von §§ 34, 35 AO umfasst, § 9 Abs. 2 OWiG ist regelmäßig enger als der mit der Wahrnehmung der steuerlichen Angelegenheiten betraute Personenkreis.

Einstweilen frei. 18 – 20

1. Steuerpflichtiger

Der Begriff des Steuerpflichtigen ist in § 33 AO legal definiert: 21

§ 33 AO   Steuerpflichtiger

(1) Steuerpflichtiger ist, wer eine Steuer schuldet, für eine Steuer haftet, eine Steuer für Rechnung eines Dritten einzubehalten und abzuführen hat, wer eine Steuererklärung abzugeben, Sicherheit zu leisten, Bücher und Aufzeichnungen zu führen oder andere ihm durch die Steuergesetze auferlegte Verpflichtungen zu erfüllen hat.

(2) Steuerpflichtiger ist nicht, wer in einer fremden Steuersache Auskunft zu erteilen, Urkunden vorzulegen, ein Sachverständigengutachten zu erstatten oder das Betreten von Grundstücken, Geschäfts- und Betriebsräumen zu gestatten hat.

Abs. 1 des § 33 AO beschreibt den Steuerpflichtigen, während er durch Abs. 2 negativ abgegrenzt 22
wird. Die Aufzählung des Abs. 1 ist aber nicht abschließend, denn die Formulierung, Steuerpflichtiger sei auch, wer „andere ihm durch die Steuergesetze auferlegte Verpflichtungen zu erfüllen hat" bestimmt die genannten Fälle zu bloßen Beispielen. Steuerpflichtige sind daher insb.

– der Steuerschuldner,
– der Steuerhaftungsschuldner,
– der Steuereinbehaltungs- und -abführungsverpflichtete (vgl. § 380 AO),
– der gesetzliche Vertreter (§ 34 Abs. 1 AO),
– der Vermögensverwalter (§ 34 Abs. 3 AO),
– der Verfügungsberechtigte (§§ 35, 34 AO),
– der Haftungsschuldner (§ 69 AO)
– die Anzeigepflichtigen (§§ 137 ff. AO)
– die Buch- und Aufzeichnungspflichtigen (§§ 140 ff. AO)
– Steueraufsichtsunterworfene (§§ 209 ff.) oder
– der Drittschuldner (§ 316 Abs. 1).

Die Liste ließe sich – auch anhand der Einzelsteuergesetze – beliebig fortführen (vgl. TK/*Drüen* 23
§ 33 Rn. 14 ff.), sodass der Begriff des Steuerpflichtigen sehr weit ist (Kohlmann/*Schauf* § 378
Rn. 15). Begrenzt wird er nach *Drüen* (TK § 33 Rn. 14) dadurch, dass der Pflichtenträger tatsächlicher oder potenzieller Schuldner oder Gläubiger eines Anspruchs aus einem Steuerschuldverhältnis (§ 37 AO) sein muss.

Eine Begrenzung erfolgt zudem über die Aufzählung in § 33 Abs. 2 AO. Danach sind Auskunfts- 24
pflichtige (§ 93 AO), zur Vorlage von Unterlagen Verpflichtete (§ 97 AO), Sachverständige (§ 96
AO) oder Duldungspflichtige i.S.d. § 99 AO nicht Steuerpflichtige.

Obwohl nicht im Katalog des § 33 Abs. 2 AO enthalten sind auch Amtsträger der Finanzverwal- 25
tung als solche keine Steuerpflichtigen. Ihre Pflichten i.R.d. Festsetzung der Steuern sind Amtspflichten und ergeben sich nicht aus den Steuergesetzen (FGJ/*Joecks* § 378 Rn. 6; Kohlmann/
Schauf § 378 Rn. 15). Sie sind in ihrer Eigenschaft als Amtsträger auch keine potenziellen Schuldner oder Gläubiger i.S.d. § 37 AO (vgl. Rdn. 23).

Einstweilen frei. 26 – 30

2. In Wahrnehmung der Angelegenheiten eines Steuerpflichtigen handelnde Personen

In Wahrnehmung der Angelegenheiten eines Steuerpflichtigen soll jede Person handeln, die – 31
ohne selbst (sekundärer) Steuerpflichtiger zu sein – dem Steuerpflichtigen bei der Erledigung seiner steuerlichen Angelegenheiten Hilfe leistet (Kohlmann/*Schauf* § 378 Rn. 16; vgl. FGJ/*Joecks*
§ 378 Rn. 12).

32   In diesen Täterkreis kann jedermann fallen, der mit einer **gewissen Selbstständigkeit** (Kohlmann/ *Schauf* § 378 Rn. 18; *Rolletschke*/Kemper § 378 Rn. 9) steuerliche Belange Dritter behandelt. Dazu gehören etwa **auch nachgeordnete Mitarbeiter**, soweit die Wahrnehmung der steuerlichen Belangen Hauptpflicht ihrer Tätigkeit ist und sich diese Tätigkeit nicht bloß auf Schreib- oder Rechenarbeiten beschränkt (FGJ/*Joecks* § 378 Rn. 20, 16). Ob diese Tätigkeit geschäfts- oder berufsmäßig, befugt oder unbefugt, mit oder ohne Vertretungsmacht oder Auftrag, auf oder gegen die Weisung des Steuerpflichtigen erfolgt, ist bedeutungslos (FGJ/*Joecks* § 378 Rn. 13 ff.).

33   Primärer Anwendungsfall der zweiten Tätergruppe sind allerdings die **Angehörigen der steuerberatenden Berufe** (Steuerberater, Steuerbevollmächtigte, Rechtsanwalt, Wirtschaftsprüfer, vereidigte Buchprüfer). Soweit diese ihre Tätigkeit im Rahmen von Gesellschaften ausüben hat dies keine strafrechtliche Bedeutung (Kohlmann/*Schauf* § 378 Rn. 17; vgl. FGJ/*Joecks* § 378 Rn. 18), denn die Beratung erfolgt nicht durch die Gesellschaft sondern eigenverantwortlich durch den jeweiligen Freiberufler (vgl. § 60 StBerG, § 44 WPrO).

34 – 40   Einstweilen frei.

II. Besonderheiten des § 378 AO i.R.d. Tathandlung

41   Da § 378 Abs. 1 AO hinsichtlich des objektiven Tatbestands vollumfänglich auf § 370 AO verweist, kann auf die dortige Kommentierung verwiesen werden. Nachfolgend werden lediglich Besonderheiten im Bereich des § 378 AO dargestellt.

42   Der Fall leichtfertig **unrichtiger Angabe durch den Hilfeleistenden** (§§ 378 Abs. 1, 370 Abs. 1 Nr. 1 AO) war lange streitig (dazu mit Nachw. vgl. Kohlmann/*Schauf* § 378 Rn. 19 ff.; FGJ/*Joecks* § 378 Rn. 23 ff.). Der Streit entzündete sich daran, ob der **Hilfeleistende nach außen in Erscheinung treten** müsse.

43   Durch die Rechtsprechung (BayObLG, wistra 1994, 34, 35; OLG Braunschweig, wistra 1996, 319; OLG Zweibrücken, wistra 2009, 127 f. m. zust. Anm. Weidemann; vgl. auch BGH, wistra 1998, 180, 187) ist dieser Streit zwischenzeitlich strafrechtlich geklärt: Wer nur im Innenverhältnis tätig wird, macht ggü. der Finanzbehörde keine unrichtigen Angaben und erfüllt damit nicht den Tatbestand des §§ 378, 370 Abs. 1 Nr. 1. Eine dies übergehende Auslegung – etwa des BFH (v. 19.12.2002, IV R 37/01, BStBl. II 2003, S. 385 = wistra 2003, 313, 314; ebenso Schwarz/*Weyand* § 378 Rn. 16) – verletzt Art. 103 Abs. 2, § 3 OWiG (so ausdr. OLG Zweibrücken, wistra 2009, 127 [128]; zust. Kohlmann/*Schauf* § 378 Rn. 24; FGJ/*Joecks* § 378 Rn. 25; Beermann/Gosch/*Meyer* § 378 Rn. 8 f.; Graf/Jäger/Wittig/*Sahan* § 378 Rn. 15). Allerdings kann sich gleichwohl eine bußgeldrechtliche Verantwortung des Beraters ergeben, etwa wenn der Fehler auf seiner unsachgerechten Buchführung beruht (Jedermannsdelikt des § 379 Abs. 1 Nr. 3 AO).

44   Es kann zweifelhaft sein, ob der steuerliche Berater **Angaben macht** (§§ 378 Abs. 1, 370 Abs. 1 Nr. 1 AO). Dies ist jedenfalls zu bejahen, soweit er – z.B. i.R.d. Lohn- oder USt-Voranmeldung – die Erklärung selbst unterzeichnet. Auch von ihm unterzeichnete Schreiben (Begleitschreiben zur Steuererklärung, Anträge etc.) stellen eigene Angaben dar (Kohlmann/*Schauf* § 378 Rn. 36; HHSp/*Rüping* § 378 Rn. 24). Demgegenüber ist sein **Mitwirkungsvermerk** steuerlich irrelevant und vermag keinen § 378 begründen (BayObLG, wistra 1994, 34, 36; Kohlmann/*Schauf* § 378 Rn. 37; FGJ/*Joecks* § 378 Rn. 23a; a.A. HHSp/*Rüping* § 378 Rn. 25). Die Annahme von *Schauf* (Kohlmann § 378 Rn. 38 ff.), im Rahmen einer eigenhändig zu unterzeichnenden (z.B. §§ 25 Abs. 3 EStG, 14a GewStG, 31 KStG, 18 UStG) und insoweit höchst persönlichen Steuererklärung könnten die Angaben ausnahmsweise auch durch andere als den Unterzeichner erfolgen, könnte nur im Wege einer mittelbaren Täterschaft begründet werden (so denn auch Kohlmann/*Schauf* § 378 Rn. 43). Diese wird aber allgemein nur bei Vorsatz des Hintermanns angenommen, dann aber liegt in dessen Person § 370 AO vor. Mit *Joecks* (FGJ § 378 Rn. 25) kann eine Zurechnung von Angaben i.R.d. § 378 AO nur entsprechend der allgemeinen Regeln erfolgen. Zu den allgemeinen Regeln ist auch § 14 OWiG zu zählen, danach begründet ein fahrlässiger (leichtfertiger) Tatbeitrag keine Tatbeteiligung (ganz h.M. vgl. OBayObLG wistra 1994, 34, 35 und LG Braunschweig, wistra 1996, 319 f. zu § 378 AO und allg. Göhler/*Gürtler* § 14 Rn. 3, 4; HHSp/*Rüping* § 378 Rn. 14). *Rolletschke* (Rolletschke/Kemper § 378 Rn. 13) will diese allgemeinen Regeln darauf verdichten, dass die Steuererklärung eine Wissenserklärung ist und nur demjenigen die Erklärung zuzurechnen sei, der dieses Wissen als eigenes bekundet (Gewährsübernahme).

Soweit das OLG Koblenz (wistra 1983, 270) die Auffassung vertritt, ein angestellter oder beauftragter Steuerberater könne § 378 AO auch durch leichtfertiges **Unterlassen der Angaben** (§§ 378 Abs. 1, 370 Abs. 1 Nr. 2 AO) erfüllen, ist dem für den Regelfall entgegen zu treten. Regelmäßig wird der Steuerberater allenfalls eine Pflicht haben, den Steuerpflichtigen auf die Notwendigkeit der Abgabe von Steuererklärungen hinzuweisen (HHSp/*Rüping* § 378 Rn. 28). Dies ist aber eine rein interne Pflicht im Verhältnis zum Steuerpflichtigen und keine Pflicht ggü. den Finanzbehörden, was sich bei Steuerberatern etc. schon aus der strafbewehrten (§ 203 StGB) Schweigepflicht ergibt (so zutr. FGJ/*Joecks* § 378 Rn. 20a; *Rolletschke*/Kemper § 378 Rn. 15 f.). Ein Unterlassensverschulden kommt aber bei der eigenverantwortlichen Übernahme der steuerlichen Pflicht in Betracht (§ 14 OWiG; weiter gehend Kohlmann/*Schauf* § 378 Rn. 44: ausreichend sei eine vertragliche Hauptpflicht). **45**

Beim leichtfertigen **Nichtverwenden von Steuerzeichen und Steuerstempeln** (§§ 378 As. 1, 370 Abs. 1 Nr. 3 AO) gelten die Ausführungen zum Unterlassen der Angaben durch den Berater (Rdn. 45) entsprechend. **46**

Einstweilen frei. **47 – 60**

C. Subjektiver Tatbestand

I. Leichtfertigkeit

Wesentlicher Unterschied des § 378 AO zu § 370 AO ist die subjektive Seite des Geschehens. I.R.d. § 378 AO fehlt der Vorsatz, Steuern zu verkürzen, die Tat erfolgt vielmehr leichtfertig. Leichtfertigkeit ist eine gesteigerte Form der Fahrlässigkeit. **61**

Hält der Steuerpflichtige beim bedingten oder Eventualvorsatz die Steuerverkürzung zwar noch für möglich (kognitives Element) und nimmt sie billigend in Kauf (voluntatives Element), bezieht er diese Folge bei fahrlässiger Begehung nicht mit in seinen Willen ein, erkennt die drohende Folge möglicherweise nicht einmal (dann unbewusste, sonst bewusste Fahrlässigkeit; *Rolletschke*/Kemper § 378 Rn. 22). Ob bewusste oder unbewusste Fahrlässigkeit vorliegt, ist rechtlich irrelevant (BGH-Nack, 3 StR 331/99), allerdings wird im Rahmen bewusster Fahrlässigkeit die Schwelle zur Leichtfertigkeit leichter überschritten sein. **62**

Mit BGHSt 50, 347, 351 ff. liegt „Leichtfertigkeit … vor, wenn sich [der Rechtsgutschaden] nach Sachlage geradezu aufdrängt und der Täter gleichwohl handelt, weil er dies aus besonderer Gleichgültigkeit oder grober Unachtsamkeit außer Acht lässt (vgl. BGHSt 43, 158, 168). … [I]n objektiver Hinsicht [entspricht] die Leichtfertigkeit … der groben Fahrlässigkeit des Zivilrechts (vgl. *Lackner*/*Kühl* § 15 Rn. 55) … Gleichgesetzt werden können Leichtfertigkeit und grobe Fahrlässigkeit allerdings nicht … Denn während sich die (grobe) Fahrlässigkeit des Zivilrechts grundsätzlich nach objektiven, abstrakten Maßstäben bestimmt …, sind bei der Leichtfertigkeit vor allem auch die individuellen Kenntnisse und Fähigkeiten des Täters zu berücksichtigen." **63**

Der BFH (wistra 2003, 312, 314) verdichtet dies zu der Definition, dass ein „derartiges Verschulden … vor[liege], wenn der Täter nach den Gegebenheiten des konkreten Falles und seinen individuellen Fähigkeiten in der Lage gewesen wäre, den sich aus den konkret einschlägigen gesetzlichen Regelungen ergebenden Sorgfaltspflichten zu genügen." Auch der 1. Strafsenat des BGH definiert ähnlich: „Leichtfertig handelt, wer die Sorgfalt außer Acht lässt, zu der er nach den besonderen **64**

Umständen des Einzelfalls und seinen persönlichen Fähigkeiten und Kenntnissen verpflichtet und imstande ist, obwohl sich ihm aufdrängen musste, dass dadurch eine Steuerverkürzung eintreten wird" (BGH v. 8.09.2011 – 1 StR 38/11, BeckRS 2011, 24006, Rn 17; v. 16.12.2009 – 1 StR 491/09, BecksRS 2010, 02398, Rn. 40)

65 Andere Definitionen sind denkbar (vgl. etwa Kohlmann/*Schauf* § 378 Rn. 55 ff.), führen aber regelmäßig nicht weiter (vgl. auch Schwarz/*Weyand* § 378 Rn. 10). Entscheidend ist eine umfassende Wertung sämtlicher Umstände des Einzelfalls. Das Fehlen einer Einnahme von 10.000,00 € fällt in einem Kleinunternehmen eher auf als in einem Großbetrieb, während die Bewältigung eines komplexeren Steuervorgangs von einer Steuerabteilung eher erwartet werden kann, als vom Einzelunternehmer, der ohne entsprechende fachliche Hilfe auskommt. Objektiv ist die Sorgfalt zu verwenden, die an einen gewissenhaften und besonnenen Menschen des Verkehrskreises, namentlich des Amts-, Berufs- oder Gewerbekreises, dem der Täter angehört, zu stellen sind. Ein versierter Kaufmann muss mit den wesentlichen Steuergesetzen vertraut sein und ist daher anders zu beurteilen, als ein einfacher Steuerpflichtiger oder ein Steuerberater, der noch höheren Sorgfaltsanforderungen zu genügen hat (Kohlmann/*Schauf* § 378 Rn. 63). Das zentrale Problem der Feststellung der Leichtfertigkeit ist die tatrichterliche Zuordnung des konkret einzuhaltenden Sorgfaltsmaßstabes sowie die Frage, ob die Person individuell diesen Maßstäben gerecht werden konnte. Mit *Joecks* (FGJ, § 378 Rn. 37; ebenso Kohlmann/*Schauf* § 378 Rn. 59; Beermann/Gosch/*Meyer* § 378 Rn. 13) besteht die Gefahr, dass bei einem Fachmann ein zu strenger und bei einem Laien ein zu milder Maßstab angelegt wird.

66 Selbstverständlich ist die Ermittlungsbehörde zum Nachweis auch des Vorliegens des subjektiven Tatbestands verpflichtet. Darüber wird in der Praxis oft hinweggegangen und vorschnell Leichtfertigkeit unterstellt (vgl. für FG-Verfahren: FG Hamburg v. 07.12.2010 – 4 K 135/10, BeckRS 2011, 94434).

67 – 70 Einstweilen frei.

II. Leichtfertigkeit des Steuerpflichtigen

71 Der Leichtfertigkeitsmaßstab des Steuerpflichtigen entspricht den vorstehend geschilderten Grundsätzen. Die Bestimmung dessen, was im Einzelfall einfach fahrlässig und damit straflos oder leichtfertig und damit ordnungswidrig ist, ist aber schwierig. Letztlich wird der Praktiker sich dem Problem kasuistisch stellen müssen. Dabei mögen die nachfolgenden Grundsätze eine erste Hilfe sein. I.Ü. ist man auf eine fallbezogene Recherche (viele Beispielsfälle bei Kohlmann/*Schauf* § 378 Rn. 64 ff.; *Rolletschke*/Kemper § 378 Rn. 26 ff.) und akribische Detailarbeit am Fall angewiesen.

72 Unproblematisch ist regelmäßig der Fall einer selbst erstellten, aber **unsorgfältigen Buchhaltung**. Ist erkennbar, das Einnahmen (und ggf. auch Ausgaben) nur mit großen Lücken erfasst sind, spricht dies für Leichtfertigkeit bei der Abgabe der darauf basierenden Steuererklärung. Der Steuerpflichtige kennt offenbar seine Pflicht zur Führung von Büchern etc., erfüllt diese aber erkennbar grob mangelhaft; zur systematischen Erfassung aller Einnahmen und Ausgaben ist auch kein vertieftes steuerliches Wissen erforderlich. Die Gefahr einer Steuerverkürzung drängt sich hier auf.

73 Soweit ein **Fehler bereits zuvor** – im Rahmen einer früheren Veranlagung oder mittels Betriebsprüfungsbericht – vom FA **gerügt** worden war, wird sich der Steuerpflichtige nicht (erneut) auf einfach fahrlässige Unkenntnis berufen können. Insoweit hatte er aufgrund der früheren Information bereits bessere individuelle Kenntnisse.

74 Dem Steuerpflichtigen können auch **Erkundigungspflichten** obliegen, ein Verstoß gegen diese Pflicht kann Leichtfertigkeit begründen (BGH v. 8.09.2011 – 1 StR 38/11, BeckRS 2011, 24006, Rn. 18). Fraglich ist allerdings, wann den Steuerpflichten eine Erkundigungspflicht trifft.

75 Sicher wird sie ihn treffen, wenn er **Zweifel** an der Steuerpflichtigkeit eines Vorgangs hat, er also erkannt hat, dass ein Vorgang steuererhöhende Bedeutung haben könnte. Diese Erkenntnis hat er

auch, wenn er durch Modifizierung des üblichen Geschäftswegs eine erkannte Steuerpflicht durch **Steuergestaltung** vermeiden will (BGH v. 8.09.2011 – 1 StR 38/11, BeckRS 2011, 24006, Rn. 18). In beiden Fällen muss er fachkundigen Rat einholen, tut er dies nicht, handelt er regelmäßig leichtfertig. Fachkundigen Rat kann er beim FA oder einem Angehörigen der steuerberatenden Berufe einholen. Vertraut er auf deren Auskunft, handelt er nicht leichtfertig. Dies gilt trotz der leerformelartigen Aussage, dass es dem „Steuerpflichtigen regelmäßig möglich und zumutbar (sei), offene Rechtsfragen nach Aufdeckung des vollständigen und wahren Sachverhalts im Besteuerungsverfahren zu klären" (BGH v. 8.09.2011 – 1 StR 38/11, BeckRS 2011, 24006, Rn. 18; vgl. BVerfG v. 16.06.2011 – 2 BvR 542/09, BeckRS 2011, 53032; 2 BvR 871/04, 2 BvR 414/08 – 2 BvR 871-04 2 BvR 414/08, BeckRS 2010, 49249). Eine derartige Klärung mag zumutbar sein, ist sie aber verpflichtend? Für die Richtigkeit einer finanzbehördlichen Auskunft spricht keine höhere Wahrscheinlichkeit als für die Auskunft eines in Steuersachen erfahrenen Rechtsanwalts oder Steuerberaters, sodass eine Auskunftseinholung zwar zumutbar sein mag, aber m.E. nach sachkundiger Beratung nicht erforderlich ist. Dies mag anders zu beantworten sein, wenn ein Sachverhalt auch nach fachkundiger Beratung steuerrechtlich zweifelhaft bleibt und der Berater dem Steuerpflichtigen diese Zweifel auch offen gelegt hat.

Sofern der Steuerpflichtigen sich aber darauf beruft, bei ihm seien keine Zweifel aufgekommen, wird man differenzieren müssen. **76**

Je nach Ausbildung mag es sich um eine **Schutzbehauptung** handeln. Ein versierter Kaufmann wird regelmäßig die grundlegenden steuerlichen Regeln seines Gewerbes kennen. Kennt er sie tatsächlich nicht, kann schon in der Tatsache, dass er sich nicht über die mit seinem Unternehmen verbundenen, grundlegenden steuerlichen Pflichten unterrichtet hält (BGH v. 8.09.2011 –1 StR 38/11, BeckRS 2011, 24006, Rn 18; BFH v. 19.2.2009 – II R 49/07, DStRE 2008, 877, 878), Leichtfertigkeit begründet sein. Viele Fälle leichtfertiger Verkürzung durch Laien werden auf diese Weise erfasst werden können. **77**

Allerdings werden auch beim versierten Kaufmann und jedenfalls beim nicht steuerfortbildungspflichtigen Laien Fälle verbleiben, in denen subjektiv tatsächlich keinerlei Zweifel aufgekommen ist. Es ginge zu weit, durch Statuierung von weitgehenden Erkundigungspflichten eine faktische Pflicht zur regelmäßigen Inanspruchnahme eines Steuerberaters zu begründen. Zwar wird man von einem Unternehmer verlangen können, dass es sich über die mit seinem Gewerbe verbundenen Pflichten unterrichtet hält. Aber der Unternehmer ist nicht verpflichtet, sich mit steuerlicher Fachliteratur zu versorgen. Es wird genügen müssen, dass er die Pflichten kennt, die üblicherweise mit seinem Unternehmen zusammenhängen, über die bspw. in den einschlägigen Verbandszeitschriften informiert wird. Mehr sollte auch einem versierten Unternehmer nicht abverlangt werden, denn er ist primär Spezialist in seinem Gewerbe und nicht Steuerspezialist. Es ist eine Bringschuld der Legislative, das Steuerrecht so klar zu strukturieren, dass der Steuerpflichtige zumindest erkennen kann (Zweifel haben kann), dass ein steuerrelevanter Vorgang vorliegt (zu weit daher BFH, wistra 2007, 319 zur Bedeutung des grünen und roten Zollausgangs; vgl. FGJ/*Joecks* § 378 Rn. 39a; Kohlmann/*Schauf* § 378 Rn. 67; Graf/Jäger/Wittig/*Sahan* § 378 Rn. 29). In der Verwaltungspraxis und erstinstanzlichen Rechtsprechung werden die an den Steuerpflichtigen zu stellenden Anforderungen oftmals überdehnt, zumal insb. der Finanzbeamte über steuerliches Spezialwissen verfügt, dass es ihm teilweise schwer macht nachzuvollziehen, dass die ihm offenbare steuerliche Regelung anderen bisher verschlossen war. **78**

Der Steuerpflichtige ist selbstverständlich befugt, die Erfüllung seiner **Pflichten** zu **delegieren**. Der Delegationsvorgang muss aber sorgfältig sein. Die Sorgfalt muss sich von der Auswahl des Ausführenden über seine sachgerechte Ausstattung mit Information bis zur (gelegentlichen) Kontrolle seiner Arbeit erstrecken. Insoweit kann auf die Ausführungen zur horizontalen (Delegation auf Mitgeschäftsführer; Einf. §§ 377 ff. Rdn. 62 ff.) und vertikalen Delegation (Delegation auf Mitarbeiter; Einf. §§ 377 ff. Rdn. 86 ff.) von Pflichten verwiesen werden. **79**

80 Bei der **Delegation auf einen Steuerberater** sind keine strengeren Anforderungen zu stellen als bei einer Delegation auf einen Mitgesellschafter (vgl. Einf. §§ 377 ff. Rdn. 81 f.). Insoweit ist es zwar richtig, dass – wie stets betont wird – die Beauftragung des Steuerberaters den Steuerpflichtigen nicht aus seiner Sorgfaltspflicht entlässt. Die Sorgfaltspflicht wandelt sich aber um und bezieht sich inhaltlich auf den sachgerechten Delegationsvorgang. Der Steuerpflichtige muss den Steuerberater mit allen Informationen ausstatten, darf ihm nichts verheimlichen und keinen Berater auswählen, der ersichtlich unzuverlässig oder überfordert ist. Wird dem Steuerpflichtigen während der Dauer des Mandats – z.B. aufgrund von Stellungnahmen der Finanzbehörde – klar, dass der Berater überfordert ist, wird er seine Kontrollen verschärfen oder den Berater wechseln müssen, er darf sich nicht blind stellen, bei etwaigen Unzulänglichkeiten des Delegationsempfängers. Allerdings ist auch nicht jedwede Kritik oder anderweitige Auffassung der Finanzbehörden geeignet, das berechtigte Vertrauen in die fachliche Qualifikation des Beraters zu untergraben.

81 – 85 Einstweilen frei.

III. Leichtfertigkeit des Steuerberaters

86 Auch der Leichtfertigkeitsmaßstab des Steuerberaters entspricht den oben geschilderten Grundsätzen. Wie beim Steuerpflichtigen ist die Bestimmung dessen, was im Einzelfall einfach fahrlässig und damit straflos oder leichtfertig und damit ordnungswidrig ist, schwierig. Selbstverständlich unterliegt der Steuerberater aufgrund seiner individuell besseren Kenntnis des Steuerrechts einem höheren Sorgfaltsmaßstab; wer mehr weiß, muss dieses Wissen beachten. Aber auch hier wird sich der Praktiker dem Problem kasuistisch nähern müssen. Bei seiner fallbezogene Recherche (viele Beispielsfälle bei Kohlmann/*Schauf* § 378 Rn. 105 ff.; *Rolletschke*/Kemper § 378 Rn. 32 ff.) und akribischen Detailarbeit am Fall mögen die nachfolgenden Grundsätze eine erste Hilfe sein.

87 Eine pure Selbstverständlichkeit wird in der Praxis oft übersehen. Zwar mag ein Steuerberater i.S.d. nachfolgenden Erläuterungen leichtfertig gehandelt und dadurch einen Steuerschaden verursacht haben. Er kann für diese Leichtfertigkeit aber nur dann mit einem Bußgeld belegt werden, wenn er (neben der Leichtfertigkeit) auch den objektiven Tatbestand der §§ 378, 370 AO erfüllt. Beim lediglich intern tätigen Berater ist dies regelmäßig nicht der Fall, weil er zwar seinen Mandanten leichtfertig falsch berät, aber ggü. dem FA keine „Angaben macht" (Rdn. 42 ff.). Die Falschberatung mag dann eine zivilrechtliche Haftung auslösen. Ein Bußgeld kann daran aber nicht geknüpft werden.

88 Liegt hingegen eine Tathandlung vor, hat sich der Steuerberater an dem **Kenntnisstand** messen zu lassen, den jeder steuerliche Berater an Steuerrechtskenntnissen haben muss. Dies sind neben den Gesetzen auch die dazu ergangenen Richtlinien und Hinweise zu den Hauptsteuerarten (ESt, LSt, KSt, USt; vgl. FGJ/*Joecks* § 378 Rn. 46). Darüber hinaus ist die BFH-Rechtsprechung anhand der Fachliteratur zu verfolgen. Auch wenn man die Richtlinien, Hinweise oder einzelne Entscheidungen nicht für richtig halten muss, hat man sie zu kennen. Wie man bei einer abweichenden Rechtsansicht mit ihnen umgeht, ist eine andere Frage (dazu vgl. § 370 Rdn. 132 ff.).

89 Verfügt der Berater über individuelle **Spezialkenntnisse** abseits der Hauptsteuerarten, muss er sich auch diese zurechnen lassen. Verfügt er über dieses Spezialwissen nicht, bearbeitet aber einen Fall aus diesem Bereich, muss ein fachkompetenter Kollege oder das FA zurate gezogen oder die einschlägige Fachliteratur intensiv ausgewertet werden; mit bloßem Standardwissen darf kein ersichtlicher Spezialfall bearbeitet werden. Dies gilt selbstverständlich auch, wenn der Berater sich ansonsten mit Rechtsproblemen befasst, die für ihn neu sind.

90 Der so ermittelte Sorgfaltsmaßstab ist auf die konkrete Tätigkeit des Beraters anzuwenden. Die notwendige Tätigkeit (nicht der Sorgfaltsmaßstab) wird durch den **Beratervertrag** begrenzt. Je begrenzter der Auftrag, desto kleiner der Pflichtenkreis, je umfassender die übernommene Tätigkeit desto mehr Verantwortung wächst dem Steuerberater zu (vgl. BFH v. 19.12.2002 – IV R 37/01, BStBl. II 2003, S. 385; Hess. FG v. 9.11.2010 – 5 K 3252/05, EFG 2011, 2004, 2005 f.). Doch auch

bei einem umfassenden Mandat können Fehler auf lediglich einfache Fahrlässigkeit zurückzuführen sein, etwa wenn nach jahrzehntelanger Tätigkeit erstmals eine verbrauchsteuerliche Fragestellung aufkommt, die übersehen wird (FG Hamburg v. 07.12.2010 – 4 K 135/10, BeckRS 2011, 94434). Sobald dem Berater Auffälligkeiten offenbar werden, hat er ihnen nachzugehen. Wer aber nur einen Einzelauftrag für die Erstellung einer einzelnen Steuererklärung anhand von ihm überlassenen – nicht ersichtlich fehlerhaften/unvollständigen – Unterlagen übernommen hat, weiß weniger von den besonderen Umständen des Mandanten als der Berater, der seit Jahren einen Vollauftrag von der Buchführung über die Beratung bis hin zur Erklärung hat. Aufgrund seiner minderen Kenntnis müssen sich ihm objektive Auffälligkeiten nicht aufdrängen, die dem mit dem Mandanten vertrauten Berater oder dem FA unmittelbar ins Auge springen würden.

Im Rahmen seines Auftrags ist der Berater **Helfer des Steuerpflichtigen** und nicht Sachwalter der Finanzbehörde. Er darf sich daher grds. darauf beschränken, die ihm gemachten Auskünfte und überlassenen Unterlagen als richtig und vollständig zu unterstellen, er ist nicht zur Kontrolle seines Mandanten verpflichtet. Die Angaben und Unterlagen des Mandanten hat er daher nur dann zu hinterfragen, wenn er insoweit beauftragt wurde. Drängt sich dem Berater hingegen die Unrichtigkeit oder Unvollständigkeit der Angaben oder Unterlagen auf, muss er dies beim Mandanten ansprechen, um eine Aufklärung zu erreichen; er ist hingegen aufgrund der Unstimmigkeiten nicht verpflichtet, diese autonom und über seinen Auftrag hinaus aufzuklären (ebenso Kohlmann/*Schauf* § 378 Rn. 116; enger FGJ/*Joecks* § 378 Rn. 48). Führt das Gespräch mit dem Mandanten nicht zu einer Klärung, muss das Mandat zwar nicht beendet werden, doch darf der Berater dann nicht ggü. dem FA den falschen Anschein erwecken, die Erklärung beruhe auf einer von ihm geprüften Buchführung. Weiter geht seine Pflicht als Helfer des Steuerpflichtigen nicht. Um sich abzusichern kann der Steuerberater einen Nichtprüfungsvermerk anbringen oder in geeigneten Fällen Hinzuschätzungen tätigen (FGJ/*Joecks* § 378 Rn. 49; kritisch Kohlmann/*Schauf* § 378 Rn. 117); eine entsprechende Verpflichtung existiert aber nicht. 91

Einstweilen frei. 92 – 100

D. Rechtswidrigkeitszusammenhang

Bei Fahrlässigkeitsdelikten muss zur Kausalität zwischen Rechtsgutverletzung und Tathandlung der sog. Rechtswidrigkeitszusammenhang treten. Der Rechtswidrigkeitszusammenhang entfällt, wenn die kausal verursachte Rechtsgutverletzung auch bei sorgfaltsgerechtem Verhalten eingetreten wäre. Auf § 378 AO übertragen bedeutet dies, dass der Rechtswidrigkeitszusammenhang fehlt, wenn der Erfolg zwar durch die leichtfertige Handlung verursacht wurde, jedoch die Steuerverkürzung bei sorgfältigem Verhalten ebenfalls eingetreten wäre (Beermann/Gosch/*Meyer* § 378 Rn. 17). 101

Dabei ist der in dubio Grundsatz anzuwenden, sodass der Rechtswidrigkeitszusammenhang bereits dann zu vereinen ist, wenn unklar bleibt, ob nicht bei sorgfaltsgerechtem Verhalten der gleiche Erfolg eingetreten wäre (FGJ/*Joecks* § 378 Rn. 43; Kohlmann/*Schauf* § 378 Rn. 53; *Rolletschke*/Kemper § 378 Rn. 21; HHSp/*Rüping* § 378 Rn. 53). 102

Joecks (FGJ § 378 Rn. 44; ebenso Beermann/Gosch/*Meyer* § 378 Rn. 17) weist zutreffend darauf hin, dass in dubio der Rechtswidrigkeitszusammenhang zu verneinen ist, wenn der Sorgfaltsverstoß in der mangelnden Überwachung des Delegationsempfängers liegt, aber – wie regelmäßig – offenbleiben muss, ob der konkrete Fehler bei der versäumten Prüfung aufgefallen wäre. 103

Einstweilen frei. 104 – 110

E. Selbstanzeige (§ 378 Abs. 3 AO)

111 Wie bei vorsätzlicher Begehung ist auch bei einer leichtfertigen Steuerverkürzung eine Selbstanzeige möglich. Anders als bei § 371 AO haben sich das Schwarzgeldbekämpfungsgesetz hier nur wenige, überwiegend sprachliche, Änderungen ergeben.

112 Streitig ist, ob im Bereich leichtfertiger Begehung nicht nur die Möglichkeit, sondern eine aus § 153 AO folgende praktische **Pflicht zur Selbstanzeige** folgt. Aus der Formulierung des § 153 AO des „nachträglichen Erkennens" folgert das steuerliche Schrifttum überwiegend eine Verpflichtung zur Abgabe einer Berichtigungserklärung nach unbewusster Falsch- oder Nichterklärung. Dies erfasse neben Fällen der einfach fahrlässigen Falsch- oder Nichterklärung auch die leichtfertige oder gar mit Eventualvorsatz erfolgende Falsch- bzw. Nichterklärung, denn in all diesen Fällen lag im Zeitpunkt der Erklärung kein positives Wissen (dolus diretus) vor, sodass ein „nachträgliches Erkennen" i.S.d. § 153 Abs. 1 AO vorliege (vgl. Nachw. auch zur Gegenauffassung bei TK/*Seer* § 153 Rn. 11, 11a und FGJ/*Joecks* § 370 Rn. 183). Dem hat sich der BGH (v. 17.3.2009 – 1 StR 479/08, NStZ 2009, 508, 509 f.) angeschlossen und verneint einen Verstoß gegen das nemo tenetur Prinzip mit Verweis auf die regelmäßig vorliegende Selbstanzeigemöglichkeit; wo eine solche nicht möglich sei, könnten Beweisverwertungsverbote oder § 47 OWiG (Einstellung aus Opportunität) greifen. Bei dieser Auslegung mutiert § 153 AO allerdings zu einem Schuldturm: Beweisverwertungsverbote greifen erst, wenn dem Steuerpflichtigen eine Selbstanzeige aufgrund des Vorliegens von Sperrtatbeständen oder dem Mangel an Geld nicht möglich ist. Die Abgabe einer zutreffenden Erklärung aufgrund nachträglicher Erkenntnis ihrer Fehlerhaftigkeit würde zur Vermeidung der Strafbarkeit allein nicht ausreichen sondern auf Basis dieses selbstbelastenden Geständnisses solange die Bestrafung wegen der ehedem begangenen Steuerhinterziehung (§ 370 AO) oder –verkürzung (§ 378 AO) ermöglichen, wie die Steuern nicht nachgezahlt werden. Die Drohung mit der Strafbarkeit mutiert hier zum Zwangsvollstreckungsmittel, weil Steuer- und Strafverfahren vermengt werden. Geboten ist eine getrennte Sicht der Verfahren. Soweit man der Auslegung des BGH folgen will und auch nach leichtfertiger oder bedingter vorsätzlicher Verkürzung eine wiederum mit Strafe bedrohte Pflichterklärung nach § 153 AO annimmt, muss eine steuerehrliche Berichtigungserklärung einem strafrechtlichen Beweisverwendungsverbot unterfallen und von allein steuerlicher Bedeutung bleiben (*Heerspink* § 4 EStG Rn 245).

113 Die **positiven Wirksamkeitsvoraussetzungen** einer bußgeldbefreienden Selbstanzeige entsprechen den Voraussetzungen des § 371 AO, der Betroffene muss also

– eine Berichtigungserklärung abgeben und
– zu eigenen Gunsten verkürzte Steuern fristgerecht nachzahlen.

Hinsichtlich Berichtigungserklärung und Nachzahlung der Steuern kann zunächst auf die Kommentierung zu § 371 AO verwiesen werden (Rdn. 21 ff.).

114 Mit Blick auf die Berichtigungserklärung ist allerdings fraglich, ob – anders als bei § 371 AO – im Bereich des § 378 AO **Teilselbstanzeigen** weiterhin möglich sind. Qua gesetzlicher Anordnung (Art. 97 § 24 EGAO) gilt für Selbstanzeigen vor dem 28.04.2011 die a.F. des § 371 AO mit der Maßgabe, dass entgegen der Rechtsprechung des BGH v. 20.05.2010 (1 StR 577/09, DStR 2010, 1133 ff.) Teilselbstanzeigen wirksam sind (vgl. auch BGH v. 25.07.2011 – 1 StR 631/10, wistra 2011, 428, 429). Gem. Art. 97 § 24 Satz 2 EGAO gilt „das Gleiche im Fall der leichtfertigen Steuerverkürzung für die Anwendung des § 378 Abs. 3 AO." Dieser Satz 2 bezog sich schon auf die Ursprungsfassung des Entwurfs der Bundesregierung (BT-Drucks. 17/4802). Dort hatte er seine Berechtigung, denn in diesem Entwurf sollte auch i.R.d. § 378 AO eine Teilselbstanzeige mittels Ersetzung des „soweit" durch „wenn" verunmöglicht werden. In der Endfassung des § 378 Abs. 3 AO n.F. ist es aber – anders als bei § 371 AO – beim „soweit" geblieben. Der unterschiedlichen sprachlichen Fassung ist ein unterschiedlicher Regelungswille zu entnehmen. Es sollte bei der „bestehenden Gesetzeslage" bleiben (BT-Drucks. 17/5067, S. 25) und eine „zum Beispiel öfter …

vorher nicht absehbare Korrektur einer Umsatzsteuervoranmeldung" möglich bleiben (BT-Drucks. 17/5067, S. 22). Die mehrfache Korrekturmöglichkeit einer Steuererklärung bedingt aber die Möglichkeit einer wirksamen vorangegangenen Teilselbstanzeige. Diese ist – entgegen der zu § 371 AO ergangenen und zu Recht kritisierten (vgl. *Wulf,* wistra 2010, 286 ff.; *Salditt,* PStR 2010, 168 ff.) Entscheidung des BGH v. 20.05.2010 (1 StR 577/09, DStR 2010, 1133 ff.) – i.R.d. § 378 AO weiterhin möglich. § 24 Satz 2 EGAO trifft eine Klarstellung nur für die Altfälle, für künftige Teilselbstanzeigen leichtfertiger Steuerverkürzungen folgt deren Wirksamkeit aus dem bewusst von § 371 AO abweichenden Sprachgebrauch der Neufassung des § 378 Abs. 3 AO.

Anders als in bestimmten Fällen des § 371 AO wird neben der fristgerecht (§ 371 Rdn. 144 ff.) zu 115 entrichtenden Steuernachzahlung kein – verfassungs- und konventionsrechtlich nicht zweifelsfreier – Zuschlag auf die verkürzte Steuer fällig (§§ 371 Abs. 2 Nr. 3, 398a AO); § 378 Abs. 3 AO verweist nicht auf §§ 371 Abs. 2, 398a AO.

Die **Sperrtatbestände** für eine Bußgeld befreiende Selbstanzeige sollten nach den ursprünglichen 116 Entwürfen des Schwarzgeldbekämpfungsgesetzes an jene des § 371 AO angepasst werden. Davon hat man aufgrund von Einwänden aus der Praxis abgesehen und § 378 Abs. 3 AO lediglich sprachlich an die Neufassung des § 371 AO angepasst (BT-Drucks. 17/5067, S. 22; dazu vgl. Rdn. 113). Bei der bestehenden Gesetzeslage solle es i.Ü. bleiben (BT-Drucks. 17/5067, S. 25). Die zunächst erwogene Übernahme der Sperrgründe des § 371 AO für § 378 AO hat die Legislative zu Recht abgelehnt. Die abweichende Behandlung des leichtfertigen Täters ist nach einhelliger Auffassung (vgl. Kohlmann/*Schauf* § 378 Rn. 126; HHSp/*Rüping* § 378 Rn. 57; FGJ/Joecks § 378 Rn. 67) dadurch bedingt und gerechtfertigt, dass der Fahrlässigkeitstäter von seinem fahrlässigen Verhalten regelmäßig nichts weiß und ihm der Pflichtenverstoß zumeist erst im Rahmen einer Prüfung bewusst wird; vor der Prüfung hat der Fahrlässigkeitstäter daher regelmäßig keine Chance zur Selbstanzeige. Gesperrt ist eine Selbstanzeige gem. § 378 Abs. 3 AO daher weiterhin nur, wenn

– die Einleitung eines Ermittlungsverfahrens bekannt gegeben wurde;
– die Einleitung kann ggü. dem Betroffenem oder dessen Bevollmächtigten erfolgen.

Eine Bußgeld befreiende Selbstanzeige ist damit weiterhin auch noch nach Prüfungsbeginn und 117 trotz Tatentdeckung möglich. Der Streit (vgl. umfassende Darstellung bei Kohlmann/*Schauf* § 378 Rn. 130 ff. m.w.N.), ob der Steuerpflichtige irgendeinen positiven Beitrag zur Aufklärung leisten muss oder sich auf die Lieferung des Materials und Anerkennung fremder Ermittlungsergebnisse beschränken darf (so OLG Karlsruhe, wistra 1996, 117; zust. *Dörn,* wistra 1997, 291, 292; Kohlmann/*Schauf* § 378 Rn. 134; abl. *Rackwitz,* wistra 1997, 135, 136 f.), ist damit weiterhin aktuell. Dem Streit kommt in der Praxis aber kaum Bedeutung zu, da es nach der strengeren Auffassung genügt, wenn der Steuerpflichtige i.R.d. Prüfung hilft, den Verkürzungstatbestand aufzuklären. Da die Entdeckung der Tat allein keinen Sperrtatbestand darstellt, muss (Art. 103 Abs. 2 GG, § 3 OWiG; Kohlmann/*Schauf* § 378 Rn. 136) es im Fall der Entdeckung möglich sein, noch in den Genuss der Bußgeldbefreiung zu gelangen (FGJ/*Joecks* § 378 Rn. 69). Will man die bloße Anerkennung des Prüfungsergebnisses nicht genügen lassen ist dies nicht anders denkbar, als durch Mitwirkung an der Aufklärung der entdeckten Tat.

Soweit man nicht weitgehende Anforderungen an einen eigenen Tataufklärungsbeitrag stellt, 118 kann – trotz in diesem Zeitpunkt bereits erfolgter Entdeckung – der Betroffene sich einer erfolgten Drittanzeige im Nachhinein anschließen bzw. sie genehmigen, sofern ihm zu diesem Zeitpunkt noch kein Verfahren bekannt gegeben wurde (FGJ/Joecks § 378 Rn. 70; HHSp/*Rüping* § 378 Rn. 64), denn die Tatentdeckung ist kein Sperrgrund i.S.d. § 378 AO.

Einstweilen frei.   119 – 125

F. Rechtsfolge, Konkurrenzen, Verfahren

126   Die **Geldbuße** (vgl. § 377 Rdn. 60 ff.). bemisst sich im Mindestmaß nach § 17 Abs. 1 OWiG (5,00 €). Das Höchstmaß des § 17 Abs. 1 OWiG (1.000,00 €) wird von § 378 Abs. 2 AO verdrängt und beträgt 50.000,00 €. Sofern die Geldbuße nicht ausreicht, um den gezogenen Vorteil aus der Tat abzuschöpfen, kann die Geldbuße über das gesetzliche Höchstmaß hinaus erhöht werden (§ 17 Abs. 4 OWiG; vgl. Einf. §§ 377 ff. Rdn. 134; § 377 Rdn. 62).

127   Ob eine Geldbuße verhängt wird, steht im Ermessen (§ 47 OWiG, § 377 Abs. 2 AO) der Behörde. Zudem werden die Grenzen des Nr. 97 AStBV (St) 2011 (BStBl. I 2010, S. 1434) zu beachten sein (Einstellung bei Verkürzung von weniger als 5.000,00 €).

128   Eine Einstellung aus Opportunitätsgründen liegt auch bei einer **gescheiterten Selbstanzeige** nahe. Sofern der Steuerpflichtige hier auch nach Bekanntgabe des Ermittlungsverfahrens gleichwohl an der Aufarbeitung des Falls mitarbeitet, kann dieser Beitrag zur Einstellung aus Opportunitätsgründen führen. Darüber kann parallel zur Prüfung auch Einvernehmen hergestellt werden.

129   Zunächst gelten die allgemeinen **Konkurrenzregeln** (vgl. *Kohlmann*, B Rn. 399 ff.). Im Ordnungswidrigkeitenrecht wird bei tateinheitlicher Begehung allerdings nur eine Geldbuße festgesetzt (§ 19 OWiG, vgl. § 377 Rdn. 65).

130   Darüber hinaus existiert im Ordnungswidrigkeitenrecht die sog. **Dauerordnungswidrigkeit**. Eine Dauerordnungswidrigkeit wird angenommen, wenn ein unverändert über längere Zeit andauernder Zustand die einheitliche Fehlerquelle für einen mehrfachen Gesetzesverstoß bildet. Die Fehlerquelle verknüpft dann alle Gesetzesverstöße zu einer Tat (vgl. Göhler/*Gürtler* Vor § 19 Rn. 17 ff.). Obgleich sie der im Strafrecht bekannten Figur des Fortsetzungszusammenhangs gleicht wurde sie – anders als der Fortsetzungszusammenhang – von der Rechtsprechung bisher nicht aufgegeben. *Schauf* (Kohlmann § 378 Rn. 53: nur natürliche Handlungseinheit; vgl. auch *Rolletschke/* Kemper § 378 Rn. 47; HHSp/*Rüping* § 378 Rn. 72) plädiert für eine Abschaffung der Dauerordnungswidrigkeit während *Joecks* (FGJ § 378 Rn. 56 ff.) sie seinen Ausführungen zugrunde legt. Nach *Joecks* kann eine derartige Dauerordnungswidrigkeit auch veranlagungsübergreifend wirksam sein, z.B. wenn sich ein und derselbe Irrtum über mehreren Veranlagungszeiträume auswirkt (FGJ/*Joecks* § 378 Rn. 58). Auch sei irrelevant, ob ein Handeln (leichtfertig zu wenig erklärt) oder ein Unterlassen (leichtfertig nichts erklärt) vorzuwerfen ist, wenn der Fehler (leichtfertige Verkennung der Steuerpflichtigkeit) eine nahezu automatische Nichtberücksichtigung bedingt (FGJ/*Joecks* § 378 Rn. 59; ebenso HHSp/*Rüping* § 378 Rn. 73; *Rolletschke/*Kemper § 378 Rn. 46).

131   Das Erfolgsdelikt des § 378 AO verdrängt nach allgemeinen Grundsätzen die **Gefährdungstatbestände** der §§ 379 bis 382 AO. Der spezialgesetzlichen Anordnung in den §§ 379 ff. AO hätte es nicht bedurft.

132   Subsidiär ist § 378 AO ggü. tateinheitlich begangenen **Straftaten** (§ 21 OWiG), so auch, wenn bei einer einheitlichen Tat, diese teilweise vorsätzlich (§ 370 AO) und zum anderen Teil leichtfertig erfolgt; die Leichtfertigkeit ist dann i.R.d. Strafzumessung zu berücksichtigen (Göhler/*Gürtler* § 21 Rn. 12; Kohlmann/*Schauf* § 378 Rn. 159; HHSp/*Rüping* § 378 Rn. 80). Tritt die Erkenntnis um das Vorliegen einer Straftat nachträglich ein, ist auch bei einem rechtskräftigen behördlichen Bußgeldbescheid ein Wiederaufgriff möglich (anders gerichtlicher Bußgeldbescheid; vgl. § 84 Abs. 2 OWiG); im Fall der Verurteilung wird der Bußgeldbescheid aufgehoben (§ 86 OWiG).

133   Sofern wegen der Tat eine Strafe nicht verhängt wird, lebt die Möglichkeit der Geldbuße wieder auf (§ 21 Abs. 2 OWiG). Als verhängte Strafe i.S.d. § 21 Abs. 2 OWiG gilt auch eine Auflage gem. § 153a StPO (im Einzelnen vgl. § 377 Rdn. 67).

134   **§ 130 OWiG** kann neben § 378 AO vorliegen, tritt dann aber zurück (Einf. §§ 377 ff. Rdn. 246).

Die **Verjährung** richtet sich nach den Regeln der §§ 31 ff. OWiG (vgl. § 377 Rdn. 75 ff.), jedoch 135
ist die Verjährungsfrist (§ 31 Abs. 2 Nr. 1 OWiG: 3 Jahre bei Geldbußen über 15.000,00 €) gem.
§ 384 AO auf 5 Jahre verlängert.

Gem. § 411 ist vor dem Erlass eines Bußgeldbescheides die **Berufskammer** zu hören. Der Streit, 136
ob diese Regelung für das FA verpflichtend ist (Nr. 104 Abs. 3 AStBV [St] 2011; BStBl. I 2010,
S. 1434) oder ob der Berater auf die Anhörung verzichten kann (vgl. *Bilsdorfer*, DStR 1983, 26 f.),
hat kaum praktische Bedeutung, da auch bei einem Verzicht die Mitteilungspflicht des § 10
StBerG fortbesteht (FGJ/*Lipsky* § 411 Rn. 10 m.w.N.).

§ 379 AO   Steuergefährdung

(1) Ordnungswidrig handelt, wer vorsätzlich oder leichtfertig

1. Belege ausstellt, die in tatsächlicher Hinsicht unrichtig sind,
2. Belege gegen Entgelt in den Verkehr bringt oder
3. nach Gesetz buchungs- oder aufzeichnungspflichtige Geschäftsvorfälle oder Betriebsvorgänge
   nicht oder in tatsächlicher Hinsicht unrichtig verbucht oder verbuchen lässt

und dadurch ermöglicht, Steuern zu verkürzen oder nicht gerechtfertigte Steuervorteile zu
erlangen. Satz 1 Nr. 1 gilt auch dann, wenn Einfuhr- und Ausfuhrabgaben verkürzt werden können, die von einem anderen Mitgliedstaat der Europäischen Gemeinschaften verwaltet werden
oder die einem Staat zustehen, der für Waren aus den Europäischen Gemeinschaften auf Grund
eines Assoziations- oder Präferenzabkommens eine Vorzugsbehandlung gewährt; § 370 Abs. 7
gilt entsprechend. Das Gleiche gilt, wenn sich die Tat auf Umsatzsteuern bezieht, die von einem
anderen Mitgliedstaat der Europäischen Gemeinschaften verwaltet werden.

(2) Ordnungswidrig handelt, wer vorsätzlich oder leichtfertig

1. der Mitteilungspflicht nach § 138 Abs. 2 nicht, nicht vollständig oder nicht rechtzeitig nachkommt,
1a. entgegen § 144 Absatz 1 oder Absatz 2 Satz 1, jeweils auch in Verbindung mit Absatz 5, eine
   Aufzeichnung nicht, nicht richtig oder nicht vollständig erstellt,
2. die Pflicht zur Kontenwahrheit nach § 154 Abs. 1 verletzt.

(3) Ordnungswidrig handelt, wer vorsätzlich oder fahrlässig einer Auflage nach § 120 Abs. 2
Nr. 4 zuwiderhandelt, die einem Verwaltungsakt für Zwecke der besonderen Steueraufsicht
(§§ 209 bis 217) beigefügt worden ist.

(4) Die Ordnungswidrigkeit kann mit einer Geldbuße bis zu fünftausend Euro geahndet werden, wenn die Handlung nicht nach § 378 geahndet werden kann.

A. Überblick

1   Traditionell wurden mit § 379 AO Handlungen unter Sanktionsdrohung gestellt, die noch keine Steuerhinterziehung darstellten und die Schwelle zum Versuch der Steuerhinterziehung auch noch nicht überschritten haben, jedoch geeignet sind, den späteren Steueranspruch des Fiskus zu gefährden (Gefährdungsdelikt). Die unter Sanktionsdrohung gestellten Handlungen nach Abs. 1 Satz 1 dienen typischerweise der Vorbereitung einer späteren Steuerhinterziehung; die Gefährdung ist hier Tatbestandsmerkmal und daher festzustellen (**konkretes Gefährdungsdelikt**).

2   Dies erklärt den Tatbestand des § 379 AO aber nicht umfassend (HHSp/*Rüping* § 379 Rn. 10 f.). Die Abs. 2 und 3 des § 379 AO sind **reine Begehungsdelikte**, sie setzen tatbestandlich keine Gefährdung voraus und sind daher allenfalls **abstrakte Gefährdungsdelikte** (vgl. Sch/Sch/*Heine* Vorbem. 306 ff. Rn. 3). Man wird allerdings nicht ernsthaft davon sprechen können, dass die bloße Nicht-Mitteilung der Beteiligung an einer Auslandsgesellschaft (§ 138 Abs. 2 AO) bereits einen Erfahrungssatz drohender Hinterziehung begründet. Die Norm dient also in Teilen dazu, einer finanzverwaltungstechnischen Zweckmäßigkeitserwägung Nachdruck zu verleihen. Da in diesen Fällen der Unrechtsgehalt im Vergleich zum Gefährdungsdelikt nach § 379 Abs. 1 deutlich geringer ist, ist unverständlich, dass i.R.d. § 379 Abs. 3 schon ein fahrlässiger Pflichtenverstoß zur Sanktionierung genügt; i.Ü. ist Vorsatz oder ein Leichtfertigkeit erforderlich.

3   § 379 AO betrifft **alle inländischen Steuern** i.S.d. § 3 AO (vgl. § 377 Rdn. 12). Darüber hinaus schützt sein Abs. 1 Satz 1, Nr. 1 i.V.m. Satz 2 auch **ausländische Steuern** und Ein- bzw. Ausfuhrabgaben sowie Umsatzsteuern anderer EU-Mitgliedstaaten und zwar auch dann, wenn dort kein korrespondierender Gefährdungsschutz besteht; trotz der Aufgabe des Gegenseitigkeitskriteriums des § 370 Abs. 6 Satz 3, 4 AO a.F. erscheint dies als eine wenig nachvollziehbare Überdehnung des deutschen Strafrechtsschutzes. Teilweise gilt § 379 AO auch im außersteuerlichen (§ 3 AO) Bereich, wenn und soweit der Gesetzgeber dies angeordnet hat; so z.B. bei **Zulagen und Prämien** gem. § 14 Abs. 3 Satz 1, 5. VermBG, § 96 Abs. 7 Satz 1 EStG (weitere Bsp. bei Kohlmann/*Matthes* § 379 Rn. 19).

4   Die **praktische Bedeutung** von § 379 AO war bisher gering. Dies liegt insb. daran, dass die Ordnungswidrigkeit bei Vorliegen einer Straftat zurücktritt (§ 21 OWiG; zu Konkurrenzfragen vgl. § 379 Rdn. 152). Die Delikte werden zumeist erst im Rahmen einer Außenprüfung entdeckt, haben dann aber regelmäßig schon Auswirkungen auf die Steuererklärung gehabt; § 379 AO tritt dann hinter § 370 AO zurück. Auch eine Ahndung nach § 378 AO ist vorrangig (§ 379 Abs. 4 Halbs. 2 AO). Hatten sich noch keine steuerlichen Auswirkungen ergeben und ist das Klima in der Außenprüfung gut, hat man sich oftmals auf einen Hinweis auf die zukünftige Behandlung beschränkt und i.Ü. vom Opportunitätsprinzip (§ 47 OWiG) Gebrauch gemacht. Dies wird sich künftig womöglich ändern, denn Nr. 81 Abs. 2 Satz 2 AStBV (St) 2011 (BStBl. I 2010, 1434) sieht vor, dass regelmäßig die Einleitung eines Bußgeldverfahrens zu prüfen ist, wenn ein Steuerstrafverfahren z.B. mit Blick auf eine Selbstanzeige (dazu § 379 Rdn. 153) eingestellt wurde, die Bagatellgrenze nach Nr. 104 Abs. 3 AStBV (St) 2011 (BStBl. I 2010, 1434: 5.000,00 €, bei Tatzeitraum bis zu 3 Monaten 10.000,00 €) aber überschritten ist.

5 – 10   Einstweilen frei.

B. Die objektiven Tatbestände

In § 379 AO sind insgesamt sieben Ordnungswidrigkeitstatbestände vereinigt. Dies sind: 11

– das Ausstellen unrichtiger Belege (Abs. 1 Satz 1 Nr. 1; Rdn. 13 ff.)
– das entgeltliche Inverkehrbringen von Belegen (Abs. 1 Satz 1 Nr. 2; Rdn. 66 ff.)
– die Verletzung von Buchführungs- und Aufzeichnungspflichten (Abs. 1 Satz 1 Nr. 3; Rdn. 77 ff.)
– die Verletzung der Mitteilungspflicht bei Auslandsbeziehungen (Abs. 2 Nr. 1; Rdn. 96 ff.)
– die Verletzung der Warenausgangsaufzeichnungspflicht (Abs. 2 Nr. 1a; Rdn. 106 ff.)
– das Errichten von Konten auf falschen Namen (Abs. 2 Nr. 2; Rdn. 121 ff.)
– das Zuwiderhandeln gegen Auflagen i.R.d. besonderen Steueraufsicht (Abs. 3; Rdn. 131 ff.).

Die beiden ersten Tatbestände, das Ausstellen unrichtiger Belege (Abs. 1 Satz 1 Nr. 1) und das ent- 12
geltliche Inverkehrbringen von Belegen (Abs. 1 Satz 1, 2), schaffen originäre Bußgeldbestimmungen. Hingegen sind die vier weiteren Tatbestände rein verwaltungsakzessorisch, d.h. der objektive
Tatbestand dieser Ordnungswidrigkeiten besteht aus der materiellen (finanzverwaltungsrechtli-
chen) Bezugsnorm.

I. Das Ausstellen unrichtiger Belege (§ 379 Abs. 1 Nr. 1 AO)

Ordnungswidrig handelt, wer (Rdn. 14 ff.) in tatsächlicher Hinsicht unrichtige (Rdn. 31 ff.) Belege 13
(Rdn. 21 ff.) ausstellt (Rdn. 41) und hierdurch ermöglicht (Rdn. 61 f.), Steuern oder Abgaben
i.S.d. Abs. 1 Satz 2 zu verkürzen oder ungerechtfertigte Steuervorteile zu erlangen (Rdn. 46 ff.).

1. Täterkreis

§ 379 Abs. 1 Nr. 1 AO ist ein **Jedermannsdelikt** („wer"). Der Täter muss also nicht Steuerpflichti- 14
ger sein oder sonstige persönliche Merkmale (§ 9 Abs. 1 OWiG) aufweisen. Jeder, der rein tatsächlich einen steuergefährdenden unrichtigen Beleg ausstellt, ist i.S.d. § 379 Abs. 1 Nr. 1 AO
verantwortlich. So kommen neben den Steuerpflichtigen z.B. Gewerbetreibende, die einen Gefäl-
ligkeitsbeleg ausstellen, Finanzbeamte (BayObLG v. 13.06.1989, RReg 4 St 206/88, wistra 1989,
313, 316: Zollbeamter) oder Steuerberater als taugliche Täter in Betracht.

Beschränkt sich der Steuerpflichtige auf das bloße Entgegennehmen eines unrichtigen Belegs, 15
bleibt dies sanktionslos. Es handelt sich um eine **notwendige Teilnahme**. Ein solcher Fall liegt vor,
wenn ein gesetzlicher Tatbestand schon seinem Wesen nach nur durch Interaktion mehrerer Personen erfüllt werden kann, das Gesetz aber nur die Handlungen bestimmter Personen (hier: des
Ausstellers) mit einer Sanktion versieht (*Fischer* Vor § 25 Rn. 7) In diesen Fällen bleiben Personen,
die sich auf das vom Gesetz denknotwendig vorausgesetzte Verhalten (hier: Entgegennahme)
beschränken, sanktionsfrei.

In der Praxis wird das Ausstellen eines unrichtigen Belegs durch einen Dritten oftmals auf die 16
Anregung des an diesem Beleg interessierten Steuerpflichtigen zurückzuführen sein. Diese „Anstiftung" ist gem. § 14 Abs. 1 Satz 1 OWiG als Tatbeteiligung zu werten, der Steuerpflichtige ist dann
neben dem Aussteller Beteiligter der Tat (zum Einheitstäter vgl. § 377 Rdn. 53). Wird der Beleg
sodann zur Hinterziehung (§ 370 AO) genutzt, ist die Beteiligung an der Ordnungswidrigkeit
subsidiär (§ 21 OWiG), soweit die Steueransprüche von Gefährdung und Hinterziehung
deckungsgleich sind; eine überschießende Gefährdung – z.B. der USt neben der hinterzogenen
ESt – weiterer Steuerarten bliebe bußgeldbewehrt (zur Subsidiarität vgl. Rdn. 153).

Einstweilen frei. 17 – 20

2. Belege

21 Ähnlich der Urkunde im Strafrecht (§ 267 StGB) ist unter **Beleg** jegliches Schriftstück zu verstehen, das geeignet ist, im Rechtsverkehr Beweis für einen steuerlichen erheblichen Sachverhalt zu erbringen und einen Aussteller erkennen lässt.

22 Erfasst werden **Buchführungsunterlagen** i.S.d. § 147 Abs. 1 AO, also bspw. Bücher und Aufzeichnungen, Inventare, Jahresabschlüsse, Lageberichte, Eröffnungsbilanzen, Handels- und Geschäftsbriefe, Buchungsbelege etc. Ganz überwiegend wird angenommen, dass dem Wortlaut des § 379 AO eine zwingende Begrenzung auf diese Form von Belegen nicht zu entnehmen ist und daher **alle Schriftstücke** in Betracht kommen, mit deren Hilfe im Rahmen eines steuerlichen Sachverhalts ein Beweis erbracht werden kann (FGJ/*Jäger* § 379 Rn. 14; Kohlmann/*Matthes* § 379 Rn. 33; HHSp/*Rüping* § 379 Rn. 20; *Mösbauer*, wistra 1991, 41).

23 Neben der objektiven steuerlichen Beweiseignung muss auch eine **subjektive Beweisbestimmung** vorliegen, die sich allerdings nicht auf steuerliche Zwecke beziehen muss. Es genügt, wenn der Aussteller dem Beleg irgendeine im Rechtsverkehr relevante Beweisbestimmung beigelegt hat (FGJ/*Jäger* § 379 Rn. 14; Kohlmann/*Matthes* § 379 Rn. 37; HHSp/*Rüping* § 379 Rn. 22). Ihm muss bei Ausstellung des Belegs nicht bewusst sein, dass der falsche Beleg auch steuerlich missbraucht werden kann (steuerliche „Zufallsurkunde"; vgl. zum Parallelfall im Strafrecht *Fischer* § 267 Rn. 9).

24 Die Belege müssen einen **Aussteller** erkennen lassen und haben daher **Urkundencharakter i.S.d.** § 267 StGB (BGH, wistra, 1989, 190, 191; FGJ/*Jäger* § 379 Rn. 15).Der Aussteller muss aus der Urkunde selbst erkennbar werden, in welcher Weise dies geschieht, ist irrelevant. Dies kann durch Unterschrift und Firmenstempel geschehen, ein Firmenlogo würde aber bspw. auch genügen (Kohlmann/*Matthes* § 379 Rn. 38).

25 Der Streit, ob der Begriff des „Belegs" nur erfüllt ist, wenn aus ihm der tatsächliche Aussteller hervorgeht (HHSp/*Rüping* § 379 Rn. 25; *Wegner*, PStR 2005, 115, 117; wohl auch BGH, wistra, 1989, 190, 191) oder auch die Benennung eines **falschen Ausstellers** (sog. **Belegfälschung**) umfasst (*Mösbauer*, wistra 1991, 41 f.), ist praktisch bedeutungslos. Zu einen liegt im letztgenannten Fall eine Urkundenfälschung i.S.d. § 267 StGB vor, sodass § 379 AO jedenfalls auf Konkurrenzebene verdrängt (§ 21 OWiG) wird (Kohlmann/*Matthes* § 379 Rn. 41; FGJ/*Jäger* § 379 Rn. 17; *Wegner*, PStR 2005, 115, 117). Darüber hinaus wird die konkrete Steuergefährdung (Rdn. 61 f.) in diesen Fällen – der Lebenssachverhalt ist richtig, jedoch vom falschen Aussteller wiedergegeben – regelmäßig nicht festzustellen sein.

26 – 30 Einstweilen frei

3. In tatsächlicher Hinsicht unrichtig

31 Der Beleg ist in tatsächlicher Hinsicht unrichtig, wenn der dort wiedergegebene **Sachverhalt** nicht dem wirklichen Sachverhalt entspricht.

32 Diese Definition umfasst auch Unrichtigkeiten zum Randgeschehen des Sachverhalts. Auch die falsche Angabe von z.B. Ort und Datum macht den Beleg falsch (Kohlmann/*Matthes*§ 379 Rn. 39). In derartigen Fällen wird aber die Eignung zur Gefährdung des Steueranspruchs (Rdn. 61 f.) zu hinterfragen sein. Ist der Beleg hinsichtlich der steuerrelevanten Tatsache ansonsten richtig, wird der geschuldete Steueranspruch regelmäßig nicht gefährdet sein.

33 Ist der Beleg hingegen nur **(steuer)rechtlich unrichtig**, greift § 379 AO nicht (HHSp/*Rüping* § 379 Rn. 27). Zutreffend weist *Matthes* (Kohlmann § 379 Rn. 40) auf das Problem hin, dass sich hinter den Begriffen des Sachverhalts oftmals rechtliche Wertungen verbergen. So sind mit dem Begriff der „Spende" steuerrechtliche Abgrenzungen verbunden, die nicht stets mit dem alltagsprachlichen Gebrauch des Begriffs deckungsgleich sind. Je nach Fallkonstellationen kann hier

schon die Unrichtigkeit entfallen oder der subjektive Tatbestand zu verneinen sein (Tatumstands-irrtum; § 11 Abs. 1 OWiG; vgl. § 377 Rdn. 47).

Einstweilen frei   34 – 40

4. Ausstellen

Der Begriff des Ausstellens meint nicht die rein körperliche Anfertigung des Belegs. Den Beleg   41
stellt aus, wer ihm seine Beweisbestimmung gibt. Dies geschieht bei Fremdbelegen durch die
Übermittlung an den Dritten, für den der Beleg Beweis erbringen soll; er muss in dessen Verfügungsgewalt gelangen, z.B. zugehen (§ 130 BGB). Eigenbelege erhalten ihre Beweisbestimmung
durch Einfügung des Belegs in den Buchhaltungsordner oder Übergabe an den Steuerberater (vgl.
FGJ/*Jäger* § 379 Rn. 18; Kohlmann/*Matthes* § 379 Rn. 42 ff.; HHSp/*Rüping* § 379 Rn. 28 ff.). Mit
Rüping (HHSp § 379 Rn. 30 m.w.N.) genügt nicht schon das bloße Verbuchen fingierter Rechnungen, der bloße Hinweis oder die Berufung auf Urkunden in eigenem Besitz oder die Pflicht,
einen Beleg (der Steuerbehörde) vorzulegen, während umgekehrt eine Übergabe in (scheinbarer)
Erfüllung einer steuerlichen Pflicht, ein „Ausstellen" nicht hindert.

Einstweilen frei.   42 – 45

5. Tatobjekt (Steuern etc.)

Die Tathandlungen des § 379 Abs. 1 AO müssen geeignet sein, *„Steuern zu verkürzen oder nicht*   46
gerechtfertigte Steuervorteile zu erlangen". Das Tatobjekt ist deckungsgleich zu § 370 AO umschrieben, zu den Einzelheiten vgl. dort (§ 370 Rdn. 20 ff., 219 ff.), zum legal (§ 3 AO) definierten
Begriff der Steuern vgl. § 377 Rdn. 12.

Eine Besonderheit bildet das Tatobjekt des § 379 Abs. 1 Nr. 1 AO, weil ausschließlich in dieser   47
Tatbestandalternative neben den inländischen Steuern auch **ausländische Fiskalinteressen**
geschützt werden; § 379 Abs. 1 Satz 2 und 3 AO erweitern insoweit den Anwendungsbereich von
Satz 1 Nr. 1. Diese Erweiterung ist auf die Tatbestände nach § 379 Abs. 1 Nr. 2 (Belegveräuße-
rung) und 3 (unrichtige Verbuchung) AO nicht anwendbar. Geschützt werden Einfuhr- und Ausfuhrabgaben bestimmter Staaten sowie die USt anderer EU-Mitgliedsstaaten.

Zum Begriff der **Einfuhr- und Ausfuhrabgaben** kann auf § 1 Abs. 1 Satz 3 ZollVG und § 373   48
Rdn. 7 ff. verwiesen werden. Er umfasst auch die Einfuhrumsatzsteuer und bei einem Import aus
Drittstaaten anfallende Verbrauchsteuern (BGH v. 19.01.2011 – 1 StR 561/10, jurion).

Diese Abgaben werden durch § 379 Abs. 1 Satz 2 AO geschützt, sofern sie von einem anderen   49
EU-Mitgliedsstaat verwaltet werden oder einem Staat zustehen, der **kraft** Assoziations- oder Präfe-
renz**abkommens** für Waren aus der EG eine bevorzugte Behandlung genießt. Für einseitig
gewährte Vorzugsbehandlungen bietet § 379 Abs. 1 Satz 2 AO entsprechend seinem Wortlaut keinen Schutz (FGJ/*Jäger* § 379 Rn. 44; Kohlmann/*Matthes* § 379 Rn. 91).

EU-Mitgliedstaaten sind Belgien, Bulgarien, die BRD, Dänemark, Estland, Finnland, Frankreich,   50
Griechenland, Großbritannien, Irland, Italien, Lettland, Litauen, Luxemburg, Malta, Niederlande,
Österreich, Polen, Portugal, Rumänien, Schweden, die Slowakei, Slowenien, Spanien, die Tsche-
chische Republik, Ungarn und Zypern (ohne Nord-Zypern).

Die EFTA-Staaten (Island, Schweiz, Liechtenstein und Norwegen) sowie zahlreiche mittel- und   51
osteuropäische Länder gewähren kraft **Assoziations- und Präferenzabkommen** Vorzugsbehandlungen für Waren aus der EU.

Die **Rechtsgrundlagen** für den innergemeinschaftlichen sowie den Warenverkehr mit den assozi-   52
ierten Staaten finden sich in der Vorschriftensammlung der Bundesfinanzverwaltung (VSF; Asso-
ziations- und Präferenzabkommen, dort Fach Z), einen Überblick bietet *Jäger* (FGJ § 379
Rn. 42 ff.).

53   Hinsichtlich der **Umsatzsteuern** anderer Mitgliedstaaten der EU verweist § 379 Abs. 1 Satz 3 auf § 379 Abs. 1 Satz 2 AO, sodass auch die Gefährdung der Umsatzsteuern anderer Mitgliedstaaten der EU nur dann erfasst wird, wenn sie durch Ausstellen falscher Belege erfolgt (ebenso FGJ/*Jäger* § 379 Rn. 41; a.A. *Hentschel*, wistra 2005, 371, 373: S. 3 beziehe auch Nr. 2 und 3 ein).

54   Über die Verweisung (§ 379 Abs. 1 Satz 2 Halbs. 2 AO) auf § 370 Abs. 7 AO. gilt für die geschützten ausländischen Fiskalinteressen das **Weltrechtsprinzip** (§ 370 Rdn. 609 ff.). Es werden mithin auch Taten erfasst, die im Ausland begangen werden und lediglich ausländische Fiskalinteressen berühren (vgl. BGH, NStZ 2001, 201). Eine wenig nachvollziehbare Überdehnung des deutschen Sanktionsanspruchs, zumal mit dem Jahressteuergesetz 2010 (BGBl. I 2010, S. 1768) § 370 Abs. 6 Sätze 3 und 4 AO a.F. aufgehoben wurden, sodass auch i.R.d. § 370 AO die Notwendigkeit der Gegenseitigkeit entfallen ist (§ 370 Rdn. 607). Gleichwohl wird man auch künftig jedenfalls im Ausland begangene (dort möglicherweise nicht strafbare) Gefährdungen ausländischer Steuern regelmäßig dem Opportunitätsprinzip zuführen und so eine Ahndung vermeiden (so zur alten Fassung: Kühn/von Wedelstädt/*Blesinger* § 379 Rn. 10; FGJ/*Jäger* § 379 Rn. 39).

55 – 60   Einstweilen frei.

6. Gefährdung

61   Die Taten nach § 379 Abs. 1 AO setzen allesamt voraus, dass durch die Verhaltensweise kausal „ermöglicht" wird, Steuern zu verkürzen oder ungerechtfertigte Steuervorteile zu erlangen. Es genügt die konkrete **Möglichkeit** einer späteren Verkürzung, der Gesetzgeber hat die genannten Fälle als typischerweise zur Verkürzung geeignet angesehen (konkretes Gefährdungsdelikt).

62   Da anders als bei den Abs. 2 und 3 die Möglichkeit der Verkürzung Tatbestandsmerkmal ist, muss sie **festgestellt** werden (HHSp/*Rüping*§ 379 Rn. 56). Eine Gefährdung wird selten auszuschließen sein, doch ist sie denkbar, z.B. wenn die Unrichtigkeit eines Belegs aus einem steuerlich irrelevanten Sachverhaltsdetail resultiert (Tankbeleg mit falschem Datum bei tatsächlich angefallenen Kosten) oder (im Rahmen Abs. 1 Nr. 2) ein Beleg verkauft wird, der einen verloren gegangenen Originalbeleg ersetzt. **Zweifel** wirken hier zugunsten des Betroffenen (in dubio pro reo).

63 – 65   Einstweilen frei.

II. Das entgeltliche Inverkehrbringen von Belegen (§ 379 Abs. 1 Satz 1 Nr. 2 AO)

66   § 379 Abs. 1 Satz 1 Nr. 2 AO ist wie Nr. 1 ein **Jedermannsdelikt** (Rdn. 14 ff.) das sich nur auf **Steuern** (Rdn. 46 ff., § 377 Rdn. 12) bezieht, nicht auf Einfuhr- und Ausfuhrabgaben (Rdn. 48). Auch hier wird die festzustellende **Gefährdung** des Steueranspruchs vorausgesetzt (Rdn. 61 f.).

67   Der Begriff des **Belegs** ist deckungsgleich mit dem in Nr. 1 (Rdn. 21 ff.), aber nicht auf „unrichtige" Belege beschränkt. Typischer Anwendungsfall ist der „richtige" Beleg, der vom „falschen" Steuerpflichtigen verwendet werden soll, um bei ihm nicht angefallene Kosten geltend machen zu können.

68   Ein Beleg wird **in-Verkehr-gebracht**, wenn der Täter ihn so aus seiner Verfügungsgewalt entlässt, dass ein anderer tatsächlich in die Lage versetzt wird, sich des Belegs zu bemächtigen und mit ihm nach eigenem Belieben zu verfahren (*Fischer* § 146 Rn. 17 f. m.w.N. zur Rspr.; FGJ/*Jäger* § 379 Rn. 22; Kohlmann/*Matthes* § 379 Rn. 53).

69   Ein unentgeltliches Inverkehrbringen ist zwar möglich, aber nicht tatbestandsmäßig. Vorausgesetzt wird, dass die Übertragung der Verfügungsgewalt **entgeltlich**, also im Hinblick auf eine vermögenswerte Gegenleistung (vgl. § 11 Abs. 1 Nr. 9 StGB), erfolgt, die auch in einer Sachzuwendungen bestehen kann. Wer also unentgeltlich, z.B. zur Kundenbindung oder aus Freundschaft, Belege weiterreicht, handelt nicht ordnungswidrig; ob er sich ggf. an der nachfolgenden Steuerhinterziehung des anderen beteiligt, ist Tatfrage.

Wie bei der unentgeltlichen kommt auch bei der entgeltlichen Weiterreichung des Belegs eine 70
Teilnahme an der Steuerhinterziehung des anderen in Betracht, dann tritt § 379 AO zurück
(§ 21 OWiG). Weiß der Verkäufer, dass der Käufer den Beleg im Rahmen seiner Steuererklärung
steuermindernd verwenden will, liegt eine Beteiligung an dessen Hinterziehung vor (§§ 370 AO,
27 StGB; ausführlich *Burkhard*, PStR 2004, 164). Allerdings ist der Nachweis des Gehilfenvorsat-
zes nicht immer einfach, hier schließt § 379 Abs. 1 Nr. 2 AO eine Lücke. Gelingt hingegen der
Nachweis, verdrängt § 370 AO die Ordnungswidrigkeit (§ 21 OWiG).

Einstweilen frei. 71 – 75

III. Verwaltungsakzessorische Tatbestände (379 Abs. 1 Nr. 3, Abs. 2, Abs. 3 AO)

Die Verletzung von Buchführungs- und Aufzeichnungspflichten (§ 379 Abs. 1 Satz 1 Nr. 3 AO) 76
oder der Mitteilungspflicht bei Auslandsbeziehungen (§ 379 Abs. 2 Nr. 1 AO), das Errichten von
Konten auf falschen Namen (§ 379 Abs. 2 Nr. 2 AO) sowie das Zuwiderhandeln gegen Auflagen
i.R.d. besonderen Steueraufsicht (§ 379 Abs. 3 AO) sind **verwaltungsakzessorisch**. Diese Tatbestände beschreiben – anders als das Ausstellen unrichtiger Belege (§ 379 Abs. 1 Satz 1 Nr. 1) und
das entgeltliche Inverkehrbringen von Belegen (§ 379 Abs. 1 Satz 1, 2) – die ordnungswidrige
Handlung nicht selbst, sondern knüpfen eine Bußgeldandrohung an die anderweitige materielle
Bezugsnorm. Die Bezugsnorm bildet den objektiven Tatbestand der Ordnungswidrigkeit. Auf die
Bezugsnormen soll hier nicht näher eingegangen werden.

1. Verletzung von Buchführungs- und Aufzeichnungspflichten (§ 379 Abs. 1 Satz 1 Nr. 3 AO)

§ 379 Abs. 1 Satz 1 Nr. 3 AO verknüpft anderweitig normierte Buchführungs- und Aufzeich- 77
nungspflichten mit einer Geldbuße, sofern die Verletzung der Pflicht geeignet ist, einen Steueranspruch zu gefährden. Ob eine Buchführungs- oder Aufzeichnungspflicht besteht und für wen,
ergibt sich aus der jeweiligen Bezugsnorm.

Aufbewahrungspflichten (z.B. § 257 HGB, § 147 AO) werden von § 379 AO hingegen nicht 78
geschützt. Die Nichtherausgabe oder Vernichtung kann allerdings eine Urkundenunterdrückung
(§ 274 StGB; BGHSt 29, 192 ff.; TK/*Drüen* Vor § 140 Rn. 25) darstellen, die Nichtherausgabe
allerdings nicht, soweit die Gefahr der Selbstbelastung durch Herausgabe bestehen würde (nemo
tenetur se ipsum accusare).

Für „wen" die Buchführungs-/Aufzeichnungspflicht besteht, ist für den **Täterkreis** relevant. 79

Die aktive Falschbuchung bzw. Falschaufzeichnung und ihre Veranlassung sind **Jedermannsdelikte** 80
(„wer ... nicht oder unrichtig verbucht oder verbuchen lässt"). Dies gilt auch für die Unterlassensvariante, wenngleich hier eine Garantenpflicht bestehen (Geschäftsherr als Normadressat) oder
tatsächlich übernommen worden sein muss (z.B. Buchhaltungsangestellter).

Das (Nicht- oder Falsch-) Verbuchenlassen soll ein Weisungsrecht voraussetzen und daher ein **Son-** 81
derdelikt des Handlungspflichtigen beschreiben (HHSp/*Rüping* § 379 Rn. 51; FGJ/*Jäger* § 379
Rn. 32; Kohlmann/*Matthes* § 379 Rn. 61). Bei Sonderdelikten sind die Regeln des § 9 OWiG zu
beachten (Einf. §§ 377 ff. Rdn. 31 ff.; § 377 Rdn. 44 f.). Es gelten die allgemeinen Regeln zur eingeschränkten Entlastungswirkung bei Delegation (Einf. §§ 377 ff. Rdn. 62 ff., 86 ff.).

Da die Pflichten „**nach dem Gesetz**" bestehen müssen, kommen nur solche in Betracht, die nach 82
einem förmlichen Gesetz oder einer Rechtsverordnung (vgl. § 4 AO) bestehen. Verwaltungsvorschriften sind somit als Anknüpfungspunkt für eine Geldbuße nicht ausreichend. Auch eine freiwillig übernommene Buchführung begründet keine gesetzliche Pflicht, sodass § 146 Abs. 6 AO als
Anknüpfungspunkt für eine Ordnungswidrigkeit ausscheidet; die freiwillige Buchführung mag
nicht ordnungsgemäß sein, sie ist aber nicht wider einer gesetzlich bestehenden Pflicht. Mangels
Pflichtenbegründung scheiden auch Sollvorschriften als Ausgangspunkt einer Ordnungswidrigkeit
aus (*Rolletschke*/Kemper § 379 Rn. 29).

83   Zentrale gesetzliche Buchungs- und Aufzeichnungspflichten enthalten §§ 141 ff. AO und – jeweils i.V.m. § 140 AO – §§ 238 ff. HGB, §§ 41 ff. GmbHG sowie die Einzelsteuergesetze (z.B. § 22 UStG).

84   Erfasst werden aber nicht nur Buchführungs- und Aufzeichnungspflichten, die in Steuergesetzen oder dem HGB normiert sind. Mit der Sanktionsdrohung werden auch solche Buchführungs- und Aufzeichnungspflichten ausgestattet, die primär anderen als steuerlichen oder Gewinnermittlungszwecken dienen. Es gibt eine Vielzahl entsprechender Pflichten die von Abfallregistern (§§ 41 ff. KrWG/AbfG) und Betäubungsmittelbüchern (§§ 13 f. BtMVV, § 17 BtMG) über Deckregister (§ 24 ViehverkV), Gebrauchtwarenbücher (§ 38 Ab. 3 GewO) bis hin zu Waffenherstellungs- (§ 23 WaffG) und Wildhandelsbüchern (§ 36 BJagdG) reichen (vgl. im Einzelnen TK/*Drüen* § 14 Rn. 14; FGJ/*Jäger* § 379 Rn. 36; HHSp/*Rüping* § 379 Rn. 40). Bei derartigen Buchführungs- und Aufzeichnungspflichten wird aber regelmäßig näher zu prüfen sein, ob ihre Verletzung geeignet ist, den Steueranspruch zu gefährden.

85   Ob die Aufzeichnungs-/Buchführungspflichten bei **Insolvenz** ganz oder nur teilweise auf den Insolvenzverwalter übergeht, ist auf Ebene der Anknüpfungsnorm streitig (vgl. FGJ/*Jäger* § 379 Rn. 24 m.w.N.). Die Pflichten können aber auch originär bußgeldrechtlich untergehen: Die Nicht-Aufzeichnung bzw. Nicht-Buchführung ist ein „echtes Unterlassungsdelikt; eine Strafbarkeit entfällt daher, wenn der Täter aus fachlichen oder finanziellen Gründen zur Erstellung einer Bilanz nicht in der Lage war" (so BGH-Nack v. 30.01.2003, 3 StR 437/02 zu § 283 StGB; vgl. BGHSt 28, 231, 233; BGH, NStZ 1992, 182; 1998, 192, 193). Diese Feststellungen des BGH zur unterlassenen Bilanzierung in der Unternehmenskriese gelten entsprechend für die unterlassene Buchführung. Allerdings muss das Gewerbe ggf. aufgegeben und so die Pflicht beendet werden, wenn keine Mittel zur ordnungsgemäßen Pflichterfüllung zur Verfügung stehen. Geschieht dies nicht, kann darin ein Anknüpfungspunkt für den Vorwurf liegen (actio libera in causa).

86   Die Aufzeichnungs-/Buchführungspflicht ist verletzt, wenn ihr zum relevanten Zeitpunkt (GoB) nicht nachgekommen wurde (**unterlassen**) oder der Vorgang in tatsächlicher Hinsicht abweichend vom Lebenssachverhalt erfasst wurde (**tatsächlich unrichtig**). Eine nur rechtlich fehlerhafte Einordnung erfüllt den Tatbestand nicht, die Abgrenzung zwischen tatsächlich oder rechtlich falsch ist allerdings nicht immer einfach (vgl. FGJ/*Joecks* § 370 Rn. 123 ff.; FGJ/*Jäger* § 379 Rn. 29 ggü. HHSp/*Rüping* § 379 Rn. 46).

87   Die Unvollständigkeit oder Fehlerhaftigkeit muss eine Steuerverkürzung etc. „ermöglichen", also konkret geeignet sein, den Steueranspruch zu **gefährden**. Fehlt diese Eignung, scheidet eine Geldbuße aus. Das Gericht hat die Gefährdung für den konkreten Steueranspruch festzustellen. So fehlt es z.B. an einer Gefährdung, wenn Bareinnahmen zwar vollständig aber nicht unter dem jeweiligen Datum verbucht werden (OLG Bremen v. 27.10.1981 – Ss [B] 23/79, lt. FGJ/*Jäger* § 379 Rn. 38).

88 – 95   Einstweilen frei.

2. Verletzung der Mitteilungspflicht bei Auslandsbeziehungen (§ 379 Abs. 2 Nr. 1 AO)

96   Wer entgegen der in § 138 Abs. 2 AO normierten Pflicht zur Meldung bestimmter Auslandssachverhalte diese nicht, nicht vollständig oder nicht rechtzeitig (binnen Monatsfrist, § 138 Abs. 3 AO) meldet, kann gem. § 379 Abs. 2 Nr. 1 AO mit einem Bußgeld belegt werden. Eine Erweiterung der Anwendung auf andere Mitteilungs- oder Mitwirkungspflichten verbietet sich (Analogieverbot, § 3 OWiG).

97   Die Norm wird überwiegend als Sonderdelikt verstanden, die lediglich den in § 138 AO benannten Steuerpflichtigen (§ 38 AO) erfasse (Kohlmann/*Matthes* § 379 Rn. 108; HHSp/*Rüping* § 379 Rn. 68; *Rolletschke*/Kemper§ 379 Rn. 40; offen FGJ/*Jäger* § 379 Rn. 46). Der Steuerpflichtige wird der regelmäßige Täter sein, doch ist er nach dem Gesetzeswortlaut nicht der einzige; Abs. 2 ist ein **Jedermannsdelikt** („wer"). Wie schon bei § 379 Abs. 1 Nr. 3 AO (Rdn. 80) kommt es darauf an,

wer die geforderten Angaben tatsächlich macht; hat bspw. ein Mitarbeiter diese Pflicht tatsächlich übernommen (Garant), wird er sowohl für die Fristversäumung wie auch für seine Falschangaben verantwortlich sein. Der Steuerpflichtige (§ 38 AO) kann daneben – z.B. wegen mangelhafter Auswahl oder Überwachung – verantwortlich sein (dazu Einf. §§ 377 ff. Rdn. 86 ff.).

Der Umfang der anzugebenen Tatsachen ergibt sich aus § 138 Abs. 2 AO.   **98**

§ 138 Abs. 2 AO bestimmt auch das zuständige FA, bei dem die Mitteilung abzugeben ist. Ein   **99** Verstoß gegen die **Zuständigkeit** soll laut *Jäger* (FGJ § 379 Rn. 48) eine Ordnungswidrigkeit begründen. Dem ist entgegenzuhalten, dass § 379 Abs. 2 AO nur die „vollständige" und „rechtzeitige" Meldung verlangt, also – wie auch i.R.d. § 370 AO – die fristgerechte Übermittlung des Tatsachenstoffes. Die Abgabe beim unzuständigen FA ist damit ebenso wenig bußgeldbewehrt wie die Verwendung eines nicht „amtlich vorgeschriebenen Vordrucks" (§ 138 Abs. 2 AO). Da bei einer Erklärung ggü. dem unzuständigen FA aufgrund der internen Weiterleitung auch keine Gefahr für das geschützt Rechtsgut zu erkennen ist, bedarf es einer entsprechenden Ausdehnung des Tatbestandes nicht. Die Nichtbeachtung der Zuständigkeit ist schon nicht tatbestandsmäßig, der von *Jäger* (FGJ § 379 Rn. 48) vorgeschlagenen Anwendung des Opportunitätsprinzips (§ 47 OWiG, § 377 Abs. 2 AO) bedarf es nicht.

Da § 379 Abs. 2 AO – anders als Abs. 1 – die Eignung zur Steuerverkürzung nicht zum Tatbe-   **100** standsmerkmal gemacht hat, handelt es sich um ein **abstraktes Gefährdungsdelikt**. Es ist daher irrelevant und bedarf keiner Feststellung, ob der Meldeverstoß zu einer Verringerung der Steuer hätte führen können (Auslandsbetrieb ist z.B. defizitär). Ist eine Gefährdung aber ausgeschlossen, liegt die Anwendung des Opportunitätsprinzips (§§ 47 OWiG, 377 Abs. 2 AO) nahe.

Einstweilen frei.   **101 – 105**

3. Verletzung der Pflicht zur Aufzeichnung des Warenausgangs (§ 379 Abs. 2 Nr. 1a AO)

§ 144 AO verpflichtet insb. Großhändler jene Waren unter Angabe des Abnehmers aufzuzeichnen,   **106** die er an andere gewerbliche Unternehmer zur Weiterveräußerung liefert. Im Verbund mit dem Wareneingangsbuch § 143 AO wird der Finanzverwaltung so die Prüfung der Warenbewegung ermöglicht. Vollständige Aufzeichnungen nach § 144 AO sind ein probates Mittel, Schwarzein- und die daraus folgenden Gewinne aus Schwarzverkäufen aufzudecken.

Ein Verstoß gegen die Aufzeichnungspflicht verletzt § 379 Abs. 1 AO nicht, denn die Aufzeich-   **107** nungen des Großhändlers sind regelmäßig nicht unrichtig; er bucht und versteuert seine Warenverkäufe ordnungsgemäß. Allerdings kann die Verletzung der Aufzeichnungspflicht mit einer Beihilfe zur Steuerhinterziehung des Wiederverkäufers (Abnehmers) verbunden sein. So wenn dieser sich auf ein System der Anonymisierung verlassen kann. In einem solchen Fall scheitert aber regelmäßig der Nachweis der Hinterziehung des Haupttäters, sodass auch die nur akzessorisch strafbare Beihilfe straffrei bleibt. Um in derartigen Fällen eine Sanktionierung zu ermöglichen wurde die Verletzung der Aufzeichnungspflicht des Warenausgangs (§ 144 AO) mittels des Jahressteuergesetz 2010 als Ordnungswidrigkeit definiert.

Die Norm ist ein **Sonderdelikt**, dass sich an den „gewerblichen Unternehmer" richtet. Damit sind   **108** alle Steuerpflichtigen gemeint, die gewerbliche Einkünfte (§ 15 EStG) haben (HHSp/*Trzaskalik* § 144 Rn. 2). Darüber hinaus muss der Unternehmer „nach Art (seines) Geschäftsbetriebes" *regelmäßig* Waren zum Zwecke gewerblicher Weiterverwendung veräußern (§ 144 Abs. 1 AO) oder *ausnahmsweise* in einer Weise veräußern, die gesetzlich die gewerbliche Weiterverwendung vermuten lässt (§ 144 AO). Nur dann ist er Adressat der Norm.

Die Aufzeichnungspflicht entfällt, wenn nicht erkennbar ist, dass die Waren dem Zweck der Wei-   **109** terveräußerung etc. dienen (§ 144 Abs. 1 AO) oder die Ware erkennbar nicht zum Zwecke der gewerblichen Weiterverwendung bestimmt ist (§ 144 Abs. 2 AO). Insoweit gilt bußgeldrechtlich der in-dubio-Grundsatz.

110   Der Umfang der Aufzeichnungspflichten ergibt sich aus § 144 Abs. 3 AO, daneben besteht eine Pflicht zur Erteilung eines Belegs (§ 144 Abs. 4 AO). Fraglich ist, ob jeder Verstoß gegen diesen Pflichtenkatalog ordnungswidrig ist. § 379 Abs. 2 Nr. 1a AO verweist nur auf § 144 Abs. 1, Abs. 2 Satz 1 und Abs. 5 AO; eine Verweis auf Abs. 2 und 3 erfolgt nicht.

111   Ein Verstoß gegen die **Belegpflicht** (§ 144 Abs. 4 AO). wird mangels Verweisung nicht von der Ordnungswidrigkeit erfasst, denn die Belegpflicht wird in Abs. 1, 2 und 5 nicht erwähnt (§ 3 OWiG).

112   Ob Gleiches gilt, wenn die Aufzeichnungen nicht dem **Detailierungsgrad** des Abs. 3 entsprechen, ist offen. Abs. 3 könnte als gesetzliche Konkretisierung der in Abs. 1 und 2 angesprochenen Aufzeichnung des Warenausgangs angesehen werden. Dann wäre jeder Verstoß gegen die Vorgaben des Abs. 3 – bzw. die fehlende oder fehlerhafte Angabe des Rechnungsdatums – ordnungswidrig. Beide Absätze sprechen aber nur von der die Aufzeichnung der „Ware". Die geforderten Einzelangaben dienen aber nicht nur der Identifizierung der Ware sondern auch der Identifizierung des Abnehmers (§ 144 Abs. 3 Nr. 2 AO: Name, Adresse). Da § 379 Abs. 2 Nr. 1a AO nicht auf Abs. 3 verweist, bestehen trotz des Zwecks der Norm (Nachverfolgung des Warenstroms und Aufdeckung des Schwarzverkäufers) mit Blick auf § 3 OWiG Zweifel an der Bußgeldbewehrung eines Verstoßes gegen die Ordnungsanforderungen des Abs. 3; eine Warenaufzeichnung muss zwar erfolgen, kann aber auch ohne den hohen Detailierungsgrad des Abs. 3 geschehen.

113   Wie Abs. 2 Nr. 1 ist auch Nr. 2 ein **abstraktes Gefährdungsdelikt**. Zu den Konsequenzen vgl. Rdn. 100.

114 – 120   Einstweilen frei.

4. Errichten von Konten auf falschen Namen (§ 379 Abs. 2 Nr. 2 AO)

121   Wer entgegen § 154 Abs. 1 AO ein Konto unter falschem Namen anlegen oder Buchungen vornehmen lässt, verhält sich ordnungswidrig. Eine Erweiterung der Anwendung auf § 154 Abs. 2 AO verbietet sich (Analogieverbot, § 3 OWiG).

122   Der Umfang der zu beachtenden Pflicht ergibt sich ausschließlich aus § 154 Abs. 1 AO. Danach ist die **formale Kontenwahrheit** geschützt, also die Frage, wer im Verhältnis zum Kontoführer Gläubiger ist. Die materielle Rechtszuständigkeit des Kontoinhabers, also warum dem Kontoinhaber an den verwahrten Wertsachen eine Recht zusteht (Eigentümer, Treuhänder etc.), ist irrelevant.

123   § 379 Abs. 2 Nr. 2 AO ist ein **Jedermannsdelikt** („wer"). Gleichwohl ist streitig, ob sich das Verbot des § 154 Abs. 1 AO nur gegen den Kunden oder auch gegen die Bank richtet (zum Streit vgl. TK/*Brandis* § 154 Rn. 2; HHSp/*Heuermann* § 154 Rn. 11, 31). Da § 379 Abs. 2 AO lediglich die Bußgeldfolge an den Pflichtenverstoß knüpft, erscheint das Argument, ohne Erstreckung auf die Bank bliebe für die Leichtfertigkeit i.R.d. § 379 Abs. 2 Nr. 2 AO kein praktischer Anwendungsspielraum (so z.B. FGJ/*Jäger* § 379 Rn. 59 m.w.N. zu beiden Auffassungen) wenig überzeugend; die Rechtsfolge würde dann die andernorts definierte und vorausgesetzte Handlungspflicht bestimmen. Zudem ist der subjektive Tatbestand des § 379 Abs. 2 AO einheitlich für seine beiden Varianten Nr. 1 und Nr. 2 normiert; i.R.d. Nr. 1 bietet sich der Leichtfertigkeit ein Anwendungsfeld. Wirkt der Kontoführer aber bewusst mit dem Kontoerrichter zusammen, kann darin eine Tatbeteiligung (§ 14 OWiG), im weiteren Verlauf ggf. auch eine Teilnahme an einer Steuerhinterziehung (§§ 370 AO, 27 StGB), liegen. Leichtfertigkeit des Kontoführers kann mit Blick auf seine Pflichten nach § 154 Abs. 2 AO eine Steuergefährdung (§ 379 Abs. 1 Nr. 3 AO) darstellen.

124   Wie Abs. 2 Nr. 1 ist auch Nr. 2 ein **abstraktes Gefährdungsdelikt**. Zu den Konsequenzen vgl. Rdn. 100.

125 – 130   Einstweilen frei.

5. Zuwiderhandeln gegen Auflagen i.R.d. besonderen Steueraufsicht (§ 379 Abs. 3 AO)

§ 379 Abs. 3 AO führt über § 120 Abs. 2 Nr. 4 AO zu der in den §§ 209 ff. AO geregelten beson- **131** deren Steueraufsicht. Dies betrifft im Wesentlichen Verbrauchsteuern (TK/*Tipke* Vor 209 Rn. 2), kann aber auch andere Bereiche erfassen (TK/*Tipke* § 213 Rn. 4), etwa wenn Leitungspersonen eines Unternehmens (vgl. Einf. §§ 377 ff. Rdn. 111 ff.) wegen Steuerhinterziehung verurteilt wurden (§ 213 AO).

Täter i.S.d. Abs. 3 kann nur der Adressat des Verwaltungsaktes (FGJ/*Jäger* § 379 Rn. 66) bzw. die **132** für den Adressaten tätige Leitungsperson (§ 9 OWiG) sein (**Sonderdelikt**).

Ordnungswidrig handelt, wer einer Auflage nach § 120 Abs. 2 Nr. 4 AO zuwiderhandelt, die **133** einem Verwaltungsakt für Zwecke der besonderen Steueraufsicht (§§ 209 bis 217 AO) beigefügt, dem Adressaten also gem. § 122 AO bekannt gemacht (FGJ/*Jäger* § 379 Rn. 64) worden ist. Auch eine rechtswidrige Auflage ist zu beachten, allerdings liegt die Anwendung des Opportunitätsprinzips (§ 47 OWiG, § 377 Abs. 2 AO) bei dem Verstoß gegen rechtswidrige Auflagen nahe. Nichtige Auflagen unterliegen keinem Schutz.

Nur Ermessensverwaltungsakte dürfen mit Auflagen nach § 120 Abs. 2 AO versehen werden; für **134** gebundene Verwaltungsakte gilt § 120 Abs. 1 AO.

Einstweilen frei. **135 – 140**

C. Der subjektive Tatbestand

Die Tatbestände des § 379 AO können **vorsätzlich** (§ 370 Rdn. 633 ff.) oder **leichtfertig** (§ 378 **141** Rdn. 61 ff.), Abs. 3 auch einfach fahrlässig, verwirklicht werden. Ein nachvollziehbarer Grund für diese verschärften Anforderungen i.R.d. Abs. 3 ist nicht ersichtlich (vgl. HHSp/*Rüping* § 379 Rn. 88; FGJ/*Jäger* § 379 Rn. 69; Kohlmann/*Matthes* § 379 Rn. 174)

Die Normierung zur Fahrlässigkeit des § 10 OWiG ist deckungsgleich mit § 15 StGB. Der Begriff **142** der **Fahrlässigkeit** ist umstritten (vgl. NK /*Puppe* § 15 Rn. 14 ff. m.w.N.). Die Rechtsprechung geht davon aus, dass fahrlässig handelt, wer objektiv gegen eine das betroffene Rechtsgut schützende Sorgfaltspflicht verstößt, wenn dieser Pflichtenverstoß zu einer Rechtsgutverletzung führt, die der Beteiligte nach seinen subjektiven Erkenntnissen und Fähigkeiten hätte vorsehen und vermeiden können. Die Einzelheiten des Kausalverlaufs müssen nicht vorhersehbar sein, wohl aber das Zusammenwirken mehrerer Umstände für den Taterfolg (vgl. *Fischer* § 15 Rn. 12a).

Bei fahrlässiger Begehung muss neben der Kausalität auch ein **Rechtswidrigkeitszusammenhang** **143** bestehen. Dieser liegt nicht vor, wenn der fahrlässig verursachte Taterfolg bei gedacht ordnungsgemäßen Verhalten ebenfalls eingetreten wäre. Bei Feststellung des Rechtswidrigkeitszusammenhangs gilt der in-dubio-Grundsatz (vgl. § 378 Rdn. 102).

Einstweilen frei. **144 – 151**

D. Rechtsfolge, Konkurrenzen, Verfahren

Die **Geldbuße** bemisst sich im Mindestmaß nach § 17 Abs. 1 OWiG (5,00 €). Das Höchstmaß **152** des § 17 Abs. 1 OWiG (1.000,00 €) wird von § 379 Abs. 4 AO verdrängt und beträgt 5.000,00 €. Bei fahrlässiger (leichtfertiger) Begehung beträgt das Höchstmaß 2.500,00 € (§ 17 Abs. 2 OWiG). Sofern die Geldbuße nicht ausreicht, um den gezogenen Vorteil aus der Tat abzuschöpfen, kann die Geldbuße über das gesetzliche Höchstmaß hinaus erhöht werden (§ 17 Abs. 4 OWiG; vgl. Einf. §§ 377 ff. Rdn. 133 f.; § 377 Rdn. 62).

Zunächst gelten die allgemeinen **Konkurrenzregeln** (vgl. *Kohlmann*, B Rn. 399 ff.). Im Ordnungs- **153** widrigkeitenrecht wird bei tateinheitlicher Begehung allerdings nur eine Geldbuße festgesetzt

(§ 19 OWiG, vgl. § 377 Rdn. 65). Gem. § 379 Abs. 4 AO tritt die Steuergefährdung stets hinter § 378 AO zurück. Subsidiär ist § 379 AO auch ggü. § 370 AO oder sonstigen Straftatbeständen (§ 21 OWiG), z.B. § 267 StGB (Urkundenfälschung) im Fall des § 379 Abs. 1 Nr. 1 AO. Soweit in den §§ 380 bis 382 AO spezielle Regelung zu den dort genannten Steuern (Abzugsteuern, Verbrauchsteuern und Ein- und Ausfuhrabgaben) geregelt sind, gehen diese vor. Entsprechendes gilt für Spezialtatbestände außerhalb der AO, z.B. § 26a UStG (umsatzsteuerliche Aufbewahrungs- und Meldepflichten), § 50e Abs. 1 EStG (Mitteilung von Kapitalerträgen). Verdrängt wird § 379 AO durch die vorgenannten Normen aber nur, soweit dasselbe Rechtsgut – Steuerart – verletzt ist und die Gefährdung nicht weitergeht als der Verletzungserfolg (HHSp/*Rüping* § 379 Rn. 99; FGJ/*Jäger* § 379 Rn. 71; Kohlmann/*Matthes* § 379 Rn. 199).

154   § 379 AO sieht keine **Selbstanzeige** vor, sodass nach herrschender Meinung eine solche keine Bußgeldfreiheit verschaffen kann (vgl. FGJ/*Jäger* § 379 Rn. 75 m.w.N. auch zur Gegenauffassung: § 378 Abs. 3 AO analog). Praktisch bedeutsam wird dies insb. wenn aufgrund Selbstanzeige eine Ahndung gem. § 370 oder § 378 AO ausscheidet. Dann soll die Möglichkeit einer Geldbuße gem. § 379 AO wieder aufleben. Dieses Ergebnis wird zutreffend als ungereimt empfunden (Kohlmann/*Matthes* § 379 Rn. 186), es befriedigt nur wenig, dass die Praxis derartige Fälle zumeist über das Opportunitätsprinzip (§ 47 OWiG) löst (so auch BMF-Schreiben v. 29.07.1981, IV A8 – S 0711 – 3/81, StRK AO 1977 § 379 Nr. 1, wiedergegeben bei *Dörn*, wistra 1995, 7, 8 f. Fn. 9; Nr. 76 Abs. 2 Satz 2 AStBV [St] 2011, BStBl. I 2010, S. 1434, weicht davon nicht ausdrücklich ab).

155   Die **Verjährung** richtet sich nach den Regeln der §§ 31 ff. OWiG, jedoch ist die Verjährungsfrist (§ 31 Abs. 2 Nr. 2 OWiG: 2 Jahre bei Geldbußen bis zu 15.000,00 €) gem. § 384 AO auf 5 Jahre verlängert.

§ 380 AO   Gefährdung der Abzugsteuern

(1) Ordnungswidrig handelt, wer vorsätzlich oder leichtfertig seiner Verpflichtung, Steuerabzugsbeträge einzubehalten und abzuführen, nicht, nicht vollständig oder nicht rechtzeitig nachkommt.

(2) Die Ordnungswidrigkeit kann mit einer Geldbuße bis zu fünfundzwanzigtausend Euro geahndet werden, wenn die Handlung nicht nach § 378 geahndet werden kann.

A. Überblick

1   § 380 AO ist – wie schon § 370, 378 AO – eine Blankettnorm. Der objektive Straftatbestand wird somit durch eine materielle Steuernorm determiniert. § 380 AO bettet die Steuernorm in ein Ordnungswidrigkeitsgefüge ein und bestimmt die spezifischen Voraussetzungen der Ahndung bei einem Verstoß gegen die materielle Steuernorm.

2   Gem. § 380 AO wird sanktioniert, wer entgegen einer ihm obliegenden steuerlichen Pflicht Steuerabzugsbeträge nicht (rechtzeitig) abführt. § 380 AO ist damit ein echtes Unterlassungsdelikt.

Entgegen der insoweit irreführenden Überschrift handelt es sich bei diesem Verhalten nicht um eine Gefährdung, vorausgesetzt wird vielmehr ein tatbestandsmäßiger Erfolg (Nichtabführung von Steuern).

Anders als §§ 370, 378 AO sanktioniert § 380 AO nicht die verspätete oder eine falsche Deklaration von Steuern. Er schützt vielmehr ein besonderes Steuererhebungsverfahren (Steuerabzug) und knüpft daher an die Nichtabführung an. Dieses besondere Steuererhebungsverfahren soll – im Interesse der Allgemeinheit – die zuverlässige und schnelle Erfassung der Steuern an der Quelle sicherstellen. Damit ist einer von zwei Schutzzwecken der Norm beschrieben. **3**

Der andere Schutzzweck kommt dem primären Steuerschuldner zugute. § 380 AO erfasst nur abzuführende fremde Steuern. Der Steuerabzugspflichtige ist zwar Steuerpflichtiger (§ 33 Abs. 1 AO), primärer Steuerschuldner ist aber derjenige, zu dessen Gunsten die Steuern an der Quelle abgeführt werden (vgl. § 43 AO) und zu dessen Gunsten die Abzugsteuern Abgeltungscharakter entfalten oder anzurechnen sind (*Rolletschke*/Kemper § 380 Rn. 4). Für ihn wird der Abzugsverpflichtete gleich einem Beauftragten tätig; mit *Rüping* (HHSp § 380 Rn. 6) ist die übliche Verwendung des Begriffs Treuhänders/Treueverhältnisses zu weitgehend. **4**

Einstweilen frei. **5 – 10**

B. Anwendungsbereich

§ 380 AO schützt Abzugsteuern. **Abzugsteuern** sind Steuern (§ 3 AO), die vom Schuldner einer Einnahme für den steuerpflichtigen Gläubiger an das FA abzuführen sind. Die Quelle erfüllt unter Umgehung des wirtschaftlich Berechtigten dessen Steuerschuld. **11**

Da nur Abzugsteuern erfasst werden, kommt eine Anwendung auf lediglich nicht abgeführte eigene Steuern, deren Steuerschuldner man selbst ist, nicht in Betracht. Sofern man insoweit eine zutreffende Steuererklärung abgegeben hat (§ 370 AO), bleibt es bei dem Grundsatz, dass die bloße Nichtabführung von Steuer nicht strafbar bzw. ordnungswidrig ist (Ausn.: § 26b UStG). **12**

Der Tatbestand des § 380 erfasst alle **gesetzlichen** (§ 3 OWiG) Abzugsteuern. Damit scheidet eine Anwendung auf lediglich qua Verwaltungsakt abzuführende Steuern (vgl. § 50a Abs. 7 EStG) aus (HHSp/*Rüping* § 380 Rn. 13; FGJ/*Jäger* § 380 Rn. 12; *Rolletschke*/Kemper § 380 Rn. 14). Dies würde gegen den Gesetzesvorbehalt des § 3 OWiG (einfachgesetzliche Ausformung von Art 103 Abs. 2 GG: nulla poena sine lege) verstoßen. **13**

§ 380 AO ist demnach auf die **14**

- Aufsichtsrat- bzw. Vergütungsteuer (Rdn. 45 ff.),
- Bauabzugsteuer (Rdn. 43 f.),
- Kapitalertragsteuer (Rdn. 41 f.),
- Lohnsteuer (Rdn. 31 ff.),

anzuwenden, hingegen insb. nicht auf die

- pauschalierte Einkommen- und Lohnsteuer (Rdn. 38),
- USt (Rdn. 48 f.),
- Versicherungsteuer (Rdn. 50).

§ 380 AO ist eine **Blankettnorm** (vgl. § 370 Rdn. 8 ff., § 377 Rdn. 37), die jeweiligen Pflichten ergeben sich im Detail aus den materiellen Steuernormen und sollen hier nicht vertieft werden. Nachfolgend werden nur spezifisch steuerordnungswidrigkeitsrechtliche Fragen im Zusammenhang mit den jeweiligen Abzugsteuern betrachtet. **15**

Einstweilen frei. **16 – 20**

C. Objektiver Tatbestand

I. Täter

21   Täter ist, wem eine gesetzliche Abzugsverpflichtung auferlegt ist; § 380 AO ist daher ein **Sonderdelikt** (Kohlmann/*Matthes* § 380 Rn. 13; FGJ/*Jäger* § 380 Rn. 17). Wen die Abzugsverpflichtung trifft, ergibt sich aus den Einzelsteuergesetzen, Adressat der Pflicht ist z.B. der Arbeitgeber bei der LSt (Rdn. 32).

22   Ob der **gesetzliche Vertreter** über § 34 AO oder via § 9 OWiG erfasst wird, ist streitig (vgl. § 377 Rdn. 44; zur faktischen Organschaft Einf. §§ 377 ff. Rdn. 35; § 377 Rdn. 45).

23   Es bleibt aber jedenfalls ein originärer Anwendungsbereich für §§ 9 Abs. 2 OWiG, 377 Abs. 2 AO: **Betriebsleiter** und **Beauftragte** sind ebenfalls Normadressaten (Einf. §§ 377 ff. Rdn. 31 ff.; § 377 Rdn. 45). Je nach Art ihres Auftrags können **externe Dritte** – z.B. Wirtschaftsprüfer, RA, Steuerberater – Beauftragte i.S.d. § 9 Abs. 2 Nr. 2 OWiG sein (Einf. §§ 377 ff. Rdn. 38).

24   Sowohl i.R.d. § 34 AO wie auch i.R.d. § 9 OWiG kann eine **Delegation** bzw. **Geschäftsverteilung** eine Pflichtenbegrenzung bewirken (zu den Einzelheiten vgl. Einf. §§ 377 ff. Rdn. 61 ff.).

25 – 30   Einstweilen frei.

II. Steuerabzugspflichtige fremde Steuern

1. Lohnsteuer

31   Zentraler Anwendungsbereich des § 380 AO ist die LSt. Zur LSt gehört grds. auch die KirchenLSt, doch sind diese Kirchensteuern aufgrund der Landeskirchensteuergesetze von der Verfolgung wegen Steuerhinterziehung ausgenommen (Ausn.: § 6 KiStG Nds.; vgl. § 370 Rdn. 24 f.).

32   Gemäß der in den §§ 38 ff. EStG genannten und durch die LStDV ausgefüllten Detailregelungen hat der Arbeitgeber die LSt bei jeder als Lohn (§ 2 LStDV) zu definierenden Zahlung (z.B. auch Trinkgelder) für Rechnung des Arbeitnehmers einzubehalten und fristgerecht (§ 41a EStG) abzuführen. Geschieht dies nicht, liegt grds. ein Verstoß gegen den objektiven Tatbestand § 380 AO vor.

33   Ob der Arbeitsvertrag oder die Arbeitnehmerüberlassung gesetzes- oder sittenwidrig ist, ist steuerlich (§ 40 AO) und damit auch steuerordnungswidrigkeitsrechtlich (§ 380 AO) irrelevant.

34   Die Tatsache, dass bei einer gegen die Regeln des AÜG verstoßenden Arbeitnehmerüberlassung den Entleiher eine Haftung (§ 42d Abs. 6 EStG) trifft, führt als solches noch nicht zu einer eigenen Abführungspflicht und damit auch noch nicht zu einer Verantwortlichkeit nach § 380 AO; etwas anderes kann bei Scheingeschäften gelten (§ 41 Abs. 2 AO). Demgegenüber kann die Fiktion („gilt") eines Arbeitsverhältnisses zwischen Entleiher und Arbeitnehmer bei unwirksamer Arbeitnehmerüberlassung (§ 10 AÜG) m.E. objektiv kein geeigneter Anknüpfungspunkt für § 380 AO sein; eine Ordnungswidrigkeit wird aber jedenfalls regelmäßig auf der subjektiven Seite zu verneinen sein (vgl. BGH-Nack, v. 12.02.2003, 5 StR 165/02 = NJW 2003, 1822).

35   Die LSt ist gem. § 41a Abs. 1 Nr. 2 EStG an das Betriebsstättenfinanzamt abzuführen. Die lohnsteuerlichen Pflichten sind mithin nur dann erfüllt, wenn die LSt an dieses zuständige FA abgeführt wird. Nach Sinn und Zweck wird die Beachtung der **Zuständigkeit** des Betriebsstättenfinanzamts durch § 380 AO aber meines Erachtens nicht geschützt. § 380 AO will zugunsten des Fiskus sicherstellen, dass die Abzugsteuern an ihn abgeführt werden und zugunsten des Steuerschuldners sicherstellen, dass der Abführungsverpflichtete das einbehaltene Geld zweckentsprechend zur Tilgung der LSt verwendet. Diese Zwecke werden auch bei Abführung an das unzuständige FA sichergestellt. Für eine Pönalisierung des gestörten Verwaltungsablaufs besteht kein Anlass. § 380 AO scheidet daher bereits objektiv und nicht erst subjektiv oder aus Opportunitätsgründen aus (so aber: FGJ/*Jäger* § 380 Rn. 7; Kohlmann/*Matthes* § 380 Rn. 35; HHSp/*Rüping* § 380 Rn. 35 Fn. 3; Schwarz/*Weyand* § 380 Rn. 14; *Rolletschke*/Kemper § 380 Rn. 24).

Von § 380 AO wird nur das Nicht-Einbehalten und das Nicht-Abführen der LSt erfasst. Die   36
bloße Nichtführung eines Lohnkontos (§ 41 EStG, § 4 LStDV) ist kein Nicht-Einbehalten (dazu
Rdn. 57) und unterfällt daher nicht § 380 AO, kann aber von § 379 Abs. 1 Nr. 3 AO erfasst werden (FGJ/*Jäger* § 380 Rn. 14). Auch die LSt-Anmeldung ist etwas anderes als die Einbehaltung
oder Abführung, sodass Verstöße nicht gem. § 380 AO zu ahnden sind; eine Strafbarkeit gem.
§ 370 AO kann aber in Betracht kommen (FGJ/*Jäger*, § 380 Rn. 14; vgl. auch BGH
v. 08.02.2011 – 1 StR 651/10, NJW 2011, 2526 f.).

Der Arbeitgeber hat die Steuer beim Arbeitnehmer abzuziehen, er muss sie ihm nicht kreditieren.   37
Reichen der Barlohnanspruch des Arbeitnehmers und seine ggf. weiter gehenden Ansprüche nicht
aus, um daraus die LSt zu begleichen, muss der Arbeitnehmer dem Arbeitgeber das abzuführende
Steuerdelta zur Verfügung stellen (§ 38 Abs. 4 Satz 1 EStG). Geschieht dies nicht, kann der
Arbeitgeber sich steuerordnungswidrigkeitsrechtlich anteilig durch entsprechende **Anzeige** (§ 41a
Abs. 1 Nr. 1 EStG) von seiner Einbehaltungs- und Abführungspflicht befreien (§ 38 Abs. 4 Satz 2
EStG).

§ 380 AO erfasst nur abzuführende fremde Steuerschulden. Da die **pauschale LSt** vom Arbeitge-   38
ber zu übernehmen und von ihm geschuldet ist (§ 40 Abs. 3 EStG) ist sie keine Abzugsteuer (FGJ/
Jäger § 380 Rn. 3a; vgl. Schwarz-*Weyand* § 380 Rn. 10; HHSp/*Rüping* § 380 Rn. 14; a.A. *Rolletschke*/Kemper§ 380 Rn. 13). Entsprechendes gilt für die **pauschalierte ESt** nach § 37b EStG für
Zuwendungen und Geschenke an Geschäftspartner und Arbeitnehmer, da auch hier der Zuwendende selbst Steuerschuldner ist (§§ 37b Abs. 3, 40 Abs. 3 EStG; Kohlmann/*Matthes* § 380
Rn. 10).

Einstweilen frei.   39 – 40

2. Kapitalertragsteuer

Bei bestimmten Kapitalerträgen hat gem. §§ 43 ff. EStG der Schuldner der Kapitalerträge, insb.   41
die Bank, von den Kapitalerträgen einen Prozentsatz einzubehalten und fristgerecht (§ 44 EStG)
für den Gläubiger an das zuständige (§ 44 Abs. 1 Satz 5 EStG) FA abzuführen. Der Gläubiger der
Kapitalerträge ist Steuerschuldner (§ 44 Abs. 1 EStG). Der Steuerabzug darf nur unterbleiben,
wenn der Gläubiger der Kapitalerträge eine Nichtveranlagungsbescheinigung bzw. eine Freistel-
lungserklärung vorlegt (§ 44a Abs. 2 EStG).

Eine Missachtung der Zuständigkeit des FA (§ 44 Abs. 1 Satz 5 EStG) stellt meines Erachtens –   42
wie bei der LSt (str., vgl. Rdn. 35) – bereits objektiv keine Ordnungswidrigkeit iSd. § 380 AO dar.

3. Bauabzugsteuer

Der Empfänger einer im Inland erbrachten Bauleistung muss die Bauabzugsteuer (§§ 48 ff. EStG)   43
gem. § 48 Abs. 1 Satz 1 EStG für Rechnung des Leistenden fristgerecht an das zuständige FA
(§ 48a Abs. 1 EStG) abführen, indem er von dem Zahlungsanspruch des Leistenden einen Steuerabzug von 15 % einbehält. Eine Abzugsverpflichtung besteht nicht bei Vorlage einer Freistellungsbescheinigung des FA oder Einhaltung der Freigrenzen des § 48 Abs. 2 Satz 1 EStG.

Auch hier stellt die Missachtung der Zuständigkeit des FA meines Erachtens keine Ordnungswid-   44
rigkeit dar (str., vgl. bereits Rdn. 35 zur LSt).

4. Aufsichtsrat- und Vergütungsteuer

Die Aufsichtsrat- (§ 50a Abs. 1 bis 3 EStG i.V.m. §§ 73a bis 73g EStDV) und Vergütungsteuer   45
(§ 50a Abs. 4 EStG i.V.m. §§ 73a bis 73g EStDV) ist bei beschränkt steuerpflichtigen Zahlungsempfängern (Steuerschuldner, § 50a Abs. 5 EStG) durch den Leistenden von der Vergütungen, die
für die Überwachung der Geschäftsführung von inländischen Gesellschaften bzw. für bestimmte
freiberufliche Tätigkeiten gezahlt werden, einzubehalten. Die einbehaltene Steuer ist fristgerecht

(§ 50a Abs. 5 EStG) beim zuständigen FA (Bundeszentralamt für Steuern, § 50a Abs. 5 Satz 3 EStG) anzumelden und dorthin abzuführen.

46   Wie bei der LSt (Rdn. 36) verstößt der Schuldner, der die nach § 73d EStDV vorgeschriebenen Aufzeichnungen unterlässt, nicht gegen § 380 AO.

47   Wiederum stellt die Missachtung der Zuständigkeit des FA m.E. keine Ordnungswidrigkeit dar (str., vgl. bereits Rdn. 35 zur LSt).

5. Nicht: USt

48   Mit der USt wird der Abnehmer der Ware zwar belastet, sie ist aber vom Gläubiger der steuerlichen Leistung abzuführen, er ist auch Steuerschuldner (§ 13a Abs. 1 UStG). Es handelt sich daher nicht um eine Abzugsteuer (Rdn. 11; unstr. Kohlmann/*Matthes* § 380 Rn. 10; FGJ/*Jäger* § 380 Rn. 13; HHSp/*Rüping* § 380 Rn. 14; Rolletschke/*Kemper* § 380 Rn. 16; Schwarz/*Weyand* § 380 Rn. 8),

49   Das frühere von § 380 AO geschützte USt-Abzugsverfahren (§ 18 Abs. 8 UStG a.F., §§ 51 bis 58 UStDV a.F.) ist abgeschafft und wurde durch § 13b UStG ersetzt; der früher zum Abzug verpflichtete Leistungsempfänger ist nunmehr selbst Steuerschuldner. Der vormalige Schutz durch § 380 AO wird nunmehr – weit über den früheren Anwendungsbereich des alten USt-Abzugsverfahrens – über § 26b UStG sicher gestellt.

6. Nicht: Versicherungsteuer

50   Der Versicherungsnehmer ist zwar Steuerschulder (§ 7 Abs. 1 Satz 1 VerStG) der VersSt, die vom Versicherer zu entrichten ist (§ 7 Abs. 1 Satz 3 VerStG). Gleichwohl handelt es sich nicht um eine Abzugsteuer (unstr. Kohlmann/*Matthes* § 380 Rn. 10; FGJ/*Jäger* § 380 Rn. 3a; HHSp/*Rüping* § 380 Rn. 14; Rolletschke/*Kemper* § 380 Rn. 10; Schwarz/*Weyand* § 380 Rn. 10), denn die VersSt wird mitsamt dem Versicherungsentgelt (§ 3 VerStG, insb. Prämie) beim Versicherungsnehmer als Zuschlag erhoben und an den Versicherer gezahlt. Damit obliegt die Abführungspflicht nicht dem Schuldner des steuerpflichtigen Gegenstands (§ 1 VersG: Versicherungsentgelt) sondern dem Gläubiger; Abzugsteuern treffen hingegen den Schuldner (Rdn. 11).

51 – 55   Einstweilen frei.

III. Unterlassen des Einbehalts und der Abführung

56   Anknüpfungspunkt des Vorwurfs ist die nicht, nicht vollständige oder nicht rechtzeitige Einbehaltung und Abführung der Abzugsteuer. Mit dem ganz oder teilweisen Unterlassen des gesetzlich geforderten Tuns im Zeitpunkt der Handlungspflicht ist die Tat vollendet (**echtes Unterlassungsdelikt**).

57   Die Abzugsbeträge **behält ein**, wer sie an den Gläubiger/Steuerpflichtigen nicht auszahlt. Mehr wird vom Abzugsverpflichteten nicht verlangt, insb. muss er die Steuerbeträge nicht separieren (FGJ/*Jäger* § 380 Rn. 6; Kohlmann/*Matthes* § 380 Rn. 32; Rolletschke/Kemper § 380 Rn. 23; Schwarz/*Weyand* § 380 Rn. 13). Wer sie auszahlt, erfüllt im Umkehrschluss den Tatbestand. Er kann aber nicht sanktioniert werden, wenn er – aus eigenen Mitteln – die fristgerechte Abführung der Steuern sicher stellt (arg. „einzubehalten *und* abzuführen nicht ... nachkommt").

58   Bei eingeschränkten finanziellen Mitteln hat der Arbeitgeber den auszuzahlenden Lohn so zu kürzen, dass er (neben den in voller Höhe geschuldeten Sozialversicherungsbeiträgen, § 266a StGB) die anteilige LSt einbehalten bzw. abführen kann.

59   Die Steuern sind **nicht abgeführt**, wenn sie zum gesetzlichen Fälligkeitstermin nicht (in voller Höhe) beim FA zur Tilgung der Abzugsteuern eingehen. Nach Sinn und Zweck wird die Beachtung der Zuständigkeit des Betriebsstättenfinanzamts durch § 380 AO aber meines Erachtens nicht geschützt (str., vgl. Rdn. 35).

Sofern der Abführungspflichtige keine ausreichenden Mittel zur Tilgung aller seiner fälligen Ver- 60
bindlichkeiten hat (**Zahlungsunfähigkeit** i.S.d. § 17 InsO), ist es ihm unmöglich (fehlen jeglicher
Mittel) oder unzumutbar (keine ausreichenden Gelder für alle Schulden) seiner Handlungspflicht
nachzukommen (*Fischer* § 266a Rn. 14, 15). Welche strafrechtlichen Konsequenzen daraus abzuleiten sind, ist i.R.d. § 266a StGB streitig, der Streit kann auf § 380 übertragen werden. Unstreitig
ist, dass bei Eintritt der Insolvenzreife der Gesellschaft deren Organ sich nicht strafbar machen
kann, wenn der Fälligkeitstermin in den gesetzlichen **Insolvenzantragszeitraum** (§ 15a InsO:
3 Wochen) fällt; nach Ablauf der 3-Wochen-Frist soll die Strafbarkeit aber wieder aufleben (BGH
v. 30.07.2003 – 5 StR 221/03 BGHSt 48, 307; BGH v. 09.08.2005 – 5 StR 67/05, wistra 2006,
17). Diese von einer gesetzgeberisch gewollten Rangfolge der Verbindlichkeiten ausgehende,
strenge Auffassung des BGH überträgt *Jäger* (FGJ § 380 Rn. 24a) auf § 380 AO. Die Konstruktion des 5. Strafsenats wird mit guten Gründen angezweifelt (vgl. nur *Fischer* § 366a Rn. 14 ff.
m.w.N.). Es spricht viel dafür, eine Zurechnung unabhängig von einem angeblichen Vorrang
straf- oder bußgeldrechtlich geschützter Forderungen und lediglich auf die allgemeinen Grundsätze eines die Unmöglichkeit schuldhaft verursachenden Vorverhaltens (*omissio libera in causa*)
zu prüfen (ebenso *Fischer* § 266a Rn. 15a). Die praktischen Ergebnisse werden allerdings häufig
identisch sein.

Nach dem Wortlaut der Norm kann nicht sanktioniert werden, wer die Abzugsteuern zwar nicht 61
abgeführt aber doch einbehalten hat (arg. „einzubehalten *und* abzuführen nicht ... nachkommt").
Es könnte daher nicht belangt werden, wer die Abzugsteuern einbehält aber für eigene Zwecke
verbraucht. Dieses Ergebnis ist offensichtlich nicht mit Sinn und Zweck der Norm vereinbar,
sodass sich die Frage nach dem **Verhältnis der Tathandlungen** stellt. Geschützt werden sollen
sowohl der Fiskus, der an einem effektiven Steuervollzug interessiert ist, wie auch der primäre
Steuerschuldner, der neben dem Abzugsverpflichteten gesamtschuldnerisch haftet (bei Gutgläubigkeit allerdings nicht in Anspruch genommen werden kann, vgl. § 38 Abs. 3 EStG). Beiden wird
eine wortlautgetreue Anwendung der Norm aber nicht gerecht. Daher soll es nach ganz herrschender Meinung genügen, wenn eine der als alternativ zu lesenden Pflichten verletzt wird (so schon
BGHSt 2, 183, 186 zu § 413 Abs. 1 Nr. 1a RAO; BGH v. 08.02.2011 – 1 StR 651/10,
NJW 2011, 2526 f. [obiter dictum]; vgl. Nachw. bei Kohlmann/*Matthes* § 380 Rn. 31 Fn. 1; FGJ/
Jäger § 380 Rn. 15). Aus „und" würde also „oder." Einer derart weiten Auslegung bedarf es schon
nach Sinn und Zweck nicht, denn wenn die Abzugsteuern aus eigenen Mitteln gezahlt werden, ist
dem Rechtsgüterschutz genüge getan, der bloße Verstoß gegen die Einbehaltenspflicht ist auch
nicht sanktionswürdig. Daher wird vertreten, dass lediglich im Fall des zwar erfolgten Einbehalts
aber fehlender Abführung auf die Kumulation der Handlungspflichten verzichtet werden soll
(Kohlmann/*Matthes* § 380 Rn. 31.1; FGJ/*Jäger* § 380 Rn. 15); der vorgenommene Einbehalt wäre
bei der Nicht-Abführung irrelevant. Dieser Eingrenzungsversuch wird Sinn und Zweck der Norm
besser gerecht, doch führt er dazu, dass das Wörtchen „und" eine doppelte Bedeutung erhält:
„und" = „und" (Nicht-Einbehalt) bzw. „und" = „oder" (Nicht-Abführung). Die extensive Norm-
auslegung ist daher insgesamt bedenklich (Art. 103 GG, § 3 OWiG), der Gesetzgeber sollte den
Tatbestand durch Streichung des „einbehaltens" klarer fassen (vgl. FGJ/*Jäger* § 380 Rn. 15; G/J/
W/*Sahan*, AO § 380 Rn. 12).

Die Steuern müssen **rechtzeitig**, d.h. zum Fälligkeitszeitpunkt, eingehen. Eine verspätete Zahlung 62
erfüllt den Tatbestand der Norm, die Tatsache, dass – wenngleich verspätet – gezahlt wurde, ist
aber bei der Bemessung des Bußgeldes zu berücksichtigen; Orientierungspunkt sollte hier der
Zinsschaden sein. Die **Schonfrist** (§ 240 Abs. 3 AO: 3 Tage) zögert den Zeitpunkt der Fälligkeit
nicht heraus, eine Zahlung binnen dieser 3 Tage ist verspätet, von der Einleitung eines Verfahrens
wird man aber aus Opportunitätsgründen (§ 47 OWiG, § 377 Abs. 2 AO) absehen (a.A. HHSp/
Rüping § 380 Rn. 29: Rechtfertigungsgrund). Anders bei einer vor Fälligkeit gewährten **Stundung**,
weil diese den Fälligkeitszeitpunkt verlagert (Kohlmann/*Matthes* § 380 Rn. 40; FGJ/*Jäger* § 380
Rn. 20; a.A. HHSp/*Rüping* § 380 Rn. 29: Rechtfertigungsgrund); ob eine Stundung der Abzugsteuern gem. § 222 Satz 3 AO im konkreten Fall zulässig ist oder nicht, berührt nicht die Wirk-

samkeit einer – ggf. rechtswidrig – erfolgten Stundung. Erfolgt eine rückwirkende Stundung, ändert dies nichts an der zuvor erfolgten Tatbestandsverwirklichung, doch wird hier gem. § 47 Abs. 1 OWiG, § 377 Abs. 2 AO von einer Verfahrenseröffnung abzusehen oder ein bereits eröffnetes Verfahren einzustellen sein.

63 – 70   Einstweilen frei.

D. Subjektiver Tatbestand

71   Der Tatbestand kann **vorsätzlich** (§ 370 Rdn. 633 ff.) oder **leichtfertig** (§ 378 Rdn. 61 ff.) erfüllt werden, einfache Fahrlässigkeit (§ 379 Rdn. 122) genügt nicht. Bei leichtfertiger Begehung ist neben der Kausalität ein **Rechtswidrigkeitszusammenhang** erforderlich (vgl. § 378 Rdn. 101 ff.).

72   Bei der Nicht-Abführung kann Vorsatz fehlen, wenn der Täter der Auffassung war, er habe ein ausreichendes Guthaben beim FA (OLG Köln, wistra 1984, 154; FGJ/*Jäger* § 380 Rn. 21).

73   Irrtümer hinsichtlich der ausfüllenden Tatbestandsmerkmale der Bezugsnorm sind **Tatumstands-irrtümer** und vorsatzausschließend, die Möglichkeit einer Sanktionierung wegen Leichtfertigkeit bleibt (§ 11 Abs. 1 OWiG, § 377 Abs. 2 AO; vgl. § 377 Rdn. 47). Zum Irrtum hinsichtlich der Arbeitgebereigenschaft vgl. die Kritik von *Weidemann* (wistra 2010, 463 ff.: Tatumstandsirrtum) an BGH v. 7.10.2009 – 1 StR 478/09 (NStZ 2010, 337: Subsumtionsirrtum).

74   Auch **Verbotsirrtümer** (§ 11 Abs. 1 OWiG, § 377 Abs. 2 AO; vgl. § 377 Rdn. 47) sind denkbar. An die Unvermeidbarkeit sind im Bereich der LSt hohe Anforderungen zu stellen, wenn in Zweifels-fällen die Anrufungsauskunft des § 42e EStG nicht in Anspruch genommen wurde. Allerdings dürfen „angesichts des immer komplizierter und unübersichtlicher werdenden LSt-Rechts ... die Anforderungen, die an die Sorgfaltspflicht des ArbG (Geschäftsführers) zu stellen sind, nicht über-spannt werden. So kann ihm nicht allein deswegen [ein Vorhalt gemacht] werden, weil er sich nicht nach der einschlägigen BFH-Rechtsprechung erkundigt hat" (so FGJ/*Jäger* § 380 Rn. 22 zur Leichtfertigkeit).

75 – 80   Einstweilen frei.

E. Rechtsfolge, Konkurrenzen, Verfahren

81   Die **Geldbuße** (vgl. § 377 Rdn. 60 ff.). bemisst sich im Mindestmaß nach § 17 Abs. 1 OWiG (5,00 €). Das Höchstmaß des § 17 Abs. 1 OWiG (1.000,00 €) wird von § 380 Abs. 2 AO ver-drängt und beträgt 25.000,00 €. Bei fahrlässiger (leichtfertiger) Begehung beträgt das Höchstmaß 12.500,00 € (§ 17 Abs. 2 OWiG). Sofern die Geldbuße nicht ausreicht, um den gezogenen Vorteil aus der Tat abzuschöpfen, kann die Geldbuße über das gesetzliche Höchstmaß hinaus erhöht wer-den (§ 17 Abs. 4 OWiG; vgl. Einf. §§ 377 ff. Rdn. 134 f.; § 377 Rdn. 62).

82   Ob eine Geldbuße verhängt wird, steht im Ermessen (§ 47 OWiG, § 377 Abs. 2 AO) der Behörde. Eine Einstellung liegt nahe, wenn die Tat während der Schonfrist erfolgte oder eine nachträgliche Stundung gewährt wurde (Rdn. 62). Zudem werden die Grenzen des Nr. 104 Abs. 3 AStBV (St) 2011 (BStBl. I 2010, S. 1434) zu beachten sein (Einstellung bei Gefährdung von weniger als 5.000,00 € oder binnen 3 Monaten bis 10.000,00 €).

83   Eine Einstellung aus Opportunitätsgründen liegt auch im Nachgang zu einer **Selbstanzeige** nahe. Diese ist für § 380 AO nicht vorgesehen und verschafft keine Straffreiheit hinsichtlich § 380 AO. § 380 AO lebt also wieder auf, sobald aufgrund Selbstanzeige die Tat nach § 370 AO oder § 378 AO nicht mehr verfolgbar ist. Wie bei § 379 AO (vgl. § 379 Rdn. 128) sollte hier regelmäßig gem. § 47 OWiG, § 377 Abs. 2 AO verfahren werden.

Zunächst gelten die allgemeinen **Konkurrenzregeln** (*Kohlmann* B Rn. 399 ff.). Im Ordnungswid- 84
rigkeitenrecht wird bei tateinheitlicher Begehung allerdings nur eine Geldbuße festgesetzt (§ 19
OWiG, vgl. § 377 Rdn. 65). Gem. § 380 Abs. 2 AO tritt die Steuergefährdung stets hinter § 378
AO zurück. Wird eine Abzugsteuer insgesamt verheimlicht, verdrängt § 370 AO den tatmehrheitlich begangenen § 380 AO (mitbestrafte Tat). Subsidiär ist § 380 AO ggü. tateinheitlich begangenen Straftaten (§ 21 OWiG). Allerdings wird die häufig einhergehende Nichtabführung von Sozialversicherungsabgaben (§ 266a StGB) in aller Regel tatmehrheitlich erfolgen und kann § 380 AO
dann nicht verdrängen. Der Abführungsverpflichtete steht auch weder zum Steuerschuldner noch
zum FA in einem Treueverhältnis i.S.d. § 266 StGB. § 130 OWiG kann neben § 380 AO vorliegen, tritt dann aber zurück (Einf. §§ 377 ff. Rdn. 246).

Die **Verjährung** richtet sich nach den Regeln der §§ 31 ff. OWiG, jedoch ist die Verjährungsfrist 85
(§ 31 Abs. 2 Nr. 1 OWiG: 3 Jahre bei Geldbußen über 15.000,00 €) gem. § 384 AO auf 5 Jahre
verlängert.

§ 381 AO   Verbrauchsteuergefährdung

(1) Ordnungswidrig handelt, wer vorsätzlich oder leichtfertig Vorschriften der Verbrauchsteuergesetze oder der dazu erlassenen Rechtsverordnungen

1. über die Vorbereitung, Sicherung oder Nachprüfung der Besteuerung auferlegten Pflichten,
2. über Verpackung und Kennzeichnung verbrauchsteuerpflichtiger Erzeugnisse oder Waren,
   die solche Erzeugnisse enthalten, oder über Verkehrs- und Verwendungsbeschränkungen für
   solche Erzeugnisse oder Waren oder
3. über den Verbrauch unversteuerter Waren in den Freihäfen

zuwiderhandelt, soweit die Verbrauchsteuergesetze oder die dazu erlassenen Rechtsverordnungen für einen bestimmten Tatbestand auf diese Bußgeldvorschrift verweisen.

(2) Die Ordnungswidrigkeit kann mit einer Geldbuße bis zu fünftausend Euro geahndet werden, wenn die Handlung nicht nach § 378 geahndet werden kann.

A. Überblick

Die Verbrauchsteuergefährdung wurde zunächst aufgrund der Regelung des § 413 Abs. 1 Nr. 1 1
Buchst. b) RAO 1956 als Vergehen mit Geldstrafe bedroht. § 407 RAO 1968 löste i.d.F. des 2.
AOStrafÄndG diese Vorschrift mit kleinen Veränderungen ab; der Charakter des bloßen Ord-
nungsunrechtes, das nur mit einer Geldbuße verfolgt wird, blieb erhalten. Aufgrund von im
Mineralölsteuergesetz liegenden Gründen wurde im objektiven Tatbestand eine Erweiterung
vorgenommen, die Verletzung von Vorschriften über die Kennzeichnung von Waren, die verbrauchsteuerpflichtige Erzeugnisse enthalten und über die Verwendung solcher Waren wurde neu
aufgenommen (vgl. *Henneberg*, BB 1968, 906, 910). Auf der subjektiven Tatbestandsseite wurde

abweichend von der Regelung des § 413 Abs. Nr. 1 Buchst. b) RAO 1956, in der noch leichte Fahrlässigkeit zur Tatbestandsverwirklichung als ausreichend erachtet wurde, eine Beschränkung dergestalt vorgenommen, dass die Neuregelung der Verbrauchsteuergefährdung vorsätzliches bzw. mindestens leichtfertiges Verhalten voraussetzte (vgl. BT-Drucks. V/1812, S. 28).

Aus rechtsstaatlichen Gründen wurde aufgrund der Umgestaltung in eine Ordnungswidrigkeit ein Rückverweisungsvorbehalt aufgenommen (vgl. BT-Drucks. V/1812, S. 28). Danach mussten die ausfüllenden Vorschriften der Verbrauchsteuergesetze oder der dazu erlassenen Rechtsverordnungen im Verbrauchsteuerrecht auf die Bußgeldvorschrift verweisen. Die vor dem Inkrafttreten der neuen Vorschriften am 01.10.1968 erlassenen Verbrauchsteuervorschriften waren nach Art. 97 § 20 EGAO von diesem Rückverweisungsvorbehalt befreit (G. v. 12.08.1968, BGBl. I 1968, S. 953, 963).

2   Die AO 1977 änderte die nunmehr in § 381 AO enthaltene Regelung erneut ab, allerdings nur unwesentlich. Die „Erklärungs- und Anzeigepflichten" in Abs. 1 Nr. 1 der vorherigen Fassung wurden nun durch den Begriff „Pflichten" ersetzt. Damit sollte insb. der Zweck der Vorschrift verdeutlicht werden (vgl. BT-Drucks. 7/4292, S. 45). Zum anderen wurden durch die Ausweitung des Pflichtenkreises die bis dahin bestehenden Meinungsstreitigkeiten, bei welchen der sich in den einzelnen Verbrauchsteuergesetzen normierten Pflichten es sich nun um Erklärungs- bzw. um Anzeigepflichten handele, beendet und auch die Frage, ob „Buchführungs- und Aufzeichnungspflichten" zu den „Erklärungspflichten" gehören, war damit gegenstandslos geworden, da mit der sprachlichen Neufassung des § 381 Abs. 1 Nr. 1 AO sämtliche Pflichten in den Tatbestand einbezogen worden sind (vgl. Kohlmann/*Matthes* § 381 Rn. 1).

3   Als weitere Änderung wurde in Abs. 2 des § 381 AO der Begriff der „Tat" durch den der „Handlung" ersetzt, damit wurde eine Angleichung an die im OWiG Recht einschlägige Terminologie erreicht (vgl. BT-Drucks. 7/4292, S. 45).

B. Geschütztes Rechtsgut

4   Das geschützte Rechtsgut der Regelung des § 381 AO ist das ungeschmälerte Ertägnis des **Verbrauchsteueraufkommens**. Es handelt sich wie bei allen Regelungen der §§ 379 bis 382 AO um ein **Gefährdungsdelikt**, bei denen Verstöße erfasst werden, die das durch §§ 370, 378 AO geschützte Rechtsgut besonders gefährden, ohne dass danach eine Bestrafung oder Ahndung möglich ist, da es nur Vorbereitungshandlungen sind (Tipke/Lang/*Seer* S. 1174). Aufgrund § 381 AO können Pflichtverletzungen geahndet werden, die noch nicht zu einer Steuerverkürzung geführt haben, sondern wie bei § 379 AO typische Vorbereitungshandlungen zu einer Steuerverkürzung darstellen. Die Tatbestände des § 379 AO können bei allen Steuerarten erfüllt werden, durch die Regelungen des § 381 AO werden als Spezialvorschrift aber nur die Vorbereitungshandlungen zu einer Steuerverkürzung im Bereich der Verbrauchsteuern geahndet.

5   Mit der Regelung des § 381 AO können **ausschließlich Pflichtverletzungen im Bereich der Verbrauchsteuern geahndet werden, die nicht als Einfuhr- oder Ausfuhrabgaben erhoben** werden. Die Pflichtverletzungen im Bereich der Einfuhr- oder Ausfuhrabgaben werden durch § 382 AO als Spezialnorm geahndet.

Verbrauchsteuern sind Steuern, die für den Verbrauch oder Gebrauch einer Ware oder für einen bestimmten Aufwand erhoben werden. Obwohl der Endverbraucher der intendierte Steuerträger ist, werden diese technisch zunächst beim Unternehmer erhoben, der diese gewollt auf den Verbraucher umwälzt. Somit belasten die Verbrauchsteuern als indirekte Steuern den Privatkonsum (vgl. Kohlmann/*Matthes* § 381 Rn. 6).

Folgende Verbrauchsteuern werden im Bundesgebiet erhoben:

- **Energiesteuer**
- **Stromsteuer**
- **Kernbrennstoffsteuer**
- **Zwischenerzeugnissteuer**
- **Tabaksteuer**
- **Biersteuer**
- **Branntweinsteuer**
- **Schaumweinsteuer**
- **Alkopopsteuer**

Auf der **Bundesertragsebene** gehören zu den Verbrauchsteuern gem. Art. 106 Abs. 1 Nr. 2 GG die **Tabak-, Branntwein-, Alkopop-, Schaumwein-, Zwischenerzeugnis-, Energie-** (bis 31.07.2006: Mineralöl-), **Strom- und Kaffeesteuer,** soweit es sich um Verbrauchsteuern auf Erzeugnisse aus inländischer Produktion oder aus anderen Mitgliedstaaten der EU stammende Produkte handelt, also keine Einfuhrvorgänge aus Drittländern vorliegen. Die **Biersteuer** steht aufgrund Art. 106 Abs. 2 Nr. 4 GG den **Ländern** zu. Die **örtlichen Verbrauchs- und Aufwandsteuern** fallen der **kommunalen Ertragsebene** zu (vgl. Art. 105 Abs. 2a GG), das sind insb. die Getränke-, die Vergnügungs-, die Hunde-, die Schankerlaubnis-, die Jagd- und Fischereisteuer sowie die Zweitwohnsteuer (Tipke/Lang/*Englisch* Steuerrecht § 16 Rn. 2).

Die **wichtigsten Verbrauchsteuern** (d.h. die auf Energie, Tabak, Alkohol und alkoholhaltige **6** Getränke) unterliegen aufgrund der Einführung des EG-Binnenmarktes zum 01.01.1993 der **EU-weiten Harmonisierung.** Die deutsche Gesetzgebung hat die Vorgaben der diesbezüglichen Richtlinie 92/12/EWG (RL des Rates v. 25.02.1992, AB. EG Nr. L 76/1992, S. 1) erstmalig mit dem Verbrauchsteuer-Binnenmarktgesetz zum 01.01.1993 in nationales Recht umgesetzt (hierzu ausführlicher Kohlmann/*Matthes* § 381 Rn. 8).

Inzwischen gilt für alle harmonisierten Verbrauchsteuern die sog. Verbrauchsteuer-Systemrichtli- **7** nie (RL 2008/118/EG des Rates v. 16.12.2008 über das allgemeine Verbrauchsteuersystem und zur Aufhebung der Richtlinie 92/12/EWG, ABl EU Nr. L 9 v. 14.01.2009, S. 12 mit Wirkung zum 15.01.2009). Der unter E. aufgeführte Verweisungskatalog berücksichtigt die Verbrauchsteuergesetze i.d.F. des inzwischen sechsten Gesetzes zur Änderung von Verbrauchsteuergesetzen, BGBl. I 2011, S. 1090 v. 16.06.2011.

C. Vorbehalt der Rückverweisung

§ 381 AO ist eine **Blankettvorschrift,** der Tatbestand der Ordnungswidrigkeit ergibt sich erst, **8** wenn ein Gesetz oder eine Verordnung ein Verhalten für ordnungswidrig erklärt und auf § 381 Abs. 1 AO verweist. Zwingende Voraussetzung der Anwendung des § 381 AO ist, dass das fragliche Verbrauchsteuergesetz oder die dazu ergangene Rechtsverordnung auf § 381 AO verweist, und zwar explizit „für einen bestimmten Tatbestand", also die Verletzung einer Pflicht, die der Vorbereitung, Sicherung oder Nachprüfung der Versteuerung dient. Die Pflichtverletzung muss i.R.d. Blanketts begangen werden. Ein derartiger Rückverweisungsvorbehalt war bereits in § 407 RAO 1968 enthalten (vgl. Rdn. 1).

Vereinzelt wird die Auffassung vertreten (*Voß*, BB 1996, 1695), § 381 AO sei als Ermächtigungs- **9** grundlage für die Rückverweisung in verbrauchsteuerlichen Rechtsverordnungen, die Regelungen über Ordnungswidrigkeiten enthalten, nicht ausreichend. Diese Auffassung hat sich allerdings nicht durchgesetzt und ist auch nicht überzeugend. Die Vorschrift des § 381 AO genügt den Anforderungen an eine i.S.v. Art. 103 GG, § 3 OWiG hinreichend bestimmte Ermächtigungsgrundlage für die Rückverweisung auf den Bußgeldtatbestand in verbrauchsteuerlichen Rechtsverordnungen (vgl. FGJ/*Jäger/Lipsky* § 381 Rn. 8, Kohlmann/*Mattes* § 381 Rn. 15).

D. Objektiver Tatbestand

I. Täterkreis

10   Die Vorschrift des § 381 AO soll der Sicherung des Verbrauchsteueraufkommens dienen, daher kommen als **Täter der ersten beiden Tatbestandsalternativen**, also § 381 Abs. 1 Nr. 1 und Nr. 2 AO als Sondertatbestände die **Inhaber von Betrieben** (§ 139 AO) und deren **Beauftragte** i.S.d. § 214 AO in Betracht. § 381 Abs. 1 Nr. 1 AO wendet sich in erster Linie an den Inhaber eines Betriebes, der mit Verbrauchsteuern belastete Ware herstellt und den Betrieb gem. § 139 Abs. 1 Satz 1 AO der Finanzbehörde anzumelden hat (HHSp/*Rüping* § 381 Rn. 16).

Zum Täterkreis gehören zudem noch die **gesetzlichen oder die gewillkürten Vertreter**, da diese gem. §§ 34, 35 AO kraft Gesetzes in ein unmittelbares Pflichtenverhältnis zur Finanzbehörde treten und die steuerlichen Pflichten zu erfüllen haben, die den von ihnen Vertretenen auferlegt sind.

Gem. § 9 Abs. 2 Nr. 1 OWiG bemisst sich die **Verantwortlichkeit eines Betriebsleiters** für die in dem Betrieb vorgekommenen Verstöße nach der Reichweite seiner Entscheidungskompetenz. Besteht bzgl. seiner Entscheidungskompetenz ein Entscheidungsvorbehalt für den Betriebsinhaber oder andere Vorgesetzte, wirkt sich dies entlastend für den Betriebsleiter aus (vgl. Kohlmann/*Matthes* § 381 Rn. 19).

11   Bei einer Verletzung von Aufsichtspflichten kommt eine Ahndung des Betriebsinhabers nach § 381 AO nicht in Betracht, wohl aber ein Bußgeld nach § 130 OWiG (ggfl. i.V.m. § 30 OWiG auch als juristische Person), wenn er seine trotz zulässiger Delegierung der aus den Verbrauchsteuergesetzen folgenden Pflichten die Sorgfaltspflichten bei der Bestellung, Auswahl und Überwachung von Aufsichtspersonal vorsätzlich oder fahrlässig missachtet hat und es dadurch zu einer Steuerzuwiderhandlung gekommen ist.

II. Tathandlungen

1. § 381 Abs. 1 Nr. 1 AO

12   Unter § 381 Abs. 1 Nr. 1 AO fallen **Verstöße gegen Pflichten, die zur Vorbereitung, Sicherung** oder **Nachprüfung der Besteuerung** auferlegt sind. Durch die im Jahr 1977 erfolgte Ersetzung des Tatbestandsmerkmals Verstoß gegen „Erklärungs- und Anzeigepflichten" (so in § 407 RAO 1968) in „Pflichten", wurde der bis vor der Schaffung des § 381 Abs. 1 Nr. 1 AO bestehende Streit, bei welchen in den Verbrauchsteuergesetzen normierten Pflichten es sich nun um Erklärungs- oder um Anzeigepflichten handele und ob auch ein Verstoß gegen Buchungs- und Aufzeichnungspflichten darunter zu subsumieren sei, beendet (s. dazu auch oben Rdn. 2). Alle Pflichten, die den Betroffenen zur Vorbereitung, Sicherung oder Nachprüfung der Besteuerung auferlegt werden, fallen unter diesen Tatbestand und ergeben sich aus den Rückverweisungen der Verbrauchsteuergesetze und der dazu ergangenen Rechtsverordnungen. **Typische Pflichten** sind z.B. **Buchführungs- und Aufzeichnungs-, Vorlage-, Aufbewahrungs- oder auch Pflichten zur Sicherung von Waren** (*Pfaff*, StBP, 1979, 18, 19).

Es muss sich bei den Pflichten konkret um solche handeln, die dem geschützten Rechtsgut dienen. Obliegenheitsverletzungen, von denen Steuervergünstigungen abhängen, zählen nicht hierzu, ebenso wenig Pflichten, die lebensmittelrechtliche oder wettbewerbsrechtliche Inhalte schützen (vgl. FJG/*Jäger/Lipsky* § 381 Nr. 9).

13   Zur Ausfüllung der Blankettvorschrift müssen die bezeichneten Pflichten aus steuerlichen Gründen auferlegt sein. Unter der alten Gesetzeslage und bei einigen Verbrauchsteuergesetzen war die Abgrenzung, ob diese Pflichten rein steuerliche Zwecke schützen sollen, mitunter schwierig. Inzwischen sind die Verbrauchsteuergesetze mehrfach harmonisiert und bereinigt worden, sodass sich eine gesonderte Prüfung, ob die fragliche Pflicht aus steuerlichen Gründen auferlegt wurde, bei einem Verweis in einem Verbrauchsteuergesetz auf § 381 Abs. 1 Nr. AO mittlerweile erübrigt.

Zuwiderhandlungen gegen die sich aus Verbrauchsteuergesetzen ergebenden Buchführungs- und 14
Aufzeichnungspflichten können tatbestandlich nicht nur die Regelung des § 381 Abs. 1 Nr. 1 AO
verletzen, sondern gleichzeitig auch den Tatbestand des § 379 AO. **§ 381 AO** geht in diesem Fall
als **Spezialvorschrift** der allgemeineren Regelung des § 379 AO vor und verdrängt damit diese.
Die **Subsidiarität des § 379 AO** ggü. § 381 Abs. 1 Nr. 1 AO ist insoweit beachtlich, da die Verjährungsfristen erheblich voneinander abweichen. Die Spezialnorm des § 381 AO verjährt in 2 Jahren, während eine deliktische Verletzung des § 379 AO erst nach 5 Jahren verjährt. Die Spezialität
und damit die kürzere Verjährung des § 381 Abs. 1 Satz 1 AO ist bei einer Verletzung von Buch-
führungs- und Aufzeichnungspflichten aber nur dann gegeben, wenn das einschlägige Verbrauchsteuergesetz bzgl. dieser Pflicht den Anforderungen des Blanketts genügt und bzgl. der Sanktion
der auferlegten Pflicht konkret auf § 381 Abs. 1 Nr. 1 AO verweist.

2. § 381 Abs. 1 Nr. 2 AO

In der Bestimmung des § 381 Abs. 1 Nr. 2 AO werden **verschiedene Einzelpflichten** aus dem 15
Bereich der **Verpackung und Kennzeichnung**, zudem **Verkehrs- und Verwendungsbeschränkungen** aufgeführt. Ein expliziter Hinweis wie in § 381 Abs. 1 Nr. 1 AO, dass es sich tatbestandlich
um die Ahndung „..der Besteuerung auferlegten Pflichten, .." geht, ist in dieser Bestimmung nicht
vorgesehen. Daraus darf allerdings nicht der Schluss gefolgert werden, dass mit dieser Regelung
Pflichten und Verhaltensweisen geahndet werden, die nicht zwingend steuerlichen Zwecken dienen. Aufgrund des geschützten Rechtsgutes durch die Regelung des § 381 AO, nämlich die Sicherung des Verbrauchsteueraufkommens, besteht nach herrschender Meinung kein Zweifel daran,
dass trotz des Fehlens eines derartigen Verweises mit der Tatbestandsalternative des § 381 Abs. 1
Nr. 2 AO nur Pflichten und Verhaltensweisen geahndet werden können, die der wahrheitsgemäßen Ermittlung der Verbrauchsteuer dienen sollen (vgl. Kohlmann/*Matthes* § 381 Rn. 27, FGJ/
Jäger/Lipsky § 381 Rn. 11). Daher fallen Verkehrsbeschränkungen, die keinen steuerlichen Zwecken dienen, nicht unter § 381 Abs. 1 Nr. 2 AO.

Die im Bereich des **objektiven Tatbestandes** des § 381 Abs. 1 Nr. 2 AO geahndeten **Zuwiderhand-** 16
lungen gegen **Verpackungs- und Kennzeichnungspflichten** sowie auf **Verkehrs- bzw. Verwendungsbeschränkungen** beziehen sich nur auf verbrauchsteuerliche Erzeugnisse und Waren, die solche Erzeugnisse enthalten. Welche Waren und Erzeugnisse dies im Einzelnen sind, ergibt sich aus
den jeweiligen Verbrauchsteuergesetzen. Zu den wichtigsten dürften die Tabaksteuer und die Energiesteuer gehören.

Vom Anwendungsbereich ausgeschlossen sind allerdings die **Rohstoffe**, aus denen die Erzeugnisse 17
hergestellt werden, soweit die Rohstoffe nicht selbst steuerpflichtig sind. Auch gelten Verkehrsbeschränkungen nicht für die **Umhüllungen** der steuerpflichtigen Erzeugnisse.

Die **Verpackungs- und Kennzeichnungsvorschriften** werden im Gesetz kumulativ genannt, den- 18
noch sind auch Pflichten erfasst, die nur die Verpackung oder die Kennzeichnung betreffen (FGJ/
Franzen/Lipsky § 381 Rn. 13). Die höchste Anzahl an Verpackungs- und Kennzeichnungspflichten
sind im Bereich der Tabaksteuer enthalten (rein exemplarisch in §§ 16 oder 24 TabakStG). Unter
der **Verpackung** ist die Umhüllung der Ware zu verstehen (s. z.B. § 16 TabakStG), die **Kennzeichnung** meint die Deklaration der Waren oder die Kennzeichnung von Papieren (z.B. § 3 Abs. 2
TabakStV).

Unter einer **Verkehrsbeschränkung** i.S.d. § 381 Abs. 1 Nr. 2 AO sind solche Einschränkungen zu 19
verstehen, die das „In-Verkehr-Bringen" des jeweiligen verbrauchsteuerpflichtigen Erzeugnis
regeln. Hierunter ist jedes Überlassen des Erzeugnisses oder der Ware an Dritte außerhalb des
eigenen Haushaltes oder Betriebes gemeint (z.B. § 25 TabakStG).

Die **Verwendungsbeschränkungen** beziehen sich dagegen auf den Gebrauch bzw. Verbrauch oder 20
das Vermischen oder Beimischen von steuerpflichtigen Waren, z.B. Alkohol und Energieerzeugnisse (vgl. Kohlmann/*Matthes* § 381 Rn. 30).

3. § 381 Abs. 1 Nr. 3 AO

21   Die **Vorschrift des** § 381 Abs. 1 Nr. 3 AO über den Verbrauch von unversteuerten Waren in Freihäfen **ist** ebenso **überholt** wie der zollrechtliche Begriff des Freihafens. In Art. 173 ZK ist sogar
noch das Gebiet des „Alten Freihafens in Hamburg" aufgeführt. Es gibt allerdings keinen „Frei-
fen" mehr im Gebiet der Bundesrepublik, sondern die ursprünglich in Deutschland errichteten
Freihäfen sind seit dem 01.01.1994 nunmehr Freizonen (Art. 166 ZK, § 20 ZollVG). Trotz dieser
rechtlichen Änderungen wird der Begriff „Freihafen" für die fraglichen Gebiete unverändert
sprachlich verwandt. Zudem gibt es in den einschlägigen Verbrauchsteuergesetzen keine Rückverweisung mehr auf § 381 Abs. 1 Nr. 3 AO.

E. Subjektiver Tatbestand

22   Der subjektive Tatbestand erfordert **Vorsatz** oder **leichtfertiges Handeln** (vgl. § 378 AO
Rdn. 61 ff.). Die vorsätzliche Tatbestandsverwirklichung des § 381 AO setzt voraus, dass der Täter
die die Blankettvorschrift des § 381 Abs. 1 AO ausfüllende verbrauchsteuerliche Bestimmung
kennt und gegen diese bewusst verstößt oder aber, wenn der Täter diese nicht kennt, ihr Bestehen
aber für möglich hält und es daher billigend in Kauf nimmt, dass sein Handeln gegen diese Steu-
erverpflichtung stößt. Ein leichtfertiges Handeln wird vielfach nicht nachweisbar sein, da die Vorschriften des Verbrauchsteuerrechtes häufig unübersichtlich, nicht selten auch unsystematisch und
unklar sind (FGJ/*Jäger/Lipsky*, § 381 Rn. 17). Ein zumindest leichtfertiges Handeln wird regelmäßig dann begründet sein, wenn der Täter es versäumt hat, sich über die sich aus seiner gewerblichen oder freiberuflichen Tätigkeit ergebenden besonderen Pflichten zu erkundigen (hierzu
ausführlich § 378 AO Rdn. 71 ff.) oder ihm mögliche und zumutbare Kontrollen des Personals
unterlässt. Die Anforderungen werden stetig höher, je mehr der Betroffene mit dem Verbrauchsteuerrecht befasst ist, weil er z.B. einer besonderen Steueraufsicht unterliegt oder durch vorherige
Zuwiderhandlungen bereits gewarnt ist. Bei einer nur gelegentlichen Berührung mit den einschlägigen, oft entlegenen blankettausfüllenden Vorschriften entfällt hingegen die Annahme einer
Leichtfertigkeit.

23   Ein **vorsatzausschließender Tatbestandsirrtum** kommt dann in Betracht, wenn der Täter die
steuerrechtlichen Pflichten nicht kennt (vgl. § 11 Abs. 1 Satz 1 OWiG).

F. Rechtsfolge, Konkurrenzen, Verjährung

I. Geldbuße und Ahndung

24   Die Geldbuße einer vorsätzlich oder leichtfertig begangenen Ordnungswidrigkeit gem. § 381 AO
kann bis zu 5.000,00 € betragen, wenn die Handlung nicht gem. § 381 Abs. 2 AO nach § 378 AO
geahndet werden kann. Bei einem Eingreifen des Tatbestandes des § 378 AO kann die Geldbuße
bis zu 50.000,00 € betragen.

25   Die Bemessung der Geldbuße orientiert sich anhand der Bedeutung der begangenen Ordnungswidrigkeit, der persönlichen Vorwerfbarkeit des Täters sowie dessen wirtschaftlichen Verhältnisse
(s. § 377 Abs. 2 AO, § 17 Abs. 3 OWiG). Die Geldbuße soll über den wirtschaftlichen Vorteil, den
der Täter aus der begangenen Tat abgeschöpft hat, hinausgehen (§ 377 Abs. 2 AO, § 17 Abs. 4
OWiG) und kann daher das gesetzliche Höchstmaß übersteigen.

II. Selbstanzeige

26   Auf den Tatbestand der Verbrauchsteuergefährdung nach § 381 AO finden die Regelungen einer
wirksamen Selbstanzeige nach § 378 Abs. 3 oder § 371 AO mangels einer entsprechenden Verweisung keine Anwendung.

III. Konkurrenzen

Die Verbrauchsteuergefährdung als Gefährdungsdelikt tritt aufgrund der allgemeinen Konkur- **27** renzregeln (vgl. § 21 Abs. 1 OWiG) hinter den Verkürzungstatbestand des § 370 AO und den qualifizierten Schmuggel nach § 373 AO (Kohlmann/*Matthes* § 381 Rn. 41) zurück. Aufgrund § 21 Abs. 1 AO ist die Verbrauchsteuergefährung auch ggü. § 378 AO subsidiär. Die Subsidiarität gilt auch dann, wenn die Handlung nur als Beihilfe zu einer Steuerhinterziehung geahndet werden kann (FGJ/*Jäger/Lipsky* § 381 Rn. 23). Werden mit einer Handlung gleichzeitig mehrere Alternativen des § 381 AO verwirklicht, so liegt nur eine Tat der Verbrauchsteuergefährdung vor (HHSp/ *Rüping* § 381 Rn. 36).

Die Regelung des § 382 AO ist als Sondervorschrift ggü. dem Tatbestand des § 381 AO vorrangig. **28** Diese Spezialität ist bedeutsam, da der subj. Tatbestand des § 382 AO auch bei einem fahrlässigen Handeln erfüllt ist, während § 381 zumindest leichtfertiges Verhalten voraussetzt (FGJ/*Jäger/Lipsky* § 381 Rn. 21).

IV. Verjährung

Die Verbrauchsteuergefährdung nach § 381 AO wurde nicht in den Katalog des § 384 AO aufge- **29** nommen, daher richtet sich die Verjährung nach den allgemeinen Vorschriften der §§ 31 ff. OWiG und beträgt daher 2 Jahre. Die Verjährung beginnt bei den Tätigkeitsalternativen der Tatbestandsverwirklichung mit Vornahme der Verletzungshandlung, bzw. bei Unterlassen mit dem Fälligkeitstermin zur Vornahme der Handlung (vgl. Kohlmann/*Matthes* § 381 Rn. 44).

G. Verweisungskatalog (nicht abschließend)

§ 30 BierStG   Ordnungswidrigkeiten

(Biersteuergesetz v. 15.7.2009 (BGBl. I S. 1870, 1908), zuletzt geändert durch Art. 1 G v. 16.6.2011 (BGBl. I S. 1090))

(1) Ordnungswidrig im Sinn des § 381 Abs. 1 Nr. 1 der Abgabenordnung handelt, wer vorsätzlich oder leichtfertig

1. entgegen § 10 Abs. 3, § 11 Abs. 4 oder § 12 Abs. 2 Bier nicht oder nicht rechtzeitig aufnimmt, nicht oder nicht rechtzeitig übernimmt, nicht oder nicht rechtzeitig befördert oder nicht oder nicht rechtzeitig ausführt oder

2. entgegen § 20 Abs. 4 oder § 21 Abs. 4 S. 1 und 5 oder Abs. 7 S. 1 eine Anzeige nicht oder nicht rechtzeitig erstattet.

§ 52 BierStV   Ordnungswidrigkeiten

(Biersteuerverordnung v. 5.10.2009 (BGBl. I S. 3262, 3319), geändert durch Art. 4 V v. 1.7.2011 (BGBl I S. 1308))

(1) Ordnungswidrig im Sinn des § 381 Abs. 1 Nr. 1 der Abgabenordnung handelt, wer vorsätzlich oder leichtfertig

1. entgegen

a) § 7 Abs. 1 S. 1 oder S. 3 oder Abs. 2 S. 1 oder S. 2, jeweils auch in Verbindung mit § 13 Abs. 6, § 14 Abs. 6, § 35 Abs. 2 S. 2 oder § 39a Abs. 4,

b) § 8 Abs. 6 S. 1, auch in Verbindung mit § 13 Abs. 6, § 14 Abs. 6, § 35 Abs. 2 S. 2, § 37 Abs. 3 S. 2 oder § 39a Abs. 4,

c) § 11 Abs. 1 S. 5, § 30 S.Abs. 2 oder Abs. 3, § 35 Abs. 1 S. 1, § 37 Abs. 4 S. 3, § 38 Abs. 1 S. 1, § 39a Abs. 2 S. 2 oder § 41 Abs. 2 S. 1 oder

d) § 25 Abs. 4 S. 1, auch in Verbindung mit § 27 Abs. 4

eine Anzeige nicht, nicht richtig, nicht in der vorgeschriebenen Weise oder nicht rechtzeitig erstattet,

2. entgegen § 8 Abs. 5 S. 2, auch in Verbindung mit § 39a Abs. 4 oder § 11 Abs. 1 S. 1 oder Abs. 3 S. 2 oder § 39d Abs. 2 eine Anmeldung oder Erklärung nicht, nicht richtig, nicht vollständig, nicht in der vorgeschriebenen Weise oder nicht rechtzeitig abgibt,

3. entgegen § 9 Abs. 1 S. 1 oder Abs. 2 S. 1 oder Abs. 3 S. 1, § 13 Abs. 5 S. 1 oder 3, jeweils auch in Verbindung mit § 35 Abs. 2 S. 2, § 14 Abs. 5 S. 1 oder 3 oder § 37 Abs. 4 S. 1 oder § 39b Abs. 1 S. 1 oder Abs. 2 S. 1 ein Belegheft, ein Buch oder eine Aufzeichnung nicht, nicht richtig, nicht in der vorgeschriebenen Weise oder nicht rechtzeitig führt,

4. entgegen § 17 Abs. 1 S. 1, § 20 Abs. 2, § 21 Abs. 2, § 22 Abs. 1 S. 1, auch in Verbindung mit Abs. 3 S. 1, § 25 Abs. 3 S. 2 oder Abs. 5 S. 1, § 26 Abs. 3 S. 1, § 27 Abs. 2 S. 3 oder Abs. 3 S. 1 oder § 28 Abs. 3 S. 1 eine Übermittlung nicht, nicht richtig, nicht in der vorgeschriebenen Weise oder nicht rechtzeitig vornimmt,

5. entgegen § 17 Abs. 3 S. 1, auch in Verbindung mit S. 3, § 18 S. 1, § 24 Abs. 2 S. 3, § 25 Abs. 3 S. 4 oder § 35 Abs. 3, auch in Verbindung mit § 36, einen Ausdruck oder eine Ausfertigung eines Dokuments oder einer Bescheinigung nicht mitführt,

6. entgegen § 17 Abs. 4 S. 1, auch in Verbindung mit § 25 Abs. 4 S. 3, § 22 Abs. 4, § 24 Abs. 6 S. 1 oder § 35 Abs. 1 S. 3 das Bier nicht, nicht vollständig oder nicht rechtzeitig vorführt,

7. entgegen § 24 Abs. 2 S. 1, § 25 Abs. 3 S. 1, § 26 Abs. 2 S. 1, § 27 Abs. 2 S. 1 oder § 28 Abs. 2 S. 1 ein Dokument nicht, nicht richtig oder nicht in der vorgeschriebenen Weise ausfertigt,

8. entgegen § 24 Abs. 3 S. 1 oder Abs. 4 S. 2, § 25 Abs. 4 S. 2, auch in Verbindung mit § 27 Abs. 4, § 28 Abs. 1 S. 1, § 35 Abs. 4 S. 1 oder § 45 Abs. 2 ein Dokument oder eine Ausfertigung nicht, nicht richtig oder nicht rechtzeitig vorlegt,

9. entgegen § 24 Abs. 3 S. 3 oder Abs. 4 S. 4 einen Rückschein oder eine Sammelanmeldung als Rückschein nicht oder nicht rechtzeitig zurücksendet,

10. entgegen § 25 Abs. 2 S. 1, § 26 Abs. 2 S. 3 oder § 27 Abs. 2 S. 4 eine Unterrichtung nicht, nicht richtig oder nicht rechtzeitig vornimmt oder

11. entgegen § 25 Abs. 7 S. 1 oder 2 oder § 27 Abs. 2 S. 5 eine Eintragung oder einen Vermerk nicht, nicht rechtzeitig oder nicht in der vorgeschriebenen Weise vornimmt,

12. entgegen § 39a Abs. 2 S. 1 einen Erlaubnisschein nicht oder nicht rechtzeitig zurückgibt.

(2) Ordnungswidrig im Sinn des § 381 Abs. 1 Nr. 2 der Abgabenordnung handelt, wer vorsätzlich oder leichtfertig

1. entgegen § 24 Abs. 5 S. 2 einen Lieferschein, eine Rechnung oder ein Dokument nicht, nicht rechtzeitig oder nicht in der vorgeschriebenen Weise kennzeichnet oder

2. entgegen § 39d Abs. 1 S. 2 ein Handelspapier nicht, nicht richtig oder nicht in der vorgeschriebenen Weise beigibt oder

3. entgegen § 45 Abs. 1 S. 2 einen Hinweis nicht, nicht richtig oder nicht in der vorgeschriebenen Weise anbringt.

§ 158 BranntwMonG   Ordnungswidrigkeiten

Branntweinmonopolgesetz v. 8.4.1922 (RGBl. I S. 335, 405), zuletzt geändert durch Art. 2 G v. 16.06.2011 (BGBl I S. 1090)

Ordnungswidrig im Sinn des § 381 Abs. 1 Nr. 1 der Abgabenordnung handelt, wer vorsätzlich oder leichtfertig

1. entgegen § 139 Abs. 3, § 140 Abs. 4 oder § 141 Abs. 2 Erzeugnisse nicht oder nicht rechtzeitig aufnimmt, nicht oder nicht rechtzeitig übernimmt, nicht oder nicht rechtzeitig befördert oder nicht oder nicht rechtzeitig ausführt oder

2. entgegen § 149 Abs. 4 oder § 150 Abs. 4 S. 1 und 5 oder Abs. 7 S. 1 eine Anzeige nicht oder nicht rechtzeitig erstattet

§ 17 BrennO

(Brennereiordnung (Anlage zur Branntweinmonopolverordnung) v. 20.2.1998 (BGBl I S. 384) zuletzt geändert durch Art. 66 G v. 8.12.2010 (BGBL I S. 1864)).

(2) Ordnungswidrig im Sinne des § 381 Abs. 1 Nr. 1 der Abgabenordung handelt, wer vorsätzlich oder leichtfertig der Anmeldepflicht nach Abs. 1 S. 1 zuwiderhandelt.

§ 139 BrennO

(4) Ordnungswidrig im Sinne des § 381 Abs. 1 Nr. 1 der Abgabenordnung handelt, wer vorsätzlich oder leichtfertig außerhalb der Maischfrist des Abs. 1 einmaischt.

§ 161 BrennO

(5) Ordnungswidrig im Sinne des § 381 Abs. 1 Nr. 1 der Abgabenordnung handelt, wer vorsätzlich oder leichtfertig einer Vorschrift des Abs. 1 oder des Abs. 4 S. 1 oder 2 über die Aufbewahrung der Rohstoffe oder Kennzeichnung der Aufbewahrungsgefäße zuwiderhandelt.

§ 162 BrennO

(3) Ordnungswidrig im Sinne des § 381 Abs. 1 Nr. 1 der Abgabenordnung handelt, wer vorsätzlich oder leichtfertig einer Vorschrift des Abs. 1 oder 2 über die Maischfrist, das Einmaischen oder die Behandlung der Maische zuwiderhandelt.

§ 163 BrennO

(2) Ordnungswidrig im Sinne des § 381 Abs. 1 Nr. 1 der Abgabenordnung handelt, wer vorsätzlich oder leichtfertig entgegen Abs. 1 S. 1 außerhalb der Brennfrist brennt oder entgegen Abs. 1 S. 2 Roh- oder Feinbrenngeräte außerhalb der in der Brenngenehmigung vorgeschriebenen Betriebszeit benutzt.

§ 166 BrennO

(2) Ordnungswidrig im Sinne des § 381 Abs. 1 Nr. 1 der Abgabenordnung handelt, wer vorsätzlich oder leichtfertig entgegen Abs. 1 S. 1 ein Brennbuch nicht, nicht richtig oder nicht vollständig führt.

§ 168 BrennO

(3) Ordnungswidrig im Sinne des § 381 Abs. 1 Nr. 1 der Abgabenordnung handelt, wer vorsätzlich oder leichtfertig entgegen Abs. 1 S. 3 die Zweitausfertigung der Abfindungsanmeldung oder die Brenngenehmigung nicht bereithält, einer Erklärungspflicht nach Abs. 2 S. 1 oder 2 oder einer Anmeldepflicht nach Abs. 2 S. 3 oder 4 zuwiderhandelt.

§ 169 BrennO

(5) Ordnungswidrig im Sinne des § 381 Abs. 1 Nr. 1 der Abgabenordnung handelt, wer vorsätzlich oder leichtfertig einer Anmeldepflicht nach Abs. 2, 3 S. 1 bis 3 oder Abs. 4 S. 1 zuwiderhandelt oder entgegen Abs. 3 S. 4 den Zusatz von Branntwein nicht in der Brennblase vornimmt.

§ 171 BrennO

(4) Ordnungswidrig im Sinne des § 381 Abs. 1 Nr. 1 der Abgabenordnung handelt, wer vorsätzlich oder leichtfertig einer Anzeigepflicht nach Abs. 1 S. 2 oder Abs. 2 S. 1 zuwiderhandelt.

§ 174 BrennO

(4) Ordnungswidrig im Sinne des § 381 Abs. 1 Nr. 1 der Abgabenordnung handelt, wer vorsätzlich oder leichtfertig entgegen Abs. 2 S. 1 die Abfindungsanmeldung nicht oder nicht richtig abgibt oder entgegen Abs. 3 die Rohstoffe nicht getrennt lagert oder abbrennt.

§ 229 BrennO

(6) Ordnungswidrig im Sinne des § 381 Abs. 1 Nr. 1 der Abgabenordnung handelt, wer vorsätzlich oder leichtfertig entgegen Abs. 1 ein Brenngerät oder ein sonstiges dort genanntes Gerät nicht, nicht richtig, nicht vollständig, nicht in der vorgeschriebenen Weise oder nicht rechtzeitig anmeldet.

§ 62 BrStV   Ordnungswidrigkeiten

(Branntweinsteuerverordnung v. 5.10.2009 (BGBl I S. 3262, 3280), geändert durch Art. 2 V v. 1.7.2011 (BGBl I S. 1308))

(1) Ordnungswidrig im Sinn des § 381 Abs. 1 Nr. 1 der Abgabenordnung handelt, wer vorsätzlich oder leichtfertig

1. *entgegen § 10 Abs. 1 S. 1 oder 3 oder Abs. 2 S. 1 oder 2, jeweils auch in Verbindung mit § 17 Abs. 6, § 18 Abs. 6, § 39 Abs. 2 S. 2 oder § 46 Abs. 4 eine Anzeige nicht, nicht richtig, nicht in der vorgeschriebenen Weise oder nicht rechtzeitig erstattet,*
2. *entgegen § 11 Abs. 6, auch in Verbindung mit § 17 Abs. 6, § 18 Abs. 6, § 39 Abs. 2 S. 2, § 41 Abs. 3 oder § 46 Abs. 4 eine Anzeige nicht, nicht richtig, nicht in der vorgeschriebenen Weise oder nicht rechtzeitig erstattet,*
3. *entgegen § 13 Abs. 1 S. 1 oder Abs. 2 S. 1, auch in Verbindung mit § 48 Abs. 1 S. 4, eine Anzeige nicht, nicht richtig, nicht in der vorgeschriebenen Weise oder nicht rechtzeitig erstattet,*
4. *entgegen § 14 Abs. 1 S. 4, auch in Verbindung mit § 48 Abs. 3 S. 2 oder § 29 Abs. 4 S. 1, auch in Verbindung mit § 31 Abs. 4 eine Anzeige nicht oder nicht rechtzeitig erstattet,*
5. *entgegen § 34 Abs. 2 oder Abs. 3, § 39 Abs. 1 S. 1, § 41 Abs. 4 S. 3, § 42 Abs. 1 S. 1 eine Anzeige nicht, nicht richtig, nicht in der vorgeschriebenen Weise oder nicht rechtzeitig erstattet,*
6. *entgegen § 46 Abs. 2 S. 2, § 48 Abs. 2 S. 2, § 57 Abs. 2 S. 4 eine Anzeige nicht oder nicht rechtzeitig erstattet,*
7. *entgegen § 58 Abs. 1 S. 4, auch in Verbindung mit Abs. 3 eine Anzeige nicht, nicht richtig, nicht in der vorgeschriebenen Weise oder nicht rechtzeitig erstattet,*
8. *entgegen § 11 Abs. 5 S. 2, § 14 Abs. 1 S. 1 oder 2 oder Abs. 3 S. 2, § 15 Abs. 4 S. 2, § 35, auch in Verbindung mit § 39 Abs. 1 S. 2 oder Abs. 2 S. 2, § 41 Abs. 5, § 42 Abs. 3 oder § 49 Abs. 2, § 58 Abs. 1 S. 1 oder Abs. 2 S. 1 eine Anmeldung nicht, nicht richtig, nicht vollständig, nicht in der vorgeschriebenen Weise oder nicht rechtzeitig abgibt,*
9. *entgegen § 12 Abs. 1 S. 1 oder Abs. 2 S. 1 oder 2 oder Abs. 3 S. 1, auch in Verbindung mit § 47 Abs. 2 S. 5, § 15 Abs. 4 S. 3, § 17 Abs. 5 S. 1 oder 4, jeweils auch in Verbindung mit § 39 Abs. 2, § 18 Abs. 5 S. 1 oder 3, § 41 Abs. 4 S. 1, § 47 Abs. 1 S. 1 oder Abs. 2 S. 1, § 48 Abs. 2 S. 3, § 57 Abs. 3 S. 1, § 58 Abs. 1 S. 7 oder Abs. 2 S. 4 ein Belegheft, ein Buch oder eine Aufzeichnung nicht, nicht richtig, nicht in der vorgeschriebenen Weise oder nicht rechtzeitig führt,*
10. *entgegen § 21 Abs. 1, § 24 Abs. 2, § 25 Abs. 2, § 26 Abs. 1 S. 1 oder Abs. 3 S. 1, § 29 Abs. 3 S. 2 oder Abs. 5 S. 1, § 30 Abs. 3 S. 1, § 31 Abs. 2 S. 3 oder Abs. 3 S. 1, § 32 Abs. 3 S. 1, § 60 Abs. 2 S. 2 eine Übermittlung nicht, nicht richtig, nicht in der vorgeschriebenen Weise oder nicht rechtzeitig vornimmt,*
11. *entgegen § 21 Abs. 3 S. 1 und 3, § 22 S. 1, § 28 Abs. 2 S. 2, § 29 Abs. 3 S. 4, § 39 Abs. 3, auch in Verbindung mit § 40, § 57 Abs. 1 S. 2, § 60 Abs. 1 S. 3 einen Ausdruck oder eine Ausfertigung eines Dokuments oder einer Bescheinigung nicht mitführt,*
12. *entgegen § 21 Abs. 4 S. 1, auch in Verbindung mit § 29 Abs. 4 S. 3, § 26 Abs. 4, § 28 Abs. 6 S. 1, § 39 Abs. 1 S. 3, § 56 Abs. 4 S. 2, § 57 Abs. 3 S. 3 die Erzeugnisse nicht, nicht richtig, nicht vollständig oder nicht rechtzeitig vorführt,*

13. *entgegen § 28 Abs. 2 S. 1, § 29 Abs. 3 S. 1, § 30 Abs. 2 S. 1, § 31 Abs. 2 S. 1, § 32 Abs. 2 S. 1, § 57 Abs. 1 S. 1, § 60 Abs. 1 S. 1 ein Dokument nicht, nicht richtig oder nicht in der vorgeschriebenen Weise ausfertigt,*
14. *entgegen § 28 Abs. 3 S. 1 oder Abs. 4 S. 2, § 29 Abs. 4 S. 2, auch in Verbindung mit § 31 Abs. 4, § 32 Abs. 1 S. 1, § 39 Abs. 4 S. 1 ein Dokument oder eine Ausfertigung nicht, nicht richtig oder nicht rechtzeitig vorlegt,*
15. *entgegen § 28 Abs. 3 S. 3 oder Abs. 4 S. 4 einen Rückschein oder eine Sammelanmeldung als Rückschein nicht oder nicht rechtzeitig zurücksendet,*
16. *entgegen § 29 Abs. 2 S. 1, § 30 Abs. 2 S. 3, § 31 Abs. 2 S. 4, § 60 Abs. 3 eine Unterrichtung nicht, nicht richtig oder nicht rechtzeitig vornimmt oder*
17. *entgegen § 29 Abs. 7 S. 1 oder 2, § 31 Abs. 2 S. 5 eine Eintragung oder einen Vermerk nicht, nicht richtig, nicht in der vorgeschriebenen Weise oder nicht rechtzeitig vornimmt.*

(2) Ordnungswidrig im Sinne des § 381 Abs. 1 Nr. 2 der Abgabenordnung handelt, wer vorsätzlich oder leichtfertig
1. *entgegen § 28 Abs. 5 S. 2 einen Lieferschein oder eine Rechnung nicht, nicht richtig oder nicht in der vorgeschriebenen Weise kennzeichnet,*
2. *entgegen § 28 Abs. 8 S. 1 oder 2 oder Abs. 9 S. 2, § 49 Abs. 1 S. 2 oder § 55 Abs. 1 S. 1 und 2 ein Handelspapier nicht, nicht richtig oder nicht in der vorgeschriebenen Weise beigibt oder*
3. *entgegen § 60 Abs. 1 S. 2 einen Hinweis nicht, nicht richtig oder nicht in der vorgeschriebenen Weise anbringt.*

§ 64 EnergieStG Bußgeldvorschriften

(Energiesteuergesetz vom 15.7.2006 (BGBl I S. 1534; 2008 I S. 660; 1007), zuletzt geändert durch Art. 1 G v. 1.3.2011 (BGBl I S. 282))

Ordnungswidrig im Sinne des § 381 Abs. 1 Nr. 1 der Abgabenordnung handelt, wer vorsätzlich oder leichtfertig
1. *entgegen § 3 Abs. 4 eine begünstigte Anlage nicht, nicht richtig oder nicht rechtzeitig anmeldet,*
2. *entgegen § 9 Abs. 1a, § 15 Abs. 3, § 18 Abs. 3 S. 1 oder Abs. 6 S. 1, jeweils auch in Verbindung mit § 34 oder § 40 Abs. 1, oder § 23 Abs. 4 S. 1 eine Anzeige nicht, nicht richtig, nicht vollständig oder nicht rechtzeitig erstattet,*
3. *entgegen § 10 Abs. 3, § 11 Abs. 3 oder § 13 Abs. 3 Energieerzeugnisse nicht oder nicht rechtzeitig aufnimmt, nicht oder nicht rechtzeitig übernimmt, nicht oder nicht rechtzeitig befördert oder nicht oder nicht rechtzeitig ausführt,*
4. *entgegen § 31 Abs. 3 oder § 38 Abs. 3 eine Anmeldung nicht, nicht richtig oder nicht rechtzeitig abgibt oder*
5. *entgegen § 61 Abs. 2 S. 3 sich nicht, nicht richtig oder nicht rechtzeitig ausweist, eine Angabe nicht, nicht richtig, nicht vollständig oder nicht rechtzeitig macht oder nicht, nicht richtig, nicht vollständig oder nicht rechtzeitig Hilfe leistet.*

§ 111 EnergieStV Ordnungswidrigkeiten

(Energiesteuerdurchführungsverordnung v. 31.7.2006 (BGBl I S. 1753), zuletzt geändert durch Art. 1 V v. 20.9.2011 (BGBl I S. 1890))

(1) Ordnungswidrig im Sinne des § 381 Abs. 1 Nr. 1 der Abgabenordnung handelt, wer vorsätzlich oder leichtfertig
1. *entgegen § 4 Abs. 3 S. 1, auch in Verbindung mit § 4 Abs. 4, entgegen § 7 Abs. 1 S. 3, Abs. 2 S. 2 oder Abs. 4 S. 1, jeweils auch in Verbindung mit § 8 Abs. 1, entgegen § 9 Abs. 4, § 15 Abs. 2 S. 3, Abs. 4 S. 2, Abs. 8, 9 S. 1, Abs. 10 oder Abs. 11, jeweils auch in Verbindung mit § 109 Abs. 5 S. 2, entgegen § 19 Abs. 2 S. 3, Abs. 4 S. 2 oder Abs. 9 S. 1, jeweils auch in Verbindung mit § 22, entgegen § 19 Abs. 8 oder Abs. 10, jeweils auch in Verbindung mit § 21 Abs. 3 S. 3 oder § 22, entgegen § 26 Abs. 6, § 27 Abs. 6, § 36 Abs. 4 S. 1, auch in Verbindung mit § 36b Abs. 4, § 37a,*

§ 42 Abs. 4 S. 4, § 42a S. 1, § 51 Abs. 4, § 54 Abs. 6, auch in Verbindung mit § 73 Abs. 2 oder § 84 Abs. 2, § 56 Abs. 6 S. 2, Abs. 8 oder Abs. 10, § 61 Abs. 1 S. 2, § 64 Abs. 5, § 67 Abs. 4, 6 oder Abs. 8 S. 1, 2, § 56 Abs. 6 S. 2, Abs. 8 oder Abs. 10, § 61 Abs. 1 S. 2, § 64 Abs. 5, § 67 Abs. 4, 6 oder Abs. 8 S. 1, § 75 Abs. 4, 6 oder Abs. 8 S. 1, § 79 Abs. 3 oder § 85 Abs. 4 oder Abs. 6 S. 1 eine Anzeige nicht, nicht richtig, nicht vollständig, nicht in der vorgeschriebenen Weise oder nicht rechtzeitig erstattet

2. entgegen § 7 Abs. 3, auch in Verbindung mit § 8 Abs. 1, § 15 Abs. 2 S. 3, auch in Verbindung mit § 109 Abs. 5 S. 2, § 19 Abs. 2 S. 3, auch in Verbindung mit § 22, § 26 Abs. 4 S. 1 oder Abs. 8 S. 4, § 27 Abs. 5 S. 1, § 40 Abs. 1 S. 4, § 48 Abs. 2, § 51 Abs. 2 S. 1 oder S. 3, § 64 Abs. 2 S. 1 oder S. 3, § 67 Abs. 2 S. 1 oder S. 3, § 75 Abs. 2 S. 1 oder S. 3, § 79 Abs. 2 S. 1 oder S. 3, § 85 Abs. 2 S. 1 oder S. 3, § 100a Abs. 4 S. 1, auch in Verbindung mit § 101 Abs. 4, oder § 106 S. 1 eine Aufzeichnung nicht, nicht richtig oder nicht vollständig führt,

3. entgegen § 15 Abs. 2 S. 1, auch in Verbindung mit § 109 Abs. 5 S. 2, § 19 Abs. 2 S. 1, auch in Verbindung mit § 22, § 40 Abs. 1 S. 1 oder § 56 Abs. 3 S. 1 ein Buch nicht oder nicht richtig führt,

4. entgegen § 15 Abs. 2 S. 6, auch in Verbindung mit § 109 Abs. 5 S. 2, § 19 Abs. 2 S. 6, auch in Verbindung mit § 22, § 40 Abs. 1 S. 7 oder § 56 Abs. 4 S. 2 ein Buch nicht oder nicht rechtzeitig abliefert,

5. entgegen § 15 Abs. 3 S. 1, § 19 Abs. 3 S. 1, auch in Verbindung mit § 22 oder § 56 Abs. 3 S. 6 eine Zusammenstellung nicht, nicht richtig oder nicht rechtzeitig vorlegt,

6. entgegen § 15 Abs. 3 S. 2, § 15 Abs. 4 S. 1, auch in Verbindung mit § 109 Abs. 5 S. 2, § 19 Abs. 3 S. 2 oder Abs. 4 S. 1, jeweils auch in Verbindung mit § 22, § 56 Abs. 5 S. 1 oder Abs. 6 S. 1 oder § 109 Abs. 5 S. 1 eine Anmeldung nicht, nicht richtig oder nicht rechtzeitig abgibt,

7. entgegen § 15 Abs. 5 S. 2 oder S. 3, jeweils auch in Verbindung mit § 109 Abs. 5 S. 2, § 19 Abs. 5 S. 2 oder S. 3, jeweils auch in Verbindung mit § 22, § 40 Abs. 2 S. 2 oder S. 3 oder § 56 Abs. 7 S. 2 oder S. 3 ein Buch oder eine Aufzeichnung nicht, nicht richtig oder nicht rechtzeitig aufrechnet, einen Bestand nicht, nicht richtig oder nicht rechtzeitig anmeldet oder ein anderes Energieerzeugnis nicht, nicht richtig oder nicht vollständig einbezieht,

8. entgegen § 27 Abs. 5 S. 3, § 33 Abs. 3 oder Abs. 4, § 36 Abs. 7 S. 1 oder S. 2, § 36b Abs. 2 S. 5, § 57 Abs. 3, auch in Verbindung mit § 57 Abs. 9, § 57 Abs. 7 S. 1 oder Abs. 15, § 68 Abs. 1 S. 1, § 69 Abs. 2, auch in Verbindung mit § 69 Abs. 4, 5 oder § 76 Abs. 3 S. 2, oder § 76 Abs. 1 S. 1 eine Eintragung, eine Aufzeichnung oder einen Vermerk nicht, nicht richtig, nicht in der vorgeschriebenen Weise oder nicht rechtzeitig vornimmt,

9. entgegen § 28 Abs. 1 S. 4, § 28b Abs. 3, § 33 Abs. 1, § 36 Abs. 3 S. 4, § 39 Abs. 1 S. 1, § 44 S. 4, § 45 Abs. 2 S. 3 oder § 57 Abs. 10 S. 4 ein Dokument nicht mitführt,

10. entgegen § 28b Abs. 4 S. 1, auch in Verbindung mit § 36 Abs. 4 S. 3 oder § 34 Abs. 4 Energieerzeugnisse nicht, nicht vollständig oder nicht rechtzeitig vorführt,

11. entgegen § 32 Abs. 4 S. 2, § 36 Abs. 2 S. 1, auch in Verbindung mit § 36b Abs. 4, § 36a Abs. 2 S. 3, § 36b Abs. 2 S. 4 oder § 45 Abs. 3 S. 1 eine Unterrichtung nicht, nicht richtig, nicht in der vorgeschriebenen Weise oder nicht rechtzeitig vornimmt,

12. entgegen § 34 Abs. 1 S. 1, § 36 Abs. 3 S. 3, Abs. 4 S. 2, auch in Verbindung mit § 36b Abs. 4, Abs. 5 S. 1 oder Abs. 7 S. 2, § 36a Abs. 3 S. 1, § 36b Abs. 2 S. 3 oder Abs. 3 S. 1, § 36c Abs. 3 S. 1 eine Übermittlung oder Mitteilung nicht, nicht richtig, nicht in der vorgeschriebenen Weise oder nicht rechtzeitig vornimmt,

13. entgegen § 36c Abs. 1 S. 1 oder Abs. 2 S. 1 oder § 39 Abs. 2 S. 1 ein Dokument nicht, nicht richtig oder nicht rechtzeitig vorlegt,

14. entgegen § 39 Abs. 2 S. 3 eine Ausfertigung nicht oder nicht rechtzeitig zurücksendet,

15. entgegen § 44 S. 1, § 45 Abs. 1 S. 1 oder § 57 Abs. 10 S. 1 ein Dokument nicht, nicht richtig, nicht in der vorgeschriebenen Weise oder nicht rechtzeitig ausfertigt,

16. entgegen § 56 Abs. 11, § 67 Abs. 7 oder § 85 Abs. 5 den Erlaubnisschein nicht oder nicht rechtzeitig zurückgibt oder

17. entgegen § 100a Abs. 2 S. 1 auch in Verbindung mit § 101 Abs. 4, eine Selbsterklärung nicht richtig oder nicht vollständig abgibt.

(2) Ordnungswidrig im Sinne des § 381 Abs. 1 Nr. 2 der Abgabenordnung handelt, wer vorsätzlich oder leichtfertig

1. *entgegen § 7 Abs. 1 S. 1, auch in Verbindung mit § 8 Abs. 1, eine Kennzeichnung nicht oder nicht richtig vornimmt,*
2. *entgegen § 7 Abs. 2 S. 1, auch in Verbindung mit § 8 Abs. 1, eine Probe nicht oder nicht rechtzeitig untersucht,*
3. *entgegen § 7 Abs. 4 S. 2, auch in Verbindung mit § 8 Abs. 1, eine Anlage benutzt oder einen technischen Ablauf anwendet,*
4. *entgegen § 13 Abs. 4, auch in Verbindung mit § 109 Abs. 5 S. 2, oder § 17 Abs. 4 ein Energieerzeugnis herstellt, lagert oder entnimmt,*
5. *entgegen § 57 Abs. 12 S. 1 den Inhalt einer Sendung nicht oder nicht richtig kennzeichnet,*
6. *entgegen § 46 Abs. 1 S. 1 Energieerzeugnisse mischt oder sie als Kraftstoff bereithält, abgibt, mitführt oder verbraucht,*
7. *entgegen § 46 Abs. 1 S. 2 einen Kennzeichnungsstoff entfernt oder in seiner Wirksamkeit beeinträchtigt,*
8. *entgegen § 46 Abs. 2 S. 1 ein Energieerzeugnis in das Steuergebiet verbringt, in den Verkehr bringt oder verwendet,*
9. *entgegen § 47 Abs. 2 S. 1 ein dort genanntes Energieerzeugnis abgibt,*
10. *entgegen § 47 Abs. 2 S. 3 Energieerzeugnisse vermischt,*
11. *entgegen § 48 Abs. 1 S. 1 oder S. 2 eine Restmenge beimischt,*
12. *entgegen § 48 Abs. 3 eine Angabe nicht, nicht richtig oder nicht vollständig macht,*
13. *entgegen § 57 Abs. 4 S. 1, auch in Verbindung mit § 57 Abs. 9, oder § 69 Abs. 3 ein Energieerzeugnis übergibt oder verteilt,*
14. *entgegen § 57 Abs. 16 S. 1 Nr. 3 oder § 76 Abs. 3 S. 1 ein Energieerzeugnis abgibt oder liefert,*
15. *entgegen § 107 Abs. 1 oder Abs. 2 S. 1 einen Hinweis nicht oder nicht richtig gibt,*
16. *entgegen § 108 S. 1 ein Energieerzeugnis nicht oder nicht rechtzeitig abläßt,*
17. *entgegen § 108 S. 5 ein Fahrzeug nicht oder nicht rechtzeitig vorführt,*
18. *entgegen § 108 S. 6 ein Energieerzeugnis nicht oder nicht rechtzeitig abliefert.*

§ 24 KaffeeStG   Ordnungswidrigkeiten

(Kaffeesteuergesetz vom 15.7.2009 (BGBl I S. 1870, 1919) geändert d. Art. 5 G v. 21.12.2010 (BGBl I S.2221))

Ordnungswidrig im Sinn des § 381 Abs. 1 Nr. 1 der Abgabenordnung handelt, wer vorsätzlich oder leichtfertig

1. *entgegen § 9 Abs. 3 Kaffee nicht oder nicht rechtszeitig aufnimmt, nicht oder nicht rechtzeitig ausführt, nicht oder nicht rechtzeitig liefert oder nicht oder nicht rechtzeitig übernimmt oder*
2. *entgegen § 17 Abs. 4 S. 1 und 2 und § 18 Abs. 4 S. 1 und 5, jeweils auch in Verbindung mit § 3, eine Anzeige nicht oder nicht rechtzeitig erstattet.*

§ 44 KaffeeStV   Ordnungswidrigkeiten

(Kaffeesteuerverordnung v. 5.10.2009 (BGBL I S. 3262, 3334) geändert durch Art. 5 V v. 1.7.2011 (BGBl I S. 1308))

Ordnungswidrig im Sinn des § 381 Abs. 1 Nr. 1 der Abgabenordnung handelt, wer vorsätzlich oder leichtfertig

1. *entgegen § 7 Abs. 1 S. 1 oder 3 oder Abs. 2 S. 1 oder 2, jeweils auch in Verbindung mit § 12 Abs. 6, § 25 Abs. 4, § 27 Abs. 3 S. 2, § 30 Abs. 5 oder § 32 Abs. 4, § 8 Abs. 6, auch in Verbindung mit § 12 Abs. 6, § 25 Abs. 4, § 27 Abs. 3 S. 2, § 30 Abs. 5 oder § 32 Abs. 4, § 10 Abs. 1, § 11 Abs. 1 S. 3, § 19 Abs. 1 oder 2, den §§ 26,27 Abs. 4 S. 1 oder 3 eine Anzeige nicht, nicht richtig, nicht in der vorgeschriebenen Weise oder nicht rechtzeitig erstattet*

2. *entgegen § 11 Abs. 1 S. 1 oder 2 oder Abs. 3 S. 2, § 36 Abs. 1 S. 1 eine Anmeldung nicht, nicht richtig, nicht vollständig, nicht in der vorgeschriebenen Weise oder nicht rechtzeitig abgibt,*

3. *entgegen § 9 Abs. 1 S. 1 oder Abs. 2 S. 1 oder 2 oder Abs. 3 S. 1, § 12 Abs. 5 S. 1, § 16 Abs. 2 S. 1 oder 2, § 24 S. 2 § 25 Abs. 3 S. 1 oder S. 3, § 27 Abs. 4 S. 1, § 30 Abs. 7, § 31 Abs. 1 S. 1, § 34 Abs. 2 S. 1 oder 2 ein Belegheft, ein Buch, eine Aufzeichnung oder einen dort genannten Beleg nicht, nicht richtig, nicht in der vorgeschriebenen Weise oder nicht rechtzeitig führt,*

4. *entgegen § 14 Abs. 2 S. 3 oder § 15 S. 1 eine Ausfertigung nicht mitführt,*

5. *entgegen § 14 Abs. 7 S. 1, auch in Verbindung mit § 16 Abs. 3, § 17 Abs. 3 oder § 32 Abs. 4, § 24 S. 2, auch in Verbindung mit § 25 Abs. 4, den Kaffee nicht, nicht richtig, nicht vollständig oder nicht rechtzeitig vorführt,*

6. *entgegen § 13 Abs. 1 S. 1 oder § 14 Abs. 2 S. 1 eine Bescheinigung oder ein Dokument nicht, nicht richtig, nicht in der vorgeschriebenen Weise oder nicht rechtzeitig ausfertigt,*

7. *entgegen § 13 Abs. 1 S. 1, § 14 Abs. 2 S. 4 oder Abs. 3 S. 1, § 32 Abs. 5 S. 4 eine Bescheinigung, eine Ausfertigung oder eine Bestätigung nicht, nicht richtig oder nicht rechtzeitig vorlegt,*

8. *entgegen § 14 Abs. 3 S. 3 einen Rückschein nicht oder nicht rechtzeitig zurückschickt,*

9. *entgegen § 14 Abs. 6 S. 1 oder 2 oder Abs. 8 S. 2 oder § 36 Abs. 1 S. 3 eine Eintragung nicht, nicht richtig oder nicht rechtzeitig vornimmt oder*

10. *entgegen § 14 Abs. 1 ein Begleitdokument nicht verwendet.*

§ 35 SchaumwZwStG Ordnungswidrigkeiten

(Schaumwein- und Zwischenerzeugnissteuergesetz vom 15.7.2009 (BGBl I S. 1870, 1896), zuletzt geändert durch Art. 4 G v 16.6.2011 (BGBl I S. 1090))

Ordnungswidrig im Sinn des § 381 Abs. 1 Nr. 1 der Abgabenordnung handelt, wer vorsätzlich oder leichtfertig

1. *entgegen § 10 Abs. 3, auch in Verbindung mit § 29 Abs. 3, Schaumwein oder ein Zwischenerzeugnis nicht oder nicht richtig aufnimmt oder nicht oder nicht rechtzeitig übernimmt,*

2. *entgegen § 11 Abs. 4 oder § 12 Abs. 2, jeweils auch in Verbindung mit § 29 Abs. 3 oder § 32 Abs. 2 Nr. 2, Schaumwein, ein Zwischenerzeugnis oder Wein nicht oder nicht rechtzeitig aufnimmt, nicht oder nicht rechtzeitig übernimmt, nicht oder nicht rechtzeitig befördert oder nicht oder nicht rechtzeitig ausführt oder*

3. *entgegen*
   a) § 20 Abs. 4 oder § 21 Abs. 4 S. 1 oder S. 5, jeweils auch in Verbindung mit § 29 Abs. 3, oder
   b) § 21 Abs. 7 S. 1, auch in Verbindung mit § 29 Abs. 3 oder § 32 Abs. 2 Nr. 2,
   eine Anzeige nicht oder nicht rechtzeitig erstattet.

§ 53 SchaumwZwStV Ordnungswidrigkeiten

(Schaumwein- und Zwischenerzeugnissteuerverordnung vom 5.10.2009, geändert durch Art. 3 V v 1.7.2011 (BGBl I S. 1308))

(1) Ordnungswidrig im Sinn des § 381 Abs. 1 Nr. 1 der Abgabenordnung handelt, wer vorsätzlich oder leichtfertig

1. *entgegen*
   a) § 7 Abs. 1 S. 1 oder 3 oder Abs. 2 S. 1 oder 2, jeweils auch in Verbindung mit § 12 Abs. 6, § 13 Abs. 6, § 34 Abs. 2 S. 2 oder § 38a Abs. 4,
   b) § 8 Abs. 6, auch in Verbindung mit § 12 Abs. 6, § 13 Abs. 6, § 34 Abs. 2 S. 2, § 36 Abs. 3 S. 2, § 38a Abs. 4, § 46 Abs. 2 S. 3, § 48 Abs. 2 S. 3 oder § 49 Abs. 2 S. 3,
   c) § 10 Abs. 1 S. 1, § 11 Abs. 1 S. 3, § 29 Abs. 2 oder Abs. 3, § 34 Abs. 1 S. 1, § 36 Abs. 4 S. 3, § 37 Abs. 1 S. 1, § 38a Abs. 2 S. 2, § 40 Abs. 2 S. 1 oder 3, § 45 Abs. 3, § 46 Abs. 3 S. 1 oder § 51 Abs. 3 S. 1 oder
   d) § 24 Abs. 4 S. 1, auch in Verbindung mit § 26 Abs. 4 oder § 50 Abs. 1 S. 2

eine Anzeige nicht, nicht richtig, nicht in der vorgeschriebenen Weise oder nicht rechtzeitig erstattet.

2. *entgegen*
   a) *§ 8 Abs. 5 S. 2, auch in Verbindung mit § 38a Abs. 4,*
   b) *§ 11 Abs. 1 S. 1 oder Abs. 3 S. 2, § 32 S. 1, § 38d Abs. 2 oder § 45 Abs. 1 S. 1 oder*
   c) *§ 30, auch in Verbindung mit § 34 Abs. 1 S. 2 oder Abs. 2 S. 2, § 36 Abs. 5 oder § 37 Abs. 2*
   eine Anmeldung nicht, nicht richtig, nicht in der vorgeschriebenen Weise oder nicht rechtzeitig abgibt,

3. *entgegen*
   a) *§ 9 Abs. 1 S. 1 oder Abs. 2 S. 1 oder Abs. 3 S. 1, § 36 Abs. 4 S. 1, § 38b Abs. 1 S. 1 oder Abs. 2 S. 1, § 40 Abs. 3 S. 1 oder § 45 Abs. 2 S. 1,*
   b) *§ 12 Abs. 5 S. 1 oder 4, jeweils auch in Verbindung mit § 34 Abs. 2 S. 2 oder*
   c) *§ 47 Abs. 1 S. 1 oder Abs. 2 S. 1, auch in Verbindung mit § 48 Abs. 3 oder § 49 Abs. 3*
   ein Belegheft, ein Buch oder eine Aufzeichnung nicht, nicht richtig, nicht in der vorgeschriebenen Weise oder nicht rechtzeitig führt,

4. *entgegen § 16 Abs. 1, § 19 Abs. 2 oder § 20 Abs. 2, jeweils auch in Verbindung mit § 50 Abs. 1 S. 2, § 21 Abs. 1 S. 1, auch in Verbindung mit Abs. 3 S. 1 oder § 50 Abs. 2, § 24 Abs. 3 S. 3 oder Abs. 5 S. 1, jeweils auch in Verbindung mit § 50 Abs. 1 S. 2, § 25 Abs. 3 S. 1, auch in Verbindung mit § 50 Abs. 1 S. 2, § 26 Abs. 2 S. 3 oder Abs. 3 S. 1, jeweils auch in Verbindung mit § 50 Abs. 1 S. 2, § 27 Abs. 3 S. 1, auch in Verbindung mit § 50 Abs. 2, oder § 52 Abs. 2 S. 1 eine Übermittlung nicht, nicht richtig, nicht in der vorgeschriebenen Weise oder nicht rechtzeitig vornimmt,*

5. *entgegen § 16 Abs. 3 S. 1 oder 3, auch in Verbindung mit § 50 Abs. 1 S. 2, § 17 S. 1, § 23 Abs. 2 S. 3, § 24 Abs. 3 S. 4, auch in Verbindung mit § 50 Abs. 1 S. 2, § 34 Abs. 3, auch in Verbindung mit § 35, § 40 Abs. 1 S. 2, § 42 Abs. 1 S. 3 oder § 51 Abs. 1 S. 2, auch in Verbindung mit § 52 Abs. 1 S. 1, einen Ausdruck oder eine Ausfertigung eines Dokuments oder einer Bescheinigung nicht mitführt,*

6. *entgegen § 16 Abs. 4 S. 1, auch in Verbindung mit § 24 Abs. 4 S. 3 oder § 50 Abs. 1 S. 2, § 21 Abs. 4, § 23 Abs. 6 S. 1, § 34 Abs. 1 S. 3, § 40 Abs. 3 S. 3 oder § 51 Abs. 2 S. 3 den Schaumwein nicht, nicht richtig, nicht vollständig oder nicht rechtzeitig vorführt,*

7. *entgegen § 23 Abs. 2 S. 1, § 24 Abs. 3 S. 1, § 25 Abs. 2 S. 1 oder § 26 Abs. 2 S. 1, jeweils auch in Verbindung mit § 50 Abs. 1 S. 2, § 27 Abs. 2 S. 1, auch in Verbindung mit § 50 Abs. 2, § 40 Abs. 1 S. 1, § 42 Abs. 1 S. 1, § 51 Abs. 1 S. 1, auch in Verbindung mit § 52 Abs. 1 S. 1, ein Dokument nicht oder nicht richtig oder nicht in der vorgeschriebenen Weise ausfertigt,*

8. *entgegen § 23 Abs. 3 S. 1 oder Abs. 4 S. 2, § 24 Abs. 4 S. 2, auch in Verbindung mit § 26 Abs. 4 oder § 50 Abs. 1 S. 2, § 27 Abs. 1 S. 1, auch in Verbindung mit § 50 Abs. 2, § 34 Abs. 4 S. 1 oder § 42 Abs. 2 ein Dokument oder eine Ausfertigung nicht, nicht richtig oder nicht rechtzeitig vorlegt,*

9. *entgegen § 23 Abs. 3 S. 3 oder Abs. 4 S. 4 einen Rückschein oder eine Sammelanmeldung als Rückschein nicht oder nicht rechtzeitig zurücksendet,*

10. *entgegen § 24 Abs. 2 S. 1, auch in Verbindung mit § 26 Abs. 4 oder § 50 Abs. 1 S. 2, § 25 Abs. 2 S. 3, auch in Verbindung mit § 50 Abs. 1 S. 2, § 26 Abs. 2 S. 4, § 42 Abs. 3 S. 1 oder § 52 Abs. 3 eine Unterrichtung nicht, nicht richtig oder nicht rechtzeitig vornimmt oder*

11. *entgegen § 24 Abs. 7 S. 1 oder 2 oder § 26 Abs. 2 S. 5 eine Eintragung oder einen Vermerk nicht, nicht richtig, nicht in der vorgeschriebenen Weise oder nicht rechtzeitig vornimmt,*

12. *entgegen § 38a Abs. 2 S. 1 einen Erlaubnisschein nicht oder nicht rechtzeitig zurückgibt.*

(2) Ordnungswidrig im Sinn des § 381 Abs. 1 Nr. 2 der Abgabenordnung handelt, wer vorsätzlich oder leichtfertig

1. *entgegen § 12 Abs. 5 S. 2 einen Lieferschein oder eine Rechnung nicht, nicht richtig oder nicht in der vorgeschriebenen Weise kennzeichnet,*

2. *entgegen § 38d Abs. 1 S. 2 ein Handelspapier nicht, nicht richtig, nicht in der vorgeschriebenen Weise oder nicht rechtzeitig beigibt oder*

3. *entgegen § 42 Abs. 1 S. 2 oder § 52 Abs. 1 S. 2 einen Hinweis nicht, nicht richtig oder nicht in der vorgeschriebenen Weise anbringt.*

(3) Die Vorschriften des Abs. 1 Nr. 1 bis 11 und des Abs. 2 Nr. 1 und 2 gelten auch für Zwischenerzeugnisse im Sinn des § 43.

§ 36 TabStG   Ordnungswidrigkeiten

(Tabaksteuergesetz vom 15.7.2009 (BGBL I S. 1870), zuletzt geändert durch Art. 3 G v. 16.6.2011(BGBl I S. 1090))

(1) Ordnungswidrig im Sinn des § 381 Abs. 1 Nr. 1 der Abgabenordnung handelt, wer vorsätzlich oder leichtfertig
1. *entgegen § 3 Abs. 3 S. 2 unterschiedliche Kleinverkaufspreise bestimmt,*
2. *entgegen § 3 Abs. 4 einen Kleinverkaufspreis nicht oder nicht richtig bestimmt,*
3. *entgegen § 11 Abs. 3, § 12 Abs. 4 oder § 13 Abs. 2 Tabakwaren nicht oder nicht rechtzeitig aufnimmt, nicht oder nicht rechtzeitig übernimmt, nicht oder nicht rechtzeitig befördert oder nicht oder nicht rechtzeitig ausführt oder*
4. *entgegen § 33 Abs. 2 eine der dort genannten Tätigkeiten nicht oder nicht rechtzeitig anmeldet.*

(2) Ordnungswidrig im Sinn des § 381 Abs. 1 Nr. 2 der Abgabenordnung handelt, wer vorsätzlich oder leichtfertig
1. *entgegen § 16 Abs. 1 Tabakwaren in den steuerrechtlich freien Verkehr überführt,*
2. *entgegen § 24 Abs. 1 S. 1 oder S. 2 Kleinverkaufspackungen andere Gegenstände beipackt,*
3. *einer Vorschrift des § 25 Abs. 1 S. 1, S. 2 oder S. 4 bis 6 oder Abs. 2 über Packungen im Handel oder den Stückverkauf zuwiderhandelt,*
4. *entgegen § 26 Abs. 1 den Packungspreis oder den Kleinverkaufspreis unterschreitet, Rabatt oder eine Rückvergütung gewährt, Gegenstände zugibt oder die Abgabe mit dem Verkauf anderer Gegenstände koppelt oder*
5. *entgegen § 29 Tabakwaren gewerbsmäßig ausspielt.*

(3) Ordnungswidrig handelt, wer vorsätzlich oder leichtfertig entgegen § 30 Abs. 2 ein Gerät anbietet oder bereitstellt.

(4) Die Ordnungswidrigkeit kann in den Fällen des Abs. 3 mit einer Geldbuße bis zu fünfzigtausend Euro geahndet werden.

§ 60 TabStV   Ordnungswidrigkeiten

(Tabaksteuerverordnung vom 5.10.2009 (BGBL I S. 3262, 3263), geändert durch Art. 1 V v. 1.7.2011 (BGBl I S. 1308))

Ordnungswidrig im Sinn des § 381 Abs. 1 Nr. 1 der Abgabenordnung handelt, wer vorsätzlich oder leichtfertig
1. *entgegen § 8 Abs. 1 S. 1 oder 3, jeweils auch in Verbindung mit § 13 Abs. 7, § 14 Abs. 6, § 37 Abs. 2 S. 1 oder § 46 Abs. 3 eine Anzeige nicht, nicht richtig, nicht in der vorgeschriebenen Weise oder nicht rechtzeitig erstattet,*
2. *entgegen § 8 Abs. 2 S. 1, jeweils auch in Verbindung mit § 13 Abs. 7, § 14 Abs. 6 oder § 37 Abs. 2 S. 1 eine Anzeige nicht, nicht richtig, nicht in der vorgeschriebenen Weise oder nicht rechtzeitig erstattet,*
3. *entgegen § 8 Abs. 3 S. 1 der 2, jeweils auch in Verbindung mit § 13 Abs. 7, § 14 Abs. 6 oder § 37 Abs. 2 S. 1 eine Anzeige nicht, nicht richtig, nicht in der vorgeschriebenen Weise oder nicht rechtzeitig erstattet,*
4. *entgegen § 9 Abs. 6, auch in Verbindung mit § 13 Abs. 7, § 14 Abs. 6 oder § 46 Abs. 3, oder § 37 Abs. 1 S. 1 eine Anzeige nicht, nicht richtig, nicht in der vorgeschriebenen Weise oder nicht rechtzeitig erstattet,*

5. *entgegen § 11 S. 1, § 30 Abs. 1 oder 2 oder § 40 Abs. 6 eine Anzeige nicht, nicht richtig oder nicht rechtzeitig erstattet,*
6. *entgegen § 12 Abs. 1 S. 3, auch in Verbindung mit § 32 Abs. 8, § 37 Abs. 2 S. 2 oder § 46 Abs. 3 eine Anzeige nicht oder nicht rechtzeitig erstattet,*
7. *entgegen § 25 Abs. 4 S. 1, auch in Verbindung mit § 27 Abs. 4, eine Anzeige nicht oder nicht rechtzeitig erstattet,*
8. *entgegen § 12 Abs. 1 S. 1 oder Abs. 3 S. 2, jeweils auch in Verbindung mit § 32 Abs. 8, § 37 Abs. 2 S. 2 oder § 46 Abs. 3, § 51 Abs. 1 S. 1 und Abs. 2 S. 1 eine Anmeldung nicht, nicht richtig, nicht vollständig, nicht in der vorgeschriebenen Weise oder nicht rechtzeitig abgibt,*
9. *entgegen § 10 Abs. 1 S. 1 oder Abs. 2 S. 1 oder Abs. 3 S. 1, jeweils auch in Verbindung mit § 32 Abs. 8, § 37 Abs. 2 S. 1 oder § 46 Abs. 3, § 13 Abs. 6 S. 1 oder 4, § 14 Abs. 5 S. 1 oder 3 ein Belegheft, ein Buch oder eine Aufzeichnung nicht, nicht richtig, nicht in der vorgeschriebenen Weise oder nicht rechtzeitig führt,*
10. *entgegen § 22 Abs. 1 S. 1, § 25 Abs. 3 S. 3 oder Abs. 5 S. 1, § 26 Abs. 3 S. 1, § 27 Abs. 2 S. 3 oder Abs. 3 S. 1, § 28 Abs. 3 S. 1, § 40 Abs. 2 S. 2 eine Übermittlung nicht, nicht richtig, nicht in der vorgeschriebenen Weise oder nicht rechtzeitig vornimmt,*
11. *entgegen § 17 Abs. 3, § 18 S. 1, § 24 Abs. 2 S. 3, § 40 Abs. 2 S. 3 oder Abs. 5 S. 1 ein Dokument, eine Bescheinigung oder eine Ausfertigung nicht mitführt,*
12. *entgegen § 17 Abs. 4 S. 1, auch in Verbindung mit § 25 Abs. 4 S. 3, § 22 Abs. 4, § 24 Abs. 6 S. 1, die Tabakwaren nicht, nicht vollständig oder nicht rechtzeitig vorführt,*
13. *entgegen § 24 Abs. 1 S. 1 ein Begleitdokument nicht verwendet,*
14. *entgegen § 5 Abs. 3 S. 1, auch in Verbindung mit § 8 Abs. 2 S. 2, § 13 Abs. 2 S. 3 oder Abs. 8 S. 2, § 14 Abs. 1 S. 3 oder § 37 Abs. 1 S. 3, § 15 Abs. 1 S. 1, § 24 Abs. 2 S. 1, § 25 Abs. 3 S. 1, § 26 Abs. 2 S. 1, § 27 Abs. 2 S. 1. § 28 Abs. 2 S. 1, § 40 Abs. 2 S. 1 ein Sortenverzeichnis, eine Bescheinigung oder ein Dokument nicht, nicht richtig oder nicht in der vorgeschriebenen Weise ausfertigt,*
15. *entgegen § 5 Abs. 3 S. 2 oder 3, jeweils auch in Verbindung mit § 8 Abs. 2 S. 2, § 13 Abs. 2 S. 3 oder Abs. 8 S. 2, § 14 Abs. 1 S. 3 oder § 37 Abs. 1 S. 3, § 15 Abs. 1 S. 1, § 24 Abs. 3 S. 1 oder Abs. 4 S. 2, § 25 Abs. 4 S. 2, auch in Verbindung mit § 27 Abs. 4, oder § 28 Abs. 1 S. 1 ein Sortenverzeichnis, eine Bescheinigung, ein Dokument oder eine Ausfertigung nicht, nicht richtig oder nicht rechtzeitig vorlegt,*
16. *entgegen § 24 Abs. 3 S. 3 oder Abs. 4 S. 4 einen Rückschein oder eine Sammelanmeldung als Rückschein nicht oder nicht rechtzeitig zurückschickt,*
17. *entgegen § 25 Abs. 2 S. 1, auch in Verbindung mit § 27 Abs. 4, § 26 Abs. 2 S. 3, § 27 Abs. 2 S. 4, § 40 Abs. 3 S. 1 eine Unterrichtung nicht, nicht richtig, nicht rechtzeitig oder nicht in der vorgeschriebenen Weise vornimmt oder*
18. *entgegen § 25 Abs. 7 S. 1 oder 2, § 27 Abs. 2 S. 5 eine Eintragung oder einen Vermerk nicht, nicht richtig oder nicht rechtzeitig vornimmt,*
19. *entgegen § 12 Abs. 1 S. 1, auch in Verbindung mit § 32 Abs. 8, § 37 Abs. 2 S. 2 oder § 46 Abs. 3 eine Bestandsaufnahme nicht oder nicht richtig durchführt,*
20. *entgegen § 34 Abs. 1 S. 1 oder 4 oder Abs. 2 S. 1 oder 2 ein Steuerzeichen verwendet,*
21. *entgegen § 35 Abs. 1 S. 1 ein Steuerzeichen nicht, nicht richtig oder nicht in der vorgeschriebenen Weise entwertet,*
22. *entgegen § 35 Abs. 3 S. 1 oder 2 ein Steuerzeichen nicht oder nicht in der vorgeschriebenen Weise anbringt oder befestigt oder*
23. *entgegen § 35 Abs. 4 eine Kleinverkaufspackung verwendet.*

(2) Ordnungswidrig im Sinn des § 381 Abs. 1 Nr. 2 der Abgabenordnung handelt, wer vorsätzlich oder leichtfertig
1. *entgegen § 24 Abs. 5 S. 2 einen Lieferschein oder eine Rechnung nicht, nicht richtig oder nicht in der vorgeschriebenen Form kennzeichnet,*
2. *entgegen § 44 Abs. 4 S. 1 oder 2 ein Deputat nicht oder nicht in der vorgeschriebenen Weise kennzeichnet oder Name und Sitz des Herstellers nicht angibt,*

3. *entgegen § 40 Abs. 1 S. 2 einen Hinweis nicht, nicht richtig oder nicht in der vorgeschriebenen Weise anbringt oder*
4. *entgegen § 47 Abs. 1 S. 2 ein Handelspapier nicht, nicht richtig oder nicht in der vorgeschriebenen Weise beifügt.*

§ 382 AO Gefährdung von Einfuhr- und Ausfuhrabgaben

(1) Ordnungswidrig handelt, wer als Pflichtiger oder bei der Wahrnehmung der Angelegenheiten eines Pflichtigen vorsätzlich oder fahrlässig Zollvorschriften, den dazu erlassenen Rechtsverordnungen oder den Verordnungen des Rates oder der Kommission der Europäischen Gemeinschaften zuwiderhandelt, die

1. für die zollamtliche Erfassung des Warenverkehrs über die Grenze des Zollgebiets der Europäischen Gemeinschaft sowie über die Freizonengrenzen,
2. für die Überführung von Waren in ein Zollverfahren und dessen Durchführung oder für die Erlangung einer sonstigen zollrechtlichen Bestimmung von Waren,
3. für die Freizonen, den grenznahen Raum sowie die darüber hinaus der Grenzaufsicht unterworfenen Gebiete

gelten, soweit die Zollvorschriften, die dazu oder die auf Grund von Absatz 4 erlassenen Rechtsverordnungen für einen bestimmten Tatbestand auf diese Bußgeldvorschrift verweisen.

(2) Absatz 1 ist auch anzuwenden, soweit die Zollvorschriften und die dazu erlassenen Rechtsverordnungen für Verbrauchsteuern sinngemäß gelten.

(3) Die Ordnungswidrigkeit kann mit einer Geldbuße bis zu fünftausend Euro geahndet werden, wenn die Handlung nicht nach § 378 geahndet werden kann.

(4) Das Bundesministerium der Finanzen kann durch Rechtsverordnungen die Tatbestände der Verordnungen des Rates der Europäischen Union oder der Kommission der Europäischen Gemeinschaften, die nach den Absätzen 1 bis 3 als Ordnungswidrigkeiten mit Geldbuße geahndet werden können, bezeichnen, soweit dies zur Durchführung dieser Rechtsvorschriften erforderlich ist und die Tatbestände Pflichten zur Gestellung, Vorführung, Lagerung oder Behandlung von Waren, zur Abgabe von Erklärungen oder Anzeigen, zur Aufnahme von Niederschriften sowie zur Ausfüllung oder Vorlage von Zolldokumenten oder zur Aufnahme von Vermerken in solchen Dokumenten betreffen.

A. Überblick

Die Gefährdung von Einfuhr- und Ausfuhrabgaben wurde unter Ablösung der zollrechtlichen 1
Generalklausel des § 377 RAO 1919 (dazu ausführlich HHSp/*Rüping* § 382 Rn. 1) erstmalig
durch § 413 RAO 1956 konkret geahndet. Die Vorschrift wurde im Zuge des 2. AOStrafÄndG
von 1968 durch § 408 RAO 1968 abgelöst und dabei modifiziert, sprachlich wurde statt einer
Gefährdung von Zöllen in § 382 AO die Gefährdung von Eingangsabgaben geahndet (vgl. BT-
Drucks. V/1812 S. 28). Hierdurch sollte insb. verdeutlicht werden, dass sich der Tatbestand nicht
nur auf die Gefährdung von Zöllen bezieht, sondern auch auf die Gefährdung der Umsatzaus-
gleichsteuer und der sonstigen für neu einzuführende Waren zu erhebenden Verbrauchsteuer (BT-
Drucks. V/1812, S. 28).

Die Struktur der Vorschrift des § 408 RAO 1968 wurde durch die AO 1977 i.d.F. des § 382 AO
beibehalten. Der Täterkreis wurde in § 382 Abs. 1 Nr. 1 AO sachlich erweitert, indem allgemein
auf den „Pflichtigen" bei der Erfassung des grenzüberschreitenden Warenverkehrs und bei der
Zollbehandlung abgestellt wird. In § 382 Abs. 3 AO wurde wie schon bei der vorhergehenden
Norm, § 381 AO, der Begriff „Tat" durch den Begriff der „Handlung" ersetzt und so eine Angleichung an den Sprachgebrauch des Ordnungswidrigkeitenrechtes erreicht.

§ 382 Abs. 1 AO wurde durch das Grenzpendlergesetz von 1994 um die Nr. 3 erweitert. Die bis- 2
herigen Nr. 1 und 2 des § 382 Abs. 1 AO tragen der Rechtslage der nationalen Zollbestimmungen
Rechnung, die Erweiterung dagegen der europäischen Rechtslage. Es fand zudem eine erhebliche
Erweiterung durch die Einfügung des Abs. 4 statt. Anders als die vorherigen Tatbestände wurde
nunmehr erstmalig i.R.d. am 24.06.1994 in Kraft getretenen Fassung dieser Vorschrift der euro-
päischen Rechtsentwicklung auf Grundlage des Vertrages über die EU v. 07.02.1992 (Maastricht
Vertrag, BGBl. 1992 II, S. 1251 in Kraft seit dem 01.11.1993) und des Zollkodexes v. 12.10.1992
Rechnung getragen.

Der neu eingefügte Abs. 4 bestimmt nun, dass mit der Regelung des § 382 AO auch die Verlet- 3
zungen von Verordnungen des Rates der EU oder der Kommission der Europäischen Gemeinschaften geahndet werden können. Bei dieser Neufassung aus dem Jahr 1994 wurden allerdings
aufgrund einer unzureichenden Abstimmung des § 382 AO mit § 31 ZollVG die Freizonen nicht
berücksichtigt, dieser Fehler wurde mit dem Jahressteuergesetz 1996 (JStG 1996 v. 01.10.1995,
BGBl. I 1995, S. 1250, 1406 Art. 26 Nr. 8) bereinigt.

B. Geschütztes Rechtsgut

Das **geschützte Rechtsgut** ist der **staatliche Anspruch auf das volle Erträgnis der Einfuhr- und** 4
Ausfuhrabgaben (FGJ/*Jäger/Lipsky* § 382 Rn. 2; *Kohlmann* § 382 Rn. 5; HHSp/*Rüping* § 382
Rn. 7). Der Begriff Einfuhrabgaben hat im Zuge des Steueränderungsgesetzes 2001 den vormals
verwandten Begriff der Eingangsabgaben ersetzt. Die mit § 382 AO geschützten Einfuhrabgaben
sind begrifflich den Einfuhrabgaben des Art. 4 Nr. 10 ZK und § 1 Satz 3 ZollVG gleichzusetzen.
Art. 4 Nr. 10 ZK fasst unter die Einfuhrabgaben sowohl die Zölle wie auch die Abgaben mit gleicher Wirkung zusammen sowie die Agrarabgaben bei der Einfuhr von Waren (Witte/*Witte* ZK
Art. 4 Zoll-Abc). Gem. § 1 Abs. 1 Satz 1 ZollVG fallen unter die Einfuhrabgaben auch die Einfuhrumsatzsteuer und andere für eingeführte Waren zu entrichtende Verbrauchsteuern (Witte/
Witte ZK Art. 4 Zoll-Abc). Der modernisierte Zollkodex v. 23.04.2008 (ABl. EU Nr. L 145/1),
nachfolgend MZK, definiert die Einfuhrabgaben unter Art. 4 Nr. 15 als die für die Einfuhr zu entrichtenden Abgaben. Ein Großteil der Vorschriften des MZK tritt erst in Kraft, wenn die zugehörigen Durchführungsvorschriften in Kraft sind, spätestens aber am 24.06.2013 (Art. 188 MZK).

Die **Gefährdung der Einfuhrabgaben** ist zwar die Befürchtung des Gesetzgebers und Intention für
die Schaffung dieser Norm gewesen, die Gefährdung ist aber anders als in § 379 Abs. 1 Satz 1 AO
kein Tatbestandsmerkmal, es braucht daher nicht festgestellt zu werden, dass die Handlung Ein-

fuhrabgaben hätte gefährden können. § 382 AO dient der Sicherung der zollamtlichen Überwachung des Warenverkehrs über die Grenze des Zollgebietes der Europäischen Gemeinschaft sowie über die Freizonengrenzen (Kohlmann § 382 Rn. 5) und der Durchführung des Zollverfahrens (FGJ/*Jäger/Lipsky* § 382 Rn. 2).

5 § 382 AO ist ein **abstraktes Gefährdungsdelikt**, das ggü. den Verletzungsdelikten des § 370 und § 378 AO als Bußgeldnorm bestimmte Vorbereitungs- und Gefährdungshandlungen ahndet, die aber noch nicht zu einer Verkürzung von Einfuhrabgaben geführt haben, d.h. durch das Gesetz wird unwiderlegbar vermutet, dass die Vornahme bestimmter Handlungen generell für das geschützte Rechtsgut gefährlich ist. Selbst wenn im Einzelfall nachgewiesen werden kann, dass ein tatbestandliches Verhalten Einfuhrabgaben nicht gefährden konnte, findet dies materiell-rechtlich keine Beachtung, sondern kann nur prozessual über ein Absehen von der Verfolgung berücksichtigt werden (HHSp/*Rüping* § 382 Rn. 7).

6 Neben den Einfuhrabgaben wird mit § 382 AO auch die **Gefährdung von Ausfuhrabgaben** geahndet, auch diese sind begrifflich mit denen der Bestimmung des Art. 4 Nr. 11 ZK gleichgesetzt. Nach Art. 4 Nr. 11 ZK sind unter Ausfuhrabgaben die Zölle und Abgaben mit gleicher Wirkung zusammengefasst sowie die Agrarabgaben bei der Ausfuhr von Waren (Witte/*Witte* ZK Art. 4 Zoll- Abc). Der MZK definiert die Ausfuhrabgaben als die bei der Ausfuhr entstehende Abgaben (Art. 4 Nr. 16 MZK).

7 Bei der Verletzung von Zollvorschriften, die die Ausfuhr betreffen, kann eine Zollschuld entstehen, zumeist durch Entziehen aus der zollamtlichen Überwachung, Art. 203 ZK, wenn es sich um Nichtgemeinschaftsware handelt, z.B. die Ausfuhr von Versandgut, von Veredelungserzeugnissen, von Waren aus einem Zolllager. Hiervon betroffen sind dann aber die Einfuhrabgaben, eine Gefährdung von Ausfuhrabgaben i.S.d. Art. 4 Nr. 11 ZK ist nicht möglich, da es derzeit **in der EG keine Ausfuhrzölle** gibt (FGJ/*Jäger/Lipsky* § 382 Rn. 7; *Kohlmann* § 382 Rn. 11).

8 Der **räumliche Geltungsbereich** des § 382 AO ist grds. auf das Gebiet der BRD begrenzt, es handelt sich also um eine rein nationale Vorschrift. Ausnahmen gelten nur für sog. vorgeschobene Abfertigungsplätze wie z.B. der badische Bahnhof in Basel auf exterritorialem Gebiet (*Kohlmann* § 382 Rn. 14). In derartigen Fällen wird die Gemeinschaftsgrenze fiktiv auf die vorgeschobenen Abfertigungsstellen vorverlagert.

C. Vorbehalt der Zurückverweisung

I. Blankett

9 § 382 AO ist eine **Blankettvorschrift**, deren Anwendbarkeit davon abhängig ist, dass die Zollgesetze oder die dazu oder die aufgrund von Abs. 4 ergangenen Rechtsverordnungen auf § 382 AO verweisen, und zwar „für einen bestimmten Tatbestand". D.h. das für die Verhängung eines Bußgeldes erhebliche Verhalten ergibt sich nicht nur aus dem Tatbestand des § 382 AO, sondern aus den nationalen und gemeinschaftsweiten Zollvorschriften. Durch das Erfordernis der Rückverweisung aus Gesetzen, nationalen oder europäischen Rechtsverordnungen zum Zollrecht als ausfüllende Norm soll dem im Straf- wie auch im Bußgeldrecht geltenden Bestimmtheitsgebot der Tatbestände und deren Sanktionen Genüge geleistet werden (*Kohlmann* § 382 Rn. 9; HHSp/*Rüping* § 382 Rn. 11). Der Rückverweisungsvorbehalt soll zudem sicherstellen, dass Zuwiderhandlungen gegen unbestimmte, nicht sanktionsbedürftige oder Verstöße gegen rein behördliche Verbote von dem Bußgeldblankett ausgenommen werden (FGJ/*Jäger/Lipsky* § 382 Rn. 10).

10 § 382 Abs. 1 und Abs. 2 AO stellen eine **ausreichende Ermächtigungsgrundlage** für die Rückverweisung in Zollvorschriften dar. Im Gegensatz zu klassischen Blankettnormen, in denen Tatbestand und Rechtsfolge in unterschiedlichen Normen geregelt sind, stellt § 382 AO eine Besonderheit dar, da sowohl Tatbestand wie auch Rechtsfolge in der Norm selbst genannt werden. Der

Tatbestand wird durch die in den blankettausfüllenden Gesetzen und Rechtsverordnungen enthaltenen Zollvorschriften nur ergänzt (HHSp/*Rüping* § 382 Rn. 12; FGJ/*Jäger/Lipsky* § 382 Rn. 12).

Der **abschließende 15 ff.** befindet sich nach der gegenwärtigen Rechtslage im: **11**

- **ZollVG** (Zollverwaltungsgesetz v. 21.12.1992, BGBl. I S. 2125, 1993 I S. 2493; zuletzt geändert durch Art. 4 Abs. 7 G. v. 30.07.2009, BGBl. I S. 2437)
- **ZollV** (Zollverordnung v. 23.12.1993, BGBl. I S. 2449, 1994 I S. 162, zuletzt geändert durch Art. 8 V. v. 05.10.2009, BGBl. I S. 3262)
- **TrZollG** (Truppenzollgesetz Art. 1 G. v. 19.05.2009, BGBl. I S. 1090, zuletzt geändert durch Art. 8 G. v. 15.07.2009, BGBl. I S. 1870, 3177)
- **TrZollV** (Truppenzollverordnung v. 24.08.2009, BGBl. I S. 2947)

Die maßgeblich relevanten Verweisungen auf deutscher Ebene sind in § 31 ZollVG und in § 30 Abs. 1 bis 3 ZollV enthalten (s. u. Rdn. 37).

Neben den Zollgesetzen findet die Regelung des § 382 Abs. 1 AO jedoch auch auf die weiteren, **12** für die Erhebung von Einfuhrabgaben maßgeblichen Einfuhrtatbestände in den einschlägigen **Verbrauchsteuergesetzen** aufgrund der ausdrücklichen Verweisung in § 382 Abs. 2 AO entsprechende Anwendung, soweit die Zollvorschriften und die dazu erlassenen Rechtsverordnungen für Verbrauchsteuern sinngemäß gelten.

II. § 382 Abs. 4 AO

Das BMF ist aufgrund des Abs. 4 des § 382 AO ermächtigt, durch Rechtsverordnung die zoll- **13** rechtlich bedeutsamen Tatbestände i.S.d. § 382 Abs. 1 Nr. 1 bis 3 AO der Verordnungen des Rates der EU oder der Kommission der Europäischen Gemeinschaften zu bezeichnen, die nach § 382 AO als Ordnungswidrigkeit mit Geldbuße geahndet werden können. Da die EU-Verordnungen mangels entsprechender Kompetenz der Rechtsetzungsorgane keine Straf- und Bußgeldandrohungen enthalten, wird durch § 382 Abs. 4 AO eine Möglichkeit geschaffen, die EU-Verordnungen dennoch in nationales Bußgeldrecht zu implementieren.

Auf europäischer Ebene zählen zu den **Gesetzen und Verordnungen des Rates der EU und der** **14** **Kommission der Europäischen Gemeinschaften** maßgeblich

- der **Zollkodex (ZK)** (VO v. 12.10.92 Nr. 2913/92 des Rates [ABl. 1992 Nr. L 302/1]) bzw. der **Modernisierte Zollkodex (MZK)** (VO [EG] Nr. 450/2008 des Europäischen Parlamentes und des Rates v. 23.04.2008 [ABl. L 145 v. 04.06.2008]),
- die **Zollkodex-Durchführungsverordnung (ZK-DVO)** (VO [EWG] Nr. 2454/93 der Kommission v. 02.07.1993 mit Durchführungsvorschriften zu der VO [EWK] Nr. 2913/93 des Rates),

zudem die ZollbefreiungsVO, der Zolltarif der Europäischen Gemeinschaft und das international vereinbarte TIR-Übereinkommen (*Kohlmann* § 382 Rn. 7).

Das BMF hat von dieser Möglichkeit auch Gebrauch gemacht und zwar im abschließenden Katalog des § 30 Abs. 4 und 5 ZollV, mit diesen Absätzen werden Verstöße gegen Vorschriften des ZK und durch § 30 Abs. 6 und 7 ZollV Verstöße gegen Vorschriften der ZK-DVO geahndet. Durch diese Bestimmungen wird quasi materielles europäisches Recht in nationales Bußgeldrecht transformiert (*Kohlmann* § 382 Rn. 7).

D. Objektiver Tatbestand

I. Täterkreis

Ausweislich § 382 Abs. 1 AO ist der Täterkreis auf den **Pflichtigen** oder **den bei der Wahrneh-** **15** **mung der Angelegenheiten eines Pflichtigen Handelnden** eingegrenzt. Die Pflichten ergeben sich aus den grundlegenden Tatbeständen des Blanketts in den Nr. 1 bis 3 des § 382 Abs. 1 AO. Täter kann also jeder sein, der zollrechtliche Pflichten aus den blankettausfüllenden zollrechtlichen Vorschriften zu erfüllen hat, daher muss der Täterkreis nicht weiter umschrieben sein. Obwohl der Tatbestand damit quasi durch „jeden" verwirklicht werden kann, entspricht dies aufgrund des Ineinandergreifens mit den speziellen zollrechtlichen Bestimmungen nicht der Praxis. Es handelt sich vielmehr um einen Sondertatbestand, da er eine dem Täter selbst obliegende oder von ihm wahrgenommene Zollpflicht voraussetzt (*Kohlmann* § 382 Rn. 17).

1. Pflichtiger

Die drei Tatalternativen des § 382 Abs. 1 AO richten sich in erster Linie an den Gestellungspflichtigen (Rdn. 16), an den Anmelder (Rdn. 18) sowie an den zu einzelnen Dokumentationen und Informationen Verpflichteten (Rdn. 20).

a) Gestellungspflichtiger

16   Die **Gestellung** ist in Art. 4 Nr. 19 ZK legaldefiniert, danach wird durch die Gestellung der Zollbehörde mitgeteilt, dass sich eine eingeführte oder auszuführende Ware bei der Zollstelle oder einem anderen zugelassenen Ort befindet. Die der „Erfassung des Warenverkehrs über die Grenze" in § 382 Abs. 1 Nr. 1 AO dienende Gestellungspflicht von zollpflichtig einzuführenden Waren wird über Art. 40 ZK, § 30 Abs. 4 Nr. 2 ZollV sanktioniert. Gem. Art. 40 ZK ist derjenige zur Gestellung verpflichtet, der die zollpflichtig einzuführende Ware in das Zollgebiet verbracht hat (**Verbringer**) oder derjenige, der die Beförderung der Waren nach ihrem Verbringen übernimmt (**Beförderer**), daneben auch im externen gemeinschaftlichen Versandverfahren der **Empfänger** (s. Art. 96 ZK), letztlich jeder, der bewirkt hat, dass die zollpflichtige Ware in das Zollgebiet gelangt ist. Die Eigentums- und Besitzverhältnisse sind dabei unbeachtlich, auch der Dieb ist gestellungspflichtig, wenn er zollpflichtige Ware in das Gemeinschaftsgebiet verbringt (*Kohlmann* § 382 Rn. 19).

Art. 40 ZK sieht vor, dass nur eine **natürliche Person gestellungspflichtig** sein kann, der MZK hat die Gestellungspflicht erweitert, da nach Art. 95 Abs. 1 Buchst. b) MZK auch derjenige gestellungsflichtig ist, in dessen Namen oder Auftrag die Person handelt, die die Waren in das Zollgebiet verbracht hat.

17   Im **gemeinschaftlichen Versandverfahren** herrschte früher Streit, inwieweit Beförderer und Empfänger wegen Verletzung der Gestellungspflicht zur Verantwortung gezogen werden können (hierzu ausführlich HHSp/*Rüping* § 382 Rn. 25; Kohlmann § 382 Rn. 6, 20), dieser ist nach gegenwärtigem Recht gegenstandslos. Im externen gemeinschaftlichen Versandverfahren sind nach Art. 96 Abs. 2 ZK, Art. 146 MZK sowohl **Warenführer** wie auch **Warenempfänger gestellungspflichtig**. Gleiches gilt gem. Art. 163 Abs. 1 Satz 1 ZK für das interne Versandverfahren, wenn also Gemeinschaftswaren (Legaldefiniton s. Art. 4 Nr. 7 ZK) zwischen zwei im Zollgebiet der Gemeinschaft befindlichen Staaten über ein Drittland befördert werden.

b) Anmelder

18   Eine weitere praktisch bedeutsame Pflicht im Zollverfahren kommt dem **Anmelder** zu (Art. 64 ZK, Art. 111 MZK). Nach der Legaldefinition des Art. 4 Nr. 18 ZK, Art. 4 Nr. 11 MZK ist Anmelder diejenige Person, die im eigenen Namen eine Zollanmeldung abgibt, oder die Person, in deren Namen eine Zollanmeldung abgegeben wird. Die Zollanmeldung kann also von jeder Person abgegeben werden, die in der Lage ist, eine Ware bei der zuständigen Zollstelle zu gestellen oder gestellen zu lassen und alle einschlägigen Unterlagen vorzulegen (Art. 64 Abs. 1 ZK, Art. 111 MZK). Da die Anmeldung nicht voraussetzt, dass der Anmelder gleichzeitig Eigentümer der Ware ist, kann dies also ebenso der Spediteur oder jeder andere Anmelder sein, der – ausgestattet mit den erforderlichen Unterlagen und Angaben – die Anmeldung vornehmen kann

(Witte/*Henke* Art. 64 Rn. 1 ZK). Einschränkungen in der Person des Anmelders sind in Art. 64 Abs. 2 ZK, Art. 111 MZK geregelt.

Art. 4 Nr. 18 ZK verengt den gesetzlichen Anmelderbegriff jedoch auf Personen, die im eigenen 19 Namen eine Zollanmeldung abgeben bzw. in deren Namen eine Zollanmeldung abgegeben wird. Handelt der Spediteur im üblichen „Spediteurverfahren" in der **Gestaltungsform der direkten Stellvertretung**, also im fremden Namen und für fremde Rechnung, wird er daher neben dem Vertretenen kein Anmelder (Witte/*Henke* Art. 64 Rn. 1 ZK). Durch den Vorbehalt in Art. 64 Abs. 1 ZK zugunsten Art. 5 ZK ist für den Bereich der Zollanmeldung geregelt, dass sich jedermann bei der Zollanmeldung vertreten lassen kann, und zwar sowohl in der Form der direkten wie auch in der Form der indirekten Stellvertretung. Die **indirekte Stellvertretung** (s. Art. 5 Abs. 2 zweiter Spiegelstrich ZK, Art. 11 Abs. 1 MZK) ermöglicht es also auch dem Spediteur oder anderen Dienstleistern Anmelder zu sein, dies allerdings mit der wohl nicht immer zwingend gewollten wirtschaftlichen Konsequenz damit auch gleichzeitig Zollschuldner zu sein.

c) Sonstige Pflichtige

Neben den oben dargestellten praktisch bedeutsamsten Pflichten der Gestellung und der Anmel- 20 dung gibt es eine **Vielzahl von Einzelpflichten, die in § 31 ZollVG und § 30 ZollV** bestimmt sind, für deren Zuwiderhandlung „jeder" als Täter in Betracht kommt. Es handelt sich z.B. um Erklärung- und Anzeigepflichten, Vorführungs-, Beförderungs-, Anmelde- und Antrags-, Aufzeichnungs- und Buchführungs-, Mitteilungs- und Unterrichtungs-, Vorlage-, Ausweispflichten sowie weitere Dokumentations- oder Mitwirkungspflichten (vgl. im Einzelnen im unter Rdn. 37 abgedruckten Verweisungskatalog der § 31 ZollVG und § 30 ZollV).

2. Der bei der Wahrnehmung der Angelegenheiten eines Pflichtigen Handelnde

Der Täterkreis der **Personen, die bei der Wahrnehmung der Angelegenheiten eines Pflichtigen** 21 i.S.d. § 382 Abs. 1 AO handeln, ist vielzählig. Neben dem **gesetzlichen Vertreter** und **Vermögensverwalter** gem. § 34 AO zählen hierzu auch der **Verfügungsbefugte** nach § 35 AO sowie der Vertreter in den Ausgestaltungsformen des Art. 5 ZK bzw. Art. 11 Abs. 1 MZK (ebenso *Kohlmann* § 382 Rn. 22; FGJ/*Jäger/Lipsky* § 382 Rn. 15). Durch das Tatbestandsmerkmal „bei der Wahrnehmung" geht der Täterkreis allerdings über diesen Personenkreis noch hinaus. Jede Person, die dem Pflichtigen Hilfe leistet, kann daher zu dem Täterkreis des § 382 Abs. 1 AO gehören (FGJ/*Jäger/ Lipsky* § 382 Rn. 15; *Kohlmann* § 382 Rn. 22). Entscheidend ist allein die tatsächliche Wahrnehmung, es ist weder erforderlich, dass der Handelnde im Innenverhältnis dazu verpflichtet ist, noch, dass er nach außen in Erscheinung tritt (FGJ/*Jäger/Lipsky* § 382 Rn. 15). In Wahrnehmung der Angelegenheiten eines Pflichtigen handeln kann also z.B. der Familienvater, der die Angelegenheiten seiner Familienangehörigen wahrnimmt, indem er bei der Einreise in das Gemeinschaftsgebiet die Zollangelegenheiten für alle mitreisenden Angehörigen mit erledigt und damit erkennbar zollamtlich deren Pflichten mit übernommen hat (*Kohlmann* § 382 Rn. 22).

Wie bereits im Zusammenhang mit dem Anmelder nach Art. 64 Abs. 1 i.V.m. Art. 5 Abs. 2 ZK, Art. 11 Abs. 1 MZK dargestellt, sind verschiedene Formen der Stellvertretung möglich. Bei der Anmeldung nach Art. 64 ZK wird allerdings nicht auf die Person des Anmeldenden im tatsächlichen Sinne abgestellt, sondern auf den Eintritt der Rechtswirkung. Durch den Vorbehalt zugunsten Art. 5 Abs. 2 ZK und der dadurch möglichen indirekten Stellvertretung (hierzu ausführlich Witte/*Reiche* Art. 5 Rn. 41 f. ZK), kann der Vertreter im eigenen Namen, aber für fremde Rechnung handeln. Der Spediteur handelt im eigenen Namen und nicht in der Wahrnehmung der Angelegenheiten eines Pflichtigen, wenn er nicht ausdrücklich erklärt, im fremden Namen zu handeln (Art. 5 Abs. 2 ZK, Art. 12 Abs. 1 MZK).

II. Tathandlungen

22 Das in § 382 Abs. 1 AO mit Bußgeld bedrohte Verhalten wird in der Weise näher bestimmt, indem durch die drei Tatbestandsalternativen der Zweck konkretisiert wird, dem die einzelnen Ge- oder Verbote dienen sollen. Es handelt sich um Verstöße gegen Vorschriften

– der zollamtlichen Erfassung des grenzüberschreitenden Warenverkehrs (Nr. 1),

– der Anmelde- und Erklärungspflichten bei der Überführung von Waren in ein Zollverfahren einschließlich der zollrechtlichen Bestimmung von Waren (Nr. 2),

– für Freizonen, den grenznahen Raum und für die der Grenzaufsicht unterworfenen Gebiete (Nr. 3).

1. § 382 Abs. 1 Nr. 1 AO

23 Mit der Tatbestandsalternative werden Verletzungen gegen Vorschriften geahndet, die der „**zollamtlichen Erfassung des Warenverkehrs**" dienen. Mit der Erfassung des Warenverkehrs wird der Zeitraum zwischen dem Verbringen der Ware über die Grenze des Zollgebietes der EU sowie über die Freizonengrenzen und der Gestellung bei der gem. Art. 38 ZK bzw. Art. 92, 93 MZK zuständigen Eingangszollstelle beschrieben (Witte/*Witte* ZK Art. 4 Zoll-Abc). Geschützt werden die Vorschriften des Gemeinschaftszollrechtes wie auch die des nationalen Rechtes, also des ZollVG und der ZollV.

24 Mit der Verbringung der Waren in das Zollgebiet der EU stehen die Waren unter **zollamtlicher Überwachung** (vgl. Art. 37 ZK, Art. 91 MZK). Nach Art. 4 Nr. 13 bzw. Art. 4 Nr. 22 MZK handelt es sich bei der zollamtlichen Überwachung um allgemeine Maßnahmen der Zollbehörden, die der Einhaltung des Zollrechtes und ggf. der sonstigen für Waren unter zollamtlicher Überwachung geltenden Vorschriften gewährleisten sollen. Durch die zollamtliche Überwachung wird die **zollamtliche Prüfung**, dem zollamtlichen Oberbegriff für alle nicht abschließend aufgeführten Kontrollmaßnahmen, konkretisiert (Art. 4 Nr. 14 ZK, Art. 4 Nr. 3 MZK). Es geht um die Verwirklichung der körperlichen Erfassung von Waren, aufgrund derer erst tatsächlich insb. die Erhebung von Einfuhrabgaben gesichert werden kann (Kohlmann § 382 Rn. 25). Der Begriff der „**Ware**" ist im Zollrecht nicht genau definiert, darunter sind jedoch alle beweglichen Güter zu verstehen einschließlich elektrischer Energie. Erforderlich ist die **körperliche Bestimmbarkeit**, ein Indiz für den Warencharakter ist auch die Einordbarkeit in das Zolltarifschema (Witte/*Witte* Art. 4 Zoll-Abc). Der Verbringer ist verpflichtet, die verbrachten Waren unverzüglich und unverändert auf den bezeichneten Verkehrswegen (Zollstraßen) zum Ort der eigentlichen Warenerfassung, grds. bei einer Zollstelle (s. Art. 4 Nr. 4 ZK), zu befördern. Die Verkehrsart, die für die jeweilige Einfuhr in Betracht kommt (also Landstraßen oder Eisenbahngüterverkehr, Seeschiffsverkehr, Binnenschiffsverkehr, Luftfrachtverkehr und Rohrleitungsverkehr), ist maßgeblich für die einschlägigen Vorschriften. Im Anschluss daran erfolgt die Gestellung der eingeführten Waren ggü. der zuständigen Zollstelle.

25 In § 382 Abs. 1 Nr. 1 AO sind die **Freizonengrenzen** (Rdn. 27) ausdrücklich erwähnt, diese Einfügung war erforderlich, da nach dem ZK (vgl. Art. 166 ZK, § 20 ZollVG) die Freizonen zu dem Gebiet der Gemeinschaft gehören. Daher ist der Warenein- wie auch der Warenausgang aus Freizonen und Freilagern Gegenstand der zollrechtlichen Überprüfung (Art. 168 Abs. 1 ZK, Art. 155 MZK).

Zu den Ordnungswidrigkeiten des Kataloges der § 31 ZollVG und § 30 ZollG, die sich auf die erste Tatbestandsalternative des § 382 Abs. 1 AO beziehen, gehören insb. die Einfuhr außerhalb der Zollstraßen und die Nichteinhaltung des vorgeschriebenen zeitlichen Rahmens, die Öffnungszeiten der Zollstellen (§ 31 Abs. 1 Nr. 1 und Nr. 2 ZollVG).

Weitere bußgeldbewehrte Einzelpflichten sind in § 30 Abs. 5 Nr. 1 bis 6 ZollV bzgl. der Gestellungs- oder der Anmeldepflicht oder sonstiger erforderlicher Mitteilungen enthalten.

Zuwiderhandlungen gegen weitere Förmlichkeiten des ZK werden über § 30 Abs. 4 Nr. 1 bis 11 ZollV geahndet, die diesbezüglichen Ergänzungen in der ZK-DVO über § 30 Abs. 6 Nr. 1 bis 3 ZollV.

2. § 382 Abs. 1 Nr. 2 AO

Sowohl die „**Überführung in ein Zollverfahren**" wie auch die „**zollrechtliche Bestimmung von** 26 **Waren**" beziehen sich auf Regelungen des Gemeinschaftsrechtes (ZK und ZK-DVO) und werden ergänzt durch die nationalen Zollvorschriften. Insb. die zollrechtliche Bestimmung, die im vierten Titel des ZK in den Art. 58 bis 182 geregelt ist, bildet sozusagen das „Herzstück" des Zollrechtes (so Witte/*Henke* Vor Art. 58 Rn. 1 ZK).

Die Begriffe **zollrechtliche Bestimmung** und **Zollverfahren** werden in Art. 4 Nr. 15 und 16 ZK definiert und zeigen die rechtlichen und wirtschaftlichen Möglichkeiten auf, wie die in das Zollgebiet verbrachten Waren behandelt werden können. In Art. 4 Nr. 16 ZK (verschlankt in Art. 4 Nr. 12 MZK) sind abschließend und verbindlich die acht Zollverfahren aufgelistet, in die eine Ware überführt werden kann (Überführung in den zollrechtlich freien Verkehr; Versandverfahren; Zolllagerverfahren; aktive Veredlung; Umwandlungsverfahren; vorübergehende Verwendung; passive Veredelung; Ausfuhrverfahren). Die zollrechtliche Bestimmung einer Ware kann gem. Art. 4 Nr. 15 ZK unter Einbezug durch Verweisung auf die aufgezeigten acht verschiedenen Zollverfahren des Art. 4 Nr. 16 ZK abschließend durch die dort aufgeführten vier weiteren Möglichkeiten erfolgen, nämlich Verbringung von Waren in eine Freizone oder ein Freilager, Wiederausfuhr, Vernichtung oder Zerstörung sowie die Aufgabe der Waren zugunsten der Staatskasse (Witte/*Witte* ZK Art. 4 Zoll –Abc).

Die **Überführung** in ein Zollverfahren erfolgt durch eine **Zollanmeldung**. Durch die in Art. 4 Nr. 17 ZK definierte Anmeldung bestimmt der Anmelder, in welches Zollverfahren die Waren überführt werden sollen, der Anmelder hat also diesbezüglich ein Wahlrecht, welches er durch Erklärung ggü. den Zollbehörden ausübt. Es gibt eine Vielzahl von Formen der Anmeldung, die in Art. 61 ZK (Art. 107 MZK) bestimmt sind, neben der schriftlichen Anmeldung ist die mit Mitteln der Datenverarbeitung vorgenommene Anmeldung möglich, wie aber auch mündlich oder konkludent.

Zuwiderhandlungen gegen die zweite Tatbestandsalternative, insb. gegen die zollrechtliche Bestimmung werden im Verweisungskatalog des § 30 Abs. 5 und 6 ZollV geahndet. Pflichtverletzungen gegen entsprechende Regelungen der ZK-DVO werden in § 30 Abs. 7 Nr. 1 bis 31 ZollV aufgeführt. In § 30 Abs. 2 Nr. 1 bis 4 ZollV werden Verstöße gegen den Handel mit Schiffsbedarf erfasst, in § 31 Abs. 1a ZollVG wird geahndet, wer entgegen § 18 ZollVG Amtsplätze benutzt.

3. § 382 Abs. 1 Nr. 3 AO

Die **Freizonen** sind in den Art. 166 bis 181 ZK erfasst. Freizonen haben eine lange Tradition und 27 dienen von jeher der Vereinfachung und Durchführung von außenhandelsbezogenen Warenbewegungen zwischen Staaten. Das Zollrecht der Gemeinschaft hat sich für die Ausgestaltung der Freizone als fiktives Zollfreigebiet entschieden, d.h. die Freizone ist zwar ein Teil des Gemeinschaftsgebietes, dort vorhandene Ware gilt jedoch nicht als im Zollgebiet befindlich. Entsprechendes gilt für die Freilager. Einfuhrabgaben werden grds. erst dann erhoben, wenn die Waren in den Wirtschaftskreislauf der Gemeinschaft überführt werden. Freizonen werden von den Mitgliedstaaten errichtet (Art. 167 ZK, Art. 155 MZK), und zwar in Form von zwei Kontrolltypen, bei Freizonen gemäß **Kontrolltyp I** ist weiterhin die Umzäunung das Kontrollinstrument, die Einzäunung ist zwingend, die Ein- und Ausfuhr von Waren unterliegt der zollamtlichen Überwachung. In Deutschland gibt es nur noch drei große Freizonen des Kontrolltyp I, und zwar in den sog. Freihäfen in Bremerhaven, Cuxhaven und Hamburg. Der Freihafen in Hamburg wird (wie bereits in den vergangenen Jahren die Freihäfen z.B. in Duisburg, Emden, Kiel) zum 01.01.2013 aufgelöst (G. zur Aufhebung des Freihafen Hamburg v. 24.01.2011, BGBl. I S. 50). Bei Freizonen des **Kon-**

trolltyp II wird auf den Zaun als Kontrollinstrument verzichtet, hierbei handelt es sich z.B. um Freizonen auf Flughäfen, in Seehäfen oder auch in Speditionszentren. Nationale **Sondervorschriften für Freizonen** sind in den §§ 20 bis 23 ZollVG enthalten.

Systematisch sind die Freizonen im Zollrecht im Kapitel unter „sonstige zollrechtliche Bestimmungen" eingeordnet, dies folgt aufgrund der Erfassung im Katalog des Art. 4 Nr. 15 unter Buchst. b) ZK. Daher ist die Verbringung in eine Freizone kein Zollverfahren, sondern ein zollrechtliches Instrument eigener Art. Insofern finden die für das Zollverfahren sonst einschlägigen Vorschriften keine direkte Anwendung.

28   Der **grenznahe Raum** ist in § 14 Abs. 1 ZollVG bestimmt, dieser erstreckt sich regelmäßig am deutschen Teil der Zollgrenze der Gemeinschaft bis zu einer Tiefe von 30 km, von der seewärtigen Begrenzung des Zollgebietes der Gemeinschaft an bis zu einer Tiefe von 50 km. Zudem ermächtigt § 14 Abs. 1 Satz 2 ZollVG das BMF, diesen Raum zu erweitern und in § 14 Abs. 4 ZollVG durch VO Gebiete zu bestimmen, die der **verlängerten Grenzaufsicht** unterliegen. Von dieser Ermächtigung hat das BMF durch Verordnung Gebrauch gemacht (VO v. 01.07.1993 [BGBl. I, S. 1132], zuletzt geändert am 22.03.2007 [BGBl. I, S. 519]).

Pflichtverstöße im Gebiet der Freizonen, grenznahen Raum sowie in Gebieten, die der Grenzaufsicht unterliegen, werden durch den blankettausfüllenden Katalog des § 31 Abs. 2 Nr. 1 bis 6 ZollVG verfolgt, wie z.B. Wohnen in der Freizone oder dem grenznahen Raum oder die Errichtung oder Änderung von Bauten in derselben sowie in einem der Grenzaufsicht unterliegenden Gebiet. Ebenso geahndet wird in einer Freizone der Handel mit Nichtgemeinschaftswaren oder Waren, die zur Verwendung als Schiffs- oder Reisebedarf bestimmt sind. Nichtbefolgungen von Anordnungen der Zollbediensteten werden in § 31 Abs. 2 Nr. 1 bis 3 ZollVG i.V.m. §§ 10, 15 ZollVG geahndet und in § 30 Abs. 3 ZollV werden Pflichtverstöße des Schiffsführers zu halten oder einem Zollboot das Borden zu ermöglichen verfolgt.

Verstöße gegen die Zentralvorschrift des Freizonenrechts, nämlich die Bestandsaufzeichnungspflicht in Art. 176 ZK, sowie weitere sonstige zollrechtliche Pflichten werden aufgrund § 30 Abs. 5a und 6 ZollV verfolgt.

III.   Geltung für Verbrauchsteuern

29   Gem. **§ 382 Abs. 2 AO** finden die Regelungen des § 382 Abs. 1 AO auch dann Anwendung, soweit die Zollvorschriften und die dazu erlassenen Verordnungen für **Verbrauchsteuern** sinngemäß gelten. Gleichzeitig wird durch diese Regelung das Verhältnis zwischen § 381 AO (Gefährdung von Verbrauchsteuern) und § 382 AO (Gefährdung von Einfuhrabgaben) bestimmt. Bei einer **Gefährdung von Verbrauchsteuern bei der Einfuhr** ist diese unter den Voraussetzungen des § 382 Abs. 1 AO als **Spezialvorschrift** zu verfolgen. Zudem müssen die zollrechtlichen Gesetze oder Rechtsverordnungen für Verbrauchsteuern durch eine Verweisung sinngemäß gelten und dürfen in den einzelnen Verbrauchsteuergesetzen und den dazu erlassenen Durchführungsbestimmungen keine Sonderregeln enthalten (*Kohlmann* § 382 Rn. 48). Die Regelung des § 382 AO ist nur einschlägig, soweit Verbrauchsteuern bei der Einfuhr von verbrauchsteuerpflichtigen Waren aus Drittländern in das Gemeinschaftsgebiet erhoben werden. Im Warenverkehr mit anderen Mitgliedstaaten findet § 382 AO keine Anwendung (FGJ/*Jäger/Lipsky* § 382 Rn. 31a).

In den Verbrauchsteuergesetzen sind die **Verweisungen** nicht einheitlich geregelt, Verweisungen auf die sinngemäße Anwendung von Zollvorschriften bei einer unmittelbaren Einfuhr von verbrauchsteuerpflichtigen Waren aus einem Drittland in das inländische Steuergebiet oder wenn sie sich in einem Zollverfahren oder in einer Freizone oder einem Freilager befinden, sind z.B. in § 13 BierStG, § 21 TabStG oder § 147 BranntwMonG vorgesehen.

30   Für die **Einfuhrumsatzsteuer** bestimmt § 21 Abs. 2 UStG, dass die Vorschriften des Zollrechtes mit einigen dort aufgeführten Ausnahmen sinngemäß gelten. Die Regelungen des § 31 ZollVG

und § 30 ZollV gehören nicht zu den Ausnahmen, § 382 AO findet daher bei der Verletzung der in Abs. 1 normierten Pflichten auch im Hinblick auf die Einfuhrumsatzsteuer Anwendung.

E. Subjektiver Tatbestand

§ 382 Abs. 1 AO setzt **Vorsatz** oder **einfache Fahrlässigkeit** voraus. Handelt der Täter bewusst vor- **31** sätzlich, kennt er die zollrechtlichen Pflichten nach Inhalt und Gegenstand und handelt ihnen zuwider. Wenn er das Bestehen der Vorschrift zwar nicht kennt, aber diese für möglich hält und bei seinem Handeln eine Verletzung billigend in Kauf nimmt, handelt er bedingt vorsätzlich.

Kennt der Täter die einschlägigen zollrechtlichen Bestimmungen nicht, schließt der Tatbestandsirrtum gem. § 11 Abs. 1 OWiG eine vorsätzliche Gefährdung aus. Davon unbenommen bleibt aber eine Ahndung des fahrlässigen Verhaltens, sofern dessen Voraussetzungen individuell festgestellt werden kann, welches bei Unkenntnis oder einem Irrtum häufig der Fall sein dürfte.

Die Entscheidung des Gesetzgebers (die bereits im Jahr 1968 durch Verabschiedung des insoweit gleichlautenden § 408 AO 1968 erfolgte), die Gefährdung von Einfuhrabgaben (bzw. früher Eingangsabgaben) bereits bei einfacher Fahrlässigkeit zu ahnden, ist vielfach und mit gewichtigen Argumenten kritisiert worden (vgl. FGJ/*Jäger/Lipsky* § 382 Rn. 32; *Kohlmann* § 382 Rn. 40; HHSp/*Rüping*, § 382 Rn. 36). Im Vergleich mit den anderen Gefährdungstatbeständen der §§ 379 bis 381 AO, die zumindest leichtfertiges Handeln voraussetzen, erscheint die Entscheidung des Gesetzgebers, bereits fahrlässiges Handeln zur Tatbestandverwirklichung als ausreichend anzusehen, als systematisch verfehlt. In der gesetzgeberischen Begründung zu der Regelung des § 408 RAO 1968 heißt es, dass eine Beschränkung auf leichtfertiges Verhalten, wie in § 407 AO 1968 (entspricht § 381 AO 1977) vorgesehen, bei der Gefährdung von Eingangsgaben kriminalpolitisch verfehlt wäre. Dies mit der Begründung, dass als Täter von Zuwiderhandlungen gegen zollrechtliche Gestellungs-, Anmeldpflichten und Beschränkungen in Zollgebieten jedermann in Betracht kommen kann. Aus diesem Grund sind die Eingangsabgaben stärker gefährdet als die Verbrauchsteuern (BT-Drucks. V/1812 S. 28). Diese Sonderbehandlung der Gefährdung der Einfuhrabgaben aufgrund § 382 AO ggü. den anderen Steuergefährdungsdelikten ist einhellig abgelehnt worden (vgl. FGJ/*Jäger/Lipsky* § 382 Rn. 32; Kohlmann § 382 Rn. 40; HHSp/*Rüping* § 382 Rn. 36, jeweils m.w.N.). Zu Recht ist kritisiert worden, dass es nicht überzeugen kann, wenn eine vollendete Steuerverkürzung zumindest leichtfertiges Handeln voraussetzt, dass demgegenüber das abstrakte Gefährdungsdelikt nur Fahrlässigkeit zur Begehung einer Ordnungswidrigkeit voraussetzt (vgl. m.w.N. FGJ/*Jäger/Lipsky* § 382 Rn. 32). Trotz dieser Kritik hat der Gesetzgeber die einfache Fahrlässigkeit auf der subjektiven Tatbestandsseite bei Verabschiedung des insoweit unveränderten § 382 AO 1977 als ausreichend erachtet.

F. Rechtsfolgen, Konkurrenzen, Verjährung

I. Geldbuße und Ahndung

Die Geldbuße einer vorsätzlich oder fahrlässig begangenen Gefährdung von Einfuhrabgaben gem. **32** § 382 AO kann bis zu 5.000,00 € betragen, wenn die Handlung nicht gem. § 382 Abs. 3 AO nach § 378 AO geahndet werden kann (s. hierzu § 381 AO Rdn. 24).

II. Ahndungshindernis des § 32 ZollVG

Eine Gefährdung von Einfuhrabgaben i.S.d. § 382 AO, die im Reiseverkehr im Zusammenhang **33** mit zollrechtlichen Bestimmungen begangen wurde, wird nach § 32 ZollVG ausdrücklich nicht verfolgt, wenn die Tat sich auf Waren bezieht, mit denen weder Handel betrieben noch eine gewerbliche Verwendung bezweckt wird und der gefährdete verkürzte Einfuhrabgabenbetrag 130,00 € nicht übersteigt.

III. Selbstanzeige

34 Auf den Tatbestand der Gefährdung von Einfuhr- und Ausfuhrabgaben gem. § 382 AO finden die Regelungen einer wirksamen Selbstanzeige nach § 378 Abs. 3 AO oder § 371 AO mangels einer entsprechenden Verweisung keine Anwendung.

IV. Konkurrenzen

35 § 382 AO ist innerhalb seines Anwendungsbereiches lex specialis ggü. § 381 AO.

Ggü. einer vorsätzlichen Steuerhinterziehung nach § 370 AO tritt der Bußgeldtatbestand des § 382 AO zurück oder wenn, wie in § 382 Abs. 3 AO ausdrücklich geregelt, der Tatbestand der leichtfertigen Steuerverkürzung nach § 378 AO erfüllt ist.

V. Verjährung

36 Die Verjährung einer Gefährdung von Einfuhrabgaben nach § 382 AO richtet sich nach den allgemeinen Bestimmungen der §§ 31 ff. OWiG und beträgt daher 2 Jahre.

G. Verweisungskatalog (nicht abschließend)

37

§ 31 ZollVG   Steuerordnungswidrigkeiten

(1) Ordnungswidrig im Sinne des § 382 Abs. 1 Nr. 1 der Abgabenordnung handelt, wer vorsätzlich oder fahrlässig
1. *entgegen § 2 Abs. 1 S. 1 eine Ware außerhalb einer Zollstraße einführt oder ausführt, entgegen § 2 Abs. 2 außerhalb eines Zollflugplatzes landet oder abfliegt, entgegen § 2 Abs. 3 S. 1 außerhalb eines Zolllandungsplatzes anlegt oder ablegt oder entgegen § 2 Abs. 3 S. 2 auf einer Zollstraße mit anderen Fahrzeugen oder mit dem Land in Verbindung tritt,*
2. *entgegen § 3 Abs. 1 eine Ware außerhalb der Öffnungszeiten einführt oder ausführt,*
3. *entgegen § 10 Abs. 2 i. V. m. Abs. 1 S. 2 auf Verlangen eines Zollbediensteten nicht stehen bleibt oder sich nicht über seine Person ausweist,*
4. *entgegen § 10 Abs. 2 i. V. m. Abs. 1 S. 3 oder 4 nicht oder nicht rechtzeitig hält, ein Beförderungspapier nicht oder nicht rechtzeitig vorlegt oder einem Zollbediensteten nicht oder nicht rechtzeitig ermöglicht, an Bord oder von Bord zu gelangen, oder*
5. *entgegen § 10 Abs. 2 i. V. m. Abs. 1 S. 6 eine Angabe nicht, nicht richtig, nicht vollständig oder nicht rechtzeitig macht oder die Entnahme von unentgeltlichen Proben nicht duldet.*

(1a) Ordnungswidrig im Sinne des § 382 Abs. 1 Nr. 2 der Abgabenordnung handelt, wer vorsätzlich oder fahrlässig entgegen § 18 S. 2 oder 3 den Amtsplatz oder einen besonders gekennzeichneten Platz benutzt.

(2) Ordnungswidrig im Sinne des § 382 Abs. 1 Nr. 3 der Abgabenordnung handelt, wer vorsätzlich oder fahrlässig
1. *entgegen § 10 Abs. 1 S. 2 auf Verlangen eines Zollbediensteten nicht stehen bleibt oder sich nicht über seine Person ausweist,*
2. *entgegen § 10 Abs. 1 S. 3 oder 4 nicht oder nicht rechtzeitig hält, ein Beförderungspapier nicht oder nicht rechtzeitig vorlegt oder einem Zollbediensteten nicht oder nicht rechtzeitig ermöglicht, an Bord oder von Bord zu gelangen,*
2a. *entgegen § 10 Abs. 1 S. 6 eine Angabe nicht, nicht richtig, nicht vollständig oder nicht rechtzeitig macht oder die Entnahme von unentgeltlichen Proben nicht duldet,*
3. *entgegen § 15 Abs. 1 S. 1 einen Bau ohne Zustimmung des Hauptzollamts errichtet oder ändert,*
4. *entgegen § 21 S. 1 in einer Freizone ohne besondere Erlaubnis des Hauptzollamts wohnt,*

5. *entgegen § 22 S. 1 in einer Freizone einen Bau ohne Zustimmung des Hauptzollamts errichtet, wesentlich in seiner Bauart ändert oder anders verwendet,*
6. *im grenznahen Raum, in einem der Grenzaufsicht unterworfenen Gebiet oder in einer Freizone entgegen § 25 Abs. 1 S. 1 Handel mit Nichtgemeinschaftswaren oder unversteuerten Waren, die zur Verwendung als Schiffs- oder Reisebedarf bestimmt sind, ohne schriftliche Erlaubnis des Hauptzollamts betreibt.*

§ 30 ZollV   Steuerordnungswidrigkeiten

(1) Ordnungswidrig im Sinne des § 382 Abs. 1 Nr. 1 der Abgabenordnung handelt, wer als Pflichtiger oder bei der Wahrnehmung der Angelegenheiten eines Pflichtigen vorsätzlich oder fahrlässig
1. *entgegen § 3 Abs. 2 einen Weiterflug fortsetzt,*
2. *entgegen § 4a S. 2, auch i. V. m. S. 3, oder § 9 Abs. 1 nicht dafür Sorge trägt, dass das Wasserfahrzeug das dort genannte Zollzeichen trägt,*
3. *entgegen § 5 Abs. 2 S. 1 eine Anzeige nicht erstattet,*
4. *entgegen § 9 Abs. 2 S. 1 eine Unterlage nicht aufbewahrt oder*
5. *einer vollziehbaren Anordnung nach § 9 Abs. 3 zuwiderhandelt.*

(2) Ordnungswidrig im Sinne des § 382 Abs. 1 Nr. 2 der Abgabenordnung handelt, wer als Pflichtiger oder bei der Wahrnehmung der Angelegenheiten eines Pflichtigen vorsätzlich oder fahrlässig
1. *entgegen § 27 Abs. 2 i. V. m. Abs. 3 S. 1, 2 oder 3 oder Abs. 4 S. 1, 2 oder 3 oder Abs. 6 oder Abs. 7 S. 1 oder 2 Schiffs-, Flugzeug- oder Reisebedarf liefert oder bezieht,*
2. *entgegen § 27 Abs. 10 auf Verlangen Anschreibungen nicht, nicht richtig oder nicht in der vorgeschriebenen Form führt oder diese nicht oder nicht rechtzeitig vorlegt,*
3. *einer Vorschrift des § 27 Abs. 12 S. 1, 2, 4 oder 5 über die Lieferung von Schiffs- oder Reisebedarf zuwiderhandelt,*
4. *entgegen § 27 Abs. 9 S. 9, auch i. V. m. Abs. 13 S. 1, Waren nicht meldet oder nicht oder nicht rechtzeitig vorführt*
5. *(weggefallen)*

(3) Ordnungswidrig im Sinne des § 382 Abs. 1 Nr. 3 der Abgabenordnung handelt, wer als Pflichtiger oder bei der Wahrnehmung der Angelegenheiten eines Pflichtigen vorsätzlich oder fahrlässig
1. *entgegen § 26 Abs. 6 eine Freizonengrenze überschreitet,*
2. *entgegen § 26 Abs. 7 einen Grenzpfad ohne Erlaubnis des Hauptzollamts betritt oder*
3. *entgegen § 28 nicht oder nicht rechtzeitig hält oder einem Zollboot das Borden nicht oder nicht rechtzeitig ermöglicht.*

(4) Ordnungswidrig im Sinne des § 382 Abs. 1 Nr. 1 der Abgabenordnung handelt, wer als Pflichtiger oder bei der Wahrnehmung der Angelegenheiten eines Pflichtigen der Verordnung (EWG) Nr. 2913/92 des Rates vom 12. Oktober 1992 zur Festlegung des Zollkodex der Gemeinschaften (ABl. EG Nr. L 302 S. 1, 1993 Nr. L 79 S. 84, 1996 Nr. L 97 S. 38), zuletzt geändert durch Verordnung (EG) Nr. 1791/2006 des Rates vom 20. November 2006 (ABl. EU Nr. L 363 S. 1), zuwiderhandelt, in dem er vorsätzlich oder fahrlässig
1. *entgegen Art. 39 Abs. 1 oder 2 die Zollbehörde nicht oder nicht rechtzeitig unterrichtet, dass eine Verpflichtung zur Beförderung einer Ware nach Art. 38 Abs. 1 infolge eines unvorhersehbaren Ereignisses oder höherer Gewalt nicht erfüllt werden kann,*
2. *entgegen Art. 40 eine eingetroffene Ware nicht gestellt,*
3. *entgegen Art. 43 S. 1 i. V. m. S. 2 für eine gestellte Ware eine summarische Anmeldung nicht oder nicht rechtzeitig abgibt,*
4. *entgegen Art. 46 Abs. 1 S. 1 ohne Zustimmung der Zollbehörde Waren ablädt oder umlädt,*
4a. *entgegen Art. 46 Abs. 1 S. 3 die Zollbehörden nicht oder nicht rechtzeitig unterrichtet,*
5. *entgegen Art. 46 Abs. 2 auf Verlangen der Zollbehörde eine Ware nicht ablädt oder auspackt,*
5a. *ohne Zustimmung der Zollbehörden nach Art. 47 Waren von dem Ort entfernt, an den sie ursprünglich verbracht worden sind,*

6. *entgegen Art. 49 Abs. 1 i. V. m. Abs. 2 eine Förmlichkeit, die erfüllt sein muss, damit eine Ware eine zollrechtliche Bestimmung erhält (Anmeldung nach Art. 59 zur Überführung der Ware in ein Zollverfahren gemäß Art. 4 Nr. 16 oder Antrag auf Erhalt einer anderen zollrechtlichen Bestimmung gemäß Art. 4 Nr. 15 lit. b bis d), nicht oder nicht innerhalb der in Art. 49 Abs. 1 genannten oder nach Art. 49 Abs. 2 festgesetzten Frist erfüllt,*

6a. *entgegen Art. 51 Abs. 1 Waren an anderen als den von den Zollbehörden zugelassenen Orten oder nicht unter den von diesen Behörden festgelegten Bedingungen lagert,*

7. *entgegen Art. 168 Abs. 4 S. 2 der Zollbehörde eine Durchschrift des die Ware begleitenden Beförderungspapiers nicht übergibt oder dieses nicht bei einer von der Zollbehörde dazu bestimmten Person zur Verfügung hält oder*

8. *entgegen Art. 168 Abs. 4 S. 3 der Zollbehörde auf Verlangen eine Ware nicht zur Verfügung stellt.*

(5) Ordnungswidrig im Sinne des § 382 Abs. 1 Nr. 2 der Abgabenordnung handelt, wer als Pflichtiger oder bei der Wahrnehmung der Angelegenheiten eines Pflichtigen der Verordnung (EWG) Nr. 2913/92 zuwiderhandelt, indem er vorsätzlich oder fahrlässig

1. *entgegen Art. 76 Abs. 2, auch i. V. m. Art. 77, eine ergänzende Anmeldung nicht nachreicht,*

2. *entgegen Art. 87 Abs. 2 der Zollbehörde eine Mitteilung über ein Ereignis nicht macht, das nach Erteilung einer Bewilligung eingetreten ist und sich auf deren Aufrechterhaltung oder Inhalt auswirken kann,*

3. *entgegen Art. 96 Abs. 1 S. 2 lit. a oder Abs. 2, jeweils auch i. V. m. Art. 163 Abs. 3, eine Ware nicht, nicht unter Beachtung der von der Zollbehörde zur Nämlichkeitssicherung getroffenen Maßnahmen, nicht unverändert oder nicht rechtzeitig der Bestimmungsstelle gestellt,*

4. *entgegen Art. 105 S. 1 eine Bestandsaufzeichnung über eine in das Zolllagerverfahren übergeführte oder in eine Freizone des Kontrolltyps II verbrachte Ware nicht, nicht richtig oder nicht vollständig führt,*

5. *entgegen Art. 170 Abs. 2 eine dort bezeichnete Ware der Zollbehörde beim Verbringen in eine Freizone des Kontrolltyps I oder ein Freilager nicht gestellt oder entgegen Art. 170 Abs. 3 auf Verlagen der Zollbehörde eine Ware, die einer Ausfuhrabgabe oder anderen Ausfuhrbestimmungen unterliegt, nicht meldet oder*

6. *entgegen Art. 182 Abs. 3 S. 1 der Zollbehörde eine Mitteilung über eine Wiederausfuhr, eine Vernichtung oder eine Zerstörung einer Ware nicht oder nicht rechtzeitig macht.*

(5a) Ordnungswidrig im Sinne des § 382 Abs. 1 Nr. 3 der Abgabenordnung handelt, wer als Pflichtiger oder bei der Wahrnehmung der Angelegenheiten eines Pflichtigen der Verordnung (EWG) Nr. 2913/92 zuwiderhandelt, indem er vorsätzlich oder fahrlässig

1. *entgegen Art. 172 Abs. 1 S. 2 eine Mitteilung über die Ausübung einer industriellen oder gewerblichen Tätigkeit oder einer Dienstleistung in einer Freizone oder einem Freilager der Zollbehörde nicht oder nicht rechtzeitig macht,*

2. *entgegen Art. 176 Abs. 1 S. 1 i. V. m. S. 2 und 3 eine Bestandsaufzeichnung über eine Ware bei der Ausübung einer Tätigkeit im Bereich der Lagerung, der Be- oder Verarbeitung oder des Kaufs oder Verkaufs von Waren in einer Freizone des Kontrolltyps I oder einem Freilager nicht, nicht richtig, nicht vollständig oder nicht rechtzeitig führt oder*

3. *entgegen Art. 176 Abs. 2 S. 1 im Falle der Umladung einer Ware innerhalb einer Freizone des Kontrolltyps I die Papiere, die die Feststellung der Ware ermöglichen, nicht zur Verfügung der Zollbehörden hält.*

(6) Ordnungswidrig im Sinne des § 382 Abs. 1 Nr. 3 der Abgabenordnung handelt, wer als Pflichtiger oder bei der Wahrnehmung der Angelegenheiten eines Pflichtigen der Verordnung (EWG) Nr. 2454/93 der Kommission vom 2. Juli 1993 mit Durchführungsvorschriften zu der Verordnung (EWG) Nr. 2913/92 des Rates vom 12. Oktober 1992 zur Festlegung des Zollkodex der Gemeinschaften (ABl. EG Nr. L 253 S. 1, 1994 Nr. L 268 S. 32, 1996 Nr. L 180 S. 34, 1997 Nr. L 156 S. 59, 1999 Nr. L 111 S. 88), zuletzt geändert durch Verordnung (EG) Nr. 214/2007 der Kommission vom 28. Februar 2007 (ABl. EU Nr. L 62 S. 6), zuwiderhandelt, indem er vorsätzlich oder

fahrlässig entgegen Art. 803 der Verordnung (EWG) Nr. 2454/93, auch i. V. m. Art. 806 S. 1 der Verordnung (EWG) Nr. 2454/93, in einer Bestandsaufzeichnung eine vorgeschriebene Angabe nicht, nicht vollständig oder nicht richtig aufnimmt.

(7) Ordnungswidrig im Sinne des § 382 Abs. 1 Nr. 2 der Abgabenordnung handelt, wer als Pflichtiger oder bei der Wahrnehmung der Angelegenheiten eines Pflichtigen der Verordnung (EWG) Nr. 2454/93 zuwiderhandelt, indem er vorsätzlich oder fahrlässig

1. *entgegen Art. 178 Abs. 4 erster oder zweiter Anstrich bei der Abgabe einer Zollwertanmeldung oder entgegen Art. 199 Abs. 1 erster oder zweiter Anstrich bei der Abgabe einer Zollanmeldung Angaben nicht, nicht richtig oder nicht vollständig macht oder eine nicht echte Unterlagen vorlegt,*
2. *entgegen Art. 219 Abs. 1 S. 3 das Beförderungspapier auf Verlangen nicht vorlegt,*
3. *entgegen Art. 219 Abs. 2 der Abgangsstelle eine Ausfuhranmeldung, eine Anmeldung zur Wiederausfuhr oder ein anderes Dokument gleicher Wirkung nicht zusammen mit der dazugehörigen Versandanmeldung vorlegt,*
4. *entgegen Art. 219 Abs. 3 der Zollstelle auf Verlangen eine Unterlage über das vorangegangene Zollverfahren nicht vorlegt,*
5. *entgegen Art. 266 Abs. 1 lit. a Nr. i erster Anstrich der zuständigen Zollbehörde ein Eintreffen einer Ware nicht, nicht in der vorgeschriebenen Weise oder nicht rechtzeitig mitteilt,*
6. *entgegen Art. 266 Abs. 1 lit. a Nr. i zweiter Anstrich, Nr. ii zweiter Anstrich oder lit. c eine Ware in seiner Buchführung nicht, nicht richtig, nicht vollständig oder nicht rechtzeitig anschreibt,*
7. *entgegen Art. 266 Abs. 1 Lit. a Nr. ii erster Anstrich der zuständigen Zollbehörde seine Absicht zur Überführung einer Ware in den zollrechtlich freien Verkehr nicht, nicht in der vorgeschriebenen Weise oder nicht rechtzeitig mitteilt,*
8. *entgegen Art. 266 Abs. 1 lit. b erster Anstrich der zuständigen Zollbehörde seine Absicht zur Überführung einer Ware in den zollrechtlich freien Verkehr nicht oder nicht in der vorgeschriebenen Weise mitteilt,*
9. *entgegen Art. 266 Abs. 1 lit. b zweiter Anstrich eine Ware in seiner Buchführung nicht, nicht richtig oder nicht vollständig anschreibt,*
10. *entgegen Art. 273 Abs. 1 S. 1 lit. a der Überwachungszollstelle eine Mitteilung über die Ankunft einer Ware an dem dafür bezeichneten Ort nicht macht,*
11. *entgegen Art. 273 Abs. 1 S. 1 lit. b i. V. m. S. 2 eine Ware in einer Bestandsaufzeichnung nicht, nicht richtig oder nicht in der vorgeschriebenen Weise anschreibt,*
12. *entgegen Art. 273 Abs. 1 S. 1 lit. c der Überwachungszollstelle eine Unterlage, die die Überführung einer Ware in das Zolllagerverfahren betrifft, nicht zur Verfügung hält,*

12a. *(weggefallen)*

13. *entgegen Art. 359 Abs. 1 S. 1, auch i. V. m. Art. 358 Abs. 5, die Waren während ihrer Beförderung im gemeinschaftlichen Versandverfahren nicht durch die von der Abgangsstelle ausgehändigten Exemplare Nr. 4 und 5 der Versandanmeldung oder das Versandbegleitdokument begleiten lässt,*
14. *entgegen Art. 359 Abs. 1 S. 2, auch i. V. m. Art. 358 Abs. 5, der Durchgangszollstelle eine Sendung nicht oder nicht unter Vorlage der Exemplare Nr. 4 und 5 der Versandanmeldung oder des Versandbegleitdokuments vorführt,*
15. *entgegen Art. 359 Abs. 2, auch i. V. m. Art. 358 Abs. 5, bei einer Durchgangszollstelle einen Grenzübergangsschein nach dem Muster in Anhang 46 nicht abgibt,*
16. *entgegen Art. 360 Abs. 1 lit. a bis d oder e, jeweils auch i. V. m. Art. 358 Abs. 5,*
    a) bei einer Änderung der verbindlichen Beförderungsstrecke,
    b) wenn der Verschluss während der Beförderung aus nicht vom Beförderer zu vertretenen Gründen verletzt wird,
    c) wenn die Waren auf ein anderes Beförderungsmittel umgeladen werden oder
    d) wenn eine unmittelbar drohende Gefahr zum teilweisen oder vollständigen Entladen des Beförderungsmittels zwingt,

die Exemplare Nr. 4 und 5 der Versandanmeldung oder das Versandbegleitdokument nicht mit einem entsprechenden Vermerk versieht oder sie der nächsten Zollbehörde nicht unter Vorführung der Sendung vorlegt,

17. *entgegen Art. 379 Abs. 4 S. 2 bei einem unzureichenden Referenzbetrag die Stelle der Bürgschaftsleistung nicht benachrichtigt,*

18. *entgegen Art. 384 Abs. 2 Bescheinigungen der Stelle der Bürgschaftsleistung nicht, nicht rechtzeitig oder nicht vollständig zurückgibt,*

19. *entgegen Art. 400 Abs. 1 S. 2 i. V. m. S. 1 oder entgegen Art. 912g Abs. 3 S. 1 i. V. m. Abs. 2 Lit. b das vorgesehene Feld der Versandanmeldung oder des Kontrollexemplars T5 nicht durch die Angabe des Versandtages vervollständigt oder nicht mit einer Nr. versieht,*

20. *entgegen Art. 402 Abs. 1 eine Versandanmeldung nicht oder nicht rechtzeitig vervollständigt,*

21. *nach dem Versand der Abgangsstelle entgegen Art. 402 Abs. 3 S. 1 das Exemplar Nr. 1 der Versandanmeldung oder entgegen Art. 912g Abs. 3 S. 3 die Durchschrift des Kontrollexemplars T5 zusammen mit allen Unterlagen, aufgrund derer das Kontrollexemplar T5 ausgestellt worden ist, nicht oder nicht rechtzeitig übersendet oder übermittelt,*

22. *entgegen Art. 408 Abs. 1 lit. a die Bestimmungsstelle über Mehrmengen, Fehlmengen, Vertauschungen oder Unregelmäßigkeiten bei eingetroffenen Sendungen nicht oder nicht rechtzeitig unterrichtet,*

23. *entgegen Art. 408 Abs. 1 lit. b, auch i. V. m. Art. 358 Abs. 5, für die eingetroffenen Sendungen der Bestimmungsstelle die Exemplare Nr. 4 und 5 der Versandanmeldung oder das Versandbegleitdokument nicht oder nicht rechtzeitig zusendet oder der Bestimmungsstelle das Ankunftsdatum oder den Zustand angelegter Verschlüsse nicht oder nicht rechtzeitig mitteilt,*

24. *(weggefallen)*

25. *entgegen Art. 513 S. 2 nach der Beförderung einer Ware von einem Bewilligungsinhaber zu einem anderen seine Überwachungszollstelle nicht oder nicht rechtzeitig benachrichtigt,*

25a. *entgegen Art. 513 S. 5 i. V. m. Anhang 68 Teil A Nr. 2 oder Teil B Abschnitt I Nr. 2 die Überwachungszollstellen vor Beginn der Beförderung einer Ware von einem Bewilligungsinhaber zu einem anderen nicht von der beabsichtigten Beförderung unterrichtet,*

26. *entgegen Art. 516 Aufzeichnungen oder i. V. m. Art. 529 Bestandsaufzeichnungen nicht richtig oder nicht vollständig führt,*

27. *entgegen Art. 530 Abs. 1 Anschreibungen in den Bestandsaufzeichnungen nicht, nicht richtig oder nicht rechtzeitig macht oder*

28. *bis 30. (weggefallen)*

31. *entgegen Art. 842 Abs. 1 die Anzeige über die Vernichtung oder Zerstörung einer Ware nicht oder nicht rechtzeitig erstattet.*

§ 383 AO   Unzulässiger Erwerb von Steuererstattungs- und Vergütungsansprüchen

(1) Ordnungswidrig handelt, wer entgegen § 46 Abs. 4 Satz 1 Erstattungs- oder Vergütungsansprüche erwirbt.

(2) Die Ordnungswidrigkeit kann mit einer Geldbuße bis zu fünfzigtausend Euro geahndet werden.

§ 46 AO   Abtretung, Verpfändung, Pfändung

(1) Ansprüche auf Erstattung von Steuern, Haftungsbeträgen, steuerlichen Nebenleistungen und auf Steuervergütungen können abgetreten, verpfändet und gepfändet werden.

(2) Die Abtretung wird jedoch erst wirksam, wenn sie der Gläubiger in der nach Absatz 3 vorgeschriebenen Form der zuständigen Finanzbehörde nach Entstehung des Anspruchs anzeigt.

(3) Die Abtretung ist der zuständigen Finanzbehörde unter Angabe des Abtretenden, des Abtretungsempfängers sowie der Art und Höhe des abgetretenen Anspruchs und des Abtretungsgrundes auf einem amtlich vorgeschriebenen Vordruck anzuzeigen. Die Anzeige ist vom Abtretenden und vom Abtretungsempfänger zu unterschreiben.

(4) Der geschäftsmäßige Erwerb von Erstattungs- oder Vergütungsansprüchen zum Zweck der Einziehung oder sonstigen Verwertung auf eigene Rechnung ist nicht zulässig. Dies gilt nicht für die Fälle der Sicherungsabtretung. Zum geschäftsmäßigen Erwerb und zur geschäftsmäßigen Einziehung der zur Sicherung abgetretenen Ansprüche sind nur Unternehmen befugt, denen das Betreiben von Bankgeschäften erlaubt ist.

(5) Wird der Finanzbehörde die Abtretung angezeigt, so müssen Abtretender und Abtretungsempfänger der Finanzbehörde gegenüber die angezeigte Abtretung gegen sich gelten lassen, auch wenn sie nicht erfolgt oder nicht wirksam oder wegen Verstoßes gegen Absatz 4 nichtig ist.

(6) Ein Pfändungs- und Überweisungsbeschluss oder eine Pfändungs- und Einziehungsverfügung dürfen nicht erlassen werden, bevor der Anspruch entstanden ist. Ein entgegen diesem Verbot erwirkter Pfändungs- und Überweisungsbeschluss oder erwirkte Pfändungs- und Einziehungsverfügung sind nichtig. Die Vorschriften der Absätze 2 bis 5 sind auf die Verpfändung sinngemäß anzuwenden.

A.   Grundlagen

Die Vorschrift findet sich bereits in § 409a RAO i.d.F. des Art. 2 Nr. 7 StBerÄndG v. 24.06.1975 **1** (BGBl. I 1975, S. 1509) und wurde dort mit Wirkung ab 01.07.1975 als neuer Bußgeldtatbestand eingefügt. Gesetzgeberische Intention der Regelung ist die **Sanktionierung** der Wirtschaftskriminalität in der Erscheinungsform der **unlauteren Koppelung von Steuerberatung und Kreditgeschäften**.

§ 383 AO ist als Blankettvorschrift ausgestaltet, die durch § 46 Abs. 4 Satz 1 AO gefüllt wird. § 46 **2** AO normiert Einschränkungen der nach den Vorschriften des bürgerlichen Rechts (BGB) grds. möglichen Abtretung (§§ 398 ff. BGB), Verpfändung (§§ 1273 ff. BGB), Pfändung und Einziehung (§§ 829 ff. ZPO; §§ 309, 314 AO) von Forderungen des Steuerpflichtigen gegen die Finanzbehörden. 46 Abs. 4 Satz 1 AO regelt konkret das Verbot des geschäftsmäßigen Erwerbs von Steuererstattungsansprüchen. Die Vorschrift dient dem Schutz des Lohnsteuerpflichtigen, insb. ausländischen Arbeitnehmern. Diese sollen vor übereilter Abtretung von Erstattungsansprüchen aus der Einkommensteuererklärung an unseriöse Kreditgeber, die ggü. den Arbeitnehmern die Erstattungsansprüche zu regelmäßig schlechten Konditionen vorfinanzieren, geschützt werden. Missbräuche wurden in der Vergangenheit insoweit häufig im Bereich der Lohnsteuerhilfe registriert. Dies hat der Gesetzgeber zum Anlass genommen, das Recht der Lohnsteuerhilfevereine umfassend zu reformieren. Auch § 383 AO ist Ausfluss dieser Reform (vgl. Gesetzesbegründung in BT-Drucks. 7/2852). Die praktische Relevanz i.R.d. Bußgeldverfahren ist indes gering.

B.   Anwendungsbereich

§ 383 AO findet Anwendung auf alle Erstattungs- und Vergütungsansprüche aus einem Steuer- **3** schuldverhältnis (§§ 37, 38, 43 AO i.V.m. den Einzelsteuergesetzen), soweit sie sich gegen den Fiskus als Steuergläubiger richten. Privatrechtliche Ansprüche gegen den Steuergläubiger (z.B. Rückgewähransprüche aus vertraglicher Haftungsübernahme i.S.d. § 192 AO) werden nicht erfasst.

4 Ein **Erstattungsanspruch** besteht, wenn eine Steuer, eine Steuervergütung, ein Haftungsbetrag oder eine steuerliche Nebenleistung ohne rechtlichen Grund gezahlt oder zurückgezahlt worden ist (§ 37 Abs. 2 Satz 1 AO) bzw. der rechtliche Grund für diese Zahlung oder Rückzahlung später wegfällt (§ 37 Abs. 2 Satz 2 AO). Rechtsgrundlage und Voraussetzung für die Entstehung des Erstattungsanspruchs regeln die Einzelsteuergesetze. Hauptanwendungsfall ist der Anspruch auf Erstattung überzahlter ESt (§ 36 Abs. 4 EStG). Weiter unterfallen der Vorschrift folgende einzelgesetzlich geregelte Erstattungsansprüche:

- § 44b, 45 EStG – Erstattung der Kapitalertragsteuer
- Art. 235 ff. ZK – Erstattung von Ein- oder Ausfuhrabgaben
- § 9 VersStG – Rückzahlung von Versicherungsentgelt
- § 4 KraftStG – Erstattung bei Beförderung von Fahrzeugen mit der Eisenbahn
- § 21 KaffeeStG i.V.m. §§ 31, 32 KaffeeStV – Steuerentlastung bei Aufnahme in ein Steuerlager, Lieferung in andere Mitgliedstaaten und bei Ausfuhr
- § 32 TabStG i.V.m. § 48 TabStV – Erstattung bei Aufnahme in ein Steuerlager, Verbringen in einen anderen Mitgliedstaat
- §§ 24, 25 SchaumwZwStG i.V.m. §§ 39, 40 SchaumwZwStV – Steuerentlastung bei Aufnahme in ein Steuerlager, Verbringen in andere Mitgliedstaaten
- §§ 24, 25 BierStG i.V.m. §§ 42, 43 BierStV – Erstattung bei Aufnahme in ein Steuerlager (Rückbier), Beförderung in andere Mitgliedstaaten
- §§ 154, 155 BranntwMonG i.V.m. §§ 56, 57 BrStV – Entlastung bei Aufnahme in ein Steuerlager, Beförderung in andere Mitgliedstaaten
- § 45 bis 60 EnergieStG – Steuerentlastung in bestimmten Fällen

5 In Abgrenzung zum Erstattungsanspruch ist für einen **Vergütungsanspruch** kennzeichnend, dass die Steuer regelmäßig mit rechtlichem Grund geleistet wurde. Anspruchsberechtigter ist nicht derjenige, der die Steuer entrichtet hat, sondern grds. der, der die Steuer – wie bei Zöllen und Verbrauchsteuern durch Abwälzung üblich – wirtschaftlich zu tragen hat. Steuervergütungsansprüche sollen den Anspruchsberechtigten zu einem bestimmten wirtschaftlich erwünschtem Verhalten veranlassen (BVerfG v. 09.03.1960 = BVerfGE 10, 372, 377, Förderung der Ausfuhr).

6 Rechtsgrundlage und Voraussetzungen für die Entstehung eines Vergütungsanspruchs finden sich gleichfalls in Einzelsteuergesetzen. Dabei fassen die Verbrauchsteuergesetze den Erstattungs- und den Vergütungsanspruch unter dem einheitlichen Oberbegriff der „**Steuerentlastung**" zusammen, z.B.:

- § 4a UStG – Vergütung der USt bei gemeinnützigen Körperschaften
- § 21 KaffeeStG i.V.m. §§ 31, 32 KaffeeStV – Steuerentlastung bei Aufnahme in ein Steuerlager, Lieferung in andere Mitgliedstaaten und bei Ausfuhr
- § 32 TabStG i.V.m. § 48 TabStV – Erstattung bei Aufnahme in ein Steuerlager, Verbringen in einen anderen Mitgliedstaat
- §§ 24, 25 SchaumwZwStG i.V.m. §§ 39, 40 SchaumwZwStV – Steuerentlastung bei Aufnahme in ein Steuerlager, Verbringen in andere Mitgliedstaaten
- §§ 24, 25 BierStG i.V.m. §§ 42, 43 BierStV – Erstattung bei Aufnahme in ein Steuerlager (Rückbier), Beförderung in andere Mitgliedstaaten
- §§ 154, 155 BranntwMonG i.V.m. §§ 56, 57 BrStV – Entlastung bei Aufnahme in ein Steuerlager, Beförderung in andere Mitgliedstaaten
- § 45 bis 60 EnergieStG – Steuerentlastung in bestimmten Fällen

Aufgrund gesetzlicher Verweisung findet § 383 AO teilweise **entsprechende Anwendung** im Prämien- und Zulagenrecht, z.B.:

- § 8 Abs. 2 WoPG – Wohnungsbauprämie
- § 14 Abs. 3 des 5. VermBG – Arbeitnehmersparzulage

Für eine entsprechende Anwendbarkeit des § 383 AO bedarf es dabei stets eines expliziten Verwei- 7
ses auf diese Norm. Der Hinweis allein auf die entsprechende Anwendbarkeit der Vorschriften
über Steuervergütungen (§§ 37, 38, 43 AO) ist dagegen nicht ausreichend.

C. Täterkreis

§ 46 Abs. 4 Satz 1 AO verbietet den Erwerb von Erstattungs- oder Vergütungsansprüchen. Täter 8
kann somit nur der Abtretungsempfänger (Zessionar) als **Erwerber** sein. Der Abtretende (Zedent)
kommt lediglich als Beteiligter i.S.v. § 377 Abs. 2 AO, § 14 OWiG in Betracht, soweit sein Tatbeitrag über die schlichte Abtretungserklärung hinausgeht; ansonsten bleibt er als notwendig Beteiligter bußgeldfrei (Lippross/*Seibel* § 383 Rn. 3; FGJ/*Lipsky* § 383 Rn. 12; Klein/*Jäger* § 383 AO
Rn. 5).

Die vom Gesetz geforderte Geschäftsmäßigkeit des Handelns (vgl. Rdn. 10) ist ein **besonderes** 9
persönliches Merkmal (§ 9 OWiG), das als Voraussetzung für die Tätereigenschaft von jedem
Täter erfüllt sein muss. Es wird den handelnden gesetzlichen Vertretern, vertretungsberechtigten
Organen einer juristischen Person und vertretungsberechtigten Gesellschaftern einer Personenhandelsgesellschaft zugerechnet (§ 377 Abs. 2 AO, § 9 Abs. 1 OWiG).

D. Objektiver Tatbestand

Nach § 383 Abs. 1 AO handelt ordnungswidrig, wer entgegen § 46 Abs. 4 Satz 1 AO Erstattungs- 10
oder Vergütungsansprüche erwirbt. Sanktioniert wird somit der geschäftsmäßige Erwerb von
Erstattungs- und Vergütungsansprüchen. Wegen der Begriffe „Erstattungs- und Vergütungsansprüche" wird auf die Erläuterungen unter Rdn. 3 ff. verwiesen.

Geschäftsmäßig handelt derjenige, der die Erwerbstätigkeit selbstständig und mit Wiederholungs- 11
absicht ausübt (BT-Drucks. 7/2852). Die Geschäftsmäßigkeit wird stets zu bejahen sein, wenn für
den Erwerb von Erstattungsansprüchen organisatorische Vorkehrungen getroffen wurden, z.B.
vorbereitete Formulare, besondere Karten. Nicht ausreichend ist die vereinzelte Abtretung im
Rahmen eines Handelsgeschäfts (AEAO zu § 46 Nr. 2 Satz 4). Dagegen kann die Zahl der
Erwerbsfälle und der Zeitraum ihres Vorkommens Indizwirkung entfalten. Entscheidend sind stets
die Verhältnisse des Einzelfalls (BFH, Urt. v. 13.10.1994 = BFH/NV 1995, 473; v. 10.07.2001 =
BFH/NV 2001, 1531; v. 13.11.2001 = BStBl. II 2002, S. 402; v. 04.02.2005 = BStBl. II 2006,
S. 348). Ein Gewinnstreben ist dagegen nicht erforderlich. Die Geschäftsmäßigkeit des Handelns
ist für § 383 AO besonderes persönliches Merkmal (vgl. Rdn. 8).

Erwerb meint die Abtretung und Verpfändung, und zwar auf eigene Rechnung des Erwerbers. 12
Der geschäftsmäßige Erwerb der Ansprüche für Rechnung des Zedenten ist nicht tatbestandsmäßig (HHSp/*Rüping* § 383 Rn. 14; Kohlmann/*Kohlmann* § 383 Rn. 16; FGJ/*Lipsky* § 383 Rn. 9).
Auch nichtige Abtretungen (§ 46 Abs. 5, Abs. 6 AO) werden von § 383 AO erfasst. Lediglich bei
reinen Formverstößen durch Missachtung der in § 46 Abs. 3 AO aufgeführten und zwingend zu
beachtenden Formerfordernisse (z.B. Abtretungsanzeige an Finanzbehörde erfolgt nicht auf amtlich vorgeschriebenen Vordruck) kann gem. § 47 OWiG von einer Verfolgung abgesehen werden
(FGJ/*Lipsky* § 383 Rn. 9; Kohlmann/*Kohlmann* § 383 Rn. 13 m.w.N.).

Ausdrücklich gestattet ist der geschäftsmäßige Erwerb und die geschäftsmäßige Einziehung von 13
Steuererstattungs- und Vergütungsansprüchen nach § 46 Abs. 4 Satz 2 und 3 AO nur bei Siche-

rungsabtretungen und nur Unternehmen, denen das Betreiben von Bankgeschäften erlaubt ist. Auskünfte darüber, inwieweit einem Unternehmen das Betreiben von Bankgeschäften nach § 32 KWG erlaubt ist, können beim Bundesamt für Finanzdienstleistungsaufsicht oder auch bei der für den Sitz des betreffenden Unternehmens zuständigen Landeszentralbank eingeholt werden (AEAO zu § 46 Nr. 2).

14 In der Praxis wichtig ist in diesem Zusammenhang die Differenzierung zwischen einer echten **Sicherungsabtretung** und einer **Abtretung erfüllungshalber**, da in Vertragsgestaltungen diese Begrifflichkeiten häufig fälschlicherweise synonym gebraucht werden. Kennzeichnend für die Sicherungsabtretung ist eine Vollrechtsabtretung nach außen, also die uneingeschränkte Übertragung des Vollrechts, verbunden mit einer im Innenverhältnis zwischen Sicherungsgeber und Sicherungsnehmer geschlossenen schuldrechtlichen Vereinbarung (Sicherungsabrede), wonach der Sicherungsgeber von der Abtretung nur bei Eintritt des Sicherungsfalls Gebrauch machen darf, also nur, wenn der Sicherungsgeber seinen Verpflichtungen nicht nachgekommen ist. Der Sicherungszweck muss eindeutig im Vordergrund stehen (BFH, Urt. v. 13.10.1983 = DB 1984, 490; v. 21.02.1989 = BFH/NV 1989, 555; TK/*Kruse* § 46 Rn. 46; Schwarz/*Schwarz* § 46 Rn. 43). Bei einer Abtretung erfüllungshalber erfolgt die Abtretung zielgerichtet zur Erfüllung der ggü. dem Abtretungsempfänger bestehenden Forderung. Der Abtretungsempfänger soll aus dem abgetretenen Recht befriedigt werden, ein Sicherungszweck wird gerade nicht verfolgt (Rolletschke/Kemper/*Dietz* § 383 Rn. 6 f.).

E. Subjektiver Tatbestand

15 Den subjektiven Tatbestand der § 383 AO erfüllt nur **vorsätzliches** Handeln (§ 377 Abs. 2 AO i.V.m. § 10 OWiG). Erforderlich ist somit die Kenntnis aller Tatbestandsmerkmale. Zu prüfen ist im Hinblick auf die zahlreichen, in den blankettausfüllenden steuerrechtlichen Normen enthaltenen Rechtsbegriffe insb. das Vorliegen eines den Vorsatz ausschließenden Tatbestandsirrtums (§ 11 Abs. 1 Satz 1 OWiG). Sind dem Täter einzelne Rechtsbegriffe, z.B. „Steuererstattung", „Steuervergütung", nicht bekannt und verwirklicht er diese objektiv, kann dieser Umstand mangels Erfüllung des subjektiven Tatbestandes zum Entfallen des Vorsatzes und damit zur Sanktionslosigkeit führen.

F. Versuch

16 Mangels ausdrücklicher Regelung in § 383 AO kann die versuchte Tat nicht geahndet werden (§ 377 Abs. 2 AO i.V.m. § 13 Abs. 2 OWiG).

G. Geldbuße

17 Der Verstoß gegen § 383 AO kann mit einer Geldbuße von 5,00 € bis max. 50.000,00 € geahndet werden (§§ 383 Abs. 2, 377 Abs. 2 AO, § 17 OWiG).

H. Selbstanzeige

18 Mangels entsprechenden Verweises ist eine strafbefreiende Selbstanzeige i.S.d. §§ 371, 378 Abs. 3 AO beim unzulässigen Erwerb von Steuererstattungs- und Vergütungsansprüchen nicht möglich (FGJ/*Lipsky* § 383 Rn. 16; Schwarz/*Weyand* § 383 Rn. 5). Ein entsprechendes Verhalten – Schadenswiedergutmachung – kann jedoch je nach Umständen des Einzelfalls in Anwendung des Opportunitätsprinzips (§ 47 OWiG) zur Einstellung des Bußgeldverfahrens führen (Rolletschke/Kemper/*Dietz*§ 383 Rn. 13; Schwarz/*Weyand* § 383 Rn. 5).

I. Verjährung

§ 384 AO normiert für bestimmte Steuerordnungswidrigkeiten eine 5-jährige Verjährungsfrist. Da 19
§ 383 AO jedoch nicht aufgeführt wird, gilt die allgemeine Verjährungsregelung des § 31 Abs. 2
Nr. 1 OWiG (§ 377 AO). Die Verjährungsfrist beträgt danach 3 Jahre und beginnt mit Eingang
der Abtretungsanzeige bei der zuständigen Finanzbehörde (§ 46 Abs. 3 AO), da erst in diesem
Zeitpunkt die Abtretung wirksam ist (§ 46 Abs. 2 AO; FGJ/*Lipsky* § 383 Rn. 17; Kohlmann/*Kohlmann* § 383 Rn. 24; HHSp/*Rüping* § 383 Rn. 26).

§ 383a AO   Zweckwidrige Verwendung des Identifikationsmerkmals nach § 139a

(1) Ordnungswidrig handelt, wer als nicht öffentliche Stelle vorsätzlich oder leichtfertig entgegen § 139b Abs. 2 Satz 2 Nr. 1 und § 139c Abs. 2 Satz 2 die Identifikationsnummer nach § 139b
oder die Wirtschaftsidentifikationsnummer nach § 139c Abs. 3 für andere als die zugelassenen
Zwecke erhebt oder verwendet, oder entgegen § 139b Abs. 2 Satz 2 Nr. 2 seine Dateien nach der
Identifikationsnummer für andere als die zugelassenen Zwecke ordnet oder für den Zugriff
erschließt.

(2) Die Ordnungswidrigkeit kann mit einer Geldbuße bis zu zehntausend Euro geahndet werden.

§ 139a AO   Identifikationsmerkmal

*(1) Das Bundeszentralamt für Steuern teilt jedem Steuerpflichtigen zum Zwecke der eindeutigen
Identifizierung in Besteuerungsverfahren ein einheitliches und dauerhaftes Merkmal (Identifikationsmerkmal) zu, das bei Anträgen, Erklärungen oder Mitteilungen gegenüber Finanzbehörden anzugeben ist. Es besteht aus einer Ziffernfolge, die nicht aus anderen Daten über den Steuerpflichtigen
gebildet oder abgeleitet werden darf; die letzte Stelle ist eine Prüfziffer. Natürliche Personen erhalten
eine Identifikationsnummer, wirtschaftlich Tätige eine Wirtschafts-Identifikationsnummer. Der
Steuerpflichtige ist über die Zuteilung eines Identifikationsmerkmals unverzüglich zu unterrichten.*

(2) Steuerpflichtiger im Sinne dieses Unterabschnitts ist jeder, der nach einem Steuergesetz steuerpflichtig ist.

(3) Wirtschaftlich Tätige im Sinne dieses Unterabschnitts sind:
1. natürliche Personen, die wirtschaftlich tätig sind,
2. juristische Personen,
3. Personenvereinigungen.

§ 139b AO   Identifikationsnummer

(1) Eine natürliche Person darf nicht mehr als eine Identifikationsnummer erhalten. Jede Identifikationsnummer darf nur einmal vergeben werden.

(2) Die Finanzbehörden dürfen die Identifikationsnummer nur erheben und verwenden, soweit dies zur Erfüllung ihrer gesetzlichen Aufgaben erforderlich ist oder eine Rechtsvorschrift die Erhebung oder Verwendung der Identifikationsnummer ausdrücklich erlaubt oder anordnet. Andere öffentliche oder nicht öffentliche Stellen dürfen

1. die Identifikationsnummer nur erheben oder verwenden, soweit dies für Datenübermittlungen zwischen ihnen und den Finanzbehörden erforderlich ist oder eine Rechtsvorschrift die Erhebung oder Verwendung der Identifikationsnummer ausdrücklich erlaubt oder anordnet,

2. ihre Dateien nur insoweit nach der Identifikationsnummer ordnen oder für den Zugriff erschließen, als dies für regelmäßige Datenübermittlungen zwischen ihnen und den Finanzbehörden erforderlich ist

Vertragsbestimmungen und Einwilligungserklärungen, die darauf gerichtet sind, eine nach den vorstehenden Bestimmungen nicht zulässige Erhebung oder Verwendung der Identifikationsnummer zu ermöglichen, sind unwirksam.

(3) Das Bundeszentralamt für Steuern speichert zu natürlichen Personen folgende Daten:

1. Identifikationsnummer,
2. Wirtschafts-Identifikationsnummern,
3. Familienname,
4. frühere Namen,
5. Vornamen,
6. Doktorgrad,
7. (weggefallen),
8. Tag und Ort der Geburt,
9. Geschlecht,
10. gegenwärtige oder letzte bekannte Anschrift,
11. zuständige Finanzbehörden,
12. Übermittlungssperren nach dem Melderechtsrahmengesetz und den Meldegesetzen der Länder,
13. Sterbetag.

(4) Die in Absatz 3 aufgeführten Daten werden gespeichert, um

1. sicherzustellen, dass eine Person nur eine Identifikationsnummer erhält und eine Identifikationsnummer nicht mehrfach vergeben wird,

2. die Identifikationsnummer eines Steuerpflichtigen festzustellen,

3. zu erkennen, welche Finanzbehörden für einen Steuerpflichtigen zuständig sind,

4. Daten, die auf Grund eines Gesetzes oder nach über- und zwischenstaatlichem Recht entgegenzunehmen sind, an die zuständigen Stellen weiterleiten zu können,

5. den Finanzbehörden die Erfüllung der ihnen durch Rechtsvorschrift zugewiesenen Aufgaben zu ermöglichen.

(5) Die in Absatz 3 aufgeführten Daten dürfen nur für die in Absatz 4 genannten Zwecke verwendet werden. Übermittlungssperren nach dem Melderechtsrahmengesetz und den Meldegesetzen der Länder sind zu beachten und im Fall einer zulässigen Datenübermittlung ebenfalls zu übermitteln. Der Dritte, an den die Daten übermittelt werden, hat die Übermittlungssperren ebenfalls zu beachten.

(6) Zum Zwecke der erstmaligen Zuteilung der Identifikationsnummer übermitteln die Meldebehörden dem Bundeszentralamt für Steuern für jeden in ihrem Zuständigkeitsbereich mit alleiniger Wohnung oder Hauptwohnung im Melderegister registrierten Einwohner folgende Daten:

1. Familienname,
2. frühere Namen,
3. Vornamen,
4. Doktorgrad,
5. (weggefallen),
6. Tag und Ort der Geburt,
7. Geschlecht,

Burmann

8. *gegenwärtige Anschrift der alleinigen Wohnung oder der Hauptwohnung,*

9. *Tag des Ein- und Auszugs,*

10. *Übermittlungssperren nach dem Melderechtsrahmengesetz und den Meldegesetzen der Länder. Hierzu haben die Meldebehörden jedem in ihrem Zuständigkeitsbereich mit alleiniger Wohnung oder Hauptwohnung registrierten Einwohner ein Vorläufiges Bearbeitungsmerkmal zu vergeben. Dieses übermitteln sie zusammen mit den Daten nach Satz 1 an das Bundeszentralamt für Steuern. Die Übermittlung der Daten nach Satz 1 erfolgt ab dem Zeitpunkt der Einführung des Identifikationsmerkmals, der durch Rechtsverordnung des Bundesministeriums der Finanzen auf Grund von Artikel 97 § 5 Satz 1 des Einführungsgesetzes zur Abgabenordnung bestimmt wird. Das Bundeszentralamt für Steuern teilt der zuständigen Meldebehörde die dem Steuerpflichtigen zugeteilte Identifikationsnummer zur Speicherung im Melderegister unter Angabe des Vorläufigen Bearbeitungsmerkmals mit und löscht das Vorläufige Bearbeitungsmerkmal anschließend. Die Daten nach Satz 1 Nr. 9 sind spätestens mit Ablauf des der Übermittlung durch die Meldebehörden folgenden Kalendermonats zu löschen.*

(7) Die Meldebehörden haben im Falle der Speicherung einer Geburt im Melderegister sowie im Falle der Speicherung einer Person, für die bisher keine Identifikationsnummer zugeteilt worden ist, dem Bundeszentralamt für Steuern die Daten nach Absatz 6 Satz 1 zum Zwecke der Zuteilung der Identifikationsnummer zu übermitteln. Absatz 6 Satz 2 bis 6 gilt entsprechend.

(8) Die Meldebehörde teilt dem Bundeszentralamt für Steuern Änderungen der in Absatz 6 Satz 1 Nr. 1 bis 10 bezeichneten Daten sowie bei Sterbefällen den Sterbetag unter Angabe der Identifikationsnummer oder, sofern diese noch nicht zugeteilt wurde, unter Angabe des Vorläufigen Bearbeitungsmerkmals mit.

(9) Das Bundeszentralamt für Steuern unterrichtet die Meldebehörden, wenn ihm konkrete Anhaltspunkte für die Unrichtigkeit der ihm von den Meldebehörden übermittelten Daten vorliegen.

§ 139c AO   Wirtschafts-Identifikationsnummer

(1) Die Wirtschafts-Identifikationsnummer wird auf Anforderung der zuständigen Finanzbehörde vergeben. Sie beginnt mit den Buchstaben „DE". Jede Wirtschafts-Identifikationsnummer darf nur einmal vergeben werden.

(2) Die Finanzbehörden dürfen die Wirtschafts-Identifikationsnummer nur erheben und verwenden, soweit dies zur Erfüllung ihrer gesetzlichen Aufgaben erforderlich ist oder eine Rechtsvorschrift dies erlaubt oder anordnet. Andere öffentliche oder nicht öffentliche Stellen dürfen die Wirtschafts-Identifikationsnummer nur erheben oder verwenden, soweit dies zur Erfüllung ihrer Aufgaben oder Geschäftszwecke oder für Datenübermittlungen zwischen ihnen und den Finanzbehörden erforderlich ist. Soweit die Wirtschafts-Identifikationsnummer andere Nummern ersetzt, bleiben Rechtsvorschriften, die eine Übermittlung durch die Finanzbehörden an andere Behörden regeln, unberührt.

(3) Das Bundeszentralamt für Steuern speichert zu natürlichen Personen, die wirtschaftlich tätig sind, folgende Daten:

1. *Wirtschafts-Identifikationsnummer,*
2. *Identifikationsnummer,*
3. *Firma (§§ 17ff. des Handelsgesetzbuchs) oder Name des Unternehmens,*
4. *frühere Firmennamen oder Namen des Unternehmens,*
5. *Rechtsform,*
6. *Wirtschaftszweignummer,*
7. *amtlicher Gemeindeschlüssel,*
8. *Anschrift des Unternehmens, Firmensitz,*
9. *Handelsregistereintrag (Registergericht, Datum und Nummer der Eintragung),*

10. Datum der Betriebseröffnung oder Zeitpunkt der Aufnahme der Tätigkeit,
11. Datum der Betriebseinstellung oder Zeitpunkt der Beendigung der Tätigkeit,
12. zuständige Finanzbehörden.

(4) Das Bundeszentralamt für Steuern speichert zu juristischen Personen folgende Daten:
1. Wirtschafts-Identifikationsnummer,
2. Identifikationsmerkmale der gesetzlichen Vertreter,
3. Firma (§§ 17ff. des Handelsgesetzbuchs),
4. frühere Firmennamen,
5. Rechtsform,
6. Wirtschaftszweignummer,
7. amtlicher Gemeindeschlüssel,
8. Sitz gemäß § 11, insbesondere Ort der Geschäftsleitung,
9. Datum des Gründungsaktes,
10. Handels-, Genossenschafts- oder Vereinsregistereintrag (Registergericht, Datum und Nummer der Eintragung),
11. Datum der Betriebseröffnung oder Zeitpunkt der Aufnahme der Tätigkeit,
12. Datum der Betriebseinstellung oder Zeitpunkt der Beendigung der Tätigkeit,
13. Zeitpunkt der Auflösung,
14. Datum der Löschung im Register,
15. verbundene Unternehmen,
16. zuständige Finanzbehörden.

(5) Das Bundeszentralamt für Steuern speichert zu Personenvereinigungen folgende Daten:
1. Wirtschafts-Identifikationsnummer,
2. Identifikationsmerkmale der gesetzlichen Vertreter,
3. Identifikationsmerkmale der Beteiligten,
4. Firma (§§ 17ff. des Handelsgesetzbuchs) oder Name der Personenvereinigung,
5. frühere Firmennamen oder Namen der Personenvereinigung,
6. Rechtsform,
7. Wirtschaftszweignummer,
8. amtlicher Gemeindeschlüssel,
9. Sitz gemäß § 11, insbesondere Ort der Geschäftsleitung,
10. Datum des Gesellschaftsvertrags,
11. Handels- oder Partnerschaftsregistereintrag (Registergericht, Datum und Nummer der Eintragung),
12. Datum der Betriebseröffnung oder Zeitpunkt der Aufnahme der Tätigkeit,
13. Datum der Betriebseinstellung oder Zeitpunkt der Beendigung der Tätigkeit,
14. Zeitpunkt der Auflösung,
15. Zeitpunkt der Beendigung,
16. Datum der Löschung im Register,
17. verbundene Unternehmen,
18. zuständige Finanzbehörden.

(6) Die Speicherung der in den Absätzen 3 bis 5 aufgeführten Daten erfolgt, um
1. sicherzustellen, dass eine vergebene Wirtschafts-Identifikationsnummer nicht noch einmal für einen anderen wirtschaftlich Tätigen verwendet wird,
2. für einen wirtschaftlich Tätigen die vergebene Wirtschafts-Identifikationsnummer festzustellen,
3. zu erkennen, welche Finanzbehörden zuständig sind,
4. Daten, die auf Grund eines Gesetzes oder nach über- und zwischenstaatlichem Recht entgegenzunehmen sind, an die zuständigen Stellen weiterleiten zu können,
5. den Finanzbehörden die Erfüllung der ihnen durch Rechtsvorschrift zugewiesenen Aufgaben zu ermöglichen.

(7) Die in Absatz 3 aufgeführten Daten dürfen nur für die in Absatz 6 genannten Zwecke verwendet werden, es sei denn, eine Rechtsvorschrift sieht eine andere Verwendung ausdrücklich vor.

§ 50f EStG   Bußgeldvorschriften

(1) Ordnungswidrig handelt, wer vorsätzlich oder leichtfertig

1. entgegen § 22a Absatz 1 Satz 1 und 2 dort genannte Daten nicht, nicht richtig, nicht vollständig oder nicht rechtzeitig übermittelt oder eine Mitteilung nicht, nicht richtig, nicht vollständig oder nicht rechtzeitig macht oder

2. entgegen § 22a Absatz 2 Satz 9 die Identifikationsnummer für andere als die dort genannten Zwecke verwendet.

(2) Die Ordnungswidrigkeit kann in den Fällen des Absatzes 1 Nummer 1 mit einer Geldbuße bis zu fünfzigtausend Euro und in den übrigen Fällen mit einer Geldbuße bis zu zehntausend Euro geahndet werden.

(3) Verwaltungsbehörde im Sinne des § 36 Absatz 1 Nummer 1 des Gesetzes über Ordnungswidrigkeiten ist die zentrale Stelle nach § 81.

§ 22a Abs. 2 Satz 9 EStG   Rentenbezugsmitteilungen an die zentrale Stelle

(2) (.....) ⁹Der Mitteilungspflichtige darf die Identifikationsnummer nur verwenden, soweit dies für die Erfüllung der Mitteilungspflicht nach Absatz 1 Satz 1 erforderlich ist

A. Grundlagen

Die Vorschrift des § 383a AO ist mit Wirkung zum 10.12.2004 in Kraft getreten. **Zweck** der 1
Norm ist die Vermeidung des Missbrauchs der auf Grundlage der §§ 139a ff. AO eingeführten
einheitlichen Identifikationsmerkmale. Diese Vorschriften sehen die Vergabe einer Identifikationsnummer (§ 139b AO) an natürliche Personen sowie einer Wirtschafts-Identifikationsnummer
(§ 139c AO) an wirtschaftlich tätige Personen – unabhängig von ihrer Rechtsform – vor. Von der
in § 139d bzw. Art. 97 § 5 EGAO erteilten Verordnungsermächtigung hat die Bundesregierung
mit der Verordnung zur Vergabe steuerlicher Identifikationsnummern (StIdV) v. 28.11.2006, veröffentlicht am 06.12.2006 (BGBl. I 2006, S. 2726) Gebrauch gemacht. Die Identifikationsnummer für natürliche Personen wurde auf dieser Grundlage zum 01.07.2007 erstmals eingeführt.
Eine Verordnung zur Einführung der Wirtschafts-Identifikationsnummer existiert dagegen noch
nicht (ausführlich *Braun*, PStR 2007, 65).

Durch die enge Verknüpfung des Namens eines Steuerpflichtigen und einer Nummer verbunden 2
mit der lebenslänglichen Unveränderbarkeit dieser Verknüpfung soll die eindeutige Identifizierung
jedes Steuerpflichtigen dauerhaft ermöglicht werden. Ziel ist die Schaffung von Transparenz im
Besteuerungsverfahren zwecks wirksamer Bekämpfung von Leistungsmissbrauch und Steuerbetrug
(*Kracht*, StWK Gruppe 2, 71 – 73 [17/2008]). Längerfristig wird die Identifikationsnummer die
Steuernummer ersetzen.

Die **Vergabe der Identifikationsnummern** erfolgt an jeden Steuerpflichtigen zentral von Amts 3
wegen über das Bundeszentralamt für Steuern (BZSt, § 139a Abs. 1 Satz 1 AO). **Gespeichert** werden dort neben der Identifikationsnummer der Familienname, frühere Namen, Vornamen, Doktorgrad, Ordensnamen, Künstlernamen, Geburtstag und -ort, Geschlecht, gegenwärtige oder
letzte bekannte Anschrift, zuständige Finanzbehörde und ggf. Sterbetag. Die notwendigen Daten
erhält das BZSt von den Meldebehörden. Die Ziffernfolge der Identifikationsnummer lässt keinerlei Rückschlüsse auf die Person des Steuerpflichtigen zu (§ 139a Abs. 1 Satz 2 AO). **Gelöscht** werden die Daten, wenn sie zur Erfüllung der gesetzlichen Aufgaben der Finanzbehörden nicht mehr
erforderlich sind, spätestens jedoch 20 Jahre nach Ablauf des Kalenderjahres, in dem der Steuerpflichtige verstorben ist.

4   Die **Vergabe der Wirtschafts-Identifikationsnummern** erfolgt ebenfalls über das Bundeszentralamt für Steuern, allerdings nur auf Anforderung durch die zuständigen FA (§ 139c Abs. 1 Satz 1 AO).

B. Anwendungsbereich

5   Sowohl die Identifikations- als auch die Wirtschafts-Identifikationsnummer unterliegen einer strikten **Zweckbindung** (BT-Drucks. 15/5974). Sie sollen grds. nur für steuerliche oder steuerstrafrechtliche Zwecke verwendet werden. Wird diese Zweckbindung überschritten, greift der Ordnungswidrigkeitentatbestand des § 383a AO (Rolletschke/*Kemper* § 383a Rn. 7; Schwarz/*Weyand* § 383a Rn. 3).

6   Trotz dieser strikten Zweckbindung besteht die Gefahr, dass die Identifikationsnummer als allgemeines Personenkennzeichen für die Erstellung unzulässiger Persönlichkeitsprofile genutzt und damit das Recht auf informationelle Selbstbestimmung verletzt wird (Kohlmann/*Kohlmann* § 383a Rn. 6; FGJ/*Lipsky* § 383a Rn. 2)

7   Gedacht ist hier bspw. an das Sammeln, Sortieren und die Weitergabe der Identifikationsnummern von Kunden oder Lieferanten durch Unternehmer oder die Differenzierung der zahlungsunfähigen oder säumigen von den übrigen Kunden anhand der Identifikationsnummern. Die Erstellung derartiger, dem Zweck der §§ 139a ff. AO zuwiderlaufender Datensammlungen soll durch die Bußgeldvorschrift des § 383a AO verhindert und ein etwaiger Verstoß geahndet werden.

8   **Steuerpflichtig** im Sinne dieser Vorschrift ist jeder, der nach einem Steuergesetz steuerpflichtig ist (§ 139a Abs. 2 AO). Über die in § 33 AO genannten Personen hinaus werden also auch Personen erfasst, die nach den Steuergesetzen prinzipiell steuerpflichtig sind, ohne bereits eine Steuer zu schulden, z.B. Minderjährige mit keinem oder nur geringem Einkommen (*Weyand*, INF 2005, S. 499).

9   Zu **beachten** ist, dass mit **§ 50f EStG** ein weiterer Ordnungswidrigkeitentatbestand für die missbräuchliche Verwendung der Identifikationsnummer existiert. Der Anwendungsbereich dieser Vorschrift beschränkt sich jedoch auf Verstöße gegen die Verwendungsmöglichkeiten von Rentenbezugsmitteilungen gem. § 22a Abs. 2 Satz 9 i.V.m. Abs. 1 Satz 1 EStG (Rolletschke/*Kemper* § 383a Rn. 3; Kohlmann/*Kohlmann* § 383a Rn. 5).

C. Täterkreis

10   Nach dem eindeutigen Wortlaut der Norm beschränkt sich der Täterkreis auf **nicht öffentliche Stellen**. Eine Verfolgung von Bediensteten der Finanzverwaltung oder anderer öffentlicher Einrichtungen ist damit auf der Grundlage von § 383a AO ausgeschlossen. Die Sanktionierung von entsprechenden Zuwiderhandlungen dieses Personenkreises ist durch weiter gehende Instrumentarien wie die Möglichkeit zur Einleitung eines Disziplinarverfahrens und u.U. der Einleitung eines Strafverfahrens wegen Verletzung des Steuergeheimnisses (§ 355 StGB) oder wegen Verletzung von Dienstgeheimnissen (§ 353b StGB) ausreichend gewährleistet.

D. Objektiver Tatbestand

11   § 383a AO erfasst die **Erhebung oder Verwendung** der Identifikations- oder der Wirtschafts-Identifikationsnummer entgegen den nach § 139b Abs. 2 Satz 2 Nr. 1 oder nach § 139c Abs. 2 Satz 2 AO zugelassenen Zwecken sowie das **Ordnen und die Zugriffserschließung** der Dateien nach der Identifikationsnummer für andere als nach § 139b Abs. 2 Satz 2 Nr. 2 AO zugelassenen Zwecken. Die Ordnung und Zugriffserschließung ist dabei lediglich als Unterfall der Verwendung anzusehen. **Verwenden** meint jede Nutzung der Identifikationsnummer entgegen der strikten Zweckbindung (Schwarz/*Weyand* § 383a Rn. 3; Klein/*Jäger* § 383a Rn. 2).

Die **Finanzbehörden** dürfen die Identifikations- und die Wirtschafts-Identifikationsnummer nur   12
erheben, soweit dies zur Erfüllung ihrer gesetzlichen Aufgaben erforderlich ist oder eine andere
Rechtsnorm dies ausdrücklich erlaubt (§§ 139b Abs. 2 Satz 1, 139c Abs. 2 Satz 1 AO). **Andere
öffentliche oder nicht-öffentliche Stellen** unterliegen dagegen einer noch weiter gehenden
Beschränkung. Sie dürfen die Identifikationsnummer und die Wirtschafts-Identifikationsnummer
nur erheben und verwenden, soweit dies für die Datenübermittlung zwischen ihnen und den
Finanzbehörden erforderlich ist oder eine Rechtsvorschrift dies ausdrücklich erlaubt (§ 139b
Abs. 2 Nr. 1 AO) bzw. dies zur Erfüllung ihrer Aufgaben oder Geschäftszwecke erforderlich ist
(§ 139c Abs. 2 Satz 2 AO).

Ein Arbeitgeber darf bspw. die Identifikationsnummern seiner Beschäftigten nur für die Sicher-   13
stellung des Datentransfers mit dem FA speichern. Der Industrie- und Handelskammer ist das
Ordnen von Firmenregistern nach der Wirtschaftsidentifikationsnummer erlaubt (*Weyand,*
INF 2005, 499).

Die gesetzlich normierten Restriktionen der zweckgebundenen Verwendung der Identifikations-   14
nummern stehen **nicht zur Disposition** der Beteiligten; entgegenstehende vertragliche Vereinbarungen sind von Gesetzes wegen unwirksam (§ 139b Abs. 2 Satz 3 AO). Demgegenüber enthält
das Gesetz eine entsprechende Regelung für die Wirtschafts-Identifikationsnummern nicht. Vertragliche Vereinbarungen betreffend einen über den gesetzlich normierten Einsatz der Wirtschafts-
Identifikationsnummern hinausgehenden Rahmen sind daher grds. möglich (HHSp/*Rüping*
§ 383a Rn. 26; FGJ/*Lipsky* § 383a Rn. 4; Schwarz/*Weyand* § 383a Rn. 4; *Weyand,* INF 2005,
S. 499).

E. Subjektiver Tatbestand

§ 383a AO sanktioniert nach seinem ausdrücklichen Wortlaut die vorsätzliche und leichtfertige   15
Tatbegehung. Einfache Fahrlässigkeit ist demgemäß nicht ausreichend. **Vorsatz** erfordert die
Kenntnis aller objektiven Tatbestandsmerkmale, also insb. auch der gesetzlichen Zweckbindung.
Ein Irrtum über die Unzulässigkeit der Erhebung oder Verwendung lässt als Tatbestandsirrtum
nach § 16 StGB den Vorsatz entfallen (HHSp/*Rüping* § 383a Rn. 23, 32; FGJ/*Lipsky* § 383a
Rn. 9). **Leichtfertigkeit** bedeutet mehr als einfache Fahrlässigkeit: der Täter muss besonders sorg-
los vorgehen. Von Leichtfertigkeit ist insb. auszugehen, wenn der Täter Identifikationsnummern
verwendet, ohne sich zuvor über die Zulässigkeit der Verwendung informiert zu haben (FGJ/*Lipsky* § 383a Rn. 10).

Vereinzelt prophezeit die Literatur diesem Ordnungswidrigkeitentatbestand mangels Nachweisbar-   16
keit insb. des subjektiven Tatbestandes ein „Schattendasein", da es immer interner Kenntnisse aus
den Abläufen des Unternehmens bedürfe (Rolletschke/*Kemper*§ 383a Rn. 14).

F. Versuch

Mangels ausdrücklicher Regelung in § 383a AO ist die versuchte Tatbegehung nicht strafbewehrt   17
(§ 377 Abs. 2 AO, § 13 Abs. 2 OWiG).

G. Geldbuße

Zuwiderhandlungen gegen § 383a AO werden bei vorsätzlicher Tatbegehung mit Geldbußen von   18
mindestens 5,00 € bis max. 10.000,00 € (§ 17 Abs. 1 OWiG, § 383a Abs. 2 AO), bei Leichtfertigkeit mit höchstens 5.000,00 € geahndet (§ 17 Abs. 2 OWiG).

H. Selbstanzeige

19 Mangels eines entsprechenden Verweises auf §§ 371, 378 Abs. 3 AO ist eine strafbefreiende Selbstanzeige nicht möglich. Eine Schadenswiedergutmachung findet jedoch regelmäßig i.R.d. bei der Strafzumessung zu beachtenden Opportunitätsprinzips (§ 47 OWiG) Berücksichtigung (FGJ/*Lipsky* § 383a Rn. 13; Klein/*Jäger* § 383a Rn. 6).

I. Verjährung

20 Steuerordnungswidrigkeiten verjähren gem. §§ 378 bis 380 AO innerhalb von 5 Jahren. Da die zweckwidrige Verwendung von Identifikationsmerkmalen im Katalog des § 384 AO nicht aufgeführt ist, richtet sich die Verjährung nach den allgemeinen Grund-sätzen des Ordnungswidrigkeitenrechts. Aufgrund der maximalen Geldbuße von 10.000,00 € verjähren Verstöße gegen § 383a AO somit 2 Jahre nach Beendigung der Tat (§ 377 Abs. 2 AO i.V.m. § 31 Abs. 2 Nr. 2 OWiG).

§ 384 AO   Verfolgungsverjährung

Die Verfolgung von Steuerordnungswidrigkeiten nach den §§ 378 bis 380 verjährt in fünf Jahren.

A. Grundsätzliches

1 Ebenso wie Steuerstraftaten unterliegen auch Steuerordnungswidrigkeiten der Verfolgungsverjährung.

Nach § 377 Abs. 2 AO gelten für Steuerordnungswidrigkeiten die Vorschriften des Ersten Teils des Gesetzes über Ordnungswidrigkeiten, soweit die Bußgeldvorschriften der Steuergesetze nichts anderes bestimmen. Anzuwenden sind daher grds. auch die §§ 31 bis 33 OWiG, die die Verfolgungsverjährung bei Ordnungswidrigkeiten im Allgemeinen und die Unterbrechung sowie das Ruhen der Verfolgungsverjährungsfrist im Besonderen regeln. Die Verjährungsfristen sind dabei in § 31 Abs. 2 OWiG niedergelegt, zu dem § 384 AO für die in ihm genannten Ordnungswidrigkeiten eine vorrangige Spezialregelung enthält.

B. Regelungsgegenstand

2 § 384 AO regelt mithin die Verjährungsfrist bei leichtfertiger Steuerverkürzung nach § 378 AO, Steuergefährdung nach § 379 AO und Gefährdung der Abzugsteuern nach § 380 AO. Die ggü. sonstigen Ordnungswidrigkeiten verlängerte Verjährungsfrist für die genannten Steuerordnungswidrigkeiten wird damit gerechtfertigt, dass steuerliche Verfehlungen häufig erst nach Jahren aufgrund einer Betriebsprüfung entdeckt werden (FGJ/*Joecks* § 376 Rn. 3). Die Verlängerung der Verjährungsfrist bei leichtfertiger Steuerverkürzung wird zusätzlich damit begründet, dass sich diese Ordnungswidrigkeit von der Steuerhinterziehung nur durch das subjektive Tatbestandsmerkmal der Leichtfertigkeit unterscheidet. Der Nachweis vorsätzlichen Handelns sei häufig schwer zu erbringen, woraus dem Täter ein Vorteil bei der Verjährung der Tat aber nicht erwachsen soll (Klein/*Jäger* § 384 Rn. 1).

C. Der Beginn der Verjährungsfrist, deren Ruhen und Unterbrechung

I. Der Beginn der Frist, § 31 Abs. 3 OWiG

Die Frist nach § 384 AO beträgt 5 Jahre und beginnt, wie alle anderen Verfolgungsverjährungsfris- 3
ten für Ordnungswidrigkeiten auch, mit Beendigung der Tat. Wann die Tat beendet ist, bestimmt
sich nach denselben Grundsätzen, die für eine Steuerhinterziehung nach § 370 AO gelten, da § 31
Abs. 3 OWiG § 78a StGB entspricht (Rolletschke/Kemper/*Dietz* § 384 Rn. 10).

Zu beachten ist, dass bei echten Unterlassungsdelikten die Verjährungsfrist beginnt, sobald die 4
Pflicht zum Handeln fortfällt. Das ist aber bei fristgebundenen Handlungen nicht schon bei Fristablauf der Fall, wenn die Handlungspflicht danach noch fortbesteht (BGHSt 28, 371, 380). Bezogen auf die Ordnungswidrigkeit des § 380 AO soll dies nach einer Auffassung bedeuten, dass die
Verjährung erst dann beginnt, wenn die Pflicht zum Handeln entfällt, wie z.B. durch nachträgliche Abführung der Steuerabzugsbeträge. Allein mit dem Argument, es käme sonst zu einem
unvertretbar langen Hinausschieben der Verjährungsfrist, lasse sich nicht rechtfertigen, die Tatbeendigung bereits mit dem Verstreichenlassen des Fälligkeitstermins zur Abführung der Steuerabzugsbeträge anzunehmen (FGJ/*Jäger* § 384 Rn. 13). Es ist jedoch nicht einzusehen, warum bei der
Ordnungswidrigkeit des § 380 AO von den Erwägungen, die bei der Steuerhinterziehung durch
Unterlassen gelten, abgewichen werden soll. Hier wie dort ist der Beginn der Verjährungsfrist so
präzise wie möglich zu bestimmen. Das gebietet der Grundsatz von „in dubio pro reo". Mithin
beginnt die Verjährung in Fällen des § 380 AO mit dem Verstreichenlassen des jeweiligen Fälligkeitstermins zur Abführung der Steuerabzugsbeträge (Kohlmann/*Matthes* § 380 Rn. 63).

II. Das Ruhen der Verfolgungsverjährung, § 32 OWiG

Die Regelungen des § 32 OWiG entsprechen im Wesentlichen den Regelungen des § 78b Abs. 1 5
und 3 StGB. § 78b Abs. 2 StGB ist nicht in das Ordnungswidrigkeitenrecht übernommen worden. Die Immunität eines Abgeordneten ist nach Art. 46 Abs. 2 GG und den entsprechenden Vorschriften der meisten Landesverfassungen kein Verfolgungshindernis für das Bußgeldverfahren,
weil die Verfassungsbestimmungen lediglich untersagen, einen Abgeordneten wegen einer mit
Strafe bedrohten Handlung zur Verantwortung zu ziehen oder zu verhaften (FGJ/*Jäger* § 384
Rn. 15).

Die Verjährung ruht über § 32 OWiG hinaus auch im Fall des § 410 Abs. 1 Nr. 5 i.V.m. § 396
Abs. 3 AO, also dann, wenn das Bußgeldverfahren für die Dauer der Klärung einer Vorfrage ausgesetzt wird.

III. Die Unterbrechung der Verjährung, § 33 OWiG

Der Katalog des § 33 OWiG entspricht weitgehend demjenigen des § 78c StGB. Auf die Ausfüh- 6
rungen zu dieser Vorschrift wird daher verwiesen.

D. Wirkung der Verfolgungsverjährung

Nach herrschender Meinung ist die Verjährung ein Verfahrenshindernis, durch das die Verfolgung 7
von Ordnungswidrigkeiten und die Anordnung vom Nebenfolgen ausgeschlossen ist, vgl. § 31
Abs. 1 Satz 1 OWiG. Das Verfahren ist gem. § 46 OWiG einzustellen.

I.Ü. ist auf die Ausführungen zur Strafverfolgungsverjährung nach §§ 78 ff. StGB zu verweisen.

2. Kapitel Strafgesetzbuch

§ 13 StGB   Begehen durch Unterlassen

(1) Wer es unterlässt, einen Erfolg abzuwenden, der zum Tatbestand eines Strafgesetzes gehört, ist nach diesem Gesetz nur dann strafbar, wenn er rechtlich dafür einzustehen hat, dass der Erfolg nicht eintritt, und wenn das Unterlassen der Verwirklichung des gesetzlichen Tatbestandes durch ein Tun entspricht.

(2) Die Strafe kann nach § 49 Abs. 1 gemildert werden.

A. Grundsätze des Unterlassungsdelikts

1   Anknüpfungspunkt für die Strafbarkeit ist die Verwirklichung der in den einzelnen Straftatbeständen umschriebenen Handlungen. Üblicherweise sind in den Straftatbeständen des besonderen Teils des Strafgesetzbuchs als auch in denen des Nebenstrafrechts die strafbaren Handlungen in Form des positiven Tuns beschrieben. Dies entspricht auch der am häufigsten vorkommenden natürlichen Verhaltensgrundform. Gleichwohl gibt es jedoch die Möglichkeit nicht nur aktiv zu handeln, sondern auch eine gebotene Handlung zu unterlassen. Nur wenige Strafgesetze knüpfen die Strafbarkeit allein an ein strafrechtlich relevantes Unterlassen an, so z.B. § 323c StGB (*unterlassene Hilfeleistung*). Es handelt sich dabei um sog. echte Unterlassungsdelikte.

2   Ist das Unterlassen als strafbare Handlung nicht ausdrücklich in der Strafnorm formuliert, so ist das Unterlassen, wenn es ebenfalls zur Verwirklichung des Strafgesetzes führt, gleichwohl über § 13 StGB strafbar.

I. Abgrenzung von Tun und Unterlassen

3   Im Einzelfall ist zu fragen, ob das strafrechtlich relevante Verhalten in einem Tun oder Unterlassen zu sehen ist. Wer bewegungslos verharrt, handelt nicht, so heißt es bei *Weigend* (LK-StGB/*Weigend* § 13 Rn. 7). Bei Betrachtung der in der Rechtsprechung entschiedenen Einzelfälle wird jedoch deutlich, dass oftmals neben dem positiven Tun auch ein Unterlassen festgestellt werden kann. Fallen beide Formen mehr oder weniger zusammen, wird nach ständiger Rechtsprechung schlagwortartig nach dem „*Schwerpunkt der Vorwerfbarkeit*" abgegrenzt. Folgende Beispiele in der Kommentarliteratur machen dies deutlich: Tötung durch positives Tun, wenn der Kraftfahrer einem Fahruntüchtigen das Steuer überlässt, der nicht mehr eigenverantwortlich handeln kann (OLG Karlsruhe, NJW 1980, 1859 ff.); ein Fahrzeugführer der einen Überfall auf einen Mitfahrer bemerkt, aber weiterfährt, ist der Beihilfe durch positives Tun strafbar (BGH, DAR 1981, 226).

4   Ist also dem Täter schwerpunktmäßig ein Unterlassen vorzuwerfen, bildet die Vorschrift § 13 StGB die Voraussetzung für die Strafbarkeit. Denn § 13 StGB normiert, dass bei typischen Erfolgsdelikten das Nicht-Tun (Unterlassen) in seiner Strafbarkeit dem aktiven Tun gleichsteht, wenn eine rechtliche Handlungspflicht besteht.

II. Garantenpflicht

Die besonderen Pflichtenstellungen, die zu Garantenverhältnissen führen, lassen sich in zwei 5
Grundpositionen einteilen. Zum einen gibt es besondere Schutzpflichten für bestimmte Rechtsgüter (**Obhuts- oder Beschützergarant**) und zum anderen die besondere Verantwortlichkeit für bestimmte Gefahrenquellen (sog. **Überwachergarant**).

Die Schutzpflichten für bestimmte Rechtsgüter bestimmen sich nach besonderen Rechtssätzen 6
(z.B. §§ 1353, 1626, 1793 BGB) oder aus Rechtsverhältnissen enger natürlicher Verbundenheit (Ehegatten/Familiengemeinschaft).

Daneben bestehen Schutzpflichten aus einer Lebens- oder Gefahrgemeinschaft (hierunter sind 7
eheähnliche Lebensgemeinschaften oder auch häusliche Gemeinschaften zu fassen).

Schutzpflichten ergeben sich auch durch die freiwillige Übernahme von Schutz- und Beistands- 8
pflichten (Gastwirt/Taxifahrer/Bademeister).

Auch den Amtsträger oder das Organ einer juristischen Person kann eine besondere Schutzpflicht 9
treffen (Strafvollzugsbeamter).

Von besonderer Bedeutung ist daneben die Garantenstellung aus **Ingerenz**. Führt jemand eine tat- 10
sächliche Gefahrenlage herbei, muss er dafür Sorge tragen, dass sich diese nicht in einem tatbestandsmäßigen Erfolg umsetzt. Dabei geht es jedoch nicht um die Verantwortlichkeit für die bloße Verursachung der Gefahr, sondern um die Nähe zum Schadenseintritt wobei das Vorverhalten objektiv pflichtwidrig gewesen sein muss und die pflichtgemäße Handlung dem Schutz des betreffenden Rechtsguts dienen muss (Lehrbuch des Strafrechts AT/*Jescheck*, S. 625 ff.). Als Beispiel seien der Sportveranstalter, der Bauleiter oder der Tierhalter genannt, die die Sachherrschaft über die Gefahrenquellen ausüben. Daneben ergibt sich z.B. aus der allgemeinen Verkehrssicherungspflicht (Hausbesitzer) die Pflicht zur Abwehr von Gefahren.

Eine Garantenhaftung kann sich auch für das Handeln dritter Personen ergeben, wozu die 11
Geschäftsherrenhaftung gehört (*Fischer* § 13 Rn. 37 ff.).

III. Entsprechungsklausel

Ist die Garantenpflicht festgestellt, ist nach § 13 Abs. 1 Halbs. 2 StGB darüber hinaus notwendig, 12
dass das Unterlassen der Pflicht zur Erfolgsabwendung der Verwirklichung des gesetzlichen Tatbestandes durch aktives Tun entspricht. Dieser sog. Entsprechungsklausel kommt aber nur dann eigenständige Bedeutung zu, wenn eine bestimmte Handlungsvariante vorausgesetzt wird; also nicht bloß der tatbestandlich umschriebene unerwünschte Erfolg eintritt.

IV. Vorsatz

Wie üblich muss das Unterlassen der tatbestandlichen Pflicht auch vom Vorsatz umfasst sein. In 13
Bezug auf die unechten Unterlassungsdelikte, deren Verwirklichung über § 13 StGB strafbar sind, bedeutet dies, dass sämtliche Umstände vom Vorsatz umfasst sein müssen, die die Garantenpflicht begründen und sich der Täter in Kenntnis dessen für das Unterlassen der gebotenen Handlung entscheidet.

V. Strafmilderung

Die Unterlassungstat kann gem. § 13 Abs. 2 StGB über § 49 Abs. 1 StGB milder bestraft werden. 14
Die Vorschrift sieht nur die Möglichkeit der Strafmilderung vor, denn nicht immer wiegt ein Unterlassen weniger schwer als die Tatbestandsverwirklichung durch aktives Tun.

B. Anwendung im Steuerstrafrecht

I. Bedeutungsgehalt von § 370 Abs. 1 Nr. 2 und 3 AO

15 Die Zentralnorm des Steuerstrafrechts bildet § 370 AO. Nach § 370 Abs. 1 Nr. 2 AO handelt tatbestandsmäßig, wer die Finanzbehörde pflichtwidrig über steuerlich erhebliche Tatsachen in Unkenntnis lässt. In § 370 Abs. 1 Nr. 3 AO wird unter Strafe gestellt, wer pflichtwidrig die Verwendung von Steuerzeichen oder Steuerstempeln unterlässt. Da im Tatbestand selbst auf ein unterlassenes Verhalten abgestellt wird, handelt es sich bei diesen Varianten um echte Unterlassungsdelikte. Daher ist die Anwendung des § 13 StGB ausgeschlossen, wenn es Handlungen strafrechtlich zu beurteilen sind, die in diesen Tatbestandsvarianten konkret beschrieben werden (Kohlmann/*Ransiek* § 370 Rn. 272).

II. Bedeutungsgehalt von § 370 Abs. 1 Nr. 1 AO

16 Gem. § 370 Abs. 1 Nr. 1 AO macht sich strafbar, wer den Finanzbehörden oder anderen Behörden über steuerlich erhebliche Tatsache unrichtige oder unvollständige Angaben macht. Da iin diesem Tatbestand eindeutig auf positives Tun abgestellt wird, stellt sich die Frage, ob § 370 Abs. 1 Nr. 1 AO auch i.V.m. § 13 StGB, also durch Unterlassen begangen werden kann. Aus dem Gesamtzusammenhang ließe sich argumentieren, dass dies nicht möglich ist, da § 370 Abs. 1 Nr. 2 AO auf ein ausdrückliches Unterlassen abstellt, sodass sich darüber eine sog. Sperrwirkung ergibt (Steuerstrafrecht/Kohlmann/*Ransiek* § 370 AO Rn. 221). Die Frage ist in der Literatur nach wie vor umstritten und in der Rechtsprechung bislang noch nicht wesentlich thematisiert worden. Zum einen spricht wegen der Entstehungsgeschichte der Vorschrift viel dafür, die Unterlassungsverantwortlichkeit in § 370 Abs. 1 Nr. 2 und Nr. 3 AO abschließend zu verstehen (*Rolletschke/Kemper* § 370 Rn. 49b). Zum anderen verweist aber § 369 Abs. 2 AO für das Steuerstrafrecht auf die allgemeinen Regeln des Strafrechts, so auch auf § 13 StGB, sodass Fälle denkbar wären, die nicht unter § 370 Abs. 1 Nr. 2 AO wohl aber unter § 370 Abs. 1 Nr. 1 AO i.V.m. § 13 StGB subsumierbar wären (Kohlmann/*Ransiek* § 370 Rn. 222 ff.). Denkbar wären Fälle, bei denen dritte Personen, nicht selbst verpflichtet sind, aber nach pflichtwidrigem Vorverhalten die Abgabe falscher Erklärungen nicht verhindern, z.B. wenn ein Steuerberater zunächst zur Steuerhinterziehung rät, dann Aktivitäten im Bereich strafloser Vorbereitungshandlung entfaltet und später den Steuerpflichtigen nicht an der Abgabe einer unrichtigen Erklärung hindert. Nicht jedoch strafbar macht sich ein Ehegatte, der bloß nicht verhindert, dass der andere Ehegatte einer Steuerhinterziehung durch Abgabe falscher Erklärungen begeht. Dies stellt kein Sonderfall dar, sondern löst sich über die allgemeinen Regeln der strafrechtlichen Garantenpflicht. Denn die Garantenpflicht zwischen Ehegatten besteht nicht darin, den jeweils anderen von der Begehung von Straftaten abzuhalten (OLG Stuttgart, NJW 1986. 1767).

17 Entschieden hatte das OLG München in seinem Beschl. v. 29.04.1983 – 2 Ws 378/83H, jedenfalls, dass auch bereits vor Eintritt eines Verlustes – unzutreffende – Verlustbescheinigungen auszustellen, strafbar wegen vorausgegangenen Tuns ist. Denn der Täter hat dann Sorge dafür zu tragen, dass sie nicht verwendet werden (so der Leitsatz). In der Entscheidung des BFH vom 21.11.2000 – VII R 8/2000 führt dieser zur Garantenstellung aus, dass es sich zwar bei § 370 Abs. 1 Nr. AO 1977 um ein sog. Jedermann-Delikt handelt, sodass jeder möglicher Täter oder Mittäter eine Steuerhinterziehung sein kann. Für eine Unterlassungsverantwortlichkeit müssen jedoch besondere eine Garantenpflicht begründenden Umstände hinzukommen. Denn eine allgemeine Pflicht für Verhinderung von Steuerhinterziehungsdelikten in Form einer gesetzlichen Garantenpflicht gibt es nicht (BFH/NV 2001, 570 – 573).

III. Gesetzlich geregelter Fall der Garantenstellung § 153 Abs. 1 AO

18 In § 153 Abs. 1 AO ist gesetzlich geregelt, wer aufgrund vorausgegangenen Tuns zur Berichtigung der von ihm oder für ihn abgegebenen Erklärungen verpflichtet ist. Anders als bei § 13 StGB

kommt es nicht darauf an, ob die vorausgegangene Handlung pflichtwidrig war oder nicht (Kohlmann/*Ransiek* § 370 Rn. 335). Einhellig anerkannt ist, dass der Steuerberater und seine Mitarbeiter jedenfalls nicht zu den in § 153 AO genannten verpflichteten Personen gehören. Ihnen kommt damit keine gesetzliche Pflicht zur nachträglichen Berichtigung zu (Kohlmann/*Ransiek* § 370 Rn. 348). Ebenso wenig ist der Steuerberater verpflichtet, den steuerhinterziehenden Mandanten zur Steuerehrlichkeit zu bewegen. Etwas anderes gilt wie gesagt für den oben geschilderten Fall, in dem der Steuerberater selbst die pflichtwidrige Ursache gesetzt hat, dass der Mandant steuerunehrlich wird. Dann kommt eine strafrechtliche Verantwortlichkeit des Steuerberaters über § 370 Abs. 1 Nr. 1 AO i.V.m. § 13 StGB in Betracht.

§ 15 StGB   Vorsätzliches und fahrlässiges Handeln

Strafbar ist nur vorsätzliches Handeln, wenn nicht das Gesetz fahrlässiges Handeln ausdrücklich mit Strafe bedroht.

A. Grundsätzliches

Über § 369 Abs. 2 AO findet § 15 StGB auch im Steuerstrafrecht Anwendung. § 15 StGB **1** bestimmt, dass nur vorsätzliches Handeln strafbar ist. Es werden dabei verschiedene Formen des Vorsatzes unterschieden:

1. **Absicht,** dolus directus ersten Grades. Dabei kommt es dem Täter gerade auf die Tatbestandsverwirklichung, den Eintritt des vom Tatbestand beschriebenen Erfolges, an.
2. **Direkter Vorsatz,** dolus directus zweiten Grades. Der Täter weiß sicher, dass er mit seiner Handlung den Tatbestand verwirklicht.
3. **Bedingter Vorsatz,** dolus eventualis. Der Täter hält es für ernstlich möglich, dass sein Verhalten zur Tatbestandserfüllung führt und nimmt dies billigend in Kauf.

Davon zu trennen ist die fahrlässige Tatbestandsverwirklichung. Es wird bewusste und unbewusste **2** Fahrlässigkeit unterschieden.

Bei der **bewussten Fahrlässigkeit** hält der Täter es für möglich, dass er durch sein Handeln den gesetzlichen Tatbestand verwirklicht. Er vertraut jedoch pflichtwidrig darauf, dass der Erfolg nicht eintreten wird (BGHSt 33, 66).

Bei der **unbewussten Fahrlässigkeit** handelt der Täter zwar pflichtwidrig, sieht aber nicht die **3** Möglichkeit voraus, dass sein Handeln den Tatbestand verwirklicht.

Als besondere Erscheinungsform der Fahrlässigkeit gilt die **Leichtfertigkeit.** Der Begriff der **4** Leichtfertigkeit bezeichnet einen erhöhten Grad von Fahrlässigkeit. Leichtfertigkeit liegt vor, wenn der Täter die ihm gebotene Sorgfalt in besonders grobem Maße verletzt, er grob und achtlos handelt und nicht beachtet, was sich ihm aufdrängen müsste (Kommentar zum *Fischer* § 16 Rn. 20).

B. Regelungsgegenstand

5 So bestimmt also § 15 StGB, dass strafbar nur vorsätzliches Handeln ist. Nur wenn in den einzelnen Straftatbeständen ausdrücklich auch die fahrlässige Begehung des Delikts als strafbar normiert ist, kann sich der Täter auch der fahrlässigen Deliktsverwirklichung strafbar machen. Im Steuerstrafrecht ist nur vorsätzliches Handeln von Bedeutung.

6 § 378 AO eröffnet jedoch die Möglichkeit der Verhängung einer Geldbuße bei leichtfertiger Begehungsweise. Vor diesem Hintergrund ist im Steuerstrafrecht insb. die Abgrenzung von bedingtem Vorsatz und bewusster Fahrlässigkeit von Bedeutung, da fahrlässige Steuerhinterziehung nicht strafbar ist. Darüber hinaus kommt es weiter auf die exakte Definition der Leichtfertigkeit an. Ist auch nicht leichtfertig gehandelt worden, scheidet auch eine Ordnungswidrigkeit aus.

I. Abgrenzung bedingter Vorsatz und bewusste Fahrlässigkeit

7 Bedingter Vorsatz und Fahrlässigkeit liegen eng beieinander. In beiden Fällen erkennt der Täter einen möglichen tatbestandlichen Erfolgseintritt, d. h. das Wissenselement ist bei beiden Formen vorhanden. Die Frage ist, ob allein auf der Wissensebene oder nicht in Kombination mit dem voluntativen Element eine sinnvolle Abgrezung von Vorsatz und bewusster Fahrlässigkeit geleistet werden kann.

Nach der sog. **Möglichkeitstheorie** ist der bedingte Vorsatz dann anzunehmen, wenn der Täter die konkrete Möglichkeit der Tatbestandsverwirklichung erkannt hat und dennoch handelte. Nach dieser Theorie wird überwiegend auf die positiven kognitiven Erkenntnisse des Täters abgestellt und weniger auf die subjektive Einschätzung des Täters eingegangen. Das subjektive Element verdient jedoch bei der Unterscheidung von Vorsatz und Fahrlässigkeit mehr Gewicht, so dass diese Theorie zu Recht abgelehnt werden kann.

Bei der **Wahrscheinlichkeitstheorie** wird stärker auf die subjektive Seite abgestellt. Sie besagt, dass der Täter bedingt vorsätzlich handelt, wenn er trotz der erkannten Möglichkeit der Tatbestandverwirklichung, die er auch für wahrscheinlich hält, dennoch handelt (*K. Mayer*, Strafrecht AT, S. 121). Doch auch die Wahrscheinlichkeitstheorie bleibt insgesamt zu ungenau und vage.

Die **Gleichgültigkeitstheorie** (Sch/Sch/*Sternberg/Lieben*, § 15 Rn. 84) will dolus eventualis annehmen, wenn der Täter aus bewusster Gleichgültigkeit die Tatbestandsverwirklichung in Kauf nimmt und stellt dabei vermehrt auf die subjektive Komponente des Vorsatzes ab.

Die überwiegende in der Rechtsprechung für die Annahme von bedingtem Vorsatz verwendete und weiter konkretisierte Theorie ist die sog. **Einwilligungs- oder Billigungstheorie**. Nach dieser ist bedingter Vorsatz gegeben, wenn der Handelnde den tatbestandlichen Erfolg erkannt bzw. die Tatbestandsverwirklichung für möglich erachtet hat (Wissenselement) und „gebilligt" oder „billigend in Kauf genommen" hat (Willenselement) (BGH, StV 1987, 92 – 93; BGH, JA 1990, 399 – 400; BGH, BGHR StGB § 212 Abs. 1 Vorsatz bedingter (17) Gründe; BGH, NStZ 2000, 583 – 584), dass diese auch eintritt.

8 In der Rechtsprechung findet sich eine gewisse Bandbreite an Formulierungen. So gibt es z. B. das „Sich-Abfinden" mit dem Erfolgseintritt (BGH, NStZ-RR 2010, 144 – 145) oder das „Einverständnis" mit dem Tatbestandserfolg (BGH, NStZ-RR 2007, 45 – 46), während es bei dem festgestellten subjektiven Element der Gleichgültigkeit der weiteren Erörterung des Wissenselements bedarf (BayObLG, NJW 2003, 371 – 373).

Demgegenüber vertraut der Täter bei der bewussten Fahrlässigkeit pflichtwidrig auf das Ausbleiben des Verletzungserfolgs (*Jescheck*, Lehrbuch des Strafrechts AT, S. 301).

II. Leichtfertigkeit

Im Steuerstrafrecht findet sich die Form der Leichtfertigkeit bei § 378 AO. Bei der Leichtfertigkeit 9
handelt es sich um eine besonders gesteigerte Form der Fahrlässigkeit (BGHSt 33, 66). Sie ist
gegeben, wenn „in ungewöhnlich groben Maße" die erforderliche Sorgfalt verletzt wurde. Daneben müssen dem Täter die Umstände bekannt sein, die sein Verhalten als leichtfertig definieren
(*Jescheck*, Lehrbuch des Strafrechts AT, S. 569). Nach der Geldwäscheentscheidung des BGH
(BGHSt 43, 158, 168) ist Leichtfertigkeit z.b. gegeben, wenn gerade eine „Vielzahl naheliegender
Verdachtsmomente" vorliegen und dem Täter so die Möglichkeit der Tatbestandsverwirklichung
sich nahezu aufdrängen muss (vgl. dazu auch LK-StGB/*Vogel* § 15 Rn. 295).

Eine genaue Definition des Leichtfertigkeitsbegriffs gibt es allerdings nicht. Am gelungensten mag
die im Vordringen befindliche Lehre sein, das „sich Aufdrängen" der Verwirklichung des Tatbestandes in den Mittelpunkt zu stellen (so zustimmend auch LK-StGB/*Vogel* § 15 Rn. 297).

In Bezug auf den Vorwurf i.S.v. § 378 AO muss sich die Verletzung der steuerlichen Pflicht und 10
die dadurch begründete Steuerverkürzung in besonderem Maße aufdrängen. Die besondere Feststellung des Merkmals der Leichtfertigkeit ist dabei erforderlich (BGH, wistra 1988, 196). So darf
Leichtfertigkeit in der Praxis nicht bloß deshalb angenommen werden, weil der Vorwurf der vorsätzlichen Steuerhinterziehung gem. § 370 AO nicht mit Sicherheit gemacht werden kann (*Rolletschke*/Kemper § 378 Rn. 24). Leichtfertigkeit wird im Steuerstrafrecht vielmehr dann gesehen
werden können, wenn sich der Täter nicht nur jeder steuerlichen Erfassung entzieht, da hier wohl
bedingter Vorsatz angenommen werden muss, sondern dann, wenn der Täter Vorkehrungen zur
Erfüllung seiner steuerlichen Pflichten getätigt hat, diese jedoch erkennbar so unzureichend sind,
dass es sich ihm aufdrängen muss, dass er mit diesen Vorkehrungen seine steuerlichen Pflichten
nicht hinreichend erfüllen kann. Schaltet der Steuerpflichtige z.B. einen steuerlichen Berater ein,
so ist er verpflichtet, den steuerlichen Berater umfassend zu informieren und ggf. volle Einsichtnahme in seine Unterlagen zu gewähren, damit dieser auch in die Lage versetzt wird, die steuerlichen Sachverhalte zu erfassen und umzusetzen. Ist dies der Fall, darf er zu Recht auf die Kompetenz des steuerlichen Beraters vertrauen. So hat auch das FG Baden-Württemberg in seinem
Urt. v. 30.01.2008 entschieden, dass bei Einschaltung eines Steuerberaters zur Erfüllung der steuerlichen Pflichten kein bedingter Vorsatz anzunehmen ist (FG Baden Württemberg, PStR 2009,
30-31). Eine weiter gehende Überwachungspflicht trifft ihn nicht (zum Ganzen: FGJ § 378
Rn. 40).

Bei sonstigen für den Steuerpflichtigen tätigen Personen, die nicht geschäfts- oder berufsmäßig 11
mit steuerlichen Angelegenheiten betraut werden, ist meines Erachtens die Überwachungspflicht
enger zu sehen. Bei erkennbar nicht steuerlich versierten Hilfskräften könnte sich dem Täter möglicherweise aufdrängen, dass steuerliche Sorgfaltspflichten verletzt werden, es sei denn, die Kontrolle und Überwachung hat zu keinerlei Beanstandungen geführt.

Im Fall eines unrichtig ausgefüllten Subventionsantrags ohne steuerliche Beratung durch eine ver-
trauenswürdige Buchhaltungskraft hatte das FG Sachen-Anhalt ausgeurteilt, dass weder Vorsatz
noch grobe Fahrlässigkeit gegeben war (Urt. v. 16.09.2004 –1 K 313/00).

C. Sonderfälle im Bereich des Steuerstrafrechts

In der Praxis wird den Feststellungen im Bereich des Vorsatzes viel zu wenig Raum eingeräumt. 12
Vielfach wird nur aufgrund des Vorliegens des objektiven Tatbestands auf den subjektiven Tatbestand geschlossen. Einwände i.R.d. steuerstrafrechtlichen Ermittlungsverfahrens auf der Vorsatze-
bene laufen leer. In gerichtlichen Verfahren zeigen sich in der Urteilsbegründung häufig nur Hilfs-
erwägungen, da die subjektive Komponente auch durch Beweiserhebungen im Hauptverfahren
kaum hinreichend anhand von Tatsachenfeststellungen aufgeklärt werden kann. Dementsprechend dürftig bleiben die Urteilsgründe.

13 Nichtsdestotrotz sollte aber gerade im Bereich der Abgrenzung von bedingtem Vorsatz und bewusster Fahrlässigkeit sorgfältig vorgetragen werden. I.d.R. mag es so sein, dass, wer tatsächlich bewusst unrichtige Angaben oder unvollständige Angaben macht, ernsthaft eine Steuerhinterziehung gewollt hat. Man mag daher mit dem Einwand, der Steuerpflichtige habe darauf vertraut, dass eine Steuerverkürzung dennoch ausbleibt, wenig Erfolg haben (so auch Kohlmann/*Ransiek* § 370 Rn. 614). In der Praxis ist aber durchaus Diskussionspotenzial gegeben, wenn der Steuerpflichtige bei Abgabe seiner Steuererklärung eine von der Finanzverwaltung **abweichende Rechtsauffassung** vertritt. Ist die zugrunde liegende Rechtsauffassung absolut unvertretbar, verbleibt es bei der Annahme von Vorsatz, so wenn der Täter der Auffassung ist, man müsste grds. keine Steuern begleichen. Ist die Rechtsauffassung dagegen vertretbar, kann die Annahme bedingten Vorsatzes zweifelhaft sein.

14 Hier eröffnet sich freilich die Möglichkeit, eine Strafbarkeit auf § 370 Abs. 1 Nr. 2 AO zu stützen. Denn werden vertretbare Rechtsauffassungen zugrunde gelegt, muss der Steuerpflichtige sämtliche Angaben machen, die für die steuerrechtliche Beurteilung von Bedeutung sind. Ist dies nicht der Fall, sind seine Angaben wiederum unvollständig, was einen Unterlassensvorwurf begründen kann. Dabei ist aber genau zu prüfen, auf welche einzelnen Elemente sich die Offenbarungspflichten beziehen. So soll nach *Harms* sich aus den Entscheidungen des BGH (NStZ 2000, 320 und NStZ 2000, 203) nicht ergeben, dass jeder Buchungs- oder Bilanzierungsvorgang, der der Rechtsauffassung der Finanzverwaltung widerspricht, dargelegt und erläutert werden muss (*Harms*, Steuerberatung 2005, S. 12 ff.).

15 Für die Risikoberatung im Vorfeld gilt, dass der Steuerpflichtige gut daran täte, Abweichungen von der Auffassung der Finanzverwaltung und den Richtlinien in jedem Fall kenntlich zu machen und den Lebenssachverhalt so vollständig wie möglich darzulegen (zum Ganzen: Kohlmann/*Ransiek* § 370 Rn. 242 ff.).

§ 16 StGB   Irrtum über Tatumstände

(1) Wer bei Begehung einen Umstand nicht kennt, der zum gesetzlichen Tatbestand gehört, handelt nicht vorsätzlich. Die Strafbarkeit wegen fahrlässiger Begehung bleibt unberührt.

(2) Wer bei Begehung der Tat irrig Umstände annimmt, welche den Tatbestand eines milderen Gesetzes verwirklichen würden, kann wegen vorsätzlicher Begehung nur nach dem milderen Gesetz bestraft werden.

A. Grundsätzliches

1 Nach § 15 StGB ist nur strafbar, wer vorsätzlich gehandelt hat. Dabei muss der Täter alle wesentlichen Umstände der Deliktsverwirklichung in seinem Wollen, bzw. in seiner Vorstellung von der Tat aufgenommen haben. Ist dies nicht der Fall, bestehen in seiner Vorstellung also Defizite, bestimmt § 16 StGB wie zu verfahren ist. § 16 StGB trägt so dem Schuldstrafrecht Rechnung und findet über § 369 Abs. 2 AO auch im Steuerstrafrecht Anwendung.

B. Voraussetzungen im Einzelnen

I. Tatbestandsirrtum

Gem. § 16 Abs. 1 StGB handelt der Täter unvorsätzlich, wenn er bei Begehung der Tat Umstände 2
der Tat nicht erkennt, die zum Tatbestand gehören. Es kommt dann allenfalls eine Bestrafung
wegen fahrlässiger Begehung in Betracht. Da fahrlässige Steuerhinterziehung nicht strafbar ist, verbleibt es allenfalls bei einer Ordnungswidrigkeit gem. § 378 AO wenn die Steuerverkürzung
leichtfertig erfolgte.

Bei der Steuerhinterziehung gehört zum Tatbestand, dass über steuerlich erhebliche Tatsachen 3
unrichtige oder unvollständige Angaben gemacht werden.

▶ **Beispiel:**

Vergisst der Steuerpflichtige, der aus Vortragstätigkeiten Honorare erhält, eine Vortragsvergü-
tung bei seinen Einkünften aus selbständiger Tätigkeit anzugeben, weil er diese in bar erhalten
hat, kommt es zwar zu einer Steuerhinterziehung. Der Täter handelt aber unvorsätzlich, weil
er nicht weiß, dass der angegebene Gesamtbetrag bei seinen Einkünften zu niedrig war.

Problematisch ist im Bereich des Irrtums die **Beweisbarkeit** des rein inneren Vorgangs. Dass mög- 4
licherweise nur ein Versehen des Steuerpflichtigen vorliegt, ist auch aus Sicht der Ermittlungsbehörden und Gerichte nachvollziehbar, wenn es sich um einen geringen Betrag handelt und sonstige Angaben hinsichtlich der anderen Einkunftsarten richtig sind. In der Praxis führen diese Fälle
dennoch selten zu einer Einstellung nach § 170 StPO. Vielmehr bieten die Finanzbehörden eine
Einstellung des Verfahrens gegen eine Geldauflage gem. § 153a StPO an. Da die Steuerpflichtigen
selten den Vorgang gerichtlich überprüft wissen wollen, wird dieser Art der Verfahrenserledigung
häufig – möglicherweise auch vorschnell – zugestimmt. Denn auch wenn das Gericht oder die
Behörde eigentlich das Vorliegen eines Irrtums beweisen muss, gilt der Grundsatz in dubio pro reo
(dazu auch: Kohlmann/*Ransiek* § 370 Rn. 652) und es lässt sich in manchen Fällen gleichwohl gut
mit äußeren Umständen argumentieren, dass der Steuerpflichtige nicht vorsätzlich gehandelt hat.

Da es sich bei der Steuerhinterziehung um eine **Blankettvorschrift** handelt, sind die jeweiligen 5
Einzelsteuergesetze mit hineinzulesen. Nach der sog. **Steueranspruchstheorie**, die vom BGH (so
bereits in BGHSt 5, 90 – 92) und vom BFH vertreten wird, gehört demnach zum Vorsatz der
Steuerhinterziehung, dass der Täter den angegriffenen bestehenden Steueranspruch dem Grunde
und der Höhe nach kennt und dass er ihn trotz dieser Kenntnis gegenüber der Steuerbehörde verkürzen will (zuletzt BFH v. 29.04.2008 – BFHE 220, 332 mit Verweis auf BGH v. 19.05.1989,
wistra 1989, 263 und BGH vom 09.02.1995, wistra 1995, 191.) Man mag zu Recht einwenden,
dass nicht jeder Steuerpflichtiger den Steuerschaden konkret wird beziffern können (so in MüKo-
StGB/*Schmitz/Wulf* § 370 AO Rn. 336). Kann er dies, und will er genau diesen Betrag hinterziehen, liegt m. E. direkter Vorsatz oder gar Absicht vor. Der BGH geht denn auch davon aus, dass
ausreicht, dass der Steuerpflichtige den Steueranspruch dem Grunde nach kennt und die Höhe
der hinterzogenen Steuern für möglich hält (BGH v. 17.02.1998, wistra 1998, 225 mit Verweis
auf BGH v. 24.1.1990, wistra 1990, 193.)

Ebenso ist nicht notwendig, dass der Steuerpflichtige die konkrete Steuernorm kennt. Es reicht 6
nach dem Grundsatz der „**Parallelwertung in der Laiensphäre**" dass er bei Sachverhaltskenntnis
erfasst, dass daraus dem Staat ein Steueranspruch erwachsen könnte (BFH, 16.12.2008, I R 23/
07, NV; FG Düsseldorf v. 14.3.2007, EFG 2007, 1485).

Irrt der Steuerpflichtige also über einen Steueranspruch, so handelt er tatbestandslos gem. § 16 7
Abs. 1 StGB (Zur Abgrenzung von Tatbestands- und Verbotsirrtum: BayObLG v. 20.07.1992,
wistra 1992, 312).

Wurden z. B. Einkünfte eines „Lobbyisten" stets als Einkünfte aus selbständiger Tätigkeit dekla- 8
riert und gehen die Finanzbehörden aber von Gewerblichkeit aus, kann sich der Steuerpflichtige

auf einen Tatbestandsirrtum hinsichtlich der Gewerbesteuer nach § 16 StGB berufen (OLG Köln, StraFo 2004, 282).

9   Ein Tatbestandsirrtum liegt auch dann nahe, wenn der Steuerpflichtige steuerlich beraten und den **Steuerberater** zur Steuerpflichtigkeit des Vorgangs befragt und eine Negativauskunft erteilt hat (siehe dazu auch die Entscheidung des BayObLG, wistra 1990,202 und BGH v. 19.05.1989, wistra 1989, 263).

10   Bei § 370 Abs. 1 Nr. 2 und Nr. 3 AO ist allerdings zu unterscheiden. Die Vorschriften regeln die Strafbarkeit pflichtwidriges Unterlassen. Sie sind daher von der Struktur mit § 13 StGB vergleichbar. Hier gilt, dass der Irrtum über das Vorliegen der **Garantenstellung** ein Tatbestandirrtum gem. § 16 StGB darstellt. Irrt der Täter aber über die Pflicht zum Handeln bei Kenntnis aller Umstände, die eine Garantenpflicht begründen würden, so kommt allenfalls ein Verbotsirrtum gem. § 17 StGB in Betracht.

11   Für das Steuerstrafrecht bedeutet dies, dass der Steuerpflichtige, der alle Umstände kennt, die zur Erklärungspflicht führten, sich nicht auf § 16 StGB berufen kann. So ist wohl allseits bekannt, dass der Steuerpflichtige den nachträglichen Wegfall steuerbegünstigender Voraussetzungen den Finanzbehörden mitteilen muss (HHSp/*Hellmann* § 370 Rn. 252). Ein Irrtum über die Anzeigepflicht kann daher allenfalls zu einem (sicherlich auch vermeidbarem) Verbotsirrtum führen.

II. Umgekehrter Tatbestandsirrtum

12   Meint der Täter einen Umstand zu verwirklichen, der zu einem milderen Strafgesetz führt, so wird er nur nach dem milderen Gesetz bestraft.

13   Die Vorschrift findet schon im allgemeinen Strafrecht nur noch begrenzten Anwendungsbereich. Sie wird nach heute herrschender Auffassung jedenfalls angewandt auf benannte oder unbenannte minder schwere Fälle (LK-StGB/*Vogel* § 16 Rn. 99). Bei dem gewerbsmäßigen, gewaltsamen und bandenmäßigen **Schmuggel** gibt es in § 373 Abs. 1 Satz 2 AO zwar die Regelung des minder schweren Falls; diese ist aber nicht typisiert. Daher lässt sich kaum ein Fall denken, in dem § 16 Abs. 2 StGB im Steuerstrafrecht eine Rolle spielt (kritisch zur Annahme des minder schweren Falls bei § 373 AO: BGH v. 22.05.2012, 1 StR 103/12, NSW AO § 370 [BGH-intern]).

C. Einzelfälle im Steuerstrafrecht

14   Bei Nichterklärung von **Einkünften aus Kapitalvermögen** ist zu prüfen, ob die subjektive Kenntnis von staatlichen Besteuerungsanspruch – hier: der Steuerpflicht von Erträgen aus **Tafelgeschäften** – vorliegt oder ob möglicherweise ein Tatbestandsirrtum deshalb vorliegt, weil der Steuerpflichtige glaubte, der Steueranspruch sei durch den Zinsabschlag bereits erloschen (BFH v. 29.04.2008, DStR 2008,1377).

15   Das Finanzgericht Baden-Württemberg entschied in 2007, dass ein Tatbestandsirrtum des **Treuhänders** nicht in Betracht kommt, wenn dieser im Rahmen eines verdeckten Treuhandverhältnisses unter eigenen Namen ausländische Kapitaleinkünfte vereinnahmt (FG Baden-Württemberg, EFG 2008,515).

16   Ein Tatbestandsirrtum kommt auch nicht in Betracht, wenn ein Steuerpflichtiger bei einer **türkischen Bank** eine Geldanlage unterhält und die Zinsen nicht erklärt, weil Zweifel darüber bestehen, ob die Zinsen, die in der Türkei bereits dem **Quellensteuerabzug** unterlagen, nochmals in Deutschland der Besteuerung zu unterwerfen sind (FG Düsseldorf, EFG 2005,1660).

17   Ein Tatbestandsirrtum ist auch nicht gegeben, wenn möglicherweise **Zeitungsartikel** oder sonstige Lektüre anderes behaupten (BGH v. 23.2.2000, wistra 2000,217). Dies gilt schon gleich, wenn der Steuerpflichtige allgemeine juristische oder gar sonstige steuerliche Kenntnisse hat. Der Steu-

erpflichtige ist verpflichtet alles zu offenbaren, auch wenn er eine andere Rechtsauffassung zu diesem Vorgang vertritt (BGH, NStZ 2000, 320).

Ein Tatbestandsirrtum kann aber auch dann gegeben sein, wenn getätigte Umsätze nicht erklärt **18** wurden und der Steuerpflichtige meint, wegen **Vorsteuerabzugsberechtigung** sei kein Steueranspruch des Staates gegeben (BGH v. 24.10.1990, wistra 1991, 107). Hier ist jedoch zu berücksichtigten, dass wegen des im Steuerstrafrechts geltenden Kompensationsverbots gem. § 370 Abs. 4 Satz 3 AO zunächst eine Umsatzsteuerverkürzung gegeben ist.

Bei einem **Erbfall** entsteht für den **Erben** eine **Erklärungspflicht** gem. § 153 AO, wenn dieser **19** nachträglich erkennt, dass die Steuererklärungen des Erblassers falsch waren. Der Irrtum über die Verpflichtung aus § 153 AO wäre ein (vermeidbarer) Verbotsirrtum. Meint der Erbe allerdings, das Finanzamt könne die Steuern nicht mehr nachträglich richtig festsetzen, so irrt der Erbe über den Steueranspruch (Beispiele bei MüKo-StGB/*Schmitz/Wulf* § 370 AO Rn. 330 und Kohlmann/ *Ransiek* § 370 AO Rn. 670. M. E. ist dies ein eher theoretischer Fall. Dem Erben, der nunmehr hohe Kapitalerträge in seinen eigenen Einkommensteuererklärungen zukünftig angibt, droht das Risiko eines Strafverfahrens wegen unterlassener Berichtigung. Im Zuge dessen werden die Behörden dem Vortrag, er meinte, die Behörden könnten die Steuern nicht mehr nacherheben, kaum Glauben schenken, wenn nicht der Erbe dazu auch (falsch) steuerlich beraten worden ist.

§ 17 StGB   Verbotsirrtum

Fehlt dem Täter bei Begehung der Tat die Einsicht, Unrecht zu tun, so handelt er ohne Schuld, wenn er diesen Umstand nicht vermeiden konnte. Konnte der Täter den Irrtum vermeiden, so kann die Strafe nach § 49 Abs. 1 gemildert werden.

A. Grundsätzliches

Anders als bei § 16 StGB handelt der Täter, dem die Einsicht fehlt, Unrecht zu tun, zwar vorsätz- **1** lich, aber nicht schuldlos, wenn er sich in einem unvermeidbarem Verbotsirrtum befindet und bleibt straflos. In Fällen der Vermeidbarkeit kommt der fakultative besondere gesetzliche Milderungsgrund des § 17 Satz 2 StGB zur Anwendung.

Über § 369 Abs. 2 AO gilt § 17 StGB auch im Steuerstrafrecht. **2**

B. Voraussetzungen im Einzelnen

I. Verbotsirrtum

Bei einem Verbotsirrtum (direkter Verbotsirrtum) weiß der Täter was er tut, meint jedoch, dass **3** dieses nicht verboten oder gar erlaubt ist.

Nicht vorausgesetzt wird dabei, dass er die **Strafbarkeitsnorm positiv** kennt, er muss den Bedeu- **4** tungsgehalt der Norm seinem Sinn nach erfassen (auch hier gilt die sog. Parallelwertung in der Laiensphäre).

5   Der Täter muss auch nicht wissen, dass er sich **strafbar** macht, wenn er die Handlung ausführt, er also für die Tat sanktioniert wird (BGHSt 45, 97 zur Frage der Strafbarkeit von Ausländern bei Tathandlung im Ausland nach § 258 StGB).

6   Es genügt, dass der Täter „die **spezifische Rechtsgutsverletzung als Unrecht**" (Vogel in, Leipziger Kommentar zu § 17 StGB Rn. 21 mit Verweis auf BGHSt 15, 377) **erkennt**. Es ist dabei ausreichend, dass der Täter die Möglichkeit erfasst, Unrecht zu tun und insoweit mit dolus eventualis handelt (Lackner/*Kühl* § 17 Rn. 4).

7   Gibt es **Zweifel** an der Frage, ob der Täter Unrechtsbewusstsein hatte oder liegt, gilt der Grundsatz **in dubio pro reo**.

8   Ebenso wie zu § 16 StGB ist über § 17 StGB **Beweis** zu erheben. Dabei ist wohl sicher, dass der reinen Behauptung des Täters, einem Verbotsirrtum unterlegen zu sein, kaum Glauben geschenkt werden wird. Hier sollte daher detailliert, schlüssig und nachvollziehbar vorgetragen werden.

9   Wie ein Verbotsirrtum (**indirekter Verbotsirrtum** bzw. **Erlaubnisirrtum**) wird auch behandelt, wer über die rechtlichen Grenzen eines Rechtfertigungsgrundes irrt. Dieser spielt allerdings im Steuerstrafrecht keine Rolle.

10 Irrt der Täter über eine **Genehmigung**, ein Genehmigungserfordernis etc. kann je nach Einzelfall entweder ein Verbotsirrtum oder ein Tatbestandsirrtum vorliegen. Der BGH hatte im Jahr 2001 über die Frage zu entscheiden, ob sich ein niederländischer Zollfahnder durch die Teilnahme an einer Schmuggelfahrt als V-Mann der Steuerhinterziehung gem. § 370 AO strafbar gemacht hatte. In dem zu entscheidenden Fall konnte nicht widerlegt werden, dass der V-Mann davon ausging, dass die von ihm gefundenen und an seine Behörden mitgeteilten Ergebnisse an ausländischen Behörden der Europäischen Union weitergeleitet werden, und er daher im Einverständnis bzw. mit Genehmigung gehandelt hatte (BGH, wistra 2001, 263 wobei offen gelassen wurde, ob dieser Irrtum als Verbotsirrtum zu qualifizieren ist).

11 Im Steuerstrafrecht unterliegt der Täter nicht mehr einem Tatbestandsirrtum sondern einem Verbotsirrtum, wenn er alle Umstände kennt, die zu einem Steueranspruch führen, aber dennoch meint, er müsse keine Steuern zahlen.

12 Bei den Unterlassensalternativen des § 370 AO unterliegt der Täter einem Verbotsirrtum, wenn er die Umstände kennt, die zu einer Handlungspflicht/Berichtigungspflicht führen würden, aber dennoch meint, nicht zur Berichtigung verpflichtet zu sein.

13 Keinem Verbotsirrtum unterliegt e. E. der Steuerpflichtige, wenn er meint, dass eine Steuernorm noch durch das Bundesverfassungsgericht für nichtig erklärt werden wird (offen gelassen in BGH, wistra 2008, 21). Denn der Steuernorm kommt im Tatzeitpunkt Gültigkeit zu. Selbst wenn nachträglich die Verfassungswidrigkeit festgestellt wird, verbleibt es wohl bei der Strafbarkeit (vgl. exemplarisch mit der Strafbarkeit der Hinterziehung von Vermögensteuer: *Rolletschke*/Kemper § 370 Rn. 252 ff.). Der Steuerpflichtige wird kaum durchdringen mit dem Einwand, er habe zwar den Normappell erkannt, das Unrecht erfasst aber handelte in der Annahme, dies gelte nicht.

II. Vermeidbarer und unvermeidbarer Verbotsirrtum

14 Wird festgestellt, dass der Täter einem Verbotsirrtum bei Ausführung der Tat unterlag, stellt sich in einem zweiten Schritt die Frage der (Un-)Vermeidbarkeit.

15 Der Irrtum ist **vermeidbar**, wenn der Täter die Möglichkeit hatte zu erkennen, mit der Tat Unrecht zu tun.

16 Da § 17 StGB dem Schuldprinzip Rechnung trägt, kommt es auf die **individuelle Erkenntnismöglichkeit** des Täters an.

17 **Fachwissen** wird berücksichtigt.

Auch der **Lebens- und Berufskreis** des Einzelnen (Sch/Sch/*Sternberg-Lieben* § 17 Rn. 17 mit Ver- 18
weis u.a. auf BGHSt 40, 264) spielt bei der Beurteilung eine Rolle. Bei einem steuerlich versierten
Täter, z. B. Steuerberater, wird die Beurteilung zur Vermeidbarkeit sicher anders ausfallen, wie bei
einem steuerlichen Laien.

Darüber hinaus wird das sog. **Anspannen des Gewissens** (BGH, NJW 1996, 1604) verlangt, um 19
den Unrechtsgehalt der Tat zu erkennen.

Unkundige sind in Zweifelsfällen gehalten, sich die **notwendigen Auskünfte** einzuholen, den 20
Täter trifft also eine **Erkundigungspflicht** (BGHSt 21, 18), die dann aber zu einem richtigen
Ergebnis hätte führen müssen (*Fischer* § 17 Rn. 9b), sog. **Vermeidbarkeitszusammenhang** (Sch/
Sch/*Sternberg-Lieben* § 17 Rn. 22).

Damit sind insgesamt die Anforderungen ungleich höher, als bei reinen Fahrlässigkeitstaten 21
(BGHSt 4, 236).

Erst wenn nach alledem der Irrtum unvermeidbar war, bleibt der Täter straflos. 22

III. Milderungsmöglichkeit

Liegt ein vermeidbarer Verbotsirrtum vor, ist („Kann"-Regelung) zu fragen, ob die Tat zur Milde- 23
rung geeignet ist. Zwar geht man in der Regel von einer Milderungsmöglichkeit aus. Anders ist
dies nur dann, wenn die Tat z. B. von besonderer Rechtsfeindschaft zeugte (Lackner/*Kühl* § 17
Rn. 8 m.w.N.).

Gelangt man zur Milderung muss im allgemeinen Strafrecht darauf geachtet werden, dass mit der 24
Milderung die Grenze der Strafbarkeit der fahrlässigen Begehung des Delikts nicht unterschritten
wird. Da im Steuerstrafrecht keine fahrlässige Begehung möglich ist, kommt es hierauf nicht an.

Gem. § 49 Abs. 1 StGB ist zu mildern. Vgl. dazu bereits die Ausführungen bei § 23 unter 25
Rdn. 5 ff.

C. Einzelfälle im Steuerstrafrecht

Der BGH entschied im Jahr 1985, dass der Irrtum über die Berichtigungspflicht nach § 17 UStG 26
ein Verbotsirrtum im Sinne des § 17 StGB sein kann. Im vorliegenden Fall hatte ein Unternehmer
aus einem Kaufvertrag die ihm in Rechnung gestellte Umsatzsteuer als Vorsteuer geltend gemacht.
Nach Rücktritt vom Kaufvertrag kam der Unternehmer der **Berichtigungspflicht nach § 17 UStG**
nicht nach. Wegen der vom BGH ebenfalls getätigten Äußerung, dass dem Staatsbürger im allgemeinen bekannt ist, dass eine **Anzeigepflicht** gegenüber dem Finanzamt besteht, wenn die Voraussetzungen für Steuerbegünstigungen nachträglich wegfallen, dürfte der Verbotsirrtum auch kaum
unvermeidbar gewesen sein (BGH, wistra 1986, 219).

Wer seine **Berufsunfähigkeitsrente** nicht angibt, unterliegt allenfalls einem Verbotsirrtum. Denn 27
bei der Annahme, Berufsunfähigkeitsrenten seien steuerfrei und daher nicht offen zulegen, handelt es sich um einen bloßen Subsumtionsirrtum. Unvermeidbar war der Irrtum dennoch nicht,
da der Irrtum durch die Einholung eines fachkundigen Rates hätte vermieden werden können
(FG Köln, EFG 2012, 1011).

Ein unvermeidbarer Verbotsirrtum liegt auch nicht vor bei einem Verstoß gegen die **Milchgaran-** 28
tiemengenverordnung durch einen Landwirt. Obwohl es sich bei § 370 AO i. V. m. §§ 8
Abs. 2, 12 Abs. 1 MOG um ein mehrstufiges Blankettgesetz handelt, wusste der Angeklagte, dass
er gegen die Milchgarantiemengenregelungen verstößt, auch wenn er wohl nicht die gesetzlichen
Regelungen in allen Einzelheiten gekannt hat. Auch treffe ihn eine erhöhte Informationspflicht als
Landwirt. (OLG Frankfurt, NStZ-RR 2004, 275).

29   Das Vorliegen eines (unvermeidbaren) Verbotsirrtums scheidet aus, wenn ein **Dolmetscher** bei Anspannung seines Gewissens die Einsicht hätte haben können, dass **ausländische Kapitaleinkünfte** auch in Deutschland der Einkommensbesteuerung unterliegen (FG Baden-Württemberg, EFG 2008, 515).

30   Einem Verbotsirrtum unterliegt auch nicht der Geschäftsführer einer GmbH, der aus Bauleistungen herrührende Umsatzsteuer nicht in dem **richtigen Voranmeldezeitraum** angibt. Denn die Umsatzsteuer ist dann entstanden, wenn dem Leistungsempfänger die Verfügungsmacht verschafft wird, wofür eine Abnahme nicht erforderlich ist. Es kam in der Entscheidung des FG Köln auch nicht darauf an, ob der steuerliche Berater Kenntnis hatte. Der Geschäftsführer hätte sich selbst dann nicht auf die uneingeschränkte Zuverlässigkeit des **steuerlichen Beraters** vertrauen dürfen (FG Köln, StE 1997, 304).

31   Aus den o.g. Fällen wird deutlich, dass zwar der Einwand des Verbotsirrtums erhoben wird. Ihm wird jedoch kaum gefolgt, eher selten ist ein Verbotsirrtum denn auch unvermeidbar. Die Anforderungen sind hoch. Hier sollte möglichst Beweis angeboten werden, soweit dies möglich ist.

§ 22 StGB   Begriffsbestimmung

Eine Straftat versucht, wer nach seiner Vorstellung von der Tat zur Verwirklichung des Tatbestandes unmittelbar ansetzt.

A. Grundsätzliches

1   Bei der Verwirklichung eines Straftatbestandes lassen sich zeitlich verschiedene Ausführungsstadien unterscheiden (Vorbereitungshandlung, Versuch, Vollendung und Beendigung der Tat). Der Versuch liegt zeitlich also zwischen der Vorbereitung und Vollendung des Delikts.

2   Während die Vorbereitungshandlung i.d.R. straflos bleibt (Ausnahme z.B. § 30 StGB) ist der Versuch eines Verbrechens gem. § 12 StGB stets strafbar, der Versuch eines Vergehens nur dann, wenn der einzelne Straftatbestand dies ausdrücklich bestimmt. Im Steuerstrafrecht bestimmt § 370 Abs. 2 AO die Strafbarkeit des Versuchs. § 22 StGB definiert dann weiter, ab welchem Grad der Ausführungshandlung die Straftat als versucht gilt.

B. Regelungsgegenstand

3   Ein Versuch liegt vor bei bereits begonnener Tatbestandsverwirklichung, die noch nicht vollendet ist. Dabei wird der subjektive Tatbestand vollständig, die objektiven Tatbestandsmerkmale werden nur teilweise erfüllt.

Weitere Voraussetzung für die Strafbarkeit des Versuchs ist, dass zu der Tatbestandserfüllung 4
unmittelbar angesetzt wird (Sch/Sch/*Eser* § 22 Rn. 36/37; *Fischer* § 22 Rn. 2). Der Grund für die
Strafbarkeit des Versuchs liegt nach ständiger Rechtsprechung des BGH in der „Betätigung des
rechtsfeindlichen Willens", in dem verbrecherischen Willen und damit in der „Gefährlichkeit des
Täters" (Bericht des Sonderausschusses BT-Drucks. IV 4095, 11; zum Ganzen: LK-StGB/*Hillen-
kamp*, vor § 22 StGB Rn. 63 und 64). Die herrschende Lehre verlangt zusätzlich die sich nach
außen manifestierende Betätigung des rechtsfeindlichen Willens, die zur Gefährdung des Rechtsfriedens führt (*Jescheck/Weigend*, Lehrbuch des Strafrechts AT, S. 514). Daneben werden noch weitere stark an objektive Kriterien anknüpfende Theorien vertreten, die sich allenfalls im Bereich des
untauglichen Versuchs auswirken (*Fischer* § 22 Rn. 2b).

I. Nichtvollendung des Straftatbestandes

Ein strafbarer Versuch liegt vor, wenn die Straftat noch nicht vollendet ist. Ist der objektive 5
Unrechtsgehalt bereits vollständig erfüllt, scheidet eine Versuchsstrafbarkeit aus; der Täter ist vielmehr aus dem vollendeten Delikt zu bestrafen.

II. Betätigung des Tatentschlusses

Bei jedem versuchten Delikt liegt der volle Tatentschluss des Täters vor. Seine Vorstellung umfasst 6
sämtliche objektive Tatbestandsmerkmale und sonstige subjektive Tatbestandsmerkmale. Der
Täter hat mindestens Eventualvorsatz, d.h. dolus eventualis, wenn dies für die Verwirklichung des
Straftatbestands ausreicht (Kohlmann/*Ransiek* § 370 Rn. 697).

III. Unmittelbares Ansetzen zur Deliktsbegehung

Ein strafbarer Versuch liegt nur dann vor, wenn der Täter zur Tatbestandsverwirklichung unmit- 7
telbar angesetzt hat. Nach der heute vorherrschenden subjektiv-objektiv gemischten Theorie setzt
der Täter unmittelbar zur Tatbestandsverwirklichung an, wenn er nach seiner Vorstellung die
Schwelle zum „Jetzt-geht-es-los" überschritten hat.

Unzweifelhaft ist unmittelbares Ansetzen gegeben, wenn bereits ein Tatbestandsmerkmal verwirklicht ist. Ist das nicht gegeben, muss nach der Tätervorstellung, das Handeln ohne weitere zeitliche Zäsur in die Tatbestandserfüllung führen. Da es dabei auf den auf den konkreten Tätervorsatz
ankommt, muss gerade aus seiner Sicht das durch den Straftatbestand geschützte Rechtsgut konkret gefährdet sein (BGHSt 26, 201; 31, 178; 43, 177). Eine objektive Gefährdung muss demgegenüber noch nicht gegeben sein. Ebenso ist unbeachtlich, ob das Handeln überhaupt tauglich ist
für die Tatbestandsverwirklichung (sog. untauglicher Versuch).

Hierin liegt auch der Kern der Abgrenzung von Versuch und strafloser Vorbereitungshandlung. 8
Denn sind aus Sicht des Täters noch weitere Zwischenakte für die Tatbestandsverwirklichung
erforderlich, ist die Strafbarkeitsschwelle des Versuchs noch nicht überschritten.

Auch in speziell steuerstrafrechtlichen Entscheidungen finden sich Ausführungen zur Abgrenzung
von Vorbereitungshandlungen und Versuch. So hat der BGH in einer Entscheidung aus dem
Jahr 2008, bei der es um das Delikt der Steuerhehlerei ging, ausgeführt:

„Nach den allgemeinen Grundsätzen zur Abgrenzung strafloser Vorbereitungshandlungen vom
strafbaren Versuch liegt ein unmittelbares Ansetzen ... vor, die nach der Tätervorstellung in unge-
störtem Fortgang unmittelbar zur Tatbestandserfüllung führen oder mit ihr in einem unmittelbar
räumlichen und zeitlichen Zusammenhang stehen. Dies ist insbesondere der Fall, wenn der Täter
subjektiv die Schwelle zum „jetzt geht es los" überschreitet, es eines weiteren Willensimpulses
nicht mehr bedarf und er objektiv zur tatbestandsmäßigen Angriffshandlung ansetzt, so dass sein
Tun ohne Zwischenakte in die Erfüllung des Tatbestandes übergeht." (BGH, wistra 2008,
105, 106).

Da Vorbereitungshandlungen nicht strafbar sind, sollte die Verteidigung sich dem Thema besonders sorgfältig annehmen. So ist z. B. das Besorgen einer Waffe oder Auskundschaften des Tatorts etc. bloße Vorbereitungshandlung. Im Steuerstrafrecht gilt das Ausfüllen der Steuererklärung, das Fälschen von Belegen noch als Vorbereitungshandlung für eine Steuerhinterziehung.

IV. Untauglicher Versuch und Wahndelikt

9   Da der Strafgrund des Versuchs in der nach außen erkennbaren Manifestation des rechtsfeindlichen Willens des Täters liegt, ist es unerheblich, ob die Handlungen des Täters objektiv zur Tatbestandsverwirklichung führen können oder nicht. Auch ein sog. **untauglicher Versuch** ist strafbar. Untauglich ist der Versuch, wenn der Täter nicht nur im Versuchsstadium stecken bleibt, sondern es unter keinen Umständen zur Vollendung der Tat hätte kommen können (Sch/Sch/*Eser* § 22 Rn. 60). Der untaugliche Versuch ist sowohl nach der Rechtsprechung (BGHSt 14, 350; 30, 363; 41, 94 ff.) als auch nach der herrschenden Lehre in der Literatur (*Schünemann*, GA 86, 316 f.; Sch/Sch/*Eser* § 22 Rn. 63 – 65 m.w.N.) strafbar. Anders – und hier wirkt sich der Theoriestreit aus – sehen dies die Vertreter der formal-objektiven Theorie. Nach ihrer Auffassung fehlt es an der objektiven Gefährlichkeit der Handlung, wenn der Täter den Taterfolg gar nicht verwirklichen kann: Sie gelangen mit dieser Argumentation zur Straffreiheit. Da die Theorie aber im Gesetzestext keinen Anhaltspunkt findet, weil § 23 Abs. 3 StGB ausdrücklich die Strafbarkeit des untauglichen Versuchs bestimmt, kann ihr nicht erfolgversprechend gefolgt werden.

10 Davon zu unterscheiden ist das sog. **Wahndelikt**. Das Wahndelikt ist straflos. Ein Wahndelikt liegt vor, wenn der Täter irrig meint, seine Handlungen führten zu einer Tatbestandsverwirklichung, dies objektiv jedoch nicht gegeben ist. So z.B. wenn jemand sein Verhalten für strafbar hält, obwohl ihn keine Garantenpflicht trifft oder auch ein Strafausschließungsgrund greift.

V. Versuch bei Mittäterschaft/Mittelbarer Täterschaft

11 Das Wesen der **Mittäterschaft** besteht darin, dass die einzelnen Tatbeiträge den jeweils anderen Mittätern zugerechnet werden. Für das Versuchsstadium bedeutet dies, dass sobald ein Mittäter die Schwelle des „Jetzt-geht-es-los" überschreitet, das Versuchsstadium insgesamt gegeben ist. Voraussetzung für die Gesamtlösung ist, dass ein den Grundsätzen der Mittäterschaft genügender gemeinsamer Tatplan existiert, damit der Versuchsbeginn den Mittätern gegenseitig zugerechnet werden kann.

12 Bei der **mittelbaren Täterschaft**, d.h., der Täter begeht die Tat durch einen anderen, ist das Versuchsstadium dann gegeben, wenn der Tatermittler so von dem Täter auf den Weg gebracht wird, dass dieser ohne weitere Zwischenschritte zu der Tatbestandsverwirklichung unmittelbar ansetzt. Hier gilt, dass die vorrangige Abgrenzung zwischen Vorbereitungshandlung und Versuch auf der Ebene des Tatmittlers geführt werden muss. Die dann für den mittelbaren Täter geltenden Grundsätze sind im Anschluss daran zu untersuchen.

Der Deliktstyp Versuch in Zusammentreffen mit mittelbarer Täterschaft spielt in der steuerstrafrechtlichen Praxis durchaus eine Rolle. So hatte das LG Bochum im Jahr 2006 über die Strafbarkeit bei fingierten Wirksamkeitsvoraussetzungen des „Schütt-aus-Hol-zurück"-Verfahrens zu entscheiden und gelangte zur versuchten Steuerhinterziehung in mittelbarer Täterschaft kraft überlegenen Wissens gegenüber den im vermeidbaren Verbotsirrtum handelnden Anteilserwerbern (LG Bochum v. 5.4.2006 – 10 Kls 35 Js 129/04,).

C. Sonderfälle im Steuerstrafrecht

I. Abgrenzung Vorbereitungshandlung und Versuch

Im Steuerstrafrecht ist die Abgrenzung von strafloser Vorbereitungshandlung und Versuch von 13
besonderer Bedeutung, insb. bei § 370 Abs. 1 Nr. 1 AO, der als Erfolgsdelikt ausgestaltet ist. So ist
z.B. eindeutig, dass bei der **ESt** die Grenze zum strafbaren Versuch erst dann überschritten ist,
wenn die Steuererklärung mit den unrichtigen oder unvollständigen Angaben bei der Finanzbehörde eingereicht worden ist. Die Herstellung von unrichtigen Bilanzen ist damit als Vorbereitungshandlungen zu qualifizieren. Solange diese mit den dazugehörigen Steuererklärungen nicht
ins sog. Außenverhältnis gelangt sind, kommt der Handlung für § 370 Abs. 1 Nr. 1 AO keine
Strafrechtsrelevanz zu.

Werden **Steuererstattungen** geltend gemacht, beginnt der strafbare Versuch mit Einreichung der 14
entsprechenden Erklärung.

Meinungsverschiedenheiten bestehen bei einem vorgelagerten **Feststellungsverfahren**. Hier wird 15
vertreten, dass mit der Abgabe der Steuererklärung im Festsetzungsverfahren noch keine versuchte
Steuerverkürzung hinsichtlich der späteren Steuerfestsetzungen vorliegt. Der BGH hat dies aber
sowohl bei der einheitlichen gesonderten Feststellung von Einkünften als auch für den Verlustvortrag nach dem Gewerbesteuergesetz anders entschieden (BGHSt 53, 99 und BGH, NStZ 2011,
294). Nach Ansicht des BGH ist bereits vollendete Steuerhinterziehung gegeben, da durch den
Feststellungsbescheid ein Steuervorteil bereits erlangt wurde. Die nachfolgenden einzelnen Steuerfestsetzungen, die durch die Umsetzung der Feststellungsgrundlagen erfolgen, bewirken dann
lediglich weitere Taterfolge, die allenfalls für den Zeitpunkt der Tatbeendigung und den Verjährungsbeginn von Bedeutung sind (der BGH verweist dazu auf BGH, wistra 1984, 142).

Unter Berücksichtigung der subjektiven Komponenten des Versuchs ist auf die Tätervorstellung 16
abzustellen. Ist aus Sicht des Täters noch unklar, wann die nachfolgende Steuerfestsetzung erfolgt,
muss man zu Recht ein unmittelbares Ansetzen zur Steuerhinterziehung verneinen, (so auch Kohl-
mann/*Ransiek* § 370 Rn. 709; zum Ganzen: *Rolletschke*/Kemper § 370 Rn. 116 ff.)

In einer relativ aktuellen Entscheidung aus dem Jahr 2008 hat sich das OLG Hamm mit der Frage
auseinander gesetzt, ob in dem versuchten Erschleichen einer Wiedereinsetzung in das finanzgerichtliche Verfahren eine versuchte Steuerhinterziehung gesehen werden kann. Dabei sollte
zunächst nochmals erinnert werden, dass das Aufrechterhalten eines falschen Sachvortrags im Einspruchsverfahren eine (weitere) versuchte Steuerhinterziehung sein kann. Wie ist es also, wenn der
Eintritt in ein finanzgerichtliches Verfahren begehrt wird (um dort einen falschen Sachvortrag zu
plazieren)? Das OLG Hamm hat zu Recht ausgeführt, dass für eine versuchte Steuerhinterziehung
noch kein Raum ist. In der Entscheidung wird der ausdrückliche Bezug der Handlung zu den
materiell-rechtlichen Steuergesetzen verlangt, die in dieser Form noch nicht gegeben war
(OLG Hamm, wistra 2009, 80).

II. Versuch der echten Unterlassungsdelikte § 370 Abs. 1 Nr. 2 und 3 AO

Auch bei Unterlassungsdelikten kann der Täter sich wegen Versuch strafbar machen. Im Steuer- 17
strafrecht geht es im Hauptanwendungsfall dabei um die **Nichtabgabe fälliger Steuererklärungen**.
Ist die Frist für die Abgabe der Steuererklärung verlängert worden und die Fristgewährung überschritten, beginnt ab diesem Zeitpunkt das Versuchsstadium. Bei Einschaltung eines Steuerberaters kommen jeweils der 31.12. als Versuchsbeginn in Betracht. Meines Erachtens kann nicht
zusätzlich gefordert werden, dass eine besondere Nähe zum Abschluss der Veranlagungsarbeiten
erreicht ist. Denn nach Verstreichen der Frist tritt eine hinreichende Gefährdung des Steueraufkommens ein, sodass ab diesem Zeitpunkt eine strafbare Versuchshandlung gegeben ist (anders
Kohlmann/*Ransiek* § 370 Rn. 718).

18   Erlässt die Behörde **Schätzbescheide** gilt Folgendes: Erfolgt die Schätzung nach den allgemeinen Abschlussarbeiten der Finanzbehörde liegt eine (weitere) vollendete Steuerhinterziehung vor, wenn der aufgrund der Schätzung festgesetzte Betrag niedriger ist als der tatsächlich geschuldete und der Mandant nicht unverzüglich Einspruch einlegt und die Steuererklärung nachreicht. Ist die Schätzung richtig oder zu hoch ausgefallen, liegt ein Versuch der Steuerhinterziehung vor (BayObLG, wistra 2001, 194-195).

Erfolgt eine Schätzung der Besteuerungsgrundlagen noch vor Abschluss der allgemeinen Veranlagungsarbeiten und vor Ablauf der letztmöglichen Erklärungsfrist, liegt bei zu niedriger Schätzung eine Versuchsstrafbarkeit vor.

Gerade bei Schätzbescheiden, die von dem Steuerpflichtigen unangegriffen bleiben und so eine Steuerhinterziehung begründen, haben die Tatgerichte notwendige Mindestfeststellungen zu treffen. So muss insbesondere gesagt werden, Ob Veranlagungen durch Schätzungen vor oder nach dem Veranlagungsende für den betreffenden Besteuerungszeitraum vorgenommen wurden. Dies ist aus Sicht des OLG Düsseldorf jedenfalls deshalb erforderlich, damit eine Beurteilung darüber möglich ist, ob eine vollendete oder nur eine versuchte Steuerhinterziehung vorliegt (OLG Düsseldorf, wistra 2005, 353-355).

III. Zollrecht

19   Auch bei Hinterziehung von Ein- und Ausfuhrabgaben ist das Versuchsstadium von den Vorbereitungshandlungen abzugrenzen. Der klassische Fall bildet die Hinterziehung von Einfuhrabgaben bei der Zollabfertigung. Unstreitig ist, dass der Versuchsbeginn nicht schon dann angenommen werden kann, wenn der Täter sich lediglich einer Grenze nähert (MüKo/*Schmitz/Wulff* § 370 AO Rn. 389). Das Versuchsstadium beginnt aber dann, wenn der Täter z.B. im Reiseverkehr angesprochen wird und Waren nicht angibt. Dies entschied ausdrücklich das LG Dresden in einem Fall, bei dem an einer Grenzkontrolle die Waren bei einer Überprüfung aufgefunden und sichergestellt wurden (NStZ-RR 2000, 90 – 91).

IV. Vorbereitungshandlung als Ordnungswidrigkeit

20   Gelangt man bei der Prüfung der tatbestandlichen Handlung noch nicht zu einem strafbaren Versuch, sondern verbleibt es bei einer Vorbereitungshandlung stellt sich die Frage, ob diese Vorbereitungshandlung eine Ordnungswidrigkeit nach § 379 AO darstellt. In § 379 AO sind ausdrücklich Tathandlungen benannt, die als Vorbereitungshandlung in Betracht kommen. So handelt z.B. ordnungswidrig, wer Belege ausstellt und darin buchungs- oder aufzeichnungspflichtige Geschäftsvorfälle oder Betriebsvorgänge in tatsächlicher Hinsicht oder auch nach Gesetz nicht richtig verbucht oder verbuchen lässt und dadurch ermöglicht, Steuern zu verkürzen.

§ 23 StGB   Strafbarkeit des Versuchs

(1) Der Versuch eines Verbrechens ist strafbar, der Versuch eines Vergehens nur dann, wenn das Gesetz es ausdrücklich bestimmt.

(2) Der Versuch kann milder bestraft werden als die vollendete Tag (§ 49 Abs. 1).

(3) Hat der Täter aus grobem Unverstand verkannt, dass der Versuch nach Art des Gegenstandes, an dem, oder des Mittels, mit dem die Tat begangen werden sollte, überhaupt nicht zur Vollendung führen konnte, so kann das Gericht von der Strafe absehen oder die Strafe nach seinem Ermessen mildern (§ 49 Abs. 2).

A. Grundsätzliches

§ 23 Abs. 1 StGB bestimmt die Strafbarkeit des Versuchs. Der Versuch eines Verbrechens ist dabei **1** stets strafbar. Gem. § 12 Abs. 1 StGB sind Verbrechen rechtswidrige Taten, die im Mindestmaß mit Freiheitsstrafe von einem Jahr oder darüber bedroht sind.

Der Versuch eines Vergehens ist gem. § 23 Abs. 1 StGB nur dann strafbar, wenn das Gesetz es aus- **2** drücklich bestimmt. Gem. § 12 Abs. 2 StGB sind Vergehen rechtswidrigen Taten, die im Mindest- maß mit einer geringeren Freiheitsstrafe oder mit Geldstrafe bedroht sind. Insb. bestimmt dazu § 12 Abs. 3 StGB, dass Schärfungen oder Milderungen, die nach den Vorschriften des allgemeinen Teils oder für besonders schwere oder minder schwere Fälle vorgesehen sind, für die Einteilung als Verbrechen oder Vergehen außer Betracht bleiben. Für die Einteilung ist weiter zu beachten, dass z.B. Qualifikationstatbestände einen eigenen Deliktstypus darstellen, sodass § 12 Abs. 3 StGB keine Anwendung findet. Ob es sich um ein Vergehen oder Verbrechen handelt, richtet sich also dann nach der vom Qualifikationstatbestand angedrohter Mindeststrafe.

B. Anwendung im Steuerstrafrecht

Für das Steuerstrafrecht bestimmt § 370 Abs. 2 AO, dass der Versuch der Steuerhinterziehung **3** strafbar ist. Die vormals durch das Steuerverkürzungsbekämpfungsgesetz v. 19.12.2011 (BGBl. I 2001, S. 3922) mit Wirkung v. 28.12.2001, nochmals geändert durch das 5. Gesetz zur Änderung des Steuerbeamten-Ausbildungsgesetzes zur Änderung von Steuergesetzen v. 23.07.2002 (BGBl. I 2002, S. 2715) mit Wirkung v. 27.07.2002 eingeführte und modifizierte Vorschrift des § 370a AO stufte den Grundtatbestand der Steuerhinterziehung bei gewerbsmäßiger oder banden- mäßiger Begehung zu einem Verbrechen hoch, wenn in besonders großem Ausmaß Steuern hin- terzogen worden sind. Ein Rückgriff auf § 370 Abs. 2 AO war nicht nötig. Mit dem Gesetz zur Neuregelung der Telekommunikationsüberwachung und anderer verdeckter Ermittlungsmaßnah- men sowie zur Umsetzung der Richtlinien 2006/24/EG v. 21.12.2007 (BGBl. I 2007, S. 3198) wurde die Vorschrift des § 370a AO mit Wirkung v. 01.01.2008 aufgehoben. Die Qualifikations- tatbestände finden sich nunmehr bei den besonders schweren Fällen in § 370 Abs. 3 AO. Die Steuerhinterziehung ist damit wieder nur ein Vergehen, dessen Versuchsstrafbarkeit in § 370 Abs. 2 AO besonders bestimmt ist (BGH, NStZ 2011, 167).

C. Regelungsgegenstand

§ 23 StGB regelt, dass der Versuch milder bestraft werden kann. **4**

I. Fakultative Strafmilderung bei Versuch

Gem. § 23 Abs. 2 StGB kommt eine Milderung in Betracht, wenn sich dies aus der Gesamtwürdi- **5** gung der Tatumstände ergibt. Dabei sind in die Gesamtwürdigung alle schuldrelevanten Umstände sowie versuchsbedingte Umstände zu berücksichtigen (zu dem Ganzen: *Fischer* § 23 Rn. 4 ff.). Kommt es zu einer Milderung, bestimmt sich der Grad der Milderung nach § 49 Abs. 1 StGB, sodass nach § 49 Abs. 1 Nr. 2 StGB höchstens auf drei Viertel des angedrohten Höchstma- ßes der Freiheitsstrafe erkannt werden darf. Bei Geldstrafe darf ebenfalls nur höchstens drei Viertel der Höchstzahl der Tagessätze ausgesprochen werden. Dies bedeutet, dass als Freiheitsstrafe max.

3 Jahre und 9 Monate ausgesprochen werden dürfen und die Tagessatzanzahl max. 270 Tagessätze beträgt.

Das OLG Rockstock setzte sich in seiner Entscheidung aus dem Jahr 2005 insbesondere mit den notwendigen Urteilsfeststellungen auseinander. Es stellte zunächst klar, dass für eine rechtsfehlerfreie Anwendung von § 23 Abs. 2 StGB eine Gesamtschau notwendig ist, *„die zwar insbesondere die versuchsbezogenen Gesichtspunkte einbezieht wie Nähe zur Tatvollendung, Gefährlichkeit des Versuchs und eingesetzte kriminelle Energie, daneben aber auch die Persönlichkeit des Täters und die Tatumstände im weitesten Sinne berücksichtigt.“* Bei einer Verurteilung wegen Steuerhinterziehung müssen sich aber in den Urteilsgründen nicht nur die Summe der verkürzten Steuern finden lassen, sondern auch deren Berechnung im einzelnen wiedergegeben sein. *„Die Anwendung steuerrechtlicher Vorschriften auf den festgestellten Sachverhalt ist ebenso Rechtsanwendung wie die daraus folgende Berechnung der verkürzten Steuern, durch die der Schuldumfang der Straftat bestimmt wird.“* (StV 2006, 528 – 529).

Freilich werden häufig die Urteile diesen Anforderungen kaum gerecht. Dennoch sollte die Verteidigung in laufender Hauptverhandlung darauf hinwirken, dass zunächst diese Feststellungen getroffen werden, ggf. ist entsprechend Beweis zu erheben. Eine andere Frage ist es dann freilich, ob gegen das unzureichend begründete Urteil noch vorgegangen werden soll.

II. Strafmilderung bei Versuch des Regelbeispiels

6   Im Steuerstrafrecht handelt es sich bei den in § 370 Abs. 3 AO normierten Fällen um vertypisierte Regelbeispiele (MüKo/*Schmitz/Wulff* § 370 AO Rn. 419), bei denen ebenfalls ein Versuch gegeben sein kann. Bei Ermittlung des nunmehr in Betracht kommenden Strafrahmens muss zunächst vom Strafrahmen des § 370 Abs. 3 AO ausgegangen werden. Dieser sieht eine Freiheitsstrafe von bis zu 10 Jahren vor. Im Zusammentreffen mit der fakultativen Milderungsmöglichkeit des Versuchs nach § 49 Abs. 1 Nr. 2 StGB dürfte dann nur noch auf eine maximale Freiheitsstrafe von 7 Jahren und 6 Monaten erkannt werden.

Der 1. Strafsenat befasste sich in einem Beschluss aus dem Jahr 2010 mit der Anwendung der fakultativen Milderungsmöglichkeit des Versuchs bei der Anwendung des Regelbeispiels § 370 Abs. 3 AO. Es heißt dort zunächst, dass die Regelwirkung des § 370 Abs. 3 Satz 2 AO auch dann eintritt, wenn die Verkürzung bzw. die nicht gerechtfertigte Vorteilserlangung in großem Ausmaß lediglich versucht wurde. Für die Ermittlung des Strafrahmens des Versuchs sind die Regelbeispiele wie Tatbestandmerkmale zu behandeln. Sie typisieren gegenüber dem Grundtatbestand einen erhöhten Unrechts- und Schuldgehalt. Ist bei der zu beurteilenden Tat nunmehr der Schuldgehalt der versuchten Tat geringer, kommt auch für den Strafrahmen des besonders schweren Falls der Steuerhinterziehung gem. § 370 Abs. 3 Satz 1 AO eine Strafrahmenverschiebung über § 23 Abs. 2 i.V.m. § 49 Abs. 1 StGB in Betracht (PStR 2010, 238).

D. Absehen von Strafe

7   Gem. § 23 Abs. 3 StGB besteht bei einem Versuch aus grobem Unverstand für das Gericht die Möglichkeit, vollständig von der Strafe abzusehen oder auch nach eigenem Ermessen gem. § 49 Abs. 2 StGB die Strafe zu mildern. Ein Versuch aus grobem Unverstand ist ein untauglicher Versuch, da der Täter auf Grundlage einer völlig abwegigen Vorstellung handelt (BGHSt 41, 94). Der Grund für die über § 49 Abs. 1 StGB hinausgehende Milderung liegt einmal darin, dass „ein Tatererfolg generell nicht herbeigeführt werden“ kann. Darüber hinaus liegt die weiter verringerte Gefährlichkeit darin, „dass ein Erfolg nur subjektiv für möglich gehalten wurde, obwohl das nach allgemeiner Vorstellung als abwegig anzusehen war.“ (BGHSt 41, 94, 96).

Hier müsste z. B. der Täter sich auf der einen Seite über tatsächliche Besteuerungsgrundlagen Gedanken gemacht haben, also zu einem untauglichen Versuch gelangen. So wenn der Täter meint, er erzielt (tatsächlich nicht vorhandene) Zinseinkünfte, und gibt eine entsprechend vorausgefüllte Erklärung seinem Steuerberater mit der Vorstellung, er werde dort bereits der Besteuerung unterworfen. Schon am genannten Beispiel wird deutlich, dass diese Fälle in der Praxis keine Rolle spielen und bislang keine Entscheidung dazu ergangen ist.

§ 24 StGB   Rücktritt

(1) Wegen Versuchs wird nicht bestraft, wer freiwillig die weitere Ausführung der Tat aufgibt oder deren Vollendung verhindert. Wird die Tat ohne Zutun des Zurücktretenden nicht vollendet, so wird er straflos, wenn er sich freiwillig und ernsthaft bemüht, die Vollendung zu verhindern.

(2) Sind an der Tat mehrere beteiligt, so wird wegen Versuchs nicht bestraft, wer freiwillig die Vollendung verhindert. Jedoch genügt zu seiner Straflosigkeit sein freiwilliges und ernsthaftes Bemühen, die Vollendung der Tat zu verhindern, wenn sie ohne sein Zutun nicht vollendet oder unabhängig von seinem früheren Tatbeitrag begangen wird.

A. Grundsätzliches zu § 24 StGB

Bei der Vorschrift des § 24 StGB handelt es sich um einen persönlichen Strafaufhebungsgrund. **1** Derjenige, der entweder die weitere Begehung der Tat aufgibt oder die Vollendung der Tat verhindert, gelangt in den Genuss der Straffreiheit. Die Vorschrift bildet das Spiegelbild zu der durch die Versuchsstrafbarkeit zeitlich vorverlegten strafrechtlichen Verantwortlichkeit. Sie anerkennt, dass der Täter die durch ihn in Gang gesetzte Verursachungskette auflöst und bereitet ihm sozusagen die „goldene Brücke", um zum rechtmäßigen Verhalten zurückzukehren (sog. **kriminalpolitische Theorie**, LK-StGB/*Lilie/Albrecht* § 24 Rn. 6 m.w.N.). § 24 Abs. 1 StGB richtet sich zunächst an den Alleintäter und bestimmt, unter welchen Voraussetzungen eine strafbare Versuchsverwirklichung nicht bestraft wird. Dabei kommt es auf das bislang erreichte Ausführungsstadium der Tat an, so z.B. ob die Vollendung noch verhindert werden kann oder weiteres Zutun des Täters zur Vollendungsverhinderung erforderlich ist. Darüber hinaus müssen die Handlungen, die zur Vollendungsverhinderung führen, vom Täter freiwillig erfolgen.

I. Beendeter und unbeendeter Versuch

Um konkret entscheiden zu können, ob der Täter straffrei wird, muss zwischen unbeendetem und **2** beendetem Versuch unterschieden werden, da die Anforderungen an den Rücktritt insoweit unterschiedlich sind. Für die Abgrenzung von unbeendetem und beendetem Versuch kommt es auf die Vorstellung des Täters nach seiner letzten ausgeführten Handlung an, sog. **Lehre vom Rücktrittshorizont** (BGHSt 31, 170 sowie BGHSt 35, 90 als Ergänzung zur vorgenannten Entscheidung).

1. Beendeter Versuch

Bei einem **beendeten Versuch** meint der Täter, dass seine Handlungen zu dem tatbestandlichen **3** Erfolg führen werden.

Auf einen zuvor gefassten Tatplan kommt es dabei nicht an. Meint z.B. der Täter, dass das Rechts- **4** gut schon so gefährdet ist, dass ohne weitere Zwischenschritte der tatbestandliche Erfolg eintritt, obwohl der Täter nach seinem Tatplan davon ausging, zusätzliche Handlungen entfalten zu müssen, liegt dennoch ein beendeter Versuch vor.

Auch wenn der Täter sich keine konkreten Gedanken über einen Erfolgseintritt macht, er aber die Gefahr der Erfolgsverwirklichung erkannt hat, ist ein beendeter Versuch gegeben.

2. Unbeendeter Versuch

5   Ein **unbeendeter Versuch** ist gegeben, wenn der Täter meint, noch weitere Handlungen für den Erfolgseintritt entfalten zu müssen. Auch hierbei spielt der zuvor gefasste Tatplan keine Rolle. War der Täter z.B. nach einem zuvor gefassten Tatplan der Auffassung, dass er weit weniger Handlungen entfalten muss, verbleibt es bei einem unbeendeten Versuch, wenn er im Zeitpunkt der letzten Ausführungshandlung erkennt, dass der Erfolg auch nach den bisher entfalteten Handlungen nicht eintreten wird.

3. Kein fehlgeschlagener Versuch

6   § 24 StGB findet allerdings nur dann Anwendung, wenn kein **fehlgeschlagener Versuch** vorliegt. Der fehlgeschlagene Versuch ist gegeben, wenn der Täter erkennt, dass er nach den ihm zur Verfügung stehenden Mitteln nicht mehr ohne zeitliche Zäsur den Taterfolg herbeiführen kann. Das bloße Ablassen von der weiteren Tatausführung soll ihm dann nicht mehr zugutekommen.

7   Bei der Beurteilung des Vorliegens eines fehlgeschlagenen Versuchs spielt die Vorstellung (nicht der Tatplan) des Täters eine wesentliche Rolle. Dabei darf die Handlung nicht in einzelne vom Täter geplante Teilakte zerlegt werden soll, da dies zu einer künstlichen Unterbrechung der Handlung führen würde. Der BGH hatte daher in seiner Entscheidung v. 08.10.2008 bei einem mehraktigen Tötungsgeschehen auf Grundlage einer Gesamtbetrachtung einen einheitlichen Tötungsversuch angenommen, obwohl der Täter mehrmals in verschiedener Form dazu ansetzte, das Opfer zu töten (BGHR StGB § 24 Abs. 1 Satz 1 Freiwilligkeit 29). Zum fehlgeschlagenen Versuch bei der Steuerhinterziehung vgl. auch BGHSt 36, 105 und BGHSt 38, 37 – 43.

II. Anforderungen an die Verhinderung der Tatvollendung

8   Ist festgestellt, dass kein fehlgeschlagener Versuch gegeben ist, richten sich die Anforderungen für einen Rücktritt des Alleintäters danach, ob ein unbeendeter oder beendeter Versuch vorliegt.

9   Bei einem **unbeendeten Versuch** des Alleintäters genügt gem. § 24 Abs. 1, 1. Alt. StGB, dass der Täter die weiteren Ausführungen der Tat aufgibt. Er muss dabei gänzlich und vollständig von der weiteren Tatausführung Abstand nehmen.

10   Liegt ein beendeter Versuch vor, so muss der Alleintäter gem. § 24 Abs. 1, 2. Alt. StGB, die **Vollendung verhindern**. Er muss die Tatvollendung vereiteln. Ist seine Handlung für die Erfolgsverhinderung kausal und ging der Täter dabei davon aus, dass seine Handlung den Erfolg verhindern würde, ist unerheblich, ob er tatsächlich mehr Aktivität hätte entfalten können (zum Streitstand: *Fischer* § 24 Rn. 32). Seine Handlungen sind ausreichend um in den Genuss der Straflosigkeit zu kommen.

11   Wird der Taterfolg ohne das Zutun des Täters verhindert, richten sich die Anforderungen an einen strafbefreienden Rücktritt des Alleintäters nach § 24 Abs. 1 Satz 2 StGB. Es genügt dann, dass der Täter sich ernsthaft und freiwillig bemüht hat, den Erfolgseintritt zu verhindern. Dann muss er jedenfalls die aus seiner Sicht möglichen Handlungen zur Erfolgsverhinderung gänzlich ausgeschöpft haben.

12   Eine Besonderheit gilt für **Unterlassungsdelikte**. Da bei den Unterlassungsdelikten der Erfolg schon dann eintritt, wenn der Täter die weitere Tathandlung aufgibt, richten sich die Rücktrittsanforderungen bei einem versuchten Unterlassungsdelikt nach § 24 Abs. 1, 2. Alt. StGB. Im Steuerstrafrecht ist dies daher insb. für die Unterlassensvarianten des § 370 AO von Bedeutung.

Bei Tatbeteiligung mehrerer (Mittäter und Teilnehmer) gilt § 24 Abs. 2 StGB. Sind an der Tat 13 mehrere beteiligt, so muss der Mittäter gem. § 24 Abs. 2 StGB die Vollendung freiwillig verhindern. Wird die Tat jedoch ohne sein Zutun nicht vollendet oder unabhängig von dem früheren Tatbeitrag begangen, genügt auch hier, dass er sich freiwillig und ernsthaft bemüht, die Vollendung tatsächlich zu verhindern.

III. Freiwilligkeit

In allen Fällen ist notwendig, dass der Täter **freiwillig** handelt. Er darf nicht durch äußere 14 Umstände an der Tatvollendung gehindert sein. Es ist zwar zulässig, dass der Anstoß, von der Tat zurückzutreten, von außen kommt. Gleichwohl muss der Täter aber aus autonomen und subjektiven Motiven die Tatvollendung nicht mehr wollen.

B. Anwendbarkeit im Steuerstrafrecht

Im Steuerstrafrecht stellt sich die Frage, ob § 24 StGB Anwendung findet, da § 371 AO eigentlich 15 ebenfalls eine Rücktrittsvorschrift darstellt. § 24 StGB findet keine Anwendung, wenn § 371 AO im Steuerstrafrecht abschließend ist. Dies war streitig und hatte durchaus Auswirkungen in der Praxis. Denn § 371 AO regelt besondere Ausschlussgründe und ist insoweit enger als § 24 StGB. Auf der anderen Seite ist § 371 AO weiter gefasst, da gem. § 371 AO eine Strafbefreiung auch bei vollendeten Taten möglich ist, während § 24 StGB nur bei versuchten Taten Anwendung findet.

Der Streit kann jedoch mit der Entscheidung des BGH aus dem Jahr 1991 als beigelegt angesehen 16 werden. Der BGH hat in dieser Grundsatzentscheidung ausdrücklich ausgeführt, dass auch im Steuerstrafrecht bei versuchten Taten § 24 StGB zur Anwendung kommen kann. § 24 StGB folgt seinen eigenen Regeln, § 371 AO ist daneben anwendbar (BGHSt 37, 340 – 346).

Im Jahr 2002 hatte sich das Bayerische OLG, 4. Strafsenat, mit der Anwendung der Rücktritts- 17 vorschrift § 24 StGB im Steuerstrafrecht befasst. Dabei ging es um die Berichtigung einer Rechnung nach § 14 Abs. 2 Satz 2 UStG. Der Senat hat ausgeführt, dass die *„durchgeführte Berichtigung ... die Wirkung des auch bei Steuerstraftaten möglichen Rücktritts vom Versuch im Sinne des § 24 Abs. 1 StGB"* haben kann, *„wie auch eine solche Berichtigung ... als Selbstanzeige gemäß § 371 AO wirken kann"*. Dabei kommt es jeweils auf die konkreten Voraussetzungen dieser Vorschriften an (BayObLG, wistra 2002, 231-233).

Überschneidungen zwischen § 371 AO und § 24 StGB wurden in der Literatur vielfach diskutiert 18 an dem Beispiel der Erstattung einer Selbstanzeige vor Beginn der Betriebsprüfung aber nach Erlass der Prüfungsanordnung, wobei freilich die Steuerstraftat nur in das Versuchsstadium gelangt sein darf. Mit der jetzigen Fassung des § 371 AO kann jedoch eine wirksame Selbstanzeige schon nicht mehr abgegeben werden, wenn die Prüfungsanordnung bekannt gemacht wurde, sodass nunmehr allenfalls § 24 StGB anwendbar bleibt. Z.T. sollte aber auch bei Geltung von § 371 a.F. AO der Rücktritt schon deshalb nicht mehr möglich gewesen sein, weil es am Merkmal der Freiwilligkeit fehlt.

Insgesamt kann zusammenfassend statuiert werden, dass in jedem Einzelfall auch die Anwendung 19 des § 24 StGB zu prüfen ist.

§ 25 StGB Täterschaft

(1) Als Täter wird bestraft, wer die Straftat selbst oder durch einen anderen begeht.

(2) Begehen mehrere die Straftat gemeinschaftlich, so wird jeder als Täter bestraft (Mittäter).

A. Grundsätzliches

1   Die Vorschrift § 25 StGB erwähnt zunächst in Abs. 1, 1. Alternative den Alleintäter. In Abs. 1, 2. Alt wird der mittelbare Täter erwähnt, Abs. 2 spricht von Mittätern in Abgrenzung zum in Abs. 1 genannten Alleintäter.

B. Unterscheidungen im Einzelnen

I. Alleintäter

2   Der Alleintäter ist derjenige, der die Tat in eigener Person verwirklicht. Hier gelten die allgemeinen Regeln, der Täter kann die Tat je nach Delikt entweder durch aktives Tun oder durch Unterlassen begehen.

II. Mittelbarer Täter

3   Mittelbarer Täter ist, wer die Tat durch einen anderen, quasi eingesetzt als Werkzeug, begeht. Dabei weist der unmittelbar handelnde Täter (sog. Tatmittler) ein Defizit auf, so dass die Tat eigentlich als die des Hintermanns erscheint, der kraft überlegenen Wissens und Wollens das Gesamtgeschehen in der Hand hat. Dies ist z. B. dann der Fall, wenn der Tatmittler die Tat **vorsatzlos** bzw. **ohne** die erforderliche besondere **Absicht**, **rechtmäßig** oder **schuldlos** begeht, oder sich in einem **unverschuldeten Verbotsirrtum** befindet und der Hintermann dies verursacht hat, weiß und sich dies für die Tatbestandserfüllung durch den anderen zunutze macht.

4   Strittig ist, ob mittelbarer Täterschaft auch dann gegeben sein kann, wenn der Tatmittler einem durch den Täter verursachten **vermeidbaren Verbotsirrtum** unterliegt. Da der Täter voll deliktisch handelt, geht eine Auffassung nur vom Vorliegen einer Anstiftung aus. Die überwiegende Auffassung in der Literatur ebenso wie der BGH gehen dennoch dabei von einem Fall der mittelbaren Täterschaft aus (BGH v. 15.9.1988 mit Besprechung von *Hassemer*, JuS 1989, 673 – 674).

5   Anerkannt ist inzwischen auch, dass (mittelbare) Täterschaft auch kraft **Organisationsherrschaft** vorliegen kann, obwohl der Tatmittler voll verantwortlich handelt. Dabei wird der eigentlich handelnde Täter aufgrund der Organisationsstruktur so gesteuert, dass der Hintermann diesen in die von ihm gewünschte Richtung lenken kann. Der BGH hatte im Jahr 1994 über die Strafbarkeit von Tötungshandlungen an der innerdeutschen Grenze von Mitgliedern des Nationalen Verteidigungsrates der DDR (BGHSt 40, 218 – 240) und im Jahr 1999 zur strafrechtlichen Verantwortlichkeit von Mitgliedern des Politbüros für vorsätzliche Tötungen von Flüchtlingen zu entscheiden (BGHSt 45, 270 – 307). Obwohl die Tatmittler strafrechtlich voll verantwortlich handelten, sah der BGH die Strafbarkeit der Hintermänner aufgrund mittelbarer Täterschaft als gegeben an.

6   Gerade im Wirtschaftsstrafrecht spielt die **Täterschaft kraft unternehmerischer Organisationsstruktur** inzwischen eine immer wichtigere Rolle. Denn auch hier nutzt *„ein Hintermann .... unternehmerische oder geschäftsähnliche Organisationsstrukturen aus, innerhalb derer sein Tatbeitrag regelhafte Abläufe auslöst. Handelt der Hintermann in Kenntnis dieser Umstände, nutzt er auch die unbedingte Bereitschaft des unmittelbar Handelnden, den Tatbestand zu erfüllen, aus und will er den Erfolg als Ergebnis seines Handelns, hat er die Tatherrschaft und ist mittelbarer Täter.“* (BGH, NStZ 2008, 89 – 90).

Über diese Konstruktion lassen sich auch übergeordnete Unternehmensleitungsorgane strafrechtlich zur Verantwortung ziehen (vgl. dazu z.B. den Hinweis in der Entscheidung zur Untreue durch existenzgefährdenden Eingriff im Konzern: BGHSt 49, 147 – 168). **7**

Abzugrenzen sind die Fälle von der nachfolgend erläuterten Mittäterschaft. Der BGH meint, eine **8** mittelbare Täterschaft kommt jedenfalls dann nicht mehr in Betracht, wenn der räumliche, zeitliche und hierarchische Abstand zwischen der die Befehle verantwortenden Organisationsspitze und den unmittelbar Handelnden vielmehr für mittäterschaftliches, arbeitsteiliges Zusammenwirken spricht (BGH, NStZ 2008, 89 – 90).

Generell ist mittelbare Täterschaft auch durch Unterlassen möglich (*Fischer*, StGB, § 25 Rn. 6). **9** Anderes gilt aber bei den sog. eigenhändigen Delikten. Fehlt dem mittelbaren Täter die besondere Subjektqualität, die für die Tatbestandserfüllung Voraussetzung ist, kann er sich nicht eines Unterlassensdelikts in mittelbarer Täterschaft strafbar machen (*Wessels/Beulke*, Strafrecht AT, Rn. 543). Im Steuerstrafrecht werden in § 370 Abs. 1 Nr. 2 und Nr. 3 AO Unterlassungen pönalisiert. Strafbar macht sich der Unterlassende nur, wenn ihn eine Rechtspflicht zum Handeln trifft. Nur derjenige, der aufgrund der Einzelsteuergesetze zur Erklärung verpflichtet ist, kann sich strafbar machen. Soweit also den Hintermann diese steuerlichen Erklärungspflichten nicht treffen, macht er sich nicht der Steuerhinterziehung durch Unterlassen in mittelbarer Täterschaft strafbar machen (so auch *Kohlmann* § 370 Nr. 87). Anderes gilt für § 370 Abs. 1 Nr. 1 AO weil hier die strafbare Handlung im aktiven Tun besteht und die tatbestandliche Handlung durch jedermann verwirklicht werden kann (BGH, NJW 2003, 2924).

III. Mittäter

Mittäterschaft liegt vor, wenn mehrere Personen aufgrund eines gemeinsamen Tatplans dergestalt **10** zusammenwirken, dass sie durch arbeitsteilige Zusammenarbeit den Straftatbestand als Ganzes verwirklichen. Verwirklicht jeder Mittäter für sich den jeweiligen Tatbestand, bedarf es freilich der **Zurechnungsnorm** des § 25 Abs. 2 StGB nicht. Für § 25 Abs. 2 StGB ist daher erst Raum, wenn die einzelnen Tatbeiträge für sich genommen noch nicht zur vollständigen Deliktserfüllung ausreichen.

Mittäterschaft ist in zwei Richtungen hin abzugrenzen. Zum einen kann ein Täter nur eine Beihilfehandlung begangen haben und ist damit noch nicht als Mittäter zu qualifizieren. Zum anderen muss auch bei Vorliegen einer Organisationsstruktur nicht immer sogleich auf die mittelbare Täterschaft kraft Organisationsstruktur zurückgegriffen werden, wenn sich die gemeinsame Tatausführung noch als Mittäterschaft darstellt.

Für die Mittäterschaft ist zunächst das Vorliegen eines Tatplans erforderlich, der auch erst im **11** Laufe der Tatausführung gebildet werden kann, so z.B. wenn ein Dritter während der Deliktsverwirklichung hinzutritt (sukzessive Mittäterschaft). Fehlt es an einem solchen Tatplan, liegt nur **Nebentäterschaft** vor.

Ob dann weiter Beihilfe oder Mittäterschaft gegeben ist, bestimmt sich nach der herrschenden **12** Meinung in der Literatur nach der **Lehre von der Tatherrschaft**. Nach ihr ist Mittäterschaft gegeben, wenn über die bloße Mitwirkung im Vorbereitungsstadium ein notwendiges Teilstück bei Ausführung des Gesamtplans geleistet wird, sog. Lehre von der funktionalen Tatherrschaft (*Jescheck/Weigend*, Strafrecht AT, S. 653). Demgegenüber stellt die Rechtsprechung auf eine mehr **subjektivierende Betrachtungsweise** ab und betont mehr den Täterwillen sowie das eigene Interesse an der Tat. Nach beiden Ansichten kann aber eine fehlende unmittelbare Mitwirkung bei der Tatausführung durch ein „Mehr" in der Deliktsplanung ausgeglichen werden. So ist der Organisator des Delikts gleichsam Mittäter, selbst wenn er am Tatort nicht in Erscheinung tritt.

Will der Täter nur seinen (Tat-)Beitrag ausführen und hat er kein Interesse an dem aus der Gesamttat erwachsenden Gewinn, kommt nur eine Beihilfestrafbarkeit in Betracht (BGH, StV 2012, 287 – 289).

13 Die Mittäterschaft ist zuletzt von dem Begriff der **Bande** zu unterscheiden. Nicht nur Mittäter können eine Bande bilden, auch der Gehilfe kann Mitglied einer Bande sein. Eine Bande liegt bei einem Zusammenschluss von mind. 3 Personen vor (BGHSt 46, 321 – 338), die sich mit dem Willen zusammen getan haben, Straftaten für eine gewisse Dauer zu begehen. Der Begriff der Bande spielt auch im Steuerstrafrecht eine Rolle und bildet einen bes. schweren Fall gem. § 370 Abs. 5 AO. Mit Einführung des § 370a AO a.F. im Jahr 2002 sollte der Bandenbegriff auch im Zusammenhang mit Steuerhinterziehung Anwendung finden. Es wurde seitens der Literatur sehr kontrovers diskutiert, welche Varianten unter den Begriff der Bande zu subsumieren seien, z.B. ob der „Zusammenschluss" von Ehegatten mit einem Steuerberater unter den Begriff der Bande fallen könnte. Die erhöhte Strafdrohung findet ihren Grund aber in der abstrakten und konkreten Gefährlichkeit der Bandenbegehung, so dass inzwischen klar scheint, dass eine Bande nicht anzunehmen ist, wenn sich Personen zunächst zu einem legalen Zweck zusammenfinden (MüKo-StGB/*Schmitz*/*Wulf* § 370 AO Rn. 441).

C. Anwendungsfälle im Steuerstrafrecht

14 **Mittelbare Täterschaft** sah das FG Baden-Württemberg im Zusammenhang mit der Erstellung unrichtiger Belege als gegeben an. Die unrichtigen Belege bewirkten ungerechtfertigte Belastungen auf dem Vorsteuerkonto und dadurch mittelbar, dass unrichtige Umsatzsteuervoranmeldungen und Umsatzsteuerjahreserklärungen durch die zur Geschäftsführung berufenen Organe eingereicht wurden. Dadurch dass der Hintermann den Irrtum des Tatmittlers täuschungsbedingt hervorrief, hatte er die Tatherrschaft inne. Nicht erforderlich war, dass der Hintermann jederzeit die Möglichkeit hat, lenkend in das Geschehen einzugreifen (FG Baden-Württemberg, EFG 1990, 155 – 157).

15 Eine versuchte Steuerhinterziehung in **mittelbarer Täterschaft** begeht, wer kraft überlegenen Wissens mehrere im vermeidbarem Verbotsirrtum befindliche von ihm selbst initiierte Anteilseigner veranlasst, nicht gerechtfertigte Steuererstattungen zu beantragen, die dem Täter zufließen sollten (LG Bochum v. 05.04.2006 – 10 Kls 35 Js 129/04 Grundlage bildeten fingierte sog. **Schütt-aus-Hol-zurück-Verfahren**).

16 Eine mittelbare Täterschaft einer **Spendenempfängerin** durch Ausstellen einer Spendenbescheinigung zugunsten des gutgläubigen Spenders liegt nach Auffassung des FG Köln nicht vor, wenn die Bescheinigung nicht den steuerlichen Anforderungen entspricht. In dem zu entscheidenden Fall fehlte es u.a. objektiv an der Beherrschung des Tatgeschehens durch die Ausstellerin (FG Köln v. 16.12.1986 – V K 454/86).

17 Nach Ansicht des BGH ist bei der Frage ob **mittäterschaftliche Steuerhinterziehung** vorliegt eine wertende Gesamtschau durchzuführen. Dabei wiegen der Grad des eigenen Interesses am Taterfolg, der Umfang der Tatbeteiligung und der Wille zur Tatherrschaft. So genügt es jedenfalls für Mittäterschaft, dass eine aktive Beteiligung an der Geschäftsführung erfolgt, falsche Umsatz- und Lohnsteueranmeldungen unterschrieben werden und dies monatlich entlohnt wird, auch wenn der Mittäter im Urteil selbst nur als „Randfigur" bezeichnet wird (BGHSt 34, 166-170; BGH, wistra 1987, 106 – 107).

18 Bei Einschaltung gutgläubiger LKW-Fahrer zur Verbringung von illegalen Zigaretten in das Gebiet der Gemeinschaft hat der Hintermann regelmäßig die Tatherrschaft, wenn die Fahrer von dem wahren Inhalt der transportierten Container keine Kenntnis hatten. Der Hintermann bewirkte die falsche Versandanmeldung und ist der Steuerhinterziehung in mittelbarer Täterschaft strafbar (BGHSt 48, 108 – 119).

19 Ein **Steuerberater** macht sich der **mittäterschaftlichen versuchten Steuerhinterziehung** schuldig, wenn er aktiv Tatbeiträge leistet, so bei Fälschung von Privatfahrtenübersicht und Fertigung falscher eidesstattlichen Versicherungen um der Nachkalkulation durch den Betriebsprüfer entgegen zu treten (BGH, wistra 1993, 302 – 303).

Der **faktische Geschäftsführer** kann sich der Steuerhinterziehung durch Unterlassen in Mittäter- **20** schaft strafbar machen. Durch die Stellung als faktischer Geschäftsführer treffen ihn die gleichen steuerlichen Pflichten wie den im Handelsregister einer GmbH eingetragenen Geschäftsführer. In dem hier entschiedenen Fall ging es um die Nichtabgabe der Umsatzsteuervoranmeldungen und der Umsatzsteuerjahreserklärung. Das BayOblG freilich ging dabei einen Schritt weiter. Es sah zwar die Frage der faktischen Geschäftsführung für unzureichend geklärt, ging aber dennoch von einer mittäterschaftlichen Steuerhinterziehung aus, da es sich bei § 370 Abs. 1 Nr. 2 AO nicht um ein Sonderdelikt handelt (BayOblG, wistra 1991, 195 – 198).

Ehegatten werden durch die bloße gemeinsame Unterzeichnung der (falschen) Steuererklärung **21** nicht zu Mittätern. Dies gilt selbst dann, wenn der andere weiß, dass die darin gemachten Angaben falsch sind (BFH, NJW 2002, 2495 – 2496; OLG Karlsruhe, NJW 2008, 162 – 164). Erst wenn weitere aktive Tatbeiträge hinzukommen, ist Beihilfestrafbarkeit gegeben (OLG Hamm v. 08.03.1995 – 11 U 13/94, BFH, NJW 2006, 2430).

§ 26 StGB Anstiftung

Als Anstifter wird gleich einem Täter bestraft, wer vorsätzlich einen anderen zu dessen vorsätzlich begangener rechtswidriger Tat bestimmt hat.

A. Grundsätzliches

§ 26 StGB bestimmt, dass derjenige, der einen anderen zu einer vorsätzlich begangenen rechtswid- **1** rigen Tat bestimmt, wie ein Täter zu bestrafen ist. Dies bedeutet, dass der Anstifter in der Sanktion dem Täter gleichgestellt ist. Da Anstiftung ebenso wie die Beihilfe Akzessorietät verlangt, ist zwingend notwendig, dass eine rechtswidrige Haupttat i.S.v. § 11 Abs. 1 Nr. 5 StGB gegeben ist. Nicht erforderlich ist, dass die Tat auch schuldhaft begangen wurde, da § 11 Abs. 1 Nr. 5 StGB nur die rechtswidrige Haupttat verlangt.

Über § 30 StGB ist auch der Versuch der Beteiligung, hier der Anstiftung, strafbar. Voraussetzung **2** ist allerdings, dass es sich bei der Haupttat um ein Verbrechen handelt. Da § 370 AO wie bereits erläutert keinen Verbrechenstatbestand darstellt, scheidet eine strafbare versuchte Anstiftung aus.

B. Voraussetzungen

I. Bestimmen zur Tat

Der Beteiligte stiftet einen anderen i.S.d. § 26 StGB zu einer rechtswidrigen Tat an, wenn er ihn **3** zur Tat bestimmt. **Bestimmen** bedeutet, dass der Anstifter in dem Anderen den Tatentschluss hervorruft. Dazu ist weder erforderlich, dass der Anstifter mit dem Haupttäter gemeinsam über einen konkreten Tatplan nachdenkt oder sich mit ihm darüber austauscht, noch reicht jedwede Ursachensetzung durch den Anstifter aus. Notwendig ist vielmehr, dass der Haupttäter dahin gehend beeinflusst wird, dass er am Ende die Tat auch ausführt. So können schon Hinweise eines Beraters zur „Steuerersparnis" eine Anstiftungshandlung darstellen.

Davon zu trennen sind solche Fälle, in denen der Haupttäter bereits zur Tat entschlossen ist (sog. **4** omnimodo facturus), sodass der Anstifter keine konkrete Ursache für die Tatbegehung mehr setzen kann.

5 Anstiftung ist auch dann noch möglich, wenn der andere schon zum Grunddelikt entschlossen ist, so z.B. Anstiftung zur Begehung eines Qualifikationsdelikts, hier § 370 Abs. 3 AO.

6 Daher ist meines Erachtens auch ein Fall der Anstiftung dann gegeben, wenn der Täter innerhalb derselben Einkunftsart aufgrund der Einwirkung durch den Anstifter sich dazu entschließt, Steuern in großem Ausmaß zu hinterziehen (anders: Kohlmann/*Ransiek* § 370 Rn. 142).

7 Auch eine Anstiftung zu einem Unterlassensdelikt ist möglich (BGHSt 15, 276).

II. Doppelter Anstiftervorsatz

8 Der Vorsatz bei der Teilnahmestrafbarkeit ist „ein „doppelter"" (*Lackner/Kühl* § 26 Rn. 4). Einerseits muss der Täter erfassen, dass er anstiftet, also einen anderen zu einer vorsätzlichen und rechtswidrigen Haupttat bestimmt. Dazu genügt dolus eventualis. Auf der anderen Seite muss der Anstifter auch wollen, dass die Haupttat verwirklicht wird, wozu ebenfalls dolus eventualis ausreichend ist. Der Anstifter muss also erfassen, dass er den Haupttäter zu einer Steuerhinterziehung bestimmt und dies auch mindestens billigend in Kauf nehmen.

9 Überschreitet der Haupttäter bei der Ausführung der Tat das vom Anstifter Gewollte, so liegt ein Exzess des Haupttäters vor, der dem Anstifter nicht mehr strafrechtlich zugerechnet wird, wenn der Anstifter diesen Exzess nicht in seinen Vorsatz aufgenommen hatte. Setzt z.B. der Anstifter nur die Ursache für die Verwirklichung des Grunddelikts, § 370 AO wird die Verwirklichung des § 370 Abs. 3 AO dem Anstifter dann nicht zugerechnet, wenn dieser z.B. keine Kenntnis davon hatte, dass dabei verfälschte Belege verwendet wurden.

10 Strafbar als Anstifter ist auch, wer z.B. einen anderen anstiftet, dass dieser einen Haupttäter zu einer vorsätzlichen und rechtswidrigen Haupttat bestimmt (**Kettenanstiftung**), unabhängig davon wie viele Personen dazwischengeschaltet sind.

C. Relevanz in der Strafrechtspraxis

11 Anstiftungshandlungen kommen in der Praxis eher seltener vor. Zwar gibt es „Gestaltungsberatung", doch ist dabei immer fraglich, ob der ursprüngliche Tatentschluss, Steuern zu hinterziehen, tatsächlich durch die Beratung als solche hervorgerufen wurde oder ob nicht der Entschluss beim Steuerpflichtigen bereits gegeben war (so auch in MüKo/*Schmitz/Wulf* § 370 AO Rn. 355).

Klar ist jedenfalls bei der Frage der Haftung des Steuerberaters, dass zwar seine *„Aufklärungs- und Beratungspflicht ... dort endet, wo der Mandant sich über die Rechtswidrigkeit eines bestimmten Vorgehens selbst im Klaren ist."* Begeht der Steuerpflichtige aber *„– allein oder gemeinsam mit seinem Steuerberater oder **von diesem angestiftet** – eine vorsätzliche Steuerhinterziehung, so darf er die sein Vermögen treffenden steuerstrafrechtlichen Folgen nicht auf seinen Berater abwälzen"* (LG Hamburg v. 4.1.2005 – 314 O 223/02).

§ 27 StGB   Beihilfe

(1) Als Gehilfe wird bestraft, wer vorsätzlich einem anderen zu dessen vorsätzlich begangener rechtswidriger Tat Hilfe geleistet hat.

(2) Die Strafe für den Gehilfen richtet sich nach der Strafdrohung für den Täter. Sie ist nach § 49 Abs. 1 zu mildern.

A. Grundsätzliches

§ 27 StGB bestimmt, dass derjenige, der einem anderen zu einer vorsätzlich begangenen rechts- 1
widrigen Tat Hilfe leistet, strafbar handelt. Seine Strafdrohung ist aber gegenüber der Strafdrohung, die den Täter trifft, nach § 49 StGB zu mildern.

Da auch die Beihilfe wie die Anstiftung Akzessorietät verlangt, ist erforderlich, dass eine rechts- 2
widrige Haupttat im Sinne von § 11 Abs. 1 Nr. 5 StGB gegeben ist. Nicht erforderlich ist, dass die
Tat auch schuldhaft begangen wurde.

B. Voraussetzungen im Einzelnen

I. Hilfe leisten

Der Teilnehmer leistet einem anderen zu dessen Begehung einer vorsätzlichen rechtswidrigen Tat 3
Hilfe, wenn er einen eigenen **Tatbeitrag** leistet, der die Haupttat fördert. Der Tatbeitrag kann
auch in einem Unterlassen bestehen, wobei den Teilnehmer dann eine Garantenpflicht
(§13 StGB) treffen muss.

In Rede steht, von welcher Qualität der Tatbeitrag sein muss, damit der Teilnehmer strafrechtlich 4
zur Verantwortung gezogen werden kann. Eine Auffassung stellt den Aspekt der **Risikoerhöhung**
durch den Tatbeitrag in den Vordergrund. Danach muss der Tatbeitrag das Risiko für die Rechtsgutsverletzung, die der Haupttat innewohnt, erhöht haben (*Wessels/Beulke*, Strafrecht AT,
Rn. 582).

Eine andere Ansicht stellt vermehrt den **Strafgrund** der Teilnahme in den Vordergrund und ver- 5
langt, da der Strafgrund die Mitwirkung an fremdem Unrecht ist, dass auch der Tatbeitrag für die
Haupttat kausal sein muss (Sch/Sch/*Heine*, § 27 Rn. 10 m.w.N.). Danach genügt jeder Beitrag, ob
wichtig oder unwichtig, der im Sinne der conditio-sine-qua-non-Formel für den Erfolg der
Haupttat kausal geworden ist (LK-StGB/*Schünemann*, § 27 Rn. 3 – 5). Hypothetische Kausalverläufe sind dabei außer Acht zu lassen. Wer also einen anderen in dem Vorhaben bestärkt, falsche
Angaben in der Steuererklärung zu machen und ihm dabei den Kugelschreiber zum Ausfüllen
reicht, ist auch dann der Beihilfe strafbar, wenn der Steuerpflichtige ein neben ihm liegendes
anderes Schreibutensil hätte nutzen können.

Die **Rechtsprechung** lässt demgegenüber genügen, dass mit dem Tatbeitrag die **Handlung** des 6
Haupttäters **gefördert** worden ist, eine Kausalität der Beihilfehandlung zur Rechtsgutsverletzung
als solcher ist dabei nicht erforderlich.

Auch eine **psychische Beihilfe** ist möglich. Dabei ist über das bloße Dabeisein bei der Tat erfor- 7
derlich, dass im Sinne eines aktiven Tuns die Tat bewusst gefördert und erleichtert wird, so wenn
der Haupttäter dadurch im Tatentschluss gestärkt und ihm ein erhöhtes Gefühl der Sicherheit vermittelt wird (BGH, NStZ 1993, 233).

Zu weite Anwendungsbereiche werden über die **objektive Zurechnung** korrigiert. 8

Fraglich im Bereich der Beihilfe ist auch, wie sog. **neutrale Handlungen** einzuordnen sind. So hat 9
der Verkäufer, der im Baumarkt beschäftigt ist, und dem Täter ein Seil verkauft, mit dem später
das Opfer erdrosselt wird, zwar einen kausalen Hilfsbeitrag geleistet; seine Handlung ist jedoch
nicht als Beihilfehandlung zu qualifizieren. Sie hat **Alltagscharakter** und ist **berufstypisch**. Gleichwohl lässt sich jede neutrale Handlung in einem strafrechtlichen Kontext sehen und ist so auch zu

würdigen. Zuletzt führte das LG Düsseldorf dazu aus, dass die neutrale Handlung ihren Alltagscharakter verliert, *„wenn das Handeln des Haupttäters auf die Begehung einer strafbaren Handlung abzielt und der Hilfeleistende dies positiv weiß"* (LG Düsseldorf v. 27.1.2011 – 014 KLs-130 Js 62/05-8/10).

10 Der **BGH** formulierte noch im Jahr 2005 in seinem Beschluss zur Frage der strafbaren Beihilfe zur Steuerhinterziehung: *„Bei berufstypisch neutralen Handlungen läßt es der Bundesgerichtshof für den Beihilfevorsatz allerdings nicht ausreichen, daß der Hilfeleistende lediglich die Möglichkeit eines strafbaren Handelns durch den Haupttäter erkennt. Vielmehr muß hinzukommen, daß das von dem Hilfeleistenden erkannte Risiko strafbaren Tuns des von ihm Unterstützten derart hoch ist, daß er sich die Förderung eines erkennbar tatgeneigten Täters angelegen sein läßt."* (BGH, wistra 2005, 227 – 228). Der BGH nahm hier Bezug auf seine viel beachtete Entscheidung aus dem Jahr 2000 zur strafbaren Beihilfe eines Bankmitarbeiters durch anonymisierten Kapitaltransfer ins Ausland.

11 In dem BGH-Urteil aus dem Jahr 2003 heißt es zur Überprüfung des Strafvorwurfs der Beihilfe zur Steuerhinterziehung: *„Zielt das Handeln des Haupttäters ausschließlich darauf ab, eine strafbare Handlung zu begehen, und weiß dies der Hilfeleistende, so ist sein Tatbeitrag in jedem Fall als strafbare Beihilfehandlung zu werten. Denn unter diesen Voraussetzungen verliert sein Tun stets den „Alltagscharakter"; es ist als „Solidarisierung" mit dem Täter zu deuten. Weiß der Hilfeleistende dagegen nicht, wie der von ihm geleistete Beitrag vom Haupttäter verwendet wird, hält er es lediglich für möglich, daß sein Tun zur Begehung einer Straftat genutzt wird, so ist sein Handeln regelmäßig noch nicht als strafbare Beihilfehandlung zu beurteilen, es sei denn, das von ihm erkannte Risiko strafbaren Verhaltens des von ihm Unterstützten war derart hoch, daß er sich mit seiner Hilfeleistung „die Förderung eines erkennbar tatgeneigten Täters angelegen sein" ließ."* (BGH, NJW 2003, 2996 – 3000).

12 Zusammenfassend lässt sich somit sagen, dass eine generelle Straflosigkeit von **neutralen Handlungen** nicht in Betracht kommt.

13 **Zeitlich** ist eine Beihilfehandlung schon im Vorbereitungsstadium denkbar und kann bis zum Zeitpunkt der Vollendung der Tat ausgeführt werden. Auch ein späteres Hinzutreten des Gehilfen wenn die Tat bereits ausgeführt wird ist möglich, sog. **sukzessive Beihilfe**.

14 Nach Beendigung der Tat ist eine Beihilfe nicht mehr möglich In Betracht kämen dann möglicherweise Straftaten nach § 257 StGB und § 258 StGB.

II. Doppelter Beihilfevorsatz

15 Der Vorsatz bei der Beihilfestrafbarkeit ist ebenso wie bei der Anstiftung ein doppelter. Einerseits muss der Täter erfassen, dass er Hilfe leistet, also einen Tatbeitrag leistet, der die Rechtsgutverletzung eines anderen fördert. Ebenso muss er auch wollen, dass der Haupttäter die Tat verwirklicht. Hinsichtlich beider ist die Vorsatzform des dolus eventualis ausreichend.

C. Besonderheit im Steuerstrafrecht

16 Im Bereich des Steuerstrafrechts spielt § 27 StGB eine wesentliche Rolle, insbesondere bei der Frage ob **Steuerberater** oder **Bankmitarbeiter** sich der Beihilfe zur Steuerhinterziehung strafbar gemacht haben.

17 Für **Steuerberater** gilt zunächst, dass ihre Tätigkeiten, z. B. die Erstellung von Jahresabschlüssen, die Vorbereitung von Steuererklärungen oder auch die Erstellung der Buchhaltung für sich gesehen **berufstypische Handlungen** und neutral sind. Was aber, wenn der Mandant, also der Steuerpflichtige zur Steuerhinterziehung neigt und der Steuerberater eine Steuerhinterziehung vermutet oder Kenntnis von Vorgängen hat, die eine Steuerhinterziehung vorbereiten sollen? Das FG Nürnberg befasste sich im Jahr 2002 mit der Haftungsinanspruchnahme des Steuerberaters für Umsatzsteuerverkürzungen des Steuerpflichtigen auf der Grundlage von § 71 AO. Der Steuerberater

wusste in dem zu entscheidenden Fall, dass eine mangelhafte bzw. fehlerhafte Buchhaltung geführt wurde und diese darauf abzielte, Umsatzsteuer zu hinterziehen. Dies hatte er u. a. auch aufgrund der Besprechungen mit dem Mandanten erfahren. Dieses Verhalten hatte der Steuerberater toleriert und geduldet und so auch billigend in Kauf genommen, dass Steuerverkürzungen eintraten. Das FG Nürnberg bejahte eine Inanspruchnahme des Steuerberaters wegen Beihilfe zur Steuerhinterziehung, denn eine *„generelle Straflosigkeit von berufstypischen Handlungen* (kommt) *nicht in Betracht. Berufstypische Handlungen sind nicht in jedem Fall neutral, sondern nach* (den) *Grundsätzen als strafrechtlich relevante Beihilfehandlung zu beurteilen..."* (FG Nürnberg, DStRE 2003, 1251 – 1254). Diese Entscheidung ist auch deswegen lesenswert, weil sie sich mit dem Thema **Selbstanzeige** – auch des Steuerberaters – auseinandersetzt und die Rechtsprechung zu § 153 AO, nach der der Steuerberater nicht zur Berichtigung verpflichtet ist, wenn er nachträglich erkennt, dass die abgegebene Erklärung falsch war, noch einmal aufarbeitet.

In der Entscheidung vom 20.12.1995 hatte sich der BGH mit der Strafbarkeit eines **Steuerbera-** 18 **ters** nach den Grundsätzen der **psychischen Beihilfe** auseinandergesetzt. Dabei ging es zunächst um die Kenntnis des Steuerberaters von einer Steuerhinterziehung. Diese allein reiche jedenfalls nicht aus, um den Tatbestand der Beihilfe zu erfüllen. Anders ist dies dann, wenn eine psychische Unterstützung erfolgt, so z. B. wenn allein durch die Anwesenheit des Gehilfen der Täter in seinem Tatentschluss gestärkt wird und der Gehilfe sich darüber bewusst gewesen war (BGH, wistra 1996, 184 – 188).

Die Schwelle von der Beihilfe zur versuchten Steuerhinterziehung in Mittäterschaft überschreitet 19 der **Steuerberater** dann, wenn er unrichtige eidesstattliche Versicherungen von Zeugen und eine inhaltlich unrichtige Privatfahrtenübersicht des Steuerpflichtigen dem Finanzamt übersendet und so der Nachkalkulation des Betriebsprüfers entgegentritt (BGH, wistra 1993, 302 – 303).

Von besonderer Bedeutung war die Frage, ob noch berufstypisches – und damit strafloses – Han- 20 deln vorliegt, bei den sog. **Bankenfällen**. Das LG Wuppertal hatte im Jahr 1999 darüber zu entscheiden, ob ein **Bankmitarbeiter** sich der Beihilfe an der Steuerhinterziehung des Bankkunden strafbar gemacht hat. Hintergrund war, dass mit Hilfe anonymer sog. CpD-Konten das Geld in das Ausland (Österreich und Schweiz) transferiert wurde. Hier entfiel die Strafbarkeit wegen berufstypischen Verhaltens nicht. Auch die Tatsache, dass das Verhalten des Bankmitarbeiters der Leitung der Sparkasse bekannt war und geduldet wurde, änderte nichts an der Strafbarkeit (LG Wuppertal, wistra 1999, 473 – 476). Der 5. Senat des BGH bestätigte die Richtigkeit dieser Entscheidung und stellte klar, dass weder berufstypische Handlungen noch Alltagshandlungen in jedem Fall neutral seien. Die Strafbarkeitsbeurteilung richte sich nach den üblichen Grundsätzen der strafbaren Beihilfe (BGH, NJW 2000, 3010 – 3013).

Das LG Landshut-Tiengen bestätigte im Jahr 2000 die Rechtmäßigkeit eines **Durchsuchungsbe-** 21 **schlusses** gem. § 102 StPO zur **Durchsuchung der Geschäftsräume einer Bank**. Der Anfangsverdacht gegen noch unbekannte Bankmitarbeiter war gegeben, weil thesaurierte Inhaberschuldverschreibungen ausgegeben worden waren, aber nachweislich nur ein Bruchteil der Zinskupons bei der Bank auch eingelöst wurde. Es lag nahe, dass die Bankkunden auf Kreditinstitute der ausländischen Nachbarländer ausgewichen waren (LG Landshut-Tiengen, wistra 2000, 354 – 256).

Ein **Bankmitarbeiter** macht sich auch der Beihilfe der Hinterziehung der Einkommensteuer der 22 Kunden dadurch strafbar, wenn er über das von der Bank bereit gestellte Abwicklungssystem hinaus versucht, die Identität des Kunden für die Finanzbehörden zu erschweren (LG Bochum, NJW 2000, 1430 – 1432).

Ein **Filialleiter** machte sich der Beihilfe der Steuerhinterziehung dadurch strafbar, dass er den 23 Bankkunden den Erwerb von selbst verwahrten Inhaberschuldverschreibungen im Tafelgeschäft empfohlen hat und auch noch persönlich die Zinskupons jährlich bei einer ausländischen Bank eingelöst und den Betrag dem Kunden in bar ausgehändigt hatte (OLG Oldenburg, wistra 2005, 352 – 353).

24   Auch sonst finden sich vielfältige Entscheidungen zur Beihilfe zur Steuerhinterziehung, so z. B. durch das Ausstellen von **Scheinrechnungen** (BGH, NStZ-RR 2009, 311-313); wenn der Gehilfe dem Haupttäter, der **Schwarzgeschäfte** tätigt, die Tat dadurch erleichtert, dass dieser annimmt, in der Buchhaltung des Gehilfen nicht zu erscheinen (BFH, HFR 2005, 293 – 295), durch den Abschluss eines **Scheinvertrags** (BGH, NStZ 2002, 485 – 487), nicht aber zwingend bei Abschluss eines **Werkvertrags** (wistra 1992, 299 – 300). Der Beihilfe macht sich strafbar der Unternehmer, der auf Wunsch seiner gewerblichen Abnehmer Warenlieferungen an diese auf **Kundenkonten** mit **erfundenen** Namen buchen lässt (FG Münster, EFG 1994, 863 – 864).

25   Daran zeigt sich, dass nicht nur für sog. Berufsträger ein nicht zu vernachlässigendes Risiko der Teilnahmestrafbarkeit besteht. Lässt sich der Vorwurf der Involvierung in den Vorgang der Steuerhinterziehung eines anderen nicht weg diskutieren, sollte jedenfalls wegen der Strafmilderung nach § 27 Abs. 2 StGB i.V.m. § 49 Abs. 1 StGB die Argumentation in Richtung Beihilfestrafbarkeit erfolgen und sorgfältig zur Mittäterschaft abgegrenzt werden.

§ 46 StGB   Grundsätze der Strafzumessung

(1) Die Schuld des Täters ist Grundlage für die Zumessung der Strafe. Die Wirkungen, die von der Strafe für das künftige Leben des Täters in der Gesellschaft zu erwarten sind, sind zu berücksichtigen.

(2) Bei der Zumessung wägt das Gericht die Umstände, die für und gegen den Täter sprechen, gegeneinander ab. Dabei kommen namentlich in Betracht:

die Beweggründe und Ziele des Täters,

die Gesinnung, die aus der Tat spricht, und der bei der Tat aufgewendete Wille,

das Maß der Pflichtwidrigkeit,

die Art der Ausführung und die verschuldeten Auswirkungen der Tat,

das Vorleben des Täters, seine persönlichen und wirtschaftlichen Verhältnisse sowie sein Verhalten nach der Tat, besonders sein Bemühen, den Schaden wiedergutzumachen, sowie das Bemühen des Täters, einen Ausgleich mit dem Verletzten zu erreichen.

(3) Umstände, die schon Merkmal des gesetzlichen Tatbestands sind, dürfen nicht berücksichtigt werden.

A. Grundsätzliches

I. Regelungsgegenstand

1   § 46 StGB gibt ausweislich seiner gesetzlichen Überschrift die „Grundsätze der Strafzumessung" vor. Strafzumessung ist die Ermittlung und Festsetzung einer bestimmten Kriminalstrafe für eine Straftat seitens des Gerichts durch sachverhaltsbezogene Konkretisierung der abstrakten Strafdrohung des Gesetzes unter maßgeblicher Berücksichtigung der konkreten Umstände des Einzelfalls (vgl. *Schäfer* Strafzumessung Rn. 746). Der Gesetzgeber war bemüht, durch die Richtlinien des § 46 StGB Forderungen Rechnung zu tragen, die wichtigsten Kriterien für die Strafzumessung gesetzlich festzulegen (Sch/Sch/*Stree* § 46 Rn. 1). Vorliegend werden – zum Zweck der kompakten Darstellung der Strafzumessung – i.R.d. Kommentierung des § 46 StGB auch andere Vorschriften zusammenfassend mit erläutert, soweit diese im Regelfall der Strafzumessung im Zusammenhang mit § 46 StGB Anwendung finden bzw. berücksichtigt werden müssen.

II. Geschichte der Vorschrift

2   Durch das 1. StrRG v. 25.06.1969 (BGBl. I 1969, S. 645ff.) wurde mit § 13 a.F. (§ 46 n.F.) erstmals eine allgemeine Strafzumessungsvorschrift geschaffen, welche die grundsätzlichen Vorgaben zur Ermittlung der konkreten Strafe für den Einzelfall aus dem jeweils einschlägigen gesetzlichen Strafrahmen kodifiziert. Die Vorschrift ging aus den Vorschlägen der Großen Strafrechtskommission hervor; Diskussionsgrundlage waren sowohl die Strafzumessungsvorschrift des § 60 Entwurf 1962 als auch des § 59 des Alternativentwurfs, die Formulierungen des § 60 Entwurf 1962 überwogen i.R.d. neuen Vorschrift des § 46 StGB (vgl. *Horstkotte*, JZ 1970, 122ff.). Mit dem 2. StrRG v. 04.07.1969 (BGBl. I 1969, S. 717ff.) trat am 01.10.1973 § 46 n.F. in Kraft, der mit § 13 i.d.F. des 1. StrRG identisch war. Eine wesentliche Änderung erfolgte Ende 1986, indem bei den Strafzumessungsumständen des § 46 Abs. 2 Satz 2 der Täter-Opfer-Ausgleich ergänzt wurde (Art. 3 des Opferschutzgesetzes, BGBl. I 1986, S. 2496ff.).

III. Kriminalpolitischer Zweck der Norm

3   Ausgangspunkt für die Ergänzung des StGB um eine allgemeine Strafzumessungsregelung war eine durch die Wissenschaft wahrgenommene und auch empirisch festgestellte Willkür und Ungleichheit der Strafzumessung, da mangels einer Maßstab und maßgebliche Gesichtspunkte festlegende Strafzumessungsvorschrift eine effektive Rechtskontrolle der Obergerichte durch die

Revision faktisch nicht möglich war. In quantitativen empirischen Studien wurden erhebliche regionale und örtliche sowie richterspezifische Strafzumessungsunterschiede festgestellt, wonach die Strafzumessungswertungen auch von der jeweiligen Richterpersönlichkeit und den Spruchkörpern abhingen (zum Ganzen NK/*Streng* § 46 Rn. 2 f. m.w.N.). Die Strafzumessung galt vor der Strafrechtsreform – mehr noch als heute auch de lege lata – als „Domäne des Tatrichters" (vgl. BGHSt 17, 35, 36; BGHSt 29, 319, 320; *Hamm*, StV 2008, 205).

Die empirische Feststellung von normativ nicht intendierten Strafmaßunterschieden in der richterlichen Praxis und von deren Ursachen begründete die Forderung nach einer genaueren gesetzlichen Regelung, um dem entgegenzuwirken. Normativer Anknüpfungspunkt war die Erfüllung des verfassungsrechtlich gewährleisteten Willkürverbots (Art. 3 Abs. 1 GG) im Zusammenhang mit der im Rechtsstaatsprinzip (Art. 20 GG) wurzelnden Erwartung des schuldangemessenen Strafens (NK/*Streng* § 46 Rn. 4 m.w.N.; s.u.).   4

IV. Verfassungsrechtlicher Rahmen

1. Verfassungsrechtliche Vorgaben der Strafzumessung

Unter der Geltung des Grundgesetzes hat sich die tatgerichtliche Strafzumessung und deren revisi   5
onsgerichtliche Überprüfung neben § 46 StGB und anderen Strafzumessungsnormen der Strafgesetze an den teilweise einander widerstreitenden Vorgaben des Schuldgrundsatzes und der Menschenwürde (Art. 1 Abs. 1 i.V.m. Art. 2 Abs. 1, 20 Abs. 3 GG), des Willkür- und Übermaßverbots (Art. 3 Abs. 1 i.V.m. Art. 20 Abs. 3 GG), des speziellen Gleichheitssatzes (Art. 3 Abs. 3 GG) sowie der Gesetzesbestimmtheit (Art. 103 Abs. 2 GG) zu orientieren (zusammenfassend MüKo-StGB/ *Franke* § 46 Rn. 6). Insb. der Grundsatz der Menschenwürde ist bestimmend für die herrschende Auffassung vom Wesen der Strafe; das Prinzip „Keine Strafe ohne Schuld" hat Verfassungsrang nicht nur aus Art. 1 Abs. 1 GG, sondern auch aus Art. 2 Abs. 1 GG (st. Rspr., BVerfGE 95, 96, 140; BVerfGE 96, 245, 249; Jarass/*Pieroth* GG Art. 20 Rn. 98 f.). Die Strafzumessung hat ein gerechtes Verhältnis zwischen Tatschwere und Verschulden des Täters unter Berücksichtigung der besonderen Umstände des Einzelfalls herzustellen. Die verhängte Strafe darf auch zur Erreichung der gesetzlich anerkannten Strafzwecke die Schuld des Täters nicht übersteigen und den Täter nicht zum bloßen Objekt der Verbrechensbekämpfung unter Verletzung seines verfassungsrechtlich geschützten sozialen Wert- und Achtungsanspruchs machen, oder ihn so hart treffen, dass die Voraussetzungen seiner individuellen und sozialen Existenz zerstört werden (BVerfG NStZ 1995, 76; vgl. auch BVerfGE 45, 187, 228; BVerfGE 50, 125, 133; BVerfGE 54, 100, 108 f.; BVerfGE 86, 288, 313).

2. Für den Gesetzgeber

Dieser verfassungsrechtliche Maßstab der Strafzumessung enthält jedoch nicht nur Mindestanfor   6
derungen, die der *Richter* bei der konkreten Bestimmung der Strafe zu beachten hat. Auch der *Gesetzgeber*, dem die Verfassung bei der Normierung von Strafdrohungen einen weiten Gestaltungsspielraum einräumt, ist nicht gänzlich frei. Von Verfassung wegen zu beachten hat die Legislative Folgendes: Die wesentlichen Entscheidungen über Art und Ausmaß denkbarer Rechtsfolgen müssen vom Gesetzgeber selbst getroffen werden, damit der Richter bei der konkreten Rechtsanwendung den Rahmen, innerhalb dessen er sich bewegen muss, möglichst klar erkennt (BVerfG, StV 2002, 247, 249). Die verfassungsrechtlichen Vorgaben an den Gesetzgeber sind dabei umso strenger, je intensiver der Eingriff wirkt (BVerfGE 86, 288, 311). Das Schuldprinzip gebietet die gesetzgeberische Festlegung der Art der für den jeweiligen Tatbestand infrage kommenden Sanktionen, der Bestimmtheitsgrundsatz die Festlegung von Mindestmaß und Sanktionsobergrenze als einen Orientierungsrahmen für die richterliche Abwägung (BVerfG, StV 2002, 247, 249). Das BVerfG versteht die allgemeinen Regelungen des Strafgesetzbuches zur Strafzumessung, einschließlich des § 46 StGB, neben ihrer Bedeutung als Konkretisierung des verfassungsrechtlichen Schuldprinzips auch als eine Bedingung der Verwirklichung des Bestimmtheitsgebotes

(BVerfGE 86, 288, 313; BVerfG, StV 2002, 247, 249; Maunz/Dürig/*Schmidt-Aßmann* Art. 103 Abs. 2 Rn. 197).

7   Von steuerstrafrechtlichem Interesse ist, dass hinsichtlich des – zwischenzeitlich mit Wirkung zum 01.01.2008 wieder abgeschafften (TKÜNReglG v. 21.12.2007, BGBl. I 2007, S. 3198) – Verbrechenstatbestands des § 370a AO in Literatur und Rechtsprechung überwiegend vertreten wurde, dass diese Norm den verfassungsrechtlichen Bestimmtheitserfordernissen nicht standhielt (BGH, NJW 2004, 2990 ff.; *Spatscheck/Wulf,* NJW 2002, 2983, 2984; *Park,* wistra 2003, 328, 331; *Rolletschke,* DStZ 2004, 763). Dies kann u.a. auch damit begründet werden, dass die Tatbestandsmerkmale des § 370a AO jedenfalls im Hinblick auf den breiten Strafrahmen (ein Jahr bis 10 Jahre Freiheitsstrafe) des Qualifikationstatbestands, der regelmäßig sehr einschneidende zu verbüßende Freiheitsstrafen nach sich ziehen musste, als zu unbestimmt anzusehen war, während dieselben Formulierungen für ein Regelbeispiel aufgrund des geringeren Grades an Verbindlichkeit noch angemessen erscheinen kann (vgl. Rolletschke/*Kemper* § 370a Rn. 29).

3. Für den Richter

8   Berücksichtigt die Entscheidung des Gerichts (ausschließlich) die gesetzlich anerkannten Strafzwecke und liegt die konkret verhängt Strafe i.R.d. Schuldangemessenen, ist der Rechtsfolgenausspruch nach herrschender Rechtsprechung verfassungsrechtlich regelmäßig nicht zu beanstanden (BVerfGE 45, 187, 251; BVerfGE 64, 261, 276; BVerfGE 72, 105, 117; BVerfG, NStZ 1994, 558). Da es die allgemeine Aufgabe des Strafrechts ist, die elementaren Werte des Gemeinschaftslebens zu schützen, leitet das BVerfG aus der Verfassung keine Rangfolge der Strafzwecke – Schuldausgleich, Prävention, Resozialisierung des Täters, Sühne und Vergeltung für begangenes Unrecht – ab, sondern lässt jeden einzelnen gleichwertig neben den anderen bestehen (BVerfG, NStZ 1994, 558), wenn dies nicht zu einer schuldunangemessenen Strafe führt.

9   Eine Strafzumessungsentscheidung kann demnach regelmäßig nur dann mit Aussicht auf Erfolg beim BVerfG beanstandet werden, wenn (1.) nachweislich evident nicht verfassungskonforme „Strafzwecke" verfolgt wurden – was kaum praxisrelevant erscheint – oder (2.) wenn die Strafe sich soweit von dem Gedanken eines gerechten Schuldausgleichs entfernt, dass sie nach einem strengen Maßstab als objektiv willkürlich überhöht erscheint (BVerfGE 18, 85, 92 ff.; 54, 100, 108; 95, 96, 141). Ob dies der Fall ist, kann nur einzelfallbezogen beurteilt werden,

V. Die Methodik der Strafzumessung

10   Der Vorgang der Strafzumessung ist aufgrund der gesetzlichen Vorgaben in verschiedene Phasen einzuteilen; über deren Anzahl (zwischen 2 und 11) und Benennung besteht Streit (vgl. *Fischer* § 46 Rn. 13; MüKo-StGB/*Franke* § 46 Rn. 20; Günther JZ 1989, 1025). Aus praktischen Gründen wird hier die Konzeption der höchstrichterlichen Rechtsprechung zugrunde gelegt (vgl. BGHSt 29, 319 320 f.; BGHR StGB § 13 Abs. 2 Strafrahmenverschiebung 2; *Schäfer* Strafzumessung Rn. 487 m.w.N.). Mindestens sind folgende wesentliche, aufeinander folgende Prüfungsbzw. Erörterungsschritte durchzuführen: Der Richter hat den in concreto anwendbaren gesetzlichen Strafrahmen festzulegen, wobei hier der Erläuterungsaufwand im Urteil im Hinblick auf Sonderstrafrahmen bzw. Strafrahmenverschiebungen sehr unterschiedlich sein kann. U.U. bereits hierfür, jedenfalls aber für die Strafzumessung im engeren Sinn sind die rechtlich relevanten, strafzumessungserheblichen Tatsachen zu ermitteln und im Urteil darzulegen. Am Schluss steht die Bestimmung der zu verhängenden Strafe nach Art und Höhe, also die Strafzumessung im engeren Sinne (vgl. *Schäfer* Strafzumessung Rn. 487).

VI. Legitime Strafzwecke und deren Rangverhältnis

1. Legitime Strafzwecke nach der höchstrichterlichen Rechtsprechung

a) Vorrang des gerechten Schuldausgleichs (§ 46 Abs. 1 Satz 1 StGB)

Nach der höchstrichterlichen Rechtsprechung in Strafsachen ist die Strafe primär als gerechter **11** Schuldausgleich zu verstehen (§ 46 Abs. 1 Satz 1 StGB; BGHSt 20, 266 ff.; BGH, NJW 1987, 2685, 2686); der BGH orientiert sich naturgemäß deutlicher als das BVerfG an dem Wortlaut der einfachgesetzlichen Vorschrift. Die abstrakt schuldangemessene Strafe trifft nach der Rechtsprechung nicht jeden Täter gleich, sodass dessen besondere Strafempfindlichkeit dazu führen kann, dass ein gerechter Schuldausgleich nur durch eine geringere als die sonst schuldangemessene Strafe erzielt werden kann (BGHSt 7, 28, 31; BGHR StGB § 46 Abs. 1 Schuldausgleich 25), weil nach § 46 Abs. 1 Satz 2 die Wirkungen, die von der Strafe für das künftige Leben des Täters in der Gesellschaft zu erwarten sind, berücksichtigt werden müssen. Nach herrschender Rechtsprechung ist diese Bestimmung nicht nur als Hinweis auf den Strafzweck der Spezialprävention zu verstehen, sondern als Auftrag an den Richter, durch Berücksichtigung der besonderen Wirkung einer Strafe auf den (konkreten) Täter einen gerechten Schuldausgleich herbeizuführen (*Schäfer* Strafzumessung Rn. 415).

b) Übrige, nachrangige Strafzwecke

Ggü. dem Maßstab des gerechten Schuldausgleichs sieht die Rechtsprechung die Präventionszwe- **12** cke der Strafe als nachrangig an. Angesichts des gesetzgeberischen Auftrages, den Täter zu resozialisieren, erhalten Aspekte der (**positiven**) **Spezialprävention** in der jüngeren Rechtsprechung größeres Gewicht (BGHSt 24, 40, 42; besonders akzentuiert BGH, NStZ 1993, 584). Bei gegenläufigen Erfordernissen von Schuld und Prävention bei der Strafzumessung ist nach der Rechtsprechung entscheidend, dass der Vorrang der Schuld bei der Strafzumessung gewahrt bleibt und nicht etwa aus präventiven Gründen eine schuldunangemessene Strafe verhängt werden darf. Nur innerhalb des aus Sicht der Rechtsprechung stets bestehenden Spielraums, in dem eine Strafe schuldangemessen ist, soll der Richter den Strafzwecken Raum geben und die Strafe entsprechend mildern oder schärfen (BGHSt 20, 264, 267; BGHR StGB § 46 Abs. 1 Spezialprävention 2).

Dies gilt auch für den Strafzweck der (**negativen**) **Generalprävention** (**Abschreckung**). Der Tat- **13** richter muss hier zum einen den Rahmen der schuldangemessenen Strafe einhalten. Er darf diesen nicht überdehnen. Zum anderen muss er die Notwendigkeit allgemeiner Abschreckung zum Schutze der Rechtsgemeinschaft eingehend darlegen, etwa im Fall gemeinschaftsgefährlicher Zunahme entsprechender Straftaten oder dann, wenn eine Tat in besonderem Ausmaß geeignet ist, den Rechtsfrieden zu stören (BGHR StGB § 46 Abs. 1 Generalprävention 2; 3; 6; 7; zum Gewicht generalpräventiver Erwägungen bei den als „besonders gemeinschaftsschädlich" angesehenen Steuerstraftaten vgl. BGHR StGB § 46 Abs. 1 Generalprävention 1). Nicht selten hat die höchstrichterliche Rechtsprechung Anlass, einer Überbewertung generalpräventiver Erwägungen zulasten des Verurteilten durch die Instanzgerichte entgegenzutreten (BGHR StGB § 46 Abs. 1 Generalprävention 8; 10). Die (Über-) Betonung von Aspekten der negativen Generalprävention bei der Strafzumessung oder das Fehlen von überzeugenden tatsächlichen Gründen in den schriftlichen Urteilsgründen gibt des Öfteren Anlass zur Aufhebung von Verurteilungen im Strafmaß durch die Revisionsinstanz:

Voraussetzung für den Rückgriff auf (negativ) generalpräventive Zwecke als Argument zur Straf- **14** erhöhung ist, dass dies aufgrund von Umständen geboten ist, die außerhalb der bei Aufstellung eines bestimmten Strafrahmens vom Gesetzgeber bereits berücksichtigten allgemeinen Abschreckung liegen (BGH, NStZ 1992, 275; BGHSt 28, 326 f.). Dies gilt etwa, wenn eine gemeinschaftsgefährliche Zunahme von Straftaten festzustellen ist, die der abzuurteilenden Tat entsprechen oder ähneln (BGH, NStZ 1984, 409; 1986, 358; 1996, 79; 2007, 702, NStZ-RR 2004, 105, 106, StV 2005, 387 [verneint für Tat mit Ausnahmecharakter], StraFo 2005, 515 [verneint für Tat in Konfliktlage]). Die gemeinschaftsgefährliche Zunahme ähnlicher Taten kann sich auf einen bestimmten Gerichtsbezirk beschränken, muss aber im Urteil festgestellt sein; es genügt nicht der Hinweis auf die (mutmaßliche) Dunkelziffer im Bereich des abgeurteilten Delikts (BGH, StV 1994, 424). Ungenügend ist auch ein erhebliches Aufsehen, das die Tat in der Öffentlichkeit erregt hat (BGH, NStZ 1986, 494).

2. Bedeutungsgehalt der anerkannten Strafzwecke

a) Schuldprinzip

15 Für den Richter gibt § 46 Abs. 1 Satz 1 StGB im Wesentlichen eine Grenze seines Strafzumessungsermessens vor: Grundlage, aber insb. (Ober-) Grenze für die Zumessung der Strafe ist die Schuld des Täters, denn mit der Strafe wird dem Täter ein Rechtsverstoß vorgehalten und zum Vorwurf gemacht, weshalb zu Recht von einer limitierenden Funktion der Schuld gesprochen wird (BVerfGE 45, 260 ff.; 50, 12 ff.). Die Strafe ist wesentlich dadurch gekennzeichnet, dass sie mit Repression und Vergeltung auf ein rechtlich verbotenes Verhalten reagiert (vgl. VerfGH Berlin, StV 2001, 324, 325), und setzt daher die Vorwerfbarkeit des Täterverhaltens voraus; ihre Bestimmung ist der gerechte Schuldausgleich (BGHSt 34, 349 ff.).

16 Der Begriff der Strafzumessungsschuld baut auf der Vorwerfbarkeit i.S.d. allgemeinen Deliktsaufbaus auf (unstr.; vgl. etwa *Fischer* § 46 Rn. 5; *Schäfer* Strafzumessung Rn. 309). Erforderlich ist eine Gesamtbetrachtung von Tatgeschehen und Täterpersönlichkeit (BGH, NStZ 1981, 389). Grundlagen der Strafzumessung stellen für den BGH demgemäß „die Schwere der Tat in ihrer Bedeutung für die verletzte Rechtsordnung und der Grad der persönlichen Schuld des Täters" (BGHSt 20, 266; NJW 1987, 2686) dar.

17 Die Strafzumessungsschuld bemisst sich daran, wie stark die Rechtsordnung durch die **Tat** gestört worden ist (*Schäfer* Strafzumessung Rn. 309 m.w.N.). Diese Störung der Rechtsordnung findet nach herrschender Meinung Ausdruck in zwei Elementen, nämlich dem Erfolgs- und dem Handlungsunwert der Tat. Der BGH formuliert, dass Grundlage der Strafzumessung(-sschuld) die Schwere der Tat in ihrer Bedeutung für die verletzte Rechtsordnung und der Grad der persönlichen Schuld des Täters seien. Unter Abwägung dieser Gesichtspunkte müsse der Richter eine gerechte, also schuldangemessene Strafe finden (vgl. BGHSt 20, 264, 266). Für jeden Mittäter, Teilnehmer oder sonst an einem Tatkomplex Beteiligten ist die Strafe grds. nach dem Maß der jeweiligen individuellen Schuld zu bestimmen; jedoch müssen gegen Mittäter verhängte Strafen in einem gerechten Verhältnis zueinanderstehen, weshalb Unterschiede dann zu erläutern sind, wenn sie sich nicht aus der Sache selbst ergeben (BGH, NStZ-RR 2009, 71, 72; BGH, StV 2008, 295 m. Anm. *Köberer*).

18 Daneben steht die Bewertung des **Täters**. Dessen Persönlichkeit ist der zweite wesentliche Faktor, dem die Aufmerksamkeit des Richters bei der Bemessung der Strafe zu gelten hat (vgl. *Fischer* § 46 Rn. 5 f.). Art und Umfang der strafrechtlichen Reaktion sind auf die Persönlichkeit des Täters auszurichten (§ 46 Abs. 1 Satz 2 StGB). Es muss allerdings stets festgestellt werden, ob und in welchem Umfang sich die Persönlichkeit des Täters in der Tat manifestiert hat und inwieweit die Tat als ein spezifischer Ausdruck der Täterpersönlichkeit gelten kann. Außerhalb der Tatausführung liegende Umstände dürfen nämlich straferschwerend nur dann berücksichtigt werden, wenn sie wegen ihrer Konnexität zur Tat Schlüsse auf deren Unrechtsgehalt zulassen oder die innere Einstellung des Täters zu seiner Tat offen legen, also mit dem Tatgeschehen eine konkrete Sinneinheit bilden (BGH, NStZ-RR 2001, 295; NStZ-RR 2007, 195; StV 1984, 21). Unter diesem Aspekt sind die in § 46 Abs. 2 StGB genannten Umstände in einen größeren Zusammenhang einzuordnen. Sie gewinnen ihre Bedeutung, indem sie zu den Strafzwecken und zu Tat und Täter in Beziehung gesetzt werden.

b) Besserungs- oder Resozialisierungszweck (Positive Spezialprävention)

Neben der Schuld wird die (anzustrebende) Resozialisierungswirkung als zentraler Gesichtspunkt **19** der Strafzumessung angesehen (*Fischer* § 46 Rn. 7). Der im Gesetz explizierte Besserungs- oder Resozialisierungszweck (§ 46 Abs. 1 Satz 2 StGB: „Wirkung auf den Täter") der Strafe beruht auf der – in der Praxis nicht empirisch messbar bestätigten – Erwartung des Gesetzgebers, durch den belastenden strafenden Eingriff auch entsprechend intensive sozialisierende oder resozialisierende Effekte erzielen zu können (NK/*Streng* § 46 Rn. 34; vgl. *Streng*, Rn. 225ff., 273ff.). Die Strafe soll resozialisierende Wirkung entfalten, indem sie Fähigkeit und Willen zu einer verantwortlichen Lebensführung vermitteln und helfen soll, soziale Anpassungsschwierigkeiten, die mit der Tat zusammenhängen, zu überwinden (BVerfGE 33, 7 ff.; 24, 40 ff.). Die verhängte Strafe soll dem Täter ermöglichen, das Strafübel „konstruktiv zu verarbeiten" (BVerfGE 45, 259 ff.).

Die Hauptbedeutung des § 46 Abs. 1 Satz 2 StGB liegt auch nach der herrschenden Rechtspre- **20** chung – mangels Erfahrungswissen zur positiven Resozialisierungswirkung der Strafe – weniger in der Begründung strafrechtlichen Zugriffs, als vielmehr in dessen Beschränkung (vgl. BGH, StV 2003, 222 f.). Die Strafe soll, wenn möglich, nicht zur „Entsozialisierung" des Täters führen (BGH, StV 1991, 513) oder einer Sozialisierung jedenfalls nicht von vornherein entgegenwirken (BGH, StV 2003, 222). Die schädlichen Wirkungen strafrechtlicher Sanktionen – deren Entsozialisierungswirkung – müssen durch den Tatrichter bedacht und nach Möglichkeit durch entsprechende Sanktionswahl und höhenbemessung vermieden werden, besonders bei (langjährigen) Freiheitsstrafen insb. gegen junge Täter (BGH, StV 2003, 222 f.; BGHSt 31, 189, 190 f.; BGHR, StGB § 46 Abs. 1, Wiedereingliederung 1). Aber auch die stigmatisierenden und damit entsozialisierenden Wirkungen einer Geldstrafe, die in das Führungszeugnis eingetragen wird (ab 90 Tagessätze), sind in diesem Zusammenhang zugunsten des Täters zu berücksichtigen (OLG Nürnberg, StV 2006, 694f.).

Gerade bei der typischen Tätergruppe von **Steuerstraftaten gem. §§ 369 ff. AO** ist demnach unter **21** Resozialisierungsgesichtspunkten bei der Strafzumessung regelmäßig mildernd zu berücksichtigen, wenn diese Täter – wie es typischerweise der Fall ist – vollständig sozialisiert und in das (legale) Wirtschaftsleben integriert sind und eine Strafe – jedenfalls eine zu verbüßende Freiheitsstrafe, aber auch eine in das Führungszeugnis aufzunehmende Geldstrafe – eine schwerwiegende entsozialisierende Wirkung haben kann. Mithin findet die hinsichtlich der Verhängung von nichtaussetzungsfähigen Freiheitsstrafen zurückhaltende Rechtsprechung der Instanzgerichte und auch die regelmäßig großzügige Praxis der Staatsanwaltschaften und Strafsachen- und Bußgeldstellen bei der Einstellung von Verfahren nach §§ 153, 153a StPO bzw. im Strafbefehlswege eine maßgebliche Stütze in § 46 Abs. 1 Satz 2 StGB.

c) Individualabschreckung und Sicherung des Täters (Negative Spezialprävention)

In der Rechtsprechung grds. als zulässig anerkannt ist auch der Strafzweck der negativen Spezial- **22** prävention, soweit dies mit der Schuldangemessenheit der Strafe vereinbar ist. Der Täter selbst soll von weiteren Taten (Wiederholungstaten) abgeschreckt bzw. abgehalten werden (vgl. *Schäfer* Strafzumessung Rn. 474).

Auf den Strafzweck der **Individualabschreckung** wird eher selten und v.a. dann abgestellt, wenn **23** der Täter bereits strafrechtliche Vorbelastungen aufweist (vgl. BGHSt 17, 321, 324). Das Strafschärfungsargument bei Rückfälligkeit ist empirisch gesehen fragwürdig, wenn der Täter sich durch eine Vorverurteilung nicht hat abschrecken lassen; grds. sprechen die hohen Rückfallquoten speziell nach Strafvollzug gegen die praktische Sinnhaftigkeit einer strafverschärfenden Berücksichtigung unter Präventionsgesichtspunkten (NK/*Streng* § 46 Rn. 35 m.w.N.). Zu Recht wird vertreten, dass sich allenfalls dann mit Abschreckungsgesichtspunkten – begrenzte – Abweichungen von einer betont zurückhaltenden Strafpraxis legitimieren, wenn der Täter bisher wenig auffällig war und er zugleich bei seinen vorherigen Sanktionierungen besonders große Rücksichtnahme (z.B. Einstellung des Verfahrens gem. §§ 153, 153a StPO) erfahren hatte (NK/*Streng* § 46 Rn. 35).

Bei Steuerstraftaten gem. §§ 369 ff. AO darf das Bedürfnis der Individualabschreckung nach diesen zu befürwortenden Maßgaben mithin regelmäßig allenfalls dann strafverschärfend herangezogen werden, wenn zuvor eine einschlägige (Steuer-) Straftat gem. §§ 153, 153a StPO untersanktioniert wurde oder diese sonst ganz erheblich unter dem (regional) üblichen Strafmaß sanktioniert wurde, etwa unter der Untergrenze der regional verwandten Strafmaßtabelle, ohne dass dies aus den Besonderheiten des Einzelfalles heraus nachvollzogen werden könnte.

24 Die **Sicherung des Täters** durch den Vollzug einer Freiheitsstrafe als spezialpräventive Maßnahme zum Schutze der Allgemeinheit kann für die Dauer des Strafvollzuges Straftaten ggü. der strafvollzugsexternen Bevölkerung regelmäßig verhindern (NK/*Streng* § 46 Rn. 36). Jedenfalls der langjährig Einsitzende wird zudem nach Entlassung seine Gefährlichkeit häufig aus Altersgründen eingebüßt haben (vgl. *Streng*, JR 2007, 271, 274). Im Steuerstrafrecht spielt der Sicherungsgedanke bei der Strafzumessung keine erkennbare Rolle. Generell ist zu bezweifeln, dass bei Taten gem. §§ 369 ff. AO angesichts deren allenfalls mittleren Unrechts- und Schuldgewichts die strafverschärfende Berücksichtigung des Sicherungsgedankens verhältnismäßig wäre. Es kommt hinzu, dass eine vollständige Sicherung gegen Steuerdelikte durch Inhaftierung weder während des Vollzugs noch nach dem Vollzug sichergestellt werden kann.

d) Verteidigung der Rechtsordnung (Integrationsprävention, Positive Generalprävention)

25 Der Strafzweck der Generalprävention – in den Worten des Gesetzes (§§ 47 Abs. 1, 56 Abs. 3, 59 Abs. 1 Nr. 3 StGB) die „**Verteidigung der Rechtsordnung**" – ist ausweislich der zitierten Vorschriften (so *Fischer* § 46 Rn. 10) und nach herrschender Rechtsprechung (BGHSt 34, 151 ff.; BGH NJW 1990, 194, 195) grds. ein legitimer und bedeutsamer Gesichtspunkt der Strafzumessung. Sinn der Strafe sei danach auch, die Geltung des durch die Straftat angegriffenen Normsystems zu bestätigen und künftigen Straftaten Dritter vorzubeugen, sowohl zum Schutz der verletzten Rechtsgüter als auch zur Verwirklichung der Rechtsordnung insgesamt, zur Stärkung des Vertrauens der Allgemeinheit in den Schutz durch die Rechtsordnung sowie zur Bestärkung von deren allgemeiner Rechtstreue (BGHSt 6, 127 ff.; 24, 40 ff.; *Fischer* § 46 Rn. 10 m.w.N. zur Lit.). In Rechtsprechung und Lehre wird hier im Wesentlichen der **positiv-generalpräventive Aspekt** einer Integrationsprävention durch Strafe und deren Aufgabe einer Normbestärkung i.S.d. Kräftigung des allgemeinen Rechtsbewusstseins durch eine gerechte Strafrechtspflege betont (BGHSt 24, 40, 44; *Schäfer* Strafzumessung Rn. 448). Bei der Bestimmung des Strafmaßes kann dieser Gedanke nach herrschender Meinung „zu milde" Strafen verbieten, die einer durchgehend verbreiteten Überzeugung von der Richtigkeit und Geltung des Straf(-zumessungs-)rechts schaden könnten (*Schäfer* Strafzumessung Rn. 448). Umgekehrt führt der Gedanke im Hinblick auf allgemeine Gerechtigkeitsgesichtspunkte und die Akzeptanz in der Bevölkerung insb. bei lange zurückliegender Tatzeit, langer Verfahrensdauer oder Schadenswiedergutmachung zur Strafmilderung (BGHSt 39, 1, 36; *Schäfer* Strafzumessung Rn. 448). Auf die hohen tatsächlichen Hürden und anspruchsvollen Begründungsanforderungen einer strafverschärfenden Geltendmachung dieses Aspekts wurde bereits hingewiesen (Rdn. 13).

e) Abschreckung (Negative Generalprävention)

26 Die Rechtsprechung hält dem Grunde nach an dem Gedanken fest, dass das Ziel der Abschreckung Dritter zu einer höheren Strafe für den Täter führen darf. Dies sei ein legitimer Strafzweck, „dessen Ziel es ist, durch die Härte des Strafausspruchs bei möglichen künftigen Tätern ein Gegengewicht zu der Versuchung oder Neigung zu schaffen, Gleiches oder Ähnliches wie der Angeklagte zu tun" (BayObLG, StV 1988, 530; OLG Düsseldorf, StV 1992, 233). Eine Strafschärfung aus diesem Grunde darf – entsprechend dem allgemeinen Grundsatz nur i.R.d. Schuldangemessenen geschehen (BGHSt 28, 318, 326; BGHR StGB § 46 Abs. 1 Generalprävention 8; BGH, NStZ 1986, 358; BGH, StV 1996, 205). Die Straferhöhung muss zudem geeignet und erforderlich sein, den Abschreckungszweck zu erreichen (OLG Düsseldorf, StV 1992, 233; *Schäfer* Strafzumessung Rn. 465).

Eine abschreckende Wirkung kann bei Ausnahmesituationen des Täters bei der Tat, insb. bei 27 Konflikttaten und bei Taten eines vermindert schuldfähigen Täters, kaum erzielt werden (BGH, StV 2005, 387; 2001, 453; BGHR StGB § 46 Abs. 1 Generalprävention 2; 3). Erforderlich kann eine Strafschärfung nach der Rechtsprechung sein, wenn Nachahmungsgefahr besteht (BGH, MDR 1989, 111) oder eine gemeinschaftsgefährliche Zunahme vergleichbarer Delikte festzustellen ist (BGH, NStZ 1986, 358; BGH, NStZ-RR 1999, 351, 359; BGH, NStZ 2007, 702; BayObLG, StV 1988, 530). Solche Feststellungen sind nach herrschender Meinung selten möglich, es sei denn, es handelt sich um die klar ersichtliche Zunahme bestimmter Kriminalitätsformen, wie dies u.a. für bestimmte Arten von Steuerhinterziehung (Zinsen aus Kapitalvermögen) bejaht wurde (vgl. *Schäfer* Strafzumessung Rn. 467). Wünschenswert wäre ein Verzicht der Rechtsprechung auf diesen Strafzumessungsgesichtspunkt angesichts der Fragwürdigkeit seiner kriminologischen Berechtigung (*Schäfer* Strafzumessung Rn. 467, 447).

B. Der Vorgang der Strafzumessung

I. Ermittlung des anwendbaren Strafrahmens

1. Allgemeines

Die Strafrahmen, die durch die Straftatbestände des Besonderen Teils des StGB oder des Neben- 28 strafrechts vorgegeben werden, bringen in typisierter Form eine abstrakte Unrechts- und Schuldbewertung zum Ausdruck (*Lackner/Kühl* § 46 Rn. 6; *Freund*, GA 1999, 509, 513). Die üblichen gesetzlichen Strafrahmen weisen den Richtern große Strafzumessungsspielräume zu, die unter dem Gesichtspunkt der Rechtssicherheit in der Praxis nur unproblematisch erscheinen, soweit die gesetzlichen Strafzumessungsregelungen (s.u.) hinreichend konkret und aussagekräftig sind, um ungerechte und ungleiche Strafzumessungsentscheidungen zu verhindern (MüKo-StGB/*Franke* § 46 Rn. 18). Der Strafzumessung im engeren Sinne ist logisch die Bestimmung des einschlägigen Strafrahmens vorrangig, d.h. des zumeist breiten „Spielraums", der dem Gericht bei der Bestimmung der Strafe i.e.S. bleibt. Die Festlegung des Strafrahmens ist eindeutig, wenn sich dieser unmittelbar aus dem (einzig) in Betracht kommenden Tatbestand – etwa dem des § 370 Abs. 1 AO – ablesen lässt oder durch eine Rechenoperation zu gewinnen ist. Letzteres gilt für **Fälle zwingender Strafmilderung gem. § 49 Abs. 1 StGB**, d.h. in Fällen der Beihilfe (§ 27 Abs. 2 Satz 2 StGB), bei der Berücksichtigung besonderer persönlicher Merkmale (§ 28 Abs. 1 StGB) sowie in Fällen des Versuchs der Beteiligung (§ 30 Abs. 1 Satz 2 StGB).

In anderen Fällen bedarf es für die **Wahl des Strafrahmens einer wertenden Entscheidung des** 29 **Richters.** Dies gilt bei gesetzlich vorgesehenen Milderungen gem. § 49 Abs. 1 StGB nach richterlichem Ermessen (§§ 13 Abs. 2 StGB [Unterlassen], 17 Satz 2 StGB [Vermeidbarer Verbotsirrtum], 21 StGB [verminderte Schuld], 23 Abs. 2 StGB [Versuch]) sowie bei Regelbeispielen für besonders schwere Fällen oder bei nicht näher umschriebenen besonders schweren oder minderschweren Fällen im Besonderen Teil des StGB sowie des Nebenstrafrechts. Hier erfordert die Bestimmung des Strafrahmens eine Wertung unter Gesamtabwägung aller für und gegen den Täter sprechenden Umstände (BGHR StGB vor § 1/minderschwerer Fall Gesamtwürdigung 1). In diesen Konstellationen setzt bereits die Ermittlung der Strafrahmenwahl die vorherige Feststellung und Würdigung aller relevanten tatsächlichen Strafzumessungsumstände voraus.

Eine **Abwägung** der erschwerenden Umstände und der Milderungsgründe gegeneinander nach 30 pflichtgemäßem Ermessen geht dann der Bestimmung des anwendbaren Strafrahmens voraus (BGHR StGB vor § 1/minderschwerer Fall Gesamtwürdigung 8). In derartigen Fällen kann trotz eines Regelbeispiels ausnahmsweise ein besonders schwerer Fall verneint werden, wenn bedeutende Strafmilderungsgründe Unrecht und Schuld des Täters als erheblich vermindert erscheinen lassen, oder es kann ein minderschwerer Fall vorliegen, wenn sich aufgrund einer Gesamtbetrachtung aller Umstände, die für die Wertung von Tat und Täter bedeutsam sein können, die Tat so deutlich vom Normalfall abhebt, dass die Anwendung des Regelstrafrahmens unangemessen wäre

(BGHSt 26, 97, 98; BGHR StGB vor § 1/minderschwerer Fall Gesamtwürdigung 6; BGHR StGB vor § 1/minderschwerer Fall Gesamtwürdigung, fehlerfreie 1).

2. Minderschwerer Fall

31 Nach der höchstrichterlichen Rechtsprechung sind bei der Entscheidung über das Vorliegen eines (unbenannten) **minderschweren Falles** alle Umstände einzubeziehen, die für die Wertung von Tat und Täter bedeutsam sein können, gleichgültig, ob sie der Tat selbst innewohnen, sie begleiten, ihr vorausgehen oder nachfolgen. Es komme darauf an, ob das gesamte Tatbild einschließlich aller subjektiven Momente und der Täterpersönlichkeit vom Durchschnitt der erfahrungsgemäß gewöhnlich vorkommenden Fälle in einem so erheblichen Maße abweicht, dass der Regelstrafrahmen nicht mehr angemessen erscheine (BGHSt 24, 268, 269; BGHR StGB vor § 1/minderschwerer Fall Gesamtwürdigung 5; 6; 7). Da nach höchstrichterlicher Rechtsprechung auch das Vorliegen eines vertypten Milderungsgrundes einen minderschweren Fall begründen kann, ist in einem solchen Fall zu entscheiden, ob die Strafe gem. § 49 StGB zu mildern oder der Strafrahmen der Vorschrift über den minderschweren Fall zu entnehmen ist. Der Richter muss nach herrschender Rechtsprechung nicht den jeweils günstigsten Strafrahmen zugrunde legen, maßgeblich ist auch hier die tatrichterliche Würdigung aller für die Bewertung von Tat und Täter in Betracht kommenden Umstände (BGHSt 33, 92, 93; BGHR StGB vor § 1/minderschwerer Fall Strafrahmenwahl 4). Die Urteilsgründe müssen in einem solchen Fall erkennen lassen, dass sich der Richter beider Möglichkeiten bewusst war (*Schäfer* Strafzumessung Rn. 495 ff.).

3. Minderschwere und besonders schwere Fälle einschließlich Regelbeispiele

a) Rechtsnatur der minderschweren und besonders schweren Fälle

32 Nach herrschender Meinung handelt es sich bei den besonders schweren oder minder-schweren Fällen des Besonderen Teils und des Nebenstrafrechts um bloße Strafzumessungsregelungen (BGHSt 23, 254, 256 f.; *Wessels* FS Maurach, S. 295, 297ff.; *Jescheck/Weigend* AT § 26 V; *Gössel* FS Hirsch, 183, 196ff.; MüKo-StGB/*Franke* § 46 Rn. 14; *Lackner/Kühl* § 46 Rn. 7, 11). Das BVerfG hat die Rechtsfigur des besonders schweren Falles jedenfalls für den Fall als unbedenklich eingestuft, dass der Gesetzgeber die besondere Strafwürdigkeit der gemeinten Fälle durch Beispiele verdeutlicht (BVerfGE 45, 363, 372f.), d.h. jedenfalls bei Verwendung der Regelbeispielstechnik. Da den nur beispielhaft benannten wie den unbenannten Strafrahmenänderungen nur innerhalb des bestehenden Strafrahmens Regelungscharakter zukommt, ist nach herrschender Meinung ein Vorwurf des Verstoßes gegen Art. 103 Abs. 2 GG nicht berechtigt (MüKo-StGB/*Franke* § 46 Rn. 18; LK/*Gribbohm* § 1 Rn. 64). Zu Recht wird allerdings de lege ferenda kritisiert, dass mit der Konstruktion eines Gesamtstrafrahmens aus Grunddelikt und Strafzumessungsregelung nach oben hin vielfach zu weit ausgreifende Strafdrohungen vorgesehen werden (*Streng*, ZStW 111 [1999], 827, 836 f. m.w.N.)

b) Anwendbarkeit des Regelbeispiels

33 Die Regelbeispiele als tatbestandsähnliche Regelungsform – im Steuerstrafrecht insb. § 370 Abs. 3 AO – enthalten eine Wertung des Gesetzgebers mit Orientierungsfunktion, nehmen aber dem Gericht die Entscheidung über die Nutzung des Sonderstrafrahmens letztlich nicht ab (MüKo-StGB/*Franke* § 46 Rn. 22; vgl. *Neuhaus*, DriZ 1989, 95, 96; *Hettinger*, GA 1995, 399, 414ff.; *Kindhäuser* FS Trifferer, S. 123, 127f; *Calliess*, NJW 1998, 929, 934; **Gössel** Hirsch-FS, S. 183, 196ff.). Bei Vorliegen des Regelbeispiels bedarf es wegen der dann gegebenen **Indizwirkung (sog. Regelwirkung)** für die Anwendung des Sonderstrafrahmens keiner zusätzlichen Prüfung (BGH, NStZ 2004, 265f.).

34 Auch bei Vorliegen des Regelbeispiels kann ein besonders schwerer Fall abgelehnt oder beim Fehlen eines Regelbeispiels ein besonders schwerer Fall bejaht werden, wenn es sich um einen atypischen Fall handelt. Das Abweichen von der gesetzlichen Regelvermutung erfordert aber einen

besonderen Begründungsaufwand. Eine **Widerlegung der Indizwirkung des Regelbeispiels** kann bei besonderen strafmildernden Umständen erfolgen, wenn diese für sich allein oder in ihrer Gesamtheit so schwer wiegen, dass die Anwendung des Sonderstrafrahmens für besonders schwere Fälle unangemessen erscheint (vgl. BGH, NStZ 2004, 265f., 266; BGH, NStZ-RR 2006, 6f.; *Fischer* § 46 Rn. 92).

Strittig sind die Anforderungen an den Eintritt der Regelwirkung in **Versuchsfällen.** Teils verlangt 35 man für den Eintritt der Regelwirkung die vollständige Erfüllung der Regelmerkmale (vgl. NK/ *Zaczyk* § 22 Rn. 55; Sch/Sch/*Eser* § 243 Rn. 44). Die herrschende Rechtsprechung (BGHSt 33, 370, 377) und Teile der Literatur behandeln die Regelbeispiele wie Tatbestandsmerkmale und lassen beim Versuch des Grunddelikts ganz entsprechend das unmittelbare Ansetzen zur Verwirklichung des Regelbeispiels für den Eintritt der Regelwirkung ausreichen (NK/*Kindhäuser* § 243 Rn. 44ff.; MüKo-StGB/*Schmitz* § 243 Rn. 82ff.; *Fischer* § 46 Rn. 97ff.). Auch nach der Rechtsprechung greift das Rücktrittsprivileg analog § 24 allerdings zwingend, wenn der Täter von der vorgestellten Verwirklichung eines Regelbeispiels freiwillig absieht (vgl. BGH, StV 2000, 554 f.; *Eisele*, JA 2006, 309, 315). Ein Regelbeispiel ist dann nicht verwirklicht, auch nicht im Versuchsstadium. Für den Eintritt der Regelwirkung der **Regelbeispiele der besonders schweren Steuerhinterziehung** gem. § 370 Abs. 3 Satz 2 AO kommt es nach der Rechtsprechung bei einer bloß **versuchten Steuerhinterziehung** (§ 370 Abs. 2 AO) nur darauf an, ob der Täter nach seiner Vorstellung zur Verwirklichung des Regelbeispiels bereits unmittelbar angesetzt hat; dabei sind die Regelbeispiele im Ergebnis wie Tatbestandsmerkmale zu behandeln; ist der Schuldgehalt der versuchten Tat geringer, komme auch für den Strafrahmen des besonders schweren Falles der Steuerhinterziehung eine Strafrahmenverschiebung gem. § 23 Abs. 2 i.V.m. §§ 49 Abs. 1 StGB in Betracht (BGH, NStZ 2011, 167ff. = wistra 2010, 449ff.). Maßgeblich ist danach bei dem Versuch des Grunddelikts und des Regelbeispiels des besonders schweren Falls gem. § 370 Abs. 3 AO für die Indizwirkung des Regelbeispiels auf die subjektive Tatseite abzustellen. Es reicht also aus, dass der Täter sich einen unberechtigten Steuervorteil oder Steuerschaden großen Ausmaßes (§ 370 Abs. 3 Satz 2 Nr. 1 AO) vorstellt und zu dessen Verwirklichung unmittelbar ansetzt (§ 22 StGB analog), um dem erhöhten Strafrahmen zu unterliegen.

c) Bestimmung der Anwendbarkeit eines sonstigen (unbenannten) minderschweren oder besonders schweren Falles

Verstärkte Anwendungsprobleme für den Rechtsanwender verursachen unbenannte Strafrahmen- 36 änderungen, bei denen die Voraussetzungen für einen minderschweren oder besonders schweren Fall im Gesetz nicht einmal beispielhaft niedergelegt sind. Dies ist im Steuerstrafrecht bei § 373 **Abs. 1 Satz 2 AO** (minderschwerer Fall des gewerbsmäßigen, gewaltsamen und bandenmäßigen Schmuggels) sowie bei **§ 374 Abs. 2 Satz 2 AO** (minderschwerer Fall der gewerbsmäßigen oder bandenmäßigen Steuerhehlerei) der Fall. Nach der höchstrichterlichen Rechtsprechung ist über das Vorliegen eines unbenannten minderschweren oder besonders schweren Falles aufgrund einer umfassenden Gesamtwürdigung der Tat und des Täters zu entscheiden. Die milderen bzw. strengeren Sonderstrafrahmen sind dem BGH zufolge anwendbar, wenn das Tatbild einschließlich aller subjektiven Momente und der Täterpersönlichkeit vom Durchschnitt der erfahrungsgemäß vorkommenden Fälle in einem Maße abweicht, dass die Anwendung des Ausnahmestrafrahmens geboten ist (BGHSt 29, 319, 322; vgl. BGHSt 28, 318, 319; Kutzner StV 2002, 277, 278f.). Nahe liegt die Annahme eines minderschweren Falles bei einem eindeutigen Überwiegen der mildernden Faktoren (BGH, NStZ-RR 2006, 140, 141), ohne dass der BGH dies näher präzisiert oder definiert. Bei dieser Wertung bestehen daher ganz erhebliche tatrichterliche Entscheidungsspielräume (BGH, NStZ 1982, 464f.; BGH, StV 2002, 20f.; BGH, NStZ-RR 2006, 339 f.; BGH, NStZ-RR 2008, 153; *Fischer* § 46 Rn. 85). Der BGH sieht aber bei einem mit einer ganzen Tatserie auffällig gewordenen Täter, der mehrfach vorbestraft ist, die Annahme minderschwerer Fälle als einigermaßen fernliegend an (BGH, NStZ 2006, 343). Auf der anderen Seite scheidet die Bejahung eines minderschweren Falles bei in einem ganz außergewöhnlichen Umfang schuldmindernden Umständen auch dann nicht aus, wenn diese zumindest teilweise bereits zur Entkräftung der Regelwirkung für das Vorliegen eines besonders schweren Falles herangezogen worden waren (BGH, NStZ-RR 2006, 6 f.; BGH, StV 2000, 557f.; BG, NStZ-RR 2007, 373; BGH, StraFo 2007, 472; BGH, StV 2008, 81).

37   Zur Gesamtbetrachtung für die Entscheidung über „minderschwere Fälle" sollen nicht nur tatschwere- bzw. schuldrelevante Faktoren berücksichtigt werden, sondern nach dem BGH sämtliche Umstände, die für die Bewertung von Tat und Täter in Betracht kommen, ob sie der Tat selbst innewohnen, sie begleiten, ihr vorausgehen oder ihr nachfolgen (BGH, NStZ 2000, 254; BGH, NStZ 2004, 32 f.; BGH, NStZ-RR 2002, 329; BGH, NJW 2003, 1679f; MüKo-StGB/*Franke* § 46 Rn. 22; *Schäfer* Strafzumessung Rn. 579). Nach ständiger Rechtsprechung kommt dem Vorliegen eines vertypten Milderungsgrundes (z.B. §§ 21, 23 StGB) eine besondere Bedeutung für die Annahme eines minderschweren Falls zu, da dieser Umstand schon für sich allein einen minderschweren Fall zu begründen vermag (BGH, NStZ 1985, 453; BGH, NStZ 1987, 72 f.; BGH, StV 1992, 371f; BGH, NStZ-RR 2004, 14).

38   Bei den **besonders schweren Fällen** kann wegen des Verbots einer schuldüberschreitenden Strafe die belastende Strafrahmenverschiebung nur bei einer Intensivierung von Unrecht und Schuld erfolgen (vgl. BGH, StV 1984, 464). Insb. ein hoher Schaden ist der Rechtsprechung zufolge geeignet, einen besonders schweren Fall zu begründen (BGH, NStZ 1982, 465; BGH, NStZ 1999, 244f.). Eine psychische Störung des Täters kann entscheidend gegen die Strafrahmenverschiebung sprechen, auch wenn sie nicht den für die Anwendung von § 21 StGB nötigen Grad hat (vgl. BGH, NStZ 1999, 244 f.; BGH, StV 2000, 309 f.; BGH, NStZ-RR 2004, 205f). Schuldunabhängige Faktoren lässt der BGH daneben ebenfalls zur Verneinung eines an sich – etwa durch die Verwirklichung eines Regelbeispiels – indizierten besonders schweren Falles in weitem Umfang zu (BGHSt 32, 345, 355).

II. Bestimmung der Strafe (§ 46 Abs. 1 Satz 2, Abs. 2 Satz 1 StGB)

39   Bei der konkreten Zumessung der Strafe muss das Gericht zur Erreichung des gerechten Schuldausgleichs die für die Strafzumessungsschuld maßgeblichen Tatsachen unter Beachtung der Präventionszwecke feststellen und unter Ausübung richterlichen Ermessens würdigen bzw. „gegeneinander abwägen" (§ 46 Abs. 2 Satz 1 StGB). Die Rechtsanwender tragen mithin aufgrund der gesetzlichen Ausgestaltung des Strafzumessungsvorgangs durch die Legislative weitestgehende Verantwortung für die konkrete Bestimmung der Strafe (Sch/Sch/*Stree/Kinzig* § 46 Rn. 7). Der Gesetzgeber gibt explizit lediglich das jeweilige Mindest- und Höchstmaß des Strafrahmens – der wiederum unter Vornahme von teilweise wertenden Entscheidungen zunächst durch den Richter zu bestimmen ist – vor und damit allenfalls einen breiten Rahmen, der regelmäßig von einer geringen Geldstrafe bis zu mehrjährigen Haftstrafen reicht (vgl. gerade § 370 Abs. 1 AO). Die höchstrichterliche Rechtsprechung tritt, indem sie auch bei der konkreten Strafzumessung die Maßgeblichkeit einer Gesamtabwägung aller für und gegen den Täter sprechenden Strafzumessungsgesichtspunkte vorgibt, jeder weiteren Schematisierung entgegen (BGHSt 28, 318, 319; 34, 345, 350 f.). Stimmen aus der Praxis bezweifeln zu Recht, dass damit bereits handhabbare Bezugspunkte vorgegeben sind (*Schäfer* Strafzumessung Rn. 624).

40   Diesem Erfordernis der ermessensgebundenen, faktisch recht freien Abwägung des Richters liegt die in der Rechtsprechung und Literatur vorherrschende **„Spielraumtheorie"** der Strafzumessung zugrunde (BGHSt 7, 28, 32; 20, 264, 266f; 24, 132, 133f; *Jescheck/Weigend* AT § 82 IV 6; LR-StGB/*Hanack* § 337 Rn. 191; *Streng* FS Müller-Dietz, S. 874, 875ff.; *Dölling* FS Schreiber, S. 55ff.; MüKo-StGB/*Radtke* Vor § 38 Rn. 63f.; *Schäfer* Strafzumessung Rn. 461ff.; vgl. krit. NK/*Streng* § 46 Rn. 97 ff.). Dem Gesetz selbst lässt sich entnehmen, dass dem Gericht ein Spielraum für die Bemessung der schuldgerechten Strafe bleiben muss. Das Gericht hat die für und gegen den Täter sprechenden Umstände bei der Strafzumessung abzuwägen (§ 46 Abs. 2 Satz 1 StGB). Die Theorie der Rechtsprechung beruht auf der Annahme, dass der Richter innerhalb des anwendbaren gesetz-

lichen Strafrahmens einen auf den Fall bezogenen „Schuldrahmen" absteckt und damit eine erste fallbezogene Konkretisierung des Strafrahmens vornimmt; im „Spielraum" des Schuldrahmens soll dann durch den Richter unter Vermeidung von Schuldüberschreitung und Schuldunterschreitung nach der konkreten Sachlage des Falles den zulässigen Strafzwecken Rechnung getragen werden (BGHSt 24, 132, 133f; 34, 345, 349; 43, 195, 208f; 50, 40, 49; BGH, NStZ 1992, 489f.). In der Rechtsprechungspraxis soll zunächst der Schuldrahmen bestimmt und dann auf diesen die zulässigen Präventionsgesichtspunkte angewandt werden (*Meine*, NStZ 1994, 159, 161ff). **Unzulässig nach Maßgabe der Spielraumtheorie** wäre es jedenfalls, die Schuldangemessenheit der Strafe Präventionserwägungen unterzuordnen, etwa eine schuldunangemessen niedrige Strafhöhe zu bestimmen, um eine aussetzungsfähige Freiheitsstrafe verhängen zu können (BGHSt 29, 319, 321; 32, 60, 65; BGH, NStZ 1992, 489f; 2001, 365f; NStZ-RR 2008, 369). Gleichermaßen fehlerhaft wäre es, eine schuldunangemessen hohe Strafe zu bestimmen, um stattdessen auf eine naheliegende Verhängung einer Maßregel der Besserung und Sicherung zu verzichten (vgl. BGHSt 20, 264, 266f.) oder weil die (überhöhte) Freiheitsstrafe zur Bewährung ausgesetzt wird (OLG Karlsruhe, NStZ-RR 1997, 2).

Nach Ermittlung der konkreten Strafzumessungstatsachen (s.u. Rdn. 42 ff.) und ihrer Bewertungs-richtung – strafmildernd oder straferschwerend – müssen diese gem. § 46 Abs. 1 Satz 2 StGB gewichtet und miteinander abgewogen sowie aus ihnen ein bestimmtes Strafmaß abgeleitet werden (Sch/Sch/*Stree/Kinzig* § 46 Rn. 58; *Fischer* § 46 Rn. 74 f.; MüKo-StGB/*Franke* § 46 Rn. 23; LK-StGB/*Theune* § 46 Rn. 312 ff., NK/*Streng* § 46 Rn. 166 ff.; *Lackner/Kühl* § 46 Rn. 47 ff.; *Schäfer* Strafzumessung Rn. 621 ff.). Das Strafmaß beruht nach der Rechtsprechung auf der Gesamtbetrachtung von Tat und Täter, einer Gesamtschau der Tatumstände im weitesten Sinne sowie der Persönlichkeit des Täters (BGHSt 16, 353; 24, 270; BGH, NJW 1976, 1326; NStZ 1991, 231; NStZ-RR 2009, 307; Sch/Sch/*Stree/Kinzig* § 46 Rn. 58). Wie die Ermittlung der genauen Strafhöhe erfolgen soll, ist nicht im Einzelnen durch die Tatbestandsmerkmale der §§ 46 ff. StGB geregelt (Sch/Sch/*Stree/Kinzig* § 46 Rn. 58; MüKo-StGB/*Franke* § 46 Rn. 23; *Schäfer* Strafzumessung Rn. 621). Der ermittelte anwendbare Strafrahmen deckt zwischen der Mindest- und Höchststrafe alle denkbaren Schweregrade der zu beurteilenden Straftaten ab, d.h. die denkbar schwersten wie die denkbar leichtesten Fälle (BGHSt 27, 3; BGH, NStZ 1983, 217; Sch/Sch/*Stree/Kinzig* § 46 Rn. 59). Die herrschende Meinung geht zu Recht davon aus, dass die große Mehrzahl der Straftaten auf dieser Skala nur einen verhältnismäßig geringen Schweregrad erreichen (BGH, NStZ 1984, 20; LK-StGB/*Theune* § 46 Rn. 314 ff.; Sch/Sch/*Stree/Kinzig* § 46 Rn. 59; *Schäfer* Strafzumessung Rn. 624). Daraus folgt, dass der **praktisch typische Fall bzw. der statistische Regelfall der Tatbestandsverwirklichung in einem Bereich unter der Mitte des anwendbaren Strafrahmens** liegt (BGHSt 27, 4; BGH, NStZ 1983, 217; 1984, 20; 1988, 86; StV 1994, 182; Sch/Sch/*Stree/Kinzig* § 46 Rn. 59; krit. NK/*Streng* § 46 Rn. 179; LK-StGB/*Theune* § 46 Rn. 314 ff.). Grds. soll der statistische Regelfall auch als Ausgangspunkt der Strafzumessung in der Praxis dienen (BGHSt 28, 319 f.; BGH, NStZ 1983, 217; Sch/Sch/*Stree/Kinzig* § 46 Rn. 59). Eine Orientierung an Straftaxen wird in der Rechtsprechung abgelehnt (OLG Hamburg, NJW 1963, 2387; OLG Köln, NJW 1966, 895; zur Praxis des Steuerstrafrechts s.u.). Dasselbe wird in der Rechtsprechung grds. für eine „**vergleichende Strafzumessung**" postuliert; so hat der BGH bemängelt, wenn nur wegen von anderen Spruchkörpern verhängten milderen Strafen auf eine mildere Strafe erkannt wird (BGHSt 28, 323 ff.; Sch/Sch/*Stree/Kinzig* § 46 Rn. 59) oder wenn umgekehrt im Hinblick auf Rechtsfolgen, die ein anderer Spruchkörper im gleichen Tatkomplex verhängt hat, eine Strafe verschärft wird (BGH, NStZ-RR 1997, 197; BGH, StV 2008, 295; Sch/Sch/*Stree/Kinzig* § 46 Rn. 59). Auch seien Mittäter von verschiedenen Gerichten bei vermeintlich gleicher Tatbeteiligung nicht zwingend gleich hoch zu bestrafen (BGHR StGB § 46 Abs. 2 Wertungsfehler 23; Sch/Sch/*Stree/Kinzig* § 46 Rn. 59). Andererseits scheint der BGH diese Rechtsprechung in den letzten Jahren zugunsten einer stärkeren Betonung der Gleichmäßigkeit des Strafens nivelliert zu haben. Der BGH stellte jedenfalls in Einzelfällen bei der Überprüfung des Strafmaßes darauf ab, ob sich nach seinen Erkenntnissen die in einschlägigen Fällen verhängten Strafen typischerweise unterhalb der erkannten Freiheitsstrafe hielten (BGH, NStZ-RR 2008, 309); an ande-

41

rer Stelle wurde betont, dass die Strafen gegen Mittäter in einem gerechten Verhältnis zueinander stehen sollen (BGH, NStZ 2009, 383; NStZ-RR 1998, 50; StV 1991, 557; *Fischer* § 46 Rn. 23 f.; Sch/Sch/*Stree/Kinzig* § 46 Rn. 59). Bei gehäuft auftretenden Taten typischer Prägung, bei denen sich in einem gewissen Rahmen eine allgemeine Strafpraxis herausgebildet hat, kann diese als Ausdruck einer allgemeinen Gerechtigkeitsauffassung angesehen werden, mit der Folge, dass der Tatrichter diese unter dem Gesichtspunkt der Gleichmäßigkeit des Strafens als Gebot der Gerechtigkeit in seine Strafzumessungserwägungen einzubeziehen und jedenfalls ein auffälliges Abweichen von der in einer solchen Praxis zum Ausdruck kommenden allgemeinen Auffassung von der richtigen Strafe zu vermeiden hat (BGHSt 28, 324; BGH, NStZ-RR 1997, 197; StV 2008, 295; BGHR StGB § 46 Abs. 2 Wertungsfehler 23; Sch/Sch/*Stree/Kinzig* § 46 Rn. 59; LK-StGB/*Theune* § 46 Rn. 319 ff.). Danach ist zusammenfassend festzuhalten, dass die relative Gleichmäßigkeit des Strafens – zwischen mehreren Beteiligten einer Tat bzw. eines Tatkomplexes sowie zwischen Tätern desselben Tattyps – trotz anderslautender Äußerungen in der (früheren) Rechtsprechung heute ein anerkannter Prüfungspunkt bei der Beurteilung des Strafmaßes ist. Vor diesem Hintergrund erscheinen **Einzelstrafen, die über 1/3 des anwendbaren Strafrahmens liegen**, unter dem Gesichtspunkt der Gleichmäßigkeit des Strafens zweifelhaft oder jedenfalls in besonderem Maße dahin gehend rechtfertigungsbedürftig, dass den zugrunde liegenden Taten ein Unrechtsgehalt eigen sein muss, der objektiv belegbar weit über dem Durchschnitt derjenigen Taten, für die dieser Strafrahmen anwendbar ist, liegt.

III. Strafzumessungstatsachen (§ 46 Abs. 2 Satz 2 StGB)

1. Grundsätzliches

42 Die Aufzählung des § 46 Abs. 2 Satz 2 StGB nennt erkennbar nur dem Gesetzgeber besonders wichtig erscheinende Strafzumessungsumstände explizit („namentlich"). Sie stellt somit **keine abschließende Aufzählung** der relevanten Umstände dar. Der Begriff weist zugleich darauf hin, dass die aufgeführten Aspekte zwar oft bei der Strafbemessung eine Rolle spielen, dass aber auch weitere für die Strafhöhe bedeutsame Umstände zu berücksichtigen sind und dass nicht in jedem Einzelfall sämtliche dieser Gesichtspunkte zum Tragen kommen. Aus der Formulierung geht aber auch hervor, dass das Gesetz Gewicht und Bedeutung der einzelnen Strafzumessungsgründe nicht vorgibt, sondern der Bewertung des Gerichts überlässt, ob eines der aufgeführten Merkmale zu einer Erhöhung oder einer Milderung der Strafe führt (Sch/Sch/*Stree/Kinzig* § 46 Rn. 10). Der identische Umstand kann – in Abhängigkeit von der konkreten Fallkonstellation – strafmildernd oder strafverschärfend wirken (BGH, NJW 1995, 1038 m. Anm. *Streng* StV 1995, 411, Sch/Sch/*Stree/Kinzig* § 46 Rn. 10; *Lackner/Kühl* § 46 Rn. 32, NK/*Streng* § 46 Rn. 172). Er darf lediglich nicht in sich widersprüchlich bewertet werden und aus ihm dürfen keine Folgerungen gezogen werden, die nicht miteinander in Einklang gebracht werden können (BGH, StV 1987, 62; Sch/Sch/*Stree/Kinzig* § 46 Rn. 10).

43 Zulasten des Täters dürfen tatsächliche Strafzumessungsumstände nach dem rechtsstaatlichen Zweifelsgrundsatz („**in dubio pro reo**") ausschließlich auf der Basis sicherer Feststellungen berücksichtigt werden (vgl. BGH, StV 1983, 456; 1986, 5 f.; NStZ-RR 2004, 41 f.).

44 Die Gesichtspunkte, die in § 46 Abs. 2 Satz 2 StGB genannt werden, betreffen entweder das Gewicht der Tat – der Tathandlung oder des Taterfolgs – oder aber die Persönlichkeit des Täters. Die Vorschrift unterscheidet allerdings nicht zwischen beiden Gesichtspunkten, sondern stellt **subjektive und objektive Kriterien der Strafzumessung** ungeordnet nebeneinander (Sch/Sch/*Stree/Kinzig* § 46 Rn. 11).

2. Subjektive Kriterien gem. § 46 Abs. 2 Satz 2 StGB

a) Beweggründe und Ziele des Täters

Als ersten Strafzumessungsaspekt erwähnt Abs. 2 Satz 2 Beweggründe und Ziele des Täters. Beide 45
Gesichtspunkte werden als bedeutende Erkenntnismittel zur Beurteilung der Täterpersönlichkeit
und der Verwerflichkeit der Tat angesehen (Sch/Sch/*Stree*/*Kinzig* § 46 Rn. 12; *Fischer* § 46 Rn. 27,
MüKo-StGB/*Franke* § 46 Rn. 25, NK/*Streng* § 46 Rn. 52; *Schäfer* Strafzumessung Rn. 332 ff.). Die
Beweggründe, denen praktisch äußere Anreize zur Tat als motivierende Kraft entsprechen, sind
nach ihrer **Qualität** und nach ihrem **Stärkegrad** für die Strafzumessung bedeutend (Sch/Sch/*Stree*/
Kinzig § 46 Rn. 13). Bei ihrer Bewertung sind – inländische – sozialethische Maßstäbe anzulegen,
wobei sich die Motive je nach ihrem Wert strafmildernd oder strafverschärfend auswirken können
(BGH, NJW 2004, 1467; 3054; Sch/Sch/*Stree*/*Kinzig* § 46 Rn. 12).

Strafschärfend können sich **niedrige Beweggründe** praktisch auch i.R.d. Steuerstrafrechts auswir- 46
ken. Insb. kommen reiner Egoismus (vgl. BGH, NJW 1966, 788), Habgier, grober Eigennutz in
Form des Strebens nach beruflichem Erfolg und geschäftlichem Gewinn (vgl. BGH, GA 1979,
59) und Gewinnsucht oder ähnliche Motive in Betracht (vgl. Sch/Sch/*Stree*/*Kinzig* § 46 Rn. 13).
Ungenügend zur Rechtfertigung einer Straferhöhung ist hingegen das bloße Fehlen eines nachvollziehbaren Anlasses für die Tat (BGH, StV 1982, 419). Strafschärfend können nur vorwerfbare
Tatmotive sein, nicht etwa ein Motiv, dessen Ursache in einer geistig-seelischen Beeinträchtigung
liegt (BGH, NStZ-RR 2003, 362), welche allerdings – angesichts des typischerweise rational-öko-
nomischen Handelns bei Steuerstraftaten – von den Strafverfolgungsbehörden regelmäßig angenommen werden dürften.

Ein **strafmildernder Beweggrund** kommt in Betracht bei Handeln aus Not oder einer sonstigen 47
(wirtschaftlichen) Zwangslage (OLG Düsseldorf, wistra 1994, 353). In diesem Zusammenhang
wird man auch die Verkürzung von Steuern und Abgaben zur Aufrechterhaltung des Betriebes
eines insolvenznahen Unternehmens oder aus vergleichbar achtenswerten Motiven – insb. zur vorläufigen Sicherung von Arbeitsplätzen – einordnen können. Strafmildernd kommt auch in
Betracht, wenn die Geschäftsleitung ohne Selbstbereicherungsabsicht unversteuerte Umsätze für
unversteuerte Lohnzahlungen an Arbeitnehmer verwendet (vgl. BGH, wistra 1987, 211). **Äußere
Umstände** als motivierende Kraft können strafmildernde Wirkung entfalten, wenn man Verständnis dafür haben kann, dass der Täter derartigen Anreizen nicht widerstanden hat. Das kann der
Fall sein, wenn jemand einer Versuchung erliegt, sich etwa durch eine besonders verlockende
Gelegenheit verführen lässt, gruppendynamischen Einflüssen oder dem Drängen eines anderen
erliegt (BGH, StV 1993, 521; Sch/Sch/*Stree*/*Kinzig* § 46 Rn. 13).

Im Rahmen steuerstrafrechtlicher Verfehlungen wäre daran zu denken, zum einen das deutsche 48
Umsatzsteuersystem als bei § 370 AO strafmildernd weil kriminogen zu bewerten. Dieses zeichnet
sich aus, durch das Institut des Vorsteuerabzugs i.V.m. der USt-freien innergemeinschaftlichen
Lieferung eine besonders verlockende Gelegenheit zur **USt-Hinterziehung** geschaffen zu haben.
Zum anderen ist hinsichtlich der Fälle von **Verkürzung von ErbSt und ESt** in den klassischen
„Schweizer Konten-Fällen" strafmildernd zu bedenken, dass hier wegen des regelmäßig gegebe-
nen familiären Kontextes – schenkweiser Erwerb oder durch Erbschaft, oft zur gesamten Hand –
nicht selten gruppendynamische Entwicklungen und familiäre Zwänge bzw. familiäre Rücksicht-
nahme der rechtzeitigen Selbstanzeige (§ 371 AO) im Wege stehen. Strafmildernd muss ebenfalls
wirken, wenn sich der Erbe oder Beschenkte zur Wahrung des Ansehens des Erblassers bzw.
Schenkers oder aus ähnlich achtbaren Motiven nicht zur Nacherklärung (§ 153 AO) oder zur
Selbstanzeige entschließen kann.

Für die **verfolgten Ziele**, d.h. die mit der Tat erstrebten Erfolge, gilt Ähnliches wie für die Beweg- 49
gründe, zumal Zielsetzung und Beweggrund sich häufig entsprechen werden. Egoistische Ziele
sind regelmäßig strenger zu bewerten als altruistische. Bei Vermögensdelikten können altruistische
Zielsetzungen strafmindernd wirken (RG, DR 1941, 2179; BGH, wistra 1987, 227; Sch/Sch/

Stree/Kinzig § 46 Rn. 13a). Entsprechendes muss bei den vergleichbaren – auf einen Vermögens-schaden des Fiskus abzielenden – Steuerdelikten gelten. Eine Strafschärfung hingegen erscheint angebracht, wenn ein über ein ausreichendes Einkommen verfügender Täter ein Vermögensdelikt begeht, um augenblicklichen Vergnügungen nachgehen zu können (BGH, MDR 1974, 544), auch hier muss Entsprechendes für Steuerstraftaten gelten.

50 Zu den Motiven des Täters gehört auch seine **Überzeugung** oder sein **Gewissen**. Beides kann sich – aber nur bei einer anerkennenswerten Motivation – strafmildernd auswirken (vgl. BGHSt 8, 163, BayObLG, NJW 1980, 2424, OLG Bremen, StV 1996, 378, OLG Hamm, NJW 1980, 2425; OLG Stuttgart, NJW 1992, 3251; *Schäfer* Strafzumessung Rn. 336). I.R.d. Steuerstrafrechts haben Milderungsgründe mit diesem Hintergrund keinen erkennbaren prakti-schen Anwendungsbereich gefunden. Insb. dürfte eine politisch-ideologisch begründete Ableh-nung des deutschen Steuerrechts – seiner als überhöht empfundenen Steuersätze etc. – in der gerichtlichen Praxis nicht zu einer Strafmilderung führen.

b) Die aus der Tat sprechende Gesinnung und der bei der Tat aufgewendete Wille

51 Strafmildernd oder strafverschärfend zu berücksichtigen sind nach § 46 Abs. 2 Satz 2 StGB auch die aus der Tat sprechende **Gesinnung** und der bei der Tat aufgewendete **Wille** (Sch/Sch/*Stree/Kinzig* § 46 Rn. 16; NK/*Streng* § 46 Rn. 53 f.; *Fischer* § 46 Rn. 28 ff., MüKo-StGB/*Franke* § 46 Rn. 30 f., SK/*Horn* § 46 Rn. 113 ff., *Lackner/Kühl* § 46 Rn. 33, *Schäfer* Strafzumessung Rn. 335 ff.).

52 Strafzumessungsrechtlich relevant ist nur die **Gesinnung**, die in der Tat zum Ausdruck gekom-men, d.h. aus dieser ablesbar ist (BGH, NJW 1979, 1835, BayObLG, NStZ 1982, 288), z.B. eine verwirklichte besondere Niederträchtigkeit, Skrupellosigkeit, Bosheit, Böswilligkeit, Gewissen- oder Rücksichtslosigkeit. Eine klare Grenze zwischen der Gesinnung und den Beweggründen und Zielen des Täters (s.o.) lässt sich nicht ziehen (eingehend Sch/Sch/*Stree/Kinzig* § 46 Rn. 16).

53 Hingegen ist der bei der Tat aufgewendete **Wille** ein eigenständiges Kriterium der Strafbemessung als wesentliches Indiz für die verbrecherische Energie; je größer die Probleme sind, die der Täter bei der Tat zu überwinden hat, und je unnachgiebiger und zielstrebiger er sein Ziel verfolgt, desto größer kann seine Schuld sein (Sch/Sch/*Stree/Kinzig* § 46 Rn. 16). Die Intensität des Tatwillens kann sich etwa aus einer genauen und umfangreichen Tatplanung ergeben (vgl. *Detter*, NStZ 1990, 177). Der BGH begründet Straferhöhungen nicht selten damit, dass es sich um keine Gelegenheitstat, sondern um eine **geplante Tat** gehandelt hat (BGH, NJW 1982, 2265, MDR 1974, 544, BGH, Urt. v. 19.02.2008 – 5 StR 512/07, BeckRS 2008, 04530). Projiziert man dies auf Steuerstraftaten, wird die – auch regelmäßige – rein passive Nichtdeklaration unver-steuerter Guthaben und Erträgnisse regelmäßig deutlich milder zu beurteilen sein als die – ggf. unter Einbeziehung von (ausländischen) steuerlichen oder Bankberatern bzw. Zuhilfenahme von ausländischen Stiftungen oder Domizilgesellschaften oder etwa inhaltlich unrichtigen oder gar verfälschten (§ 267 StGB) Urkunden – aktive Konstruktion einer steuerlich neutral erscheinenden Legende zum Zweck der unentdeckten Steuerverkürzung. Dasselbe was für die Tatplanung gilt, wird in der Rechtsprechung u.U. auch für die **Spurenbeseitigung** angenommen, aber nur soweit sich aus der Art ihrer Durchführung auf eine besondere verbrecherische Energie schließen lässt (BGH, MDR 1977, 982).

54 Auch die **Qualität und Klarheit des Unrechtsbewusstseins** kann für die Strafzumessung relevant werden (BGHSt 11, 266 ff.; Sch/Sch/*Stree/Kinzig* § 46 Rn. 16). Die Absicht der Erfolgsherbeifüh-rung deutet für die Rechtsprechung aber für sich allein noch nicht auf eine besondere Stärke des verbrecherischen Willens (BGH NJW 1981, 2204 m. Anm. *Bruns*, JR 1981, 512), ebenso wenig ein direkter Vorsatz (*Detter*, NStZ 1990, 177). In der instanzgerichtlichen Praxis des Steuerstraf-rechts wird man trotz dieser Vorgaben befürchten müssen, dass eindeutig nachweisbarer **dolus directus 1. oder 2. Grades** hinsichtlich der Steuerverkürzung strafverschärfend bewertet werden könnte, man denke etwa an schriftlich belegte Warnungen des steuerlichen Beraters vor der Steu-erpflichtigkeit bestimmter Gestaltungsformen oder Transaktionen oder gar von Rechtsgutachten

zur Steuerpflichtigkeit eines Vorgangs. Umgekehrt sollten sich **dolus eventualis** oder unklare Vorstellungen hinsichtlich der Erklärungs- oder Steuerpflichtigkeit im **Grenzbereich zur Fahrlässigkeit** bzgl. des konkret steuerstrafrechtlich vorwerfbaren Sachverhalts strafmildernd auswirken.

Mildernd kann sich auch auswirken, wenn die Tat nur aus **Unbesonnenheit** begangen wird oder   55
dem Täter die Tatausführung leicht gemacht worden ist und er deswegen keine besondere Willensstärke zur Tat hat aufwenden müssen, so etwa, wenn sorgloses und nachlässiges Verhalten eines Beamten ein betrügerisches Vorgehen gegen den Staat erleichtert (BGH, StV 1983, 326; Sch/Sch/*Stree/Kinzig* § 46 Rn. 16). Ersteres wird man bei Steuerstraftaten vielfach bei „Schweizer Konten-Fällen" hinsichtlich der Hinterziehung von ESt und ErbSt typischerweise insb. bei Ehefrauen und sonstigen in Bankgeschäfte und Kontoführung nicht aktiv einbezogene Familienangehörige (Erben) beobachten und geltend machen können, Letzteres u.U. im Hinblick auf USt-Hinterziehung (Vorsteuerabzug). Gerade im letzteren Fall wird man auf instanzgerichtlicher Ebene voraussichtlich allenfalls in Bagatellfällen Gehör finden. Jedenfalls dann, wenn der Täter planmäßig auf das Erleichtern der Tat hingewirkt hat oder sonst planend gehandelt hat, entfällt eine strafmildernde Berücksichtigung (Sch/Sch/*Stree/Kinzig* § 46 Rn. 16).

3. Objektive Kriterien aus § 46 Abs. 2 Satz 2 StGB

a) Maß der Pflichtwidrigkeit

Weiter muss bei der Abwägung nach § 46 Abs. 2 Satz 2 StGB das Maß der Pflichtwidrigkeit   56
berücksichtigt werden (*Fischer* § 46 Rn. 32; MüKo-StGB/*Franke* § 46 Rn. 32 f.; SK-StGB/*Horn* § 46 Rn. 110 ff.; Sch/Sch/*Stree/Kinzig* § 46 Rn. 17; NK/*Streng* § 46 Rn. 55; *Lackner/Kühl* § 46 Rn. 33, *Schäfer* Strafzumessung Rn. 343 ff.).

Dieser Aspekt kann für den Unrechts- und den Schuldumfang der Tat erheblich sein, hat aller-   57
dings nach herrschender Meinung v.a. bei den im Steuerstrafrecht wenig relevanten **Fahrlässigkeitsdelikten** Bedeutung (Sch/Sch/*Stree/Kinzig* § 46 Rn. 17). Für die Strafzumessung ist wesentlich, ob leichte oder schwere (grobe) Fahrlässigkeit oder leichtfertiges Verhalten vorgelegen hat (vgl. BGH, VRS 18, 201; BayObLG, DAR/R 66, 260; OLG Koblenz, VRS 63, 44; OLG Köln, VRS 58, 26). Bei **Vorsatzdelikten** ist das Maß der Pflichtwidrigkeit bei Verstößen gegen besondere Pflichten – hier wären etwa die Pflichten des § 370 Abs. 1 Nr. 2 AO in den Blick zu nehmen – als Strafzumessungsgesichtspunkt wesentlich, etwa wie weit sich der Täter von den Vorgaben entfernt hat oder wie gewichtig der Verantwortungsbereich gewesen ist (vgl. Sch/Sch/*Stree/Kinzig* § 46 Rn. 17). Bei der Bestechlichkeit eines Finanzbeamten ist die Höhe der steuerlichen Einbußen strafzumessungserheblich (BGH, wistra 2002, 420).

b) Art der Ausführung und verschuldete Auswirkungen der Tat

Die Art der Ausführung und die verschuldeten Auswirkungen der Tat ist eine weitere Gruppe von   58
Zumessungsaspekten nach § 46 Abs. 2 Satz 2 StGB, die im Wesentlichen die objektive Tatseite betrifft (*Fischer* § 46 Rn. 33 ff.; Sch/Sch/*Stree/Kinzig* § 46 Rn. 18; MüKo-StGB/*Franke* § 46 Rn. 34 ff.; SK-StGB/*Horn* § 46 Rn. 103 ff.; NK/*Streng* § 46 Rn. 56 ff.; Lackner/*Kühl* § 46 Rn. 33a f.; *Schäfer* Strafzumessung Rn. 316 ff.). Nach dem BGH ist Art der Ausführung all das, was die Tat über die bloße Vollendung des Tatbestands hinaus begleitet und prägt (BGHSt 37, 154; BGH, NStZ-RR 1997, 301; BayObLG, NStZ-RR 1997, 134).

Für die **Größe der Rechtsverletzung** ist die **Höhe des Schadens** von entscheidendem Gewicht, so   59
u.a. bei **Vermögensdelikten** (BGH, NStZ-RR 2003, 72, StV 1987, 529; 1989, 105). Dasselbe gilt nach herrschender Meinung in verstärktem Maße für **Steuerdelikte** (vgl. BGHSt 37, 343; BGHSt 53, 80 ff.; BGH, NJW 2009, 1984, *Fischer* § 46 Rn. 36; Sch/Sch/*Stree/Kinzig* § 46 Rn. 19; *Meyer*, PStR 2008, 257 f.). Im Folgenden ausführlich Rdn. 117 ff. zu den Besonderheiten der Strafzumessung in Steuerstrafsachen. Für die Größe der Rechtsverletzung ist weiter das **Ausmaß von Gefährdungen** bzw. **Gefährdungsschäden** maßgeblich; dies gilt bei Gefährdungsdelikten

sowie beim Versuch und auch bei vollendeten Erfolgsdelikten (vgl. BGH, NJW 1989, 3230, NStZ 1993, 134, NStZ-RR 2003, 72; Sch/Sch/*Stree/Kinzig* § 46 Rn. 19). Die **tateinheitliche Verwirklichung (§ 52 StGB) mehrerer Straftatbestände** ist regelmäßig geeignet, den Unrechts- und Schuldgehalt der Tat zu verstärken, und kann deshalb ein Strafschärfungsgrund sein (BGH, NStZ 1993, 434, NStZ-RR 2000, 104), jedenfalls wenn die Delikte jeweils selbstständiges Unrecht verkörpern (BGH, NStZ-RR 2006, 169).

aa) Tatausführung

60   Die Art der Ausführung wird zudem durch die **Tatmittel und Handlungsmodalitäten** bestimmt (Sch/Sch/*Stree/Kinzig* § 46 Rn. 21). Von Bedeutung sind insoweit v.a. die eingesetzten Mittel, die Art des Vorgehens (im Steuerstrafrecht etwa ein planmäßiges Verhindern des Entdecktwerdens), weiter das Ausnutzen besonderer Umstände, das Zusammenwirken mit anderen und die Tatdauer, namentlich bei Dauerdelikten (vgl. BGH, NJW 1986, 598). Eine unterschiedliche **Intensität** des angewandten Mittels kann sich z.B. auch aus einer ausgeprägten Raffinesse der Täuschung beim Betrug ergeben (BGH, NJW 2003, 76; BGH, NStZ 2002, 480; Sch/Sch/*Stree/Kinzig* § 46 Rn. 21). Dies dürfte entsprechend bei § 370 Abs. 1 Nr. 1 AO gelten (vgl. BGH, NJW 2009, 528). Bei Mittätern – Entsprechendes gilt auch für andere Tatbeteiligte – ist daneben der **Umfang der Tatbeteiligung** für die Strafe bedeutsam (BGH, NJW 1994, 1886). In Steuerstrafsachen ist zu bedenken, dass nicht zwingend der formale Akt, in dem die Tathandlung liegt – etwa die Einreichung der (unrichtigen oder unvollständigen) Steuererklärung – unter diesem Gesichtspunkt den Schwerpunkt des Vorwurfs darstellt, sondern dieser durchaus eher bei den (vorsätzlich) gestaltenden Vorbereitungshandlungen liegen kann. Bei Unternehmenssteuererklärungen (etwa KSt), die durch (bösgläubige) Organe von Kapitalgesellschaften abgegeben werden, kann der Hauptumfang der Tat u.U. mithin durchaus bei vorbereitend tätigen, ebenfalls vorsätzlich agierenden kaufmännisch oder steuerlich Verantwortlichen oder sogar Vertriebsverantwortlichen liegen, die vielfach eine bessere Detailübersicht und ein größeres Maß an gestaltender Mitwirkung gehabt haben werden. Zu denken ist hier insb. an die Hinterziehung von KSt, die aus der wegen aktiver Bestechung (§§ 299, 333, 334 StGB) im Vertrieb unberechtigten Gewinn mindernden Geltendmachung von Betriebsausgabenabzügen resultiert (vgl. § 4 Abs. 5 Nr. 10 EStG). Gerade bei größeren Kapitalgesellschaften wird hier nicht selten den Leitungsorganen – selbst wenn sie bei der Abgabe der Steuererklärungen mit Eventualvorsatz handeln – im Wesentlichen der formale Akt der Unterzeichnung einer inhaltlich nicht voll durchdrungenen Steuererklärung vorzuwerfen sein (sowie möglicherweise die ggf. vorsätzlich unzureichende Compliance- sowie Tax Compliance-Organisation des Unternehmens).

61   Strafzumessungsrelevanz können auch das Opferverhalten und seine Auswirkungen auf die Tat haben, insb. ein **Mitverschulden des Verletzten** kann strafmildernd wirken (*Fischer* § 46 Rn. 60; Sch/Sch/*Stree/Kinzig* § 46 Rn. 24; MüKo-StGB/*Franke* § 46 Rn. 71; SK-StGB/*Horn* § 46 Rn. 102 ff.; NK/*Streng* § 46 Rn. 64; Lackner/*Kühl* § 46 Rn. 35; *Schäfer* Strafzumessung Rn. 319 ff.), ebenso ein zweideutiges Verhalten des Tatopfers vor und nach der Tat (BGH, StV 2004, 479). Bei Steuerdelikten wird man hier auf das Verhalten des zuständigen FA oder auch anderer Finanzbehörden abzustellen haben. Insb. explizite oder konkludente Stellungnahmen im Vorfeld einer Steuerstraftat, die den Eindruck erwecken die ex post, ggf. erst im Strafverfahren, festgestellte Steuerpflichtigkeit eines Vorgangs bestehe nicht, sollten erheblich strafmildernde – wenn nicht bereits vorsatz- oder schuldausschließende – Wirkung erlangen. Anders ist dies, wenn die Kausalität solcher Fehlinformationen für die Steuerstraftat auszuschließen ist. Dasselbe gilt, wenn derartige Stellungnahmen der Finanzbehörden durch den Täter erschlichen oder jedenfalls durch sorgfaltswidrig unzutreffende Auskünfte des Täters verursacht wurden. Ein Mitverschulden vor der Tat kann bei Vermögensdelikten auch darin liegen, dass eine **ungenügende Kontrolle** die Tatbegehung erleichtert hat (BGH, wistra 1986, 172; OLG Karlsruhe, NStZ-RR 2002, 333). Dies ist auch für Steuerstraftaten zu bejahen, wenn eine intensivere Kontroll- oder Prüfungstätigkeit der

Finanzbehörden vor der Tatbegehung normativ und faktisch veranlasst gewesen wäre und diese die Tat ganz oder teilweise hätte verhindern können.

Das Instanzgericht entscheidet die Frage des strafzumessungsrechtlichen Mitverschuldens auch 62 dann selbstständig, wenn andere Beteiligte rechtskräftig freigesprochen wurden (BGH, VRS 36, 273; OLG Köln, DAR 1957, 104), unabhängig von der zivilrechtlichen Ausgleichspflicht (§ 254 BGB; vgl. BayObLG, NJW 1994, 1358). Auch das **Mitverschulden eines Dritten** kann strafmildernd wirken (BGH, StV 2000, 556, OLG Karlsruhe, NJW 2003, 1265). Im Zweifel gilt bzgl. des Vorliegens eines Mitverschuldens der Grundsatz in dubio pro reo (BGH, VRS 19, 126, 25, 113, 27, 125, 28, 208, 36, 362, Sch/Sch/*Stree/Kinzig* § 46 Rn. 24; LK-StGB/ *Theune* § 46 Rn. 228).

bb) Verschuldete Tatauswirkungen

Da § 46 Abs. 2 Satz 2 StGB explizit nur verschuldeten Auswirkungen der Tat Relevanz für die 63 Strafzumessung zubilligt, sind objektive Folgen der Straftat für die Strafzumessung nur dann maßgeblich, wenn sie dem Täter subjektiv zurechenbar sind (vgl. BGH, NStZ-RR 2004, 91; Sch/Sch/ *Stree/Kinzig* § 46 Rn. 26).

Nach herrschender Meinung sind auch **Nachteile außerhalb des tatbestandlichen Schadens** von 64 Bedeutung, da das Gewicht einer Tat nicht allein durch den vom Tatbestand vorausgesetzten Schaden bestimmt wird (Sch/Sch/*Stree/Kinzig* § 46 Rn. 26a; LK-StGB/*Theune* § 46 Rn. 149 ff.). So können beim Betrug die über den eigentlichen Betrugsschaden hinausgehenden wirtschaftlichen Einbußen, z.B. die Vernichtung einer wirtschaftlichen Existenz, ins Gewicht fallen (BGH, VRS 15, 112; BGH, wistra 2006, 265). Auszuscheiden haben aber **Schäden, die vom Schutzbereich der verletzten Strafnorm nicht berührt** sind (BGH, NStZ 1993, 337 f.; OLG Düsseldorf, StV 2001, 233; OLG Jena, NJW 2006, 3654; LK-StGB/*Theune* § 46 Rn. 153 ff.; SK/*Horn* § 46 Rn. 109; NK/*Streng* § 46 Rn. 58; *Schäfer* Strafzumessung Rn. 323). Es ist daher zu bezweifeln, dass eine strafverschärfende Wertung vergleichbarer mittelbarer Folgen einer Hinterziehung von Unternehmensteuern (§ 370 AO) zulässig wäre, wenn erst durch einen strafprozessualen oder steuerlichen Arrest bzw. die Nachversteuerung und Zinszahlung die Existenz des Unternehmens (Zahlungsfähigkeit) gefährdet wird. Schutzzweck des § 370 AO ist nämlich nicht die Bewahrung des Steuersubjekts vor negativen Folgen der Steuerhinterziehung, die eigentlich zu dessen Gunsten erfolgte. Bei den verschuldeten Auswirkungen der Tat ist in Fällen der **Steuerhehlerei im Rahmen des Verbrauchsteuerrechts** zu beachten, dass dieser Tat mehrere Vortaten zugrunde liegen können, nämlich die Hinterziehung deutscher Verbrauchsteuer (bspw. Tabaksteuer), sowie die Hinterziehung von Einfuhrabgaben im jeweils anderen EU-Mitgliedsstaat. In derartigen Fällen dürfen die durch die Vortaten verkürzten Verbrauchsteuern nicht als von einander unabhängige Posten addiert werden, vielmehr sieht das Unionsrecht vor, dass verbrauchsteuerpflichtige Waren nur in einem Mitgliedsstaat der Verbrauchsteuer unterliegen sollen, in einem anderen Mitgliedsstaat erhobene Verbrauchsteuern werden erstattet (BGH, Beschl. v. 09.06.2011 – 1 StR 21/11).

Die herrschende Rechtsprechung lässt hingegen überwiegend zur Zurechnung von Tatfolgen, die 65 in keinem direkten Zusammenhang mit der Straftat stehen, das Kriterium der **Voraussehbarkeit** genügen (BGH, NStZ 1998, 39; BGH, NJW 2001, 2983; BGH, StV 2003, 442; LK-StGB/ *Theune* § 46 Rn. 153 ff.; MüKo-StGB/*Franke* § 46 Rn. 37 m.w.N.). Anzunehmen ist, dass die herrschende Meinung hier wie auch bei schweren Folgen als Qualifikation oder als Regelbeispiel überwiegend davon ausgeht, dass es ausreicht, wenn der Täter die Folgen zwar nicht im Einzelnen und in ihrer genauen Gestalt, aber in ihrer Art und ihrem Gewicht im Wesentlichen voraussehen konnte, d.h. diese für ihn erkennbar waren (BGHSt 37, 180; NStZ-RR 2006, 372; *Fischer* § 46 Rn. 34, LK-StGB/*Theune* § 46 Rn. 159 ff.; MüKo-StGB/*Franke* § 46 Rn. 37; NK/*Streng* § 46 Rn. 60). Eine (zukünftige) Existenzgefährdung eines Unternehmens aufgrund einer Steuerhinterziehung zu dessen Gunsten durch steuerliche und strafprozessuale Maßnahmen (Arrest, Verfall etc.) im Fall der – zumeist nicht erwarteten – Tatentdeckung dürfte aber regelmäßig für die Han-

delnden weder konkret noch nach den oben genannten Kriterien der Rechtsprechung vorhersehbar sein. Dies muss jedenfalls gelten, wenn der Täter mit einer Tataufdeckung nicht rechnete.

c) Vorleben des Täters und persönliche sowie wirtschaftliche Verhältnisse

66 Auch das Vorleben des Täters und seine persönlichen und wirtschaftlichen Verhältnisse müssen
bei der Strafzumessung nach § 46 Abs. 2 Satz 2 StGB Berücksichtigung finden (*Fischer* § 46
Rn. 37 ff.; Sch/Sch/*Stree/Kinzig* § 46 Rn. 29; LK-StGB/*Theune* § 46 Rn. 165 ff.; MüKo-StGB/
Franke § 46 Rn. 39 ff., SK-StGB/*Horn* § 46 Rn. 123 ff.; NK/*Streng* § 46 Rn. 66 ff.; *Lackner/Kühl*
§ 46 Rn. 37 ff.; *Schäfer* Strafzumessung Rn. 355 ff.). Da diese Aspekte nur Ausschnitte aus der Persönlichkeit des Täters darstellen, beruht die Strafzumessung nach dem BGH auf einer Gesamtbetrachtung von Tatgeschehen und Täterpersönlichkeit, einer Gesamtschau der Tatumstände im
weitesten Sinne sowie der Persönlichkeit des Täters (BGHSt 16, 353; 24, 270; BGH, NJW 1976,
1326, 2220; NStZ 1991, 231) ohne Beschränkung auf Vorleben, Persönlichkeit und wirtschaftliche Verhältnisse.

aa) Vorleben

67 Als wesentlicher Gesichtspunkt für die Bewertung der Persönlichkeit des Täters wird dessen **Vorleben** angesehen (Sch/Sch/*Stree/Kinzig* § 46 Rn. 30). Eine bisherige gute Führung und Straflosigkeit
werden regelmäßig mildernd berücksichtigt (BGH, NStZ 1982, 376; 1988, 70; MDR 1980, 628,
StV 1996, 205). Zugunsten des Täters sprechen auch **Verdienste durch soziale Leistungen**, etwa
ein Einsatz in Katastrophenfällen, eine Betätigung in gemeinnützigen Einrichtungen usw. (Sch/
Sch/*Stree/Kinzig* § 46 Rn. 30; LK-StGB/*Theune* § 46 Rn. 181). Der BGH hat nunmehr gerade für
Steuerstraftaten die „**Lebensleistung**" des Täters – offenbar auch völlig unabhängig von seiner Bio-
grafie als Steuerbürger – als potenziell bedeutsamen **Strafmilderungsgrund bei Steuerstraftaten** in
den Vordergrund gestellt (BGH, NJW 2009, 528; krit. Kohlmann/*Schauf* § 370 Rn. 1057, insb.,
soweit diese Leistungen keinen konkreten Bezug zum Tatvorwurf aufweisen und hinsichtlich der
Unbestimmtheit des Kriteriums). Es sollte sich der bisherigen Rechtsprechung zufolge stets um
Umstände handeln, die mit dem Tatgeschehen einen konkreten Sinnzusammenhang haben (BGH,
MDR 1989, 857). Verhalten ohne inneren Zusammenhang zur Tatschuld durften der bisherigen
Rechtsprechung zufolge bei der Strafzumessung nicht herangezogen werden, da sonst unzulässiger-
weise eine Lebensführungsschuld oder die Gesinnung bewertet werden würde (BGHSt 5, 132;
NJW 1954, 1416; 1979, 1835; NStZ 1990, 221; NStZ-RR 2007, 195; StV 1982, 419; 1988, 148;
LK-StGB/*Theune* § 46 Rn. 167 f.). Bei einer Tat, für die finanzielle Schwierigkeiten mitursächlich
waren, lässt das vorherige Verspielen erheblicher Geldbeträge oder das vorherige Aufgeben einer
gesicherten Lebensstellung als Beamter (BGH, StV 1985, 102) nach herrschender Meinung keine
zwingenden strafverschärfenden Rückschlüsse zu (Sch/Sch/*Stree/Kinzig* § 46 Rn. 30). Unzutreffend
ist dem BGH zufolge auch, als Strafzumessungsfaktor heranzuziehen, wenn der Täter sein Vorleben
nicht zu gestalten gewusst und wenig gearbeitet oder eine Anspruchshaltung eingenommen hat,
ohne sich selbst etwas abzuverlangen (BGH, NStZ 1990, 221).

68 In der Rechtsprechungspraxis werden aus dem Vorleben wohl v.a. etwaige **Vorstrafen** – regelmäßig
strafverschärfend – zur Strafzumessung herangezogen (vgl. NK/*Streng* § 46 Rn. 66 m.w.N.). Dabei
können nur einschlägige Vorstrafen und solche, die ein Licht auf die mit der Straftat in Zusammenhang stehende Persönlichkeit des Täters werfen können, maßgeblich straferhöhend wirken
(BGHSt 24, 200; 41, 64; Sch/Sch/*Stree/Kinzig* § 46 Rn. 31). **Einschlägige Vorstrafen** haben nach
der Rechtsprechung zumeist eine deutlichere Warnfunktion, sind daher regelmäßig aussagekräfti-
ger (BGH, MDR 1954, 18; OLG Hamburg, NJW 1972, 267, OLG Hamm, NJW 1959, 305).
Selbst einschlägige Vorstrafen dürfen nicht unhinterfragt strafverschärfend berücksichtigt werden,
besonders, wenn die Verurteilung bereits lange zurückliegt (BGHSt 5, 131). Bei großem zeitlichem Abstand zur neuen Tat begründen auch einschlägige Vorstrafen nur ausnahmsweise eine
Strafschärfung, z.B. bei einer Rückkehr des Täters zum eingeübten strafbaren Tun (BGH,
StV 1992, 225, BGH, NStZ-RR 2007, 369, BGH, wistra 1988, 64).

Die Heranziehung **nicht einschlägiger Vorstrafen** ist insoweit zulässig, als diese Taten erkennen 69
lassen, dass der Täter sich rücksichtslos über Strafvorschriften hinwegsetzt, um eigene Interessen
zu verfolgen (BGHSt 24, 199; BGH, NStZ 2008, 555; Sch/Sch/*Stree*/*Kinzig* § 46 Rn. 31). Es
kann hingegen auch fehlerhaft sein, nicht einschlägige Vorstrafen zu berücksichtigen (OLG Brandenburg, Beschl. v. 24.01.2011= BeckRS 2011, 08096), insbesondere bei Fahrlässigkeitstaten nicht
einschlägige Vorsatztaten zu berücksichtigen (BGH, VRS 28, 420; OLG Bremen, NJW 1957,
355). Auch die Art und Weise der Ausführung früherer Taten kann berücksichtigt werden, gerade
Besonderheiten der früheren Taten können von wesentlicher Bedeutung sein (BGHSt 43, 106 ff.;
OLG Koblenz, StraFo 1998, 236).

Im **Bundeszentralregister (BZR) getilgte oder tilgungsreife Verurteilungen** dürfen bei der Straf- 70
zumessung nicht mehr verwertet werden (§ 51 Abs. 1 BZRG i.V.m. § 52 BZRG), insb. auch nicht
unter dem Gesichtspunkt, dass der Strafvollzug nicht genügt hat, den Täter von weiteren Straftaten abzuhalten (vgl. insg. BGHSt 24, 378; BGH, NStZ 1983, 19; NStZ-RR 2001, 203;
StV 2006, 522 f.). Dagegen dürfen bei mehreren BZR-Eintragungen auch bereits sehr lange
zurückliegende Verurteilungen zulasten des Angeklagten verwertet werden, wenn nachfolgende
Verurteilungen noch nicht tilgungsreif sind, da die Tilgung erst zulässig ist, wenn für alle Verurteilungen die Voraussetzungen der Tilgung vorliegen (BGH, NStZ-RR 2011, 286; vgl. §§ 46
Abs. 3, 47 Abs. 3 Satz 1 BZRG). Das Verwertungsverbot des § 51 Abs. 1 BZRG soll zudem nicht
für eine Warnung gelten, die der Täter durch ein Verfahren erhalten hat, das mit einer **Einstellung
oder einem Freispruch mangels Beweises** endete (BGHSt 25, 64; BGH, MDR 1979, 635; anders
OLG Köln, NJW 1973, 378; NK/*Streng* § 46 Rn. 70; LK-StGB/*Theune* § 46 Rn. 171). Diese
Rechtsprechung ist unter dem Gesichtspunkt eines erst-recht-Schlusses zu kritisieren. Wenn – aufgrund Zeitablaufs – eine eintragungsfähige Verurteilung nicht mehr berücksichtigt werden darf,
dann hat dies erst recht für eine eine deutlich geringere Warnwirkung entfaltende Einstellung zu
gelten. Laut Rechtsprechung dürfen nicht im BZR einzutragende Verurteilungen grds. zum Nachteil des Täters berücksichtigt werden (BayObLG, NJW 1973, 1091, OLG Karlsruhe, NZV 1990,
159). Dies darf richtigerweise nur insoweit gelten, als eine eintragungsfähige Verurteilung noch
nicht tilgungsreif wäre. Auch eine noch nicht tilgungsreife Vorstrafe, deren Höhe nunmehr
getilgte Vorstrafen beeinflusst haben, ist nach der Rechtsprechung ohne Einschränkung strafverschärfend heranzuziehen (OLG Hamm, NJW 1974, 1717; OLG Koblenz, VRS 49, 379). Ebenso
wenig soll der Straferlass (§ 56g StGB) oder die Beseitigung des Strafmakels gem. § 100 JGG ein
Verwertungsverbot begründen (BGH, MDR 1982, 972).

Nicht rechtskräftige Verurteilungen sollen nach der Rechtsprechung ebenfalls eine Warnfunktion 71
entfalten, sodass auch sie bei der Strafzumessung straferhöhend berücksichtigt werden können
(*Detter*, NStZ-RR 2009, 77; Sch/Sch/*Stree*/*Kinzig* § 46 Rn. 32). Auch dürfen grds. **ausländische
Vorstrafen** berücksichtigt werden (BayObLG, JZ 1978, 449), auch wenn sie nicht in das BZR
eingetragen wurden (BGH, NStZ-RR 2007, 369).

Nach der Rechtsprechung ist das Gericht nicht an die Sachverhaltsfeststellungen des früheren 72
Urteils gebunden, aber es darf sich von der Richtigkeit der Schlüsse anhand der Gründe überzeu-
gen; es muss den Sachverhalt bei geeigneten Beanstandungen selbst klären (BGHSt 43, 106; Sch/
Sch/*Stree*/*Kinzig* § 46 Rn. 32). Bei einem rechtskräftigen früheren **Strafbefehl** kann der Einlassung
des Angeklagten im neuen Verfahren, der Strafbefehl sei zu Unrecht ergangen, nicht bloß unter
Hinweis auf das Nichteinlegen eines Einspruchs begegnet werden (OLG Hamm, NJW 1959,
305). Hohe Bedeutung für die Strafbemessung kann der Umstand haben, dass der Täter eine
Haftstrafe verbüßt hat und sich den Strafvollzug nicht hat zur Warnung dienen lassen
(BGHSt 38, 74; BGH, NStZ 1992, 327; Sch/Sch/*Stree*/*Kinzig* § 46 Rn. 32).

Daneben können aber nach der Rechtsprechung auch **Handlungen des Täters, für die er nicht** 73
bestraft worden ist, strafverschärfend gewertet werden, soweit sich aus ihnen nachteilige Schlüsse
auf die zur Aburteilung anstehende Tat und die Täterpersönlichkeit ergeben, etwa **nicht (mehr)
verfolgbare Taten, z.B. mangels Strafantrags** (BGH, NJW 2001, 1876, BGHR § 46 Abs. 2 Tat-

umstände 9, 12) oder aufgrund von **Verjährung** (BGH, NStZ 2004, 278; 2008, 146; 2008, 267; *Detter*, NStZ 2009, 77; BGH, wistra 2009, 400, BGH, Urt. v. v. 14.05.2009 – 3 StR 170/09, BeckRS 2009, 13791; Sch/Sch/*Stree/Kinzig* § 46 Rn. 33). Verjährte Straftaten dürfen allerdings nicht mit ihrem vollen Gewicht gegen den Täter gewertet werden, da sonst indirekt dessen Bestrafung nachgeholt würde (BGH, StV 1994, 423). Ihre Bedeutung als Strafzumessungsfaktor sinkt, je weiter sie zurückliegen (Sch/Sch/*Stree/Kinzig* § 46 Rn. 33).

74 Der Rechtsprechung nach dürfen – trotz Fortgeltung der Unschuldsvermutung – Straftaten auch dann straferhöhend berücksichtigt werden, wenn das Strafverfahren mit einer **Einstellung** endete. Dies gelte für Straftaten, die durch das Gericht nach § 154 Abs. 2 StPO eingestellt oder nach § 154a Abs. 2 StPO aus dem Verfahren ausgeschieden worden sind (BGH, MDR 1977, 982; 1980, 813; BGH, GA 1980). Dies soll auch für Taten gelten, bei denen bereits die StA gem. § 154 Abs. 1 StPO von der Verfolgung abgesehen hat (BGHSt 30, 165 ff.; BGH, NStZ 1983, 20) und für Tatteile, die durch die StA nach § 154a Abs. 1 StPO aus dem Verfahren ausgeschieden worden sind (BGHSt 30, 147 ff.; Sch/Sch/*Stree/Kinzig* § 46 Rn. 33). Dies setzt voraus, dass die Umstände der unter die Einstellung fallenden Tatkomplexe prozessordnungsgemäß festgestellt worden sind, sodass ihr Unrechtsgehalt abzuschätzen ist und die unzulässige Berücksichtigung des bloßen Verdachts ausgeschlossen werden kann; erforderlich ist daneben ein ausdrücklicher Hinweis in der Hauptverhandlung bzgl. der abzuurteilenden Taten, dass trotz der Einstellung das Verhalten hinsichtlich der anderen Taten strafverschärfend berücksichtigt werden kann (BGHSt 30, 148; 31, 302; BGH, NJW 1987, 510, NStZ 1981, 100; 1995, 227; 2004, 278; NStZ-RR 2004, 359; 2009, 306).

75 Nach der bisherigen Rechtsprechung soll sogar eine frühere **Einstellung nach §§ 170 Abs. 2, 153 ff. oder § 260 Abs. 3 StPO oder** gar ein **Freispruch** strafverschärfend gewertet werden können, da auch ein Verfahren, welches nicht mit einer Bestrafung endet, dem Täter die Folgen strafbaren Verhaltens vor Augen führe (vgl. BGHSt 25, 64; NStZ-RR 2005, 72; MDR 1954, 151; 1979, 635; wistra 1989, 264 [Tat nach der abzuurteilenden Tat], StV 1991, 64; Kohlmann/*Schauf* § 370 Rn. 1052). Nicht abgeurteilte Straftaten dürfen aber nach zutreffender Auffassung nur hinsichtlich solcher Taten strafverschärfend berücksichtigt werden, die angeklagt und prozessordnungsgemäß festgestellt wurden, dann aber nach den §§ 154, 154a StPO eingestellt oder ausgeschieden worden sind, eine weiter gehende Berücksichtigung würde mit der Rechtsprechung des EGMR zur Unschuldsvermutung nach Art. 6 Abs. 2 EMRK in Konflikt geraten (*Stuckenberg*, StV 2007, 659, 663; Sch/Sch/*Stree/Kinzig* § 46 Rn. 33; vgl. auch zweifelnd BGH, NStZ 2006, 620; MüKo-StGB/*Franke* § 46 Rn. 42 f., Lackner/*Kühl* § 46 Rn. 37; *Fischer* § 46 Rn. 38 ff.).

76 Unstrittig unzulässig ist es, eine unschuldig erlittene Untersuchungshaft (BGH, MDR 1979, 635) oder eine Auslandstat, für die die Auslieferung nicht bewilligt wurde, zu berücksichtigen (BGHSt 22, 319) oder den bloßen Verdacht der Begehung von Straftaten als Strafzumessungsgrund zu verwerten (vgl. BGH, NStZ-RR 2005, 72, BayObLG, NJW 1952, 314; OLG Köln, NJW 1960, 449). Der Richter geht zum Zweck der vollständigen Feststellung aller zumessungsrelevanten Tatsachen einem solchen Tatverdacht nach und darf dann hierbei prozessordnungsgemäß und sicher festgestellte Tatsachen, die für die Schuld bedeutsam sind, in die Strafzumessungserwägungen einbeziehen (BGHSt 34, 209; BGH, NStZ 1982, 326; BGH, NStZ-RR 1997, 130).

bb) Persönliche Verhältnisse

77 I.R.d. persönlichen Verhältnisse des Täters sind sämtliche Umstände zu berücksichtigen, die für die Bewertung seiner Tat, seiner Schuld und für die Notwendigkeit bestimmter strafrechtlicher Reaktionsmittel von Bedeutung sein können, insb. Familienstand, Beruf, Gesundheit und Wohnverhältnisse (Sch/Sch/*Stree/Kinzig* § 46 Rn. 34). Nach ständiger Rechtsprechung des BGH ist es nicht zulässig, die **straffreie Lebensführung eines Täters** mit der Begründung als Milderungsgrund zu verwerfen, dass Straffreiheit kein Verdienst, sondern Selbstverständlichkeit sei; diese ist

vielmehr immer mildernd zu berücksichtigen (BGH, NStZ 1982, 376; 1983, 453; 1988, 70; StV 1981, 236, 1983, 237).

Bei Delikten, die sich im Rahmen sozialer Gemeinschaften oder innerhalb von Betrieben ereig- 78 nen, kann auch das **Maß der Verantwortung**, die der Einzelne übernommen hat, von Bedeutung sein (Sch/Sch/*Stree/Kinzig* § 46 Rn. 35). Ein allgemeiner Grundsatz, dass ein **Vorgesetzter** kraft höherer Verantwortung härter zu bestrafen ist, besteht aber nicht (OGH 3, 125). Ebenso wenig gibt es einen allgemeinen Rechtssatz, demzufolge etwa **Amtsträgern** stets eine besondere Pflicht zum normgemäßen Verhalten obliege und sie somit eine höhere Strafe verdienen (vgl. BGH, NStZ 1986, 496). Die berufliche oder amtliche Stellung kann aber dann strafverschärfend wirken, wenn zwischen ihr und der Straftat eine innere Beziehung besteht (BGH, NJW 1987, 2687; 2000, 157; NStZ 1988, 175; 1998, 251; 2000, 137; 2000, 366; StV 2002, 540; *Fischer* § 46 Rn. 44, MüKo-StGB/*Franke* § 46 Rn. 45, SK-StGB/*Horn* § 46 Rn. 118, LK-StGB/*Theune* § 46 Rn. 185, *Schäfer* Strafzumessung Rn. 345 ff.). Dies gilt beim **Missbrauch der Stellung** als RA zur Begehung einer Straftat (BGH, NStZ 1988, 126), Entsprechendes dürfte für Steuerberater und Wirtschaftsprüfer gelten. Bringt die berufliche Stellung die Pflicht mit sich, für bestimmte Rechtsgüter Sorge zu tragen, so kann sich bei deren Verletzung aus der beruflichen Stellung die Rechtfertigung für eine erhöhte Strafe ergeben (Sch/Sch/*Stree/Kinzig* § 46 Rn. 35). Zudem kann erschwerend berücksichtigt werden, dass sich der Täter keine Kenntnis von Vorschriften oder Rechtsregeln verschafft hat, derer er in seinem Beruf oder auf einem anderen Gebiet bedarf (BayObLG, NJW 1964, 364). Mangelnde oder geringe Fähigkeiten verpflichten der Rechtsprechung zufolge zu besonderer Vorsicht; eine Verletzung dieser Pflicht kann strafverschärfend berücksichtigt werden (BGH, VRS 34, 272). Die Nichtvornahme eines Berufswechsels trotz mehrfacher berufsbedingter Straffälligkeit kann wegen Art. 12 GG aber nicht strafverschärfend berücksichtigt werden (BayObLG, NJW 1964, 1580). Die aus **Prominenz** resultierenden Belastungen durch ein großes Medieninteresse sind laut der Rechtsprechung nicht strafmildernd zu berücksichtigen, wenn der Täter an exponierter Stelle in Ausübung eines Amtes Verfehlungen begangen hat, bei denen mit einem besonderen Interesse auch für den Fall der Durchführung eines Strafverfahrens zu rechnen ist (vgl. BGHSt 52, 220; BGH, NJW 2000, 157; *Fischer* § 46 Rn. 44; MüKo-StGB/*Franke* § 46 Rn. 54; *Streng*, JR 2009, 78; *Knauer*, GA 2009, 541).

Bei einer **Steuerhinterziehung** können grds. eine hohe Intelligenz und gründliche Kenntnisse des 79 Steuerrechts und des Buchhaltungswesens strafverschärfend berücksichtigt werden; erforderlich ist ein innerer Zusammenhang zur Steuerstraftat (BGH, NJW 1996, 3089 f.; wistra 1988, 109; 1991, 266; Kohlmann/*Schauf* § 370 Rn. 1055; skeptisch Sch/Sch/*Stree/Kinzig* § 46 Rn. 35). Insb. bei Finanzrichtern, Finanzbeamten, Steuerberatern und einschlägig tätigen RA wird hieran zu denken sein. Eine frühere Tätigkeit als Polizeibeamter soll hingegen keine Schärfung der Strafe für eine Steuerhinterziehung rechtfertigen (BGH, MDR 1978, 985).

Aufgrund der **Diskriminierungsverbote des Art. 3 Abs. 3 GG** dürfen selbstverständlich die dort 80 genannten Eigenschaften weder strafverschärfend noch strafmildernd berücksichtigt werden, insb. nicht die **Ausländereigenschaft** als solche (BGH, NJW 1972, 2191; NStZ 1993, 337; 2006, 35; NStZ-RR 2006, 137; *Fischer* § 46 Rn. 43 ff., *Schäfer* Strafzumessung Rn. 347 ff.), straferhöhend auch nicht unter dem Aspekt des Missbrauchs der Gastfreundschaft (BGH, NStZ 1993, 337, StV 1991, 557), des alsbaldigen Ausnutzens eines Inlandsaufenthalts zu Straftaten (BGH, NStZ 1986, 496), der Erwägung, der Täter habe Vorurteile gegen Asylbewerber vertieft (OLG Bremen, StV 1994, 130) oder ein Ausländer habe das Vertrauen, das ihm entgegengebracht worden sei, ausgenutzt (BGH, MDR 1976, 986). Allerdings lässt die Rechtsprechung den Umstand, dass ein Ausländer ausschließlich zur Begehung von Straftaten eingereist ist, als strafverschärfend gelten (BGH, NStZ 1993, 337), sowie die Erwägung, der Täter sei als Ausländer mit seiner Tat bewusst das Risiko der Ausweisung und damit des Verlustes einer gesicherten Existenz zum Nachteil seiner Familie eingegangen (BGH, MDR 1976, 812; a.A. LK-StGB/*Theune* § 46 Rn. 190), sowie eine Strafschärfung wegen des Missbrauchs besonderer Vorteile, die dem Täter wegen seiner Ausländereigenschaft gewährt worden seien (BGH, DAR 1978, 149). Wer längere

Zeit in Deutschland gelebt hat, von dem wird erwartet, dass er sich mit den hier maßgebenden Rechtsnormen vertraut gemacht hat; aus einem anderen Kulturkreis mitgebrachte Vorstellungen sind nur strafmildernd zu berücksichtigen, soweit sie im Einklang mit der hiesigen Rechtsordnung stehen (BGH, NStZ 1996, 80; NStZ-RR 1998, 298). Rechtsfehlerhaft ist es, das Strafmaß an den vom inländischen Recht abweichenden Strafdrohungen des Heimatlandes auszurichten, etwa eine Strafschärfung damit zu begründen, dass dem Täter im Heimatland eine höhere Strafe gedroht hätte (BGH, NStZ-RR 1996, 71).

cc) Wirtschaftliche Verhältnisse des Täters

81 Die wirtschaftlichen Verhältnisse des Täters sind v.a. für **Geldstrafen** von Bedeutung, denn sie bestimmen kraft ausdrücklicher gesetzlicher Vorschrift insoweit in erster Linie die Tagessatzhöhe (vgl. § 40 Abs. 1 StGB). Bei der schuldgesteuerten Bemessung der Tagessatzzahl können sie nur dann ins Gewicht fallen, wenn sie den Unrechts- und Schuldgehalt der Tat beeinflussen, z.B. wenn der Täter aus Not gehandelt hat (statt aller Sch/Sch/*Stree/Kinzig* § 46 Rn. 37). Die wirtschaftlichen Verhältnisse des Täters sind aber auch bei **Freiheitsstrafen** zu berücksichtigen, insb. soweit sie das Tatmotiv kennzeichnen (z.B. finanzielle Schwierigkeiten: BGH, NStZ 1982, 113, StV 1992, 570), aber auch hinsichtlich für die Tat bedeutsamer Lebensverhältnisse des Täters (laut OLG Düsseldorf, wistra 1994, 353 besonders bei Vermögens- und Steuerdelikten). Eine schwierige wirtschaftliche Lage, durch die der Täter zu einem Vermögensdelikt verleitet worden ist, wirkt strafmildernd, auch wenn der notwendigste Lebensunterhalt auch ohne die Tat gesichert war (BGH, wistra 1988, 145; Sch/Sch/*Stree/Kinzig* § 46 Rn. 37). Ob eine gute wirtschaftliche Lage des Täters bei Vermögensdelikten strafverschärfend wirken kann, hängt von den Umständen des Einzelfalles ab; hier gibt es keinen Automatismus (BGHSt 34, 345 ff.; Sch/Sch/*Stree/Kinzig* § 46 Rn. 37). Bei Steuerstraftaten muss wegen der strukturellen Ähnlichkeit und typischer gleichgelagerter Motivation dasselbe gelten. Der BGH hat kürzlich unter Berufung auf § 370 Abs. 4 Satz 1 AO entschieden, dass es jedenfalls bei der Hinterziehung von USt nicht strafmildernd wirke, wenn der Täter mangels ausreichender finanzieller Mittel auch bei korrekter Deklarierung nicht zur Abführung der geschuldeten Steuern imstande gewesen wäre, da die Erfüllung der Steuerschuld erst Gegenstand des dem Festsetzungsverfahren nachgelagerten Erhebungs- und Vollstreckungsverfahrens sei (BGH, wistra 2009, 315).

d) Verhalten des Täters nach der Tat

82 Weiterer Strafzumessungsaspekt gem. § 46 Abs. 2 Satz 2 StGB ist das Verhalten des Täters nach der Tat (vgl. *Fischer* § 46 Rn. 46 ff.; Sch/Sch/*Stree/Kinzig* § 46 Rn. 39; LK-StGB/*Theune* § 46 Rn. 197 ff.; MüKo-StGB/*Franke* § 46 Rn. 48 ff.; SK-StGB/*Horn* § 46 Rn. 132, NK/*Streng* § 46 Rn. 75 ff.; *Lackner/Kühl* § 46 Rn. 40 ff.; *Schäfer* Strafzumessung Rn. 355 ff.). Im Gesetz ausdrücklich hervorgehoben wird das Bemühen, den Schaden wieder gutzumachen oder einen Ausgleich mit dem Verletzten zu erreichen (vgl. § 46a StGB). Daneben kann auch ein anderes **Verhalten** berücksichtigt werden, welches **Rückschlüsse auf das Tatunrecht ermöglicht oder Rechtsfeindschaft, Gefährlichkeit und die Gefahr künftiger Rechtsbrüche des Täters andeutet oder die innere Einstellung des Täters zu seiner Tat offenlegt** (BGH, NJW 1954, 1416; 1971, 1758; NStZ 1981, 257; 1985, 545; NStZ-RR 1997, 196; StV 1988, 340).

83 So können etwa **Zeichen der Reue oder Einsicht** strafmildernd wirken, da sie auf eine zumindest nachträglich kritische Einstellung zur eigenen Tat hindeuten (vgl. BGH, NStZ 2008, 338; StraFo 2008, 172). Stets muss allerdings ein Konnex zwischen dem Verhalten nach der Tat und der Tat selbst bestehen (BGH, NJW 1954, 1416). Reue und Einsicht können dem Angeklagten nicht strafverschärfend abgesprochen werden, wenn dieser die Verfahrenseinstellung nach § 153a StPO anregt, da dies von dem Wunsch nach günstiger Verfahrensgestaltung geprägt ist und sich in den Grenzen angemessener Verteidigung hält (OLG Köln, Beschl. v. 19.04.2011 –1 RVs 68/11).

Die bewusste **Erschwerung der Tataufklärung** bzw. ein – zielgerichtetes, systematisches und ggf.   84
erfolgreiches – auf die **Beseitigung von Tatspuren oder Tatwerkzeugen** ausgerichtetes Nachtatverhalten ist per se nicht strafverschärfend zu werten (BGH, NJW 1971, 1758; BGH, StV 1990, 259; BGH, NStZ-RR 2004, 106; 2006, 137; BGH, NStZ 2008, 569; Sch/Sch/*Stree/Kinzig* § 46 Rn. 39). Auch das **Vortäuschen entlastender Umstände** (BGH, StV 1988, 340) reicht hierfür nicht; derartigen Handlungen lassen sich noch keine zwingenden Schlüsse auf den Täter in Beziehung zu seiner Tat zu entnehmen (Sch/Sch/*Stree/Kinzig* § 46 Rn. 39 m.w.N.). Anders sei es, wenn der Täter durch die Beseitigung der Spuren zusätzliches Unrecht schafft oder er mit seinem Verhalten weitere zu missbilligende Ziele verfolgt, wobei der Rechtsprechung zufolge eine trennscharfe Abgrenzung nicht immer möglich ist (BGH, NStZ-RR 1997, 100; LK-StGb/*Theune* § 46 Rn. 200 ff.; vgl. Sch/Sch/*Stree/Kinzig* § 46 Rn. 39). Eine qualifizierte Spurenbeseitigung kann vorliegen, wenn die Tatverdeckung vorausgeplant war und sie eine besondere kriminelle Energie zeigt (BGH, NStZ 1986, 158; NStZ-RR 1997, 197), etwa u.U. bei einem Versuch einer Beweismittelfälschung (OLG Frankfurt am Main, NJW 1972, 1525; LK-StGB/*Theune* § 46 Rn. 204).

Beweiskräftig festgestellte **Straftaten nach der verfahrensgegenständlichen Tat** dürfen nur dann   85
strafverschärfend herangezogen werden, wenn sie nach ihrer Art und nach der Persönlichkeit des Täters auf eine Rechtsfeindlichkeit, Gefährlichkeit und Gefahr künftiger Rechtsbrüche schließen lassen (BGH, NStZ 1998, 404; 2007, 150, wistra 2002, 21, BGH, NStZ-RR 2010, 8). Ein erheblicher Zeitraum zwischen Tat und Aburteilung, in dem sich der Täter straffrei geführt hat, kann zu dessen Gunsten sprechen (BGH, StV 1988, 487, OLG Karlsruhe, MDR 1973, 240).

Daneben wird sich zugunsten des Täters auswirken, wenn er **tätige Reue** übt, **Aufklärungshilfe**   86
leistet (vgl. dazu § 46b StGB) oder sich jedenfalls darum bemüht hat (BGH, NStZ 1988, 304). Dies gilt bei Steuerstraftaten nach der Instanzrechtsprechung besonders auch dann, wenn die Sachverhaltsaufklärung durch die Übergabe der Kontounterlagen und – was zweifelhaft ist – durch die Anerkennung von aufgrund der schwierigen Rechtslage streitigen Steuerberechnungen aktiv und maßgeblich gefördert wird (LG Bochum, Urt. v. 26.01.2009 – 12 KLs 350 Js 1/08, juris). Berücksichtigt werden kann auch, wenn **sich der Täter selbst gestellt** hat (BGH, NStZ-RR 2006, 271).

Es ist regelmäßig zu honorieren, wenn der Täter den eingetretenen **Schaden (ganz oder teilweise)**   87
wieder gutgemacht oder sich darum bemüht hat; unerheblich ist, ob zivilrechtlich eine Ersatzpflicht bestanden hat (OLG Köln, NJW 1958, 2079; Sch/Sch/*Stree/Kinzig* § 46 Rn. 40; NK/*Streng* § 46 Rn. 80). Dies gilt insb. bei Steuerstraftaten; die Nachzahlung der hinterzogenen Steuern muss erheblich strafmildernd wirken (BGH, wistra 2009, 315). Besonders gilt dies, wenn der Täter den entstandenen Steuerschaden bereits vor Beginn der Hauptverhandlung in vollem Umfang ausgeglichen und dieser im Verhältnis zum versteuerten Betrag eher gering war (LG Bochum, Urt. v. 26.01.2009 – 12 KLs 350 Js 1/08, juris). Bei einem solchen Verhalten kommt nach § 46a StGB unter den dort beschriebenen Voraussetzungen sogar eine Strafmilderung nach § 49 Abs. 1 StGB oder das Absehen von Strafe in Betracht. **Wiedergutmachung bei immateriellen Schäden** ist ebenfalls möglich, etwa in Form von Schmerzensgeld (Sch/Sch/*Stree/Kinzig* § 46 Rn. 40), spielt aber im Steuerstrafrecht praktisch keine Rolle. Nicht erforderlich ist, dass der Täter den Schaden aus eigenen Mitteln ersetzt; eine Wiedergutmachung durch Dritte wirkt grds. ebenfalls strafmildernd, etwa wenn auf Bemühen des Täters ein Dritter eingesprungen ist oder eine Versicherung des Täters geleistet hat (*Fischer* § 46 Rn. 47; Sch/Sch/*Stree/Kinzig* § 46 Rn. 40). Strafmilderung folgt nach herrschender Meinung nur bei **Freiwilligkeit der Schadenswiedergutmachung**, denn erzwungenes Verhalten – etwa nach Drohung mit Strafanzeige – erlaube keinen günstigen Schluss auf die Einstellung des Täters zu seiner Tat (Sch/Sch/*Stree/Kinzig* § 46 Rn. 40; MüKo-StGB/*Franke* § 46 Rn. 50). Strafmildernd kann sich ferner auswirken, wenn der Täter nach der Tatvollendung den Eintritt oder die Ausweitung eines Schadens verhindert (BGH MDR 1979, 806) oder vor der Tatbeendigung freiwillig zurücktritt, etwa ein Begünstiger (§ 258 StGB), der nach seiner Hilfeleistung einer endgültigen Vorteilssicherung entgegenwirkt (Sch/Sch/*Stree/Kinzig* § 46 Rn. 40).

88   Eine **Schadensvertiefung oder -aufrechterhaltung** kann unter besonderen Umständen – wenn diese negative Rückschlüsse auf die Tat oder den Täter zulassen – strafverschärfend wirken, eine bloße Verwertung des Tatgewinns genügt hierfür aber nicht, ebenso wenig dessen sinnloses Verprassen (BGH, MDR 1973, 899; Sch/Sch/*Stree/Kinzig* § 46 Rn. 40). Das Fehlen von Wiedergutmachungsbemühungen soll ausnahmsweise strafverschärfend gewertet werden können, bspw. wenn dieses Verhalten „Ausdruck von Uneinsichtigkeit oder einer mitleidlosen Gesinnung gegenüber dem Tatopfer ist" und wenn derartige Bemühungen erwartet werden können; Voraussetzung ist aber jedenfalls, dass durch die erwartete Wiedergutmachung die Verteidigungsposition des Angeklagten nicht gefährdet wird (OLG Jena, Beschl. v. 29.04.2011 – 1 Ss 15/11). Leugnet der Angeklagte die Tat, kann eine Nichtwiedergutmachung des Schadens nicht zu seinen Lasten berücksichtigt werden, denn dies könnte als Schuldeingeständnis gewertet werden (BGH, NJW 1979, 1835, NStZ 1981, 343; 2003, 199; LK-StGB/*Theune* § 46 Rn. 215 ff.; Sch/Sch/*Stree/Kinzig* § 46 Rn. 40). Dies gilt auch, wenn der Schuldspruch bereits rechtskräftig und nur noch über die Strafe zu befinden ist (BGH, NStZ 1993, 77; StV 1995, 132). Eine Strafschärfung sei dagegen nach der Rechtsprechung zulässig, wenn der Täter trotz Nichtbestreitens der Tat eine Schadenswiedergutmachung ablehnt (BGH, NStZ 1994, 582, NStZ-RR 2005, 169), trotz Zahlungsfähigkeit die Wiedergutmachung hintertreibt (BGH, StV 1993, 242) oder die Wiedergutmachung vermeidet, indem er den Tatgewinn verbirgt, um diesen nach Verbüßung einer Haftstrafe verwerten zu können (BGH, MDR 19 66, 560). Maßgeblich muss hier jedoch sein, dass die Nichtwiedergutmachung negative Rückschlüsse auf den Täter zulässt, was jedenfalls nicht der Fall wäre, wenn die Verweigerung nach den Umständen des Einzelfalles nicht verwerflich oder jedenfalls nachvollziehbar erscheint (vgl. Sch/Sch/*Stree/Kinzig* § 46 Rn. 40).

89   Das **Verhalten des Täters im Ermittlungs- und Strafverfahren** gegen ihn kann nur ganz ausnahmsweise strafverschärfend wirken, wenn es auf **Rechtsfeindschaft**, seine Gefährlichkeit und die Gefahr künftiger Rechtsbrüche hindeutet oder sonst mit der Tat zusammenhängende ungünstige Schlüsse auf seine Persönlichkeit erlaubt (BGH, NStZ 1981, 257; 2004, 617; *Fischer* § 46 Rn. 50 ff., Sch/Sch/*Stree/Kinzig* § 46 Rn. 41; MüKo-StGB/*Franke* § 46 Rn. 49; NK/*Streng* § 46 Rn. 77; *Lackner/Kühl* § 46 Rn. 43). Straferschwerend kann wirken, wenn der Täter versucht, Zeugen in unzulässiger Weise zu beeinflussen (BGH, MDR 1980, 240; StV 1985, 147), Zeugen (vorsätzlich) verleumdet (BGH, MDR 1994, 1070; StV 1996, 259; 2001, 456) oder einen Dritten oder Mitangeklagten bewusst wahrheitswidrig zu seinem eigenen Vorteil beschuldigt (BGH, StV 1985, 147; 1995, 633; NStZ 2007, 463).

90   **Unwahre Angaben des Täters bzw. Beschuldigten (im Strafverfahren)** als solche sind regelmäßig nicht zu dessen Nachteil berücksichtigungsfähig (BGH, NStZ 1996, 80; Sch/Sch/*Stree/Kinzig* § 46 Rn. 41). Unschädlich ist etwa das Verschweigen von Hintermännern (BGH, StV 1996, 88), das Abschieben der Schuld auf andere – etwa auf Mittäter (BGH, StV 1989, 388, 2001, 618; NStZ-RR 1999, 328) – unterhalb der oben unter Rdn. 89 genannten Schwelle (BGH, NStZ 2007, 463, NStZ-RR 2004, 106), das Herunterspielen des eigenen Tatbeitrags zulasten eines Mittäters (BGH, StV 1990, 403), Erwecken eines Tatverdachtes gegen andere als Folge einer Tatvertuschung (BGH, StV 85, 455) bzw. dessen Inkaufnahme (BGH, MDR 1974, 721) oder die Inkaufnahme der Folge, dass ein ungünstiger Eindruck von einem Zeugen entsteht (BGH, StV 1982, 523) oder dieser zu vernehmen ist (BGH, NStZ 2002, 416). Die Benennen eines Entlastungszeugen, von dem eine unzutreffende Aussage erwartet wird oder das Dulden einer Falschaussage oder eines Meineids eines Zeugen (BGH, NStZ-RR 2004, 106; StV 1994, 125) überschreitet ebenfalls nicht die Schwelle zulässigen Verteidigungsverhaltens des Beschuldigten. Die (unwahre) Bezeichnung oder Darstellung eines Belastungszeugen als unglaubwürdig wirkt regelmäßig ebenfalls nicht strafverschärfend (BGH, NStZ 2004, 616; StV 1981, 620; 1985, 147; 1994, 424). Die wahrheitswidrige Beschuldigung eines Polizeibeamten ebenfalls nicht, Vergleichbares wird aber von der Rechtsprechung in Einzelfällen als Ausdruck einer rechtsfeindliche Einstellung strafverschärfend berücksichtigt (BGH, NStZ-RR 2004, 106, MDR 1980, 240 f.). Zulässig ist auch ein Verteidigungsverhalten, das den Tatvorgang zu bagatellisieren versucht (BGH, NStZ 1985, 545) oder

dem Verletzten die Schuld an der zur Tat führenden Ausgangssituation zuschiebt (BGH, StV 1994, 423). Im Rahmen normaler Verteidigung hält sich auch das (wahrheitswidrige) Bestreiten einer einschlägigen, bereits rechtskräftig abgeurteilten Vortat, sodass dies nicht wegen Uneinsichtigkeit strafverschärfend wirken darf (BGH, StV 2002, 74).

Auch ein **Geständnis** ist strafmildernd zu werten (*Fischer* § 46 Rn. 50; Sch/Sch/*Stree*/*Kinzig* § 46 **91** Rn. 41a; LK/*Theune* § 46 Rn. 206; NK/*Streng* § 46 Rn. 78 f.; *Schäfer* Strafzumessung Rn. 383 ff.). Gerichte ziehen es heute praktisch stets als Strafmilderungsgrund heran, obwohl nach früherer Rechtsprechung ein Geständnis nur dann strafzumessungsrelevant sein sollte, wenn es Schlüsse auf das Maß der persönlichen Schuld und die Gefährlichkeit des Täters ermöglichte (BGHSt 1, 106). Nach aktueller Rechtsprechung ist jedes Geständnis eines Angeklagten grds. geeignet, strafmildernde Bedeutung zu erlangen, auch wenn das Gewicht der Strafmilderung in Abhängigkeit von dessen Inhalt und konkreten Begleitumständen sehr verschieden sein kann (BGHSt 43, 210; Sch/Sch/*Stree*/*Kinzig* § 46 Rn. 41a).

Eine erheblich strafmildernde Wirkung eines Geständnisses ist jedenfalls dann unstrittig gegeben, **92** wenn es auf eine geringere Tatschuld, auf Einsicht in das begangene Unrecht und eine Distanzierung von der Tat sowie auf Reue schließen lässt (BGH, NStZ 2000, 366; MDR 1971, 545; Sch/Sch/*Stree*/*Kinzig* § 46 Rn. 41a; *Weigend*, NStZ 1999, 61). Auch ein nicht aus Einsicht und Reue abgelegtes Geständnis kann dem BGH zufolge zur Wiederherstellung des Rechtsfriedens beitragen und eine Genugtuungswirkung für das Opfer wie die Allgemeinheit entfalten, was zu honorieren ist (BGH, NStZ 2000, 366). Besonders stark zugunsten des Täters ins Gewicht fallen muss ein Geständnis, mit dem dieser die nahezu ausschließliche Grundlage der Verurteilung geliefert hat und das als bewusstes Akzeptieren der Verantwortung zu betrachten ist (BGH, NStZ 2006, 568; vgl. auch BGH, StV 2000, 318). An einer wesentlich strafmildernden Bedeutung des Geständnisses kann es aber fehlen, wenn es aus taktischem Kalkül wegen der (ungünstigen bzw. aussichtslosen) Beweislage erfolgte (BGH, NStZ 2007, 702; BGH, MDR 1966, 727). Hier dürfen aber nicht bloße Verdachtsmomente, die auf ein derart angepasstes Geständnis hindeuten, berücksichtigt werden, vielmehr muss der obige Zusammenhang erwiesen sein (BGH, NStZ 1990, 221). Insb. ist zu berücksichtigen, dass auch eine ungünstige Beweislage Einsicht und Reue des Täters nicht ausschließt, d.h. eine solche Motivation bei verbleibenden Zweifeln in dubio pro reo anzunehmen ist (vgl. BGH, NStZ-RR 1998, 103; StV 1991, 108). Eine strafmildernde Bedeutung kann auch dem Umstand zukommen, dass der Täter mit dem Geständnis weitere Nachteile vom Opfer abwendet (BGH, StV 1998, 481; BGH, GA 1962, 339; MüKo-StGB/*Franke* § 46 Rn. 48).

Große praktische Bedeutung für die Strafzumessung haben **Geständnisse v.a. im Rahmen von** **93** **Verfahrensabsprachen über das Strafmaß** erlangt (Sch/Sch/*Stree*/*Kinzig* § 46 Rn. 41b). Diese Art der Verfahrensabsprachen ist als „Verständigung" durch Ges. v. 19.07.2009 (BGBl. I, S. 2353) mit Wirkung v. 04.08.2009 gesetzlich geregelt worden (vgl. den Gesetzentwurf BT-Drucks. 16/11736 u. 16/12310; Stellungnahme des Rechtsausschusses BT-Drucks. 16/13095; zu Alternativvorschlägen und Kritik etwa BRAK, ZRP 2005, 235; Strafrechtsausschuss des DAV, StraFo 2006, 89; *Jahn/Müller*, NJW 2009, 2626; *Altenhain/Hagemeier/Haimerl*, NStZ 2007, 71; *Fischer* § 46 Rn. 109 ff.; *Fischer*, NStZ 2007, 433 ff.; *Fischer* StraFo 2009, 177; *Kempf*, StV 2009, 269; *Landau/Bünger*, ZRP 2005, 268; *Meyer-Goßner*, StV 2006, 485; *Meyer-Goßner*, NStZ 2007, 427 ff.; *Niemöller*, GA 2009, 172). Die neue Regelung lehnt sich stark an die Vorgaben der bisherigen Rechtsprechung zu Urteilsabsprachen an (vgl. etwa BVerfG, NJW 1987, 2662; BGHSt 43, 195 ff.; 50, 40 ff.; vgl. dazu *Schünemann*, ZRP 2009, 105). Maßgebliche Vorschrift für den hier im Mittelpunkt stehenden Einfluss der Absprache auf die möglichen Rechtsfolgen ist nunmehr § 257c StPO (vgl. dazu *Meyer-Goßner* ZRP 2009, 107 f.). Nach dessen Abs. 1 Satz 1 kann sich das Gericht in geeigneten Fällen über den weiteren Fortgang des Verfahrens verständigen. Die richterliche Aufklärungspflicht nach § 244 Abs. 2 StPO bleibt explizit unberührt (§ 257c Abs. 1 Satz 2 StPO). Das Gericht gibt in der Hauptverhandlung den möglichen Inhalt einer Verständigung bekannt, nach dem Wortlaut des Gesetzes kann insb. eine Ober- und Untergrenze der zu erwartenden Strafe angegeben werden (§ 257c Abs. 3 Satz 1, 2 StPO). Macht das Gericht von der Möglichkeit Gebrauch, den Verständigungsvorschlag auch auf den Strafausspruch zu beziehen, soll die Bekanntgabe einer Ober- und einer Untergrenze nicht mehr in seinem Ermessen liegen, sondern nach einem jüngeren Judikat – wegen des Verbots einer Punktstrafenvereinbarung – verpflichtend sein (BGH, Urteil v. 17.02.2011 – 3 StR 426/10); dabei darf das Tatgericht „die allgemeinen Strafzumessungserwägungen und die Umstände des Einzelfalles nicht verlassen" (Begründung zum Gesetzentwurf der Bundesregierung, BT-Drucks. 16/12310, Seite 14). Nach § 257c Abs. 2 Satz 2 StPO soll Bestandteil jeder Verständigung ein Geständnis sein. Konstellationen, in denen auf ein Geständnis verzichtet werden kann, nennt die Gesetzesbegründung hingegen nicht (BT-Drucks. 16/12310 S. 13 f.). Sie erscheinen jedenfalls nicht praxisrelevant (Sch/Sch/*Stree/Kinzig* § 46 Rn. 41d), da das Geständnis die zentrale Voraussetzung für die auch mit der Abkürzung des Verfahrens verbundene Strafmilderung darstellt (Sch/Sch/*Stree/Kinzig* § 46 Rn. 41d; *Meyer-Goßner*, ZRP 2009, 108).

94   Allerdings kann u.U. bereits die **Vereinbarung eines sog. schlanken Geständnisses** – der Sache nach ein kurzes Eingeständnis des (ggf. teilweisen) Zutreffens des Anklagevorwurfs in tatsächlicher Hinsicht auf Frage des Gerichts – ausreichen (Sch/Sch/*Stree/Kinzig* § 46 Rn. 41d; *Jahn/Müller*, NJW 2009, 2628). Das Gericht muss allerdings auf der Basis der sonstigen Beweisergebnisse von seiner Richtigkeit überzeugt sein und sein dürfen (BGHSt 50, 49 ff.; vgl. *Jahn/Müller* NJW 2009, 2629). Der Gesetzgeber hat eine Festlegung der erforderlichen Qualität eines Geständnisses offenbar bewusst vermieden (BT-Drucks. 16/12310 S. 13 f.).

95   Dass ein **Geständnis im Rahmen einer Absprache** abgelegt wurde, kann – gerade vor dem Hintergrund des neuen § 257c Abs. 2 Satz 2 StPO – dessen strafmildernder Berücksichtigung nicht entgegenstehen (vgl. bereits BGHSt 43, 210). Das strafmildernde Gewicht eines Geständnisses soll aber dann nach bisheriger Rechtsprechung geringer sein, wenn prozesstaktische Überlegungen ausschlaggebend waren (BGH, NStZ-RR 2007, 232). Hier stellt sich inzwischen aber die Frage, ob eine solche Wertung mit den Vorgaben des § 257c Abs. 1, Abs. 2 Satz 1 u. 2 StPO – der zum einen Absprachen zum Strafmaß vorsieht, zum anderen ein Geständnis als regelhaften Bestandteil fordert und dessen Honorierung nicht widerspricht – vereinbar ist. Tatsächlich wird bei Absprachen mit der Strafmilderung zudem das kooperative Verhalten des Täters belohnt, das die Tataufklärung fördert sowie vereinfacht und der Strafjustiz Zeit, Kosten und Aufwand erspart (vgl. schon BGHSt 43, 209; Sch/Sch/*Stree/Kinzig* § 46 Rn. 41d; *Niemöller*, StV 1990, 36). Für eine geringere Tatschuld wegen Vorhandenseins von Reue und Einsicht bieten abgesprochene Geständnisse vielfach keinen Anhaltspunkt, auch über den Grundsatz in dubio pro reo lässt sich regelmäßig nicht hierauf abstellen (*Grünwald*, StV 1987, 454 a.A. *Schmidt-Hieber*, StV 1986, 356). Dies ist aber auch nicht erforderlich, kann doch auf den Gedanken der Generalprävention zurückgegriffen werden, aufgrund des normbestärkenden Eindrucks, den ein Geständnis hinterlässt (Sch/Sch/*Stree/Kinzig* § 46 Rn. 41d; *Frisch*, ZStW 99 [1987], 781 ff., *Jerouschek*, ZStW 102 [1990], 817 ff.). Nach § 257c Abs. 2 Satz 1 StPO dürfen Gegenstand der Verständigung in Bezug auf die Rechtsfolgen nur solche sein, die auch Inhalt des Urteils und der dazu gehörigen Beschlüsse sein können, d.h. die Vereinbarung von Nebenstrafen und Nebenfolgen und die Vereinbarung der Aussetzung einer Freiheitsstrafe zur Bewährung sowie darüber hinaus, dass das Gericht davon absehen wird, dem Angekl. im Rahmen eines Bewährungsbeschlusses die Zahlung eines Geldbetrags (§ 56b Abs. 2 Satz 2 Nr. 2 StGB) aufzuerlegen (zusammenfassend Sch/Sch/*Stree/Kinzig* § 46 Rn. 41e). § 257c Abs. 2 Satz 3 StPO schließt aus, dass der Schuldspruch oder die Anordnung von Maßregeln der Besserung und Sicherung Gegenstand einer Verständigung sein dürfen (vgl. zuvor schon BGH NStZ 2005, 526). Nach § 257c Abs. 3 Satz 2 StPO kann das Gericht unter freier Würdigung aller Umstände des Falles sowie der allgemeinen Strafzumessungserwägungen eine Strafober- und -untergrenze angeben, die für den Fall einer einvernehmlich abgewickelten Verständigung Geltung erlangen; die Strafe muss schuldangemessen sein (BGHSt 43, 195 ff., 50, 48 ff., BGH, NStZ-RR 2004, 176). Der Unterschied zwischen der absprachegemäßen und der bei streitigen Verfahren zu erwartenden Sanktion („**Sanktionsschere**") muss strafzumessungsrechtlich vertretbar und durch eine angemessene Strafmilderung wegen des Geständnisses erklärbar sein (BGHSt 50,

50 ff.). Wenn die ohne ein Geständnis zu verhängende Strafe mehr als 1/3 über der Strafuntergrenze liegt, dürfte dies nach herrschender Meinung nicht mehr der Fall sein (Sch/Sch/*Stree/Kinzig* § 46 Rn. 41e; *Altenhain/Hagemeier/Haimerl*, NStZ 2007, 73, *Meyer-Goßner*, ZRP 2009, 109; *Schöch*, NJW 2004, 3465). Die Bindung des Gerichts an eine Verständigung entfällt gem. § 257c Abs. 4 Satz 1 StPO, wenn rechtlich oder tatsächlich bedeutsame Umstände übersehen worden sind oder sich neu ergeben haben und das Gericht deswegen zu der Überzeugung gelangt, dass der in Aussicht gestellte Strafrahmen nicht mehr tat- oder schuldangemessen ist. Gleiches gilt gem. § 257c Abs. 4 Satz 2 StPO, wenn das weitere Prozessverhalten des Angeklagten nicht der Prognose des Gerichts entspricht. Das Geständnis des Angeklagten darf in diesen Fällen nicht verwertet werden (§ 257c Abs. 4 Satz 3 StPO). Das Gericht hat seine Abweichung unverzüglich mitzuteilen (§ 257c Abs. 4 Satz 4 StPO; vgl. schon zur vorherigen Rechtslage BGH, NJW 2003, 1404, BGH, NStZ 2002, 220, 2005, 87).

Das **Leugnen des Angeklagten** darf nicht zu seinen Ungunsten verwertet werden (BGH, **96** NStZ 1983, 118; 2003, 544; BGH, Urt. v. 20.01.2009 – 3 StR 513/08, BeckRS 2009, 05119), auch nicht, wenn es hartnäckig erfolgt (BGH, NStZ 1996, 80), bei klarer Beweislage (OLG Köln, MDR 1980, 510) oder nach einem rechtskräftigen Schuldspruch (BGH, StV 1994, 125; 2002, 600). Legt der Angeklagte erst nach umfassenden Angaben von Zeugen ein Geständnis ab, so handelt es sich ebenfalls um ein zulässiges Verteidigungsverhalten (BGH, StV 2008, 139). Die ältere Rechtsprechung (vgl. BGHSt 1, 104 f.; 3, 199; BGH, StV 1989, 388), die wahrheitswidrige Behauptungen, aus denen sich angeblich auf Verstocktheit, Verschlagenheit, Mangel an Reue oder Einsicht schließen lasse, straferhöhend berücksichtigt hat, ist zwischenzeitlich überholt (vgl. § 243 Abs. 4 Satz 1 StPO; BGH, NStZ-RR 1996, 71). Mangel an Reue und Einsicht ist nämlich nach neuerer Rechtsprechung kein Strafschärfungsgrund, gerade wenn das Verhalten vom Willen getragen ist, die eigene Verteidigungsposition nicht zu schwächen (BGH, NStZ 2006, 96; 2008, 266; 2008, 454; OLG Oldenburg, NJW 2009, 1222).

4. Weitere nicht explizit kodifizierte Strafzumessungsgesichtspunkte

a) Persönliche Folgen der Tat für den Täter (Strafempfindlichkeit und Strafempfänglichkeit)

Auch die **Strafempfindlichkeit**, welche die Schuldausgleichsfunktion betrifft, sowie die **Strafempfänglichkeit** des Täters, die die spezialpräventive Zwecksetzung der Strafe umfasst (Sch/Sch/*Stree/Kinzig* § 46 Rn. 54), sind nach herrschender Meinung bei entsprechender Bedeutung im Einzelfall bei der Strafzumessung zu berücksichtigen (BGHSt 7, 31; 35, 149 f.; 44, 125 ff., *Fischer* § 46 Rn. 42 ff., MüKo-StGB/*Franke* § 46 Rn. 72, SK-StGB/*Horn* § 46 Rn. 121, NK/*Streng* § 46 Rn. 145 ff.; *Lackner/Kühl* § 46 Rn. 39; *Schäfer* Strafzumessung Rn. 412 ff.). Eigenschaften oder Umstände in der Person des Täters lassen das Gewicht einer Freiheitsstrafe für den Verurteilten individuell unterschiedlich erscheinen (Sch/Sch/*Stree/Kinzig* § 46 Rn. 54); dem ist bei der Strafzumessung Rechnung zu tragen (BGHSt 44, 125 f.). Faktoren wie ein vorgerücktes Alter, ein schlechter Gesundheitszustand und besondere Schwierigkeiten mit dem Strafvollzug in einem fremdem Land können dafür verantwortlich sein (Sch/Sch/*Stree/Kinzig* § 46 Rn. 54), aber auch eine besonders beanspruchende familiäre Situation (BGH, NStZ-RR 1998, 205 [Erwartung drittes Kind]; NStZ 1983, 408 [fünf Kinder]). Bzgl. des **Alters** hat die Rechtsprechung bei Angeklagten im (fortgerückten) Rentenalter vor Kurzem hervorgehoben, dass diese nicht ein Strafmaß verlangen könnten, aufgrund dessen sich die Gewissheit ergibt, im Anschluss an den Strafvollzug (lebendig) in die Freiheit entlassen zu werden. Aus dem hohen Alter könne sich auch unter Berücksichtigung statistischer Erkenntnisse zur Lebenserwartung keine Strafobergrenze ergeben. Nur unter Vollstreckungsgesichtspunkten müsse eine Chance verbleiben, vor dem Ableben wieder in Freiheit zu gelangen (BGH, NJW 2006, 2129 m. Bespr. *Nobis*, NStZ 2006, 489; *Streng*, JR 2007, 271). Frühere Judikate waren hier humaner und sollten nach wie vor Geltung beanspruchen (vgl. etwa BGH, StV 1990, 303; 1991, 206). Auch ein **schlechter Gesundheitszustand** kann die Strafempfindlichkeit erhöhen, insb. wenn damit eine **begrenzte Lebenserwartung** einhergeht (Sch/Sch/*Stree/Kinzig* § 46 Rn. 54). Dem höheren Gewicht der Strafe, insb. der vollziehbaren Freiheitsstrafe unter derartigen Bedingungen, ist bei der Strafzumessung Rechnung zu tragen (BGH, NJW 1991, 763; NStZ 1991, 527, StV 1987, 346 [AIDS]; StV 1984, 151 [Haftpsychose]; 1987, 101, 346, BGH, Beschl. v. v. 19.06.2007 – 3 StR 214/07, BeckRS 2007, 11156 [kurze Lebenserwartung]; StV 1989, 152 [stark belastende, schwere Erkrankung]; StV 1990, 259; 1991, 207; NStZ-RR 2008, 105 [Krebs]; Sch/Sch/*Stree*/*Kinzig* § 46 Rn. 54 m.w.N. zur Lit.). Die **Schwangerschaft** führt nach herrschender Rechtsprechung nur bei Vorliegen besonderer Umstände zu einer besonderen Strafempfindlichkeit, auch wenn die Geburt voraussichtlich in die Zeit der Haft fällt (BGHSt 44, 125 m. Anm. *Laubenthal*, JR 1999, 163).

b) Wirtschaftliche, berufliche und soziale Folgen der Tat für den Täter

aa) Folgen des Verfahrens und der Verurteilung

98 Als strafmildernd kommen insb. solche **gesetzlich angeordneten wirtschaftlichen Konsequenzen der Verurteilung** in Betracht, die den Täter schwerer als die Strafe selbst belasten, so u.U. etwa die Einbußen durch ein Berufsverbot oder die Entziehung der Fahrerlaubnis bzw. ein Fahrverbot (OLG Düsseldorf, StV 1993, 310, 311; MüKo-StGB/*Franke* § 46 Rn. 53; *Schäfer* Strafzumessung Rn. 430). Die Urteilsgründe müssen erkennen lassen, dass der Tatrichter sich bei der Anordnung von Maßnahmen, Nebenstrafen etc. deren strafähnlichen Charakters bewusst war und dass er deswegen eine Gesamtschau mit der Hauptstrafe vorgenommen hat, um zu einer schuldangemessenen Sanktion zu kommen (BGH, NJW 1983, 2710, 2711; BGH, NStZ 1984, 181; BGH, NJW 1987, 2882, 2883; BGH, StV 1995, 301).Voraussetzung für eine strafmildernde Berücksichtigung der Einziehung (§§ 74 ff. StGB) ist, dass sie so bedeutende Auswirkungen hat, dass ihr ein wesentlicher Einfluss auf die Bemessung der Hauptstrafe zugebilligt werden kann. Dies ist insb. dann der Fall, wenn der einzuziehende Gegenstand von beträchtlichem Wert ist (BGH, NJW 1983, 2710, 2711). Durch die Verfallsanordnung (§§ 73 ff. StGB) soll hingegen nur die Abschöpfung unrechtmäßig erlangten Vermögenszuwachses bewirkt werden, weshalb der Rechtsprechung zufolge kein Nachteil vorliege, der bei der Strafzumessung zugunsten des Täters Berücksichtigung finden könne (BGHR StGB § 73d Strafzumessung 1; BGH, NStZ 2000, 137; MüKo-StGB/*Franke* § 46 Rn. 53; LK-StGB/*Schmidt* § 73 Rn. 7). Entsprechendes soll regelmäßig für die Anordnung des erweiterten Verfalls i.S.v. § 73d StGB gelten (BGHR StGB § 46 Abs. 1 Schuldausgleich 33).

99 Der aus der Verurteilung möglicherweise folgende **Verlust (oder die Beeinträchtigung) einer beruflichen Stellung** ist bei der Strafzumessung mildernd zu berücksichtigen (BGHR StGB § 46 Abs. 1 Schuldausgleich 5; BGH, NStZ 1996, 539; MüKo-StGB/*Franke* § 46 Rn. 54). Insb. kommt hier der drohende Verlust eines guten Einkommens als Unternehmer oder Manager in Betracht (vgl. BGH, NStZ-RR 1998, 205) sowie der drohende Verlust des Arbeitsplatzes (BGH, NStZ 1986, 496; StV 20000, 662, wistra 1989, 306; OLG Frankfurt am Main, StV 1994, 131). Dies gilt auch dann, wenn Letzteres nur die Folge einer gerichtlich angeordneten Entziehung der Fahrerlaubnis, nicht der Strafe selbst ist (vgl. BayObLG, StV 1999, 651, OLG Dresden, NZV 2001, 439). Außerdem kommen **berufsrechtliche und standesrechtliche Folgen** als Zumessungstatsachen in Betracht, so der drohende Ausschluss des Täters aus der Rechtsanwaltschaft (BGHR StGB § 46 Abs. 1 Schuldausgleich 8), der Widerruf der Approbation eines Apothekers oder Arztes (BGHR StGB § 46 Abs. 1 Schuldausgleich 23), sowie die Untersagung der Berufsausübung als Steuerberater durch die Berufsgerichtsbarkeit (BGHR StGB § 46 Abs. 1 Schuldausgleich). Auch lediglich mögliche negative Konsequenzen dieser Art von Straftat und Urteil können zum Anlass einer Strafmilderung genommen werden (BGH, wistra 1982, 225, 226).

100 Bei (aktiven und Ruhestands-) Beamten – Entsprechendes gilt für Richter und Berufssoldaten – verlangt die Rechtsprechung die strafmildernde Berücksichtigung der zwingend vorgeschriebenen **beamtenrechtlichen Disziplinarmaßnahmen oder sonstiger Nachteile** aufgrund von Vorschriften des öffentlichen Rechts, wobei der Verlust der Beamtenstellung gem. § 24 BRRG im Vordergrund steht (BGH, NStZ 1982, 507; BGH, StV 1985, 554 [Verlust der Versorgungsbezüge eines Ruhe-

standsbeamten]; BGHR StGB § 46 Abs. 1 Schuldausgleich 18 [Verlust des Pensionsanspruchs]). Dadurch kann es in Ausnahmefällen bei konsequenter Anwendung der herrschenden Rechtsprechung dazu kommen, dass wegen der im Hinblick auf den Verlust der Beamtenrechte zu mindernden Strafe – auf unter ein Jahr Freiheitsstrafe – der befürchtete Verlust nicht eintritt. Die beamtenrechtlichen Folgen sind bereits bei der Strafrahmenwahl zu berücksichtigen, sodass dem Gericht u.U. gerade deshalb ein unter ein Jahr reichender Strafrahmen eröffnet ist, gleichzeitig aber bei Außerbetrachtlassen der beamtenrechtlichen Nebenfolge eine Strafe angemessen wäre, die ein Jahr beträgt oder geringfügig darüber liegt; dies ist aus rechtsstaatlichen Gründen hinzunehmen, weil nur so eine ungerechte Bestrafung vermieden werden könne (BGHSt 35, 148, 149; a.A. SK-StGb/*Horn* § 46 Rn. 138 m.w.N.; *Streng*, NStZ 1988, 485, 487).

bb) Medienberichterstattung

Auch eine **besonders belastende Begleitung eines Strafverfahrens durch die Medien** ist als Straf- 101
zumessungsgesichtspunkt – zugunsten des Täters – heranzuziehen, nicht nur im Fall öffentlicher Vorverurteilung, sondern auch bei berechtigter Kritik (BGH, NJW 1990, 194, 195; vgl. *Fischer* § 46 Rn. 63; MüKo-StGB/*Franke* § 46 Rn. 55). Fraglich ist, ob dies bei einer sachlichen, knappen – insb. anonymisierten – Darstellung ohne Bebilderung in der Tagespresse gelten kann. Jedenfalls persönliche Angriffe in den Medien, die dem Täter erheblich zusetzen, müssen im Normalfall strafmildernd beurteilt werden (BGH, wistra 2008, 58; LG Karlsruhe, NJW 2005, 916; *Fischer* § 46 Rn. 63; *Knauer*, GA 2009, 541). Anders wird dies in der Rechtsprechung gesehen, wenn es um Personen geht, die an exponierter Stelle in Ausübung ihrer Ämter Verfehlungen begehen, insb. **hochrangige Amtsträger und Politiker** (BGHSt 52, 220 m. Anm. *Streng*, JR 2009, 78; BGH, NJW 2000, 154, 157). Inhaber von politischen Wahlämtern, aber auch andere Personen des öffentlichen Lebens, wirken regelmäßig auf eine möglichst intensive (positive) Medienberichterstattung zu ihren öffentlichen – teilweise auch privaten – Aktivitäten hin. Sie müssen sich nach h. Rspr. ein bestehendes erhöhtes Medieninteresse zumeist aufgrund eigenen Vorverhaltens zurechnen lassen und können in diesem Fall für eine presserechtlich und sonst normkonforme Berichterstattung grds. keine Kompensation i.R.d. Strafzumessungsvorgangs verlangen. Auch für diesen Personenkreis muss allerdings gelten, dass eine belastende Medienberichterstattung regelmäßig mildernd zu würdigen ist, wenn im privaten Lebenskreis Steuerstraftaten begangen werden – was für Amtsträger und Politiker bei Straftaten i.S.d. § 369 AO regelmäßig der Fall sein wird. Für **Manager und Unternehmer der Privatwirtschaft** wird man auch bei Steuerstraftaten in Ausübung oder bei Gelegenheit ihrer beruflichen Tätigkeit eine besonders belastende Medienberichterstattung zumeist strafmildernd zu werten haben, da der Kontrollauftrag der Medien ggü. Trägern der öffentlichen Gewalt von größerer Bedeutung ist und mithin eine intensivere und kritischere Berichterstattung verlangt als bei natürlichen und juristischen Personen, die in der privaten Sphäre agieren. Soweit Entscheidungsträger von Unternehmen allerdings durch aktive Medienarbeit – jedenfalls im Rahmen eines konkreten laufenden Steuer- oder Steuerstrafverfahrens – positive Medienberichterstattung generieren (lassen oder dies versuchen), müssen sie auch negative rechtskonforme und tatsachenbasierte Medienberichterstattung zu Steuerverfehlungen des Unternehmens ohne Strafmilderung hinnehmen. Ohne Abstriche strafmildernd muss eine belastende Berichterstattung über Manager und Unternehmer wirken, wenn sich diese auf Steuerverfehlungen im privaten Umfeld bezieht, da diesbezüglich das Medieninteresse regelmäßig nicht zurechenbar durch diese Personen verursacht wurde.

c) Verhalten der Strafverfolgungsorgane und der Strafjustiz

aa) Aspekte des Vertrauensschutzes

Die **Verletzung fundamentaler verfahrensrechtlicher Grundsätze im Strafverfahren** kann im Ein- 102
zelfall zu einer Strafmilderung führen (MüKo-StGB/*Franke* § 46 Rn. 56). Dies kommt generell nur infrage, wenn der jeweilige Rechtsverstoß mit der Tat selbst zusammenhängt und für den Täter belastende, strafähnliche Auswirkungen hat (MüKo-StGB/*Franke* § 46 Rn. 56), etwa bei

Verurteilungen wegen Aussagedelikten, wenn der Tat eine fehlerhafte richterliche Belehrung vorausgegangen ist (BGH, NStZ 1989, 526). Zugunsten des Täters kann es sich auch auswirken, wenn das vonseiten der StA mutwillig vorangetriebene, insb. in die Revisionsinstanz getriebene Verfahren, (auch) der Herbeiführung einer Revisionsentscheidung über eine wichtige Rechtsfrage diente und dem Beschuldigten hierdurch außergewöhnliche Belastungen erwachsen sind (BGHSt 46, 107, 119).

103 Nach früherer Rechtsprechung konnte etwa ein wesentlicher Strafmilderungsgrund im **Bruch einer Verfahrensabsprache** liegen (BGH, NJW 1990, 1924; Wabnitz/Janovsky/*Gieg* Rn. 161 ff.), denn das enttäuschte Vertrauen bedürfe ebenso der Sanktion wie der darin liegende Verstoß gegen das Gebot des fairen Verfahrens (MüKo-StGB/*Franke* § 46 Rn. 56). Vor dem Hintergrund der neuen gesetzlichen Spezialregelung des § 257c Abs. 4 StPO, der dem Beschuldigten keinen sich auf den Inhalt der Verständigung beziehenden Vertrauensschutz einräumt, sondern dem erkennenden Gericht unter Verpflichtung zur entsprechenden Belehrung (§ 257c Abs. 5 StPO) die Möglichkeit einräumt, wenn rechtlich oder tatsächlich bedeutsame Umstände übersehen worden sind oder sich neu ergeben haben und das Gericht deswegen zu der Überzeugung gelangt, dass der in Aussicht gestellte Strafrahmen nicht mehr tat- oder schuldangemessen ist oder wenn das weitere Prozessverhalten des Angeklagten nicht dem Verhalten entspricht, das der Prognose des Gerichtes zugrunde gelegt worden ist, von der Verständigung zurückzutreten (§ 257c Abs. 4 Satz 2, 3 StPO), wird die (Revisions-) Rechtsprechung die Nichteinhaltung einer Verständigung voraussichtlich allenfalls dann als strafmildernd anerkennen, wenn der Tatrichter die Bindung an den Verständigungsinhalt ohne Vorliegen der Voraussetzungen des § 257c Abs. 4 Satz 2, 3 StPO – d.h. unberechtigterweise – aufkündigt.

104 Die Verstrickung des Täters in Schuld und Strafe durch staatliche Ein- oder Mitwirkung (**Tatprovokation**) ist ein wesentlicher Strafzumessungsgesichtspunkt zu dessen Gunsten. Dieser ist umso gewichtiger, je stärker und nachhaltiger die Provokationshandlung war und je geringer die Tatgeneigtheit der Person, auf die eingewirkt wurde (vgl. BGH, NStZ 1992, 276); im Extremfall liegt ein festzustellender Verstoß gegen Art. 6 Abs. 1 Satz 1 EMRK vor, bei dem auch das Maß der Kompensation bei der Strafe im Urteil zu bestimmen ist (BVerfG, NStZ 1997, 591; BGHSt 45, 321 ff.). Eine Tatprovokation liegt vor, wenn auf den Täter mit einer gewissen Erheblichkeit eingewirkt wird, um dessen Tatbereitschaft zu wecken oder die Tatplanung zu bestärken und den Unrechtsgehalt der Tat zu verschlimmern (BGHSt 47, 44, 47; BGH, NStZ 2010, 504), eine bloße „Anfrage" reicht nicht aus (*Fischer* § 46 Rn. 66). (Unvorsätzlich) unrichtige Auskünfte von Finanzbeamten, die eine (vorsätzliche) Steuerverkürzung durch den Täter verursachen, dürften von der Rechtsprechung regelmäßig nicht in diese Kategorie eingeordnet werden, da die als strafmildernd anerkannte Tatprovokation typischerweise zum Ziel hat, dass eine Vorsatztat des Täters zumindest das Versuchsstadium erreicht. Dies dürfte bei Steuerstraftaten kaum praxisrelevant sein.

bb) Zeitliche Aspekte

105 Art. 2 Abs. 1 GG i.V.m. dem Rechtsstaatsprinzip gewährleistet dem Beschuldigten des Strafverfahrens ein Recht auf ein faires, rechtsstaatliches Verfahren einschließlich einer angemessenen **Beschleunigung des Verfahrens** (BVerfG, NJW 1995, 1277, 1278; NStZ 1997, 591). Auch Art. 6 Abs. 1 Satz 1 EMRK garantiert – explizit – eine **gerichtliche Entscheidung innerhalb angemessener Frist**. Ein Verstoß hiergegen kann nach BGH und BVerfG je nach Lage des Einzelfalles zu einer unbeträchtlichen Strafmilderung, einem Unterschreiten der schuldangemessenen Strafe oder ausnahmsweise zur Verfahrenseinstellung führen und die Wahl des Strafrahmens beeinflussen. (vgl. eingehend MüKo-StGB/*Franke* § 46 Rn. 57). Bei einem ungewöhnlich langen Abstand zwischen Tat und Urteil oder einer überdurchschnittlichen Dauer des Verfahrens sind drei unterschiedliche Strafmilderungsgründe zu bedenken, nämlich der lange zeitliche Abstand zwischen Tat und Urteil, die besonderen Belastungen durch eine lange Verfahrensdauer sowie eine Verletzung des Art. 6 Abs. 1 Satz 1 MRK (BGH, NJW 1999, 1198).

Die **lange Zeitspanne zwischen Begehung der Tat und Aburteilung** kann für sich genommen ein 106
wesentlicher Strafmilderungsgrund sein, ohne dass es dabei auf die Verfahrensdauer ankäme
(BGHR StGB § 46 Abs. 2 Verfahrensverzögerung 6; BGH, wistra 1999, 139; OLG Jena,
StV 2009, 132), auch bei einem Ruhen der Verjährung (BGH, NStZ-RR 1998, 207). Welchen
Grund der lange zeitliche Abstand gehabt hat, ist unerheblich; die Strafe ist selbst dann zu mildern, wenn die Tat aus tatsächlichen Gründen lange Jahre unbekannt geblieben ist (BGH,
NStZ 1998, 133). Je länger die Zeitspanne zwischen Tat und Urteil ist, desto stärker ist dies bei
der Strafzumessung als bestimmender Strafzumessungsgrund gem. § 267 Abs. 3 Satz 1 StPO zu
berücksichtigen (MüKo-StGB/*Franke* § 46 Rn. 59 f.). Bei der Beurteilung, wann ein Zeitraum als
„lang" in diesem Sinne zu beurteilen ist, sollten die jeweiligen Verjährungsfristen herangezogen
werden (BGH, NStZ 1992, 229 f.), es ist mithin der Rechtsprechung zufolge auch eine relative
Betrachtungsweise vorzunehmen. Bei Steuerhinterziehung (§ 370 AO) dürfte daher spätestens bei
einer Frist von ab 4 Jahren nach der Tatvollendung – nicht Beendigung – von einer langen Zeitspanne auszugehen sein. Es ist nicht ersichtlich, dass dieser Gesichtspunkt in der Praxis hinreichend berücksichtigt wird.

Daneben tritt selbstständig der Gesichtspunkt der **langen Verfahrensdauer**, da diese zumeist mit 107
besonderen Belastungen für den Täter verbunden ist (BGHR StGB § 46 Abs. 2 Verfahrensverzögerung 13; BGH, StraFo 2009, 291), auch wenn sie sachliche Gründe hatte und nicht von den
Strafverfolgungsorganen zu vertreten ist (MüKo-StGB/*Franke* § 46 Rn. 61). Auf die Gründe der
langen Dauer kommt es grds. nicht an (KG, StV 2009, 694; *Fischer* § 46 Rn. 61). Dies gilt u.a.
auch, wenn auf Revision des Angeklagten ein Urteil aufgehoben und die Sache zu erneuten Verhandlung und Entscheidung zurückverwiesen wird (BGHR StGB § 46 Abs. 2 Verfahrensverzögerung 15) oder bei einem Wiederaufnahmeverfahren (MüKo-StGB/*Franke* § 46 Rn. 61). Auch die
Nichtverfolgbarkeit einer Tat wegen der Weigerung eines parlamentarischen Organs, die Strafverfolgung ggü. einem Abgeordneten zu genehmigen, kann als allgemeiner Strafmilderungsgrund der
langen Verfahrensdauer Berücksichtigung finden (BGHSt 36, 363, 372). Wann von einer solchen
außergewöhnlich langen Verfahrensdauer auszugehen ist, kann nur nach den Umständen des Einzelfalles beurteilt werden; neben der Zeitdauer fallen die Schwere des Tatvorwurfs, der erforderliche Ermittlungsaufwand sowie weiter gehende besondere Umstände, wie etwa – prozessual gebotene – mehrfache Einstellungen und Wiederaufnahmen der Ermittlungen (BGH, Beschl. v.
21.02.2002 – 1 StR 538/01; BGH, Beschl. v. 16.04.1999 – 3 StR 65/99; MüKo-StGB/*Franke*
§ 46 Rn. 61) oder sonstige gebotene zeitaufwendige prozessuale Maßnahmen (Rechtshilfe) ins
Gewicht.

Der ursprünglich dritte Strafzumessungsgesichtspunkt mit (auch) zeitlichem Bezug war der einer 108
rechtsstaatswidrigen Verfahrensverzögerung – gleichbedeutend mit der Annahme eines **Verstoßes**
gegen Art. 6 Abs. 1 Satz 1 EMRK (MüKo-StGB/*Franke* § 46 Rn. 62). Nach Rechtsprechung des
BGH handelt es sich hierbei aber nicht (mehr) um einen Aspekt der Strafzumessung, sondern nur
um einen die Dauer der Strafvollstreckung analog § 51 Abs. 1 Satz 1, Abs. 4 Satz 2 StGB verkür-
zenden Gesichtspunkt, weil die Belastung des Beschuldigten mit dem Konventionsverstoß ohne
Zusammenhang mit und ohne Auswirkung auf Tatunrecht und Tatschuld erfolgt sei
(BGHSt 52, 124 ff.; BGH, NJW 2007, 3294; dazu *Bußmann*, NStZ 2008, 236; *Gaede*, JZ 2008,
422; *Streng*, JZ 2008, 979; *Ignor/Bertheau*, NJW 2008, 2209; *Reichenbach*, NStZ 2009, 120; *Volk-
mer*, NStZ 2008, 608; *Ziegert*, StraFo 2008, 321; eingehend *Fischer* § 46 Rn. 131 ff.). Die schuldangemessene Strafe ist danach ohne Berücksichtigung des Verstoßes gegen Art. 6 EMRK zu
bestimmen (BGH, NStZ-RR 2008, 368). Bereits im Rahmen der Strafzumessung ist allerdings
nach h. Rspr. in wertender Betrachtung durch den Tatrichter zu entscheiden, ob und in welchem
Maß ein großer zeitlicher Abstand zwischen Tatbegehung und Verurteilung und dadurch evtl. entstandene besondere Belastungen des Angeklagten zu berücksichtigen sind, wobei eine Bezifferung
des Strafmilderungsmaßes unterbleiben kann (BGH, NStZ-RR 2011, 239). Nach herrschender
Rechtsprechung soll es in Betracht kommen, dass zur Kompensation des Verstoßes dessen explizite
Feststellung mindestens in den Urteilsgründen (oder im Tenor) ausreicht; dies soll mangels

Inhaftierung oder sonstigen zusätzlichen Belastungen während des Verfahrens nahe liegen (BGH, StraFo 2008, 297; NStZ-RR 2009, 248; 339). Reicht dies nicht aus, soll entsprechend § 51 StGB ein genau anzugebender, durch das erkennende Gericht zu bestimmender Teil der Strafe als vollstreckt gelten, was im Urteilstenor auszusprechen ist (BGHSt 52, 124, 127; BGH, wistra 2008, 341 f.). Der Umfang richtet sich nach den Umständen des Einzelfalls, d.h. nach der Schwere des Konventionsverstoßes, d.h. dem Umfang der Verzögerung, dem Ausmaß des staatlichen Fehlverhaltens sowie den konkreten Belastungen für den Beschuldigten (BGH, NStZ 2009, 287). Zu berücksichtigen ist hier, dass die lange Verfahrensdauer per se sich bereits im Rahmen der Strafzumessung mildernd ausgewirkt hat und es nunmehr nur noch um den Ausgleich für die rechtsstaatswidrige Verursachung dieser Dauer geht; eine Verfahrensweise, die durch gleichzeitige Anwendung der Vollstreckungslösung und der Abschlagslösung zu einer doppelten Kompensation führt, wäre nach h. Rspr. rechtsfehlerhaft (BGH, NStZ-RR 2011, 239). Eine Gleichsetzung der Kompensation mit dem Zeitraum der Verzögerung oder gar die Anrechnung eines noch längeren Zeitraums stellt demnach laut BGH einen Rechtsfehler dar (BGH, NStZ 2008, 478; StV 2008, 633). Regelmäßig soll bei einem Konventionsverstoß nur ein eher geringer Bruchteil der Strafe nicht vollstreckt werden (BGHSt 52, 124, 126 f.; BGH, StV 2008, 298 f.). Bei **Bewährungsstrafen** kommt es nur im Fall des Widerrufs der Bewährung zur Kompensation, es sollen jedoch im Bewährungsbeschluss Auflagen entfallen können (BGHSt 52, 124, 145; krit. *Fischer* § 46 Rn. 135). Bei **Geldstrafen** ist eine bezifferte Anzahl von Tagessätzen in der Urteilsformel zu bezeichnen, die als vollstreckt gelten müssen (BGHSt 52, 124, 145). Bei **Gesamtstrafenbildung** – auch nachträglich gem. § 55 StGB – erfolgt die Kompensation einmalig auf einen bestimmten Teil der Gesamtstrafe, nicht zunächst auch auf die Einzelstrafen (BGHSt 52, 124, 147; BGH, StV 2008, 299). Nur in Extremfällen von besonders schwerwiegenden Konventionsverstößen soll es bei der Möglichkeit der **Kompensation durch eine Einstellung des Verfahrens** aus Opportunitätsgesichtspunkten (§§ 153 ff. StPO), durch ein Absehen von Strafe (§§ 59, 60 StGB) oder durch ein **Verfahrenshindernis von Verfassung wegen** bleiben (BGHSt 52, 124, 145; BGH, StV 2008, 299).

109 Ein Konventionsverstoß setzt nach herrschender Meinung stets voraus, dass das **Verfahren aus Gründen verzögert worden ist, die den Strafverfolgungsorganen zuzurechnen** sind (BGH, NStZ 2010, 2230) und dass die Sache insgesamt nicht in angemessener Frist verhandelt worden ist, wobei eine gewisse Untätigkeit innerhalb einzelner Verfahrensabschnitte nicht zu einer Verletzung von Art. 6 Abs. 1 Satz 1 MRK führt, wenn dadurch die Gesamtdauer des Verfahrens nicht unangemessen lang wird (BVerfG, NJW 1992, 2472, 2473; NStZ-RR 2005, 346; BGHSt 46, 159, 172 f.; NStZ 2004, 504, 505; BGHR MRK Art. 6 Abs. 1 Satz 1 Verfahrensverzögerung 9). Dabei beginnt die „angemessene Frist" gem. Art. 6 Abs. 1 Satz 1 EMRK dann, wenn der **Beschuldigte von den Ermittlungen in Kenntnis gesetzt** wird und endet mit dem rechtskräftigen **Abschluss des Verfahrens** (BGH, wistra 2004, 298, 299; NStZ-RR 2006, 50; MüKo-StGB/ *Franke* § 46 Rn. 62). Neben der Dauer dieser Frist kommen für die Frage der Angemessenheit die Schwere und Art des Tatvorwurfs, der Umfang und die Schwierigkeit des Verfahrens, die Art und Weise der Ermittlungen, das Verhalten des Beschuldigten sowie das Ausmaß der mit dem Andauern des Verfahrens verbundenen Belastungen für den Beschuldigten als Kriterien in Betracht (EGMR EuGRZ 2001, 299, 301; 1999, 323; NJW 2006, 1645 f.; BGH, StV 2009, 633, 634). Nicht beachtlich unter diesem rechtlichen Gesichtspunkt sind nach herrschender Meinung Verfahrensverzögerungen, die ihre **Ursache** im – auch legitimen oder jedenfalls legalen – **Prozessverhalten des Beschuldigten** haben (BVerfG, NJW 2004, 2398; NStZ-RR 2005, 346, 347), erst recht nicht solche, die auf unlautere Vorgehensweisen zurückzuführen sind (BVerfG, NStZ-RR 2008, 69 [wahrheitswidriger Verteidigungsvortrag]). Eine Berufung auf Art. 6 Abs. 1 Satz 1 EMRK scheidet zudem aus, wenn die **Verzögerung** gerade **durch den Beschuldigten bzw. durch dessen Verteidiger** mit seinem Konsens **angestrebt** wurde (BGH, NStZ-RR 2006, 271 f.; a.A. OLG Hamm, StV 2006, 482, 484).

Die mit der Verfahrensdauer verbundenen **Belastungen** können sich **individuell unterschiedlich** 110
auswirken und sind entsprechend zu gewichten. Ein Steuerberater etwa – Entsprechendes gilt für
einen einschlägig tätigen Anwalt – wird durch ein verschlepptes Steuerstrafverfahren in seiner
beruflichen Betätigung regelmäßig existenziell eingeschränkt, was schon für sich genommen zu
einer erheblichen Kompensation führen muss (BGHR StGB § 46 Abs. 2 Verfahrensverzögerung
13). Ist die angemessene Frist bis zum erstinstanzlichen Urteil überschritten, muss auch die durch
die Revisionsentscheidung erforderlich werdende neue Verhandlung nach Zurückverweisung bei
der Feststellung der Dauer der rechtsstaatswidrigen Verzögerung mitberücksichtigt werden (BGH,
StV 1992, 452, 453; BGHR StGB § 46 Abs. 2 Verfahrensverzögerung 8 und 10). Die Dauer des
Verfahrens reicht bis zur Rechtskraft des Verfahrens im zweiten (oder ggf. auch dritten) Durchgang.

IV. Doppelverwertungsverbot (§ 46 Abs. 3 StGB)

Nach § 46 Abs. 3 StGB – dem sog. Verbot der Doppelverwertung – dürfen Umstände, die bereits 111
Merkmale des abgeurteilten Straftatbestandes sind, bei der Strafzumessung (im Erwachsenenstraf-
recht) nicht berücksichtigt werden. (vgl. dazu *Fischer* § 46 Rn. 76 ff.; Schö/Sch/*Stree/Kinzig* § 46
Rn. 45 ff.; LK-StGB/*Theune* § 36 Rn. 263 ff.; MüKo-StGB/*Franke* § 46 Rn. 83 ff.; SK-StGB/*Horn*
§ 46 Rn. 149; NK/*Streng* § 46 Rn. 125 ff.; *Lackner/Kühl* § 46 Rn. 45 f.; *Schäfer* Strafzumessung
Rn. 391 ff.). § 46 Abs. 3 StGB gilt hingegen nicht im Jugendstrafrecht, insb. nicht bei der Bemes-
sung der **Jugendstrafe** (BGH, NStZ 1997, 22; 2007, 523 m. Anm. *Eisenberg*, NStZ 2008, 94;
NStZ-RR 2009, 155). Der Grund für dieses Verbot liegt darin, dass erst das Vorliegen dieser
Merkmale zur Strafbarkeit führt und diese daher schon bei der Festlegung des Strafrahmens
berücksichtigt wurden (vgl. BGH, Beschl. v. 23.03.2011 – 2StR 35/11; LK-StGB/*Theune* § 46
Rn. 263 m.w.N.). Objektive und subjektive Tatbestandsmerkmale dürfen daher nicht als Argument für die Erhöhung oder die Reduzierung der Strafe verwandt werden. Das Verbot der Doppelverwertung gilt nicht nur für Tatbestandsmerkmale, sondern auch für sonstige unrechts- und
schuldbegründende Merkmale (Sch/Sch/*Stree/Kinzig* § 46 Rn. 45b). Ein **minderschwerer Fall**
kann daher nicht mit der Begründung verneint werden, der Täter habe gewusst, dass er die Handlung nicht habe vornehmen dürfen (BGH, MDR 1974, 366). Das Fehlen strafmildernder
Umstände ergibt nicht umgekehrt schon einen strafverschärfenden Gesichtspunkt (BGH
NStZ 1984, 359, MDR 1980, 240). Für die ein **Regelbeispiel** bestimmenden Merkmale gilt das
Doppelverwertungsverbot ebenfalls (BGH, NStZ-RR 2004, 262; 2005, 374). Es gilt auch über
den Wortlaut hinaus allgemein für Umstände, die die **Strafrahmenwahl** beeinflussen (*Fischer* § 46
Rn. 82; Sch/Sch/*Stree/Kinzig* § 46 Rn. 49; LK-StGB/*Theune* § 46 Rn. 277; MüKo-StGB/*Franke*
§ 46 Rn. 85; *Schäfer* Strafzumessung Rn. 400 ff.). Umstände, die einen besonders schweren Fall
begründet haben, dürfen als solche nicht noch einmal zulasten des Verurteilten gewertet werden
(BGH, StV 1993, 521; NStZ-RR 2005, 375; BGHR § 46 Abs. 3 Regelbeispiel 1). Zulässig ist es
aber auch hier und in Fällen eines besonderen gesetzlichen Milderungsgrundes, diese Umstände
bei der konkreten Strafbemessung erneut in Rechnung zu stellen, wenn ihnen im Einzelfall ein
besonderes Gewicht zukommt (Sch/Sch/*Stree/Kinzig* § 46 Rn. 49). Die Urteilsgründe müssen
dann allerdings das besondere Gewicht der einzelnen Umstände für die Strafhöhe wiedergeben;
eine pauschale Bezugnahme auf die Gesichtspunkte, die für die Strafrahmenwahl maßgebend
waren, genügt für die Begründung der Strafzumessung nicht (BGH, NStZ 1984, 214; Sch/Sch/
Stree/Kinzig § 46 Rn. 49).

Bei **bandenmäßigen Taten** (vgl. § 370 Abs. 3 Nr. 5 AO) dürfen die eine Bandentätigkeit prägenden 112
Umstände (etwa ein Tätigwerden in einer festen Organisationsstruktur) nicht zusätzlich zum Ban-
denvorwurf herangezogen werden (BGH, NStZ 2001, 85). Soweit wegen **gewerbsmäßigen Han-**
delns (vgl. § 373 Abs. 1 AO) verurteilt wird, ist eine strafverschärfende Berücksichtigung des
Umstands unzulässig, dass ausschließlich aus finanziellen Gründen gehandelt worden sei, da
Gewerbsmäßigkeit ein finanzielles Interesse des Täters voraussetzt (BGH, NStZ 2009, 77). Ein
Doppelverwertungsverbot gilt auch für Aspekte von Versuch und Beteiligung (Sch/Sch/*Stree/Kinzig*
§ 46 Rn. 45, 49; LK-StGB/*Theune* § 46 Rn. 271 f.). Die Strafbarkeit des **Versuchs** setzt voraus, dass

der Täter nicht zurückgetreten ist, dies wirkt mithin nicht straferhöhend (BGH NStZ 1983, 217; StraFo 2009, 341). Strafmildernd wirkt nicht, dass die Tat im Versuchsstadium blieb (BGH, NStZ 1990, 30). **Beihilfe** kann nicht wegen des gemeinschaftlichen Handelns strenger bestraft werden (BGH, MDR 1982, 101, StV 1992, 570), nicht wegen etwaiger Auswirkungen auf die Tatbereitschaft des Täters (BGH, NStZ 1998, 404), nicht wegen des Erbringens einer Unterstützungsleistung zugunsten der Täter (BGH, StV 2008, 399) und nicht, weil ein Tatbeitrag geleistet wurde (BGH, StraFo 2009, 341). Bei der **Anstiftung** ist nicht taterschwerend, wenn der Anstifter der eigentliche Initiator der Tat gewesen ist (BGH, NStZ 2002, 133), dies ist vielmehr ein typisches Tatbild. Dass sich ein Angeklagter „ohne Not" zur Beteiligung an einer Straftat bereitgefunden habe, darf ebenfalls nicht belastend wirken, andernfalls würde zu dessen Lasten gewertet, dass er die Tat überhaupt begangen hat (*Detter*, NStZ 2008, 266). Strafschärfend darf bei einem **Unterlassungsdelikt** ebenfalls nicht wirken, dass die Garantenpflicht verletzt wurde, obwohl ein Tätigwerden zumutbar gewesen wäre (BGH, StraFo 2007, 299).

113 Unzulässig – gemessen an § 46 Abs. 3 StGB – ist dementsprechend auch die strafmildernde oder -erhöhende Berücksichtigung von **Umständen, die für die Durchführung der Tat typisch** sind und diese nicht über den Tatbestand hinaus besonders kennzeichnen oder regelmäßig Begleitumstände eines Delikts sind (Sch/Sch/*Stree/Kinzig* § 46 Rn. 45a; *Schäfer* Strafzumessung Rn. 405 ff. m.w.N.). Beim **Betrug** wäre dies etwa die Ausnutzung der Gutgläubigkeit und der Unerfahrenheit des Opfers (OLG Düsseldorf, StV 1993, 76), bei der **Untreue** ein Gewinnstreben des Täters (BGH, NStZ 1981, 343, auch wenn dies nicht Tatbestandsmerkmal ist). Entsprechendes dürfte wegen der strukturellen Ähnlichkeit auch für die **Steuerstraftaten** der §§ 369 ff. AO gelten. Bei den **Bestechungsdelikten** ist die Festigung eines Korruptionssystems durch eigene Bestechlichkeit als in diesem Sinne typisch anzusehen (BGH NStZ 2003, 544). Eine Strafschärfung ist nicht zulässig wegen Fehlens einer Notlage bei einem Vermögensdelikt (BGH, NJW 1981, 2073; NStZ 1981, 343; 1982, 113) oder bei dem Selbstverschulden einer finanziellen Notlage (BGH, StV 1995, 584). Entsprechendes hat auch bei Steuerstraftaten (§§ 369 ff. AO) zu gelten.

114 Diese durch das Doppelverwertungsverbot gebotene Einschränkung gilt allerdings nur, soweit die Vorabwertung durch den gesetzlichen Tatbestand reicht; **die konkrete Ausgestaltung eines Tatbestandsmerkmals – die Intensität von dessen Verwirklichung – oder das konkrete Ausmaß des Schadens oder der Gefährdung**, die der Täter verursacht hat, darf die konkrete Strafzumessung beeinflussen (Sch/Sch/*Stree/Kinzig* § 46 Rn. 48; OLG Koblenz, VRS 55, 278). So kann z.B. beim **Meineid** die besonders raffinierte Form der Täuschung straferschwerend wirken (BGH, NJW 1958, 1833); entsprechend wird die Rechtsprechung auch bei der **Steuerhinterziehung** besonders ausgefeilte, überdurchschnittlich gefährliche Täuschungsmechanismen vielfach strafverschärfend bewerten. Beim **Betrug** kann ein großer Vermögensschaden (BGH, VRS 15, 112) sowie die Zahl der Täuschungshandlungen strafverschärfend berücksichtigt werden, bei einer **Untreue** die enorme Höhe des dem Opfer zugefügten Nachteils. Für die **Steuerhinterziehung** kann schon vor dem Hintergrund des § 370 Abs. 3 Nr. 1 AO, der zur Strafzumessung maßgeblich auf die Höhe der Steuerverkürzung rekurriert, nichts anderes gelten.

115 Das Verbot der Doppelverwertung gilt auch für die **Berücksichtigung der gesetzgeberischen Intention** eines Tatbestands insgesamt; bei der Strafzumessung dürfen die Gründe, die den Gesetzgeber veranlasst haben, bestimmte Verhaltensweisen unter Strafe zu stellen oder für sie den Strafrahmen anzuheben, nicht nochmals verwertet werden (BGH, NStZ 1984, 358; Sch/Sch/*Stree/Kinzig* § 46 Rn. 46 m.w.N.). Fehlerhaft ist die strafverschärfende Berücksichtigung des Umstandes, die Strafe habe auch die Aufgabe, die durch die Tat verletzte Ordnung des Rechts ggü. dem Täter durchzusetzen und künftigen Verletzungen durch ihn und andere vorzubeugen (*Schäfer* Strafzumessung Rn. 404; LK-StGB/*Theune* § 46 Rn. 265). Bei der **Steuerhinterziehung** darf deren Sozialschädlichkeit wegen des Steuerausfalls nicht strafverschärfend herangezogen werden (BGH, StV 1996, 605).

Keine Doppelverwertung liegt auch vor, wenn die Begehung **mehrerer Alternativen desselben** 116
Tatbestandes als ein Straferhöhungsgrund verwertet wird (BGH, NStZ 1996, 383; 1999, 131;
Schäfer Strafzumessung 396 ff.; LK-StGB/*Theune* § 46 Rn. 279 f.). Auch eine **Verletzung mehrerer**
Strafgesetze durch dieselbe Handlung kann ein Grund sein, die Tat nachteiliger zu bewerten,
wenn die tateinheitlich verwirklichten Delikte unterschiedliches Unrecht verkörpern (BGH,
NStZ-RR 2006, 169). § 46 Abs. 3 StGB steht einer Strafschärfung wegen einer fehlenden Bereit-
schaft zur Schadenswiedergutmachung entgegen (BGH, GA 1975, 84), soweit dies überhaupt
strafverschärfend bewertet werden darf (s. o.). Weiter ist es zulässig, bei der **Entscheidung über die**
Strafaussetzung zur Bewährung dieselben Umstände zu verwerten, die für die Strafzumessung
maßgeblich sind; eine besondere Schuld des Täters oder besonders strafwürdige Tatumstände können daher sowohl zur Strafschärfung als auch zur Versagung der Strafaussetzung führen (BGH,
NStZ 1986, 498; Sch/Sch/*Stree/Kinzig* § 46 Rn. 50 m.w.N.).

C. Besonderheiten der Strafzumessungs- und Sanktionspraxis in Steuerstrafsachen sowie der sonstigen Tatfolgen

I. Allgemeines

Im **Regelfall der Steuerhinterziehung** wird – jedenfalls bei max. vierstelligen Hinterziehungsbeträ- 117
gen – bei einem nicht vorbestraften Täter und erfolgter Schadenswiedergutmachung das Verfahren oft gegen Zahlung einer Auflage nach § 153a StPO eingestellt, andernfalls zumeist eine **Geld-**
strafe, eher selten nur eine – gar vollziehbare – Freiheitsstrafe verhängt; gerade in den – vom
verkürzten Betrag her – eher „kleinen" Fällen richtet sich die Strafzumessung dabei in der Praxis
ganz maßgeblich nach der Höhe der verkürzten Steuer (Rolletschke/Kemper/*Dietz* § 369
Rn. 63 ff.; *Theil*, BB 1984, 2181; *Meine*, Strafzumessung bei der Steuerhinterziehung; *Joecks*,
StraFo 1997, 2 ff.).

In der Praxis orientiert sich deshalb die Strafzumessung oft schematisch an der Höhe der Steuer- 118
verkürzung; die Bußgeld- und Strafsachenstellen der FA („Bustra" bzw. „StraBu" abgekürzt) verfügen über **„Strafmaßtabellen"** (häufig der örtlich zuständigen OFD), anhand derer sich aus einem
bestimmten Verkürzungsbetrag eine bestimmte Tagessatzanzahl für die Geldstrafe berechnen lässt
(MüKo-StGB/*Schmitz/Wulf* § 370 AO Rn. 451; Kohlmann/*Schauf* § 370 Rn. 1075; *Bilsdorfer*,
NJW 2009, 476 f. m.w.N.). Die Bestimmung der schuldangemessenen Einzel- oder Gesamtstrafe
darf aber auch hier kein mathematischer Vorgang sein; die ausschließliche Orientierung an Vorgaben von Tabellen wäre rechtswidrig; diese dürfen höchstens als Anhalt dienen, legitimieren aber
keine schematischen Vorgehensweise (MüKo-StGB/*Schmitz/Wulf* § 370 AO Rn. 451). Praktisch
werden aber diese Bedenken wohl zumeist ignoriert.

Soweit die Strafe in der Praxis nicht einer Strafzumessungstabelle entnommen oder in sonstiger 119
Weise schematisiert in Form einer am Verkürzungsbetrag orientierten Taxe „zugemessen" wird –
insb. bei Fällen, die Gegenstand einer Hauptverhandlung werden und/oder bei denen ein besonders hoher Verkürzungsbetrag im Raum steht – ist die Strafzumessung in Steuerstrafsachen besonders häufig Gegenstand einer **Verständigung**, sei es in der Hauptverhandlung (neuerdings gem.
§ 257 c StPO, s. o.) oder in deren Vorfeld (*Schäfer* Strafzumessung Rn. 1016). Vor diesem Hintergrund wird der – gerade mit dem Mittel der Strafzumessungstabellen verfolgte – Gedanke der
Gleichbehandlung (*Schäfer* Strafzumessung Rn. 477) in Gefahr gesehen, da in der Praxis aus
höchstrichterlicher Sicht vielfach zur Arbeitserleichterung ohne Sachverhaltsaufklärung „deals"
abgeschlossen werden würden, die angeblich zu nicht mehr schuldangemessen niedrigen Strafen
führen (*Schäfer* Strafzumessung Rn. 1016).

In der höchstrichterlichen Rechtsprechung ist vor diesem Hintergrund seit wenigen Jahren eine 120
Frustration hinsichtlich der als zu milde angesehenen Strafverfolgungs- und Instanzpraxis und in
deren Folge eine **Tendenz zur Verschärfung** der Strafzumessungsmaßstäbe besonders in Steuerstrafsachen feststellbar. Bereits der seinerzeit (bis 2008) für Steuerstraftaten zuständige 5. Strafse-

nat des BGH hat kritisiert, dass bei einer Vielzahl von großen Wirtschaftsstrafverfahren keine dem Unrechtsgehalt schwerwiegender Steuerhinterziehungsdelikte adäquate Bestrafung erfolgen könne, weil für die gebotene Aufklärung komplexer Sachverhalte keine ausreichenden Ressourcen zur Verfügung stünden und gem. Art. 6 Abs. 1 Satz 1 MRK die Verhängung mehrjähriger Freiheitsstrafen oder die Versagung einer Strafaussetzung zur Bewährung nach § 56 Abs. 3 StGB namentlich wegen des Zeitfaktors ausscheide. Es drohe ein Ungleichgewicht zwischen der (strengen) Strafpraxis bei der allgemeinen Kriminalität und der (milderen) Strafpraxis in Steuer- und Wirtschaftsstrafverfahren; dem berechtigten öffentlichen Interesse an einer effektiven Strafverfolgung schwerwiegender Wirtschaftskriminalität müsse besser Rechnung getragen werden (BGHSt 50, 299, 308 f.). Der nunmehr in Steuerstrafsachen allein zuständige 1. Strafsenat hat diese Bedenken in seiner Rechtsprechungspraxis aufgegriffen und ist ersichtlich bemüht, den Instanzgerichten durch seine Entscheidungen recht schematische Vorgaben zu machen, die darauf abzielen, aus der Sicht des Senats schuldunangemessen niedrige Strafen zu verhindern und zugleich die Strafzumessungspraxis zu vereinheitlichen (BGH, NJW 2009, 528 = wistra 2009, 107; dazu u.a. *Bilsdorfer*, NJW 2009, 476; *Salditt*, PStR 2008, 18 ff. und 25 ff.; *Wulf*, DStR 2009, 459, 463). Diese Rechtsprechung zielt offenbar auf eine allgemeine Erhöhung des Strafniveaus in Steuerstrafsachen ab.

II. Bedeutung des Steuerschadens für Strafrahmen, Strafart und Strafe

1. Grenzbeträge in der höchstrichterlichen Rechtsprechung

121 Der 1. Strafsenat des BGH hat sich obiter dictum, aber grundlegend in seinem Urt. v. 02.12.2008 zur Strafzumessung bei der Steuerhinterziehung geäußert (BGHSt 53, 71, 79 ff. = BGH, NJW 2009, 528 ff. = wistra 2009, 107 ff.; vgl. bestätigend BGH NJW 2011, 2450 ff.; 2012, 1015 ff. m. krit. Anm. *Rübenstahl*, PStR 2012, 93 f.; NZWiSt 2012, 112 m. Anm. *Roth*; NZWiSt 2012, 195 mit Anm. *Kohler*; vgl. zu BGHSt 53, 71 ff.: Kohlmann/*Schauf* § 370 Rn. 1029.2 ff.; MüKo-StGB/*Schmitz/Wulf* § 370 AO Rn. 452; *Joecks* FS Schaumburg, S. 1225, 1236 ff.; *Brauns* FS Samson, S. 515 ff.; *Jung* FS Samson, S. 55 ff.; *Bilsdorfer*, NJW 2009, 476 ff.; *Pelz*, NJW 2009, 470, 472; *Streng*, StV 2009, 639 ff.; *Joecks*, JZ 2009, 526 ff.; *Geuenich*, BB 2009, 312 ff.; *Tsambikakis*, PStR 2009, 1 ff.; *Wegner*, PStR 2009, 33 ff.; *Wulf*, DStR 2009, 459 ff.; *Bender*, wistra 2009, 215 ff.; *Rolletschke/Jope*, wistra 2009, 219 ff.; *Samson/Bruning*, wistra 2010, 1 ff.). Der Bundesgesetzgeber hat in den Beratungen zu dem Entwurf des Schwarzgeldbekämpfungsgesetzes offenbar implizit die Grenzziehungen des 1. Strafsenats akzeptiert (so BGH, NJW 2011, 2450, 2451), indem er unter Berufung auf BGHSt 53, 71 ff. die Betragshöhe des § 371 Abs. 2 Nr. 3 AO n.F. – die eine strafbefreiende Selbstanzeige ausschließt – an der Rechtsprechung des BGH zu dem Regelbeispiel des § 370 Abs. 3 S. 1 Nr. 1 AO orientiert (vgl. BT-Drucks. 17/5067 neu, S. 21; BGH, Urt. v. 22.05.2012 – 1 StR 103/12 mit Anm. *Rübenstahl*, PStR 2012, 189 f.).

Der BGH hielt in seiner Grundsatzentscheidung zunächst fest, dass die Geltung von § 46 StGB – insb. die Schuldangemessenheit der Strafe betreffend – auch im Steuerstrafrecht zu beachten sei; eine Strafzumessung *allein* auf Grundlage der festgestellten Verkürzungsbeträge sei gesetzeswidrig; der eingetretene Steuerschaden könne als „Auswirkung der Tat" jedoch bestimmender Zumessungsgesichtspunkt sein (BGHSt 53, 71, 79 ff.; 50, 299; BGH, wistra 1998, 269).

122 Der BGH (BGHSt 53, 71, 79 ff.) gibt in der angesprochenen Entscheidung **drei Grenzbeträge** vor: Für die Anwendung des Regelbeispiels aus **§ 370 Abs. 3 Nr. 1 AO** gelte eine Untergrenze von **mindestens 50.000,00 €**, unterhalb dieses Betrags scheide eine Hinterziehung „in großem Ausmaß" aus. Bei Verkürzungsbeträgen ab 50.000,00 € im Fall von **endgültigen Steuerschäden** oder **ab 100.000,00 € im Fall der Gefährdung des Steueraufkommens** sei das Merkmal des „großen Ausmaßes" erfüllt, weshalb für diese Taten regelmäßig eine Geldstrafe (aus dem Strafrahmen des § 370 Abs. 1 AO) nicht mehr in Betracht komme; generell sei die Verhängung einer Geldstrafe bei sechsstelligen Hinterziehungsbeträgen nur bei Vorliegen von gewichtigen Milderungsgründen noch schuldangemessen, bei **Schadensbeträgen von 1 Mio. €** und mehr sei i.d.R. eine **nicht mehr**

bewährungsfähige Freiheitsstrafe – von mehr als 2 Jahren – zu verhängen, anderes könne nur beim Vorliegen besonders gewichtiger Milderungsgründe gelten. Zu dem letzten Punkt ist kritisch anzumerken, dass die Frage, ob eine Freiheitsstrafe zur Bewährung auszusetzen ist, nach den Kriterien des § 56 StGB zu beurteilen ist (vgl. *Brauns* FS Samson, S. 515, 525). Dass es dem BGH tatsächlich wohl vorrangig um den Vollzug der zu verhängenden Freiheitsstrafe geht, zeigt sich an der Formulierung, eine „aussetzungsfähige Freiheitsstrafe" komme bei einem Hinterziehungsschaden in Millionenhöhe regelmäßig nicht in Betracht. Eine Erledigung im Strafbefehlsweg (der max. eine Freiheitsstrafe von einem Jahr auf Bewährung eröffnet) scheidet jedenfalls bei Hinterziehungsbeträgen in dieser Höhe nach dem BGH aus (MüKo-StGB/*Schmitz/Wulf* § 370 AO Rn. 453 bis 456). In einer Folgeentscheidung (BGH, NJW 2011, 2450) hat der BGH festgehalten, dass die Urteilsgründe, soweit dazu Anlass besteht, ergeben müssen, ob Steuern in großem Ausmaß i.S. des § 370 Abs. 3 Satz 2 Nr. 1 AO nach BGHSt 53, 71 ff., d. h. mit den Betragsgrenzen von 50.000,00 € bzw. 100.000,00 € verkürzt sind, und diese ggf. auch ergeben müssen, weshalb trotz des Vorliegens des Regelbeispiels ein besonders schwerer Fall des § 370 Abs. 3 AO nicht angenommen wird. Festzuhalten ist weiter dass der BGH die zu § 370 Abs. 3 Nr. 1 AO entwickelten Wertgrenzen für § 373 Abs. 1 AO entsprechend heranzieht und bei Verkürzungen im Millionenbereich den minderschweren Fall des § 373 Abs. 1 S. 2 AO praktisch ausschließt (BGH, Urt. v. 22.05.2012 – 1 StR 103/12 mit Anm. *Rübenstahl*, PStR 2012, 189 f.).

Zu BGHSt 53, 71 ff. scheinen für die Praxis einige Präzisierungen nützlich, zugleich ist auf einige verbleibende Unklarheiten der Entscheidung hinzuweisen:

1. Die genannten **Grenzbeträge von 50.000,00 € bzw. von 100.000,00 €** beziehen sich – ohne dass der BGH dies eindeutig festhält – **nach zutreffender herrschender Meinung jeweils auf die Einzeltat im materiellrechtlichen Sinne (§ 52 StGB)**, eine Zusammenrechnung von Verkürzungsbeträgen kommt allenfalls bei tateinheitlicher Begehung in Betracht (bestätigend BGH NJW 2011, 2450; vgl. MüKo-StGb/*Schmitz/Wulf* § 370 AO Rn. 457; *Schäfer* Strafzumessung Rn. 1022; *Rolletschke/Jope*, wistra 2009, 221; *Wulf*, DStR 2009, 459, 464). Es ist hingegen zur Erreichung der Grenzwerte nicht zulässig, die Verkürzungsbeträge für ESt-Hinterziehungen aus mehreren Veranlagungszeiträumen zusammenzurechnen. Hingegen ist die „Millionengrenze" für zu verbüßende Haftstrafen (1.000.000,00 €) nach h. Rspr. nicht auf die Einzeltat gem. § 52 StGB zu beziehen. Sowohl beim Schmuggel nach § 373 AO wie auch bei der Steuerhinterziehung nach § 370 AO soll es ohne Bedeutung sein, ob die Millionengrenze durch eine einzelne Tat oder erst durch mehrere gleichgelagerte Einzeltaten erreicht worden ist (BGH, Urt. v. 22.05.2012 – 1 StR 103/12 mit Anm. *Rübenstahl*, PStR 2012, 189 f.).
2. Hinsichtlich von **Hinterziehungsbeträgen von 50.000,00 €** (bis zu 100.000,00 €) dürfte der BGH (BGHSt 53, 71, 85) so zu verstehen sein, dass jedenfalls Fälle von Steuererstattungen (insb. Vorsteuer) als endgültiger Steuerschaden und damit als Hinterziehungen großen Ausmaßes i.S.d. § 370 Abs. 3 Satz 2 Nr. 1 AO angesehen werden sollen (vgl. bestätigend BGH, NJW 2011, 2450, 2451).
3. Soweit der BGH **Hinterziehungsbeträge von 100.000,00 €** und mehr für das „große Ausmaß" gem. § 370 Abs. 3 Satz 2 Nr. 1 AO fordert, wenn sich das Verhalten des Täters auf das pflichtwidrige in-Unkenntnis-lassen der Finanzbehörde beschränkt und lediglich eine „Gefährdung des Steueranspruchs" eintritt, ist davon auszugehen, dass neben Unterlassungstaten gem. § 370 Abs. 1 Nr. 2 AO – etwa die fehlende Meldung von Schenkungen bzw. Erbfällen oder die unterlassene oder verspätete Abgabe von Steuererklärungen – auch aktives Tun nach § 370 Abs. 1 Nr. 1 AO in Betracht kommt. Letzteres muss zumindest dann gelten, wenn der Täter dem Fiskus Teile seiner Einkünfte in seinen (unvollständigen u. dadurch unrichtigen) Steuererklärungen verschweigt, aber i.Ü. von aktiven Täuschungshandlungen ggü. den Finanzbehörden absieht (BGH, wistra 2011, 396). Insb. sollte daher die Schwelle von 100.000,00 € regelmäßig für die Nichtdeklaration von Auslandseinkünften gelten. Anders aber möglicherweise der BGH (NJW 2012, 1015 ff. = NStZ 2012, 331 = NZWiSt 2012, 154 m. Anm. *Grieshammer*, krit. Bespr. *Rübenstahl*, PStR 2012, 93 f.), wonach die Wertgrenze der **50.000,00 €** jedenfalls gelten

soll, wenn der Täter steuermindernde Umstände vortäuscht, indem er etwa tatsächlich nicht vorhandene Betriebsausgaben vortäuscht. Da der BGH maßgeblich auf das „täuschende" Handlungsunrecht abzustellen scheint, ist zu befürchten, dass er den vorgetäuschten abzugsfähigen Betriebsausgaben (§ 4 Abs. 3, Abs. 4 EStG) das Vortäuschen der Abzugsfähigkeit nichtabzugsfähiger Betriebsausgaben (§ 4 Abs. 5 EStG) gleichsetzen wird. Das könnte etwa dazu führen, dass der BGH bzgl. unzutreffend verbuchter bzw. nicht getrennt aufgezeichneter Geschenke (§ 4 Abs. 5 Nr. 1, Abs. 7 EStG) oder Bewirtungen (§ 4 Abs. 5 Nr. 2, Abs. 7 EStG), besonders aber bzgl. von verschleierten Aufwendungen für Bestechungszahlungen im Sinne der §§ 299, 333, 334 StGB (§ 4 Abs. 5 Nr. 10 EStG) die Betragsgrenze von 50.000,00 € zur Anwendung bringen könnte (vgl. ablehnend *Rübenstahl*, PStR 2012, 93 f.).

4. Aus der Abstufung des BGH dürfte ebenfalls abzuleiten sein, dass für **Hinterziehungssummen zwischen 100.000,00 € und 1.000.000,00 €** regelmäßig Freiheitsstrafen von mindestens 6 Monaten bis zu 2 Jahren in Betracht kommen (vgl. BGHSt 53, 71, 86), jedoch von einer Strafaussetzung zur Bewährung nicht zur Verteidigung der Rechtsordnung (§ 56 Abs. 3 StGB) abgesehen werden muss, d.h. typischerweise (**allenfalls**) **eine Bewährungsstrafe** verhängt werden sollte (vgl. *Brauns* FS Samson, S. 515, 524).

5. Es ist zu berücksichtigen, dass mit der Feststellung, dass der o.g. Schwellenwert des „großen Ausmaßes" gem. § 370 Abs. 3 Satz 2 Nr. 1 AO überschritten ist – 50.000,00 € endgültiger Steuerschaden bzw. 100.000,00 € Gefährdungsschaden – nur das Vorliegen des Regelbeispiels angenommen werden kann, aber noch keine Festlegung bzgl. der Strafrahmenwahl des § 370 Abs. 3 Satz 1 AO getroffen ist. In einer zweiten Stufe hat eine **Wertung unter Einbeziehung aller weiterer Strafzumessungsumstände** zu erfolgen, ob die **Indizwirkung** des vorliegenden Regelbeispiels für den besonders schweren Fall der Steuerhinterziehung im konkreten Fall widerlegt ist (zutreffend *Brauns* FS Samson, S. 515, 522 f.). Zwar kann die indizielle Bedeutung des Regelbeispiels durch andere Strafzumessungsfaktoren kompensiert werden, doch müssen diese laut dem BGH dann so schwer wiegen, dass die Anwendung des erschwerten Strafrahmens unangemessen erscheint; hierfür ist eine umfassende Abwägung aller Faktoren nötig, wobei die straferhöhenden im Vordergrund zu stehen haben (BGH, NJW 2011, 2450). Der BGH ist zudem der Auffassung, dass die Wahl des erhöhten Strafrahmens des § 370 Abs. 3 Satz 1 AO – grundsätzlich – keiner weiteren Begründung bedarf, wenn das gesetzliche Merkmal des Regelbeispiels eines besonders schweren Falls erfüllt ist, da eine gesetzliche Vermutung für einen gegenüber dem Normaltatbestand erhöhten Unrechts- und Schuldgehalt bestehe (BGH, NJW 2011, 2450 f.). Ein revisionsrechtlich erheblicher Begründungsmangel wird sich also aus dem Fehlen von über die Feststellung des Regelbeispiels hinausgehenden Ausführungen regelmäßig nicht ableiten lassen.

123 Eine **Abweichung von den genannten Grenzbeträgen** – nach oben und nach unten – ist angesichts des spezifischen Verweises des BGH auf den Katalog des § 46 Abs. 2 StGB auch aus Sicht der Rechtsprechung ersichtlich weiterhin möglich, je nach Vorliegen von weiteren wesentlichen strafverschärfenden oder -mildernden Strafzumessungsgesichtspunkten (BGHSt 53, 71, 86; BGH, NJW 2011, 2450 f.; vgl. MüKo-StGB/*Schmitz/Wulf* § 370 AO Rn. 457). Bei einer Steuerhinterziehung auf Zeit und vergleichbaren Sachverhalten ist nach zutreffender Auffassung nur der eingetretene Zinsschaden als Strafzumessungsschaden dem Strafmaß zugrunde zu legen, hieraus ergeben sich vielfach große Abschläge ggü. den Nominalbeträgen (LG Saarbrücken wistra 2005, 355; MüKo-StGB/*Schmitz/Wulf* § 370 AO Rn. 458). Auch bei an sich durch den BGH verschärften Anforderungen ist dann, wenn der **Täter geständig** ist und die verkürzten **Steuern nachentrichtet**, wohl zumeist noch eine **Bewährungsstrafe** zulässig, anders könnte dies zukünftig bei **Verkürzungsbeträgen in mehrfacher Millionenhöhe** aussehen (FGS/*Joecks* § 370 Rn. 279).

Vor dem Hintergrund, dass der Senat auch maßgeblich darauf abstellt, in welcher **Relation die verkürzten Steuern zu den angegebenen und abgeführten** stehen (BGHSt 53, 71, 86 = BGH, NJW 2009, 528 ff. Rn. 45; FGS/*Joecks* § 370 Rn. 279), muss es zulässig sein, auch bei erheblichen Überschreitungen der Grenzbeträge noch die milderen Rechtsfolgen zu erlangen, wenn die hinterzogenen Steuern nur einen verhältnismäßig kleinen Bruchteil der zu zahlenden Steuern darstellen. Dagegen wird in der Literatur eingewandt, dass es sich hier um ein normativ nicht verankertes „Reichenprivileg" handele (*Brauns* FS Samson, S. 515, 527 f.). Dem ist jedoch zu widersprechen; sind die hinterzogenen Steuern im Verhältnis zu den gezahlten von geringem Gewicht, spricht dies für eher schwach ausgeprägtes täterbezogenes Unrecht; zumindest spricht indiziell die überwiegende Deklaration der Einkünfte für eine geringere kriminelle Energie des Täters, da dieser offenbar bereit ist, den überwiegenden Teil seiner Einkünfte regulär der Besteuerung zu unterwerfen; dieser erkennt – anders etwa als etwa ein Täter, der seinen Beruf oder sein Unternehmen insgesamt „schwarz" betreibt – grds. und überwiegend auch tatsächlich den Steueranspruch des Fiskus an und erfüllt diesen typischerweise. § 46 Abs. 2 Satz 2 StGB fordert ausdrücklich, die Beweggründe und die Ziele des Täters sowie die Gesinnung, die aus der Tat spricht und den bei der Tat aufgewendete Willen zu berücksichtigen. Dem ist dadurch Rechnung zu tragen, dass **strafmildernd berücksichtigt wird, wenn ein Täter nur einen geringen Bruchteil der eigentlich anfallenden Steuer verkürzt, jedenfalls wenn nicht ausgeschlossen erscheint, dass eine Nichtdeklaration der versteuerten Einkünfte ganz oder teilweise unentdeckt bleiben könnte.** Das Verhältnis zwischen den hinterzogenen und den ordnungsgemäß entrichteten Steuern sollte jedenfalls dann grds. strafmildernd wirken, wenn es **1/10 oder weniger** ist (vgl. LG Bochum, Urt. v. 26.01.2009 – 12 KLs 350 Js 1/08, Rn. 130; www.justiz-nrw.de); das Ausmaß der strafmildernden Wirkung sollte in dem Maße ansteigen, in dem das Verhältnis von hinterzogenen zu abgeführten Steuern kleiner wird. Eine sehr erhebliche strafmildernde Wirkung sollte diesem Gesichtspunkt m.E. jedenfalls bei Fällen zukommen, in denen es **1/100** oder noch kleiner ist. Vor dem Hintergrund, dass das Steuerstrafrecht – wie § 371 AO nach wie vor belegt – stark fiskalisch motiviert ist, erscheint es nicht verfehlt, im Strafmaß zu honorieren, wenn der Steuerpflichtige seine steuerlichen Pflichten in einem Maße erfüllt, dass seine Steuerhinterziehung wirtschaftlich verhältnismäßig wenig ins Gewicht fällt.

Weiter ist es nach dem BGH zulässig, die **Lebensleistung des Täters** maßgeblich strafmildernd zu werten (BGHSt 53, 71, 86 = BGH, NJW 2009, 528 ff. Rn. 45; FGS/*Joecks* § 370 Rn. 279; krit. Kohlmann/*Schauf* § 370 Rn. 1040; 1051), was dazu führen kann, dass für sozial integrierte Freiberufler, Unternehmer, Führungskräfte oder sonstige Leistungsträger, die – nicht nur durch eine überwiegend korrekte Abführung von Steuern – auch durch viele andere Beiträge Wirtschaft und Gesellschaft positiv mitgestalten, auch bei einem Verkürzungsbetrag von 1 Mio. € und mehr noch eine Freiheitsstrafe mit Strafaussetzung zur Bewährung in Betracht kommen sollte, jedenfalls bei frühzeitigem Geständnis und Nachentrichtung der Steuern (so zutreffend FGS/*Joecks* § 370 Rn. 279). Dem Ansatz des BGH ist zuzustimmen. Soweit kritisiert wird (vgl. Kohlmann/*Schauf* § 370 Rn. 1040, 1051), dass die Kriterien, nach denen sich die Verdienstlichkeit der Lebensleistung bemisst, zu wertungsoffen und unbestimmt erscheinen, ist dem nur im Grundsatz zuzustimmen, aber darauf zu verweisen, dass § 46 Abs. 2 Satz 2 StGB den Tatrichter verpflichtet, ohne weitere Einschränkungen oder Eingrenzungen „das Vorleben des Täters" soweit es einen Bezug zur Tat hat, strafmildernd und strafverschärfend zu berücksichtigen. Der Hinweis des BGH auf die Lebensleistung des Täters aktualisiert lediglich das bereits dem Gesetz selbst zu entnehmende Gebot, das Vorleben des Täters in Beziehung zur Tat zu setzen und daraufhin zu untersuchen, ob sich diesem Sachverhalte entnehmen lassen, die (unter Berücksichtigung des Zweifelsgrundsatzes) in einen schuldmindernden Sinnzusammenhang zur Tat gebracht werden können, mit der Folge, dass diese Umstände strafmildernd bei der Strafzumessung zu berücksichtigen sind. Da unstrittig die Straffreiheit und unter gewissen Umständen die Vorbestraftheit zu berücksichtigen sind, ist bei Steuerdelikten durchaus relevant, wenn der Angeklagte in der Vergangenheit insb. als Steuerpflichtiger korrekt – nicht nur straffrei – handelte, aber auch, wenn er als Teilnehmer am Wirtschaftsleben und am gesellschaftlichen Leben nicht nur straffrei, sondern u.U. allgemein normkonform agierte oder sogar auf eigene Kosten überobligatorische Leistungen für Dritte oder das Gemeinwesen erbrachte.

124 Zu deutlich höheren Strafen wegen eines strikten Eingreifens der Grenzbeträge kann und soll es wohl nach der neuen Rechtsprechung des BGH bei solchen Tätern kommen, die das **FA „als Bank" missbrauchen** – insb. wohl im Zusammenhang mit der Verkürzung von USt – oder die Steuerhinterziehung in sonstiger Weise **gewerbsmäßig** oder gar „als Gewerbe" betreiben (BGH, NJW 2009, 528 ff. Rn. 46; FGS/*Joecks* § 370 Rn. 279). Gleiches dürfte auch für Täter gelten, die durch Aufbau eines **aufwendigen Täuschungssystems,** die systematische Verschleierung von Sachverhalten und die Erstellung oder Verwendung unrichtiger oder verfälschter Belege zu Täuschungszwecken Steuern verkürzen (BGH, NJW 2009, 528 ff. Rn. 46; FGS/*Joecks* § 370 Rn. 279). Namentlich bei den sog. **Umsatzsteuerkarussellgeschäften,** bei **Kettengeschäften unter Einschaltung** sog. **„Serviceunternehmen"** und im **Bereich der illegalen Arbeitnehmerüberlassungen** sieht der BGH regelmäßig strafverschärfende Gründe (BGH, NJW 2009, 528 ff. Rn. 47), die regelmäßig einem Abweichen von den in der zitierten Grundsatzentscheidung genannten Grenzbeträgen entgegenstehen dürften.

Abschließend sei kurz darauf hingewiesen, dass die tatsächliche, längerfristige Wirksamkeit der Leitlinien des BGH-Urteils v. 02.12.2008 in der Instanzpraxis bis auf Weiteres nicht genau eingeschätzt werden kann; insb. ist davon auszugehen, dass die Leitlinien des 1. Strafsenats des BGH in der Praxis durch Absprachen – die regelmäßig zu einer rechtskräftigen Entscheidung in erster Instanz ohne die Möglichkeit revisionsrichterlicher Kontrolle führen – stark relativiert werden könnten (Jung FS Samson, S. 55, 63). Allerdings wird den Strafverfolgungsbehörden und Gerichten durch die Richtwerte des BGH, eine „punitive Verhandlungsmasse" in die Hände gelegt, unter deren Einfluss der Spielraum für die Einigung über das Strafmaß vorerst neu justiert wird (vgl. Jung FS Samson, S. 55, 63); ob dies langfristig strafverschärfend wirken wird, wird die Zukunft zeigen.

2. „Strafmaßtabellen" bzw. Richtwerte

125 Es ist davon auszugehen, dass die für Steuerstrafsachen zuständigen Finanzbehörden (insb. die OFD und FA für Strafsachen bzw. die Strafsachenstellen der FA) und Staatsanwaltschaften die neue Rechtsprechung des BGH berücksichtigen und ihre Strafmaßtabellen bzw. Mittel- oder Richtwerte soweit erforderlich zumindest in gewissem Umfang modifizieren würden, da sich die Rechtsprechung der Instanzgerichte – jedenfalls in Fällen, bei denen die Rechtskraft der Entscheidung – etwa aufgrund einer belastbaren Verständigung – nicht von vornherein feststeht, an der Rechtsprechung der Revisionsgerichte ausrichten wird. Die Erlasse der OFD zur Strafzumessung oder vergleichbare interne Verfügungen bzw. Weisungen der FA stehen der Öffentlichkeit regelmäßig nicht (offiziell) zur Verfügung.

126 *Dietz* verweist in seiner Kommentierung auf eine **Methode der Ermittlung von Richt- bzw. Mittelwerten, orientiert am Hinterziehungsbetrag,** die bei regionalen Unterschieden auch innerhalb einzelner Bundesländer verbreitet angewandt werde und besonders den Strafsachenstellen „eine wertvolle Orientierungshilfe" gebe (Rolletschke/Kemper/*Dietz* [Stand: Dezember 2009] § 369 Rn. 57). Danach sei als Mittel- bzw. Richtwert pro Tagessatz ein Hinterziehungsbetrag **von je 125,00 € bei hinterzogenen Steuern von bis zu 10.000,00 € (bis zu max. 80 Tagessätzen)** anzusetzen, **von je 250,00 € für Hinterziehungsbeträge zwischen 10.000,00 € und 50.000,00 € (bis zu max. weiteren 160 Tagessätzen und insgesamt 240 Tagessätzen), von je 375,00 € für Hinterziehungsbeträge über 50.000,00 € bis zu 95.000,00 € (bis zu max. weiteren 120 Tagessätzen und insgesamt 360 Tagessätzen).** Diese Berechnungsmethode erhält ersichtlich eine stark degressive Staffelung, derzufolge ein Hinterziehungsbetrag von 10.000,00 € im Regelfall zu einer Strafe von 80 Tagessätzen führt, während das **9,5-fache** des Hinterziehungsvolumens (95.000,00 €) im Regelfall lediglich zur **4,5-fachen** Strafe von 360 Tagessätzen führt. Anders gewendet: Die Verkürzung der „ersten" 10.000,00 € führt nach dieser Methode regelmäßig zur Bestrafung mit 80 Tagessätzen, die Verkürzung von mindestens 60.000,00 € führt hinsichtlich jeder über 50.000,00 € hinausgehenden weiteren 10.000,00 € lediglich zu jeweils weiteren ca. 27 Tagessätzen. Nach Feststellung des Richtwertes seien alle (weiteren) gem. § 46 Abs. 2 StGB strafzumes-

sungsrelevanten Umstände zu prüfen und der Richtwert ggf. zu korrigieren ([Stand: Dezember 2009] § 369 Rn. 56, 58 ff.). Im Fall der **Steuerverkürzung auf Zeit** werde in der Praxis für die Strafbemessung oft pauschal **10 % oder 25 % des Gesamtbetrags der vorenthaltenen (regelmäßig Lohn- oder Umsatz-) Steuer** als Steuerschaden in Ansatz gebracht (Rolletschke/Kemper/*Dietz* [Stand: Dezember 2009] § 369 Rn. 60). Allein zutreffend ist es aber, hier ausschließlich von dem „**Verspätungsschaden**" in Gestalt des Zinsvorteils bzw. **Liquiditätsgewinns** auszugehen, es sei denn, es komme zum endgültigen Steuerausfall (Rolletschke/Kemper/*Dietz* [Stand: Dezember 2009] § 369 Rn. 60).

Zur Illustration der offenbar in der Praxis bestehenden Unterschiede soll weiter auf den in Methodik und Ergebnis abweichenden, von *Schäfer* (Strafzumessung Rn. 1032) zitierten n.v. **Erlass (Verfügung) einer OFD zur Strafzumessung bei Steuerstraftaten und zur Bemessung der Geldbuße bei Steuerordnungswidrigkeiten – datierend vor der Grundsatzentscheidung des BGH –** hingewiesen werden. Auch dort wird explizit auf die **maßgebliche Bedeutung des verkürzten Steuerbetrags für die Strafzumessung** abgestellt, mit der Begründung, dass nach dem Grundsatz des § 46 Abs. 1 StGB die Schuld des Täters die Grundlage für die Bemessung der Strafe sei, das Maß der Schuld bei der Steuerhinterziehung im Wesentlichen von der Höhe der schuldhaft verkürzten Steuern beeinflusst werde; der Verstoß gegen die dem Täter im Interesse der Besteuerung auferlegten besonderen Rechtspflichten und die Tatauswirkung wiege i.d.R. umso schwerer, je höher die hinterzogenen Steuerbeträge sind (nach Schäfer, Strafzumessung Rn. 1032). Auf dieser Basis werden im Interesse einer gleichmäßigen Strafzumessung – bei einer auf Dauer erfolgten Verkürzung von durchschnittlichem Unrechtsgehalt – Rahmensätze für die Bestimmung der Zahl der Tagessätze vorgegeben (nach *Schäfer* Strafzumessung Rn. 1033). Der Erlass sieht danach bei einem **verkürzten Betrag von bis 1.000,00 € zwischen 5 und 10 Tagessätze vor, bei 2.500,00 bis 5.000,00 € zwischen 30 und 60 Tagessätze, bei 5.000,00 bis 7.500,00 € zwischen 60 und 90 Tagessätze, bei 7.500,00 bis 10.000,00 € zwischen 90 und 120 Tagessätze, bei 12.500,00 bis 20.000,00 € zwischen 120 und 180 Tagessätze, bei 20.000,00 bis 30.000,00 € zwischen 180 bis 240 Tagessätze und bei 30.000,00 bis 50.000,00 € zwischen 240 bis 360 Tagessätze** (*Schäfer* Strafzumessung Rn. 1033). Bei nur zeitweiliger Verkürzung, die sich im Ergebnis als Hinausschieben des Fälligkeitstages ausgewirkt hat (wie insb. bei verspäteter Abgabe von Steueranmeldungen oder bei Nichtabgabe dieser Anmeldungen mit darauf folgender, nicht zu niedriger Festsetzung der Steuer), sei der Unrechtsgehalt der Tat wesentlich geringer (*Schäfer* Strafzumessung Rn. 1034). Obwohl in diesen Fällen der gesamte Betrag als verkürzt gilt, sei bei Anwendung der Tabelle lediglich vom Hinterziehungsgewinn (Zinsvorteil) auszugehen; der Zinsvorteil könne mit **monatlich 1 % der verkürzten Steuern** angenommen werden (*Schäfer* Strafzumessung Rn. 1034). Der Einwand, dass bei einer auf Dauer gewollten Verkürzung die Steuer nachgezahlt wurde und daher kein Dauerschaden eingetreten sei, reiche für die Annahme einer Steuerverkürzung auf Zeit nicht aus (*Schäfer* Strafzumessung Rn. 1035). Zudem enthält der Erlass eine Art „salvatorische Klausel", wonach die Rahmensätze nicht schematisch angewendet werden dürfen, sondern jeder Fall nach Unrechtsgehalt, Straferhöhungs- und Milderungsgründen individuell für sich zu würdigen und danach die Zahl der aus dem Rahmensatz errechneten Tagessätze unter Berücksichtigung der besonderen Strafzumessungsgründe angemessen zu erhöhen oder zu vermindern sei (*Schäfer* Strafzumessung Rn. 1036 f., 1038). Seien mehr als 240 Tagessätze anzusetzen, so sei zu prüfen, ob die Abgabe der Strafsache an die StA (§§ 386 Abs. 4 Satz 1, 400 Halbs. 2 AO) geboten sei, bei mehr als 320 Tagessätze könne von einer Abgabe nur in Ausnahmefällen abgesehen werden, wobei die Gründe aktenkundig zu machen seien (*Schäfer* Strafzumessung Rn. 1038).

Schäfer weist weiter darauf hin (Strafzumessung Rn. 1046), dass nach Auskunft eines für **Steuerstrafsachen zuständigen FA einer anderen Großstadt** dort keine vergleichbare allgemeine Dienstanweisung bestehe, es werde allerdings in Übereinstimmung mit der Strafjustiz bei nicht einschlägig Vorbestraften regelmäßig ohne degressive Rabatte für höhere Hinterziehungsbeträge linear von **4 – 6 Tagessätzen pro 500,00 € hinterzogener Steuern** ausgegangen. Abschläge seien insb. bei fremdnütziger Tatbegehung (etwa durch nicht am Gewinn beteiligte Angestellte) vorzunehmen; zudem käme es zu Abweichungen, wenn der Gesamthinterziehungsbetrag auf mehrere selbstständige Taten aufzuteilen sei.

129 Ergänzend soll auf die **Zusammenfassung** *Schäfers* **der aus der Zeitschrift „Praxis Steuerstrafrecht" (PStR 2001, 18) vor ca. 10 Jahren entwickelten nach OFD-Bezirken unterschiedlichen Strafmaßtabellen** hingewiesen werden (Strafzumessung Rn. 1047). Daraus ergeben sich „Orientierungsrahmen", deren Belastbarkeit allerdings zum einen durch die Zusammenfassung unterschiedlicher Tabellen, zum anderen durch den Zeitablauf und die geänderte BGH-Rechtsprechung beeinträchtigt sein könnte. Danach wäre bei einem verkürzten Betrag von **1.000,00 €** mit **8 bis 15 Tagessätzen**, bei **2.500,00 €** mit **10 bis 30 Tagessätzen**, bei **5.000,00 €** mit **25 bis 80 Tagessätzen**, bei **7.500,00 €** mit **50 bis 90 Tagessätzen**, bei **10.000,00 €** mit **50 bis 140 Tagessätzen**, bei **15.000,00 €** mit **75 bis 180 Tagessätzen**, bei **20.000,00 €** mit **100 bis 240 Tagessätzen**, bei **25.000,00 €** mit **120 bis 300 Tagessätzen**, bei **30.000,00 €** mit **150 bis 360 Tagessätzen**, bei **40.000,00 €** mit **200 bis 360 Tagessätzen**, bei **50.000,00 €** mit **215 bis 360 Tagessätzen**, bei **75.000,00 €** mit **280 bis 360 Tagessätzen**, bei **100.000,00 €** mit **Freiheitsstrafe oder 320 bis 360 Tagessätzen Geldstrafe**, bei **125.000,00 €** mit **Freiheitsstrafe oder 340 bis 360 Tagessätzen Geldstrafe** zu rechnen (nach *Schäfer* Strafzumessung Rn. 1047).

130 Für die einzelnen OFD-Bezirke gelten für die Steuerhinterziehung folgende Strafmaßtabellen (nach: Kohlmann/*Schauf* § 370 Rn. 1077, Stand: Juni 2009):

Strafmaßtabellen für Steuerhinterziehung in den OFD-Bezirken								
Hinterziehungsbeträge in Euro	1 Berlin	2 Chemnitz	3 Cottbus	4 Düsseldorf FÄ für Steuerstrafsachen und Steuerfahndung			5 Erfurt	6 Frankfurt
				Düsseldorf	Essen Aachen Köln	Wuppertal		
Anzahl der Tagessätze bis								
1.000,00	12	10	10					8
1.500,00	18							12
2.500,00	30			20	20		20	20
5.000,00	60	30		40	40	25	40	40
7.500,00	90			60	60		60	60
10.000,00	120	60	80	80	80	50	80	80
12.500,00	150			100	90		90	100
15.000,00	180	90		120	100	75	100	120
20.000,00	240	120		160	120	100	120	150
22.500,00	270			180	130		130	180
25.000,00	300	180	150	200	140	125	140	200
30.000,00	360			240	160	150	160	240
35.000,00		220		280	180		180	280
37.500,00			200	300	190		190	300
40.000,00		260		320	200	200	200	320
45.000,00				360	220	225	220	360
50.000,00		360	230		240	250	240	

Strafmaßtabellen für Steuerhinterziehung in den OFD-Bezirken

Hinterziehungsbeträge in Euro	1 Berlin	2 Chemnitz	3 Cottbus	4 Düsseldorf FÄ für Steuerstrafsachen und Steuerfahndung			5 Erfurt	6 Frankfurt
				Düsseldorf	Essen Aachen Köln	Wuppertal		
Anzahl der Tagessätze bis								
55.000,00				250		250		
72.000,00				284	360	284		
75.000,00			280	290		290		
75.500,00				311		311		
93.000,00				326		326		
100.000,00			320	340		340		
125.000,00			340	360		360		
140.000,00			360					

Strafmaßtabellen für Steuerhinterziehung in den OFD-Bezirken

Hinterziehungsbeträge In Euro	7 Hamburg	8 Hannover	9 Karlsruhe	10 Magdeburg	11 München	12 Münster	13 Nürnberg	14 Rostock	15 Saarbrücken	16 Stuttgart	17 Bremen
Anzahl der Tagessätze bis											
250,00											5
500,00		4									10
1.000,00		8		8							15
1.500,00		12		12				12			20
2.250,00											25
2.500,00		20	10	20	20	20		25	10		
3.000,00		24									30
3.500,00		28									35
4.000,00		32									40
4.750,00											45
5.000,00	80	40	30	40	40	40	40	50	30		
5.500,00		44									50
7.000,00		56									60
7.500,00		60	60	60	60	60			75	60	
9.000,00		72									70
10.000,00	140	80		80	80		80	100			
11.000,00		88									80
12.500,00		100		100	90	90	90		125		
13.500,00		108									90
15.000,00	180	120	90	120		100		100	150	90	100

Strafmaßtabellen für Steuerhinterziehung in den OFD-Bezirken

Hinterziehungsbeträge In Euro	7 Hamburg	8 Hannover	9 Karlsruhe	10 Magdeburg	11 München	12 Münster	13 Nürnberg	14 Rostock	15 Saarbrücken	16 Stuttgart	17 Bremen
Anzahl der Tagessätze bis											
15.500,00		124									
18.750,00		148									110
20.000,00	220	160		160		120	130		200		120
21.000,00		168	168								
22.500,00		180	180	180		130			250		
24.000,00		192	192								
25.000,00	250	200	120	200	180	140		160	300	120	130
27.000,00		216				160					140
30.000,00		240		240			180		350		150
33.500,00											160
35.000,00		265		265		180	200				

Strafmaßtabellen für Steuerhinterziehung in den OFD-Bezirken

Beträge In Euro	7 Hamburg	8 Hannover	9 Karlsruhe	10 Magdeburg	11 München	12 Münster	13 Nürnberg	14 Rostock	15 Saarbrücken	16 Stuttgart	17 Bremen
Anzahl der Tagessätze bis											
36.000,00											170
37.500,00			180		270	190				180	
39.000,00											180
40.000,00		290		290		200					
42.000,00											190
45.000,00		315		315		220					200
48.000,00											210
50.000,00	360	330		340	360	240		240			220
54.000,00				360							230
55.000,00		345	240			250	280			240	
57.000,00											240
60.000,00											250
63.000,00											260
66.000,00											270
69.000,00											280
72.000,00		360				284					290
75.000,00			360			290	360			360	300
78.000,00											310
81.000,00											320
85.500,00						311					

Strafmaßtabellen für Steuerhinterziehung in den OFD-Bezirken											
Beträge In Euro	7 Hamburg	8 Hannover	9 Karlsruhe	10 Magdeburg	11 München	12 Münster	13 Nürnberg	14 Rostock	15 Saarbrücken	16 Stuttgart	17 Bremen
Anzahl der Tagessätze bis											
87.000,00											340
90.000,00											350
93.000,00						326					360
98.000,00											360
100.000,00						340					
125.000,00						360					

Die Werte für die OFD in Kiel und Koblenz sind nicht bekannt oder es werden keine Tabellen verwendet; die OFD Köln und die OFD Freiburg wurden aufgelöst (Kohlmann/*Schauf* § 370 Rn. 1077, Stand: Juni 2009). Setzt man diese Tabellenwerte ins Verhältnis zu den Maßstäben des Urteils des 1. Strafsenats des BGH v. 02.12.2008, fällt auf, dass die Vorgaben der zitierten Erlasse regelmäßig nicht weniger streng sind als die des Beschlusses – der zum Ziel hat, eine zu milde Bestrafung von Steuerstraftaten in Teilen des Bundesgebiets zu verhindern – und somit kaum die bundesweite Praxis – insb. in Großstädten – widerspiegeln dürfte, die der BGH zum Anlass seiner Vorgaben genommen hat. Insb. fällt auf, dass die Schwelle, ab der der BGH einen besonders schweren Fall gem. § 370 Abs. 3 Nr. 1 AO mit einer Strafe von mindestens 6 Monaten Freiheitsstrafe bejaht sehen möchte – mit einem Steuerschaden von mindestens 50.000,00 € (s.o.) – nach dem Erlass zu über 240 bis hin zu 360 Tagessätzen bzw. 215 bis 360 Tagessätzen (Geldstrafe) führen sollen, was im Schuldgehalt 7/8 bis 12 Monaten Freiheitsstrafe entspricht. Nach Maßgabe dieser Tabellen erscheint es schwer vorstellbar – betrachtet man die Steigerung im Strafmaß in Abhängigkeit vom Hinterziehungsbetrag –, dass Hinterziehungen in Millionenhöhe bei konsequenter Anwendung nicht zu vollziehbaren Freiheitsstrafen ohne Bewährung führen würden. Insofern dürfte – aus Sicht der Rechtsprechung – tatsächlich eher eine Abweichung im besonders bedeutsamen Einzelfall insb. bei Übernahme des Verfahrens durch die StA und bei einer konsensualen Erledigung durch eine Verständigung zu den als schuldunangemessen niedrig empfundenen Strafen führen. Zu Recht werden die Tabellen v.a. deshalb kritisiert, weil sie ohne gesetzliche Grundlage faktisch – wenn auch für die Justiz nicht rechtlich – finanzbehördliche, staatsanwaltliche und richterliche Ermessensspielräume beschneiden und dadurch Einzelfallgerechtigkeit vereiteln und eine Tendenz zum Schematismus fördern (Kohlmann/*Schauf* § 370 Rn. 1075.1, 1078, 180; *Salditt*, PStR 2009, 15 ff. und 25 ff.; *Minoggio*, PStR 2003, 212; *Tsambikakis*, PStR 2009, 1 ff.). Besonders aber zeigen die oben nach *Schauf* (Kohlmann/*Schauf* § 370 Rn. 1077) zitierten Tabellen der diversen OFD, dass deren Anwendung in ihrer heutigen Gestalt – ohne Harmonisierung auf Bundesebene – dem Gebot der Gleichmäßigkeit des Strafens in keiner Weise Rechnung tragen kann. Wenn bspw. eine Steuerhinterziehung von 50.000,00 € nach der Strafmaßtabelle im Bereich der OFD Bremen – bei einem durchschnittlichen Fall – zu 220 Tagessätzen führen soll, nach der Strafmaßtabelle im Bereich der OFD Hamburg aber regelmäßig zu 360 Tagessätzen (vgl. Kohlmann/*Schauf* § 370 Rn. 1077), ist damit eigentlich schon alles gesagt. Falls die „regionalen" Tabellen weiterhin ein solches Maß an Ungleichheit aufweisen sollten und diese – nicht formal, aber tatsächlich Einfluss auf die Strafzumessungsentscheidung der Finanz- und Justizbehörden erlangen (und so verhält es sich vielfach) – ist zu bezweifeln, dass ihre Anwendung in dieser unharmonisierten Form mit dem verfassungsrechtlichen Gleichheits- und Rechtsstaatsgebot vereinbar ist.

Ausweislich des von *Schäfer* zitierten Erlasses (s.o.) soll in den Fällen des § 153a StPO der Geldbetrag der Auflage nach denselben Grundsätzen bestimmt werden (*Schäfer* Strafzumessung Rn. 1037). Ergänzend ist darauf hinzuweisen, dass in der Praxis im Bereich vieler OFD auch bei **131** eigennützigen Steuerhinterziehungen in **Masseverfahren** im Ermittlungsverfahren weiterhin **Einstellungen des Verfahrens gem.** § 153a StPO bei Hinterziehungsbeträgen in mittlerer oder sogar gehobener fünfstelliger Höhe zu erreichen sind, die nach dem oben zitierten Erlass mit 360 Tagessätzen oder mehr zu bestrafen wären, bzw. die nach dem Urteil des BGH v. 02.12.2008 zumindest an der Schwelle eines besonders schweren Falles gem. § 370 Abs. 3 Nr. 1 AO liegen. Im Bereich anderer – strengerer – OFD liegt die Schwelle von der Einstellung gegen Geldbuße im Regelfall eigennütziger Hinterziehungen mit klarer Beweislage ungefähr bei der Grenze vom vierstelligen zum fünfstelligen Hinterziehungsbetrag (ca. 10.000,00 €). Orientiert man sich an den obigen Tabellen, läge dies ungefähr im Bereich einer Geldstrafe zwischen ca. 50 und 120 Tagessätzen. Es ist jedoch – jedenfalls als Praxiserfahrung – festzuhalten, dass Einstellungen des Verfahrens gem. § 153a StPO im Ermittlungsverfahren insb. bei fremdnützigen Steuerhinterziehungen oder bei schwieriger Beweis- und/oder Rechtslage auch bei Hinterziehungsbeträgen in sechs- oder gar siebenstelliger Höhe vorkommen.

III. Sonstige wesentliche Strafzumessungsgesichtspunkte im Steuerstrafrecht neben der Höhe des Hinterziehungsbetrages

1. Tatbestandsmäßige Rechtsgutsverletzung

a) Taterfolg – abstrakte Gefährdung des Steueraufkommens (Gefährdungsschaden)

132   Obige Ausführungen zu den maßgeblichen Grenzbeträgen können nur dann volle Geltung beanspruchen, wenn sich der Steuerschaden nicht nur tatbestandlich, sondern auch wirtschaftlich voll verwirklicht (vgl. MüKo-StGB/*Schmitz/Wulf* § 370 AO Rn. 461). Ist bei Betrachtung des vollständigen Sachverhalts und des Gesamtzusammenhangs kein Schaden für den Fiskus eingetreten, so ist dies für die Strafzumessung in besonderer Weise zu berücksichtigen; § 370 AO bestraft teilweise eine lediglich abstrakte Gefährdung des staatlichen Vermögens als vollendete Steuerhinterziehung (MüKo-StGB/*Schmitz/Wulf* § 370 AO Rn. 461). Dies gilt etwa für Fälle des Kompensationsverbots (§ 370 Abs. 4 Satz 3 AO; s.o. AO § 370 Rn. 461) sowie für Fälle der Umsatzsteuerhinterziehung (Vorsteuererstattung aus Scheinrechnungen bei Anmeldung und vollständiger Abführung der Steuer durch den Rechnungsaussteller; nicht versteuerte Umsätze zwischen Unternehmern bei Vorsteuerabzugsberechtigung des Leistungsempfängers etc.) und Sonderfälle aus dem Zoll- und Verbrauchsteuerrecht („Durchschmuggeln" durch das deutsche Hoheitsgebiet bei Ware, für die bei ordnungsgemäßer Anmeldung keine deutschen Steuern und Abgaben entstehen würden); die trotz Tatbestandserfüllung mangelnde Beeinträchtigung des Schutzgutes ist bei der Strafzumessung als erheblicher Strafmilderungsgrund zu berücksichtigen (BGH, NStZ 2004, 579 [Kompensationsverbot]; BGH, wistra 2002, 221 [USt]; BGHSt 48, 52, 76 [Einfuhrabgaben]; MüKo-StGB/*Schmitz/Wulf* § 370 AO Rn. 461).

b) Taterfolg – Steuerhinterziehung auf Zeit (Zinsschaden)

133   Weiter ist auch zwischen **Steuerhinterziehung auf Zeit** und solcher auf Dauer zu unterscheiden (BGH, StV 1992, 373; 1998, 4, 6; 2000, 496, 497; *Schäfer* Strafzumessung, Rn. 1017). Bei Steuerhinterziehung auf Zeit liegt der Schaden nur im sog. Verspätungsschaden, d.h. in den dem Fiskus entgangenen Zinsen (BayObLG, StV 1990, 164; s.o.). Bei der USt führt die **Abgabe falscher Voranmeldungen** zu einer **Steuerverkürzung auf Zeit**; erst die Abgabe einer falschen Jahreserklärung (oder deren Unterlassung) bewirkt die endgültige Steuerverkürzung. Zwar bezieht sich beides auf dieselbe Steuer, der Schaden ist aber anderer Art (BGHSt 38, 165 ff.; NStZ 1992, 189; NJW 1992, 1054; StV 1992, 373; MDR 1992, 389; wistra 1992, 93; *Schäfer* Strafzumessung Rn. 1017). Dies gilt auch, wenn **nach unterlassenen oder unrichtigen Voranmeldungen keine Jahreserklärungen** abgegeben werden, wozu es etwa deshalb nicht mehr kam, **weil zuvor ein steuerstrafrechtliches Ermittlungsverfahren** eingeleitet wurde (BGHSt 38, 165 ff.; wistra 1996, 105; 1997, 262; *Schäfer* Strafzumessung Rn. 1017). Hatte der Täter in einem solchen Fall nachweislich vor, keine oder keine zutreffenden Jahreserklärungen abzugeben und wollte er somit die zunächst

auf Zeit angelegte Steuerhinterziehung in eine auf Dauer übergehen lassen, so kann dies bei der Strafzumessung als Handlungsziel straferschwerend gewertet werden (*Schäfer* Strafzumessung Rn. 1017). Will der Täter auf Dauer hinterziehen und gibt er deshalb keine oder eine falsche Erklärung ab, wird aber seine **Steuerschuld geschätzt**, so liegt objektiv nur Steuerverkürzung auf Zeit vor, soweit die Schätzung reicht; das auf Dauer gerichtete Handlungsziel wirkt auch hier schärfend.

Bei **Einkommen-, Gewerbe- und Körperschaftsteuer** können manche Arten von falschen Anga-   134
ben nur zu einer Verlagerung des Gewinns und damit der Steuerpflicht in andere Wirtschaftsjahre führen, worin dann im Ergebnis ebenfalls nur eine vorübergehende Verkürzung liegt, wenn die Besteuerungsvoraussetzungen unverändert bleiben (*Schäfer* Strafzumessung Rn. 1017). Bei **Lohnsteuerhinterziehung** (des Arbeitgebers) und damit zusammenhängender Beihilfe zur Einkommensteuerhinterziehung des Gehaltsempfängers ist dem Angeklagten (Arbeitgeber) nicht die Summe beider Verkürzungen als Gefährdung des Steueraufkommens anzulasten, da gem. § 36 Abs. 2 Satz 2 Nr. 2 EStG eine Anrechnung der Lohnsteuer auf die ESt erfolgt (BGH, NStZ 2002, 485; *Schäfer* Strafzumessung Rn. 1017). Nach neuester Rspr. des BGH gilt dies allerdings nur, wenn es sich um eine Lohnsteuerhinterziehung „auf Zeit" handelt; liegt eine Hinterziehung „auf Dauer" – eine sog. Schwarzlohnabrede – vor, ist nach h. Rspr. die Anrechnung nach § 36 Abs. 2 Nr. 2 EStG ausgeschlossen; die Höhe der durch den Arbeitnehmer verkürzten Einkommensteuer sei weder für den Schuldspruch noch für den Strafausspruch bei der Verurteilung des Arbeitgebers wegen Lohnsteuerhinterziehung relevant (BGH, NJW 2011, 2526; kritisch *Rübenstahl/Zinser*, NJW 2011, 2481).

c) Handlungsunwert

Als **Beweggrund** strafmildernd wirkt, wenn der Täter in wirtschaftlich schwieriger Lage handelt,   135
um seinem Betrieb Liquidität zu erhalten und sich nicht persönlich bereicherte (BGHR AO § 370 Abs. 1 Strafzumessung 4; *Schäfer* Strafzumessung Rn. 1018). Strafmildernd ist laut dem von Schäfer zitierten OFD-Erlass zur Strafzumessung bereits zu berücksichtigen, wenn der Täter lediglich mit bedingtem Vorsatz handelte, sowie wenn er aus einer nicht selbst verschuldeten Zwangs- oder Notlage heraus oder zum fremden Vorteil agierte (*Schäfer* Strafzumessung Rn. 1039). Strafschärfend wirkt, wenn der Täter ausschließlich zu seiner persönlichen, privaten Bereicherung handelte, wobei das Verhältnis der Höhe der gezahlten Steuern zu der der hinterzogenen eine Rolle spielt (*Schäfer* Strafzumessung Rn. 1018). Strafschärfend wirkt auch, wenn z.B. jahrelang ein Betrieb geführt wird, ohne dass Lohnsteuer oder USt abgeführt oder Einkommensteuer- oder Gewerbesteuererklärungen abgegeben werden (*Schäfer* Strafzumessung Rn. 1018; *Blumers*, wistra 1987, 5); auch hier muss aber die Höhe der hinterzogenen Steuern im Verhältnis zu den gezahlten eine Rolle spielen; der besondere Handlungsunwert ergibt sich in derartigen Fällen auch daraus, dass nur geringe Bruchteile des steuerlich Relevanten deklariert werden.

Der **zur Tat aufgewendete Wille** kann insb. wegen der eingesetzten „kriminellen Energie" oder   136
gegebenen Gruppendynamik straferschwerend wirken, insb. gilt dies für Verschleierungen bei der Tatbegehung und ein überdurchschnittliches Maß an Raffinesse (BGHR AO § 370 Abs. 1 Strafzumessung 9). Ein erheblicher Umfang von **buchungstechnischen Manipulationen**, wenn andere – etwa **Angestellte** durch Falschbuchungen oder Lieferanten durch Falschberechnung – **in die Tat verstrickt** werden, oder wenn Urkunden gefälscht wurden, wirken strafhöhend (*Schäfer* Strafzumessung Rn. 1018). Dasselbe gilt bei Einschaltung von **Domizilfirmen in Steueroasenländern** oder bei **Gewinnverlagerungen ins Ausland**, die – da häufig Rechtshilfe nicht (zeitnah) gewährt wird – schwer aufzuklären sind (*Schäfer* Strafzumessung Rn. 1018). In solchen Fällen soll bei (nicht ausgeglichenen) Schäden über 500.000,00 € und bei Bestreiten i.d.R. die Strafe über 2 Jahren liegen (*Schäfer* Strafzumessung Rn. 1018). Auch **systematische Scheingeschäfte iSd. § 41 AO** zum Zweck der Steuerverkürzung wirken strafhöhend; in den Fällen von **Umsatzsteuerhinterziehungen durch fingierte Ketten- oder Karussellgeschäfte** soll nach neuerer Rechtsprechung des BGH sogar die Verhängung kurzer Freiheitsstrafen (§ 47 StGB) in Betracht kommen (BGH,

wistra 2009, 107; wistra 2009, 359 m.w. N.). Kommt es trotz **Warnungen durch Presseveröffentlichungen** (BGHR AO § 370 Abs. 1 Strafzumessung 2) **oder trotz Steuerprüfungen** und **Einleitung eines Steuerstrafverfahrens** (BGHR AO § 370 Abs. 1 Strafzumessung 8) zur Fortsetzung des strafbaren Verhaltens, kann dies ebenfalls erheblich erschwerend wirken, da dies ebenfalls erhebliche kriminelle Energie offenbart (*Schäfer* Strafzumessung Rn. 1018). Dies alles kann auch unter dem Gesichtspunkt des objektiven Handlungsunwerts – der **Art der Tatausführung** – straferschwerend wirken (*Schäfer* Strafzumessung Rn. 1018).

137 Unter dem Gesichtspunkt des **Maßes der Pflichtwidrigkeit** wird in der Rechtsprechung die Verkürzung von Lohnsteuer und USt, für deren vollständigen Eingang den Steuerpflichtigen besondere Rechtspflichten – ähnlich denen eines Treuhänders – treffen, als straferhöhend angesehen, weil er sie von einem anderen angefordert – wie die USt – oder für einen anderen aus dessen Mitteln zu entrichten hatte – wie die durch Steuerabzug zu erhebenden Steuern, insb. Lohnsteuer (*Schäfer* Strafzumessung Rn. 1018). Die **grobe Nachlässigkeit des FA** kann der Rechtsprechung zufolge strafmildernd wirken (BGH, StV 1983, 326; BGH, StV 2000, 496). Gegen diese Rechtsprechung werden aber Bedenken vorgebracht, da das Besteuerungssystem auf wahrheitsgemäße Angaben der Steuerpflichtigen angewiesen sei und der Missbrauch der systembedingt nicht sehr intensiven Kontrollmechanismen dem Täter nicht zugutekommen dürfe (*Schäfer* Strafzumessung Rn. 1017). Wie oben bereits ausgeführt (Rdn. 61) kann eine zurechenbare pflichtwidrige Mitverursachung der Steuerstraftat durch die Finanzverwaltung strafmildernd gewertet werden (vgl. BGH, wistra 1983, 145; 1983, 187).

2. Vor- und Nachtatverhalten, persönliche Verhältnisse

138 Im Wesentlichen kann hier auf die allgemeinen Ausführungen verwiesen werden (vgl. Rdn. 66 ff.). Ergänzend ist festzuhalten, dass bei Steuerstraftaten eine „**missglückte Selbstanzeige**", bei der eine Sperrwirkung bereits eingetreten war oder bei der die Steuer nicht innerhalb der gesetzten Frist nachgezahlt wurde, erheblich strafmildernd zu wirken hat (*Meyer*, DStR 2005, 1477, 1479; *Schäfer* Strafzumessung Rn. 1019). **Schadenswiedergutmachung** in Form einer sofortigen Nachzahlung der Steuern nach Aufdeckung der Tat oder wenigstens eine wirtschaftlich ausreichende Sicherung des Steuergläubigers durch dingliche oder andere Sicherheiten haben in der Praxis großes Gewicht und konnten im Einzelfall selbst bei Hinterziehung i.H.v. bis zu etwa 500.000,00 € zusammen mit anderen gewichtigen Milderungsgründen noch eine Freiheitsstrafe unter 2 Jahren rechtfertigen (BGH, Urt. v. 29.11.1995 – 5 StR 579/95; *Schäfer* Strafzumessung Rn. 1017); innerhalb dieses Rahmens wäre auch nach der Entscheidung des BGH v. 02.12.2008 eine vollziehbare Freiheitsstrafe grds. noch zu vermeiden. Nicht nur eine freiwillige Wiedergutmachung, auch eine **zwangsweise Sicherstellung der geschuldeten Steuern** mindert im Ergebnis das Erfolgsunrecht und ist strafmildernd zu berücksichtigen, namentlich dann, wenn der Beschuldigte eine solche Sicherstellung durch Beiseiteschaffen hätte verhindern können (vgl. BGH, NStZ-RR 2007, 237; *Schäfer* Strafzumessung Rn. 1017). Nach dem von *Schäfer* zitierten OFD-Erlass sind auch **Abschlagszahlungen** vor Fälligkeit der verkürzten Steuern separat strafmildernd zu berücksichtigen (*Schäfer* Strafzumessung Rn. 1041). Strafmildernd wirkt vorrangig die **Nachzahlung** der zunächst verkürzten Steuern, dabei sind Teilzahlungen strafrechtlich **auf die den Täter am stärksten belastenden Vorwürfe anzurechnen** (MüKo-StGB/*Schmitz/Wulf* AO § 370 Rn. 460). Vernichtet der Täter die Belege, kann dies Ausdruck besonderer krimineller Energie sein, die über das Maß zulässiger Spurenbeseitigung hinausgeht; Gleiches gilt für das Verbringen der Beute ins Ausland (BGHR AO § 370 Abs. 1 Strafzumessung 3; *Schäfer* Strafzumessung Rn. 1019). Auch neue (Steuer-) Straftaten, etwa in dem Fall, dass der Täter nach dem Zusammenbruch eines Unternehmens das nächste gründet und sich dort in ähnlicher Weise strafbar macht (z.B. indem er es unterlässt, Umsatzsteuervor- oder Lohnsteueranmeldungen abzugeben), wirken nach herrschender Meinung stark straferschwerend (*Schäfer* Strafzumessung Rn. 1019). Der Finanzverwaltung (OFD-Erlass) zufolge soll auch eine schleppende Begleichung oder Nichtzahlung von verkürzten Steuern bei mangelndem Zahlungswillen sowie der endgültige Ausfall der verkürzten Steuerbeträge, wenn

der Täter den Ausfall zu vertreten hat, etwa weil er die durch die Steuerverkürzung erlangten Mittel durch aufwendige Lebensführung verbraucht hat, straferhöhend wirken (*Schäfer* Strafzumessung Rn. 1042).

Unter dem Gesichtspunkt der **persönlichen Verhältnisse** können laut dem von Schäfer zitierten   **139** OFD-Erlass auch die steuerliche Unerfahrenheit des Täters, sowie Krankheit, hohes Alter, Jugend oder geringer Bildungsgrad – soweit diese Umstände die Tat beeinflusst haben – strafmildernd wirken (*Schäfer* Strafzumessung Rn. 1043).

IV. Strafrechtliche Nebenfolgen bei Steuerstraftaten

Die Anordnung von **Verfall oder Wertersatzverfall** (§§ 73, 73a StGB) wegen Steuerstraftaten   **140** scheidet aus, da dem gem. § 73 Abs. 1 Satz 2 StGB die steuerlichen Nach- und Rückforderungsansprüche des Fiskus entgegenstehen (statt aller MüKo-StGB/*Schmitz/Wulf* § 370 AO Rn. 463). Selbst wenn nach erfolgter Festsetzung von zunächst verkürzten Steueransprüchen Zahlungsverjährung eintritt (§ 228 AO), bleibt der Wertersatzverfall ausgeschlossen, da das Erlöschen der Steueransprüche nicht mehr durch die begangene Straftat hervorgerufen ist (OLG Köln, Urt. v. 26.07.2005 – 8 Ss 70/05 [unveröffentlicht]; MüKo-StGB/*Schmitz/Wulf* § 370 AO Rn. 463).

Grds. möglich wäre die Verhängung eines **Berufsverbots** (§ 70 StGB), allerdings stellt die Recht-   **141** sprechung hieran zu Recht sehr hohe Anforderungen. Dies kann angeordnet werden, „wenn die Gesamtwürdigung des Täters und die Tat die Gefahr erkennen lässt, dass er bei weiterer Ausübung des Berufs, Berufszweiges, Gewerbes oder des Gewerbezweiges erhebliche rechtswidrige Taten der bezeichneten Art begehen wird"; zudem muss die Steuerhinterziehung unter Missbrauch des Berufs oder Gewerbes oder unter grober Verletzung der mit ihnen verbundenen Pflichten begangen worden sein (§ 70 Abs. 1 Satz 1 StGB). Die Pflicht, Umsatz-, Einkommen- und Gewerbesteuer zu zahlen, ist keine Berufspflicht in diesem Sinne (KG, JR 1980, 247; FGS/*Joecks* § 370 Rn. 281; *Fischer* § 70 Rn. 4a); nach der Rechtsprechung ist dies allenfalls denkbar, wenn die unternehmerische Tätigkeit auf die systematische Hinterziehung von Lohn- und Umsatzsteuern angelegt ist (BGH, wistra 1995, 22). Die Konzeption eines „Steuermodells" durch einen RA (Fachanwalt für Steuerrecht) und vereidigten Buchprüfer für einen Mandanten, das es diesem ermöglichte, unter Verwendung überhöhter Rechnungen in der Buchhaltung über einen längeren Zeitraum eine Verkürzung von Körperschafts-, Gewerbe-, Umsatz- und ESt herbeizuführen, ist der Rechtsprechung zufolge grds. geeignet, ein Berufsverbot für die Berufe RA und vereidigter Buchprüfer auszulösen (vgl. BGH, wistra 2001, 220). Allgemein müssen hierfür hartnäckige und spezifisch berufsbezogene Hinterziehungen gegeben sein, die eine negative Prognose rechtfertigen (BGH, wistra 1987, 65; 1989, 57; 1995, 22 [Hinterziehung betrieblicher Steuern durch Bauunternehmer]; 2001, 59; MüKo-StGB/*Schmitz/Wulf* § 370 AO Rn. 463; vgl. auch FGS/*Joecks* § 370 Rn. 281). Der Täter muss den (untersagten) Beruf oder das (verbotene) Gewerbe bei Begehung der Tat tatsächlich ausgeübt haben, nicht lediglich im Rahmen einer vorgetäuschten Berufs- oder Geschäftstätigkeit gehandelt haben (BGH wistra 2001, 59).

Ein **Fahrverbot** und insb. der **Entzug der Fahrerlaubnis** (§ 69 StGB) scheiden regelmäßig aus, da   **142** eine Steuerstraftat unter Verwendung von Kfz etwa bei der Abgabe der Steuererklärung selbstverständlich keinen Rückschluss auf eine fehlende Eignung zur Führung eines Kfz zulässt (Kohlmann/*Schauf* § 370 Rn. 1131; MüKo-StGB/*Schmitz/Wulf* § 370 AO Rn. 463). Anders wäre es allenfalls, wenn die Voraussetzungen der neueren Rechtsprechung, dass der Täter bereit ist, die Sicherheit des Straßenverkehrs seinen eigenen kriminellen Interessen unterzuordnen (BGH, NStZ 2005, 503), im Tatbild der Steuerstraftat feststellbar ist. Dies könnte allenfalls dann in Betracht kommen, wenn das Kfz zu Schmuggeltransporten eingesetzt wurde (BGH, NStZ 1992, 586; FGS/*Joecks* § 370 Rn. 280; *Fischer* § 69 Rn. 41 f.).

V. Sonstige Folgen der Steuerstraftat

1. Steuerrechtliche Folgen

a) Zusammenfassung und Allgemeines

143   Das Steuerrecht knüpft verfahrensrechtlich vierfach an die Begehung einer Steuerhinterziehung (§ 370 AO) an (MüKo-StGB/*Schmitz/Wulf* § 370 AO Rn. 464): Hinterzogene Steuern sind in spezifischer Weise zu verzinsen (§ 234 AO), für Steueransprüche auf hinterzogene Steuern gilt die verlängerte Festsetzungsfrist von 10 Jahren (§ 169 Abs. 2 Satz 2 AO), Täter und Teilnehmer einer Steuerhinterziehung haften persönlich für den eingetretenen Steuerschaden (§ 71 AO) und die Feststellung einer Steuerhinterziehung berechtigt das FA zur Änderung von Steuerbescheiden wegen des Vorliegens neuer Tatsachen auch für Steueransprüche, welche bereits Gegenstand einer Außenprüfung waren (§ 173 Abs. 2 AO). Voraussetzung ist das Vorliegen einer vorsätzlichen, rechtswidrigen und schuldhaften Straftat (MüKo-StGB/*Schmitz/Wulf* § 370 AO Rn. 464; TK/ *Loose* § 235 Rn. 5; *Kamps/Wulf*, DStR 2003, 2045, 2046 m.w.N.).

144   Die **tatbestandlichen Voraussetzungen der Steuerhinterziehung sind durch die Finanzbehörden bzw. das FG** dem Grunde und der Höhe nach **selbstständig festzustellen**, eine rechtliche Bindungswirkung an positive oder negative – auch rechtskräftige – Feststellungen eines Strafgerichts besteht nicht (statt aller MüKo-StGB/*Schmitz/Wulf* § 370 AO Rn. 464). Die Finanzbehörde ist auch an die Rechtsauffassung des Strafgerichts nicht gebunden (BFH, BStBl. II 1973, S. 68; FG Sachsen-Anhalt, EFG 2007, 1830). Steuerlich trägt die Finanzbehörde die **volle Feststellungslast**, Beweiserleichterungen zugunsten der Finanzbehörde finden insoweit keine Anwendung, vielmehr sind im Steuerprozess die objektiven und subjektiven Voraussetzungen des § 370 AO unter Geltung des Zweifelsgrundsatzes („in dubio pro reo") zur vollen Überzeugung des Gerichts festzustellen (BFH, BStBl. II 2007, S. 364; BFH/NV 2007, 1335 m.w.N.; MüKo-StGB/*Schmitz/Wulf* § 370 AO Rn. 464; *Stahl*, KÖSDI 2006, 15021; *Kamps/Wulf*, DStR 2003, 2046; *Krause*, DStR 1998, 553). Das FG *kann* sich dabei aber strafgerichtliche Feststellungen zu eigen machen (BFH, BStBl. II 1995, S. 657), Einwendungen dagegen müssen substantiiert werden (BFH, BStBl. II 1978, S. 311; BStBl. II 1988, S. 841). Bei Einstellungen nach § 153a StPO ist das FG wegen der Unschuldsvermutung derart gehindert, allein aus der Zustimmung des Beschuldigten auf den Nachweis der Steuerstraftat zu schließen (BFH/NV 2001, 639; *Teske*, wistra 1989, 131). Die Unschuldsvermutung verlangt den rechtskräftigen Nachweis der Schuld, bevor diese im Rechtsverkehr allgemein vorgehalten werden kann (BVerfG, NJW 1990, 2741). Zur Vermeidung divergierender Entscheidungen der Finanz- und Strafgerichtsbarkeit kann die Aussetzung nach § 363 AO oder § 74 FGO zweckmäßig sein (FGJ/*Joecks* § 370 Rn. 282). Beim Verfahren über die Aussetzung der Vollziehung (AdV) vor dem FG werden die für einen Erfolg nötigen ernstlichen Zweifel an der Rechtmäßigkeit eines angefochtenen Verwaltungsakts (§ 361 AO, § 69 FGO) nicht allein bei hinreichendem Tatverdacht gem. § 203 StPO ausgeschlossen (BFH, BStBl. II 1979, S. 570; FGJ/*Joecks* § 370 Rn. 282).

145   Bei **Hinzuschätzungen (gem. § 162 AO)** im Besteuerungsverfahren ist daher ein **deutlicher Abschlag** vorzunehmen, wenn eine Veranlagung nur noch nach Maßgabe von § 169 Abs. 2 Satz 2 AO erfolgen kann (BFH, wistra 2002, 350; MüKo-StGb/*Schmitz/Wulf* § 370 AO Rn. 464). Aufgrund der behördenfreundlichen Schätzungsmaßstäbe und des regelmäßig enthaltenen „Sicherheitszuschlags" (vgl. BFH, BStBl. II 1993, S. 259; BFH/NV 2001, 3; 2004, 1498) wird der Schätzwert nämlich regelmäßig nicht in voller Höhe zutreffen.

146   **Betriebliche Steuern bleiben** auch im Fall der Hinterziehung steuerlich **abzugsfähig**; sie sind zu passivieren, die dadurch eintretende Steuerminderung ist ggf. auch bei der Schadensberechnung für eine korrespondierende Ertragsteuerverkürzung zu berücksichtigen (BGH, wistra 2008, 310, 312; MüKo-StGB/*Schmitz/Wulf* § 370 AO Rn. 465). Soweit sie von dem Steuerpflichtigen nur als Haftungsschuldner (etwa gem. § 71 AO) zu tragen sind, z.B. die verkürzte Lohnsteuer durch den Arbeitgeber, werden sie von der Rechtsprechung allerdings nur als ungewisse Verbind-

lichkeiten behandelt, für die erst im Zeitpunkt der ersten Aufdeckungs- bzw. Prüfungshandlung eine Rückstellung gebildet werden darf (BFH v. 16.02.1996 – I R 73/95, BStBl. II 1996, S. 592; MüKo-StGB/*Schmitz/Wulf* § 370 AO Rn. 465; weiter gehend *Stahl*, KÖSDI 2006, 15021, 15030).

b) Steuerliche Haftung für verkürzte Steuern

Für Täter (§ 25 StGB) und Teilnehmer (§§ 26, 27 StGB) einer Steuerhinterziehung oder Steuer- **147** hehlerei (§§ 370. 374 AO) begründet § 71 AO eine steuerrechtliche Haftung für die hinterzogenen Steuerbeträge einschließlich der Hinterziehungszinsen, um Fällen gerecht zu werden, in denen der Täter zum Vorteil eines anderen gehandelt hat oder sich nicht klären lässt, welcher von mehreren Beteiligten (§§ 25 bis 27 StGB) als Steuerschuldner in Betracht kommt (FGJ/*Joecks* § 370 Rn. 282). Die Haftung soll auch dann eingreifen, wenn der Täter oder Teilnehmer selbst keinen steuerlichen Vorteil aus der Tat erlangt hat (FGJ/*Joecks* § 370 Rn. 282). Wer Steuerschuldner ist, ist nicht zugleich Haftender (BFH, BStBl. II 1970, S. 606). Wahlfeststellung zwischen Täterschaft und einer anderen Teilnahmeform sowie zwischen den verschiedenen Teilnahmeformen ist zulässig (TK/*Dose* § 71 Rn. 9). Die Haftung gem. § 71 AO trifft v.a. Angestellte und Organe, die in steuerlicher Hinsicht maßgeblich für den Steuerpflichtigen tätig sind, wie z.B. Geschäftsführer, Prokuristen usw., aber auch den Steuerberater (FGJ/*Joecks* § 370 Rn. 282; *Giemulla*, DStZ 1982, 20). Das FA darf einen Haftungsbescheid noch nachträglich in der Einspruchsentscheidung statt auf die ursprünglich angenommene Geschäftsführerhaftung (§§ 34, 69 AO) auf Hinterzieherhaftung gem. § 71 AO stützen und kann eine spätere Verbesserung der Beweislage dadurch ausnutzen (BFH/NV 1995, 657; 2002, 891). Die Haftung soll lediglich den durch die – explizit genannten – Steuerstraftaten gem. §§ 370, 374 AO verursachten Vermögensschaden des Fiskus ausgleichen (BFH/NV 2002, 891).

Laut dem BFH ist allerdings die in § 5 Abs. 5 Satz 1 InvZulG 1982 angeordnete entsprechende **148** Anwendung der AO so zu verstehen, dass in Fällen einer deliktisch – im Wege eines **Subventionsbetruges (§ 264 StGB)** – erlangten Investitionszulage der Subventionsbetrüger, ebenso wie der Steuerhinterzieher im Fall einer deliktisch erlangten Steuervergütung, entsprechend § 71 AO in Haftung genommen werden kann (BFH, BStBl. II 1999, S. 670 = BFH, DStR 1999, 1560, 1561 f.; Klein/*Rüsken* § 71 Rn. 4). Nach zutreffender, abweichender Ansicht greift § 71 AO jedoch nicht für andere als die ausdrücklich genannten Straftatbestände, auch nicht für Subventionsbetrug (FG Nürnberg, EFG 1996, 626; FGJ/*Joecks* § 370 Rn. 282; TK/*Loose* § 71 Rn. 5). Die im InvZulG angeordnete entsprechende Anwendbarkeit der AO, insb. der §§ 69 ff. AO kann in dieser Pauschalität keine Rechtsfolgen-, sondern nur eine Rechtsgrundverweisung darstellen, weshalb eine Prüfung des Tatbestands des § 71 AO erforderlich bleibt, der eine Tat gem. § 264 StGB aber nicht vorsieht.

Als Haftender gem. § 71 AO kommt auch der **Teilnehmer (§§ 26, 27 StGB) einer Steuerhinter- 149 ziehung oder -hehlerei** in Betracht; die Haftung eines Anstifters oder Gehilfen setzt die Feststellung voraus, dass dessen Beihilfehandlung für die eingetretene Steuerverkürzung mindestens mitursächlich gewesen ist (BFH, BStBl. II 1993, S. 8), z.B. dass Barverkaufsrechnungen ohne Empfängerbezeichnung ausgestellt und dadurch (vorsätzlich) Steuerhinterziehungen des Empfängers erleichtert wurden (FG Münster, EFG 2002, 655), oder dass an Erstellung von Scheinrechnungen mitgewirkt wurde, auf denen die unberechtigte Inanspruchnahme von Vorsteuerbeträgen beruht (BFH, StRK AO 1977, § 71 Rn. 21; FGJ/*Joecks* § 370 Rn. 282). Das Fehlen eines die Strafbarkeit begründenden persönlichen Merkmals schließt die Haftung des Teilnehmers nicht aus (BFH/NV 1987, 10). Hingegen ist die bloße Mitunterzeichnung gemeinsamer Steuererklärungen von Ehegatten nicht i.S.d. § 71 AO haftungsbegründend, anders bei einer Mehrheit von Abgabeschuldnern (BFHE 161, 225; BFH/NV 2002, 1070; HessFG EFG 1982, 272; FGJ/*Joecks* § 370 Rn. 282, 249 m.w.N.).

150   Die **Haftung des Steuerhinterziehers** erhöht nicht die Haftungsquote der Gläubigerbefriedigung (BFH, BStBl. II, 1993, S. 8; BFH/NV 2002, 891), denn diese Haftungsvorschrift soll keine zusätzlichen Einnahmequellen schaffen (FGJ/*Joecks* § 370 Rn. 283; *Gast-de Haan*, wistra 1988, 298). § 71 AO erfüllt für den Fiskus die Funktion einer Schadensersatznorm, mit der Folge, dass es nach dieser Vorschrift ausgeschlossen ist, den Täter oder Teilnehmer für Beträge haftbar zu machen, die dem Steuergläubiger auch bei regulärem Verhalten nicht zugeflossen wären (BFH, BStBl. II 1989, S. 118; BFH, HFR 1995, 189; FGJ/*Joecks* AO § 370 Rn. 283; *Joecks*, wistra 1987, 248). Die Vorschrift soll keine weitere Sanktion begründen (BFH/NV 1991, 504). Die **Festsetzungsfrist für Haftungsbescheide** beläuft sich auf 10 Jahre (§ 191 Abs. 2 AO). Das gilt auch bei der Haftung für Hinterziehungszinsen (BFH, BStBl. II 1999, S. 670; FG Nürnberg, EFG 1999, 1209), beginnend mit Ablauf des Kalenderjahres, in dem der Tatbestand verwirklicht worden ist, an den das Gesetz die Haftungsfolge knüpft (§ 191 Abs. 3 AO). Die Hinterzieherhaftung erstreckt sich auch auf **Vertretene** (des Steuerhinterziehers), denn diese haften gem. § 70 i.V.m. § 71 AO, wenn ihre Vertreter (§ 34 AO) oder Verfügungsberechtigten (§ 35 AO) in Ausübung ihrer Obliegenheiten eine Steuerhinterziehung (§ 370 AO) oder eine leichtfertige Steuerverkürzung (§ 378 AO) begehen oder an einer Steuerhinterziehung teilnehmen und hierdurch Steuerschuldner oder -haftende werden (FGJ/*Joecks* § 370 Rn. 283).

c) Verlängerung der steuerlichen Festsetzungsfrist

151   Die **Verlängerung der Festsetzungsfrist für hinterzogene Steuerbeträge auf 10 Jahre (§ 169 Abs. 2 Satz 2 AO**; bzw. 5 Jahre bei Leichtfertigkeit) berücksichtigt, dass die Steuerhinterziehung oft erst lange Zeit nach der Entstehung der Steuer, dem Ablauf einer Anmeldungs- oder Erklärungsfrist oder der Abgabe einer unrichtigen Erklärung entdeckt wird, denn solche Fälle sind schwer aufzuklären, und die Finanzbehörden sind oft nicht in der Lage, die entsprechenden Steueransprüche innerhalb der normalen Festsetzungsfrist geltend zu machen (BFH, BStBl. II 1989, S. 442; FGJ/*Joecks* § 370 Rn. 285). Ist die hinterzogene oder verkürzte Steuer festgesetzt, ist kein Grund für eine Verlängerung der Zahlungsfrist ersichtlich. Diese beträgt auch für hinterzogene und verkürzte Steuern 5 Jahre (§ 228 Satz 2 AO). Die verlängerte Festsetzungsfrist gilt für alle Steuern (§ 3 AO). Bei einem **Schuldausschließungsgrund für § 370 AO** greift die verlängerte Festsetzungsfrist nicht ein, denn § 169 Abs. 2 Satz 2 AO berücksichtigt nach herrschender Meinung nicht nur objektive Schwierigkeiten der Tatentdeckung, sondern auch den unterschiedlichen Unrechtsgehalt vorsätzlicher und leichtfertiger Verkürzungen (BFH, BStBl. II 1998, S. 529; FGJ/*Joecks* § 370 Rn. 285; *Rößler*, DStZ 1998, 811). Auf die Rückforderung zu Unrecht gewährter Investitionszulagen soll die verlängerte Festsetzungsfrist nach (unzutreffender, s.o.) herrschender Rechtsprechung ebenfalls anwendbar sein (BFH, BStBl. II 1999, S. 670). Die verlängerte Festsetzungsfrist gilt gem. **§ 169 Abs. 2 Satz 3 AO** grds. auch dann, wenn die Steuerhinterziehung **nicht durch den Steuerschuldner** selbst begangen wurde (BFH, BStBl. II 1989, S. 442; BStBl. II 1990, S. 340 [mittelbare Täterschaft]; FG Hessen, wistra 2002, 115). **Steuerhehlerei (§ 374 AO)** verlängert – nach dem klaren Wortlaut der Vorschrift – die Festsetzungsfrist **nicht** (TK § 169 Rn. 16; FGJ/*Joecks* § 370 Rn. 285). Die verlängerte Frist greift nur ein, „soweit" Steuern hinterzogen sind, d.h. die Steuer muss demnach ggf. in hinterzogene (verkürzte) und nicht hinterzogene (verkürzte) Beträge aufgeteilt werden, mit der Folge, dass für dieselbe Steuerart desselben Veranlagungszeitraums unterschiedliche Verjährungsfristen bestehen (BFH, BStBl. III 1960, S. 30; FG Nürnberg, EFG 1984, 592; SaarlFG EFG 1985, 158; FGJ/*Joecks* § 370 Rn. 285). § 169 Abs. 2 Satz 2 AO ist nach der Rechtsprechung anzuwenden, wenn der Täter zwar in der ESt-Erklärung Kapitaleinkünfte verschwiegen hat, bei der Gutschrift der Kapitalerträge aber soviel Abzugsteuer einbehalten worden ist, dass dies die Mehrsteuer abdeckt (BFH, DStR 2008, 1281; FGJ/*Joecks* § 370 Rn. 285; a.A. noch FG München, wistra 2006, 470; *Rolletschke*, wistra 2006, 471, 472). Vermögensvorteil gem. § 169 Abs. 3 AO ist nicht nur der strafrechtlich relevante Steuervorteil (§ 370 AO), sondern jede Verbesserung der Vermögenslage, die ohne die Tat nicht eingetreten wäre (BFH, BStBl. II 1989, S. 442; FGJ/*Joecks* § 370 Rn. 285). Verfahrensrechtlich gelten für § 169 Abs. 2 AO dieselben Grundsätze wie für § 71 AO (oben Rdn. 147 f.). Die Vorschriften des **§ 171 Abs. 5, 7 und 9 AO (Ablaufhemmung)**

sollen verhindern, dass die Festsetzungsfrist ablaufen kann, bevor das Strafverfahren abgeschlossen oder eine Selbstanzeige ausgewertet ist (FGJ/*Joecks* § 370 Rn. 286). Wird allerdings der Umfang einer Fahndungsprüfung nachträglich auf zusätzliche Veranlagungszeiträume erweitert, so wird der Ablauf der Festsetzungsfrist für diese Veranlagungszeiträume nur erweitert, wenn der Steuerpflichtige die Erweiterung bis zum Ablauf der Frist erkennen konnte (BFH, BStBl. II 2002, S. 586). Die Ablaufhemmung gem. § 171 AO endet mit dem Tod des Steuerhinterziehers (BFH, BStBl. II 1978, S. 359). § 171 Abs. 9 AO ist im Verhältnis zu § 171 Abs. 5 AO die speziellere Norm, sodass aufgrund der Selbstanzeige eingeleitete Ermittlungen oder Verfahren keine Hemmung der Festsetzungsfrist über § 171 Abs. 9 AO hinaus zur Folge haben, denn sonst liefe die letztgenannte Vorschrift regelmäßig leer (FGJ/*Joecks* § 370 Rn. 286).

d) Hinterziehungszinsen

Gem. §§ 235, 238 AO besteht die Verpflichtung zur Zahlung besonderer Zinsen auf hinterzogene   152
Steuerbeträge (Hinterziehungszinsen). Dadurch wird der aus einer vorsätzlichen Steuerverkürzung gezogene Zinsgewinn steuerrechtlich abgeschöpft, sofern nicht der individuelle Zinsgewinn des Steuerschuldners oder die von ihm durch die Tat ersparten Kreditzinsen über den gesetzlichen Zinssatz von 6 % im Jahr hinausgegangen sind (FGJ/*Joecks* § 370 Rn. 287). Die Festsetzung von Hinterziehungszinsen liegt nicht im Ermessen der Finanzbehörde (FGJ/*Joecks* § 370 Rn. 290). Diese Abschöpfung des Zinsvorteils durch Erhebung von Hinterziehungszinsen hat nach herrschender Rechtsprechung keinen Strafcharakter; sie berühre daher nicht Art. 6 und Art. 7 Abs. 1 EMRK (BFH/NV 2002, 155; BFH, BStBl. 1992, 9). Hinterziehungszinsen gehören nicht zu den abzugsfähigen Betriebsausgaben (§ 4 Abs. 5 Nr. 8a EStG, § 10 Nr. 2 KStG); das Abzugsverbot ist verfassungskonform (BFH, StRK KStG 1977 § 10 Nr. 2 R. 8; FGJ/*Joecks* § 370 Rn. 291). Hinterziehungszinsen fallen nicht an, soweit Steuern, die Gegenstand einer Hinterziehung bilden, trotz der vollendeten Straftat gem. § 370 AO – die ja nur eine unzureichende oder verspätete Festsetzung voraussetzt – rechtzeitig entrichtet worden sind (FG München EFG 1983, 267). Bannbruch (§ 372 AO), Steuerhehlerei (§ 374 AO), leichtfertige Steuerverkürzung (§ 378 AO) sowie Steuergefährdung (§ 379 AO) lösen – wiederum nach dem eindeutigen Wortlaut der § 233, 235 AO, die eine (vorsätzliche) Hinterziehung von Steuern voraussetzen – keine Zinspflicht aus (FGJ/*Joecks* § 370 Rn. 287). Es muss objektiv und subjektiv eine vollendete Steuerhinterziehung (§ 370 AO) vorliegen, ein Versuch genügt nicht (BFH, BStBl. II 1976, S. 260; BStBl. II 1992, S. 9; BStBl. II 1990, S. 340; FG Bremen, DStRE 1999, 348), bedingter Vorsatz reicht aus (BFH, BStBl. II 1998, S. 466). Zweifel am subjektiven Tatbestand der Steuerhinterziehung seitens des Erblassers schließen die Festsetzung von Hinterziehungszinsen aus (FG Köln EFG 1991, 107; *Klos*, StB 1995, 374), Rechtfertigungs- und Schuldausschließungsgründe ebenfalls (BFH BStBl. 1992, S. 9), nicht hingegen Strafausschließungs- und Strafaufhebungsgründe, wie z.B. die Selbstanzeige (FG Düsseldorf, EFG 1989, 491). Eine strafbefreiende Erklärung (gem. dem StraBEG) löst kraft Gesetzes keine Hinterziehungszinsen aus (§ 8 Abs. 1 Satz 1 StrabEG i.V.m. § 3 Abs. 4 AO). Die Feststellung, ob Steuern i.S.d. § 235 AO hinterzogen worden sind, kann auch noch nach dem Tod des Steuerpflichtigen erfolgen (FG München EFG 1988, 545; BFH BStBl. 1992, S. 9; FGJ/*Joecks* § 370 Rn. 287; *Vernekohl*, PStR 1998, 40).

Zinsschuldner ist derjenige, zu dessen Vorteil die Steuern hinterzogen worden sind (§ 235 Abs. 1   153
Satz 2 AO), auch wenn dieser tatunbeteiligt ist. Vorteil i.S.d. Vorschrift ist nicht irgendein wirtschaftlicher, sondern nur ein steuerlicher Vorteil i.S.d. Steuergesetze (BFH, BStBl. 1989, 596; BStBl. 1991, S. 822). Der Schuldner der hinterzogenen Steuern erlangt auf jeden Fall einen Vorteil im Sinne dieser Vorschrift, auch wenn er an der Steuerhinterziehung nicht mitgewirkt hat (BFH, BStBl. 1982, S. 689). Dies gilt auch für einen gutgläubigen Tatmittler, der auf der Basis von Scheinrechnungen objektiv unberechtigt Vorsteuer in Anspruch genommen hat (BFH, BStBl. 1996, S. 625). Der Steuerpflichtige ist Schuldner der Hinterziehungszinsen, auch wenn ein Dritter – etwa ein Angestellter eines Unternehmens, Steuerberater oder RA – die Tat allein begangen und dann die hinterzogenen Beträge veruntreut hat (BFH, BStBl. 1991, S. 822). Wird die

Lohnsteuer gem. § 40 Abs. 1 Satz 1 Nr. 2 EStG pauschaliert, ist der Arbeitnehmer, nicht der Arbeitgeber Schuldner der Hinterziehungszinsen (BFH, HFR 1994, S. 338). Wenn ein GmbH-Geschäftsführer Steuern zum Vorteil der GmbH hinterzieht, ist diese und nicht er Schuldner der Hinterziehungszinsen (BFH, BStBl. 1991, S. 781; BFH/NV 1992, 363).

154   **Zu verzinsen** sind die **hinterzogenen Steuern** (§ 235 Abs. 1 Satz 1 AO). Zu deren Feststellung sind nicht die Grundsätze des § 370 AO maßgebend. Zinsen sind laufzeitabhängiges Entgelt für Kapitalnutzung und daher von dem Bestehen einer Steuerschuld abhängig (BFH, BStBl. 1988, S. 229; FGJ/*Joecks* § 370 Rn. 289). Somit ist nach zutreffender Auffassung das Kompensationsverbot gem. § 370 Abs. 4 Satz 3 AO unanwendbar (FG Köln, wistra 1988, 298; HHSp/*Heuermann* § 370 Rn. 20; Klein/*Rüsken* § 235 Rn. 19; a.A. TK/*Loose* § 235 Rn. 10; unklar BFH, StRK AO 1977 § 235 R. 10). Der Zinsschuldner kann unabhängig von einer strafgerichtlichen Verurteilung im Zinsfestsetzungsverfahren alle Tatsachen geltend machen, die nach steuerlichen Grundsätzen zu einer Verminderung der hinterzogenen Steuer i.S.d. § 235 AO im Verkürzungszeitraum führen (FGJ/*Joecks* § 370 Rn. 289).

155   Der **Fristbeginn der Verzinsung** ist der Zeitpunkt des Eintritts der Verkürzung (FGJ/*Joecks* § 370 Rn. 289, 35 ff.), **Fristende** ist der Zeitpunkt der Zahlung der hinterzogenen Steuern (§ 235 Abs. 2, 3 AO). Wenn hinterzogene Beträge ohne Hinterziehung erst nach der Vollendung des § 370 AO fällig geworden wären, verschiebt sich der Beginn des Zinslaufs auf den späteren Zeitpunkt (§ 235 Abs. 2 AO). Die **Festsetzungsfrist** für Hinterziehungszinsen beträgt 1 Jahr mit Ablauf des Kalenderjahrs, in dem die Festsetzung der hinterzogenen Steuern unanfechtbar geworden ist, jedoch nicht vor Ablauf des Kalenderjahrs, in dem ein eingeleitetes Strafverfahren rechtskräftig abgeschlossen worden ist (§ 239 Abs. 1 Satz 1 Satz 2 Nr. 3 AO), bei Geltendmachung von Hinterziehungszinsen durch Haftungsbescheid jedoch 10 Jahre (FG Nürnberg, EFG 1999, 1209; FGJ/*Joecks* § 370 Rn. 283 a, 290). Im Hinblick auf § 239 Abs. 1 Satz 2 Nr. 3 AO beginnt die Festsetzungsfrist bei Mittäterschaft nicht bevor alle eingeleiteten Strafverfahren rechtskräftig abgeschlossen worden sind (BFH. HFR 1995, 1). Bei Einstellungsverfügungen ist nach einer Auffassung der Terminus des rechtskräftigen Abschlusses des Strafverfahrens (§ 239 Abs. 1 Satz 2 Nr. 3 AO) so auszulegen, dass auf den Eintritt der Verfolgungsverjährung abgestellt werden muss (FGJ/*Joecks* § 370 Rn. 290; *Dahlmann*, DStR 1998, 1246). Vor dem Hintergrund, dass Einstellungsverfügungen gem. § 170 Abs. 2 StPO praktisch eher selten auf eigene Initiative der Strafverfolgungsbehörden wieder aufgegriffen werden und Einstellungsentscheidungen gem. §§ 153 Abs. 2, 153a Abs. 1 Satz 5 StPO eingeschränkte Rechtskraft erlangen (vgl. BGH, NJW 2004, 375), die in der Praxis kaum je als durchbrochen angesehen wird, scheint eine solche Auslegung zugunsten der Finanzbehörde zu weitgehend. Für Fälle der Verfahrensbeendigung, bei denen keine volle Rechtskraftwirkung möglich ist, ist Fristablauf gem. § 239 Abs. 1 Satz 2 Nr. 3 AO 1 Jahr nach rechtskräftiger Festsetzung des hinterzogenen Betrages, da die andere Variante nicht anwendbar ist.

2. Verwaltungs- und berufsrechtliche Folgen

a) Allgemeines

156   Zusätzlich zu strafrechtlichen Sanktionen und Nebenfolgen und steuerrechtlichen Folgen drohen dem Täter einer Steuerhinterziehung oder anderen Steuerstraftat vielfach verwaltungs- und berufsrechtliche Konsequenzen; gerade für sozial integrierte, beruflich erfolgreiche Täter wird dies nicht selten die schwerwiegendere Folge der Tat sein (vgl. MüKo-StGB/*Schmitz/Wulf* § 370 AO Rn. 466). Dies wird bei der Strafzumessung dadurch ausgeglichen, dass das Strafgericht die möglichen berufsrechtlichen Nachteile strafmildernd mitberücksichtigen muss (BGH, wistra 2004, 264; vgl. Rdn. 97 ff.).

b) Untersagung der Gewerbeausübung

Gem. § 35 Abs. 1 GewO ist die Untersagung der Gewerbeausübung durch die zuständige Behörde 157 als verwaltungsrechtliche Maßnahme unabhängig vom strafrechtlichen Berufsverbot des § 70 StGB vorgeschrieben, wenn die Voraussetzungen der Vorschrift vorliegen, nämlich bei Unzuverlässigkeit.Spezialvorschriften zu § 35 GewO für die Rücknahme und den Widerruf von besonderen gewerblichen Genehmigungen – die ebenfalls zentral auf die Zuverlässigkeit abstellen – enthalten die §§ 15 GastG, 21 FahrlG, 3 Abs. 5 GüKG, 25 PBefG. Unzuverlässig i.S.d. Gewerberechts ist derjenige, der nicht die Gewähr dafür bietet, dass er in Zukunft sein Gewerbe ordnungsgemäß ausüben werde (BVerwG, GewArch 1966, 200). Die Behörde trifft mithin eine Prognoseentscheidung, indem sie aus dem Fehlverhalten in der Vergangenheit auf ein künftig zu erwartendes Fehlverhalten schließt (FGJ/*Joecks* § 370 Rn. 297 m.w.N.). Die Untersagung gem. § 35 Abs. 1 GewO liegt nicht im Ermessen der Behörde („ist"; FGJ/*Joecks* § 370 Rn. 297). Hingegen steht die Untersagung von Branntweingewerbebetrieben wegen Unzuverlässigkeit (§ 51a BranntwMonG) im Ermessen der OFD, ebenso die Untersagung einer Beschäftigung im Freihafen durch die Zollbehörden (Art. 172 Abs. 2 ZK). Die Verwaltungsrechtsprechung zieht zur Beurteilung der Zuverlässigkeit vorrangig den Verlust der wirtschaftlichen Leistungsfähigkeit und weniger die Begehung der Steuerstraftat zur Begründung der Untersagung heran (BVerwGE 65, 9; Kohlmann/*Schauf* § 370 Rn. 1165 ff. m.w.N.; MüKo-StGB/*Schmitz/Wulf* § 370 AO Rn. 466; *Randt*, Steuerfahndungsfall Rn. 162 ff.). Insb. Steuerrückstände (vgl. BVerwG, GewArch 1992, 298) können einen Gewerbetreibenden als gewerberechtlich unzuverlässig erweisen (BVerwG, GewArch 1992, 22; GewArch 1995, 116; v. 17.09.1996, GewArch 1996, 411; GewArch 1999, 72; VG Stuttgart, GewArch 2003, 36; VG Mecklenburg-Vorpommern, GewArch 2002, 340; VG Gießen, GewArch 2003, 253). Besonders kommt dies in Betracht, wenn betriebliche Steuern wie die Lohnsteuer betroffen sind (MüKo-StGB/*Schmitz/Wulf* § 370 AO Rn. 466).

Steuerrückstände können nicht nur aus Steuerstraftaten oder Bußgeldtatbeständen entstehen, 158 sondern auch **aus unverschuldeten Schwierigkeiten** erwachsen; die gewerberechtliche Unzuverlässigkeit ist jedoch als objektives Tatbestandsmerkmal zu verstehen und nicht von einem Verschulden abhängig (FGJ/*Joecks* § 370 Rn. 297 m.w.N.). Nach einer Auffassung kann im Einzelfall bei fehlendem Verschulden eine Untersagung ermessenswidrig sein (FGJ/*Joecks* § 370 Rn. 297). Im Anwendungsbereich des § 35 Abs. 1 GewO ist aber kein Ermessen eröffnet; es dürfte sich daher um Fragen des Beurteilungs- und Prognosespielraums im Zusammenhang mit dem Begriff der Zuverlässigkeit handeln. **Steuerstraftaten** hingegen begründen nach herrschender Rechtsprechung bereits für sich genommen eine gewerberechtliche Unzuverlässigkeit (BVerwG, DVBl. 1961, 133; BadWürttVGH, GewArch 1970, 32; GewArch 1973, 62; FGJ/*Joecks* § 370 Rn. 297). Auch **Haftungsschulden** eines Gewerbetreibenden jenseits der Haftung des Steuerhinterziehers (§ 71 AO) nach §§ 69, 34, 191 AO können der Rechtsprechung zufolge für die gewerberechtliche Unzuverlässigkeit relevant sein (VGH Hessen, GewArch 1994, 473). **Steuerliche Unzuverlässigkeit** kann auch ohne zusätzliche Nichtabführung von Sozialversicherungsbeiträgen die Unzuverlässigkeit im gewerberechtlichen Sinne begründen (OVG Hamburg, GewArch 1980, 373). Ein Vertrauensschutz entsteht nicht dadurch, dass die Gewerbeaufsicht lange Zeit auf steuerliche Pflichtverletzungen nicht mit einer Untersagungsverfügung reagiert hat; dies befreit auch die Behörde nicht von ihrer Pflicht, gegen unzuverlässige Gewerbetreibende vorzugehen (BVerwG, GewArch 1992, 232). Etwaige **Steuerrückstände** müssen, im Verhältnis zum jeweiligen Betrieb, erheblich sein; Beträge unter 2.500,00 € reichen regelmäßig nicht aus (BdF, BStBl. I 1987, S. 743; FGJ/*Joecks* § 370 Rn. 297). Die Rechtsprechung hält eine Gewerbeuntersagung bei beachtlichen Steuerrückständen grds. für zwingend, diese kann aber abgewendet werden, wenn der Steuerpflichtige ein tragfähiges Sanierungskonzept vorlegt (BVerwG GewArch 1982, 294; GewArch 1997, 244; VGH Hessen, GewArch 1997, 151). Die **Nichtabgabe von Steuererklärungen** begründet für sich allein eine steuerliche Unzuverlässigkeit nur dann, wenn die Erklärungen trotz Erinnerung hartnäckig über längere Zeit nicht abgegeben werden (FGJ/*Joecks* § 370 Rn. 297). Es ist jedoch zu befürchten, dass die Rechtsprechung jedenfalls dann, wenn die Nichtabgabe zugleich zur Strafbarkeit wegen Unterlassens nach § 370 Abs. 1 Nr. 2 AO führt, Unzuverlässigkeit auch bei einem bloß einmaligen Fehlverhalten annehmen könnte. Entscheidend für die steuerliche Unzuverlässigkeit ist nicht, ob alte Steuerrückstände getilgt werden, sondern ob prognostisch eine Untersagung geboten ist, um neue Rückstände zu verhindern; die Entstehung künftiger Steuerschulden ist nach der gewerberechtlich erforderlichen Prognose nicht davon abhängig, dass ein Konzept zur Begleichung alter Steuerschulden vorgelegt wird (FGJ/*Joecks* § 370 Rn. 297). Der Abbau alter Rückstände ist Aufgabe des Vollstreckungsrechts (*Forkel*, GewArch 2004, 53). Daher liegt nach zutreffender Auffassung keine Unzuverlässigkeit vor, wenn der Steuerpflichtige durch geeignete Maßnahmen sicherstellt und nachweist, dass er seinen öffentlich-rechtlichen Verpflichtungen in Zukunft nachkommen wird; dafür spricht auch § 12 InsO (FGJ/*Joecks* § 370 Rn. 297; *Forkel*, GewArch 2004, 53; a.A. VG Gießen, GewArch 2003, 252). Für die Beurteilung der Rechtmäßigkeit einer Untersagungsverfügung ist der Zeitpunkt der letzten Verwaltungsentscheidung maßgebend (BVerwG, GewArch 1996, 24).

159   Ein separates **Untersagungsverfahren** gegen den **Geschäftsführer einer GmbH (§ 35 Abs. 7a GewO)** darf nur zusammen mit einem Gewerbeuntersagungsverfahren gegen die Gesellschaft geführt werden. Entsprechendes gilt auch für in Deutschland als Leiter einer Zweigstelle einer ausländischen Gesellschaft tätige vertretungsberechtigte Personen, die von Weisungen der Muttergesellschaft abhängig sind, wenn Steuerschulden dieser Gesellschaft im Inland vorliegen (VG Darmstadt, GewArch 2001, 338; FGJ/*Joecks* § 370 Rn. 297). Eine Verbindung beider Verfahren ist nicht vorgeschrieben (BVerwGE 100, 187). § 35 Abs. 7a GewO berechtigt die Behörde direkt nur zur Untersagung der zukünftigen selbstständigen Ausübung des bisher als Organ der gewerbetreibenden Gesellschaft unselbstständig betriebenen Gewerbes (OVG Nordrhein-Westfalen, DÖV 1996, 521); diese entscheidet im Fall des § 35 Abs. 7a GewO nach pflichtgemäßen Ermessen (FGJ/*Joecks* § 370 Rn. 297). Ausschlaggebend ist hier der Grad der Wahrscheinlichkeit des Ausweichens in die selbstständige Gewerbeausübung (BVerwGE 100, 187).

160   Nach herrschender Rechtsprechung ist die **Offenbarung steuerlicher Daten zum Zweck der Prüfung der Gewerbeuntersagung** mit dem **Schutz des Steuergeheimnisses (§ 30 AO)** zu vereinbaren, soweit dafür ein zwingendes öffentliches Interesse (§ 30 Abs. 4 Nr. 5 AO) besteht, was der Rechtsprechung zufolge der Fall ist, wenn die zu offenbarenden Tatsachen entscheidend dartun, dass der Gewerbetreibende unzuverlässig ist (BVerwGE 65, 1; BFH, BStBl. 1987, S. 545; a.A. *Krause/Steinbach*, DÖV 1985, 550; *Gast-de Haan*, DStJG 6, 187; *Hofmann*, DStR 1999, 201 und PStR 1999, 33). Rechtskräftige Bußgeldbescheide wegen einer Steuerordnungswidrigkeit werden dem Gewerbezentralregister bereits mitgeteilt, wenn die Geldbuße mehr als 200,00 € beträgt (§ 149 Abs. 2 Nr. 3 GewO). § 30 AO steht diesen Mitteilungen durch Gerichte und Behörden nicht entgegen (§ 153a Abs. 1 Satz 2 GewO). Mitteilungen über Steuerrückstände sind unzulässig, wenn sie der Finanzbehörde lediglich als Druckmittel dienen, den Gewerbetreibenden zur Zahlung seiner Steuern anzuhalten (BFH, BStBl. 1987, S. 545; FGJ/*Joecks* § 370 Rn. 297a), da dies der unzulässige Versuch einer rein vergangenheitsgerichteten Effektivierung von steuerlichen Vollstreckungsbemühungen mittels des Gewerberechts wäre. Ein Gewerbeuntersagungsverfahren soll von der Finanzbehörde nur dann angeregt werden, wenn die steuerliche Unzuverlässigkeit so gravierend ist, dass sich aus ihr allein die gewerberechtliche Unzuverlässigkeit ergibt (BMF-Schreiben IV A 4-50130-113/04 v. 17.12.2004; vgl. Nr. 8.1 AEAO zu § 30 AO).

c) Ausländerrechtliche Folgen

161   Seit **01.01.2005** gilt das **Zuwanderungsgesetz** v. 30.07.2004 (BGBl. I 2004, S. 1950); ausländerrechtliche Fragen sind nunmehr schwerpunktmäßig im Aufenthaltsgesetz (AufentG) geregelt. Zugleich ist das Ausländergesetz (AuslG) v. 09.07.1990 (BGBl. I, S. 1354) außer Kraft getreten (Art. 15 Ab. 3 Satz 1 Zuwanderungsgesetz). Das neue Recht unterscheidet – ebenso wie das AuslG (vgl. FGJ/*Joecks* § 370 Rn. 298b) – zwischen zwingender Ausweisung (§ 53 AufenthG), Ausweisung im Regelfall (§ 54 AufenthG) und Ermessensausweisung (§ 55 AufenthG, jeweils i.d.F. des Art. 1 Zuwanderungsgesetz). Personenbezogene Daten, die dem Steuergeheimnis (§ 30 AO) unter-

liegen, dürfen den Ausländerbehörden zur Kenntnis gebracht werden, wenn der Ausländer gegen eine Vorschrift des Steuerrechts verstoßen hat und wegen dieses Verstoßes ein strafrechtliches Ermittlungsverfahren eingeleitet *oder* eine Geldbuße von mindestens 500,00 € verhängt worden ist (§ 88 Abs. 3 AufenthaltsG).

Schwerwiegendste ausländerrechtliche Sanktion ist die **Ausweisung**. Eine solche nach § 55 Abs. 2 Nr. 2 AufenthaltG sollte bei steuerlichen Verfehlungen nur in Ausnahmefällen in Betracht kommen, hier ist wie nach altem Recht gem. § 10 Abs. 1 Nr. 4 AuslG nur ein objektiver Verstoß, nicht eine strafrechtliche Verurteilung erforderlich (OVG Nordrhein-Westfalen, InfAuslR 1998, 175; FGJ/*Joecks* § 370 Rn. 299). Die Ausweisungstatbestände des § 54 AufenthaltG erfordern alle eine rechtskräftige strafgerichtliche Verurteilung, hingegen ist durch die Verwaltungsbehörde nicht mehr zu prüfen, ob der Betroffene tatsächlich die Straftat begangen hat (BVerwG, InfAuslR 1998, 221). 162

Die zuständige Verwaltungsbehörde kann – im Rahmen einer Ermessensentscheidung – ggü. einem Ausländer die **Untersagung der Ausreise** anordnen, wenn Tatsachen die Annahme rechtfertigen, d.h. der Verdacht besteht, dass er sich seinen steuerlichen Verpflichtungen entzieht oder den Vorschriften des Zoll- und Monopolrechtes oder des Außenwirtschaftrechts zuwiderhandeln oder schwerwiegende Verstöße gegen Einfuhr-, Ausfuhr-, Durchfuhr-Verbote oder -Beschränkungen begehen will (vgl. FGJ/*Joecks* § 370 Rn. 299; s. § 46 Abs. 2 AufenthaltG, § 10 Abs. 2 PassG, § 7 Abs. 1 Nr. 4 PassG). Nach herrschender Meinung ist die Vorschrift eng auszulegen (OVG Nordrhein-Westfalen, NJW 1981, 838; FGJ/*Joecks* § 370 Rn. 299). Eine derartige Einschränkung der Bewegungsfreiheit ggü. Ausländern sollte nur bei gravierenden (drohenden) steuerlichen, zoll- oder monopolrechtlichen Verstößen und bei einem die Schwelle des Anfangsverdachts i.S.d. § 152 StPO deutlich überschreitenden substantiierten Verdacht in Betracht kommen, da sie sich in ihren Auswirkungen – für nicht in Deutschland ansässige Personen – dem Freiheitsentzug annähert. 163

d) Pass- und personalausweisrechtliche Folgen

Steuerliche Verfehlungen können auch passrechtliche Konsequenzen haben (§§ 7, 8 PaßG; vgl. *Kohlmann* § 370 Rn. 1175; *Wegner*, PStR 2008, 49). Die Ausreisefreiheit ist zwar verfassungsrechtlich geschützt (BVerfG NJW 1957, 297). Die existierenden Vorschriften über **Passversagung und Passentzug** (§§ 7, 8 PassG) dienen nach herrschender Rechtsprechung aber auch der Sicherung des staatlichen Steueranspruchs (BVerwG, DÖV 1969, 74), weshalb eine verhältnismäßige Beschränkung der allgemeinen Handlungsfreiheit (Art. 2 Abs. 1 GG) durch derartige Maßnahmen nach herrschender Rechtsprechung verfassungsrechtlich zulässig ist (BadWürttVGH, RIW 1989, 77; entsprechend zum alten Recht BVerwG, NJW 1971, 820). Vor diesem Hintergrund ist § 7 Abs. 1 Nr. 4 PassG jedoch eng auszulegen (OVG Nordrhein-Westfalen, NJW 1981, 838; FGJ/*Joecks* § 370 Rn. 300 m.w.N.). Passversagung oder -entzug dürfen daher nur auf Tatsachen gestützt werden, die Vermutung, der Steuerpflichtige werde seinen Wohnsitz außerhalb des Bundesgebiets nehmen, reicht nicht aus (VGH Bayern, BayVerwBl. 1996, 50). Die **Ausstellung eines Reisepasses** ist zwingend zu versagen, wenn die Voraussetzungen des § 7 PassG vorliegen, im Gegensatz dazu steht die Entziehung des Reisepasses unter denselben Voraussetzungen (des § 7 PassG) gem. § 8 PassG im Ermessen der zuständigen Behörde (vgl. FGJ/*Joecks* § 370 Rn. 301). § 7 Abs. 1 PassG setzt keine rechtskräftige Festsetzung der Steuer voraus; es genügt, wenn die Annahme der Behörde durch bestimmte Tatsachen begründet ist (FGJ/Joecks § 370 Rn. 300). Passrechtlich darf das Bestehen von **Steuerschulden** unterstellt werden, wenn vollstreckbare Steuerbescheide ergangen sind, die nicht offensichtlich rechtswidrig sind (BadWürttVGH, RIW 1989, 77; OVG Berlin-Brandenburg, Beschl. v. 11.09.2007 – 5 S 56/07; FGJ/*Joecks* § 370 Rn. 300). Zwischen diesen Steuerschulden und dem der **tatsachenbasierten Annahme eines angestrebten Aufenthaltes im Ausland** muss ein **Kausalzusammenhang** in dem Sinne bestehen, dass Tatsachen die Annahme rechtfertigen, der Passbewerber wolle sich dadurch seinen Verpflichtungen entziehen (BVerwG, DÖV 1990, 787; OVG Nordrhein-Westfalen, DVBl. 1996, 576). Die bloße Nichtzahlung von Steuerrückständen begründet hingegen nicht ohne Weiteres eine derartige Annahme (**Steuerfluchtwille**; BVerwG, NJW 1971, 820). Wenn jedoch der Betroffene im Ausland über erhebliches

Vermögen disponieren kann, sich im Zuge der (steuerlichen oder strafrechtlichen) Ermittlungen ins Ausland absetzt und jegliche Auskünfte über seine Vermögenssituation verweigert, ist die Annahme des Steuerfluchtwillens gerechtfertigt, wobei die Behörde insofern beweisbelastet ist (Bad-WürttVGH, RIW 1989, 77). Passversagung und -entziehung dürfen nicht als Druckmittel zur Durchsetzung von Steueransprüchen eingesetzt werden, jedoch ist zu befürchten, dass diese Maßnahmen faktisch einen gewissen Druck auf die Zahlungswilligkeit des Betroffenen ausüben, was auch dem Zweck der §§ 7, 8 PassG entsprechen dürfte (FGJ/*Joecks* § 370 Rn. 300 m.w.N.). Nach dem **Grundsatz der Verhältnismäßigkeit** kommen passrechtliche Maßnahmen nicht in Betracht, wenn sie zwar geeignet, nicht aber erforderlich sind, um den angestrebten Erfolg herbeizuführen (BVerwG, DÖV 1990, 788; VGH Bayern, BayVerwBl. 1996, 50). Daher ist eine Passversagung u.a. dann nicht gerechtfertigt, wenn die Steuerschulden gering oder im Inland ausreichend abgesichert sind (FGJ/*Joecks* § 370 Rn. 300). Gem. § 64 Abs. 3 VollstrA ist die zuständige Behörde um die Entziehung des Passes zu ersuchen, wenn Tatsachen die Annahme rechtfertigen, dass der Vollstreckungsschuldner das Inland verlassen will.

165 Zusätzlich kann die zuständige Behörde im Einzelfall unter den Voraussetzungen des § 7 Abs. 1 PassG anordnen, dass ein **Personalausweis** nicht zum Verlassen des Bundesgebietes berechtigt (§ 2 Abs. 2 PAuswG).

e) Waffen- und jagdrechtliche Folgen

166 Eine **Waffenbesitzkarte** ist – zwangsläufig und ohne Ermessensspielräume – zu versagen (§ 4 WaffG) oder -bei bereits erfolgter Erteilung – zu widerrufen (§ 45 Abs. 2 WaffG), wenn Tatsachen die Annahme rechtfertigen, dass der Betreffende die erforderliche Zuverlässigkeit nicht besitzt. Das Zuverlässigkeitserfordernis erfüllen gem. § 5 Abs. 2 Satz 1a WaffG regelmäßig solche Personen nicht, die zu einer Freiheitsstrafe oder Geldstrafe von mindestens 60 Tagessätzen oder mindestens zweimal zu einer geringeren Geldstrafe rechtskräftig verurteilt worden sind, wenn seit dem Eintritt der Rechtskraft der letzten Verurteilung 5 Jahre noch nicht vergangen sind. Auch die Verurteilung wegen Steuerhinterziehung oder einer anderen Steuerstraftat – auch wenn wie zumeist keinerlei konkreter Berührungspunkt zum Waffenbesitz besteht – stellt die Zuverlässigkeit nach den obigen Maßstäben infrage (FGJ/*Joecks* § 370 Rn. 302). Eine solche Verurteilung begründet daher i.d.R. die Unzuverlässigkeit des Inhabers einer Waffenbesitzkarte (BVerwG, DVBl. 1990, 1043 [zu § 5 WaffG a.F.]; OVG Nordrhein-Westfalen, AgrarR 1983, 106; FGJ/*Joecks* § 370 Rn. 302). Milderungsgründe wie etwa ein starkes soziales Engagement rechtfertigen nach herrschender Meinung die Rücknahme des Widerrufs nicht (FGJ/*Joecks* § 370 Rn. 302).

167 Im Jagdrecht wirken sich Verurteilungen wegen Steuerstraftaten gem. § 17 Abs. 4 Nr. 1 BJagdG nicht mehr auf die Zuverlässigkeit aus, denn erfasst werden dort nur Verbrechen sowie Straftaten, die einen Rückschluss auf den unsachgemäßen Umgang mit Waffen und Munition zulassen. Eine Verurteilung wegen Steuerhinterziehung führt daher nicht zur Entziehung des **Jagdscheins**.

f) Beamtenrechtliche und sonstige berufsrechtliche Folgen

168 Die **Beendigung des Beamtenverhältnisses** tritt automatisch ein, wenn der Beamte durch rechtskräftiges Urteil eines deutschen Gerichts im ordentlichen Strafverfahren wegen einer **vorsätzlichen (Steuer-) Straftat zu einer Freiheitsstrafe von mindestens einem Jahr** verurteilt worden ist (§ 41 Abs. 1 BBG [§ 48 BBG a.F.], § 24 Abs. 1 BRRG, gleichlautende Vorschriften in den LBG). Ab Verlust der Rechtsstellung hat der (ehemalige) Beamte keine Ansprüche mehr auf Dienstbezüge und Versorgung (§ 49 BBG). Unter denselben Voraussetzungen endet die Rechtsstellung von Berufssoldaten und Soldaten auf Zeit (§§ 48, 54 Abs. 2 SoldatenG). Ein **Ruhestandsbeamter**, gegen den wegen einer vor Beendigung des Beamtenverhältnisses begangenen (Steuerstraf-) Tat eine Entscheidung ergangen ist, die zum Verlust der Beamtenrechte geführt hätte, verliert mit der Rechtskraft der Entscheidung seine Rechte als Ruhestandsbeamter, insb. die Ruhestandsbezüge (§ 59 Abs. 1 Satz 1 Nr. 1 BeamtVG). Zudem verliert ein Ruhestandsbeamter auch durch eine

rechtskräftige Verurteilung zu einer Freiheitsstrafe von mindestens 2 Jahren durch ein deutsches Gericht im ordentlichen Strafverfahren wegen einer – nach Beendigung des Beamtenverhältnisses – begangenen vorsätzlichen Tat – etwa einer Steuerhinterziehung in eigenen Angelegenheiten – seine Rechte, einschließlich der Ruhestandsbezüge, automatisch (§ 59 Abs. 1 Satz 1 Nr. 2a BeamtVG). Ausreichend ist auch eine **Gesamtfreiheitsstrafe**, bestehend aus Einzelgeldstrafen (BVerwG NVwZ-RR 1992, 647). Die Voraussetzung des Urteils im ordentlichen Strafverfahren ist im Strafbefehlsverfahren nicht erfüllt, ein **Strafbefehl** kann daher nicht zum Erlöschen der Beamtenrechte führen (BVerwG, NJW 2000, 3297).

Nicht nur **Beamte**, sondern auch **Angestellte des öffentlichen Dienstes** müssen bei Steuerstrafta- 169
ten mit einem **Disziplinarverfahren** und **dienst- bzw. arbeitsrechtlichen Konsequenzen** rechnen (BAG, NJW 2002, 2582 [Kündigung eines Angestellten bei der Finanzverwaltung]; OVG NRW v. 30.05.2006 – 21 d A 3905/05.O, juris; OVG NRW v. 27.08.2002 – 15 d A 2517/01.O, juris; MüKo-StGB/*Schmitz/Wulf* § 370 AO Rn. 467; FGJ/*Joecks* § 370 Rn. 304a). Dies gilt grds. auch dann, wenn die Steuerstraftat keinen dienstlichen Bezug hat. Ein Beamter begeht ein – grds. ein Disziplinarverfahren nach sich ziehendes – Dienstvergehen, wenn er schuldhaft ihm obliegende Pflichten verletzt (§ 77 Abs. 1 Satz 1 BBG). Außerdienstliche Pflichtverletzungen sind als Dienstvergehen zu beurteilen, wenn das Verhalten nach den Umständen des Einzelfalles in besonderem Maße geeignet ist, Achtung und Vertrauen in einer für das Amt oder das Ansehen des Beamtentums bedeutsamen Weise zu beeinträchtigen (§ 77 Abs. 1 Satz 2 BBG). **Steuerhinterziehungen eines Finanzbeamten in eigener Sache** können daher nach herrschender Literatur als Dienstvergehen disziplinarrechtlich verfolgt werden (Wannemacher/*Grötsch* Rn. 1187; FGJ/*Joecks* § 370 Rn. 304a). Die Einleitung liegt allerdings im Ermessen der zuständigen Behörde (§§ 14, 21, 22 BDG). Eine **Selbstanzeige** schließt ein Disziplinarverfahren nicht aus, da § 371 AO nur die strafrechtliche, nicht aber die disziplinarrechtliche Verfolgung verbietet (FGJ/*Joecks* § 370 Rn. 304a). Im Einzelfall kann aber die Freiwilligkeit der Selbstanzeige auch disziplinarrechtlich ein maßgeblicher Milderungsgrund sein, der einen endgültiger Vertrauensverlust der Behörde verhindert, weshalb jedenfalls eine Entfernung aus dem Dienst unterbleiben kann (OVG Rheinland-Pfalz, PStR 2006, 54; FGJ/*Joecks* § 370 Rn. 304a). Nr. 15 MiStra begründet **Mitteilungspflichten** für Gerichte und Staatsanwaltschaften an die Disziplinarbehörden bzgl. Steuerstraftaten, auch soweit sie Daten betreffen, die dem Steuergeheimnis (§ 30 AO) unterliegen (BFH, BStBl. II 2008, S. 337; BMF, BStBl. I 2000, S. 494).

Die Verurteilung wegen Steuerhinterziehung kann auch zu berufsrechtlichen Konsequenzen für 170
einen **Anwalt, Steuerberater oder Wirtschaftsprüfer** führen; Voraussetzung ist stets, dass ein berufsrelevanter Rechtsverstoß vorliegt (vgl. MüKo-StGB/*Schmitz/Wulf* § 370 AO Rn. 468). Nicht jede berufliche Fehlleistung ist eine Berufspflichtverletzung (OFD Frankfurt am Main, StB 1999, 306). Die einschlägigen gesetzlichen Berufsordnungen differenzieren zudem zwischen innerberuflichen Pflichten und außerberuflichen Pflichten (§ 113 BRAO, § 89 StBerG, § 67 WPrO) und gewichten die Verletzung Ersterer stärker. Ein außerhalb des Berufs liegendes Verhalten, etwa eines RA, das eine rechtswidrige Tat oder eine mit Geldbuße bedrohte Handlung darstellt, ist nur dann eine anwaltsgerichtlich zu ahndende Pflichtverletzung, wenn es nach den Umständen des Einzelfalls in besonderem Maße geeignet ist, Achtung und Vertrauen der Rechtsuchenden in einer für die Ausübung der Anwaltstätigkeit bedeutsamen Weise zu beeinträchtigen (§ 113 Abs. 2 BRAO, entsprechend § 89 StBerG, § 67 WPrO). Die Rechtsprechung geht davon aus, dass etwa eine LohnSt- und USt-Hinterziehung durch einen Steuerberater als innerberufliche Pflichtverletzung anzusehen ist (BGHSt 29, 97). Der Verlust der Zulassung ist nicht gesetzlich zwingend mit einer bestimmten Mindeststrafe verknüpft (MüKo-StGB/*Schmitz/Wulf* § 370 AO Rn. 468). Feststellungen aus einem Verfahren vor dem Strafgericht entfalten allerdings in tatsächlicher Hinsicht eine (eingeschränkte) Bindungswirkung für das berufsgerichtliche Verfahren (§ 118 BRAO, § 109 StBerG, § 83 WPrO). Vor Erlass eines Bußgeldbescheids gegen einen RA, Steuerberater, Wirtschaftsprüfer oder vereidigten Buchprüfer wegen einer Steuerordnungswidrigkeit, die er in Ausübung seines Berufs bei der Beratung in Steuersachen begangen hat, ist der zuständigen Berufs-

kammer Gelegenheit zur Stellungnahme zu geben (§ 411 AO). Berufspflichtverletzungen (z.B. §§ 57 ff. StBerG, §§ 43 ff. WPO, §§ 43 ff. BRAO, §§ 14 ff. BNotO) können durch die Strafjustiz der zuständigen Berufskammer mitgeteilt werden (§ 10 StBerG). Diese Mitteilung steht im pflichtgemäßen Ermessen der Finanzbehörde (§ 164a Abs. 1 StBerG, § 5 AO), Die Nr. 24 und 26 MiStra begründen hingegen für bestimmte Angehörige der freien Berufe eine Mitteilungspflicht (MüKo-StGB/*Schmitz/Wulf* § 370 AO Rn. 468). § 14 EGGVG erlaubt die Übermittlung personenbezogener Daten des Beschuldigten, die den Gegenstand eines Strafverfahrens betreffen, wenn diese Daten auf eine Berufspflichtverletzung schließen lassen.

171   Erhebliche aufsichtsrechtliche Maßnahmen gem. § 33 KWG haben die Verantwortlichen von Kreditinstituten zu gewärtigen (MüKo-StGB/*Schmitz/Wulf* § 370 AO Rn. 466; *Wegner*, PStR 2009, 10). Steuerliche Verfehlungen durch **Bankmitarbeiter** (oder allgemeine **Mitarbeiter von Finanzdienstleistungsinstituten** i.S.d. KWG) können die Aufhebung der Erlaubnis nach dem Kreditwesengesetz zur Folge haben, wenn diese negative Rückschlüsse auf die Zuverlässigkeit von Geschäftsleitern (§ 1 Abs. 2 Satz 1 KWG; Organwalter) oder der maßgeblich beteiligten Gesellschafter erlauben (§ 33 Abs. 1 Nr. 2, Nr. 3 KWG i.V.m. § 35 Abs. 2 Nr. 3 KWG). Straftaten im Vermögensbereich (z.B. Betrug, Unterschlagung, Untreue, Urkundenfälschung) oder etwa Geldwäschedelikte geben nach herrschender Meinung stärkeren Anlass zu Zweifeln an der Zuverlässigkeit als sonstige Delikte; zu Vermögensdelikten i.S.d. § 33 KWG werden auch Steuerstraftaten gezählt (*Boos/Fischer/Schulte-Mattler* KWG § 33 Rn. 34). Allerdings komme es auf den Einzelfall an. So soll es etwa gemäß einer Antwort der Bundesregierung auf eine kleine Anfrage bei einer Steuerhinterziehung im Zusammenhang mit Parteispenden auf den Umfang ankommen und darauf, ob eine persönliche Bereicherung des Geschäftsleiters Gegenstand ist (nach *Boos/Fischer/ Schulte-Mattler* KWG § 33 Rn. 34). (Steuer-) Strafverfahren, die **mangels hinreichenden Tatverdachts (§ 170 Abs. 2 StPO) oder wegen eines Verfahrenshindernisses eingestellt** wurden, mit einem Freispruch endeten oder so lange zurückliegen, dass sie aus dem Bundeszentralregister entfernt wurden, begründen den Versagungsgrund der Unzuverlässigkeit nicht (*Boos/Fischer/Schulte-Mattler* KWG § 33 Rn. 34). Bei einem **nach § 153a StPO eingestelltem Verfahren** muss die Unschuldsvermutung weiter gelten, auch wenn der Beschuldigte gerichtlichen Auflagen (z.B. Geldzahlung) zustimmt. Aus den Feststellungen können sich jedoch Anhaltspunkte für die Unzuverlässigkeit ergeben, die allerdings von der BaFin belegt werden müssen (nach *Boos/Fischer/Schulte-Mattler* KWG § 33 Rn. 34). Zudem ist der Grundsatz der Verhältnismäßigkeit angemessen zu beachten, weshalb ein einmaliger Ausrutscher nicht zwangsläufig zur Versagung der Erlaubnis wegen Unzuverlässigkeit führt; nach zutreffender Auffassung ist diese Konsequenz nur dann verhältnismäßig und mit Art. 12 GG vereinbar, wenn es sich um ein im Zusammenhang mit der erlaubnispflichtigen Tätigkeit nicht unbedeutendes Delikt oder um erhebliche Steuerdelikte bzw. Wiederholungstaten handelt (vgl. zutreffend *Boos/Fischer/Schulte-Mattler* KWG § 33 Rn. 34). Jedenfalls ist stets eine sorgfältige Einzelfallprüfung nötig, ob Tat und Tatumstände tatsächlich hinreichende Anhaltspunkte für eine *künftige* Unzuverlässigkeit ergeben (*Boos/Fischer/Schulte-Mattler* § 33 Rn. 34).

3. Zivilrechtliche Folgen

a) Vertragsrecht

172   Im Zusammenhang mit Steuerstraftaten abgeschlossene zivilrechtliche Verträge bleiben grds. wirksam, auch wenn aus diesen Vereinbarungen ersichtlich ist, dass eine oder beide Parteien im Zusammenhang mit der Abwicklung eine Steuerhinterziehung begehen werden (statt aller MüKo-StGB/*Schmitz/Wulf* § 370 AO Rn. 469). **Nichtigkeit** ist **nach §§ 134, 138 BGB** nur dann die Rechtsfolge, wenn die **Begehung der Steuerhinterziehung Hauptzweck des geschlossenen Vertrags** ist, **oder** wenn besondere **Verbote** wie etwa die Bestimmungen **des SchwarzArbG** eingreifen (BGHZ 14, 25, 31; BGH, DNotZ 1969, 350; BGH, WM 1973, 576; OLG Koblenz, DB 1979, 833; FGJ/*Joecks* § 370 Rn. 303; MüKo-StGB/*Schmitz/Wulf* § 370 AO Rn. 469; MüKo-BGB/*Armbrüster* § 138 Rn. 43 und § 134 Rn. 57 m.w.N.; *Kohlmann* § 370 Rn. 1273 ff.; *Spatscheck/Wulf*/

Fraedrich, DStR 2005, 129). **Leistungsstörungen** regeln sich bei Nichtigkeit nach Bereicherungsrecht unter Berücksichtigung des § 242 BGB (BGH, DB 2008, 1855; MüKo-BGB/*Armbrüster* § 138 Rn. 77; *Podewils*, DB 2008, 1846), so kann der vorleistende Schwarzarbeiter gem. §§ 812, 118 Abs. 2 BGB Wertersatz verlangen (BGH, NJW 1990, 2542).

Nichtig ist der Rechtsprechung zufolge ein **Darlehensvertrag** zum Zweck des Ankaufs unversteu- 173
erter Zigaretten (OLG Köln, MDR 1957, 34). Dasselbe gilt für die **Einrichtung eines Bankkontos** zu dem Hauptzweck, die eingezahlten Beträge der Besteuerung zu entziehen (RG, JW 1935, 420). Entsprechend ist auch ein **Kaufvertrag** mit einer Abrede zur Zahlung ohne Rechnung unwirksam, wenn diese Abrede den Preis beeinflusst hat (BGH, MDR 1968, 843), genauso eine **Beteiligung an einer KG**, wenn die Beitrittserklärung zwecks (nunmehr steuerrechtlich unzulässiger) Verlustzuweisung rückdatiert wurde (Staudinger/*Sack* § 134 Rn. 287; FGJ/*Joecks* § 370 Rn. 303). Führt ein Anleger eine **Wertpapieranlage** so durch, dass eine Umgehung von Steuerpflichten offenkundig geplant ist, und fördert die Bank dieses Vorgehen bereitwillig, so ist das Wertpapiergeschäft mit der Bank sittenwidrig und nichtig (OLG Jena, OLG-NL 1995, 193). Eine Vereinbarung, den **Arbeitslohn „schwarz"** auszuzahlen, führt regelmäßig nicht zur **Nichtigkeit des Arbeitsvertrages**; soll dies vereinbarungsgemäß teilweise unterbleiben, ist nur diese Teilabrede nichtig (BAG, BB 2003, 1581; FGJ/*Joecks* § 370 Rn. 303). Ein Arbeitgeber, der die Schwarzarbeit seines Arbeitnehmers fördert, indem er für diesen auf eigene Rechnung Material erwirbt und verbucht, kann aus der Vereinbarung mit dem Arbeitnehmer keine Rechte herleiten (ArbG Wetzlar, BB 1993, 943; FGJ/*Joecks* § 370 Rn. 303). Allerdings ist ein **Grundstückskaufvertrag**, in dem aus steuerlichen Gründen ein niedrigerer als der tatsächlich (mündlich) vereinbarte Kaufpreis beurkundet wurde, als Scheinvertrag gem. **§ 117 BGB** nichtig (BGH, NJW 1970, 1541). Die **Beauftragung eines Handwerkers** mit der Abrede, die Leistung ohne Rechnung zu erbringen, verstößt nach herrschender Meinung regelmäßig gegen § 1 Abs. 2 Nr. 4 SchwarzArbG in der aktuellen Fassung v. 01.08.2004, mit der Folge der Nichtigkeit (BGHZ 85, 39, 42 ff. [zum alten Recht]; MüKo-StGB/*Schmitz/Wulf* § 370 AO Rn. 469).

Wirksam ist ein **Werkvertrag** mit einem Handwerker, wenn nur der Unternehmer gegen das 174
Gesetz verstößt und der Besteller den Gesetzesverstoß nicht kennt (BGH, NJW 1985, 2403). Der **Verkauf eines GmbH-Anteils**, bei der die Parteien zur Verschleierung der tatsächlichen Höhe zulasten des FA lediglich einen Teil des Kaufpreises zum Gegenstand eines Scheingeschäfts gemacht haben, um die Höhe des Kaufpreises vor dem FA zu verschleiern, verstößt nach der Rechtsprechung jedenfalls nicht gegen §§ 134, 138 BGB (BGH, HFR 1984, 21). Ein **Beratervertrag**, der abgeschlossen wird, um das Versprechen eines zusätzlichen Kaufpreises abzudecken, ist nicht nichtig, wenn er eine echte unterstützende Beratung sichern soll (BGH, NJW 1983, 1843). Dass ein **Werkvertrag** ohne Rechnungslegung durchgeführt wird – ohne steuerrechtswidrige Zielsetzung – führt allein nicht zur Nichtigkeit des Vertrages (BGH, BB 2000, 385).

b) Deliktsrecht

Eine Steuerhinterziehung begründet keine Forderung des FA aus unerlaubter Handlung, denn 175
§ 370 AO ist kein Schutzgesetz i.S.d. § 823 Abs. 2 BGB (BFH, DStRE 1998, 29; FGJ/*Joecks* § 370 Rn. 303). Das FA ist auf die steuerrechtlichen Schuldner, Haftungstatbestände und Vollstreckungsmöglichkeiten der AO und der Steuergesetze beschränkt.

c) Insolvenzrecht

Eine Steuerstraftat ist keine unerlaubte Handlung i.S.v. § 302 Nr. 1 InsO, weshalb nach geltendem 176
Insolvenzrecht auch verkürzte Steueransprüche nicht von der Versagung der RSB nach § 302 InsO erfasst werden (BFH/NV 2008, 2071; MüKo-StGB/*Schmitz/Wulf* § 370 AO Rn. 470; *Olbing*, Stbg. 2007, 275). Es gab allerdings gesetzgeberische Vorarbeiten, dem FA bei einer Verurteilung wegen Steuerhinterziehung bei einem Strafmaß von 90 Tagessätzen oder mehr ein Antragsrecht auf vollständige Versagung der RSB einzuräumen (vgl. *Wegner*, PStR 2008, 164, 165). Jedoch

droht die **Versagung der RSB** gem. § 290 Abs. 1 Nr. 2 InsO, wonach diese zu versagen ist, wenn der Schuldner in den letzten 3 Jahren vor dem Antrag auf Eröffnung des Insolvenzverfahrens oder nach diesem Antrag vorsätzlich oder grob fahrlässig schriftlich unrichtige oder unvollständige Angaben über seine wirtschaftlichen Verhältnisse gemacht hat, um Leistungen an öffentliche Kassen zu vermeiden. Eine Steuerhinterziehung dürfte regelmäßig auch die Merkmale dieses Versagungstatbestands erfüllen (*Kohte/Ahrens/Grote* InsO § 290 Rn. 27 a; FGJ/*Joecks* § 370 Rn. 305). Die Voraussetzungen des § 290 Abs. 1 Nr. 2 InsO sollen auch dann eingreifen, wenn der Schuldner nach einer Selbstanzeige neue Steuerschulden hat auflaufen lassen (AG Celle, ZVI 2003, 367).

d) Sonstiges

177   Auch nach der Neufassung des GmbHG führt eine Verurteilung wegen Steuerhinterziehung nicht zum Ausschluss von der Geschäftsführungstätigkeit nach § 6 Abs. 2 GmbHG (MüKo-StGB/*Schmitz/Wulf* § 370 AO Rn. 471). Auch § 21 SchwarzArbG, der den Ausschluss von öffentlichen Aufträgen regelt, greift bei einer Verurteilung nach § 370 AO nicht ein, anders als bei einer Verurteilung nach § 266a StGB zu mehr als 90 Tagessätzen, die einen Ausschluss von öffentlichen Aufträgen zur Folge hat. Nachteilige wettbewerbsrechtliche Folgen aus einer Verurteilung wegen Steuerhinterziehung können sich allerdings aus den Vorschriften der Länder zu Führung von Korruptionsregistern ergeben. Teilweise soll nach diesen Rechtsvorschriften bereits durch eine Einstellung wegen § 370 AO nach § 153a StPO der Nachweis eines korruptionsrelevanten Rechtsverstoßes erbracht sein (§ 3 Abs. 2 Nr. 3 KRG-Berlin); nach zutreffender Auffassung und der Rechtsprechung des BVerfG zu § 153a StPO sind solche Regelungen wegen der Verletzung der Unschuldsvermutung verfassungswidrig (vgl. BVerfG, NJW 1991, 1530; MüKo-StGB/*Schmitz/Wulf* § 370 AO Rn. 471).

D. Bildung der Gesamtsstrafe (§ 54 StGB)

178   Eine Gesamtstrafenbildung ist erforderlich, wenn wegen mehrerer Taten im materiell-strafrechtlichen Sinn Einzelstrafen zu verhängen sind; ihre Grundsätze ergeben sich aus § 54 StGB. Ist – gemäß Abs. 1 der Norm – eine der Einzelstrafen eine lebenslange Freiheitsstrafe, „so wird als Gesamtstrafe auf lebenslange Freiheitsstrafe erkannt. In allen übrigen Fällen wird die Gesamtstrafe durch Erhöhung der verwirkten höchsten Strafe, bei Strafen verschiedener Art durch Erhöhung der ihrer Art nach schwersten Strafe gebildet. Dabei werden die Person des Täters und die einzelnen Straftaten zusammenfassend gewürdigt." Nach Abs. 2 darf die Gesamtstrafe „die Summe der Einzelstrafen nicht erreichen. Sie darf bei zeitigen Freiheitsstrafen fünfzehn Jahre, bei Vermögensstrafen den Wert des Vermögens des Täters und bei Geldstrafe siebenhundertzwanzig Tagessätze nicht übersteigen; § 43 a Abs. 1 Satz 3 gilt entsprechend." Ist – gemäß Abs. 3 – eine Gesamtstrafe aus Freiheits- und Geldstrafe zu bilden, „so entspricht bei der Bestimmung der Summe der Einzelstrafen ein Tagessatz einem Tag Freiheitsstrafe." Die Vorschrift regelt die Art und Weise, nach der bei Tatmehrheit (§ 53 StGB) die Gesamtstrafe zu bilden ist, und zwar sowohl für die Bildung einer ursprünglichen als auch einer nachträglichen Gesamtstrafenbildung nach § 55 StGB und deren Nachholen gem. § 460 StPO (*Lackner/Kühl* § 54 Rn. 1; MüKo-StGB/*v. Heintschel-Heinegg* § 54 Rn. 2). Die Bildung der Gesamtstrafe erfordert ein schrittweises Vorgehen. In einem ersten Schritt ist zunächst für jede Einzeltat nach § 46 StGB (s.o.) eine Einzelstrafe festzusetzen bzw. bei nachträglicher Gesamtstrafenbildung diese aus der früheren Verurteilung zu übernehmen. Sodann ist aus diesen Strafen die schwerste Strafe als sog. Einsatzstrafe zu bestimmen; bei Geldstrafe entscheidet allein die Tagessatzzahl, bei Strafen verschiedener Art die ihrer Art nach schwerste Einzelstrafe, d.h. Freiheitsstrafe vor Geldstrafe (MüKo-StGB/*v. Heintschel-Heinegg* § 54 Rn. 5 f.; Sch/Sch/*Stree/Sternberg-Lieben* § 54 Rn. 3 ff.). Aus der so ermittelten Einsatzstrafe wird dann die Gesamtstrafe durch Erhöhung der Einsatzstrafe um mindestens eine Strafeinheit (nach § 39 StGB bei Freiheitsstrafe unter einem Jahr eine Woche und über einem Jahr ein Monat; nach § 40 Abs. 1 StGB bei Geldstrafe ein Tagessatz) gebildet (sog. Asperationsprinzip; Lackner/*Kühl* § 54 Rn. 3;

Sch/Sch/*Stree/Sternberg-Lieben* § 54 Rn. 6; LK-StGB/*Rissing-van Saan* § 54 Rn. 6). Dabei gilt, dass die Gesamtstrafe um mindestens eine Strafeinheit hinter der Summe der Einzelstrafen zurückbleiben muss (sog. konkretes Höchstmaß, § 54 Abs. 2 Satz 1 StGB; *Lackner/Kühl* § 54 Rn. 3; NK/*Frister* § 54 Rn. 12). Eine Einsatzgeldstrafe ist ebenfalls zu erhöhen (also nicht nach § 47 Abs. 2 StGB als Freiheitsstrafe zu verhängen), wenn die zugrunde liegenden Einzelgeldstrafen nach § 47 Abs. 1 StGB festgesetzt worden sind und die Gesamtstrafe 180 Tagessätze oder mehr beträgt (BGH, NStZ 1995, 178). Zudem darf die Gesamtstrafe die in § 54 Abs. 2 Satz 2 StGB genannten absoluten Grenzen nicht übersteigen (abstraktes Höchstmaß; *Lackner/Kühl* § 54 Rn. 3). Bei der zeitigen Freiheitsstrafe sieht § 54 Abs. 2 Satz 2 StGB eine Höchstgrenze von 15 Jahren Freiheitsstrafe, bei der Geldstrafe ein Maximum von 720 Tagessätzen vor.

Sofern bereits die Einsatzstrafe das abstrakte Höchstmaß erreicht, hat ihre Erhöhung zu unterbleiben (*Lackner/Kühl* § 54 Rn. 4; *Dallinger*, MDR 1971, 545). Ist es nicht möglich, die Grundsätze zur Bemessung der Freiheitsstrafe nach § 39 StGB einzuhalten, weil sonst die Summe der Einzelstrafen erreicht oder überschritten würde (z.B. Einzelstrafen von einem Jahr und von einer Woche Freiheitsstrafe), so muss diese Norm unberücksichtigt bleiben (BGH, NStZ-RR 2004, 137; OLG Karlsruhe, MDR 1995, 404; *Lackner/Kühl* § 54 Rn. 4). Somit muss die langfristige Freiheitsstrafe demzufolge ausnahmsweise nicht nach vollen Monaten bemessen werden (BGHSt 16, 167; LK-StGB/*Rissing-van Saan* § 54 Rn. 7; *Lackner/Kühl*, § 54 Rn. 4). **179**

Die Festsetzung der Gesamtstrafe innerhalb der genannten Grenzen ist echte Strafzumessung nach **180** den Grundsätzen des § 46 StGB und hat unabhängig davon zu erfolgen, ob Strafaussetzung zur Bewährung (§ 56 StGB) bewilligt oder versagt werden soll (BGH, StV 1996, 263). Da bei den Einzeltaten eine Einzelstrafzumessung gem. § 46 StGB bereits stattgefunden hat, sind Gesichtspunkte für die Bemessung der Gesamtstrafe diejenigen, die auf einer Gesamtschau aller Taten beruhen, vgl. § 54 Abs. 1 Satz 3 StGB, wonach „die Person des Täters und die einzelnen Straftaten zusammenfassend gewürdigt" werden müssen (RGSt 44, 306; BGHSt 24, 268; BGH, StV 1994, 370, 425; NStZ-RR 1997, 288, 1998, 236; 2007, 72; 2007, 300; *Fischer* § 54 Rn. 6, NK/*Frister* § 54 Rn. 19 ff., LK-StGB/*Rissing-van Saan* § 54 Rn. 10, SK-StGB/*Samson/Günther* § 54 Rn. 7 ff.). Hierbei kommt es nicht so sehr auf die Summe der Einzelstrafen, sondern auf die angemessene Erhöhung der Einsatzstrafe an (BGHR StGB § 54 Abs. 1 Bemessung 5; 7; 10; BGH, NStZ 2001, 366, NStZ-RR 1997, 131, *Fischer* § 54 Rn. 7; NK/*Frister* § 54 Rn. 6, 24). Der Richter hat aufgrund der gesetzlichen Regeln für die Erhöhung der Einsatzstrafe einen breiten Spielraum zur Bemessung der Gesamtstrafe (vgl. statt aller NK/*Frister* § 54 Rn. 17). Nicht vereinbar mit dem richterlichen Ermessen ist es allerdings, wenn die Einzelstrafen nach einem bestimmten Verhältnis gekürzt und dann der Einsatzstrafe zugezählt werden (RGSt 44, 303; Sch/Sch/*Stree/Sternberg-Lieben* § 54 Rn. 17), wenn statt einer Erhöhung der Einsatzstrafe die Summe der Einzelstrafen verringert wird (BGH, StV 1994, 424; Sch/Sch/*Stree/Sternberg-Lieben* § 54 Rn. 17), wenn ohne nähere Begründung im Urteil die Spanne zwischen Einsatz- und Gesamtstrafe „ungewöhnlich groß" ist (BGH, NStZ-RR 2003, 9; StV 2000, 254; 2003, 555; 2006, 402; 2007, 633; wistra 2004, 227, 384; OLG Köln, NJW 1953, 1684; Sch/Sch/*Stree/Sternberg-Lieben* § 54 Rn. 17), bei annähernd gleich hohen Einzelstrafen die höchste nur unwesentlich erhöht wurde (BGHSt 5, 57; 8, 205; BGH, StV 1994, 425; wistra 1997, 228; Sch/Sch/*Stree/Sternberg-Lieben* § 54 Rn. 17; NK/*Frister* § 54 Rn. 20; LK-StGB/*Rissing-van Saan* § 54 Rn. 13) oder die Gesamtstrafe „weit" hinter der Summe der Einzelstrafen zurückbleibt (OLG Hamm, MDR 1977, 947). Auf der anderen Seite spricht eine unzureichend begründete ungewöhnlich deutliche Erhöhung der Einsatzstrafe (z.B. von 3 auf 7 Jahre) für eine zu starke Orientierung des Tatrichters bei der Bemessung der Gesamtstrafe an der Summe der Einzelstrafen (BGH, NStZ-RR 2007, 72; 2007, 326; StV 2000, 254; 2007, 298; wistra 2003, 19; Sch/Sch/*Stree/Sternberg-Lieben* § 54 Rn. 17). Diese Vermutung ist ausnahmsweise widerlegt, wenn gesamtstrafenspezifische strafverschärfende Umstände – etwa der ganz erhebliche Gesamtschaden, die schwerwiegenden Tatfolgen insgesamt sowie mehrere Geschädigte – zwar nicht explizit den Gründen zur Gesamtstrafe, aber dem Gesamtzusammenhang der Urteilsgründe, auch etwa einer gesamtstrafspezifischen Einzelstrafenbegründung, zu entnehmen sind (BGH, NStZ-RR 2009, 167;

2009, 167 f.). Überhaupt darf die Gesamtstrafenbildung – vor dem Hintergrund der langjährigen Rechtsprechung – auch im Steuerstrafrecht kein „**Rechenexempel**" sein (BGHSt 24, 269; 25, 84; BGH, NStZ 2001, 365; NStZ-RR 2003, 165; 2005, 200; 2009, 200; StV 2007, 633; vgl. *Fischer* § 54 Rn. 7; NK/*Frister* § 54 Rn. 20, SK-StGB/*Samson/Günther* § 54 Rn. 8). Gesamtstrafen, die als Addition der Einsatzstrafe zuzüglich der Hälfte der Summe der übrigen Einzelstrafen oder aufgrund irgendeines anderen mathematischen Modells gebildet werden, verstoßen gegen § 54 StGB (st. Rspr., BGH, NStZ-RR 2010, 40; *Fischer* § 54 Rn. 7). Der Tatrichter ist vielmehr gehalten, durch einen **gesonderten Strafzumessungsakt** gerade die der Gesamtheit des begangenen Unrechts angemessene Strafe bestimmen (NK/*Frister* § 54 Rn. 17; *Lackner/Kühl* § 54 Rn. 6), ohne auf Faustformel und Schemata zu rekurrieren. Die den Unrechts- oder Schuldgehalt unmittelbar betreffenden Strafmilderungsgründe (wie etwa §§ 17, 21, 23, 27 StGB) sind nicht erst bei der Gesamtstrafe, sondern bereits bei den Einzelstrafen zu berücksichtigen (BGH, NJW 1966, 509; LK-StGB/*Rissing-van Saan* § 54 Rn. 11; *Lackner/Kühl* § 54 Rn. 6). Bei der Bildung der Gesamtstrafe müssen die Taten (§ 52 StGB) in ihrer Zusammenschau bewertet werden, wobei hauptsächlich die Zahl und Schwere der Taten, ihr Verhältnis zueinander, ihr sachlicher, zeitlicher und situativer Zusammenhang maßgeblich sind (BGH, NStZ 1996, 187; NStZ-RR 2007, 300; StraFo 2004, 105; h. Rspr.). Ihre größere oder geringere Selbstständigkeit, die persönlichen Verhältnisse des Verurteilten, seine Strafempfänglichkeit, seine Schuld im Hinblick auf das Gesamtgeschehen und die Frage, ob die Taten auf einem kriminellen Hang oder bei Fahrlässigkeitsdelikten einer allgemein gleichgültigen Einstellung beruhen, sind ebenfalls zu berücksichtigen (h.M.; explizit für den Fall der Steuerhinterziehung: LG Münster, Urt. v. 07.03.2008 – 7 Kls 44 Js 1032/02 [6/06]; LG Duisburg, Urt. v. 22.09.2004 – 34 KLs 6/04).

181   Ein enger zeitlicher, sachlicher und situativer Zusammenhang zwischen den einzelnen Straftaten (Tatserien bzw. Serientaten) muss i.d.R., jedoch „ohne Schematismus" (BGH, NStZ 1996, 187) zu einer geringeren Erhöhung der Einsatzstrafe und letztlich zu einer geringeren Gesamtstrafe führen, als dies bei relativer Selbstständigkeit der Taten der Fall wäre (BGH, NStZ 1988, 126; 1995, 77; 2001, 366; StV 1992, 226; 1993, 302; NStZ-RR 2003, 09; 2010, 238). Zwar ist zu berücksichtigen, dass – bei entsprechenden konkreten Anzeichen – die wiederholte Begehung gleichartiger Taten auch Ausdruck einer niedriger werdenden Hemmschwelle sein kann und aus spezialpräventiven Gründen eine eher massive Strafeinwirkung sinnvoll erscheinen lassen kann (BGH, wistra 2006, 257 f.; NStZ-RR 2010, 40; st. Rspr.) Im Steuerstrafrecht dürfte diese Erwägung jedoch vielfach nicht tragfähig sein, insb., wenn sich die Hinterziehungsserie auf die Einkünfte aus derselben Einkunftsquelle (etwa: ein nicht deklariertes Auslandskonto) über aufeinander folgende Veranlagungszeiträume bezieht; in diesem Fall dürfte allenfalls bei der ersten Tat eine reale Hemmschwelle zu überwinden sein. Vergleichbares dürfte bei allen Fällen des Unterlassens (§ 370 Abs. 1 Nr. 2 AO) und sonstigen – als aktives Tun gem. § 370 Abs. 1 Nr. 1 AO anzusehenden – Fällen der (teilweisen) passiven Nichtoffenlegung von (erbrechtlichen und schenkweisen) Erwerben, Einkünften oder Umsätzen ohne Entfaltung besonderer krimineller Energie gelten. Im Steuerstrafrecht sollte daher die herrschende Rechtsprechung mit besonderer Zurückhaltung angewandt werden, wonach eine Vielzahl von Einzeltaten mit teilweise sehr hohen Hinterziehungsbeträgen und einem langen Tatzeitraum straferhöhend ins Gewicht fallen können (BGHSt 24, 268 ff.; BGH, NStZ 2001, 365; MüKo-StGB/*v. Heintschel-Heinegg* § 54 Rn. 21 f.; *Lackner/Kühl* § 54 Rn. 6; anders *Bohnert*, ZStW 105 [1993], 846). Der Schwerpunkt sollte hier weniger auf Zeitraum und Vielzahl als auf die Verkürzungsbeträge und die entfaltete kriminelle Energie gelegt werden. Nach neuerer Rechtsprechung ist eine (steuerstrafrechtliche) Serie von sachlich und zeitlich zusammenhängenden Delikten, von denen die gewichtigeren eine Freiheitsstrafe von mehr als 6 Monaten nach sich ziehen können, auch unter dem Gesichtspunkt zu würdigen, ob gem. § 47 StGB auch für die weniger gewichtigen Einzeltaten eine Freiheitsstrafe in Betracht kommt, da nach herrschender Rechtsprechung auch die Gesamtserie und der dadurch verursachte Gesamtschaden in den Blick genommen werden müsse (BGH, wistra 2009, 355; *Buse*, StBp 2011, 81, 83). Grds. wird auch im Steuerstrafrecht eine nur maßvolle Erhöhung der Einsatzstrafe gerade aufgrund des Seriencharakters von Taten ungeachtet einer sehr milde bemessenen Gesamtstrafe dem Unrechts-

und Schuldgehalt der Taten noch ausreichend Rechnung tragen, wenn ein überaus enger sachlicher und zeitlicher Zusammenhang der serienmäßig begangenen Taten sowie besondere persönlichen Umstände in der Person des Angeklagten festzustellen sind (vgl. BGHR StGB § 54 Abs. 1 Bemessung 2; 8; 12). Vor diesem Grund ist gerade bei Serientaten im Interesse des Beschuldigten einer in der Praxis vorkommenden Methode der Gesamtstrafenbildung entgegenzutreten, bei der keine Einzelstrafen gebildet werden, sondern direkt eine „Gesamtstrafe" auf der Basis der Summe der Hinterziehungsbeträge der Einzeltaten – typischerweise nach einer Strafmaßtabelle – gebildet wird. Dies verstößt gegen § 54 StGB und geht zudem vielfach zulasten des Beschuldigten, weil ein „enges Zusammenziehen" der Einzelstrafen hier tendenziell umgangen wird.

Bei der Gesamtstrafenbildung sind die i.R.d. Einzeltaten verwerteten Strafzumessungstatsachen in ihrer Bedeutung für die Gesamtheit der Taten ein weiteres Mal in Betracht zu ziehen und ggf. zu berücksichtigen (BGH, NStZ-RR 1998, 236; LK-StGB/*Rissing-van Saan* § 54 Rn. 12). Nicht zwingend geht damit ein **Verstoß gegen das Doppelverwertungsverbot** einher (BGHSt 24, 268 ff.), da diese Strafzumessungstatsachen nur insoweit verbraucht sind, als sie Gesichtspunkte darstellen, die sich – den Gesamtkomplex der abgeurteilten Taten kennzeichnend – schon vollständig bei der Bildung der Einzelstrafen ausgewirkt haben (NK/*Frister* § 54 Rn. 22; *Lackner/Kühl* § 54 Rn. 6). **182**

Für eine rechtsfehlerfreie und damit revisionsfeste Gesamtstrafenbildung ist eine gesonderte, rechtlich nachprüfbare **Begründung** unerlässlich (BGHSt 24, 268; BGH, StV 1983, 237; LK-StGB/*Rissing-van Saan* § 54 Rn. 10; Sch/Sch/*Stree/Sternberg-Lieben* § 54 Rn. 18). Je mehr sich die Gesamtstrafe der unteren oder oberen Grenze des Zulässigen nähert, umso detaillierter muss die Begründung ausgestaltet sein (BGH, NJW 1995, 2234; BGH, NStZ-RR 2003, 272; OLG Düsseldorf, StV 1986, 376; *Lackner/Kühl* § 54 Rn. 7; NK/*Frister* § 54 Rn. 17). Dies gilt ebenso für den Fall, dass sich die Gesamtstrafe auffallend weit von der Einsatzstrafe entfernt, d.h. ein hoher Aufschlag zur Gesamtstrafenbildung vorgenommen wird, ohne dass die Gesamtstrafe damit schon in die Nähe der absoluten Obergrenze kommt (BGH, StV 1994, 424; wistra 1997, 227). Ein Hinweis des Gerichts im Urteil, dieselbe Gesamtstrafe wäre auch bei Nichterweislichkeit der einen oder anderen Tat verhängt worden ist rechtsfehlerhaft (*Lackner/Kühl* § 54 Rn. 7). **183**

E. Verhängung einer kurzen Freiheitsstrafe (§ 47 StGB)

Diese Norm, deren **Zweck** es ist, die Verhängung einer kurzfristigen Freiheitsstrafe zur praktisch möglichst seltenen Ausnahme zu machen (sog. *Ultima ratio-Klausel*, BGHSt 24, 40), bestimmt in Abs. 1, dass eine Freiheitsstrafe unter 6 Monaten vom Gericht nur dann verhängt wird, „*wenn besondere Umstände, die in der Tat oder der Persönlichkeit des Täters liegen, die Verhängung einer Freiheitsstrafe zur* Einwirkung auf den Täter oder zur Verteidigung der Rechtsordnung unerlässlich machen.*" § 47 Abs. 2 Satz 1 StGB sieht weiterhin vor, dass dann, wenn das Gesetz keine Geldstrafe androht und eine Freiheitsstrafe von 6 Monaten oder darüber nicht in Betracht kommt, das Gericht eine Geldstrafe verhängt, „wenn nicht die Verhängung einer Freiheitsstrafe nach Absatz 1 unerlässlich ist." Schließlich ist in § 47 Abs. 2 Satz 2 StGB geregelt, dass dann, wenn das Gesetz ein erhöhtes Mindestmaß der Freiheitsstrafe androht, „sich das Mindestmaß der Geldstrafe in den Fällen des Satzes 1 nach dem Mindestmaß der angedrohten Freiheitsstrafe [bestimmt]; dabei entsprechen dreißig Tagessätze einem Monat Freiheitsstrafe." **184**

Die Vorschrift gilt allgemein und besonders unabhängig davon, ob eine Strafaussetzung nach § 56 StGB in Betracht kommt (BGH, NStZ 2001, 311; *Lackner/Kühl* § 47 Rn. 1; MüKo-StGB/*Franke* § 47 Rn. 5). Insb. ist es nach zutreffender ständiger Rechtsprechung nicht zulässig, bei bestimmten Tatbestands- oder Tätergruppen stets die Voraussetzungen des § 47 StGB für eine kurze Freiheitsstrafe anzunehmen oder diese stets zu verneinen (OLG Nürnberg, StraFo 2006, 502 f.; *Fischer* § 47 Rn. 6a; a.A. OLG Braunschweig, NStZ-RR 2002, 75; OLG Stuttgart, NJW 2002, 3188 f.; OLG Hamm, StraFo 2003, 99 f.). Für die Steuerhinterziehung gilt nach einem problematischen **185**

Judikat des BGH, dass selbst dann, wenn der Tatrichter die Voraussetzungen des § 47 Abs. 1 StGB in den Entscheidungsgründen nicht ausdrücklich prüft, bei „einem unverfrorenen Wiederholungstäter" und einem „hohen Maß an krimineller Energie" die Verhängung kurzer Freiheitsstrafen gem. § 47 StGB „auf der Hand liegen" soll (BGH, Beschl. v. 13.08.2008 – 1 StR 382/08, BeckRS 2008, 18845). Richtigerweise ist bei der Steuerhinterziehung wie bei allen anderen Straftaten (BGHSt 52, 84 ff.; OLG Frankfurt am Main, NJW 1970, 957; OLG Stuttgart, NJW 2006, 1222; OLG Oldenburg, StraFo 2008, 297; *Fischer* § 47 Rn. 6a; *Lackner/Kühl* § 47 Rn. 1; *Grosse-Wilde*, HRRS 2009, 363 ff.; *Jahn*, JuS 2008, 371 ff.,) einzelfallbezogen zu prüfen, ob zur Einwirkung auf den Angeklagten die Festsetzung von Freiheitsstrafe als unerlässlich angesehen werden muss oder diese bei Bagatelldelikten schuldunangemessen hoch wäre. Im Fall von Tatmehrheit ist hierfür grdsl. nicht die Gesamtstrafe, sondern sind vielmehr die Einzelstrafen entscheidend (OLG Köln, NStZ 1983, 264; *Lackner/Kühl* § 47 Rn. 1).

186 Die nach § 47 Abs. 1 StGB vorausgesetzten **besonderen Umstände** in der Tat oder der Persönlichkeit des Täters sind dann gegeben, wenn entweder bestimmte Tatsachen die konkrete Tat von den durchschnittlichen, gewöhnlich vorkommenden Taten gleicher Art unterscheiden, oder wenn bestimmte Eigenschaften – z.B. kriminelle Neigungen – oder Verhältnisse – z.B. Begehung mehrerer Taten, einschlägige Vorstrafen – bei dem Täter einen Unterschied ggü. dem durchschnittlichen Täter derartiger strafbarer Handlungen begründen (OLG Frankfurt am Main, StV 1995, 27; OLG Nürnberg, StraFo 2006, 502, 503; *Lackner/Kühl* § 47 Rn. 2). Ausreichend ist nach herrschender Meinung, dass nur die Umstände in Tat und Persönlichkeit zusammengenommen die Unerlässlichkeit einer Freiheitsstrafe zureichend begründen können (OLG Frankfurt am Main, VRS 42, 188; *Lackner/Kühl* § 47 Rn. 2).

187 Der Begriff der Unerlässlichkeit der Freiheitsstrafe zur **Einwirkung auf den Täter gem. § 47 StGB** kann verschiedene Aspekte umfassen. So ist zum einen die psychisch-disziplinäre Beeinflussung durch Verhängung der schwersten Strafart gemeint, zum anderen aber auch die komplexe Einwirkung durch Strafaussetzung und die mit ihr verbundenen Bewährungsmaßnahmen, sodass es nicht zwingend auf die Frage der Vollziehbarkeit bzw. des Vollzugs der zu verhängenden Freiheitsstrafe ankommen muss (BGHSt 24, 164; NK/*Streng* § 47 Rn. 4; *Lackner/Kühl* § 47 Rn. 3;). Sofern unter keinem der einschlägigen Aspekte anzunehmen ist, dass eine positive Wirkung beim Täter erreicht werden kann, ist die Legitimität nach dieser Alternative zweifelhaft (anders BayObLG, NStZ 1989, 75; krit. *Lackner/Kühl* § 47 Rn. 3; *Köhler*, JZ 1989, 697). Die absehbare Zahlungsunfähigkeit oder die Besorgnis, dass der Täter die Geldstrafe voraussichtlich nicht aus eigenen Mitteln aufbringen muss, stellen allein keinen Grund dar, um auf ihn durch Verhängung von Freiheitsstrafe einzuwirken; dies gilt selbst dann, wenn die Begehung weiterer Straftaten zur Finanzierung der Geldstrafe zu erwarten ist (OLG Frankfurt am Main, StV 1997, 252; *Lackner/Kühl* § 47 Rn. 3).

188 Das Kriterium der **Verteidigung der Rechtsordnung** erfordert zwar keine umfassende Abwägung aller Strafzwecke (BGHSt 24, 40; *Lackner/Kühl* § 47 Rn. 4), andererseits reichen die Betroffenheit von Belangen des Verletzten, Gesichtspunkte der Sühne oder auch die Schwere der Schuld oder der Tatfolgen für sich allein jeweils nicht aus (BGHSt 24, 40; BayObLG, NJW 1978, 1337). Die Abschreckung des Täters ist damit nicht gemeint, da sie durch das Merkmal „*Einwirkung auf den Täter*" speziell erfasst ist (*Lackner/Kühl* § 47 Rn. 4; *Lenckner*, Jura 1971, 319, 345). Vielmehr setzt die Betroffenheit der *Verteidigung der Rechtsordnung* voraus, dass die generalpräventive Wirksamkeit der Strafrechtsordnung durch einen ausgewogenen Einsatz strafrechtlicher Reaktionsmittel erhalten bleiben soll, sodass die rechtliche Gesinnung der Bevölkerung nicht erschüttert wird (BGHSt 24, 40; BGH, NJW 1972, 832; *Lackner/Kühl* § 47 Rn. 5); gemeint ist mithin ein Aspekt der (positiven) Generalprävention. Maßgeblich ist, ob der Verzicht auf eine kurze Freiheitsstrafe nach den jeweiligen Umständen eine Gefahr für die Wirksamkeit der staatlichen Rechtspflege, d.h. für ihr Ernstgenommenwerden in der rechtstreuen Bevölkerung, bedeuten würde und somit als ungerechtfertigtes Zurückweichen vor dem Verbrechen verstanden werden müsste (KG, StV 1993, 120; OLG Celle, StV 1993, 195; OLG Nürnberg, StraFo 2006, 502, 504). Dies kann

nach der Rechtsprechung etwa dann gegeben sein, wenn der Täter aus hartnäckigem rechtsmissbräuchlichen und gemeinschädlichen Verhalten oder Gleichgültigkeit Rechtsgüter angreift oder missachtet (OLG Nürnberg, StraFo 2006, 502, 504), wenn er schon bei Tatbegehung darauf spekuliert, von Freiheitsstrafe verschont zu bleiben (BGHSt 24, 40, 47), wenn die Tat einen erheblichen „Nachahmungseffekt" befürchten lässt (BGH, NStZ 1985, 165), oder wenn sie gar Ausdruck einer in der Bevölkerung verbreiteten Einstellung ist, welche die verletzte Norm nicht ernst nimmt (BGHSt 24, 40, 47; *Lackner* § 47 Rn. 5).

Des Weiteren muss die Verhängung der Freiheitsstrafe aus spezialpräventiven (Einwirkung auf den **189** Täter) oder generalpräventiven (Verteidigung der Rechtsordnung) Gründen **unerlässlich** sein. Dass eine kurzzeitige Freiheitsstrafe nur geeignet, angebracht, sinnvoll, Erfolg versprechend etc. wäre, reicht nach herrschender Meinung nicht aus (OLG Frankfurt am Main, NStZ-RR 2004, 74, 75; OLG Stuttgart, StraFo 2009, 118; *Fischer* § 47 Rn. 7). Die kurzzeitige Freiheitsstrafe muss vielmehr die erforderliche Einwirkung auf den Täter oder die Verteidigung der Rechtsordnung voraussichtlich besser erreichen als jede andere zulässige Sanktion, insb. besser als eine hohe, aber noch schuldangemessene Geldstrafe (BGH, StV 2007, 129; OLG Köln, StV 1984, 378; OLG Stuttgart, StraFo 2009, 118; *Lackner/Kühl* § 47 Rn. 6); zugleich muss sie, auch unter Berücksichtigung der Nachteile, die mit der kurzfristigen Freiheitsstrafe verbunden sind, als unverzichtbar erscheinen (BGH, NStZ 1996, 429; StV 1994, 370; OLG Schleswig, NStZ 1996, 429; OLG Köln, NJW 2001, 3491; NStZ 2003, 421.; OLG Suttgart, StV 2003, 661 f.; OLG Düsseldorf, StraFo 2006, 465; *Fischer* § 47 Rn. 7, 10; *Lackner/Kühl* § 47 Rn. 6; *Horstkotte*, JZ 1970, 122, 126). Dies ist jedoch bei **Ersttätern** i.d.R. zu verneinen (OLG Hamm, wistra 1989, 234; OLG Köln, NJW 2001, 3491 f.; NStZ-RR 2007, 266; *Sch/Sch/Stree/Kinzig* § 47 Rn. 16). Dasselbe dürfte regelmäßig gelten, wenn zwar eine Vortat existiert, diese aber nicht einschlägig ist (LK-StGB/*Theune* § 47 Rn. 19; *Fischer* § 47 Rn. 11). Einschlägige Vortaten müssen durch den Tatrichter hinreichend genau festgestellt und gewürdigt werden (OLG Köln, NStZ 2003, 421 f.; OLG Karlsruhe, StV 2005, 275). Zudem muss der Ausnahmecharakter der Norm auch beim Vorliegen mehrerer (einschlägigen) Taten weiter Beachtung finden (*Lackner/Kühl* § 47 Rn. 6). Selbst wenn der jeweilige entstandene Schaden geringfügig ist, wird allerdings oftmals bei einer gehäuften oder wiederholten Tatbegehung eine Freiheitsstrafe unerlässlich sein (OLG Düsseldorf, JR 1987, 292; *Lackner/Kühl* § 47 Rn. 6). In Fällen, in denen der Angeklagte hingegen zum Zeitpunkt der Hauptverhandlung erstmals eine längere Haftstrafe verbüßt, muss die gegenwärtige Hafterfahrung und deren oftmals positiver Effekt auf sein künftiges Leben sowie seine Einstellung zur Rechtsordnung bei der Beurteilung der Unerlässlichkeit Berücksichtigung finden (OLG Köln, NStZ-RR 2007, 266; *Lackner/Kühl* § 47 Rn. 6). Eine kurzzeitige Freiheitsstrafe ist auch nicht unerlässlich, wenn eine Veränderung in den persönlichen Verhältnissen des Täters – trotz etwa einschlägiger Vortaten – erwarten lässt, dass er keine mehr begehen wird (BGH, StV 2003, 485; OLG Zweibrücken, StV 1992, 323; OLG Saarbrücken, NStZ 1994, 192; OLG Stuttgart, StV 2003, 661 f.; OLG Karlsruhe, StV 2005, 275 f.; OLG Hamburg, StraFo 2006, 465; *Fischer* § 47 Rn. 10a).

Die Annahme der Unerlässlichkeit der Verhängung einer kurzen Freiheitsstrafe bedarf i.d.R. einer **190** besonderen **Begründung** (OLG Köln, NJW 2001, 3491; NStZ 2003, 421; *Fischer* § 47 Rn. 11, 15; *Lackner/Kühl* § 47 Rn. 7). Diese Begründung unterliegt als tatrichterliche Wertungsentscheidung lediglich der eingeschränkten Überprüfbarkeit durch das Revisionsgericht (OLG Schleswig, NJW 1982, 116; OLG Nürnberg StraFo 2006, 502, 503; *Lackner/Kühl* § 47 Rn. 7). In formeller Hinsicht müssen die Gründe den Anforderungen von § 267 Abs. 3 Satz 2 StPO genügen, d.h. regelmäßig die wesentliche Begründung für die Ablehnung einer Geldstrafe enthalten (*Fischer* § 47 Rn. 15; *Lackner/Kühl* § 47 Rn. 7). Verhängt das Gericht bei einer Serie von gleichartigen Taten (*im konkreten Fall: Umsatzsteuerhinterziehung*) teilweise Geld- und teilweise Freiheitsstrafe, müssen die Urteilsgründe für das Revisionsgericht nachprüfbar erkennen lassen (vgl. LK/*Theune* § 47 Rn. 33), dass das Tatgericht bei der Zumessung der Einzelstrafen die **Tatserie** als solche und den durch sie verursachten Schaden gesehen und gewertet hat und weshalb es gleichwohl in einem Teil der Fälle Freiheitsstrafen für geboten, i.Ü. aber Geldstrafen für ausreichend erachtet hat (BGH, NJW 2009, 1979). Der Umstand, dass nach § 47 Abs. 1 StGB die Verhängung kurzer Freiheitsstrafen die Ausnahme ist, rechtfertigt für sich allein bei einer Tatserie nicht, von einer näheren Begründung des Nebeneinanders von Geld- und Freiheitsstrafen abzusehen (BGH, NJW 2009, 1979).

191   Die in Abs. 2 getroffenen Regelungen sind bisher für Steuerdelikte ohne praktische Bedeutung geblieben. Zu denken ist aber an den besonders schweren Fall des § 370 Abs. 3 AO. Danach ist eine Freiheitsstrafe von 3 bis 6 Monaten nur unter den Voraussetzungen des § 47 Abs. 1 StGB zulässig (§ 47 Abs. 2 Satz 1 StGB), obwohl die Norm allein Freiheitsstrafe vorsieht. Andernfalls wären Geldstrafen zwischen 90 und 180 Tagessätzen zu verhängen (§ 47 Abs. 2 Satz 2 StGB).

F. Aussetzung der Freiheitsstrafe zur Bewährung (§ 56 StGB)

192   Die Vorschrift des § 56 StGB sieht in Abs. 1 vor, dass „bei der Verurteilung zu Freiheitsstrafe von nicht mehr als einem Jahr" das Gericht die Vollstreckung der Strafe zur Bewährung aussetzt, „wenn zu erwarten ist, dass der Verurteilte sich schon die Verurteilung zur Warnung dienen lassen und künftig auch ohne die Einwirkung des Strafvollzugs keine Straftaten mehr begehen wird. Dabei sind namentlich die Persönlichkeit des Verurteilten, sein Vorleben, die Umstände seiner Tat, sein Verhalten nach der Tat, seine Lebensverhältnisse und die Wirkungen zu berücksichtigen, die von der Aussetzung für ihn zu erwarten sind." Gem. § 56 Abs. 2 StGB kann unter diesen Voraussetzungen „auch die Vollstreckung einer höheren Freiheitsstrafe, die zwei Jahre nicht übersteigt", zur Bewährung ausgesetzt werden, „wenn nach der Gesamtwürdigung von Tat und Persönlichkeit des Verurteilten besondere Umstände vorliegen. Bei der Entscheidung ist namentlich auch das Bemühen des Verurteilten, den durch die Tat verursachten Schaden wiedergutzumachen, zu berücksichtigen." Nach § 56 Abs. 3 StGB wird bei der Verurteilung zu Freiheitsstrafe von mindestens 6 Monaten „die Vollstreckung nicht ausgesetzt, wenn die Verteidigung der Rechtsordnung sie gebietet." § 56 Abs. 4 StGB regelt, dass die Strafaussetzung „nicht auf einen Teil der Strafe beschränkt werden" kann. „Sie wird durch eine Anrechnung von Untersuchungshaft oder einer anderen Freiheitsentziehung nicht ausgeschlossen."

193   Die Norm ist nur auf eine **Freiheitsstrafe** i.S.d. § 38 StGB anwendbar; Geldstrafe und Ersatzfreiheitsstrafe können hingegen nicht zur Bewährung ausgesetzt werden (*Fischer* § 56 Rn. 2; NK/ *Ostendorf* § 56 Rn. 1). Die Aussetzung eines Berufsverbots erfolgt nicht nach § 56 StGB, sondern nach §§ 70a, 70b StGB (*Fischer* § 56 Rn. 2); bzgl. der Aussetzung freiheitsentziehender Maßregeln sind die §§ 67b, 67g, 68g StGB zu prüfen. Aus § 56 Abs. 1 und Abs. 2 StGB folgt, dass Freiheitsstrafen von mehr als 2 Jahren nicht ausgesetzt werden dürfen (unstr., *Fischer* § 56 Rn. 2a). Für diese Grenze ist (auch bei Gesamtstrafen nach § 58 Abs. 1 StGB) die Höhe der verhängten Strafe (bzw. Gesamtstrafe) maßgeblich, nicht die angeordnete (ggf. kürzere) Vollstreckungsdauer; demgemäß erfolgt keine Strafaussetzung, wenn nur infolge der Anrechnung von Freiheitsentziehung (§ 51 StGB) eine geringere Freiheitsstrafe zu verbüßen ist (BGHSt 5, 377; Lackner/ § 56 Rn. 5). Die Aussetzungsentscheidung gem. § 56 StGB folgt zeitlich auf die Strafzumessungsentscheidung (§§ 46 ff. StGB); Erstere ist von Letzterer abhängig, eine umgekehrte Abhängigkeit darf hingegen nicht hergestellt werden. Bei der Strafzumessung ist daher zu beachten, dass die Höchstgrenze von 2 Jahren nicht etwa nur deshalb unter- oder überschritten werden darf, damit die Aussetzung möglich bleibt oder umgekehrt ausgeschlossen wird; eine entsprechende Begründung des Strafmaßes wäre rechtsfehlerhaft (BGHSt 29, 319; BGH, NStZ-RR 2008, 369; BGH, StV 1996, 263; *Lackner/Kühl* § 56 Rn. 5). Dem Richter verbleibt allerdings ein gewisser Spielraum bei der Strafzumessung, innerhalb dessen er nach § 46 Abs. 1 Satz 2 StGB die von der Strafe ausgehende Wirkung für das künftige Leben des Täters zu berücksichtigen hat; hierbei ist auch in Betracht zu ziehen, ob eine Freiheitsstrafe noch aussetzungsfähig ist und welche Konsequenzen Aussetzungs- oder Nichtaussetzungsfähigkeit der Strafe für die Zukunft des Täters haben werden (BGHSt 29, 319, 321; BGH, StV 1991, 513). Die Aussetzung darf zur Vermeidung kurzer Freiheitsstrafen

nicht auf einen Teil der Strafe beschränkt werden (§ 56 Abs. 4 Satz 1 StGB), sondern muss sich stets auf die gesamte (Gesamt-) Freiheitsstrafe beziehen (*Fischer* § 56 Rn. 2). Durch eine Anrechnung von Freiheitsentziehung (§ 51 StGB) auf einen Teil der Freiheitsstrafe wird die Strafaussetzung allerdings nicht ausgeschlossen (§ 56 Abs. 4 Satz 2 StGB). Anders verhält sich dies nur, wenn die Strafe durch die Anrechnung vollständig verbüßt ist oder für voll verbüßt erklärt wird (BGHSt 31, 25, 27 f.; BGH, NJW 2002, 1356; *Fischer* § 56 Rn. 2; *Lackner/Kühl* § 56 Rn. 6).

Voraussetzung für eine Strafaussetzung nach **§ 56 Abs. 1 StGB**, aber auch nach **§ 56 Abs. 2 StGB** **194** (BGH, StV 2003, 670; *Fischer* § 56 Rn. 3, 19), ist eine **günstige Kriminalprognose hinsichtlich des Täters**. Diese Prognose hat allein spezialpräventiven Charakter; generalpräventive Aspekte sind außer Betracht zu lassen, weshalb eine positive Kriminalprognose auch nicht wegen des Deliktstypus, von vornherein ausgeschlossen werden kann (BGH, NStZ-RR 2005, 38; *Fischer* § 56 Rn. 3). Eine positive Prognose ist gegeben, wenn die Erwartung einer straffreien, über die Dauer der Bewährungszeit hinausgehenden künftigen Lebensführung gerechtfertigt erscheint (*Lackner/Kühl* § 56 Rn. 8). Die bloße Aussicht, dass sich die begangene Tat nicht wiederholen wird, ist allein nicht genügend (*Lackner/Kühl* § 56 Rn. 8); die Erwartung muss zeitlich auch deutlich über die Bewährungsfrist hinausreichen (BGHR StGB § 56 Abs. 1 Kriminalprognose 22; *Fischer* § 56 Rn. 4). Es wird allerdings keine Sicherheit, sondern eine durch Tatsachen begründete Wahrscheinlichkeit zukünftig straffreier Lebensführung verlangt (BGHSt 7, 6 ff.; BGH, NStZ 1988, 452; *Fischer* § 56 Rn. 4; Sch/Sch/*Stree/Kinzig* § 56 Rn. 16). Für die Bejahung einer positiven Prognose genügt, dass die Wahrscheinlichkeit straffreien Verhaltens größer ist als diejenige weiterer Straftaten (BGH NStZ 1997, 594; NStZ-RR 2005, 38; LK-StGB/*Hubrach* § 56 Rn. 12; *Fischer* § 56 Rn. 4a). Von der Prognose muss das Gericht überzeugt sein, der Zweifelssatz gilt insofern nicht (BGH, StV 1992, 106; *Fischer* § 56 Rn. 4a). In dubio pro reo gilt jedoch für die der Prognose zugrunde liegenden einzelnen Sachverhaltsumstände, den Angeklagten trifft insofern auch keine Vortrags- oder Darlegungslast (BGHR StGB § 56 Abs. 1 Kriminalprognose 24; BGH, NStZ-RR 1998, 327; OLG Karlsruhe, NStZ-RR 1999, 242; *Fischer* § 56 Rn. 4a).

Die Prognose muss individuell und konkret gestellt werden, d.h. es darf nicht abstrakt auf die kri- **195** minologische Wahrscheinlichkeit oder Unwahrscheinlichkeit ähnlicher Straftaten Bezug genommen werden (BayObLG, NStZ-RR 2003, 105 f.; *Fischer* § 56 Rn. 4). Sie muss sich auf die Persönlichkeit des Angeklagten beziehen, darf allerdings Elemente von Charakter und Lebensführung, die in keinem erkennbaren Zusammenhang mit der Tat stehen, nicht ohne Weiteres tragend heranziehen (BGH, NStZ-RR 2007, 138; Fischer § 56 Rn. 5). Voraussetzung für die Täterprognose ist eine individuelle Würdigung aller – d.h. nicht nur der in § 56 Abs. 1 Satz 2 StGB lediglich beispielhaft genannten – Umstände, insb. Täterpersönlichkeit, Vorleben, Tatumstände, Nachtatverhalten, Lebensverhältnisse, mutmaßliche Wirkungen einer Strafaussetzung, durch die **Rückschlüsse auf das künftige Täterverhalten** möglich sind (Sch/Sch/*Stree/Kinzig* § 56 Rn. 18 ff.; *Lackner/Kühl* § 56 Rn. 9). Es kommt nicht darauf an, dass negative Prognosefaktoren dem Angeklagten auch vorwerfbar sind (*Fischer* § 56 Rn. 5). Es sind insb. folgende Gesichtspunkte zu beachten: Vorstrafen, soweit sie nicht getilgt oder tilgungsreif sind (§ 51 Abs. 1 BZRG; *Lackner/Kühl* § 56 Rn. 10), sprechen regelmäßig gegen eine positive Prognose, wenn sie gewichtig und einschlägig sind (BayObLG, NStZ-RR 2003, 105, 206;; Fischer § 56 Rn. 6). Problematisch ist regelmäßig ein nachgewiesenes Bewährungsversagen, insb. die Begehung der abgeurteilten Tat in einer laufenden Bewährungsfrist, auch wenn dies eine positive Prognose nicht immer ausschließen muss (BGH, NStZ 1983, 454; StV 1991, 364 f.; OLG Saarbrücken, NJW 1975, 2215; *Lackner/Kühl* § 56 Rn. 10; *Fischer* § 56 Rn. 6 m.w.N.). Das Vorliegen einer Ersttat oder jedenfalls einer erstmaligen Verurteilung zu Freiheitsstrafe kann für eine günstige Prognose sprechen (OLG Köln StV 2008, 24). Die Beweggründe und Ziele des Täters sind gleichgewichtig neben der Schwere der verschuldeten Folgen zu berücksichtigen, Letztere können auch nicht indiziell zur Begründung der Verwerflichkeit des Handelns angeführt werden (*Lackner/Kühl* § 56 Rn. 11). In Bezug auf das Verhalten des Täters nach der Tat ist insb. die Einstellung des Täters zur Tat und das Bemühen um Schadenswiedergutmachung von Bedeutung (*Fischer* § 56 Rn. 8), wobei eine fehlende Wiedergutmachung allein noch kein ausreichender Grund für die Annahme künftigen Versagens darstellt (BGHSt 5, 238; *Lackner/Kühl* § 56 Rn. 12). Positives Indiz ist auch ein straffreies Verhalten nach der abzuurteilenden Tat (BGH, StV 1988, 385; *Fischer* § 56 Rn. 8). Aus dem Prozessverhalten dürfen nicht ohne Weiteres direkte Schlüsse für die Täterprognose gezogen werden, da das Strafverfahren und insb. die Hauptverhandlung für den Täter eine Ausnahmesituation darstellt, weshalb seinem Verhalten hier regelmäßig nur ein geringer Indizwert zukommt (*Lackner/ Kühl* § 56 Rn. 12). Die Verteidigungsstrategie oder sonst ein selbstbegünstigendes Verhalten nach der Tat, mit dem sich der Täter der Bestrafung entziehen wollte, darf regelmäßig prognostisch nicht negativ bewertet werden (*Lackner/Kühl* § 56 Rn. 12).

196 Erforderlich ist eine Gesamtwürdigung aller relevanten Umstände und Erstellung einer einheitlichen Prognose, auch bei der Verhängung mehrerer Strafen, da die Aussetzungsentscheidung nur einheitlich – auf der Basis einer einheitlichen Prognose – ergehen kann (BGHSt 11, 342 f.; OLG Braunschweig, NStZ-RR 2005, 139; *Fischer* § 56 Rn. 11), Der für die Prognose maßgebliche Zeitpunkt ist stets der der jetzigen Entscheidung, dies gilt auch bei nachträglicher Gesamtstrafenbildung nach § 55 StGB (BGH, NJW 2003, 2841; NStZ 2004, 85; *Lackner/Kühl* § 56 Rn. 14). Eine positive Prognose muss bei sich aufdrängenden Zweifeln (etwa bei gewichtiger Vorstrafenbelastung) und bei Begehung der Tat während einer laufenden Bewährungszeit ausführlich begründet werden (BGH, NStZ 1983, 454; OLG Düsseldorf, JR 1994, 39; 2001, 202 m. Anm. *Wohlers*). Liegen umgekehrt positive Anhaltspunkte vor und unterbleibt eine Aussetzungsentscheidung auf der Basis einer negativen Prognose, ist diese ebenfalls eingehend zu begründen. Dem ist durch eine formelhafte Wiederholung des Gesetzeswortlauts nicht Genüge getan; allgemeine, nicht auf den Einzelfall bezogene Ausführungen oder ein bloßer Hinweis auf den Eindruck in der Hauptverhandlung sind ebenfalls nicht ausreichend zur Begründung einer sich nicht aufdrängenden Prognoseentscheidung (BGH, StV 1996, 207; *Lackner/Kühl* § 56 Rn. 14). Insgesamt kommt dem Tatrichter bei der Prognose ein weiter Beurteilungsspielraum zu; eine Revision wäre nur begründet, wenn erkennbar unzutreffende Maßstäbe angewandt, naheliegende Umstände übersehen oder festgestellte Umstände rechtsfehlerhaft gewichtet wurden (BGH, NStZ-RR 2007, 303 f.; OLG Karlsruhe, NStZ-RR 2005, 200 f.; StV 2008, 307 f.). Für die Praxis bedeutet dies, dass eine Revision, die sich allein gegen die Richtigkeit der negativen Kriminalprognose wendet, zumeist erfolglos bleiben wird.

197 Aus § 56 Abs. 3 StGB ergibt sich ein **Ausschlussgrund** für die Strafaussetzung zur Bewährung für Freiheitsstrafen ab 6 Monaten Dauer. Zweck der Beschränkung des Abs. 3 auf Strafen von mindestens 6 Monaten ist die Zurückdrängung der kurzfristigen Freiheitsstrafe (BT-Drucks. V/4094, S. 11; *Lackner/Kühl* § 56 Rn. 15). Auch hierfür sind die Verhältnisse z.Zt. der Entscheidung maßgeblich (BGH NJW 1956, 919; Lackner/*Kühl* § 56 Rn. 15). Bei mehreren selbstständigen (Gesamt-)Freiheitsstrafen wegen gleichartiger Taten ist auch unter diesem rechtlichen Gesichtspunkt nur eine einheitliche Entscheidung über die Vollstreckung möglich (BayObLG, NStZ-RR 2002, 297 m. Anm. *Götting*, JR 2003, 207 [Steuerhinterziehung]). Der Ausschlussgrund nach § 56 Abs. 3 StGB wird nur relevant, wenn die logisch vorrangigen Voraussetzungen von § 56 Abs. 1 oder 2 StGB, v.a. die günstige Prognose, zu bejahen sind (BGH, StV 1991, 19; BayObLG, NStZ-RR 1998, 299; *Lackner/Kühl* § 56 Rn. 15). Daher muss es als unzulässige Umgehung des Gesetzes angesehen werden, wenn eine gesonderte Prüfung des § 56 Abs. 3 StGB durch Verschärfung der Anforderungen an eine günstige Täterprognose vereitelt werden würde (OLG Hamm, DAR 1973, 101).

198 Zum Begriff der **Verteidigung der Rechtsordnung** ist festzuhalten, dass damit nach herrschender Meinung eine Situation gemeint ist, in der eine Strafaussetzung aus überwiegend generalpräventiven Erwägungen unterbleiben muss, weil die Aussetzung der Vollziehung wegen schwerwiegender Besonderheiten des Einzelfalls für das allgemeine Rechtsempfinden schlechthin unverständlich erscheinen müsste und das Vertrauen der Allgemeinheit in die Unverbrüchlichkeit des Rechts und den Schutz der Rechtsordnung vor kriminellen Angriffen erschüttern könnte (BGHSt 24, 40, 46; BGH, wistra 2000, 96 f.; BGHR StGB § 56 Abs. 3 Verteidigung der Rechtsordnung 13; 15; Bay-

ObLG, NStZ-RR 2004, 42 f.; LK-StGb/*Hubrach* § 56 Rn. 49; *Fischer* § 56 Rn. 14). Auch eine –
nachgewiesene – Häufung von Straftaten oder das Erfordernis der Abschreckung anderer Täter
kann dafür sprechen, dass eine Aussetzung zur Verteidigung der Rechtsordnung unterbleiben
muss (BGHSt 6, 127; 11, 396; 34, 151; BGH, NStZ 1985, 165; *Fischer* § 56 Rn. 14). Der BGH
hat bereits mehrfach ausgesprochen, dass bei Steuerhinterziehungen beträchtlichen Umfangs auch
von Gewicht ist, die Rechtstreue der Bevölkerung auch auf dem Gebiet des Steuerrechts zu erhalten; die Vollstreckung einer Freiheitsstrafe kann sich daher zur Verteidigung der Rechtsordnung
als notwendig erweisen, wenn die Tat Ausdruck einer verbreiteten Einstellung ist, die eine durch
einen erheblichen Unrechtsgehalt gekennzeichnete Norm nicht ernst nimmt und von vornherein
auf die Strafaussetzung vertraut; vor diesem Hintergrund muss auch bei Steuerstraftaten mit der
Anwendung des § 56 Abs. 3 StGB ernstlich und zunehmend gerechnet werden (BGH,
NStZ 2009, 637, 639; 1985, 459; GA 1979, 59). Insb. für Fälle der USt-Hinterziehung ist nach
neuerer Rechtsprechung zu berücksichtigen, dass sich nach herrschender Rechtsprechung dann,
wenn durch ein komplexes und aufwendiges Täuschungssystem, das die systematische Verschleierung von Sachverhalten über einen längeren Zeitraum bezweckt, in beträchtlichem Umfang Steuern verkürzt werden, die Vollstreckung einer Freiheitsstrafe zur Verteidigung der Rechtsordnung
als notwendig erweisen kann; die Verhängung einer unbedingten Freiheitsstrafe kann hier nach
herrschender Rechtsprechung wegen der großen Steuerausfälle durch Umsatzsteuerhinterziehung
und bei einer Nähe der Tat zur organisierten Kriminalität geboten sein (USt-Ketten- oder Karrus-
sellgeschäfte; vgl. BGH, NStZ 2009, 637, 639). Bei der Gesamtwürdigung ist bei Steuerstraftaten
andererseits ausreichend zu berücksichtigen, wenn der Angeklagte nicht vorbestraft und geständig
ist; wurde er nur wegen einer einzigen Tat verurteilt, für die er überdies bereits Untersuchungshaft
verbüßt hat, liegt das Erfordernis des Strafvollzugs zur Verteidigung der Rechtsordnung äußerst
fern (vgl. den Fall von BGH, NStZ 2001, 319).

Freiheitsstrafen von 6 Monaten bis zu 1 Jahr sind gem. **§ 56 Abs. 1 StGB** immer dann zur   199
Bewährung auszusetzen, wenn eine positive Kriminalprognose vorliegt und die Verteidigung der
Rechtsordnung einer Aussetzung nicht entgegen steht (BayObLG, wistra 1998, 193; OLG Dres-
den, StV 2000, 560; *Fischer* § 56 Rn. 13). Die **Ausnahmevorschrift** des **§ 56 Abs. 2 StGB** erweitert
die Aussetzungsmöglichkeit des Abs. 1 auf **Freiheitsstrafen von mehr als einem Jahr bis zum
Höchstmaß von 2 Jahren**, wobei jedoch das Vorliegen von besonderen Umständen – überdurch-
schnittlich bedeutsamen Milderungsgründen – vorausgesetzt wird (*Fischer* § 56 Rn. 19; *Lackner/
Kühl* § 56 Rn. 18).

Bei den **besonderen Umständen i.S.d. § 56 Abs. 2 StGB** handelt es sich um Milderungsgründe   200
von besonderem Gewicht, die eine Strafaussetzung trotz des Unrechts- oder Schuldgehalts, der
sich in der Strafhöhe widerspiegelt, als nicht unangebracht erscheinen lassen (BGHSt 29, 371;
BGH, NStZ 1981, 62; 82, 114; *Fischer* § 56 Rn. 20). Es können auch solche tatsächlichen
Umstände herangezogen werden, die bereits für die positive Prognose i.S.d. § 56 Abs. 1 StGB zu
berücksichtigen waren (BGH, NStZ-RR 2006, 375 f.; 2010, 107; *Fischer* § 56 Rn. 20). Die Prüfung, ob derartige Umstände von Gewicht vorliegen, erfordert eine Gesamtwürdigung der Tat
und der Persönlichkeit des Täters (BGH, NJW 2009, 528). Die besonderen Umstände müssen
nicht notwendigerweise eindeutig vorliegen; ausreichend ist, dass ihr Vorliegen nach dem Zweifelssatz nicht auszuschließen ist (BGH, wistra 2000, 464). Schweigt der Angeklagte im Prozess,
reicht dies regelmäßig nicht aus, das Vorliegen derartiger Milderungsgründe auszuschließen (*Lack-
ner/Kühl* § 56 Rn. 18). Zu den besonderen Umständen können je nach Fallgestaltung zählen (vgl.
Lackner/Kühl § 56 Rn. 18; *Fischer* § 56 Rn. 20 ff.): fehlende Vorstrafen (BGH, StV 1998, 260;
2003, 670); im erheblichen Umfang verbüßte Untersuchungshaft (BGH, StV 1992, 63; 156;
NStZ 2010, 147) nachvollziehbare, strafmildernd wirkende Vorgeschichte der Tat (BGH,
StV 1983, 18), insb. auch eine Verstrickung in die Tat durch Dritte (OLG Koblenz, MDR 1991,
787); geringe Lebenserwartung (BGH, DAR 1981, 192; *Dencker*, StV 1992, 125, 130); Verlust
einer nahestehenden Person (OLG Hamm, NStZ 1981, 352); durch die Tat bedingte berufliche
Nachteile (BGH, NStZ 1987, 172), insb. der Verlust der Beamtenstellung (BGH, wistra 1990,

190); positiv zu bewertendes Nachtatverhalten wie etwa das Bemühen um Schadenswiedergutmachung oder Geständnis und Schuldeinsicht im Strafprozess, was insb. bei günstiger Kriminalprognose bei Steuerstraftaten maßgeblich zugunsten des Angeklagten zu berücksichtigen ist(vgl. BGH, NJW 2009, 528 [Steuerhinterziehung]).

201   Zur Annahme besonderer Umstände führt die wiederum erforderliche Gesamtwürdigung von Tat und Persönlichkeit des Angeklagten (BGHSt 29, 324; BGH, NStZ 1982, 416), wenn die oben genannten Umstände ein solches Gewicht erlangen, dass die Strafaussetzung „als nicht unangebracht und als den allgemeinen vom Strafrecht geschützten Interessen nicht zuwiderlaufend" erscheint (BGHSt 29, 370; *Lackner/Kühl* § 56 Rn. 18). Wenn schweren Tatfolgen ein vergleichsweise geringes Verschulden gegenübersteht, kommt eine derartige Strafaussetzung in Betracht (BGH, NStZ 1981, 434). Umstände, die bei einer Einzelbewertung nur durchschnittliche Milderungsgründe wären, können durch ihr Zusammentreffen das Gewicht besonderer Umstände erlangen, so z.B. bei gleichzeitigem Vorliegen von mehreren Umständen wie vorherige Unbestraftheit, erstmalige Verbüßung von U-Haft, lange Dauer der seit der Tat vergangenen Zeit, Handeln auch im Interesse des Unternehmens und Abgabe eines Schuldanerkenntnisses zur Schadenswiedergutmachung (BGHSt 50, 307, 308; BGH, NStZ 1991, 581; *Lackner/Kühl* § 56 Rn. 18). Auch andere ungewöhnliche Milderungsgründe sind, soweit ersichtlich, einzubeziehen (BGH, StV 1984, 375, 376; *Lackner/Kühl* § 56 Rn. 21). Die besonderen Umstände müssen umso gewichtiger sein, je näher die Freiheitsstrafe an der 2-Jahres-Grenze des § 56 Abs. 2 StGB liegt (wistra 1985, 148; 1988, 107; 1994, 193; StV 2001, 676). Die Prüfung der Voraussetzungen des § 56 StGB hat durchgehend von Amts wegen zu erfolgen, die Entscheidung nach § 56 Abs. 2 StGB über die Strafaussetzung ist allerdings, anders als die gem. § 56 Abs. 1 StGB, eine Ermessensentscheidung des Tatrichters, die in der Revision dementsprechend nur einer Vertretbarkeitskontrolle unterliegt (BGH, NJW 1995, 1038; NStZ 2001, 366 f.; 2002, 312; 2007, 232; wistra 1997, 22; NStZ-RR 2008, 276; *Fischer* § 56 Rn. 25; *Lackner/Kühl* § 56 Rn. 21).

G. Revision der Strafzumessung

I. Allgemeines

202   Da Strafzumessung letztlich Rechtsanwendung ist, unterliegt der Prüfung durch das Revisionsgericht auf die allgemeine Sachrüge hin die Frage, ob die festgestellten Strafzumessungstatsachen nach den Maßstäben des § 46 StGB zutreffend subsumiert wurden (BGHSt 5, 57, 59; *Fischer* § 46 Rn. 146). Der Bewertungsakt der Schuldangemessenheit und präventiven Zweckmäßigkeit eines bestimmten Strafmaßes selbst ist dabei aber nach herrschender Meinung grds. Aufgabe des Tatrichters, weshalb eine ins Einzelne gehende Richtigkeitskontrolle hinsichtlich der verhängten Strafe nach ständiger Rechtsprechung ausgeschlossen ist; das Revisionsgericht darf vielmehr nur kontrollieren, ob dem Tatrichter bei seiner Entscheidung ein Rechtsfehler unterlaufen ist (BGHSt 29, 319, 320; 34, 349; BGH, NStZ 2006, 568; wistra 2006, 343, 344; 2008, 58 f.; st. Rspr.), d.h. ob er die Maßstäbe des § 46 StGB oder anderer Strafzumessungsnormen ausweislich der Urteilsgründe verkannt hat. Nur in diesem Rahmen kann eine revisible Verletzung des Gesetzes i.S.d. § 337 Abs. 1 StPO vorliegen. Eine ins Einzelne gehende Richtigkeitskontrolle ist hingegen ausgeschlossen (BGH, NStZ-RR 2008, 343). Im Zweifel hat der Revisionsrichter die eigentliche Strafzumessungsbewertung des Tatrichters hinzunehmen (BGH, wistra 2008, 58 f.), auch hinsichtlich der Entscheidung über die Gesamtstrafe und der Bewährungsentscheidung (§§ 47, 56 StGB, s.o.; vgl. *Fischer* § 46 Rn. 147). Allein dessen Aufgabe ist es, auf der Grundlage einer Gesamtwürdigung der Tat und der Persönlichkeit des Täters auf der Basis des Inbegriffs der Hauptverhandlung die wesentlichen entlastenden und die belastenden Umstände festzustellen, sie zu bewerten und gegeneinander abzuwägen (BGH, NJW 2009, 1979; BeckOK-StGB/*von Heintschel-Heinegg* 16. Edition [Stand: 15.08.2011], § 46 Rn. 116). Welchen tatsächlichen Umständen er welches – bestimmende oder nur akzessorische – Maß an Bedeutung zuweist, ist in einem sehr

weitgehenden Rahmen seiner Beurteilung überlassen (BGH, NStZ-RR 2008, 310; NStZ-RR 2008, 153 jeweils m.w.N.).

Der Tatrichter hat in den **Urteilsgründen** nach herrschender Meinung lediglich die **bestimmen-** **203** **den Umstände der Strafzumessung (§ 267 Abs. 3 StPO)** aufzuführen (BGHSt 24, 268, *Fischer* § 46 Rn. 106; LK-StGB/*Theune* § 46 Rn. 336 f.; MüKo-StGB/*Franke* § 46 Rn. 76; *Schäfer* Strafzumessung Rn. 746 ff.). Eine erschöpfende Aufzählung aller in Betracht kommenden Strafzumessungserwägungen ist nicht vorgeschrieben und praktisch unmöglich (BGH, NStZ 2001, 333; 2006, 227, 228). Nach herrschender Meinung kann zudem nicht davon ausgegangen werden, dass dann, wenn ein für die Strafzumessung bedeutsamer Umstand nicht angeführt worden ist, dieser durch den Tatrichter übersehen wurde oder er nicht gewertet wurde (BeckOK-StGB/*von Heintschel-Heinegg* 16. Edition [Stand: 15.08.2011], § 46 Rn. 116). Jeder für die **Strafzumessung erhebliche Umstand** unterliegt dem **Strengbeweis der StPO** (BGHR § 56 Abs. 1 Kriminalprognose 25; BeckOK-StGB/*von Heintschel-Heinegg* 16. Edition [Stand: 15.08.2011], § 46 Rn. 117). Dass Strafzumessungsumstände nicht verfahrensrechtlich korrekt durch Zeugen-, Urkunden-, Augenschein- und Sachverständigenbeweis festgestellt wurden, kann grds. nicht auf die allgemeine Sachrüge des Revisionsführers, sondern nur auf dessen zulässige Verfahrensrüge (§ 344 Abs. 2 Satz 2 StPO) hin überprüft werden (BGHR § 56 Abs. 1 Kriminalprognose 25; OLG Dresden, Beschl. v. 28.02.2007 – 3 Ss 645/06 = BeckRS 2007, 10651).

Die Anwendung der allgemeinen Maximen der ständigen Rechtsprechung stellt sich in der Praxis **204** unterschiedlicher Spruchkörper der Revisionsgerichte (*Fischer* § 46 Rn. 146) und über die Zeit betrachtet durchaus unterschiedlich dar. Die faktische Kontrolltiefe und -dichte der Revisionsrechtsprechung hinsichtlich der Strafzumessung schwankt erheblich. Allgemein anerkannt dürfte sein, dass die Obergerichte das Strafmaß – ohne eine explizite Veränderung der Prüfungsmaßstäbe – in den vergangenen Jahren und Jahrzehnten einer **zunehmend verstärkten revisionsgerichtlichen Kontrolle** unterworfen haben (NK/*Streng* § 46 Rn. 188). Nach neueren Auswertungen sollen gut ein Drittel der vom BGH im Revisionsverfahren getätigten Aufhebungen – zugleich über 40 % der Urteilsaufhebungen auf die Sachrüge hin – Fehler bei der Strafzumessung betreffen (NK/*Streng* § 46 Rn. 188; Nack NStZ 1997, 153, 156; *Kalf*, NJW 1996, 1447; Detter BGH-FS II, 679, 692). Heute sollen sogar 50 % der Urteilsaufhebungen durch den BGH allein die Strafzumessungsentscheidung betreffen (*Jung* FS Samson, S. 55, 59 m.w.N.). Die Kontrolle der Strafzumessung in Steuerstrafsachen ist zwar erst seit wenigen Jahren – jedoch jedenfalls seit dem Urteil des 1. Strafsenats des BGH v. 02.12.2008 (BGHSt 53, 71 ff.) auch explizit – intensiviert worden, anders als bisher aber unter dem spezifischen Gesichtspunkt der Schuldangemessenheit und zudem mit der klaren Tendenz, v.a. schuldunangemessen niedrige Strafen – insb. Geld- und Bewährungsstrafen – bei hohen Hinterziehungsbeträgen zurückzudrängen.

II. Revisible Rechtsfehler der Strafzumessung

1. Zulasten oder zugunsten des Angeklagten

In ihrer allgemeinen Formulierung sind die in der höchstrichterlichen Rechtsprechung anerkann- **205** ten Rechtsfehler der Strafzumessung ambivalent, da sie sich grds. sowohl zugunsten, als auch zulasten des Angeklagten auswirken können. Rechtsfehlerhaft ist die Bewertung des Tatrichters, wenn die maßgeblichen Erwägungen rechtlich anerkannten Strafzumessungsgrundsätzen zuwiderlaufen, in sich widersprüchlich oder in dem Sinne lückenhaft sind, dass naheliegende, sich aufdrängende Gesichtspunkte nicht bedacht wurden oder gegen rechtlich anerkannte Strafzwecke verstoßen (st. Rspr. BGH, NJW 2009, 1979, 1984 m.w.N.). Ein sachlichrechtlicher Fehler liegt nach herrschender Rechtsprechung vor, wenn in den Urteilsgründen Umstände außer Acht gelassen werden, die für die Beurteilung des Unrechts- und Schuldgehalts und damit der Schwere der Tat von besonderer Bedeutung sind, deren Einbeziehung in die Strafzumessungserwägungen deshalb nahe lag (BGH, NStZ 2006, 227). Zumindest bei Straftaten von einigem Gewicht setzt eine an den anerkannten Strafzwecken ausgerichtete Strafzumessung eine Würdigung der persönlichen

Verhältnisse des Angeklagten, auch seines Vorlebens, voraus (BGHR StPO § 267 Abs. 3 S 1 Strafzumessung 20). Dies erfordert wiederum entsprechende Feststellungen in den Urteilsgründen.

2. Zulasten des Angeklagten

a) Substantielle Mängel

206   Bisher eher selten resultieren revisible Rechtsfehler zugunsten des Angeklagten aus der Verkennung des Gehalts anerkannter Strafzumessungsgrundsätze und der Verhängung einer objektiv zu hohen Strafe. Nur relativ zurückhaltend, wenn auch mit zunehmender Tendenz (NK/*Streng* § 46 Rn. 189), stellt die Rechtsprechung unmittelbar auf die **Unvertretbarkeit der Strafhöhe i.S.e. Unvereinbarkeit mit der Schuld des Täters** ab (BGHSt 45, 312, 318 f.; BGHR StGB § 46 Abs. 1 Strafhöhe 5, 9, 11 und 13; BGHR StGB § 46 Abs. 1, Beurteilungsrahmen 13; BGH, NJW 1977, 1247; 1978, 174 f.; StV 1985, 366; 1990, 494; 2001, 453, 454; NStZ-RR 1998, 236 f; NStZ 2001, 595; NStZ-RR 2008, 288f; OLG Köln, NJW 2001, 3491, 3492; *Theune*, StV 1985, 205, 208; *Detter* BGH-FS II, S. 679, 697 ff.; NK/*Streng* § 46 Rn. 189; *Schäfer* Strafzumessung Rn. 464). So liegt insb. ein Rechtsfehler vor, wenn sich die verhängte Strafe nach oben von ihrer Bestimmung löst, gerechter Schuldausgleich zu sein, d.h. eine schuldunangemessen hohe Strafe verhängt wird (st. Rspr.; BGH, NJW 2009, 1979, 1984 m.w.N.). Dies entspricht der Rechtsprechung des BVerfG, welches postuliert, dass gem. **Art. 2 Abs. 1, 1 Abs. 1 GG** die Strafe nicht die Schuld des Täters übersteigen darf, d.h. in einem gerechten Verhältnis zur Schwere der Tat und zur Schuld des Täters stehen muss (BVerfGE 20, 323, 331; 25, 269, 285 ff.; 50, 5, 12), weshalb nicht nur § 46 StGB, sondern die genannten **Grundrechte des Angeklagten bzw. Verurteilten verletzt** sind, wenn sich die Strafe derart weit vom Zweck des gerechten Schuldausgleichs löst, dass sie objektiv willkürlich überhöht erscheint (BVerfGE 18, 85, 92 ff.; 54, 100, 108; 95, 96, 141; statt aller *Fischer* § 46 Rn. 147). In der Praxis der Revisionsgerichte wird dies angenommen, wenn aus deren Sicht sehr erhebliche, wenn auch nicht genau bezifferbare Abweichungen vom in vergleichbaren Fällen üblichen Strafmaß vorliegen und die Strafe deshalb als schuldunangemessen überhöht angesehen wird (BGHR StGB § 46 Abs. 1 Strafhöhe 9; BGH StV 1985, 366; 1990, 494; 1992, 271f.; 1993, 71; 1996, 427f.; NStZ 1992, 381; 1997, 336 f.; StraFo 2003, 246f.; NStZ-RR 2008, 308, 309; BayObLG, JR 2002, 166ff.). Dabei bezieht sich der BGH explizit teilweise auch auf die von ihm selbst in ähnlich schweren Fällen in der Revision (noch) bestätigten Strafen (BGH, StV 1987, 530; BGH, MDR 1990, 169f.; LK-StGB/*Theune* § 46 Rn. 325). Zu Recht wird zu einer derart ermittelten Schuldangemessenheit und Vertretbarkeit kritisch angemerkt, dass sich dadurch eine Vermengung der von den Tatrichtern per Konsens geschaffenen Gerechtigkeitskategorie (das „Übliche") mit den – nicht weiter legitimierten – Richtigkeitsvorstellungen des jeweiligen Revisionsspruchkörpers ergebe, weshalb die (unausgesprochenen) normativen Vorstellungen des Senats die empirische Konsensdiagnose ganz wesentlich mit präge (NK/*Streng* § 46 Rn. 189 f.). Verlässliche objektive Erkenntnisse und Erkenntnisquellen darüber, welche Strafen für bestimmte Deliktstypen üblich sind, existieren zudem – gerade über den Zuständigkeitsbereich eines Spruchkörpers hinaus – wohl nicht (vgl. NK/*Streng* § 46 Rn. 197). Insb. ist die Auswertung in der Strafverfolgungsstatistik des Statistischen Bundesamtes zur Klärung dieser Fragestellungen zu undifferenziert; folglich kann das Revisionsgericht seine Feststellungen zur Üblichkeit nur auf unsystematische und selektive Eindrücke stützen (NK/*Streng* § 46 Rn. 197; *Köberer* StV 1996, 428, 429f.), regelmäßig wohl vorrangig auf die Instanzrechtsprechung aus dem Zuständigkeitsbereich des eigenen Spruchkörpers. Es besteht mithin die Gefahr, dass regionale Strafzumessungsunterschiede durch unterschiedlich judizierende Revisionsspruchkörper bzw. -gerichte zugespitzt werden (NK/*Streng* § 46 Rn. 197). Um durch eine verstärkte Kontrolle und Lenkung der Strafzumessung durch das Revisionsgericht die Ungleichheit der Strafzumessung nicht zu akzentuieren, ist erforderlich, dass die verschiedenen zuständigen Revisionsgerichte und -spruchkörper die Ausformung deutlich unterschiedlicher Üblichkeitsmaßstäbe oder Richtigkeitsüberzeugungen möglichst vermeiden (vgl. NK/*Streng* § 46 Rn. 197). Positiv gewendet erscheint ein institutionalisierter Austausch aller Beteiligten auf der Basis einer exakteren Erfassung der

Strafzumessungspraxis, mit dem Ziel der Entwicklung konsensualer Vorstellungen zum Normalmaß der Strafe bei bestimmten Deliktstypen, sinnvoll. Andernfalls wäre die Legitimität der an sich wünschenswerten revisionsrichterlichen Ergebniskontrolle bzgl. außerhalb des üblichen Maßes liegender Strafen infrage gestellt. Der **Sinn einer intensiveren Kontrolle der Vertretbarkeit des Strafmaßes durch die Revision** kann jedenfalls grds. zum einen darin liegen, dass der vereinzelte „Ausreißer" leichter eliminiert und Ungerechtigkeit im Einzelfall vermieden werden könnte, zum anderen darin, dass das Setzen engerer Vertretbarkeitsgrenzen durch Revisionsgerichte die Funktion erfüllen würde, klarere allgemeine Maßstäbe und Orientierungspunkte für die Strafzumessung der Instanzgerichte zu liefern als bisher (NK/*Streng* § 46 Rn. 186 m.w.N.).

Hinsichtlich der **Revisionsrechtsprechung in Steuerstrafsachen** ist darauf hinzuweisen, dass keine 207 höchstrichterlichen Entscheidungen ersichtlich sind, bei denen die **Kontrolle der Vertretbarkeit des Strafmaßes** zu einer Aufhebung des Urteils zugunsten des Angeklagten geführt hätte. Vielmehr erfolgten gerade in letzter Zeit Entscheidungen des BGH, bei denen bestimmte Strafhöhen bzw. Strafarten als schuldunangemessen milde bezeichnet wurde (vgl. BGH, wistra 2007, 145 = NStZ-RR 2007, 176 [Bewährungsstrafe bei gewerbsmäßiger Beteiligung an USt-Karrussell]). Jedenfalls hinsichtlich geringer Hinterziehungssummen, insb. im dreistelligen oder auch unteren vierstelligen Bereich sollte allerdings die Übernahme der Rechtsprechung diverser OLG zu **Bagatelltaten** im Bereich der Vermögensdelikte, etwa dem Schwarzfahren, erwogen werden, wonach neben dem Gebot des gerechten Schuldausgleichs auch das (verfassungsrechtliche) Übermaßverbot bzw. Verhältnismäßigkeitsgebot gebieten, **von der Verhängung einer (kurzen) Freiheitsstrafe gem. § 47 Abs. 1 StGB abzusehen**, auch wenn dessen Voraussetzungen (s.o. Rdn. 184 ff.), insb. die Unerlässlichkeit zur Einwirkung auf den Täter oder zur Verteidigung der Rechtsordnung, an sich gegeben sind (OLG Stuttgart, NStZ 2007, 37; OLG Braunschweig, NStZ-RR 2002, 75; StV 2009, 361 [Schwarzfahren]; vgl. auch OLG Oldenburg, StraFo 2008, 298). Jedenfalls dürften aus Sicht des BGH für derartige Strafzumessungsentscheidungen der OLG die Voraussetzungen einer Divergenzvorlage wegen des Einzelfallcharakters der Erwägungen zu § 47 Abs. 1 StGB regelmäßig nicht vorliegen (vgl. BGHSt 52, 84 = BGH, NJW 2008, 672).

b) Darstellungsmängel

Mit der Strafmaßrevision erfolgreich gerügte Rechtsfehler ergeben sich in der Praxis wohl primär 208 aus **Mängeln der Darstellung des Strafzumessungsvorgangs und der herangezogenen Erwägungen sowie deren Gewichtung in den Urteilsgründen** (§ 267 Abs. 3 StPO), ohne dass die Strafe per se durch das Revisionsgericht als überhöht beanstandet werden würde. Auch eine unzureichende Begründung führt zur Zurückverweisung, da das Urteil an einem sachlich-rechtlichen Mangel leidet (BGHSt 24, 268; BGH, NJW 1976, 2220; OLG Düsseldorf, NStZ 1988, 326).

Zu Recht wird allerdings darauf hingewiesen, dass bei einer **Orientierung an der schriftlichen** 209 **Urteilsbegründung** für den Revisionsrichter u.U. die **Gefahr besteht, aufgrund einer verzerrten Tatsachenbasis zu urteilen,** denn es ist davon auszugehen, dass die Urteilsgründe vom Tatrichter in hohem Maße unter dem Gesichtspunkt der Rechtfertigung der getroffenen Entscheidung ggü. dem Revisionsgericht abgefasst sind, wobei möglicherweise gezielt oder unbewusst bestimmte Grundlagen der Zumessungsentscheidung gerade nicht im Urteil offengelegt werden (NK/*Streng* § 46 Rn. 196). Zudem dürften nicht explizite, weitgehend unbewusst ablaufende – auch rechtlich beanstandungsfreie – Wertungen des Tatrichters i.R.d. Strafmaßfindung nicht immer einer klaren argumentativen Darstellung zugänglich sein, weshalb bei strikter und ausschließlicher Berücksichtigung der schriftlichen Urteilsbegründung der Strafausspruch die angemessene Strafe u.U. stärker verfehlen würde, als dies der formal auf diese Begründung gestützte Strafausspruch tatsächlich tut. Daher erscheint eine gewisse Zurückhaltung bei der revisionsgerichtlichen Kontrolle des Strafmaßes anhand der geschriebenen Strafzumessungsbegründung durchaus angemessen (NK/*Streng* § 46 Rn. 196 i.V.m. 168, 181 m.w.N.).

210   **Formale Mindestanforderungen hinsichtlich der Nachvollziehbarkeit und der Schlüssigkeit der Begründung der Strafzumessung** werden durch die Revisionsgerichte aber zu Recht durchgesetzt, da ansonsten eine rechtliche Überprüfung kaum möglich und es zudem wenig wahrscheinlich ist, dass bei der Entscheidung des Tatrichters ein angemessen strukturierter Strafzumessungsvorgang unter Berücksichtigung aller wesentlichen Zumessungstatsachen und -kriterien stattgefunden hat. Insb. genügt es nicht, dass sich der Tatrichter **mit gehaltlosen Floskeln** begnügt, z.B. die Strafe als „angemessen und ausreichend" bezeichnet (OLG Frankfurt am Main, VRS 37, 60), er bloße **Wertungen ohne substantielle, faktenbasierte Grundlage** (im Urteil) ausspricht, etwa die Schuldschwere ohne nähere Darlegung als Strafschärfungsgrund qualifiziert oder bei Verhängung einer hohen Freiheitsstrafe ohne nähere Erörterungen behauptet, genannte Gesichtspunkte – etwa die von der Strafe zu erwartende Wirkung für das künftige Leben des Angeklagten – seien berücksichtigt worden (BGH StV 1991, 19; Sch/Sch/*Stree/Kinzig* § 46 Rn. 65; *Fischer* § 46 Rn. 107). Auch eine **bloße Aufzählung der Milderungs- und Schärfungsgründe** genügt ohne Abwägung der einzelnen Umstände in den Urteilsgründen nach ihrer Bedeutung und ihrem Gewicht den Mindestanforderungen nicht·(BGH, GA 1979, 60; OLG Koblenz, VRS 56, 338; Sch/Sch/*Stree/Kinzig* § 46 Rn. 65; *Schäfer* Strafzumessung Rn. 768). Bei einer strafzumessungrechtlichen Wertung sind zudem grds. diejenigen **Tatsachen anzugeben**, die diese stützen, und zwar soweit, dass die rechtlichen Überlegungen nachprüfbar sind (BGH, MDR 1970, 559; Sch/Sch/*Stree/Kinzig* § 46 Rn. 65).

211   Das **Fehlen wesentlicher Strafzumessungserwägungen** in den Urteilsgründen ist revisibel (BGH, NJW 1992, 3310; OLG Koblenz, VRS 47, 256; Sch/Sch/*Stree/Kinzig* § 46 Rn. 65). Fehlende Feststellungen über die **Persönlichkeit des Täters** (BGH, NStZ 1981, 389; 1991, 231), insb. **über dessen persönliche Verhältnisse** (BGH, NJW 1976, 2220; NStZ 1981, 299; NStZ-RR 1999, 46; MDR 1979, 105 f.; StV 1983, 456), wozu auch **Ausführungen zu seinem Lebensweg und über seine familiären und wirtschaftlichen Verhältnisse** gehören (BGH, NStZ 1985, 309, OLG Köln, StV 1996, 321), sind revisionsrechtlich relevant und können zur Aufhebung des Strafausspruches zugunsten des Angeklagten führen (Sch/Sch/*Stree/Kinzig* § 46 Rn. 65). Auch fehlende Feststellungen zu den **Auswirkungen der Strafe auf das künftige Leben des Verurteilten** stellen einen sachlich-rechtlichen Fehler dar; lässt sich der Angeklagte nicht zur Sache ein, muss das tatrichterliche Urteil die Bemühung erkennen lassen, dennoch diese täterbezogenen Aspekte angemessen zu beleuchten und zu bewerten (BGH StV 1983, 456; Sch/Sch/*Stree/Kinzig* § 46 Rn. 65). Auch ein **Nichteingehen auf einen sich – nach den Tatsachenfeststellungen des Urteils – aufdrängenden Milderungsgrund** ist fehlerhaft (BGHSt 3, 220; BGH, NJW 1986, 598).

212   Durchgreifende **Begründungsmängel** liegen auch bei Nichterfüllung eines erhöhten Begründungsaufwands vor, insb. sind diese auch bei einer **tätergünstigen Veränderung des Vorwurfs- bzw. Verurteilungsumfangs im Verfahren bei gleichbleibender Sanktionierung** festzustellen. Einer besonderen Begründung bedarf es etwa, wenn das Berufungsgericht die Einzelstrafen ermäßigt, aber dennoch die erstinstanzliche Gesamtstrafe bestätigt (OLG Köln, NJW 1955, 356). Dasselbe gilt, wenn die erstinstanzliche Strafe trotz einer nunmehr zugrunde gelegten weniger schwerwiegenden Straftat nicht gemildert wird (BGH, NStZ-RR 2003, 272; StV 1989, 341; BayObLG, NStZ-RR 2003, 326; OLG Düsseldorf, NJW 1989, 2408; OLG Hamburg, StV 1995, 643; OLG Karlsruhe, StV 1989, 347; OLG Köln, NJW 1986, 2328; Sch/Sch/*Stree/Kinzig* § 46 Rn. 65), oder wenn der neue Tatrichter einen weiteren Tatvorwurf von der Verfolgung gem. § 154 Abs. 2 StPO ausschließt, jedoch eine gleich hohe Strafe wie erstinstanzlich verhängt für erforderlich hält (OLG München, NJW 2009, 160). Entsprechend verhält es sich, wenn nach einer Zurückverweisung dasselbe Strafmaß wie im aufgehobenen Urteil ausgeworfen wird, obwohl ein niedrigerer Strafrahmen zur Anwendung kommt (BGH, NJW 1983, 54) oder nunmehr, anders als im ersten Durchgang, verbal erheblich Strafmilderungsgründe „berücksichtigt" werden (BGH, StV 1991, 19; Sch/Sch/*Stree/Kinzig* § 46 Rn. 65; *Schäfer* Strafzumessung Rn. 816). Bei Aufhebung des Strafausspruches in der Revisionsinstanz darf zudem bei der Strafzumessung nicht bloß auf die früheren Strafzumessungserwägungen Bezug genommen werden (BGH, NStZ-RR 1998, 204; NStZ 2000, 441).

Daneben sind durchgreifende **Begründungsmängel im Zusammenhang mit einem Strafmaß** 213 **nahe der Höchststrafe oder deutlich über der Mindeststrafe bzw. bei Abweichungen vom Normalmaß** in der Rechtsprechung anerkannt (vgl. BGH, StraFo 2003, 97f; 2007, 512). Es fehlt an einer allgemein anerkannten inhaltlichen Begründung dafür, weshalb das übliche Strafmaß auch das (schuld-)gerechte ist, deshalb wird die gem. § 267 Abs. 3 StPO bestehende Verpflichtung des Tatrichters, die Strafzumessung eingehend zu begründen, vom BGH in solchen Fällen als Hilfskonstruktion genutzt, um die Strafmaßkontrolle zu intensivieren (NK/*Streng* § 46 Rn. 191). Bei erheblicher Abweichung vom in vergleichbaren Fällen üblichen Strafmaß gilt dieses durch die Urteilsgründe als nicht gedeckt, wenn diese nicht nach einem eher strengen Maßstab alle maßgeblichen Aspekte angemessen berücksichtigen (vgl. BGH, StV 1987, 435f.; 1993, 71; JZ 1988, 264; StraFo 2003, 97f.; 2007, 512; BayObLG, JR 2002, 166ff.). Die Verhängung extrem hoher Strafen – gemessen am angewandten Strafrahmen – ist insb. dann rechtsfehlerhaft, wenn nicht die Abweichung vom Üblichen in den Urteilsgründen mit den straferschwerenden Besonderheiten des Falles belegt und begründet wird und diese nicht sorgfältig mit den strafmildernden Umständen abgewogen werden (BGH, MDR 1978, 623; StV 1983, 102; 1986, 57; BayObLG StV 2002, 427; Sch/Sch/*Stree/Kinzig* § 46 Rn. 65; LK-StGB/*Theune* § 46 Rn. 337; *Schäfer* Strafzumessung Rn. 814 f.). Je mehr sich die Strafe dem Höchstmaß nähert, desto ausführlicher müssen die Strafzumessungserwägungen sein, um keinen revisiblen Darlegungsmangel zu enthalten (BGH, NStZ 1991, 178; NStR-RR 2003, 53; StV 1984, 152; 1998, 480; Sch/Sch/*Stree/Kinzig* § 46 Rn. 65). Erfolgt sogar die **Verhängung der Höchststrafe**, begründet es die Revision, wenn im Urteil nicht dargelegt ist, dass alle denkbaren Strafmilderungsgründe in die Prüfung einbezogen sind, es sei denn, der Sachverhalt legt solche Gesichtspunkte nicht nahe (BGH, NStZ 1983, 269; MDR 1978, 623; Sch/Sch/*Stree/Kinzig* § 46 Rn. 65). Rechtsfehlerhaft ist etwa die Strafzumessung im engeren Sinne, wenn die Urteilsgründe lediglich erhebliche Strafmilderungsgründe schildern, ohne strafverschärfende Umstände zu nennen, dennoch aber die Mindeststrafe erheblich überschritten wird (BGH, NStZ-RR 2009, 336).

Werden als Strafschärfungsgrund **Vorstrafen** angeführt, ist es unzureichend, wenn sich hierzu 214 keine näheren Darlegungen in den Urteilsgründen finden (BGH, MDR 1976, 13; BayObLG, MDR 1976, 598; OLG Köln, NStZ 2003, 421) oder die Schilderung der in Bezug genommenen Vorstrafen zu pauschal ist, als dass man deren straferhöhende Wirkung nachvollziehen könnte (BGH, StV 1984, 151; wistra 1988, 64). Die Urteilsgründe müssen eine inhaltliche Würdigung der Vortaten nach Art und Ausmaß erkennen lassen (BGH, NStZ 1991, 177; NStZ-RR 1996, 266; OLG Köln, NStZ 2003, 421; Sch/Sch/*Stree/Kinzig* § 46 Rn. 65).

Revisible Rechtsfehler können aber auch gegeben sein, wenn es um **besondere Begründungserfor-** 215 **dernisse** geht, wie z.B. im Fall der **Verhängung einer kurzen Freiheitsstrafe**, § 47 Abs. 1 StGB, oder der nicht bewilligten **Strafaussetzung zur Bewährung**, § 56 StGB (BeckOK-StGB/*von Heintschel-Heinegg* 16. Edition [Stand: 15.08.2011], § 46 Rn. 120).

Nur eingeschränkt kann die **Ungleichbehandlung unterschiedlicher Tatbeteiligter im Strafmaß** 216 zum Gegenstand der Revision gemacht werden. Gleichheits- und damit Gerechtigkeitsprobleme entstehen hier bei stark divergierenden Strafmaßen bei vergleichbarem Tatbeitrag (BGH, NStZ-RR 2009, 71, 72; BGH, NStZ 2009, 382f.; NK/*Streng* § 46 Rn. 193) oder bei gleichen Strafen trotz unterschiedlichen Tatunrechts (vgl. BGH, StV 2007, 574). In solchen Konstellationen ist zumindest erforderlich, dass Unterschiede in der Strafzumessung plausibel näher erläutert werden, wenn sie sich nicht aus der Sache selbst ergeben (BGH, NStZ-RR 2009, 71). Liegt eine solche Begründung vor, so sind diese Entscheidungen vom Revisionsgericht grds. hinzunehmen, selbst wenn ein anderes Ergebnis möglich gewesen wäre (BGH, wistra 1997, 22). Der BGH geht grds. davon aus, dass für jeden Beteiligten die Strafe aus der Sache selbst gefunden werden müsse. Eine Strafzumessung im Hinblick auf die in anderen Urteilen verhängten Strafen ist nach Auffassung des BGH rechtsfehlerhaft; selbst wenn diese zum gleichen Tatkomplex ergangen sind, besteht keine Pflicht des Tatrichters, sich strafvergleichend mit ihnen zu befassen (BGH, Beschl. v. 28.06.2011 – 1 StR 282/11). Damit geht der BGH von seiner früher gelegentlich geäußerten Auffassung ab, wonach bei der Strafzumessung auch der Gesichtspunkt, dass die gegen Mittäter verhängten Strafen in einem gerechten Verhältnis zueinander stehen sollten, nicht völlig außer Betracht bleiben könne (zuletzt BGH, NJW 2001, 83, 85; BGH, StV 2003, 555; BGH, NStZ-RR 2002, 105f; BGH, NStZ-RR 2009, 71f.) Probleme traten dabei in der Praxis v.a. auf, wenn die Tatbeteiligten durch unterschiedliche Gerichte abgeurteilt wurden und das zweite Gericht das zuerst ausgeworfene Strafmaß für nicht vertretbar hielt und sich dementsprechend, unter Befolgung des vom BGH vertretenen Prinzips der Eigenverantwortlichkeit richterlicher Überzeugungsbildung (BGHSt 28, 318, 324), nicht an der Entscheidung des anderen Gerichts orientierte (BGH, NStZ-RR 1997, 196 f.; BGH, StraFo 2005, 208; BGH StV 2008, 295, 296; LK-StGB/*Theune* § 46 Rn. 324; *Schäfer* Strafzumessung Rn. 485). In derartigen Fällen kann und – soweit prozessual möglich – sollte entgegen der Rspr. des BGH eine Korrektur derjenigen Strafzumessungsentscheidung durch das Revisionsgericht erfolgen, die nicht vertretbar ist. Wurde nur die strengere – an sich vertretbare – Bestrafung angefochten und war die Diskrepanz unangemessen groß, sollte unter dem Gesichtspunkt des vom BGH in der Vergangenheit wiederholt postulierten Grundsatzes des gerechten Verhältnisses des Strafmaßes der Beteiligten eine revisionsrichterliche Korrektur erfolgen.

217   Eine Gruppe von typischen Rechtsfehlern zulasten des Angeklagten lässt sich normativ dem **Doppelbestrafungsverbot des § 46 Abs. 3 StGB** zuordnen. So dürfen etwa fehlende Milderungsgründe nicht straferhöhend herangezogen werden (BGH, NStZ 1987, 323).

3. Zugunsten des Angeklagten

218   Revisionsanfällig ist stets die **Verhängung der Mindeststrafe** trotz Vorliegens erheblicher straferschwerender Umstände, jedenfalls bedarf es einer eingehenden Begründung dafür, warum die Verhängung der Mindeststrafe dennoch schuldangemessen ist (BGH, NStZ-RR 2010, 237). Entsprechendes dürfte für ein Strafmaß in der Nähe des Mindestmaßes gelten.

III. Nicht revisible bzw. nicht tragende Rechtsfehler und Begründungsschwächen

219   In der Erwähnung eines fehlenden Strafmilderungsgrundes liegt nicht notwendigerweise ein durchgreifender Rechtsfehler zugunsten des Angeklagten (BGH, NStZ-RR 2009, 166).

IV. Entscheidung des Revisionsgerichts

220   Regelmäßig kann bei einer revisionsrichterlichen Beanstandung der Strafzumessung keine Entscheidung in der Sache erfolgen, sondern lediglich eine Aufhebung und Zurückverweisung an das Instanzgericht (§§ 349 Abs. 4, 5; 354 Abs. 2 StPO). Ausnahmsweise kann das Revisionsgericht unter den Voraussetzungen der § 354 Abs. 1 StPO in der Sache selbst entscheiden. Dies setzt den im Steuerstrafrecht ausgeschlossenen Fall voraus, dass auf eine absolut bestimmte Strafe zu erkennen ist, oder den seltenen Fall, dass das Revisionsgericht in Übereinstimmung mit dem Antrag der StA die gesetzlich niedrigste Strafe oder das Absehen von Strafe für angemessen erachtet. Zum Zweck der Verbesserung der Verfahrensökonomie und -beschleunigung wurde zudem durch das 1. JustizModG (BGBl. I 2004, S. 2198 ff.) § 354 Abs. 1a StPO eingeführt. Nach dieser Vorschrift kann das Revisionsgericht bei Rechtsfehlern ausschließlich in der Strafzumessungsentscheidung von der Aufhebung des Urteils im Rechtsfolgenausspruch absehen, wenn die Rechtsfolge als solche angemessen ist (BVerfG, NJW 2007, 2977, 2982; StV 2008, 169f; OLG Nürnberg, StV 2007, 409, 410; *Ventzke*, NStZ 2005, 461, 462; *Jahn/Kudlich* NStZ 2006, 340, 341; *Köberer* FS Hamm, S. 303, 309ff; *Gaede*, GA 2008, 394, 410f.; anders zuvor BGHSt 49, 371, 372ff.; BGH, NStZ 2005, 285). Es bleibt dann bei der verhängten Strafe; eine Zurückverweisung erfolgt nicht, die Revision wird verworfen. Bei Unangemessenheit der Strafe soll nach § 354 Abs. 1a Satz 2 StPO auf Antrag der StA zum Zwecke der Aufrechterhaltung des tatrichterlichen Urteils bei Vorliegen der übrigen Voraussetzungen des § 354 Abs. 1a Satz 1 StPO eine angemessene Herabset-

zung der Rechtsfolgen durch das Revisionsgericht selbst zulässig sein (vgl. BGH, NStZ-RR 2008, 182f.; BGH, NStZ-RR 2008, 208f.). Voraussetzung für ein Vorgehen des Revisionsgerichts gem. § 354 Abs. 1a StPO ist stets, dass die vom Tatrichter getroffenen Feststellungen eine zweifelsohne tragfähige – insb. nicht ebenfalls der Revision unterliegende – Entscheidungsgrundlage bilden (BVerfG, NJW 2007, 2977, 2979f.; StV 2007, 561; BGHSt 51, 84, 87f.; BGH, NJW 2005, 912f; 2005, 1813, 1814; NStZ 2008, 233f.; OLG Nürnberg, StV 2007, 409, 410; NJW 2008, 2518; *Frisch*, StV 2006, 431, 435f; *Streng* JZ 2007, 154, 155; *Hendrick Schneider*, StV 2008, 177ff.; *Gaede*, GA 2008, 394, 404ff.; *Berenbrink*, GA 2008, 625, 635; *Altvater* FS Widmaier, S. 35, 42ff.). Für eine eigene Sachentscheidung des Revisionsgerichts ist jedenfalls dann kein Raum, wenn dafür eine umfassende neue Gesamtabwägung mit eigener Gewichtung aller maßgeblichen Strafzumessungsgesichtspunkte erforderlich ist; dies ist insb. der Fall, wenn auf die Revision hin für die Bemessung der Strafe die Heranziehung eines anderen Strafrahmens in Betracht kommt; hier hat das Revisionsgericht die gebotene Gesamtabwägung dem Tatrichter zu überlassen (BGH, NStZ-RR 2010, 184).

§ 46a StGB Täter-Opfer-Ausgleich, Schadenswiedergutmachung

Hat der Täter

1. in dem Bemühen, einen Ausgleich mit dem Verletzten zu erreichen (Täter-Opfer-Ausgleich), seine Tat ganz oder zum überwiegenden Teil wiedergutgemacht oder deren Wiedergutmachung ernsthaft erstrebt oder
2. in einem Fall, in welchem die Schadenswiedergutmachung von ihm erhebliche persönliche Leistungen oder persönlichen Verzicht erfordert hat, das Opfer ganz oder zum überwiegenden Teil entschädigt,

so kann das Gericht die Strafe nach § 49 Abs. 1 mildern oder, wenn keine höhere Strafe als Freiheitsstrafe bis zu einem Jahr oder Geldstrafe bis zu dreihundertsechzig Tagessätzen verwirkt ist, von Strafe absehen.

A. Grundsätzliches

I. Entstehungsgeschichte

1   Die Vorschrift zum Täter-Opfer-Ausgleich (TOA) und zur Schadenswiedergutmachung knüpft an Erfahrungen an, die im Rahmen zahlreicher Modellprojekte, namentlich in der Jugendstrafrechtspflege, gesammelt worden sind (BT-Drucks. 12/6853, S. 21; im Überblick *Bannenberg*, Wiedergutmachung in der Strafrechtspraxis, S. 85, 261; zu *Dölling*, Stöckel-FS, S. 349, 350; *Meier*, JuS 1996, 436; *Lackner/Kühl* § 46a Rn. 1). Obwohl schon lange im Vorfeld der Normierung nahezu übereinstimmend der TOA und die Schadenswiedergutmachung als wichtige Ergänzung des Sanktionssystems angesehen wurden und deshalb breiteren Raum im Gesetz finden sollten, war die Frage der Umsetzung in eine konkrete Regelung umstritten (vgl. BT-Drucks. 12/8588, S. 4; BR-Drucks. 12/6141 [Entwurf der SPD-Fraktion zur Reform des Sanktionssystems], S. 4, 7; vgl. dazu *Meyer* FS Triffterer S. 629 ff.; krit. *Kaiser*, ZRP 1994, 314; *Jescheck/Weigend*, AT S. 864; *Lackner/Kühl* § 46a Rn. 1). Die Vorschrift wurde durch Art. 1 Nr. 1 des VerbrBekG v. 28.10.1994 eingeführt (BGBl. I 1994, S. 3186) und zunächst als Teilregelung der Reform des Sanktionssystems angesehen (Lackner/*Kühl* § 46a Rn. 1).

II. Regelungszweck

2   Die Vorschrift dient zusammen mit den Änderungen der §§ 56, 56b und 59a StGB (Liberalisierung der Strafaussetzung zur Bewährung) durch das VerbrBekG sowohl der Verbesserung des Opferschutzes und der Sensibilisierung des Täters für die Folgen seines Handelns (BT-Drucks. 12/6853, S. 21) als auch der Zurückdrängung einer repressiven Bestrafung im unteren und mittleren Kriminalitätsbereich (*Lackner/Kühl* § 46a Rn. 1), um auf diesem Wege die friedensstiftende Wirkung des Strafverfahrens sinnvoll zu ergänzen (MüKo-StGB/*Franke* § 46a Rn. 3; *Fischer* § 46a Rn. 2; *Lackner/Kühl* § 46a Rn. 1) und den überwiegend positiven Erfahrungen mit Regelungen des Jugendstrafrechts zum Schadensausgleich Rechnung zu tragen (*Fischer* § 46a Rn. 2; krit. *Noltenius*, GA 2007, 518, 521 f.).

III. Rechtsnatur

3   Der TOA und die Schadenswiedergutmachung gem. § 46a StGB sind keine Strafen, sondern eigenständige Reaktionsmittel, die eine Strafe überflüssig machen – daher Absehen von Strafe als mögliche Rechtsfolge – oder gem. § 49 StGB mildern sollen (*Lackner/Kühl* § 46a Rn. 1; *Stein*, NStZ 2000, 393; krit. *Schild* FS Geerds S. 157).

IV. Praktische Erfahrungen

4   Derzeit kann die Frage nach dem praktischen Erfolg der seit über 15 Jahren geltenden Regelung nach herrschender Meinung noch nicht abschließend beantwortet werden. Offenbar ist es bisher nur in einigen Justizbezirken – wenn auch mit steigender Tendenz – möglich gewesen, den erforderlichen organisatorischen Hintergrund zur Ermöglichung und Förderung schwieriger Kontakte zwischen Täter und Opfer durch fachkundige Berater zu schaffen (*Lackner/Kühl* § 46a Rn. 1 ff.; vgl. *Stöckel*, JA 1998, 599, 606; Dölling/*Hartmann*, Täter-Opfer-Ausgleich im Erwachsenenstrafrecht; *Schöch*, BGH-FG, S. 309; *Schroth* FS Hamm, S. 677). Der zunächst zurückhaltenden Anwendung des § 46a StGB hat der Gesetzgeber durch die strafverfahrensrechtliche Verankerung des TOA entgegenzuwirken versucht, indem er § 153a Abs. 1 StPO um eine entsprechende Auflage ergänzte und durch die Einführung der §§ 155 a, 155b StPO Pflichten der StA und des Gerichts zur Erteilung entsprechender Auflagen oder Weisungen wesentlich erweiterte (statt aller *Lackner/Kühl* § 46a Rn. 1). Der Erfolg dieser prozessualen Maßnahmen lässt sich ebenfalls nach herrschender Meinung derzeit noch nicht abschließend beurteilen (*Lackner/Kühl* § 46a Rn. 1; vgl. zur Diskussion in den letzten Jahren Mertens ZIS 2008, 111; *Schöch* FS Roxin, S. 1045; *Bosch* FS

Otto, S. 845; *Dölling/Hartmann/Traulsen*, MschrKrim 2002, 189 [Befunde zur Legalbewährung nach Täter-Opfer-Ausgleich], dazu *Meier*, JZ 2010, 113, 119; empirische Untersuchungen auch bei *Kunz*, MschrKrim 2007, 466 und *Taubner*, MschrKrim 2008, 281). Erfahrungsberichte über durchgeführte Wiedergutmachungsverfahren wirken tendenziell eher positiv gestimmt (*W. Heinz* FS Jung, S. 287 ff.; *Kubink*, DRiZ 2008, 346; *Schroth* FS Hamm, S. 680; *Bals* FS Schild, S. 37, *Rössner* FS Böttcher, S. 357 ff.).

V. Systematische Stellung im System der Strafzumessung (lex specialis)

Im Verhältnis zu § 46 (Abs. 2) StGB ist § 46a StGB grds. die speziellere Regelung (lex specialis), 5 da er an weiter gehende Voraussetzungen geknüpft ist und zudem – anders als § 46 StGB – die weitreichendere Rechtsfolge des Absehens von Strafe vorsieht (BGH, NJW 2002, 3265, *Fischer* § 46a Rn. 4; MüKo-StGB/*Franke* § 46a Rn. 6; *Schäfer*, Strafzumessung, Rn. 549; NK/*Streng* § 46a Rn. 7, 21). Damit hat der Tatrichter zunächst die Aufgabe, jede Art von Wiedergutmachungsleistung oder -bemühung des Angeklagten daraufhin zu überprüfen, ob sie die Voraussetzungen der § 46a Nr. 1 oder Nr. 2 StGB erfüllt (BGH, wistra 2000, 176; StV 2001, 230; *Franke*, NStZ 2003, 410, 411; einschränkend NK/*Streng* § 46a Rn. 21). Ist das nicht der Fall, sind die Bemühungen i.R.d. § 46 StGB strafmildernd zu berücksichtigen; liegen sie vor, so sind vertypte Strafmilderungsgründe nach Maßgabe des § 50 StGB zu prüfen und ggf. nach § 49 StGB zu mildern; erst danach ist zu prüfen, ob ggf. die Voraussetzungen für das Absehen von Strafe – Strafe von unter 360 Tagessätzen Geldstrafe – in Betracht kommen (zusammenfassend *Fischer* § 46a Rn. 4).

B. Tatbestand

I. Anwendungsbereich

Die Vorschrift des § 46a StGB enthält keinen Katalog oder sonstige explizite Anwendbarkeitsbe- 6 schränkungen, sie gilt daher allgemein, d.h. auch bei Verbrechen; die gänzliche Ausscheidung bestimmter Tatbestandsgruppen unabhängig von den konkreten Umständen des Einzelfalls und der Subsumierbarkeit einer der Varianten des § 46a StGB ist unzulässig (BGH, NStZ 1995, 492; 2010, 82; NStZ-RR 2009, 369; OLG Karlsruhe, NJW 1996, 3286; *Meier*, JZ 1995, 434, 436; *Lackner/Kühl* § 46a Rn. 1b). Nach herrschender Rechtsprechung ist die Vorschrift grds. auch auf sog. „opferlose Delikte" anwendbar, durch die keine bestimmte natürliche oder auch juristische Person (BGH, NStZ 2000, 205) materiell oder immateriell geschädigt wurde, da ein Täter auch dann durch die Erfüllung der Voraussetzungen des § 46a StGB Bereitschaft zur Übernahme von Verantwortung zeigen könne, wenn durch die Tat nur die Allgemeinheit betroffen war (BGH, NStZ 2000, 205 m. Anm. *Dierlamm*, NStZ 2000, 536; *Meier*, GA 1999, 1, 18).

Auch bei der **Steuerhinterziehung (§ 370 AO)** – Entsprechendes muss bei anderen Steuerstrafta- 7 ten gelten – kommt es nach herrschender Rechtsprechung und zutreffender Ansicht darauf an, ob im Einzelfall die Voraussetzungen des § 46a Nr. 2 StGB erfüllt sind (BGH, NStZ-RR 2010, 147). Ein TOA i.S.d. Nr. 1 soll nach bisheriger Rechtsprechung bei einer der Gesetzesentwicklung entsprechenden Auslegung ausscheiden (BGH, Beschl. v. 18.05.2011 = BeckRS 2011, 18943; NStZ 2001, 200; *Brauns*, wistra 1996, 214). Dass der Staat die Allgemeinheit repräsentiert, steht andererseits seiner Eigenschaft als durch die Tat Geschädigter nicht entgegen (zutreffend *Parigger*, Rieß-FS, S. 783; a.A. *Woring*, DStZ 1996, 459; *Schabel*, wistra 1997, 201). Jedenfalls der Umstand, dass eine **Selbstanzeige nach § 371 AO** dem Täter eine weiter reichende Vergünstigung gewährt, ist kein Hinderungsgrund für die Anwendbarkeit des § 46a StGB. Da § 371 AO andere Voraussetzungen – besonders negative Voraussetzungen, vgl. die Ausschlussgründe des § 371 Abs. 2 AO – und andere Rechtsfolgen als § 46a StGB hat, kann die Vorschrift keinesfalls als lex specialis mit Sperrwirkung ggü. § 46a StGB angesehen werden (zutreffend *Schwedhelm/Spatscheck*, DStR 1995, 1449; *Brauns*, wistra 1996, 214; *Briel*, StraFo 1996, 165; *Briel*, NStZ 1997, 33; *Kottke*, DB 1997, 549; *Hagemeier*, NWB 2006, 3733, a.A. *Blesinger*, wistra 1996, 90; *Klawitter*,

DStZ 1996, 553; *Meier,* GA 1999, 1, 9). Die Vorschrift des § 46a StGB ist über die Verweisungs-norm des § 369 Abs. 2 AO grds. auch im Steuerstrafrecht anwendbar (Klein/*Jäger* § 371 Rn. 100; FGJ/*Joecks* § 371 Rn. 240; *Brauns,* wistra 1996, 214; *Schwedhelm/Spatscheck,* DStR 1995, 1449; *Bornheim,* PStR 1999, 94). Zweifel dahin gehend, ob die Nachzahlung von Steuern überhaupt ein Fall der Schadenswiedergutmachung i.S.d. § 46a Abs. Nr. 2 StGB sein kann (vgl. LK-StGB/*Theune* § 46a Rn. 25), erscheinen nicht begründet, da die Steuerhinterziehung letztlich in der Rechtsprechung als (abstraktes) Vermögens(-gefährdungs-)delikt behandelt wird (vgl. neuerdings BGH, wistra 2009, 114, 117) und bei Vermögensdelikten der Ausgleich des Vermögensschadens unzweifelhaft Schadenswiedergutmachung i.S.d. § 46a Nr. 2 StGB ist (vgl. BGH, NStZ-RR 2006, 373; BGH, NStZ 1995, 492, wistra 2009, 310). Da es bei der Steuerhinterziehung für die Tatbe-standsvollendung zunächst nur zur zu niedrigen, verspäteten oder unterbliebenen Festsetzung von Steuern kommen muss (§ 370 Abs. 1, Abs. 4 AO), geht die Bezahlung der geschuldeten Steuern jedenfalls i.V.m. einer entsprechenden, die zutreffende Festsetzung ermöglichenden Nacherklä-rung (nach § 153 AO oder § 371 AO oder auch verspätet) sogar deutlich über die bloße Wieder-gutmachung des (Gefährdungs-) Schadens hinaus. Die genauen Voraussetzungen der tätergünsti-gen Rechtsfolgen des § 46a StGB – nach der Rechtsprechung soll jedenfalls eine allein mit der Inaussichtstellung weiterer Zahlungen verbundene teilweise geleistete Steuernachzahlung nicht ausreichen (BGH, NStZ 2001, 201; BayObLG, NJW 1996, 2806) – sind in Abhängigkeit der Tatbestandsvoraussetzungen der beiden Alternativen der Vorschrift zu prüfen, können aber jeden-falls für § 46a Nr. 2 StGB nicht von vornherein ausgeschlossen werden (BGH, NStZ-RR 2010, 147). Der Auffassung, dass *beiden* gesetzlichen Alternativen des § 46a StGB gemeinsam sei, dass mehr als eine nur materielle Schadensbeseitigung geleistet werden muss, weil dies die über die bloß zivilrechtlichen Belange hinausgehenden spezifischen Zwecksetzungen des Strafrechts erfor-dern (NK/*Streng* § 46a Rn. 10 m.w.N.), kann angesichts des Wortlauts des § 46a StGB, dem der-gleichen nicht entnommen werden kann, und der Geltung des verfassungsrechtlichen nulla-poena-Grundsatzes (Art. 103 Abs. 2 GG) auch im Strafzumessungsrecht (vgl. BVerfGE 26, 186, 204; 42, 261, 262; 105, 135, 153; 109, 133, 167) nicht gefolgt werden.

8   Die **zeitliche Anwendbarkeit** des § 46a StGB reicht bis zum Abschluss der letzten Tatsachenin-stanz. Dem Beschuldigten steht es frei, zu welchem Zeitpunkt vor Verfahrensabschluss er sich um einen Ausgleich mit dem Opfer oder Schadenswiedergutmachung bemüht (vgl. aus Verteidiger-sicht: *Deckers,* StV 2006, 353; *Püschel,* StraFo 2006, 261; *Walther,* StraFo 2005, 452). Der Zeit-punkt kann aber für die Ermessensentscheidung des Gerichts über Strafmilderung erheblich sein (u. 6). Wenn auch vor dem Hintergrund der neueren weitreichenden prozessualen Gestaltungs-möglichkeiten (§§ 153 Abs. 1 Satz 1, 153b, 155 StPO; vgl. unten Rdn. 29 ff.) das Ermittlungsver-fahren vielfach der lohnendste Zeitpunkt für Ausgleichsbemühungen sein dürfte, sind entspre-chende Bemühungen auch noch nach Beginn der Hauptverhandlung möglich (vgl. BGHSt 48, 139, 145 [Unterbrechung der HV]; NStZ-RR 2009, 18). Die Anwendung des § 46a StGB ist auch nicht dadurch ausgeschlossen, dass der Täter Entschädigungsleistungen erst erbringt, nachdem er auf Zahlung in Anspruch genommen wurde (BGHSt 48, 142; NStZ 1995, 284; StV 1999, 89; 2000, 129).

II. Verhältnis zwischen den Tatbestandsvarianten

9   Das Verhältnis von § 46a Nr. 1 und Nr. 2 StGB zueinander ist wegen des unklaren Gesetzeswort-lauts nicht zweifelsfrei (Sch/Sch/*Stree/Kinzig* § 46a Rn. 1). Dem BGH nach soll Nr. 1 v.a. für den Ausgleich von immateriellen Folgen einer Straftat gelten, die aber auch bei Vermögensdelikten denkbar seien, während Nr. 2 den materiellen Schadensersatz betreffe, aber nicht zwingend aus-schließlich bei Eigentums- und Vermögensdelikten anwendbar sei (BGH, NStZ 1995, 492, wistra 2009, 310). Es besteht danach der Rechtsprechung zufolge keine Exklusivitätsbeziehung zwischen einer Tatvariante und einer Deliktsgruppe, sondern jeweils Näheverhältnisse und typi-sche Korrelationen. Danach komme § 46a Nr. 1 StGB in erster Linie bei Delikten gegen die Per-son, § 46a Nr. 2 StGB primär bei solchen gegen Eigentum und Vermögen in Betracht, aber jeweils

nicht ausschließlich (h. Rspr.: BVerfG, NJW 2003, 740; BGH, NStZ 1995, 492; 1999, 610; 2000, 205; 2006, 393; NStZ-RR 2006, 373; StV 1995, 464; 2000, 129; *Fischer* § 46a Rn. 7, 10; Sch/Sch/*Stree/Kinzig* § 46a Rn. 1; *Schäfer*, Strafzumessung, Rn. 547; *Schädler*, NStZ 2005, 367; zw. vereinzelt BGH, NJW 2001, 2557).

Demgegenüber wird in der Literatur bemängelt, dass eine solche Unterscheidung nach Deliktsgrup-   10
pen weder vom Wortlaut des § 46a StGB gefordert noch widerspruchsfrei sei, da der Täter einer regelmäßig weniger gravierenden Straftat nach den Voraussetzungen der Nr. 2 (überwiegend) entschädigen
müsste, da ein kausal auf das Verhalten des Angeklagten zurückzuführender Entschädigungserfolg
vorausgesetzt sei, während im Fall eines aus Sicht der kritischen Literatur vielfach schwereren Delikts
nach Nr. 1 – etwa bei Staftaten gegen die körperliche Unversehrtheit – nach dem Wortlaut das erfolg-
lose, aber ernsthafte Bemühen um Wiedergutmachung (BGHSt 48, 138 f.) ausreiche, um die Rechts-
wohltat des § 46a StGB zu erlangen (LK-StGB/*Theune* § 46a Rn. 30 ff.; MüKo-StGB/*Franke* § 46a
Rn. 7; *Lackner/Kühl* § 46a Rn. 2; SK-StGB/*Horn* § 46a Rn. 3, 7; Kilchling NStZ 1996, 314; *Rössner/*
Bannenberg Meurer GedS, S. 173, *Schöch*, BGH-FG S. 323, 335).

III. Gemeinsame Voraussetzungen von TOA und Schadenswiedergutmachung

Allgemein setzt die Vorschrift (Bemühungen um) die Wiedergutmachung des durch die Tat verur-   11
sachten Schadens, auch des immateriellen voraus, unabhängig davon, ob diese Schadenswieder-
gutmachung zivilrechtlich oder nach einer anderen Primärrechtsordnung geschuldet ist (Sch/Sch/
Stree/Kinzig § 46a Rn. 3; *Lackner/Kühl* § 46a Rn. 2). Zumeist – eine Ausnahme sind etwa der
Widerruf einer ehrenrührigen Behauptung oder vergleichbare ideelle Wiedergutmachungsleistungen – geht es praktisch um den wirtschaftlichen Ausgleich des materiellen Schadens und um
Schmerzensgeld für immateriellen Schaden (vgl. BGH, NStZ 1995, 492; *Lackner/Kühl* § 46a
Rn. 2; *Schöch*, BGH-FG, S. 309, 325). Da die Vorschrift aber in Nr. 1 für den Täter einen Anreiz
zur Erreichung des TOA schaffen oder ihm in Nr. 2 einen besonderen persönlichen Einsatz abfor-
dern will (BT-Drucks. 12/6853, S. 21; OLG Hamm, NStZ-RR 2009, 272, 273; NK/*Streng* § 46a
Rn. 17, 19; *Lackner/Kühl* § 46a Rn. 4), genügte nach früher herrschender Literatur nur vollständige oder überwiegende, d.h. eine mindestens die Hälfte des Gesamtschadens übersteigende Wiedergutmachung (vgl. *Kühl/Heger*, JZ 2002, 363, 364; *König*, JR 2002, 252, 254; *Dölling/Hart-*
mann, NStZ 2002, 366, 367). Der BGH hat allerdings dieses postulierte Erfordernis zunächst
offen gelassen (BGH, NJW 2001, 2557) und in seiner jüngsten Rechtsprechung jedenfalls für
bestimmte Konstellationen verneint (BGH, wistra 2009, 347, 349). Danach muss sich der
Geschädigte u.U. auch mit einem Teilschadensausgleich von weniger als der Hälfte zufrieden
geben und den Täter von der weiter gehenden Haftung freistellen, wenn weitere nicht geldwerte
Leistungen vorliegen (Sch/Sch/*Stree/Kinzig* § 46a Rn. 5), anders wenn die Schadensersatzforderungen des Verletzten die gezahlten Leistungen des Täters bei Weitem übersteigen (OLG Hamm,
NStZ-RR 2009, 272, 273).

Es muss sich bei den Wiedergutmachungsleistungen um ein noch freiwilliges Tun – jedenfalls   12
unterhalb der Schwelle des § 240 StGB – handeln; eine zwangsweise erfolgte Wiedergutmachung
genügt nicht, wobei jedoch die Motive für die Wiedergutmachung ohne Bedeutung sind (*Meier*,
JuS 1996, 436, 440; GA 1999, 1, 6).

IV. Unterschiedliche Tatbestandsvoraussetzungen von TOA und Schadenswiedergutmachung

Beide Alternativen des § 46a StGB beschreiben selbstständige Voraussetzungen, die übereinstim-   13
mend Schadensausgleich bezwecken (*Lackner/Kühl* § 46a Rn. 4a; *Schöch*, BGH-FG, S 309, 324).
Das Gericht kann die Strafmilderung auf jede der beiden Alternativen stützen; liegen jedoch die
Voraussetzungen beider vor, sollten sie wegen ihres größeren Einflusses zugunsten einer fakulta-
tiven Strafmilderung bei der Ermessensausübung beide festgestellt werden (BGHSt 48, 138; Sch/
Sch/*Stree/Kinzig* § 46a Rn. 6; *Lackner/Kühl* § 46a Rn. 4a).

1. TOA (§ 46a Abs. 1 Nr. 1 StGB)

14   Gem. § 46a Abs. 1 Nr. 1 StGB muss der Täter im Rahmen von Bemühungen um einen TOA, d.h.
um Schadenswiedergutmachung und Aussöhnung mit dem Verletzten gehandelt haben (BT-
Drucks. 12/6141, S. 8 [SPD-Fraktion]; *Lackner/Kühl* § 46a Rn. 3; *Maiwald*, GA 2005, 339, 342).
Der Täter muss sich danach **ernsthaft, nicht zwingend aber auch mit Erfolg bemühen, eine Ver-
söhnung mit dem Geschädigten der Straftat zu erreichen** (BGH, NStZ 2002, 29; NStZ-
RR 2002, 263; NStZ-RR 2006, 373; StV 2007, 410; NStZ 2008, 452; NStZ-RR 2009, 369).
Einseitige Wiedergutmachungsbestrebungen des Täters, ohne einen Versuch der Einbeziehung des
Geschädigten, sind nicht ausreichend (NStZ-RR 2003, 363; *Detter*, NStZ 2006, 563), bzw. kein
TOA i.S.d. Gesetzes. Die in der Praxis erhobene Forderung der Rechtsprechung, dass das Opfer
die Bemühungen des Täters als friedensstiftenden Ausgleich akzeptiert haben muss (BGH,
Beschl. v. 12.07.2011 = BeckRS 2011, 20242; BGHSt 48, 134, 143; NStZ-RR 2003, 363;
NStZ 2010, 82; OLG Hamm, NStZ-RR 2009, 272, 273), geht über das Erfordernis des ernsthaf-
ten Erstrebens hinaus und setzt voraus, dass der Tatrichter die konkreten Interessen von Täter und
Opfer beurteilt (BGHSt 48, 134, 143). Die Erfüllung der Forderung der Rechtsprechung erfor-
dert zumindest die **Aufnahme eines kommunikativen Prozesses zwischen Täter und Opfer**
(StraFo 2009, 245, 246; NStZ-RR 2009, 133 m. Anm. *Rose* JR 2010, 189; *Hamm*, NStZ-
RR 09, 272, 273). Der Täter muss danach in **umfassenden Ausgleichsbemühungen möglichst
eine Lösung des Gesamtkonflikts angestrebt** haben (BGH, NStZ 1995, 492; StV 1999, 89;
NStZ 2003, 29; NStZ-RR 2003, 363; 2006, 373; BayObLG, NJW 1998, 1654). Auf diese Weise
soll i.R.d. § 46a Nr. 1 StGB eine ungerechtfertigte Privilegierung reicher Täter, die jederzeit zur
wirtschaftlichen Wiedergutmachung imstande wären, verhindert werden, denn schon zur Beibe-
haltung der Abschreckungswirkung der Strafdrohung darf die Vorschrift nicht als Möglichkeit
zum rein pekuniären Freikauf von strafrechtlicher Verantwortung verstanden werden (BT-
Drucks. 12/6853, S. 21; OLG Hamm, NStZ-RR 2008, 71; 2009, 272, 273; NK/*Streng* § 46a
Rn. 13; *Lackner/Kühl* § 46a Rn. 3). Das Verhalten des Täters muss zusätzlich die Übernahme der
Verantwortung für die Tat erkennen lassen (BGHSt 48, 134 ff.; NStZ-RR 2008, 304; 2010, 176;
OLG Hamm, NSt-RR 2008, 71; *Fischer* § 46a Rn. 10 a; *Lackner/Kühl* § 46a Rn. 3). Es ist nicht
zwingend erforderlich, dass die Initiative für den Aussöhnungsprozess vom Täter ausgeht
(OLG Köln, NStZ-RR 2004, 71).

15   Darüber hinaus fordert die neuere Rechtsprechung für den TOA eine **Mitwirkung des Opfers**,
sodass dessen **Weigerung** grds. einem Ausgleich nach Nr. 1 entgegen stehen soll (BGH
NStZ 2006, 275; Anm. *Rose*, ZIS 2006, 488). Zurückgewiesene Ausgleichsbemühungen des
Täters genügen danach nur, wenn das Opfer bei deren Zurückweisung seine Rechtsposition miss-
braucht (*Lackner/Kühl* § 46a Rn. 3; *Schädler*, NStZ 2005, 366). Ohne Anknüpfungspunkt im
Gesetz erscheint die zwischenzeitlich in ständiger Rechtsprechung erhobene weiter gehende Forderung des BGH, dass **bei Gewalt- und Sexualdelikten für einen erfolgreichen TOA i.d.R. ein
Geständnis,** wenn auch nicht zwingend ein öffentliches Schuldbekenntnis des Täters, erforderlich
sein soll (BGHSt 48, 134 ff.; krit. Anm. *Götting*, StraFo 2003, 251, *Kaspar* JR 2003, 426; zust.
Anm. *Dölling/Hartmann*, NStZ 2004, 382; BGH, NStZ-RR 2006, 373; NStZ 2008, 452; 2010,
82; *Fischer* § 46a Rn. 10 b). Von der Qualität des Geständnisses können nach herrschender Rechtsprechung Abstriche gemacht werden, wenn für das Opfer nach gelungenen Ausgleichsbemühungen die strafrechtliche Ahndung und das Verteidigungsverhalten des Täters nicht mehr von besonderem Interesse ist; ein nur eingeschränktes Geständnis steht dann der Anwendung von § 46a
Nr. 1 StGB nicht entgegen (BGH, NStZ 2003, 199). Ein dem fehlenden Geständnis u.U. gleich-
zustellendes Bestreiten der Opferrolle zulasten des Geschädigten erfolgt nicht schon dadurch, dass
sich der Täter für seine Unschuld auf vermeintliche Entschuldigungs- oder Strafmilderungsgründe
beruft (etwa auf § 33 StGB, „panische Angst", BGH, NStZ 2010, 82, 83). Ein die Anwendung
des TOA gem. Nr. 1 ausschließendes Bestreiten bei Kapital- und Sexualdelikten soll aber bei der
Berufung des Täters auf Rechtfertigungsgründe, insb. vermeintliche Notwehr (BGH, NStZ-
RR 2008, 304) oder auf eine vermeintliche Notwehrlage (OLG Hamm, NStZ-RR 2009,

272, 273) gelten, ebenso auch für eine Zuweisung der Alleinschuld an der Eskalation an das Opfer (BGH, NStZ-RR 2010, 176).

Hier kommt in besonders komplexen und konfliktbehafteten Täter-Opfer-Beziehungen auch **Ver-** **16** **mittlung** infrage, bei der Dritte den Kontakt herstellen und aufrechterhalten (NK/*Streng* § 46a Rn. 12; *Lackner/Kühl* § 46a Rn. 3; *Schöch* BGH-FG, S. 309, 321, 325). In diesem Prozess sind neben dem Opfer regelmäßig auch **sachkundige Berater** einbezogen, evtl. kann die Vermittlung auch über den **Verteidiger** des Täters erfolgen (BGH NJW 2001, 2557 m. Anm. *Kühl/Heger*, JZ 2002, 363; OLG Stuttgart, NJW 1996, 2109; vgl. *König/Seitz*, NStZ 1995, 1, 2; *König*, JR 2002, 252; *Dölling/Hartmann*, NStZ 2002, 366; *Püschel*, StrFo 2006, 261).

2. Schadenswiedergutmachung (§ 46a Abs. 1 Nr. 2 StGB)

Dem Bemühen um einen TOA ist als Alternative in Nr. 2 die Schadenswiedergutmachung gleich- **17** gestellt. Auch hier wird man vielfach eine relevante friedensstiftende Wirkung der Wiedergutmachung sowie eine spezialpräventiv positive Entwicklung beim Täter sehen können (NK/*Streng* § 46a Rn. 17). Gem. § 46a Abs. 1 Nr. 2 StGB muss der Täter freiwillig – sei es auch unter dem Druck des Opfers oder des Strafverfahrens – „ganz oder zum überwiegenden Teil" Schadenswiedergutmachung durch erhebliche persönliche Anstrengungen oder Entbehrungen erzielt haben. Eine Beschränkung von § 46a Nr. 2 StGB auf Eigentums- und Vermögensdelikte, wie von der Rechtsprechung teilweise angenommen (BVerfG, NJW 2003, 740; BGH, NStZ 1995, 492; BGH, StV 2002, 656; *Kühl/Heger*, JZ 2002, 363), ist nicht überzeugend, da dies die Fälle einer *materiellen* und damit vom Wortlaut der Nr. 2 erfassten Wiedergutmachung etwa durch Schmerzensgeldzahlung bei immateriellen, aber unmittelbar beim Opfer eingetretenen Schäden (etwa gem. §§ 185 ff., 223, 229 StGB), ausschließen würde (OLG Stuttgart, NJW 1996, 2109, 2110; NK/*Streng* § 46a Rn. 19; *Kilchling*, NStZ 1996, 309, 314; *Meier*, GA 1999, 1, 4; *Schöch*, BGH-FG, 309, 323f.; *Kaspar*, StV 2002, 651, 652; *Dölling/Hartmann*, NStZ 2002, 366; *König*, JR 2002, 252, 253). Auf die **Art der materiellen Entschädigung** kommt es nicht an; diese wird zumeist in Geld oder geldwerten Leistungen bestehen, ist jedoch hierauf nicht beschränkt (Sch/Sch/*Stree/Kinzig* § 46a Rn. 5). Zusagen, auch solche rechtlich verbindlicher Art, den Schaden wiedergutmachen zu wollen, genügen für eine Anwendung des § 46a Nr. 2 StGB nicht (BGHR StGB § 46a Wiedergutmachung 2; BGH, NStZ 2000, 83, 84). Die Stellung einer Sicherheit kann allerdings nur dann der Zahlung gleichgestellt werden, wenn der Gläubiger auf die alsbaldige Verwertung freiwillig verzichtet, etwa um dem Schuldner Gelegenheit zu geben, in anderer Weise seine Schuld abzutragen (BGH, NStZ 2000, 83, 84; 2000, 206). Welche Leistungen des Angeklagten tatsächlich an den Geschädigten geflossen sind, muss sich dem Urteil entnehmen lassen (BGH, NStZ 2000, 83, 84).

§ 46a StGB Nr. 2 setzt voraus, dass die Schadenswiedergutmachung für den Täter **erhebliche per-** **18** **sönliche Leistungen oder persönlichen Verzicht** darstellt (Lackner/*Kühl* § 46a Rn. 4). Nötig sind nach herrschender Rechtsprechung besondere Anstrengungen, die Ausdruck der Übernahme von Verantwortung gerade ggü. dem Geschädigten sind (BGH, NStZ-RR 2009, 133, 134 m. Anm. *Rose*, JR 2010, 189; BGH, NStZ-RR 2010, 147; OLG Stuttgart, NJW 1996, 2109; KG StV 1997, 473; OLG, München wistra 2007, 437; OLG Hamm, NStZ-RR 2009, 272, 273) und die über eine rein rechnerische Kompensierung hinaus gehen (BGHSt 48, 144; BGH, NJW 2001, 2557, 2558; KG, StV 1997, 473; OLG Stuttgart, NJW 1996, 2109). Durch dieses Tatbestandsmerkmal soll ausgeschlossen werden, dass Täter ohne eine ins Gewicht fallende persönliche Belastung das Opfer entschädigen und sich dadurch mit rein pekuniären, für sie belanglosen Schadensersatzleistungen von einer strengeren Bestrafung freikaufen (vgl. BGH, NStZ 1995, 493). Damit ist zugleich nach zutreffender Ansicht gesagt, dass es nicht entscheidend auf die summenmäßige (Über-)kompensation des wirtschaftlichen Schadens ankommt, sondern darauf, dass mit der Schadenswiedergutmachung zumindest eine Art Sonderopfer bzw. eine besondere Anstrengung verknüpft ist. Nach der Vorstellung des Gesetzgebers können die erforderlichen Anstrengungen z.B. bei umfangreichen Arbeiten in der Freizeit oder erheblichen Einschränkungen im finanziellen Bereich gegeben sein (BT-Drucks. 12/6853 S. 22). Insb. liegt eine solche Sonderanstrengung auch nahe, wenn der Täter (oder sein Unternehmen) durch die Schadenswiedergutmachung in wirtschaftliche Schwierigkeiten gerät (BGH NStZ-RR 2009, 133, 134) oder gar insolvent wird. Erhebliche persönliche Leistungen stellen insb. etwa der Verkauf von Grundvermögen (BGH, NJW 2001, 2558), der Abschluss eines Erbverzichtsvertrages (BGH, NStZ 2000, 593), die persönliche Fürsorge für den Verletzten oder umfangreiche Arbeiten in der Freizeit, mit denen der Täter sich die Mittel für die Schadenswiedergutmachung verschafft, dar. Ein erheblicher persönlicher Verzicht ist anzunehmen, wenn der Täter sich in seinem finanziellen Bereich weitgehend einschränkt, um den Verletzten entschädigen zu können, nicht aber, wenn die geltend gemachten Schmerzensgeld- und Schadensersatzforderungen des Verletzten die bisher gezahlten Leistungen des Angeklagten bei Weitem übersteigen und dieser weitere Forderungen bestreitet (vgl. OLG Hamm, NStZ-RR 2009, 273). Dass eine Zahlung im Wege des Vergleichs zur Abgeltung von Schadensersatzansprüchen erfolgt sei, steht Nr. 2 nicht entgegen, denn sogar die Annahme eines kommunikativen Prozesses i.S.d. Nr. 1 liegt nahe, wenn die Beteiligten erfolgreiche Vergleichsverhandlungen geführt haben (BGH NStZ-RR 2009, 133, 134). Für Nr. 2 ist jedoch ein solcher **kommunikativer Prozesses nicht notwendigerweise erforderlich** (*Fischer* § 46a Rn. 11; *Sch/Sch/Stree/Kinzig* § 46a Rn. 5; *Rössner/Bannenberg* Meurer-GedS, S. 163; a.A. MüKo-StGB/ *Franke* § 46a Rn. 11).

19 Im Gegensatz zu Nr. 1 muss der Täter bei Nr. 2 zwingend einen **Wiedergutmachungserfolg** herbeiführen. Der Geschädigte muss für die Tat grds. **ganz oder zum überwiegenden Teil entschädigt** worden sein (BGHSt 48, 138; BGH, NStZ 2000, 84; Sch/Sch/Stree/Kinzig § 46a Rn. 5). Die Wiedergutmachung von Schäden aus anderen Straftaten des Täters kann zur Begründung von Nr. 2 nach herrschender Meinung – und ausgehend vom Wortlaut – nicht herangezogen werden (BGH, NJW 2004, 1396ff.; NK/*Streng* § 46a Rn. 19; *Schöch*, NJW 2004, 3462, 3464). Dem Erfordernis des Wiedergutmachungserfolgs liegt offenbar die Sichtweise des Gesetzgebers zugrunde, dass nur ein solcher einen dem Ausgleichsbemühen nach Nr. 1 gleichwertigen Beitrag zur Wiederherstellung des durch die Tat gestörten Rechtsfriedens darstellt. Ein ernsthaftes, im Ergebnis aber erfolgloses Bemühen um Wiedergutmachung kann allenfalls genügen, wenn sich der Geschädigte weigert, Ausgleichsleistungen entgegenzunehmen, oder vergleichbare Hindernisse entgegenstehen (BGH, NStZ 1999, 455, *Fischer* § 46a Rn. 11a; Sch/Sch/*Stree/Kinzig* § 46a Rn. 5). Jedoch bedeutet dies nach neuerer Rechtsprechung nicht zwingend, dass sämtliche zivilrechtlichen oder sonstigen Ersatzansprüche des Geschädigten vollständig erfüllt sein müssen, denn die (strafrechtliche) Wiedergutmachung gem. § 46a Nr. 2 StGB darf nicht mit dem zivilrechtlichen Schadensersatz gleichgesetzt werden (BGH, NJW 2001, 2558, NStZ 2008, 452, NStZ-RR 2009, 133 f., OLG München, wistra 2007, 437; Sch/Sch/*Stree/Kinzig* § 46a Rn. 5; LK/*Theune* § 46a Rn. 42). Bei der Schadenswiedergutmachung erstreckt sich die Wirkung des § 46a StGB auch auf Delikte, die mit der auf die Schädigung angelegten Tat in Tateinheit stehen (OLG Karlsruhe, NJW 1996, 3286, für eine Urkundenfälschung im Fall eines Betruges).

20 Andererseits beschränkt sich bei **mehreren Tatbeteiligten** das Erfordernis der Schadenswiedergutmachung offenbar nach herrschender Rechtsprechung **nicht auf die Leistung nur des im Innenverhältnis geschuldeten gesamtschuldnerischen Anteils**; maßgebend ist i.d.R., dass durch die Addition der Wiedergutmachungsbeiträge aller Beteiligter der Ausgleich des gesamten Schadensersatzanspruchs des Geschädigten erfolgt (BGH, NStZ-RR 2009, 133, 134; vgl. BGH, NJW 2001, 2558; Sch/Sch/*Stree/Kinzig* § 46a Rn. 5; LK-StGB/*Theune* § 46a Rn. 46; *Dölling/Hartmann*, NStZ 2002, 367; *Kaspar*, GA 2003, 149 ff.). Dass ein anderer Mittäter mehr als die Hälfte eines (Bestechungs-) Schadens ersetzt hat, schließt die Anwendbarkeit der Nr. 2 zugunsten des weniger Beitragenden nicht zwingend aus (BGH, NStZ-RR 2009, 133, 134 m. Anm. *Rose* JR 2010, 189). Ob letztlich die Rechtsfolgen des § 46a StGB ausgelöst werden, ist mithin nach herrschender Rechtsprechung nicht allein vom Umfang der dem einzelnen Tatbeteiligten zuzurechnenden Wiedergutmachungsleistungen und -anstrengungen abhängig, sondern davon, ob diese in der Zusammenschau ausreichend sind, die Voraussetzungen der Nr. 2 zu erfüllen. Daher dürfte es bei der

Verteidigung von mehreren (geständigen) Tatbeteiligten aus der Sicht aller häufig sinnvoll sein, die (materiellen) Wiedergutmachungsbemühungen so aufeinander zu abzustimmen, dass jedenfalls zusammengenommen eine vollständige oder überwiegende Entschädigung des Geschädigten eintritt, auch wenn dadurch einzelne – leistungsfähige – Tatbeteiligte im Verhältnis zu ihrem gesamtschuldnerischen Anteil überobligatorisch zu einer gelungenen Schadenswiedergutmachung beitragen, wenn ansonsten die Rechtsfolge des § 46a Nr. 2 StGB – mangels ausreichender Leistungsfähigkeit anderer Beteiligter – nicht eintreten würde. Bei Mittäterschaft „haftet" der einzelne Täter sonst nach gesamtschuldnerischen Standards strafrechtlich für den gesamten Schaden, wenn es ihm nicht gelingt, die anderen Tatbeteiligten zu einer gemeinsamen Entschädigungsaktion zu veranlassen; zudem bleibt etwa verbleibenden Tatbeteiligten nach vollständiger Schadenswiedergutmachung durch einen anderen Beteiligten oder mehrere andere Beteiligten die Milderung des § 46a Nr. 2 StGB nach herrschender Meinung verschlossen (LK-StGB/*Theune* § 46a Rn. 46; NK/ *Streng* § 46a Rn. 18). Auch ein nachfolgender interner Ausgleich aller Tatbeteiligten eröffnet den nachträglich im Innenverhältnis Zahlenden nicht mehr die Anwendbarkeit von § 46a Nr. 2 StGB, denn der Ausgleich gem. § 426 BGB unter Gesamtschuldnern steht in keinem direkten Zusammenhang mit dem Schadensausgleich zugunsten des Tatopfers, da der Zahlende nicht für die anderen leistet, sondern eine eigene Verpflichtung erfüllt (NK/*Streng* § 46a Rn. 18 m.w.N.). Anders lässt sich die Situation eines **Zahlens durch Dritte** dann beurteilen, wenn zunächst eine **Versicherung des Täters** oder sonst eine dritte Person den Schaden für den Täter begleicht und dieser zu einem ihn stark belastenden Ausgleich dieser Aufwendungen verpflichtet ist (NK/*Streng* § 46a Rn. 18; *Hüttemann*, StV 2002, 678, 681).

Über den Wortlaut hinaus kann ausnahmsweise auch ein **Teilschadensausgleich von weniger als**   **21** **der Hälfte** zur Erfüllung der Voraussetzungen der Nr. 2 ausreichen, wenn ergänzend weitere nicht geldwerte Leistungen vorliegen (LK-StGB/*Theune* § 46a Rn. 45; Sch/Sch/*Stree/Kinzig* § 46a Rn. 5; a.A. *Lackner/Kühl* § 46a Rn. 2). Ausreichend ist auch, wenn sich der **Geschädigte mit der Teilleistung zufrieden gibt** und den Täter – i.R.d. gerichtlichen oder außergerichtlichen Beilegung eines zivilrechtlichen oder arbeitsrechtlichen Rechtsstreits – von der weiter gehenden Haftung freistellt, etwa durch die Vereinbarung eines Schuldanerkenntnisses und der Unterwerfung unter die sofortige Zwangsvollstreckung sowie durch Vermögensverwertung im vereinbarten Maße (BGH, Urt. v. 11.02.2009 – 2 StR 339/08, insoweit nicht abgedruckt in NStZ 2009, 445 = StV 2009, 405). Eine Nr. 2 nicht genügende Teilentschädigung kann bei der allgemeinen Strafzumessung nach § 46 StGB zu berücksichtigen sein (Sch/Sch/*Stree/Kinzig* § 46a Rn. 5).

Eine **Strafrahmenverschiebung auf der Grundlage von § 46a Nr. 2 StGB** kann nach neuester   **22** Rechtsprechung des BGH in ganz besonders gelagerten Ausnahmefällen auch **bei Steuerstraftaten** in Betracht kommen (BGH, NStZ-RR 2010, 147, Klein/*Jäger* § 371 Rn. 100, 102 m.w.N.). Speziell für Steuerstraftaten führt der BGH aus, dass für die erforderliche friedensstiftende Wirkung der Schadenswiedergutmachung ein über die rein rechnerische Kompensation hinausgehender Beitrag des Täters nötig sei; die Erfüllung von Schadensersatzansprüchen allein genüge dafür nicht (BGH, NStZ-RR 2010, 147), vielmehr müsse (auch hier) das Verhalten des Täters Ausdruck der Übernahme von Verantwortung sein (st. Rspr.: BGH, NStZ-RR 2010, 147; BGHR StGB § 46a Wiedergutmachung 1 und 5; BGH, wistra 2000, 176; 2000, 421; NJW 2001, 2557). Nach dem Willen des Gesetzgebers ist insoweit erforderlich, dass durch die persönlichen Leistungen oder den Verzicht die materielle Entschädigung erst ermöglicht wird (BGH, NStZ-RR 2010, 147; BT-Drucks. 12/6853, S. 22). Im Steuerstrafrecht genügt mithin die Zahlung der ohnehin geschuldeten Steuer nicht (per se), vielmehr muss der Täter durch die Zahlung einen (zusätzlichen) persönlichen Verzicht erleiden oder sogar in Not geraten (BayObLG, wistra 1997, 314; Klein/*Jäger* § 371 Rn. 102; FGJ/*Joecks* § 371 Rn. 240). Die nicht eindeutigen Aussagen der Rechtsprechung könnten so verstanden werden, dass dann, wenn die völlige oder überwiegende Erfüllung steuerstrafrechtlich relevanter Hinterziehungsbeträge i.R.d. Strafverfahrens freiwillig erfolgt und erhebliche Opfer – besondere Anstrengungen oder Verzichtsleistungen (vgl. Aufzählung oben Rdn. 18) – des Täter erfordern, welche gerade nicht allein im Verlust des entsprechenden Geldbetrags bestehen, die Rechtsfolgen des § 46a Nr. 2 StGB anwendbar sind. Dies benachteiligt zwar Täter, die jederzeit den gesamten strafrechtlich relevanten Verkürzungsbetrag abführen können. Solche Täter sind andererseits aber durch ihre Zahlungsfähigkeit bei der erfolgreichen Durchführung einer strafbefreienden Selbstanzeige unter Zeitdruck (bei Entdeckungsgefahr) aufgrund des Erfordernisses der zeitnahen Nachzahlung privilegiert (§ 371 Abs. 1 i.V.m. Abs. 3 AO), wodurch sich ein gewisser Ausgleich ergibt. Zudem erscheint es durchaus angemessen, auch wirtschaftlich besonderes leistungsfähigen Tätern die Rechtsfolge des § 46a Nr. 2 StGB zuzubilligen, wenn sie zusätzlich zeitnah und unabhängig von konkreten Vollstreckungsmaßnahmen nicht allein die strafrechtlich relevanten Hinterziehungsbeträge ersetzen, sondern darüber hinaus alle Hinterziehungsbeträge, die innerhalb der bei Steuerhinterziehungen verlängerten steuerlichen Festsetzungsfrist von 10 Jahren (§ 169 Abs. 2 Satz 2 AO) verkürzt wurden, sowie die entsprechenden Hinterziehungszinsen. Ob eine Zahlung auf eine (festsetzungs-) verjährte Steuerschuld hingegen möglich ist bzw. eine steuerliche Wirkung entfalten kann, erscheint zweifelhaft; vor diesem Hintergrund kann dies wohl auch nicht als Schadenswiedergutmachung angesehen werden. Völlig unzureichend ist jedenfalls, wenn der Täter lediglich mithaftende (Gesamt-) Schuldner zur Zahlung veranlasst, ohne eine eigene materielle Leistung zu erbringen, die eine überwiegende Schadenswiedergutmachung darstellt (BGH, NStZ-RR 2010, 147).

C. Rechtsfolgen

I. Fakultative Strafmilderung gem. § 49 StGB (§ 46a, 1. Alt. StGB)

23   Die 1. Alt. des § 46a StGB sieht als Rechtsfolge nur einen fakultativen besonderen gesetzlichen Milderungsgrund i.S.d. § 49 Abs. 1 StGB vor (krit. etwa *Maiwald*, GA 2005, 339, 348). Es ist daher zunächst nach pflichtgemäßem Ermessen im Rahmen einer Gesamtwürdigung zu entscheiden, ob von der Milderungsmöglichkeit Gebrauch gemacht wird (Sch/Sch/*Stree*/*Kinzig* § 46a Rn. 6; LK-StGB/*Theune* § 46a Rn. 61 ff.; SK/*Horn* § 46a Rn. 9 f.; *Lackner*/*Kühl* § 46a Rn. 5; NK/ *Streng* § 46a Rn. 21 ff.; *Schäfer*, Strafzumessung, Rn. 549). Dabei ist in wertender Betrachtung zu entscheiden, ob die vom Täter erbrachten Leistungen insgesamt Ausdruck umfassender Ausgleichsbemühungen und der Übernahme von Verantwortung für die Folgen seiner Straftaten sind (BGH, NStZ-RR 2006, 373; StV 2000, 129). Bei der hierbei erforderlichen Abwägung aller zumessungsrelevanten Umstände sind insb. die Intensität der Täterbemühungen (strafmildernd), das Maß der durch sie friedensstiftende Wirkung (strafmildernd), der Zeitpunkt ihres frühen (strafmildernd) oder späten (strafverschärfend) Beginns, das Maß der Freiheit des Täters von äußerem Druck (strafmildernd), für das auch der Zeitpunkt seiner Leistungen indiziell sein kann, der Umstand, von wem die Initiative zu den Ausgleichsbemühungen ausgegangen ist (Täterseite: strafmildernd) und die Größe des verschuldeten Unrechts (strafverschärfend), namentlich die verbrecherische Energie, die Höhe des Schadens (strafverschärfend) und schließlich die mutmaßlichen Auswirkungen auf die Rechtstreue der Bevölkerung zu berücksichtigen (BGH, StV 20000, 129; OLG München, wistra 2007, 437; *Kühl*/*Heger*, JZ 2002, 363; *Dölling*/*Hartmann*, NStZ 2004, 382). Nach zutreffender Auffassung verbietet das gesetzgeberische Anliegen, mit der Vorschrift für den Täter einen als „vertypten Strafmilderungsgrund" ausgestalteten Anreiz für entsprechende Ausgleichsbemühungen zu schaffen, ein allzu enges Verständnis der Vorschrift, zumindest in Fällen, in denen ein kommunikativer Prozess zwischen Täter und Opfer stattgefunden hat (BGHSt 48, 144 f., NStZ 2003, 30; Sch/Sch/*Stree*/*Kinzig* § 46a Rn. 6). Für die Ausübung des Ermessens kann bedeutsam sein, ob sich der Täter spontan gleich nach der Tat oder erheblich später zur Wiedergutmachung entschlossen hat, etwa erst dann, als der Tatverdacht auf ihn gefallen war; selbst Ausgleichsbemühungen erst in der Berufungsverhandlung (OLG Köln, NStZ-RR 2004, 71, 72) oder nach Rechtskraft des Schuldspruchs schließen die Anwendbarkeit des § 46a StGB aber noch nicht aus (BGH, StV 2000, 129). Jedoch kann zulasten des Angeklagten erheblich ins Gewicht fallen, wenn er seine Ausgleichsbemühungen erst viele Jahre nach Beginn der Taten und mehrere Jahre nach Anzeigeerstattung aufnahm (BGH, NStZ-RR 2006, 373).

Im Fall der **Nr. 2** kann von entscheidender Bedeutung für die Anwendbarkeit des §49 Abs. 1 **24** StGB sein, wie ausgeprägt die persönlichen Leistungen oder der persönliche Verzicht des Täters zur Schadenswiedergutmachung gewesen sind; je aufopferungsvoller der Täter mit persönlichen Leistungen zur Entschädigung beigetragen hat und je einschneidender sein persönlicher Verzicht war, desto mehr kann die Strafe gemildert werden (Sch/Sch/*Stree/Kinzig* §46a Rn. 6). Besonders berücksichtigt werden kann v.a. der Umstand, dass der Geschädigte mit den Zahlungen des Angeklagten zufrieden bzw. einverstanden ist und jedenfalls keine weiteren Ansprüche erhebt (OLG München, wistra 2007, 437 f.; LK-StGB/*Theune* §46a Rn. 44; Sch/Sch/*Stree/Kinzig* §46a Rn. 6).

Wird von der Milderungsmöglichkeit Gebrauch gemacht, so ändert sich zunächst nur der Straf- **25** rahmen nach dem Maßstab des §49 Abs. 1 (vgl. §50 StGB). Der Tatrichter kann die Strafmilderung für den Täter nach den Umständen des Einzelfalles auf jede der beiden Alternativen stützen; liegen die Voraussetzungen für beide Alternativen vor, können sie nebeneinander festgestellt werden (BGHSt 48, 138; Sch/Sch/*Stree/Kinzig* §46a Rn. 6; *Lackner/Kühl* §46a Rn. 4a). Er muss in den Urteilsgründen zur Nichtanwendung des §46a StGB Stellung nehmen, wenn Anhaltspunkte für ein Eingreifen bestehen (vgl. OLG Hamm StV 1999, 89; vgl. allgemein zur Pflicht des Tatrichters, Feststellungen zu §46a zu treffen: BGHSt 48, 140, 145; BGH, NStZ 2008, 453). Ausgleichsbemühungen des Täters, die den Anforderungen des §46a StGB nicht genügen, können nur innerhalb des jeweils anwendbaren Strafrahmens berücksichtigt werden (Sch/Sch/*Stree/Kinzig* §46a Rn. 6; *Lackner/Kühl* §46a Rn. 4a).

II. Absehen von Strafe (§46a, 2. Alt. StGB)

Das in der 2. Alt. des §46a StGB vorgesehene Absehen von Strafe hat der Gesetzgeber zur Siche- **26** rung eines angemessenen Schuldausgleichs und aus generalpräventiven Gründen nur bei Strafen (auch Gesamtstrafen) bis zu der angegebenen Höhe von 1 Jahr Freiheitsstrafe oder Geldstrafe bis zu 360 Tagessätzen vorgesehen (BT-Drucks. 12/6853, S. 22; *Lackner/Kühl* §46a Rn. 6). Der Täter ist dann der begangenen Tat schuldig zu sprechen und es sind ihm die Verfahrenskosten aufzuerlegen; außerdem ist im Urteilstenor das Absehen von Strafe auszusprechen, daneben bleibt allerdings die Anordnung einer Maßregel der Besserung und Sicherung erlaubt, soweit diese nicht eine Bestrafung voraussetzt, namentlich die Fahrerlaubnisentziehung; in den Gründen sind im Einzelnen die Erwägungen anzugeben, die zum Absehen von Strafe geführt haben sowie Erwägungen, die ermöglichen zu überprüfen, ob die an sich verwirkte Strafe bei nicht mehr als einem Jahr gelegen hätte (Sch/Sch/*Stree/Kinzig* §46a Rn. 7).

Bei der Wahl zwischen Absehen von Strafe (2. Alt.) und Strafrahmenmilderung (1. Alt.) sind wie- **27** derum die Kriterien maßgeblich, die für die Ermessensentscheidung über die Anwendung der Rechtsfolgen des §46a StGB allgemein heranzuziehen sind (vgl. oben Rdn. 22 f.). Für die Entscheidung über ein Absehen von Strafe hat die Schuldschwere allerdings besonderes Gewicht, wie der Gesetzgeber mit der Begrenzung auf die oben genannten Fälle deutlich gemacht hat (NK/*Streng* §46a Rn. 23). Der notwendige Schuldausgleich und auch generalpräventive Aspekte sollen nach der herrschenden Literatur häufig dem völligen Absehen von Strafe entgegenstehen, obwohl die Strafzumessungsschuld durch Nachtatverhalten mit schadensreduzierender und normbestätigender Tendenz mitgeprägt wird (NK/*Streng* §46a Rn. 23; *Streng*, ZStW 101 [1989], 273, 326ff.). Die gesetzliche Regelung führt zu einem spezifischen Zusammenspiel von §46 StGB und §46a StGB, wenn ein Absehen von Strafe zu erwägen ist; wegen §46a, 2. Alt. StGB am Ende ist eine vorgängige Strafzumessungswertung erforderlich, da keine höhere Strafe als Freiheitsstrafe von einem Jahr oder entspr. Geldstrafe von 360 Tagessätzen „verwirkt" worden sein darf (NK/*Streng* §46a Rn. 24).

Die herrschende Meinung dürfte für diese Anwendungsgrenze – entsprechend zu dem Absehen **28** von Strafe gem. §60 StGB – nicht nur auf das verschuldete Unrecht abstellen, sondern auch auf eine umfassende Entscheidung nach Art einer normalen Bestimmung der Strafzumessungsschuld unter Zugrundelegung auch der Wiedergutmachungsleistungen (MüKo-StGB/*Groß* § 60 Rn. 9; Sch/Sch/*Stree/Kinzig* § 60 Rn. 10; LK-StGB/*Hubrach* § 60 Rn. 9 f.; a.A. NK/*Streng* § 46a Rn. 24 m.w.N.). Dagegen wird eingewandt, dass hierdurch die Rechtsfolge und ihre Voraussetzungen zirkelschlüssig und widersprüchlich verknüpft werden würden; mit der Begründung eines TOA würde eine Strafe bis einschließlich einem Jahr Freiheitsstrafe als schuldangemessen und präventiv erforderlich begründet und in einem zweiten Schritt würde – mit mildernder Heranziehung desselben durchgeführten Ausgleichs – sogar eine völlige Verzichtbarkeit von Strafe postuliert (NK/*Streng* § 46a Rn. 24). Hiergegen ist jedoch einzuwenden, dass dies gerade durch Wortlaut – dort ist nicht von der schuldangemessenen, sondern der verwirkten Strafe die Rede – und Systematik des § 46a, 2. Alt. i.V.m. § 46 StGB vorgegeben ist und die Vorschrift des § 46a StGB zudem eine besonders intensive Begünstigungswirkung für TOA und Schadenswiedergutmachtung anstrebt, um für diese normativ gewünschten Verhaltensweisen einen stärkeren Anreiz zu bieten. Die kritisierte doppelte Milderungswirkung der Tatbestandserfüllung des § 46a Nr. 1 oder Nr. 2 StGB entspricht mithin dem Normzweck. § 46 Abs. 3 StGB hingegen findet hier zulasten des Angeklagten keine (entsprechende) Anwendung.

D. Verfahrensrechtliche Aspekte

I. Verfahrenseinstellung aufgrund TOA oder Schadenswiedergutmachung

29   Bereits vor Durchführung eines gerichtlichen Verfahrens kann gem. **§ 153a Abs. 1 StPO** die StA mit Zustimmung des zuständigen Gerichts von der öffentlichen Klage absehen, wenn dem die Schwere der Schuld nicht entgegensteht und durch Auflagen oder Weisungen das öffentliche Interesse an der Strafverfolgung beseitigt wird; dem dazu bereiten Beschuldigten kann gem. § 153a Abs. 1 Satz 2 Nr. 1 StPO auferlegt werden, Schadenswiedergutmachung zu leisten, oder gem. § 153a Abs. 1 Satz 2 Nr. 5 StPO die Weisung erteilt werden, sich ernsthaft um einen TOA zu bemühen (NK/*Streng* § 46a Rn. 5). Für die Durchführung eines TOA sollte seitens der StA – zumindest im Fall eines erkennbar emotional belasteten, konfliktträchtigen Täter-Opfer-Verhältnisses – sinnvollerweise ein kompetenter Mediator eingeschaltet werden (NK/*Streng* § 46a Rn. 5), jedenfalls wenn dessen Mittlerfunktion nicht erkennbar durch den Verteidiger und den anwaltlichen Vertreter des Opfers (falls vorhanden) gemeinsam ersetzt werden kann. Eine Wiedergutmachung und deren strafprozessualer Abschluss im Ermittlungsverfahren ist in geeigneten Fällen der späteren Anwendung des § 46a StGB vorzuziehen, denn dies bringt allen Beteiligten Nutzen; der Täter entgeht per Einstellung einer Verurteilung, der Staatsanwalt kann ein Verfahren (verfahrens-) ökonomisch, nämlich unter Entlastung der Gerichte, zu Ende führen (NK/*Streng* § 46a Rn. 5) und der Geschädigte wird nicht mit einer Hauptverhandlung belastet, die oft seine öffentliche Zeugenaussage erfordern wird. Nach Erhebung der Anklage kann das Gericht gem. **§ 153a Abs. 2 StPO** entsprechend verfahren wie die StA.

30   Die Regelung des § 153 StPO lässt sich auf der Basis vorliegenden Schadensersatzes oder TOA dazu nutzen, das Verfahren ohne weitere Auflagen oder Weisungen nach Opportunitätsgrundsätzen einzustellen, wenn die nach dieser Vorschrift erforderlichen Zustimmungserklärungen vorliegen (NK/*Streng* § 46a Rn. 6) und insb. der Schuldvorwurf gering ist.

31   Speziell im Zusammenhang mit **§ 46a, 2. Alt. StGB** ist die Regelung des **§ 153b StPO** zu beachten, die eine Einstellung des Verfahrens durch die StA – und nach Anklage durch das Gericht – dann erlaubt, wenn die Voraussetzungen für ein Absehen von Strafe vorliegen und das zuständige Gericht – bzw. die StA – zustimmt (NK/*Streng* § 46a Rn. 6). Dies kann dazu führen, dass dann, wenn die Voraussetzungen des § 46a Nr. 1 oder Nr. 2 StGB im Ermittlungsverfahren erfüllt werden, unter Heranziehung von § 46a, 2. Alt. StGB, wonach bei einer verwirkten Freiheitsstrafe von bis zu einem Jahr bzw. 360 Tagessätzen Geldstrafe ein Absehen von Strafe möglich ist, auch eine Verfahrenseinstellung nach § 153b StPO zulässig ist.

§ 155a StPO soll StA und Gericht veranlassen, in jedem Stadium des Verfahrens gegebene Mög- 32 lichkeiten zur Herbeiführung eines TOA zu nutzen (BGH, StV 2009, 128; *Weimer*, NStZ 2002, 349, 350ff.). Satz 3 dieser Vorschrift verpflichtet dazu, den ausdrücklichen Willen des Verletzten für die Feststellung einer Ausgleichseignung gem. § 46a Nr. 1 StGB als erheblichen Gesichtspunkt zu beachten (vgl. BGHSt 48, 134, 142f.; NK/*Streng* § 46a Rn. 7).

II. Wiedergutmachung als (vorher vereinbarte) Bewährungsauflage

Für den Fall der Strafaussetzung einer Freiheitsstrafe zur Bewährung ermöglicht § 56b Abs. 2 33 Satz 1 Nr. 1 StGB, dem Verurteilten aufzuerlegen, nach Kräften den durch die Tat verursachten Schaden wiedergutzumachen (NK/*Streng* § 46a Rn. 8), womit implizit auf die Voraussetzungen des § 46a StGB Bezug genommen wird. **§ 56b Abs. 2 Satz 2 StGB** bestimmt, dass der Wiedergut-machungsauflage Vorrang vor den anderen Auflageformen zukommt. Diese Auflage wird verbrei-tet als sinnvolle Anforderung an den Verurteilten gesehen, denn dieser wird nachdrücklich an seine Verantwortung dem Geschädigten ggü. erinnert und der Geschädigte kann seinen Schadens-ersatzanspruch gegen den Täter durch den Druck der Auflage besser realisieren (NK/*Streng* § 46a Rn. 8). Daher wird im Rahmen von **sog. Restitutions-Programmen** versucht, bereits im Vorfeld der Hauptverhandlung einen TOA herbeizuführen, aufgrund dessen sich der Täter zur Wieder-gutmachung verpflichtet; auf dieser Basis kann der Richter dann von der Verhängung der – ursprünglich tatadäquaten – vollstreckbaren Freiheitsstrafe (von mehr als 2 Jahren) absehen und die Strafe zur Bewährung aussetzen; dabei wird die einvernehmlich zustande gekommene Ver-pflichtung zur Schadenswiedergutmachung dem Verurteilten als Bewährungsauflage aufgegeben (NK/*Streng* § 46a Rn. 8 m.w.N.).

§ 46b StGB   Hilfe zur Aufklärung oder Verhinderung von schweren Straftaten

(1) Wenn der Täter einer Straftat, die mit einer im Mindestmaß erhöhten Freiheitsstrafe oder mit lebenslanger Freiheitsstrafe bedroht ist,

1. durch freiwilliges Offenbaren seines Wissens wesentlich dazu beigetragen hat, dass eine Tat nach § 100a Abs. 2 der Strafprozessordnung aufgedeckt werden konnte, oder
2. freiwillig sein Wissen so rechtzeitig einer Dienststelle offenbart, dass eine Tat nach § 100a Abs. 2 der Strafprozessordnung, von deren Planung er weiß, noch verhindert werden kann,

kann das Gericht die Strafe nach § 49 Abs. 1 mildern, wobei an die Stelle ausschließlich ange-drohter lebenslanger Freiheitsstrafe eine Freiheitsstrafe nicht unter zehn Jahren tritt. Für die Einordnung als Straftat, die mit einer im Mindestmaß erhöhten Freiheitsstrafe bedroht ist, wer-den nur Schärfungen für besonders schwere Fälle und keine Milderungen berücksichtigt. War der Täter an der Tat beteiligt, muss sich sein Beitrag zur Aufklärung nach Satz 1 Nr. 1 über den eigenen Tatbeitrag hinaus erstrecken. Anstelle einer Milderung kann das Gericht von Strafe absehen, wenn die Straftat ausschließlich mit zeitiger Freiheitsstrafe bedroht ist und der Täter keine Freiheitsstrafe von mehr als drei Jahren verwirkt hat.

(2) Bei der Entscheidung nach Absatz 1 hat das Gericht insbesondere zu berücksichtigen:

1. die Art und den Umfang der offenbarten Tatsachen und deren Bedeutung für die Aufklärung oder Verhinderung der Tat, den Zeitpunkt der Offenbarung, das Ausmaß der Unterstützung der Strafverfolgungsbehörden durch den Täter und die Schwere der Tat, auf die sich seine Angaben beziehen, sowie
2. das Verhältnis der in Nummer 1 genannten Umstände zur Schwere der Straftat und Schuld des Täters.

(3) Eine Milderung sowie das Absehen von Strafe nach Absatz 1 sind ausgeschlossen, wenn der Täter sein Wissen erst offenbart, nachdem die Eröffnung des Hauptverfahrens (§ 207 der Straf-prozessordnung) gegen ihn beschlossen worden ist.

A. Grundsätzliches

I. Regelungsgegenstand

1 Die Vorschrift normiert eine allgemeine (nicht bereichsspezifische) Kronzeugenregelung für Aufklärungs- und Präventionshilfen (*Lackner/Kühl* § 46b Rn. 1; im Einzelnen: *Peglau*, wistra 2009, 409; *Sahan/Bernd*, BB 2010, 647; krit. *Salditt*, StV 2009, 375, 376). Sie bietet den „Kronzeugen" einen fakultativen Strafmilderungsgrund (Abs. 1 Satz 1: „kann") und bei an sich verwirkten Freiheitsstrafen von bis zu 3 Jahren ein Absehen von Strafe (Abs. 1 Satz 4). Diese Rechtsfolgen greifen ein, wenn der Beteiligte einer (nicht der einfachen Kriminalität zuzurechnenden) Straftat Aufklärungs- oder Präventionshilfe in Bezug auf eine Tat der Schwerstkriminalität oder mittleren Kriminalität leistet, für die – nach Auffassung des Gesetzgebers – erfahrungsgemäß ein Ermittlungsdefizit des Staates vorliege (BT-Drucks. 16/6268 S. 2, 12; Sch/Sch/*Kinzig* § 46b Rn. 3).

II. Regelungszweck

2 Die Vorschrift des § 46b StGB soll Kooperationswilligen einen Anreiz zur Aufklärungs- und Präventionshilfe bieten (BT-Drucks. 16/6268, S. 1; statt aller *Fischer* § 46b Rn. 3), weil aus Sicht des Gesetzgebers nur so konspirative Strukturen etwa im Bereich der organisierten Kriminalität aufgebrochen werden können (BT-Drucks. 16/6268, S. 9; krit. *König*, NJW 2009, 2481, 2482). V.a. bei der Bekämpfung des Terrorismus und der organisierten Kriminalität, einschließlich der schweren Wirtschaftskriminalität, deren Strukturen durch ein hohes Maß an konspirativen Verhalten geprägt sind, stoßen die Strafverfolgungsbehörden nach eigenen Angaben häufig auf Probleme i.R.d. Beweisführung (BeckOK-StGB/*von Heintschel-Heinegg* 164. Edition [Stand: 15.08.2011], § 46b Rn. 3). Der Gesetzgeber ging jedenfalls von der Annahme aus, die Ermittler seien v.a. auf die Hinweise aus dem kriminellen Milieu angewiesen, von Personen, die über wertvolle Informationen zu Strukturen und Hintermännern verfügen, unabhängig davon, ob diese selbst eine Straftat begangen haben, die diesen Kriminalitätsbereichen zugeordnet werden kann (BT-Drucks. 16/

6268, S. 1, 9). Auch wenn diese Erwartung empirisch schwer zu belegen ist (krit. *Fischer* § 46b Rn. 4; Sch/Sch/*Kinzig* § 46b Rn. 2), könnte es angesichts der augenscheinlich gegen Aufklärung und Prävention resistenten (international organisierten und terroristischen) Kriminalität mit großen Schäden und hohem Schädigungspotenzial dennoch angezeigt sein, zumindest den Versuch zu unternehmen, durch die verstärkte Belohnung von Aufklärungs- und Präventionshilfe dagegen vorzugehen (*Lackner/Kühl* § 46b Rn. 1; *Peglau*, wistra 2009, 409, 410).

III. Entstehungsgeschichte

Die zeitlich begrenzte „Kronzeugenregelung bei terroristischen Gewalttaten" v. 09.06.1989 **3** (BGBl. I, 1989, S. 1059; BGBl. I, 1994, S. 3186) lief mit dem 31.12.1999 aus, nachdem die Initiative eines „Dritten Kronzeugen-Verlängerungs-Gesetzes" gescheitert war (BT-Drucks. 14/1107; BT-Drucks. 14/2259). Seither galten nur noch spezielle Kronzeugenregelungen für bestimmte Straftatbestände (vgl. NK/*Streng* § 46b Rn. 1). Im Besonderen Teil des StGB enthalten waren insb. § 129 Abs. 6 Nr. 2 (Kriminelle Vereinigung), § 129a Abs. 7 (Terroristische Vereinigung) sowie § 261 Abs. 10 StGB (Geldwäsche), außerhalb des Strafgesetzbuchs ist die sehr praxisrelevante Regelung des § 31 BtMG hervorzuheben (vgl. *Kreuzer* FS Miyazawa, S. 177, 193; *Fezer* FS Lenckner, S. 681, 694). Nach Ende der alten Kronzeugenregelung gab es zunächst eine Reihe von nicht verwirklichten Gesetzgebungsinitiativen für neue Regelungen zur Prämierung von Aufklärungs- oder Präventionshilfen durch Strafmilderung oder durch Absehen von Strafe (vgl. *König*, NJW 2009, 2481, 2482). Diese Gesetzesentwürfe sahen bestimmten Straftatbeständen beizufügende Regelungen für eine Kronzeugen-Prämierung im Bereich Organisierte Kriminalität und Terrorismus vor (BT-Drucks. 14/5938, 14/6834 und 15/2771). Bspw. legte Bayern im Juni 2000 einen Entwurf eines „Gesetzes zur Ergänzung der Kronzeugenregelung im Strafrecht" (KrzErgG; BR-Drucks. 395/00) mit einer Reihe bereichsspezifischer Regelungen zur Honorierung von Aufklärungshilfe vor.

Stattdessen wurde schließlich – basierend auf einem Gesetzentwurf der Bundesregierung **4** v. 24.08.2007 (BT-Drucks. 16/6268; BR-Drucks. 581/09) – durch das 43. StrÄndG v. 29.07.2009 mit § 46b StGB eine allgemeine bzw. große Kronzeugenregelung eingefügt (BGBl. I, 2009, 2288). Begleitend wurde § 261 Abs. 10 StGB aufgehoben und § 31 BtMG geändert (vgl. NK/*Streng* § 46b Rn. 1). Unverändert gelten § 98 Abs. 2 StGB, § 129 Abs. 6 StGB und § 129a Abs. 7 StGB (BeckOK-StGB/*von Heintschel-Heinegg* 164. Edition [Stand: 15.08.2011], § 46b Rn. 1). § 46b StGB trat am 01.09.2009 in Kraft (BeckOK-StGB/*von Heintschel-Heinegg* 164. Edition [Stand: 15.08.2011], § 46b Rn. 1). Zugleich sind seit dem 01.09.2009 die Strafdrohungen für das Vortäuschen einer Straftat, § 145d Abs. 3 und Abs. 4 StGB, und die Falsche Verdächtigung, § 164 Abs. 3 StGB, für solche Täter ausgeweitet und angehoben worden, die sich durch unwahre Angaben eine Strafmilderung oder ein Absehen von Strafe i.S.d. neuen § 46b StGB erschleichen wollen. Die Strafzumessung hat nunmehr drei Säulen: das Maß der Schuld unter Berücksichtigung zulässiger Präventionszwecke, § 46 StGB, die Wiedergutmachung ggü. dem Geschädigten, § 46a StGB, und die Aufklärungs- und Präventionshilfe, § 46b StGB (BeckOK-StGB/*von Heintschel-Heinegg* 164. Edition [Stand: 15.08.2011], § 46b Rn. 1; *Salditt* StV 2009, 375, 376). Die Einordnung der Vorschrift unmittelbar nach den §§ 46, 46a StGB betont ihren Charakter als allgemeine Strafzumessungsregelung (NK/*Streng* § 46b Rn. 1).

IV. Kriminalpolitische Kritik

Die neue Regelung des § 46b StGB wird in der Literatur als Teil einer problematischen Entwick- **5** lung hin zu einem kooperativen Strafprozess gesehen und schon deshalb kritisiert (Sch/Sch/*Kinzig* § 46b Rn. 2; *Salditt* StV 2009, 378). Die Prämisse des Gesetzgebers, dass die bereits existierenden Vergünstigungsmöglichkeiten – bereichsspezifische Kronzeugenregelungen, die Möglichkeit, Aufklärungs- oder Präventionshilfe i.R.d. Strafzumessung nach § 46 Abs. 2 Satz 2 StGB unter dem Gesichtspunkt des Nachtatverhaltens (s.o. § 46 Rdn. 86 f.) zu honorieren, auf §§ 153 ff. StPO zurückzugreifen, minder schwere Fälle anzunehmen, Strafrabatte bei einer etwaigen Gesamtstrafenbildung oder eine Berücksichtigung bei der Entscheidung über die Strafrestaussetzung – als Anreiz zur Aufklärungshilfe nicht ausreichen, wird nicht als empirisch belegt angesehen (Sch/Sch/*Kinzig* § 46b Rn. 2 m.w.N.; *Frank/Titz*, ZRP 2009, 138 f.; *König*, NJW 2009, 2482). Der Annahme des Gesetzgebers, dass die Kronzeugenregelung der Prozessökonomie diene (BT-Drucks. 16/6268, S. 3; *Mühlhoff/Pfeiffer*, ZRP 2000, 122 f.), wird entgegengehalten, dass sich die Verfahrensdauer zu den Anlasstaten durch die erforderliche Glaubhaftigkeitsprüfung der gemachten Angaben massiv verlängern müsse (*Frank/Titz*, ZRP 2009, 138; *Mushoff*, KritV 2007, 373). Es drohe durch die Milderungsmöglichkeit außerdem eine Verletzung des Schuldprinzips zugunsten des Kronzeugen bzw. eine ungerechtfertigte Ungleichbehandlung (Art. 3 Abs. 1 GG) von Tätern mit und ohne Informationen i.S.d. § 46b StGB (Stellungnahme des BR in BT-Drucks. 16/6268 S. 18; NK/*Streng* § 46b Rn. 5 f.; *Frank/Titz*, ZRP 2009, 139, *Mushoff*, KritV 2007, 377). Selbst wenn man davon ausgeht, dass die Anwendung von § 46b StGB in eine Schuldunterschreitung mündet (so NK/*Streng* § 46b Rn. 5 [außerhalb des BtM-Rechts]), ist zu berücksichtigen, dass der BGH diese zwar grds. für unzulässig hält, er aber schon bzgl. der Kronzeugenregelung des § 31 BtMG anders judizierte und dies zuließ (vgl. BGH, NJW 2002, 908, 909). Abseits dieser Diskussion wird kritisiert, dass eine Verletzung des Öffentlichkeitsgrundsatzes drohe, da die Fristenregelung des Abs. 3 zu einer frühzeitigen Kooperationsvereinbarung vor der Hauptverhandlung zwinge (*Mushoff*, KritV 2007, 376). Dem ist zu erwidern, dass der Öffentlichkeitsgrundsatz (§ 169 GVG) nach h. Rspr. nur die Öffentlichkeit der Hauptversammlung im formalen Sinne schützt (BGH, NJW 2005, 519 = NStZ 2005, 162: Verständigungsgespräche außerhalb der Hauptverhandlung stellen keine Verletzung des Öffentlichkeitsgrundsatzes dar). Wenig überzeugend erscheint auch die Kritik, wonach § 46b StGB eine Umgehung des § 136a StPO darstelle, da der Gesetzgeber legitimiert ist, durch § 46b StGB bestimmte Methoden der Beweisgewinnung – Strafmilderung für fremd belastende Aussagen – i.R.d. verfassungsrechtlich Zulässigen vorzusehen, § 136a StPO mithin keine Schranke für den Gesetzgeber bildet, sondern nur für den Rechtsanwender (vgl. *Mushoff*, KritV 2007, 369). In tatsächlicher Hinsicht wird v.a. eine hohe Missbrauchsgefahr – Falschbezichtigungen der Kronzeugen mit anschließenden Fehlurteilen, geringerer Beweiswert der Aussagen – aufgrund der neuen Vorschrift befürchtet; man werde davon ausgehen müssen, dass eine umso größere Versuchung zu falschen Anschuldigungen besteht, je größer der damit erzielbare Strafrabatt ausfalle (NK/*Streng* § 46b Rn. 7; *König*, NJW 2009, 2481, 2483; *Mushoff*, KritV 2007, 370). Die neuen Regelungen in § 145d und § 164 StGB dienen allerdings dazu, dem Missbrauch von § 46b StGB durch erhöhte Strafrahmen entgegen zu wirken (*Mühlhoff/Pfeiffer*, ZRP 2000, 121, 126), wobei jedoch überwiegend bezweifelt wird, dass diese tatsächlich eine erhebliche Präventionswirkung entfalten (NK/*Streng* § 46b Rn. 7; *Frank/Titz* ZRP 2009, 137, 139; *König*, NJW 2009, 2481, 2483; *Salditt*, StV 2009, 375, 378).

V. Verfassungsrechtliche Aspekte

6   Verfassungsrechtliche Bedenken wegen etwaiger Verletzungen des Schuldprinzips, des Gleichheitssatzes, des Nemo-tenetur-Grundsatzes und des Legalitätsprinzips (vgl. NK/*Streng* § 46b Rn. 3, 5, 6 m.w.N.) wurden vom Gesetzgeber erwogen, aber für unbegründet gehalten (BT-Drucks. 16/6268, S. 4; zustimmend *Lackner/Kühl* § 46b Rn. 1).

B. Tatbestandsvoraussetzungen

I. Anwendungsbereich

1. Zeitlicher Anwendungsbereich (Altfälle)

7   Nach Art. 316d EGStGB findet § 46b StGB keine Anwendung auf Anknüpfungstaten potenzieller Kronzeugen in Strafverfahren, für die bereits vor dem Inkrafttreten des § 46b StGB am 01.09.2009 die Eröffnung des Hauptverfahrens beschlossen wurde (BeckOK-StGB/*von Heint-*

schel-Heinegg 164. Edition [Stand: 15.08.2011], § 46b Rn. 36). Art. 316d EGStGB bildet einen verfassungsrechtlich unbedenklichen Verzicht auf das einfachgesetzliche Meistbegünstigungsprinzips gem. § 2 Abs. 3 StGB, der die Gerichte in bereits rechtshängigen Verfahren von der Bewertung entbindet, ob die alte oder n.F. nach den Umständen des konkreten Einzelfalles das mildere Gesetz ist (BVerfGE 81, 132, 136 f.; BeckOK-StGB/*von Heintschel-Heinegg* 164. Edition [Stand: 15.08.2011], § 46b Rn. 36). I.Ü. gilt, dass das zur Tatzeit geltende materielle Recht anzuwenden ist, §§ 1, 2 Abs. 1 StGB, sofern das neuere Recht (§ 46b StGB) in seiner Gesamtheit keine für den Angeklagten günstigere Regelung darstellt, § 2 Abs. 3 StGB. Letzteres gilt für die neue Kronzeugenregelung in allen Kriminalitätsbereichen, in denen es bislang keine entsprechenden bereichsspezifischen Vorschriften gab, die demgegenüber mildere Regelungen darstellen. Daher wird gem. § 2 Abs. 3 StGB die Regelung des § 46b StGB in denjenigen Fällen, in denen nach dem 01.09.2009 über die Eröffnung des Hauptverfahrens entschieden wurde, regelmäßig Anwendung finden (BeckOK-StGB/*von Heintschel-Heinegg* 164. Edition [Stand: 15.08.2011], § 46b Rn. 36). Anders ist dies in Bereichen der sog. kleinen Kronzeugenregelungen, etwa bei der Geldwäsche, § 261 Abs. 10 StGB; hier ist im Einzelfall zu entscheiden, ob die neue oder die alte Regelung der Rechtsfolgen einer Aufklärungs- bzw. Präventionshilfe insgesamt die für den Angeklagten günstigere Gesetzeslage darstellt (BGH, Beschl. v. 15.03.2011 = BeckRS 2011, 07510; BGH, NStZ 2010, 523, 524; BGH, Beschl. v. 26.10.2010 – 4 StR 495/10, BeckRS 2010, 29487; BeckOK-StGB/*von Heintschel-Heinegg* 164. Edition [Stand: 15.08.2011], § 46b Rn. 36).

2. Vorrangige Spezialregelungen

Das Verhältnis des § 46b StGB zu den verbleibenden bereichsspezifischen Kronzeugenregelungen **8** und Vorschriften der tätigen Reue (oben Rdn. 3 f.) richtet sich nach dem allgemeinen Grundsatz des Vorrangs der lex specialis und der Möglichkeit, auf eine tatbestandlich anwendbare allgemeinere Regelung nur zurückzugreifen, falls deren Anwendung im Einzelfall ausnahmsweise günstiger sein sollte (BT-Drucks. 16/6268, S. 15; vgl. BGHSt 33, 92; Sch/Sch/*Kinzig* § 46b Rn. 28; BeckOK-StGB/*von Heintschel-Heinegg* 164. Edition [Stand: 15.08.2011], § 46b Rn. 30, 31; *Lackner/Kühl* § 46b Rn. 7; *Fischer* § 46b Rn. 32). Praktisch wird Letzteres nur ausnahmsweise der Fall sein, da sowohl die Voraussetzungen der Spezialregelungen weniger anspruchsvoll als auch deren Rechtsfolgen normalerweise günstiger sind (BeckOK-StGB/*von Heintschel-Heinegg* 164. Edition [Stand: 15.08.2011], § 46b Rn. 31.1). Da sich das Konkurrenzverhältnis aus allgemeinen Grundsätzen und der bereits geltenden höchstrichterlichen Rechtsprechung bestimmen ließ, war der Gesetzgeber der Auffassung, von einer ausdrückliche Regelung wie in der Kronzeugenregelung von 1989 absehen zu können (BT-Drucks. 16/6268, S. 14 f.). Die Behandlung von *Präventionshilfe* gem. §§ 129 Abs. 4, 129a Abs. 1 bis Abs. 5 StGB bestimmt sich grds. nach § 129 Abs. 6 Nr. 2 StGB, auch i.V.m. § 129a Abs. 7 StGB. § 46b StGB kommt zur Anwendung, wenn die Spezialbestimmungen den jeweiligen Sachverhalt gar nicht erfassen. Daher ist § 46b StGB bei einer Aufklärungshilfe des Täters im Hinblick auf die Taten einer kriminellen Vereinigung anwendbar, da § 129 Abs. 6 StGB hierfür keine Regelungen enthält (BT-Drucks. 16/6268, S. 15; BeckOK-StGB/*von Heintschel-Heinegg* 164. Edition [Stand: 15.08.2011], § 46b Rn. 30.1). Dasselbe gilt für die Honorierung einer deliktsübergreifenden Aufklärungs- und/oder Präventionshilfe, denn Spezialregelungen erfassen die Unterstützung der Strafverfolgungs- oder Polizeibehörden nicht im Hinblick auf Taten, die in keinem Zusammenhang zur Anlasstat stehen (BT-Drucks. 16/6268, S. 15; vgl. auch BeckOK-StGB/*von Heintschel-Heinegg* 164. Edition [Stand: 15.08.2011], § 46b Rn. 30.1).

3. Anlassstraftaten des § 46b StGB

Als Anlasstat kommen nicht alle mit Geld- oder Freiheitsstrafe bedrohte Delikte in Betracht, son- **9** dern nur im Mindestmaß mit einer erhöhten zeitigen Freiheitsstrafe (mindestens ein Monat, § 38 Abs. 2 StGB) bedrohte Straftatbestände (*Lackner/Kühl* § 46b Rn. 2). § 46b Abs. 1 Satz 1 StGB erfasst somit alle Delikte der mittleren und schweren Kriminalität; durch den recht breiten

Anwendungsbereich soll ein möglichst weit angelegter Anreiz für Aufklärungs- und Präventionshilfe geschaffen werden (BT-Drucks. 16/6268, S. 10). Für die Einordnung als Straftat, die mit einer im Mindestmaß erhöhten Freiheitsstrafe bedroht ist, werden – abweichend von der allgemeinen Regel der §§ 12 Abs. 3, 49 Abs. 1, 78 Abs. 4 StGB (BT-Drucks. 16/6268, S. 10; BeckOK-StGB/*von Heintschel-Heinegg* 164. Edition [Stand: 15.08.2011], § 46b Rn. 7 f.) – Schärfungen für besonders schwere Fälle, aber keine Milderungen, berücksichtigt (§ 46b Abs. 1 Satz 2 StGB). Mithin ist es ausreichend, dass Strafschärfungen oder Regelbeispiele eines Tatbestands ein erhöhtes Mindestmaß aufweisen, damit diese Anlasstaten des § 46b StGB sein können, auch wenn der Grundtatbestand kein erhöhtes Mindestmaß aufweist. Erfasst werden benannte und unbenannte Strafschärfungen sowie Regelbeispiele einschließlich zwingender Beispiele (BT-Drucks. 16/6268, S. 10). Erfasst werden insb. Regelbeispiele wie z.B. § 243 Abs. 1 StGB (Besonders schwerer Fall des Diebstahls); § 253 Abs. 4 StGB (Besonders schwerer Fall der Erpressung), § 263 Abs. 3 Satz 2 Nr. 1 StGB (Besonders schwerer Fall des Betrugs), § 267 Abs. 3 Satz 2 Nr. 1 StGB (Besonders schwerer Fall der Urkundenfälschung), § 300 StGB (Besonders schwerer Fall der Bestechung bzw. Bestechlichkeit im geschäftlichen Verkehr), oder Taten, bzgl. derer die Strafschärfung durch zwingende Beispielsfälle (z.B. § 129 Abs. 4 StGB) benannt und erläutert werden (BeckOK-StGB/*von Heintschel-Heinegg* 164. Edition [Stand: 15.08.2011], § 46b Rn. 8). Dadurch soll vermieden werden, dass bereits frühzeitig im Verfahren schon umfassende, eine Gesamtwürdigung erfordernde Strafzumessungserwägungen angestellt werden müssen, ohne auf die Vermutungswirkung eines Regelfalles oder eines zwingenden Beispielsfalles zurückgreifen zu können (BT-Drucks. 16/6268, S. 10; BeckOK-StGB/*von Heintschel-Heinegg* 164. Edition [Stand: 15.08.2011], § 46b Rn. 8).

10 Strafmildernde Vorschriften, auch solche des Allgemeinen Teils des StGB, insb. für Gehilfen (§ 27 Abs. 2 Satz 2 StGB), die – bspw. durch Verweis auf § 49 StGB – zu einer Absenkung des Strafrahmens führen, schließen die Anwendbarkeit des § 46b StGB nicht aus (BT-Drucks. 16/6268, S. 10 f.; Sch/Sch/*Kinzig* § 46b Rn. 6; *Lackner/Kühl* § 46b Rn. 2; krit. *Fischer* § 46b Rn. 6, 6a, 7). Insb. Gehilfen sollen als tendenziell besonders geeignete Aufklärungshelfer durch § 46b StGB angesprochen werden (*Fischer* § 46b Rn. 6; BeckOK-StGB/*von Heintschel-Heinegg* 164. Edition [Stand: 15.08.2011], § 46b Rn. 10). Die Unbeachtlichkeit von Milderungen stellt sicher, dass § 46b StGB nicht durch die vorhergehende Anwendung eines anderen Milderungsgrundes von vornherein ausgeschlossen ist (BT-Drucks. 16/6268, S. 11; BeckOK-StGB/*von Heintschel-Heinegg* 164. Edition [Stand: 15.08.2011], § 46b Rn. 10). Ausgenommen vom Anwendungsbereich der Norm sind nur Taten der einfachen Kriminalität ohne erhöhte Mindestfreiheitsstrafe; ein „allgemeines Denunziantentum" wollte der Gesetzgeber nicht begünstigen und versprach sich anscheinend von den in einfache Kriminalität Verstrickten – ohne dass eine solche Vermutung erkennbar empirisch abgesichert wäre – auch keinen hinreichenden Erkenntnisgewinn. Hier wird eine Aufklärungs- und Präventionshilfe regelmäßig i.R.d. allgemeinen Strafzumessung nach § 46 StGB oder durch Anwendung der §§ 153 ff. StPO angemessen zu berücksichtigen sein (BT-Drucks. 16/6268, S. 10 BeckOK-StGB/*von Heintschel-Heinegg* 164. Edition [Stand: 15.08.2011], § 46b Rn. 11; *Salditt* StV 2009, 375, 377).

11 Im Bereich des **Steuerstrafrechts** ist zu berücksichtigen, dass insb. alle Formen des **besonders schweren Falles der Steuerhinterziehung gem. § 370 Abs. 3 AO** taugliche Anknüpfungsstraftaten des § 46b StGB sind. Dasselbe gilt für Fälle **des gewerbsmäßigen, gewaltsamen und bandenmäßigen Schmuggels gem. § 373 AO** sowie die **bandenmäßige Steuerhehlerei gem. § 374 Abs. 2 AO**. Ergänzend ist in den Blick zu nehmen, dass Korruptionstatbestände, bei denen nicht selten eine sachliche Verknüpfung zu (evtl. einfachen und daher nicht kronzeugenfähigen) Taten gem. § 370 AO besteht, dann Anknüpfungstaten des § 46b StGB sein können, wenn es sich um **§ 332 StGB (Bestechlichkeit)**, **§ 334 StGB (Bestechung)**, **§ 335 StGB (Besonders schwere Fälle der Bestechlichkeit und Bestechung)** im Zusammenhang mit Amtsträgern (§ 11 Abs. 1 Nr. 2 StGB) oder besonders Verpflichteten (§ 11 Abs. 1 Nr. 4 StGB) handelt. Dies gilt jeweils auch bei Fällen der §§ 1, 2 IntBestG i. V. m. §§ 334, 335 StGB und des EU-BestG i. V. m. §§ 332, 334, 335 StGB. Da der Tatbestand der – aktiven und passiven – **Bestechung im geschäft-**

lichen Verkehr (§ 299 Abs. 1 und Abs. 2 StGB, ggf. i.V.m. Abs. 3 betreffend den ausländischen Wettbewerb) nicht über einen im Mindestmaß erhöhten Strafrahmen verfügt, stellt er allein keine taugliche Anknüpfungstat i.S.d. § 46b StGB dar. Die **Denunziation eines Bestechungssystems im Vertrieb** – bei Privatunternehmen und erst recht bei der Involvierung von Amtsträgern – mit typischerweise einhergehenden Steuerhinterziehungstaten gem. §§ 370 Abs. 1, Abs. 3 AO bzgl. unberechtigt (§ 4 Abs. 5 Nr. 10 EStG) geltend gemachter Betriebsausgaben hinsichtlich des vertrieblichen Aufwands durch einen Tatbeteiligten (zur Praxis vgl. *Schauf/Idler* Ubg. 2010, 111 ff.) kann die Wirkung des § 46b StGB grds. dennoch herbeiführen, nämlich wenn der Täter als Anknüpfungstat einen **besonders schweren Fall** der (typischerweise aktiven) **Bestechung im geschäftlichen Verkehr gem. § 300 StGB** begangen hat (Sahan/Berndt BB 2010, 647, 650 f.). Dies ist der Fall, wenn die (Bestechungs-) Tat sich auf einen Vorteil besonders großen Ausmaßes (§ 300 Nr. 1 StGB) bezieht oder der Täter gewerbsmäßig oder als Mitglied einer Bande handelt, die sich zur fortgesetzten Begehung solcher Taten verbunden hat (§ 300 Nr. 2 StGB). Ein Vorteil großen Ausmaßes (§ 300 Nr. 1 StGB) könnte ab einem Zuwendungswert von 10.000,00 € (*Fischer* § 300 Rn. 4; *Lackner/Kühl* § 335 Rn. 2), 20.000,00 € (LK-StGB/*Tiedemann* § 300 Rn. 4) oder spätestens von 50.000,00 € (vgl. BGHSt 48, 360 zu § 263 Abs. 3 StGB) anzunehmen sein. Ebenfalls taugliche Anknüpfungstat wäre, wenn der Tatbeteiligte i.S.d. § 370 Abs. 3 Nr. 1 – Nr. 5 AO wegen der typischerweise darauf folgenden Steuerverkürzung im Zusammenhang mit einer unberechtigten Geltendmachung des Betriebsausgabenabzugs zu bestrafen wäre. Voraussetzungen des § 46b StGB bleibt natürlich, dass ein Beteiligter der Anknüpfungstat diese über seinen eigenen Tatbeitrag hinaus aufklären kann bzw. andere entsprechende Taten, an denen er nicht beteiligt war, aufklären kann. Eine Denunziation durch den aktiv Mitwirkenden eines Bestechungssystems in der Privatwirtschaft vor der Eröffnung des Hauptverfahrens ist mit dem nicht unerheblichen Risiko behaftet, dass das erkennende Gericht dessen Tat im Urteil letztlich *nicht* als besonders schweren Fall i.S.d. §§ 300 StGB, 370 Abs. 3 AO (oder gem. § 266 Abs. 2 i.V.m. § 263 Abs. 3 StGB) beurteilt, auch wenn die Verdachtslage in einem früheren Verfahrensstadium darauf hindeutete, sondern nur als eine Tat gem. § 299 StGB, § 370 Abs. 1 AO (oder ggf. gem. § 266 Abs. 1 StGB). In diesem Fall läge keine taugliche Anknüpfungstat für § 46b StGB vor. Es kämen nur Milderungen gem. § 46 StGB in Betracht. Dies könnte die rechtlich problematische Folge haben, dass der Kronzeuge in der Hauptverhandlung ggf. faktisch gezwungen ist, die Bedeutung seiner Taten zu übertreiben, insb. den Wert von Zuwendungen, Schäden des Unternehmens und Hinterziehungsbeträgen, um in den Genuss des § 46b StGB zu kommen. Dies zwingt in entsprechenden Fallkonstellationen zumindest zu einer besonders kritischen Würdigung des Beweiswerts auch selbstbelastender Aussagen des Kronzeugen. Insbesondere wird man Angaben der oben genannten Art nicht ohne ergänzende Beweisresultate den Feststellungen zugrunde legen können. Zur Umgehung derartiger Probleme liegt eine Ausweitung der Absprachenpraxis auf die Rechtsfolgen des § 46b StGB unter Einbeziehung des erkennenden Gerichts im Vorfeld der Eröffnung des Hauptverfahrens nahe, was jedoch weder dem Sinn des § 46b Abs. 3 StGB, noch dem der §§ 257b, 257c StPO entsprechen dürfte.

4. Katalogtaten gem. § 100a Abs. 2 StPO, auf die sich die Leistung des Kronzeugen beziehen muss (Bezugstaten)

Die Taten, auf die sich die zu prämierende Aufklärungs- oder Präventionshilfe beziehen kann, sind **12** nach § 46b Abs. 1 Satz 1 Nr. 1 und 2 StGB auf den Katalog des § 100a Abs. 2 StPO beschränkt. Dabei ließ sich der Gesetzgeber von der Überlegung leiten, dass die dort enthaltenen Delikte, wenn sie nicht ohnehin schwerste Straftaten darstellen, jedenfalls einen gewissen Schweregrad erreichen und solche seien, bei denen aufgrund oftmals konspirativ und in abgeschotteten Strukturen erfolgender Begehungsweise tendenziell ein besonderes Ermittlungsdefizit bestehe (BT-Drucks. 16/6268 S. 11; Sch/Sch/*Kinzig* § 46b Rn. 7; *Peglau*, wistra 2009, 409, 410; krit. BR in BT-Drucks. 16/6268 S. 18 f.; *König*, NJW 2009, 2482). Für die Einstufung der Bezugstat als Katalogtat nach § 100a Abs. 2 StPO ist die Einschätzung der § 46b StGB auf die Anlasstat anwendenden Instanz (Gericht oder auch StA) zum Zeitpunkt deren Entscheidung maßgeblich (Sch/Schr/

Kinzig § 46b Rn. 7; *Peglau*, wistra 2009, 409, 410). Es ist daher möglich, dass im Strafverfahren über die Bezugstat für denselben Sachverhalt ein anderer Straftatbestand als gem. § 46b StGB i.V.m. § 100a Abs. 2 StPO angewandt wird oder aber auch ein Freispruch oder eine Einstellung des Verfahrens zustande kommt. Eine wechselseitige Bindungswirkung der Entscheidungen im Verfahren zur Anlasstat bzw. zur Bezugstat besteht nicht.

13 Hinsichtlich des oben erwähnten Beispiels der **Denunziation eines Bestechungssystems – etwa im Vertrieb** – wäre zu ergänzen, dass sich die Angaben mit den Rechtsfolgen des § 46b StGB auch auf die Aufklärung bzw. Verhinderung von **(Bezugs-) Taten** gem. **§ 300 StGB** (besonders schwerer Fall der Bestechlichkeit und Bestechung im geschäftlichen Verkehr, vgl. § 100a Abs. 2 Nr. 1 Buchst. r) StPO) oder gem. **§§ 332, 334 StGB** (Bestechlichkeit und Bestechung von Amtsträgern, durch deren Verweis auf § 334 StGB wohl einschließlich **§§ 335 StGB, 1 ff. IntBestG, 1 ff. EU-BestG,** vgl. § 100a Abs. 2 Nr. 1 Buchst. t) StPO) richten können, bei Aufklärungshilfe für eine einfache Steuerhinterziehung (§ 370 Abs. 1 AO) oder eines besonders schweren Falles der Steuerhinterziehung wegen der Verkürzung von Steuern in großem Ausmaß (§ 370 Abs. 3 Satz 2 Nr. 1 AO, vgl. § 100a Abs. 2 Nr. 2 Buchst. a) bis c) StPO) treten die Rechtsfolgen des § 46b StGB jedoch nicht ein. Die Steuerhinterziehung ist allein im besonders schweren Fall gem. **§ 370 Abs. 3 Satz 2 Nr. 5 AO** – wenn der Täter der Bezugstat diese als Mitglied einer **Bande** begeht, die sich zur **fortgesetzten Begehung von Steuerhinterziehungstaten verbunden hat, Umsatz- oder Verbrauchsteuern verkürzt oder nicht gerechtfertigte Umsatz- oder Verbrauchsteuervorteile erlangen will** – eine taugliche Bezugstat (vgl. § 100a Abs. 2 Nr. 2 Buchst. a) StPO). Da § 46b StGB keine Konnexität zwischen Anlass- und Bezugstat voraussetzt, ist aber zu berücksichtigen, dass die Norm hinsichtlich eines Bestechungssystems auch dann zur Anwendung kommen kann, wenn ein (mitwissender, aber nicht zwingend beteiligter) Beschäftigter im privaten Bereich eine völlig andere Anknüpfungstat i.S.d. § 46b StGB – d.h. mit erhöhtem Mindeststrafrahmen – begangen hat und die Ermittlungsbehörden sodann bei der Aufklärung von Straftaten gem. §§ 300, 332, 334, 335 StGB (oder gem. den auf die Amtsträgerbestechungsdelikte Bezug nehmenden Vorschriften des IntBestG oder EU-BestG) im Unternehmen unterstützt. Dadurch wird jeder – strafrechtlich belastete – Mitarbeiter, der von korruptionsrelevanten Vorfällen (oder vergleichbar schweren Taten i.S.d. § 100a Abs. 2 StPO) im Unternehmen Kenntnis hat, zu einem schwer einzuschätzenden Denunziationsrisiko für sein Unternehmen, dessen Management und seine Mitarbeiter (ausführlich *Sahan/Berndt*, BB 2010, 647, 649 ff.). Dieser Umstand sollte verstärkt Anlass dazu geben, Korruption im Vertrieb durch Compliance-Maßnahmen umgehend zu unterbinden und den Versuch zu unternehmen, nach einer aktiv betriebenen Aufarbeitung von Bestechungsvorgängen (Internal Investigation) durch steuerliche Erklärungen nach §§ 153 bzw. 371 AO zumindest noch Straffreiheit hinsichtlich etwa verwirklichter oder drohender Steuerstraftaten (gem. §§ 370 ff. AO) zu erlangen bzw. zu sichern (*Sahan/Berndt*, BB 2010, 647, 650 u. 651). Es ist zu berücksichtigen, dass diese Überlegungen und internen Ermittlungen wegen der drohenden Sperrwirkung hinsichtlich der strafbefreienden Selbstanzeige durch Beginn der Betriebsprüfung (§ 371 Abs. 2 Nr. 1a AO) möglichst zeitnah und möglichst weit im Vorfeld einer zu erwartenden problematischen Außenprüfung vorgenommen werden müssen. Hinsichtlich bereits gegebener Straftaten nach den §§ 299, 300, 331 ff. StGB bzw. Verdachtsfällen ist allerdings auch im Fall der strafbefreienden Selbstanzeige oder rechtzeitigen Nacherklärung mit einer Meldung der Finanzbehörde gem. § 4 Abs. 5 Nr. 10 Satz 3 EStG an die StA zu rechnen (vgl. auch *Sahan/Berndt*, BB 2010, 647, 650; zu den Praxiserfahrungen im Zusammenhang mit § 4 Abs. 5 Nr. 10 EStG vgl. *Schauf/Idler*, Ubg. 2010, 111). Daneben kommen als Bezugstaten des § 46b StGB im Steuerstrafrecht nur noch **§ 373 AO** (vgl. § 100a Abs. 2 Nr. 2 Buchst. b) StPO) und **§ 374 Abs. 2 AO** in Betracht (vgl. § 100a Abs. 2 Nr. 2 Buchst. c) StPO).

II. Formen der Kronzeugenregelung gem. § 46b StGB

14 In § 46b Abs. 1 Satz 1 Nr. 1 wird die Aufklärungshilfe, in Nr. 2 die Präventionshilfe geregelt; die für beide Varianten gewählten Formulierungen lehnen sich an die der § 31 Nr. 1 und Nr. 2 BtMG

an, weshalb deren Auslegung in der Rechtsprechung auch für § 46b StGB herangezogen werden kann (BT-Drucks. 16/6268 S. 12; Sch/Sch/*Kinzig* § 46b Rn. 8).

1. Aufklärungshilfe (§ 46b Abs. 1 Nr. 1 StGB)

Die sog. Aufklärungshilfe oder auch Aufdeckungsvariante hat nach § 46b Abs. 1 Satz 3 StGB zur 15 Voraussetzung, dass der Aufklärungsbeitrag eines Tatbeteiligten über den „eigenen Tatbeitrag" hinausgehen muss (Sch/Sch/*Kinzig* § 46b Rn. 8, 9; *Fischer* § 46b Rn. 8; NK/*Streng* § 46b Rn. 9; *Lackner/Kühl* § 46b Rn. 3), Der „Kronzeuge" muss freiwillig zur **Aufdeckung einer Katalogtat i.S.d.** § 100a Abs. 2 StPO beitragen (*Peglau*, wistra 2009, 409, 410); von der Aufstellung eines eigenen Katalogs in § 46b StGB, der besonders schwer aufzuklärende Delikte enthält, hat der Gesetzgeber bewusst abgesehen (*Lackner/Kühl* § 46b Rn. 3; krit. BR in BT-Drucks. 16/6268, S. 18).

a) Aufdeckung der Bezugstat

Die **erfolgreiche Aufdeckung der Bezugstat** muss der zurechenbar und kausal herbeigeführte 16 Erfolg des Offenbarens sein (*Fischer* § 46b Rn. 15; BeckOK-StGB/*von Heintschel-Heinegg* 164. Edition [Stand: 15.08.2011], § 46b Rn. 13). Bloßes erfolgloses Bemühen reicht nicht, es muss objektiv ein wesentlicher Beitrag zur Aufklärung geleistet werden (vgl. BGH NJW 2002, 908). Hierfür reicht die Begründung eines Verdachts und die damit geschaffene Möglichkeit, diese Tat aufzuklären, nicht aus (BeckOK-StGB/*von Heintschel-Heinegg* 164. Edition [Stand: 15.08.2011], § 46b Rn. 13). Erforderlich ist vielmehr, dass die Strafverfolgungsbehörden – insb. der Tatrichter der Anknüpfungstat – aufgrund der Angaben des Angeklagten gesicherte Erkenntnisse zu Tätern und deren Tatbeiträgen der Bezugstat gewonnen haben (BeckOK-StGB/*von Heintschel-Heinegg* 164. Edition [Stand: 15.08.2011], § 46b Rn. 13). Bei der Prüfung, ob ein Aufklärungserfolg gem. § 46b Abs. 1 Satz 1 Nr. 1 StGB vorliegt, muss der Tatrichter den Angaben des Angeklagten zur Bezugstat nicht weiter nachgehen, auch hat er nicht abzuwarten, ob bzw. bis andere Stellen Ermittlungen zur Bezugstat durchgeführt haben; entscheidend ist vielmehr allein die in der Hauptverhandlung zur Anknüpfungstat gewonnene Überzeugung des Tatrichters von der Richtigkeit des Aufklärungsbeitrags (BGH, NStZ 2009, 394 zu § 31 Nr. 1 BtMG). Der Zweifelssatz ist dabei nicht anzuwenden; der Tatrichter darf allerdings einen Aufklärungserfolg auch dann bejahen, wenn er von der Richtigkeit der Angaben des Angeklagten zur Bezugstat überzeugt ist (vgl. § 261 StPO), es für deren Richtigkeit aber keine weiteren Beweismittel gibt (BGH, NStZ 2003, 162 zu § 31 Nr. 1 BtMG). § 46b Abs. 1 Nr. 1 StGB ist auch dann anzuwenden, wenn der Angeklagte in der Hauptverhandlung (zur Anlasstat) die Taten bestreitet und seine im Ermittlungsverfahren (zur Bezugstat) gemachten Angaben in Abrede stellt; entscheidend ist nur, ob seine Angaben zur Bezugstat trotz des späteren Bestreitens im Verfahren zur Anlasstat aus Sicht des Tatrichters tatsächlich zu einem Aufklärungserfolg geführt haben (BGH, NStZ 2009, 394, 395 zu § 31 Nr. 1 BtMG; BeckOK-StGB/*von Heintschel-Heinegg* 164. Edition [Stand: 15.08.2011], § 46b Rn. 14). Ein Aufklärungserfolg i.S.d. Abs. 1 Nr. 1 ist auch nicht ausgeschlossen, wenn der durch die Angaben des Beschuldigten Belastete unbekannten Aufenthalts ist (vgl. BGH, NStZ 2003, 162 zu § 31 Nr. 1 BtMG), da es nicht um die Ergreifung des Täters, sondern um die Aufklärung der Tat geht. Hat der Angeklagte bereits zu Beginn des Ermittlungsverfahrens umfassende Angaben zum Tatablauf gemacht, Mittäter benannt und auch eigene Tatbeiträge offengelegt und dadurch maßgeblich an der Überführung der zunächst nicht geständigen Mittäter mitgewirkt, sind die Voraussetzungen der Aufklärungshilfe gem. § 46b Abs. 1 Satz 1 Nr. 1 StGB gegeben, sodass die Rechtsfolgen der Norm geprüft werden müssen; in eine Gesamtabwägung, ob ein minderschwerer Fall anzunehmen ist, ist dies mit dem Gewicht eines vertypten Milderungsgrundes zu berücksichtigen (BGH, Beschl. v. 23.11.2010 – 3 StR 403/10, BeckRS 2011, 00429). Der Umstand, dass ein Mitangeklagter mit einer in allen wesentlichen Einzelheiten unzutreffenden Tatschilderung ins Gespräch gebracht wird (vgl. § 164 StGB), legt eine Prüfung der Voraussetzungen des § 46b StGB durch den Tatrichter gerade nicht nahe (BGH, Beschl. v. 01.12.2010 – 1 StR 610/10, BeckRS 2010, 30344).

17 I.Ü. ist für die Anforderungen an den Aufklärungserfolg nach dem Wortlaut der Vorschrift danach zu differenzieren, ob der Täter an der aufzudeckenden Tat beteiligt war; war das der Fall, so muss sich nach § 46b Abs. 1 Satz 3 StGB seine Aufklärungshilfe nach Satz 1 Nr. 1 über den eigenen Tatbeitrag hinaus erstrecken (vgl. BT-Drucks. 16/6268 S. 12; Sch/Sch/*Kinzig* § 46b Rn. 12).

aa) Aufklärungsbeitrag Tatunbeteiligter

18 War der Täter der Anknüpfungstat an einer zu offenbarenden Bezugstat nicht beteiligt, genügt es, dass er in irgendeiner Weise wesentlich dazu beigetragen hat, dass eine Straftat nach § 100a Abs. 2 StPO aufgeklärt werden konnte (Sch/Sch/*Kinzig* § 46b Rn. 13). Ein Geständnis einer eigenen Tat ist hingegen nicht erforderlich (vgl. Sch/Sch/*Kinzig* § 46b Rn. 13 m.w.N.). Ein Aufklärungserfolg ist dann eingetreten, wenn aufgrund der Angaben des Kronzeugen nach der Überzeugung des Gerichts bestimmte Personen hinreichend verdächtig (§ 170 Abs. 1 StPO) sind, eine der in § 100a Abs. 2 StPO genannten Katalogtaten begangen zu haben (OLG Hamburg, Beschl. v. 14.03.2011 = BeckRS 2011, 07222 m.w.N.) und mit den Angaben des Aufklärungsgehilfen identifiziert und entweder bislang unbekannter Taten, oder bekannter Taten besser bzw. sicherer überführt werden können (Sch/Sch/*Kinzig* § 46b Rn. 13; vgl.zu § 31 BtMG: *Körner* § 31 Rn. 46). Der Kronzeuge muss durch seine Angaben demnach die Voraussetzungen für die voraussichtlich erfolgreiche Durchführung eines Strafverfahrens gegen Beteiligte einer Bezugstat gem. § 100a Abs. 2 StPO geschaffen haben (BT-Drucks. 16/6268, S. 12; zu § 31 BtMG vgl. NStZ-RR 1998, 25; StV 1990, 355; BGHR BtMG § 30 Abs. 2 Strafrahmenwahl 4; *Weber* BtMG § 31 Rn. 73). Nicht nötig ist, dass gegen diese Person aufgrund der Angabe des Kronzeugen bereits Anklage erhoben wurde oder eine Verurteilung erfolgt ist (BT-Drucks. 16/6268 S. 12; Sch/Sch/*Kinzig* § 46b Rn. 13; vgl. Körner § 31 Rn. 59 f.; *Weber* § 31 Rn. 101). Bei Aufklärungsbeiträgen mehrerer Beschuldigter, auch aufgrund einer gemeinsamen Absprache, kann die Anwendung der Kronzeugenregelung nicht mit der Begründung versagt werden, der zuerst aussagende Mittäter habe dem Gericht die Erkenntnisse bereits vermittelt und damit den Aufklärungserfolg allein bewirkt (BT-Drucks. 16/6268 S. 12; BGH, StV 2002, 260, *Körner* § 31 Rn. 44 f.; *Weber* § 31 Rn. 70). Das Gericht muss vom Aufklärungserfolg überzeugt sein, zweifelt es daran, so geht dies zulasten des Kronzeugen; der Zweifelsgrundsatz gilt insoweit nicht (BT-Drucks. 16/6268 S. 12; BGH, NStZ-RR 1998, 25; StV 1989, 392; *Körner* § 31 Rn. 82 ff.; *Weber* § 31 Rn. 125 ff.). Der Tatrichter der Anknüpfungstat muss weder den Angaben des Beschuldigten zur Bezugstat durch Beweiserhebungen – auch nicht auf Beweisantrag des Kronzeugen – nachgehen, um einen Aufklärungserfolg herbeizuführen, noch muss er abwarten, ob bzw. bis andere Stellen Ermittlungen zur Bezugstat durchgeführt haben (BT-Drucks. 16/6268 S. 12; BGH, MDR 1994, 435; NStZ 1998, 90; *Weber* § 31 Rn. 138). Regelmäßig dürfte aber dem Gericht der Anknüpfungstat wegen der zeitlichen Grenze des Abs. 3 – das Offenbaren muss vor Eröffnung des Hauptverfahrens der Anknüpfungstat erfolgen – genügend Zeit zur Verfügung stehen, um festzustellen, ob ein Aufklärungserfolg hinsichtlich der Bezugstat eingetreten ist (Sch/Sch/*Kinzig* § 46b Rn. 13), denn der Aufklärungsbeitrag wird oft weit im Vorfeld der Hauptverhandlung zur Anknüpfungstat stattfinden und staatsanwaltschaftliche Ermittlungen nach sich ziehen.

bb) Aufklärungsbeitrag Tatbeteiligter

19 War der Täter an der aufzudeckenden Bezugstat beteiligt, so muss sich nach Abs. 1 Satz 3 sein Beitrag zur Aufklärung nach Abs. 1 Satz 1 Nr. 1 über den eigenen Tatbeitrag zu dieser Bezugstat hinaus erstrecken (Sch/Sch/*Kinzig* § 46b Rn. 14). Wichtigste Folge aus dieser Einschränkung ist zunächst, dass eine Aussage zum eigenen Tatbeitrag allein, sei diese auch noch so umfassend, nicht ausreicht, um in den Genuss der Strafmilderung nach § 46b Abs. 1 StGB zu kommen. Der Kronzeuge muss vielmehr Angaben zu anderen Tatbeteiligten bzw. zu Aspekten der Tat machen, an denen er nicht beteiligt war. Jedoch ist es umgekehrt nicht erforderlich, dass der Täter sich überhaupt zu seinem eigenen Tatbeitrag äußert oder sein *gesamtes* Wissen zur Bezugstat mitteilt, also

z.B. alle ihm bekannten Tatbeteiligten (Sch/Sch/*Kinzig* § 46b Rn. 14; vgl. *Körner* § 31, § 31 Rn. 30, 33 ff.; *Weber* § 31 Rn. 42 ff.) oder alle Aspekte der Tat nennt. Auch falsche Angaben bzgl. der dem eigenen Tatbeitrag zugrunde liegenden Motivation schließen die Anwendbarkeit des § 46b StGB nach h. Rspr. nicht aus (BGH, Beschl. v. 13.04.2011 = BeckRS 2011, 13131 [Bedrohungslage als Grund für die Mitwirkung]), genauso wie Leugnen des eigenen Beitrages, wobei dies i.R.d. nach § 46b Abs. 2 StGB vorzunehmenden Gesamtwürdigung zu berücksichtigen ist (BGH, Beschl. v. 14.04.2011 = 2 StR 34/11=BeckRS 2011, 12463).

b) Freiwilligkeit

Die Aufdeckung gem. Nr. 1 erfordert **Freiwilligkeit** der Offenbarung des Wissens. Das entspricht 20 dem Erfordernis der Kronzeugenregelung des BtM-Strafrechts (§ 31 BtMG), auf dessen Auslegung durch die Rechtsprechung nach Auffassung des Gesetzgebers zurückgegriffen werden kann (BT-Drucks. 16/6268, S. 12; BGH, NJW 2010, 2741, 2742; Sch/Sch/*Kinzig* § 46b Rn. 10; *Lackner/ Kühl* § 46b Rn. 3). Freiwilligkeit ist nach der auf § 46b StGB übertragbaren Rechtsprechung des BGH zu § 31 BtMG gegeben, wenn sich der Beschuldigte frei zur Offenbarung entschließen kann; unfreiwillig handelt hingegen, wer meint, nicht mehr anders handeln zu können (BGH, NJW 2010, 2741, 2742 = NStZ 2010, 443, 44; BGHR BtMG § 31 Nr. 1 Freiwillig 1 und 2). An einer Freiwilligkeit fehlt es lediglich, wenn die Angaben des Täters zwangsweise bekannt geworden sind, z.B. weil eine Urkunde beschlagnahmt oder der Täter zu seinen Angaben durch unzulässige Vernehmungsmethoden nach § 136a StPO veranlasst wurde (Sch/Sch/*Kinzig* § 46b Rn. 11; vgl. *Körner* § 31 Rn. 18 f.; *Weber* § 31 Rn. 58 ff.). Die Motive, aus denen der Täter seine Angaben gemacht hat, sind für die Anwendung des § 46b StGB hingegen bedeutungslos (Sch/Sch/*Kinzig* § 46b Rn. 11; vgl. *Körner* § 31 Rn. 20 f.; *Weber* § 31 Rn. 65). Die Rechtsprechung des BGH legt hier einen weiten Freiwilligkeitsbegriff zugrunde: Die typische Zwangslage des Kronzeugen als Beschuldigtem, dem Strafe droht, steht der Freiwilligkeit nicht entgegen (NK/*Streng* § 46b 8; *Lackner/Kühl* § 46b Rn. 3). Das Merkmal der Freiwilligkeit wird auch nicht durch die gesetzlich vorgesehene strafprozessuale Aussagepflicht des Zeugen (§§ 51, 70 StPO) ausgeschlossen (BGH, NJW 2010, 2741, 2742). Insb. ist der Zeuge nämlich bei polizeilichen Vernehmungen (noch) nicht aussagepflichtig, weshalb die abstrakt gegebene Zeugnispflicht keinesfalls dazu führt, dass der Zeuge nicht Herr seiner Entschlüsse ist und eine Aussage daher nicht mehr auf einem autonomen Entschluss beruhen könnte (BGH, NJW 2010, 2741, 2742). Zwingend von der Unfreiwilligkeit einer Zeugenaussage i.S.d. § 46b StGB wäre nach herrschender Rechtsprechung nur auszugehen, wenn der Zeuge erst *nach* gegen ihn konkret ergriffenen Erzwingungsmaßnahmen gem. §§ 51, 70 StPO aussagen würde (BGH, NJW 2010, 2741, 2742), d.h. nach der Verhängung von Ordnungsgeld bzw. Ordnungshaft. Unklar ist bisher, ob auch die konkrete Androhung durch die zuständige StA oder ein konkreter Hinweis des Gerichts ausreichen würde. Weitergehend sieht der Gesetzgeber den Tatbestand des § 46b Abs. 1 Satz 1 Nr. 2 StGB und damit das Freiwilligkeitserfordernis selbst bei Bestehen einer **strafbewehrten Anzeigepflicht nach § 138 StGB** nicht infrage gestellt (Rechtsausschuss BT, BT-Drucks. 16/13094, S. 5; BGH, NJW 2010, 2741, 2742). Freiwillige Angaben macht zudem auch ein Täter, der sich erst auf Vorhalte, Zureden oder Drängen oder im Glauben, weiteres Schweigen oder Bestreiten sei zwecklos, zu Angaben entschließt, sowie ein solcher, der bevorstehenden aufklärenden Angaben anderer zuvorkommen will, mit der Taufdeckung rechnet oder der unter dem Druck der Festnahme, drohender Untersuchungshaft, aus Angst vor Strafe oder um Haftverschonung zu erlangen, aussagt (*Maier*, NStZ 2011, 151 f.; vgl. zu § 31 BtMG: BGH, NStZ 1983, 323; StV 1990, 456; 1990, 550).

c) Offenbaren

Das **Offenbaren** i.S.d. Nr. 1 erfordert, dass der Täter sein Wissen den Strafverfolgungsbehörden 21 mitteilt (Sch/Sch/*Kinzig* § 46b Rn. 10; *Körner* § 31 Rn. 17; *Weber* § 31 Rn. 22). Dabei muss der Täter sich eindeutig zu seinen Angaben bekennen, sodass anonyme Hinweise o. ä., die dem Täter nicht eindeutig zugeordnet werden können, nicht genügen (Sch/Sch/*Kinzig* § 46b Rn. 10). Dahingegen reicht es aus, wenn eine Mitteilung des Täters mittelbar, etwa durch einen Boten oder – aufgrund eines abgesprochenen Geständnisses – durch einen Mittäter, an die Strafverfolgungsbehörden gelangt, solange die Zurechenbarkeit zum Täter gewahrt bleibt (vgl. BGHR BtMG § 31 Nr. 1 Aufdeckung 17, 30; Sch/Sch/*Kinzig* § 46b Rn. 10). Nicht nachweisbare Behauptungen, insb. unzureichende Angaben über den mutmaßlichen Täter oder die Tat, sind ungenügend (BT-Drucks. 16/6268, S. 12; BGHSt 31, 166 f. zu § 31 BtMG). Die Angaben des Aufklärungsgehilfen müssen so konkret sein, dass sie einer Überprüfung durch die Strafverfolgungsbehörden standhalten und zu abgesicherten Erkenntnissen über Täter und deren Beiträge führen (BT-Drucks. 16/6268, S. 12; BGH, StV 1994, 544 zu § 31 BtMG). Eine besondere Form – etwa die Schriftform oder das Mitteilen im Rahmen einer (protokollierten) Vernehmung – verlangt das Offenbaren nach dem Gesetz nicht (Sch/Sch/*Kinzig* § 46b Rn. 10; vgl. *Körner* § 31 Rn. 22 f.; *Weber* § 31 Rn. 28).

2. Präventionshilfe (§ 46b Abs. 1 Nr. 2 StGB)

22   Die sog. Präventionshilfe muss – wie die Aufklärungshilfe – für eine Bezugstat aus dem Straftatenkatalog des § 100a Abs. 2 StPO erfolgen; auch hier wird ein freiwilliges Offenbaren verlangt, dies muss rechtzeitig ggü. einer Dienststelle geschehen (*Fischer* § 46b Rn. 19; NK/*Streng* § 46b Rn. 10; Sch/Sch/*Kinzig* § 46b Rn. 15; Lackner/*Kühl* § 46b Rn. 4). Die Präventionshilfe entspricht inhaltlich im Wesentlichen der des § 31 Nr. 2 BtMG, die in der Praxis keine wesentliche Bedeutung erlangt hat (*Fischer* § 46b Rn. 16; *Körner* § 31 Rn. 61; *Salditt*, StV 2009, 375 f.). Anders als bei § 138 StGB ist eine Offenbarung ggü. dem Geschädigten nach dem Wortlaut des § 46b Nr. 2 StGB – der dem § 31 Nr. 2 BtMG entspricht – keine taugliche Präventionshilfe. Sinn und Zweck der Norm sprechen aber bei § 46b StGB, anders als bei § 31 Nr. 2 BtMG, der sich ausschließlich auf die opferlosen Delikte der §§ 29 ff. BtMG bezieht, für eine analoge Anwendung zugunsten des Täters (*Fischer* § 46b Rn. 20; Sch/Sch/*Kinzig* § 46b Rn. 15).

23   Der Umstand, dass die Präventionshilfe – im Vorfeld der Tatbegehung – auf einen **identischen Katalog von Straftaten** anwendbar ist, ist verwunderlich, da eine erhebliche Überschneidung zwischen diesem und dem Katalog der gem. § 138 StGB unter Strafandrohung anzeigepflichtigen Straftatbestände besteht; eine Belohnung durch eine Strafmilderung gem. § 46b StGB für die Erfüllung staatsbürgerlicher, strafbewehrter Pflichten erscheint mit dem Gedanken schuldangemessenen Strafens schwer vereinbar. Dies lässt sich allenfalls unter Präventionsgesichtspunkten erklären, nämlich wenn eine möglicherweise zugrunde liegende gesetzgeberische Annahme zutrifft, unter den Tätern mittelschwerer und schwerer Straftaten besonders viele durch § 46b StGB zur Präventionshilfe motivierbare Mitwisser geplanter schwerer Straftaten anzutreffen (zutreffend *Fischer* § 46b Rn. 17; a.A. *Kaspar/Wengenroth*, GA 2010, 453, 456). Es sind keine empirischen Belege hierfür bekannt.

24   **Dienststellen** i.S.d. § 46b StGB sind nicht nur solche der Strafverfolgung wie Polizei, StA oder (Straf-) Gericht, sondern auch andere staatliche und kommunale Behörden oder ein sonstiges Gericht (*Fischer* § 46b Rn. 19; NK/*Streng* § 46b Rn. 10; Lackner/*Kühl* § 46b Rn. 4; *Weber* § 31 Rn. 190). Bei der strafbedrohten Anzeigepflicht gem. § 138 StGB, die im Wortlaut keine Eignung der Behördenmeldung zur Verhinderung der drohenden Tat für die Straflosigkeit voraussetzt, wird die Mitteilung der drohenden Tat an eine zuständige Behörde vorausgesetzt, um nicht denjenigen, der seiner Anzeigepflicht nur scheinbar und in untauglicher Weise genügt, straflos zu stellen (vgl. *Fischer* § 138 Rn. 23). Da § 46b Nr. 2 StGB voraussetzt, dass die Meldung zur Gefahrenabwehr führen kann, d.h. insgesamt zur Vereitelung des strafbaren Erfolgs geeignet ist, ist es nicht erforderlich, dass es sich um eine in irgendeiner Weise zur Gefahrenabwehr oder zur Strafverfolgung zuständige Behörde handelt; dies sieht der Wortlaut des § 46b StGB nicht vor; maßgeblich ist allein die Eignung der Präventionshilfe insgesamt (*Peglau* wistra 2009, 409, 411; a.A. *Fischer* § 46b Rn. 19 unter Verweis auf § 138 StGB).

Die Merkmale der **Freiwilligkeit** und des **Offenbarens** gem. § 46 Abs. 1 Satz 1 Nr. 2 StGB ent- 25
sprechen in ihrer Bedeutung denen des § 46b Abs. 1 Satz 1 Nr. 1 StGB (Sch/Sch/*Kinzig* § 46b
Rn. 15, 10).

Die Präventionshilfe gem. § 46b Abs. 1 Satz 1 Nr. 2 StGB verlangt als **Erfolg**, dass der Täter frei- 26
willig sein Wissen so rechtzeitig einer Dienststelle offenbart, dass eine **Tat** nach § 100a Abs. 2
StPO, von deren Planung er weiß, **noch verhindert werden kann** (Sch/Sch/*Kinzig* § 46b Rn. 15).
Es muss sich um Hinweise auf eine konkrete Tat handeln, wie sich aus der Formulierung „von
deren Planung er weiß" ergibt (NK/*Streng* § 46b Rn. 10). Die Hilfe des Kronzeugen muss zur Tatverhinderung mindestens geeignet sein (*Peglau*, wistra 2009, 409, 411). Es ist hingegen für die
Anwendbarkeit der Rechtsfolgen des § 46b StGB unstrittig nicht erforderlich, dass die Bezugstat
auch tatsächlich verhindert wird, wenn der Täter der Anknüpfungstat durch sein freiwilliges
Offenbaren ggü. einer Dienststelle immerhin die **realistische Möglichkeit der Tatverhinderung**
eröffnet hat (NK/*Streng* § 46b Rn. 10; Sch/Sch/*Kinzig* § 46b Rn. 15; MüKo-StGB/*Maier* § 31
BtMG Rn. 210; *Weber* § 31 Rn. 191). Es ist unschädlich, wenn es trotz der Präventionshilfe zur
Ausführung der Tat gekommen ist. Die zu verhindernde Tat muss sich grds. noch im Planungs-
und straflosen Vorbereitungsstadium befinden (Sch/Sch/*Kinzig* § 46b Rn. 15); kann sie andererseits nicht mehr begangen werden, ist eine Präventionshilfe nicht möglich (vgl. MüKo-StGB/
Maier § 31 BtMG Rn. 207). Hat die Tat bereits ein strafbares Stadium erreicht und trägt der Täter
durch seine Angaben nicht nur zu deren Aufklärung, sondern zur Verhinderung weiterer Bezugstaten nach dem Katalog des § 100a Abs. 2 StPO bei, können beide Varianten des § 46b Abs. 1
Satz 1 StGB eingreifen (Sch/Sch/*Kinzig* § 46b Rn. 15; vgl. *Körner* § 31 Rn. 61).

III. Kriterien der Strafmilderung (§ 46b Abs. 2 StGB)

§ 46b Abs. 2 StGB enthält einen nicht abschließenden („insbesondere") Katalog der Milderungs- 27
kriterien (*Lackner/Kühl* § 46b Rn. 5; *Peglau*, wistra 2009, 409, 411). Während Nr. 1 aufklärungs-
spezifische Kriterien nennt (*Fischer* § 46b Rn. 27; *Lackner/Kühl* § 46b Rn. 5), stellt Nr. 2 auf deren
Verhältnis zur Schwere der Straftat und zur Schuld des Täters ab (NK/*Streng* § 46b Rn. 11; *Lack-
ner/Kühl* § 46b Rn. 5; vgl. BVerfG, NJW 1993, 190, 191), sodass bei schwerwiegender Anknüpfungstat und großer persönlicher Schuld des Kronzeugen erhöhte Anforderungen an dessen Beitrag zur Aufklärung oder Verhinderung der Bezugstat oder an die Schwere der aufzuklärenden
oder zu verhindernden Bezugstat zu stellen sind (BT-Drucks. 16/6268, S. 13 f.; Sch/Sch/*Kinzig*
§ 46b Rn. 18; BeckOK-StGB/*von Heintschel-Heinegg* 164. Edition [Stand: 15.08.2011], § 46b
Rn. 24; *Lackner/Kühl* § 46b Rn. 5). Da die Auflistung nicht abschließend ist, können in eine
Gesamtwürdigung auch zusätzliche Aspekte einfließen, die etwa Auswirkungen auf den tatsächlichen Aufklärungseffekt haben (vgl. BT-Drucks. 16/6268, S. 14; BeckOK-StGB/*von Heintschel-
Heinegg* 164. Edition [Stand: 15.08.2011], § 46b Rn. 25). Der Sinn des § 46b Abs. 2 StGB wird
zum einen darin gesehen, dass das Gericht sich bei seiner Ermessensentscheidung an den hier
genannten, jedoch nicht abschließend aufgezählten Kriterien zu orientieren hat, andererseits auch
der Täter anhand dieser Gesichtspunkte ersehen kann, welche Angaben für einen möglichen Strafrabatt von Bedeutung sind (Sch/Sch/*Kinzig* § 46b Rn. 16).

1. Bedeutung der offenbarten Tatsachen zur Bezugstat (§ 46b Abs. 2 Nr. 1 StGB)

Nach § 46b Abs. 2 Nr. 1 StGB sind hinsichtlich der aufzuklärenden oder zu verhindernden 28
Bezugstat besonders die Art und der Umfang der offenbarten Tatsachen, deren Bedeutung für die
Aufklärungs- oder Präventionshilfe, der Zeitpunkt der Offenlegung – diesseits der Ausschlussfrist
des Abs. 3 – das Ausmaß der Unterstützung der Strafverfolgungsbehörden durch den Täter und
die Schwere der Tat, auf die sich seine Angaben beziehen, ausschlaggebend (vgl. Sch/Sch/*Kinzig*
§ 46b Rn. 17). Ins Gewicht fallen kann also z.B., wenn ein Täter umfassende Angaben macht und
dadurch kriminelle Taten einer ganzen Gruppierung aufgedeckt werden können; Angaben, die
sich auf schwere Straftaten beziehen, sind besonders wertvoll (BT-Drucks. 16/6268 S. 14; Sch/Sch/

Kinzig § 46b Rn. 17). Dabei hat sich die Bestimmung der Schwere der Katalogtaten nach § 100a Abs. 2 StPO einerseits an dem jeweils vorgesehenen Strafrahmen, andererseits an der Schwere im Einzelfall zu orientieren (Sch/Sch/*Kinzig* § 46b Rn. 17). Als Beispiel für einen unbenannten zu berücksichtigenden Gesichtspunkt nennt die Gesetzesbegründung negative Folgen, die ein wechselndes Aussageverhalten für den Aufklärungserfolg hat (BGH, Besch. v. 30.08.2011 = 2 StR 141/ 11 = BeckRS 2011, 23150; BT-Drucks. 16/6268 S. 14; Sch/Sch/*Kinzig* § 46b Rn. 17; vgl. Körner § 31 Rn. 40).

2. Verhältnis der offenbarten Bezugstat zur Schuld des Täters und zur Schwere der Anknüpfungstat (§ 46b Abs. 2 Nr. 2 StGB)

29   § 46b Abs. 2 Nr. 2 StGB hingegen macht deutlich, dass ein annähernd ausgeglichenes Verhältnis der in Abs. 2 Nr. 1 genannten Umstände zu der Schwere der Straftat und Schuld des Täters bestehen muss (Sch/Sch/*Kinzig* § 46b Rn. 18; vgl. BVerfG, NJW 1993, 191, BGH, NJW 1992, 992). Wiegt die dem Aufklärungs- oder Präventionsgehilfen zur Last gelegte Straftat schwer und ist die Schuld des Täters groß, sind dementsprechend hohe Anforderungen an den Aufklärungs- oder Verhinderungsbeitrag oder die Schwere der aufzuklärenden oder zu verhindernden Straftat zu stellen (BGH, NJW 1987, 2882 f.). Da sich der Gesetzgeber aber dafür entschieden hat, eine Strafmilderung sogar bei Anknüpfungstaten vorzusehen, die mit lebenslanger Freiheitsstrafe bedroht sind, soll hier praktisch offenkundig kein strikter Maßstab anzulegen sein, wonach der Schuldgehalt der Bezugstat dem der Anknüpfungstat mindestens entsprechen müsse o. Ä.; vielmehr muss insgesamt die Bezugstat, in der Zusammenschau mit dem Aufklärungsbeitrag, im Vergleich mit der Anknüpfungstat von einem gewissen Gewicht erscheinen (Sch/Sch/*Kinzig* § 46b Rn. 18).

IV. Präklusionsregelung (§ 46b Abs. 3 StGB)

30   § 46b Abs. 3 StGB schließt ein Offenbaren i.S.d. Abs. 1 aus, wenn es erst nach Eröffnung des Hauptverfahrens (§ 207 StPO) gegen den Täter der Anknüpfungstat erfolgt. Maßgeblich für die Präklusion offenbarten Wissens i.S.v. § 46b Abs. 3 StGB ist der Zeitpunkt, zu dem der Eröffnungsbeschluss erlassen wird, nicht derjenige, zu dem der Angeklagte – z.B. durch Zustellung des Beschlusses (vgl. § 215 StPO) – Kenntnis von der Eröffnung des Hauptverfahrens erlangt, denn mit der Regelung des § 46b StGB soll dem Gericht ermöglicht werden, ermittlungsrelevante Angaben noch vor der Entscheidung über die Eröffnung des Hauptverfahrens überprüfen zu lassen (BGH, Beschl. v. 03.12.2010 – 1 StR 538/10, BeckRS 2010, 30898). Sowohl eine Strafmilderung als auch das Absehen von Strafe ist danach präkludiert (krit. Lackner/*Kühl* § 46b Rn. 6; *Salditt*, StV 2009, 375, 377), um eine prozesstaktische Zurückhaltung von Wissen und eine Prozessverschleppung zu verhindern (so die Gesetzesbegründung BT-Drucks. 16/6268, S. 14; vgl. Sch/Sch/*Kinzig* § 46b Rn. 19). Auch vor dem Hintergrund, dass die Präklusion die Überprüfung der Angaben des Kronzeugen auf ihren Wahrheitsgehalt durch die Strafverfolgungsbehörden rechtzeitig vor Durchführung bzw. jedenfalls dem Abschluss der Hauptverhandlung gegen den Kronzeugen ermöglichen soll (BGH, Beschl. v. 03.12.2010 – 1 StR 538/10, BeckRS 2010, 30898), ohne dessen Prozess erheblich zu verlängern, erscheint der gewählte Zeitpunkt durchaus nachvollziehbar. Macht der Angeschuldigte im Zwischenverfahren Angaben zur Aufklärung oder Prävention anderer Taten, kann das Gericht diese regelmäßig noch vor der Entscheidung über die Eröffnung des Hauptverfahrens durch die StA überprüfen lassen (BGH, Beschl. v. 03.12.2010 – 1 StR 538/10, BeckRS 2010, 30898). Nach Eröffnung des Hauptverfahrens – mit der vielfach die Terminierung verknüpft ist – hat das erkennende Gericht kaum noch die Möglichkeit, die Angaben ohne wesentliche Verzögerung des Hauptverfahrens auf deren Wahrheitsgehalt zu überprüfen (BGH, Beschl. v. 03.12.2010 – 1 StR 538/10, BeckRS 2010, 30898; BeckOK-StGB/*von Heintschel-Heinegg* 164. Edition [Stand: 15.08.2011], § 46b Rn. 26). Bereits nach Zustellung der Anklageschrift besteht für den Angeschuldigten Anlass, den Strafverfolgungsorganen sein Wissen zu anderen Taten – Bezugstaten i.S.d. § 46b StGB – zu offenbaren (BeckOK-StGB/*von Heintschel-Heinegg* 164. Edition [Stand: 15.08.2011], § 46b Rn. 26), zudem dürfte die Vorwurfslage (bzgl.

der Anknüpfungstat) dann hinreichend klar sein. Um dem Revisionsgericht die Feststellung zu ermöglichen, ob Präklusion eingetreten ist, muss in den Urteilsgründen dargelegt werden, wann die Aufklärungshilfe geleistet wurde (OLG Hamburg, Beschl. v. 14.03.2011 = BeckRS 2011, 07222).

Andererseits kann die Präklusionsregelung die **Einlassungsfreiheit** und damit den verfassungs- **31** rechtlich geschützten Nemo-Tenetur-Grundsatz hinsichtlich der verfahrensgegenständlichen Anlasstat faktisch umgehen. War der Beschuldigte an der ihm vorgeworfenen Tat – der Anknüpfungstat – beteiligt, und kann oder muss er seinen Beitrag zur Aufklärung (auch) hierauf beziehen, um in den Genuss des § 46b StGB zu kommen, muss er sich in der Praxis bis zu dem frühen Zeitpunkt der Eröffnung des Hauptverfahrens entschieden haben, ob er zur Anlasstat in eigener wie in fremder Sache schweigen oder sich zur Sache äußern will, da ein entgegengesetztes Aussageverhalten innerhalb des Lebenssachverhalts des Tatvorwurfs unsinnig wäre (BeckOK-StGB/*von Heintschel-Heinegg* 164. Edition [Stand: 15.08.2011], § 46b Rn. 27), bzw. mit Wahrscheinlichkeit zu unwahren und unvollständigen Einlassungen führen würde, die keine mildernde Wirkung entfalten. Selbst wenn es keine Verknüpfung zwischen der Tat (Anknüpfungstat) und dem Gegenstand der Aufklärungshilfe (Bezugstat) gibt, dürfte eine prozesstaktische Verbindung von Schweigen in eigener und Reden in fremder Sache vielfach nicht effektiv, sondern nur deklaratorisch – laut den (revisionssicher gestalteten) Urteilsgründen – zur Strafmilderung führen (BeckOK-StGB/*von Heintschel-Heinegg* 164. Edition [Stand: 15.08.2011], § 46b Rn. 27; *Salditt*, StV 2009, 375, 377). Die Präklusion führt somit bereits vor Beginn des Hauptverfahrens faktisch zu einem Eingriff in die Einlassungsfreiheit.

Dies ist auch deshalb ein Systembruch (vgl. *Salditt* StV 2009, 375, 377), weil die Präklusionsrege- **32** lung des § 46b StGB die aktuelle gesetzliche **Regelung der Verständigung im Strafverfahren nach § 257c StPO** konterkariert. Diese sieht verbindliche Absprachen zum Strafmaß im Strafverfahren und daran anknüpfende Aussagen (Geständnis gem. § 257c Abs. 2 Satz 2 StPO) explizit erst für die **Hauptverhandlung** vor (vgl. auch § 257b StPO), in dem Bemühen, dort stattfindende Absprachen transparent und verbindlich zu machen (BeckOK-StGB/*von Heintschel-Heinegg* 164. Edition [Stand: 15.08.2011], § 46b Rn. 28; vgl. *König*, NJW 2009, 2481, 2484). Nach der Eröffnung des Hauptverfahrens offenbartes Wissen i.S.d. § 46b Abs. 1 Satz 1 Nr. 1 und 2 StGB kann aber nur noch nach den allgemeinen Strafzumessungsregeln des § 46 StGB berücksichtigt werden (Sch/Sch/*Kinzig* § 46b Rn. 21) oder bei Entscheidungen über eine etwaige Straf- oder Strafrestaussetzung (BT-Drucks. 16/6268, S. 2, 14; OLG Frankfurt am Main, NStZ-RR 1996, 213). Daher wird in der Literatur teilweise die Gefahr gesehen, dass es zwei Klassen von Kronzeugen geben werde, „erstklassige", die ihre Aufklärungs- oder Präventionshilfe vor der Eröffnung des Hauptverfahrens mit den Rechtsfolgen aus §§ 46b, 49 Abs. 1 StGB leisten, und „zweitklassige", die erst in der Hauptverhandlung aussagen, dort ggf. im Rahmen einer Verständigung, mit der Milderungsmöglichkeit nach § 46 Abs. 2 StGB (BeckOK-StGB/*von Heintschel-Heinegg* 164. Edition [Stand: 15.08.2011], § 46b Rn. 29; *König*, NJW 2009, 2481, 2483; vgl. *Lammer*, JZ 1992, 510, 516). Ob sich allerdings in der Anwendungspraxis § 46b StGB gegen die formellen (und informellen) Verfahrensabsprachen durchsetzen wird, erscheint nicht sicher, denn häufig wird erst unter dem Druck der Hauptverhandlung – jedenfalls nach Eröffnung des Hauptverfahrens, das zumindest in Wirtschaftsstrafverfahren u.U. eine ernstliche Hürde darstellen kann – der Wunsch nach einer Kooperation mit den Strafverfolgungsbehörden aufkommen. Für eine Kooperation im Ermittlungsverfahren fehle es zudem am Gericht als permanent präsentem und zugleich entscheidungsbefugten Verhandlungspartner (vgl. BR in BT-Drucks. 16/6268, S. 19; Sch/Sch/*Kinzig* § 46b Rn. 20). Andererseits wird die Aussicht auf die fakultative Strafmilderung des § 46b StGB den Beschuldigten u.U. dazu veranlassen, bereits im Ermittlungsverfahren mit der StA abzuklären, welche konkreten Zugeständnisse er für eine etwaige Aufklärungs- und Präventionshilfe erwarten kann (vgl. BeckOK-StGB/*von Heintschel-Heinegg* 164. Edition [Stand: 15.08.2011], § 46b Rn. 22), da nicht zu erwarten ist, dass das in der Sache zuständige Gericht im Zwischenverfahren – oder gar vor Zuständigkeit im Ermittlungsverfahren – bereits selbstständig in der Lage und

willens ist, unabhängig von der Einschätzung der StA eine informelle Einschätzung zur Anwendbarkeit des § 46b StGB zu geben. Soweit anwendbar, dürften viele Vergehen – Verbrechenstatbe-
stände sind im Wirtschaftsstrafrecht kaum relevant – sowieso bevorzugt mit der StA über
§§ 153, 153a, 154, 154a StPO einvernehmlich und informell erledigt werden.

C. Rechtsfolgen

33   Erfolgreiche Aufklärungs- oder Präventionshilfe kann zu einer Strafrahmenmilderung oder nach
§ 46b Abs. 1 Satz 4 StGB sogar zu einem Absehen von Strafe führen (vgl. BT-Drucks. 16/6268,
S. 12 f.).

I. Fakultative Strafmilderung

34   Als Rechtsfolge einer entsprechenden Aufklärungs- oder Präventionshilfe ist – aufgrund der
Ermessensregelung in § 46b Abs. 1 Satz 1 StGB („kann") – das Gericht nicht zwingend gehalten,
die Strafe nach § 49 Abs. 1 StGB zu mildern oder von lebenslanger Freiheitsstrafe abzusehen, sondern es hat im Rahmen pflichtgemäßen Ermessens zu beurteilen, ob Art und Umfang der Hilfe
bzgl. der Bezugstat und deren Verhältnis zur (Anknüpfungs-) Tat des Kronzeugen eine Strafrahmenverschiebung rechtfertigen (BeckOK-StGB/*von Heintschel-Heinegg* 164. Edition [Stand:
15.08.2011], § 46b Rn. 18; Sch/Sch/*Kinzig* § 46b Rn. 23; krit. zum Ermessen *Salditt*, StV 2009,
375, 376). Zur Ausübung des Ermessens sind, soweit im konkreten Fall relevant, die in § 46b
Abs. 2 Nr. 1 StGB beispielhaft genannten Umstände im Einzelnen darzulegen und zu bewerten
(Sch/Sch/*Kinzig* § 46b Rn. 23 m.w.N.). Dabei kann es darauf ankommen, ob, in welchem
Umfang und wann der Angeklagte die Ermittlungsbehörden von der Tat informiert hat oder ob
diese – etwa aufgrund bereits laufender Überwachung der Telekommunikation – bereits Kenntnis
von Tat und Beteiligten hatten; weiter ist die Motivation des Täters zu bewerten, etwa ob und
inwieweit der Angeklagte mit seiner Wissensoffenbarung ausschließlich oder vorrangig eigene Auf-
klärungs- bzw. Genugtuungsinteressen verfolgt hat (BGH, NStZ 2010, 443, 444). Entsprechendes kann – nur hinsichtlich der Rechtsfolgenseite – in Fällen gelten, in denen der Kronzeuge in
der Hauptverhandlung schweigt, Angaben widerruft, zunächst Falschbelastungen streut oder die
Ermittlungen behindert; mit der Feststellung eines Aufdeckungserfolgs darf dies nicht vermischt
werden, denn insoweit sind wechselnde Einlassungen, Motive, Einstellungen und Gefühle des
Aussagenden unerheblich (*Maier*, NStZ 2011, 151, 152 m.w.N. zur Rspr. zu § 31 BtMG). Tendenziell muss gelten, dass bei frühen, umfassenden und sich auf eine gewichtige Katalogtat beziehenden Angaben die Strafrahmenverschiebung nahe, hingegen bei späten, bruchstückhaften Angaben zu einer leichteren Tat eher fern liegt (*Fischer* § 46b Rn. 27; *Maier*, NStZ 2011, 151, 152, vgl.
tendenziell BGH, NStZ 2010, 443 f.).

35   Die Anwendbarkeit der Rechtsfolgen des § 46b StGB ist für jede einzelne (Anknüpfungs-) Tat
gesondert festzustellen (BGH, NStZ 2010, 443, 444; NK/*Streng* § 46b Rn. 13; BeckOK-StGB/
von Heintschel-Heinegg 164. Edition [Stand: 15.08.2011], § 46b Rn. 20). Fehlt zwischen den vom
Angeklagten begangenen Taten und den aufgeklärten oder verhinderten Bezugstaten ein innerer
Zusammenhang, erfolgt die Strafmilderung durch einen einheitlichen Abschlag hinsichtlich jeder
der verhängten Einzelstrafen, der sich dann in der **Gesamtstrafe** (vgl. § 54 Abs. 1 Satz 3 StGB)
ebenfalls – richtigerweise grds. im gleichen Maß – niederschlägt (BGH, NStZ 2010, 443, 444;
Sch/Sch/*Kinzig* § 46b Rn. 27). Erreicht bei tatmehrheitlich zusammentreffenden Straftaten des
Kronzeugen nur eine Tat den für die Anwendung des § 46b StGB erforderlichen Schweregrad,
kann die Strafrahmenverschiebung nach § 49 Abs. 1 StGB nach dem zwingenden Wortlaut auch
nur für diese Tat gewährt werden. Erfüllen mehrere Taten diese Anforderung, beziehen sich die
Angaben des Täters aber nur auf eine, hängt es von der nach Abs. 2 erforderlichen Abwägung ab,
ob diese Angaben es rechtfertigen, im Hinblick auf eine oder auch mehrere Taten zu einer Strafrahmenverschiebung zu gelangen (BT-Drucks. 16/6268, S. 13; Sch/Sch/*Kinzig* § 46b Rn. 27;
BeckOK-StGB/*von Heintschel-Heinegg* 164. Edition [Stand: 15.08.2011], § 46b Rn. 20; vgl. Bay-

ObLG, St 1991, 16, 24; BGH, NStZ 2000, 433; StV 2000, 318 zu § 31 BtMG). Dieselben Grundsätze gelten für eine nachträgliche Gesamtstrafenbildung (§ 55 StGB). Das Gericht ist an die Feststellungen des früheren Urteils zu den Einzelstrafen gebunden und hat auch deren Strafzumessungserwägungen zu berücksichtigen, zu denen nunmehr auch § 46b StGB und die damit bedingte Strafrahmenverschiebung gehört (BT-Drucks. 16/6268, S. 13; BeckOK-StGB/*von Heintschel-Heinegg*, 164. Edition [Stand: 15.08.2011], § 46b Rn. 21). Die Problematik der Doppelverwertung von Tatumständen soll es nach einer Stimme in der Literatur allerdings ratsam erscheinen lassen, eine Aufklärungs- oder Präventionshilfe nur dann auch bei der Gesamtstrafenbildung strafmildernd anzurechnen, wenn das Nachtatverhalten des Angeklagten insgesamt eine Abwendung von einer deliktsgeneigten Haltung erwarten lässt (NK/*Streng* § 46b Rn. 13).

II. Absehen von Strafe

Bei erfolgreicher Aufklärungs- oder Präventionshilfe kann das Gericht anstelle der Milderung nach § 46b Abs. 1 Satz 4 StGB von Strafe absehen, wenn die Straftat ausschließlich mit zeitiger Freiheitsstrafe bedroht ist und der Täter keine Freiheitsstrafe von mehr als 3 Jahren „verwirkt" hat; damit ist ein Absehen von Strafe grds. auch bei Verbrechen und nicht bewährungsfähigen Taten möglich (BeckOK-StGB/*von Heintschel-Heinegg* 164. Edition [Stand: 15.08.2011], § 46b Rn. 23). Damit wird zugleich der StA die Möglichkeit eröffnet, bereits im Ermittlungsverfahren gem. § 153b Abs. 1 StPO mit Zustimmung des Gerichts von der Erhebung der öffentlichen Klage abzusehen (vgl. Sch/Sch/*Kinzig* § 46b Rn. 25; BeckOK-StGB/*von Heintschel-Heinegg* 164. Edition [Stand: 15.08.2011], § 46b Rn. 23). Zieht das Gericht ein Absehen von Strafe im Zwischenverfahren oder im Hauptverfahren vor Beginn der Hauptverhandlung (§ 153b Abs. 2 StPO) oder eine Zustimmung zu einer Verfahrenseinstellung gem. § 153b Abs. 1 StPO in Betracht, hat es unter Berücksichtigung aller Zumessungsgründe – lediglich unter Außerachtlassung der Milderungsgründe nach § 46b Abs. 1 Satz 1 StGB – zu entscheiden, ob es für die Tat des Kronzeugen eine Freiheitsstrafe von mehr als 3 Jahren verhängen würde, ohne dass es diese – rein hypothetische – Strafe dann noch exakt bestimmen müsste (BT-Drucks. 16/6268, S. 13; Sch/Sch/*Kinzig* § 46b Rn. 25; BeckOK-StGB/*von Heintschel-Heinegg* 164. Edition [Stand: 15.08.2011], § 46b Rn. 23).

36

III. Zusammentreffen mit weiteren Milderungsgründen

Trifft § 46b Abs. 1 StGB mit anderen Milderungsvorschriften zusammen, gilt Folgendes: Sieht der (Anknüpfungs-) Straftatbestand die Möglichkeit eines minder schweren Falles vor und liegen – über eine Aufklärungs- und Präventionshilfe hinaus – weitere allgemeine Milderungsgründe vor, hat der Tatrichter zunächst zu erwägen, ob schon die unbenannten Milderungsgründe für die Annahme eines minder schweren Falles ausreichen, ob erst das Vorliegen des in § 46b Abs. 1 StGB vertypten Milderungsgrundes die Tat zum minder schweren Fall macht, oder ob – nach einer Gesamtbetrachtung aller zumessungsrelevanten Umstände – der wegen des vertypten Milderungsgrundes nach § 49 Abs. 1 gemilderte Normalstrafrahmen zur Ahndung des verwirklichten Unrechts angemessen ist (Sch/Sch/*Kinzig* § 46b Rn. 26; für § 31 BtMG, *Körner* § 31 Rn. 93 ff.; *Weber* § 31 Rn. 156 ff.). Weiter ist auch eine doppelte Strafrahmenmilderung möglich, sodass z.B. ein weiterer vertypter Milderungsgrund (z.B. nach §§ 23 Abs. 2 StGB [Versuch], 27 Abs. 2 Satz 2 StGB [Beihilfe]) bei vorrangiger Anwendbarkeit des § 46b Abs. 1 StGB zu einer nochmaligen Strafrahmenverschiebung nach § 49 Abs. 1 StGB führen kann (vgl. BT-Drucks. 16/6268 S. 11, Sch/Sch/*Kinzig* § 46b Rn. 26, § 50 Rn. 3, 5 f.). Liegt Aufklärungs- und Präventionshilfe bei einer Tat vor, die andernfalls als besonders schwerer Fall anzusehen wäre, ist im Rahmen einer Gesamtabwägung zu entscheiden, ob der Strafrahmen für den besonders schweren Fall nach § 49 Abs. 1 StGB herabzusetzen ist, oder den Regelbeispielen die Regelwirkung abzusprechen, ein besonders schwerer Fall zu verneinen und der Regelstrafrahmen anzuwenden ist (Sch/Sch/*Kinzig* § 46b Rn. 26, § 50 Rn. 7). Die Anwendung eines minderschweren Falles aufgrund der Tatbestandsvoraussetzungen von § 46b StGB muss nicht zwingend erörtert werden, wenn offensichtlich ist, dass

37

dieser wegen der Gewichtigkeit des Schuldvorwurfs sonst nicht zur Anwendung gekommen wäre (BGH, Beschl. v. 12.01.2011 – 5 StR 560/10, BeckRS 2011, 03198).

D. Prozessuale Aspekte

I. Urteilsgründe

38   Liegen Angaben des Angeklagten vor, die möglicherweise einen Aufklärungserfolg darstellen könnten, ist deren Bewertung in den Urteilsgründen nachvollziehbar darzulegen; nur dann kann das Revisionsgericht prüfen, ob ein Aufklärungserfolg nach zutreffenden rechtlichen Maßstäben angenommen oder abgelehnt wurde (BeckOK-StGB/*von Heintschel-Heinegg* 164. Edition [Stand: 15.08.2011], § 46b Rn. 33; vgl. BGH NStZ 2003, 162 m.w.N. zu § 31 Nr. 1 BtMG). In der Literatur wird vorgeschlagen, solange keine höchstrichterliche Rechtsprechung vorliege, in Anlehnung an die Rechtsprechung zur Strafzumessung in Fällen rechtsstaatswidriger Verfahrensverzögerung, das Maß der Strafmilderung für Aufklärungs- und Präventionshilfe in den Urteilsgründen anzugeben, zumal dadurch der durch „Denunziation" erlangte Vorteil offengelegt werde (BeckOK-StGB/ *Heintschel-Heinegg* § 46b Rn. 34; *König*, NJW 2009, 2481, 2484). Dies erscheint wünschenswert, wenn auch nicht gesetzlich zwingend, da Transparenz hinsichtlich der schuldbezogenen Angemessenheit – aber auch unter Präventionsgesichtspunkten – voraussetzt, dass klar wird, in welcher Höhe die konkrete Milderung erfolgt ist, da das bloße Wissen um eine Strafrahmenverschiebung gem. § 49 StGB praktisch nicht erlaubt, den Einfluss der Hilfe gem. § 46b StGB auf die zugemessene Punktstrafe zu beurteilen. Dies ist nicht nur zum Zwecke der Kontrolle sinnvoll, sondern auch zur Erreichung des Normzwecks, nämlich durch die Milderungsmöglichkeit zur fremd belastenden Aussage zu motivieren. Es liegt nicht fern, dass konkret erkennbare Strafmilderungen für die beschuldigten Normadressaten (und deren Verteidiger) die Auswirkungen des § 46b StGB kalkulierbarer und die Präventions- und Aufklärungshilfe potenziell attraktiver machen könnten. Es bestünde zudem in Vorgesprächen des Verteidigers mit StA und Gericht in Ermittlungs- und Zwischenverfahren die Möglichkeit, auf in der Rechtsprechung veröffentlichte – und höchstrichterlich hingenommene – konkrete Milderungsbeispiele zu verweisen.

II. Revision

39   Rechtsfehlerhaft ist es, wenn das Urteil nicht erörtert, ob die Voraussetzungen nach § 46b Abs. 1 StGB vorliegen und deshalb der Strafrahmen zu mildern oder gar von Strafe abzusehen ist, obwohl sich dies nach den getroffenen Feststellungen aufdrängt (BGH, Beschl. v. 30.08.2011 – 2 StR 141/11 = BeckRS 2011, 23150; BeckOK-StGB/*von Heintschel-Heinegg* 164. Edition [Stand: 15.08.2011], § 46b Rn. 35; vgl. BGH NStZ 2003, 162, 163 zu § 31 Nr. 1 BtMG). Erörterungsbedarf im Urteil besteht, wenn nach den Feststellungen durch die Angaben des Angeklagten ein Mitangeklagter vorläufig festgenommen werden konnte und der Tatrichter in den Urteilsgründen erkennbar von einem hohen Aufklärungsbeitrag des Angeklagten ausgeht (BGH, Beschl. v. 14.10.2010 – 4 StR 470/10, BeckRS 2010, 28739). Einen Rechtsfehler stellt es dar, wenn es in den Feststellungen an Details zur Aussage des Kronzeugen fehlt (BGH, NStZ 2010, 443, 444). Nicht anders als im Fall einer Aufklärungshilfe nach §§ 31 BtMG ist es unzulässig, einen einzelnen Gesichtspunkt, etwa den der Tatschwere, herauszugreifen und allein auf diesen zu Verneinung der Strafmilderung abzustellen; auch ist es – besonders vor dem Hintergrund, dass die Milderungsmöglichkeit auch bei schwerwiegenden Straftaten besteht – fehlerhaft, die Ermessensentscheidung allein am Schuldumfang der begangenen Taten und nicht auch am Gewicht der Aufklärungshilfe zu orientieren (BGH, NStZ-RR 2010, 26; *Maier*, NStZ 2011, 151, 152; vgl. BGH, NJW 2002, 909 zu § 31 BtMG). Dem BGH zufolge ist die richterliche Aufklärungspflicht nach § 244 Abs. 2 StPO dann verletzt, wenn das Gericht (der Anknüpfungstat) einen Staatsanwalt nicht vernimmt, der ausgesagt hätte, dass die Strafverfolgungsbehörden ohne die Angaben des Angeklagten seines Mittäters nicht habhaft geworden wären, aber auch dann, wenn das Protokoll

z.B. der Haftbefehlsverkündung nicht verlesen wird, aus dem sich ergibt, dass der Angeklagte im Anschluss an die Verkündung des Haftbefehls seinen – zunächst nicht bekannten – Mittäter offenbart hat (BGH, Beschl. v. 10.11.2010 – 2 StR 523/10 = BeckRS 2010, 29060; OK-StGB/ *Heintschel-Heinegg* § 46b Rn. 35a).

Vorbem. zu §§ 78 ff. StGB

A. Sinn und Zweck von Verjährungsvorschriften

Allen Vorschriften über die Verjährung ist gemein, dass sie der Rechtssicherheit und dem Rechts- 1 frieden dienen. Das gilt nicht nur für die Verjährungsvorschriften des Zivilrechts (vgl. Palandt/ *Heinrichs* Überblick vor § 194 Rn. 9) und die die Festsetzungsverjährung regelnden §§ 169 ff. AO (BFH/NV 1990, 128; TK/*Kruse* Vor § 169 Rn. 5), sondern auch für die §§ 78 ff. StGB (BGHSt 12, 335, 337; BGH, NJW 2006, 2339, 2340; SSW-StGB/*Rosenau* § 78 Rn. 5). Darüber hinaus sollen Letztere auch einer Untätigkeit der Ermittlungsbehörden entgegenwirken (BGHSt 51, 72, 78).

Die Verfolgungsverjährung betrifft die Frage, ab wann die Ahndung einer Tat durch Verhängung von Strafen, Nebenstrafen und Nebenfolgen nicht mehr möglich ist (SSW-StGB/*Rosenau* § 78 Rn. 9), während die Vollstreckungsverjährung dazu führt, dass eine verhängte Sanktion nicht mehr vollstreckt werden darf. Im Folgenden werden allein die Vorschriften über die Verfolgungsverjährung erläutert.

B. Berücksichtigung der Verfolgungsverjährung als Verfahrenshindernis von Amts wegen

Im Gegensatz zu den zivilrechtlichen Verjährungsvorschriften sind die Vorschriften über die Ver- 2 folgungsverjährung nicht erst auf eine entsprechende Einrede hin, sondern vielmehr von Amts wegen zu berücksichtigen. Das ergibt sich daraus, dass nach höchstrichterlicher Rechtsprechung und zutreffender Ansicht in der Literatur der Eintritt der Verfolgungsverjährung ein Verfahrenshindernis begründet (BGHSt 50, 138, 139; LK/*Schmid* Vor § 78 Rn. 8; *Fischer* Vor § 78 Rn. 3). Der Zweifelssatz („in dubio pro reo") findet bei dieser Prüfung Anwendung (BGHSt 18, 274, 278 f.; 33, 271, 77).

Die für die Feststellung, ob Verjährung eingetreten ist oder nicht, notwendigen Tatsachen sind im 3 Wege des Freibeweises zu ermitteln (BGH, NStZ 2004, 275).

Rechtsfolge der Verfolgungsverjährung als Verfahrenshindernis ist die Einstellung des Verfahrens. Je nach Verfahrensstadium kommen § 170 Abs. 2 StPO oder § 206a StPO oder § 260 Abs. 3 StPO zur Anwendung. Dem entspricht § 46 OWiG.

Die Verfolgungsverjährung ist bei alledem in jeder Lage des Verfahrens zu berücksichtigen und 4 damit auch noch im Rechtsmittelverfahren. Das gilt auch in den Fällen, in denen das Rechtsmittel z.B. nur die Strafaussetzung zur Bewährung oder die Strafzumessung (BGHSt 11, 394, 395) oder die Auferlegung von Auslagen (BGHSt 13, 129, 130) betrifft. Die Verjährung der Strafverfolgung wegen einer Straftat führt auch dann zur Einstellung des Verfahrens wegen dieser Tat, wenn der Beschwerdeführer die Beschränkung des Rechtsmittels auf die Anfechtung der Verurteilung wegen anderer Straftaten erklärt hat, die Strafe für die verjährte Tat aber mit den Strafen für die anderen Taten in eine Gesamtstrafe einbezogen worden ist (BGHSt 8, 269). Im Fall von Revision oder Rechtsbeschwerde ist das Verfahren selbst dann einzustellen, wenn das Rechtsmittel zwar form – und fristgerecht eingelegt, aber nicht begründet worden ist oder gem. § 79 Abs. 1 Satz 1 OWiG unzulässig war (BGHSt 22, 216; 25, 259).

§ 78 StGB   Verjährungsfrist

(1) Die Verjährung schließt die Ahndung der Tat und die Anordnung von Maßnahmen (§ 11 Abs. 1 Nr. 8) aus. § 76 a Abs. 2 Satz 1 Nr. 1 bleibt unberührt.

(2) Verbrechen nach § 211 (Mord) verjähren nicht.

(3) Soweit die Verfolgung verjährt, beträgt die Verjährungsfrist

1. dreißig Jahre bei Taten, die mit lebenslanger Freiheitsstrafe bedroht sind,
2. zwanzig Jahre bei Taten, die im Höchstmaß mit Freiheitsstrafen von mehr als zehn Jahren bedroht sind,
3. zehn Jahre bei Taten, die im Höchstmaß mit Freiheitsstrafen von mehr als fünf Jahren bis zu zehn Jahren bedroht sind,
4. fünf Jahre bei Taten, die im Höchstmaß mit Freiheitsstrafen von mehr als einem Jahr bis zu fünf Jahren bedroht sind,
5. drei Jahre bei den übrigen Taten.

(4) Die Frist richtet sich nach der Strafdrohung des Gesetzes, dessen Tatbestand die Tat verwirklicht, ohne Rücksicht auf Schärfungen oder Milderungen, die nach den Vorschriften des Allgemeinen Teils oder für besonders schwere oder minder schwere Fälle vorgesehen sind.

A. Grundsätzliches

1 Wie bereits dargelegt (Vor §§ 78 ff. Rdn. 1), regelt die Verfolgungsverjährung den Zeitpunkt, ab dem eine Straftat nicht mehr geahndet werden kann, d.h. die Verhängung von Strafen, Nebenstrafen und Nebenfolgen sowie die Anordnung von Maßnahmen wegen einer Straftat oder rechtswidrigen Tat, also auch von Maßnahmen der Besserung und Sicherung, Verfall und Einziehung, nicht mehr möglich ist.

2 Die Länge der Verjährungsfrist richtet sich nach der Höhe der angedrohten Strafe für die Verwirklichung des betreffenden Tatbestandes. Ausweislich § 78 Abs. 4 StGB sind Privilegierungs- oder Qualifikationstatbestände zu berücksichtigen, jedoch Schärfungen oder Milderungen, die nach den Vorschriften des Allgemeinen oder Besonderen Teils oder für besonders schwere oder minder schwere Fälle vorgesehen sind, außer Betracht zu lassen. Hiervon wird mit § 376 AO, der durch das JStG 2009 in die AO eingefügt worden ist, eine Ausnahme gemacht (vgl. § 376 AO Rdn. 3).

B. Die Verfolgungsverjährungsfristen im Steuerstraf- und Ordnungswidrigkeitenrecht im Überblick

3 10 Jahre beträgt die Verjährungsfrist im Fall von § 376 Abs. 1 AO.

Fünf Jahre beträgt die Verjährungsfrist gem. §§ 78 Abs. 3 Nr. 4 StGB, 369 Abs. 2 AO bei

- Begünstigung nach §§ 257 StGB, 369 Abs. 1 Nr. 4 AO,
- Steuerhinterziehung, § 370 AO,
- Bannbruch, § 372 AO,
- gewerbsmäßigem gewaltsamem und bandenmäßigem Schmuggel, § 373 AO.

Die Fünf-Jahres-Frist gilt des Weiteren

- bei Straftaten nach § 26c UStG und
- gem. § 384 AO bei den Ordnungswidrigkeiten nach § 378 AO (leichtfertige Steuerverkürzung), § 379 AO (Steuergefährdung) und nach § 380 AO (Gefährdung von Abzugsteuern).

In 3 Jahren verjähren

- nach § 78 Abs. 3 Nr. 5 StGB die Wiederverwendung (!) von Steuerzeichen, §§ 148 Abs. 2 StGB, 369 Abs. 1 Nr. 3 AO und die Vorbereitung der Fälschung von Steuerzeichen, §§ 149 StGB, 369 Abs. 1 Nr. 3 AO,
- nach § 31 Abs. 2 Nr. 1 OWiG der unzulässige Erwerb von Steuererstattungs- und Vergütungsansprüchen, § 383 AO.

In 2 Jahren verjähren gem. § 31 Abs. 2 Nr. 2 OWiG

- die Verbrauchsteuergefährdung, § 381 AO,
- die Gefährdung von Eingangsabgaben, § 382 AO und
- die Verletzung von Aufbewahrungs-, Melde-, Berichtigungs- und Vorlegepflichten nach § 26a UStG (im Fall des § 26a Abs. 1 Nr. 3 UStG Frist nur 6 Monate).

Eine Verjährungsfrist von 6 Monaten gilt auch für das Unterlassen einer Anzeige nach § 33 ErbStG, § 31 Abs. 2 Nr. 4 OWiG.

§ 78a StGB   Beginn

Die Verjährung beginnt, sobald die Tat beendet ist. Tritt ein zum Tatbestand gehörender Erfolg erst später ein, so beginnt die Verjährung mit diesem Zeitpunkt.

A. Grundsätzliches

Der Beginn der Verfolgungsverjährung richtet sich nach § 78a StGB (bzw. nach § 31 Abs. 3 OWiG). Nach diesen Vorschriften beginnt sie, sobald die Tat beendet ist. Tritt ein zum Tatbestand gehörender Erfolg erst später ein, so beginnt die Verjährung mit diesem Zeitpunkt. Beendigung in diesem Sinne liegt vor, wenn der Täter sein rechtsverneinendes Tun insgesamt abgeschlossen hat (LK/*Jähnke* § 78a Rn. 3). **1**

Bei der Feststellung des Beendigungszeitpunkts ist zwischen Veranlagungs- und Fälligkeitsteuern einerseits und Hinterziehung durch falsche Erklärung und durch Unterlassen einer Erklärung andererseits zu unterscheiden. Auch hier gilt der Grundsatz „in dubio pro reo". **2**

Dabei ist bei den nachfolgenden Ausführungen zu beachten, dass im Fall der mittäterschaftlichen Begehung auf die letzte Handlung eines Mittäters abzustellen ist (BGHSt 36, 105, 117), während die Verfolgungsverjährung bei Anstiftung und Beihilfe erst mit derjenigen der Haupttat beginnt (BGHSt 20, 227, 228). **3**

B. Der Beginn der Verjährung bei Veranlagungsteuern

I. Abgabe unrichtiger oder unvollständiger Steuererklärungen

4 Zu den Veranlagungsteuern gehören die ESt, die Gewerbesteuer, die Körperschaftsteuer und die Grunderwerbsteuer. Bei diesen treten Vollendung und Beendigung bei Abgabe einer unrichtigen oder unvollständigen Steuererklärung gleichzeitig ein, nämlich im Zeitpunkt der Bekanntgabe des unrichtigen Bescheids. Also beginnt der Lauf der Verjährungsfrist mit der Bekanntgabe des Bescheids (Klein/*Jäger* § 376 Rn. 21; Kohlmann/*Schauf* § 376 Rn. 71).

5 Nach anderer Auffassung (FGJ/*Joecks* § 376 Rn. 18; *Rolletschke*/Kemper § 376 Rn. 11) soll für den Fall der Steuererstattung auf die Zahlung des Erstattungsbetrages abzustellen sein. Erst damit sei die materielle Verkürzung eingetreten. Erfolge statt einer Erstattung eine Verrechnung mit Zahlungsbeträgen für andere Steuern, komme es auf den Zeitpunkt der (Bekanntgabe der) Verrechnung an, soweit dieser nach dem Tag der Bekanntgabe des Bescheides liegt. Dies ergebe sich auch aus der Deliktsparallelität zu § 264 StGB (Subventionsbetrug). Der BGH (wistra 2008, 348 f.) hat entschieden, dass ein Subventionsbetrug nach § 264 StGB (erst) beendet ist, wenn der Subventionsempfänger auf der Grundlage des Zuwendungsbescheids die letzte (Teil-)Auszahlung erhält. Bedenkt man, dass nach § 370 Abs. 4 Satz 1 AO „Steuern namentlich dann verkürzt sind, wenn sie nicht, nicht in voller Höhe oder nicht rechtzeitig festgesetzt werden", ist der oben wiedergegebenen Auffassung, wonach die Bekanntgabe des Bescheids (i.S.v. Festsetzung) maßgeblich ist, der Vorzug zu geben, zumal der Zweifelssatz es gebietet, für den Beginn der Verfolgungsverjährung auf einen möglichst frühen Zeitpunkt abzustellen.

6 Bei einheitlicher und gesonderter Festsetzung des Gewinns (oder des Verlusts) ist die neuere Rechtsprechung des BGH (NJW 2009, 381 ff.) zu beachten. Hiernach ist bereits ein falscher Feststellungsbescheid ein nicht gerechtfertigter Steuerbescheid, was das Versuchsstadium erheblich verkürzt (*Jope*, DStZ 2009, 247, 248).

7 Zur Beendigung in solchen Fällen führt der BGH dann Folgendes aus:

„[23] Der Umstand, dass die Angekl. ihr angestrebtes (End-)Ziel einer Steuerverkürzung erst mit der zu niedrigen Festsetzung der Einkommensteuer in den Einkommensteuerbescheiden der Kommanditisten erreichten, steht der Annahme eines in der bindenden Feststellung unrichtiger Besteuerungsgrundlagen liegenden Steuervorteils nicht entgegen (a. A. *Sorgenfrei* wistra 2006, 370 [374]). Die durch die Umsetzung der festgestellten unrichtigen Besteuerungsgrundlagen bei der Steuerfestsetzung in den Folgebescheiden bewirkte Steuerverkürzung stellt lediglich einen weitergehenden Taterfolg dar, der insbesondere für den Zeitpunkt der Tatbeendigung und damit für den Verjährungsbeginn der Steuerhinterziehung von Bedeutung ist (vgl. BGH, NStZ 1984, 414 = wistra 1984,142). Die Tatvollendung durch Erlangung eines bereits in der bindenden Feststellung der Besteuerungsgrundlagen liegenden Steuervorteils wird dadurch jedoch nicht in Frage gestellt (vgl. FGJ § 376 Rn. 21a; a.A. *Beckemper* NStZ 2002, 518 [521]). Die mehrfache Verwirklichung eines tatbestandlichen Erfolgs steht im Einklang mit der Rechtsnatur der Steuerhinterziehung im Feststellungs- und Festsetzungsverfahren als Gefährdungsdelikt (vgl. FGJ/*Joecks* § 370 Rdnr. 15; *Hardtke/Leip* NStZ 1996, 217 [220])."

8 In der neueren Rechtsprechung des 1. Strafsenats des BGH ist insgesamt die klare Tendenz zu erkennen, den Zeitpunkt der Vollendung möglichst weit nach vorne zu legen, während die Verfolgbarkeit der Tat für möglichst lange Zeit sichergestellt werden soll. In diesem Zusammenhang ist zu beachten, dass der BGH (NStZ 1984, 414; BGHSt 36, 105, 117 [noch zum Fortsetzungszusammenhang]) bei Personengesellschaften bzw. Mitunternehmerschaften die Auffassung vertritt, dass die Verfolgungsverjährung erst mit der Bekanntgabe des letzten unrichtigen Einkommensteuerbescheids an den letzten Kommanditisten beginnt. Das wird von *Schauf* (Kohlmann/*Schauf* § 376 Rn. 75) unter Hinweis auf sog. Publikumsgesellschaften völlig zu Recht kritisiert. Er meint, de lege lata ließen sich unliebsame Ergebnisse nur vermeiden, wenn man die Verjährung mit der Bekanntgabe des Feststellungsbescheides beginnen lasse. *Grötsch* (Wannemacher/*Grötsch* Rn. 833)

ist der Ansicht, es sei sachgerechter auf die jeweilige Bekanntgabe der einzelnen Folgebescheide abzustellen, weil dann der Taterfolg für den Einzelnen verwirklicht ist. Angesichts der klaren Tendenz des 1. Strafsenats des BGH, Steuerhinterziehung schärfer und länger zu verfolgen, darf nicht erwartet werden, dass er seine Rechtsprechung zum Beendigungszeitpunkt bei Personengesellschaften bzw. Mitunternehmerschaften revidiert.

Auch bei der Gewerbesteuer ist nicht der Grundlagenbescheid (Gewerbesteuermessbescheid), sondern die Bekanntgabe des Folgebescheids (Gewerbesteuerbescheid der Gemeinde) maßgeblich. 9

Ausnahmen von den vorstehenden Ausführungen werden allerdings dann zu machen sein, wenn 10
der Steuerpflichtige in einem etwaigen Rechtsbehelfsverfahren (Einspruch, Klage usw.) unzutreffende Angaben wiederholt und diese für die Entscheidung über den Rechtsbehelf entscheidungserheblich sind. Dann ist auf die Bekanntgabe auf die Entscheidung über den Rechtsbehelf maßgeblich.

II. Die Abgabe einer Steuererklärung wird unterlassen

Auch bei der Hinterziehung von Veranlagungsteuern durch Unterlassen fallen nach herrschender 11
Meinung Vollendung und Beendigung der Tat ebenso zusammen wie bei der Steuerhinterziehung durch positives Tun. Die Verjährung beginnt in diesen Fällen nach überkommener Ansicht des BGH und der herrschenden Meinung zu dem Zeitpunkt, in welchem das zuständige FA die Veranlagungsarbeiten für den maßgeblichen Zeitraum allgemein bzw. im Wesentlichen abgeschlossen hat (BGHSt 47, 138; wistra 1999, 385; BayObLG wistra 2000, 194; FGJ/*Joecks* § 376 Rn. 27 m.w.N.; *Rolletschke*/Kemper § 376 Rn. 25; Kohlmann/*Schauf* § 376 Rn. 90; *Fischer* § 78a Rn. 15). Allerdings wirft der BGH in einem Beschl. v. 19.01.2011 zu 1 StR 640/10 (BeckRS 2011, 04341) die Frage auf, ob nicht zumindest in einfach gelagerten Fällen (und sofern – wie im entschiedenen Fall – keine Besonderheiten, die Abweichungen rechtfertigen könnten, festgestellt sind) von einer Zeitspanne der Bearbeitung fristgerecht eingereichter Steuererklärungen von längstens einem Jahr auszugehen sei. Das Tatgericht sei weder nach dem Zweifelssatz noch sonst gehalten, zugunsten des Angeklagten von Annahmen auszugehen, für deren Vorliegen es an zureichenden Anhaltspunkten fehle. Insofern sei es auch von Rechts wegen nicht geboten, Tatvollendung stets erst zu dem Zeitpunkt der Tatbeendigung anzunehmen, wenn also das zuständige FA die Veranlagungsarbeiten im betreffenden Bezirk für den maßgeblichen Zeitraum allgemein abgeschlossen habe und demzufolge nicht mehr mit einer Veranlagung zu rechnen ist.

Zu seiner überkommenen Rechtsprechung führt der BGH (BGHSt 47, 138, 146) präzisierend 12
aus, dass nach § 370 Abs. 4 Satz 1 AO Steuern bereits dann verkürzt seien, wenn sie nicht rechtzeitig festgesetzt würden. Die darin liegende Tatvollendung falle indes bei Steuerhinterziehung durch Unterlassen nicht ohne Weiteres mit der Tatbeendigung zusammen. Für die Beendigung der Tat und damit für die Frage der Verjährung komme es nämlich nicht auf den Zeitpunkt an, zu dem diese Steuern festgesetzt worden wären, wenn der Steuerpflichtige rechtzeitig eine Steuererklärung abgegeben hätte, weil ein dauerhafter Taterfolg zu diesem Zeitpunkt noch gar nicht eingetreten sei. Solange die Veranlagungsarbeiten des FA noch im Gange seien, sei stets mit der Möglichkeit einer Veranlagung durch Schätzungsbescheid zu rechnen. Die für den Beginn der Verfolgungsverjährung maßgebliche Tatbeendigung sei vielmehr erst dann gegeben, wenn ein Steuerbescheid ergangen sei oder wenn feststehe, dass ein solcher Bescheid nicht mehr ergehen werde. Erst dann liege eine endgültige Steuerhinterziehung vor und das Tatgeschehen habe über die eigentliche Tatbestandserfüllung hinaus seinen tatsächlichen Abschluss gefunden.

Nach anderer Auffassung ist der Beendigungszeitpunkt wegen des Zweifelssatzes möglichst weit 13
nach vorne zu verlegen und auf die frühestmöglichen Zeitpunkt der Bekanntgabe des potenziellen Steuerbescheids abzustellen (Wannemacher/*Grötsch* Rn. 824; vgl. auch *Rolletschke*/Kemper § 376 Rn. 92.) Mit dieser Auffassung hat sich der BGH in seinem bereits zitierten Beschl. v. 07.11.2001

(BGHSt 47, 138, 147) auseinandergesetzt und seine Ablehnung mit folgenden Ausführungen begründet:

> „bb) Eine weitere Vorverlegung der Tatbeendigung nach dem Grundsatz „in dubio pro reo" auf einen früheren Zeitpunkt kommt nicht in Betracht.
>
> Zwar ist der Grundsatz „im Zweifel für den Angeklagten" grundsätzlich auch auf die Frage der Verjährung anzuwenden (vgl. BGHSt 18, 274). Bleibt offen, zu welchem Zeitpunkt der zum Tatbestand gehörige Erfolg eingetreten ist, so greift der Grundsatz „in dubio pro reo" ein (vgl. in Sch/Sch/*Streel Sternberg-Lieben*, § 78a Rn. 14). Voraussetzung hierfür ist aber, daß beim Tatrichter Zweifel über tatsächliche Gegebenheiten bestehen, die für die Verjährungsfrage von Bedeutung sind. Weiß das Gericht hingegen, daß kein Steuerbescheid ergangen ist, und kennt es den Zeitpunkt des Abschlusses der Veranlagungsarbeiten durch das Finanzamt, sind ihm die für die Tatbeendigung maßgeblichen Tatsachen bekannt; für die Anwendung des Grundsatzes „im Zweifel für den Angeklagten" bleibt dann kein Raum.
>
> Der hypothetische Zeitpunkt, zu dem das Finanzamt einen Steuerbescheid erlassen hätte, wenn der Täter fristgemäß eine Steuererklärung abgegeben hätte, ist für die Frage der Beendigung ohne Bedeutung, da es insoweit auf die endgültige Nichtfestsetzung der Steuern ankommt; die bloße Tatbestandsverwirklichung durch Bewirken einer nicht rechtzeitigen Veranlagung reicht für die Tatbeendigung nicht aus."

14 Die Auffassung des BGH vermag jedenfalls nicht gänzlich zu überzeugen (*Wulf*, wistra 2003, 89). Indes steht nicht zu erwarten, dass der BGH künftig von ihr abweichen wird.

15 Der allgemeine Abschluss der Veranlagungsarbeiten bzw. der Abschluss derselben im Wesentlichen wird in der Praxis angenommen, wenn im betreffenden Veranlagungsbezirk die Veranlagungsarbeiten für die fragliche Steuerart und das betroffene Jahr zu 95 % abgeschlossen sind. Zu dieser „95 % – Schwelle", die anders, als von der Literatur zuweilen dargestellt (Kohlmann/*Schauf* § 376 Rn. 93; *Fischer* § 78a Rn. 15) in der Rechtsprechung keine Erwähnung findet, führt die Finanzverwaltung Statistiken.

16 Führt die Nichtabgabe einer Steuererklärung allerdings zu einer Schätzungsveranlagung vor Veranlagungsschluss und erreicht oder übersteigt diese entgegen der Erwartung des Täters die tatsächlich festzusetzende Steuer, so liegt nur eine versuchte Steuerhinterziehung vor, deren Verfolgungsverjährung mit der Beendigung des Versuchs beginnt. Der Lauf der Verfolgungsverjährungsfrist beginnt in diesen Fällen also dann, wenn es zu einer konkreten Gefährdung des Steueranspruchs kommt (FGJ/*Joecks* § 376 Rn. 33). Abzustellen ist insoweit auf die maßgeblichen Abgabefristen einschließlich etwaig gewährter Fristverlängerungen (Kohlmann/*Schauf* § 376 Rn. 97). Wird vor Veranlagungsschluss zu niedrig geschätzt, liegt hingegen eine vollendete Steuerhinterziehung vor, deren Verjährung mit der Bekanntgabe des unrichtigen Bescheides beginnt (Kohlmann/*Schauf* § 376 Rn. 96).

17 Der Abschluss der Veranlagungsarbeiten im dargestellten Sinn kann natürlich nicht für die Beendigung der Tat und den damit einhergehenden Beginn der Verfolgungsverjährung maßgeblich sein, wenn nicht turnusmäßig wiederkehrende Steuer betroffen sind, sondern vielmehr um eine solche, die nur aus Anlass eines konkreten Ereignisses anfallen. So ist daher z.B. bei der Erbschaft- und Schenkungsteuer zu fragen, wann bei rechtzeitiger Anzeige/Erklärung veranlagt worden wäre (BGH, NJW 2011, 3249, 3253; *Rolletschke*/Kemper§ 376 Rn. 26).

C. Der Beginn der Verjährung bei Fälligkeitsteuern

18 Zu den Fälligkeitsteuern zählen die Lohnsteuer, die USt, die Kfz-Steuer, die Kapitalertragsteuer und die meisten Verbrauchsteuern. Bei diesen ist nicht die Bekanntgabe des Steuerbescheides für die Tatbeendigung maßgeblich, sondern vielmehr der gesetzliche Fälligkeitstermin. Die Steuerverkürzung tritt bei Fälligkeitsteuern also ein, wenn der Tag der gesetzlichen Frist verstrichen ist und

keine ausdrückliche Fristverlängerung gewährt wurde (FGJ/*Joecks* § 376 Rn. 31). Gibt ein Arbeitgeber also z.B. die Lohnsteueranmeldung nicht bis zum Fälligkeitstermin ab (§ 41a Abs. 1 und 2 EStG), ist die Tat zu diesem Zeitpunkt vollendet und auch beendet.

Gibt der Arbeitgeber die Lohnsteueranmeldung zwar fristgerecht oder gar früher ab und meldet die abzuführende Lohnsteuer aber zu niedrig an, gilt dies entsprechend mit der Maßgabe, dass auf den Eingang der Steueranmeldung abzustellen ist (*Rolletschke*/Kemper § 376 Rn. 29). Die Lohnsteueranmeldung ist nämlich nach der Vorschrift des § 168 AO eine Steuerfestsetzung unter dem Vorbehalt der Nachprüfung (Kohlmann/*Schauf* § 376 Rn. 83; *Rolletschke*/Kemper § 376 Rn. 29a). 19

Werden allerdings Steuererstattungen geltend gemacht, ist i.R.d. Bestimmung des Beendigungszeitpunkts § 168 Satz 2 AO zu berücksichtigen. In diesen Fällen tritt die Gleichstellung der Steueranmeldung mit einer Steuerfestsetzung unter dem Vorbehalt der Nachprüfung nämlich erst mit der Zustimmung der Finanzbehörde ein (BGH, NStZ 2000, 427, 428). 20

Besonderheiten gelten bei der USt: Wird keine oder aber eine unrichtige Voranmeldung abgegeben, ist die Tat (nur) vollendet. Beendigung tritt erst mit Einreichung einer falschen Umsatzsteuerjahreserklärung bzw. mit Ablauf der Frist für die Einreichung (grds. 31. Mai des Folgejahres, § 149 Abs. 2 AO) ein, wenn keine Jahreserklärung abgegeben wird (BGH, NJW 1991, 1315). Das gilt auch, wenn der Steuerpflichtige in die Jahreserklärung lediglich die falschen Angaben aus seinen Umsatzsteuervoranmeldungen übernimmt. Eine Ausnahme gilt für den Fall, dass der Steuerpflichtige mit der Jahreserklärung eine Steuerherabsetzung geltend macht. Dann ist die Umsatzsteuerhinterziehung mit Blick auf die Vorschrift des § 168 Satz 2 AO erst mit der Zustimmung des FA beendet (BGH, NJW 1989, 2140; *Rolletschke*/Kemper § 376 Rn. 30). 21

D. Die Fristberechnung

Die Berechnung der Frist folgt anderen Maßstäben als die Berechnung von Verjährungsfristen des Zivil- oder Steuerrechts. So ist der Tag der Beendigung mitzurechnen (Kohlmann/*Schauf* § 376 Rn. 123). Der letzte Tag der Frist ist dann der im Kalender vorangehende (*Fischer* § 78a Rn. 6). Wird also z.B. eine Einkommensteuererklärung am 17.02.2011 abgegeben und der auf ihr beruhende (falsche) Einkommensteuerbescheid am 25.03.2011 bekannt gegeben, beginnt die Verfolgungsverjährungsfrist am 25.03.2011 und endet (bei einer Frist von 5 Jahren) am 24.03.2016. Dieser Berechnung folgte bislang auch der BGH uneingeschränkt (statt vieler BGHSt 38, 366, 368). Ohne Hinweis auf eine Änderung der Rechtsprechung hat der BGH nun aber in einem Beschluss vom 31.5.2011 (BGH, NStZ-RR 2011, 278) ausgeführt, dass bei einer Umsatzsteuerhinterziehung durch Unterlassen Tatbeendigung erst mit dem Ablauf, also mit dem vollständigen Verstreichen der Einreichungsfrist für die Jahreserklärung und nicht schon im Lauf des letzten Tages der Erklärungsfrist, eintrete. Im vom BGH entschiedenen Fall ist Tatbeendigung nach Auffassung des BGH also nicht schon am 31.5., sondern erst am 1.6. eingetreten. Ob der BGH an dieser zu Recht kritisierten Rechtsprechung (vgl. *Vogelberg* PStR 2011, 243) auch künftig festhält, bleibt abzuwarten, ist aber sehr wahrscheinlich. 22

Der letzte Tag der Frist kann – anders als im Zivil- oder Steuerrecht – auch ein Sonn- oder Feiertag sein. Die Bekanntgabefiktion des § 122 Abs. 2 AO gilt unter Beachtung des Grundsatzes „in dubio pro reo" nicht (OLG Hamm, DStRE 2002, 1095, 1096; Klein/*Jäger* § 376 Rn. 21; a.A. BFH, BStBl. 2008 II, S. 844; *Rolletschke*/Kemper § 376 Rn. 9). 23

§ 78b StGB Ruhen

(1) Die Verjährung ruht

1. **bis zur Vollendung des achtzehnten Lebensjahres des Opfers bei Straftaten nach den §§ 174 bis 174c, 176 bis 179 und 225 sowie nach den §§ 224 und 226, wenn mindestens ein Beteiligter durch dieselbe Tat § 225 verletzt,**

2. solange nach dem Gesetz die Verfolgung nicht begonnen oder nicht fortgesetzt werden kann; dies gilt nicht, wenn die Tat nur deshalb nicht verfolgt werden kann, weil Antrag, Ermächtigung oder Strafverlangen fehlen.

(2) Steht der Verfolgung entgegen, dass der Täter Mitglied des Bundestages oder eines Gesetzgebungsorgans eines Landes ist, so beginnt die Verjährung erst mit Ablauf des Tages zu ruhen, an dem

1. die Staatsanwaltschaft oder eine Behörde oder ein Beamter des Polizeidienstes von der Tat und der Person des Täters Kenntnis erlangt oder
2. eine Strafanzeige oder ein Strafantrag gegen den Täter angebracht wird (§158 der Strafprozessordnung).

(3) Ist vor Ablauf der Verjährungsfrist ein Urteil des ersten Rechtszuges ergangen, so läuft die Verjährungsfrist nicht vor dem Zeitpunkt ab, in dem das Verfahren rechtskräftig abgeschlossen ist.

(4) Droht das Gesetz strafschärfend für besonders schwere Fälle Freiheitsstrafe von mehr als fünf Jahren an und ist das Hauptverfahren vor dem Landgericht eröffnet worden, so ruht die Verjährung in den Fällen des § 78 Abs. 3 Nr. 4 ab Eröffnung des Hauptverfahrens, höchstens jedoch für einen Zeitraum von fünf Jahren; Absatz 3 bleibt unberührt.

(5) Hält sich der Täter in einem ausländischen Staat auf und stellt die zuständige Behörde ein förmliches Auslieferungsersuchen an diesen Staat, ruht die Verjährung ab dem Zeitpunkt des Zugangs des Ersuchens beim ausländischen Staat

1. bis zur Übergabe des Täters an die deutschen Behörden,
2. bis der Täter das Hoheitsgebiet des ersuchten Staates auf andere Weise verlassen hat,
3. bis zum Eingang der Ablehnung dieses Ersuchens durch den ausländischen Staat bei den deutschen Behörden oder
4. bis zur Rücknahme dieses Ersuchens.

Lässt sich das Datum des Zugangs des Ersuchens beim ausländischen Staat nicht ermitteln, gilt das Ersuchen nach Ablauf von einem Monat seit der Absendung oder Übergabe an den ausländischen Staat als zugegangen, sofern nicht die ersuchende Behörde Kenntnis davon erlangt, dass das Ersuchen dem ausländischen Staat tatsächlich nicht oder erst zu einem späteren Zeitpunkt zugegangen ist. Satz 1 gilt nicht für ein Auslieferungsersuchen, für das im ersuchten Staat auf Grund des Rahmenbeschlusses des Rates vom 13. Juni 2002 über den Europäischen Haftbefehl und die Übergabeverfahren zwischen den Mitgliedstaaten (ABl. EG Nr. L 190 S. 1) oder auf Grund völkerrechtlicher Vereinbarung eine § 83c des Gesetzes über die internationale Rechtshilfe in Strafsachen vergleichbare Fristenregelung besteht.

A. Grundsätzliches

1 Das Ruhen der Verjährung verschiebt den Beginn einer Frist oder hemmt deren Weiterlauf, hat aber keine Bedeutung für bereits abgelaufene Teile der Frist. Ruhen bedeutet also Stillstand der Frist. Die Zeit, während der die Verjährung geruht hat, wird für die Fristberechnung nicht mitgezählt. Hat die Verjährung noch gar nicht zu laufen begonnen, hemmt der Ruhenstatbestand den Beginn des Fristablaufs. § 78c Abs. 3 Satz 3 StGB stellt bei alldem klar, dass ein Ruhen auch den

Eintritt der absoluten Verjährung um die Zeitspanne des Ruhens hinausschiebt, d.h. die Zeit des Ruhens nach § 78b StGB wird in die Berechnung der absoluten Frist nicht eingerechnet (BGHSt 45, 245, 247; SSW-StGB/*Rosenau* § 78b Rn. 1; *Fischer* § 78c Rn. 2a).

B. Einzelne Fälle des Ruhens

I. § 78b Abs. 1 Nr. 2 StGB

Nach dieser Vorschrift ruht die Verjährung, solange nach dem Gesetz die Verfolgung nicht so 2 begonnen oder fortgesetzt werden kann, dass eine Unterbrechung der Verjährung nach § 78c StGB möglich ist (SSW-StGB/*Rosenau* § 78b Rn. 1; *Fischer* § 78c Rn. 2a). Nicht ausreichend ist die Unmöglichkeit einzelner Verfolgungshandlungen. Es müssen vielmehr alle Verfolgungshandlungen unzulässig sein, wie das z.B. bei Exterritorialen gem. §§ 18 ff. GVG oder Abgeordneten gem. Art. 46 Abs. 2 GG der Fall ist. I.R.d. Art. 46 Abs. 2 GG ist allerdings § 78b Abs. 2 zu beachten, der das Ruhen von dem Eintritt bestimmter Ereignisse abhängig macht. Das gilt im Fall der Strafverfolgung des Bundespräsidenten entsprechend, vgl. Art. 60 Abs. 4 GG, wenngleich das Gesetz dies nicht ausdrücklich vorsieht (FGJ/*Joecks* § 376 Rn. 67).

Zu beachten ist, dass eine Verfassungsbeschwerde gegen ein strafgerichtliches Urteil kein Ruhen 3 der Verfolgungswirkung bewirkt, weil diese für sich mangels entsprechender Vorschrift nicht daran hindert, das Verfahren fortzuführen (OLG Düsseldorf, NJW 1968, 117). Etwas anderes gilt natürlich für den Fall, dass das BVerfG die Weiterführung des Verfahrens im Wege der einstweiligen Anordnung untersagt.

II. § 78b Abs. 3

Diese Vorschrift sieht eine Ablaufhemmung für den Fall vor, dass vor Ablauf der Verjährungsfrist 4 ein erstinstanzliches Urteil ergangen ist. Ist das der Fall, läuft die Verjährungsfrist nicht ab, bevor das Verfahren rechtskräftig abgeschlossen ist. Der Inhalt des Urteils i.S.v. Verurteilung, Freispruch oder Einstellung sowie die Richtigkeit des Urteils sind dabei irrelevant (BGHSt 32, 209, 210; 47, 159, 167; vgl. auch SSW-StGB/*Rosenau* § 78b Rn. 11).

Das gilt auch für den Fall, dass die absolute Verjährungsfrist nach § 78c Abs. 3 Satz 2 StGB verstri- 5 chen ist. Das ist verfassungsrechtlich grds. unbedenklich (*Fischer* § 78b Rn. 11 unter Hinweis auf einen Beschluss des BVerfG zu § 78b Abs. 4 StGB [NJW 1995, 1145]). Mit Blick auf Art. 6 Abs. 1 und 3 EMRK bedarf es allerdings einer restriktiven Auslegung der Vorschrift, wenn durch eine rechts(staats)widrige Verfahrensverzögerung die Verjährung über den Punkt der absoluten Verjährungsfrist nicht nur unerheblich hinausgeschoben wird (BGHSt 46, 159, 173). Dann kommt ein Verfahrenshindernis aus rechtsstaatlichen Gründen in Betracht und zwar ungeachtet der Ablaufhemmung in § 78b Abs. 3 StGB (BGHSt 46, 159, 171; SSW-StGB/*Rosenau* § 78b Rn. 11).

III. § 78b Abs. 4 StGB

Diese Vorschrift bedarf in Steuerstrafsachen besonderer Beachtung. Die Regelverjährungsfrist bei 6 Steuerhinterziehung beträgt nämlich 5 Jahre während sie in besonders schweren Fällen gem. § 376 AO 10 Jahre beträgt.

Mit der Vorschrift soll einer ansonsten möglichen Verschleppungstaktik entgegengewirkt werden. 7 Mit dem durch sie angeordneten Ruhen soll nämlich verhindert werden, dass Umfangsverfahren wegen des Eintritts der absoluten Verjährungsgrenze nach § 78c Abs. 3 Satz 2 StGB und wegen der abstrakten Betrachtungsweise gem. § 78 Abs. 4 StGB nicht mit einer Sachentscheidung enden können. Die Vorschrift bewirkt mithin ein Hemmung der absoluten Verfolgungsverjährung um bis zu 5 Jahre auf bis zu 15 Jahre (SSW-StGB/*Rosenau* § 78b Rn. 13). Die gegen diese Vorschrift erhobenen verfassungsrechtlichen Bedenken teilt das BVerfG nicht (BVerfG, NJW 1995, 1145).

8   § 78 Abs. 4 StGB hat keine Auswirkung auf eine eventuelle Ablaufhemmung nach § 78 Abs. 3 StGB. Daher verliert § 78 Abs. 4 StGB mit dem Urteil erster Instanz seine Relevanz (SSW-StGB/*Rosenau* § 78b Rn. 13).

IV. § 153a Abs. 3 StPO

9   Steuerstrafverfahren werden vielfach nach § 153a StPO abgeschlossen. Die Vorschrift ordnet das Ruhen der Verfolgungsverjährung für die Dauer der für die Erfüllung von Auflagen und Weisungen nach § 153a Abs. 1 Satz 3 und 4 StPO gesetzten Frist an.

V. § 396 Abs. 3 AO

10   Mit § 396 AO trägt der Gesetzgeber dem Umstand Rechnung, dass § 370 AO eine Blankettnorm ist und divergierende Entscheidungen zu ein- und demselben Fall durch die FG und die Strafgerichte möglichst zu vermeiden sind.

11   Wird das Strafverfahren nach § 396 Abs. 1 AO ausgesetzt, so ruht gem. § 396 Abs. 3 AO während der Aussetzung die Verfolgungsverjährung. Die Vorschrift weicht von den allgemeinen Aussetzungsvorschriften der §§ 154d, 262 Abs. 1 StPO insoweit ab, als diese den Lauf der Verjährungsfrist nicht berühren (FGJ/*Jäger* § 396 Rn. 56).

12   Das in § 396 Abs. 3 AO angeordnete Ruhen der Verjährung hemmt nach herrschender Meinung auch den Lauf der absoluten Verjährung gem. § 78c Abs. 3 Satz 2 AO (FGJ/*Joecks* § 396 Rn. 57). In einem obiter dictum hat der BGH (wistra 1988, 263, 264) dies in einer Entscheidung aus dem Jahr 1987 anders gesehen. Diese Sichtweise dürfte er aber heute nicht mehr vertreten, wenn man bedenkt, dass Mitglieder des für Steuerstrafsachen zuständigen 1. Strafsenats die herrschende Meinung vertreten (vgl. Klein/*Jäger* § 396 Rn. 18).

13   Die verjährungshemmende Wirkung der Aussetzung nach § 396 Abs. 3 AO kommt allerdings dann nicht in Betracht, wenn die tatbestandlichen Voraussetzungen des § 396 Abs. 1 AO für eine Ermessensentscheidung nicht vorgelegen haben. Die Ausübung des Ermessens ist dagegen – abgesehen von Ermessensmissbrauch und Ermessensüberschreitung – gerichtlich nicht nachprüfbar (Klein/*Jäger* § 396 Rn. 20).

§ 78c StGB   Unterbrechung

(1) Die Verjährung wird unterbrochen durch

1. die erste Vernehmung des Beschuldigten, die Bekanntgabe, dass gegen ihn das Ermittlungsverfahren eingeleitet ist, oder die Anordnung dieser Vernehmung oder Bekanntgabe,
2. jede richterliche Vernehmung des Beschuldigten oder deren Anordnung,
3. jede Beauftragung eines Sachverständigen durch den Richter oder Staatsanwalt, wenn vorher der Beschuldigte vernommen oder ihm die Einleitung des Ermittlungsverfahrens bekanntgegeben worden ist,
4. jede richterliche Beschlagnahme- oder Durchsuchungsanordnung und richterliche Entscheidungen, welche diese aufrechterhalten,
5. den Haftbefehl, den Unterbringungsbefehl, den Vorführungsbefehl und richterliche Entscheidungen, welche diese aufrechterhalten,
6. die Erhebung der öffentlichen Klage,
7. die Eröffnung des Hauptverfahrens,
8. jede Anberaumung einer Hauptverhandlung,
9. den Strafbefehl oder eine andere dem Urteil entsprechende Entscheidung,

10. die vorläufige gerichtliche Einstellung des Verfahrens wegen Abwesenheit des Angeschuldigten sowie jede Anordnung des Richters oder Staatsanwalts, die nach einer solchen Einstellung des Verfahrens oder im Verfahren gegen Abwesende zur Ermittlung des Aufenthalts des Angeschuldigten oder zur Sicherung von Beweisen ergeht,

11. die vorläufige gerichtliche Einstellung des Verfahrens wegen Verhandlungsunfähigkeit des Angeschuldigten sowie jede Anordnung des Richters oder Staatsanwalts, die nach einer solchen Einstellung des Verfahrens zur Überprüfung der Verhandlungsfähigkeit des Angeschuldigten ergeht, oder

12. jedes richterliche Ersuchen, eine Untersuchungshandlung im Ausland vorzunehmen.

Im Sicherungsverfahren und im selbständigen Verfahren wird die Verjährung durch die dem Satz 1 entsprechenden Handlungen zur Durchführung des Sicherungsverfahrens oder des selbständigen Verfahrens unterbrochen.

(2) Die Verjährung ist bei einer schriftlichen Anordnung oder Entscheidung in dem Zeitpunkt unterbrochen, in dem die Anordnung oder Entscheidung unterzeichnet wird. Ist das Schriftstück nicht alsbald nach der Unterzeichnung in den Geschäftsgang gelangt, so ist der Zeitpunkt maßgebend, in dem es tatsächlich in den Geschäftsgang gegeben worden ist.

(3) Nach jeder Unterbrechung beginnt die Verjährung von neuem. Die Verfolgung ist jedoch spätestens verjährt, wenn seit dem in § 78a bezeichneten Zeitpunkt das Doppelte der gesetzlichen Verjährungsfrist und, wenn die Verjährungsfrist nach besonderen Gesetzen kürzer ist als drei Jahre, mindestens drei Jahre verstrichen sind. § 78b bleibt unberührt.

(4) Die Unterbrechung wirkt nur gegenüber demjenigen, auf den sich die Handlung bezieht.

(5) Wird ein Gesetz, das bei der Beendigung der Tat gilt, vor der Entscheidung geändert und verkürzt sich hierdurch die Frist der Verjährung, so bleiben Unterbrechungshandlungen, die vor dem Inkrafttreten des neuen Rechts vorgenommen worden sind, wirksam, auch wenn im Zeitpunkt der Unterbrechung die Verfolgung nach dem neuen Recht bereits verjährt gewesen wäre.

A. Grundsätzliches

Der Katalog der in diesen Vorschriften aufgeführten Unterbrechungstatbestände, der durch § 376 Abs. 2 AO ergänzt wird, ist abschließend (BGHSt 25, 6, 8). Mit jeder Unterbrechung beginnt die Frist in vollem Umfang neu zu laufen, wie sich aus § 78c Abs. 3 Satz 1 StGB ergibt. Die Verjährung kann grds. beliebig oft unterbrochen werden, was dann in der Praxis in einem Verfahren jedenfalls im Regelfall auch geschieht. **1**

2 Es ist allerdings die absolute Verjährungsfrist des § 78c Abs. 3 Satz 2 StGB zu beachten. Hiernach kann eine Straftat nach dem Ablauf der doppelten Verjährungsfrist nicht mehr verfolgt werden. Grds. tritt die absolute Verjährung mithin bezogen auf die einfache Steuerhinterziehung nach 10 Jahren und bei den besonders schweren Fällen nach § 370 Abs. 3 AO nach zwanzig Jahren ein. Ausnahmen von dieser Regel ergeben sich allerdings, wenn § 78b Abs. 4 StGB, vgl. § 78c Abs. 3 Satz 3 StGB, oder § 396 Abs. 3 AO Anwendung finden (vgl. § 78b Rdn. 7 und 12).

B. Gemeinsamkeiten der Unterbrechungshandlungen

3 Allen Unterbrechungshandlungen ist gemein, dass sie nur zum Zweck der Verfahrensförderung vorgenommen werden dürfen, nicht aber nur mit dem Ziel, den Eintritt der Verjährung zu verhindern. Beauftragt die StA die Kriminalpolizei, den Beschuldigten verantwortlich zu vernehmen, so unterbricht dies aber die Verfolgungsverjährung unabhängig davon, ob diese Anordnung notwendig oder zweckmäßig war und ob sie überhaupt durchgeführt wurde (SSW-StGB/*Rosenau* § 78c Rn. 3; Klein/*Jäger* § 376 Rn. 65).

4 Ein jede Handlung hat nur dann unterbrechende Wirkung, wenn es sich bei ihr um eine Amtshandlung eines inländischen Amtsträgers handelt. Darunter fallen Staatsanwälte, Strafrichter, Polizeibeamte, Steuer- und Zollfahnder. Die Handlung muss des Weiteren im Zusammenhang mit der Strafverfolgung stehen und der Förderung derselben dienlich sein (BGHSt 9, 198, 201; 25, 6, 8; 37, 145, 146 f.).

I. Personelle Reichweite, § 78c Abs. 4 StGB

5 Eine jede Unterbrechungshandlung muss sich von Anfang an auf eine bestimmte Person beziehen. Ein Strafverfahren gegen Unbekannt reicht also nicht (BGHSt 24, 321, 323; 42, 283, 287). Indes muss der Täter nicht namentlich genannt oder benannt werden. Es genügt vielmehr, dass sich aus den Akten oder sonstigen Umständen Merkmale ergeben, die geeignet sind, den Täter individuell zu bestimmen, weil etwa diese Merkmale nur bei ihm zutreffen und eine Unterscheidung ermöglichen (BGHSt 24, 321, 323; 42, 283, 290; NStZ 2008, 158, 159).

II. Sachliche Reichweite

6 Die Unterbrechungshandlung muss zusätzlich auch eine bestimmte Tat betreffen. Der Verfolgungswille der Strafverfolgungsbehörden muss sich auf eine bestimmte Tat im prozessualen Sinne beziehen bzw. gegen diese gerichtet sein (BGHSt 22, 105, 106; 22, 375, 385; NStZ 2004, 275).

7 Es genügt eine hinreichend mögliche Unterscheidung zu anderen ähnlichen Taten (BGHSt 22, 375, 385; NStZ 2001, 191 f.). Bei mehreren Taten wirkt die Unterbrechung daher grds. für alle im Handlungskomplex bestimmbaren Taten, es sei denn der insoweit maßgebliche Verfolgungswille der Strafverfolgungsbehörden ist erkennbar auf eine oder mehrere Taten beschränkt. Für die Bestimmung des Verfolgungswillens ist der Zweck der richterlichen Untersuchungsmaßnahme maßgeblich. Ergibt sich dieser nicht bereits aus dem Wortlaut, ist namentlich auf den Sach- und Verfahrenszusammenhang abzustellen. (BGH, NStZ 2000, 427; NStZ 2007, 213). Es gilt der Grundsatz „in dubio pro reo"(BGH, NStZ 1996, 274).

8 Allerdings entfaltet eine Durchsuchungsanordnung, die den verfassungsrechtlichen Mindestvoraussetzungen nicht genügt, keine verjährungsunterbrechende Wirkung (BGH, NStZ 2000, 427; NStZ 2004, 275).

9 Im Fall von Tateinheit kommt es bei alledem alleine darauf an, welchen geschichtlichen Vorgang die prozessuale Handlung betrifft. Ob dabei auch alle Gesetzesverletzungen berücksichtigt werden, ist ohne Belang. Daher bleiben auch nach § 154a Abs. 1 oder Abs. 2 StPO ausgeschiedene Gesetzesverletzungen verfolgbar (BGHSt 22, 105).

C. Einzelne Unterbrechungstatbestände

I. Erste Ermittlungsmaßnahmen, § 78c Abs. 1 Satz 1 Nr. 1 StGB

Unterbrechungshandlung i.S.d. Vorschrift sind die erste Vernehmung des Beschuldigten, die **10** Bekanntgabe an den Beschuldigten, dass gegen ihn das Ermittlungsverfahren eingeleitet ist, oder die Anordnung dieser Vernehmung oder Bekanntgabe. Die Einleitung des Steuerstrafverfahrens mittels eines Formblattes, in dem lediglich pauschale und zeitlich nicht präzisierte Vorwürfe gemacht werden, ist jedoch nicht geeignet, die Verjährung zu unterbrechen (SSW-StGB/*Rosenau* § 78c Rn. 8, Klein/*Jäger* § 376 Rn. 67 m.w.N.).

Die erste Vernehmung des Beschuldigten unterbricht die Verjährung unabhängig davon, ob sie **11** durch den Richter, die StA, die Polizei, die Steuerfahndung oder durch die Zollfahndungsämter durchgeführt wird oder ob sich der Beschuldigte zur Sache äußert. Bei der Bekanntgabe einer ersten Vernehmungsanordnung ist weiterhin nicht entscheidend, ob diese den Beschuldigten erreicht (BGHSt 25, 6, 9; a.A. FGJ/*Joecks* § 376 Rn. 50). Die Unterbrechungswirkung von Anordnungen tritt gem. § 78c Abs. 2 StGB bereits mit der Unterzeichnung der Anordnung ein.

Die in § 78c Abs. 1 Nr. 1 StGB genannten Maßnahmen bilden eine Einheit. Wird also eine der **12** genannten Handlungen ausgeführt, wird die Verjährung durch eine weitere Maßnahme i.S.d. Vorschrift nicht erneut unterbrochen (BGH, NStZ 2009, 205).

II. Die richterliche Vernehmung und deren Anordnung, § 78c Abs. 1 Satz 1 Nr. 2 StGB

Nach § 78c Abs. 1 Satz 1 Nr. 2 StGB unterbricht jede richterliche Vernehmung die Verjährung **13** und zwar auch dann, wenn es sich um die zweite oder eine weitere Vernehmung handelt und schon die erste Vernehmung i.S.v. § 78c Abs. 1 Nr. 1 StGB eine richterliche war (SSW-StGB/*Rosenau* § 78c 11). Ob sie auch erforderlich war, ist nicht maßgeblich (BGHSt 7, 202, 205).

Während die ihrer Anordnung folgende Vernehmung keine eigenständige Unterbrechungswirkung hat, mit dieser vielmehr wie die Vornahme der in § 78c Abs. 1 Satz 1 Nr. 1 StGB genannten **14** Maßnahmen eine Einheit bildet, sollen bei einer Vernehmung durch den ersuchten Richter sowohl die Anordnung der Vernehmung, als auch deren Durchführung die Verjährung unterbrechen und zwar ebenso wie die Terminbestimmung und die Ladungsverfügung des ersuchten Richters (*Rolletschke*/Kemper § 376 Rn. 54). Diese Auslegung entspricht dem Wortlaut der Vorschrift.

III. Die Beauftragung eines Sachverständigen, § 78c Abs. 1 Satz 1 Nr. 3 StGB

Nach § 78c Abs. 1 Satz 1 Nr. 3 StGB unterbricht auch die Beauftragung eines Sachverständigen **15** durch den Richter oder durch den Staatsanwalt die Verjährung, vorausgesetzt, der Beschuldigte wurde vorher vernommen oder ihm die Einleitung des Ermittlungsverfahrens bekannt gegeben. In Steuerstrafverfahren kann die Beauftragung mit verjährungsunterbrechender Wirkung auch durch die Straf- und Bußgeldsachenstelle erfolgen, wie sich aus §§ 386, 399 AO ergibt.

Erforderlich ist der ausdrückliche Auftrag zur Erstellung eines Sachverständigengutachtens, wobei **16** der Auftrag nach Zeitpunkt und Inhalt aktenkundig sein muss (BGHSt 30, 217, 220). Der Auftrag muss ein bestimmtes Beweisthema zum Gegenstand haben (BGHSt 28, 381, 382; 30, 215, 216 f.).

Bezogen auf Wirtschaftsreferenten der StA ist der BGH der Auffassung, dass deren Zugehörigkeit zur **17** StA für sich allein einer Tätigkeit als Sachverständiger in den bei der StA anhängigen Strafsachen nicht grds. entgegen steht, sofern der betroffene Wirtschaftsreferent das Gutachten eigenverantwortlich und frei von jeder Beeinflussung erstatten kann. Seine ordnungsgemäße Beauftragung als Sachverständiger sei deshalb nach § 78c Abs. 1 Nr. 3 StGB grds. geeignet, die Verjährung zu unterbrechen (BGHSt 28, 381, 384; StV 1986, 465). Es reicht allerdings nicht aus, dass der Wirtschaftsreferent lediglich an den Ermittlungen seiner Behörde mitwirkt (*Rolletschke*/Kemper § 376 Rn. 55 a).

18 Auch im Rahmen von § 78c Abs. 1 Nr. 3 StGB gilt § 78c Abs. 2 StGB, wenn in der Beauftragungs-
    anordnung der Sachverständige (namentlich) bezeichnet ist (BGHSt 27, 76, 78).

IV. Beschlagnahme- und Durchsuchungsanordnungen, § 78c Abs. 1 Satz 1 Nr. 4 StGB

19 Nach dieser Vorschrift unterbricht jede richterliche Anordnung einer Beschlagnahme oder Durch-
    suchung die Verjährung. Gemeint sind insb. Anordnungen nach §§ 98, 100, 111a Abs. 1 und
    Abs. 3, 105, 111e, 111p und 290 StPO. Des Weiteren wirken auch Entscheidungen, die die
    Beschlagnahme- oder Durchsuchungsanordnungen bestätigen, und zwar unter Einschluss von
    Beschwerdeentscheidungen nach §§ 304 ff. StPO, verjährungsunterbrechend (SSW-StGB/*Rosenau*
    § 78c Rn. 13). Auch hier gilt § 78c Abs. 2 StGB.

20 § 78c Abs. 1 Satz 1 Nr. 4 StGB gilt auch für richterliche Beschlagnahmeanordnungen in den Fäl-
    len, in denen die Beschlagnahme bei einem Dritten erfolgen soll und der Beschuldigte vorher
    weder vernommen noch von der Einleitung des Ermittlungsverfahrens in Kenntnis gesetzt wurde
    (BGH, wistra 2006, 421, 423).

21 Anordnungen der StA, der Straf- und Bußgeldsachenstelle oder der Steuerfahndungsstelle, die
    diese bei Gefahr im Verzug treffen können, wirken hingegen nicht verjährungsunterbrechend. Das
    ergibt sich aus dem eindeutigen Wortlaut der Vorschrift. Nicht verjährungsunterbrechend wirkt
    des Weiteren ein richterlicher Beschluss, mit dem gem. §§ 100a, 100b StPO die Überwachung der
    Telekommunikation angeordnet wird, da eine analoge Anwendung des § 78c Abs. 1 Satz 1
    Nr. 4 StGB auf solche Beschlüsse ausgeschlossen ist (BGH, NStZ-RR 2005, 44). Keine verjäh-
    rungsunterbrechende Wirkung haben schließlich richterliche Durchsuchungs- und Beschlagnah-
    meanordnungen, die den verfassungsrechtlich vorgegebenen Mindeststandard nicht einhalten
    (BGH, NStZ 2004, 275).

V. Der Haft-, Unterbringungs- oder Vorführungsbefehl, § 78c Abs. 1 Satz 1 Nr. 5 StGB

22 Auch Haftbefehle i.S.v. §§ 114, 230 Abs. 2 StPO und die freiheitsentziehenden Maßnahmen des
    Unterbringungsbefehls nach § 126a StPO, des Vorführungsbefehls nach §§ 134, 230 Abs. 2 StPO
    und deren Aufrechterhaltung durch richterliche Entscheidung (§§ 117 ff., 122 ff. StPO) unterbre-
    chen die Verjährung. Aufrechterhalten wird ein Haftbefehl bei alledem auch im Rahmen einer
    Entscheidung nach § 116 StPO. Wegen der Vorschrift des § 120 Abs. 1 StPO wird nämlich bei
    jeder Entscheidung über die Haftverhältnisse und die Haftverschonungsauflagen inzident auch
    über den Bestand des Haftbefehls entschieden. Derartige Beschlüsse enthalten daher auch ohne
    ausdrücklichen Ausspruch die Entscheidung, dass die Voraussetzungen des Haftbefehls weiterhin
    vorliegen (BGHSt 39, 233, 236; vgl. hierzu auch SSW-StGB/*Rosenau* § 78c Rn. 14 m.w.N.).

23 Zu beachten ist allerdings, dass die Straf- und Bußgeldsachenstelle gem. § 386 Abs. 3 AO,
    Abschnitt 20 AStBV (2012) mit Erlass des Haft- oder Unterbringungsbefehls ihre Verfahrensherr-
    schaft i.S.v. § 386 Abs. 2 AO verliert. Ist die Anordnung der Untersuchungshaft geboten, liegen
    Umstände vor, die es nach Abschnitt 22 AStBV (2012) angezeigt erscheinen lassen, dass die Straf-
    und Bußgeldsachenstelle das Verfahren an die StA abgibt.

VI. Das richterliche Ersuchen, eine Untersuchungshandlung im Ausland vorzunehmen, § 78c Abs. 1 Satz 1 Nr. 12 StGB

24 Diese Vorschrift kann gerade bei Steuerstrafverfahren mit Auslandsbezug relevant werden.

    Nach ihr unterbricht jedes von einem deutschen Richter (nicht aber eines ausländischen Richters,
    vgl. BGHSt 1, 325, 326) erlassene Ersuchen, eine Untersuchungshandlung im Ausland vorzuneh-
    men, die Verfolgungsverjährungsfrist. Unerheblich ist dabei, ob das Ersuchen auf eine Beschuldig-
    ten- oder Zeugenvernehmung, auf die Sicherstellung von Beweismitteln oder auf die Bitte um

Überlassung von Schriftstücken gerichtet ist (*Rolletschke*/Kemper § 376 Rn. 64). Daher wirkt auch die Einschaltung des deutschen Konsulats im Ausland verjährungsunterbrechend (BGH, NStZ 1986, 313).

Die Durchführung der Untersuchungshandlung im Ausland für sich hat keine unterbrechende **25** Wirkung. § 78c setzt nämlich stets Maßnahmen inländischer Ermittlungsbehörden und Gerichts voraus (FGJ/*Joecks* § 376 Rn. 65). Daran ändert sich auch nichts, dass ein deutscher Amtsträger im Einvernehmen mit den Behörden im ersuchten Staat an der Untersuchungsmaßnahme teilnimmt. Die Maßnahme wird hierdurch nicht zur inländischen, weil sie nämlich immer noch in Ausübung der ausländischen Staatsgewalt vorgenommen wird (*Rolletschke*/Kemper § 376 Rn. 64 a; a.A. FGJ/ *Joecks* § 376 Rn. 65).

VII. Bekanntgabe der Einleitung eines Bußgeldverfahrens oder Anordnung dieser Bekanntgabe, § 376 Abs. 2 AO

S. hierzu die Kommentierung zu § 376 AO. **26**

§ 257 StGB   Steuerstrafrechtliche Begünstigung

(1) Wer einem anderen, der eine rechtswidrige Tat begangen hat, in der Absicht Hilfe leistet, ihm die Vorteile der Tat zu sichern, wird mit Freiheitsstrafe bis zu fünf Jahren oder mit Geldstrafe bestraft.

(2) Die Strafe darf nicht schwerer sein als die für die Vortat angedrohte Strafe.

(3) Wegen Begünstigung wird nicht bestraft, wer wegen Beteiligung an der Vortat strafbar ist. Dies gilt nicht für denjenigen, der einen an der Vortat Unbeteiligten zur Begünstigung anstiftet.

(4) Die Begünstigung wird nur auf Antrag, mit Ermächtigung oder auf Strafverlangen verfolgt, wenn der Begünstiger als Täter oder Teilnehmer der Vortat nur auf Antrag, mit Ermächtigung oder auf Strafverlangen verfolgt werden könnte. § 248a gilt sinngemäß.

§ 369 AO   Steuerstraftaten

(1) Steuerstraftaten (Zollstraftaten) sind:
4. die Begünstigung einer Person, die eine Tat nach den Nummern 1 bis 3 begangen hat

(2) ...

A. Allgemeines

Die Begünstigung ist kraft gesetzlicher Anordnung des § 369 Abs. 1 Nr. 4 AO **Steuerstraftat**, wenn **1** sich die Begünstigung auf eine der in § 369 Abs. 1 Nr. 1 – 3 AO genannten Taten bezieht (hierzu HHSp/*Rüping* § 369 Rn. 8). In diesen Fällen besteht eine Verfolgungszuständigkeit der **Finanzbehörden** (§ 386 Abs. 1 AO).

2   § 257 StGB umfasst die sog. **sachliche Begünstigung**, die persönliche Begünstigung ist seit 1974 als Strafvereitelung in § 258 und § 258a StGB separat geregelt. Da sich § 369 AO nicht auf diese bezieht, ist die **Strafvereitelung keine Steuerstraftat** mehr (so auch FGJ/*Joecks* § 369 Rn. 12; Kohlmann/*Ransiek* § 369 Rn. 53; *Rolletschke/Kemper* § 369 Rn. 8).

3   Eine steuerstrafrechtliche Begünstigung begeht, wer einem anderen nachträglich in der Absicht Hilfe leistet, ihm den aus einer rechtswidrigen Steuerstraftat erwachsenen Vorteil zu sichern. Das **Schutzgut** der Begünstigung ist allerdings streitig. Nach der Rechtsprechung liegt das „Wesen der Begünstigung ... in der Hemmung der Rechtspflege, die ... dadurch bewirkt wird, dass der Täter die Wiederherstellung des gesetzmäßigen Zustandes verhindert, der sonst durch ein Eingreifen des Verletzten oder der Staatsorgane gegen den Vortäter hergestellt werden könnte" (BGHSt 24, 166, 167; vgl. BGHSt 36, 277, 280; BGH, NStZ 1987, 22; 1994, 187, 188; OLG Düsseldorf, NJW 1979, 2320, 2321; OLG Frankfurt am Main, NJW 2005, 1727, 1734); Schutzgut wäre somit in erster Linie die **staatliche Rechtspflege.** Die Literatur stellt auf den Schutz der Rückgewähransprüche des Opfers (**Restitutionsvereitelung**), das **Rechtsgut der Vortat** oder das **Vermögen** ab (vgl. Darstellung bei NK/*Altenhain* § 257 Rn. 4). Jedenfalls Letzteres kann mit Blick auf die steuerstrafrechtliche Begünstigung nicht überzeugen, denn mit dem Bannbruch gehört ein Delikt zu den Vortaten, das keinen Vermögensschutz bewirken soll (vgl. § 372 Rdn. 1 ff.). Mit *Altenhain* (NK § 257 Rn. 6) ist zu konstatieren, dass eine konsistente Bestimmung des Rechtsguts kaum möglich und die Norm von dem Gedanken geprägt ist, dass niemandem aus einer Straftat Vorteile zukommen sollen.

4 – 10   Einstweilen frei.

B. Objektiver Tatbestand

I. Vortat

11   Die Vortat muss eine **rechtswidrige Tat** i.S.d. Legaldefinition des § 11 Abs. 1 Nr. 5 StGB sein. Dies setzt die Erfüllung der objektiven und subjektiven Voraussetzungen eines Straftatbestandes und das Fehlen von Rechtfertigungsgründen voraus.

12   Ob der Vortäter schuldlos handelte (BGHSt 1, 47, 50; OLG Frankfurt am Main, NJW 2005, 1727, 1734), wegen Eingreifens eines persönlichen Strafausschließungs- oder -aufhebungsgrundes (§ 371 AO) straflos bleibt (*Fischer* § 257 Rn. 3; FGJ/*Joecks* § 369 Rn. 178) oder wegen Fehlens von Prozessvoraussetzungen oder bei Verfahrenshindernissen, z.B. Verjährung, eine Verfolgung des Vortäters nicht erfolgen kann (BGHSt 31, 132, 133; a.A. NK/*Altenhain* § 257 Rn. 10) ist irrelevant.

13   Soweit die Begünstigung Steuerstraftat ist, kommen als Vortaten nur die in § 369 Abs. 1 Nr. 1 – 3 AO aufgeführten Taten in Betracht. Diese setzen allesamt eine vorsätzliche Begehungsweise voraus. Eine (**Steuer-**) **Ordnungswidrigkeit** wird von § 11 Nr. 5 StGB nicht erfasst (vgl. § 1 OWiG) und genügt somit als Vortat nicht (Kohlmann/*Ransiek* § 369 Rn. 53; vgl. allg. NK/*Altenhain* § 257 Rn. 9; *Fischer* § 257 Rn. 2).

14   **Anstiftung und Beihilfe** (§§ 26, 27 StGB) zu einer Steuerstraftat können Vortat einer Begünstigung sein. Auch der **Versuch** (§§ 22, 23 StGB) ist taugliche Anknüpfungstat, sofern dem Vortäter bereits ausnahmsweise aus dem Versuch ein Vorteil entstanden ist (Kohlmann/*Ransiek* § 369 Rn. 53; vgl. allg. *Lackner/Kühl* § 257 Rn. 2; NK/*Altenhain* § 257 Rn. 12; *Fischer* § 257 Rn. 4).

15 – 20   Einstweilen frei.

II. Begangen (Abgrenzung zur Beihilfe)

Die Vortat muss „begangen" sein. Hier grenzt sich die Begünstigung nach der Vortat von der Bei- 21
hilfe zur Vortat ab. Die Abgrenzung ist im Steuerstrafrecht von besonderer Relevanz, da eine strafbefreiende Selbstanzeige gem. § 371 AO bei einer Beihilfe zur Steuerhinterziehung (§§ 370 AO,
27 StGB) möglich ist, hingegen für die nachfolgende Begünstigung nicht (Rdn. 76).

Eine Hilfeleistung, die **nach Beendigung** der Vortat erfolgt, kann immer nur eine **Begünstigung** 22
sein (unstr. BGH, NStZ 2000, 31; BGH, wistra 2008, 20, 21; NStZ-RR 1997, 359; 1999,
184, 185; zust. FGJ/*Joecks* § 369 Rn. 79; Kohlmann/*Ransiek* § 369 Rn. 67; NK/*Altenhain* § 257
Rn. 14; *Fischer* § 257 Rn. 4).

Ob eine Hilfeleistung die **zwischen Vollendung und Beendigung** der Vortat bewirkt wird, 23
Begünstigung oder Beihilfe ist, ist streitig. Wer nicht bereits die Möglichkeit einer Beihilfe nach
Vollendung ablehnt (so zu Recht die h.L., vgl. FGJ/*Joecks* § 369 Rn. 180, 79; HHSp/*Hübner* § 369
Rn. 94; *Lackner/Kühl* § 257 Rn. 9; NK/*Altenhain* § 257 Rn. 14) muss eine Abgrenzung vornehmen. Die Rechtsprechung vollzieht diese am subjektiven Vorstellungsbild des Täters; will der
Unterstützer zur Beendigung der Vortat beitragen, liege Beihilfe vor, will er dem Täter hingegen
die Vorteile der Tat sichern, begünstige er ihn (BGHSt 4, 132, 133; OLG Köln, NJW 1990,
587, 588). Die Lehre steht dem subjektiven Ansatz überwiegend ablehnend ggü. (vgl. Darstellung
bei Sch/Sch/*Cramer/Heine* Vorbem. §§ 25 ff. Rn. 51 ff.), da die innere Willensrichtung eines Gehilfen kaum von der eines Täters (hier: Begünstigers) zu unterscheiden ist und die Bewertung insoweit willkürlich erscheine.

Für im **Vorbereitungsstadium der Tat** geleistete Hilfe ist streitig, ob es sich um Beihilfe oder – 24
sofern die Wirkung der Hilfe erst nach Vollendung oder Beendigung einsetzt – Begünstigung handelt. Grds. ist in diesem Stadium Beihilfe möglich. Stellt man zutreffend auf den Zeitpunkt der
Handlung ab (so FGJ/*Joecks* § 369 Rn. 179; HHSp/*Hübner* § 269 Rn. 95; Kohlmann/*Ransiek*
§ 369 Rn. 67; Leipold/Tsambikakis/Zöller/*Tsambikakis* § 257 Rn. 38), kommt nur Beihilfe in
Betracht. Dies erscheint vorzugswürdig, denn § 257 StGB setzt eine „begangene" Tat voraus, was
zumindest einen Eintritt in das Versuchsstadium bedingt. Stellt man hingegen auf den Zeitpunkt
der Wirkung des Tatbeitrags ab (so NK/*Altenhain*, § 257 Rn. 13; Sch/Sch/*Stree/Hecker* § 257
Rn. 7) ist Begünstigung dogmatisch möglich. Auf der Basis dieser Annahme kommt es dann auf
die (beabsichtigte) Wirkung der entsprechenden Handlung an; wird die Hilfe ursächlich für die
Tatbestandsverwirklichung liegt Beihilfe, trägt sie zur Sicherung des erlangten Vorteils bei, liegt
Begünstigung vor.

Einstweilen frei. 25 – 30

III. Vorteil

Der **Vorteil** muss kein Vermögensvorteil sein, erfasst ist jede Verbesserung der wirtschaftlichen, 31
rechtlichen oder tatsächlichen Situation, die dem Vortäter nach der Rechtsordnung nicht zusteht
(*Fischer* § 257 Rn. 6; FGJ/*Joecks* § 369 Rn. 186). Über den Wortlaut der Norm hinaus, muss der
Vorteil im Zeitpunkt der Hilfeleistung beim Vortäter vorhanden sein, da bei lediglich überschie-
ßender Absicht der straflose (§§ 23 Abs. 1, 12 Abs. 2 StGB) Versuch einer Begünstigung bestraft
werden könnte (BGHSt 24, 166, 167; 36, 277, 281; BGH, NJW 1985, 814; BGH, NStZ 1987,
22; 1994, 187, 188; 2008, 516; *Fischer*, StGB, § 257 Rn. 6; Leipold/Tsambikakis/Zöller/*Tsambikakis* § 257 Rn. 7).

Nach ganz herrschender Meinung muss der zu sichernde Vorteil **unmittelbar** aus der Vortat stam- 32
men. Dieses Kriterium wird durch eine wirtschaftliche Betrachtungsweise beschnitten. Bei Geld
und bargeldgleichen Werten (z.B. Konto) soll – anders als bei der Hehlerei (§ 259 StGB:
„Sachen") – **keine Identität** des durch die Vortat erlangten Tatobjekts vorausgesetzt, vielmehr der
wirtschaftliche Wert entscheidend sein (BGHSt 36, 277, 282; BGH, wistra 1999, 103, 105;

Fischer § 257 Rn. 6; *Lackner/Kühl* § 257 Rn. 5 jew. m.w.N.; kritisch Leipold/Tsambikakis/Zöller/ *Tsambikakis* § 257 Rn. 9).

33 Diese allgemeinen Grundsätze gelten auch für eine steuerstrafrechtliche Begünstigung (vgl. Kohlmann/*Ransiek* § 369 Rn. 54).

34 Handelt es sich bei der Vortat um einen **Bannbruch** gem. § 372 AO liegt der Vorteil nicht in der verbotswidrig ein-, aus- oder durchgeführten Sache selbst, sondern in der faktischen Verfügungsgewalt über diese, z.B. dadurch, dass die eingeschmuggelte Ware im Inland gewinnbringend veräußert werden kann (Kohlmann/*Ransiek* § 369 Rn. 61). Eine Begünstigung begeht mithin, wer dem Bannbrecher beim Verkauf der Bannware hilft (HHSp/*Hübner* § 269 Rn. 101), hingegen nicht, wer dem Bannbrecher lediglich dabei hilft, den aus dem Verkauf der Bannware stammenden Erlös zu sichern. Im letztgenannten Fall fehlt die Unmittelbarkeit, der Verkaufserlös stammt nicht aus dem Bannbruch, er ist Resultat eines Anschlussgeschäfts.

35 Bei der **Zoll- und Verbrauchsteuerhinterziehung** ist der Vorteil nicht die zollpflichtige Ware oder das verbrauchsteuerpflichtige Erzeugnis, sondern die Ersparnis der auf diesen Waren und Erzeugnissen liegenden Eingangsabgaben und Verbrauchsteuern sowie der sich durch Nichtanmeldung ergebende Entzug dieser Waren und Erzeugnisse aus der nach § 76 Abs. 1 AO bestehenden Sachhaftung (Kohlmann/*Ransiek* § 369 Rn. 61; HHSp/*Hübner* § 369 Rn. 101).

36 Streitig ist das Kriterium der Unmittelbarkeit, wenn **Vortat eine Steuerhinterziehung** (§ 370 AO) ist.

37 Unproblematisch ist ein hinterzieherisch erworbener **Steuererstattungsanspruch**. Hier stammt der Vorteil (i.d.R. Überweisung eines Betrages durch die Finanzkasse auf das Konto des Steuerpflichtigen) unmittelbar aus der Steuerhinterziehung. Der scheinbare Anspruch auf Auszahlung eines Steuerguthabens wurde durch die falsche Erklärung begründet.

38 Aus **unversteuerten Geschäften** stammende Gelder sind zunächst ungeeignete Tatobjekte i.S.d. § 257 StGB. Das unversteuert gebliebene Geld stammt nicht aus der Steuerhinterziehung sondern seine Vereinnahmung begründet erst den Steueranspruch des Fiskus. Der Vorteil einer Steuerhinterziehung nach § 370 Abs. 1 AO liegt in der fehlenden oder zu niedrigeren Steuerfestsetzung, also in einer Ersparnis von Ausgaben. Streitig ist, ob dieser Vorteil dem unversteuert gebliebenen Geld quasi anhaftet und sich im Kontoguthaben widerspiegelt. Dies kann jedenfalls noch nicht sein, wenn die Gelder in der Absicht eingenommen werden, sie nicht zu versteuern (vgl. HHSp/*Hübner* § 269 Rn. 101). Der Zeitpunkt zur Abgabe einer Steuererklärung ist mit der Vereinnahmung des Geldes noch nicht erreicht, sodass insoweit noch keine Vortat (Steuerhinterziehung) realisiert und auch noch nicht versucht wurde.

39 Nach Ablauf des Steuererklärungszeitpunkts soll eine Begünstigung aber nach Auffassung des BGH (wistra 1999, 103, 104) möglich sein: „Werden diese Einnahmen ... gegenüber dem Finanzamt verheimlicht und erfolgen deswegen zu niedrige Steuerfestsetzungen, so sind in dem verschwiegenen Gesamtbetrag auch die ‚ersparten‘ Steuern enthalten, somit ein aus der Steuerhinterziehung erlangter Vorteil" (vgl. auch BGHSt 46, 107, 117; *Rolletschke/Kemper* § 369 Rn. 8). Eine Begünstigung ist danach möglich, wenn feststeht, aus welcher Vermögensmasse die Aufwendungen ohne die Vortat hätten erfolgen müssen, diese seither ungeschmälert besteht und der Täter sie insgesamt vor dem Zugriff des Staates verbirgt (BGHSt 46, 107, 118; BGH, wistra 1999, 103, 105; NK/*Altenhain* § 257 Rn. 17).

40 Diese Entscheidung des BGH wird in Teilen der Literatur kritisiert (FGJ/*Joecks* § 369 Rn. 186b) oder einschränkend interpretiert (Kohlmann/*Ransiek* § 369 Rn. 55 ff.). Jedenfalls zu Letzterem besteht Anlass, denn andernfalls würde das – auch vom BGH betonte – Kriterium der Unmittelbarkeit aufgegeben und die Bestimmung des konkreten Vorteil im Vermögen des Vortäters verunmöglicht (NK/*Altenhain* § 257 Rn. 17).

41 – 45 Einstweilen frei.

IV. Tathandlung

Der Täter muss dem Vortäter **Hilfe leisten**. Nach herrschender Ansicht (sog. objektive Eignungs- 46
theorie) muss die Handlung **objektiv geeignet** sein, die Lage des Vortäters im Hinblick auf seinen
erlangten Vorteil zu verbessern (BGHSt 4, 221, 225; 47, 68, 81; *Fischer* § 257 Rn. 7); nicht erforderlich ist, dass sich die Lage des Vortäters tatsächlich verbessert hat (*Lackner/Kühl* § 257 Rn. 3;
a.A. noch RGSt 63, 240, 241; 76, 31, 34; BGHSt 2, 375, 376; Leipold/Tsambikakis/Zöller/ *Tsambikakis* § 257 Rn. 12). Demgegenüber lässt *Joecks* (FGJ § 369 Rn. 181) es genügen, wenn der Täter
anstrebt, mit seiner Tat den Begünstigten besser zu stellen ohne dass dabei eine Eignung gegeben
sein muss; da auch *Joecks* völlig nutzlose, sogar schädliche oder sinnlose Handlungen nicht einbeziehen will, dürften im Regelfall keine Abweichung von der herrschenden Auffassung eintreten.

Die **Eignung** muss nach den Umständen des Einzelfalls gegeben sein. Eine Tathandlung ist inso- 47
fern nur eine Hilfeleistung, wenn sie nach der bei Tatbeginn getroffenen Prognose eines objektiven Betrachters mit dem Sonderwissen des Täters dazu beitragen wird, dem Vortäter den Vorteil
zu sichern (NK/*Altenhain*, § 257 Rn. 23)

Beispiele aus der Rechtsprechung des BGH für eine Begünstigung sind Umbuchungen oder Ein- 48
zahlungen auf (Ander-) Konten, um zu versteuernde Einnahmen zu verschleiern (BGH, NStZ-
RR 1999, 184, 185; wistra 1999, 103, 105), um Zwangsvollstreckungsmaßnahmen zu verhindern
(OLG Frankfurt am Main, NJW 2005, 1727, 1735), der anonyme Geldtransfer ins Ausland, um
die Entdeckung des Kapitals zu erschweren (BGHSt 46, 107, 118). Begünstigende Hilfe soll auch
durch Zupacken bei der Bergung (fraglich, vgl. Leipold/Tsambikakis/Zöller/ *Tsambikakis* § 257
Rn. 13) oder durch falsche Angaben über den Aufenthaltsort von geschmuggeltem oder unter-
schlagenem Gut (RGSt 54, 41; FGJ/*Joecks* § 369 Rn. 182) oder durch Mitwirken beim Absatz
(BGHSt 2, 362, 363 f.; 4, 122, 124; Sch/Sch/*Stree/Hecker* § 257 Rn. 12, 19; a.A. NK/*Altenhain*
§ 257 Rn. 24) geleistet werden können.

Eine Begünstigung durch **Unterlassen** ist rechtsdogmatisch möglich, setzt aber eine **Garantenstel- 49
lung** (§ 13 StGB) zur Wiederherstellung des rechtmäßigen Zustands voraus. Dies wird mit Blick
auf die Vortaten i.S.d. § 369 Abs. 1 Nr. 1 – 3 AO nur selten der Fall und noch seltener von der
notwendigen Absicht begleitet sein, dem Vortäter die Tatvorteile zu sichern.

In jedem Fall müsste das Unterlassen einem Tun (Hilfeleisten) gleichkommen, d.h. also ebenfalls 50
objektiv geeignet sein, den Vortäter im Hinblick auf die Vorteilssicherung besser zu stellen. Eine
Besserstellung liegt nicht schon bereits darin, dass aufgrund Untätigkeit ein Zustand andauert
(NK/*Altenhain* § 257 Rn. 25).

Einstweilen frei. 51 – 55

C. Subjektiver Tatbestand

I. Vorsatz

Der Begünstiger muss **Vorsatz** (bedingter Vorsatz genügt) hinsichtlich der Vortat und seiner Hilfe- 56
leistung haben (zum Vorsatz i.R.d. Strafverteidigung vgl. OLG Frankfurt am Main, NJW 2005,
1727, 1735). Er muss aber weder die Person des Vortäters noch die Art der Vorteile kennen
(*Fischer* § 257 Rn. 10). Ebenso wenig muss dem Begünstiger die konkrete Vortat bekannt sein,
ausreichend ist, dass er zumindest für möglich hält, dass der Vortäter den Vorteil unmittelbar
durch (irgendeine) rechtswidrige Tat erlangt hat (BGHSt 4, 221, 223 f.; OLG Düsseldorf,
NJW 1964, 2123; HHSp/*Hübner* § 369 Rn. 106). Kein Vorsatz besteht hingegen, wenn der
Begünstiger sich keinerlei Vorstellung von irgendeinem Vortatsachverhalt macht. Ob der Begünstiger irrig einen Schuldausschließungsgrund beim Vortäter oder die Verjährung der Vortat
annimmt, ist irrelevant (NK/*Altenhain*, § 257 Rn. 29, 30).

57 Nach *Tsambikakis* (Leipold/Tsambikakis/Zöller § 257 Rn. 16) ist bei Strafverteidigern – auch soweit sie eine Steuerstraftat verteidigen – mit Blick auf die vom BVerfG (BVerfGE 110, 226) entwickelten Grundsätze zur Geldwäsche durch Strafverteidiger **direkter Vorsatz** erforderlich. Dies kann z.B. im Rahmen von tatsächlichen Verständigungen relevant werden, die auch zur Beendigung des Steuerstrafverfahrens geschlossen werden.

58 – 60 Einstweilen frei.

II. Sicherungsabsicht

61 Hinsichtlich der Vorteilssicherung muss der Begünstiger Absicht, d.h. zielgerichteten Willen (**dolus directus 1. Grades**) dem Täter die Vorteile zu sichern, haben (BGHSt 46, 107, 118; BGH StV 1985, 505; Kohlmann/*Ransiek* § 369 Rn. 65). Darauf muss es ihm ankommen, es genügt nicht, wenn er dies nur als sichere Folge seines Tuns vorhersieht (dolus directus 2. Grades, so aber FGJ/*Joecks* § 369 Rn. 185) oder die Beutesicherung nur für möglich hält; in diesen Fällen fehlt es an der Vorteilssicherungsabsicht (BGHSt 2, 362, 364; BGH NStZ 2000, 31; NK/*Altenhain*, § 257 Rn. 31; Lackner/*Kühl* § 257 Rn. 5; Leipold/Tsambikakis/Zöller/*Tsambikakis* § 257 Rn. 17).

62 – 65 Einstweilen frei.

D. Strafbarkeitsausschluss

66 Da nach dem Wortlaut des Abs. 1 nur strafbar ist, wer „einem anderen" Hilfe leistet, ist die Sicherung der eigenen Tatvorteile (**Selbstbegünstigung**) nicht strafbar. Strafbar macht sich deshalb – mangels rechtswidriger Haupttat – auch nicht, wer an der Selbstbegünstigung eines anderen **teilnimmt** (Leipold/Tsambikakis/Zöller/*Tsambikakis* § 257 Rn. 6; FGJ/*Joecks* § 369 Rn. 190; a.A. *Lackner/Kühl* § 257 Rn. 8; *Fischer* § 257 Rn. 5). Übernimmt er hingegen die Tatherrschaft, wird er selbst zum Täter (§ 25 StGB) und ist wegen Begünstigung strafbar (FGJ/*Joecks* § 369 Rn. 190); der teilnehmende Vortäter fällt dann unter die Ausnahme des § 257 Abs. 3 StGB (keine Strafbarkeit des an der Vortat Beteiligten). Eine Anstiftung des Vortäters, ihn zu begünstigen, ist hingegen strafbar (arg. § 257 Abs. 3 Satz 2 StGB; zur Kritik vgl. Sch/Sch/*Stree/Hecker* § 257 Rn. 27; NK/*Altenhain* § 257 Rn. 38 f.).

67 Kraft ausdrücklicher Regelung (§ 257 Abs. 3 Satz 1 StGB) bleibt wegen Begünstigung straffrei, wer bereits als Beteiligter (**Täter, Mittäter, Teilnehmer**) an der Vortat strafbar ist und einen anderen Beteiligten begünstigt. Diese Regelung soll auf dem Gedanken der mitbestraften Nachtat beruhen (*Lackner/Kühl* § 257 Rn. 8; HHSp/*Hübner* § 369 Rn. 113; a.A. NK/*Altenhain* § 257 Rn. 37) und greift dann nicht ein, wenn die Beteiligung an der Vortat nicht erwiesen oder diese wegen Schuldunfähigkeit nicht strafbar ist (NK/*Altenhain* § 257 Rn. 36); das Fehlen der verfahrensrechtlichen Voraussetzungen ist hingegen unerheblich (FGJ/*Joecks* § 369 Rn. 191).

68 – 75 Einstweilen frei.

E. Selbstanzeige und tätige Reue

76 § 371 AO bezieht sich ausdrücklich auf Taten nach § 370 AO, sodass eine **Selbstanzeige** von der Strafbarkeit wegen Steuerhinterziehung befreit, nicht aber von einer solchen wegen Begünstigung (Rdn. 21; Kohlmann/*Ransiek* § 369 Rn. 66; Kohlmann/*Schauf* § 371 Rn. 34). Ob die fragliche Handlung allerdings Begünstigung oder (psychische) Beihilfe und dann selbstanzeigefähig ist, ist nach den allgemeinen Kriterien abzugrenzen (Rdn. 21 ff.).

77 Mit *Altenhain* (NK-StGB § 257 Rn. 34; ebenso Sch/Sch/*Stree/Hecker* § 257 Rn. 22; a.A. MüKo-StGB/*Cramer* § 257 Rn. 27; *Lackner/Kühl* § 257 Rn. 7) ist ein Wertungswiderspruch festzustellen, wenn der Täter, der für den gewerbs- oder bandenmäßigen Steuerhinterzieher das Geld versteckt,

gemäß der Regelung über **tätige Reue** (§ 261 Abs. 9 StGB) nicht wegen Geldwäsche (§ 261 Abs. 1 Satz 3 StGB) zu bestrafen ist, wohl aber wegen Begünstigung. Hier liegt eine planwidrige Lücke vor, die durch analoge Anwendung des § 261 Abs. 9 StGB zu schließen ist. § 257 Abs. 9 StGB ist auf alle Begünstigungen zu erstrecken (NK/*Altenhain* § 257 Rn. 34).

Wird tätige Reue abgelehnt, kommt ein Absehen von Strafe oder eine Strafmilderung gem. **§ 46a** **78** **StGB** in Betracht (vgl. MüKo-StGB/*Cramer* § 257 Rn. 27; vgl. auch FGJ/*Joecks* § 369 Rn. 194; zu § 46a StGB bei Steuerhinterziehung vgl. *Heerspink*, AO-StB 2005, 214 ff.).

Einstweilen frei. **79 – 85**

F. Rechtsfolge, Verfahren

Es besteht eine **Strafdrohung** von bis zu 5 Jahren Freiheitsstrafe (§ 257 Abs. 1 StGB), jedoch **86** begrenzt durch das Höchstmaß der Vortat (§ 257 Abs. 2 StGB). Letzteres kann beim Bannbruch Bedeutung erlangen, wenn die Verweisung auf die Rechtsfolgen des § 370 AO subsidiär ist (vgl. § 372 Abs. 2 AO). Persönliche Strafschärfungs- oder -milderungsgründe des Vortäters wirken nicht zugunsten des Begünstigers. Irrt der Begünstiger über den Charakter der Vortat, ist dessen Strafrahmen zugrunde zu legen, sofern er der mildere ist, ansonsten bleibt es beim Strafrahmen des tatsächlichen Delikts (*Fischer* § 257 Rn. 13).

Nach dem anzuwendenden Strafhöchstmaß richtet sich auch die **Verjährung**sfrist von 5 Jahren **87** (§§ 78 StGB, 369 Abs. 2 AO).

Die Verfolgung des § 257 StGB setzt dann einen Strafantrag voraus, wenn dies für die Vortat vor- **88** gesehen ist (§ 257 Abs. 4 StGB). Die ist bei Steuerstraftaten nicht der Fall, insoweit ist § 257 StGB **Offizialdelikt**.

Sollte der (Steuer-)**Vorteil geringwertig** sein, greift gem. § 257 Abs. 4 Satz 2 StGB die Privilegie- **89** rung des § 248a StGB (**Antragsdelikt**). Die sinngemäße Anwendung ist nach dem Sachzusammenhang auf die **Begünstigungshandlung**, nicht auf die Vortat bezogen (a.A. Sch/Sch/*Stree/ Hecker* § 257 Rn. 31), es kommt also nur darauf an, ob der vom Begünstiger zu sichernde (Anteil des) Vorteils geringwertig ist (*Lackner/Kühl* § 257 Rn. 10; NK/*Altenhain* § 257 Rn. 42). Die **Grenze** der Geringwertigkeit sollte zwischenzeitlich bei **50,00 €** gezogen werden (OLG Hamm, NJW 2003, 3145; wistra 2004, 34; OLG Frankfurt am Main, NStZ-RR 2008, 311; MüKo-StGB/*Hohmann* § 248a Rn. 6; *Lackner/Kühl* § 248a Rn. 3; *Henseler*, StV 2007, 323, 326; a.A. OLG Oldenburg, NStZ-RR 2005, 111; *Fischer* § 248a Rn. 3: 30,00 €0).

Mangels entsprechender Anordnung ist der **Versuch** der Begünstigung nicht strafbar. **90**

2. Teil Steuerstrafverfahrensrecht

1. Kapitel Strafverfahren

A. Allgemeine Vorschriften (§§ 385 – 396 AO)

§ 385 AO Geltung von Verfahrensvorschriften

(1) Für das Strafverfahren wegen Steuerstraftaten gelten, soweit die folgenden Vorschriften nichts anderes bestimmen, die allgemeinen Gesetze über das Strafverfahren, namentlich die Strafprozessordnung, das Gerichtsverfassungsgesetz und das Jugendgerichtsgesetz.

(2) Die für Steuerstraftaten geltenden Vorschriften dieses Abschnitts, mit Ausnahme des § 386 Abs. 2 sowie der §§ 399 bis 401, sind bei dem Verdacht einer Straftat, die unter Vorspiegelung eines steuerlich erheblichen Sachverhalts gegenüber der Finanzbehörde oder einer anderen Behörde auf die Erlangung von Vermögensvorteilen gerichtet ist und kein Steuerstrafgesetz verletzt, entsprechend anzuwenden.

A. Grundsätzliches

1   § 385 AO vervollständigt die Prozessordnung für das **Steuerstrafverfahren**. Ähnlich wie im materiellen Steuerstrafrecht durch § 369 Abs. 2 AO werden die speziellen Normen der Abgabenordnung durch einen **Verweis** auf die allgemeinen Regeln ergänzt.

2   § 385 Abs. 2 AO schafft ein Sonderrecht für sog. **Vorspiegelungtaten**. Da sie z.T. nicht als Steuerstraftaten i.S.v. § 369 Abs. 1 AO angesehen werden (vgl. auch § 369 Rdn. 23), könnten die besonderen Verfahrensvorschriften der Abgabenordnung nicht angewendet werden. Abs. 2 ermöglicht es dennoch, das Verfahren (nahezu) wie ein Steuerstrafverfahren zu führen und auf die besondere Sachkunde der Finanzbehörden zurückzugreifen (vgl. näher Rdn. 101).

B. § 385 Abs. 1 AO

I. Anwendungsbereich

3   § 385 Abs. 1 AO gilt allein für Strafverfahren wegen **Steuerstraftaten**. Der Begriff der Steuerstraftat ist in § 369 Abs. 1 AO einheitlich für das materielle Recht und das Prozessrecht legaldefiniert (*Bender*, wistra 1990, 285, 288; HHSp/*Rüping* § 385 Rn. 15). § 385 Abs. 1 AO ergänzt § 369 Abs. 2 AO prozessual. Die **Abgabenordnung** enthält für das *Steuer*strafverfahren spezielle Vorschriften, die ggü. den allgemeinen Vorschriften des Strafverfahrens **vorrangig** sind (vgl. §§ 386 ff. AO). Die allgemeinen Strafverfahrensvorschriften sind – ebenso wie die allgemeinen Gesetze über das Strafrecht (vgl. § 369 Abs. 2 Halbs. 2 AO) – subsidiär anzuwenden. Bezweckt wird in erster Linie, die besondere **steuerrechtliche Kompetenz der Finanzverwaltungen** in das Strafverfahren zu implementieren.

4   Die Formulierung des Abs. 1 verkürzt den Anwendungsbereich auf den ersten Blick.. Die Verweisung sollte sich besser nicht nur auf die allgemeinen Strafverfahrensgesetze, sondern auf die allgemeinen Gesetze insgesamt beziehen. V.a. das **Grundgesetz** und die **Europäische Menschenrechtskonvention** sind zur Klärung strafprozessualer Streitfragen häufig unverzichtbar.

II. Allgemeine Gesetze über das Strafverfahren

1. Anwendbare Gesetze

5   Neben den in Abs. 1 namentlich genannten und in Rdn. 4 erwähnten Gesetzen (**Strafprozessordnung**, **Gerichtsverfassungsgesetz**, Jugendgerichtsgesetz, Grundgesetz, Europäische Menschenrechtskonvention) sind von besonderer praktischer Bedeutung u.a. noch das **Bundeszentralregistergesetz**, das **Gesetz über die internationale Rechtshilfe in Strafsachen** und das Gerichtskostengesetz (vgl. ausführlich zu weiteren Gesetzen FGJ/*Randt* § 385 Rn. 12).

6   Zu beachten sind ferner die bundeseinheitlich als Verwaltungsvorschriften geltenden „Richtlinien für das Strafverfahren und das Bußgeldverfahren" (**RiStBV**), die „Anordnung über Mitteilungen in Strafsachen" (**MiStra**) sowie die von Bundesland zu Bundesland überwiegend gleichlautende „Anordnung über Organisation und Dienstbetrieb der Staatsanwaltschaft" (**OrgStA**). Im Steuerstrafverfahren spielen darüber hinaus die „Anweisungen für das Straf- und Bußgeldverfahren

(Steuer)" (**AStBV [St]**) eine wichtige Rolle, die eine einheitliche Gesetzesanwendung und reibungslose Zusammenarbeit der Steuerfahndungsstellen mit den FA, Gerichten, Staatsanwaltschaften und anderen Behörden gewährleisten soll (s. dazu ausführlich Rdn. 98 f.).

2. Verfahrensziele und Verfahrensbeteiligte

Nicht unbedingt deckungsgleich sind die Verfahrensziele. Das normale Strafverfahren zielt – im 7 optimalen Fall – u.a. auf eine **materiell richtige Entscheidung**, die justizförmig zustande kommt und zu Rechtsfrieden führt (s. dazu nur *Putzke/Scheinfeld*, Strafprozessrecht, Rn. 11 ff.). Im Steuerstrafverfahren wird das ohnehin bestehende Spannungsverhältnis verschärft: Geht es den Finanzbehörden doch weniger um eine schuldangemessene Bestrafung (Gerechtigkeit) als vielmehr darum, die ausstehende **Steuerschuld** beizutreiben (s. Bockemühl/*Hardtke* Handbuch des Fachanwalts – Strafrecht, 6. Teil, 2. Kap. Rn. 2 a.E.).

Auch mit Blick auf die Beteiligten an einem Steuerstrafverfahren gibt es Besonderheiten. Wie im 8 normalen Strafverfahren dominiert zwar das Gericht das Hauptverfahren, der Beschuldigte (der gem. § 157 StPO nach Erhebung der Anklage „Angeschuldigter" und nach dem Eröffnungsbeschluss „Angeklagter" heißt) kann sich jederzeit eines Verteidigers bedienen und Polizei sowie StA nehmen ihre üblichen Rollen ein. Die Aufgaben der beiden zuletzt genannten Verfahrensbeteiligten übernimmt im Steuerstrafverfahren jedoch überwiegend die **Finanzbehörde**, wozu nach § 386 Abs. 1 Satz 2 AO „das Hauptzollamt, das Finanzamt, das Bundeszentralamt für Steuern und die Familienkasse" zählen. Tätig werden im Steuerstrafverfahren – analog zur Polizei – nach § 208 AO die Zoll- oder Steuerfahndung (§ 404 AO stellt deren Beamten den Ermittlungspersonen der StA [vgl. § 152 GVG] gleich und überträgt ihnen damit deren Aufgaben und Befugnisse) sowie – analog zur StA – die **Bußgeld- und Strafsachenstelle** („BuStra-Stelle", die regional bedingt manchmal auch Strafsachen- und Bußgeldstelle [„StraBu-Stelle"] heißt), die als Teil der Finanzbehörde unter den Voraussetzungen des § 386 Abs. 2 AO „das Ermittlungsverfahren selbständig" führen darf und die dann nach § 399 Abs. 1 „die Rechte und Pflichten wahr[nimmt], die der Staatsanwaltschaft im Ermittlungsverfahren zustehen".

Trotz selbständiger Ermittlungskompetenz der Finanzbehörde ist die StA **Herrin des Ermitt-** 9 **lungsverfahrens** (so OLG Stuttgart, wistra 1991, 190; allgemein: BVerfG, NJW 1976, 231; zur Zusammenarbeit der Finanzbehörden und der StA s. BGH, NJW 2009, 2319; dazu *Wessing/Biesgen*, NJW 2010, 2689, 2692 f.). Nach § 386 Abs. 4 Satz 1 AO kann die Finanzbehörde „die Strafsache jederzeit an die Staatsanwaltschaft abgeben"; die StA wiederum „kann die Strafsache jederzeit an sich ziehen" (§ 386 Abs. 4 Satz 2 AO: **Evokationsrecht**) und „im Einvernehmen mit der Finanzbehörde die Strafsache wieder an die Finanzbehörde abgeben" (§ 386 Abs. 4 Satz 3 AO). Wegen der Beschränkung, das Verfahren nur „im Einvernehmen" wieder abgeben zu können, ergibt sich zugleich die Verpflichtung, das Verfahren zu übernehmen, wenn die Finanzbehörde es an die StA abgibt (s. nur Wabnitz/Janovsky/*Kummer*, Handbuch des Wirtschafts- und Steuerstrafrechts, Rn. 199 m.w.N. sowie § 386 Rdn. 50 ff.). Führt die StA das Verfahren, sind die §§ 402, 403 AO zu beachten, in denen Rechte und Pflichten der Finanzbehörde geregelt sind.

3. Ablauf des (Steuer-)Strafverfahrens

Da die Abgabenordnung nur wenige Regelungen enthält, die sich auf den Ablauf eines Strafver- 10 fahrens auswirken, führt der Verweis auf die „allgemeinen Gesetze" in § 385 Abs. 1 AO dazu, dass die StPO, das GVG und das JGG nahezu uneingeschränkt gelten. Der Ablauf eines Steuerstrafverfahrens unterscheidet sich damit kaum von einem normalen Strafverfahren, das aus Erkenntnis- und Vollstreckungsverfahren besteht, wobei sich ersteres aus dem Ermittlungs-, Zwischen- und Hauptverfahren zusammensetzt.

a) Ermittlungsverfahren

11 Die Einleitung eines Steuerstrafverfahrens geht i.d.R. von der Finanzbehörde aus. Denn „zureichende tatsächliche Anhaltspunkte" für eine verfolgbare (Steuer-) Straftat (vgl. § 152 Abs. 2 StPO) ergeben sich entweder meist aus einem Besteuerungsverfahren oder resultieren aus der Tätigkeit der Steuer- oder Zollfahndung, oft im Zusammenhang z.B. mit einer Außenprüfung. Eine derartige Kenntniserlangung führt zu einer Ermittlungspflicht seitens der Steuer- oder Zollfahndung nach § 163 Abs. 1 Satz 1 StPO i.V.m. § 404 Satz 1 AO und seitens der BuStra-/StraBu-Stelle nach § 160 Abs. 1, 2. Alt. StPO i.V.m. § 399 Abs. 1 AO (s. ferner § 85 Satz 2 AO, aus dem sich gleichfalls eine Pflicht zur Verfolgung von Steuerhinterziehung ableiten lässt). Das Gleiche gilt, wenn die Finanzbehörde entsprechende Anhaltspunkte „durch eine Anzeige" erhält (§ 160 Abs. 1, 1. Alt. StPO). Es handelt sich dabei um eine Anregung, den mitgeteilten Sachverhalt mit dem Ziel zu überprüfen, ob ein Ermittlungsverfahren einzuleiten ist (*Putzke/Scheinfeld*, Strafprozessrecht, Rn. 38). Hierunter fällt auch die Mitteilungspflicht aus § 116 Abs. 1 AO, wonach alle Gerichte und Behörden „Tatsachen, die sie dienstlich erfahren und die auf eine Steuerstraftat schließen lassen", dem Bundeszentralamt für Steuern oder der zuständigen Finanzbehörde mitzuteilen haben. Das gilt auch dann, wenn in umfangreichen Strafverfahren Steuerstraftaten nach § 154 oder § 154a StPO ausgeschieden werden (s. Wabnitz/Janovsky/*Kummer*, Handbuch des Wirtschafts- und Steuerstrafrechts,18. Kap., Rn. 144). Die absichtliche oder wissentliche Verletzung der Mitteilungspflicht führt – soweit durch die Missachtung von § 116 AO zugleich die Bestrafung wegen einer (weiteren) Steuerstraftat vereitelt wird – zu einer Strafbarkeit wegen Strafvereitelung nach § 258 Abs. 1 StGB (freilich dürfte der Nachweis des Vorsatzes kaum einmal gelingen).

12 Sobald der Finanzbehörde oder der StA/Polizei „zureichende tatsächliche Anhaltspunkte" für eine verfolgbare (Steuer-) Straftat vorliegen, besteht nach § 152 Abs. 2 StPO ein **Anfangsverdacht**. Ab diesem Zeitpunkt wird aus einem bloßen Steuerpflichtigen ein steuerpflichtiger **Beschuldigter** (nach wohl h.M. bedarf es zusätzlich eines besonderen Willensaktes der Strafverfolgungsbehörden, s. nur BGH, NJW 2007, 2706, 2707; *Meyer-Goßner* Einl. Rn. 77). Andererseits besteht Einigkeit darüber, dass jedenfalls auch derjenige als Beschuldigter anzusehen ist, gegen den ein Strafverfahren eingeleitet wurde. Im Steuerstrafrecht umschreibt § 397 Abs. 1 AO diesen Zeitpunkt: „Das Strafverfahren ist eingeleitet, sobald die Finanzbehörde, die Polizei, die Staatsanwaltschaft, eine ihrer Ermittlungspersonen oder der Strafrichter eine Maßnahme trifft, die erkennbar darauf abzielt, gegen jemanden wegen einer Steuerstraftat strafrechtlich vorzugehen." Immer dann (aber nicht nur), wenn ein solcher **Inkulpationsakt** gegeben ist, entsteht der Beschuldigtenstatus. Im Zusammenspiel mit § 152 Abs. 2 StPO ergibt sich damit Folgendes: Die Beschuldigteneigenschaft ist entweder (materiell) zu bejahen bei Verfolgungsmaßnahmen einer Strafverfolgungsbehörde (§ 397 Abs. 1 AO) oder (formell) dann, wenn die Strafverfolgungsbehörde Kenntnis erhält von zureichenden tatsächlichen Anhaltspunkten der Beteiligung an einer verfolgbaren Straftat (§ 152 Abs. 2 StPO).

13 Bei der Entscheidung, ob ein Anfangsverdacht vorliegt, haben die Strafverfolgungsbehörden einen **Beurteilungsspielraum**, der erst dann verlassen ist, wenn die Einleitung eines Ermittlungsverfahrens willkürlich erscheint (z.B. bei einer bloßen Vermutung). Ebenso wenig zulässig ist es, das Verfahren trotz eines Anfangsverdachts nicht förmlich einzuleiten. Dadurch würden einem Verdächtigen nämlich seine Beschuldigtenrechte vorenthalten. Wenn sich bei einer Zeugenvernehmung der Verdacht verdichtet, dass die vernommene Person ernstlich als Täter der untersuchten Straftat in Betracht kommt, ist zu einer Beschuldigtenvernehmung überzugehen. Dieser Zeitpunkt steht nicht im Belieben der Strafverfolgungsbehörden. Verletzt die Behörde die Einleitungspflicht, gilt der Betroffene schon als „Beschuldigter" (auf einen besonderen Willensakt soll es dann nicht ankommen, s. BGH, NJW 2007, 2708).

14 Liegen die Voraussetzungen zur Einleitung eines Strafverfahrens vor, ist die StA verpflichtet einzuschreiten (Legalitätsprinzip, s. Rdn. 38). Im Steuerstrafverfahren steht die Ermittlungskompetenz der Finanzbehörde zu. Dabei unterscheidet § 386 AO zwischen unselbstständiger (Abs. 1 Satz 1)

und selbstständiger (Abs. 2) Ermittlungskompetenz. Letztere Variante greift etwa, wenn die Tat ausschließlich eine Steuerstraftat nach § 369 Abs. 1 AO darstellt. Erfasst ist damit auch die Steuerhinterziehung nach § 370 AO. Im Fall eines Haft- oder Unterbringungsbefehls muss die StA die Ermittlungen führen. Das gilt selbst dann, wenn bei mehreren Beschuldigten lediglich gegen einen einzigen ein Haftbefehl erlassen wird (Schwarz/*Dumke* § 386 [128. Lfg. 4/2008] Rn. 28) oder der Beschuldigte später wieder auf freien Fuß gesetzt wird (Rolletschke/*Kemper* § 386 Rn. 43). Ebenfalls unzuständig ist die Finanzbehörde, wenn die Steuerstraftat andere Strafgesetze verletzt, soweit „deren Verletzung [keine] Kirchensteuern oder andere öffentlich-rechtliche Abgaben betrifft, die an Besteuerungsgrundlagen, Steuermessbeträge oder Steuerbeträge anknüpfen", etwa bei einem Betrug gem. § 263 StGB, einer Untreue gem. § 266 StGB oder einer Urkundenfälschung gem. § 267 StGB.

Zu erforschen ist gem. § 160 Abs. 1 StPO der Sachverhalt, und zwar im Lichte der Fragestellung, **15** „ob die öffentliche Klage zu erheben ist". Am Ende der Ermittlungen muss eine Verurteilung wahrscheinlich sein. Dies entspricht dem hinreichenden Tatverdacht, der in den §§ 170 Abs. 1, 203 StPO geregelt ist. Insoweit sind zwei Fragen zu beantworten, die zugleich den Mindestumfang der Sachverhaltserforschung beschreiben. Erstens: Sind die Verfahrensvoraussetzungen gegeben (zusammenfassend dazu *Putzke/Scheinfeld*, Strafprozessrecht, Rn. 80 ff.)? Zweitens: Können die vorhandenen bzw. zu erwartenden Beweise die gerichtliche Überzeugung (§ 261 StPO) begründen, dass die Voraussetzungen eines Steuerstraftatbestandes vorliegen und dass der Beschuldigte zu bestrafen ist?

Hinzuweisen ist in diesem Zusammenhang auf § 160b StPO (vgl. zur strafrechtlichen Verständi- **16** gung auch § 257c StPO Rdn. 6). Er gibt der ohnehin schon immer üblichen Praxis, dass Verfahrensbeteiligte Gespräche über Verfahren führen, eine gesetzliche Grundlage. Das – positive oder negative – Ergebnis einer solchen Verfahrensabsprache ist aktenkundig zu machen (§ 160b Satz 2 StPO).

Soweit vorrangig steuerrechtliche Vorfragen zu klären sind, gibt es nach § 396 Abs. 1 AO die Mög- **17** lichkeit, das strafrechtliche Ermittlungsverfahren bis zum Abschluss des Besteuerungsverfahrens auszusetzen. Zu entscheiden hat darüber entweder die StA oder – falls die Voraussetzungen von § 386 Abs. 2 AO vorliegen – die Finanzbehörde (zum Beschleunigungsgebot s. Rdn. 35).

Nach Abschluss der Ermittlungen stehen der Finanzbehörde (genauer: der BuStra- bzw. StraBu- **18** Stelle) vier Möglichkeiten offen: Erstens kann sie das Verfahren mangels hinreichenden Tatverdachts nach § 170 Abs. 2 StPO einstellen. Zweitens stehen ihr weitere Einstellungsmöglichkeiten zur Verfügung: §§ 153 bis 154c StPO sowie bei einer Steuerhinterziehung § 398 AO, der neben § 153 StPO allerdings genau genommen keine Bedeutung hat, weshalb es letztlich gleichgültig ist, ob das Verfahren nach dieser oder jener Norm eingestellt wird (vgl. auch § 398 AO Rdn. 17 ff.). Drittens erlaubt § 400 AO den Erlass eines Strafbefehls zu beantragen, wobei gem. § 406 Abs. 1 AO die Tätigkeit der Finanzbehörde endet und die StA ins Verfahren eintritt, wenn nach § 408 Abs. 3 Satz 2 StPO die Hauptverhandlung anberaumt oder Einspruch gegen den Strafbefehl erhoben wird. Viertens ist das Verfahren – wenn die zuvor dargestellten drei Wege nicht eingeschlagen werden – nach § 400 Halbs. 2 AO an die StA abzugeben. Diese ist nicht an die Einschätzung der Finanzbehörde gebunden. Vielmehr kann sie ihrerseits das Verfahren nach den §§ 170 Abs. 2, 153 ff. StPO oder 398 AO einstellen. Nach § 403 Abs. 4 AO steht der Finanzbehörde lediglich ein Anhörungsrecht zu. Ebenso hat die StA die Möglichkeit, einen Strafbefehl zu beantragen, wobei der Antrag nach § 403 Abs. 3 AO der Finanzbehörde zu übermitteln ist. Zulässig wäre es zudem, einen Antrag auf Durchführung eines beschleunigten Verfahrens nach §§ 417 ff. StPO zu stellen. Ob sich eine Sache, bei der es um Steuerstraftaten geht, überhaupt für ein solches Verfahren eignet, erscheint zweifelhaft – rechtlich ausgeschlossen ist es freilich nicht.

Abgesehen von den genannten Möglichkeiten, das Ermittlungsverfahren abzuschließen, kann die **19** StA schließlich nach § 170 Abs. 1 StPO Anklage erheben. Die Anklageerhebung hat wichtige Folgen: Erstens geht die Verfahrensherrschaft auf das Gericht über, weshalb bei ihm die Verantwortung für den Verfahrensfortgang liegt (wobei die Anklage nach § 156 StPO noch bis zur Eröffnung des Hauptverfahrens zurückgenommen werden kann); zweitens wird der Prozessgegenstand festgelegt (Umgrenzungsfunktion, vgl. §§ 155 Abs. 1, 200 Abs. 1 Satz 1, 264 Abs. 1 StPO); drittens heißt der Beschuldigte nach § 157 Halbs. 1 StPO nunmehr Angeschuldigter; viertens wird nach § 8 StPO der Gerichtsstand des Wohnsitzes festgelegt. Insoweit ist § 391 AO zu beachten.

b) Zwischenverfahren

20   Im Zwischenverfahren prüft das Gericht (nicht öffentlich), ob der Angeschuldigte „der Straftat hinreichend verdächtig ist" (§ 203 StPO), m.a.W. den **hinreichenden Tatverdacht**. Der Richter hat also zu klären, ob nach der Aktenlage eine Verurteilung wahrscheinlicher ist als ein Freispruch. Hält sich das Gericht, bei dem die Klage erhoben wurde, für unzuständig, geht es nach § 209 StPO vor: Entweder eröffnet es das Verfahren gem. § 209 Abs. 1 StPO vor einem Gericht niedrigerer Ordnung oder aber es lässt gem. § 209 Abs. 2 StPO einem Gericht höherer Ordnung die Akten über die StA zukommen, damit dieses die Zuständigkeitsfrage bindend beantwortet.

21   Der Angeschuldigte hat Anhörungsrechte (§ 201 StPO): Er kann Einwendungen vorbringen und Beweisanträge stellen. Die per Gerichtsbeschluss erfolgte Ablehnung eines Beweisantrags ist allerdings nicht anfechtbar (§ 201 Abs. 2 Satz 2 StPO). Wie schon im Ermittlungsverfahren (s. § 160b StPO) kann der Stand des Verfahrens mit den Beteiligten erörtert werden (§ 202a Satz 1 StPO). Das Ergebnis ist aktenkundig zu machen (§ 202a Satz 2 StPO).

22   In zweierlei Weise kann das Zwischenverfahren enden: Zum einen kann das Gericht, wenn die nötige **Verurteilungswahrscheinlichkeit** fehlt, gem. § 204 Abs. 1 StPO die Eröffnung des Hauptverfahrens ablehnen, mithin einen sog. Nichteröffnungsbeschluss erlassen. Aus dem Beschluss muss „hervorgehen, ob er auf tatsächlichen oder auf Rechtsgründen beruht". Zum andern kann das Gericht nach § 203 StPO das Hauptverfahren eröffnen, wenn „der Angeschuldigte einer Straftat hinreichend verdächtig erscheint". Die Entscheidung über die Eröffnung des Hauptverfahrens ist nicht öffentlich, und weil sie außerhalb der Hauptverhandlung ergeht, wirken die Schöffen nicht mit (§§ 30 Abs. 2, 76 Abs. 1 Satz 2 GVG).

23   Dem Angeschuldigten oder Angeklagten stehen weder gegen den Eröffnungsbeschluss (§ 210 Abs. 1 StPO) noch gegen eine Eröffnungsentscheidung, die nach § 207 Abs. 2 StPO die Anklage mit Änderungen zulässt, unmittelbare Rechtsbehelfe zu. Die StA kann die Entscheidung, das Hauptverfahren nicht zu eröffnen, mit einer sofortigen Beschwerde anfechten (§ 210 Abs. 2 StPO).

c) Hauptverfahren mit Hauptverhandlung

24   Hat das Gericht den Eröffnungsbeschluss erlassen, muss der Vorsitzende als Nächstes den Termin der mündlichen Hauptverhandlung bestimmen (§ 213 StPO), also Tag, Uhrzeit und Ort festlegen. Zu beachten ist, dass sowohl mit Blick auf den Angeklagten (§ 217 Abs. 1 StPO) als auch bei seinem Verteidiger (§ 218 Satz 2 i.V.m. § 217 Abs. 1 StPO) zwischen der Zustellung der Ladung und dem Hauptverhandlungstermin mindestens eine Woche liegt. Andernfalls kann von ihnen bis zur Vernehmung des Angeklagten zur Sache die Aussetzung der Verhandlung verlangt werden (§ 217 Abs. 2 bzw. § 218 Satz 2 i.V.m. § 217 Abs. 2 StPO).

25   Nach der Bestimmung des Termins ordnet der Vorsitzende die **Ladungen** der Verfahrensbeteiligten an (§ 214 Abs. 1 Satz 1 StPO). Dazu können gehören der Angeklagte, sein Verteidiger, Zeugen und Sachverständige. Der Finanzbehörde ist der Termin mitzuteilen (§ 407 Abs. 1 Satz 3 AO).

26   Die Hauptverhandlung ist grds. öffentlich (§ 169 Satz 1 GVG). Geregelt ist ihr Ablauf in den §§ 243, 244, 258, 260 und 268 StPO: Zunächst erfolgt der Aufruf der Sache (§ 243 Abs. 1 Satz 1 StPO). Sodann verlassen etwaige Zeugen den Sitzungssaal (§ 243 Abs. 2 Satz 1 StPO). Es folgt die Vernehmung des Angeklagten zur Person (§ 243 Abs. 2 Satz 2 StPO, § 111 OWiG). Anschließend verliest der Vertreter der StA den Anklagesatz (§ 243 Abs. 3 Satz 1 StPO). Soweit es

zwischen den Verfahrensbeteiligten Verständigungen gegeben hat (ausführlich und krit. dazu *Putzke/Scheinfeld*, Strafprozessrecht, Rn. 564 ff.), ist darüber eine Mitteilung zu machen (§§ 243 Abs. 4, 257c StPO). Dann folgen die Belehrung des Angeklagten über seine Aussagefreiheit (§ 243 Abs. 5 Satz 1 StPO) und die Vernehmung zur Sache (§ 243 Abs. 5 Satz 2 StPO), die Beweisaufnahme (§ 244 Abs. 1 StPO), die Schlussvorträge (§ 258 Abs. 1 StPO) und das „letzte Wort" (§ 258 Abs. 2 Halbs. 2 StPO). Im Anschluss daran zieht sich das Gericht zur Urteilsfindung zurück (§§ 261, 263, 264 StPO).

Am Ende der Hauptverhandlung steht die Verkündung des Urteils (§§ 260 Abs. 1, 268 StPO). Als **27** Entscheidungsmöglichkeiten kommen in Betracht: Einstellung (§ 260 Abs. 1, 3 StPO), Freispruch, Verurteilung oder die Anordnung einer Maßregel der Besserung und Sicherung (§ 260 Abs. 4 Satz 4 StPO). Den Gegenstand des Urteils bildet die in der Anklage bezeichnete Tat, „wie sie sich nach dem Ergebnis der Verhandlung darstellt" (§ 264 Abs. 1 StPO). Das Gericht würdigt dabei die Beweise nach seiner „aus dem Inbegriff der Verhandlung geschöpften Überzeugung" (§ 261 StPO). Das Urteil (und andere das Verfahren abschließende Entscheidungen) ist gem. § 407 Abs. 2 AO auch der Finanzbehörde mitzuteilen.

d) Rechtsmittelverfahren

Strafurteile sind erst vollstreckbar, wenn „sie [formell] rechtskräftig geworden sind" (§ 449 StPO). **28** Eine vorläufige Vollstreckbarkeit wie im Zivilprozessrecht gibt es nicht. Die rechtzeitige Einlegung eines Rechtsmittels hemmt die Rechtskraft. Die Berufung ist statthaft gegen Urteile des AG (§ 312 StPO). Die Revision ist statthaft gegen Urteile des AG (Sprungrevision) sowie gegen Urteile des LG – erst- oder zweitinstanzlich (die Revision gegen Urteile des OLG spielt wegen § 120 GVG für Steuerstrafverfahren keine Rolle).

4. Verfahrensgrundsätze

Verfahrensgrundsätze prägen den Charakter eines Strafverfahrens. Sie ergeben sich meist aus kon- **29** kreten Normen (z.B. das Mündlichkeitsprinzip aus §§ 249, 261 StPO). Manchmal gelten diese Grundsätze generell, manchmal aber auch nur für einen bestimmten Verfahrensabschnitt.

a) Allgemeine Verfahrensgrundsätze

Aus Art. 20 Abs. 3 GG und 6 Abs. 2 MRK folgt die **Unschuldsvermutung**. Danach gilt jede ange- **30** klagte Person bis zum gesetzlichen Beweis ihrer Schuld als unschuldig. Der gesetzliche Beweis liegt erst mit der Rechtskraft des Urteils vor. Sprachlich lässt sich der Unschuldsvermutung am besten genügen, indem man bis zur rechtskräftigen Verurteilung etwa von einem „mutmaßlichen Steuerhinterzieher" spricht. Die Unschuldsvermutung darf freilich nicht wörtlich verstanden werden, denn sonst wären Untersuchungshaft oder andere Zwangsmaßnahmen stets unverhältnismäßig. Gemeint ist nur, dass der Beschuldigte bis zum Nachweis der Schuld nicht als schuldig behandelt, insb. nicht sanktioniert werden darf.

Das Verbot des Selbstbelastungszwangs („**nemo tenetur se ipsum accusare**") lässt sich Art. 2 **31** Abs. 1 i.V.m. Art. 1 Abs. 1 und 20 Abs. 3 GG entnehmen. Ausdrücklich ist der „Nemo-tenetur-Prinzip" zu finden in Art. 14 Abs. 3g des Internationalen Paktes über bürgerliche und politische Rechte v. 19.12.1966, der von Deutschland im Jahr 1973 ratifiziert wurde (BGBl. II 1973, S. 1533). Auf den ersten Blick ist in einem Steuerstrafverfahren § 393 Abs. 1 Satz 1 AO konfliktträchtig. Danach bleibt der Steuerpflichtige für Zwecke der Besteuerung nämlich auch nach Einleitung des Steuerstrafverfahrens zur Mitwirkung verpflichtet (etwa nach §§ 90 Abs. 1, 200 Abs. 1 Satz 1 AO), muss nach §§ 93 Abs. 1 Satz 1, 200 Abs. 1 Satz 2 AO etwa Auskünfte erteilen und gem. §§ 97, 100 Abs. 1 Satz 1, 200 Abs. 2 Satz 1 AO sogar z.B. Unterlagen vorlegen und ist verpflichtet, eine Steuererklärung abzugeben. Auf den zweiten Blick schränken diese Pflichten das Verbot der Selbstbelastung aber nicht ein. Denn gem. § 393 Abs. 1 Satz 2 AO sind diese Pflichten nicht erzwingbar. Konfliktpotenzial birgt das Nemo-tenetur-Prinzip dann allerdings für das

Besteuerungsverfahren: Verweigert der Steuerpflichtige nämlich die Mitwirkung, kann die Finanz-behörde die Höhe der Steuerschuld schätzen.

32   Zu untersuchen haben die Strafverfolgungsbehörden den strafrechtlich relevanten Sachverhalt von Amts wegen (zum Besteuerungsverfahren s. § 88 AO). Normiert ist der **Untersuchungsgrundsatz** in den §§ 160 Abs. 2, 202 Satz 1 und 244 Abs. 2 StPO. Speziell für die Steuerfahndung ergibt sich dies aus § 208 Abs. 1 Satz 1 Nr. 1 AO, für die Finanzbehörde gelten die §§ 399 Abs. 1, 402 Abs. 1 AO, die auf § 160 Abs. 1 bzw. § 163 Abs. 1 Satz 1 StPO verweisen. Während im Zivilprozess i.d.R. nur darüber verhandelt wird, was die Parteien behauptet, unter Beweis gestellt und schließlich bewiesen haben, gibt es im Strafverfahren keine solche Bindung an Behauptungen. Das Gericht darf selbst einem Geständnis des Angeklagten nicht ohne Weiteres glauben (was in der Praxis des Steuerstrafrechts nicht vorkommen wird). Außerdem kann das Gericht von Amts wegen Beweis-mittel heranziehen, ohne Rücksicht darauf zu nehmen, ob vom Angeklagten oder der StA nach diesen Beweisen verlangt wurde. Im Ermittlungsverfahren ist es aber mit dem Untersuchungs-grundsatz vereinbar, den Umfang der Ermittlungen nach der Bedeutung der Sache auszurichten (vgl. Nr. 3, 4 RiStBV). Problematisch ist das Verhältnis von Untersuchungsgrundsatz und **Verstän-digungen** (vgl. §§ 160b, 202a, 212, 257c StPO, zum Konsensprinzip s. Rdn. 34). Zwar bestimmt § 257c Abs. 1 Satz 2 StPO, dass § 244 Abs. 2 „unberührt" bleibt, dass also trotz der Verständigung die Aufklärungspflicht gilt (vgl. näher § 257c StPO Rdn. 23). Das passt allerdings nicht wirklich zusammen, jedenfalls nicht in den Fällen, in denen sich eine Verständigung anbietet und allen Verfahrensbeteiligten nützt. Denn Gegenstand der Verständigung ist nun einmal die Abkürzung der Beweisaufnahme, d.h. es wird darauf verzichtet, Beweise zu erheben, die an sich hätten erho-ben werden müssen. „Unberührt" bleibt § 244 Abs. 2 StPO also keineswegs, wenn die mit der Ver-ständigung angestrebte Verkürzung der Beweisaufnahme erreicht werden soll. Als „Lösung" dieses Dilemmas bleibt wohl nur die unbefriedigende Lesart der §§ 257c Abs. 1 Satz 2, 244 Abs. 2 StPO, dass das Gericht allein sich stark aufdrängenden Gegengesichtspunkten (insb. aus den Akten) nachgehen muss (s. zu alledem *Putzke/Scheinfeld*, Strafprozessrecht, Rn. 569).

33   Der Amtsermittlungs- bzw. Untersuchungsgrundsatz bietet nicht immer die Gewähr für umfas-sende Sachverhaltserforschung. Der eine Richter ist von Natur aus zweifelnd, ein anderer lässt sich leichter überzeugen. Um diese Schwächen auszugleichen, stellt die Strafprozessordnung den Pro-zessbeteiligten das Beweisantragsrecht zur Verfügung. Es folgt unmittelbar aus dem **Anspruch auf rechtliches Gehör**. Allein im Beweisantragsrecht erschöpft sich dieser Grundsatz aber nicht. Der Beschuldigte hat zahlreiche Gelegenheiten, sich zu dem Tatvorwurf zu äußern. Rechtliches Gehör sichern insoweit Art. 103 Abs. 1 GG, §§ 33, 136 Abs. 2, 257 Abs. 1 StPO.

34   Noch nicht gänzlich geklärt ist die Reichweite des sog. **Konsensprinzips**, das sich aus den §§ 160b, 202a, 212 und 257c StPO herleiten lässt (ausführlich dazu *Weßlau*, StraFo 2007, 1 ff.; s.a. *Putzke/Scheinfeld*, Strafprozessrecht, Rn. 564 ff.). Es erlaubt, in den Grenzen des § 257c StPO, Absprachen zwischen den Verfahrensbeteiligten. Davon zu unterscheiden sind die im Besteue-rungsverfahren üblichen und anerkannten tatsächlichen Verständigungen (s. nur die Verfügung der OFD Nürnberg betreffend tatsächliche Verständigung über den der Steuerfestsetzung zugrunde liegenden Sachverhalt v. 17.07.2003, DStR S. 1663). Es ist darauf zu achten, dass die tatsächliche Verständigung einen etwaigen Strafanspruch des Staates nicht vereitelt (vgl. Wabnitz/ Janovsky/*Kummer* Handbuch des Wirtschafts- und Steuerstrafrechts, 18. Kap., Rn. 189).

35   Genau wie jedes normale Strafverfahren ist auch jedes Steuerstrafverfahren beschleunigt durchzu-führen. Normativ abgesichert ist der **Beschleunigungsgrundsatz** in den §§ 163 Abs. 2, 229 StPO und Art. 5 Abs. 3 Satz 1 Halbs. 2, 6 Abs. 1 Satz 1 MRK. Besonders in einem Steuerstrafverfahren ist an die §§ 154, 154a StPO zu denken, die zu einer Beschleunigung des Verfahrens beitragen können (s. dazu auch Nr. 5 Abs. 1 RiStBV). Konfliktpotenzial birgt § 396 AO. Nach dessen Abs. 1 kann das Strafverfahren bis zum rechtskräftigen Abschluss des Besteuerungsverfahrens ausgesetzt werden. Zulässig ist dies freilich nur, wenn Zweifel am Besteuerungsgrund, nicht hingegen an der -höhe bestehen (Wabnitz/Janovsky/*Kummer*, Handbuch des Wirtschafts- und Steuerstrafrechts,

Rn. 235). Letztlich darf die Aussetzung nicht dazu führen, dass sich das Steuerstrafverfahren unverhältnismäßig in die Länge zieht. Das wäre dann der Fall, wenn das Steuerstrafverfahren ausgesetzt wird, obwohl tatsächlich keine Gefahr widersprüchlicher Entscheidungen droht.

Der Anspruch auf ein faires Verfahren (**Fair-trial-Grundsatz**) ergibt sich aus Art. 1, 20 Abs. 3 GG **36** und 6 Abs. 1 MRK). Es handelt sich dabei primär um eine Auslegungsrichtline für den Strafrichter. Auswirkungen hat der Grundsatz etwa bei dem Recht auf Verteidigung, dem Gebot der Waffengleichheit, bei der Aussagefreiheit oder dem Zugang zu den Beweisen etc. Diskussionswürdig erscheint die Frage, ob es zu einem fairen Verfahren gehört, das Akteneinsichtsrecht auf den sog. „Grünen Bogen" (alternativ: „Roter Aktenvermerk"), den der Außenprüfer nach einem Hinweis gem. § 201 Abs. 2 AO anzufertigen hat, zu erstrecken. Im Ergebnis ist dies zu bejahen (a.A. in Wabnitz/Janovsky/*Kummer*, Handbuch des Wirtschafts- und Steuerstrafrechts, 18. Kap., Rn. 190). Wegen der Bedeutung und Formalisierung der Außenprüfung handelt es sich ebenso wenig wie bei dem Abschlussbericht nach § 202 AO nicht allein um einen innerbehördlichen Vermerk.

Schließlich ist als allgemeiner Verfahrensgrundsatz der **Zweifelsgrundsatz** („in dubio pro reo") zu **37** nennen. Zu entnehmen ist er Art. 6 Abs. 2 MRK. Dieser Grundsatz gilt auch für manche Prozessvoraussetzungen, aber nur hinsichtlich der tatsächlichen Umstände und nach herrschender Meinung ausschließlich für die Verjährung, die anderweitige Rechtshängigkeit, den Strafklageverbrauch und das Vorliegen eines Strafantrags. Einer solchen beschränkten Geltung ist zu widersprechen, weil dafür kein Sachgrund ersichtlich ist (s. *Putzke/Scheinfeld*, Strafprozessrecht, Rn. 32).

b) Verfahrensgrundsätze im Ermittlungsverfahren

Das **Legalitätsprinzip** zwingt die StA dazu, „wegen aller verfolgbaren Straftaten einzuschreiten" **38** (§ 152 Abs. 2 StPO). Dazu gehört auch, wenn die Voraussetzungen des § 170 Abs. 1 StPO vorliegen, Anklage zu erheben. Insoweit wirkt sich der allgemeine Gleichheitssatz des Art. 3 GG aus. Eine Verfolgungspflicht besteht aber nur, „soweit nicht gesetzlich ein anderes bestimmt ist" (§ 152 Abs. 2 StPO). Darin kommt das sog. **Opportunitätsprinzip** zum Ausdruck. Solche anderen Bestimmungen sind z.B. die §§ 153 ff. StPO und bei einer Steuerhinterziehung § 398 AO.

Am Ende des Vorverfahrens kommt das **Offizialprinzip** zum Tragen, das in § 152 Abs. 1 StPO **39** zum Ausdruck kommt. Allein die StA ist zur Erhebung der öffentlichen Klage befugt. Mit Blick auf den Antrag auf Erlass eines Strafbefehls erstreckt § 400 AO das Anklagemonopol (gem. § 407 Abs. 1 Satz 4 StPO entspricht der Strafbefehlsantrag der Erhebung der Anklage) auf die Finanzbehörde. Die Ausnahme vom Offizialprinzip, das Privatklageverfahren gem. §§ 374 ff. StPO, spielt bei Steuerstraftaten keine Rolle, weil derartige Taten sich selbstredend nicht im Katalog von § 374 StPO befinden.

c) Verfahrensgrundsätze im Zwischenverfahren

Der **Anklagegrundsatz** (auch als Akkusationsprinzip geläufig) gewährleistet, dass es ohne eine **40** Anklage zu keiner gerichtlichen Untersuchung, m.a.W. zu keinem Hauptverfahren kommen darf (s. § 151 StPO). Kurz: „Wo kein Kläger, da kein Richter."

Zu entscheiden hat über den Anklagevorwurf der **gesetzliche Richter** (Art. 101 Abs. 1 Satz 2 GG). **41** Hat der zuständige Richter das Verfahren eröffnet, ist es der StA gem. § 156 StPO verwehrt, die Anklage zurückzunehmen (**Immutabilitätsprinzip**).

d) Verfahrensgrundsätze im Hauptverfahren

Das Hauptverfahren besteht v.a. aus der Hauptverhandlung. Sie hat gem. § 169 Satz 1 GVG und **42** Art. 6 Abs. 1 Satz 1 MRK grds. öffentlich stattzufinden (**Öffentlichkeitsgrundsatz**). Einschränkungen enthalten die §§ 171a bis 175 GVG und § 48 JGG.

43 Der Öffentlichkeitsgrundsatz wäre nicht viel wert, wenn die Öffentlichkeit in der Hauptverhandlung nicht mitbekäme, worum es geht. Aus diesem Grund existiert der **Mündlichkeitsgrundsatz**. So ordnet § 249 Abs. 1 Satz 1 StPO an, dass Urkunden verlesen werden müssen (Ausnahme: Selbstleseverfahren gem. § 249 Abs. 2 StPO). Nur was „aus dem Inbegriff der Verhandlung" geschöpft wird, darf das Gericht seinem Urteil zugrunde legen (vgl. § 261 StPO).

44 Diese Überzeugungsbildung wäre nur halb so viel wert, wenn es den **Unmittelbarkeitsgrundsatz** nicht gäbe. In formeller Hinsicht fordert er die „ununterbrochene Gegenwart der zur Urteilsfindung berufenen Personen sowie der Staatsanwaltschaft" (§ 226 Abs. 1 StPO). In materieller Hinsicht beinhaltet er den Vorrang des Personalbeweises vor dem Sachbeweis (Ausnahmen: §§ 251, 253 f., 256 StPO).

45 Gefährdet wäre die Überzeugungsbildung auch, wenn ein Verfahren sich unkontrolliert in die Länge ziehen ließe. Viele Richter könnten sich an die Beweisaufnahme kaum noch richtig erinnern, wenn zwischen den einzelnen Verhandlungstagen längere Zeit verginge. Deshalb gibt es die **Konzentrationsmaxime** (Ausprägung des Beschleunigungsprinzips). Die §§ 228, 229 StPO enthalten Regelungen, die dieses Prinzip absichern. § 229 Abs. 1 bis 3 StPO enthält Unterbrechungsfristen. Bei einer Unterbrechung kann die Hauptverhandlung später an der Stelle fortgesetzt werden, wo sie unterbrochen wurde. Wird die zulässige Unterbrechungsfrist überschritten, ist die Hauptverhandlung gem. § 229 Abs. 4 Satz 1 StPO „von neuem zu beginnen".

46 Schließlich gibt es den **Grundsatz der freien (richterlichen) Beweiswürdigung** (§ 261 StPO). Danach darf das Gericht aus „freier Überzeugung" eine Entscheidung treffen, ist allerdings an Natur- und Denkgesetze gebunden.

5. Typische Ermittlungsmaßnahmen

a) Durchsuchung (§§ 102 ff. StPO)

47 Die in Steuerstrafverfahren **am häufigsten durchgeführte Zwangsmaßnahme** ist die Durchsuchung. Sie soll beschlagnahmefähige **Beweismittel** zu Tage fördern (§§ 102, 103 StPO) und ist bis zur Rechtskraft eines Urteils zulässig (zu praktischen Verhaltenstipps s. umfassend in Böttger/ *Tsambikakis/Kretschmer*, Wirtschaftsstrafrecht in der Praxis, Kap. 14 Rn. 170 ff., und *Püschel*, PStR 2006, 89).

aa) Durchsuchung beim Verdächtigen (§ 102 StPO)

48 Für die Durchsuchung beim Verdächtigen bedarf es zunächst eines **Anfangsverdachts** gem. § 152 Abs. 2 StPO, der eine **Tatsachengrundlage** haben muss, aus der sich die Möglichkeit der Tatbegehung durch den Beschuldigten ergibt. Erforderlich ist ein „greifbarer Tatverdacht" (BVerfGE 59, 95); bloße Vermutungen reichen nicht aus (BVerfG, NJW 2004, 3171). Durchsucht werden dürfen Wohnungen und Räume, mithin alle Räumlichkeiten, die der Verdächtige tatsächlich inne hat. Dazu zählen Betriebs- und Geschäftsräume und auch nur vorübergehend genutzte Räume wie Hotelzimmer etc. Nach der Rechtsprechung genügt Mitbesitz (BGH, NStZ 1986, 84), wobei hier die Abgrenzung zu der Durchsuchung beim Unverdächtigen nicht unproblematisch ist, da Letztere höheren Anforderungen unterliegt (s. Rdn. 49).

bb) Durchsuchung beim Unverdächtigen (§ 103 StPO)

49 Beim Unverdächtigen gelten **erhöhte Eingriffsvoraussetzungen**. Eine Durchsuchung ist nur zur **Ergreifung** des Beschuldigten zulässig oder aber zur Verfolgung von Spuren einer Straftat oder zur Beschlagnahme **bestimmter Gegenstände**. Es müssen Tatsachen vorliegen, aus denen zu schließen ist, dass die Maßnahme **Erfolg versprechend** verlaufen wird. Die Durchsuchung bei einem Nichtbeschuldigten, der durch sein Verhalten auch aus Sicht der Ermittlungsbehörden in keiner Weise Anlass zu den Ermittlungsmaßnahmen gegeben hat, stellt schließlich erhöhte Anforderungen an die Prüfung der Verhältnismäßigkeit (BVerfG, NJW 2007, 1804).

cc) Zuständigkeit

Die Anordnung einer (Wohnungs-) Durchsuchung steht schon nach der Verfassung allein dem 50 **Richter** zu (Art. 13 Abs. 2 GG). Nur bei Gefahr im Verzug dürfen auch die StA/Finanzbehörde und ihre Ermittlungspersonen, z.B. die Steuerfahndung (§ 404 Satz 2 Halbs. 2 AO), eine Durchsuchung anordnen (§ 105 Abs. 1 Satz 1 StPO). „**Gefahr im Verzug**" ist angesichts des Grundrechtsschutzes nach Art. 13 Abs. 2 GG eng auszulegen: Sie liegt nur vor, wenn die zeitliche Verzögerung durch das Einholen einer richterlichen Durchsuchungsanordnung ernstlich gefährdet wäre (BVerfGE 51, 97). Die richterliche Anordnung ist die Regel, die nichtrichterliche die Ausnahme (BVerfGE 103, 142; BVerfG, NJW 2004, 1442). Eine wirksame gerichtliche Nachprüfung einer nichtrichterlichen Durchsuchungsanordnung wegen Gefahr im Verzug setzt voraus, dass der handelnde Beamte vor oder jedenfalls unmittelbar nach der Durchsuchung seine für den Eingriff bedeutsamen Erkenntnisse und Annahmen in den Ermittlungsakten dokumentiert (BVerfG, NJW 2006, 3267; StV 2004, 633; NJW 2001, 1121). Die Gerichte müssen einen geeigneten Bereitschaftsdienst unterhalten, soweit hierfür ein praktisches Bedürfnis besteht. Eine bewusste Missachtung oder grobe Verkennung der Voraussetzungen des für Wohnungsdurchsuchungen bestehenden Richtervorbehalts kann die Annahme eines Verbots der Verwertung bei der Durchsuchung gewonnener Beweismittel rechtfertigen (BGHSt 51, 285).

In Steuerstrafsachen hat die Strafsachen- und Bußgeldstelle der Finanzverwaltung eine eigene 51 Zuständigkeit bei rein steuerlichen Delikten (s.o. Rdn. 6). Sie nimmt dann die Rechte und Pflichten der StA wahr (§§ 386 Abs. 2, 399 AO), während der Steuerfahndung allein polizeiliche Rechte zukommen (§ 404 AO).

dd) Inhalt und Begründung des Durchsuchungsbeschlusses

Der richterliche Durchsuchungsbeschluss steckt den äußeren Rahmen ab, in dessen Grenzen die 52 Zwangsmaßnahme durchzuführen ist. Der Tatvorwurf ist daher so **genau zu umschreiben**, wie es nach den Umständen des Einzelfalls möglich ist (BVerfG 42, 220; 20, 162, 224); hierzu gehören auch Tatzeit und Tatort. Die Straftat muss bezeichnet werden (BVerfG, NJW 2009, 2516; 2006, 2924). Ebenso sind die Art und der präsumtive Inhalt der Beweismittel, nach denen gesucht werden soll, so genau wie möglich zu benennen (BVerfGE 20, 162, 224). Gleiches gilt für die zu durchsuchende Räumlichkeit (BVerfG, StV 1994, 353, 354; NStZ 1992, 91). Zusammengefasst lässt sich sagen, dass „**Grenzen** und **Ziel**" der Durchsuchung durch ihre Anordnung definiert werden müssen (BVerfG, NJW 2006, 2974; StV 2006, 624; NStZ 2000, 601; NJW 1997, 2165). Ein Durchsuchungsbefehl, der keinerlei tatsächliche Angaben über den Inhalt des Tatvorwurfs enthält und der zudem den Inhalt der konkret gesuchten Beweismittel nicht erkennen lässt, wird rechtsstaatlichen Anforderungen jedenfalls dann nicht gerecht, wenn solche Kennzeichnungen nach dem bisherigen Ergebnis der Ermittlungen ohne Weiteres möglich und den Zwecken der Strafverfolgung nicht abträglich sind (BVerfGE 71, 65; 50, 49; 45, 82; 44, 371; 42, 220).

ee) Vollstreckung

Das BVerfG verlangt den Vollzug der richterlichen Durchsuchungsanordnung **innerhalb eines** 53 **halben Jahres** (BVerfGE 42, 220). Entgegen einer in der Praxis weithin zu begegnenden Meinung handelt es sich um keine allgemeingültige Verwirkungsfrist, sondern um den Zeitpunkt, nach dem **spätestens** davon auszugehen ist, dass die damalige richterliche Überprüfung der Rechtslage die Durchsuchung nicht mehr ungeprüft rechtfertigen kann. Ein Wegfall der Eingriffsbefugnis durch Zeitablauf ist daher in jedem Einzelfall gesondert zu prüfen (vgl. SK-StPO/*Wohlers* § 105 Rn. 48).

Zwangsmaßnahmen sind im Rahmen verhältnismäßigen Vorgehens erlaubt: Wohnungen dürfen 54 gewaltsam geöffnet, Türen oder Verschläge aufgebrochen werden (BGH StV 1997, 400, 401). Die Durchsuchungsanordnung ist verbraucht, sobald die Durchsuchung beendet ist (BVerfG, StV 2004, 633, 634).

ff) Zufallsfunde (§ 108 StPO)

55   Praktisch bedeutsam ist § 108 StPO. Werden bei Gelegenheit einer Durchsuchung Gegenstände gefunden, die zwar nicht in Beziehung zu der Untersuchung stehen, aber auf die Begehung einer anderen Straftat hinweisen, sind sie einstweilen **in Beschlag zu nehmen**. Das gezielte Suchen nach „Zufalls"-Funden ist jedoch unzulässig (BGH CR 1999, 92, 93). Auch dürfen Gegenstände, die nach § 97 StPO beschlagnahmefrei sind, nicht nach § 108 StPO gesichert werden.

gg) Durchsicht von Papieren (§ 110 StPO)

56   Die Durchsicht von Papieren steht der **StA** und auf Anordnung ihren **Ermittlungspersonen** zu. Für Steuerfahndungsbeamte (Ermittlungsperson gem. § 404 Satz 2 Halbs. 2 AO) ergibt sich das Recht zur Durchsicht von Papieren aus § 404 Satz 2 Halbs. 1, 2. Alt. AO. Führt die Finanzbehörde die Ermittlungen (§ 386 Abs. 2 AO), ist auch die BuStra-Stelle zur Durchsicht befugt. Das ist nicht der Fall, wenn die StA die Ermittlungen führt. In einem solchen Fall sind die Papiere zu versiegeln und an die StA abzuliefern (§ 110 Abs. 1 und Abs. 2 StPO).

57   „Papiere" i.S.d. § 110 StPO müssen nicht zwingend in *Papierform* vorliegen. Die Durchsicht von Daten auf elektronischen Datenträgern unterliegt nach der Rechtsprechung ebenfalls § 110 StPO (BGH, CR 1999, 92).

b) Sicherstellung und Beschlagnahme (§§ 94 ff. StPO)

58   Die Vorschriften über die Sicherstellung und Beschlagnahme müssen zusammen mit den §§ 102 ff. StPO (Durchsuchung) gelesen werden: Die Durchsuchung dient dem Auffinden von Beweismitteln, um diese sicherzustellen oder zu beschlagnahmen.

aa) Sicherstellung/Beschlagnahme von Beweismitteln (§ 94 StPO)

59   Nach § 94 Abs. 1 StPO sind Gegenstände, die als **Beweismittel** für die Untersuchung von Bedeutung sein können, in **Verwahrung** zu nehmen oder in anderer Weise sicher zu stellen. Befinden sie sich im Gewahrsam einer Person und werden sie nicht freiwillig herausgegeben, bedarf es der Beschlagnahme (§ 94 Abs. 2 StPO).

60   **Sicherstellung** ist die formlose Art, den Zugriff auf ein Beweismittel zu eröffnen. Sie erfolgt immer dann, wenn der Gewahrsamsinhaber den Gegenstand freiwillig herausgibt oder nicht bekannt ist. Solche Beweismittel werden dem amtlichen Gewahrsam überführt. Eine **Beschlagnahme** ist erforderlich, wenn es nicht zu einer freiwilligen Herausgabe kommt.

61   Die Sicherstellung von Gegenständen zur Vorbereitung von Einziehung und Verfall oder Gewinnabschöpfung richtet sich nicht nach §§ 94 ff. StPO, sondern nach § 111b ff. StPO.

62   § 94 StPO erfasst nur Gegenstände, die als **Beweismittel** von Bedeutung sein *könnten* – die Möglichkeit genügt. Als Eingriffsvoraussetzung reichen ein (bloßer) Anfangsverdacht einer Straftat gem. § 152 Abs. 2 StPO und die Verhältnismäßigkeit der Maßnahme. Unzulässig können Sicherstellung und Beschlagnahme sein, wenn sich die Ermittler in rechtsfehlerhafter Weise Zugriff auf den Gegenstand verschafft haben. Fehlt eine Durchsuchungsanordnung völlig, soll es nach der Ansicht des BGH darauf ankommen, ob sie hätte erlassen werden dürfen (BGH, NStZ 2004, 449).

63   Objekte einer Sicherstellung sind nach § 94 StPO nur „**Gegenstände**", wobei dieser Begriff sehr weit ausgelegt wird. Hierzu gehören zunächst bewegliche Sachen jeder Art, z.B. Datenträger oder Computerausdrucke. Sind Informationen auf Speichermedien abgelegt, unterliegen aber nicht nur die DVDs, CDs oder Disketten der Beschlagnahme, sondern auch technische Hilfsmittel, die man braucht, um die Daten lesbar zu machen. Unbewegliche Sachen, wie Grundstücke oder Grundstücksteile sind ebenfalls Gegenstände i.S.v. § 94 StPO. Der amtliche Gewahrsam wird durch Betretungsverbot und Versiegelung, evtl. auch durch weitere Schutzmaßnahmen hergestellt. Hier genügt keine bloße Sicherstellung: Es muss förmlich beschlagnahmt werden.

Digital gespeicherte Informationen dürfen auch ohne Mitnahme der Hardware sichergestellt oder 64
beschlagnahmt werden. I.d.R. geschieht dies durch Überspielen auf einen behördlichen Datenträger. Es ist unerheblich, ob der Gegenstand im Eigentum oder Gewahrsam eines Dritten steht. Anders als bei der Durchsuchung unterscheidet das Gesetz nicht nach Verdächtigen und Unverdächtigen.

bb) Pflicht zur Herausgabe (§ 95 StPO)

Wer ein Beweismittel i.S.d. § 94 StPO in Gewahrsam hat, ist verpflichtet, es auf Verlangen herauszugeben. Weigert sich der Gewahrsamsinhaber, können die in § 70 StPO erwähnten **Zwangsmittel** festgesetzt werden. Das gilt allerdings nicht für Personen, die das Zeugnis verweigern dürfen (§ 95 Abs. 2 Satz 2 StPO). 65

cc) Beschlagnahmefreie Gegenstände (§ 97 StPO)

§ 97 StPO enthält eine praktisch wichtige Liste von **Beschlagnahmeverboten**. Die Vorschrift 66
knüpft an die **Zeugnisverweigerungsrechte** der §§ 52 ff. StPO an, deren Umgehung verhindert werden soll. Hier ist schon die bloße Anordnung einer Durchsuchung unzulässig, wenn beschlagnahmefreie Gegenstände gesucht werden. Auch eine einstweilige Beschlagnahme als Zufallsfund gem. § 108 StPO kommt nicht in Betracht. Erst mit der Entbindung von der Schweigepflicht i.S.v. § 53 Abs. 2 Satz 1 StPO entfällt das Beschlagnahmeverbot. Das BVerfG hat den Katalog des § 97 StPO um besonders intime Gegenstände, wie z.B. Tagebücher erweitert (zu Beschlagnahmeverboten als Vorwirkung zu Verwertungsverboten vgl. SK-StPO/*Wohlers* § 97 Rn. 48 ff.). Der Teilnahmeverdacht und der Verdacht der Begünstigung, Strafvereitelung und Hehlerei lassen das Beschlagnahmeverbot entfallen (§ 97 Abs. 2 Satz 3 Halbs. 1 StPO). Deliktsgegenstände (Tatwerkzeuge und Gegenstände), die durch die Tat hervorgebracht oder erlangt wurden, können uneingeschränkt beschlagnahmt werden (§ 97 Abs. 2 Satz 3 Halbs. 2 StPO).

dd) Anordnung und Durchführung (§ 98 StPO)

Eine Beschlagnahme darf nur durch den **Richter** angeordnet werden. Zuständig ist im Vorverfahren der Ermittlungsrichter, in dessen Bezirk die Beschlagnahme erfolgen soll. Hält die StA Anordnungen in mehr als einem Bezirk für erforderlich, wendet sie sich an das AG, in dessen Bezirk sie ihren Sitz hat (§ 162 Abs. 1 Satz 1 StPO). Nach Anklageerhebung ist grds. das mit der Sache befasste Gericht zuständig. Eine Ausnahme gilt im Revisionsverfahren. Dort bleibt das Gericht zuständig, dessen Urteil angefochten wird. 67

Bei **Gefahr im Verzug** sind StA und ihre Ermittlungspersonen gleichrangig befugt, Beschlagnahmen vorläufig anzuordnen (vgl. zur „Gefahr im Verzug" auch Rdn. 50). Unverwertbar sind die erlangten Beweismittel nur, wenn der Richtervorbehalt bewusst umgangen wurde (BGH, NJW 2007, 2269). Objektive Willkür i.S.e. sachlichen Unvertretbarkeit der Entscheidung soll nicht genügen. Sie soll lediglich ein Indiz für eine bewusste Umgehung sein. 68

Der Richter entscheidet i.d.R. durch **Beschluss**. Für Anordnungen durch die StA oder ihre Ermittlungspersonen ist keine bestimmte Form vorgesehen. Die Beschlagnahme ist innerhalb eines halben Jahres zu vollstrecken (*Meyer-Goßner* § 98 Rn. 30a). Ansonsten muss eine neue richterliche Entscheidung eingeholt werden. Zur Durchführung der Beschlagnahme ist unmittelbarer Zwang erlaubt. 69

Die Beschlagnahme endet mit der Rechtskraft des Verfahrens; ein gesonderter Aufhebungsbeschluss ist nicht erforderlich. 70

c) Exkurs: EDV-Beweissicherung

Die **Durchsuchung** ist die wichtigste Möglichkeit zur EDV-Beweissicherung: Bei der Suche nach 71
beweisrelevanten Informationen, die sich auf internen oder externen Speichermedien befinden,

dürfen die Ermittler vorgefundene EDV-Anlagen **in Betrieb nehmen** bzw. deren Betrieb mit diesem Zweck fortsetzen. Beschlagnahmt werden können sowohl **externe Datenträger** als auch **Datenverarbeitungssysteme** (BVerfG, NStZ-RR 2003, 176, 177).

72   Den Betroffenen trifft **keine Mitwirkungspflicht**, insb. muss er seine EDV-Anlage nicht als Mittel zur Erleichterung des staatlichen Handelns zur Verfügung stellen oder Passwörter etc. bekannt geben. Kooperiert der Betroffene jedoch, wird er dadurch i.d.R. eine Beschlagnahme der EDV-Anlage verhindern können, die er braucht, um seinen Betrieb fortzuführen. In diesem Fall wäre die Beschlagnahme unverhältnismäßig, genauer: nicht erforderlich. Als milderes Mittel stünde das Überspielen der Daten zur Verfügung.

73   § 110 Abs. 3 StPO ermöglicht es, eine Durchsuchung über **Datennetzwerke** auszuweiten, auf die von dem Endgerät aus **zugegriffen** werden kann, das sich an dem im Durchsuchungsbeschluss **bezeichneten Ort** befindet. Allerdings ist ein solcher Zugriff nur zulässig, wenn andernfalls der Verlust der gesuchten Daten zu besorgen ist (§ 110 Abs. 3 Satz 1 StPO). Ergibt die Durchsicht der „externen" Dateien, dass sich hierauf Daten befinden, die für das Ermittlungsverfahren von Bedeutung sein können, dürfen diese gesichert, also auf einem dem Zugriff der Ermittlungsbehörde unterliegenden Datenträger abgespeichert werden (§ 110 Abs. 3 Satz 2 StPO). Diese Datensicherungsmaßnahme bedarf gem. § 110 Abs. 3 Satz 2, 2. Halbs. StPO der gerichtlichen Bestätigung binnen 3 Werktagen. Wird die gerichtliche Bestätigung nicht erteilt, sind die gespeicherten Daten zu löschen.

74   § 110 Abs. 3 StPO stellt also eine weitreichende gesetzliche Grundlage für den **Online-Zugriff** von Ermittlungsbehörden auf Daten dar. Eine Online-Suche nach Beweismitteln unter Überschreitung der nationalen Staatsgrenze bleibt **unzulässig**, z.B. wenn die gesuchten Daten auf einem Server im **Ausland** gespeichert sind, auf den vom bundesdeutschen Inland aus „zugegriffen" werden kann und ggü. diesem Staat keine vertraglichen Beziehungen usw. bestehen, die eine solche Beweiserhebung gestatten.

75   Eine technisch mögliche „Auslandsermittlung via Datenleitung" umgeht die gehörige Form für Ermittlungen im Ausland, die über **Rechtshilfeersuchen** an den jeweiligen fremden Staat durchgeführt wird (vgl. Kap. 14 Rdn. 1 ff.). Verstöße können im Einzelfall zu einem Beweisverwertungsverbot im weiteren Verfahren führen.

76   Bei **E-Mails** sind rechtlich und tatsächlich vier Phasen zu unterscheiden: Die erste Phase der Absendung zur Mailbox des Empfängers, die zweite Phase der Lagerung im virtuellen Briefkasten (Provider), die dritte Phase des Abrufs und der Kenntnisnahme durch den Empfänger, die vierte Phase der bereits abgerufenen, auf dem eigenen Rechner vorhandenen Nachricht.

77   Eingriffe in den E-Mail-Verkehr innerhalb der **ersten und dritten Phase** greifen in den Schutzbereich des Grundrechts auf Gewährleistung des Fernmeldegeheimnisses nach Art. 10 GG ein. Sie können ausschließlich gem. § 100a StPO erfolgen (BGH, NStZ 1997, 247; LG Hamburg, MMR 2008, 186).

78   Umstritten war die rechtliche Bewertung der **zweiten „Lagerphase".** Eine Auffassung betrachtet die ersten drei Phasen als Teilmomente eines einheitlichen Kommunikationsvorgangs und will hier insgesamt Eingriffe nur nach dem speziellen § 100a StPO zulassen (LG Hamburg, MMR 2008, 186, 186 f.; LG Mannheim, StV 2002, 242). Andere Gerichte sehen demgegenüber die zweite Phase als Unterbrechung des Kommunikationsvorgangs an; ein Eingriff soll daher nach den allgemeinen Beschlagnahmevorschriften (§§ 94 ff. StPO) möglich sein (BGH, NJW 2009, 1828; ebenso BGH Ermittlungsrichter, NStZ 2010, 345, 346; LG Ravensburg, MMR 2003, 679). Das BVerfG misst die Sicherstellung und Beschlagnahme von E-Mails auf dem Mailserver des Providers zwar an Art. 10 GG, kommt aber zu dem Ergebnis, dass die §§ 94 ff. StPO den verfassungsrechtlichen Anforderungen genügen, die an eine gesetzliche Ermächtigung für solche Eingriffe in das Fernmeldegeheimnis zu stellen sind (BVerfG, NJW 2009, 2431, 2433 ff.).

Die **vierte Phase** wiederum wird als nicht von der Telekommunikationsfreiheit geschützt angese- 79
hen; das BVerfG sieht hier lediglich das Recht auf informationelle Selbstbestimmung betroffen, da
sich die weiterhin gespeicherten Daten in einer abgegrenzten Herrschaftssphäre befänden
(BVerfG, MMR 2006, 217). Eine Sicherung der in der vierten Phase befindlichen E-Mails ist
damit nach den allgemeinen Vorschriften der **§§ 94 ff. StPO** möglich (*Bär* MMR 2008,
215, 218). Entsprechendes gilt i.Ü. auch für empfangene SMS; deren Auslesung ist nach den allgemeinen Vorschriften zulässig (BGH MMR 2006, 541).

Für den Zugriff auf im Ausland gespeicherte Daten vgl. *Gercke* StraFo 2009, 271. 80

d) Strafprozessuale Erhebung von Telekommunikationsdaten

Telekommunikationsdaten sind für die Ermittlungstätigkeit unentbehrlich geworden. Diese allge- 81
meine prozessuale Entwicklung hat zwischenzeitlich die Wirtschafts- und Steuerstrafverfahren
erreicht.

aa) Überwachung der Telekommunikation (§ 100a StPO)

Gem. § 100a StPO ist es unter Durchbrechung des Art. 10 GG möglich, den **Inhalt** eines Tele- 82
kommunikationsvorgangs **aufzuzeichnen**. Der einfache Fall des herkömmlichen Festnetzanschlus-
ses ist rechtlich und tatsächlich unproblematisch, sofern die tatbestandlichen Voraussetzungen
vorliegen. Moderne Kommunikationsformen haben sich aber vom Telefonbetrieb herkömmlicher
Art längst gelöst. Deren Überwachung – etwa über einen Internet-Rechner oder eine Datenleitung – ist von § 100a StPO nur gedeckt, wenn der konkrete Verdacht einer der in § 100a Abs. 2
StPO aufgeführten Katalogtaten („**schwere Straftaten**", d.h. solche mit einer Mindesthöchststrafe
von 5 Jahren, u.a. auch z.B. Geldwäsche unter den Voraussetzungen von § 261 Abs. 1, 2 u.
4 StGB; Betrug unter den Voraussetzungen von § 263 Abs. 3 Satz 2 StGB; Bestechlichkeit und
Bestechung nach § 332 bzw. § 334 StGB; Steuerhinterziehung unter den Voraussetzungen von
§ 370 Abs. 3 Satz 2 Nr. 5 AO!) auch im Einzelfall besteht, die Erforschung des Sachverhalts oder
die Aufenthaltsermittlung des Beschuldigten ansonsten wesentlich erschwert oder aussichtslos
wäre und der Adressat eines solchen Eingriffs zum Kreis der in § 100a Abs. 3 StPO ausdrücklich
genannten Personen gehört.

Die schriftlich zu ergehende Anordnung zur Telekommunikationsinhalteüberwachung darf grds. 83
nur durch das **Gericht** vorgenommen werden, nur bei „Gefahr im Verzug" auch durch die StA.
Die grundsätzliche Höchstdauer der Maßnahme beträgt 3 Monate (§ 100b Abs. 1 Satz 4 StPO).

Der Telefonanschluss von **RA** darf gem. § 148 Abs. 1 StPO nicht abgehört werden; § 160a Abs. 1 84
StPO stellt dies ergänzend klar. Dennoch erlangte Kenntnisse dürfen nicht verwendet werden.

Soweit durch eine Ermittlungsmaßnahme der Telekommunikationsüberwachung ein **Steuerbera-** 85
ter betroffen wäre und dadurch voraussichtlich Erkenntnisse erlangt würden, über die diese Person
das Zeugnis verweigern dürfte, ist dies im Rahmen der Prüfung der Verhältnismäßigkeit besonders
zu berücksichtigen; betrifft das Verfahren keine Straftat von erheblicher Bedeutung, ist i.d.R.
nicht von einem Überwiegen des Strafverfolgungsinteresses auszugehen. Soweit geboten, ist die
Maßnahme zu unterlassen oder, soweit dies nach der Art der Maßnahme möglich ist, zu beschränken (§ 160a Abs. 2 Satz 1, 2 StPO). Bei der Bundeskammerversammlung der Steuerberater, dem
obersten Organ der Steuerberater, haben die Delegierten am 4. und 5.4.2011 in Mainz eine Reso-
lution zur Stärkung des Vertrauensschutzes zwischen Mandanten und ihren Steuerberatern
beschlossen. Die Bundessteuerberaterkammer fordert insofern eine Gleichstellung mit den RA.
§ 160a StPO differenziere in unverhältnismäßiger Weise zwischen RA und Steuerberatern. Diese
Ungleichbehandlung sei willkürlich und rechtswidrig. Steuerberater seien wie RA Organe der
Rechtspflege. Das Verhältnis der Mandanten zu den Steuerberatern müsse deshalb vor staatlichen
Ermittlungsmaßnahmen gleichermaßen geschützt werden. Gerade im Bereich der Steuerstrafverteidigung sei die Tätigkeit von Steuerberatern und RA weder rechtlich noch faktisch zu trennen.

Soweit der Steuerberater aber als Verteidiger im Steuerstrafverfahren auftritt (vgl. § 392 AO Rdn. 4), ist er über § 53 Abs. 1 Satz 1 Nr. 2 StPO wie ein RA nach § 160a Abs. 1 StPO geschützt.

86 Die Beteiligten der überwachten Kommunikation sind nach § 101 Abs. 4 StPO von der Überwachung zu benachrichtigen und auf die Möglichkeit nachträglichen, fristgebundenen gerichtlichen Rechtsschutzes nach Abs. 7 dieser Vorschrift hinzuweisen.

bb) Erhebung von Verkehrsdaten (§ 100g StPO)

87 Eine allgemeine Erhebungsbefugnis für Verkehrsdaten findet sich in § 100g StPO, der auf § 113a TKG Bezug nimmt. Eingeführt bzw. modifiziert wurden sie durch das Gesetz zur Neuregelung der Telekommunikationsüberwachung v. 21.12.2007 (BGBl. I, S. 3198 – in Kraft getreten am 01.01.2008), durch das die Bundesrepublik die EU-Richtlinie zur Vorratsdatenspeicherung in nationales Recht umgesetzt hat. Die Vorschriften greifen ineinander:

88 **§ 113a TKG** statuiert eine **Speicherungspflicht** von Daten für Anbieter von Telekommunikationsdiensten. Sie werden verpflichtet bestimmte Verkehrs- und Standortdaten, die bei der Nutzung von Telefon, Handy, E-Mail und Internet anfallen, für einen Zeitraum von 6 Monaten zu speichern. Die **Verwendung** dieser Daten regelt **§ 113b TKG**. Danach kann der bevorratete Datenbestand zum Zwecke der Verfolgung von Straftaten, der Abwehr erheblicher Gefahren für die öffentliche Sicherheit und der Erfüllung nachrichtendienstlicher Aufgaben abgerufen werden, ohne dass § 113b TKG eine eigene Abrufbefugnis enthielte. Eine solche enthält **§ 100g StPO**.

89 Die Verkehrsdaten von Tätern oder Teilnehmern einer **Straftat von auch im Einzelfall erheblicher Bedeutung** dürfen nach § 100g Abs. 1 Nr. 1 Satz 1 StPO erhoben werden, soweit dies für die Erforschung des Sachverhalts oder der Ermittlung des Aufenthaltsorts des Beschuldigten erforderlich ist. Die Anordnung muss nach der Verweisung in § 100g Abs. 2 StPO die Voraussetzungen des § 100b Abs. 1 bis 4 Satz 1 StPO erfüllen.

90 Das BVerfG hat im Wege der einstweiligen Anordnung im März 2008 den Anwendungsbereich der Vorschrift bei der Übermittlung auf Vorrat gespeicherter Verkehrsdaten auf Fälle beschränkt, in denen eine Katalogtat nach § 100a Abs. 2 StPO vorliegt und die Voraussetzungen des § 100a Abs. 1 StPO gegeben sind (BVerfG, NStZ 2008, 290). In der Hauptsacheentscheidung v. 2.3.2010 hat das BVerfG allgemeine Grundsätze für die Zulässigkeit einer strafprozessualen Verwertung von Verkehrsdaten der Telekommunikation aufgestellt und die geltende Fassung des § 100g StPO für **nichtig erklärt** (BVerfG, NJW 2010, 833). Der BGH ist der Ansicht, dieses Urteil des BVerfG habe der Erhebung von Telekommunikationsdaten und deren Übermittlung zum Zweck der Strafverfolgung während der Geltungsdauer und nach Maßgabe der einstweiligen Anordnung v. 11.3.2008 nicht nachträglich die Rechtsgrundlage entzogen. Die Verwendung solcher Daten im Strafverfahren durch ihre Einführung in die Hauptverhandlung und Verwertung i.R.d. Urteilsfindung bleibe auch nach dem 02.03.2010 rechtmäßig (BGH, Urt. 31.01.2011 – 3 StR 332/10).

91 Der **Schutz** nicht beschuldigter **Berufsgeheimnisträger** bei Maßnahmen nach § 100g StPO richtet sich nach § 160a StPO. Alle Beteiligten der nach § 100g StPO betroffenen Telekommunikation sind entsprechend § 101 Abs. 4 StPO von der Maßnahme zu benachrichtigen und auf die Möglichkeit nachträglichen, fristgebundenen Rechtsschutzes hinzuweisen.

92 Soweit Verkehrsdaten **nach Abschluss der Kommunikation** erhoben werden sollen, gelten nach § 100g Abs. 3 StPO die **allgemeinen Vorschriften**. SIM-Karten, E-Mails im Postfach des Betroffenen usw. werden daher nicht nach dieser Vorschrift, sondern nach §§ 94 ff. StPO beschlagnahmt (s.a. Rdn. 59 ff., 79).

cc) IMSI-Catcher und andere technische Mittel (§ 100i StPO)

Mit Hilfe des sog. IMSI-Catchers kann ein **Mobilfunkteilnehmer** eindeutig **identifiziert** werden **93** (zu den technischen Hintergründen und weiteren Funktionen vgl. *Harnisch/Pohlmann*, HRRS 2009, 202). Eingriffsermächtigung ist § 100i Abs. 1 Nr. 1 StPO, der den Einsatz **technischer Mittel** zur Verfolgung einer Straftat von auch im Einzelfall erheblicher Bedeutung zulässt. Der vage Begriff der technischen Mittel wurde gewählt, um zukünftigen technischen Entwicklungen bereits vorauseilend Rechnung zu tragen. Zur Telekommunikation gehören auch Positionsmeldungen von nicht zum Telefonieren benutzten, aber aktiven Mobiltelefonen. Der IMSI-Catcher ermittelt die Gerätenummer eines Mobilfunkgerätes und die Kartennummer der darin verwendeten Karte und ermöglicht so eine lückenlose Telekommunikationsüberwachung auch wenn die abgehörte Person häufig das Mobiltelefon wechselt. Die Maßnahme ist nach § 100i Abs. 1 Nr. 2 StPO auch zur vorläufigen Festnahme oder Ergreifung eines Täters zulässig. Die formellen Voraussetzungen des Einsatzes technischer Mittel sind in § 100i Abs. 3 Satz 1 bis 3 geregelt, für die Zuständigkeit der Anordnung gilt § 100b Abs. 2 Satz 1 StPO. Die Anordnung der Maßnahme ist auf höchstens 6 Monate zu befristen, eine Verlängerung um max. 6 weitere Monate ist zulässig.

III. Verwaltungsvorschriften und -anweisungen

Die Verweisung des § 385 Abs. 1 AO bezieht sich nicht auf Verwaltungsvorschriften. Dennoch **94** spielen wenigstens vier Regelungswerke in der Praxis eine Rolle.

1. Richtlinien für das Strafverfahren und das Bußgeldverfahren – RiStBV

Das Recht des Straf- und Bußgeldverfahrens unterliegt i.R.d. konkurrierenden Gesetzgebungs- **95** kompetenz dem Bund (Art. 74 Nr. 1 GG). Der praktische Ablauf einzelner Verfahrensvorgänge ist aber im Wesentlichen Ländersache. Um dennoch eine (halbwegs) einheitliche Verfahrenshandhabung zu gewährleisten, haben sich die Justizminister auf einheitliche Richtlinien für das Strafverfahren und das Bußgeldverfahren geeinigt (zuletzt: BAnz Nr. 208 v. 08.11.2007, S. 7950). Es handelt sich um **Verwaltungsanordnungen ohne Gesetzeskraft** (vgl. OLG Koblenz, NJW 1986, 3093). Sie binden lediglich die dem jeweiligen Justizministerium nachgeordneten Dienststellen und deren Bedienstete.

Die Richtlinien richten sich vornehmlich an den **Staatsanwalt**, wenn sich auch einige Hinweise an **96** den Richter wenden, den sie wegen der verfassungsrechtlich garantierten richterlichen Freiheit ohnehin nicht binden können.

2. Richtlinien für den Verkehr mit dem Ausland in strafrechtlichen Angelegenheiten – RiVASt

Gerade Steuerstrafverfahren haben immer wieder internationale Bezüge. Die internationale Straf- **97** verfolgung und -vollstreckung basiert im Wesentlichen auf dem Gesetz über die internationale Rechtshilfe in Strafsachen (**IRG**) sowie völkerrechtlichen Vereinbarungen (vgl. speziell für Liechtenstein, Luxemburg, Österreich und Schweiz s. Kap. 14). Die Richtlinien für den Verkehr mit dem Ausland in strafrechtlichen Angelegenheiten (RiVASt) sind für **Gerichte, Staatsanwaltschaften und andere Behörden** in Fällen der strafrechtlichen **Zusammenarbeit mit ausländischen Staaten** bestimmt und enthalten in ihren Anlagen wertvolle Zusammenfassungen: Anhang I bündelt einige nationale Rechtsvorschriften im Zusammenhang mit der Rechtshilfe. Anhang II enthält für einzelnen Staaten eine übersichtliche Liste für die wichtigsten Grundlagen und Erkenntnisse im Bereich der internationalen Zusammenarbeit in strafrechtlichen Angelegenheiten. Schließlich enthält Anhang III den Text des Rahmenbeschlusses über den Europäischen Haftbefehl.

3. Anweisungen für das Strafverfahren und Bußgeldverfahren (Steuer) – AStBV

98   Auch die Anweisungen für das Strafverfahren und Bußgeldverfahren sollen die einheitliche Gesetzesanwendung sichern und eine reibungslose Zusammenarbeit der Steuerfahndungsstellen mit den FA, Gerichten, Staatsanwaltschaften und anderen Behörden ermöglichen. Es handelt sich um interne, durch gleichlautende Ländererlasse geregelte **Verwaltungsanweisungen** für die **Finanzverwaltung** (Bußgeld- und Strafsachenstelle und Steuerfahndung), die durch gleichlautende Ländererlasse (Finanzministerien) eingeführt wurden. Die AStBV sind zuletzt am 31.10.2011 neu gefasst und der aktuellen Gesetzeslage angepasst worden (BStBl. I 2011, S. 1000). Durch die Änderung des Nr. 132 Abs. 1 AStBV müssen nun die Finanzämter der Straf- und Bußgeldsachenstelle auch verspätet abgegebene Umsatzsteuer- und Lohnsteueranmeldungen zuleiten.

99   Die AStBV werden in der Literatur kritisch gesehen. Ihre Anordnungen sind im Einzelnen umstritten (vgl. *Weyand*, wistra 2008, 214; Wannemacher/*Maurer* Rn. 3258). Hinzu treten Zweifel, ob es der Finanzverwaltung überhaupt zusteht, allgemeine Anweisungen für das Steuerstrafverfahren zu erlassen (*Hellmann*, wistra 1994, 13; HHSp/*Rüping* § 385 Rn. 7). Die AStBV begünstigen in der Praxis jedenfalls die Auffassung der Finanzverwaltung in Zweifelsfragen und lassen diese häufig auf den ersten Blick durchsetzungsfähiger erscheinen (zu Erkenntnissen, die der Berater aus den AStBV über die „Gegenseite" gewinnen kann, vgl. *Müller*, AO-StB 2010, 59).

4. Anordnung über Mitteilungen in Strafsachen – MiStra

100 Es liegt auf der Hand, dass die Strafverfolgungsbehörden durch ihre Ermittlungen an Informationen gelangen, die für andere Stellen bedeutsam sein könnten. Einer weitgehend einheitlichen Sachbehandlung dient daher die Anordnung über Mitteilungen in Strafsachen, auf die sich die **Justizverwaltungen** des Bundes und der Länder geeinigt haben (zuletzt: BAnz Nr. 126 v. 21.08.2008, S. 3041). So regelt z.B. Nr. 24 MiStra, dass in Strafsachen gegen Steuerberater die Steuerberaterkammer in Kenntnis gesetzt wird, wenn der Tatvorwurf auf eine Verletzung von Pflichten schließen lässt, die bei der Ausübung des Berufs zu beachten sind, oder er in anderer Weise geeignet ist, Zweifel an der Eignung, Zuverlässigkeit oder Befähigung hervorzurufen. Mitgeteilt wird der Erlass und der Vollzug eines Haft- oder Unterbringungsbefehls, die Entscheidung, durch die ein vorläufiges Berufsverbot angeordnet oder ein solches aufgehoben worden ist, die Erhebung der öffentlichen Klage und der Ausgang des Verfahrens. Es handelt sich um **Richtlinien ohne Gesetzeskraft**.

C. § 385 Abs. 2 AO

101 Die Vorschrift schafft ein Sonderverfahrensrecht für sog. **Vorspiegelungstaten**. Solche liegen vor, wenn ein Steuervorgang vorgetäuscht wird, um einen Steuervorteil oder eine Erstattung zu erlangen (Rolletschke/*Kemper* § 385 Rn. 40). Die Rechtsprechung hat dies früher in ständiger Rechtsprechung als Betrug (§ 263 StGB) und nicht als Steuerhinterziehung (§ 370 AO) bewertet, weil kein tatsächlicher Steuervorgang existierte: Ohne Steuerschuldverhältnis war kein Steueranspruch verletzt oder gefährdet (BGH, wistra 1986; NJW 1972, 1287). Weil es deshalb an einer *Steuerstraftat* i.S.d. § 369 Abs. 1 AO fehlte, galten die besonderen Verfahrensvorschriften für das Steuerverfahren wegen Steuerstraftaten nicht. Der Gesetzgeber hat daher mit der **AO 1977** (v. 16.03.1976, BGBl. I S. 613, ber. 1977 I, S. 269) teilweise die Verfahrensvorschriften der AO für ausdrücklich anwendbar erklärt, um die fachliche Kompetenz der Finanzverwaltung für diese Verfahren zu gewinnen.

102 Der **praktische Anwendungsbereich** ist bestenfalls **gering**. Denn zwischenzeitlich beurteilt der BGH die Vorspiegelungstaten als Steuerhinterziehung (BGH, NStZ 1998, 91; NJW 1994, 2302; wistra 1994, 194; 1989, 226). Für § 385 Abs. 2 AO sollen Taten zum Nachteil der Bundesmonopolverwaltung bei der Ablieferung von Branntwein gegen Erschleichung eines überhöhten Über-

nahmeentgelts verbleiben (FGJ/*Randt* § 385 Rn. 27). Hier greift aber wohl die (noch speziellere Norm) des § 128 BranntwMonG, die allerdings keinen anderen Inhalt als § 385 Abs. 2 AO hat.

Da § 385 Abs. 2 AO die § 386 Abs. 2 AO und §§ 399 bis 401 AO aus der Verweisungskette 103 herausnimmt, bleibt den Finanzbehören kein selbstständiger Ermittlungsspielraum und „Herrin" des Verfahrens ist allein die StA.

§ 386 AO Zuständigkeit der Finanzbehörde bei Steuerstraftaten

(1) Bei dem Verdacht einer Steuerstraftat ermittelt die Finanzbehörde den Sachverhalt. Finanzbehörde im Sinne dieses Abschnitts sind das Hauptzollamt, das Finanzamt, das Bundeszentralamt für Steuern und die Familienkasse.

(2) Die Finanzbehörde führt das Ermittlungsverfahren in den Grenzen des § 399 Abs. 1 und der §§ 400, 401 selbständig durch, wenn die Tat

1. ausschließlich eine Steuerstraftat darstellt oder
2. zugleich andere Strafgesetze verletzt und deren Verletzung Kirchensteuern oder andere öffentlich-rechtliche Abgaben betrifft, die an Besteuerungsgrundlagen, Steuermessbeträge oder Steuerbeträge anknüpfen.

(3) Absatz 2 gilt nicht, sobald gegen einen Beschuldigten wegen der Tat ein Haftbefehl oder ein Unterbringungsbefehl erlassen ist.

(4) Die Finanzbehörde kann die Strafsache jederzeit an die Staatsanwaltschaft abgeben. Die Staatsanwaltschaft kann die Strafsache jederzeit an sich ziehen. In beiden Fällen kann die Staatsanwaltschaft im Einvernehmen mit der Finanzbehörde die Strafsache wieder an die Finanzbehörde abgeben.

A. Übersicht über die Zuständigkeitsregelungen für das Steuerstrafrecht

1 Zu unterscheiden sind bei Zuständigkeitsfragen allgemein die sachliche, die örtliche und die funktionelle Zuständigkeit. I.R.d. AO wird für das Steuerstrafrecht die Zuständigkeit der Finanzbehörden als Ermittlungsbehörde geregelt. Während § 386 AO die funktionelle und § 387 AO die sachliche Zuständigkeit der Finanzbehörden als Ermittlungsbehörden beinhalten, befasst sich § 388 AO mit der örtlichen Zuständigkeit in Steuerstrafsachen. § 389 AO beinhaltet besondere Fälle der örtlichen Zuständigkeit, während § 390 AO Fälle des sachlichen und örtlichen Kompetenzkonflikts regelt.

2 Die **sachliche Zuständigkeit** bezieht sich auf die Verteilung der Strafsachen nach Art und Schwere (vgl. *Meyer-Goßner* Vor § 1 Rn. 2). Während im allgemeinen Strafverfahren die StA die Ermittlungsbehörde ist, überträgt § 386 AO die Ermittlungsbefugnis für das Steuerstrafverfahren auf die Finanzbehörde. Dadurch bestimmt sich für diese, welche Finanzbehörde der Art nach die ihr zugewiesenen Rechte und Pflichten als Ermittlungsbehörde im Steuerstrafverfahren im jeweiligen Einzelfall wahrzunehmen hat (FGJ/*Randt* § 387 Rn. 2). Ob die sachliche Zuständigkeit der StA bei der Verfolgung von Steuerstraftaten besteht, folgt insb. aus § 386 Abs. 2 AO, §§ 142 ff. GVG. Die sachliche Zuständigkeit der Gerichte wird durch das GVG bestimmt (§ 1 StPO) und ist in jeder Lage des Verfahrens von Amts wegen zu prüfen (§ 6 StPO).

3 Die **örtliche Zuständigkeit** im Strafrecht ist maßgebend dafür, welche Ermittlungsbehörde bzw. welches Gericht sich unter mehreren sachlich zuständigen mit der Strafsache zu befassen hat. Die örtliche Zuständigkeit der Finanzbehörde ist diesbezüglich in §§ 388 bis 390 AO geregelt; die erstinstanzliche örtliche gerichtliche Zuständigkeit (= Gerichtsstand) ergibt sich aus §§ 7 ff. StPO, während die örtliche Zuständigkeit der StA angelehnt an den Gerichtsstand aus § 143 GVG folgt.

4 Der Begriff der **funktionellen Zuständigkeit** wird im Gesetz nicht erwähnt. Darunter werden alle Zuständigkeitsregelungen zusammengefasst, die nicht unter die örtliche oder sachliche Zuständigkeit fallen, i.R.d. Steuerstrafrechts insb. die Übertragung des Ermittlungsmonopols der Staatsanwaltschaften auf andere Behörden (§ 386 Abs. 2 AO) und bei den Gerichten auf Wirtschaftsstrafkammern (§ 74c Abs. 1 Satz 1 Nr. 3 GVG).

B. Allgemeines und Anwendungsbereich

5 Für das Steuerstrafrecht enthält die AO Ergänzungen des allgemeinen Strafverfahrensrechts (§§ 385 – 408 AO); hinsichtlich der allgemeinen Vorschriften wird insb. auf die StPO und das GVG verwiesen (§§ 369 Abs. 2, 385 Abs. 1 AO). Zu den Ergänzungen gehört, dass in § 386 AO die **funktionelle Zuständigkeit** der Finanzbehörde für die Ermittlung von Steuerstraftaten, die Abgrenzung der Befugnisse zwischen StA und Finanzbehörde als Ermittlungsbehörden im Steuerstrafverfahren sowie deren Zusammenarbeit zusammenfassend geregelt wird.

Sinn und Zweck der Regelung des § 386 AO ist ein dreifacher: **6**

– Zunächst können durch die besonderen Sachkenntnisse der Finanzbehörden Steuerstraftaten effektiv geahndet werden,
– des Weiteren wird das Strafverfahren prozessökonomisch gestaltet, da die sachnächste Behörde im gesetzlich zulässigen Umfang das Straf- oder Ordnungswidrigkeitenverfahren selbst führen kann,
– zudem wird so auch im Steuerstrafverfahren das Steuergeheimnis gem. § 30 AO weitgehend geschützt (vgl. auch FGJ/*Randt* § 386 Rn. 8; Schwarz/*Dumke* § 386 Rn. 4).

C. Inhalt des § 386 AO

I. § 386 Abs. 1 AO – Unselbstständige Ermittlungsbefugnis der Finanzbehörde

1. § 386 Abs. 1 Satz 1 AO

Besteht der Verdacht der Begehung einer Steuerstraftat, ermittelt gem. § 386 Abs. 1 Satz 1 AO die   **7** Finanzbehörde den Sachverhalt, wobei hier die **unselbstständige Ermittlungskompetenz** der Finanzbehörde geregelt wird. Diese besteht grds. es sei denn, es greifen die in § 386 Abs. 2 AO genannten eng auszulegenden Voraussetzungen.

Die Finanzbehörde hat im Fall der unselbstständigen Ermittlungskompetenz nach § 386 Abs. 1   **8** AO die Rechte und Pflichten wie die Behörden des **Polizeidienstes** nach der StPO (vgl. auch § 402 Abs. 1 AO) und ist in diesem Fall unselbstständiges Hilfsorgan der StA. Wie die Polizeibehörden darf sie Steuerstraftaten erforschen und alle keinen Aufschub gestattenden Anordnungen treffen, um die Verdunkelung der Sache zu verhüten (vgl. § 163 Abs. 1 Satz 1 StPO). In den Fällen des § 386 Abs. 1 AO sind die Finanzbehörden ebenso wenig wie die Beamten des allgemeinen Polizeidienstes befugt, unmittelbar gem. § 162 StPO Anträge beim Ermittlungsrichter zu stellen (LG Freiburg, Beschl. v. 04.09.2000 – VIII Qs 9/00, StV 2001, 268, vgl. auch § 387 AO Rdn. 24).

Die unselbstständige Ermittlungskompetenz besteht auch, wenn sich von Anfang an oder im   **9** Laufe des Verfahrens der Verdacht hinsichtlich einer allgemeinen Straftat ergibt, die mit der Steuerstraftat in Tateinheit steht (str., BGH, Urt. v. 24.10.1989 – 5 StR 238 – 239/89 = BGHSt 36, 285 zur Problematik Rdn. 68 bis 71); bei Tatmehrheit jedenfalls dann, wenn es sich bei Steuerstraftat und allgemeinem Delikt um dieselbe Tat i.S.d. § 264 Abs. 1 StPO handelt (str., vgl. OLG Braunschweig, Urt. v. 24.11.1997 – Ss [S] 70/9, wistra 1998, 71, zur Problematik Rdn. 68 bis 72).

Daraus folgt, dass, wenn die Finanzbehörde ein Strafverfahren wegen des Verdachts der Steuerhin-   **10** terziehung einleitet, dies auch die **Verfolgungsverjährung** für ein Allgemeindelikt unterbricht, das mit der Hinterziehung eine Tat im prozessualen Sinne bildet, denn § 386 AO regelt nicht die Ermittlungsbefugnisse der Finanzbehörden, sondern die Frage, ob die StA oder die Finanzbehörde das Verfahren durchzuführen hat (str., dazu Rdn. 73; BGH, Urt. v. 24.10.1989 – 5 StR 238/89 = BGHSt 36, 283; OLG Braunschweig, Urt. v. 24.11.1997 – Ss [S] 70/97, wistra 1998, 71, *Rolletschke*, Stbg 2006, 379, 381; krit. *Bender,* wistra 1998, 93).

Bei unselbstständigen Ermittlungen nach § 386 Abs. 1 AO werden im **internen Aufbau der**   **11** **Finanzverwaltung** Aufgaben, welche sich aus der Ausübung polizeilicher Rechte und Pflichten ergeben, von der Bußgeld- und Strafsachenstelle des FA (BuStra – ausdrücklich erwähnt z.B. in Nr. 17 Abs. 4, 87 Abs. 2, 88 Abs. 1, 89, 90, 91 Abs. 1, 3 und 4, 92 Abs. 1 und 4, 93, 94, 95, 113 Abs. 1 und 2, 115 Abs. 2 AStBV [St] BStBl. I 2011, S. 1000 ff.; vgl. auch *Spitz*, DStR 1981, 428, 432) bzw. den Hauptzollämtern und/oder der Steuerfahndung (Steufa, §§ 208, 404 AO) bzw. den Zollfahndungsämtern wahrgenommen (vgl. auch Nr. 91 Abs. 1, Nr. 123 Abs. 3 AStBV [St], BStBl. I 2011, S. 1000 ff.).

12 ▶ **Praxishinweis:**

In Fällen des § 386 Abs. 1 Satz 1 AO hat dies in der Praxis insb. die folgenden Konsequenzen:
- **Akteneinsicht** gem. § 147 StPO kann nur durch die StA gewährt werden. Dies bedeutet, dass dem Verteidiger Akteneinsicht entweder unmittelbar von der StA oder durch die Finanzbehörde auf Anordnung der StA gewährt werden kann.
- Ordnet die Finanzbehörde, egal ob Steufa oder BuStra, **Zeugen- oder Beschuldigtenvernehmungen** an, handelt es sich insoweit nur um polizeiliche Ladungen. Für den Beschuldigten besteht dann keine Pflicht zum Erscheinen; diese besteht nur bei einer staatsanwaltschaftlichen Ladung (s. § 163a Abs. 3 Satz 1 StPO). Ebenso wenig besteht für Zeugen bei polizeilichen Ladungen eine Pflicht zum Erscheinen (vgl. § 163 StPO); anders ist dies bei einer Vernehmung durch die StA (§ 161a StPO).
- Bei **Durchsuchungen** hat ein BuStra-Sachbearbeiter ebenso wie die Steuerfahnder lediglich polizeiliche Kompetenzen. Er hat weder staatsanwaltschaftliche Befugnisse, noch kann er i.d.R. als Zeuge i.S.v. § 105 Abs. 2 StPO fungieren, da er Landes- und nicht Kommunalbeamter ist.

a) Finanzbehörde

13 „Finanzbehörden" sind i.R.d. Steuerstrafverfahrens abweichend von § 6 AO nur die in § 386 Abs. 1 Satz 2 AO abschließend aufgezählten Behörden (s. Rdn. 19).

b) Steuerstraftat

14 Der Begriff der **Tat** ist nicht i.S.d. Tateinheit nach § 52 StGB, sondern im prozessualen Sinne des § 264 Abs. 1 StPO zu verstehen (allg. A. vgl. nur Nr. 17 Abs. 2 Satz 1 AStBV [St] BStBl. I 2010, S. 1435, 1442; *Kretzschmar*, DStR 1985, 24, 25). Dies ist das gesamte tatsächliche Geschehen, das bei natürlicher Betrachtungsweise als einheitlicher Lebensvorgang zu werten ist (z.B. BGH, Beschl. v. 17.07.1991 – 5 StR 225/91, NJW 1991, 3227). Für die Annahme einer Tat in diesem Sinne kann es z.B. ausreichen, wenn die einzelnen Tathandlungen so miteinander verknüpft sind, dass ihre getrennte Aburteilung in verschiedenen erstinstanzlichen Verfahren einen einheitlichen Lebenssachverhalt unnatürlich aufspalten würde (Nr. 17 Abs. 2 Satz 2 AStBV [St] BStBl. I 2011, S. 1000, 1008).

15 Der Begriff der **Steuerstraftat** ist in § 369 Abs. 1 Nr. 1 bis 4 AO legal definiert (s. näher dort; vgl. auch Nr. 17 Abs. 1 Nr. 1, Nr. 18 AStBV [St] BStBl. I 2011, S. 1000, 1008).

16 Zu beachten ist, dass zwar auch solche Taten als Steuerhinterziehungen zu beurteilen sind, bei denen der gesamte Sachverhalt zu Erlangung der Steuererstattung nur vorgetäuscht wurde (sog. **Vorspiegelungstaten**; BGH, Beschl. v. 23.03.1994 – 5 StR 91/94, wistra 1994, 194; Nr. 18 lit. 1 Satz 2 AStBV [St] BStBl. I 2011, S. 1000, 1008; *Kretzschmar*, DStR 1985, 24, 27 f.; *Mösbauer*, DStZ 2000, 512, 512 f.). Doch besteht hier wegen §§ 385 Abs. 2 i.V.m. 386 Abs. 2 AO nur eine unselbstständige Ermittlungskompetenz der Finanzbehörde (a.A. FGJ/*Randt* § 386 Rn. 16: es bestehe die selbstständige Ermittlungskompetenz nach § 386 Abs. 2 AO).

c) Den Steuerstraftaten gleichgestellte Straftat

17 Ebenfalls besteht die selbstständige Kompetenz der Finanzbehörden als Ermittlungsbehörden, wenn sich das Ermittlungsverfahren auf eine den Steuerstraftaten gleichgestellte Straftat bezieht, also bei Straftaten gem. § 370 AO, §§ 263, 264 StGB mit Verstößen gegen die Prämien- und Zulagengesetze, sofern in den jeweiligen Gesetzen §§ 386 ff. AO für entsprechend anwendbar erklärt werden; dies sind:
- die ungerechtfertigte Erlangung von Altersvorsorgezulagen, von Wohnungsbau-, Bergmannsprämien und von Arbeitnehmersparzulagen durch Taten i.S.d. § 370 AO (§ 96 Abs. 7 EStG, § 8 Abs. 2 WoPG, § 5a Abs. 2 BergPG, § 29a BerlinFG, § 14 Abs. 3 VermBG) sowie der Versuch dazu,

– der Betrug in Bezug auf Eigenheimzulage nach dem Eigenheimzulagengesetz (§ 15 Abs. 2 Eig-ZulG) und auf Investitionszulage nach dem Investitionszulagengesetz gem. (§ 15 InvZulG 2010),

– der Subventionsbetrug (§ 264 StGB) in Bezug auf Investitionszulagen nach dem Investitionszulagengesetz (§ 15 InvZulG 2010),

– die Begünstigung einer Person, die eine der vorstehend genannten Taten begangen hat (§ 257 StGB),

– die Anstiftung (§ 26 StGB) und die Beihilfe (§ 27 StGB) zu einer der vorstehend genannten Taten (s. Nr. 17 Abs. 1 Nr. 1, Nr. 19 AStBV [St] BStBl. I 2011, S. 1000, 1008).

▶ **Praxishinweis:**

Die Praxisrelevanz der den Steuerstraftaten gleichgestellen Straftaten ist gering, zumal die Eigenheimzulage zum 31.12.2005 abgeschafft wurde.

d) Verdacht

Die staatsanwaltschaftliche und damit auch die finanzbehördliche allgemeine Ermittlungskompe- 18 tenz beruht auf dem Verdacht einer verfolgbaren Straftat gem. § 152 Abs. 2 StPO. Für ein Einschreiten zureichende tatsächliche Anhaltspunkte liegen vor, wenn ein auf Tatsachen beruhender Anfangsverdacht gegeben ist; die Möglichkeit, dass nach kriminalistischer Erfahrung eine verfolgbare Straftat gegeben ist, genügt für den Anfangsverdacht (KK/*Schoreit* § 152 Rn. 28 m.w.N.)

2. § 386 Abs. 1 Satz 2 AO

§ 386 Abs. 1 Satz 2 AO enthält abweichend von § 6 AO die Legaldefinition des Begriffs der 19 **Finanzbehörde** i.S.d. dritten Abschnitts der AO. Unter diesen Begriff fallen demnach das Hauptzollamt (§ 1 Nr. 4 FVG), das FA (§ 2 Abs. 1 Nr. 4 FVG), das Bundeszentralamt für Steuern (§§ 1 Nr. 2, § 5 FVG) sowie die Familienkassen (§ 5 Abs. 1 Nr. 11 FVG). Unter die dort genannten FA fallen nicht die OFD und Finanzministerien (BeckOK/*Bachler* § 386 AO Rn. 1). Die Steuerfahndung gilt insoweit nicht als Finanzbehörde, ebenso wenig wie das Zollkriminalamt und die Zollfahndungsämter (vgl. Klein/*Gersch/Jäger* § 386 AO Rn. 1).

II. § 386 Abs. 2 AO – Selbstständige Ermittlungsbefugnis der Finanzbehörde

Die in § 386 Abs. 2 AO geregelte selbstständige Durchführung des Ermittlungsverfahrens durch 20 die Finanzbehörde stellt eine Ausnahme von dem Grundsatz der unselbstständigen Ermittlungskompetenz des Abs. 1 dar und kommt nur unter den dort genannten eng auszulegenden Voraussetzungen in Betracht (vgl. BeckOK/*Bachler* § 386 AO Rn. 1; FGJ/*Randt* § 386 Rn. 12). Führt die Finanzbehörde das Ermittlungsverfahren gem. § 386 Abs. 2 AO in den Grenzen der § 399 Abs. 1 AO und §§ 400, 401 AO selbstständig durch, tritt sie im Rahmen ihrer gesetzlichen Befugnisse an die Stelle der StA (OLG Stuttgart Beschl. v. 04.02.1991 – 3 Ws 21/91, NStZ 1991, 291; vgl. auch Nr. 17 Abs. 3 AStBV [St], BStBl. I 2011, S. 1000, 1008).

Die **selbstständige Ermittlungskompetenz** mit der Folge einer der StA vergleichbaren Stellung der 21 Finanzbehörden beschränkt sich auf die in § 386 Abs. 2 Nr. 1 und 2 AO aufgezeigten Fälle, insb. auf die ausschließliche Verfolgung von Steuerstraftaten. Zwar bleibt auch bei selbstständiger Führung des Ermittlungsverfahrens durch die Finanzbehörde die StA insoweit Herrin des strafrechtlichen Ermittlungsverfahrens, als sie dieses einerseits nach § 386 Abs. 4 Satz 2 AO jederzeit und ohne Angabe von Gründen an sich ziehen und die Finanzbehörde andererseits die Sache jederzeit gem. § 386 Abs. 4 Satz 1 AO an die StA abgeben kann (OLG Stuttgart, Beschl. v. 04.02.1991 – 3 Ws 21/91, NStZ 1991, 291, 292; *Eisenberg*, wistra 2009, 477), sodass das allgemeine Ermittlungsmonopol der StA in § 386 Abs. 1 bis Abs. 3 AO nicht durchbrochen, sondern nur modifiziert wird (Klein/*Gersch/Jäger* § 386 Rn. 1; Schwarz/*Dumke* § 386 Rn. 18b; a.A. „latent eingeschränkt": FGJ/*Randt* § 386 Rn. 4; auch *Mösbauer*, DStZ 2000, 512; a.A. § 386 AO sei „zum Teil eine Ausnahme von §§ 152 Abs. 2, 160 Abs. 1 StPO": BeckOK/*Bachler* § 386 AO Rn. 1). Doch ist die Finanzbehörde nicht bloßes Hilfsorgan der StA und bei selbstständiger Führung des Ermittlungsverfahrens nicht an deren Weisungen gebunden (BGH, Beschl. v. 30.04.2009 – 1 StR 90/09, NJW 2009, 2319; BFH, Urt. v. 25.01.1972 – VII R 109/68, BStBl. II 1972, S. 286; FGJ/*Randt* § 386 Rn. 4 f.). Erteilt die StA gleichwohl eine auf die Durchführung des Ermittlungsverfahrens bezogene Weisung an die Finanzbehörde, kann hierin ein Ansichziehen des Verfahrens nach § 386 Abs. 4 Satz 2 AO liegen (BeckOK/*Bachler* § 386 AO Rn. 3; vgl. auch OLG Stuttgart, Beschl. v. 04.02.1991 –3 Ws 21/91, NStZ 1991, 291, 292).

22 Im Fall des Verdachts tatmehrheitlich – sofern es sich um eine prozessuale Tat gem. § 264 Abs. 1 StPO handelt – aber auch tateinheitlich mit Steuerstraftaten begangener allgemeiner Straftaten entfällt diese Kompetenz kraft Gesetzes mit der Folge, dass den Finanzbehörden im Fall der Verfolgung von Straftaten mit tateinheitlich begangenen allgemeinen Straftaten nur die unselbstständige Ermittlungskompetenz verbleibt (vgl. LG Freiburg, Beschl. v. 04.09.2000 – VIII Qs 9/00, StV 2001, 268).

23 Im **internen Aufbau der Finanzverwaltung** werden Aufgaben, welche sich aus der Ausübung staatsanwaltschaftlicher Rechte und Pflichten ergeben, von der Bußgeld- und Strafsachenstelle des FA (BuStra) (s. Nr. 17 Abs. 4 Satz 1 AStBV [St], BStBl. I 2011, S. 1000, 1008) bzw. den Hauptzollämtern wahrgenommen. So fällt z.B. die Bestimmung der Frist zur Nachentrichtung hinterzogener Steuern gem. § 371 Abs. 3 AO als Maßnahme des Steuerstrafverfahrens in die ausschließliche sachliche Zuständigkeit der für das Steuerstrafverfahren zuständigen Finanzbehörde i.S.d. § 386 Abs. 2 AO, also der BuStra (OLG Karlsruhe, Beschl. v. 22.12.2006 –3 Ss 129/06, wistra 2007, 159), und es kann z.B. ein Antrag auf Anordnung der Durchsuchung und Beschlagnahme nicht wirksam von der Steuerfahndungsstelle gestellt werden (LG Freiburg, Beschl. v. 16.07.1986 – IV Qs 72/86, wistra 1987, 155; s.a. § 387 AO Rdn. 24 f.), denn auch hierbei handelt es sich um eine originäre Aufgabe der BuStra. Gem. Nr. 17 Abs. 4 AStBV (St) (BStBl. I 2011, S. 1000, 1008) gilt Folgendes:

> „*Ihr [der BuStra] obliegt stets die abschließende Entscheidung, insbesondere die Entscheidung über die Einstellung von Verfahren. Auch wenn die BuStra den Sachverhalt nicht selbst aufklärt, sondern die Steufa oder andere Stellen damit beauftragt, hat sie die Ermittlungen zu leiten, mindestens ihre Richtung und ihren Umfang zu bestimmen. Sie kann dabei auch konkrete Einzelweisungen zur Art und Weise der Durchführung einzelner Ermittlungshandlungen erteilen.*"

24 Die Befugnisse der Steuerfahndung bzw. der Zollfahndungsämter als polizeiliche Ermittlungspersonen sind unabhängig davon, ob die StA oder die BuStra bzw. das Hauptzollamt das Ermittlungsverfahren führt (FGJ/*Randt* § 404 Rn. 50). Bei der BuStra handelt es sich im selbstständigen Verfahren nach § 386 Abs. 2 AO wie auch bei der StA um ein der dritten Gewalt (d.h. der Exekutive) zugeordnetes Organ der Rechtspflege (vgl. nur *Meyer-Goßner* Vor § 141 GVG Rn. 7; *Webel*, AO-StB 2007, 137, 139 je m.w.N.).

25 Das OLG Naumburg (Beschl. v. 18.10.2006 – 1 Ws 369/06) führt diesbezüglich aus:

> „**... Leitsatz**
> *Bei einem vom Finanzamt geführten Ermittlungsverfahren (hier: wegen Steuerhinterziehung) kann sich das Finanzamt bei Versäumung der Frist zur Einlegung einer sofortigen Beschwerde gegen einen Beschluss des Amtsgerichts zur Entschädigung des Beschuldigten und bei seinem Antrag auf Wiedereinsetzung in den vorigen Stand nicht auf eine Unkenntnis der Rechtmittelfrist berufen. Denn die Bußgeld- und Strafsachenstelle der Finanzämter sind nicht der Verwaltung zuzuordnen, so dass die Erteilung einer Rechtsmittelbelehrung unangebracht ist. ...*"

26 Zur Stellung der Finanzbehörden im Verfahren der StA vgl. Nr. 91 bis 93 AStBV (St) (BStBl. I 2011, S. 1000 ff.) und im gerichtlichen Verfahren vgl. §§ 406, 407 AO, Nr. 94 bis 96 sowie auch Nr. 17 Abs. 5 AStBV (St) (BStBl. I 2011, S. 1000 ff.).

1. § 386 Abs. 2 Nr. 1 AO

Die Finanzbehörde führt das Ermittlungsverfahren gem. § 386 Abs. 2 Nr. 1 AO in den Grenzen   27
der § 399 Abs. 1 und §§ 400, 401 AO selbstständig durch, wenn die Tat ausschließlich eine Steuerstraftat darstellt. **Sinn und Zweck** dieser Regelung ist insb., dass die Finanzbehörden die Ermittlungen in Steuerstrafverfahren führen, weil diese besondere steuerliche Sachkunde erfordern, die
bei den Finanzbehörden vorhanden ist; des Weiteren ergibt sich ein Anfangsverdacht in Bezug auf
Steuerstraftaten meist aus dem Besteuerungsverfahren (Klein/*Gersch/Jäger* § 386 Rn. 1).

a) Finanzbehörde

Zum Begriff der „Finanzbehörden" gem. § 386 Abs. 1 Satz 2 AO s.o. Rdn. 19   **28**

b) Steuerstraftat

Zum Begriff der Steuerstraftat s.o. Rdn. 14 bis 16   **29**

c) Den Steuerstraftaten gleichgestellte Straftat

Zum Begriff der „den Steuerstraftaten gleichgestellten Straftat" s.o. Rdn. 17   **30**

d) Ausschließlich eine Steuerstraftat

Die Finanzbehörde führt nach § 386 Abs. 2 Nr. 1 AO das Ermittlungsverfahren selbstständig   31
durch, wenn die Tat „ausschließlich eine Steuerstraftat" darstellt. Maßgeblich für den Begriff der
Tat ist allein der **prozessuale Tatbegriff** i.S.v. § 264 Abs. 1 StPO; auf das materiell-rechtliche Konkurrenzverhältnis ggf. verwirklichter Straftatbestände kommt es nicht an (Schwarz/*Dumke* § 386
Rn. 13; BeckOK/*Bachler* § 386 AO Rn. 4 m.w.N.). Bei Zusammentreffen mit anderen Straftaten
(in der Praxis häufig die Urkundenfälschung gem. § 267 StGB) i.S.v. § 264 Abs. 1 StPO besteht
mithin keine selbstständige Ermittlungsbefugnis der Finanzbehörde; vielmehr hat die StA das
Ermittlungsverfahren zu führen.

e) Grenzen des § 399 Abs. 1 AO sowie der §§ 400, 401 AO

Im Rahmen ihrer gesetzlichen Befugnisse ermittelt die Finanzbehörde selbstständig. § 399 Abs. 1   32
AO spricht der Finanzbehörde dabei nur im Ermittlungsverfahren die gleichen Rechte und Pflichten zu wie der StA, weshalb sie nicht Strafvollstreckungsbehörde i.S.v. § 451 Abs. 1 StPO ist. Da
die Überwachung der Erfüllung von Auflagen gem. § 153a StPO keine Vollstreckung in diesem
Sinne darstellt (vgl. *Meyer-Goßner* § 153a StPO Rn. 26), ist die Finanzbehörde dann für die Überwachung zuständig, wenn sie die Auflagen auferlegt hat (*Rolletschke,* Stbg 2006, 379, 380; vgl.
auch Nr. 93 AStBV [St], BStBl. I 2011, S. 1000, 1028: Unterstützung der StA bei der Überwachung von Auflagen).

§ 400 AO erweitert die in § 399 AO genannten Befugnisse, begrenzt die Rechte der Finanzbehör   33
den jedoch dahin gehend, dass sie selbst keine Anklage erheben darf, aber einen Strafbefehlsantrag
stellen kann. Mithin bleibt die StA insb. unbeteiligt, wenn die Finanzbehörde das Verfahren

- gem. § 399 Abs. 1 AO i.V.m. § 170 Abs. 2 StPO einstellt, weil sich der Angangsverdacht im
  Laufe der Ermittlungen als unbegründet erwiesen hat,
- gem. § 398 AO oder § 153 Abs. 1 StPO wegen Geringfügigkeit einstellt,
- gem. § 153a Abs. 1 StPO nach Erfüllung von Auflagen einstellt,
- gem. § 154 Abs. 1 StPO von der Verfolgung absieht (sei es im Hinblick auf weitere gewichtigere allgemeine Straftaten oder Steuerdelikte),
- gem. § 154a Abs. 1 StPO die Strafverfolgung beschränkt,
- gem. § 154f StPO wegen Abwesenheit des Beschuldigten vorläufig einstellt.

– Auch bleibt die StA unbeteiligt, wenn der Strafrichter einen von der Finanzbehörde beantragten **Strafbefehl** (§§ 407 ff. StPO) antragsgemäß erlässt und dagegen kein Einspruch eingelegt wird.

34 ▶ **Praxishinweis zur Organisation der Zusammenarbeit zwischen BuStra und StA bei Strafbefehlsanträgen:**

In der Praxis werden **Strafbefehlsanträge** der Finanzbehörde oft über die StA dem zuständigen AG zugeleitet, da diese einen Aktenvorgang mit staatsanwaltschaftlichem Aktenzeichen anlegt entweder für den Fall, dass Einspruch eingelegt wird und i.R.d. Hauptverfahrens durch die StA die Sitzungsvertretung wahrgenommen wird (§ 406 AO) oder dass der Strafbefehl rechtskräftig wird und die StA als Strafvollstreckungsbehörde (§ 451 Abs. 1 StPO, s.a. Rdn. 32, 58) tätig werden muss. Sofern der Strafbefehl nicht antragsgemäß erlassen wird, wird der Vorgang über die StA an die Finanzbehörde zurückgesandt.

35 Nach § 401 AO darf die Finanzbehörde auch einen Antrag auf Anordnung von Nebenfolgen im selbstständigen Verfahren stellen.

2. § 386 Abs. 2 Nr. 2 AO

36 Verletzt die Tat zugleich andere Strafgesetze und betrifft deren Verletzung Kirchensteuern oder andere öffentlich-rechtliche Abgaben, die an Besteuerungsgrundlagen anknüpfen, so besteht eine selbstständige Ermittlungskompetenz der Finanzbehörden nach § 386 Abs. 2 Nr. 2 AO. Die Vorschrift hat insb. Bedeutung für Beiträge an die Industrie- und Handelskammern, Steuerberaterkammern, Landwirtschaftskammern oder Handwerkskammern, deren Höhe sich nach dem Gewerbesteuermessbetrag richtet (vgl. auch Nr. 17 AStBV [St], BStBl. I 2011, S. 1000, 1008; BeckOK/*Bachler* § 386 AO Rn. 5; FGJ/*Randt* § 386 Rn. 22 bis 24). Da es sich hierbei nicht um Steuern handelt, ist eine Hinterziehung dieser Abgaben als Betrug zu werten, gleichwohl besteht auch insoweit die Ermittlungskompetenz der Finanzbehörden, wenn zugleich eine Steuerstraftat verwirklicht wurde (vgl. *Mösbauer*, wistra 1996, 252, 254; Klein/*Gersch/Jäger* § 386 Rn. 8).

37 „Zugleich" mit der Steuerstraftat werden andere Strafgesetze verletzt, wenn beide Taten in Tateinheit (§ 52 StGB) begangen wurden oder sie bei Tatmehrheit (§ 53 StGB) zumindest eine prozessuale Tat i.S.v. § 264 Abs. 1 StPO darstellen.

38 Würde § 386 Abs. 2 Nr. 2 AO in der AO fehlen, hätte dies u.a. zur Folge, dass in allen Fällen der Hinterziehung von ESt, die häufig mit einer Verkürzung der Kirchensteuern zusammenfallen, die Ermittlungskompetenz auf die StA übergehen würde, womit die Ermittlungskompetenz der Finanzbehörde praktisch wieder weitgehend beseitigt würde (Klein/*Gersch/Jäger* § 386 Rn. 8; Schwarz/*Dumke* § 386 Rn. 22); dies wäre widersinnig, denn in den Fällen des § 386 Abs. 2 Nr. 2 AO bilden die anderen Straftaten (insb. der Abgabenbetrug) nur Anhängsel zur Steuerhinterziehung (a.A. FGJ/*Randt* § 386 Rn. 20 f.: erst nach Einstellung des Verfahrens hinsichtlich der Kirchensteuer durch die StA gem. § 154a Abs. 1 StPO und Übernahme des Verfahrens durch die Finanzbehörde bestehe die selbstständige Ermittlungskompetenz der Finanzbehörden; zur Streitfrage, ob und nach welcher Norm die Hinterziehung von Kirchensteuer strafbar ist § 387 AO Rdn. 32).

III. § 386 Abs. 3 AO

39 Die selbstständige Ermittlungskompetenz der Finanzbehörde (§ 386 Abs. 2 AO) entfällt kraft Gesetzes gem. § 386 Abs. 3 AO mit dem Erlass eines Haft- (§§ 112 ff. StPO) oder Unterbringungsbefehls (§ 126a StPO). Die Finanzbehörde hat in den Fällen des § 386 Abs. 3 AO damit nur die Rechte und Pflichten der Behörden des Polizeidienstes sowie die Befugnis zu Maßnahmen nach § 399 Abs. 2 Satz 2 AO (Nr. 20 Satz 2 AStBV [St], BStBl. I 2011, S. 1000, 1009).

Sinn und Zweck dieser Regelung ist, dass diese Fälle von der StA geführt werden sollen, da diese 40 in Haftsachen über die größere Erfahrung verfügt. Dies ist sachgerecht, da es sich in diesen Fällen um solche von größerer Bedeutung handelt, denn Voraussetzung eines Haftbefehls ist u.a. die Verhältnismäßigkeitsprüfung (§ 112 Abs. 1 Satz 2 StPO, vgl. auch FGJ/*Randt* § 386 Rn. 25) und auch die Vollstreckung letztlich der StA obliegt (Schwarz/*Dumke* § 386 Rn. 24).

Aus dem Wortlaut des Abs. 3 ergibt sich Folgendes: 41

– Der Haft- oder Unterbringungsbefehl muss „wegen der Tat" ergehen, also wegen der Steuerstraftat; maßgeblich ist auch insoweit der prozessuale Tatbegriff gem. § 264 Abs. 1 StPO (BeckOK/*Bachler* § 386 AO Rn. 6 m.w.N.; *Kretzschmar*, DStR 1985, 24, 26). Bezieht sich der Haft- oder Unterbringungsbefehl auf eine andere allgemeine Straftat, so gilt § 386 Abs. 3 AO nicht; vielmehr hat die StA im Rahmen von § 386 Abs. 4 Satz 2 AO im Rahmen pflichtgemäßer Ermessensausübung zu prüfen, ob sie die Sache an sich ziehen will (FGJ/*Randt* § 386 Rn. 26; auch Schwarz/*Dumke* § 386 Rn. 27).
– Der Erlass eines Haft- oder Unterbringungsbefehls gegen einen von mehreren Beschuldigten reicht aus, um die selbstständige Ermittlungsbefugnis der Finanzbehörde für das gesamte Verfahren zu beenden (allg. A. z.B. Schwarz/*Dumke* § 386 Rn. 28; BeckOK/*Bachler* § 386 AO Rn. 6 m.w.N.; *Kretzschmar*, DStR 1985, 24, 26).

▶ **Praxishinweis:**

Bei der Finanzbehörde werden in der Verwaltungsorganisation oftmals Aktenzeichen für jeden Beschuldigten gesondert vergeben, während bei der StA in Ermittlungsverfahren sich die Aktenzeichen auf Sachverhaltskomplexe beziehen. Die Finanzbehörde sollte in der Praxis deshalb ggf. mehrere Vorgänge mit verschiedenen Beschuldigten gemeinsam der StA übersenden, sofern sie dieselbe prozessuale Tat gem. § 264 Abs. 1 StPO betreffen und nach dortiger rechtlicher Überprüfung für mindestens einen der Beschuldigten die Voraussetzungen für die Beantragung eines Haft- oder Unterbringungsbefehls vorliegen. Eine Begründung dafür mag sein, dass die Finanzbehörde das Ermittlungsverfahren nur mittels Einstellungen oder dem Strafbefehl abschließen kann, was sich immer nur auf einen Beschuldigten bezieht. Demgegenüber werden in Anklagen der StA Sachverhaltskomplexe auch mit mehreren Beschuldigten zusammengefasst.

– Ergeht der Haft- oder Unterbringungsbefehl hinsichtlich verschiedener, tatmehrheitlich begangener Delikte, die sowohl Steuerstraftaten als auch allgemeine Straftaten darstellen, so gilt § 386 Abs. 3 AO (FGJ/*Randt* § 386 Rn. 26).

Wegen § 386 Abs. 3 AO sehen **Nr. 22 Abs. 1 Satz 3 Nr. 2, 73 Abs. 1 AStBV (St)** (BStBl. I 2011, 42 S. 1000 ff.) konsequenterweise vor, dass in Fällen, in denen der Erlass eines Haftbefehls (§§ 112 ff. StPO) in Betracht kommt, die Finanzbehörde dessen Voraussetzungen zwar zu prüfen, das Verfahren aber an die StA abzugeben hat, sodass es dieser überlassen bleibt, ob sie einen entsprechenden Antrag bei Gericht stellt. Diese Verwaltungsanweisung berührt zwar die Rechtmäßigkeit einer gleichwohl von der Finanzbehörde vorgenommenen vorläufigen Festnahme gem. § 127 Abs. 2 StPO und darauf folgender Antragstellung gem. §§ 112 ff. StPO nicht (Schwarz/*Dumke* § 386 Rn. 25), doch spielt in der **Praxis** deshalb der Meinungsstreit keine Rolle, ob der Haftbefehl bereits mit Verlassen des Dienstbereichs des Gerichts oder erst mit Eingang bei der vollstreckenden StA „erlassen" wurde (vgl. FGJ/*Randt* § 386 Rn. 29 m.w.N.), da die StA selbst üblicherweise bereits den Haftbefehls- bzw. Unterbringungsantrag stellt.

Die selbstständige Ermittlungsbefugnis der Finanzbehörde endet in Fällen des § 386 Abs. 3 AO 43 endgültig; sie lebt auch dann nicht wieder auf, wenn der Haft- bzw. Unterbringungsbefehl später wieder aufgehoben oder sein Vollzug ausgesetzt wird und eine Rückgabe des Verfahrens an die Finanzbehörde ist ausgeschlossen (h.M. vgl. BeckOK/*Bachler* § 386 AO Rn. 6; FGJ/*Randt* § 386 Rn. 28 m.w.N.). Denn anders als in § 386 Abs. 4 Satz 3 AO, der sich dem Wortlaut nach nur auf „die beiden Fälle" des § 386 Abs. 4 Satz 1 und 2 AO bezieht, ist in § 386 Abs. 3 AO eine solche Rückgabemöglichkeit nicht vorgesehen.

IV. § 386 Abs. 4 AO – Abgabe an die StA

44   Nach § 386 Abs. 4 Satz 1 und Satz 2 AO kann das Ermittlungsverfahren entweder durch Abgabe der Finanzbehörde (Satz 1) oder durch Evokation der StA selbst (Satz 2) auf diese übergehen. Nach § 386 Abs. 4 Satz 3 AO ist die StA berechtigt, die Strafsache im Einvernehmen mit der Finanzbehörde wieder an diese zurückzugeben.

1. Abgrenzung: Vorlage der Akten zur weiteren Entschließung der StA und der Abgabe an die StA

45   Durch die Regelung des § 386 Abs. 4 AO soll nicht die Möglichkeit einer Kompetenzerweiterung der Finanzbehörden geschaffen werden, weshalb für beide Fälle jeweils Voraussetzung ist, dass die Finanzbehörde grds. nach § 386 Abs. 2 AO zur selbstständigen Durchführung des Ermittlungsverfahrens berechtigt ist (BeckOK/*Bachler* § 386 AO Rn. 7). Da § 386 Abs. 4 Satz 1 AO eine Ermessensentscheidung der Finanzbehörde hinsichtlich der Abgabe der Sache an die StA voraussetzt, ist diese Norm nicht einschlägig in Fällen, in denen von vornherein der StA die alleinige Ermittlungsbefugnis zukommt und die Finanzbehörde als Strafverfolgungsbehörde aufgrund des Legalitätsprinzips (§ 152 Abs. 2 StPO) verpflichtet ist, die Akten der StA zur weiteren Entschließung vorzulegen, in der Praxis also insb., wenn sich im Laufe des Ermittlungsverfahrens der Verdacht hinsichtlich weiterer allgemeiner Straftaten ergeben hat (FGJ/*Randt* § 386 Rn. 17, 37 m.w.N.). Denn die „Übernahme des Verfahrens" durch die StA ist dann keine Ausübung des Evokationsrechts nach § 386 Abs. 4 AO, sondern es handelt sich um die Regelung der funktionellen und sachlichen Zuständigkeit (*Kretzschmar,* DStR 1985, 24, 27).

46   ▶ **Praxishinweise:**

   – **§ 154a Abs. 1 StPO:** In Fällen, in denen die StA sich entschließt, von der Strafverfolgung der allgemeinen Straftat gem. § 154a Abs. 1 StPO abzusehen, geht die Ermittlungskompetenz nicht automatisch wieder auf die Finanzbehörde über; in Betracht kommt auch nicht eine einvernehmliche Abgabe des Verfahrens an die Finanzbehörde. Denn ebenso wie in den Fällen des Abs. 3 stellen die Fallkonstellationen des Abs. 1 keine Fälle des Evokationsrechts nach § 386 Abs. 4 AO dar. Doch sieht das Gesetz nur für diese die Möglichkeit der Rückübernahme vor (vgl. Rdn. 43; *Kretzschmar,* DStR 1985, 24, 29; a.A. FGJ/*Randt* § 386 Rn. 19 m.w.N.).

   – **§ 170 Abs. 2 StPO:** In Fällen, in denen die StA nach Übernahme das Verfahren hinsichtlich der allgemeinen Straftat nach § 170 Abs. 2 StPO einstellt, ist eine einvernehmliche Rücknahme durch die Finanzbehörde nach § 386 Abs. 4 Satz 3 AO zulässig, sofern es sich nach der Einstellung um einen Fall handelt, der in den Bereich der selbstständigen Ermittlungskompetenz der Finanzbehörden fällt. Insb. können der StA nicht durch z.B. fehlerhafte rechtliche Würdigungen der Finanzbehörde Allgemeindelikte betreffend Fälle aufgedrängt werden.

   – **Abtrennung:** Trennt die StA im Rahmen ihrer Zuständigkeit zulässigerweise nach Übernahme z.B. selbstständige Tatkomplexe oder einzelne Beschuldigte ab und verbleibt dadurch ein Verfahrensbestandteil bestehen, der unter § 386 Abs. 2 AO fällt, so ist diesbezüglich eine einvernehmliche Rückübertragung nach § 386 Abs. 4 Satz 3 AO zulässig.

2. Zunehmende praktische Bedeutung des § 386 Abs. 4 AO

47   In letzter Zeit hat der BGH in verschiedenen Entscheidungen Ausführungen zur Strafzumessung in Steuerstrafsachen gemacht. Insb. in seinem Urt. v. 02.12.2008 (Az. 1 StR 416/08 m. Anm. *Rolletschke/Jope,* wistra 2009, 219) hat der BGH zur aktuellen Fassung des besonders schweren Falles der Steuerhinterziehung gem. § 370 Abs. 3 Satz 2 Nr. 1 AO für die Auslegung des Merkmals „großes Ausmaß" Folgendes ausgeführt:

„... Der Umstand, dass sich die Betragsgrenze von 50.000 € an derjenigen des Vermögensverlustes großen Ausmaßes im Sinne von § 263 Abs. 3 Satz 2 Nr. 2 Alt. 1 StGB orientiert, bedeutet zugleich, dass – ähnlich wie beim Betrug – zwischen schon eingetretenem Vermögensverlust und einem Gefährdungsschaden zu differenzieren ist:

(1) Die Betragsgrenze von 50.000 € kommt namentlich dann zur Anwendung, wenn der Täter ungerechtfertigte Zahlungen vom Finanzamt erlangt hat, etwa bei Steuererstattungen durch Umsatzsteuerkarusselle, Kettengeschäfte oder durch Einschaltung von sog. Serviceunternehmen. Ist hier – der „Steuerbetrug" hat zu einem „Vermögensverlust" geführt – diese Wertgrenze überschritten, dann ist das Merkmal erfüllt.

(2) Beschränkt sich das Verhalten des Täters dagegen darauf, die Finanzbehörden pflichtwidrig über steuerlich erhebliche Tatsachen in Unkenntnis zu lassen und führt das lediglich zu einer Gefährdung des Steueranspruchs, dann kann das „große Ausmaß" höher angesetzt werden. Der Senat hält hierbei eine Wertgrenze von 100.000 € für angemessen."

In seiner Entscheidung v. 30.04.2009 (Az. 1 StR 342/08, wistra 2009, 359) hat der BGH des **48** Weiteren eine Erhöhung des Strafrahmens der Freiheitsstrafe sowie eine größere Bereitschaft zur Versagung der Aussetzung der Freiheitsstrafe zur Bewährung vorgesehen (dazu auch *Eisenberg,* wistra 2009, 477, 478), denn „werden durch ein komplexes und aufwändiges Täuschungssystem, das die systematische Verschleierung von Sachverhalten über einen längeren Zeitraum bezweckt, in beträchtlichem Umfang Steuern verkürzt, kann sich die Vollstreckung einer Freiheitsstrafe zur Verteidigung der Rechtsordnung als notwendig erweisen".

Aus dieser neueren Rechtsprechung des BGH folgt, dass die **Bedeutung des § 386 Abs. 4 AO in** **49** **der Praxis** deutlich zugenommen hat. Denn wegen des erhöhten zu erwartenden Strafmaßes sind eine größere Anzahl von Verfahren zu erwarten, die nicht mehr im Strafbefehlswege mit einem maximalen Strafmaß von einem Jahr Freiheitsstrafe mit Bewährung (§ 407 Abs. 2 StPO) geahndet werden können. Mithin gibt es mehr Fälle, in denen die Unterrichtungspflicht der Finanzbehörden besteht und die Anzahl der Fälle, die die StA im Wege der pflichtgemäßen Ermessensausübung evozieren kann, wird zunehmen.

3. § 386 Abs. 4 Satz 1 AO – Abgaberecht der Finanzbehörde

a) Ermessen: Nach dem Wortlaut des § 386 Abs. 4 Satz 1 AO „kann" die Finanzbehörde die Straf- **50** sache jederzeit an die StA abgeben, weshalb die Herbeiführung der Kompetenzänderung im pflichtgemäßen Ermessen der beteiligten Finanzbehörde bzw. der StA steht (vgl. hierzu Nr. 267 Abs. 1 RiStBV). Im Fall der Abgabe an die StA kann diese die Übernahme nicht ablehnen und ist nach dem Wortlaut der Norm zur Übernahme des Verfahrens verpflichtet (vgl. BeckOK/*Bachler* § 386 AO Rn. 7; Klein/*Gersch/Jäger* § 386 AO Rn. 12); sie hat keinen rechtlichen Einfluss auf die Abgabe und ist selbst dann zur Übernahme verpflichtet, wenn sie die Abgabe als nicht sachgerecht ansieht bzw. diese gegen ihren Willen erfolgt. Bereits durch die Abgabe nach § 386 Abs. 4 Satz 1 AO wird die Zuständigkeit der StA kraft Gesetzes begründet (FGJ/*Randt* § 386 Rn. 38). Nur unter den Voraussetzungen des § 386 Abs. 4 Satz 3 AO, also im Einvernehmen mit der Finanzbehörde, kann die StA das Verfahren wieder an diese zurückgeben. Auch steht das Gesetz nach einvernehmlicher Rücknahme einer erneuten Abgabe durch die Finanzbehörde an die StA nicht entgegen.

Die unverzügliche Abgabe kommt nach Nr. 22 AStBV (St) (BStBl. I 2011, S. 1000, 1009) insb. in **51** Betracht, wenn

– 1. eine Maßnahmen der Telekommunikationsüberwachung beantragt werden soll,
– 2. die Anordnung der Untersuchungshaft geboten erscheint (§§ 112, 113 StPO),
– 3. die Strafsache besondere verfahrensrechtliche Schwierigkeiten aufweist (vgl. zur „schwierigen Beweislage" *Eisenberg* wistra 2009, 477, 479),
– 4. neben der Steuerstraftat auch nicht steuerliche Straftaten in einem einheitlichen Verfahren verfolgt werden sollen,

– 5. eine Freiheitsstrafe zu erwarten ist, die nicht im Strafbefehlsverfahren geahndet werden kann (§ 400 AO),

– 6. gegen bestimmte bevorrechtigte Personen i.S.d. Nr. 151 bis 153 AStBV (St) oder gegen Jugendliche, Heranwachsende und vermindert Schuldfähige (Nr. 154 AStBV [St]) ermittelt wird

– 7. oder ein Finanzbeamter der Finanzverwaltung der Beteiligung verdächtigt wird.

In den Fällen Nr. 6 und 7 sieht die AStBV (St) gem. Nr. 22 Abs. 1 Satz 4 AStBV (St) eine verpflichtende sofortige Abgabe der Finanzbehörde an die StA vor (vgl. auch Nr. 140 Abs. 4 AStBV [St], BStBl. I 2011, S. 1000, 1038).

52 **b) Form der Abgabeerklärung:** Zwar sieht das Gesetz keine bestimmte Form der Abgabeerklärung vor, doch ist es in der **Praxis** wegen Nr. 89 Abs. 2 AStBV (St) (BStBl. I 2011, S. 1000, 1027; § 163 Abs. 2 Satz 1 StPO) üblich, dass die Finanzbehörde das wesentliche Ermittlungsergebnis übersichtlich zusammenfassend dargestellt und i.d.R. auch rechtlich gewürdigt hat, wobei die Darstellung der Gewichtigkeit des Falles entsprechen soll. Die Abgabeschrift wird vom Sachgebietsleiter unterzeichnet.

53 **c) Zeitpunkt der Abgabe:** Dem Gesetzeswortlaut entsprechend kann die Abgabe an die StA „jederzeit" erfolgen. Fraglich ist, ob die Finanzbehörde in allen Fällen die Sache bis zur Anklagereife (bzw. Einstellungsreife) ohne Beteiligung der StA selbstständig ausermitteln darf. Grds. ist auch in Fällen, in denen eine Abgabe an die StA in Betracht kommt, für Ermittlungen der Finanzbehörde nicht die vorherige Abgabe der Sache an die StA erforderlich, denn die Finanzbehörde ist in diesen Fällen zu unselbstständigen Ermittlungen mit den Rechten und Pflichten wie die Behörden des Polizeidienstes befugt (vgl. § 402 Abs. 1 AO) und kann innerhalb dieses Rahmens wie die Polizei ohne einen besonderen Auftrag der StA tätig werden (Klein/*Gersch/Jäger* § 386 Rn. 7). Doch besteht die Verpflichtung, das Verfahren ohne Verzug der StA zu übersenden (vgl. § 163 Abs. 2 StPO) und die StA spätestens hierdurch von der Tat in Kenntnis zu setzen (Klein/*Gersch/ Jäger* § 386 Rn. 7; weiter gehend FGJ/*Randt* § 386 Rn. 34).

54 Zur Stellung der StA im steuerstrafrechtlichen Ermittlungsverfahren und zum Zusammenwirken von Finanzbehörden und Staatsanwaltschaften im steuerstrafrechtlichen Ermittlungsverfahren führt der BGH (Beschl. v. 30.04.2009, Az. 1 StR 90/09, NJW 2009, 2319; vgl. auch Nr. 140 Abs. 1 AStBV [St] BStBl. I 2011, S. 1000, 1037; krit. *Weyand,* DStR 1990, 411, 412) des Weiteren aus:

> „… *Zwar hat die Finanzbehörde bei Verdacht einer Steuerstraftat (und Begleitdelikten gemäß § 386 Abs. 2 Nr. 2 AO) im Grundsatz eine eigenständige Ermittlungskompetenz (§ 386 Abs. 1 Satz 1, Abs. 2, § 399 Abs. 1 AO; vgl. auch Erb in Löwe/Rosenberg, StPO, 26. Aufl. § 160 Rdn. 11). Zudem bestimmt § 400 AO:*
> „*Bieten die Ermittlungen genügenden Anlass zur Erhebung der öffentlichen Klage, so beantragt die Finanzbehörde beim Richter den Erlass eines Strafbefehls, wenn die Strafsache zur Behandlung im Strafbefehlsverfahren geeignet erscheint; ist dies nicht der Fall, so legt die Finanzbehörde die Akten der Staatsanwaltschaft vor.*"
> *Hieraus könnte geschlossen werden, dass die Finanzbehörde in allen Fällen die Sache bis zur Anklagereife (bzw. Einstellungsreife) ohne Beteiligung der Staatsanwaltschaft selbständig ausermittelt. Dies wäre mit der in § 386 Abs. 4 AO geregelten Rollenverteilung zwischen Finanzbehörde und Staatsanwaltschaft nicht vereinbar. Danach hat nicht nur die Finanzbehörde das Recht, eine Strafsache jederzeit an die Staatsanwaltschaft abzugeben (§ 386 Abs. 4 S. 1 AO). Vor allem kann die Staatsanwaltschaft die Steuerstrafsache jederzeit von sich aus an sich ziehen (Evokationsrecht der Staatsanwaltschaft gemäß § 386 Abs. 4 S. 2 AO). Dies bedeutet, dass die Staatsanwaltschaft zwar in den steuerstrafrechtlichen Verfahren, die von den Finanzbehörden gemäß § 386 Abs. 2 AO autonom betrieben werden, abweichend von § 152 Abs. 1 GVG den ermittelnden Steuerfahndungsbeamten keine Weisungen erteilen kann. Die Staatsanwaltschaft bleibt aber auch in diesen Fällen (entspre-*

chend dem den §§ 152 Abs. 2, 160 Abs. 1 StPO i. V. m. § 385 Abs. 1 AO zu entnehmenden Grund-
satz) insoweit „Herrin des Verfahrens", als sie – wenn z. B. bei Kontroversen über die Gestaltung
eines bei der Finanzbehörde geführten Verfahrens kein Einvernehmen erzielt werden kann – dieses
zur Durchsetzung ihrer Vorstellungen jederzeit gemäß § 386 Abs. 4 S. 2 AO übernehmen kann (vgl.
OLG Stuttgart wistra 1991, 190; Randt in Franzen/Gast/Joecks, Steuerstrafrecht, 6. Aufl. § 386 AO
Rdn. 4; Muhler in Müller-Gugenberger/ Bieneck, Wirtschaftsstrafrecht, 4. Aufl. § 15 Rdn. 14). Die
Steuerfahndungsbeamten haben dann den Anordnungen der Staatsanwaltschaft als deren Ermitt-
lungsgehilfen Folge zu leisten (§ 152 Abs. 1 GVG). ..."

d) Folgen der verzögerten Abgabe: Werden die Ermittlungen durch die Finanzbehörde erheblich   55
verzögert, weil die StA nicht rechtzeitig informiert wird, kann dies zumindest den objektiven Tatbestand des § 258 StGB erfüllen (vgl. dazu BGH, Beschl. v. 30.04.2009 – 1 StR 90/09,
NJW 2009, 2319; Klein/*Gersch/Jäger* § 386 Rn. 13 je m.w.N.), da in den Fällen, in denen der
Abschluss eines Strafverfahrens rechtsstaatswidrig derart verzögert worden ist, dies bei der Durchsetzung des staatlichen Strafanspruchs unter näherer Bestimmung des Ausmaßes berücksichtigt
werden muss, anstelle der bisher gewährten Strafminderung in der Urteilsformel auszusprechen
ist, dass zur Entschädigung für die überlange Verfahrensdauer ein bezifferter Teil der verhängten
Strafe als vollstreckt gilt (Vollstreckungsmodell) (BGH [GrS], Beschl. v. 17.01.2008 –GSSt 1/07,
NJW 2008, 860 = NStZ 2008, 234).

4. § 386 Abs. 4 Satz 2 AO – Evokationsrecht der StA

Die StA kann gem. § 386 Abs. 4 Satz 2 AO eine Steuerstrafsache jederzeit an sich ziehen (sog.   56
Evokationsrecht), wodurch das Ermittlungs- und Anklagemonopol der StA gesichert wird (Klein/
Gersch/Jäger § 386 Rn. 15) und bereits mit Zugang der Erklärung der StA erlischt kraft Gesetzes
die selbstständige Ermittlungskompetenz der Finanzbehörde (FGJ/*Randt* § 386 Rn. 44). Auch
nach Ausübung des Evokationsrechts durch die StA kann diese die Finanzbehörde nach § 161
StPO mit polizeilichen Rechten und Pflichten gem. § 402 Abs. 1 AO mit den Ermittlungen beauftragen (Klein/*Gersch/Jäger* § 386 Rn. 15; FGJ/*Randt* § 386 Rn. 44; vgl. *Kretzschmar*, DStR 1985,
24, 27).

a) „Jederzeit"

Die StA kann die Strafsache „jederzeit" an sich ziehen, was bedeutet, dass sie das Evokationsrecht   57
bis zur Rechtshängigkeit ausüben kann. Rechtshängigkeit wird erst begründet, wenn eine gerichtliche Untersuchung für die StA unabänderlich eröffnet ist i.S.v. § 12 Abs. 1 StPO. Dies ist erst
dann der Fall, wenn die StA ihre Dispositionsbefugnis über die Anklage und damit die Wahlmög-
lichkeit zwischen verschiedenen Gerichten endgültig verloren hat (h.M. OLG Karlsruhe,
Beschl. v. 03.05.1991, Az. 1 Ws 81/91, NStZ 1991, 602 m.w.N.; a.A. *Liebsch/Reifelsberger,*
wistra 1993, 325 m. krit. Erwiderung *Weyand,* wistra 1994, 87; vgl. auch FGJ/*Randt* § 386
Rn. 42).

– **Einstellungen** begründen keine anderweitige Rechtshängigkeit (mit Ausnahme des § 153a
  Abs. 1 Satz 4 StPO).
– Bei einer **Anklage** tritt Rechtshängigkeit mit Erlass des Eröffnungsbeschlusses ein; bis dahin
  kann die StA ihre Anklage zurücknehmen, danach – endgültig – nicht mehr (§ 156 StPO).
– Bei einem **Antrag auf Erlass eines Strafbefehls** sind drei Verfahrensstadien zu unterscheiden:
  Bis zum Erlass des Strafbefehls kann der Antrag entsprechend § 156 StPO zurückgenommen
  werden; Rechtshängigkeit besteht noch nicht. Nach Eingang eines zulässigen Einspruchs bis
  zum Beginn der Hauptverhandlung kann der Antrag auf Erlass des Strafbefehls ebenfalls nach
  freier Entscheidung der StA zurückgenommen werden (§ 411 Abs. 3 StPO); Rechtshängigkeit
  besteht in diesem Zeitraum gleichfalls nicht, sondern erst ab Beginn der Hauptverhandlung.
  Für die Zwischenphase ab Erlass des Strafbefehls bis zu dem Zeitpunkt, zu dem ein zulässiger
  Einspruch eingeht oder nicht mehr möglich ist, ist es den zutreffenden Ausführungen des dem

OLG Karlsruhe (Beschl. v. 03.05.1991 – 1 Ws 81/91, NStZ 1991, 602) entsprechend sachgerecht, der StA die Dispositionsbefugnis über deren Antrag ebenfalls zuzubilligen und damit die Rechtshängigkeit zu verneinen. Solange noch die Möglichkeit eines zulässigen Einspruchs besteht, ist die gerichtliche Untersuchung noch nicht endgültig gesichert. Die Wirkung des Strafbefehls ist in dieser Phase noch offen; er ist weder abschließend verbindlich Eröffnungsbeschluss noch Urteil.

b) Ermessensentscheidung

58 Ob von der Möglichkeit der Evokation Gebrauch gemacht wird, ist seitens der StA nach pflichtgemäßem Ermessen zu entscheiden (vgl. hierzu Nr. 267 Abs. 1 RiStBV; BeckOK/*Bachler* § 386 AO Rn. 7; s.o. Rdn. 50).

▶ **Praxishinweis:**

Unbedenklich ist es dabei, wenn sämtliche Strafbefehlsanträge der Finanzbehörde dem Gericht über die StA zugeleitet werden, da dies nicht Ausdruck der Willkür (so aber FGJ/*Randt* § 386 Rn. 43), sondern vielmehr der verwaltungsinternen Organisation dienlich ist, entweder zur Vorbereitung der Hauptverhandlung bei einem etwaigen Einspruch gegen den Strafbefehl oder zur Vollstreckung der im Strafbefehl verhängten Strafen (s.a. Rdn. 34).

c) Form der Evokation

59 Das Gesetz sieht keine bestimmte Form der Evokation vor. Die StA kann deshalb ihre Zuständigkeit nach § 386 Abs. 4 Satz 2 AO auch konkludent begründen; eine ausdrückliche, schriftliche Übernahmeerklärung ist zwar zweckmäßig, aber nicht erforderlich (LG Frankfurt, Entscheidung v. 15.02.1993 – 5/29 Qs 2/93, wistra 1993, 154).

d) Unterrichtungspflicht

60 Mit dieser gesetzlich verankerten Stellung der StA in allen steuerstrafrechtlichen Ermittlungsverfahren korrespondiert eine **Unterrichtungspflicht** der Finanzbehörden ggü. der StA (vgl. auch Nr. 267 Abs. 2 RiStBV, Nr. 140 AStBV [St], BStBl. I 2011, S. 1000, 1037; *Gramich,* wistra 1988, 251, 254). Der BGH (Beschl. v. 30.04.2009 – 1 StR 90/09, NJW 2009, 2319) führt diesbezüglich aus:

„... Mit dieser Stellung der Staatsanwaltschaft in allen steuerstrafrechtlichen Ermittlungsverfahren korrespondiert eine Unterrichtungspflicht der Finanzbehörden gegenüber der Staatsanwaltschaft (vgl. Randt aaO Rdn. 47). Allerdings besteht keine gesetzliche Pflicht, wonach die Finanzbehörden sämtliche von ihr eingeleiteten Ermittlungsverfahren dorthin mitzuteilen haben. Dies wäre auch nicht sinnvoll. Damit die Staatsanwaltschaft ihr Recht und ihre Pflicht zur Prüfung einer Evokation auch in jedem Einzelfall und in jedem Stadium des Verfahrens sachgerecht ausüben kann, muss sie aber in den „in Betracht kommenden Fällen" frühzeitig eingebunden sein. Die Finanzbehörden haben daher die Staatsanwaltschaft über alle bei der Steuerfahndung anhängigen Ermittlungsverfahren, bei denen eine Evokation nicht fern liegt, frühzeitig zu unterrichten, etwa bei regelmäßig stattfindenden Kontaktgesprächen.
Die Übernahme durch die Staatsanwaltschaft kann wegen der Bedeutung einer auch kleineren Sache – wegen einer besonderen öffentlichen Aufmerksamkeit etwa – im Raum stehen, jedenfalls dann, wenn Zweifel bestehen oder während des Gangs der Ermittlungen entstehen, ob die Sache zur Erledigung im Strafbefehlsverfahren geeignet ist, insbesondere wenn – oder sobald – wegen der Größenordnung oder der Bedeutung des Falls eine Anklage beim Landgericht zu erwarten ist. Die frühzeitige Einbeziehung der Staatsanwaltschaft ist gerade auch dann angezeigt, wenn sich die Beweislage – wie im vorliegenden Fall – zu Beginn als schwierig darstellt. ..."

5. § 386 Abs. 4 Satz 3 AO – Rückgabe

Nach § 386 Abs. 4 Satz 3 AO ist die StA sowohl in den Fällen des § 386 Abs. 4 Satz 1 als auch 61
Satz 2 AO berechtigt, die Strafsache im Einvernehmen mit der Finanzbehörde wieder an diese zurückzugeben. Eine einvernehmliche Rückübertragung der Sache liegt nur vor, wenn die Finanzbehörde ausdrücklich ihre Zustimmung hierzu erteilt hat (BeckOK/*Bachler* § 386 AO Rn. 7 m.w.N.). Wegen des Beschleunigungsgebotes in Strafsachen (Nr. 6 AStBV [St], BStBl. I 2011, S. 1000, 1006) wird in der **Praxis** die erneute Rückgabe an die Finanzbehörde in wenigen Fällen in Betracht kommen (FGJ/*Randt* § 386 Rn. 48).

6. Keine Mitteilungspflicht ggü. dem Beschuldigten

Über eine Zuständigkeitsänderung gem. § 386 Abs. 4 AO sieht das Gesetz keine verpflichtende 62
Mitteilung ggü. dem Beschuldigten vor. Da ihm keine Rechtsbehelfe diesbezüglich offen stehen, ist dies auch nicht notwendig, doch wird in der **Praxis** oft eine Übernahmemitteilung an den Verteidiger sachdienlich sein (FGJ/*Randt* § 386 Rn. 49), zumal der Beschuldigte in die Lage versetzt werden muss zu überprüfen, in welcher Funktion die BuStra tätig wird. Z.B. besteht bei Beschuldigtenvernehmungen eine Pflicht zum Erscheinen, wenn die BuStra mit staatsanwaltschaftlichen Kompetenzen tätig wird, nicht aber, wenn sie als Ermittlungsbehörde der StA den Beschuldigten zur Vernehmung lädt (näher Rdn. 12).

D. Rechtsschutz

I. Rechtsschutzmöglichkeiten bei Mängeln der funktionellen Zuständigkeit

Ermittelt die Finanzbehörde in selbstständiger Ermittlungskompetenz, also in staatsanwaltschaftli- 63
cher Rechtsstellung, obgleich die Voraussetzungen des § 386 Abs. 2 AO nicht vorliegen, sind diejenigen Maßnahmen rechtswidrig, die von Ermittlungspersonen der StA nicht getroffen werden dürfen, z.B. die Beantragung von richterlichen Beschlüssen im Ermittlungsverfahren, aber nicht nichtig. I.Ü. sind die getroffenen Maßnahmen rechtswirksam (vgl. Schwarz/*Dumke* § 386 Rn. 48).

Beantragt eine funktionell unzuständige Finanzbehörde den Erlass eines Strafbefehls (§ 400 AO), 64
ist dieser Antrag vom AG als unzulässig zu verwerfen. Erkennt das Gericht den Zuständigkeitsmangel nicht und erlässt dennoch den Strafbefehl, so wird seine Rechtmäßigkeit durch die Kompetenzüberschreitung der Finanzbehörde nicht berührt (auch Schwarz/*Dumke* § 386 Rn. 49; vgl. zur Abgrenzung der Zuständigkeit der Strafgerichte und der FG: BFH, Beschl. v. 26.02.2004 – VII B 341/03, DStRE 2004, 596).

II. Kein förmlicher Rechtsbehelf hinsichtlich der Aufhebung der Abgabe einer Steuerstrafsache an die StA für den Beschuldigten

Es gibt keinen förmlicher Rechtsbehelf hinsichtlich der Aufhebung der Abgabe einer Steuerstrafsa- 65
che an die StA für den Beschuldigten. Die Beschwerde gem. § 304 StPO, mit der der Beschuldigte die Abgabe der Sache an die StA angreifen könnte, greift nicht, denn diese ist nur gegen gerichtliche Beschlüsse statthaft. Auch eine Klage auf Aufhebung der Abgabe einer Steuerstrafsache an die StA ist ausgeschlossen. Dies gilt nicht nur für den Finanzrechtsweg, sondern auch für den nach § 23 EGGVG eröffneten Weg zu den ordentlichen Gerichten, weil die Abgabe einer Strafsache an die StA nicht Justizverwaltungsakt, sondern eine nicht selbstständig anfechtbare Prozesshandlung ist (BFH, Urt. v. 25.01.1972 – VII R 109/68, BStBl. II 1972, S. 286; FGJ/*Randt* § 386 Rn. 40; zum Rechtsschutz im Steuerstrafverfahren auch *Sdrenka*, DStR 1986, 703). Auch liegt bei einem Streit über die Zulässigkeit der Abgabe keine öffentlich-rechtliche, die Zuständigkeit der Verwaltungsgerichtsbarkeit begründende Streitigkeit i.S.v. § 40 Abs. 1 VwGO vor (BFH Urt. v. 20.04.1983 – VII R 2/82 = BFHE 138, 164; Schwarz/*Dumke* § 386 AO Rn. 32). Statthaft ist allein eine **Dienstaufsichtsbeschwerde**.

III. Keine Klage auf Abgabe der Sache an die StA für den Beschuldigten

66   Zwar kann die Abgabe an die StA sich für den Beschuldigten u.U. günstig auswirken (vgl. *Webel*, Steuerfahndung – Steuerstrafverteidigung, 236), doch hat er keinen Anspruch darauf (so auch Nr. 84 Abs. 5 AStBV [St], BStBl. I 2011, S. 1000, 1025). Dies zeigt auch die Streichung des § 421 Abs. 4 Satz 4 RAO 1967, der besagte, dass das FA die Strafsache an die StA abzugeben hatte, wenn der Beschuldigte dies beantragt. Abgeschafft wurde dies mit der Begründung, dass es nicht sinnvoll sei, dass der Beschuldigte in diesem Sonderfall die Ermittlungsbehörde selbst bestimmen könne (FGJ/*Randt* § 386 Rn. 2c, 40 m.w.N.; Schwarz/*Dumke* § 386 Rn. 34).

IV. Kein Klageerzwingungsrecht der Finanzbehörde

67   Die Finanzbehörde kann das Verfahren nicht von sich aus fortführen, wenn die StA Herrin des Verfahrens ist und das Verfahren z.B. gem. § 154f StPO wegen Abwesenheit des Beschuldigten eingestellt hat. Ebenso wenig hat sie ein Klageerzwingungsrecht, wenn die StA das Verfahren gem. § 170 Abs. 2 StPO mangels Tatverdacht eingestellt hat, denn es ist nicht Aufgabe der Finanzbehörde, die StA hinsichtlich der Einhaltung des Legalitätsprinzips zu überwachen (FGJ/*Randt* § 386 Rn. 39).

E. Spezialprobleme

I. Umfang der Ermittlungskompetenz der Finanzbehörden in Fällen, in denen eine Steuerstraftat mit einer allgemeinen Straftat in Tateinheit steht bzw. eine prozessuale Tat i.S.v. § 264 Abs. 1 StPO bildet

68   Streitig ist, welchen Umfang die Ermittlungskompetenz der Finanzbehörden in Fällen, in denen eine Steuerstraftat mit einer allgemeinen Straftat in Tateinheit steht bzw. eine prozessuale Tat i.S.v. § 264 Abs. 1 StPO bildet, hat.

69   Nach einer Ansicht darf die Finanzbehörde nur in solchen Fällen „den Sachverhalt" (§ 386 Abs. 1 Satz 1 AO) vollständig ermitteln, in denen ausschließlich eine Steuerstraftat vorliegt (OLG Frankfurt am Main, Entscheidung v. 05.09.1986 – 1 Ws 163/86, wistra 1987, 32; *Bender*, wistra 1998, 93; *Kretzschmar*, DStZ 1983, 641; *ders*., DStR 1985, 24, 28 f.; *Mösbauer*, DStZ 2000, 512, 513; *Reiche*, wistra 1988, 329; *ders*., wistra 1990, 90; *Rüping*, DStR 2002, 2020, 2022).

70   Nach überzeugender herrschender Meinung gilt diesem Fall der Grundsatz des § 386 Abs. 1 AO, wonach die Finanzbehörde bei der Ermittlung der Tat als unselbstständiges Hilfsorgan der StA tätig wird (BGH, Urt. v. 24.10.1989 – 5 StR 238 – 239/89 = BGHSt 36, 283, 284; OLG Braunschweig, Urt. v. 24.11.1997 – Ss [S] 70/97, NStZ-RR 1998, 212, 213; FGJ/*Randt* § 386 Rn. 18; auch FGJ/*Joecks* § 376 Rn. 43; BeckOK/*Bachler* § 386 AO Rn. 4; Klein/*Gersch*/*Jäger* § 386 Rn. 7, 15; Schwarz/*Dumke* § 386 Rn. 18; *Pütz*, wistra 1990, 212; vgl. auch Nr. 140 Abs. 4 AStBV [St] BStBl. I 2011, S. 1000, 1037). Auch in diesem Fall kann die Finanzbehörde im Rahmen von § 402 AO alle Maßnahmen treffen, die zur Aufklärung der Steuerstraftat erforderlich sind; sie ist jedoch an Weisungen der StA gebunden. Anders als bei der selbstständigen Durchführung des Ermittlungsverfahrens nach § 386 Abs. 2 AO ist die Finanzbehörde dann nicht auf die Ermittlung von Taten beschränkt, die ausschließlich Steuerstraftaten darstellen. Vielmehr umfasst ihre Ermittlungsbefugnis auch Allgemeindelikte, die im materiell-rechtlichen Sinn tateinheitlich (BGH, Urt. v. 24.10.1989 – 5 StR 238 – 239/89 = BGHSt 36, 283, 284 f.) oder tatmehrheitlich, sofern sie eine einheitliche prozessuale Tat gem. § 264 Abs. 1 StPO bilden (OLG Braunschweig, Urt. v. 24.11.1997 – Ss [S] 70/97, NStZ-RR 1998, 212, 213), mit der Steuerstraftat verwirklicht sind.

Zum Umfang der Ermittlungskompetenz der Finanzbehörden nach § 386 Abs. 1 AO bei Tatein-   71
heit von Steuerstraftat und allgemeiner Straftat führt der BGH (Urt. v. 24.10.1989 – 5 StR 238 –
239/89 = BGHSt 36, 283) aus:

„**Leitsatz**
*Führt die Staatsanwaltschaft die Ermittlungen, so kann sie das Zollfahndungsamt auch dann um
die Vornahme von Ermittlungen ersuchen, wenn die verfolgte Steuerstraftat mit einer allgemeinen
Straftat tateinheitlich zusammentrifft.*

Aus den Gründen
*... Die Vornahme dieser Ermittlungen gehörte zur Aufgabe des Zollfahndungsamtes, dessen Beamte
Hilfsbeamte der Staatsanwaltschaft sind (§§ 208 Abs. 1, 369 Abs. 1 Nr. 1, 404 S. 2, Halbs. 2 AO).
Diese Kompetenz entfiel nicht deshalb, weil die zu erforschenden Steuerstraftaten zugleich die tatbe-
standlichen Voraussetzungen des Diebstahls (bzw. der Beihilfe zum Diebstahl) erfüllten. Zwar wird
vielfach die Ansicht vertreten, dass jede Ermittlungskompetenz der Zollfahndungsämter (und ent-
sprechend der Finanzbehörden i. S. des § 386 Abs. 1 S. 2 AO) entfalle, wenn ein Steuervergehen mit
einer allgemeinen Straftat tateinheitlich zusammentrifft (OLG Frankfurt, wistra 1987, 32; Erbs-
Kohlhaas-Meyer, Strafrechtl. NebenG § 404 NebenG. 3d und 4b; Hübschmann-Hepp-Spitaler-
Hübner, AO, § 404 Rdnrn. 32, 34, 36-40, § 386 Rdnrn. 50-54; Zeller, in: Koch, AO, 3. Aufl.
(1986), § 404 Rdnr. 16, § 386 Rdnr. 20; Kühn-Kutter-Hofmann, AO, 15. Aufl. (1987), § 386
Anm. 3 und 6; Kohlmann, SteuerstrafR, 4. Aufl. (1984), § 404 AO Rdnrn. 54 f., § 386 AO Rdnr.
20; Reiche, wistra 1988, 329; a. A. Leise-Dietz-Cratz, Steuerverfehlungen, § 404 AO Anm. 7 D
I und II; Kretzschmar, DStR 1983, 641 ff.; Ellinger-Sticker, ZfZ 1978, 294 (296 f.)). Diese
Ansicht teilt der Senat nicht.
Die Zollfahndungsämter und ihre Beamten haben im Strafverfahren wegen Steuerstraftaten dieselben Rechte und Pflichten wie die Behörden und Beamten des Polizeidienstes nach den Vorschriften
der StPO (§ 404 S. 1 StPO). Führt die Staatsanwaltschaft die Ermittlungen, so kann sie das Zollfahndungsamt zu dem in § 160 StPO bezeichneten Zweck um die Vornahme von Ermittlungen
ersuchen (§ 161 StPO). Das Zollfahndungsamt hat dem Ersuchen zu genügen und in dem dadurch
vorgegebenen Rahmen die Steuerstraftaten in ihrem ganzen tatsächlichen Umfang zu erforschen.
Das gilt auch dann, wenn die verfolgte Tat zugleich andere Strafgesetze verletzt.
Eine Beschränkung der Ermittlungsbefugnis auf Fälle, in denen nur eine Steuerstraftat vorliegt, ist
der Abgabenordnung nicht zu entnehmen. § 386 AO regelt nicht die Ermittlungsbefugnisse der Zoll-
und Steuerfahndung, sondern die Frage, ob die Staatsanwaltschaft oder die Finanzbehörde das Verfahren durchzuführen hat. Auch aus der Änderung des § 422a. F. RAbgO durch das Gesetz zur
Änderung strafrechtlicher Vorschriften der Reichsabgabenordnung und anderer Gesetze (AOStrafÄndG) vom 10. 8. 1967 (BGBl I, 877) ergibt sich eine solche Kompetenzbeschneidung nicht. Diese
Vorschrift betraf ebenfalls nur die Frage, wann das Finanzamt das Verfahren durchzuführen hatte;
sie musste geändert werden, weil das BVerfG das Verwaltungsstrafverfahren für unvereinbar mit
dem Grundgesetz und § 421 Abs. 2 RAbgO, auf den die genannte Vorschrift verwies, für nichtig
erklärt hatte (BVerfGE 22, 49 ff = NJW 1967, 1219).
Schließlich sprechen gewichtige praktische Erwägungen gegen die genannte restriktive Ansicht. Die
Fälle, in denen eine Steuerstraftat zugleich die tatbestandlichen Voraussetzungen eines allgemeinen
Strafgesetzes erfüllt, sind zahlreich. Häufig ist der Verdacht, dass der Beschuldigte auch eine allgemeine Straftat begangen hat, bei Beginn der Ermittlungen wegen der Steuerstraftat noch nicht zu
erkennen; er ergibt sich vielmehr erst im Laufe der Ermittlungen. Wenn in diesen Fällen eine
Ermittlungskompetenz der Zoll- und Steuerfahndungsämter zu verneinen wäre, müsste die Staatsanwaltschaft in Steuerstrafsachen ihre Ermittlungsersuchen grundsätzlich an die Kriminalpolizei
richten; die hierfür fachlich vorgebildete Zoll- und Steuerfahndung schiede aus der Ermittlungstätigkeit weitgehend aus. ...“*

72 Zum Umfang der Ermittlungsbefugnis der Finanzbehörden, wenn Steuervergehen und allgemeine Straftat eine Tat i.S.d. § 264 Abs. 1 StPO bilden, führt weiter gehend das OLG Braunschweig (Urt. v. 24.11.1997 – Ss [S] 70/97, NStZ-RR 1998, 212) aus:

„... Aus den Gründen
... Gem. § 386 Abs. 1 AO hat die Finanzbehörde „den Sachverhalt bei dem Verdacht einer Steuerstraftat" zu ermitteln. Hieraus ergibt sich eine allgemeine Ermittlungsbefugnis hinsichtlich „des Sachverhalts", wenn der Verdacht einer Steuerstraftat besteht. Dies stellt eine unselbständige Ermittlungsbefugnis neben der Staatsanwaltschaft als Ermittlungsführerin in dem Sinne dar, wie sie auch den Behörden des Polizeidienstes eingeräumt ist (vgl. auch §§ 402 Abs. 1 und 404 AO; Franzen/ Gast/Joecks, SteuerstrafR, 4. Aufl., § 386 Rdnr. 12; Hardtke/Westphal, wistra 1996, 91). Demgegenüber wird durch § 386 Abs. 2 AO diese unselbständige Ermittlungskompetenz für bestimmte Fälle (z.B. wenn die Tat ausschließlich eine Steuerstraftat darstellt) in der Weise erweitert, dass die Finanzbehörde das Ermittlungsverfahren selbständig führt (Franzen/Gast/Joecks, § 386 Rdnr. 12; Hardtke/Westphal, wistra 1996, 91). Aus dieser Erweiterung der Kompetenz für bestimmte Fälle ergibt sich aber nicht, dass die allgemeine Ermittlungszuständigkeit der Finanzbehörden beschnitten werden soll, wenn nicht ausschließlich eine Steuerstraftat zu ermitteln ist. Durch dieses Regelungsverhältnis zwischen diesen beiden Absätzen des § 386 AO wird nicht die Ermittlungsbefugnis der Finanzbehörden als solche eingeschränkt, sondern lediglich die Frage geklärt, ob die Staatsanwaltschaft oder die Finanzbehörde das Verfahren (selbständig) durchzuführen hat. Damit bleibt die Finanzbehörde (im Rahmen des § 386 Abs. 1 AO) für Ermittlungstätigkeiten auch dann noch zuständig, wenn die Tat nicht ausschließlich eine Steuerstraftat (§ 369 AO) darstellt (BGHSt 36, 283 (285) = NJW 1990, 845 = NStZ 1990, 52; Franzen/Gast/Joecks, § 386 Rdnr. 18; Hardtke/Westphal, wistra 1996, 91; Pütz, wistra 1990, 212; a.A. Rüping, in: Hübschhausen/ Hepp/Spitaler, AO, § 385 Rdnr. 25; Reiche, wistra 1990, 90).
Der BGH hat dies für den Fall entschieden, dass zu dem Steuervergehen tateinheitlich eine allgemeine Straftat hinzutritt und damit jedenfalls für den Fall des tateinheitlichen Zusammentreffens den diesbezüglichen Meinungsstreit entschieden (vgl. zu diesem Meinungsstreit die Zitate bei BGHSt 36, 283 (284) = NJW 1990, 845 = NStZ 1990, 52). Dasselbe muss aber auch dann gelten, wenn sich im Rahmen der Ermittlungen wegen Verdachts einer Steuerstraftat (§ 386 Abs. 1 AO) auch – von Anfang an oder erst im Laufe des Verfahrens – der Verdacht einer weiteren allgemeinen Straftat ergibt, die mit der Steuerstraftat nicht in Tateinheit steht. Dies ist jedenfalls dann anzunehmen, wenn es sich wie im vorliegenden Fall um dieselbe Tat i.S. des § 264 StPO handelt. Dies ergibt sich zum einen daraus, dass die Finanzbehörde „den Sachverhalt" zu ermitteln hat und zum anderen aus dem Stufenverhältnis zwischen Abs. 1 und Abs. 2 des § 386 AO, wobei die Einschränkungen des Abs. 2, wonach es sich unter anderem ausschließlich um eine Steuerstraftat handeln muss, für Abs. 1 nicht gelten. Inwieweit die Ermittlungszuständigkeit nach Abs. 1 S. 1 der Vorschrift auf Sachverhalte beschränkt bleiben muss, die nicht über den Tatbegriff im prozessualen Sinn des § 264 StPO hinausgehen, braucht vorliegend nicht entschieden zu werden. Für die genannte Auslegung der Ermittlungszuständigkeit der Finanzbehörden sprechen auch gewichtige praktische Erwägungen, wie sie der BGH bereits in der genannten Entscheidung, bei der das Steuervergehen mit einer allgemeinen Straftat in Tateinheit zusammentraf, angesprochen hat (BGHSt 36, 283 (285) = NJW 1990, 845 = NStZ 1990, 52). Häufig ist nämlich der Verdacht, dass der Beschuldigte auch eine allgemeine Straftat begangen hat, bei Beginn der Ermittlungen wegen der Steuerstraftat noch nicht zu erkennen und ergibt sich erst im Laufe der Ermittlungen. Wenn in diesen Fällen eine Ermittlungskompetenz der Finanzbehörden bzw. der Zoll- und Steuerfahndungsämter zu verneinen wäre, müsste die Staatsanwaltschaft in Steuerstrafsachen ihre Ermittlungsersuchen grundsätzlich an die Kriminalpolizei richten; die hierfür fachlich vorgebildeten Finanzbehörden, insbesondere die Zoll- und Steuerfahndung, schieden aus der Ermittlungstätigkeit weitgehend aus. Hinzu kommt die Gefahr, dass bei einer engeren Auslegung des Zuständigkeitsbereichs nach § 386 Abs. 1 AO nur ein gegenüber dem prozessualen Tatbegriff eingeschränkter Sachverhalt von den Finanzbehörden ermittelt werden könnte und in der Folge nur Teilbereiche eines einheitlichen Lebensvorgangs abgeurteilt werden und die anderen Teilbereiche wegen Strafklageverbrauchs nicht mehr verfolgt werden könnten. ..."

II. Verjährungsunterbrechende Wirkung der Einleitung des Strafverfahrens durch die Finanzbehörde für nichtsteuerliche Delikte

Mit dem Problem des Umfangs der Ermittlungskompetenz der Finanzbehörden (Rn. 68 bis 72) korrespondiert die Diskussion um die verjährungsunterbrechende Wirkung der Einleitung des Strafverfahrens durch die Finanzbehörde für nichtsteuerliche Delikte (BGH, Urt. v. 24.10.1989 – 5 StR 238 – 239/89 = BGHSt 36, 283 zur Konstellation der Tateinheit; OLG Braunschweig, Urt. v. 24.11.1997 – Ss [S] 70/97 zur Konstellation der einheitlichen prozessualen Tat nach § 264 Abs. 1 StPO; für eine Verjährungsunterbrechung bei Tateinheit FGJ/*Joecks* § 376 Rn. 43; für eine umfassende Verjährungsunterbrechung FGJ/*Randt* § 386 Rn. 18; wohl auch Schwarz/*Dumke* § 386 Rn. 18; gegen eine Verjährungsunterbrechung z.B. Sch/Sch/*Sternberg-Lieben/Bosch* § 78c Rn. 23; *Fischer* § 78c Rn. 6; *Reiche,* wistra 1988, 329; *ders.,* wistra 1990, 90). Bejaht man die Ermittlungsbefugnis der Finanzbehörde auch für Allgemeindelikte, die im materiell-rechtlichen Sinn tateinheitlich oder tatmehrheitlich, sofern sie eine einheitliche prozessuale Tat gem. § 264 Abs. 1 StPO bilden, mit der Steuerstraftat verwirklicht sind, so ist in der Konsequenz auch die verjährungsunterbrechende Wirkung der Einleitung des Strafverfahrens durch die Finanzbehörde für nichtsteuerliche Delikte in diesen Fällen zu bejahen (vgl. auch BGH, Beschl. v. 12.03.1968 – 5 StR 115/68, NJW 1968, 901 zur umfassenden Verjährungsunterbrechung, wenn die Strafverfolgung gem. § 154a StPO beschränkt wurde; sowie BGH, Beschl. v. 27.05.2009 – 1 StR 665/08, NStZ-RR 2009, 340, wonach verjährungsunterbrechende Maßnahmen jeweils die Taten der Steuerhinterziehung insgesamt erfassen, sodass eine Steuerhinterziehung nicht hinsichtlich der verkürzten Steuern einer bestimmten Einkunftsart verjähren kann; und BeckOK-StGB/*Dallmeyer* § 78c Rn. 7). 73

III. Steuergeheimnis

Fraglich ist, in welchem Verhältnis § 386 Abs. 4 AO und das Steuergeheimnis gem. § 30 AO zueinanderstehen. Nach einer Ansicht sind die Abgabe und das Ansichziehen eines Steuerstrafverfahrens nicht durch das Steuergeheimnis begrenzt, denn sofern die Finanzbehörde eine Strafsache nach § 386 AO an die StA abgeben dürfe bzw. diese die Sache an sich ziehen könne, liege eine durch Gesetz für zulässig erklärte Offenbarung nach § 30 Abs. 4 Nr. 2 AO vor; damit könne eine solche Offenbarung nicht unzulässig sein (*Kretzschmar* DStR 1985, 24, 27). Doch enthält der Wortlaut des § 386 AO gerade keine ausdrückliche Offenbarungsbefugnis, wie sie § 30 Abs. 4 Nr. 2 AO vorschreibt. Deshalb ist nach zutreffender herrschender Meinung vielmehr zu differenzieren: Bei Steuerstraftaten und bei nichtsteuerlichen Straftaten, die mit der Steuerstraftat tateinheitlich zusammenfallen oder zumindest eine einheitliche prozessuale Tat nach § 264 Abs. 1 StPO bilden, hindert das Steuergeheimnis bei einer Abgabe der Steuerstrafsache an die StA regelmäßig nicht die mit der Abgabe verbundene Mitteilung über nichtsteuerliche Straftaten; vielmehr legitimiert § 30 Abs. 4 Nr. 1 AO die Offenbarung auch bei nichtsteuerlichen Straftaten; bilden Steuerstraftat und allgemeine Straftat verschiedene prozessuale Handlungen, können Mitteilungen nur unter den Voraussetzungen des § 30 Abs. 4 Nr. 4 a) und Abs. 5 AO erfolgen (FGJ/*Randt* § 386 Rn. 50 f.; Schwarz/*Dumke* § 386 Rn. 33 – 33b; vgl. auch Klein/*Gersch/Jäger* § 386 Rn. 14, die jedoch auf die Tatmehrheit abstellen; ausführlich *Hardtke/Westphal,* wistra 1996, 91, 95). 74

Das Evokationsrecht wird durch das Steuergeheimnis nach § 30 AO nicht eingeschränkt; legt die Finanzbehörde nach Ausübung des Evokationsrechts durch die StA dieser die Akten vor und enthält diese Sachverhalte, deren Offenbarung unbefugt erfolgt ist, so hat die StA das ggf. nach § 393 **Abs. 2 AO** bestehende Verwendungsverbot von Amts wegen zu beachten (Schwarz/*Dumke* § 386 Rn. 40). 75

Die Finanzbehörde ist **verpflichtet,** die StA zu informieren, wenn sie dienstlich von einer Nichtsteuerstraftat erfahren hat und das Steuergeheimnis der Offenbarung nicht entgegensteht (BGH, Beschl. v. 30.04.2009 – 1 StR 90/09, NJW 2009, 2319; Klein/*Gersch/Jäger* § 386 AO Rn. 15 m.w.N.; FGJ/*Randt* § 386 Rn. 53; *Gramich,* wistra 1988, 251, 254; *Weyand,* DStR 1990, 76

411 [413]; *Hardtke/Westphal,* wistra 1996, 91 96; s.o. Rdn. 60), was sich aus ihren aus dem Legalitätsprinzip nach §§ 385, 386 AO, § 152 Abs. 2 StPO übertragenen Rechten und Pflichten zwingend ergibt.

§ 387 AO   Sachlich zuständige Finanzbehörde

(1) Sachlich zuständig ist die Finanzbehörde, welche die betroffene Steuer verwaltet.

(2) Die Zuständigkeit nach Absatz 1 kann durch Rechtsverordnung einer Finanzbehörde für den Bereich mehrerer Finanzbehörden übertragen werden, soweit dies mit Rücksicht auf die Wirtschafts- oder Verkehrsverhältnisse, den Aufbau der Verwaltungsbehörden oder andere örtliche Bedürfnisse zweckmäßig erscheint. Die Rechtsverordnung erlässt, soweit die Finanzbehörde eine Landesbehörde ist, die Landesregierung, im Übrigen das Bundesministerium der Finanzen. Die Rechtsverordnung des Bundesministeriums der Finanzen bedarf nicht der Zustimmung des Bundesrates. Die Landesregierung kann die Ermächtigung auf die für die Finanzverwaltung zuständige oberste Landesbehörde übertragen.

A. Allgemeines und Anwendungsbereich

1   § 387 AO regelt die sachliche Zuständigkeit der Finanzbehörde als Ermittlungsbehörde in Steuerstrafsachen (vgl. auch Nr. 23 AStBV [St], BStBl. I 2011, S. 1000, 1009). Für das Bußgeldverfahren wegen **Steuerordnungswidrigkeiten** gilt § 387 AO i.V.m. § 409 AO.

B. Zu § 387 Abs. 1 AO

2   **Sinn und Zweck** des § 387 Abs. 1 AO ist, dass die Behörden, die die besonderen abgabenrechtlichen Kenntnisse und Erfahrungen haben, diese auch für die Verfolgung der entsprechenden Steuerstraftaten nutzen können (vgl. auch FGJ/*Randt* § 387 Rn. 3, 11).

I. Sachliche Zuständigkeit

3   § 387 Abs. 1 AO bezieht sich ausdrücklich nur auf die sachliche (und nicht auf die örtliche oder funktionelle) Zuständigkeit (näher zur Zuständigkeit § 386 Rdn. 1 ff.). Hier wird lediglich, die

Regelungen zu funktionellen Zuständigkeit in § 386 AO ergänzend, festgelegt, welche Finanzbehörde der Art nach zuständig ist (FGJ/*Randt* § 387 Rn. 5). Unerheblich ist, welche Finanzbehörde für die Durchführung des konkreten Besteuerungsverhältnisses zuständig ist, denn § 387 Abs. 1 AO regelt lediglich die sachliche Zuständigkeit eines bestimmten Zweiges der Finanzverwaltung; andernfalls wäre die Regelung der örtlichen Zuständigkeit in § 388 AO systematisch überflüssig (Klein/*Gersch/Jäger* § 387 Rn. 4 m.w.N.).

II. Finanzbehörde

Der Begriff der Finanzbehörde in dieser Vorschrift knüpft an die Definition des § 386 Abs. 1   4
Satz 2 AO an. Finanzbehörden i.S.d. § 387 Abs. 1 AO sind damit das Hauptzollamt, das FA, das Bundeszentralamt für Steuern und die Familienkasse (näher § 386 AO Rdn. 19).

III. „Betroffene Steuer"

„**Betroffen**" ist diejenige Steuer, die verkürzt worden ist bzw. versucht wurde zu verkürzen (allg.   5
A., vgl. nur FGJ/*Randt* § 387 Rn. 3).

IV. Verwaltung der Steuer

Nach dem Wortlaut der Norm ist die Finanzbehörde sachlich zuständig, die die **Verwaltungskom-**   6
petenz für die betroffene Steuer innehat. Die bloße Mitwirkung an der Verwaltung durch eine andere Finanzbehörde genügt demnach nicht (z.B. § 18 FVG – die Verwaltung der Kfz-Steuer erfolgt durch die FA lediglich unter Mitwirkung von Zollstellen; allg. A. z.B. Klein/*Gersch/Jäger* § 387 Rn. 4; FGJ/*Randt* § 387 Rn. 12; Schwarz/*Dumke* § 387 Rn. 4).

Die **Hauptzollämter** sind zuständig für die Verwaltung der Zölle sowie der bundesgesetzlich geregelten Verbrauchsteuern, einschließlich der Einfuhrumsatzsteuer und der Biersteuer (Art. 108 Abs. 1 GG, § 12 Abs. 2 FVG).

Die **FA** verwalten die Besitz- und Verkehrsteuern, soweit die Zuständigkeit nicht gem. Art. 108 Abs. 4 GG den Gemeindebehörden übertragen worden ist (§ 17 Abs. 2 FVG).

Soweit dem **Bundeszentralamt für Steuern** (z.B. für die Kapitalertragsteuererstattung gem. § 5 Abs. 1 Nr. 2 FVG sowie § 5 Abs. 1 Nr. 3 FVG) die Verwaltung übertragen worden ist, folgt daraus seine Zuständigkeit für strafrechtliche Ermittlungen.

Der **Familienkasse** ist für das Kindergeld gem. § 5 Abs. 1 Nr. 11 FVG die Verwaltung übertragen worden, sodass sich daraus ihre Zuständigkeit für strafrechtliche Ermittlungen ergibt (vgl. auch *Wegener*, PStR 2010, 32 ff.; DA-FamBuStra, BStBl. I 1999, S. 21 ff.).

Bei den in **§ 369 Abs. 1 Nr. 2 bis 4 AO** genannten Steuerstraftaten, denen der unmittelbare Bezug   7
zu einer Steuer fehlt, ist diejenige Finanzbehörde sachlich zuständig, in deren gesetzlichem Aufgabenbereich der Verdacht entstanden ist (Klein/*Gersch/Jäger* § 387 Rn. 4 m.w.N.).

Zu den Spezialproblemen bei den Realsteuern Rdn. 29 bis 31, bei der Kirchensteuer Rdn. 32 und   8
des Solidaritätszuschlags Rdn. 33.

C. Zu § 387 Abs. 2 AO

§ 387 Abs. 2 AO erklärt die Konzentration der sachlichen Zuständigkeit in Steuerstrafsachen für   9
den Bereich mehrerer FA für zulässig, d.h. nicht jede Finanzbehörde ist zur Verfolgung jeder Steuerstraf- oder -bußgeldsache befugt, wobei die Übertragung einer Rechtsverordnung bedarf. Für die Bundesfinanzverwaltung ist das BMF zuständig, für die Landesfinanzverwaltung die Landesregierung (§ 387 Abs. 2 Satz 2 AO).

10   Alle Bundesländer haben bei den FA von der Möglichkeit des § 387 Abs. 2 AO Gebrauch gemacht und entsprechende Bußgeld- und Strafsachenstellen (BuStra) geschaffen, die als übergreifende Dienststellen für den Bereich mehrerer FA tätig werden (ausdrücklich erwähnt z.B. in Nr. 17 Abs. 4, 87 Abs. 2, 88 Abs. 1, 89, 90, 91 Abs. 1, 3 und 4, 92 Abs. 1, 4, 93, 94, 95, 113 Abs. 1 und 2, 115 Abs. 2 AStBV [St], BStBl. I 2011, S. 1000 ff.; Übersicht bei FGJ/*Randt* § 387 Rn. 6). Teils ist die BuStra an ein Besteuerungsfinanzamt angegliedert; teils, z.B. in Hamburg und Niedersachsen, bestehen FA mit ausschließlich bußgeld- und strafverfahrensrechtlicher Zuständigkeit.

11   Bei § 387 Abs. 2 AO handelt es sich wie bei Abs. 1 systematisch um eine Regelung der sachlichen Zuständigkeit, denn durch die Zuständigkeitskonzentration verlieren die (nicht mehr) zuständigen Finanzbehörden Aufgaben und Befugnisse, die grds. allen Finanzbehörden zustehen (FGJ/*Randt* § 387 Rn. 21).

12   Auch wenn durch § 387 Abs. 2 AO die sachliche Zuständigkeit auf eine durch Rechtsverordnung gegründete Strafverfolgungsbehörde übertragen wird, bleibt gem. **§ 399 Abs. 2 Satz 1 AO** das Recht und die Pflicht der in diesem Bereich zusammengefassten Finanzbehörden unberührt, bei dem Verdacht einer Steuerstraftat den Sachverhalt zu erforschen und alle unaufschiebbaren Anordnungen zu treffen, um die Verdunkelung der Sache zu verhindern. Z.B. hat der Betriebsprüfer des Festsetzungsfinanzamts i.S.d. §§ 17 ff. AO während einer laufenden Betriebsprüfung das Strafverfahren nach § 397 AO einzuleiten, wenn steuerstrafrechtlich relevante Prüfungsfeststellungen auftreten. Auch kann er Beschlagnahmen, Notveräußerungen, Durchsuchungen, Untersuchungen und sonstige Maßnahmen nach den für Hilfsbeamte der StA geltenden Vorschriften der Strafprozessordnung anordnen (vgl. auch § 402 AO, Nr. 91 Abs. 4 AStBV [St], BStBl. 2011 I, S. 1000, 1027).

D. Spezialprobleme

I. Rechtsschutzmöglichkeiten bei Mängeln der sachlichen Zuständigkeit der Finanzbehörde im Ermittlungsverfahren

13   Zuständigkeitsmängel führen grds. nicht zur Nichtigkeit der Ermittlungsmaßnahme bzw. zur Unverwertbarkeit des Ermittlungsergebnisses. Vielmehr sind die Folgen gering, da die Finanzbehörde nur vorbereitende aber keine rechtskräftigen Entscheidungen trifft und der Fehler in der Praxis regelmäßig mit der Übernahme durch die zuständige Behörde geheilt wird (h.M. z.B. LG Freiburg, Beschl. v. 04.09.2000 – VIII Qs 9/00, StV 2001, 268; Klein/*Gersch/Jäger* § 387 Rn. 5 m.w.N.; FGJ/*Randt* § 387 Rn. 23 f. m.w.N.; Schwarz/*Dumke* § 387 Rn. 11; *Rode*, PStR 2000, 269; a.A. *Reiche*, wistra 1988, 330, 336; s.a. KK/*Schmid/Schoreit* § 142 GVG Rn. 3 zu Konstellationen der Unwirksamkeit insb. im Rechtsmittelverfahren). Doch sind diese Entscheidungen in der Praxis ggf. anfechtbar.

1. Sachliche Unzuständigkeit der Finanzbehörde erst im Laufe des Ermittlungsverfahrens

14   Wenn die Finanzbehörde ein Ermittlungsverfahren führt, in dessen Verlauf sich erst herausstellt, dass die StA zuständig ist (z.B. wenn eine Ahndung im Wege des Strafbefehlsverfahrens nicht mehr in Betracht kommt oder sich während der Ermittlungen ergibt, dass auch ein Tatverdacht wegen allgemeiner strafrechtlicher Delikte, z.B. § 267 StGB besteht), so bleiben deren **bisherige Prozesshandlungen** (z.B. Anträge auf den Erlass von Durchsuchungsbeschlüssen oder Zeugenvernehmungen) wirksam (vgl. auch *Meyer-Goßner* § 142 GVG Rn. 18 zum Amtsanwalt). Eine Beschwerde hätte diesbezüglich keine Aussicht auf Erfolg.

2. Sachliche Unzuständigkeit der Finanzbehörde bereits bei Einleitung des Strafverfahrens

15   Verbleibt den Finanzbehörden nur die unselbstständige Ermittlungskompetenz, z.B. in den Fällen tatmehrheitlich, aber auch tateinheitlich mit Steuerstraftaten begangener allgemeiner Straftaten,

haben sie dennoch die umfassende polizeiliche Ermittlungskompetenz im Steuerstrafverfahren. Deshalb sind sämtliche allgemeine Ermittlungsmaßnahmen (z.B. Zeugenvernehmungen) wirksam und z.B. eine Dienstaufsichtsbeschwerde hat keine Aussicht auf Erfolg (h.M., zur Problematik s. § 386 AO Rdn. 63).

Doch sind die Finanzbehörden in diesen Fällen ebenso wenig wie die Beamten des allgemeinen 16 Polizeidienstes befugt, unmittelbar gem. § 162 StPO Anträge beim Ermittlungsrichter zu stellen (LG Freiburg, Beschl. v. 04.09.2000 – VIII Qs 9/00, StV 2001, 268). Wird gleichwohl ein Antrag (z.B. auf Erlass eines Durchsuchungsbeschlusses) von der Finanzbehörde bei dem zuständigen Ermittlungsrichter gestellt, bleibt dieser **wirksam** (h.M. z.B. LG Freiburg, Beschl. v. 04.09.2000 – VIII Qs 9/00, StV 2001, 268).

Der **Ermittlungsrichter** hat die Überschreitung der sachlichen Zuständigkeit als Prozessvorausset- 17 zung von Amts wegen zu beachten (§ 385 Abs. 1 AO i.V.m. § 6 StPO; BGH, Beschl. v. 05.10.1962 – GSSt 1/62 = BGHSt 18, 79, 81). Stellt z.B. ein sachlich unzuständiges FA einen Antrag auf Erlass eines Durchsuchungsbeschlusses, ist dieser als unzulässig zu verwerfen (FGJ/*Randt* § 387 Rn. 24 m.w.N.). In der **Praxis** üblich ist vorab ein gerichtlicher Hinweis auf die Unzuständigkeit mit der Anregung, den Antrag zurückzunehmen.

Ermittlungsrichterliche Beschlüsse (z.B. Durchsuchungsbeschlüsse), die aufgrund des Antrags einer 18 sachlich unzuständigen Finanzbehörde ergehen, sind **rechtswidrig**, aber nicht nichtig (h.M. z.B. LG Freiburg, Beschl. v. 04.09.2000 – VIII Qs 9/00, StV 2001, 268; Klein/*Gersch/Jäger* § 386 Rn. 15, § 387 Rn. 5 m.w.N.; FGJ/*Randt* § 387 Rn. 23 f. m.w.N.; *Rode*, PStR 2000, 269; vgl. auch BGH, Urt. v. 24.10.1989 – 5 StR 238/89 = BGHSt 36, 283; a.A. *Reiche*, wistra 1988, 330, 336). Der Betroffene kann die richterliche Entscheidung mittels der Beschwerde (§ 304 StPO) anfechten bzw. die gerichtliche Entscheidung gem. § 98 Abs. 2 Satz 2 StPO hinsichtlich Beschlagnahmen, die aufgrund eines solchen Durchsuchungsbeschlusses erwirkt wurden, beantragen (vgl. LG Freiburg, Beschl. v. 04.09.2000 – VIII Qs 9/00, StV 2001, 268; Klein/*Gersch/Jäger* § 387 Rn. 5).

Beantragt eine sachlich unzuständige Finanzbehörde beim **Strafrichter** z.B. den Erlass eines Straf- 19 befehls, gilt das zu den Anträgen im Ermittlungsverfahren Ausgeführte entsprechend (Rn. 16); dieser Antrag ist vom Strafrichter als unzulässig zu verwerfen (FGJ/*Randt* § 387 Rn. 24 m.w.N.; vgl. OLG Düsseldorf Beschl. v. 19.08.1996 – 1 Wg 552/96, wistra 1997, 36). In der **Praxis** üblich ist auch hier vorab ein gerichtlicher Hinweis auf die Unzuständigkeit mit der Anregung, den Antrag zurückzunehmen.

Erkennt der Richter die fehlende Zuständigkeit der beantragenden Finanzbehörde nicht und 20 erlässt den **Strafbefehl**, führt dies dann nicht zur Unwirksamkeit bzw. Nichtigkeit der richterlichen Entscheidung, wenn der Richter selbst zuständig ist (FGJ/*Randt* § 387 Rn. 25; vgl. auch Klein/*Gersch/Jäger* § 386 Rn. 6; *Rode*, PStR 2000, 269). Der Betroffene kann allerdings gegen den Strafbefehl Einspruch (§ 410 StPO) einlegen (Klein/*Gersch/Jäger* § 387 Rn. 5).

II. Sachliche Unzuständigkeit bei Entscheidungen der Finanzbehörde nach §§ 153, 153a, 154, 154a StPO

Bei den praxisrelevanten Vorschriften der §§ 153 Abs. 1, 154 Abs. 1 StPO hat die Einstellung des 21 Verfahrens bzw. die Beschränkung der Verfolgung gem. § 154a Abs. 1 StPO durch eine unzuständige Ermittlungsbehörde keine Auswirkung, da hierdurch die Strafklage nicht verbraucht wird. Klarstellend sei angemerkt, dass die Dreimonatsfrist des § 154 Abs. 4 StPO sich nur auf gerichtliche Beschlüsse nach § 154 Abs. 2 StPO, nicht aber auf die Einstellung der Ermittlungsbehörde gem. § 154 Abs. 1 StPO bezieht (*Meyer-Goßner* § 154 Rn. 23).

Fraglich ist allerdings, ob das endgültige Verfahrenshindernis bzw. der beschränkte Strafklagever- 22 brauch des § 153a Abs. 1 Satz 5 StPO bei einer Verfahrenseinstellung nach § 153a Abs. 1 StPO eintritt, wenn die Einstellung versehentlich von einer sachlich unzuständigen Behörde angeboten wurde. Nach hiesiger Auffassung greift zugunsten des Beschuldigten der Vertrauensschutz, wenn das Strafverfahren von der unzuständigen Behörde eingeleitet und ihm von dort aus auch rechtliches Gehör gewährt wurde. Dies steht im Einklang mit der Konstellation, in der ein Urteil von einem sachlich unzuständigen Gericht erlassen wurde; auch dieses ist nicht unwirksam, sondern wird rechtskräftig, sofern kein Rechtsmittel eingelegt wird (*Meyer-Goßner* § 6 Rn. 2; KK/*Fischer* § 6 Rn. 8; vgl. auch RG, Urt. v. 09.12.1937 – 3 D 639/37 = RGSt 71, 377, 378).

In Fällen, in denen der Beschuldigte sich nicht auf den Vertrauensschutz berufen kann, tritt der beschränkte Strafklageverbrauch des § 153a Abs. 1 Satz 5 StPO nach hiesiger Ansicht nicht ein, z.B. wenn die StA Herrin des Ermittlungsverfahrens ist, dem Beschuldigten auch rechtliches Gehör angeboten hat, aber versehentlich die BuStra dem Beschuldigten eine Verfahrenseinstellung nach § 153a Abs. 1 StPO anbietet (vgl. auch BayObLG, Beschl. v. 11.03.1999 – 1 St RR 257/98, wistra 1999, 316: ein Verfahrenshindernis wird nicht begründet, wenn der Beschuldigte einem Angebot zur Verfahrenseinstellung gegen Zahlung einer Geldauflage, das lediglich aufgrund eines Versehens der Geschäftsstelle der StA erging, zustimmt und die Auflage erfüllt; *Meyer-Goßner* § 153a StPO Rn. 45).

III. Sachliche Unzuständigkeit der Finanzbehörde im Bußgeldverfahren

23 Erlässt eine sachlich unzuständige Finanzbehörde im Steuerordnungswidrigkeitenverfahren (vgl. § 387 AO i.V.m. § 409 AO) einen Bußgeldbescheid, so ist dies im Einspruchsverfahren nur bei absoluter (offenkundiger) Unzuständigkeit beachtlich (Klein/*Gersch*/*Jäger* § 387 Rn. 6 m.w.N.).

IV. Abgrenzung der Aufgaben von Steuerfahndung und Bußgeld- und Strafsachenstellen

24 In Literatur und Rechtsprechung wird diskutiert, inwiefern die Aufgaben von Steuerfahndung und Bußgeld- und Strafsachenstellen abzugrenzen sind (zur Selbstständigkeit beider Dienststellen Nr. 130 AStBV [St], BStBl. 2011, S. 1000, 1035) und insb., welcher Dienststelle bei selbstständiger Ermittlungskompetenz ein Antragsrecht bei Gericht zusteht (z.B. Antrag auf Erlass eines Durchsuchungsbeschlusses). Unmittelbar aus der AO ist nicht zu ersehen, welche Dienststelle der Finanzverwaltung richterliche Untersuchungshandlungen beantragen darf (*Weyand* DStZ 1988, 191, 192), zumal die BuStra nicht in der AO, sondern lediglich in der AStBV (St) (z.B. in Nr. 17 Abs. 4, 87 Abs. 2, 88 Abs. 1, 89, 90, 92 Abs. 1, 4, 93, 94, 95, 113 Abs. 1 und 2, 115 Abs. 2 AStBV [St] BStBl. I 2011, S. 1000 ff.) ausdrücklich erwähnt ist. Doch ergibt sich mit der zutreffenden herrschenden Meinung bereits aus der gesetzlichen Systematik der § 208 Abs. 1 i.V.m. § 404 AO, dass den Steuerfahndungsstellen ein solches Antragsrecht nicht zusteht (LG Freiburg, Urt. v. 16.07.1986 – IV Qs 72/86, wistra 1987, 155; *Weyand,* DStZ 1988, 191, 194; *Webel,* AO-StB 2007, 137; *ders.,* Steuerfahndung – Steuerstrafverteidigung, 35 ff., 235 ff.; *Hentschel,* NJW 2006, 2300; *Rüping,* DStR 2002, 2020, 2022; *Spitz,* DStR 1981, 428, 433; vgl. auch *Rolletschke,* StBG 2006, 379, 380 f.; abweichend AG Kempten, Beschl. v. 24.03.1986 – 2 Gs 517/86, wistra 1986, 271). Denn hier wird klargestellt, dass der Steuerfahndung im Steuerstraf- und -ordnungswidrigkeitenverfahren nur polizeiliche Befugnisse zustehen. Vielmehr hat die BuStra ein eigenständiges Antragsrecht bei Gericht, sofern sie gem. § 386 Abs. 2 AO das Ermittlungsverfahren selbstständig führt und insoweit die Rechte der StA ausübt (s.a. Nr. 123 Abs. 3 AStBV [St], BStBl. I 2011, S. 1000, 1033 f.). Da allgemein in den FA zwei verschiedene Dienststellen nebeneinander existieren, die Steuerfahndung einerseits und die BuStra andererseits, bzw. den Beamten jeweils unterschiedliche Funktionen im Einheitssachgebiet zugewiesen wurden (dazu näher Rdn. 26 f.), handelt es sich hier um ein eher theoretisches Problem. Sollte versehentlich die Steufa etwa einen Antrag auf Erlass eines Durchsuchungsbeschlusses bei Gericht stellen, so wäre sie sachlich unzuständig und es gilt das unter Rdn. 16 Ausgeführte.

25 In den Fällen tatmehrheitlich, aber auch tateinheitlich mit Steuerstraftaten begangener allgemeiner Straftaten sind die Finanzbehörden, also weder die BuStra noch die Steufa, ebenso wenig wie

die Beamten des allgemeinen Polizeidienstes befugt, unmittelbar gem. § 162 StPO Anträge beim Ermittlungsrichter zu stellen, denn hier verbleibt den Finanzbehörden nur die unselbstständige Ermittlungskompetenz (vgl. LG Freiburg, Beschl. v. 04.09.2000 – VIII Qs 9/00, StV 2001, 268; s.o. § 386 AO Rdn. 10).

V. Dienststellenaufbau

1. Gewaltenteilungsprinzip

In den einzelnen Bundesländern sind Steuerfahndung und Bußgeld- und Strafsachenstellen unter- 26
schiedlich organisiert, wogegen in der Literatur jeweils Bedenken insb. mit Blick auf das Prinzip der Gewaltenteilung erhoben werden. In der **Praxis** hingegen scheint dieser Ansatzpunkt für eine Rüge der Verteidigung bislang kaum eine Rolle zu spielen.

– In einigen Bundesländern (z.B. Schleswig-Holstein) sind BuStra und Steufa als **unselbstständige Dienststellen** in das für die Besteuerung zuständige FA angegliedert. Gegen diese Eingliederung werden im Schrifttum sowohl im Hinblick auf das Gewaltenteilungsprinzip als auch auf die Rechte und Pflichten des Steuerpflichtigen im Besteuerungs- und im Strafverfahren (§ 393 AO) Bedenken erhoben (Klein/*Gersch/Jäger* § 387 Rn. 8; *Rüping*, DStR 2002, 2020, 2021).

– Sowohl in den Bundesländern, in denen BuStra und Steufa als unselbstständige Dienststellen in das für die Besteuerung zuständige FA angegliedert sind (z.B. Schleswig-Holstein), als auch in den Bundesländern, in denen selbstständige FA für Fahndung und Strafsachen bestehen (z.B. Nordrhein-Westfalen, Niedersachsen), ist der **Vorsteher** des FA für Steuerstrafsachen entgegen einer strengen Gewaltenteilung Dienstvorgesetzter der Beamten seiner Behörde, womit bei ihm die Aufgabe der Leitung polizeilicher Tätigkeiten mit der Aufgabe und Befugnis zur Ahndung von Steuerstraftaten und Steuerordnungswidrigkeiten in einer Person zusammenfällt.

– Ebenfalls mit Blick auf den Grundsatz der Gewaltenteilung werden Bedenken gegen die Zusammenfassung von „Steuerpolizei" (§ 404 AO) und „Steuerstaatsanwaltschaft" (§§ 386 Abs. 2, 399 Abs. 1 AO) erhoben, soweit BuStra und Steufa in einem einheitlichen Sachgebiet (sog. **Einheitssachgebiet**) zusammengefasst sind (z.B. in Hamburg; ausf. dazu *Webel*, AO-StB 2007, 137) und damit bereits auf der Organisationsebene der Sachgebietsleiter die Aufgabe der Leitung polizeilicher Tätigkeiten mit der Aufgabe und Befugnis zur Ahndung von Steuerstraftaten oder -ordnungswidrigkeiten in einer Person zusammenfällt.

Insoweit wird jeweils die Befürchtung geäußert, polizeiliche und staatsanwaltschaftliche Aufgaben 27
würden nicht immer in der gehörigen Weise getrennt werden (so z.B. *Hentschel*, NJW 2006, 2300; vgl. Klein/*Gersch/Jäger* § 387 Rn. 8). Nach zutreffender herrschender Meinung ist diese sich als Folge der vom Gesetzgeber vorgenommenen Übertragung staatsanwaltschaftlicher Ermittlungskompetenzen auf die Finanzbehörde ergebende Aufgabenkumulierung aber nicht verfassungsrechtlich bedenklich.

Zwar kann die gesetzliche Zuständigkeitsteilung zwischen Finanzbehörde und Steuerfahndung nicht dadurch umgangen werden, dass bei getrennten Sachgebieten die Zuständigkeit für die Antragstellung dem Sachgebietsleiter „Steuerfahndung" generell übertragen wird (LG Freiburg, Urt. v. 16.07.1986 – IV Qs 72/86, wistra 1987, 155), doch kann z.B. der Antrag auf Erlass eines Durchsuchungs- und Beschlagnahmebeschlusses vom Leiter der Steuerfahndungsstelle als geschäftsordnungsmäßiger Vertreter des Leiters der Straf- und Bußgeldsachenstelle für den Fall gestellt werden, dass Letzterer verhindert ist (so LG Stuttgart, Beschl. v. 25.06.1987 – 6 Qs 57/87, wistra 1988, 328; vgl. auch *Webel*, AO-StB 2007, 137; Klein/*Gersch/Jäger* § 387 Rn. 9). Die Kritik, Vertretungen der Sachgebietsleiter „über Kreuz" seien unzulässig, da so das Vier-Augen-Prinzip ausgehebelt werde (*Hentschel*, NJW 2006, 2300 f.) überzeugt nach hiesiger Auffassung nicht, da bereits der Steuerfahnder den Antrag bei dem BuStra-Sachbearbeiter angeregt, dieser den Antrag geprüft und gestellt und sodann seinem Sachgebietsleiter dies zur Zeichnung vorgelegt hat, womit die Prüfung durch den Sachgebietsleiter, auch wenn in seiner Person durch Vertretungsregelungen oder im Einheitssachgebiet polizeiliche und staatsanwaltschaftliche Aufgaben im Steuerstrafverfahren verbunden sind, sogar eine 6-Augen-Kontrolle zufolge hat.

Da aber die eigentlichen Sachbearbeiter in der Praxis entweder als Steuerfahnder oder als Bearbeiter der BuStra klar abgegrenzte Funktionen und Tätigkeitsbereiche haben, ist von der Rechtmäßigkeit sämtlicher oben dargestellter Organisationsstrukturen auszugehen. Denn ein solcher Verwaltungsaufbau schließt nicht aus, dass einzelnen Beamten Rechte und Pflichten verliehen werden, die andere Bedienstete derselben Behörde nicht besitzen (*Hentschel*, NJW 2006, 2300).

Zudem ist es im Steuerstrafverfahren, egal wie die Dienststellen organisatorisch aufgebaut sind, nicht ungewöhnlich, dass der BuStra-Sachbearbeiter in ein und demselben Verfahren teils mit staatsanwaltschaftlicher Kompetenz teils nur mit polizeilichen Befugnissen tätig wird, wenn etwa zunächst das Verfahren gem. § 386 Abs. 2 AO selbstständig geführt und sodann gem. § 386 Abs. 3 oder Abs. 4 Satz 1 AO an die StA abgegeben wird (ausf. *Webel*, AO-StB 2007, 137, *ders.* Steuerfahndung – Strafverteidigung, 33 f.).

2. Rechtsstaatsprinzip

28   Fraglich ist, ob es mit der Verfassung vereinbar ist, wenn ein Mitarbeiter der Finanzbehörde, der nicht die Befähigung zum Richteramt besitzt, einen Antrag auf Erlass eines Strafbefehls bei Gericht stellt. Das AG Braunschweig hat in seinem Vorlagebeschl. v. 04.05.1992 (Az. 9 Cs 400 Js 46909/91, wistra 1992, 234) ausgeführt, die §§ 396 Abs. 2, 399 Abs. 1 und 400 Halbs. 2 AO seien mit dem Rechtsstaatsprinzip insoweit nicht vereinbar, als die angeführten Bestimmungen der AO keine nähere Ausgestaltung über die Strukturen und die an die Funktionsträger der Finanzbehörden zu stellenden Erfordernisse enthielten. Nach zutreffender herrschender Meinung verstößt es jedoch nicht gegen das Rechtsstaatsprinzip, wenn ein Beamter der Finanzverwaltung, der nicht Volljurist ist, einen Antrag auf Erlass eines Strafbefehls stellt (BVerfG Kammerbeschl. v. 05.05.1994 – 2 BvL 52/92, wistra 1994, 263; *Webel*, AO-StB 2007, 137, 140; vgl. auch BVerfG, Kammerbeschl. v. 14.03.1996 – 2 BvL 19/94, wistra 1996, 225), denn die Behörde, die zum Antrag auf Erlass eines Strafbefehls im Steuerstrafverfahren befugt ist, ist in der AO hinreichend bestimmt. Das Rechtsstaatsprinzip erfordert es hingegen nicht, dass auch die an den Funktionsträger der zuständigen Stelle zu stellenden Anforderungen im Gesetz bestimmt werden müssten.

VI. Realsteuern

29   Bei den Realsteuern gem. § 14 GewStG, § 13 GrStG setzt in sämtlichen Flächenbundesländern das FA nur den Steuermessbetrag fest und teilt ihn – ggf. nach Zerlegung (§§ 28 ff. GewStG, §§ 22 ff. GrStG i.V.m. § 185 AO) – einer bzw. mehreren Gemeinden mit.

30   Damit sind die FA (unstreitig) zuständig für Steuerverkürzungen, die zu einer unterbliebenen oder unrichtigen Festsetzung oder Zerlegung geführt haben. Bereits mit einem erschlichenen Grundlagenbescheid ist nach der Rechtsprechung des BGH (Beschl. v. 10.12.2008 – 1 StR 322/08 im Anschluss daran auch BGH, Beschl. v. 27.05.2009 – 1 StR 665/08 – Verlustfeststellungsbescheid je m.w.N.; krit. Anm. *Blesinger*, wistra 2009, 294; *Jope* DStZ 2009, 247) eine vollendete Steuerhinterziehung gegeben, denn die Bindungswirkung des Grundlagenbescheides rechtfertigt die Annahme, dass bereits der unrichtige Feststellungsbescheid den Steueranspruch konkret gefährdet (so auch FGJ/*Joecks* § 376 Rn. 21; *Hardtke/Leip*, NStZ 1996, 217, 219; a.A. *Beckemper*, NStZ 2002, 518, 520: Vorbereitung; a.A. *Tilp*, JA 2002, 334, 336; *Bublitz*, DStR 1985, 653 ff., *Gribbohm*, NStZ 1990, 209, 210: Versuch).

31   Fraglich ist aber, welche Behörde – FA oder Gemeinden – für die Verfolgung der Verkürzungen der Gewerbesteuer oder der Grundsteuer im Beitreibungsverfahren zuständig ist (zur Steuerhinterziehung im Beitreibungsverfahren allgemein: BGH, Urt. v. 19.12.1997 – 5 StR 569/96 = BGHSt 43, 381; *Bansemer*, wistra 1994, 327). Teils wird auch hier von einer Zuständigkeit der FA

ausgegangen (Kohlmann/*Hilgers-Klautzsch* § 387 Rn. 24), teils wird dies offengelassen (FGJ/*Randt* § 387 Rn. 11).

Für das Einrücken der Gemeinden in die verfahrensrechtliche Stellung der FA in entsprechender Anwendung des § 387 AO sprechen zwei Argumente: Zum einen das Argument der Verwaltungsorganisation, denn nur den Gemeinden liegen die Vorgänge zum Beitreibungsverfahren vor, während die FA davon unmittelbar keine Kenntnis haben; zum anderen das systematische Argument, dass diese Lösung dem Prinzip des § 387 AO entspricht, dass immer die sachnächste Behörde, die abgabenrechtlich zuständig ist, diese Kompetenzen auch für die Strafverfolgung nutzen können soll. Gegen die entsprechende Anwendung des § 387 AO spricht aber, dass es dafür an einer planwidrigen, analogiefähigen Regelungslücke fehlt. Denn auch der 8. Teil der AO ist bei Realsteuern gem. § 1 Abs. 2 Nr. 7 AO anwendbar und die Gemeinden sind nach dem eindeutigen Wortlaut des § 386 Abs. 1 Satz 2 AO keine Strafverfolgungsbehörden i.S.d. AO. Damit besteht keine Befugnis der Gemeinden, als Ermittlungsbehörde tätig zu werden. Mithin ist in der **Praxis** eine Mitteilung der Gemeinde an die zuständige Finanzbehörde notwendig, um die Finanzbehörden in die Lage zu versetzen, in Fällen des Verdachts der Steuerhinterziehung im Beitreibungsverfahren bei Realsteuern ermitteln zu können. Diese Mitteilung ist auch gem. § 30 Abs. 4 Nr. 1 AO zulässig.

VII. Kirchensteuer

Gesetzliche Grundlage für die Erhebung der Kirchensteuer sind die Kirchensteuergesetze der   32
Länder. Zwar ist als Steuerhinterziehung nach § 370 AO die vorsätzliche Verkürzung von Kirchensteuer nur im Bundesland Niedersachsen strafbar, doch haben alle Bundesländer, auch Niedersachsen (§ 6 Abs. 1 Nds. KiStRG) von der Möglichkeit nach Art. 4 Abs. 3 EGStGB, die Strafvorschriften der §§ 369 ff. AO entsprechend anzuwenden, keinen Gebrauch gemacht (vgl. auch Klein/*Gersch/Jäger* § 386 Rn. 8; Kohlmann/*Hilgers-Klautzsch* § 387 Rn. 28). Nach hiesiger Auffassung ist mit Ausnahme von Niedersachsen die Hinterziehung von Kirchensteuer nicht strafbar, wofür die folgende Argumentation spricht: Die Kirchensteuergesetze der Bundesländer erklären die Vorschriften der Abgabenordnung über das materielle Straf- und Ordnungswidrigkeitenrecht und das Straf- und Bußgeldverfahren für nicht anwendbar (exemplarisch: § 8 Abs. 2 KiStG SH). Damit handelt es sich bei der Hinterziehung von Kirchensteuer formal nicht um ein Steuer- sondern um ein Allgemeindelikt, für dessen Verfolgung gem. § 386 Abs. 2 Nr. 2 AO die Finanzbehörde zuständig wäre. Die Ermittlungskompetenz setzt aber voraus, dass die Hinterziehung von Kirchensteuern strafbar wäre. Da die Bundesländer (mit Ausnahme von Niedersachsen) die AO diesbezüglich nicht für anwendbar erklärt haben, wäre eine Verfolgung nicht gem. § 370 AO möglich, sondern allenfalls als Abgabenbetrug gem. § 263 StGB im allgemeinen Strafverfahren (so auch BGH, Beschl. v. 17.04.2008 – 5 StR 547/07, wistra 2008, 310; *Rönnau*, wistra 1995, 47 ff.; *Mösbauer,* wistra 1996, 252, 254; Schwarz/*Dumke* § 370 Rn. 80; § 386 AO Rdn. 20 f.). Gegen die Betrugsstrafbarkeit spricht jedoch der folgende unauflösbare Wertungswiderspruch: Kirchensteuerbetrug und Einkommensteuerhinterziehung stellen eine einheitliche prozessuale Tat gem. § 264 Abs. 1 StPO dar, da „Tat" im prozessualen Sinne die entsprechende Einkommensteuererklärung ist. Eine Selbstanzeige wegen Hinterziehung der ESt würde diesbezüglich einen kirchensteuerpflichtigen Täter zur Straffreiheit führen, gleichzeitig aber den Kirchensteuerbetrug aufdecken (so selbst *Rönnau*, wistra 1995, 47, 48 f., der die Strafbarkeit bejaht; i.E. offen BGH, Beschl. v. 17.04.2008 – 5 StR 547/07, wistra 2008, 310 und Klein/*Gersch/Jäger* § 386 Rn. 8; ausführlich m.w.N. FGJ/*Randt* § 386 Rn. 21, 21a, § 387 AO Rn. 13). Ggf. ist hier aber das Verwendungsverbot des § 393 Abs. 2 AO zu beachten.

VIII. Solidaritätszuschlag

Die Finanzbehörde ist auch für die Verfolgung der Hinterziehung des Solidaritätszuschlags zustän-   33
dig, denn der Solidaritätszuschlag ist eine Annexsteuer zur ESt und sowohl die Hinterziehung der ESt als auch die des Solidaritätszuschlags stellen Steuerstraftaten nach § 370 AO dar (vgl. LG Oldenburg, Beschl. v. 28.12.2000 –2 Qs 25/00 – W, 2 Qs 25/00, PStR 2001, 143).

§ 388 AO   Örtlich zuständige Finanzbehörde

(1) Örtlich zuständig ist die Finanzbehörde,

1. in deren Bezirk die Steuerstraftat begangen oder entdeckt worden ist,
2. die zur Zeit der Einleitung des Strafverfahrens für die Abgabenangelegenheiten zuständig ist oder
3. in deren Bezirk der Beschuldigte zur Zeit der Einleitung des Strafverfahrens seinen Wohnsitz hat.

(2) Ändert sich der Wohnsitz des Beschuldigten nach Einleitung des Strafverfahrens, so ist auch die Finanzbehörde örtlich zuständig, in deren Bezirk der neue Wohnsitz liegt. Entsprechendes gilt, wenn sich die Zuständigkeit der Finanzbehörde für die Abgabenangelegenheit ändert.

(3) Hat der Beschuldigte im räumlichen Geltungsbereich dieses Gesetzes keinen Wohnsitz, so wird die Zuständigkeit auch durch den gewöhnlichen Aufenthaltsort bestimmt.

A. Allgemeines und Anwendungsbereich

1   Im Verhältnis zu den §§ 7 bis 11 StPO enthält § 388 AO für die örtliche Zuständigkeit der Finanzbehörde bei der Ermittlung von Steuerstraftaten eine selbstständige, abschließende und auf die Besonderheiten des Steuerstrafverfahrens zugeschnittene Regelung, die die diesbezüglichen Regeln der StPO (z.B. § 8 Abs. 2 letzter Halbs. [Gerichtsstand des letzten Wohnsitzes], §§ 10, 11 StPO) als lex specialis vollständig verdrängt; die örtliche Zuständigkeit der Finanzbehörden ist nicht von der örtlichen Zuständigkeit des Gerichts abhängig (str., so z.B. LG Augsburg Beschl. v. 08.07.1982 – 6 Qs 663/82, ZfZ 1982, 315; Klein/*Gersch/Jäger* § 388 Rn. 1; vgl. auch Nr. 24 Abs. 1 und 2 AStBV [St] BStBl. I 2011, S. 1000, 1009; a.A. Schwarz/*Dumke* § 388 Rn. 3 m.w.N.). Bei einem Kompetenzkonflikt gilt § 390 AO.

2   Für die Verfolgung von **Steuerordnungswidrigkeiten** gilt § 388 AO kraft Verweisung des § 410 Abs. 1 Nr. 1 AO und verdrängt so § 37 OWiG; ebenso gilt § 388 AO gem. § 164 Satz 2 StBerG für die Ordnungswidrigkeiten nach dem StBerG (vgl. ausf. FGJ/*Randt* § 388 Rn. 4, 8).

B. Inhalt

I. § 388 Abs. 1 AO

3   Alle in § 388 Abs. 1 AO genannten Anknüpfungspunkte für die örtliche Zuständigkeit stehen gleichwertig nebeneinander. Sollte eine Bestimmung der örtlichen Zuständigkeit nach § 388 Abs. 1 AO scheitern, greifen § 388 Abs. 2 und Abs. 3 AO ein.

1. Begriff der Finanzbehörde

Für das Steuerstrafverfahren ist der Begriff der Finanzbehörde in § 386 Abs. 1 Satz 2 AO legal **4** definiert (s. § 386 AO Rdn. 19).

2. § 388 Abs. 1 Nr. 1 AO

Anknüpfungspunkt für die örtliche Zuständigkeit ist gem. § 388 Abs. 1 Nr. 1 AO der Tatort oder **5** Entdeckungsort.

a) Tatort

Eine Tat ist an jedem Ort begangen, an dem der Täter gehandelt hat oder im Fall des Unterlassens **6** hätte handeln müssen oder an dem der zum Tatbestand gehörende Erfolg eingetreten ist oder nach der Vorstellung des Täters eintreten sollte (§ 9 StGB i.V.m. §§ 385 Abs. 1, 369 Abs. 2 AO; Nr. 24 Abs. 1 AStBV [St], BStBl. I 2011, S. 1000, 1009; *Meyer-Goßner* § 7 Rn. 2; KK/*Fischer* § 7 Rn. 2). Im Fall der Teilnahme (§§ 26, 27 StGB) ist die Tat auch an jedem Ort begangen, an dem der Teilnehmer gehandelt hat, im Fall des Unterlassens hätte handeln müssen oder an dem Ort, an dem nach seiner Vorstellung die Tat begangen werden sollte (§ 9 Abs. 2 Satz 1 StGB; *Meyer-Goßner* § 7 Rn. 3; KK/*Fischer* § 7 Rn. 2). Bei **Steuerstraftaten** ist mithin z.B. das FA zuständig, dem eine falsche Steuererklärung zugegangen ist bzw. dem eine Steuererklärung hätte vorgelegt werden müssen; nicht entscheidend ist, wo die Steuererklärung ausgefüllt und unterschieben wurde (str. Klein/*Gersch*/*Jäger* § 388 Rn. 2; FGJ/*Randt* § 388 Rn. 9; a.A. Schwarz/*Dumke* § 388 Rn. 7 m.w.N.).

Wird die Steuerhinterziehung dadurch begangen, dass die **gesonderte Feststellung falscher** **7** **Besteuerungsgrundlagen** nach §§ 179 ff. AO veranlasst wird, so ist die örtliche Zuständigkeit für die strafrechtlichen Ermittlungen nach § 388 AO sowohl über die Tathandlung bei der für den Erlass des Grundlagenbescheids im Verwaltungsverfahren zuständigen Finanzbehörde als auch über den Taterfolg bei der für den Erlass des Folgebescheids verwaltungsmäßig zuständigen Finanzbehörde gegeben (Schwarz/*Dumke* § 388 Rn. 8).

b) Entdeckungsort

Der Begriff der Entdeckung ist in § 388 AO genauso auszulegen wie in § 371 Abs. 2 Nr. 2 AO **8** (allg. A. z.B. Schwarz/*Dumke* § 388 Rn. 9; FGJ/*Randt* § 388 Rn. 12). Entdeckt ist eine Steuerstraftat nach allgemeiner Ansicht, wenn bei vorläufiger Tatbewertung die Wahrscheinlichkeit eines zu verurteilenden Erkenntnisses gegeben ist (vgl. nur BGH Beschl. v. 20.05.2010 – 1 StR 577/ 09 m.w.N.; BGH Urt. v. 05.05.2004 – 5 StR 548/03 = BGHSt 49, 136). Die Entdeckung setzt voraus, dass der Amtsträger einer Behörde das gesamte oder wesentliche Teile des Tatgeschehens selbst wahrgenommen hat oder ihm dies gem. § 116 AO von einer anderen Behörde oder einem Gericht mitgeteilt wurde (FGJ/*Randt* § 388 Rn. 12). Wird die Tat durch eine Privatperson entdeckt, stellt dies keine Entdeckung i.S.v. § 388 AO dar; hingegen ist für die Entdeckung nicht erforderlich, dass der konkret zuständige Amtsträger Kenntnis erlangt (FGJ/*Randt* § 388 Rn. 16).

Zum Begriff der Tatentdeckung führt der BGH (Beschl. v. 20.05.2010 – 1 StR 577/09, **9** DStR 2010, 1133) darüber hinaus das Folgende aus:

> *„... Einer strafbefreienden Selbstanzeige steht hier zudem der Sperrgrund des § 371 Abs. 2 Nr. 2 AO entgegen. Nach den Feststellungen war die Tat – wenigstens zum Teil – bereits entdeckt. Nach § 371 Abs. 2 Nr. 2 AO ist erforderlich, dass die „Tat" ganz oder zum Teil bereits entdeckt war. Das Wort „entdecken" ist – wie im allgemeinen Sprachgebrauch – dahin zu verstehen, dass Unbekanntes, Verborgenes aufgefunden wird. Die noch unbekannte, verborgene Tat i. S. des § 370 AO muss ganz oder zum Teil entdeckt sein. Gesetzlicher Anknüpfungspunkt ist dabei nicht der Begriff des Anfangsverdachts (vgl. BGH, wistra 2000, 219, 225), sondern der der „Tatentdeckung". Bei*

diesem Begriff handelt es sich um ein Tatbestandsmerkmal, das mit den üblichen strafprozessualen Verdachtsgraden nicht gleichgesetzt werden kann; es hat einen eigenständigen Bedeutungsgehalt.

Nach der Rechtsprechung des BGH (vgl. BGH, NStZ 1983, 415; wistra 2000, 219, 225) liegt Tatentdeckung dann vor, wenn bei vorläufiger Tatbewertung die Wahrscheinlichkeit eines verurteilenden Erkenntnisses gegeben ist. Diese Definition enthält eine doppelte, zweistufige Prognose. Zunächst ist – auf der Grundlage der vorhandenen, regelmäßig noch unvollständigen Informationen – die Verdachtslage, und zwar vorläufig, zu bewerten. Aufbauend auf dieser bloß vorläufigen Bewertung muss der Sachverhalt, auf den sich der Verdacht bezieht, zudem rechtlich geeignet sein, eine Verurteilung wegen einer Steuerstraftat oder -ordnungswidrigkeit zu rechtfertigen. Ist das Vorliegen eines Sachverhalts wahrscheinlich, der die Aburteilung als Steuerstraftat oder -ordnungswidrigkeit rechtfertigen würde, ist die Tat entdeckt. Die Anforderungen an diese Wahrscheinlichkeitsprognose dürfen schon deshalb nicht zu hoch angesetzt werden, weil sie auf einer (noch) schmalen Tatsachenbasis erfolgen muss.

Das besagt zunächst, dass – entgegen einer in der Literatur vertretenen Auffassung (Kohlmann, Steuerstrafrecht, 41. Lfg. November 2009, § 371 AO Rdn. 204; Randt/Schauf, DStR 2008, 489, 490; Fehling/Rothbächer, DStZ 2008, 821, 824) – ein hinreichender Tatverdacht i. S. von § 170 Abs. 1, § 203 StPO gerade nicht erforderlich ist und auch nicht gefordert werden kann. Die in § 170 Abs. 1, § 203 StPO für einen hinreichenden Tatverdacht notwendige Prognose der Verurteilungswahrscheinlichkeit baut nämlich auf einem ausermittelten Sachverhalt auf. Eine derartige Prognose lässt sich bei der Entdeckung der Tat – eine Entdeckung „zum Teil" genügt – noch nicht verlässlich stellen. Die Entdeckung bildet vielmehr erst den Ausgangspunkt der dann gebotenen Ermittlungen.

Daher ist – anders als bei § 203 StPO – auch nicht erforderlich, dass der Täter der Steuerhinterziehung bereits ermittelt ist, schon deshalb, weil das Gesetz nur an die Entdeckung der Tat, nicht aber an die des Täters anknüpft (BGH v. 4. 5. 1983, 2 StR 661/82, NJW 1983, 1985, NStZ 1983, 415; wistra 2004, 309). Ebenso wenig ist erforderlich, dass die tatsächlichen Besteuerungsgrundlagen bereits so weit bekannt sind, dass der Schuldumfang verlässlich beurteilt werden kann (vgl. BGH, wistra 2000, 219, 226). Es genügt, dass konkrete Anhaltspunkte für die Tat als solche bekannt sind.

Diese Auslegung folgt auch aus der Systematik der (anderen) Sperrgründe des § 371 Abs. 2 AO. Denn für die Anwendung des § 371 Abs. 2 Nr. 2 AO bliebe bei dem engeren – einen hinreichenden Tatverdacht i. S. von § 170 Abs. 1; § 203 StPO fordernden – Verständnis des Begriffs der Tatentdeckung keine eigenständige Bedeutung mehr, weil die Anforderungen für einen hinreichenden Tatverdacht regelmäßig Maßnahmen nach § 371 Abs. 2 Nr. 1 AO voraussetzen (vgl. Dietz, DStR 1981, 372, 373; Bilsdorfer, BB 1982, 672, 673).

Die Kenntniserlangung von einer Steuerquelle stellt für sich allein noch keine Tatentdeckung dar. Welche Umstände hinzukommen müssen, damit die Tat (wenigstens zum Teil) entdeckt ist, lässt sich nur im Einzelfall und nicht schematisch beantworten. In der Regel ist eine Tatentdeckung bereits dann anzunehmen, wenn unter Berücksichtigung der zur Steuerquelle oder zum Auffinden der Steuerquelle bekannten weiteren Umstände nach allgemeiner kriminalistischer Erfahrung eine Steuerstraftat oder -ordnungswidrigkeit nahe liegt. Stets ist die Tat entdeckt, wenn der Abgleich mit den Steuererklärungen des Steuerpflichtigen ergibt, dass die Steuerquelle nicht oder unvollständig angegeben wurde. Entdeckung ist aber auch schon vor einem Abgleich denkbar, etwa bei Aussagen von Zeugen, die dem Steuerpflichtigen nahe stehen und vor diesem Hintergrund zum Inhalt der Steuererklärungen Angaben machen können, oder bei verschleierten Steuerquellen, wenn die Art und Weise der Verschleierung nach kriminalistischer Erfahrung ein signifikantes Indiz für unvollständige oder unrichtige Angaben ist.

Der Begriff der Tatentdeckung in § 371 Abs. 2 Nr. 2 AO ist zu unterscheiden vom Begriff der Entdeckung der Tat in der Vorschrift des § 7 S. 1 Nr. 1 Buchst. b StraBEG, die einen abweichenden Wortlaut hat. Dort ist die Entdeckung eines Teils der Tat für die Tatentdeckung nicht ausreichend. Die hierzu ergangene, einer normspezifischen Auslegung des § 7 StraBEG folgende Rechtsprechung des BFH (BFH v. 26. 11. 2008, X R 20/07, DStRE 2009, 379, wistra 2009, 201) ist daher nicht auf die strafbefreiende Selbstanzeige gemäß § 371 AO zu übertragen.

Nicht erforderlich für die Tatentdeckung in § 371 Abs. 2 Nr. 2 AO ist, dass aufgrund der Tatsachen bereits ein Schluss auf vorsätzliches Handeln gezogen werden kann. Die Sperrgründe des § 371 Abs. 2 Nr. 1 Buchst. a 2. Alt. und Abs. 2 Nr. 2 AO sind bei Erscheinen eines Amtsträgers zur „Ermittlung einer Steuerstraftat oder einer Steuerordnungswidrigkeit" bzw. dann gegeben, wenn dem Täter die – zeitlich davor liegende – „Einleitung des Straf- oder Bußgeldverfahrens wegen der Tat bekannt gegeben worden ist". Weder aus dem Wortlaut noch aus dem Zweck des § 371 Abs. 2 Nr. 2 AO ergibt sich vor diesem Hintergrund, dass der Gesetzgeber bei § 371 Abs. 2 Nr. 2 AO, soweit er auf die Entdeckung der Tat abstellt, lediglich die vorsätzliche Steuerstraftat im Blick hatte (vgl. auch BT-Drs. V/1812, S. 24). Dem steht nicht entgegen, dass bei Entdeckung einer Tat im Sinne des § 370 Abs. 1 AO, die sich als nur leichtfertig begangen erweist (§ 378 Abs. 1 AO), eine bußgeldbefreiende Selbstanzeige (§ 378 Abs. 3 AO) nicht ausgeschlossen ist. ...

Angesichts der verbesserten Ermittlungsmöglichkeiten im Hinblick auf Steuerstraftaten und auch der stärkeren Kooperation bei der internationalen Zusammenarbeit können nach Auffassung des Senats jedenfalls heute keine hohen Anforderungen an die Annahme des „Kennenmüssens" der Tatentdeckung mehr gestellt werden. Der Sperrgrund des § 371 Abs. 2 Nr. 2 AO wird daher heute maßgeblich durch die objektive Voraussetzung der Tatentdeckung im vorstehend verstandenen Sinne und weniger durch die subjektive Komponente bestimmt. ..."

3. § 388 Abs. 1 Nr. 2 AO – Für die Abgabenangelegenheiten zuständiges FA

Gem. § 388 Abs. 1 Nr. 2 AO ist das im Zeitpunkt der Einleitung des Steuerstrafverfahrens **für die** **10**
Abgabenangelegenheiten zuständige FA alternativ zuständig (arg. § 388 Abs. 2 Satz 2 AO; vgl. auch Schwarz/*Dumke* § 388 Rn. 13). Der Begriff der Abgabenangelegenheiten ist in § 347 Abs. 2 AO legal definiert. Zuständigkeit im Sinne dieser Vorschrift meint **sowohl die örtliche als auch** **die sachliche Zuständigkeit.**

- Welches FA für das Besteuerungsverfahren sachlich zuständig ist, folgt aus § 16 AO i.V.m. dem FVG;
- die örtliche Zuständigkeit gem. § 17 AO bestimmt sich nach den Vorschriften der §§ 18 bis 29 AO,
- bei der Lohnsteuer nach § 39a Abs. 4a EStG und
- bei den Verkehrsteuern nach den jeweiligen Zuständigkeitsregelungen in den Einzelgesetzen (§ 17 Abs. 1 bis 3 GrEStG, § 1 KraftStDV, §§ 2, 20 KVStDV, § 1 VersStDV, § 10 FeuerschStG, §§ 15, 30 RennwLottAB)
- sowie bei der Erbschaftsteuer nach § 35 ErbStG.
- Im Zweifel greift als Auffangvorschrift die Ersatzzuständigkeit nach § 24 AO ein (vgl. Klein/ *Gersch*/*Jäger* § 388 AO Rn. 1).

4. § 388 Abs. 1 Nr. 3 AO – Wohnsitz

Zuständig ist nach § 388 Abs. 1 Nr. 3 AO auch das **Wohnsitzfinanzamt.** Der Begriff des Wohnsit- **11**
zes bestimmt sich nach zutreffender herrschender Meinung nicht nach § 8 AO, sondern nach § 8 StPO i.V.m. §§ 7 ff. BGB. Zwar definiert die AO den Begriff des Wohnsitzes im Gegensatz zur StPO selbst, § 385 Abs. 1 AO verweist jedoch für das Steuerstrafverfahren auf die allgemeinen Vorschriften der StPO (Klein/*Gersch*/*Jäger* § 388 AO Rn. 5; FGJ/*Randt* § 388 Rn. 27 f. je m.w.N.). Abweichend zu § 8 StPO, der sich auf den Wohnsitz des Beschuldigten zum Zeitpunkt der Klageerhebung bezieht (dazu *Meyer-Goßner* § 8 Rn. 2), stellt die AO auf den Wohnsitz zum Zeitpunkt der Einleitung des Strafverfahrens ab. Auch wenn der Beschuldigte zeitweise abwesend ist oder im Hotel wohnt, steht dies einem Wohnsitz nicht entgegen; entscheidend ist allein, dass er sich an dem Ort niedergelassen und den Wohnsitz nicht aufgegeben hat (*Meyer-Goßner* § 8 Rn. 1). Diesbezüglich hat das LG Frankfurt am Main (Entscheidung v. 08.02.1988 – 6/6 Qs 69/87, StV 1988, 381) entschieden, dass es, wenn der Versuch eines Beschuldigten, seinen hiesigen Wohnsitz aufzugeben und ins Ausland auszureisen, scheitert, dies nicht dazu führt, ihn so zu behandeln, als sei er nunmehr ohne festen Wohnsitz oder Aufenthalt.

Verfügt der Beschuldigte über mehr als einen Wohnsitz (vgl. § 7 Abs. 2 BGB), ist jede Wohnsitzfinanzbehörde zuständig, wobei gem. § 390 Abs. 1 AO der Grundsatz der Priorität gilt.

II. § 388 Abs. 2 AO – Wohnsitzwechsel

12 § 388 Abs. 2 Satz 1 AO trägt der möglichen Fallkonstellation Rechnung, dass der Beschuldigte im Laufe des Ermittlungsverfahrens den Wohnsitz wechselt. Bei Wohnsitzänderungen nach Einleitung des Strafverfahrens ist gem. § 388 Abs. 2 AO fakultativ bzw. wahlweise auch das Besteuerungsfinanzamt des neuen Wohnsitzes zuständig (§ 388 Abs. 2 Satz 1 AO; vgl. auch Nr. 24 Abs. 2 Satz 2 AStBV [St], BStBl. I 2011, S. 1000, 1009) bzw. die Finanzbehörde, auf die die Abgabenangelegenheit übergegangen ist (**§ 388 Abs. 2 Satz 2 AO**; Nr. 24 Abs. 2 Satz 1 AStBV [St], BStBl. I 2011, S. 1000, 1009). Damit ist die Regelung der AO im Vergleich zu § 8 StPO deutlich flexibler, was für das Ermittlungsverfahren zweckmäßig ist (LG Augsburg, Beschl. v. 08.07.1982 – 6 Qs 663/82, ZfZ 1982, 315; FGJ/*Randt* § 388 Rn. 31).

III. § 388 Abs. 3 AO – Gewöhnlicher Aufenthalt

13 Die Zuständigkeit nach dem **gewöhnlichen Aufenthalt** gem. § 388 Abs. 3 AO greift dann, wenn der Beschuldigte keinen Wohnsitz (vgl. § 388 Abs. 1 Nr. 3 AO) im räumlichen Geltungsbereich der AO hat. Der gewöhnliche Aufenthaltsort i.S.d. § 388 Abs. 3 AO richtet sich nach § 8 Abs. 2 StPO und besteht dort, wo sich jemand im Inland freiwillig ständig oder für längere Zeit, wenn auch nicht ununterbrochen, aufhält (*Meyer-Goßner* § 8 Rn. 3; KK/*Fischer* § 8 Rn. 2). Diese Auslegung entspricht auch der Legaldefinition des § 9 Satz 1 AO. Strafverfahrensrechtlich begründet aber ein erzwungener Aufenthalt, z.B. bei Unterbringung in einer JVA oder Heilanstalt, anders als in § 9 Satz 2 AO auch dann keinen gewöhnlichen Aufenthaltsort, wenn der Aufenthalt für längere Dauer berechnet ist (allg. A.; z.B. BGH Beschl. v. 30.06.1959 – 2 ARs 158/58 = BGHSt 13, 209 [Erziehungsheim]; *Meyer-Goßner* § 8 Rn. 3). Ein mehrfacher gewöhnlicher Aufenthalt ist ausgeschlossen (KK/*Fischer* § 8 Rn. 2).

IV. Notzuständigkeit nach § 29 AO

14 Bei **Gefahr im Verzug** greift die Notzuständigkeit nach § 388 Abs. 1 Nr. 2 AO i.V.m. § 29 AO ein, wonach für unaufschiebbare Maßnahmen jede Finanzbehörde örtlich zuständig ist, in deren Bezirk der Anlass für die Amtshandlung hervortritt (h.M. z.B. FGJ/*Randt* § 388 Rn. 39; a.A. *Rolletschke*, Stbg 2006, 379: § 29 AO und § 143 Abs. 2 GVG werden nebeneinander genannt; a.A. Schwarz/*Dumke* § 388 Rn. 2a: § 385 Abs. 1 AO i.V.m. § 143 Abs. 2 GVG).

C. Mängel der örtlichen Zuständigkeit

15 Von der örtlichen Zuständigkeit ist zunächst die Frage abzugrenzen, inwieweit die Befugnis der Finanzbehörde besteht, in Steuerstrafsachen räumlich tätig zu werden. Ist eine Finanzbehörde örtlich zuständig, so ist diese und damit auch der Sachbearbeiter weder an den Bezirk der Behörde noch an die Grenzen des Landes gebunden. Vielmehr besteht eine bundesweite Kompetenz zur Vornahme von Amtshandlungen, die für das Ermittlungsverfahren notwendig erscheinen; z.B. können Zeugen auch in anderen Bundesländern (insb. schriftlich) befragt werden (s.a. § 162 StPO; Nr. 124 Satz 1 AStBV [St], BStBl. I 2011, S. 1000, 1034; *Meyer-Goßner* § 143 GVG Rn. 1; KK/*Schmid/Schoreit* § 143 GVG Rn. 2; *Rolletschke*, Stbg 2006, 379; *Webel*, Steuerfahndung – Steuerstrafverteidigung, 40).

I. Örtliche Unzuständigkeit der Finanzbehörde im Ermittlungsverfahren

1. Eigene Ermittlungshandlungen

Grds. führt die örtliche Unzuständigkeit der sachlich zuständigen Finanzbehörde nicht zur 16
Unwirksamkeit der vorgenommenen Ermittlungshandlungen und die Ermittlungsergebnisse können verwertet werden (vgl. BFH Urt. v. 02.07.1980 –I R 74/77, BStBl. II 1980, S. 684). Doch kann dieser Mangel gerügt werden, solange er fortbesteht (FGJ/*Randt* § 388 Rn. 41). Bei **willkürlicher** Annahme der örtlichen Zuständigkeit kann dies zur Unwirksamkeit einer Prozesshandlung der Finanzbehörde führen und damit ein Verfahrenshindernis die Folge sein (*Meyer-Goßner* § 143 GVG Rn. 2a m.w.N.).

2. Beantragung richterlicher Ermittlungshandlungen

Beantragt eine örtlich unzuständige Ermittlungsbehörde eine richterliche Ermittlungshandlung 17
(z.B. den Erlass eines Durchsuchungsbeschlusses oder die richterliche Vernehmung), so hat der Richter den Antrag zurückzuweisen, sofern er den Zuständigkeitsmangel erkennt. Erkennt er ihn nicht, so ist die richterliche Anordnung dennoch wirksam, sofern der Richter selbst zuständig ist (vgl. § 162 Abs. 1 Satz 1 StPO, § 46 OWiG).

II. Örtliche Unzuständigkeit der Finanzbehörde im gerichtlichen Verfahren

Stellt eine sachlich zuständige aber örtlich unzuständige Finanzbehörde einen Strafbefehlsantrag, 18
ist er als unzulässig zu verwerfen, da bei Fehlen der örtlichen Zuständigkeit ebenso wie bei der sachlichen ein Prozesshindernis vorliegt (*Meyer-Goßner* Einl. Rn. 145; Vor § 7 Rn. 7). Erkennt der Richter die fehlende örtliche Zuständigkeit der beantragenden Finanzbehörde nicht, führt dies dann nicht zur Unwirksamkeit der richterlichen Entscheidung, wenn der Richter selbst zuständig ist (FGJ/*Randt* § 388 Rn. 43). Der Betroffene kann allerdings gegen den Strafbefehl Einspruch einlegen. Wird die örtliche Unzuständigkeit der ursprünglich beantragenden Finanzbehörde nach Einspruch gegen den Strafbefehl, der der Anklage gleichsteht (§ 407 Abs. 1 Satz 4 StPO), erst im Hauptverfahren festgestellt, so hat der Richter das Verfahren grds. gem. § 260 Abs. 3 StPO einzustellen (*Meyer-Goßner* § 338 Rn. 31; § 260 StPO Rn. 43).

§ 389 AO   Zusammenhängende Strafsachen

Für zusammenhängende Strafsachen, die einzeln nach § 388 zur Zuständigkeit verschiedener Finanzbehörden gehören würden, ist jede dieser Finanzbehörden zuständig. § 3 der Strafprozessordnung gilt entsprechend.

A. Allgemeines und Anwendungsbereich

Besteht zwischen verschiedenen Strafsachen, die einzeln nach § 388 AO zur Zuständigkeit ver- 1
schiedener Finanzbehörden gehören würden, ein Zusammenhang, ist jede dieser Finanzbehörden zuständig. § 389 Satz 1 AO erweitert somit zum Zwecke der Prozessökonomie nur die **örtliche**

(§ 388 AO) – nicht die sachliche oder funktionelle – **Zuständigkeit** einer Finanzbehörde auf zusammenhängende Steuerstraftaten, für die nach § 388 AO eine andere Finanzbehörde örtlich zuständig wäre (Nr. 24 Abs. 3 AStBV [St] BStBl. I 2011, S. 1000, 1009).

2   Voraussetzung für die Anwendung des § 389 AO ist, dass die Ermittlungsbehörde gem. § 387 AO sachlich zuständig ist. Aus diesem Grund ist § 389 AO nicht einschlägig, wenn eine der Straftaten zur Zuständigkeit des Hauptzollamtes und eine andere zur Zuständigkeit des FA gehört (Nr. 24 Abs. 3 Satz 2 AStBV [St], BStBl. I 2011, S. 1000, 1009). Damit wird verhindert, dass z.B. das Hauptzollamt eine Einkommensteuerhinterziehung verfolgen kann, die mit einer Schmuggeltat zusammenhängt oder umgekehrt das FA z.B. die einer Umsatzsteuerhinterziehung vorangehende Einfuhrumsatzsteuerhinterziehung verfolgen kann. Derartige Fallkonstellationen, bei denen eine Verbindung sinnvoll erscheint, sind in der **Praxis** von FA und Hauptzollamt der StA zur Übernahme gem. § 386 AO anzubieten. Die StA kann nach Übernahme sodann die Verfahren gem. § 2 StPO oder § 13 StPO verbinden.

3   § 389 AO gilt gemäß Verweisung des § 410 Abs. 1 Nr. 1 AO auch für **Steuerordnungswidrigkeiten**. Bei nichtsteuerlichen Ordnungswidrigkeiten gilt § 38 OWiG.

B. „Strafsache"

4   „Strafsachen" i.S.v. § 389 Satz 1 AO sind alle Strafsachen, bei denen die Finanzbehörde als Ermittlungsbehörde zuständig ist; § 389 AO gilt nicht für die StA oder die Gerichte. Für StA und Gerichte gilt allein § 3 StPO.

C. Begriff des Zusammenhangs

5   Der Begriff des „Zusammenhangs" ist entsprechend § 3 StPO zu bestimmen (§ 389 Satz 2 AO).

I. Begriff des persönlichen Zusammenhangs

6   Ein persönlicher Zusammenhang ist gegeben, wenn eine Person im Verdacht steht, mehrere i.S.v. § 264 Abs. 1 StPO verfahrensrechtlich selbstständige Steuerstraftaten begangen zu haben (§ 3 StPO; Klein/*Gersch*/*Jäger* § 389 Rn. 2; i.E. auch KK/*Fischer* § 3 Rn. 3). Tatmehrheit gem. § 53 StGB genügt nicht, da die Taten, wenn sie eine einheitliche prozessuale Tat darstellen, ohnehin gleichzeitig abgeurteilt werden müssten, und ansonsten Strafklageverbrauch einträte bzw. bei gleichzeitiger Anklage bei verschiedenen Gerichten das Prozesshindernis der doppelten Rechtshängigkeit gegeben wäre (vgl. *Meyer-Goßner* § 3 Rn. 2).

7   Wurden die Steuerstraftaten teils als Jugendlicher bzw. Heranwachsender, teils als Erwachsener begangen, so ist insgesamt das Jugendgericht zuständig (§ 79 Abs. 1 JGG); das Verfahren ist insgesamt von der Finanzbehörde an die StA abzugeben und es kann nicht von der Finanzbehörde teilweise für die als Erwachsener begangenen Steuerstraftaten z.B. ein Strafbefehl beantragt werden (vgl. auch Nr. 22 Abs. 1 Nr. 6 i.V.m. Nr. 154 AStBV [St], BStBl. I 2011, S. 1000 ff. und FGJ/*Randt* § 389 Rn. 8).

II. Begriff des sachlichen Zusammenhangs

8   Ein sachlicher Zusammenhang besteht, wenn bei einer Tat i.S.d. § 264 Abs. 1 StPO mehrere Personen als Täter (auch Mit- und Nebentäter), Teilnehmer der Steuerhinterziehung oder der Begünstigung, Strafvereitelung oder Hehlerei beschuldigt werden (§ 3 StPO) (Klein/*Gersch*/*Jäger* § 389 Rn. 3; vgl. auch *Meyer-Goßner* § 3 Rn. 3; KK/*Fischer* § 3 Rn. 4; FGJ/*Randt* § 389 Rn. 9 bis 11 m.w.N.).

III. Begriff des kombinierten Zusammenhangs

Auch der kombinierte Zusammenhang begründet eine einheitliche Zuständigkeit. Dieser liegt z.B. 9
vor, wenn A und B als Unternehmer mittäterschaftlich eine Umsatzsteuerhinterziehung verwirklicht haben und der B darüber hinaus noch durch Verschweigen von davon unabhängigen privaten Mieteinnahmen ESt verkürzt hat (FGJ/*Randt* § 389 Rn. 12; *Meyer-Goßner* § 3 Rn. 4; KK/ *Fischer* § 3 Rn. 5).

D. Auflösung, Mängel und Konkurrenzen der nach § 389 AO begründeten Zuständigkeit

Erlischt der zuständigkeitsbegründende Umstand noch während des Ermittlungsverfahrens (z.B. 10
durch Wohnsitzwechsel des Beschuldigten), so erlischt die Zuständigkeit der Ermittlungsbehörde und das Verfahren ist entweder an die nunmehr zuständige Behörde ganz oder nach Trennung teilweise abzugeben. Erlischt der Zusammenhang nach Beantragung des Strafbefehls oder Anklageerhebung nebst Antrag auf Eröffnung des Hauptverfahrens, so bleibt die gerichtliche Zuständigkeit des zuerst mit der Sache befassten Gerichts insgesamt bestehen (ausf. FGJ/*Randt* § 389 Rn. 13 f. m.w.N.).

Bei **Verfahrensverstößen** gegen § 389 AO betreffen diese nicht das gesamte, sondern nur das 11
Verfahren, in dem sie stattfanden; i.Ü. gelten die Ausführungen zu § 388 AO Rn. 16 bis 18 entsprechend.

Bei **Zuständigkeitskonkurrenz** gilt der Grundsatz der Priorität (§ 390 Abs. 1 AO). 12

§ 390 AO Mehrfache Zuständigkeit

(1) Sind nach den §§ 387 bis 389 mehrere Finanzbehörden zuständig, so gebührt der Vorzug der Finanzbehörde, die wegen der Tat zuerst ein Strafverfahren eingeleitet hat.

(2) Auf Ersuchen dieser Finanzbehörde hat eine andere zuständige Finanzbehörde die Strafsache zu übernehmen, wenn dies für die Ermittlungen sachdienlich erscheint. In Zweifelsfällen entscheidet die Behörde, der die ersuchte Finanzbehörde untersteht.

A. Allgemeines und Anwendungsbereich

§ 390 AO regelt Fälle des positiven und negativen **sachlichen und örtlichen Kompetenzkonflikts** 1
(Nr. 25 Abs. 1 Satz 1 AStBV [St], BStBl. I 2011, S. 1000, 1010). Die Regelung des § 390 AO ist damit vergleichbar § 12 StPO, der für die gerichtliche Zuständigkeit gilt, mit § 25 AO, der für das Besteuerungsverfahren anzuwenden ist, sowie mit dem für das Ordnungswidrigkeitenverfahren geltenden § 39 OWiG. Abweichend regelt § 12 StPO allerdings nur den örtlichen Kompetenzkonflikt (*Meyer-Goßner* Vor § 1 Rn. 16).

2   **Sinn und Zweck** des § 390 AO ist es, ein Nebeneinander von Ermittlungsverfahren, die sich erge-
    ben können, weil gem. § 386 Abs. 1 AO jede Finanzbehörde, die sachlich (§ 387 AO) und örtlich
    (§§ 388, 389 AO) zuständig ist, dem Legalitätsprinzip verpflichtet ist, im Interesse einer zügigen
    und sachgerechten Strafverfolgung zu vermeiden (vgl. auch Schwarz/*Dumke* § 390 Rn. 2). § 390
    AO bewirkt damit eine **Zuständigkeitskonzentration**.

3   § 390 AO gilt kraft Verweisung des § 410 Abs. 1 Nr. 1 AO auch für das **Bußgeldverfahren** wegen
    Steuerordnungswidrigkeiten (entgegen dieser gesetzlichen Systematik soll nach Nr. 111 AStBV
    [St], BStBl. I 2011, S. 1000, 1031 § 39 OWiG gelten).

B.   § 390 Abs. 1 AO – Grundsatz der Priorität

I.   Mehrfache Zuständigkeit

4   Voraussetzung für die Anwendung des § 390 AO ist, dass mehrere Finanzbehörden entweder sach-
    lich (§ 387 AO) oder örtlich (§§ 388, 389 AO) zuständig sind.

II.   Begriff der Tat

5   Bei mehrfacher Zuständigkeit sollen die Ermittlungen von der Finanzbehörde durchgeführt wer-
    den, die wegen der Tat zuerst ein Strafverfahren eingeleitet hat. Dies entspricht dem Beschleuni-
    gungsgrundsatz in Strafsachen, denn es ist davon auszugehen, dass die früher mit der Sache
    befasste Finanzbehörde in der Ermittlung des Sachverhalts weiter fortgeschritten ist. „Tat" i.S.d.
    § 390 Abs. 1 AO meint hier die Tat im prozessualen Sinne gem. § 264 Abs. 1 StPO (auch
    Schwarz/*Dumke* § 390 Rn. 3).

III.   Einleitung des Strafverfahrens

6   Zur **Einleitung** eines Ermittlungsverfahrens genügt jede Maßnahme der StA, der Polizei oder –
    bei Steuerstraftaten auch – der Finanzbehörde, die erkennbar darauf abzielt, gegen jemanden
    wegen des Verdachts einer Straftat strafrechtlich (z.B. durch Vernehmung als Beschuldigten) vor-
    zugehen (KK/*Griesbaum* § 160 Rn. 14), wobei im Steuerstrafverfahren zur Beweissicherung darü-
    ber gem. **§ 397 AO** ein **Aktenvermerk** anzufertigen ist. **Streitig** ist, ob § 390 Abs. 1 AO auch gilt,
    wenn bei einer Finanzbehörde ein Bußgeldverfahren und bei der anderen ein Steuerstrafverfahren
    hinsichtlich derselben prozessualen Tat eingeleitet wurde (s. Spezialproblem Rdn. 14).

> ▶ Praxishinweis:
>
> Maßgeblich für die Einleitung des Strafverfahrens ist damit die erste objektive, tatsächliche
> Maßnahme zur Strafverfolgung. Bestehen diesbezüglich Zweifel, ist der in dem Einleitungsver-
> merk nach § 397 Abs. 2 AO angegebene Zeitpunkt ausschlaggebend (Schwarz/*Dumke* § 390
> Rn. 8).

IV.   Rechtsfolge des § 390 Abs. 1 AO

7   Die sachliche und örtliche Zuständigkeit der anderen Finanzbehörde wird durch die Regelung des
    § 390 AO zunächst verdrängt und sie ist zu weiteren aktiven Ermittlungshandlungen nicht ver-
    pflichtet, doch ruht deren Zuständigkeit nur, da sie gem. § 390 Abs. 2 AO wieder aufleben kann
    (Klein/*Gersch/Jäger* § 390 Rn. 1 m.w.N.; Schwarz/*Dumke* § 390 Rn. 5; Kohlmann/*Hilgers-
    Klautzsch* § 390 Rn. 4 m.w.N.).

C. § 390 Abs. 2 AO – Ausnahme der Sachdienlichkeit

I. § 390 Abs. 2 Satz 1 AO

1. Übernahmeersuchen

Dem Wortlaut des § 390 Abs. 2 Satz 1 AO entsprechend hat jede für die Strafsache sachlich und **8** örtlich zuständige Finanzbehörde das Recht i.S.v. § 386 Abs. 1 Satz 2 AO, eine andere sachlich und örtlich zuständige Finanzbehörde um Übernahme der Strafsache zu ersuchen (str., Schwarz/ *Dumke* § 390 Rn. 6; a.A. FGJ/*Randt* § 390 Rn. 17 m.w.N.).

2. Begriff der Sachdienlichkeit

Die nach Abs. 1 zuständige Finanzbehörde kann gem. Abs. 2 jederzeit die Sache an eine andere **9** zuständige Finanzbehörde abgeben, wenn dies sachdienlich erscheint. Demnach kann die Finanzbehörde, die das Verfahren zunächst eingeleitet hat, bei der sachnäheren um die Verfahrensübernahme ersuchen. Sachdienlichkeit ist dann anzunehmen, wenn Umstände die Annahme rechtfertigen, dass die ersuchte Finanzbehörde die Ermittlungen schneller und mit weniger Aufwand abschließen kann (z.B. wenn die meisten Beweismittel, insb. Urkunden und Zeugen, sich im Zugriffsbereich der ersuchten Finanzbehörde befinden; vgl. auch FGJ/*Randt* § 390 Rn. 13 f.). Je weiter das Ermittlungsverfahren vorangeschritten ist, desto schwieriger erscheint es, eine Sachdienlichkeit für die Abgabe an eine andere Finanzbehörde zu begründen, da diese sich wiederum umfangreich einarbeiten müsste (FGJ/*Randt* § 390 Rn. 15), denn dies widerspräche dem in Strafverfahren geltenden Beschleunigungsgebot (Nr. 6 AStBV [St], BStBl. I 2011, S. 1000, 1006).

▶ Praxishinweis:

Zu beachten ist in diesem Zusammenhang die RiStBV, die als Verwaltungsanweisung nicht nur die StA, sondern auch die BuStra bindet (vgl. nur FGJ/*Randt* § 385 Rn. 13). Nach Nr. 2 Abs. 1 RiStBV ist grds. die BuStra vorrangig zuständig, in deren Bezirk die Tat begangen wurde. Insb. bei Abgabe des Verfahrens an die StA ist Nr. 2 Abs. 1 RiStBV zu beachten. Auch ist die Beachtung des Grundsatzes „Tatort vor Wohnort" sinnvoll, da ansonsten bei Wegzug des Beschuldigten ggf. sich das zuständige Gericht an einem anderen Ort befindet als die ermittelnde Finanzbehörde.

3. Rechtsfolge

Liegt die Sachdienlichkeit i.S.d. § 390 Abs. 2 Satz 1 AO vor, so ist die ersuchte Finanzbehörde zur **10** Übernahme **verpflichtet**. Konsequenz aus der Übernahme ist, dass die Zuständigkeit auf die ersuchte Finanzbehörde übergeht und diese nunmehr allein zuständig ist.

II. § 390 Abs. 2 Satz 2 AO – Verfahren bei Zuständigkeitsstreit

Das Verfahren bei einem negativen Zuständigkeitsstreit regelt § 390 Abs. 2 Satz 2 AO. In der Pra- **11** xis sollte in Zweifelsfällen vor der Abgabe eine Verständigung zwischen den beteiligten Finanzbehörden angestrebt werden (vgl. Nr. 25 Abs. 3 Satz 3 AStBV [St], BStBl. I 2011, S. 1000, 1010). **Zweifelsfälle** im Sinne dieser Vorschrift sind dabei alle Fälle, in denen eine Finanzbehörde die Übernahme des Verfahrens ablehnt, während die andere darauf beharrt, unabhängig davon, ob objektiv tatsächlich die Zuständigkeit zweifelhaft ist (vgl. FGJ/*Randt* § 390 Rn. 18).

Kommt eine Einigung nicht zustande, entscheidet die **Aufsichtsbehörde** der ersuchten Finanzbe- **12** hörde (Nr. 25 Abs. 3 Satz 4 AStBV [St], BStBl. I 2011, S. 1000, 1010). Aufsichtsbehörde der ermittelnden Finanzbehörde ist in Bundesländern mit einem dreistufigen Aufbau der Finanzverwaltung die OFD (z.B. in Baden-Württemberg, Niedersachsen), bei Bundesländern mit zweistufigem Behördenaufbau (z.B. in Schleswig-Holstein, Hamburg) das Finanzministerium. Aufsichtsbehörde für das Bundesamt für Finanzen ist das BMF (§ 1 Nr. 1 und 2 FVG), für die Familienkassen nach § 5 Abs. 1 Nr. 11 FVG das Bundesamt für Finanzen.

D. Rechtsschutz

13 Förmliche Rechtsbehelfe gegen die Übernahme des Verfahrens durch eine andere Finanzbehörde oder die Entscheidung der vorgesetzten Behörde stehen weder der Finanzbehörde noch dem Beschuldigten zu (Klein/ *Gersch/Jäger* § 390 Rn. 4 m.w.N.). Die Beschuldigten haben nur die Möglichkeit, eine Entscheidung über die Sachdienlichkeit im Wege der Dienstaufsicht herbeizuführen (Schwarz/ *Dumke* § 390 Rn. 15).

E. Spezialproblem: Konkurrenz zwischen Bußgeld- und Steuerstrafverfahren

14 **Fallbeispiel:** Finanzbehörde A hat wegen der Tat am 30.01.2011 ein Bußgeldverfahren wegen des Anfangsverdachts der leichtfertigen Steuerverkürzung nach § 378 AO eingeleitet. Finanzbehörde B hat wegen derselben Tat am 30.03.2011 ein Steuerstrafverfahren wegen des Verdachts der Steuerhinterziehung nach § 370 AO eingeleitet. Beide Finanzbehörden streiten nun um die Zuständigkeit.

Nach einer Ansicht (FGJ/ *Randt* § 390 Rn. 11 f. m.w.N.; vgl. auch Nr. 110 Abs. 4 AStBV [St], BStBl. I 2011, S. 1000, 1031) hat Finanzbehörde A Priorität, denn es soll allein auf den Zeitpunkt der Einleitung eines Ermittlungsverfahrens ankommen, egal ob diese wegen einer Ordnungswidrigkeit oder einer Straftat erfolgte.

Nach a.A. soll § 390 AO nicht gelten, wenn lediglich ein Ordnungswidrigkeitenverfahren geführt wurde (Schwarz/ *Dumke* § 390 Rn. 4), bzw. erst ab dem Zeitpunkt der Überleitung vom Bußgeld- zum Strafverfahren entscheidend sein (z.B. Beermann/Gosch/ *Wannemacher/Seipl* § 390 Rn. 13).

Bei allgemeinen Ordnungswidrigkeiten wäre in dieser Konstellation die Verwaltungsbehörde, die das Bußgeldverfahren führt, gem. § 41 OWiG zur Abgabe an die StA verpflichtet, was die verfahrensrechtliche Folge der sachlich-rechtlichen Regelung ist, dass die Ordnungswidrigkeit durch die Straftat verdrängt wird (§ 21 OWiG) (KK/ *Lampe* § 40 Rn. 1, § 41 Rn. 1). Da im vorliegenden Beispiel Finanzbehörde B in der Funktion der StA wegen der Tat bereits ein Ermittlungsverfahren eingeleitet hat, führte dies im allgemeinen Bußgeldverfahren ohne Weiteres zur Unzuständigkeit der Verwaltungsbehörde, hier also Finanzbehörde A. Die Verwaltungsbehörde hat dann im allgemeinen Bußgeldverfahren keine Verfolgungskompetenz mehr (vgl. KK/ *Lampe* § 41 Rn. 6).

Im Steuerstraf- und -bußgeldverfahren wird gem. § 386 Abs. 2 AO der Finanzbehörde jedoch eine besondere Ermittlungskompetenz in beiden Verfahren eingeräumt. Deshalb ist sie abweichend zum allgemeinen Bußgeldverfahren hier nicht zur Abgabe an die StA verpflichtet (FGJ/ *Lipsky* § 410 Rn. 10). Finanzbehörde A kann eine Unzuständigkeit deshalb nicht auf § 41 OWiG stützen.

Nach hiesiger Ansicht ist der Wortlaut des § 390 AO i.V.m. § 410 Abs. 1 Nr. 1 und 6 AO auf „die wegen der Tat zuerst ein Bußgeld- oder Strafverfahren eingeleitet hat" zu erweitern. Diese Auffassung wird auch gestützt z.B. durch den Wortlaut des § 378 Abs. 3 AO sowie des § 371 Abs. 2 Nr. 1 c) AO, die ausdrücklich von „Straf- oder Bußgeldverfahren" sprechen. Zudem spricht die Systematik der AO für die hier vertretene Ansicht, denn gem. § 376 Abs. 2 AO wird die Verjährung für eine Steuerstraftat auch durch die Bekanntgabe bzw. deren Anordnung der Einleitung des Bußgeldverfahrens unterbrochen. Entscheidend für die Zuständigkeit ist damit, welche Finanzbehörde wegen „der Tat" zuerst ein Verfahren (egal ob Straf- oder Bußgeldverfahren) eingeleitet hat. Da die rechtliche Einordnung in der Praxis im Zuge des Ermittlungsverfahrens oft noch nicht abschließend zu beurteilen ist, ist dies auch eine sachgerechte Lösung (i.E. so auch FGJ/ *Randt* § 390 Rn. 11 f.; FGJ/ *Jäger* § 397 Rn. 112 bis 114; wohl auch Kohlmann/ *Hilgers-Klautzsch* § 390 Rn. 6), da ansonsten die Zuständigkeit der Finanzbehörden an der zu Verfahrensbeginn noch offenen rechtlichen Einordnung hinge und nicht an tatsächlichen Gegebenheiten, wie sie ansonsten den gesetzlichen Zuständigkeitsregelungen zugrunde liegen. Nach hiesiger Ansicht ist damit Finanzbehörde A die nach § 390 AO zuständige Ermittlungsbehörde.

§ 391 AO   Zuständiges Gericht

(1) [1]Ist das Amtsgericht sachlich zuständig, so ist örtlich zuständig das Amtsgericht, in dessen Bezirk das Landgericht seinen Sitz hat. [2]Im vorbereitenden Verfahren gilt dies, unbeschadet einer weitergehenden Regelung nach § 58 Abs. 1 des Gerichtsverfassungsgesetzes, nur für die Zustimmung des Gerichts nach § 153 Abs. 1 und § 153a Abs. 1 der Strafprozessordnung.

(2) [1]Die Landesregierung kann durch Rechtsverordnung die Zuständigkeit abweichend von Absatz 1 Satz 1 regeln, soweit dies mit Rücksicht auf die Wirtschafts- und Verkehrsverhältnisse, den Aufbau der Verwaltungsbehörden oder andere örtliche Bedürfnisse zweckmäßig erscheint. [2]Die Landesregierung kann diese Ermächtigung auf die Landesjustizverwaltung übertragen.

(3) Strafsachen wegen Steuerstraftaten sollen beim Amtsgericht einer bestimmten Abteilung zugewiesen werden.

(4) Die Absätze 1 bis 3 gelten auch, wenn das Verfahren nicht nur Steuerstraftaten zum Gegenstand hat; sie gelten jedoch nicht, wenn dieselbe Handlung eine Straftat nach dem Betäubungsmittelgesetz darstellt, und nicht für Steuerstraftaten, welche die Kraftfahrzeugsteuer betreffen.

A. Zweck und Reichweite der Vorschrift

Die Gerichte müssen das inländische Gesetzesrecht von Amts wegen und ohne Beweisaufnahme erforschen (*„jura novit curia"*), d.h. kennen oder feststellen, auslegen und anwenden. Bei speziellen oder selten angewendeten Rechtsnormen kann sich indessen ein Bedürfnis für eine Zuständigkeitskonzentration ergeben. Die **eigene Sachkunde**, welche die „spezialisierten" Richter mitbringen oder aufgrund ihrer Tätigkeit erwerben, sichert die Qualität der Rechtsprechung. Die Gerichte werden hierdurch in die Lage versetzt, v.a. die Ermittlungsergebnisse von Fachbehörden, aber auch der Staatsanwaltschaften ohne ein Gutachten Dritter eigenständig überprüfen zu können.

Für das **Wirtschaftsstrafrecht** ist anerkannt, dass dieser Bereich des Strafrechts eine besondere   1
Sachkunde im vorstehenden Sinne erfordert. Am Tatbestand der Steuerhinterziehung (§ 370 AO) lässt sich dies leicht verdeutlichen. Es handelt sich um einen Blanketttatbestand, dessen strafrechtliche Anwendung nicht nur eine Kenntnis der blankettausfüllenden steuerlichen Vorschriften erfordert. Das Steuerrecht selbst muss wiederum in seinen betriebswirtschaftlichen, aber auch zivil-, handels- und gesellschaftsrechtlichen Zusammenhängen sowie mit dem ihm eigenen öffentlich-rechtlichen „Sprachgebrauch" erfasst werden.

Um die Zuständigkeitskonzentration für das **Steuerstrafverfahren** und über die Verweisung nach   2
§ 410 Abs. 1 Nr. 2 AO zugleich für das Bußgeldverfahren zu ermöglichen, regelt § 391 AO im Kern die örtliche Zuständigkeit des AG im Zwischen- und Hauptverfahren; auf Ebene der Landgerichte wird dies durch § 74c Abs. 1 Nr. 3 GVG erreicht. Ergänzt wird dieser Regelungskern durch zwei Detailregelungen für das vorbereitende Verfahren sowie zur Geschäftsverteilung. Ferner enthält die nicht abschließende Norm des § 391 AO Ermächtigungs- und Ausnahmeregelungen. Die Anordnung zur Geschäftsverteilung ist zwingend; i.Ü. enthält § 391 AO überwiegend nachgiebiges Recht.

3   Zu beachten ist, dass wegen § 385 Abs. 2 AO die nachfolgenden Ausführungen nicht allein für Steuerstraftaten gelten. Vielmehr erweitert § 385 Abs. 2 AO den Anwendungsbereich des § 391 AO auch auf Straftaten, die unter Vorspiegelung eines steuerlich erheblichen Sachverhaltes ggü. der Finanzbehörde oder einer anderen Behörde auf die Erlangung von Vermögensvorteilen gerichtet sind und kein Steuerstrafgesetz verletzen („**Vorspiegelungs- und Annexstraftaten**"). Zu der Erweiterung nach § 391 Abs. 4 AO und der entsprechenden Anwendung der Vorschrift nach anderen Gesetzen s.u. Rdn. 29 ff.

B. Subsidiarität der Zuständigkeitskonzentration nach § 391 Abs. 1 AO

I. Vorrang landesrechtlicher Bestimmungen (§ 391 Abs. 1 Satz 2, Abs. 2 AO)

4   Die Zuständigkeitsregelung nach **§ 391 Abs. 1 AO ist im Wesentlichen nachrangiger Natur**. Einerseits kann das Landesrecht die Zuständigkeitskonzentration im vorbereitenden Verfahren nach §§ 391 Abs. 1 Satz 2 AO, 58 Abs. 1 GVG erweitern. Andererseits kann i.R.d. gebundenen Ermessens nach § 391 Abs. 2 AO das Landesrecht die Zuständigkeit abweichend von § 391 Abs. 1 Satz 1 AO für das Zwischen- und Hauptverfahren regeln. Mithin ist § 391 Abs. 1 AO für die Bestimmung des örtlich zuständigen AG nur dann maßgeblich, wenn das jeweilige Landesrecht keine eigenständige Regelung enthält.

5   **Rechtsverordnungen nach § 58 Abs. 1 GVG** haben die Bundesländer Baden-Württemberg, Bayern, Berlin, Hamburg, Hessen, Nordrhein-Westfalen, Rheinland-Pfalz und Schleswig-Holstein erlassen. Ein Nachweis der Fundstellen ist abgedruckt im Schönfelder, Deutsche Gesetze, Nr. 95 Fußnote 4 zu § 58 GVG. Nach richtiger Ansicht können ausgehend vom Wortlaut nach §§ 391 Abs. 1 Satz 2 AO, 58 Abs. 1 GVG Steuerstrafsachen **nur in Bezug auf das Ermittlungsverfahren** konzentriert werden (so HHSp/Rüping § 391 Rn. 30).

6   Da derartige Regelungen in die Gerichtsbezirke eingreifen und damit den gesetzlichen Richter abweichend von den allgemeinen Regelungen bestimmen, müssen sich die Rechtsverordnungen inhaltlich an der Ermächtigungsgrundlage messen lassen. Die landesrechtlichen Bestimmungen sind aus diesem Grund nur **unter zwei Voraussetzungen zulässig**. Zum einen muss die Zuweisung für eine sachdienliche oder schnellere Erledigung der Verfahren zweckmäßig sein (§ 58 Abs. 1 Satz 1 Halbs. 2 GVG). Zum anderen muss die Zuweisung weiter reichen als die in § 391 Abs. 1 Satz 2 AO genannte Zustimmung des Gerichts nach §§ 153 Abs. 1, 153a Abs. 1 StPO.

7   Dem Landesrecht ist es mithin verwehrt, die Zuständigkeitskonzentration für das Ermittlungsverfahren nach § 391 Abs. 1 Satz 1 AO ganz aufzuheben sowie die nach §§ 153 Abs. 1, 153a Abs. 1 StPO erforderliche Zustimmung oder andere Entscheidungen im vorbereitenden Verfahren in Steuerstrafsachen einem anderen AG zuzuweisen als demjenigen, in dessen Bezirk das LG seinen Sitz hat; s. aber auch Rdn. 22.

8   Im **Zwischen- und Hauptverfahren** (für das Ermittlungsverfahren ist die Regelung wegen § 391 Abs. 1 Satz 2 AO ohne Bedeutung) eröffnet § 391 Abs. 2 Satz 1 AO den Landesregierungen die Möglichkeit, die **Zuständigkeit der AG** abweichend von § 391 Abs. 1 Satz 1 AO zu bestimmen. Die Landesregierungen können diese Ermächtigung auf die Landesjustizverwaltungen übertragen (§ 391 Abs. 2 Satz 2 AO).

9   Die einzelnen Bundesländer haben von dieser Ermächtigung sehr unterschiedlich Gebrauch gemacht. Das gilt einerseits für die Übertragung auf die Landesjustizverwaltung und andererseits für die Regelung abweichender Zuständigkeiten. Der Inhalt der landesrechtlichen Regelungen nebst Fundstellen soll hier nicht wiedergegeben werden, zumal es immer wieder zu Änderungen kommt; insoweit wird auf HHSp/*Rüping* § 391 Rn. 36, FGJ/*Randt* § 391 Rn. 17 ff. oder Kohlmann/*Hilges-Klautzsch* § 391 Rn. 68 ff. verwiesen.

Auch hier besteht wegen des Anspruchs auf den gesetzlichen Richter eine enge Bindung an die 10
Ermächtigungsgrundlage. Die örtlichen Bedürfnisse müssen die **Abweichung** von § 391 Abs. 1
Satz 1 AO zumindest **zweckmäßig erscheinen lassen**. Das Gesetz konkretisiert die örtlichen
Bedürfnisse i.S.d. Wirtschafts- und Verkehrsverhältnisse oder des Aufbaus – v.a. Sitz und Bezirk –
der Verwaltungsbehörden. Das Ermessen erfordert es, die Vor- und Nachteile einer abweichenden
Regelung gegeneinander abzuwägen. Dem Verordnungsgeber verbleibt indessen für das Zwischen-
und Hauptverfahren ein weiter Spielraum, der im Ergebnis auch zu einer dezentralen Bearbeitung
der Steuerstrafsachen oder die Konzentration der Zoll- abweichend von den übrigen Steuerstrafsachen oder den Haftsachen usw. führen kann.

Eine darüber hinaus für das Zwischen- und Hauptverfahren auf § 58 Abs. 1 GVG gestützte lan- 11
desrechtliche Verordnung tritt nicht nur hinter eine Verordnung nach § 391 Abs. 2 AO, sondern
für den Fall, dass eine solche nicht besteht oder nicht eingreift, auch hinter § 391 Abs. 1 Satz 1,
Abs. 4 AO zurück.

II. Vorrang des Jugendstrafrechts

Das Jugendstrafrecht verfolgt ein eigenständiges Ziel. Nach § 2 Abs. 1 JGG soll es v.a. erneuten 12
Straftaten eines Jugendlichen oder Heranwachsenden entgegenwirken. Um dieses Ziel zu erreichen, sind die Rechtsfolgen und unter Beachtung des elterlichen Erziehungsrechts auch das Verfahren vorrangig am **Erziehungsgedanken** auszurichten. Deshalb gelten nach § 2 Abs. 2 JGG die
allgemeinen Vorschriften nur, soweit im Jugendgerichtsgesetz nichts anderes bestimmt ist.

Die besondere Bedeutung des Erziehungsgedankens setzt sich auch im **Verhältnis zur sachorien-** 13
tierten Zuständigkeitskonzentration nach § 391 AO durch (vgl. aber Rdn. 28). Insofern ermächtigt § 33 Abs. 3 JGG in Ergänzung zu den allgemeinen Zuständigkeitsregeln der §§ 39 ff. JGG,
26 GVG die Landesregierungen, Bezirksjugendrichter und gemeinsame Jugendschöffengerichte
einzurichten.

Rechtsverordnungen nach § 33 Abs. 3 GVG haben die Bundesländer Baden-Württemberg, Bay- 14
ern, Berlin, Brandenburg, Hamburg, Hessen, Niedersachsen, Nordrhein-Westfalen, Rheinland-
Pfalz und Schleswig-Holstein erlassen. Ein Nachweis der Fundstellen ist abgedruckt im Schönfelder, Deutsche Gesetze, Nr. 89 Fußnote 2 zu § 33 JGG.

C. Regelungsgehalt des § 391 Abs. 1 und 3 AO

I. Gesetzliche Zuständigkeitskonzentration nach § 391 Abs. 1 AO

1. Sachliche Zuständigkeit

Voraussetzung für die Anwendung des § 391 Abs. 1 AO ist die **sachliche Zuständigkeit** des AG. 15
Wie in Rdn. 12 ff. ausgeführt, betrifft dies nicht die Zuständigkeit des AG als Jugendgericht.

In Strafsachen sind die **AG** nach § 24 Abs. 1 GVG nur dann zuständig, wenn nicht 16

1. die Zuständigkeit des LG nach §§ 74 Abs. 2, 74a GVG oder des OLG nach § 120 GVG
   begründet ist,
2. im Einzelfall eine höhere Strafe als 4 Jahre Freiheitsstrafe oder die Unterbringung des Beschuldigten in einem psychiatrischem Krankenhaus, allein oder neben einer Strafe, oder in der
   Sicherungsverwahrung (§§ 66 bis 66b StGB) zu erwarten ist oder
3. die StA wegen der besonderen Schutzbedürftigkeit von Verletzten der Straftat, die als Zeugen
   in Betracht kommen, des besonderen Umfangs oder der besonderen Bedeutung des Falles
   Anklage beim LG erhebt.

Für die in §§ 74 Abs. 2, 74a, 120 GVG nicht genannten Steuerstraftaten kommt eine vorrangige 17
sachliche Zuständigkeit des **LG** (dort wiederum der Wirtschaftsstrafkammer nach § 74c GVG)

mithin nur unter den Voraussetzungen des § 24 Abs. 1 Nr. 2 und 3 GVG in Betracht. Es geht hier im Wesentlichen um eine konkrete Straferwartung von mehr als 4 Jahren Freiheitsstrafe oder um den besonderen Umfang bzw. die besondere Bedeutung des Falles.

18   Bei der konkreten **Straferwartung** ist eine Prognose anzustellen. Maßgeblich sind die Umstände, welche als vorläufige Tatsachenfeststellungen zur Schuld- und Rechtsfolgenfrage bei der Annahme des hinreichenden Tatverdachts anhand des gesamten Aktenstoffs zugrunde zu legen sind. Die Prognose obliegt sowohl der StA bei der Anklageerhebung sowie dem Gericht des ersten Rechtszuges bei der Entscheidung über die Eröffnung des Hauptverfahrens.

19   Ein **besonderer Umfang der Sache** kann sich aus der Zahl der Angeklagten, der angeklagten Taten, der zu vernehmenden Zeugen und Sachverständigen, sowie der zu verwendenden Urkunden und Augenscheinsobjekte, dementsprechend aus dem Umfang des Aktenmaterials und der hiernach zu erwartenden langen Verhandlungsdauer ergeben. Eine **besondere Bedeutung der Sache** wiederum kann sich aus tatsächlichen oder rechtlichen Aspekten des Falles ergeben, insb. aus dem Ausmaß der Rechtsverletzungen oder einer hervorgehobenen Stellung von Täter oder Opfer in der Gesellschaft, etwa bei Steuerstraftaten größeren Ausmaßes durch Politiker.

20   Ein Ermessen bei der Anwendung des § 24 Abs. 1 Nr. 2 und 3 GVG besteht insoweit nicht, wohl aber **ein überprüfbarer Beurteilungsspielraum**. Die Vorschrift ist verfassungsgemäß, da sie insofern kein Wahlrecht der StA eröffnet (BVerfG, Urt. v. 19.07.1967 – 2 BvR 489/66, BVerfGE 22, 254, 258 ff.).

21   Mithin ist das AG für Steuerstraftaten (§ 369 Abs. 1 AO), Vorspiegelungs- und Annexstraftaten nach § 385 Abs. 2 AO sowie Steuerordnungswidrigkeiten (§ 377 Abs. 1 AO) i.S.d. § 391 Abs. 1 AO sachlich zuständig, soweit nicht die sachliche Zuständigkeit der Jugendgerichte, des LG oder des OLG gegeben ist. Für die Anwendung des § 391 AO nicht entscheidend ist, ob beim sachlich zuständigen AG die Zuständigkeit des Strafrichters (§ 25 GVG) oder des Schöffengerichts (§ 28 GVG) begründet ist.

2. Örtliche Zuständigkeit

22   Im **Ermittlungsverfahren** ist nach § 391 Abs. 1 Satz 1 und 2 AO das AG örtlich zuständig, in dessen Bezirk das LG seinen Sitz hat, soweit es um die Zustimmung nach §§ 153 Abs. 1, 153a Abs. 1 StPO geht. Zu beachten ist:

(1) Für die Anordnung der Durchsuchung und Beschlagnahme nach den §§ 98, 100, 102, 103, 105 StPO und sonstige Anträge auf **Vornahme einer gerichtlichen Untersuchungshandlung** gilt **zumeist** die besondere Zuständigkeitsregelung des **§ 162 Abs. 1 Satz 1 StPO**. Daneben bestehen besondere Vorschriften für Haft- und Unterbringungsbefehle (§§ 125 Abs. 1 Satz 1, 126a Abs. 2 StPO), die Erstreckung der Zuständigkeit bei gerichtlichen Vernehmungen und Augenscheinseinnahmen (§ 162 Abs. 1 Satz 3 StPO), Unterbringungsentscheidungen nach § 81 StPO (§ 81 Abs. 3 StPO), Anträge auf Wohnraumüberwachung (§ 100d Abs. 1 StPO) oder bei einem Rechtshilfeersuchen (§ 157 GVG). Denkbar ist, dass der Landesgesetzgeber für einzelne Bereiche, z.B. bei Haft- und Untersuchungshaftsachen, eine Konzentration nach § 58 Abs. 1 GVG vornimmt. Vgl. oben Rdn. 5.

(2) Nach § 385 Abs. 1 AO sind die **Gerichtsstände** nach §§ 7 bis 11 StPO zu beachten. Insofern können mehrere AG, in deren Bezirk jeweils ein LG seinen Sitz hat, zuständig sein. Hier kommen dann die §§ 12 ff. StPO zur Anwendung.

(3) Bei **Bestellung eines Pflichtverteidigers** schon im Ermittlungsverfahren gilt für die Bestimmung des zuständigen Gerichts § 141 Abs. 4 StPO.

23   Für das **Zwischen- und Hauptverfahren** ist das AG örtlich zuständig, in dessen Bezirk das LG seinen Sitz hat. Bestehen nach § 385 Abs. 1 AO, §§ 7 ff. StPO konkurrierende örtliche Zuständigkeiten weiterer AG, in deren Bezirk ein LG seinen Sitz hat, sind wiederum die §§ 12 ff. StPO anzuwenden.

II. Gesetzlich geregelte Geschäftsverteilung nach § 391 Abs. 3 AO

Strafsachen wegen Steuerstraftaten sollen **einer bestimmten Abteilung** zugewiesen werden. Damit 24
ist nicht die Geschäftsstelle als verwaltende und organisatorische Einheit gemeint, sondern allein
die durch einen Abteilungsrichter verkörperte Spruchstelle (OLG Koblenz, Urt. v. 20.06.1968 –
1 Ss 117/68, NJW 1968, 2393). Es ist Aufgabe der Präsidien, sämtliche dem Gericht obliegenden
Geschäfte zu verteilen. Dies geschieht durch den Geschäftsverteilungsplan (§ 21e GVG). Die Präsidien entscheiden unabhängig und autonom sowie nach pflichtgemäßem Ermessen über die
Besetzung der Spruchkörper und über die Verteilung der dem Gericht obliegenden Geschäfte auf
seine Abteilungen.

Gebunden sind die Präsidien aber, soweit das Gesetz bestimmte Aufgaben bestimmten Spezialab- 25
teilungen und Spezialspruchkörpern zuweist. Ein Geschäftsverteilungsplan, der die gesetzliche
Weisung des § 391 Abs. 3 AO missachtet, ist mithin ermessensfehlerhaft und begründet nach
zutreffender Ansicht bei entsprechender Rüge die **Revision** wegen nicht vorschriftsmäßiger Besetzung des Gerichts (§ 338 Nr. 1 StPO); vgl. zum Meinungsstreit Schwarz/*Dumke* § 391 Rn. 20b
m.w.N.).

Einer bestimmten Abteilung nach § 391 Abs. 3 AO zuzuweisen sind sämtliche Steuerstrafsachen 26
einschließlich der Vorspiegelungs- und Annexstraftaten (§§ 369 Abs. 1, 385 Abs. 2 AO), auch
wenn die Verfahren neben den genannten Taten zugleich allgemeine Straftaten betreffen. Bei entsprechendem Geschäftsanfall hindert § 391 Abs. 3 AO die Präsidien nicht, die Steuerstrafsachen
noch einer oder mehreren weiteren Abteilungen zuzuweisen. Die Zuständigkeit bleibt auch dann
bestehen, wenn das Verfahren hinsichtlich der Steuerstrafsache nach Maßgabe des § 154a Abs. 2
StPO beschränkt wird.

Bei der Zurückverweisung nach Aufhebung eines Urteils an eine andere Abteilung des Gerichts 27
(§ 354 Abs. 2 Satz 1 StPO) kann ein bisher nicht mit Steuerstrafsachen befasster Richter zuständig
werden. Hier gebietet § 391 Abs. 3 AO, im Geschäftsverteilungsplan für zurückverwiesene Verfahren vorrangig eine andere Abteilung zu bestimmen, der bereits Steuerstrafsachen zugewiesen sind.

Bei mehreren jugendrichterlichen Abteilungen sind wiederum einer bestimmten jugendrichterli- 28
chen Abteilung die Steuerstrafsachen nach § 391 Abs. 3 AO zuzuweisen. Vgl. auch Rdn. 26.

D. Erweiterung der Zuständigkeit und entsprechende Anwendung

Nach § 391 Abs. 4 Halbs. 1 AO gelten die § 391 Abs. 1 bis 3 AO auch dann, wenn die jeweiligen 29
Verfahren **neben Steuerstraftaten auch allgemeine Straftaten** zum Gegenstand haben. Praktisch
bedeutsam sind die Fälle, in denen das Vorenthalten und Veruntreuen von Arbeitsentgelt (§ 266a
StGB), sonstige Vermögensdelikte wie Betrug (§ 263 StGB) oder Untreue (§ 266 StGB) sowie
Insolvenzstraftaten (§§ 283 ff. StGB) zu den Steuerstraftaten hinzutreten. Aus dem Wortlaut der
Regelung ist zu folgen, dass zwischen den Steuerstraftaten und den allgemeinen Straftaten **kein**
bestimmter Zusammenhang bestehen muss. Es ist daher gleichgültig, ob die Straftaten zueinander im Verhältnis der Tateinheit (§ 52 StGB) oder der Tatmehrheit (§ 53 StGB) stehen oder ob
insoweit eine Tat im prozessualen Sinne (§ 264 StPO) oder nur ein loser sachlicher Zusammenhang (§ 3 StPO) vorliegt. Die Steuerstraftaten müssen nicht einmal den Schwerpunkt der Verfahrens bilden. Liegen mehrere Taten im prozessualen Sinne (§ 264 StPO) vor, werden die Verfahren
jedoch in der Praxis nicht selten aus Gründen der Zweckmäßigkeit getrennt. Denn die Zuständigkeitsregelung nach § 391 Abs. 4 Halbs. 1 AO steht einer getrennten Ermittlung, Verhandlung oder
Entscheidung verschiedener Taten im prozessualen Sinne nicht entgegen.

Zwei Ausnahmen der Zuständigkeitskonzentration nach Halbs. 1 enthält § 391 Abs. 4 Halbs. 2 AO. 30
Das betrifft zum einen Verfahren, bei denen dieselbe Handlung – was Tateinheit (§ 52 StGB) voraussetzt – eine **Straftat nach dem Betäubungsmittelgesetz** darstellt. Hintergrund dieser Ausnahme ist die
gesetzgeberische Wertung, dass die Kenntnis der örtlichen Verhältnisse, nicht zuletzt der örtlichen

Drogenszene hinsichtlich der Straftat nach dem Betäubungsmittelgesetz als wichtiger angesehen wird als die Sachkompetenz in Steuerstrafsachen. Allerdings wäre es insofern konsequent gewesen, die Ausnahme über den Fall der Tateinheit hinaus zu erstrecken. So würde diese Wertung auch bei Tatmehrheit zum Tragen kommen, wenn die Straftat nach dem Betäubungsmittelgesetz zur selben Tat im prozessualen Sinne (§ 264 StPO) gehört. Die weitere Ausnahme betrifft Steuerstraftaten, welche die **Kfz-Steuer** betreffen. Hier meint der Gesetzgeber, solche Taten seien sehr häufig, rechtlich im Vergleich zu anderen Steuerstraftaten einfacher gelagert und hinsichtlich ihrer Schwere weniger gewichtig ggü. den Begleittaten, bei denen es sich zumeist um Diebstahl (§ 242 StGB) oder Gebrauchsentwendung von Kfz (§ 248b StGB) handelt (vgl. BT-Drucks. 5/1812 S. 31).

31 Die vorstehenden Ausnahmen der Zuständigkeitskonzentration können auch durch eine landesrechtliche Verordnung nicht umgangen werden. Allerdings kann das Präsidium des AG Straftaten nach dem Betäubungsmittelgesetz sowie die Steuerstraftaten, welche die Kfz-Steuer betreffen, für die das AG nach den allgemeinen Vorschriften sachlich und örtlich zuständig ist, einer bestimmten Abteilung, auch einer bestehenden „Wirtschaftsabteilung" zuweisen.

32 **Entsprechende Anwendung** findet § 391 AO in Straf- und Bußgeldverfahren nach Prämien- und Investitionsgesetzen (§§ 5a Abs. 2 Satz 2 BergPG, 8 Abs. 2 Satz 2 WoPG 1992, 14 Abs. 3 Satz 2, 5. VermBG, 29 Abs. 2 BerlinFG) sowie in Verfahren wegen Ordnungswidrigkeiten nach § 164 Satz 2 StBerG oder § 128 Abs. 2 BranntwMonG.

§ 392 AO   Verteidigung

(1) Abweichend von § 138 Abs. 1 der Strafprozessordnung können auch Steuerberater, Steuerbevollmächtigte, Wirtschaftsprüfer und vereidigte Buchprüfer zu Verteidigern gewählt werden, soweit die Finanzbehörde das Strafverfahren selbständig durchführt; im Übrigen können sie die Verteidigung nur in Gemeinschaft mit einem Rechtsanwalt oder einem Rechtslehrer an einer deutschen Hochschule im Sinne des Hochschulrahmengesetzes mit Befähigung zum Richteramt führen.

(2) § 138 Abs. 2 der Strafprozessordnung bleibt unberührt.

A. Regelungsgegenstand

1 Nach § 138 Abs. 1 StPO können zu **Verteidigern** im Strafverfahren RA und Hochschullehrer von dem Beschuldigten gewählt werden. § 392 AO erweitert in **Steuerstrafverfahren** auf Angehörige steuerberatender Berufe, die durch ihre besondere steuerliche Expertise „Waffengleichheit" zwischen der Verteidigung und der Strafverfolgung herstellen können.

2 Gem. § 385 Abs. 1 AO gelten i.Ü. die allgemeinen Gesetze über das Strafverfahren (v.a. die §§ 137 ff. StPO); aber auch das Berufsrecht der RA und der Steuerberater sowie strafrechtliche Normen wie etwa § 356 StGB (Parteiverrat) sind zu beachten.

Im **Bußgeldverfahren** ist § 392 AO über § 410 Abs. 1 Nr. 3 AO entsprechend anwendbar; ebenso 3
im selbstständigen Verfahren nach § 401 AO.

I. § 392 Abs. 1 AO

§ 392 Abs. 1 AO erweitert den Kreis potenzieller Verteidiger nur soweit die **Finanzbehörde** (Legal- 4
definition in § 6 Abs. 2 AO) das **Strafverfahren selbstständig durchführt.** Dann können auch
Steuerberater, Steuerbevollmächtigte, Wirtschaftsprüfer und vereidigte Buchprüfer zu Verteidigern gewählt werden (Halbs. 1). Sonst können sie die Verteidigung nur in Gemeinschaft mit
einem RA oder Rechtslehrer an deutschen Hochschulen i.S.d. Hochschulrahmengesetzes mit
Befähigung zum Richteramt führen (Halbs. 2).

1. Selbstständige Durchführung des Strafverfahrens durch die Finanzbehörde

Die maßgeblichen Vorschriften für die selbstständige Durchführung des Strafverfahrens durch die 5
Finanzbehörde finden sich in den §§ 386, 399 ff., 406 f. AO. Danach muss es sich bei der Tat entweder ausschließlich um eine **Steuerstraftat** handelt (§ 386 Abs. 2 Nr. 1 AO) oder zwar zugleich
andere Strafgesetze verletzt sein, deren Verletzung aber Kirchensteuern oder andere öffentlich-
rechtliche Abgaben betreffen, die an Besteuerungsgrundlagen, Steuermessbeträge oder Steuerbeträge anknüpfen (§ 386 Abs. 2 Nr. 2 AO).

Die **Verfahrensherrschaft der Finanzbehörde beginnt** mit Einleitung des Verfahrens i.S.d. § 397 6
Abs. 1 AO und **endet,** wenn die Finanzbehörde das Verfahren an die StA abgibt (§ 386 Abs. 4
Satz 1 AO) oder die StA das Verfahren an sich zieht (§ 386 Abs. 4 Satz 2 AO). In beiden Fällen
kann die StA die Strafsache jedoch einvernehmlich wieder an die Finanzbehörde abgeben (§ 386
Abs. 4 Satz 3 AO). Die Verfahrensherrschaft endet zudem dann, wenn ein Haft- oder Unterbringungsbefehl erlassen wird (§ 386 Abs. 3 AO). Sie lebt nicht wieder auf, wenn der Haftbefehl ausgesetzt oder die Maßnahme aufgehoben wird. Auch mit dem Antrag der Finanzbehörde nach
§ 401 AO, die Einziehung oder den Verfall selbstständig anzuordnen oder eine Geldbuße gegen
eine juristische Person oder eine Personenvereinigung selbstständig festzusetzen, geht die Strafverfolgungskompetenz über.

Umstritten ist, ob bereits der **Antrag auf Erlass eines Strafbefehls** (§ 400 AO) die Verfahrensherr- 7
schaft der Finanzbehörde beendet (so AG München, PStR 2008, 206; Beermann/Gosch/*Wanne-
macher/Seipl* § 392 Rn. 26; Graf/*Bachler* § 392 Rn. 2) oder der Übergang der Strafverfolgungskompetenz auf die StA erst im Einspruch bzw. in der Anberaumung der Hauptverhandlung zu sehen
ist (so FGJ/*Randt* § 392 Rn. 14; HHSp/*Rüping* § 392 Rn. 73; Klein/*Gersch/Jäger* § 392 Rn. 4;
Klein/*Wisser* § 392 Rn. 1; *Koch* § 392 Rn. 8; Koch/Scholtz/*Scheurmann-Kettner* § 392 Rn. 8; Kohl-
mann/*Hilgers-Klautzsch* § 392 Rn. 49; Schwarz/*Dumke* § 392 Rn. 13; so wohl auch Lippross/*Seibel*
§ 392 AO Rn. 2).

Faktisch kann die Finanzbehörde dem steuerlichen Berater das Recht zur Alleinverteidigung **durch** 8
Abgabe des Verfahrens an die StA jederzeit **entziehen.** Aus diesem Grund haben Alleinverteidiger
und Beschuldigter einen Rechtsanspruch auf Information, wer das Verfahren führt und wann das
Verfahren ggf. auf die StA übergeht.

2. Verteidigungsbefugnis

Nach dem Wortlaut des § 392 Abs. 1 AO sind **Steuerberater, Steuerbevollmächtigte, Wirtschafts-** 9
prüfer und **vereidigte Buchprüfer** bei Vorliegen der Voraussetzungen zur Verteidigung befugt. Die
Aufzählung ist abschließend und setzt die bestehende und wirksame Bestellung nach deutschem
Recht voraus.

Grds. ist auch der Berater, der die Sache aus seiner **vorherigen Tätigkeit** bereits kennt, zur Vertei- 10
digung in Steuerstrafsachen befugt (vgl. aber *Birkenstock* wistra 2002, 47) Einschränkungen können sich jedoch durch ein eigenes strafwürdiges Vorverhalten sowie Interessenkonflikte ergeben (s.

Rdn. 28). Zudem ist die Zweckmäßigkeit der Verteidigung durch den vorherigen Berater zu hinterfragen (s. Rdn. 27).

11   Sind mehrere Taten betroffen, wovon ein Teil nicht dem Steuerstrafrecht zuzuordnen ist, so ist zu differenzieren: Stehen die vorgeworfenen Taten in **materieller Tateinheit** nach § 52 StGB oder ist eine einzige **prozessuale Tat** betroffen, so erstreckt sich die (Mit-)Verteidigung auf das gesamte Steuerstrafverfahren (LG Hildesheim, DStR 2010, 1592). Anders ist dies, wenn mehrere prozessuale Taten verbunden wurden; hier ist der Berater auf den steuerstrafrechtlichen Teil beschränkt. Führen eine Teileinstellung des Verfahrens nach § 154 StPO oder eine Beschränkung der Strafverfolgung nach § 154a StPO dazu, dass keine steuerstrafrechtlichen Vorwürfe verbleiben, so scheidet der steuerliche Berater entsprechend aus dem Verfahren aus.

3. Alleinverteidigung, § 392 Abs. 1 Halbs. 1 AO

12   Die Verteidigungsbefugnis nach § 392 Abs. 1 Halbs. 1 AO **endet** in dem Augenblick, in dem StA oder Gerichte mit der Strafsache befasst werden.

13   Umstritten ist, ob Steuerberater bzw. -bevollmächtigte befugt sind, als Alleinverteidiger **Einspruch** gegen einen von der Finanzbehörde beantragten **Strafbefehl** einzulegen (bejahend: FGJ/*Randt* § 392 Rn. 14; HHSp/*Rüping* § 392 Rn. 73; Klein/*Wisser* § 392 Rn. 2; Schwarz/*Dumke* § 392 Rn. 13; verneinend: AG München PStR 2008, 206; Beermann/Gosch/*Wannemacher/Seipl* § 392 Rn. 26; Graf/*Bachler* § 392 Rn. 2; Klein/*Gersch/Jäger* § 392 Rn. 4; Lippross/*Seibel* § 392 AO Rn. 2). Unbenommen ist es dem Beschuldigten jedenfalls, den Berater zur Einlegung des Einspruchs als Vertreter besonders zu ermächtigen.

14   Auch im **Bußgeldverfahren über Steuerordnungswidrigkeiten** können steuerliche Berater bei Verfahrensherrschaft der Finanzbehörde als Alleinverteidiger auftreten; § 392 AO gilt dort entsprechend. Die Finanzbehörde führt das Verfahren nur dann selbstständig durch, wenn nicht die StA oder der Richter nach dem OWiG oder der AO berufen sind. Wenn Anhaltspunkte dafür bestehen, dass die verfolgte Tat eine Straftat darstellt, so richtet sich die Verfahrensherrschaft der Finanzbehörde und somit die Verteidigungsbefugnis des steuerlichen Beraters im Anwendungsbereich des § 386 Abs. 2 AO nach den allgemeinen Grundsätzen des § 392 AO.

4. Gemeinschaftliche Verteidigung, § 392 Abs. 1 Halbs. 2 AO

15   Die gemeinschaftliche Verteidigung des steuerlichen Beraters **mit einem RA** oder einem Rechtslehrer bedarf nach § 392 Abs. 1 Halbs. 2 AO nicht der Genehmigung des Gerichts. Ihm kommen dabei die gleichen Rechte zu wie Verteidigern, die nach § 138 Abs. 2 StPO die Verteidigung nur gemeinschaftlich mit anderen Verteidigern führen können (KG, NJW 1974, 916).

16   Grds. kann jeder Mitverteidiger prozessuale Rechte selbstständig wahrnehmen (KG JR 1988, 391). Der steuerliche Berater kann jedoch wesentliche **Prozesshandlungen** nach überwiegender Ansicht nur gemeinsam mit dem RA bzw. Rechtslehrer vornehmen (KG JR 1988, 391; Beermann/Gosch/*Wannemacher/Seipl* § 392 Rn. 28; FGJ/*Randt* § 392 Rn. 15; HHSp/*Rüping* § 392 Rn. 86; Schwarz/*Dumke* § 392 Rn. 27; im Hinblick auf Rechtsmittelerklärungen: BGHSt 32, 326, 328 f.; OLG Hamburg, NJW 1981, 934; KG, NJW 1974, 916; Klein/*Wisser* § 392 Rn. 2; Koch/Scholtz/*Scheurmann-Kettner* § 392 Rn. 9; Kohlmann/*Hilgers-Klautzsch* § 392 Rn. 64). Aus Gründen der Verfahrensklarheit muss der RA oder der Rechtslehrer die Rechtsmittelerklärung des Angehörigen der steuerberatenden Berufe mit unterzeichnen oder innerhalb der Rechtsmittelfrist ggü. dem Gericht eine eigene Erklärung abgeben, aus der hervorgeht, dass er mit der Einlegung des Rechtsmittels einverstanden ist (KG, NJW 1974, 916 f.). Bei Widersprüchen soll zudem die Erklärung des „geborenen Verteidigers" maßgeblich sein (HHSp/*Rüping* § 392 Rn. 86; Kohlmann/*Hilgers-Klautzsch* § 392 Rn. 63; Schwarz/*Dumke* § 392 Rn. 27; a.A. wohl *Bornheim* wistra 1997, 212, 216).

II. § 392 Abs. 2 AO

Gem. § 392 Abs. 2 AO bleibt § 138 Abs. 2 StPO unberührt. Daher können Angehörige steuerbe- **17** ratender Berufe nach allgemeinen Regeln mit **Genehmigung des Gerichts** auch dann zum Verteidiger gewählt werden, wenn die Finanzbehörde das Strafverfahren nicht (mehr) selbstständig durchführt. Die Gerichte erteilen in der Praxis nur sehr zurückhaltend entsprechende Genehmigungen. Ein enger sachlicher Zusammenhang zwischen allgemeinen Taten und Steuerstraftaten reduziert das Ermessen (LG Hildesheim, DStR 2010, 1592). Wird die Genehmigung ermessensfehlerhaft verweigert, kann dagegen Beschwerde nach § 304 StPO erhoben werden.

Nach § 138 Abs. 2 Satz 2 StPO kann ein Steuerberater, Wirtschaftsprüfer pp. nur in Gemeinschaft **18** mit einem RA oder Hochschullehrer zum **Pflichtverteidiger** bestellt werden. Wird die Verteidigung nachträglich notwendig, verliert eine frühere Genehmigung zur Alleinverteidigung ihre Wirkung (HHSp/*Rüping* § 392 Rn. 68).

B. Verteidigung im Steuerstrafverfahren

Auf die Verteidigung durch Angehörige steuerberatender Berufe finden die allgemeinen Regeln **19** und Verteidigungsgrundsätze (insb. die §§ 137 ff. StPO) Anwendung (vgl. § 385 Abs. 1 StPO).

Bei Vernehmungen des Beschuldigten durch die StA oder die Finanzbehörde (BuStra) besteht ein **20** **Anwesenheitsrecht** des Verteidigers nach §§ 163a Abs. 3 Satz 2, 168c Abs. 1, Abs. 5 StPO. Kein Recht zur Anwesenheit kommt dem Verteidiger dagegen bei Vernehmungen durch Polizei und Steuerfahndung zu (HHSp/*Rüping* § 392 Rn. 39; Klein/*Gersch/Jäger* § 392 Rn. 9; Koch/Scholtz/*Scheurmann-Kettner* § 392 Rn. 5/2; Kohlmann/*Hilgers-Klautzsch* § 392 Rn. 180; Schwarz/*Dumke* § 392 Rn. 50); diese können ihm die Anwesenheit jedoch gestatten. Dem Beschuldigten bleibt es indes unbenommen, ggü. der Steuerfahndung seine Aussage oder sein Erscheinen – hierzu ist er im Gegensatz zu StA oder BuStra nicht verpflichtet – von der Anwesenheit seines Verteidigers abhängig zu machen und auf diesem Wege eine Gestattung herbeizuführen. I.d.R. wird dies einvernehmlich zwischen Verteidiger und Vernehmungsbeamten im Vorfeld vereinbart werden können.

Dem Verteidiger kommt grds. ein uneingeschränktes **Akteneinsichtsrecht** in die Steuerstrafakte zu **21** (§ 147 StPO). Handakten der StA und andere innerdienstliche Vorgänge sind nach Nr. 186 Abs. 3 Satz 1 RiStBV von der Akteneinsicht ausgeschlossen, wozu auch die Handakten der Finanzbehörde zählen. Ein Einsichtsrecht in die Steuerfahndungsakten besteht nur bei konkreten Anhaltspunkten dafür, dass diese verfahrensrelevante Erkenntnisse enthalten (OLG Frankfurt am Main, NStZ 2003, 566, 567). Auch Vermerke des Außenprüfers über straf- oder bußgeldrechtliche Feststellungen (sog. Rot- oder Grünbogen) unterfallen der Akteneinsicht (*Burkhard* StV 2000, 526, 529; Klein/*Wisser* § 392 Rn. 8).

Der **Antrag auf Akteneinsicht** ist an die Bußgeld- und Strafsachenstelle (BuStra), nicht an die **22** Steuerfahndung zu richten. Ist die Sache an die StA abgegeben worden, so ist der Antrag an diese zu richten.

Vor der Gewährung von Akteneinsicht oder der Besichtigung von Beweisstücken ist zu prüfen, ob **23** hierdurch Dritte in ihrem **Steuergeheimnis** betroffen werden. Hat der Dritte die Finanzbehörde nicht von diesem entbunden, darf Einsicht nur gewährt werden, wenn die Beweisstücke der StA oder dem Gericht vorgelegt werden (§ 30 Abs. 4 Nr. 1 AO). Das Gesetz räumt diese Befugnis auch für die Durchführung eines anderen Besteuerungsverfahrens ein. Dass die Inhalte dabei zur Kenntnis einer dritten Privatperson gelangen, ist unerheblich, wenn die geschützten Tatsachen zur Beurteilung des auch für die Besteuerung des Dritten maßgebenden Sachverhaltes entscheidend sind (OLG Hamburg, NJW 1995, 3399, 3400).

Nach § 146 StPO besteht ein **Verbot der Doppelverteidigung**, welches auch für gemeinsam **24** beschuldigte Ehegatten gilt. Dieses greift jedoch nicht bei der Erstattung einer Selbstanzeige, da dies noch keine Strafverteidigung darstellt (Kühn/von Wedelstädt/*Blesinger* § 392 Rn. 5).

25   Ein **Fall notwendiger Verteidigung** wird sich in Steuerstrafsachen ergeben, wenn die **Anordnung eines Berufsverbots** i.S.d. § 140 Abs. 1 Nr. 3 StPO zu befürchten ist. Einen innerberuflichen Verstoß bejaht der BGH bei einem Steuerberater, der steuerliche Pflichten verletzt, die dem Berufsangehörigen kraft seines Berufes obliegen oder die sich sonst auf seinen Beruf beziehen (BGHSt 29, 97. 98). Dies kann bei Steuerhinterziehung dann gegeben sein, wenn die unternehmerische Tätigkeit auf die systematische Hinterziehung von Lohn- und Umsatzsteuern angelegt ist und die Steuerhinterziehung in einem großen Umfang über einen längeren Zeitraum zum betrieblichen Kalkulationsfaktor wird (BGH, wistra 1995, 22 f.). Des Weiteren kommt eine Notwendigkeit der Verteidigung aufgrund der **Schwierigkeit der Sachlage** nach § 140 Abs. 2 StPO in Betracht, welche grds. dann greift, wenn die Subsumtion Schwierigkeiten bereitet oder es auf noch nicht geklärte Rechtsfragen ankommt. Subsumtionsschwierigkeiten ergeben sich im Steuerrecht regelmäßig, da es sich hierbei um eine „für einen Laien schwer durchschaubare Materie" handelt (OLG Celle, wistra 1986, 233).

C. Praktische Hinweise

26   Eine nach § 80 AO erteilte allgemeine **Vollmacht** erstreckt sich allein auf das Steuerfestsetzungs- und Erhebungsverfahren. Für die Wahl zum Verteidiger reicht sie nicht aus. Auf Verlangen ist der Verteidiger verpflichtet, sich durch eine schriftliche Vollmacht auszuweisen. Gibt die StA die Strafsache nach § 386 Abs. 4 Satz 3 AO wieder an die Finanzbehörde ab, so bedarf es zum Tätigwerden des steuerlichen Beraters als Alleinverteidiger keiner neuen vertraglichen Vereinbarung mit dem Beschuldigten, sofern dieser nicht bereits einen anderen Verteidiger gewählt hat (HHSp/*Rüping* § 392 Rn. 74).

27   Bevor der **Steuerberater** zum Verteidiger bestellt wird, sollte stets abgewogen werden, ob dieser dem Steuerpflichtigen nicht besser **als Zeuge** dienen kann (vgl. *Bornheim* wistra 1997, 212, 214). Zwar ist er aufgrund seiner vorherigen Befassung mit der Sache in der Lage, ohne größeren Einarbeitungsaufwand die Verteidigung zu übernehmen. Abgesehen von diesen Kostenvorteilen ist die Übernahme der Alleinverteidigung wegen seiner Zeugenstellung wenig empfehlenswert. Zwar hindert sie die Bestellung zum Verteidiger grds. nicht (LG Hildesheim, DStR 2010, 1592), da die bloße Möglichkeit, als Belastungszeuge infrage zu kommen, für sich den Ausschluss von der Verteidigung noch nicht rechtfertigt (BVerfG, NJW 1963, 1771). Als möglicher Zeuge ist der Betreffende jedoch gehindert, vor seiner Zeugenaussage an der Hauptverhandlung teilzunehmen. Auch könnten Interessenkonflikte dadurch entstehen, dass der steuerliche Berater ggf. seine eigene Aussage im Schlussvortrag zu würdigen hätte. In der Rolle des Belastungszeugen wird dieser Konflikt durch das Zeugnisverweigerungsrecht des Beraters nach § 53 StPO vermieden.

28   Daneben besteht auch das Risiko, dass der Berater einer **Tatbeteiligung**, einer Begünstigung oder Strafvereitelung bezichtigt wird. Führt die Finanzbehörde das Verfahren selbstständig durch, ist sie befugt, in diesem Fall beim OLG die Ausschließung des Verteidigers zu beantragen (§§ 138a Abs. 1, 138c Abs. 2 Satz 2 StPO i.V.m. §§ 385, 399 AO), wobei die die Ausschließung begründenden objektiven und subjektiven Tatsachen substantiiert dargelegt werden müssen (KG, NJW 2006, 1537).

29   U.U. können die **Verteidigerkosten** im Steuerstrafverfahren **steuerlich abgesetzt** werden. Dies setzt grds. voraus, dass es sich hierbei um Erwerbsaufwendungen handelt, d.h., dass der strafrechtliche Vorwurf durch das berufliche Verhalten des Steuerpflichtigen veranlasst war (BFH, wistra 2008, 113, 115). Dies setzt voraus, dass die die Aufwendungen auslösenden schuldhaften Handlungen noch i.R.d. betrieblichen oder beruflichen Aufgabenerfüllung liegen und nicht auf privaten, den betrieblichen oder beruflichen Zusammenhang aufhebenden Umständen beruhen (BFH, wistra 2008, 113, 115). Eine erwerbsbezogene Veranlassung soll dann nicht bestehen, wenn die Erwerbstätigkeit nur eine Gelegenheit zu einer Straftat verschafft oder der Arbeitnehmer seinen Arbeitgeber bewusst schädigen wollte oder sich oder einen Dritten durch die schädigende Handlung bereichert hat (BFH, wistra 2008, 113, 115).

§ 393 AO   Verhältnis des Strafverfahrens zum Besteuerungsverfahren

(1) [1]Die Rechte und Pflichten der Steuerpflichtigen und der Finanzbehörde im Besteuerungsverfahren und im Strafverfahren richten sich nach den für das jeweilige Verfahren geltenden Vorschriften. [2]Im Besteuerungsverfahren sind jedoch Zwangsmittel (§ 328) gegen den Steuerpflichtigen unzulässig, wenn er dadurch gezwungen würde, sich selbst wegen einer von ihm begangenen Steuerstraftat oder Steuerordnungswidrigkeit zu belasten. [3]Dies gilt stets, soweit gegen ihn wegen einer solchen Tat das Strafverfahren eingeleitet worden ist. [4]Der Steuerpflichtige ist hierüber zu belehren, soweit dazu Anlass besteht

(2) [1]Soweit der Staatsanwaltschaft oder dem Gericht in einem Strafverfahren aus den Steuerakten Tatsachen oder Beweismittel bekannt werden, die der Steuerpflichtige der Finanzbehörde vor Einleitung des Strafverfahrens oder in Unkenntnis der Einleitung des Strafverfahrens in Erfüllung steuerrechtlicher Pflichten offenbart hat, dürfen diese Kenntnisse gegen ihn nicht für die Verfolgung einer Tat verwendet werden, die keine Steuerstraftat ist. [2]Dies gilt nicht für Straftaten, an deren Verfolgung ein zwingendes öffentliches Interesse (§ 30 Abs. 4 Nr. 5) besteht.

(3) [1]Erkenntnisse, die die Finanzbehörde oder die Staatsanwaltschaft rechtmäßig im Rahmen strafrechtlicher Ermittlungen gewonnen hat, dürfen im Besteuerungsverfahren verwendet werden. [2]Dies gilt auch für Erkenntnisse, die dem Brief-, Post- und Fernmeldegeheimnis unterliegen, soweit die Finanzbehörde diese rechtmäßig im Rahmen eigener strafrechtlicher Ermittlungen gewonnen hat oder soweit nach den Vorschriften der Strafprozessordnung Auskunft an die Finanzbehörden erteilt werden darf.

A. Allgemeines

I. Das Verhältnis von Besteuerungs- und Strafverfahren

1 Der **Finanzbehörde** kommt im Hinblick auf die ihr durch die Abgabenordnung übertragenen Aufgaben eine **Doppelfunktion** zu. Sie ist rechtlich zugleich

- **Strafverfolgungsorgan** im Strafverfahren wegen Steuerstraftaten und zur gleichen Zeit
- **Verwaltungsbehörde**, die das Besteuerungsverfahren gegen den einzelnen Steuerpflichtigen durchzuführen hat.

2 Da dem Straf- und dem Besteuerungsverfahren i.d.R. derselbe Sachverhalt zugrunde liegt, werden für den Fall, dass eine Nachversteuerung geboten ist, beide Verfahren meist gleichzeitig durchgeführt, u.U. sogar von der gleichen Behörde oder womöglich von demselben Amtsträger (für einen Außenprüfer BFH v. 04.11.1987 – II R 102/85, BStBl. II 1988, S. 113). Die unterschiedlichen Verfahren haben allerdings einen **unterschiedlichen Rechtscharakter** und für sie gelten **divergierende Verfahrensregelungen** (vgl. Rdn. 4). Im Umkehrschluss kommt aber auch dem **Betroffenen** eine **Doppelstellung** zu: Einerseits ist er Beschuldigter im Steuerstrafverfahren und andererseits Steuerpflichtiger im Besteuerungsverfahren, woraus sich für ihn unterschiedliche Rechte und Pflichten ergeben.

3 Die Rechte und Pflichten des Betroffenen in seiner Stellung als Beschuldigter oder als Steuerpflichtiger und der Finanzbehörde in ihrer Doppelfunktion ergeben sich gem. **§ 393 Abs. 1 Satz 1 AO** aus den für das jeweilige Verfahren geltenden Vorschriften. Beide Verfahren sind rechtlich selbstständig und stehen gleichwertig nebeneinander, sodass der **Grundsatz der Unabhängigkeit und Gleichrangigkeit beider Verfahren** gilt (vgl. BT-Drucks. VII/4292, 46; s.a. BVerfG v. 15.10.1990 – 2 BvR 385/87, wistra 1991, 175; BVerfG v. 15.10.2004 – 2 BvR 1316/04, BFH/NV Beilage 2005, 108; s. z.B. BFH v. 19.08.1998, XI R 37/97 – BStBl. II 1999, S. 7; BFH v. 19.09.2001 – XI B 6/01, BStBl. II 2002, S. 4; BFH v. 23.01.2002 – XI R 10, 11/01, BStBl. II 2002, S. 328; BFH v. 19.10.2005 – X B 88/05, BFH/NV 2006, 15; BFH v. 09.03.2011 – X B 153/10, BFH/NV 2011, 956; Schwarz/*Dumke* § 393 Rn. 2; Klein/*Jäger* § 393 Rn. 1;, FGJ/*Joecks* § 393 Rn. 17). Mithin haben sowohl die Strafverfolgungsorgane als auch die Finanzbehörden in eigener Verantwortung über alle tatsächlichen und rechtlichen Vorfragen selbstständig zu entscheiden (Schwarz/*Dumke* § 393 Rn. 2a; HHSp/*Hellmann* § 393 Rn. 13). Es ist allerdings zu berücksichtigen, dass die Beurteilung der **Recht-**

mäßigkeit von strafprozessualen Ermittlungsmaßnahmen (z.B. einer Durchsuchung oder Beschlagnahme) aufgrund der unterschiedlichen (Rechtsweg-)Zuständigkeiten nicht der im Besteuerungsverfahren tätigen Finanzbehörde bzw. der Finanzgerichtsbarkeit obliegt. Vielmehr haben die Finanzbehörde und die Steuergerichte die von anderen Gerichten getroffenen Entscheidungen insoweit zu beachten, gleichgültig, ob sie rechtmäßig sind oder nicht (BFH v. 10.03.1992 – X B 18/91, BFH/NV 1992, 367; BFH v. 15.05.2002 – V B 74/01, BFH/NV 2002, 1279; BFH v. 27.06.2008 – II B 19/07, BFH/NV 2008, 1519; FG Köln v. 10.09.2008 – 13 K 1915/08, EFG 2009, 82). Ausnahmen sind insoweit allenfalls denkbar, wenn es sich bei den Entscheidungen über die strafprozessualen Maßnahmen der zuständigen Gerichte um sog. Nichtentscheidungen oder nichtige Entscheidungen handelt (BFH v. 10.03.1992 – X B 18/91, BFH/NV 1992, 367; BFH v. 29.01.2002 – VIII B 91/01, BFH/NV 2002, 749) oder sich die Entscheidungen als offensichtlich grob fehlerhaft und damit als greifbar gesetzeswidrig erweisen (BFH v. 15.06.2001 – VII B 11/00, BStBl. II 2001, S. 624).

Die strafrechtlichen Verfahrensvorschriften haben somit keinen Vorrang vor den Verfahrensvor- **4** schriften im Besteuerungsverfahren (BFH v. 19.10.2005 – X B 88/05, BFH/NV 2006, 15; BFH v. 14.05.2008 – V B 227/07, BFH/NV 2008, 1371;, Schwarz/*Dumke* § 393 Rn. 2b; HHSp/*Hellmann* § 393 Rn. 12 f.; FGJ/*Joecks* § 393 Rn. 1; Kohlmann/*Hilgers-Klautzsch* § 393 Rn. 16; a.A. für einen Vorrang des Strafverfahrens vor dem Besteuerungsverfahren *Regnier*, BB 1985, 720; *Seer*, StB 1987, 128; für einen Vorrang des Besteuerungsverfahrens vor dem Strafverfahren *Isensee*, NJW 1985, 1007; *Kirchhof*, NJW 1985, 2977). Folglich sind die Finanzbehörde oder das Finanzgericht frei, Feststellungen aus einem in das Besteuerungs- oder das finanzgerichtliche Verfahren eingeführten Strafurteil zu übernehmen. Ein Zwang zur Übernahme der Feststellungen besteht jedoch nicht (BFH v. 09.12.2004 – III B 83/04, BFH/NV 2005, 503; BFH v. 13.01.2006 – VIII B 7/04, BFH/NV 2006, 914; BFH v. 17.03.2010 – X B 120/09, BFH/NV 2010, 1240). Sie müssen sich vielmehr selbst vom Vorliegen der jeweiligen Tatsachen überzeugen und sich eine freie, aus dem Gesamtergebnis des Verfahrens gewonnene Überzeugung bilden (BFH v. 08.09.1994 – IV R 6/93, BFH/NV 1995, 573, m.w.N.; BFH v. 31.05.2000 – IV B 3/99, BFH/NV 2000, 1459; BFH v. 20.06.2007 – II R 66/06, BFH/NV 2007, 2057; BFH v. 29.01.2008 – VIII B 37/07, n.v.; BFH v. 28.10.2008 – VIII B 62/07, n.v.). Deshalb sind die Finanzbehörde bzw. das Finanzgericht in der Lage, aufgrund ihrer eigenen Feststellungen zu der Überzeugung zu kommen, dass eine Steuerhinterziehung vorliegt, selbst wenn das Strafverfahren mit einem Freispruch endete bzw. das Strafverfahrens im Rahmen einer Beendigung aufgrund einer einvernehmlichen Absprache zwischen den Beteiligten beschränkt wird (BFH v. 17.03.2010 – X B 120/09, BFH/NV 2010, 1240; BFH v. 28.10.2008 – VIII B 62/07, n.v.; BFH v. 21.12.2007 – VIII B 56/07, BFH/NV 2008, 805; BFH v. 04.05.2005 – XI B 230/03, BFH/NV 2005, 1485) oder das Strafverfahren eingestellt wurde (BFH v. 24.01.2008 – VIII B 163/06, BFH/NV 2008, 1099; BFH v. 04.07.2008 – II B 66/07, ZSteu 2008, R793).

Der **Grundsatz der Unabhängigkeit und Gleichrangigkeit der Verfahren** (vgl. Rdn. 4) ist aller- **5** dings in § 393 in zweierlei Hinsicht **durchbrochen**. Einerseits ergibt sich aus **§ 393 Abs. 1 Satz 2 bis 4 AO** aufgrund eines anhängigen Strafverfahrens **für das Besteuerungsverfahren** ein Verbot der Zwangsmittelanwendung (Rdn. 10 ff.) und andererseits begründet **§ 393 Abs. 2 AO** ein Verwertungsverbot **für das Strafverfahren** im Hinblick auf Tatsachen oder Beweismittel die aufgrund steuerlicher Pflichten offenbart wurden (Rdn. 64 ff.).

Eine Verbindung zwischen Besteuerungs- und Strafverfahren ergibt sich daneben aus **§ 396 Abs. 1** **6** **AO**, der die eingeschränkte **Möglichkeit der Aussetzung** des Steuerstrafverfahrens bis zum Abschluss des Besteuerungsverfahrens regelt (vgl. § 396 Rdn. 1 ff.). Ebenso besteht die Möglichkeit für die Finanzbehörde und das Finanzgericht, das Besteuerungsverfahren oder das Klageverfahren gem. § 74 FGO bis zum Abschluss des Strafverfahrens auszusetzen. Eine diesbezügliche Pflicht besteht hingegen nicht (vgl. § 396 Rdn. 6 ff.; BFH v. 09.12.2004 – III B 83/04, BFH/NV 2005, 503; BFH v. 01.12.2005 – XI B 21/05, BFH/NV 2006, 496; BFH v. 14.05.2008 – V B 227/07, BFH/NV 2008, 1371).

II. Die Gestaltung der Mitwirkungspflichten

Der wohl bedeutendste Unterschied zwischen dem Besteuerungsverfahren und dem Steuerstrafverfahren liegt in der Gestaltung der Mitwirkungspflichten.

7   Im **Besteuerungsverfahren** treffen den Steuerpflichtigen im Interesse einer möglichst vollständigen und gleichmäßigen Besteuerung (vgl. § 85 AO) **umfassende Mitwirkungs-, Erklärungs-, Auskunfts- und Offenbarungspflichten**, deren Erfüllung gem. §§ 328 bis 335 AO mit Zwangsmitteln durchgesetzt werden kann. So obliegt dem Steuerpflichtigen z.B. gem. §§ 33, 90 Abs. 1 Satz 1 und 2 AO, die für die Besteuerung maßgeblichen Tatsachen vollständig und wahrheitsgemäß offenzulegen und die ihm bekannten Beweismittel zu benennen (zu weiteren Pflichten vgl. § 370 Rdn. 404 ff.).

8   In einem **Steuerstrafverfahren** gelten hingegen gem. § 385 Abs. 1 AO die durch den 8. Teil der AO modifizierten allgemeinen Gesetze über das Steuerstrafverfahren, namentlich die StPO und das GVG. Folglich besteht wie in jedem Strafverfahren und abweichend vom Besteuerungsverfahren **keine aktive Mitwirkungspflicht**, um die individuellen Rechte des Beschuldigten zu schützen (BGH v. 09.04.1986 – 3 StR 551/85, BGHSt 34, 39, 46; *Meyer-Goßner* StPO Einl. Rn. 80). Der Beschuldigte kann sich sanktionslos völlig passiv verhalten und ist nicht verpflichtet, an der Sachverhaltsaufklärung mitzuwirken. So braucht er sich nach § 136 StPO nicht zur Sache zu äußern, und für den Fall, dass er sich äußert, ist er nicht zur Wahrheit verpflichtet (BGH v. 15.08.1952 – 3 StR 267/52, BGHSt 3, 149, 152; OLG Frankfurt am Main v. 11.07.2005 – 1 Ws 11/04, wistra 2006, 198; FGJ/*Joecks* § 393 Rn. 36; Graf/*Monka* StPO § 136 Rn. 20; *Meyer-Goßner* StPO § 136 Rn. 18).

9   Diese unterschiedliche Gestaltung der Mitwirkungspflichten liegt begründet in dem im Strafprozess geltenden Grundsatz **nemo tenetur se ipsum accusare**, nach dem niemand verpflichtet ist, an seiner eigenen Verurteilung mitzuwirken, und sich somit auch nicht selbst einer strafbaren Handlung bezichtigen muss (BVerfG v. 13.01.1981 – 1 BvR 116/77, BVerfGE 56, 37; BVerfG v. 15.10.2004 – 2 BvR 1316/04, NJW 2005, 352; BVerfG v. 13.05.2009 – 2 BvL 19/08, BFH/NV 2009, 1771). Dieses **Verbot des Zwangs zur Selbstbelastung** ist zwar nicht positivrechtlich geregelt, ergibt sich aber implizit aus den in der StPO und im OWiG geregelten Belehrungspflichten (vgl. §§ 136 Abs. 1 Satz 2, 243 Abs. 5 Satz 1 StPO, § 55 OWiG). Seit dem Gemeinschuldnerbeschluss des BVerfG (BVerfG v. 13.01.1981 – 1 BvR 116/77, BVerfGE 56, 37) ist der Grundsatz des nemo tenetur auch als grundrechtsgleiches Recht anerkannt, das aus dem Rechtsstaatsprinzip (Art. 20 Abs. 3 GG) und aus dem allgemeinen Persönlichkeitsrecht gem. Art. 2 Abs. 1 i.V.m. Art. 1 Abs. 1 GG abgeleitet wird (BVerfG v. 26.02.1997 – 1 BvR 2172/96, BVerfGE 95, 220, 241; BVerfG v. 15.10.2004 – 2 BvR 1316/04, NJW 2005, 352; BVerfG v. 13.05.2009 – 2 BvL 19/08, BFH/NV 2009, 1771). Darüber hinaus ergibt sich der Schutz vor erzwungener Selbstbelastung als Kernstück eines fairen Verfahrens auch aus Art. 6 Abs. 1 EMRK (EGMR v. 03.05.2001 – 31827/96, NJW 2002, 499;, Graf/*Monka* StPO § 136 Rn. 7; *Wulf*, wistra 1998, 89, 90). Der „nemo tenetur"-Grundsatz lässt somit das öffentliche Interesse an der Aufklärung und Ahndung strafbarer Handlungen hinter dem individuellen Interesse des Beschuldigten an einer geschützten Rechtssphäre zurücktreten.

B. Das steuerrechtliche Zwangsmittelverbot – § 393 Abs. 1 Satz 2 bis 4 AO

I. Normzweck und Regelungsinhalt

10   Der Konflikt der unterschiedlichen Regelungen im Hinblick auf die Mitwirkungspflichten des Steuerpflichtigen im Besteuerungs- und des Beschuldigten im Strafverfahren besteht darin, dass der Erklärungspflichtige im Besteuerungsverfahren durch die rechtlich vorgeschriebenen Auskunftspflichten in die Situation geraten kann, sich entweder selbst einer strafbaren Handlung zu bezichtigen oder durch eine Falschaussage ggf. ein neues Delikt zu begehen oder aber wegen seines

Schweigens Zwangsmitteln ausgesetzt zu werden. Dieser Konflikt ließe sich auf vier Arten lösen (vgl. *Rolletschke*/Kemper § 393 Rn. 6):

Sofern ein steuerstrafrechtliches Ermittlungsverfahren eingeleitet ist oder sich der Steuerpflichtige **11** bei der Erfüllung seiner steuerlichen Mitwirkungspflichten selbst belasten müsste, könnten die steuerlichen Mitwirkungspflichten vollständig außer Kraft gesetzt werden. Die zweite Lösungsmöglichkeit liegt darin, dass die Mitwirkungspflichten in einer solchen Situation fortbestehen, aber insoweit auf die Anwendung von Zwangsmitteln verzichtet wird. Die dritte Möglichkeit wäre, an der Erzwingbarkeit der Mitwirkungspflichten festzuhalten, aber die strafprozessuale Unverwertbarkeit der offenbarten Angaben festzuschreiben. Viertens könnte das rechtsschutzschwächere Besteuerungsverfahren bis zur Entscheidung über das rechtsschutzintensivere Strafverfahren in jedem Fall ausgesetzt werden.

Der Gesetzgeber hat sich dazu entschlossen, die in § 393 Abs. 2 AO geregelte Konfliktlage i.S.d. **12** dritten Möglichkeit durch die Einführung eines **Verwertungsverbotes** zu regeln (vgl. Rdn. 63) und die in § 393 Abs. 1 Satz 2 bis 4 AO geregelte durch die Einführung einer **Aussageverweigerungsmöglichkeit** i.S.d. zweiten Möglichkeit. Dementsprechend lassen die Vermutung straf- bzw. bußgeldrechtlich relevanten Verhaltens oder die Einleitung eines Steuerstraf- oder Bußgeldverfahrens die Mitwirkungspflichten im Besteuerungsverfahren (vgl. Rdn. 7 und § 370 Rdn. 404) grds. unberührt. Für den Verdächtigen oder Beschuldigten besteht **kein steuerliches Mitwirkungsverweigerungsrecht** und er muss seinen Mitwirkungspflichten ohne Rücksicht darauf nachkommen, ob er hierdurch eigene Straftaten oder Ordnungswidrigkeiten aufdeckt (so z.B. BVerfG v. 13.05.2009 – 2 BvL 19/08, BFH/NV 2009, 1771; BGH v. 12.01.2005 – 5 StR 191/04, StV 2005, 316; BFH v. 14.05.2008 – V B 227/07, BFH/NV 2008, 1371; BFH v. 19.10.2005 – X B 88/05, BFH/NV 2006, 15; BFH v. 16.07.2002 – VII B 203/00, BFH/NV 2002, 305; Schwarz/*Dumke* § 393 Rn. 12; *Rolletschke*/Kemper § 393 Rn. 19; vgl. auch FGJ/*Joecks* § 393 Rn. 15). Der Gesetzgeber ist der Ansicht, dass ein Mitwirkungsverweigerungsrecht des Beteiligten bei Gefahr der Selbstbezichtigung zu „für die Beweiserhebung und -würdigung unannehmbare(n) Folgen" führen würde (BT-Drucks. I/1982, 137 zu § 117 AO), sodass nach seinem Willen im Besteuerungsverfahren den Mitwirkungspflichten der Vorrang ggü. der individuellen Vertrauenssphäre zukommt. Folgerichtig bleibt die steuerliche Pflicht zur wahrheitsgemäßen Mitwirkung bestehen (st. Rspr.; z.B. BFH v. 19.09.2001 – XI B 6/01, BStBl. II 2002, 4; BFH v. 09.12.2004 – III B 83/04, BFH/NV 2005, 503; BFH v. 06.10.2005 – II B 9/04, BFH/NV 2006, 24; BFH v. 19.10.2005 – X B 88/05, BFH/NV 2006, 15; BFH v. 13.01.2006 – VIII B 7/04, BFH/NV 2006, 914; BFH v. 14.05.2008 – V B 227/07, BFH/NV 2008, 1371; ebenso Schwarz/*Dumke* § 393 Rn. 12). Dem „nemo tenetur"-Grundsatz wird jedoch dadurch Rechnung getragen, dass in § 393 Abs. 1 AO der Einsatz von Zwangsmitteln untersagt ist, soweit der Steuerpflichtige Steuerstraftaten offenbaren müsste. Ergänzt wird der Schutz in § 393 Abs. 2 AO hinsichtlich anderer Straftaten durch ein begrenztes strafrechtliches Verwertungsverbot (BVerfG v. 13.05.2009 – 2 BvL 19/08, BFH/NV 2009, 1771).

§ 393 Abs. 1 Satz 2 AO versucht folglich einen **Kompromiss** zu schaffen, der einerseits die steuer- **13** lichen Pflichten bestehen lässt, andererseits jedoch steuerliche Zwangsmittel gegen den Steuerpflichtigen zur Erfüllung gerade dieser Pflicht ausschließt, soweit ein Steuerstrafverfahren eingeleitet ist oder ggf. einzuleiten wäre. Auch wenn der Gesetzgeber den Konflikt zwischen der Rechtsstellung des Betroffenen und dem Interesse des Steuerfiskus an einem vollständigen Steueraufkommen nicht durch eine unbeschränkte Übernahme des „nemo tenetur"-Prinzips in die AO regelt, wird nach der herrschenden Meinung durch diese Regelung der Schutz des Stpfl. in dem **verfassungsrechtlich gebotenen Mindestmaß** gewährleistet (Schwarz/*Dumke* § 393 Rn. 14; FGJ/*Joecks* § 393 Rn. 8; *Rolletschke*/Kemper § 393 Rn. 6).

Ein umfassender Schutz des Beschuldigten wäre hingegen nur möglich, wenn er von der Erfüllung steuerlicher Pflichten völlig befreit werden würde. Dies hätte jedoch zur Folge, dass er als (potenziell) unredlicher Steuerpflichtiger wesentlich besser stehen würde als jeder redliche Steuerpflichtige, sodass diese Lösung des Konfliktes nicht angemessen wäre (BVerfG v. 12.04.1996 – 2 BvL

18/93, HFR 1996, 587; BVerfG v. 10.11.1999 – 2 BvR 1820/92, BStBl. II 2000, S. 158; BFH v. 23.01.2002 – XI R 10, 11/01, BStBl. II 2002, S. 328). Ferner ist zu berücksichtigen, dass das Grundgesetz keinen lückenlosen Schutz gegen einen gesetzlichen Zwang zur Selbstbelastung bietet, da das allgemeine Persönlichkeitsrecht nicht schrankenlos gewährleistet wird (BVerfG v. 13.01.1981 – 1 BvR 116/77, wistra 1982, 25). Folglich ist es prinzipiell verfassungsrechtlich unbedenklich, dass im Verwaltungsverfahren in Steuersachen kein allumfassendes Mitwirkungsverweigerungsrecht eingeräumt wird (vgl. Rdn. 12).

14 **§ 393 Abs. 1 Satz 2 bis Satz 4 AO** stellen somit eine **Ausnahmeregelung** zu der grundsätzlichen Selbstständigkeit des Besteuerungsverfahrens ggü. dem Steuerstrafverfahren bzw. dem Bußgeldverfahren wegen Steuerordnungswidrigkeiten dar (vgl. Rdn. 4). Gem. § 410 Abs. 1 Nr. 4 AO gilt die Regelung entsprechend für ein eingeleitetes Bußgeldverfahren. Es ist allerdings zu berücksichtigen, dass **§ 393 Abs. 1 Sätze 2 bis 4 AO ausschließlich für** das **Besteuerungsverfahren** und nicht für das Strafverfahren **bedeutsam** sind (vgl. BFH v. 23.01.2002 – XI R 10, 11/01, BStBl. II 2002, S. 328). Folglich sind diese Regelungen eigentlich falsch verortet, da sie inhaltlich in den Bereich der Mitwirkungsverweigerungsrechte (§§ 101 bis 106 AO) oder des Zwangsmittelverfahrens (§§ 328 bis 335 AO) gehören. § 393 AO enthält hingegen keine Regelung bzgl. der Zulässigkeit **strafprozessualer Zwangsmaßnahmen** (Schwarz/*Dumke* § 393 Rn. 10; HHSp/*Hellmann* § 393 Rn. 44, 72; Klein/*Jäger* § 393 Rn. 15).

15 Entsprechend der Bedeutung der § 393 Abs. 1 Satz 2 bis Satz 4 AO im Besteuerungsverfahren kann der Betroffene im Fall der **Verletzung des Zwangsmittelverbotes** durch die Finanzbehörde **Rechtsschutz** im Wege eines Einspruchs gegen die Androhung des Zwangsmittels nach § 332 AO erlangen. Es besteht auch die Möglichkeit, vorläufigen Rechtsschutz durch den Antrag auf Aussetzung der Vollziehung nach § 361 AO zu erhalten.

16 **Faktisch** erlangt der Steuerpflichtige durch den Ausschluss von Zwangsmitteln eine Rechtsposition, die einem **Mitwirkungsverweigerungsrecht** entspricht (BFH v. 19.09.2001 – XI B 6/01, BStBl. II 2002, S. 236; BFH/NV 2002, 236;, Schwarz/*Dumke* § 393 Rn. 14; Kohlmann/*Hilgers-Klautzsch* § 393 Rn. 24; Klein/*Jäger* § 393 Rn. 1; FGJ/*Joecks* § 393 Rn. 6, 15). Der formale Fortbestand der Mitwirkungspflicht eröffnet der Finanzbehörde jedoch die rechtliche Möglichkeit der **Schätzung** der Besteuerungsgrundlagen nach § 162 AO, wenn diese infolge der fehlenden Mitwirkung des beschuldigten Steuerpflichtigen nicht ermittelt werden können (vgl. Rdn. 21 ff.; vgl. BFH v. 19.10.2005 – X B 88/05, BFH/NV 2006, 15; FG Münster v. 31.10.2000 – 5 K 6660/98 E, EFG 2001, 401; FG München v. 04.05.2010 – 13 V 540/10, n.v.).

17 Das Zwangsmittelverbot des § 393 Abs. 1 Satz 2 AO regelt allerdings nur den Fall, in dem der Steuerpflichtige seine Mitwirkungspflichten nicht erfüllen will. Werden die **Mitwirkungspflichten** hingegen **freiwillig erfüllt** indem der Steuerpflichtige nach ordnungsgemäßer Belehrung (vgl. Rdn. 58 ff.) ohne Androhung oder Anwendung von Zwangsmitteln Auskünfte gibt, so können diese steuerlich stets auch zu seinen Lasten verwertet werden (Schwarz/*Dumke* § 393 Rn. 11; Klein/*Jäger* § 393 Rn. 17; Kohlmann/*Hilgers-Klautzsch* § 393 Rn. 27).

II. Normadressat

18 Als Trägerin des Verwaltungsverfahrens in Steuersachen ist die **Finanzbehörde i.S.v.** § 6 AO der Normadressat des § 393 Abs. 1 AO (Schwarz/*Dumke* § 393 Rn. 15; Kohlmann/*Hilgers-Klautzsch* § 393 Rn. 29).

III. Zwangsmittel

19 Durch § 393 Abs. 1 AO wird die Anwendung von Zwangsmitteln für den Fall verboten, dass der Steuerpflichtige durch die Erfüllung seiner steuerlichen Mitwirkungspflichten gezwungen würde,

sich wegen einer von ihm begangenen Steuerstraftat oder Steuerordnungswidrigkeit selbst zu belasten.

Zwangsmittel i.d.S. sind ausschließlich die in § 328 AO ausdrücklich genannten **Zwangsmittel** 20 (vgl. BFH v. 16.07.2002 – VII B 203/00, BFH/NV 2002, 305;, Schwarz *Dumke* § 393 Rn. 16a; Klein/*Jäger* § 393 Rn. 11; FGJ/*Joecks* § 393 Rn. 29;HHSp/*Hellmann* § 393 Rn. 72), d.h. **Zwangsgeld** gem. § 329 AO, **Ersatzzwangshaft** gem. § 334 AO, **Ersatzvornahme** gem. § 330 AO und **unmittelbarer Zwang** gem. § 331 AO. Wie sich aus § 332 AO ergibt, gehört zur Anwendung des Zwangsmittel bereits dessen Androhung als erste Stufe des Zwangsverfahrens, sodass auch sie durch § 393 Abs. 1 AO untersagt ist (FG Münster v. 31.10.2000 – 5 K 6660/98 E, wistra 2001, 115; Schwarz/*Dumke* § 393 Rn. 16a; HHSp/*Hellmann* § 393 Rn. 72; Klein/*Jäger* § 393 Rn. 29).

Ein **Verspätungszuschlag nach § 152 AO** ist dementsprechend kein Zwangsmittel i.S.d. § 393 Abs. 1 AO (Schwarz/*Dumke* § 393 Rn. 16e).

Da gem. § 393 Abs. 1 AO die steuerlichen Mitwirkungspflichten fortbestehen und lediglich die 21 zwangsweise Durchsetzung der Mitwirkungspflichten durch § 393 Abs. 1 Satz 2 AO verboten wird, soll es zulässig sein, aus der Nichterfüllung dieser Pflichten steuerlich nachteilige Folgen i.R.d. Beweiswürdigung zu ziehen (Klein/*Jäger* § 393 Rn. 19). Folglich verbietet § 393 Abs. 1 Satz 2 AO nach herrschender Meinung nicht, bei Verweigerung der Mitwirkung eine **Schätzung der Besteuerungsgrundlagen** gem. § 162 AO vorzunehmen, da es sich bei einer Schätzung nicht um ein Zwangsmittel i.S.d. § 393 Abs. 1 AO handelt (FG München v. 27.02.1996 – 8 V 2609/95, EFG 1996, 570; BFH v. 19.09.2001 – XI B 6/01, BStBl. II 2002, S. 4; BFH v. 19.10.2005 – X B 88/05, BFH/NV 2006, 15; BFH v. 09.12.2004 – III B 83/04, BFH/NV 2005, 503; BFH v. 13.01.2006 – VIII B 7/04, BFH/NV 2006, 914;, HHSp/*Hellmann* § 393 Rn. 75; Klein/ *Jäger*§ 393 Rn. 22; FGJ/*Joecks* § 393 Rn. 30; *Rolletschke/Kemper* § 393 Rn. 27 ff.; vgl. aber auch Kohlmann/*Hilgers-Klautzsch* § 393 Rn. 33 ff.).

Da § 393 Abs. 1 AO den Steuerpflichtigen nicht vor den steuerlichen Folgen einer nachteiligen 22 Schätzung schützt, ist die Finanzbehörde im Rahmen einer solchen Schätzung befugt, sich an der oberen Grenze des für den Einzelfall zu beachtenden **Schätzungsrahmens** zu orientieren (FG Münster v. 15.03.2005 – 12 K 3958/03 E, EFG 2005, 1327; Schwarz/*Dumke* § 393 Rn. 16c).

Auch der **Hinweis auf die bestehende Schätzungsmöglichkeit** ist kein Zwangsmittel i.S.d. § 393 23 Abs. 1 AO, da bei Verletzung der Mitwirkungspflicht im Besteuerungsverfahren die Besteuerungsgrundlagen gem. § 162 AO zwingend zu schätzen sind (BFH v. 19.09.2001 – XI B 6/01, BStBl. II 2002, S. 4; BFH v. 09.12.2004 – III B 83/04, BFH/NV 2005, 503; BFH v. 13.01.2006 – VIII B 7/04, BFH/NV 2006, 914), und die Finanzbehörde mit dem Hinweis auf diese Möglichkeit folglich nur ihre gesetzliche Verpflichtung erfüllt (Klein/*Jäger* § 393 Rn. 22).

Eine Schätzung ist hingegen trotz eines Verstoßes gegen die Mitwirkungspflichten dann nicht mehr 24 zulässig, wenn sie wissentlich überhöht ist (sog. „**Strafschätzung**"; BFH v. 20.12.2000 – I R 50/00, BStBl. II 2001, S. 381; BFH v. 19.09.2001 – XI B 6/01, BStBl. II 2002, S. 4, BFH/NV 2002, 236; FG München v. 23.02.2010 – 13 K 3668/08, StBW 2010, 881; Schwarz/*Dumke* § 393 Rn. 16c; Klein/*Jäger* § 393 Rn. 21; HHSp/*Hellmann* § 393 Rn. 76; Kohlmann/*Hilgers-Klautzsch* § 393 Rn. 34; Koch/Scholtz/*Scheurmann-Kettner*, § 393 Rn. 5; *Rolletschke*/Kemper § 393 Rn. 28). Folglich ist auch die Androhung einer Strafschätzung ein Fall des unzulässigen Zwangs und die auf diesem Wege erlangten Informationen und Beweismittel, bei deren Erlangung der Steuerpflichtige unter dem Eindruck der angekündigten, wissentlich überhöhten Schätzung mitwirkte, unterliegen einem Verwertungsverbot im Steuerstrafverfahren (HHSp/*Hellmann* § 393 Rn. 76).

Betretungs- und Besichtigungsrechte (z.B. §§ 99, 200 Abs. 3 Satz 2 AO) sowie **Nachschauen** 25 (§ 210 Abs. 1 AO, § 27b UStG) sind keine Zwangsmittel i.S.d. § 393 Abs. 1 Satz 2 AO, da der Steuerpflichtige durch eine solche Maßnahme nicht unmittelbar gezwungen wird, sich selbst zu belasten (wie hier, Klein/*Jäger* § 393, Rn. 7; zweifelnd FGJ/*Joecks* § 393 Rn. 24; differenzierend, HHSp/*Hellmann* § 393 Rn. 72; ablehnend Kohlmann/*Hilgers-Klautzsch* § 393 Rn. 32).

26 Unter das Zwangsmittelverbot des § 393 Abs. 1 Satz 2 AO fällt auch nicht die Verpflichtung zur Abgabe der **Eidesstattlichen Versicherung nach § 284 AO** (BFH v. 16.07.2002 – VII B 203/00, BFH/NV 2002, 305; FG München v. 16.10.2002 – 1 K 2540/02, EFG 2003, 366;,Klein/*Jäger* § 393 Rn. 23; *Rolletschke/Kemper* § 393 Rn. 30; a.A. HHSp/*Hellmann* § 393 Rn. 72; Kohlmann/ *Hilgers-Klautzsch* § 393 Rn. 36.1).

27 Auch eine von der Finanzbehörde im Einspruchsverfahren gesetzte **Ausschlussfrist nach § 364b AO** stellt kein Zwangsmittel i.d.S. § 393 Abs. 1 AO dar, sodass eine entsprechende Fristsetzung kein Verstoß gegen das Zwangsmittelverbot ist (Schwarz/*Dumke* § 393 Rn. 16d; Klein/*Jäger* § 393 Rn. 11; a.A. *Streck/Spatscheck*, wistra 1998, 334, 339).

Zur Zwangswirkung der **Strafdrohung des § 370 AO** vgl. Rdn. 51 ff.

IV. Geschützter Personenkreis

28 Gem. **§ 393 Abs. 1 Satz 2 AO** ist die Anwendung von Zwangsmitteln im Besteuerungsverfahren ggü. dem „**Steuerpflichtigen**" unzulässig. Der Begriff des „Steuerpflichtigen" ist i.S.d. § 33 Abs. 1 AO auszulegen. Danach ist Steuerpflichtiger, wer eine Steuer schuldet, für eine Steuer haftet, eine Steuer für Rechnung eines Dritten einzubehalten und abzuführen hat, wer eine Steuererklärung abzugeben, Sicherheit zu leisten, Bücher und Aufzeichnungen zu führen oder andere ihm durch die Steuergesetze auferlegte Verpflichtungen zu erfüllen hat. Ob und welche dieser Pflichten von einer Person zu erfüllen sind, wird überwiegend in den Einzelsteuergesetzen geregelt. Der in diesem Sinne Verpflichtete ist nur in dem Fall der im Strafverfahren Beschuldigte, dass er der **Träger der** jeweiligen aus dem Steuerrechtsverhältnis resultierenden **steuerlichen Pflicht** ist.

29 Steuerpflichtiger i.S.d. § 33 Abs. 1 AO sind auch die **Personen i.S.d. §§ 34, 35 AO**, da ihnen die steuerlichen Pflichten der eigentlichen Steuerpflichtigen als eigene auferlegt wurden. Folglich werden diese Personen dadurch selbst zu Steuerpflichtigen i.S.d. § 33 Abs. 1 AO, da sie damit ihnen durch Steuergesetze auferlegte Pflichten selbst zu erfüllen haben (BFH v. 18.04.1991 – IV R 127/ 89, BStBl. II 1991, S. 675; HHSp/*Boeker* § 33 Rn. 19, § 34 Rn. 6; TK/*Loose* § 34 Rn. 1;, Schwarz/ *Schwarz* § 34 Rn. 1; a.A. Pahlke/Koenig/*Koenig* § 33 Rn. 30). Sie unterfallen folglich ebenfalls dem Schutzbereich des § 393 Abs. 1 Satz 2 AO und es dürfen demgemäß auch ihnen ggü. **keine Zwangsmittel** angewendet werden, wenn sie sich dadurch wegen einer zugunsten des Steuerpflichtigen begangenen Steuerstraftat oder Steuerordnungswidrigkeit selbst belasten würden (HHSp/ *Hellmann* § 393 Rn. 77; FGJ/*Joecks* § 393 Rn. 31; *Teske*, wistra 1988, 207, 215; Kohlmann/*Hilgers-Klautzsch* § 393 Rn. 39; *Rolletschke*/Kemper § 393 Rn. 32; unklar Klein/*Jäger* § 393 Rn. 37).

30 Im Gegensatz dazu sind **Bevollmächtigte i.S.d. § 80 AO**, bei denen es sich vornehmlich um Angehörige der rechts- und steuerberatenden Berufe handelt, in einer fremden Steuersache nicht Steuerpflichtiger. An die Rechtsstellung als Vertreter sind insoweit keine steuerlichen Pflichten geknüpft, sodass sie nicht dem Schutz des § 393 Abs. 1 Satz 2 AO unterliegen.

31 Für **andere Personen**, die nicht Steuerpflichtige in dem jeweiligen Besteuerungsverfahren sind, gilt § 393 Abs. 1 Satz 2 AO nach seinem Wortlaut nicht. Betroffen davon sind auch Personen i.S.d. § 33 Abs. 2 AO, die in einem Besteuerungsverfahren, das sich nicht gegen sie richtet, **verfahrensrechtliche Mitwirkungspflichten** haben (Bsp.: Auskunftserteilung in einer fremden Steuersache gem. § 93 AO). Fraglich ist somit, ob diesen Personen ggü. Zwangsmittel zulässig sind. Sind die Dritten Angehörige eines Beteiligten, so steht ihnen gem. § 101 Abs. 1 Satz 1 AO ein Auskunftsverweigerungsrecht zu, sofern sie nicht selbst Beteiligter eines Besteuerungsverfahrens oder für einen Beteiligten auskunfts- bzw. mitwirkungspflichtig sind. Berufsgeheimnisträger können gem. § 102 AO die Auskunft verweigern und Dritte, die nicht selbst Beteiligte i.S.d. § 78 AO sind und nicht für einen Beteiligten auskunftspflichtig, können sich auf das Auskunftsverweigerungsrecht des § 103 AO berufen. In den genannten Fällen ist mithin der Einsatz von Zwangsmitteln unzulässig, da eine Mitwirkung beim Bestehen eines Auskunftsverweigerungsrechts nicht erzwingbar ist (*Rolletschke*/Kemper § 393 Rn. 33; vgl. auch TK/*Kruse*, § 328 Rn. 17; Schwarz/*Dumke* Vor §§ 101 bis 106 Rn. 1, 3b).

Fallen **Dritte** hingegen nicht unter die §§ 101 ff. AO, so ist fraglich, ob sie über den Wortlaut 32 hinaus in den Schutz des § 393 Abs. 1 Satz 2 AO einzubeziehen sind (Bsp.: Derjenige, der in einer fremden Steuersache Auskunft erteilen soll oder an den die Finanzbehörde einen Haftungsbescheid richten will). Der BFH verneint die analoge Anwendung des § 393 Abs. 1 Satz 2 AO (BFH v. 16.12.1997 – VII B 45/97, BStBl. II 1998, S. 231 bzgl. einer Bank, an die die Steuerfahndung ein Auskunftsersuchen zur Ermittlung der Besteuerungsgrundlagen nach Eintritt der Strafverfolgungsverjährung richtete). In diesen Fällen dürfte allerdings zu berücksichtigen sein, dass der Gesetzgeber das Ziel verfolgte, durch § 393 Abs. 1 Satz 2 AO umfassend für alle Beschuldigten den Ausschluss von Zwangsmitteln zu erreichen, sofern sie sich durch ihre an sich erzwingbare Mitwirkung im Besteuerungsverfahren selbst belasten müssten und ihnen nach §§ 101 bis 103 AO kein Auskunftsverweigerungsrecht zusteht (zutreffend HHSp/*Hellmann* § 393 Rn. 77; FGJ/*Joecks* § 393 Rn. 31). Bei der Bezugnahme auf den Terminus des Steuerpflichtigen in § 393 Abs. 1 Satz 2 AO statt des Beschuldigten dürfte es sich um ein Redaktionsversehen handeln (HHSp/*Hellmann* § 393 Rn. 77; Klein/*Jäger* § 393 Rn. 37; vgl. auch *Rolletschke*/Kemper § 393 Rn. 33, der die Problematik unter dem Gesichtspunkt der Zumutbarkeit über die Ermessensausübung lösen will).

Dieses Redaktionsversehen bezieht sich jedoch nicht auf **Angehörige**, die selbst nicht Steuerpflich- 33 tiger i.S.d. § 33 AO sind (vgl. Rdn. 31). Obwohl sie nicht unter § 101 Abs. 1 Satz 1 AO fallen, wenn sie selbst Beteiligter eines Besteuerungsverfahrens sind oder für einen Beteiligten auskunfts- bzw. mitwirkungspflichtig sind, hat sich der Gesetzgeber bewusst entschieden, sie nicht in § 393 Abs. 1 Satz 2 AO aufzunehmen (Klein/*Jäger* § 393 Rn. 37). Folglich ist das Zwangsmittelverbot auf mitwirkungspflichtige Angehörige auch nicht analog anwendbar (Schwarz/*Dumke* § 393 Rn. 18; Kohlmann/*Hilgers-Klautzsch* § 393 Rn. 41; unklar FGJ/*Joecks* § 393 Rn. 31a). Es wird jedoch teilweise ein strafprozessuales Verwertungsverbot für Aussagen erwogen, die ein Angehöriger unter dem Eindruck eines Zwangsmittels im Besteuerungsverfahren getätigt hat (Schwarz/*Dumke* Vor §§ 101 bis 106 Rn. 11; HHSp/*Hellmann* § 393 Rn. 81; Kohlmann/*Hilgers-Klautzsch* § 393 Rn. 41).

V. Die Gefahr der Selbstbelastung

§ 393 Abs. 1 Satz 2 AO setzt für das Verbot der Zwangsmittelanwendung die auf zuvor begangene 34 Steuerstraftaten oder Steuerordnungswidrigkeiten bezogene Gefahr der Selbstbelastung voraus.

1. Steuerstraftat oder Steuerordnungswidrigkeit

Die zuvor begangene Tat muss eine Steuerstraftat i.S.v. **§ 369 Abs. 1 AO** oder eine Steuerord- 35 nungswidrigkeit i.S.v. **§ 377 Abs. 1 AO** sein. Hierzu gehören auch die sog. „Vorspiegelungsstraftaten" i.S.v. **§ 385 Abs. 2 AO** (Kohlmann/*Hilgers-Klautzsch* § 393 Rn. 42; *Rolletschke*/Kemper § 393 Rn. 34).

Die Tat muss auch **rechtswidrig und schuldhaft** sein. Das **Stadium der Tat** ist unerheblich, da 36 auch eine im **Versuch** stecken gebliebene Tat bereits mit dem unmittelbaren Ansetzen „begangen" ist, sofern der Versuch strafbar ist (Schwarz/*Dumke* § 393 Rn. 21). Es ist allerdings zu berücksichtigen, dass eine Strafverfolgungsgefahr bei einer versuchten Tat nur besteht, wenn der Steuerpflichtige nicht mehr gem. § 24 StGB strafbefreiend zurücktreten oder eine Selbstanzeige abgeben kann (FGJ/*Joecks*, § 393 Rn. 22; *Rolletschke*/Kemper § 393 Rn. 37; zu weit hingegen Kohlmann/ *Hilgers-Klautzsch* § 393 Rn. 43 und *Streck*/Spatscheck, wistra 1998, 334, nach denen ein Versuch in jedem Fall eine Selbstbelastungsgefahr begründet). Im Fall einer **straflosen Vorbereitungshandlung** greift das Zwangsmittelverbot nicht ein.

Die **Verfolgungsgefahr wegen einer nichtsteuerlichen Straftat** führt nicht zur Anwendbarkeit des 37 § 393 Abs. 1 Satz 2 AO. Der Schutz des Steuerpflichtigen vor strafrechtlicher Verfolgung der offenbarten nichtsteuerlichen Straftaten ergibt sich aus § 393 Abs. 2 AO (*Rolletschke*/Kemper § 393

Rn. 34; HHSp/*Hellmann* § 393 Rn. 84; Kohlmann/*Hilgers-Klautzsch* § 393 Rn. 42). Ebenso ist die Anwendbarkeit von Zwangsmitteln durch § 393 Abs. 1 Satz 2 AO nicht gehemmt, wenn die **Verfolgungsgefahr wegen** eines **standes- oder disziplinarrechtlich** relevanten Verhaltens besteht, das nicht straf- oder bußgeldrechtlich relevant ist (Schwarz/*Dumke* § 393 Rn. 20).

2. Tatbeteiligung

38   Die Verfolgungsgefahr muss für den Stpfl. hinsichtlich einer „**von ihm begangenen**" Tat bestehen. Er muss mithin **Tatbeteiligter** sein, wobei die konkrete Beteiligungsform des Steuerpflichtigen unerheblich ist. Er kann folglich Täter der Steuerstraftat oder -ordnungswidrigkeit in jeder beliebigen Form der Täterschaft (Allein-, Mit- oder Nebentäter) gewesen sein oder als Teilnehmer (Gehilfe oder Anstifter) an der Tat beteiligt gewesen sein (HHSp/*Hellmann* § 393 Rn. 87; Kohlmann/*Hilgers-Klautzsch* § 393 Rn. 43; *Rolletschke*/Kemper § 393 Rn. 36).

39   Besteht die **Verfolgungsgefahr hinsichtlich einer anderen Person**, die die Tat zugunsten des Steuerpflichtigen begangen hat ohne dass dieser an ihr beteiligt war, ist § 393 Abs. 1 Satz 2 AO nicht anwendbar. Dasselbe gilt, sofern die **Verfolgungsgefahr hinsichtlich eines Vorgängers des Geschäftsführers** besteht (Schwarz/*Dumke* § 393 Rn. 19a, 19c). Zur die Strafverfolgung ausschließenden Drittanzeige des § 371 Abs. 4 AO vgl. § 371 AO Rdn. 174 ff.

3. Gefahr der Verfolgung

40   § 393 Abs. 1 Satz 2 AO greift nur ein, wenn durch die Erfüllung der steuerlichen Mitwirkungspflicht die **Gefahr der Verfolgung** der vom Steuerpflichtigen begangenen Tat entsteht oder verstärkt wird (vgl. für § 103 AO BFH v. 21.12.1992 – XI B 55/92, BStBl. II 1993, S. 451; Schwarz/*Dumke* § 393 Rn. 22; vgl. auch FGJ/*Joecks* § 393 Rn. 20, der – zu eng – auf die Begründung eines Anfangsverdachts abstellt). Die konkrete Gefahr einer Verurteilung oder die Einleitung eines Straf- oder Bußgeldverfahrens sind nicht notwendig (Schwarz/*Dumke* § 393 Rn. 22; *Rolletschke*/Kemper § 393 Rn. 35). Die Tat muss jedoch objektiv straf- oder bußgeldrechtliche verfolgbar sein. Folglich ist § 393 Abs. 1 Satz 2 AO nicht anwendbar, wenn die **Ahndung der Tat ausgeschlossen** ist, weil z.B. Rechtfertigungs- oder Schuldausschließungsgründe vorliegen, eine wirksame Selbstanzeige erstattet wurde, die Strafverfolgungsverjährung gem. §§ 78 ff. StGB eingetreten ist, das Verfahren nach § 153a StPO eingestellt wurde oder bereits eine **rechtskräftige Verurteilung** wegen der Tat erfolgte (HHSp/*Hellmann* § 393 Rn. 93 ff.; Kohlmann/*Hilgers-Klautzsch* § 393 Rn. 51; FGJ/*Joecks*, § 393 Rn. 35).

41   Die **Gefahr der Verfolgung** liegt hingegen objektiv und nicht nur in der Vorstellung des Steuerpflichtigen vor, wenn eine auch nur **entfernte Möglichkeit der Verfolgung** besteht, z.B. in Form einer zulässigen Wiederaufnahme eines Strafverfahrens (im Fall eines Freispruchs oder einer Verfahrenseinstellung nach § 398 AO) oder einer Beweiserleichterung für ein bereits anhängiges Verfahren (BFH v. 24.11.1954 – II 231/52 U, BStBl. III 1955, S. 30; BGH v. 12.01.2005 – 5 StR 191/04, BFH/NV Beilage 2005, 125).

42   Ergeben sich jedoch aus der geforderten Mitwirkung mit an Sicherheit grenzender Wahrscheinlichkeit **keine Rückschlüsse auf den Tatvorwurf**, so ist das Zwangsmittelverbot nicht anwendbar (BFH v. 11.09.1996 – VII B 176/94, BFH/NV 1997, 166; vgl. auch BFH v. 02.02.1989 – IV B 114/88, BFH/NV 1989, 761; Schwarz/*Dumke* § 393 Rn. 22b).

43   Die Gefahr der Verfolgung muss sich aus der Erfüllung der steuerlichen Mitwirkungspflicht ergeben. Folglich greift § 393 Abs. 1 Satz 2 AO nicht ein, wenn die die Verfolgungsgefahr begründenden **Umstände ohnehin bekannt** sind (vgl. BFH v. 24.10.1989 – VII R 1/87, BStBl. II 1990, S. 198, 200; Schwarz/*Dumke* § 393 Rn. 22b).

4. Sachzusammenhang

Damit § 393 Abs. 1 Satz 2 AO eingreift, muss das Strafverfahren in einem Sachzusammenhang 44 mit dem Besteuerungsverfahren stehen, in dem das Zwangsmittel verhängt worden ist bzw. verhängt werden soll (BFH v. 11.09.1996 – VII B 176/94, BFH/NV 1997, 166; Schwarz/*Dumke* § 393 Rn. 23). Der **Umfang der Sperrwirkung** hängt deshalb davon ab, wieweit der einschlägige Sachverhalt bzw. Sachzusammenhang reicht (Koch/Scholtz/*Scheurmann-Kettner* § 393 Rn. 8).

Der Umfang des Sachzusammenhangs ergibt sich aus der jeweiligen Steuerstraftat bzw. Steuerord- 45 nungswidrigkeit, da z.B. der Umfang der Steuerhinterziehung von Veranlagungsteuern durch die Steuerart und den Besteuerungszeitraum bestimmt wird. Folglich kann auch die Mitwirkung bei der Sachverhaltsaufklärung für die entsprechenden durch **Steuerart und Besteuerungszeitraum** bestimmten Steuerfestsetzungen gem. § 393 Abs. 1 Satz 2 AO nicht erzwungen werden (Schwarz/*Dumke* § 393 Rn. 23; HHSp/*Hellmann*, § 393 Rn. 89). Das Zwangsmittelverbot wird hingegen nicht begrenzt durch die einzelnen steuererheblichen Sachverhalte (z.B. die jeweilige Einkunftsarten bei der ESt), in deren Bereich die Verkürzungshandlung liegt (vgl. § 370 Rdn. 219 ff.; Schwarz/*Dumke* § 393 Rn. 23; HHSp/*Hellmann* § 393 Rn. 91; a.A. *Ehlers*, StBp 1977, 49, 51; Koch/Scholtz/*Scheurmann-Kettner* § 393 Rn. 8).

5. Glaubhaftmachung

Im Verfahren muss der Steuerpflichtige die Selbstbelastungsgefahr glaubhaft machen. Abzustellen 46 ist insoweit auf die strafprozessualen Maßstäbe des für den selbstbelastungsgefährdeten Zeugen (§ 55 StPO) geltenden § 56 StPO, sodass zur Glaubhaftmachung alle Beweismittel zugelassen sind, deren Verwendung nicht von Gesetzes wegen untersagt ist (Radtke/Hohmann/*Otte* § 56 Rn. 3; SK-StPO/*Rogall* § 56 Rn. 13). Dazu zählt auch die eigene **Versicherung an Eides statt** (SK-StPO/*Rogall* § 56 Rn. 13 zu § 56; *Rolletschke*/Kemper § 393 Rn. 39). Die Selbstbelastungsgefahr ist die glaubhaft zu machende Tatsache. Es handelt sich allerdings insoweit nicht um eine objektive Tatsache, sondern um das **Urteil des Betroffenen**, er nehme nach bestem Wissen an, dass er sich bei Angabe der von ihm zu offenbarenden Tatsachen der Gefahr aussetzen würde, straf- oder bußgeldrechtlich verfolgt zu werden (vgl. BGH v. 21.08.1985 – 3 StR 15/85, StV 1986, 282; *Meyer-Goßner*, StPO, § 56 Rn. 2;, Radtke/Hohmann/*Otte* § 56 Rn. 2). Es besteht hingegen keine Verpflichtung, weiter gehende Angaben zu machen, weswegen die Verfolgungsgefahr besteht, da dies dem Zweck des § 393 Abs. 1 Satz 2 AO widersprechen würde, denn diese Angaben würden auf die Offenlegung des straf- oder bußgeldrechtlich bedeutsamen Verhaltens hinauslaufen (vgl. BGH v. 07.05.1987 – 1 BJs 46/86, StV 1987, 329;,Graf/*Huber* § 56 Rn. 2; FGJ/*Joecks* § 393 Rn. 27; *Meyer-Goßner*, StPO, § 56 Rn. 2; Radtke/Hohmann/*Otte* § 56 Rn. 2; *Rolletschke*/Kemper § 393 Rn. 39).

6. Die Einleitung des Strafverfahrens

Nach § 393 Abs. 1 Satz 2 AO sind im Besteuerungsverfahren Zwangsmittel gegen den Steuer- 47 pflichtigen mit der Glaubhaftmachung der Selbstbelastungsgefahr unzulässig. Nach § 393 Abs. 1 Satz 3 AO wird das Bestehen einer **Selbstbelastungsgefahr unwiderleglich vermutet**, soweit gegen den Steuerpflichtigen wegen einer Tat i.S.d. Satzes 2 ein Strafverfahren i.S.d. § 397 AO eingeleitet worden ist.

Als „**Strafverfahren**" i.d.S. ist das gesamte der Verfolgung einer Straftat dienende Verfahren der 48 Strafverfolgungsbehörden und Gerichte zu verstehen (BFH v. 11.09.1996 – VII B 176/94, BFH/NV 1997, 166;, Schwarz/*Dumke* § 393 Rn. 25). Es beginnt gem. § 397 Abs. 1 AO mit dem Ermittlungsverfahren, zu dessen Einleitung eine Maßnahme einer zur Einleitung berufenen Stelle genügt, die erkennbar darauf abzielt, gegen jemanden wegen einer Steuerstraftat strafrechtlich vorzugehen (vgl. § 397 Rdn. 1 ff.). Die Anfertigung eines Einleitungsvermerks i.S.d. § 397 Abs. 2 AO oder die Mitteilung einer Verfahrenseinleitung gem. § 397 Abs. 3 AO sind insoweit nicht erforderlich (vgl. § 397 Rdn. 52 ff.). Nach § 397 Abs. 3 AO ist dem beschuldigten Steuerpflichtigen allerdings die Einleitung des Verfahrens spätestens dann mitzuteilen, wenn er zur Mitwirkung bei der Sachverhaltsfeststellung aufgefordert wird. Hierbei muss er über sein strafprozessuales Mitwirkungsverweigerungsrecht belehrt werden (vgl. Rdn. 58 ff.).

49   Obwohl sich der Wortlaut des § 393 Abs. 1 Satz 3 AO ausdrücklich nur auf Strafverfahren bezieht und von § 393 Abs. 1 Satz 2 AO abweicht, gilt die unwiderlegliche Vermutung der Selbstbelastungsgefahr auch für die **Einleitung des Bußgeldverfahrens wegen Steuerordnungswidrigkeiten** (Schwarz/*Dumke* § 393 Rn. 26; HHSp/*Hellmann* § 393 Rn. 102; Kohlmann/*Hilgers-Klautzsch* § 393 Rn. 47; *Rolletschke*/Kemper § 393 Rn. 42; a.A. FGJ/*Joecks* § 393 Rn. 26).

50   Da gem. § 393 Abs. 1 Satz 3 AO das Verbot der Anwendung von Zwangsmitteln nach § 393 Abs. 1 Satz 2 AO „stets" nach Einleitung des Strafverfahrens gilt, gibt es auch andere Fälle, in denen das **Zwangsmittelverbot auch ohne Verfahrenseinleitung** eingreift. Dies kann z.B. der Fall sein, wenn lediglich eine gewisse „Vermutung" der Finanzbehörde besteht, aber die für eine Verfahrenseinleitung nach § 397 AO i.V.m. § 152 Abs. 2 StPO erforderlichen „tatsächlichen Anhaltspunkte für eine verfolgbare Straftat" noch nicht vorliegen oder wenn die Einleitung bewusst unterlassen wurde (Schwarz/*Dumke* § 393 Rn. 28).

Fehlt die Einleitung des Straf- oder Bußgeldverfahrens, so muss der Steuerpflichtige die Gründe, aus denen sich die Verfolgungsgefahr ergeben könnten, glaubhaft machen (vgl. Rdn. 46).

7. Selbstbelastung durch neue Steuererklärung

51   Bei der durch § 370 Abs. 1 AO angedrohten Strafe für den Fall der Abgabe einer unrichtigen oder unvollständigen Steuererklärung bzw. der pflichtwidrigen Nichtabgabe einer Steuererklärung handelt es sich nicht um ein Zwangsmittel i.S.d. § 393 Abs. 1 Satz 2 AO (vgl. Rdn. 19 ff.). Mithin greift das Verbot von Zwangsmitteln dem Wortlaut nach insoweit nicht ein. Für den Steuerpflichtigen kann sich daraus jedoch eine Zwangslage ergeben, die durchaus der beim von § 393 Abs. 1 Satz 2 AO untersagten Einsatz von Zwangsmitteln entspricht. Es sind Fälle denkbar, in denen sich der Steuerpflichtige durch die Abgabe einer wahrheitsgemäßen Steuererklärung der Gefahr einer strafrechtlichen Verfolgung und ggf. Bestrafung aussetzt. Gibt er hingegen keine oder eine unzutreffende Steuererklärung ab, so verwirklicht er den Tatbestand des § 370 AO. Die **Strafdrohung des § 370 AO** stellt somit im weiteren Sinne das **schärfste aller zur Verfügung stehender Zwangsmittel** dar (*Eidam*, Die strafprozessuale Selbstbelastungsfreiheit am Beginn des 21. Jahrhunderts, 224).

52   Für diese Fälle hat der Gesetzgeber dem Betroffenen einen Ausweg in Form der **strafbefreienden Selbstanzeige** gem. § 371 AO eröffnet (vgl. BGH v. 23.01.2002, 5 StR 540/01, wistra 2002, 150). Der Steuerpflichtige, der durch seine steuerliche Mitwirkungspflicht gezwungen wird, sich selbst zu belasten, hat die Möglichkeit, gleichzeitig mit der Steuererklärung eine Selbstanzeige nach § 371 AO abzugeben und dadurch einen persönlichen Strafaufhebungsgrund herbei zu führen (vgl. auch Rdn. 36). Auf diesem Wege kann die bestehende Zwangslage jedoch nur beseitigt werden, wenn noch kein Ausschlussgrund i.S.d. § 371 Abs. 2 AO eingreift (vgl. § 371 Rdn. 85 ff.) und der Betroffene in der Lage ist, die fristgerechte Nachzahlung gem. § 371 Abs. 3 AO zu leisten (vgl. § 371 Rdn. 144 ff.). Es ist somit fraglich, ob und wie sich in den Fällen, in denen § 371 AO nicht eingreift, der „nemur tenetur"-Grundsatz auf die eventuelle Strafbarkeit auswirkt.

53   Wurde ein Ermittlungsverfahren eingeleitet, und bestehen hinsichtlich der nach Steuerart und Veranlagungszeitraum spezifizierten Tat weitere Erklärungspflichten, so ist deren Strafbewehrung ausgesetzt. Die Nichtabgabe einer solchen Steuererklärung, durch die sich der Betroffene gezwungenermaßen selbst belasten müsste, ist regelmäßig straflos, da das Zwangsmittelverbot des § 393 Abs. 1 Satz 2 AO nach seinem Sinn und Zweck dem Steuerpflichtigen eine solche Pflicht zur Selbstbelastung gerade ersparen will. Die **Suspendierung** der Strafbewehrung der Erklärungspflicht wirkt für eine Steuerart und einen Veranlagungszeitraum **so lange für diese Tat ein Strafverfahren anhängig ist** (BGH v. 23.01.2002 – 5 StR 540/01, wistra 2002, 150; OLG Hamburg v. 07.05.1995, 2 StO 1/96, wistra 1996, 239; FGJ/*Joecks* § 393 Rn. 36; *Rolletschke*/Kemper § 393

Rn. 48 f.). Voraussetzung für die Suspendierung der Strafbewehrung der Erklärungspflichten ist allerdings, dass der Steuerpflichtige z.B. wegen der Bekanntgabe des eingeleiteten Strafverfahrens oder Tatentdeckung keine Straffreiheit durch Selbstanzeige (mehr) erlangen kann (vgl. Rdn. 36; Kohlmann/*Hilgers-Klautzsch* § 393 Rn. 55.4; FGJ/*Joecks* § 393 Rn. 39 f.).

Wenn der Steuerpflichtige keine **Umsatzsteuervoranmeldungen** abgegeben hat oder darin unrich- **54** tige bzw. unvollständige Angaben gemacht hat, müsste er dies in Erfüllung seiner Pflicht zur Abgabe der **Jahreserklärung** aufdecken und sich folglich selbst einer Steuerhinterziehung bezichtigen. Würde er hingegen keine Jahreserklärung abgeben, würde er sich gem. § 370 Abs. 1 Nr. 2 strafbar machen. Um einer Strafbarkeit zu entgehen, würde die Möglichkeit einer strafbefreienden Selbstanzeige nach § 371 AO anbieten, die jedoch gem. § 371 Abs. 2 AO ausgeschlossen sein kann. Um in solchen Fällen eine Verletzung des „nemo tenetur"-Prinzips zu vermeiden, hat der BGH entschieden, dass die **Strafbewehrung der Nichtabgabe der Jahreserklärung** gem. § 370 Abs. 1 Nr. 2 AO so lange **suspendiert** ist, wie das Strafverfahren bzgl. der Voranmeldungen andauert (BGH v. 26.04.2001 – 5 StR 587/00, BGHSt 47, 8, 14; FGJ/*Joecks* § 393 Rn. 36; *Rolletschkel Kemper* § 393 Rn. 49).

Aus dem „nemo tenetur"-Prinzip kann jedoch **kein Recht auf Schaffung neuen Unrechts** in Form **55** der Wiederholung unrichtiger Angaben aus Umsatzsteuervoranmeldungen in der zugehörigen Jahreserklärung abgeleitet werden. Der Steuerpflichtige kann zwar nach Einleitung eines Ermittlungsverfahrens wegen unrichtiger Angaben in den Umsatzsteuervoranmeldungen nicht mehr zur Abgabe der Jahreserklärung für das betreffende Jahr gezwungen werden, aber weder das „nemo tenetur"-Prinzip noch das Zwangsmittelverbot aus § 393 Abs. 1 Satz 2 AO geben ihm das Recht zur Abgabe einer unrichtigen Umsatzsteuerjahreserklärung. Aus diesen Regelungen ergibt sich nur ein **Recht auf Passivität**, nicht jedoch zur Vornahme verbotener Handlungen (BGH v. 17.03.2005 – 5 StR 328/04, wistra 2005, 228; OLG Frankfurt am Main v. 11.07.2005 – 1 Ws 11/04, wistra 2006, 198;, Klein/Jäger § 393 Rn. 30; *Rolletschke/Kemper* § 393 Rn. 50 f.; a.A. noch LG Frankfurt am Main v. 31.10.2003 – 5/13/KLs 75/94 Js 9639.0/99, wistra 2004, 78; FGJ/ *Joecks* § 393 Rn. 36). Somit wäre die Abgabe einer unrichtigen Umsatzsteuerjahreserklärung strafbar gem. § 370 Abs. 1 Nr. 1 AO.

Hinsichtlich der **nachfolgenden Veranlagungszeiträume** bleibt nach Ansicht des BGH die Pflicht **56** zur Abgabe richtiger Steuererklärungen bestehen (BGH v. 26.04.2001 – 5 StR 587/00, wistra 2001, 341; Kohlmann/*Hilgers-Klautzsch* § 393 Rn. 55.5). Dadurch entsteht jedoch das Problem, dass sich der Steuerpflichtige durch die Abgabe einer wahrheitsgemäßen Erklärung mittelbar selbst belasten würde, wenn er Tatsachen angeben müsste, die auf die Begehung einer Steuerstraftat hindeuten. Hat ein Steuerpflichtiger z.B. die Kapitalerträge eines Auslandskontos über einen Zeitraum von 10 Jahren nicht erklärt und wird er während eines Steuerstrafverfahrens wegen der Hinterziehung von Kapitalertragsteuern in den Jahren 06 – 08 gezwungen, seine Kapitaleinkünfte in den Jahren 09 – 10 vollständig zu erklären, so liefert er damit die Grundlage zur Feststellung des hinterzogenen Betrages und des strafrechtlichen Vorwurfs. Den Konflikt zwischen dem von der Strafandrohung ausgehende Zwang, eine zutreffende Steuererklärung abzugeben, und dem „nemo tenetur"-Prinzip löst der BGH zutreffend indem er für die in ordnungsgemäßer Erfüllung der Steuererklärungspflicht für die Folgejahre getätigten Angaben des Steuerpflichtigen ein **strafrechtliches Verwertungsverbot** anerkennt, soweit die Angaben zu einer mittelbaren Selbstbelastung für zurückliegende strafbefangene Veranlagungszeiträume führen (BGH v. 12.01.2005 – 5 StR 191/04, NJW 2005, 763; Kohlmann/*Hilgers-Klautzsch* § 393 Rn. 55.6; *Rolletschke*/Kemper § 393 Rn. 51).

Die Lösung dieser Problematik durch die Suspendierung der Strafbewehrung bis zum Eintritt der **57** Strafverfolgungsverjährung würde hingegen den Steuerstraftäter ggü. dem Steuerehrlichen in einer nicht hinnehmbaren Weise privilegieren (*Rolletschke*/Kemper § 393 Rn. 51). Außerdem würde durch eine so weitreichende Suspendierung der Strafbewehrung neues Unrecht geschaffen werden, wozu das „nemur tenetur"-Prinzip nicht berechtigt (Kohlmann/*Hilgers-Klautzsch* § 393 Rn. 55.5).

VI. Belehrung

58 Nach § 393 Abs. 1 Satz 4 AO ist der Stpfl. „hierüber", d.h. über den Inhalt der **Gesamtregelung des § 393 Abs. 1 AO** zu belehren. Folglich muss die Belehrung die folgenden Punkte enthalten (vgl. Kohlmann/*Hilgers-Klautzsch* § 393 Rn. 58; HHSp/*Hellmann* § 393 Rn. 104; *Rolletschke*/Kemper § 393 Rn. 52):

– Die Selbstständigkeit von Besteuerungs- und Strafverfahren (vgl. Rdn. 1 ff.),
– den Fortbestand der steuerlichen Mitwirkungspflichten (vgl. Rdn. 7 ff.),
– das Verbot der Zwangsmittelanwendung mit dessen Voraussetzungen (vgl. Rdn. 10 ff.) und
– auf welchem Wege das Zwangsmittelverbot geltend zu machen ist (vgl. Rdn. 15).

59 Der Hinweis, dass die Mitwirkungsverweigerung i.R.d. Beweiswürdigung im Besteuerungsverfahren berücksichtigt und die Besteuerungsgrundlagen geschätzt werden können stellt eine zutreffende Beschreibung der Rechtssituation des Steuerpflichtigen dar und ist somit unbedenklich, sofern dadurch nicht der Eindruck einer Zwangswirkung entsteht (BGH v. 19.09.2001 – XI B 6/01, BStBl. 2002, 4;Schwarz/*Dumke* § 393 Rn. 30; Klein/*Jäger* § 393 Rn. 21; *Rolletschke*/Kemper § 393 Rn. 53; vgl. auch Nr. 29 Satz 3 und 4 AStBV; a.A., HHSp/*Hellmann* § 393 Rn. 105;, Kohlmann/*Hilgers-Klautzsch* § 393 Rn. 58).

Über seine strafprozessualen Rechte ist der Stpfl. gesondert zu belehren (vgl. § 397 Rdn. 64).

60 Die Belehrung über die Rechtslage hat zu erfolgen, wenn bzw. „**soweit dazu Anlass besteht**". Der Begriff des Anlasses ist entsprechend dem Schutzzweck des § 393 Abs. 1 AO auszulegen, sodass die Belehrung auch schon ohne einen konkreten Anlass z.B. bei Beginn einer steuerlichen Prüfung erfolgen kann (vgl. BT-Drucks. 7/4292, 46; zur Belehrung zu Beginn der Außenprüfung BMF v. 13.03.1989, IV A 7 – S 1506-5/89, BStBl. I 1989, S. 122; zur Belehrung zu Beginn einer Steuerfahndungsprüfung gem. § 208 Abs. 1 Satz 1 Nr. 3 AO BMF v. 14.02.1979, IV A 8 – S 1635 – 2/78, BStBl. I 1979, 115; dazu auch *Rolletschke*/Kemper § 393 Rn. 57 f.). Die Belehrung ist allerdings zu wiederholen, wenn die konkrete Situation es erfordert (Schwarz/*Dumke* § 393 Rn. 31; HHSp/*Hellmann* § 393 Rn. 110; *FGJ*/*Joecks* § 393 Rn. 40; Kohlmann/*Hilgers-Klautzsch* § 393 Rn. 57).

61 Die Belehrung muss stets erfolgen, wenn **konkrete Anhaltspunkte** dafür erkennbar werden, dass sich der Steuerpflichtige durch die steuerrechtlich gebotene Mitwirkung selbst belasten würde (Schleswig-Holsteinisches FG v. 12.12.2000 – V 995/98, EFG 2001, 252;, Schwarz/*Dumke* § 393 Rn. 31; FGJ/*Joecks* § 393 Rn. 40; *Rolletschke*/Kemper § 393 Rn. 55). Spätestens muss sie mit der **Einleitung eines Steuerstrafverfahrens** erfolgen, denn ab diesem Zeitpunkt wird das Bestehen einer Selbstbelastungsgefahr unwiderlegbar angenommen (Schwarz/*Dumke* § 393 Rn. 31; *Rolletschke*/Kemper § 393 Rn. 54).

62 Die Belehrung erfolgt zwar i.d.R. in Schriftform (vgl. § 10 Abs. 1 Satz 5 BpO 2000), dies ist jedoch nicht zwingend. Die Belehrung kann auch mündlich erfolgen, ohne dass dies ihre Wirksamkeit beeinträchtigt (HHSp/*Hellmann* § 393 Rn. 106; *Rolletschke*/Kemper § 393 Rn. 59; a.A. Schwarz/*Dumke* § 393 Rn. 32). Zum Zwecke der Dokumentation sollte die Belehrung jedoch unter Angabe von Datum und Uhrzeit aktenkundig gemacht werden (FGJ/*Joecks* § 393 Rn. 42; *Rolletschke*/Kemper § 393 Rn. 59).

Die Belehrung ist von dem Amtsträger vorzunehmen, der im Besteuerungsverfahren die Mitwirkung verlangt (Schwarz/*Dumke* § 393 Rn. 33).

63 Die Rechtsfolgen eines Verstoßes gegen die Belehrungspflicht des § 393 Abs. 1 Satz 4 AO sind strittig. Ein Verwertungsverbot für den Fall, dass die Belehrung unterbleibt, ordnet das Gesetz nicht an, und auch aus allgemeinen verfassungsrechtlichen, insb. rechtsstaatlichen Grundsätzen ergibt sich aufgrund der Selbstständigkeit von Besteuerungs- und Strafverfahren kein Verwertungsverbot im Besteuerungsverfahren bei einer Verletzung des § 393 Abs. 1 Satz 4 AO 1977 (vgl. 10. Kapitel, Rdn. 5 ff.). Der Gesetzgeber wollte die Entwicklung steuerrechtlicher Verwertungsverbote der Rechtsprechung überlassen (vgl. BT-Drucks. 7/4292 S. 25) und diese geht davon aus, dass § 393 AO in erster Linie eine Vorschrift des Straf-, nicht des Besteuerungsverfahrens ist. Da jedoch im Besteuerungsverfahren die Verpflichtung zur Mitwirkung auch für den einer Straftat Verdächtigen fortbesteht, kann aus der Erfüllung dieser Verpflichtung kein steuerrechtliches Verwertungsverbot resultieren. Ferner würde es den verfassungsrechtlichen Grundsatz der steuerlichen Belastungsgleichheit verletzen, wenn Auskünfte eines Steuerehrlichen uneingeschränkt der Besteuerung zugrunde zu legen wären, Auskünfte eines einer Steuerstraftat oder Ordnungswidrigkeit Verdächtigen, jedoch nach § 393 Abs. 1 Satz 4 AO 1977 nicht belehrten Steuerpflichtigen steuerlich unberücksichtigt blieben. Folglich **führt die Verletzung der Belehrungspflicht nicht zu einem steuerlichen Verwertungsverbot**. Die erlangten Kenntnisse können uneingeschränkt für steuerliche Zwecke verwendet werden (BFH v. 29.06.1999 – VII B 303/98, BFH/NV 1999, 1585; BFH v. 23.01.2002 – XI R 10, 11/01, BStBl. II 2002, S. 328; BFH v. 03.04.2007 – VIII B 110/06, BFH/NV 2007, 1273; BFH v. 30.05.2008 – V B 76/07, BFH/NV 2008, 1441; BFH v. 23.07.2009 – X B 10/09, n.v.; BFH v. 28.10.2009 – I R 28/08, BFH/NV 2010, 432; BFH v. 30.05.2008 – V B 76/07, BFH/NV 2008, 1441; ebenso Kühn/v. Wedelstädt/*Blesinger* § 393 Rn. 4; Schwarz/*Dumke* § 393 Rn. 34; *Rolletschke*/Kemper § 393 Rn. 66; für ein Verwertungsverbot hingegen Klein/*Jäger* § 393 Rn. 41; HHSp/*Hellmann* § 393 Rn. 123; FGJ/*Joecks* § 393 Rn. 46; Kohlmann/*Hilgers-Klautzsch* § 393 Rn. 60, 63.2). Wird hingegen die Grenze des § 136a Abs. 1 Satz 1 StPO überschritten, so greift ein Verwertungsverbot ein (vgl. 10. Kapitel, Rdn. 10 ff.; FGJ/ *Joecks* § 393 Rn. 47 f.; *Rolletschke*/Kemper § 393 Rn. 66).

C. § 393 Abs. 2 AO

Literaturhinweise zu § 393 Abs. 2 AO:
Blesinger, Das Steuergeheimnis im Strafverfahren, wistra 1991, 239; *Böse*, Die Strafbarkeit wegen Steuerhinterziehung und der Nemo-tenetur-Grundsatz, wistra 2003, 47; *Eidam*, Einschränkende Auslegung des Verwendungsverbotes aus § 393 II 1 AO im Fall einer Selbstanzeige gem. § 371 AO? – Eine Anmerkung zu BGH wistra 2004, 309 -, wistra 2004, 412; *Eidam*, Neuere Entwicklungen um den Grundsatz der Selbstbelastungsfreiheit und das Rechtsinstitut der Selbstanzeige im Steuerstrafverfahren – Eine Anmerkung zu BGH wistra 2005, 318 -, wistra 2006, 11; *Heerspink*, Zum Konflikt zwischen der steuerlichen Mitteilungspflicht des § 4 Abs 5 Nr 10 EStG und dem nemo-tenetur-Prinzip, wistra 2001, 441; *Hildebrandt*, Verwertungsverbote für Tatsachen oder Beweismittel im Steuerstrafverfahren und im Besteuerungsverfahren, DStR 1982, 20; *Jäger*, Erklärungspflicht trotz Strafverfahrens?, PStR 2002, 49; *Jäger*, Aus der Rechtsprechung des BGH zum Steuerstrafrecht, NStZ 2005, 552; *Jarke*, Das Verwertungsverbot des § 393 Abs. 2 S. 1 AO – Eine kritische Anmerkung zum Beschluss des BayObLG v. 6.8.1966, wistra 1997, 325; *Joecks*, Urkundenfälschung „in Erfüllung steuerrechtlicher Pflichten" (§ 393 Abs. 2 Satz 1 AO)?, wistra 1998, 86; *Maier*, Reichweite des Verwertungsverbotes nach § 393 Abs. 2 Satz 1 AO, wistra 1997, 53; *Müller*, Auswirkungen der Steuerstraftat im Besteuerungsverfahren, DStZ 1998, 449; *Rolletschke*, Die Abgabe einer unrichtigen Umsatzsteuerjahreserklärung und das nemo-tenetur-Prinzip – Eine Anmerkung zu LG Frankfurt/M., wistra 2004, 78, wistra 2004, 246; *Rolletschke*, Die neuere Rechtsprechung zum Nebeneinander von Strafverfahren und Besteuerungsverfahren, StV 2005, 355; *Spriegel*, Steuergeheimnis und nichtsteuerliche Straftat, wistra 1997, 321; *Wulf*, Steuererklärungspflichten und „Nemo-tenetur" – Zur Strafbarkeit wegen Steuerhinterziehung bei Einkünften aus illegalem Verhalten, wistra 2006, 89.

§ 393 AO ist wegen des in Art. 2 Abs. 1 GG verankerten Nemo-tenetur-Grundsatzes verfassungs- **64** rechtlich erforderlich (auch Schwarz/*Dumke* § 393 Rn. 35), denn die Steuererklärungspflicht widerspricht nicht dem Nemo-tenetur-Grundsatz und der Steuerpflichtige ist grds. gehalten, seine steuerlichen Erklärungspflichten zu erfüllen, ohne Rücksicht darauf, ob er hierdurch eigene Straftaten oder Ordnungswidrigkeiten aufdeckt (BVerfG, Beschl. v. 13.05.2009 – 2 BvL 19/08, BFH/ NV 2009, 1771). Geschützt wird der Steuerpflichtige in der Abgabenordnung dadurch, dass in § 393 Abs. 1 AO der Einsatz von Zwangsmitteln untersagt ist, soweit der Steuerpflichtige Steuerstraftaten offenbaren müsste; ergänzt wird der Schutz in § 393 Abs. 2 AO (BVerfG, Beschl. v. 13.05.2009 – 2 BvL 19/08).

65   Gem. § 393 Abs. 2 Satz 1 AO dürfen Tatsachen oder Beweismittel, die infolge der Offenbarung durch einen Steuerpflichtigen vor oder in Unkenntnis der Einleitung eines Steuerstrafverfahrens zur Steuerakte gelangt sind, für die Verfolgung einer Allgemeinstraftat grds. nicht verwendet werden (vgl. BGH, Urt. v. 02.12.2005 – 5 StR 119/05, BGHSt 50, 299, 317 = NJW 2006, 925, 932; BeckOK/*Bachler* § 393 AO Rn. 7). Nach § 393 Abs. 2 Satz 2 AO gilt dies als Ausnahme zum Verwendungsverbot des Satz 1 für Straftaten nicht, an deren Verfolgung ein zwingendes öffentliches Interesse (§ 30 Abs. 4 Nr. 5 AO) besteht.

I. § 393 Abs. 2 Satz 1 AO

1. Allgemeines und Anwendungsbereich

a) Sinn und Zweck

66   Sinn und Zweck des § 393 Abs. 2 AO ist es, die Konfliktsituation für den Betroffenen zu vermeiden, die sich daraus ergibt, dass dieser aufgrund der Auskunftspflicht im Besteuerungsverfahren gezwungen sein kann, sich selbst einer Straftat zu bezichtigen, obwohl er im Strafverfahren ein Aussageverweigerungsrecht hat (BGH, Urt. v. 10.08.2001 – RiSt [R] 1/00). Das Verwendungsverbot des § 393 Abs. 2 AO soll damit als prozessuale Ausgestaltung des Steuergeheimnisses nach § 30 AO dem Steuerpflichtigen ermöglichen, seiner Verpflichtung nachzukommen, alle steuerlich relevanten Tatsachen zu offenbaren, auch soweit sie auf strafbarem Verhalten beruhen (BGH, Beschl. v. 11.09.2003 – 5 StR 253/03; Wabnitz/Janovsky/*Gürtler* Rn. 115), ohne befürchten zu müssen, dass er hinsichtlich der durch diese Angaben offenbarten Allgemeindelikte strafrechtlich verfolgt wird (Klein/*Jäger* § 393 Rn. 45; Schwarz/*Dumke* § 393 Rn. 37; *Blesinger,* wistra 1991, 239, 244).

67   Der BGH (Urt. v. 05.05.2004 – 5 StR 548/03, BGHSt 49, 136) führt diesbezüglich aus:

„Der Steuerpflichtige ist im Besteuerungsverfahren verpflichtet, die für die Besteuerung erheblichen Tatsachen vollständig und wahrheitsgemäß gegenüber den Finanzbehörden anzugeben, selbst dann, wenn er dadurch zugleich eigenes früheres strafbares Verhalten aufdecken muss. Diese Pflicht ist im Blick auf die Gleichmäßigkeit der Besteuerung nach dem Leistungsvermögen mit Zwangsmitteln (§ 328 AO) durchsetzbar; sie steht jedoch im Spannungsverhältnis zu dem strafverfahrensrechtlichen Grundsatz, dass niemand verpflichtet ist, sich selbst anzuklagen oder gegen sich selbst Zeugnis abzulegen (nemo tenetur se ipsum accusare). Das Gesetz löst diesen Konflikt, indem es in § 393 Abs. 1 AO den Einsatz von Zwangsmitteln untersagt, soweit der Steuerpflichtige Steuerstraftaten offenbaren müsste (vgl. BGHSt 47, 8, 12; BGHR AO § 393 Abs. 1 Erklärungspflicht 2 und 3), und ergänzt diesen Schutz in § 30 AO durch ein begrenztes an Amtsträger gerichtetes Offenbarungs- und Weitergabeverbot sowie in § 393 Abs. 2 AO durch ein „begrenztes strafrechtliches Verwertungsverbot" für andere Straftaten (BVerfGE 56, 37, 47; vgl. zu § 393 Abs. 2 AO auch Senatsurteil vom heutigen Tag – 5 StR 139/03)."

b) Anwendungsbereich

68   – § 393 Abs. 2 AO gilt unmittelbar im **Steuerstrafverfahren**.
   – Im **Disziplinarverfahren** ist § 393 Abs. 2 AO entsprechend anzuwenden (BGH, Urt. v. 10.08.2001 – RiSt [R] 1/00; VG Saarlouis, Gerichtsbescheid v. 07.02.2008 – 7 K 131/07; vgl. auch FG Berlin, Beschl. v. 31.01.2003 – 6 B 6204/02 I; *Dörn,* wistra 2002, 170; FGJ/*Joecks* § 393 Rn. 55b; offen Schwarz/*Dumke* § 393 Rn. 38).
   – Nach einer Entscheidung des OLG Hamburg (Urt. v. 17.07.1985 – 1 Ss 96/85, NStZ 1985, 510) ist § 393 Abs. 2 AO im **Ausländerrecht** analog anwendbar.
   – Das Verwendungsverbot gilt gemäß der Verweisung des § 410 Abs. 1 Nr. 4 AO auch für nichtsteuerliche **Ordnungswidrigkeiten**.

– **Streitig** ist, ob das Verwendungsverbot aus § 393 Abs. 2 Satz 1 AO auch für Daten gilt, die gem. **§ 31a Abs. 1 Nr. 1 a), Abs. 2 AO** mit dem Ziel der Schwarzarbeitsbekämpfung an die Strafverfolgungsbehörden übermittelt worden sind (zusammenfassend BVerfG v. 27.04.2010 – 2 BvL 13/07).

2. StA oder Gericht

Normadressaten des § 393 Abs. 2 AO sind die Strafverfolgungsorgane, also die StA, die Strafge 69 richte und auch die Finanzbehörden, sofern sie i.S.v. § 386 AO ein Steuerstrafverfahren mit staatsanwaltschaftlichen Befugnissen selbstständig führen. Darüber hinaus gilt § 393 Abs. 2 AO für die Ermittlungspersonen der StA, wenn sie im strafrechtlichen Ermittlungsverfahren tätig sind. Somit darf auch die Steuer- bzw. Zollfahndung, soweit sie nicht rein steuerliche Ermittlungen nach § 208 Abs. 1 Satz 1 Nr. 3 AO bzw. § 208 Abs. 2 AO führt, keine Ermittlungen hinsichtlich der nichtsteuerlichen Straftat tätigen (Schwarz/*Dumke* § 393 Rn. 39; *Wulf*, wistra 2006, 89, 90).

3. „in einem Strafverfahren"

Das Verwendungsverbot des § 393 Abs. 2 Satz 1 AO erfasst seinem Wortlaut nach nur solche vom 70 Steuerpflichtigen offenbarte Tatsachen und Beweismittel, die der StA oder dem Gericht „in einem Strafverfahren" bekannt geworden sind. **Streitig** ist, wie dies zu verstehen ist, ob also mit dem Begriff des „Strafverfahrens" in diesem Sinne nur ein gegen den Steuerpflichtigen gerichtetes Steuerstrafverfahren gemeint ist, oder ob das Verwendungsverbot des § 393 Abs. 2 Satz 1 AO auch dann eingreift, wenn die Strafverfolgungsorgane außerhalb eines Steuerstrafverfahrens Kenntnis vom Inhalt der Steuerakten erlangt haben (vgl. BVerfG v. 27.04.2010 – 2 BvL 13/07; s. Spezialprobleme Rdn. 113 – 117).

4. „Steuerakten"

Nach dem Wortlaut der Norm müssen die von dem Steuerpflichtigen offenbarten Tatsachen oder 71 Beweismittel der StA oder dem Gericht aus den „Steuerakten" bekannt geworden sein. Steuerakten sind nach zutreffender herrschender Meinung die Akten der Finanzbehörden und der FG (z.B. BeckOK/*Bachler* § 393 AO Rn. 9; FGJ/*Joecks* § 393 Rn. 59; Klein/*Jäger* § 393 AO Rn. 53).

Unter den Begriff der „Steuerakten" i.S.v. § 393 Abs. 2 AO fallen nach herrschender Meinung 72 **nicht** die **Steuerstrafakten** (Schwarz/*Dumke* § 393 Rn. 53; BeckOK/*Bachler* § 393 AO Rn. 9; Klein/*Jäger* § 393 AO Rn. 53; str. FGJ/*Joecks* § 393 Rn. 59 ff. m.w.N.). Nicht zu verwenden sind auch Mitteilungen, Kopien oder Auszüge, die den Inhalt der Steuerakten wiedergeben (Schwarz/*Dumke* § 393 Rn. 55), ebenso wie eine Vernehmung eines Amtsträgers der Finanzbehörde über den Akteninhalt nicht gestattet ist (BayObLG, Beschl. v. 06.08.1996 – 4 St RR 104/96, wistra 1996, 353). Die Erkenntnisse ergeben sich nicht aus den Steuerakten, wenn die Tatsachen oder Beweismittel dem Strafgericht unabhängig von den Akten bereits bekannt waren (Schwarz/*Dumke* § 393 Rn. 56 m.w.N.).

Haben die Strafverfolgungsbehörden von den Tatsachen oder Beweismitteln aus **anderen Quellen** 73 erfahren, sind sie insoweit nicht an der Strafverfolgung gehindert, denn das Verwendungsverbot des § 393 Abs. 2 AO ist nicht einschlägig. Eine Ausdehnung des § 393 Abs. 2 AO über Steuerakten hinaus z.B. auf Unterlagen eines Steuerpflichtigen, die diesem auch zur Erfüllung steuerlicher Offenbarungspflichten zu dienen geeignet sind, ist vom Gesetzeswortlaut nicht gedeckt und wird zur vom Normziel gebotenen angemessenen Wahrung des Steuergeheimnisses nicht gefordert (BGH, Urt. v. 13.10.1992 – 5 StR 253/92, NStZ 1993, 87 = wistra 1993, 66, 69; Schwarz/*Dumke* § 393 Rn. 53).

5. Tatsachen oder Beweismittel

74   Das Verwendungsverbot nach § 393 Abs. 2 AO greift nur ein, wenn der Finanzbehörde in einem Besteuerungsverfahren „Tatsachen" und „Beweismittel" offenbart worden sind.

a) Tatsachen

75   Tatsachen sind alle sinnlich wahrnehmbaren äußeren und inneren Umstände, die einer Nachprüfung zugänglich sind (näher Pahlke/Koenig/*Wünsch* § 88 Rn. 12 f.).

b) Beweismittel:

76   Der Begriff des Beweismittels in § 393 Abs. 2 AO richtet sich nach **§ 92 AO**:

„Die Finanzbehörde bedient sich der Beweismittel, die sie nach pflichtgemäßem Ermessen zur Ermittlung des Sachverhalts für erforderlich hält. Sie kann insbesondere

1. Auskünfte jeder Art von den Beteiligten und anderen Personen einholen,
2. Sachverständige zuziehen,
3. Urkunden und Akten beiziehen,
4. den Augenschein einnehmen."

6. „Vor Einleitung des Strafverfahrens" oder „in Unkenntnis der Einleitung des Strafverfahrens"

77   Das Verwendungsverbot des § 393 Abs. 2 AO ist nur dann einschlägig, wenn der Steuerpflichtige vor Einleitung des Strafverfahrens oder in Unkenntnis der Einleitung des Verfahrens Tatsachen oder Beweismittel in Erfüllung steuerlicher Pflichten offenbart hat, also zu einem Zeitpunkt, in dem der Steuerpflichtige im Besteuerungsverfahren noch in vollem Umfang zur Mitwirkung verpflichtet war oder glaubte, verpflichtet zu sein (vgl. Klein/*Jäger* § 393 AO Rn. 46). Das Offenbaren in einem Steuerstrafverfahren begründet nicht das Verwendungsverbot des § 393 Abs. 2 AO (s. Rdn. 83).

a) „vor Einleitung des Strafverfahrens"

Das Gesetz stellt für den Zeitpunkt

78   des Offenbarens der Beweismittel oder Tatsachen auf die Einleitung, aber nicht die Bekanntgabe des Strafverfahrens ab. Die Einleitung des Ermittlungsverfahrens erfolgt durch einen Willensakt der zuständigen StA, der darauf abzielt, gegen den Beschuldigten strafrechtlich vorzugehen, wobei im Steuerstrafverfahren zur Beweissicherung darüber gem. § 397 AO ein Aktenvermerk anzufertigen ist. Zur Einleitung des Strafverfahrens s. § 397 AO, §§ 152, 160 StPO.

b) „in Unkenntnis der Einleitung des Strafverfahrens"

79   Das Verwendungsverbot ist nur ausgeschlossen, wenn der Steuerpflichtige von der tatsächlichen Einleitung des Strafverfahrens (positiv) wusste (BeckOK/*Bachler* § 393 AO Rn. 10), also z.B. wenn ihm diese bereits bekanntgegeben wurde.

7. Offenbaren ggü. der Finanzbehörde im Besteuerungsverfahren

a) Begriff des Offenbarens

80   Durch das Verwendungsverbot des § 393 Abs. 2 AO wird der mitwirkende Steuerpflichtige gegen die Strafverfolgung geschützt, der Tatsachen und Beweismittel der Finanzbehörde offenbart hat. Unter den Begriff des Offenbarens fallen primär die Steuererklärungen und auch die sonstigen (auch mündlichen) Auskünfte, die der Steuerpflichtige im Besteuerungsverfahren **auf Veranlassung des FA** abgibt; freiwillige Angaben des Steuerpflichtigen werden von § 393 Abs. 2 AO nicht erfasst (h.M. z.B. BayObLG, Beschl. v. 18.02.1998 – 4 St RR 2/98, wistra 1998, 197).

Dabei ist der **Begriff des Offenbarens** im Hinblick auf Sinn und Zweck der Vorschrift weit zu fassen: **81**

- Das Offenbaren i. d. S. ist nicht nur der direkte Vortrag des Steuerpflichtigen, sondern auch jede Information, die der Steuerpflichtige der Finanzbehörde gibt, vorlegt oder auf sonstige Weise zur Verfügung stellt (Schwarz/*Dumke* § 393 Rn. 43). Auch das **Dulden** der Einsichtnahme durch die Finanzbehörde in das vom Steuerpflichtigen z.B. i.R.d. Außenprüfung vorgelegte Buchführungswerk, aus dem sich die nichtsteuerliche Straftat ergibt, ist i. d. S. ein Offenbaren (BayObLG, Beschl. v. 06.08.1996 – 4 St RR 104/96, wistra 1996, 353; Schwarz/*Dumke* § 393 Rn. 43 m.w.N.).
- Handelt ein **Bevollmächtigter** unmittelbar auf Veranlassung des Steuerpflichtigen, sind dessen Offenbarungen dem vertretenen Steuerpflichtigen zuzurechnen (Schwarz/*Dumke* § 393 Rn. 42).
- Des Weiteren sind nicht nur solche Tatsachen aus den Steuerakten bekannt geworden, die die StA diesen Akten unmittelbar entnommen hat, sondern auch solche, die **von Dritten** – entweder als vom Steuerpflichtigen benannte Auskunftspersonen oder aus eigener Veranlassung – aus diesen Akten den Strafverfolgungsbehörden mitgeteilt worden sind, da entscheidend für die Anwendung des § 393 Abs. 2 AO ist, ob Quelle der Tatsachen oder Beweismittel die Steuerakten sind, und nicht, auf welchem Wege die Tatsachen oder Beweismittel den Strafverfolgungsorganen bekannt geworden sind (str. OLG Hamm, Urt. v. 22.05.1991 – 3 Ss 1400/90 im Anschluss an OLG Stuttgart, Beschl. v. 16.04.1986 – 2 Ss 772/86, wistra 1986, 191; vgl. Klein/*Jäger* § 393 AO Rn. 48; a.A. FGJ/*Joecks* § 393 Rn. 54a; BeckOK/*Bachler* § 393 AO Rn. 8; Schwarz/*Dumke* § 393 Rn. 42, 42a, 43; s.a. Spezialproblem Rdn. 116).

b) Offenbaren im Besteuerungsverfahren

Das Offenbaren muss ggü. der Finanzbehörde „im Besteuerungsverfahren" erfolgt sein, wobei es **82** sich nicht um das eigene Besteuerungsverfahren des offenbarenden Steuerpflichtigen handeln muss; es genügt für die Anwendbarkeit des § 393 Abs. 2 AO vielmehr, wenn ein Steuerpflichtiger als Dritter i.S.v. § 33 Abs. 2 AO in einem fremden Besteuerungsverfahren mitwirkt, insb. Auskunft erteilt und sich hierbei selbst belastet. Fügt die Finanzbehörde diese Information in die eigene Steuerakte des mitwirkenden Steuerpflichtigen ein, so unterliegt sie auch hier dem Steuergeheimnis und damit dem Verwendungsverbot des § 393 Abs. 2 AO (Schwarz/*Dumke* § 393 Rn. 45).

§ 393 Abs. 2 AO gilt schon seinem Wortlaut entsprechend **nicht**, wenn die Erkenntnisse über **83** außersteuerliche Straftaten **im Steuerstrafverfahren** selbst gewonnen wurden, wobei irrelevant ist, ob der Steuerpflichtige im Strafverfahren Beschuldigter ist oder sich als Zeuge in einem fremden Verfahren selbst belastet (Schwarz/*Dumke* § 393 Rn. 46). Entsprechendes gilt für Zufallsfunde (§ 108 StPO), die z.B. die Steuerfahndung im Rahmen einer Durchsuchung gemacht hat (*Hildebrandt*, DStR 1982, 20, 21).

c) Offenbaren ggü. der Finanzbehörde

Das Offenbaren muss „gegenüber der Finanzbehörde" erfolgt sein, was voraussetzt, dass die Tatsa- **84** chen und Beweismittel der Finanzbehörde vor der Bekundung durch den Steuerpflichtigen noch unbekannt oder noch nicht sicher bekannt waren (Schwarz/*Dumke* § 393 Rn. 44).

8. In Erfüllung steuerrechtlicher Pflichten

Nach § 393 Abs. 2 AO ist die Verwendung der Tatsachen und Beweismittel im Strafverfahren nur **85** dann verboten, wenn der Steuerpflichtige diese in Erfüllung steuerrechtlicher Pflichten offenbart hat. Um den Begriff der „Erfüllung steuerrechtlicher Pflichten" ranken sich diverse Streitfragen, über die überwiegend höchstrichterlich entschieden wurde. Das Beweisverwendungsverbot des § 393 Abs. 2 Satz 1 AO ist diesbezüglich einschränkend seinem Zweck nach auszulegen (so auch z.B. Wabnitz/Janovsky/*Gürtler* Rn. 115).

a) Mit Steuerstraftaten rechtlich konkurrierende Verstöße gegen das allgemeine Strafrecht

86 Strittig war, ob mit Steuerstraftaten rechtlich konkurrierende Verstöße gegen das allgemeine Strafrecht (insb. Urkundenfälschungen nach § 267 StGB) dem Verwendungsverbot des § 393 Abs. 2 Satz 1 AO unterliegen.

87 Die diesbezügliche Rechtsprechung des BayObLG (Beschl. v. 06.08.1996 – 4 St RR 104/96, wistra 1996, 353; auch BayObLG, Beschl. v. 18.11.1997 – 3 St RR 227/97, wistra 1998, 117; m. krit. Anm. *Maier,* wistra 1997, 53; *Spiegel,* wistra 1997, 321 und *Jarke,* wistra 1997, 325) ist überholt.

88 Mittlerweile ist höchstrichterlich entschieden, dass für das in § 393 Abs. 2 AO geregelte Verwendungsverbot hinsichtlich des nichtsteuerlichen Delikts ohne Bedeutung ist, in welchem strafrechtlichen Konkurrenzverhältnis das nichtsteuerliche Delikt zu der im anhängigen Strafverfahren verfolgten Straftat steht (Schwarz/*Dumke* § 393 Rn. 61a m.w.N.), doch greift es nicht, wenn der Steuerpflichtige eine allgemeine Straftat offenbart, die er zugleich mit der Steuerhinterziehung begangen hat (§ 265 Abs. 1 StPO), und er dadurch neues Unrecht schafft (vgl. auch Wabnitz/Janovsky/*Gürtler* Rn. 115). Der BGH hat bereits im Jahr 2003 (Beschl. v. 11.09.2003 – 5 StR 253/03, wistra 2003, 429) zum Spannungsverhältnis zwischen allgemeinem Strafrecht und § 393 Abs. 2 AO ausgeführt:

> „... Etwas anderes ergibt sich auch nicht aus dem Grundsatz nemo tenetur se ipsum accusare. Der Angekl. befand sich zwar in einer Konfliktlage: Entweder bekräftigte er die bisher gemachten falschen Angaben durch das Gebrauchmachen der vorher durch ihn hergestellten unechten Urkunden, indem er sie dem Finanzamt (auf Anforderung) vorlegte, oder er lief Gefahr, sich durch eigene – wahrheitsgemäße – Angaben oder Verweigerung der Zusammenarbeit mit dem Sonderprüfer einem Steuerstrafverfahren auszusetzen. Dies löst jedoch nicht das Eingreifen des nemo tenetur – Grundsatzes aus. Dieser findet seine Grenze dort, wo es nicht mehr um ein bereits begangenes Fehlverhalten, sondern um die Schaffung neuen Unrechts geht (vgl. BGHSt 47, 8; BGH NJW 2002, 1134). Der Steuerpflichtige muss die durch seine Verweigerung der Mitwirkung möglicherweise einsetzende Strafverfolgung wegen der begangenen Steuerhinterziehung hinnehmen (vgl. Hellmann aaO, § 393 Rn 170). ...“

89 Damit erfüllt ein Steuerpflichtiger, der vorsätzlich falsche Angaben ggü. den Finanzbehörden macht, seine Erklärungs- und Mitwirkungspflichten nicht und die Vorlage von unechten Urkunden zum Nachweis seiner falschen Angaben ggü. dem FA erfolgt gerade nicht in Erfüllung steuerrechtlicher Pflichten (BGH, Beschl. v. 11.09.2003 – 5 StR 253/03, NStZ 2004, 582; vgl. auch Klein/*Jäger* § 393 AO Rn. 49; *Maier,* wistra 1997, 53; *Jarke,* wistra 1997, 325, 327; *Jäger,* NStZ 2005, 556, 558).

90 Der BGH hat des Weiteren in einer Entscheidung zur Anwendbarkeit des § 393 Abs. 2 AO im Fall einer strafbefreienden Selbstanzeige im Jahr 2004 ausgeführt, der innere Grund für das Verwendungsverbot liege in der Erzwingbarkeit der Pflichterfüllung, an der es in den Fällen des § 393 Abs. 1 AO fehle (BGH, Urt. v. 05.05.2004 – 5 StR 548/03, BGHSt 49, 136, 146 f.). Mithin setzt § 393 Abs. 2 Satz 1 AO in seiner Auslegung durch die Rechtsprechung allgemein die „Erzwingbarkeit" der vom Steuerpflichtigen erfüllten steuerrechtlichen Pflichten voraus (FGJ/*Joecks* § 393 Rn. 54; HHSp/*Hellmann* § 393 Rn. 137; *Rolletschke*/Kemper § 393 Rn. 78; vgl. BVerfG Entscheidung v. 27.04.2010 – 2 BvL 13/07 m.w.N.).

b) Selbstanzeige

91 Das Verwendungsverbot des § 393 Abs. 2 AO gilt nicht, wenn durch freiwillige Angaben zu allgemeinen Straftaten (insb. Urkundenfälschungen), die der Steuerpflichtige zugleich mit der Steuerhinterziehung begangen hat, im Rahmen einer Selbstanzeige (§ 371 AO) diese allgemeinen Straftaten aufgedeckt werden. Nach der Auslegung des BGH (Urt. v. 05.05.2004 – 5 StR 548/03,

BGHSt 49, 136 m. krit. Anm. *Eidam,* wistra 2004, 412; *ders.* wistra 2006, 11, 12 f.) gilt dies aus den folgenden Gründen:

> „... *Offenbart der Steuerpflichtige im Rahmen einer Selbstanzeige eine allgemeine Straftat, die er zugleich mit der Steuerhinterziehung begangen hat – wie hier eine tateinheitlich begangene Urkundenfälschung -, besteht kein Verwendungsverbot gemäß § 393 Abs. 2 AO hinsichtlich eines solchen Allgemeindelikts, mithin eines Delikts, das keine Steuerstraftat im Sinne des § 369 Abs. 1 AO darstellt.*
>
> *Diese einschränkende Auslegung des § 393 Abs. 2 AO folgt aus der ratio legis der gesetzlichen Vorschrift, die es dem Steuerpflichtigen ermöglichen soll, auch bemakelte Einkünfte anzugeben, ohne deswegen eine Strafverfolgung befürchten zu müssen. Denn der Staat will Kenntnis von allen – legalen wie illegalen – Einkünften erlangen, um sie einer Besteuerung unterwerfen zu können. Der Steuerstraftäter, der im Rahmen einer Selbstanzeige ein mit der Steuerhinterziehung gleichzeitig begangenes Allgemeindelikt aufdeckt, offenbart jedoch keine weitere Steuerquelle für den Staat. Dies gilt insbesondere dann, wenn der Täter – wie hier der Angeklagte – einen angeblichen Steuererstattungsanspruch geltend macht, der auf einen völlig frei erfundenen Sachverhalt gestützt wird, und dazu gefälschte Urkunden vorlegt.*
>
> *Die Regelung des § 393 Abs. 2 AO soll zudem das Spannungsverhältnis ausgleichen zwischen der Erzwingbarkeit der Steuererklärung einerseits und dem berechtigten Interesse des Steuerpflichtigen andererseits, sich in Erfüllung seiner steuerrechtlichen Mitwirkungs- und Offenbarungspflichten nicht der Strafverfolgung wegen möglicherweise zu offenbarendem strafbaren Verhaltens auszusetzen. Der innere Grund für das in § 393 Abs. 2 AO normierte Verwendungsverbot ist demnach die Erzwingbarkeit der Pflichterfüllung.*
>
> *Die Erfüllung der Mitwirkungs- und Offenbarungspflichten ist jedoch dann nicht mehr mit den Zwangsmitteln des Steuerrechts (§ 328 AO) durchsetzbar, wenn der Steuerpflichtige genötigt wäre, sich wegen einer von ihm begangenen Steuerstraftat selbst zu belasten (§ 393 Abs. 1 AO). Der Täter einer Steuerhinterziehung kann nicht zur Abgabe einer Selbstanzeige gezwungen werden. Dies macht deutlich, dass in dieser Situation, in welcher der Steuerpflichtige aufgrund seiner vorherigen Steuerstraftat nicht mehr mit Zwangsmitteln zur Erfüllung seiner steuerrechtlichen Pflichten veranlasst werden kann (§ 393 Abs. 1 AO) und er als Beschuldigter in einem Strafverfahren keine Angaben machen müsste, er auch nicht des Schutzes des Beweisverwendungsverbots nach § 393 Abs. 2 AO bedarf. ...*"

Das BVerfG (Beschl. v. 15.10.2004 – 2 BvR 1316/04, NJW 2005, 352) hat diese Rechtsprechung **92** bestätigt, denn es widerspreche nicht dem verfassungsrechtlichen Schutz vor erzwungener Selbstbelastung, dass nach der Auslegung durch den BGH das Verwendungsverbot des § 393 Abs. 2 AO nicht eingreift, wenn der Steuerpflichtige eine allgemeine Straftat offenbart, die er zugleich mit der Steuerhinterziehung begangen hat. Ebenso wenig widerspreche die Auslegung des § 393 Abs. 2 AO durch den BGH als einschränkende Interpretation eines Beweisverwertungsverbots dem Analogieverbot des Art. 103 Abs. 2 GG und genüge unter dem Aspekt des rechtsstaatlichen Vertrauensschutzes den verfassungsrechtlichen Vorgaben.

Auch der Einwand, der Steuerpflichtige sei im Interesse der Straffreiheit nach § 371 AO zur voll- **93** ständigen Offenlegung des Steuerdelikts einschließlich der damit verbundenen Allgemeindelikte, also zur Rückkehr zur Wahrheit, gezwungen gewesen und habe deshalb in Erfüllung steuerrechtlicher Pflichten ein Allgemeindelikt offenbart, das als Vergehen nicht unter die Ausschlussklausel des § 393 Abs. 2 Satz 2 AO falle (z.B. Klein/*Jäger* § 393 Rn. 49; *Joecks,* wistra 1998, 86, 90 f.; *Heerspink,* wistra 2001, 441, 444; a.A. *Spriegel,* wistra 1997, 321, 325, wonach jede abgegebene Steuererklärung, ob richtig oder falsch, in Erfüllung steuerlicher Pflichten erfolge), greift im Ergebnis nicht durch (so auch ausf. Wabnitz/Janovsky/*Gürtler* Rn. 117; vgl. auch Schwarz/*Dumke* § 393 Rn. 50 m.w.N.). Denn zeigt der Steuerpflichtige sich nicht an, so drohen keine Zwangsmaßnahmen, weshalb sich verfassungsrechtlich aus der gesetzlichen Auskunftspflicht selbst noch kein strafrechtliches Beweisverwertungsverbot herleiten lässt und die Zwangslage, in der sich ein

Selbstanzeigender im Fall des § 371 AO befindet, für die verfassungsrechtliche Begründung eines Beweisverwertungsverbots nicht ausreicht.

c) Freiwillige Angaben

94 In Fällen, in denen der Steuerpflichtige freiwillig seiner Steuererklärung gefälschte Unterlagen zu Beweiszwecken beifügt, besteht kein Raum für ein Verwendungsverbot, denn dann hat der Steuerpflichtige die gefälschten Belege nicht in Erfüllung einer steuerrechtlichen Pflicht i.S.d. § 393 Abs. 2 AO vorgelegt (BayObLG, Beschl. v. 18.02.1998 – 4 St RR 2/98, wistra 1998, 197: *„Das EStG verpflichtet … nicht, für geltend gemachte Werbungskosten bereits der Steuererklärung Unterlagen beizufügen, die diese Ausgaben belegen."*; Klein/*Jäger* § 393 Rn. 49; a.A. Schwarz/*Dumke* § 393 Rn. 48 m.w.N.; zweifelnd FGJ/*Joecks* § 393 Rn. 54).

d) Illegale Einkünfte

95 Der BGH (Urt. v. 02.12.2005 – 5 StR 119/05, NStZ 2006, 210 – „Kölner Müllskandal"; noch nicht entscheidungserheblich: BGH, Urt. v. 05.05.2004 – 5 StR 139/03, NStZ-RR 2004, 242; vgl. auch *Wulf*, wistra 2006, 89) hat entschieden, dass eine steuerliche Erklärungspflicht im Hinblick auf illegale Einkünfte (hier: Bestechungsgelder) mit einer Reduzierung des Erklärungsumfangs besteht:

> „… Gründe: …
>
> *b) Die Pflicht zur Abgabe einer wahrheitsgemäßen Steuererklärung war auch nicht unter dem Gesichtspunkt suspendiert, dass niemand verpflichtet ist, sich selbst anzuklagen oder sonst zur eigenen Überführung beizutragen (nemo tenetur se ipsum accusare; hierzu näher Jäger NStZ 2005, 552, 556 ff. mwN).*
>
> *aa) Ein Steuerpflichtiger, der Einkünfte aus Bestechungsgeldern anzugeben hat, wird seiner durch § 370 AO strafbewehrten Erklärungspflicht regelmäßig bereits dadurch nachkommen können, dass er diese Einkünfte betragsmäßig offen legt und einer Einkunftsart zuordnet, ohne die genaue Einkunftsquelle zu benennen (vgl. auch BGHR AO § 393 I Erklärungspflicht 4). Denn diese Erklärung reicht regelmäßig zu einer Festsetzung von Einkommensteuer aus, durch die im Ergebnis eine Verkürzung von Steuern – also der von § 370 AO vorausgesetzte Taterfolg – vermieden wird. Derartige Angaben, durch die sich der Steuerpflichtige nicht selbst einer Straftat bezichtigt, sondern lediglich Einkünfte offenbart, sind ihm ohne weiteres zumutbar. Die strafrechtliche Erzwingbarkeit dieser Erklärungspflicht in dem genannten beschränkten Umfang gerät regelmäßig nicht in Konflikt mit dem verfassungsrechtlich verbürgten Grundsatz der Selbstbelastungsfreiheit.*
>
> *bb) Soweit nach der AO darüber hinaus Erläuterungspflichten (§§ 93 ff. AO) bestehen, die mit den in §§ 328 ff. AO genannten Zwangsmitteln durchsetzbar sind, ist der Steuerpflichtige zunächst durch das Steuergeheimnis (§ 30 AO) sowie das in § 393 Abs. 2 AO normierte begrenzte strafrechtliche Verwertungsverbot geschützt (vgl. BVerfGE 56, 37, 47; BGHR aaO). In dem Umfang, in dem dieser Schutz auf Grund überragender öffentlicher Interessen durch § 393 Abs. 2 S. 2, § 30 Abs. 4 Nr. 5 AO durchbrochen wird, gebietet der Grundsatz der Selbstbelastungsfreiheit allenfalls, dass sich die erzwingbare Erklärungspflicht auf die betragsmäßige Angabe der Einkünfte als solche beschränkt und der Steuerpflichtige nicht mit Zwangsmitteln zur Abgabe weitergehender Erläuterungen zur – allein hierdurch nicht ermittelbaren – deliktischen Herkunft der Einkünfte angehalten werden kann (vgl. BGHR aaO). Nur soweit die steuerrechtliche Pflicht zur umfassenden Auskunft mit Zwangsmitteln durchsetzbar wäre, könnte ein Konflikt mit dem verfassungsrechtlich verbürgten Grundsatz bestehen, dass niemand zur eigenen Überführung beitragen muss (vgl. BVerfG – Kammer NJW 2005, 352, 353).*

cc) Weder das allgemeine Persönlichkeitsrecht noch die Menschenwürde werden schon allein dadurch tangiert, dass ein Steuerpflichtiger zur Angabe von Einnahmen aus Straftaten verpflichtet ist (vgl. auch BVerfG – Vorprüfungsausschuss wistra 1988, 302). Denn der Grundsatz der Selbstbelastungsfreiheit schützt nicht vor einer Bestrafung strafbaren Verhaltens, sondern lediglich vor einer strafrechtlichen Verurteilung, die auf einem rechtlichen Zwang zur Selbstbelastung beruht (vgl. BVerfG – Kammer aaO). Die Grundrechte des Steuerpflichtigen sind jedenfalls dann gewahrt, wenn sich die Erzwingbarkeit der Erklärung nur auf die Angabe der Einnahme als solche und nicht auf deren – allein hierdurch nicht ermittelbare – deliktische Herkunft bezieht ... "

In diesem Zusammenhang ist auch § 4 Abs. 5 Satz 1 Nr. 10 EStG zu beachten, wonach die **96** Zuwendung von Vorteilen durch eine rechtswidrige Handlung (insb. Bestechungsgelder) als Betriebsausgaben den Gewinn nicht mindern darf. Diesbezüglich bestehen seitens Finanzbehörde, StA, Gericht und Verwaltungsbehörde Mitteilungspflichten gem. § 4 Abs. 5 Satz 1 Nr. 10 S. 2, 3 EStG (vgl. *Heerspink,* wistra 2001, 441 s. näher die Kommentierung zu § 4 Abs. 5 Satz 1 Nr. 10 EStG).

e) Steuererstattungen

Fraglich ist zudem, ob unter den Begriff des Handelns in „Erfüllung einer steuerlichen Pflicht" **97** auch Angaben des Steuerpflichtigen fallen, die z.B. in einem Steuererstattungs- oder Vergütungsverfahren gemacht worden sind. Gegen eine Anwendbarkeit des § 393 Abs. 2 AO spricht, dass der Steuerpflichtige nicht verpflichtet ist, eine Steuervergütung oder -erstattung zu beantragen und keine strafbewehrte oder mit steuerrechtlichen Zwangsmitteln durchsetzbare Pflicht zu einer Richtigstellung besteht. Doch führen auch falsche Angaben zur Erlangung unberechtigter Vorsteuererstattungen dazu, dass ein Steuerverfahren in Gang gesetzt wird, sodass § 393 Abs. 2 AO greift, denn macht der Steuerpflichtige von der Möglichkeit der Geltendmachung von Steuererstattungen Gebrauch, so entsteht für ihn die steuerliche Pflicht, insoweit wahrheitsgemäße Angaben zu machen (Klein/*Jäger* § 393 Rn. 49; a.A. FGJ/*Joecks* § 393 Rn. 54; Schwarz/*Dumke* § 393 Rn. 49; vgl. auch BGH, Urt. v. 05.05.2004 – 5 StR 548/03, BGHSt 49, 136).

9. Keine Anwendung des § 393 Abs. 2 AO

In den folgenden Fällen ist § 393 Abs. 2 AO nicht anwendbar: **98**

a) Einverständnis des Steuerpflichtigen mit der Verwertung:

Das Verwendungsverbot greift nicht ein, wenn der Steuerpflichtige mit der Verwendung der **99** Kenntnisse aus den Steuerakten einverstanden ist, denn anders als in § 136a Abs. 3 StPO ist dies nicht ausgeschlossen. Dieser Fall ist damit mit der Konstellation vergleichbar, in der der der Steuerpflichtige einer Durchbrechung des Steuergeheimnisses zustimmt (Klein/*Jäger* § 393 Rn. 57 m.w.N.; Schwarz/*Dumke* § 393 Rn. 62).

b) Mit Steuerstraftaten konkurrierende weitere Verstöße gegen § 370 AO

Da bereits dem Wortlaut des § 393 Abs. 2 AO entsprechend das Verwendungsverbot nur für Taten **100** gilt, die keine Steuerstraftaten sind, ist in Konstellationen, in denen der Steuerpflichtige mehrere selbstständige Verstöße gegen § 370 AO begangen hat, das Verwendungsverbot des § 393 Abs. 2 AO zugunsten des Steuerpflichtigen nicht anwendbar. Doch kommt in diesen Fällen eine Suspendierung von der Strafbewehrung der Verletzung steuerlicher Pflichten aufgrund des Nemo-tenetur-Grundsatzes in Betracht. Diesbezüglich wird auf die Ausführungen des BGH (Beschl. v. 12.01.2005 – 5 StR 191/04, wistra 2005, 148 = NStZ 2005, 519 m. Anm. *Rogall,* NStZ 2006, 41; vgl. auch *Rolletschke,* wistra 2004, 246; *Aselmann* NStZ 2003, 71; *Grezesch,* DStR 1997, 1273; *Rüping/Kopp,* NStZ 1997, 530) verwiesen. Hier bestätigt der BGH zunächst seine diesbezügliche bisherige Rechtsprechung:

„... *Der Steuerpflichtige ist grundsätzlich verpflichtet, seine steuerlichen Erklärungspflichten (§§ 90, 150 Abs. 2 AO) zu erfüllen, ohne Rücksicht darauf, ob er hierdurch eigene Straftaten oder Ordnungswidrigkeiten aufdeckt. Diese weitgehenden Erklärungs- und Mitwirkungspflichten sind im Hinblick auf die Steuergerechtigkeit und die Notwendigkeit eines gesicherten Steueraufkommens für den Staat sachlich gerechtfertigt (vgl. BVerfG – Kammer wistra 1988, 302; BGHSt 47, 8, 13 = NJW 2001, 3638 = NStZ 2001, 432).*

Dem in Art. 2 Abs. 1 GG verfassungsrechtlich verankerten Nemo-tenetur-Grundsatz (vgl. BVerfGE 56, 37 [41f.] = NJW 1981, 1431) wird in der Abgabenordnung dadurch Rechnung getragen, dass in § 393 Abs. 1 AO der Einsatz von Zwangsmitteln untersagt ist, soweit der Steuerpflichtige Steuerstraftaten offenbaren müsste. Ergänzt wird der Schutz in § 393 Abs. 2 AO hinsichtlich anderer Straftaten durch ein begrenztes strafrechtliches Verwertungsverbot (vgl. BVerfGE 56, 37 [47] = NJW 1981, 1431). Ferner kann das Zwangsmittelverbot nach der Rechtsprechung des BGH in bestimmten Ausnahmefällen dazu führen, dass die Strafbewehrung der Verletzung steuerlicher Pflichten suspendiert wird. So entfällt während der Dauer des Strafverfahrens die Strafbarkeit hinsichtlich der Nichtabgabe der Umsatzsteuerjahreserklärung, wenn wegen der Abgabe unrichtiger Umsatzsteuervoranmeldungen des nämlichen Jahres ein Strafverfahren anhängig ist (vgl. BGHSt 47, 8 = NJW 2001, 3638 = NStZ 2001, 432). Ebenso wird die strafbewehrte Pflicht zur Abgabe von Einkommen- und Gewerbesteuererklärungen für einen bestimmten Veranlagungszeitraum dadurch suspendiert, dass dem Steuerpflichtigen für diesen Zeitraum die Einleitung eines Steuerstrafverfahrens bekannt gegeben wird (BGHR AO § 393 Abs. 1 Erklärungspflicht 2 u. 3).

Das Zwangsmittelverbot findet inhaltlich jedoch dort seine Grenze, wo es nicht mehr um ein bereits begangenes steuerliches Fehlverhalten des Betroffenen geht, für das ein Steuerstrafverfahren bereits eingeleitet ist. Eine Ausnahme von der strafbewehrten Pflicht, vollständige und wahrheitsgemäße Angaben im Besteuerungsverfahren zu machen, ist aus diesem Grund nur anzuerkennen, wenn hinsichtlich derselben Steuerart und desselben Besteuerungszeitraums, für den bereits ein Ermittlungsverfahren eingeleitet wurde, weitere Erklärungspflichten bestehen (BGHR AO § 393 Abs. 1 Erklärungspflicht 2). Anderenfalls würde – durch Nichtabgabe von oder durch falsche Angaben in Steuererklärungen – neues Unrecht geschaffen, zu dem das Recht auf Selbstschutz nicht berechtigt; zudem würde dem Täter gegenüber anderen Steuerpflichtigen eine ungerechtfertigte Besserstellung eingeräumt (BGHSt 47, 8 [15] = NJW 2001, 3638 = NStZ 2001, 432 m.w. Nachw.; BGHR § 393 Abs. 1 Erklärungspflicht 2). ...“

101 Des Weiteren hat der BGH hier entschieden, dass bei Anhängigkeit eines Strafverfahrens für die zutreffenden Angaben des Steuerpflichtigen wegen zurückliegender Besteuerungszeiträume oder anderer Steuerarten des gleichen Besteuerungszeitraums ein strafrechtliches Verwendungsverbot besteht, wenn durch die Pflicht zur Abgabe von wahrheitsgemäßen Steuererklärungen für die nachfolgenden Besteuerungszeiträume eine Konfliktsituation besteht. Doch rechtfertigt das Zwangsmittelverbot es nicht, die Abgabe von Steuererklärungen für nachfolgende Besteuerungszeiträume zu unterlassen (BGH, Beschl. v. 12.01.2005 – 5 StR 191/04, wistra 2005, 148 = NStZ 2005, 519).

102 Diesem **Verwendungsverbot**, das den beschuldigten Steuerpflichtigen gegen die Berücksichtigung seiner pflichtgemäßen steuerlichen Erklärungen im Strafverfahren schützt, kommt **Fernwirkung** zu (so auch *Rogall*, NStZ 2005, 41, 43), doch sind damit nur die Erkenntnisquellen gesperrt, die sich unmittelbar aus den Angaben des Beschuldigten ergeben, davon unabhängigen Verdachtsmomenten (z.B. Kontrollmitteilungen) dürfen die Strafverfolgungsbehörden hingegen nachgehen (BGH, Beschl. v. 12.01.2005 – 5 StR 191/04, wistra 2005, 148, *Rogall*, NStZ 2005, 41, 43).

c) **Keine Anwendung des § 393 Abs. 2 AO bei für den Steuerpflichtigen günstigen Verwendungen**

103 Durch § 393 Abs. 2 AO wird die Verwendung zulasten des Steuerpflichtigen untersagt. Die Verwendung der offenbarten Tatsachen oder Beweismittel zugunsten des Steuerpflichtigen ist nicht verboten (Schwarz/*Dumke* § 393 Rn. 61).

10. Konsequenz: Verwendungsverbot für die Tat, die keine Steuerstraftat ist

a) Verwendungsverbot

Streitig ist, ob § 393 Abs. 2 AO als Verwendungs- oder Verwertungsverbot einzuordnen ist (näher 104
Spezialprobleme Rdn. 118 – 121). Nach hiesiger Ansicht handelt es sich dem Wortlaut des § 393
Abs. 2 AO entsprechend um ein **Verwendungsverbot**. Streitig ist als Konsequenz, ob und inwieweit eine Verwertung weiterer, erst aufgrund der Abs. 2 unterfallenden Angaben, ermittelter Tatsachen oder Beweismittel möglich ist (s. Spezialprobleme Rdn. 123 – 127).

b) Reichweite des Verwendungsverbotes

Durch § 393 Abs. 2 AO wird nur der mitwirkende Steuerpflichtige selbst geschützt. Die Verwen- 105
dung der offenbarten Tatsachen oder Beweismittel gegen **Dritte** ist durch diese Regelung nicht
ausgeschlossen und die Strafverfolgungsorgane sind nicht gehindert, die erlangten Kenntnisse in
ein gegen einen Dritten zu führendes Strafverfahren einfließen zu lassen (Schwarz/*Dumke* § 393
Rn. 63 m.w.N.; *Blesinger*, wistra 1991, 239, 244).

II. § 393 Abs. 2 Satz 2 AO

1. Verfassungskonformität des § 393 Abs. 2 Satz 2 AO

Streitig ist, ob § 393 Abs. 2 Satz 2 AO verfassungsgemäß ist. Nach wohl überwiegender Ansicht 106
in der Literatur ist diese Norm verfassungswidrig (so z.B. FGJ/*Joecks* § 393 Rn. 1 – 77 m.w.N.;
Klein/*Jäger* § 393 Rn. 57; offen: z.B. BVerfG v. 27.04.2010 – 2 BvL 13/07; BVerfG,
Beschl. v. 21.04.1988 – 2 BvR 330/88, wistra 1988, 302, Schwarz/*Dumke* § 393 Rn. 58; *Wulf,*
wistra 2006, 89; vgl. auch FG Berlin, Beschl. v. 31.01.2003 – 6 B 6204/02 I).

Entgegen dieser Auffassung vertritt der BGH in seinem Urt. v. 10.08.2001 (RiSt [R] 1/00; i.E. 107
auch *Rusteberg,* wistra 1988, 49, 56) die Meinung, dass § 393 Abs. 2 Satz 2 AO nicht gegen Art. 1
Abs. 1 oder Art. 2 Abs. 1 GG verstößt und legt Folgendes dar:

> *„Zwar ist die Auferlegung einer Auskunftspflicht, durch die der Steuerpflichtige in die Konfliktsitua-*
> *tion geraten kann, sich selbst eines Dienstvergehens zu bezichtigen, als Eingriff in die Handlungs-*
> *freiheit sowie als Beeinträchtigung des Persönlichkeitsrechts nach Art. 2 Abs. 1 GG zu beurteilen*
> *(BVerfGE 56, 37 <49 f.>; BVerfG, NJW 1999, 779) und berührt zugleich die Würde des Men-*
> *schen, wenn der Betroffene zur Erfüllung der Auskunftspflicht Zwangsmitteln ausgesetzt wird (nicht*
> *eindeutig BVerfGE 56, 37 <41 f.>, das allgemein von einem „Zwang" zur Selbstbezichtigung*
> *spricht). Letzteres ist hier jedoch nicht der Fall gewesen; die Beschlagnahme der Unterlagen im Steu-*
> *erstrafverfahren ist kein Zwang zur Erfüllung der Auskunftspflicht. Das Bundesverfassungsgericht*
> *hat eine Auskunftspflicht – in dem entschiedenen Fall: des Gemeinschuldners im Konkursverfah-*
> *ren – nur unter der Voraussetzung mit Art. 2 Abs. 1 GG als vereinbar angesehen, wenn die Aus-*
> *kunftspflicht durch ein strafrechtliches Verwertungsverbot ergänzt wird (BVerfGE 56, 50). Ob das*
> *strafrechtliche Verwertungsverbot Einschränkungen unterliegt oder der verfassungsrechtlich gebotenen*
> *Absicherung der Auskunftspflicht nur dann Rechnung trägt, wenn es unbegrenzt gilt, bedurfte in*
> *dem genannten Beschluss des Bundesverfassungsgerichts keiner Entscheidung (vgl. aber*
> *BVerfGE 56, 37 <51> zur Aufgabe des Gesetzgebers, das Verwertungsverbot näher auszugestalten*
> *und durch Offenbarungsverbote abzusichern). Diese Frage ist im ersteren Sinn zu beantworten. Die*
> *Durchbrechung des Verwertungsverbots, die nicht isoliert, sondern nur im Zusammenhang mit der*
> *Auskunftspflicht zu würdigen ist, ist auf die Fälle beschränkt, in denen die Verwertung zur Erfül-*
> *lung eines zwingenden öffentlichen Interesses unerlässlich ist. Dies ist nur dann der Fall, wenn bei*
> *dem Unterbleiben der Verwertung der Tatsachen und Beweismittel die Gefahr besteht, dass schwere*
> *Nachteile für das allgemeine Wohl eintreten (BFHE 149, 387 <393>). Unter diesen engen Voraus-*
> *setzungen ist auch der Verhältnismäßigkeitsgrundsatz gewahrt."*

108   Das LG Göttingen war der Ansicht, die Frage der Verfassungsmäßigkeit des § 393 Abs. 2 Satz 2 AO sei für die Entscheidung über die Eröffnung des Hauptverfahrens in dem ihm vorliegenden Fall erheblich, hielt diese Vorschrift für verfassungswidrig und legte deshalb mit, Beschl. v. 11.12.2007 (8 KLs 1/07, wistra 2008, 231) dies dem BVerfG im konkreten Normenkontrollverfahren gem. Art. 100 Abs. 1 Satz 1, 2. Alt. GG zur Entscheidung vor. Das BVerfG (Entscheidung v. 27.04.2010 – 2 BvL 13/07) hat wegen deren **Unzulässigkeit** sachlich nicht über die Vorlage des LG Göttingen entschieden, da die Darlegungen zur Entscheidungserheblichkeit des § 393 Abs. 2 Satz 2 AO in mehrfacher Hinsicht unzureichend waren.

109   Für die **Praxis** ist hinsichtlich § 393 Abs. 2 Satz 2 AO Folgendes zu beachten:

– Dieser Meinungsstreit hat eine **sehr geringe praktische Bedeutung** (so auch Klein/*Jäger* § 393 Rn. 57; Schwarz/*Dumke* § 393 Rn. 58), denn dem Verweis des § 393 Abs. 2 Satz 2 AO auf § 30 Abs. 4 Nr. 5 AO entsprechend liegt ein zwingendes öffentliches Interesse „namentlich" vor, wenn Verbrechen oder vorsätzliche schwere Vergehen gegen Leib und Leben oder gegen den Staat und seine Einrichtungen (a) oder besonders schwere Wirtschaftsstraftaten (b) verfolgt werden oder die Offenbarung erforderlich ist zur Richtigstellung in der Öffentlichkeit verbreiteter unwahrer Tatsachen, die geeignet sind, das Vertrauen in die Verwaltung erheblich zu erschüttern (c). Fälle, in denen sich ein Steuerpflichtiger in Erfüllung gesetzlicher Pflichten eines Deliktes der Schwerkriminalität bezichtigt, sind äußerst selten.
– § 393 Abs. 2 Satz 2 AO ist geltendes Recht und ist deshalb durch die Gerichte zwingend anzuwenden (z.B. FG Berlin, Beschl. v. 31.01.2003 – 6 B 6204/02 I; BGH, Urt. v. 10.08.2001 – RiSt [R] 1/00), bis das BVerfG über die Verfassungswidrigkeit der Norm entschieden hat und die Vorschrift ggf. für nichtig erklärt (*Wulf,* wistra 2006, 89, 91).

2. Inhalt der Ausnahmeregelung des § 393 Abs. 2 Satz 2 AO

110   Das Verwendungsverbot des Satz 1 gilt nach der eng auszulegenden Ausnahmeregelung des § 393 Abs. 2 Satz 2 AO nicht für Straftaten, an deren Verfolgung ein zwingendes öffentliches Interesse gem. § 30 Abs. 4 Nr. 5 AO besteht (krit. zu OLG Stuttgart Entscheidung v. 16.04.1986 – 2 Ss 772/86, wistra 1986, 191: *Blesinger,* wistra 1991, 239, 244; näher dazu die Kommentierung zu § 30 AO).

D. Rechtsmittel

I. Rechtsschutz hinsichtlich § 393 Abs. 2 AO im Ermittlungsverfahren und im erstinstanzlichen gerichtlichen Verfahren

111   Das Verwendungsverbot ist im Ermittlungsverfahren und im gerichtlichen Verfahren ohne besondere Rüge von Amts wegen zu beachten (Schwarz/*Dumke* § 393 Rn. 59 m.w.N.).

II. Revision – Verstoß gegen das Verwendungsverbot nach § 393 Abs. 2 AO

112   Zur Geltendmachung eines Verstoßes gegen das Verwendungsverbot nach § 393 Abs. 2 AO ist die Erhebung einer **Verfahrensrüge** (§ 344 Abs. 2 StPO) notwendig (BGH, Urt. v. 05.05.2004 – 5 StR 548/03, BGHSt 49, 136 = NJW 2005, 2720, 2722; BGH, Urt. v. 13.10.1992 – 5 StR 253/92, NStZ 1993, 87; BayObLG, Beschl. v. 18.02.1998 – 4 St RR 2/98, wistra 1998, 197; BeckOK/ *Bachler* § 393 AO Rn. 13; Schwarz/*Dumke* § 393 Rn. 59).

E. Spezialprobleme

I. Begriff der „Offenbarung aus den Steuerakten" in § 393 Abs. 2 Satz 1 AO

Fallkonstellation: Die StA gründet ihren Tatvorwurf (z.B. wegen Untreue gem. § 266 StGB) auf 113
Tatsachen, die ihr aus den Steuerakten des Beschuldigten bzw. einer Personengesellschaft, deren
Mitgesellschafter der Beschuldigte war, bekannt geworden sind. Die Kenntnisnahme erfolgte nicht
unmittelbar aus den Steuerakten (z.B. durch Einsichtnahme in diese), sondern indem Dritte (hier:
Unterrichtung durch Mitgesellschafter des Beschuldigten) die StA mittelbar vom Inhalt der Steuerakten unterrichteten.

Fraglich ist, ob hier § 393 Abs. 2 Satz 1 AO eingreift, denn Voraussetzung dafür ist, dass Tatsachen 114
und Beweismittel „aus den Steuerakten offenbart" werden (das BVerfG Entscheidung
v. 27.04.2010 – 2 BvL 13/07 siedelt dieses Problem unter dem Begriff „in einem Strafverfahren"
i.S.d. § 393 Abs. 2 Satz 1 AO an).

Nach einer Ansicht folgt aus dem Rückbezug des § 393 Abs. 2 Satz 1 AO auf die Steuerakten, die 115
gem. § 30 Abs. 4 Nr. 1, Abs. 2 Nr. 1 b) AO nur in einem Steuerstrafverfahren gegen den Steuerpflichtigen vorgelegt werden dürften, sowie aus dem Zusammenhang des § 393 Abs. 2 AO mit
§ 30 Abs. 4 Nr. 4 a) AO, wo von einem Verfahren wegen einer Steuerstraftat oder Steuerordnungswidrigkeit die Rede ist (vgl. HHSp/*Hellmann* § 393 Rn. 149; *Rolletschke*/Kemper § 393 Rn. 87;
Schwarz/*Dumke* § 393 Rn. 52; vgl. BVerfG Entscheidung v. 27.04.2010 – 2 BvL 13/07 m.w.N.),
dass § 393 Abs. 2 Satz 1 AO hier keine Anwendung finde, denn die Strafverfolgungsorgane hätten
nicht in einem Steuerstrafverfahren gegen den Steuerpflichtigen Kenntnis vom Inhalt der Steuerakten erlangt. Vielmehr sei in diesen Fällen ein Verwertungsverbot unmittelbar aus der Verfassung
herzuleiten (vgl. HHSp/*Hellmann* § 393 Rn. 156; *Rolletschke*/Kemper § 393 Rn. 91; i.E. auch FGJ/
Joecks § 393 Rn. 60; vgl. BVerfG, Entscheidung v. 27.04.2010 – 2 BvL 13/07 m.w.N.).

Nach anderer – zutreffender – Ansicht greift das Verwendungsverbot des § 393 Abs. 2 Satz 1 AO 116
auch dann ein, wenn die Strafverfolgungsorgane außerhalb eines Steuerstrafverfahrens Kenntnis
vom Inhalt der Steuerakten erlangt haben. Nach dem Schutzzweck der Vorschrift sei allein entscheidend, ob Quelle der Tatsachen oder Beweismittel die Steuerakten seien, nicht hingegen, auf
welchem Wege sie den Strafverfolgungsorganen bekannt geworden seien (OLG Hamm,
Urt. v. 22.05.1991 – 3 Ss 1400/90 im Anschluss an OLG Stuttgart, Beschl. v. 16.04.1986 – 2 Ss
772/86, wistra 1986, 191, 192; *Kohlmann* § 393 Rn. 75; vgl. BVerfG v. 27.04.2010 – 2 BvL 13/
07). Demnach sind nicht nur solche Tatsachen aus den Steuerakten bekannt geworden, die die
StA den Steuerakten unmittelbar entnommen hat, sondern auch solche, die von Dritten aus diesen Akten den Strafverfolgungsbehörden mitgeteilt worden sind, da entscheidend für die Anwendung des § 393 Abs. 2 AO ist, ob Quelle der Tatsachen oder Beweismittel die Steuerakten sind,
und nicht, auf welchem Wege die Tatsachen oder Beweismittel den Strafverfolgungsorganen
bekannt geworden sind (OLG Hamm, Urt. v. 22.05.1991 – 3 Ss 1400/90 im Anschluss an
OLG Stuttgart, Beschl. v. 16.04.1986 – 2 Ss 772/86, wistra 1986, 191, 192).

Für die **Praxis** ist dieser Meinungsstreit dann erheblich, wenn man § 393 Abs. 2 AO – zutref- 117
fend – als Verwendungsverbot einordnet (s.o.), während es sich nach erstgenannter Ansicht um
ein verfassungsrechtlich verankertes Verwertungsverbot handelt (s. weiter Rdn. 118 ff.). Dies hat
Auswirkung auf die Beantwortung der Frage, ob weitere erlangte Beweismittel im weiteren
Ermittlungsverfahren verwendet bzw. verwertet werden dürfen (**Fernwirkung**).

II. Verwendungsverbot oder Verwertungsverbot?

Streitig ist, ob § 393 Abs. 2 AO als Verwendungs- oder Verwertungsverbot einzuordnen ist. 118

Im Allgemeinen wird der Oberbegriff der Beweisverbote „formell" in solche bzgl. der Erhebung 119
und in andere, die Verwertung betreffende, unterteilt (*Eisenberg* StPO Rn. 335 m.w.N.). Von den
Beweisverwertungsverboten sind die sog. Verwendungsverbote zu unterscheiden, die z.B. in den

§§ 98b Abs. 3 Satz 3, 100b Abs. 5, 100d Abs. 6, 100 f Abs. 5, 100 i Abs. 3 und 110e StPO enthalten sind. Diese verhindern als Ausprägung des Grundrechts auf informationelle Selbstbestimmung (vgl. BVerfG v. 15.12.1983 – 1 BvR 209/83, BVerfGE 65, 1, sog. „Volkszählungsurteil"), dass die erhobenen Daten i.S.d. BDSG in anderer Form zur Informationserhebung und verarbeitung genutzt werden (*Meyer-Goßner* Einl. Rn. 57d). Hinsichtlich § 393 Abs. 2 AO ist sowohl die Terminologie (vgl. nur BeckOK/*Bachler* § 393 AO Rn. 7; Klein/*Jäger* § 393 Rn. 51, 53: Verwertungsverbot oder Klein/*Jäger* § 393 Rn. 46: Verwendungsverbot) als auch die Einordnung uneinheitlich. Dies hat für die **Praxis** Konsequenzen.

120   Nach einer Auffassung handelt es sich um ein **Verwertungsverbot** (z.B. BayObLG, Beschl. v. 06.08.1996 – 4 St RR 104/96, wistra 1996, 353; wohl auch *Eisenberg* StPO Rn. 335 Fn. 2). Da bei Verwertungsverboten grds. eine Fernwirkung abgelehnt wird, hat dies zur Folge, dass regelmäßig nur die unmittelbar erlangten Informationen nicht verwendet werden dürfen (auch Schwarz/*Dumke* § 393 Rn. 35c; Klein/*Jäger* § 393 Rn. 61; näher Rdn. 125).

121   Nach zutreffender Meinung handelt es sich schon dem Wortlaut des § 393 Abs. 2 AO entsprechend um ein **Verwendungsverbot** hinsichtlich der unter § 393 Abs. 2 AO fallenden Tatsachen und Beweismittel für die Verfolgung (z.B. Schwarz/*Dumke* § 393 Rn. 35d m.w.N.; *Rogall,* NStZ 2006, 41, 41 f.; abweichend *Kohlmann* § 393 Rn. 65, 82: Verfolgungsverbot), sodass die Strafverfolgungsorgane an Ermittlungen zur nichtsteuerlichen Straftat gehindert sind. Insoweit enthält die Regelung praktisch ein Ermittlungsverbot (Schwarz/*Dumke* § 393 Rn. 35d m.w.N.).

122   **Streitig** ist als Konsequenz dieses Meinungsstreites, ob und inwieweit eine Verwertung weiterer, erst aufgrund der Abs. 2 unterfallenden Angaben ermittelter Tatsachen oder Beweismittel möglich ist (s. Rdn. 123 ff.).

III. Fernwirkung des Verwendungsverbots aus § 393 Abs. 2 AO

123   Die Frage der Fernwirkung ist streitig, d.h. die Frage, ob weitere erlangte Beweismittel im weiteren Ermittlungsverfahren gem. § 393 Abs. 2 Satz 1 AO einem Verwendungsverbot unterlägen.

124   Teils wird § 393 Abs. 2 AO als **Verwertungsverbot mit Fernwirkung** eingeordnet. Als Argument für eine Fernwirkung wird im Wesentlichen die verfassungsrechtliche Selbstbelastungsfreiheit aus Art. 2 Abs. 1 i.V.m. Art. 1 Abs. 1 GG angeführt, die zum Kernbereich des Persönlichkeitsrechts zähle und unterlaufen werde, wenn man eine Fernwirkung des Verwendungsverbots aus § 393 Abs. 2 Satz 1 AO ablehne (LG Göttingen, Beschl. v. 11.12.2007 – 8 KLs 1/07, wistra 2008, 231; *Heerspink,* wistra 2001, 441, 445; *Hildebrandt,* DStR 1982, 20, 24; ausf. auch BVerfG Entscheidung v. 27.04.2010 – 2 BvL 13/07).

125   Ordnet man § 393 Abs. 2 Satz 1 AO als „normales" **Verwertungsverbot ohne Fernwirkung** ein (z.B. Klein/*Jäger* § 393 Rn. 51 m.w.N.), so stellen sich die Fragen einer etwaigen Nichtverwertung, ggf. der Berücksichtigung hypothetischer Ermittlungsverläufe (*Meyer-Goßner* Einl. Rn. 57c m.w.N.; ausf. dazu *Rogall,* NStZ 1988, 385; vgl. auch BeckOK/*Bachler* § 393 AO Rn. 11; LG Stuttgart, Beschl. v. 21.07.2000 – 11 Qs 46/00 zu § 97 InsO) sowie einer Nachholung der Erhebung des Beweises im Ermittlungsverfahren ohne Rechtsfehler (BeckOK/*Bachler* § 393 AO Rn. 9; FGJ/*Joecks* § 393 Rn 61 m.w.N.; instruktiv *Rogall,* NStZ 1988, 385 sowie *Jahn/Dallmeyer,* NStZ 2005, 297; zur Wiederholung der Beweiserhebung auch BGH v. 24.08.1983 – 3 StR 136/83, BGHSt 32, 71 = NJW 1984, 2772; BGH v. 06.08.1987 – 4 StR 333/87, BGHSt 35, 34 = NJW 1988, 1223; offen LG Stuttgart, Beschl. v. 21.07.2000 – 11 Qs 46/00 zu § 97 InsO).

126   Aus der Wortwahl „verwenden" in § 393 Abs. 2 AO statt „verwerten" ergibt sich, dass nach dem Willen des Gesetzgebers auch solche Tatsachen nicht verwertet werden dürfen, zu denen die Auskunft den Weg gewiesen hat (vgl. LG Stuttgart, Beschl. v. 21.07.2000 – 11 Qs 46/00 zu § 97 InsO). Nach hiesiger Ansicht handelt es sich bei § 393 Abs. 2 AO um ein **Verwendungsverbot** und es ist deshalb zu differenzieren: Wenn die Erkenntnisse aus den Steuerakten über die offen-

barten Tatsachen und Beweismittel ursächlich sind für die Meinungsbildung und die Ermittlungen der Strafverfolgungsorgane, dürfen die weiteren Erkenntnisse nicht verwendet werden. Soweit jedoch Informationen unabhängig von den Steuerakten zu den Strafverfolgungsorganen gelangen, können diese verwendet werden (z.B. Schwarz/*Dumke* § 393 Rn. 55; FGJ/*Joecks* § 393 Rn. 1 – 68; *Blesinger*, wistra 1991, 239, 244 f.).

Versteht man § 393 Abs. 2 Satz 1 AO dem Wortlaut der Norm entsprechend als Verwendungsverbot, ist dies weitergehend als ein Verwertungsverbot, denn es umfasst auch **127**

– das Verbot der Weitergabe der Erkenntnisse und beschränkt sich nicht nur auf das Verbot der Verwertung der Tatsachen oder Beweismittel in einem Strafverfahren und hindert die Strafverfolgungsorgane demgemäß an Ermittlungen zur nichtsteuerlichen Straftat (Schwarz/*Dumke* § 393 Rn. 59a). Es ist damit nicht erheblich, dass sich das Strafgericht die Erkenntnis hätte auch auf anderem Weg beschaffen können (Schwarz/*Dumke* § 393 Rn. 56 m.w.N.).
– ein **Ermittlungsverbot** hinsichtlich der nichtsteuerlichen Straftaten. Deshalb darf die Finanzbehörde, wenn sie i.R.d. Ermittlungen einer Steuerstraftat die unter den Voraussetzungen des § 393 Abs. 2 AO offenbarte nichtsteuerliche Straftat erkennt, keine Ermittlungshandlungen in diese Richtung vornehmen, d.h., sie darf wegen der nichtsteuerlichen Straftat das Strafverfahren schon nicht einleiten, sodass die Ermittlungszuständigkeit der Finanzbehörde nach § 386 Abs. 2 Nr. 1 AO erhalten bleibt (Schwarz/*Dumke* § 393 Rn. 59).

F. Die Verwendungsberechtigung im Besteuerungsverfahren, § 393 Abs. 3 AO

§ 393 Abs. 3 Satz 1 AO (eingefügt durch das JStG 2008 v. 20.12.2007, BGBl. I 2007, S. 3150) **128** bestimmt, dass Erkenntnisse, die die Finanzbehörde oder die StA rechtmäßig im Rahmen strafrechtlicher Ermittlungen gewonnen hat, auch im Besteuerungsverfahren verwendet werden dürfen. Der Verwendungsberechtigung des § 393 Abs. 3 Satz 1 AO kommt lediglich klarstellende Bedeutung zu, da die Bestimmung nur einen geklärten Grundsatz wiederholt (Kohlmann/*Hilgers-Klautzsch*, § 393 Rn. 88; *Rolletschke*/Kemper § 393 Rn. 113; Schwarz/*Dumke* § 393 Rn. 64; vgl. auch TK/*Seer*, § 208 Rn. 141). Diese Verwertbarkeit ist rechtlich zweifelsfrei, da ansonsten Personen, gegen die sich strafrechtliche Ermittlungsmaßnahmen richten und die ihren steuerlichen Pflichten nicht ordnungsgemäß nachgekommen sind, steuerlich im Ergebnis besser stehen würden als Personen, die ihre steuerlichen Pflichten ordnungsgemäß erfüllen (vgl. z.B. BVerfG v. 12.04.1996 – 2 BvL 18/93, wistra 1996, 227).

Aus § 393 Abs. 3 Satz 1 AO ist nicht der Umkehrschluss zu ziehen, dass unter strafprozessualen **129** Gesichtspunkten rechtswidrig gewonnene Erkenntnisse einem **grundsätzlichen steuerrechtlichen Verwendungsverbot** unterliegen (*Rolletschke*/Kemper § 393, Rn. 114; Klein/*Jäger* § 393 Rn. 62; FGJ/*Joecks* § 393, Rn. 89; a.A. Kohlmann/*Hilgers-Klautzsch* § 393 Rn. 89). Einerseits würde eine solche Auslegung dem allgemeinen Grundsatz widersprechen, dass sich die Frage nach dem Vorliegen und dem Umfang eines Verwertungsverbots im Strafprozess- wie im Steuerrecht nur im jeweiligen Einzelfall nach den anwendbaren Verfahrensvorschriften und Verfassungsgrundsätzen beantworten lässt (vgl. z.B. BFH v. 28.10.2009 – I R 28/08, BFH/NV 2010, 432; BFH, Urt. v. 23.02.2002 – XI R 10, 11/01, BStBl. II 2002, S. 328). Andererseits gibt es in der Entstehungsgeschichte der Norm keinen Hinweis auf einen entsprechenden Willen des Gesetzgebers.

Der Grundsatz des § 393 Abs. 3 Satz 1 AO gilt für die Besteuerung aller in diesem Verfahren **130** bekannt gewordenen steuerrechtlich relevanten Vorgänge jeder Art, auch gegen andere Stpfl. und nicht nur für die Verwendung der Besteuerungsgrundlagen gegen den Beschuldigten oder Angeklagten des betreffenden Steuerstrafverfahrens (Schwarz/*Dumke* § 393 Rn. 64).

§ 393 Abs. 3 Satz 2 AO (ebenfalls eingefügt durch das JStG 2008 v. 20.12.2007, BGBl. I 2007, **131** 3150) i.V.m. § 413 AO erstreckt diese Verwertbarkeit auch auf die Erkenntnisse, die dem **Brief-, Post- und Fernmeldegeheimnis** (Art. 10 GG) unterliegen, soweit die Finanzbehörde diese rechtmäßig im Rahmen eigener strafrechtlicher Ermittlungen gewonnen hat oder nach den Vorschriften der StPO Auskunft an die Finanzbehörden erteilt werden darf. Dadurch soll die Verwertung strafprozessual erlangter Erkenntnisse gesetzlich ermöglicht werden, die der BFH ohne eine entsprechende Regelung für unzulässig erklärt hatte (BFH v. 26.02.2001 – VII B 265/00, BStBl. II 2001, S. 464; vgl. auch Kohlmann/*Hilgers-Klautzsch* § 393 AO Rn. 90; *Rolletschke/*Kemper § 393 Rn. 115; Klein/*Jäger* § 393 Rn. 61; FGJ/*Joecks* § 393 Rn. 90). Der BFH begründete seine Entscheidung damit, dass die AO im Zeitpunkt der Entscheidung weder eine eigenständige Rechtsgrundlage für die Beschränkung des Fernmeldegeheimnisses enthielt noch eine Vorschrift, die die Verwertung von nach § 100a StPO gewonnenen Aufzeichnungen zuliess. Durch den neu eingefügten § 393 Abs. 3 Satz 2 AO ist diese Rechtsprechung überholt.

132   Eine Regelung zur Verwertbarkeit von Erkenntnissen im Steuerfestsetzungs- und -erhebungsverfahren, die im Rahmen einer Telekommunikationsüberwachung durch die Finanzbehörde gewonnen wurden, wurde dadurch erforderlich, dass das „Gesetz zur Neuregelung der Telekommunikationsüberwachung und anderer verdeckter Ermittlungsmaßnahmen sowie zur Umsetzung der Richtlinie 2006/24/EG" (BGBl. I 2007, S. 3198) mit Wirkung ab dem 01.01.2008 Telekommunikationsüberwachungen auch bei Steuerstraftaten i.S.d. §§ 370 Abs. 3 Satz 2 Nr. 5, 373, 374 Abs. 2 AO zulässt (vgl. § 100a Abs. 2 Nr. 2 StPO). Diese Möglichkeit wird insb. im Bereich der Umsatzsteuerkarusselle genutzt.

133   Handelt es sich um ein staatsanwaltlich geführtes Ermittlungsverfahren, so hängt die steuerliche Verwertbarkeit nach dem Wortlaut des § 393 Abs. 3 Satz 2 AO davon ab, dass die StPO eine entsprechende Weitergabebefugnis enthält. Entsprechende Regelungen finden sich in den §§ 406e, 474 ff. StPO.

134   § 474 StPO ist insoweit nicht anwendbar. Dies folgt im Hinblick auf § 474 Abs. 1 StPO daraus, dass es sich bei der durch die Steuerstraftat geschädigten Finanzbehörde nicht um eine Behörde i.S.d. § 474 Abs. 1 StPO handelt (zutreffend *Rolletschke/Kemper* § 393 Rn. 116; FGJ/*Joecks* § 393 Rn. 94). Auch § 474 Abs. 2 Nr. 1 StPO ist nicht anwendbar, da ein Zusammenhang des Steueranspruchs mit der Straftat nicht gegeben ist, denn der Anspruch besteht unabhängig von der Straftat. Nichts anderes gilt für § 474 Abs. 2 Nr. 2 StPO, da insoweit das Bestehen einer besonderen Vorschrift vorausgesetzt wird, die die Übermittlung personenbezogener Daten ermöglicht (im Ergebnis ebenso FGJ/*Joecks* § 393 Rn. 94).

135   Da sich aus den Gesetzesmaterialien zu § 393 Abs. 3 AO jedoch ergibt, dass der Gesetzgeber davon ausging, dass dem Fiskus als Verletzter i.S.d. strafprozessualen Vorschriften ein Auskunftsrecht zustehe (vgl. BT-Drucks. 16/6290, S. 82), ist nach dem Willen des Gesetzgebers § 406e StPO anwendbar. Nach dem Wortlaut des § 406e StPO bedarf es insoweit der Einschaltung eines Rechtsanwalts. Der Sinn dieses Erfordernisses dürfte einerseits darin liegen, ein geordnetes und rechtsförmiges Verfahren zu sichern und andererseits das Rechtsschutzinteresse des rechtsunkundigen Geschädigten zu wahren. Beide Gesichtspunkte greifen jedoch nicht ein, wenn die Finanzbehörde geschädigt ist, da sie einerseits selbst über ausreichende Rechtskenntnisse verfügt und andererseits der jeweilig handelnde Bedienstete nicht persönlich geschädigt und deshalb hinreichend objektiv ist. Folglich dürfte ausgehend vom Sinn und Zweck der §§ 393 Abs. 3 AO, 406e StPO und der Entstehungsgeschichte des § 393 Abs. 3 StPO in diesen Fällen die Mitwirkung eines Rechtsanwalts verzichtbar sein (a.A. FGJ/*Joecks* § 393 Rn. 94).

136   Folglich ist gem. § 406e Abs. 5 i.V.m. Abs. 1 StPO die Erteilung von Auskünften und Abschriften aus den Akten zulässig, wenn die Finanzbehörde ein berechtigtes Interesse darlegt. Dies dürfte unproblematisch möglich sein, da die Finanzbehörde die Informationen benötigt, um zu ermitteln, ob und in welchem Umfang steuerliche Ansprüche geltend gemacht werden können (vgl. BVerfG v. 04.12.2008 – 2 BvR 1043/08, NJW 2007, 1052; BVerfG v. 24.09.2002 – 2 BvR 742/02, NJW 2003, 501, 503; *Meyer-Goßner* § 406e Rn. 3). Die StA kann nicht nur selbst Auskünfte erteilen, sondern gem. § 406e Abs. 1 und 5 i.V.m. § 478 Abs. 1 Satz 3 StPO auch die Polizei dazu ermächtigen.

Wie sich aus der Bezugnahme des Satzes 2 auf Satz 1 ergibt, muss die **Ermittlungsmaßnahme** 137
rechtmäßig sein, damit ihre Ergebnisse verwertet werden können. Voraussetzung der Rechtmäßigkeit der strafprozessualen Telekommunikationsüberwachungsmaßnahme ist, dass ein entsprechender Tatverdacht gegeben war, die richterliche Anordnungsbefugnis beachtet wurde und die Maßnahme – auch im Hinblick auf die besonderen Regelungen in § 100a Abs. 1 Nr. 2 und Nr. 3 StPO – verhältnismäßig war. Sind diese Voraussetzungen nicht gegeben, so dürfte im Hinblick auf die Verletzung des durch Art. 10 GG verfassungsrechtlich geschützten Bereichs des Stpfl. – und im Gegensatz zu § 393 Abs. 3 Satz 1 AO, vgl. Rn. 128 – von einem steuerlichen Verwertungsverbot auszugehen sein (ebenso BFH v. 04.10.2006 – VIII R 53/04, BStBl. II 2007, S. 227 m.w.N.; *Rolletschke*/Kemper § 393 Rn. 118; vgl. auch Schwarz/*Dumke* § 393 Rn. 66; vgl. auch Kap. 10 Rdn. 7 ff.).

Auch wenn die jeweiligen Erkenntnisse sich in der Praxis häufig auf die USt beziehen werden, 138
besteht weder nach dem Wortlaut noch nach der Gesetzgebungsgeschichte eine **Zweckbindung
i.R.d. steuerlichen Verwertung**. Somit können die erlangten Erkenntnisse steuerlich im Hinblick auf jede Steuerart verwendet werden (*Rolletschke*/Kemper § 393 Rn. 119).

Die **gerichtliche Entscheidung** über die Verwertbarkeit der Erkenntnisse obliegt der Finanzge- 139
richtsbarkeit i.R.d. Verfahrens gegen die jeweilige Regelung, in die die Erkenntnisse eingeflossen sind. Ein gesondertes Verfahren über die Verwertbarkeit ist nicht zu führen (Schwarz/*Dumke*
§ 393 Rn. 67).

§ 394 AO   Übergang des Eigentums

Hat ein Unbekannter, der bei einer Steuerstraftat auf frischer Tat betroffen wurde, aber entkommen ist, Sachen zurückgelassen und sind diese Sachen beschlagnahmt oder sonst sichergestellt worden, weil sie eingezogen werden können, so gehen sie nach Ablauf eines Jahres in das Eigentum des Staates über, wenn der Eigentümer der Sachen unbekannt ist und die Finanzbehörde durch eine öffentliche Bekanntmachung auf den drohenden Verlust des Eigentums hingewiesen hat. § 10 Abs. 2 S. 1 des Verwaltungszustellungsgesetzes ist mit der Maßgabe anzuwenden, dass anstelle einer Benachrichtigung der Hinweis nach Satz 1 bekannt gemacht oder veröffentlicht wird. Die Frist beginnt mit dem Aushang der Bekanntmachung.

A. Einführung

I. Entstehungsgeschichte

§ 394 AO entspricht, bis auf einige wenige redaktionelle Änderungen, § 430 RAO, der durch das 1
1. AOStrafÄndG v. 10.08.1967 (BGBl. I 1967, S. 877) die bereits ähnlich lautende Vorschrift des § 434 RAO und dessen Vorgänger, § 399 RAO, ersetzte.

II. Zweck und Systematik

2   Durch § 394 AO soll das Einziehungsverfahren vereinfacht werden, indem der Eigentumsübergang auf den Staat ohne Anrufung der Gerichte möglich sein soll. In der Praxis kommt der Vorschrift aber nur eine sehr geringe Bedeutung zu (dazu auch HHSp/*Hellmann* § 394 Rn. 8, 14). Der Hauptanwendungsbereich sind die Fälle, in denen ein auf frischer Tat betroffener Schmuggler das Schmuggelgut zurücklässt und sich dem Zugriff der Strafverfolgungsbehörden entzieht (Kohlmann/*Kutzner* § 394 Rn. 2). Im Vergleich zu den anderen Einziehungsverfahren, vgl. § 375 AO, ist § 394 AO auf die Fälle beschränkt, in denen alle Tatbeteiligte unbekannt sind mit der Folge, dass ein subjektives Einziehungsverfahren, §§ 74 ff. StGB, § 375 Abs. 2 AO, ausscheidet, und in denen auch der Eigentümer der Sache unbekannt ist mit der Konsequenz, dass ein objektives Einziehungsverfahren ebenfalls scheitert, § 76a StGB, § 401 AO, §§ 440, 431 ff. StPO (Schwarz/*Dumke* § 394 Rn. 1; ausführlich Kohlmann/*Kutzner* § 394 Rn. 2 ff.).

III. Verfassungsgemäßheit

3   Ein Verstoß gegen die Eigentumsgarantie des Art. 14 Abs. 1 GG (für eine Verfassungswidrigkeit: HHSp/*Hellmann* § 394 Rn. 4 f.; *Hübner*, JR 1977, 58 ff.) ist nicht zu bejahen, auch wenn § 394 AO einen Eigentumsübergang ohne richterliche Entscheidung ermöglicht. Der Eigentumsverlust i.R.d. Einziehung ist vielmehr Ausdruck der verfassungsrechtlichen Eigentumsschranken des Art. 14 Abs. 1 GG (BVerfG, Beschl. v. 12.12.1967 – 2 BvL 14/62, 3/64, 11/65, 15/66 und 2 BvR 15/67, BVerfGE 22, 387 ff.). Zwar handelt es sich bei dem vereinfachten Verfahren nach § 394 AO um eine Form der Einziehung und damit eine Nebenstrafe. Das Fehlen einer richterlichen Entscheidung führt jedoch nicht zur Verfassungswidrigkeit, da § 394 AO nur zur Anwendung kommt, wenn der Täter unbekannt ist und damit kein persönliches Unwerturteil ggü. dem Täter, sondern letztlich eine abstrakte Entscheidung ohne Strafcharakter ausgesprochen wird (z.B. FGJ § 394 Rn. 3; Kohlmann/*Kutzner* § 394 Rn. 12). Das rechtliche Gehör für den unbekannten Täter und Eigentümer wird dadurch gewährleistet, dass Einwendungen gegen den Eigentumsübergang und Entschädigungsansprüche noch innerhalb einer Frist von 2 Jahren geltend gemacht werden können (Kohlmann/*Kutzner* § 394 Rn. 13; a.A. *Hübner*, JR 1977, 58 ff.).

B. Voraussetzungen

I. Unbekannter Täter

4   Der Täter einer Steuerstraftat muss für die Anwendung des § 394 AO unbekannt geblieben sein, weil er sich einer Identifizierung durch Flucht entzogen hat.

II. Betreffen auf frischer Tat

5   Der Täter muss auf frischer Tat betroffen werden. Bei der Tat muss es sich um eine Steuerstraftat i.S.v. § 369 Abs. 1 AO handeln. Praktisch relevant sind v.a. Taten gem. § 373 AO (Schmuggel), § 372 AO (Bannbruch) und § 374 AO (Steuerhehlerei). Die Vorschrift erfasst im Wesentlichen Taten, die i.V.m. einem Grenzübertritt begangen werden. Möglich ist aber auch das Betreffen des Täters im Inland beim Weitertransport der Schmuggelware (FGJ § 394 Rn. 6).

6   Auf frischer Tat ist der Täter betroffen, wenn er bei Begehung der Steuerstraftat oder unmittelbar danach am Tatort oder in dessen unmittelbarer Umgebung gestellt wird (vgl. § 127 StPO; Kohlmann/*Kutzner* § 394 Rn. 16 m.w.N.). Aus Sicht des Beobachters muss die Tat als rechtswidrige Tat oder zumindest ein strafbarer Versuch erscheinen und zumindest der Verdacht auf ein vorsätzliches Handeln bestehen (HHSp/*Hellmann* § 394 Rn. 19; Schwarz/*Dumke* § 394 Rn. 7 m.w.N.).

7   Durch wen der Täter auf frischer Tat betroffen wird, ist nicht relevant. Ausreichend ist auch das Betreffen durch eine Privatperson; es muss sich nicht um einen zur Strafverfolgung zuständigen Beamten handeln (z.B. Kohlmann/*Kutzner* § 394 Rn. 17).

III. Sicherstellung zurückgelassener Sachen

Der Täter muss bei seiner Flucht Sachen zurückgelassen haben, die beschlagnahmt oder sonst sicher- **8** gestellt worden sind, „weil sie eingezogen werden können". Diese Formulierung des Gesetzes verdeutlicht, dass durch § 394 AO die Anforderungen an eine Einziehung nicht herabgesetzt werden sollen. Vielmehr müssen für § 394 AO die Voraussetzungen der Einziehung nach § 76a StGB grds. erfüllt sein und diese darf lediglich an der Unkenntnis des Täters und des Eigentümers scheitern.

Umstritten ist, ob die Beschlagnahme oder sonstige Sicherstellung von Beginn an zum Zweck der **9** Einziehung – und nicht lediglich zu Beweiszwecken (§§ 94, 98 StPO) – erfolgt sein muss (so FGJ § 394 A Rn. 7, mit der Einschränkung, dass sich der Zweck der Sicherstellung später ändern kann; ebenso HHSp/*Hellmann* § 394 Rn. 23; Schwarz/*Dumke* § 394 Rn. 6; a.A. Kohlmann/*Kutzner* § 394 Rn. 23 m.w.N.). Dem ist zu widersprechen. Weder verlangt der Gesetzeswortlaut eine solche eindeutige Zweckbindung der Beschlagnahme noch ist für eine solche Einschränkung ein sachlicher Grund erkennbar (so Kohlmann/*Kutzner* § 394 Rn. 23, auch mit Hinweisen zur historischen Entwicklung der Norm). Dies erkennt auch die Gegenansicht an, indem sie eine nachträgliche Änderung des Beschlagnahmezwecks von einem reinen Beweiszweck zu einem Einziehungszweck zulässt und über eine formale erneute Sicherstellung zum Zwecke der Einziehung auf umständlichen Wegen ebenfalls eine zunächst zu Beweiszwecken erfolgte Beschlagnahme für § 394 AO genügen lässt. Der Zweck einer erfolgten Beschlagnahme ist damit irrelevant.

1. Tätereigene Gegenstände

Gegenstand der Einziehung können alle körperlichen Gegenstände i.S.v. § 90 BGB sein, deren **10** Einziehung nach den § 375 AO oder § 74 Abs. 2 StGB zulässig ist und die von dem unbekannten Täter zurückgelassen worden sind. Gem. § 74 Abs. 2 Nr. 1 StGB müssen die Sachen grds. dem Täter oder Teilnehmer gehören.

2. Täterfremde Gegenstände

Nach § 74 Abs. 2 Satz 2 StGB können sogar täterfremde Gegenstände eingezogen werden, wenn **11** sie nach Art und Umständen die Allgemeinheit gefährden oder die Gefahr besteht, dass sie zur Begehung rechtswidriger Taten verwendet werden, oder eine Vorschrift (z.B. § 375 Abs. 2 Satz 2 AO) auf § 74a StGB verweist.

C. Rechtsfolge

I. Allgemeines

Hat die Behörde durch öffentliche Bekanntmachung auf den drohenden Eigentumsverlust hinge- **12** wiesen und ist ein Jahr nach der öffentlichen Bekanntgabe verstrichen, geht das Eigentum an den Gegenständen auf den Staat über. Die Jahresfrist beginnt damit nicht bereits mit der Beschlagnahme, sondern erst mit der öffentlichen Bekanntmachung zu laufen. Die Pflicht zur öffentlichen Bekanntmachung ist logische Konsequenz daraus, dass sowohl der Täter als auch der Eigentümer der Sachen unbekannt ist. Nur bzgl. der in der öffentlichen Bekanntmachung konkret genannten Gegenstände kann der Eigentumsübergang erfolgen. Daneben sind Ort und Zeit des Auffindens der Gegenstände sowie der Zeitpunkt des Ablaufes der Jahresfrist bekannt zu geben. Erst durch diese Angaben kann der Eigentümer prüfen, ob es sich um seine Sachen handelt und bis wann er Rechtsbehelfe ergreifen kann (dazu auch Kohlmann/*Kutzner* § 394 Rn. 31).

Mit Ablauf der Jahresfrist wird Eigentümer die staatliche Körperschaft, der die Steuer zusteht, die **13** mit der Tat hinterzogen werden sollte, also in Schmuggel- und Bannbruchfällen die Bundesrepublik. Vor Fristablauf ist eine Verfügung über die Gegenstände unzulässig.

II. Rechtsbehelfsmöglichkeiten

14 Der Eigentümer kann sein Eigentumsrecht dadurch bewahren, dass er sich vor Ablauf der Jahresfrist bei der Behörde meldet. Dann scheidet ein Eigentumsübergang nach § 394 AO aus und eine Einziehung kommt nur noch nach den allgemeinen Regeln in Betracht. Aber auch nach Ablauf der Jahresfrist ist der Eigentümer nicht rechtlos gestellt (dazu unter Rdn. 17).

15 Da es sich bei dem Eigentumsübergang nach § 394 AO um ein vereinfachtes Einziehungsverfahren handelt, steht dem Eigentümer – wie in den übrigen Einziehungsfällen – das sog. Nachverfahren nach § 439 StPO entsprechend offen (Schwarz/*Dumke* § 394 Rn. 12; HHSp/*Hellmann* § 394 Rn. 37). Voraussetzung ist, dass der frühere Eigentümer ohne sein Verschulden sein Recht zuvor nicht geltend machen konnte. Hierbei wirkt es sich nicht zulasten des Täters aus, wenn er die öffentliche Bekanntmachung innerhalb der Jahresfrist nicht zur Kenntnis genommen hat. Dies begründet keinen Verschuldensvorwurf.

16 Der frühere Eigentümer muss in dem Nachverfahren vor Gericht glaubhaft machen, dass er früher der Eigentümer der Sachen war und dass er seine Rechte nicht zuvor geltend machen konnte. Erforderlichenfalls sind entsprechende eidesstattliche Versicherungen abzugeben. Der Antrag im Nachverfahren ist innerhalb eines Monats nach Kenntnis des Eigentumsverlustes zu stellen, spätestens aber 2 Jahre nach dem Eigentumswechsel (Ausschlussfrist). Das Gericht prüft im Nachverfahren neben dem Antrag des früheren Eigentümers auch das Vorliegen der Einziehungsvoraussetzungen insgesamt und entscheidet über den Antrag auf Basis aller im Zeitpunkt der Entscheidung vorliegenden Erkenntnisse (Kohlmann/*Kutzner* § 394 Rn. 41).

III. Entschädigungsansprüche

17 Unabhängig von einem Nachverfahren kann der frühere Eigentümer Entschädigungsansprüche im Zivilrechtsweg verfolgen (vgl. §§ 74 ff. StGB). Ist eine Entscheidung im Nachverfahren ergangen, bindet diese Entscheidung auch die Zivilgerichte. Eine Entschädigung lässt sich daher nur noch dann Erfolg versprechend durchsetzen, wenn die Einziehung nicht vom Strafgericht bestätigt und zugleich ein Entschädigungsanspruch abgesprochen wurde oder sich das Eigentum nicht nachweisen ließ (dazu auch Kohlmann/*Kutzner* § 394 Rn. 42).

§ 395 AO   Akteneinsicht der Finanzbehörde

[1]Die Finanzbehörde ist befugt, die Akten, die dem Gericht vorliegen oder im Fall der Erhebung der Anklage vorzulegen wären, einzusehen sowie beschlagnahmte oder sonst sichergestellte Gegenstände zu besichtigen. [2]Die Akten werden der Finanzbehörde auf Antrag zur Einsichtnahme übersandt.

A. Akteneinsicht und Besichtigung im Steuerstrafverfahren

I. Grundsätzliches

1. Akteneinsicht der Finanzbehörde

Die Regelung des § 395 AO dient der **Sicherung der finanzbehördlichen Rechtsstellung** und fin- 1
det ihre Rechtfertigung in den Mitwirkungsrechten und -pflichten der Finanzbehörden im Strafverfahren. Strittig ist, ob das Recht zur Akteneinsicht – aber auch der Besichtigung sichergestellter
Gegenstände – zugleich im steuerlichen Interesse besteht (s.u. Rdn. 12 ff.).

Die Frage der Einsicht in die Strafakten wird allerdings erst dann bedeutsam, **wenn und soweit
die Finanzbehörde nicht selbst als Verfolgungsbehörde tätig** wird.

(1) **Finanzbehörde i.S.d. § 395 AO** sind nach § 386 Abs. 1 Satz 2 AO das HZA, das FA, das Bun- 2
deszentralamt für Steuern und die Familienkasse. Die sachliche Zuständigkeit richtet sich danach,
welche Finanzbehörde die betroffene Steuer verwaltet (§ 387 Abs. 1 AO).

Die **übrigen Finanzbehörden** i.S.d. § 6 Abs. 2 AO (u.a. das BMF und die für die Finanzverwal- 3
tung zuständigen obersten Landesbehörden als oberste Behörden, die Bundesfinanzdirektionen,
die OFD und das Zollkriminalamt als Mittelbehörden oder die Zollfahndungsämter als die Letzterem nach § 1 Abs. 1 ZFdG unterstehende örtliche Behörden) oder der §§ 1, 2 FVG (u.a. das
Bundesausgleichsamt und das Bundesamt für zentrale Dienste und offene Vermögensfragen) steht
ein Recht auf Akteneinsicht nach § 395 AO nicht zu (str., Schwarz/*Dumke* § 395 Rn. 3a m.w.N.
auch zur Gegenansicht). Sie können lediglich im Wege der Amtshilfe nach Art. 35 Abs. 1 GG,
§ 111 AO oder sonstigen gesetzlichen Vorschriften (z.B. §§ 93a, 97 AO, § 474 StPO) die Einsicht
in die Akten, Auskünfte oder Abschriften aus den Akten sowie die Vorlage einzelner Aktenbestandteile verlangen.

(2) Die Finanzbehörde i.S.d. § 395 AO darf allerdings **nicht selbst Verfolgungsbehörde** sein. 4
Nach § 386 Abs. 2 AO führt die Finanzbehörde das steuerstrafrechtliche Ermittlungsverfahren in
den Grenzen der §§ 399 Abs. 1, 400, 401 AO selbstständig durch, wenn die Tat ausschließlich
eine Steuerstraftat darstellt oder zugleich andere Strafgesetze verletzt und deren Verletzung öffentlich-rechtliche Abgaben betrifft, die an Besteuerungsgrundlagen, Steuermessbeträge oder Steuerbeträge anknüpfen.

Liegen diese Voraussetzungen vor, nimmt die Finanzbehörde die Rechte und Pflichten wahr, die 5
der StA im Ermittlungsverfahren zustehen (§ 399 Abs. 1 AO). Sie kann Anträge auf Erlass eines
Strafbefehls ebenso stellen (§ 400 AO) wie auf Anordnung von Nebenfolgen im selbstständigen
Verfahren (§ 401 AO). Ergänzend wird auf die Kommentierungen zu den genannten Vorschriften
verwiesen.

Die Einsicht in Akten eines anderen staatsanwaltschaftlichen oder strafgerichtlichen Verfahrens 6
zum Zwecke der Durchführung des laufenden Ermittlungsverfahrens erhält die selbst ermittelnde
Finanzbehörde nach Maßgabe des § 474 Abs. 1 StPO (s.u. Rdn. 43 ff.).

Mithin kommt § 395 AO im Ermittlungsverfahren dann zum Tragen, wenn die StA die Ermitt- 7
lungen führt, sowie stets im sich anschließenden gerichtlichen Zwischen- und Haupt- und Rechtsmittelverfahren. Insoweit besteht zugunsten der Finanzbehörde nach §§ 402, 403, 406, 407 AO
ein Recht auf Mitwirkung am Verfahren.

Durch die Möglichkeit der **Akteneinsicht** erhält die Finanzbehörde die **Gelegenheit, sich über** 8
den Stand des Verfahrens zu unterrichten, und ihre **Sachkunde in das Verfahren einzubringen**.
Das wird namentlich dann erforderlich, wenn die Finanzbehörde vor einer beabsichtigten Einstellung des Verfahrens angehört wird (vgl. nur §§ 403 Abs. 4, 407 Abs. 1 Satz 2 AO).

2. Akteneinsicht durch den Beschuldigten und dessen Verteidiger

9 Ein Verteidiger nimmt die Akteneinsicht gleichsam **stellvertretend für den Beschuldigten** wahr, der mit Erhebung der öffentlichen Klage zum Angeschuldigten und mit der Eröffnung des Hauptverfahrens zum Angeklagten wird (vgl. § 157 StPO). Der Beschuldigte selbst hat kein Recht auf Akteneinsicht. **Beschuldigten ohne Verteidiger** können allenfalls Auskünfte und Abschriften aus den Akten erteilt werden, solange dies nicht den Untersuchungszweck gefährdet und keine überwiegend schutzwürdigen Interessen Dritter entgegenstehen (§ 385 Abs. 1 AO, § 147 Abs. 7 Satz 1 StPO).

10 **Verteidiger** ist i.d.R. ein RA (vgl. § 138 Abs. 1 StPO). Im Anwendungsbereich des § 392 Abs. 1 AO oder der §§ 392 Abs. 2 AO, 138 Abs. 2 StPO können u.a. auch ein Steuerberater, Steuerbevollmächtigter, Wirtschaftsprüfer oder vereidigter Buchprüfer als Verteidiger auftreten.

11 Die Akteneinsicht des Verteidigers und die Erteilung von Auskünften und Abschriften aus den Akten an den Beschuldigten sind Ausfluss des Rechts auf ein faires Verfahren, das zu den wesentlichen Grundsätzen eines rechtsstaatlichen Strafverfahrens zählt. Als ein unverzichtbares Element der Rechtsstaatlichkeit des Strafverfahrens und daran anknüpfender Verfahren gewährleistet es dem Beschuldigten u.a., unberechtigte Eingriffe staatlicher Stellen oder anderer Verfahrensbeteiligter in seinen Rechtskreis angemessen abwehren zu können. Dazu gehört nicht zuletzt, sich im Strafverfahren von einem Verteidiger seiner Wahl verteidigen zu lassen (§§ 137, 138 StPO). Eine effektive Verteidigung wäre indessen kaum möglich, jedenfalls aber in erheblichem Maße eingeschränkt, falls es dem Verteidiger nicht gestattet wäre, in sämtliche dem Gericht vorliegenden oder diesem im Fall der Erhebung der Anklage vorzulegenden Akten Einblick zu nehmen. Das **Recht, die Akten einzusehen**, ist daher im Strafverfahren **vorrangig** als **Recht des Verteidigers** ausgestaltet.

II. Zweck der Vorschrift

12 Die systematische Einordnung der Norm in die strafprozessualen Regelungen der Abgabenordnung bedingt entgegen der vorherrschenden Ansicht, § 395 AO **nur einen strafprozessualen Zweck** beizumessen (entgegen Nr. 85 Abs. 3 AStBV [St] 2010, BStBl. I 2009, S. 210, und der überwiegenden Ansicht; wie hier aber Schwarz/*Dumke* § 395 Rn. 3a). Daran ändern auch verwaltungsökonomische Überlegungen nichts. Zwar mag die Verwertung der bei der Akteneinsicht der Strafsachenstelle gewonnenen Erkenntnisse aus Sicht der Finanzverwaltung u.a. überflüssige Doppelermittlungen vermeiden (vgl. HHSp/*Hellmann* § 395 Rn. 8). Aber: Einerseits ist die Sachaufklärung im Besteuerungsverfahren an die Voraussetzungen der §§ 90 ff. AO gebunden. Andererseits wird das Recht öffentlicher Stellen, Auskünfte aus den Akten eines Strafverfahrens zu erlangen, diese Akten einzusehen oder amtlich verwahrte Beweisstücke zu besichtigen, im Interesse des Beschuldigten nach § 474 Abs. 2 bis 5 StPO an weitere Voraussetzungen geknüpft. Zudem folgt aus § 393 Abs. 1 Satz 1 AO, dass sich die Rechte und Pflichten sowohl des Steuerpflichtigen als auch der Finanzbehörde im Besteuerungsverfahren und im Strafverfahren nach den für das jeweilige Verfahren geltenden Vorschriften bestimmen.

13 Dieses in Rdn. 12 gefundene Ergebnis wird durch § 393 Abs. 3 AO i.d.F. des JStG 2008 nicht widerlegt. Nach Satz 1 dürfen allein diejenigen Erkenntnisse im Besteuerungsverfahren verwertet werden, welche die Finanzbehörde (vgl. § 386 Abs. 1 Satz 2 AO; oben Rdn. 2 f.) oder die StA rechtmäßig im Rahmen strafrechtlicher Ermittlungen gewonnen haben. Über die Verwertbarkeit dieser strafprozessual erlangten Erkenntnisse entscheidet letztlich die Finanzgerichtsbarkeit i.R.d. Verfahrens gegen diejenige Regelung, in die die Erkenntnisse eingeflossen sind. Die Rechtmäßigkeit ist in dieser Sache eine rechtswegfremde Vorfrage, auf die sich die finanzbehördliche bzw. finanzgerichtliche Entscheidungsbefugnis erstreckt (vgl. nur Schwarz/*Dumke* § 393 Rn. 66). Für Erkenntnisse, die dem Brief-, Post- und Fernmeldegeheimnis unterliegen, muss die Finanzbehörde diese sogar rechtmäßig im Rahmen **eigener** strafrechtlicher Ermittlungen gewonnen oder nach den Vorschriften der Strafprozessordnung Auskunft erlangt haben (§ 393 Abs. 3 Satz 2 AO). Diese

Regelungen in § 393 Abs. 3 AO lassen eine Verwertung strafprozessual erlangter Erkenntnisse im Besteuerungsverfahren in gewissem Umfang zu, sprechen aber zugleich gegen ein weitreichendes, auch steuerlichen Zecken dienendes Recht auf Akteneinsicht aus § 395 AO.

Steuerliche Zwecke haben die für das Besteuerungsverfahren zuständigen Finanzbehörden nach 14 den für das Besteuerungsverfahren geltenden Regelungen zu verfolgen. Das schließt Amtshilfe oder Akteneinsichts- und Besichtigungsrechte nach anderen (allgemeinen) Vorschriften nicht aus.

III. Anwendungsbereich

Zur Frage der **berechtigten Finanzbehörde** s.o. Rdn. 1 ff. 15

In **sachlicher** Hinsicht findet die Vorschrift nach §§ 369 Abs. 1, 385 Abs. 1 AO auf Steuerstrafta- 16 ten Anwendung. Darüber hinaus besteht eine Reihe gesetzlicher Verweisungen auf die §§ 385 ff. AO (z.B. nach § 20 BerlinFG, § 8 InvZulG 1999 und § 6 StahlInvZulG bei einem Subventionsbetrug nach § 264 StGB, der sich auf eine Investitionszulage nach dem Berlinförderungsgesetz, dem Investitionszulagegesetz oder dem Stahlinvestitionszulagegesetz bezieht oder bezog; vgl. ergänzend die Aufzählung bei HHSp/*Rüping* § 385 Rn. 19). Die Regelung des § 385 Abs. 2 AO erweitert den Anwendungsbereich noch für den Fall des Erschwindelns eines erhöhten Übernahmegeldes bei der Ablieferung von Branntwein als Betrug zum Nachteil der Bundesmonopolverwaltung nach § 128 BranntweinMonG (s. nur Rolletschke/*Kemper* § 385 Rn. 41 ff.).

Der **zeitliche** Anwendungsbereich erstreckt sich auf das gesamte Steuerstrafverfahren, mithin das 17 Ermittlungs-, Zwischen-, Haupt- und Rechtsmittelverfahren. Nach rechtskräftigem Abschluss des Strafverfahrens besteht das Akteneinsichtsrecht aus § 395 AO nicht mehr. Denn es kann dann nicht mehr die strafprozessualen Beteiligungsrechte der Finanzbehörde sichern. Soweit die abschließenden Ergebnisse des Strafverfahrens für die Nachbesteuerung, die Festsetzung von Hinterziehungszinsen oder andere steuerliche Zwecke von Bedeutung sind, kommen nur die allgemeinen Vorschriften in Betracht (s.o. Rdn. 14). Diese Frage ist indessen streitig. Soweit vertreten wird, dass § 395 AO auch steuerlichen Zwecken dient, wird die Vorschrift auch nach rechtskräftigem Abschluss des Verfahrens für anwendbar erachtet (vgl. nur FGJ/*Gast-de-Haan* § 395 Rn. 5; HHSp/ *Hellmann* § 395 Rn. 17).

IV. Inhalt der finanzbehördlichen Befugnisse

1. Einsicht in die Akten

Nach § 147 Abs. 2 StPO kann einem Verteidiger die Einsicht in die Akten oder einzelne Aktenstü- 18 cke sowie die Besichtigung der amtlich verwahrten Beweisstücke **im Ermittlungsverfahren** versagt werden, wenn sie den Untersuchungszweck gefährden kann. Der Finanzbehörde ggü. kann die StA die Akteneinsicht usw. insofern **nicht beschränken**. Vielmehr darf die Finanzbehörde sämtliche Akten einsehen, die dem Gericht im Fall der Erhebung der Anklage vorzulegen wären oder dem Gericht nach Erhebung derselben vorliegen.

Nach § 199 Abs. 2 Satz 2 StPO legt die StA die Akten mit der Anklageschrift dem Gericht vor. 19 Daraus folgt, dass die Finanzbehörde im Ermittlungsverfahren sämtliche bei der StA geführten Akten, die den Verlauf und die Ergebnisse der Ermittlungen dokumentieren, einsehen darf, soweit sie bei der gerichtlichen Entscheidung verwendet werden sollen. Zum Verlauf und den Ergebnissen der Ermittlungen gehören auch die bei der Polizei entstandenen Vorgänge, Spurenakten oder ausgedruckte EDV-Daten. Material über ergebnislose Untersuchungshandlungen wird gleichfalls erfasst. Unerheblich ist auch, ob die gesammelten Aktenbestandteile be- oder entlastender Natur sind.

Beigezogene Akten über Vorstrafen oder andere gerichtlicher Verfahren, deren Ergebnisse für die 20 anhängige Strafsache von Bedeutung sein können (z.B. Akten eines zivil- oder finanzgerichtlichen

Prozesses) oder beigezogene Akten anderer Behörden sind gleichsam vorzulegen, soweit sie dem Gericht zur Kenntnis gebracht werden sollen. Soweit Akten oder andere in amtlicher Verwahrung befindliche Schriftstücke anderer Behörden im anhängigen Strafverfahren nicht verwertet werden sollen, muss eine Sperrerklärung nach § 96 StPO abgegeben werden. Werden sie hingegen von der anderen Behörde lediglich mit der Bitte um vertrauliche Verwendung überlassen, werden sie Bestandteil der Akten und unterliegen mithin dem Einsichtsrecht (vgl. BGH, Urt. v. 07.03.1996 – 1 StR 688/95, NStZ 1997, 43 m. Anm. *Gillmeister*). Beigezogene Akten einer fremden Behörde, die nicht Bestandteil der Verfahrensakten geworden sind, können nicht nach § 395 AO überlassen werden. Weist die Finanzbehörde indessen die Zustimmung jener Behörde nach, kann sie die Akten gleichwohl einsehen (Nr. 186 Abs. 3 Satz 2 RiStBV). Für geheim zu haltende Tatsachen und Erkenntnisse und die Behandlung von Verschlusssachen ist ergänzend auf Nr. 186 Abs. 4, 213 RiStBV hinzuweisen.

21   Nach Nr. 186 Abs. 3 Satz 1 RiStBV sind von der Akteneinsicht die **Handakten der StA und andere innerdienstliche Vorgänge** (z.B. die vorbereitenden Stellungnahmen des Berichterstatters im gerichtlichen Verfahren) auszunehmen. Sie sind kein Bestandteil der Verfahrensakte. Deshalb dürfen Schriftstücke, die für eine Beweisführung von Bedeutung sein können, nicht einmal vorübergehend zu den Handakten genommen werden. Nur so wird gewährleistet, dass beweiserhebliche Vorgänge nicht der Kenntnis des Gerichts und dem Anspruch des Verteidigers – oder anderer berechtigter Dritter – auf Akteneinsicht versehentlich oder gar wissentlich entzogen werden.

22   **Nach Anklageerhebung** erstreckt sich das Einsichtsrecht auf die dem Gericht zusammen mit der Anklageschrift übersandten Akten einschließlich der beigezogenen Akten, der vom Gericht später zur Akte genommenen Vorgänge oder der vom Gericht beigezogenen Akten. Es gelten für das Recht der Finanzbehörde auf vollständige Einsicht auch hier nur die in Rdn. 20 f. genannten Beschränkungen.

23   Soweit das Recht der Finanzbehörde, die Akten einzusehen, reicht, ist sie **befugt, Auszüge, Abschriften oder Fotokopien** selbst **zu fertigen**.

2. Besichtigung beschlagnahmter oder sonst sichergestellter Gegenstände

24   Die Finanzbehörde kann unter den übrigen Voraussetzungen des § 395 Satz 1 AO (s.o. Rdn. 1 ff., 12 und 16 f.) nicht nur die Akten einsehen. Ihr steht auch das Recht zu, beschlagnahmte oder sichergestellte Gegenstände zu besichtigen. Bei diesen Gegenständen handelt es sich um **Sachen** (§ 90 BGB), die als **Beweismittel** für die Untersuchung von Bedeutung sein können, sowie um Sachen, die der **Einziehung oder** dem **Verfall** unterliegen. Auch hier wird das Recht der Finanzbehörde durch den rein strafprozessualen Zweck der Vorschrift (vgl. oben Rdn. 12) begrenzt. Soweit allein ein steuerliches Interesse besteht, können die Gegenstände also nicht nach § 395 Satz 1 AO besichtigt werden. Das ist namentlich dann der Fall, wenn lediglich die Sachhaftung nach § 76 AO in Rede steht oder i.R.d. Steueraufsicht eine Sicherstellung und Überführung in das Eigentum des Bundes nach §§ 215, 216 AO angestrebt wird.

25   Nach § 94 Abs. 1 StPO sind Gegenstände, die als **Beweismittel** für die Untersuchung von Bedeutung sein können, in Verwahrung zu nehmen oder in anderer Weise sicherzustellen. Die Sicherstellung ist also der Oberbegriff für sämtliche Handlungen, mit denen die hoheitliche Gewalt über das Beweismittel hergestellt wird. Befinden sich diese Gegenstände in dem Gewahrsam einer Person und werden sie nicht freiwillig herausgegeben, so bedarf es nach § 94 Abs. 2 StPO der Beschlagnahme. Im Steuerstrafverfahren kommen in diesem Zusammenhang als zu besichtigende Gegenstände v.a. verbrauchsteuerpflichtige Erzeugnisse oder zollpflichtige Waren als Beweismittel in Betracht. Nämliches gilt für Schriftstücke, die Bestandteile der Geschäftskorrespondenz sind, oder Aufzeichnungen im Zusammenhang mit der Buchführung. Ebenfalls erfasst werden Computer, Computerausdrucke oder Speichermedien (wie z.B. Festplatten oder USB-Sticks). Zur strittigen Frage, inwiefern Daten ohne die Verbindung mit einem Datenträger als Sachen behandelt und beschlagnahmt werden können, vgl. indessen nur Rolletschke/*Kemper* § 399 AO Rn. 74b ff.

Gegenstände, die dem **Verfall oder** der **Einziehung** unterliegen, sind nach §§ 111b Abs. 1 **26** Satz 1, 111c StPO stets durch Beschlagnahme, die ein behördliches Veräußerungsverbot i.S.d. § 136 BGB bewirkt (§ 111c Abs. 5 StPO), sicherzustellen. Zu den materiell-rechtlichen Voraussetzungen des Verfalls und der Einziehung ist auf §§ 73 ff., 74 ff. StGB zu verweisen. Das Interesse der Finanzbehörden an der Besichtigung dieser Gegenstände folgt nicht nur aus §§ 394, 401, 406 Abs. 2 AO, sondern zugleich aus den allgemeinen Regelungen der §§ 402, 403, 407 AO, um z.B. Anträge im Zusammenhang mit der Einziehung oder dem Verfall anzuregen.

3. Ausübung der Befugnisse

Die **Akteneinsicht** erfolgt grds. in den Diensträumen der StA oder des Gerichts (Nr. 187 Abs. 3 **27** RiStBV). Die Finanzbehörde stellt i.d.R. den Antrag, die Akten zu übersenden. Nach § 395 Satz 2 AO ist dem Antrag stattzugeben, ohne dass eine Einschränkung wie in § 147 Abs. 4 StPO bei der Akteneinsicht des Verteidiger bestünde. Auch ohne Antrag entspricht die Übersendung der Akten dem Vorgehen nach Nr. 187 Abs. 1 RiStBV. Zu übersenden ist im Regelfall das vollständige Original der Akte. Sie ist der Finanzbehörde für einen solchen Zeitraum zur Verfügung zu stellen, der dem Zweck des Anspruchs angemessen ist. Die Akteneinsicht kann wiederholt werden, nicht zuletzt, wenn neue Aktenbestandteile hinzugekommen sind.

Allerdings kann die Fürsorgepflicht dem Beschuldigten ggü. im Einzelfall der Übersendung der **28** Originalakte entgegenstehen. Ist die Akte zur Terminsvorbereitung oder während des Zeitraums der Hauptverhandlung unentbehrlich oder führte die Akteneinsicht zu einer unangemessenen Verzögerung des Verfahrens (vgl. insofern auch Nr. 184 RiStBV), haben StA bzw. Gericht dem unter angemessener Berücksichtigung der Interessen der Finanzbehörde zu begegnen. Die Finanzbehörde muss sich dann mit der Akteneinsicht in den Diensträumen der StA oder des Gerichts, mit der Erteilung einer Auskunft oder mit der Übersendung eines Aktendoppels begnügen. Besteht die Finanzbehörde gleichwohl auf Übersendung der Originalakte, muss sie ein besonderes Interesse darlegen (vgl. *Kohlmann* § 395 Rn. 13).

Die **Besichtigung** hat in aller Regel am Ort der Aufbewahrung der Gegenstände zu erfolgen. Zu **29** diesem Zweck ist der Finanzbehörde als Annex des Besichtigungsrechts zudem der Zutritt zu den Räumen zu gestatten, in denen die Aufbewahrung erfolgt. Eine Übersendung der Gegenstände scheidet selbst bei transportfähigen Beweismitteln aus, da sie im Gegensatz zu den Akten, die mit entsprechendem Aufwand rekonstruiert werden können, nicht zu ersetzen sind. Insofern kann es lediglich im Einzelfall aufgrund besonderer Umstände in Betracht kommen, solche Gegenstände zu übersenden, die lediglich der Einziehung oder dem Verfall unterliegen.

Gerade bei verbrauchsteuer- oder zollpflichtigen Waren ist es der Finanzbehörde aufgrund ihres **30** Besichtigungsrechts zugleich gestattet, Proben zu nehmen und diese untersuchen zu lassen. Ferner können Aufzeichnungen, Lichtbilder oder Kopien von Bild-, Ton- oder Videoaufzeichnungen gefertigt oder Sachverständige nach pflichtgemäßem Ermessen der Finanzbehörde hinzugezogen werden. Zur Dauer der Besichtigung, deren Wiederholbarkeit und die Beschränkung des Rechts der Finanzbehörde im Einzelfall gelten die Ausführungen oben Rdn. 27 f. entsprechend.

V. Verfahren und Rechtsschutz

1. Entscheidung

Über den formfreien Antrag der Finanzbehörde hat **während des Ermittlungsverfahrens** die StA **31** sowie **während des Zwischen-, Haupt- und Rechtsmittelverfahrens** der Vorsitzende des mit der Sache befassten Gerichts zu entscheiden (§§ 406e Abs. 4 Satz 1, 478 Abs. 1 Satz 1 StPO). **Nach rechtskräftigem Abschluss** des Verfahrens fällt die Zuständigkeit grds. an die StA zurück. Vgl. aber zum zeitlichen Anwendungsbereich des § 395 AO allein bis zum rechtskräftigem Abschluss des Verfahren oben Rdn. 17.

32   Die Akteneinsicht und die Besichtigung der sichergestellten oder beschlagnahmten Gegenstände sind der Finanzbehörde zu gewähren. Der StA bzw. dem Vorsitzenden steht insofern kein Ermessen zu. Es erfolgt auch keine Prüfung wie bei § 474 Abs. 1 oder Abs. 2 Satz 1 Nr. 2 StPO, ob die Einsichtnahme erforderlich ist. Vgl. zu einem Antrag, der zur Unzeit gestellt wird, oben Rdn. 28.

2. Anfechtung

33   Bei der Frage, ob und in welcher Form eine Entscheidung über das Recht der Finanzbehörde aus § 395 AO angefochten werden kann, muss zunächst danach differenziert werden, **wer die Entscheidung erlassen** hat. Versagt die **StA** der Finanzbehörde die Akteneinsicht oder die Besichtigung der Gegenstände, kann die **Finanzbehörde** einerseits Dienstaufsichtsbeschwerde erheben. Auch wenn die Finanzbehörde nicht im eigentlichen Sinn Verletzter ist, so ist ihre Rechtsstellung derjenigen des Verletzten angenähert. Sie kann daher andererseits analog §§ 406e Abs. 4 Satz 2, 478 Abs. 3 Satz 1, 162 StPO eine gerichtliche Überprüfung der Entscheidung der StA herbeiführen. Es entscheidet das AG, in dessen Bezirk die StA oder die den Antrag ablehnende Zweigstelle ihren Sitz hat. Dagegen ließe sich zwar anführen, dass gerade das Akteneinsichtsrecht öffentlicher Stellen nach § 474 StPO in § 478 Abs. 3 Satz 1 StPO nicht erwähnt wird, was einer analogen Anwendung entgegenstehen könnte. Da es jedoch bei § 395 AO um die Beteiligung der Finanzbehörde am entsprechenden Verfahren geht, reicht ihr Interesse über das allgemeine Interesse anderer öffentlicher Stellen, insb. ein bloß steuerliches Interesse an einer Einsicht in die Akten hinaus. Soweit sich der **Beschuldigte** gegen die Gewährung der Akteneinsicht wehren will, kann er ebenfalls analog §§ 406e Abs. 4 Satz 2, 478 Abs. 3 Satz 1, 162 StPO vorgehen (vgl. BGH v. 18.01.1993 – 5 AR [VS] 44/92, NStZ 1993, 351 f.; in: HHSp/*Hellmann* § 395 Rn. 36 [str.]; a.A. Anfechtung nach §§ 23 ff. EGGVG).

34   Nach §§ 406e Abs. 4 Satz 4, 478 Abs. 3 Satz 3 StPO sind Entscheidungen des Gerichts insoweit unanfechtbar, solange die Ermittlungen noch nicht abgeschlossen sind. Damit sind allein Entscheidungen des nach § 162 StPO zur gerichtlichen Überprüfung der Entscheidung der StA berufenen Gerichts gemeint. Gegen die Entscheidung des **Vorsitzenden** steht damit **allen Beteiligten** die Beschwerde nach den allgemeinen Vorschriften (§§ 304 ff. StPO) offen (vgl. nur Schwarz/*Dumke* § 395 Rn. 14). Eine Beschränkung des Beschwerderechts folgt insb. nicht aus § 305 Satz 1 StPO, weil die Entscheidungen zur Akteneinsicht nicht den in dieser Vorschrift vorausgesetzten engen Bezug zur Urteilsfindung haben (vgl. auch in: KK/*Engelhardt* § 305 Rn. 7).

B. Akteneinsicht und Besichtigung im Bußgeldverfahren

35   Im Bußgeldverfahren findet **§ 395 AO** mangels Verweisung in § 410 Abs. 1 AO **keine Anwendung**. Allerdings ist hier über § 410 Abs. 1 AO die Regelung des § 49 Abs. 2 OWiG einschlägig. Sie lautet:

36   „**Ist die Staatsanwaltschaft Verfolgungsbehörde, so ist die sonst zuständige Verwaltungsbehörde befugt, die Akten, die dem Gericht vorliegen oder im gerichtlichen Verfahren vorzulegen wären, einzusehen sowie sichergestellte und beschlagnahmte Gegenstände zu besichtigen. Die Akten werden der Verwaltungsbehörde auf Antrag zur Einsichtnahme übersandt.**"

Wortlaut und Zweck der Vorschrift entsprechen inhaltlich der für das Steuerstrafverfahren geltenden Vorschrift des § 395 AO. Auf die obigen Ausführungen zur Akteneinsicht und Besichtigung im Steuerstrafverfahren wird daher verwiesen. Zu ergänzen ist zunächst, dass § 49 OWiG **in allen Fällen** zum Tragen kommt, in denen die **StA Verfolgungsbehörde** ist.

37   (1) Nach § 40 OWiG ist die Staatsanwaltschaft grundsätzlich für die Verfolgung einer Tat auch unter dem Gesichtspunkt einer Ordnungswidrigkeit zuständig, soweit im Gesetz nichts anderes bestimmt ist. Wenn aus Sicht der Finanzbehörde Anhaltspunkte dafür vorhanden sind, dass die Tat eine Straftat ist, gibt sie die Sache nach § 41 Abs. 1 OWiG an die Staatsanwaltschaft ab. Diese

wiederum gibt, wenn sie ein Strafverfahren nicht einleitet oder das Verfahren wegen der Straftat einstellt, die Sache ihrerseits nach § 43 Abs. 1 OWiG an die Finanzbehörde ab, damit diese die Tat als Ordnungswidrigkeit verfolgt; es müssen lediglich Anhaltspunkte dafür vorhanden sein, dass die Tat als Ordnungswidrigkeit verfolgt werden kann.

(2) Ferner kann die Staatsanwaltschaft nach § 42 OWiG bis zum Erlass des Bußgeldbescheides die **38** Verfolgung der Ordnungswidrigkeit übernehmen, wenn sie eine Straftat verfolgt, die mit der Ordnungswidrigkeit zusammenhängt, und dies zur Beschleunigung des Verfahrens, wegen des Sachzusammenhangs oder aus anderen Gründen für die Ermittlungen oder die Entscheidung sachdienlich erscheint. Straftat und Ordnungswidrigkeit können dann einheitlich verfolgt werden (vgl. §§ 63, 64 OWiG, Nr. 280 RiStBV). Unterbleibt die Übernahme, ist das Verfahren wiederum unter den Voraussetzungen des § 43 Abs. 1 OWiG (Rdn. 37) an die Finanzbehörde abzugeben. Auch nach erfolgter Übernahme kann sie das Verfahren wieder an die Finanzbehörde abgeben, solange das Verfahren noch nicht bei Gericht anhängig ist; sie hat die Sache abzugeben, wenn sie das Verfahren nur wegen der zusammenhängenden Straftat einstellt (§ 43 Abs. 2 OWiG). Die Finanzbehörde ist nach § 44 OWiG an die Entschließung der Staatsanwaltschaft gebunden, ob eine Tat als Straftat verfolgt wird oder nicht. Eine Einstellung des Verfahrens durch die Staatsanwaltschaft wegen der Ordnungswidrigkeit bindet die Finanzbehörde indessen nicht (vgl. *Göhler* § 44 Rn. 4).

(3) Nach § 69 Abs. 4 *OWiG* gehen mit Eingang der Akten bei der Staatsanwaltschaft die Aufgaben **39** der Verfolgungsbehörde auch dann auf diese über, wenn der Betroffene gegen einen finanzbehördlichen Bußgeldbescheid Einspruch eingelegt hat.

(4) Mit Übergang vom gerichtlichen Bußgeld- zum Strafverfahren findet § 49 OWiG keine **40** Anwendung mehr (vgl. § 81 Abs. 3 Satz 1 OWiG). Das Recht der Finanzbehörde zur Einsicht in die Akten und zur Besichtigung der Gegenstände richtet sich dann wieder nach § 395 AO (vgl. *Wache* in: Karlsruher Kommentar, OWiG, § 81 Rn. 25 – ab Erteilung des nach § 81 Abs. 1 Satz 2, Abs. 2 Satz 1 OWiG erforderlichen Hinweises). Wiederum § 49 OWiG und nicht § 395 AO ist indessen für die Verfolgung der Ordnungswidrigkeit anzuwenden, wenn das Gericht die Anklage zur Hauptverhandlung nur unter dem Gesichtspunkt einer Ordnungswidrigkeit zulässt (§ 82 Abs. 1 OWiG) oder, wenn in einem Verfahren, das Ordnungswidrigkeiten und Straftaten zu Gegenstand hat, einzelne Taten nur als Ordnungswidrigkeit verfolgt werden (§ 83 Abs. 1 OWiG).

Zum **Umfang** des Rechts der Finanzbehörde, die Akte einzusehen und Gegenstände zu besichti- **41** gen, ist des Weiteren zu ergänzen, dass dieses Recht nur in dem Maß besteht, wie der Inhalt der Akten und die Gegenstände die Ordnungswidrigkeit betreffen (vgl. *Rebmann/Roth/Herrmann* OWiG § 49 Rn. 5, 8).

C. Sonstige Fälle der Erteilung von Auskünften und der Akteneinsicht

Die Finanzbehörde kann Akteneinsicht usw. nicht nur unter den Voraussetzungen des § 395 AO **42** bzw. § 49 OWiG verlangen; vgl. zu sonstigen Informationspflichten den Finanzbehörden ggü. auch die Stichworte „Ordnungswidrigkeiten" und „Steuerstrafsachen (Zollstrafsachen)" im Anhang zur Anordnung über Mitteilungen in Strafsachen – MiStra – (BAnz. 2008 Nr. 126a, S. 1). Es soll hier noch auf §§ 474 StPO, 299 ZPO eingegangen werden.

Der Finanzbehörde steht zunächst ein Recht auf **Einsicht in die Strafakten** nach § 474 Abs. 1 **43** **StPO** als andere Justizbehörde zu, soweit sie als mit strafprozessualen Befugnissen ausgestattete Finanzbehörde i.S.d. § 386 Abs. 1 Satz 2 AO handelt; Nämliches gilt für die Steuer- und Zollfahndung in den Fällen des § 404 Abs. 1 AO (vgl. *Kohlmann* § 395 AO Rn. 2). Im Unterschied zu § 395 AO dient die Akteneinsicht hier nicht verfahrensinternen, sondern verfahrensfremden bzw. -übergreifenden Zwecken (vgl. die gesetzliche Überschrift vor §§ 474 ff. StPO). Der Anwendungsbereich der Vorschriften überschneidet sich nicht. V.a. steht der Finanzbehörde das Recht auf

Akteneinsicht nach § 474 Abs. 1 AO auch dann zu, soweit sie das Steuerstrafverfahren nach Maßgabe der §§ 386 Abs. 2, 399 Abs. 1 AO selbstständig führt. Die Akten sind i.d.R. zu übersenden (§ 474 Abs. 5 StPO). Zu prüfen ist bei § 474 Abs. 1 StPO allerdings, ob und in welchem Umfang die begehrte Akteneinsicht für Zwecke der Rechtspflege erforderlich ist. Soweit § 474 Abs. 1 StPO einschlägig ist, können auch amtlich verwahrte Beweisstücke besichtigt werden (§ 474 Abs. 4 StPO).

44 I.Ü. sind Auskünfte an öffentliche Stellen und die Einsicht in die Strafakten (z.B. durch das Veranlagungsfinanzamt im Besteuerungsverfahren) nur nach Maßgabe des § 474 **Abs. 2 und 3 StPO** sowie die Besichtigung von Beweisstücken nach § 474 Abs. 4 StPO zu gewähren. Das kommt nach der hier vertretenen Auffassung (Rdn. 2 f., 12 ff.) insb. dann zum Tragen, wenn die Akteneinsicht allein der Wahrnehmung steuerlicher Interessen der Finanzbehörde dient. Bei der in der Praxis bedeutsamen Festsetzung von Hinterziehungszinsen bspw. liegen die Voraussetzungen des § 474 Abs. 2 Satz 1 Nr. 1 StPO vor; einer Erforderlichkeitsprüfung wie bei § 474 Abs. 2 Satz 1 Nr. 2 StPO bedarf es also insofern nicht. Da hier die Erteilung einer Auskunft (auch durch Überlassung von Abschriften aus den Akten, § 477 Abs. 1 StPO) zumeist nicht ausreichen wird, ist Einsicht in die Akten zu gewähren, die wiederum nach § 474 Abs. 5 StPO i.d.R. zu übersenden sind.

45 In den Fällen der Rdn. 43 f. ist zu beachten, dass Auskünfte aus Akten, Einsicht in die Akten sowie die Besichtigung von Beweismitteln **nach Maßgabe des § 477 Abs. 2 StPO zu versagen** sind, wenn der Übermittlung Zwecke des Strafverfahrens, auch die Gefährdung des Untersuchungszweckes in einem anderen Strafverfahren, sowie besondere bundesgesetzliche oder entsprechende landesgesetzliche Verwendungsregelungen entgegenstehen; auch sind u.a. Beschränkungen bei der Beweiserhebung bzw. -verwendung im Ausgangsverfahren (z.B. § 97 Abs. 1 Satz 3 InsO) zu beachten. Bei der Übermittlung etwaiger Informationen von Amts wegen an die Finanzbehörde trägt die übermittelnde Stelle die uneingeschränkte Verantwortung (§ 479 Abs. 3 StPO). I.Ü. hat die Finanzbehörde nach § 477 Abs. 4 Satz 1 StPO die Verantwortung für die Zulässigkeit einer von ihr begehrten Übermittlung; der übermittelnde Stelle steht nur eine eingeschränkte Prüfungskompetenz zu (§ 477 Abs. 4 Satz 2 StPO).

46 Zur **Zuständigkeit und** zum **Rechtsschutz** bei Entscheidungen nach § 474 StPO s. § 478 Abs. 1 und 3 StPO (vgl. auch oben Rdn. 31 f. und 33 f.).

47 Begehrt die Finanzbehörde **Einsicht in zivilgerichtliche Akten** (z.B. Akten eines Scheidungsverfahrens nebst der Akten in Unterhalts- und Güterrechtssachen), so ist dies mit Zustimmung der Parteien stets, ansonsten nur dann gestattet, wenn ein rechtliches Interesse glaubhaft gemacht ist (**§ 299 Abs. 2 ZPO**). An die Annahme eines rechtlichen Interesses sind hohe Anforderungen zu stellen. Erforderlich ist ein Interesse, welches sich unmittelbar aus der Rechtsordnung selbst ergibt und ein auf Rechtsnormen beruhendes oder durch solches geregeltes, gegenwärtig bestehendes Verhältnis einer Person zu einer anderen Person oder Sache voraussetzt (vgl. KG v. 09.02.1988 – 1 VA 5/87, NJW 1988, 1738). Dieses Interesse muss wiederum einen rechtlichen Bezug zum Streitstoff der Akte aufweisen, in die Einsicht begehrt wird (vgl. OLG Hamm v. 28.08.1996 – 15 VA 5/96, NJW-RR 1997, 1489). Die steuerliche Offenbarungspflicht allein begründet allerdings kein unbeschränktes Einsichtsrecht der Finanzbehörde zur Einsichtnahme z.B. in Ehescheidungsakten (vgl. OLG Köln v. 03.01.1994 – 7 VA 6-7/93, NJW 1994, 1075).

48 **Zuständig** für die Gewährung der Akteneinsicht ist der Vorstand des Gerichts (Direktor oder Präsident), der eine Abwägung der rechtlichen Interessen des Einsicht suchenden auf der einen Seite mit dem Geheimhaltungsinteresse der Parteien auf der anderen Seite vorzunehmen hat. Dabei ist nicht zuletzt das Recht der Parteien auf informationelle Selbstbestimmung (Art. 2 Abs. 1 i.V.m. Art. 1 Abs. 1 GG) zu beachten. Es kann genügen, einzelne Bestandteile zu schwärzen oder aus der Akte zu entfernen, i.Ü. aber Akteneinsicht zu gewähren. Gegen die Entscheidung des Gerichtsvorstandes, der ein Justizverwaltungsakt ist, steht der **Rechtsweg** nach §§ 23 ff. EGGVG offen.

§ 396 AO Aussetzung des Verfahrens

(1) Hängt die Beurteilung der Tat als Steuerhinterziehung davon ab, ob ein Steueranspruch besteht, ob Steuern verkürzt oder ob nicht gerechtfertigte Steuervorteile erlangt sind, so kann das Strafverfahren ausgesetzt werden, bis das Besteuerungsverfahren rechtskräftig abgeschlossen ist.

(2) Über die Aussetzung entscheidet im Ermittlungsverfahren die Staatsanwaltschaft, im Verfahren nach Erhebung der öffentlichen Klage das Gericht, das mit der Sache befasst ist.

(3) Während der Aussetzung des Verfahrens ruht die Verjährung.

A. Allgemeines

I. Zweck der Vorschrift

Es wurde bereits an anderer Stelle erwähnt, dass das **Wirtschaftsstrafrecht** und nicht zuletzt das   1
Steuerstrafrecht eine **besondere Sachkunde erfordert** (vgl. § 391 Rdn. 1 f.). Ob ein Steueranspruch überhaupt besteht, ob Steuern verkürzt oder ob nicht gerechtfertigte Steuervorteile erlangt sind, muss in einem Verfahren wegen einer Steuerverfehlung gleichwohl von Amts wegen ermittelt und festgestellt werden. Das kann dazu führen, dass die Feststellungen im Verfahren wegen der Steuerverfehlung den Feststellungen im Besteuerungsverfahren oder im finanzgerichtlichen Verfahren evident widersprechen. Dem kann die Ermittlungsbehörde oder das Gericht durch eine Aussetzung nach § 396 AO insofern begegnen, als zunächst der Ausgang des Besteuerungsverfahrens oder des finanzgerichtlichen Verfahrens abgewartet wird.

Allerdings kennt das Gesetz anders als noch § 433 RAO 1919 **keine Bindung des Strafgerichts an**   2
Feststellungen oder Entscheidungen im Besteuerungsverfahren bzw. finanzgerichtlichen Verfahren. Das gilt genauso für zivil-, arbeits-, verwaltungs- oder sozialrechtliche Vorfragen oder Vorfragen andere Rechtsgebiete betreffend. Eine Ausnahme kann aber dann bestehen, wenn z.B. einem Verwaltungsakt, der nicht nichtig sein darf, ausnahmsweise eine Tatbestands- oder Gestaltungswirkung für das Strafrecht zukommt.

Die **Aussetzung eines Strafverfahrens wegen einer** zivilrechtlichen **Vorfrage** regeln §§ 154d,   3
262 StPO, die lediglich verhindern sollen, dass die Strafjustiz zu Klärung zivilrechtlicher Ansprüche missbraucht wird. Die Vermeidung widersprüchlicher Entscheidungen ist hier lediglich ein Nebeneffekt. Anerkannt ist jedoch, dass §§ 154d, 262 StPO für öffentlich-rechtliche Vorfragen entsprechend gilt, wenn nicht in besonderen Fällen etwas anderes bestimmt ist (BGH v. 01.07.1954 – 3 StR 223/54; *Meyer-Goßner* § 154d Rn. 3 und § 262 Rn. 1).

Nach **§ 396 AO** besteht die Möglichkeit, das Strafverfahren auszusetzen, soweit dies **aus Gründen**   4
der Prozessökonomie nach pflichtgemäßem Ermessen geboten erscheint. Während bei § 262 StPO die Aussetzung nur in den Fällen, in denen ausnahmsweise eine Pflicht besteht, das Verfahren auszusetzen, weil eine Ermessensreduktion auf null vorliegt, zu einem Ruhen des Verfahrens nach § 78b Abs. 1 Nr. 2 StGB führen kann (vgl. Engelhardt in: Karlsruher Kommentar, StPO, § 262 Rn. 11), ist dies nach § 396 Abs. 3 AO bei der Aussetzung nach § 396 Abs. 1 AO stets der Fall. Hierin liegt der entscheidende Vorteil der Aussetzung nach § 396 AO ggü. der Aussetzung entsprechend § 262 StPO. Zu beachten ist, dass im Geltungsbereich des § 396 AO die §§ 154d,

262 StPO nicht anwendbar sind. Der **Geltungsbereich des § 396 AO** umfasst indessen lediglich die Steuerhinterziehung (§ 370 AO), auch in einem besonders schweren Fall nach § 370 Abs. 3 AO oder in der Sonderform des gewerbsmäßigen, gewaltsamen und bandenmäßigen Schmuggels i.S.d. § 373 AO. Bei anderen Steuervergehen wie Bannbruch (§ 372 AO) oder Steuerhehlerei (§ 374 AO) ist die Vorschrift nicht anwendbar. Streitig ist zudem, ob § 396 AO auch bei einer versuchten Steuerhinterziehung angewendet werden kann, was zu bejahen ist (a.A. Schwarz/*Dumke* § 396 Rn. 7 gegen die dort zitierte h.M.).

II. Voraussetzungen

1. Zuständigkeit

5   Im **Ermittlungsverfahren** hat die StA darüber zu befinden, ob das Verfahren ausgesetzt wird (§ 396 Abs. 2 Halbs. 1 AO). Auch hier gilt indessen, dass die Finanzbehörde i.S.d. § 386 Abs. 1 Halbs. 2 AO anstelle der StA zu entscheiden hat, soweit jene in den Fällen des § 386 Abs. 2 AO die das Ermittlungsverfahren selbstständig durchführt. Im **Zwischenverfahren** sowie im **Hauptverfahren** ist das Gericht, das mit der Sache befasst ist, dazu berufen, über die Aussetzung zu entscheiden.

2. Zeitlicher Anwendungsbereich

6   Der zeitliche Anwendungsbereich des § 396 AO ist **in zwei Richtungen beschränkt**. Zum einen ist die Vorschrift vom Beginn des Ermittlungsverfahrens bis zum rechtskräftigen Abschluss des Strafverfahrens anwendbar. Zum anderen kommt eine Aussetzung innerhalb der vorgenannten zeitlichen Grenzen nur dann nicht mehr in Betracht, wenn bereits vor der Entscheidung über die Aussetzung das Besteuerungsverfahren bestandskräftig bzw. das finanzgerichtliche Verfahren rechtskräftig abgeschlossen worden ist. Das Besteuerungsverfahren bzw. finanzgerichtliche Verfahren muss also bereits vor der Aussetzungsentscheidung eingeleitet und darf noch nicht abgeschlossen sein. Vgl. auch Rdn. 14.

3. Steuerliche Vorfrage

7   **Von besonderer Bedeutung** ist, **ob** die Aussetzung auf einer **steuerlichen Vorfrage** beruht. Insofern muss die Beurteilung der Tat als Steuerhinterziehung davon abhängen, ob ein Steueranspruch überhaupt besteht, ob Steuern verkürzt oder ob nicht gerechtfertigte Steuervorteile erlangt sind. Die steuerliche Vorfrage muss mithin für das Strafverfahren **entscheidungserheblich** sein („Hängt ... ab"). Anders gewendet muss eine Identität der Verfahrensgegenstände bestehen.

8   **Nicht ausreichend** ist es, wenn lediglich der **Sachverhalt ungeklärt** ist **oder** es nur **an Beweisen** für ein Steuervergehen **fehlt**. Eine Aussetzung allein zu dem Zweck, zunächst den Sachverhalt im Besteuerungsverfahren aufklären zu lassen oder dort Beweise zu sammeln, ist daher nicht zulässig. Eine Aussetzung nach § 396 AO kommt ebenso wenig in Betracht, wenn die Entscheidung im Strafverfahren allein von **strafrechtlichen Fragestellungen**, etwa der Frage des Vorsatzes, abhängt.

9   Die steuerliche Vorfrage muss ferner das Bestehen eines Steueranspruchs, die Verkürzung von Steuern oder die Erlangung eines nicht gerechtfertigten Steuervorteils **dem Grunde nach** betreffen. Insofern ist § 396 AO **nicht** anwendbar, wenn lediglich Zweifel über die **Höhe der Verkürzung bzw. der erlangten Steuervorteile** bestehen. Das ist v.a. in Schätzungsfällen zu beachten. Denn auch im Steuerstrafverfahren ist zwar die Schätzung von Besteuerungsgrundlagen zulässig, wenn feststeht, dass der Steuerpflichtige einen Besteuerungstatbestand erfüllt hat und lediglich das Ausmaß der verwirklichten Besteuerungsgrundlagen ungewiss ist (BGH v. 24.05.2007 – 5 StR 58/07, NStZ 2007, 589). Die Schätzung im Strafverfahren obliegt aber allein dem Strafgericht. Es darf Schätzungen der Finanzbehörde nur dann übernehmen, wenn es selbst von ihrer Richtigkeit unter Berücksichtigung der vom Besteuerungsverfahren abweichenden strafrechtlichen Verfahrensgrundsätzen überzeugt ist (BGH v. 24.05.2007 – 5 StR 58/07, NStZ 2007, 589). Insofern müssen

die Schätzungsgrundlagen und die aus ihnen abgeleitete Berechnung der Besteuerungsgrundlagen – nur sie sind nämlich Gegenstand der Schätzung, nicht jedoch die Steuer (BGH v. 06.09.2011 – 1 StR 633/10, wistra 2012, 29) – im Urteil nachvollziehbar dargelegt werden.

Das **Besteuerungsverfahren muss sich nicht gegen den Beschuldigten** des Strafverfahrens als **10** Steuerpflichtigen **richten**. Ausreichend ist, dass das Besteuerungsverfahren einen Lebenssachverhalt betrifft, der zur selben Tat i.S.v. § 264 Abs. 1 StPO gehört. Vgl. insoweit zum Tatbegriff 13. Kap. – Verbot mehrmaliger Bestrafung („ne bis in idem") Rdn. 24ff.

Mit der Aussetzung kann die Ermittlungsbehörde oder das Gericht vermeiden, ein Steuerstrafver- **11** fahren **bei unklarer Beurteilung der maßgeblichen Besteuerungsgrundlagen** fortzusetzen und diese erst im strafgerichtlichen Verfahren zu klären (vgl. BT-Drucks. VI/1982 S. 199). S.o. Rdn. 1.

Ermittlungen der StA oder Finanzbehörden **parallel zur Hauptverhandlung** können ebenfalls ein **12** Anhalt für das Gericht sein, eine Aussetzung zu prüfen. Durch weitere Ermittlungen kann nämlich der Verfahrensgegenstand derart ausgedehnt und aufgeweicht werden, dass die Angeklagten keine Verteidigungslinie mehr aufbauen können, weil die völlige Ungewissheit über Art und Umfang der neuen staatsanwaltlichen Maßnahmen das nicht zulässt. Hier kann es das Gebot eines fairen Verfahrens gebieten, das Verfahren auszusetzen, um die Verteidigungsmöglichkeiten der Angeklagten nicht zu verkürzen (vgl. LG Berlin v. 26.11.1991 – (514) 1 St Js 209/88 KLs (10/90), wistra 1992, 155). Für eine Anwendung des § 396 AO ist in diesen Fällen allerdings kein Raum; vielmehr kommt die Aussetzung der Hauptverhandlung nach § 265 Abs. 4 StPO in Betracht (a.A. wohl Rolletschke/Kemper/*Cratz*, § 396 Rn. 4).

III. Ermessensentscheidung

Grds. entscheidet der Strafrichter **nach pflichtgemäßem Ermessen** darüber, ob er aussetzen will **13** (BGH v. 24.10.1984 – 3 StR 315/84, NStZ 1985, 126), also aus Zweckmäßigkeitsgründen (BGH v. 04.04.1951 – 1 StR 92/51, BGHSt 1, 92). Das Gericht muss bei seiner Entscheidung Art und Gewicht der Straftat, die Schwierigkeit der Vorfrage, die Bedeutung der Vorfrage für die Tat sowie das Beschleunigungsgebot berücksichtigen, das nicht nur dem Beschuldigten, sondern auch dem öffentlichen Interesse an einer effektiven Strafverfolgung dient. Ferner ist der Sinn und Zweck des § 396 AO zu bedenken, einander widersprechende Auslegungen der Steuergesetze im Besteuerungsverfahren bzw. finanzgerichtlichen Verfahren einerseits und im Strafverfahren andererseits möglichst zu vermeiden. Insb. soll der Gefahr begegnet werden, dass sich das Strafgericht bei der Beurteilung steuerrechtlicher Fragen in Widerspruch zur höchstrichterlichen Finanzrechtsprechung setzt, was der Rechtssicherheit abträglich wäre.

Die **Aussetzung des Strafverfahrens** kommt **dann nicht** in Betracht, wenn die Finanzbehörde oder **14** das FG bereits erklärt hat, die eigene Entscheidung bis zur abschließenden Klärung des Sachverhalts usw. im Strafverfahren auszusetzen (BGH v. 06.06.1973 – 1 StR 82/72, NJW 1973, 1562, 1565 m.w.N.). Deshalb sollte das Gericht vor der Entscheidung über die Aussetzung eigene Ermittlungen zum Stand des Besteuerungsverfahrens bzw. finanzgerichtlichen Verfahrens anstellen. Ansonsten besteht die Gefahr, dass die Verjährung nicht zu ruhen beginnt.

Die Prüfung, ob das Verfahren auszusetzen ist, erfolgt **von Amts wegen**. Eines hierauf gerichteten **15** Antrags eines Verfahrensbeteiligten bedarf es nicht (BGH v. 28.01.1987 – 3 StR 373/86, NJW 1987, 1273). Wird aber z.B. ein Antrag des Beschuldigten durch das Gericht abgelehnt, ist der gerichtliche Beschluss indessen nach § 34 StPO zu begründen. Vgl. i.Ü. zur Anfechtbarkeit einer Entscheidung nach § 396 AO unten Rdn. 22.

Da die Aussetzung auf Zweckmäßigkeitserwägungen beruht, hat der Angeklagte **i.d.R. keinen** **16** **Anspruch** darauf, dass das Verfahren ausgesetzt wird, sondern allein auf rechtsfehlerfreie Ausübung des Ermessen (BGH v. 28.01.1987 – 3 StR 373/86, NJW 1987, 1273). Zu beachten hat das Gericht aber die Situation einer Ermessensreduktion auf null, in der also jede andere Entscheidung als die Aussetzung des Verfahrens ermessensfehlerhaft wäre (BGH v. 19.12.1990 – 3 StR 90/90, NJW 1991, 1306, 1309 m.w.N.). Das kann z.B. der Fall sein, wenn anlässlich eines finanzgerichtlichen Verfahrens in Bezug auf die tatrelevante steuerrechtliche Vorfrage ein Normenkontrollverfahren beim BVerfG anhängig gemacht worden ist.

17 I.d.R. muss das **Strafverfahren zunächst so lange betrieben** werden, bis feststeht, dass der Abschluss desselben nur noch von der Beantwortung der steuerrechtlichen Vorfrage abhängt. Das gebietet das Beschleunigungsgebot. Kommt mithin ein Freispruch aus anderen Gründen, z.B. wegen fehlenden Vorsatzes in Betracht, wäre die Aussetzung ermessensfehlerhaft, bevor diese Frage nicht geklärt ist.

B. Folgen der Aussetzung

18 Folge der Aussetzung ist nach § 396 Abs. 3 AO, dass im Fall einer Aussetzung des Strafverfahrens die **Verjährung ruht**. Das Ruhen betrifft auch den Ablauf der absoluten Verjährungsfrist nach § 78c Abs. 3 Satz 2 StGB (vgl. BayObLG v. 22.02.1990 – RReg. 4 St 216/89, NStZ 1990, 280 m.w.N.). Liegt der Aussetzung keine steuerliche Vorfrage zugrunde und lagen mithin die Voraussetzungen des § 396 Abs. 1 AO bei Erlass der Entscheidung, das Verfahren auszusetzen, nicht vor, kommt der Aussetzung in aller Regel nicht die Wirkung des § 396 Abs. 3 AO zu. Vgl. zur Ausnahme oben Rdn. 4.

19 Die Aussetzung des Verfahrens **führt nicht zu einer Bindungswirkung** der behördlichen oder finanzgerichtlichen Entscheidung. Allerdings ist den Finanzbehörden und den Finanzgerichten grds. eine bessere Sachkunde zuzubilligen. Will das Strafgericht daher von der Entscheidung abweichen, muss es die steuerliche Vorfrage sowie die von den Finanzbehörden bzw. dem FG vorgenommene Bewertung gründlich darlegen. Die einzelnen Argumente sind in einer Gesamtschau zu würdigen und eine abweichende Ansicht sicherlich nur dann zu vertreten, wenn für das Strafgericht nach sorgfältiger Prüfung Anlass hierzu besteht. Diese ist nachvollziehbar und umfassend zu begründen.

20 Auch wenn das Gericht das Verfahren nach § 396 AO aussetzt, wird es häufig geboten sein, zum Zwecke der **Beweissicherung** z.B. die richterliche Vernehmung von Beschuldigten, Betroffenen oder Zeugen anzuordnen. Das wird im Einzelfall dann erforderlich sein, wenn andernfalls die Dauer des Besteuerungsverfahrens bzw. des finanzgerichtlichen Verfahrens zu einem Beweisverlust führen könnte, weil z.B. bei einem schwer kranken Zeugen ungewiss erscheint, ob er später noch reise- und verhandlungsfähig sein wird.

21 Das Gericht kann das ausgesetzte Verfahren **jederzeit** wieder **fortsetzen**, ohne den bestandskräftigen Abschluss des Besteuerungsverfahrens bzw. rechtskräftigen Abschluss des finanzgerichtlichen Verfahrens abwarten zu müssen. Insofern ist der Gang des Besteuerungs- bzw. finanzgerichtlichen Verfahrens laufend zu überwachen. Allerdings kann eine sofortige Fortsetzung gegen das Gebot eines fairen Verfahrens verstoßen, wenn sie gleichsam „zur Unzeit" erfolgt, weil der Beschuldigte durch den Zeitpunkt der Fortsetzung in seinen Verteidigungsmöglichkeiten eingeschränkt ist. Vgl. auch Rdn. 12.

C. Rechtsschutz

22 Eine **im Ermittlungsverfahren getroffene Aussetzungsentscheidung** kann **nicht angefochten** werden (a.A. Rolletschke/Kemper/*Cratz* § 396 Rdn. 18, wonach die Finanzbehörde eine Aussetzung des Verfahrens durch StA anfechten könne). Es bleibt nur die Möglichkeit der Dienstaufsichtsbeschwerde. **Ebenfalls unanfechtbar** eine **gerichtliche Entscheidung**, mit der die beantragte Aussetzung **abgelehnt** wird. Denn es handelt sich um eine Entscheidung nach § 305 Satz 1 StPO, die der Urteilsfindung vorausgeht (OLG Hamm v. 17.08.1977 – 3 Ws 482/77, NJW 1978, 283, 284

m.w.N.). Das gilt nach § 305 Satz 1 StPO i.d.R. auch für eine stattgebende Entscheidung. Eine **Beschwerde** ist aber ausnahmsweise dann **zulässig, wenn** der Aussetzungsbeschluss im Einzelfalle der Vorbereitung des Urteils nicht dienlich, deshalb ohne inneren Zusammenhang mit ihm ist und nur verfahrenshemmend und verzögernd wirkt, oder wenn er überhaupt gesetzeswidrig ist, weil die tatbestandlichen Voraussetzungen des § 396 AO für eine Aussetzung nicht vorliegen (vgl. OLG Karlsruhe v. 14.12.1984 – 3 Ws 138/84, NStZ 1985, 227; für eine generelle Anfechtbarkeit der stattgebenden Entscheidung allerdings OLG Frankfurt am Main v. 25.11.2004 – 3 Ws 1221/04, NStZ-RR 2004, 46, 47). Soweit nicht ausnahmsweise die Beschwerde zulässig ist (OLG Karlsruhe v. 14.12.1984 – 3 Ws 138/84, NStZ 1985, 227), kann nur im Wege der **Berufung oder Revision** geltend gemacht werden, dass die Aussetzung rechtsfehlerhaft unterblieben ist (BGH v. 19.12.1990 – 3 StR 90/90, NJW 1991, 1306, 1309; OLG Hamm v. 17.08.1977 – 3 Ws 482/77, NJW 1978, 283, 284 m.w.N. m.w.N.).

Vorbem. zu §§ 169 ff. AO

Nach den §§ 169 ff. AO ist die Frage, ob ein Steueranspruch durch die Finanzverwaltung noch festgesetzt werden kann, zu beantworten. Das ist auch und gerade im Zusammenhang mit Steuerstrafverfahren zu beachten. Vielfach wird dabei vom Betroffenen zu Recht die Nachfestsetzung von Steuern für viele Jahre zuzüglich Zinsen als weitaus größere „Strafe", als die eigentliche Sanktion seines Fehlverhaltens empfunden. **1**

Selbst wenn die Verfolgungsverjährungsfrist mit der Festsetzungsverjährungsfrist an sich identisch ist, wie das bei bestimmten schweren Fällen von Steuerhinterziehung der Fall ist, sind 10 Jahre im Strafrecht etwas anderes als 10 Jahre im Steuerrecht. Beide Verjährungsstatute regeln nämlich Beginn und Fristlauf unterschiedlich. So können 10 Jahre im Steuerrecht tatsächlich 13 Jahre sein und im Strafrecht „nur" 12 Jahre.

Besondere Beachtung verdient die Festsetzungsverjährung i.R.d. Selbstanzeigenberatung, wenn Steuern über viele Jahre hinweg hinterzogen worden sind. Hat ein Steuerpflichtiger z.B. im Jahr 2001 10.000,00 € ESt hinterzogen, indem er für dieses Jahr keine Einkommensteuererklärung abgegeben hat, ist diesem im Rahmen einer Beratung am Ende des Jahres 2013 darzulegen, dass zur Steuerschuld an sich noch Zinsen i.H.v. 7.200,00 € hinzukommen, wenn eine Nacherklärung zu diesem Zeitpunkt abgegeben wird. **2**

§ 169 AO   Festsetzungsfrist

(1) Eine Steuerfestsetzung sowie ihre Aufhebung oder Änderung sind nicht mehr zulässig, wenn die Festsetzungsfrist abgelaufen ist. Dies gilt auch für die Berichtigung wegen offenbarer Unrichtigkeit nach § 129. Die Frist ist gewahrt, wenn vor Ablauf der Festsetzungsfrist

1. der Steuerbescheid den Bereich der für die Steuerfestsetzung zuständigen Finanzbehörde verlassen hat oder
2. bei öffentlicher Zustellung die Benachrichtigung nach § 10 Abs. 2 Satz 1 des Verwaltungszustellungsgesetzes bekannt gemacht oder veröffentlicht wird.

(2) Die Festsetzungsfrist beträgt:

1. ein Jahr für Verbrauchsteuern und Verbrauchsteuervergütungen,
2. vier Jahre für Steuern und Steuervergütungen, die keine Steuern oder Steuervergütungen im Sinne der Nummer 1 oder Einfuhr- und Ausfuhrabgaben im Sinne des Artikels 4 Nr. 10 und 11 des Zollkodexes sind.

Die Festsetzungsfrist beträgt zehn Jahre, soweit eine Steuer hinterzogen, und fünf Jahre, soweit sie leichtfertig verkürzt worden ist. Dies gilt auch dann, wenn die Steuerhinterziehung oder

leichtfertige Steuerverkürzung nicht durch den Steuerschuldner oder eine Person begangen worden ist, deren er sich zur Erfüllung seiner steuerlichen Pflichten bedient, es sei denn, der Steuerschuldner weist nach, dass er durch die Tat keinen Vermögensvorteil erlangt hat und dass sie auch nicht darauf beruht, dass er die im Verkehr erforderlichen Vorkehrungen zur Verhinderung von Steuerverkürzungen unterlassen hat.

A. Grundsätzliches

1 Die Wirkung der Festsetzungsverjährung ergibt sich aus § 169 Abs. 1 Satz 1 AO und aus § 47 AO. Eine Steuerfestsetzung ist nach Ablauf der Festsetzungsfrist nicht mehr zulässig, eine bereits bestehende darf nicht mehr geändert werden. Auch eine Änderung nach § 129 AO kommt nicht mehr in Betracht (Klein/*Rüsken* § 169 Rn. 46). Zu beachten ist allerdings, dass ein nach Ablauf der Festsetzungsfrist bekannt gegebener Steuerbescheid nach Auffassung des BFH zwar rechtswidrig, aber nicht nichtig i.S.d. § 125 Abs. 1 AO ist (BFH/NV 1995, 275). Die in der Missachtung der Festsetzungsfrist liegende Rechtsverletzung wird mithin nur durch Einspruch und/oder (Anfechtungs-) Klage beseitigt. Wird der Bescheid nicht angefochten, wird er bestandkräftig und gilt als richtig. Nach § 47 AO bewirkt der Ablauf der Festsetzungsverjährung das Erlöschen von Ansprüchen aus dem Steuerschuldverhältnis.

2 Der Ablauf der Festsetzungsfrist ist von Amts wegen zu beachten, weil die Festsetzungsverjährung anders als im Zivilrecht nicht bloß eine Einrede ist (Pahlke/König/*Cöster* § 169 Rn. 24).

B. Die Festsetzungsfrist

3 Die Festsetzungsfrist beträgt bei Verbrauchsteuern und Verbrauchsteuervergütungen gem. § 169 Abs. 2 Satz 1 Nr. 1 AO ein Jahr, ansonsten gem. § 169 Abs. 2 Satz 1 Nr. 2 AO 4 Jahre. Im Fall einer Steuerhinterziehung verlängert sie sich die gem. § 169 Abs. 1 Satz 2 AO auf 10 Jahre bzw. im Fall leichtfertiger Steuerverkürzung auf 5 Jahre.

Zu beachten ist, dass die Verlängerung der Festsetzungfrist nur für den Steuergläubiger, nicht aber für den Steuerschuldner gilt (BFH, NJW 2008, 2878). Sinn und Zweck des § 169 Abs. 2 Satz 2 AO ist es – so der BFH –, dem geschädigten Steuergläubiger zu ermöglichen, vorenthaltene Steuerbeträge noch nach Ablauf von vier Jahren zu realisieren, nicht aber, den Steuerhinterzieher in die Lage zu versetzen, Erstattungsansprüche über die reguläre Verjährungsfrist hinaus zu realisieren.

4 Zu beachten ist dabei, dass die Verlängerung der Festsetzungsfrist nur soweit reicht, wie Steuern hinterzogen oder leichtfertig verkürzt sind. Sie hat also keine Wirkung für Sachverhalte, die nicht Gegenstand einer Steuerverkürzung i.S.v. §§ 370, 378 AO sind. Für diese besteht Teilverjährung (Pahlke/König/*Cöster* § 169 Rn. 52).

5 Der Steuerschuldner braucht die Steuerhinterziehung oder leichte Steuerverkürzung nicht selbst begangen haben. Gem. § 169 Abs. 2 Satz 3 muss er sich auch ein Drittverhalten zurechnen lassen. Das Steuervergehen haftet dem Steueranspruch sozusagen an (TK/*Kruse* § 169 Rn. 18). Es reicht mithin, dass das Steuervergehen von einem Vertreter oder Erfüllungsgehilfen begangen worden ist (Pahlke/König/*Cöster* § 169 Rn. 54). Allerdings kann der Steuerschuldner sich unter den Voraussetzungen des § 169 Abs. 1 Satz 3 AO exkulpieren.

C. Verlängerte Festsetzungsfrist und Beweisanforderungen

§ 169 AO ist eine Vorschrift des Steuerrechts. Damit stellt sich die Frage, nach welchen Regeln das **6** Vorliegen eines Steuervergehens, welches zur Anwendung einer verlängerten Festsetzungsfrist von 5 oder 10 Jahren führen soll, festzustellen ist.

Mit seinem Urt. v. 07.11.2007 (NJW 2007, 1310) hat der BFH in Erinnerung gerufen, dass inso- **7** weit zwar die Regeln der AO und der FGO und nicht die der StPO gelten, jedoch im Besteuerungs- und Finanzgerichtsverfahren auch der Grundsatz „in dubio pro reo" zu beachten sei. Im Einzelnen:

> *„a) Der Maßstab, nach dem im Besteuerungsverfahren vom Vorliegen einer Steuerhinterziehung ausgegangen werden darf, ist seit der Entscheidung des Großen Senats des BFH vom 5. 3. 1979 geklärt (vgl. GrS 5/77, BFHE 127, 140, 145, BStBl II 1979, 570, 573, BeckRS 1979, 22004807, m. w. N. aus der älteren Rechtsprechung). Die für das Vorliegen einer Steuerhinterziehung gemäß § 169 Abs. 2 Satz 2 AO 1977 erforderlichen Feststellungen sind danach zwar nicht nach den Vorschriften der StPO, sondern nach denjenigen der AO 1977 und der FGO zu treffen (BFH v. 5. 3. 1979, GrS 5/77, a. a. O., unter C.I.2.a der Gründe). Indessen ist auch im Besteuerungs- und Finanzgerichtsverfahren der strafverfahrensrechtliche Grundsatz „in dubio pro reo" zu beachten (BFH v. 5. 3. 1979, a. a. O., unter C.II.1. der Gründe; v. 21. 10. 1988, III R 194/84, BFHE 155, 232, 237, BStBl II 1989, 216, 219, BeckRS 1988, 22008720; v. 14. 8. 1991, X R 86/88, BFHE 165, 458, BStBl II 1992, 128, DStR 1992, 27; v. 27. 8. 1991, VIII R 84/89, BFHE 165, 330, BStBl II 1992, 9, BeckRS 1991, 22010087; v. 4. 3. 1999, II B 52/98, BFH/NV 1999, 1185). Dies bedeutet, worauf bereits der Große Senat des BFH hingewiesen hat, keine Übernahme von Grundsätzen des Strafverfahrensrechts, sondern lässt sich daraus ableiten, dass die Finanzbehörde (der Steuergläubiger) im finanzgerichtlichen Verfahren die objektive Beweislast (Feststellungslast) für steueranspruchsbegründende Tatsachen trägt (BFH v. 5. 3. 1979, GrS 5/77, a. a. O., unter C.II.1. der Gründe). Es ist bezüglich des Vorliegens einer Steuerhinterziehung kein höherer Grad von Gewissheit erforderlich als für die Feststellung anderer Tatsachen, für die das FA die Feststellungslast trägt.*
> *b) Bei nicht behebbaren Zweifeln ist die Feststellung einer Steuerhinterziehung mittels reduzierten Beweismaßes – mithin im Schätzungswege – nicht zulässig. Hängt die Rechtmäßigkeit eines Bescheides davon ab, dass eine Steuerhinterziehung vorliegt, kann das Gericht eine Straftat nur feststellen, wenn es von ihrem Vorliegen überzeugt ist. Es ist ausschließlich § 96 Abs. 1 Satz 1 Halbsatz 1 FGO anwendbar, der, der Sache nach mit § 261 StPO übereinstimmend, regelt, dass das FG nach seiner freien, aus dem Gesamtergebnis des Verfahrens gewonnenen Überzeugung zu entscheiden hat (vgl. BFH v. 14. 8. 1991, X R 86/88, a. a. O.). Daraus folgt, dass dem Steuerpflichtigen anders als bei einer Schätzung von Besteuerungsgrundlagen nach § 162 AO 1977 die Verletzung von Mitwirkungspflichten nicht zum Vorwurf gemacht werden darf. Das gilt auch für die Verletzung sog. erweiterter Mitwirkungspflichten bei internationalen Steuerpflichten nach § 90 Abs. Abs. 2 AO 1977."*

In Fortführung dieser Rechtsprechung hat der BFH in einem AdV-Verfahren ausgeführt, dass es **8** ernstlich zweifelhaft sei, welche Auswirkungen es für die Haftung des Leiters der Wertpapierabteilung eines Kreditinstituts nach § 71 AO habe, wenn auf seine Initiative und mit seiner Billigung Wertpapiere anonym ins Ausland verlagert worden seien, jedoch die mutmaßlichen Haupttäter einer Steuerhinterziehung nicht ermittelt werden könnten und mithin nicht individuell festgestellt werden könne, ob eine Steuerhinterziehung überhaupt begangen und welche Steuer dadurch konkret hinterzogen worden sei (BFH, NJW 2010, 319). Allerdings darf die Rechtsprechung des BFH zur Geltung des Grundsatzes „in dubio pro reo" nicht zu weit ausgelegt werden, wie sich bereits aus dem zitierten Urteil vom 7.11.2007 ergibt. Dieser gilt nämlich im Besteuerungsverfahren keineswegs uneingeschränkt. So hat der BFH in einer Beschl. v. 19.12.2007 (BFH/NV 2008, 597) dargelegt, dass „in dubio pro reo" die Finanzbehörde nicht an einer Schätzung der Besteuerungsgrundlagen hindere, wenn vom Steuerpflichtigen die sog. erweiterten Mitwirkungspflichten verletzt würden. Der Zweifelssatz gelte nur i.R.d. Prüfung, ob eine Steuerhinterziehung vorliege oder nicht. Hinzuweisen ist in diesem Zusammenhang auch auf ein zum Zeitpunkt der Abfassung dieser Kommentierung beim BFH anhängiges Verfahren (X R 65/09). In diesem Verfahren wird geprüft, ob zu Lasten des Steuerpflichtigen eine Verletzung von Mitwirkungspflichten berücksichtigt werden darf, wenn die Voraussetzungen einer Steuerhinterziehung zur Anwendung der verlängerten Festsetzungsfrist festzustellen sind.

§ 170 AO   Beginn der Festsetzungsfrist

(1) Die Festsetzungsfrist beginnt mit Ablauf des Kalenderjahrs, in dem die Steuer entstanden ist oder eine bedingt entstandene Steuer unbedingt geworden ist.

(2) Abweichend von Absatz 1 beginnt die Festsetzungsfrist, wenn

1. eine Steuererklärung oder eine Steueranmeldung einzureichen oder eine Anzeige zu erstatten ist, mit Ablauf des Kalenderjahrs, in dem die Steuererklärung, die Steueranmeldung oder die Anzeige eingereicht wird, spätestens jedoch mit Ablauf des dritten Kalenderjahrs, das auf das Kalenderjahr folgt, in dem die Steuer entstanden ist, es sei denn, dass die Festsetzungsfrist nach Absatz 1 später beginnt,
2. eine Steuer durch Verwendung von Steuerzeichen oder Steuerstemplern zu zahlen ist, mit Ablauf des Kalenderjahrs, in dem für den Steuerfall Steuerzeichen oder Steuerstempler verwendet worden sind, spätestens jedoch mit Ablauf des dritten Kalenderjahrs, das auf das Kalenderjahr folgt, in dem die Steuerzeichen oder Steuerstempler hätten verwendet werden müssen.

Dies gilt nicht für Verbrauchsteuern, ausgenommen die Stromsteuer.

(3) Wird eine Steuer oder eine Steuervergütung nur auf Antrag festgesetzt, so beginnt die Frist für die Aufhebung oder Änderung dieser Festsetzung oder ihrer Berichtigung nach § 129 nicht vor Ablauf des Kalenderjahrs, in dem der Antrag gestellt wird.

(4) Wird durch Anwendung des Absatzes 2 Nr. 1 auf die Vermögensteuer oder die Grundsteuer der Beginn der Festsetzungsfrist hinausgeschoben, so wird der Beginn der Festsetzungsfrist für die folgenden Kalenderjahre des Hauptveranlagungszeitraums jeweils um die gleiche Zeit hinausgeschoben.

(5) Für die Erbschaftsteuer (Schenkungsteuer) beginnt die Festsetzungsfrist nach den Absätzen 1 oder 2

1. bei einem Erwerb von Todes wegen nicht vor Ablauf des Kalenderjahrs, in dem der Erwerber Kenntnis von dem Erwerb erlangt hat,
2. bei einer Schenkung nicht vor Ablauf des Kalenderjahrs, in dem der Schenker gestorben ist oder die Finanzbehörde von der vollzogenen Schenkung Kenntnis erlangt hat,
3. bei einer Zweckzuwendung unter Lebenden nicht vor Ablauf des Kalenderjahrs, in dem die Verpflichtung erfüllt worden ist.

(6) Für die Wechselsteuer beginnt die Festsetzungsfrist nicht vor Ablauf des Kalenderjahrs, in dem der Wechsel fällig geworden ist.

A. Grundsätzliches

Nach § 170 Abs. 1 AO beginnt die Festsetzungsfrist zwar mit dem Ablauf des Kalenderjahres, in 1
dem die Steuer entstanden ist. Hiervon werden allerdings nach § 170 Abs. 2 bis Abs. 5 AO Ausnahmen i.S.e. Anlaufhemmung gemacht. In Steuerstrafverfahren und auch in der Selbstanzeigenberatung sind von diesen vor allen Dingen § 170 Abs. 2 Nr. 1 AO und § 170 Abs. 5 AO relevant.

B. Anlaufhemmung nach § 170 Abs. 2 und 5 AO

I. § 170 Abs. 2 Satz 1 Nr. 1 AO

§ 170 Abs. 2 Satz 1 Nr. 1 regelt die Anlaufhemmung für den Fall, dass eine (Steuer-) Erklärung 2
oder Anmeldung abzugeben ist oder eine Anzeige erfolgen muss. Steuererklärungen i.S.d. Vorschrift sind z.B. die Einkommen- und die Körperschaftsteuererklärung. Die Steueranmeldung ist
in § 150 Abs. 1 Satz 3 AO legaldefiniert. Zu den Anmeldungsteuern gehören insb. die USt und
die Lohnsteuer. Anzeige i.S.d. Vorschrift ist z.B. die Anzeige nach § 30 ErbStG.

Mit der Vorschrift soll verhindert werden, dass die Festsetzungsfrist schon zu laufen beginnt, bevor 3
die Finanzbehörde etwas vom Entstehen und der Höhe des Steueranspruchs erfährt. Der Steuerpflichtige soll also keine Möglichkeit haben, durch eine verspätete Abgabe der Erklärung die zur
Prüfung des Steuerfalles zur Verfügung stehende Zeit zu verkürzen (BFH, DStRE 2007,
1525, 1526).

Im Regelfall wird eine Erklärung, Anmeldung oder Anzeige abgegeben, mag auch deren Inhalt 4
unzutreffend sein und unter den Voraussetzungen des § 169 Abs. 2 AO zu einer Verlängerung der
Festsetzungsfrist führen. In diesen Fällen läuft die Festsetzungsverjährungsfrist mit Ablauf des
Kalenderjahrs an, in dem die Erklärung, Anmeldung oder Anzeige abgegeben worden ist. Hat der
Steuerpflichtige jedoch keine Erklärung, Anmeldung oder Anzeige abgegeben, führt dies indes
nicht dazu, dass die Festsetzungsverjährungsfrist nie anläuft, sondern nur zu einer Anlaufhemmung von höchstens 3 Jahren. Tritt keine Ablaufhemmung i.S.v. § 171 AO ein, führt dies letztlich
zu einer Festsetzungsverjährung nach dreizehn Jahren.

II. § 170 Abs. 5 Nr. 2 AO

Diese Vorschrift wird in der Beratungspraxis zuweilen übersehen, ist aber in höchstem Maße bri- 5
sant, wenn im Rahmen einer Selbstanzeige nicht deklarierte Schenkungen aufgedeckt werden. Hat
z.B. ein Erbe vor zwanzig Jahren Geld im Ausland angelegt, welches er im gleichen Jahr geschenkt
bekommen hat, läuft die Festsetzungsfrist erst im Jahr des Todes des Schenkers an. Lässt sich der
Beschenkte also im Rahmen einer Selbstanzeigenberatung, die Jahre des Todes des Schenkers stattfindet, insb. auch zur Zahllast, die aus einer Selbstanzeige resultieren kann, beraten, dann muss
ihm vom Berater auch dargelegt werden, dass die Festsetzungsverjährung für die Schenkungsteuer,
die aufgrund der Jahrzehnte zurückliegenden Schenkung zu zahlen ist, erst mit Ablauf des laufenden Jahres beginnt.

Früher beginnt die Festsetzungsverjährungsfrist nur zu laufen, wenn die Finanzbehörde von der 6
vollzogenen Schenkung (irgendwie) bereits Kenntnis erlangt hat. Die Kenntnis muss dabei durch
das für die Erbschaft- und Schenkungsteuer zuständige FA erlangt sein (BFH, DStRE 200, 748)
erlangt sein. Es reicht allerdings nicht aus, dass irgendeine Dienststelle dieses FA Kenntnis erlangt
hat. Die Kenntnis muss vielmehr von derjenigen Dienststelle, die für die Prüfung der Erbschaft-
und Schenkungsteuer organisatorisch berufen ist, erlangt werden (BFH, DStRE 2003, 748, 750).
Auf welchem Weg diese Kenntnis erlangt, ist ohne Belang. Es reicht aber nicht aus, dass sie aufgrund ihr bekannter Tatsachen bei weiteren Nachforschungen hätte erkennen können oder sogar
müssen, dass ein schenkungsteuerpflichtiger Erwerb vorliegt (BFH, DStR 1998, 1511).

§ 171 AO   Ablaufhemmung (Auszug)

(...)

(3a) Wird ein Steuerbescheid mit einem Einspruch oder einer Klage angefochten, so läuft die Festsetzungsfrist nicht ab, bevor über den Rechtsbehelf unanfechtbar entschieden ist; dies gilt auch, wenn der Rechtsbehelf erst nach Ablauf der Festsetzungsfrist eingelegt wird. Der Ablauf der Festsetzungsfrist ist hinsichtlich des gesamten Steueranspruchs gehemmt; dies gilt nicht, soweit der Rechtsbehelf unzulässig ist. In den Fällen des § 100 Abs. 1 Satz 1, Abs. 2 Satz 2, Abs. 3 Satz 1, § 101 der Finanzgerichtsordnung ist über den Rechtsbehelf erst dann unanfechtbar entschieden, wenn ein auf Grund der genannten Vorschriften erlassener Steuerbescheid unanfechtbar geworden ist.

(4) Wird vor Ablauf der Festsetzungsfrist mit einer Außenprüfung begonnen oder wird deren Beginn auf Antrag des Steuerpflichtigen hinausgeschoben, so läuft die Festsetzungsfrist für die Steuern, auf die sich die Außenprüfung erstreckt oder im Fall der Hinausschiebung der Außenprüfung erstrecken sollte, nicht ab, bevor die auf Grund der Außenprüfung zu erlassenden Steuerbescheide unanfechtbar geworden sind oder nach Bekanntgabe der Mitteilung nach § 202 Abs. 1 Satz 3 drei Monate verstrichen sind. Dies gilt nicht, wenn eine Außenprüfung unmittelbar nach ihrem Beginn für die Dauer von mehr als sechs Monaten aus Gründen unterbrochen wird, die die Finanzbehörde zu vertreten hat. Die Festsetzungsfrist endet spätestens, wenn seit Ablauf des Kalenderjahrs, in dem die Schlussbesprechung stattgefunden hat, oder, wenn sie unterblieben ist, seit Ablauf des Kalenderjahrs, in dem die letzten Ermittlungen im Rahmen der Außenprüfung stattgefunden haben, die in § 169 Abs. 2 genannten Fristen verstrichen sind; eine Ablaufhemmung nach anderen Vorschriften bleibt unberührt.

(5) Beginnen die Zollfahndungsämter oder die mit der Steuerfahndung betrauten Dienststellen der Landesfinanzbehörden vor Ablauf der Festsetzungsfrist beim Steuerpflichtigen mit Ermittlungen der Besteuerungsgrundlagen, so läuft die Festsetzungsfrist insoweit nicht ab, bevor die auf Grund der Ermittlungen zu erlassenden Steuerbescheide unanfechtbar geworden sind; Absatz 4 Satz 2 gilt sinngemäß. Das Gleiche gilt, wenn dem Steuerpflichtigen vor Ablauf der Festsetzungsfrist die Einleitung des Steuerstrafverfahrens oder des Bußgeldverfahrens wegen einer Steuerordnungswidrigkeit bekannt gegeben worden ist; § 169 Abs. 1 Satz 3 gilt sinngemäß.

(...)

(7) In den Fällen des § 169 Abs. 2 Satz 2 endet die Festsetzungsfrist nicht, bevor die Verfolgung der Steuerstraftat oder der Steuerordnungswidrigkeit verjährt ist.

(8) Ist die Festsetzung einer Steuer nach § 165 ausgesetzt oder die Steuer vorläufig festgesetzt worden, so endet die Festsetzungsfrist nicht vor dem Ablauf eines Jahres, nachdem die Ungewissheit beseitigt ist und die Finanzbehörde hiervon Kenntnis erhalten hat. In den Fällen des § 165 Abs. 1 Satz 2 endet die Festsetzungsfrist nicht vor Ablauf von zwei Jahren, nachdem die Ungewissheit beseitigt ist und die Finanzbehörde hiervon Kenntnis erlangt hat.

(9) Erstattet der Steuerpflichtige vor Ablauf der Festsetzungsfrist eine Anzeige nach den §§ 153, 371 und 378 Abs. 3, so endet die Festsetzungsfrist nicht vor Ablauf eines Jahres nach Eingang der Anzeige.

A. Grundsätzliches

Auch die in § 171 AO aufgeführten Gründe für eine Ablaufhemmung werden in der Praxis häufig **1** übersehen. Während bei der Anlaufhemmung der Beginn der Festsetzungsfrist hinausgezögert wird, wird bei der Ablaufhemmung der Fristablauf um die Ruhenszeit oder einen Teil der Ruhenszeit hinausgezögert (TK/*Kruse* § 171 Rn. 1). Kommen mehrere Hemmungstatbestände in Betracht, sind sie jeweils gesondert nach Voraussetzungen, Umfang und Dauer zu prüfen, weil sie selbstständig nebeneinander stehen (Klein/*Rüsken* § 171 Rn. 1). Zu beachten ist, dass § 171 AO die Fälle der Ablaufhemmung nicht abschließend aufzählt. Weitere Ablaufhemmungsgründe ergeben sich u.a. aus §§ 174, 175a, 181, 191 und 239 AO, aber auch aus § 10d EStG oder § 16 GrEStG (TK/*Kruse* § 171 Rn. 1).

In den Fällen des § 171 AO endet die Festsetzungsfrist regelmäßig während eines Kalenderjahres **2** und nicht, wie im Normalfall, am Ende eines Kalenderjahres. Darüber hinaus entfaltet § 171 AO dann keine Wirkung, wenn der Hemmungstatbestand während des Laufs der Frist nach § 169 AO endet (Pahlke/König/*Cöster* § 171 Rn. 1). Das ist ein wesentlicher Unterschied zur Hemmung des Fristlaufs nach den Vorschriften des BGB, vgl. § 209 BGB, oder der Hemmung des Fristlaufs nach § 78b StGB (SSW-StGB/*Rosenau* § 78b Rn. 1).

B. Ausgewählte Tatbestände der Ablaufhemmung

I. § 171 Abs. 3a AO

Wird gegen einen Steuerbescheid Einspruch oder einer Klage erhoben, läuft die Festsetzungsfrist **3** nach § 171 Abs. 3a AO nicht ab, bis über den Einspruch oder die Klage unanfechtbar entschieden ist. Das gilt auch, wenn Einspruch oder Klage erst nach Ablauf der Festsetzungsfrist eingelegt bzw. erhoben werden, vgl. § 171 Abs. 3a Satz 1 Halbs. 2 AO. Der Gesetzgeber trägt mit der Vorschrift der Tatsache Rechnung, dass Steuerbescheide vielfach erst kurz vor Ablauf der Festsetzungsfrist erlassen werden und mithin die Rechtsbehelfsfrist länger läuft als die Festsetzungsfrist (Pahlke/König/*Cöster* § 171 Rn. 49). Aus Beratersicht müssen Rechtsbehelfe daher wohl überlegt sein. Ggfls. ist zu prüfen, ob und inwieweit ein „vorsorglich" eingelegter Rechtsbehelf gegen einen Steuerbescheid mit dem Ziel der Bestandkraft zurückgenommen wird. Mit Rücknahme des Rechtsbehelfs tritt nämlich Bestandskraft ein (Beermann/Gosch/*Hartmann* § 171 Rn. 28).

II. § 171 Abs. 4 AO

Voraussetzung der Ablaufhemmung nach § 171 Abs. 4 AO ist der Beginn mit der Außenprüfung **4** vor Ablauf der Festsetzungsfrist, es sei denn, deren Beginn wird auf Antrag des Steuerpflichtigen hinausgeschoben. Außenprüfungen i.S.d. Vorschrift sind die in den §§ 193 ff. AO vorgesehenen, also eine besonders angeordnete und im Allgemeinen umfassende Ermittlung der tatsächlichen und rechtlichen Verhältnisse des Steuerpflichtigen, die für die Besteuerung und für die Bemessung der Steuer maßgebend sind (TK/*Tipke* § 171 Rn. 32). Die Ablaufhemmung der Außenprüfung tritt allerdings nur dann ein, wenn der Außenprüfung eine wirksame Prüfungsanordnung zugrunde liegt. Mithin löst eine nichtige Prüfungsanordnung i.S.v. §§ 124 Abs. 3, 125 AO im Gegensatz zur bloß rechtswidrigen, nicht im Rahmen einer Anfechtung durch Einspruch und/oder Klage aufgehobenen Prüfungsanordnung die Ablaufhemmung nicht aus. Das Erfordernis einer wirksamen Prüfungsanordnung ergibt sich daraus, dass sie den Rahmen bestimmt, innerhalb dessen eine Ablaufhemmung eintreten kann (BFH, DStR 1996, 705, 706; DStRE 2003, 945, 947; BFH/NV 2004, 1510).

Die Ablaufhemmung tritt aber, wie sich aus dem Wortlaut der Vorschrift zweifelsfrei ergibt, nicht **5** schon mit Bekanntgabe der Prüfungsanordnung ein, sondern erst mit dem Beginn der Prüfung selbst. Dafür müssen tatsächlich Prüfungshandlungen erfolgen, die für den Steuerpflichtigen als solche auch erkennbar sind und geeignet erscheinen, sein Vertrauen in den Ablauf der Festsetzungsfrist zu beseitigen. Dafür sind jedenfalls im Regelfall Prüfungshandlungen vor Ort, also am Prüfungsort, erforderlich (BFH, DStRE 2003, 945, 947; DStR 2009, 2097, 2099).

6   Nach § 171 Abs. 4 Satz 3 AO endet die Festsetzungsfrist spätestens, wenn seit Ablauf des Kalenderjahrs, in dem die Schlussbesprechung stattgefunden hat, oder, wenn sie unterblieben ist, seit Ablauf des Kalenderjahrs, in dem die letzten Ermittlungen im Rahmen der Außenprüfung stattgefunden haben, die in § 169 Abs. 2 AO genannten Fristen verstrichen sind. Hierzu hat der BFH (BFH, DStR 2011, 1998) entschieden, dass letzte Ermittlungen im Sinne der Vorschrift Maßnahmen des Prüfers oder des Finanzamts voraussetzen, die darauf gerichtet sind, bisher noch nicht bekannte Sachverhaltselemente festzustellen. Als Beispiele nennt der BFH insoweit die Anforderung von Unterlagen, die Aufforderung des Steuerpflichtigen zur Mitwirkung in anderer Weise und die Auswertung nachgereichter Unterlagen. Im entschiedenen Fall reichten dem BFH Ausführungen in einem ergänzenden Bericht für sich als letzte Ermittlungen im Sinne der Vorschrift nicht aus (BFH, DStR 2011, 1998, 1999).

Ergänzend wird nun in einem beim BFH anhängigen Verfahren (IV R 51/11) geprüft, ob die Ablaufhemmung fortwirkt, wenn nach ersten Ermittlungshandlungen über einen Zeitraum von sechs Jahren hinweg keine für den Steuerpflichtigen erkennbare Prüfungshandlung, sondern nur ein Informationsaustausch zwischen mehreren Behörden stattfindet? Weiter werden in diesem Verfahren folgende Fragen aufgeworfen: Führt die jahrelange (vermeintliche) Untätigkeit zur Verwirkung? Wie ist der Begriff der „letzten Ermittlungen im Rahmen der Außenprüfung" in § 171 Abs. 4 Satz 3 AO zu verstehen?

III. § 171 Abs. 5

1. § 171 Abs. 5 Satz 1 AO

7   Nach § 171 Abs. 5 Satz 1 AO wird der Ablauf der Festsetzungsfrist gehemmt, wenn die Zoll- oder Steuerfahndung vor Ablauf der Festsetzungsfrist beim Steuerpflichtigen mit Ermittlungen der Besteuerungsgrundlagen beginnen. Geschieht das, läuft die Festsetzungsfrist nicht ab, bevor die aufgrund der Ermittlungen zu erlassenden (Änderungs-) Bescheide unanfechtbar geworden sind. Letztlich führt das dazu, dass die durch die Vorschrift bewirkte Ablaufhemmung unbegrenzt fortdauert, wenn die Fahndungsprüfung nicht zu steuerlich erheblichen Feststellungen geführt hat und deshalb im Anschluss an die Prüfung keine Änderungsbescheide erlassen werden. Aus diesem Grund ist im Schrifttum die Ansicht verbreitet, dass i.R.d. § 171 Abs. 5 AO die Regelung in § 171 Abs. 4 Satz 3 AO analog anwendbar sei (*Birk/Naujok*, DStR 2003, 349 ff.) Der BFH hingegen verneint hingegen eine Regelungslücke (DStR 2002, 1297, 1298). Zeitliche Grenze für den Erlass von Änderungsbescheiden in diesem Zusammenhang sei nur der Tatbestand der Verwirkung, der aber neben dem Zeitablauf weitere Umstände erfordere (DStR 2002, 1297, 1299). Damit dauert die Ablaufhemmung nach § 171 Abs. 5 Satz 1 AO nahezu unbegrenzt fortdauert, wenn die Fahndungsprüfung keine steuerlich erheblichen Feststellungen zur Folge hat und deshalb im Anschluss an die Prüfung keine Änderungsbescheide erlassen werden (Pahlke/König/*Cöster* § 171 Rn. 112). Allerdings gilt § 171 Abs. 4 Satz 2 AO sinngemäß mit der Folge, dass keine Ablaufhemmung eintritt, wenn die Fahndungsprüfung unmittelbar nach ihrem Beginn für die Dauer von 6 Monaten aus Gründen unterbrochen wird, die die Finanzbehörde zu vertreten hat.

8   Bei alledem ist unbedingt zu beachten, dass Ermittlungen der Straf- und Bußgeldsachenstelle keine „Ermittlungen der mit der Steuerfahndung betrauten Dienststellen der Landesfinanzbehörden" sind, mögen Straf- und Bußgeldsachenstelle und Steuerfahndung auch in einem FA zusammengefasst sein und im selben Haus sitzen (BFH, DStR 2009, 2428, 2429). Allerdings steht es der Aufnahme von Ermittlungen gleich, wenn seitens der Steuerfahndung keine eigenen Ermittlungen mehr angestellt werden, diese vielmehr die Ermittlungsergebnisse des Betriebsprüfers übernimmt und steuerlich sowie strafrechtlich auswertet und umsetzt. In diesem Fall tritt die Ablaufhemmung im Zeitpunkt der Übernahme der Ergebnisse ein (BFH, BeckRS 2010, 25016592; TK/*Kruse* § 171 Rn. 69).

2. § 171 Abs. 5 Satz 2 AO

Nach § 171 Abs. 5 Satz 2 gilt die Regelung von § 171 Abs. 5 Satz 1 AO kraft Verweisung entspre- 9
chend, wenn dem Steuerpflichtigen die Einleitung des Steuerstraf- oder Bußgeldverfahrens wegen
einer Steuerordnungswidrigkeit vor Ablauf der Festsetzungsfrist bekannt gegeben worden ist.

Es stellt sich aber die Frage, ob dies auch für die sinngemäße Anwendung von § 171 Abs. 4 10
Satz 2 AO gilt, die in § 171 Abs. 5 Satz 1 Halbs. 2 AO angeordnet wird. *Luft* (DStR 2009, 2409)
bejaht dies und begründet ihre Ansicht zum einen mit dem – aus ihrer Sicht – eindeutigen Wortlaut der Vorschrift. Zum anderen ergebe sich das aber auch aus dem Zweck der Vorschrift, der
darin bestehe, auch bei Einleitung eines Steuerstraf- oder Bußgeldverfahrens wegen einer Steuerordnungswidrigkeit den Ablauf der Festsetzungsfrist zu verhindern. Die Einleitung eines Steuer-
straf- oder Bußgeldverfahrens beinhalte ebenso wie die Ermittlung von Besteuerungsgrundlagen
durch Zoll- oder Steuerfahndung die Möglichkeit, neue Erkenntnisse zu erlangen, die für das
Besteuerungsverfahren von Bedeutung sind. In beiden Fällen solle die Verwertung der Erkenntnisse innerhalb des Steuerfestsetzungsverfahrens durch Eintritt der Ablaufhemmung sichergestellt
werden. § 171 Abs. 5 Satz 2 AO sei insofern lediglich die gesetzliche Ergänzung des bereits in
§ 171 Abs. 4 Satz 1 und Abs. 5 Satz 1 AO enthaltenen Kerngedankens, dass im Rahmen von Prü-
fungs- oder Ermittlungshandlungen gewonnene Erkenntnisse auch für das Festsetzungsverfahren
bedeutsam sein können. Dass im Fall der Einleitung eines Steuerstraf- oder Bußgeldverfahrens für
die Ablaufhemmung noch die Bekanntgabe der Verfahrenseinleitung hinzukommen muss, ergebe
sich aus dem Umstand, dass anderenfalls nicht gewährleistet sei, dass der Steuerpflichtige vom
Eintritt der Ablaufhemmung tatsächlich Kenntnis erhält. Die Einleitung eines Strafverfahrens
könne auch ohne Wissen und Mitteilung an den Beschuldigten erfolgen wie sich aus § 386 AO
i.V.m. § 160 Abs. 1 StPO ergebe. Daraus folge zwingend die zusätzliche Voraussetzung der Verfah-
rensbekanntgabe, um die Ablaufhemmung in Gang zu setzen. Diese zusätzliche Voraussetzung,
die dem Schutz des Steuerpflichtigen diene, dürfe nicht im Ergebnis Argumentationsgrundlage für
eine nachteilige Auslegung der Norm sein.

Neben dem FG Münster (EFG 2009, 812) ist auch das Niedersächsische FG der Ansicht von *Luft* 11
nicht gefolgt und zwar mit folgender Begründung (DStRE 2009, 1273, 1275):

> *„Diese Norm findet jedoch vorliegend keine Anwendung, da der in § 171 Abs. 5 Satz 1 Halb-*
> *satz 2 AO enthaltene Verweis auf § 171 Abs. 4 Satz 2 AO von der Rechtsfolgenverweisung des § 171*
> *Abs. 5 Satz 2 AO nicht umfasst ist. Dies ergibt sich sowohl aus systematischen als auch aus teleologi-*
> *schen Gesichtspunkten. Die in § 171 Abs. 5 Satz 1 AO enthaltene Verweisung auf § 171 Abs. 4*
> *Satz 2 AO führt zu einer vom Gesetzgeber beabsichtigten Gleichstellung der Außenprüfung und der*
> *Fahndungsprüfung. Beiden Prüfungen ist gemeinsam, dass die tatsächlichen Ermittlungshandlungen*
> *die Grundlage für die Ablaufhemmung bilden. Demgegenüber wird in § 171 Abs. 5 Satz 2 AO das*
> *tatsächliche Element der Ermittlungshandlungen durch den formalen Akt der Bekanntgabe der Ein-*
> *leitung des Steuerstrafverfahrens ersetzt. Anders als die tatsächlichen Handlungen kann das Verfah-*
> *ren als solches nicht durch bloße Realakte seitens der Finanzbehörden unterbrochen werden. Viel-*
> *mehr bedarf es hierzu eines weiteren formalen Aktes, zum Beispiel der Aufhebung oder Einstellung*
> *des Strafverfahrens. Insoweit begründet die Bekanntgabe der Einleitung des Steuerstrafverfahrens*
> *einen Wechsel im Status des Steuerpflichtigen, der durch einfache Realhandlungen nicht zu beseiti-*
> *gen ist. Dies rechtfertigt die unterschiedliche Behandlung von Ablaufhemmungen nach § 171 Abs. 4*
> *und Abs. 5 Satz 1 AO auf der einen Seite und § 171 Abs. 5 Satz 2 AO auf der anderen Seite.“*

Der BFH hat die gegen diese Entscheidung gerichtete Nichtzulassungsbeschwerde nicht ange- 12
nommen (BFH, BeckRS 2010, 25016592). Die Rechtsfrage sei im Streitfall nicht klärungsbedürf-
tig, weil es ihrer Entscheidung nicht bedürfe, um das Entscheidungsergebnis des FG zu begründen. In der ständigen Rechtsprechung sei zudem geklärt, dass eine zeitliche Grenze für den Erlass
von Änderungsbescheiden im Anwendungsbereich des § 171 Abs. 5 AO zur Umsetzung der
Ermittlungsergebnisse nur durch den Eintritt der Verwirkung gezogen werde (vgl. auch oben

Rdn. 8). Aus diesen Äußerungen des BFH ist der Schluss zu ziehen, dass auch er nicht davon ausgeht, dass die Verweisung in § 171 Abs. 5 Satz 1 2 Halbs. AO die Vorschrift des § 171 Abs. 4 Satz 2 AO erfasst.

IV. § 171 Abs. 7 AO

13 Diese Vorschrift hat ihre Bedeutung verloren. Mit ihr sollte verhindert werden, dass der Täter einer Steuerstraftat oder einer Steuerordnungswidrigkeit zwar noch strafrechtlich oder bußgeldrechtlich belangt werden kann, aber die entsprechenden Steuern gegen ihn nicht mehr festgesetzt werden können. Bedeutung hat die Vorschrift damit im Grunde nur bei fortgesetzten Handlungen und Dauerordnungswidrigkeiten. Durch die Aufgabe der Rechtsprechung zum Fortsetzungszusammenhang bei Steuerhinterziehung (BGH NJW 1994, 2368) und die damit verbundene Infragestellung der Dauerordnungswidrigkeit (Klein/*Rüsken* § 171 Rn. 87) ist diese Bedeutung entfallen. Die Verfolgungsverjährung beginnt nunmehr bei jeder Einzeltat.

V. § 171 Abs. 8 AO

14 Dieser Hemmungstatbestand wird in der Praxis häufig übersehen. Er kann aber in Steuerstrafverfahren und insb. auch i.R.d. Selbstanzeigenberatung erhebliche Bedeutung haben, weil sich im Fall seiner Anwendung insb. unter Berücksichtigung zu zahlender Zinsen erhebliche (zusätzliche) Zahllasten ergeben können.

15 Wird bspw. im Jahr 00 vom Steuerpflichtigen eine Wohnung gekauft, für die i.R.d. Veranlagungen zur ESt durchgehend Verluste aus VuV geltend gemacht werden, obwohl die Wohnung in den Jahren 00 und 04 gemeinsam mit dem Lebensgefährten, dem „Mieter", genutzt wird, führt ein Vorläufigkeitsvermerk nach § 165 Abs. 1 Satz 1 AO für die Jahre 00 und 01, der mit der Ungewissheit über das Vorliegen der Voraussetzungen von VuV begründet wird, zu einer Anlaufhemmung nach § 171 Abs. 8 AO. Hiernach endet in Fällen der vorläufigen Festsetzung einer Steuer nach § 165 AO die Festsetzungsfrist nicht vor dem Ablauf eines Jahres, nachdem die Ungewissheit beseitigt ist und die Finanzbehörde hiervon Kenntnis erhalten hat.

16 Nur die positive Kenntnis vom Wegfall der Ungewissheit führt zum Wegfall der Ablaufhemmung. Ein bloßes Kennenmüssen reicht nicht (BFH, DStR 1992, 1616; DStR 2009, 442, 443). Ab dem Zeitpunkt der positiven Kenntnis läuft dann die in der Vorschrift vorgesehene Jahresfrist.

17 Hat der Steuerpflichtige einen Vorläufigkeitsvermerk nach 165 nicht angefochten, kann er später nicht geltend machen, dass die Hemmung nicht eingetreten sei, weil eine Ungewissheit nicht vorgelegen habe. Allgemeinen Grundsätzen folgend, führt auch ein rechtswidriger, aber nicht nichtiger Vorläufigkeitsvermerk zur Ablaufhemmung nach § 171 Abs. 8 AO (Pahlke/König/*Cöster* § 171 Rn. 132).

VI. Nacherklärung oder Selbstanzeige, § 171 Abs. 9 AO

18 Diese Vorschrift erfasst sowohl Nacherklärungen nach § 153 AO, als auch Selbstanzeigen nach §§ 371, 378 Abs. 3 AO. Nach § 171 Abs. 9 AO endet die Festsetzungsfrist nicht vor Ablauf eines Jahres nach Eingang der Nacherklärung oder Selbstanzeige. Die Aufzählung der Anzeigen in der Vorschrift ist abschließend. Die Vorschrift erfasst also nicht auch Anzeigen nach §§ 30, 33, 34 ErbStG oder §§ 18, 19 GrEStG (Pahlke/König/*Cöster* § 171 Rn. 138.)

19 Das Verhältnis der Vorschrift zu anderen Hemmungstatbeständen ist in der Rechtsprechung des BFH geklärt. Aus § 171 Abs. 9 AO, wonach die Festsetzungsfrist nach einer Selbstanzeige nicht vor Ablauf eines Jahres abläuft, folgt nach Auffassung des BFH nicht, dass der Finanzverwaltung höchstens eine Jahresfrist zur Auswertung der Selbstanzeige zur Verfügung steht und anderweitige Unterbrechungsvorschriften ausgeschlossen sind (BFH/NV 2007, 2071). Es greifen also insb. die Hemmungstatbestände der § 171 Abs. 4 und Abs. 5 AO zusätzlich.

Höchstrichterlich entschieden ist nun auch die Frage, auf welche Teilerklärung bei einer gestuften 20 oder mehraktigen Selbstanzeige abzustellen ist und zwar durch ein Urteil des BFH v. 21.04.2010 (NJW 2010, 2605). Hatte die Vorinstanz (FG Düsseldorf, BeckRS 2007, 26025210) noch entschieden, dass eine „gestufte" Selbstanzeige, also eine Berichtigungserklärung, die aus mehreren, zeitlich auseinander liegenden Erklärungen bestehe, erst ab dem Zeitpunkt die Ablaufhemmung des § 171 Abs. 9 AO auslösen, zu dem das Berichtigungserfordernis „der Höhe nach" erfüllt sei, hat der BFH judiziert, dass die Ablaufhemmung nach § 171 Abs. 9 AO beginnt, wenn die angezeigte Steuerverkürzung dem Grunde nach individualisiert werden kann, der Steuerpflichtige also Steuerart und Veranlagungszeitraum benennt und den Sachverhalt so schildert, dass der Gegenstand der Selbstanzeige erkennbar wird. Dieses Urteil dürfte allerdings angesichts der Ausführungen des BGH zur gestuften Selbstanzeige in dem Beschl. v. 20.05.2010 (NJW 2010, 2146, 2149) keine praktische Bedeutung zukommen.

§ 173 AO Aufhebung oder Änderung von Steuerbescheiden wegen neuer Tatsachen oder Beweismittel

(1) Steuerbescheide sind aufzuheben oder zu ändern,

1. soweit Tatsachen oder Beweismittel nachträglich bekannt werden, die zu einer höheren Steuer führen,

2. soweit Tatsachen oder Beweismittel nachträglich bekannt werden, die zu einer niedrigeren Steuer führen und den Steuerpflichtigen kein grobes Verschulden daran trifft, dass die Tatsachen oder Beweismittel erst nachträglich bekannt werden. [2]Das Verschulden ist unbeachtlich, wenn die Tatsachen oder Beweismittel in einem unmittelbaren oder mittelbaren Zusammenhang mit Tatsachen oder Beweismitteln im Sinne der Nummer 1 stehen.

(2) [1]Abweichend von Absatz 1 können Steuerbescheide, soweit sie auf Grund einer Außenprüfung ergangen sind, nur aufgehoben oder geändert werden, wenn eine Steuerhinterziehung oder eine leichtfertige Steuerverkürzung vorliegt. [2]Dies gilt auch in den Fällen, in denen eine Mitteilung nach § 202 Abs. 1 Satz 3 ergangen ist.

Literaturübersicht zu § 173 allgemein:
Geserich, Die Rechtserheblichkeit neuer Tatsachen und Beweismittel, NWB 2010, 2366; *Graw/Loose,* Das Merkmal der Rechtserheblichkeit neuer Tatsachen i.S.d. § 173 AO, AO-StB 2008, 336; *Günther,* Steuerbescheid: Änderung wegen neuer Tatsachen, StWK 2009, 235; *Jacobsen/Stöhr,* Das Übersehen unoffensichtlicher einmaliger Aufwendungen und grobe Fahrlässigkeit gem. § 173 AO, BB 2008, 2776; *Krebs,* Änderungen gem. § 173 AO – ohne Prüfung der Rechtserheblichkeit, AO-StB 2005, 77 – 81 *Sauer,* Die nachträgliche Ausstellung bzw. Vorlage von Bescheinigungen, AO-StB 2005, 272.

Literaturübersicht zur Änderungssperre:
Apitz, Reichweite der Änderungssperre gem. § 173 Abs. 2 AO nach Betriebsprüfung ohne Auswirkung auf einzelne Jahre und Steuerarten, StBp 2003, 37; *Bergan/Martin,* Keine Durchbrechung der Änderungssperre des § 173 Abs. 2 AO bei Subventionsbetrug, DStRE 2009, 882; *Müller,* Die Änderungssperre des § 173 Abs. 2 AO, AO-StB 2005, 73l; *Rößler,* Änderungssperre nach § 173 Abs. 2 AO bei materieller Erfüllung des Außenprüfungsbegriffes durch die Steuerfahndung, StB 1999, 69.

A. Allgemeines

1   § 173 AO ist eine gesetzliche Regelung i.S.d. § 172 Abs. 1 Satz 1 Nr. 2 d) AO und eröffnet die Möglichkeit zur Durchbrechung der materiellen Bestandskraft eines Steuerbescheides, soweit steuerlich relevante Tatsachen oder Beweismittel nachträglich bekannt werden. Durch diese Regelung werden die auf das Prinzip der Rechtssicherheit zurückgehende Bestandskraft und der Vertrauensschutz zugunsten der materiellen Richtigkeit der Steuerfestsetzung eingeschränkt. Hatte die Finanzbehörde allerdings im Wege einer Außenprüfung die Gelegenheit, alle Tatsachen zu ermitteln, so ist der Rechtssicherheit gem. § 173 Abs. 2 AO der Vorrang einzuräumen. Hat der Steuerpflichtige hingegen Tatsachen dergestalt nicht zutreffend mitgeteilt, dass eine Steuerstraftat oder -ordnungswidrigkeit vorliegt, so hat er auch im Falle einer vorhergehenden Außenprüfung das Risiko einer Bestandskraftdurchbrechung zu tragen.

2   § 173 AO ist **ausschließlich anwendbar auf Steuerbescheide und ihnen gleichgestellte Bescheide** wie z.B. Feststellungsbescheide, Steuermessbescheide, Zinsbescheide und Vergütungsbescheide. Auch bei einem Bescheid, der einen Steuerbescheid abändert, handelt es sich um einen Steuerbescheid in diesem Sinne (BFH v. 12.01.1989 – IV R 8/88, BStBl. II 1989, S. 438). Da § 173 AO zwar die Durchbrechung der Bestandskraft ermöglicht, sie aber nicht voraussetzt, können auch anfechtbare oder angefochtene Steuerbescheide nach § 173 AO geändert werden.

3   Ergeht der Steuerbescheid nach **§ 165 AO** vorläufig, so ist § 173 AO nur bzgl. solcher Tatsachen anwendbar, bzgl. derer die Vorläufigkeit nicht wirkt. Für **Steueranmeldungen** kommt § 173 AO hingegen im Hinblick auf § 164 Abs. 2 AO keine Bedeutung zu, da sie gem. § 168 AO einer Steuererfestsetzung unter dem Vorbehalt der Nachprüfung gleichstehen.

4   Beziehen sich die Bescheide auf **Zölle** oder **Verbrauchsteuern** i.S.d. AO (z.B. Mineralöl-, Branntwein und Kaffeesteuer, hingegen nicht die USt), ist § 173 AO nicht anwendbar. Diese Bescheide können nur gem. § 172 Abs. 1 Satz 1 Nr. 1 AO aufgehoben oder geändert werden.

5   § 173 AO erlaubt die vollständige Aufhebung oder punktuelle Änderung von bestandskräftigen Steuerbescheiden zugunsten und zuungunsten des Steuerpflichtigen aufgrund nachträglich bekanntgewordener Tatsachen oder nachträglich bekanntgewordener Beweismittel. § 173 ermöglicht hingegen nicht die Gesamtüberprüfung des Steuerbescheides oder die Berichtigung sonstiger Rechtsfehler (vgl. dazu § 177 AO; BFH v. 11.06.1997 – X R 177/95, BFH/NV 1997; HHSp/ v. Groll § 173 Rn. 10 f.). Zeitlich ist § 173 AO nur bis zum Eintritt der Festsetzungsfrist im jeweiligen Einzelfall (vgl. § 169 AO) anwendbar (BFH v. 19.01.2005 – V B 5/04, BFH/NV 2005, 910).

6   § 173 stellt auf die Steuerfestsetzung ggü. dem jeweiligen Steuerpflichtigen ab, sodass es bei zusammenveranlagten Gesamtschuldnern zu Steuerfestsetzungen in unterschiedlicher Höhe kommen kann, wenn nicht bei allen von ihnen die Änderungsvoraussetzungen des § 173 AO erfüllt sind (BFH v. 13.05.1987 – II R 189/83, BStBl. II 1988, S. 188).

7   Strukturell sind in § 173 AO vier Regelungen zu unterscheiden:

– **§ 173 Abs. 1 Nr. 1 AO:** Änderung wegen nachträglich bekannt gewordener Tatsachen, die zu einer **höheren Steuer** führen.

– **§ 173 Abs. 1 Nr. 2 Satz 1 AO:** Änderung wegen nachträglich bekannt gewordener Tatsachen oder Beweismittel, die **nicht grob fahrlässig verspätet vorgetragen** wurden und zu einer **niedrigeren Steuer** führen.

– **§ 173 Abs. 1 Nr. 2 Satz 2 AO**: Steuerminderung trotz verschuldet verspätetem Vorbringens wegen **Sachzusammenhangs mit einer Steuererhöhung** gem. § 173 Abs. 1 Nr. 1 AO.
– **§ 173 Abs. 2 AO**: Eingeschränkte Änderbarkeit nach einer **Außenprüfung**.

B. Der Tatbestand

I. Tatsachen

Tatsache i.S.d. § 173 AO ist alles, was Merkmal oder Teilstück eines gesetzlichen Steuertatbestan- **8** des und somit im Rahmen eines gesetzlichen Steuertatbestandes von Bedeutung sein kann, d.h. Lebenssachverhalte wie tatsächliche Zustände, Vorgänge, Beziehungen, Eigenschaften materieller oder immaterieller Art (st. Rspr., vgl. BFH v. 28.06.2006 – III R 13/06, BFH/NV 2006, 2204; BFH v. 14.05.2003 – X R 60/01, BFH/NV 2003, 1144 m.w.N.; vgl. auch AEAO zu § 173, Nr. 1.1; zur Berücksichtigung sog. Hilfstatsachen vgl. BFH v. 06.12.1994 – IX R 11/91, BStBl. II 1995, S. 192; BFH v. 19.10.2011 – X R 29/10, juris; Rn. 9). **Schlussfolgerungen** aller Art, insb. auch juristische Subsumtionen und hierauf beruhende Gerichtsentscheidungen oder Rechtsfolgen sind hingegen keine Tatsachen i.S.d. § 173 AO (BFH v. 28.06.2006 – III R 13/06, BFH/NV 2006, 2204; BFH v. 14.05.2003 – X R60/01, BFH/NV 2003, 1144). Ebenso handelt es sich bei geänderten Rechtsauffassungen, also einer anderen rechtlichen Beurteilung bereits bekannter Umstände (BFH v. 28.06.2006 – III R 13/06, BFH/NV 2006, 2204; BFH v. 26.10.2006 – V R 58/04, BStBl. II 2007, S. 487; BFH v. 25.01.2001 – II R 52/98, BStBl. II 2001, S. 414) und einer durch eine Entscheidung des BVerfG erzwungenen Gesetzesän- derung zugunsten der Stpfl. (TK/*Loose*, § 173 Rn. 3; Kühn/v. Wedelstädt/*Balmes* § 173 Rn. 2; vgl. auch FG Hessen v. 09.07.1993 – 4 K 5441/92, EFG 1994, 598) nicht um neue Tatsachen i.S.d. § 173 AO. Dasselbe gilt nach herrschender Meinung auch für die Verfassungswidrigkeit einer steuerrechtlichen Regelung, da eine Entscheidungen des BVerfG auf rechtlichen Erwägungen und Schlussfolgerungen beruht und somit als juristisches Ergebnis einer Subsumtion keine neue Tatsa- che i.S.d. § 173 Abs. 1 Nr. 2 AO darstellt (BFH v. 28.06.2006 – III R 13/06, BStBl. II 2007, S. 714; BFH v. 12.05.2009 – IX R 45/08, BStBl. 2009, 891; FG Köln v. 12.06.2008 – 10 K 1820/ 05, EFG 2008, 1593; TK/*Loose* § 173 Rn. 3; Klein/*Rüsken* § 173 Rn. 24).

Zu den Tatsachen gehören auch **innere Tatsachen**, wie die Gewinn- oder Überschusserzielungsab- **9** sicht, die nur anhand von Hilfstatsachen festgestellt werden können (vgl. BFH v. 06.12.1994, IX R 11/91 – BStBl. II 1995, S. 192; Kühn/v. Wedelstädt/*Balmes* § 173 Rn. 3; TK/*Loose* § 173 Rn. 2; HHSp/*v. Groll* § 173 Rn. 75). Die Änderung nach § 173 Abs. 1 AO ist allerdings nur dann zuläs- sig, wenn die nachträglich entstandene Hilfstatsache den sicheren Schluss auf die zum Zeitpunkt der Steuerfestsetzung bestehende Hauptatsache zulässt (BFH v. 06.12.1994 – IX R 11/91, BStBl. II 1995, S. 192).

Die **fehlende Kenntnis** von bestimmten objektiven Voraussetzungen einer Steuerrechtsnorm ist **10** hingegen keine Tatsache i.S.d. § 173 AO (vgl. BFH v. 25.01.2001 – II R 52/98, BStBl. II 2001, S. 414; Kühn/v. Wedelstädt/*Balmes* § 173 Rn. 4; Klein/*Rüsken* § 173 Rn. 21a).

Tatsachen i.S.d. § 173 Abs. 1 AO sind auch sog. **vorgreifliche Rechtsverhältnisse**. Dabei handelt **11** es sich um Rechtsverhältnisse, über die in einem eigenständigen Verfahren durch eine andere Behörde oder ein Gericht eines anderen Ressorts entschieden wird und an deren Bestehen oder Nichtbestehen steuerrechtliche Folgen geknüpft werden (Bsp.: Kauf, Pacht, Schenkung, Forde- rung, Gewinnausschüttung). Wird die Wertung dieses vorgreiflichen Rechtsverhältnisses vom FA übernommen, so ist auch die nachträgliche Änderung dieser Wertung eine Tatsache i.S.d. § 173 Abs. 1 AO (BFH v. 02.08.1994 – VIII R 65/93, BStBl. II 1995, S. 264; BFH v. 14.05.2003 – X R60/01, BFH/NV 2003, 1144; Kühn/v. Wedelstädt/*Balmes* § 173 Rn. 8; TK/*Loose* § 173 Rn. 6; HHSp/*v. Groll* § 173 Rn. 80 ff.; vgl. auch AEAO zu § 173, Nr. 1.1.1).

12 Keine Tatsache i.S.d. § 173 AO ist der **Wert eines Gegenstands**, da er sich als Schlussfolgerung aus den wertbegründenden Tatsachen, den Eigenschaften ergibt (BFH v. 14.01.1998 – II R9/97, BStBl. II 1998, S. 371). Tatsachen können hingegen die **wertbildenden und wertbegründenden Merkmale** (z.B. Lage und Baureife eines Grundstückes oder die Beschaffenheit eines Gegenstandes) sein (BFH v. 18.08.2005 – IV R9/04, BStBl. II 2006, S. 581; BFH v. 25.07.2001 – VI R82/96, BFH/NV 2001, 1533; BFH v. 28.01.1970 – IR 123/67, BStBl. II 1970, S. 296).

13 Die **Bilanzierung** stellt nur eine Schlussfolgerung aus Tatsachen dar, sodass sie selbst keine Tatsache ist. Dasselbe gilt auch für die Bilanz, bei der es sich um die zusammengefasste Dokumentation aller Schlussfolgerungen handelt. Tatsachen sind insoweit lediglich die einzelnen Lebenssachverhalte, die zu einer bestimmten Bilanzierung führen. Dasselbe gilt für die Bilanzänderung (TK/*Loose* § 173 Rn. 12; HHSp/*v. Groll* § 173 Rn. 72).

14 Es handelt sich hingegen um eine Tatsache, wenn z.B. keine Buchführung vorliegt. Die bloße Feststellung, dass eine **Buchführung nicht ordnungsgemäß** ist, ist hingegen selbst keine Tatsache, sondern nur eine Schlussfolgerung aus den diese Beurteilung tragenden einzelnen Tatsachen der konkreten Gestaltung der Aufzeichnungen (BFH v. 16.09.1964 – IV 42/61 U, BStBl. III 1964, S. 654; FG Münster v. 23.08.2000 – 10 K 7637/98, EFG 2001, 185; TK/*Loose* § 173 Rn. 12; Kühn/v. Wedelstädt/*Balmes* § 173 Rn. 11).

15 Problematisch ist hingegen die Behandlung von „**bilanziellen Folgeänderungen**". Hat die Finanzbehörde einen Bilanzansatz in der Schlussbilanz des Jahres 01 geändert, etwa wegen des Bekanntwerdens neuer Tatsachen, so muss sich dies wegen des Grundsatzes des Bilanzzusammenhangs zwingend auch im Folgejahr auswirken. Die neuen Tatsachen für das Jahr 01, die zur Änderung der Bilanz führten, sind auch neue Tatsachen für das Jahr 02 und führen hier ebenfalls gem. § 173 AO zu einer entsprechenden Änderung der Bilanzansätze. Somit müssen die von den falschen Steuerbilanzen ausgehenden Steuerbescheide nach § 173 Abs. 1 Nr. 1 und Nr. 2 AO geändert werden (TK/*Loose* § 173 Rn. 102; Schwarz/*Frotscher* § 173 Rn. 65 ff.; a.A. BFH v. 19.08.1999 – IV R 73/98, BStBl. II 2000, S. 18 m.w.N.; FG Rheinland-Pfalz v. 04.09.1998 – 3 K 2500/96, EFG 1999, 158, die von der Anwendbarkeit des § 175 AO ausgehen).

16 Auch bei **Schätzungen** handelt es sich um Schlussfolgerungen und nicht um Tatsachen (BFH v. 26.02.2002 – X R 59/98, BStBl. II 2002, S. 450). Ein Steuerbescheid kann allerdings nach § 173 Abs. 1 AO geändert oder aufgehoben werden, wenn neue Tatsachen festgestellt werden, auf denen die Schätzung basiert (sog. **Schätzungsgrundlagen**; BFH v. 05.08.2004 – VI R90/02; BFH/NV 2005, 501; BFH v. 19.10.2011 – X R 29/10, juris; TK/*Loose* § 173 Rn. 10; Klein/*Rüsken* § 173 Rn. 28 f.; Kühn/v. Wedelstädt/*Balmes* § 173 Rn. 12; HHSp/*v. Groll* § 173 Rn. 73 f.; vgl. auch AEAO zu § 173, Nr. 1.1.1). Folglich kann eine neue Schätzung nur dann zur Änderung des bisherigen Bescheids führen, wenn sie auf neuen Schätzungsgrundlagen beruht (BFH v. 02.03.1982 – VIII R225/80, BStBl. II 1984, S. 504; BFH v. 27.10.1992 – VIII R41/89, BStBl. II 1993, S.569). Der Umfang der zulässigen Änderung ergibt sich aus dem Ausmaß der nachträglich bekannt gewordenen Schätzungsgrundlagen, wobei zu berücksichtigen ist, dass eine Schätzung per se nicht zielgenau und eine gewisse Bandbreite von Ergebnisses sachgerecht ist (Kühn/v. Wedelstädt/*Balmes* § 173 Rn. 12 f. m.w.N.; Schwarz/*Frotscher*§ 173 Rn. 71; Pahlke/Koenig/*Koenig* § 173 Rn. 27; vgl. auch AEAO zu § 173, Nr. 7.1). Der Übergang zu einer anderen **Schätzungsmethode** ist folglich nur zulässig, wenn eine aufgedeckte neue Tatsache dies erfordert (BFH v. 27.10.1992 – VIII R 41/89, BStBl. 1993, S. 569; BFH v. 02.03.1982 – VIII R *225/80*, BStBl. II 1984, S. 504, 508; Kühn/v. Wedelstädt/*Balmes* § 173 Rn. 12; Klein/*Rüsken* § 173 Rn. 29).

17 Auch bei der lediglich nachträglichen **Ausübung eines Wahlrechts** oder dem Widerruf eines bereits ausgeübten Wahlrechts handelt es sich nicht um eine nachträglich bekannt gewordene Tatsache i.S.d. § 173 AO, sondern um eine Verfahrenshandlung (BFH v. 04.11.2004 – III R 73/03, BStBl II 2005, S. 290; BFH v. 25.02.1992 – IX R41/91, BStBl. II 1992, S. 621; Pahlke/Koenig/*Koenig* § 173 Rn. 18; Klein/*Rüsken* § 173 Rn. 34). Werden die für den Antrag relevanten Tatsachen jedoch erst nachträglich bekannt, berechtigt ein fristgerechter Antrag oder ein unbefristetes steuer-

liches Wahlrecht zu einer Änderung nach § 173 AO (BFH v. 28.09.1984 – VI R 48/82, BStBl. II 1985, S. 117; BFH v. 25.09.1992 – IX R 41/91, BStBl. II 1992, S. 621; Kühn/v. Wedelstädt/*Balmes* § 173 Rn. 14; Klein/*Rüsken* § 173 Rn. 32; vgl. auch AEAO zu § 173, Nr. 3.2).

II. Beweismittel

Auch das nachträgliche Bekanntwerden von **Beweismitteln** kann zur Änderung oder Aufhebung   **18** eines Steuerbescheides gem. § 173 AO führen. Beweismittel sind zum Beweis des Vorliegens oder Nichtvorliegens einer Tatsache geeignete Erkenntnismittel (BFH v. 20.12.1988 – VIII R 121/38, BStBl. II 1989, S. 585; FG München v. 11.07.2000 – 2 K 5054/97, EFG 2000, 1158; vgl. auch AEAO zu § 173, Nr. 1.2). Dabei handelt es sich insb. um Gegenstände, die in Augenschein genommen werden können wie z.B. Quittungen, Verträge, schriftliche Auskünfte von Auskunftspersonen und Geschäftsbücher. Auch ein Sachverständigengutachten ist ein Beweismittel, sofern es neue Tatsachen vermittelt und nicht lediglich Schlussfolgerungen enthält (BFH v. 27.10.1992 – VIII R41/ 89, BStBl. II 1993, S. 569; BFH v. 01.04.1998 – X R 150/95, BStBl II 1998, S. 569; TK/*Loose* § 173 Rn. 22; Klein/*Rüsken* § 173 Rn. 40). Kein Beweismittel sind hingegen z.B. eine OFD-Verfügung oder ein Gerichtsurteil, da sie das Ergebnis einer rechtlichen Schlussfolgerung darstellen und keinen Beweis für eine Tatsache erbringen.

III. Nachträgliches Bekanntwerden

Die maßgebliche Tatsache muss bereits bei Erlass des zu ändernden Bescheides vorgelegen haben,   **19** sodass sie vom FA hätte berücksichtigt werden können. Entstehen Tatsachen erst nach der Steuerfestsetzung, so sind sie für § 173 AO nicht relevant, sie können lediglich nach § 175 Abs. 1 Satz 1 Nr. 2 AO berücksichtigt werden. § 173 AO und § 175 AO schließen sich gegenseitig aus (BFH v. 19.04.2005 – VIII R 68/04, BStBl. II 2005, S. 762; BFH v. 27.01.2011 – III R 90/07, BStBl. II 2011, S. 543; TK/*Loose* § 173 Rn. 26; Bartone/von Wedelstädt/*Bartone*, Rn. 837).

Tatsachen oder Beweismittel werden nachträglich bekannt, wenn der für die Steuerfestsetzung   **20** zuständige Beamte zu einem Zeitpunkt von ihnen **positiv Kenntnis erlangt**, zu dem die Steuerfestsetzung nicht mehr der Willensbildung der Finanzbehörde unterliegt (BFH v. 07.07.2005 – IX R 66/04, BFH/NV 2006, 256). Maßgeblich ist somit der Zeitpunkt, in dem der Wille abschließend gebildet wurde. Dies ist der Fall, wenn die **Willensbildung über die Steuerfestsetzung** in Form der abschließenden Zeichnung bzw. des Befehls an den Rechner zur Verarbeitung und Bescheiderstellung **abgeschlossen** wurde *(*BFH v. 07.07.2005 –IX R 66/04, BFH/NV 2006, 256; BFH v. 27.11.2001 – VIII R 3/01, BFH/NV 2002, 473; Kühn/v. Wedelstädt/*Balmes*§ 173 Rn. 16; Schwarz/*Frotscher* § 173 Rn. 98; Pahlke/Koenig/*Koenig* § 173 Rn. 74; Klein/*Rüsken* § 173 Rn. 40; a.A. TK/*Loose* § 173 Rn. 47; HHSp/*von Groll* § 173 Rn. 209, die auf den Zeitpunkt abstellen, in dem der Bescheid den Verantwortungsbereich der zuständigen Finanzbehörde verlässt). Der Tag der Absendung oder der Bekanntgabe des Bescheides ist insoweit unerheblich. Dies gilt auch, wenn der Steuerbescheid vor seiner Absendung zwar noch einer **Prüfung in formeller Hinsicht** (z.B. Adressierung) unterzogen wird, aber sich diese Prüfung nicht auf die ermittelten Tatsachen oder der rechtliche Würdigung bezieht (BGH v. 29.11.1988 – R 226/83, BStBl. II 1989, S. 259; BFH v. 27.11.2001 – VIII R 3/01, BFH/NV 2002, 473; Pahlke/Koenig/*Koenig* § 173 Rn. 76; Klein/*Rüsken* § 173 Rn. 53). Erfolgt nach abschließender Zeichnung jedoch eine erneute (nachträgliche) **materielle Prüfung** einzelner Besteuerungsgrundlagen oder der rechtlichen Würdigung z.B. aufgrund eines Kontrollhinweises, so liegt eine neue Willensbildung vor. Folglich verlagert sich der maßgebliche Zeitpunkt auf den Abschluss der Überprüfung (BFH v. 27.11.2001 – VIII R 3/01, BFH/NV 2002, 473; Pahlke/Koenig/*Koenig* § 173 Rn. 77; Schwarz/*Frotscher* § 173 Rn. 101; Klein/*Rüsken* § 173 Rn. 53). Dasselbe gilt, wenn eine **Überprüfung nicht vorgenommen** wurde, der zuständige Bearbeiter jedoch z.B. aufgrund eines Prüfhinweises oder einer Dienstanweisung eine materielle Überprüfung durchführen sollte (BFH v. 29.11.1988 – VIII R 226/83,

BStBl. II 1989, S. 259; BFH v. 27.11.2001 – VIII R 3/01, BFH/NV 2002, 473; Schwarz/*Frotscher* § 173 Rn. 102; Klein/*Rüsken* § 173 Rn. 53; a.A. Pahlke/Koenig/*Koenig* § 173 Rn. 78).

21 Sofern ein **Einspruchsverfahren** durchgeführt wird, sind Tatsachen oder Beweismittel i.S.d. § 173 AO nachträglich bekannt geworden, wenn der zuständige Beamte erst nach Absendung der Einspruchsentscheidung von ihnen Kenntnis erlangt, da im Einspruchsverfahren die Sache gem. § 367 Abs. 2 Satz 1 AO in vollem Umfang erneut geprüft wird (Kühn/v. Wedelstädt/*Balmes* § 173 Rn. 18; TK/*Loose* § 173 Rn. 49; Pahlke/Koenig/*Koenig* § 173 Rn. 80). Wird der **Einspruch** vom Stpfl. **zurückgenommen** (§ 367 Abs. 2 Satz 2 AO), ist hinsichtlich der Anwendbarkeit des § 173 AO wiederum auf die abschließende Zeichnung des Erstbescheides abzustellen (BFH v. 11.03.1987 – II R206/83, BStBl. II 1987, S. 417; Pahlke/Koenig/*Koenig* § 173 Rn. 80).

22 Steht die Steuerfestsetzung unter dem **Vorbehalt der Nachprüfung**, werden Tatsachen und Beweismittel nachträglich bekannt, wenn sie festgestellt werden, nachdem die Aufhebungsverfügung bzgl. des Vorbehalts der Nachprüfung die Behörde verlassen hat (BFH v. 25.11.1983, VI R 8/82, BStBl. II 1984, S. 256; TK/*Loose* § 173Rn. 51;Kühn/v. Wedelstädt/*Balmes* § 173 Rn. 19; Pahlke/Koenig/*Koenig* § 173 Rn. 79; Klein/*Rüsken* § 173 Rn. 55a; differenzierend Schwarz/*Frotscher* § 173 Rn. 113).

23 Bei einer Änderung zuungunsten des Stpfl. (vgl. Rdn. 35 ff.) liegt die **objektive Feststellungslast** für das nachträgliche Bekanntwerden beim FA (BFH v. 06.12.1994 – IX R 11/91, BStBl. II 1995, S. 192; BFH v. 24.04.2002 – VI B 20/02, BFH/NV 2002, 901). Etwas anderes gilt hingegen, wenn der Stpfl. den zu ändernden Bescheid schuldhaft und vorwerfbar durch unrichtige oder unvollständige Angaben erwirkt hat (Kühn/v. Wedelstädt/*Balmes* § 173 Rn. 31).

IV. Maßgebliche Finanzbehörde

24 Die für die Kenntniserlangung maßgebliche Finanzbehörde ist nicht die (zuständige) Behörde oder die Finanzverwaltung als Einheit, sondern die zur Veranlagung des betr. Steuerfalles organisatorisch berufene Dienststelle innerhalb der (zuständigen) Finanzbehörde (BFH v. 19.06.1990 – VIII R 69/87, BFH/NV 1991, 353; BFH v. 18.05.2010 – X R 49/08, BFH/NV 2010, 2225; BFH v. 08.09.2011 – II R 47/09, juris; FG Köln v. 13.03.2003 – 6 K 5158/99, EFG 2003, 1060; Kühn/v. Wedelstädt/*Balmes* § 173 Rn. 21; TK/*Loose* § 173 Rn. 33) Maßgeblich sind hingegen z.B. nicht die für die Außenprüfung zuständigen Beamten, die Bewertungs-, Vollstreckungs- oder Lohnsteuerstelle, die Kasse oder die Bußgeld- und Strafsachenstelle. Kenntnisse anderer Stellen im FA werden der Veranlagungsdienststelle somit grds. nicht zugerechnet; eine Ausnahme gilt insoweit nur für das Verhältnis zur **Rechtsbehelfsstelle** als sog. „verlängerte Veranlagungsdienststelle" (BFH v. 23.03.1983 – I R 182/82, BStBl. II 1983, S. 548; Klein/*Rüsken* § 173 Rn. 64). Dass der Veranlagungsdienststelle nur die von ihr geführten Akten zuzurechnen sind, liegt darin begründet, dass es in erster Linie Aufgabe des Stpfl. ist, der zuständigen Dienststelle die für die Steuerfestsetzung notwendigen Mitteilungen zu machen. Er kann sich dieser Pflicht nicht dadurch entledigen, dass er die Dienststelle darauf verweist, sich selbst diese Daten zusammenzusuchen (Schwarz/*Frotscher* § 173 Rn. 121). Deshalb ist die Kenntnis der einen Dienststelle der anderen Dienststelle selbst dann nicht zuzurechnen, wenn beide Dienststellen denselben Sachgebietsleiter haben, weil dem Sachgebietsleiter bei Unterzeichnung einer Veranlagung nur die Akten der zuständigen Dienststelle vorgelegt zu werden pflegen und er nicht verpflichtet ist die Akten aller ihm zugeordneten Dienststellen heranzuziehen (BFH v. 12.10.1983 – II R 55/81, BStBl. II 1984, S. 144; Schwarz/*Frotscher* § 173 Rn. 121; Pahlke/Koenig/*Koenig* § 173 Rn. 46; a.A. Kühn/v. Wedelstädt/*Balmes* § 173 Rn. 22; TK/*Loose* § 173 Rn. 38).

25 Maßgeblich ist mithin die **Kenntnis der zuständigen Veranlagungssachbearbeiter und seiner Vorgesetzten**, d.h. des Sachgebietsleiters und des Vorstehers (BFH v. 28.04.1998 – IX R 49/96, BStBl. II 1998, S. 458; BFH v. 16.01.2002 – VIII B 96/01, BFH/NV 2002, 621; BFH v. 08.09.2011 – II R 47/09, juris; Kühn/v. Wedelstädt/*Balmes* § 173 Rn. 21; TK/*Loose* § 173

Rn. 33; Klein/*Rüsken* § 173 Rn. 62a). Hat nur eine dieser Personen Kenntnis erlangt, so kommt es auf die Kenntnis der übrigen Personen nicht mehr an. Eine dem Außen- oder Steuerfahndungsprüfer bekannte Tatsache ist hingegen im i.S.d. § 173 AO erst dann nachträglich bekannt geworden, wenn sie im Prüfungsbericht erwähnt und dieser Bericht den für die Veranlagung zuständigen Beamten bekannt wurde (BFH v. 20.04.1988 – X R40/81, BStBl. II 1988, S. 804; BFH v. 19.12.1996 – V R 14/96, BFH/NV 1997, 7). Etwas anderes gilt nur, wenn der Betriebsprüfer auch die Steuer festsetzt (sog. veranlagende Außenprüfung), oder wenn der Veranlagungssachbearbeiter an der Schlussbesprechung teilgenommen hat und die Tatsachen dort angesprochen wurden (BFH v. 13.01.2011 – VI R 63/09, BFH/NV 2011, 743; Klein/*Rüsken* § 173 Rn. 62b).

Die Kenntnis der Finanzbehörde ist allerdings **nicht an die Person des zuständigen Beamten** 26 **gebunden**, sodass sie mit dessen Versetzung nicht verloren geht (BFH v. 05.12.2002 – IV R58/01, BFH/NV 2003, 588; FG Münster v. 18.09.2000, 4 K 6019/99 F, EFG 2001, 192; BFH v. 25.03.2003 – IX R 106/00, BFH/NV 2004, 1379; TK/*Loose* § 173 Rn. 37; Kühn/v. Wedelstädt/*Balmes* § 173 Rn. 22; Klein/*Rüsken* § 173 Rn. 62a). Das private Wissen einzelner Beamter ist hingegen ohne Bedeutung (BFH v. 28.04.1998 – IX R 49/96, BStBl. II 1998, S. 458; Pahlke/Koenig/*Koenig* § 173 Rn. 68). Ebenso ist i.S.d. § 173 AO nicht bekannt, was in den Akten anderer Stellen oder Behörden steht (z.B. LSt-, Vollstreckungs- oder Strafakten; BFH v. 20.07.1988 – I R 136/84, BFH/NV 1990, 64).

Im Fall einer gesonderten **Feststellung von Besteuerungsgrundlagen** (§§ 179 f. AO) ist für die 27 Aufhebung oder Änderung des Feststellungsbescheids auf die Kenntnis der zuständigen Bediensteten des für die gesonderte Feststellung zuständigen FA (BFH v. 05.12.2002 – IV R 58/01, BFH/NV 2003, 588), für die Aufhebung oder Änderung des Folgebescheids auf die Kenntnis der zuständigen Bediensteten des hierfür zuständigen FA abzustellen (BFH v. 14.12.1994 – XI R80/92, BStBl. II 1995, S. 293). Der Erlass oder das Vorliegen eines Grundlagenbescheids ist hingegen keine Tatsache, sodass in dem Fall, dass der Grundlagenbescheid der den Folgebescheid erlassenden Finanzbehörde erst nachträglich bekannt wird, § 173 AO nicht anwendbar ist. Vielmehr hat die Korrektur bei Übersehen eines vorliegenden Grundlagenbescheids nach § 175 Abs. 1 Nr. 1 AO bzw. § 129 AO zu erfolgen (Schwarz/*Frotscher* § 173 Rn. 14).

Der Finanzbehörde ist der gesamte **Inhalt der Akte** bekannt, die in der zuständigen (Veranla- 28 gungs-) Dienststelle für den Stpfl. geführt wird (BFH v. 19.11.2008 – II R 10/08, BFH/NV 2009, 548; BFH v. 31.07.2002 – X R 49/00, BFH/NV 2003, 2; BFH v. 11.02.1998 – I R82/97, BStBl. II 1998, S. 552; Klein/*Rüsken* § 173 Rn. 62; ebenso TK/*Loose* § 173 Rn. 31 f. ausgehend von der Sphärentheorie und ebenda ausgehend von der h.M. Rdn. 34). Dazu gehören alle den Steuerfall betreffenden Schriftstücke, soweit sie sich in der Dienststelle befinden oder den Repräsentanten der Dienststelle zugänglich sind. Ohne Bedeutung ist, ob sich die Schriftstücke geheftet in der Steuerakte befinden oder tatsächlich gelesen wurden (TK/*Loose* § 173 Rn. 37, Kühn/v. Wedelstädt/*Balmes* § 173 Rn. 23; BFH v. 27.01.2001 – VIII R 3/01, BFH/NV 2002, 473; BFH v. 05.12.2002 – IV R 58/01, BFH/NV 2003, 588; BFH v. 11.02.1998 – I R 82/97, BStBl. II 1998, S. 552 m. w.N.; zu digitalen Akten vgl. FG Nds. v. 10.09.1998 – XI 202/95, EFG 1999, 154; Bartone/von Wedelstädt/*Bartone* Rn. 848). Selbst die **mündliche Mitteilung** einer Tatsache an einen im obigen Sinne zuständigen Bediensteten kann ausreichen, wenn dabei der ganze Sachverhalt dargestellt wird, selbst wenn der Veranlagungsbeamte es unterlässt, den mitgeteilten Sachverhalt aktenkundig zu machen (TK/*Loose* § 173 Rn. 40; BFH v. 15.10.1993 – III R 74/92, BFH/NV 1994, 315; Kühn/v. Wedelstädt/*Balmes* § 173 Rn. 23; Pahlke/Koenig/*Koenig* § 173 Rn. 67; Bartone/von Wedelstädt/*Bartone* Rn. 851; a.A. noch BFH v. 07.05.1987 – V R 108/79, BFH/NV 1988, 602, wo ein solches Verhalten noch als Verletzung der Ermittlungspflicht gesehen wird). Folglich geht durch die Entfernung eines Schriftstücks aus den Akten auch nicht die Kenntnis der Tatsache verloren.

Der zuständigen Dienststelle sind neben dem Inhalt der dort geführten Akten auch sämtliche Informationen i.d.S. bekannt, die dem Sachbearbeiter von vorgesetzten Dienststellen über ein

elektronisches Informationssystem zur Verfügung gestellt werden, ohne dass es insoweit auf die individuelle Kenntnis des jeweiligen Bearbeiters ankommt (BFH v. 13.01.2011 – VI R 63/09, BFH/NV 2011, 743).

29 Im Hinblick auf **archivierte Akten** besteht Kenntnis jedoch nur, wenn bei der Veranlagungstätigkeit Anlass für ihre Hinzuziehung nach den Umständen des Falls – insb. im Hinblick auf den Inhalt der zu bearbeitenden Steuererklärung oder der präsenten Akten bestand (Schwarz/*Frotscher* § 173 Rn. 124; Pahlke/Koenig/*Koenig* § 173 Rn. 62; vgl. auchBartone/von Wedelstädt/*Bartone* Rn. 850). Bzgl. der beiden vorangegangenen Veranlagungsjahre besteht allerdings in jedem Fall Kenntnis, selbst wenn sie schon archiviert sind (BFH v. 13.07.1990 – VI R 109/86, BStBl. II 1990, S. 1047; Klein/*Rüsken* § 173 Rn. 62).

V. Verletzung der Ermittlungspflicht

30 Eine zu höheren Steuern führende Änderung nach § 173 Abs. 1 Nr. 1 AO ist allerdings nicht zulässig, wenn die Nichtkenntnis auf einer **Verletzung der amtlichen Aufklärungspflichten** gem. § 88 AO beruht (BFH v. 13.11.1985 – II R208/82, BStBl. II 1986, S. 241; BFH v. 11.11.1987 – I R 108/85, BStBI II 1988, S. 115; BFH v. 25.02.2002 – X B 77/01, BFH/NV 2002, 1121; FG Köln v. 11.12.2003 – 6 K 6547/99, EFG 2004, 782; vgl. auch AEAO zu § 173, Nr. 4.1). Nach dem Grundsatz von Treu und Glauben darf sich die Finanzbehörde nicht zulasten des Stpfl. auf eigene Ermittlungsfehler berufen (BFH v. 26.11.1996 – IX R 77/95, BStBl. II 1997, S. 422; Kühn/v. Wedelstädt/*Balmes* § 173 Rn. 24; TK/*Loose* § 173 Rn. 62 ff.; Klein/*Rüsken* § 173 Rn. 80). Damit sich der Stpfl. allerdings auf Treu und Glauben berufen kann, muss er pflichtgemäß gehandelt und seine **Mitwirkungspflichten** erfüllt haben (BFH v. 26.02.2003 – IX B 221/02, BFH/NV 2003, 1029; BFH v. 20.04.2004 – IX R39/01, BStBl. II 2004, S. 1072, BFH v. 18.08.2005 – IV R 9/04, BStBl. II 2006, S. 581; TK/*Loose* § 173 Rn. 68; Klein/*Rüsken* § 173 Rn. 85). Kommt der beweisnahe Beteiligten seinen Mitwirkungspflichten nicht nach, so kann das Vorliegen einer „Tatsache" i.S. des § 173 AO auch dann angenommen werden, wenn zwar keine förmliche und volle Überzeugungsbildung möglich ist, aber mit größtmöglicher Wahrscheinlichkeit auf das Vorliegen einer konkreten Tatsache geschlossen werden kann (BFH v. 22.11.2006 – II B 6/06, BFH/NV 2007, 395; BFH v. 23.03.2011 – X R 44/09, BStBl. II 2011, S. 884). Sofern **beiderseitige Pflichtverstöße** vorliegen, liegt die überwiegende Verantwortung i.d.R. bei dem Stpfl., sofern der Pflichtverstoß der Finanzbehörde nicht deutlich überwiegt (BFH v. 16.06.2004 – X R 56/01, BFH/NV 2004, 1502; BFH v. 24.01.2002 – XI R2/01, BStBl. II 2004, 444; BFH v. 03.07.2002 – XI R 17/01, BFH/NV 2003, 137; BFH v. 14.12.1994 – XI R80/92, BStBl. II 1995, S. 293; BFH v. 08.11.2011 – X B 55/11, juris; TK/*Loose* § 173 Rn. 71; Klein/*Rüsken* § 173 Rn. 86). Bestehen Zweifelsfragen, die sich bei Durchsicht der Akten, insb. bei Prüfung der Steuererklärung ohne Weiteres aufdrängen, müssen diese von der Finanzbehörde schon vor der Veranlagung geklärt werden (vgl. BFH v. 14.12.1994 – XI R80/92, BStBl. II 1995, S. 293; Kühn/v. Wedelstädt/*Balmes* § 173 Rn. 25). Die Finanzbehörde muss die Angaben in den Steuererklärungen und ihren Anlagen (z.B. Bilanzen, Wirtschaftsprüferbericht) berücksichtigen und ordnungsgemäß auswerten. Tut sie dies nicht, verletzt sie ihre Ermittlungspflicht (BFH v. 23.06.1993 – I R 14/93, BStBl. II 1993, S. 806; BFH v. 12.07.2001 – VII R 68/00, BStBl. II 2002, S. 44). Tatsachen, die der Finanzbehörde bekannt sind, aber von ihr ignoriert oder nicht weiter aufgeklärt wurden, weil sie für unerheblich gehalten wurden, können keine Änderungen nach § 173 AO rechtfertigen (BFH v. 19.07.1968 – VI R281/66, BStBl. II 1968, S. 699).

31 Die Finanzbehörde kann jedoch regelmäßig von der Richtigkeit und Vollständigkeit der vom Stpfl. vorgelegten Steuererklärung ausgehen. Sie ist nicht gezwungen, die Erklärung in jeder Hinsicht argwöhnisch zu prüfen (BFH v. 05.08.2004 – VI R 90102, BFH/NV 2005, 501; BFH v. 07.07.2004 – XI RI0/03, BStBl. 2004, S. 911; BFH v. 14.12.1994 – XI R 80/92, BStBl. II 1995, S. 293; BFH v. 17.01.1986 – VI R 1/81, BFH/NV 1986, 323; Schwarz/*Frotscher* § 173 Rn. 142). Besonderes Vertrauen kann die Finanzbehörde der Steuererklärung entgegenbringen, wenn sie unter Mitwirkung eines steuerlichen Beraters erstellt worden ist (BFH v. 28.06.2006 – XI R 58/

05, BStBl. II 2006, S. 835, BFH/NV 2006, 2180; BFH v. 22.11.1988 – VIII R 184/84, BFH/NV 1989, 726).

Wenn der Finanzbehörde nachträglich neue Tatsachen oder Beweismittel bekannt werden, ist es **32** für § 173 AO grds. gleichgültig auf welche Weise dies geschieht. Allein aus der **Rechtswidrigkeit einer Ermittlungsmaßnahme** ergibt sich nicht deren Unverwertbarkeit. Die **Verwertung von Tatsachen** kann allerdings ausgeschlossen sein, wenn die Kenntniserlangung auf unzulässige Weise zustande kam, z.B. bei fehlender Belehrung über Auskunftsverweigerungsrechte oder im Fall einer rechtswidrigen Prüfungsanordnung (vgl. 10. Kapitel und Bartone/von Wedelstädt/*Bartone* Rn. 901 ff.).

VI. Rechtserheblichkeit der Tatsachen oder Beweismittel

Die Änderung eines Steuerbescheides nach § 173 AO kann durch neue Tatsachen oder Beweis- **33** mittel nur gerechtfertigt werden, wenn diese rechtserheblich sind. Dies ist gegeben, wenn die Finanzbehörde bei rechtzeitiger Kenntnis der Tatsachen oder Beweismittel auf der Grundlage der damaligen Auslegung des Gesetzes, der Rechtsprechung des BFH und der bindenden Verwaltungsanweisungen **schon bei der ursprünglichen Veranlagung mit an Sicherheit grenzender Sicherheit zu einer anderen Steuer gelangt** wäre (BFH v. 19.07.1968 – VI R 281/66, BStBl. II 1968, S. 699; BFH v. 15.12.1999 – XI R 22/99, BFH/NV 2000, 818; BFH v. 15.12.1999 – XI R 38/99, BFH/NV 2000, 820; BFH v. 22.04.2010 – VI R 40/08, BStBl. II 2010, S. 951; Pahlke/Koenig/*Koenig* § 173 Rn. 87; HHSp/*v.Groll* § 173, Rn. 125; Bartone/von Wedelstädt/*Bartone* Rn. 861; a.A. TK/*Loose* § 173 Rn. 55). Wäre die Entscheidung jedoch auch bei vollständiger Kenntnis des Sachverhalts ebenso ergangen, wie es geschehen ist, ist die Entscheidung zwar ggf. falsch, die Unrichtigkeit beruht aber nicht ursächlich auf der Unkenntnis von der Tatsache, sodass eine Änderung nach § 173 AO nicht möglich ist (BFH v. 23.11.1987 – GrS 1/86, BStBl. II 1988, 180; BFH v. 27.01.2011 – III R 90/07, BStBl. II 2011, S. 543; Schwarz/*Frotscher* § 173 Rn. 74 ff.; Kühn/v. Wedelstädt/*Balmes* § 173 Rn. 25; vgl. auch AEAO zu § 173 Nr. 3.1; krit. TK/*Loose* § 173 Rn. 56).

Die Frage, wie die Finanzbehörde bei Kenntnis bestimmter Tatsachen und Beweismittel einen **34** Sachverhalt in ihrem ursprünglichen Bescheid gewürdigt hätte, ist im Einzelfall anhand eines **objektiven Maßstabes** aufgrund der zum jeweiligen Zeitpunkt geltenden Gesetze, deren Auslegung durch die damaligen Rechtsprechung des BFH und der die Behörde bindenden Verwaltungsanweisungen zu beurteilen (BFH v. 27.01.2011 – III R 90/07, BStBl. II 2011, S. 543; BFH v. 19.10.2006 – III R 31/06, BFH/NV 2007, 392; BFH v. 20.06.2001 – VI R 70/00, BFH/NV 2001, 1527; Pahlke/Koenig/*Koenig* § 173 Rn. 88; Bartone/von Wedelstädt/*Bartone* Rn. 862). Ist es nicht möglich, die frühere Rechtsprechung und/oder Verwaltungsanweisungen festzustellen, so liegt die Darlegungs- und Beweislast dafür, welche Verwaltungsübung im Zeitpunkt der ursprünglichen Steuerfestsetzung bestand, bei der Finanzbehörde (BFH v. 14.12.1994 – XI R 80/92, BStBl. II 1995, S. 293; BFH v. 29.04.1997 – VII R 1/97, BStBl. II 1997, S. 627; Bartone/von Wedelstädt/*Bartone* Rn. 862). Insoweit sind allerdings das mutmaßliche Verhalten des einzelnen Bearbeiters und seine individuellen Rechtskenntnisse oder Ansichten ebenso unbeachtlich wie subjektive Fehler, die den Finanzbehörden in Parallelverfahren sowohl in rechtlicher als auch in tatsächlicher Hinsicht unterlaufen sind (BFH v. 22.04.2010 – VI R 40/08, BStBl. II 2010, S. 951; BFH v. 11.05.1988 – I R 216/85, BStBl. II 1988, S. 715). Auch wenn der Finanzbehörde beim Erlass des ursprünglichen Bescheids ein Rechtsfehler unterlaufen ist, steht dieser einer Änderung aufgrund nachträglich bekannt gewordener Tatsachen nicht zwingend entgegen. Maßgeblich ist insoweit, ob die nachträglich bekannt gewordenen Tatsachen oder Beweismittel ungeachtet des Fehlers bedeutsam sind (BFH v. 07.06.1989 – II R 13/86, BStBl. II 1989, S. 694; Kühn/v. Wedelstädt/*Balmes* § 173 Rn. 36).

VII. Unterscheidung nach der steuerlichen Auswirkung

35 Eine Änderung **zuungunsten des Stpfl.** ist gem. § 173 Abs. 1 Nr. 1 AO von Amts wegen vorzunehmen, **soweit** Tatsachen oder Beweismittel nachträglich bekannt werden, die zu einer höheren Steuer führen. Ob eine nachträglich bekannt gewordene Tatsache zu einer höheren oder niedrigeren Steuer führt, richtet sich nach den Tatsachen, von denen die Besteuerung bisher ausgegangen ist und danach, ob sich die Steuer durch die Berücksichtigung der neuen Tatsachen oder Beweismittel ggü. der bislang festgesetzten erhöht oder ermäßigt (Kühn/v. Wedelstädt/*Balme*s § 173 Rn. 28; Pahlke/Koenig/*Koenig* § 173 Rn. 85; Klein/*Rüsken* § 173 Rn. 98). Dabei sind Steuerabzugsbeträgen wie z.B. LSt-Abzugsbeträge unbeachtlich (vgl. AEAO § 173 Nr. l.4).

36 Im Fall von **Feststellungsbescheiden** ist nur die Erhöhung oder Minderung der gesondert festgestellten Besteuerungsgrundlagen maßgeblich, nicht hingegen die Auswirkungen im Folgebescheid (BFH v. 24.06.2009 – IV R 55/06, BStBl. II 2009, S. 951, BFH/NV 2009, 2018; Schwarz/*Frotscher* § 173 Rn. 167; Bartone/von Wedelstädt/*Bartone* Rn. 867; vgl. auch AEAO zu § 173 AO Rn. 10.1). Die Anpassung des Folgebescheides erfolgt nach § 175 Abs. 1 Satz 1 Nr. 1 AO.

37 Im Hinblick auf die Frage, ob die Änderung eines Grundlagenbescheides erhöhend oder vermindernd wirkt, ist auf **jeden einzelnen Feststellungsbeteiligten** abzustellen (BFH v. 24.06.2009 – IV R 55/06, BStBl. II 2009, S. 951, BFH/NV 2009, 2018; Schwarz/*Frotscher* § 173 Rn. 167; vgl. auch AEAO, zu § 173 AO Tz. 10.2.1.). So kann sich z.B. eine Änderung der Gewinnverteilung in einem Grundlagenbescheid ggü. einem der Beteiligten steuererhöhend, ggü. einem anderen Beteiligten jedoch steuermindernd auswirken.

38 I.R.d. § 173 AO erfolgt keine Gesamtaufrollung des Falls, sondern nur eine punktuelle Berichtigung. Folglich findet grds. auch **keine Saldierung** statt, wenn mehrere neue Tatsachen zugunsten und zuungunsten des Stpfl. wirken. Es ist jeweils für die einzelne Steuerart und den einzelnen Veranlagungszeitraum zu prüfen, ob eine neue Tatsache eine höhere oder niedrigere Veranlagung rechtfertigt (BFH v. 16.03.1990 – VI R 90/86, BStBl. II 1990, S. 610; Klein/*Rüsken* § 173 Rn. 104; TK/*Loose* § 173 Rn. 57). Dementsprechend ist zwischen Tatsachen, die eine Erhöhung der USt begründen, und Tatsachen, die eine Vorsteuererhöhung begründen, zu differenzieren, da Umsätze und Vorsteuer jeweils selbstständige Tatsachen sind.

39 Ein **Zusammenhang i.S.d. § 173 Abs. 1 Nr. 2 Satz 2 AO** besteht lediglich, wenn die zum Vorsteuerabzug berechtigte Eingangsleistung gerade zur Ausführung der nachträglich bekannt gewordenen Umsätze verwendet wurde, sodass der steuererhöhende Vorgang nicht ohne den steuermindernden denkbar ist (vgl. hierzu Rdn. 53 f.; Kühn/v. Wedelstädt/*Balmes* § 173 Rn. 30; Pahlke/Koenig/*Koenig* § 173 Rn. 130, 133; HHSp/*v. Groll* § 173 Rn. 305; Bartone/von Wedelstädt/*Bartone* Rn. 963; vgl. AEAO zu § 173, Nr. 6.3).

40 Etwas anderes gilt hingegen, wenn eine gewerbliche Tätigkeit als solche mit den hieraus erzielten Einkünften (= Saldo von Aufwand und Ertrag) nachträglich bekannt wird. Da es sich insoweit um eine Tatsache handelt, sind diese Einkünfte nicht in steuererhöhende Betriebseinnahmen und steuermindernde Betriebsausgaben bzw. Vermögensminderungen aufzuspalten (BFH v. 01.10.1993 – III R 58/92, BStBl. II 1994, S. 346; Klein/*Rüsken* § 173 Rn. 99; vgl. auch AEAO zu § 173, Nr. 6.2).

41 Eine höhere Steuer i.S.d. § 173 AO ist auch gegeben, wenn ein **Vergütungsanspruch** aufgrund der nachträglich bekannt gewordenen Tatsachen oder Beweismittel niedriger festzusetzen ist.

42 **Zugunsten des Stpfl.** ist eine Änderung oder Aufhebung des Bescheides nach § 173 Abs. 1 Nr. 2 AO von Amts wegen vorzunehmen, wenn Tatsachen oder Beweismittel nachträglich bekannt werden, die zu einer niedrigeren Steuer führen. Zu einer niedrigeren Steuer i.S.d. § 173 Abs. 1 Nr. 2 AO führen die Tatsachen oder Beweismittel auch dann, wenn sie die Erhöhung einer Steuervergütung zur Folge haben.

Für die Abgrenzung von § 173 Abs. 1 Nr. 1 AO zu § 173 Abs. 1 Nr. 2 AO bei **Feststellungen** in 43
Grundlagenbescheiden, die **keine betragsmäßigen Besteuerungsgrundlagen** enthalten, sondern
Eigenschaften oder rechtliche Bewertungen (z.B. Einkunftsart, Bezeichnung der Grundstücksart,
Zurechnung einer wirtschaftlichen Einheit) ist maßgeblich, wer die Änderung beantragt. Werden
neue Tatsachen oder Beweismittel bekannt und beantragt der Stpfl die Änderung, so ist § 173
Abs. 1 Nr. 2 AO anwendbar. Die Änderung ist somit ausgeschlossen, wenn den Stpfl ein grobes
Verschulden am nachträglichen Bekanntwerden trifft. Wird die Finanzbehörde hingegen von
Amts wegen tätig, so ist § 173 Abs. 1 Nr. 1 AO anwendbar (BFH v. 16.09.1987 – II R 178/85,
BStBl. II 1988, S. 174; BFH v. 16.09.1987 – II R 237/84, BFH/NV 1988, 690; Kühn/v. Wedels-
tädt/*Balmes*, § 173 Rn. 33; Schwarz/*Frotscher* § 173 Rn. 168; krit.: TK/*Brandis* § 181 Rn. 4).

Auch **Zerlegungsbescheide** können nach § 173 AO i.V.m. §§ 185, 184 Abs. 1 Satz 3 AO geändert 44
werden; Ausnahme: § 189 AO. Dabei ist allerdings aufgrund der Besonderheiten des Zerlegungs-
verfahrens von der Unterscheidung nach § 173 Abs. 1 Nr. 1 und 2 AO abzusehen (BFH
v. 24.03.1992 – VIII R33/90, BStBl. II 1992, S. 869; Schwarz/*Frotscher* § 173 Rn. 171).

VIII. Grobes Verschulden, § 173 Abs. 1 Nr. 2 AO

Die Berücksichtigung für den Stpfl. günstiger Tatsachen oder Beweismittel ist gem. § 173 Abs. 1 45
Nr. 2 Satz 1 AO jedoch grds. ausgeschlossen, wenn den Stpfl. grobes Verschulden am nachträglichen Bekanntwerden der Tatsachen oder Beweismittel trifft. Als grobes Verschulden hat der Stpfl.
Vorsatz und grobe Fahrlässigkeit zu vertreten. **Grobe Fahrlässigkeit** ist zu bejahen, wenn er die
ihm nach seinen persönlichen Verhältnissen zumutbare Sorgfalt in ungewöhnlichem Maße und in
nicht entschuldbarer Weise verletzt, d.h. wenn er nicht erkannt hat, was ihm in jedem Fall hätte klar
sein müssen (BFH v. 03.01.2001 – XI R42/00, BStBl. II 2001, S. 379; BFH v. 23.11.2001 – VI R
125/00, BStBl. II 2002, S. 296; Pahlke/Koenig/*Koenig* § 173 Rn. 111; Bartone/von Wedelstädt/
Bartone Rn. 918; vgl. auch AEAO zu § 173, Nr. 5.1). Der ansonsten begründete Vorwurf der groben Fahrlässigkeit kann allerdings ausnahmsweise ausgeschlossen sein, wenn sich der Stpfl. in
einer besonderen Krisensituation befand (BFH v. 16.11.2006 – III R44/06, BFH/NV 2007, 543).

Typischerweise ist grobes Verschulden zu bejahen, wenn der Stpfl. trotz Aufforderung eine **Steuer-** 46
erklärung nicht abgibt (BFH v. 16.09.2004 – IV R 62/02, BStBl. II 2005, S. 75; Bartone/von
Wedelstädt/*Bartone* Rn. 922; vgl. zu diesem und den folgenden Beispielen AEAO zu § 173,
Nr. 5.1.2), er allgemeine Grundsätze der Buchführung i.S.d. §§ 145 bis 147 AO verletzt, ausdrückliche Hinweise in ihm zugegangenen Vordrucken, Merkblättern oder sonstigen Mitteilungen
der Finanzbehörde nicht beachtet (BFH v. 23.01.2001 – XI R 42/00, BStBl. II 2001, S. 379; Bar-
tone/von Wedelstädt/*Bartone* Rn. 926) oder eine im Steuererklärungsformular ausdrücklich
gestellte, auf einen ganz bestimmten Vorgang bezogenen Frage, nicht oder nicht vollständig beantwortet (BFH v. 28.07.2011 – IX B 47/11, juris; BFH v. 23.10.2002 – III R 32/00, BFH/
NV 2003, 441; BFH v. 10.08.1988 – IX R 219/84, BStBl. II 1989, S. 131; BFH v. 29.06.1984 –
VI R 181/80, BStBl. II, S. 693; Bartone/von Wedelstädt/*Bartone* Rn. 926). Insoweit sind nach der
Rspr. des BFH auch Fehlvorstellungen oder Irrtümer des Stpfl. unbeachtlich (BFH
v. 28.07.2011 – IX B 47/11, juris; BFH v. 10.12.2009 – X B 199/09, BFH/NV 2010, 598). Grobes Verschulden des Stpfl. liegt allerdings nur vor, wenn die Erklärungsvordrucke und Merkblätter
für den Stpfl. nach seinen persönlichen Verhältnissen **ausreichend verständlich, klar und eindeu-**
tig abgefasst sind (BFH v. 23.01.2001 – XI R 42/00, BStBl. II 2001, S. 379; BFH
v. 22.05.1992 – VI R 17/91, BStBl. II 1993, S. 80; Kühn/v. Wedelstädt/*Balmes* § 173 Rn. 39).

Allein die **Unkenntnis steuerlicher Bestimmungen** kann hingegen den Vorwurf groben Verschul- 47
dens nicht begründen (BFH v. 22.05.1993 – VI R 17/91, BStBl. II 1993, S. 80; BFH
v. 21.07.1989 – III R 303/84, BStBl. II 1989, S. 960; BFH v. 23.01.2001 – XI R 42/00,
BStBl. II 2001, S. 379; Schwarz/*Frotscher* § 173 Rn. 194 mit zahlreichen Beispielen; Bartone/von
Wedelstädt/*Bartone* Rn. 918). Es besteht auch keine allgemeine Rechtspflicht, vor dem Ausfüllen
der Steuererklärungen fachkundigen Rat einzuholen (BFH v. 23.01.2001 – XI R 42/00,

BStBl. II 2001, S. 379; Schwarz/*Frotscher* § 173 Rn. 203; Pahlke/Koenig/*Koenig* § 173 Rn. 114; Klein/*Rüsken* § 173 Rn. 114).

48 Der Steuerpflichtige muss aber den sich bei dem Ausfüllen von Steuererklärungen aufdrängenden Zweifelsfragen nachgehen und die den Steuererklärungsformularen beigefügten Erläuterungen mit der von ihm zu erwartenden Sorgfalt lesen (BFH v. 23.01.2001 – XI R 42/00, BStBl. II 2001, S. 379; BFH v. 01.10.1993 – III R 58/92, BStBl. II 1994, S. 346; BFH v. 09.08.1991 – III R 24/87, BStBl. II 1992, S. 65; BFH v. 11.05.1990 – VI R 76/86, BFH/NV 1991, 281; Bartone/von Wedelstädt/*Bartone* Rn. 918). Allerdings sind auch insoweit die persönlichen Verhältnisse des Stpfl. maßgeblich. Ist die vom Stpfl. angenommene rechtliche Wertung unzutreffend, so muss er nur sachverständigen Rat einholen, wenn sich ihm Zweifel hinsichtlich der Richtigkeit seiner Ansicht aufdrängen bzw. hätten aufdrängen müssen (BFH v. 10.08.1988 – IX RZ19/84, BStBl. II 1989, S. 131; Kühn/v. Wedelstädt/*Balmes* § 173 Rn. 39). In einem unabsichtlichen Rechenfehler, der auch bei Beobachtung normaler Sorgfalt jedem unterlaufen kann, ist ebenso wenig ein grobes Verschulden zu sehen, wie in offensichtlichen Versehen oder Irrtümern (z.B. Schreib- oder Rechenfehler; BFH v. 13.09.1990 – V R 110/85, BStBl. II 1991, S. 124; FG Brandenburg v. 23.02.2005 – 4 K 930/01, EFG 2005, 1006; Schwarz/*Frotscher* § 173 Rn. 186; Pahlke/Koenig/*Koenig* § 173 Rn. 115; vgl. auch AEAO zu § 173, Nr. 5.1.1).

49 Nach Ansicht des BFH ist für die Frage des groben Verschuldens auch der Zeitraum einzubeziehen, in dem der Bescheid zwar schon abschließend gezeichnet, aber noch änderbar ist. Folglich wird ein grobes Verschulden auch darin gesehen, wenn ein Stpfl. es unterlassen hat, einen **Einspruch einzulegen**, obwohl sich ihm innerhalb der Einspruchsfrist die Geltendmachung bisher nicht vorgetragener Tatsachen hätte aufdrängen müssen (BFH v. 22.05.2006 – VI R 17/05, BStBl. II 2006, S. 806 m.w.N.; BFH v. 04.02.1998 – XI R 47/97, BFH/NV 1998, 682 für Schätzungsfälle; Klein/*Rüsken* § 173 Rn. 131 f.; Bartone/von Wedelstädt/*Bartone* Rn. 928; vgl. auch AEAO zu § 173, Nr. 5.5). Dem wird hingegen zu Recht entgegengehalten, dass das Merkmal der Nachträglichkeit in § 173 AO an den Zeitpunkt der letzten Willensbildung für die Steuerfestsetzung anknüpft und nicht an einen späteren Zeitpunkt. Folglich kann ein grobes Verschulden nicht darin gesehen werden, dass gegen einen Bescheid kein Einspruch eingelegt wurde, in dem der Finanzbehörde bekannte Tatsachen hätten mitgeteilt hätten werden können. In diesem Fall trifft den Stpfl. nämlich kein grobes Verschulden am nachträglichen Bekanntwerden der Tatsache (FG Köln v. 29.04.1997 – 7 K 2156/94, EFG 1997, 1219; HHSp/*v. Groll* § 173 Rn. 280; Schwarz/*Frotscher* § 173 Rn. 207 f.; TK/*Loose* § 173 Rn. 80; Kühn/v. Wedelstädt/*Balmes* § 173 Rn. 40).

50 Bedient sich der Stpfl. zur Erfüllung seiner Verpflichtung eines **steuerlichen Beraters**, so muss der Stpfl. den Berater über alle Sachverhalte informiert, bei denen er nach seiner Erkenntnisfähigkeit erkennen musste, dass diese Sachverhalte steuerlich relevant sein können. Tut er dies nicht, handelt er grob fahrlässig (BFH v. 09.05.2001 – XI R 25/99, BFH/NV 2001, 1627; BFH v. 08.12.1998 – IX R 14/97, BFH/NV 1999, 743; Schwarz/*Frotscher* § 173 Rn. 204; Pahlke/Koenig/*Koenig* § 173 Rn. 122) Der Stpfl. muss hingegen nicht vor der Unterzeichnung der von seinem Steuerberater vorbereite Steuererklärung den gesamten Erklärungsvordruck durcharbeiten oder die Zahlenangaben vollständig überprüfen bzw. nachrechnen (BFH v. 28.08.1992 – VI R 93/89, BFH/NV 1993, 147). Er muss hingegen auf Nichtberücksichtigung von Tatsachen und Beweismitteln achten, soweit ihm dies ohne Weiteres auffallen müsste. Unterlässt er dies, so trifft ihn ein grobes Verschulden (BFH v. 28.02.2001 – VI B 314/00, BFH/NV 2001, 1011; BFH v. 28.06.1983 – VIII R 37/81, BStBl. II 1984, 2; Schwarz/*Frotscher* § 173 Rn. 201; Pahlke/Koenig/*Koenig* § 173 Rn. 122). Darüber hinaus, muss sich der Stpfl. das **Verschulden seines steuerlichen Beraters zurechnen** lassen (BFH v. 28.06.1983 – VIII R 37/81, BStBl. II 1984, S. 2; BFH v. 09.05.2001 – XI R25/99, BStBl. II 2002, S. 817; BFH v. 26.08.1987 – I R 144/86, BStBl. II 1988, S. 109; Schwarz/*Frotscher* § 173 Rn. 201; Pahlke/Koenig/*Koenig* § 173 Rn. 122; Bartone/von Wedelstädt/*Bartone* Rn. 931 ff.).

Zusammen veranlagte Ehegatten müssen sich jeweils das grobe Verschulden des anderen zurech- 51
nen lassen, da sie insoweit Gesamtschuldner sind (BFH v. 24.07.1996 – I R 62/95, BStBl. II 1997,
S. 115; Kühn/v. Wedelstädt/*Balmes* § 173 Rn. 42; Pahlke/Koenig/*Koenig* § 173 Rn. 124; Bartone/
von Wedelstädt/*Bartone* Rn. 930; vgl. auch AEAO zu § 173 Nr. 5.2; differenzierend:Schwarz/*Frotscher*§ 155 Rn. 57; a.A. HHSp/*v. Groll* § 173 Rn. 270).

Scheitert eine Korrektur wegen des groben Verschuldens, so kommt ggf. eine **Mitsaldierung** dieses 52
materiellen Fehlers nach § 177 Abs. 2 und 3 AO infrage.

IX. Unbeachtlichkeit des Verschuldens

Auch wenn ein grobes Verschulden am nachträglichen Bekanntwerden vorliegt, ist ein Steuerbe- 53
scheid gem. § 173 Abs. 1 Nr. 2 Satz 2 AO zu ändern, wenn ein **unmittelbarer oder mittelbarer
Zusammenhang** zwischen der Änderung aufgrund steuermindernder Tatsachen und solchen Tatsachen besteht, die zu einer höheren Steuer führen. Folglich sind bei einer Änderung nach § 173
Abs. 1 Nr. 1 AO auch steuermindernde Tatsachen zu berücksichtigen, wobei es allerdings nicht zu
einer Saldierung kommt. Umstritten ist allerdings, wann ein solcher **Zusammenhang** i.S.d. § 173
Abs. 1 Nr. 2 Satz 2 AO gegeben ist. Von der Rechtsprechung und herrschenden Meinung wird
dieser Begriff restriktiv ausgelegt, sodass danach eine ursächliche Verknüpfung der Ereignisse
erforderlich ist. Dabei ist es unerheblich, ob die steuererhöhenden Tatsachen, mit denen die steu-
erermäßigenden Tatsachen derart im Zusammenhang stehen, dieselbe Steuerperiode und/oder dieselbe Steuer betreffen. Der geforderte Zusammenhang besteht nach herrschender Meinung vielmehr, wenn der steuererhöhende Vorgang nicht ohne den steuermindernden Vorgang denkbar ist
(BFH v. 21.02.1991 – V R25/87, BStBl. II 1991, S. 496; FG Hessen v. 28.08.1996 – 1 K 777/95,
EFG 1997, 518; Kühn/v. Wedelstädt/*Balmes* § 173 Rn. 30, 44; Pahlke/Koenig/*Koenig* § 173
Rn. 130, 133; TK/*Loose* § 173 Rn. 86; HHSp/*v. Groll* § 173 Rn. 305; Bartone/von Wedelstädt/
Bartone Rn. 963; vgl. auch AEAO zu § 173 Nr. 6.1). Ein solcher Zusammenhang kann z.B. beste-
hen bei

– zur Erzielung von nachträglich bekannt gewordenen Einnahmen notwendigen Betriebsausga- 54
  ben oder Werbungskosten (BFH v. 02.08.1983 – VIII R 190/80, BStBl. II 1984, S. 4; BFH
  v. 05.08.1986 – IX R 13/81, BStBl. II 1987, S. 297),
– nicht erfassten Vorsteuerbeträgen zu nachträglich bekannt gewordenen Umsätzen soweit sie auf
  Waren entfallen, die zur Ausführung der jetzt aufgedeckten Umsätze genutzt wurden (BFH
  v. 10.04.2003 – V R 26/02, BStBl. II 2003, S. 785; Pahlke/Koenig/*Koenig* § 173 Rn. 133),
– bilanzsteuerlich erforderlichen Rückstellungen von Betriebsteuern, die auf Tatsachen i.S.d.
  § 173 Abs. 1 Satz 1 Nr. 1 AO beruht, oder
– wenn sich der bei der Veräußerung eines Wirtschaftsguts erzielte Gewinn dadurch verringert,
  dass die Finanzbehörde den vom Stpfl. anlässlich der Entnahme dieses Wirtschaftsguts aus
  einem anderen Unternehmen angesetzten Teilwert nach § 173 Abs. 1 Nr. 1 AO erhöht.

Im Hinblick auf die Berücksichtigung von Vorsteuern bei nachträglichem Bekanntwerden von 55
steuerpflichtigen Umsätzen vgl. auch BFH v. 19.10.1995 – V R 60/92, BStBl. II 1996, S. 149;
FG Berlin v. 08.05.2001 – 7 K 7331/00, EFG 2001, 1259;, Schwarz/*Frotscher* § 173 Rn. 229 f.

Es besteht **keine betragsmäßige Begrenzung** für die Berücksichtigung der steuermindernden Tat- 56
sachen oder Beweismittel auf die steuerliche Auswirkung der steuererhöhenden Tatsachen oder
Beweismittel. Sie sind uneingeschränkt zu berücksichtigen (BFH v. 02.08.1983 – VIII R 190/80,
BStBl. II 1984, S. 4; BFH v. 08.08.1991 – V R 106/88, BStBl. II 1992, S. 12). § 173 Abs. 1 Nr. 2
Satz 2 AO ist allerdings nicht mehr anwendbar, wenn die Änderung nach § 173 Abs. 1 Nr. 1 AO
bereits unanfechtbar geworden ist (BFH v. 19.08.1983 – VI R 177/82, BStBl. II 1984, S. 48;
FG Hamburg v. 31.10.1997 – II 116/97, EFG 1998, 236Schwarz/*Frotscher* § 173 Rn. 233; Bar-
tone/von Wedelstädt/*Bartone* Rn. 964).

C. Rechtsfolge

57 Ist § 173 Abs. 1 AO auf einen Bescheid anwendbar, so ist die Finanzbehörde von Amts wegen zur Korrektur verpflichtet. Es besteht insoweit **kein Ermessen** der Finanzbehörde, der Stpfl. hat einen Anspruch auf die gem. § 173 Abs. 1 AO angeordnete Aufhebung oder Änderung. Die Aufhebung oder Änderung ist jedoch nur insoweit zulässig und geboten, wie die sie rechtfertigenden Tatsachen oder Beweismittel bzw. deren unmittelbaren steuerlichen Auswirkungen reichen (Kühn/v. Wedelstädt/*Balmes*§ 173 Rn. 45; Schwarz/*Frotscher* § 173 Rn. 235; Pahlke/Koenig/*Koenig* § 173 Rn. 167). Werden neben steuererhöhenden Tatsachen auch steuermindernde Tatsachen nachträglich bekannt, können Letztere jedoch aufgrund groben Verschuldens des Stpfl. nicht zu einer Änderung gem. § 173 Abs. 1 Nr. 2 AO führen, so sind i.R.d. Änderung nach § 173 Abs. 1 Nr. 1 AO die steuermindernden Tatsachen im Wege der **Saldierung nach § 177 AO** zu berücksichtigen (BFH v. 10.04.2003 – V R26/02, BStBl. II 2003, S. 785; vgl. auchBartone/von Wedelstädt/*Bartone* Rn. 985). Das gilt selbst im Fall der Zusammenveranlagung, wenn bei einem Ehegatten steuererhöhende und beim anderen steuermindernde Tatsachen oder Beweismittel nachträglich bekannt werden (Kühn/v. Wedelstädt/*Balmes* § 173 Rn. 46).

58 Allerdings ist die Aufhebung oder Änderung nur innerhalb der Festsetzungsfrist des § 169 AO möglich.

D. Erhöhte Bindungswirkung nach einer Außenprüfung, § 173 Abs. 2 AO

I. Allgemeines

59 Beruht der zu ändernde Bescheid auf einer Außenprüfung, so genießt er einen **erhöhten Bestandsschutz**. Nach einer Außenprüfung i.S.d. §§ 193 bis 203 AO, in deren Verlauf die Finanzbehörde die Möglichkeit hatte, den Fall umfassend zu prüfen, darf der Stpfl. darauf vertrauen, dass die Finanzbehörde an den daraufhin ergangenen Bescheid in erhöhtem Maße gebunden ist. Dies entspricht auch der Zielvorstellung des Gesetzgebers, wonach eine Außenprüfung eine umfassende und abschließende Prüfung des Steuerfalls sein soll (TK/*Loose*, § 173 Rn. 89; Schwarz/*Frotscher* § 173 AO Rn. 238). Die steuerlichen Auswirkungen der erst nach der Außenprüfung bekannt gewordenen Tatsachen ist im Hinblick auf die erhöhte Bindungswirkung unerheblich (vgl. BFH v. 29.01.1987 – IV R96/85, BStBl. II 1987, S. 410; BFH v. 11.12.1997 – V R 56/94, BStBl. II 1998, S. 367; Schwarz/*Frotscher* § 173 AO Rn. 239 f.).

60 Die erhöhte Bindungswirkung gilt allerdings nicht, wenn die **Finanzbehörde vorsätzlich oder leichtfertig** (= grob fahrlässig) **getäuscht** wurde (§§ 370, 378 AO), wodurch das Ergebnis der Außenprüfung unzutreffend war. In diesem Fall kann der Bescheid aufgehoben oder geändert werden. Insoweit besteht jedoch kein **Ermessen** der Finanzbehörde, sondern die Formulierung („können") bezieht sich auf die Voraussetzungen der Änderung oder Aufhebung nach § 173 Abs. 1 AO, die durch § 173 Abs. 2 AO eingeschränkt werden sollen (TK/*Loose* § 173 Rn. 104; Kühn/v. Wedelstädt/*Balmes* § 173 Rn. 48).

61 Es handelt sich bei der erhöhten Bindungswirkung um eine Ausnahme zu den Änderungsmöglichkeiten des § 173 Abs. 1 AO und bei der Regelung bzgl. der Steuerhinterziehung bzw. leichtfertigen Steuerverkürzung um die Ausnahme zur Ausnahme. Folglich sind in den Fällen der §§ 370, 378 AO die Steuerbescheide bei Vorliegen der Voraussetzungen des § 173 Abs. 1 AO selbst dann aufzuheben, wenn bzw. soweit sie aufgrund einer Außenprüfung ergangen sind.

II. Voraussetzungen der Änderungssperre

62 **Außenprüfungen** i.S.d. § 173 Abs. 2 AO sind alle Außenprüfungen gem. §§ 193 ff. AO. Neben der turnusmäßigen Prüfung gem. §§ 193 ff. AO gehören dazu auch die abgekürzte Außenprüfung gem. § 203 AO (Schwarz/*Frotscher* § 173 Rn. 244; Pahlke/Koenig/*Koenig* § 173 Rn. 141; Bartone/

von Wedelstädt/*Bartone* Rn. 973), die USt-Sonderprüfung (BFH v. 15.09.1994 – XI B 90/93, BFH/NV 1995, 462; Schwarz/*Frotscher* § 173 Rn. 245) und die LSt-Außenprüfung (BFH v. 17.02.1995 – VI R 52/94, BStBl. II 1995, S. 555; BFH v. 24.07.1996 – X R 123/94, BFH/NV 1997, 161; Pahlke/Koenig/*Koenig* § 173 Rn. 141). Die Änderungssperre wird allerdings nur ausgelöst, wenn die jeweilige Prüfung auf eine umfassende und zusammenhängende Ermittlung der Besteuerungsgrundlagen angelegt ist (BFH v. 11.11.1987 – X R 54/82, BStBl. II 1988, S. 307; Pahlke/Koenig/*Koenig* § 173 Rn. 141).

Zu den Außenprüfungen i.S.d. § 173 Abs. 2 AO gehört hingegen nicht eine **Steuerfahndungsprü-** **63** **fung** nach § 208 Abs. 1 Nr. 1 bis 3 AO, die mithin keine Änderungssperre hervorruft (BFH v. 11.12.1997 – V R 56/94, BStBl. II 1998, S. 367; BFH v. 04.09.2000 – I B 17/00, BStBl. II 2000, S. 648; BFH v. 16.06.2004 – X R 56/01, BFH/NV 2004, 1502; BFH v. 20.08.2010 – VIII B 30/09, BFH/NV 2010, 2233; Kühn/v. Wedelstädt/*Balmes*, § 173 Rn. 49; Pahlke/Koenig/*Koenig* § 173 Rn. 142; Klein/*Rüsken* § 173 Rn. 142; vgl. auch AEAO zu § 173 Nr. 8.4; einschränkend TK/*Loose* § 173 Rn. 91). Führt die Steuerfahndung hingegen eine Außenprüfung gem. § 208 Abs. 2 Nr. 1 AO durch, gelten uneingeschränkt die Vorschriften über die Außenprüfung, sodass auch die Änderungssperre nach § 173 Abs. 2 AO ausgelöst wird (vgl. TK/*Loose*, § 173 Rn. 91).

Die Änderungssperre besteht nur, soweit der **Steuerbescheid** oder die ihm gleichstehenden **64** Bescheide **aufgrund einer Außenprüfung** ergangen sind. Steuerbescheide in diesem Sinne sind nicht nur der Erstbescheid aufgrund einer Außenprüfung, sondern auch Steuerbescheide, die aufgrund einer Außenprüfung geändert worden sind und Einspruchsentscheidungen oder Abhilfebescheide, die nach einer Außenprüfung erlassenen wurden oder einen geänderten Bescheid wiederum aufheben oder ändern (BFH v. 29.01.1987 – IV R 96/85, BStBl. II 1987, S. 410; Kühn/v. Wedelstädt/*Balmes*, § 173 Rn. 50; Schwarz/*Frotscher* § 173 Rn. 246; TK/*Loose* § 173 Rn. 94). Dasselbe gilt, wenn im Anschluss an eine Außenprüfung der Vorbehalt der Nachprüfung gem. § 164 Abs. 2 Satz 2 AO aufgehoben wird, denn darin liegt eine konkludente Mitteilung nach § 202 Abs. 1 Satz 3 AO (TK/*Loose* § 173 Rn. 94; Schwarz/*Frotscher* § 173 Rn. 250). Bescheide, die **vor Durchführung oder während einer Außenprüfung** ergangen sind, unterliegen hingegen nicht der Änderungssperre gem. § 173 Abs. 2 AO (BFH v. 23.12.2005 – VI B 83/05, BFH/NV 2006, 705). Dies gilt selbst, wenn in ihnen Ergebnisse der Prüfungstätigkeit (etwa hohe Änderungen der Besteuerungsgrundlagen bei einer noch länger während Prüfung) verwertet werden (Schwarz/*Frotscher* § 173 Rn. 246). Wurde auf die Außenprüfung hin weder eine erstmalige Steuerfestsetzung noch ein Freistellungsbescheid erlassen, greift § 173 Abs. 2 AO nicht ein, sodass innerhalb der Festsetzungsfrist noch eine erstmalige Steuerfestsetzung erfolgen kann (BFH v. 22.08.1990 – I R 76/88, BFH/NV 1991, 341; Schwarz/*Frotscher* § 173 Rn. 242, 252; a.A. BFH v. 31.08.1990 – VI R 78/86, BStBl. II 1991, S. 537).

Gem. § 173 Abs. 2 Satz 2 AO steht dem Steuerbescheid auch eine **Mitteilung nach § 202 Abs. 1** **65** **Satz 3 AO** gleich, wonach die Außenprüfung zu keiner Änderung der Besteuerungsgrundlage führt. Auch in dieser Mitteilung wird das Ergebnis der Außenprüfung ausgewertet, sodass sie die Außenprüfung abschließt. Die Änderungssperre wird allerdings nur durch die förmliche Mitteilung ausgelöst, nicht schon durch die Übersendung eines Prüfungsberichts ohne ausdrücklichen Hinweis (BFH v. 14.12.1989 – III R 158/85, BStBl. II 1990, S. 283; Pahlke/Koenig/*Koenig* § 173 Rn. 161).

Problematisch ist allerdings die Situation, dass mehrere Besteuerungszeiträume und mehrere Steu- **66** erarten geprüft werden, sich aber nicht bei allen Besteuerungszeiträumen und allen Steuerarten Änderungen in den Besteuerungsgrundlagen ergeben. In diesem Fall wird i.d.R. über die gesamte Prüfungstätigkeit ein Prüfungsbericht erstellt, sodass für die unverändert bleibenden Besteuerungszeiträume und Steuerarten keine isolierte Mitteilung nach § 202 Abs. 1 Satz 3 AO ergeht. In diesen Fällen ist jedoch eine Mitteilung mit dem Inhalt nach § 202 Abs. 1 Satz 3 AO, dass sich für einen Teil des Prüfungszeitraums und der geprüften Steuerarten keine Änderungen ergeben, **im Prüfungsbericht zumindest konkludent enthalten** (Pahlke/Koenig/*Koenig* § 173 Rn. 162; TK/

Loose § 173 Rn. 94; differenzierend Schwarz/*Frotscher* § 173 Rn. 249). Nach Ansicht des BFH ist es jedoch wegen der Dokumentationsfunktion der Mitteilung erforderlich, dass im Prüfungsbericht ausdrücklich mitgeteilt wird, dass sich keine Änderung ergibt, z.B. durch den Hinweis, dass „sich hinsichtlich der anderen von der Prüfungsanordnung erfassten Besteuerungszeiträume und Steuerarten keine Änderungen ergeben haben" (BFH v. 14.12.1989 – III R 158/85, BStBl. II 1990, S. 283; BFH v. 19.01.2010 – X R 30/09, BFH/NV 2010, 1234).

67 Stellt der Stpfl. vor Eintritt der Änderungssperre einen **Antrag auf Änderung der Steuerfestsetzung**, tritt die Änderungssperre nicht ein, soweit der Antrag reicht, wenn die Mitteilung nach § 202 Abs. 1 Satz 3 AO ergeht. Würde die Änderungssperre eintreten, hätte die Verwaltung auf diesem Wege die Möglichkeit, einen an sich begründeten Antrag des Stpfl. auf Änderung der Steuerfestsetzung wirkungslos zu machen, indem eine Mitteilung nach § 202 Abs. 1 Satz 3 AO erteilt wird (Schwarz/*Frotscher* § 173 Rn. 251).

68 Da die Außenprüfung das Vertrauen auf den erhöhten Bestandsschutz begründet und nach dem Wortlaut des § 173 Abs. 2 AO die Änderungssperre nur eingreift, soweit die einschlägigen Bescheide aufgrund einer Außenprüfung ergangen sind, ist auf den **Umfang der Außenprüfung** abzustellen. Dieses Vertrauen kann nur soweit entstehen, wie die jeweilige Prüfungsanordnung reicht (§§ 194, 196 AO) und auch nur in diesem Umfang hatte die Finanzbehörde die Möglichkeit zu Ermittlungen. Der tatsächliche Umfang der Außenprüfung ist hingegen ohne Bedeutung (BFH v. 18.08.1988 – V R 194/83, BStBl. II 1988, S. 932; BFH v. 12.05.1992 – VIII R 45/90, BFH/NV 1993, 191; BFH v. 11.02.1998 – I R 82/97, BStBl. II 1998, S. 552; TK/*Loose* § 173 Rn. 93; Klein/*Rüsken* § 173 Rn. 151; Kühn/v. Wedelstädt/*Balmes* § 173 Rn. 54; Schwarz/*Frotscher* § 173 Rn. 247). Ist die Außenprüfung z.B. auf bestimmte Steuerarten, Besteuerungszeiträume oder Sachverhalte beschränkt (§ 194 Abs. 1 Satz 2 AO), erstreckt sich die Änderungssperre auch nur auf die genannten Teile der Besteuerungsgrundlagen.

69 Sofern der Umfang der Außenprüfung nicht eindeutig ist, ist eine **Auslegung der** jeweiligen **Prüfungsanordnung** in entsprechender Anwendung des § 133 BGB angezeigt. Maßgeblich ist somit, wie der Steuerpflichtige nach den ihm bekannten Umständen den materiellen Gehalt der Prüfungsanordnung unter Berücksichtigung von Treu und Glauben verstehen konnte. Danach darf der Stpfl. i.d.R. davon ausgehen, dass die Prüfungsanordnung alle steuerlich relevanten Fragen der geprüften Steuerart umfasst, die unmittelbar mit den geprüften Sachverhalten zusammenhängen, selbst wenn diese u.U. einer anderen als der in der Prüfungsanordnung genannten Einkunftsart zuzuordnen sind (BFH v. 25.03.2003 – IX R 106/00, BFH/NV 2004, 1379; BFH v. 11.11.1987 – X R 54/82, BStBl. II 1988, S. 307; Schwarz/*Frotscher* § 173 AO Rn. 247).

70 Ausgehend von der Rechtsprechung des BFH ist aufgrund der Besonderheiten der **Lohnsteuer** insoweit Folgendes zu beachten: Wurde ein Arbeitnehmer nach einer Außenprüfung zur ESt veranlagt und werden in der Folge durch eine LSt-Außenprüfung beim Arbeitgeber neue Tatsachen bekannt, die zu einer höheren Steuer führen, so kann diese nicht mehr auf dem Wege eines Lohnsteuernachforderungsbescheides ggü. dem Arbeitnehmer festgesetzt werden (BFH v. 15.05.1992 – VI R 106/88, BStBl. II 1993, S. 840; BFH v. 17.02.1995, VI R 52/94, BStBl. II 1995, S. 555). Wird der den Prüfungszeitraum betreffende Vorbehalt der Nachprüfung einer LSt-Anmeldungen auf eine LSt-Außenprüfung hin aufgehoben, so kann gem. § 173 Abs. 2 AO in der Folge weder ein Pauschalierungsbescheid noch ein LSt-Haftungsbescheid für einen den Prüfungszeitraum betreffenden Sachverhalt erlassen werden (BFH v. 15.05.1992 – VI R 106/88, BStBl. II 1993, S. 840; BFH v. 06.05.1994 – VI R 47/93, BStBl. II 1994, S. 715; BFH v. 17.02.1995 – VI R 52/94, BStBl. II 1995, S. 555). Dies ergibt sich daraus, dass der Haftungsbescheid wegen der besonderen Konstruktion des Lohnsteuerverfahrens die im eigentlichen Sinn eine Haftungsschuld festsetzenden Steuerbescheide abändert. Ebenso betrifft der Pauschalierungsbescheid, dessen Steuerschuldner der Arbeitgeber ist, den Regelungsbereich des zeitraumbezogenen Steuerbescheids in Form der LSt-Anmeldung und ändert die bisherige Festsetzung ab (Klein/*Rüsken* § 173 Rn. 155 f.; Kühn/v. Wedelstädt/*Balmes* § 173 Rn. 52; Pahlke/Koenig/*Koenig* § 173 Rn. 156; TK/*Loose* § 173 Rn. 95).

III. Durchbrechung der Änderungssperre

Die durch die Außenprüfung verstärkte Bestandskraft kann nach § 173 Abs. 2 AO nur durchbro- 71
chen werden, wenn eine **Steuerhinterziehung** (§ 370 AO) oder eine **leichtfertige Steuerverkürzung** (§ 378 AO) vorliegt. Es müssen mithin der objektive und der subjektive Tatbestand der
Steuerhinterziehung oder der leichtfertigen Steuerverkürzung vorliegen (BFH v. 21.10.1988 – III
R 194/84, BStBl. II 1989, S. 216; BFH v. 12.03.1992 – IV R 29/91, BStBl. II 1993, S. 36; Pahlke/
Koenig/*Koenig*§ 173 Rn. 151; missverständlich Schwarz/*Frotscher* § 173 Rn. 259). Mangels Erfolgseintritt ermöglicht der (strafbare) Versuch einer Steuerhinterziehung somit nicht die Durchbrechung der verstärkten Bestandskraft.

Es ist allerdings nicht erforderlich, dass die Tat rechtswidrig ist oder schuldhaft begangen wurde 72
(Bartone/von Wedelstädt/*Bartone* Rn. 977).

Ob eine Steuerhinterziehung oder eine leichtfertige Steuerverkürzung vorliegt, unterliegt der selb- 73
ständigen Beurteilung durch die für die Änderung oder Aufhebung zuständige Finanzbehörde. Sie
trägt dafür die **formelle Beweislast** (BFH v. 27.08.1991 – VIII R 84/89, BStBl. II 1992, S. 9; BFH
v. 19.03.1998 – V R 54/97, BStBl. II 1998, S. 466; Bartone/von Wedelstädt/*Bartone* Rn. 979).
Insoweit gilt – trotz des auch im finanzgerichtlichen Verfahren anwendbaren Grundsatz „in dubio
pro reo" – der gleiche Grad von Gewissheit wie bei anderen Tatsachen, für die die Finanzbehörde
im steuerlichen Verfahren die **Feststellungslast** trägt (BFH v. 17.02.1999 – IV B 66/98, BFH/
NV 1999, 1188; Bartone/von Wedelstädt/*Bartone* Rn. 979). Bei dieser Entscheidung ist die
Finanzbehörde nicht an die Entscheidungen der für die Verfolgung der Steuerstraftaten bzw. Steuerordnungswidrigkeiten zuständigen Stellen gebunden, da insoweit die Prüfungsmaßstab nach der
AO bzw. FGO gilt und nicht der der StPO (BFH v. 17.03.2010 – X B 120/09, BFH/NV 2010,
1240; BFH v. 14.08.1991 – X R 86/88, BStBl. II 1992, S. 128). Die Finanzbehörde oder das FG
können jedoch die Feststellungen des Strafgerichts verwerten, wenn die Beteiligten hiergegen
keine substantiierten Einwendungen erhoben haben (BFH v. 21.06.1988 – VII R 135/85,
BStBl. II 1988, S. 841; BFH v. 02.12.2003 – VII R 17/03, BFHE 204, 380, BFH/NV 2004, 597;
BFH v. 17.03.2010 – X B 120/09, BFH/NV 2010, 1240; FG Baden-Württemberg
v. 15.10.2007 – 6 K 378/06, EFG 2008, 360; Schwarz/*Frotscher* § 173 AO Rn. 261).

Für die Durchbrechung der Änderungssperre ist es unerheblich, ob der **Steuerpflichtige** (als Täter 74
oder Teilnehmer) oder ein **Dritter** sich einer Steuerhinterziehung oder einer leichtfertigen Steuerverkürzung schuldig gemacht hat (BFH v. 14.12.1994 – XI R 80/92, BStBl. II 1995, S. 293; TK/
Loose § 173 Rn. 96; Kühn/v. Wedelstädt/*Balmes* § 173 Rn. 55; Klein/*Rüsken* § 173 Rn. 144;
HHSp/*v. Groll* § 173, Rn. 352; Bartone/von Wedelstädt/*Bartone* Rn. 978). Eine **Exkulpations-
möglichkeit** – z.B. wie in § 169 Abs. 2 Satz 3 AO – besteht nicht (Pahlke/Koenig/*Koenig* § 173
Rn. 151; TK/*Loose* § 173 Rn. 96). Folglich muss auch nicht ermittelt werden, wer die Tat began-
gen hat (FG Saarland v. 07.12.1999 – I K 293/96, EFG 2000, 158; Schwarz/*Frotscher* § 173
Rn. 264).

Ob es tatsächlich zu einer Bestrafung bzw. Ahndung kommt, ist unerheblich. Folglich schließt das 75
Vorliegen persönlicher Strafausschließungs- oder Strafaufhebungsgründe wie einer **Selbstanzeige**
oder der **Verfolgungsverjährung** die Durchbrechung der erhöhten Bestandskraft nicht aus, da es
allein auf die Erfüllung des objektiven und subjektiven Tatbestands der §§ 370, 378 AO ankommt
(BFH v. 17.02.1999 – IV B 66/98, BFH/NV 1999, 1188; Schwarz/*Frotscher* § 173 AO Rn. 259;
Pahlke/Koenig/*Koenig* § 173 Rn. 151; Bartone/von Wedelstädt/*Bartone* Rn. 977).

Andere Tatbestände als die der §§ 370, 378 AO führen nach dem eindeutigen Wortlaut des § 173 76
Abs. 2 AO nicht zu einer Durchbrechung der Änderungssperre, selbst wenn die Tat den Tatbestand einer anderen Steuerstraftat oder einer anderen Steuerordnungswidrigkeit erfüllt, sodass z.B.
ein Subventionsbetrug bei der InvZul nicht zu einer Durchbrechung der Änderungssperre führt
(Nds. FG v. 07.05.1992 – II 216/89, EFG 1993, 248; FG Sachsen-Anhalt v. 24.11.2008 – 1 K
1415/05, EFG 2009, 808; Schwarz/*Frotscher* § 173 Rn. 265; vgl. auch FG Rheinland-Pfalz

v. 17.12.1984 – 5 K 38/84, EFG 1985, 431; Pahlke/Koenig/*Koenig* § 173 Rn. 152; Bartone/von Wedelstädt/*Bartone* Rn. 980; a.A. FG München v. 24.09.1991 – 13 K 13048/87, 1992, 171; FG München v. 13.03.1985 – III 169/81 U, EFG 1985, 431; Klein/*Rüsken* § 173 Rn. 145). Auch die die Tatsache einer **Steuerfahndungsprüfung** allein führt noch nicht zur Durchbrechung der Änderungssperre, wenn sich der Verdacht einer Steuerhinterziehung oder leichtfertigen Steuerverkürzung nicht bestätigt (FG Saarland v. 07.12.1999 – I K 293/96, EFG 2000, 158).

77   Die Durchbrechung der verstärkten Bestandskraft wirkt **immer zulasten des Steuerpflichtigen**, da sie nur zugunsten der Finanzbehörde eingreift. Dies ergibt sich daraus, dass die Vorschrift darauf zielt, dem Stpfl. die Früchte unlauteren Verhaltens vorzuenthalten (Nds. FG v. 26.02.2004 – 6 K 727/01, EFG 2004, 1102; Schwarz/*Frotscher* § 173 AO Rn. 258; Pahlke/Koenig/*Koenig* § 173 Rn. 153). Die Durchbrechung der Bestandskraft wirkt folglich nur **soweit die Steuerstraftat oder -ordnungswidrigkeit reicht**. Somit wird die erhöhte Bestandskraft nur insoweit durchbrochen, wie die Steuerverkürzung durch den Stpfl. oder den Dritten reicht und straf- oder bußgeldrechtlich relevant ist (Schwarz/*Frotscher* § 173 Rn. 267; TK/*Loose* § 173 Rn. 98; Bartone/von Wedelstädt/*Bartone* Rn. 981). Daraus ergibt sich für den Fall, dass es sich bei dem ändernden Steuerbescheid um einen **Gewinnfeststellungsbescheid** handelt, dass nur derjenige Gewinn zusätzlich erfasst werden darf, der den hinterzogenen Steuern zugrunde liegt (BFH, IV B 66/98, BFH/NV 1999, 1188; Pahlke/Koenig/*Koenig* § 173 Rn. 153). Weitere nachträglich bekannt gewordene Tatsachen können nur i.R.d. Rechtsfehlerberichtigung nach § 177 AO berücksichtigt werden (FG Sachs v. 08.06.2006, EFG 2006, 1862 und insoweit zustimmend BFH v. 18.12.2008 – V R 38/06, BStBl. II 2009, S. 749; Schwarz/*Frotscher* § 173 Rn. 268; Pahlke/Koenig/*Koenig* § 173 Rn. 153; Bartone/von Wedelstädt/*Bartone* Rn. 981).

78   Die Durchbrechung der verstärkten Bestandskraft tritt auch ein, wenn der Steuerpflichtige, der die Steuerhinterziehung oder -verkürzung begangen hat, **verstorben** ist, sodass der Steuerbescheid auch ggü. dem Erben aufgehoben oder geändert werden kann. Dies ergibt sich daraus, dass es i.R.d. § 173 AO nicht um eine strafrechtliche Sanktion, sondern um steuerliche Folgen geht (Schwarz/*Frotscher* § 173 Rn. 260; im Ergebnis ebenso Pahlke/Koenig/*Koenig* § 173 Rn. 96; TK/*Loose* § 173 Rn. 151).

79   Wie sich aus der systematischen Stellung des Abs. 2 ergibt, schließt § 173 Abs. 2 AO nur Änderungen nach § 173 Abs. 1 AO aus. **Änderungen nach anderen Vorschriften** (z.B. §§ 164, 165, 174, 175 AO) werden dadurch nicht ausgeschlossen (BFH v. 25.09.1996 – III R 53/93, BStBl. II 1997, S. 269; BFH v. 16.09.2004 – X R 22/01, BFH/NV 2005, 322; Schwarz/*Frotscher* § 173 Rn. 241 f.).

B. Ermittlungsverfahren

I. Allgemeines (§§ 397, 398 AO)

Vorbem. §§ 397, 398, 398a AO

A. Ermittlungsverfahren als Teil des Strafverfahrens

Für das Steuerstrafverfahren gelten grds. die Vorschriften der StPO, § 385 Abs. 1 AO. Es gliedert **1** sich daher wie das allgemeine Strafverfahren in Ermittlungsverfahren (§§ 158 ff. StPO), Zwischenverfahren (§§ 199 ff. StPO), Hauptverfahren (§§ 213 ff. StPO) einschließlich der Rechtsmittel (Berufung §§ 312 ff. StPO, Revision §§ 333 ff. StPO) bis zur Rechtskraft und schließlich das Vollstreckungsverfahren (§§ 494 ff. StPO).

Das Ermittlungsverfahren ist ein nicht öffentliches Verfahren; teilweise ein „Geheimverfahren", **2** von dem der Beschuldigte als Hauptbetroffener oftmals als Letzter erfährt, dies dann oft in Form einer Hausdurchsuchung oder einer Verhaftung als intensivster Form strafrechtlicher Ermittlungsmaßnahmen. In diesem ersten Verfahrensabschnitt sind die Verteidigungsmöglichkeiten des Beschuldigten faktisch und rechtlich am schwächsten ausgebildet. Vergleicht man die Rechtsstellung des Beschuldigten im Ermittlungsverfahren mit seiner Rechtsstellung als Angeklagter im Hauptverfahren und dem dort gegebenen Anwesenheits-, Erklärungs-, Frage- und insb. Beweisantragsrecht, so wird dem zahnlosen Tiger aus dem Ermittlungsverfahren im Hauptverfahren wenigstens eine Prothese eingesetzt.

Diese Konzeption beruht letztlich auf der Grundvorstellung des Gesetzgebers der RStPO von **3** 1877 im Ermittlungsverfahren nur ein vorbereitendes Verfahren, den Kern des Strafprozesses jedoch in der öffentlichen, mündlichen Hauptverhandlung zu sehen (vgl. dazu *König* AnwBl. 2010, 382). Ob dies jemals der Wirklichkeit in der täglichen Praxis entsprach, sei dahin gestellt. Für das heutige Strafverfahren besteht kein vernünftiger Zweifel daran, dass die Weichen für das Verfahren und sein Ergebnis im Ermittlungsverfahren gestellt werden und dass die Hauptverhandlung i.d.R. nur noch eine marktgerechte Verpackung des bereits anderweitig festgestellten Inhalts darstellt. Dies gilt insb. für die abgesprochenen Hauptverfahren (§§ 257b, 257c StPO eingeführt durch Gesetz v. 29.07.2009 BGBl. I, S. 2353, vgl. dazu *Bittmann,* wistra 2009, 414).

Dies bedeutet, dass Verteidigung nicht früh genug beginnen kann und muss, trotz und gerade **4** wegen der Erkenntnis über den begrenzten Spielraum und die fehlenden Waffen zur Herstellung der (fiktiven) Waffengleichheit im Strafprozess.

B. Behörden im Ermittlungsverfahren

§ 385 Abs. 1 AO verweist auf die allgemeinen Gesetze über das Strafverfahren, soweit die folgen- **5** den Vorschriften der AO nichts anderes bestimmen. Diese Vorschriften der AO begründen zwei besondere Zuständigkeiten für das Steuerstrafverfahren:

I. Finanzbehörde

Nach § 386 Abs. 1 AO ermittelt bei Verdacht einer Steuerstraftat die **Finanzbehörde** und nicht die **6** StA den Sachverhalt. Finanzbehörde i.S.d. § 397 Abs. 1 AO wird in § 386 Abs. 1 Satz 2 AO mit dem „Hauptzollamt", dem „Finanzamt", dem „Bundeszentralamt für Steuern" und der „Familienkasse" definiert (s. dazu unten § 397 Rdn. 10 ff.).

7   Die Finanzbehörde hat im steuerstrafrechtlichen Ermittlungsverfahren die Stellung der StA, § 399 Abs. 1 AO, d.h., der Beschuldigte muss einer Ladung Folge leisten (muss aber nicht aussagen); Zeugen und Sachverständige müssen bei der Finanzbehörde zur Vernehmung erscheinen und aussagen, § 161a Abs. 1 StPO, sofern kein Zeugnisverweigerungsrecht nach §§ 52 ff. StPO oder ein Auskunftsverweigerungsrecht nach § 55 StPO besteht.

8   Die Finanzbehörde kann Anträge auf richterliche Entscheidungen wie Durchsuchungs- und Beschlagnahmebeschlüsse, Telefonüberwachung, Haftbefehl (wegen § 386 Abs. 3 AO aber in Abstimmung mit der StA, vgl. FGJ/*Joecks* § 399 Rn. 100) und dinglichen Arrest stellen. Sie hat im selbstständigen Steuerstrafverfahren auch das Recht zur vorläufigen Festnahme (vgl. Rolletschke/ *Kemper* § 399 Rn. 162). Die Finanzbehörde entscheidet über den Abschluss des Ermittlungsverfahrens. Sie hat das Recht auf Beantragung eines Strafbefehls, § 400 AO. Kann die Strafsache nicht im Strafbefehlsverfahren erledigt werden, legt die Finanzbehörde die Akten der StA vor, die ihrerseits über Anklage oder Einstellung entscheidet (vgl. dazu Rolletschke/*Kemper* § 399 Rn. 245a).

9   § 386 Abs. 4 Satz 1 AO ermöglicht der Finanzbehörde, die Strafsache jederzeit an die StA zu übergeben. Umgekehrt kann die StA nach § 386 Abs. 4 Satz 2 AO das Verfahren jederzeit an sich ziehen (sog. **Evokationsrecht** der StA; i.s. dazu Rolletschke/*Kemper* § 386 Rn. 100 ff.). In beiden Fällen kann die StA im Einvernehmen mit der Finanzbehörde das Verfahren wieder an die Finanzbehörde zurückgeben. Finanzbehörde und StA stehen im reinen Steuerstrafverfahren als Ermittlungsbehörde alternativ nebeneinander, wobei die letzte Entscheidung darüber, wo das Verfahren zu führen ist, bei der StA liegt, die im Fall der Rückübertragung aber der Zustimmung der Finanzbehörde bedarf (vgl. Rolletschke/*Kemper* § 387 Rn. 54; zum Zusammenwirken von StA und Finanzbehörde in Steuerstrafsachen grds. BGHSt 54, 9).

Im gerichtlich anhängigen Verfahren werden aus den Gestaltungsrechten der Finanzbehörde die Mitwirkungsrechte nach den §§ 406, 407 AO.

10   Eine Zuständigkeitskonzentration für die Ermittlungstätigkeit der FA ist in den Ländern durch Landesverordnung erfolgt mit Einrichtung von Straf- und Bußgeldsachenstellen bzw. Bußgeld- und Strafsachenstellen (vgl. dazu die Zusammenstellung bei FGJ/*Randt* § 387 Rn. 6).

Eine Konzentration bei den Hauptzollämtern erfolgte durch die HZAZustV v. 23.06.2003 (BGBl. I, S. 951, vgl. dazu die Zusammenstellung bei FGJ/*Randt* § 387 Rn. 6).

II. Steuerfahndung/Zollfahndung

11   1. Die Steuerfahndung bzw. die Zollfahndung haben nach § 208 Abs. 1 AO eine **Doppelfunktion**. Sie sind einmal als Strafverfolgungsbehörden zuständig für die Erforschung von Steuerstraftaten und Steuerordnungswidrigkeiten (§ 208 Abs. 1 Ziff. 1 AO) bzw. für die Ermittlung der Besteuerungsgrundlagen im Fall von Steuerstraftaten und Steuerordnungswidrigkeiten bzw. die Aufdeckung und Ermittlung unbekannter Steuerfälle (§ 208 Abs. 1 Ziff. 2, 3 AO).

12   2. Die **Kompetenzen** der Fahndung im Steuerstrafverfahren regelt § 404 AO. Zoll- und Steuerfahndung haben danach dieselben Rechte und Pflichten wie die Behörden und Beamten des Polizeidienstes nach der StPO (vgl. Rolletschke/*Kemper* § 404 Rn. 64 ff.; FGJ/*Randt* § 404 Rn. 47 ff.). Sie sind Ermittlungspersonen der StA; die StA ist damit weisungsbefugt. Die Durchsicht von Papieren bei einer Durchsuchung ist den Fahndern auch ohne Anordnung der StA und ohne Genehmigung des Inhabers der Papiere erlaubt, § 404 Satz 2 AO. Die Fahndung kann auch Beschuldigte, Zeugen und Sachverständige vernehmen, kann jedoch das Erscheinen und die Aussage nicht erzwingen. Bei Gefahr in Verzug kann eine Durchsuchung und Beschlagnahme angeordnet werden. Die Fahndung hat auch das Recht zur vorläufigen Festnahme, § 127 StPO. Sie ist aber nicht berechtigt, Anträge auf richterliche Anordnungen wie Durchsuchung, Beschlagnahme, Telefonüberwachung, Haftbefehl zu stellen. Dies fällt in die Kompetenz der Finanzbehörde.

3. Die **Organisation** von Steuerfahndung und Zollfahndung unterscheidet sich: 13

Die Steuerfahndung ist Teil der Landesfinanzverwaltung, während die Zollfahndung Bundesverwaltung ist (vgl. Rolletschke/*Kemper* § 404 Rn. 10).

In den Ländern erfolgte eine Konzentration der Steuerfahndung auf verschiedene Weise:

Z.T. sind es Dienststellen eines FA mit Zuständigkeit für mehrere Finanzamtsbezirke oder sie sind   14
zusammengefasst in FA für Fahndung und Strafsachen (vgl. Rolletschke/*Kemper* § 404 Rn. 18 a;
FGJ/*Randt* § 404 Rn. 11).

Die Zollfahndungsämter wurden nach §§ 1 Nr. 4, 12 Abs. 1 FVG neben den Hauptzollämtern als   15
besondere Zollfahndungsämter gebildet. Ihre Zuständigkeiten bestimmen sich nach der HZA-
ZustV v. 23.06.2003 (BGBl. I, S. 951). Als Mittelbehörde fungiert das Zollkriminalamt in Köln
(vgl. im Einzelnen Rolletschke/*Kemper* § 404 Rn. 13 ff.; FGJ/*Randt* § 404 Rn. 7 ff.).

C. Rechte und Pflichten von Beteiligten im Ermittlungsverfahren

I. Beschuldigter

1. Rechte

Die strafprozessualen Rechte des Beschuldigten im steuerstrafrechtlichen Ermittlungsverfahren   16
unterscheiden sich nicht von den Beschuldigten in einem allgemeinen Strafverfahren. Er hat also
insb.

- das Recht, zu schweigen, § 136 Abs. 1 Satz 2 StPO,
- das Recht, Beweiserhebungen zu seiner Entlastung zu beantragen, § 163a Abs. 2 StPO,
- das Recht, Ladungen zur Vernehmung bei der Steuerfahndung keine Folge zu leisten,
- das Recht, einen Verteidiger zu konsultieren, § 136 Abs. 1 Satz 2 stopp.

Die Stellung als Beschuldigter im Steuerstrafverfahren hat aber eine über das Strafverfahren   17
hinausgehende Wirkung: nach § 399 Abs. 1 Satz 3 i.V.m. Satz 2 AO kann die steuerliche Mitwirkungspflicht im **Besteuerungsverfahren** nicht mehr zwangsweise nach § 328 AO durchgesetzt
werden. Insoweit wirkt das nemo tenetur-Prinzip in das Besteuerungsverfahren hinein.

2. Pflichten

Auch die Pflichtenstellung unterscheidet sich nicht vom allgemeinen Strafverfahren. Der Beschul-   18
digte ist also insb. verpflichtet zur Angaben seiner Personalien ggü. dem Amtsträger und zum
Erscheinen bei der Straf- und Bußgeldsachenstelle (= StA) und zum Erscheinen bei gerichtlicher
Vernehmung. Hier bleibt ihm wiederum das Recht zu schweigen.

II. Zeuge

Die Rechtsstellung des Zeugen unterscheidet sich ebenso wenig wie seine Pflichtenstellung von   19
seiner Stellung im allgemeinen Strafverfahren (vgl. *Meyer-Goßner* vor § 48 Rn. 5 ff.). Der Zeuge
muss also insb. bei der Steuerfahndung nicht erscheinen und muss ggü. der Steuerfahndung auch
keine Angaben machen. Er ist dagegen zum Erscheinen bei der Straf- und Bußgeldsachenstelle
verpflichtet wo er auch Angaben machen muss, es sei denn ihm steht ein Zeugnisverweigerungsrecht nach §§ 52 ff. StPO oder das Auskunftsverweigerungsrecht nach § 55 StPO zur Seite (Einzelheiten vgl. bei *Quedenfeld/Füllsack* Rn. 791 ff.).

Der Zeuge hat in jedem Fall das Recht, mit einem Zeugenbeistand zur Vernehmung zu erscheinen   20
(zur Rechtstellung des Zeugenbeistands und seinen Rechten vgl. *Meyer-Goßner* vor § 48 Rn. 11;
Quedenfeld/Füllsack Rn. 793 ff.).

III. Sachverständiger

21 Auch die Rechtstellung des Sachverständigen unterscheidet sich nicht von seiner Rechtstellung im allgemeinen Strafverfahren (zum Sachverständigen vgl. *Meyer-Goßner* vor § 72 Rn. 1 ff.). Eine besondere Bedeutung in Steuerstrafsachen hat das Zollkriminalamt bei kriminaltechnischen Untersuchungen von Urkunden, Hand- und Maschinenschriftvergleichung sowie Altersbestimmung von Schriftstücken (vgl. hierzu Nr. 132 AStBV [St]).

IV. Verteidiger

22 Der Kreis der zur Verteidigung berechtigten Personen ist durch § 392 AO erweitert:

Über den Personenkreis des § 138 Abs. 1 StPO hinaus (RA und Rechtslehrer an deutschen Hochschulen i.S.d. Hochschulrahmengesetzes mit Befähigung zum Richteramt) können im selbstständigen Steuerstrafverfahren auch Steuerberater, Steuerbevollmächtigte, Wirtschaftsprüfer und vereidigte Buchprüfer zu Verteidigern gewählt werden. Diese Befugnis zur alleinigen Verteidigung endet für diese Angehörigen der steuerberatenden Berufe, sobald die StA oder das Gericht mit der Strafsache befasst wird. Nunmehr ist nur noch eine Verteidigung in Gemeinschaft mit einem Verteidiger i.S.d. § 138 Abs. 1 StPO möglich (vgl. *Quedenfeld/Füllsack* Rn. 11 ff.).

D. Grundrechtseingriffe im Ermittlungsverfahren

I. Durchsuchung und Beschlagnahme

23 Grundlage für die Durchsuchung beim Verdächtigen ist § 102 StPO; die Durchsuchung bei anderen Personen ist unter strengeren Voraussetzungen nach § 103 StPO möglich.

Sicherstellung und Beschlagnahme der bei der Durchsuchung aufgefundenen Gegenstände regeln die §§ 94 ff. StPO, den Sonderfall der Postbeschlagnahme § 99 StPO.

Nicht ausdrücklich geregelt ist die Beschlagnahme des **E-Mail-Verkehrs** eines Verdächtigen. Die lang umstrittene Frage, ob dies nach §§ 94 ff. StPO oder nur nach den strengeren Voraussetzungen des § 100a StPO zulässig ist, hat das BVerfG dahin entschieden, dass bei sog. offenen Zugriffen die Beschlagnahme nach §§ 94 ff. StPO erfolgt, bei heimlichen Zugriffen dagegen die Voraussetzungen des § 100a StPO erfüllt sein müssen (vgl. BVerfG, NJW 2009, 2431; ebenso BGH, wistra 2009, 280; dazu *Klein,* NJW 2009, 2996; *Schmidt,* PStR 2009, 264 ff.; *Kasiske,* StraFo 2010, 288 m.w.N.).

24 Steuerstraftaten schlagen sich in aller Regel in der EDV in Buchhaltungsunterlagen, Schriftverkehr, Urkunden, Bankbelegen etc. nieder. Damit ist die Durchsuchung und ihr nachfolgend die Beschlagnahme von Unterlagen eine alltägliche Ermittlungsmaßnahme in Steuerstrafsachen. Besonderes Augenmerk verdient in diesem Zusammenhang das **Beschlagnahmeprivileg** des § 97 StPO, das insb. bei der Durchsuchung beim Steuerberater zu beachten ist (und regelmäßig verletzt wird). Die Abgrenzung zwischen beschlagnahmefreien und beschlagnahmefähigen Unterlagen ist auch in der Rechtsprechung streitig (s. dazu die Nachweise bei *Meyer-Goßner* § 97 Rn. 40; zur Problematik allgemein *Quedenfeld/Füllsack* Rn. 667 ff.). Hier besteht einer der wenigen Ansatzpunkte für ein aktives und im Ergebnis erfolgreiches Verteidigerhandeln.

25 **Online-Durchsuchungen** sind (zumindest z.Zt.) nach der StPO unzulässig (BGH, NJW 2007, 930). Zulässig ist nur ein Zugriff auf externe Daten. anlässlich einer „normalen" Durchsuchung bei Vorliegen der Voraussetzungen des § 110 Abs. 3 StPO.

II. Telefonüberwachung

Seit dem 01.01.2008 ermöglicht § 100a Abs. 2 Nr. 2a StPO die Abhörmaßnahmen auch in Fällen 26
der Steuerhinterziehung unter den in § 370 Abs. 3 Satz 2 Nr. 5 AO genannten Voraussetzungen
(vgl. *Bittmann,* wistra 2010, 125 ff.), d.h. beim besonders schweren Fall einer Steuerhinterziehung
begangen als Mitglied einer Bande, die sich zur fortgesetzten Begehung von Steuerhinterziehung
verbunden hat und dabei Umsatz- oder Verbrauchsteuern verkürzt oder nicht gefertigte Umsatz-
oder Verbrauchsteuervorteile erlangt. Des Weiteren sind erfasst der gewerbsmäßige Schmuggel
nach § 373 AO und die Steuerhehlerei nach § 374 Abs. 2 AO (zur Telekommunikationsüberwachung bei Steuerstrafsachen s. *Hölzle,* PStR 2009, 143 ff.; *Aue,* PStR 2010, 81 f.).

III. Vorläufige Festnahme/Untersuchungshaft

§ 127 StPO regelt die vorläufige Festnahme, die in Steuerstrafsachen sicher einen Ausnahmefall 27
darstellt.

Das in §§ 112 ff. StPO geregelte Recht der Untersuchungshaft findet insb. mit den Haftgründen
der Flucht- und/oder Verdunklungsgefahr in Steuerstrafsachen seine Anwendung. Hier geht es
besonders bei hohen Hinterziehungsbeträgen (wobei der Begriff des „hohen Hinterziehungsbetrages" regional durchaus unterschiedlich definiert wird) um die Fluchtgefahr, die wiederum an der
Höhe der zu erwartenden Strafe festgemacht wird (zur Untersuchungshaft in Steuerstrafverfahren
s. *Quedenfeld/Füllsack* Rn. 732 f.).

Die Höhe der zu erwartenden Strafe soll zwar rechtlich für sich allein genommen noch keine 28
Fluchtgefahr begründen, in der alltäglichen Praxis der Haftrichter und zumindest auch in der
Beschwerdeinstanz ist dies faktisch der Hauptgrund für die Bejahung der Fluchtgefahr. In Steuerstrafsachen ist wiederum die Höhe der hinterzogenen Steuer ein Hauptkriterium für die Strafzumessung. Wenn der BGH Zahlen nennt, deren Überschreitung eine Freiheitsstrafe ohne Bewährung zumindest als möglich oder sogar wahrscheinlich werden lassen (vgl. BGHSt, 53, 71, 79 ff.),
so knüpft sich hieran die Frage an, ob dies nicht zu einem willkommenen Anlass für die ver-
mehrte Beantragung und Anordnung von Untersuchungshaft wird. Dies kann umso mehr zu
einem willkommenen Mittel werden, als gerade auch Steuerstraftäter gemeinhin als besonders
haftempfindlich gelten und die Untersuchungshaft dadurch erklärtermaßen als Mittel zur Förderung der Geständnisbereitschaft angesehen werden kann (vgl. nur *Huber,* NStZ 1996, 5 ff.).

IV. Dinglicher Arrest

Das FA kann **steuerliche Ansprüche** nach § 324 AO durch einen dinglichen Arrest sichern. 29

Nach der Entscheidung des BGH v. 28.11.2000 (NJW 2001, 693) ist der Fiskus ebenfalls Verletz-
ter i.S.d. § 73 Abs. 1 StGB, sodass grds. auch ein **strafprozessualer dinglicher Arrest** nach § 111d
StPO zur Sicherung des Steueranspruchs möglich ist (vgl. OLG Oldenburg, StrV 2008, 241;
OLG Celle, wistra 2008, 359; LG Mannheim, StraFo 2007, 115; LG Hamburg, NStZ-RR 2004,
215; LG Berlin, wistra 2006, 258; NStZ 1991, 437). Streitig ist aber, ob und unter welchen
Voraussetzungen § 111d StPO anstelle des § 324 AO zur Anwendung kommen kann (vgl. dazu
OLG Saarbrücken, PStR 210, 160; OLG Celle, wistra 2008, 359; LG Saarbrücken, PStR 2008,
180; LG Mannheim, StraFo 2007, 115; LG Berlin, wistra 2006, 358).

Beide Maßnahmen unterscheiden sich voneinander in den Anforderungen, insb. ist auch daran zu 30
denken, dass ein FG einen dinglichen Arrest nach § 324 AO vielleicht kritischer prüft, als ein
Strafgericht den dinglichen Arrest nach § 111d StPO. Daher sollte dem Antrag auf Erlass oder
dem Erlass eines strafprozessualen dinglichen Arrests immer mit dem Hinweis auf die vorrangige
Möglichkeit eines Arrests nach § 324 AO begegnet werden.

V. Rasterfahndung

31 Denkbar ist eine Rasterfahndung nach § 98a StPO bei den gewerbs- und bandenmäßig begangenen Steuerdelikten nach § 370 Abs. 3 Nr. 5; 373 Abs. 1, Abs. 2 Nr. 3; 374 Abs. 2 AO. In der Praxis verfügen die Finanzbehörden aber über genügend steuerrechtliche Instrumente (Sammelauskunftsersuchen, Kontoabruf etc. oder auch BAFin-Auskünfte), die eine Rasterfahndung überflüssig machen (vgl. *Kohlmann* § 385 Rn. 414).

VI. Verdeckter Ermittler

32 Der Einsatz verdeckter Ermittler nach § 110a StPO ist auch denkbar bei allen gewerbs- oder bandenmäßig begangenen Steuerdelikten, insb. im gesamten Bereich des Schmuggels und der Umsatzsteuerkarusselle (vgl. *Kohlmann* § 385 Rn. 414).

VII. Optische Überwachung

33 Diese ist zulässig seit dem 01.01.2008 nach § 100h StPO in den Fällen, in denen die Erforschung des Sachverhalts auf andere Weise weniger Erfolg versprechend oder erschwert wäre. Erste Fälle dieser Maßnahmen hat es gerade in Steuerstrafsachen bereits gegeben (vgl. PStR 2008, 44 und LG Stuttgart v. 16.03.2009 – 11 Qs 2/09, n.v.).

E. Abschluss des Ermittlungsverfahrens

I. Einstellung mangels hinreichenden Tatverdachts, § 170 Abs. 2 StPO

1. Entscheidungskompetenz

34 Im selbstständigen Steuerstrafverfahren liegt die Entscheidungskompetenz zur Einstellung des Verfahrens nach § 170 Abs. 2 StPO bei der Straf- und Bußgeldsachenstelle, in allen anderen Ermittlungsverfahren bei der StA.

2. Kein Strafklageverbrauch

35 Eine Einstellung nach § 170 Abs. 2 StPO ist zunächst der größtmögliche Erfolg für die Verteidigung im Ermittlungsverfahren. Dabei wird übersehen, dass diese Entscheidung keine Rechtskraftwirkung entfaltet, ein Strafklageverbrauch tritt nicht ein (vgl. *Meyer-Goßner* § 170 Rn. 9, Einleitung Rn. 171). Das bedeutet, dass das Verfahren jederzeit wieder aufgenommen werden kann und ein Fahnder z.B. nicht gehindert ist, Ermittlungen fortzuführen, um die in der Einstellungsverfügung aufgezeigten Lücken auszufüllen. Es besteht keine „Verfolgungssicherheit" solange keine Verjährung eingetreten ist (vgl. *Aue,* PStR 2010, 153 f.).

II. Einstellung wegen „Geringfügigkeit"

1. § 153 StPO

36 § 153 StPO eröffnet die Einstellungsmöglichkeit, wenn die Schuld des Täters als gering anzusehen wäre und kein öffentliches Interesse an der Strafverfolgung besteht. Die Einstellung kann im Ermittlungsverfahren durch die StA, d.h. im rein steuerstrafrechtlichen Ermittlungsverfahren wiederum durch die Straf- und Bußgeldsachenstelle erfolgen. Nach Klageerhebung, d.h. Antrag auf Erlass eines Strafbefehls oder Anklageerhebung, kann das Gericht das Verfahren noch vor Erlass des Strafbefehls und noch vor einer Hauptverhandlung mit Zustimmung der StA und des Angeschuldigten einstellen. Schließlich kann eine Einstellung nach § 153 StPO auch noch in der Hauptverhandlung erfolgen.

Die Einstellung erfolgt in allen Fällen ohne jegliche Auflage.

2. § 153a StPO

Eine Einstellung gegen Erfüllung von Auflagen, d.h. im Regelfall Geldzahlung an die Staatskasse 37
oder zugunsten einer gemeinnützigen Organisation, ermöglicht § 153a StPO (vgl. *Püschel/Tsambi-*
kakis, PStR 2007, 232). Hier ist nicht wie bei § 153 StPO Voraussetzung, dass die Schuld des
Täters als gering anzusehen wäre, sondern dass die Schwere der Schuld einer Einstellung nicht
entgegensteht. Dies bedeutet, dass auch ein Mehr als geringe Schuld vorliegen kann (vgl. *Meyer-*
Goßner § 153 a, Rn. 7). Entgegen § 153 StPO kann auch ein öffentliches Interesse an der Strafverfolgung bestehen, das aber wiederum durch die Auflage beseitigt wird. Als Maßstab für eine Geldauflage wird, wohl i.d.R., die im Fall der Verurteilung verwirkte Geldstrafe genommen und diese
mit einem Aufschlag versehen.

3. § 398 AO

Einen, historisch bedingten, Sonderfall der Verfahrenseinstellung enthält § 398 AO, der bei 38
geringwertigen Verkürzungen, geringer Schuld und fehlendem öffentlichen Interesse speziell für
das Steuerstrafverfahren eine Einstellungsmöglichkeit eröffnet (Einzelheiten s.u. zu § 398 AO).

4. Beschränkte Rechtskraft

Die vorgenannten Einstellungsmöglichkeiten enthalten **unterschiedliche Rechtskraftwirkung:** 39

Die Einstellung nach § 153 Abs. 1 StPO, d.h. die Einstellungsverfügung durch die Straf- und
Bußgeldsachenstelle, verbraucht die Strafklage grds. nicht (vgl. *Meyer-Goßner* § 153 Rn. 37). Dies
gilt ebenso für die Einstellung nach § 398 AO (vgl. *Rolletschke*/Kemper § 398 Rn. 20; zu den Einzelheiten s.u. § 398 Rdn. 14).

Inwieweit die richterliche Einstellung nach § 153 Abs. 2 StPO eine Rechtskraftwirkung entfaltet
und damit zu einem Strafklageverbrauch führt, ist umstritten (vgl. *Meyer-Goßner* § 153
Rn. 38 m.w.N.). Einigkeit besteht, dass ohne neue Tatsachen und Beweismittel eine Wiederaufnahme des Verfahrens nicht möglich ist. Liegen neue Tatsachen und Beweismittel vor, nach denen
z.B. entgegen der bisherigen Bewertung das Strafverfolgungsinteresse bejaht oder die Schuld höher
eingeordnet, verneint der BGH entgegen der überwiegenden Literaturmeinung die Möglichkeit
einer Wiederaufnahme. Dies soll nur bei der rechtlichen Bewertung als Verbrechen möglich sein
(vgl. BGH NJW 2004, 375; a.A. *Meyer-Goßner* § 153 Rn. 38 m.w.N.).

Die beschränkte Rechtskraftwirkung des § 153a StPO ist in Abs. 1 Satz 5 geregelt. Erfüllt der
Beschuldigte die ihm erteilten Auflagen und Weisungen, so kann die Tat nicht mehr als Vergehen
verfolgt werden. Das bedeutet für Steuerstraftaten, dass eine Einstellung nach § 153a StPO
Rechtskraftwirkung hat und eine Wiederaufnahme des Verfahrens nicht mehr möglich ist. Auch
der besonders schwere Fall des § 370 Abs. 3 AO ist nur ein Vergehenstatbestand i.S.d. § 12 Abs. 2
StGB. Stellen sich also im Nachhinein Qualifikationsmerkmale heraus, ist eine Wiederaufnahme
des Verfahrens gleichwohl ausgeschlossen.

III. Absehen von der Strafverfolgung, § 398a AO

Durch das Schwarzgeldbekämpfungsgesetz vom 28.04.2011 (BGBl. I, S. 676) wurde eine nur für 40
das Steuerstrafverfahren mögliche Erledigungsart eingeführt: das Absehen von einer Strafverfolgung gegen Steuernachzahlung zuzüglich eines 5%igen Zuschlags auf der Basis der nachzuentrichtenden Steuer. Diese Regelung ersetzt die Wirkung einer wirksamen Selbstanzeige in den Fällen,
in denen der Hinterziehungsbetrag 50.000,00 EUR übersteigt und damit der neue Sperrgrund des
§ 371 Abs. 2 Nr. 3 AO einer strafbefreienden Selbstanzeige entgegensteht. (zu den Einzelheiten s.u.
§ 398a Rdn. 1 ff.)

IV. Beschränkung der Strafverfolgung

41   Eine Reduzierung des Prozessstoffes ermöglichen die Vorschriften der §§ 154, 154a StPO.

1. § 154 StPO

42   Nach § 154 StPO kann die StA (= Straf- und Bußgeldsachenstelle) von der Verfolgung einer Tat absehen, wenn eine zu erwartende Strafe neben einer bereits verhängten oder zu erwartenden Strafe nicht beträchtlich ins Gewicht fällt oder wenn ein Urteil wegen dieser Tat in angemessener Frist nicht mehr zu erwarten ist und eine verhängte oder zu erwartende Strafe zur Einwirkung auf den Täter und zur Verteidigung der Rechtsordnung ausreicht.

2. § 154a StPO

43   § 154a StPO eröffnet die Möglichkeit einer Beschränkung der Strafverfolgung, wenn durch eine Tat mehrere Gesetzesverletzungen begangen worden sind und die abtrennbaren Teile der Tat oder einzelne von mehreren Gesetzesverletzungen für die zu erwartende Strafe neben einer bereits rechtskräftig verhängten oder zu erwartenden Strafe nicht beträchtlich ins Gewicht fallen.

3. Wiederaufnahmemöglichkeiten

44   Die Beschränkung nach § 154 Abs. 1, d.h. Einstellung durch die Straf- und Bußgeldsachenstelle, kann jederzeit wieder aufgehoben werden, wobei aber ein „sachlich einleuchtender Grund" verlangt wird (vgl. *Meyer-Goßner* § 154 Rn. 21 a).

45   Die Verfolgungsbeschränkung nach § 154a StPO kann von der Straf- und Bußgeldsachenstelle bis zur Beantragung des Strafbefehls oder bis zur Abgabe an die StA jederzeit wieder aufgehoben werden (vgl. *Meyer-Goßner* § 154a Rn. 19).

V. Antrag auf Erlass eines Strafbefehls

46   Kommt es zu keiner Einstellung des Verfahrens kann die Straf- und Bußgeldsachenstelle nach § 400 AO Antrag auf Erlass eines Strafbefehls stellen. Dies bedeutet Ahndung der Steuerstraftat mit einer Geldstrafe oder mit einer Freiheitsstrafe bis zu 1 Jahr, die zur Bewährung ausgesetzt wird. Zuständig für den Erlass eines Strafbefehls ist das AG. Die Landesjustizverwaltungen haben Verordnungen zur örtlichen Zuständigkeit einzelner AG für mehrere Gerichtsbezirke zusammen in Steuerstrafsachen erlassen (vgl. hierzu die Zusammenstellung bei FGJ/*Randt* § 391 Rn. 13 ff.; *Kohlmann* § 391 Rn. 27).

Das Strafbefehlsverfahren erspart dem Beschuldigten den Pranger einer öffentlichen Hauptverhandlung nach Anklageerhebung.

47   Erscheint die Strafsache zur Behandlung im Strafbefehlsverfahren als nicht geeignet, legt die Finanzbehörde die Akte der StA vor. Die StA ihrerseits entscheidet über den weiteren Fortgang des Verfahrens.

48   Wird gegen den Strafbefehl Einspruch eingelegt, geht die Zuständigkeit auf die StA über und die Finanzbehörde hat in dem dann anschließenden Verfahren nur noch die Mitwirkungsrechte nach § 407 AO. Diese Mitwirkungsrechte stehen der Finanzbehörde auch zu, wenn sie die Akte an die StA abgibt und diese Anklage erhebt.

VI. Anklageerhebung

49   Anklage kann erhoben werden zum AG (Einzelrichter oder Schöffengericht) oder zum LG. Steuerstrafsachen sind i.d.R. Wirtschaftsstrafsachen i.S.d. § 74c Abs. 1 Ziff. 3 GVG, für die beim LG die Zuständigkeit der Wirtschaftsstrafkammer begründet ist. Eine von der örtlichen Zuständigkeit abweichende Konzentration von Steuerstrafsachen bei einem einzelnen Amtsgericht ermöglicht § 391 Abs. 2 AO (zu den landesrechtlichen Reglungen hierzu vgl. FGJ/*Randt* § 391 Rn. 16 ff.). Die Finanzbehörde hat im weiteren Verfahren die Mitwirkungsrechte nach §§ 407 AO.

Eine Möglichkeit, auch nach Verfahrenseröffnung vor dem Einzelrichter oder dem Schöffenge- 50
richt in das Strafbefehlsverfahren überzugehen, eröffnet § 408a Abs. 1 StPO. Liegen die Voraussetzungen zum Erlass eines Strafbefehls vor und ist der Angeklagte in der Hauptverhandlung ausge-
blieben oder stehen seiner Abwesenheit oder ein sonstiger wichtiger Grund einer Durchführung
der Hauptverhandlung entgegen, so kann der Staatsanwalt einen Antrag auf Erlass eines Strafbefehls stellen.

Der Rechtsmittelzug weist keine Besonderheiten auf. Gegen das Urteil des AG ist Berufung zum 51
LG und gegen dessen Entscheidung Revision zum OLG möglich. Zulässig ist gegen das Urteil des
AG auch die Sprungrevision, § 335 StPO.

Gegen das erstinstanzliche Urteil des LG (Wirtschaftsstrafkammer) ist nur die Revision zum BGH
möglich.

§ 397 AO   Einleitung des Strafverfahrens

(1) Das Strafverfahren ist eingeleitet, sobald die Finanzbehörde, die Polizei, die Staatsanwaltschaft, eine ihrer Ermittlungspersonen oder der Strafrichter eine Maßnahme trifft, die erkennbar darauf abzielt, gegen jemanden wegen einer Steuerstraftat strafrechtlich vorzugehen.

(2) Die Maßnahme ist unter Angabe des Zeitpunkts unverzüglich in den Akten zu vermerken.

(3) Die Einleitung des Strafverfahrens ist dem Beschuldigten spätestens mitzuteilen, wenn er
dazu aufgefordert wird, Tatsachen darzulegen oder Unterlagen vorzulegen, die im Zusammenhang mit der Straftat stehen, derer er verdächtig ist.

A. Allgemeines

1 § 397 Abs. 1 AO definiert den Zeitpunkt, ab dem ein Steuerstrafverfahren eingeleitet ist: Anknüpfungspunkt ist jede **Maßnahme** einer in § 397 Abs. 1 AO genannten Stelle oder Person, mit der **gegen jemanden** (d.h. Personifizierung) wegen einer **Steuerstraftat** strafrechtlich vorgegangen werden soll. Die Maßnahme ist aktenkundig zu machen.

Eine gleichartige Regelung fehlt in der StPO (vgl. *Meyer-Goßner* § 160 Rn. 5 ff.; zur Entstehungsgeschichte des § 397 s. FGJ/*Jäger* § 397 Rn. 1; *Kohlmann* § 397 Rn. 3).

2 § 397 AO gilt nach § 410 Abs. 1 AO auch entsprechend im Steuerordnungswidrigkeitenverfahren, ebenso im Verfahren wegen Monopolstraftaten und -ordnungswidrigkeiten nach § 128 BranntwMonG und nach § 164 Satz 2 StBerG bei Ordnungswidrigkeitenverfahren wegen Verstößen gegen §§ 160 ff. StBerG.

B. Die Einleitung des Verfahrens

I. Normzweck

3 Besteuerungsverfahren und Steuerstrafverfahren sind in verschiedenster Weise und auf verschiedenen Ebenen miteinander verknüpft:

Die meisten Steuerstrafverfahren haben ihren Ausgangspunkt im Besteuerungsverfahren und hier wiederum überwiegend in der Betriebsprüfung (s.u. Rdn. 39 ff.). Ein strafrechtlicher Vorwurf setzt immer einen steuerlichen Verstoß voraus: die tatbestandsmäßige strafrechtliche Verkürzungshandlung kann nur nach den Normen der Steuergesetze festgestellt werden (vgl. *Klos/Weyand*, DStZ 1988, 617).

4 Zoll- und Steuerfahndung sind nach § 208 Abs. 1 AO in zweierlei Funktion tätig: außer der Erforschung von Steuerstraftaten und -ordnungswidrigkeiten (Steuerstrafverfahren) haben sie Besteuerungsgrundlagen zu ermitteln und unbekannte Steuerfälle aufzudecken und zu ermitteln (Besteuerungsverfahren).

5 In diesem Nebeneinander und gegenseitiger Abhängigkeit von Besteuerungsverfahren und Steuerstrafverfahren gelten wiederum verschiedene Verfahrensordnungen (Verwaltungsverfahren nach öffentlichem Recht einerseits und Strafverfahren nach Strafprozessrecht andererseits), aus denen sich völlig unterschiedliche Rechtsstellungen der betroffenen Bürger ergeben.

6 Hieraus entsteht die Notwendigkeit der Abgrenzung beider Verfahren, die dadurch geschaffen wird, dass der Beginn des Steuerstrafverfahrens in § 397 Abs. 1 AO definiert wird. Dadurch soll die Parallelität der Verfahren erhalten und ein Ineinanderübergehen verhindert werden. Aus dieser Abgrenzung ergeben sich dann weitere verfahrensrechtliche und materiell-rechtliche Folgen (s.u. Rdn. 66 ff.).

II. Legalitätsprinzip und Rechtsnatur

7 Alle der in § 397 Abs. 1 AO genannten Institutionen und Personen unterliegen dem Legalitätsprinzip (vgl. FGJ/*Jäger* § 397 Rn. 10; *Rolletschke*/Kemper § 397 Rn. 12). Sie sind zum Tätigwerden verpflichtet, wenn ihnen Tatsachen bekannt werden, die den Anfangsverdacht einer Straftat begründen. Diese Pflicht zum Tätigwerden führt zur Pflicht der förmlichen Einleitung des Steuerstrafverfahrens nach § 397 Abs. 1 AO (und Vermerk der einleitenden Maßnahme in den Akten nach § 397 Abs. 2 AO).

Die Kenntniserlangung von verdachtsbegründenden Tatsachen und ihre Umsetzung in einer verfahrenseinleitende Maßnahme beruht auf einer Willensbetätigung und einer Entscheidung. Sie ist eine Prozesshandlung (vgl. FGJ/*Jäger* § 397 Rn. 8; *Kohlmann* § 397 Rn. 17.1; Rolletschke/*Kemper* § 397 Rn. 10).

III. Befugte Stellen

§ 397 Abs. 1 AO enthält eine enumerative Aufzählung der Stellen, die eine wirksame Verfahrens- **8** einleitung nach § 397 AO mit den daran anknüpfenden Rechtsfolgen vornehmen können.

Eine sachliche oder örtliche Zuständigkeit der die Einleitungsmaßnahmen vornehmenden Stellen ist nicht erforderlich (vgl. FGJ/*Jäger* § 397 Rn. 13; *Kohlmann* § 397 Rn. 15).

1. Finanzbehörde

Der Begriff „Finanzbehörde" ist in § 386 Abs. 1 Satz 2 AO definiert. Es ist eine abschließende **9** Definition (vgl. *Kohlmann* § 386 Rn. 31).

a) Einzelne Behörden

aa) Hauptzollamt

Seine Zuständigkeit erstreckt sich nach § 12 Abs. 2 FVG v.a. auf Zoll- und Verbrauchsteuern und **10** damit in Zusammenhang stehenden Straftaten. Hinzukommt noch die zollamtliche Überwachung des grenzüberschreitenden Warenverkehrs. Außerdem zählt hierzu die Finanzkontrolle Schwarzarbeit als Dienststelle der Hauptzollämter (vgl. *Kohlmann* § 386 Rn. 32; *Rolletschke*/Kemper § 386 Rn. 17).

bb) Finanzamt

Die Aufgaben der Finanzämter definiert § 17 Abs. 2 FVG. Daraus leitet sich ihre Ermittlungszu- **11** ständigkeit ab, die durch einzelgesetzliche Regelung noch erweitert wird (vgl. die Aufzählung bei FGJ/*Randt* § 386 Rn. 9).

cc) Bundeszentralamt für Steuern

Das Bundeszentralamt für Steuern wurde zum 01.01.2006 durch das Gesetz zur Neuorganisation **12** der Bundesfinanzverwaltung und zur Schaffung eines Refinanzierungsregisters v. 22.09.2005 (BGBl. I, S. 2809) anstelle des früheren Bundesamts für Finanzen eingerichtet.

Es ist berechtigt, an den Außenprüfungen der Landesfinanzbehörden teilzunehmen, § 5 Abs. 1 **13** Nr. 1, 19 Abs. 1 FVG und kann im Auftrag des eigentlich zuständigen FA Außenprüfungen durchführen, § 19 Abs. 3 FVG, insb. bei Prüfungen von Auslandssachverhalten und bei der Prüfung von Sachverhalten, die über ein Bundesland hinausgehen. Seine Zuständigkeit zur Verfolgung von Steuerstrafsachen ergibt sich aus dem Aufgabenkreis des § 5 Abs. 1 FVG wie z.B. Kapitalertragsteuererstattung oder Umsatzsteuererstattung (vgl. *Kohlmann* § 386 Rn. 33).

dd) Familienkasse

Hier handelt es sich um eine Dienststelle der Bundesanstalt für Arbeit, die als Finanzbehörde **14** i.S.d. § 6 AO zur Verfolgung von Steuerstraftaten im Zusammenhang mit der Gewährung von Kindergeld als Steuervergütung i.S.d. § 370 Abs. 4 Satz 2 AO zuständig sind (vgl. *Kohlmann* § 386 Rn. 34; *Rolletschke*/Kemper § 386 Rn. 6).

ee) Keine Finanzämter i.S.d. § 397 AO

Aus dieser enumerativen Aufzählung ergibt sich umgekehrt, dass **keine Finanzämter** i.S.d. § 397 **15** AO und damit nicht einleitungsbefugt sind (vgl. dazu *Kohlmann* § 397 Rn. 15; *Rolletschke*/Kemper § 397 Rn. 16 f.).

– **die OFD.**
– Sie sind aber als übergeordnete Behörde ggü. den FAn weisungsbefugt, d.h. sie können diesen ggü. die Einleitung des Ermittlungsverfahrens anweisen (vgl. *Rolletschke*/Kemper § 397 Rn. 16 m.w.N.).

– **die Finanzministerien** des Bundes und der Länder
– **das Arbeitsamt** einschließlich der Bekämpfungsstelle gegen illegale Beschäftigung.

ff) Zollfahndung/Steuerfahndung

16 **Zollfahndung** und **Steuerfahndung** sind in § 386 AO nicht genannt. Gleichwohl haben ihre Beamten aus zwei Gründen die Einleitungsbefugnis: sie sind wiederum strafprozessual nach § 404 Satz 2 Halbs. 2 AO Ermittlungspersonen der StA und können in dieser Funktion das Verfahren nach § 397 AO einleiten (vgl. *Rolletschke*/Kemper § 397 Rn. 16, 22; *Kohlmann* § 397 Rn. 15). Weiter ergibt sich die Einleitungsbefugnis von Zollfahndung und Steuerfahndung zudem aus ihrer Angehörigkeit zum Hauptzollamt oder zum FA als einleitungsberechtigter Stelle (vgl. *Rolletschke*/Kemper § 397 Rn. 20, 22; *Kohlmann* § 397 Rn. 15).

b) Berechtigte Personen

17 Zur Einleitung befugt sind bei den vorgenannten Stellen alle nach außen vertretungsberechtigten Personen, d.h. **Amtsvorsteher**, dessen **Vertreter** und **Sachgebietsleiter** (vgl. OLG Bremen, BB 1951, 298; *Kohlmann* § 397 Rn. 15.1; *Rolletschke*/Kemper § 397 Rn. 18). Darüber hinaus muss aber, gerade wegen der notwendigen Abgrenzung von Besteuerungsverfahren zum Strafverfahren, jede tatsächliche verfahrenseinleitende Maßnahme unabhängig von der innerbehördlichen Zuständigkeit des jeweiligen Amtsträgers wirksam sein. Daraus leitet sich nach ganz überwiegender Meinung die Befugnis zur Verfahrenseinleitung auch der **Außenprüfer** (Betriebsprüfung, Lohnsteueraußenprüfung, Umsatzsteuersonderprüfung), **Großbetriebsprüfers** und **Konzernprüfers** ab (vgl. *Kohlmann* § 397 Rn. 15.1 m.w.N.; FGJ/*Jäger* § 397 Rn. 20; *Rolletschke*/Kemper § 397 Rn. 20, 21).

Bundesbetriebsprüfer sind in ihrer Eigenschaft als Angehörige des Bundeszentralamts für Steuern einleitungsbefugt (vgl. *Kohlmann* § 397 Rn. 15.1; FGJ/*Jäger* § 397 Rn. 20; *Rolletschke*/Kemper § 397 Rn. 23).

2. Polizei

18 Mit dem Begriff „Polizei" werden alle Behörden und Beamte des Polizeidienstes erfasst (vgl. FGJ/*Jäger* § 397 Rn. 23). Die Polizei hat auch aufgrund ihrer unbeschränkten strafprozessualen Verfolgungskompetenz für alle Strafsachen (vgl. *Meyer-Goßner* § 163 Rn. 27 f.) die Einleitungsbefugnis in Steuerstrafsachen. In der Praxis ist die Einleitung von Steuerstrafverfahren durch die Polizei sicher nicht der Regelfall. Sie geschehen i.d.R. im Zusammenhang mit der Ermittlung wegen anderer Straftaten oder bei der Tatentdeckung und -verfolgung von Schmuggelsachverhalten (vgl. FGJ/*Jäger* § 397 Rn. 24).

3. StA

19 Auch bei der StA steht die Einleitung eines Steuerstrafverfahrens i.d.R. im Zusammenhang mit der Ermittlung wegen anderer Straftaten, insb. bei Wirtschaftsstraftaten. Eine besondere Rolle spielen seit der Einführung des § 4 Abs. 5 Ziff. 10 EStG (vgl. dazu Schmidt/*Heinicke* § 4 Rn. 606 ff.) auch die Bestechungsdelikte nach §§ 299, 331 ff. StGB, IntBestG, EUBestG: wird wegen eines Bestechungssachverhalts strafrechtlich ermittelt, erfolgt zugleich eine Prüfung, ob die Zahlungen steuerlich geltend gemacht wurden und damit gegen das Abzugsverbot des § 4 Abs. 5 Ziff. 10 EStG verstoßen wurde. Die StA (ebenso Gerichte und Verwaltungsbehörden) haben nach § 4 Abs. 5 Nr. 10 Satz 2 EStG Tatsachen, die den Verdacht einer Vorteilsgewährung oder Bestechung begründen den Finanzbehörden unverzüglich mitzuteilen; umgekehrt hat die Finanzbehörde nach § 4 Abs. 5 Nr. 10 Satz 3 eine Mitteilungspflicht an die StA über Tatsachen, die den Verdacht einer Korruptionsstraftat i.S.d. § 4 Abs. 5 Nr. 10 Satz 1 EStG begründen (vgl. dazu Schreiben BMF v. 10.10.2002 BStBl. I, S. 1031).

4. Ermittlungspersonen

Ermittlungspersonen (früher: Hilfspersonen, s. dazu Rolletschke/*Kemper* § 404 Rn. 80) der StA **20** sind Beamte oder Angestellte des öffentlichen Dienstes, denen nach § 152 Abs. 2 GVG durch Verordnung des jeweiligen Landesgesetzgebers diese Kompetenz verliehen wird.

Im Steuerstrafverfahren sind dies nach § 404 Satz 2 AO außerdem die Zoll- und Steuerfahndung.

5. Strafrichter

Die Einleitungsbefugnis des Strafrichters ergibt sich zum einen aus seiner unbegrenzten Strafver- **21** folgungskompetenz, insb. in seiner Funktion als Ermittlungsrichter nach § 162 StPO oder als Notstaatsanwalt nach § 165 StPO (vgl. Rolletschke/*Kemper* § 397 Rn. 32; FGJ/*Jäger* § 397 Rn. 33). Die Einleitungsbefugnis hat er aber auch in jeder anderen strafrechtlichen Funktion, sei es als erstinstanzlicher Richter oder als Richter im Rechtsmittel oder Vollstreckungsverfahren (vgl. FGJ/*Jäger* § 397 Rn. 34).

Die Bezeichnung „Strafrichter" schließt eine Einleitung durch Zivil-, Finanz-, Verwaltungs-, Arbeits- oder Sozialrichter aus (vgl. FGJ/*Jäger* § 397 Rn. 32; Rolletschke/*Kemper* § 397 Rn. 33; *Kohlmann* § 397 Rn. 16). Diese können bei Verdacht einer Straftat das Verfahren aussetzen und die Akten der StA oder Straf- und Bußgeldsachenstelle vorlegen, die wiederum das Steuerstrafverfahren einleitet. Neben dieser verfahrensrechtlichen Ermessensentscheidung steht aber zusätzlich die Anzeigepflicht nach § 116 AO (dazu unten Rdn. 23 unter 1.2.1).

IV. Einleitungsgrund Anfangsverdacht

§ 397 Abs. 1 AO stellt nur fest, wann ein Steuerstrafverfahren eingeleitet ist. Die Frage, wann die **22** in § 397 Abs. 1 AO genannten Stellen einleiten müssen, wird von § 397 Abs. 1 AO nicht beantwortet.

1. Kenntniserlangung

Voraussetzung ist die Kenntniserlangung von einem Sachverhalt, der Anlass zu einem Tätigwerden **23** einer der in §§ 397 Abs. 1 AO genannten Stellen gibt.

Diese Kenntniserlangung kann verschiedenste Ursachen haben.

1.1 **Ursprung im steuerlichen Bereich**, z.B. durch Auffälligkeiten bei der Einkommensteuererklärung (vgl. die Fälle PStR 2008, 22; 173; 221; PStR 2009, 75).

1.1.1 **Erkenntnisse im Besteuerungsverfahren** durch die Außenprüfung (Betriebs-, Lohnsteuer-, USt-Sonderprüfung, vgl. z.B. die Fälle PStR 2008, 44; 74; 124; 148; 197; 298; PStR 2009, 23; 99; 147; 173; 221; 247; PStR 2010, 51; 79; 103; 180).

1.1.2 **Kontrollmitteilungen** aus dem Besteuerungsverfahren bei Dritten, vgl. den Fall PStR 2010, 27.

1.1.3 **gesetzliche Mitteilungspflichten:**

> der Vermögensverwaltungen von Kreditinstituten, Gerichten und Notaren in Erbfällen nach §§ 33, 34 ErbStG

> der Kreditinstitute nach § 45d EStG (Freistellungsaufträge für Kapitaleinkünfte)

> die Geldwäscheaufzeichnungen der Kreditinstitute nach § 9 Abs. 1 GeldWG und ihre Weiterleitung nach § 10 Abs. 2 GeldWG an die Finanzbehörde zu Besteuerungszwecken und zur Verfolgung von Steuerstraftaten

1.1.4   die Möglichkeit nach § 24c KWG über das Datenabrufsystem der BAFin in Erfahrung zu bringen, wer bei welchem Kreditinstitut welche Konten und Depots unterhält (sog. Kontenscreening).

1.1.5   Bei der **Briefzollkontrolle** im grenzüberschreitenden Verkehr nach Art. 40 ZK, § 5 Abs. 1 ZollVG können ausländische Konten entdeckt werden. Gleiches gilt für die Grenzkontrolle von Personen, wenn diese Kontounterlagen, Briefverkehr mit ihrer ausländischen Bank oder auch nur die Visitenkarte eines Bankmitarbeiters bei sich führen.

Darüber hinaus bedeutet die **Bargeldkontrolle** nach § 12a Abs. 1 ZollVG dass, unbeschadet der meldepflichtigen Grenze von 10.000,00 €, die Herkunft von Bargeld nachgewiesen werden muss. In einem Fall aus der Praxis des Verfassers wurde bei einem Grenzübertritt von der Schweiz nach Deutschland Bargeld i.H.v. 2.000,00 € und Sfr 2.200,00 € festgestellt; es ging eine Kontrollmitteilung an das Wohnsitz-FA, das einen Nachweis über die Herkunft des Geldes verlangte (zur Information bei Grenzkontrollen vgl. *Weyand*, PStR 2008, 27).

1.1.6   Jede **Selbstanzeige**, die automatisch zur Einleitung eines Steuerstrafverfahrens führt (vgl. FGJ/*Jäger* § 397 Rn. 48; *Rolletschke/Kemper*, wistra 2007, 89 f.).

1.2   **Ursprung im nicht steuerlichen Bereich**

1.2.1   Dies betrifft v.a. die allgemeine **Mitteilungspflicht** nach § 116 AO. Danach haben Gerichte und sonstige Behörden Tatsachen, die sie dienstlich erfahren und die auf eine Steuerstraftat schließen lassen, dem Bundeszentralamt für Steuern oder der zuständigen Finanzbehörde mitzuteilen (vgl. zu den wiederholten Änderungen des § 116 AO seit 2006 und den sich daraus ergebenden Fragen *PStr* 2008, 52; *Weyand*, INF 2007, 397; *Löwe-Krahl*, PStR 2007, 11).

1.2.2   Eine weitere Möglichkeit ist die **Vorlage der Akten** nach § 149 ZPO, § 49 VwGO, § 114 Abs. 3 SGG, die zunächst an die StA erfolgt und von dort zum FA gelangt.

1.2.3   Nach § 4 **Abs. 5 Ziff. 10 Satz 2 EStG** erfolgt eine Einschaltung der Finanzbehörde durch die StA immer im Ermittlungsverfahren wegen **Bestechungshandlungen**, dies beruht auf der Mitteilungspflicht.

1.2.4   Eine enge Verzahnung zwischen allgemeinem Strafrecht und Steuerstrafrecht besteht auch bei Ermittlungen wegen Beitragshinterziehung nach § 266a StGB, **unerlaubtem Arbeitnehmerverleih, Schwarzarbeit.** Hier kommt es oft zu parallel laufenden Verfahren wegen den Beitragsdelikten bei der StA und wegen der Steuerdelikte bei der Finanzbehörde.

1.3   **Anzeige durch Dritte**

Neben der „förmlichen" Strafanzeige, die den Anzeigeerstatter erkennen lässt, spielt die anonyme Anzeige im Steuerstrafverfahren eine erhebliche Rolle. Gescheiterte Beziehungen, aufgelöste Arbeitsverhältnisse, gestörte Geschäftsbeziehungen etc. stehen im Hintergrund dieser Anzeigen, die gleichwohl Erkenntnisse über das Vorliegen von Steuerstraftaten vermitteln können (s. dazu unten Rdn. 34 ff.).

2. Bewertung

24   Der den Stellen nach § 397 Abs. 1 AO zur Kenntnis gelangte Sachverhalt muss geprüft und bewertet werden um entscheiden zu können, ob ein Tätigwerden erforderlich ist oder nicht. Maßstab der Prüfung ist das Legalitätsprinzip des § 152 Abs. 2 StPO (vgl. *Meyer-Goßner* Einl. Rn. 10, § 152 Rn. 2).

Danach ist die StA verpflichtet wegen aller verfolgbaren Straftaten einzuschreiten, sofern „zurei- 25
chende tatsächliche Anhaltspunkte" vorliegen. Dies gilt ebenso nach § 163 Abs. 1 StPO für die
Polizeibehörden und -beamten (vgl. *Meyer-Goßner* § 163 Rn. 9) wie nach § 399 Abs. 1 AO für die
Finanzbehörde im von ihr geführten steuerstrafrechtlichen Ermittlungsverfahren (vgl. Klein/*Jäger*
§ 399 Rn. 1), nach § 402 AO für die Finanzbehörde in den von der StA geführten steuerstrafrechtlichen Ermittlungsverfahren (vgl. Klein/*Jäger* § 402 Rn. 4) und für die Zoll- und Steuerfahndung
nach § 404 Satz 1 AO (vgl. Klein/*Jäger* § 404 Rn. 10).

3. Ergebnis: Anfangsverdacht

Das Bestehen eines **Anfangsverdachts** löst also die Pflicht zur Einleitung eines Steuerstrafverfah- 26
rens nach § 397 Abs. 1 AO für die dort genannten Stellen aus.

Es handelt sich hierbei um einen unbestimmten Rechtsbegriff mit Beurteilungsspielraum (vgl.
BVerfG, NStZ 1984, 1451; wistra 1994, 221; BGH, wistra 2005, 148; FGJ/*Jäger* § 397 Rn. 6;
Kohlmann § 397 Rn. 5; *Rolletschke*/Kemper § 397 Rn. 36).

An den Anfangsverdacht werden in der Praxis geringe Anforderungen gestellt. Es ist ein (ganz) 27
einfacher Verdacht, für dessen Bejahung ausreichend ist, dass allein schon nach kriminalistischer
Erfahrung das Vorliegen einer Straftat als möglich erscheint (vgl. dazu BGH, NJW 1989, 96;
OLG Frankfurt am Main, NStZ 1996, 196; FG Münster wistra 2000, 196; *Kohlmann* § 397
Rn. 5; *Meyer-Goßner* § 152 Rn. 4).

Die Schwelle des Anfangsverdachts ist damit denkbar niedrig. Einigkeit besteht in der Rechtspre- 28
chung und Literatur darin, dass immer **konkrete Tatsachen** (tatsächliche Anhaltspunkte) den
Anfangsverdacht begründen müssen (vgl. FGJ/*Jäger* § 397 Rn. 40 m.w.N.; *Kohlmann* § 397 Rn. 5).
Ausreichend sind dabei aber auch ganz entfernte Indizien (vgl. OLG Frankfurt am Main,
wistra 1996, 159). Der Anfangsverdacht kann aber nicht auf Vermutungen, Hypothesen,
Gerüchte etc. gestützt werden (dies kann aber zu Vorfeldermittlungen oder Vorermittlungen führen, s.u. Rdn. 31 ff.). Die Grenzziehung zwischen Tatsache und Vermutung, aber auch zur Hypothese, ist wiederum fließend. Dass es z.B. für Steuerhinterziehung besonders anfällige Branchen
gibt, ist einerseits eine Tatsache, andererseits aber keine Tatsache, die im konkreten Einzelfall
einen Anfangsverdacht begründen kann. Eine genaue Abgrenzung zwischen Verdacht und Vermutung wird es gerade in der Praxis nicht geben (vgl. *Kohlmann* § 397 Rn. 5).

Als Beispiel für fehlenden Anfangsverdacht werden genannt (vgl. *Kohlmann* § 397 Rn. 5.1):

– die Tätigkeit als Prostituierte und die anknüpfende Schlussfolgerung, Prostituierte hinterziehen
immer Steuern (vgl. OLG Hamm, NJW 1984, 1635)
– die Nichtversteuerung eines Sonderhonorars lässt nicht den Rückschluss zu, der Empfänger
habe weitere Sonderhonorare erhalten und nicht versteuert (vgl. LG Köln, StV 1983, 275)
– sog. bloßer Betriebsverdacht, d.h. die Ableitung eines Verdachts aus der Eigenart eines Betriebs
oder einer Institution (vgl. hierzu BVerfG, NJW 1977, 1489; 1995, 2839; wistra 1997, 219)
– generelle Annahme, dass Bestechungsgelder falsch verbucht werden (vgl. BVerfG, HFR 2005,
900)
– Zufluss hoher Geldbeträge, ohne dies mit dem versteuerten Einkommen erklären zu können
(vgl. BVerfG, wistra 2006, 377)
– bloßer Besitz von Tafelpapieren (vgl. BFH, NJW 2000, 3157); anders aber bei der Abwicklung
von Tafelgeschäften mittels Barzahlungen (vgl. BFH, NJW 2001, 2997)
– bloße steuerliche Mehrergebnisse bei der Betriebsprüfung (vgl. FGJ/*Jäger* § 397 Rn. 41)
– die Übertragung von wenigen Einzelfällen auf eine bundesweite Praxis und den damit begründeten Anfangsverdacht (vgl. LG Hildesheim, wistra 2007, 399: ein besonders instruktives Beispiel echter richterlicher Kontrolle im Ermittlungsverfahren).

4. Verdachtsstufe

29   Der **Anfangsverdacht** bedeutet damit die geringste denkbare Verdachtsstufe. Er liegt weit unter dem **dringenden Tatverdacht** i.S.d. § 112 StPO (Voraussetzung für einen Haftbefehl) und dem **hinreichenden Tatverdacht** i.S.d. § 203 StPO (Eröffnung des Hauptverfahrens). Ausreichend ist der bloße Anfangsverdacht für weitere Ermittlungsmaßnahmen wie Durchsuchung und Beschlagnahme, dinglicher Arrest, Überwachung der Telekommunikation (vgl. *Meyer-Goßner* § 152 Rn. 3, 4), wobei aber immer konkrete tatsächliche Anhaltspunkte für eine Straftat vorliegen müssen (vgl. BVerfG, NJW 2007, 1443; NStZ-RR 2004, 143).

30   Fehlt es an konkreten Tatsachen zur Begründung eines Anfangsverdachts, gibt es für die Fahndung gleichwohl die Möglichkeit, zur Abklärung des Sachverhalts und ggf. zur Vorbereitung eines Ermittlungsverfahrens durch Sammeln weiterer Tatsachen zur Begründung eines Anfangsverdachts weiter tätig zu sein (Vorfeldermittlungen und Vorermittlungen, s. nachfolgend).

5. Vorfeldermittlungen

31   § 208 Abs. 1 Satz 1 Ziff. 3 weist der Fahndung als weitere Aufgabe neben der Erforschung von Steuerstraftaten und -ordnungswidrigkeiten (Ziff. 1) und der Ermittlung der Besteuerungsgrundlagen hierzu (Ziff. 2) die Aufdeckung und Ermittlung unbekannter Steuerfälle. Bei diesen **Vorfeldermittlungen** (s. Nr. 146 AStBV [St]) sind noch keine Anhaltspunkte für eine konkrete Steuerstraftat oder -ordnungswidrigkeit gegeben, wohl aber die Möglichkeit einer Steuerverkürzung (vgl. *Rolletschke*/Kemper § 397 Rn. 48, FGJ/*Jäger* § 397 Rn. 49; *Vogelberg*, PStR 2007, 244 ff. mit Rechtsprechungsübersicht). Für derartige Vorfeldermittlungen genügen Erfahrungssätze der Steuerfahndung. Die Ermittlungen sind Teil eines **Besteuerungsverfahrens** (vgl. FGJ/*Jäger* § 397 Rn. 49), d.h. sie bewegen sich gerade nicht im strafrechtlichen Bereich und beinhalten daher keine Verfahrenseinleitung. Die Zuordnung zum Besteuerungsverfahren bewirkt, dass der Betroffene dem Mitwirkungsgebot des Besteuerungsverfahrens unterliegt und dem ermittelnden Fahnder keine strafprozessualen Pflichten auferlegt sind. Maßnahmen der Fahndung sind mit Einspruch und Klage zum FG anfechtbar (vgl. *Streck*/Spatscheck Rn. 619). Gleichwohl können die Vorfeldermittlungen unmittelbar in einem steuerstrafrechtlichen Ermittlungsverfahren münden, wenn sich die Vermutung über den unbekannten Steuerfall bestätigt und ein individuell zuordenbares Hinterziehungshandeln festgestellt wird, d.h. es bestehen „zureichende tatsächliche Anhaltspunkte". Nunmehr ist das Steuerstrafverfahren einzuleiten, aus dem mitwirkungspflichtigen Steuerpflichtigen wird der Beschuldigte mit allen seinen strafprozessualen Rechten. Es ist dem Fahnder insb. untersagt, weiterhin unter dem „Deckmantel" steuerlicher Vorfeldermittlungen den Sachverhalt in strafrechtlicher Hinsicht zu ermitteln (vgl. *Kohlmann* § 397 Rn. 32; zu den Folgen eines Verstoßes hiergegen vgl. *Kohlmann* § 397 Rn. 47 mit zwei instruktiven Beispielsfällen).

32   Vorfeldermittlungen sind eine mögliche Alternative zu dem strafprozessualen Eingriff einer Durchsuchung gerade im schwierigen Abgrenzungsfall des Anfangsverdachts ggü. der Verdachtsvorstufe (vgl. dazu *Matthes*, wistra 2008, 10, 17).

6. Vorermittlungen

33   Zu unterscheiden von den gesetzlich normierten Vorfeldermittlungen des § 208 sind die sog. **Vorermittlungen** (s. Nr. 121 AStBV [St]). Bei ihnen liegen Anhaltspunkte für Steuerstraftaten oder -ordnungswidrigkeiten vor, ohne dass sie aber konkret genug sind, um einen Anfangsverdacht zu begründen (vgl. FGJ/*Jäger* § 397 Rn. 49 a; *Rolletschke*/Kemper § 397 Rn. 47). Diese Ermittlungen finden im strafprozessualen Vorfeld statt: ein Strafverfahren ist noch nicht eingeleitet, andererseits sind bei Kontaktaufnahmen mit dem Verdächtigen bereits strafprozessuale Schutznormen, z.B. Belehrung, zu beachten (vgl. *Meyer-Goßner* § 152 Rn. 4 a).

7. Anonyme Anzeige und Anfangsverdacht

Der anonymen Anzeige haftet völlig zu Recht der Geruch des Denunziantentums an. Verfahrens- 34
mäßig und ermittlungstechnisch hat sie die Schwäche, dass der Anzeigerstatter als Wissensträger
nicht zu seinen Quellen und Erkenntnissen befragt und sein Wissen auch nicht hinterfragt und er
selbst nicht einer Glaubwürdigkeitsprüfung unterzogen werden kann. Das bedeutet in der Summe
eine Schwächung der „zureichenden tatsächlichen Anhaltspunkte". Diese müssen sich daher in
ausreichendem Maße aus der anonymen Anzeige selbst ergeben und den einfachen Verdacht nach
kriminalistischer Erfahrung begründen. Dazu bedarf es wiederum wenig.

Die Anzeige des Inhalts „Karlchen Müller hinterzieht Steuern" mag noch keinen Anfangsverdacht
begründen und auch nicht einmal zu Vorermittlungen führen.

Die weitere Ausmalung „Karlchen Müller hinterzieht Steuern, indem er in seiner Gaststätte jedes 35
5. Getränk nicht in die Kasse eintippt" reicht vielleicht auch noch nicht für einen Anfangsverdacht aus, führt aber sicher zu Vorermittlungen durch Besuch der Gaststätte und Beobachtung des
Verhaltens von Karlchen Müller.

Die Anzeige „Karlchen Müller hinterzieht Steuern, indem er jedes 5. Getränk nicht in die Kasse 36
eintippt und den so erzielten nicht verbuchten Umsatz jeweils am nächsten Tag auf sein Sparbuch
bei der X-Bank einzahlt" beinhaltet so viele tatsächliche Anhaltspunkte, dass die Einleitung eines
Steuerstrafverfahrens erfolgen muss.

Die Anonymität des Anzeigerstatters steht der Kenntniserlangung von „zureichenden tatsächli- 37
chen Anhaltspunkten" grds. nicht entgegen. Die anonyme Anzeige selbst muss nur die „zureichenden tatsächlichen Anhaltspunkte" enthalten. Tut sie das nicht, kann der Adressat der unzureichenden anonymen Anzeige aber diese als Hinweis auf mögliche Steuerstraftaten bewerten und über
Vorermittlungen evtl. doch zu einem Anfangsverdacht kommen.

Im Ergebnis bedeutet dies: **auch die anonyme Anzeige kann einen Anfangsverdacht begründen** 38
und die Einleitung eines steuerstrafrechtlichen Ermittlungsverfahrens auslösen (vgl. die Fälle
PStR 2008, 100; 2010, 79). Selbst wenn die mitgeteilten Tatsachen als Anfangsverdacht nicht ausreichen, können sie Anlass zu Vorermittlungen sein und im Ergebnis doch wieder die Einleitung
eines Ermittlungsverfahrens bewirken. Besteht nach Prüfung und Bewertung der anonymen
Anzeige ein Anfangsverdacht, muss ein Ermittlungsverfahren eingeleitet werden. Kann die anonyme Anzeige nur als Hinweis gewertet werden, sind Vorermittlungen zu tätigen. Die Pflicht zu
diesen Vorermittlungen ergibt sich wiederum aus dem Legalitätsprinzip (vgl. FGJ/*Jäger* § 397
Rn. 49 a).

8. Der Verdacht des Betriebsprüfers

Der Verdacht des Betriebsprüfers auf Vorliegen einer Steuerstraftat löst bei ihm die Pflicht nach 39
§ 10 Abs. 1 Satz 1 BpO aus, die für die Strafverfolgung zuständige Stelle zu unterrichten (damit
dort über die Einleitung eines Ermittlungsverfahrens entschieden werden kann). Richtet sich der
Verdacht des Prüfers von vornherein gegen den Steuerpflichtigen, hat er die Prüfung nach § 10
Abs. 1 Satz 3 BpO bis zur Mitteilung über die Einleitung des Strafverfahrens zu unterbrechen. Die
Unterbrechung der Betriebsprüfung ist daher ein sehr oft vom steuerlichen Berater **übersehenes
Warnzeichen** für ein bevorstehendes steuerstrafrechtliches Ermittlungsverfahren (verbunden mit
Durchsuchungsmaßnahmen, Arrestanordnungen oder sogar Inhaftierung).

Leitet die vom Prüfer informierte Stelle nun ein steuerstrafrechtliches Ermittlungsverfahren gegen 40
den Steuerpflichtigen ein, ist diesem dies nach § 397 Abs. 3 AO spätestens dann mitzuteilen, wenn
er aufgefordert wird, an der Aufklärung des strafrechtlich relevanten Sachverhalts mitzuwirken.
Seine Mitteilungspflicht kann nicht mehr mit Zwangsmitteln nach § 328 AO durchgesetzt werden.

Der Anfangsverdacht verbunden mit der sich daraus ergebenden Mitteilungspflicht nach § 10 41
Abs. 1 Satz 1 BpO hat für den Prüfer bei der Erfüllung seiner eigentlichen Aufgaben eine hem-

mende Wirkung. Es besteht daher sicher die Versuchung, den Anfangsverdacht einfach nicht zu sehen, zu negieren oder zu verdrängen und so über die in Anspruch genommene aber tatsächlich nicht mehr existente Mitwirkungspflicht des Steuerpflichtigen zu weiteren Prüfungserkenntnissen zu gelangen, die zwangsnotwendiger Weise auch willkommene Erkenntnisse für das Strafverfahren sind. Die Verfahrenseinleitung erfolgt unbeschadet dieses möglichen Problems eines zu spät mitgeteilten Anfangsverdachts. Im Hinblick auf mögliche Verwertungsverbote nach § 393 AO (s. § 393 AO Rdn. 64) ist aber schon im Ermittlungsverfahren, spätestens aber in einer Hauptverhandlung das Entstehen und die Feststellung des Anfangsverdacht beim Prüfer vom Verteidiger zu hinterfragen und herauszuarbeiten.

V. Verfahrenseinleitende Maßnahme

1. Zeitpunkt

42 Das Legalitätsprinzip begründet die Pflicht zum Tätigwerden. Diese Pflicht entsteht in dem Moment, wo nach Kenntniserlangung vom Sachverhalt und nach der anschließenden Prüfung die Entscheidung fällt, dass der Anfangsverdacht besteht. Die Bejahung des Anfangsverdachts löst damit zugleich die Pflicht zu verfahrenseinleitenden Maßnahmen ein.

2. Begriff

43 Die verfahrenseinleitende Maßnahme muss nach § 397 Abs. 1 AO „erkennbar darauf abzielen, gegen jemanden wegen einer Steuerstraftat strafrechtlich vorzugehen".

Maßnahme ist jedes willensgetragene Handeln mit objektiv erkennbarem strafrechtsverfolgender Zielsetzung einer der in § 397 Abs. 1 AO genannten Stellen und Personen (vgl. FGJ/*Jäger* § 397 Rn. 65).

Auf die Erkennbarkeit durch den betreffenden Täter kommt es nicht an (vgl. *Rolletschke*/Kemper § 397 Rn. 50).

44 Die strafrechtliche Zielsetzung ist den Handlungen der Polizei, der StA, ihrer Ermittlungspersonen und des Strafrichters immanent und objektiv erkennbar (vgl. *Rolletschke*/Kemper § 397 Rn. 51; FGJ/*Jäger* § 397 Rn. 68).

45 Abgrenzungsprobleme ergeben sich bei den Maßnahmen der Finanzbehörde. Diese Maßnahmen können sowohl steuerlicher als auch strafrechtlicher Art sein. Solange man sich nur im Besteuerungsverfahren bewegt, hat jede Maßnahme nur eine steuerliche Wirkung. Wird aber das Besteuerungsverfahren strafrechtlich „infiziert", nimmt jede Maßnahme strafverfolgenden Charakter an.

46 Dies wird am deutlichsten in der Außenprüfung. Befragung des Steuerpflichtigen oder Herausgabe von Unterlagen (§ 97 AO) haben vom Zweck der Außenprüfung her nur steuerlichen Charakter. Geschieht dies aber vor dem Hintergrund eines strafrechtlichen Verdachts, so ist die strafrechtliche Relevanz eindeutig.

47 Die Finanzbehörde muss daher klarstellen, ob ihre Maßnahme steuerlicher oder strafrechtlicher Art ist. (vgl. dazu auch § 10 BpO). Die Klarstellung erfolgt entweder offen nach außen oder nur behördenintern. Die Mitteilung eines Tatverdachts oder die Mitteilung seiner Beschuldigtenrolle ggü. dem Steuerpflichtigen („es besteht der Verdacht", „Sie werden als Beschuldigter vernommen") ist eine nach außen gerichtete Einleitungsmaßnahme i.S.d. § 397 AO.

48 Die Einleitungsmaßnahme muss aber keine Außenwirkung haben. Auch innerdienstliche Vorgänge, mit denen bestimmte Ermittlungsmaßnahmen angeordnet werden, können Maßnahmen sein, die auf ein strafprozessuales Vorgehen abzielen (vgl. FGJ/*Jäger* § 397 Rn. 67 zugleich mit Bsp. innerdienstlicher Maßnahmen, die keine Einleitung darstellen).

Entsteht bei einer Betriebsprüfung ein Anfangsverdacht und bricht der Prüfer daher die Außen- 49
prüfung nach § 10 Abs. 1 Satz 1 BpO ab und übersendet die Akten an die StraBu, dann ist dies
bereits eine Maßnahme der Verfahrenseinleitung (vgl. *Rolletschke*/Kemper § 397 Rn. 55). Dagegen
ist der Vorbehalt einer strafrechtlichen Würdigung in der Schlussbesprechung nach § 201 Abs. 2
AO keine Einleitungsmaßnahme (vgl. FGJ/*Jäger* § 397 Rn. 78).

Auch jede innerdienstliche Anordnung von Ermittlungsmaßnahmen, z.B. nach Eingang einer 50
anonymen Anzeige, stellt eine verfahrenseinleitende Maßnahme dar (FGJ/*Jäger* § 397 Rn. 67; dies
spiegelt auch § 78c Abs. 1 Ziff. 1 wieder, wonach bereits die Anordnung einer Vernehmung des
Beschuldigten [innerdienstlicher Vorgang ohne Außenwirkung] die Verjährung unterbricht).

3. Vermerk

Nach Abs. 2 ist die Einleitungsmaßnahme unter Angabe des Zeitpunkts (Zeitpunkt bedeutet nach 51
Nr. 29 AStBV [St] „Datum und -wenn möglich- Uhrzeit") unverzüglich in den Akten zu vermerken.

a) Form

Dies heißt zunächst, dass die Einleitungsmaßnahme selbst **keiner Form** bedarf. Zu dokumentieren 52
ist vielmehr die bereits erfolgte Maßnahme, indem sie in den Akten vermerkt, d.h. schriftlich festgehalten wird („**Einleitungsvermerk**"). Der Vermerk hat damit keine konstitutive sondern nur
eine deklaratorische Bedeutung (vgl. FGJ/*Jäger* § 397 Rn. 86; *Rolletschke*/Kemper § 397 Rn. 60).
Die Wirkungen der Einleitung treten im Zeitpunkt der Einleitungshandlung ein, nicht erst mit
der aktenmäßigen Dokumentation. Dennoch hat die Vorschrift in zweierlei Richtung eine nicht
zu unterschätzende Klarstellungsfunktion:

Einmal klärt sie rechtlich eindeutig, dass eine getroffene Maßnahme **Strafverfahrensein leitende** 53
Funktion hat. Dies wird bedeutsam, wenn aus der Maßnahme selbst die strafrechtliche Zielsetzung nicht eindeutig erkennbar ist.

Zum anderen hat der Einleitungsvermerk eine **beweissichernde Funktion**: es wird festgelegt, 54
wann ein Strafverfahren eingeleitet worden ist. Dieser Zeitpunkt wird wiederum relevant bei der
Abgrenzung Besteuerungsverfahren/Strafverfahren und die hieraus folgende jeweilige Rechtsstellung des Steuerpflichtigen/Beschuldigten, bei der Verjährung und bei der Wirksamkeit einer
Selbstanzeige (s.a. *Rolletschke*/Kemper § 397 Rn. 62 und unten Rdn. 70, 72).

b) Zeitpunkt

Der Vermerk hat **unverzüglich** nach der Einleitungsmaßnahme zu erfolgen. Unverzüglich bedeu- 55
tet „ohne schuldhaftes Zögern" i.S.d. § 121 Abs. 1 Satz 1 BGB (vgl. FGJ/*Jäger* § 397 Rn. 88).

c) Inhalt

Der Inhalt des Aktenvermerks ist gesetzlich nicht geregelt. Sinn und Zweck der Vorschrift ver- 56
langt, Richtung und Umfang der Ermittlungen so genau darzustellen, wie dies am Anfang eines
Ermittlungsverfahrens möglich ist, d.h. Darstellung des geschichtlichen Vorgangs, der den
Anfangsverdacht begründet (FGJ/*Jäger* § 397 Rn. 90; *Rolletschke*/Kemper § 397 Rn. 63). Für die
Verwaltungspraxis sieht Nr. 29 Satz 2 AStBV (St) vor, dass Beschuldigter, Steuerart, Steuerjahr,
Tathandlung und Tatzeitpunkt so vollständig und genau wie möglich anzugeben sind.

d) Verstoß

Ein Verstoß gegen § 397 Abs. 2 AO hat keinerlei verfahrensrechtliche Folgen (vgl. FGJ/*Jäger* § 397 57
Rn. 89; *Rolletschke*/Kemper § 397 Rn. 63). Die vorgenommene Einleitungsmaßnahme bleibt auch
bzgl. der Folgen wirksam selbst wenn überhaupt kein Vermerk geschrieben oder dieser inhaltlich
mangelhaft ist. Fehlender Vermerk oder inhaltlich mangelhafter Vermerk eröffnen der Verteidi-

gung u.U. aber eine Verteidigungsmöglichkeit durch Thematisierung des Zeitpunkts oder des Umfangs der Einleitung und sich daraus ergebender Streitfragen zur Verjährung oder der Rechtzeitigkeit einer Selbstanzeige.

4. Mitteilungspflicht

58 Die Mitteilungspflicht des § 397 Abs. 3 AO dient dem Schutz des Beschuldigten vor **Selbstbezichtigung** (vgl. FGJ/*Jäger* § 397 Rn. 93; *Rolletschke*/Kemper § 397 Rn. 65; Kohlmann § 397 Rn. 38).

59 Gerade ggü. der Finanzbehörde muss der Steuerpflichtige/Beschuldigte wissen, ob das laufende „Verfahren" ein Besteuerungsverfahren oder ein Strafverfahren ist und welche Rechte und Pflichten sich je nach Verfahrensart für ihn daraus ergeben. Damit steht § 397 Abs. 2 AO in Wechselwirkung zu § 393 Abs. 1 Satz 4 AO und den §§ 136, 136a StPO (vgl. FGJ/*Jäger* § 397 Rn. 93; *Rolletschke*/Kemper § 397 Rn. 71; Kohlmann § 397 Rn. 39 f.).

60 Der **Zeitpunkt** der Mitteilung ist in § 397 Abs. 3 AO daher auf den Moment festgelegt, wo der Steuerpflichtige aufgefordert wird, Tatsachen darzulegen oder Unterlagen vorzulegen, die im Zusammenhang mit der Straftat stehen, derer er verdächtigt wird.

61 Das bedeutet umgekehrt, dass bis zu diesem Zeitpunkt die Tatsache der Verfahrenseinleitung verschwiegen werden kann: dies wird v.a. dann der Fall sein, wenn die Bekanntgabe den Untersuchungszweck gefährden würde.

Die Mitteilung muss von der Stelle erfolgen, die ihrerseits vom Steuerpflichtigen/Beschuldigten Auskünfte verlangt.

62 **Inhalt** und **Umfang** der Mitteilung werden von § 397 Abs. 3 AO, ebenso wie Inhalt und Umfang des Einleitungsvermerks, in Abs. 2, nicht näher umschrieben. Auch hier ergibt sich aus dem Schutzzweck der Vorschrift, dass erkennbar sein muss, um welche **Handlungen, Tatzeit, Steuerarten** und **Steuerjahre** es geht (vgl. *Rolletschke*/Kemper § 397 Rn. 67; FGJ/*Jäger* § 397 Rn. 95; s.a. Nr. 26 Abs. 2 Satz 2 AStBV [St]).

63 **Adressat** der Mitteilung nach § 397 Abs. 3 AO ist ausschließlich der Beschuldigte selbst, eine Stellvertretung, z.B. Mitteilung an den Steuerberater, ist nicht zulässig (vgl. *Rolletschke*/Kemper § 397 Rn. 68; FGJ/*Jäger* § 397 Rn. 96). Dagegen kann die bloße Mitteilung an den Beschuldigten, dass gegen ihn ein Ermittlungsverfahren eingeleitet ist, ohne dass der Beschuldigte zur Mitwirkung an der Aufklärung im Besteuerungsverfahren aufgefordert wird, auch über den RA erfolgen (vgl. *Fischer* § 78c Rn. 9 mit Hinweis auf unveröffentlichte BGH-Rspr.).

64 Eine **Form** für die Mitteilung ist nicht vorgesehen. Die Bekanntgabe kann auch durch Amtshandlungen erfolgen, die ihrerseits strafverfahrensrechtliche Maßnahmen zur Ermittlung von Steuerstraftaten darstellen wie Verhaftung, vorläufige Festnahme, Vernehmung, Durchsuchung (vgl. FGJ/*Jäger* § 397 Rn. 95). Im Fall der Vernehmung fällt die Belehrung nach §§ 163a Abs. 4, 136 Abs. 1 StPO mit der Mitteilung nach § 397 Abs. 3 AO zusammen. Zu Beweiszwecken ist die schriftliche Dokumentation der Mitteilung die Regel.

5. Absehen von einer Verfahrenseinleitung

65 Der Anfangsverdacht begründet die Pflicht zur Verfahrenseinleitung. Denkbar sind aber Fallgestaltungen, dass der für den Anfangsverdacht zu prüfende Sachverhalt selbst schon als Ergebnis zeigt, dass es zu keiner Ahndung kommen wird, so z.B. bei geringfügigen Hinterziehungsbeträgen, die offenkundig zur Anwendung von § 398 AO führen. In diesen Fällen bedarf es keiner förmlichen Einleitung (um sofort die Einstellung des Verfahrens zu verfügen) sondern es kann schon von einer Einleitung selbst abgesehen werden (vgl. *Rolletschke*/Kemper § 397 Rn. 59).

C. Rechtsfolgen der Einleitung (und ihrer Bekanntgabe)

I. Festlegung der örtlichen Zuständigkeit

Die Einleitung regelt zunächst die örtliche Zuständigkeit für das Ermittlungsverfahren. § 388 **66** Abs. 1 Ziff. 2 AO begründet eine örtliche Ermittlungszuständigkeit des FA durch die Zuständigkeit für die Abgabenangelegenheiten zum Zeitpunkt der Einleitung, § 388 Abs. 1 Ziff. 3 AO knüpft an den Wohnsitz des Beschuldigten zum Zeitpunkt der Einleitung an. § 390 AO begründet bei der Zuständigkeit mehrerer FA die örtliche Zuständigkeit der Finanzbehörde, die zuerst ein Strafverfahren eingeleitet hat. Damit legt die Einleitungsmaßnahme die örtliche Zuständigkeit für das weitere Ermittlungsverfahren fest (vgl. *Kohlmann* § 397 Rn. 55; FGJ/*Jäger* § 397 Rn. 107 f.; *Rolletschke*/Kemper § 397 Rn. 73).

II. Abgrenzungsfunktion (Klarstellungsfunktion)

Jeder Steuerpflichtige ist Subjekt des Besteuerungsverfahrens. Zum Besteuerungsverfahren kommt **67** mit dem Entstehen eines strafrechtlichen Anfangsverdachts das Strafverfahren hinzu. Das Besteuerungsverfahren ist der **Regelfall**, das Steuerstrafverfahren der **Ausnahmefall**. Der Steuerpflichtige wird zum Beschuldigten mit seinen besonderen strafprozessualen Rechten. Rechte und Pflichten im Besteuerungsverfahren geraten in Widerstreit mit den Rechten und Pflichten des Strafverfahrens (vgl. FGJ/*Jäger* § 397 Rn. 99; *Kohlmann* § 397 Rn. 50 f.). Die Einleitung des Strafverfahrens bestimmt die Trennung dieser beiden Verfahren.

III. Beschränkungsfunktion

Der Steuerpflichtige bleibt zwar zur Mitwirkung im Besteuerungsverfahren grds. uneingeschränkt **68** verpflichtet, seine Mitwirkung kann aber nach der Einleitung des Strafverfahrens nicht mehr mit den Zwangsmitteln nach § 328 AO (Zwangsgeld, Ersatzvornahme, unmittelbarer Zwang) durchgesetzt werden.

§ 393 Abs. 1 Satz 2 AO erklärt **Zwangsmittel im Besteuerungsverfahren** für unzulässig, wenn der **69** Steuerpflichtige dadurch gezwungen würde, sich selbst wegen einer von ihm begangenen Steuerstraftat oder Steuerordnungswidrigkeit zu belasten. Hier stellt sich also materiell-rechtlich die Frage, ob eine Selbstbelastung vorliegen würde, die u.U. im steuerlichen Verfahren geklärt werden müsste (Androhung des Zwangsmittels, Festsetzung, Rechtsmittel, finanzgerichtliches Verfahren). Ist das Strafverfahren eingeleitet, gilt das **Zwangsmittelverbot** nach Abs. 1 Satz 3 automatisch und uneingeschränkt („**dies gilt stets**") ohne dass es noch einer materiell-rechtlichen Prüfung bedarf, ob eine Belastungsgefahr tatsächlich vorliegt oder nicht.

IV. Unterbrechungsfunktion

§ 78c Abs. 1 StGB enthält den Katalog der **verjährungsunterbrechenden Handlungen**. Die Ver- **70** jährungsfrist beträgt bei Steuerdelikten im Regelfall 5 Jahre, 10 Jahre nach § 376 Abs. 1 AO in den besonders schweren Fällen des § 370 Abs. 3 Satz 2 Nr. 1 bis 5. Nach § 78c Abs. 1 Nr. 1 StGB wird die Verjährung nach § 78 StGB auch durch „die Bekanntgabe an den Beschuldigten, dass „gegen ihn das Ermittlungsverfahren eingeleitet ist" oder „die Anordnung dieser Bekanntgabe" unterbrochen. § 376 Abs. 2 AO wiederholt dies für die Fälle des § 376 Abs. 1 AO.

Die Verfahrenseinleitung allein hat für die Unterbrechung der Verjährung nach § 78c Abs. 1 **71** Nr. 1 StGB noch keine Bedeutung. Die verjährungsunterbrechende Wirkung tritt erst ein mit der nach außen erfolgenden Bekanntgabe oder durch die nur intern wirkende Anordnung dieser Bekanntgabe. Diese verjährungsunterbrechende Wirkung hat zur Folge, dass Einleitung des Ermittlungsverfahrens und Bekanntgabe oder Anordnung der Bekanntgabe i.d.R. zusammenfallen oder kurz hintereinander erfolgen gerade um die Verjährungsunterbrechung zu erreichen. Die

Mitteilung kann auch an einen für den Beschuldigten tätigen RA erfolgen (vgl. *Fischer* § 78 Rn. 7), es sei denn es liegt der Fall des § 397 Abs. 3 AO vor: wird die steuerliche Mitwirkungspflicht des Beschuldigten zu Tatsachen oder Unterlagen verlangt, die im Zusammenhang mit der Straftat stehen, kann die Mitteilung nur an ihn persönlich erfolgen (s.o. Rdn. 63).

V. Ausschlussfunktion

72 Die strafbefreiende Wirkung einer **Selbstanzeige** tritt nach § 371 Abs. 2 Nr. 1b AO nicht ein, wenn dem Täter oder seinem Vertreter (!) die Verfahrenseinleitung bekannt gegeben worden ist. Hier reicht also im Gegensatz zu § 397 Abs. 3 AO die Mitteilung an den Vertreter aus. Die Verfahrenseinleitung muss also nach außen ggü. dem Täter oder seinem Vertreter kommuniziert worden sein. Die nur behördenintern wirkende Anordnung der Bekanntgabe reicht nicht aus (anders bei der Verjährung: hier reicht die interne Anordnung der Bekanntgabe an den Täter zur Verjährungsunterbrechung nach § 78c Abs. 1 Nr. 1 StGB aus).

73 Der Ausschlussgrund für eine strafbefreiende Wirkung der Selbstanzeige nach § 371 Abs. 2 Nr. 2 AO knüpft an die Tatentdeckung an. Die Tat ist spätestens mit der Einleitung entdeckt. Je größer der Abstand zwischen Einleitung nach § 397 Abs. 1 AO zur Behauptung einer zuvor erfolgten Tatentdeckung ist, umso mehr kann dieser Zeitpunkt der Tatentdeckung vom Verteidiger in Zweifel gezogen werden.

§ 398 AO   Einstellung wegen Geringfügigkeit

¹**Die Staatsanwaltschaft kann von der Verfolgung einer Steuerhinterziehung, bei der nur eine geringwertige Steuerverkürzung eingetreten ist oder nur geringwertige Steuervorteile erlangt sind, auch ohne Zustimmung des für die Eröffnung des Hauptverfahrens zuständigen Gerichts absehen, wenn die Schuld des Täters als gering anzusehen wäre und kein öffentliches Interesse an der Verfolgung besteht. ²Dies gilt für das Verfahren wegen einer Steuerhehlerei nach § 374 und einer Begünstigung einer Person, die eine der in § 375 Abs. 1 Nr. 1 bis 3 genannten Taten begangen hat, entsprechend.**

A. Allgemeines

1 § 398 AO ist eine Durchbrechung des Legalitätsprinzips zugunsten des Opportunitätsprinzips. Seine Entstehung ist untrennbar mit der Einführung der §§ 153, 153a StPO verbunden und hat ihren Grund in der ursprünglichen Beschränkung der Einstellung ohne des Gerichts nach § 153 StPO auf Vermögensdelikte, zu denen Steuerhinterziehung nicht zählte. Wegen der Ähnlichkeit zu den Vermögensdelikten erschien eine entsprechende Regelung in der AO notwendig und geboten (zur Entstehungsgeschichte vgl. FGJ/*Joecks* § 398 Rn. 1 f.; *Kohlmann* § 398 Rn. 9 ff.; *Rolletschke*/Kemper § 398 Rn. 1 f.). Nachdem durch das Rechtspflegeentlastungsgesetz v. 11.01.1993 (BGBl. I, S. 50) die Beschränkung auf Vermögensdelikte entfallen ist, erscheint eine eigenständige Bedeutung des § 398 neben der allgemeinen strafprozessualen Regelung des § 153 StPO zweifelhaft (s.u. Rdn. 17).

B. Voraussetzungen

I. Objektive Voraussetzungen

1. Steuerstrafverfahren

Gegenstand des Verfahrens müssen **bestimmte Steuerstraftaten** sein. Satz 1 nennt Steuerhinterzie- **2**
hung, d.h. den Tatbestand des § 370. Satz 2 AO nennt als weitere Straftatbestände die Steuerheh-
lerei nach § 374 AO und die Begünstigung eines Täters der in § 375 Abs. 1 Nr. 1 bis 3 AO
genannten Taten (Steuerhinterziehung, Bannbruch nach § 372 Abs. 2 AO, Schmuggel nach § 373
AO, Steuerhehlerei nach § 374 AO). Nicht anwendbar ist § 398 AO auf die Tatbestände des
Bannbruchs nach § 372 AO, der Steuerzeichenfälschung nach § 148 StGB i.V.m. § 369 Abs. 1
Ziff. 3 AO und der Strafvereitelung nach § 257 StGB bezogen auf eine Steuerstraftat (vgl. FGJ/
Joecks § 398 Rn. 10; *Kohlmann* § 398 Rn. 23; *Rolletschke*/Kemper § 398 Rn. 7). Anwendbar ist
§ 398 dagegen auf den Schmuggel nach § 373 AO als selbstständiger Qualifikationstatbestand des
§ 370 AO (vgl. FGJ/*Joecks* Rn. 10).

Die Tatbegehungsform Täterschaft oder Teilnahme spielt ebenso wie Vollendung oder Versuch für
die Anwendbarkeit des § 398 AO keine Rolle (vgl. FGJ/*Joecks* § 318 Rn. 12; *Rolletschke*/Kemper
§ 398 Rn. 6).

Unerheblich für die Anwendbarkeit des § 398 AO ist auch, ob die Qualifikation des besonders
schweren Falles vorliegt oder nicht (vgl. FGJ/*Joecks* § 398 Rn. 13; *Rolletschke*/Kemper § 398 Rn. 8).
In der Praxis wird dies aber kein Thema sein.

2. Geringwertigkeit

Der Begriff der Geringwertigkeit ist direkt mit der Steuerverkürzung bzw. dem Steuervorteil ver- **3**
knüpft. Das bedeutet, dass der Begriff nicht in ein Verhältnis zur verkürzten Steuerschuld oder
den Vermögensverhältnissen des Täters gesetzt werden kann, sondern als absoluter Betrag zu
bestimmen sein soll (vgl. FGJ/*Joecks* § 398 Rn. 10; Rolletschke/*Kemper* § 398 Rn. 10). Diese absolute Bestimmbarkeit ist wiederum nicht möglich, es werden hierzu in der Literatur zu § 153 StPO
die verschiedensten Zahlen und Bemessungen genannt (vgl. FGJ/*Joecks* § 398 Rn. 16; *Kohlmann*
§ 398 Rn. 28 f.):

- In Anlehnung an den Geringfügigkeitsbegriff bei den allgemeinen Vermögensdelikten für die
  Anwendbarkeit die hierzu genannte Wertgrenze von 50,00 € in Anlehnung an das Tagesein-
  kommen eines durchschnittlichen Arbeiters (vgl. *Meyer-Goßner* § 153 Rn. 17). Die Praxis hält
  sich freilich an diese Grenzen bei der Anwendung des § 153 StPO nicht, begründet wird dies
  mit der unterschiedlichen Deliktstruktur von Steuerhinterziehung einerseits und allgemeinen
  Vermögensdelikten andererseits (vgl. FGJ/*Joecks* § 398 Rn. 16; *Rolletschke*/Kemper § 398
  Rn. 12)
- Ein gegriffener Betrag von 200,00 € – 300,00 € (vgl. KK/*Schoreit* § 153 Rn. 43)
- Zumindest im Großstadtbereich – 1.500,00 € (vgl. *Rolletschke*/Kemper § 398 Rn. 12)
- Nicht mehr als 500,00 € (vgl. Klein/*Jäger* § 398 Rn. 4)
- Schließlich wird eine „bundesweite Grenze" bis zu 2.500,00 € speziell bei Steuerdelikten
  genannt (vgl. *Kohlmann* § 398 Rn. 29 m.w.N.)

Eine bundeseinheitliche Grenze oder Praxis ist tatsächlich nicht existent. Es gelten **regionale Ver-** **4**
schiedenheiten, z.T. von Landgerichtsbezirk zu Landgerichtsbezirk. Sicher scheint zu sein, dass in
wirtschaftlich starken Gegenden die Grenze höher liegt als in wirtschaftlich schwachen Gebieten.

Bei einer versuchten Steuerhinterziehung wird bei der Frage der Geringwertigkeit auf den beab- **5**
sichtigten Hinterziehungsbetrag abzustellen sein (vgl. Kohlmann § 398 Rn. 34; a.A. FGJ/*Joecks*
§ 398 Rn. 19, der bei einer versuchten Tat allenfalls geringwertige Steuerverkürzungen annimmt,
jedoch eine geringe Schuld verneint, wenn der Vorsatz des Täters auf mehr als eine geringwertige
Verkürzung gerichtet war. Im Ergebnis kommen also beiden Ansichten zu demselben Ergebnis bei
der Anwendung des § 398 AO, vgl. Rolletschke/*Kemper* § 398 Rn. 13).

3. Fehlendes öffentliches Interesse

6 Hierbei handelt es sich um einen **Ermessensbegriff** (vgl. FGJ/*Joecks* § 398 Rn. 20). Es ist abzuwägen, was für ein öffentliches Interesse der Strafverfolgung spricht und was dagegen.

Als Argument für das öffentliche Interesse werden die Abschreckung künftiger Täter, die Unerlässlichkeit einer Einwirkung auf den Täter oder die Verteidigung der Rechtsordnung genannt. Es stellt sich die Frage, ob es sich hierbei nicht mehr um nebulöse Schleier als um fassbare Begriffe handelt, deren Ausfüllung mehr oder minder vom Zeitgeist geprägt werden. Man prüfe gerade bei den gegenwärtigen Verhältnissen z.B. unter dem Eindruck der Liechtenstein-Affäre den Begriff der Verteidigung der Rechtsordnung in Steuerstrafsachen im Verhältnis zur Definition desselben Begriffs vor 5 oder 10 oder gar 30 Jahren.

Dagegen sind Wiederholungstaten oder Qualifikationen i.S.d. § 370 Abs. 3 AO messbare Größen, die zweifellos für ein öffentliches Interesse sprechen.

7 Kein Parameter für ein öffentliches Interesse sind die Höhe einer zu verhängenden Geldstrafe oder das Interesse an der Klärung einer streitigen Rechtsfrage (vgl. FGJ/*Joecks* § 398 Rn. 20; *Kohlmann* § 398 Rn. 44).

Gegen ein öffentliches Interesse sprechen

– Zeitablauf, d.h. eine lang zurückliegende Tat
– eine Verfahrensverzögerung in einem lang andauernden Ermittlungsverfahren bis hin zur rechtsstaatswidrigen Verfahrensverzögerung
– Einfachheit und Erkennbarkeit der Tatausführung

II. Subjektive Voraussetzung

8 Das Gesetz verlangt, dass die Schuld des Täters als gering anzusehen wäre. Hierbei erfolgt die Bemessung der Schuld hypothetisch („anzusehen wäre"), eine definitive Feststellung ist nicht nötig (vgl. *Rolletschke*/Kemper § 398 Rn. 14).

9 Was unter **geringer Schuld** zu verstehen ist, bleibt ebenso wie die Geringwertigkeit und das öffentliche Interesse im Grunde genommen den Entscheidungsträgern (vgl. dazu unten) überlassen. Die allgemeine Definition, dass Schuld gering sein soll, wenn sie im Vergleich mit Vergehen gleicher Art nicht unerheblich unter dem Durchschnitt liegt (vgl. FGJ/*Joecks* § 398 Rn. 25; *Kohlmann* § 398 Rn. 40), stellt doch wohl auch eher mehr Fragen als dass sie vorhersehbare und bestimmbare, konkrete Maßstäbe gibt (ähnlich *Rolletschke*/Kemper § 398 Rn. 15). Was ist ein Vergehen gleicher Art, was ist die durchschnittliche Schuld und was ist „nicht unerheblich" unter diesem Durchschnitt? Zuverlässiger erscheint auch hier eine Abwägung konkreter Umstände:

Gegen eine geringe Schuld sprechen (wie schon beim öffentlichen Interesse) (vgl. *Kohlmann* § 398 Rn. 42)

– wiederholte Tatbegehung
– raffinierte Tatbegehung
– besondere Pflichtwidrigkeit, z.B. bei Beamten

10 Für eine geringe Schuld stehen dagegen (vgl. *Kohlmann* § 398 Rn. 41)

– missglückte Selbstanzeige
– einfache und erkennbare Tatbegehung
– Hinterziehung auf Zeit (zugleich: Geringfügigkeit)
– vermeidbarer Verbotsirrtum
– Versuch

In der Praxis gilt wohl als Faustregel, bei einer hypothetischen Verurteilung von 10 – 20 Tagessät-   11
zen eine geringe Schuld zu bejahen und § 398 AO anzuwenden (vgl. FGJ/*Joecks* § 398
Rn. 25 m.w.N.; *Rolletschke*/Kemper § 398 Rn. 15; *Kohlmann* § 398 Rn. 40). Die Anzahl der zu verhängenden Tagessätze richtet sich wiederum nach den in den einzelnen OFD-Bezirken angewandten unterschiedlichen Strafmaßtabellen (vgl. hierzu PStR 2001, 18 f.).

C. Zuständigkeit

Nach dem Wortlaut des § 398 AO kann nur die StA das Verfahren einstellen. Im selbstständigen   12
Steuerstrafverfahren i.S.d. § 386 Abs. 2 AO tritt anstelle der StA nach § 399 Abs. 1 AO die Finanz-
behörde, d.h. Straf- und Bußgeldsachenstelle oder Bußgeld- und Strafsachenstelle oder die FA für
Steuerstrafsachen (vgl. dazu *Rolletschke*/Kemper § 399 Rn. 4). Die Steuerfahndung hat als reine
Ermittlungsbehörde (wie die Polizei) keine Einstellungsbefugnis (vgl. *Rolletschke*/Kemper § 398
Rn. 18; Klein/*Jäger* § 404 Rn. 13).

Eine Zustimmung des Beschuldigten zur Verfahrenseinstellung ist nicht erforderlich (vgl. FGJ/
Joecks § 398 Rn. 32).

Eine gerichtliche Kontrolle der Einstellungsentscheidung gibt es nicht. Dem Beschuldigten, der   13
eine Einstellung nach § 170 Abs. 2 StPO anstrebt bleibt nur die Gegenvorstellung oder die Dienstaufsichtsbeschwerde (vgl. *Rolletschke*/Kemper § 398 Rn. 19; FGJ/*Joecks* § 398 Rn. 32; *Kohlmann*
§ 398 Rn. 55). Dies wiederum ist form-, frist- und in aller Regel fruchtlos.

D. Rechtsfolgen

Die Einstellung nach § 398 beendet förmlich das Ermittlungsverfahren ohne Sachentscheidung.   14
Die Schuldfrage bleibt **offen** (vgl. *Rolletschke*/Kemper § 398 Rn. 21).

Der Einstellungsbeschluss entfaltet keine Rechtskraftwirkung (vgl. FGJ/*Joecks* § 398 Rn. 33; *Rolletschke*/Kemper § 398 Rn. 20; *Kohlmann* § 398 Rn. 50). Das bedeutet, dass das Ermittlungsverfahren jederzeit wieder aufgenommen werden kann, soweit die Tat zwischenzeitlich nicht verjährt ist.
Zu dieser Wiederaufnahme bedarf es aber irgendwie gearteter Ansätze im Sachverhalt oder in der
rechtlichen Beurteilung, die Anlass dazugeben, sich erneut mit dem Verfahren zu befassen. Ausgeschlossen müssen willkürliche Wiederaufnahmen sein, z.B. zur „Disziplinierung" in einem nachfolgenden Besteuerungsverfahren oder weil z.B. ein neuer Sachgebietsleiter die Geringfügigkeitsgrenze herabsetzt (Kohlmann § 398 Rn. 50 verlangt eine „veränderte Sachlage" oder „veränderte
rechtliche Beurteilung" unter Hinweis auf Nr. 76 Abs. 3 AStBV[St] – diese Verwaltungsanweisung
lässt die Wiederaufnahme des Verfahrens dann zu „wenn hierzu Anlass besteht"; a.A. FGJ/*Joecks*
§ 398 Rn. 33 nach dem es keiner neuer Gesichtspunkte für die Beurteilung der Tat bedarf).

Die Einstellung nach § 398 AO hindert grds. nicht die Verfolgung der Tat als Ordnungswidrig-   15
keit, § 21 Abs. 2 OWiG. Ist das Verfahren bei der StA anhängig, muss diese das Verfahren nach
Einstellung förmlich an das FA als Bußgeldbehörde abgeben, da sonst die Einstellung des Strafverfahrens auch die gleichzeitig begangene Ordnungswidrigkeit erfasst (vgl. *Meyer-Goßner* § 153
Rn. 6).

Entscheidet die Finanzbehörde über die Einstellung nach § 398 AO bleibt es ihr überlassen, trotz
dieser Einstellung die Tat als Ordnungswidrigkeit zu verfolgen (vgl. FGJ/*Joecks* § 398 Rn. 35).

In der Praxis wird die Einstellung nach § 398 AO immer auch die Ordnungswidrigkeit erfassen.   16
Wenn die Straftat erledigt ist, wird sich kaum jemand um eine Ordnungswidrigkeit mehr kümmern wollen (und das zu Recht).

E. Verhältnis zu anderen Vorschriften

I. §§ 153, 153a StPO

17 § 398 AO gilt nur für den Abschluss des Ermittlungsverfahrens. Es decken sich hier die Voraussetzungen des § 398 AO mit denen des § 153 Abs. 1 StPO. Eine eigenständige Bedeutung kommt § 398 AO nicht mehr zu. Es kommt letztlich auf die „Vorliebe" der Einstellungsbehörde an, welche der beiden Vorschriften sie anwendet (vgl. *Rolletschke*/Kemper § 398 Rn. 4).

§ 153a Abs. 1 StPO betrifft gewichtigere Fälle und hat andere Voraussetzungen (vgl. *Meyer-Goßner* § 153a Rn. 7).

18 Nach Erhebung der öffentlichen Klage ist § 398 AO unanwendbar, jetzt bedarf es zu einer Einstellung der Zustimmung des Gerichts sowohl im Fall des § 153 StPO als auch des § 153a StPO.

Das bedeutet, dass § 153a Abs. 1 StPO zur Anwendung kommen kann, wenn die Voraussetzungen des § 398 AO verneint werden. Nach Erhebung der öffentlichen Klage kommt nur noch die Verfahrensweise nach §§ 153, 153a StPO in Betracht.

II. § 32 ZollVG

19 § 32 ZollVG beinhaltet ein eigenständiges Verfahrenshindernis für Bagatellsachen im Reiseverkehr (vgl. FGJ/*Jäger* § 32 ZollVG Rn. 3). § 398 AO bleibt anwendbar, wenn § 32 ZollVG wegen der Ausschließungsgründe des § 32 Abs. 2 ZollVG nicht angewendet werden kann. Bei einer Einstellung nach § 398 AO kann dann auch noch ein Zuschlag bis zu 130,00 € zu der Einfuhrabgabe erhoben werden, § 32 Abs. 3 ZollVG, d.h. § 398 AO kostet in diesem Fall doch Geld.

§ 398a AO   Absehen von Verfolgung in besonderen Fällen

In Fällen, in denen Straffreiheit nur deswegen nicht eintritt, weil der Hinterziehungsbetrag 50.000 EUR übersteigt (§ 371 Absatz. 2 Nummer 3), wird von der Verfolgung einer Steuerstraftat abgesehen, wenn der Täter innerhalb einer ihm bestimmten angemessenen Frist

1. die aus der Tat zu seinen Gunsten hinterzogenen Steuern entrichtet und
2. einen Geldbetrag in Höhe von 5 Prozent der hinterzogenen Steuer zu Gunsten der Staatskasse zahlt.

Quedenfeld

A. Allgemeines

I. Entstehungsgeschichte

I.R.d. Neuregelung und Verschärfung der Selbstanzeige wurde in § 371 Abs. 2 Nr. 3 AO ein neuer **1** Sperrgrund für eine wirksame Selbstanzeige eingeführt: Straffreiheit tritt trotz des Vorliegens einer i.Ü. wirksamen Selbstanzeige nicht ein, wenn die verkürzte Steuer oder der nichtgerechtfertigte Steuervorteil den Betrag von 50.000,00 € übersteigt (vgl. dazu § 371 Rdn. 138 ff.; *Stahl* Rn. 410 ff.).

Um aber auch in den Fällen „besonders schwerer Steuerstraftaten" gleichwohl einen Anreiz zu **2** einer Selbstanzeige zu schaffen (vgl. Finanzausschuss BT in BT-Drucks. 17/5067 (neu) v. 16.03.2011, S. 22) und dem Fiskus dennoch die Geldquelle des Instituts Selbstanzeige zu erhalten, wurde am Ende des Gesetzgebungsverfahrens, sozusagen in letzter Minute, auf Empfehlung des Finanzausschusses § 398a in den Gesetzentwurf eingefügt (vgl. BT-Drucks. 17/5067(neu), S. 4, 9 und die grundsätzlichen Ausführungen zur Selbstanzeige dort S. 18).

Der Sperrgrund wird dann ausgehebelt, wenn zusätzlich zu der Zahlung der hinterzogenen Steu- **3** ern (so wie bei der Selbstanzeige in § 371 Abs. 3 AO) eine weitere Zahlung i.H.v. 5 % des Hinterziehungsbetrages erfolgt.

Damit wurde den noch beim JStG 2010 gescheiterten Bemühungen des Bundesrats, die Wirk- **4** samkeit der Selbstanzeige in jedem Fall von einem 5 %-Zuschlag abhängig zu machen, teilweise Rechnung getragen (*Geuenich* NWB 2011, 1050, 1055; *Rolletschke*/Kemper § 398a Rn 2).

II. Zeitliche Geltung

Das Schwarzgeldbekämpfungsgesetz wurde am 02.05.2011 im Bundesgesetzblatt verkündet und **5** trat damit am 03.05.2011 in Kraft. Ab dieser Tat gilt die gesetzliche Neuregelung der Selbstanzeige.

§ 24 EG AO bestimmt, dass die bis zum 28.04.2011 (dem Tag der Unterzeichnung des Gesetzes **6** durch den Bundespräsidenten) bei der zuständigen Finanzbehörde eingegangenen Selbstanzeigen nach § 371 AO a.F. zu behandeln sind, d.h. nach dem „großzügigeren" Rahmen der alten Fassung (vgl. *Rolletschke*/Kemper § 398a Rn. 5; *Stahl* Rn. 414). Für die nach diesem Stichtag eingehenden Selbstanzeigen gilt § 371 Abs. 2 Nr. 3 AO und damit auch § 398a AO.

III. Rechtsnatur

§ 398a enthält eine rein prozessuale Regelung, die ihr Vorbild in § 153a StPO hat (so ausdrücklich **7** BT-Drucks. 17/5067 (neu) S. 20: „dem neuen, § 153a StPO nachempfundenen, § 398a AO". Auch § 153a ist eine verfahrensrechtliche Vorschrift, vgl. *Radtke*/Hohmann § 153a Rn. 5). Folgerichtig findet sich die Regelung nicht bei § 371 AO sondern im strafverfahrensrechtlichen Teil der §§ 385 bis 408 AO. Materiell-rechtlich bleibt der persönliche Strafaufhebungsgrund einer wirksamen Selbstanzeige im Fall des § 371 Abs. 2 Nr. 3 AO endgültig versagt. Nach § 398a AO wird nur verfahrensrechtlich von der Verfolgung der Steuerstraftat „abgesehen".

IV. Verfassungsmäßigkeit

Verfassungsrechtliche Bedenken bestehen insb. wegen einer möglichen Verletzung des Richtervor- **8** behalts (*Spatscheck*, Stellungnahme für den Finanzausschuss S. 3, zitiert bei *Rolletschke*/Kemper § 398a Rn. 4).

Sieht man in dem 5 %-Zuschlag eine strafrechtliche Sanktion, dann wäre der Richtervorbehalt **9** verletzt soweit § 398a AO im Ermittlungsverfahren zur Anwendung gelangt: § 398a kennt hier keine – wie auch immer geartete – Richterbeteiligung (anders im Zwischen- und Hauptverfahren s.u. Rdn. 41 ff.).

10   Den Charakter eines Strafzuschlags damit zu verneinen, dass wegen der Pauschalität gegen das schuldangemessene Strafen verstoßen würde (so *Füllsack/Bürger* BB 2011, 1239, 1241) ist eher ein Argument für den Strafzuschlag denn ein Argument dagegen (s.a. *Heuel/Beyer* StBW 2011, 315, 320).

11   Auch der Vergleich mit den Zuschlägen nach §§ 152, 162 Abs. 4 AO, § 32 Abs. 3 ZollVG, (so *Rolletschke*/Kemper § 398a Rn. 4) erscheint untauglich. Diese Zuschläge knüpfen an verwaltungsrechtliche Verstöße an. Der „Zuschlag" des § 398a AO ist dagegen die Folge einer Straftat und zwar einer „besonders schweren Straftat", der die Straffreiheit wegen ihrer Schwere gerade versagt wird.

12   Es fehlt für den Strafcharakter des 5 %-Zuschlags aber das Zwangselement: Zum einen ist ein nach § 398a Nr. 2 AO festgesetzter Zuschlag nicht vollstreckbar. Leistet der Täter den Zuschlag nicht, entfällt das Absehen von der Strafverfolgung; die StA bzw. die StraBu muss das Verfahren fortführen. Es liegt also in der Hand des Täters, und zwar allein in seiner Hand, ob das Verfolgungshindernis nach § 398a AO eintritt oder nicht. In diesem Sinn besteht eine Freiwilligkeit der Zahlung. Natürlich besteht eine Zwangssituation für den Täter. Die Entscheidung, ob er durch seine Leistung des 5 %-Zuschlags das Verfahren beendet oder ob das Verfahren wegen Nichtzahlung fortgesetzt wird, liegt aber allein bei ihm. Insoweit ist die Situation identisch mit der Entscheidung über eine Zustimmung nach § 153a StPO oder der Zahlung einer Geldstrafe zur Vermeidung der Ersatzfreiheitsstrafe. Der Täter kann ebenso wie bei Ablehnung der Verfahrensweise nach § 153a StPO durch Nichtzahlung des Zuschlags eine richterliche Überprüfung darüber erzwingen, ob

   – eine Steuerhinterziehung tatbestandsmäßig vorliegt
   – ein Verschulden gegeben ist
   – eine wirksame Selbstanzeige einer Verurteilung entgegensteht
   – die Grenze von 50.000,00 € i.S.d. § 371 Abs. 2 Nr. 3 AO erreicht ist oder nicht

13   Zu berücksichtigen ist auch noch, dass § 153a StPO in der Rechtsprechung des BVerfG keinen verfassungsrechtlichen Bedenken begegnet. (vgl. LR-StPO/*Beulke* § 153a Rn. 14 mit Hinweis auf BVerfGE 50, 205, 214; 65, 377, 381; 92, 277, 362; BVerfG NJW 2002, 815; *Radtke*/Hohmann § 153a Rn. 6).

14   § 398a AO ist aber der Regelung des § 153a StPO „nachempfunden" (s.o. Rn. 6), d.h. gerade der grundsätzliche Gedanke einer Verfahrensbeendigung durch freiwillige Unterwerfung in Form einer Zahlung findet sich hier wieder (zum Zweck des § 153a StPO und die Kritik dazu vgl. *Meyer-Goßner* § 153a Rn. 2 m.w. Nachw.).

15   Im Ergebnis wird man diesen Zuschlag als eine nichtstrafrechtliche Sanktion eigener Art vergleichbar mit der Auflage nach § 153a Abs. 1 Satz 2 Nr. 2 StPO betrachten müssen (ebenso *Erb/Schmitt* DStR 2011, 144, 148; *Meyer* AO StB 2011, 150, 153; *Füllsack/Bürger* BB 2011, 1239, 1241; a.A. *Heuel/Beyer* StBW 2011, 315, 322).

16   Daher erscheint die Regelung des § 398a AO wohl noch verfassungsgemäß (ebenso *Rolletschke/Kemper* § 398a Rn. 3 f.).

B. Voraussetzungen

I. Wirksame Selbstanzeige

17   Erste Voraussetzung für die Anwendung des § 398a ist das Vorliegen einer Selbstanzeige nach § 371 Abs. 1 AO, der keine Sperrgründe nach § 371 Abs. 2 Nr. 1 und 2 AO entgegenstehen. Bei diesen Sperrgründen handelt es sich um prozessuale von der Tat losgelöste Umstände: Bekanntgabe einer Prüfungsanordnung nach § 196 AO (Abs. 2 Nr. 1a), Bekanntgabe der Einleitung des Straf- oder Bußgeldverfahrens (Abs. 2 Nr. 1b), Erscheinen eines Amtsträgers zur steuerlichen Prü-

fung oder zur Ermittlung einer Steuerstraftat oder Ordnungswidrigkeit (Abs. 2 Nr. 1c), Tatentdeckung (mit der täterbezogenen Komponente der Kenntnis oder des „Damit rechnen müssens" bei verständiger Würdigung der Sachlage (Abs. 2. Nr. 2).

Mit der Regelung in § 371 Abs. 2 Nr. 3 AO wurde nun ein neuer Sperrgrund geschaffen, der **18** bereits in der Tat selbst begründet ist. Übersteigt die Verkürzung oder der ungerechtfertigte Steuervorteil, d.h. der Taterfolg der Steuerhinterziehung, den Betrag von 50.000,00 € tritt keine Straffreiheit trotz erstatteter und wirksamer Selbstanzeige ein (so ausdrücklich die Koalitionsfraktionen CDU, CSU und FDP vgl. BT-Drucks. 17/5067 (neu) S. 20 und Finanzausschuss ebenda S. 22). Diese Grenze ist absolut. Es existiert für die Anwendung der günstigeren Selbstanzeige keine „Toleranzspanne" (vgl. *Rolletschke*/Kemper, § 398a Rn 9; *Rolletschke/Roth* Stbg 2011, 200, 204). Es handelt sich bei dem Betrag um eine Freigrenze (*Heuel/Beyer* StBW 2011, 315, 321, *Erb/Schmitt* PStR 2011, 144).

Die Festschreibung dieses Grenzwerts bedeutet, dass bei einer Hinterziehung bis zu 50.000,00 € **19** je Tat die formal wirksame Selbstanzeige den durch die Tat entstandenen Strafanspruch rückwirkend beseitigt, wenn ein entstandener Steuerschaden nachträglich ausgeglichen wird (vgl. § 371 Abs. 3 AO). Bei Überschreitung der 50.000,00 €-Grenze, d.h. ab einem Hinterziehungsbetrag von 50.000,01 € wird von vornherein die Möglichkeit einer wirksamen Selbstanzeige ausgeschlossen. Es gibt hierfür keine Straffreiheit.

Dieser durch § 371 Abs. 2 Nr. 3 AO versperrte Weg zur Straffreiheit wird nun durch § 398a AO **20** wiedereröffnet, wenn zwei Bedingungen vorliegen: Zum einen wie bei § 371 Abs. 3 AO die Nachentrichtung der zugunsten des Täters hinterzogenen Steuer und des Weiteren die zusätzliche Zahlung von 5 % dieser hinterzogenen Steuer.

II. Überschreitung der 50.000,00 €-Grenze

1. BGH-Rechtsprechung ab Maßstab

Zur Rechtfertigung dieser Grenzziehung beruft sich der Gesetzgeber ausdrücklich (vgl. BT- **21** Drucks. 17/1567 (neu) S. 21) auf die Rechtsprechung des BGH zur Strafzumessung bei Steuerhinterziehung und insb. zum Strafrahmen des § 370 Abs. 2 Nr. 1 AO (vgl. dazu das Urteil des BGH v. 02.12.2008 = BGHSt 53, 71 ff.). Liest man dieses Grundsatzurteil jedoch genauer, dann hat der 1. Strafsenat des BGH gerade keine starren Beträge für das Regelbeispiel des großen Ausmaßes festgeschrieben. Der BGH führt vielmehr ausdrücklich aus:

„Auch wenn der Hinterziehungsbetrag ein bestimmender Strafzumessungsgrund für die Steuerhinterziehung ist, kann allein dessen Ausmaß für die Strafhöhenbemessung nicht in dem Sinne ausschlaggebend sein, dass die Strafe gestaffelt nach der Höhe des Hinterziehungsbetrages schematisch und quasi „tarifmäßig" verhängt wird. Jeder Einzelfall ist vielmehr nach den von § 46 StGB vorgeschriebenen Kriterien zu beurteilen." (BGH v. 02.12.2008 = BGHSt 53, 71 ff.Rn. 20).

Darüber hinaus wird auch noch zwischen einer bloßen Gefährdung des Steueraufkommens und **22** einem endgültigen Vermögensschaden unterschieden (vgl. BGH v. 02.12.2008 = BGHSt 53, 71 ff. Rn. 38 f.). Die 50.000,00 €-Grenze zieht der BGH nur bei eingetretenem Steuerschaden, ist dagegen das Steueraufkommen lediglich gefährdet, verdoppelt sich die Grenze auf 100.000,00 €.

Dabei hat das nach diesen Maßstäben bejahende „große Ausmaß" nur „*Indizwirkung*" und „*freilich auch nicht mehr*" (BGH v. 02.12.2008 = BGHSt 53, 71 ff. Rn. 41). Diese „*Indizwirkung*" kann **23** durch sonstige Milderungsgründe beseitigt oder durch Strafschärfungsgründe verstärkt werden (BGH v. 02.12.2008 = BGHSt 53, 71 ff. Rn. 44 mit anschließender beispielhafter Nennung derartiger Milderungsgründe). Abschließend führt der BGH aus:

„Die Bejahung bzw. Verneinung des Regelbeispiels in einem ersten Prüfungsschritt bei der Strafrahmenwahl bedeutet freilich, dass – wie bei sonstigen Regelbeispielen – in einem zweiten Schritt zu prüfen ist, ob die Besonderheiten des Einzelfalls die Indizwirkung des Regelbeispiels entkräften bzw. – umgekehrt – ein unbenannter besonders schwerer Fall der Steuerhinterziehung vorliegt, obwohl der Hinterziehungsbetrag unter 50.000,00 € liegt." (BGH v. 02.12.2008 = BGHSt 53, 71 ff. Rn. 49).

24   Diese Rechtsprechung hat der BGH zwischenzeitlich bestätigt und fortgeführt (vgl. BGH wistra 2011, 347). Der Gesetzgeber ist daher schlichtweg einem Irrtum unterlegen, wenn er zur Begründung der starren 50.000,00 €-Grenze in § 371 Abs. 2 Nr. 3 AO n.F. von einer entsprechenden Rechtsprechung des BGH ausgeht. Diese starre Grenze hat der 1. Strafsenat in seinem Urt. v. 02.12.2008 gerade nicht etabliert (vgl. dazu Quedenfeld Füllsack/*Krauter* Rn. 210 f.).

25   Im Ergebnis bedeutet dies: Es kann ein besonders schwerer Fall bejaht werden, obwohl die 50.000,00 €-Grenze unterschritten wird. Gleichwohl ist eine strafbefreiende Selbstanzeige nach § 371 AO hier möglich mit der finanziellen Wohltat, dass der 5 % Malus des § 398a AO entfällt.

26   Umgekehrt kann trotz Überschreitens der 50.000,00 €-Grenze der besonders schwere Fall verneint werden. Die Selbstanzeige bleibt dennoch ausgeschlossen und nach § 398a Nr. 2 AO ist der 5 %-Zuschlag fällig um straffrei zu bleiben.

27   Damit wird die Tat mit dem größeren Unrechtsgehalt als der „Normalfall" des § 370 Abs. 1 AO und daher mit höherem Strafrahmen günstiger behandelt (Straffreiheit, keine Zusatzzahlung) als der „Normalfall". Auf die Spitze getrieben: Der Täter eines besonders schweren Falles mit einem Hinterziehungsbetrag von 50.000,00 € steht sich hinsichtlich der Folgen seiner Selbstanzeige von Gesetzes wegen wesentlich besser als der Täter einer Steuerhinterziehung nach § 370 Abs. 1 AO mit einem Hinterziehungsbetrag von 50.000,01 €.

2. Strafrechtlicher Hinterziehungsbetrag

28   § 398a spricht von Hinterziehungsbetrag unter Verweis auf § 371 Abs. 2 Nr. 3 AO. Damit ist der strafrechtlich tatbestandsmäßige Hinterziehungsbetrag gemeint, der rein rechnerisch und nicht wirtschaftlich ermittelt wird. D.h., das Kompensationsverbot des § 370 Abs. 4 Satz 3 AO ist ein Hindernis für eine Reduzierung des strafrechtlichen Hinterziehungsbetrags unter die 50.000,00 €-Grenze (vgl. *Rolletschke*/Kemper § 398 Rn. 10) der aber auf den „strafzumessungsrelevanten" Steuerschaden abstellt (ebenso *Stahl* Rn. 410; *Pegel* Stbg 2011, 548). Ebenso ist nach der jüngsten Rechtsprechung des BGH bei einer Steuerverkürzung auf Zeit nicht nur der Zinsschaden sondern der zum Stichtag berechnete nicht entrichtete Steuerbetrag als tatbestandsmäßiger Hinterziehungsschaden zugrunde zu legen (vgl. BGHSt 53, 221 ff. Rn. 36 unter Aufgabe der vorangegangenen Rechtsprechung; a.A. *Stahl* Rn. 410; *Beckemper/Schmitz/Wegner/Wolf,* wistra 2011, 281, 286).

29   Hieraus ergibt sich die Problematik, dass der strafrechtliche Schaden, der nachträglich auszugleichen ist, vom tatsächlich eingetretenen steuerlichen Schaden abweicht und der Fiskus mehr erhalten würde als ihm zusteht. Diese Problematik löst sich durch den Begriff „zu seinen Gunsten" auf.

30   Entfällt beim Kompensationsverbot eine Schädigung des Steueraufkommens (Beispiel: die hinterzogene USt wird durch zu verrechnende Vorsteuer ausgeglichen), so hat der Täter nichts „zu seinen Gunsten" erlangt. Es besteht steuerlich kein Rechtsgrund für die Zahlung (vgl. FGJ/*Joecks* § 371 Rn. 105; Kohlmann/*Schauf* § 371 Rn. 93.1; *Rolletschke*/Kemper § 398a Rn. 26, Klein/*Jäger* § 371 Rn. 25).

31   Bei der Verkürzung auf Zeit wird bei späterer Erklärung und Steuerzahlung (z.B. fehlende Umsatzsteuervoranmeldung bei späterer vollständiger Jahreserklärung und Zahlung) die Hinterziehung ausgeglichen, d.h. auch hier wird das Steueraufkommen im Ergebnis bis auf den Zinsschaden nicht tangiert (die strafbefreiende Selbstanzeige entfällt nur wegen des ursprünglich rech-

nerisch über 50.000,00 € liegenden Hinterziehungsbetrages). Auch hier hat der Täter bis auf einen eventuellen Zinsvorteil nicht zu seinen Gunsten erlangt, d.h. es entfällt die Nachzahlungspflicht der strafrechtlich mit über 50.000,00 € berechnenden Steuer nach § 398a Nr. 1. Es zählt daher nicht der strafrechtliche Nominalbetrag sondern es sind alle steuerlichen Ermäßigungsgründe bei Berechnung der zu zahlenden Steuer zu berücksichtigen (Kohlmann/*Schauf* § 371 Rn. 93.1; Streck/*Spatscheck* Rn. 249 mit ausführlicher Begründung; FGJ/*Joecks* § 371 Rn. 105; widersprüchlich dazu in Rn. 106 für die Verkürzung auf Zeit; a.A. Klein/*Jäger* § 371 Rn. 84; *Rolletschke*/Kemper § 398a Rn. 25).

III. Doppelte Zahlung

§ 398a verlangt zwei Zahlungen innerhalb einer festzusetzenden Frist: | 32

Zum einen die Nachzahlung der zugunsten des Täters hinterzogenen Steuer. Dies entspricht der | 33 Regelung im § 371 Abs. 3 AO (vgl. hierzu § 371 Rdn. 144 ff.).

Weiter verlangt § 398a über § 371 Abs. 3 AO hinausgehend eine zusätzliche Zahlung i.H.v. 5 % | 34 der hinterzogenen Steuer.

1. Steuernachzahlung

Bei der nachzuzahlenden Steuer handelt es sich um die verkürzten Steuern ohne steuerliche | 35 Nebenleistungen i.S.d. § 3 Abs. 3 AO (vgl. Kohlmann/*Schauf* § 371 Rn. 91; *Rolletschke*/Kemper § 398a Rn. 23; zur Berechnung des Nachzahlungsbetrages vgl. § 371 Rdn. 151 ff.). Voraussetzung ist eine Hinterziehung zugunsten des Täters, ist diese nicht gegeben entfällt eine Nachzahlungspflicht (s.u. Rdn. 29).

2. 5 %-Zuschlag

Zusätzlich zur nachzuentrichtenden Steuer ist ein Zuschlag von 5 % der hinterzogenen Steuern an | 36 die Staatskasse zu bezahlen. Dieser Zuschlag bemisst sich nach den nachzuentrichtenden Steuern i.S.d. Nr. 1. Ist dieser Hinterziehungsbetrag 0, weil nicht zugunsten des Täters hinterzogen wurde, entfällt auch der Zuschlag nach § 398 Nr. 2 AO, denn dieser Zuschlag ist untrennbar mit der Nachzahlungspflicht der Nr. 1 verbunden. Ohne die Nachzahlungsfrist der Nr. 1 kann kein Zuschlag nach Nr. 2 entstehen (vgl. BT-Drucks. 17/5067 (neu) S. 22; *Rolletschke*/Kemper § 398a Rn. 30; *Pegel* Stgb 2011, 349, 350). Bei mehreren Tätern hat jeder den 5 %-Zuschlag zu leisten (*Schwartz/Külz* PStR 2011, 249, 253; *Obenhaus* Stbg 2011, 166, 175; *Beckemper/Schmitz/Wegner/ Wulf* wistra 2011, 291, 298; a.A. *Stahl* Rn. 418).

3. Zahlungspflichtiger

a) Täterbegriff

§ 398a AO nennt den Täter als Zahlungspflichtigen für beide Nachzahlungen. Dagegen nennt | 37 § 371 Abs. 3 AO als Zahlungspflichtigen der nachzuentrichtenden Steuern „einen an der Tat Beteiligten". An der Tat beteiligt sind neben dem Täter der Anstifter und der Gehilfe. Diese Diskrepanz zwischen § 398a AO und § 371 Abs. 3 AO soll dadurch beseitigt werden, dass mittels Auslegung der Begriff des Täters in § 398a AO auch den Tatbeteiligten erfasst (vgl. *Rolletschke/* Kemper § 398a Rn. 12; § 371 Rdn. 100). Dafür spricht einmal die ausdrückliche Anknüpfung des § 398a AO an § 371 Abs. 2 Nr. 3 AO, bei dem die Tat die 50.000,00 €-Grenze überschreitet. Die Regelung in § 398a AO muss daher alle an dieser Tat nach § 371a Abs. 2 Nr. 3 AO Beteiligten und nicht nur den Täter i.S.d. § 25 StGB betreffen. Würde § 398a AO auf den Täter i.S.d. § 25 StGB beschränkt, entfiele zunächst einmal die Anwendbarkeit des § 398a AO für Anstifter und Gehilfen als bloße Teilnehmer. Dieses Ergebnis kann der Gesetzgeber nicht gewollt haben. Offensichtlich handelt es sich bei dem Begriff „der Täter" in § 398a AO um ein Redaktionsversehen in der Eile einer Last-Minute-Regelung, das mit einer erweiternden Auslegung des § 398a AO i.S.d. gesetzlich Gewollten zu korrigieren ist (*Obenhaus* Stbg 2011, 162, 175; *Stahl* Rn. 417; a.A. *Heuel/Beyer* StBW 2011, 315, 321; *Beckemper/Schmitz/Wegner/Wulf* wistra 2011, 281, 287; *Hunsmann* NJW 2011, 1482, 1487: § 371 Abs. 3 soll teleologisch auf den Täter beschränkt werden).

b) Zugunsten des Täters

38 Der Täter (= Tatbeteiligter) muss die zu seinen Gunsten hinterzogenen Steuern innerhalb einer ihm gesetzten Frist nachentrichten. Zu seinen Gunsten bedeutet den unmittelbaren Zufluss eines wirtschaftlichen, d.h. geldwerten Vorteils (vgl. BGHSt 29, 37 ff.; OLG Stuttgart wistra 1984, 239; *Kohlmann* § 371 Rn. 89.4; FGJ/*Joecks* § 371 Rn. 99; Klein/*Jäger* § 371 Rn. 81; Rolletschke/*Kemper* § 371 Rn 75a). Der Vorteil muss unmittelbar aus der Hinterziehung selbst in einen Vorteil umschlagen. Damit entfällt schon i.d.R. die Zahlungspflicht des Gehilfen oder Anstifters, die als Nichtsteuerpflichtige keinen unmittelbaren Vorteil aus der Steuerstraftat erlangen (*Rolletschke/* Kemper § 398a Rn. 12; *Füllsack/Bürger* BB 2011, 1239, 1242; a.A. Klein/*Jäger* § 371 Rn. 81).

39 Als praktische Einzelfälle sind insb. zu nennen (vgl. dazu ausführlich *Kohlmann* § 371 Rn. 89 ff.):

– Bei Gesellschaften, insb. bei einer GmbH, beantwortet sich die Frage danach, ob der Geschäftsführer zugleich Gesellschafter oder nur angestellter Geschäftsführer ist. Der angestellte Geschäftsführer, der keine gewinnabhängigen Vergütungen erhält, erlangt keinen unmittelbaren Vorteil (vgl. BGH wistra 1987, 343, 344; FGJ/*Joecks* § 371 Rn. 100; Klein/*Jäger* § 371 Rn. 81; *Kohlmann* § 371 Rn. 89.7).

– Anders verhält es sich bei einer Ein-Mann-GmbH. Hier steht das über das Stammkapital hinausgehende Vermögen und damit ein Gewinn dem Gesellschafter zu, sodass eine Verkürzung, die zu einer Gewinnerhöhung führt, zugunsten des Täters erfolgt (FGJ/*Joecks* § 371 Rn 101; HHSp-*Rüping* § 371 Rn. 105; Rolletschke/*Kemper* § 371 Rn 75c).

– Konsequenterweise muss dies für jede Beteiligung des Geschäftsführers an der Gesellschaft gelten unabhängig von der Höhe des Anteils (OLG Stuttgart wistra 1984, 239; FGJ/*Joecks* § 371 Rn. 101; Klein/*Jäger* § 371 Rn. 81;).

– Weitere signifikante Fälle eines fehlenden unmittelbaren wirtschaftlichen Vorteils sind der Steuerberater und der Bankangestellte als Gehilfen einer Steuerhinterziehung (vgl. *Rolletschke/* Kemper § 371 Rn. 15 f.; Klein/*Jäger* § 371 Rn. 81).

– Der ehrenamtliche Vorstand eines gemeinnützigen Vereins, der Lohnsteuer bei der Vergütung von Übungsleitern, Betreuern etc. hinterzieht, hat keine Vorteile aus der Steuerhinterziehung (Rolletschke/*Kemper* § 371 Rn 75e)

– Auch der als Gehilfe beteiligte Ehegatte erlangt keinen unmittelbaren Vorteil (a.A. *Rolletschke/* Kemper § 398a Rn. 16; wie hier wohl auch FGJ/*Joecks* § 371 Rn. 100). Bei Bejahung eines unmittelbaren steuerlichen Vorteils würde bei einer Beschränkung des § 398a AO auf den Täter die Anwendbarkeit des § 398a AO für den nur tatbeteiligten Ehegatten entfallen.

40 Nur wenn der Täter oder sonstige Tatbeteiligte „zu seinen Gunsten" Steuern hinterzogen hat, kommt es zu der doppelten Nachzahlungspflicht nach § 398 Rdn. 1 und Rdn. 2 als Voraussetzung für ein Absehen von Verfolgung. Fehlt es an einer Hinterziehung „zu Gunsten", geht § 398a AO ins Leere. Eine Selbstanzeige ist bei einem Hinterziehungsbetrag von mehr als 50.000,00 € im neuen § 371 Abs. 2 Nr. 3 AO ausgeschlossen, § 398a AO kommt mangels Tatbestandsvoraussetzungen nicht zur Anwendung. Der oben genannte ehrenamtliche Vereinsvorstand könnte demnach keine Straffreiheit erlangen. Dieses Ergebnis zeigt die Qualität der gesetzlichen Neuregelung. Zu lösen ist das Problem nur über § 153a AO (s.u. Rdn. 44 ff.).

4. Zahlungsfrist

41 Die Zahlungsfrist knüpft ebenfalls an § 371 Abs. 3 AO an. Es handelt sich um eine strafrechtliche Frist (BFH, wistra 2009, 159; FGJ/*Joecks* § 371 Rn. 107; *Kohlmann* § 371 Rn. 98; Streck/*Spatscheck* Rn. 239). Zuständig für die Fristsetzung ist das mit dem Verfahren befasste Ermittlungsor-

gan, d.h. die Straf- und Bußgeldsachenstelle oder die StA (vgl. *Rolletschke*/Kemper § 398a Rn. 19; Quedenfeld/*Füllsack* Rn. 554) oder nach Anklageerhebung das zuständige Gericht (vgl. Quedenfeld/*Füllsack* Rn. 554).

Die Fristsetzung ist eine Ermessensentscheidung (zur Berechnung und Rechtsprechungspraxis vgl. 42
die Nachweise bei *Rolletschke*/Kemper § 398a Rn. 22; *Kohlmann* § 371 Rn. 99, FGJ/*Joecks* § 371
Rn. 110).

C. Rechtsfolgen

I. Absehen von Strafverfolgung

Steht der Straffreiheit infolge einer Selbstanzeige nach § 371 AO der Sperrgrund des § 371 Abs. 2 43
Nr. 3 AO, d.h. die 50.000,00 €-Grenze, entgegen und sind die Zahlungen nach § 398a Nr. 1 und
Nr. 2 erfüllt wird von der Verfolgung der strafbaren Steuerhinterziehung abgesehen. Es handelt
sich um eine zwingende Entscheidung ohne Ermessensspielraum (vgl. *Rolletschke*/Kemper § 398a
Rn. 35); *Hunsmann,* NJW 2011, 1482, 1486).

Durch das Absehen von der Strafverfolgung entsteht ein Verfahrenshindernis (*Rolletschke*/Kemper 44
§ 398a Rn. 1; Quedenfeld/*Füllsack* Rn. 533; *Obenhaus,* Stbg 2011, H162, 174; *Füllsack/Bürger,*
BB 2011, 1239, 1212; *Hunsmann,* PStR 2011, 227, 228; *Zanziger,* DStR 2011, 1397, 1402).

Dieses ist beschränkt auf die begangene Steuerhinterziehung bezogen auf Steuerart und ggf. 45
Besteuerungszeitraum (BT-Drucks. 17/5067 (neu), S. 20; *Heuel/Beyer,* StBW 2011, 315, 321).

Andere Straftaten werden hiervon nicht erfasst. § 398a AO ist wie § 371 AO auf die Steuerstraftat 46
beschränkt (*Hunsmann,* PStR 2011, 227, 228).

Liegen weitere Steuerstraftaten vor, für die eine wirksame Selbstanzeige erstattet wurde, kommt 47
§ 398a AO insoweit nicht zur Anwendung. Das Ermittlungsverfahren ist hinsichtlich dieser anderen Steuerstraftaten nach § 170 Abs. 2 StPO einzustellen, im gerichtlichen Verfahren hat Freispruch zu erfolgen (vgl. *Rolletschke*/Kemper § 398a Rn. 35).

II. Zuständigkeit

1. Ermittlungsverfahren

Zuständig ist im Ermittlungsverfahren die für die Verfolgung zuständige Behörde, d.h. StA oder 48
Straf- und Bußgeldsachenstelle. Folgt man der neuesten Rechtsprechung des BGH, die eine
Pflicht zur Beteiligung der StA gerade dann verlangt, wenn zu entscheiden ist, ob eine wirksame
Selbstanzeige i.S.v. § 371 AO vorliegt oder nicht (BGHSt 55, 180 ff. Rn. 38), dann ist in allen Fäl-
len des mit § 371 AO untrennbar verbundenen § 398 a, der noch weitere Rechtsprobleme über die
Selbstanzeige hinaus aufwirft, die StA an der Entscheidung zumindest zu beteiligen.

Eine Zustimmung des Gerichts zum Absehen von der Verfolgung im Ermittlungsverfahren ist 49
vom Gesetz nicht vorgesehen und daher nicht erforderlich (vgl. *Rolletschke*/Kemper § 398a
Rn. 38).

2. Gerichtlich anhängiges Verfahren

Hat die StA Anklage erhoben unter Verneinung einer wirksamen Selbstanzeige nach § 371 AO 50
und kommt das Gericht entgegen dieser Auffassung zu dem Ergebnis, dass eine wirksame Selbstanzeige vorliegt, aber die 50.000,00 €-Grenze des § 371 Abs. 2 Nr. 3 AO überschritten ist, so ist
das Gericht zur Entscheidung nach § 398a über das Absehen von Strafe zuständig. Die Entscheidung kann im Zwischenverfahren oder in der Hauptverhandlung erfolgen. Der Verfahrensgang
wäre wie folgt:

a) Zwischenverfahren

51 Das Gericht setzt durch Beschluss den Betrag der nachzuentrichtenden Steuern und eine Frist für die Zahlung von Steuern und Zuschlägen fest. Die Bezifferung des Zuschlags nach Nr. 2 ist nicht erforderlich, da sich die Berechnung aus der Steuer nach Nr. 1 rechnerisch von selbst ergibt. Wird die Zahlung fristgemäß erfüllt, sieht das Gericht von der Verfolgung der Steuerstraftat ab. Da sich jetzt ein Verfahrenshindernis herausgestellt hat, ergeht die Entscheidung durch Beschluss gem. § 206a Abs. 1 StPO. Der Beschluss ist durch die StA anfechtbar, § 206a Abs. 2 StPO.

b) Hauptverfahren

52 Führt erst die Hauptverhandlung zu dem Ergebnis, dass § 398a AO anwendbar ist, setzt das Gericht ebenfalls durch Beschluss die Höhe der Steuernachzahlung und die Nachzahlungsfrist fest. Die Hauptverhandlung kann unterbrochen oder vertagt werden. Dies hängt davon ab, wie lange eine zulässige Unterbrechung der Hauptverhandlung nach § 229 StPO stattfinden kann und ob der Angeklagte innerhalb dieser Frist die Zahlung nach Nr. 1 und Nr. 2 erbringen kann oder ob längere Fristen zu gewähren sind. Wenn die Zahlung fristgerecht erfolgt, ist wiederum nachträglich ein Verfahrenshindernis entstanden. Das Gericht kann jetzt außerhalb der Hauptverhandlung das Verfahren durch Beschluss einstellen, d.h., von der Verfolgung absehen oder in der Hauptverhandlung ein Einstellungsurteil nach § 260 Abs. 3 StPO aussprechen.

III. Verhältnis zu § 153a StPO

53 § 398a AO ist in seinem Anwendungsbereich beschränkt auf die Selbstanzeigefälle, die wegen der 50.000,00 €-Grenze tatbestandsimmanent nicht zur Straffreiheit führen. § 153a StPO gilt dagegen uneingeschränkt für das gesamte Strafverfahren, soweit es Vergehenstatbestände zum Gegenstand hat. Diese uneingeschränkte Geltung wird von § 398a AO nicht beschränkt oder gar ausgeschlossen. § 153a StPO ist damit neben oder anstelle des § 398a AO nach wie vor anwendbar.

54 Dies wird bedeutsam für die Fälle, in denen der Zuschlag von 5 % nach § 398a Nr. 2 AO in einem unangemessenen Verhältnis zur Tat und den Tatfolgen steht. Zu denken ist z.B. an den Fall einer Überschreitung der 50.000,00 €-Grenze ohne dass ein besonders schwerer Fall angenommen wird. Die Praxis wird zeigen, ob und inwieweit § 153a StPO als Korrektiv zu § 398a AO angewandt wird, also insb. in den Fällen, in denen § 398a AO zu unvertretbaren Ergebnissen führt.

55 Eine parallele Anwendung von § 153a StPO und § 398a AO ist denkbar, wenn § 398a AO bzgl. der Steuerstraftat Anwendung findet und daneben weitere Straftatbestände verwirklicht sind, für die nach § 153a StPO verfahren werden kann.

56 § 153a füllt schließlich die Lücke aus, die gegeben ist, wenn § 398a AO nicht zur Anwendung gelangt, weil zwar eine Steuerhinterziehung über 50.000,00 € vorliegt, der Täter hieraus keinen eigenen Vorteil gezogen hat und § 398a AO daher keine Anwendung findet (s.o. Rdn. 31).

IV. Strafklageverbrauch

57 Die Anwendung des § 398a setzt voraus, dass Straffreiheit nur deswegen nicht eintritt, weil die 50.000-EUR-Grenze überschritten wird, d.h. positive Voraussetzung ist, eine wirksame Selbstanzeige i.S.d. § 371 Abs. 1 AO. § 398a AO regelt nur diesen Fall. Stellt sich nach einem Absehen von Strafe heraus, dass die wirksame Selbstanzeige nicht gegeben ist, entfaltet das Absehen von Strafe keine fortdauernde Wirkung, weil es an der Grundvoraussetzung des § 398a AO, der wirksamen Selbstanzeige, fehlt. Das Verfahren kann ohne Weiteres fortgesetzt werden (vgl. *Rolletschke/Kemper* § 398a Rn. 39; *Habammer*, StBW 2011, 310, 314; *Ransiek/Hinghaus*, BB 2011, 2271, 2273; *Heuel/Beyer*, StBW 2011, 315, 320; *Rolletschke/Roth*, Stbg 2011, 200, 207; *Erb/Schmitt*, PStR 2011, 144, 149; *Adick* PStR 2011, 199, 201 mit Hinweis auf Erlass des Finanzministeriums

Nordrhein-Westfalen und Rundschreiben der OFD Niedersachsen; *Zanziger,* DStR 2011, 1397, 1402; *Hunsmann,* PStR 2011, 227, 228, offen gelassen noch in NJW 2011, 1482, 1487).

Dies gilt auch für den Fall einer Einstellung durch gerichtliche Entscheidung. Das Einstellungsur- 58 teil nach § 260 Abs. 3 StPO hat keinen Verbrauch der Strafklage zur Folge (vgl. *Meyer-Goßner* § 260 Rn. 48). Der Beschluss außerhalb der Hauptverhandlung entfaltet keine formelle und damit keine materielle Rechtskraft (vgl. *Meyer-Goßner* Einl. Rn 166, 168). Diese ist jedoch Voraussetzung für den Strafklageverbrauch (*Meyer-Goßner* Ein. Rn. 171). Der Strafklageverbrauch tritt auch deshalb nicht ein, weil keine Sachentscheidung sondern nur eine prozessuale Entscheidung über das Bestehen eines Verfahrenshindernisses getroffen wurde (vgl. *Meyer-Goßner* Einl. Rn. 172 bis n.w.Nachw.).

V. Steuerliche Behandlung des Zuschlags

Die Frage der steuerlichen Behandlung wurde im Gesetzgebungsverfahren nicht gesehen und 59 daher auch nicht geregelt. Es spricht viel dafür, gerade aufgrund der Nähe zu § 153a StPO, eine Abzugsfähigkeit zu verneinen (vgl. *Rolletschke*/Kemper § 398a Rn. 40; offen gelassen bei *Rolletschke/Roth,* Stbg 2011, 200, 206; für eine Abzugsfähigkeit bei der Hinterziehung betrieblicher Steuern *Stahl* Rn. 415).

II. Verfahren der Finanzbehörden bei Steuerstraftaten (§§ 399 – 401 AO)

§ 399 AO   Rechte und Pflichten der Finanzbehörde

(1) Führt die Finanzbehörde das Ermittlungsverfahren auf Grund des § 386 Abs. 2 selbständig durch, so nimmt sie die Rechte und Pflichten wahr, die der Staatsanwaltschaft im Ermittlungsverfahren zustehen.

(2) Ist einer Finanzbehörde nach § 387 Abs. 2 die Zuständigkeit für den Bereich mehrerer Finanzbehörden übertragen, so bleiben das Recht und die Pflicht dieser Finanzbehörden unberührt, bei dem Verdacht einer Steuerstraftat den Sachverhalt zu erforschen und alle unaufschiebbaren Anordnungen zu treffen, um die Verdunkelung der Sache zu verhüten. Sie können Beschlagnahmen, Notveräußerungen, Durchsuchungen, Untersuchungen und sonstige Maßnahmen nach den für Ermittlungspersonen der Staatsanwaltschaft geltenden Vorschriften der Strafprozessordnung anordnen.

A. Allgemeines

§ 399 AO ergänzt § 386 Abs. 2 AO indem er die dort begründete Rechtsstellung der Finanzbe- 1
hörde als Strafverfolgungsbehörde im selbstständig durchgeführten Ermittlungsverfahren inhaltlich präzisiert.

Finanzbehörde i.S.d. § 399 AO ist die Finanzbehörde i.S.d. § 386 Abs. 1 AO, mithin ausschließ- 2
lich das Hauptzollamt, das FA, das Bundesamt für Finanzen und die Familienkasse (vgl. § 386
Rdn. 1).

Die Rechtsstellung und die rechtlichen Befugnisse der Steuer- bzw. Zollfahndung ergeben sich
nicht aus § 399 AO, sondern aus den §§ 208, 404 AO.

Im gerichtlichen Steuerstrafverfahren ist die Rechtsstellung der Finanzbehörde in den
§§ 406, 407 AO geregelt.

Im strafrechtlichen Ermittlungsverfahren ist im Hinblick auf die Rechtsstellung der Finanzbehörde zu differenzieren:

Führt die StA das Verfahren durch, so haben die Beamten der Finanzbehörde die Rechte und 3
Pflichten der Behörden des Polizeidienstes nach der StPO (vgl. § 402 Abs. 1 AO bzgl. der Beam-
ten der Bußgeld- und Strafsachenstelle). Für die Beamten der Steuerfahndung ergibt sich dieselbe
Rechtsstellung aus § 404 Satz 2 AO.

Führt die Finanzbehörde das Verfahren hingegen gem. § 386 Abs. 2 bis 4 AO selbstständig durch, 4
nimmt sie in Form der Bußgeld- und Strafsachenstelle die Rechte und Pflichten wahr, die im
Ermittlungsverfahren der StA zustehen (§ 399 Abs. 1 AO). Die Voraussetzungen dafür sind, dass
(1.) die Tat sich gem. § 386 Abs. 2 Nr. 1 AO ausschließlich als eine Steuerstraftat darstellt oder von
§ 386 Abs. 2 Nr. 2 AO erfasst wird, (2.) der Beschuldigte nicht in Haft oder untergebracht ist
(§ 386 Abs. 3 AO) und (3.) weder die Finanzbehörde die Sache an die StA gem. § 386 Abs. 4
Satz 1 AO abgegeben hat noch die StA die Sache gem. § 386 Abs. 4 Satz 2 AO an sich gezogen
hat.

Soweit die Bußgeld- und Strafsachenstelle das Verfahren selbstständig führt, geschieht dies in eige- 5
ner Verantwortung, sodass sie nicht den **Weisungen der StA** unterliegt (BFH v. 25.01.1975 – VII
R 109/68, BStBl. II 1972, 286; Rolletschke/*Kemper* § 399 Rn. 2). Wie sich allerdings aus dem
Recht der StA ergibt, das Verfahren gem. § 386 Abs. 4 Satz 2 AO jederzeit an sich zu ziehen, han-
delt es sich insoweit um ein abgeleitetes und nicht um ein originäres Recht der Finanzbehörde
(FGJ/*Joecks* § 399 Rn. 3; a.A. Schwarz/*Dumke* § 399 Rn. 4).

Wird das steuerstrafrechtliche Ermittlungsverfahren selbstständig durchgeführt, handelt es sich bei 6
den in diesem Rahmen tätigen Beamten der Finanzbehörde auch nicht um Ermittlungspersonen
der StA i.S.d. §§ 161, 163 StPO, 152 GVG. Die Finanzbehörde ist funktionell **„Justizbehörde"**
(ebenso Rolletschke/*Kemper* § 399 Rn. 2).

Der Inhalt der Rechtsstellung im selbstständigen Verfahren ergibt sich aus § 399 AO i.V.m.
§§ 398, 400, 401 und 407 AO.

Zur Übertragung der Zuständigkeit für den Bereich mehrerer Finanzbehörden auf eine Finanzbehörde gem. § 387 Abs. 2 AO (vgl. Rdn. 270 ff.)

B. Die Finanzbehörde als Ermittlungsbehörde

Die selbstständige Rechtsstellung nach § 399 Abs. 1 AO i.V.m. § 386 AO steht der **„Finanzbe-** 7
hörde" zu. Es handelt sich dabei um das zuständige FA, das durch seinen Vorsteher vertreten wird.
Die jeweiligen Aufgaben können von jedem Amtsträger dieser Behörde innerhalb seines Aufgabenbereichs wahrgenommen werden (Schwarz/*Dumke* § 399 Rn. 3). Der insoweit zuständige

Amtsträger bedarf für seine Tätigkeit nicht der Befähigung zum Richteramt i.S.d. §§ 5 bis 7 DRiG, wie sie für Staatsanwälte nach § 142 GVG i.V.m. § 122 Abs. 1 DRiG erforderlich ist. Dies gilt auch, wenn er strafprozessuale Ermittlungsmaßnahmen anordnet oder beantragt (vgl. BVerfG v. 05.05.1994 – 2 BvL 52/92, wistra 1994, 263; BVerfG v. 14.03.1996, 2 BvL 19/94, wistra 1996, 225; Rolletschke/*Kemper* § 399 Rn. 7).

8   Die selbstständige Rechtsstellung nach § 399 Abs. 1 AO wird allerdings durch § 399 Abs. 2 AO eingeschränkt, sofern eine Zentralisierung der Strafverfolgungsaufgabe auf einzelne Finanzbehörden nach § 387 Abs. 2 AO erfolgt ist (vgl. Rdn. 270 ff.).

9   Die selbstständige Rechtsstellung nach § 399 AO kommt hingegen nicht den OFD und den obersten Finanzbehörden des Bundes und der Länder zu (ebenso FGJ/*Joecks* § 399 Rn. 6 und FGJ/*Jäger* § 397 Rn. 19). Sie dürften demnach auch nicht befugt sein, im Strafverfahren der sachlich zuständigen Finanzbehörde inhaltliche Weisungen zu erteilen (ebenso, HHSp/*Hellmann* § 399 Rn. 24; ebenfalls zweifelnd FGJ/*Joecks* § 399 Rn. 6; Rolletschke/*Kemper* § 399 Rn. 7; a.A. FGJ/*Jäger* § 397 Rn. 22; vgl. auch HHSp/*Hellmann* § 399 Rn. 19 ff.; *Kohlmann* § 386 Rn. 10). Dies ergibt sich daraus, dass die im Steuerstrafverfahren strafprozessuale Aufgaben wahrnehmende Finanzbehörde dem staatsanwaltschaftlichen Dienst- und Organisationsrecht unterliegt. Allerdings stellt sich dies in der Praxis ggf. anders dar, da der jeweilige Amtsträger unter der Personalhoheit des FA, der OFD bzw. der obersten Finanzbehörde steht (zutreffend, Rolletschke/*Kemper* § 399 Rn. 7).

10   Die Finanzbehörde unterliegt durch die Einräumung der staatsanwaltschaftlichen Rechtsstellung im Strafverfahren dem **Legalitätsprinzip**, was sich insb. im Hinblick auf die Einleitung von strafrechtlichen Ermittlungsverfahren auswirkt. Die Finanzbehörde ist nach § 385 Abs. 1 AO i.V.m. § 152 Abs. 2 StPO **verpflichtet, wegen aller Straftaten einzuschreiten**, soweit diese ihrer selbstständigen Ermittlungskompetenz unterliegen. Folglich muss sie – unabhängig z.B. von Zweckmäßigkeitserwägungen – bei Vorliegen eines strafprozessualen Anfangsverdachts das strafrechtliche Ermittlungsverfahren eröffnen und durchführen. Diese **Rechtspflicht zur Einleitung des Steuerstrafverfahrens** steht allerdings unter dem Vorbehalt gesetzlicher Ausnahmen, die im Einzelfall den Strafverfolgungsorganen die Möglichkeit einräumen, von der Einleitung und Durchführung eines Strafverfahrens abzusehen.

11   Die Finanzbehörde hat gem. § 160 Abs. 1 StPO den Sachverhalt zu erforschen. Hierbei ist sie gem. § 160 Abs. 2 StPO zur Objektivität verpflichtet und muss mithin sowohl die Tatsachen ermitteln, die den Schluss auf die Schuld, als auch die, die den Schluss auf die Unschuld des Verdächtigen zulassen, oder die für die Bestimmung der Rechtsfolgen der Tat bedeutsam sind, vgl. § 160 Abs. 3 Satz 1 StPO. In jedem Fall hat die Finanzbehörde allerdings auch im Steuerstrafverfahren den an der Bedeutung der Sache zu messenden Grundsatz der Verhältnismäßigkeit zu beachten (vgl. *Meyer-Goßner* § 160 Rn. 21; vgl. auch Rdn. 82 ff.).

12   Die Finanzbehörde kann die ihr geboten erscheinenden Ermittlungsmaßnahmen selbst durchführen und den **Sachverhalt selbstständig ermitteln. Sie kann sich jedoch auch gem. § 161 StPO** der Ermittlungspersonen der StA, vornehmlich der Steuer- bzw. Zollfahndung, und der Polizeiorgane bedienen (Schwarz/*Dumke* § 399 Rn. 6; Rolletschke/*Kemper* § 399 Rn. 19 f.; FGJ//*Joecks* § 399 Rn. 9). Darüber hinaus hat die Finanzbehörde gem. § 161 Abs. 1 Satz 1 StPO die Möglichkeit, von öffentlichen Behörden Auskunft zu verlangen (vgl. *Meyer-Goßner* § 161 Rn. 1a; Radtke/Hohmann/*Kretschmer* § 161 Rn. 6; Graf/*Patzak* § 161 Rn. 5).

13   Da der Finanzbehörde die Befugnisse der StA im Ermittlungsverfahren zustehen, ist sie auch berechtigt, **richterliche Untersuchungshandlungen** zu beantragen (§ 162 StPO) soweit sie deren Vornahme für erforderlich hält (Schwarz/*Dumke* § 399 Rn. 7; Rolletschke/*Kemper* § 399 Rn. 26; FGJ/*Joecks* § 399 Rn. 10). Die für die Ermittlung in Anspruch genommenen Organe und Institutionen (Polizei, Steuer- oder Zollfahndung) haben kein eigenes Antragsrecht, sodass sie einer entsprechenden Entscheidung der Finanzbehörde (= Bußgeld- und Strafsachenstelle) bedürfen.

Im Gegensatz zur staatsanwaltschaftlichen Rechtsstellung der Finanzbehörde im Ermittlungsver- 14
fahren sind ihre Befugnisse im Hinblick auf den **Abschluss des Verfahrens** eingeschränkt.

Kommt nach dem Ergebnis der Ermittlungen die Erhebung der öffentlichen Klage nicht in 15
Betracht, so kann die Finanzbehörde gem. § 399 Abs. 1 AO i.V.m. § 398 AO das Verfahren ohne
Mitwirkung der StA **einstellen.**

Hat sich aufgrund der Ermittlungen jedoch ein ausreichender **Anlass zur Anklageerhebung** erge- 16
ben, so kann die Finanzbehörde dies lediglich in der Form eines **Strafbefehlsantrags** selbstständig
tun (vgl. § 400 Rdn. 10 ff.). Ist die Angelegenheit jedoch nicht zum Abschluss im Strafbefehlsweg
geeignet, so muss die Finanzbehörde die Sache gem. § 386 Abs. 4 Satz 1 AO an die StA abgeben
(vgl. § 386 Rdn. 44 ff.). Durch diese Abgabe verliert die Finanzbehörde ihre Rechtsstellung nach
§ 399 Abs. 1 AO, und die StA wird Herrin des Strafverfahrens (§ 386 Rdn. 44 ff.). Folglich kann
sie ab diesem Zeitpunkt das Verfahren nach ihrer eigenen Entscheidung und ohne weitere Beteiligung der Finanzbehörde abschließen (§ 400 Rdn. 22 ff.).

C. Einzelne strafprozessuale Ermittlungsmaßnahmen

I. Durchsuchung

1. Allgemeines

In Steuerstrafverfahren erfolgt die Durchsuchung von Räumen, Sachen und Personen i.d.R. nicht 17
zum Zwecke der Ergreifung einer Person (sog. Ergreifungsdurchsuchung), sondern um Beweismittel aufzufinden (sog. **Ermittlungsdurchsuchung**). Es ist insoweit zu berücksichtigen, dass die
Durchsuchung der Wohnung einen erheblichen Eingriff in das Grundrecht auf Unverletzlichkeit
der Wohnung gem. Art. 13 GG und die Durchsuchung der Person einen solchen in das allgemeine Persönlichkeitsrecht gem. Art. 2 Abs. 1 GG i.V.m. Art. 1 Abs. 1 GG darstellt. Allerdings hat
der von der Durchsuchung Betroffene die Möglichkeit, auf den grundrechtlichen Schutz zu verzichten, indem er nach qualifizierter Belehrung in die Durchsuchung einwilligt (LG Bremen
v. 20.04.2005 – 1 Qs 47/05, StV 2005, 318; Radtke/Hohmann/*Ladiges* § 102 Rn. 2). Nimmt der
Betroffene die Durchsuchung lediglich hin oder zeigt sich kooperativ, so liegt allein darin keine
konkludente Einwilligung (OLG Hamm v. 18.08.2009 – 3 Ss 293/08, NJW 2009, 3109).

2. Durchsuchungsbeschluss

Gem. § 105 Abs. 1 Satz 1 Halbs. 1 StPO werden Durchsuchungen grds. durch den Richter ange- 18
ordnet, womit die StPO den Bereich des **Richtervorbehaltes** ggü. Art. 13 Abs. 2 GG über die
Durchsuchung von Wohnungen hinaus ausdehnt. Der Richter muss auf Grundlage der bisherigen
Ermittlungsergebnisse eigenverantwortlich prüfen, ob die Voraussetzungen der Durchsuchung
gegeben sind, sodass er eine Kontrollinstanz ggü. den Strafverfolgungsbehörden darstellt (BVerfG
v. 20.02.2001 – 2 BvR 1444/00, BVerfGE 103, 142; BVerfG v. 08.03.2004, 2 BvR 27/04,
NJW 2004, 1517; Radtke/Hohmann/*Ladiges* § 105 Rn. 5; *Meyer-Goßner* § 105 Rn. 1). Der richterliche Durchsuchungsbeschluss wird **i.d.R. schriftlich** ausgefertigt und ist dem Beschuldigten zu
Beginn der Durchsuchung auszuhändigen (BVerfG v. 20.02.2001 – 2 BvR 1444/00,
BVerfGE 103, 142; Radtke/Hohmann/*Ladiges* § 105 Rn. 6; *Meyer-Goßner* § 105 Rn. 3). In Eilfällen darf der Richter auch **mündlich** entscheiden, z.B. wenn keine Möglichkeit zur Übermittlung
der schriftlichen Entscheidung per Telefax oder E-Mail besteht (BGH v. 18.04.2007, 5 StR 546/
06, BGHSt 51, 285; BGH v. 13.01.2005, 1 StR 531/04, NJW 2005, 1060; Radtke/Hohmann/
Ladiges § 105 Rn. 6; *Meyer-Goßner* § 105 Rn. 3; a.A. SK-StPO/*Wohlers* § 105 Rn. 29; *Harms*,
StV 2006, 215).

Zu beantragen ist der richterliche Beschluss bei dem AG, in dessen Bezirk durchsucht werden soll. 19
Soll jedoch in mehreren Bezirken durchsucht werden, so sind die Anträge bei dem Gericht zu stellen, in dessen Bezirk die beantragende Stelle ihren Sitz hat (§ 162 Abs. 1 Satz 2 StPO). Dies kann

dazu führen, dass z.B. in Berlin, Stralsund und Frankfurt aufgrund eines Durchsuchungsbeschlusses des AG Hamburg durchsucht wird, wenn die Bußgeld- und Strafsachenstelle Hamburg das Verfahren führt.

Voraussetzung eines Durchsuchungsbeschlusses ist, dass der Anfangsverdacht einer Steuerstraftat oder einer Steuerordnungswidrigkeit besteht. Der Durchsuchungsbeschluss selbst muss hinreichend genau sein, d.h., er muss

- durch tatsächliche Angaben den Tatvorwurf konkretisieren, sodass bei Steuerstraftaten oder -ordnungswidrigkeiten Angaben zu den betroffenen Steuerarten und Veranlagungszeiträumen erforderlich sind (BVerfG v. 09.02.2005 – 2 BvR 984/04 u.a., NStZ-RR 2005, 203; BGH v. 05.04.2000, 5 StR 226/99, NStZ 2000, 427; BVerfG v. 26.05.1976 – 2 BvR 294/76, BVerfGE 42, 212; Radtke/Hohmann/*Ladiges* § 105 Rn. 10);
- die zu durchsuchenden Räumlichkeiten spezifizieren (BVerfG v. 03.09.1991 – 2 BvR 279/90, NStZ 1992, 91);
- die Art der gesuchten Beweismittel – ggf. in Form einer beispielhaften Aufzählung beschreiben (BVerfG v. 09.02.2005 – 2 BvR 984/04 u.a., NStZ-RR 2005, 203; BVerfG v. 26.05.1976 – 2 BvR 294/76, BVerfGE 42, 212; Radtke/Hohmann/*Ladiges* § 105 Rn. 9; *Meyer-Goßner* § 105 Rn. 5).

20   Durch den richterlichen Durchsuchungsbeschluss muss folglich so weit wie möglich sichergestellt werden, dass der Eingriff in die Grundrechte des Betroffenen i.R.d. Möglichen und Zumutbaren **messbar und kontrollierbar** bleibt. Damit der Schutz der räumlichen Privatsphäre ausreichend gewahrt bleibt, kann dieser Schutz nicht allein den durchführenden Beamten überlassen werden. Folglich sind eine nur schlagwortartige Beschreibung der aufzuklärenden Straftaten (z.B. ohne Angabe der Steuerart oder des Zeitraums), eine Beschreibung der zu durchsuchenden Räumlichkeiten als „die Wohnung des Betroffenen und seine anderen Räume" oder die Bezeichnung der gesuchten Beweismittel als „alle beweiserheblichen Unterlagen" nicht ausreichend, da die jeweilige Bestimmung dann nicht vom Richter wahrgenommen worden wäre, sondern den vor Ort anwesenden Beamten überlassen würde. Somit müssen auch die gesuchten Beweismittel im Durchsuchungsbeschluss so bezeichnet werden, dass keine Zweifel über die zu suchenden (und dann zu beschlagnahmenden, vgl. Rdn. 51 ff.) Gegenstände entstehen können. Folglich bedarf es einer annährungsweisen Benennung, z.B. durch eine beispielhafte Aufzählung, oder es muss sich aus den Gründen des Durchsuchungsbeschlusses unzweifelhaft ergeben, welche Unterlagen als Beweismittel von Bedeutung sind.

21   Weitere Anforderungen an einen Durchsuchungsbeschluss ergeben sich aus dem Verhältnismäßigkeitsprinzip: Die strafprozessuale Durchsuchung muss den Erfolg versprechen, geeignete Beweismittel zu erbringen, es darf kein milderes Mittel zur Verfolgung und Aufklärung der Straftat geben und sie muss angemessen im Verhältnis zur Schwere der verfolgten Straftat und des Tatverdachts sein. Ferner muss die Begründung des Durchsuchungsbeschlusses erkennen lassen, dass der Richter die Verhältnismäßigkeit der Durchsuchung geprüft hat. Folglich muss die Begründung umso eingehender sein, je geringer der Tatverdacht oder die Auffindungsvermutung ist (BVerfG v. 11.07.2008 – 2 BvR 2016/06, NJW 2009, 281).

22   In Ausnahmefällen – bei **Gefahr im Verzug** – kann die Durchsuchung auch durch die StA, die Bußgeld- und Strafsachenstelle oder die Steuerfahndung angeordnet werden. Ist dies der Fall, kann die Anordnung auch mündlich, telefonisch, telegrafisch oder in jeder anderen Form ergehen. Aufgrund der insoweit sehr restriktiven Rechtsprechung des BVerfG dürften Durchsuchungen wegen Gefahr im Verzug in Steuerstrafsachen allerdings nur selten vorkommen.

23   **Gefahr im Verzug** liegt vor, wenn eine richterliche Anordnung nicht eingeholt werden kann, ohne dass der Zweck der jeweiligen Maßnahme gefährdet wird (BVerfG v. 20.02.2001 – 2 BvR 1444/00, BVerfGE 103, 142; Radtke/Hohmann/*Ladiges* § 105 Rn. 14; *Meyer-Goßner* § 98 Rn. 6). Sie kann auch während der Vollstreckung einer richterlichen Anordnung eintreten (OLG Düsseldorf

v. 26.02.2008 – III-5 Ss 203/07 – 93/07 I, StraFo 08, 238; *Meyer-Goßner* § 108 Rn. 5). Da die richterliche Anordnung jedoch die Regel darstellt, haben die Strafverfolgungsorgane – sofern dies möglich ist – zu versuchen, eine **richterliche Anordnung** zu **erwirken** BVerfG v. 20.02.2001 – 2 BvR 1444/00, BVerfGE 103, 142; *Meyer-Goßner* § 105 Rn. 2; *Amelung*, NStZ 2001, 337; *Asbrock*, StV 2001, 322). Dafür muss auch die bis zur Durchführung der Maßnahme verstreichenden Zeit dahin gehend genutzt werden, dass zumindest versucht wird, telefonisch mit dem zuständigen Richter Kontakt aufzunehmen (BVerfG v. 20.12.2001 – 2 BvR 1444/00, BVerfGE 103, 142; BbgVerfG v. 21.11.2002 – 94/02; NJW 03, 2305; LG Berlin v. 30.08.2007 – 506 Qs 140/07, StV 08, 244; vgl. auch OLG Köln, v. 27.10.2009 – 81 Ss 65/09, StV 10, 14; unzutreffend hingegen LG Magdeburg, v. 01.09.2005 – 24 Qs 24/05, wistra 2006, 276). Damit dies möglich ist, müssen die Gerichte dafür einen **Bereitschaftsdienst** (vgl. § 22c GVG) einrichten (BVerfG v. 20.12.2001 – 2 BvR 1444/00, BVerfGE 103, 142). Dieses Erfordernis besteht nicht nur während der üblichen Dienstzeiten, sondern auch außerhalb dieser Zeiten (BVerfG v. 28.09.2006 – 2 BvR 876/06, NJW 2007, 1444; BVerfG v. 08.03.2006 – 2 BvR 1114/05, NJW 2006, 3267) und auch zur Nachtzeit i.S.d. § 104 Abs. 3 StPO (vgl. Rdn. 25), wenn dafür ein über den Ausnahmefall hinausgehender Bedarf besteht (BVerfG v. 10.12.2003 – 2 BvR 1481/02, NJW 2004, 1442; BVerfG v. 04.02.2005 – 2 BvR 308/04, NJW 2005, 1637; Radtke/Hohmann/*Ladiges* § 105 Rn. 16). **Gefahr im Verzug** wird dementsprechend z.B. anzunehmen sein, wenn kein Richter rechtzeitig erreichbar ist oder dieser zwar erreicht wird, sich jedoch nicht in der Lage sieht, ohne die aus Zeitgründen nicht mögliche Vorlage der Akten zu entscheiden, obwohl ihm der Sachverhalt plausibel geschildert wurde (BGH v. 11.08.2005 –5 StR 200/05, NStZ 2006, 114; *Meyer-Goßner* § 105 Rn. 2; *Brocke/Herb*, NStZ 09, 674; *Burhoff*, StraFo 05, 156; *Höfling*, JR 03, 410; *Hofmann*, NStZ 03, 230; a.A. LG Berlin v. 30.11.2009 – 522a-2/09, 522a – 2/09, [522a] 1 Kap Js 1366/09 KLs [2/09], NStZ 2010, 415; Radtke/Hohmann/*Ladiges* § 105 Rn. 15; *Beichel/Kieninger* NStZ 2003, 10) oder sich überraschend ein weiterer Durchsuchungsort in unmittelbarer räumlicher Nähe ergibt und diesbezüglich die Gefahr des Beweisverlustes besteht.

Die willkürliche Annahme des Vorliegens von Gefahr im Verzug oder die beabsichtigte Provoka- **24** tion einer entsprechenden Situation begründet grds. ein **Verwertungsverbot** (BVerfG v. 02.07.2009 – 2 BvR 2225/08, NJW 2009, 3225; BVerfG v. 16.03.2006 – 2 BvR 954/02, NJW 2006, 2684; Radtke/Hohmann/*Ladiges* § 105 Rn. 19; SK-StPO/*Wohlers* § 105 Rn. 79; weiter gehender *Burhoff*, StraFo 2005, 140, nach dem in jedem Fall, in dem eine Missachtung vorliegt, ein Verwertungsverbot eingreifen soll; a.A. LR-StPO/*Schäfer* § 105 Rn. 119, wonach stets eine Abwägung erforderlich sein soll).

Die Durchsuchung ist – abgesehen von im Steuerstrafverfahren nur selten einschlägigen Ausnah- **25** men wie Durchsuchungen im Rotlichtmilieu oder in Diskos – zur **Nachtzeit** nicht zulässig, § 104 Abs. 1 und 2 StPO. Die Nachtzeit umfasst gem. § 104 Abs. 3 StPO in dem Zeitraum v. 01. April bis zum 30. September die Zeit von 9 Uhr abends bis 4 Uhr morgens und im Zeitraum v. 01. Oktober bis 31. März die Zeit von 9 Uhr abends bis 6 Uhr morgens.

Ein bedeutsamer Unterschied besteht zwischen Durchsuchungen beim Verdächtigen (§ 102 StPO) **26** und solchen beim nicht Verdächtigen (§ 103 StPO).

Eine **Durchsuchung beim Verdächtigen nach § 102 StPO** ist nur zulässig ist, wenn

– zu vermuten ist, dass die Durchsuchung entweder zur Ergreifung des Verdächtigen oder (wie meist in Steuerstrafverfahren) zur Auffindung von Beweismitteln führt;
– im Durchsuchungsbeschluss der Tatverdacht ausreichend konkretisiert ist, d.h. tatsächliche Angaben über die Straftat enthalten sind, die Anlass für die Durchsuchung war (Angabe der Steuerart, des Zeitraums und eine kurze Beschreibung des konkreten Vorwurfs; Schlagworte oder abstrakte Darstellungen reichen insoweit nicht aus);
– die Maßnahme verhältnismäßig ist, was der Richter zu prüfen hat.

Handelt es sich hingegen um eine **Durchsuchung beim nicht Verdächtigen gem. § 103 StPO**, so ist zu berücksichtigen, dass

– die Durchsuchung nur zur Ergreifung des Beschuldigten oder zur Verfolgung von Spuren einer Straftat bzw. zur Beschlagnahme bestimmter Gegenstände zulässig ist und
– Tatsachen gegeben sein müssen, aus denen zu schließen ist, dass sich die gesuchte Person oder Sache in den zu durchsuchenden Räumen befindet.

Die pauschale, allgemeine Erwartung, irgendein relevantes Beweismittel zu finden, rechtfertigt für sich allein eine Durchsuchung beim unverdächtigen Dritten hingegen nicht (LG Limburg v. 15.02.2011 – 1 Qs 6/11, 1 Qs 20/11, PStR 2011, 112).

27 Auch bzgl. des **Gegenstandes der Durchsuchung** ist zu differenzieren zwischen der Durchsuchung der Wohnung, der Person, von Sachen und von EDV-Anlagen.

Unter den Begriff **Wohnung** fallen alle Räumlichkeiten, die der Verdächtige tatsächlich innehat oder die er nicht nur vorübergehend (mit-)benuzt (BVerfG v. 09.02.2005 – 2 BvR 984/04 u.a., NStZ-RR 2005, 203; BGH v. 15.10.1985 – 5 SrR 338/85, NStZ 1986, 84; Radtke/Hohmann/*Ladiges* § 105 Rn. 9). Die Eigentumslage oder die Berechtigung zur Nutzung sind insoweit unerheblich, allein die faktische Nutzung zu Wohnzwecken ist maßgeblich (BVerfG v. 07.02.2009 – 2 BvR 2225/08, NJW 2009, 3225; BGH v. 05.10.1985 – 5 StR 338/85, NStZ 1986, 84; Graf/*Hegmann* § 102 Rn. 8; *Meyer-Goßner* § 102 Rn. 7). Dies folgt aus der weiten Auslegung des BVerfG des Wohnungsbegriffs in Art. 13 Abs. 1 GG, durch die ein umfassender grundrechtlicher Schutz gewährleistet werden soll (Radtke/Hohmann/*Ladige*s § 102 Rn. 10; LR-StPO/*Schäfer* § 102 Rn. 28). Folglich umfasst der strafprozessuale Begriff der Wohnung auch sämtliche Räume, die der allgemeinen Zugänglichkeit durch eine gewisse Abschottung entzogen sind und zur Stätte privaten Wirkens gemacht wurden (BVerfG v. 26.05.1993 – 1 BvR 208/93, BVerfGE 89, 1; BGH v. 10.08.2005 – 1 StR 140/05, BGHSt 50, 206; Maunz/Dürig/*Papier* Art. 13 Rn. 10 f.). Mithin fallen darunter z.B. auch **Arbeits-, Betriebs- und Geschäftsräume** (BVerfG v. 13.10.1971 – 1 BvR 280/66, BVerfGE 32, 54; BVerfG v. 26.03.2007 – 2 BvR 1006/01, NVwZ 2007, 1047; *Meyer-Goßner* § 102 Rn. 7) und **Hotelzimmer** (Radtke/Hohmann/*Ladiges* § 102 Rn. 10; *Meyer-Goßner* § 102 Rn. 7). Ebenso können Nebenräume (Garagen, Keller, Dachböden), und das befriedete Besitztum (vgl. § 104 Abs. 1 StPO; z.B. Hofräume und am Wohnhaus befindliche Gärten), nur unter den Voraussetzungen der §§ 102 ff. StPO durchsucht werden (BGH v. 14.03.1997 – 1 BGs 65/97, NStZ 1998, 157; Radtke/Hohmann/*Schäfer* § 102 Rn. 10; *Meyer-Goßner* § 102 Rn. 7).

28 **Räumlichkeiten juristischer Personen** können nach der Rechtsprechung bei Verdacht gegen Organe der juristischen Person sowohl auf Grundlage von § 102 StPO als auch auf Grundlage von § 103 StPO durchsucht werden (BGH v. 22.08.1996 – 5 StR 159/96, wistra 1997, 107, 108; KK/*Neck* § 102 Rn. 8; a.A. Radtke/Hohmann/*Ladiges* § 102 Rn. 12, der eine Differenzierung nach den Gewahrsamsverhältnissen fordert).

29 Bei der **Durchsuchung der Person** handelt es sich um die aktive Suche nach Beweisgegenständen unter der Kleidung, am Körper und in natürlichen Körperöffnungen des Betroffenen, die ohne medizinische Hilfsmittel einzusehen sind (OLG Celle, NdsRpfl 97, 163; Radtke/Hohmann/*Ladige*s § 102 Rn. 13; *Meyer-Goßner* § 102 Rn. 9). Sie ist im Hinblick auf die geringe Größe von Datenträgern (USB-Sticks, Speicherkarten usw.) i.d.R. unabdingbar und in nahezu jedem Durchsuchungsbeschluss mit angeordnet.

30 Die eigentliche, über die abgelegte Kleidung hinausgehende körperliche Durchsuchung soll gem. § 81d StPO durch eine im Verhältnis zum Betroffenen gleichgeschlechtliche Einsatzkraft erfolgen. Die zu durchsuchende Person ist darüber zu belehren, dass bei berechtigtem Interesse die Untersuchung einer Person oder einem Arzt bestimmten Geschlechts übertragen werden soll. Auf Wunsch der zu durchsuchenden Person soll ferner eine weitere Person ihres Vertrauens hinzugezogen werden. Wird ein diesbezüglicher Wunsch geäußert, so ist bis zum Eintreffen dieser Person zu warten, sofern dies in einem vertretbaren zeitlichen Rahmen liegt.

Die **körperliche Untersuchung** des Beschuldigten richtet sich hingegen nach § 81a StPO, wird im 31
Steuerstrafverfahren aber i.d.R. allenfalls bei verschluckten Beweismitteln relevant sein.

Sachen sind die bewegliche Habe des Betroffenen, die dieser nicht am Körper trägt. Maßgeblich 32
ist auch insoweit der faktische Gewahrsam, und nicht die Eigentumslage (BGH
v. 21.02.2006 3 BGs 31/06, StV 2007, 60; LG Bremen v. 22.07.2005 – 11 Qs 112/05, StV 2006,
571; Radtke/Hohmann/*Ladiges* § 102 Rn. 14; *Meyer-Goßner* § 102 Rn. 10). Folglich ist auch Mitgewahrsam ausreichend und der räumliche Abstand zu einer Sache ist ohne Bedeutung, wenn sie
nur im Gewahrsam des Betroffenen steht (in Radtke/Hohmann/*Ladiges* § 102 Rn. 14; KK/*Nack*
§ 102 Rn. 11).

Computer und **EDV-Anlagen** dürfen eingeschaltet und aktiviert werden, um Beweismittel aufzu- 33
finden (Graf/*Hegmann* § 102 Rn. 13; *Meyer-Goßner* § 102 Rn. 10a). Die jeweiligen Daten sind als
Gegenstände i.S.d. §§ 94 StPO anzusehen (BVerfG v. 12.04.2005, 2 BvR 1027/02, wistra 2005,
295; BVerfG v. 16.06.2009 – 2 BvR 902/06, NJW 2009, 2431; FGJ/*Joecks* § 399 Rn. 62; a.A. Rol-
letschke/*Kemper* § 399 Rn. 74d).

Die Durchsicht **externer Speichermedien** erfolgt gem. § 110 Abs. 3 StPO. Voraussetzung ist aller- 34
dings, dass sich Hard- oder Software im Gewahrsam des Beschuldigten finden, wenn die Durchsuchung nach § 102 StPO angeordnet wurde.

Daten werden meist durch ihre Reproduktion auf externe Speichermedien sichergestellt. Zur Ver- 35
wertbarkeit bei fehlender richterlicher Anordnung vgl. LG Bremen v. 22.07.2005 – 11 Qs 112/
2005, StV 2006, 571. Zur Überwachung von E-Mails vgl. Rdn. 200 ff. .

3. Durchführung der Durchsuchung

Der Beschuldigte ist nicht verpflichtet, den durchsuchenden Beamten in irgendeiner Weise zu hel- 36
fen, z.B. indem Unterlagen herausgesucht werden. Er ist lediglich verpflichtet, die Durchsuchung
zu dulden.

Zuständig für die Durchführung der Durchsuchung ist die StA gem. § 36 Abs. 2 Satz 1 StPO bzw. 37
die Bußgeld- und Strafsachenstelle gem. § 399 Abs. 1 AO i.V.m. § 36 Abs. 2 Satz 1 StPO, die ihre
Ermittlungspersonen (Polizei, Zoll, Steuerfahndung) damit beauftragen kann.

Im Ermittlungsverfahren ist die das Verfahren leitende Behörde (StA oder Bußgeld- und Strafsa- 38
chenstelle) nicht verpflichtet, den beantragten Durchsuchungsbeschluss sofort umzusetzen. Um
eine wirksame **Kontrolle des Richters** über die Ermittlungsbehörden sicherzustellen, muss die
geplante Durchsuchung allerdings vom Richter nach den konkreten Gegebenheiten des jeweiligen
Verfahrens beurteilt werden. Wird der zeitliche Abstand zwischen der richterlichen Entscheidung
und der Vollziehung des Beschlusses zu groß, so besteht die Gefahr, dass die für die richterliche
Entscheidung maßgebliche Entscheidungsgrundlage nicht mehr den tatsächlichen Gegebenheiten
entspricht. Die Vollstreckung einer Durchsuchungsanordnung wird folglich unzulässig, wenn sie
später als **6 Monate nach dem Erlass des Durchsuchungsbeschlusses** erfolgt (BVerfG
v. 27.05.1997 – 2 BvR 1992/92, BVerfGE 96, 44; LG Braunschweig v. 21.02.2007 – 6 Qs 23/07,
StraFo 2007, 288; Graf/*Hegmann* § 105 Rn. 14; Radtke/Hohmann/*Ladiges* § 105 Rn. 25; *Meyer-
Goßner* § 105 Rn. 8a; vgl. aber auch LG Zweibrücken v. 23.09.2002 – Qs 103/02, NJW 2003,
156, wonach die Überschreitung der 6-monatigen Frist um 2 Tage unschädlich sein soll), oder
wenn sich die Ermittlungslage derart geändert hat, dass sie eine Durchsuchung nicht mehr rechtfertigt (LG Osnabrück v. 01.10.1986 – 22 Qs 101/86, NStZ 1987, 522; LG Leipzig
v. 06.06.2008 – 5 Qs 18/08, StraFo 2008, 294; *Meyer-Goßner* § 105 Rn. 8a: vgl. auch BVerfG
v. 26.06.2005 – 2 BvR 2428/04, StraFo 2005, 377).

Die gem. § 105 Abs. 2 Satz 1 StPO vorgeschriebene **Anwesenheit von Durchsuchungszeugen** 39
dient dem Schutz des von der Durchsuchung Betroffenen und soll zum einen einem möglichen
Fehlverhalten der Durchsuchungsbeamten vorbeugen, diese aber zum anderen vor unberechtigten

Vorwürfen schützen (BGH v. 09.05.1963 – 3 StR 6/63, NJW 1963, 1461; Graf/*Hegmann* § 105 Rn. 16). Die Zuziehung von Zeugen ist eine wesentliche Förmlichkeit der Durchsuchung (BGH v. 31.01.2007 – 2 StB 18/07, BGHSt 51, 211; OLG Celle v. 01.11.1985 – 3 VAs 20/84, StV 1985, 137; Radtke/Hohmann/*Ladiges* § 105 Rn. 28; *Meyer-Goßner* § 105 Rn. 10). Sie ist allerdings nur erforderlich, wenn sie „möglich" ist, d.h. wenn der eintretende Zeitverlust nicht zu einer Gefährdung oder Vereitelung des Durchsuchungserfolges führt (BGH v. 15.10.1985 – 5 StR 338/85, NStZ 1986, 84; OLG Celle v. 01.11.1985 – 3 VAs 20/84, StV 1985, 137; Radtke/Hohmann/*Ladiges* § 105 Rn. 30; *Meyer-Goßner* § 105 Rn. 11). Dies kann z.B. gegeben sein, wenn die Durchsuchung mit der Einwilligung des Betroffenen begonnen hat und diese Einwilligung während der Maßnahme widerrufen wird (ebenso Graf/*Hegmann* § 105 Rn. 16). Wird von den handelnden Beamten bewusst gegen § 105 Abs. 2 Satz 1 StPO verstoßen, so begründet dies für den Betroffenen das **Recht zur Notwehr** (RG v. 01.10.1920 – IV 619/20, RGSt 55, 161; *Meyer-Goßner* § 105 Rn. 11). Die Verwertbarkeit der Durchsuchungsergebnisse hängt davon allerdings nicht ab (KG NJW 1972, 169; Stuttgart, NJW 1971, 629; *Meyer-Goßner* § 105 Rn. 11; *Ransiek*, StV 2002, 565; zweifelnd in Radtke/Hohmann/*Ladiges* § 105 Rn. 30).

40 Wer **tauglicher Zeuge** ist, ergibt sich aus § 105 Abs. 2 Satz 2 StPO. Der von der Durchsuchung Betroffene kann selbst kein Zeuge sein (OLG Celle v. 01.11.1985 – 3 VAs 20/84, StV 1985, 137; *Meyer-Goßner* § 105 Rn. 10); zur Zuziehung eines Betriebsprüfers bei einer Durchsuchung im Steuerstrafverfahren vgl. OLG Bremen v. 23.10.1998, VAs 1/98, wistra 1999, 74. Ist bei der Durchsuchung ein Richter, Staatsanwalt oder Bediensteter der Finanzbehörde i.S.d. § 399 Abs. 1 AO (LG Koblenz v. 01.03.2004 – 10 Qs 61/03, wistra 2004, 438; *Weyand*, wistra 2008, 215) anwesend, so bedarf es keines Zeugen. §§ 105 Abs. 2, 106 StPO legen den Kreis derjenigen Personen jedoch nicht abschließend fest, die bei einer Durchsuchung zugegen sein dürfen. Folglich ist die Anwesenheit von Dritten zulässig, wenn durch deren Beteiligung – etwa wegen ihres besonderen Wissens – eine Förderung der sachgerechten Erledigung der Maßnahme zu erwarten ist (LG Stuttgart v. 10.06.1997 – 10 Qs 36/97, wistra 1997, 279; OLG Hamm v. 16.01.1986 – 1 VAs 94/85, NStZ 1986, 326; Graf/*Hegmann* § 105 Rn. 17).

41 Der Betroffene kann auf die Zuziehung von Zeugen **verzichten** (BGH v. 09.05.1963 – 3 StR 6/63, NJW 1963, 1461; OLG Stuttgart v. 13.10.1983 – 3 Ss [14] 535/83, MDR 1984, 249; OLG Celle v. 01.11.1985 – 3 VAs 20/84, StV 1985, 137; Graf/*Hegmann* § 105 Rn. 18; Radtke/Hohmann/*Ladiges* § 105 Rn. 31; *Meyer-Goßner* § 105 Rn. 12; a.A. KK/*Nack* § 105 Rn. 14). Der Verzicht ist jederzeit widerrufbar.

42 Wie sich aus § 105 Abs. 2 Satz 1 StPO ergibt, ist eine **fotografische Dokumentation** des Durchsuchungsobjektes i.d.R. nur zulässig, wenn die Bilder als Beweismittel in Betracht kommen oder der Spurensicherung dienen. Allein die Vorbeugung ggü. Schadensersatzansprüchen des Betroffenen rechtfertigt die Anfertigung von Fotografien hingegen nicht, wenn das mildere Mittel der Hinziehung von Zeugen gegeben ist (OLG Celle v. 01.11.1985 – 3 VAs 20/84, StV 1985, 137; LG Hamburg v. 19.03.2004 – 622 Qs 11/04, StV 2004, 368; Graf/*Hegmann* § 105 Rn. 15;, Radtke/Hohmann/*Ladiges* § 105 Rn. 32; *Meyer-Goßner* § 105 Rn. 8b).

43 Die Anordnung der Durchsuchung berechtigt dazu, die Durchsuchung mit **unmittelbarem Zwang** durchzusetzen (OLG Stuttgart v. 13.10.1983 – 3 Ss [14] 535/83, MDR 1984, 249; Radtke/Hohmann/*Ladiges* § 105 Rn. 27; *Meyer-Goßner* § 105 Rn. 13), sodass es z.B. zulässig ist, die Wohnung oder Behältnisse zwangsweise zu öffnen, zur Personendurchsuchung den Betroffenen festzuhalten oder kurzfristig festzunehmen, Platzverweise auszusprechen, Telefonaten zu überwachen (außer im Verhältnis zum Verteidiger) und das Verschließen von Gebäuden oder Räumen. Nicht zulässig ist hingegen die präventive Ingewahrsamnahme zur Verhinderung des Beiseiteschaffens von Beweismitteln oder Vermögenswerten (LG Frankfurt am Main v. 26.02.2008 – 5/26 Qs 6/08, StV 2008, 294).

44 Jede Durchsuchung steht sowohl bzgl. ihrer Anordnung als auch im Hinblick auf ihre Durchführung unter dem Grundsatz der **Verhältnismäßigkeit**. Daraus ergibt sich z.B., dass im Rahmen

einer laufenden Betriebsprüfung zuerst die Mittel der AO ausgeschöpft werden müssen, wenn allenfalls ein vager Anfangsverdacht vorliegt, bevor die Betriebsprüfungsstelle einen Beschlagnahmebeschluss über die Bußgeld- und Strafsachenstelle anregt (BVerfG v. 04.07.2006 – 2 BvR 950/ 05, NJW 2006, 2974; BVerfG v. 03.07.2006 – 2 BvR 2030/04, wistra 2006, 377; LG Hildesheim v. 27.07.2006 – 21 Qs 1/06, wistra 2007, 399; vgl. auch *Kemper*, wistra 2007, 249). Ferner sind dem Betroffenen regelmäßig **Kopien der beschlagnahmten Buchführungs- oder Geschäftsunterlagen** zur Verfügung zu stellen oder ihm ist die Möglichkeit einzuräumen, benötigte Kopien selbst zu fertigen. Die Kosten der Kopien muss allerdings der Betroffene tragen.

Diese **Kosten** belaufen sich nach § 1 Nr. 1. g) GKG i.V.m. § 3 Abs. 2 GKG, Nr. 9005 der   45
Anlage 1 zum GKG und § 7 Abs. 2 JVEG für die Anfertigung von Ablichtungen und Ausdrucken auf 0,50 € je Seite für die ersten 50 Seiten und 0,15 € für jede weitere Seite. Gem. § 17 Abs. 2 GKG kann die Herstellung und Überlassung von Kopien von der vorherigen Zahlung eines die Auslagen deckenden Vorschusses abhängig gemacht werden.

4. Beendigung der Durchsuchung

Die Durchsuchungsanordnung berechtigt nur zu einer einmaligen, einheitlichen Durchsuchung,   46
die allerdings mit Pausen (z.B. während der Nachtzeit) durchgeführt werden kann (BGH v. 05.02.1989 – 2 StR 402/88, NStZ 1989, 375; Radtke/Hohmann/*Ladiges* § 105 Rn. 33; *Meyer-Goßner* § 105 Rn. 14). Die Durchsuchung endet mit der diesbezüglichen Mitteilung des Einsatzleiters ggü. dem Betroffenen oder indem die Beamten den Durchsuchungsort verlassen, wenn sie nicht ihren Willen deutlich machen, die Durchsuchung nur kurzfristig zu unterbrechen (Radtke/ Hohmann/*Ladiges* § 105 Rn. 34; *Rengier*, NStZ 1981, 372). Damit ist der Durchsuchungsbeschluss verbraucht, sodass es für eine erneute Durchsuchung eines erneuten Beschlusses oder einer erneuten Anordnung wegen Gefahr im Verzug bedarf (BVerfG v. 12.02.2004 – 2 BvR 1687/02, StV 2004, 633).

Da die **Durchsicht der vorgefunden Papiere gem. § 110 StPO** noch Teil der Durchsuchung ist,   47
ist sie nicht abgeschlossen, solange die Durchsicht noch andauert. Das bedeutet aber nicht, dass während der Durchsicht noch jederzeit Durchsuchungsmaßnahmen auf der Grundlage der ursprünglichen Anordnung durchgeführt werden können (Radtke/Hohmann/*Ladiges* § 105 Rn. 34).

Der Beschluss ist hingegen – obwohl er nicht genutzt wurde – auch verbraucht, wenn der Betrof-   48
fene die Unterlagen freiwillig herausgibt und freiwillig die Einsichtnahme gewährt (Radtke/Hohmann/*Ladiges* § 105 Rn. 33; *Rengier*, NStZ 1981, 372).

Zur Zulässigkeit sog. **Dauer- oder Mehrfachdurchsuchungsbeschlüsse** vgl. LG Hamburg v. 05.05.2003 – 620 Qs 29/03, wistra 2004, 36 m. Anm. *Webel.*

5. Durchsuchung bei RA, Steuerberatern oder sonstigen Berufsgeheimnisträgern

Für die Durchsuchung im Büro des Beraters/Verteidigers gelten die gleichen Voraussetzungen und   49
Regeln wie bei jeder anderen Durchsuchung. Beschränkungen ergeben sich jedoch im Hinblick auf die Verhältnismäßigkeit der Maßnahmen durch § 160a Abs. 2 StPO und bzgl. der Sicherstellung und Beschlagnahme von Beweismitteln (vgl. dazu Rdn. 141 ff.).

Bzgl. der Durchsuchung ist lediglich zu unterscheiden ob der Berufsgeheimnisträger selbst (auch)   50
Beschuldigter ist, sodass es sich um eine „normale" Durchsuchung nach § 102 StPO handelt oder ob er als Zeuge infrage kommt, es sich also um eine Durchsuchung bei einem Dritten i.S.d. § 103 StPO handelt. Ist Letzteres der Fall, so muss der zu Beweiszwecken gesuchte Gegenstand allerdings der Beschlagnahme unterliegen (vgl. dazu Rdn. 26), da sonst die Durchsuchung nicht den Erfolg verspricht, geeignete Beweismittel zu erbringen und mithin unzulässig ist.

II. Beschlagnahme

1. Allgemeines

51   Beschlagnahme ist die Wegnahme von Gegenständen aus dem Gewahrsam des Eigentümers oder Besitzers und ihre Überführung in amtliche Verwahrung (*Meyer-Goßner* Vor § 94 Rn. 3). Ist dies aufgrund der Qualität der Gegenstände nicht möglich, so kann auch eine Sicherstellung in anderer Form erfolgen, z.B. durch Versiegelung oder Verfügungsverbot.

52   Voraussetzung einer Beschlagnahme ist das Vorliegen eines einfachen **Anfangsverdachts i.S.d.** **§ 152 Abs. 2 StPO** (BGH v. 27.06.1997 – StB 7/97, 2 BJs 28/97 – 7 – StB 7/97, BGHR StPO § 94, Beweismittel 4; BGH v. 22.09.1999 – StB 13/99, 2 BJs 104/97 – 2 – StB 13/99, BGHR StPO § 94, Beweismittel 5; Graf/*Ritzert* § 94 Rn. 4).

53   **Beschlagnahmefähig** sind gem. § 94 Abs. 1 StPO Gegenstände, die als Beweismittel für die Untersuchung von Bedeutung sein können. **Gegenstände i.S.d. § 94 StPO** sind sowohl bewegliche und unbewegliche Sachen (z.B. Schriftstücke und Datenträger) als auch digital gespeicherte Informationen (BVerfG v. 16.06.2009 – 2 BvR 902/06, NJW 2009, 2431; vgl. auch, Radtke/Hohmann/ *Joecks* § 94 Rn. 6 ff.; *Meyer-Goßner* § 94 Rn. 4; Graf/*Ritzert* § 94 Rn. 1). Bei der **Beschlagnahme elektronischer Daten** ist allerdings zu berücksichtigen, dass sie nicht verkörpert sind, sodass von einer Beschlagnahme des Speichermediums unter Verhältnismäßigkeitsgesichtspunkten i.d.R. abzusehen ist und die Daten stattdessen zu spiegeln sind (Radtke/Hohmann/*Joecks* § 94 Rn. 8).

54   Damit ein Gegenstand als **Beweismittel** von Bedeutung sein kann, reicht die nach einer ex ante Prognose bestehende Möglichkeit aus, dass der Gegenstand geeignet ist, unmittelbar oder mittelbar für die Tat oder ihre Umstände Beweis zu erbringen (BVerfG v. 13.12.1994 – 2 BvR 894/94, NJW 1995, 2839; BGH v. 27.06.1997 – StB 7/97, 2 BJs 28/97 – 7 – StB 7/97, BGHR StPO § 94, Beweismittel 4; Radtke/Hohmann/*Joecks* § 94 Rn. 9; *Meyer-Goßner* § 94 Rn. 5 f.; Graf/*Ritzert* § 94 Rn. 3). Für welche Beweisführung der Gegenstand im Einzelnen in Betracht kommt und ob er später Beweismittel wird, ist im Zeitpunkt der Beschlagnahme ohne Bedeutung (BGH v. 27.06.1997 – StB 7/97, 2 BJs 28/97 – 7 – StB 7/97, BGHR StPO § 94, Beweismittel 4; *Meyer-Goßner* § 94 Rn. 6). Folglich besteht insoweit ein nicht unerheblicher Spielraum für die die Beschlagnahme durchführenden Beamten, der i.d.R. bei Durchsuchungen der Steuerfahndung dazu führt, dass umfassend alle mit dem Zeitraum der Straftat in Zusammenhang stehenden Unterlagen beschlagnahmt werden, da sie über steuerstrafrechtlich relevante Lebenssachverhalte Aufschluss geben können (Kontoführungsunterlagen bzgl. Zu- und Abflüssen, vgl. BVerfG v. 13.12.1994 – 2 BvR 894/94, wistra 1995, 139; Urlaubsfotos und private Briefe bzgl. der Mittelverwendung). Sofern sich die Unterlagen jedoch auf einen Zeitraum beziehen, der nicht Gegenstand des Verfahrens ist, ist ihre Beschlagnahmefähigkeit zweifelhaft.

55   Die **Untersuchung**, für die der Beweisgegenstand von Bedeutung sein muss, umfasst das gesamte Strafverfahren einschließlich Anordnung und Fortdauer der Untersuchungshaft bis zur endgültigen Einstellung des Verfahrens bzw. bis zur Rechtskraft des Urteils (Radtke/Hohmann/*Joecks* § 94 Rn. 11 ff.; *Meyer-Goßner* § 94 Rn. 8 f.; Graf/*Ritzert* § 94 Rn. 4 f.).

2. Sicherstellung

56   Sicherstellung ist die **Herstellung der staatlichen Gewalt** über den Gegenstand durch dessen Inverwahrungsnahme oder in sonstiger Weise. Folglich ist der Begriff der Sicherstellung der Oberbegriff für die Beschlagnahme und die Herstellung der staatlichen Gewalt über ein Beweismittel auf anderem Wege.

57   Damit eine Sicherstellung vorliegt, muss eine amtliche Handlung **in geeigneter Weise und erkennbar** zum Ausdruck bringen, dass die Sache fortan **amtlicher Obhut** untersteht. Es muss mithin durch Inbesitznahme oder sonstige Sicherstellung ein Herrschaftsverhältnis begründet werden (BGH v. 11.10.1960 – 5 StR 333/60, BGHSt 15, 149; *Meyer-Goßner* § 94 Rn. 14; Graf/*Ritzert* § 94

Rn. 6; *Hoffmann/Knierim*, NStZ 2000, 461). Durch die Inverwahrungsnahme wird ein **öffentlich-rechtliches Verwahrungsverhältnis** begründet, auf das die §§ 688 ff. BGB Anwendung finden (BGH v. 03.05.2005 – III ZR 271/04, NJW 2005, 988; Radtke/Hohmann/*Joecks* § 94 Rn. 20). Folglich sind auch die §§ 133, 136 StGB auf in Verwahrung genommene Sachen anwendbar (Radtke/Hohmann/*Joecks* § 94 Rn. 20; *Meyer-Goßner* § 94 Rn. 17; Graf/*Ritzert* § 94 Rn. 6). Ein **Veräußerungsverbot** entsteht durch die Sicherstellung nicht (OLG München v. 04.02.1980, 11 W 715/80, Rpfleger 1980, 238; *Meyer-Goßner* § 94 Rn. 17; Graf/*Ritzert* § 94 Rn. 6; SK-StPO/*Wohlers* § 94 Rn. 3; a.A. OLG Bremen, NJW 1951, 675).

Ist bei Papieren die potenzielle Beweisbedeutung nicht zu beurteilen, so werden sie ggf. gem. **§ 110 StPO** zur Durchsicht mitgenommen (vgl. Rdn. 47). Eine Sicherstellung oder Beschlagnahme ist wegen der ungeklärten Beweiserheblichkeit nicht möglich (KK/*Nack* § 94 Rn. 15), allenfalls eine vorläufige Sicherstellung (BGH v. 05.08.2003 – StB 7/03, NStZ 2003, 670; Graf/*Ritzert* § 94 Rn. 6). **58**

Die **Sicherstellung** kann **formlos** (durch Realakt) erfolgen, wenn der Gewahrsamsinhaber die **59** Sache ausdrücklich oder stillschweigend **freiwillig** zur Verfügung stellt oder ein Gewahrsamsinhaber **nicht bekannt** ist (Radtke/Hohmann/*Joecks* § 94 Rn. 15; *Meyer-Goßner* § 94 Rn. 12; Graf/*Ritzert* § 94 Rn. 7). Im Hinblick auf die Freiwilligkeit der Herausgabe ist es zwar erforderlich, dass der Gewahrsamsinhaber weiß, dass eine Pflicht zur Herausgabe nicht besteht, eine diesbezügliche Belehrung soll allerdings nicht erforderlich sein (Radtke/Hohmann/*Joecks* § 94 Rn. 15; *Meyer-Goßner* § 94 Rn. 12). Aus welchem Grund die Herausgabe erfolgt – z.B. zur Abwendung einer Durchsuchung und Beschlagnahme – ist ohne Bedeutung (Radtke/Hohmann/*Joecks* § 94 Rn. 15; *Meyer-Goßner* § 94 Rn. 12; Graf/*Ritzert* § 94 Rn. 7; SK-StPO/*Wohlers* § 94 Rn. 7). Steht eine Sache im Gewahrsam **mehrerer Mitgewahrsamsinhaber**, müssen alle Mitgewahrsamsinhaber in die Sicherstellung einwilligen; ist einer der Mitgewahrsamsinhaber allein verfügungsberechtigt, genügt dessen Einverständnis. Bei **Minderjährigen** ist das Einverständnis des **gesetzlichen Vertreters** erforderlich (*Meyer-Goßner* § 94 Rn. 12; Graf/*Ritzert* § 94 Rn. 7).

Ob der **Widerruf des Einverständnisses** als Antrag gem. § 98 Abs. 2 Satz 2 StPO (vgl. Rdn. 128 f.) **60** anzusehen ist, ist umstritten (bejahend für die h.M. *Meyer-Goßner* § 94 Rn. 12; Graf/*Ritzert* § 94 Rn. 6; SK-StPO/*Wohlers* § 94 Rn. 9; zu Recht zweifelnd Radtke/Hohmann/*Joecks* § 94 Rn. 16; verneinend LR-StPO/*Schäfer* § 94 Rn. 38).

Eine **Beschlagnahme** ist erforderlich, wenn der Gegenstand **nicht freiwillig** herausgegeben wird **61** (vgl. § 94 Abs. 2 StPO) oder dessen **Herausgabe** nach § 95 Abs. 2 StPO **erzwungen** werden muss. Sie erfolgt durch eine ausdrückliche Anordnung gem. § 98 StPO und deren Vollstreckung gem. § 36 Abs. 2 StPO (vgl. Rdn. 64 ff.), die allerdings häufig in einem Akt erfolgen (Radtke/Hohmann/*Joecks* § 94 Rn. 18; SK-StPO/*Wohlers* § 94 Rn. 11). Die freiwillige Herausgabe steht einer Beschlagnahme nicht entgegen (BGH v. 07.09.1956 – 1 BJs 182/55, NJW 1956, 1805; *Meyer-Goßner* § 94 Rn. 13; KK/*Nack* § 94 Rn. 16; LR-StPO/*Schäfer* § 94 Rn. 41; zweifelnd, Radtke/Hohmann/*Joecks* § 94 Rn. 18; a.A. AK-StPO/*Amelung* § 94, Rn. 24).

Die Beschlagnahme erfolgt dadurch, dass die Gegenstände in Verwahrung genommen werden, **62** indem sie in den **Besitz der StA bzw. der Bußgeld- und Strafsachenstelle** oder einer von ihr **beauftragten Stelle** (insb. der Steuerfahndung) überführt werden.

Kommt eine förmliche Beschlagnahme aufgrund der Beschaffenheit der Gegenstände nicht **63** infrage, da sie nicht in Verwahrung genommen werden können (z.B. Grundstücke, Räume etc.) oder kann der Zweck auch ohne Verwahrnahme erreicht werden, so ist eine **Sicherstellung in anderer Weise** erforderlich. Zu diesem Zweck können Grundstücke abgesperrt, Räume versiegelt und bei beweglichen Sachen Ge- und Verbote angeordnet werden (BGH v. 11.10.1960 – 5 StR 333/60, BGHSt 15, 149), dem unmittelbaren Besitzer kann aufgegeben werden, den Gegenstand nicht herauszugeben (RG v. 26.06.1918 – V 435/18, RGSt 52, 117), ihn nicht zu vernichten und auch sonst nicht über ihn zu verfügen (BGH v. 12.02.1962 – III ZR 204/60, JZ 1962, 609; vgl.

zusammenfassend auch *Meyer-Goßner* § 94 Rn. 16; Graf/*Ritzert* § 94 Rn. 10). Bei der Anfertigung von Kopien gegen Rückgabe des Originals der Urkunde handelt es sich hingegen um einen Sicherstellungsersatz und nicht um eine Sicherstellung in sonstiger Weise (*Meyer-Goßner* § 94 Rn. 16; a.A. *Koch*, wistra 1983, 63; *Sieg*, wistra 1984, 172).

Zu EDV-Beschlagnahmen vgl. Rdn. 145 ff., zu Postbeschlagnahmen Rdn. 148 f..

3. Anordnung und Vollstreckung der Beschlagnahme

Die Beschlagnahme setzt sich aus der Anordnung und der Vollstreckung zusammen:

a) Die Anordnung

64 Die Beschlagnahme wird gem. § 98 Abs. 1 Satz 1 StPO i.d.R. durch den **Richter** angeordnet, d.h. im Ermittlungsverfahren durch den Ermittlungsrichter (§§ 162, 169 StPO), bzw. nach Erhebung der Anklage durch das mit der Sache befasste Gericht. In der Berufungsinstanz entscheidet nach Vorlage der Akten nach § 321 Satz 2 StPO das Berufungsgericht, in der Revisionsinstanz das Gericht, dessen Urteil angefochten wird (RG v. 24.11.1919 – I 397/19, RGSt 54, 165; *Meyer-Goßner* § 98 Rn. 4;, in Graf/*Ritzert* § 98 Rn. 1). Die Entscheidung obliegt nicht dem Vorsitzenden allein, sondern dem Gericht (BGH v. 12.07.2000 – StB 4/00, NStZ 2000, 609; BGH v. 28.06.2001 – 1 StR 198/01, NStZ 2001, 604; OLG Köln v. 07.05.2003 – 2 Ws 170/03, 2 Ws 171/03, NJW 2003, 2546). Der Ermittlungsrichter darf die Beschlagnahme – außer im Fall des § 165 StPO – nur auf Antrag der StA anordnen, und nicht über deren Antrag hinausgehen (LG Kaiserslautern v. 19.03.1981 – 5 Os 346/80, NStZ 1981, 438; *Meyer-Goßner* § 98 Rn. 4). Nach Anklageerhebung entscheidet das Gericht auf Antrag oder von Amts wegen (OLG Hamburg v. 11.10.1984 – 1 Ws 292/84, JR 1985, 300; OLG Köln v. 07.05.2003 – 2 Ws 170/03, 2 Ws 171/03, NJW 2003, 2546).

65 Der Antrag auf Anordnung der Beschlagnahme ist bei dem AG zu stellen, in dessen Bezirk sie durchgeführt werden soll. Wie bei dem Durchsuchungsantrag ist bei Beschlagnahmen **in mehr als einem Gerichtsbezirk** der Antrag gem. § 162 Abs. 1 Satz 2 StPO bei dem AG zu stellen, in dessen Bezirk die beantragende Stelle ihren Sitz hat.

66 Die Anordnung der Beschlagnahme ergeht **schriftlich** in der Form eines Beschlusses und ist gem. § 34 StPO mit einer Begründung zu versehen. Dies gilt auch, wenn der Beschlagnahmebeschluss zunächst mündlich oder fernmündlich erlassen wurde (Radtke/Hohmann/*Joecks* § 98 Rn. 8; *Meyer-Goßner* § 98 Rn. 8). Häufig ergeht er gemeinsam mit dem Durchsuchungsbeschluss (sog. Kombibeschluss).

67 Wie beim Durchsuchungsbeschluss ist es auch bei der Anordnung der Beschlagnahme erforderlich, dass ihr **Umfang vorab durch den Richter bestimmt** ist und nicht den durchführenden Beamten überlassen wird (BVerfG v. 03.09.1991 – 2 BvR 279/90, NStZ 1992, 91; BVerfG v. 09.11.2001 – 2 BvR 436/01, NStZ 2002, 212). Folglich sind die Beweismittel – z.B. im Wege einer beispielhaften Aufzählung – so genau zu bezeichnen, dass unzweifelhaft ist, welche Beweisgegenstände von der Maßnahme erfasst sind (OLG Koblenz v. 19.06.2006 – 1 Ws 385/06, NStZ 2007, 285; LG Frankfurt an der Oder v. 05.05.2008 – 22 Qs 46/08, StraFo 2008, 330; LG Berlin v. 15.01.2004 – 518 Qs 44/03, StV 2004, 198).

68 Ferner muss die gerichtliche Anordnung den **Tatvorwurf** konkretisieren (BVerfG v. 09.11.2001 – 2 BvR 436/01, NStZ 2002, 212; LG Halle v. 05.05.2008 – 22 Qs 8/08, wistra 2008, 280) und die Feststellung enthalten, dass der zu beschlagnahmende Gegenstand als **Beweismittel** benötigt wird (OLG Düsseldorf v. 04.02.1983 – 2 Ws 905/82, 2 Ws 20/83, StV 83, 407; *Meyer-Goßner* § 98 Rn. 9; Graf/*Ritzert* § 98 Rn. 4). Eine allgemeine Beschlagnahmeanordnung z.B. mit dem Inhalt, dass alle bei der Durchsuchung aufgefundenen Beweismittel beschlagnahmt werden sollen, ist unwirksam (BVerfG v. 03.09.1991 – 2 BvR 279/90, NStZ 1992, 91; *Meyer-Goßner* § 98 Rn. 9), eine gattungsmäßige Umschreibung der Beweismittel ist hingegen zulässig (BVerfG

v. 09.11.2001 – 2 BvR 436/01, NStZ 2002, 212; vgl. auch BVerfG v. 16.06.2009 – 2 BvR 902/ 06, NJW 2009, 2431, 2438).

Soll die Anhörung des Betroffenen nach § 33 Abs. 4 StPO unterbleiben, was i.d.R. der Fall ist, ist **69** darzulegen, warum dessen vorherige **Anhörung** den **Untersuchungszweck gefährdet**.

Besteht erst während der Durchsuchung die Möglichkeit zu entscheiden, welche Gegenstände zu **70** beschlagnahmen sind, oder sollen andere als die benannten Gegenstände beschlagnahmt werden, so ist nur eine Beschlagnahme wegen Gefahr im Verzug möglich.

Liegt **Gefahr im Verzug** vor, so kann die Beschlagnahme – außer im Fall des § 98 Abs. 1 Satz 2 **71** StPO – auch durch

– die StA, **72**
– die Bußgeld- und Strafsachenstelle (im eigenen Verfahren: § 399 Abs. 1 AO i.V.m. §§ 386 Abs. 2, 387 Abs. 2 AO; im staatsanwaltschaftlichen Verfahren: §§ 402 Abs. 1, 399 Abs. 2 Satz 2 AO i.V.m. § 386 Abs. 3 und 4 AO),
– die Beamten der Steuerfahndung (§ 404 AO i.V.m. § 399 Abs. 2 Satz 2 AO) und
– jeden einzelnen im FA tätigen Finanzbeamten (§ 399 Abs. 2 Satz 2 AO)

angeordnet werden. Umstritten ist allerdings, ob die Ermittlungspersonen nur bei Unerreichbarkeit der StA zuständig sind (*Meyer-Goßner* § 98 Rn. 6; LR-StPO/*Schäfer* § 98 Rn. 31) oder eine solche Nachrangigkeit nicht besteht (KK/*Nack* § 98 Rn. 11). Nach dem Wortlaut des § 98 Abs. 1 Satz 1 StPO und dem Sinn und Zweck des Richtervorbehalts bzw. seiner Durchbrechung dürfte **keine Nachrangigkeit** bestehen. Gefahr im Verzug liegt vor, wenn die richterliche Anordnung nicht eingeholt werden kann, ohne dass der Zweck der Maßnahme gefährdet wird (BVerfG v. 20.02.2001 – 2 BvR 1444/00, BVerfGE 103, 142; BGH v. 19.01.2010 – 3 StR 530/09, wistra 2010, 231). Die die Gefahr im Verzug begründenden Umstände sind zu dokumentieren (Graf/*Ritzert* § 98 Rn. 2). Die Notkompetenz der StA bzw. der Bußgeld- und Strafsachenstelle und ihrer Ermittlungspersonen bleibt nach Erhebung der Anklage bestehen, vgl. § 98 Abs. 3 StPO.

Anordnungen wegen Gefahr im Verzug können mündlich oder **schriftlich** getroffen werden, müs **73** sen aber in der Folge **aktenkundig** gemacht werden (OLG Karlsruhe v. 03.07.1981 – 4 Ws 151/ 80, Justiz 1981, 482; *Meyer-Goßner* § 98 Rn. 8; Graf/*Ritzert* § 98 Rn. 3). Führt eine Ermittlungsperson eine Beschlagnahme selbst durch, liegt in deren Vornahme i.d.R. auch ihre Anordnung (LG Frankfurt am Main, NJW 1982; *Meyer-Goßner* § 98 Rn. 8), sodass sie keiner Erklärung oder Feststellung bedarf. Auch die Dokumentation der Anordnungsvoraussetzungen kann entbehrlich sein (BVerfG v. 12.02.2007 – 2 BvR 273/06, NJW 2007, 1345).

b) Die Vollstreckung

Sie beginnt mit der Übergabe des Beschlagnahmebeschlusses bzw. mit dessen Bekanntgabe und **74** wird i.d.R. vollzogen, indem die Beweismittel in amtlichen Gewahrsam überführt (Rdn. 56 f., 62) oder auf andere Weise sichergestellt werden (Rdn. 63). Die Vollziehung der Beschlagnahme ist jedoch entbehrlich, wenn die Beweismittel freiwillig herausgegeben werden, vgl. § 94 Abs. 2 StPO. Es handelt sich dann um eine Sicherstellung (Rdn. 56 ff.). Auch im Fall einer freiwilligen Herausgabe kann allerdings eine Beschlagnahme vollzogen werden (Rdn. 61).

Der **Beschuldigte** ist nicht verpflichtet, Gegenstände herauszugeben, die als Beweismittel von **75** Bedeutung sein können, da er zu seiner Überführung nicht beizutragen braucht (Radtke/Hohmann/*Joecks* § 95 Rn. 5; *Meyer-Goßner* § 95 Rn. 5; Graf/*Ritzert* § 95 Rn. 2). Trotzdem kann ihm die Gelegenheit dazu gegeben werden, um eine Durchsuchung abzuwenden (*Meyer-Goßner* § 95 Rn. 5; LR-StPO/*Schäfer* § 95 Rn. 14).

Andere Gewahrsamsinhaber als der Beschuldigte – z.B. auch ein Insolvenzverwalter (LG Saarbrü **76** cken v. 02.02.2010 – 2 Qs 1/10, ZInsO 2010, 431) – können hingegen nach § 95 StPO aufgefordert werden, bewegliche Sachen, die als Beweismittel für eine strafprozessuale Untersuchung von

Bedeutung sein können, vorzulegen und herauszugeben. Kommen sie dieser Verpflichtung nicht nach, so können gegen sie gem. § 95 Abs. 2 StPO vom Gericht Ordnungs- und Zwangsmittel (z.B. Ordnungsgeld und Haft) festgesetzt werden.

77 Voraussetzung für ein Herausgabeverlangen ist allerdings, dass die jeweiligen Beweismittel **nicht beschlagnahmefrei** gem. § 97 StPO sind (SK/*Wohlers* § 95 Rn. 7). Ferner besteht eine Besonderheit für **Zeugnisverweigerungsberechtigte**. Sie dürfen zwar zur Herausgabe aufgefordert werden, sie unterliegen auch der Herausgabepflicht, aber der Anspruch auf Herausgabe gegen sie kann gem. § 95 Abs. 2 Satz 2 StPO nicht mit Zwangsmitteln durchgesetzt werden (OLG Celle v. 23.11.1962 –3 Ws 280/62, NJW 1963, 406; Radtke/Hohmann/*Joecks* § 95 Rn. 6; *Meyer-Goßner* § 95 Rn. 6, 10; Graf/*Ritzert* § 95 Rn. 5; vgl. auch Rdn. 141 ff.).

78 Ein **Herausgabeverlangen** ist i.d.R. unter dem Gesichtspunkt der Verhältnismäßigkeit das **mildere Mittel** ggü. einer Beschlagnahme im Rahmen einer Durchsuchung, sodass ggü. Dritten, bei denen mit einer unproblematischen Herausgabe gerechnet wird (Bsp.: Banken) dieser Weg zu wählen ist (LG Saarbrücken v. 02.02.2010 – 2 Qs 1/10, ZInsO 2010, 431). In der Praxis werden in solchen Fällen meist **Beschlagnahmeanordnungen mit Abwendungsbefugnis** erlassen (vgl. Radtke/Hohmann/*Joecks* § 95 Rn. 2). Das Herausgabeverlangen kann z.B. in dieser Form mit einem Durchsuchungs- und Beschlagnahmebeschluss verbunden werden.

79 Das **Herausgabeverlangen** kann schriftlich oder mündlich (KG v. 23.08.1988 – 4 Ws 154/88, NStZ 1989, 192; Radtke/Hohmann/*Joecks* § 95 Rn. 7) von denjenigen gestellt werden, die auch zur Beschlagnahme befugt sind, d.h. vom Richter und – auch ohne Gefahr im Verzug – von der StA, der Bußgeld- und Strafsachenstelle, der Steuerfahndung und jedem Finanzbeamten (LG Koblenz v. 31.10.2001 – 4 Qs 167/01, wistra 2002, 359; LG Gera v. 30.09.1999 – 2 Qs 412/ 99, NStZ 2001, 276; LG Halle v. 06.10.1999 – 22 Qs 28/99, NStZ 2001, 276; LG Lübeck v. 03.02.2000 – 6 Qs 3/00 – 720 Js 35837/98 Wi, NJW 2000, 3148; Radtke/Hohmann/*Joecks* § 95 Rn. 7; *Meyer-Goßner* § 95 Rn. 2; Graf/*Ritzert* § 95 Rn. 2; SK/*Wohlers* § 95 Rn. 25). Die Gegenansicht geht davon aus, dass StA, Bußgeld- und Strafsachenstelle und ihre Ermittlungspersonen ein Herausgabeverlangen nur bei Vorliegen von Gefahr im Verzug stellen dürfen (KG v. 23.08.1988 – 4 Ws 154/88, NStZ 1989, 192; LG Düsseldorf v. 08.01.1993 – X Qs 142/92, wistra 1993, 199; LG Stuttgart v. 19.11.1991 – 14 Qs 61/91, NStZ 1992, 249; KK/*Nack* § 95 Rn. 3). Da mit dem Herausgabeverlangen jedoch keine Beeinträchtigung der Rechtsstellung des Betroffenen verbunden ist und die Entscheidung über die Ordnungs- und Zwangsmittel in jedem Fall nur beim Gericht liegt, überzeugt diese einschränkende Ansicht nicht.

80 **Unmittelbarer Zwang** ist zulässig, wenn die Herausgabe nicht freiwillig erfolgt, sich der Betroffene der Beschlagnahme widersetzt oder zur Wegnahme eine gewaltsame Veränderung oder Trennung von Sachen erforderlich ist (vgl. KG, JR 1979, 347; *Meyer-Goßner* Einl. Rn. 45). Auch ggü. dem Betroffenen und Dritten ist körperliche Gewalt zum Brechen des Widerstandes oder zur vorübergehenden Festnahme denkbar. Bei Gewalt gegen Sachen wird es sich i.d.R. um das Aufbrechen von Türen oder Verschlüssen handeln.

81 Wurde die Beschlagnahme wegen Gefahr im Verzug angeordnet, so muss der Staatsanwalt, Beamter der Bußgeld- und Strafsachenstelle, der Steuerfahndung oder des FA, der die Anordnung getroffen hat, unter den Voraussetzungen des § 98 Abs. 2 Satz 1 StPO die **richterliche Bestätigung der Beschlagnahme** herbeiführen (vgl. Rdn. 123 ff.).

4. Verhältnismäßigkeit

82 Auch i.R.d. Beschlagnahme gilt der **Verhältnismäßigkeitsgrundsatz**, sodass die Beschlagnahme zur Erreichung des verfolgten Zwecks geeignet und erforderlich sein muss und sie in einem angemessenen Verhältnis zur Schwere des Tatvorwurfs und zum Grad des Tatverdachts stehen muss (BVerfG v. 05.08.1966 – 1 BvR 586/62, 1 BvR 610/63 – 1 BvR 512/64, BVerfGE 20, 162, 186; BVerfG v. 11.07.2008 – 2 BvR 2016/06, NJW 2009, 281; BGH v. 13.11.1997, 4 StR 404/97,

BGHSt 43, 300; *Meyer-Goßner* § 94 Rn. 18; Graf/*Ritzert* § 94 Rn. 11). Der Tatverdacht muss auf konkreten **Tatsachen** beruhen, aus denen sich die Möglichkeit der Tatbegehung durch den Beschuldigten ergibt; **Vermutungen** sind nicht ausreichend (BVerfG v. 23.01.2004 – 2 BvR 766/03, NStZ-RR 2004, 143; *Meyer-Goßner* § 94 Rn. 18; Graf/*Ritzert* § 94 11).

Gänzlich **ungeeignet** und damit unverhältnismäßig ist eine Beschlagnahme, wenn das Verfahren **83** z.B. wegen Strafverfolgungsverjährung nicht mehr betrieben werden kann oder der Gegenstand einem Verwendungsverbot unterliegt (LG Stuttgart v. 21.07.2000 – 11 Qs 46/2000, wistra 2000, 439; Radtke/Hohmann/*Joecks* § 94 Rn. 22). Ein Verwertungsverbot hingegen führt nicht zur Ungeeignetheit der Beschlagnahme, da der Genestand noch Ansatzpunkt für weitere Ermittlungen sein könnte (wie hier in SK/*Wohlers* § 94 Rn. 35).

Eine **mildere Maßnahmen** ist ausreichend, wenn es eine ebenso geeignete, für den Betroffenen **84** jedoch weniger belastende Maßnahme gibt. Dies kann u.a. der Fall sein, wenn ein Auskunftsverlangen (etwa ggü. Banken oder Behörden) in Betracht kommt. In diesen Fällen ist mithin die Beschlagnahme nicht erforderlich und folglich unzulässig (OLG Köln v. 31.02.1982 – 117 Qs 11/82, StV 1983, 56; Radtke/Hohmann/*Joecks* § 94 Rn. 23; Graf/*Ritzert* § 94 Rn. 11). Auch das Herausgabeverlangen nach § 95 StPO kann insb. im Fall von Durchsuchungen nach § 103 StPO ein milderes Mittel darstellen, da auf diesem Wege ggf. eine Durchsuchung vermieden werden kann (Radtke/Hohmann/*Joecks* § 94 Rn. 23; SK-StPO/*Wohlers* § 94 Rn. 37).

Ausgehend von der Frage der **Erforderlichkeit** des Eingriffs ergibt sich generell, dass der Eingriff **85** in die Rechte des Betroffenen so gering wie möglich zu halten ist. Folglich ist bei Urkunden zu prüfen, ob die Anfertigung von Fotokopien genügt (BVerfG v. 11.07.2008 – 2 BvR 2016/06, NJW 2009, 281; OLG München v. 05.12.1977 – 1 Ws 1309/77, NJW 1978, 601; LG Aachen v. 14.06.2000 – 65 Qs 60/00, StV 2000, 548 für Daten; *Meyer-Goßner* § 94 Rn. 18). Ist die Originalurkunde als Beweismittel unentbehrlich, so ist es jedoch nicht erforderlich, dem Betroffenen kostenlos Fotokopien zur Verfügung zu stellen, sondern es reicht aus, wenn ihm gestattet wird, Kopien auf eigene Kosten anfertigen zu lassen (LG Aachen v. 31.05.1989 – 63 Qs 131/89, MDR 1989, 1014; *Meyer-Goßner* § 94 Rn. 18; KK/*Nack* § 94 Rn. 13; a.A. LR-StPO/*Schäfer* § 94 Rn. 65). Bei Daten kann die Übergabe von lesbaren Ausdrucken (OLG Oldenburg v. 05.06.1987 – I Qs 52/87, CR 1988, 679) bzw. das Kopieren der Datenträger (LG Köln v. 11.08.1994 – 112 Qs 2/94, NStZ 1995, 54; LG Bonn v. 17.06.2003 – 37 Qs 20/03, wistra 2005, 77) oder von nach konkreten Kriterien gefilterten Daten genügen (BVerfG v. 12.04.2005 – 2 BvR 1027/02, NJW 2005, 1922). Zur Beschlagnahme von Datenträgern und Daten vgl. auch Rdn. 145 ff.

Bei der Beschlagnahme von Schriften genügen einige Exemplare (Graf/*Ritzert* § 94 Rn. 11.1), die **86** Beschlagnahme eines Fremdenpasses ist wegen des Eingriffs auch in die Reisefreiheit nur bei erheblichem Tatverdacht und mangels gleichwertiger Beweismittel zulässig (LG Berlin v. 02.05.1994 – 503 Qs 23/94, StV 1995, 459 f.).

Werden größere Aktenmengen beschlagnahmt, so gebietet der Grundsatz der Verhältnismäßigkeit **87** die **zügige Durchsicht** und die sukzessive und **zeitnahe Rückgabe** der nicht mehr benötigte Unterlagen an den Betroffenen (LG Dresden v. 18.10.2002 – 5 Qs 82/2002, NStZ 2003, 567; Radtke/Hohmann/*Joecks* § 94 Rn. 26).

Werden bei einer Durchsuchung **größere Geldmengen** gefunden, so ist die Beschlagnahme unzu- **88** lässig, soweit über das Auffinden einer entsprechenden Geldsumme und den sich daraus ergebenden Vermögenszuwachs Beweis geführt werden soll. Es ist lediglich zulässig, das Geld unter Zeugen zu zählen. Es ist jedoch beim Betroffenen zu belassen. Insoweit ist allenfalls die Pfändung wegen steuerlichen Rückständen oder im Wege der Rückgewinnungshilfe möglich (vgl. 11. Kapitel). Etwas anderes gilt hingegen im Hinblick auf einen ungeklärten Vermögenszuwachs oder die Mittelverwendung bzgl. Wertgegenständen, deren Wert nicht unmittelbar festgestellt werden kann. Sie können zum Zwecke der Wertermittlung beschlagnahmt werden.

89   I.R.d. Verhältnismäßigkeit ist ferner zu prüfen, ob die Maßnahme **angemessen** ist. Folglich ist z.B. bei der Beschlagnahme von Mandantenunterlagen in einer Anwaltskanzlei das Recht auf vertrauliche Kommunikation zwischen Anwalt und Verteidiger zu berücksichtigen (BVerfG v. 11.07.2008 – 2 BvR 2016/06, NJW 2009, 281), bei der Beschlagnahme einer ärztlichen Patientendatei oder der Klientenakten einer anerkannten Suchtberatungsstelle ist der Schutz des allgemeinen Persönlichkeitsrechts in die Abwägung einzubeziehen (BVerfG v. 24.05.1977 – 2 BvR 988/75, BVerfGE 44, 353; BGH v. 23.10.2008 – StB 18/08, NStZ-RR 2009, 56; BerlVerfGH v. 28.06.2001 –100/00, JR 2002, 496; LG Dortmund v. 13.05.1972 – 14 [6] Qs 51/72, NJW 1972, 1533; LG Trier v. 16.10.2003 – 5 Qs 133/03, NJW 2004, 869; Radtke/Hohmann/ *Joecks* § 94 Rn. 27; *Meyer-Goßner* § 94 Rn. 19). Ggf. kann auch die Pressefreiheit zu berücksichtigen sein (BVerfG v. 24.03.1998 – 1 BvR 1935/96, wistra 1998, 221).

5. Beschlagnahmefreie Gegenstände

90   Beschlagnahmeverbote ergeben sich aus § 97 StPO und unmittelbar aus dem Grundgesetz. Letzteres ist insb. der Fall, wenn die spätere Verwertung **Grundrechte** verletzen würde (vgl. BVerfG v. 31.01.1973 – 2 BvR 454/71, BVerfGE 34, 238; BVerfG v. 12.04.2005 – 2 BvR 1027/02, NJW 2005, 1922; BGH v. 13.11.1997 – 4 StR 404/97, BGHSt 43, 300). Hierzu bedarf es allerdings besonderer Gründe (BVerfG v. 27.10.2003 – 2 BvR 2211/00, NStZ-RR 2004, 83). Die ggf. in den Schutzbereich des allgemeinen Persönlichkeitsrechts (Art. 1 Abs. 1 i.V.m. Art. 2 Abs. 1 GG) eingreifende Beschlagnahme von Tagebüchern ist nur unzulässig, wenn eine Verwertung des gesamten Inhaltes von vornherein ausgeschlossen ist (zutreffend *Meyer-Goßner* Einl. Rn. 56a und § 94 Rn. 20).

91   Durch das Beschlagnahmeverbot des § 97 StPO soll die **Umgehung** der Zeugnisverweigerungsrechte aus §§ 52, 53, 53a StPO **verhindert werden** (BVerfG v. 05.08.1966 – 1 BvR 586/62, 1 BvR 610/63, 1 BvR 512/64, BVerfGE 20, 162, 188; BVerfG v. 08.03.1972 – 2 BvR 28/71, BVerfGE 32, 373, 385; BGH v. 13.11.1997 – 4 StR 404/97, NJW 1998, 840; Radtke/Hohmann/ *Joecks* § 97 Rn. 1; *Meyer-Goßner* § 97 Rn. 1). Folglich sind nach allg. Ansicht auch die **Anordnung** und **Durchführung** einer **Durchsuchung** zur Sicherstellung von Gegenständen, die unter § 97 StPO fallen, sowie die **einstweilige Beschlagnahme** nach § 108 Abs. 1 StPO **unzulässig** (statt aller Graf/*Ritzert* § 97 Rn. 2).

92   Eine **analoge Anwendung** des § 97 StPO auf Personen, denen kein Zeugnisverweigerungsrecht zusteht, ist nicht möglich (BVerfG v. 10.02.1981 – 2 BvR 46/81, ZfS 1982, 13; LG Hamburg v. 05.06.1984 – 33 Qs 643/84, MDR 1984, 867; *Meyer-Goßner* § 97 Rn. 1; LR-StPO/*Schäfer* § 97 Rn. 11; für **Insolvenzverwalter** ebenso LG Saarbrücken v. 02.02.2010 – 2 Qs 1/10, ZInsO 2010, 431; LG Potsdam v. 08.01.2007 – 25 Qs 60/06, JR 2008, 260; a.A. OLG Celle v. 16.02.1982 – 1 Ss 605/81, JR 1982, 475).

Damit ein Beschlagnahmeverbot eingreift, müssen mehrere Voraussetzungen erfüllt sein:

93   (1) Es muss ein **Verfahren gegen einen Beschuldigten** geführt werden, wobei auch ein Verfahren gegen „Unbekannt" ausreichend ist. Handelt es sich um ein solches Verfahren, darf ein Durchsuchungsbeschluss nur unter den Voraussetzungen des § 103 StPO ergehen (LG Trier v. 22.03.2006, 5 Qs 40/06, StraFo 2007, 371; *Meyer-Goßner* § 97 Rn. 10). In diesem Fall wirkt § 97 StPO zugunsten des Verdächtigen (RG v. 08.02.1917, VIII 146, RGSt 50, 241; Graf/*Ritzert* § 97 Rn. 4). Es ist möglich, dass die Beschlagnahme der **erste Verfolgungsakt** ist und hierdurch das Ermittlungsverfahren eingeleitet wird (OLG Celle, NJW 1963, 407).

94   (2) Ist die zeugnisverweigerungsberechtigte Person **selbst verdächtig**, an der Tat beteiligt gewesen zu sein, so ist das Beschlagnahmeverbot gem. § 97 Abs. 2 Satz 3 StPO nicht anwendbar. In diesem Fall ist mithin eine **Beschlagnahme von Beweismitteln**, die grds. durch § 97 StPO geschützt sind, auch bei RA (LG Berlin v. 14.07.1992 – 511 Qs 39/92, NStZ 1993, 146), Verteidigern (BVerfG v. 05.05.2008 – 2 BvR 1801/06, NJW 2008, 2422; BGH v. 27.03.2009 – 2 StR 302/08,

BGHSt 53, 257; *Krekeler,* NJW 1977, 1417, 1418), Steuerberatern (*Meyer-Goßner* § 97 Rn. 4; *Quermann,* wistra 1988, 254), Abgeordneten (BVerfG v. 30.07.2003 – 2 BvR 508/01, 2 BvE 1/ 01, BVerfGE 108, 251), Mitarbeitern von Rundfunk und Presse (BVerfG v. 05.08.1966 – 1 BvR 586/62, 1 BvR 610/63, 1 BvR 512/64, BVerfGE 20, 162, 218) und Ärzten (BVerfG v. 22.05.2002 – 2 BvR 291/92, NJW 2000, 3557; VerfGH Berlin v. 28.06.2001 – 100/00, JR 2002, 496; BGH v. 03.12.1991 – 1 StR 120/90, BGHSt 38, 144, 146) **zulässig.** Die spätere **Verwertbarkeit** ist jedoch auf die Tat **beschränkt,** an der der Geheimnisträger **beteiligt** ist und auch nur in dem Verfahren gegen ihn möglich (BGH v. 27.03.2009 – 2 StR 302/08, BGHSt 53, 257, 269; LG Berlin v. 14.07.1992 – 511 Qs 39/92, NStZ 1993, 146; *Meyer-Goßner* § 97 Rn. 4; unklar Graf/*Ritzert* § 97 Rn. 2).

Eine Beschlagnahme ist gem. § 97 Abs. 2 Satz 3 StPO ferner zulässig, wenn der Zeugnisverweige- **95** rungsberechtigte einer Begünstigung, Strafvereitelung oder Hehlerei verdächtig ist.

Insoweit ist ein einfacher, auf konkreten Tatsachen beruhender **Anfangsverdacht** ausreichend, **96** bloße Vermutungen reichen hingegen nicht aus (Radtke/Hohmann/*Joecks* § 97 Rn. 21; *Meyer-Goß-ner* § 97 Rn. 20; KK/*Nack* § 97 Rn. 35). Ein Ermittlungsverfahren braucht – außer bei Abgeordne-ten – noch nicht eingeleitet zu sein (BGH v. 13.08.1973 – 1 BJs 6/71, StB 34/73, NJW 1973, 2035; Graf/*Ritzert* § 97 Rn. 20). Für die Tatbeteiligung, die im weitesten Sinn zu verstehen ist, gilt der Tatbegriff des § 264 StPO (BGH v. 23.01.1963 – 2 StR 534/62, BGHSt 18, 227, 229). Aus-reichend ist eine rechtswidrige Tat, schuldhaft muss sie nicht notwendigerweise sein (BGH v. 28.03.1973 – 3 StR 385/72, BGHSt 25, 168).

(3) Der Gegenstand muss gem. § 97 Abs. 2 Satz 1 StPO im **Gewahrsam,** d.h. in der tatsächlichen **97** Verfügungsmacht des Zeugnisverweigerungsberechtigten stehen. **Mitgewahrsam** ist insoweit aus-reichend, sofern nicht der Beschuldigte Mitgewahrsamsinhaber ist (BGH v. 04.08.1964 – 6 BJs 469/62 – 3 – StB 12/63, 9 BJs 46/62 – 3 – StB 12/63, StB 12/63, BGHSt 19, 374; LG Aachen v. 16.03.1981 – 15 Qs 5/81, MDR 1981, 603; *Meyer-Goßner* § 97 Rn. 12).

Endet der Gewahrsam des Zeugnisverweigerungsberechtigten durch **freiwillige Aufgabe** oder **98** **Tod,** entfällt die Beschlagnahmefreiheit bei **Zeugnisverweigerungsberechtigten nach § 52 StPO,** selbst wenn der Gewahrsamsnachfolger selbst weigerungsberechtigt ist (*Meyer-Goßner* § 97 Rn. 13; Graf/*Ritzert* § 97 Rn. 6; unklar Radtke/Hohmann/*Joecks* § 97 Rn. 10). Das Beschlagnahmeverbot bleibt hingegen bei **Zeugnisverweigerungsberechtigten nach § 53 StPO** bestehen, wenn auch der Gewahrsamsnachfolger zeugnisweigerungsberechtigt ist (Bsp.: Kanzlei- oder Praxisnachfolge, dazu BVerfG v. 08.03.1972 – 2 BvR 28/71, BVerfGE 32, 373, 381). Bei **unfreiwilligem Gewahrsams-verlust** fällt das Beschlagnahmeverbot weg, sodass der Gegenstand z.B. beim Dieb, Hehler oder Finder beschlagnahmt werden kann (BGH v. 15.12.1976 – 3 StR 432/76; *Meyer-Goßner* § 97 Rn. 13; KK/*Nack* § 97 Rn. 8; SK-StPO/*Wohlers* § 97 Rn. 22; a.A. Radtke/Hohmann/*Joecks* § 97 Rn. 11).

Sonderregeln bzgl. des Gewahrsams gelten für **Angehörige der Heilberufe,** bei denen gem. § 97 **99** Abs. 2 S 2 StPO der Gewahrsam der Krankenanstalt (Pflegeanstalten, Genesungsheime, Kranken-abteilungen usw.; vgl. KK/*Nack* § 97 Rn. 21) oder ihres Dienstleisters ausreicht. Dasselbe gilt auch für **Beratungsstellen nach § 219** Abs. 2 StGB. Auch bei **Presse- und Rundfunkmitarbeitern** genügt gem. § 97 Abs. 5 Satz 1 StPO der Gewahrsam der Redaktion, der Verlages usw., sofern der Gegenstand auf Veranlassung eines zeugnisverweigerungsberechtigten Mitarbeiters dorthin gelangt ist, um ein Zeugnisverweigerungsrecht und damit auch ein Beschlagnahmeverbot auszulösen (Graf/*Ritzert* § 97 Rn. 9).

(4) Die Person, die den Gegenstand in ihrem Gewahrsam hat, muss **zeugnisverweigerungsberech-** **100** **tigt** i.S.d. §§ 52 bis 53a StPO sein. Dabei handelt es sich um die folgenden Personengruppen:

Angehörige (§ 97 Abs. 1 Nr. 1 i.V.m. § 52 Abs. 1 StPO); entfällt das Zeugnisverweigerungsrecht **101** durch die Beendigung des Angehörigenverhältnisses, so endet auch das Beschlagnahmeverbot (*Meyer-Goßner* § 97 Rn. 34; Graf/*Ritzert* § 97 Rn. 11).

102 **Berufsgeheimnisträger** (§ 97 Abs. 1 Nr. 1 i.V.m. § 53 Abs. 1 Satz 1 Nr. 1 bis 3b StPO); zu dieser Gruppe zählen Geistliche, Verteidiger, RA, Notare, Steuerberater und ähnliche Berufe, Angehörige der Heilberufe, Schwangerschaftsberater und Berater in Fragen der Betäubungsmittelabhängigkeit. Im Hinblick auf Verteidiger wird § 97 Abs. 2 Satz 1 StPO bzgl. des Gewahrsams ergänzt durch § 148 StPO, sodass schriftliche Mitteilungen auch dann von der Beschlagnahme ausgeschlossen sind, wenn der Beschuldigte sie noch nicht abgesandt hat, sie sich auf dem Postwege befinden oder wenn sie bereits in den Besitz des Beschuldigten gelangt sind (Radtke/Hohmann/*Joecks* § 97 Rn. 31; *Meyer-Goßner* § 97 Rn. 37). Wird der Berufsgeheimnisträger von seiner Schweigepflicht entbunden, so entfällt sein Zeugnisverweigerungsrecht und dadurch auch die Beschlagnahmefreiheit.

103 **Hilfspersonen** der in § 53 Abs. 1 Satz 1 Nr. 1 bis 3b StPO genannten Berufsgeheimnisträger (§ 97 Abs. 4 i.V.m. § 53a StPO). Die Ausübung des Zeugnisverweigerungsrechts und damit auch die Beschlagnahmefreiheit setzten gem. § 53a Abs. 1 Satz 2 StPO eine Entscheidung des Hauptberufsträgers voraus, dass die Hilfsperson nicht aussagen soll. Auch für die Hilfspersonen hat die Entbindung von der Schweigepflicht die Folge, dass die Beschlagnahmefreiheit wegfällt.

104 **Abgeordnete** und ihre Hilfspersonen (§ 97 Abs. 3 i.V.m. § 53 Abs. 1 Satz 1 Nr. 4 StPO); für Abgeordnete des Deutschen Bundestages vgl. Art. 47 Satz 2 GG, für Abgeordnete des Europäischen Parlaments § 6 Satz 2 EuAbgG.

Mitarbeiter von Presse und Rundfunk (§ 97 Abs. 5 i.V.m. § 53 Abs. 1 Satz 1 Nr. 5 StPO).

105 (5) Es muss sich bei dem Gegenstand um ein **Beweismittel** handeln, da § 97 StPO nicht auf die Beschlagnahmen von Verfalls- und Einziehungsgegenstände nach §§ 111b ff. StPO anwendbar ist (*Meyer-Goßner* § 97 Rn. 3; Graf/*Ritzert* § 97 Rn. 10).

106 (6) Nach § 97 Abs. 1 StPO sind drei Arten von Gegenständen beschlagnahmefrei: Schriftliche Mitteilungen, Aufzeichnungen (Rdn. 110 f.) und andere Gegenstände (Rdn. 112 f.).

107 Gem. Abs. 1 Satz 1 sind **schriftliche Mitteilungen** zwischen dem Beschuldigten und einer gem. §§ 52, 53 Abs. 1 Satz 1 Nr. 1 bis Nr. 3b StPO zeugnisverweigerungsberechtigten Person beschlagnahmefrei. Dabei handelt es sich um alle **Gedankenäußerungen**, die die genannten Personen sich zwecks Kenntnisnahme zukommen lassen, z.B. Briefe, Karten, schriftliche Anmerkungen in Büchern, Zeichnungen, Skizzen, Fotokopien, Durchschriften oder Abschriften, aber z.B. auch Mitteilungen auf Bild- und Tonträgern i.S.v. § 11 Abs. 3 StGB (*Meyer-Goßner* § 97 Rn. 28; Graf/*Ritzert* § 97 Rn. 16) und elektronisch gespeicherte Mitteilungen wie E-Mails (BVerfG v. 30.01.2002 – 2 BvR 2248/00, NStZ 2002, 377; Radtke/Hohmann/*Joecks* § 97 Rn. 25; KK/*Nack* § 97 Rn. 11). Es ist gleichgültig, wer die Mitteilung tatsächlich geschrieben hat und wann sie geschrieben wurde.

108 Bei den in § 52 StPO genannten Personen sind Zweck und Inhalt der Mitteilung ohne Bedeutung, im Hinblick auf den Personenkreis des § 53 StPO ist erforderlich, dass die Mitteilung inhaltlich im Zusammenhang mit dem Zeugnisverweigerungsrecht stehen (Radtke/Hohmann/*Joecks* § 97 Rn. 25; KK/*Nack* § 97 Rn. 12).

109 Handelt es sich bei der zeugnisverweigerungsberechtigten Person um einen **Angehörigen** i.S.d. § 52 StPO (vgl. Rdn. 163), so sind nur schriftliche Mitteilungen beschlagnahmefrei. Enthalten die Aufzeichnungen keine schriftlichen Mitteilungen, sind sie uneingeschränkt beschlagnahmefähig (vgl. BVerwG v. 04.03.1981 – 7 B 17/81, NJW 1981, 1852).

110 **Aufzeichnungen** sind auf Papier oder anderweitig z.B. auf Bild- Ton oder Datenträgern festgehaltene mündliche Mitteilungen oder andere Wahrnehmungen des Zeugnisverweigerungsberechtigten i.S.d. § 53 Abs. 1 Satz 1 Nr. 1 bis 3b StPO, die keine Mitteilung an Dritte enthalten (*Meyer-Goßner* § 97 Rn. 29; ähnlich Graf/*Ritzert* § 97 Rn. 17). Beispiele sind Gesprächsnotizen, Karteien, notarielle Beurkundungen, Korrespondenz mit Fachkollegen, Handakten oder Notizen zur Verfahrensstrategie. Auch Unterlagen, die der Beschuldigte erkennbar zu seiner Verteidigung angefertigt hat, sind beschlagnahmefrei (BVerfG v. 30.01.2002 – 2 BvR 2248/00, NStZ 2002, 377; BGH

v. 25.08.1998 – 3 StR 490/97, BGHSt 44, 46; OLG München v. 30.11.2004 – 3 Ws 720 – 722/ 04, 3 Ws 720/04, 3 Ws 721/04, 3 Ws 722/04, NStZ 2006, 300).

Bei Aufzeichnungen ist es ebenso wie bei schriftlichen Mitteilungen gleichgültig, ob es sich um ein Original oder eine Kopie handelt und wer die Aufzeichnung angefertigt hat (OLG Köln v. 07.05.1991 – 2 Ws 149/91, NStZ 1991, 452). Sie müssen sich allerdings auf Umstände beziehen, die dem Berufsgeheimnisträger im Rahmen seiner Berufstätigkeit entweder vom Beschuldigten anvertraut wurden oder anderweitig bekannt geworden sind. **111**

Andere Gegenstände i.S.d. Auffangtatbestandes § 97 Abs. 1 Nr. 3 StPO sind solche, die im Zusammenhang mit der das Zeugnisverweigerungsrecht begründenden Berufstätigkeit des Zeugnisverweigerungsberechtigten stehen (Radtke/Hohmann/*Joecks* § 97 Rn. 27; Graf/*Ritzert* § 97 Rn. 17). Beispiele sind aus dem Körper des Beschuldigten entfernte Fremdkörper (OLG Nürnberg v. 17.08.1956 – Ws 257/56, NJW 1958, 272), Alkoholbefunde, Blutbilder und Röntgenbilder (Radtke/Hohmann/*Joecks* § 97 Rn. 27; *Meyer-Goßner* § 97 Rn. 30). Diese Gegenstände sind jedoch nicht beschlagnahmefrei, wenn sie dem Zeugnisverweigerungsberechtigten lediglich zur Verwahrung übergeben wurden bzw. um sie dort zu verstecken (LG Fulda, v. 12.10.1999 – 2 Qs 51/99, StV 2000, 548; Radtke/Hohmann/*Joecks* § 97 Rn. 28; KK/*Nack* § 97 Rn. 20). **112**

Umstritten ist, ob es sich bei **Buchführungs- und Geschäftsunterlagen**, die sich z.B. beim Steuerberater befinden, um andere Gegenstände i.S.d. § 97 Abs. 1 Nr. 3 StPO handelt (umfassende Nachweise bei *Kohlmann* § 385 Rn. 300 ff.; Radtke/Hohmann/*Joecks* § 97 Rn. 34; *Meyer-Goßner* § 97 Rn. 40). Im Ergebnis dürfte darauf abzustellen sein, dass § 97 Abs. 1 Nr. 3 StPO nur Gegenstände erfasst, die einen **spezifischen Bezug zur Tätigkeit des Zeugnisverweigerungsberechtigten** aufweisen. Folglich sind die Unterlagen, die noch der Anfertigung von Jahresabschlüssen oder Steuererklärungen dienen, (vorläufig) beschlagnahmefrei. Alle anderen Unterlagen, die aufbewahrt werden, unterliegen der Beschlagnahme. Auch aktuelle Buchführungsunterlagen, Belege und Grundaufzeichnungen sind jedoch beschlagnahmefähig, soweit sie inhaltlich falsch oder manipuliert und somit **Tatwerkzeuge** i.S.d. § 97 Abs. 2 Satz 3 StPO sind (vgl. Rn. 117). Dies kann beispielsweise der Fall sein, wenn der Steuerpflichtige seinem Steuerberater gefälschte Rechnungen oder falsch erstellte Bilanzen übergibt, auf deren Basis dieser unzutreffende Umsatzsteuervoranmeldungen erstellt, und diese Unterlagen danach zur Erstellung der Jahreserklärung weiterhin bei dem Steuerberater verbleiben. **113**

Schriftstücke i.S.d. § 97 Abs. 3, 5 StPO sind schriftliche Mitteilungen (vgl. Rdn. 107) und Aufzeichnungen (vgl. Rdn. 110 f.) sowie andere festgehaltene Gedankenäußerungen, z.B. Manuskripte, Tonträger, Fotografien, Filme, aber nicht Druckschriften (*Meyer-Goßner* StPO § 97 Rn. 31; Graf/*Ritzert* § 97 Rn. 18; a.A. LR-StPO/*Schäfer* § 97 Rn. 126). **114**

Die Begriffe Ton-, Bild- und Datenträger, Abbildungen und andere Darstellungen in § 97 Abs. 5 StPO entsprechen denjenigen des § 11 Abs. 3 StGB, der Begriff „Datenträger" ist mit dem dortigen „Datenspeicher" identisch, sodass auch digitale Dateien erfasst werden (*Meyer-Goßner* § 97 Rn. 32; Graf/*Ritzert* § 97 Rn. 19). **115**

(7) Es darf kein **Ausschluss der Beschlagnahmefreiheit** eingreifen. Ein solcher Ausschluss liegt gem. § 97 Abs. 2 Satz 3 StPO vor, wenn ein **Tatverdacht** gegen eine zeugnisverweigerungsberechtigte Person wegen einer Teilnahme oder einer Begünstigung, Strafvereitelung oder Hehlerei besteht (vgl. Rdn. 95). **116**

Deliktsgegenstände, d.h. Tatwerkzeuge und Gegenstände, die durch die Tat hervorgebracht, zur Tat gebraucht oder bestimmt sind oder aus der Tat herrühren, unterfallen gem. § 97 Abs. 2 Satz 3 StPO nicht dem Beschlagnahmeverbot. Zur Begehung der Tat „gebraucht" oder „bestimmt" sind auch Gegenstände, die lediglich der Vorbereitung der Tat dienen (OLG Hamburg v. 08.01.1981 – 1 Ws 7/81, MDR 1981, 603; Radtke/Hohmann/*Joecks* § 97 Rn. 24; *Meyer-Goßner* § 97 Rn. 22; Graf/*Ritzert* § 97 Rn. 21). Beispiele dafür sind zwischen Kaufleuten geführter Schriftwechsel über einen beabsichtigten Betrug oder die zur Begehung einer Wirtschafts- oder **117**

Steuerstraftat genutzten echten oder verfälschten Buchungsunterlagen (OLG Harnburg v. 08.01.1981, 1 Ws 7/81, MDR 1981, 603; LG Aachen v. 11.10.1984 – 86 Qs 74/84, NJW 1985, 338; Radtke/Hohmann/*Joecks* § 97 Rn. 24; *Meyer-Goßner* § 97 Rn. 22; *Schäfer,* wistra 1985, 12).

118 Auch wenn Gegenständen kein Vermögenswert zukommt, können sie durch die Tat „hervorgebracht" sein oder aus ihr „herrühren" (BGH v. 24.11.1995 – StB 84/95, 2 BJs 65/95 – 3 – StB 84/95, NJW 1996, 532).

119 Eine **Entbindung von der Schweigepflicht** von Berufsgeheimnisträgern (vgl. Rdn. 176 ff.) führt zum Wegfall des Zeugnisverweigerungsrecht für den Berufsgeheimnisträger gem. § 53 Abs. 2 Satz 1 StPO und seine Hilfspersonen gem. § 53a Abs. 2 StPO. Dadurch entfällt auch das auf dem Zeugnisverweigerungsrecht beruhende Beschlagnahmeverbot (BGH v. 03.12.1991 – 1 StR 120/90, BGHSt 38, 144). Die Entbindungserklärung kann widerrufen werden, wodurch das Beschlagnahmeverbot erneut entsteht, aber nicht zurückwirkt (OLG Hamburg v. 29.12.1961 – Ws 756/61, NJW 1962, 689; *Meyer-Goßner* § 97 Rn. 25; *Graf/Ritzert* § 97 Rn. 22).

120 Das **Einverständnis des Beschuldigten** mit der Beschlagnahme ist ohne Bedeutung, da die Beschlagnahmeverbote nicht (allein) in seinem Interesse bestehen und er somit auch nicht darüber verfügen kann (*Meyer-Goßner* § 97 Rn. 26). Könnte der Beschuldigte jedoch den Zeugnisverweigerungsberechtigten von der Schweigepflicht entbinden, dann erlaubt auch sein Einverständnis die Beschlagnahme (*Meyer-Goßner* § 97 Rn. 26; KK/*Nack* § 94 Rn. 7).

121 In der **freiwilligen Herausgabe** des Gegenstandes durch den Zeugnisverweigerungsberechtigten liegt ein Verzicht auf das Beschlagnahme- und Verwertungsverbot (BGH v. 23.01.1963 – 2 StR 534/62, BGHSt 18, 227). Selbst wenn der Gewahrsamsinhaber mit der Einwilligung **gegen § 203 StGB verstößt**, ist die Sicherstellung zulässig (ebenso *Meyer-Goßner* § 97 Rn. 5; LR-StPO/*Schäfer* § 97 Rn. 55; einschränkend Radtke/Hohmann/*Joecks* § 97 Rn. 12; verneinend SK-StPO/*Wohlers* § 97 Rn. 29). Dies gilt allerdings nur, wenn der Gewahrsamsinhaber darüber **belehrt** wurde, dass der Gegenstand nicht zwangsweise beschlagnahmt werden kann (Radtke/Hohmann/*Joecks* § 97 Rn. 12; *Meyer-Goßner* § 97 Rn. 6; *Graf/Ritzert* § 97 Rn. 24). Auch auf diese Belehrung kann allerdings verzichtet werden, wenn der Gewahrsamsinhaber – ähnlich wie bei einer Spontanaussage (vgl. Rdn. 161) – den Gegenstand **spontan freiwillig herausgibt** (ebenso *Meyer-Goßner* § 97 Rn. 6; verneinend KK/*Nack* § 97 Rn. 3; in LR-StPO/*Schäfer* § 97 Rn. 58; SK-StPO/*Wohlers* § 97 Rn. 34). Der Gewahrsamsinhaber kann die Verwertbarkeit der Sache auf das Verfahren beschränken, in dem sie herausgegeben worden ist, weitere Beschränkungen sind nicht zulässig (*Meyer-Goßner* § 97 Rn. 8; Graf/*Ritzert* § 97 Rn. 24).

122 Die Einwilligung ist **widerrufbar** und der Widerruf zwingt zur Rückgabe des Gegenstandes. Ist die Sache jedoch schon als Beweismittel ausgewertet worden, so bleibt die Beweiserhebung über die Ergebnisse dieser Auswertung zulässig (*Meyer-Goßner* § 97 Rn. 7; KK/*Nack* § 94 Rn. 3).

6. Widerspruch gegen die Beschlagnahme und Antrag auf gerichtliche Entscheidung

123 Gem. **§ 98 Abs. 2 Satz 1 StPO** obliegt dem Beamten, der die Anordnung getroffen hat, die Herbeiführung der **gerichtlichen Bestätigung**, wenn bei der Beschlagnahme weder der Betroffene noch ein erwachsener Angehöriger anwesend war, der Beschlagnahme ausdrücklich widersprochen wurde oder nicht bereits ein Antrag nach § 98 Abs. 2 Satz 2 StPO (vgl. dazu Rdn. 128 f.) vorliegt.

124 **Betroffener** i.S.d. § 98 Abs. 2 Satz 1 StPO ist jeder, in dessen Gewahrsam durch die Beschlagnahme eingegriffen wird oder dessen Eigentums- oder Besitzrechte dadurch berührt werden (*Meyer-Goßner* § 98 Rn. 15; *Graf/Ritzert* § 98 6; in LR-StPO/*Schäfer* § 98 Rn. 47). Der Begriff des **Angehörigen** ist nicht auf den Personenkreis des § 52 Abs. 1 StPO beschränkt, sondern unter Einbeziehung aller Personen, die dem Betroffenen tatsächlich nahe stehen weit auszulegen (*Meyer-Goßner* § 98 Rn. 15; *Graf/Ritzert* § 98 Rn. 6). **Erwachsen** in diesem Sinne ist nicht nur der Volljährige, sondern es kommt insoweit auf die körperliche Entwicklung und das äußere Erscheinungs-

bild an (vgl. BSozG v. 24.08.1976 – 8 RU 130/75, MDR 1977, 82; VGH Baden-Württemberg v. 15.12.1977 – X 2806/77, MDR 1978, 519; *Meyer-Goßner* § 98 Rn. 15; Graf/*Ritzert* § 98 Rn. 6; a.A. LR-StPO/*Schäfer* § 98 Rn. 45). Allerdings ist niemand als erwachsen i.d.S. anzusehen, der jünger als 14 Jahre ist (vgl. OLG Schleswig v. 27.06.1979 – 1 Ws 112/79, SchlHA 1980, 214).

Damit ein **Widerspruch** gegen die Beschlagnahme i.S.d. § 98 Abs. 2 Satz 1 StPO vorliegt, muss   125 dieser nach der Vollziehung der Beschlagnahme erklärt werden (ebenso KMR-StPO/*Müller* § 98 Rn. 8; a.A. *Meyer-Goßner* § 98 Rn. 13, wonach auch ein vorheriger Widerspruch ausreichen soll). Darüber hinaus muss der Widerspruch ausdrücklich erklärt werden, sodass die Verweigerung der freiwilligen Herausgabe insoweit nicht ausreichend ist.

Die Bestätigung ist **innerhalb von 3 Tagen** zu beantragen. Die Frist beginnt mit dem Ende der   126 Durchführung der Beschlagnahme (*Meyer-Goßner* § 98 Rn. 14; KMR-StPO/*Müller* § 98 Rn. 12; Graf/*Ritzert* § 98 Rn. 6), und sie bezieht sich auf den Antrag, nicht auf die gerichtliche Entscheidung (KG, VRS 42, 210; Radtke/Hohmann/*Joecks* § 98 Rn. 13). Die Wirksamkeit der Beschlagnahme hängt allerdings nicht von der Einhaltung dieser **Sollvorschrift** ab (KG, VRS 42, 210; *Meyer-Goßner* § 98 Rn. 14; LR-StPO/*Schäfer* § 98 Rn. 46).

Der **Prüfungsumfang** des Gerichts erstreckt sich nicht auf die Frage, ob die getroffene Beschlag-   127 nahmeanordnung zu Recht ergangen ist. Das Gericht prüft vielmehr nur, ob die Beschlagnahme im Zeitpunkt der gerichtlichen Entscheidung gerechtfertigt ist (*Meyer-Goßner* § 98 Rn. 17; Graf/ *Ritzert* § 98 Rn. 9; *Krekeler*, NJW 1977, 1417, 1420; *Löffelmann*, StV 2009, 379, 380; vgl. auch BGH v. 23.11.1987 – 1 BGs 517/87, 1 BJs 55/81 – 4 – 1 BGs 517/87, StV 1988, 90 für den Fall der entsprechenden Anwendung des § 98 Abs. 2 Satz 1 StPO auf Durchsuchungsanordnungen). Der Prüfung unterliegt ferner, ob Gefahr im Verzug vorlag (vgl. Rdn. 72) und ob somit die Kompetenz der StA bzw. Bußgeld- und Strafsachenstelle und ihrer Ermittlungspersonen für die Beschlagnahmeanordnung gegeben war (BVerfG v. 20.02.2001 – 2 BvR 1444/00, NJW 2002, 1333 zur Durchsuchungsanordnung).

Gegen Beschlagnahmeanordnungen der StA bzw. im selbstständigen Verfahren der Bußgeld- und   128 Strafsachenstelle und ihrer Ermittlungspersonen ist der **Antrag auf gerichtliche Entscheidung** gem. § 98 Abs. 2 Satz 2 StPO zulässig. Eine Beschwerde gegen eine Beschlagnahmeanordnung bzw. eine mit dem richterlichen Durchsuchungsbeschluss verbundene allgemeine Beschlagnahmeanordnung ist in einen solchen Antrag umzudeuten (OLG Koblenz v. 19.06.2006 – 1 Ws 385/06, NStZ 2007, 285; LG Bielefeld v. 22.11.2007 – Qs 587/07 I, wistra 2008, 117; LG Essen v. 12.08.2009 – 56 Qs 7/09, wistra 2010, 78; *Meyer-Goßner* § 98 Rn. 19; LR-StPO/*Schäfer* § 98 Rn. 48; vgl. auch BVerfG v. 08.03.2004 – 2 BvR 27/04, NJW 2004, 1517). Hat das Gericht bereits die Anordnung nach § 98 Abs. 2 Satz 1 StPO bestätigt, so ist der Antrag als Gesuch auf Aufhebung des Bestätigungsbeschlusses anzusehen.

Antragsberechtigt sind der Gewahrsamsinhaber, der Eigentümer und der Besitzer der beschlag-   129 nahmten Sache, auch wenn sie freiwillig herausgegeben wurde (BVerfG v. 25.07.2007 – 2 BvR 2282/06, NJW 2007, 3343). Dasselbe gilt für den Betroffenen, soweit das beschlagnahmte Beweismittel personenbezogene Daten enthält (BVerfG v. 02.04.2006 – 2 BvR 237/06, HFR 2006, 719; vgl. auch EGMR v. 27.11.2007 – 20477/05, NJW 2008, 2565; weiter, LR-StPO/*Schäfer* § 98 Rn. 49; SK-StPO/*Wohlers* § 98 Rn. 48, wonach jeder antragsberechtigt sein soll, der unmittelbar in seinen Rechten verletzt ist).

Der **Prüfungsumfang** entspricht dem der Prüfung nach § 98 Abs. 2 Satz 1 StPO (vgl. Rdn. 127).

7. Zufallsfunde

Auch die Beschlagnahme sog. **Zufallsfunde** ist zulässig (§ 108 Abs. 1 Satz 1 StPO). Dabei handelt   130 es sich um Gegenstände, die zwar in keiner Beziehung zu dem eigentlichen Ermittlungsansatz stehen, aber auf die Verübung einer anderen Straftat hindeuten (FGJ/*Joecks* § 399 Rn. 82; *Meyer-*

Goßner § 108 Rn. 2; Graf/*Hegmann* § 108 Rn. 1). Es bedarf insoweit nicht einmal eines Anfangs-verdachts bzgl. einer anderen Straftat, sondern ein nur **ungewisser Verdacht** einer Straftat oder ein **mutmaßlicher Zusammenhang** mit einer anderen Tat wird als ausreichend angesehen (Graf/*Hegmann* § 108 Rn. 1; *Meyer-Goßner* § 108 Rn. 2; LR-StPO/*Schäfer* § 108 Rn. 8; a.A. AK-StPO/*Amelung* § 108 Rn. 8; Radtke/Hohmann/*Joecks* § 108 Rn. 5). Die Beschlagnahme der Zufallsfunde ist auch dann zulässig, wenn in dem jeweiligen Durchsuchungs- und/oder Beschlagnahmebeschluss die zu beschlagnahmenden Unterlagen im Einzelnen aufgeführt sind (*Meyer-Goßner* § 108 Rn. 1; Graf/*Hegmann* § 108 Rn. 1; *Hentschel*, NStZ 2000, 274; a.A. LG Freiburg v. 04.03.1999 – VIII Qs 17/98, NStZ 1999, 582).

131   Von der Beschlagnahme ist gem. § 108 Abs. 1 Satz 2 StPO die StA bzw. im selbstständigen Steuer-strafverfahren die Bußgeld- und Strafsachenstelle in Kenntnis zu setzen. Sie entscheidet, ob sie den beschlagnahmten Gegenstand freigibt oder eine Beschlagnahme durch den zuständigen Ermitt-lungsrichter nach §§ 94, 98 StPO herbeiführt (Radtke/Hohmann/*Ladiges* § 108 Rn. 13; *Meyer-Goßner* § 108 Rn. 7). Unterlässt es die staatsanwaltschaftliche Behörde, z.B. weil sie von der Beschlagnahme keine Kenntnis erlangt, in angemessener Frist ein neues Verfahren einzuleiten und die endgültige Beschlagnahme zu beantragen, so kann dies zur Rechtswidrigkeit der weiteren Beschlagnahme (AG Bremen v. 23.05.2011 – 91a Gs 224/11, StV 2012, 14) und zu einem **steuer-lichen Verwertungsverbot** führen (FG Baden-Württemberg v. 20.02.2008, 6 V 382/07, EFG 2008, 1092; vgl. auch 10. Kapitel).

132   Auch in **Zoll- und Steuerstrafverfahren** ist § 108 StPO uneingeschränkt anwendbar, sodass auch im Fall einer z.B. durch die Steuerfahndung durchgeführten Durchsuchung die Weitergabe der Zufallsfunde an die StA in vollem Umfang zulässig ist und nicht gegen § 30 AO verstößt (BVerfG v. 01.03.2002 – 2 BvR 972/00, NStZ 2002, 371; Graf/*Hegmann* § 108 Rn. 3; *Kohlmann* § 385 Rn. 243; KK/*Nack* § 108 Rn. 2; LR-StPO/*Schäfer* § 94 Rn. 12; a.A. *Meyer-Goßner* § 108 Rn. 4; Radtke/Hohmann/*Ladiges* § 108 Rn. 12, die eine Weitergabe nur in den Fällen des § 30 Abs. 4 und 5 AO zulassen wollen). Die Strafverfolgungsorgane können dementsprechend in einem Steu-erstrafverfahren Beweisgegenstände unabhängig davon sicherstellen, ob diese auf ein anderes Steu-erdelikt oder ein nichtsteuerliches Delikt hindeuten.

133   Zufallsfunde in einem Strafverfahren, die auf eine Steuerstraftat hindeuten, sind der zuständigen Finanzbehörde gem. **§ 116 AO** mitzuteilen (OLG Frankfurt am Main v. 20.12.1995 – 3 VAs 25/96, 3 VAs 26/95, NStZ 1996, 196; Graf/*Hegmann* § 108 Rn. 3).

134   § 108 StPO gibt jedoch **nicht die Berechtigung, bei einer Durchsuchung gezielt nach Zufallsfun-den zu suchen** (BGH v. 14.12.1999 – 2 BJs 82/98-3, CR 1999, 292; LG Baden-Baden v. 16.05.1989 – 1 Qs 321/88, wistra 1990, 118; LG Berlin v. 09.05.1983 – 512a/512 Qs 18/83, StV 1987, 97; Radtke/Hohmann/*Ladiges* § 108 Rn. 6; *Meyer-Goßner* § 108 Rn. 1; Graf/*Hegmann* § 108 Rn. 104) oder womöglich eine **Durchsuchung nur als Vorwand** dafür zu nutzen, systema-tisch nach Gegenständen zu suchen, auf die sich die Durchsuchungsanordnung nicht bezieht (OLG Karlsruhe v. 17.10.1985 – 3 Ss 127/85, StV 1986, 10; LG Berlin v. 15.01.2004 – 518 Qs 44/03, NStZ 2004, 571; LG Bremen v. 13.07.1984 – 43 Qs 298/84, StV 1984, 505; *Meyer-Goß-ner*, § 108 Rn. 1). Ein solcher Fall liegt z.B. vor, wenn bei einer Durchsuchung wegen einer Nicht-Steuerstraftat ein Steuerfahnder hinzugezogen wird und der Beamte ohne den Anfangsverdacht einer Steuerhinterziehung systematisch Geschäftsunterlagen durchsieht (LG Bremen v. 13.07.1984 – 43 Qs 298/84, StV 1984, 505; FGJ/*Joecks* § 399 Rn. 87) oder wenn bei einer Durchsuchung wegen einer Steuerstraftat ohne einen diesbezüglichen Anfangsverdacht ein Beam-ter des Staatsschutzes hinzugezogen wird und die vorgefundenen Unterlagen durchsieht. Ein sol-ches Vorgehen kann zu einem **Verwertungsverbot** führen. Dasselbe gilt, wenn gezielt nach Zeit-räumen oder Steuerarten gesucht wird, die nicht vom Durchsuchungsbeschluss umfasst sind.

135   **Zuständig** für die Beschlagnahme der Zufallsfunde sind der Richter, die StA bzw. gem. § 399 Abs. 2 AO auch die Bußgeld- und Strafsachenstelle und ihre Ermittlungspersonen sowie jeder Polizist selbst wenn er keine Ermittlungsperson ist. Das Vorliegen von Gefahr im Verzug wird

i.R.d. § 108 StPO gesetzlich vermutet (BGH v. 04.08.1964 – 3 StB 12/63, BGHSt 19, 374; *Meyer-Goßner* § 108 Rn. 6).

Verwertungsverbote ergeben sich aus § 108 Abs. 2 StPO im Hinblick auf das Verhältnis zwischen   136
Arzt und Patient und aus § 108 Abs. 3 StPO zum Schutze der Pressefreiheit und des Informantenschutzes für Mitarbeiter von Presse, Rundfunk usw.

8. Die Aufhebung der Beschlagnahme

Die Beschlagnahme ist **aufzuheben**, wenn sie unzulässig war, ihr Grund weggefallen ist oder der   137
Gegenstand nicht mehr zu Beweiszwecken benötigt wird. Die Rechtswidrigkeit der Durchsuchung
führt hingegen i.d.R. nicht zur Aufhebung der Beschlagnahme. Etwas anderes gilt nur, wenn
besonders schwerwiegende Mängel bei der Durchsuchung aufgetreten sind (BVerfG
v. 27.06.2007 – 2 BvR 1276/07, wistra 2007, 417; BVerfG v. 02.07.2009 – 2 BvR 2225/08,
NJW 2009, 3225; *Meyer-Goßner* § 94 Rn. 21).

Wird die Beschlagnahme aufgehoben, sind die **beschlagnahmten Gegenstände an den Empfangs**   138
berechtigten herauszugeben. Die Rückgabe ist gesetzlich nur in § 111k StPO für die Herausgabe
an den Verletzten geregelt, nicht hingegen in den §§ 94 ff. StPO. Erfolgte die Herausgabe des
Gegenstandes freiwillig, so darf er nur an denjenigen zurückgegeben werden, der ihn zur Verfügung gestellt hat (*Bremen*, MDR 1960, 603; *Radtke/Hohmann/Joecks* § 95 Rn. 29; *Meyer-Goßner*
§ 94 Rn. 22; *LR-StPO/Schäfer* § 98 Rn. 68). Wurde der Gegenstand förmlich beschlagnahmt, so
ist er an den letzten Gewahrsamsinhaber vor der Beschlagnahme herauszugeben (BGH
v. 09.11.1978 – III ZR 116/77, BGHZ 72, 302; OLG Düsseldorf v. 05.07.1983 – 4 Ws 256/83,
NStZ 1984, 567; *Meyer-Goßner* § 94 Rn. 22).

Die Herausgabe in Steuerstrafverfahren erfolgt meist durch die Steuerfahndung, die von der für   139
die Herausgabe zuständigen StA oder Bußgeld- und Strafsachenstelle beauftragt wird. Der Gegenstand ist dem Empfangsberechtigten an dem Ort zurückzugeben, an dem er aufbewahrt wurde,
sodass es sich um eine **Holschuld** handelt (BGH v. 03.02.2005 – III ZR 271/04, NJW 2005, 988;
Meyer-Goßner § 94 Rn. 22; *Schäfer,* wistra 1984, 136; vgl. auch Nr. 75 RiStBV und Nr. 69 Abs. 3
Satz 2 AStBV (St) 2012; a.A. SK-StPO/*Wohlers* § 98 Rn. 60; differenzierend *Kemper*, NJW 2005,
3679, der für Beschuldigte eine Holschuld, für Verfahrensunbeteiligte hingegen eine Bringschuld
annimmt).

Die **Vernichtung** beschlagnahmter Beweisunterlagen dürfte selbst für den Fall, dass eine Rückga   140
bemöglichkeit nicht ersichtlich ist, erst zulässig sein, wenn die Kosten nicht mehr gesichert sind
(Radtke/Hohmann/*Joecks* § 94 Rn. 29; *Cremers,* wistra 2000, 130; vgl. auch *Dörn*, wistra 1999,
175). Wurden Datenträger kopiert, so sind diese Kopien zu löschen (zutreffend Nr. 69 Abs. 3
Satz 3 AStBV (St) 2012). Wurden Wertgegenstände beschlagnahmt, so kann das Veranlagungsfinanzamt den Herausgabeanspruch pfänden, soweit er dem Steuerschuldner zusteht.

9. Beschlagnahme bei Berufsgeheimnisträgern

Für eine Durchsuchung bei Berufsgeheimnisträgern gelten weitgehend die gleichen Voraussetzun   141
gen wie für jede andere Durchsuchung (vgl. Rdn. 18 ff.). Besonderheiten ergeben sich jedoch bzgl.
der Sicherstellung bzw. Beschlagnahme im Hinblick auf den Verhältnismäßigkeitsgrundsatz, da
insoweit häufig ein Auskunftsverlangen als milderes Mittel ausreichen dürfte (vgl. Rdn. 84) und
die besondere Vertrauensstellung des Berufsgeheimnisträgers i.R.d. Angemessenheit zu berücksichtigen ist (vgl. Rdn. 89).

Ferner ist zu berücksichtigen, dass die bei dem Berufsgeheimnisträger befindlichen Unterlagen   142
u.U. beschlagnahmefrei sind (vgl. Rdn. 102 f.). Wird gegen das an das Zeugnisverweigerungsrecht
eines Berufsgeheimnisträgers i.S.d. § 53 Abs. 1 Satz 1 Nr. 1, 2 oder Nr. 4 StPO anknüpfende
Beschlagnahmeverbot verstoßen, so ist die Verwertung der erlangten Beweismittel nach § 160a
Abs. 1 Satz 5, Abs. 2 Satz 3 oder Abs. 3 StPO zu beurteilen. Der Schutz der Berufsgeheimnisträger

i.S.d. § 53 Abs. 1 Satz 1 Nr. 3 bis 3b und Nr. 5 StPO richtet sich nach § 160a Abs. 2 StPO, wobei Bestrebungen bestehen, den Kreis der in den Regelungsbereich des § 160a Abs. 1 StPO einbezogenen Berufsgeheimnisträger zu erweitern. Da § 97 StPO im Hinblick auf die Verwertung beschlagnahmefreier Gegenstände keine Regelung trifft, verdrängt er insoweit auch nicht § 160a StPO (*Meyer-Goßner* § 98 Rn. 50).

143 Werden die Gegenstände von dem Zeugnisverweigerungsberechtigten **freiwillig herausgegeben**, so liegt darin gleichzeitig ein Verzicht auf das Beschlagnahme- und Verwertungsverbot. Selbst wenn der Gewahrsamsinhaber insoweit gegen § 203 StGB verstößt, ist die Sicherstellung in diesem Fall zulässig (vgl. Rdn. 121).

10. Beschlagnahme von Bankunterlagen

144 Für die Durchsuchung von Banken und die Beschlagnahme dort befindlicher Unterlagen bestehen keine besonderen rechtlichen Grenzen. Ein sog. **„Bankgeheimnis" ist** – trotz der Regelung des **§ 30a AO** – **dem deutschen Recht fremd** (LG Hamburg v. 10.01.1978 – [86a] Qs 68/77, NJW 1978, 958; FGJ/*Joecks* § 399 Rn. 79; Rolletschke/*Kemper* § 399 Rn. 112; *Meyer-Goßner* § 94 Rn. 20). Faktisch kommt es in aller Regel nicht zu einer Durchsuchung, sondern nur zu einem Herausgabeverlangen i.S.d. § 95 StPO.

Nach § 95 StPO sind Gegenstände auf Aufforderung herauszugeben, die für ein (Steuer-) Strafverfahren von Bedeutung sein können. Bei Banken handelt es sich insoweit v.a. um Kontounterlagen, Gesprächsnotizen und (Kredit-) Verträge.

11. EDV-Beschlagnahme

145 Als bewegliche Sachen können ebenfalls **Datenträger** (CDs, DVDs, Festplatten, USB-Sticks usw.) und Ausdrucke beschlagnahmt werden, wenn sie als Beweismittel in Betracht kommen.

146 **Gespeicherte Daten** können ohne die Beschlagnahme des Datenträgers durch Übermittlung vom Datenträger des Betroffenen auf den Computer der StA beschlagnahmt werden (*Möhrenschlager,* wistra 1991, 329; *Kemper,* NStZ 2005, 538; *Meyer-Goßner* § 94 Rn. 16a). Der dafür ggf. erforderliche Zugriff auf fremde Computerprogramme ist urheberrechtlich zulässig (vgl. § 45 UrhG; *Bär,* DRiZ 2007, 220). §§ 94 ff. StPO stellen auch eine ausreichende Ermächtigungsgrundlage für die Sicherstellung und Beschlagnahme von den auf den Datenträgern enthaltenen Daten dar (BVerfG v. 12.04.2005 –2 BvR 1027/02, BVerfGE 113, 29; BVerfG v. 25.07.2007 – 2 BvR 2282/06, NJW 2007, 3343; *Meyer-Goßner* § 94 Rn. 16a; vgl. aber *Böckenförde,* JZ 2008, 925, 930). §§ 94 ff. StPO ermächtigen i.S.e. einmaligen und punktuellen Datenerhebung auch zur Sicherstellung und Beschlagnahme von E-Mails, die auf dem Mailserver des Providers zwischen- oder endgespeichert sind (BVerfG v. 16.06.2009 – 2 BvR 902/06, NJW 2009, 2431; *Meyer-Goßner* § 94 Rn. 16a; *Klein,* NJW 2009, 2996; vgl. auch Rdn. 200 ff.; krit. *Brodowski,* JR 2009, 402, 406; *Gercke,* StV 2009, 624).

147 In diesem Zusammenhang ist besonders das **Verhältnismäßigkeitsprinzip** (vgl. Rdn. 82 ff.) zu berücksichtigen, aus dem sich Folgendes ergibt:

– Sofern die **Erstellung von Kopien** möglich ist, ist dies der Beschlagnahme einer gesamten Computeranlage z.B. eines Unternehmens vorzuziehen (BVerfG v. 25.07.2007 – 2 BvR 2282/ 06, NJW 2007, 3343; LG Konstanz v. 27.10.2006 – 4 Qs 92/06, MMR 2007, 193; *Michalke,* NJW 2008, 1490, 1492).

– Kann bestimmt werden, welche von mehreren Dateien als Beweismittel infrage kommen, so ist die Beschlagnahme auf diese zu beschränken und der Zugriff auf überschießende, für das Verfahren bedeutungslose Informationen ist i.R.d. unzulässig, wenn er mit vertretbarem Aufwand zu vermeiden ist (BVerfG v. 12.04.2005 – 2 BvR 1027/02, BVerfGE 113, 29; Radtke/Hohmann/*Joecks* § 94 Rn. 25; *Meyer-Goßner* § 94 Rn. 18a). Um eine solche Trennung zu ermöglichen, können z.B. Suchprogramme eingesetzt werden. Die Durchsicht der jeweiligen Daten ist nach § 110 StPO zulässig (BGH v. 23.11.1987 – 1 BGs 517/87, 1 BJs 55/81 – 4 – 1 BGs 517/ 87, StV 1988, 90; FGJ/*Joecks* § 399 Rn. 72), wobei gem. § 110 Abs. 3 StPO nicht nur die Durchsicht der im Durchsuchungsobjekt vorgefundenen Datenbestände zulässig ist, sondern auch von Datenbeständen, die sich z.B. auf ausgelagerten Servern oder in von Drittanbietern zur Verfügung gestellten Speichern befinden.

– Besonders hohe Anforderungen sind insoweit zu stellen, wenn es sich um den **Datenbestand von Berufsgeheimnisträgern** handelt. Eine Kopie des gesamten Datenbestandes ist insoweit nur zulässig, wenn eine materielle Zuordnung der Daten nach Mandanten, Verfahren usw. aufgrund der Datenstruktur des Bestandes nicht möglich ist (BVerfG v. 16.06.2009 – 2 BvR 902/ 06, NJW 2009, 2431; BGH v. 22.11.2009 – StB 48/09 [a], NJW 2010, 1297; *Meyer-Goßner* § 94 Rn. 18a).

– Die Beschlagnahme eines Datenträgers oder eine vollständige Kopie zur späteren Sichtbarmachung von verborgenen oder verschleierten Daten sind nur zulässig, wenn im Einzelfall konkrete Anhaltspunkte für diese Gefahr bestehen (BVerfG v. 12.04.2005 – 2 BvR 1027/02, BVerfGE 113, 29; *Meyer-Goßner* § 94 Rn. 18a).

12. Postbeschlagnahme

Nach den §§ 99, 100 StPO ist die Beschlagnahme der **noch auf dem Postweg** befindlichen und   148 an den Beschuldigten gerichteten oder für ihn bestimmten Post auch bei Steuerdelikten möglich. Sie erfolgt gem. § 100 Abs. 1 HS 1 StPO durch den Richter und bei Gefahr im Verzug gem. § 100 Abs. 1 HS 2 StPO auch durch die StA bzw. im selbstständigen Steuerstrafverfahren durch die Bußgeld- und Strafsachenstelle. Die Beschlagnahme muss innerhalb von 3 Tagen richterlich bestätigt werden (§ 100 Abs. 2 StPO). Die Öffnung der ausgelieferten Postsendungen steht dem Richter zu, der diese Befugnis gem. § 100 Abs. 3 Satz 2 StPO jedoch auf die StA oder im selbstständigen Verfahren auf die Finanzbehörde übertragen kann.

Von der Postbeschlagnahme wird in Steuerstrafverfahren kaum Gebrauch gemacht. Die häufige   149 Beschlagnahme der bereits beim Empfänger angekommenen Post richtet sich nach den allgemeinen Beschlagnahmegrundsätzen.

III. Vernehmungen

Im Hinblick auf Vernehmungen ist zu unterscheiden zwischen der Vernehmung des Beschuldig-   150 ten (§ 399 Abs. 1 AO i.V.m. § 163a Abs. 1 StPO) und der Vernehmung von Zeugen und Sachverständigen (§ 399 Abs. 1 AO i.V.m. § 161a StPO).

1. Beschuldigtenvernehmung

Gem. § 163a Abs. 1 StPO ist der Beschuldigte spätestens vor Abschluss der Ermittlungen zu ver-   151 nehmen, wobei es in einfachen Sachen auch genügt, ihm Gelegenheit zu einer schriftlichen Äußerung zu geben.

Bei einer solchen Vernehmung i.S.d. §§ 136, 136a StPO wirkt der Vernehmende durch Fragen,   152 Vorhalte usw. aktiv auf die Klärung eines Sachverhalts hin und verlangt vom Beschuldigten in dienstlicher Funktion Auskunft. Dies ist z.B. immer dann der Fall, wenn – schriftlich oder mündlich – weiterführende Fragen zu einem Tatvorwurf gestellt werden (BGH v. 13.05.1996 – GSSt 1/ 96, BGHSt 42, 139; Radtke/Hohmann/*Kretschmer* § 136 Rn. 4; *Meyer-Goßner* § 136a Rn. 4). Es bestehen folglich erhebliche Unterschiede zu einer Anhörung.

Der **Ablauf einer Beschuldigtenvernehmung** gestaltet sich wie folgt (vgl. auch Rolletschke/*Kemper*   153 § 399 Rn. 142; *Meyer-Goßner* § 136 Rn. 4 ff.; Graf/*Monka* § 136 Rn. 5 ff.):

– Dem Beschuldigten ist zu eröffnen, welche Tat ihm zur Last gelegt wird (vgl. §§ 136 Abs. 1 Satz 1, 163a Abs. 4 StPO);

- der Beschuldigte wird gem. § 136 Abs. 1 Satz 2 StPO über sein Aussageverweigerungsrecht belehrt;
- es erfolgt ein Hinweis auf die Möglichkeit, einen Verteidiger hinzuzuziehen (§ 136 Abs. 1 Satz 2 StPO);
- daraufhin beginnt die Vernehmung zur Person inkl. deren wirtschaftlichen Verhältnissen und im Anschluss
- die Vernehmung zur Sache gem. § 136 Abs. 2 StPO;
- ggf. erfolgt noch eine Belehrung gem. § 136 Abs. 1 Satz 3 StPO, dass einzelne Beweiserhebungen beantragt werden können;
- ein **ausländischer Beschuldigter** ist ggf. über sein Recht auf konsularischen Beistand gem. Art. 36 Abs. 1 Wiener Konsularübereinkommen (WÜK) zu belehren (BVerfG v. 19.09.2006, 2 BvR 2115/01, NJW 2007, 499).

154   Der Beschuldigte ist gem. § 163a Abs. 3 Satz 1 StPO i.V.m. § 399 Abs. 1 AO **verpflichtet**, auf Ladung der Finanzbehörde zu einer Vernehmung **zu erscheinen**, wenn er von der das Verfahren selbstständig durchführenden Bußgeld und Strafsachenstelle geladen wurde. Zu den Folgen des Fernbleibens vgl. Rdn. 182 ff.

155   Auf eine Ladung der **Steuerfahndung** hin ist der Beschuldigte hingegen nicht verpflichtet zu erscheinen, da die Steuerfahndung keine staatsanwaltschaftlichen Rechte wahrnimmt (Rolletschke/*Kemper* § 399 Rn. 143; vgl. auch Radtke/Hohmann/*Kretschmer* § 163a Rn. 9; Graf/*Patzak* § 163a Rn. 21).

156   Vor einer Vernehmung ist der Beschuldigte gem. § 136 StPO zu **belehren**, was häufig bereits mit dem Einleitungsschreiben erfolgt.

Nach § 136 Abs. 1 StPO muss der Beschuldigte belehrt werden über

- den konkreten Tatvorwurf, sodass sich der Beschuldigte dagegen verteidigen kann;
- sein Recht, sich nicht zu den Beschuldigungen zu äußern bzw. nicht zur Sache auszusagen;
- sein Recht, einen von ihm zu wählenden Verteidiger – auch schon vor der ersten Vernehmung – zu befragen;
- über die Möglichkeit, sich auch schriftlich zu äußern und zu seiner Entlastung einzelne Beweiserhebungen zu beantragen. (vgl. auch *Meyer-Goßner* § 163a Rn. 5 ff.; Graf/*Patzak* § 163a Rn. 14 ff. auch zu Festgenommenen mit fremder Staatsangehörigkeit)

157   Der Beschuldigte hat gem. § 136 Abs. 1 Satz 2 StPO die Möglichkeit, zu der ihm vorgeworfenen Tat zu **schweigen**. Dieses Recht beruht auf dem verfassungsrechtlich garantierten nemo-tenetur-Prinzip (vgl. § 393 Rdn. 9). Etwas anderes gilt hingegen bzgl. **Angaben zur Person**, zu denen der Beschuldigte gem. § 111 OWiG verpflichtet ist.

158   Schweigt der Beschuldigte zur Sache, so dürfen im Strafverfahren daraus keinerlei für ihn nachteiligen Schlüsse gezogen werden (BGH v. 22.11.1999 – 3 StR 401/99, BGHSt 45, 363; BGH v. 19.01.2000 – 3 StR 531/99, BGHSt 45, 367). Dies gilt aber nach herrschender Meinung nicht bei teilweisem Schweigen, das als Beweiszeichen verwertet werden darf. **Teilweises Schweigen** liegt vor, wenn der Beschuldigte in einigen Teilpunkten an der Aufklärung des Sachverhalts mitwirkt, auf einzelne Fragen oder Vorhalte aber keine oder unvollständige Antworten gibt. Insoweit ist jeder Tatvorwurf einzeln zu betrachten, sodass kein Teilschweigen vorliegt, wenn sich der Beschuldigte nur zu einem von mehreren Vorwürfen einlässt (BGH v. 19.01.2000 – 3 StR 531/99, BGHSt 45, 367; Graf/*Eschelbach* § 261 Rn. 16; *Meyer-Goßner* § 261 Rn. 15 ff.).

159   Erklärt der Beschuldigte nach der Belehrung über sein Verteidigungs- und Beistandsrecht, dass er vor der Vernehmung erst einen Anwalt konsultieren will, so ist die beabsichtigte Vernehmung aufzuschieben und die Entscheidung des Beschuldigten abzuwarten (BGH v. 29.10.1992 – 4 StR 126/92, BGHSt 38, 372; *Rolletschke/Kemper* § 399 Rn. 145; *Meyer-Goßner* § 136 Rn. 10). Darüber

hinaus haben die Strafverfolgungsbehörden ihm die Gelegenheit zu geben, zumindest telefonisch mit einem Verteidiger Kontakt aufzunehmen.

Hat der Beschuldigte einen Verteidiger, so hat dieser gem. § 163a Abs. 3 Satz 2 i.V.m. § 168c **160** Abs. 1 StPO ein **Anwesenheitsrecht** bei der Vernehmung, wenn die Vernehmung im selbstständigen Verfahren durch die Bußgeld- und Strafsachenstelle durchgeführt wird (*Meyer-Goßner* § 163a Rn. 20; Graf/*Patzak* § 163a Rn. 18). Es ist strittig, ob ein solches Recht auch bei einer Vernehmung durch die Steuerfahndung besteht. Dies dürfte allerdings zu verneinen sein, da in § 163a Abs. 4 StPO ein Verweis auf § 168c StPO fehlt (BVerfG v. 05.06.2006 – 2 BvR 1317/05, NJW 2007, 204; BVerfG v. 10.06.1997 – 2 BvR 1516/96, BVerfGE 96, 68; *Meyer-Goßner* § 163 Rn. 16; Graf/*Patzak* § 163a Rn. 23; a.A. SK-StPO/*Wohlers* § 163a Rn. 72). Unstrittig besteht allerdings die Möglichkeit, die Anwesenheit des Verteidigers zu gestatten, und der Beschuldigte hat anderenfalls die Möglichkeit, ohne die Anwesenheit des Verteidigers die Aussage zu verweigern.

Macht der Beschuldigte **Angaben zur Sache** ohne vorherige Belehrung, so besteht im Strafverfah- **161** ren ein **Beweisverwertungsverbot** bzgl. dieser Angaben. Dies gilt jedoch nicht, wenn sicher feststeht, dass der Beschuldigte sein Schweigerecht trotz fehlender Belehrung kannte oder es sich um ein Spontangeständnis handelte (Radtke/Hohmann/*Kretschmer* § 136 Rn. 5, 29 ff.; Graf/*Monka* § 136 Rn. 21 ff.). Die Berufung auf ein Beweisverwertungsverbot macht der BGH i.d.R. davon abhängig, dass der Beschuldigte oder sein Verteidiger spätestens in der Hauptverhandlung der Verwertung des verfahrensfehlerhaft gewonnenen Beweisergebnisses widerspricht (z.B. BGH v. 09.11.2005 – 1 StR 447/05, BGHSt 50, 272; BGH v. 27.02.1992 – 5 StR 190/91, BGHSt 38, 214; BGH v. 12.01.1996, 5 StR 756/94, BGHSt 42, 15; vgl. auch zustimmend *Meyer-Goßner* § 136 Rn. 25; krit. Radtke/Hohmann/*Kretschmer* § 136 Rn. 30).

2. Vernehmung von Zeugen

Der Zeuge ist ein sog. **persönliches Beweismittel**, eine Beweisperson, die Auskunft über die **162** Wahrnehmung von Tatsachen geben soll. Rechtsfragen, Erfahrungssätze, allgemeine Eindrücke, Vermutungen und Schlussfolgerungen sind nicht Gegenstand des Zeugenbeweises.

Der Zeuge ist verpflichtet i.R.d. Vernehmung wahrheitsgemäß auszusagen und seine Aussage auf **163** Verlangen zu beeiden. In den §§ 52 bis 55 StPO sind jedoch verschiedene **Weigerungsrechte** geregelt, die dem Zeugen die Befugnis geben, die Aussage ganz oder teilweise zu verweigern. Von Bedeutung sind im Steuerstrafverfahren insb. die folgenden:

– **Zeugnisverweigerungsrecht naher Angehöriger, § 52 StPO:** Nahe Angehörige i.S.d. § 52 StPO sind Verlobte, Ehegatten, eingetragene Lebenspartner (auch wenn die Ehe oder die eingetragene Lebenspartnerschaft nicht mehr besteht) und die in § 52 Abs. 1 Nr. 3 StPO benannten Verwandten und Verschwägerten. Zum Umfang des Zeugnisverweigerungsrechts bei Verwandten und Verschwägerten vgl. §§ 1589, 1590 BGB und *Meyer-Goßner* § 52, Rn. 6 ff.
– **Zeugnisverweigerungsrecht der Berufsgeheimnisträger, §§ 53, 53a StPO:** Angehörige bestimmter Berufsgruppen und ihrer Berufshelfer haben gem. §§ 53, 53a StPO ein Zeugnisverweigerungsrecht. Es handelt sich dabei insb. um RA, Wirtschaftsprüfer, vereidigte Buchprüfer, Steuerberater und Steuerbevollmächtigte bzgl. dessen, was ihnen in dieser Eigenschaft anvertraut bzw. bekannt wurde (§ 53 Abs. 1 Nr. 3 StPO), deren fachliche Mitarbeiter (z.B. Referendare, Studenten, Steuerfachgehilfen), zugezogene Dolmetscher und Bürokräfte (§ 53a StPO).
– **Auskunftsverweigerungsrecht bei drohender eigener Verfolgung, § 55 StPO:** Ein Zeuge braucht Fragen nicht zu beantworten, deren Beantwortung ihn oder nahe Angehörige i.S.d. § 52 StPO der Gefahr der Verfolgung wegen einer Straftat oder einer Ordnungswidrigkeit aussetzen würde.

Auf Verlangen des Vernehmenden besteht allerdings die Verpflichtung, die das Verweigerungsrecht nach § 55 StPO begründenden Tatsachen glaubhaft zu machen, wofür eine eidliche Versicherung gem. § 56 StPO ausreichend ist.

Unter entsprechenden Umständen kann sich das Auskunftsverweigerungsrecht nach § 55 StPO zu einem Recht verdichten, die Aussage in vollem Umfang zu verweigern.

Das Auskunftsverweigerungsrecht gem. § 55 StPO entfällt allerdings wieder, wenn der Zeuge nicht mehr der Gefahr einer strafrechtlichen Verfolgung ausgesetzt ist. Dies ist z.B. der Fall, wenn der Zeuge bereits rechtskräftig verurteilt oder sein Strafverfahrens gem. § 153a StPO eingestellt wurde (LG Ravensburg, NStZ 2008, 177; *Meyer-Goßner* § 55 Rn. 8). Folglich ist er in diesem Fall wieder zur wahrheitsgemäßen Aussage verpflichtet.

164   Über diese Weigerungsrechte ist der Zeuge zu belehren, sobald **Anhaltspunkte für das Bestehen** eines solchen Rechts erkennbar werden. Dies kann schon am Anfang der Vernehmung sein, sich aber auch jederzeit während der Vernehmung ergeben (*Meyer-Goßner* § 161a Rn. 7; Graf/*Patzak* § 161a Rn. 2).

165   Verweigert der Zeuge unberechtigt die Aussage, so kann gegen ihn ein **Ordnungsgeld** verhängt werden und zugleich können ihm die durch seine Weigerung verursachten Kosten auferlegt werden (*Meyer-Goßner* § 161a Rn. 17). Ferner besteht die Möglichkeit für die StA bzw. Bußgeld- und Strafsachenstelle eine richterliche Vernehmung zu beantragen (§ 162 Abs. 1 Satz 1 StPO).

166   Den Zeugen trifft gem. §§ 48, 51 StPO die **Verpflichtung**, auf die Ladung hin zur Vernehmung **zu erscheinen**, wenn er von der das Verfahren selbstständig durchführenden Bußgeld und Strafsachenstelle geladen wird, § 161a Abs. 1 Satz 1 StPO i.V.m. § 399 Abs. 1 AO. Zu den Folgen des Nichterscheinens vgl. Rdn. 182 ff. Will der Zeuge sich auf ein Zeugnisverweigerungs- oder ein Auskunftsverweigerungsrecht berufen und deshalb nicht erscheinen, so muss er einen **Antrag auf Entbindung vom Erscheinen** stellen.

167   Auf eine Ladung der **Steuerfahndung** hin ist der Zeuge hingegen nicht verpflichtet zu erscheinen oder auszusagen.

168   Der Zeuge hat in den Fällen des § 68b StPO das Recht, auf die Anwesenheit bzw. die Hinzuziehung eines RA oder eines Steuerberaters als **Zeugenbeistand** zu bestehen (Rolletschke/*Kemper* § 399 Rn. 154b; *Meyer-Goßner* vor § 48 Rn. 11; vgl. auch Nr. 49 Abs. 6 AStBV (St) 2012). Er kann als Beistand auch den Berater/Verteidiger des Beschuldigten wählen.

169   Der Zeugenbeistand hat nicht mehr Befugnisse als der Zeuge selbst. Folglich hat er z.B. kein Akteneinsichtsrecht, er kann aber auch selbst dann nicht zurückgewiesen werden, wenn seine Anwesenheit nach Ansicht der Strafverfolgungsbehörden den Ermittlungszweck gefährdet (vgl. BVerfG v. 17.04.2000 – 1 BvR 1331/99, NJW 2000, 2660; Graf/*Patzak* § 161a Rn. 7).

170   Aus der Ladung als Zeuge und nicht als Beschuldigter ergibt sich, dass für den Zeugen eine **Selbstanzeige** noch nicht nach § 371 Abs. 2 AO wegen der Entdeckung der Tat ausgeschlossen ist. Er hat folglich die Möglichkeit, während der laufenden Vernehmung eine Selbstanzeige abzugeben, sofern ihm nicht während der Vernehmung die Verfahrenseinleitung gegen ihn mitgeteilt wird (vgl. § 371 Rdn. 95 ff.).

171   Einige Besonderheiten sind zu beachten, wenn der **Steuerberater des Beschuldigten als Zeuge** vernommen werden soll. Er verfügt i.d.R. aufgrund seiner beruflichen Vertrauensstellung über intime Kenntnisse der wirtschaftlichen Verhältnisse und Vorgänge des Beschuldigten. Dieses besondere Vertrauensverhältnis zwischen dem Berater und seinem Mandanten ist staatlich anerkannt und unterliegt einem besonderen rechtlichen **Geheimnisschutz**. Dieser Geheimnisschutz prägt das Verhältnis zwischen Mandant und Berater in dreifacher Hinsicht:

- Durch die **Strafbewehrung der Verschwiegenheitspflicht**, § 203 StGB,
- ein **Aussageverweigerungsrecht**, §§ 53 Abs. 1 Nr. 3, 53a Abs. 1 StPO und
- die **Beschlagnahmefreiheit** gem. § 97 Abs. 1 StPO.

Der Steuerberater und seine Berufshelfer sind gem. §§ 57 Abs. 1, 62 StBerG verpflichtet, über Tatsachen zu schweigen, die ihnen im Zusammenhang mit dem Mandat anvertraut oder bekannt wurden.

Verletzt der Berater oder einer seiner Berufshelfer diese Pflicht, macht er sich

- strafbar gem. § 203 StGB,
- schadensersatzpflichtig wegen einer Verletzung einer vertraglichen Nebenpflicht und wegen der Verletzung eines Schutzgesetzes (§ 823 Abs. 2 BGB i.V.m. § 203 StGB) und
- dem Steuerberater drohen berufsgerichtliche Maßnahmen (zu den Sanktionen vgl. § 90 StBerG: Warnung, Verweis, Geldbuße, Ausschluss aus dem Beruf).

Die **Verschwiegenheitspflicht** ist in zeitlicher und sachlicher Hinsicht umfassend: Sie beginnt mit   172
der Anbahnung des Mandats und reicht bis zum Tod des Beraters. Zwischenzeitliche Entwicklungen wie das Ende des Mandates, das Ausscheiden des Beraters aus seinem Beruf oder der Tod des Mandanten ändern daran nichts. Die Verschwiegenheitspflicht besteht ferner ggü. jedermann, d.h. u.a. auch ggü. der Finanzverwaltung, anderen Behörden und den Gerichten.

Das Gegenstück zur Verschwiegenheits**pflicht** ist das **Recht** des Berufsgeheimnisträgers und seiner   173
Berufshelfer, die Aussage zu verweigern (§§ 53 Abs. 1 Nr. 3, 53a Abs. 1 StPO). Ist der Steuerberater jedoch selbst Beschuldigter in einem Strafverfahren, so können sich seine **Berufshelfer** insoweit nicht auf §§ 53 Abs. 1 Nr. 3, 53a Abs. 1 StPO, wohl aber auf § 55 StPO berufen (LBerufsG Stuttgart v. 14.06.1975 – LQs 1/75, NJW 1975, 2255; Graf/*Huber* § 53a Rn. 11; *Meyer-Goßner* § 53a Rn. 9; a.A. SK-StPO/*Rogall* § 53a Rn. 33).

Der Vernehmende darf davon ausgehen, dass der jeweilige Zeuge seine Berufsrechte und -pflich-   174
ten kennt. Folglich besteht für ihn i.d.R. **keine Verpflichtung**, den zu vernehmenden Berufsgeheimnisträger oder dessen Berufshelfer über die allgemeine Hinweispflicht des § 57 StPO hinaus bzgl. des Zeugnisverweigerungsrechts nach §§ 53, 53a StPO zu belehren (BGH v. 19.03.1991 – 5 StR 516/90, NStZ 1991, 338; Graf/*Huber* § 53 Rn. 38; *Meyer-Goßner* § 53 Rn. 44). Es obliegt vielmehr dem Berufsgeheimnisträger, sich und seine Berufshelfer insoweit ausreichend zu informieren. Eine Belehrungspflicht besteht lediglich, wenn die Unkenntnis offensichtlich ist (OLG Dresden v. 16.04.1997 – 1 Ws 97/97, NStZ-RR 1997, 238).

Zur Absicherung des Aussageverweigerungsrechts gilt ferner im Bezug auf die zeugnisverweige-   175
rungsberechtigten Personen das Beschlagnahmeverbot des § 97 Abs. 1 StPO (vgl. Rdn. 90 ff.).

Der Beschuldigte hat allerdings die Möglichkeit, den steuerlichen Berater und seine Berufshelfer   176
von der Schweigepflicht zu **entbinden**. Sofern nicht § 55 StPO eingreift, wird in diesem Fall aus der Verschwiegenheitspflicht des Berufsgeheimnisträgers eine **Aussagepflicht** (§§ 53 Abs. 2, 53a Abs. 2 StPO; vgl. Graf/*Huber* § 53a Rn. 39; *Meyer-Goßner* § 53 Rn. 45). Unterbleibt eine solche Entbindung, so dürfen daraus für den Beschuldigten keine negativen Schlüsse gezogen werden (BGH v. 22.11.1999 – 3 StR 401/99, BGHSt 45, 363).

Die Entbindung kann inhaltlich auf einzelne Tatsachenkomplexe, nicht jedoch auf einzelne Tatsa-   177
chen beschränkt werden (OLG Hamburg v. 29.12.1961 – Ws 756/61, NJW 1962, 689; Radtke/ Hohmann/*Otte* § 53 Rn. 43), z.B. auf den Tatvorwurf im Einleitungsschreiben. Die Beschränkung kann formlos bzw. sogar stillschweigend erfolgen, sodass die Benennung des Steuerberaters als (Entlastungs-) Zeuge im Strafverfahren als wirksame konkludente Entbindungserklärung anzusehen ist (*Meyer-Goßner* § 53 Rn. 47).

Eine Differenzierung der Entbindung zwischen Berater (§ 53 Abs. 2 StPO) und seinen Hilfsperso-   178
nen (§ 53a Abs. 2 StPO) ist hingegen nicht möglich (Graf/*Huber* § 53a Rn. 12; *Meyer-Goßner* § 53a Rn. 10).

Sind **mehrere Personen durch die Schweigepflicht geschützt**, so müssen alle Personen den Berater   179
von seiner Schweigepflicht entbinden (z.B. alle Geschäftsführer oder Vorstandsmitglieder). Für die

Bestimmung derjenigen, die den Berater entbinden müssen, ist auf den tatsächlichen Umfang der Schutzwirkung der Verschwiegenheitspflicht abzustellen (*Meyer-Goßner* § 53 Rn. 46; Radtke/Hohmann/*Otte* § 53 Rn. 40). Folglich ist z.B. die Entbindung durch einen zwischenzeitlich eingesetzten Insolvenzverwalter nicht ausreichend, sondern sie muss durch alle gegenwärtigen und ehemaligen (formellen und faktischen) Organmitglieder erfolgen (OLG Düsseldorf v. 14.12.1992 – 1 Ws 1155/92, StV 1993, 346; OLG Koblenz v. 22.02.1985 – 2 VAs 21/84, NStZ 1985, 426; Graf/ *Huber* § 53 Rn. 40; *Meyer-Goßner* § 53 Rn. 46; Radtke/Hohmann/ *Otte* § 53 Rn. 40; a.A. OLG Nürnberg v. 18.06.2009 – 1 Ws 289/09, NJW 2010, 690; OLG Oldenburg v. 28.05.2004 – 1 Ws 242/04, NJW 2004, 2176).

180   Die Entbindung von der Schweigepflicht ist auf das Verfahren beschränkt, in dem sie erteilt wurde, und wirkt von ihrer Erteilung bis zur Rechtskraft des Urteils. Eine im steuerrechtlichen Verfahren erteilte Entbindung gilt somit nicht auch gleichzeitig für das Steuerstrafverfahren.

181   Die **Schweigepflichtentbindung** ist zwar in analoger Anwendung des § 52 Abs. 3 Satz 2 StPO **widerrufbar**, sodass die §§ 53, 53a StPO wieder anwendbar sind; dies führt aber nicht dazu, dass die vorher gemachten Aussagen unverwertbar werden. Eine Niederschrift kann in der Hauptverhandlung verlesen oder die Verhörsperson kann vernommen werden (BGH v. 20.11.1964, 5 StR 426/62, BGHSt 18, 146; BGH v. 24.09.1996, 4 StR 441/96, StV 1997, 233) und nach § 97 StPO beschlagnahmte Unterlagen verbleiben im amtlichen Gewahrsam.

Ebenso sind Aussagen verwertbar, die unter Verstoß gegen eine Verschwiegenheitspflicht gemacht werden.

3. Folgen des Fernbleibens von einer staatsanwaltschaftlichen Vernehmung

182   Erscheint der Beschuldigte oder Zeuge auf **Ladung der StA oder der im selbstständigen Verfahren in staatsanwaltschaftlicher Funktion handelnden Bußgeld- und Strafsachenstelle** nicht, so können sich daraus für ihn schwerwiegende Folgen ergeben.

Voraussetzung dafür ist gem. § 51 Abs. 1 Satz 1, Abs. 2 StPO, dass

– eine ordnungsgemäße Ladung erfolgte (sie lässt Ort und Zeit der Vernehmung ebenso erkennen wie die gesetzlichen Folgen des Fernbleibens),
– deren Zugang nachweisbar ist und
– das Fernbleiben des zu Vernehmenden nicht ausreichend und rechtzeitig entschuldigt war.

183   **Rechtzeitig** ist eine Entschuldigung, wenn die Verlegung des Termins und eine Abbestellung evtl. geladener anderer Personen noch im normalen Geschäftsbetrieb möglich ist (*Meyer-Goßner* § 51 Rn. 8; Radtke/Hohmann/*Otte* § 51 Rn. 7). Eine nach der für die Vernehmung festgesetzten Zeit eingehende Entschuldigung ist in jedem Fall verspätet.

184   **Ausreichend** ist eine Entschuldigung, wenn bei Würdigung und Abwägung aller Umstände dem zu Vernehmenden das Erscheinen nicht zugemutet werden kann und kein Grund besteht, am Vortrag des zu Vernehmenden zu zweifeln (*Meyer-Goßner* § 51 Rn. 10 ff.; Radtke/Hohmann/*Otte* § 51 Rn. 8 f.). Als Entschuldigung ist z.B. denkbar, dass der Zeuge unverschuldet keine Kenntnis von der Ladung hatte, oder dass er z.B. durch eine plötzliche Krankheit oder einen Unfall unvorhersehbar verhindert war. Nicht ausreichend sind hingegen vorhersehbare Verzögerungen (z.B. Parkplatzsuche), Furcht vor Nachteilen durch die Aussage, die Berufung auf private oder berufliche Pflichten, Lustlosigkeit oder das Verschlafen des Termins.

185   Ist die Entschuldigung verspätet, so muss neben einer ausreichenden Entschuldigung für das Fernbleiben auch ausreichend dargelegt werden, warum den Beschuldigten/Zeugen kein Verschulden an der Verspätung der Entschuldigung trifft, vgl. § 51 Abs. 2 Satz 2 StPO.

186   Ist das Fernbleiben ausreichend entschuldigt, so erfolgt eine neue Ladung. Ist dies hingegen nicht der Fall, so kann es zur Anordnung der gesetzlich vorgesehenen **Ungehorsamsfolgen** kommen:

Auferlegung von Kosten: Es ist zwingend vorgeschrieben, dass der Beschuldigte/Zeuge die durch 187
sein Fernbleiben verursachten Kosten zu tragen hat (z.B. Kosten eines vergeblich zum vorgesehenen Vernehmungstermin erschienen Dolmetschers, einer Ersatzordnungshaft oder einer polizeilichen Vorführung), vgl. § 51 Abs. 1 Satz 1 StPO.

Festlegung eines Ordnungsgeldes: Es beträgt gem. Art. 6 Abs. 1 EGStGB bis zu 1.000,00 € und 188
ist zwingend zusätzlich zur Auferlegung der Kosten festzusetzen, vgl. § 51 Abs. 1 Satz 2 StPO. Nur
in Fällen geringen Verschuldens oder in denen eine Ahndung nicht erforderlich ist, kann in entsprechender Anwendung der §§ 153 StPO und 47 Abs. 2 OWiG von der Festsetzung abgesehen
werden (z.B. geringe Verspätung oder mehrere Monate zurückliegende Ladung; OLG Koblenz
v. 30.10.1978 – 1 Ws 535/78, MDR 1979, 424; LG Berlin v. 28.09.1994 – 522 Qs 70/94,
NStZ 1995, 508; *Meyer-Goßner* § 51 Rn. 17; Radtke/Hohmann/*Otte* § 51 Rn. 11). Die Auferlegung der Kosten wird dadurch nicht berührt (KG v. 07.07.1994 – 5 Ws 213/94, JR 1995, 174;
LG Berlin v. 28.09.1994 – 522 Qs 70/94, NStZ 1995, 508).

Ist das Ordnungsgeld nicht einbringlich, ist durch die StA oder Bußgeld- und Strafsachenstelle 189
Ersatzordnungshaft mit einer Dauer von einem Tag bis zu 6 Wochen beim AG zu beantragen,
§ 51 Abs. 1 Satz 2 StPO i.V.m. Art. 6 Abs. 2 EGStGB.

Neben den dargestellten Ungehorsamsfolgen besteht auch die Möglichkeit, die **polizeiliche Vor-** 190
führung des Zeugen oder Beschuldigten anzuordnen, § 51 Abs. 1 Satz 3 StPO i.V.m. § 135 StPO.
Da es Voraussetzung der Vorführung ist, dass der zu Vernehmende voraussichtlich auch zum
nächsten Termin nicht erscheinen wird, ist i.d.R. frühestens ab dem zweiten unentschuldigten
Nichterscheinen mit einer Vorführung zu rechnen (vgl. *Meyer-Goßner* § 51 Rn. 20; Radtke/Hoh-
mann/*Otte* § 51 Rn. 13).

IV. Telekommunikationsüberwachung

Seit dem 01.01.2008 besteht nach § 100a Abs. 2 Nr. 2a StPO die Möglichkeit der Überwachung 191
der Telekommunikation auch bei einer Steuerhinterziehung unter den in § 370 Abs. 3 Satz 2
Nr. 5 AO genannten Voraussetzungen. Dasselbe gilt für gewerbsmäßigen Schmuggel nach § 373
AO und Steuerhehlerei im Fall des § 374 Abs. 2 AO. Faktisch ist die Möglichkeit der Überwachung der Telekommunikation damit v.a. in Fällen des **Bandenschmuggels** und der **Umsatzsteu-**
erkarusselle gegeben, wobei im Einzelfall auch der Rückgriff auf den Verdacht der **Geldwäsche**
möglich sein mag (FGJ/*Joecks* § 399 Rn. 105; vgl. auch Rolletschke/*Kemper* § 399 Rn. 183 ff.).
Letzteres ergibt sich daraus, dass die gewerbsmäßige oder bandenmäßige Steuerhinterziehung eine
geeignete Geldwäschevortat darstellt, sodass in den Fällen, in denen jemand z.B. das Geld „aus der
Steuerhinterziehung" für einen anderen verwahrt und folglich nicht wegen der Beteiligung an der
Vortat strafbar ist (vgl. BGH v. 26.02.2003 – 5 StR 423/02, BGHSt 48, 240), die Überwachung
der Telekommunikation möglich ist.

Telekommunikation ist dabei der technische Vorgang des Aussendens, Übermittelns und Emp- 192
fangens von Nachrichten jeglicher Art in Form von Zeichen, Sprache, Bildern oder Tönen mittels
technischer Einrichtungen oder Systeme, die als Nachrichten identifizierbare, elektromagnetische
oder optische Signale senden, übertragen, vermitteln, empfangen, steuern oder kontrollieren können. Somit werden alle mit dem Versenden oder Empfangen von Nachrichten mittels Kommuni-
kationsanlagen im Zusammenhang stehenden Vorgänge erfasst (vgl. §§ 3 Nr. 22 und 23 TKG; vgl.
auch BGH v. 14.03.2003 – 2 StR 341/02, NStZ 2003, 668; Rolletschke/*Kemper* § 399 Rn. 183c;
Meyer-Goßner § 100a Rn. 6; krit. *Fezer*, NStZ 2003, 625). Die Überwachung der Telekommunikation bezieht sich mithin v.a. auf das Abhören von Festnetz- und Mobilfunkanschlüssen, aber z.B.
auch auf die reinen Standortdaten eines Mobiltelefons, bestimmte Stadien des E-Mail-Verkehrs
(vgl. Rdn. 200 ff.) und Internet-Telefonie.

Voraussetzung der Überwachung und Aufnahme der Telekommunikation nach § 100a StPO in 193
Steuerstrafverfahren ist nach § 100a Abs. 1 Nr. 1 i.V.m. Abs. 2 Nr. 2a StPO das **Vorliegen einer**

Straftat nach § 370 Abs. 3 Satz 2 Nr. 5 AO. Gem. § 100a Abs. 1 Nr. 2 StPO muss die Tat auch im Einzelfall schwer wiegen und gem. Nr. 3 muss die Erforschung des Sachverhalts auf andere Weise wesentlich erschwert oder aussichtslos sein (vgl. zu den Einzelheiten der Voraussetzungen, Graf/ *Graf* § 100a Rn. 33 ff.; *Meyer-Goßner* § 100a, Rn. 8 ff.; Radtke/Hohmann/*Röwer* § 100a Rn. 4 ff.).

194 Die **Anordnungsbefugnis** liegt beim Richter und bei Gefahr im Verzug auch bei der StA (vgl. § 100b Abs. 1 StPO). Erfolgt die Anordnung durch die StA, so muss sie innerhalb von 3 Werkta- gen durch das Gericht bestätigt werden, da sie sonst außer Kraft tritt (§ 100b Abs. 1 Satz 3 StPO). Weitere Voraussetzungen der erforderlichen richterlichen Anordnung – die grds. nur auf einen Antrag der StA hin ergehen darf – sind in § 100b StPO geregelt. Zu beachten ist, dass die Maß- nahme auf **max. 3 Monate** zu begrenzen ist. Allerdings kann die Maßnahme gem. § 100b Abs. 1 Satz 5 StPO bei Fortbestehen der Voraussetzungen unter Berücksichtigung der gewonnenen Ermittlungsergebnisse verlängert werden.

195 Besondere Sorgfalt ist im Hinblick auf geplante Überwachungen der Telekommunikation bei **Berufsgeheimnisträgern** wie bei RA, Strafverteidigern und Steuerberatern angezeigt, da in diesen Fällen aufgrund des bestehenden und von der Rechtsordnung geschützten Vertrauensverhältnisses die Anforderungen für die Zulässigkeit einer solchen Maßnahme besonders hoch sind (vgl. BVerfG v. 18.04.2007 – 2 BvR 2094/05, StV 2007, 399; BVerfG v. 30.04.2007 – 2 BvR 2151/06, NJW 2007, 2752; Graf/*Graf* § 100a Rn. 58 ff.; Radtke/Hohmann/*Röwer* § 100a Rn. 25).

196 Problematisch ist die Verwertbarkeit der Erkenntnisse aus einer Überwachung der Telekommuni- kation (vgl. Graf/*Graf* § 100a Rn. 77 ff.; *Meyer-Goßner* § 100a Rn. 29 ff.).

Allgemeine Voraussetzung für die Verwertung der aus einer durchgeführten Telefonüberwachung erlangten Erkenntnisse ist, dass zum Zeitpunkt der Anordnung der Telekommunikationsüberwa- chung ein objektiver Bezug zu einer Katalogtat bestanden hat, d.h. es müssen konkrete Anhalts- punkte für einen Anfangsverdacht auf die Begehung einer Katalogtat vorliegen (BGH v. 30.08.1978 – 3 StR 255/78, BGHSt 28, 122; BGH v. 23.01.1979 – 1 StR 642/78, NJW 1979, 1370; *Meyer-Goßner* § 100a Rn. 32; a.M. *Wulf*, wistra 2008, 325). Folglich ist die Verwertung der Erkenntnisse unzulässig, wenn die Katalogstraftat von vornherein nur vorgeschoben war, um auf diesem Wege Erkenntnisse aus einer Telefonüberwachung z.B. über eine „einfache" Steuerhinter- ziehung nach § 370 Abs. 1 AO zu erlangen (Rolletschke/*Kemper* § 399 Rn. 183e).

197 War die Anordnung der Telefonüberwachung hingegen rechtmäßig, sind die daraus gewonnenen Erkenntnisse unstrittig verwertbar, wenn und soweit sie den Verdacht der Straftat bestätigen, wegen der die Überwachung angeordnet worden war. In diesem Fall kann der gesamte Inhalt der Aufzeichnung genutzt werden, einschließlich der Hintergrundgeräusche und -gespräche (BGH v. 24.04.2008 – 1 StR 169/08, wistra 2008, 268;, in FGJ/*Joecks* § 399 Rn. 108). Bestätigt sich also der Verdacht der Katalogtat der bandenmäßigen Erschleichung von Steuervorteilen (§ 370 Abs. 3 Satz 2 Nr. 5 AO), so können die Erkenntnisse im Strafprozess verwertet werden. Dies ist auch zulässig, wenn sich die rechtliche Bewertung nachträglich dahin gehend ändert, dass zwar der Ver- dacht der bandenmäßigen Begehung nicht mehr besteht, aber trotzdem eine Steuerhinterziehung vorliegt (BGH v. 05.03.1974 – 1 StR 365/73, juris; BGH v. 30.08.1978 – 3 StR 255/78, BGHSt 28, 122; BGH v. 20.06.1990, BGHR § 100a StPO, Verwertungsverbot 4; *Meyer-Goßner* § 100a Rn. 32; FGJ/*Joecks* § 399 Rn. 108; Rolletschke/*Kemper* § 399 Rn. 183f; a.A. SK-StPO/*Wol- ter* vor § 151 Rn. 151).

198 Werden hingegen **Zufallserkenntnisse über Nichtkatalogtaten** im Hinblick auf Personen erlangt, die nicht Beschuldigter oder Tatbeteiligter der die Anordnung begründenden Katalogtat waren, so können diese nur unter den Voraussetzungen des § 477 Abs. 2 Satz 2 StPO verwertet werden. Es kann allerdings durchaus zulässig sein, die Erkenntnisse mittelbar in der Weise zu verwerten, dass aufgrund der Erkenntnisse weitere Ermittlungen geführt werden (Rolletschke/*Kemper* § 399 Rn. 184; vgl. zu den teilweise umstrittenen Fragen *Meyer-Goßner* § 100a Rn. 34, 37 f. und § 477 Rn. 5 f., 7 f.).

Zu berücksichtigen ist ferner § 100a Abs. 4 StPO, aus dem sich ausgehend von der Rechtspre- 199
chung des BVerfG v. 27.07.2005, 1 BvR 668/04, BVerfGE 113, 348 eine erhebliche Einschränkung der Verwertung ergibt. Liegen tatsächliche Anhaltspunkte dafür vor, dass durch eine
Maßnahme nach § 100a Abs. 1 StPO allein Erkenntnisse aus dem durch das allgemeine Persönlichkeitsrecht geschützten **Kernbereich privater Lebensgestaltung** erlangt würden, so ist die Maßnahme unzulässig. Was allerdings unter den Kernbereich der privaten Lebensführung fällt, weil es
einen höchstpersönlichen Charakter hat und nicht in zu hohem Maße die Sphäre anderer oder die
Belange der Gemeinschaft berührt, ist noch nicht abschließend geklärt. (vgl. dazu, Graf/*Graf*
§ 100a Rn. 51 ff.; *Meyer-Goßner* § 100a Rn. 22 ff.; Radtke/Hohmann/*Röwer* § 100a Rn. 23 ff.).

V. Überwachung von E-Mails, Online-Durchsuchung und Internetsuche

Aufgrund der immer weiter wachsenden Bedeutung der **elektronischen Post** (= E-Mail), die in 200
vielen Bereichen schon die herkömmliche Post, Fernschreiben und Telefaxschreiben abgelöst hat,
ist diese Art der Kommunikation auch in Strafverfahren von erheblicher Bedeutung. Die Überwachung des E-Mail-Verkehrs mit dem Ziel der Beschlagnahme der E-Mails ist allerdings rechtlich
problematisch und war lange Zeit umstritten.

Beim **Zugriff auf E-Mails** sind verschiedene Phasen nach rechtlichen Gesichtspunkten zu unter- 201
scheiden (KK/*Nack* § 101a Rn. 19 und *Meyer-Goßner* § 100a Rn. 6b = 3 Phasen; KMR/*Bär* § 100a
Rn. 27 = 4 Phasen; Graf/*Graf* § 100a Rn. 27 = 7 Phasen):

(1) Die E-Mail wird vom Absender geschrieben.
(2) Die E-Mail wird vom Absender verschickt und geht beim Mailbox-Betreiber ein.
(3) Die E-Mail liegt auf dem Server des Mailbox-Betreibers.
(4) Die E-Mail wird durch den Empfänger abgerufen und geht ihm zu.
(5) Die E-Mail wird im Posteingang des Empfängers gespeichert.

Die Beurteilung der Phasen (1) und (5) ist rechtlich unproblematisch, da der Kommunikations- 202
vorgang noch nicht begonnen hat bzw. bereits abgeschlossen ist. Dementsprechend sind die Vorschriften über die Beschlagnahme (§§ 94 ff. StPO) anwendbar wie z.B. auch auf einen noch nicht
abgeschickten oder bereits dem Empfänger zugegangenen Brief (BVerfG v. 16.06.2009 – 2 BvR
902/06, NJW 2009, 2431; BVerfG v. 02.03.2006 – 2 BvR 2099/04, NJW 2006, 976; Graf/*Graf*
§ 100a Rn. 27; *Klein* NJW 2009, 2996).

Auch die Phasen (2) und (4) lassen sich rechtlich klar fassen, da es sich insoweit um einen Kom- 203
munikationsvorgang handelt. Folglich sind insoweit die Vorschriften über eine Telefonüberwachung (§§ 100a, 100b StPO) anwendbar (BGH v. 31.07.1995 – 2 BJs 94/94-6-1 BGs 625/95,
NJW 1997, 1934; Graf/*Graf* § 100a Rn. 28; *Meyer-Goßner* § 100a Rn. 6b).

Umstritten war hingegen die Behandlung der Phase 3. Einerseits wurde vertreten, dass die Nach- 204
richt zwar beim Empfänger noch nicht angekommen sei, dass sie jedoch beim Provider wie bei
einem **Empfangsboten für den Empfänger** bereitliege. Folglich sei eine Beschlagnahme nach
dem – von der technischen Entwicklung überholten aber nach Sinn und Zweck anwendbaren –
§ 94 StPO möglich (so LG Ravensburg v. 09.12.2002 – 2 Qs 153/02, NJW 2003, 2112). Eine
a.A. ging hingegen davon aus, dass die Phasen (2) bis (4) einen **einheitlichen Kommunikations-
vorgang** bilden (so LG Hanau v. 23.09.1999 – 3 Qs 149/99, NJW 1999, 3647). Das BVerfG hat
im Jahr 2009 klargestellt, dass der zugangsgeschützte Kommunikationsinhalt in einem E-Mail
Postfach dem Schutzbereich des Fernmeldegeheimnisses unterliegt (BVerfG v. 16.06.2009 – 2 BvR
902/06, NJW 2009, 2431). Diese Daten seien mangels technischer Beherrschbarkeit durch den
Absender oder Empfänger vor einer Weitergabe durch den Provider an Dritte nicht hinreichend
geschützt, was eine **typische Gefahr des Fernmeldeverkehrs** darstelle. Unerheblich sei insoweit, ob
die E-Mails in dem Postfach zwischengespeichert oder für eine längerfristige Endspeicherung
abgelegt ist. Ein Zugriff auf diese gespeicherten Daten könne deshalb auf Grundlage der §§ **94 ff.**
StPO erfolgen, die den verfassungsrechtlichen Anforderungen an eine Ermächtigung für Eingriffe

in das Fernmeldegeheimnis genügen würden (BVerfG v. 16.06.2009 – 2 BvR 902/06, NJW 2009, 2431; BVerfG v. 02.03.2006 – 2 BvR 2099/04, NJW 2006, 976; Graf/*Graf* § 100a Rn. 28 ff.; *Klein,* NJW 2009, 2996). Insb. sei auch der Verhältnismäßigkeitsgrundsatz nicht verletzt und eine Beschränkung des Zugriffs auf beim Provider gespeicherte Daten auf bestimmte schwere Straftaten sei nicht erforderlich. Auch der BGH hält den Zugriff auf beim Provider gespeicherte E-Mails für zulässig (BGH v. 31.03.2009 – 1 5tR 76/09, NJW 2009, 1828).

205 Der Begriff der **Online-Durchsuchung** wird überwiegend als Suche und Zugriff von Außen auf den betreffenden Computer mittels einer bestimmten zuvor installierten remote forensic software (sog. „Trojaner" oder „Backdoor-Programme") definiert (*Hornick,* StraFo 2008, 282; *Kutscha,* NJW 2007, 1169; vgl. auch *Meyer-Goßner* § 100a Rn. 7b; Radtke/Hohmann/*Röwer* § 100a Rn. 19). Sowohl der BGH als auch das Schrifttum lehnen die Zulässigkeit solcher verdeckter Ermittlungsmaßnahmen ab, da sie weder in § 100a StPO noch in §§ 102, 103 StPO eine ausreichende Rechtsgrundlage finden (BGH v. 31.01.2007 – StB 18/06, NJW 2007, 930; BGH v. 25.11.2006 – 1 BGs 184/06, DuD 2007, 134; *Beulke/Meininghausen* StV 2007, 63; *Bär,* MMR 2007, 239; *Fezer,* NStZ 2007, 535; *Hornung,* CR 2007, 144; *Kutscha,* NJW 2007, 1169; a.A. BGH [ER] v. 21.02.2006 – 3 BGs 31/06, StV 2007, 60). Dies wird damit begründet, dass diese „**Quellen-Telekommunikationsüberwachung**" keine Telekommunikation i.S.d. § 100a StPO sei und §§ 102, 103 StPO nicht anwendbar seien, da es sich bei der Online-Durchsuchung gerade um eine heimliche, und nicht wie bei der Durchsuchung um eine offene Ermittlungsmaßnahme handele.

206 Ebenso sieht das BVerfG in der Quellen-Telekommunikationsüberwachung eine **Infiltration eines informationstechnischen Systems** und eine Gefährdung des gesamten Datenbestandes des betroffenen Rechners, die weit über die einer Telekommunikationsüberwachung hinausgeht. Dementsprechend ist aus verfassungsrechtlicher Sicht für Eingriffe in das aus dem allgemeinen Persönlichkeitsrecht abgeleitete lückenfüllende „**IT-Grundrecht**" eine entsprechende Rechtsgrundlage erforderlich, die z.B. einen Richtervorbehalt enthält und dem Schutz des Kernbereichs privater Lebensgestaltung ausreichend Rechnung trägt (BVerfG v. 27.02.2008 – 1 BvR 370/07, BVerfGE 120, 274; vgl. auch *Böckenförde,* JZ 2008, 925; *Hoffmann-Riem,* JZ 2008, 1009; *Hornung* Anm. zu BVerfG v. 27.02.2008, CR 2008, 299). Eine solche Rechtsgrundlage für strafprozessuale Ermittlungen gibt es zurzeit noch nicht.

207 Der Online-Zugriff auf allgemein zugängliche Datenbestände, die sog. **reine Internet-Aufklärung** ist hingegen ohne besondere Ermächtigungsgrundlage zulässig (BVerfG v. 27.02.2008 –1 BvR 370/07, BVerfGE 120, 274; BVerfG v. 10.03.2008 – 1 BvR 2388/03, BVerfGE 120, 351; LG Wuppertal v. 22.08.2007 – 28 Ns 60 Js 3349/05 [59/07], NStZ 2008, 463; *Meyer-Goßner* § 100a Rn. 7; *Hornick,* StraFo 2008, 281; krit. *Petri,* DuD 2008, 443).

VI. Observation

208 In seltenen, in der Praxis aber immer häufigeren Fällen besteht auch die Möglichkeit, dass die Steuerfahndung **Örtlichkeiten und Personen verdeckt ausforscht.** Insoweit ist zu unterscheiden zwischen kurzfristigen Observationen, z.B. um festzustellen, zu welcher Baustelle der Beschuldigte morgens fährt oder wo er sich bei Beginn einer Durchsuchung befindet, und der längerfristigen Observation i.S.d. § 163f StPO.

209 Eine **längerfristige Observation** liegt gem. § 163f Abs. 1 Satz 1 StPO vor, wenn sie durchgehend mehr als 24 Std. dauert oder an mehr als 2 Tagen stattfindet. Sie kann von der StA bzw. im selbstständigen Verfahren gem. § 399 Abs. 1 AO auch von der das Verfahren führenden Finanzbehörde oder bei Gefahr im Verzug auch von der Steuerfahndung angeordnet werden. Voraussetzung für die Anordnung einer längerfristigen Observation i.S.d. § 163f StPO ist gem. Abs. 1 Satz 1 das Vorliegen **tatsächlicher Anhaltspunkte für eine Straftat mit erheblicher Bedeutung,** was insb. bei besonders schweren Fällen der Steuerhinterziehung gem. § 370 Abs. 3 AO zu bejahen ist (vgl.

Meyer-Goßner § 163f Rn. 4; Graf/*Patzak* § 163f Rn. 5). Es muss daneben ein **Anordnungsgrund** i.S.d. Subsidiaritätsklausel des Abs. 2 Satz 2 und 3 vorliegen, und die Observation ist auf **max. 3 Monate** zu begrenzen. Allerdings kann die Maßnahme gem. § 163f Abs. 3 Satz 3 StPO i.V.m. § 100b Abs. 1 Satz 5 StPO bei Fortbestehen der Voraussetzungen unter Berücksichtigung der gewonnenen Ermittlungsergebnisse verlängert werden.

Mit einer längerfristigen Observation ist allerdings aufgrund des großen personellen und materiellen Aufwandes lediglich in bedeutenden Verfahren wie z.B. Umsatzsteuerkarussellen zu rechnen. Diese Verfahren werden in aller Regel von der StA geleitet.

Eine **kurzfristige Observation**, die nicht länger als 24 Std. dauert, ist hingegen gem. 210 §§ 161, 163 StPO ohne Einschränkung und ohne richterliche Anordnung **jederzeit möglich** (BVerfG v. 02.07.2009 – 2 BvR 1691/07, StraFo 2009, 453; *Meyer-Goßner* § 163f Rn. 1; Graf/*Patzak* § 163f Rn. 1). Allerdings handelt es sich um eine längerfristige Observation i.S.d. § 163 f. StPO auch dann, wenn sich erst während einer kurzfristigen Beobachtung die Notwendigkeit einer Fristüberschreitung ergibt (OLG Hamburg v. 29.06.2007, 3 – 30/07 [REV] – 1 Ss 90/07, NStZ-RR 2008, 144). Dadurch werden jedoch nicht rückwirkend die bereits erfolgten kurzfristigen Ermittlungsmaßnahmen zu einer langfristigen Observation (BVerfG v. 02.07.2009 – 2 BvR 1691/07, StraFo 2009, 453; *Meyer-Goßner* § 163f Rn. 1a; Graf/*Patzak* § 163f Rn. 1). Ebenso ist § 163f StPO nicht anwendbar, wenn sich im Laufe eines Ermittlungsverfahrens in nicht vorhersehbarer Weise mehrfach die Notwendigkeit einer kurzfristigen und vorübergehenden Observation ergibt (BVerfG v. 02.07.2009 – 2 BvR 1691/07, StraFo 2009, 453; OLG Hamburg v. 29.06.2007 – 3-30/07 [REV] – 1 Ss 90/07, NStZ-RR 2008, 144; *Meyer-Goßner* § 163f Rn. 1a).

VII. Haftbefehl und Festnahme

1. Allgemeines

Haftbefehle und Festnahmen kommen in Steuerstrafverfahren selten vor. Durch die Verhaftung 211 und die Anordnung der Untersuchungshaft nach den §§ 112 ff. StPO wird dem noch nicht rechtskräftig verurteilten Beschuldigten zur Sicherung des strafrechtlichen Erkenntnisverfahrens und der späteren Strafvollstreckung die persönliche Freiheit entzogen. Dabei handelt es sich um einen besonders schwerwiegenden Eingriff, der nur in wenigen außergewöhnlichen Fällen zulässig ist, da insoweit dem Interesse an einer wirksamen Strafverfolgung das durch die Art. 2 Abs. 2 Satz 2, 104 GG geschützte Recht auf Freiheit der Person des noch als unschuldig geltenden Beschuldigten gegenübersteht (BVerfG v. 27.07.1966 – 1 BvR 296/66, BVerfGE 20, 144; BVerfG v. 29.11.2005 –2 BvR 1737/05, NJW 2006, 668; Graf/*Krauß* § 112 Rn. 1; *Meyer-Goßner* vor § 112 Rn. 1 ff.; Radtke/Hohmann/*Tsambikakis* § 112 Rn. 7 ff.).

Zwei Formen der Entziehung der persönlichen Freiheit sind zu unterscheiden: Die vorläufige Fest- 212 nahme gem. § 127 StPO (Rdn. 213 ff.) und die Verhaftung gem. §§ 112, 114 StPO (Rdn. 225 ff.).

2. (Vorläufige) Festnahme

Unter der vorläufigen Festnahme versteht man die Inhaftierung ohne vorherigen richterlichen 213 Haftbefehl (Rolletschke/*Kemper*, § 399 Rn. 157). Grundlage dafür können § 127 Abs. 1 Satz 1 StPO, § 127 Abs. 1 Satz 2 StPO oder § 127 Abs. 2 StPO sein.

Jedermann ist gem. **§ 127 Abs. 1 Satz 1 StPO** befugt, jemanden vorläufig festzunehmen, der ers- 214 tens auf frischer Tat betroffen oder verfolgt wird und zweitens der Flucht verdächtig ist oder dessen Identität nicht sofort festgestellt werden kann.

Der Zweck der Festnahme darf ausschließlich darin liegen, den Täter der Strafverfolgung zuzufüh- 215 ren, nicht jedoch z.B. in der Verhinderung weiterer Straftaten (BGH, VRS 40, 104, 106; *Meyer-Goßner* § 127 Rn. 8).

216   Eine Tat i.S.d. § 127 Abs. 1 Satz 1 StPO ist eine Straftat, die zum Erlass eines Haftbefehls ausreichen würde, wobei auch der Versuch einer Straftat ausreichend ist, wenn er strafbar ist (BGH v. 18.11.1980 – VI ZR 151/78, NJW 1981, 745; OLG Hamm v. 24.11.1076 – 4 Ss 263/76, NJW 1977, 590; *Meyer-Goßner* § 127 Rn. 3; Radtke/Hohmann/*Tsambikakis* § 127 Rn. 4). Eine Festnahme auf dieser Grundlage wird im Steuerstrafrecht allerdings kaum infrage kommen, da der Täter einer Steuerhinterziehung normalerweise nicht bei der Begehung der Steuerhinterziehung oder unmittelbar danach am Tatort und damit auf frischer Tat (*Meyer-Goßner* § 127 Rn. 5; Radtke/Hohmann/*Tsambikakis* § 127 Rn. 6) angetroffen werden wird.

217   Auch eine Festnahme zur **Identitätssicherung** durch die Polizei oder die StA bzw. im selbstständigen Verfahren durch die Bußgeld- oder Strafsachenstelle gem. § 127 **Abs. 1 Satz 2 StPO** kommt im Steuerstrafverfahren kaum infrage, da auch insoweit erforderlich ist, dass der Verdächtige auf frischer Tat betroffen wird. Zur Identitätsfeststellung vgl. Rdn. 260 ff.

218   Im Gegensatz dazu kann es in Steuerstrafverfahren durchaus zu einer vorläufigen Festnahme gem. § 127 **Abs. 2 StPO** kommen. Danach sind u.a. Beamte der Steuerfahndung und der Bußgeld- und Strafsachenstelle berechtigt, die vorläufige Festnahme anzuordnen und durchzuführen, wenn erstens der dringend verdächtige Beschuldigte flüchtig ist oder Flucht- bzw. Verdunklungsgefahr besteht, zweitens die Anordnung der Haft zur Bedeutung der Sache in einem angemessenen Verhältnis steht und drittens Gefahr im Verzug besteht.

219   Der Beschuldigte muss der Begehung einer Steuerstraftat **dringend verdächtig** sein, d.h. es muss nach dem gegenwärtigen Stand der Ermittlungen die große Wahrscheinlichkeit bestehen, dass er Täter oder Teilnehmer dieser Tat ist (BGH v. 18.11.1980 – VI ZR 151/78, NJW 1981, 745; BayObLG v. 30.05.1986 – RReg 5 St 43/86, BayObLGSt 1986, 52; OLG Hamm v. 08.01.1998 – 2 Ss 1526/97, NStZ 1998, 370; Graf/*Krauß* § 127 Rn. 3; vgl. auch Rdn. 228 f.).

220   **Gefahr im Verzug** besteht, wenn die richterliche Anordnung – auch telefonisch – nicht rechtzeitig eingeholt werden kann und dadurch die Ergreifung des Beschuldigten gefährdet würde, oder die Gefahr fortbesteht, dass der Beschuldigte bis zum Vollzug einer richterlichen Anordnung noch fliehen oder die Ermittlung der Wahrheit erschweren wird (Graf/*Krauß* § 127 Rn. 12; *Meyer-Goßner* § 127 Rn. 19; Radtke/Hohmann/*Tsambikakis* § 127 Rn. 12; zu den Haftgründen der Flucht- und Verdunklungsgefahr vgl. Rdn. 231 ff.). Es ist insoweit ausreichend, wenn der Beamte die Gefährdung des Untersuchungszwecks aufgrund einer pflichtgemäßen Prüfung ex ante annehmen darf (RG v. 02.03.1906, 828/05, RGSt 38, 375; Graf/*Krauß* § 127 Rn. 12; *Meyer-Goßner* § 127 Rn. 19; Radtke/Hohmann/*Tsambikakis* § 127 Rn. 12)

221   Die **Festnahme** erfolgt, indem der Beschuldigte von den durchführenden Beamten ergriffen wird, ihm erkennbar gemacht wird, dass es sich um eine vorläufige Festnahme handelt und welche Tat dazu den Anlass gibt (OLG Oldenburg v. 07.06.1966 – 1 Ss 103/66, NJW 1966, 1764; *Meyer-Goßner* § 127 Rn. 12). Sofern dies im jeweiligen Einzelfall erforderlich und angemessen ist, schließt das Festnahmerecht auch das Recht ein, den Betroffenen **festzuhalten** bzw. ihn **einzusperren** (KG, JR 1971, 30; Graf/*Krauß* § 127 Rn. 11; *Meyer-Goßner* § 127 Rn. 12), **Zwang anzuwenden**, der vorher nicht angekündigt werden muss, wie z.B. das Wegnahmen eines Zündschlüssels (*Saarbrücken*, NJW 1959, 1190; Radtke/Hohmann/*Tsambikakis* § 127 Rn. 9) oder das Blockieren von Fahrzeugen (OLG Schleswig, NJW 1953, 275; *Meyer-Goßner* § 127 Rn. 13), **körperliche Gewalt** gegen den Betroffenen einzusetzen, selbst wenn die Gefahr körperlicher Verletzungen besteht bzw. diese eintreten (BGH v. 10.02.2000 – 4 StR 558/99, BGHSt 45, 378; OLG Karlsruhe v. 18.12.1973 – 2 Ws 200/73, NJW 1974, 806; OLG Stuttgart v. 02.03.1984, 3 Ss [14] 75/ 84, NJW 1984, 1694; *Meyer-Goßner* § 127 Rn. 14; Graf/*Krauß* § 127 Rn. 11). Im Fall einer Steuerhinterziehung, bei der es sich per se nicht um eine schwerwiegende Straftat handelt, darf es allerdings nicht zu einer ernsthaften Beschädigung der Gesundheit des Betroffenen oder zu einer Gefährdung seines Lebens kommen (vgl. BGH v. 03.07.2007 – 5 StR 37/07, NStZ-RR 2007, 303; Graf/*Krauß* § 127 Rn. 11; *Meyer-Goßner* § 127 Rn. 14). Auch ein Recht, die Wohnung des

Betroffenen zu durchsuchen, ergibt sich aus § 127 Abs. 2 StPO nicht (Graf/*Krauß* § 127 Rn. 11; *Meyer-Goßner* § 127 Rn. 12).

Gem. § 128 Abs. 1 Satz 1 StPO ist der Beschuldigte **unverzüglich**, spätestens aber am Tag nach 222 der Festnahme, **dem zuständigen Haftrichter vorzuführen**. Dies bedeutet allerdings nicht, dass der Beschuldigte dem Haftrichter gegenübergestellt wird, sondern lediglich, dass er – z.B. durch das Verbringen in das Gerichtsgefängnis – der Verfügungsgewalt des Richters unterstellt wird (Graf/*Krauß* § 115 Rn. 3; *Meyer-Goßner* § 115 Rn. 3; SK-StPO/*Paeffgen* § 115 Rn. 4; zweifelnd Radtke/Hohmann/*Tsambikakis* § 115 Rn. 3). Ausgehend vom Zeitpunkt der Vorführung ist der Beschuldigte gem. § 115 Abs. 2 StPO unverzüglich danach, spätestens aber am Tag nach der Vorführung zu den gegen ihn erhobenen Vorwürfen zu vernehmen.

Nach der Vernehmung hat der Richter zu prüfen, ob die **Voraussetzungen** für den Erlass eines 223 Haftbefehls **im Augenblick der Vorführung** vorliegen; er entscheidet nicht darüber, ob die vorläufige Festnahme im Augenblick der Festnahme gerechtfertigt war (*Meyer-Goßner* § 128 Rn. 12; Radtke/Hohmann/*Tsambikakis* § 128 Rn. 6).

Der Richter hat vier Möglichkeiten zu entscheiden: Er kann entweder den staatsanwaltschaftli- 224 chen Antrag auf Erlass eines Haftbefehls mangels dringenden Tatverdachts bzw. in Ermangelung von Haftgründen ablehnen, er kann den Betroffenen gem. § 127a StPO verschonen, er kann einen Haftbefehl erlassen, aber ihn gleichzeitig nach § 116 StPO außer Vollzug setzen oder den Haftbefehl erlassen und die Untersuchungshaft anordnen.

3. Verhaftung

a) Allgemeines

Auch im Fall der Verhaftung ist immer zu berücksichtigen, dass der Betroffene noch nicht verur- 225 teilt ist und deshalb **als unschuldig gilt**. Zweck der Verhaftung kann somit nicht seine Bestrafung oder dergleichen sein, sondern es sind nur die Durchführung eines geordneten Strafverfahrens und die Vollstreckung der ggf. verhängten Strafe zu sichern (BVerfG v. 13.10.1971 – 2 BvR 233/ 71, BVerfGE 32, 87; BVerfG v. 29.06.1995 – 2 BvR 2537/94, StV 1996, 156; KK/*Graf* § 112 Rn. 11; *Meyer-Goßner* Vor § 112 Rn. 4; Radtke/Hohmann/*Tsambikakis* § 112 Rn. 3). Dementsprechend spielt hier die Berücksichtigung des in § 112 Abs. 1 Satz 2 StPO ausdrücklich angesprochenen **Verhältnismäßigkeitsgrundsatzes** eine herausgehobene Rolle. Daraus folgt z.B., dass die Anordnung der Untersuchungshaft nicht außer Verhältnis zur Schwere der Tat und zur zu erwartenden Strafe stehen darf. Folglich wird bei geringer Straferwartung – insb. wenn die Strafe voraussichtlich zur Bewährung ausgesetzt werden wird – nur in besonderen Ausnahmefällen Untersuchungshaft infrage kommen (OLG Frankfurt am Main v. 09.02.1989 – 1 Ws 46/89, StV 1989, 486; vgl. auch umfassend, Graf/*Krauß* § 112 Rn. 29 ff.; *Meyer-Goßner* § 112 Rn. 8 ff.; Radtke/Hohmann/*Tsambikakis* § 112 Rn. 64 ff.).

Grundlage einer Verhaftung ist ein vorheriger richterlicher schriftlicher Haftbefehl gem. § 114 226 StPO. Sind die Voraussetzungen eines Haftbefehls gegeben, so gibt die Bußgeld- und Strafsachenstelle das Verfahren an die StA ab (Nr. 22 Abs. 2 Nr. 2, 73 Abs. 1 Satz 1 AStBV (St) 2012), die i.d.R. daraufhin einen Antrag auf Haftbefehl stellen wird. Rechtlich ist es allerdings auch denkbar, dass die Bußgeld- und Strafsachenstelle in staatsanwaltschaftlicher Funktion einen Haftbefehl selbst beantragt, da § 386 Abs. 3 AO den Erlass eines Haftbefehls voraussetzt. Werden dessen Voraussetzungen vom Richter bejaht, wird er den Haftbefehl gem. § 114 StPO mit dem dort genannten Inhalt erlassen. Nach § 386 Abs. 3 AO führt die StA (spätestens) ab Erlass des Haftbefehls die Ermittlungen weiter (vgl. § 386 Rdn. 39 ff.).

b) Haftbefehl

227 **Voraussetzungen eines Haftbefehls** sind erstens ein dringender Tatverdacht (vgl. Rdn. 228 f.), zweitens das Vorliegen eines Haftgrundes (vgl. Rdn. 230 ff.) und drittens dass die Anordnung der Haft zur Bedeutung der Sache in einem angemessenen Verhältnis steht.

aa) Dringender Tatverdacht

228 Ein **dringender Tatverdacht** i.S.d. § 112 Abs. 1 Satz 1 StPO besteht, wenn die Wahrscheinlichkeit groß ist, dass der Beschuldigte **Täter oder Teilnehmer einer bestimmten Straftat** ist, wobei ein strafbarer Versuch ausreichend ist (BVerfG v. 12.09.1995 – 2 BvR 2475/94, NJW 1996, 1049; BGH v. 05.05.1992 – StB 9/92, 2 BJs 15/92 – 5 – StB 9/92, NStZ 1992, 449; OLG Dresden v. 14.03.2006 – 3 Ws 12/06, StV 2006, 700; Graf/*Krauß* § 112 Rn. 3; *Meyer-Goßner* § 112 Rn. 5). Darüber hinaus muss die **Möglichkeit einer späteren Verurteilung** bestehen; die Prognose, dass die spätere Verurteilung mit großer Wahrscheinlichkeit zu erwarten ist, ist nicht erforderlich (ebenso BGH, NStZ 1981, 94 bei Pfeiffer; Graf/*Krauß* § 112 Rn. 3; *Meyer-Goßner* § 112 Rn. 5; *Deckers*, StV 2001, 116; a.A. OLG Brandenburg v. 20.12.1995 – 2 [3] HEs 106/95, StV 1996, 157; OLG Koblenz v. 19.11.1993 – 2 Ws 654/93, StV 1994, 316; LR-StPO/*Hilger* § 112 Rn. 17; Radtke/Hohmann/*Tsambikakis* § 112 Rn. 21). Dies ergibt sich daraus, dass die Feststellung des dringenden Tatverdachts – im Gegensatz zum **hinreichenden Tatverdacht**, der auf der Grundlage des abgeschlossenen Ermittlungsergebnisses festgestellt wird – auf dem gegenwärtigen und somit veränderlichen Stand der Ermittlungen basiert. Folglich ist zwar der Verdachtsgrad des dringenden Tatverdachts stärker als der des hinreichenden Tatverdachts, aber zur Bejahung des dringenden Tatverdachts muss der hinreichende Tatverdacht nicht feststehen (BGH, NStZ 1981, 94 bei Pfeiffer; *Meyer-Goßner* § 112 Rn. 6).

229 Auch der dringende Tatverdacht muss aus **bestimmten Tatsachen** und nicht nur aus bloßen Vermutungen hergeleitet werden (LG Frankfurt am Main v. 02.04.2009 – 5/4 Qs 14/09, 5-4 Qs 14/09, StV 2009, 477; Graf/*Krauß* § 112 Rn. 5; *Meyer-Goßner* § 112 Rn. 7).

bb) Haftgründe

230 Die **Haftgründe**, die im Steuerstrafverfahren in Betracht kommen, sind Flucht (§ 112 Abs. 2 Nr. 1 StPO; vgl. Rdn. 231 ff.), Fluchtgefahr (§ 112 Abs. 2 Nr. 2 StPO; vgl. Rdn. 235 ff.) und Verdunklungsgefahr (§ 112 Abs. 2 Nr. 3 StPO; vgl. Rdn. 238 ff.). Daneben gibt es noch sog. ungeschriebene Haftgründe (vgl. Rdn. 241 f.).

Die Haftgründe müssen sich auf bestimmte Tatsachen stützen. Diese müssen Eingang in die Ermittlungsakten gefunden haben.

231 **Flucht (§ 112 Abs. 2 Nr. 1 StPO):** Wenn der Beschuldigte flüchtig ist oder sich verborgen hält, besteht der Haftgrund der Flucht. Flüchtig ist, wer sich zumindest auch aus dem Grund von seinem bisherigen Lebensmittelpunkt absetzt, in einem gegen ihn anhängigen Strafverfahren unerreichbar zu sein und dem behördlichen Zugriff zu entgehen (OLG Bremen v. 12.06.1997 – Ws 42/97, NStZ-RR 1997, 334; Graf/*Krauß* § 112 Rn. 8; *Meyer-Goßner* § 112 Rn. 13; Radtke/Hohmann/*Tsambikakis* § 112 Rn. 35). Dasselbe gilt nach herrschender Meinung, wenn ein **deutscher Beschuldigter** aus dem Ausland nicht mehr zurückkehren will (OLG Frankfurt am Main v. 09.06.1974 – 1 Ws 98/74, NJW 1974, 1835; OLG Koblenz v. 11.07.1984 – 2 Ws 470/84, NStZ 1985, 88; Graf/*Krauß* § 112 Rn. 8; *Meyer-Goßner* § 112 Rn. 13; a.A. SK-StPO/*Paeffgen* § 112 Rn. 22a). Es reicht insoweit aus, dass der Beschuldigte die Verhinderung des Strafverfahrens erkennt und sie billigend in Kauf nimmt (OLG Koblenz v. 11.07.1984 – 2 Ws 470/84, NStZ 1985, 88; Graf/*Krauß* § 112 Rn. 8). Postalische Erreichbarkeit des Beschuldigten führt für sich betrachtet nicht dazu, dass keine Flucht vorliegt, sondern ist unbeachtlich (LG Verden v. 25.03.1986 – 9 Qs 21/86, StV 1986, 256).

Begibt sich ein **ausländischer Beschuldigter** hingegen in sein Heimatland, in dem er seinen 232
Wohnsitz hat, so ist er der Flucht nur verdächtig, wenn dies mit seiner Straftat im Zusammenhang steht (OLG Saarbrücken v. 26.01.2000 –1 Ws 3/00, NStZ 2001, 74; OLG Brandenburg
v. 17.01.1996 – 2 Ws 183/95, 2 Ws 184/95, StV 1996, 381; OLG Bremen v. 12.06.1997 – Ws
42/97, NStZ-RR 1997, 334; OLG Naumburg v. 10.10.1996 – 1 Ws 101/96, wistra 1997, 80;
Meyer-Goßner § 112 Rn. 13). Hält er sich dort hingegen unter einer bekannten Adresse auf und
hält sich zur Verfügung für das Strafverfahren, so ist er nicht flüchtig (BGH v. 20.11.1989 – 2 BJs
30/89 – 1 – II BGs 358/89, II BGs 358/89, StV 1990, 309; OLG Köln v. 13.03.1998 – 2 Ws
115/98, StV 1998, 269; OLG Naumburg v. 10.10.1996 – 1 Ws 101/96, wistra 1997, 80;
LG Hamburg v. 01.03.2002 – 620 Qs 19/02, StV 2002, 205).

Verborgen hält sich, wer unangemeldet, unter falschem Namen oder an einem unbekannten Ort 233
lebt, um sich dem Verfahren dauernd oder auf längere Zeit zu entziehen (OLG Saarbrücken
v. 26.01.2000 – 1 Ws 3/00, NStZ 2001, 74; OLG Stuttgart v. 11.03.1998 – 1 Ws 28/
98 NStZ 1998, 427; Graf/*Krauß* § 112 Rn. 10; *Meyer-Goßner* § 112 Rn. 14).

Die Flucht muss aufgrund bestimmter Tatsachen feststehen, wobei es ausreicht, dass nach den 234
Umständen des Falls Flucht oder Verbergen näher liegt als jede andere Erklärung für die Unerreichbarkeit des Beschuldigten. Bloße Befürchtungen oder Mutmaßungen reichen hingegen nicht
aus (KK/*Graf* § 112, Rn. 14; Graf/*Krauß* § 112 Rn. 11; *Meyer-Goßner* § 112 Rn. 15).

Fluchtgefahr (§ 112 Abs. 2 Nr. 2 StPO): Der Haftgrund des § 112 Abs. 2 Nr. 2 StPO besteht, 235
wenn die Würdigung der Umstände des Einzelfalls es wahrscheinlicher macht, dass sich der
Beschuldigte dem Strafverfahren entziehen wird, als dass er sich zur Verfügung halten wird
(OLG Köln v. 10.06.1994 – 2 Ws 230/94, StV 1994, 582; OLG Stuttgart v. 11.03.1998 – 1 Ws
28/98 NStZ 1998, 427; OLG Hamm v. 28.02.2008 – 2 Ws 48/08, StV 2008, 257; Graf/*Krauß*
§ 112 Rn. 12; *Meyer-Goßner* § 112 Rn. 17: a.A. LR-StPO/*Hilger* § 112 Rn. 25, der eine hohe
Wahrscheinlichkeit fordert). Das **Sich-Entziehen** ist nur vom Erfolg her zu bestimmen, sodass
jedes Verhalten erfasst ist, das dazu führt, dass der Fortgang des Verfahrens dauernd oder vorübergehend durch die Aufhebung der Bereitschaft des Beschuldigten verhindert wird, für Ladungen
und Vollstreckungsmaßnahmen zur Verfügung zu stehen. Ob der Beschuldigte diesen Erfolg beabsichtigt oder nur in Kauf genommen hat, ist ohne Bedeutung (BGH v. 04.11.1970 – 4 ARs 43/
70, BGHSt 23, 380; OLG Düsseldorf v. 20.03.1986 – 1 Ws 1102/85, NJW 1986, 2204; Graf/
Krauß § 112 Rn. 12; *Meyer-Goßner* § 112 Rn. 18).

Die **Beurteilung der Fluchtgefahr** erfordert eine alle Umstände des Falles berücksichtigende 236
Abwägung, insb. die Art der vorgeworfenen Tat, die Persönlichkeit und Lebensverhältnisse des
Beschuldigten, sein Vorleben und sein Verhalten vor und nach der Tat (OLG Hamm
v. 28.02.2008 – 2 Ws 48/08, StV 2008, 258; Graf/*Krauß* § 112 Rn. 15; *Meyer-Goßner* § 112
Rn. 19). **Für Fluchtgefahr** sprechen folgende Gesichtspunkte:

– Reisevorbereitungen des Beschuldigten;
– größere Vermögensumschichtungen wie z.B. die Auflösung von Depots oder der Verkauf von
  Immobilien (Radtke/Hohmann/*Tsambikakis* § 112 Rn. 49);
– familiäre Beziehungen ins Ausland (OLG Saarbrücken v. 26.01.2000 – 1 Ws 3/00, StV 2000,
  208);
– Beziehungen zum Ausland, insb. dortige Vermögenswerte, und gute Sprachkenntnisse (Löwe/
  Rosenberg/*Hilger* § 112 Rn. 36; *Meyer-Goßner* § 112 Rn. 20; vgl. aber auch OLG Saarbrücken
  v. 03.06.2002 – 1 Ws 109/02, StV 2002, 489);
– Neuerwerb einer Wohnung oder eines Hauses im Ausland;
– Fehlen fester familiärer oder beruflicher Bindungen im Inland (*Meyer-Goßner* § 112 Rn. 20);
– Fehlen einer festen Wohnung oder eines festen Aufenthalts im Inland (LG Kleve
  v. 07.06.2011 – 120 Qs 55/11, NStZ-RR 2011, 342; *Meyer-Goßner* § 112 Rn. 20; Radtke/
  Hohmann/*Tsambikakis* § 112 Rn. 49);
– Flucht in einem vorherigen Verfahren oder Verfahrensabschnitt (Graf/*Krauß* § 112 Rn. 15 f.);

– dasselbe gilt für eine hohe Straferwartung im Fall einer Freiheitsstrafe ohne Bewährung, wobei allein die Straferwartung die Fluchtgefahr nicht begründen kann (OLG Koblenz v. 22.04.2004 – [1] 4420 BL – III – 17/04, StV 2004, 491; OLG Brandenburg v. 27.11.2001 – 2 Ws 412/ 01, StV 2002, 147; Graf/*Krauß* § 112 Rn. 16; *Meyer-Goßner* § 112 Rn. 24). Ist der Beschuldigte jedoch seit längerer Zeit über den Tatvorwurf informiert, ohne dass ihn dies dazu veranlasst hätte, sich dem Verfahren zu entziehen, kann keine Fluchtgefahr angenommen werden (LG Koblenz v. 07.02.2011 – 2090 Js 24962/08 – 3 Ks, StV 2011, 290).

Die bloße Nichtbefolgung von Vorladungen begründet jedoch keine Fluchtgefahr (vgl. aber Rdn. 182 ff.).

Gegen Fluchtgefahr sprechen hingegen

– im Hinblick auf die hinterzogene Steuer ausreichende Vermögenswerte im Inland,
– umfassende starke familiäre oder berufliche Bindungen im Inland (OLG Hamm v. 27.01.2003 – 2 Ws 19/03, StV 2003, 509; OLG Brandenburg v. 27.11.2001 – 2 Ws 412/ 01, StV 2002, 147),
– hohes Alter (*Meyer-Goßner* § 112 Rn. 21),
– schlechter und daher fluchthindernder Gesundheitszustand (OLG Karlsruhe v. 25.10.2005 – 2 Ws 278/05, StV 2006, 312),
– Mitwirkung bei der Aufklärung (OLG Bremen v. 01.06.1994 – Ws 71/94, StV 1995, 85) bzw. Geständnis (OLG Frankfurt am Main v. 21.11.1996 – 1 Ws 166/96, StV 1997, 138);
– mehrfache Rückkehr aus dem Ausland während des laufenden Ermittlungsverfahrens bzw. Verbleiben am Wohnort trotz laufender Ermittlungen (OLG Hamm v. 28.02.2000 – 2 Ws 55/ 2000, 2 Ws 56/2000, 2 Ws 55/00, 2 Ws 56/00, StV 2000, 320) und
– ein fester Wohnsitz, der allerdings die Fluchtgefahr nicht immer ausschließt (OLG Düsseldorf, JMBlNW 1992, 351).

237 Hat sich ein Ausländer ohne Fluchtwillen zu seinem Wohnsitz in seinem Heimatland zurückbegeben (und ist deshalb nicht flüchtig i.S.d. § 112 Abs. 2 Satz 1 StPO, vgl. Rdn. 232), so ist er nach herrschender Meinung der Flucht verdächtig, wenn er erklärt, dass er sich nicht dem Verfahren stellen werde (OLG Stuttgart v. 11.03.1998 – 1 Ws 28/98, NStZ 1998, 427).

238 **Verdunklungsgefahr (§ 112 Abs. 2 Nr. 3 StPO):** Der Haftgrund der Verdunklungsgefahr besteht, wenn aufgrund bestimmter Tatsachen das Verhalten des Beschuldigten den dringenden Verdacht begründet, dass er durch bestimmte prozessordnungswidrige, in § 112 Abs. 2 Nr. 3 StPO abschließend aufgeführte Handlungen auf Beweismittel einwirken und dadurch die Ermittlung der Wahrheit erschweren wird (OLG Köln v. 10.09.1996 – 2 Ws 457/96, StV 1997, 27; OLG München v. 25.01.1996 – 2 Ws 37/96, NStZ 1996, 403; Graf/*Krauß* § 112 Rn. 18; *Meyer-Goßner* § 112 Rn. 26, 29; Radtke/Hohmann/*Tsambikakis* § 112 Rn. 55). Verdunklungshandlungen sind somit das Vernichten, Verändern, Beiseiteschaffen, Unterdrücken oder Fälschen von Beweismitteln bzw. das unlautere Einwirken – selbst oder durch Dritte – auf Mitbeschuldigte, Zeugen oder Sachverständige. Eine bloße dahin gehende Vermutung ist allerdings nicht ausreichend. Es darf jedoch vor dem Beginn des Ermittlungsverfahrens liegendes Verhalten des Beschuldigten bei der Prognose seines zukünftigen Verhaltens berücksichtigt werden (OLG Hamm v. 17.06.2004 – 2 Ws 141/04, wistra 2004, 358; Graf/*Krauß* § 112 Rn. 21; *Meyer-Goßner* § 112 Rn. 30).

239 Sofern der Beschuldigte die ihm **zustehenden Rechte ausübt**, kann dadurch keine Verdunklungsgefahr begründet werden. Folglich sind die Verweigerung einer Aussage, das – auch wahrheitswidrige – Bestreiten eines Tatvorwurfs (OLG Hamm v. 08.01.1985 – 4 Ws 8/85, StV 1985, 114), der Widerruf eines Geständnisses (KG, JR 1956, 192), die Nichtbenennung von Mittätern (LG Verden, StV 1982, 374), die Suche nach Entlastungszeugen und die Besprechung mit Zeugen zur Ermittlung ihres Wissens (KG v. 06.10.2008 – 4 Ws 89/08, 1 AR 1185/08 – 4 Ws 89/08, StraFo 2009, 21) keine Handlungen, die einen Haftgrund darstellen (umfassend *Meyer-Goßner*

§ 112 Rn. 29; Radtke/Hohmann/*Tsambikakis* § 112 Rn. 55). Zur jedoch in der Praxis teilweise abweichenden Handhabung vgl. Rdn. 241 f..

Eine Besonderheit besteht allerdings für den Fall, dass die **Aussetzung der Vollziehung des Haft-** 240 **befehls** nach § 116 Abs. 2 StPO mit der **Weisung** verbunden wurde, z.B. mit bestimmten Zeugen keinen Kontakt aufzunehmen. Tut der Beschuldigte dies dennoch, so kann dies nach § 116 Abs. 4 Nr. 1 StPO wieder zum Vollzug des Haftbefehls führen.

Ungeschriebene Haftgründe: Neben diesen gesetzlich geregelten Haftgründen gibt es noch wei- 241 tere, die sich in der Praxis herausgebildet haben und die immer wieder eine Rolle spielen. Diese ungeschriebenen Haftgründe (sog. **apokryphe Haftgründe**) stehen nicht im Einklang mit der abschließenden Aufzählung der §§ 112 ff. StPO und sind rechtswidrig. Trotzdem werden Haftentscheidungen teilweise von ihnen getragen, wobei diese Gründe aber auch keinen ausdrücklichen Eingang in die Anträge finden, sondern nur im Hintergrund ihre Wirkung entfalten (vgl. *Paeffgen*, NJW 1990, 537 und *Lemme*, wistra 2004, 288; Radtke/Hohmann/*Tsambikakis* § 112 Rn. 6).

Als ungeschriebene Haftgründe sind insb. zu nennen

– Die Förderung der Geständnisbereitschaft,
– die Förderung der Mitwirkung bei der Sachverhaltsermittlung, obwohl dazu für den Beschuldigten keine Verpflichtung besteht,
– die Verhängung einer vorweggenommenen Strafe und
– die Berücksichtigung des öffentlichen Drucks, der schnelle Ergebnisse verlangt und oft erst nach einer Verhaftung nachlässt.

Für den Verteidiger ist es ausgesprochen schwierig nachzuweisen, dass ungeschriebene und nicht 242 im Antrag und der Entscheidung erwähnte Haftgründe im konkreten Fall zur Entscheidung beigetragen haben. Trotzdem ist es nicht unmöglich aufzuzeigen, dass sich im Einzelfall hinter schablonenhaften Formulierungen zum Haftgrund ungesetzliche und somit rechtswidrige Haftgründe verbergen.

c) Vollstreckung des Haftbefehls

Die Vollstreckung des Haftbefehls ist Sache der StA, die sich dafür der Polizei oder der Steuer- 243 fahndung bedient. Nach herrschender Meinung erlaubt der Haftbefehl auch die **Durchsuchung der Wohnung** des Beschuldigten, um ihn zu ergreifen, jedoch nicht die Durchsuchung der Räume von Dritten (KK/*Graf* § 114 Rn. 22; *Meyer-Goßner* § 114 Rn. 20; Radtke/Hohmann/*Tsambikakis* § 114 Rn. 13; a.A. Graf/*Krauß* § 114 Rn. 12; SK-StPO/*Paeffgen* § 114 Rn. 15).

Wird der Beschuldigte aufgrund eines gegen ihn erlassenen Haftbefehls festgenommen, so ist ihm 244 gem. § 114a StPO der Haftbefehl bei der Verhaftung bekannt zu geben, und es ist ihm eine Abschrift auszuhändigen.

Der Beschuldigte ist unverzüglich dem zuständigen Richter vorzuführen, der den Haftbefehl erlas- 245 sen hat (§ 115 Abs. 1 StPO), der ihn wiederum unverzüglich nach der Vorführung zu vernehmen hat (§ 115 Abs. 2 StPO). In der Vorführverhandlung entscheidet der Richter, ob der Haftbefehl aufrechterhalten wird, aufrechterhalten, aber außer Vollzug gesetzt wird oder aufgehoben wird.

Ferner ist gem. § 114c StPO ein Angehöriger oder eine Vertrauensperson des Beschuldigten zu 246 benachrichtigen – nach herrschender Meinung auch gegen seinen Willen (LG Frankfurt am Main, NJW 1959, 61; KK/*Graf* § 114b Rn. 5; Graf/*Krauß* § 114c Rn. 5; *Meyer-Goßner* § 114c Rn. 6; vgl. auch Radtke/Hohmann/*Tsambikakis* § 114c Rn. 13 f.).

Wird der Beschuldigte nicht **unverzüglich** vorgeführt, d.h., so bald wie möglich, aber spätestens 247 am Tag nach der Verhaftung, so ist zu prüfen, ob die zuständigen Beamten der Strafverfolgungsorgane sich einer Freiheitsberaubung schuldig gemacht haben.

248   Ist der zuständige Richter oder sein Vertreter jedoch nicht innerhalb dieser Frist erreichbar – z.B. weil der Beschuldigte in einer anderen Stadt festgenommen wurde – so ist der Beschuldigte gem. § 115a StPO dem nächsten Richter vorzuführen. Dessen Aufgabe ist gem. § 115a Abs. 2 StPO im Wesentlichen zu überprüfen, ob der Vorgeführte mit dem im Haftbefehl Genannten identisch ist und ob der Haftbefehl noch besteht.

249   Er hat hingegen nicht die Entscheidungskompetenz, den Haftbefehl aufzuheben, selbst wenn er ihn für offensichtlich unbegründet hält, oder den Vollzug des Haftbefehls nach § 116 StPO auszusetzen. Die Aussetzung ist ihm nur ausnahmsweise möglich, wenn er die Haftunfähigkeit des Vorgeführten feststellt (LG Frankfurt am Main v. 25.03.1985 – 5/5 Qs 14/85, StV 1985, 464; Graf/ *Krauß* § 115a Rn. 4; *Meyer-Goßner* § 115a Rn. 5).

Zum Vollzug der Untersuchungshaft vgl. § 119 StPO.

250   Der Haftbefehl ist i.d.R. **nach 6 Monaten aufzuheben** (§ 121 Abs. 2 StPO). Etwas anderes gilt gem. § 121 Abs. 1 StPO jedoch, wenn ein Urteil ergangen ist, das auf Freiheitsstrafe oder eine freiheitsentziehende Maßregel der Besserung und Sicherung erkennt oder die besondere Schwierigkeit oder der besondere Umfang der Ermittlungen oder ein anderer wichtiger Grund das Urteil noch nicht zulassen und die Fortdauer der Haft rechtfertigen.

251   Die **Schwere der Tat** spielt insoweit keine Rolle und auch die **Überlastung** von Gericht und/oder StA sind nur zu berücksichtigen, wenn sie nicht voraussehbar und vermeidbar waren und von kurzer Dauer sind (Graf/*Krauß* § 121 Rn. 14 f. m.w.N.; *Meyer-Goßner* § 121 Rn. 22 ff. m.w.N.).

252   Der Haftbefehl ist ferner gem. § 120 Abs. 1 StPO aufzuheben, wenn die Voraussetzungen der Untersuchungshaft (vgl. Rdn. 230 ff.) nicht mehr vorliegen oder sich ergibt, dass die weitere Untersuchungshaft zu der Bedeutung der Sache und der zu erwartenden Strafe außer Verhältnis stehen würde.

d) Aussetzung der Vollziehung

253   Gem. § 116 StPO besteht die Möglichkeit, dass der **Haftbefehl außer Vollzug gesetzt** wird, wenn der Zweck der Haft auch mit milderen Mitteln erreicht werden kann. Zu diesem Zweck besteht die Möglichkeit für den zuständigen Richter, Auflagen anzuordnen.

254   Für die Maßnahmen, die zu der Annahme führen können, dass sich der Beschuldigte dem Verfahren mit großer Wahrscheinlichkeit nicht entziehen werde, enthält § 116 StPO beispielhafte Aufzählungen. Im Steuerstrafverfahren kann es sich insb. um die Folgenden handeln, die teilweise in § 116 StPO nicht aufgezählt sind:

- Meldeauflagen (§ 116 Abs. 1 Satz 2 Nr. 1 StPO)
- Aufenthaltsbeschränkungen (§ 116 Abs. 1 Satz 2 Nr. 2 StPO)
- Sicherheitsleistung (sog. Kaution, vgl. § 116 Abs. 1 Satz 2 Nr. 4 StPO)
- Hinterlegung des Personalausweises und des Reisepasses
- Sperre von Sparbüchern, Bankkonten und Depots

Die Verbindung mehrerer dieser Weisungen und Auflagen ist möglich.

255   Mit der **Kaution** soll erreicht werden, dass der Fluchtreiz deutlich schwindet. Der Richter kann die Aussetzung der Vollstreckung gegen Sicherheitsleistung ohne Antrag und ohne Einverständnis des Beschuldigten anordnen (vgl. Art. 5 Abs. 3 Satz 3 MRK; KG, GA 1972, 128; Graf/*Krauß* § 116a Rn. 4; *Meyer-Goßner* § 116 Rn. 11), was aber i.d.R. nicht geschehen wird.

256   Die **Höhe der Kaution** setzt der Richter gem. § 116a Abs. 2 StPO nach freiem Ermessen fest. Dabei wird er sich allerdings davon leiten lassen, dass die Kaution nicht nur die Durchführung des Strafverfahrens, sondern auch den Antritt der Strafe sichern soll. Folglich wird sich die Höhe i.d.R. nach der hinterzogenen Steuer und einer zusätzlichen Sicherheit bestimmen, die die weitere Teilnahme am Strafverfahren sichern soll (Graf/*Krauß* § 116a Rn. 1; *Meyer-Goßner* § 116a Rn. 1).

Zu den weiteren Einzelheiten bzgl. der Kaution vgl. § 116a StPO.

Handelt der Beschuldigte den ihm auferlegten Pflichten oder Beschränkungen gröblich zuwider, trifft er Anstalten zur Flucht bzw. entfällt aus anderen Gründen die Vertrauensgrundlage oder treten neue Umstände hervor, so kann der Haftbefehl nach § 116 Abs. 4 Nr. 1 bis 3 StPO wieder vollzogen werden. Ein **gröbliches Zuwiderhandeln** liegt jedoch nicht in jeder bloßen Nachlässigkeit oder einem Versehen (OLG Frankfurt am Main v. 13.07.1995 – 5 Ws 1/95, StV 1995, 476; KK/*Graf* § 116 Rn. 23; *Meyer-Goßner* § 116 Rn. 23).   257

Wird die Sicherheitsleistung vom Beschuldigten in bar hinterlegt, so kann der **Herausgabeanspruch des Beschuldigten** gegen die Hinterlegungsstelle durch die Finanzbehörden gepfändet werden. Nicht pfändbar ist jedoch eine (i.d.R. schriftliche, selbstschuldnerische, unbedingte, unbefristete und unwiderrufliche) Bürgschaft eines Dritten.   258

Soll die Hinterlegung in bar durch einen Dritten erfolgen, so hat der Vertreter des Beschuldigten den Dritten auf Nachfrage über die für ihn mit der Bereitstellung der Kaution verbundenen Risiken aufzuklären. Tut er dies nicht oder ist die Belehrung nicht ausreichend oder rechtlich fehlerhaft, so kann sich der **Vertreter des Beschuldigten** u.U. dem Dritten ggü. **schadenersatzpflichtig** machen (vgl. BGH v. 22.07.2004 – IX ZR 132/03, NJW 2004. 3630).   259

VIII. Identitätsfeststellung

Die Maßnahmen der Identitätsfeststellung durch Amtsträger – und damit auch durch Amtsträger der Finanzbehörde – richten sich nach § 163b Abs. 1 StPO. Sie müssen sich aber jeweils auf die **Verfolgung und Aufklärung einer bestimmten Straftat** beziehen. Allein zum Zweck, mögliche Straftaten aufzudecken und mögliche Täter zu ermitteln, ist § 163b StPO nicht anwendbar (KK/*Griesbaum* § 163b Rn. 3; Graf/*Patzak* § 163b Rn. 1).   260

Gem. § 163b Abs. 1 Satz 1 Halbs. 2 i.V.m. § 163a Abs. 4 Satz 1 StPO ist dem Verdächtigen zu eröffnen, welcher Straftat er verdächtig ist. Dies ist nur verzichtbar, wenn die **Belehrung** den Vollstreckungszweck gefährden würde oder der Grund der Identitätsfeststellung offensichtlich ist.   261

Der **Verdacht** besteht schon, wenn der Schluss auf die Begehung einer Straftat gerechtfertigt ist und Anhaltspunkte vorliegen, die die Täterschaft oder Teilnahme des Betroffenen als möglich erscheinen lassen (BVerfG v. 07.03.1995 – 1 BvR 1564/92, BVerfGE 92, 191; KK/*Griesbaum* § 163b Rn. 9; *Meyer-Goßner* § 163b Rn. 4; Graf/*Patzak* § 163b Rn. 5). Es ist somit nicht erforderlich, dass gegen den Betroffenen bereits förmlich als Beschuldigter ermittelt wird.   262

Die Beamten können den Verdächtigen gem. § 163b Abs. 1 Satz 1 StPO anhalten, ihn nach Belehrung nach seinen Personalien fragen und ihn auffordern, sich durch **Vorlegung seiner Ausweispapiere** auszuweisen (vgl. § 111 OWiG). Der Verdächtige kann nach § 163b Abs. 1 Satz 2 StPO auch festgehalten werden, d.h., er kann aufgefordert werden, sich nicht zu entfernen, und er kann zu einer polizeilichen Dienststelle verbracht werden, sofern die Identität sonst nicht oder nur unter erheblichen Schwierigkeiten festgestellt werden kann (z.B., wenn erforderliche und zuverlässige Ausweispapiere nicht zu beschaffen sind oder bei widersprüchlichen Aussagen, OLG Hamburg v. 23.03.2007 – 3 – 4/07 [REV] – 1 Ss 5/07, StV 2008, 12; *Meyer-Goßner* § 163b Rn. 8; Graf/*Patzak* § 163b Rn. 8). Unter derselben Bedingung sind auch die Durchsuchung der Person einschließlich der mitgeführten Sachen (OLG Hamburg v. 23.03.2007 – 3 – 4/07 [REV] – 1 Ss 5/07, StV 2008, 12; OLG Hamm v. 03.05.2009 – 3 Ss 180/09, NStZ-RR 2009, 271; vgl. zur Durchsuchung der Person Rdn. 29 f.) und erkennungsdienstliche Maßnahmen (§ 163b Abs. 1 Satz 3 StPO) zulässig.   263

Die Durchführung von Maßnahmen der Identitätsfeststellung ist gem. § 163b Abs. 2 StPO auch ggü. Personen möglich, gegen die kein Tatverdacht besteht. Der **Unverdächtige** ist darüber zu unterrichten, welche Straftat durch seine Identifizierung aufgeklärt werden soll, sofern ihm der Grund der Maßnahme nicht bekannt ist (§ 163b Abs. 2 Satz 1 Halbs. 2 i.V.m. § 69 Abs. 1 Satz 2 StPO). Das Festhalten des Unverdächtigen ist allerdings nur zulässig, wenn zusätzlich zu den   264

Bedingungen für das Festhalten eines Verdächtigen auch das Festhalten zur Bedeutung der Sache in einem angemessenen Verhältnis steht. Die Durchsuchung des Unverdächtigen und seiner Sachen wie auch die erkennungsdienstliche Behandlung des Nichtverdächtigen sind nicht gegen seinen Willen zulässig (vgl. § 163b Abs. 2 Satz 2 Halbs. 2 StPO).

IX. Weitere Ermittlungsmaßnahmen

265 Im Steuerstrafverfahren nicht möglich ist die Anordnung der **Überwachung von Wohnräumen** i.S.d. § 100c StPO, da keine Variante der §§ 370 ff. AO eine besonders schwere Tat i.S.d. § 100c Abs. 2 darstellt. Allenfalls denkbar ist ein Zusammentreffen mit der Bildung einer kriminellen Vereinigung nach § 129 StGB oder mit einem besonders schweren Fall der Geldwäsche nach § 261 StGB (FGJ/*Joecks* § 399 Rn. 114; Rolletschke/*Kemper* § 399 Rn. 185 ff.).

266 **Akustische Überwachungen außerhalb von Wohnräumen** (§ 100f StPO) dürfen hingegen bei dem Verdacht einer Tat i.S.d. § 100a Abs. 2 StPO erfolgen, sodass eine Steuerhinterziehung ausreichend ist, die auch die Anordnung der Überwachung der Telekommunikation erlauben würde (vgl. Rdn. 191 ff.). Zu beachten ist insoweit allerdings die Subsidiaritätsklausel des § 100f Abs. 1 StPO a.E.

267 Unter vergleichbaren Voraussetzungen ist auch die **Erhebung von Verkehrsdaten** gem. § 100g StPO zulässig (FGJ/*Joecks* § 399 Rn. 115; vgl. auch BVerfG v. 11.03.2008 – 1 BvR 256/08, NStZ 2008, 290).

268 **Bildaufnahmen** i.S.d. § 100h Abs. 1 Nr. 1 StPO sind i.d.R. zulässig, wobei danach zu unterscheiden ist, ob sich die Maßnahme gegen den Beschuldigten oder eine andere Person richtet, vgl. § 100h Abs. 2 StPO. Der **Einsatz besonderer für Observationszwecke bestimmter technischer Mittel** (§ 100h Abs. 1 Nr. 2 StPO) ist hingegen nur zulässig, wenn es sich um eine Straftat von erheblicher Bedeutung handelt, § 100h Abs. 1 Satz 2 StPO.

269 Auch der Einsatz **verdeckter Ermittler** gem. § 110a StPO ist denkbar, wenn es sich um einen Fall des § 370 Abs. 3 Satz 2 Nr. 5 AO handelt. In der Praxis wird die Maßnahme allerdings kaum eingesetzt (Rolletschke/*Kemper* § 399 Rn. 186).

Zur Verwertung von Mautdaten vgl. LG Magdeburg v. 03.02.2006 – 25 Qs 7/06, StV 2006, 232 und *Webel,* PStR 2006, 95 und 102.

D. Rechtsstellung bei Zuständigkeitszentralisierung (§ 399 Abs. 2 AO)

270 § 399 Abs. 2 AO ergänzt § 387 Abs. 2 AO, nach dem die finanzbehördliche Strafverfolgungsbefugnis auf einzelne Finanzbehörden zentralisiert werden kann. Sofern dies geschehen ist, kann nur die danach gemeinsam zuständige Finanzbehörde die staatsanwaltschaftliche Rechtsstellung nach § 399 Abs. 1 AO innehaben. Bundesweit sind solche **Zuständigkeitszentralisierungen** erfolgt.

271 § 399 Abs. 2 AO begründet im Gegensatz zu § 387 Abs. 2 AO eine **Notzuständigkeit** der ggf. örtlich näheren Finanzbehörde, um bei einem entsprechenden Verdacht unaufschiebbare Maßnahmen zur Aufklärung der Straftat oder zur Verhinderung ihrer Verdunkelung durchführen zu können.

272 Bei der Finanzbehörde, die durch die Zuständigkeitsübertragung gem. § 387 Abs. 2 AO die staatsanwaltschaftliche Rechtsstellung und damit die selbstständige Ermittlungskompetenz nach § 386 Abs. 2 AO einbüßt, handelt es sich grds. um das für die Besteuerung zuständige FA und um andere Ämter, die z.B. im Wege einer Zuständigkeitsübertragung ebenfalls für das Besteuerungsverfahren zuständig sind (HHSp/*Hellmann* § 399 Rn. 13 ff.; Rolletschke/*Kemper* § 399 Rn. 270).

273 Diese andere Finanzbehörde behält jedoch nach § 399 Abs. 2 AO das **Recht und die Pflicht zum „Ersten Zugriff"**, was der durch § 163 Abs. 1 StPO geregelten Stellung der Polizei entspricht (vgl. FGJ/*Joecks* § 399 Rn. 162). Die Finanzbehörde muss somit bei Verdacht einer Steuerstraftat den

Sachverhalt erforschen und unaufschiebbare Anordnungen treffen, um die Verdunkelung der Sache zu verhüten. Diese Befugnisse, die denen der Ermittlungspersonen der StA entsprechen, bestehen unabhängig davon, ob das Ermittlungsverfahren durch die StA oder die gem. § 387 Abs. 2 AO zuständige Finanzbehörde geführt wird. Die Kompetenzen der gem. § 387 Abs. 2 AO zuständigen Finanzbehörde werden durch die Notkompetenz der anderen Finanzbehörde jedoch nicht berührt (HHSp/*Hellmann* § 399 Rn. 13; FGJ/*Joecks* § 399 Rn. 163).

Durch die andere Finanzbehörde können aufgrund ihrer Notzuständigkeit verschiedene Maßnahmen angeordnet werden:

- **Beschlagnahmen** gem. § 98 Abs. 1 Satz 1 StPO.
- **Notveräußerungen** gem. § 111l Abs. 2 StPO von Vermögenswerten, die gem. § 111c StPO beschlagnahmt oder gem. § 111d StPO aufgrund eines Arrestes gepfändet wurden, weil insoweit die Voraussetzungen für Verfall, Einziehung oder Rückgewinnungshilfe vorlagen, wenn der Gegenstand zu verderben droht, bevor eine Entscheidung der StA bzw. der das Verfahren führenden Finanzbehörde i.S.d. § 387 Abs. 2 AO herbeigeführt werden kann; vgl. § 111l Abs. 2 Satz 2 StPO und 11. Kapitel, Rdn. 131 ff. Gegenstände i.d.S. sind ausschließlich Sachen (zutreffend FGJ/*Joecks* § 399 Rn. 164).
- **Durchsuchungen** gem. § 105 Abs. 1 StPO.
- Sonstige Maßnahmen, bei denen es sich insb. um **körperliche Untersuchungen** des Beschuldigten gem. § 81a StPO, die **erkennungsdienstliche Behandlung** gem. § 81b StPO und um die **vorläufige Festnahme** bei Gefahr im Verzug gem. § 127 Abs. 2 StPO handelt (Schwarz/*Dumke* § 399 Rn. 12; FGJ/*Joecks* § 399 Rn. 165; *Rolletschke/Kemper* § 399 Rn. 272).

Die **praktische Bedeutung** des § 399 Abs. 2 AO ist allerdings gering. Entsprechende Fälle dürften in den Veranlagungsfinanzämtern kaum eintreten. Im Gegensatz dazu entstehen im Rahmen einer Betriebsprüfung durchaus Situationen, in denen ein „Erster Zugriff" gem. § 399 Abs. 2 AO angezeigt ist. So kann z.B. ein Betriebsprüfer wegen Verdunklungsgefahr Unterlagen strafprozessual beschlagnahmen, wenn der Steuerpflichtige während einer Außenprüfung versucht, dem Betriebsprüfer zuvor vorgelegte Unterlagen wieder zu entreißen, um sie zu vernichten oder wenn der Anfangsverdacht besteht, dass es sich um gefälschte Urkunden handelt. Allerdings sind die Betriebsprüfer im „Normalfall" gehalten, vor Durchführung der in § 399 Abs. 2 AO genannten Maßnahmen Rücksprache mit der gem. § 387 Abs. 2 AO zuständigen Finanzbehörde zu halten (vgl. Nr. 130, 131 AStBV (St) 2012). Darüber hinaus besteht in der Betriebsprüfung auch eine große Zurückhaltung bzgl. der Einleitung von Steuerstrafverfahren und der Durchführung von Maßnahmen gem. § 399 Abs. 2 AO (zutreffend Rolletschke/*Kemper* § 399 Rn. 273 ff.). 274

E. Rechtsschutz im Ermittlungsverfahren

I. Allgemeines

Auch die Ermittlungsmaßnahmen der Finanzbehörde in strafrechtlichen Ermittlungsverfahren unterliegen der gerichtlichen Kontrolle. Allerdings handelt es sich beim Strafverfahren nicht um ein Verwaltungsverfahren (Schwarz/*Dumke* Vor §§ 385 bis 408 Rn. 4). Nimmt die Finanzbehörde Funktionen im Strafverfahren wahr, ist sie ihrem Charakter nach nicht Verwaltungsbehörde, sondern Strafverfolgungsorgan (vgl. Rdn. 6). Folglich handelt es sich bei strafprozessualen Ermittlungsmaßnahmen nicht um Abgabenangelegenheiten i.S.v. § 347 Abs. 2 AO, sodass der Finanzrechtsweg hierfür nicht gegeben ist (BFH v. 21.08.1990 – V B 46/90, BFH/NV 1991, 142; FG Saarland v. 23.05.1990 – 2 K 33/90, EFG 1990, 641; FGJ/*Joecks* § 399 Rn. 166). Dass es sich nicht um eine Abgabenangelegenheit handelt, wurde z.B. festgestellt für **Ermittlungen der Steuerfahndung im Auftrag der StA** (BFH v. 25.06.1991 – VII B 136, 137/90, BFH/NV 1992, 254; FG Saarland v. 23.05.1990 – 2 K 33/90, EFG 1990, 641), das **Auskunftsersuchen der Steuerfahndung** nach § 208 Abs. 1 Satz 1 Nr. 2 AO i.V.m. § 93 AO (BFH v. 20.04.1983 – VII R 2/82, HFR 1983, 421), die **Abgabe des Strafverfahrens an die StA** nach § 386 Abs. 4 Satz 1 AO (BFH 275

v. 25.01.1972 – VII R 109/68, BStBl. II 1972, S. 286) und die **Verlängerung der Zahlungsfrist bei der strafbefreienden Selbstanzeige** (§ 371 Abs. 3 AO; BFH v. 17.12.1981 – IV R 94/77, BStBl. II 1982, 352).

276   Die **Zuständigkeit der ordentlichen Gerichte** für das steuerstrafrechtliche Ermittlungsverfahren ergibt sich bereits aus § 385 Abs. 1 AO i.V.m. § 13 GVG (Schwarz/*Dumke* § 399 Rn. 18).

277   Eine Änderung des Rechtscharakters der Maßnahmen tritt nach herrschender Meinung durch den **Abschluss des Steuerstrafverfahrens** ein, da die Finanzbehörde dann nicht mehr Justizbehörde i.S.d. § 23 Abs. 1 EGGVG ist. Folglich ist gegen Maßnahmen wie z.B. die Versagung der Einsichtnahme in Strafakten nach Abschluss des Verfahrens gem. § 33 Abs. 1 FGO der Rechtsweg zum FG eröffnet (Schwarz/*Dumke* § 399 Rn. 19; FGJ/*Joecks* § 399 Rn. 176; TK/*Seer* § 33 FGO Rn. 66).

II. Beschwerde nach § 304 StPO

278   Gegen richterliche Entscheidungen kann eine **Beschwerde** gem. § 304 StPO eingelegt werden, sofern sie nicht ausdrücklich durch Gesetz der Anfechtung entzogen sind (vgl. zum Ausschluss der Beschwerde Radtke/Hohmann/*Merz* § 304 Rn. 8 f.; *Meyer-Goßner* § 304 Rn. 5). Die Beschwerdemöglichkeit ist insb. von Bedeutung im Hinblick auf Durchsuchungs- und Beschlagnahmebeschlüsse, Haft- und Vorführungsbefehle.

279   **Beschwerdeberechtigt** ist, wer durch die Maßnahme in seinen eigenen Rechten betroffen ist (Graf/*Cirener* § 304 Rn. 10 ff.; Radtke/Hohmann/*Merz* § 304 Rn. 18 f.; *Meyer-Goßner* § 304 Rn. 6 f.).

280   Die Beschwerde hemmt den Vollzug der jeweiligen Maßnahme gem. § 307 Abs. 1 StPO nicht. Es kommt nur in seltenen Ausnahmefällen gem. § 307 Abs. 2 StPO eine Aussetzung von Amts wegen oder auf Antrag infrage.

Die Beschwerde ist gem. § 306 Abs. 1 StPO bei dem Gericht einzulegen, das die angefochtene Entscheidung erlassen hat. Hält es die Beschwerde für begründet, hebt es seinen eigenen Beschluss auf und hilft der Beschwerde ab (§ 306 Abs. 2 Halbs. 1 StPO). Anderenfalls ist die Beschwerde spätestens nach 3 Tagen dem Beschwerdegericht (d.h. dem übergeordneten Gericht) vorzulegen, § 306 Abs. 2 Halbs. 2 StPO. Dieses entscheidet nicht über die Rechtmäßigkeit der Maßnahme, sondern darüber, ob zum Zeitpunkt seiner Entscheidung die Maßnahme aufrechtzuerhalten ist. Diese Entscheidung über die Beschwerde ergeht gem. § 309 Abs. 1 StPO ohne mündliche Verhandlung.

281   Eine weitere Beschwerde gegen die Entscheidung des Beschwerdegerichts findet nur in den Fällen des § 310 Abs. 1 StPO statt. In allen anderen Fällen wie z.B. im Hinblick auf Durchsuchungen und Beschlagnahmen ist die weitere Beschwerde gem. § 310 Abs. 2 StPO ausgeschlossen, sodass lediglich die Möglichkeit einer **Verfassungsbeschwerde** beim BVerfG besteht (vgl. Rdn. 288).

282   Wird die Beschwerde erst eingelegt und/oder entschieden, wenn die **Durchsuchung** bereits abgeschlossen ist, liegt keine aktuelle Beschwer des Beschwerdeführers mehr vor. Da aber aufgrund Art. 19 Abs. 4 GG auch insoweit ein effektiver Rechtsschutz erforderlich ist, hat der Betroffene nach der zutreffenden Rechtsprechung des BVerfG auch dann einen Anspruch auf gerichtliche Entscheidung in Fällen tiefgreifender, tatsächlich jedoch nicht mehr fortwirkender Grundrechtseingriffe wie z.B. einer Durchsuchung, wenn die Belastung durch die Maßnahme sich nach dem typischen Verfahrensablauf auf eine Zeitspanne beschränkt, in der der Betroffene keine gerichtliche Entscheidung erlangen kann (BVerfG v. 30.04.1997 – 2 BvR 817/90, 2 BvR 728/92, 2 BvR 802/95, 2 BvR 1065/95, wistra 1997, 219; BVerfG v. 12.04.2005 – 2 BvR 1027/02, BVerfGE 113, 29; BGH v. 05.08.1998 – 5 ARs [VS] 2/98, wistra 1998, 355; FGJ/*Joecks* § 399 Rn. 170; Schwarz/*Rottpeter* § 404 Rn. 63; a.A. noch BVerfG v. 11.10.1978 – 2 BvR 1055/76, NJW 1979, 154 und Schwarz/*Dumke* § 399 Rn. 22). Folglich stellt auch in den Fällen eines erledigten Durchsuchungsbeschlusses das Gericht ggf. die Rechtswidrigkeit der Maßnahme fest.

III. Richterliche Entscheidung gem. § 98 Abs. 2 Satz 2 StPO

Sofern eine **Beschlagnahme wegen Gefahr im Verzug** angeordnet wurde, besteht für den Betroffe- 283
nen die Möglichkeit, jederzeit eine richterliche Entscheidung über die Anordnung der Beschlagnahme zu beantragen, § 98 Abs. 2 Satz 2 StPO. **Antragsberechtigt** sind der Eigentümer, der Besitzer und der Gewahrsamsinhaber der Sache, wobei es ohne Bedeutung ist, ob die beschlagnahmte
Sache freiwillig herausgegeben wurde (BVerfG v. 25.07.2007 – 2 BvR 2282/06, NJW 2007, 3343;
Radtke/Hohmann/*Joecks* § 98 Rn. 17; *Meyer-Goßner* § 98 Rn. 20).

Gem. § 98 Abs. 2 Satz 2 StPO kann auch gegen die vorläufige Sicherstellung von **Zufallsfunden** 284
(vgl. Rdn. 130 ff.) eine richterliche Entscheidung beantragt werden. Die Vorschrift gilt ferner ent-
sprechend, bei wegen Gefahr im Verzug angeordneten **Durchsuchungen** und wenn die Durchsu-
chung noch andauert, weil z.B. die Durchsicht der Papiere noch nicht abgeschlossen ist, und der
Betroffene die Maßnahme im Hinblick auf ihre konkrete Durchführung überprüfen lassen will.
So kann sich der Beschwerdeführer mit einem Antrag auf gerichtliche Entscheidung gem. § 98
Abs. 2 Satz 2 StPO z.B. gegen die unterlassene Hinzuziehung von Zeugen, den Zeitpunkt der
Durchsuchung oder die unterlassene bzw. fehlerhafte Anfertigung eines Verzeichnisses i.S.d. § 107
StPO wenden.

Das Gericht überprüft, ob die Maßnahme im Zeitpunkt der Entscheidung (noch) gerechtfertigt 285
ist, ob die Anordnungskompetenz der StA, der staatsanwaltschaftliche Aufgaben wahrnehmenden
Finanzbehörde oder ihrer Ermittlungspersonen wegen Gefahr im Verzug vorlag und ob die anordnende Person ggf. Ermittlungsperson der StA war (Graf/*Ritzert* § 98 Rn. 9).

Selbst wenn die **Maßnahme bereits wieder aufgehoben** wurde, ist eine richterliche Überprüfung 286
in analoger Anwendung des § 98 Abs. 2 Satz 2 StPO möglich, wenn wegen der erheblichen Folgen
des Eingriffs oder wegen bestehender Wiederholungsgefahr ein fortdauerndes Feststellungsinteresse gegeben ist (vgl. *Meyer-Goßner* § 98 Rn. 23).

Bestätigt der Richter die Anordnung, so kann gegen diesen Beschluss Beschwerde gem. § 304
StPO eingelegt werden (vgl. Rdn. 278 ff.).

IV. § 23 EGGVG

Nach herrschender Meinung sind **Maßnahmen der StA im Ermittlungsverfahren nicht nach den** 287
§§ 23 ff. EGGVG anfechtbar, weil durch solche Maßnahmen keine Regelung i.S.d. § 23 Abs. 1
Satz EGGVG getroffen wird (Radtke/Hohmann/*Hagemeyer* § 23 EGGVG Rn. 11; *Meyer-Goßner*
§ 23 EGGVG Rn. 9). Dasselbe gilt aufgrund §§ 386 Abs. 2, 399 Abs. 1 AO auch für Maßnahmen
der Finanzbehörde (Radtke/Hohmann/*Hagemeyer* § 23 EGGVG Rn. 14; Rolletschke/*Kemper*
§ 399 Rn. 259). Nach der h.M. besteht die Möglichkeit, Maßnahmen nach ihrer Erledigung bzw.
ihrem Vollzug gem. § 98 Abs. 2 StPO gerichtlich überprüfen zu lassen, sodass ein Rechtsschutzes
durch § 23 EGGVG nicht erforderlich ist (BGH v. 25.08.1999 – 5 AR [VS] 1/99, wistra 1999,
467; Radtke/Hohmann/*Hagemeyer* § 23 EGGVG Rn. 11; Rolletschke/*Kemper* § 399 Rn. 259;
Meyer-Goßner § 23 EGGVG Rn. 9; vgl. auch Rdn. 283 ff.).

V. Sonstige Rechtsschutzmöglichkeiten

Der Betroffene hat auch die Möglichkeit einer **Verfassungsbeschwerde**, in der allerdings aus- 288
schließlich die Verletzung spezifischen Verfassungsrechts überprüft wird. Maßgeblich ist somit
nicht die Verletzung z.B. der strafprozessualen Regelungen, sondern es ist auf eine Verletzung des
Beschwerdeführers in seinen Grundrechten oder seinen grundrechtsgleichen Rechten aus Art. 20
Abs. 4, 33, 38, 101, 103 oder 104 GG abzustellen (vgl. §§ 90 ff. BVerfGG). Ferner ist die Verfassungsbeschwerde i.d.R. nur zulässig, wenn zuvor der Rechtsweg erschöpft wurde.

289   Der Betroffene kann auch gegen die Art und Weise der Vollziehung der strafprozessualen Maßnahme im Hinblick auf das Verhalten des Beamten eine **Dienstaufsichtsbeschwerde** erheben, sofern ein schwerwiegendes Fehlverhalten des jeweiligen Beamten vorliegt. Über sie entscheidet der Dienstvorgesetzte des Amtsträgers, also der Vorsteher der jeweiligen Finanzbehörde (vgl. Rolletschke/*Kemper* § 399 Rn. 266).

290   Ferner ist eine **Sachaufsichtsbeschwerde** möglich, mit der die Sachbehandlung als solche gerügt wird. Sie hat allerdings lediglich Erfolg bei absolut willkürlichen Maßnahmen (Schwarz/*Dumke* § 399 Rn. 26).

§ 400 AO   Antrag auf Erlass eines Strafbefehls

¹Bieten die Ermittlungen genügenden Anlass zur Erhebung der öffentlichen Klage, so beantragt die Finanzbehörde beim Richter den Erlass eines Strafbefehls, wenn die Strafsache zur Behandlung im Strafbefehlsverfahren geeignet erscheint; ²ist dies nicht der Fall, so legt die Finanzbehörde die Akten der Staatsanwaltschaft vor.

A. Grundsätzliches

I. Sinn und Zweck der Regelung

1   Die in zwei Halbsätze unterteilte Vorschrift beschreibt die Befugnisse der FinB (i.S.v. § 386 Abs. 1 Satz 2 AO; *nicht:* der Steuer- oder Zollfahndung [§§ 208, 404 AO]) im von dieser selbstständig durchgeführten Ermittlungsverfahren (§ 386 Abs. 2 AO) *abschließend*, wenn nach Abschluss der steuerstrafrechtlichen Ermittlungen die Erhebung der öffentlichen Klage in Betracht kommt. Sie **ergänzt und vervollständigt** damit die Regelungen der §§ 386, 399 AO über die FinB als „Steuer-Staatsanwaltschaft". Gleichzeitig ergibt sich aus § 400 AO eine spürbare **Einschränkung** der Rechtsstellung der FinB als Anklagebehörde, indem ihr nur *eine* bestimmte Form der Erhebung der öffentlichen Klage, namentlich der Antrag auf Erlass eines Strafbefehls (§ 385 Abs. 1 AO i.V.m. § 407 Abs. 1 Satz 4 StPO) zugestanden wird (abw. Kohlmann/*Hilgers-Klautzsch* § 400 Rn. 10: „*ergänzt ... die Abschlusskompetenzen*"). Die Erhebung der öffentlichen Klage durch Einreichung einer Anklageschrift (§ 170 Abs. 1 StPO) ist ihr, wie sich im Umkehrschluss (argumentum e contrario) zu Halbs. 1 bzw. unmittelbar aus Halbs. 2 ergibt, untersagt und bleibt ausschließlich der StA vorbehalten (vgl. HHSp/*Hellmann* § 400 Rn. 3; Schwarz/*Weyand* § 400 Rn. 2). Eine dennoch von der FinB erhobene Anklage ist mangels Postulationsfähigkeit unwirksam (Verfahrenshindernis). Das Gesetz weist die FinB hierdurch in Abweichung zu der Grundaussage in § 399 Abs. 1 AO („nimmt ... die Rechte und Pflichten wahr, die der Staatsanwaltschaft im Ermittlungsverfahren zustehen") – wie auch schon in § 386 Abs. 4 AO – als **kupierte „Steuer-Staatsanwaltschaft"** aus. Die mit Halbs. 1 einhergehende Durchbrechung des Anklagemonopols der StA ist ungeachtet dessen im deutschen Strafprozessrecht einmalig und kommt, anders als das insofern ebenfalls „systemwidrige" Privatklageverfahren (§§ 374 ff. StPO), in der Praxis in ganz erheblichem Umfang zum Tragen (vgl. Bender/*Möller/Retemeyer* Rn. 482; Koch/Scholtz/*Scheurmann-Kettner* § 400 Rn. 2; Kohlmann/*Hilgers-Klautzsch* § 400 Rn. 1, 9; *Meyer-Goßner* Vor § 407 Rn. 1 [„praktisch unentbehrlich"]; *Quedenfeld/Füllsack* Rn. 1005 [„Bedeutung ... als Erledigungsmittel kann gar nicht genug hervorgehoben werden."]; Schwarz/*Weyand* § 400 Rn. 1; s.a. Rdn. 2).

Als Ersatz für das durch das BVerfG am 06.06.1967 für verfassungswidrig erklärte Verwaltungsstrafverfahren der FÄ (vgl. BVerfGE 22, 49; erg. Rdn. 27 a.E. sowie Erbs/Kohlhaas/*Senge* § 400 Rn. 1; FGJ/*Joecks* Einl. Rn. 72 ff.) soll § 400 AO im Bereich der leichten und mittleren Abgabenkriminalität weiterhin eine **Entlastung der StA** und – damit verbunden – eine **beschleunigte Erledigung** dieser Verfahren „aus einer Hand" bewirken (erg. Rdn. 10 sowie, insbes. auch zur Normenhistorie, FGJ/*Joecks* § 400 Rn. 1, 3; HHSp/*Hellmann* § 400 Rn. 1 f.; Kohlmann/*Hilgers-Klautzsch* § 400 Rn. 1). Zur Schaffung einer weitergehenden Anklagebefugnis der FinB (i.e. durch Einreichung einer Anklageschrift i.S.v. § 170 Abs. 1 StPO; s. Rdn. 1) hat sich der Gesetzgeber insbesondere angesichts der umfasseneren (straf-) juristischen Ausbildung und Erfahrung der Beamten/-innen der StA bislang nicht veranlasst gesehen (erg. HHSp/*Hellmann* § 400 Rn. 8 u. Rn. 10). Diese Erwägunng ist trotz der andauernden Be- bzw. Überlastung der Justizbehörden auch weiterhin zutreffend. Im Übrigen führt Halbs. 1 angesichts des summarischen Charakters des Strafbefehlsverfahrens (s. Rdn. 3) auch zu einer **Entlastung der** mit Steuerstrafsachen befassten **Amtsgerichte** (zust. Kühn/v. Wedelstädt/*Blesinger* § 400 Rn. 2; s. Rdn. 5) sowie zu einer nicht nur finanziellen (vgl. etwa Nr. 4106 ff. VV RVG [Verfahrens- u. Terminsgebühr]; erg. *Simon*/Vogelberg S. 372 ff.), sondern v.a. auch psychischen **Entlastung des Angeklagten** selbst, da diesem die Teilnahme an einem (oder mehreren) Hauptverhandlungstermin(en) erspart bleiben kann (vgl. *Burhoff*, PStR 1999, 52 f.; *Dißars*, wistra 1997, 331, 332; Graf/Jäger/Wittig/*Lipsky* § 400 Rn. 2; Kohlmann/*Hilgers-Klautzsch* § 400 Rn. 8; Kühn/v. Wedelstädt/*Blesinger* § 400 Rn. 2; Rolletschke/Kemper/*Schützeberg* § 400 Rn. 2 a.E.; Schwarz/*Weyand* § 400 Rn. 3, 12; erg. *Schmuck/Leipner,* StraFo 2012, 95 zur Vertretung des Angeklagten durch [s]einen Verteidiger [§ 411 Abs. 2 Satz 1 StPO] in der nach Einspruchseinlegung anzuberaumenden Hauptverhandlung). Auch ein in Steuerstrafsachen praktisch kaum zu bewirkender Ausschluss der (Medien-) Öffentlichkeit gem. § 172 Nr. 2 GVG (erg. *Weyand*, wistra 1993, 132) kann im Strafbefehlsverfahren obsolet werden, wenn kein Einspruch eingelgt wird. Einem etwa i.R. einer Vernehmung oder einer Erörterung des Verfahrensstandes gem. § 160b StPO (s. Rdn. 27) geäußerten Wunsch des Beschuldigten, das Verfahren mittels Strafbefehl zu erledigen, sollte daher, wenn sich die Steuerstrafsache hierzu eignet (s. Rdn. 17 f.), i.d.R. gefolgt werden (ähnl. Rolletschke/Kemper/*Schützeberg* § 400 Rn. 46; erg. Kohlmann/*Hilgers-Klautzsch* § 400 Rn. 8). Ungeachtet dessen hat der Beschuldigte, wie auch Nr. 84 Abs. 5 ASB deklaratorisch feststellt, **keinen Rechtsanspruch auf eine Verfahrenserledigung im Strafbefehlsweg** (BeckOK-AO/*Bachler* § 400 Rn. 3; *Blumers/Göggerle* Rn. 863 [„nur Anspruch auf Ausübung ... pflichtgemäßen Ermessens"]; *Burhoff,* PStR 1999, 52, 54; *Dißars*, wistra 1997, 331, 333; Erbs/Kohlhaas/*Senge* § 400 Rn. 2; Graf/Jäger/Wittig/*Lipsky* § 400 Rn. 12; HHSp/*Hellmann* § 400 Rn. 35; Koch/Scholtz/*Scheurmann-Kettner* § 400 Rn. 6 a.E.; Kohlmann/*Hilgers-Klautzsch* § 400 Rn. 14, 56; Rolletschke/Kemper/*Schützeberg* § 400 Rn. 12; Schwarz/*Weyand* § 400 Rn. 3 a.E.).

Die Einzelheiten des Strafbefehlsverfahrens sind in den (über § 385 Abs. 1 AO anwendbaren) **§§ 407 bis 412 StPO** geregelt. Es handelt sich um ein schriftliches (vgl. EGMR, NJW 1993, 717 [vereinbar mit Art. 6 Abs. 1 EMRK]) und (deshalb) v.a. auch **summarisches Verfahren**, d.h. die Schuld des Angeschuldigten muss bei Erlass des Strafbefehls nicht zur vollen Überzeugung des Gerichts feststehen, sondern es genügt, dass *nach Aktenlage* ein hinreichender Tatverdacht i.S.d.

2

3

§§ 170 Abs. 1, 203 StPO (s. Rdn. 16) besteht, vgl. § 408 Abs. 2 Satz 1 StPO, Nr. 84 Abs. 2 ASB – andernfalls könnte die mit den §§ 407 ff. StPO bezweckte Beschleunigungs- und Entlastungswirkung nicht erreicht werden (vgl. u.a. *Burhoff*, PStR 1999, 52; *Meyer-Goßner* Vor § 407 Rn. 1; Rolletschke/Kemper/*Schützeberg* § 400 Rn. 2; abw. m. beachtl. Arg. AG Meiningen, Beschl. v. 02.04.2009, 8 Cs 340 Js 3972/08, juris,; s.a. *Burkhard* S. 105 ff. [106: „Der Grad der Überzeugung ... muß ... zwischen dem Grad der Überzeugung bei Erlaß des Eröffnungsbeschlusses und dem Grad der Überzeugung bei Urteilsfällung liegen."]; erg. Kohlmann/*Hilgers-Klautzsch* § 400 Rn. 6 f.). Der Strafbefehl wird ohne Hauptverhandlung durch den („Steuer-") Strafrichter am AG (s. Rdn. 5) – *nicht*, wie im früheren Verwaltungsstrafverfahren (s. Rdn. 1), durch die FinB selbst – erlassen und dem Angeklagten förmlich zugestellt (vgl. §§ 36 Abs. 1, 37, 145a StPO; erg. Schwarz/*Weyand* § 400 Rn. 20). Legt der Angeklagte oder sein RA (*nicht:* dessen StB, vgl. AG München, PStR 2008, 206; zw. *Dißars*, wistra 1997, 331, 335; Flore/*Dörn*/Gillmeister S. 327) innerhalb der hierfür vorgesehenen 2-Wochen-Frist (§ 410 Abs. 1 Satz 1 StPO) vollumfänglich oder auf einzelne Beschwerdepunkte beschränkt (vgl. § 410 Abs. 2 StPO; abw. nur Koch/Scholtz/*Scheurmann-Kettner* § 400 Rn. 16) **Einspruch** ein, wird gem. § 411 Abs. 1 Satz 2 StPO Termin zur Hauptverhandlung anberaumt, wobei das Gericht dann gem. § 411 Abs. 4 StPO bei seinem Urteil nicht an den im Strafbefehl enthaltenen Strafausspruch gebunden ist, also insbesondere eine höhere Strafe verhängen kann; ein **Verbot der reformatio in peius besteht nicht** (s. u.a. *Burkhard* S. 231 f.; *Dißars*, wistra 1997, 331, 335; Koch/Scholtz/*Scheurmann-Kettner* § 400 Rn. 10 a.E.; *Kuhn*/Weigell Rn. 460; Kühn/v. Wedelstädt/*Blesinger* § 400 Rn. 11; zur zivilrechtlichen Haftung des Verteidigers [RA od. StB] bei gegenüber dem Mandanten nicht erfolgtem Hinweis auf die Möglichkeit einer solchen „Verböserung" s. *Ebner*, PStR 2008, 240 f.; *Kuhn*, NJW-Spezial 2006, 279 [„Der klassische Beispielfall"]). Geht bei Gericht kein zulässiger, d.h. vor allem fristgemäßer Einspruch ein, wird der Strafbefehl rechtskräftig und steht einem Urteil gleich, § 410 Abs. 3 StPO (erg. Rdn. 26).

II. Verfahrensrechtliche Besonderheiten

4   Die Befugnis der FinB zum selbstständigen Strafbefehlsantrag gem. **Halbs. 1 korrespondiert** unmittelbar **mit § 406 Abs. 1**, wonach diese – in Erweiterung von § 399 Abs. 1 AO – die Rechte und Pflichten der StA auch im gerichtlichen (Strafbefehls-) Verfahren wahrnimmt, *solange nicht* gem. § 408 Abs. 3 Satz 2 StPO wegen Bedenken des Gerichts die Hauptverhandlung anberaumt oder durch den Angeklagten Einspruch eingelegt worden ist. Tritt einer dieser Fälle ein, ist die *StA* zur (in praxi z.T. schwierigen) Fortführung des ihr i.d.R. bis dato vollkommen unbekannten Verfahrens der FinB durch Wahrnehmung der Sitzungsvertretung berufen (vgl. FGJ/*Joecks* § 400 Rn. 2 a.E.; Klein/*Jäger* § 400 Rn. 13; Kohlmann/*Hilgers-Klautzsch* § 400 Rn. 11; erg. HHSp/*Hellmann* § 400 Rn. 4, 71). Wird der Strafbefehl nicht angegriffen, **endet die Zuständigkeit der FinB** in jedem Fall mit dem Eintritt der Rechtskraft des Strafbefehls (s. Rdn. 3), da das sich hieran anschließende Strafvollstreckungsverfahren (§§ 449 ff. StPO) gem. § 451 Abs. 1 StPO wiederum ausschließlich von der StA als Vollstreckungsbehörde durchgeführt wird (*einzige Ausnahme:* der Jugendrichter als Vollstreckungsleiter bei der Anwendung von Jugendstrafrecht [§§ 82 Abs. 1 Satz 1, 110 Abs. 1 JGG]).

5   Den Strafbefehlsantrag hat die FinB gem. § 407 Abs. 1 Satz 1 StPO an das **AG** zu richten. Innerhalb des AG ist seit der Änderung (Ausdehnung) von § 25 GVG durch das RPflEntlG v. 11.01.1993 (BGBl. I, S. 50; erg. *Böttcher/Mayer*, NStZ 1993, 153, 156 f., Koch/Scholtz/*Scheurmann-Kettner* § 400 Rn. 9; s.a. Rdn. 22) jetzt im absoluten Regelfall der **Strafrichter** (bei Heranwachsenden [s. Rdn. 9]: der Jugendrichter) *sachlich* zuständig; eine sachliche Zuständigkeit des SchöffG ist trotz des unverändert gebliebenen und daher – aus heutiger Sicht – z.T. missverständlichen Wortlauts der §§ 407 Abs. 1 Satz 1, 408 Abs. 1 StPO wegen der Rechtsfolgenbegrenzung im Strafbefehlsverfahren (s. Rdn. 22) nahezu (*einzige Ausnahme:* § 408a StPO, Nr. 175a RiStBV; erg. Schwarz/*Weyand* § 400 Rn. 25 [„kein Anwendungsfall des § 400"]) ausgeschlossen (vgl. LG Stuttgart, wistra 1994, 40; FGJ/*Joecks* § 400 Rn. 24; HHSp/*Hellmann* § 400 Rn. 57, 66; *Meyer-Goßner*

§ 407 Rn. 1 u. § 408 Rn. 5; *Quedenfeld/Füllsack* Rn. 1006; Rolletschke/Kemper/*Schützeberg* § 400 Rn. 2, 41; anders noch Erbs/Kohlhaas/*Senge* § 400 Rn. 7). Die *örtliche* (und entsprechend dem jew. Geschäftsverteilungsplan auch *funktionale*) Gerichtszuständigkeit liegt bei dem „Steuer-Amtsgericht" bzw. dem Steuerstrafrichter i.S.v. § 391 AO. Da die örtliche Zuständigkeit der FinB gem. § 388 AO nicht von der örtlichen Zuständigkeit des Gerichts abhängig ist, kann sie – anders als die StA wegen § 143 Abs. 1 GVG – grds. **bei jedem in der BRD gem. §§ 7 ff. StPO örtlich zuständigen AG** *selbst* einen Strafbefehlsantrag stellen (LG Augsburg, ZfZ 1982, 315 [Strafbefehlsantrag des HZA Mannheim bei dem AG Augsburg]), mit der Folge, dass die dort ansässige StA gem. § 406 Abs. 1 den u.U. anstehenden Sitzungsdienst absolvieren muss. Lehnt der Steuerstrafrichter den Erlass eines von der FinB beantragten Strafbefehls mangels hinreichenden Tatverdachts (s. Rdn. 3) gem. § 408 Abs. 2 Satz 1 StPO durch Beschluss ab, kann die FinB hiergegen – wie sich aus § 406 Abs. 1 AO ergibt (s. Rdn. 4) – **selbstständig**, d.h. ohne Einschaltung der StA, vorgehen und **sofortige Beschwerde** (§§ 408 Abs. 2 Satz 2, 210 Abs. 2, 311 StPO [*Frist:* 1 Woche]) zum LG erheben (*Burhoff*, PStR 1999, 52, 56; *Dißars*, wistra 1997, 331, 334; FGJ/*Joecks* § 400 Rn. 27; Graf/Jäger/Wittig/*Lipsky* § 400 Rn. 18; HHSp/*Hellmann* § 400 Rn. 65; Koch/Scholtz/*Scheurmann-Kettner* § 400 Rn. 11, 16; Kühn/v. Wedelstädt/*Blesinger* § 400 Rn. 7; Schwarz/*Weyand* § 400 Rn. 19 a.E.). Tut sie dies nicht, tritt gem. §§ 408 Abs. 2 Satz 2, 211 StPO eine beschränkte Rechtskraftwirkung für eine eventuelle neue Strafverfolgung ein.

Ungeachtet der Ermittlungszuständigkeit der FinB als „Steuer-Staatsanwaltschaft" (§§ 386 **6** Abs. 2, 399 AO) und ihrer Befugnis zur Stellung von Strafbefehlsanträgen, muss die **Akte der FinB**, wenn diese gem. Halbs. 1 selbstständig den Erlass eines Strafbefehls bei dem „Steuer-Amtsgericht" (s. Rdn. 5) beantragt, *stets* auch die StA durchlaufen, damit sie die Strafsache dort (nur) registriert und ein „Js-" Aktenzeichen vergeben werden kann (vgl. Flore/Dörn/*Gillmeister* S. 327; Schwarz/*Weyand* § 400 Rn. 18; krit. *Dißars*, wistra 1997, 331, 334; abw. Erbs/Kohlhaas/*Senge* § 400 Rn. 7 [„Die Vorlage über die Staatsanwaltschaft ist nicht unzulässig, führt aber ... zur Verzögerung."]; erg. Rdn. 28). Dieses Js-Aktenzeichen (das Registerzeichen „Js" steht für „Ermittlungsverfahren in Strafsachen") ist für die darauf fußende Vergabe des Gerichtsaktenzeichens (i.e. „Cs" für „Strafbefehle") und des Aktenzeichens im späteren Strafvollstreckungsverfahren („VRs" [Strafvollstreckungssachen]) zwingend notwendig. Die Akte der FinB ist in diesen Fällen **bei der StA** aber nur ein **„durchlaufender Posten"**, d.h. die Akte wird dem zuständigen Dezernenten i.d.R. nicht zur Prüfung vorgelegt (vgl. Kohlmann/*Hilgers-Klautzsch* § 400 Rn. 122) und der StA als Behörde auch statistisch (insbesondere i.R.d. Personalbedarfsberechnung „PEBB§Y" [erg. DRiZ 2002, 284 u. 332]), nicht gutgeschrieben, d.h. es wird keine sog. Zählkarte vergeben (Sachgebietsschlüssel [„Sg."] 999, *nicht* 42).

III. Rücknahme des Strafbefehlsantrags

Die FinB kann einen von ihr gestellten **Strafbefehlsantrag** gem. § 411 Abs. 3 StPO (*nicht:* gem. **7** § 156 StPO [analog]) stets **zurücknehmen**, *solange* der Strafbefehl durch das „Steuer-Amtsgericht" (s. Rdn. 5) noch nicht erlassen ist (Graf/Jäger/Wittig/*Lipsky* § 400 Rn. 17; HHSp/*Hellmann* § 400 Rn. 55), d.h. der Steuerstrafrichter den Strafbefehl noch nicht unterschrieben und in den Geschäftsgang gegeben hat (vgl. § 78c Abs. 1 Satz 1 Nr. 9, Abs. 2 StGB zur Verjährungsunterbrechung; erg. Rdn. 8). Hierdurch wird das Verfahren in das Stadium des Ermittlungsverfahrens zurückversetzt und das AG muss die Akten (i.d.R. wiederum über die StA [erg. Rdn. 6]) an die FinB zurückleiten. Nach Strafbefehlserlass kommt eine Rücknahme der *öffentlichen Klage* (vgl. § 407 Abs. 1 Satz 4 StPO) in Gestalt des erlassenen Strafbefehls (*nicht:* des Strafbefehls*antrags*, dem das Gericht bereits gefolgt ist und der sich damit erledigt hat bzw. prozessual überholt ist [abw. Kohlmann/*Hilgers-Klautzsch* § 400 Rn. 124]) nur noch in Betracht, wenn der Angeklagte (ohne Beschränkung i.S.v. § 410 Abs. 2 StPO) Einspruch eingelegt hat; nach Beginn der Hauptverhandlung kann eine Klagerücknahme gem. § 303 Satz 1 StPO nur noch erfolgen, wenn der Angeklagte dem zustimmt (vgl. Kohlmann/*Hilgers-Klautzsch* § 400 Rn. 127; *Meyer-Goßner* § 411 Rn. 8; a.A. OLG Karlsruhe, NStZ 1991, 602 [uneingeschr. Rücknahmerecht auch in der „Zwischenphase ab Erlaß des Strafbefehls bis zu dem Zeitpunkt, zu dem ein zulässiger Einspruch eingeht oder nicht mehr möglich ist"] m. abl. Anm. *Mayer*, NStZ 1992, 605). Da die FinB im Moment der Einspruchseinlegung gem. § 406 Abs. 1 AO ihre Zuständigkeit zur Mitwirkung am gerichtlichen Verfahren verliert (s. Rdn. 4), kann von da an ohnehin nur noch die *StA* die öffentliche Klage zurücknehmen (zu ungenau Kohlmann/*Hilgers-Klautzsch* § 400 Rn. 123-125 [„die Finanzbehörde/StA"]; *Meyer-Goßner* § 156 Rn. 4; *Quedenfeld/Füllsack* Rn. 1006). Nimmt die StA vor Strafbefehlserlass (bereits) den Strafbefehls*antrag* der FinB zurück, ist darin eine konkludente Evokation i.S.v. § 386 Abs. 4 Satz 2 AO zu sehen. Nach einer Rücknahme des Strafbefehls durch die StA bedarf es, wenn diese das Ermittlungsverfahren dann nicht selbst weiterführen will, i.d.R. einer klarstellenden „Rück-" Abgabe an die FinB gem. § 386 Abs. 4 Satz 3 AO.

IV. Verjährungsunterbrechung

8   Sowohl der *Antrag* der FinB auf Erlass eines Strafbefehls als auch der *Erlass* des Strafbefehls (durch das AG) führen gem. § 78c Abs. 1 Satz 1 *Nr. 6* StGB i.V.m. § 407 Abs. 1 Satz 4 StPO bzw. § 78c Abs. 1 *Nr. 9* StGB zu einer **Unterbrechung der Strafverfolgungsverjährung**, d.h. diese beginnt – bis zur sog. Grenze des Doppelten – von Neuem (vgl. § 78c Abs. 3 StGB; zusf. *Burkhard* S. 62 f.). Obwohl die Verjährung in Steuerstrafsachen regelmäßig bereits durch die (Anordnung der) Bekanntgabe der Verfahrenseinleitung (vgl. § 78c Abs. 1 Satz Nr. 1 StGB, § 397 AO; erg. § 402 Rdn. 5 a.E.) oder eine richterliche Durchsuchungsanordnung (§ 78c Abs. 1 Satz Nr. 4 StGB) rechtzeitig unterbrochen wird (ebenso HHSp/*Hellmann* § 400 Rn. 54), kann die erneute Unterbrechung durch den Strafbefehlsantrag der FinB z.B. bei langwierigen Auslandsermittlungen im Rechtshilfeweg (insbes. in der Schweiz) oder bei langen „Liegezeiten" einzelner Verfahren, die – isoliert oder in der Summe – auf der Komplexität des Sachverhalts, mehrfache Sachbearbeiterwechsel und/oder der hohen Arbeitsbelastung der Strafverfolgungsbehörden beruhen, im Einzelfall durchaus praktische Bedeutung erlangen. Die Unterbrechungswirkung tritt im Fall des Strafbefehlsantrags der FinB (§ 78c Abs. 1 Satz 1 Nr. 6 StGB) mit dem Eingang der Akten (Eingangsstempel) samt Strafbefehlsentwurf bei dem AG (s. Rdn. 5) ein (vgl. *Fischer* § 78c Rn. 16; Kohlmann/*Hilgers-Klautzsch* § 400 Rn. 116 a.E.). Der i.d.R. kurz darauf erfolgende Erlass des Strafbefehls durch das AG (§ 78c Abs. 1 Satz 1 Nr. 9 StGB) zeitigt gem. § 78c Abs. 2 StGB bereits mit der Unterzeichnung des Strafbefehls durch den Steuerstrafrichter (erneut) verjährungsunterbrechende Wirkung, wenn der Strafbefehl „alsbald" zur Zustellung in den Geschäftsgang (d.h. *konkret* vom Schreibtisch des Richters auf den Abtrag) gelangt, ansonsten dann, wenn der unterzeichnete Strafbefehl tatsächlich in den Geschäftsgang gegeben worden ist. Ein Ruhen der Verjährung bewirkt der Strafbefehlserlass dagegen nicht;insbesondere ist § 78b Abs. 3 StGB nicht (analog) anwendbar (vgl. *Fischer* § 78b Rn. 11).

V. Jugendstrafrecht

9   **Im Jugendstrafrecht** (vgl. § 385 Abs. 1 AO i.V.m. § 1 JGG) ist zu beachten, dass gegen *jugendliche* Steuerhinterzieher, d.h. Beschuldigte, die zur Tatzeit (§ 369 Abs. 2 AO, § 8 StGB) das 14. (vgl. § 19 StGB) aber noch nicht das 18. Lebensjahr vollendet haben (vgl. § 1 Abs. 2 JGG), ein Strafbefehl gem. **§ 79 Abs. 1 JGG** von Gesetzes wegen *nicht* erlassen werden darf (vgl. u.a. *Ebner*, Jura 2007, 547, 551; zu den str. Folgen eines Verstoßes gegen § 79 Abs. 1 JGG s. *Ostendorf* § 79 Rn. 3 ff. m.w.N. [h.M., vgl. u.a. *Dißars*, wistra 1997, 331, 333; Koch/Scholtz/*Scheurmann-Kettner* § 400 Rn. 3; Kohlmann/*Hilgers-Klautzsch* § 400 Rn. 36, 190: nach Ablauf der Rechtsmittelfrist unbeachtlich]). Bei *heranwachsenden* Beschuldigten, die zur Tatzeit das 18. aber noch nicht das 21. Lebensjahr vollendet haben (in praxi i.d.R. in Kindergeldsachen [vgl. §§ 68, 74 EStG] oder beim Zigarettenschmuggel), ist ein Verfahrensabschluss mittels Strafbefehl gem. **§ 109 Abs. 2 Satz 1 JGG** nur zulässig, wenn das Erwachsenenstrafrecht zur Anwendung kommt (vgl. § 105 Abs. 1 JGG); ist Jugendstrafrecht anzuwenden, darf auch gegen Heranwachsende kein Strafbefehl beantragt und erlassen werden (FGJ/*Joecks* § 400 Rn. 20; HHSp/*Hellmann* § 400 Rn. 22). Aus Sicht der

FinB wird in solchen Fällen zumeist nur eine sofortige Abgabe des Verfahrens an die StA gem. § 386 Abs. 4 Satz 1 AO (*nicht:* gem. Halbs. 2, da die Frage, ob Jugend- oder Erwachsenenstrafrecht zur Anwendung kommt und die Strafsache damit überhaupt zur Behandlung im Strafbefehlsweg „geeignet" ist [s. Rdn. 17 f.], i.d.R. nicht durch die FinB beantwortet werden kann) in Betracht kommen (ähnl. Erbs/Kohlhaas/*Senge* § 400 Rn. 5; HHSp/*Hellmann* § 400 Rn. 22). Das sieht im Übrigen auch **Nr. 154 Satz 1 ASB** („*sogleich* ... abzugeben") so vor. Etwas anderes kann – trotz § 36 JGG (erg. OLG Karlsruhe NStZ 1988, 241) – indes dann gelten, wenn sich aus dem Bundeszentralregister ergibt, dass der Beschuldigte als Heranwachsender bereits (ggf. sogar einschlägig) nach Erwachsenenstrafrecht vorverurteilt ist. Ein von der FinB beim Jugendrichter gegen einen Heranwachsenden gestellter Strafbefehlsantrag ist überdies stets zulässig, wenn die FinB, was sie in einem Aktenvermerk niederlegen sollte, sonst zu der *begründeten* Annahme gelangt ist, dass das Erwachsenenstrafrecht anzuwenden ist. Dabei kann die FinB – *theoretisch* (das kommt in der Praxis wegen der hohen Arbeitsbelastung und Nr. 154 Satz 1 ASB i.d.R. nicht vor) – sogar die Jugendgerichtshilfe (§ 385 Abs. 1 AO, § 38 JGG) einbinden und einen Bericht anfordern. Weigert sich der Jugendrichter, den Strafbefehl zu erlassen, kann die FinB entweder ihren Strafbefehlsantrag zurücknehmen (s. Rdn. 7) und die Sache an die StA abgeben, oder sie besteht auf einer Verbescheidung des Strafbefehlsantrags, mit der dann im Raum stehenden Folge, dass der Jugendrichter gem. § 408 Abs. 2 Satz 2 StPO Hauptverhandlung anberaumt, wodurch die FinB gem. § 406 Abs. 1 AO ihre Zuständigkeit verliert (s. Rdn. 4). Eine Entscheidung im **vereinfachten Jugendverfahren** (§§ 76 – 78 JGG) darf die FinB ebenfalls nicht beantragen (insoweit missverständlich Schwarz/*Weyand* § 400 Rn. 5).

B. (Selbstständiger) Strafbefehlsantrag der FinB (Halbs. 1)

I. Praktische Bedeutung und Handhabung

Die Befugnis der FinB, in Fällen leichter und mittlerer Abgabenkriminalität das Ermittlungsverfahren selbstständig durchzuführen (§§ 386 Abs. 2, 399 AO) *und* unmittelbar mit einem Strafbefehlsantrag abzuschließen (Halbs. 1), ist **in der Praxis nicht mehr hinweg zu denken**, da die StA die Masse der im „Tagesgeschäft" abzuarbeitenden Steuerstrafverfahren andernfalls nicht mehr bewältigen könnte. Die mit Halbs. 1 bezweckte Entlastungswirkung in Bezug auf die StA (s. Rdn. 2) schlägt daher in praxi voll durch. Die von der FinB beantragten Strafbefehle bilden die große Mehrzahl der Verfahrensabschlüsse in Steuerstrafsachen. Nur in der im Vergleich dazu geringeren Anzahl der Fälle, in denen die StA die – aus ihrer Sicht – „fremden" Verfahren der FinB nach Einspruchseinlegung weiterbetreiben bzw. in der Hauptverhandlung vor dem „Steuerstrafrichter" (erg. Rdn. 5) vertreten muss (§ 406 Abs. 1 AO), tritt eine z.T. deutlich spürbare Mehrbelastung auf. **De lege ferenda** wird künftig zu überlegen sein, ob § 406 Abs. 1 AO (einschl. der jew. OrgStA der Länder) nicht geändert und die Möglichkeit geschaffen werden sollte, **ausgewählten Beamten der FinB**, die ausreichend (d.h. mit den Anforderungen des § 2 RPflG vergleichbar) qualifiziert sind, den **Status von Amtsanwälten** i.S.v. § 142 Abs. 1 Nr. 3 GVG (erg. Rdn. 15) einzuräumen (zum Institut des – wegen § 391 hier i.d.R. nicht passenden – sog. örtlichen Sitzungsvertreters s. BVerfGE 56, 110; *Landau/Globusschütz*, NStZ 1992, 68; *Meyer-Goßner* § 142 Rn. 9), um die StA weiter zu entlasten. Eine Aufweichung der Rechtsstellung der StA ginge damit angesichts ihres fortbestehenden Evokationsrechts (§ 386 Abs. 4 Satz 2 AO) nicht einher.

Mit Blick auf die Rechtsfolgen (s. Rdn. 22 ff.) lässt sich in der Praxis die **Tendenz** erkennen, dass die **von der FinB in Strafbefehlen beantragten (Geld-) Strafen** z.T. niedriger (milder) sind, als die von der StA ins Auge gefassten Rechtsfolgen. Dies mag – trotz Nr. 85 Abs. 1 ASB und Nr. 267 Abs. 2 RiStBV – u.a. daran liegen, dass die bei der individuellen Strafzumessung aus Gleichbehandlungsgründen regelmäßig als *Orientierungshilfe* herangezogenen Strafmaß- bzw. Taxtabellen der FinB bisweilen von den Strafmaßtabellen der StA deutlich nach unten abweichen, also bei gleichem Verkürzungsumfang eine geringere Anzahl von Tagessätzen vorsehen, und die FinB den Verkürzungsumfang zudem nicht selten rein „schematisch" (Schwarz/*Weyand* § 400 Rn. 11) bzw.

mathematisch bestimmt (Bsp.: *FinB:* 87 Tagessätze zu je 33 € anstelle von – auf volle „10er"- bzw. „5er"-Stufen gerundet – *StA:* 90 Tagessätze zu je 35 € [Unterschied: 279 €]). Das sollte bei der Überlegung, ob bzw. in welchem Umfang (vgl. § 410 Abs. 2 StPO) gegen einen von der FinB beantragten Strafbefehl Einspruch eingelegt wird, mit ins Kalkül gezogen werden. Verfügt die Verteidigung nicht über die relevanten Strafmaßtabellen des jeweiligen AG-Bezirks, liegt es nahe, spätestens i.R.v. Verständigungsgesprächen i.S.v. §§ 160b, 257c StPO (erg. Rdn. 27) etwaige Differenzen auszuloten.

II. Voraussetzungen

1. Formelle Voraussetzungen

a) Vergehenstatbestand

12 Wie sich unmittelbar aus § 407 Abs. 1 Satz 1 StPO ergibt, kann die FinB den Erlass eines Strafbefehls bei dem „Steuer-Amtsgericht" (s. Rdn. 5) nur beantragen, wenn es sich bei den verfahrensgegenständlichen Steuerstraftaten um **Vergehen** handelt. „Vergehen" sind rechtswidrige (Steuer-) Straftaten, die losgelöst vom Einzelfall nach dem im Gesetz allgemein vorgesehenen Strafrahmen im Mindestmaß (vgl. § 38 Abs. 2 StGB) mit Freiheitsstrafe von *weniger* als einem Jahr (andernfalls: „Verbrechen") oder (nur) mit Geldstrafe bedroht sind, § 369 Abs. 1 AO i.V.m. § 12 Abs. 1, 2 StGB. Ggf. in Betracht kommende Schärfungen für besonders schwere Fälle (§ 370 Abs. 3 AO; erg. Nr. 84 Abs. 3 Satz 2 ASB) spielen für diese abstrakte Einordnung ebenso wenig Rolle (vgl. § 12 Abs. 3 StGB), wie (Gesamt-) Freiheitsstrafen von/ab einem Jahr, die nach der Vorstellung der FinB/StA für qualifizierte Steuerstraftaten (vgl. §§ 373 Abs. 1, 2, 374 Abs. 2 AO) konkret ausgeurteilt werden sollen. Seit der Streichung von § 370a AO mit Wirkung zum 01.01.2008 gibt es im Steuerstrafrecht keinen Verbrechenstatbestand mehr, mit der Folge, dass die FinB in Bezug auf die Deliktsnatur grds. bei *jedem* Steuerdelikt einen Strafbefehlsantrag stellen kann (FGJ/ *Joecks* § 400 Rn. 8; HHSp/*Hellmann* § 400 Rn. 23; Koch/Scholtz/*Scheurmann-Kettner* § 400 Rn. 2; Kohlmann/*Hilgers-Klautzsch* § 400 Rn. 41; Rolletschke/Kemper/*Schützeberg* § 400 Rn. 5). Daneben kann sie gem. **§ 410 Abs. 2 AO** in ihren Strafbefehlsantrag auch mit der Steuerstraftat zusammenhängende (§ 42 Abs. 1 Satz 2 OWiG) **Steuer-OWi'en** aufnehmen.

b) Weitere formelle Hürden

13 **Gesetzlich untersagt** ist der FinB der Antrag auf Erlass eines Strafbefehls im Steuerstrafverfahren lediglich dann, wenn es sich bei dem Beschuldigten im Tatzeitpunkt um einen *Jugendlichen* i.S.v. § 1 Abs. 2 JGG oder einen *Heranwachsenden* gehandelt hat, der gem. § 105 Abs. 1 JGG noch dem Anwendungsbereich des Jugendstrafrechts unterfällt, **§§ 79 Abs. 1, 109 Abs. 2 Satz 1 JGG** (erg. Rdn. 9, auch zu den Fehlerfolgen).

14 Im Übrigen müssen sich die von der FinB beantragten **Rechtsfolgen** (s. Rdn. 22 ff.) innerhalb des von **§ 407 Abs. 2 StPO** gesteckten Rahmens bewegen. Zum notwendigen *Inhalt* des Strafbefehlsantrags s. Rdn. 19 ff.

c) Antragsbefugnis

15 Der (ausschließlich *schriftliche*) **Strafbefehlsantrag/-entwurf** der FinB (§ 386 Abs. 1 Satz 2 AO) ist in analoger Anwendung von § 142 Abs. 1 Nr. 3 GVG nur dann **wirksam**, wenn er durch einen Beamten (zumindest *mit-*) **unterzeichnet** worden ist, der eine wenigstens dem *Amtsanwalt* (erg. Rdn. 10 a.E.) entsprechende Ausbildung besitzt (vgl. BVerfG, wistra 1994, 263; 1996, 225 m. Anm. *Bilsdorfer*, wistra 1996, 226; *Burkhard* S. 109 ff., 111; Erbs/Kohlhaas/*Senge* § 400 Rn. 7; Graf/Jäger/Wittig/*Lipsky* § 400 Rn. 14; HHSp/*Hellmann* § 400 Rn. 7; Kohlmann/*Hilgers-Klautzsch* § 400 Rn. 29 [„geboten"]; Rolletschke/Kemper/*Schützeberg* § 400 Rn. 17 [„verfassungsrechtlich unbedenklich"]; a.A. AG Braunschweig, wistra 1992, 234; 1995, 34 [Arg. jew.: Verstoß gegen das Rechtsstaatsprinzip, Art. 20 Abs. 3 GG]; erg. BGH, NStZ 2012, 344 f. [„Auftreten [Fragerecht]

einer Oberamtsanwältin vor dem LG]; *Dißars*, wistra 1997, 331, 332). Um Vorbringen gegen die Wirksamkeit des Strafbefehlsantrags als Verfahrensvoraussetzung (erg. Rdn. 21) insbesondere in dem Sinne, dass der konkret unterzeichnende Beamte des gehobenen Dienstes keine einem Amtsanwalt vergleichbare Ausbildung habe, von vornherein die Grundlage zu entziehen, ist es daher gängige Praxis, den Strafbefehlsantrag (auch) durch einen vorgesetzten (Leitungs-) Beamten (mit-) unterzeichnen zu lassen. Denn dieser ist **auf jeden Fall „antragsbefugt"**, weil er als sog. Volljurist i.S.v. § 122 Abs. 1 i.V.m. §§ 5 ff. DRiG die **Befähigung zum Richteramt** besitzt (vgl. FGJ/*Joecks* § 400 Rn. 7 a.E. [„Geboten ..."]; Klein/*Jäger* § 400 Rn. 7; insges. krit. HHSp/*Hellmann* § 400 Rn. 8 [„sachliche Bedenken"]). Wird die Unterzeichnung des Strafbefehlsantrags im vorgenannten Sinne auf Seiten der FinB versehentlich ganz vergessen, hat dies keinen Einfluss auf die Wirksamkeit des Antrags als Prozessvoraussetzung i.S.v. § 407 Abs. 1 Satz 4 StPO (vgl. BeckOK-StPO/*Temming* § 407 Rn. 10).

2. Materielle Voraussetzungen

a) Hinreichender Tatverdacht

Der Strafbefehlsantrag der FinB setzt zum einen voraus, dass die von ihr (i.d.R. selbstständig) **16** durchgeführten Ermittlungen **genügenden Anlass zur Erhebung der öffentlichen Klage** bieten (Halbs. 1). Mit dieser dem Wortlaut von § 170 Abs. 1 StPO entsprechenden Wendung meint das Gesetz in erster Linie, dass ein *hinreichender Tatverdacht* i.S.v. §§ 203, 408 Abs. 2 Satz 1 StPO vorliegen muss (vgl. BeckOK-AO/*Bachler* § 400 Rn. 1; FGJ/*Joecks* § 400 Rn. 4; HHSp/*Hellmann* § 400 Rn. 9; *Meyer-Goßner* § 170 Rn. 1). Das ist dann der Fall, wenn nach der Prognose der FinB bei vorläufiger Tatbewertung nach dem gesamten Akteninhalt die Wahrscheinlichkeit des Strafbefehlserlasses und – nach evtl. Einspruchseinlegung – einer späteren Verurteilung durch das „Steuer-Amtsgericht" (s. Rdn. 5) höher ist als die Wahrscheinlichkeit, dass der Steuerstrafrichter den Strafbefehl nicht erlässt bzw. der Angeklagte im Hauptverfahren freigesprochen wird (vgl. Kohlmann/*Hilgers-Klautzsch* § 400 Rn. 45; erg. Nr. 76 Abs. 1, 80 Abs. 2 ASB; abw. HHSp/*Hellmann* § 400 Rn. 16, der das Wahrscheinlichkeitsurteil auf die Tatbewertung durch den Sachbearbeiter der FinB und nicht auf das Gericht beziehen will). Der FinB steht hinsichtlich der Bejahung des hinreichenden Tatverdachts ein gewisser *Beurteilungsspielraum* zu (vgl. u.a. BGH, NJW 1970, 1543; Graf/Jäger/Wittig/*Lipsky* § 400 Rn. 5; *Meyer-Goßner* § 170 Rn. 1, § 203 Rn. 2). Der Zweifelsgrundsatz (**in dubio pro reo**) darf dabei – entgegen Nr. 5 Satz 2 ASB – *nicht* (unmittelbar) zur Anwendung gebracht werden (vgl. OLG Karlsruhe, NJW 1974, 806; FGJ/*Joecks* § 400 Rn. 5; HHSp/*Hellmann* § 400 Rn. 18; Koch/Scholtz/*Scheurmann-Kettner* § 400 Rn. 5; Klein/*Jäger* § 400 Rn. 4; Kohlmann/*Hilgers-Klautzsch* § 400 Rn. 46; a.A. Schwarz/*Weyand* § 400 Rn. 7).

b) Eignung für das Strafbefehlsverfahren

In materieller Hinsicht muss die konkrete Steuerstrafsache zur Behandlung im Strafbefehlsverfah- **17** ren **geeignet** sein (Halbs. 1 a.E.). Maßstab hierfür ist (in der Praxis) in erster Linie, ob die in § 407 Abs. 2 StPO vorgesehenen Strafen und Maßnahmen im Einzelfall zur tat- und schuldangemessenen Ahndung des/der zur Aburteilung anstehenden Steuervergehen(s) ausreichen (vgl. BeckOK-AO/*Bachler* § 400 Rn. 2; Erbs/Kohlhaas/*Senge* § 400 Rn. 4; Schwarz/*Weyand* § 400 Rn. 24 [zu „Strafverfahren, die sich gegen Personen des öffentlichen Lebens ... richten"]). Das bedeutet insbesondere, dass keine höhere Gesamtgeldstrafe als 720 Tagessätze (vgl. § 54 Abs. 2 Satz 2 StGB) und/oder (ggf. *daneben*, s. Rdn. 24) keine höhere (Gesamt-) Freiheitsstrafe als 1 Jahr „auf Bewährung" in Betracht kommen darf (vgl. Franzen/Gast-de Haan/*Joecks* § 400 Rn. 9). Die FinB hat auch hinsichtlich der Frage, ob sie in diesen Fällen einen Strafbefehlsantrag stellt, trotz des Wortlauts von Halbs. 1 („beantragt") einen *Beurteilungsspielraum* (BeckOK-AO/*Bachler* § 400 Rn. 3; FGJ/*Joecks* § 400 Rn. 19; HHSp/*Hellmann* § 400 Rn. 34; Kohlmann/*Hilgers-Klautzsch* § 400 Rn. 13, 56). Mit Blick auf die Grundsatzentscheidung des BGH von 02.12.2008 (BGHSt 53, 71) wird ungeachtet dessen jedenfalls **bei Hinterziehungsbeträgen in sechsstelliger Höhe und – erst recht – im Millionenbereich** „ein Strafbefehlsverfahren regelmäßig *nicht* geeignet erscheinen"

(BGHSt 53, 71, 86; vgl. Graf/Jäger/Wittig/*Lipsky* § 400 Rn. 6; Klein/*Jäger* § 400 Rn. 5; Kohlmann/*Hilgers-Klautzsch* § 400 Rn. 41, 55, 60). Da hier i.d.R. ein besonders schwerer Fall i.S.v. § 370 Abs. 3 Satz 2 Nr. 1 AO gegeben ist, greift zudem Nr. 84 Abs. 3 Satz 2 ASB (Strafbefehlsverfahren bei Steuerhinterziehung im besonders schweren Fall „nicht geboten") ein (a.A. Bender/*Möller/Retemeyer* Rn. 483; unklar Koch/Scholtz/*Scheurmann-Kettner* § 400 Rn. 6). Weil die in § 375 Abs. 1 vorgesehenen Statusfolgen nicht im Sanktionenkatalog des § 407 Abs. 2 StPO aufgeführt sind, kommt auch in diesen Fällen, wenn – was die StA entscheiden muss – eine solche Anordnung tatsächlich angestrebt soll, ebenfalls nur eine Abgabe gem. Halbs. 2 (s. Rdn. 25, 28) in Betracht (erg. § 375 Rdn. 3, 34).

18 Ferner ist bei der Beurteilung der Eignung des konkreten Verfahrens für eine Erledigung im Strafbefehlsweg gem. § 407 Abs. 1 Satz 2 StPO zu berücksichtigen, ob nicht aus anderen *tatsächlichen* oder *rechtlichen* Gründen die **Durchführung einer Hauptverhandlung**, und damit eine Abgabe an die StA zur Anklageerhebung gem. Halbs. 2, **notwendig** ist (vgl. Nr. 175 RiStBV; HHSp/*Hellmann* § 400 Rn. 34 f.; Kohlmann/*Hilgers-Klautzsch* § 400 Rn. 53 ff.). Das ist *nicht* bereits dann der Fall, wenn der Beschuldigte ankündigt, gegen einen von der FinB beantragten Strafbefehl „in jedem Fall" Einspruch einzulegen (vgl. Nr. 84 Abs. 3 Satz 4 ASB, Nr. 175 Abs. 3 Satz 2 RiStBV; zust. u.a. Koch/Scholtz/*Scheurmann-Kettner* § 400 Rn. 6; Schwarz/*Weyand* § 400 Rn. 6 a.E.; a.A. Bender/*Möller/Retemeyer* Rn. 483; *Blumers/Göggerle* Rn. 862; *Burhoff* PStR 1999, 52, 54; Erbs/Kohlhaas/*Senge* § 400 Rn. 5 [„sollte ... abgesehen werden"]; *Rolletschke/Kemper* § 400 Rn. 46). Hiergegen spricht schon die aus Sicht der Strafverfolgungsbehörden günstigere prozessuale Ausgangssituation im Strafbefehlsverfahren (vgl. § 410 Abs. 2, 3 StPO). Im Übrigen führen Nr. 84 Abs. 3 Satz 3 ASB und Nr. 175 Abs. 3 Satz 1 RiStBV wortlautidentisch aus, dass die FinB von einem Strafbefehlsantrag nur absehen soll, wenn „die vollständige Aufklärung aller für die Rechtsfolgenbestimmung wesentlichen Umstände oder Gründe der Spezial- oder Generalprävention die Durchführung einer Hauptverhandlung geboten erscheinen lassen." Hiernach sind insbesondere Beweisfragen, sofern der erforderliche hinreichende Tatverdacht nach Aktenlage besteht (s. Rdn. 16), anders als z.T. in der Lit. angedeutet wird (vgl. BeckOK-AO/*Bachler* § 400 Rn. 2; HHSp/*Hellmann* § 400 Rn. 35; Koch/Scholtz/*Scheurmann-Kettner* § 400 Rn. 5; Kohlmann/*Hilgers-Klautzsch* § 400 Rn. 55; Rolletschke/Kemper/*Schützeberg* § 400 Rn. 46), grds. kein maßgebliches Kriterium dafür, einen Strafbefehlsantrag zu unterlassen. Bei hohen Verkürzungsbeträgen (d.h. jedenfalls ab einem sechsstelligen Hinterziehungsumfang, also ab 100.000 € [erg. Rdn. 17]) ist bei der Entscheidung, ob das Verfahren im Strafbefehlsweg, d.h. rein schriftlich im „Büroweg", oder mündlich in öffentlicher Hauptverhandlung erledigt wird, zusätzlich das „Informationsinteresse der Öffentlichkeit an der Wahrung der Gleichbehandlung vor Gericht" (BGHSt 53, 71, 86; ähnl. Erbs/Kohlhaas/*Senge* § 400 Rn. 5 [„wenn der Fall in der Öffentlichkeit Aufsehen erregt hat"]) zu bedenken. Zu beachten ist aber, dass allein die Tatsache, dass der Täter an hervorgehobener Stelle im öffentlichen Leben steht oder prominent ist, für sich gesehen noch keinen zureichenden Grund darstellt, generell von einem Strafbefehlsverfahren abzusehen (vgl. KK-StPO/*Hannich* § 24 GVG Rn. 9).

III. Notwendiger Inhalt des Strafbefehlsantrags

1. Formale Abwicklung

19 Der in § 409 Abs. 1 StPO normierte notwendige Inhalt eines Strafbefehls betrifft bereits den Strafbefehls*antrag* der FinB. Wie sich aus Nr. 87 Abs. 1 Satz 2, 3 ASB und Nr. 176, 177 RiStBV ergibt, muss der zur Vereinfachung und Beschleunigung des Geschäftsgangs von vornherein als (unterschriftsreifer) Strafbefehls*entwurf* zu fassende Antrag sämtliche für den Erlass des Strafbefehls notwendigen Angaben enthalten. Denn der Richter darf den Antrag nicht eigenmächtig abändern bzw. von diesem abweichen (vgl. § 408 Abs. 3 StPO, Nr. 178 Abs. 1, 2 RiStBV; KK-StPO/*Fischer* § 408 Rn. 18: „Bei Abweichung vom Antrag ohne Zustimmung ... [der FinB] ist der Strafbefehl gleichwohl wirksam"). Um diesen Anforderungen (einschließlich der notwendigen

Belehrungen) gerecht zu werden, kommen in der Praxis regelmäßig **Strafbefehlsvordrucke** zum Einsatz, die durch den Sachbearbeiter der FinB nur noch im Hinblick auf § 409 Abs. 1 *Nr. 3* und 6 StPO um die **Bezeichnung der Tat** (i.e. der *Anklagesatz* i.S.v. § 200 Abs. 1 Satz 1 StPO [vgl. *Burkhard* S. 55 ff.; *Dißars*, wistra 1997, 331, 334; *Meyer-Goßner* § 409 Rn. 4; Rolletschke/Kemper/ *Schützeberg* § 400 Rn. 17, 28, 31]) und die **Rechtsfolgen** (s. Rdn. 22 ff. [ein Strafbefehl, in dem versehentlich keine Rechtsfolgen festsetzt sind, ist in jeder Hinsicht unwiksam und unbeachtlich, vgl. OLG Düsseldorf, wistra 1984, 200; *Schwarz/Weyand* § 400 Rn. 23]) ergänzt werden müssen (s. Bender/*Möller/Retemeyer* Rn. 488; FGJ/*Joecks* § 400 Rn. 21; Kohlmann/*Hilgers-Klautzsch* § 400 Rn. 100). Dem Strafbefehlsantrag sind zum Zwecke der Zustellung und für etwa vorgeschriebene Mitteilungen gem. MiStra durch die Geschäftsstelle der FinB zudem *Durchschläge* (d.h. Abdrucke und beglaubigte Abschriften) in der erforderlichen Anzahl beizugeben (vgl. Nr. 176 Abs. 2 RiStBV). Beantragt die FinB den Erlass eines Strafbefehls, in dem eine Bewährungsstrafe (§ 407 Abs. 2 Satz 2 StPO) ausgeworfen wird, ist dem Antrag darüber hinaus der (vom Sachbearbeiter der FinB [am besten nach Vordruck] zu fertigende) *Entwurf eines Bewährungsbeschlusses* (§§ 56a ff. StGB, § 268a StPO) beizufügen (vgl. Nr. 87 Abs. 3 Satz 3, 4 ASB, Nr. 176 Abs. 1 Satz 2 RiStBV; Bender/*Möller/Retemeyer* Rn. 485 a.E.; *Schwarz/Weyand* § 400 Rn. 14; abw. Kohlmann/*Hilgers-Klautzsch* § 400 Rn. 87, wonach die FinB „die entsprechenden Entscheidungen ... auch völlig dem Ermessen des Richters überlassen" kann). Bei Beschuldigten die der deutschen Sprache nicht hinreichend mächtig sind, muss dem von der FinB an das Gericht übermittelten (selbstredend in deutscher Sprache verfassten [§ 184 Satz 1 GVG]) Strafbefehlsentwurf **keine Übersetzung** beigegeben werden; es ist vielmehr Aufgabe des Gerichts, im Einzelfall zu prüfen, ob die Beifügung einer Übersetzung nach Art. 6 Abs. 3a, e EMRK erforderlich ist (vgl. LG Aachen, NStZ 1984, 283; erg. LG München II, NJW 1972, 405; *Meyer-Goßner* Art. 6 EMRK Rn. 18).

2. Bezeichnung der Tat (Anklagesatz)

Die „**Bezeichnung der Tat**" (§ 409 Abs. 1 Nr. 3 StPO), die das „Herz" des Strafbefehlsantrags bil- 20
det und dem Anklagesatz i.S.v. § 200 Abs. 1 Satz 1 StPO entspricht (s. Rdn. 19), muss im Steuerstrafrecht bestimmte **Mindestanforderungen** erfüllen, die auch von der FinB zu beachten sind. Wie sich bereits aus dem Wortlaut von §§ 200 Abs. 1 Satz 1 und 409 Abs. 1 Nr. 3 StPO ergibt, ist es nicht ausreichend, die dem Beschuldigten zur Last liegende Steuerstraftat nur formelhaft mit den Worten des Gesetzes zu umschreiben (vgl. Nr. 177 Abs. 1 Satz 2 RiStBV; Kohlmann/*Hilgers-Klautzsch* § 400 Rn. 102). Um der **Individualisierungs- und Umgrenzungsfunktion des Anklagesatzes** gerecht zu werden, muss der konkrete Tatvorwurf – durchaus nur mit knappen Worten (vgl. Nr. 177 Abs. 1 Satz 1 RiStBV) – als historisches Ereignis hinreichend genau beschrieben und individualisiert werden. Hierzu gehören bei der *Steuerhinterziehung* i.S.v. § 370 AO (nur) die dem Angeklagten vorgeworfene Handlung bzw. Unterlassung (einschließl. der subjektiven Tatseite [Bender/*Möller/Retemeyer* Rn. 488; *Koch/Scholtz/Scheurmann-Kettner* § 400 Rn. 8; *v. Briel/Ehlscheid* § 4 Rn. 351]) sowie die Angabe der hinterziehungsbefangenen Steuerarten, der Daten der Abgabe(-termine) der Steuererklärungen, der betroffenen Veranlagungszeiträume und des (Gesamt-) Verkürzungsumfangs als dem für das Gericht wesentlich(st)en Strafzumessungsfaktor; **nicht erforderlich** ist dagegen eine **Darstellung der Berechnung der Steuerverkürzung** im Straffehl (vgl. BGH, NStZ-RR 2009, 340, 341 m. Bespr. *Allgayer*, PStR 2009, 207; OLG Karlsruhe, wistra 1994, 319; HHSp/*Hellmann* § 400 Rn. 43 [„Der pauschale Vorwurf, Steuern in einer bestimmten Höhe hinterzogen zu haben, reicht ... nicht."]; einschr. OLG Düsseldorf, NStZ 1982, 335 m. zust. Anm. *Hein*, StB 1982, 312; NJW 1989, 2145 m. zust. Anm. *Rieß*, JR 1989, 437; NStZ 1991, 99 m. Anm. *Franzheim*, JR 1991, 389 [jew.: auch Darstellung der tatsächlichen Grundlagen des materiellen Steueranspruchs erforderlich]; dem folgend: *Burhoff*, PStR 1999, 52, 55; *Burkhard* S. 71 ff., 73; *Dißars*, wistra 1997, 331, 334; Flore/*Dörn/Gillmeister* S. 328; FGJ/ *Joecks* § 400 Rn. 22; Klein/*Jäger* § 400 Rn. 10; Kohlmann/*Hilgers-Klautzsch* § 400 Rn. 104 ff.; Rolletschke/Kemper/*Schützeberg* § 400 Rn. 17; *Schwarz/Weyand* § 400 Rn. 9; zu weitgehend *Burkhard* S. 93 f., der in Schätzungsfällen eine Darstellung des Rechenwegs fordert, sodass der „optimale Strafbefehl ... inhaltlich eine Art wesentliches Ergebnis der Ermittlungen wiedergibt"; erg. zu den

[höheren] Anforderungen an die Sachdarstellungen im *Urteil* bei Steuerhinterziehung: *Jäger*, StraFo 2006, 477). Bei Vergehen des *Schmuggels* und der *Steuerhehlerei* (§§ 373, 374 AO) ist zudem die Bezeichnung der Art und Menge des Schmuggel- bzw. Hehlguts (z.B. 10.000 Stück unverzollte und unversteuerte Zigaretten der Marke „Jin Ling") sowie die Bezeichnung der hinterzogenen Abgaben (im vorgenannten Beispiel etwa EG-Zoll, EUSt und TabSt) zu verlangen.

21   **Entspricht die Bezeichnung der Tat** (§ 409 Abs. 1 Nr. 3 StPO) in einem von der FinB beantragten und in der Folge durch das „Steuer-Amtsgericht" (s. Rdn. 5) antragsgemäß erlassenen Strafbefehl **nicht den vorgenannten Mindestanforderungen** (s. Rdn. 20), ist dies i.d.R. unerheblich, wenn der Strafbefehl mangels Einspruch dennoch rechtskräftig geworden ist (Kohlmann/*Hilgers-Klautzsch* § 400 Rn. 108; *Ausn.:* schwerste Fehler, wie z.B. fehlende Angaben zur Tatzeit oder zur Person des Täters, die den Strafbefehl nichtig machen [vgl. *Burkhard* S. 79 ff.]; zu weitgehend bzw. missverständlich Nr. 87 Abs. 1 Satz 5 ASB: „Mängel in der Umgrenzungsfunktion des Strafbefehls führen zu dessen Unwirksamkeit"). Wird gegen den Strafbefehl Einspruch eingelegt, kann sich, weil der Strafbefehl dann (außer im Fall des § 408a StPO) die Funktion des Eröffnungsbeschlusses (§ 203 StPO) übernimmt (vgl. *Meyer-Goßner* § 411 Rn. 3; arg. e § 408 Abs. 2 Satz 2 StPO), hieraus im Einzelfall bei entsprechender Schwere des Mangels ein Verfahrenshindernis und damit ein Grund zur gerichtlichen Einstellung des Verfahrens gem. §§ 206a [*außerhalb* der Hauptverhandlung] bzw. 260 Abs. 3 [*in* der Hauptverhandlung] StPO ergeben (vgl. OLG Düsseldorf, NStZ 1991, 99 m. Anm. *Franzheim*, JR 1991, 389; Kohlmann/*Hilgers-Klautzsch* § 400 Rn. 109; *Quedenfeld/Füllsack* Rn. 1007). Weniger schwerwiegende Mängel des Strafbefehls bzw. des Eröffnungsbeschlusses können durch das Gericht jedoch angesichts des summarischen Charakters des Strafbefehlsverfahrens (s. Rdn. 3) noch im Hauptverfahren durch entsprechende Hinweise (§ 265 StPO [analog]) geheilt werden (vgl. *Meyer-Goßner* § 207 Rn. 12; a.A. *Burhoff*, PStR 1999, 52, 55; *Burkhard* S. 83 f., 124 f.; Graf/Jäger/Wittig/*Lipsky* § 400 Rn. 13; Schwarz/*Weyand* § 400 Rn. 9). Ist das nicht der Fall, kann bzw. muss (vgl. § 152 Abs. 2 StPO) die FinB oder die StA erneut öffentliche Klage erheben (vgl. *Meyer-Goßner* Einl. Rn. 154, § 207 Rn. 12 a.E.; *Burkhard* S. 125, 144 f.). Eine weitere, jedoch weitaus weniger gravierende Folge einer (teilweise) unzureichenden Bezeichnung der Tat im Strafbefehl kann sein, dass die Beschränkung des Einspruchs (§ 410 Abs. 2 StPO) auf den Rechtsfolgenausspruch unwirksam ist, weil die Schilderung der dem Schuldspruch zugrunde liegenden tatsächlichen Umstände so knapp und unzulänglich ist, dass sie die isolierte Prüfung des Rechtsfolgenausspruchs nicht im erforderlichen Umfang zulässt (vgl. *Meyer-Goßner* § 410 Rn. 5 m.w.N.).

IV.   Rechtsfolgen

1.   Sanktionenkatalog (§ 407 Abs. 2 StPO)

22   Im Strafbefehlsverfahren können – einzeln oder nebeneinander (erg. Rdn. 24) – alle in § 407 Abs. 2 StPO genannten Rechtsfolgen festgesetzt werden. Auf Ebene der (Haupt-) *Strafen* sind dies **Einzelgeldstrafen** von fünf (*nicht:* einem) **bis zu 360 Tagessätzen** (vgl. § 40 Abs. 1 Satz 2 StGB; erg. *Quedenfeld/Füllsack* Rn. 1008 [„häufigste Rechtsfolge"]), **Gesamtgeldstrafen bis zu 720 Tagessätzen** (vgl. § 54 Abs. 2 Satz 2 StGB; Schwarz/*Weyand* § 400 Rn. 11) und/oder seit 01.03.1993 (vgl. Kohlmann/*Hilgers-Klautzsch* § 400 Rn. 1, 3; erg. Rdn. 5) grds. auch **Einzel- oder Gesamtfreiheitsstrafen** von einem Monat (vgl. § 38 Abs. 2 StGB) **bis zu maximal einem Jahr,** wenn der Angeklagte einen Verteidiger hat *und* die Vollstreckung der Freiheitsstrafe zur Bewährung ausgesetzt wird (§§ 407 Abs. 2 Satz 2, 408b StPO; a.A. – contra legem – Koch/Scholtz/*Scheurmann-Kettner* § 400 Rn. 3, wobei dies in Rn. 6 revidiert wird; s. erg. zu den [bislang erfolglosen] Bestrebungen, die Höhe der im Strafbefehlsverfahren verhängbaren Freiheitsstrafe auf zwei Jahre anzuheben: BT-Drucks. 16/3659 u. BR-Drucks. 660/06; abl. HHSp/*Hellmann* § 400 Rn. 5; s.a. Kohlmann/*Hilgers-Klautzsch* § 400 Rn. 3 a.E., Rn. 5). Nur bei im Tatzeitpunkt *heranwachsenden* Angeklagten i.S.v. § 1 Abs. 2 JGG darf, wenn mit Blick auf die §§ 105 Abs. 1, 109 Abs. 2 Satz 1 JGG ein Strafbefehlsantrag überhaupt in Betracht kommt (s. Rdn. 9, 13), gem. **§ 109**

Abs. 3 JGG im Strafbefehlsweg keine Freiheitsstrafe verhängt werden (HHSp/*Hellmann* § 400 Rn. 22; Klein/*Jäger* § 400 Rn. 6 a.E.). Obschon Nr. 84 Abs. 3 Satz 1 ASB ausdrücklich auf die Möglichkeit – auch der FinB – hinweist, den Erlass von Strafbefehlen zu beantragen, in denen (Gesamt-) Freiheitsstrafen bis zu einem Jahr „mit Bewährung" ausgesprochen werden, kommen derartige Fälle in der Praxis kaum vor (abw. HHSp/*Hellmann* § 400 Rn. 5; Schwarz/*Weyand* § 400 Rn. 12; erg. Bender/*Möller*/*Retemeyer* Rn. 487 [„Armutszeugnis"]). Stattdessen gibt die FinB solche Verfahren i.d.R. gem. Halbs. 2 an die StA ab, wenn – etwa aufgrund entsprechender (einschlägiger) Vorstrafen und/oder wegen des Verkürzungsumfangs – die Verhängung einer Bewährungsstrafe in Betracht kommt (grdl. zur Argumentation [etwa der FinB] *gegen* die Verhängung einer Freiheitsstrafe im Strafbefehlsweg: *Schellenberg*, NStZ 1994, 570).

Bei Geldstrafen bemisst sich die **Höhe des einzelnen Tagessatzes** nach den wirtschaftlichen Verhältnissen des Anzuschuldigenden im Zeitpunkt der Antragsstellung (vgl. § 40 Abs. 2, 3 StGB). Ein Tagessatz beläuft sich auf **mindestens einen Euro** und – seit der Änderung von § 40 Abs. 2 Satz 3 StGB durch das 42. StRÄndG mit Wirkung zum 04.07.2009 – **höchstens 30.000,00 €** (*zuvor:* höchstens 5.000,00 €; erg. Kohlmann/*Hilgers-Klautzsch* § 400 Rn. 67). Für Taten, die vor dem 04.07.2009 *beendet* waren (Altfälle), gilt gem. § 2 Abs. 3 StGB nach dem sog. Meistbegünstigungsprinzip die alte Höchstgrenze von 5.000,00 €, auch wenn diese erst am oder nach dem 04.07.2009 zur Aburteilung gelangen. Zur Bestimmung der Tagessatzhöhe dürfen die durch den Angeschuldigten gegenüber dem Veranlagungs-FA erklärten Einkommensverhältnisse verwertet werden. Das **Steuergeheimnis** steht dem wegen §§ 30 Abs. 4 Nr. 1, 393 Abs. 2 AO und § 160 Abs. 3 StPO nicht entgegen (Rolletschke/Kemper/*Schützeberg* § 400 Rn. 20; Schwarz/*Weyand* § 400 Rn. 11; einschr. *Wieczorek* wistra 1987, 173; a.A. *Burkhard* S. 141 f.). 23

Geld- und Freiheitsstrafe können im Strafbefehl auch **nebeneinander** festgesetzt werden, wenn die Voraussetzungen der **§§ 41 Satz 1 oder 53 Abs. 2 Satz 2 StGB** vorliegen (vgl. FGJ/*Joecks* § 400 Rn. 15 [nur zu § 41 StGB]; HHSp/*Hellmann* § 400 Rn. 32 a.E.; Kohlmann/*Hilgers-Klautzsch* § 400 Rn. 96 [nur zu § 41 StGB]; erg. § 375 Rdn. 18 m.w.N.). Hierdurch wird es bei tatmehrheitlich (§ 53 StGB) begangenen Steuervergehen möglich, den Beschuldigten mit einer **maximalen Gesamtstrafe von** – faktisch – „**drei Jahren auf Bewährung**" zu belegen (*Rechtsfolgenausspruch:* 1 Jahr [ggf. Gesamt-] Freiheitsstrafe, deren Vollstreckung zur Bewährung ausgesetzt wird, und *daneben* eine Gesamtgeldstrafe von 720 Tagessätzen). 24

Darüber hinaus können gem. § 407 Abs. 2 Satz 1 StPO im Strafbefehl **Einziehungsanordnungen** i.S.v. § 375 Abs. 2 bzw. §§ 74 ff. StGB (s. § 375 Rdn. 24 ff.) erfolgen, es kann der **Verfall** (von Wertersatz) (§§ 73 ff. StGB; s. § 375 Rdn. 41) ausgesprochen und/oder eine **Unternehmensgeldbuße** i.S.v. § 30 OWiG (Bender/*Möller*/*Retemeyer* Rn. 483; erg. § 401 Rdn. 8 ff.) festgesetzt werden. Insbesondere in Schmuggel- oder Steuerhehlereifällen kommt zudem die Verhängung eines **Fahrverbots** (s. § 375 Rdn. 44) oder – ausnahmsweise – auch die **Entziehung der Fahrerlaubnis** (§§ 69 ff. StGB; s. § 375 Rdn. 43) in Betracht. Selbst bei einem verteidigten Beschuldigten ist es dagegen **nicht möglich**, die in § 375 Abs. 1 AO vorgesehenen Statusfolgen (erg. § 375 Rdn. 12 ff.) oder ein Berufsverbot i.S.v. § 70 StGB (s. § 375 Rdn. 3, 42) im Strafbefehlsverfahren zu verhängen. Stehen solche Maßnahmen im Raum, *muss* sich die FinB mit der StA in Verbindung setzen und dieser das Verfahren gem. Halbs. 2 andienen (s. Rdn. 17 a.E., 28). 25

2. Standes- und beamtenrechtliche Bedeutung

In standesrechtlicher Hinsicht bedeutet eine Verurteilung im Strafbefehlsweg für den betroffenen RA oder StB insofern einen „Vorteil", als die Bezeichnung (Beschreibung) der Tat im Straf*befehl* (s. Rdn. 20), anders als die tatsächlichen Feststellungen im Straf*urteil*, gem. **§§ 118 Abs. 3 Satz 1 BRAO, 109 Abs. 3 Satz 1 StBerG** für das Berufsgericht nicht bindend sind, d.h. sämtliche Feststellungen von dort (ggf. unter anderen Vorzeichen) neu getroffen werden müssen (vgl. BGHSt 45, 46, 47 ff. m. zust. Bespr. *Bockemühl*, BRAK-Mitt. 2000, 164 ; Klein/*Jäger* § 400 Rn. 17). Auch die für den kraft Gesetzes eintretenden **Verlust der Beamtenrechte** in § 41 Abs. 1 26

Satz 1 Nr. 1 BBG und § 24 Abs. 1 Satz 1 Nr. 1 BeamtStG festgelegte Jahresgrenze (Freiheitsstrafe von mindestens 1 Jahr bei Vorsatztaten) wird durch eine rechtkräftige Verurteilung mittels Strafbefehl nicht erreicht (vgl. BVerwG NJW 2000, 3297 [kein „Urteil" eines deutschen Gerichts im ordentlichen Strafverfahren] m. Bespr. *Hoffmann/Wißmann*, PStR 2000, 279; Klein/*Jäger* § 400 Rn. 17; erg. § 375 Rdn. 3).

3. Erörterungen i.S.v. § 160b StPO

27 Die in einem Strafbefehlsantrag der FinB aufgenommenen Rechtsfolgen können (und *sollten* aus Sicht der Verteidigung stets) zum Gegenstand von **Erörterungen i.S.v.** § 385 Abs. 1 AO i.V.m. **§ 160b StPO** gemacht werden (vgl. FGJ/*Joecks* § 400 Rn. 3; HHSp/*Hellmann* § 400 Rn. 6; Kohlmann/*Hilgers-Klautzsch* § 400 Rn. 15, 24, 62). Der Impuls zu derartigen Gesprächen kann sowohl von der FinB als auch von der Verteidigung ausgehen. In diese Erörterungen sollten im Steuerstrafverfahren – soweit (noch) erforderlich – die steuerliche Seite (im Sinne einer tatsächlichen Verständigung [„Gesamtlösung"], vgl. Klein/*Rätke* § 78 Rn. 5; Klein/*Jäger* § 370 Rn. 54 ; erg. § 403 Rdn. 12) und mit Blick auf § 257c StPO ggf. auch schon das Gericht mit einbezogen werden (erg. *Burhoff*, PStR 1999, 52, 53 f.). Einen Rechtsanspruch des Beschuldigten auf Gespräche mit der FinB bzw. dem Gericht gibt es allerdings nicht. Aus Sicht der FinB besteht hier wegen der z.T. hohen Arbeitsbelastung die Gefahr, sich angesichts der Aussicht auf eine zügige Verfahrenserledigung auf einen Handel „Geständnis gegen Strafbefehl" und – ggf. zusätzlich – auf eine zu niedrige Strafe einzulassen (vgl. Kohlmann/*Hilgers-Klautzsch* § 400 Rn. 22; erg. Rdn. 18). Diesem, angesichts der seit 04.09.2009 gesetzlich geregelten Verständigung (dazu speziell im Steuerstrafrecht: *Tully*, PStR 2010, 137) immer stärker werdenden *Druck* muss die FinB jedoch – ebenso wie die StA – im Rahmen einer sachgerechten Amtsführung widerstehen – ganz zu schweigen davon, dass die Verteidigung ein „schnelles" Strafbefehlsverfahren wegen seines summarischen Charakters (s. Rdn. 3) und der umfänglichen Rechtskraftwirkung *taktisch* häufig auch unter dem Gesichtspunkt anregt, dass auf diese Weise „vielleicht Sachverhaltsteile unerkannt bleiben, die ggf. sonst zu einer Strafschärfung führen könnten" (*Burhoff*, PStR 1999, 52, 56). Umgekehrt ist **kein Verstoß gegen Art. 92 Halbs. 1 GG zu besorgen**, wenn die FinB umfänglich von der Möglichkeit Gebrauch macht, dem AG bereits i.R. einer „Gesamtlösung" (s.o.) fertig „ausgedealte" Strafbefehlsanträge vorzulegen und der zuständige Steuerstrafrichter diese (deshalb) ohne eine ins Einzelne gehende Kontrolle antragsgemäß erlässt. Denn auch in diesem Fall übt – in Übereinstimmung mit BVerfGE 22, 49 – nach wie vor ausschließlich der *Richter* die der Rechtsprechung zugewiesene Strafgewalt aus (erg. Rdn. 2, 3). Auf die amtsrichterliche Kontrolldichte bzw. Prüfungstiefe hat die FinB naturgemäß keinen Einfluss. Der Umstand, dass in solchen Fällen – u.a. – ein Wiederaufnahmeverfahren gem. §§ 373a Abs. 2 i.Vm. 362 Nr. 3 StPO drohen kann, macht den Strafbefehl bzw. die rechtskräftige Verurteilung als solches nicht unwirksam bzw. nichtig.

C. Vorlage der Akten an die StA (Halbs. 2)

28 Stellt die **FinB** das Verfahren *nach* Abschluss der Ermittlungen nicht gem. §§ 170 Abs. 2, 153 ff., 154 ff. StPO oder §§ 398, 389a AO ein und beantragt sie bei Gericht auch nicht den Erlass eines Strafbefehls (Halbs. 1), **muss** sie das Verfahren wegen § 152 Abs. 2 StPO (Legalitätsprinzip) gem. Halbs. 2 an die StA **abgeben** (abw. Kohlmann/*Hilgers-Klautzsch* § 400 Rn. 17 [die Aktenvorlage nach Halbs. 2 sei ein „Fall der Verfahrensübergabe nach § 386 Abs. 4 S. 1"]; erg. Rdn. 17, 25). (Nur) *Vor* Abschluss der Ermittlungen kommt – alternativ – eine Abgabe gem. § 386 Abs. 4 Satz 1 in Betracht. Gegen die Abgabe des Verfahrens an die StA steht dem Beschuldigten unabhängig davon, auf welcher Rechtsgrundlage sie erfolgt, kein Rechtsbehelf zu (Kohlmann/*Hilgers-Klautzsch* § 400 Rn. 129); insbesondere kann die Abgabeverfügung der FinB nicht auf dem Finanzrechtsweg angefochten werden (vgl. BFHE 104, 187, 189 f.). Die Abgabe des Verfahrens an die StA erfolgt durch Übersendung („Vorlage") der vollständigen Ermittlungsakten, verbunden mit der Bitte bzw. dem „Antrag, das Verfahren gem. § 400 Halbs. 2 AO zu übernehmen". Die StA

muss das Verfahren dann übernehmen, auch wenn sie die Frage, ob ein Fall des Halbs. 1 vorliegt, anders beurteilt, als die FinB (Rechtsgedanke des § 386 Abs. 4 Satz 1 AO). Die StA übersendet der FinB nach der durch den zuständigen Dezernenten und/oder Referats- bzw. Abteilungsleiter gezeichneten Übernahmeverfügung (zuvor ist noch keine wirksame Übernahme erfolgt) eine *Übernahmebestätigung* mit dem von der StA vergebenen Js-Aktenzeichen (s. Rdn. 6). Ab dem Zeitpunkt der Übernahme des Verfahrens durch die StA (Datum der Übernahmeverfügung) bestimmt sich die Rechtsstellung der FinB nur noch nach den §§ 395, 403, 407 AO.

§ 401 AO   Antrag auf Anordnung von Nebenfolgen im selbstständigen Verfahren

Die Finanzbehörde kann den Antrag stellen, die Einziehung oder den Verfall selbständig anzuordnen oder eine Geldbuße gegen eine juristische Person oder eine Personenvereinigung selbständig festzusetzen (§§ 440, 442 Abs. 1, § 444 Abs. 3 der Strafprozessordnung).

A. Grundsätzliches

Die als Reaktion auf die Entscheidung des BVerfG v. 06.06.1967 zur Verfassungswidrigkeit des **1** Verwaltungsstrafverfahrens der FÄ (BVerfGE 22, 49; erg. FGJ/*Joecks* Einl. Rn. 72 ff.) geschaffene Vorschrift hat als solche **keinen eigenen Regelungsbereich** (zur Normenhistorie: HHSp/*Hellmann* § 401 Rn. 1 ff.; Koch/Scholtz/*Scheurmann-Kettner* § 401 Rn. 1; Kohlmann/*Kutzner* § 401 Rn. 1 f.; Rolletschke/Kemper/*Schützeberg* § 401 Rn. 1). Im Gegenteil: Sie ist in Anbetracht der umfassenden (Global-) Verweisungen in §§ 369 Abs. 2, 385 Abs. 1 und 410 Abs. 1 AO streng genommen **überflüssig** und entfaltet, wenn überhaupt, allenfalls klarstellende Wirkung (vgl. HHSp/*Hellmann* § 401 Rn. 5, 8 f.). Sie bewirkt insbesondere keine gleichwie geartete Erweiterung der Befugnisse der FinB (§ 386 Abs. 1 Satz 2 AO) im von dieser gem. §§ 386 Abs. 2, 399 Abs. 1 AO selbstständig durchgeführten (s. Rdn. 3) Steuerstrafverfahren, da sich die in § 401 genannten Antragsbefugnisse im objektiven bzw. selbstständigen Verfahren (s. Rdn. 2, 11 f.) bereits aus §§ 369 Abs. 2, 385 Abs. 1 AO i.V.m. § 76a StGB, §§ 440 ff. StPO bzw. § 410 Abs. 1 AO i.V.m. §§ 30 Abs. 4, 46 Abs. 1 OWiG, § 444 StPO ergeben (so auch Schwarz/*Weyand* § 401 Rn. 1; abw. FGJ/*Joecks* § 401 Rn. 2; Graf/Jäger/Wittig/*Lipsky* § 401 Rn. 1; Klein/*Jäger* § 401 Rn. 1; Kohlmann/*Kutzner* § 401 Rn. 3; Rolletschke/Kemper/*Schützeberg* § 401 Rn. 1). Auch bringt die Norm – entgegen allgemeiner Auffassung – grds. keine Entlastung für die StA mit sich (s. aber Rdn. 3). Ihre **praktische Bedeutung tendiert** angesichts dessen sowie im Hinblick auf die ohnehin äußerst geringe Anzahl tatsächlich durchgeführter objektiver bzw. selbstständiger Verfahren (vgl. Rolletschke/Kemper/*Schützeberg* § 401 Rn. 2 [in 2009 bundesweit 204 objektive Verfahren vor dem AG und acht vor dem LG]; abw. Kohlmann/*Kutzner* § 401 Rn. 4) **gegen Null** (ähnl. FGJ/*Joecks* § 401 Rn. 2; Schwarz/*Weyand* § 401 Rn. 1). Eine Einziehungsanordnung nach § 401 AO kann sich im Übrigen im Hinblick auf **§ 394 AO** (automatischer Eigentumsübergang auf den Staat nach *1 Jahr*, etwa bei zurückgelassenem Schmuggelgut) erübrigen (vgl. Bender/*Möller/Retemeyer* B. V. Rn. 495; *Hellmann*, ZfZ 2000, 2, 3 f.).

Das „**objektive**" Verfahren (§ 76a StGB, §§ 440 ff. StPO) bildet das Gegenstück zum Regelfall des **2** gegen einen bestimmten Täter (natürliche Person) gerichteten *subjektiven* (Straf-) Verfahrens (vgl. *Hellmann*, ZfZ 2000, 2 f.; Koch/Scholtz/*Scheurmann-Kettner* § 401 Rn. 2 f.) und zielt auf die Anordnung der *Einziehung* und des *Verfalls* ab, wenn der Täter etwa wegen Schuld- oder Prozessunfähigkeit nicht verurteilt werden kann oder nicht feststellbar oder greifbar ist (s. Rdn. 11 f.). Soll gem. § 30 OWiG, § 444 StPO gegen eine juristische Person oder eine Personenvereinigung eine *Verbandsgeldbuße* verhängt werden, kann, wenn dies nicht schon im – dann: *verbundenen* – Strafverfahren gegen die Leitungsperson erfolgt ist, ein **„selbstständiges" (OWi-) Verfahren** (mit „Js-" Aktenzeichen [eigentlich: Ermittlungsverfahren in Strafsachen]) gegen die juristische Person oder eine Personenvereinigung eingeleitet werden (s. Rdn. 11 f.). Die Begriffe werden, wie schon die gesetzliche Überschrift des § 76a StGB zeigt, i.d.R. deckungsgleich verwendet (vgl. Rolletschke/ Kemper/*Schützeberg* § 401 Rn. 2 a.E.; Sch/Sch/*Eser* § 76a Rn. 1; erg. Rdn. 5), *hier* aber zum besseren Verständnis jeweils nur wie folgt auf bestimmte Rechtsinstitute bezogen: (1.) isolierte Einziehungs- oder Verfallsanordnung: *objektives* Verfahren; (2.) isolierte Verbandsgeldbuße: *selbstständiges* Verfahren.

3 § 401 AO ist, wie sich unmittelbar aus § 386 Abs. 2 AO ergibt (zur insoweit missverständlichen gesetzlichen Überschrift s. Rdn. 5), **nur im** von der FinB – d.h. der BuStra bzw. StraBu (§ 386 Abs. 1 Satz 2 AO, vgl. Schwarz/*Weyand* § 401 Rn. 1; erg. § 402 Rdn. 12), *nicht* der Steuer- oder Zollfahndung – **selbstständig durchgeführten Ermittlungsverfahren** (§§ 386 Abs. 2, 399 AO) anwendbar (statt vieler: FGJ/*Joecks* § 401 Rn. 2). Das hat zur Folge, dass die FinB das objektive bzw. selbstständige Verfahren (s. Rdn. 2, 11 f.) insbesesondere nicht (mehr) einleiten kann, *sobald* sie das Steuerstrafverfahren gem. §§ 386 Abs. 4 Satz 1 oder 400 Halbs. 2 AO (erg. § 400 Rdn. 28) an die StA abgegeben oder diese (etwa wegen der Höhe der zu erwartenden Strafe oder wegen der Öffentlichkeitswirksamkeit des Verfahrens [erg. § 400 Rdn. 18]) von ihrem Evokationsrecht (§ 386 Abs. 4 Satz 2 AO) Gebrauch gemacht hat bzw. – erst recht – wenn die StA das Steuerstrafverfahren von Anfang an in eigener Zuständigkeit führt (z.B. weil auch Allgemeindelikte verfolgt werden [§ 386 Abs. 2 Nr. 1 AO] oder ein Haftbefehl besteht [§ 386 Abs. 3 AO]). Umgekehrt kann die StA ein von ihr geführtes Verfahren gem. § 386 Abs. 4 Satz 3 AO an die FinB (rück-) abgeben, mit dem (i.d.R. vorab vereinbarten) Ziel, dass diese das objektive bzw. selbstständige Verfahren bis zu dem in § 406 Abs. 2 AO genannten Zeitpunkt (s. Rdn. 16 f.) zur **Entlastung der StA** betreibt. Da der FinB in der Rechtswirklichkeit aufgrund der anhaltenden Be- bzw. Überlastung der Strafverfolgungsbehörden i.d.R. aber selbst kaum genügend freie Ressourcen zur Verfügung stehen, ist diese Option eher theoretischer Natur. Angesichts dessen, dass das Gesetz eine zeitgleiche Verfahrensführung durch die StA und die FinB nicht vorsieht, ist der der FinB von der StA erteilte „Auftrag", Maßnahmen i.S.v. § 401 AO herbeizuführen, als konkludente Verfahrensab- bzw. -rückgabe gem. § 386 Abs. 4 Satz 3 AO anzusehen. Liegen in diesem Fall die Voraussetzungen des § 399 Abs. 2 AO nicht vor, besteht keine Zuständigkeit der FinB nach § 401 AO.

4 Die Antragsbefugnis der FinB (§ 386 Abs. 1 Satz 2 AO) ist in § 401 AO als **Ermessensvorschrift** („kann") ausgestaltet. Darauf hebt auch Nr. 90 Satz 1 ASB ab, wonach die FinB ihr Ermessen „pflichtgemäß auszuüben" hat. Das suggeriert, die FinB könne im selbstständig durchgeführten Ermittlungsverfahren (§§ 386 Abs. 2, 399 Abs. 1 AO) *in jedem Fall* im Rahmen pflichtgemäßen Ermessens frei entscheiden, ob sie das objektive Verfahren (s. Rdn. 2, 11 f.) nach § 401 AO einleitet oder ob dies – wie etwa in Fällen des § 385 Abs. 1 AO i.V.m. § 430 StPO (s. § 375 Rdn. 40) – nicht tut (so die wohl allg. M., vgl. FGJ/*Joecks* § 401 Rn. 7 m.w.N.). Dieser Eindruck wird für die Einziehung und den Verfall durch Nr. 180 Abs. 1, Abs. 2 RiStBV („kein Verfolgungszwang") bestätigt (anders nach Nr. 180a RiStBV bei der selbstständigen Verbandsgeldbuße). Dem ist bereits angesichts des Wortlauts von § 76a Abs. 1 StGB („muß oder kann") – teilweise – entgegen zu treten. Ist die Einziehung, wie insbesondere in den Fällen der Steuerwertzeichenfälschung gem. § 369 Abs. 1 Nr. 3, Abs. 2 AO, § 150 Abs. 2 StGB *zwingend* vorgeschrieben, **muss** insofern nötigenfalls auch ein objektives Verfahren betrieben werden (erg. Sch/Sch/*Eser* § 74b Rn. 2 zur ausnahmsweisen Umdeutung obligatorischer Einziehungsvorschriften in Ermessensregeln im Wege verfassungskonformer Auslegung). Gleiches gilt, wie sich aus § 76a Abs. 2 StGB ableiten lässt, wenn es sich um gefährliche bzw. inkriminierte Gegenstände i.S.v. § 74 Abs. 2 Nr. 2 StGB handelt (sog. Sicherungseinziehung; erg. § 375 Rdn. 25, 30). Hinsichtlich des Verfalls (von Wertersatz) ist zu beachten, dass dessen Anordnung ebenfalls nicht ermessensgebunden, sondern im

Regelfall obligatorisch ist (Ausn.: § 73c StGB), mit der Folge, dass auch hier ein objektives Verfahren eingeleitet werden **muss** (abw. u.a. HHSp/*Hellmann* § 401 Rn. 16, 18, jedoch ohne nachvollziehbare Begr.; erg. Rdn. 7 zum Verfall). Die Nichtbefolgung zwingender Einziehungs- bzw. Verfallsgebote kann im Einzelfall den §§ 258 Abs. 1, 258a, 13 StGB (Strafvereitelung im Amt durch Unterlassen) unterfallen. Bewegt sich die FinB in den übrigen Fällen in dem ihr zugewiesenen Ermessenskorridor (pflichtgemäßes Ermessen nach dem Opportunitätsprinzip), ist ihre Entscheidung nicht anfechtbar (Rolletschke/Kemper/*Schützeberg* § 401 Rn. 11 unter Hinweis auf OLG Hamm, NStZ-RR 2002, 51).

Die **gesetzliche Überschrift** des § 401 ist – anders als bei § 375 (s. dort Rdn. 8) – nicht nur 5
unvollständig, sondern **unzutreffend**: „Nebenfolgen" sind nach der gem. § 369 Abs. 2 AO maßgeblichen Diktion des StGB nur die in den §§ 45 ff. StGB bzw. § 375 Abs. 1 genannten Statusfolgen (erg. § 375 Rdn. 3). Bei der Einziehung und dem Verfall handelt es sich gem. § 11 Abs. 1 Nr. 8 StGB dagegen um „Maßnahmen" (ebenso Schwarz/*Weyand* § 401 Rn. 1; erg. *Bäckermann*, ZfZ 1976, 366). Darüber hinaus ist die Überschrift insofern **missverständlich**, als sie – in Anlehnung an § 76a StGB – den Begriff des „selbstständigen Verfahrens", der im steuerstrafrechtlichen Kontext allerdings vordergründig mit dem von der FinB gem. §§ 386 Abs. 2, 399 AO selbstständig durchgeführten Ermittlungsverfahren i.S.d. §§ 386 Abs. 2, 399 AO (erg. Rdn. 3) assoziiert wird, verwendet. Gemeint ist damit, wie sich aus dem übrigen Wortlaut ergibt, ausschließlich das *objektive* bzw. *selbstständige* Verfahren i.S.d. §§ 440 ff. StPO (s. Rdn. 2, 11 f.). Es sollte daher erwägt werden, die gesetzliche Überschrift des § 401 AO – falls man die Vorschrift nicht ohnehin gänzlich streichen will (s. Rdn. 1) – **de lege ferenda** etwa in „Antrag auf isolierte Anordnung von Einziehung, Verfall und Geldbuße gegen juristische Personen und Personenvereinigungen" abzuändern, um Missinterpretationen zu vermeiden.

B. Einziehung und Verfall

Die im Steuerstrafrecht in Betracht kommenden Einziehungsanordnungen richten sich nach 6
§ 369 Abs. 2 AO i.V.m. §§ 74 ff. StGB und – in Ergänzung hierzu – nach § 375 Abs. 2 AO. Die **Einziehung** wird i.d.R. durch eine auf § 385 Abs. 1 AO i.V.m. §§ 111b, 111c StPO gestützte **körperliche Wegnahme** von Gegenständen, die durch die Tat hervorgebracht wurden (producta sceleris), zur ihrer Begehung gebraucht worden sind bzw. dazu bestimmt waren (instrumenta sceleris) oder – in Ausnahmefällen (z.B. § 74 Abs. 4 StGB, § 375 Abs. 2 AO) – den Gegenstand der Tat selbst gebildet haben (sog. Beziehungsgegenstände [z.B. die Schmuggel- bzw. Steuerhehlereiware *selbst* im Fall des § 375 Abs. 1 Nr. 1 AO; erg. § 375 Rdn. 24]), eingeleitet. Sie führt in letzter Konsequenz (d.h. mit dem Eintritt der Rechtskraft der jew. gerichtlichen Entscheidung, vgl. § 74e Abs. 1 StGB) zum **Verlust des Eigentums** an den betroffenen Gegenständen (erg. § 375 Rdn. 31). In der Praxis kommen Einziehungsanordnungen im Steuerstrafrecht **in erster Linie in Schmuggel- und Steuerhehlereifällen** in Betracht, womit sich auch die Existenz der besonderen Vorschrift des § 375 Abs. 2 AO erklären lässt (erg. § 375 Rdn. 24 ff. zu den Voraussetzungen der Einziehung im Einzelnen und ihren [weiteren] Wirkungen).

Im Unterschied zur Einziehung (s. Rdn. 6) zielt die Anordnung des **Verfalls**, für die es im Steuer- 7
strafrecht keine Sonderregelung gibt (es gilt § 369 Abs. 2 i.V.m. §§ 73 ff. StGB), darauf ab, dem Täter sämtliche (Brutto-) Vermögenswerte i.w.S. („etwas") wieder zu entziehen, die diesem „für" die Steuerstraftat oder „aus" ihr zugeflossen („erlangt") sind. Da der *Steuer*fiskus ein gegenüber dem Justizfiskus bevorzugter Verletzter i.S.v. § 73 Abs. 1 Satz 2 StGB sein kann (grdl. BGH, NJW 2001, 693 m. Anm. *Wassmann*, ZfZ 2001, 351 u. *Rönnau/Hohn*, JR 2002, 298), sind im Steuerstrafrecht grds. nur diejenigen Vermögenszuflüsse verfallstauglich, die, sofern sie (nur) „aus" der Tat stammen (z.B. Steuervorteile aller Art [§ 370 Abs. 4 Satz 2 AO], Zinsvorteile, Erlöse aus dem Verkauf unverzollter und unversteuerter Zigaretten etc.), den im Urteilszeitpunkt gegen den Angeklagten (noch) bestehenden Steuer(nachzahlungs-)anspruch übersteigen (vgl. § 375 Rdn. 41 m.w.N.) Das kann z.B. auf den **Schmuggel- bzw. Kurierlohn** beim Zigarettenschmuggel

zutreffen (wobei dieser § 73 Abs. 1 Satz 2 StGB i.d.R. bereits deshalb nicht unterfällt, weil er „für" die Tat und nicht „aus" ihr erlangt ist; erg. § 375 Rdn. 41 m. weit. Bspen.). In der Praxis des Steuerstrafrechts kommt dem Verfall daher nur eine untergeordnete Bedeutung zu.

C. Geldbuße gegen juristische Personen und Personenvereinigungen

8   § 30 OWiG ermöglicht es, insbesondere bei der Hinterziehung unternehmensbezogener Steuern (z.B. KSt, GewSt, USt,) parallel zur strafrechtlichen Verfolgung der verantwortlichen Leitungsperson(en) ausnahmsweise auch die mit der Tat in Verbindung stehende juristische Person oder Personenvereinigung (auch die sog. Außen-GbR, vgl. Klein/*Jäger* § 401 Rn. 18) mit einer Geldbuße zu belegen (sog. **Verbandsgeldbuße**; grdl. zuletzt u.a. *Trüg*, ZWH 2011, 6 u. StraFo 2011, 471; zur bußgeldrechtlichen Haftung des Gesamtrechtsnachfolgers bei einer Fusion s. jüngst BGH, NStZ-RR 2012, 87 [„nur ..., wenn zwischen der früheren und der neuen Vermögensverbindung nach wirtschaftlicher Betrachtungsweise nahezu Identität besteht" [Versicherungsfusion]] m. zust. Anm. *Reichling*, NJW 2012, 166 u. *Waßmer*, NZWiSt 2012, 187). Voraussetzung ist, dass einer der im Gesetz (§ 30 Abs. 1 OWiG) genannten Repräsentanten (z.B. der Geschäftsführer einer GmbH) eine individuelle (Steuer-) Straftat (oder OWi, insbes. auch gem. § 130 Abs. 1 OWiG) in Ausübung seiner Leitungsfunktion begangen hat (vgl. etwa OLG Düsseldorf, NStZ 1996, 193), durch die die (auch steuerlichen) Pflichten des Verbandes (z.B. aus § 8 Abs. 1 Satz 1 KStG i.V.m. § 4 Abs. 5 Satz 1 Nr. 10 EStG [Abzugsverbot bei Bestechungsgeldzahlungen]) verletzt worden sind oder durch die der Verband bereichert worden ist bzw. werden sollte. Im selbstständigen Verfahren (s. Rdn. 2, 11) muss keine bestimmte Leitungsperson als Täter der Anknüpfungstat ermittelt werden, sofern feststeht, dass jedenfalls eine von mehreren Leitungspersonen die Tat schuldhaft begangen hat (sog. **anonyme Verbandsgeldbuße**, vgl. HHSp/*Hellmann* § 401 Rn. 34 m.w.N.). Wie sich aus § 30 Abs. 2 Nr. 1 OWiG ergibt, kann die Geldbuße bei Begehung einer vorsätzlichen (Steuer-) Straftat bis zu 1 Mio. € betragen. Sinn und Zweck der Regelung ist es, eine Besserstellung von juristischen Personen gegenüber natürlichen Personen (Einzelunternehmen) zu vermeiden (vgl. BT-Drucks. V/1269, S. 59) und v.a. auch – über §§ 30 Abs. 3 i.V.m. 17 Abs. 4 OWiG – diejenigen Vorteile abzuschöpfen, die der juristischen Person bzw. dem Verband durch die von ihren/seinen Repräsentanten begangenen Straftaten zugeflossen sind (vgl. KK-OWiG/*Rogall* § 30 Rn. 16 ff.). Da dies in die gleiche Richtung wie der Verfall abzielt (s. Rdn. 7), schließt § 30 Abs. 5 OWiG eine gleichzeitige Verfallsanordnung gegen den Verband aus. Es gilt das Prinzip „*Entweder* Verbandsbuße *oder* Verfall", wobei zu beachten ist, dass § 73 Abs. 1 Satz 2 StGB (Rdn. 7), wie § 17 Abs. 4 Satz 1 OWiG belegt, im Anwendungsbereich des § 30 OWiG nicht (unmittelbar) gilt (erg. zur Differenzierung zwischen Ahndungs- und Abschöpfungsanteil und zur Berechnung[-sdarstellung im Urteil]: BGH, NStZ 2006, 231 [zu § 81 Abs. 2 GWB] m. zust. Anm. *Wegner*, wistra 2005, 386 u. *Achenbach*, NStZ 2006, 233).

9   Die Verbandsgeldbuße hat **in der Praxis** eine in Anbetracht der gesetzgeberischen Intention (s. Rdn. 8) nach wie vor viel zu **geringe Bedeutung** (abw. Bender/*Möller*/*Retemeyer* E. II. Rn. 102). Sie wird von den Gerichten – zu Unrecht – i.d.R. als „exotischer" Annex zu der eigentlichen Verfolgung und Sanktionierung des Täters (natürliche Person) aufgefasst. Die Einleitung eines verbundenen Verfahrens (s. Rdn. 2) unterbleibt auch in eindeutigen Fällen regelmäßig, da § 30 OWiG entweder nicht oder zu spät gesehen wird, die (unberechtigte) Befürchtung besteht, den zusätzlichen verfahrensrechtlichen Anforderungen (s. Rdn. 11 ff.) nicht (ohne übermäßigen Aufwand) gerecht werden zu können und damit einen zeitnahen Verfahrensabschluss zu verpassen oder schlicht, weil die vorhandenen Standardabläufe (staatsanwaltschaftliche Formularsammlungen wie „TV-StA" oder EDV-Systeme wie „web.sta") die Verbandsgeldbuße immer noch gänzlich aussparen. Hinzu kommt, dass das OWiG in der allgemeinen juristischen Ausbildung nicht behandelt wird, mit der Folge, dass meist schon der „Respekt" vor der unbekannten Rechtsmaterie

in Kombination mit der fehlenden Bereitschaft und/oder zeitlichen Möglichkeit, sich in ausreichendem Umfang in das OWi-Recht einzuarbeiten, zu einer weitgehenden Zurückhaltung in diesem Bereich führt. **Im Steuerstrafrecht** gilt das gleichermaßen bzw. erst recht, woran auch der dürftige Hinweis auf § 30 OWiG in Nr. 107 Abs. 2 Satz 2 ASB („Eine Geldbuße gegen juristische Personen oder Personenvereinigungen kann unter den Voraussetzungen des § 30 OWiG verhängt werden.") nichts geändert hat. Hier hat die Verbandsgeldbuße allenfalls kurzfristig gegen Ende der 1990er Jahre in den sog. Bankenverfahren (s. dazu u.a. BGHSt 46, 107 m. zust. Anm. *Jäger*, wistra 2000, 344; LG Bochum NJW 2000, 1430 [jew. Beihilfe zur Steuerhinterziehung durch Bankmitarbeiter durch Kapital- bzw. Wertpapiertransfers ins Ausland]; erg. Klein/*Jäger* § 399 Rn. 60 ff. m.w.N.) als – so z.T. die damalige Sichtweise – „Königsweg" gesteigerte Beachtung erfahren (vgl. *Wegner*, NJW 2001, 1979 u. PStR 2003, 180).

Die einer Verbandsgeldbuße wegen der kürzeren Fristen im OWi-Recht i.d.R. zuerst entgegen **10** gehaltene **Verjährung** richtet sich *nicht* nach den §§ 31 ff. OWiG (regelmäßige Verjährung: *drei* Jahre), sondern nach den für die (Steuer-) Straftat der Leitungsperson maßgeblichen Vorschriften des StGB (§§ 78 ff. StGB [regelmäßige Verjährung: *fünf* Jahre]); es besteht insofern eine **strenge Akzessorietät zu der jeweiligen Anknüpfungstat** (vgl. BGHSt 46, 207, 208 m. zust. Anm. *König*, JR 2001, 426; KK-OWiG/*Rogall* § 30 Rn. 227a [Begr.: § 30 OWiG bildet keinen eigenständigen OWi-Tatbestand, sodass die §§ 31 ff. OWiG ins Leere gehen]). Diesem Gleichlauf entsprechend, wirken sich verjährungsunterbrechende Maßnahmen (§ 78c StGB) gegen die natürliche Person zugleich auch unmittelbar auf die juristische Person aus (vgl. BGH, NStZ-RR 1996, 147; BGHSt 46, 207, 208; erg. § 400 Rdn. 8).

D. Das objektive bzw. selbstständige Verfahren

Die §§ 440 Abs. 1, 444 Abs. 3 Satz 1 StPO sehen *prozessual* vor, dass anstelle des „normalen", **11** gegen den Täter selbst gerichteten Strafverfahrens ein objektives bzw. selbstständiges Verfahren (s. Rdn. 2) durchgeführt werden kann (bzw. *muss*, s. Rdn. 4 a.E.), um die Einziehung, den Verfall oder eine Verbandsgeldbuße auch dann noch zu ermöglichen, wenn ein subjektives bzw. verbundenes Verfahren ausgeschlossen ist. *Materiell* gestattet (nur) § 76a StGB die Einziehung und den Verfall im objektiven Verfahren, wenn wegen der Tat aus tatsächlichen Gründen keine bestimmte Person verfolgt oder verurteilt werden kann (insbes. unbekannter oder flüchtiger bzw. sich verborgen haltender [§ 112 Abs. 2 Nr. 1 StPO] Täter), wenn das Gericht von Strafe absieht (z.B. gem. § 46a Nr. 2 StGB [vgl. Klein/*Jäger* § 371 Rn. 100 ff.], § 46b Abs. 1 Satz 4 StGB oder § 398a AO) oder das Verfahren nach einer Ermessensvorschrift (§§ 153 ff., 154 ff. StPO, § 398 AO) eingestellt worden ist. **§ 30 Abs. 4 Satz 1 OWiG** enthält eine ähnliche Regelung für die Verbandsgeldbuße, wobei das Gesetz hier, wie auch im Strafverfahren, im Grundsatz von einem verbundenen Verfahren i.S.v. § 444 StPO (s. Rdn. 2) ausgeht (vgl. KK-OWiG/*Rogall* § 30 Rn. 141 f.). In Anknüpfung an das im OWi-Recht geltende Opportunitätsprinzip (§ 47 Abs. 1 Satz 1 OWiG) ist dabei ergänzend auch der Fall erfasst, dass es nicht zur Einleitung eines Bußgeldverfahrens kommt (ein [Steuer-] Strafverfahren *muss* im Gegensatz dazu eingeleitet werden, wenn ein Anfangsverdacht vorliegt, vgl. §§ 385 Abs. 1, 397 AO, § 152 Abs. 2 StPO [Legalitätsprinzip]. Im Übrigen gestattet § 30 Abs. 4 Satz 1 OWiG die Verhängung einer Verbandsgeldbuße im selbstständigen Verfahren in *allen* Fällen der Einstellung des Strafverfahrens (*nicht:* nur bei Opportunitätseinstellungen), d.h. insbesondere auch dann, wenn das Verfahren gegen einen unbekannten Täter gem. § 170 Abs. 2 StPO oder einen flüchtigen Täter gem. § 154f StPO eingestellt worden ist (abw. KK-OWiG/*Rogall* § 30 Rn. 147). Die beiden letztgenannten Fallgruppen sind in § 76a StGB gesondert aufgeführt. Anders als § 76a Abs. 2 StGB, untersagt § 30 Abs. 4 Satz 3 OWiG die Verhängung einer Verbandsgeldbuße im selbstständigen Verfahren, wenn ein rechtliches (*nicht:* tatsächliches) Verfolgungshindernis, wie insbesondere der Eintritt der Verfolgungsverjährung (s. aber § 33 Abs. 1

Satz 2 OWiG), besteht (Koch/Scholtz/*Scheurmann-Kettner* § 401 Rn. 5). Das ist insofern folge-richtig, als § 76a Abs. 2 StGB die Einziehung (potenziell) gefährlicher Gegenstände aus präventi-ven Gründen ermöglichen soll. Diese Zielsetzung spielt bei § 30 OWiG keine Rolle (erg. Rdn. 8). Die Anwendungsbereiche von § 76a StGB und § 30 Abs. 4 Satz 1 OWiG sind demnach im Wesentlichen deckungsgleich. § 30 Abs. 4 Satz 2 OWiG (selbstständiges Verfahren in anderen Fäl-len) kommt im Steuerstrafrecht nicht zum Tragen (vgl. KK-OWiG/*Rogall* § 30 Rn. 154).

12 Das objektive bzw. selbstständige **Verfahren** (s. Rdn. 2) richtet sich in allen Fällen, d.h. bei der Einziehung, dem Verfall und der Verbandsgeldbuße, nach § 385 Abs. 1 i.V.m. **§§ 440 ff., 444 StPO**, worauf auch § 401 AO (deklaratorisch, s. Rdn. 1) Bezug nimmt. Diese Vorschriften enthalten entsprechende Weiter- bzw. Rückverweisungen auf die §§ 431 ff. StPO. § 88 OWiG betrifft ausschließlich das selbstständige Verfahren bei der Verbandsgeldbuße wegen einer durch die Leitungsperson begangenen OWi (KK-OWiG/*Mitsch* § 88 Rn. 1). Ist im (rechtskräftig abge-schlossenen) subjektiven Verfahren die Anordnung der Einziehung und/oder des Verfalls bzw. die Verhängung einer Verbandsgeldbuße unterblieben, ist ein **nachträgliches objektives bzw. selbst-ständiges Verfahren unzulässig**, da die tatbestandlichen Voraussetzungen von § 76a StGB bzw. § 30 Abs. 4 OWiG in diesen Fällen nicht gegeben sind (vgl. *Rönnau* Vermögensabschöpfung in der Praxis, Rn. 599 [zum Verfall]; § 375 Rdn. 37 a.E., 39 [zur Einziehung]).

E. Verfahrensrechtliche Hinweise

13 Der in § 401 AO genannte „Antrag" der FinB (**Antragsschrift im objektiven bzw. selbstständigen Verfahren**) ist auch im objektiven bzw. selbstständigen Verfahren (s. Rdn. 2, 11 f.) eine **Prozessvo-raussetzung** (vgl. OLG Hamm, NStZ-RR 2002, 51 zu §§ 8-10 WiStG; Rolletschke/Kemper/*Schützeberg* § 401 Rn. 9). Er muss die sich aus § 440 Abs. 2 Satz 1, 2 StPO ergebenden Angaben enthalten, also bei der Einziehung bzw. dem Verfall (§ 442 Abs. 1 StPO) die genaue Bezeichnung des einzuziehenden Gegenstands (Schwarz/*Weyand* § 401 Rn. 6; erg. § 375 Rdn. 37 zu den entspr. Anforderungen an die Urteilsformel) bzw. des erlangen Etwas (vgl. u.a. Erbs/Kohlhaas/*Senge* § 401 Rn. 2). Zudem ist schlüssig darzulegen, dass die Voraussetzungen des § 76a StGB bzw. § 30 Abs. 4 Satz 1 OWiG gegeben sind (Graf/Jäger/Wittig/*Lipsky* § 401 Rn. 10). Im Übrigen muss die Antragsschrift den Anforderungen an eine Anklageschrift (§§ 440 Abs. 2 Satz 3, 200 StPO) genü-gen (zusf. Kohlmann/*Kutzner* § 401 Rn. 20), d.h. es muss insbesondere die Anknüpfungs(steuer-straf-)tat für die Einziehung, den Verfall oder die Verbandsgeldbuße hinreichend konkret geschil-dert werden (vgl. BGH NStZ-RR 2009, 340; § 400 Rdn. 20 f.; erg. FGJ/*Joecks* § 401 Rn. 8; HHSp/*Hellmann* § 401 Rn. 11 f., 21 [„hinreichender *Anordnungs*verdacht"] u. 36; zur Mittei-lungspflicht der StA im von dieser durchgeführten Verfahren gegebüber der FinB s. § 403 Rdn. 22 ff.). Bei der Verbandsgeldbuße muss die juristische Person bzw. Personenvereinigung im Rubrum der Antragsschrift zudem genau bezeichnet werden (Schwarz/*Weyand* § 401 Rn. 7), wozu zur hinreichend sichereren Individualisierung neben Firma, Sitz, eventuellen Zweigniederlassun-gen und den vertretungsberechtigten Personen (Geschäftsführer, Vorstandsvorsitzende[r]) auch der Gegenstand des Unternehmens und – soweit eine Eintragung im Handelsregister erfolgt ist – ins-besondere auch die Registernummer gehören; zudem sollte angegeben, ob sich das Unternehmen in Liquidation oder in der Insolvenz befindet.

14 Die gerichtliche Zuständigkeit für die Durchführung des objektiven Verfahrens **bei Einziehung und Verfall** (s. Rdn. 2, 11 f.) ergibt sich aus **§ 441 Abs. 1 StPO**, *nicht* dagegen aus § 391 AO (vgl. FGJ/*Joecks* § 401 Rn. 10; Graf/Jäger/Wittig/*Lipsky* § 401 Rn. 12; HHSp/*Hellmann* § 401 Rn. 51; Klein/*Jäger* § 401 Rn. 25; Koch/Scholtz/*Scheurmann/Kettner* § 401 Rn. 6; Kühn/v. Wedelstädt/*Ble-singer* § 401 Rn. 2). Das **sachlich zuständige Gericht** (§ 441 Abs. 1 Satz 1 StPO) ist folglich nicht zwingend das („Steuer-") AG (Strafrichter oder SchöffG), sondern kann, abhängig von der kon-kreten (hypothetischen) Straferwartung und der Bedeutung der Sache (vgl. § 385 Abs. 1 AO

i.V.m. §§ 74c Abs. 1 Nr. 3, 74 Abs. 1 Satz 2 GVG), u.U. auch die Wirtschaftsstrafkammer am LG sein (Kohlmann/*Kutzner* § 401 Rn. 26.2; Schwarz/*Weyand* § 401 Rn. 6; erg. HHSp/*Hellmann* § 401 Rn. 52, der zutr. darauf hinweist, dass bei unbekannten Tätern im objektiven bzw. selbstständigen Verfahren (s. Rdn. 2, 11 f.) häufig keine näheren Strafzumessungserwägungen angestellt werden können, mit der Folge, dass der Antrag dann beim [„Steuer-"] AG – Strafrichter gestellt werden sollte). Das hat zur Folge, dass die FinB außerhalb des ansonsten sehr engen Regelungsbereichs des § 400 Halbs. 1 AO im objektiven Verfahren Antragsschriften an das AG *und das LG* richten kann. Im von der FinB selbstständig durchgeführten Verfahren (§§ 386 Abs. 2, 399 AO) ist die Mitwirkung der StA hieran *nicht* erforderlich (erg. Rdn. 3). Die FinB ist insofern auch bei dem LG in vollem Umfang postulationsfähig. Die **örtliche Zuständigkeit** richtet sich grds. nach den §§ 7 ff. StPO (vgl. *Meyer-Goßner* § 441 Rn. 3), wobei die in § 391 Abs. 2 AO vorgesehenen landesrechtlichen Zuständigkeitskonzentrationen zu beachten sind (z.B. in Bayern: § 41 BayG-ZVJu). Darüber hinaus gestattet § 441 Abs. 1 Satz 2 StPO (nur) bei der Einziehung im objektiven Verfahren *alternativ* („auch") die Antragsstellung bei dem Gericht, in dessen Bezirk der Gegenstand sichergestellt worden ist.

Bei der **Verbandsgeldbuße** gilt im selbstständigen Verfahren nach § 30 Abs. 4 OWiG hinsichtlich **15** der sachlichen und örtlichen Zuständigkeit des Gerichts dasselbe wie bei der Einziehung und beim Verfall (§§ 444 Abs. 3 Satz 1, 441 Abs. 1 Satz 1 StPO). In **Erweiterung** dazu sieht § 444 Abs. 3 Satz 2 StPO für die **örtliche Zuständigkeit** vor, dass die Antragsschrift alternativ *auch* bei dem Gericht eingereicht werden kann, in dessen Bezirk die juristische Person oder Personenvereinigung ihren Sitz oder eine Zweigniederlassung hat (vgl. FGJ/*Joecks* § 401 Rn. 20).

Das angerufene Gericht entscheidet i.d.R. ohne mündliche Verhandlung durch **Beschluss**, gegen **16** den gem. § 385 Abs. 1 AO i.V.m. §§ 441 Abs. 2, 444 Abs. 3 StPO die fristgebundene (*Frist:* 1 Woche) **sofortige Beschwerde** gem. § 311 StPO zulässig ist. Diese Beschwerde kann, da insofern kein Fall des § 406 Abs. 2 AO vorliegt, von der FinB (§ 386 Abs. 1 Satz 2 AO) selbst erhoben werden (vgl. FGJ/*Joecks* § 401 Rn. 16). Über die gem. § 306 Abs. 1 StPO bei dem Ausgangsgericht (sog. iudex a quo, d.h. bei dem AG oder LG, s. Rdn. 14) einzulegende Beschwerde entscheidet das Gericht nächst höherer Ordnung, also das LG bei einer Beschwerde gegen einen Beschluss des AG bzw. das OLG (§ 120 Abs. 1 Nr. 2 GVG) bei einer Beschwerde gegen einen Beschluss des LG (erg. Rdn. 14). Auch hier ist die FinB umfassend postulationsfähig, allerdings wird die StA, da die Vorlage der Akten an das OLG über die GenStA erfolgt, i.d.R. spätestens ab diesem Zeitpunkt (ggf. auf Weisung, vgl. § 146 GVG) von ihrem Evokationsrecht (§ 386 Abs. 4 Satz 2 AO) Gebrauch machen. Entscheidet das angerufene Gericht ausnahmsweise nach mündlicher Verhandlung durch **Urteil** (vgl. §§ 441 Abs. 3 Satz 1 Halbs. 1, 444 Abs. 3 StPO) steht den (Neben-) Beteiligten und der StA (*nicht:* der FinB wegen § 406 Abs. 2 AO) bei einer Entscheidung des AG gem. § 441 Abs. 3 Satz 2 StPO *entweder* die Berufung *oder* die (Sprung-) Revision zu (**Wahlrechtsmittel**); hat das LG entschieden (s. Rdn. 14), kommt ohnehin nur die Revision in Betracht.

Der **Antrag** auf Durchführung des objektiven bzw. selbstständigen Verfahrens (s. Rdn. 2, 11 f.) **17** kann unstreitig solange *von der FinB* (§ 386 Abs. 1 Satz 2 AO) **zurückgenommen** werden, bis gem. §§ 441 Abs. 3 Satz 1 Halbs. 1, 444 Abs. 3 StPO mündliche Verhandlung beantragt oder vom Gericht angeordnet worden ist, **§ 406 Abs. 2 AO** (so FGJ/*Joecks* § 401 Rn. 7; Graf/Jäger/Wittig/ *Lipsky* § 401 Rn. 11 [Rechtsgrundlage jew.: § 156 StPO analog]). Nimmt die StA, was sie ohne Rücksprache mit der FinB tun kann, aber nicht sollte, einen von der FinB gestellten Antrag auf Durchführung des objektiven bzw. selbstständigen Verfahrens zurück, liegt darin eine (konkludente) Evokation i.S.v. § 386 Abs. 4 Satz 2 AO. Ob die StA einen solchen Antrag auch noch nach Beantragung bzw. Anordnung der mündlichen Verhandlung (§ 441 Abs. 3 Satz 1 StPO) zurücknehmen kann, ist nicht abschließend geklärt (vgl. *Meyer-Goßner* § 440 Rn. 5). Eine gesetzliche Regelung hierzu existiert nicht. Bringt man auch insoweit § 156 StPO analog zu Anwendung, wäre das nicht möglich. Jedenfalls aus prozessökonomischen Gründen erscheint es aber sachgerechter, eine Rücknahme des Antrags *durch die StA* in analoger Anwendung von § 391 Abs. 1 Satz 1 StPO bis zum Beginn der Verhandlung zur Sache zuzulassen (ähnl. Kohlmann/*Kutzner*

§ 401 Rn. 19; weitergehend *Meyer-Goßner* § 440 Rn. 5; Rolletschke/Kemper/*Schützeberg* § 401 Rn. 12 [„in jeder Lage des Verfahrens"]; offen gelassen bei HHSp/*Hellmann* § 401 Rn. 15 [„für die Finanzbehörde nicht relevant"]).

18 Auch die FinB kann gem. § 385 Abs. 1 AO i.V.m. §§ 441 Abs. 3 Satz 1 Halbs. 1, 444 Abs. 3 StPO einen **Antrag auf Entscheidung aufgrund mündlicher Verhandlung** stellen (vgl. Klein/*Jäger* § 401 Rn. 27). Sie sollte das jedoch nur nach Rücksprache mit der StA tun, da diese gem. § 406 Abs. 2 AO ab diesem Moment (d.h. ab dem Zeitpunkt des Eingangs des Antrags bei Gericht) für das objektive bzw. selbstständige Verfahren (s. Rdn. 2, 11 f.) zuständig wird und auch die Sitzungsvertretung wahrnehmen muss (vgl. Klein/*Jäger* § 401 Rn. 28).

III. Stellung der Finanzbehörde im Verfahren der StA (§§ 402, 403 AO)

§ 402 AO   Allgemeine Rechte und Pflichten der Finanzbehörde

(1) Führt die Staatsanwaltschaft das Ermittlungsverfahren durch, so hat die sonst zuständige Finanzbehörde dieselben Rechte und Pflichten wie die Behörden des Polizeidienstes nach der Strafprozessordnung sowie die Befugnisse nach § 399 Abs. 2 Satz 2.

(2) Ist einer Finanzbehörde nach § 387 Abs. 2 die Zuständigkeit für den Bereich mehrerer Finanzbehörden übertragen, so gilt Absatz 1 für jede dieser Finanzbehörden.

A. Grundsätzliches

Als **grundlegende** verfahrensrechtliche **Kompetenzzuweisungs- und Systemnorm** legt § 402 AO **1** die Stellung (Rolle) der FinB (i.S.v. § 386 Abs. 1 Satz 2 AO [s. Rdn. 2, 12]; *nicht:* der Steuer- oder Zollfahndung [§§ 208, 404 AO]) in den Fällen fest, in denen – entsprechend der gesetzgeberischen Grundkonzeption in §§ 152, 160 StPO – nicht die FinB, sondern die *StA* als „Herrin des Verfahrens" das (steuer-) strafrechtliche Ermittlungsverfahren durchführt. Das ergibt sich ohne Weiteres aus der unmittelbar vorgelagerten (gesetzlichen) Abschnittsüberschrift „III. Stellung der Finanzbehörde im Verfahren der Staatsanwaltschaft" sowie aus dem Wortlaut von Abs. 1 selbst: „Führt die Staatsanwaltschaft das Ermittlungsverfahren durch". § 402 AO **ergänzt** damit die in §§ 386, 399 AO getroffenen Regelungen und **vervollständigt** auf diese Weise zugleich den gesetzlichen Aufgabenkatalog der FinB im Ermittlungsverfahren wegen Steuerstraftaten (vgl. FGJ/*Joecks* § 402 Rn. 2, 6; HHSp/*Hellmann* § 402 Rn. 5; Klein/*Jäger* § 402 Rn. 2; *Kohlmann* § 402 Rn. 2; Rolletschke/Kemper/*Schützeberg* § 402 Rn. 2, 4 [„notwendige Ergänzung"]). Im Ergebnis bewirkt dies im staatsanwaltschaftlich geführten Ermittlungsverfahren eine *nahezu* (vgl. Rdn. 8) vollständige **Gleichstellung der FinB mit der Steuer- und Zollfahndung** (vgl. FGJ/*Joecks* § 402 Rn. 8; Rolletschke/Kemper/*Schützeberg* § 402 Rn. 8), mit der Folge, dass der FinB dieser gegenüber insbesondere kein (strafprozessuales) Weisungsrecht gem. §§ 385 Abs. 1, 399 Abs. 1 AO i.V.m. § 161 Abs. 1 Satz 2 StPO (mehr) zusteht (erg. Klein/*Jäger* § 404 Rn. 14 ff. zur innerbehördlichen Organisation der Finanzverwaltung). In der Praxis werden Ermittlungshandlungen „vor Ort", wie Durchsuchungen, Sicherstellungen bzw. Beschlagnahmen und Festnahmen, dennoch in erster Linie von den hierfür speziell ausgebildeten Beamten der Steuer- und Zollfahndung (federführend) vorgenommen bzw. vollzogen. Die §§ 402, 403 AO gewährleisten letztlich insgesamt, dass die FinB auch im Verfahren der StA mitwirken kann und – worauf es der StA heute in erster Linie ankommen wird – auch *muss* („Rechte *und Pflichten* der Finanzbehörde"), um angesichts andauernder Belastungsspitzen v.a. in Umfangsverfahren zusätzliche Personal- und Wissensressourcen (i.e. Sachnähe und besondere Fachkenntnis) verfügbar zu machen (ähnl. Rolletschke/Kemper/*Schützeberg* § 402 Rn. 3).

Die im Gesetz als „**sonst zuständige Finanzbehörde**" bezeichnete FinB ist nur diejenige FinB i.S.v. **2** § 386 Abs. 1 Satz 2 AO, diesachlich (§ 387 AO; erg. Rdn. 12) und örtlich (§ 388 AO) zuständig wäre, wenn nicht – aus welchen Gründen auch immer (vgl. Schwarz/*Weyand* § 402 Rn. 3) – die StA das Ermittlungsverfahren durchführen würde, also i.d.R. die **BuStra** bzw. **StraBu** (vgl. Bender/*Möller/Retemeyer* D. III. Rn. 321; FGJ/*Joecks* § 402 Rn. 6; Graf/*Jäger/Wittig/Lipsky* § 402 Rn. 3; Klein/*Jäger* § 402 Rn. 3; Koch/Scholtz/*Scheurmann-Kettner* § 402 Rn. 2; *Kohlmann* § 402

Rn. 4; Kühn/v. Wedelstädt/*Blesinger* § 402 Rn. 1; Schwarz/*Weyand* § 402 Rn. 2; erg. Rdn. 12). Das ergibt sich unzweideutig aus § 386 Abs. 1 Satz 2 AO („Finanzbehörde im Sinne *dieses* [d.h. des dritten] Abschnitts [*nicht:* Unterabschnitts]") und der Stellung von § 402 AO im Gesetz im 2. Unterabschnitt des Dritten Abschnitts. Hieraus sowie aus der Existenz von Abs. 2 (s. Rdn. 12) lässt sich ableiten, dass mit der „sonst zuständige[n] Finanzbehörde" **nicht** (auch) **sämtliche allgemeinen „Finanzbehörden"** i.S.d. §§ 6 Abs. 2, 16 ff. AO gemeint sein können. Die insofern bisweilen am Wortlaut von § 402 AO geübte Kritik (vgl. HHSp/*Hellmann* § 402 Rn. 10: „in mehrfacher Hinsicht missverständlich formuliert"; erg. Rolletschke/Kemper/*Schützeberg* § 402 Rn. 3, 6) ist daher unberechtigt. Der Zusatz „sonst zuständig" in Abs. 1 bezieht sich (nur) auf § 386 Abs. 1 Satz 1, Abs. 2 AO.

3   § 402 AO gilt (noch) **nicht**, wenn die StA lediglich **Vorermittlungen** i.S.v. Nr. 13 ASB führt, um die Frage zu klären, ob die Einleitung eines von Abs. 1 ausdrücklich vorausgesetzten Ermittlungsverfahrens überhaupt veranlasst ist (sog. „AR-" Verfahren [Allgemeines Register] im Gegensatz zum „Js-" Verfahren [Ermittlungsverfahren in Strafsachen]; erg. LG Offenburg NStZ 1993, 506; *Meyer-Goßner* § 152 Rn. 4a). Gleiches gilt für weitere bzw. ergänzende („Nach-") Ermittlungen im gerichtlichen **Zwischen-** (vgl. § 202 StPO) oder **Hauptverfahren** (vgl. §§ 244 Abs. 2, 36 Abs. 2 Satz 1 StPO), deren Notwendigkeit sich bei Erhebung der öffentlichen Klage auch noch nach Abschluss der Ermittlungen (§ 169a StPO; erg. Rdn. 4) ergeben kann (vgl. FGJ/*Joecks* § 402 Rn. 12; Schwarz/*Weyand* § 402 Rn. 6). In diesen beiden Fällen kann die StA *verbindlich* (erg. Rdn. 11) nur auf die Steuer- bzw. Zollfahndung bzw. die (Kriminal-) Polizei (§ 385 Abs. 1 AO i.V.m. § 161 StPO) zurückgreifen. Die FinB wird sich jedoch entsprechenden Ermittlungsaufträgen der StA bzw. des Gerichts – allein schon mit Blick auf ihre Beteiligungsrechte im Übrigen (vgl. §§ 403, 407 AO) – i.d.R. auch in diesen Verfahrensstadien nicht von verschließen (können).

4   Der **Anwendungsbereich** des § 402 AO **endet** mit dem Abschluss des staatsanwaltschaftlichen Ermittlungsverfahrens (vgl. Schwarz/*Weyand* § 402 Rn. 6). Das ist der Fall, wenn die StA das („Js-" [s. Rdn. 3]) Verfahren gem. §§ 170 Abs. 2, 153 ff., 154 ff. StPO oder §§ 398, 398a AO eingestellt, im Fall der Erhebung der öffentlichen Klage den Abschluss der Ermittlungen in den Akten vermerkt (§ 169a StPO) oder es gem. § 386 Abs. 4 Satz 3 AO an die FinB (rück-) abgegeben hat. Maßgeblich ist jeweilige das Datum der Abschlussverfügung der StA bzw. der (Rück-) Übernahmeentscheidung der FinB.

5   Was den Gegenstand des staatsanwaltschaftlichen Ermittlungsverfahrens anbelangt, stehen der FinB die Kompetenzen aus Abs. 1 unzweifelhaft dann zu, wenn es sich um ein reines Steuerstrafverfahren handelt, d.h. wenn nicht (auch) wegen Allgemeindelikten (sog. Nicht-Steuerstraftaten) ermittelt wird. Umgekehrt gilt Abs. 1 – gesichert – dann *nicht*, wenn die StA nur Allgemeindelikte und nicht zumindest auch eine Steuerstraftat i.S.d. §§ 369 Abs. 1, 386 Abs. 1 AO verfolgt (Klein/*Jäger* § 402 Rn. 2; erg. Nr. 17 ASB). **Treffen allgemeine Straftaten** (z.B. Urkundenfälschung [§ 267 StGB]) **mit Steuerstraftaten** in ein und demselben, von der StA durchgeführten Ermittlungsverfahren **zusammen** („gemischtes" [Steuer-] Strafverfahren), wird in der Literatur z.T. vertreten, die Mitwirkungs*pflicht* (s. Rdn. 1 a.E.) der FinB aus § 402 AO beziehe sich nur auf das Steuerdelikt; auf tateinheitlich (§ 52 StGB) bzw. tatmehrheitlich (§ 53 StGB) verwirklichte Allgemeindelikte beziehe sie sich dagegen allenfalls dann, wenn „dies für das Steuerdelikt geboten" erscheine (FGJ/*Joecks* § 402 Rn. 12; ebenso Erbs/Kohlhaas/*Senge* § 402 Rn. 2; Graf/Jäger/Wittig/*Lipsky* § 402 Rn. 8; weitergehend *Kohlmann* § 402 Rn. 5.1 [„Ermittlungshandlungen ... rechtswidrig und unwirksam"]; einschr. Rolletschke/Kemper/*Schützeberg* § 402 Rn. 5 [nur bei Tateinheit mit dem Allgemeindelikt]; zusf. Schwarz/*Weyand* § 402 Rn. 7). Eine solche Einschränkung der Kompetenzen der FinB lässt sich dem Wortlaut von § 402 AO jedoch nicht entnehmen und wäre auch praktisch nur schwer umsetzbar (vgl. OLG Braunschweig NStZ-RR 1998, 212, 213 m. krit. Bespr. *Bender*, wistra 1998, 93). Der für § 402 AO maßgebliche Rahmen wird vielmehr durch die **prozessuale** (Steuerstraf-) **Tat i.S.v. § 264 Abs. 1 StPO** (erg. BGHSt 49, 359, 361 ff. m. krit. Anm. *Otto*, NStZ 2005, 515) gesteckt, innerhalb dessen die FinB die Befugnisse aus Abs. 1 – häufig nach Rücksprache mit bzw. Anweisung der das Verfahren führenden StA (erg. Rdn. 11) – deliktsu-

nabhänig wahrnehmen darf und *muss* (vgl. OLG Braunschweig, NStZ-RR 1998, 212; HHSp/ *Hellmann* § 402 Rn. 12; Klein/*Jäger* § 402 Rn. 2; zw. *Meyer-Goßner* § 160 Rn. 13). Die FinB kann daher insbesondere auch für das Allgemeindelikt **Unterbrechungshandlungen** i.S.v. § 78c Abs. 1 Satz 1 Nr. 1 StGB wirksam vornehmen (vgl. BGHSt 36, 283 [Tateinheit mit Diebstahl]; BGH, wistra 1990, 146 [Tateinheit mit Beihilfe zum Beitragsbetrug]; OLG Braunschweig, NStZ-RR 1998, 212 [Tatmehrheit mit Urkundenfälschung]; a.A. OLG Frankfurt a.M., wistra 1987, 32 [Tatmehrheit mit Untreue]; *Kohlmann* § 402 Rn. 5.1 m.w.N.), soweit sich ihr Verfolgungswille auch darauf bezieht (vgl. BGHSt 16, 354 [Tateinheit mit Unterschlagung]). Weist in diesen Fällen die StA die FinB an, die Einleitung des Ermittlungsverfahrens (auch) bezogen auf das Allgemeindelikt bekannt zu geben, bewirkt bereits diese *Anordnung* – und nicht erst die Bekanntgabe als solche – die Unterbrechung der Verjährung (vgl. *Fischer* § 78c Rn. 10).

Bei sog. **Vorspiegelungstaten** (s. § 385 Rdn. 2, 101 f.) gilt § 402 AO kraft gesetzlicher Anordnung 6 in § 385 Abs. 2 AO entsprechend. Darüber hinaus findet § 402 AO auch in Fällen sonstiger sog. **Analogtaten** (s. Nr. 19 Ziff. 1 -3 ASB sowie § 375 Rdn. 6) entsprechend Anwendung, wenn – wie zumeist – auch auf diese Vorschrift verwiesen wird.

Gem. § 410 Abs. 1 Nr. 8 AO ist § 402 AO auch im **(Steuer-) Bußgeldverfahren** anzuwenden, mit 7 der Folge, dass die allgemeine Regelung des § 63 OWiG verdrängt wird, soweit § 402 AO der FinB (als lex specialis) abweichende bzw. weitergehende Befugnisse einräumt (der in § 399 Abs. 2 Satz 2 AO vorhandene Zusatz „und sonstige Maßnahmen" fehlt in § 63 Abs. 1 Satz 2 OWiG).

B. Befugnisse der FinB im Einzelnen (Abs. 1)

Abs. 1 bestimmt in seiner *1. Alternative*, dass die Beamten der FinB dieselben Rechte und Pflichten 8 haben, wie die Behörden des Polizeidienstes nach der StPO. Damit sind die Vorschriften der **§§ 161 und 163 StPO** (Recht [und Pflicht] zum ersten Zugriff) gemeint (vgl. Nr. 91 Abs. 1 Satz 1 ASB), insbesondere wird auch auf die (polizeiliche) **Ermittlungsgeneralklausel** in § 163 Abs. 1 Satz 2 StPO („befugt, … *Ermittlungen jeder Art* vorzunehmen") verwiesen. Da die (Landes-) Beamten der FinB, anders als die Beamten der Steuer- oder Zollfahndung wegen § 404 Satz 2 Halbs. 2 AO in den Fällen des § 402 AO i.d.R. **keine Ermittlungspersonen** (vormals: „Hilfsbeamte") **der StA** i.S.v. § 152 GVG sind (vgl. z.B. § 1 BayStAErmpV; abw. Graf/Jäger/Wittig/*Lipsky* § 402 Rn. 4; Schwarz/*Weyand* § 402 Rn. 2; unklar FGJ/*Joecks* § 403 Rn. 2 [„Ermittlungspersoneigenschaft"]), erweitert Abs. 1 in der *2. Alternative* die Anordnungsbefugnisse der FinB um die in § 399 Abs. 2 Satz 2 AO genannten (Eil-) Maßnahmen (vgl. FGJ/*Joecks* § 402 Rn. 10; *Meyer-Goßner* § 163 Rn. 31; a.A. Rolletschke/Kemper/*Schützeberg* § 402 Rn. 13: „Verweisung … eher verwirrend als hilfreich … wohl überflüssig"). Eingriffsintensive Maßnahmen, wie etwa die vorläufige Festnahme nach § 127 StPO oder Durchsuchungen aufgrund von Gefahr im Verzug (§§ 102 ff. StPO i.V.m. §§ 402 Abs. 1, 399 Abs. 2 Satz 2 AO), werden von der FinB im von der StA durchgeführten Ermittlungsverfahren tatsächlich jedoch kaum jemals ohne Rücksprache angeordnet werden (s. erg. den Katalog möglicher [weiterer] Ermittlungsmaßnahmen bei Klein/*Jäger* § 404 Rn. 31). Ein eigenes (förmliches) Recht zur Beantragung richterlicher Untersuchungshandlungen steht der FinB nicht zu (Graf/Jäger/Wittig/*Lipsky* § 402 Rn. 6; *Kohlmann* § 402 Rn. 7). Auch sie ist allerdings, wenn die StA partout nicht erreichbar ist, berechtigt und verpflichtet, *bei Gefahr im Verzug* zu versuchen, dem Ermittlungsrichter den jeweiligen Sachverhalt zu unterbreiten, damit dieser eilige Maßnahmen ggf. auch ohne förmlichen Antrag der StA gem. § 165 StPO als Notstaatsanwalt in die Wege leiten kann (vgl. Schwarz/*Weyand* § 402 Rn. 4).

In der Praxis wird die FinB im von der StA durchgeführten Ermittlungsverfahren häufig aus 9 Kapazitätsgründen mit der Durchführung von bzw. der Teilnahme an **Durchsuchungen** betraut. Hier kommt es bisweilen dazu, dass die Beamten der FinB mit der Leitung der Durchsuchung eines oder mehrerer Objekte betraut werden (sog. Objektführer) und in diesem Zusammenhang gem. §§ 94 Abs. 1, 2, 98 Abs. 1 StPO i.V.m. §§ 402 Abs. 1, 399 Abs. 2 Satz 2 AO **Beschlagnahme-**

anordnungen aufgrund von Gefahr im Verzug aussprechen müssen (erg. Rdn. 8). Bedenklich erscheint in diesem Kontext die geltende Gesetzeslage, wonach es den Beamten der FinB **verwehrt** ist, die bei der Durchsuchung aufgefundenen „Papiere" (erg. Klein/*Jäger* § 404 Rn. 36 [gemeint sind damit insbes. auch „technische Papiere", d.h. elektronische Speichermedien aller Art, ggf. auch i.R. einer sog. Online-Sichtung auf räumlich getrennten Speichermedien [s. dazu auch § 385 Rdn. 71 ff.]]) **gem. § 110 Abs. 1, 3 StPO durchzusehen** (FGJ/*Joecks* § 402 Rn. 10; Graf/Jäger/Wittig/*Lipsky* § 402 Rn. 6; Koch/Scholtz/*Scheurmann-Kettner* § 402 Rn. 4; Rolletschke/Kemper/*Schützeberg* § 402 Rn. 9; Schwarz/*Weyand* § 402 Rn. 8; so ausdr. auch Nr. 91 Abs. 3 Satz 3 ASB; unklar dagegen *Bender*/Möller/Retemeyer D. III. Rn. 402). Dieses Recht steht, sofern der Inhaber der durchsuchten Räumlichkeiten nicht vorab in die Vornahme der Durchsicht auch durch die FinB einwilligt, gem. § 110 Abs. 1, 2 StPO nur der StA, auf entsprechende Anordnung deren Ermittlungspersonen (§ 152 GVG) und – *deklaratorisch*, da es sich dabei gem. § 404 Satz 2 Halbs. 2 AO ohnehin um Ermittlungspersonen der StA handelt – ausdrücklich auch den Beamten der Steuer- und Zollfahndung zu (§ 404 Satz 2 Halbs. 1 AO). Hierzu gehören die Beamten der FinB nicht; insbesondere sind sie keine Ermittlungspersonen der StA (s. Rdn. 8). Der FinB steht daher *insofern* nur ein (passives) Teilnahmerecht gem. § 403 Abs. 1 Satz 1 AO zu (s. § 403 Rdn. 11, 18). Diese nur durch ein **Redaktions- bzw. Regelungsversäumnis** bei der Änderung (Ausdehnung) des § 110 StPO durch das 1. JuMoG v. 24.08.2004 (BGBl. I, S. 2198) erklärbare Befugnislücke sollte **de lege ferenda** am besten dadurch behoben werden, dass in Abs. 1 ein § 404 Satz 2 Halbs. 2 AO entsprechender Zusatz aufgenommen und den Beamten der FinB in den Fällen des § 402 AO ebenfalls der Status von Ermittlungspersonen der StA eingeräumt wird. Bis dahin muss die FinB die Durchsicht der Papiere *hier* streng genommen den am Durchsuchungsort anwesenden Beamten der (Kriminal-) Polizei oder der Steuer- bzw. Zollfahndung überlassen oder – sofern dies nicht möglich ist und auch keine Einwilligung des Inhabers vorliegt – nach § 110 Abs. 2 Satz 2 StPO verfahren (erg. § 385 Rdn. 56). Die rechtswidrige Durchsicht der Papiere durch die FinB kann analog § 98 Abs. 2 Satz 2 StPO auch noch nach Abschluss der Durchsuchungsmaßnahme gerichtlich festgestellt werden (erg. zum Rechtschutz gegen Maßnahmen der FinB i.R.v. § 402: *Kohlmann* § 402 Rn. 10; Rolletschke/Kemper/*Schützeberg* § 402 Rn. 16 ff.). Weitergehende (prozessuale) Rechtsfolgen lassen sich aus einem Verstoß gegen § 110 StPO jedoch nicht ableiten (a.A. – ohne nähere Begr. – *Meyer-Goßner* § 110 Rn. 6 a.E.: „Schwerwiegende Verstöße gegen I oder II ... können ein Verwertungsverbot zur Folge haben." [zw.]).

10 Im Übrigen ist es in umfangreichen Verfahren nicht unüblich, dass auch die Beamten der FinB von der StA damit beauftragt werden, gem. § 402 Abs. 1 AO i.V.m. §§ 161a, 163a StPO **Beschuldigte oder Zeugen** zu **vernehmen**. Das geschieht in der Praxis oft im Zusammenhang mit Durchsuchungsmaßnahmen (s. Rdn. 9). Da die FinB im Fall des § 402 AO aber nicht als „Steuer-Staatsanwaltschaft" (§§ 386 Abs. 2, 399 Abs. 1 AO), sondern in (steuer-) kriminalpolizeilicher Funktion tätig wird (s. Rdn. 1), besteht hier – abweichend von sonstigen Fällen – für Beschuldigte und Zeugen *derzeit* (de lege ferenda: BT-Drucks. 17/2166; krit. *Beck*, ZRP 2011, 21; *Erb*, StV 2010, 655) **keine Pflicht, vor der FinB zu erscheinen** (FGJ/*Joecks* § 402 Rn. 7; Graf/Jäger/Wittig/*Lipsky* § 402 Rn. 5; Rolletschke/Kemper/*Schützeberg* § 402 Rn. 10; so ausdr. auch Nr. 91 Abs. 1 Satz 2 ASB) bzw. auf Anordnung der FinB am Durchsuchungsort zu verbleiben (erg. Nr. 63 Abs. 7 Satz 1 ASB u. *Rengier* NStZ 1981, 372, 375 [jew. zum sog. Stubenarrest]). Diese Pflicht besteht gem. §§ 161a Abs. 1 Satz 1, 163a Abs. 3 Satz 1 StPO nur gegenüber der StA; gegenüber der FinB besteht sie allenfalls dann, wenn diese – wie bei § 402 *nicht* – als „Steuer-Staatsanwaltschaft" selbstständig tätig wird.

11 Die **FinB muss** den Anweisungen der StA gem. § 402 Abs. 1 i.V.m. § 161 Abs. 1 Satz 2 StPO **Folge leisten** (s.a. Nr. 91 Abs. 5 ASB; erg. *Meyer-Goßner* § 146 GVG Rn. 6 f. zu den allg. Grenzen der Befolgungspflicht), d.h. sie muss die angeordneten Ermittlungen i.R. ihrer personellen und fachlichen Ressourcen umgehend durchführen und die Ergebnisse (i.e. die „Verhandlungen" in Form der vollständigen Akten mit allen Protokollen, Vermerken und Beweisstücken [vgl. Kuhn/v. Wedelstädt/*Blesinger* § 402 Rn. 3]) „ohne Verzug" (vgl. § 163 Abs. 2 Satz 1 StPO) der StA mittei-

len (vgl. FGJ/*Joecks* § 402 Rn. 8; Koch/Scholtz/*Scheurmann-Kettner* § 402 Rn. 3; *Kohlmann* § 402 Rn. 5; Schwarz/*Weyand* § 402 Rn. 5; für die Steuer- und Zollfahndung ist zusätzl. § 404 Satz 2 Halbs. 2 AO i.V.m. § 152 Abs. 1 GVG maßgebend; erg. Rdn. 8). Das gilt angesichts des eindeutigen Wortlauts von § 162 Abs. 1 Satz 2 StPO selbst für den Fall, dass eine der FinB vorgesetzte Behörde aus dem Finanzressort abweichende Weisungen erteilt (Schwarz/*Weyand* § 402 Rn. 5) – andernfalls steht ein Vergehen der (versuchten) Strafvereitelung im Amt (§§ 258, 258a StGB) im Raum. Hinsichtlich der Auswahl der einzelnen Ermittlungsschritte kann die StA für sich überdies den **Grundsatz der freien Gestaltung des Ermittlungsverfahrens** in Anspruch nehmen, wonach sie alle zulässigen Maßnahmen veranlassen darf, die im Einzelfall geeignet und erforderlich sind, um zur Aufklärung der (Steuer-) Straftat (erg. Rdn. 5) beizutragen (vgl. *Meyer-Goßner* § 161 Rn. 7). Der FinB steht insofern kein Mitsprache- oder gar Vetorecht zu (Schwarz/*Weyand* § 402 Rn. 5). Allerdings werden gemeinsame Ermittlungsmaßnahmen in der Praxis regelmäßig abgestimmt und vorab einvernehmlich beschlossen. Insbesondere in umfangreichen Verfahren kann es sich aus Sicht der StA anbieten, die FinB i.R. einer Arbeitsgemeinschaft (AG) bzw. Besonderen Aufbauorganisation (BAO) zur eigenen Entlastung und zur Entlastung der Steuer- bzw. Zollfahndung u.a. federführend damit zu beauftragen, anhand der gewonnenen Erkenntnisse **die verkürzte(n) Steuer(n)** (nach-) zu **berechnen** (Erbs/Kohlhaas/*Senge* § 402 Rn. 2; FGJ/*Joecks* § 402 Rn. 8; *Kohlmann* § 402 Rn. 5; Rolletschke/Kemper/*Schützeberg* § 402 Rn. 7; Schwarz/*Weyand* § 402 Rn. 5).

C. Weitere Normadressaten bei Zuständigkeitskonzentration (Abs. 2)

Abs. 2 **knüpft**, wie sich bereits aus dem Wortlaut der Vorschrift ergibt, unmittelbar **an** § 387 12 **Abs. 2 AO** (Konzentration der sachlichen Zuständigkeit einer FinB i.S.v. § 386 Abs. 1 Satz 2 AO für den Bereich mehrerer FÄ) **an und ergänzt** damit die bereits in **§ 399 Abs. 2 Satz 1 AO** getroffene Sonderregelung für die Fallgruppe des § 402 AO (vgl. FGJ/*Joecks* § 402 Rn. 3 [Klarstellungsfunktion]). Mit Ausnahme von Berlin, Niedersachsen (dort jew.: FA für Fahndung u. Steuern [FA FuSt]) und Nordrhein-Westfalen (dort: FA für Steuerstrafsachen u. Steuerfahndung [STRAFA-FA]) haben sämtliche Bundesländer von der in § 387 Abs. 2 AO vorgesehenen Möglichkeit Gebrauch gemacht, gemeinsame Strafsachenstellen (sog. **BuStra bzw. StraBu**) als unselbstständige Dienststellen zu schaffen und diese jeweils in ein (bestimmtes) Besteuerungs-FA einzugliedern (vgl. Klein/*Jäger* § 387 Rn. 7 f.; erg. *Vogelberg*, PStR 2005, 20; § 387 Rdn. 26 f.), mit der Folge, dass die übrigen, gem. § 387 Abs. 1 AO ursprünglich für die Strafverfolgung sachlich zuständigen Besteuerungs-FÄ ihre Strafverfolgungskompetenz grds. verloren haben. Ebenso wie § 399 Abs. 2 Satz 1 AO bestimmt, dass diese (Besteuerungs-) FÄ im von der gemeinsamen Strafsachenstelle (i.S.v. § 387 Abs. 2 AO) selbstständig durchgeführten Ermittlungsverfahren weiterhin zur Sachverhaltserforschung und Anordnung unaufschiebbarer Maßnahmen berechtigt *und verpflichtet* sind (erg. Rdn. 8 [Recht *und Pflicht* zum ersten Zugriff]), legt Abs. 2 fest, dass Abs. 1 (Stellung der FinB als „Steuer-Kriminalpolizei") auch für jedes dieser angeschlossenen FÄ gilt (Erbs/Kohlhaas/*Senge* § 402 Rn. 4; FGJ/*Joecks* § 402 Rn. 11; Graf/Jäger/Wittig/*Lipsky* § 402 Rn. 7; *Kohlmann* § 402 Rn. 2; Kühn/v. Wedelstädt/*Blesinger* § 402 Rn. 1; Rolletschke/Kemper/*Schützeberg* § 402 Rn. 14; Schwarz/*Weyand* § 402 Rn. 2; erg. Nr. 91 Abs. 4 ASB; zur abw. Rechtslage bei § 403 s. dort Rdn. 4). Dies führt, da bei diesen – wenn überhaupt – nur punktuell mit Strafverfolgungsaufgaben betrauten FÄ regelmäßig keine entsprechende Sachkunde vorhanden ist, jedoch nur „auf dem Papier" zu einer Erweiterung des Kreises der der StA zur Verfügung stehenden Ermittlungsbehörden, zumal den Strafsachenstellen als – im funktionalen Sinne – Justizbehörden im Rang einer StA bei einem AG per se ein anderer Status zukommt, als den übrigen FÄ (vgl. HHSp/*Hellmann* § 402 Rn. 15; ebenfalls krit. Rolletschke/Kemper/*Schützeberg* § 402 Rn. 15). Auch ansonsten ist die **praktische Relevanz** der Vorschrift – nicht zuletzt vor dem Hintergrund von Nr. 130 ASB – als **eher gering** einzustufen (ebenso Rolletschke/Kemper/*Schützeberg* § 402 Rn. 15). Die **(Nach-) Berechnung der verkürzten Steuer(n)** kann (und sollte) die StA v.a. in Umfangsverfahren zur Schonung justizieller Ressourcen gem. Abs. 2 i.V.m. Abs. 1 allerdings durchaus auch auf die Besteuerungs- FÄ übertragen (so auch FGJ/*Joecks* § 402 Rn. 11; Graf/Jäger/Wittig/*Lipsky* § 402 Rn. 7; *Kohlmann* § 402 Rn. 5; Schwarz/*Weyand* § 402 Rn. 2).

§ 403 AO Beteiligung der Finanzbehörde

(1) [1]Führt die Staatsanwaltschaft oder die Polizei Ermittlungen durch, die Steuerstraftaten betreffen, so ist die sonst zuständige Finanzbehörde befugt, daran teilzunehmen. [2]Ort und Zeit der Ermittlungshandlungen sollen ihr rechtzeitig mitgeteilt werden. [3]Dem Vertreter der Finanzbehörde ist zu gestatten, Fragen an Beschuldigte, Zeugen und Sachverständige zu stellen.

(2) Absatz 1 gilt sinngemäß für solche richterlichen Verhandlungen, bei denen auch der Staatsanwaltschaft die Anwesenheit gestattet ist.

(3) Der sonst zuständigen Finanzbehörde sind die Anklageschrift und der Antrag auf Erlass eines Strafbefehls mitzuteilen.

(4) Erwägt die Staatsanwaltschaft, das Verfahren einzustellen, so hat sie die sonst zuständige Finanzbehörde zu hören.

A. Grundsätzliches

I. Sinn, Zweck und dogmatische Einordnung der Regelung

1 Durch § 403 AO sollen die durch die Entscheidung des BVerfG v. 06.06.1967 zur Verfassungswidrigkeit des Verwaltungsstrafverfahrens der FÄ (BVerfGE 22, 49; erg. FGJ/*Joecks* Einl. Rn. 72 ff.) hervorgerufenen Einschränkungen der Rechte der FinB im Steuerstrafverfahren ausgeglichen werden (vgl. HHSp/*Hellmann* § 403 Rn. 5; erg. zur Normhistorie *Hellmann* a.a.O. Rn. 1 ff., Koch/Scholtz/*Scheurmann-Kettner* § 403 Rn. 1; *Kohlmann* § 403 Rn. 1 ff.). Vor diesem Hintergrund verfolgt der Gesetzgeber mit § 403 AO *drei Ziele* (vgl. BT-Drucks. V/1812, S. 33, 36 sowie u.a. Kühn/v. Wedelstädt/*Blesinger* § 403 Rn. 1, 2): Es soll (1.) vordergründig sichergestellt werden, dass die **steuerliche Sach- und Rechtskunde der FinB** bei von der StA oder – in deren Auftrag (§ 161 Abs. 1 StPO) bzw. im ersten Zugriff (§ 163 Abs. 1 StPO) – von der Polizei („fremd-") geführten steuerstrafrechtlichen Ermittlungen zu einem **möglichst frühen Zeitpunkt genutzt wird** (erg. Nr. 266 Abs. 1 RiStBV; auf Seiten des Beschuldigten korrespondiert damit aus Gründen der Waffengleichheit § 392 Abs. 1 AO [vgl. Graf/Jäger/Wittig/*Lipsky* § 403 Rn. 4; Klein/*Jäger* § 403 Rn. 3]). Gleichrangig (2.) damit zielen die Beteiligungsrechte in § 403 AO – ähnlich wie § 116 AO – darauf ab, eine umfassende und v.a. **schnelle(re) Festsetzung der verkürzten Steuern**

zu ermöglichen. Zuletzt (3.) soll die Vorschrift – formal – die **Anwesenheit von Beamten der FinB** bei Ermittlungshandlungen „vor Ort" gegenüber Beschuldigten und sonstigen Betroffenen (einschließlich anwaltlicher und steuerlicher Vertreter) **rechtfertigen** und Einwendungen hiergegen von vornherein die Grundlage entziehen. Insbesondere die fiskalische Ausrichtung der Vorschrift ist in der Literatur z.T. kritisch beurteilt worden (vgl. *Kohlmann* § 403 Rn. 5 [„abwegig"]; insges. krit. HHSp/*Hellmann* § 403 Rn. 9 ff., 11 [„zwingender Grund für die Beteiligungsrechte ... nicht ersichtlich"]; erg. Schwarz/*Weyand* § 403 Rn. 3). Im Übrigen lässt die Existenz von § 403 AO, wie *Hellmann* (in HHSp § 403 Rn. 5) zutreffend feststellt, angesichts der bereits in § 402 AO geregelten kriminalpolizeilichen (Beteiligungs-) Rechte der FinB (erg. § 402 Rdn. 8 ff.) auf eine „gewisse Skepsis" des Gesetzgebers in Bezug auf die steuerstrafrechtlichen Ermittlungskompetenzen der StA und der Polizei rückschließen. Diese Skepsis ist angesichts der in der Praxis de facto bestehenden Ausbildungsdefizite in steuerrechtlichen Fragen und der andauernden Überbelastung der Strafverfolgungsbehörden (grdl. *Harms* GS für Schlüchter S. 451, 465 ff.) nach wie vor nicht unberechtigt. § 403 AO ist daher, auch wenn die mit der Vorschrift verfolgten Ziele bei einer (in der Praxis i.d.R. verwirklichten) einvernehmlichen und kollegialen Zusammenarbeit zwischen StA, Polizei und FinB auf Grundlage der §§ 395, 402 AO (vgl. HHSp/*Hellmann* § 403 Rn. 8 a.E., 12) ebenso gut realisiert werden könn(t)en, notwendig, um der FinB eine eigene, klare und nötigenfalls – zumindest bedingt (s. Rdn. 28) – streitbare Rechtsposition im von der StA durchgeführten (s. Rdn. 2) Ermittlungsverfahren wegen Steuerstraftaten zu verschaffen (ähnl. Schwarz/*Weyand* § 403 Rn. 1; einschr. Rolletschke/*Kemper* § 403 Rn. 2 [„praktische Bedeutung ... eher gering"]).

Ebenso wie bei § 402 AO (s. dort Rdn. 1), ergibt sich aus der systematischen Stellung und dem **2** Wortlaut von § 403 AO, dass die Norm **nur im von der StA durchgeführten** steuerstrafrechtlichen **Ermittlungsverfahren anwendbar** ist (vgl. FGJ/*Joecks* § 403 Rn. 2; HHSp/*Hellmann* § 403 Rn. 12). Führt die FinB das Ermittlungsverfahren gem. §§ 386 Abs. 2, 399 AO selbstständig durch, bedarf es der in § 403 AO statuierten Beteiligungsrechte aufgrund der dann gegebenen Rechtsstellung der FinB als „Steuer-Staatsanwaltschaft" nicht. Die Vorschrift ist damit einerseits ein (notwendiger, vgl. Rdn. 1 a.E.) **Annex zu § 402 AO**; andererseits ist § 403 AO **im Kontext mit den §§ 406 und insbesondere 407 AO zu lesen** (vgl. FGJ/*Joecks* § 403 Rn. 2 a.E.; *Kohlmann* § 403 Rn. 5; Rolletschke/*Kemper* § 403 Rn. 4), die die Beteiligung der FinB am *gerichtlichen* Verfahren abschließend (s. Rdn. 10) regeln. Die §§ 402 und 407 AO (Rechtsstellung der FinB im Ermittlungsverfahren der StA bzw. im gerichtlichen Verfahren) bilden folglich zusammen mit den §§ 386 Abs. 2, 399 AO (FinB als selbstständig ermittelnde „Steuer-Staatsanwaltschaft") ein lückenloses (Beteiligungs-) Netzwerk, das sicherstellen soll, dass die FinB in sämtlichen Stadien des Steuerstrafverfahrens mitwirken und ihre – auch fiskalischen – Interessen bis zu dessen rechtskräftigen Abschluss umfassend wahrnehmen kann.

II. Entschließungsermessen der Finanzbehörde

Die FinB ist trotz ihrer Beteiligungsrechte aus § 403 AO **nicht zur ausnahmslosen Mitwirkung** an **3** jedem fremdgeführten Steuerstrafverfahren **verpflichtet** (Schwarz/*Weyand* § 403 Rn. 1). Vielmehr obliegt es ihr – was nicht zuletzt auch aus Kapazitätsgründen zwingend ist –, in jedem Einzelfall zu prüfen und nach pflichtgemäßem Ermessen zu entscheiden, ob überhaupt und wenn ja, in welchem Verfahrensstadium sie ihre Mitwirkung für erforderlich hält (HHSp/*Hellmann* § 403 Rn. 12; Schwarz/*Weyand* § 403 Rn. 1). Als Leitlinie für die Ausübung dieses **Entschließungsermessens** sieht **Nr. 92 Abs. 1 Satz 3 ASB** vor, dass die FinB von ihren Teilnahmebefugnissen aus Abs. 1 und 2 „in der Regel" Gebrauch machen „soll", wenn ein Fall „von Gewicht" vorliegt oder – was praktisch allerdings nicht vorkommt – der Beschuldigte dies beantragt. Ob ein Fall von Gewicht i.d.S. vorliegt, wird sich in erster Linie nach dem im Raum stehenden Verkürzungsumfang, der zu erwartenden Strafe und einer etwaigen Öffentlichkeitswirksamkeit des Falles richten (erg. § 400 Rdn. 18 a.E.). Mit Blick auf den Sinn und Zweck von § 403 AO (s. Rdn. 1) können bei der Ermessensausübung aber auch die mit den §§ 152 Abs. 2, 160 Abs. 1 StPO vergleichbare Aufgabennorm des **§ 85 AO** und der in **§ 88 AO** enthaltene steuerliche Untersuchungsgrundsatz eine

Rolle spielen. **Kein Fall „von Gewicht"** liegt regelmäßig in Fällen der **Hinterziehung von Kfz-Steuer** vor, die bei der StA (Verkehrsabteilung [vgl. § 74c Abs. 1 Nr. 3 a.E. GVG]) zumeist unmittelbar von der mit der Sache (i.d.R. eine Straftat gem. § 6 PflVG, vgl. BayObLGSt 1987, 22, 25 f.) befassten PI oder VPI zur Anzeige gebracht werden (erg. *Spatschek/Fraedrich*, SAM 2007, 162; *Weyand*, NZV 1988, 209).

III. Anwendungsbereich

4 Die in Abs. 1 Satz 1, Abs. 3 und Abs. 4 angesprochene **„sonst zuständige Finanzbehörde"** ist, wie bei § 402 AO (s. dort Rdn. 2), nur diejenige FinB i.S.v. § 386 Abs. 1 Satz 2 AO, die sachlich (§ 387 AO) und örtlich (§ 388 AO) zuständig wäre, wenn nicht – aus welchen Gründen auch immer – die StA (oder die Polizei im ersten Zugriff [§ 163 Abs. 1 StPO]) das Ermittlungsverfahren durchführen würde (vgl. Erbs/Kohlhaas/*Senge* § 403 Rn. 2; FGJ/*Joecks* § 403 Rn. 4; HHSp/*Hellmann* § 403 Rn. 22; Klein/*Jäger* § 403 Rn. 2; Koch/Scholtz/*Scheurmann-Kettner* § 403 Rn. 2; *Kohlmann* § 403 Rn. 6; Rolletschke/*Kemper* § 403 Rn. 5). Auch bei einer Konzentration der sachlichen Strafverfolgungszuständigkeit gem. § 387 Abs. 2 AO auf eine gemeinsame Strafsachenstelle (**BuStra bzw. StraBu**), was in allen Bundesländern bis auf Nordrhein-Westfalen und Niedersachsen erfolgt ist, ist nur die gemeinsame Strafsachenstelle, *nicht* aber (auch) das nach § 387 Abs. 1 AO ursprünglich zuständige (Besteuerungs-) FA nach Maßgabe von § 403 AO beteiligungsberechtigt (Schwarz/*Weyand* § 403 Rn. 4). Diese von § 402 AO abweichende Rechtslage (s. § 402 Rdn. 12) resultiert daraus, dass in § 403 AO eine § 402 Abs. 2 AO entsprechende Regelung fehlt (FGJ/*Joecks* § 403 Rn. 4; Rolletschke/*Kemper* § 403 Rn. 5). Die Steuer- oder Zollfahndung ist (ebenfalls) *keine* FinB i.S.v. § 403 AO (FGJ/*Joecks* § 403 Rn. 6; Graf/Jäger/Wittig/*Lipsky* § 403 Rn. 2; Rolletschke/*Kemper* § 403 Rn. 5).

5 Wie sich aus Abs. 1 Satz 1 ergibt, beziehen sich die Beteiligungsrechte der FinB im fremdgeführten Ermittlungsverfahren auf **„Ermittlungen ..., die Steuerstraftaten betreffen"**. Damit wird zum einen *straftatspezifisch* ausgesagt, dass die **prozessuale Tat** (i.S.v. § 264 Abs. 1 StPO), die den Gegenstand der Ermittlungen bildet, nach bestehender (Anfangs-) Verdachtslage zumindest *auch* den Tatbestand einer der in § 369 Abs. 1 AO genannten Steuerstraftaten erfüllen muss (FGJ/*Joecks* § 403 Rn. 5; Rolletschke/*Kemper* § 403 Rn. 6). Dass tateinheitlich (§ 52 StGB) oder tatmehrheitlich (§ 53 StGB) auch Allgemeindelikte verwirklicht worden sind, führt nicht zu einer Einschränkung der Beteiligungsrechte der FinB aus § 403 AO. Sie sind innerhalb derselben prozessualen Tat insbesondere nicht nur auf den Teilaspekt des Steuerdelikts beschränkt (a.A. FGJ/*Joecks* § 403 Rn. 5, 11; HHSp/*Hellmann* § 403 Rn. 21 [„nach dem Zweck der Vorschrift, die steuerrechtliche Sachkunde [der FinB] zu nutzen"]; Rolletschke/*Kemper* § 403 Rn. 6), da die verschiedenen Teile der (prozessualen) Tat im Hinblick auf ihre Ausführung und die zugrunde liegenden Motive i.d.R. so eng miteinander verknüpft sind, dass sie nicht trennscharf auseinander gehalten werden können. Zudem sind die üblicherweise mitverwirklichten Allgemeindelikte oft auch (inzidenter) Teil des Steuerstraftatbestands (z.B. § 373 Abs. 2 Nr. 1 AO [Tateinheit mit § 52 WaffG]) oder als Regelbeispiel unmittelbar strafzumessungsrelevant (z.B. § 370 Abs. 3 Satz 2 Nr. 4 AO [Tateinheit mit § 267 StGB]) und damit – etwa unter dem Gesichtspunkt der Festsetzungsverjährung (vgl. §§ 171 Abs. 7 i.V.m. §§ 370 Abs. 3 Satz 2 Nr. 4, 376 Abs. 1 AO) oder der Mitwirkungspflichten (§§ 140 ff. AO) – auch für das Besteuerungsverfahren bedeutsam. Ferner können sich aus den Erkenntnissen über mitverwirklichte Allgemeindelikte (z.B. § 283 Abs. 1 Nr. 5 StGB) Anhaltspunkte für – ggf. von Dritten begangene – Steuer-OWi'en (im vorgenannten Bsp. etwa gem. § 379 Abs. 1 Satz 1 Nr. 2 AO; erg. *Louis*, BC 2002, 230) ergeben, für deren Verfolgung gem. § 409 AO, § 42 OWiG grds. die FinB zuständig ist. Im Übrigen steht auch der Gesetzeswortlaut einer solchen (weiten) Auslegung des § 403 AO nicht entgegen, wobei in praxi ohnehin nicht davon auszugehen ist, dass die FinB ihre Beteiligungsrechte angesichts andauernder Belastungsspitzen (erg. Rdn. 1 a.E.) überobligatorisch in Richtung von für ihre Aufgabenerfüllung nicht relevante Tatteile ausüben wird.

Bei sog. **Vorspiegelungstaten** (s. § 385 Rdn. 2, 101 f.) gilt § 403 AO, wie auch § 402 AO (s. dort 6
Rdn. 6), kraft gesetzlicher Anordnung in § 385 Abs. 2 AO entsprechend. Darüber hinaus findet
§ 403 AO auch bei sog. **Analogtaten** (s. § 375 Rdn. 6; Nr. 19 Ziff. 1-3 ASB) Anwendung, wenn –
wie zumeist – auf diese Vorschrift verwiesen wird.

Überdies sind Abs. 1, 3 und 4 gem. § 410 Abs. 1 Nr. 8 AO im **(Steuer-) Bußgeldverfahren** anzu- 7
wenden, mit der Folge, dass die allgemeinen Regelungen des § 63 Abs. 2 und Abs. 3 Satz 1 OWiG
durch § 403 AO als lex specialis verdrängt werden (erg. Rdn. 16).

Neben der (steuer-) straftatspezifischen Ausrichtung der Beteiligungsrechte der FinB (s. Rdn. 6) 8
müssen „**Ermittlungen**" (Abs. 1 Satz 1) der StA oder der Polizei (s. Rdn. 14) vorliegen. Ebenso wie
bei § 402 AO (s. dort Rdn. 4) bedeutet dies, dass der FinB kein Recht auf Beteiligung zusteht,
wenn die StA (im „AR-" Register [„Allgemeines Register"]) oder die Polizei lediglich **Vorermittlungen** i.S.v. Nr. 13 ASB führen, um die Frage zu klären, ob die Einleitung eines (zumindest *auch*,
s. Rdn. 6) steuerstrafrechtlichen Ermittlungsverfahrens überhaupt veranlasst ist. Das ergibt sich
insbesondere aus dem Wortlaut von Abs. 1, der in Satz 1 von „Ermittlungen" (*nicht:* „Vorermittlungen") und in Satz 3 von Fragen an „Beschuldigte" spricht. Im Stadium „bloßer" Vorermittlungen gibt es aber noch keinen Beschuldigten (vgl. LG Offenburg NStZ 1993, 506; *Meyer-Goßner*
Einl. Rn. 76, 81, § 152 Rn. 4a; erg. § 157 StPO). Auch nach dem Sinn und Zweck von § 403 AO
(s. Rdn. 1) ist eine Beteiligung der FinB, der ab dem Vorliegen eines Anfangsverdachts i.S.v. § 152
Abs. 2 StPO *eo ipso*, d.h. auch ohne formelle Verfahrenseinleitung und -bekanntgabe (§ 397 AO),
die Rechte nach § 403 AO zustehen, in diesem Stadium noch nicht erforderlich. Gleiches gilt für
die Anhörung der FinB nach Abs. 4 (s. Rdn. 24), wenn das Vorermittlungsverfahren eingestellt
werden soll. Dies steht der ständigen praktischen Übung, die FinB neben der Steuer- oder Zollfahndung auch schon in Vorermittlungen miteinzubinden, freilich nicht entgegen.

Das Recht der FinB, an Ermittlungshandlungen der StA oder der Polizei (s. Rdn. 14) in dem in 9
Abs. 1 genannten Umfang beteiligt zu werden, gilt **nicht** für weitere bzw. ergänzende („Nach-")
Ermittlungen im *gerichtlichen* **Zwischen-** (vgl. § 202 StPO) oder **Hauptverfahren** (vgl. §§ 244
Abs. 2, 36 Abs. 2 Satz 1 StPO), da die Beteiligungsrechte der FinB hier abschließend in den
§§ 406, 407 AO geregelt sind (a.A. HHSp/*Hellmann* § 403 Rn. 14 [„erweiternde Auslegung"], 20
[für Abs. 2] u. 23; Rolletschke/*Kemper* § 403 Rn. 4 a.E.; Schwarz/*Weyand* § 403 Rn. 2 jew. für das
Zwischenverfahren; erg. § 402 Rdn. 3). Aus dem Wortlaut (insbes. dem Begriff „Beschuldigter" in
Abs. 1 Satz 3 im Gegensatz zum – im Zwischenverfahren sog. – „Angeschuldigten" [vgl. § 157
StPO]) und der systematischen Stellung von § 403 AO im 2. Unterabschnitt (*Ermittlungs*verfah-
ren") ergibt sich, dass die Vorschrift nur das Ermittlungsverfahren betrifft, das im Fall der Erhe-
bung der öffentlichen Klage mit dem staatsanwaltschaftlichen Schlussvermerk (§ 385 Abs. 1 AO,
§ 169a StPO) seinen Abschluss findet (abw. FGJ/*Joecks* § 403 Rn. 3 u. HHSp/*Hellmann* § 403
Rn. 14: § 403 AO spreche – anders als z.B. § 402 Abs. 1 AO – nur von „Ermittlungen", nicht von
„Ermittlungsverfahren"). Die mit § 403 AO bezweckte Beteiligung der FinB am fremdgeführten
Steuerstrafverfahren ist in Bezug auf das gerichtliche Verfahren, welches mit dem Eingang der
Akten samt Anklageschrift bei Gericht seinen Anfang nimmt, durch die §§ 406, 407 AO (3.
Unterabschnitt: „*Gerichtliches* Verfahren") in ausreichendem Umfang gewährleistet.

B. Beteiligungsrechte der Finanzbehörde im Einzelnen

§ 403 AO enthält insgesamt **drei** verschiedene **Arten von Rechten** (Teilnahme-, Informations- und 10
Anhörungsrecht[e]), die sich unter dem Oberbegriff „Beteiligungsrechte" zusammenfassen lassen:
So gewähren Abs. 1 Satz 1 und Abs. 2 der FinB ein Recht zur *Teilnahme* an den Ermittlungshandlungen der StA und der Polizei (s. Rdn. 14) bzw. an (ermittlungs-) richterlichen Verhandlungen.
Gem. Abs. 1 Satz 2, Abs. 3 und Abs. 4 soll bzw. muss die FinB darüber hinaus über Ort und Zeit
geplanter Ermittlungshandlungen bzw. den Abschluss des Ermittlungsverfahrens, sei es in Form
der Erhebung der öffentlichen Klage (Abs. 3) oder durch Einstellung (Abs. 4), *informiert* werden.

Schließlich ist die FinB vor der Einstellung des Ermittlungsverfahrens (Abs. 4) durch die StA *anzuhören*.

I. Recht zur Teilnahme an Ermittlungshandlungen von StA und Polizei (Abs. 1)

1. Ermittlungshandlungen

11 Das in **Abs. 1 Satz 1** einschränkungslos gewährte (und mit Ausn. von Abs. 1 Satz 3 [s. Rdn. 19]) grds. *passive* Teilnahmerecht ist im weitest möglichen Sinne zu verstehen. Es umfasst **alle Ermittlungshandlungen** der StA und der Polizei, bei denen eine körperliche Anwesenheit denkbar und möglich ist. In der Praxis sind dies in erster Linie Vernehmungen von Beschuldigten und Zeugen (s. Rdn. 19), Durchsuchungen gem. §§ 102, 103 StPO (einschl. der Durchsicht von Papieren [§ 110 StPO], die jedoch nicht durch die Beamten der FinB selbst vorgenommen werden darf [s. § 402 Rdn. 9]), Sicherstellungen bzw. Beschlagnahmen (§§ 94 ff. StPO) und der Vollzug von Haftbefehlen (vgl. HHSp/*Hellmann* § 403 Rn. 13).

12 **Nicht von Abs. 1 Satz 1 erfasst** sind dagegen Gespräche zwischen der StA und den übrigen Verfahrensbeteiligten (i.e. der Beschuldigte, die Verteidigung [d.h. in den Grenzen des § 392 AO auch der Steuerberater] und – ggf. – das Gericht) über den Stand des Ermittlungsverfahrens gem. **§ 160b StPO**. Da es sich hierbei – selbst wenn ein etwaiges Geständnis thematisiert wird – nicht um „Ermittlungen" handelt, gewährt Abs. 1 der FinB (und erst Recht auch der Steufa) insofern kein Teilnahme-, Benachrichtigungs- oder gar Mitspracherecht (a.A. Bender/*Möller/Retemeyer* D. IV. Rn. 525; *Buse*, Stbg 2011, 414, 415 f.). Die FinB kann jedoch, da der wesentliche Inhalt der Erörterung gem. § 160b Satz 2 StPO aktenkundig zu machen ist, nachträglich im Wege der Akteneinsicht gem. § 395 AO Kenntnis vom Inhalt der Gespräche erlangen. In der Praxis bietet es sich dennoch an, die FinB angesichts ihrer Sachkunde (s. Rdn. 1) an Gesprächen i.S.v. § 160b StPO zu beteiligen. Im Steuerstrafverfahren können derartige Gespräche in steuerlicher Hinsicht insbesondere auch in eine sog. **tatsächliche Verständigung** (vgl. Klein/*Rätke* § 78 Rn. 5; erg. Klein/*Jäger* § 370 Rn. 54) münden bzw. i.S. einer angestrebten „Gesamtlösung" damit verknüpft werden (erg. Bender/*Möller/Retemeyer* D. II. Rn. 100 a.E., D. IV. Rn. 521; erg. § 400 Rdn. 27).

13 Angesichts des hier vertretenen (weiten) Verständnisses der Reichweite der Beteiligungsrechte (bezogen auf die gesamte prozessuale Tat, s. Rdn. 6), sind unter **„Staatsanwaltschaft"** i.S.v. Abs. 1 Satz 1 nicht nur die entsprechednen Landesbehörden (§ 142 Abs. 1 Nr. 2, 3 GVG: Amtsanwaltschaft, StA b.d. LG, GenStA), sondern grds. auch die Bundesanwaltschaft (§§ 142 Abs. 1 Nr. 1, 142a GVG) zu verstehen. Mit **„Polizei"** sind alle (Schutz- und Kriminal-) Polizeibehörden des Bundes und der Länder gemeint. Darüber hinaus umfasst der Polizeibegriff in Abs. 1 Satz 1 alle Ermittlungspersonen der StA (§ 152 GVG i.V.m. den entspr. Verordnungen der Länder [z.B. § 1 BayStAErmpV]), sodass sich das Teilnahmerecht der FinB wegen § 404 Satz 2 Halbs. 2 AO – selbstverständlich – auch auf sämtliche Ermittlungshandlungen der Steuer- und Zollfahndung bezieht (HHSp/*Hellmann* § 403 Rn. 16; Schwarz/*Weyand* § 403 Rn. 5; erg. § 402 Rdn. 8 ff.).

14 Das Teilnahmerecht besteht auch dann, wenn die FinB (zu Recht oder zu Unrecht) davon ausgeht, dass die **Ermittlungshandlung** der StA oder der Polizei ganz oder z.T. **rechtswidrig** ist (unklar Rolletschke/*Kemper* § 403 Rn. 8 [„alle rechtlich zulässigen Ermittlungshandlungen"]). Wird durch eine *bewusst* rechtswidrige Ermittlungshandlung *vorsätzlich* ein Straftatbestand verwirklicht und billigt dies der anwesende Vertreter der FinB, kann auch die passive Teilnahme hieran u.U. die Voraussetzungen des § 27 Abs. 1 StGB (psychische Beihilfe) erfüllen (vgl. *Fischer* § 27 Rn. 7). Der (untaugliche) Versuch der Beihilfe ist jedoch nicht strafbar.

15 Damit das von Abs. 1 Satz 1 und 3 gewährte Teilnahme- und Fragerecht umfassend wahrgenommen werden kann, verpflichtet **Abs. 1 Satz 2** die StA und die Polizei (s. Rdn. 14) in Form eines **gebundenen Ermessens** („*sollen ... mitgeteilt werden*"), der FinB den Ort und die Zeit der teilnahmefähigen (s. Rdn. 12) Ermittlungshandlung rechtzeitig (s. Rdn. 17) im Voraus mitzuteilen (vgl. FGJ/*Joecks* § 403 Rn. 7 [Ratio: „Sicherung dieses Rechts"]; HHSp/*Hellmann* § 403 Rn. 27; Koch/

Scholtz/*Scheurmann-Kettner* § 403 Rn. 3; *Kohlmann* § 403 Rn. 9; Rolletschke/*Kemper* § 403 Rn. 7 [„grundlegende Voraussetzung"]; Schwarz/*Weyand* § 403 Rn. 7). Die **Unterrichtung** der FinB **darf nur in Ausnahmefällen unterbleiben**, etwa wenn bei unaufschiebbaren Maßnahmen (z.B. bei einer Durchsuchung aufgrund von Gefahr im Verzug) die Unterrichtung der FinB und das Abwarten des Eintreffens ihres Vertreters zu einer den Ermittlungserfolg gefährdenden Verzögerung führen würde (**Rechtsgedanke des § 168c Abs. 5 Satz 2 StPO**; vgl. *FGJ/Joecks* § 403 Rn. 8, HHSp/*Hellmann* § 403 Rn. 29 [„Mitteilung ... sinnlos"]) oder wenn aufgrund *konkreter* Anhaltspunkte von einem drohenden Missbrauch des Teilnahmerechts auszugehen ist (HHSp/*Hellmann* § 403 Rn. 28; erg. Rdn. 19 zum Missbrauch des Fragerechts nach Abs. 1 Satz 3). Auch eine – ggf. auf Nachfrage – vorab erfolgte (pauschale) Erklärung der FinB, an (allen oder bestimmten) künftigen Ermittlungshandlungen im konkreten Verfahren nicht teilnehmen zu wollen, kann deren Nichtunterrichtung rechtfertigen. Nicht ausreichend ist es dagegen, wenn der staatsanwaltschaftliche oder polizeiliche Einsatzleiter die Teilnahme der FinB aus seiner Sicht für entbehrlich hält, weil er meint, auf deren steuerrechtliche Sach- und Rechtskunde verzichten zu können (HHSp/*Hellmann* § 403 Rn. 27). Die für das OWi-Verfahren das Gegenteil aussagende Regelung des § 63 Abs. 3 Satz 2 OWiG „passt" insofern weder direkt noch analog und ist auch hinsichtlich ihres Rechtsgedankens *nicht* auf Abs. 1 Satz 2 übertragbar. Handelt es sich um eine (per se stets besonders eilbedürftige) **Haftsache**, darf eine Benachrichtigung nach Abs. 1 Satz 2 auch dann unterbleiben, wenn die Teilnahme der FinB einschließlich einer etwaigen Terminsabstimmung (s. Rdn. 17) zu einer nur kurzfristigen Verfahrensverzögerung führen würde (erg. *Meyer-Goßner* § 168c Rn. 5). In der Praxis bietet es sich an, in jedem Fall einen Aktenvermerk über eine unterbliebene Unterrichtung der FinB anzufertigen und dieser den Vermerk nach Abschluss der Maßnahme zuzuleiten. Die (rechtswidrige oder berechtigte) Nichtmitteilung des Termins führt jedoch nicht dazu, dass die FinB, wenn sie auf anderem Weg von dem Termin erfährt und aufgrund dessen dennoch rechtzeitig vor Ort ist, ihr Teilnahmerecht verliert (FGJ/*Joecks* § 403 Rn. 10; HHSp/*Hellmann* § 403 Rn. 31; Schwarz/*Weyand* § 403 Rn. 7).

2. Zeitpunkt und Form der Unterrichtung

„**Rechtzeitig**" i.S.v. Abs. 1 Satz 2 ist *nicht* gleichbedeutend mit „unverzüglich" i.S.v. § 121 Abs. 1 Satz 1 BGB („ohne schuldhaftes Zögern"), sondern meint, dass die Unterrichtung der FinB über die anstehende Ermittlungshandlung so frühzeitig erfolgen soll (erg. Rdn. 16), dass ihr die Möglichkeit bleibt, sich auf die Teilnahme in ausreichendem Umfang (dies betrifft insbes. die Auswahl und – ggf. – Anreise ihres Vertreters sowie ein kurzes Aktenstudium [§ 395], u.U. auch erst vor Ort) vorzubereiten (vgl. FGJ/*Joecks* § 403 Rn. 7; Rolletschke/*Kemper* § 403 Rn. 7). Zu einer **Terminsabstimmung** mit der FinB ist aber weder die StA noch die Polizei (s. Rdn. 14) verpflichtet; im Hinblick auf den Sinn und Zweck von § 403 AO (s. Rdn. 1) bietet sich dies jedoch i.d.R. an (vgl. HHSp/*Hellmann* § 403 Rn. 30). Eine **Terminsverschiebung** kann die FinB, wenn dies nicht im Einvernehmen mit dem jeweiligen Einsatzleiter möglich ist, *förmlich* allenfalls im Wege der Gegenvorstellung anstreben (HHSp/*Hellmann* § 403 Rn. 41). In Haftsachen wird dies mit Blick auf die besondere Bedeutung des Beschleunigungsgebots (vgl. *Meyer-Goßner* Einl. Rn. 160) kaum jemals Aussicht auf Erfolg haben (erg. Rdn. 16).

Die **Unterrichtung** der FinB nach Abs. 1 Satz 2 wird **durch** den die konkrete Ermittlungshandlung veranlassenden bzw. leitenden Beamten der **StA oder** der **Polizei**, *nicht* aber im Fall des Abs. 2 durch den (Ermittlungs-) Richter (a.A. HHSp/*Hellmann* § 403 Rn. 31; erg. Rdn. 20), vorgenommen. Die Terminsmitteilung ist an keine Form gebunden, sondern kann – wie in der Praxis häufig – **auch formlos**, d.h. z.B. mündlich bzw. telefonisch, per Telefax oder per E-Mail, erfolgen (vgl. HHSp/*Hellmann* § 403 Rn. 31).

3. Aktives Fragerecht

Das **Fragerecht in Abs. 1 Satz 3** wandelt das grds. rein passiv ausgestaltete Teilnahmerecht der FinB in eine **aktive Mitwirkungsbefugnis** um (HHSp/*Hellmann* § 403 Rn. 24; a.A. Koch/Scholtz/

16

17

18

Scheurmann-Kettner § 403 Rn. 4, wonach insofern nur eine klarstellende Regelung vorliege, da sich das Fragerecht bereits aus dem Teilnahmerecht ergebe; erg. BGH, NStZ 2012, 344 [Auftreten [Fragerecht] einer Oberamtsanwältin vor dem LG]), wodurch die Ziele des § 403 (s. Rdn. 1) noch besser zur Umsetzung gelangen (sollen). Das Fragerecht ist **obligatorisch** („*ist* zu gestatten") und kann der FinB nicht entzogen werden. Die Sachleitungsbefugnis in Bezug auf die konkrete Ermittlungshandlung verbleibt jedoch ungeachtet dessen bei dem federführenden Beamten der StA oder Polizei (s. Rdn. 14) bzw. – im Fall des Abs. 2 – bei dem (Ermittlungs-) Richter, mit der Folge, dass dieser insbesondere auch die Reihenfolge der Fragestellung bestimmt (vgl. HHSp/*Hellmann* § 403 Rn. 26; erg. § 240 StPO). Das Fragerecht der FinB ist (mit Ausn. der im Steuerstrafrecht sehr seltenen Fälle des § 241a StPO [Zeugen unter 18 Jahren]) **unmittelbar**, d.h. der Vertreter der FinB darf seine Fragen *direkt* an den Beschuldigten oder Zeugen richten; sie müssen *nicht* unter Vermittlung durch den Vernehmungsleiter gestellt werden (FGJ/*Joecks* § 403 Rn. 12; Graf/ Jäger/Wittig/*Lipsky* § 403 Rn. 3; HHSp/*Hellmann* § 403 Rn. 25; Rolletschke/*Kemper* § 403 Rn. 10 [„selbstständiges ... aktives Fragerecht"]; Schwarz/*Weyand* § 403 Rn. 12; erg. OLG Celle MDR 1969, 780 [für das Hauptverfahren]). **Einzelne Fragen** der FinB **können** (bzw. *müssen*, vgl. § 68a StPO, Nr. 127 Abs. 2 RiStBV) **analog § 241 Abs. 2 StPO zurückgewiesen werden**, wenn sie ungeeignet sind, also insbesondere in tatsächlicher Hinsicht nichts zur Wahrheitsfindung beitragen können (vgl. *Meyer-Goßner* § 241 Rn. 15 m.w.N.) oder nicht zur Sache gehören (vgl. FGJ/ *Joecks* § 403 Rn. 11; HHSp/*Hellmann* § 403 Rn. 26; Schwarz/*Weyand* § 403 Rn. 12). Eine Zurückweisung von Fragen der FinB als nicht zur Sache gehörend kommt *nicht* in Betracht, wenn sie zwar nicht unmittelbar steuerlich relevante Umstände betreffen, sich aber thematisch auf die den Gegenstand der Ermittlungen bildende prozessuale Tat beziehen (s. Rdn. 6; a.A. FGJ/*Joecks* § 403 Rn. 5, 11; ähnl. [abl.] HHSp/*Hellmann* § 403 Rn. 21). Im Übrigen steht es der FinB gem. § 385 Abs. 1 AO i.V.m. § 160 Abs. 2, Abs. 3 Satz 1 StPO selbstverständlich auch zu, Fragen zu stellen, die der Entlastung des Beschuldigten dienen oder dessen persönliche und wirtschaftliche Verhältnisse aufklären sollen.

II. Recht zur Teilnahme an richterlichen Verhandlungen (Abs. 2)

19 Mit „**richterlichen Verhandlungen**" sind im Kontext des § 403 AO alle nichtöffentlichen Gerichtstermine *im Ermittlungsverfahren* gemeint. Dies sind in erster Linie **ermittlungsrichterliche Beschuldigten- und Zeugenvernehmungen** gem. § 385 Abs. 1 AO i.V.m. § 168c StPO (vgl. Nr. 92 Abs. 2 Satz 2 ASB; FGJ/*Joecks* § 403 Rn. 9). Der von Abs. 2 ebenfalls erfasste richterliche Augenschein (§ 168d StPO) ist praktisch nicht bedeutsam. Darüber hinaus unterfallen aber auch **alle** sonstigen Gerichtstermine Abs. 2, da der StA aufgrund ihrer Stellung als „Herrin des Ermittlungsverfahrens" stets die Anwesenheit gestattet ist (so auch HHSp/*Hellmann* § 403 Rn. 18 [„missverständliche Formulierung"], 19), wie z.B. die Eröffnung eines Haftbefehls (§ 115 StPO) oder eine mündliche Haftprüfung (§ 117 StPO). Denkbar, in der Praxis jedoch kaum relevant, ist auch die Anwesenheit der FinB in der mündlichen Verhandlung vor dem OLG (§ 138d StPO) in Fällen der Verteidigerausschließung nach §§ 385 Abs. 1, 392 AO i.V.m. §§ 138a ff. StPO (HHSp/*Hellmann* § 403 Rn. 19).

III. Pflicht zur Mitteilung der öffentlichen Klage (Abs. 3)

20 Die Mitteilung der öffentlichen Klage nach **Abs. 3 korrespondiert unmittelbar mit § 407 Abs. 1 AO**, da der FinB damit die rechtzeitige, ggf. durch ein dadurch ausgelöstes Akteneinsichtsgesuch nach § 395 AO (s. Rdn. 22) flankierte Vorbereitung der Teilnahme an der Hauptverhandlung ermöglicht werden soll (Erbs/Kohlhaas/*Senge* § 403 Rn. 5; Graf/Jäger/Wittig/*Lipsky* § 403 Rn. 5; HHSp/*Hellmann* § 403 Rn. 33; Rolletschke/*Kemper* § 403 Rn. 11). Die StA ist nach Abs. 3 zur Übersendung der Anklageschrift bzw. des Antrags auf Erlass eines Strafbefehls **verpflichtet** („*sind ... mitzuteilen*"). Konkret ist der FinB eine beglaubigte Abschrift (Schwarz/*Weyand* § 403 Rn. 9: „Kopie") oder Ausfertigung der öffentlichen Klage (Anklage oder Strafbefehlsantrag [vgl. § 407

Abs. 1 Satz 4 StPO]) zu übermitteln. Die *Abschlussverfügung* der StA als solche ist, auch wenn darin Einstellungsverfügungen (insbes. gem. §§ 154, 154a StPO) enthalten sind, nicht zwingend mitzuübersenden (a.A. Rolletschke/*Kemper* § 403 Rn. 11; erg. Rdn. 24 [zu Abs. 4]). War die FinB gem. § 402 Abs. 1 AO im Auftrag der StA mit Ermittlungshandlungen befasst, besteht parallel zu Abs. 3 eine (ggf. umfassendere [„Ausgang des Verfahrens"]) Mitteilungspflicht aus **MiStra Nr. 11.** Die Mitteilungspflicht gilt im Übrigen auch in den Fällen des § 400 Halbs. 2 AO, d.h. wenn die FinB eine von ihr ggf. bereits anklagereif ausermittelte Steuerstrafsache an die StA abgibt (FGJ/ *Joecks* § 403 Rn. 14; Schwarz/*Weyand* § 403 Rn. 9).

Das **Akteneinsichtsrecht** der FinB gem. § 395 AO wird durch Abs. 3 **nicht berührt** (Schwarz/*Wey-* **21** *and* § 403 Rn. 8). Im Gegenteil: Die FinB wird in der Mitteilung der öffentlichen Klage, wodurch sie i.d.R. erstmals vom Abschluss der Ermittlungen der StA in Kenntnis gesetzt wird (vgl. § 169a StPO; FGJ/*Joecks* § 403 Rn. 13), in vielen Fällen einen zureichenden Anlass dafür sehen, sich im Wege der Akteneinsicht ein (vollständiges) Bild über den Verlauf und das Ergebnis der Ermittlungen der StA zu verschaffen. Kommt die StA ihrer Verpflichtung aus Abs. 3 nicht nach und ist sie – i.d.R. nicht nachvollziehbar – auch auf informelle Nachfrage hin nicht zur Übermittlung der öffentlichen Klage bereit, kann die Nachholung der Mitteilung der öffentlichen Klage *förmlich* im Wege der Dienstaufsichtsbeschwerde betrieben werden (HHSp/*Hellmann* § 403 Rn. 42). Das ist jedoch in Anbetracht des im Vergleich zu Abs. 3 viel weiter gehenden Akteneinsichtsrechts nach § 395 AO regelmäßig nicht erforderlich.

Die Mitteilungspflicht aus Abs. 3 gilt nicht nur für den Fall, dass die StA die öffentliche Klage **22** erhebt, sondern – „erst recht" (argumentum a maiore ad minus) – auch dann, wenn sie das **Verfahren einstellt** (i. Erg. zust. FGJ/*Joecks* § 403 Rn. 15 a.E.; *Kohlmann* § 403 Rn. 16 a.E.; HHSp/ *Hellmann* § 403 Rn. 39) oder einen **Antrag** auf Anordnung von Nebenfolgen im objektiven bzw. selbstständigen Verfahren **nach § 401 AO** bei Gericht einreicht (HHSp/*Hellmann* § 403 Rn. 35). Letzteres ergibt sich – wohl aufgrund eines Redaktionsversehens (ähnl. HHSp/*Hellmann* § 403 Rn. 35) – zwar nicht ausdrücklich aus Abs. 3. Die Pflicht zur Mitteilung der Antragsschrift im objektiven bzw. selbstständigen Verfahren kann aber zumindest mittelbar aus § 385 Abs. 1 AO i.V.m. § 440 Abs. 2 Satz 3 StPO abgeleitet werden, wonach diese einer Anklageschrift i.S.v. § 200 StPO gleichsteht (i. Erg. zust. HHSp/*Hellmann* § 403 Rn. 35, der dies jedoch aus dem Sinn und Zweck von § 403 AO ableitet).

IV. Anhörungsrecht bei Verfahrenseinstellung (Abs. 4)

1. Erfasste Einstellungsentscheidungen

Das Anhörungsrecht der FinB nach Abs. 4 erstreckt sich **grds.** auf **alle Arten der Einstellung** des **23** steuerstrafrechtlichen Ermittlungsverfahrens, also auf sämtliche Einstellungsentscheidungen der StA gem. **§ 170 Abs. 2 Satz 1 StPO** (kein hinreichender Tatverdacht), **§§ 153 ff., 154 ff. StPO und § 398 AO** (Einstellungen aus Opportunitätsgründen) oder **§ 398a AO** (i.V.m. § 371 Abs. 2 Nr. 3 AO – Absehen von der Verfolgung in besonderen Fällen), soweit die den Gegenstand der Ermittlungen bildende prozessuale Tat (s. Rdn. 6) zumindest *auch* einen Steuerstraftatbestand erfüllt (vgl. FGJ/*Joecks* § 403 Rn. 15; HHSp/*Hellmann* § 403 Rn. 36; Kühn/v. Wedelstädt/*Blesinger* § 403 Rn. 4). **Nicht** angehört zu werden braucht die FinB dagegen vor der Einstellung eines „blo-ßen" **Vorermittlungsverfahrens** (s. Rdn. 9), da sich § 403 AO insgesamt nur auf Ermittlungsverfahren i.S.v. § 152 Abs. 2 StPO bezieht, die sich aufgrund eines bereits bestehenden Anfangsverdachts gegen einen noch unbekannten Täter (Registerzeichen „UJs" [Ermittlungsverfahren gegen Unbekannt]) oder einen bzw. mehrere Beschuldigte(n) (Registerzeichen „Js" [Ermittlungsverfahren in Strafsachen]) richten. Das ergibt sich aus dem Kontext der Vorschrift, der Art und der Wirkrichtung der in § 403 AO statuierten Beteiligungsrechte sowie insbesondere aus dem Wortlaut von Abs. 1 Satz 3 („**Beschuldigte**"). Bereits vom Wortlaut des Abs. 4 („Erwägt die *Staatsanwaltschaft* ...") **nicht** erfasst sind zudem **gerichtliche Verfahrenseinstellungen** gem. §§ 205, 206a oder 206b StPO; im Übrigen ist die Beteiligung der FinB am gerichtlichen Verfahren in den

§§ 406, 407 AO abschließend geregelt (erg. Rdn. 10). Eine Anhörung der FinB ist schließlich auch in den Fällen des Abs. 3 (Rdn. 20), d.h. bevor die StA – ausschließlich – Anklage erhebt bzw. den Antrag auf Erlass eines Strafbefehls stellt, nicht erforderlich (Schwarz/*Weyand* § 403 Rn. 9).

2. Form der Anhörung

24 Speziell das Anhörungsrecht soll in gewissem Sinne auch der (*informellen*, s. Rdn. 26) **Kontrolle der StA** dienen (vgl. FGJ/*Joecks* § 403 Rn. 15; erg. Rdn. 1 [„Skepsis"]; Graf/Jäger/Wittig/*Lipsky* § 403 Rn. 6). Damit die FinB zu der beabsichtigten Einstellung sachgerecht Stellung nehmen kann, muss ihr die StA vor der Einstellungsentscheidung **auch die Gründe mitteilen**, weshalb das Verfahren eingestellt werden soll (HHSp/*Hellmann* § 403 Rn. 37 u. 38 [„Anhörung ... keine bloße Formalie"]; i.d.S. auch Nr. 90 Abs. 1 Satz 1 RiStBV). In einfach gelagerten Fällen erfolgt die Anhörung der FinB i.d.R. *telefonisch*, wobei der Zeitpunkt und das Ergebnis der Anhörung (Zustimmung oder Ablehnung) in jedem Fall (spätestens in der Abschlussverfügung) in den Akten vermerkt werden sollte. Tritt die FinB der Verfahrenseinstellung entgegen, „soll" die StA, wenn sie das Verfahren dennoch einstellt, nach der hier ergänzend anzuwendenden Vorschrift des **Nr. 90 Abs. 1 Satz 2 RiStBV** in den Einstellungsgründen auch die von der FinB vorgebrachten Einwendungen würdigen (Rolletschke/*Kemper* § 403 Rn. 12). In umfangreichen, sachlich und/oder rechtlich schwierigen Fällen wird die FinB ohnehin regelmäßig darum ersuchen (müssen), zu der von der StA beabsichtigten Einstellung *schriftlich* Stellung nehmen zu dürfen und zu diesem Zweck gem. § 395 AO die Akten zur Einsichtnahme anfordern. Von einer im Grundsatz schriftlichen Stellungnahme der FinB geht im Übrigen auch Nr. 92 Abs. 4 ASB aus.

3. Maßnahmen gegen eine Verfahrenseinstellung durch die StA

25 **Keinesfalls** darf Abs. 4 (oder gar Nr. 90 Abs. 1 RiStBV) dahin gehend missverstanden werden, dass die StA das Verfahren nur mit Zustimmung der FinB einstellen darf bzw. – anders gewendet – der FinB gegen die Einstellung durch die StA ein **Vetorecht** zusteht. Das ist *nicht* der Fall (Erbs/Kohlhaas/*Senge* § 403 Rn. 6; *Kohlmann* § 403 Rn. 16; Rolletschke/*Kemper* § 403 Rn. 12; Schwarz/*Weyand* § 403 Rn. 6). Insbesondere steht der FinB im Fall einer Verfahrenseinstellung gem. § 170 Abs. 2 StPO auch nicht die Möglichkeit offen, ein **Klageerzwingungsverfahren** (§ 172 StPO) einzuleiten, da die FinB – anders als der (Steuer-) Fiskus – nicht „Verletzte" i.s.v. § 172 Abs. 1 Satz 1 StPO ist (ganz h.M., vgl. FGJ/*Joecks* § 403 Rn. 18; HHSp/*Hellmann* § 403 Rn. 43 ff.; Graf/Jäger/Wittig/*Lipsky* § 403 Rn. 8; Klein/*Jäger* § 403 Rn. 7; Koch/Scholtz/*Scheurmann-Kettner* § 403 Rn. 8; *Kohlmann* § 403 Rn. 17 [zusätzl. Arg.: Nebenklagerecht der FinB abgeschafft]; Rolletschke/*Kemper* § 403 Rn. 16; Schwarz/*Weyand* § 403 Rn. 10; a.A. – soweit ersichtlich – nur noch Bender/*Möller/Retemeyer* D. II. Rn. 100, D. III. 499). Selbst wenn man den Antrag der FinB auf Durchführung des Klageerzwingungsverfahrens nicht als ihren eigenen Antrag, sondern als Antrag des von ihr vertretenen (Steuer-) Fiskus ansehen wollte, „passt" das Klageerzwingungsverfahrens systematisch nicht zu dem ansonsten gesetzlich insbesondere durch § 386 Abs. 4 Satz 2 AO vorgegebenen strukturellen Gefüge des (Über-/Unterordnungs-) Verhältnisses zwischen StA und FinB. Die FinB, bei der es sich selbst um eine Strafverfolgungsbehörde handelt, ist nicht dazu berufen, die abschließenden Entscheidungen der ihr übergeordneten (vgl. § 386 Abs. 4 Satz 2 AO) StA gerichtlich überprüfen zu lassen (wie hier FGJ/*Joecks* § 403 Rn. 18 a.E.; HHSp/*Hellmann* § 403 Rn. 45; *Kohlmann* § 403 Rn. 17 a.E.).

26 **Stellt die StA ein Steuerstrafverfahren aus Sicht der FinB zu Unrecht gem. § 170 Abs. 2 StPO ein**, ist die FinB – die Möglichkeit der Erstattung einer Strafanzeige gegen den Dezernenten der StA wegen Strafvereitelung im Amt (§§ 258, 258a StGB) einmal ausgenommen – auf die formlosen Rechtsbehelfe der **Gegenvorstellung** und der **Dienstaufsichtsbeschwerde** beschränkt (vgl. FGJ/*Joecks* § 403 Rn. 17; Graf/Jäger/Wittig/*Lipsky* § 403 Rn. 7; HHSp/*Hellmann* § 403 Rn. 41, erg. § 407 Rn. 18; Rolletschke/*Kemper* § 403 Rn. 15; Koch/Scholtz/*Scheurmann-Kettner* § 403 Rn. 8). Ansonsten erschöpfen sich die Handlungsmöglichkeiten der FinB darin, der StA im Nachgang ggf. neu erlangte Erkenntnisse mitzuteilen und gestützt auf diese veränderte Tatsachengrund-

lage die Wiederaufnahme des Verfahrens zu beantragen (erg. Nr. 105 Abs. 1 Satz 2 RiStBV; HHSp/*Hellmann* § 403 Rn. 42). Mit Blick auf das in § 384 Abs. 4 Satz 2 AO zum Ausdruck kommende Über-/Unterordnungsverhältnis zwischen StA und FinB kann die FinB bei unveränderter Sachlage wegen derselben Tat allerdings kein eigenes (Nach-) Ermittlungsverfahren einleiten, um in der Folge gem. § 400 Halbs. 1 AO selbst den Erlass eines Strafbefehls zu beantragen. Hierzu fehlt ihr die Befugnis. Auch zu eigenständigen Nachermittlungen ist sie bei gleichbleibender Sachlage nicht befugt. Das gilt erst recht bei Einstellungen der StA nach dem Opportunitätsprinzip gem. §§ 153 ff., 154 ff. StPO oder § 398 AO, wobei im Fall des § 153a StPO zusätzlich die Besonderheit des mit Auflagenerfüllung eintretenden Strafklageverbrauchs (§ 153a Abs. 1 Satz 4 StPO) zu beachten ist.

Hat die StA die Anhörung der FinB nach Abs. 4 (bewusst oder versehentlich) unterlassen, kann 27 die FinB grds. *förmlich* im Wege der Dienstaufsichtsbeschwerde die **Nachholung der Anhörung** betreiben, mit dem Ziel, dass die StA das Verfahren aufgrund der im Nachgang vorgebrachten Argumente der FinB wieder aufnimmt (vgl. HHSp/*Hellmann* § 403 Rn. 42). Mit Blick auf die Möglichkeit der Akteneinsicht nach § 395 AO stellt dies – ungeachtet der mit einer Dienstaufsichtsbeschwerde einhergehenden Belastung des Arbeitsklimas – den zeitaufwendigeren und damit weitaus weniger effizienten Weg zur Erreichung einer Wiederaufnahme dar (erg. Rdn. 26).

C. Folgen der Verletzung der Beteiligungsrechte

Eine Verletzung der in § 403 AO statuierten Beteiligungsrechte der FinB durch die StA zieht **kei-** 28 **nerlei Rechtsfolgen** für das konkrete (Steuer-) Strafverfahren nach sich. Insbesondere treten keine Verwertungs- oder Verwendungsverbote auf; auch die Verfahrenseinstellung oder Anklageerhebung wird dadurch nicht tangiert, geschweige denn unwirksam (vgl. Erbs/Kohlhaas/*Senge* § 403 Rn. 6; HHSp/*Hellmann* § 403 Rn. 40; Klein/*Jäger* § 403 Rn. 6; Schwarz/*Weyand* § 403 Rn. 6; einschr. FGJ/*Joecks* § 403 Rn. 16 [„regelmäßig nicht"] u. Graf/Jäger/Wittig/*Lipsky* § 403 Rn. 7 [„grundsätzlich verwertbar"], allerdings jew. ohne nähere Begr.). Der FinB stehen gegen die Missachtung ihrer Rechte allenfalls die bereits o.g. (s. Rdn. 19, 22, 26 f.) informellen Rechtsbehelfe der **Gegenvorstellung** und der **Dienstaufsichtsbeschwerde** zu. Alles andere, insbesondere die Annahme eines gleichwie gearteten Verwertungsverbots, findet keinen Anhalt im Gesetz und wäre im Übrigen auch praxisfern, da § 403 AO v.a. bei der Polizei und den allgemeinen Abteilungen StA (ähnl. wie § 116 AO) nach wie vor vielfach unbekannt ist und deshalb nicht bewusst, sondern allenfalls aus Unkenntnis nicht zur Anwendung gelangt. Zudem lägen derart weitgehende Rechtsfolgen auch nicht im Interesse der FinB.

Eine **Wiederholung von Ermittlungshandlungen** i.S.v. Abs. 1 Satz 1, 3 unter Beteiligung der FinB 29 kann von dieser in keinem Fall verlangt werden (HHSp/*Hellmann* § 403 Rn. 41).

IV. Steuer und Zollfahndung

§ 404 AO   Steuer- und Zollfahndung

Die Zollfahndungsämter und die mit der Steuerfahndung betrauten Dienststellen der Landesfinanzbehörden sowie ihre Beamten haben in Strafverfahren wegen Steuerstraftaten dieselben Rechte und Pflichten wie die Behörden und Beamten des Polizeidienstes nach den Vorschriften der Strafprozessordnung. Die in Satz 1 bezeichneten Stellen haben die Befugnisse nach § 399 Abs. 2 Satz 2 sowie die Befugnis zur Durchsicht der Papiere des von der Durchsuchung Betroffenen (§ 110 Abs. 1 der Strafprozessordnung); ihre Beamten sind Ermittlungspersonen der Staatsanwaltschaft.

A. Zweck und Bedeutung der Vorschrift

1   § 404 AO stellt klar, welche besonderen (strafprozessualen) Befugnisse Steuer- und Zollfahndung im Rahmen ihrer Aufgabenerfüllung nach § 208 Abs. 1 AO haben. Denn Steuer- und Zollfahndung sind einerseits Strafverfolgungsbehörde, treffen aber andererseits Feststellungen über Besteuerungsgrundlagen zur Vorbereitung der Steuerfestsetzung und sind damit insoweit im Wesentlichen mit denselben Befugnissen ausgestattet wie sonstige Dienststellen und Beamte der FA bzw. Hauptzollämter im üblichen Besteuerungsverfahren. Besteuerungs- und Steuerstrafverfahren laufen regelmäßig nebeneinander her, sind aber mit Blick auf die verschiedenen Pflichten und Rechte der Betroffenen sorgfältig zu unterscheiden (Klein/*Jäger* § 404 Rn. 1; FGJ/*Randt* § 404 Rn. 4 ff.).

Steuer- und Zollfahndung haben im Steuerstrafverfahren die Befugnisse und Pflichten, die die StPO den Polizeibeamten aufgibt, § 404 Satz 1 AO, § 26 Abs. 1 ZFdG. Ihre Beamten sind Ermittlungspersonen der StA, § 404 Satz 2 Halbs. 2, § 26 Abs. 2 ZFdG. Sie sind befugt, selbstständig die Papiere des von einer Durchsuchung Betroffenen durchzusehen, § 110 Abs. 1 StPO. Darüber hinaus stehen der Fahndung Befugnisse zu, die die Finanzbehörde nach § 399 Abs. 2 Satz 2 AO innehat.

Im Ordnungswidrigkeitenverfahren haben die Fahndungsbeamten an sich nicht die Stellung von Ermittlungspersonen der StA, weil Ordnungswidrigkeitenverfahren von der Verwaltungsbehörde geführt werden. Entsprechend bezieht sich § 410 Abs. 1 Nr. 9 AO mit den ergänzenden Vorschriften für das Bußgeldverfahren nur auf § 404 Satz 1 und 2 Halbs. 1 AO. Die Finanzbehörde, der die Befugnisse nach §§ 410 Abs. 1 Nr. 7, 399 Abs. 2 AO zustehen, kann diese jedoch auf Fahndungsbeamte übertragen (Klein/*Jäger* § 404 Rn. 14).

B. Aufgaben und Befugnisse der Fahndungsdienste

Um die Kompetenzen der Fahndungsdienste für jede Aufgabe zutreffend zu erfassen, ist § 404 AO **2** vor dem Hintergrund der §§ 208, 393, 399 AO zu lesen.

Steuer- und Zollfahndung haben Steuerstrafsachen zu erforschen, § 208 Abs. 1 Satz 1 Nr. 1 AO (Rdn. 3), in diesen Fällen die Besteuerungsgrundlagen zu ermitteln, § 208 Abs. 1 Satz 1 Nr. 2 AO (Rdn. 4) sowie unbekannte Steuerfälle aufzudecken und zu ermitteln, § 208 Abs. 1 Satz 1 Nr. 3 AO (Rdn. 5). Für die verschiedenen Aufgabenbereiche stehen den Fahndungsdiensten unterschiedliche Befugnisse zu, § 208 Abs. 1 Satz 2 AO (Klein/*Rüsken* § 208 Rn. 1 ff.).

I. Kompetenzen im Steuerstrafverfahren

Vorrangig und für die Praxis von erheblicher Bedeutung ist die (steuer-)strafverfahrensrechtliche **3** Aufgabe der Fahndungsbehörden nach § 208 Abs. 1 Satz 1 Nr. 1 AO (Wabnitz/Janovsky/*Kummer* 18. Kap. Rn. 165 ff.; Klein/*Rüsken* § 208 Rn. 4). Bei der Erfüllung dieser Aufgabe stehen den Fahndungsdiensten neben den allgemeinen strafprozessualen Befugnissen noch die Befugnisse nach § 404 Satz 2 Halbs. 1 AO zu.

Grundlegende Befugnisse nach der StPO

– Entgegennahme von Anzeigen, § 158 StPO
– Recht und Pflicht, im Auftrag der StA/der Finanzbehörde von öffentlichen Behörden Auskunft zu verlangen und Ermittlungen jeder Art durchzuführen, § 161 Abs. 1 StPO
– Erforschung strafbarer Zuwiderhandlungen sowie sonstige unaufschiebbare Maßnahmen zur Verhütung der Verdunklung, § 163 Abs. 1 StPO
– Durchführung von Vernehmungen von Beschuldigten, Zeugen, Sachverständigen (nicht aber die zwangsweise Vorführung), 163a Abs. 1 StPO
– Vorläufige Festnahme von auf frischer Tat Betroffenen oder Verfolgten bei Fluchtverdacht oder Unklarheiten über ihre Person, § 127 Abs. 1 StPO
– Festnahme von Tatverdächtigen, wenn ein Haft- oder Unterbringungsbefehl vorliegt oder Gefahr im Verzuge, §§ 112, 126a, 127 Abs. 2 StPO
– Erkennungsdienstliche Behandlung, § 81b StPO i.V.m. § 25 ZFdG (besondere Aufgabenzuweisung an den Zollfahndungsdienst)
– Erlass eines Steckbriefs gegen den Beschuldigten sowie Suchvermerke im Bundeszentralregister, § 27 BRZG (nur die Zollfahndung)
– Durchführung von Durchsuchungsmaßnahmen (dazu *Kemper*, wistra 2007, 249) sowie Sicherstellung von Gegenständen, die als Beweismittel in Betracht kommen oder dem Verfall oder der Einziehung unterliegen, §§ 94, 98 Abs. 1, 111b, 111e StPO
– Durchsicht der Papiere eines von der Durchsuchung Betroffenen, § 110 Abs. 1 StPO.

Besondere Befugnisse als Ermittlungspersonen der StA

– Anordnung der körperlichen Untersuchung, falls durch die Einholung einer richterlichen Entscheidung der Untersuchungserfolg gefährdet wäre, § 81c Abs. 5, Abs. 3 Satz 3 StPO
– Anordnung der Beschlagnahme bei Gefahr im Verzug, §§ 94 Abs. 2, 98 Abs. 1 StPO
– Durchsuchung bei Tat- oder Teilnahmeverdächtigen bei Gefahr im Verzug, §§ 102 ff., 105 Abs. 1 StPO sowie gem. § 103 StPO bei unverdächtigen Dritten
– Anordnung der Sicherheitsleistung und Bestellung eines Zustellungsbevollmächtigten, falls ein Beschuldigter keinen festen inländischen Wohnsitz oder Aufenthalt hat und keine Haftgründe bestehen, sofern Gefahr im Verzuge gegeben ist, § 132 Abs. 2 StPO
– Überwachung der Telekommunikation gem. § 100a Abs. 1 Nr. 1 StPO bei schweren Straftaten (Zum Katalog der Straftaten zählen die gewerbsmäßige Steuerhinterziehung nach § 370 Abs. 3 Satz 2 Nr. 5 AO, der gewerbs-, bandenmäßige und gewaltsame Schmuggel nach § 373 AO und die Steuerhehlerei nach § 374 Abs. 2 AO sowie Zuwiderhandlungen gegen AMG, AWG, BtMG, GÜG, KWKG sowie das WaffG. Die entsprechenden Maßnahmen werden von den

ZFÄ durchgeführt, soweit ein Einfuhrbezug vorliegt. Krit. zur TKÜ im Steuerstrafverfahren *Wulf*, wistra 2008, 321; *Buse/Bohnert*, NJW 2008, 618).

II. Befugnisse bei der Wahrnehmung steuerverfahrensrechtlicher Aufgaben

4 Nach § 208 Abs. 1 Nr. 2 AO haben die Fahndungsbehörden **im Zusammenhang** mit Steuerstrafverfahren und -ordnungswidrigkeiten die Besteuerungsgrundlagen für das daran anschließende Besteuerungsverfahren zu ermitteln (HHSp/*Schick* § 208 Rn. 95 ff.). Die steuerverfahrensrechtlichen Befugnisse sind also davon nicht losgelöst (Klein/*Rüsken* § 208 Rn. 3, 30). Da regelmäßig für die Strafbarkeit ein Verkürzungserfolg eingetreten sein muss, hielt der Gesetzgeber es für geboten, der Fahndung in diesem Zusammenhang auch die Ermittlung der Besteuerungsgrundlagen zu übertragen (BT-Drucks. 7/4229, S. 36; FGJ/*Randt* § 404 Rn. 21 m.w.N.). Dabei sind die Fahndungsbehörden gem. § 208 Abs. 1 Satz 3 AO von folgenden Beschränkungen bei der Beweiserhebung befreit:

- Vorrang der Auskunft des Beteiligten, § 93 Abs. 2 Satz 2 AO
- Subsidiarität der Vorlage von Büchern etc., § 97 Abs. 2 und 3 AO
- Gleichstellung der Mitwirkungspflichten des Steuerpflichtigen wie bei der Außenprüfung, § 200 Abs. 1, 2 und 3 AO.

III. Aufdeckung und Erforschung unbekannter Steuerfälle

5 Unbekannt ist ein Steuerfall, wenn die Finanzbehörde von dem steuerlichen Sachverhalt und/oder dem Steuerpflichtigen keine Kenntnis hat (BT-Drucks. 7/4292 S. 36). Um der Aufsichtsaufgabe gerecht zu werden, soll die Fahndung bereits vor dem Verdacht einer Steuerstraftat oder -ordnungswidrigkeit tätig werden. Ein Anfangsverdacht im strafprozessualen Sinne ist dabei nicht erforderlich. Im Rahmen derartiger Vorfeldermittlungen werden konkrete Anhaltspunkte für etwaige Steuerstraftaten oder -ordnungswidrigkeiten oft erst offenbar. Ermittlungen ins Blaue hinein sind aber nicht zulässig (Klein/*Rüsken* § 208 Rn. 41 ff.; HHSp/*Schick* § 208 Rn. 169; *Matthes*, wistra 2008, 10). Die Fahndung darf nur tätig werden, wenn die objektive Möglichkeit einer Steuerverkürzung besteht. Da § 208 Abs. 1 Nr. 3 AO die allgemeine Steueraufsicht regelt, dürfen Vorfeldermittlungen der Fahndung nicht dazu führen, dass der Sachverhalt unter **straf**rechtlichen Gesichtspunkten mit **steuer**rechtlichen Mitteln untersucht oder aufgehellt wird (FGJ/*Randt* § 404 Rn. 32; *Lasaroff*, DSB 2011, Nr. 4, 9 ff.; *Gotzens* FS-Streck, S. 519 ff.).

C. Organisation und spezielle Aufgaben der Zollfahndung

I. Organisation

6 Seit Inkrafttreten des ZFdG am 24.08.2002 (BGBl. I 2002, S. 3202) sind die Zollfahndungsämter unmittelbar dem ZKA zugeordnet. Gegenwärtig gibt es die folgenden 8 ZFÄ mit insgesamt 24 Außenstellen:

- Berlin-Brandenburg (Außenstellen Forst, Frankfurt-Oder, Pomellen)
- Dresden (Außenstellen Görlitz, Leipzig)
- Essen (Außenstellen Aachen, Kleve, Köln, Münster, Nordhorn)
- Frankfurt am Main (Außenstellen Kaiserslautern, Kassel)
- Hamburg (Außenstellen Bremerhaven, Kiel, Rostock)
- Hannover (Außenstellen Bielefeld, Bremen, Magdeburg)
- München (Außenstellen Lindau, Nürnberg, Weiden)
- Stuttgart (Außenstellen Freiburg, Karlsruhe, Radolfzell).

1. Zollfahndungsämter

Die ZFÄ und ihre Außenstellen sind bundeseinheitlich in **Sachgebiete** unterteilt, wobei sich die 7
Zuständigkeit nach bestimmten Rechtsgebieten richtet. Neben dem Sachgebiet Organisation/Personal/Haushalt und IT-Angelegenheiten gibt es die Ermittlungssachgebiete Einsatzunterstützung, Organisierte Kriminalität, Informationsgewinnung und -auswertung sowie die Fachsachgebiete für Außenwirtschaft, Verbote und Beschränkungen/Rauschgift, Marktordnungsrecht und Verbrauchsteuern/Zölle.

Jedem ZFA ist grds. ein fester Amtsbezirk zugewiesen. Regelmäßig wird aber bezirksübergreifend 8
ermittelt. Zu beachten sind die bezirksübergreifenden Zuständigkeiten in den Deliktbereichen Marktordnung und Außenwirtschaft. Folgende zusätzliche Bezirkszuweisungen sind für den Bereich Außenwirtschaft festgelegt:

– ZFA Stuttgart für den Bezirk des ZFA München
– ZFA Essen für den Bezirk des ZFA Frankfurt am Main
– ZFA Berlin-Brandenburg für den Bezirk des ZFA Dresden
– ZFA Hamburg für den Bezirk des ZFA Hannover.

Den ZFÄ sind **gemeinsame Ermittlungsgruppen** Rauschgift (GER) von Zollfahndung und Poli- 9
zei (zur Zulässigkeit gemeinsamer Ermittlungsgruppen des Polizeivollzugsdienstes und des Zollfahndungsdienstes im Zusammenhang mit der Bekämpfung der Betäubungsmittelkriminalität *Kramer*, wistra 1990, 169) sowie gemeinsame Finanzermittlungsgruppen (GFG) von Zollfahndung und Polizei zur Bekämpfung der Geldwäsche angeschlossen.

Bei der Aufgabenerfüllung werden die ZFÄ ferner von **Spezialeinheiten** wie der Observationsein- 10
heit Zoll (früher OEZ heute SEZ) unterstützt. Diese Einheiten sind jeweils bei dem Sachgebiet Einsatzunterstützung angebunden. Außerdem unterstützen das bei dem ZKA angesiedelte Spezialeinsatzkommando Zentrale Unterstützungsgruppe Zoll (ZUZ) oder Spezialeinheiten der Polizei die Ermittlungen der ZFÄ bei besonders gewaltbereiten oder gefährlichen Tätern, hauptsächlich bei Ermittlungen im OK-Bereich.

Des Weiteren bedient sich der Zollfahndungsdienst Informanten und Verdeckter Ermittler, die von den ZFÄ oder dem ZKA geführt werden (zum Einsatz nicht im rechtlichen Sinne verdeckt operierender Beamter als „qualifizierte Scheinaufkäufer" *Krey* unter www.zoll-online.de).

2. Zollkriminalamt

Zentralstelle des deutschen Zollfahndungsdienstes ist das ZKA mit Sitz in Köln, das die Ermitt- 11
lungen der ZFÄ koordiniert, lenkt und unterstützt und in Fällen von besonderer Bedeutung Ermittlungen selbst durchführen kann, § 3 Abs. 5, §§ 4, 16 ZFdG (Hk-ZFdG/*Wamers* § 4 Rn. 6; Wabnitz/Janovsky/*Harder* 20. Kap. Rn. 194 ff.; *Linke*, Das Zollkriminalamt: eine geheimnisvolle, unsichtbare und mächtige Strafverfolgungsbehörde?). Dabei stehen dem ZKA die Rechte und Pflichten wie den Behörden des Polizeidienstes zu, § 16 ZFdG. In der Vergangenheit führte das ZKA eigene Ermittlungen überwiegend im Bereich des Außenwirtschaftsrechts durch.

Das ZKA fungiert als Informations-, Koordinations-, Datensammlungs- und Datenverarbeitungs- 12
zentrale des Zollfahndungsdienstes. Es unterhält kriminaltechnische und kriminalwissenschaftliche Einrichtungen und ist Zentralstelle der Zollverwaltung bei der Zusammenarbeit mit ausländischen Dienststellen, der Europäischen Kommission und anderen supranationalen Organisationen, § 3 Abs. 8 ZFdG. Grenzüberschreitende Zusammenarbeit der Strafverfolgungsbehörden ist an der Tagesordnung. Zu diesem Zweck hat das ZKA Verbindungsbeamte in mehrere europäische und auch außereuropäische Länder entsandt.

Aufgrund der grenzüberschreitenden Kriminalitätsform erfolgt eine enge Zusammenarbeit der 13
internationalen Strafverfolgungsbehörden über multilaterale oder bilaterale Abkommen über die Zusammenarbeit bei der Verfolgung von Zuwiderhandlungen. Diese Abkommen regeln die

Unterstützung durch wechselseitige Ermittlungen und Auskünfte. Innerhalb der EU wird i.R.d. Amtshilfe zusammengearbeitet (zum Verhältnis zwischen Amtshilfe und justizieller Rechtshilfe Wabnitz/Janovsky/*Harder* 20. Kap. Rn. 207).

Das ZKA untersteht als Zentralstelle der unmittelbaren Fachaufsicht des BMF.

II. Wesentliche Aufgaben

14 Die wesentlichen Aufgaben des Zollfahndungsdienstes bestehen in der strafrechtlichen Verfolgung und Verhütung von Straftaten in den Bereichen Steuer-, Außenwirtschafts- und Marktordnungsrecht, bei Verstößen gegen Verbote und Beschränkungen im grenzüberschreitenden Warenverkehr sowie bei international organisierter Geldwäsche. Die entsprechenden Aufgaben sind außer in der AO in Spezialgesetzen wie dem AWG, GÜG, MOG oder dem MZK sowie dem nationalen ZollVG festgelegt.

15 Zur Aufdeckung unbekannter Steuerfälle werden **Vorfeldermittlungen** geführt, mit dem Ziel, konkrete Anhaltspunkte für das Vorliegen von Steuerstraftaten zu erlangen (*Wamers*, Marktbeobachtung: rechtliche und verwaltungspraktische Grundlagen einer Aufgabe der Zollfahndung, 1997; *Wamers*, ddz 1991, F29, F31 –F33; HK-ZFdG/*Wamers* § 3 Rn. 21 ff.). In diesem Bereich wird seit Jahren verstärkt auch das Sachgebiet Informationsgewinnung tätig. Ermittlungen im Internet nehmen zu, u.a. durch Abhören von Gesprächen im Internet auch im Rahmen von Quellen-TKÜen (zur Zulässigkeit der Quellen-TKÜ *Meyer-Goßner* § 100a Rn. 7a; krit. *Becker/Meinicke*, StV 2011, 50). Seit 2004 sind 25 Ermittlungsbeamte in der Zentralen Internet-Recherche-Einheit (ZIRE) mit Sitz in Frankfurt an der Oder mit online-Fahndung befasst. Die Ergebnisse werden von ZIRE an die zuständigen ZFÄ weitergeleitet.

16 Unbekannte Steuerfälle werden aber auch auf Messen und Märkten ermittelt, wenn die Möglichkeit besteht, dass gegen Zoll- und/oder Einfuhrbestimmungen verstoßen wird. Das ist im Bereich VuB z.B. bei Waffen und Artenschutz, im Bereich Verbrauchsteuern bei dem Verkauf unversteuerter Zigaretten auf Märkten oder im Bereich der Produktpiraterie beim Verkauf von Falsifikaten auf Messen der Fall.

17 Die Ermittlungsbefugnisse der Fahndung sind im Grundsatz auf steuerliche Straftaten begrenzt. Allerdings können sich diese auch auf nichtsteuerliche Sachverhalte beziehen, wenn die verfolgte Tat im strafprozessualen Sinne nicht nur ein Steuerstrafgesetz verletzt sondern auch die Voraussetzungen eines allgemeinen Strafgesetzes erfüllt, und zwar erst recht, wenn Tateinheit i.S.d. § 52 StGB vorliegt (BGHSt 36, 283; OLG Braunschweig, wistra 1998, 71, 72; zust. *Müller/Wabnitz/Janovsky* 12. Kap. Rn. 38 ff.; Hk-ZFdG/*Wamers* § 16 Rn. 12; Hk-ZFdG/*Fehn* § 26 Rn. 3; *Pütz*, wistra 1990, 212; a.A. *Reiche*, wistra 1990, 90; *Bender*, wistra 1998, 93, 94).

18 Den Zollbehörden stehen außerdem Befugnisse zur zollamtlichen Überwachung zu, § 10 ZollVG. Dazu gehört z.B. im grenznahen Raum die Möglichkeit, verdachtsunabhängig Personen und Beförderungsmittel anzuhalten, Gepäck und Ladung zu prüfen etc. In wieweit auch der Zollfahndungsdienst Aufgaben und Befugnisse nach § 10 ZollVG wahrnehmen darf, ist fraglich (zust. *Fehn*, Kriminalistik 2004, 110, 114). In der Praxis wirkt sich dies kaum aus, zumal eine enge Zusammenarbeit mit den für diese Aufgaben prädestinierten mobilen Kontrolleinheiten der HZÄ besteht. Diese führen i.d.R. entsprechende Maßnahmen nach §§ 10 ff. ZollVG durch und ziehen bei Verdacht auf einschlägige Straftaten die Zollfahndung hinzu. Dies ist insb. im Bereich der Bekämpfung der Betäubungsmittelkriminalität, der Bekämpfung des Schmuggels hoch steuerbarer Waren sowie von einfuhrverbotenen Lebensmitteln der Fall (dazu auch *Fehn*, Rauschgiftschmuggelbekämpfung durch den Zollfahndungsdienst der BRD und europäischer Binnenmarkt: unter besonderer Berücksichtigung der verwaltungsmäßigen Stellung und der Aufgaben des Zollkriminalinstituts).

III. Verfahrensfragen

Herrin des Verfahrens in reinen Steuerstrafsachen ist die Finanzbehörde, § 386 AO. Die Finanzbe- 19
hörden sind zuständig für die Beantragung gerichtlicher Beschlüsse für die Durchführung strafprozessualer Ermittlungsmaßnahmen wie Durchsuchungen, Beschlagnahmen, TKÜ-Maßnahmen,
Observationsmaßnahmen usw.

In der Praxis erhält die Finanzbehörde oft erstmals Kenntnis von der Einleitung eines Ermitt- 20
lungsverfahrens, wenn die ZFÄ die Durchführung strafprozessualer Maßnahmen zur weiteren
Tataufklärung für erforderlich halten. Erst dann erfolgen eine Erfassung und die Vergabe eines
Aktenzeichens seitens der zuständigen Ahndungsstelle der HZÄ. Die Ermittlungsakten werden
weiterhin von den Fahndungsbeamten geführt und erst zum Abschluss der Ermittlungen mit
einem entsprechenden Schlussbericht der Finanzbehörde (wieder) vorgelegt. In Fällen der Organisierten Kriminalität oder in komplexen Zollstrafverfahren gibt es freilich eine enge Zusammenarbeit zwischen den Fahndungsdienststellen und den Finanzbehörden/Staatsanwaltschaften sowie
mit den Prüfdiensten der Außen- und Betriebsprüfung.

Etwaige Anträge der Verteidigung (z.B. Antrag auf Gewährung von Akteneinsicht, § 147 StPO) 21
sind grds. an die zuständige Finanzbehörde zu richten. Ansonsten hat die Fahndungsbehörde diese
mit den Akten dort vorzulegen.

IV. Zusammenarbeit mit anderen Behörden

Sowohl das ZKA als auch die ZFÄ arbeiten national wie international mit anderen Behörden eng 22
zusammen. Es existieren diverse nationale gesetzliche Regelungen, die eine entsprechende Zusammenarbeit zugunsten der Finanzbehörden vorgeben:

- § 105 AO – Aufhebung der Verschwiegenheitspflichten
- § 111 AO – Amtshilfepflichten
- § 116 AO – Mitteilungspflichten beim Verdacht einer Steuerstraftat
- § 6 SubventionsG – Mitteilungspflicht beim Verdacht eines Subventionsbetruges
- § 403 AO – Beteiligung bei der Aufklärung einer Steuerstraftat
- § 13 FVG – Beistandspflichten der örtlichen Polizei- und Gemeindebehörden (z.B. des Ord-
  nungsamts beim Stellen von Durchsuchungszeugen etc.).

Im internationalen und europäischen Bereich wird regelmäßig über die Zentralstelle ZKA zusammengearbeitet (Rdn. 6). Hervorzuheben ist die Zusammenarbeit mit der EG-Kommission über
OLAF in allen Bereichen der Betrugsbekämpfung zum Nachteil der finanziellen Interessen der
Gemeinschaft (Wabnitz/Janovsky/*Harder* 20. Kap. Rn. 206; zur steuerlichen Amtshilfe in der EG
s. Birk/*Wolffgang* Rn. 67).

D. Organisation und Aufgaben der Steuerfahndung

I. Organisation

Anders als bei den ZFÄ besteht für die Steuerfahndung keine einheitliche Organisation im Bun- 23
desgebiet. Gem. § 17 Abs. 2 Satz 3 FVG können besonderen FA oder besonderen Landesfinanzbehörden bestimmte Zuständigkeiten für den Bereich mehrerer FA übertragen werden.

In einigen Bundesländern wurden sog. FA für Fahndung und Strafsachen eingerichtet. I.Ü. ist die 24
Organisation der mit der Steuerfahndung betrauten Dienststellen in den einzelnen Bundesländern
unterschiedlich (HHSp/*Hübner* § 404 Rn. 81). Bspw. ist die Steuerfahndung unselbstständige
Dienststelle eines FA in Baden-Württemberg, Bayern, Brandenburg, Bremen, Hamburg, Hessen,
Mecklenburg-Vorpommern, Rheinland-Pfalz, im Saarland, in Sachsen, Schleswig-Holstein, Thü-
ringen und Sachsen-Anhalt (HHSp/*Schick* § 208 Rn. 20; *Rolletschke/Kemper* Rn. 660). In den Bun-

desländern Niedersachsen, Berlin und Nordrhein-Westphalen ist die Steuerfahndung Teil des FA für Fahndung und Strafsachen (krit. zu den Strukturen im finanzbehördlichen Steuerstrafverfahren *Kaligin*, Stbg 2010, 126).

25 Die örtlichen Zuständigkeiten sind in den Landesgesetzen, teilweise auch in nicht veröffentlichten Ländererlassen geregelt. Für Ermittlungsfälle überregionaler Bedeutung wurde die Informationszentrale für den Steuerfahndungsdienst bei dem FA Wiesbaden II eingerichtet (Wabnitz/Janovsky/ *Tschanett* 29. Kap. Rn. 24). Hierüber soll die Ermittlungstätigkeit der mit der Steuerfahndung betrauten Dienststellen abgestimmt und koordiniert werden. Eigene Ermittlungsbefugnisse oder Weisungsrechte stehen der Informationszentrale indes nicht zu (FGJ/*Randt* § 404 Rn. 13).

II. Wesentliche Aufgaben

26 Zentrale Aufgaben der Steuerfahndung ist und bleiben die Erforschung von Steuerstraftaten nach § 208 Abs. 1 Satz 1 Nr. 1 AO und die im Zusammenhang stehende Ermittlung der Besteuerungsgrundlagen, § 208 Abs. 1 Satz 1 Nr. 2 AO (*Wendeborn*, Das Recht der Steuerfahndung gem. §§ 208, 404 AO). Die Fahndungsprüfer erhalten regelmäßig Anzeigen oder Verdachtsmeldungen von anderen Behörden, v.a. der Polizei, dem Zoll, der Arbeitsverwaltung, von Sozialversicherungsträgern sowie Staatsanwaltschaften und Gerichten. Der Hauptteil der Fälle resultiert aber aus Meldungen der eigenen Steuerverwaltung aufgrund von Erkenntnissen aus Außensteuerprüfungen, Sonderprüfungen usw. Neuerdings bedient man sich auch illegal beschaffter Daten (zur Zulässigkeit und Beweisverwertungsfragen BVerfG, NStZ 2011, 103; Anfangsverdacht durch Daten-CD LG Düsseldorf, wistra 2011, 37, 38; *Küpper*, Zur Verwertung privat-deliktisch beigebrachter Bankdaten im Strafverfahren, Anm. zu LG Düsseldorf, Beschluss v. 17.09.2010 – 114 Qs – 131 Js 150/10 – 60/10, jurisPR-StrafR 24/2010 Anm. 2; *Haensle/Reichhold*, DVBl. 2010, 1277 ff.; *Kölbel*, NStZ 2008, 241 ff.; *Joecks*, Stbg 2008 Heft 5 M1). Auch die Überwachung der Telekommunikation wird als Mittel zur Tataufklärung herangezogen (krit. *Buse/Bohnert*, NJW 2008, 618). Zur Aufklärung von Steuerstraftaten mit Auslandsbezug besteht Amts- und Rechtshilfe mit dem Ausland (ausführlich Wabnitz/Janovsky/*Kummer* 22. Kap.; HHSp/*Hübner* § 404 Rn. 79; Birk/ *Wolffgang* Rn. 67 ff.; zum Stand der europäischen Initiativen in punkto Steuerzusammenarbeit, Überwachung und Betrugsbekämpfung hält die Generaldirektion Steuern Informationen bereit unter http://ec.europa.eu/taxation_customs/Steuern/Steuerzusammenarbeit, Überwachung und Betrugsbekämpfung).

III. Besonderheiten bei Ermittlungen gegen Banken

27 Die Ermittlungen gegen Banken unterliegen grds. den üblichen rechtlichen Kriterien. Ermittlungsmaßnahmen im Zusammenhang mit der Verlagerung von Kapitalvermögen in das benachbarte Ausland setzen zunächst den Verdacht einer Straftat gegen einen Bankkunden voraus. Für sich genommen sind Geldanlagen im Ausland nicht verdächtig. Es gilt die Freizügigkeit des Kapitalverkehrs, Art. 63 AEUV. Neben der Tatsache eines Auslandstransfers müssen weitere Aspekte, die für eine heimliche Geldanlage sprechen, hinzukommen (FGJ/*Randt* § 404 Rn. 89b). Regelmäßig kennt die Fahndung die Bankkunden nicht, sondern das betroffene Kreditinstitut. Entsprechend kann zur weiteren Tataufklärung bspw. bei Kreditinstituten in den engen Grenzen des § 103 StPO durchsucht werden. Um diese zu vermeiden, wird häufig gegen unbekannte Bankmitarbeiter wegen des Verdachts der Teilnahme an einer Straftat ermittelt. Dabei ist zu berücksichtigen, dass die Grenze zwischen strafloser Mitwirkung und strafbarer Beihilfe oft schwer zu ziehen ist (ausführlich Wannemacher/*Meyer* Kap. IV, Rn. 4096 ff.). Die Durchsuchung des gesamten Kreditinstituts oder gar die Erhebung der gesamten Daten ist im Rahmen einer Ermittlungsmaßnahme gegen Bankmitarbeiter aber nicht ohne Weiteres möglich (*Messner*, DB 1996, 2196; *Salditt*, PStR 1998, 63; *Joecks*, WM 1998 Beilage 1). Bei Ermittlungen im Bankenbereich darf die Steuerfahndung i.Ü. gestützt auf § 208 Abs. 1 Nr. 3 AO Sammelauskunftsersuchen an Kreditinstitute richten (BFH, wistra 2009, 284; FG Leipzig, Urt. v. 27.05.2010 – 2 K 2181/09 sowie dazu

Evers, VW 2011, 136; *Wedelstädt*, AO-StB 2011, 19 ff.; BFH, Urt. v. 5.10.2007 – VII R 63/05, BStBl. II 2007, S. 155; BFH, Beschl. v. 22.12.2006 – VII B 121/06, BFHE 216, 38; zu § 116 AO und dem Kontenabruf BVerfG, Beschl. v. 13.6.2007 – 1 BvR 1550/03, BVerfGE 118, 168).

IV. Tatsächliche Verständigung

Der Umfang der steuerstrafrechtlichen Ermittlungsverfahren und die Probleme bei der Sachauf- **28** klärung führen nicht selten zu Absprachen zwischen der Steuerfahndung und dem Beschuldigten zur Verfahrensbeendigung und zwar in Bezug auf die Besteuerungsgrundlagen einerseits und den gleichzeitigen Abschluss des Strafverfahrens andererseits. Bei der tatsächlichen Verständigung muss für die Steuerfestsetzung die zuständige Behörde, d.h. ein Vertreter des Veranlagungsbezirks vertreten sein (FGJ/*Randt* § 404 Rn. 95). Absprachen über den Abschluss des Steuerstrafverfahrens darf hingegen nur die Bußgeld- und Strafsachenstelle als Herrin des Verfahrens treffen *Müller/Wabnitz/ Janovsky*, 12. Kap. Rn. 13; zur tatsächlichen Verständigung im Zollverfahren s.a. *Streck/Olgemüller*, DB 2006, 971, 976).

V. Bedeutung der Außenprüfung für das steuerstrafrechtliche Ermittlungsverfahren

Erkenntnisse der Außenprüfung sind häufig Anlass zur Durchführung steuerstrafrechtlicher **29** Ermittlungsverfahren. Über das Ergebnis der Außenprüfung ist ein schriftlicher Bericht zu fertigen, § 202 AO. Erkennt der Prüfer i.R.d. Prüfung Anhaltspunkte für eine Steuerstraftat, muss er die zuständige Bußgeld- und Strafsachenstelle unterrichten, § 9 BpO. Soweit noch vor Abschluss der Prüfung ein Steuerstrafverfahren eingeleitet wird, dürfen Ermittlungen i.S.d. § 194 AO erst fortgesetzt werden, wenn die Einleitung eines Steuerstrafverfahrens bekannt gegeben wurde, § 393 Abs. 3 AO, § 9 Satz 2 BpO. Der Steuerpflichtige ist nun Beschuldigter in einem Ermittlungsverfahren und entsprechend über seine Rechte und Pflichten zu belehren, § 393 Abs. 1 AO. Im Besteuerungsverfahren treffen ihn keine Mitwirkungspflichten mehr (*Rolletschke/Kemper* Rn. 708 f.).

Problematisch ist, dass die Außenprüfer in der Praxis einer Punktebewertung unterliegen und deshalb ein Interesse daran haben, die Außenprüfung abzuschließen, was nach Einleitung eines Ermittlungsverfahrens nicht oder nur verzögert möglich ist (*Müller/Wabnitz/Janovsky* 12. Kap. Rn. 6). Es kommt deshalb vor, dass Prüfer in der Schlussbesprechung Hinweise auf das Vorliegen eines strafrechtlichen Anfangsverdachts unterlassen. Dies kann einerseits zur Folge haben, dass der Steuerpflichtige Angaben macht oder Mitwirkung leistet, zu denen er rechtlich nicht verpflichtet ist, und andererseits, dass unter Missachtung des Legalitätsprinzips eine Verhandlungslösung gefunden wird (*Müller/Wabnitz/Janovsky* 12. Kap. Rn. 8).

E. Rechtsschutz gegen Fahndungsmaßnahmen

Bei dem Rechtsschutz gegen Fahndungsmaßnahmen ist die **Doppelstellung** der Fahndungsdienste **30** zu beachten. Die strafprozessualen Ermittlungsmaßnahmen unter Inanspruchnahme der Befugnisse nach § 404 AO zur Aufgabenerfüllung nach § 208 Abs. 1 Satz 1 Nr. 1 und 2 AO sind nach §§ 94, 98, 304 StPO zu überprüfen, so sie auf strafrichterlichen Anordnungen beruhen. I.Ü. ist gem. § 23 EGGVG der ordentliche Rechtsweg zu beschreiten (Klein/*Rüsken* § 208 Rn. 72a, 75 ff.; HHSp/*Schick* § 208 Rn. 94). Gegen Maßnahmen nach § 208 Abs. 1 Satz 1 Nr. 3 AO ist der Finanzrechtsweg gegeben (HHSp/*Schick* § 208 Rn. 94; Klein/*Rüsken* § 208 Rn. 72).

V. Entschädigung der Zeugen und Sachverständigen (§ 405 AO)

§ 405 AO Entschädigung der Zeugen und der Sachverständigen

Werden Zeugen und Sachverständige von der Finanzbehörde zu Beweiszwecken herangezogen, so erhalten sie eine Entschädigung oder Vergütung nach dem Justizvergütungs- und -entschädigungsgesetz. Dies gilt auch in den Fällen des § 404.

A. Grundsätzliches

1 Nach § 1 des Gesetzes über die Entschädigung von Zeugen und Sachverständigen (ZSEG) wurde eine Entschädigung nur gewährt, wenn ein Zeuge oder Sachverständiger durch das Gericht oder durch die StA herangezogen wurde. Eine Vernehmung durch die Polizei oder durch Ermittlungspersonen der StA führte dagegen nicht zu einer Entschädigung. Ergänzend begründete allerdings § 405 AO in der bis 30.06.2004 geltenden Fassung eine Entschädigungspflicht auch für die Fälle, in denen Zeugen und Sachverständige von den Finanzbehörde herangezogen wurden. Das ZSEG wurde mit Wirkung ab dem 01.07.2004 durch das Justizvergütungs- und -entschädigungsgesetz i.d.F. des Kostenrechtsmodernisierungsgesetzes v. 05.05.2004 (JVEG) ersetzt.

2 Gem. § 1 JVEG erstreckt sich der Anwendungsbereich dieses Gesetzes ausdrücklich nicht nur auf die Beauftragung und Heranziehung von Sachverständigen, Dolmetschern, Übersetzern, Zeugen und Dritten durch das Gericht oder die StA, sondern auch auf die Fälle, in denen das durch die Finanzbehörde geschieht und diese das Ermittlungsverfahren selbstständig durchführt. Die Vorschrift des § 405 Satz 1 AO ist damit im Grunde genommen überflüssig, wenngleich § 1 JVEG eine Einschränkung dahin gehend enthält, dass er für Heranziehungen durch die Finanzbehörde nur dann gelten soll, wenn die Finanzbehörde das Strafverfahren selbstständig führt (vgl. dazu auch *Rolletschke/Kemper* § 405 Rn. 5). Diese Einschränkung wird jedenfalls durch die vorbehaltlose Formulierung des § 405 Satz 1 AO hinfällig. Das JVEG findet also unabhängig davon Anwendung, ob die Finanzbehörde gem. §§ 386 Abs. 2, 399 Abs. 1 AO selbstständig ermittelt oder im Ermittlungsverfahren der StA nach § 402 Abs. 1 AO tätig wird (FGJ/*Joecks* § 405 Rn. 2a).

3 Folgerichtig bestimmt § 405 Satz 2 AO, dass die Regelung des § 405 Satz 1 AO auch in den Fällen des § 404 AO Anwendung findet. Zu entschädigen ist der in § 1 JVEG genannte Personenkreis mithin auch dann, wenn er von der Steuer- oder Zollfahndung im Rahmen eines Steuerstrafverfahrens herangezogen wird.

B. Grundzüge des JVEG

I. Frist zur Geltendmachung, § 2 JVEG

4 Nach § 2 Abs. 1 Satz 1 JVEG erlöschen Ansprüche auf Vergütung oder Entschädigung, wenn sie nicht binnen einer Frist von 3 Monaten bei der Stelle, die den Berechtigten herangezogen oder beauftragt hat, geltend gemacht werden. Eine Verlängerung der Frist ist allerdings unter den in § 2 Abs. 1 Satz 2 JVEG genannten Voraussetzungen möglich.

II. Die Vergütung Sachverständigen, Dolmetschern und Übersetzern; §§ 8 ff. JVEG

Nach § 8 Abs. 1 JVEG erhalten Sachverständige, Dolmetscher und Übersetzer als Vergütung ein 5
Honorar für ihre Leistungen gem. §§ 9 bis 11 JVEG, Fahrtkostenersatz nach § 5 JVEG, eine Entschädigung für Aufwand nach § 6 JVEG und einen Ersatz für sonstige und für besondere Aufwendungen gem. §§ 7 und 12 JVEG. Nach § 12 Abs. 1 Satz 2 Nr. 4 JVEG gehört zu den besonderen
Aufwendungen auch die auf die Vergütung entfallende USt, wenn diese nicht nach § 19 UStG
unerhoben bleibt.

Ein Sachverständiger erhält nach § 9 Abs. 1 JVEG für seine Leistungen ein Stundenhonorar, wobei
die Höhe des Stundensatzes nach Honorargruppen gestaffelt ist, die sich aus Anlage 1 zum JVEG
ergeben, während Dolmetscher nach § 11 Abs. 3 Satz 1 JVEG ein Stundenhonorar von 55,00 €
erhalten. Nach § 11 Abs. 1 Satz 1 JVEG werden Übersetzer grds. mit 1,25 € je 55 Anschläge vergütet, mindestens aber mit 15,00 € je Übersetzung, vgl. § 11 Abs. 2 JVEG. Diese Vergütung kann
sich unter bestimmten Voraussetzungen, die sich aus § 11 Abs. 1 Satz JVEG ergeben, erhöhen.

III. Die Entschädigung von Kreditinstituten, § 23 JVEG

Gerade in Steuerstrafverfahren werden Dritte, insb. Kreditinstitute, immer wieder herangezogen. 6
Dritte werden nach § 23 JVEG entschädigt. Der Entschädigungsanspruch Dritter besteht unabhängig davon, ob dem Auskunfts- oder Herausgabeersuchen eine Beschlagnahmeanordnung
zugrunde liegt (Klein/*Jäger* § 405 Rn. 3). Der Arbeitsaufwand der Kreditinstitute für den Einsatz
von Arbeitnehmern wird allerdings gem. §§ 19 Abs. 2, 22 JVEG mit höchstens 17,00 € je Stunde
bei höchstens 10 Std. pro Tag vergütet. Fotokopien, die die Kreditinstitute anfertigen, werden
nach § 7 Abs. 2 JVEG vergütet.

In der Praxis werden Unterlagen heute nicht nur aus Platzgründen auf Bild- und Datenträgern 7
archiviert. Müssen sie dann von einem Kreditinstitut vor Weiterleitung an die Ermittlungsbehörden erst lesbar gemacht werden, stellt sich die Frage, ob die damit verbundenen Kosten entschädi-
gungspflichtig sind. Das ist umstritten (*Kohlmann* § 405 Rn. 17). § 261 HGB und § 147 Abs. 5
AO gelten insoweit nicht, weil sie handelsrechtliche bzw. steuerrechtliche Aufbewahrungspflichten
betreffen. Das OLG Koblenz (NStZ 2006, 241) sieht dies hingegen anders und meint, dass auch
in dem hier fraglichen Zusammenhang § 261 HGB zu beachten ist. Diese Auffassung wird vom
OLG Hamm (Beschl. v. 27.03.2007 – 3 Ws 661/06, BeckRS 2009, 28942) geteilt.

IV. Die Entschädigung von Telefongesellschaften und Internetanbietern

In großen Steuerstrafverfahren z.B. wegen eines Umsatzsteuerkarussells kommt es Maßnahmen 8
der Telekommunikationsüberwachung. Mit dem am 01.07.2009 in Kraft getretenen sog. TK-Ent-
schädigungs-Neuordnungsgesetz soll der Kritik der betroffenen Unternehmen an den bis dahin
geltenden Entschädigungsregeln Rechnung getragen werden. Maßgeblich ist nun Anlage 3 zum
JVEG. Hiernach wird eine Grundentschädigung für die Einrichtung einer Überwachungsmaß-
nahme und deren Abschaltung i.H.v. 100,00 € und eine zusätzliche, von der Dauer der Maßnahme abhängige Vergütung gezahlt. Dabei wird nach Anschlussarten unterschieden.

Des Weiteren wird die Übermittlung von Bestands- und Verkehrsdaten vergütet.

VI. Gerichtliches Verfahren (§§ 406, 407 AO)

§ 406 AO Mitwirkung der Finanzbehörde im Strafbefehlsverfahren und im selbständigen Verfahren

(1) Hat die Finanzbehörde den Erlass eines Strafbefehls beantragt, so nimmt sie die Rechte und Pflichten der Staatsanwaltschaft wahr, solange nicht nach § 408 Abs. 3 Satz 2 der Strafprozessordnung Hauptverhandlung anberaumt oder Einspruch gegen den Strafbefehl erhoben wird.

(2) Hat die Finanzbehörde den Antrag gestellt, die Einziehung oder den Verfall selbständig anzuordnen oder eine Geldbuße gegen eine juristische Person oder eine Personenvereinigung selbständig festzusetzen (§ 401), so nimmt sie die Rechte und Pflichten der Staatsanwaltschaft wahr, solange nicht mündliche Verhandlung beantragt oder vom Gericht angeordnet wird.

A. Allgemeines

1 In den Fällen, in denen die Finanzbehörde das Ermittlungsverfahren selbständig durchführt (vgl. § 386 Rdn. 20 ff.) ergänzt § 406 AO die §§ 386 Abs. 2, 399 – 401 AO. Aus §§ 399 ff. AO ergeben sich lediglich die Rechte der Finanzbehörde im Ermittlungsverfahren, das mit dem Antrag auf Erlass eines Strafbefehls (§ 400 AO) oder dem Antrag auf Anordnung von Nebenfolgen im selbständigen Verfahren (§ 401 AO) endet. Im Gegensatz dazu ergibt sich aus §§ 406, 407 AO die **Rechtsstellung der Finanzbehörde im strafgerichtlichen Verfahren** in Steuerstrafsachen. Gem. § 406 AO kommen der Finanzbehörde auch im Zwischen- und Hauptverfahren nach Abschluss des Ermittlungsverfahrens (beschränkte) staatsanwaltschaftliche Kompetenzen zu bis das Strafbefehlsverfahren in ein ordentliches Gerichtsverfahren übergeht.

2 In dieser Phase sollen der Finanzbehörde aufgrund ihrer Vertrautheit mit dem Fall und zur Entlastung der Staatsanwaltschaft (vgl. Schwarz/*Dumke* § 406 Rn. 1 c f.) nicht nur die Beteiligungsrechte des § 407 AO zustehen, sondern durch die umfassenderen Rechte des § 406 AO soll sie unmittelbar am Verfahren beteiligt bleiben. Insoweit stellt § 406 AO eine Ergänzung zu §§ 400, 401 AO dar (FGJ/*Joecks* § 406 Rn. 2; Rolletschke/*Kemper* § 406 Rn. 3; HHSp/*Rüping*, § 406 Rn. 5).

– § 406 Abs. 1 AO belässt der Finanzbehörde über die Regelung des § 400 AO hinaus ihre staatsanwaltschaftliche Rechtsstellung im gerichtlichen Zwischenverfahren bis zum Einspruch des Beschuldigten gegen den erlassenen Strafbefehl bzw. bis zur Ablehnung des Strafbefehlsantrags des Gerichts durch Anberaumung der Hauptverhandlung.

– Ebenso regelt § 406 Abs. 2 AO die **Rechtsstellung** der Finanzbehörde **im selbständigen Verfahren** nach § 401 AO

B. Die Mitwirkung der Finanzbehörde im Strafbefehlsverfahren (§ 406 Abs. 1 AO)

3 Gem. § 400 AO ist die Finanzbehörde befugt, wegen einer Steuerstraftat unmittelbar bei dem zuständigen Richter einen Antrag auf Erlass eines Strafbefehls zu stellen. Die Beteiligung der Staatsanwaltschaft ist insoweit nicht notwendig. Über den Antrag entscheidet – i.d.R. nach Aktenlage ohne Anhörung des Angeschuldigten (§ 407 Abs. 3 StPO) – gem. § 408 StPO das Strafgericht.

Ist der Angeschuldigte nach Ansicht des Richters der ihm vorgeworfenen Tat **hinreichend ver-** 4 **dächtig**, so ergeht der Strafbefehl gem. § 408 Abs. 2 Satz 1 StPO in der von der Finanzbehörde beantragten Form (Rolletschke/*Kemper* § 406 Rn. 5). Weicht das Gericht (unzulässigerweise) vom Strafbefehlsantrag ab, so macht dies den Strafbefehl jedoch nicht unwirksam (BayObLG v. 04.06.1958 – RReg. 1 St 247/58, BayObLGSt 58, 130; FGJ/*Joecks*, § 406 Rn. 6; Rolletschke/ *Kemper*, § 406 Rn. 5; *Meyer-Goßner*, StPO, § 408 Rn. 11). In diesem Fall steht der Finanzbehörde allerdings analog § 210 Abs. 2 StPO ein Beschwerderecht zu (FGJ/*Joecks*, § 406 Rn. 6; Rolletschke/ *Kemper* § 406 Rn. 5).

Erscheint dem gem. § 408 Abs. 1 StPO zuständigen Richter vor Erlass des Strafbefehls eine **punk-** 5 **tuelle Ergänzung der Beweiserhebung** erforderlich, so kann er die antragstellende Finanzbehörde aufgrund der ihr zukommenden staatsanwalschaftlichen Funktion dazu auffordern, weitere Ermittlungen durchzuführen, vgl. § 202 StPO (vgl. Schwarz/*Dumke* § 406 Rn. 2; FGJ/*Joecks* § 406 Rn. 3; HHSp/*Rüping* § 407 Rn. 7).

Erachtet der Richter aufgrund der Aktenlage den Angeschuldigten der ihm vorgeworfenen Steuer- 6 straftat **nicht** für **hinreichend verdächtig**, so muss er gem. § 408 Abs. 3 Satz 2 StPO den Erlass des Strafbefehls ablehnen. Dies ist der Fall, wenn nach Bewertung des Akteninhalts entweder der Straftatbestand nicht rechtswidrig und schuldhaft erfüllt ist oder eine sonstige Voraussetzung des Strafausspruchs fehlt.

Hat der Angeschuldigte nach Ansicht des Richters hingegen nicht den Straftatbestand des § 370 7 AO erfüllt, sondern lediglich eine **Ordnungswidrigkeit** in Form der leichtfertigen Steuerverkür- zung gem. § 378 AO begangen, so muss er – wenn die Finanzbehörde den Antrag nicht zurück- nimmt – die Hauptverhandlung anberaumen (FGJ/*Joecks* § 406 Rn. 5; Rolletschke/*Kemper* § 406 Rn. 8).

Erachtet der Richter den Angeschuldigten zwar für hinreichend verdächtig, hat er jedoch **Beden-** 8 **ken, ohne eine Hauptverhandlung zu entscheiden, will er von der rechtlichen Beurteilung im Strafbefehlsantrag abweichen oder eine andere als die beantragte Rechtsfolge festsetzen** (§ 408 Abs. 3 Satz 2 StPO), so wird er die antragstellende Finanzbehörde um eine Äußerung bitten (vgl. auch Nr. 178 Abs. 1 RiStBV). Teilt die Finanzbehörde die Bedenken des Richters, so kann sie sich dessen Ansicht anschließen und die Akte mit einem entsprechenden Vermerk und einem geänder- ten Strafbefehlsantrag zurückgeben (vgl. Nr. 178 Abs. 2 Satz 1 RiStBV). Sie kann hingegen auch weitere Ermittlungen vornehmen und auf dieser Basis einen geänderten Strafbefehlsantrag vorle- gen. Ferner hat sie die Möglichkeit, den Strafbefehlsantrag zurückzunehmen.

Teilt die Finanzbehörde die Bedenken des Richters hingegen nicht, so wird sie an ihrem 9 ursprünglichen Antrag festhalten und die Akten mit einem entsprechend begründeten Vermerk und einem unveränderten Strafbefehlsentwurf dem Richter erneut zusenden (vgl. Nr. 178 Abs. 2 Satz 2 RiStBV). Dieser hat dann die Möglichkeit

– den Strafbefehl unter Zurückstellung seiner Bedenken in der beantragten Form zu erlassen,
– bei der Staatsanwaltschaft die Übernahme der Sache gem. § 386 Abs. 4 Satz 2 AO anzuregen (FGJ/*Joecks* § 406 Rn. 4; Rolletschke/*Kemper* § 406 Rn. 7) oder
– gem. § 408 Abs. 3 Satz 2 StPO die Hauptverhandlung anzuberaumen.

Erlässt der Richter unmittelbar oder nach Verständigung mit der Finanzbehörde **den Strafbefehl,** 10 so steht dem Angeklagten hiergegen gem. § 410 StPO der Rechtsbehelf des Einspruchs zu. Legt der Angeklagte **Einspruch** ein, so verliert die Finanzbehörde mit dessen Eingang ihre staatsanwalt- schaftliche Rechtsstellung nach §§ 399, 406 AO. Ihr steht in der Folge die Rechtsstellung nach § 407 AO zu, und allein die Staatsanwaltschaft kann z.B. den Strafbefehl zurücknehmen. Nach Beginn der Hauptverhandlung ist gem. § 411 Abs. 3 Satz 2 StPO i.V.m. § 303 Satz 1 StPO zur Rücknahme des Strafbefehls durch die Staatsanwaltschaft allerdings die Zustimmung des Ange- klagten erforderlich.

11 Wird der Strafbefehl hingegen nicht angefochten, so kommt ihm die Rechtswirkung eines rechtskräftigen Urteils zu (vgl. § 400 Rdn. 22 ff.). Er stellt somit die Grundlage der Strafvollstreckung
dar, an der die Finanzbehörde nicht beteiligt ist.

12 Zieht die Staatsanwaltschaft das Verfahren an sich, so verliert die Finanzbehörde mit dieser **Evokation** ihre Rechtsstellung nach § 399 AO und erlangt, da das Verfahren bereits bei Gericht anhängig ist, die Rechtsstellung nach § 407 AO. Nimmt die Staatsanwaltschaft in der Folge den Strafbefehlsantrag zurück, steht der Finanzbehörde die Rechtsstellung nach §§ 402, 403 AO zu (Schwarz/
Dumke § 406 Rn. 2d).

13 **Beraumt der Richter die Hauptverhandlung an**, so wird der Angeklagte gem. § 408 Abs. 3
Satz 3 StPO geladen, und ihm wird eine Abschrift des Strafbefehlsantrags – allerdings ohne die
beantragte Rechtsfolge – zugestellt. Dem Strafbefehlsantrag kommt insoweit die Funktion der
Anklageschrift zu (BVerfG v. 23.02.1972 – 1 BvL 16/69, DStZ-E 1972, 187). Mit der Verfügung,
den Angeklagten zu laden, verliert die antragstellende Finanzbehörde ihre Rechtsstellung gem.
§§ 399, 406 AO und erlangt die Rechtsstellung nach § 407 AO (Schwarz/*Dumke* § 406 Rn. 2e),
so dass z.B. ihre Zustimmung für die Einstellung des Hauptverfahrens nicht erforderlich ist, vgl.
§ 407 Abs. 1 Satz 2 AO und dazu § 407 Rdn. 14 ff. Sie hat die Akten der Staatsanwaltschaft vorzulegen (vgl. § 386 Rdn. 45 ff.).

14 Der Richter hat auch die Möglichkeit, unter Ablehnung des Strafbefehlsantrages und der Hauptverhandlung das Strafverfahren nach §§ 153, 153a StPO einzustellen, obwohl dies in § 408 StPO
nicht ausdrücklich geregelt ist. Allerdings bedarf er dazu gem. §§ 153 Abs. 2 Satz 1, 153a Abs. 2
Satz 1 StPO der Zustimmung des Angeschuldigten und der gem. § 406 Abs. 1 AO staatsanwaltschaftliche Rechte wahrnehmenden Finanzbehörde.

15 **Lehnt der Richter hingegen den Strafbefehlsantrags als unzulässig oder unbegründet ab**, so steht
dies gem. § 408 Abs. 2 Satz 2 StPO dem Beschluss gleich, das Hauptverfahren nicht zu eröffnen.
Es gelten somit die §§ 204, 210 Abs. 2, 211 StPO, so dass der Finanzbehörde dagegen gem. § 406
Abs. 1 AO i.V.m. § 210 Abs. 2 StPO die **sofortige Beschwerde** zusteht (FGJ/*Joecks* § 406 Rn. 6;
Rolletschke/*Kemper* § 406 Rn. 11). Die sofortige Beschwerde ist gem. § 311 Abs. 2 StPO innerhalb
von einer Woche nach Bekanntmachung der Entscheidung (§ 35 StPO) beim zuständigen Amtsgericht einzulegen. Zur Fristwahrung reicht allerdings gem. § 311 Abs. 2 Satz 2 StPO auch die
Einlegung beim Landgericht als Beschwerdegericht aus. Hält das Landgericht die Beschwerde für
begründet, so darf es selbst keinen Strafbefehl erlassen, wird aber entsprechend § 210 Abs. 1 StPO
die Hauptverhandlung durch das Amtsgericht anordnen (Schwarz/*Dumke* § 406 Rn. 2b; FGJ/
Joecks § 406 Rn. 6; Rolletschke/*Kemper* § 406 Rn. 11).

C. Die Mitwirkung der Finanzbehörde im Selbständigen Verfahren (§ 406 Abs. 2 AO)

16 Das Gericht entscheidet über die Einziehung, den Verfall und die Festsetzung einer Geldbuße im
selbständigen Verfahren i.S.d. **§ 401 AO**. Hat die Finanzbehörde den Antrag nach § 401 AO
gestellt und ergeht die **Entscheidung des Gerichts ohne mündliche Verhandlung durch Beschluss**
(vgl. § 441 Abs. 2 StPO), so ist die Finanzbehörde für Anfragen des Gerichts zuständig. Wie auch
im Strafbefehlsverfahren hat sie somit die Möglichkeit, gestaltend am Verfahren mitzuwirken.

17 Wird jedoch eine **mündliche Verhandlung** aufgrund eines Antrags der Finanzbehörde oder eines
Beteiligten oder von Amts wegen durch das Gericht angeordnet, so stehen der Finanzbehörde die
staatsanwaltschaftlichen Rechte und Pflichten nicht mehr zu (Schwarz/*Dumke* § 406 Rn. 3; FGJ/
Joecks § 406 Rn. 10). Ab diesem Zeitpunkt liegt die ausschließlich Zuständigkeit bei der Staatsanwaltschaft, so dass der Finanzbehörde ab diesem Zeitpunkt lediglich noch die Beteiligungsrechte
gem. § 407 AO zustehen (vgl. § 407 Rdn. 1 ff.).

§ 407 AO   Beteiligung der Finanzbehörde in sonstigen Fällen

(1) Das Gericht gibt der Finanzbehörde Gelegenheit, die Gesichtspunkte vorzubringen, die von ihrem Standpunkt für die Entscheidung von Bedeutung sind. Dies gilt auch, wenn das Gericht erwägt, das Verfahren einzustellen. Der Termin zur Hauptverhandlung und der Termin zur Vernehmung durch einen beauftragten oder ersuchten Richter (§§ 223, 233 der Strafprozessordnung) werden der Finanzbehörde mitgeteilt. Ihr Vertreter erhält in der Hauptverhandlung auf Verlangen das Wort. Ihm ist zu gestatten, Fragen an Angeklagte, Zeugen und Sachverständige zu richten.

(2) Das Urteil und andere das Verfahren abschließende Entscheidungen sind der Finanzbehörde mitzuteilen.

A. Allgemeines

§ 407 AO regelt grds. die Rechtsstellung der Finanzbehörde im strafrechtlichen Zwischen- und **1** Hauptverfahren in Steuerstrafsachen, indem der Finanzbehörde **beschränkte Anhörungs- und Mitwirkungsrechte** eingeräumt werden. Das zur Ausübung der Mitwirkungsrechte gebotene Akteneinsichtsrecht der Finanzbehörde ergibt sich aus § 395 AO. Im Gegensatz zu der bis 1967 geltenden Rechtslage steht der Finanzbehörde jedoch **kein Nebenklagerecht** zu (ebenso FGJ/*Joecks* § 407 Rn. 4; Rolletschke/*Kemper* § 407 Rn. 4; a.A. Schwarz/*Dumke* § 407 Rn. 3, der von einer „gesetzliche(n) Nebenklägerschaft in modifizierter Form" ausgeht).

Die der Finanzbehörde durch § 407 AO eingeräumten Rechte werden im Strafbefehlsverfahren **2** und im „selbständigen" Verfahren durch § 406 AO erweitert (vgl. § 406 Rdn. 2).

Im Unterschied zum allgemeinen Bußgeldverfahren (vgl. § 76 Abs. 2 OWiG) steht die Beteiligung **3** der Finanzbehörde **nicht im Ermessen des Gerichts** (Schwarz/*Dumke* § 407 Rn. 3; FGJ/*Joecks* § 407 Rn. 4). Die Finanzbehörde ist somit insb. vor jeder Maßnahme oder Entscheidung des Gerichts im vorbereitenden Verfahren und im Zusammenhang mit der Eröffnung des Hauptverfahrens zu hören (zutreffend Schwarz/*Dumke* § 407 Rn. 3; vgl. auch im Folgenden Rdn. 4 ff.).

B. Die Beteiligung der Finanzbehörde am gerichtlichen Verfahren

I. Zweck der Beteiligung der Finanzbehörde

Durch § 407 AO soll auch für das gerichtliche Verfahren die **besondere Sachkunde der Finanzbe- 4 hörde** im Steuerstrafverfahren nutzbar gemacht werden (BFH v. 22.05.1984 – VIII R 60/79, BStBl. II 1984, S. 697; Schwarz/*Dumke* § 407 Rn. 1a; HHSp/*Rüping,* § 407 Rn. 4; FGJ/*Joecks* § 407 Rn. 2; *Kohlmann* § 407 Rn. 3; vgl. auch BVerfG v. 15.10.1990, NJW 1992, 35, das von einer „Rückkopplung zur Rechtsauffassung der Finanzverwaltung" spricht). Deshalb ist das Gericht gem. § 407 AO verpflichtet, der Finanzbehörde Gelegenheit zu geben, die nach ihrer Auffassung für die richterlichen Entscheidungen bedeutsamen Gesichtspunkte vorzutragen. Die Verantwortung für die Anklage im gerichtlichen Verfahren verbleibt allerdings bei der StA (vgl. § 386 Rdn. 44 ff.).

II. Die zu beteiligende Finanzbehörde

5   Bei der Finanzbehörde i.S.d. § 407 handelt es sich um die nach §§ 387 – 390 AO sachlich und örtlich zuständige Finanzbehörde i.S.v. § 386 Abs. 1 AO. Es handelt sich somit nicht um jede Finanzbehörde, sondern um diejenige, auf die die Zuständigkeit zur Verfolgung und Ermittlung von Steuerstraftaten gem. § 387 Abs. 2 AO übertragen wurde, und die das Ermittlungsverfahren selbstständig durchgeführt und abgeschlossen hat. Innerhalb der Finanzbehörde ist somit die **Buß-geld- und Strafsachenstelle** zuständig (vgl. Nr. 94 Abs. 1 AStBV 2012). Selbst wenn die StA das Verfahren geführt hat, ist die Bußgeld- und Strafsachenstelle als „sonst zuständige" Finanzbehörde i.S.d. § 402 Abs. 1 AO zu beteiligen.

6   Im Gegensatz dazu kommen den Beamten der **Steuer- bzw. Zollfahndung** gem. § 404 AO keine staatsanwaltschaftlichen Befugnisse zu, so dass sie auch **keine besonderen Beteiligungsrechte** im gerichtlichen Steuerstrafverfahren haben (Schwarz/*Dumke* § 407 Rn. 2; Rolletschke/*Kemper* § 407 Rn. 8; *Kohlmann* § 407 Rn. 6). Ihre Amtsträger können allenfalls als Zeugen vernommen werden (FGJ/*Joecks* § 407 Rn. 15b; Rolletschke/*Kemper* § 407 Rn. 8). Es besteht allerdings die Möglich-keit, dass z.B. einem Sachgebietsleiter der Steuerfahndung die entsprechenden Befugnisse der Strafsachenstelle ausdrücklich übertragen werden, so dass er als Vertreter der Bußgeld- und Straf-sachenstelle bei Gericht auftreten kann (zu Recht Rolletschke/*Kemper* 407 Rn. 8).

7   Der Vertreter der Bußgeld- und Strafsachenstelle muss **kein Jurist** sein, so dass auch Mitarbeiter des gehobenen Dienstes der Bußgeld- und Strafsachenstelle diese Funktion wahrnehmen können (Rolletschke/*Kemper* § 407 Rn. 10). Die praktische Handhabung ist in den Bundesländern unter-schiedlich. Die Bestimmung des als Vertreter der Bußgeld- und Strafsachenstelle auftretenden Amtsträgers **erfolgt i.R.d. Organisationsgewalt der Finanzbehörde.** Folglich haben auf die Aus-wahl weder die StA noch das Gericht Einfluss (zutreffend Schwarz/*Dumke* § 407 Rn. 2a).

8   Die **Finanzbehörde hat** ein gesetzliches **Mitwirkungsrecht, und das Gericht die spiegelbildliche Pflicht, diese Mitwirkung zu ermöglichen.** Die Beteiligung der Finanzbehörde steht **nicht im Ermessen des Gerichts** (vgl. Rdn. 3). Nach dem eindeutigen Wortlaut des § 407 AO hat die **Finanzbehörde jedoch keine Pflicht** zur Beteiligung und weder Gericht noch Angeschuldigter haben einen Anspruch auf die Beteiligung der Finanzbehörde (Schwarz/*Dumke* § 407 Rn. 2c; FGJ/*Joecks* § 407 Rn. 9). Daran ändert auch Nr. 94 Abs. 1 AStBV 2012 nichts, wonach die Buß-geld- und Strafsachenstelle grds. den Termin der Hauptverhandlung wahrzunehmen hat und nur in einfach gelagerten Fällen im Einvernehmen mit der StA von einer Teilnahme abgesehen werden kann. Bei der AStBV handelt es sich nämlich um eine interne Dienstanweisung, die sich in der Verwaltungspraxis nicht dermaßen verfestigt hat, dass insoweit von einer Selbstbindung der Ver-waltung auszugehen ist (a.A. Rolletschke/*Kemper* § 407 Rn. 5).

9   Der **Vertreter** der Finanzbehörde kann auch **als Zeuge** durch das Gericht vernommen werden (LG Dresden v. 10.11.1997 – 8 Ns 101 Js 44995/95, NJW 1998, 3509; Schwarz/*Dumke* § 407 Rn. 2d; FGJ/*Joecks* § 407 Rn. 15; Rolletschke/*Kemper* § 407 Rn.9; *Werner*, PStR 2000, 36). Es gilt insoweit die gleiche Rechtslage wie bei der zeugenschaftlichen Vernehmung des Staatsanwaltes (vgl. dazu OLG Celle v. 05.07.1983 –1 Ss 214/83, NStZ 1984, 316; Radtke/Hohmann/*Otte*, StPO, § 48 Rn.19; *Meyer-Goßner* Vor § 48 Rn. 23). Der Vertreter der Finanzbehörde bedarf inso-weit allerdings einer Aussagegenehmigung des Dienstvorgesetzten (§ 67 Abs. 3 Satz 2 BBG, § 37 Abs. 3 Satz 2 BeamtStG) bzw. des Arbeitgebers (§ 9 Abs. 1, 2 BAT), § 54 StPO. Das Anwesenheits-recht der Finanzbehörde hindert eine Ausschließung des von der Finanzbehörde entsandten Ver-treters als Zeuge. Hält das Gericht im Hinblick auf die Zeugenstellung die dauernde Anwesenheit des Amtsträgers bei der Verhandlung für untunlich, die Finanzbehörde ihre dauernde Vertretung jedoch für sachdienlich und erforderlich, muss das Gericht einvernehmlich mit der Finanzbehörde eine abweichende Vertretungsregelung erwirken (Schwarz/*Dumke* § 407 Rn. 2d; FGJ/*Joecks* § 407 Rn. 15; HHSp/*Rüping*, § 407 Rn. 13; unklar LG Dresden v. 10.11.1997 – 8 Ns 101 Js 44995/95, NJW 1998, 3509). Wird der zeugenschaftlich zu vernehmende Amtsträger als (einziger) Sitzungs-vertreter der Finanzbehörde entsandt, so muss während der Vernehmung des Amtsträgers kein

zweiter Sitzungsvertreter der Finanzbehörde anwesend sein, da für die Finanzbehörde keine Anwesenheitspflicht besteht (vgl. Rdn. 8; ebenso Schwarz/*Dumke* § 407 Rn. 2d; *Kohlmann* § 407 Rn. 6).

Theoretisch ist es auch denkbar, den **Vertreter der Finanzbehörde als Sachverständigen** zu vernehmen. Insoweit besteht allerdings die Besorgnis der Befangenheit insb., wenn der Beamte an den vorherigen Ermittlungen beteiligt war. Folglich kann er entsprechend § 74 StPO als Sachverständiger abgelehnt werden, und auch eine Verlesung seiner Stellungnahme gem. § 256 Abs. 1 Satz 1 StPO ist in diesem Fall unzulässig (FGJ/*Joecks*, Steuerstrafrecht, § 407 Rn. 15a; Rolletschke/ *Kemper* § 407 Rn. 9; HHSp/*Rüping* § 407 Rn. 14). **10**

Sofern **andere Finanzbeamte** als der (Sitzungs-)Vertreter der Finanzbehörde als Zeugen zu den **Tatsachen** befragt werden, von denen sie während des Verfahrens Kenntnis erlangten, ist dies unproblematisch. Insb. im Hinblick auf die zuständigen Beamten der Steuerfahndung bzw. bei einer Durchsuchung oder Vernehmung anwesende Beamte kommt eine solche Vernehmung in Betracht. Der Richter muss allerdings die Steuerverkürzung und den Schuldumfang aufgrund eigener Feststellungen ermitteln und dies auch im Urteil erkennen lassen. Er darf nicht lediglich Bezug nehmen auf den Fahndungsbericht oder auf die Aussage eines Finanzbeamten (BGH v. 19.4.2007 – 5 StR 549/06, wistra 2007, 346; BGH v. 13.10.2005 – 5 StR 368/05, wistra 2006, 66; BGH v. 15.3.2005 – 5 StR 469/04, wistra 2005, 307). **11**

III. Anwesenheitsrecht der Finanzbehörde

Die Finanzbehörde hat das Recht zur Teilnahme an der Hauptverhandlung (FGJ/*Joecks* § 407 Rn. 9), aber auch an allen anderen richterlichen Verhandlungen, bei denen auch der StA die Teilnahme gestattet bzw. zu der diese verpflichtet ist (Schwarz/*Dumke* § 407 Rn. 11). Die anwesende Finanzbehörde ist Organ der Rechtspflege, aber sie ist neben der StA unselbständig, so dass sie **keine Rechtsmittel einlegen** kann und **kein Antragsrecht** hat. Sie kann lediglich Anregungen und Empfehlungen geben sowie Bedenken äußern. **12**

IV. Gerichtliche Anhörungspflicht

Gem. § 407 Abs. 1 Satz 1 AO ist das Gericht verpflichtet, der Finanzbehörde Gelegenheit zu geben, die aus Sicht der Finanzbehörde bedeutenden Gesichtspunkte vorzutragen. Wie sich aus § 407 Abs. 1 und 2 AO ergibt, bezieht sich diese Verpflichtung auf die Hauptverhandlung, die Vernehmung durch einen beauftragten oder ersuchten Richter, jede das Verfahren abschließende Entscheidung und auch jede andere für das Verfahren bedeutsame Zwischenentscheidung im Verfahren, zu der die Finanzbehörde etwas nach ihrer Einschätzung Bedeutsames vorbringen möchte (FGJ/*Joecks* § 407 Rn. 7; Rolletschke/*Kemper* § 407 Rn. 12; vgl. auch Schwarz/*Dumke* § 407 Rn. 12). Wie sich aus dem Sinn und Zweck des § 407 AO ergibt, gilt dies allerdings nur, **wenn die besondere Sachkunde der Finanzbehörde für die Entscheidung relevant sein könnte**. Folglich ist die Finanzbehörde z.B. nicht anzuhören bzgl. der Entscheidung über die Wiedereinsetzung gem. § 46 Abs. 1 StPO oder Ordnungsbeschlüssen gegen Zeugen oder Sachverständige (FGJ/*Joecks* § 407 Rn. 5; Rolletschke/*Kemper* § 407 Rn. 12; *Kohlmann* § 407 Rn. 7; HHSp/*Rüping* § 407 Rn. 26; a.A. Schwarz/*Dumke* § 407 Rn. 12, der eine Anhörungspflicht für jede gerichtliche Entscheidung annimmt). **13**

Im Hinblick auf eine **Einstellung des Verfahrens** ist gem. § 407 Abs. 1 Satz 2 AO zu berücksichtigen, dass die Finanzbehörde bereits über die diesbezügliche Absicht des Gerichtes zu unterrichten und anzuhören ist. Nur auf diesem Wege kann die Möglichkeit der Finanzbehörde zur Stellungnahme gesichert werden. Die Einstellung des Verfahrens durch das Gericht bedarf jedoch nicht der Zustimmung der Finanzbehörde. Die Finanzbehörde kann die gerichtliche Entscheidung nicht verhindern oder die Anklage gem. § 172 StPO erzwingen, wenn die gerichtliche Entscheidung nicht in ihrem Sinne ist (Schwarz/*Dumke* § 407 Rn. 12; Rolletschke/*Kemper* § 407 Rn. 11; HHSp/*Rüping* § 407 Rn. 20). Sie kann jedoch z.B. die Sicherung von Beweisen gem. § 205 Satz 2 StPO anregen. **14**

15 Bzgl. der Anhörung besteht **kein Formzwang**, so dass sie in der Hauptverhandlung i.d.R. mündlich erfolgt, außerhalb der Hauptverhandlung aber auch schriftlich erfolgen kann. Gem. § 407 Abs. 1 Satz 4 AO kann der Vertreter der Finanzbehörde in der Hauptverhandlung aber jederzeit verlangen, dass ihm das Wort erteilt wird. Ferner hat das Gericht keinen Anspruch auf eine schriftliche Stellungnahme (Schwarz/*Dumke* § 407 Rn. 13).

16 Nach Ansicht des BFH beinhaltet das Anhörungsrecht der Finanzbehörde für diese auch die **Verpflichtung, offensichtliche Unrichtigkeiten klarzustellen** (BFH v. 22.5.1984 – VIII R 60/79, BStBl. II 1984, S. 697).

V. Äußerungsrecht der Finanzbehörde

17 Nach § 407 Abs. 1 Satz 4 AO ist dem Amtsträger der Finanzbehörde in der Hauptverhandlung auf Verlangen das Wort zu erteilen. Selbst wenn das Gericht die Äußerung der Finanzbehörde für entbehrlich hält, darf es die Äußerung nicht grds. unterbinden. Etwas anderes gilt nur, wenn der Vertreter der Finanzbehörde sein **Äußerungsrecht missbraucht**, indem er sich z.B. nicht zur Sache äußert, ständig abschweift oder sich mehrfach wiederholt. In diesem Fall kann ihm der Vorsitzende – wie jedem anderen Verfahrensbeteiligten auch – das Wort entziehen (Rolletschke/*Kemper* § 407 Rn. 16; HHSp/*Rüping* § 407 Rn. 32). Liegt hingegen kein Missbrauch des Äußerungsrechts vor, so kann der Vorsitzende lediglich einwirken, indem er gem. § 238 Abs. 1 StPO den Äußerungszeitpunkt bestimmt (BGH v. 12.11.1968 – 1 StR 358/68, NJW 1969, 437; Schwarz/*Dumke* § 407 Rn. 15; Rolletschke/*Kemper* § 407 Rn. 16).

18 Das Äußerungsrecht des Vertreters der Finanzbehörde besteht **in jedem Stadium des Verfahrens** bzw. der Verhandlung. Er kann also auch noch nach den Schlussvorträgen und Anträgen der StA (vgl. dazu Nr. 94 Abs. 3 Satz 3 AStBV 2012), nach denen des Angeklagten bzw. dessen Verteidigers und vor dem letzten Wort des Angeklagten i.S.d. § 258 Abs. 2 StPO Stellung nehmen.

19 **Inhaltlich** ist das Äußerungsrecht der Finanzbehörde **nicht beschränkt**, sofern es nicht zu einem Missbrauch kommt (vgl. Rdn. 17; *Kohlmann* § 407 Rn. 10; a.A. HHSp/*Rüping* § 407 Rn. 25). I.d.R. wird die Finanzbehörde v.a. zu den Punkten Stellung beziehen, bzgl. derer ihre besondere steuerliche Sachkunde zum Tragen kommt. Darüber hinaus kann sie sich aber auch zu prozessualen Fragen (Bsp.: Einstellung des Verfahrens, § 407 Abs. 1 Satz 2 und Abs. 2 AO) oder auch zum beantragten Strafmaß äußern. An die Meinung oder Rechtsauffassung der StA ist die Finanzbehörde nicht gebunden.

20 In **personeller** Hinsicht steht das Äußerungsrecht der Finanzbehörde dem nach der Behördenorganisation **zuständigen Amtsträger** zu (vgl. Rdn.7). Der Vertreter der Finanzbehörde darf keine behördenfremde Person sein (Schwarz/*Dumke* § 407 Rn. 14; FGJ/*Joecks* § 407 Rn. 9).

VI. Fragerecht der Finanzbehörde

21 Wie sich aus § 407 Abs. 1 Satz 5 AO ergibt, hat das Gericht dem Amtsträger der Finanzbehörde zu gestatten, Fragen an Angeklagte, Zeugen und Sachverständige zu stellen. Die Finanzbehörde hat somit ein **eigenes Recht zur Befragung**. Die Fragen darf der Vertreter der Finanzbehörde unmittelbar an den Angeklagten, Zeugen oder Sachverständigen stellen (Schwarz/*Dumke* § 407 Rn. 18; FGJ/*Joecks* § 407 Rn. 14;, HHSp/*Rüping* § 407 Rn. 34). Der vorsitzende Richter kann allerdings im Rahmen seiner Verfahrensleitung i.S.d. § 238 Abs. 1 StPO über den Zeitpunkt und die Reihenfolge der Befragung entscheiden (FGJ/*Joecks* § 407 Rn. 14; Rolletschke/*Kemper* § 407 Rn. 17; HHSp/*Rüping* § 407 Rn. 34). Er hat ferner die Möglichkeit, gem. § 241 Abs. 2 i.V.m. § 240 Abs. 2 StPO **ungeeignete oder sachfremde Fragen zurückzuweisen** (Schwarz/*Dumke* § 407 Rn. 18; FGJ/*Joecks* § 407 Rn. 12). Ob das Gericht die Frage für sachdienlich hält, ist hingegen ohne Bedeutung.

Das Fragerecht besteht **in allen Verhandlungen**, an denen die Finanzbehörde teilnehmen kann 22
(vgl. Rdn. 2), zu denen auch die Vernehmungen durch den beauftragten oder ersuchten Richter
gehört (Schwarz/*Dumke* § 407 Rn. 19; FGJ/*Joecks* § 407 Rn. 13; Rolletschke/*Kemper* § 407 Rn. 17;
Kohlmann § 407 Rn. 21). Das **Fragerecht endet** mit der formalen Entlassung der Beweisperson
nach § 248 StPO, wobei es u.U. denkbar ist, anlässlich der Schlussvorträge eine Beweisperson
erneut zu vernehmen oder in die Beweisaufnahme wieder einzutreten (vgl. BGH v. 23.9.1960 –
3 StR 29/60, BGHSt 15, 161; *Meyer-Goßner* § 240 Rn. 8; Radtke/Hohmann/*Britz* § 240 Rn. 13).

C. Informationspflichten des Gerichts

I. Verhandlungstermin

Zur Absicherung der Anwesenheits-, Anhörungs- und Fragerechte der Finanzbehörde ist das 23
Gericht gem. § 407 Abs. 1 Satz 3 AO verpflichtet, die Finanzbehörde über die Verhandlungster-
mine zu unterrichten. Diese vorgeschriebene **Unterrichtung bezieht sich auf die Hauptverhandlung und auf Vernehmungstermine** vor dem beauftragten oder ersuchten Richter nach
§§ 223, 233 StPO. Im Gegensatz zu § 403 Abs. 1, 2 AO ist die Unterrichtung i.S.d. § 407 Abs. 1
Satz 3 AO zwingend. Auf die Terminbestimmung (§ 213 StPO) hat die Finanzbehörde allerdings
keinen Einfluss.

II. Das gerichtliche Verfahren abschließende Entscheidungen

Der Finanzbehörde sind gem. § 407 Abs. 2 AO die das gerichtliche Verfahren abschließenden Ent- 24
scheidungen mitzuteilen. Diese Pflicht des Gerichts besteht unabhängig davon, ob sich die
Finanzbehörde an den Verfahren beteiligt hat und in der Hauptverhandlung vertreten war.

Das Verfahren abschließende Entscheidungen sind das Urteil, der Einstellungsbeschluss und die 25
Ablehnung der Eröffnung des Hauptverfahrens nach § 204 StPO. Über sie wird gem. § 6 Abs. 7
MiStra durch Übersendung einer Ausfertigung oder Abschrift der Entscheidung informiert (FGJ/
Joecks § 407 Rn. 16; Rolletschke/*Kemper* § 407 Rn. 21).

Bzgl. des **Einstellungsbeschlusses** ist zu berücksichtigen, dass das Gericht die Finanzbehörde gem. 26
§ 407 Abs. 1 Satz 2 AO bereits über die **beabsichtigte** Verfahrenseinstellung zu unterrichten hat.
Nur auf diesem Wege kann der Finanzbehörde Gelegenheit zur Stellungnahme gegeben werden
(vgl. Rdn. 14). Dies gilt für alle Fälle der Einstellung durch das Gericht.

Das Wissen um die Entscheidung des Gerichts kann für die Finanzbehörde i.R.d. **steuerlichen** 27
Verfahrens von Bedeutung sein (Bsp.: Haftung gem. § 71 AO, Änderungsmöglichkeiten gem.
§ 173 AO; Hinterziehungszinsen gem. § 235 AO). Darüber hinaus kann die Finanzbehörde ihr
zukünftiges Vorgehen in vergleichbaren Fällen daran ausrichten. Die Information über die
abschließende Entscheidung des Gerichts kann aber auch die Grundlage für eine **Abstimmung
mit der StA** bieten, wie in der Zukunft mit vergleichbaren Fällen verfahren werden soll bzw. ob
Rechtsmittel eingelegt werden sollen (Schwarz/*Dumke* § 407 Rn. 9; Rolletschke/*Kemper* § 407
Rn. 21; *Kohlmann* § 407 Rn. 22). Letzteres ist erforderlich, da die Finanzbehörde aufgrund ihrer
rechtlichen Stellung gem. § 407 AO nicht selbst rechtsmittelbefugt ist. Dem insoweit von *Joecks*
(FGJ § 407 Rn. 17; vgl. auch HHSp/*Rüping* § 407 Rn. 19) vorgebrachten Argument, dass i.d.R.
die Rechtsmittelfrist verstrichen sei, wenn das Urteil abgesetzt wird, ist entgegenzuhalten, dass
selbst in diesem Fall eine Abstimmung mit der StA im Hinblick auf die zukünftige Einlegung von
Rechtsmitteln in vergleichbaren Fällen möglich ist und auch tatsächlich stattfindet.

D. Verstöße gegen § 407 AO

28   Die **Finanzbehörde** kann Verstöße des Gerichts gegen ihre Rechtsstellung gem. § 407 Abs. 1 AO lediglich im Wege der Gegenvorstellung, Verstöße gegen § 407 Abs. 2 AO zusätzlich auch im Wege der Dienstaufsichtsbeschwerde rügen (Schwarz/*Dumke* § 407 Rn. 5; FGJ/*Joecks*, § 407 Rn. 18; nach a.A. ist eine Dienstaufsichtsbeschwerde nicht möglich: Rolletschke/*Kemper* § 407 Rn. 24; *Kohlmann* § 407 Rn. 13; HHSp/*Rüping*, § 407 Rn. 36).

29   Die **StA** oder der **Angeklagte** können hingegen Verstöße des Gerichts gegen § 407 **Abs. 1 AO** i.R.d. Revision mit der Aufklärungsrüge gem. § 344 Abs. 2 StPO rügen, da hierdurch die Grundsätze ordnungsgemäßer Beweisaufnahme gem. § 244 Abs. 2 StPO verletzt werden, wenn die weitere Aufklärung geboten erscheint (Schwarz/*Dumke* § 407 Rn. 6; FGJ/*Joecks* § 407 Rn. 18; *Kohlmann* § 407 Rn. 13).

30   Handelt es sich hingegen um einen Verstoß gegen § 407 Abs. 2 AO kann eine Aufklärungsrüge die Revisionsmöglichkeit nicht eröffnen, da das Urteil nicht auf diesem Verstoß beruhen kann (Schwarz/*Dumke* § 407 Rn. 6; FGJ/*Joecks* § 407 Rn. 18; HHSp/*Rüping* § 407 Rn. 39).

VII. Kosten des Verfahrens (§ 408 AO)

§ 408 AO   Kosten des Verfahrens

Notwendige Auslagen eines Beteiligten im Sinne des § 464a Abs. 2 Nr. 2 der Strafprozessordnung sind im Strafverfahren wegen einer Steuerstraftat auch die gesetzlichen Gebühren und Auslagen eines Steuerberaters, Steuerbevollmächtigten, Wirtschaftsprüfers oder vereidigten Buchprüfers. Sind Gebühren und Auslagen gesetzlich nicht geregelt, so können sie bis zur Höhe der gesetzlichen Gebühren und Auslagen eines Rechtsanwalts erstattet werden.

A. Grundsätzliches

Die Vorschrift ergänzt die auch für das Steuerstrafverfahren kraft der Generalverweisung in § 385 **1** Abs. 1 AO geltenden allgemeinen Kostenvorschriften und insb. §§ 464 ff. StPO. Sie findet ihren Grund in § 392 Abs. 1 StPO, wonach in Steuerstrafverfahren auch die Verteidigung durch einen Steuerberater, Steuerbevollmächtigten, Wirtschaftsprüfer oder vereidigten Buchprüfer zulässig ist, soweit die Finanzbehörde das Strafverfahren gem. § 386 Abs. 2 AO selbstständig durchführt oder er die Verteidigung gemeinsam mit einem RA oder einem Rechtslehrer an einer deutschen Hochschule i.S.d. Hochschulrahmengesetzes führt, der die Befähigung zum Richteramt besitzt.

Die Vorschrift gilt gem. § 410 Abs. 1 Nr. 12 AO für Bußgeldverfahren entsprechend.

In kostenrechtlicher Hinsicht soll derjenige, der sich durch eine Person mit einer vorstehend auf- **2** geführten Qualifikation verteidigen lässt mit demjenigen, der sich durch einen RA oder Hochschullehrer verteidigen lässt, gleichgestellt werden. Für diese gilt § 464a Abs. 2 Nr. 2 StPO. § 464a StPO hat folgenden Wortlaut:

„(1) Kosten des Verfahrens sind die Gebühren und Auslagen der Staatskasse. Zu den Kosten gehören auch die durch die Vorbereitung der öffentlichen Klage entstandenen sowie die Kosten der Vollstreckung einer Rechtsfolge der Tat. Zu den Kosten eines Antrags auf Wiederaufnahme des durch ein rechtskräftiges Urteil abgeschlossenen Verfahrens gehören auch die zur Vorbereitung eines Wiederaufnahmeverfahrens (§§ 364a und 364b) entstandenen Kosten, soweit sie durch einen Antrag des Verurteilten verursacht sind.

(2) Zu den notwendigen Auslagen eines Beteiligten gehören auch

1. die Entschädigung für eine notwendige Zeitversäumnis nach den Vorschriften, die für die Entschädigung von Zeugen gelten, und

2. die Gebühren und Auslagen eines Rechtsanwalts, soweit sie nach § 91 Abs. 2 der Zivilprozessordnung zu erstatten sind."

B. Die Kostengrundentscheidung und Kostenfestsetzung

3   Gem. § 464 Abs. 1 StPO ist in einem jedem Urteil, jedem Strafbefehl und in jeder eine Untersuchung einstellenden Entscheidung eine Bestimmung darüber zu treffen, wer die Kosten des Verfahrens zu tragen hat. Nach § 464 Abs. 2 StPO ist über die Frage, wer die notwendigen Auslagen trägt, vom Gericht in dem das Verfahren abschließenden Urteil oder Beschluss zu entscheiden. Fehlt es an einer Kostengrundentscheidung, fallen die Kosten und Auslagen demjenigen zur Last, bei dem sie entstanden sind.

Das ist allerdings nur die Kostengrundentscheidung. Über die Höhe der zu erstattenden Kosten und Auslagen wird dann gem. § 464b StPO in einem bei dem Gericht des ersten Rechtszuges zu führenden Kostenfestsetzungsverfahrens entschieden, wozu es eines Antrages eines Beteiligten bedarf.

C. Die Verfahrenskosten

4   Hierzu zählen zunächst die Kosten des gerichtlichen Verfahrens und die in diesem angefallenen Auslagen der Staatskasse, zu denen auch die Kosten einer Pflichtverteidigung gehören (Rolletschke/*Kemper* § 408 Rn. 7). Des Weiteren sind aber auch die im Ermittlungsverfahren angefallenen Auslagen zu den Verfahrenskosten zu rechnen, wie sich aus §§ 464a Abs. 1 Satz 2 StPO, 107 Abs. 3 OWiG ergibt. Von erheblicher praktischer Bedeutung ist dies für die Auslagen der Steuerfahndung. So werden in Steuerstrafverfahren vielfach Kopien von Bankunterlagen gefertigt, die dann nach § 405 AO zu entschädigen sind.

5   Nicht erfasst sind die Kosten einer Außenprüfung, die im Zusammenhang mit dem betroffenen Steuerstrafverfahren steht, weil diese Bestandteil des Besteuerungsverfahrens ist und die Kosten steuerlicher Ermittlungen stets von der Staatskasse zu tragen sind (Rolletschke/*Kemper* § 408 Rn. 8). Andererseits sind aber die Auslagen der Steuerfahndung auch dann Kosten des Steuerstrafverfahrens, wenn die von ihr getroffenen Feststellungen der Besteuerung zugrunde gelegt werden (FGJ/*Lipsky*, § 408 Rn. 9).

6   Fraglich ist indes, ob dies auch dann gelten kann, wenn die Steuerfahndung sog. Vorfeldermittlungen i.S.v. § 208 Abs. 1 Satz 1 Nr. 3 AO anstellt. Betreffen solche Ermittlungen infolge Strafverfolgungsverjährung nur das Besteuerungsverfahren, dann sind die anfallenden Auslagen auch nur dem Besteuerungsverfahren zuzurechnen und stellen mithin keine Kosten i.S.d. §§ 464 ff. StPO dar (so auch Rolletschke/*Kemper*, § 408 Rn. 8; offen gelassen bei FGJ/*Lipsky* § 408 Rn. 9). Anders könnte zu entscheiden sein, wenn die Ergebnisse der Vorfeldermittlungen sowohl im Besteuerungsverfahren, als auch Steuerstrafverfahren Verwendung finden. In diesen Fällen könnte man an eine Aufteilung denken. Es erscheint allerdings als nicht möglich, einen abstrakten Aufteilungsmaßstab aufzustellen. Auch im jeweiligen Einzelfall wird man nicht anhand von Tatsachen nachvollziehbar darlegen können, warum nun der eine Teil der Auslagen dem Besteuerungsverfahren zuzurechnen ist und der andere dem Steuerstrafverfahren, weil z.B. ein Vergleich der nachzuzahlenden Steuern mit einer strafrechtlichen Sanktion unmöglich ist.

D. Notwendige Auslagen und Erstattungsberechtigung nach § 467 StPO

I. Die Erstattungsberechtigung nach § 467 StPO

Nach § 467 Abs. 1 StPO werden dem Angeschuldigte bzw. Angeklagten grds. die ihm entstande- 7
nen notwendigen Auslagen ersetzt, wenn er freigesprochen wird oder die Eröffnung des Hauptverfahrens gegen ihn abgelehnt oder das Verfahren gegen ihn eingestellt wird. Diese Erstattungsberechtigung wird auch nicht dadurch eingeschränkt, dass er über eine Rechtschutzversicherung
verfügt oder einen Berufsverband oder eine Gewerkschaft in Anspruch nehmen kann (FGJ/*Lipsky*
§ 408 Rn. 10). Ausnahmeregelungen finden sich allerdings in § 467 Abs. 2 bis 5 StPO.

§ 467 StPO und ebenso der nachfolgende § 467a StPO finden erst Anwendung, wenn im Verfah- 8
ren bereits Anklage erhoben worden ist. § 467a StPO enthält eine abschließende Regelung, die
nicht im Wege erweiternder Auslegung auf andere Einstellungen angewendet werden darf
(BGHSt 30, 152, 157). Daraus ergibt sich, dass eine Erstattungsberechtigung dann nicht besteht,
wenn das Verfahren vor Anklageerhebung, mithin im Ermittlungsverfahren eingestellt wird.
Wenngleich es verfassungsrechtlich nicht geboten ist, einem nicht verurteilten Beschuldigten
sämtliche Auslagen zu erstatten (BVerfG, NJW 1985, 727), ist dies gerade in Steuerstrafverfahren
sehr unbefriedigend. Es besteht Reformbedarf (vgl. auch Rolletschke/*Kemper* § 408 Rn. 12).

II. Die Höhe der Erstattung

Der Begriff der notwendigen Auslagen ist nicht legaldefiniert. In § 464a Abs. 2 StPO werden nur 9
einige Beispiele aufgeführt. Vor allen Dingen enthält die Vorschrift keine abschließende Regelung
(*Meyer-Goßner* § 464a StPO Rn. 5). In Anlehnung an § 91 Abs. 1 Satz 1 ZPO sind auch im Strafverfahren diejenigen Aufwendungen notwendig, die zur zweckentsprechenden Rechtsverfolgung
oder Rechtsverteidigung notwendig sind (LR-StPO/*Hilger* § 464a Rn. 21 m.w.N.).

1. Die Beispielsfälle des § 464a Abs. 2 StPO

Wie bereits erwähnt, erhält die Regelung nur Beispielsfälle. 10

a) Entschädigung für Zeitversäumnis

Nach § 464a Abs. 2 Nr. 1 StPO gehören zu den notwendigen Auslagen eines Beteiligten – insb. 11
des Angeschuldigten bzw. Angeklagten – auch die Entschädigungen für notwendige Zeitversäumnis nach den Vorschriften, die für die Entschädigung von Zeugen gelten. Das ist eine Rechtsfol-
genverweisung, die sich mithin nur auf Umfang und Höhe der Entschädigung bezieht (*Meyer-
Goßner* § 464a StPO Rn. 6 m.w.N.). Es ist also nicht nur der Verdienstausfall zu ersetzen, der
durch die Heranziehung seitens des Gerichts oder der StA entsteht, sondern auch derjenige, der
durch Vorladungen der Polizei entsteht.

b) Die Gebühren und Auslagen eines RA

Erstattungsfähig sind, wie sich aus der Verweisung auf § 91 Abs. 2 ZPO ergibt, nur die gesetzli- 12
chen Gebühren und Auslagen. Abzustellen ist damit auf die Bestimmungen des RVG. Das ist
allerdings problematisch, weil gerade Steuerstrafverfahren sehr umfangreich sind und schon aus
diesem Grund die Vergütung nach den Vorschriften des RVG unzureichend ist. In der Praxis werden daher in Steuerstrafrechtsfällen Honorarvereinbarungen geschlossen, nach denen das dem
Verteidiger zu zahlende Honorar das nach RVG zu zahlende Honorar (zuweilen um ein Vielfaches) übersteigt. In diesen Fällen sehen § 464a Abs. 2 Nr. StPO, § 91 Abs. 2 ZPO sozusagen eine
Deckelung des Erstattungsanspruchs vor.

c) Die Gebühren und Auslagen eines Steuerberaters

13   Wie bereits dargelegt, ergänzt § 408 die Vorschrift des § 464a Abs. 2 Nr. 2 StPO für die Fälle, in denen die Verteidigung von einem Steuerberater wahrgenommen wird. Steuerberater erhalten für ihre Verteidigertätigkeit ein Vergütung nach § 45 StBGebV i.V.m. den Vorschriften des RVG. Die Gebühren des Steuerberaters als Verteidiger in Steuerstrafsachen sind also mit denjenigen des anwaltlichen Verteidigers identisch.

d) Honorare von Wirtschaftsprüfern und vereidigten Buchprüfern

14   Insoweit ist in Erinnerung zu rufen, dass auch Wirtschaftsprüfer und vereidigte Buchprüfer im Steuerstrafverfahren verteidigen dürfen, wie sich aus § 392 AO ergibt. In Ermangelung einer gesetzlichen Regelung ihrer Gebühren ist in Fällen, in denen Angehörige dieser Berufsgruppe verteidigen, § 408 Satz 2 AO zu beachten.

2. Der Erstattungsanspruch bei Hinzuziehung mehrerer Beistände

15   Gem. § 137 Abs. 1 StPO ist es einem Beschuldigten unbenommen, bis zu drei Verteidiger mit der Wahrnehmung seiner Rechte zu beauftragen. Allerdings ist in solchen Fällen der Erstattungsanspruch gedeckelt. Er besteht nur i.H.d. Kosten, die bei Beauftragung eines einzigen Verteidigers angefallen wären. Das ist herrschende Meinung (statt vieler: Rolletschke/*Kemper* § 408 Rn. 18 m.w.N.). Das ergibt sich aus § 91 Abs. 2 Satz 3 ZPO, auf den § 464a Abs. 2 Nr. 2 StPO verweist. Das ist auch verfassungsrechtlich unbedenklich (BVerfG, NJW 2004, 3319).

16   Kann dies aber auch den gelten, wenn die Verteidigung von einem RA und einem Steuerberater gemeinsam geführt wird? Insoweit ist zunächst § 392 AO zu beachten, der die gemeinschaftliche Verteidigung durch RA und Steuerberater zulässt. Sodann sind nach § 408 Satz 1 AO notwendige Auslagen **auch** die Gebühren eines Steuerberaters. Dieses „auch" soll nach einer in der Literatur vertretenen Meinung i.S.v. „zusätzlich" zu lesen sein (*Kohlmann* § 408 Rn. 22.2). Nach anderer Auffassung soll es dem Zweck des § 392 AO widersprechen, wenn man in diesen Fällen den Erstattungsanspruch auf die Kosten für nur einen Verteidiger begrenzt (FGJ/*Lipsky* § 408 Rn. 15).

17   Nach hier vertretener Auffassung ergibt sich ein Erstattungsanspruch für die Kosten beider Verteidiger sowohl aus § 392 AO, als auch aus § 408 Satz 1 AO, allerdings mit folgender Einschränkung: Ist einer der Verteidiger sowohl RA, als auch Steuerberater, ist die für die Verteidigung in Steuerstrafsachen notwendige Fachkompetenz in dieser Person gebündelt. Die Hinzuziehung eines (weiteren) Steuerberaters ist in diesen Fällen nicht notwendig, die Kostenerstattung also auf die Kosten eines Verteidigers zu beschränken. Entsprechendes gilt für den Fall, dass der verteidigende RA als Fachanwalt für Steuerrecht über die hinreichende Sachkunde verfügt.

Wenngleich die Rechtsprechung zu dieser Frage deutlich dazu tendiert, die Erstattungsfähigkeit der Aufwendungen für einen Steuerberater als weiteren Verteidiger zu verneinen (*Meyer-Goßner* § 464a StPO Rn. 13 mit ausführlichen Nachweisen), wird diese in Einzelfällen gleichwohl bejaht (KG, NStZ 1984, 207).

3. Aufwendungen für Rechtsgutachten

18   Gerade in Steuerstrafverfahren stellen sich immer wieder komplexe Rechtsfragen. Der Spezialisierungsgrad im Steuerrecht ist hoch, da das Steuerrecht eine Vielzahl von Steuerarten regelt und zudem auch unzählige zwischenstaatliche Vereinbarungen und supranationale Regelungen zu beachten sind. Obendrein ist die steuerrechtliche Rechtsprechung fast uferlos. Selbst ein versierter Steuerberater oder Fachanwalt für Steuerrecht ist daher nicht (mehr) in der Lage, jede Frage, die sich auf einem Gebiet des Steuerrechts stellt, zu beantworten. Der Verteidiger in Steuerstrafsachen ist in entsprechenden Fällen also damit konfrontiert, sich Rechtsrat von einem Spezialisten einholen zu müssen. Gleichwohl sind die Kosten für private Rechtsgutachten nur ausnahmsweise zu erstatten und zwar dann, wenn das für die Abwehr des Anklagevorwurfs unbedingt notwendig

war. Dazu hat das OLG Düsseldorf (NStZ 1991, 353 f.) ausgeführt, dass es einem Beschuldigten freisteht zu entscheiden, wie er sich gegen die gegen ihn erhobenen Vorwürfe zur Wehr setzt. Es könne ihm nicht zum Nachteil gereichen, wenn er sich nicht darauf beschränkt, diese Vorwürfe lediglich zu bestreiten, sondern aktiv gegen sie vorgeht. Bedürfe es dazu der Mitwirkung eines Sachverständigen aufseiten der Verteidigung, so könne im Fall der Einstellung des Verfahrens oder des Freispruches eine Festsetzung der durch die Inanspruchnahme des Sachverständigen entstandenen Kosten nicht mit dem Hinweis auf die Möglichkeit versagt werden, der Beschuldigte hätte anderweitig hinreichende Möglichkeiten zu seiner Verteidigung gehabt. Der Entscheidung des OLG Düsseldorf lag ein Fall zugrunde, in dem es um Fragen des Subventionsrechts ging. Die Ermittlungsbehörde, ein Zollfahndungsamt, ließ sich bei ihrer Tätigkeit von einem Direktor der Bundesforschungsanstalt für Getreide- und Kartoffelverarbeitung unterstützen, der zugleich Hochschullehrer war. Das OLG Düsseldorf hat in seiner Entscheidung daher völlig zu Recht darauf hingewiesen, dass aufseiten der Ermittlungsbehörden Spezialwissen angesammelt worden ist, welchem ein Bürger nicht ohne jede Kontrollmöglichkeit unterworfen werden dürfe.

Andererseits hat das OLG Stuttgart in einem Verfahren wegen Mordes (NStZ-RR 2003, 127 f.) **19** unter Hinweis auf entsprechende Entscheidungen anderer OLG entschieden, dass die Kosten des Angeklagten für eine Gutachten eines zur Hauptverhandlung durch den Angeklagten geladenen oder „formlos" gestellten Sachverständigen nicht zu erstatten seien. Die Kosten für Gutachten, die von der Verteidigung oder dem Angekl. in Auftrag gegeben wurden, seien grds. nicht als notwendige Auslagen gem. § 464a Abs. 2 StPO zu erstatten, weil die Interessen des Angeklagten im Strafverfahren durch die gesetzliche Verpflichtung der Ermittlungsbehörden und Gerichte zur vollständigen Sachaufklärung hinreichend gewahrt seien, durch Beweisanregungen und Beweisanträge jederzeit aktiviert werden könnten und auch durch den Grundsatz in dubio pro reo genügend geschützt seien. Die Erstattung von Auslagen für vom Angeklagten veranlasste Gutachten könnten nur in ganz besonderen, seltenen Ausnahmefällen erfolgen. Einen solchen Ausnahmefall sah das OLG Stuttgart im entschiedenen Fall nicht, obwohl es in dem Fall insb. auch um psychologische Fragen und Fragen der Vergiftung durch Schwermetalle ging.

Wenngleich es verfassungsrechtlich nicht geboten ist, einem nicht verurteilten Beschuldigten alle **20** ihm entstandenen Auslagen zu ersetzen (BVerfG, NJW 1985, 727), muss aber einem jedem Beschuldigten in jedem Fall ein faires Verfahren gewährleistet werden. Das ist im Grunde genommen auch die Kernaussage der oben zitierten Entscheidung des OLG Düsseldorf (vgl. auch *Dahs*, NStZ 1991, 354). Daraus folgt, dass immer dann, wenn der Beschuldigte nicht in der Lage ist, ohne Rückgriff auf Spezialwissen seine Verteidigung vorzubereiten und/oder zu führen, die Kosten für ein privates Rechtsgutachten zu seinen notwendigen Auslagen gehören. Das gilt aus den oben dargestellten Gründen besonders für Steuerstrafverfahren, zumal in diesen aufseiten der Ermittlungsbehörden stets eine besondere Sachkompetenz besteht, die im Einzelfall noch durch Rückgriff auf Spezialwissen von Finanzbehörden des Bundes und der Länder vertieft werden kann.

E. Die steuerliche Behandlung von Strafverteidigungskosten

Die Honorierung eines Verteidigers in Steuerstrafverfahren mit den im RVG vorgesehenen gesetz- **21** lichen Gebühren dürfte die Ausnahme sein. Üblich sind Honorarvereinbarungen auf deren Grundlage sich die Kosten der Verteidigung auf einige Tausend Euro summieren können. Es stellt sich mithin die Frage, ob und inwieweit die Aufwendungen für die Verteidigung steuerlich geltend gemacht werden können.

Grds. sind Strafverteidigungskosten Folge strafbaren Verhaltens und deshalb wie die Strafe selbst **22** der Privatsphäre zuzuordnen, vgl. auch § 12 EStG. Sie sind daher grds. nicht als Betriebsausgaben oder Werbungskosten abzugsfähig. Eine Ausnahme ist für den Fall zu machen, dass die Straftat in Ausübung der beruflichen Tätigkeit begangen worden ist und unmittelbar aus der Erwerbstätigkeit heraus erklärbar ist (BFH, NJW 1995, 2743, 2744; DStR 2007, 2254). Zu beachten ist dabei, dass der Rechtsprechung des BFH kein Rechtssatz entnommen werden kann, wonach ein Veranlassungszusammenhang daran scheitert, dass es nicht zu den Aufgaben eines Geschäftsführers gehört, zugunsten seines Arbeitgebers strafbare Handlungen zu begehen, was in Steuerhinterziehungsfällen häufiger vorkommt. Außerdem sind nach Auffassung des BFH auch im hier fraglichen Zusammenhang das sog. objektive Nettoprinzip und § 40 AO zu beachten. An einer betrieblichen oder beruflichen Veranlassung fehlt es jedoch, wenn die Erwerbstätigkeit des Steuerpflichtigen nur Gelegenheit zu einer Straftat verschafft hat. Gleiches gilt bei einer vorsätzlichen Schädigung des Arbeitgebers (BFH, DStR 2007, 2254, 2256), es sei denn, der strafrechtliche Vorwurf bestätigt sich nicht (*Degel/Haase*, DStR 2005, 1260, 1265). Ist die Abzugsfähigkeit zu bejahen, ist diese nicht auf die gesetzlichen Gebühren beschränkt, sondern erfasst auch Honorare, die aufgrund einer Honorarvereinbarung gezahlt werden und zwar unabhängig von Freispruch oder Verurteilung (Blümich/*Heger* § 33 Rn. 236). Die Begrenzung des § 4 Abs. 5 Nr. 7 EStG greift nur, wenn die Honorarvereinbarung nicht nach den Vorschriften des Gebührenrechts formwirksam geschlossen ist (*von Briel/Ehlscheid*, BB 1999, 2539, 2541). Das dürfte angesichts der heute in § 3 Abs. 1 Satz 1 RVG unproblematisch sein. Allerdings ist die von Steuerberatern insoweit zu beachtende Vorschrift des § 4 StBGebV enger.

23   Sind Strafverteidigungskosten keine Betriebsausgaben oder Werbungskosten, stellt sich die Frage, ob sie außergewöhnliche Belastungen nach § 33 EStG sind. Auf einer Honorarvereinbarung beruhende Strafverteidigungskosten, die dem Freigesprochenen nicht aus der Staatskasse ersetzt werden, sind nach Auffassung des BFH keine außergewöhnlichen Belastungen i.S.v. § 33 EStG. Der BFH verneint die Zwangsläufigkeit solcher „frei vereinbarter" Honorare (BFH, DStR 2007, 2254, 2256). Diese Sicht der Dinge geht allerdings an der Lebenswirklichkeit vorbei, weil ein versierter Verteidiger in Steuerstrafsachen in der Praxis nicht zu den Konditionen des RVG und der StBGebV verpflichtet werden kann.

Es bleibt allerdings abzuwarten, ob und inwieweit der BFH seine mit Urteil vom 12.5.2011 (DStR 2011, 1308) geänderte Rechtsprechung zur Berücksichtigung von Kosten des Zivilprozesses als außergewöhnliche Belastungen auch auf die Kosten des Strafprozesses anwendet. Dann werden Kosten des Strafverfahrens in weit größerem Umfang geltend gemacht werden können (vgl. auch *Bron/Rudzik*, DStR 2011, 2069). Es ist allerdings angesichts des Nichtanwendungserlasses des BMF vom 20.12.2011 (IV C 4 – S 2284/07/0031:002) zum zitierten Urteil vom 12.5.2011 zu befürchten, dass der Gesetzgeber tätig wird und die Berücksichtigung von Kosten eines Zivil- oder Strafverfahrens als außergewöhnliche Belastungen zumindest auf die bislang anerkannten (wenigen) Fälle beschränkt.

24   Zu beachten ist, dass sich die Tätigkeit eines Verteidigers in Steuerstrafsachen sowohl auf das Steuerstrafverfahren, als auch auf das Besteuerungsverfahren beziehen kann. Letzteres ist dann gegeben, wenn sich eine Tätigkeit auf die Ermittlung von Besteuerungsgrundlagen bezieht. Insoweit sind Aufwendungen abzugsfähig, wenn sie Betriebsausgaben oder Werbungskosten sind. Ein Sonderausgabenabzug scheidet nach der Streichung des früheren § 10 Abs. 1 Nr. 6 EStG aus. Es empfiehlt sich, die Tätigkeiten, die sich auf das Steuerstrafverfahren und diejenigen, die sich auf das Besteuerungsverfahren beziehen, nicht nur getrennt abzurechnen, sondern auch die Grundlage für die jeweilige Honorarberechnung gesondert zu vereinbaren.

F. Die steuerliche Behandlung der Strafverteidigungskosten durch den Arbeitgeber

25   Übernimmt der Arbeitgeber die Kosten des Verteidigers stellt sich die Frage, ob dann in den Beraterkosten Arbeitslohn zu sehen ist. Liegt Arbeitslohn vor, ist dieser Betriebsausgabe des Arbeitgebers. Das ergibt sich aus der Natur von Lohnzahlungen.

Arbeitslohn liegt indes dann nicht vor, wenn der den Gegenstand des Verfahrens bildende Schuld- 26
vorwurf durch ein beruflich bedingtes Fehlverhalten des Arbeitnehmers (z.B. Hinterziehung von
Lohn- oder USt zugunsten des Arbeitgebers) veranlasst ist (Blümich/*Thürmer* § 19 Rn. 280; *Kohlmann* § 408 Rn. 31). In diesen Fällen sind die Aufwendungen Betriebsausgaben, wenn die Aufwendungen im ganz überwiegenden Interesse des Arbeitgebers getätigt worden sind, was im Einzelfall genau zu prüfen ist (*Englert*, DStR 2009, 1010, 1011).

2. Kapitel Bußgeldverfahren (§§ 409 – 411 AO)

Vorbem. zu §§ 409 bis 412 AO

A. Entstehungsgeschichte

1 Die Regelungen der §§ 409 bis 412 AO gehen zurück auf die Vorschriften der §§ 446 bis 449 RAO. Diese Vorschriften wurden durch das Zweite Gesetz zur Änderung strafrechtlicher Vorschriften der Reichsabgabenordnung und anderer Gesetze (2. AOStrafÄndG) v. 12.08.1968 (BGBl. I 1968, S. 953) eingeführt. Verbunden damit wurden mehrere leichtere Steuervergehen in **Steuerordnungswidrigkeiten** umgewandelt (s. dazu im Einzelnen *Loose,* DStZ/A 1968, 265, 266). Zeitgleich mit dem 2. AOStrafÄndG trat das neue Gesetz über Ordnungswidrigkeiten (OWiG) v. 24.05.1968 (BGBl. I 1968, S. 481; zuletzt geändert durch Art. 2 des Gesetzes v. 29.07.2009, BGBl. I 2009, S. 2353) in Kraft.

2 Der Gesetzgeber verzichtete darauf, ein eigenständiges Verfahrensrecht für Steuerordnungswidrigkeiten in die RAO aufzunehmen. Den Besonderheiten des Steuerrechts wurde lediglich durch einige Sonderregelungen in den §§ 446 bis 449 RAO Rechnung getragen, i. Ü. jedoch mittels einer **Generalverweisung** in § 447 RAO (nunmehr § 410 AO) die verfahrensrechtlichen Vorschriften des Gesetzes über Ordnungswidrigkeiten als entsprechend anzuwenden bestimmt. Bedingt durch die **Doppelstellung der Finanzbehörden** in Steuerstrafsachen als Bußgeldbehörde einerseits und Verwaltungsbehörde andererseits (vgl. Klein/*Jäger* Vor § 409 AO Rn. 1) wurde ferner eine Vielzahl von Sonderbestimmungen der RAO zum Strafverfahren in Steuerstrafsachen für entsprechend anwendbar erklärt (so auch § 410 AO).

3 Die generelle Verweisung auf die verfahrensrechtlichen Vorschriften des Gesetzes über Ordnungswidrigkeiten ist auf Kritik gestoßen (vgl. HHSp/*Rüping* §§ 409, 410 Rn. 4; Kohlmann/*Hilgers-Klautzsch* Vor § 409 bis 412 Rn. 4): Die mit der Novellierung des Ordnungswidrigkeitenrechts von 1986 verbundenen Verfahrensvereinfachungen zur Steigerung der Effizienz bei Verfolgung und Ahndung in Massenverfahren wie bspw. der Verkehrsordnungswidrigkeiten sind für den Bereich der Steuerordnungswidrigkeiten im Hinblick auf den Rechtsschutz der Betroffenen aufgrund des ungleich komplexeren materiellen Rechts und der gravierenderen Sanktionen bedenklich.

B. Normenzusammenhänge und Verwaltungsvorschriften

4 Auch das OWiG regelt das Bußgeldverfahren nicht abschließend. Durch die Verweisung in § 46 Abs. 1 OWiG werden für das Bußgeldverfahren die Vorschriften der allgemeinen Gesetze über das Strafverfahren, d.h. insb. der StPO, des GVG sowie des JGG für sinngemäß anwendbar erklärt.

Folgende **Reihenfolge** ist bei der Anwendung der Verfahrensvorschriften einzuhalten: Ausgehend von den §§ 409 bis 412 AO sind die Vorschriften der §§ 385 ff. AO anzuwenden – soweit von den Verweisungen in § 410 AO erfasst –, anschließend sind die §§ 35 bis 110 OWiG zu beachten und erst danach die in § 46 Abs. 1 OWiG für sinngemäß anwendbar erklärten allgemeinen Vorschriften des Strafverfahrens.

5 Relevante **Verwaltungsvorschriften** sind insb.
   – die Anweisungen für das Straf- und Bußgeldverfahren (Steuer) – AStBV (St) 2012 – v. 31.10.2011 BStBl. I 2011, S. 1001;
   – die Richtlinien für das Strafverfahren und das Bußgeld-Verfahren – RiStBV – i.d.F. der Bekanntmachung v. 21.12.1976 BAnz. Nr. 245, zuletzt geändert durch Bekanntmachung v. 08.11.2007 BAnz. Nr. 208;

– die Dienstvorschrift für Strafsachen- und Bußgeldstellen der Zollverwaltung – DVStraBu –
v. 01.06.2007, n.v. (vgl. Beermann/Gosch/*Seipl* § 410 Rn. 7 m.w.N.);
– die Dienstanweisung zur Durchführung von Steuerstraf- und Ordnungswidrigkeitenverfahren
für die Familienkassen, – DA-FamBuStra – v. 16.12.1998 BStBl. I 1999, S. 3, zuletzt geändert
durch Erlass v. 04.02.2002, BStBl. I 2002, S. 215).

C. Anwendungsbereich

In den Anwendungsbereich der vorgenannten Bußgeldvorschriften fallen nicht nur die Steuerord- **6**
nungswidrigkeiten (Zollordnungswidrigkeiten) i.S.d. §§ 377 Abs. 1 AO („Zuwiderhandlungen
gegen Steuergesetze, die mit Geldbuße geahndet werden"). Erfasst werden auch die diesen Steuerordnungswidrigkeiten gleichgestellten Ordnungswidrigkeiten, wie bspw. Prämien- und Zulagenverstöße (s. § 409 Rdn. 3). Bei diesen Zuwiderhandlungen sind die Bußgeldvorschriften jedoch
lediglich **entsprechend** anzuwenden; die Taten werden **wie** eine Steuerordnungswidrigkeit verfolgt
(vgl. *App* StW 1997, 134). Auch das StBerG enthält verschiedene Bußgeldtatbestände, die wie
Steuerordnungswidrigkeiten geahndet werden (§§ 160 ff. StBerG, s. im Einzelnen § 409 Rdn. 5).
Verschiedene weitere Gesetze erklären die §§ 409 bis 412 AO für (teilweise) anwendbar (s. § 409
Rdn. 4 f.).

§ 409 AO Zuständige Verwaltungsbehörde

Bei Steuerordnungswidrigkeiten ist zuständige Verwaltungsbehörde im Sinne des § 36 Abs. 1
Nr. 1 des Gesetzes über Ordnungswidrigkeiten die nach § 387 Abs. 1 sachlich zuständige
Finanzbehörde. § 387 Abs. 2 gilt entsprechend.

A. Allgemeines

§ 409 AO bestimmt für Bußgeldverfahren wegen Steuerordnungswidrigkeiten die sachlich zustän- **1**
dige Verwaltungsbehörde i.S.d. § 36 Abs. 1 Nr. 1 OWiG. Es handelt sich um eine **Verweisungsnorm** ohne eigenen Regelungsinhalt: § 409 AO verweist auf die Regelungen des § 387 AO.

Die Übertragung der Ahndungsbefugnis auf Verwaltungsbehörden ist **grundgesetzkonform**; der
Rechtsschutzgarantie des Art. 19 Abs. 4 GG wird hinreichend durch die Einspruchsmöglichkeit
(§ 410 Abs. 1 Halbs. 1 AO i.V.m. § 67 OWiG) und der ggf. anschließenden Entscheidung des –
in seiner Feststellung und Würdigung freien – AG Rechnung getragen (vgl. BVerfG, NJW 1969,
1619, 1622).

B. Begriff der Steuerordnungswidrigkeiten

Von dem Begriff der Steuerordnungswidrigkeiten erfasst sind zunächst die abgabenrechtlich und **2**
einzelsteuergesetzlich normierten Ordnungswidrigkeiten. Es handelt sich um die **Steuerordnungs-**

widrigkeiten im engeren Sinne (vgl. auch die – unvollständige – Aufzählung in den AStBV [St] 2012, BStBl. I 2011, S. 1000, 1030, Nr. 105):

- die leichtfertige Steuerverkürzung (§ 378 AO),
- die Steuergefährdung (§ 379 AO),
- die Gefährdung von Abzugsteuern (§ 380 AO),
- die Verbrauchsteuergefährdung (§ 381 AO), s. hierzu Verweisungen auf § 381 Abs. 1 Nr. 1 bzw. 2 AO in § 30 BierStG und § 52 Abs. 1 und 2 BierStV, § 158 BranntwMonG und § 67 Abs. 1 und 2 BrStV, § 64 EnergieStG (früher § 29 Abs. 1 MinöStG) und § 111 Abs. 1 und 2 EnergieStV, § 24 KaffeeStG und § 44 KafeeStV, § 10 KernbrStG, § 35 SchaumwZwStG und § 53 Abs. 1 und 2 SchaumwZwStV, § 36 Abs. 1 und 2 TabStG und § 60 Abs. 1 und 2 TabStV,
- die Gefährdung von Einfuhr- und Ausfuhrabgaben (§ 382 AO),
- der unzulässige Erwerb von Steuererstattungs- und Vergütungsansprüchen (§ 383 AO),
- die zweckwidrige Verwendung des Identifikationsmerkmals nach § 139a AO (§ 383a AO),
- Ordnungswidrigkeiten nach §§ 26a, 26b UStG,
- Ordnungswidrigkeiten nach §§ 50e Abs. 1, 50f. und 96 Abs. 7 EStG,
- Ordnungswidrigkeit nach § 33 Abs. 4 ErbStG.

Schwarzarbeit bei geringfügiger Beschäftigung in Privathaushalten wird unter den Voraussetzungen des § 50e Abs. 2 EStG nicht verfolgt. Eine Ahndung ist jedoch nach § 378 AO (auch bei vorsätzlichem Handeln) möglich (§ 50e Abs. 2 Satz 3 EStG; AStBV [St] 2012, BStBl. I 2011, S. 1000, 1030, Nr. 108).

3 Den Steuerordnungswidrigkeiten im engeren Sinne werden die Prämien- und Zulagenverstöße **gleichgestellt** (AStBV [St] 2012, BStBl. I 2011, S. 1000, 1030, Nr. 106): namentlich die Ordnungswidrigkeiten nach § 8 Abs. 2 WoPG, § 5b Abs. 2 SparPG (gültig bis 31.12.1999), § 5a Abs. 2 BergPG (gültig bis 31.12.2011), § 29a Abs. 2 BerlinFG, § 14 Abs. 3 des 5. VermBG. Kraft ausdrücklicher Verweisung (§ 128 Abs. 2 BranntwMonG) auf die §§ 409 bis 412 AO gelten diese Vorschriften ferner für Bußgeldverfahren wegen Monopolordnungswidrigkeiten (§ 126 BranntwMonG) **entsprechend** (im Unterschied zu den Regelungen der Prämien- und Zulagengesetze enthält § 128 Abs. 2 BranntwMonG jedoch keine Verweisung auf die Bußgeldvorschriften der Abgabenordnung, wie bspw. § 378 AO. Umgekehrt dazu kann zwar die Bußgeldvorschrift des § 378 AO entsprechend anzuwenden sein – vgl. bspw. § 14 AbwAG für die Verkürzung von Abwasserabgaben –, ohne dass sich die Verfolgung dieser Ordnungswidrigkeit – mangels entsprechender Verweisung – nach den Vorschriften der §§ 409 bis 412 AO richtet).

4 Die §§ 409 bis 412 AO sind ferner **vollumfänglich** anzuwenden,

- bei Aufsichtspflichtverletzung in Betrieben und Unternehmen (§ 130 OWiG), sofern die nicht verhinderte oder erschwerte Zuwiderhandlung oder Bezugstat eine Steuerstraftat oder Steuerordnungswidrigkeit ist (§ 131 Abs. 3 OWiG);
- bei Ordnungswidrigkeiten nach § 36 MOG (§§ 12 Abs. 1 Satz 1, 35 MOG).

5 Im Bußgeldverfahren zu den folgenden **Ordnungswidrigkeiten des StBerG** (AStBV [St] 2012, BStBl. I 2011, S. 1000, 1030, Nr. 107 [1]) sind die abgabenrechtlichen Bußgeldbestimmungen nur **teilweise** entsprechend anzuwenden (§ 164 StBerG):

- unbefugte Hilfeleistung in Steuersachen (§ 160 Abs. 1 StBerG),
- unbefugte Benutzung der Bezeichnung Steuerberatungsgesellschaft usw. (§ 161 Abs. 1 StBerG),
- Verletzung der den Lohnsteuerhilfevereinen obliegenden Pflichten (§ 162 Abs. 1 StBerG) nach § 14 Abs. 1 Nr. 8 StBerG (Durchführung von Mitglieder-/Vertreterversammlung), § 15 Abs. 3 StBerG (Mitteilung von Satzungsänderungen), § 22 Abs. 1 StBerG (Jahresprüfung der Aufzeichnungen usw.), § 22 Abs. 7 Nr. 1 und 2 StBerG (Vorlage des Prüfungsberichts und Unterrichtung der Mitglieder über den Inhalt der Prüfungsfeststellungen), § 23 Abs. 3 Satz 1 und Abs. 4 StBerG (Bestellung der Leiter von Beratungsstellen und Mitteilungen über Veränderungen bei Beratungsstellen), § 25 Abs. 2 Satz 1 StBerG (nicht angemessenen Versicherung) und

§ 29 Abs. 1 StBerG (unterbliebene oder nicht rechtzeitige Unterrichtung der Aufsichtsbehörde von Mitgliederversammlungen oder Vertreterversammlungen) und
– Ausübung einer wirtschaftlichen Tätigkeit i.V.m. einer Hilfeleistung in Steuersachen (§ 163 Abs. 1 StBerG).

Gleiches gilt für Bußgeldverfahren gegen Steuerberater, Steuerbevollmächtigte und Steuerberatungsgesellschaften wegen der Verletzung von Identifizierungs-, Aufzeichnungs- und Aufbewahrungsvorschriften nach dem **Geldwäschegesetz** (§ 17 Abs. 5 GwG).

Sofern Bußgeldtatbestände des **Zollrechts** auf § 382 AO verweisen (vgl. § 31 ZollVG, § 30 ZollV, § 26 Abs. 1 TrZollG, § 28 TrZollV) liegen Zollordnungswidrigkeiten vor, die nach den abgabenrechtlichen Bußgeldbestimmungen zu verfolgen sind. In diesen Fällen ließe sich zutreffend auch von Steuerordnungswidrigkeiten sprechen, da § 3 Abs. 3 AO alle Zölle und Abschöpfungen als Steuern fingiert (vgl. FGJ/*Joecks* § 377 Rn. 7 noch unter Bezug auf die Vorgängernorm des § 3 Abs. 1 Satz 2 AO a.F.). Nicht alle zollrechtlichen Bußgeldvorschriften verweisen jedoch auf die Abgabenordnung (vgl. §§ 31a, 31b ZollVG); dennoch kann das HZA die sachlich zuständige Verwaltungsbehörde sein (s. Rdn. 13). 6

C. Sachlich zuständige Verwaltungsbehörde

I. Zuständigkeit bei Steuerordnungswidrigkeiten

Die Vorschrift des § 409 Satz 1 AO regelt die **sachliche Zuständigkeit** (zur örtlichen Zuständigkeit s. § 410 Rdn. 15 f.) für die Verfolgung von **Steuerordnungswidrigkeiten** durch Verweisung auf die entsprechende Regelung zu Steuerstrafverfahren (§ 387 Abs. 1 AO): Sachlich zuständig ist demnach in beiden Fällen grds. die Finanzbehörde, welche **die betroffene Steuer verwaltet.** Für die Bestimmung der sachlichen Zuständigkeit ist daher zunächst irrelevant, ob der Verdacht einer Steuerstraftat oder einer Steuerordnungswidrigkeit besteht (zu der Irrelevanz der Schuldform vgl. Schwarz/*Webel* § 409 Rn. 1; zu den gleichwohl denkbaren Möglichkeiten des Auseinanderfallens der sachlichen Zuständigkeit vgl. FGJ/*Lipsky* § 409 Rn. 5; tatsächlich sind in praxi jedoch regelmäßig übereinstimmende Zuständigkeitsregelung feststellbar, vgl. Beermann/Gosch/*Seipl* § 409 Rn. 10; ähnlich Rolletschke/*Kemper* § 409 Rn. 2). 7

Für die Verwaltung der Steuern – und somit bei entsprechenden Ordnungswidrigkeiten – zuständig sind, 8

– bei Zöllen, Verbrauchsteuern, der Einfuhrumsatzsteuer und der Biersteuer die **Hauptzollämter** (§ 12 Abs. 2 FVG),
– beim Kindergeld die **Familienkassen** (§ 5 Abs. 1 Nr. 11 FVG, § 72 Abs. 1 Satz 2 und Abs. 8 EStG),
– in den in § 5 FVG geregelten Ausnahmefällen das **Bundeszentralamt für Steuern,**
– in allen übrigen Fällen die **FA** (§ 16 Abs. 2 AO, § 17 Abs. 2 FVG).

Auch bei den **gleichgestellten Steuerordnungswidrigkeiten** bestimmt sich die primäre Zuständigkeit regelmäßig – durch entsprechende Verweisungen – nach § 409 AO. Lediglich bei der Verfolgung und Ahndung von Ordnungswidrigkeiten nach dem Marktorganisationsgesetz enthalten die Bußgeldvorschriften dieses Gesetzes selbst die Bestimmung des Hauptzollamtes zur sachlich zuständigen Verwaltungsbehörde; § 38 Abs. 3 Satz 1 MOG geht insoweit § 409 AO vor. 9

Ist durch eine nach § 130 Abs. 1 OWiG **ordnungswidrige Aufsichtspflichtverletzung** des Inhabers eines Betriebes oder Unternehmens eine Steuerstraftat oder Steuerordnungswidrigkeit nicht verhindert worden, so ist für die Verfolgung und Ahndung dieser Aufsichtspflichtverletzung diejenige Finanzbehörde zuständig, die auch die Steuerstraftat oder Steuerordnungswidrigkeit zu verfolgen hätte (§ 131 Abs. 3 OWiG, §§ 387, 409 AO). Auch die Verhängung einer Geldbuße unter den Voraussetzungen des §§ 30 OWiG liegt in diesen Fällen in der Zuständigkeit der Finanzbehörde, 10 sofern es sich bei der nicht verhinderten oder erschwerten Zuwiderhandlung um eine Steuerordnungswidrigkeit handelt (zur Zuständigkeit in den Fällen, in denen es sich bei der zugrunde liegenden Pflichtverletzung um eine Steuerstraftat handelt vgl. Beermann/Gosch/*Seipl* § 409 Rn. 13).

11 Sofern die Finanzbehörde für die Verfolgung der Ordnungswidrigkeit des Betroffenen zuständig ist, hat sie auch die **Kompetenz für die Anordnung des Verfalls** unter den Voraussetzungen des § 29a OWiG (vgl. AStBV [St] 2012, BStBl. I 2011, S. 1000, 1031, Nr. 109 [3]; zu Beispielfällen s. Kohlmann/*Hilgers-Klautzsch* § 410 Rn. 140.1).

II. Spezielle gesetzliche Zuständigkeitszuweisungen

12 Im Unterschied zu den gleichgestellten Steuerordnungswidrigkeiten erfolgt die Regelung der sachlichen Zuständigkeit (die örtliche Zuständigkeit richtet sich nach §§ 410 Abs. 1 Nr. 1, 388 ff. AO) in den folgenden Fällen nicht über eine Anknüpfung an § 409 AO, sondern durch **einzelgesetzliche Zuständigkeitszuweisung**:

– Zuständige Verwaltungsbehörde i.S.d. § 36 Abs. 1 Nr. 1 OWiG zur Verfolgung und Ahndung der Ordnungswidrigkeiten nach §§ 160 ff. StBerG ist gem. § 164 Abs. 1 Satz 1 StBerG das FA.
– Die sachlich zuständige Verwaltungsbehörde für Ordnungswidrigkeiten der Steuerberater und Steuerbevollmächtigten nach dem Geldwäschegesetz (§ 17 Abs. 1 und 2 GwG) ist gem. § 17 Abs. 4 Satz 2 GwG ebenfalls das FA.

13 Vergleichbare Zuständigkeitszuweisungen (jedoch ohne Verweis auf die abgabenrechtlichen Bußgeldvorschriften) enthaltenen die folgenden Vorschriften:

– §§ 31a, 31b ZollVG: Sachlich zuständige Verwaltungsbehörden zur Ahndung von Zuwiderhandlungen gegen die Pflichten aus der Überwachung des grenzüberschreitenden Zahlungsmittelverkehrs sind die Hauptzollämter;
– § 12 Abs. 1 SchwarzArbG: Die Verfolgung der in § 8 SchwarzArbG obliegt (überwiegend) den Zollbehörden.

III. Zuständigkeitsübertragung

14 Nach § 409 Satz 2 AO ist in entsprechender Anwendung von § 387 Abs. 2 AO durch **Rechtsverordnung** eine Zuständigkeitsübertragung auf eine andere als die nach § 387 Abs. 1 AO zuständige Finanzbehörde zulässig. Durch eine solche Zuständigkeitskonzentration und die damit verbundene Bündelung von Fachwissen lassen sich nicht nur die Effizienz in der Verfolgung von Steuerordnungswidrigkeiten erhöhen (vgl. HHSp/*Rüping* §§ 409, 410 Rn. 9), sondern auch durch sich ändernde Beurteilungen der subjektiven Tatseite bedingte Zuständigkeitswechsel vermeiden (vgl. FGJ/*Lipsky* § 409 Rn. 3). Vor diesem Hintergrund haben die Bundesländer von der Möglichkeit der Zuständigkeitskonzentration Gebrauch gemacht und zentrale „Bußgeld- und Strafsachenstellen" eingerichtet (vgl. Schwarz/*Webel* § 409 Rn. 3; Rolletschke/*Kemper* § 409 Rn. 5; s. Übersicht bei Wannemacher/*Wegner* Rn. 4917).

Auch für die Verfolgung von Ordnungswidrigkeiten nach dem StBerG und dem GwG ist die Möglichkeit einer Zuständigkeitskonzentrationen durch Rechtsverordnung gegeben (§ 164 Satz 1 Halbs. 2 StBerG i.V.m. § 378 Abs. 2 AO; § 17 Abs. 5 GwG i.V.m. § 378 Abs. 2 AO)

IV. Zusammenhängende Ordnungswidrigkeiten und Zuständigkeitskumulation

15 Ein **Zusammenhang von Steuerordnungswidrigkeiten** ist vorhanden, wenn eine Person mehrerer Steuerordnungswidrigkeiten beschuldigt wird oder wenn mehrere Beteiligte hinsichtlich derselben Steuerordnungswidrigkeit beschuldigt werden (§ 38 Satz 1 OWiG, § 410 Abs. 1 Halbs. 1 AO; vgl. geleichlaufende Definition für den Zusammenhang von Steuerstraftaten § 3 StPO, § 389 Satz 2 AO). In diesem Fall bestimmt sich die **Vorzugszuständigkeit** unter mehreren sachlich zuständigen

Finanzbehörden nach der Regelung des § 390 AO, die gem. § 410 Abs. 1 Nr. 1 AO für das steuerliche Bußgeldverfahren entsprechend gilt; die Regelung des § 38 Satz 1 OWiG tritt insoweit zurück (zwar jeweils i.Z.m. der örtlichen Zuständigkeit, im Ergebnis aber ebenso Rolletschke/*Kemper* § 410 Rn. 11, HHSp/*Rüping* §§ 409, 410 Rn. 11; Kohlmann/*Hilgers-Klautzsch* § 410 Rn. 6.1, jedoch abweichend in § 409 AO Rn. 11; abweichend – weil auf § 39 OWiG abstellend – auch AStBV [St] 2012 BStBl. I 2011, S. 1000, 1031, Nr. 111 [1]).

Gleiches gilt, wenn für die **Verfolgung einer Tat** verschiedene Finanzbehörden sachlich zuständig sind, weil sich die Steuerordnungswidrigkeit bspw. auf mehrere Steuerarten bezieht, die von verschiedenen Finanzbehörden verwaltet werden und es sich um eine Tat i.S.d. § 66 Abs. 1 Nr. 3 OWiG handelt. (a.A. AStBV [St] 2012 BStBl. I 2011, S. 1000, 1031, Nr. 111 [1]: Auch in diesem Fall soll nach § 39 OWiG zu verfahren sein).

Im Unterschied zu § 39 OWiG gebührt der Vorzug nicht derjenigen Behörde die den Betroffenen **16** zuerst vernommen hat; entscheidend ist gem. § 390 Abs. 1 AO (**Grundsatz der Priorität**), welche Finanzbehörde wegen der Tat zuerst das **Bußgeldverfahren** i.S.d. §§ 410 Abs. 1 Nr. 6, 397 AO **eingeleitet** hat (mit „Tat" ist das einheitliche Geschehen im prozessualen Sinn gemeint, vgl. HHSp/*Rüping* § 390 Rn. 9 m.w.N.; Beermann/Gosch/*Seipl* § 410 Rn. 30).

Statt der Einleitung eines Bußgeldverfahrens begründet auch die vorhergehende **Einleitung eines** **17** **Strafverfahrens** die vorrangige Zuständigkeit gem. §§ 390 Abs. 1 i.V.m. § 410 Abs. 1 Nr. 1 AO. Die Beurteilung der subjektiven Tatseite kann – zumal zu Beginn des Verfahrens – keinen Einfluss auf die Auflösung der Zuständigkeitskonkurrenz haben. Andernfalls bliebe unklar, wie über die Frage der Vorzugszuständigkeit zu entscheiden ist, wenn beide Finanzbehörden an ihrer divergierenden rechtlichen Würdigung der Tat in subjektiver Hinsicht festhalten (zum umgekehrten Fall Vorzugszuständigkeit im Steuerstrafverfahren bei vorhergehender Einleitung eines Bußgeldverfahrens ebenso FGJ/*Randt* § 390 Rn. 11 und 12; inzwischen auch Wannemacher/*Maurer* Rn. 3287; a.A. *Kohlmann* § 390 Rn. 15 und § 410 AO Rn. 6.1; Beermann/Gosch/*Wannemacher/Seipl* § 390 Rn. 13; HHSp/*Rüping* § 390 Rn. 9 und §§ 409, 410 AO Rn. 11; Koch/Scholz/*Scheuermann-Kettner* § 390 Rn. 2; Schwarz/*Dumke* § 390 Rn. 4; Erbs/Kohlhaas/*Senge* § 390 Rn. 1; Rolletschke/*Kemper* § 390 Rn. 7). Der Wortlaut des § 390 Abs. 1 AO („Strafverfahren") steht der Auslegung, dass sowohl die vorhergehende Einleitung eines Straf- wie auch eines Bußgeldverfahrens die vorrangige Zuständigkeit begründen, nicht entgegen, da diese Norm im Bußgeldverfahren lediglich entsprechend anzuwenden ist (§ 410 Abs. 1 AO).

Auf Ersuchen der nach dem Grundsatz der Priorität zuständigen Finanzbehörde hat jedoch eine **18** andere zuständige Finanzbehörden die Steuerordnungswidrigkeit zu übernehmen, wenn dies für die Ermittlungen sachdienlich erscheint (§ 390 Abs. 2 Satz 1 AO; zu möglichen Opportunitätserwägungen vgl. AStBV [St] 2012, BStBl. I 2011, S. 1000, 1009, Nr. 25 [3]). **In Zweifelsfällen** entscheidet die Aufsichtsbehörde der ersuchten Finanzbehörde (§ 390 Abs. 2 Satz 2 AO).

Bei **Tateinheit oder Zusammenhang** zwischen einer Steuerordnungswidrigkeit einer **anderen** **19** **Ordnungswidrigkeit** greift die Konkurrenzregel des § 390 Abs. 1 AO hingegen nicht, da diese nur für das steuerliche Bußgeldverfahren und damit für die **Vorrangsregelung** bei mehreren sachlich zuständigen Finanzbehörden entsprechend zur Anwendung kommt (vgl. Kohlmann/*Hilgers-Klautzsch* § 410 Rn. 6.1). Stattdessen wird das Konkurrenzverhältnis zwischen der Finanzbehörden und der anderen Verwaltungsbehörde nach **§ 39 Abs. 1 Satz 1 OWiG** zugunsten derjenigen Behörde aufgelöst, die den Betroffenen zuerst vernommen hat. Die Finanzbehörde hat sich jedoch mit der anderen Behörde zu einem nach § 39 Abs. 2 Satz 1 OWiG möglichen Zuständigkeitswechsels ins Benehmen zu setzen (vgl. AStBV [St] 2012, BStBl. I 2011, S. 1000, 1031, Nr. 111 [2]). I.R.d. Opportunitätserwägungen ist zu berücksichtigen, dass i.d.R. auch steuerliche Ermittlungen geführt werden müssen.

D. Zuständigkeit der StA

20 Gem. § 35 Abs. 1 OWiG ist für die Verfolgung von Ordnungswidrigkeiten grds. die Verwaltungsbehörde zuständig; eine Verfolgungskompetenz der StA besteht im Ermittlungsverfahren nur ausnahmsweise (s. insb. §§ 40 bis 42 OWiG; zur Zuständigkeit im gerichtlichen Bußgeldverfahren s. § 410 Rdn. 17). Diese Ausnahmen des allgemeinen Bußgeldverfahrens sind bei Zusammentreffen oder Zusammenhang von Steuerordnungswidrigkeiten mit (Steuer-)Straftaten aufgrund der primären Verfolgungskompetenz der Finanzbehörden bei Steuerstraftaten (§ 386 Abs. 2 AO) und ihrer weitreichenden Ermittlungsbefugnisse zusätzlich eingeschränkt (vgl. Kohlmann/*Hilgers-Klautzsch* § 410 Rn. 9). Im Ergebnis ergibt sich daher im steuerlichen Bußgeldverfahren nur in folgenden Fällen eine Zuständigkeit der StA:

21 – sofern die StA wegen derselben Tat (**rechtlicher Zusammenhang**) ausnahmsweise im Steuerstrafverfahren ermittelt. Grds. ist bei Steuerstraftaten die Finanzbehörde zuständig (§ 386 Abs. 2 AO). Gem. § 386 Abs. 4 AO kann die Finanzbehörde die Strafsache jedoch jederzeit an die StA abgeben bzw. die StA die Sache jederzeit an sich ziehen (z.B. wegen besonderer Schwere der Tat). Führt die StA das **Ermittlungsverfahren wegen der Steuerstraftat**, so ist sie gem. § 40 OWiG auch für die Verfolgung der Tat unter dem rechtlichen Gesichtspunkt einer Steuerordnungswidrigkeit zuständig.

22 – sofern die Finanzbehörde die Sache an die StA gem. **§ 41 Abs. 1 OWiG** abzugeben hat (Pflicht), weil sich bei der Verfolgung der Steuerordnungswidrigkeit der Verdacht ergibt, dass **dieselbe Tat gleichzeitig eine allgemeine Straftat** ist. Bei Verfolgung der allgemeinen Straftat ist von der StA das Steuergeheimnis (§ 30 AO) sowie das Verwendungsverbot des § 393 Abs. 2 AO zu beachten (vgl. dazu ausführlich Kohlmann/*Hilgers-Klautzsch* § 410 Rn. 14). Die Finanzbehörde ermittelt hingegen weiter (keine Abgabepflicht), wenn eine Würdigung der Tat als Steuerstraftat in Betracht kommt, da ihr insoweit nach § 386 Abs. 2 AO selbst die Verfolgungskompetenz zukommt (vgl. AStBV [St] 2012, BStBl. I 2011, 1000, 1031, Nr. 110 [4]). Der Finanzbehörden obliegt dann sowohl die Verfolgung der Steuerordnungswidrigkeit als auch der Steuerstraftat (§ 40 OWiG).

23 – sofern die StA die Verfolgung der Steuerordnungswidrigkeit unter den Voraussetzungen des § 42 OWiG und aufgrund Ihres **Evokationsrechts gem.** § 386 Abs. 4 Satz 2 AO wegen eines **Zusammenhangs mit einer (Steuer-) Straftat** übernimmt (eine Abgabemöglichkeit der Finanzverwaltung ist in diesen Fällen gesetzlich nicht vorgesehen, vgl. Beermann/Gosch/*Seipl* § 409 Rn. 14). Voraussetzung nach § 42 Abs. 1 Satz 1 OWiG ist, dass noch kein Bußgeldbescheid vom Zeichnungsberechtigten unterschrieben und in den Geschäftsgang gegeben wurde (vgl. AStBV [St] 2012, BStBl. I 2011, S. 1000, 1031, Nr. 110 [2]). Der notwendige Zusammenhang i.S.v. § 42 Abs. 1 Satz 1 OWiG zwischen (Steuer-) Straftat und Steuerordnungswidrigkeit besteht, wenn derselbe Täter sowohl einer (Steuer-) Straftat als auch einer Steuerordnungswidrigkeit (**personeller Zusammenhang**) oder wenn hinsichtlich derselben Tat eine Person einer (Steuer-) Straftat und eine andere einer Steuerordnungswidrigkeit (**sachlicher Zusammenhang**) beschuldigt wird (§ 42 Abs. 1 Satz 2 OWiG). Die StA soll die Verfolgung der Steuerordnungswidrigkeit jedoch nur übernehmen, wenn dies für die Ermittlungen sachdienlich erscheint (§ 42 Abs. 2 OWiG).

24 – sofern der StA die Verfolgung der Steuerordnungswidrigkeit wegen einer **Zusammenhangstat** i.S.d. § 42 Abs. 1 Satz 2 OWiG und **fehlender Eignung zur Erledigung im Strafbefehlsverfahren** zu übergeben ist. Verfolgt die Finanzbehörde eine Steuerstraftat, die i.S.v. § 42 Abs. 1 Satz 2 OWiG mit einer Steuerordnungswidrigkeit zusammenhängt, so kann sie unter den Voraussetzungen des § 400 AO beantragen, den richterlichen Strafbefehl auf die Steuerordnungswidrigkeit zu erstrecken (§ 410 Abs. 2 AO). Sofern die Strafsache zur Behandlung im Strafbefehlsverfahren nicht geeignet erscheint (z.B. bei zu erwartender Freiheitstrafe von mehr als einem Jahr), hat die Finanzbehörde die Akten jedoch der StA vorzulegen (vgl. HHSp/ *Rüping* §§ 409, 410 Rn. 95).

– sofern der Betroffene gegen den finanzbehördlichen Bußgeldbescheid zulässig **Einspruch** einge- 25
legt hat und die Finanzbehörde an diesem Bußgeldbescheid festhält. Mit dem Eingang der
Akten bei der StA geht die Zuständigkeit auf diese über (§ 69 Abs. 4 Satz 1 OWiG, § 410
Abs. 1 Halbs. 1 AO; s. dazu auch § 410 Rdn. 37).

Wird von der StA in den Fällen, in denen die Verfolgung der Ordnungswidrigkeit nach § 41 26
Abs. 1 OWiG von der Finanzbehörde abzugeben war, anschließend kein Strafverfahren eingeleitet,
so ist sie nach § 41 Abs. 2 OWiG verpflichtet, das Verfahren wieder an die Finanzbehörde zurückzugeben. Nach § 43 Abs. 1 OWiG besteht gleichfalls eine **Rückgabepflicht** der StA (sofern
Anhaltspunkte vorhanden sind, dass die Tat als Ordnungswidrigkeit verfolgt werden kann), wenn
sie in den Fällen des § 40 OWiG das Verfahren nur wegen der Steuerstraftat einstellt oder in den
Fällen des § 42 OWiG die Verfolgung der Steuerordnungswidrigkeit nicht übernimmt. Gleiches
gilt nach § 43 Abs. 2, 2. Alt. OWiG, wenn die Verfolgung der Steuerordnungswidrigkeit nach § 42
OWiG übernommen wurde, anschließend jedoch das Verfahren wegen der zusammenhängenden
(Steuer-) Straftat eingestellt wird (s.a. im Ermessen stehende Abgabemöglichkeit nach § 43
Abs. 2, 1. Alt. OWiG).

In allen diesen Fällen der Rückübertragung ist die **Entschließung der StA** darüber, ob eine Tat als 27
Straftat verfolgt wird oder nicht, gem. § 44 OWiG für die Finanzbehörde **bindend**. Bzgl. der **Verfolgung der Tat als Steuerordnungswidrigkeit** ist die Finanzbehörde in ihrer **Entscheidung** hingegen grds. **frei** (vgl. Kohlmann/*Hilgers-Klautzsch* § 410 Rn. 17 m.w.N.; HHSp/*Rüping*
§§ 409, 410 Rn. 100; Koch/Scholz/*Scheuermann-Kettner* § 410 Rn. 11; Wannemacher/*Wegner*
Rn. 4939). Hat die StA das Ermittlungsverfahren jedoch sowohl unter dem Gesichtspunkt der
Straftat als auch unter dem der Ordnungswidrigkeit eingestellt, so bedarf die Finanzbehörde zur
weiteren Verfolgung der Tat als Steuerordnungswidrigkeit der Zustimmung der StA (vgl. Göhler/
König § 40 OWiG Rn. 6). Einer solchen Zustimmung bedarf es nicht, wenn die in StA im Fall des
§ 40 OWiG das Verfahren nur wegen der Steuerstraftat eingestellt, von einer Rückgabe des
Bußgeldverfahrens gem. § 43 OWiG jedoch abgesehen hat, weil sie Anhaltspunkte für eine Ordnungswidrigkeit verneint (vgl. Göhler/*König* § 44 OWiG Rn. 4; auch in diesem Fall für ein
Zustimmungserfordernis Kohlmann/*Hilgers-Klautzsch* § 410 AO Rn. 17 am Ende). Im Fall einer
gerichtlichen Entscheidung über die Tat als Ordnungswidrigkeit oder als Straftat, ist eine Verfolgung derselben Tat nur aufgrund neuer Tatsachen oder Beweismittel möglich (§ 84 Abs. 1 OWiG;
vgl. Göhler/*König* § 44 OWiG Rn. 9).

§ 410 AO Ergänzende Vorschriften für das Bußgeldverfahren

(1) Für das Bußgeldverfahren gelten außer den verfahrensrechtlichen Vorschriften des Gesetzes
über Ordnungswidrigkeiten entsprechend:

1. die §§ 388 bis 390 über die Zuständigkeit der Finanzbehörde,
2. § 391 über die Zuständigkeit des Gerichts,
3. § 392 über die Verteidigung,
4. § 393 über das Verhältnis des Strafverfahrens zum Besteuerungsverfahren,
5. § 396 über die Aussetzung des Verfahrens,
6. § 397 über die Einleitung des Strafverfahrens,
7. § 399 Abs. 2 über die Rechte und Pflichten der Finanzbehörde,
8. die §§ 402, 403 Abs. 1, 3 und 4 über die Stellung der Finanzbehörde im Verfahren der
   Staatsanwaltschaft,
9. § 404 S. 1 und S. 2 erster Halbsatz über die Steuer- und Zollfahndung,
10. § 405 über die Entschädigung der Zeugen und Sachverständigen,
11. § 407 über die Beteiligung der Finanzbehörde und
12. § 408 über die Kosten des Verfahrens.

(2) Verfolgt die Finanzbehörde eine Steuerstraftat, die mit einer Steuerordnungswidrigkeit zusammenhängt (§ 42 Abs. 1 S. 2 des Gesetzes über Ordnungswidrigkeiten), so kann sie in den Fällen des § 400 beantragen, den Strafbefehl auf die Steuerordnungswidrigkeit zu erstrecken.

A. Allgemeines

1 Durch § 410 Abs. 1 AO wird das Verfahren zur Verfolgung und Ahndung von Steuerordnungswidrigkeiten geregelt. Hierzu **verweist** diese Vorschrift nicht nur auf die auf die verfahrensrechtlichen Vorschriften des OWiG (und die sinngemäß für das Bußgeldverfahren geltenden Regelungen der allgemeinen Gesetze über das Strafverfahren), sondern auch **auf einzelne Normen des Steuerstrafverfahrensrechts** (§§ 385 bis 408 AO, zur **Anwendungsreihenfolge** der gesetzlichen Regelungen bei Steuerordnungswidrigkeiten s. Vor § 409 bis 412 Rdn. 4). Dadurch ist sichergestellt, dass die Besonderheiten der Verfahrensvorschriften der AO sinngemäß auch für das Verfahren wegen einer Steuerordnungswidrigkeit gelten (vgl. FGJ/*Lipsky* § 410 Rn. 2).

2 § 410 Abs. 2 AO eröffnet der Finanzbehörde die Möglichkeit, eine mit einer Steuerstraftat (§ 369 AO) zusammenhängende Steuerordnungswidrigkeit (§ 377 AO) in den **Strafbefehlsantrag** nach § 400 AO mit aufzunehmen.

3 In den **Anwendungsbereich** des § 410 AO fallen die Tatbestände der Steuerordnungswidrigkeiten und diesen gleichgestellte Taten (s. dazu § 409 Rdn. 2 ff.).

B. Besonderheiten in Bußgeldverfahren wegen Steuerordnungswidrigkeiten

4 Die folgenden Ausführungen beschränken sich auf die Kommentierung der Besonderheiten des Verfahrens wegen Steuerordnungswidrigkeiten und die Darstellung der grundlegenden Zusammenhänge zu den Normen des Verfahrens in Steuerstrafsachen und des allgemeinen Bußgeldver-

fahrens (zu einer eingehenderen Erörterung der allgemeinen Grundsätze des Ordnungswidrigkeitsverfahrens vgl. Kohlmann/*Hilgers-Klautzsch* § 410 AO; HHSp/*Rüping* §§ 409, 410; s. außerdem die Kommentierung zu den §§ 385 bis 408 AO).

I. Allgemeine Grundsätze des Verfahrens wegen Steuerordnungswidrigkeiten

1. Untersuchungsgrundsatz

Die zuständige Finanzbehörde hat, soweit sich aus dem OWiG und den abgabenrechtlichen Buß-   5
geldbestimmungen der AO nichts anderes ergibt, im steuerlichen Bußgeldverfahren **dieselben Rechte und Pflichten wie die StA** bei der Verfolgung von Straftaten (§ 46 Abs. 2 OWiG, § 410 Abs. 1 Halbs. 1 AO). Sie ist deshalb **zur Objektivität verpflichtet** und hat gemäß des Untersuchungsgrundsatzes (§ 160 Abs. 2 StPO, § 46 Abs. 2 OWiG) nicht nur die zur Belastung, sondern auch die zur Entlastung des Betroffenen dienenden Umstände zu ermitteln. Diese Objektivitätspflicht geht über die sich aus dem steuerlichen Untersuchungsgrundsatz (§ 88 Abs. 2 AO) ergebenden Pflichten hinaus, da sich der Umfang der Ermittlungspflichten im Besteuerungsverfahren nach den Umständen des Einzelfalls richtet (vgl. HHSp/*Rüping* §§ 409, 410 Rn. 12).

2. Opportunitätsprinzip

Bei der Verfolgung von Steuerordnungswidrigkeiten gilt das Opportunitätsprinzip (§ 47 Abs. 1   6
OWiG, § 410 Abs. 1 Halbs. 1 AO): Die Verfolgungsbehörde hat im Rahmen ihrer Zuständigkeit **Steuerordnungswidrigkeiten nach pflichtgemäßen Ermessen zu verfolgen** (zum sachlichen Grund für das Opportunitätsprinzip und den Grenzen der Ermessensausübung vgl. FGJ/*Lipsky* § 410 Rn. 7; Koch/Scholtz/*Scheurmann-Kettner* § 410 Rn. 18). Anders als im Strafverfahren (Legalitätsgrundsatz, § 152 StPO) ist die Verfolgungsbehörde nicht in jedem Fall verpflichtet, ein Bußgeldverfahren einzuleiten und durchzuführen, sondern kann von der Verfolgung einer Steuerordnungswidrigkeit auch dann absehen, wenn die Verfolgungsvoraussetzungen an sich vorliegen. Das Opportunitätsprinzip ermöglicht es der Finanzbehörde auch, den Umfang der Verfolgung in tatsächlicher und/oder rechtlicher Hinsicht zu begrenzen (vgl. AStBV [St] 2012, BStBl. I 2011, S. 1000, 1030, Nr. 104; ist das Bußgeldverfahren bei Gericht anhängig, so kann auch das Gericht das Verfahren unter den Voraussetzungen des § 47 Abs. 2 Satz 1 OWiG einstellen, vgl. dazu im Einzelnen Kohlmann/*Hilgers-Klautzsch* § 410 Rn. 30). Um eine **einheitlichen Ermessensausübung** sicherzustellen, sind in den einschlägigen Verwaltungsanweisungen schematisch Vorgaben enthalten: Von einer Verfolgung kann bspw. abgesehen werden, wenn der verkürzte oder gefährdete Betrag insgesamt weniger als 5.000,00 € beträgt, sofern nicht ein besonders vorwerfbares Verhalten für die Durchführung des Bußgeldverfahrens spricht (vgl. AStBV [St] 2012, BStBl. I 2011, S. 1000, 1030, Nr. 104 Abs. 3; krit. dazu HHSp/*Rüping* §§ 409, 410 Rn. 47; zu dem sich aufgrund des verfassungsrechtlichen Gleichbehandlungsgebotes [Art. 3 GG] ergebenden Rechtsanspruch auf Beachtung der Regelungen des AStBV vgl. Beermann/Gosch/*Wannemacher/Seipl* § 385 Rn. 18 und 20.2).

3. Grundsätze des allgemeinen Verfahrensrechts

Durch die Verweisung in § 410 Abs. 1 Halbs. 1 AO auf die verfahrensrechtlichen Vorschriften des   7
OWiG und über § 46 Abs. 1 OWiG auf die allgemeinen Strafverfahrensgesetze gelten bei der Verfolgung von Steuerordnungswidrigkeiten zudem die wesentlichen Grundsätzen des Bußgeld- und des Strafverfahrens, wie z.B. (s. hierzu auch Überblick bei Beermann/Gosch/*Seipl* § 410 Rn. 12 bis 14):

– **Anspruch auf rechtliches Gehör** (§ 55 Abs. 1 OWiG),
– **Schweigerecht** (§ 136 Abs. 1 Satz 2 StPO, § 46 Abs. 1 OWiG),
– **Recht auf Verteidigung** (§ 137 Abs. 1 Satz 1 StPO, § 46 Abs. 1 OWiG; gem. § 55 Abs. 2 OWiG jedoch keine Hinweispflicht nach § 136 Abs. 1 Satz 2 StPO),
– **Rückwirkungsverbot** (§ 3 OWiG).

4. Prozesshindernisse

8   Ferner sind auch im Bußgeldverfahren wegen Steuerordnungswidrigkeiten von Amts wegen bestimmte Zulässigkeitsvoraussetzungen (Prozessvoraussetzungen und Prozesshindernisse) zu beachten: Im Zusammenhang mit einem steuerlichen Bußgeldverfahren können u.a. die Verfahrenshindernisse „Ermittlungen außerhalb des räumlichen Geltungsbereiches deutscher Gesetze", „Mitverantwortung des Staates" und „Tod des Betroffenen" von Bedeutung sein (vgl. HHSp/ *Rüping* §§ 409, 410 Rn. 19 bis 27; umstritten ist, ob die „parlamentarische Immunität" ein Verfolgungshindernis für das Bußgeldverfahren darstellt, zum Meinungsstand vgl. Kohlmann/*Hilgers-Klautzsch* § 410 AO Rn. 46 m.w.N.).

9   Eine Besonderheit im Bußgeldverfahren wegen Steuerordnungswidrigkeiten stellt das **berufsständische Vorschaltverfahren** dar. Bevor gegen einen RA, Steuerberater, Steuerbevollmächtigten, Wirtschaftsprüfer oder vereidigten Buchprüfer wegen einer Steuerordnungswidrigkeit, die er in Ausübung seines Berufs bei der Beratung in Steuersachen begangen hat, ein Bußgeldbescheid erlassen wird, hat die zuständige Finanzbehörde gem. **§ 411 AO** der zuständigen Berufskammer die Gelegenheit zur Äußerung zu geben. Vorher kann kein Bußgeldbescheid erlassen werden (HHSp/*Rüping* §§ 409, 410 Rn. 33). Auf die Anhörung der zuständigen Kammer kann auch dann nicht verzichtet werden, wenn der Betroffene dies beantragt (vgl. AStBV [St] 2012, BStBl. I 2011, S. 1000, 1032, Nr. 115 Abs. 3).

10   Ist die Steuerordnungswidrigkeit durch **Bußgeldbescheid oder Urteil** geahndet worden, kann dieselbe Tat nach Rechtskraft nicht mehr als **Ordnungswidrigkeit** verfolgt werden (§ 84 Abs. 1 OWiG, „ne bis in idem"). Ein rechtskräftiges **Urteil** über die Tat als Steuerordnungswidrigkeit steht zudem ihrer Verfolgung als **Steuerstraftat** entgegen (§ 84 Abs. 2 OWiG; gleichgestellt sind ein Beschluss nach § 72 OWiG und der Beschluss des Beschwerdegerichts). Umstritten ist, ob eine Verfolgung dieser Tat als **Steuerstraftat** auch dann ausscheidet, wenn die Finanzbehörde die Tat selbstständig verfolgt und mit finanzbehördlichem **Bußgeldbescheid** geahndet hat (vgl. Regelung des allgemeinen Verfahrensrechts zur eingeschränkten Rechtskraftwirkung in § 84 Abs. 1 OWiG). Dies wird von Teilen des Schrifttums mit der Begründung verneint, dass die Rechtskraftwirkung nur so weit reichen kann wie die Entscheidungsbefugnis der Finanzbehörde; dieser stehe jedoch in Strafsachen keine Entscheidungsbefugnis zu (vgl. Göhler/*Seitz* § 84 OWiG Rn. 4; *Göhler* wistra 1991, 91, 131; Beermann/Gosch/*Seipl* § 410 Rn. 48; Klein/*Jäger* § 410 Rn. 15; ohne Begründung Schwarz/*Weyand* Vor §§ 409 bis 412 Rn. 22). Im Unterschied zum allgemeinen Bußgeldverfahren ist die Finanzbehörde jedoch dazu befugt, die Tat auch unter strafrechtlichen Gesichtspunkten zu verfolgen; sie kann zudem nach § 400 AO den Erlass eines Strafbefehls beantragen. Ein von der Finanzbehörde erlassener Bußgeldbescheid hindert daher die erneute Verfolgung derselben Tat unter dem Aspekt einer Straftat (vgl. ebenso *Brenner*, ZfZ 1978, 269; Kohlmann/*Hilgers-Klautzsch* § 410 AO Rn. 134.1; FGJ/*Lipsky* § 410 Rn. 21; Wannemacher/*Wegner* Rn. 5027; HHSp/*Rüping* §§ 409, 410 Rn. 35).

11   Nach der Sonderregelung des § 384 AO tritt die **Verfolgungsverjährung** für Steuerordnungswidrigkeiten gem. §§ 378 bis 380 AO **nach 5 Jahren** ein. § 384 AO gilt entsprechend für die Verfolgung der den Steuerordnungswidrigkeiten gleichgestellten Prämien- und Zulagenverstöße (vgl. § 409 Rn. 3) sowie für Ordnungswidrigkeiten nach § 96 Abs. 7 EStG. Auch die Verfolgung von Monopolordnungswidrigkeiten nach § 126 Abs. 2 BranntwMonG verjährt in 5 Jahren (§ 128 Abs. 3 BranntwMonG). I.Ü. gilt die Grundregelung des § 31 Abs. 2 OWiG, nach der die Verjährungsfrist bei Ordnungswidrigkeiten grds. an der Höhe der Bußgeldandrohung ausgerichtet ist:

   – in 3 **Jahren** verjährt die Verfolgung (§ 31 Abs. 2 Nr. 1 OWiG) von Ordnungswidrigkeiten nach § 383 AO, § 50f Abs. 1 Nr. 1 EStG, § 26b UStG, § 163 Abs. 1 StBerG, § 17 Abs. 1 und 2 GwG, § 36 Abs. 1, 2, 3 Nr. 3 und Abs. 4 MOG, § 36 Abs. 3 TabStG, §§ 31a, 31b ZollVG (jeweils **Bußgeldandrohung** im Höchstmaß von **mehr als 15.000,00 €**),

– in 2 **Jahren** verjährt die Verfolgung (§ 31 Abs. 2 Nr. 2 OWiG) von Ordnungswidrigkeiten nach
§§ 381, 382, 383a AO, § 50e EStG, § 50f Abs. 1 Nr. 2 EStG, § 26a Abs. 1 Nr. 1, 2, 4
bis 7 UStG, § 126 Abs. 1 BranntwMonG, § 36 Abs. 3 Nr. 1, 2 und 4 MOG, §§ 160 Abs. 1, 161
Abs. 1, 162 Abs. 1 Nr. 1, 3 bis 6 und 8 StBerG, Ausnahme: soweit § 378 AO anwendbar ist, gilt
§ 384 AO (jeweils **Bußgeldandrohung** im Höchstmaß von **mehr als 2.500,00 €**)
– in 6 **Monaten** verjährt die Verfolgung (§ 31 Abs. 2 Nr. 4 OWiG) von Ordnungswidrigkeiten
nach § 26a Abs. 1 Nr. 3 UStG, § 33 Abs. 4 ErbStG, § 162 Abs. 1 Nr. 2, 7 und 9 StBerG

Für Aufsichtspflichtverletzung in Betrieben und Unternehmen i.S.d. § 130 OWiG ist die Verfolgungsverjährung an die Verjährungsfrist der Zuwiderhandlung gebunden (§ 131 Abs. 3 Halbs. 1
OWiG; vgl. Übersicht bei Rolletschke/Kemper/*Dietz* § 384 Rn. 42).

5. Verhältnis des Bußgeldverfahrens zum Besteuerungsverfahren (§ 410 Abs. 1 Nr. 4 AO)

Gem. § 410 Abs. 1 Nr. 4 AO ist § 393 AO (Verhältnis des Strafverfahrens zum Besteuerungsver-   **12**
fahren) im steuerlichen Bußgeldverfahren entsprechend anzuwenden. Dies ist insb. hinsichtlich
der **Mitwirkungspflichten** des Betroffenen von Bedeutung. Im **Bußgeldverfahren** hat der Betroffene zwar das Recht, sich an der Sachverhaltsaufklärung zu beteiligen und auf das Verfahren Einfluss zu nehmen (Anspruch auf rechtliches Gehör, § 410 Abs. 1 Halbs. 1 AO, § 55 Abs. 1 OWiG,
§ 163a Abs. 1 StPO); er kann jedoch auch von seinem **Schweigerecht** (§ 410 Abs. 1 Halbs. 1 AO,
§ 46 Abs. 2 OWiG, §§ 163a Abs. 3 Satz 2, 136 Abs. 1 Satz 2 StPO), über das er zu belehren ist,
Gebrauch machen. Im Unterschied dazu bestehen für den Betroffenen im **Besteuerungsverfahren**,
welches parallel zum Bußgeldverfahren weiterläuft, umfangreiche Mitwirkungspflichten. Insb. hat
er an der Ermittlung des Sachverhaltes mitzuwirken (§ 90 Abs. 1 Satz 1 AO) und die für die
Besteuerung erheblichen Tatsachen vollständig und wahrheitsgemäß offenzulegen (§ 90 Abs. 1
Satz 2 AO). Durch § 393 Abs. 1 Satz 2 AO werden die Befugnisse der Finanzbehörden im Besteu-
erungsverfahren jedoch in der Weise eingeschränkt, dass **Zwangsmittel** (§§ 328 ff. AO) gegen den
Steuerpflichtigen **unzulässig** sind, soweit dieser dadurch gezwungen würde, sich selbst wegen einer
von ihm begangenen Steuerordnungswidrigkeit zu belasten. Dies gilt bereits vor Einleitung des
Bußgeldverfahrens (vgl. auch Kohlmann/*Hilgers-Klautzsch* § 410 AO Rn. 42).

Von Relevanz für das steuerliche Bußgeldverfahren ist auch das **Verwertungsverbot** des § 393 Abs. 2   **13**
AO: Soweit der StA oder dem Gericht in einem steuerliche Bußgeldverfahren aus den Steuerakten
Tatsachen oder Beweismittel bekannt werden, die der Steuerpflichtige der Finanzbehörde vor Einleitung des oder in Unkenntnis der Einleitung des Verfahrens in Erfüllung steuerrechtlicher Pflichten offenbart hat, dürfen diese Kenntnisse gegen ihn nicht für die Verfolgung einer nichtsteuerlichen Tat verwendet werden. Davon ausgenommen sind Taten, an deren Verfolgung ein zwingendes
öffentliches Interesse (§ 30 Abs. 4 Nr. 5 AO) besteht (restriktiv auszulegen aufgrund verfassungsrechtlicher Vorgaben, vgl. TK/*Drüen* § 30 Rn. 121 m.w.N.). Umgekehrt dürfen jedoch Erkenntnisse, die die Finanzbehörde oder die StA rechtmäßig im Rahmen strafrechtlicher Ermittlungen
gewonnen hat, im Besteuerungsverfahren verwendet werden (§ 393 Abs. 3 Satz 1 AO).

II. Zuständigkeit und Rechtsstellung

1. Zuständigkeit der Finanzbehörde (§ 410 Abs. 1 Nr. 1 AO) und der StA

Die **sachliche Zuständigkeit** wird durch die Vorschrift des § 409 Satz 1 AO per Verweis auf die Bestim-   **14**
mung des § 387 Abs. 1 AO geregelt: Zuständige Verwaltungsbehörde i.S.d. § 36 Abs. 1 Nr. 1 OWiG ist
danach diejenige Finanzbehörde, welche die betroffene Steuer verwaltet (s. § 409 Rdn. 7).

Hinsichtlich der **örtlichen Zuständigkeit** gelten gem. § 410 Abs. 1 Nr. 1 AO die Bestimmungen   **15**
über die Zuständigkeit der Finanzbehörde in Steuerstrafverfahren (§ 388 AO: **örtlich zuständige
Finanzbehörde**, § 389 AO: zusammenhängende Strafsachen, § 390 AO: mehrfache Zuständigkeit)
auch für das Bußgeldverfahren. Diese Regelungen gehen den §§ 37 bis 39 OWiG und §§ 7
bis 9, 12, 13 StPO vor (vgl. BGH, wistra 1983, 260, 261).

16 Weil für die örtliche Zuständigkeit eine Reihe von (primären und subsidiären) Anknüpfungs-
punkten vorgesehen sind (u.a. Tatort, Ort der Entdeckung, Wohnsitz), können mehrere Finanzbehörden (örtlich) zuständig sein. Gem. § 390 Abs. 1 AO gebührt in den Fällen **örtlicher Zuständigkeitskonkurrenz** derjenigen Finanzbehörde der Vorzug, die wegen der Tat zuerst ein Bußgeld-
oder Strafverfahren (§§ 410 Abs. 1 Nr. 6, 397 AO) eingeleitet hat (vgl. – bzgl. der Einleitung eines
Bußgeldverfahrens – HHSp/*Rüping* §§ 409, 410 Rn. 11, gleiches gilt in den Fällen sachlicher
Zuständigkeitskonkurrenz, s. § 409 Rdn. 15 ff.). Die vorrangig zuständige Finanzbehörde kann
jedoch eine andere zuständige Finanzbehörde um Übernahme der Ermittlungen ersuchen; Letztere muss die Steuerordnungswidrigkeit übernehmen, wenn dies für die Ermittlungen sachdienlich
ist (§ 390 Abs. 2 Satz 1 AO). **In Zweifelsfällen** entscheidet die Aufsichtsbehörde, der die ersuchte
Finanzbehörde untersteht (§ 390 Abs. 2 Satz 2 AO).

17 Die StA ist im **Ermittlungsverfahren** nur ausnahmsweise zuständig (s. § 409 Rdn. 20 ff.). Im
gerichtlichen Verfahren hingegen liegt die Zuständigkeit ausschließlich bei der StA (im Zwischenverfahren nach § 69 Abs. 4 Abs. 1 OWiG, im Wiederaufnahmeverfahren nach § 85 Abs. 4 Satz 3
OWiG sowie im Nachverfahren nach § 87 Abs. 4 Satz 3 OWiG).

In den Fällen, in denen die die StA zur Verfolgung der Ordnungswidrigkeit berufen ist, hat sie,
anders als die Finanzbehörde, **keine eigene Ahndungsbefugnis** (§ 35 Abs. 2 OWiG).

2. Zuständigkeit des Gerichts (§ 410 Abs. 1 Nr. 2 AO)

18 Bei der **Verfolgung** von Steuerordnungswidrigkeiten wird das Gericht nur ausnahmsweise tätig
(§ 35 Abs. 1 OWiG): Abgesehen von – im steuerlichen Bußgeldverfahren wenig praxisrelevanten – Untersuchungshandlungen bei Gefahr im Verzug (§ 165 StPO, § 46 Abs. 1 OWiG) und
Beweiserhebungsanträgen (§ 166 StPO, § 46 Abs. 1 OWiG) ist das Gericht für Durchsuchungs-
und Beschlagnahmebeschlüsse zuständig (§§ 98 Abs. 1, 105 Abs. 1 StPO, § 46 Abs. 1 OWiG; vgl.
HHSp/*Rüping* §§ 409, 410 Rn. 106; Postbeschlagnahme nach §§ 99, 100 StPO ist im Ordnungswidrigkeitenverfahren unzulässig, s. § 410 Rn. 21). Die **örtliche Zuständigkeit** des Gerichtes richtet sich in diesen Fällen nicht nach §§ 391, 410 Abs. 1 Nr. 2 AO, sondern nach den allgemeinen
Vorschriften (vgl. Beermann/Gosch/*Seipl* § 410 Rn. 27).

19 Für die **Ahndung** von Steuerordnungswidrigkeiten ist das Gericht in den folgenden Fällen zuständig: Nach Einspruch gegen den Bußgeldbescheid der Finanzbehörde (§ 68 Abs. 1 OWiG), wenn
die StA die Steuerordnungswidrigkeit mit einer zusammenhängenden Straftat verfolgt (§ 45
OWiG), nach Antrag der Finanzbehörde, den Strafbefehl auf die mit einer Straftat zusammenhängende Steuerordnungswidrigkeit zu erstrecken (§§ 410 Abs. 2, 400 AO), im Wiederaufnahmeverfahren (§ 85 Abs. 4 Satz 1 OWiG), im Nachverfahren (§ 87 Abs. 4 Satz 2 OWiG). Ferner beurteilt
es im Strafverfahren die Tat zugleich auch unter dem rechtlichen Gesichtspunkt einer Ordnungswidrigkeit (§ 82 Abs. 1 OWiG).

20 **Sachlich zuständig** ist das AG (§ 68 OWiG) bzw. das für die Verurteilung wegen der Straftat
zuständige Gericht (§ 45 OWiG). Die **örtliche Zuständigkeit** ergibt sich aus §§ 391, 410 Abs. 1
Nr. 2 AO: Zuständig ist das AG, in dessen Bezirk das LG seinen Sitz hat (zur geschäftsordnungs-
mäßigen Zuständigkeit innerhalb des AG s. Klein/*Jäger* § 410 Rn. 15, Schwarz/*Weyand* Vor
§§ 409 bis 412 AO Rn. 7). Ausnahme: Für Ordnungswidrigkeiten welche die KfZ-Steuer betreffen, richtet sich die örtliche Zuständigkeit wegen der Sonderregelung des § 391 Abs. 4 Halbs. 2
AO wie im allgemeinen Bußgeldverfahren nach dem Sitz der (Finanz-) Behörde (§ 68 Abs. 1
Satz 1 OWiG).

3. Rechtsstellung der Finanzbehörden, Steuer- und Zollfahndung (§ 410 Abs. 1 Nr. 7, 8, 9 AO)

21 **Im selbstständig geführten Ermittlungsverfahren** hat die Finanzbehörde, soweit die AO und das
OWiG nichts anderes bestimmen, die **Rechtsstellung der StA** (§ 46 Abs. 2 OWiG, § 410 Abs. 1

Halbs. 1 AO). Sie verfügt bei der Verfolgung von Steuerordnungswidrigkeiten daher im Wesentlichen über dieselben Ermittlungsbefugnisse wie bei der Verfolgung von Steuerstraftaten im selbstständigen Verfahren und kann entsprechende richterliche Handlungen beantragen. Darüber hinaus ist sie nach Abschluss ihrer Ermittlungen grds. zur Ahndung der Sache durch Bußgeldbescheid befugt (§ 35 Abs. 2 OWiG). Die im Steuerstrafverfahren bestehenden **Befugnisse zu Eingriffen in Grundrechte des Betroffenen** werden jedoch durch die Regelungen des § 46 Abs. 3 bis 5 OWiG für das Bußgeldverfahren **eingeschränkt** (Ausfluss aus dem **Grundsatz der Verhältnismäßigkeit**, s. dazu HHSp/*Rüping* §§ 409, 410 Rn. 14): Anstaltsunterbringung, Verhaftung und vorläufige Festnahme, Beschlagnahme von Postsendungen und Telegrammen (§§ 99, 100 StPO) sowie Auskunftsersuchen über Umstände, die dem Post- und Fernmeldegeheimnis unterliegen, sind nach § 46 Abs. 3 Satz 1 OWiG unzulässig. Dies gilt ebenso für die Überwachung der Telekommunikation (vgl. AStBV [St] 2012, BStBl. I 2011, S. 1000, 1029, Nr. 102 [1]). Körperliche Eingriffe nach § 81a Abs. 1 Satz 2 StPO sind auf die Entnahme von Blutproben und andere geringfügige Eingriffe beschränkt (§ 46 Abs. 4 Satz 1 OWiG), die Anordnung der Vorführung des Betroffenen und der Zeugen, die einer Ladung nicht nachkommen, dem Richter vorbehalten (§ 46 Abs. 5 Satz 1 OWiG; die Finanzbehörde kann jedoch nach §§ 161a Abs. 2 Satz 1, 51 Abs. 1 Satz 2, 77 Abs. 1 Satz 2 StPO, § 46 Abs. 2 OWiG Ordnungsgelder festsetzen). **Zulässig** sind im steuerlichen Bußgeldverfahren hingegen (vgl. *Kohlmann* § 410 Rn. 38; zu den auch bei diesen grds. zulässigen Eingriffen zu berücksichtigenden Grenzen der Verhältnismäßigkeit vgl. Rolletschke/*Kemper* § 410 Rn. 40): Beschlagnahmen (§ 98 Abs. 1 StPO), Durchsuchungen (§ 105 Abs. 1 StPO), die vorläufige Sicherstellung für Verfall oder Einziehung (§ 111b Abs. 1 StPO) sowie der dingliche Arrest (§ 111d StPO).

Im Fall der **Zuständigkeitsübertragung** auf eine gemeinsame Straf- und Bußgeldsachenstelle **22** (§§ 387 Abs. 2, 409 Satz 2 AO; s. § 409 Rdn. 14) bleibt das Recht und die Pflicht der ihr angeschlossenen Finanzbehörden unberührt, bei dem Verdacht einer Steuerordnungswidrigkeit den Sachverhalt zu erforschen und alle unaufschiebbaren Anordnungen zu treffen, um die Verdunkelung der Sache zu verhüten (§§ 399 Abs. 2 Satz 1, **410 Abs. 1 Nr. 7 AO**). Gleiches gilt für die Befugnis zur Anordnung von Maßnahmen (insb. Beschlagnahmen, Durchsuchungen) nach den für **Hilfsbeamte der StA** geltenden Vorschriften der Strafprozessordnung (§ 399 Abs. 2 Satz 2 AO; Voraussetzung: Gefahr im Verzug).

Auch die **Zollfahndungsämter und die mit der Steuerfahndung betrauten Dienststellen** der Lan- **23** desfinanzbehörden haben im steuerlichen Bußgeldverfahren die Befugnisse nach § 399 Abs. 2 Satz 2 AO, sowie das Recht zur Durchsicht der Papiere nach § 110 Abs. 2 StPO (§§ 399 Abs. 2 Satz 1, 404 Satz 2 1. HS, **410 Abs. 1 Nr. 9 AO**). Diese Stellen **sowie ihre Beamten** haben im Bußgeldverfahren wegen Steuerordnungswidrigkeiten ferner dieselben Rechte und Pflichten wie Behörden und Beamten des Polizeidienstes nach den Vorschriften der Strafprozessordnung. Im Unterschied zur Stellung im Steuerstrafverfahren sind die Beamten der vorgenannten Dienststellen jedoch keine Hilfsbeamten der StA mit entsprechenden Zwangsbefugnissen, da § 410 Abs. 1 Nr. 9 AO lediglich auf § 404 Satz 2 Halbs. 1 AO verweist. Die Zoll- und Steuerfahndungsbeamten unterliegen daher nicht der Weisungsbefugnis der StA, sind jedoch gem. § 161 Abs. 1 Satz 2 StPO verpflichtet, ihren Ersuchen oder Aufträgen zu genügen, wenn die StA die Ermittlungen wegen einer Steuerordnungswidrigkeit übernommen hat (vgl. Koch/Scholtz/*Scheurmann-Kettner* § 410 Rn. 29).

Wird das **Ermittlungsverfahren** wegen einer Steuerordnungswidrigkeit ausnahmsweise **von der** **24** **StA geführt** (s. § 409 Rdn. 20 ff.), so hat die sonst zuständige Finanzbehörde dieselben Rechte und Pflichten wie die Behörde des Polizeidienstes nach der Strafprozessordnung sowie die Befugnisse nach § 399 Abs. 2 Satz 2 AO (§§ 402 Abs. 1, **410 Abs. 1 Nr. 8 AO**). Die Finanzbehörde hat auch nach Übernahme der Verfolgung durch die StA die Steuerordnungswidrigkeit nach pflichtgemäßen Ermessen (Opportunitätsprinzip, § 410 Rdn. 6) zu erforschen und alle unaufschiebbaren Anordnungen zu treffen, um die Verdunkelung der Sache zu verhüten (**Recht des ersten Zugriffs**, s. § 53 Abs. 1 Satz 1 OWiG). Im Fall der **Zuständigkeitskonzentration** nach § 387 Abs. 2 AO gilt dies für alle der gemeinsamen Straf- und Bußgeldsachenstelle angeschlossenen Finanzbehörden (402 Abs. 2, 410 Abs. 1 Nr. 8 AO).

Daneben hat die Finanzbehörde ein **unbeschränktes Recht auf Akteneinsicht** und Besichtigung beschlagnahmter Gegenstände (§ 49 OWiG, § 410 Abs. 1 Halbs. 1 AO) und **Beteiligungsrechte** wie im strafrechtlichen Ermittlungsverfahren (§§ 403 Abs. 1, 410 Abs. 1 Nr. 8 AO; Ausnahme: Anwesenheitsrecht nach § 403 Abs. 2 AO). Zudem hat die StA der sonst zuständigen Finanzbehörde die Anklageschrift und den Antrag auf Erlass eines Strafbefehls mitzuteilen und die Finanzbehörde vor einer Verfahrenseinstellung zu hören (§§ 403 Abs. 3 und 4, 410 Abs. 1 Nr. 8 AO). Auf diese Weise ist sichergestellt, dass die Finanzverwaltung die Möglichkeit hat, ihre besondere Sachkunde einzubringen (vgl. Kohlmann/*Hilgers-Klautzsch* § 410 AO Rn. 39; HHSp/*Rüping* §§ 409, 410 Rn. 97).

III. Ermittlungsverfahren (Vorverfahren)

1. Verfahrenseinleitung (§ 410 Abs. 1 Nr. 6 AO)

25   Durch die Verweisung in § 410 Abs. 1 Nr. 6 AO gelten für die Einleitung des Bußgeldverfahrens wegen Steuerordnungswidrigkeiten die Bestimmungen des § 397 AO entsprechend. Wegen der fließenden Übergänge im subjektiven Bereich ist dieser Regelungsgleichlauf sachgerecht (vgl. Kühn/v. Wedelstädt/*Blesinger* § 410 Rn. 10) Das steuerliche Bußgeldverfahren ist demnach eingeleitet, sobald eine der in § 397 Abs. 1 AO genannten Behörden/Personen eine **Maßnahme** trifft, die erkennbar darauf abzielt, gegen jemanden wegen einer Steuerordnungswidrigkeit bußgeldrechtlich vorzugehen. Diese Maßnahme ist gem. § 397 Abs. 2 AO unverzüglich in den Akten zu vermerken und die Verfahrenseinleitung dem Betroffenen spätestens bei der Aufforderung, verdachtsbefangene Unterlagen vorzulegen bzw. Tatsachen darzulegen, mitzuteilen (§ 397 Abs. 3 AO).

26   Durch die Bekanntgabe der Einleitung des Ermittlungsverfahrens bzw. die Anordnung dieser Bekanntgabe wird die Verfolgungsverjährung unterbrochen, unabhängig davon, ob das zu untersuchende Verhalten als Steuerordnungswidrigkeit (§ 33 Abs. 1 Nr. 1 OWiG, § 377 Abs. 2 AO) oder Steuerstraftat (§ 376 AO) zu beurteilen ist. Außerdem wird die steuerliche Festsetzungsfrist (§ 171 Abs. 5 Satz 2 AO) gehemmt (zu weiteren **Rechtswirkungen der Einleitung** – u.a. auf die Verwertungsbefugnis von im Bußgeldverfahren erlangten Kenntnissen und die Möglichkeit der Abgabe einer Selbstanzeige – vgl. Koch/Scholtz/*Scheurmann-Kettner* § 410 Rn. 24).

2. Aussetzung des Verfahrens (§ 410 Abs. 1 Nr. 5 AO)

27   Ist das Bestehen eines Steueranspruchs, die Verkürzung von Steuern oder die Erlangung eines nicht gerechtfertigten Steuervorteils dem Grunde nach streitig, so kann die Finanzbehörde das steuerliche Bußgeldverfahren entsprechend § 396 Abs. 1 AO auszusetzen, bis das Besteuerungsverfahren rechtskräftig abgeschlossen ist. Wird das Ermittlungsverfahren ausnahmsweise von der StA geführt, entscheidet diese über die Aussetzung, im gerichtlichen Verfahren das Gericht (§ 396 Abs. 2 AO).

Während der Aussetzung des Verfahrens ruht die Verfolgungsverjährung (§ 396 Abs. 3 AO).

3. Verteidigung (§ 410 Abs. 1 Nr. 3 AO)

28   Gem. § 137 Abs. 1 Satz 1 StPO, § 46 Abs. 1 OWiG hat der Betroffene des Bußgeldverfahrens das Recht, sich in jeder Lage des Verfahrens des Beistandes eines Verteidigers zu bedienen (eine Belehrungspflicht besteht jedoch nicht, § 55 Abs. 2 Satz 1 OWiG). Für das steuerliche Bußgeldverfahren erweitert § 410 Abs. 1 Nr. 2 AO den in Betracht kommenden Personenkreis (§ 138 StPO) durch Verweis auf § 391 AO auf Steuerberater, Steuerbevollmächtigte, Wirtschaftsprüfer und vereidigte Buchprüfer. Die **Angehörigen der steuerberatenden Berufe** sind zur Alleinverteidigung befugt, soweit die Finanzbehörde das Ermittlungsverfahren in eigener Zuständigkeit durchführt;

im staatsanwaltschaftlichen Ermittlungsverfahren und im gerichtlichen Bußgeldverfahren hingegen nur gemeinschaftlich mit einem RA oder einem Rechtslehrer (vgl. Rolletschke/*Kemper* § 410 Rn. 20).

4. Abschließende Entscheidung

Hält die Finanzbehörde aufgrund der Ermittlungen eine Steuerordnungswidrigkeit nicht für   29
erwiesen oder besteht ein endgültiges Verfahrenshindernis (s. § 410 Rn. 8), so **stellt sie das Verfahren ein** (§ 170 Abs. 2 Satz 1 StPO, § 46 Abs. 1 OWiG, § 410 Abs. 1 Halbs. 1 AO). Sie kann das Verfahren (trotz hinreichenden Verdachts) ebenso einstellen, wenn die Verfolgung der Tat **unter Opportunitätserwägungen** (Geringfügigkeit der Schuld, Unverhältnismäßigkeit weiterer Ermittlungen) nicht geboten erscheint (§ 47 Abs. 1 Satz 2 OWiG, § 410 Abs. 1 AO; vgl. AStBV [St] 2012, BStBl. I 2011, S. 1000, 1031, Nr. 113 [1]). Die Einstellung des Verfahrens darf nach der ausdrücklichen Regelung in § 47 Abs. 3 OWiG nicht von der Zahlung eines Geldbetrages an eine gemeinnützige Einrichtung oder sonstige Stelle abhängig gemacht oder damit in Zusammenhang gebracht werden (vgl. im Unterschied dazu die Regelung des § 153a StPO für das Strafverfahren).

Die Finanzbehörde kann bei geringfügigen Steuerordnungswidrigkeiten das Bußgeldverfahren ein-   30
stellen und dem Betroffenen zusätzlich nach § 56 Abs. 1 OWiG eine **Verwarnung** erteilen, ohne oder mit einem **Verwarnungsgeld** von 5,00 bis zu 35,00 € (vgl. dazu ausführlicher Koch/Scholtz/ *Scheurmann-Kettner* § 410 AO Rn. 39).

Hält die Finanzbehörde nach Abschluss der Ermittlungen die Steuerordnungswidrigkeit für erwie-   31
sen und die Ahndung mit einer Geldbuße für geboten, so ist der **Abschluss der Ermittlungen in den Akten zu vermerken** (§ 61 OWiG; mit diesem Zeitpunkt erhält der Verteidiger nach § 147 Abs. 2 StPO ein unbeschränktes Akteneinsichtsrecht) und ein **Bußgeldbescheid** zu erlassen (§ 65 OWiG). Damit endet das Vorverfahren.

Der **notwendige Inhalt des Bußgeldbescheides** ergibt sich aus § 66 OWiG (s. dazu und zu den Folgen von Mängeln Kohlmann/*Hilgers-Klautzsch* § 410 Rn. 78 bis 80). Er ist in einer mit Dienstsiegel versehenen Ausfertigung dem Betroffenen nach den Vorschriften des VwZG zuzustellen (§ 51 Abs. 2 OWiG, § 412 Abs. 1 AO; vgl. AStBV [St] 2012, BStBl. I 2011, S. 1000, 1032, Nr. 116).

Für die **Zumessung der Geldbuße** sind die Bedeutung der Steuerordnungswidrigkeit, der Vor-   32
wurf, der den Täter trifft und die wirtschaftlichen Verhältnisse des Täters zu berücksichtigen (§ 17 Abs. 3 OWiG; bei geringfügigen Ordnungswidrigkeiten können die wirtschaftlichen Verhältnisse des Täters unberücksichtigt bleiben). Die Geldbuße soll jedoch nach § 17 Abs. 4 OWiG zusätzlich den wirtschaftlichen Vorteil, den der Täter aus der Ordnungswidrigkeit gezogen hat, übersteigen. Diesbezüglich finden sich in den Verwaltungsvorschriften verschiedene Vorgaben: So ist bspw. im Fall der leichtfertigen Steuerverkürzung nach § 378 Abs. 1 AO als wirtschaftlicher Vorteil nicht der verkürzte Steuerbetrag, sondern der Zinsvorteil im Verkürzungszeitraum, ausgehend von einem Zinssatz von mindestens 0,5 % je Monat, zugrundezulegen (vgl. AStBV [St] 2012, BStBl. I 2011, S. 1000, 1031, 1032, Nr. 114; zu weiteren Beispielen vgl. DA-FamBuStra BStBl. I 1999, S. 3, 19). Zusätzlich sind die sich aus dem allgemeinen Gleichheitssatz ergebenden Rechtsfolgen zu berücksichtigen (AStBV [St] 2012, BStBl. I 2011, S. 1000, 1031, 1032, Nr. 114 unter Verweis auf BVerfG, BStBl. II 1990, S. 483): Der Betroffene darf nicht doppelt belastet werden. Bei der Bemessung des wirtschaftlichen Vorteils ist daher die bezahlte oder noch zu zahlende ESt und Gewerbesteuer abzuziehen (vgl. auch BayObLG, wistra 1995, 360, 361). Andernfalls ist der Abschöpfungsanteil der Geldbuße steuerlich abzugsfähig (§ 4 Abs. 5 Nr. 8 Satz 4 EStG).

Neben einer Geldbuße kann die Finanzbehörde auch Nebenfolgen anordnen, wie bspw. die Ein-   33
ziehung (§§ 22 bis 29 OWiG) und den Verfall nach § 29a OWiG. Ferner ist zu berücksichtigen, dass die Finanzbehörde rechtskräftige Bußgeldentscheidungen wegen einer Steuerordnungswidrigkeit u.U. den Gewerbebehörden, dem Gewerbezentralregister oder der Ausländerbehörde mitzuteilen hat (vgl. AStBV [St] 2012, BStBl. I 2011, S. 1000, 1036, Nr. 136).

IV. Einspruch gegen den Bußgeldbescheid und Zwischenverfahren

34 Der Betroffene kann **binnen 2 Wochen** ab Zustellung gegen den Bußgeldbescheid schriftlich (auch per Telefax, BFH, NJW 1991, 2927) oder zu Protokoll (auch fernmündlich, BGH, NJW 80, 1290) bei der Verwaltungsbehörde, die den Bußgeldbescheid erlassen hat, **Einspruch** einlegen (§ 67 Abs. 1 Satz 1 OWiG; zur Rechtsnatur des Einspruchs, insb. dem fehlenden Devolutiveffekt vgl. Klein/*Jäger* § 410 Rn. 36). Der Einspruch kann gem. § 67 Abs. 2 OWiG auf bestimmte Beschwerdepunkte (einzelne Taten oder Sanktionen) beschränkt werden, bspw. die Höhe der Geldbuße (vgl. Kohlmann/*Hilgers-Klautzsch* § 410 Rn. 90).

35 Die Finanzbehörde prüft in einem **Zwischenverfahren** die Zulässigkeit und Begründetheit des Einspruchs: Ist der Einspruch unzulässig, so ist er von der Finanzbehörde zu verwerfen (§ 69 Abs. 1 Satz 1 OWiG; wird bei einem verspäteten Einspruch wegen der Fristversäumung Wiedereinsetzung beantragt, so entscheidet gem. § 52 Abs. 2 Satz 1 OWiG ebenfalls die Finanzbehörde über diesen Antrag). Gegen die Verwerfung kann gem. § 69 Abs. 1 Satz 2 OWiG innerhalb von 2 Wochen Antrag auf gerichtliche Entscheidung nach § 62 OWiG gestellt werden. Ist der Einspruch zulässig, so hat die Finanzbehörde den angefochtenen Bußgeldbescheid zu überprüfen (§ 69 Abs. 2 OWiG); sie kann den Bußgeldbescheid zurücknehmen oder aufrechterhalten.

36 **Nimmt** sie ihn **zurück**, so ist dadurch das Verfahren insgesamt wieder offen. Die Finanzverwaltung kann dann – ggf. nach weiteren Ermittlungen – das Verfahren unter Berücksichtigung der Einspruchsbegründung einstellen oder einen neuen – auch verbösernden – Bußgeldbescheid erlassen, gegen den der Betroffene ebenfalls Einspruch einlegen kann (vgl. FGJ/*Lipsky* § 410 Rn. 19).

37 Wird der Bußgeldbescheid von der Finanzbehörde **nicht zurückgenommen**, so hat sie die Akten über die StA an das AG zur Durchführung des gerichtlichen Verfahrens zu übersenden (§ 69 Abs. 3 Satz 1 OWiG). Mit dem Eingang der Akten bei der StA gehen die Aufgaben der Verfolgungsbehörde auf sie über (§ 69 Abs. 4 OWiG). Die StA hat dann in eigener Verantwortung zu überprüfen ob sie das Verfahren einstellt, weitere Ermittlungen anordnet oder die Akten dem Richter beim AG vorgelegt.

38 **Rechtsschutz gegen sonstige Maßnahmen** der Finanzbehörde im Bußgeldverfahren gewährt der **Antrag auf gerichtliche Entscheidung** an das zuständige AG (§ 62 Abs. 1 Satz 2 OWiG), sofern diese Maßnahmen selbstständige Bedeutung haben (insb. Beschlagnahme, Durchsuchung, Versagung der Akteneinsicht, hingegen nicht die Einleitung des Bußgeldverfahrens oder die Anordnung, einen Zeugen zu vernehmen; vgl. AStBV [St] 2012, BStBl. I 2011, S. 1000, 1032, Nr. 117; ausführlich *Kohlmann* § 410 Rn. 70). Gleiches gilt für entsprechende Maßnahmen der Steuer- oder Zollfahndung (vgl. Beermann/Gosch/*Seipl* § 410 Rn. 61).

V. Gerichtliches Bußgeldverfahren

1. Überblick

39 Das Verfahren vor dem Gericht richtet sich gem. § 71 Abs. 1 OWiG nach den Vorschriften der StPO, die nach zulässigem Einspruch gegen einen Strafbefehl gelten. Zur Entscheidung über den Einspruch ist **sachlich** das AG als Einzelrichter **zuständig** (§ 68 Abs. 1 Satz 2 OWiG, § 410 Abs. 1 Halbs. 1 AO; zur örtlichen Zuständigkeit s. § 410 Rdn. 20). Vor Überleitung in das Hauptverfahren (§§ 71 ff. OWiG) hat das Gericht zu prüfen, ob der **Einspruch zulässig** ist. Ist dies nicht der Fall, hat die Finanzbehörde demnach den Anspruch fälschlich für zulässig erachtet, wird dieser von dem Gericht durch Beschluss als unzulässig verworfen (§ 70 Abs. 1 OWiG). Hiergegen kann der Betroffene die sofortige Beschwerde einlegen (§ 70 Abs. 2 OWiG; Entscheidung durch das LG, Kammer für Bußgeldsachen, gem. § 46 Abs. 1, 7 OWiG, § 73 Abs. 1 GVG). Ist das Gericht der Auffassung, dass der Sachverhalt nur ungenügend aufgeklärt ist, kann es die Sache mit Zustimmung der StA **zur weiteren Ermittlung** an die Finanzbehörde **zurückgeben** (§ 69 Abs. 5 Satz 2 OWiG).

Grundlage des Hauptverfahrens ist der Bußgeldbescheid, der durch den Einspruch des Betroffe-   40
nen zwar hinfällig geworden ist, jedoch i.S.e. Beschuldigung den Untersuchungsgegenstand des
gerichtlichen Verfahrens begrenzt (vgl. Kohlmann/*Hilgers-Klautzsch* § 410 Rn. 74). Der Beschuldigte kann den **Einspruch** jedoch auch noch im Hauptverfahren **zurücknehmen** (§§ 67 Abs. 1
Satz 2, 71 Abs. 1 OWiG, §§ 302 Abs. 1 Satz 1, 303 Satz 1, 411 Abs. 3 Satz 1 StPO; nach Beginn
der Hauptverhandlung unter Teilnahme der StA jedoch nur mit Zustimmung dieser, § 303 StPO,
§ 75 Abs. 2 OWiG).

Nach § 73 Abs. 1 OWiG ist der **Betroffene** grds. zum **Erscheinen in der Hauptverhandlung ver-**   41
pflichtet; kann jedoch von dem Gericht auf Antrag von dieser Verpflichtung entbunden werden
(§ 73 Abs. 2 OWiG). Die StA ist nicht zur Teilnahme an der Hauptverhandlung verpflichtet (§ 75
Abs. 1 Satz 1 OWiG).

2. Stellung der Finanzbehörde im gerichtlichen Bußgeldverfahren (§ 410 Abs. 1 Nr. 11 AO)

Im gerichtlichen Bußgeldverfahren ergeben sich die **Mitwirkungs- und Beteiligungsrechte** der   42
Finanzbehörden aus § 407 AO (§ 410 Abs. 1 Nr. 11 AO). Im Unterschied zum allgemeinen Verfahrensrecht (§ 76 Abs. 2 OWiG) darf das Gericht daher nicht davon absehen, die Finanzbehörde
zu beteiligen (vgl. HHSp/*Rüping* §§ 409, 410 Rn. 126; *ders.* jedoch einschränkend in § 407 AO
Rn. 26).

Es hat den Termin zur Hauptverhandlung und Vernehmungstermine der Finanzbehörde mitzutei-
len. Der Finanzbehörde ist Gelegenheit zu geben, die Gesichtspunkte vorzubringen, die von ihrem
Standpunkt für die Entscheidung (Urteil oder Beschluss) von Bedeutung sind. Insb. erhält der
Vertreter der Finanzbehörde in der Hauptverhandlung auf Verlangen das Wort; er hat dann aus-
drücklich das Recht, Fragen an den Betroffenen, an Zeugen und Sachverständige zu richten.
Erwägt das Gericht das Verfahren einzustellen, ist die Finanzbehörde ebenfalls zu hören.

Grds. darf der Vertreter der Finanzbehörde auch als Sachverständiger vernommen werden (vgl.   43
Kohlmann/*Hilgers-Klautzsch* § 410 Rn. 108), er kann jedoch abgelehnt werden (§§ 22
Nr. 4, 74 StPO, § 46 Abs. 1 OWiG), wenn er im Vorverfahren an den Ermittlungen teilgenom-
men hat (vgl. Rolletschke/*Kemper* § 410 Rn. 32 m.w.N.).

3. Entscheidung des Gerichts

Hält das Gericht eine Ahndung der Tat **aus Opportunitätsgründen** für nicht geboten, so kann es   44
das Verfahren nach § 47 Abs. 2 Satz 1 OWiG durch Beschluss **einstellen**, bedarf hierzu jedoch
grds. der Zustimmung der StA (vgl. HHSp/*Rüping* §§ 409, 410 Rn. 131; *Kohlmann* § 410 Rn. 30;
a.A. Schwarz/*Weyand* Vor §§ 409 bis 412 AO Rn. 19). Die Zustimmung der StA ist nur unter den
Voraussetzungen des § 47 Abs. 2 Satz 2 OWiG entbehrlich.

Die Zustimmung der StA und darüber hinaus auch des Betroffenen sind ebenso erforderlich,   45
wenn das Gericht eine Hauptverhandlung für entbehrlich hält und deshalb nach § 72 Abs. 1
Satz 1 OWiG **durch Beschluss entscheiden** will. Inhalt eines solchen Beschlusses kann eine **Ver-**
fahrenseinstellung (bspw. wegen eines Verfahrenshindernisses; zu unterscheiden von der Verfahrenseinstellung nach § 47 Abs. 2 OWiG, vgl. HHSp/*Rüping* §§ 409, 410 Rn. 131), der **Freispruch**
des Betroffenen oder die **Festsetzung einer Geldbuße** sein (§ 72 Abs. 3 Satz 1 OWiG). Im
Beschlussverfahren gilt das **Verbot der Schlechterstellung** (§ 72 Abs. 3 Satz 2 OWiG). Aus diesem
Grund darf das Gericht nicht zum Nachteil des Betroffenen vom Bußgeldbescheid abweichen,
bspw. durch Erhöhung der Geldbuße (vgl. HHSp/*Rüping* §§ 409, 410 Rn. 134; *Kohlmann* § 410
AO Rn. 112; a.A. FGJ/*Lipsky* § 410 Rn. 20).

Grds. entscheidet das Gericht jedoch durch **Urteil** (§§ 411 Abs. 1 Satz 2, 260 Abs. 1 StPO, § 71   46
Abs. 1 OWiG). Anders als im Beschlussverfahren gilt bei Entscheidung durch Urteil **kein Ver-**
schlechterungsverbot (§ 411 Abs. 4 StPO, § 71 Abs. 1 OWiG), d.h. das Gericht kann auch zuungunsten des Betroffenen von dem Bußgeldbescheid abweichen, soweit Einspruch eingelegt ist.

Das Gericht ist auch nicht an die Beurteilung der Tat als Ordnungswidrigkeit gebunden und kann, nach vorherigem Hinweis an den Betroffenen mit der Gelegenheit zur Verteidigung, **das Bußgeld- in das Strafverfahren überleiten** (§ 81 Abs. 1 OWiG; vgl. zu den Folgen des Überganges vom Bußgeld- zum Strafverfahren im Einzelnen Kohlmann/*Hilgers-Klautzsch* § 410 Rn. 123 ff.).

4. Rechtsmittel

47   Auch hinsichtlich der Rechtsmittel gegen Entscheidungen des Gerichts im Bußgeldverfahren finden – vorbehaltlich abweichender Regelungen im OWiG – die Vorschriften der StPO Anwendung (§§ 296 bis 303 StPO, § 46 Abs. 1 OWiG, § 410 Abs. 1 Halbs. 1 AO). Neben dem Betroffenen ist auch die StA zur Anfechtung gerichtlicher Entscheidung befugt (§ 296 Abs. 1 StPO), jedoch nicht die Finanzbehörde (vgl. Kohlmann/*Hilgers-Klautzsch* § 410 Rn. 114). Beschlüsse und Verfügungen des Gerichts sind mit der **Beschwerde** anfechtbar, sofern es sich um selbstständige Entscheidungen handelt (§ 304 bis 311a StPO). Ein verfahrensabschließendes Urteil oder einen entsprechender Beschluss sind nur mit der **Rechtsbeschwerde** unter den engen Voraussetzungen des § 79 OWiG oder bei Zulassung durch das Beschwerdegericht (§ 79 Abs. 1 Satz 2, 80 OWiG) angreifbar; aufgrund dieser abschließenden Sonderregelung kommen die Vorschriften über Berufung und Revision (§§ 312 ff. StPO) im Bußgeldverfahren nicht zur Anwendung. Zuständiges Beschwerdegericht ist i.d.R. das OLG (§ 121 Abs. 1 Nr. 1a GVG, § 79 Abs. 3 OWiG). Im Unterschied zur Berufung im Strafprozess beschränkt sich die Nachprüfung im Rechtsbeschwerdeverfahren auf Rechtsfehler; das Rechtsbeschwerdegericht ist **keine zweite Tatsacheninstanz** (vgl. Kohlmann/*Hilgers-Klautzsch* § 410 Rn. 116).

VI. Sonstiges

1. Entschädigung der Zeugen und Sachverständigen (§ 410 Abs. 1 Nr. 10 AO)

48   Für die Entschädigung von Zeugen und Sachverständigen gilt die Regelung des § 405 AO im steuerlichen Bußgeldverfahren gem. § 410 Abs. 1 Nr. 10 AO entsprechend. Werden Zeugen und Sachverständige von der Finanzbehörde zu Beweiszwecken herangezogen, so richtet sich ihre Entschädigung nach dem das **Justizvergütungs- und Entschädigungsgesetz.**

2. Kosten des Bußgeldverfahrens (§ 410 Abs. 1 Nr. 12 AO)

49   Aufgrund der Verweisung des § 410 Abs. 1 Nr. 12 AO auf die Regelung des § 408 AO gelten auch im steuerlichen Bußgeldverfahren die gesetzlichen Gebühren und Auslagen eines Steuerberaters, Steuerbevollmächtigten, Wirtschaftsprüfers oder vereidigten Buchprüfers als **notwendige Auslagen des Beteiligten** (s. i.Ü. zu den Kosten des Bußgeldverfahrens § 412 Rdn. 14 ff.).

C. Einbeziehung von Steuerordnungswidrigkeiten in den Strafbefehlsantrag

50   Grds. wird die Steuerordnungswidrigkeit durch Bußgeldbescheid geahndet (s. § 410 Rdn. 31). Verfolgt die Finanzbehörde eine Steuerstraftat, die mit einer Steuerordnungswidrigkeit zusammenhängt, so ist sie gem. § 410 Abs. 2 AO befugt, die Steuerordnungswidrigkeit in ihren Antrag auf Erlass eines Strafbefehls (§ 400 AO) einzubeziehen. Voraussetzung ist ein **Zusammenhang** zwischen der von der Finanzbehörde verfolgten Steuerstraftat und der Steuerordnungswidrigkeit im i.S.d. § 42 Abs. 1 Satz 2 OWiG (s. hierzu § 409 Rdn. 23; zum Verfahrensabschluss im Strafbefehlsverfahren bei sachlichem Zusammenhang vgl. Rolletschke/*Kemper* § 410 Rn. 35).

§ 411 AO Bußgeldverfahren gegen Rechtsanwälte, Steuerberater, Steuerbevollmächtigte, Wirtschaftsprüfer oder vereidigte Buchprüfer

Bevor gegen einen Rechtsanwalt, Steuerberater, Steuerbevollmächtigten, Wirtschaftsprüfer oder vereidigten Buchprüfer wegen einer Steuerordnungswidrigkeit, die er in Ausübung seines Berufs bei der Beratung in Steuersachen begangen hat, ein Bußgeldbescheid erlassen wird, gibt die Finanzbehörde der zuständigen Berufskammer Gelegenheit, die Gesichtspunkte vorzubringen, die von ihrem Standpunkt für die Entscheidung von Bedeutung sind.

Schrifttum:

Bilsdorfer, § 411 AO – eine „Muss"-, eine „Soll"- oder eine „Kann"-Vorschrift?, DStR 1983, 26; *Bock*, Die Reform des Steuerstrafrechts, DB 1968, 1326; *Heinrich*, Die bußgeldrechtliche Verantwortung des steuerlichen Beraters, StB 1979, 250; *Henneberg*, Die Neuregelung des Steuerstrafrechts, BB 1968, 906; *Lohmeyer*, Das Bußgeldverfahren gegen Angehörige der rechts- und steuerberatenden Berufe, DStR 1974, 681; *Weyand*, Mitteilungen in Strafsachen und Steuergeheimnis, NStZ 1987, 399; *ders.*, Anhörungs- und Mitteilungspflichten der Finanzbehörde bei berufswidrigem Verhalten steuerlicher Berater, INF 1990, 241; *ders.*, Mitteilungen der Finanzbehörden über Pflichtverletzungen von Berufsangehörigen gem. § 10 StBerG, INF 2003, 598.

A. Entstehungsgeschichte

§ 411 AO 1977 geht im weitesten Sinne zurück auf § 423 Reichsabgabenordnung (RAO) 1931 und § 448 RAO 1968.(Eingefügt durch Gesetz v. 12.08.1968, BGBl. I, S. 953.) Danach durfte gegen einen RA, Steuerberater, Steuerbevollmächtigten, Wirtschaftsprüfer oder vereidigten Buchprüfer ein Bußgeldbescheid wegen einer Steuerordnungswidrigkeit, die der Betroffene in Ausübung seines Berufs bei der Beratung in Steuersachen begangen haben sollte, nur erlassen werden, wenn zuvor wegen dieser Handlung 1

– gegen ihn eine ehrengerichtliche oder berufsgerichtliche Maßnahme verhängt oder
– ihm durch den Vorstand der Berufskammer eine Rüge erteilt worden war.

Dies hatte zur Folge, dass der Sanktionsanspruch des Staates bei einer Steuerordnungswidrigkeit verfahrensrechtlich von der Vorentscheidung eines Ehren- bzw. Berufsgerichts oder einer Berufskammer abhing. Unabhängig davon, dass das vorgeschaltete Verfahren zu erheblichen zeitlichen Verzögerungen führen konnte, erschien doch zweifelhaft (zur Kritik s. etwa *Bock*, DB 1968, 1326, 1332; *Henneberg*, DB 1968, 906, 911; *Lohmeyer*, DStR 1974, 681, 682.) ob es richtig sein kann, dass der Sanktionsanspruch des Staates zwingend von einer berufsrechtlichen Maßnahme abhängt. Zutreffend hat der Gesetzgeber die seinerzeit erhobenen Bedenken aufgegriffen und bei der Neufassung des § 411 AO auf die alte verfahrensrechtliche Zulässigkeitsvoraussetzung verzichtet. Seither ist es ausreichend, dass der zuständigen Berufskammer die Möglichkeit zur Stellungnahme gegeben wird, ohne dass es allerdings tatsächlich einer Mitwirkung, geschweige denn einer konkreten berufsrechtlichen Entscheidung bedarf.

2   Mit der aktuellen Normsystematik bestehen Parallelen zu verschiedenen berufsrechtlichen Regelungen (vgl. § 115b BRAO, § 92 StBerG, § 83 WPO), die von dem Gedanken getragen sind, der staatlichen Sanktion einen gewissen Vorrang vor berufsrechtlichen Maßnahmen einzuräumen (FGJ/*Lipsky* § 411 Rn. 2). Insoweit darf aber auch nicht verkannt werden, dass sich die berufsrechtliche Fragestellung bei der Bewertung vermeintlich auffälliger Sachverhalte regelmäßig von dem sanktionsrechtlichen Thema unterscheidet. Dies führt nicht selten dazu, dass berufsrechtliche Verfahren auch und gerade dann noch durchgeführt werden, nachdem die Strafverfolgungsbehörde zu dem Ergebnis gekommen ist, dass ein entsprechendes Ermittlungsverfahren gegen den Berufsträger nach § 170 Abs. 2 StPO einzustellen ist, etwa wegen fehlendes Vorsatzes oder wegen des nur sehr beschränkten Anwendungsbereichs der jeweiligen Sanktionsvorschrift. Gleichwohl muss der Berufsträger die standesrechtlichen Risiken wegen der Festschreibung des Sachverhalts durch eine rechtskräftige sanktionsrechtliche Entscheidung – von dem er sich im berufsrechtlichen Verfahren nur noch unter sehr erschwerten Möglichkeiten lösen kann (s.a. Rdn. 47) –, bereits im Ermittlungsverfahren im Blick haben, um später nicht mit seinem Verteidigungsvortrag präkludiert zu sein bzw. durch seine vordergründig erfolgreiche Verteidigung im Ermittlungsverfahren nicht erst die Grundlage dafür zu schaffen, dass ein berufsrechtlicher Vorwurf formuliert werden kann (z.B. indem organisatorische Defizite vorgetragen werden, die einen strafrechtlichen Vorsatz entfallen lassen, dieses Defizit von den Abläufen her aber gerade mit den berufsrechtlichen Standards nicht vereinbar ist).

B. Gesetzeszweck und Anwendungsbereich

3   Die Anhörung nach § 411 AO dient dem Zweck, den Sachverstand der Berufskammer in das Ordnungswidrigkeitenverfahren einzubringen, das in entsprechenden Konstellationen durch sich für die Behörden nicht alltäglich stellende Tat- und Rechtsfragen gekennzeichnet ist (vgl. BT-Drucks. 7/4292, S. 48). Soweit verschiedentlich darauf hingewiesen wird, dass v.a. bei der oft schwierigen Abgrenzung zwischen strafbarer (vorsätzlicher) Steuerhinterziehung und bußgeldrechtlicher (leichtfertiger) Steuerverkürzung zumeist nur vor dem Hintergrund der einzelnen Berufspflichten eine sachgemäße Beurteilung des Verhaltens des Beraters möglich sei (so etwa Kohlmann/*Hilgers-Klautzsch* § 411 Rn. 2; FGJ/*Lipsky* § 411 Rn. 3 m.w.N.) und deshalb auch die Anhörung der Kammer erfolgt, erscheint dies allerdings zweifelhaft. Denn in diesem Abgrenzungsfall geht es gerade nicht um die Frage, ob ein Bußgeldbescheid erlassen wird – vor dem nach § 411 AO anzuhören ist –, sondern darum, ob nach § 170 Abs. 1 StPO Anklage zu erheben ist, vor der die Kammer nicht anzuhören ist. Daher ist die Einbeziehung der jeweiligen Berufskammer vielmehr in den Fällen angezeigt, in denen es darum geht, ein – sanktionsrechtlich irrelevantes – fahrlässiges Handeln von einem leichtfertigen Fehlverhalten des Berufsträgers abzugrenzen (s. dazu § 378 Rdn. 61 ff.). Insoweit ist dann auch zuzugestehen, dass die damit einhergehenden (Abgrenzungs-) Fragen tatsächlich regelmäßig nur anhand der sich aus dem Berufsrecht ergebenden Pflichten beantwortet werden können (Klein/*Jäger* § 411 Rn. 2.), zu denen die Kammer ein kompetenter Ansprechpartner ist.

4   Trotz der Entkoppelung des § 411 AO von der berufsrechtlichen Entscheidung wird die Regelung zur Einbeziehung der Berufskammer auch weiterhin kritisiert (eingehend hierzu *Bilsdorfer*, DStR 1983, 26; s.a. *Heinrich*, StB 1979, 250, 252). Teilweise wird darin eine Privilegierung der benannten Berufsgruppen ggü. allen sonstigen Betroffenen gesehen, für die kein fachkundiger Externer – geschweige denn einer, der dafür nicht zu vergüten ist – entlastende Gesichtspunkte vorträgt. Auch wird die negative Publizitätswirkung herausgestellt, die mit entsprechenden Berichterstattungen verbunden sind, die sich nachteilig auswirkt; denn entsprechende Unterrichtungen sind ansonsten nur bei Straftaten vorgesehen (Rdn. 21 ff.), nicht aber allein schon bei dem Verdacht einer Ordnungswidrigkeit. Beide Einwendungen erscheinen berechtigt, vermögen § 411 AO aber weder in die eine noch in die andere Richtung gänzlich in Zweifel zu ziehen. Ebenso geht die Sorge, dass die Unabhängigkeit des Steuerberaters ggü. Finanzbehörden durch § 411 AO

untergraben wird, zu weit. Ob die Vorschrift aber tatsächlich eine „Schutzwirkung" für den Berufsangehörigen entfaltet (Kohlmann/*Hilgers-Klautzsch* § 411 Rn. 2, 8.) und deshalb bei dem individuell Betroffenen positiv gesehen wird, bedürfte noch eines empirischen Nachweises, der – so ist zu prognostizieren – allerdings kaum gelingen wird (Beermann/Gosch/*Seipl* § 411 Rn. 4). Die Praxis zeigt, dass jeder Betroffene an sich ein Interesse daran haben sollte, dass die Berufskammer nichts von dem gegen ihn erhobenen Vorwurf erfährt. Vor dem Hintergrund des Schutzansatzes, den § 411 AO haben soll, muss die Anhörung der Kammer deshalb in der Disposition des Betroffenen stehen, d.h. er muss wirksam auf die Anhörung der Kammer verzichten können (str., ebenso *Bilsdorfer*, DStR 1983, 26; FGJ/*Lipsky* § 411 Rn. 10; Kohlmann/*Hilgers-Klautzsch* § 411 Rn. 8; Rolletschke/*Kemper* § 411 Rn. 12; a.A. Klein/*Jäger* § 411 Rn. 1; Erbs/Kohlhaas/*Senge* § 411 AO Rn. 3; wohl auch Graf/Jäger/Wittig/*Sahan* § 411 Rn. 16). Soweit hiergegen teilweise angeführt wird, dass die Beteiligung der Kammer zwingend sei, weil neben einer Strafe oder Geldbuße eine berufsrechtliche Ahndung nur dann erfolgen soll, wenn dies erforderlich ist, um den Berufsangehörigen zur Erfüllung seiner Pflichten anzuhalten und das Ansehen des Berufes zu wahren (Klein/*Jäger* § 411 Rn. 2. Unzutreffend auch *Weyand*, NStZ 1987, 399, 400; *ders.*, INF 1990, 241, 242, wonach die Norm – ebenso wie § 10 StBerG – den Sinn habe, der Kammer Hinweise auf eventuelle aufgefallene Pflichtverletzungen zu geben; s.a. Rdn. 40), wird verkannt, dass in dieser Abwägungsentscheidung gerade nicht das Beteiligungsrecht nach § 411 AO gründet. Hier geht es nicht – wie auch aus den Regelungen zu den Mitteilungen in Strafsachen (MiStra – Rdn. 21 ff.) deutlich wird – um Informationsrechte der Berufskammer, sondern allein um die Nutzbarmachung von Sachverstand zugunsten des Berufsträgers. Dieser Schutz kann aber nicht aufgezwungen werden, zumal der Betroffene es grds. selbst in der Hand hat, die für ihn maßgeblichen tatsächlichen und rechtlichen Gesichtspunkte vorzutragen und sich hierdurch effektiv zu verteidigen.

§ 411 AO bezieht sich nur auf den Erlass eines Bußgeldbescheides im finanzbehördlichen Verfahren. Vor der Einstellung eines Verfahrens mangels Tatverdachts (§ 170 Abs. 2 StPO i.V.m. § 46 Abs. 1 OWiG) oder aus Opportunitätserwägungen (§ 47 OWiG) erfolgt keine Anhörung. Gleiches gilt, wenn die Finanzbehörde das Verfahren vom Bußgeldverfahren in ein strafrechtliches Ermittlungsverfahren überleitet (vgl. auch Rolletschke/*Kemper* § 411 Rn. 2.), nachdem nunmehr ein vorsätzliches Fehlverhalten für nachweisbar erachtet wird. Auch wenn im gerichtlichen Verfahren später – und damit anders als von der Strafverfolgungsbehörde ursprünglich geplant – nur noch die Verhängung einer Geldbuße in Betracht kommt (vgl. §§ 45, 82 OWiG), erfolgt keine Anhörung der Berufskammer mehr. Anhörungen unterbleiben auch bei selbstständigen Einziehungsbescheiden, Bußgeldbescheiden nach §§ 30, 130 OWiG, Beschlüssen nach § 72 OWiG sowie bei Urteilen oder Strafbefehlen mit Bußgeldfestsetzung (Kohlmann/*Hilgers-Klautzsch* § 411 Rn. 3; Beermann/Gosch/*Seipl* § 411 Rn. 6), mag es sich hierbei auch sachlich um „Bußgeldentscheidungen" i.S.d. § 89 OWiG handeln. 5

C. Tatbestandliche Voraussetzungen für die Einschaltung der Berufskammer

§ 411 AO erfasst RA, Steuerberater, Steuerbevollmächtigte, Wirtschaftsprüfer und vereidigte Buchprüfer (vgl. § 3 StBerG – unbeschränkte Hilfeleistung in Steuersachen); die Aufzählung ist abschließend. Nicht anwendbar ist die Norm auf Notare oder Patentanwälte, obgleich diese gem. § 4 Nr. 1 und 2 StBerG zur (beschränkten) Hilfeleistung in Steuersachen befugt sind (krit. FGJ/*Lipsky* § 411 Rn. 4.). Auch eine – über den Wortlaut hinausgehende – an sich sachnahe Ausdehnung des § 411 AO auf z.B. den Notar kommt nicht in Betracht (ebenso Beermann/Gosch/*Seipl* § 411 AO Rn. 6.), da dies zu Konflikten mit dem Steuergeheimnis (§ 30 AO) führen würde (s.a. Rdn. 28). 6

Gehört der Betroffene mehreren Berufsgruppen an, sind alle Kammern anzusprechen. Anderes gilt nur dann, wenn es offenkundig ist, dass die vermeintliche Pflichtverletzung nur einem Berufsbereich des Betroffenen zuzuordnen ist. 7

8   Der Berufsangehörige muss eine Steuerordnungswidrigkeit i.S.d. § 377 Abs. 1 AO (s. § 377 Rdn. 12 ff. sowie die Aufzählung in Nr. 1 – 100 AStBV) begangen haben. Regelmäßig dürfte es sich hierbei um eine leichtfertige Steuerverkürzung infolge einer falscher Beratung gem. § 378 Abs. 1, 2. Alt. AO handeln. Verstöße gegen Berufs- oder Standespflichten (z.B. §§ 160 bis 163 StBerG) werden durch § 411 AO nicht erfasst; sie können aber eine Mitteilung gem. § 10 StBerG auslösen (Rdn. 24). Ebenfalls nicht tatbestandlich sind bußgeldrelevante Fehlverhaltensweisen nach dem Geldwäschegesetz (GwG), z.B. bei einer fehlenden Identifizierung bestimmter Personen (vgl. §§ 3 Abs. 1, 8 Abs. 1, 17 Abs. 1 Nr. 1, Abs. 2 Nr. 2 GwG) oder bei einer unterlassener Anzeige von Verdachtsfällen (§§ 11 Abs. 1, § 17 Abs. 1 Nr. 4 GwG), denn § 17 Abs. 5 GwG verweist nicht auf § 411 AO (zu Geldwäscherisiken für Steuerberater s. die Checkliste von *Wegner*, PStR 2010, 250 ff.; zu sonstigen Verweisungen auf § 411 AO s. Rdn. 27). Sanktionsrechtlich relevante Fehlverhaltensweisen unterfallen insofern aber der Aufsicht der jeweiligen Berufskammern (vgl. § 16 Abs. 2 Nr. 4 [RA], Nr. 5 [Wirtschaftsprüfer und vereidigte Buchprüfer], Nr. 8 [Steuerberater und Steuerbevollmächtigte] GwG), sodass der dem § 411 AO zugrunde liegende Gedanke, den Sachverstand der Berufskammer einzubringen (Rdn. 3), bereits über die formale Zuständigkeitsregelung zur Ahndung entsprechende Verstöße gewährleistet wird.

9   § 411 AO erfasst nur das steuerliche Bußgeldverfahren. In Ermittlungsverfahren wegen einer Steuerstraftat (§ 369 Abs. 1 AO) gegen einen Berufsangehörigen gelten allein die Unterrichtungspflichten nach Maßgabe der Nr. 23 und 24 der Mitteilungen in Strafsachen (MiStra – s. Rdn. 21); ein vorheriges Anhörungsverfahren besteht nicht. Der Betroffene hat in diesen Fällen auch keinen Anspruch darauf, dass auf seinen Antrag hin eine Einbindung der Berufskammer erfolgt. Dies schließt freilich nicht aus, dass der Betroffene den verfahrensgegenständlichen Sachverhalt selbst bei der Berufskammer anzeigt bzw. zur Prüfung stellt, um eine dann ergehende berufsrechtliche Entscheidung der Kammer über ein Urkunde in das laufende sanktionsrechtliche Verfahren einzubringen, sodass die Strafverfolgungsbehörde gezwungen wird, sich mit der Argumentation der Kammer auseinander zu setzen. Da das Ergebnis einer entsprechenden berufsrechtlichen Prüfung aber nicht sicher vorhersehbar ist, kann dieser (Um-)Weg auch zweischneidig sein, zumal – wie die Praxis immer wieder zeigt – ohnehin zweifelhaft sein dürfte, ob die Kammer einer Bewertung der Strafverfolgungsbehörden zeitlich vorweggreift. Regelmäßig wird der Betroffene deshalb ein Interesse daran haben, die Vorgänge von seiner Kammer fernzuhalten und diese erst recht nicht durch eigene Aktivitäten näher an die Aufsicht heranzubringen.

10 Die dem Betroffenen zur Last gelegte Steuerordnungswidrigkeit muss „in Ausübung seines Berufs bei der Beratung in Steuersachen" begangen worden sein. Eine Ausübung des Berufes liegt vor, wenn jemand durch die Übernahme bestimmter Aufgaben dokumentiert, dass ihre Erledigung in den Tätigkeitsbereich fällt, dem er sich für Dauer, Zeit oder Wiederkehr verschrieben hat (RGSt 77, 15; Klein/*Jäger* § 411 Rn. 5; FGJ/*Lipsky* § 411 Rn. 6.). Tätigkeiten, die nur „bei Gelegenheit" einer solchen Beratung ausgeübt wurden oder mit der Beratung in keinem unmittelbaren Zusammenhang stehen (Beratung hinsichtlich einer Testamentsvollstreckung, Vormundschaft u.Ä.), werden nicht erfasst (Klein/*Jäger* § 411 Rn. 5.). Auch private – regelmäßig unentgeltlich gewährte – Gefälligkeiten (FGJ/*Lipsky* § 411 Rn. 6.) oder Tätigkeiten in eigener Sache (Kohlmann/*Hilgers-Klautzsch* § 411 Rn. 6) fallen nicht in den Anwendungsbereich der Norm. Sie können aber Mitteilungen nach § 10 StBerG auslösen (Rdn. 24).

11 Der Begriff „Steuersache" ist in § 1 Abs. 1 StBerG dahin gehend näher umschrieben, dass das Gesetz anzuwenden ist auf die Hilfeleistung in

– Angelegenheiten, die durch Bundesrecht, Recht der Europäischen Gemeinschaften oder der Vertragsstaaten des Abkommens über den Europäischen Wirtschaftsraum geregelte Steuern und Vergütungen betreffen, soweit diese durch Bundesfinanzbehörden oder durch Landesfinanzbehörden verwaltet werden (Nr. 1),
– Angelegenheiten, die die Realsteuern oder die Grunderwerbsteuer betreffen (Nr. 2),

– Angelegenheiten, die durch Landesrecht oder aufgrund einer landesrechtlichen Ermächtigung geregelte Steuern betreffen (Nr. 3),
– Monopolsachen (Nr. 4),
– sonstigen von Bundesfinanzbehörden oder Landesfinanzbehörden verwalteten Angelegenheiten, soweit für diese durch Bundesgesetz oder Landesgesetz der Finanzrechtsweg eröffnet ist (Nr. 5).

Nach § 1 Abs. 2 StBerG umfasst die Hilfeleistung in Steuersachen auch

– die Hilfeleistung in Steuerstrafsachen und in Bußgeldsachen wegen einer Steuerordnungswidrigkeit (Nr. 1),
– die Hilfeleistung bei der Führung von Büchern und Aufzeichnungen sowie bei der Aufstellung von Abschlüssen, die für die Besteuerung von Bedeutung sind (Nr. 2),
– die Hilfeleistung bei der Einziehung von Steuererstattungs- oder Vergütungsansprüchen (Nr. 3).

Weist die verfahrensgegenständliche Beratung keinen solchen Bezug auf, hat sie aber gleichwohl steuerliche Auswirkung, ist § 411 AO nicht einschlägig.

D. Verfahrensabläufe

Liegen die tatbestandlichen Voraussetzungen des § 411 AO vor – und tritt der vorab zu unterrichtende Betroffene der Anhörung nicht entgegen (Rdn. 4) –, so informiert die Finanzbehörde die jeweils zuständige Berufskammer. Dies sind die regionale Rechtsanwaltskammer (§ 60 BRAO), die regionale Steuerberaterkammer (§ 73 StBerG) und die Wirtschaftsprüferkammer (§ 58 WPO). Zuzuleiten sind die vollständige Verfahrensakte inkl. einem Abschlussbericht, versehen mit dem Hinweis, dass der Erlass eines Bußgeldbescheids beabsichtigt sei (vgl. Nr. 104 Abs. 1, 83 Abs. 2 AStBV; Schwarz/*Weyand* § 411 Rn. 5.) Das Steuergeheimnis ist durch diese Vorgehensweise nicht verletzt, denn es liegt eine gesetzliche Offenbarungsbefugnis vor (§ 30 Abs. 4 Nr. 1 und 2 AO i.V.m. § 411 AO; vgl. Klein/*Jäger* § 411 Rn. 1). **12**

Soweit Teile der Verfahrensakte den Mandanten des Berufsträgers betreffen, ist die Einsicht der Kammer einzugrenzen auf diejenigen Unterlagen, die für die Bewertung der Beschuldigung erforderlich ist (Klein/*Jäger* § 411 Rn. 1; FGJ/*Lipsky* § 411 Rn. 13). Ebenso wie bei Akteneinsichtsgesuchen nach § 406e StPO oder § 475 StPO, die in der alltäglichen Praxis der StA zu Beschränkungen führen, sind ggf. Ausheftungen oder Schwärzungen hinsichtlich der Teile vorzunehmen, die die Interessen Dritter berühren. Damit bei der Kammer nicht der Eindruck entsteht, ihr werde nur eine selektiv zusammengestellte Akte vorgelegt, sollte die Finanzbehörde in dem Anschreiben kurz darauf hinweisen, dass sie sich aus Gründen des Steuergeheimnisses Dritter gehalten sah, Teile der Akten zu entfernen (Rolletschke/*Kemper* § 411 Rn. 11). **13**

Ausgehebelt werden kann die – vom Betroffenen regelmäßig nicht erstrebte (Rdn. 4) – Unterrichtung der Berufskammer im Rahmen einer Verständigung nach § 153a StPO, d.h. bei einer Einstellung des Verfahrens gegen Auflagen, z.B. die Zahlung einer Geldauflage (s.a. Schwarz/*Weyand* § 411 Rn. 5; *ders.*, INF 1990, 241, 242.). Zwar ist § 153a StPO auf bußgeldrechtlich relevante Verstöße nicht anwendbar, sondern nur § 47 OWiG, der allerdings nicht die Verhängung einer Geldauflage ermöglicht. Da § 153a StPO aber die Unschuldsvermutung unberührt lässt und gerade keine straf- oder bußgeldrechtlich relevanten Festschreibungen erfordert, besteht regelmäßig eine „Grauzone", die auszuloten und auszunutzen die Aufgaben des Verteidigers ist. Gerade weil sich die Abgrenzung zwischen (strafbarer) Steuerhinterziehung und (bußgeldbewehrter) Steuerverkürzung nur im subjektiven und damit äußerlich nur schwer erkennbaren Bereich vollzieht, sollten entsprechende Lösungen zu begründen sein, ohne dass damit für den den Vorwurf bestreitenden Berufsträger Nachteile verbunden sind (s. aber Rdn. 29). Wenn sich der zu zahlende Geldbetrag an der von der Finanzbehörde erwogenen Geldbuße orientiert bzw. ggf. sogar noch etwas **14** darüber hinausgeht, entsteht auch der Finanzbehörde – und dieser Gedanke ist als Entscheidungs-kriterium nicht zu unterschätzen – kein finanzieller „Schaden". Bedenklich wäre es demgegenüber, wenn seitens der Finanzbehörde versucht wird, sich die Nichtunterrichtung der Kammer über eine unangemessen hohe Geldauflage, die die an sich vorgesehene Geldbuße deutlich übersteigt, „abkaufen" zu lassen.

15   Die Berufskammer hat nach eigenem Ermessen zu entscheiden, ob sie von der Möglichkeit zur Stellungnahme Gebrauch macht. Regelmäßig wird ihr hierfür eine Frist gesetzt (vgl. den Anwen-dungserlass zur Abgabenordnung [AEAO] betreffend § 191 AO: 2 Monate), innerhalb derer auch tatsächlich reagiert werden sollte. Hierbei handelt es sich allerdings nicht um eine Ausschlussfrist. Die Kammer kann sich zu allen ihr wichtig erscheinenden Gesichtspunkten äußern, sollte sich freilich aber auf materielle oder verfahrensrechtliche Fragen beschränken und insbesondere nicht zur Höhe der geplanten Geldbuße ausführen (a.A. Kohlmann/*Hilgers-Klautzsch* § 411 Rn. 10).

16   Zu beachten ist, dass das zur Last gelegte steuerordnungswidrige Fehlverhalten nicht immer deckungsgleich mit einem möglicherweise gleichzeitig im Raum stehenden berufsrechtlichen Vor-wurf zu bewerten sein muss (Rdn. 2). Im Vorfeld von Steuerordnungswidrigkeiten mögen bestimmte Verhaltensweisen bereits eine berufsrechtliche Sanktion auslösen können (zum Verfah-ren s. Rdn. 38 ff.), die bußgeldrechtlich noch ohne Relevanz sind. Der sanktionsrechtliche Betrachtungswinkel muss deshalb in der Stellungnahme der Kammer deutlich werden.

17   Die Finanzbehörde ist bei ihrer das Verfahren abschließenden Entscheidung nicht an die Sicht-weise der Kammer gebunden. Will sie aber von der Bewertung der Kammer zum Nachteil des Betroffenen abweichen, so ist zu fordern, dass sie dies eingehend begründet, auch um zu doku-mentieren, dass sie die Stellungnahme bei der Entscheidung über den Bußgeldbescheid berück-sichtigt hat und das Anhörungsverfahren nicht lediglich eine formale Pflichtaufgabe war (ebenso Rolletschke/*Kemper* § 411 Rn. 13; Beermann/Gosch/*Seipl* § 411 Rn. 18).

E. Rechtsschutz

18   Die Wirksamkeit des Bußgeldbescheides wird durch eine unterbliebene Anhörung der Berufskam-mer nicht berührt (Klein/*Jäger* § 411 Rn. 9; FGJ/*Lipsky* § 411 Rn. 12). Sie kann nach § 126 Abs. 1 Nr. 5 AO noch während des gerichtlichen Verfahrens nachgeholt werden. Eine allein auf die unterlassene Anhörung gestützte Verfahrensrüge wird auch der Rechtsbeschwerde (§§ 79 ff. OWiG) nicht zum Erfolg verhelfen.

19   Soweit der Betroffene die Stellungnahme der Berufskammer inhaltlich nicht hinreichend berück-sichtigt sieht, berührt auch dies die Wirksamkeit des Bescheides nicht. Es ist die Aufgabe des Betroffenen selbst, darauf hinzuwirken (z.B. im Rahmen einer eigenen schriftlichen Stellung-nahme ggü. der Finanzbehörde), dass ihn entlastende Umstände mit dem notwendigen Elan in dem Verfahren vorgebracht werden, damit spätestens das Gericht sie bei seiner Entscheidung berücksichtigt. Werden allerdings in rechtlicher Hinsicht durch die Finanzbehörde Punkte ver-kannt bzw. fehlerhaft bewertet, die von der Kammer angesprochen worden sind, so können diese in der letztinstanzlichen Rechtsbeschwerde mit der Sachrüge geltend gemacht werden.

F. Verknüpfte Sach- und Rechtsfragen

20   Obgleich § 411 AO im Kreis der sonstigen Straf- und Bußgeldvorschriften nach §§ 369 ff. AO als eher unbedeutend eingeschätzt wird oder regelmäßig sogar gänzlich unbekannt ist, betrifft die Norm doch Sachverhalte, die für den Berufsträger in rechtlicher und wirtschaftlicher Hinsicht einschneidende Konsequenzen haben können, bis hin zur Entziehung der beruflichen Zulassung. Nachfolgend seien deshalb verschiedene Punkte angeführt, die deutlich werden lassen, dass jeder Berufsträger ein gegen ihn geführtes steuerrechtlichen Bußgeld- oder Strafverfahren aktiv begleiten

und nicht einfach nur „laufen lassen" sollte. Dies gilt umso mehr, als im zeitlich nachgelagerten berufsrechtlichen Verfahren an strafrechtliche Feststellungen angeknüpft wird und auch der Umfang der Beweiserhebung von den allgemeinen strafprozessualen Regeln abweichen kann.

I. Mitteilungen in Strafsachen (MiStra)

Neben § 411 AO sind für die Angehörigen der rechts-, steuer- und wirtschaftsberatenden Berufe 21 die Nr. 23 Abs. 1 und 24 Abs. 1 der Mitteilungen in Strafsachen (MiStra) in den Blick zu nehmen. Während § 411 AO vermeintliche bußgeldrechtliche Fehlverhaltensweisen betrifft und eine Anhörung vor Abschluss des Ermittlungsverfahrens vorsieht, regelt die MiStra Mitteilungspflichten in (Kriminal-) Strafsachen, z.B. beim Vorwurf der Steuerhinterziehung (§ 370 AO). Mitzuteilen sind bei den rechtsberatenden Berufen (Nr. 23)

– der Erlass und der Vollzug eines Haft- oder Unterbringungsbefehls (Nr. 1),
– Entscheidungen, durch die ein vorläufiges Berufsverbot angeordnet oder ein solches aufgehoben worden ist (Nr. 2),
– die Erhebung der öffentlichen Klage (Nr. 3),
– die Urteile (Nr. 4),
– der Ausgang des Verfahrens, wenn eine Mitteilung nach den Ziff. 1 bis 4 zu machen war (Nr. 5).

Der Katalog ist abschließend, sodass insb. Einstellungen nach §§ 153, 153a StPO keine Berichtspflicht auslösen. Gleiches gilt für Wirtschaftsprüfer, vereidigte Buchprüfer, Steuerberater und Steuerbevollmächtigte. Hier sind nach Nr. 24 (nur)

– der Erlass und der Vollzug eines Haft- oder Unterbringungsbefehls (Nr. 1),
– die Entscheidung, durch die ein vorläufiges Berufsverbot angeordnet oder ein solches aufgehoben worden ist (Nr. 2),
– die Erhebung der öffentlichen Klage (Nr. 3),
– der Ausgang des Verfahrens, wenn eine Mitteilung nach den Ziff. 1 bis 4 zu machen war (Nr. 4),

mitzuteilen, wenn der Tatvorwurf auf eine Verletzung von Pflichten schließen lässt, die bei der Ausübung des Berufs zu beachten sind, oder er in anderer Weise geeignet ist, Zweifel an der Eignung, Zuverlässigkeit oder Befähigung hervorzurufen. Unterrichtungspflichtig sind nicht nur Gericht und StA, sondern auch die Finanzbehörde, wenn sie das Ermittlungsverfahren selbstständig führt (§ 386 AO). Bagatellfälle, die keine Unterrichtungspflicht auslösen, sieht das Gesetz nicht vor.

Besondere Bedeutung kommt in den steuerstrafrechtlichen Verfahren dem Steuergeheimnis nach 22 § 30 AO zu (s.a. Nr. 2 Abs. 1 Satz 1 MiStra). Eine Offenbarungsbefugnis ergibt sich hier nur aus § 30 Abs. 4 Nr. 5 AO (überwiegendes öffentliches Interesse). Ob dieser Ausnahmetatbestand bei einem steuerstrafrechtlichen Ermittlungsverfahren gegen einen rechts-, steuer- oder wirtschaftsberatenden Betroffenen durchweg zu bejahen ist (so aber *Weyand*, NStZ 1987, 399, 400; *Schwarz/ Weyand* § 411 Rn. 10), erscheint mehr als nur zweifelhaft (ebenso Kohlmann/*Hilgers-Klautzsch* § 411 Rn. 12; Rolletschke/*Kemper* § 411 Rn. 15.) Erforderlich ist jeweils eine einzelfallbezogene Abwägung, die anerkennt, dass das Steuergeheimnis nur dann durchbrochen werden darf, wenn im Fall des Unterbleibens der Mitteilung die Gefahr besteht, dass schwere Nachteile für das „allgemeine Wohl" eintreten. Eine solche allgemeine Relevanz folgt nicht allein aus dem Beruf des vermeintlichen Delinquenten, sondern kann sich nur aus dem konkreten Sachverhalt ergeben.

Abweichend von dem hier für maßgeblich erachteten Verständnis zu § 411 AO (Rdn. 4) regelt die 23 MiStra Mitteilungspflichten, die nicht der Dispositionsmaxime des Berufsträgers unterliegen. Die Hoffnung, eine Unterrichtung der Kammer durch ein Veto ggü. der Finanzbehörde oder StA verhindern zu können, wird sich spätestens mit der Erhebung der öffentlichen Anklage nach § 170 Abs. 1 AO zerschlagen. Da die Abgrenzung zwischen einer Strafbarkeit nach § 370 AO und einer

Ordnungswidrigkeit nach § 378 AO allein auf der Ebene des subjektiven Tatbestandes vorzunehmen ist (vgl. § 370 Rdn. 633 ff., § 378 AO Rdn. 61 ff.) und hierzu kaum verlässlich handhabbare Kriterien vorhanden sind, wird deutlich, wie schmal der Grat ist, auf dem sich der mitwirkende steuerliche Berater bewegt und wie sehr die ermittlungsbehördliche Bewertung seiner Darstellung zum Sachverhalt ihrerseits von subjektiven Einschätzungen Dritter geprägt sein kann. Hieraus erhellt sich auch, warum jeder betroffene Berufsträger so frühzeitig wie möglich versuchen sollte, einen anwaltlichen Kontakt zur Ermittlungsbehörde aufzubauen und auf der Grundlage von Akteneinsicht zu den gegen ihn erhobenen Tatvorwürfen (schriftlich) Stellung zu nehmen. Nur so kann regelmäßig verhindert werden, dass sich das eingeleitete Verfahren hin zu einem Bußgeldbescheid oder gar einer Anklage verdichtet. Wird eine solche rechtsfolgenbezogene Entwicklung verhindert, bleiben entsprechende Sachverhalte auch der Berufskammer unbekannt und können sodann dort nicht zu eigenständigen berufsrechtlichen Prüfungs- und Sanktionsvorgängen führen.

II. Mitteilungen nach dem Steuerberatungsgesetz (StBerG)

24 Nach § 10 Abs. 1 StBerG (Mitteilungen über Pflichtverletzungen und andere Informationen)(I.d.F. des Gesetzes v. 04.11.1975, BGBl. I, S. 2735, zuletzt geändert durch Gesetz v. 22.12.2010, BGBl. I, S. 2248.) teilt die Finanzbehörde auch außerhalb von Bußgeld- oder Strafverfahren den zuständigen Stellen die Tatsachen mit, die den Verdacht begründen, dass eine Berufspflichtverletzung durch den Angehörigen des steuerberatenden Berufs vorliegt. Die Berichtspflicht geht inhaltlich sehr weit und ist auch nicht von einer erhöhten Verdachtsschwelle abhängig (Erbs/Kohlhaas/*Senge* § 10 Rn. 2). Es werden nicht nur schwerwiegende Verfehlungen oder Straftaten und Ordnungswidrigkeiten erfasst, die das Ansehen und die Integrität des Berufsstands schädigten, sondern alle Pflichtverstöße bei der geschäftsmäßigen Hilfeleistung in Steuersachen (vgl. § 57 StBerG), die der Finanzbehörde zur Kenntnis kommen. Erforderlich ist ein Bezug zur Berufsausübung, worunter auch eigene Steuerangelegenheiten fallen können (ebenso *Gehre/Koslowski* § 10 Rn. 4; Kohlmann/*Hilgers-Klautzsch* § 411 Rn. 13; Rolletschke/*Kemper* § 411 Rn. 16.).

25 Nach § 10 Abs. 2 und 3 StBerG können auch andere Sachverhalte (z.B. hohe Steuerschulden, Vollstreckungsrückstände, Vermögensverfall) mitgeteilt werden, die zur Rücknahme oder zum Widerruf der Bestellung führen können oder die für die Einleitung eines Rügeverfahrens oder eines berufsgerichtlichen Verfahrens zur Ahndung von Pflichtverletzungen relevant sind (vgl. aktuell etwa FG Hamburg v. 23.12.2001 – 3 KO 190/10, BeckRS 2011, 94446; s.a. *Weyand*, INF 2003, 598, 599).

26 Wie schon zur MiStra gilt auch hier: Kontakt und Kommunikation statt aussitzen! Vorgeprägte Einschätzungen und Bewertungen der Finanzbehörde, wie sie in der Einleitung eines ermittlungsbehördlichen Verfahrens deutlich geworden sind, werden sich regelmäßig nicht einfach so wieder auflösen. Eine rechtsfolgelose Erledigung, die dann möglichst auch noch keine wirtschaftlichen Nachteile für den Betroffenen mit sich bringt (so aber z.B. bei Einstellungen nach § 153a StPO), sowie die damit einhergehende Verhinderung eines Informationsflusses zur Berufskammer, werden sich im Allgemeinen nur durch einen aktiven Austausch mit der Finanzbehörde erzielen lassen, i.R.d.sen aufgezeigt wird, dass und warum sich der Berufsträger nicht fehlerhaft verhalten hat. M.a.W.: Anders als bestimmte allgemeine Strafsachen eignen sich Verfahren der vorliegenden Art nicht für eine schweigende Verteidigung.

III. Verweisungen auf § 411 AO

27 Gem. § 96 Abs. 1 Satz 1 AO sind auf die Zulagen und die Rückzahlungsbeträge die für Steuervergütungen geltenden Vorschriften der Abgabenordnung entsprechend anzuwenden. Nach § 96 Abs. 7 Satz 1 AO gelten für die Zulage u.a. die Strafvorschrift des § 370 AO und die Bußgeldvorschriften der §§ 378, 379 AO entsprechend. Für das damit einhergehende Bußgeldverfahren ver-

weist Satz 2 auf die Anwendbarkeit des § 411 AO. Eine vergleichbare Verweisung auf § 411 AO findet sich in den Kommunalabgabengesetzen zum Tatbestand der leichtfertigen Abgabenverkürzung und Abgabengefährdung (näher s. die Darstellung zum KAG).

IV. Haftungsbescheid gegen Angehörige der rechts-, steuer- und wirtschaftsberatenden Berufe

Parallelen zu § 411 AO finden sich in § 191 Abs. 2 AO. Bevor gegen einen RA, Patentanwalt, **28** Notar, Steuerberater, Steuerbevollmächtigten, Wirtschaftsprüfer oder vereidigten Buchprüfer wegen einer Handlung i.S.d. § 69 AO (Haftung der Vertreter), die er in Ausübung seines Berufs vorgenommen hat, ein Haftungsbescheid erlassen wird, gibt die Finanzbehörde hiernach der zuständigen Berufskammer Gelegenheit, die Gesichtspunkte vorzubringen, die von ihrem Standpunkt für die Entscheidung von Bedeutung sind (s. dazu *Weyand*, INF 1990, 241). Abweichend von § 411 AO sind auch Patenanwälte und Notare ausdrücklich erfasst. Hierin wird deutlich, dass eine extensive Ausdehnung des § 411 AO auf diese Berufsgruppen ausgeschlossen ist (Rdn. 6), da der Gesetzgeber sich der Unterscheidung zwischen den Personenkreisen nach § 3 und § 4 StBerG dem Grunde nach bewusst gewesen zu sein scheint, in § 411 AO auf eine Erwähnung von Notaren und Patentanwälten jedoch ausdrücklich verzichtet hat.

Keine gesonderte Anhörungspflicht besteht in den Fällen, in denen der Haftungsbescheid auf ein **29** vermeintlich sanktionsrechtlich relevantes Fehlverhalten des Berufsträgers gestützt werden soll (§ 71 AO – Haftung des Steuerhinterziehers und des Steuerhehlers). Dies ist auch und gerade i.V.m. § 411 AO systematisch konsequent, weil bei einer ermittlungsbehördlichen Abschlussentscheidung wegen eines vorsätzlichen Fehlverhaltens nach § 370 AO keine vorherige Anhörung erfolgt (Rdn. 9), sondern nur eine Unterrichtung nach der MiStra (Rdn. 21 ff.) oder § 10 StBerG (Rdn. 24 ff.). Der Vorwurf eines nur leichtfertigen Fehlverhaltens, an den ein Bußgeldbescheid anknüpfen könnte, begründet keine Haftung nach § 71 AO, sodass in einem solchen Fall eine Befassung der Kammer allenfalls über eine Anhörung nach § 411 AO in Betracht kommt. Das Risiko, mit der Anregung einer Einstellung des Verfahrens nach § 153a StPO selbst einen Impuls vom Bußgeldverfahren hin in das Strafverfahren zu geben (s. Rdn. 14), dürfte haftungsrechtlich beherrschbar sein.

V. Berufsträger im steuerlichen Straf- und Bußgeldverfahren

Steuerstrafverfahren gegen Berufsträger, die in der beruflichen Tätigkeit gründen, sind nicht all- **30** täglich; sie kommen aber immer wieder vor und sei es auch nur, weil sich die Ermittlungsbehörden die im Einzelfall sehr ausschweifend zu führende Diskussion ersparen wollen, ob denn nun im Gewahrsam des Beraters vermutete Unterlagen dem Beschlagnahmeprivileg des § 97 StPO unterfallen oder nicht. Denn allein schon mit der Einleitung eines entsprechenden Verfahrens gegen den Berater entfällt dieses Privileg (§ 97 Abs. 2 Satz 2 StPO), das auch dann nicht wieder auflebt, wenn das Verfahren gegen den Berater später rechtsfolgenlos eingestellt, das Verfahren gegen den Mandanten aber weitergeführt wird. Mit der Einleitung eines Ermittlungsverfahrens, wofür es nur eines strafprozessualen Anfangsverdachts bedarf (§ 152 Abs. 2 StPO) – der regelmäßig kein großes Hindernis darstellt –, sind daher für die Strafverfolger verschiedene verfahrensrechtliche Vorteile verbunden, die regelmäßig auch nicht dadurch konterkariert werden, dass ohne die Einleitung des Verfahrens der Berater als Zeuge in Betracht kommt (s. aber § 53 StPO).

Gerade weil in der Praxis ab und an der Eindruck entstehen kann, dass entsprechende Verfahrens- **31** überlegungen angestellt werden, sollte jeder Berater auf die Durchsuchung seines Büros bzw. seiner Kanzlei vorbereitet sein. Dies gilt umso mehr, als sich die konkreten Abläufe vor Ort während einer Durchsuchung nach § 103 StPO – die jeden treffen kann – und nach § 102 StPO kaum unterscheiden. Daher kann die interne Vorbereitung entsprechender Maßnahmen durch den Berater auch ohne große Sorge um das Meinungsbild zur eigenen Personen ggü. den Mitarbeitern über § 103 StPO kommuniziert werden.(Vgl. etwa *Gehrmann/Wegner*, SteuK 2010, 338.)

32 Steuerstrafverfahren richten sich auch deshalb gegen Berufsträger, weil sie regelmäßig nur der sub-
    jektive Bereich schützt. Denn ihre objektive Mitwirkung an den den Mandanten zur Last gelegten
    Vorgängen ist regelmäßig unstreitig und wird nicht selten sogar über den sog. Mitwirkungsver-
    merk dokumentiert; zumindest ein Fördern i.S.d. § 27 StGB wird objektiv gegeben sein. Umso
    wichtiger sind die subjektiven Kriterien, die der BGH (BGHSt 46, 107 = NJW 2000, 3010 =
    wistra 2000, 340) zur Beihilfe von Dienstleistern entwickelt hat (s.a. § 370 Rn. 96 ff. m.w.N.):
    Danach liegt ein Gehilfenvorsatz vor, wenn der Gehilfe die Haupttat in ihren wesentlichen Merk-
    malen kennt und in dem Bewusstsein handelt, durch sein Verhalten das Vorhaben des Haupttäters
    zu fördern; Einzelheiten der Haupttat braucht er nicht zu kennen. Ob der Gehilfe den Erfolg der
    Haupttat wünscht oder ihn lieber vermeiden würde, ist für den BGH nicht entscheidend. Es rei-
    che, dass die Hilfe an sich geeignet ist, die fremde Haupttat zu fördern oder zu erleichtern und der
    Hilfeleistende dies weiß. Unter dieser Voraussetzung sei der Vorsatz selbst dann nicht infrage
    gestellt, wenn der Gehilfe dem Täter ausdrücklich erklärt, er missbillige die Haupttat. Zielt das
    Handeln des Haupttäters ausschließlich darauf ab, eine strafbare Handlung zu begehen, und weiß
    dies der Hilfeleistende, so ist sein Tatbeitrag nach Ansicht des BGH als Beihilfehandlung zu wer-
    ten. Weiß der Hilfeleistende dagegen nicht, wie der von ihm geleistete Beitrag vom Haupttäter
    verwendet wird, hält er es lediglich für möglich, dass sein Tun zur Begehung einer Straftat genutzt
    wird, so sei sein Handeln regelmäßig noch nicht als strafbare Beihilfehandlung zu beurteilen, es sei
    denn, das von ihm erkannte Risiko strafbaren Verhaltens des von ihm Unterstützten war derart
    hoch, dass er sich mit seiner Hilfeleistung „die Förderung eines erkennbar tatgeneigten Täters
    angelegen sein" ließ. An diesen Kriterien muss sich die Verteidigung des Berufsträgers ausrichten,
    wenn gegen ihn der Vorwurf eines sanktionsrechtlich relevanten Fehlverhaltens erhoben wird.

33 Im Einzelfall kann zur Bewertung der Beratertätigkeit mit folgenden Fallgruppen gearbeitet wer-
    den:

    – Übernahme der Angaben des Mandanten ohne Prüfung,
    – Zweifel an der Richtigkeit der Angaben des Mandanten,
    – Verdacht der Unrichtigkeit der Angaben des Mandanten,
    – Offensichtliche Unrichtigkeit der Angaben des Mandanten,
    – Wissen um die Unrichtigkeit der Angaben des Mandanten.

34 Hinsichtlich späterer Erkenntnisgewinne beim Berater und damit möglicherweise einhergehender
    Handlungspflichten, deren Unterlassen § 370 Abs. 1 Nr. 2 AO i.V.m. § 378 AO erfasst, kann wie
    folgt in Fallgruppen differenziert werden, wobei zusätzlich noch danach zu unterscheiden sein
    könnte, ob der Berater nur intern oder auch im Außenverhältnis ggü. dem FA agiert hat:

    – Fehler des Beraters,
    – leichtfertiges Handeln des Beraters,
    – (in Abstufungen) vorsätzliches Handeln des Beraters,
    – Fehler des Mandanten,
    – leichtfertiges Handeln des Mandanten,
    – (in Abstufungen) vorsätzliches Handeln des Mandanten,
    – Kombination von Fehlhandlungen durch Mandant und Berater.

35 Aus all dem wird deutlich, dass steuerliche Beratungsleistungen immer mit einem sanktionsrecht-
    lichen Grundrisiko verbunden sind (*Simon/Vogelberg* S. 145). Dies gilt umso mehr, als der steuerli-
    che Bereich nicht nur durch eine komplexe Regelungsmaterie gekennzeichnet ist, sondern sich die
    Schwierigkeiten auch noch dadurch erhöhen, dass sämtliche der o.a. Fallgruppen dadurch ange-
    reicht sein können, dass bei der Beratung von Rechtsauffassungen der Finanzverwaltung abgewi-
    chen wird, weil diese für vorzugswürdiger, jedenfalls aber für vertretbar erachtet werden.

36 Ob und wie der Berater sich gegen ein strafrechtliches Risiko vorbeugend absichern kann, ist all-
    gemein verbindlich kaum zu beantworten (so wohl auch *Simon/Vogelberg* S. 145). Drei zentrale

Gesichtspunkte sollte der Berater sich aber bei seinem Handeln – jedenfalls aus der Sicht eines Strafverteidigers – stets vergegenwärtigen:

– ihn schützt im Zweifel nur seine subjektive Sicht bzw. Unkenntnis,
– seine Handakte ist im sanktionsrechtlichen Streitfall auch für Dritte (Ermittler) zu lesen,
– der Mandant kann morgen ein Interesse daran haben, Verantwortlichkeiten zu verschieben.

Hieraus folgt: Der Berufsträger kann umfänglich „beraten", auch hinsichtlich solcher Konstellationen und Themen, für die er selbst nie optieren würde. Er sollte zu solchen Entscheidungen, die er für risikoreich bzw. im Ergebnis nicht für überzeugend erachtet, aber nicht „raten". Dokumentation ist ein Grundpfeiler beratender Tätigkeit; dies gilt sowohl nach innen (Handakte) als auch nach außen (Erklärungen, Schreiben etc.). Jedwedes in der Handakte befindliche Dokument sollte deshalb in einer Art abgefasst sein, die bedenkenlos auch selbst zu einer Ermittlungsakte gereicht werden könnte.

Neben der strafrechtlichen Verantwortlichkeit des steuerlichen Beraters wird auch das Bußgeld- **37** recht schon immer kontrovers diskutiert (s.a. § 378 Rdn. 44 ff. m.w.N.), ohne dass in der Rechtsprechung bislang eine klare Linie erkennbar ist. So kommt nach Ansicht des BFH als Täter einer leichtfertigen Steuerverkürzung i.S.d. § 378 AO auch derjenige in Betracht, der die Angelegenheiten eines Steuerpflichtigen wahrnimmt (BFH, wistra 2003, 312). Etwas anderes folge auch nicht aus strafgerichtlichen Entscheidungen des BayObLG (wistra 1994, 34 = DStR 1994, 410) und des OLG Braunschweig(wistra 1996, 319 = DStR 1997, 515), wonach der steuerliche Berater nicht wegen einer leichtfertigen Steuerverkürzung belangt werden könne, wenn er lediglich eine Steuererklärung für den Steuerpflichtigen vorbereitet hat. Je weitgehender der Steuerpflichtige Pflichten auf den Berater überträgt und sich dadurch auch straf- oder ordnungswidrigkeitenrechtlich entlastet, desto stärker wächst nach Ansicht des BFH die straf- oder ordnungswidrigkeitsrechtliche Verantwortlichkeit des Beraters. Leichtfertigkeit in diesem Kontext bedeute einen erheblichen Grad an Fahrlässigkeit, der etwa der groben Fahrlässigkeit des bürgerlichen Rechts entspricht, aber im Gegensatz dazu auf die persönlichen Fähigkeiten des Täters abstellt. Ein derartiges Verschulden liegt danach vor, wenn der Täter nach den Gegebenheiten des konkreten Falls und seinen individuellen Fähigkeiten in der Lage gewesen wäre, den sich aus den konkret einschlägigen gesetzlichen Regelungen ergebenden Sorgfaltspflichten zu genügen (so nunmehr auch für § 264 StGB [Subventionsbetrug] der BGH, NStZ-RR 2010, 311; aktuell für das Steuerstrafrecht s. etwa BGH v. 8.9.2011 – 1 StR 38/11.) Demgegenüber hat zuletzt das OLG Zweibrücken (wistra 2009, 127 m. Anm. *Wegner*, PStR 2009, 7) – überzeugend – aufgezeigt, dass die o.a. Entscheidung des BFH weder von der Gesetzeshistorie noch vom Wortlaut her überzeugt. § 378 AO verlangt in objektiver Hinsicht die Begehung einer der in § 370 Abs. 1 AO bezeichneten Taten, d.h. der Gesetzgeber hat damit gerade die weiter gehende vorherige Fassung („bewirkt") fallen gelassen.

VI. Berufsrechtliche Implikationen

Steuerstraf- oder -bußgeldrechtliche Fehlverhaltensweisen bringen für den Berufsträger nicht nur **38** ein sanktionsrechtliches Risiko mit sich. Hinzu kommen der Verlust an Reputation bei den Finanzbehörden sowie berufsrechtliche Konsequenzen, bis hin zum Ausschluss aus dem Beruf. Die entsprechende Anordnung des Berufsverbots im Strafverfahren erfolgt nach § 70 StGB bzw. vorläufig nach § 132a StPO, die Ausschließung aus dem Beruf wird durch die jeweilige Kammer ausgesprochen.

Verstöße gegen die allgemeinen Berufspflichten (z.B. nach § 57 Abs. 1 StBerG: *„Steuerberater und* **39** *Steuerbevollmächtigte haben ihren Beruf unabhängig, eigenverantwortlich, gewissenhaft, verschwiegen und unter Verzicht auf berufswidrige Werbung auszuüben."*) können von einer Rüge (z.B. § 81 StBerG) bis hin zu berufsgerichtlichen Maßnahmen (z.B. § 90 StBerG) geahndet werden:

- Warnung (Nr. 1),
- Verweis (Nr. 2),
- Geldbuße bis 50.000,00 € (Nr. 3),
- Berufsverbot für die Dauer von einem bis zu 5 Jahren (Nr. 4),
- Ausschließung aus dem Beruf (Nr. 5).

Vergleichbare Regeln bestehen auch für RA (§ 114 BRAO) und Wirtschaftsprüfer (§ 68 WPO). Anknüpfungspunkt für entsprechende Verfahren bzw. Vorwürfe ist regelmäßig das Merkmal der „Gewissenhaftigkeit".

40 Ist durch ein Gericht oder eine Behörde eine Strafe, eine Disziplinarmaßnahme, eine ehrengerichtliche Maßnahme, eine anderweitige berufsgerichtliche Maßnahme oder eine Ordnungsmaßnahme verhängt worden, so ist von einer berufsgerichtlichen Ahndung wegen desselben Verhaltens abzusehen (§ 92 Satz 1 Halbs. 1 StBerG). Anderes gilt dann, wenn eine berufsgerichtliche Maßnahme zusätzlich erforderlich ist, um den Steuerberater oder Steuerbevollmächtigten zur Erfüllung seiner Pflichten anzuhalten und das Ansehen des Berufs zu wahren (§ 92 Satz 1 Halbs. 2 StBerG) oder eine Ausschließung aus dem Beruf in Betracht kommt (§ 92 Satz 2 StBerG). Vergleichbare Regeln bestehen in der BRAO (§ 115b) und in der WPO (§ 69a).

41 Keine vorangegangene Maßnahme in diesem Sinne stellt eine Einstellung nach §§ 153, 153a StPO dar, denn mit ihr wird keine Entscheidung in der Sache getroffen (Hense/Ulrich/ *Engelhardt* § 69a Rn. 8). Gleichwohl wird stets unter Verhältnismäßigkeitsgesichtspunkten zu prüfen sein, ob nach der Zahlung einer – u.U. auch erheblichen – Geldauflage noch ein sog. disziplinarrechtlicher Überhang besteht. Dies ist jedenfalls dann nicht mehr der Fall, wenn aus der ermittlungsbehördlichen Einstellungsentscheidung hervorgeht, dass hierbei auch berufsrechtliche Gesichtspunkte mit in den Blick genommen worden sind, worauf in Gesprächen mit den Behörde durch die Verteidigung hingewirkt werden kann. Wird das Strafverfahren wegen einer Steuerstraftat geführt und nach §§ 153, 153a StPO abgeschlossen, wird die Aufsicht allerdings regelmäßig auf eine zusätzliche berufsrechtliche Maßnahme drängen (vgl. LG München, StB 1979, 58; OLG Düsseldorf, StB 1979, 58; ebenso *Gehre/Koslowski* § 92 Rn. 5; s.a. OLG München v. 19.06.2001 – 2 StO 2/2008), weil der Vorwurf zumindest bei Steuerberatern den Kernbereich der beruflichen Tätigkeit betrifft.

42 Die Verfolgung einer Pflichtverletzung, die nicht die Ausschließung aus dem Beruf rechtfertigt, verjährt in 5 Jahren (§ 93 Abs. 1 Satz 1 StBerG). I.Ü. gelten die strafrechtlichen Verjährungsregeln nach § 78 Abs. 1, § 78a Satz 1, § 78b, § 78c Abs. 1 bis 4 StGB entsprechend (§ 93 Abs. 1 Satz 2 StBerG). Praxisrelevant kann insb. der Fall sein, dass ein Berufsträger – aus Sorge vor der berufsrechtlichen Sanktion – vor Ablauf der Verjährungsfrist auf seine Bestellung verzichtet, sodass er nicht mehr weiter der berufsrechtlichen Aufsicht unterliegt und ein ggf. schon gegen ihn geführtes Verfahren einzustellen ist. Bei einer späteren Wiederbestellung ist es dann aber möglich, dass ein berufsrechtliches Verfahren gegen ihn eingeleitet bzw. fortgesetzt wird, da die Verjährung während der Zeit seiner Nichtmitgliedschaft in der Kammer ruhte.

43 Ist vor Ablauf der Verjährungsfrist nach § 93 Abs. 1 Satz 1 StBerG wegen desselben Sachverhalts ein Strafverfahren eingeleitet worden, ist der Ablauf der Verjährungsfrist für die Dauer des Strafverfahrens gehemmt (§ 93 Abs. 2 StBerG). Vergleichbare Regeln bestehen in der BRAO (§ 115 BRAO) und in der WPO (§ 70 WPO). Gerade bei kurz vor der Verjährung eingeleiteten Strafverfahren kommt es trotz der gesetzlich angeordneten Hemmnis immer wieder zu berufsrechtlichen Verjährungen, weil zwischen dem Abschluss des Strafverfahrens und der ersten Unterbrechungshandlung im berufsrechtlichen Verfahren einige Zeit vergeht, wenn nicht bereits während des laufenden Strafverfahrens auch ein berufsrechtliches Verfahren eingeleitet und dieser Umstand als Unterbrechungshandlung auch entsprechend ggü. dem Betroffenen kommuniziert wurde.

44 Der Berufsträger ist befugt, die Akten, die dem Gericht vorliegen oder diesem im Fall der Einreichung einer Anschuldigungsschrift vorzulegen wären, einzusehen sowie amtlich verwahrte Beweis-

stücke zu besichtigen (§ 108 Satz 1 StBerG). § 147 Abs. 2 Satz 1, Abs. 3, 5 und 6 StPO ist insoweit entsprechend anzuwenden (§ 108 Satz 2 StBerG). Vergleichbare Regeln bestehen in der BRAO (§ 117b BRAO) und in der WPO (§ 82b WPO). Auch wenn § 147 Abs. 4 StPO von der Verweisung ausgenommen ist, sollten die Unterlagen – insb. wenn der Berufsangehörige durch einen Anwalt verteidigt ist – übergeben bzw. übersandt und nicht nur zur Einsicht bereitgehalten werden.(Für zulässig erachtet dies auch Hense/Ulrich/*Amberg* § 82b Rn. 8.)

Ist gegen den Berufsträger, der einer Verletzung seiner Pflichten beschuldigt wird, wegen desselben **45** Verhaltens die öffentliche Klage im strafgerichtlichen Verfahren erhoben, so kann gegen ihn ein berufsgerichtliches Verfahren zwar eingeleitet, es muss aber bis zur Beendigung des strafgerichtlichen Verfahrens ausgesetzt werden (§ 109 Abs. 1 Satz 1 StBerG). Ebenso muss ein bereits eingeleitetes berufsgerichtliches Verfahren ausgesetzt werden, wenn während seines Laufes die öffentliche Klage im strafgerichtlichen Verfahren erhoben wird (Satz 2). Das berufsgerichtliche Verfahren ist fortzusetzen, wenn die Sachaufklärung so gesichert erscheint, dass sich widersprechende Entscheidungen nicht zu erwarten sind, oder wenn im strafgerichtlichen Verfahren aus Gründen nicht verhandelt werden kann, die in der Person des Steuerberaters oder Steuerbevollmächtigten liegen (Satz 3); dies erscheint freilich wenig praktikabel. Wird ein berufsgerichtliches Verfahren nach § 109 Abs. 1 Satz 3 StBerG fortgesetzt, ist die Wiederaufnahme des rechtskräftig abgeschlossenen berufsgerichtlichen Verfahrens auch zulässig, wenn die tatsächlichen Feststellungen, auf denen die Verurteilung oder der Freispruch im berufsgerichtlichen Verfahren beruht, den Feststellungen im strafgerichtlichen Verfahren widersprechen (§ 109 Abs. 4 Satz 1 StBerG). Dies entspricht der Regelung in der BRAO (§ 118 Abs. 1 und 4).

Wird der Berufsträger im gerichtlichen Verfahren wegen einer Straftat oder einer Ordnungswid- **46** rigkeit freigesprochen, so kann wegen der Tatsachen, die Gegenstand der gerichtlichen Entscheidung waren, ein berufsgerichtliches Verfahren nur dann eingeleitet oder fortgesetzt werden, wenn diese Tatsachen, ohne den Tatbestand einer Strafvorschrift oder einer Bußgeldvorschrift zu erfüllen, eine Verletzung der Pflichten des Steuerberaters oder Steuerbevollmächtigten enthalten (§ 109 Abs. 2 StBerG). Keine Sperrwirkung entfalten Einstellungen nach § 170 Abs. 2 StPO und §§ 153 ff. StPO sowie Nichteröffnungsentscheidungen nach § 204 StPO. Bei Strafurteilen, die mangels eines Rechtsmittels der StA nur in abgekürzter Fassung ergehen (§ 267 Abs. 4 StPO), kann die Bindungswirkung hinsichtlich der tatsächlichen Feststellungen im Einzelfall problematisch sein (so Hense/Ulrich/*Pickel* § 83 Rn. 8). Vergleichbare Regeln bestehen in der BRAO (§ 118 Abs. 2 BRAO) und in der WPO (§ 83 Abs. 1 WPO).

Für die Entscheidung im berufsgerichtlichen Verfahren sind die tatsächlichen Feststellungen des **47** Urteils im Strafverfahren oder Bußgeldverfahren bindend, auf denen die verurteilende Entscheidung des Gerichts beruht (§ 109 Abs. 3 Satz 1 StBerG); Feststellungen in einem Bußgeldbescheid oder in einem Strafbefehl sind hingegen unbeachtlich (*Gehre/Koslowski* § 109 Rn. 11). In dem berufsgerichtlichen Verfahren kann ein Gericht die nochmalige Prüfung von Feststellungen beschließen, deren Richtigkeit seine Mitglieder mit Stimmenmehrheit bezweifeln; dies ist in den Gründen der berufsgerichtlichen Entscheidung zum Ausdruck zu bringen (Satz 2). Auch dies entspricht den Regelungen in BRAO (§ 118 Abs. 3 BRAO) und WPO (§ 83 Abs. 2 WPO). Neben dem Gericht können der Berufsangehörige sowie die StA Zweifel an der Feststellung im Strafprozess geltend machen, damit die Bindungswirkung entfällt. Das Gericht wird hierfür aber förmliche Beweisanträge, jedenfalls aber Beweisanregungen einfordern dürfen (zutreffend Hense/Ulrich/*Pickel* § 83 Rn. 11).

Zum Inhalt der Anschuldigungsschrift sieht § 117 Satz 1 StBerG vor, dass die dem Berufsträger **48** zur Last gelegte Pflichtverletzung unter Anführung der sie begründenden Tatsache zu bezeichnen ist (Anschuldigungssatz). Ferner sind die Beweismittel anzugeben, wenn in der Hauptverhandlung Beweise erhoben werden sollen (Satz 2). Die Anschuldigungsschrift enthält bei Steuerberatern den Antrag, das Hauptverfahren vor der Kammer für Steuerberater- und Steuerbevollmächtigtensachen beim LG zu eröffnen (Satz 3). Vergleichbare Regeln bestehen in der BRAO (§ 130 BRAO) und in der WPO (§ 94 WPO). Der Anschuldigungsschrift kommt im berufsgerichtlichen Verfahren noch größere Bedeutung zu als der Anklage im Strafverfahren, weil die einzelnen denkbaren Pflichtverletzungen in den maßgeblichen Gesetzen und Verordnungen nicht ansatzweise so detailliert beschrieben sind wie in den Strafnormen des StGB (s. Rdn. 39: „gewissenhaft").

49   Wie in einem regulären Strafverfahren lässt die Kammer in dem Beschluss, durch den das Hauptverfahren eröffnet wird, die Anschuldigung zur Hauptverhandlung zu (§ 118 Abs. 1 StBerG). Der Beschluss, durch den das Hauptverfahren eröffnet worden ist, kann von dem Berufsträger nicht angefochten werden (Abs. 2). Der Beschluss, durch den die Eröffnung des Hauptverfahrens abgelehnt wird, ist zu begründen und kann durch die StA mit der sofortigen Beschwerde angefochten werden (Abs. 3). Auch dies entspricht den Regelungen in BRAO (§ 131 BRAO) und WPO (§ 95 WPO).

50   Die Hauptverhandlung kann gegen den Berufsträger, der nicht erschienen ist, durchgeführt werden, wenn er ordnungsmäßig geladen und in der Ladung darauf hingewiesen ist, dass in seiner Abwesenheit verhandelt werden kann (§ 121 Satz 1 StBerG). Eine vergleichbare Regelung besteht in der BRAO (§ 134 Satz 1 BRAO) und in der WPO (§ 98 Satz 1 WPO). Fehlt der Berufsträger entschuldigt, so darf nicht ohne ihn verhandelt werden (ebenso Hense/Ulrich/*Pickel* § 98 Rn. 2).

51   Die Hauptverhandlung ist nicht öffentlich (§ 122 Abs. 1 Satz 1 StBerG). Auf Antrag der StA kann, auf Antrag des Berufsträger muss die Öffentlichkeit hergestellt werden; in diesem Fall sind die Vorschriften des Gerichtsverfassungsgesetzes über die Öffentlichkeit sinngemäß anzuwenden (Satz 2). Dies entspricht den Regelungen in BRAO (§ 135 Abs. 1 Satz 1 und 2 BRAO) und WPO (§ 99 Abs. 1 Satz 1 und 2 WPO).

52   Die Kammer am LG beschließt nach pflichtmäßigem Ermessen, ob die Aussage eines Zeugen oder eines Sachverständigen, der bereits in dem berufsgerichtlichen oder in einem anderen gesetzlich geordneten Verfahren vernommen worden ist, zu verlesen ist (§ 124 Abs. 1 StBerG). Bevor der Gerichtsbeschluss ergeht, kann der Staatsanwalt oder der Berufsträger beantragen, den Zeugen oder Sachverständigen in der Hauptverhandlung zu vernehmen (§ 124 Abs. 2 Satz 1 StBerG). Einem solchen Antrag ist zu entsprechen, es sei denn, dass der Zeuge oder Sachverständige voraussichtlich am Erscheinen in der Hauptverhandlung verhindert ist oder ihm das Erscheinen wegen großer Entfernung nicht zugemutet werden kann (Satz 2). Wird dem Antrag stattgegeben, so darf das Protokoll über die frühere Vernehmung nicht verlesen werden (Satz 3). Vergleichbare Regeln bestehen in der BRAO (§ 138 Abs. 1 und 2 BRAO) und in der WPO (§ 102 Abs. 1 und 2 WPO). Gerade in dieser verfahrensrechtlichen Systematik wird sehr deutlich, dass und warum ein straf- und bußgeldrechtliches Ermittlungsverfahren aktiv und bereits auch vor dem Hintergrund möglicher berufsrechtlicher Risiken begleitet werden sollte. Die insoweit notwendigen Maßnahmen und Überlegungen wird eine Anhörung nach § 411 AO sowie eine daraufhin ergehende Stellungnahme der Kammer niemals ausfüllen können.

§ 412 AO   Zustellung, Vollstreckung, Kosten

(1) Für das Zustellungsverfahren gelten abweichend von § 51 Abs. 1 S. 1 des Gesetzes über Ordnungswidrigkeiten die Vorschriften des Verwaltungszustellungsgesetzes auch dann, wenn eine Landesfinanzbehörde den Bescheid erlassen hat. § 51 Abs. 1 S. 2 und Absatz 2 bis 5 des Gesetzes über Ordnungswidrigkeiten bleibt unberührt.

(2) Für die Vollstreckung von Bescheiden der Finanzbehörden im Bußgeldverfahren gelten abweichend von § 90 Abs. 1 und 4, § 108 Abs. 2 des Gesetzes über Ordnungswidrigkeiten die Vorschriften des Sechsten Teils dieses Gesetzes. Die übrigen Vorschriften des Neunten Abschnitts des Zweiten Teils des Gesetzes über Ordnungswidrigkeiten bleiben unberührt.

(3) Für die Kosten des Bußgeldverfahrens gilt § 107 Abs. 4 des Gesetzes über Ordnungswidrigkeiten auch dann, wenn eine Landesfinanzbehörde den Bußgeldbescheid erlassen hat; anstelle des § 19 des Verwaltungskostengesetzes gelten § 227 und § 261 dieses Gesetzes.

A. Allgemeines

Aufgrund der Generalverweisung in § 410 Abs. 1 Halbs. 1 AO sind die verfahrensrechtlichen Vor-   1
schriften des Gesetzes über Ordnungswidrigkeiten (und mittelbar auch die der allgemeinen Gesetze über das Strafverfahren) für das steuerliche Bußgeldverfahren entsprechend anzuwenden. Diese allgemeinen Verfahrensvorschriften treten jedoch zurück, soweit § 410 Abs. 1 AO spezielle Vorschriften des Steuerstrafverfahrens als entsprechend anwendbar bestimmt (s. Vor § 409 bis 412 Rdn. 2 und Rdn. 4). Als weitere Sondervorschrift ggü. dem allgemeinen Verfahrensrecht dient § 412 AO der **Vereinfachung**: Durch die Regelungen der Abs. 1 und 3 werden landesrechtliche Vorschriften zugunsten einer einheitlichen Anwendung der bundesrechtlichen Regelungen des **VwZG** und des **VwKostG** bei Steuerordnungswidrigkeiten verdrängt und nach Abs. 2 gelten einheitlich die **Vollstreckungsvorschriften der AO.**

B. Zustellung durch die Finanzbehörde

Anordnungen, Verfügungen und sonstige Maßnahmen der Finanzbehörden sind im steuerlichen   2
Bußgeldverfahren grds. **formlos bekannt zu geben** (§§ 50 Abs. 1 Satz 1, 46 Abs. 1 OWiG, § 410 Abs. 1 Halbs. 1 AO). Sofern jedoch gegen die Maßnahme ein befristeter Rechtsbehelf zulässig ist (z.B. Bußgeldbescheid, Kostenentscheidungen, nachträgliche Einziehungsanordnung), ist sie in einem Bescheid **durch Zustellung bekannt zu machen** (§ 50 Abs. 1 Satz 2 OWiG; inkl. der Belehrung über die Möglichkeit, Frist und Form der Anfechtung, § 50 Abs. 2 OWiG). Wird dieser Bescheid durch eine Verwaltungsbehörde des Bundes (Bundeszollamt, BZSt) erlassen, **gelten für das Zustellungsverfahren die Vorschriften des VwZG** (§ 51 Abs. 1 Satz 1 OWiG). Nach den Regelungen des allgemeinen Bußgeldverfahrens würden für die Zustellung durch eine Landes(fi-nanz)behörde die entsprechenden landesrechtlichen Zustellungsvorschriften gelten (§ 51 Abs. 1 Satz 1 letzter Halbs. OWiG). Durch die abweichende Regelung des § 412 Abs. 1 Satz 1 AO hat jedoch im steuerlichen Bußgeldverfahren **auch die Zustellung durch eine Landesfinanzbehörde** nach den Vorschriften des VwZG zu erfolgen.

Die Finanzbehörde kann gem. § 2 Abs. 3 Satz 1 VwZG **unter den verschiedenen Zustellungsarten**   3
auswählen (Ausnahme: Pflicht zur elektronischen Zustellung unter den Voraussetzungen der §§ 5 Abs. 5 Satz 1 letzter HS, 2 Abs. 3 Satz 2 VwZG; zur **Ermessensausübung** vgl. HHSp/*Rüping* § 412 AO Rn. 11). In Betracht kommen (zu Einzelfragen vgl. Rolletschke/*Kemper* § 412 Rn. 6 ff.): **Zustellung durch die Post mit Zustellungsurkunde** (§ 3 VwZG; vorgesehene Regelzustellungsart gem. AStBV [St] 2012 BStBl. I 2011, S. 1000, 1032, Nr. 116) oder **mittels Einschreiben** (§ 4 VwZG) und **Aushändigung durch die Behörde gegen Empfangsbekenntnis** (§ 5 VwZG). Im Fall der Ersatzzustellung (§ 5 Abs. 2 Nr. 1 und 3 VwZG) und bei Verweigerung der Annahme (§ 5 Abs. 2 Nr. 2 VwZG) sind die §§ 179 bis 181 ZPO anzuwenden. Die Möglichkeiten der **Zustellung im Ausland** ergeben sich aus § 9 Abs. 1 VwZG; so kann u.a. eine Zustellung auf Ersuchen der Finanzbehörde durch die Behörden des fremden Staates oder durch die zuständige Vertretung der BRD erfolgen, soweit dies in entsprechenden Rechts- und Amtshilfeverträgen vereinbart ist

(dazu näher FGJ/*Joecks* § 412 AO Rn. 6 m.w.N.). In Ausnahmefällen kann die Zustellung durch **öffentliche Bekanntmachung** erfolgen (§ 10VwZG).

4   Der Bescheid ist **dem Betroffenen zuzustellen** und wenn er einen gesetzlichen Vertreter hat auch diesem (§ 51 Abs. 2 OWiG, § 412 Abs. 1 Satz 2 AO). Für die Zustellung an einen **Verteidiger** oder mehrere Empfangsberechtigte sind die Regelungen des § 51 Abs. 3 bis 5 OWiG zu beachten, deren Anwendung gem. § 412 Abs. 1 Satz 2 AO ebenfalls unberührt bleibt.

Mit der Zustellung beginnt die **Rechtsmittelfrist** (§ 67 Abs. 1 Satz 1 OWiG).

5   Im **Verfahren der StA und im gerichtlichen Bußgeldverfahren** gilt § 412 Abs. 1 AO nicht, stattdessen richtet sich die Zustellung aufgrund der Verweisung in § 46 Abs. 1 OWiG nach den Regelungen der §§ 35, 36 ff. StPO i.V.m. §§ 166 ff. ZPO.

C. Vollstreckung in steuerlichen Bußgeldverfahren

6   Das Vollstreckungsverfahren dient der Beitreibung von festgesetzten Geldbußen, Forderungen aus angeordneten Nebenfolgen, verhängten Ordnungsgeldern und Kosten des Bußgeldverfahrens. Ähnlich der Regelungen für das Zustellungsverfahren richtet sich die Vollstreckung von Bußgeldentscheidungen bei Bundesbehörden nach dem VwVG, bei Landesbehörden hingegen nach den jeweiligen landesrechtlichen Vorschriften (für die Vollstreckung von Bußgeldbescheiden und festgesetzten Ordnungsgeldern gem. § 90 Abs. 1 und 4 OWiG, für die Vollstreckung von Kosten des Bußgeldverfahrens gem. 108 Abs. 2 OWiG). Nach der Sonderregelung des §§ 412 Abs. 2 Satz 1 AO gelten für die **Vollstreckung von Bescheiden der Finanzbehörden in Bußgeldverfahren** jedoch statt der §§ 90 Abs. 1 und 4, 108 Abs. 2 OWiG einheitlich die Vollstreckungsvorschriften der §§ 249 bis 346 AO. Die übrigen Vorschriften der §§ 89 bis 104 OWiG über die Vollstreckung von Bußgeldentscheidungen bleiben unberührt (§ 412 Abs. 2 Satz 2 AO).

7   **Vollstreckungsbehörde** in steuerlichen Bußgeldverfahren ist die Finanzbehörde, die den Bußgeldbescheid erlassen hat (§ 92 OWiG, § 412 Abs. 2 Satz 2 AO), demnach die für die Verwaltung der betreffenden Steuer zuständige Finanzbehörde (s. § 409 Rdn. 7 ff.). Vollstreckungsbehörde in diesem Sinne ist grds. die **Bußgeld- und Strafsachenstelle** (vgl. AStBV [St] 2012 BStBl. I 2011, S. 1000, 1033, Nr. 121 [2]; Rolletschke/*Kemper* § 412 Rn. 16); ihr steht die Entscheidungsbefugnis über Vollstreckungsmaßnahmen i.S.d. §§ 93 ff. OWiG zu (z.B. Bewilligung von Zahlungserleichterungen). Die **Vollstreckungsstelle** ist hingegen für die Ausführung der Vollstreckung zuständig und damit Vollstreckungsbehörde i.S.d. §§ 249 ff. AO; sie hat über einzelne Maßnahmen – wie bspw. die vorläufige Einstellung der Vollstreckungsmaßnahmen nach § 95 Abs. 2 OWiG – eine Entscheidung der Bußgeld und Strafsachenstelle herbeizuführen (vgl. AStBV [St] 2012 BStBl. I 2011, S. 1000, 1033, Nr. 121 [2]; *Kohlmann* § 412 Rn. 9).

8   Die **Vollstreckung gerichtlicher Bußgeldentscheidungen** (Sachentscheidungen über Geldbuße, Nebenfolgen und Kosten) erfolgt grds. durch die StA (§ 91 OWiG, § 451 Abs. 1 StPO; vgl. HHSp/*Rüping* § 412 Rn. 64; Übersicht über die Fälle der Finanzbehörde als Vollstreckungsbehörde bei Rolletschke/*Kemper* § 412 Rn. 17 und 18; sowie bei *Kohlmann* § 412 Rn. 9.2). Für diese gelten die Vollstreckungsvorschriften der AO nicht, sondern allein die Vorschriften des VwVG (vgl. FGJ/*Joecks* § 412 Rn. 10).

9   **Vollstreckbar** ist eine Bußgeldentscheidung gem. § 89 OWiG erst, wenn sie rechtskräftig geworden ist. Diese Voraussetzung ist dann gegeben, wenn der Bescheid nicht (mehr) angefochten werden kann, d.h. **formell rechtskräftig** ist (vgl. *Kohlmann* § 412 Rn. 6).

10 Die Vollstreckung von Bußgeldbescheiden ist nicht in das Ermessen der Vollstreckungsbehörde gestellt; sie ist grds. zur Vollstreckung verpflichtet (vgl. Rolletschke/*Kemper* § 412 Rn. 15; Schwarz/*Weyand* § 412 Rn. 3). Nach § 95 Abs. 2 OWiG kann die Vollstreckungsbehörde jedoch anordnen, dass die Vollstreckung unterbleibt, wenn dem Betroffenen nach seinen wirtschaftlichen

Verhältnissen die Zahlung der Geldbuße **in absehbarer Zeit nicht möglich** ist. Eine solche **Einstellung der Vollstreckung** stellt keinen Verzicht auf die Geldbuße dar und ist widerruflich (vgl. Rolletschke/*Kemper* § 412 Rn. 23). Ist dem Betroffenen nach seinen wirtschaftlichen Verhältnissen nicht zuzumuten, die Geldbuße **sofort** zu zahlen, so bewilligt die Vollstreckungsbehörde dem Betroffenen eine **Zahlungsfrist** oder gestattet eine **Ratenzahlung** (§§ 93, 18 OWiG; vgl. *Kohlmann* § 412 Rn. 10; AStBV [St] 2012 BStBl. I 2011, S. 1000, 1033, Nr. 121 [3]).

Zahlt der Betroffene nicht oder werden gewährte Zahlungserleichterungen nicht eingehalten, so **11** darf die Vollstreckungsbehörde frühestens nach Ablauf eine **Schonfrist** von 2 Wochen ab Eintritt der Fälligkeit mit der Beitreibung der Geldbuße bzw. des bewilligten Teilbetrages einer Geldbuße beginnen (§ 95 Abs. 1 OWiG). Eine Beitreibung vor Ablauf dieser Schonfrist ist jedoch zulässig, wenn aufgrund bestimmter Tatsachen erkennbar ist, dass sich der Betroffene der Zahlung entziehen will (§ 95 Abs. 1 letzter Halbs. OWiG). Die Beitreibung richtet sich nach den von der Abgabenordnung für die Vollstreckung von Steuerverwaltungsakten aufgestellten Regeln, insb. nach den Vorschriften über die Vollstreckung wegen Geldforderungen (vgl. FGJ/*Joecks* § 412 Rn. 12; HHSp/*Rüping* § 412 Rn. 54).

Ist davon auszugehen, dass die Geldbuße in angemessener Zeit nicht beigetrieben werden kann, **12** obwohl der Betroffene zahlungsfähig ist, soll die Vollstreckungsbehörde die Anordnung der **Erzwingungshaft** beantragen (vgl. AStBV [St] 2012 BStBl. I 2011, S. 1000, 1033, Nr. 121 [4]), die allein das Gericht unter den Voraussetzungen des § 96 Abs. 1 OWiG anordnen kann (zum zu beachtenden Grundsatz der Verhältnismäßigkeit vgl. *Kohlmann* § 412 Rn. 13; ausführlich Rolletschke/*Kemper* § 412 Rn. 24 ff.). Die Erzwingungshaft befreit den Betroffenen nicht von seiner Zahlungspflicht, sondern stellt ein **Beugemittel** dar, um den Zahlungsunwilligen zur Bezahlung der Geldbuße zu zwingen (vgl. BVerfG BVerfGE 43, 101 [105]; Rolletschke/*Kemper* § 412 Rn. 25; Beermann/Gosch/*Seipl* § 412 AO Rn. 11; FGJ/*Joecks* § 412 Rn. 12). Der Betroffene kann die Vollstreckung der Erzwingungshaft gem. § 97 Abs. 2 OWiG jederzeit dadurch abwenden, dass er den zu zahlenden Betrag der Geldbuße entrichtet (zu **Rechtsmitteln** gegen die Anordnung der Erzwingungshaft sowie gegen Anordnungen oder Maßnahmen der Vollstreckungsbehörde vgl. HHSp/*Rüping* § 412 Rn. 56 ff.; *Kohlmann* § 412 Rn. 14).

Nach Ablauf der **Verjährungsfrist** (s. § 34 Abs. 2 OWiG), darf die festgesetzte Geldbuße nicht **13** mehr vollstreckt werden (§ 34 Abs. 1 OWiG; zu weiteren **Vollstreckungshindernissen** vgl. HHSp/*Rüping* § 412 Rn. 30 ff.).

D. Kosten des Bußgeldverfahrens

Die Kosten des allgemeinen Bußgeldverfahrens sind in den §§ 105 bis 108 OWiG geregelt, teil- **14** weise unter Verweis auf die Kostenvorschriften der StPO und des JGG. Gem. § 410 Abs. 1 Halbs. 1 AO sind diese Regelungen im Bußgeldverfahren wegen einer Steuerordnungswidrigkeit entsprechend anzuwenden. Außerdem gilt die Vorschrift des § 408 AO über Kosten im Steuerstrafverfahren entsprechend (§ 410 Abs. 1 Nr. 12 AO).

Auch der finanzbehördliche Bußgeldbescheid ist demnach mit einer **Kostenentscheidung** zu versehen (§ 464 Abs. 1 StPO, § 105 Abs. 1 OWiG), aus der sich ergibt, wer die Kosten des Verfahrens zu tragen hat. Dies ist grds. der Betroffene (§ 465 StPO; zu den Fällen, in denen die Staatskasse die Kosten trägt vgl. *Kohlmann* § 412 Rn. 117). Die **Kosten des Verfahrens** sind gem. § 464a Abs. 1 Satz 1 StPO die Gebühren und Auslagen der Staatskasse; diese werden durch § 107 Abs. 1 und 3 OWiG für das Bußgeldverfahren näher geregelt.

Gem. **§ 107 Abs. 4 OWiG** sind für die Niederschlagung der Kosten bei unrichtiger Sachbehand- **15** lung sowie die Niederschlagung, den Erlass, die Verjährung und die Erstattung von Kosten im allgemeinen Bußgeldverfahren § 14 Abs. 2 sowie die §§ 19 bis 21 des VwKostG anzuwenden, jedoch nur soweit eine Bundesbehörde den Bußgeldbescheid erlassen hat; andernfalls befinden die entsprechenden landesrechtlichen Vorschriften Anwendung. Durch die Sonderregelung des § 412 **Abs. 3 Halbs. 1 AO** sind die Bestimmungen über

– die Nichterhebung von Kosten bei unrichtiger Sachbehandlung durch die Behörde oder bei von Amts wegen veranlasste Terminverlegung (**§ 14 Abs. 2 VwKostG**),
– die Verjährung des Kostenanspruchs (**§ 20 VwKostG**),
– die Erstattung über bezahlte oder zu Unrecht erhobener Kosten (**§ 21 VwKostG**)

auch dann anwendbar, wenn eine Landesfinanzbehörde den Bußgeldbescheid erlassen hat (vgl. *Kohlmann* § 412 Rn. 18).

16 Dagegen findet **§ 19 VwKostG** (Geltung der Bundeshaushaltsordnung für Stundung, Niederschlagung und Erlass) im steuerlichen Bußgeldverfahren gem. **§ 412 Abs. 3 letzter Halbs. AO** keine Anwendung. Stattdessen richten sich die Voraussetzungen für Niederschlagung und Erlass von Kosten nach den Vorschriften der **§§ 227 (Erlass), 261 (Niederschlagung) AO**. Die Kosten des Bußgeldverfahrens werden demnach wie Ansprüche aus dem Steuerschuldverhältnis behandelt (vgl. FGJ/*Joecks* § 412 Rn. 14; Beermann/Gosch/*Seipl* § 412 Rn. 15).

17 Die **Stundung** (§ 222 AO) ist in § 412 Abs. 3 letzter Halbs. AO nicht erwähnt, da über Zahlungserleichterungen im Vollstreckungsverfahren die Finanzbehörde bereits nach § 412 Abs. 2 Satz 2 AO, § 93 Abs. 3 Satz 2 OWiG als Vollstreckungsbehörde entscheidet (vgl. HHSp/*Rüping* § 412 Rn. 82; *Kohlmann* § 412 Rn. 18; FGJ/*Joecks* § 412 AO Rn. 14; Klein/*Jäger* Vor § 412 Rn. 8; Koch/Scholtz/*Scheurmann-Kettner* § 412 AO Rn. 12).

3. Kapitel Steuergeheimnis (§§ 30, 30a AO)

§ 30 AO Steuergeheimnis

(1) Amtsträger haben das Steuergeheimnis zu wahren.

(2) Ein Amtsträger verletzt das Steuergeheimnis, wenn er

1. Verhältnisse eines anderen, die ihm
   a) in einem Verwaltungsverfahren, einem Rechnungsprüfungsverfahren oder einem gerichtlichen Verfahren in Steuersachen,
   b) in einem Strafverfahren wegen einer Steuerstraftat oder einem Bußgeldverfahren wegen einer Steuerordnungswidrigkeit,
   c) aus anderem Anlass durch Mitteilung einer Finanzbehörde oder durch die gesetzlich vorgeschriebene Vorlage eines Steuerbescheids oder einer Bescheinigung über die bei der Besteuerung getroffenen Feststellungen
   bekannt geworden sind, oder
2. ein fremdes Betriebs- oder Geschäftsgeheimnis, das ihm in einem der in Nummer 1 genannten Verfahren bekannt geworden ist,
   unbefugt offenbart oder verwertet oder
3. nach Nummer 1 oder Nummer 2 geschützte Daten im automatisierten Verfahren unbefugt abruft, wenn sie für eines der in Nummer 1 genannten Verfahren in einer Datei gespeichert sind.

(3) Den Amtsträgern stehen gleich

1. die für den öffentlichen Dienst besonders Verpflichteten (§ 11 Abs. 1 Nr. 4 des Strafgesetzbuchs),
1a. die in § 193 Abs. 2 des Gerichtsverfassungsgesetzes genannten Personen,
2. amtlich zugezogene Sachverständige,
3. die Träger von Ämtern der Kirchen und anderen Religionsgemeinschaften, die Körperschaften des öffentlichen Rechts sind.

(4) Die Offenbarung der nach Absatz 2 erlangten Kenntnisse ist zulässig, soweit

1. sie der Durchführung eines Verfahrens im Sinne des Absatzes 2 Nr. 1 Buchstaben a und b dient,
2. sie durch Gesetz ausdrücklich zugelassen ist,
3. der Betroffene zustimmt,
4. sie der Durchführung eines Strafverfahrens wegen einer Tat dient, die keine Steuerstraftat ist, und die Kenntnisse
   a) in einem Verfahren wegen einer Steuerstraftat oder Steuerordnungswidrigkeit erlangt worden sind; dies gilt jedoch nicht für solche Tatsachen, die der Steuerpflichtige in Unkenntnis der Einleitung des Strafverfahrens oder des Bußgeldverfahrens offenbart hat oder die bereits vor Einleitung des Strafverfahrens oder des Bußgeldverfahrens im Besteuerungsverfahren bekannt geworden sind, oder
   b) ohne Bestehen einer steuerlichen Verpflichtung oder unter Verzicht auf ein Auskunftsverweigerungsrecht erlangt worden sind,
5. für sie ein zwingendes öffentliches Interesse besteht; ein zwingendes öffentliches Interesse ist namentlich gegeben, wenn
   a) Verbrechen und vorsätzliche schwere Vergehen gegen Leib und Leben oder gegen den Staat und seine Einrichtungen verfolgt werden oder verfolgt werden sollen,
   b) Wirtschaftsstraftaten verfolgt werden oder verfolgt werden sollen, die nach ihrer Begehungsweise oder wegen des Umfangs des durch sie verursachten Schadens geeignet sind,

die wirtschaftliche Ordnung erheblich zu stören oder das Vertrauen der Allgemeinheit auf die Redlichkeit des geschäftlichen Verkehrs oder auf die ordnungsgemäße Arbeit der Behörden und der öffentlichen Einrichtungen erheblich zu erschüttern, oder

c) die Offenbarung erforderlich ist zur Richtigstellung in der Öffentlichkeit verbreiteter unwahrer Tatsachen, die geeignet sind, das Vertrauen in die Verwaltung erheblich zu erschüttern; die Entscheidung trifft die zuständige oberste Finanzbehörde im Einvernehmen mit dem Bundesministerium der Finanzen; vor der Richtigstellung soll der Steuerpflichtige gehört werden.

(5) Vorsätzlich falsche Angaben des Betroffenen dürfen den Strafverfolgungsbehörden gegenüber offenbart werden.

(6) Der automatisierte Abruf von Daten, die für eines der in Absatz 2 Nr. 1 genannten Verfahren in einer Datei gespeichert sind, ist nur zulässig, soweit er der Durchführung eines Verfahrens im Sinne des Absatzes 2 Nr. 1 Buchstaben a und b oder der zulässigen Weitergabe von Daten dient. Zur Wahrung des Steuergeheimnisses kann das Bundesministerium der Finanzen durch Rechtsverordnung mit Zustimmung des Bundesrates bestimmen, welche technischen und organisatorischen Maßnahmen gegen den unbefugten Abruf von Daten zu treffen sind. Insbesondere kann es nähere Regelungen treffen über die Art der Daten, deren Abruf zulässig ist, sowie über den Kreis der Amtsträger, die zum Abruf solcher Daten berechtigt sind. Die Rechtsverordnungen bedürfen nicht der Zustimmung des Bundesrates, sowie sie Einfuhr- und Ausfuhrabgaben und Verbrauchsteuern, mit Ausnahme der Biersteuer, betreffen.

A. Überblick

I. Grundlagen, Inhalt

Mit § 30 AO beginnt der gleichbenannte Abschnitt „Steuergeheimnis" der einleitenden Vorschriften zur Abgabenordnung, dessen Vorschriften den Datenschutz in Steuersachen regeln. Die folgende Vorschrift des § 30a AO ist systematisch ein Fremdkörper im vierten Abschnitt, die weiteren Vorschriften der §§ 31 ff. AO enthalten Durchbrechungen des Steuergeheimnisses.

Das Steuergeheimnis hat seine Grundlage in dem **allgemeinen Persönlichkeitsrecht auf informationelle Selbstbestimmung** gem. Art. 1 Abs. 1 GG und Art. 2 Abs. 1 GG (BVerfGE 84, 239) und im Eigentumsschutz des Art. 14 GG (BVerfGE 67, 100). Es erstreckt sich in Anlehnung an Art. 19 Abs. 3 GG auf **juristische Personen** (BVerfGE 67, 100). Anders als das Brief-, Post- und Fernmeldegeheimnis ist das Steuergeheimnis kein Grundrecht (BFH/NV 1993, 579, 581), aber im Hinblick auf die Sensibilität der erhobenen Daten des Steuerpflichtigen mittelbar im Verfassungsrang geschützt (BVerfGE 65, 1, 44; 67, 100, 142).

Es begründet ein gerichtlich verfolgbares (BFH, BStBl. II 1987, S. 30, 32) **subjektiv-öffentliches Recht** auf Einhaltung (TK/*Drüen* § 30 Rn. 9) gegen jeden einzelnen Amtsträger (AEAO zu § 30 Nr. 2.1), geht also über eine allgemeine Verpflichtung der Behörde, wie sie § 30 VwVfG und § 35 SGB I statuieren (vgl. zu den unterschiedlichen Geheimschutzvorschriften *Knemeyer,* NJW 1984, 2241), hinaus.

Als qualifiziertes Amtsgeheimnis ist es gem. **§ 355 StGB** strafbewehrt, soweit nicht Abs. 2 Nr. 3 oder Abs. 3 Nr. 1a berührt sind. Es ist damit und durch die Hervorhebung in § 24 Abs. 2 Satz 1 Nr. 2 BDSG systematisch und, indem § 355 StGB weiter reicht als § 203 StGB, der nur das materielle Geheimnis schützt, auch inhaltlich stärker gewichtet als andere Amtsgeheimnisse.

Datenschutzrechtliche Vorschriften des Bundes treten hinter § 30 AO ebenso zurück (vgl. § 1 Abs. 3 Satz 1 BDSG) wie die Vorschriften des Gesetzes zur Regelung des Zugangs zu Informationen des Bundes – Informationsfreiheitsgesetz (§ 1 Abs. 3 IFG; zum Meinungsstand OVG Münster, ZIP 2011, 1426, 1429 f.). § 30 AO geht außerdem den beamtenrechtlichen Vorschriften von § 39 BRRG, § 61 BBG und den entsprechenden landesgesetzlichen Normen zur Amtsverschwiegenheit vor (bis hin zu einer Versagung einer Aussagegenehmigung nach § 39 Abs. 3 BRRG). Die Bestimmungen des Bundes- und der Landesdatenschutzgesetze gelten jedoch, soweit § 30 AO keine spezielle Regelung enthält, kraft spezialgesetzlicher Anordnung (vgl. § 24 Abs. 2 Satz 1 Nr. 2, Abs. 6 BDSG zum Kontrollauftrag in Steuersachen). Zum Verhältnis von § 30 AO zu sonstigen steuerlichen, zollrechtlichen und verwaltungsrechtlichen Geheimschutzregeln vgl. Klein/*Rüsken* zu § 30 Rn. 11 bis 13; Beermann/Gosch/*Tormöhlen* § 30 AO Rn. 10 bis 17.5.

II. Zweck

Das Steuergeheimnis als Geheimhaltungsschutz, wie ihn in ähnlicher Form bereits das preußische EStG in § 32 und § 22 RAO kannten, ist systematisch Kehrseite der umfassenden Auskunfts-, Offenlegungs- und Mitwirkungspflichten des **Steuerpflichtigen** im Besteuerungsverfahren gem. §§ 90 ff. AO (BT-Drucks. VI/1982, S. 100). Da die Finanzbehörde eine sehr weitgehende Offenlegung der steuerlichen Verhältnisse verlangt, muss sie verhindern, dass diese Verhältnisse außerhalb des Besteuerungsverfahrens oder zu anderen als steuerlichen Zwecken, darunter auch solche des Steuerstraf- und Steuerordnungswidrigkeitenverfahrens, bekannt und verwendet werden (im Einzelnen *Benda,* DStR 1984, 351). Die Grundlage ähnelt insoweit dem strafrechtlichen Grundsatz des *nemo tenetur se ipsum accusare,* sodass es zu kurz greift, am Steuergeheimnis nur die Zulässigkeit eines Eingriffs zu messen (vgl. zur Diskussion um den Maßstab Klein/*Rüsken* zu § 30 Rn. 2 m.w.N.). Denn § 30 AO regelt in Abs. 4 selbst die Voraussetzungen für eine Offenbarung von Steuerdaten.

7 Das Steuergeheimnis dient auch **öffentlichen Interessen**. Es sichert das Steueraufkommen im Hinblick auf das Vertrauen des Steuerpflichtigen in die Amtsverschwiegenheit und fördert so seine Bereitschaft zu Auskunft und Offenlegung (BVerfGE 67, 100, 130 ff.). Auf diesem Wege dient es zudem der Gleichmäßigkeit (BVerfGE 84, 239, 251 ff., BFH, BStBl. II 1994, S. 552, 554) und Erleichterung der Besteuerung (BT-Drucks. 7/4292, S. 17; zu den öffentlichen Zwecken im Einzelnen *Kruse* BB 1998, 2133).

8 Das Steuergeheimnis schützt öffentliche Interessen im **gleichen Rang** wie Geheimhaltungsinteressen des Steuerpflichtigen (BVerfGE 67, 100, 130 ff.; TK/*Drüen* § 30 Rn. 10; ohne Begründung für ein Überwiegen der Interessen des Steuerpflichtigen hingegen Schwarz/*Schwarz* § 30 Rn. 2, 4). Daher ist bei einer Verletzung nicht nur der Verletzte strafantragsberechtigt, sondern auch der Dienstvorgesetzte des Amtsträgers, § 355 Abs. 3 Satz 1 StGB.

9 **§ 393 Abs. 2 AO** vervollständigt den Schutz des Steuergeheimnisses im Steuerstrafverfahren. Seine strafrechtliche Bedeutung zeigen das fehlende Auskunftsverweigerungsrecht bei drohender Strafverfolgung, die Verpflichtung, gem. § 40 AO auch strafbare Handlungen, die für das Besteuerungsverfahren von Bedeutung sind, der Finanzbehörde anzuzeigen, und das Fehlen von Zwangsmitteln nach § 393 Abs. 1 Satz 2 AO i.R.d. Selbstbelastungsverbots.

10 Einstweilen frei.

III. Anwendungsbereich

11 § 30 AO gilt für steuerliche Verhältnisse, die **Steuern** i.S.v. §§ 1, 3 Abs. 1 AO unabhängig von ihrer Verwaltung betreffen, mithin auch für durch die Gemeinden verwalteten Realsteuern (Grundsteuer und Grunderwerbsteuer, §§ 1 Abs. 2 Nr. 1, 3 Abs. 2 AO), für **steuerliche Nebenleistungen** gem. § 3 Abs. 2 AO, für **Ein- und Ausfuhrabgaben** und über Verweisungen im Landes-, Kirchensteuer- und Kommunalabgabenrecht für die durch **Landesrecht** oder **Gemeindesatzung** geregelten Steuern (vgl. Zusammenstellung der Kommunalabgaben- und Kirchensteuergesetze bei TK/*Drüen* § 30 Rn. 2 f.).

B. Verpflichtete Personen (Abs. 1, 3)

12 Zur Wahrung des Steuergeheimnisses sind Amtsträger (Abs. 1) und ihnen gleichgestellte Personen (Abs. 3) verpflichtet.

I. Amtsträger (Abs. 1)

13 Amtsträger sind alle Personen gem. § 7 AO, also jeder, der nach deutschem Recht **Beamter** (§§ 5, 6 BBG) oder **Richter** (§ 17 DRiG) ist. Zu den Richtern zählen auch ehrenamtliche Richter und Schöffen in allen Gerichtsbarkeiten (§§ 1, 45a DRiG, §§ 30, 77 GVG, § 16 FGO, § 19 VwGO, §§ 12 Abs. 1, 16 SGG). Amtsträger sind weiter alle Personen, die in einem sonstigen öffentlich-rechtlichen Amtsverhältnis stehen oder sonst dazu bestellt sind, bei einer Behörde oder bei einer sonstigen Stelle oder in deren Auftrag Aufgaben der öffentlichen Verwaltung wahrzunehmen.

14 Der Status des Beamten ist unerheblich, er kann auf Lebenszeit, auf Zeit, auf Probe oder auf Widerruf berufen sein. Maßgeblich ist die Aushändigung der Ernennungsurkunde (§ 10 Abs. 2 Satz 1 BBG, § 17 Abs. 1 DRiG). Bei unwirksamer Berufung kommt eine Amtsträgerstellung nach § 7 Nr. 3 AO in Betracht, sofern die nicht wirksam berufene Person Aufgaben der öffentlichen Verwaltung wahrnimmt und von Abs. 3 Nr. 1 erfasst ist.

15 In einem **öffentlich-rechtlichen Amtsverhältnis** stehen außerdem Notare und Notarassessoren (§§ 1, 7 BNotO), die nichtbeamteten Regierungsmitglieder der Bundes- und Landesregierungen wie Minister, Parlamentarische Staatssekretäre und die Datenschutzbeauftragten des Bundes und der Länder. Hingegen soll § 7 AO Abgeordnete des Bundestags nicht erfassen (BVerfGE 40, 296,

321 ff.), und nicht Abgeordnete der Landesparlamente, der Kreistage sowie der Stadt- und Gemeindevertretungen, da diese nicht vorrangig im öffentlichen Auftrag einer Behörde oder bei einer solchen tätig sind (T/K/*Drüen* § 7 Rn. 10). Stadt- und Gemeinderäte können wiederum je nach der Ausgestaltung ihres Amtes im jeweiligen Bundesland Personen sein, die in einem sonstigen öffentlich-rechtlichen Amtsverhältnis stehen.

Art und **Inhalt** der Tätigkeit des Amtsträgers sind für die Verpflichtung gem. § 30 AO unerheb- 16 lich, die Tätigkeit muss also nicht eine solche in der Eigenschaft als Amtsträger oder überhaupt eine hoheitliche sein.

Das Steuergeheimnis gilt auf **Dauer**. Die Verpflichtung erstreckt sich über die eigentliche Amts- 17 dauer des Geheimnisträgers hinaus auch auf die Zeit nach Ausscheiden aus dem Dienst.

II. Amtsträgern gleichgestellte Personen (Abs. 3)

Amtsträgern sind die in Abs. 3 Nr. 1 bis 3 genannten Personengruppen gleichgestellt. 18

1. Für den öffentlichen Dienst besonders verpflichtete Personen (Abs. 3 Nr. 1)

Dazu zählen zunächst unter Bezugnahme auf § 11 Abs. 1 Nr. 4 StGB die für den öffentlichen 19 Dienst besonders Verpflichteten (Abs. 3 Nr. 1). Dies sind Personen, die, ohne Amtsträger i.S.v. Abs. 1 zu sein, Aufgaben der öffentlichen Verwaltung ausführen oder bei einer Stelle, die solche Aufgaben ausführt, beschäftigt oder sonst wie tätig sind, also auch alle Personen, die lediglich im Zusammenhang mit einer Erfüllung öffentlicher Aufgaben eingesetzt werden. **Hilfstätigkeiten**, wie sie etwa Schreibkräfte, EDV-Beauftragte, Kraftfahrer, Boten, Hausmeister und Reinigungskräfte ausüben, genügen (anders als im Anwendungsbereich von § 7 AO, vgl. AEAO zu § 30 Nr. 2.3, zu § 7 Nr. 3 Satz 3). Auch **beliehene Unternehmer**, denen kraft Gesetzes Aufgaben der öffentlichen Verwaltung übertragen sind, sind i.R.d. Beleihung Amtsträger.

Voraussetzung ist eine besondere förmliche Verpflichtung auf die gewissenhafte Erfüllung seiner 20 Obliegenheiten nach dem **Verpflichtungsgesetz** mit Hinweis auf die strafrechtlichen Folgen einer Pflichtverletzung (§ 1 Abs. 2 des Gesetzes über die förmliche Verpflichtung nichtbeamteter Personen v. 02.03.1974, BGBl. I 1974, S. 469, 547) unter Anfertigung einer Niederschrift über die Verpflichtung mit Unterschrift des Verpflichteten. Diese richtet sich für die Tätigkeit bei einer Finanzbehörde nach Bundesrecht (FVG), sodass die für die Finanzverwaltung zuständige oberste Landesbehörde über die Zuständigkeit entscheidet.

2. Ausländische Personen gem. § 193 Abs. 2 GVG (Abs. 3 Nr. 1a)

Da sich die Amtsträgereigenschaft nach deutschem Recht richtet, sind ausländische Amtsträger 21 grds. nicht von § 30 AO erfasst. Eine Ausnahme bilden die in Abs. 3 Nr. 1a genannten ausländischen **Berufsrichter**, **Staatsanwälte** und **Anwälte** gem. § 193 Abs. 2 GVG, die auf eigenen Wunsch nach § 193 Abs. 3, 4 GVG zur Geheimhaltung besonders verpflichtet werden können, um bei Beratungen und Abstimmungen anwesend sein zu können.

3. Amtlich zugezogene Sachverständige (Abs. 3 Nr. 2)

Nach Abs. 3 Nr. 2 zählen sodann die Sachverständigen zu den der Wahrung des Steuergeheimnis- 22 ses verpflichteten Personen, wenn und soweit sie **amtlich zugezogen** wurden. Amtlich zugezogen ist der Sachverständige nur bei einer gerichts- oder amtsseitigen Beauftragung (im finanzgerichtlichen Verfahren gem. § 82 FGO, § 404 ZPO; im Steuerstrafverfahren gem. § 385 Abs. 1 AO, § 73 StPO, im Steuerordnungswidrigkeitenverfahren gem. § 410 Abs. 1 AO, § 46 OWiG, § 73 StPO). Der Zweck der Zuziehung ist unerheblich. Bei der Zuziehung müssen sie auf die Vorschriften über die Wahrung des Steuergeheimnisses hingewiesen werden, § 96 Abs. 6 AO.

4. Träger von Ämtern der Kirchen und anderen Religionsgemeinschaften, die Körperschaften des öffentlichen Rechts sind (Abs. 3 Nr. 3)

23   Gemäß Abs. 3 Nr. 3 sind die Träger von Ämtern der Kirchen und anderen **Religionsgemeinschaften**, die Körperschaften des öffentlichen Rechts sind, dem Steuergeheimnis verpflichtet. Ihren Sinn hat die Gleichstellung mit Amtsträgern in der Mitteilung der von der Finanzbehörde festgestellten Besteuerungsgrundlagen für Zwecke der Kirchensteuerveranlagung, § 31 Abs. 1 AO. Der Geheimnisschutz erstreckt sich dabei, da auch insoweit gem. Abs. 2 Nr. 1 Buchst. a) bekannt gewordene steuerliche Verhältnisse infrage stehen, auf Tätigkeiten zum Zwecke der Ausstellung von **Zuwendungsbestätigungen** für Spenden (ebenso HHSp/*Alber* § 30 Rn. 26; zweifelnd Klein/*Rüsken* zu § 30 Rn. 36).

5. Sonstige verpflichtete Personen

24   Außerhalb des Kreises der Amtsträger und der ihnen nach Abs. 3 gleichgestellten Personen sind solche Personen dem Steuergeheimnis verpflichtet, die nach besonderen steuerlichen Vorschriften in bestimmte Angelegenheiten geheimnisverpflichtet sind. Dies sind die Mitglieder des **Bewertungsbeirats** beim BMF (§§ 63, 64 BewG) und Mitglieder der **Gutachterausschüsse** (§ 67 BewG), mit statistischen Aufgaben befasste Personen (§ 6 StStatG) und Bedienstete öffentlicher Archive (§ 9 BArchG).

25   **Arbeitgeber** sind nach § 39b Abs. 1 Satz 4 EStG für die auf der Lohnsteuerkarte eingetragenen Merkmale geheimhaltungsverpflichtet, unterliegen jedoch nicht dem Steuergeheimnis i.S.v. § 30 AO.

26   **Angehörige der steuerberatenden Berufe** unterliegen ebenfalls nicht dem Steuergeheimnis, sind aber nach § 57 Abs. 1 StBerG zur Verschwiegenheit verpflichtet.

27 – 30   Einstweilen frei.

C. Schutzbereich (Abs. 2 Nr. 1, 2)

31   Der Schutzbereich von § 30 AO erfasst alle persönlichen, rechtlichen und wirtschaftlichen, privaten und öffentlichen Verhältnisse einer Person. Dazu zählt das Verwaltungsverfahren selbst, die Art der Beteiligung am Verwaltungsverfahren und die Maßnahmen, die von den am Verfahren Beteiligten getroffen werden. So unterliegt z.B. auch dem Steuergeheimnis, ob und bei welcher Finanzbehörde ein Beteiligter steuerlich geführt wird, ob ein Steuerfahndungsverfahren oder eine Außenprüfung stattgefunden hat, wer für einen Beteiligten im Verfahren aufgetreten ist und welche Anträge gestellt worden sind (AEAO zu § 30 Nr. 1).

32   Nicht umfasst sind Verhältnisse, bei denen keine Zuordnung zu einer bestimmten Person möglich ist, etwa statistische Erhebungen, Vergleichsdaten und Richtsätze (BFH BStBl. II 1994, S. 210, 211). Eine Zuordnungsmöglichkeit kann durch eine **Anonymisierung** von Daten erreicht werden (AEAO zu § 30 Nr. 4.5 Satz 2).

I. Verhältnisse

33   Der Begriff der „Verhältnisse" ist weit auszulegen und umfasst all dasjenige, was über eine Person bekannt werden kann **unabhängig** davon, ob es im Zusammenhang mit steuerlichen Verhältnissen steht oder sonst einen steuerlichen Bezug aufweist, einschließlich der aus diesen Verhältnissen gezogenen Schlussfolgerungen (*Schuhmann* wistra 1996, 16, 18). Erfasst sind also alle **unmittelbar** die Person betreffenden Verhältnisse wie das Aussehen, das Alter, der Gesundheitszustand und körperliche Behinderungen, sodann die mit der **Identität** der Person zusammenhängenden Informationen wie Name, Anschrift, Personenstand, Zahl der Kinder und Konfession, aus dem **Besteuerungsverfahren** schließlich, ob und wo eine Person steuerlich geführt wird, dessen Stand und Inhalt, getroffene Maßnahmen und die Besteuerungsgrundlagen.

Auch die **Steuernummer** zählt dazu, auch wenn diese von der Person selbst offengelegt ist, etwa   34
bei Angabe der Steuernummer oder USt-Identifikationsnummer nach § 14 Abs. 4 Nr. 2 UStG in
einer zu erteilenden Rechnung oder nach § 48b Abs. 3 Nr. 1 EStG in einer Freistellungsbescheini-
gung. Denn die Offenlegung geschieht hier nicht in einer Weise, die die Steuernummer oder USt-
Identifikationsnummer allgemein zugänglich macht. Dem Steuergeheimnis unterliegt weiter jede
Information darüber, welche Erklärungen die Person abgegeben hat und welche Steuerverfahren in
Bezug auf diese Person veranlasst sind, darunter Außenprüfungen ebenso wie steuerstrafrechtliche
Ermittlungsverfahren (BFH, Beschl. v. 30.09.2002 – VII B 137/01).

Auf die **Wahrheit** oder **Belastbarkeit** der Information kommt es nicht an (TK/*Drüen* § 30   35
Rn. 15), weil das Steuergeheimnis auch im öffentlichen Interesse besteht und eine Abwägung über
das Maß erforderlicher Geheimhaltung nicht zulässig ist.

Die **Form** der Information ist ebenso unerheblich wie eine Verkörperung. Daher sind auch   36
(fern-)mündlich zur Kenntnis erhaltene Informationen geschützt, ebenso solche in Textform, die
etwa per einfacher Email oder per Mobiltelefon unter Nutzung des Short Message Service (SMS)
weitergegeben worden sind.

Nicht erfasst sind **allgemein zugängliche Informationen** wie die Anschrift oder geschäftliche Tele-   37
fonnummer eines Unternehmens in der Rechtsform einer juristischen Person, die über öffentlich
leicht zugängliche Quellen von diesem selbst bekannt gemacht worden sind.

II. Verhältnisse eines anderen

Anderer i.S.d. Vorschrift ist jeder, der nicht Amtsträger oder diesem gleichgestellte Person ist.   38
Erfasst sind damit auch die Verhältnisse von **dritten Personen**, über die im Rahmen von Abs. 2
Nr. 1 Kenntnisse zutage getreten sind, darunter Berater, sonstige Auskunftspersonen und Anzei-
generstatter.

Die Identität eines **Informanten** der Finanzbehörde unterfällt dem Geheimnisschutz, solange das   39
allgemeine Persönlichkeitsrecht des Steuerpflichtigen eine Offenlegung nicht verlangt (BFH,
BStBl. II 1994, S. 552, 554), so v.a. bei vorsätzlich falschen Angaben (Bayerisches Landesamt für
Steuern v. 30.05.2006, S 0130 – 34 St 41N, DStZ 2006, 491).

Das Steuergeheimnis schützt neben natürlichen Personen auch **Personenvereinigungen** unabhän-   40
gig von ihrer Rechtspersönlichkeit und -fähigkeit und bloße Vermögensmassen, soweit ihnen nach
dem Steuerrecht Rechtssubjektqualität zukommt.

Das Steuergeheimnis erstreckt sich nicht auf die **eigenen Verhältnisse des Steuerpflichtigen** ihm   41
selbst und seinen rechtsgeschäftlich oder – bei Personenvereinigungen – organschaftlich Bevollmächtigten ggü., sodass ein auf die eigenen Verhältnisse gerichtetes Auskunftsverlangen nicht mit
dem Hinweis auf ein Steuergeheimnis versagt werden kann (FG Köln, EFG 2002, 1150, 1151;
EFG 1998, 963, 964). Ob der Steuerpflichtige Anspruch auf Auskunft oder Einsichtnahme in
seine eigenen Steuerakten hat, ist keine Frage des Steuergeheimnisses (dies soll im Ermessen der
Finanzbehörde stehen, BFH/NV 2003, 1459, 1460, Beermann/Gosch/*Tormöhlen* § 30 AO Rn. 85
unter Hinweis auf einen „absichtsvollen Regelungsverzicht" des AO-Gesetzgebers).

Zugunsten einer Verwertung der Daten liechtensteinischer Finanzinstitute („**Steuer-CDs**") im   42
strafrechtlichen Ermittlungsverfahren auch im Hinblick auf § 30 AO vgl. nun BVerfG,
DStR 2010, 2517.

Dem nicht vertretungsberechtigten **Gesellschafter** einer Personen- oder Kapitalgesellschaft ggü. ist   43
das Steuergeheimnis in Bezug auf die steuerlichen Verhältnisse der Gesellschaft zu wahren (BFH/
NV 1993, 151, 152). Anderes gilt bei der Personengesellschaft für die einheitliche und gesonderte
Feststellung betreffende Verhältnisse (BFH, BStBl. II 1997, S. 750, 751; zur Reichweite nun
FG Berlin-Brandenburg, EFG 2011, 1582, 1583 f.). Unterjährige Veränderungen im Gesellschaf-

terkreis erfordern regelmäßig nicht mehrere Feststellungsbescheide (BFH, BStBl. II 2002, S. 309, 310; BStBl. II 1993, S. 666, 667), solange nicht besondere Geheimhaltungsinteressen erkennbar werden (BFH/NV 1991, 653, 654). Ein Außenprüfungsbericht darf einem ausgeschiedenen Gesellschafter ohne anderslautende Zustimmung der übrigen Gesellschafter nur in den ihn betreffenden Teilen offengelegt werden (BFH, BStBl. II 1981, S. 457, 458).

44 Dem **Insolvenzverwalter** darf eine Auskunft über die Verhältnisse des Schuldners, im Fall der Zusammenveranlagung auch über die Verhältnisse des Ehepartners, nicht unter Hinweis auf das Steuergeheimnis versagt werden, vgl. § 80 Abs. 1 InsO (BFH/NV 2007, 1182, 1182, enger nun BFH/NV 2011, 2, 2 f.).

45 Dementsprechend erstreckt sich bei der **Zusammenveranlagung** von Ehegatten der Geheimnisschutz nicht auf die Verhältnisse des jeweils anderen Ehegatten, soweit die Zusammenveranlagung reicht, andere steuerliche Verhältnisse dürfen hingegen nicht offenbart werden (BFH, BStBl. II 2000, S. 431, 432). Prüfungsanordnungen gegen beide Ehegatten dürfen beiden einheitlich bekanntgegeben werden (BFH/NV 1992, 151, 152).

46 **Gesamtrechtsnachfolger** wie ein Erbe und ein Zusatzpflichtteilsberechtigter (§ 2305 BGB) sind durch den Geheimnisschutz nicht von einer Auskunftserteilung ausgeschlossen. Eine Abstimmung unter mehreren Erben ist nicht erforderlich, jeder ist für sich vollumfänglich auskunftsberechtigt. Vermächtnisnehmer, Pflichtteilsberechtigte und sonstige im Erbgange berücksichtigte Personen, die nicht Gesamtrechtsnachfolger sind, sind von einer Beauskunftung ausgeschlossen (AEAO zu § 30 Nr. 4.4).

47 Dem für die Steuerschuld eines anderen **Haftenden** darf Auskunft über Entstehung und Höhe der Steuerschuld, über die Ausübung des Auswahlermessens bei Erlass des Haftungsbescheides und über bisherige Vollstreckungsversuche beim Steuerschuldner erteilt werden. Vom Steuergeheimnis ausgenommen sind alle weiteren Informationen, die zu einer Rechtsverteidigung des Haftenden notwendig ist, bis hin zu einer Offenlegung der Steuerakten des Steuerschuldners (BFH, BStBl. II 1973, S. 119, 120 f.).

48 Zum verfassungsunmittelbaren Auskunftsanspruch des Steuerpflichtigen zur Besteuerung eines **Konkurrenten** nun FG Münster, Urt. v. 07.12.2010 –15 K 3614/07 U, n. rkr., vgl. BFH zu Az. VII R 4/11.

49 – 50 Einstweilen frei.

III. Kenntniserlangung

51 Der Katalog zu der Art der Kenntniserlangung in Abs. 2 Nr. 1 ist **abschließend**. Daher sind nur diejenigen Verhältnisse, die in einer in Abs. 2 Nr. 1 Buchst. a) bis c) genannten Weise bekannt geworden sind, vom Geheimnisschutz erfasst. Ein unmittelbarer Bezug zu einem der in Abs. 2 Nr. 1 Buchst. a) bis c) genannten Verfahren ist nicht erforderlich. Geschützt sind daher auch Informationen, die nicht in einem bestimmten Verfahren, sondern nur **gelegentlich** in dienstlichem Zusammenhang bekannt werden und Grundlage eines Steuerverfahrens sein können (zu Zufallsfunden *Joecks*, wistra 1998, 86).

1. Kenntniserlangung in einem Verwaltungsverfahren

52 Nach Abs. 2 Nr. 1 Buchst. a) 1. Alt. sind Kenntnisse geschützt, die in einem steuerlichen Verwaltungsverfahren bekannt geworden sind. Nach der Legaldefinition in § 9 VwVfG ist Verwaltungsverfahren jedes nach außen wirkende Verwaltungshandeln, das auf die Prüfung der Voraussetzungen und den Erlass eines Verwaltungsaktes gerichtet ist. Steuerliches Verwaltungsverfahren ist mithin jedes Verwaltungsverfahren, das auf die Ermittlung und Festsetzung von Steuern, steuerlicher Nebenleistungen, Steuervergütungen und Ein- und Ausfuhrabgaben gerichtet ist, einschließlich der Erhebung, der Stundung und dem Erlass. Prämien und Zulagen, auf die die Vorschriften

der AO anwendbar sind, wie etwa die Investitionszulage und die Arbeitnehmer-Sparzulage, gehören dazu, ebenso die Tätigkeit des Bundeszentralamtes für Steuern im Rahmen zusammenfassender Meldungen innergemeinschaftlicher Lieferungen nach § 18a UStG (§ 18a Abs. 11 UStG). Umfasst sind zudem alle Tätigkeiten im Zusammenhang mit dem Erlass von Haftungsbescheiden und der gesamte Bereich der Steuervollstreckung.

Das Steuergeheimnis erfasst alle Erkenntnisse aus einer **Außenprüfung**, aus einer Umsatzsteuernachschau, Ermittlungsergebnisse ebenso wie von der **Steuerfahndung** ermittelte Verhältnisse. Der Zeitpunkt der Kenntniserlangung ist unerheblich, sodass auch im Einspruchsverfahren bekannt Gewordenes dem Steuergeheimnis unterliegt. 53

Erfasst sind weiter Kenntnisse, die im Wege der Amtshilfe von **ausländischen Behörden** mitgeteilt worden sind, § 4 EG-AmtshilfeG beschränkt die zulässige Verwendung auf Zwecke der Steuerfestsetzung, auf die Überprüfung der Steuerfestsetzung durch die Aufsichtsbehörden oder die Rechnungsprüfung und auf die Wahrnehmung gesetzlicher Kontroll- und Aufsichtsbefugnisse und gestattet eine Offenlegung nur ggü. solchen Personen, die mit diesen Aufgaben unmittelbar befasst sind. 54

Unerheblich ist, wer die Steuern erhebt. Auch Realsteuern werden in einem steuerlichen Verwaltungsverfahren i.S.v. Abs. 2 Nr. 1 Buchst. a) 1. Alt. von den **Gemeinden** festgesetzt und erhoben. 55

Da ein Handeln im Hinblick auf den Erlass eines Verwaltungsakts entgegen der verwaltungsrechtlichen Definition des § 9 VwVfG nicht Voraussetzung ist, gehören rein amtsinterne Vorgänge zu den erfassten Verwaltungsverfahren, so das die Verarbeitung von kirchensteuerlich relevanten Daten durch staatliche Behörden zu den Verwaltungsverfahren i.S.v. Abs. 2 Nr. 1 Buchst. a) zählt. Dies gilt auch für die Verarbeitung als solche durch **Religionsgemeinschaften**, weil die verarbeitende Behörde keine staatliche sein muss. 56

Zu den steuerlichen Verwaltungsverfahren gehören Verfahren zu Leistungen der staatlichen Daseinsvorsorge, die Steuervergütungen ähnlich ausgestaltet sind, etwa das **Kindergeld** oder die **Altersvorsorgezulage**. Dies zieht den Kreis der Steuergeheimnisträger sehr weit und erstreckt ihn auf alle mit der Kindergeldverwaltung betrauten Beschäftigten der Bundes-, Landes- und Gemeindeverwaltungen, und der Körperschaften, Anstalten und Stiftungen des öffentlichen Rechts. 57

Generell gilt, dass die betreffende Verwaltung nicht unmittelbar mit der Steuerfestsetzung befasst sein muss, ein **mittelbarer** Bezug genügt. 58

2. Kenntniserlangung in einem Rechnungsprüfungsverfahren

Das Rechnungsprüfungsverfahren ist gem. Abs. 2 Nr. 1 Buchst. a) 2. Alt. dem steuerlichen Verwaltungsverfahren gleichgestellt. Rechnungsprüfungsverfahren sind Verfahren der Rechnungsprüfungsbehörden zur Überprüfung der Steuerverwaltung, die bei Ausführung ihrer Aufgaben auf Daten zugreifen können, die dem Steuergeheimnis unterliegen. 59

3. Kenntniserlangung in einem gerichtlichen Verfahren

Zu den dem Steuergeheimnis unterliegenden Verfahren gehören nach Abs. 2 Nr. 1 Buchst. a) 3. Alt. gerichtliche Verfahren in Steuersachen, v.a. Verfahren vor den **FG** und dem **BFH**, aber auch solche in steuerlichen Angelegenheiten bei dem Europäischen Gerichtshof und dem BVerfG. Hinzu treten **verwaltungsgerichtliche** Verfahren über die von den Gemeinden erhobenen Realsteuern, die Gewerbesteuer und die örtlichen Aufwand- und Verbrauchsteuern nach Art. 106 Abs. 6 Satz 1 GG. Verfahren in **anderen Gerichtszweigen** sind nur einbezogen, soweit dort Informationen zum Steuerschuldverhältnis relevant sind. 60

4. Kenntniserlangung in einem Strafverfahren

61 Der Begriff des „Strafverfahrens" in Abs. 2 Nr. 1 Buchst. b) umfasst alle Verfahren wegen einer Steuerstraftat i.S.v. § 369 AO, das steuerstrafrechtliche Ermittlungsverfahren der Finanzbehörde (§ 386 AO) und der StA (§§ 402, 403 AO) ebenso wie das gerichtliche Verfahren. **Steuerstraftaten** sind neben den in § 369 Abs. 1 AO genannten Taten, die nach den Steuergesetzen strafbar sind, außerdem die Wertzeichenfälschung (§ 148 StGB) und die Vorbereitung der Wertzeichenfälschung (§ 150 StGB) in Bezug auf Steuerzeichen, die Begünstigung (§ 257 StGB) einer Person, die eine der genannten Taten begangen hat, und der Bannbruch (§ 372 AO). Den Steuerstraftaten gleich gestellt sind Betrug (§ 263 StGB) in Bezug auf die Eigenheimzulage (§ 15 Abs. 2 EigZulG), die Erschleichung der Bergmannsprämie (§ 5a Abs. 2 Satz 1 BergPG), der Wohnungsbauprämie (§ 8 Abs. 2 Satz 1 WoPG 1996), der Arbeitnehmer-Sparzulage (§ 14 Abs. 3 Satz 1 des 5. VermBG) und der Altersvorsorgezulage (§ 96 Abs. 7 Satz 1 EStG). Wie § 386 Abs. 2 Nr. 2 AO zeigt, meint eine Kenntniserlangung im Strafverfahren auch Erkenntnisse zu mit verfolgten anderen Straftaten, die Gegenstand des steuerlichen Strafverfahrens sind.

62 Erfasst ist außerdem das Bußgeldverfahren wegen einer **Steuerordnungswidrigkeit** durch die Finanzbehörde (§ 409 AO) und die von der StA oder den Gerichten geführten Verfahren, soweit sie Zuwiderhandlungen betreffen, die nach den Steuergesetzen mit einer Geldbuße geahndet werden können (§ 377 Abs. 1 AO). Zu den einzelnen Steuerordnungswidrigkeiten der §§ 378 bis 383 AO vgl. dort. Daneben sind Ordnungswidrigkeiten in Einzelsteuergesetzen, v.a. in §§ 26a, 26b, 26c UStG und in §§ 50e, 50f EStG geregelt.

63 Das Steuergeheimnis erstreckt sich auch bei einer Kenntniserlangung in einem Strafverfahren über die Verhältnisse des Beschuldigten hinaus auf alle Erkenntnisse zu **anderen Personen** (BFH, BStBl. II 1995, S. 497, 498).

5. Mitteilung einer Finanzbehörde

64 Die zahlreichen Fälle, in denen die Finanzbehörde aus anderen als steuerlichen Gründen verpflichtet und befugt ist, anderen Behörden über steuerliche Verhältnisse Mitteilung zu machen (zu den Fällen der §§ 31, 31a, 31b AO vgl. die Kommentierung dort), bedrohen das Steuergeheimnis. Daher erstreckt sich das Steuergeheimnis auf Amtsträger und ihnen gleichgestellte Personen als **Empfänger** solcher Mitteilungen, Abs. 2 Nr. 1 Buchst. c). Einbezogen sind Mitteilungen über steuerliche Verhältnisse durch den Steuerpflichtigen selbst, die dieser aufgrund gesetzlicher Verpflichtung macht.

65 Informiert der Steuerpflichtige hingegen auf behördliche **Anforderung**, aber ohne gesetzliche Verpflichtung über seine steuerlichen Verhältnisse, soll der Geheimnisschutz nicht gelten (Pahlke/König/*Intemann* § 30 Rn. 91, Schwarz/*Schwarz* § 30 Rn. 27). Dies leuchtet nicht ein. Verlangt die Verwaltung von dem Steuerpflichtigen eine Auskunft, kann er schon aufgrund der Verwaltungsbindung an Recht und Gesetz erwarten, dass die auf die Anforderung hin offenbarten steuerlichen Verhältnisse geheim gehalten werden, zumal er im Regelfall nicht in gleichem Maße wie die Verwaltung prüfen kann, ob er zur Offenlegung verpflichtet ist.

IV. Fremdes Betriebs- oder Geschäftsgeheimnis

66 Betriebs- oder Geschäftsgeheimnisse unterfallen regelmäßig bereits den nach Abs. 2 Nr. 1 bekannt gewordenen Verhältnissen. Zur Klarstellung ordnet Abs. 2 Nr. 2 an, dass jede betriebliche oder geschäftliche Angelegenheit oder Tatsache, an deren Geheimhaltung der Betriebs- oder Geschäftsinhaber ein schutzwürdiges Interesse hat und die seinem erkennbaren Geheimhaltungswillen unterfällt, in den Schutzbereich einbezogen ist.

67 Ein Unterschied zwischen den weit auszulegenden Begriffen von „Betrieb" und „Geschäft" soll nach der Intention des Gesetzgebers nicht bestehen, ebenfalls nicht zu der in § 117 AO gewählten

Formulierung „Handels-, Industrie-, Gewerbe- oder Berufsgeheimnis oder ein Geschäftsverfahren", die auf Art. 26 Abs. 1 Satz 2, Abs. 3 Buchst. c) des OECD-Musterabkommens beruht (TK/ *Seer* § 117 Rn. 3). Der Begriff des „Betriebs- oder Geschäftsgeheimnisses" ist § 17 UWG entlehnt, sodass auf die zum UWG ergangene Rechtsprechung zurückgegriffen werden kann (TK/*Drüen* § 30 Rn. 26). Er erfasst gewerbliche Betriebe ebenso wie Freiberufler und sonstige Personen.

Einstweilen frei.   68 – 70

D. Verletzung (Abs. 2 Nr. 2, 3)

Abs. 2 Nr. 2 nennt die Verletzungshandlungen des unbefugten Offenbarens und des unbefugten   71
Verwertens, Nr. 3 den unbefugten Abruf im automatisierten Verfahren.

I. Offenbaren

Mit dem Begriff des „Offenbaren" ist jedes Verhalten erfasst, aufgrund dessen einem anderen   72
geheim zu haltende steuerliche Verhältnisse bekannt werden oder bekannt werden können. Dies
setzt weder ein **final** auf eine Offenbarung gerichtetes Verhalten voraus, eine Kenntnisnahme
durch Dritte als solche genügt (anders *Schuhmann* DStZ 1989, 618), noch eine bestimmte **Form**,
sodass jedes Verhalten, auch das bloß schlüssige Verhalten oder ein Unterlassen notwendiger
Geheimhaltungsmaßnahmen, ein Offenbaren ist (AEAO zu § 30 Nr. 3 Satz 3).

Was **bekannt** und nicht wieder in Vergessenheit geraten ist, kann daher nicht offenbart werden   73
(BFH, BStBl. II 1993, S. 666, 668). Bekannt ist auch, was öffentlich zugänglichen Quellen (Internet, Bibliotheken, Tageszeitungen usw.) zu entnehmen ist (BFH/NV 2008, 1295, 1296), soweit
dies keinen unverhältnismäßigen Aufwand erfordert (BGHSt 48, 28).

In einer **öffentlichen Gerichtsverhandlung** (§ 169 GVG) genannte Verhältnisse sind zwar offenge-   74
legt worden. Welch weitem Kreis der Öffentlichkeit sie dadurch tatsächlich bekannt werden, lässt
sich aber selbst am Einzelfall nur schwer messen. Ein von den Medien beobachtetes Verfahren, in
dem über die Inhalte der öffentlichen Verhandlung rege in der Presse berichtet wird, mag trotz der
nach wie vor bestehenden Beschränkungen der Ton- und Bildberichterstattung gem. § 169 Satz 2
GVG auch in seinen Einzelheiten weiten Kreisen bekannt werden, für die weit überwiegende Zahl
der Verfahren gilt dies jedoch nicht. Die nach § 169 GVG bestehende Möglichkeit der Kenntnisnahme ist nicht mit einer tatsächlichen Kenntnisnahme gleichzusetzen und ohnehin auf die
öffentliche Verhandlung als solche beschränkt, da sich die Öffentlichkeit nicht auf Einsichtsrechte
in die Verfahrensakten erstreckt. § 169 GVG bezweckt keine Kenntnisfiktion, die das Steuergeheimnis einschränken soll, auch wenn es Grund für den Ausschluss der Öffentlichkeit gem. § 172
Nr. 2 GVG sein kann. Daher ist die Offenlegung steuerlicher Verhältnisse in einer öffentlichen
Gerichtsverhandlung nicht mit einem Offenbaren ggü. der Allgemeinheit gleichzusetzen, sodass
nur solche steuerlichen Verhältnisse offenbart sind, über die sich jeder ohne Weiteres aus Presseerzeugnissen informieren kann (anders die überwiegende Ansicht, vgl. TK/*Drüen* § 30 Rn. 51a;
Schwarz/*Schwarz* § 30 Rn. 29 i.S.e. Repräsentation der Öffentlichkeit durch die Teilnehmer;
Pahlke/König/*Intemann* § 30 Rn. 97; wie hier Klein/*Rüsken* zu § 30 Rn. 59b; zweifelnd auch BFH/
NV 2008, 1295, 1297; dazu *Lindwurm*, AO-StB 2010, 378).

Das Steuergeheimnis gestattet (auch im Steuerstrafverfahren, wie Abs. 2 Nr. 1 Buchst. b) zeigt) den   75
Ausschluss der Öffentlichkeit von der Teilnahme an der Verhandlung nach § 52 Abs. 2 FGO, da
§ 172 Nr. 2 GVG u.a. das Steuergeheimnis zu den Ausschlussgründen zählt. Dabei kommt weder
den Begriffen „wichtig" in § 172 Nr. 2 GVG noch der in § 172 Nr. 2 GVG a.E. angedeuteten
Interessenabwägung praktische Bedeutung zu, da die Individualinteressen als solche nach der
gesetzgeberischen Intention zu schützen sind (im Einzelnen *Böttcher*, DRiZ 1984, 17). Da es sich
um eine ex ante zu treffende Entscheidung handelt, ist auch unerheblich, in welchem Maße eine
Offenlegung geheim zu haltender Verhältnisse zu erwarten ist, die bloße Möglichkeit genügt

(enger Schwarz/*Schwarz* § 30 Rn. 29, zu eng die rechtspolitischen Erwägungen von *Schomberg,* NJW 1979, 526; zu dem Verhältnis zum presserechtlichen Informationsanspruch eingehend *Schnorr,* StuW 2008, 303, 310 und VG Düsseldorf, Beschl. v. 16.11.2011 – 26 L 1431/11, n.v.).

II. Verwerten

76 Verwerten meint jede Verwendung geheim zu haltender steuerlicher Verhältnisse zu eigenem oder fremdem **Vorteil**. Bei dem Erstreben eines fremden Vorteils liegt i.d.R. auch ein Offenbaren vor, wenn eine Beziehung zum geschützten Betroffenen hergestellt wird.

77 **Art** und **Zweck** der Verwertung sind unerheblich, insb. erfasst der Begriff anders als § 355 StGB nicht nur die Verwendung zu wirtschaftlichen Zwecken, sondern auch jede ideell motivierte Nutzung (ebenso TK/*Drüen* § 30 Rn. 54; Klein/*Rüsken* zu § 30 Rn. 61, Pahlke/König/*Intemann* § 30 Rn. 99).

78 Befugt ist nur die Verwertung im Einverständnis des Geheimnisträgers. Abs. 4 bis 6 rechtfertigen eine Verwertung nicht.

III. Abruf im automatisierten Verfahren (Abs. 2 Nr. 3)

79 Abs. 2 Nr. 3 erstreckt das Steuergeheimnis bereits auf den Abruf von Daten, also jede Art des Zugriffs auf gespeicherte Daten zum Zwecke der Kenntnisnahme, der Weitergabe oder auch nur Vernichtung, eine anschließende Offenbarung oder Verwertung ist nicht Voraussetzung. Die durch das Steuerbereinigungsgesetz 1986 v. 19.12.1985 (BGBl. I 1985, S. 2436) mit Wirkung ab dem 01.01.1987 eingefügte Vorschrift setzt also früher an als die Tatbestände von Nr. 1 und 2 und trägt so den besonders leichten Zugriffs- und Auswertungsmöglichkeiten von Daten Rechnung, die die Geheimhaltung ungleich stärker bedrohen als in konventioneller Form erhobene und archivierte Daten. Daher erfasst Nr. 3 nur den **automatisierten**, also EDV-gestützten Abruf von Daten. Gegenständlich ist der vorverlagerte Schutz auf gem. Nr. 1 und 2, also in einem Verwaltungs-, Gerichts-, oder Strafverfahren gewonnene Daten, beschränkt.

80 Der Gesetzgeber hat bei Einfügung von Nr. 3 die strafrechtliche Norm des § 355 StGB unverändert gelassen, sodass ein Verstoß gegen Nr. 3 **nicht strafbewehrt** ist. Zum befugten Abruf nach Abs. 6 vgl. Rdn. 114.

IV. Unbefugt

81 Unbefugt meint jede Kenntniserlangung durch solche Personen, denen das Geheimnis nicht anvertraut ist. Daher ist auch die Kenntnisnahme durch einen nicht mit der Sache befassten **Amtsträger** unbefugt i.S.v. Abs. 2 (BFH/NV 2001, 200, 200). Ggü. den zuständigen Amtsträgern ist schon zweifelhaft, ob die Weitergabe zu dienstlichen Zwecken ein Offenbaren i.S.v. Abs. 2 ist, es ist aber jedenfalls befugt nach Abs. 4 Nr. 1 (vgl. Rn. 89 f. und BFH/NV 2001, 578, 580).

82 Befugt ist ein Offenbaren oder Verwerten nur i.R.d. abschließend geregelten Fälle gem. Abs. 4 und Abs. 5, wobei Abs. 4 Nr. 2 eine Öffnungsklausel für gesetzliche Regelungen außerhalb der AO enthält (vgl. Rdn. 91 f.).

83 – 85 Einstweilen frei.

E. Offenbarungsbefugnisse (Abs. 4 bis 6)

86 Vom Offenbarungsverbot ausgenommen sind gem. Abs. 4 und Abs. 5 die in Abs. 2 geschützten Verhältnisse, Betriebs- und Geschäftsgeheimnisse. Ergänzt werden die Regelungen zu den Offenbarungsbefugnissen in Abs. 6 durch eine Regelung zum automatisierten Datenabruf. Die Aufzäh-

lung in den Abs. 4 bis 6 ist **abschließend** und verbietet eine Ermessensentscheidung der Finanzbehörde über das Vorliegen eines Rechtfertigungsgrundes. Nur wenn eine der in Abs. 4 und Abs. 5 genannten Voraussetzungen vorliegt, kann die Finanzbehörde offenbaren, muss dies aber nicht. **Ermessen** hat die Finanzbehörde daher lediglich bei der Entscheidung, ob sie offenbaren will, die Entscheidung darüber ist Verwaltungsakt (BFHE 126, 358). Anders ist dies, wenn die Finanzbehörde aufgrund anderer Rechtsnormen zur Auskunft **verpflichtet** ist, etwa i.R.d. § 161 StPO oder im Rahmen von Mitteilungen über Bestechungsgelder an die Strafverfolgungsbehörden nach § 4 Abs. 5 Nr. 10 Satz 3 EStG (AEAO zu § 30 Nr. 3 Satz 6).

Das Gesetz rechtfertigt kein Verwerten i.S.v. Abs. 2 Nr. 2. Ein Verwerten kann daher befugt nur   87
mit Zustimmung des Steuerpflichtigen erfolgen.

I. Rechtfertigungsgründe (Abs. 4)

Abs. 4 enthält eine Einschränkung der Offenbarung soweit, als sie der Durchführung der dort   88
genannten Verfahren dient. Damit ist ein **Übermaßverbot** angeordnet, das die Offenbarung auf den Zweck der in diesen Verfahren bestehenden Aufsichts- und Ermittlungsbefugnisse beschränkt und eine Offenbarung über den zur Erreichung des steuerlichen Zwecks erforderlichen Umfang hinaus verbietet. Gleichzeitig ist in Abs. 4 mit dem Begriff „soweit" eine **Verhältnismäßigkeitsprüfung** eröffnet.

1. Offenbarung wegen Durchführung eines Verfahrens nach Abs. 2 Nr. 1 Buchst. a) und b) (Abs. 4 Nr. 1)

Abs. 4 Nr. 1 erlaubt eine Offenbarung zur Durchführung eines Verwaltungs-, Rechnungsprüfungs-   89
oder gerichtlichen Verfahrens oder eines Steuerstraf- oder Bußgeldverfahrens i.S.v. Abs. 2 Nr. 1 Buchst. a) und b). In diesem Rahmen ist die Mitteilung von sämtlichen Tatsachen an Dritte, an andere Finanzbehörden und an andere Stellen zulässig, soweit sie unmittelbar der Durchführung eines der genannten Verfahren dienen. **Dienen** meint einen funktionalen Zusammenhang zwischen der Offenbarung und der Verfahrensdurchführung (BFH/NV 2008, 1811, 1812). Die weiter gehende **Auffassung der Finanzverwaltung**, die eine bloße Nützlichkeit genügen lassen will (AEAO zu § 30 Nr. 4.1 Satz 2), geht zu weit und verkennt die Schranken, die sich aus der Herleitung des Steuergeheimnisses aus dem Recht auf informationelle Selbstbestimmung ergeben. Sie entspricht schon nicht dem Wortlaut des Gesetzes, denn Zweckmäßigkeitserwägungen sind mit dem Begriff des Dienens i.S.v. Abs. 4 Nr. 1 nicht vereinbar. Ohnehin steht die Entscheidung über eine Offenbarung unter dem Vorbehalt der Verhältnismäßigkeit (BFH/NV 2008, 1811, 1812).

Im **Steuerstraf-** und **Ordnungswidrigkeitenverfahren** ist die Weitergabe unter den gleichen   90
Voraussetzungen zulässig, also auf das zur Ermittlung der steuerlichen Straftat oder der Ordnungswidrigkeit notwendige Maß zu beschränken. Steuerliche Verhältnisse dürfen zu einem **Allgemeindelikt** nur offenbart werden, wenn es mit einem Steuerdelikt in Tateinheit steht (*Joecks*, wistra 1998, 86).

2. Gesetzlich gestattete Offenbarung (Abs. 4 Nr. 2)

Abs. 4 Nr. 2 nennt gesetzlich angeordnete Offenbarungsbefugnisse. Dazu genügen keine allgemei-   91
nen Amtshilfevorschriften, die Offenbarungsbefugnis muss vielmehr ausdrücklich angeordnet werden. **Ausdrücklich** meint eine eindeutige und zweifelsfreie einfachgesetzliche Bestimmung (Beermann/Gosch/*Tormöhlen* § 30 AO Rn. 111 will hingegen nur eine durch Bundesgesetz angeordnete Einschränkung genügen lassen). Eine Befugnis in einem DBA oder Rechtshilfeabkommen erlaubt die Weitergabe steuerlicher Verhältnisse an ausländische Behörden (BFH/NV 2008, 51, 52).

Die Abgabenordnung gestattet die Offenbarung in §§ 31, 31a, 31b, 88a, 93a, 117 AO und § 249   92
Abs. 2 AO; vgl. zu weiteren gesetzlich angeordneten Offenbarungsbefugnissen die Zusammenstellung in AEAO zu § 30 Nr. 5.

3. Offenbarung mit Zustimmung des Betroffenen (Abs. 4 Nr. 3)

93   Eine Offenlegung ist in dem Umfang möglich, in dem der Betroffene zustimmt, Abs. 4 Nr. 3. **Betroffen** ist derjenige, dessen Verhältnisse offenbart werden sollen. Sind **mehrere** Personen betroffen, so müssen alle ihre Zustimmung zur Offenbarung eines Sachverhalts erteilen. Stimmen einzelne Personen nicht zu, so dürfen die geschützten Verhältnisse derjenigen, die ihre Zustimmung nicht erteilt haben, nicht offenbart werden (AEAO zu § 30 Nr. 6 Satz 3 f.).

94   Eine **Formbedürftigkeit** ist für die Zustimmung nicht vorgesehen, sie muss jedoch ausdrücklich erklärt werden. Konkludente Erklärungen genügen nur dann, wenn die Zustimmung eindeutig erkennbar ist.

95   Die Offenlegung steht im **Ermessen** der Behörde, das bei einem berechtigten Interesse des Betroffenen an der Bekanntgabe auf Null reduziert sein kann (BFH BStBl. III 1967, S. 572, 572 f.).

4. Offenbarung zur Durchführung eines Strafverfahrens (Abs. 4 Nr. 4)

96   Eine wesentliche Einschränkung des Steuergeheimnisses im Strafverfahren enthält Abs. 4 Nr. 4 Buchst. a) und b) AO, der die Befugnisse zur Offenlegung nach Abs. 4 Nr. 1 (der Durchführung eines Strafverfahrens dienende Informationen) auf solche **Straftaten** erstreckt, die keine Steuerstraftat darstellen. Daher erfasst Abs. 4 Nr. 4 nur Delikte, die in Tatmehrheit zu einer Steuerstraftat stehen, in Tateinheit stehende sind bereits von Abs. 4 Nr. 1 erfasst (vgl. Rdn. 90).

97   Im Steuerstrafverfahren oder Steuerordnungswidrigkeitenverfahren gewonnene Erkenntnisse über außersteuerliche Straftaten können zum Zwecke der Strafverfolgung an die Gerichte und Strafverfolgungsbehörden nach Abs. 4 Nr. 4 Buchst. a) berichtet werden, wenn die Erkenntnis **im Steuerstraf- oder Bußgeldverfahren gewonnen** worden sind.

98   Auch **Zufallsfunde** können offenbart werden. Es muss sich um einen Fund im Verfahren handeln, sodass Kenntnisse, die sonst gewonnen wurden, z.B. bereits im Rahmen einer Außenprüfung, den Strafverfolgungsbehörden ggü. nicht offenbart werden dürfen.

99   Sind die Verhältnisse offenbart worden, weil der **Steuerpflichtige selbst** oder eine für ihn handelnde Person sie der Finanzbehörde mitgeteilt hat, ist die Weitergabe wegen nicht steuerlicher Straftaten nur zulässig, wenn der Steuerpflichtige oder der für ihn Handelnde bei der Abgabe der Mitteilung an die Finanzbehörde die Einleitung des steuerlichen Straf- oder Bußgeldverfahrens kannte, es sei denn, es liegt einer der in Abs. 4 Nr. 5 oder Abs. 5 geregelten Fälle vor. Andernfalls würde der Grundsatz des *nemo tenetur se ipsum accusare* im Hinblick auf die weiten Mitwirkungspflichten des Steuerpflichtigen im Besteuerungsverfahren nach §§ 90 ff. AO unterlaufen. Die Mitwirkungspflichten nach §§ 90 ff. AO statuieren keine Ausnahme zu § 30 AO (a.A. *Kopf/Szalai* NJ 2010, 363). Unzulässig ist die Weitergabe auch dann, wenn der Steuerpflichtige die Einleitung des steuerlichen Straf- oder Bußgeldverfahrens kannte, aber nicht ordnungsgemäß über seine Rechte belehrt wurde AEAO zu § 30 Nr. 7.2 Satz 3).

100   Da das Steuergeheimnis auch die Offenlegung durch **Dritte** erfasst, ist Abs. 4 Nr. 4 Buchst. a) über seinen Wortlaut hinaus auf durch Dritte erlangte Kenntnisse auszuweiten.

101   Uneingeschränkt zulässig ist eine Offenbarung von Kenntnissen zur Durchführung eines Strafverfahrens wegen einer nicht steuerlichen Straftat nach Abs. 4 Nr. 4 Buchst. b), wenn die Tatsache der Finanzbehörde ohne Bestehen einer **steuerlichen Verpflichtung** bzw. unter **Verzicht auf ein Auskunftsverweigerungsrecht** bekannt geworden ist.

102   Eine fehlende steuerliche Verpflichtung meint diejenigen Fälle, in denen die Auskunftsperson nicht vorher durch die Finanzbehörde zur Auskunftserteilung aufgefordert worden ist, Abs. 4 Nr. 4 Buchst. b) erfasst auch den Denunzianten. Vorsätzliche falsche Angaben des Denunzianten darf die Finanzbehörde den Strafverfolgungsbehörden mitteilen (BFH, BStBl. II 1994, S. 552, 555).

Ein Verzicht kann nur angenommen werden, wenn der Berechtigte sein Auskunftsverweigerungs- 103
recht kannte.

5. Offenbarung bei zwingendem öffentlichen Interesse (Abs. 4 Nr. 5)

Abs. 4 Nr. 5 enthält eine beispielhafte Aufzählung von Fällen eines zwingenden öffentlichen Inte- 104
resses an der Offenbarung. Bei nichtgenannten Sachverhalten ist ein zwingendes öffentliches Interesse an der Offenbarung nur gegeben, wenn sie mit den in Nr. 5 genannten Fällen vergleichbar
sind. Dabei gebietet die Verhältnismäßigkeit eine **restriktive Auslegung**. Eine Offenbarung ist in
nicht geregelten Sachverhalten nur bei Gefahr eines schweren Nachteils für das allgemeine Wohl
zulässig (BFH, BStBl. II 1987, S. 545, 548 f.). Zudem muss auch bei Bejahung eines zwingenden
öffentlichen Interesses die Offenbarung auf das **notwendige Maß** begrenzt bleiben.

Abs. 4 Nr. 5 Buchst. a) nennt mit „Leib und Leben" und „Staat und seine Einrichtungen" erstran- 105
gig schutzwürdige Rechtsgüter, die eine Verengung ähnlich § 138 StGB vermuten lassen. Der
Wortlaut ist jedoch zu eng gefasst. Abs. 4 Nr. 5 Buchst. a) AO erlaubt die Offenbarung bei allen
Verbrechen, also allen Straftaten, die im Mindestmaß mit einer Freiheitsstrafe von einem Jahr
oder darüber bedroht sind, § 12 Abs. 1 StGB. Bei **vorsätzlichen schweren Vergehen** kommen nur
Taten in Betracht, die eine schwerwiegende Rechtsverletzung darstellen und daher mit Freiheitsstrafe bedroht sind.

Abs. 4 Nr. 5 Buchst. b) erlaubt die Offenbarung bei **Wirtschaftsstraftaten** i.S.v. § 74c Abs. 1 Nr. 1 106
bis 5 GVG. Es genügt nicht, dass es sich um eine der in § 74c GVG aufgezählten Straftaten handelt, vielmehr muss die Tat nach der Begehungsweise oder wegen des Umfangs des durch sie verursachten Schadens geeignet sein, die wirtschaftliche Ordnung erheblich zu stören oder das Vertrauen der Allgemeinheit auf die Redlichkeit des Geschäftsverkehrs oder auf die ordnungsgemäße
Arbeit der Verwaltung erheblich zu erschüttern (AEAO zu § 30 Nr. 8.3). Die Offenbarung nach
Abs. 4 Nr. 5 Buchst. b) kommt nur ggü. Strafverfolgungsbehörden und ggü. Strafgerichten in
Betracht.

Eine Offenbarung ist nach Abs. 4 Nr. 5 Buchst. c) zur **Richtigstellung** in der Öffentlichkeit ver- 107
breiteter unwahrer Tatsachen zulässig. Die verbreiteten Tatsachen müssen geeignet sein, das Vertrauen in die Arbeit der Verwaltung erheblich zu erschüttern. Die Finanzbehörde soll keine Verbreitung unwahrer Tatsachen gegen sich dulden müssen, die sie wegen des Steuergeheimnisses
nicht richtigstellen kann; es handelt sich mithin um eine Art Notwehrrecht der Finanzbehörde.
Da es sich um außergewöhnliche Sachverhalte handelt, bleibt die Entscheidung über die Richtigstellung der zuständigen obersten Finanzbehörde im Einvernehmen mit dem Bundesminister der
Finanzen vorbehalten. Eine vorherige Gewährung rechtlichen Gehörs steht im Ermessen der
Finanzbehörde. Im Regelfall wird eine **Anhörung** erforderlich sein. Äußert sich der angehörte
Steuerpflichtige, hat die Finanzbehörde den Inhalt der Äußerung bei ihrer Richtigstellung zu
berücksichtigen.

Über die in Abs. 4 Nr. 5 geregelten Fälle hinaus ist eine Offenbarungsbefugnis unter den Voraus- 108
setzungen gem. Rn. 104 in verschiedenen ungeschriebenen Fallgruppen anerkannt, so ggü. dem
Dienstvorgesetzten eines Finanzbeamten oder eines Beamten oder Richters in einem gegen ihn
gerichteten dienstrechtlichen Verfahren (BFH, BStBl. II 2008, S. 337, 339 f.; *Pflaum*, wistra 2011,
55), ggü. der Gewerbeaufsichtsbehörde alle Betriebsteuern betreffende Informationen in einem
gewerberechtlichen Untersagungsverfahren (nunmehr AEAO zu § 30 Nr. 8.1 i.d.F. gem. BMF-
Schreiben v. 21.12.2010 zu IV A 3 – S 0062/08/10007-09, BStBl. I 2011, S. 2) und bei schweren
Umweltgefährdungen i.S.v. §§ 330, 330a StGB. Die Grenzen ungeschriebener Offenbarungsbefugnisse sind bisher nicht hinreichend bestimmt. Die Anknüpfung an eine Vergleichbarkeit in der
Bedeutung ist unbefriedigend, da die in Abs. 4 Nr. 5 geregelten Anwendungsfälle untereinander
nicht vergleichbar sind und daher keine Eingrenzung gestatten. Zu weit geht es daher, eine Erstreckung auf nicht normierte Fälle aufgrund einer weiten Auslegung oder einer „Gesamtbetrachtung" zuzulassen (a.A. BFH, BStBl. 2003, S. 828, 831).

109   Nach der **Neufassung des AEAO zu § 30 Nr. 8**, der erläutert, wann aus Sicht der Finanzverwaltung ein zwingendes öffentliches Interesse an einer Offenbarung vorliegen soll, soll die Finanzbehörde von sich aus tätig werden und der zuständigen Behörde die Tatsachen ohne deren Antrag bekannt geben können (AEAO zu § 30 Nr. 8 i.d.F. gem. BMF-Schreiben v. 21.12.2010 zu IV A 3 − S 0062/08/10007-09, BStBl. I 2011, S. 2). Ein solches Aufdrängen von Informationen liegt außerhalb des Aufgabenbereichs der Finanzbehörde und verkennt die Beschränkungen, die ihr die Bindung an Recht und Gesetz auferlegen.

110   Zu weit geht auch die **Neufassung des AEAO zu § 30 Nr. 8.4**. Danach sollen Informationen über einen Subventionsbetrug im Zusammenhang mit Investitionszulagen auch ohne zwingendes öffentliches Interesse weitergegeben werden dürfen, die Finanzverwaltung will sie „wie Steuerstraftaten" behandeln (AEAO zu § 30 Nr. 8.4 Satz 3 i.d.F. gem. BMF-Schreiben v. 21.12.2010 zu IV A 3 − S 0062/08/10007-09, BStBl. I 2011, S. 2). Dies verkennt den Wortlaut und den abschließenden Charakter der Aufzählung in Abs. 4 Nr. 5.

II. Vorsätzlich falsche Angaben (Abs. 5)

111   Abs. 5 gestattet eine Offenbarung bei vorsätzlich falschen Angaben des Betroffenen ggü. den Steuerbehörden. Es genügt, wenn eine vorsätzlich falsche Angabe mit Sicherheit angenommen werden kann, die Einleitung eines Strafverfahrens, etwa wegen einer falschen Verdächtigung gem. § 164 StGB, ist nicht Voraussetzung (AEAO zu § 30 Nr. 9).

112   In diesem Fall dürfen diese vorsätzlich falschen Angaben den Strafverfolgungsbehörden offengelegt werden. Die Offenlegung steht im **Ermessen** der Finanzbehörde.

113   Daneben gestattet regelmäßig auch **Abs. 4 Nr. 1** eine Offenbarung bei vorsätzlich falschen Angaben, ohne dass eine Verwirklichung eines Straftatbestandes durch die falschen Angaben des Betroffenen anzunehmen ist.

III. Automatisierter Datenabruf (Abs. 6)

114   Abs. 2 Nr. 1 Buchst. a) und b) und Abs. 4 Nr. 1 statuieren die Voraussetzungen für einen Abruf von Steuerdaten im Rahmen eines Verwaltungs-, Rechnungsprüfungs- oder gerichtlichen Verfahrens. Abs. 6 Satz 1 Halbs. 1 hat daneben keine eigenständige Bedeutung.

115   Abs. 6 Satz 1 Halbs. 2 benennt außerdem die zulässige Weitergabe von Daten. Was zulässig offenbart wird, ist in Abs. 4 geregelt, Abs. 6 Satz 1 Halbs. 2 also überflüssig.

116   Ein Abruf von elektronisch gespeicherten Daten nach Abs. 6 meint den Abruf im **automatisierten Verfahren**, wie bei Abs. 2 Nr. 3 sind in konventioneller Weise erhobene und gespeicherte Daten nicht erfasst.

117   Auf der Grundlage von Abs. 6 Satz 2 bis 4 ist in 2005 eine **Steuerdaten-Abrufverordnung** (v. 13.10.2005, BGBl. I, S. 3021) erlassen worden, die Maßnahmen zur Wahrung des Steuergeheimnisses vorsieht.

118 − 120   Einstweilen frei.

F. Folgen der Verletzung, Rechtsbehelfe

121   Die **strafrechtlichen** Folgen einer Verletzung des Steuergeheimnisses ergeben sich aus § 355 StGB, im Fall von Daten auch aus § 202a StGB. Die Tat wird nur auf Antrag des Steuerpflichtigen oder des Dienstvorgesetzten verfolgt, § 355 Abs. 3 StGB. Zuständig ist die StA, da die Geheimnisverletzung kein Steuerdelikt ist.

Unter Verletzung des Steuergeheimnisses erlangte Kenntnisse unterliegen einem **steuerrechtlichen** 122
Verwertungsverbot. Dieses bezieht sich jedoch nicht auf Kenntnisse, die auf einer Verletzung der
Belehrungspflicht nach § 393 Abs. 1 Satz 4 AO beruhen. Ein strafrechtliches Verwertungsverbot
gilt jedoch für einen Verstoß gegen § 393 Abs. 1 Sätze 2 bis 4 AO. Die Ablehnung der Einsichtnahme in Steuerakten, die Weitergabe von Kenntnissen an andere Stellen und Auskunftsvorhaben
können im Finanzrechtsweg im Wege der Unterlassungsklage oder der Feststellungsklage angegriffen werden (BFH, BStBl. II 1994, S. 337, 338).

Eine Verletzung des Steuergeheimnisses begründet einen **Anspruch auf Unterlassung** analog 123
§ 1004 BGB, § 30 AO. Der Anspruch ist, da subjektiv-öffentliches Recht, im Finanzrechtsweg zu
verfolgen (BFH, BStBl. II 1994, S. 210, 211 f.). **Vorläufiger Rechtsschutz** kann im Rahmen einer
einstweiligen Anordnung nach § 114 Abs. 1 Satz 1 FGO durchgesetzt werden. So kann dem FA
untersagt werden, Mitteilungen über steuerliche Verhältnisse an Dritte weiterzugeben oder Daten
an andere Behörden weiterzuleiten (BFH/NV 1996, 457, 457). Ein Folgenbeseitigungsanspruch
besteht nicht, da sich eine unbefugte Offenbarung geheim zu haltender steuerlicher Verhältnisse
nicht rückgängig machen lässt. Daher lehnt BFH/NV 2008, 1295. 1296 einen Anspruch auf Korrektur von Angaben auf der Internetseite der Finanzbehörde ab, die steuerliche Verhältnisse unbefugt offenbart haben.

Die Verletzung des Steuergeheimnisses verpflichtet zu **Schadensersatz** unter den Voraussetzungen 124
von Art. 34 GG, § 839 BGB. Haftender ist die Anstellungskörperschaft. Der Beamte haftet persönlich nach § 823 Abs. 2 BGB, § 30 AO, wenn er nicht in Ausübung seines Amtes gehandelt hat.

§ 30a AO   Schutz von Bankkunden

(1) Bei der Ermittlung des Sachverhalts (§ 88) haben die Finanzbehörden auf das Vertrauensverhältnis zwischen den Kreditinstituten und deren Kunden besonders Rücksicht zu nehmen.

(2) Die Finanzbehörden dürfen von den Kreditinstituten zum Zweck der allgemeinen Überwachung die einmalige oder periodische Mitteilung von Konten bestimmter Art oder bestimmter
Höhe nicht verlangen.

(3) Die Guthabenkonten oder Depots, bei deren Errichtung eine Legitimationsprüfung nach
§ 154 Abs. 2 vorgenommen worden ist, dürfen anlässlich der Außenprüfung bei einem Kreditinstitut nicht zwecks Nachprüfung der ordnungsmäßigen Versteuerung festgestellt oder abgeschrieben werden. Die Ausschreibung von Kontrollmitteilungen soll insoweit unterbleiben.

(4) In Vordrucken für Steuererklärungen soll die Angabe der Nummern von Konten und
Depots, die der Steuerpflichtige bei Kreditinstituten unterhält, nicht verlangt werden, soweit
nicht steuermindernde Ausgaben oder Vergünstigungen geltend gemacht werden oder die
Abwicklung des Zahlungsverkehrs mit dem Finanzamt dies bedingt.

(5) Für Auskunftsersuchen an Kreditinstitute gilt § 93. Ist die Person des Steuerpflichtigen
bekannt und gegen ihn kein Verfahren wegen einer Steuerstraftat oder einer Steuerordnungswidrigkeit eingeleitet, soll auch im Verfahren nach § 208 Abs. 1 Satz 1 ein Kreditinstitut erst um
Auskunft und Vorlage von Urkunden gebeten werden, wenn ein Auskunftsersuchen an den
Steuerpflichtigen nicht zum Ziele führt oder keinen Erfolg verspricht.

A. Bankgeheimnis

I. Begriff, Inhalt und Rechtsgrundlage

1 Es wird allgemeinhin als selbstverständlich angesehen, dass Banken dazu verpflichtet sind, das Bankgeheimnis zu wahren und über alle kundenbezogenen Tatsachen und Wertungen (wirtschaftliche Verhältnisse des Kunden, Kontostände, Sparguthaben, Depot- und Vermögenswerte, Kreditwürdigkeit, Zahlungsfähigkeit etc.) zu schweigen.

2 Eine **gesetzliche Regelung oder Definition** eines Bankgeheimnisses gibt es im deutschen Recht – anders als beispielsweise in Österreich, der Schweiz und in Luxemburg – jedoch nicht. Regelmäßig enthalten die **Allgemeinen Geschäftsbedingungen** der deutschen Banken eine Klausel zum Bankgeheimnis. So wird in Nr. 2 Abs. 1 der Allgemeinen Geschäftsbedingungen der privaten Banken bspw. Folgendes ausgeführt:

„Die Bank ist zur Verschwiegenheit über alle kundenbezogenen Tatsachen und Wertungen verpflichtet, von denen sie Kenntnis erlangt (Bankgeheimnis). Informationen über den Kunden darf die Bank nur weitergeben, wenn gesetzliche Bestimmungen dies gebieten oder der Kunde eingewilligt hat oder die Bank zur Erteilung einer Bankauskunft befugt ist."

3 Die Allgemeinen Geschäftsbedingungen und damit auch die Verpflichtung der Bank zur Wahrung des Bankgeheimnisses werden mit der Eröffnung der Kontoverbindung in das zwischen Bank und Kunden bestehende Rechtsverhältnis einbezogen.

4 Dieses vertraglich begründete Bankgeheimnis erfährt durch gesetzliche Regelungen zahlreiche Durchbrechungen, so auch im Rahmen von steuerlichen und steuerstrafrechtlichen Ermittlungen durch die Finanzbehörden und die Steuerfahndung.

II. Geschützter Personenkreis

5 Das Recht ggü. der Bank, dass diese die Verschwiegenheitspflicht wahrt und Informationen nur in dem vereinbarten Umfang weitergibt, steht dem **Kunden** des Kreditinstituts als Inhaber der Rechte und Pflichten aus dem mit dem Kreditinstitut geschlossenen Bankvertrag zu. Im Erbfall geht das Recht auf Geheimhaltung auf den oder die **Erben** über. Miterben können nur gemeinsam von der Verschwiegenheitspflicht befreien (Flore/Dörn/Gillmeister/*Flore*, S. 157).

III. Adressat des Schutzes

6 Träger der Verschwiegenheitspflicht ist nicht der **einzelne Mitarbeiter des Kreditinstituts**, da dieser in keiner unmittelbaren Rechtsbeziehung zum Kunden steht, sondern das Kreditinstitut, handelnd durch die **gesetzlichen Organe** (Vorstand, Aufsichtsrat, sonstige Gremien). Die Verschwiegenheitspflicht gilt ggü. jedermann, sowohl bankintern im Verhältnis zu Mitarbeitern des Kreditinstituts als auch außerhalb dieser Bankensphäre ggü. den Angehörigen des Trägers der Verschwiegenheitspflicht (Flore/Dörn/Gillmeister/*Flore*, S. 158).

B. Bankgeheimnis im Steuerverfahrensrecht

I. Allgemeines

Die Finanzbehörden sind verpflichtet, die Steuern nach Maßgabe der Gesetze gleichmäßig festzu-   7
setzen und zu erheben (§ 85 AO) und die für die Besteuerung relevanten Sachverhalte von Amts
wegen zu ermitteln (§ 88 AO). Im Rahmen dieser Ermittlungen im Besteuerungsverfahren gegen
Bankkunden können die Finanzbehörden auch von Banken Auskünfte (§ 93 AO) und die Vorlage
von Bankunterlagen (§ 97 AO), d.h. Kontoauszügen, Zahlungsbelegen, Kreditunterlagen etc. verlangen.

Ein **Auskunftsverweigerungsrecht** für Bankmitarbeiter sieht die Abgabenordnung nicht vor. Sie   8
gehören keiner Berufsgruppe an, deren Berufsgeheimnis nach § 102 AO geschützt ist (BFH,
Beschl. v. 21.12.1992, BStBl. II 1993, S. 451). Auch öffentlich-rechtliche Kreditinstitute sind im
Besteuerungsverfahren eines Kunden nach § 105 Abs. 1 AO ggü. der Finanzbehörde von der Verschwiegenheitspflicht entbunden.

II. § 30a AO

Die Vorschrift hat den Bankenerlass i.d.F. von 1979 (BMF-Schreiben v. 31.08.1979,   9
BStBl. I 1979, S. 590) abgelöst und dessen Inhalt übernommen. Obwohl die systematische Stellung im Anschluss an § 30 AO, der das Steuergeheimnis regelt, die Vermutung nahelegen würde,
begründet § 30a AO kein Bankgeheimnis (Flore/Dörn/Gillmeister/*Flore*, S. 161; Kohlmann/*Meyer*
§ 30a Rn. 4319).

1. § 30a Abs. 1 AO

Nach § 30a Abs. 1 AO haben die Finanzbehörden bei der Ermittlung des Sachverhalts   10
(§§ 85, 88 AO) auf das Vertrauensverhältnis zwischen den Kreditinstituten und deren Kunden
besondere Rücksicht zu nehmen.

Diese Bestimmung stellt lediglich ein vorangestelltes Motiv für die in § 30a Abs. 2 bis Abs. 5 AO   11
getroffenen Einzelregelungen dar und erschöpft sich in einem Appell an die Ermittlungsbehörden,
i.R.d. ihnen nach § 88 AO obliegenden Sachverhaltserforschungen die Grundsätze der Verhältnismäßigkeit und der Zumutbarkeit zu beachten. Über diese bei allen Ermittlungsmaßnahmen ohnehin zu beachtenden Grundsätze hinaus wird der Ermessensspielraum der Finanzbehörden nicht
beschränkt (BFH, Urt. v. 18.02.1997, BStBl. II 1997, S. 499; BFH, Beschl. v. 02.08.2001,
BStBl. II 2001, S. 665; BFH, Urt. v. 09.12.2008, BStBl. II 2009, S. 509).

2. § 30a Abs. 2 AO

Nach § 30a Abs. 2 AO dürfen Finanzbehörden von Kreditinstituten die einmalige oder periodi-   12
sche Mitteilung von Konten bestimmter Art oder bestimmter Höhe zum Zwecke der allgemeinen
Überwachung nicht verlangen.

Kreditinstitute sind Unternehmen, die Bankgeschäfte gewerbsmäßig oder in einem Umfang   13
betreiben, der einen kaufmännisch eingerichteten Geschäftsbetrieb erfordert (§ 1 KWG). Um
Bankgeschäfte im Inland betreiben zu können, bedarf es einer schriftlichen Erlaubnis des Bundes-
aufsichtsamts gem. § 32 KWG, die aus den in § 33 KWG aufgezählten Gründen versagt werden
kann. Zu den Kreditinstituten i.S.d. § 30a AO zählen auch **Bausparkassen und Postsparkassen**
(TK/*Tipke* § 30a Tz. 13).

Nach der Rechtsprechung des BFH hat die Vorschrift nur **deklaratorische Bedeutung** und verbie-   14
tet lediglich ein Verlangen „ins Blaue hinein", welches auch ohne diese Regelung nicht erlaubt
wäre. Sie verwehrt den Finanzbehörden i.R.d. allgemeinen Überwachung – d.h. soweit keine
besonderen Anhaltspunkte für ein Auskunftsersuchen i.S.v. § 93 AO vorliegen – von Kreditinsti-

tuten Mitteilungen über Konten zu verlangen. Liegen dagegen die Voraussetzungen der §§ 93, 208 Abs. 1 Satz 1 Nr. 3 AO vor, dürfen die Finanzbehörden Auskünfte – auch Sammelauskünfte – bei den Kreditinstituten einholen (BFH, Urt. v. 18.02.1997, BStBl. II 1997, S. 499; BFH, Beschl. v. 21.03.2002, BStBl. II 2002, S. 495). Danach schränkt § 30a Abs. 2 AO die Befugnis der Finanzbehörden, von Kreditinstituten Auskünfte über Steuerpflichtige einzuholen, nicht ein.

15   In der Literatur wird die Auffassung vertreten, dass § 30a Abs. 2 AO **konstitutive Bedeutung** habe und eine „allgemeine Überwachung" zur Aufdeckung und Ermittlung unbekannter Steuerfälle gem. § 208 Abs. 1 Satz 1 Nr. 3 AO verhindern bzw. begrenzen soll (TK/*Tipke* § 30a Tz. 14, Wannemacher/*Meyer*, Rn. 4322; Kohlmann/*Hilgers-Klautzsch* § 385 Rn. 163). Danach soll § 30a Abs. 2 AO die Befugnis zu Ermittlungen nach § 208 Abs. 1 Satz 1 Nr. 3 AO dahin gehend eingrenzen, dass einmalige oder periodische Mitteilungen über Kontenbewegungen selbst dann nicht verlangt werden dürfen, wenn konkrete oder abstrakte Anhaltspunkte dafür vorliegen, dass auf bestimmten Konten nicht der Besteuerung unterworfene Kapitalerträge verbucht worden sind (Kohlmann/*Hilgers-Klautzsch* § 385 Rn. 163). Im Schutzbereich des § 30a AO soll § 30a Abs. 2 AO insb. Sammelauskunftsersuchen über Bestände von Konten einschließlich Depotkonten, über Gutschriften von Kapitalerträgen, Spekulationseinkünfte sowie eine systematische Kontrolle ganzer Gruppen von Steuerpflichtigen nach Verdachtsrastern unterbinden (TK/*Tipke* § 30a Tz. 14).

16   Gegen diese Auffassung spricht der Wortlaut des § 30a Abs. 2 AO, wonach Finanzbehörden von Kreditinstituten die einmalige oder periodische Mitteilung von Konten bestimmter Art oder bestimmter Höhe zum Zwecke der allgemeinen Überwachung nicht verlangen dürfen. Ein Auskunftsverlangen nach § 93 Abs. 1 AO setzt voraus, dass die Finanzbehörde nach pflichtgemäßen Ermessen zu dem Ergebnis gelangt ist, dass die Auskünfte zur Aufdeckung steuererheblicher Tatsachen führen können. Für Auskunftsersuchen im Rahmen sog. Rasterfahndungen oder ähnlicher Ermittlungsverfahren „ins Blaue hinein" bietet § 93 Abs. 1 AO keine Rechtsgrundlage (BFH, Urt. v. 23.10.1990, BStBl. II 1991, S. 277). Wird die Steuerfahndung nach § 208 Abs. 1 Satz 1 Nr. 3 AO im Rahmen steuerverfahrensrechtlicher Ermittlungen tätig, so geschieht dies zur Aufdeckung und Ermittlung unbekannter Steuerfälle und setzt voraus, dass bereits ein hinreichender Anlass besteht, dass aufgrund konkreter Anhaltspunkte oder aufgrund allgemeiner Erfahrungen die Möglichkeit einer Steuerverkürzung in Betracht kommt (BFH, Urt. v. 29.10.1986, BStBl. II 1988, S. 359; BFH, Urt. v. 24.03.1987, BStBl. II 1987, S. 484; BFH, Beschl. v. 21.03.2002, BStBl. II 2002, S. 495).

§ 30a Abs. 2 AO schränkt daher die Befugnis der Finanzbehörden, von Kreditinstituten Auskünfte über Steuerpflichtige einzuholen, nicht ein.

3.   § 30a Abs. 3 AO

17   Nach § 194 Abs. 3 AO ist die Auswertung der anlässlich einer Außenprüfung festgestellten Verhältnisse anderer als der unmittelbar geprüften Personen u.a. zulässig, soweit ihre Kenntnis für die Besteuerung dieser anderen Person von Bedeutung ist. Demnach sind i.R.d. Steuerverfahrens **Kontrollmitteilungen** grds. auch aufgrund von Außenprüfungen bei Banken zulässig (BVerfG, Urt. v. 09.03.2004, BStBl. II 2005, S. 56; BFH, Urt. v. 09.12.2008, BStBl. II 2009, S. 2008). Eine Einschränkung erfährt § 194 Abs. 3 AO durch § 30a Abs. 3 AO.

18   § 30a Abs. 3 AO ist auch einschlägig, wenn die Steuerfahndung funktional steuerverfahrensrechtliche Aufgaben der Außenprüfung zur Forschung nach unbekannten Steuerfällen wahrnimmt (§ 208 Abs. 1 Satz 1 Nr. 3 AO), da die Steuerfahndung im Rahmen dieser Aufgabenwahrnehmung einerseits die Befugnisse der Außenprüfung hat, insb. auch zur Ausschreibung von Kontrollmitteilungen nach § 194 Abs. 3 AO berechtigt ist, sich andererseits aber auch an die Einschränkungen halten muss (BFH, Beschl. v. 28.10.1997, BFH/NV 1998, 424; TK/*Tipke*, § 30a Tz. 16; Kohlmann/*Meyer* § 404 Rn. 250 ff.).

a) § 30a Abs. 3 Satz 1 AO

Für **Guthabenkonten oder Depots**, bei denen die nach § 154 Abs. 2 AO vorgeschriebene **Legiti-** 19
mationsprüfung durchgeführt worden ist, d.h. bei deren Errichtung sich das kontoführende Institut Gewissheit über die Person und die Anschrift der Verfügungsberechtigten zu verschafft hat, die
entsprechenden Angaben auf dem Konto festgehalten hat (§ 154 Abs. 2 Satz 1 AO) und sichergestellt hat, dass jederzeit Auskunft über den berechtigten Kontoinhaber gegeben werden kann
(§ 154 Abs. 2 Satz 2 AO), ordnet § 30a Abs. 3 Satz 1 AO an, dass diese anlässlich der Außenprüfung bei einem Kreditinstitut nicht zwecks Nachprüfung der ordnungsgemäßen Versteuerung festgestellt oder abgeschrieben werden dürfen. Diese Einschränkung gilt auch für Geschäftsunterlagen, die sich auf legitimationsgeprüfte Guthabenkontos und Depots von Kunden beziehen (TK/
Tipke § 30a Tz. 17).

Vom Schutzbereich des § 30a Abs. 3 AO nicht umfasst sind **Debitorenkonten, Kreditkonten,** 20
Eigenkonten sowie Zwischenkonten der Kreditinstitute, da diese nicht legitimitätsgeprüft sind
(Kohlmann/*Matthes* § 404 Rn. 242.6; Wannemacher/*Meyer*, Rn. 4129). Zu Eigenkonten gehören
insb. CpD-Konten („Conto pro Diverse"), die zur Verschleierung oder Verdeckung von steuerrelevanten Sachverhalten genutzt werden können; TK/*Tipke* § 30a Rn. 18). CpD-Konten sind Sam-
melkonten, die nicht im Auftrag von Kunden angelegt und nicht für Dritte geführt werden, sondern der bankinternen Verbuchung von Geschäftsvorfällen dienen, die keiner bestimmten Person
zugeordnet werden können oder nicht zugeordnet werden sollen. Die Abwicklung von Geschäftsvorfällen über diese Konten ist verboten, wenn der Name des Beteiligten bekannt ist, unschwer
ermittelt werden kann oder wenn für ihn bereits ein Konto geführt wird (AEAO zu § 154 AO,
Nr. 3). Um einen Missbrauch von CpD-Konten (bspw. zwecks Anonymisierung eines Geldtransfers ins Ausland) und eine Umgehung von § 154 Abs. 2 AO zu verhindern, kann i.R.d. Außenprüfung geprüft werden, ob die Verbuchung auf den CpD-Konten vorstehenden Anforderungen entspricht. Diesbezüglich können Kontrollmitteilungen gefertigt werden (Kohlmann/*Matthes* § 379
Rn. 141).

Des Weiteren dürfen nach § 194 Abs. 3 AO nur Unterlagen **anlässlich einer Außenprüfung** für 21
Kontrollmitteilungen ausgewertet werden, d.h. sie müssen für die Prüfung der steuerlichen Verhältnisse der Bank relevant sein. Wenn Kundenkonten nicht zu den Prüfungsfeldern der Bankprü-
fung gehören, dürfen sie auch nicht eingesehen werden, um Kontrollmaterial für Kontrollmitteilungen zu erhalten (TK/*Tipke* § 30a Tz. 19).

b) § 30a Abs. 3 Satz 2 AO

Soweit legitimationsgeprüfte Guthabenkonten und Depots nach § 30a Abs. 3 Satz 1 AO nicht 22
zwecks Nachprüfung der ordnungsgemäßen Versteuerung festgestellt oder abgeschrieben werden
dürfen, soll nach § 30a Abs. 3 Satz 2 AO eine Kontrollmitteilung unterbleiben.

Nach der Rechtsprechung des **VIII. Senats des BFH** ergibt sich aus dem eindeutigen Wortlaut des 23
§ 30a Abs. 3 Satz 2 AO („soll"), dass diese Bestimmung kein generelles und ausnahmsloses Verbot
zur Ausschreibung von Kontrollmitteilungen statuiert. Dem steht auch der vorausgehende Satz 1
des § 30a Abs. 3 AO („dürfen ... nicht") nicht entgegen. Kontrollmitteilungen dürfen gefertigt
werden, wenn ein hinreichender Anlass besteht. Ein hinreichender Anlass in diesem Sinne ist
nicht erst dann gegeben, wenn der Betriebsprüfer Zufallserkenntnisse gewinnt, die den Verdacht
einer Steuerverkürzung im Einzelfall begründen, sondern es genügt, dass der Prüfer im Rahmen
einer aufgrund allgemeiner Erfahrung getroffenen Prognoseentscheidung im Wege vorweggenom-
mener Beweiswürdigung zu dem Ergebnis kommt, dass eine Kontrollmitteilung zur Aufdeckung
steuererheblicher Tatsachen zu führen vermag (BFH, Urt. v. 18.02.1997, BStBl. II 1997, S. 499).

Während nach dieser Interpretation durch den VIII. Senat des BFH lediglich Ermittlungen ohne 24
jeglichen Anlass verboten sind, hat der **VII. Senat des BFH** zunächst die Auffassung vertreten,
dass § 30a Abs. 3 Satz 2 AO kein absolutes Verbot zur Anfertigung von Kontrollmaterial statuiere,

sondern ein Verbot in Form eines gebundenen Ermessens. Nur wenn der Verdacht einer Steuerverkürzung vorliegt, stünde § 30a Abs. 3 AO Kontrollmitteilungen nicht im Wege (BFH, Beschl. v. 28.10.1997, BFH/NV 1998, 424). Diese Auffassung hat der VII. Senat des BFH zwischenzeitlich aufgegeben und verlangt für die Zulässigkeit der Anfertigung von Kontrollmitteilungen bzgl. legitimationsgeprüfter Guthabenkonten und Depots nicht mehr das Vorliegen eines strafrechtlichen Anfangsverdachts, sondern erachtet es als ausreichend, wenn ein hinreichender Anlass für Kontrollmitteilungen besteht. Hinreichend veranlasst in diesem Sinne ist eine Kontrolle dann, wenn das zu prüfende Bankgeschäft Auffälligkeiten aufweist, die es aus dem Kreis der alltäglichen und banküblichen Geschäfte hervorheben oder eine Steuerhinterziehungen besonders anfällige Art der Geschäftserkennen lassen, die dazu verlockt, solche Einkünfte dem FA zu verschweigen, wenn also eine erhöhte Wahrscheinlichkeit der Entdeckung unbekannter Steuerfälle besteht (BFH, Urt. v. 09.12.2008, BStBl. II 2009, S. 509).

25 Mithin ist nunmehr sowohl nach der Rechtsprechung des VII. als auch des VIII. Senat des BFH bei Vorliegen eines hinreichenden Anlasses i.S.d. §§ 93 Abs. 1, 208 Abs. 1 Satz 1 Nr. 3 AO die Anfertigung von Kontrollmitteilungen auch für legitimationsgeprüfte Konten zulässig.

4. § 30a Abs. 4 AO

26 Gem. § 30a Abs. 4 AO soll in Vordrucken von Steuererklärungen die Angabe der Nummern von Konten und Depots nicht verlangt werden, soweit nicht steuermindernde Ausgaben oder Vergünstigungen geltend gemacht werden oder die Abwicklung des Zahlungsverkehrs mit dem FA dies bedingt.

27 § 30a Abs. 4 AO hat lediglich rechtsbestätigenden Charakter. Die Nummern von Bankkonten und Depots sind für die Besteuerung grds. unerheblich und deshalb auch nicht aufklärungsbedürftig. Ist die Nummer eines Bankkontos oder Depots ausnahmsweise besteuerungsrelevant und besteht deshalb im Einzelfall ein hinlänglicher Anlass zur Ermittlung dieser Nummer, so steht die – lediglich als Sollvorschrift statuierte – Regelung des § 30a Abs. 4 AO einem auf § 93 AO gestützten Informationsverlangen nicht entgegen (BFH, Urt. v. 18.02.1997, BStBl. II 1997, S. 499).

5. § 30a Abs. 5 AO

a) § 30a Abs. 5 Satz 1 AO

28 Die Vorschrift hat lediglich rechtsbestätigenden Charakter und stellt klar, dass die Regelung des § 93 AO unberührt bleibt. Liegen die Voraussetzungen des § 93 AO für ein Auskunftsverlangen vor, d.h. ist die Finanzbehörde nach pflichtgemäßen Ermessen zu dem Ergebnis gelangt ist, dass die Auskünfte zur Aufdeckung steuererheblicher Tatsachen führen können, sind die Kreditinstitute zur **Auskunftserteilung** verpflichtet (BFH, Urt. v. 23.10.1990, BStBl. II 1991, S. 277; BFH, Urt. v. 18.02.1997, BStBl. II 1997, S. 499).

b) § 30a Abs. 5 Satz 2 AO

29 Nach § 208 Abs. 1 Satz 2 AO hat die Steuerfahndung in verfahrensrechtlicher Hinsicht grds. auch die Ermittlungsbefugnisse, die den FA im Besteuerungsverfahren zustehen. Dazu gehören insb. die allgemeinen Beweiserhebungs- und Ermittlungsbefugnisse der §§ 93 ff. AO, bei denen für die Steuerfahndung im Interesse einer ordnungsgemäßen Gewährleistung des Steueraufkommens bestimmte Befreiungen gelten. Die Einschränkung des § 93 Abs. 1 AO, wonach sich die Finanzbehörden mit Auskunftsbegehren primär an den Steuerpflichtigen selbst wenden sollen, gilt gem. § 208 Abs. 1 Satz 3 AO nicht, wenn die Steuerfahndung die Besteuerungsgrundlagen anlässlich der Erforschung von Steuerstraftaten oder Steuerordnungswidrigkeiten ermittelt (§ 208 Abs. 1 Satz 1 Nr. 1 AO i.V.m. § 208 Abs. 1 Nr. 2 AO) oder im Zusammenhang mit der Aufdeckung und Ermittlung unbekannter Steuerfälle tätig wird (§ 208 Abs. 1 Satz 1 Nr. 3 AO).

Abweichend hiervon bestimmt § 30a Abs. 5 Satz 2 AO, dass in dem Fall, dass die Person eines 30
Steuerpflichtigen bekannt ist und gegen ihn kein Verfahren wegen einer Steuerstraftat oder Steuerordnungswidrigkeit eingeleitet ist, auch im Verfahren nach § 208 Abs. 1 Satz 1 AO ein Kreditinstitut erst dann um Auskunft und Vorlage von Unterlagen gebeten werden soll, wenn ein Auskunftsersuchen an den Steuerpflichtigen nicht zum Ziel führt oder keinen Erfolg verspricht.

Ungeachtet dessen, dass § 30a Abs. 5 Satz 2 AO lediglich als Soll-Vorschrift formuliert ist, liegt bei 31
Ermittlungen der Steuerfahndung wegen strafrechtlich noch nicht verjährter Taten regelmäßig die
Einleitung eines Ermittlungsverfahrens vor, sodass § 30a Abs. 5 Satz 2 AO praktisch als Leerformel
wirkt (Flore/Dörn/Gillmeister/*Flore*, S. 163).

C. Bankgeheimnis im Steuerstrafrecht

Im Rahmen von strafrechtlichen Ermittlungen erfährt das Bankgeheimnis keinen Schutz. Vor- 32
schrift des § 30a AO findet lediglich bei steuerlichen, nicht jedoch bei strafrechtlichen Ermittlungen Anwendung.

I. Ermittlungen der Finanzbehörden

Entsteht bei Ermittlungen im Besteuerungsverfahren, bei Außenprüfungen, aufgrund von Mittei- 33
lungen von Behörden oder Gerichten (§ 116 AO) und aus sonstigen Anlässen (bspw. Anzeigen)
der konkrete Verdacht für das Vorliegen einer Steuerstraftat (§ 369 Abs. 1 AO), können Finanzbehörde i.S.d. § 386 Abs. 1 AO ein Ermittlungsverfahren wegen einer Steuerstraftat gem. § 386
Abs. 2 selbstständig durchführen.

Ermittlungen im Strafverfahren setzen das Vorliegen eines **Anfangsverdachts gem. § 152 StPO** 34
voraus. Vom Vorliegen eines solchen ist auszugehen, wenn konkret bekannte Tatsachen – Vermutungen sind nicht ausreichend – es nach kriminalistischer Erfahrung als möglich erscheinen lassen,
dass eine verfolgbare Tat begangen worden ist (*Meyer-Goßner*, § 152 StPO, Rn. 4). Eine in diesem
Sinne verfolgbare Tat liegt bspw. dann nicht mehr vor, wenn Verfolgungsverjährung (§§ 78 ff.
StGB) eingetreten ist, der Täter verstorben ist oder der Täter eine wirksame und vollständige
Selbstanzeige (§ 371 AO) erstattet hat.

Führen Finanzbehörden i.S.d. § 386 Abs. 1 AO Ermittlungsverfahren wegen einer Steuerstraftat 35
gem. § 386 Abs. 2 selbstständig durch, so stehen ihnen nach § 399 Abs. 1 AO die **Befugnisse der
StA nach der Strafprozessordnung** zu, sodass Inhaber, Organe und Mitarbeiter von Banken gem.
§ 161a StPO als **Zeugen** geladen und vernommen werden können. In einem gegen einen Bankkunden geführten strafrechtlichen Ermittlungsverfahren steht ihnen kein auf ein Bankgeheimnis
gestütztes **Zeugnisverweigerungsrecht** zu, da das Bankgeheimnis nicht im – abschließenden –
Katalog der Berufsgeheimnisse aufgeführt ist, die nach § 53 StPO zur Zeugnisverweigerung
berechtigen. Die geladenen Zeugen sind zum Erscheinen und zur Aussage verpflichtet (§ 161a
Abs. 1 Satz 1 AO). Eine zwangsweise Durchsetzung dieser Pflichten ist möglich (§ 70 StPO).

Gem. § 399 Abs. 1 AO, § 103 StPO können i.R.d. strafrechtlichen Ermittlungen bei Kreditinstitu- 36
ten auch **Durchsuchungen** zur **Beschlagnahme** von Unterlagen durchgeführt werden. Die Anordnung dieser Maßnahmen obliegt dem Richter, es sei denn, es ist Gefahr in Verzug (§ 399 Abs. 1
AO, § 105 StPO).

II. Ermittlungen der Steuerfahndung

Besteht der **konkrete Verdacht** (Anfangsverdacht i.S.d. § 152 StPO, vgl. Rdn. 34) für das Vorlie- 37
gen einer verfolgbaren Steuerstraftat (§ 369 Abs. 1 AO), hat die Steuerfahndung die Steuerstraftat
zu erforschen (§ 208 Abs. 1 Satz 1. Nr. 1 AO) und insoweit die Besteuerungsgrundlagen zu ermitteln (§ 208 Abs. 1 Satz 1 Nr. 2 AO).

38 Ist die Tat strafrechtlich nicht mehr verfolgbar (vgl. Rdn. 34), kann die Steuerfahndung nicht im strafrechtlichen Verfahren ermitteln, ist jedoch ungehindert, die für die Besteuerung relevanten Sachverhalte als Fiskalbehörde im Steuerverfahren aufzuklären (§ 208 Abs. 1 AO).

39 Damit die Steuerfahndung die ihr nach § 208 Abs. 1 Satz 1 Nr. 1 AO obliegende Verpflichtung zur Erforschung von Steuerstraftaten erfüllen kann, haben die mit der Steuerfahndung beauftragten Landesfinanzbehörden und ihre Beamten im Strafverfahren wegen Steuerstraftaten nach § 404 Satz 1 AO dieselben **Rechte und Pflichten wie die Behörden und Beamten des Polizeidienstes nach den Vorschriften der Strafprozessordnung.** Im Rahmen ihrer Ermittlungen kann die Steuerfahndung gem. § 163a Abs. 4 StPO auch Organe und Mitarbeiter von Banken als **Zeugen** vernehmen. Da die Steuerfahndung im Rahmen ihrer Ermittlung jedoch lediglich die Befugnisse des Polizeidienstes zustehen, sind die Zeugen **nicht zur Aussage verpflichtet** (Umkehrschluss aus § 161a StPO). Verweigert der Zeuge die Aussage ggü. der Steuerfahndung, kann sich diese an die StA bzw. Finanzbehörden, die mit Befugnissen der StA ausgestattet sind, wenden. Diese können die Aussagepflicht mit Zwangsmitteln durchsetzen (vgl. Rdn. 35).

40 Ferner stehen den mit der Steuerfahndung betrauten Dienststellen und ihren Beamten die Befugnisse von Hilfsbeamten der StA zu (§§ 404 Satz 2 AO, 399 Abs. 2 Satz 2 AO), weshalb sie im Rahmen ihrer Ermittlungen bei Gefahr in Verzug **Durchsuchungen** – auch bei Banken – anordnen können (§§ 103 Abs. 1 Satz 1, 105 Abs. 1 Satz 1 StPO).

4. Kapitel Steuerschuldrecht (§§ 40 – 42 AO)

§ 40 AO Gesetz- oder sittenwidriges Handeln

Für die Besteuerung ist es unerheblich, ob ein Verhalten, das den Tatbestand eines Steuergesetzes ganz oder zum Teil erfüllt, gegen ein gesetzliches Gebot oder Verbot oder gegen die guten Sitten verstößt.

A. Gegenstand und Zweck der Vorschrift

Die Vorschrift des § 40 AO soll sicherstellen, dass sich die Besteuerung an tatsächliche Gegebenheiten ausrichtet und ist Ausdruck einer wirtschaftlichen Betrachtungsweise (BFH, BStBl. II 1973, S. 814; GrS, BStBl. II 1978, S. 105, 109; BFH, BStBl. II 1990, S. 251. Die Vorschrift gilt für alle Steuerarten und alle Ansprüche aus dem Steuerschuldverhältnis, sodass eine Nichtanwendung der Vorschrift sich nur aus allgemeinen Kollisionsregeln ergeben kann. Die Vorschrift gilt ebenfalls für die Verbrauchsteuer, bis zum 31.12.1993 galt sie auch für Zölle. Die Vorschrift ist verfassungsgemäß [BVerGE 81, 228, 237]; TK/*Kruse* § 40 Rn. 7). **1**

Die Vorschrift des § 40 AO ist lex specialis zu § 41 AO, soweit ein Rechtsgeschäft wegen Verstoßes gegen ein gesetzliches Gebot oder Verbot oder gegen die guten Sitten nach §§ 134, 138 BGB verstößt (TK/*Kruse* § 40 Rn. 12, a.A. HHSp/*Fischer* § 40 Rn. 10). § 40 AO findet im Gegensatz zu § 41 nicht nur auf rechtsgeschäftliches Verhalten Anwendung, sondern auch auf an tatsächliches Tun, Dulden oder Unterlassen. **2**

B. Verhältnis zum Strafrecht

Strafbewährte Verbote und die Besteuerung verfolgen unterschiedliche Zwecke. Das Steuerrecht versucht durch die Regelung des § 40 AO zu verhindern, dass den Tätern das aus dem gesetz- oder sittenwidrigen Verhalten Erlangte ungeschmälert verbleibt (vgl. Stellungnahme des BFH im Verfahren BVerfG, Beschl. v. 12.04.1996, NJW 1996, 2086). Somit wird kein Werturteil über das im Zusammenhang mit dem Vermögensvorteil einhergehende strafbare oder sittenwidrige Verhalten gefällt. Es soll ausschließlich das Ziel einer gerechten Verteilung der durch das Gemeinwesen verursachten Kosten verfolgt werden, wobei der Maßstab für die Lastenverteilung der Grundsatz der Besteuerung nach Leistungsfähigkeit ist. **3**

Im Hinblick auf die über § 40 AO anwendbaren Steuergesetze stellt sich dann die Frage, wie die strafbewährten Steuererklärungspflichten nach § 370 Abs. 1 Nr. 1 und 2 AO mit dem in „Nemo-Tenetur-Prinzip" harmoniert. Der Steuerpflichtige, der durch strafrechtlich relevantes Verhalten (z.B. Prostitution, Drogenhandel, Bestechung) steuerpflichtige Einkünfte erzielt, ist verpflichtet, diese zu offenbaren, obwohl sie aus einer Straftat herrühren. Der BGH versucht diesen Konflikt dadurch zu entschärfen, dass er zwar auf der einen Seite die Offenbarung der für die Besteuerung erheblichen Tatsachen (Mitwirkungspflichten gem. §§ 90, 140 bis 154 AO) nicht eingeschränkt, auf der anderen Seite aber eine Offenbarung mit einem niedrigen Konkretisierungsgrad ausreichen lässt (vgl. BGH, StV 2004, 578; BGH, JR 2005, 114; krit. hierzu *Heerspink*, wistra 2001, 441; Kohlmann/*Ransiek* § 370 Rn. 1249). Dieser allgemeine LS wird sich jedoch kaum für den **4**

Steuerpflichtigen umsetzen lassen, da bspw. bei gewerbsmäßiger Prostitution oder gewerblichen Drogenhandels die Abgabe zutreffender Steuererklärung mit entsprechender Bilanzierung ohne entsprechenden Konkretisierungsbedarf kaum darstellbar ist. Insb. die Geltendmachung von Betriebsausgaben oder Anschaffungskosten ohne Empfängerbenennung etc., die nicht die Nachfragen der Finanzverwaltung und eine spätere Betriebsprüfung provozieren, scheinen praktisch nicht vorstellbar.

C. Gesetz- und sittenwidriges Verhalten

5   Die Vorschrift des § 40 AO stellt die Besteuerung von gesetzeswidrigen Verhalten der Besteuerung vom gesetzmäßigen Verhalten gleich. Die Finanzbehörde ist damit ihrer Pflicht enthoben, die Besteuerung der Vorgänge nach ihrer Gesetzmäßig- oder Gesetzwidrigkeit zu qualifizieren. Vielmehr ist nach jeweils einschlägigen steuergesetzlichen Vorschriften einer Einordnung der gesetz- und sittenwidrigen Tätigkeit unter die sieben Einkunftsarten des EStG vorzunehmen (BFH, BStBl. III 1956, S. 336; FG München, EFG 85, 71; TK/*Kruse* § 40 Rn. 15.) Die Besteuerung der verbotenen Tätigkeit erfolgt wertneutral, und kann sich damit sowohl i.R.d. Besteuerung zum Nachteil als auch zum Vorteil des Steuerpflichtigen auswirken (BFH, BStBl. II 1990, S. 251; FG Sachsen, EFG 2001, 1577; TK/*Ellenberger* § 40 Rn. 17).

6   Gegen die guten Sitten verstößt ein Verhalten, wenn es dem Rechtsgefühl aller billig- und gerecht Denkenden widerspricht. Insoweit kommt es oft auf das Empfinden der Rechtsgemeinschaft an. Das Verhalten muss mit grundlegenden Werten der Rechts- und Sittenordnung unvereinbar sein. Es kommt dann nicht auf eine Würdigung der Begleitumstände an. Unerheblich ist insb., ob der Steuerpflichtige das Bewusstsein der Sittenwidrigkeit hatte oder ob er die Tatsachen kannte, die sein Verhalten sittenwidrig machten. Insb. bei Rechtsgeschäften, die nach ihrem Inhalt sittenwidrig sind, kann die Rechtsordnung auch bei Gutgläubigkeit der Parteien nicht diese als verbindlich anerkennen (vgl. Palandt/*Kruse* § 138, Rn. 7).

D. Rechtsfolgen

7   Die Vorschrift des § 40 AO begründet nicht allein für den Steuerpflichtigen die Steuerpflicht seines Verhaltens. Vielmehr ist Voraussetzung für die Besteuerung die Anwendung der entsprechenden in den Spezialgesetzen vorgesehenen Steuertatbestände, die erst durch § 40 AO zur Anwendung kommen. Dabei ist zu beachten, dass die Einbeziehung unrechtmäßigen Verhaltens nicht das sog. erwerbssichernde Nettoprinzip, also den Abzug von Betriebsausgaben und Werbungskosten, ausschließt (vgl. nur FG Baden-Württemberg, EFG 2007, 925; HHSp/*Fischer* § 40 Rn. 34). Werden die verbots- und sittenwidrig erzielten Einnahmen steuerlich erfasst, so sind auch die im Zusammenhang hiermit getätigten Aufwendungen zu berücksichtigen (vgl. *Hermann/Heuer/Raupach* EStG § 4 Rn. 809; HHSp/*Fischer* § 40 Rn. 33).

▶ **Beispiel:**

Die Rechtsprechung erkennt erwerbsichernde Aufwendungen für Schwarzhandel (BFH BStBl. III 1951, 77; Werbungskosten von Prostituierten BFHE 108, 103; Aufwendung eines Schwarzarbeiters FG Nürnberg EFG 1976, 453) an. Der Hehler hat bei Ankauf der Hehlerware Anschaffungskosten, bei Verkauf erzielt er einen Veräußerungserlös; der Veräußerungsgewinn i.H.d. Differenz zwischen seinen Anschaffungskosten und dem Veräußerungspreis stellt den steuerbaren Gewinn dar.

8   Zu beachten ist, dass soweit ein Einzelsteuergesetze ausdrücklich oder nach seinem Regelungszweck an die zivilrechtliche Wirksamkeit eines Rechtsgeschäfts anknüpft, die allgemeine Regelung des § 40 AO verdrängt wird (Pahlke/Koenig § 40 Rn 16) (z.B. Erfordernis eines rechtswirksamen Kaufangebots i.S.d. § 1 Abs. 1 Nr. 6 GrEStG (vgl. BFH, BStBl. II 1989, S. 984).

E. Einzelfälle

– Geldbußen, Ordnungsgelder, Verwarnungsgelder sind gem. § 4 Abs. 5 Satz 1 Nr. 8 EStG nicht **9**
als Betriebsausgaben abzugsfähig (hierauf verweisend auch § 9 Abs. 5 EStG für Werbungskosten). Gleiches gilt für Leistungen zur Erfüllung von Auflagen und Weisungen, die in einem
berufsgerichtlichen Verfahren erteilt werden, soweit diese nicht zur Wiedergutmachung des
durch die Tat verursachten Schadens dienen. Geldstrafen vermögensrechtlicher Art, bei denen
der Strafcharakter überwiegt und Leistungen zur Erfüllung von Auflagen und Weisungen,
soweit Letztere nicht lediglich der Wiedergutmachung des durch die Tat verursachten Schadens dienen, sind nicht abzugsfähig. Unter das Abzugsverbot fallen nicht Zwangsgelder.

– Einkünfte von Prostituierten können sowohl Einkünfte aus nicht selbstständiger Arbeit darstellen (§ 19 EStG) als auch gewerbliche Einkünfte (OFD Düsseldorf [BFH, BStBl. II 1970,
S. 185], DB 2004, 1704). Das Anbieten von Telefonsex kann ebenfalls eine gewerbliche Tätigkeit darstellen.

– Schwarzhandel, Schmuggel und Handel mit Rauschgift ist einkommensteuerbar und kann entsprechende gewerbliche Einkünfte nach § 15 EStG auslösen (BFH, BStBl. III 1956, S. 336,
BFH, BStBl. III 1957, S. 160; BFH, BStBl. II 2001, S. 536;). Schmiergelder bzw. Bestechungsgelder sind grds. nicht durch das Dienstverhältnis veranlasst und stellen damit keine Einkünfte
aus nicht selbstständiger Tätigkeit dar, sondern sind nur sonstige Einnahmen i.S.v. § 22
Nr. 3 EStG. Spätere Schadensersatzleistungen ggü. dem Arbeitgeber können Werbungskosten
i.S. § 22 EStG darstellen (vgl. FG Baden-Württemberg, DStR 2007, 1239; *Schmidt* EStG § 19
Rn. 50).

– Diebstahl durch den Arbeitnehmer führt nicht zu Einnahmen aus nicht selbstständiger Tätigkeit; dies gilt ebenso bei Veruntreuung. U.U. kommen jedoch gewerbliche Einkünfte bei der
Veräußerung der gestohlenen Waren in Betracht (vgl. FG München, EFG 1985, 71;
FG Münster, EFG 2001 1291). Soweit der Arbeitgeber auf den Regress gegen den Arbeitnehmer verzichtet, kann es zu Arbeitslohn kommen, es sei denn, der Arbeitnehmer ist vermögenslos. Schwarzarbeiter erzielen Einkünfte aus nicht selbstständiger Tätigkeit; nicht der gesamte
Arbeitsvertrag, sondern nur die Schwarzgeldabrede ist unwirksam. Für Steuerzwecke handelt es
sich bei der Schwarzgeldabrede prinzipiell um eine Bruttolohnvereinbarung, für Sozialversicherungszwecke jedoch um eine Nettolohnvereinbarung (vgl. *Herman/Heuer/Raupach* EStG § 19
Rn. 600; *Schmidt* EStG § 19 Rn. 15).

§ 41 AO   Unwirksame Rechtsgeschäfte

**(1) Ist ein Rechtsgeschäft unwirksam oder wird es unwirksam, so ist dies für die Besteuerung
unerheblich, soweit und solange die Beteiligten das wirtschaftliche Ergebnis des Rechtsgeschäfts
gleichwohl eintreten und bestehen lassen. Dies gilt nicht, soweit sich aus den Steuergesetzen
etwas anderes ergibt.**

**(2) Scheingeschäfte und Scheinhandlungen sind für die Besteuerung unerheblich. Wird durch
ein Scheingeschäft ein anderes Rechtsgeschäft verdeckt, so ist das verdeckte Rechtsgeschäft für
die Besteuerung maßgebend.**

A. Einleitung

1   Die Vorschrift des § 41 AO regelt die steuerlichen Wirkungen, die bei einem bürgerlich-rechtlichen unwirksamen Rechtsgeschäft eintreten. Ebenso wie § 40 AO ist damit diese Vorschrift Ausdruck der wirtschaftlichen Betrachtungsweise (vgl. nur BFH, BStBl. II 2004, S. 651, 653; 2005, 46, 49). Die Vorschrift stellt allein darauf ab, was die jeweils Beteiligten gewollt und tatsächlich durchgeführt haben, solange und soweit die Beteiligten das wirtschaftliche Ergebnis eintreten und bestehen lassen, d.h. das eingetretene Ergebnis nicht rückgängig machen (BFH, BStBl. II 2005, 46, 49). Ist dagegen ein zur Erfüllung eines Steuertatbestands notwendiges Rechtsgeschäft unwirksam und behandeln die Beteiligten dieses auch als unwirksam, ist der Steuertatbestand nicht erfüllt und kein Steueranspruch entstanden. Hingegen ist der Steuertatbestand erfüllt und der Steueranspruch entstanden, wenn die Beteiligten ein unwirksames Rechtsgeschäft als wirksam behandeln.

▶ **Beispiel:**

Verkäufer und Käufer einigen sich im Rahmen eines Grundstückskaufvertrages zur Reduzierung der Besteuerung beim Verkäufer (Spekulationsbesteuerung) und zur Verringerung der Grunderwerbsteuer auf einen niedrigen Kaufpreis. Der tatsächliche Kaufpreis, der gezahlt wird, ist höher. Der Kaufvertrag ist unvollständig beurkundet und deswegen nach § 311b BGB formunwirksam. Soweit die Beteiligten den unwirksamen Vertrag vollziehen, ist der tatsächlich gezahlte Kaufpreis für die Besteuerung des Spekulationsgeschäft und damit die ESt beim Veräußerer zugrunde zu legen. Dies gilt ebenso für die Grunderwerbsteuer, die auf den tatsächlich gezahlten Kaufpreis erhoben wird.

2   Soweit sich die Vertragsbeteiligten nach Vollziehung des Rechtsgeschäfts entscheiden, dieses doch als unwirksam behandeln zu wollen, wirkt dies nur steuerlich für die Zukunft. Soweit ein zunächst wirksames Rechtsgeschäft unwirksam wird und die Beteiligten dieses Rechtsgeschäft durch Rückabwicklung als unwirksam behandeln, hängt die Frage der Erfüllung des Steuertatbestandes davon ab, ob die Unwirksamkeit ex nunc oder ex tunc wirkt. Soweit die Unwirksamkeit des Rechtsgeschäfts ex nunc eintritt, ist der Steuertatbestand nach wie vor erfüllt und der Steueranspruch entstanden (BFH, BStBl. II 1976, S. 656; 88, 416, 418; FG Köln, EFG 2007, 1085 1087; a.A. BFH, BStBl. II 1992, S. 472). Tritt die Unwirksamkeit dagegen ex tunc ein, so ist das Rechtsgeschäft als von Anfang an unwirksam anzusehen, sodass der Steuertatbestand als nicht erfüllt gilt.

3   Die Vorschrift des § 41 AO gilt für alle Steuerarten.

4   Verträge zwischen nahen Angehörigen sowie zwischen Kapitalgesellschaften und beherrschendem Gesellschafter werden von der Rechtsprechung und der Finanzverwaltung grds. nur anerkannt, wenn sie auch zivilrechtlich wirksam abgeschlossen werden (vgl. BFH, BStBl. II 1997, S. 138, BMF-Schreiben v. 23.12.2010 Rn. 2).

B. Unwirksame Rechtsgeschäfte

5   Die Vorschrift des § 41 AO umfasst Rechtsgeschäfte, die unwirksam sind oder Rechtsgeschäfte, die zunächst rechtswirksam waren und nachträglich unwirksam werden. Unwirksamkeit bedeutet dabei die Nichtigkeit, relative Unwirksamkeit, schwebende Unwirksamkeit und sonstige Unwirksamkeit des Rechtsgeschäfts. Der Abs. 1 der Vorschrift betrifft Rechtsgeschäfte allein, Abs. 2 dagegen Rechtsgeschäfte und Tathandlungen.

6   Bei nichtigen Rechtsgeschäften tritt die gewollte oder anscheinend gewollte Wirkung überhaupt nicht ein. Dies gilt auch dann, wenn der Nichtigkeitsgrund nachträglich entfallen sollte. Beispiele für die Nichtigkeit von Willenserklärung ist die Willenserklärung durch den Geschäftsunfähigen gem. § 105 Abs. 1 BGB, formungültige Rechtsgeschäfte, gesetz- und sittenwidrige Rechtsgeschäfte etc.

Von relativer Unwirksamkeit des Rechtsgeschäfts ist dann auszugehen, wenn die gewollte Wir- 7
kung eines Rechtsgeschäfts ggü. einer bestimmten Person nicht eintritt, zu deren Schutz
besondere Erfordernisse oder Verbote bestehen. Einer anderen Person ggü. ist das Rechtsgeschäft
dagegen wirksam. Beispiele für relative Unwirksamkeit sind die Vormerkung gem. § 878 BGB,
behördliche und rechtsgeschäftliche Veräußerungsgeschäfte etc.

Ein Rechtsgeschäft ist schwebend unwirksam, wenn bestimmte Erfordernisse nicht erfüllt wurden.
Es kann jedoch wirksam werden, wenn das Wirksamkeitserfordernis nachgeholt wird. Soweit dies
geschieht, ist das Rechtsgeschäft dann rückwirkend von Anfang an wirksam. Beispiele für ein
schwebend unwirksames Geschäft sind die ohne erforderliche Einwilligung des gesetzlichen Vertreters abgeschlossenen Rechtsgeschäfte beschränkt Geschäftsfähiger oder Rechtsgeschäfte, die
generell der Zustimmung eines Dritten bedürfen.

Soweit ein Rechtsgeschäft anfechtbar ist, ist es zunächst gültig. Mit erfolgreicher Ausübung des 8
Anfechtungsrechts wird jedoch das Rechtsgeschäft als von Anfang an unwirksam angesehen (§ 142
Abs. 1 BGB). Anfechtungsgründe stellen z.B. der Irrtum § 119 BGB, falsche Übermittlung § 120
BGB, die Täuschung sowie Drohung gem. § 123 BGB dar. Nicht hierunter zu subsumieren sind
die Anfechtungen nach dem Anfechtungsgesetz und nach der InsO.

Die Rechtswirkung der Unwirksamkeit des Rechtsgeschäfts wird nicht durch den Wegfall der 9
Geschäftsgrundlage herbeigeführt. Diese hat nur die Anpassung des Vertrages an die veränderten
Verhältnisse oder dessen Rückabwicklung zur Folge (vgl. § 313 BGB). Die Rückabwicklung
infolge Rücktritts lässt die Rechtswirkung für die Vergangenheit unberührt (TK/*Kruse* § 41
Rn. 48; Pahlke/Koenig/*Koenig* § 41 Rn. 15).

Die Vereinbarung einer auflösenden oder aufschiebenden Bedingung führt ebenfalls nicht zu der 10
Folge der Unwirksamkeit des Rechtsgeschäfts. Bei einer aufschiebenden Bedingung tritt die ver-
einbarte Rechtswirkung ein, während sie bei der auflösenden Bedingung mit dem Eintritt der
Bedingung entfällt. Da der Bedingungseintritt bürgerlich-rechtlich nicht zurückwirkt bzw. die
Rückbeziehung der Rechtswirkung rein schuldrechtliche Wirkungen hat (BFH, BStBl. II 1991,
S. 588) stellt die Rückgewähr nicht die Folge eines nichtigen Rechtsgeschäfts, sondern einen ver-
traglichen Anspruch infolge Bedingungseintritt dar.

Umstritten ist in diesem Zusammenhang die Behandlung von sog. Steuerklauseln. Nach solchen 11
Steuerklauseln ist ein Rechtsgeschäft ganz oder teilweise aufzulösen oder nicht als abgeschlossen
anzusehen oder unwirksam, wenn sich herausstellt, dass sich nach Auffassung der für die Besteuerung zuständigen Stelle an das Rechtsgeschäft andere, insb. ungünstigere Steuer knüpfen, als die
Parteien dies vorausgesetzt haben (vgl. hierzu FG Düsseldorf, EFG 1988, 307; *Schmidt*, JbFfSt
1979/80; TK/*Kruse* § 41 Rn. 49). Die drei wesentlichen Meinungen zur Behandlung der Steuerklauseln gehen entweder von einer auflösenden Bedingung, der Qualifizierung als unechte Gegen-
wartsbedingung oder lehnen eine steuerliche Anerkennung der Klauseln generell ab (vgl. zum
Meinungsstand TK/*Kruse* § 41 AO Rn. 52 ff.; HHSp/*Fischer* § 41 Rn. 138, offen gelassen von
BFH, BStBl. II 1993, S. 296). Zu beachten ist in diesem Zusammenhang, dass der BFH mehrfach
Gelegenheit hatte, zu Satzungsklauseln als eine Form der Steuerklausel zu entscheiden. Bei Satzungsklauseln von Kapitalgesellschaften wird den Organen der Kapitalgesellschaften untersagt,
Gesellschaftern oder Dritten Zuwendungen zu machen, die als verdeckte Gewinnausschüttung zu
qualifizieren sind. Sollte entgegen dieser ausdrücklichen Weisung eine verdeckte Gewinnausschüttung erfolgen, soll aufgrund angenommener anfänglicher Unwirksamkeit der Zuwendung der
Zuwendungsempfänger zur Rückzahlung verpflichtet sein. Der BFH hat mehrfach entschieden,
dass eine solche Klausel die steuerlichen Folgen einer verdeckten Gewinnausschüttung nicht vermeidet (vgl. BFH, BStBl. II, 1987, S. 733; BStBl. II 1997, S. 92).

C. Eintritt und Fortbestand des wirtschaftlichen Ergebnisses

12   Die Unwirksamkeit des Rechtsgeschäfts ist steuerlich nur unerheblich, soweit und solange die wirtschaftlichen Folgen und die bürgerlich rechtlichen Verpflichtungen auseinanderfallen (Pahlke/Koenig/*Koenig* § 41 Rn. 19). Die Beteiligten müssen die Folgerung aus der Unwirksamkeit ziehen. Unwirksamkeitsanfechtung, Rücktritt usw. reichen nicht aus, die tatsächliche Rückabwicklung muss hinzukommen (vgl. BFH, BStBl. II 1982, S. 425; BFH, NV 1989, 597). Ein von Anfang an unwirksames Rechtsgeschäft entfaltet insoweit steuerliche Wirkung nur im Umfang seines tatsächlichen Vollzuges. Im Fall eines Vertrages, der erfolgreich angefochten wurde und dessen Wirksamkeit damit rückwirkend entfällt, ist die eingetretene Nichtigkeit unbeachtlich, soweit die Parteien trotzdem das wirtschaftliche Ergebnis bestehen lassen. Erst die vollständige tatsächliche Rückabwicklung des nichtigen Rechtsgeschäfts lässt die eingetreten Rechtsfolgen auch steuerlich entfallen (vgl. BFH, BStBl. II 2005, S. 46).

D. Scheingeschäfte und Scheinhandlungen

13   Ein Scheingeschäft gem. § 117 BGB liegt vor, wenn eine, auch öffentlich-rechtliche Willenserklärung, die einem anderen ggü. abzugeben ist, mit dessen Einverständnis nur zum Schein geäußert abgegeben wurde (vgl. BFH, BStBl. II 1988, S. 640; BFH, BStBl. II 1989, S. 216, *Hahn*, DStZ 2000, 433). Insoweit können tatbestandsmäßig unter das Scheingeschäft nicht die empfangsbedürftigen, einseitigen Willenserklärungen fallen, wie z.B. das Testament. Kennzeichnend für das Scheingeschäft ist das beiderseitiger Fehlen eines Rechtsbindungswillens in Bezug auf die Scheinerklärung (Palandt/*Ellenberger* BGB § 117 Rn. 2). Den Parteien ist bewusst, dass die Erklärungen unverbindlich sind, und gerade diese Unverbindlichkeit wird von ihnen gewollt. Soweit die Willenserklärung durch einen Vertreter abgegeben wird, reicht bei Gesamtvertretung aus, dass ein Vertreter Kenntnis davon hatte, dass der Vertragsgegner seine Erklärung nur zum Schein abgeben wollte. Zu beachten ist jedoch, dass ein Scheingeschäft dann ausscheidet, wenn in dem vorgenannten Fall Vertreter und Geschäftsgegner zur Täuschung des Vertretenen kollossiv zusammenwirken, da in diesem Fall das Wissen des Vertreters den Vertretenen nicht zugerechnet wird (vgl. BGH, DStR 1999, 1327).

14   Auf den Willen der Beteiligten, ein Scheingeschäft zu tätigen, kann nur aus äußeren Tatsachen geschlossen werden. Insoweit ist im Einzelfall zu prüfen, ob aufgrund des Inhalts des Vertrages, den tatsächlichen und wirtschaftlichen Auswirkungen der Vereinbarung oder ob aus der unterbliebenen Verwirklichung der getroffenen Abmachung (tatsächliche Durchführung) festzustellen ist, dass die Parteien ein wirklich gewolltes, ihrem formellen erklärten Willen entsprechendes Geschäft gar nicht haben schließen wollen (BFH, BStBl. II 1972, S. 836; BFH, BStBl. II 1988, S. 640; BFH, BStBl. II 1997, S. 655, FG Hamburg, EFG 1990, 162). Sind nur einzelne Teile der Vereinbarung wirklich gewollt und in Vollzug gesetzt, so kann hierin auch das durch das Scheingeschäft verdeckte Geschäft gefunden werden (so BFH, BStBl. II 2006, S. 372, TK/*Kruse* § 41 Rn. 66). Insoweit ist gerade in den Fällen bspw. der Darlehensgewährung zwischen Angehörigen die Regelung des § 41 Abs. 2 AO zu prüfen, da es oftmals an der tatsächlichen Durchführung wie im Vertrag vereinbart, zwischen den Angehörigen fehlt. Des Weiteren ist auch bei Zwischenschaltung von Basisgesellschaften nicht nur der § 42 AO zu prüfen, sondern vorrangig der § 41 AO, soweit bspw. eine sog. Briefkastengesellschaft ohne entsprechende Substanz als finanzierende Gesellschaft im Konzern zwischengeschaltet wird. Es ist in diesen Fällen zu klären, inwieweit tatsächlich die Briefkastengesellschaft als Vertragspartner des Kredits ohne entsprechende personelle Ausstattung und andere Resourcen als ernsthafter Vertragspartner für den Kreditnehmer gelten sollte.

Die Feststellungslast für den fehlenden Bindungswillen trägt grds. derjenige, der aus der Nichtigkeit Rechtsfolgen herleitet (FG Niedersachsen, EFG 1992, 195).

15   Soweit mit dem Geschäft ein wirtschaftlich vernünftiger Zweck verfolgt wird, so ist es i.d.R. auch kein Scheingeschäft. Diese Gründe müssen nicht immer rein betrieblicher Natur sein, sie können

außerbetriebliche Gründe haben, typischerweise genügen auch familienrechtliche Gründe (vgl. BFH, BStBl. III 1951, S. 181; BFH, BStBl. II 1988, S. 640). Auch die Absicht der Steuerersparnis kann ein wirtschaftlicher Zweck sein, der der Annahme eines Scheingeschäftes i.d.R. entgegensteht (vgl. nur FG München, EFG 1975, 32; FG Nürnberg, EFG 1998, 1128). Hieraus wird gefolgert, dass die Gründung einer Basisgesellschaft in Steueroasenländern im Regelfall ernsthaft gewollt sei (BFH, BStBl. II 1968, S. 695; BFH, BStBl. II 1976, S. 608). Soweit in ein Rechtsgeschäft ein sog. Strohmann zwischengeschaltet wird, führt dies nicht zwingend zum Scheingeschäft, wenn eine bestimmte bürgerlich-rechtliche Gestaltung gewählt werden muss, um den angestrebten Zweck zu erreichen (vgl. BGH, DStR 2002, 762; BFH, BStBl. II 2004, 62). Strohmanngeschäfte sind prinzipiell ernstlich gewollt und daher gültig. Der Strohmann soll als Mittelsmann die Rechte und Pflichten des Geschäfts im Außenverhältnis ernstlich übernehmen, um den erstrebten wirtschaftlichen Zweck in rechtsbeständiger Weise zu erreichen. Dies gilt jedoch nicht in den Fällen, in denen der Strohmann nicht selbst Zwischenerwerber sein soll (vgl. BGH, NJW-RR 1997, 238; Palandt/*Kruse* BGB § 117 Rn. 6).

Ein Scheingeschäft scheidet aus, wenn die Beteiligten lediglich einen unzutreffenden Rechtsgrund vorspiegeln oder die Art des Geschäfts falsch bezeichnen (vgl. BFH, BStBl. II 1988, S. 640).

E. Scheinhandlung

Scheinhandlungen sind zum Schein vorgenommene Realakte. Die mit der Tathandlung verbundenen Sachverhaltsänderungen sind nicht gewollt und werden alsbald rückgängig gemacht. Typische zum Schein vorgenommene Tathandlungen sind die Begründung, Beibehaltung und Aufgabe eines Wohnsitzes, Begründung eines Scheinsitzes, Zahlung eines Geldbetrages und die von vornherein geplante alsbaldige Rückzahlung, Zahlung des Mietzinses und Rückzahlung des Eingangs, Auszahlung des Aushilfslohns und sofortige Rückzahlung des Aushilfslohns und sofortiger Rückzahlung (vgl. insgesamt hierzu BFH, BStBl. II 1981; S. 308; BFH, BStBl. II 1991, S. 308; BFH, BStBl. II 1996, S. 620; BFH, BStBl. II 1997, S. 655; BFH, BStBl. II 2004, S. 622). 16

F. Maßgeblichkeit des verdeckten Geschäfts

Soweit durch ein Scheingeschäft ein anderes Rechtsgeschäft verdeckt wird, ist nach § 41 Abs. 2 Satz 2 das verdeckte Rechtsgeschäft für die Besteuerung maßgebend. Insoweit entspricht § 41 Abs. 2 Satz 2 AO dem § 117 Abs. 2 BGB. Das durch das Scheingeschäft verdeckte Rechtsgeschäft ist zivilrechtlich wirksam gem. § 117 Abs. 2 BGB, soweit die allgemeinen Gültigkeitsvoraussetzungen erfüllt wurden. Da § 41 Abs. 2 Satz 1 AO Scheingeschäft und Scheinhandlungen einander gleichstellt, ist auch eine durch Scheinhandlung verdeckte Handlung für die Besteuerung maßgebend (vgl. TK/*Kruse* § 41 Rn. 78; Pahlke/Koenig/*Koenig* § 41 Rn. 42). Das verdeckte Geschäft ist das Geschäft, was die Parteien in Wirklichkeit gewollt haben (BFH, BStBl. II 1982, S. 618). Ist das verdeckte Geschäft unwirksam, kann es der Besteuerung nur zugrunde gelegt werden, soweit die Beteiligten das wirtschaftliche Ergebnis eintreten lassen gem. § 41 Abs. 1 AO. Dabei ist das verdeckte Geschäft nicht bereits deshalb unwirksam, weil es eine Steuerhinterziehung ermöglichen soll (vgl. BGH, NJW 1983, 1843). Unberührt hiervon bleibt jedoch ein möglicher Verstoß gegen ein gesetzliches Verbot oder die guten Sitten (vgl. Palandt/*Kruse* § 117 Rn. 8). 17

§ 42 AO Missbrauch von rechtlichen Gestaltungsmöglichkeiten

(1) Durch Missbrauch von Gestaltungsmöglichkeiten des Rechts kann das Steuergesetz nicht umgangen werden. Ist der Tatbestand einer Regelung in einem Einzelsteuergesetz erfüllt, die der Verhinderung von Steuerumgehungen dient, so bestimmen sich die Rechtsfolgen nach jener Vorschrift. Anderenfalls entsteht der Steueranspruch beim Vorliegen eines Missbrauchs i.S.d.

Absatzes 2 so, wie er bei einer den wirtschaftlichen Vorgängen angemessenen rechtlichen Gestaltung entsteht.

(2) Ein Missbrauch liegt vor, wenn eine unangemessene rechtliche Gestaltung gewählt wird, die beim Steuerpflichtigen oder einem Dritten im Vergleich zu einer angemessenen Gestaltung zu einem gesetzlich nicht vorgesehenen Steuervorteil führt. Dies gilt nicht, wenn der Steuerpflichtige für die gesamte Gestaltung außersteuerliche Gründe nachweist, die nach dem Gesamtbild der Verhältnisse beachtlich sind.

A. Gegenstand und Anwendungsbereich der Norm

1 In der steuervermeidenden oder steuersenkenden Gestaltungsberatung ist der § 42 AO eine der zentralen Vorschriften, die es zu beachten gilt. Die Vermeidung bzw. Umgehung der wirtschaftlich belastenden Wirkung von Steuern kann zum einen durch die Vermeidung der Tatbestandserfüllung von Anspruchsnormen oder durch die Inanspruchnahme der Tatbestandsvoraussetzungen von Steuerbefreiungs- oder Ermäßigungsnormen erfolgen. Dabei ist nicht bereits jedes Rechtsgeschäft, das eine Steuer vermeidet oder eine besonders geringe steuerliche Belastung nach sich zieht, als Gestaltungsmissbrauch i.S.d. vorliegenden Vorschrift anzusehen. Es steht grds. jedem Steuerpflichtigen frei, seinen Lebensbereich so zu gestalten, dass er die Steuern vermeidet oder den Steueranspruch minimiert (vgl. BFH, IX R 54/93, BStBl. II 1996, S. 158; BFH, VIII B 40/97, BFH/NV 1998, 23, Pahlke/Koenig/*Koenig* § 42 Rn. 1, BVerfGE 9, 237, 249 ff; *Hahn*, DStZ 2006, 434; TK/*Drüen* § 42 Rn. 3). Die zulässige Steuervermeidung bleibt folgenlos, der Grundsatz der Gestaltungsfreiheit ist Teil der grundrechtlich durch Art. 12, 14 und 2 Abs. 1 GG verbürgten Freiheit des Steuerpflichtigen und schließt seine Freiheit ein, die Steuer zu vermeiden, wobei dieses Recht nicht als Grundrecht zur steueroptimierten Gestaltung missverstanden werden sollte (so zu Unrecht *Lenz/Gerhard*, BB 2007, 2431).

Rechtsfolge des § 42 AO ist die Besteuerung des fiktiv unterstellten, den wirtschaftlichen Vorgängen angemessenen Sachverhalt, anstelle der Besteuerung der tatsächlich gewählten Gestaltung (vgl. hierzu nur BFH, BStBl. II 1985, S. 636, 641; TK/*Drüen* § 42 Rn. 11; *Clausen*, BB 2003, 1595).

2 § 42 AO gilt uneingeschränkt für alle Steuerarten, sowohl im Bereich der unbeschränkten als auch der beschränkten Steuerpflicht. I.R.d. internationalen Steuerrechts findet die Regelung des § 42 AO dann Anwendung, wenn hinsichtlich des materiellen Anspruchs auf Normen des deutschen

Rechts verwiesen wird bzw. das deutsche Steuerrecht ergänzend herangezogen werden muss. Zu beachten bleibt jedoch, dass es gerade im internationalen Steuerrecht eine Vielzahl spezieller Auffang- und Ersatztatbestände zur Vermeidung von missbräuchlichen Gestaltungen gibt. Aus Gründen der Rechtssicherheit und der Normbestimmtheit sind diese spezielleren Tatbestände der Einzelsteuergesetze primär vor dem § 42 AO anzuwenden, gem. § 42 Abs. 1 Satz 2 AO. Insoweit wird aufgrund der gesetzgeberischen Intension den Einzelsteuergesetzen weder eine Abschirmwirkung in Bezug auf die Anwendbarkeit des § 42 AO zugewiesen noch der bisher von der Rechtsprechung angenommene Wertungsvorrang der speziellen Missbrauchsnormen bestätigt. Nur wenn die speziellere Norm tatbestandlich eingreift, ist ein Rückgriff auf § 42 AO nicht mehr möglich.

B. Missbrauch von Gestaltungsmöglichkeiten und Strafbarkeit

Die Steuerumgebung nach § 42 AO ist weder verboten noch strafbar (vgl. BFH, BStBl. II 1983, **3** S. 534, BStBl. II 2008, S. 502; HHSp/*Fischer* § 42 Rn. 56; TK/*Drüen* § 42 Rn. 6; Pahlke/Koenig § 42 Rn. 9). Insoweit sind die tatbestandlichen Voraussetzungen einer Steuerhinterziehung gem. § 370 AO nicht allein durch eine missbräuchliche Gestaltung i.S.d. § 42 AO verwirklicht. Eine Strafbarkeit ist jedoch dann zu bejahen, wenn es zusätzlich zu einer Verletzung von Erklärungspflichten kommt (vgl. BFH/V 2001, 783, *Klein* § 370 Rn. 26, TK/*Drüen* § 42 Rn. 6). Bei steuerlich ambitionierten Gestaltungen ist damit zur Vermeidung eines Strafbarkeitsrisikos erforderlich, dass alle Umstände, die zur Beurteilung des Gestaltungsmissbrauchs erforderlich sein könnten, auch soweit sie sich auf Sachverhalte mit Auslandsberührung beziehen, vollständig dargelegt werden (vgl. OLG Düsseldorf v. 26.08.1988, *wistra* 1989, S. 72). Dies führt bspw. bei den typischen Fällen einer zwischengeschalteten Auslandskapitalgesellschaft in einem niedrig besteuerten Ausland dazu, dass nicht nur die Vertragsbeziehungen, sondern auch die Beteiligungsverhältnisse wahrheitsgemäß offengelegt werden müssen (vgl. BGH, wistra 1982, 118; LG Frankfurt a.M., wistra 1997, 152).

C. Tatbestandsvoraussetzungen

I. Gestaltungsmöglichkeiten des Rechts

Unter dem Tatbestandsmerkmal der Gestaltungsmöglichkeiten des Rechts sind v.a. Gestaltungs- **4** möglichkeiten des von der Privatautonomie beherrschten Zivilrechts zu verstehen. Der Steuertatbestand muss ausdrücklich an Gestaltung des Rechts anknüpfen oder solche Gestaltungen mittelbar in der Weise erfassen, dass es auf sie ankommt, weil das Gesetz eine bestimmte rechtliche Gestaltung zur Erreichung bestimmter wirtschaftlicher Ziele für typisch hält (BFH, BStBl. II 1991, S. 866, BFH, BStBl. II 1992, S. 202; BFH, BStBl. II 1999, S. 729; TK/*Drüen* § 42 Rn. 24) oder mit einer bestimmten rechtlichen Gestaltung ein begünstigten Zweck verfolgt (BFH, BStBl. II 1991, S. 327, 332; BFH, BStBl. II 1996, S. 214).

Erfasst werden unter das Tatbestandsmerkmal der Gestaltungsmöglichkeiten des Rechts damit ein- **5** seitige und zweiseitige Rechtsgeschäfte sowie rechtsgeschäftsähnliche Handlungen. Dabei ist unerheblich, ob sie obligatorische oder dingliche Wirkung entfalten. Rechtsgeschäftliche Handlungen und Rechtshandlungen (Realakte) fallen ebenfalls unter diese Tatbestandsmerkmale (vgl. Pahlke/ Koenig/*Koenig* § 42 Rn. 11). Der Tatbestand des § 42 AO ist aber nicht nur auf die Gestaltungsmöglichkeiten des Zivilrechts beschränkt, sondern umfasst auch Gestaltungsmöglichkeiten des öffentlichen Rechts (BFH, BStBl. II 1985, S. 636; BFH/NV 1987, 269; BT-Drucks. VI 1982, 114; Pahlke/Koenig/*Koenig* § 42 Rn. 11). Insoweit kann auch durch die missbräuchliche Inanspruchnahme steuerrechtlicher Wahl- und Gestaltungsrechte das Steuergesetz umgangen werden (s.a. BFH, BStBl. II 1992, S. 695; BFH, NV 1987, 714, FG Rheinland-Pfalz, EFG 1989, 598, TK/*Drüen* § 42 Rn. 29; FG Münster, EFG 2007, 1024, a.A. *Kalmes*, BB 1990, 1884, HHSp/ *Fischer* § 42 Rn. 262). Die Gegenmeinung schließt die Annahme eines Gestaltungsmissbrauchs bei

Ausübung steuerlicher Wahlrechte aus, weil diese nicht dazu bestimmt sind, aus steuerlichen Gründen ausgeübt zu werden. Bspw. gibt es keine spezifisch lohnsteuerrechtliche Norm, welche die Inanspruchnahme eines auch nur kurzfristigen Vorteils im Lohnsteuer-Abzugsverfahren als unangemessen bewerten würde (Gestaltungsmissbrauch bei Wechsel von Lohnsteuerpauschalierung zum regulären Lohnsteuerabzug, Wechsel zwischen degressiven und erhöhten Absetzung bei Lohnsteuerermäßigung und Veranlagung). Nach dieser Meinung ist damit nur bei einem willkürlichen Gebrauch eines steuerlichen Gestaltungsrecht ausnahmsweise dessen Ausübung als missbräuchlich zu werten, so bspw. bei Ausübung des Veranlagungswahlrechts zur getrennten Veranlagung, wenn der wählende Ehegatte keine eigenen Einkünfte hat (vgl. FG Münster, ZInsO 2007, 383; HHSp/*Fischer* § 42 Rn. 262) oder bei widersprüchlichem Verhalten des Steuerpflichtigen (BFH, NV 2005, 186).

6   Wenn der Steuerpflichtige die Gestaltung nicht oder unvollständig darstellt, den Sachverhalt mithin unterdrückt oder verschleiert oder unvollständige Angaben macht und dadurch dem FA die Möglichkeit der Prüfung versperrt oder erschwert und es zu einer Verkürzung von Steuern kommt, führt die Steuerumgehung nach § 42 AO auch zu einer Steuerhinterziehung. (vgl. OLG Bremen, StRK AO 1977, § 370 Rn 77; BFH, NV 1999, 1426; HHSp/*Fischer* § 42 Rn. 56; Kohlmann/*Ransiek* § 370 Rn. 1238)

▶ **Beispiel:**

A ist hundertprozentiger Gesellschafter der B-GmbH. Zur Gewinnverlagerung gründet A in der Schweiz die B-AG, über die zukünftig die Exporte seiner in Deutschland hergestellten Wirtschaftsgüter erfolgen sollen. Die deutsche GmbH gewährt dabei der Schweizer AG überhöhte Rabatte. In seiner Steuererklärung bzw. der Steuererklärung der deutschen GmbH gibt A keinerlei Auskünfte über seine Beteiligung an der AG und macht unzutreffende Angaben über die Art der Tätigkeit der AG

Der BGH hat diesen Fall der Steuerumgehung durch eine Basisgesellschaft als strafbare Steuerumgehung qualifiziert (BGH, wistra 1982, 108, FGJ § 370 Rn. 140).

II. Umgehung des Steuergesetzes

7   Unter dem Begriff des Steuergesetzes sind nach § 42 AO alle formellen Gesetze und Rechtsverordnungen und autonome Satzungen auf dem Gebiet des Steuerrechts zu verstehen. Umgangen werden kann damit jedes Steuergesetz in seinem gegenständlichen und zeitlichen Anwendungsbereich (vgl. hierzu HHSp/*Fischer* § 42 Rn. 251). Insoweit verhindert § 42 AO nicht nur die Umgehung von belastenden Steuergesetzen, sondern auch die ihrem Zweck widersprechende Anwendung einer begünstigenden Steuernorm. Eine Umgehung von Steuergesetzen kann sich nicht auf zukünftige Steuergesetze beziehen, denn diese können erst mit dem Zeitpunkt ihres Inkrafttretens umgangen werden. In der Vergangenheit versuchte die Finanzverwaltung oftmals durch Einführung oder Änderung von Steuergesetzen die bis dato zulässigen Steuergestaltungen, die zu einer seitens der Finanzverwaltung nicht gewollten Steuervermeidung führten, zu verhindern. Daher wurden bisher zulässige Gestaltungen z.T. durch Einführung dieser neuen gesetzlichen Regelungen in eine unangemessene verwandelt. Prinzipiell können künftige Steuergesetze damit nur durch Missbrauch von Gestaltungsmöglichkeiten umgangen werden, wenn sie zulässigerweise mit Rückwirkung in Kraft treten (TK/*Drüen* § 42 Rn. 21; Pahlke/Koenig/*Koenig* § 42 Rn. 12; a.A. *Clausen*, DB 2003, 1592). Hieraus folgt weiterhin, dass bei einer nur in die Zukunft gerichteten Änderung von Steuergesetzen, die auf laufende Verträge Einfluss haben und u.U. zu einer missbräuchlichen Gestaltung ab Inkrafttreten des Gesetzes führen, eine missbräuchliche Umgehung des Steuergesetzes nur dann angenommen werden kann, wenn man auf das tatbestandliche Erfordernis der Missbrauchsabsicht des Steuerpflichtigen verzichtet (vgl. zum Erfordernis der Missbrauchsabsicht TK/*Drüen* § 42 AO Rn. 44, a.A. BFH, NV 2000, 945; BFH, BStBl. II 1989, S. 396, 399; HHSp/*Fischer* § 42 Rn. 272).

III. Missbrauch von Gestaltungsmöglichkeiten

§ 42 Abs. 2 Satz 1 AO enthält nunmehr erstmals eine direkte gesetzliche Definition des Miss- **8** brauchs. Hierdurch versucht der Gesetzgeber sich dem Ziel größtmöglicher Tatbestandsklarheit im steuerlichen Eingriffsrecht auch bei der Missbrauchsabwehr zu nähern. Nicht definiert wird jedoch, was unter der den Gestaltungsmissbrauch kennzeichnenden unangemessenen rechtlichen Gestaltung zu verstehen ist. Die Legaldefinition entspricht im Wesentlichen der in der Rechtsprechung verwendeten Umschreibung des Missbrauchstatbestandes. Durch diese vom Gesetzgeber gewollte Konkretisierung sollte jedoch keine Verschärfung des bisher gebräuchlichen allgemeinen Missbrauchstatbestandes herbeigeführt werden (ebenso *Geerling/Gorbauch*, DStR 2007, 1703, Pahlke/Koenig/*Koenig* § 42 Rn. 17). Nach der Missbrauchsdefinition muss eine „unangemessene rechtliche Gestaltung" gewählt werden, die zu einem „gesetzlich nicht vorgesehenen Steuervorteil" führt. Zu beachten ist, dass bei grenzüberschreitenden Sachverhalten die Missbrauchsregelung des § 42 AO durch europäisches Gemeinschaftsrecht überlagert werden kann, sodass die Maßstäbe der Rechtsprechung des EuGH primär Anwendung finden und eine entsprechend gemeinschaftskonforme Auslegung in Betracht kommt (vgl. detaillierte Analyse bei HHSp/*Fischer* § 42 Rn. 151 ff.).

1. Unangemessene rechtliche Gestaltung

§ 42 Abs. 2 AO enthält keine Definition, was als unangemessen i.S.d. Vorschrift zu verstehen ist. **9** Als Wertungsmaßstab kann dabei § 42 Abs. 1 3 AO gelten, der eine Besteuerung vorsieht, „wie er bei einer den wirtschaftlichen Vorgängen angemessenen Gestaltung entsteht". Damit ist die vom Steuerpflichtigen gewählte Gestaltung in Bezug zu den wirtschaftlichen Vorgängen zu setzen und auf ihre Angemessenheit zu beurteilen. Nach ständiger finanzgerichtlicher Rechtsprechung ist damit ein Missbrauch anzunehmen, wenn eine rechtliche Gestaltung gewählt wird, die zur Erreichung des angestrebten wirtschaftlichen Ziels unangemessen ist, der Steuerminderung dienen soll und durch wirtschaftliche oder sonst beachtliche außersteuerliche Gründe nicht zu rechtfertigen ist (BFH, BStBl. II 2001, S. 43; BFH, BStBl. II 2000, 224; BFH, BStBl. II 2001, S. 822 m.w.N.; Pahlke/Koenig/*Koenig* § 42 Rn. 18; TK/*Drüen* vor § 42 Rn. 19, Rn. 33). Unangemessen ist allgemein eine rechtliche Gestaltung, die verständige Parteien in Anbetracht des wirtschaftlichen Sachverhalts, insb. des erstrebten wirtschaftlichen Ziels, als unpassend nicht wählen würden (vgl. BFH, NV 2001, 829; BFH, BStBl. II 2001, S. 43; TK/*Drüen* § 42 Rn. 33). Insoweit ist die Nutzung abwegiger rechtlicher Kniffe und Schliche als unangemessen anzusehen, wobei maßgeblich ist, ob der verständige Beteiligte die Gestaltung in Anbetracht des wirtschaftlichen Sachverhalts und der wirtschaftlichen Zielsetzung gewählt hätte. Deshalb sollte prinzipiell der nach der Rechtsordnung einfachste rechtliche Weg, der das erreicht, was die Parteien wirtschaftlich gewollt haben als der dem wirtschaftlichen Vorgang angemessene Weg bzw. Gestaltung angesehen werden. Gestaltungen, die umständlich, kompliziert, schwerfällig, unökonomisch, gekünstelt, unnatürlich, absonderlich, überflüssig, widersinnig oder undurchsichtig, unvernünftig und unpraktikabel und manchmal auch wenig effektiv sind, werden als missbräuchlich angesehen (vgl. nur BFH, BStBl. II 1991, S. 607, 610; TK/*Drüen* § 42, Rn. 34).

Zu beachten ist jedoch in diesem Zusammenhang, dass allein aus auf dem Umstand, dass der Steuerpflichtige nicht den allgemein üblichen Rechtsgepflogenheiten entsprechenden Gestaltungsformen wählt, keine unangemessene Gestaltung folgen muss. Ungewöhnlich oder unüblich sollte insoweit nicht mit unangemessen gleichgesetzt werden (vgl. hierzu HHSp/*Fischer* § 42 Rn. 91, TK/*Drüen* § 42 Rn. 38; *Klein*, FR 1999, 286).

Bei der Frage nach der Unangemessenheit einer Gestaltung ist ebenfalls in die Würdigung miteinzu- **10** beziehen, dass der Steuerpflichtige bei der Gestaltung seiner rechtlichen Möglichkeiten frei ist und diese auch so gestalten kann, dass sich eine möglichst geringe Steuerlast ergibt (vgl. nur BFH [GS], BStBl. II 1983, S. 272, BFH, BStBl. II 1999, S. 729). Kein Steuerpflichtiger ist verpflichtet, den Sachverhalt so zu gestalten, dass ein Steueranspruch entsteht. Das Bestreben, Steuern zu sparen, führt nicht dazu, dass eine Gestaltung prinzipiell als unangemessen anzusehen ist (vgl. nur

BFH, BStBl. II 1992, S. 539; FG Niedersachsen, EFG 1997, 810; TK/*Drüen* § 42 Rn. 39). Dies gilt selbst dann, wenn die Gestaltung allein aus einer steuerlichen Motivation heraus vom Steuerpflichtigen gewählt worden ist (vgl. nur BFH, BStBl. II 1992, S. 541; BFH, BStBl. II 1993, S. 253; BFH, NV 1997 614, 621). In jedem Fall muss jedoch der Gestaltung auch ein wirtschaftlich oder sonst beachtlicher Zweck zugrunde liegen. Ist ein solcher beachtlicher Zweck nicht gegeben, wenn man die angestrebte geringere Steuerbelastung wegdenkt, ist die Gestaltung als unangemessen anzusehen. Von mehreren angemessenen Gestaltungsmöglichkeiten darf der Steuerpflichtige die für ihn steuerlich günstigste wählen. Hat der Steuerpflichtige sodann die angemessene Gestaltung gewählt, ist es irrelevant, ob es eine noch angemessenere Gestaltung gegeben hätte.

2. Missbrauchsabsicht

11   In Literatur und Rechtsprechung ist die Frage umstritten, ob die unangemessene rechtliche Gestaltung mit der Absicht gewählt worden sein muss, ein Steuergesetz zu umgehen. Die Rechtsprechung prüft z.T. das subjektive Tatbestandsmerkmal der finalen Umgehung (vgl. BFH, BStBl. II 1987, S. 494; BStBl. II 1993, S. 84; BStBl. II 1999, S. 729; BFH, NV 1994, 279), ohne die Absicht positiv im Wege des Indizienbeweises festzustellen. Vielmehr vermutet die Rechtsprechung teilweise bei einer den wirtschaftlichen Verhältnissen unangemessenen Gestaltung eine Missbrauchsabsicht, wenn für die Gestaltung wirtschaftliche oder sonst beachtliche Gründe fehlen (vgl. nur BFH, BStBl. II 1993, S. 84; BFH, BStBl. 1999, S. 729; Pahlke/Koenig/*Koenig* § 42 Rn 24). Insoweit indiziert der objektiv auf Umgehung gerichtete Tatbestand die Missbrauchsabsicht. In Teilen der Rechtsprechung und der Literatur wird dagegen gefordert, dass der Steuerpflichtige eine Umgehungsabsicht haben muss, die für jede Steuerart gesondert nach der Wertung des Gesetzgebers, die den jeweils maßgeblichen steuerrechtlichen Vorschriften zugrunde liegt, zu beurteilen ist (vgl. nur BFH, BStBl. II 1985, S. 4490; BFH, BStBl. II 1992, S. 532; TK/*Drüen* § 42 Rn. 44, *Kottke*, DB 1995, 1836; a.A. HHSp/*Fischer* § 42 Rn. 114, 271; Pahlke/Koenig/*Koenig* § 42 Rn. 24). Für die praktische Rechtsanwendung ist dieser Streit von untergeordneter Bedeutung, da bei tatbestandlicher Erfüllung des § 42 AO sich eine Umgehungsabsicht regelmäßig i.R.d. Indizienbeweises feststellen lassen dürfte.

3. Steuervorteil

12   Als Ergebnis der Umgehung muss es bei dem Steuerpflichtigen zu einer Minderung der Besteuerung kommen, d.h. es muss ein steuergesetzlicher Vorteil entstehen. I.d.R. wird durch die unangemessene Gestaltung gar keine oder eine niedrige Steuerschuld entstehen als es bei einer angemessenen Gestaltung der Fall wäre. Als Vorteil ist dabei nicht nur die zu verringernde oder zu vermeidende Steuer anzusehen. Der Vorteil kann sich auch auf andere Ansprüche aus dem Steuerschuldverhältnis nach § 37 Abs. 1 AO beziehen. Bei der Vergleichsbetrachtung zwischen einer unangemessenen und angemessenen Gestaltung sind lediglich die unmittelbaren Steuerfolgen des umgangenen Steuertatbestandes zu betrachten. Abzustellen ist dabei immer nur auf den Steueranspruch aus dem konkreten Steuerschuldverhältnis des betroffenen Steuerpflichtigen (vgl. BFH, BStBl. II 1988, S. 387; BStBl. II 2001, S. 43). Infolgedessen kann ein- und derselbe Vorgang u.U. bei einem der beteiligten Steuerpflichtigen als Missbrauch von Gestaltungsmöglichkeiten des Rechts zu beurteilen sein, bei einer anderen involvierten Person dagegen nicht (vgl. BFH, BStBl. II 2001, S. 43; BFH, NV 2001, 1636). Darüber hinaus ist die Prüfung einer missbräuchlichen Gestaltung auch für die jeweils betroffene Steuerart und den daraus gezogenen Vorteilen separat durchzuführen, sodass eine Gestaltung für die eine Steuerart zu Vorteilen führen kann, während sie für eine andere Steuerart zu Nachteilen führt oder ohne Auswirkungen bleibt (vgl. BFH, NV 1994, 64; BFH, NV 2002, 1286; im Verhältnis von Körperschaftsteuer und Grunderwerbsteuer BFH, BStBl. III 1956, S. 28). Ob insoweit in die Vergleichsbetrachtung auch mehr als nur ein Veranlagungszeitraum einzubeziehen ist, richtet sich nach den Rechtsfolgen des anwendbaren materiellen Steuergesetzes (Pahlke/Koenig/*Koenig* § 42 Rn. 22). Unerheblich ist jedoch, ob der Steuervorteil beim Steuerpflichtigen selbst oder einer anderen Person eintritt. Soweit zwischen

dem Steuerpflichtigen und der begünstigten Person keine wirtschaftlichen noch persönlichen Beziehungen bestehen, ist dies ein starkes Indiz für das mangelnde Streben nach Steuervorteilen und damit gegen eine unangemessene Gestaltung.

4. Außersteuerliche Gründe

Ein Missbrauch von Gestaltungsmöglichkeiten ist abzulehnen, soweit für die vom Steuerpflichti- 13
gen gewählte Gestaltung beachtliche außersteuerliche Gründe ausschlaggebend waren. Der Steuerpflichtige hat diese Motivlage, die als Rechtfertigung für eine steuermindernde Gestaltung auch
seitens der Rechtsprechung anerkannt ist, zu beweisen (vgl. BFH, BStBl. II 2003, S. 509; Pahlke/
Koenig/*Koenig* § 42 Rn. 26; TK/*Drüen* vor § 42 Rn. 29). Als mögliche außersteuerlichen Gründe,
die eine ungewöhnliche Gestaltung rechtfertigen können, kommen dabei u.a. wirtschaftliche,
rechtliche (zivil-, -wirtschaftsaufsichts- und kartellrechtliche) oder private Gründe in Betracht.
Dabei muss der Steuerpflichtige nicht den Nachweis erbringen, dass er die Gestaltung auch ohne
den angestrebten Steuervorteil gewählt hätte. Die Nachweispflicht erstreckt sich allein auf die
Beachtlichkeit der außersteuerlichen Gründe für die gewählte Entscheidung. Insoweit muss die
Finanzverwaltung und in einem späteren streitigen Verfahren das Gericht im Rahmen einer
Gesamtabwägung der gesamten Umstände des Einzelfalls die Beachtlichkeit der Gründe, die den
Steuerpflichtigen zu der Gestaltung motiviert haben, beurteilen.

D. Rechtsfolge

Gem. § 42 Abs. 1 Satz 3 AO wird als Rechtsfolge für den Missbrauch von Gestaltungsmöglichkei- 14
ten festgelegt, dass der Steueranspruch so entsteht, wie er bei einer dem verwirklichten wirtschaftlichen Sachverhalt angemessenen Gestaltung ausgelöst worden wäre (vgl. hierzu auch BFH,
BStBl. II 1993, S. 477). Soweit mehrere angemessene Gestaltungen mit unterschiedlicher steuerlicher Auswirkung in Betracht kommen, ist die steuerlich günstigste maßgeblich. Soweit die
gewählte Gestaltung nur in Teilen missbräuchlich ist, bedarf auch nur der missbräuchliche Teil
insoweit einer Korrektur (BFH, NV 2005, 1245; TK/*Drüen* § 42 Rn. 50; Pahlke/Koenig/*Koenig*
§ 42 Rn. 28). Bei der Beurteilung der Gestaltung ist zu beachten, dass die Beurteilung nicht einheitlich für alle Steuerarten gemeinsam erfolgen kann. Vielmehr sind der Schutzzweck des jeweiligen anwendbaren Steuergesetzes und der daraus folgende Steueranspruch gesondert zu beurteilen.
Eine ertragsteuerlich als unangemessen zu beurteilende Gestaltung kann deshalb aufgrund erwerb-
steuerlicher Sicht durchaus als angemessen angesehen werden (vgl. hierzu BFH, BStBl. III 1956,
S. 28). Soweit sich jedoch die Rechtsfolgen einer unangemessenen Gestaltung in verschiedenen
Veranlagungszeiträumen auswirken, ist die nach § 42 AO vorgesehene Korrektur in allen offenen
Veranlagungszeiträumen und Steuerarten durchzuführen (vgl. hierzu TK/*Drüen* § 42 Rn. 52). Um
durch die Korrektur der unangemessenen Rechtsgestaltung eine doppelte Besteuerung beim Steuerpflichtigen zu vermeiden, finden insoweit die Vorschriften der AO zur Änderung von bereits
festgesetzten Steuern Anwendung. In der Literatur allein streitig ist die Frage, welche Korrekturvorschrift Anwendung findet. Eine Meinung sieht die Fiktion der angemessenen Gestaltung zur
Korrektur eines Sachverhalts als rückwirkendes Ereignis an und wendet insoweit § 175 Abs. 1
Satz 1 Nr. 2 AO an (vgl. TK/*Drüen* § 42 Rn. 52). Eine andere Meinung bejaht die Anwendbarkeit
des § 174 AO (vgl. Beermann/Gosch/*Schmiesezck* AO § 42 Rn. 19; Pahlke/Koenig/*Koenig* § 42
Rn. 30).

Trotz der Korrektur der unangemessenen Gestaltung durch fiktive Unterstellung eines angemessenen Sachverhaltes lässt die Korrekturvorschrift des § 42 AO die zivilrechtliche Wirksamkeit der
unangemessenen Gestaltung unberührt. Soweit die zivilrechtliche Gestaltung aus anderen Gründen unwirksam ist, muss aber dennoch die Annahme einer rechtsmissbräuchlichen Gestaltung
nach § 42 AO geprüft werden, wenn die materielle Steuernorm lediglich an den wirtschaftlichen
Gehalt einer Regelung anknüpft (vgl. BFH, BStBl. II 1987, S. 308).

E. Verfahren, Beweislast

15   Der Steuerpflichtige ist im Rahmen seiner Mitwirkungspflicht nach § 90 AO verpflichtet, der Finanzbehörde ggü. sämtliche Umstände vollständig und wahrheitsgemäß darzulegen, die für eine Beurteilung der Gestaltung auch im Hinblick auf die Anwendbarkeit des § 42 AO erforderlich sind. Lässt sich trotz Ausschöpfung alle Aufklärungspflichten der Sachverhalt nicht abschließend klären, trägt die Finanzbehörde die objektive Beweislast (vgl. BFH, BStBl. II 1976, 513; BFH, BStBl. II 1987, S. 756, 758, BFH, BStBl. II 1990, S. 100; BFH, NV 1996, 383; TK/*Drüen* § 42 Rn. 54). Eine allgemeine Vermutung für die Annahme eines Rechtsmissbrauchs bei unüblichen rechtlichen Gestaltung gibt es nicht (vgl. BFH, BStBl. II 1990, S. 100).

Durch die Neufassung des § 42 AO hat sich an der objektiven Beweislast zulasten der Finanzbehörden zwar prinzipiell nichts geändert, jedoch ergibt sich durch das Zusammenspiel der verschiedenen Regelungen in § 42 AO ein gestuftes Nachweisverfahren. Dieses führt zu einer partiellen Beweislastumkehr zulasten des Steuerpflichtigen. Zwar obliegt es weiterhin der Finanzbehörde, den Nachweis für eine unangemessene rechtliche Gestaltung, die zu einem gesetzlich nicht vorgesehenen Steuervorteil kommt, zu führen. Insoweit hat auch die Finanzbehörde diesen Missbrauchsvorwurf zu begründen, jedoch hat der Steuerpflichtige, nachdem der Nachweis der Finanzbehörden gem. § 42 Abs. 2 Satz 1 AO geführt worden ist, seinerseits den Nachweis für das Vorliegen beachtlicher außersteuerlicher Gründe zu führen, um den behördlichen Missbrauchsvorwurf zu entkräften (*von Wedelstedt*, DB 2007, 2559; *Michel*, FR 2008, 450; Pahlke/Koenig/*Koenig* § 42 Rn. 34). Insoweit enthält die Neuregelung des § 42 AO eine sphärenorientierte Nachweispflicht für die Finanzbehörde und den Steuerpflichtigen. Die Gründe für die Gestaltung liegen in der Sphäre des Steuerpflichtigen und sind deshalb von diesem nachzuweisen. Die Motivation für die gewählte Gestaltung bleibt der Finanzbehörde zumeist verborgen, insoweit erscheint es angemessen, dass der Steuerpflichtige seine wirtschaftliche Motivationslage den Finanzbehörden offen legen muss. Soweit der Steuerpflichtige seiner Nachweispflicht nicht nachkommt, trägt er den Nachteil der Nichterweislichkeit. Der Wortlaut des § 42 AO ist jedoch nicht dahin gehend zu missinterpretieren, dass der Steuerpflichtige die volle Beweislast für die beachtlichen außersteuerlichen Gründe hat. Vielmehr ist der Steuerpflichtige nur insoweit beweisbelastet, als die außersteuerlichen Gründe in seiner Sphäre und nicht ohne seine Mitwirkung zur Kenntnis der Finanzbehörde gelangen können. Die Neuregelungen des § 42 Abs. 2 Satz 2 AO sollen den Amtsermittlungsgrundsatz nicht beschränken.

16   In der Vergangenheit hat die Rechtsprechung verschiedene Fallgestaltungen auf Basis einer tatsächlichen Vermutung als missbräuchlich und damit als Gestaltung zur Steuerumgehung qualifiziert. Der Steuerpflichtige konnte diese tatsächlichen Vermutungen nur dadurch entkräften, dass er im Einzelfall die beachtlichen wirtschaftlichen und sonstigen außersteuerlichen Gründe darlegte, die zu einer Abweichung von den sonst die Vermutungswirkung auslösenden Fällen rechtfertigte (vgl. nur BFH, BStBl. II 1993, S. 84; BFH, BStBl. II 1989, S. 1007; BFH, BStBl. II 1986, S. 496; BFH, BStBl. II 1991, S. 691). Ein typischer Fall ist dabei die Zwischenschaltung einer Gesellschaft im niedrig besteuerten Ausland.

F. Beispiele für missbräuchliche Gestaltungen

I. Einkommensteuer

1. Vereinbarungen zwischen nahen Angehörigen

17   Angehörige sind grds. frei in der Gestaltung ihrer Rechtsverhältnisse untereinander, jedoch führt der zwischen den Parteien oftmals fehlende Interessengegensatz zu der Gefahr, dass die an sich bestehenden rechtlich zulässigen Gestaltungen missbräuchlich eingesetzt werden. Typische Beispielsfälle, die zu einem solchen Gestaltungsmissbrauch führen können, sind

– Verlagerung von Einkünften auf eine andere Person, um steuerliche Vorteile zu erreichen (BFH, BStBl. II 1989, S. 163, BFH, BStBl. II 1999, S. 126); zu Gewinnverteilungsabreden in Personengesellschaften (BFH, BStBl. II 1987, S. 54) zu Kapitalgesellschaften (BFH, NV 2005, 1258). Korrektiv ist auch hier wiederum die Frage, ob die geschlossenen Verträge zwischen den nahen Angehörigen dem entsprechen, was zwischen fremden Dritten vereinbart worden wäre (vgl. *Schmidt/Heinecke* EStG § 4 Rn. 520 „Angehörige").

– Schenkung von Kapitalbeträgen an minderjährige Kinder unter der Auflage, den geschenkten Betrag als Darlehen zurückzugewähren (FG Köln, EFG 1998, 744; BFH, BStBl. II 2002, S. 674; vgl. allg. zur steuerlichen Anwendung von Darlehensverträgen zwischen Angehörigen (BMF-Schreiben v. 23.12.2010).

– Die Vermietung einer Wohnung an ein unterhaltsberechtiges Kind ist nicht missbräuchlich, wenn der Mietzins aus dem gewährten Barunterhalt beglichen wird; dies gilt auch, wenn der Mietzins unmittelbar mit dem Barunterhalt verrechnet wird (vgl. BFH, BStBl. II 2000, S. 223; BFH, NV 2000 429; BFH, NV 2003, 749). Missbräuchlichkeit würde jedoch angenommen, wenn die Eltern zugunsten ihres Kindes ein unentgeltliches, zeitlich befristetes Nießbrauchsrecht bestellen und das Grundstück anschließend zurückmieten.

– Planmäßige Anschaffung zweier gleichwertiger Wohnungen mit anschließender wechselseitiger Vermietung.

– Abschluss eines Mietvertrages unter unentgeltlicher Aufgabe eines Nießbrauchsrechts/Wohnungsrecht ist nicht missbräuchlich; Missbräuchlichkeit ist jedoch dann gegeben, wenn das unentgeltliche Wohnungsrecht gegen Vereinbarung einer dauernden Last aufgehoben und gleichzeitig ein Mietverhältnis mit Mietzins i.H.d. dauernden Last vereinbart wird.

2. Beeinflussung von Stichtagswerten

Bei der Einkünfteermittlung durch Überschussrechnung kommt nach § 11 EStG das Zufluss – und Abflussprinzip zur Anwendung. Der Steuerpflichtige kann durch Gestaltungen hinsichtlich des Zahlungszeitpunktes die Besteuerung in Veranlagungszeiträume verschieben. Die Gestaltung ist dann als unangemessen zu werten, wenn der Zahlungszeitpunkt willkürlich gewählt und keinen Bezug zum wirtschaftlichen Hintergrund hat. Dies wurde bspw. bei einer Vorauszahlung bei einer Treuhandgebühr für einen dreißigjährigen Treuhandauftrag bejaht. Ebenso bei ohne wirtschaftlichen Grund geleisteten Vorauszahlungen von Gebühren bei Bauherrenmodellen (vgl. BFH, BStBl. II 1989, S. 709 und BFH, BStBl. 1987, S. 217). Die Zahlung eines Disagios über einen Monat vor Auszahlung des Darlehenskapitals ist als unangemessen zu werten, wenn die Zahlung vor Fälligkeit wirtschaftlich nicht begründet ist. Eine Unangemessenheit muss jedoch verneint werden, wenn die vorzeitige Zahlung vertraglich vereinbart war und ein enger zeitlicher Zusammenhang, d.h. von nicht mehr als einem Monat besteht (vgl. BFH, BStBl. II 1984, S. 428; BFH, NV 1998, 496). Die vertragliche Vereinbarung kann jedoch auch selbst unangemessen sein. 18

3. Zwischenschaltung von Gesellschaften

Grds. ist der Steuerpflichtige frei, seine unternehmerische Tätigkeit so zu gestalten, dass diese auch einer geringeren Steuerlast unterworfen wird. Die Zwischenschaltung einer Kapitalgesellschaft ist bspw. bei Grundstückstransaktionen (Vermietungs- und Verpachtungseinkünfte und Veräußerungsgewinne unterliegen auf Ebene der Kapitalgesellschaft nur der Körperschaftsteuer plus Solidaritätszuschlag, soweit die erweiterte gewerbesteuerliche Kürzung greift) grds. nicht als missbräuchlich anzusehen. Die Kapitalgesellschaft ist ein selbstständiges vom Gesellschafter zu trennendes Steuerobjekt, sodass ein Durchgriff auf den Gesellschafter nicht in Betracht kommt (vgl. BFH, BStBl. II 2008, S. 789). I.R.d. Vermeidung eines gewerblichen Grundstückshandels wurde jedoch die Zwischenschaltung einer Kapitalgesellschaft als missbräuchlich angesehen (BFH, BStBl. II 2004, S. 787, 791; FG Niedersachsen, EFG 2008, 494). Soweit ein Handelsvertreter einen Teil seiner Tätigkeit auf eine von ihm und seine Ehefrau gegründete Kapitalgesellschaft, deren Geschäftsführer er und seine Frau sind, überträgt, ist dies nicht missbräuchlich. Dies gilt 19 jedenfalls dann, wenn der Handelsvertreter bei den übertragenden Tätigkeiten nicht im eigenen Namen, sondern als Vertreter der Kapitalgesellschaft auftritt (vgl. BFH, BStBl. II 1999, S. 119).

4. Spekulationsverluste

20 Die mit Verlust getätigte Veräußerung von Wertpapieren innerhalb der Jahresfrist des § 23 EStG a.F. vor Einführung der Abgeltungsteuer wurde nicht als missbräuchlich betrachtet, selbst wenn die veräußerten Wertpapiere kurze Zeit später z.T. am selben Tag der Veräußerung in gleicher Anzahl zu unterschiedlichen Kursen wieder erworben wurden (vgl. BFH, DStR 2009, 2188; FG Münster, EFG 2007, 1024).

5. Arbeitslohn

21 Grds. ist die Ausübung von Wahlrechten, die Nutzung von Pauschalierungsmöglichkeiten und die Ausschüttung von Steuerfreibeträgen und Steuerfreiheiten uneingeschränkt möglich, jedoch ist auch hier jeweils zu prüfen, ob die rechtliche Gestaltung nur erfolgt, um durch Ausnutzung von entsprechenden Freibeträgen einen Teil des Lohns der Besteuerung zu entziehen. Insoweit ist bspw. der Übergang vom Lohnsteuerabzug zur Lohnsteuerpauschalierung nach § 40a EStG u.U. als unangemessen zu würdigen (vgl. BFH, BStBl. 1992, S. 695; BFH, BStBl. II 2004, S. 195). Rechtsmissbräuchlich ist auch die Aufspaltung eines einheitlichen Beschäftigungsverhältnisses, durch das der Arbeitgeber über eine eigenst gegründete Gesellschaft seine früheren eigenen Arbeitnehmer zurück entleiht (FG Münster, EFG 1995, 220). Der Verzicht auf Tantiemeforderung gegen Zahlung einer steuerfreien Abfindung oder einer steuerbegünstigten Entschädigung für entgangene Einnahmen anlässlich der Auflösung eines Arbeitsverhältnisses soll dagegen keine unangemessene Gestaltung sein (FG Hamburg, EFG 1990, 162).

II. Körperschaftsteuer, Mantelkauf, Verlustvortrag

1. Mantelkauf

22 In der Vergangenheit versuchten Steuerpflichtige durch den sog. Mantelkauf, d.h. von Gesellschaften mit einem hohen Verlustvortrag und geringem oder keinem eigenen operativen Geschäft, ihre steuerliche Situation zu optimieren. Dabei wurde entweder in diese Verlustgesellschaften profitables Geschäft verlagert oder ein profitables Unternehmen auf die Verlustgesellschaft verschmolzen. Durch verschiedene Vorschriften, insb. § 8 Abs. 4 KStG und nunmehr durch die Regelung des § 8c KStG sollen diese Möglichkeiten eingeschränkt werden, die als Missbrauchsverhinderungsnormen als solche eine Spezialvorschrift zu § 42 AO darstellen. Gerade im Rahmen von Sanierungsfällen ist jedoch die Gestaltungsberatung dem Gesetzgeber z.T. einen Schritt voraus. Eine dabei typische Gestaltung zur Vermeidung des § 8c KStG ist folgende:

▶ **Beispiel:**

Die B-GmbH ist ein sanierungsbedürftiges Unternehmen, das durch hohe Gesellschafterdarlehen finanziert wurde. Der Altgesellschafter A will nunmehr an den Sanierer C seine 100 % Beteiligung an die B-GmbH veräußern. Zu diesem Zweck verzichtet A als Gesellschafter auf seine Gesellschafterdarlehen ggü. der B-GmbH. Dieser Verzicht wird mit einem Besserungsschein versehen. Da die Gesellschafterdarlehen aufgrund der Sanierungssituation als nicht werthaltig angesehen werden, führen sie i.H.d. Verzichts zu einem laufenden Gewinn der Gesellschaft und werden gegen den Verlustvortrag gerechnet (beachte hierbei Mindestbesteuerung gem. § 10d EStG und verfassungsrechtliche Bedenken der BFH gegen Mindestbesteuerung). Nunmehr erwirbt C die Gesellschaft und den Besserungsschein. In der Folgezeit wird die Gesellschaft durch C saniert und unter dem Besserungsschein lebt das Darlehen wiederum auf, auf das B vor Verkauf verzichtet hat. Das Wiederaufleben der Verbindlichkeit bei der B-GmbH führt in Höhe dieser Verbindlichkeit wiederum zu einem laufenden Verlust. Insoweit hätte der Verzicht gegen Besserungsschein dazu geführt, dass der Verlust unter dem neuen

Gesellschafter wieder aufleben kann, obwohl nach der Regelung des § 8c KStG aufgrund des hundertprozentigen Gesellschafterwechsel an sich der Verlustvortrag der Gesellschaft insgesamt verloren gewesen wäre.

Die Finanzverwaltung hat ihrem BMF-Schreiben v. 02.12.2003 (BStBl. I 2003, S. 648) die einhellig in der Literatur kritisierte Auffassung vertreten, dass der unter dem Besserungsschein bei Wiedereinbuchung sich ergebende steuerliche Aufwand nur beschränkt gem. § 8 Abs. 4 KStG genutzt werden kann. Der Gewinn des Wirtschaftsjahres wäre insoweit um den Aufwandsbetrag zu erhöhen. Zwischenzeitlich haben sowohl Teile der Literatur als auch Vertreter der Finanzverwaltung die Weitergeltung dieses BMF-Schreibens und unter der Neuregelung des § 8c KStG befürwortet (vgl. Frotscher § 8c KStG Rn. 83, der jedoch die Ansicht vertritt, dass das BMF-Schreiben zu der Regelung des § 8c KStG im Widerspruch steht). Neben der Anwendung des § 8c KStG ist auch der § 42 AO zu prüfen, der § 8c KStG stellt keine Missbrauchsregelung dar, die als lex specialis ggü. § 42 AO eine Sperrwirkung entfalten könnte (vgl. hierzu Meisel/Bokeloh, BB 2008, 808; Pohl, DB 2008, 1531, 1532). Eine missbräuchliche Gestaltung könnte sich u.U. nur unter Heranziehung der Gesamtplanrechtsprechung und damit im Zusammenwirken beider Rechtsgeschäfte, d.h. des Forderungsverzichts und des Anteilsverkaufs ergeben. Insoweit wird es hier auf die Darstellung der außersteuerlichen Gründe, die für die vorstehende Gestaltung ausschlaggebend waren, ankommen.

2. Inkongruente Gewinnausschüttungen

Bei inkongruenten Gewinnausschüttungen ist nicht primär der § 42 AO zur möglichen Korrektur 23
heranzuziehen, sondern die Zurechnungsnorm der jeweils anwendbaren Ertragsteuergesetze. Insoweit kann eine inkongruente Gewinnausschüttung, soweit sie auf nichtgesellschaftsrechtlichen Gründen beruht und zu einer Überbeteiligung an Ausschüttung führt, als Gewinnverwendung der verzichtenden Gesellschaftern zu beurteilen sein (vgl. hierzu *Groh*, DB 2000, 1433).

Auch das Schütt-aus-Hol-zurück-Verfahren wird grds. nicht als missbräuchliche Nutzung von Gestaltungsmöglichkeiten angesehen. Dies wurde selbst für den Fall bejaht, wenn die Parteien sich auf eine inkongruente Ausschüttung der Kapitalrücklagen einigen, um dadurch einem der Anteilseigner einen Verlustabzug zu ermöglichen, der anschließend die an ihn ausgeschütteten Gewinne kongruent einlegt (vgl. BFH, BStBl. II 2001, S. 43).

III. Internationales Steuerrecht

1. Gewinnverlagerung in das Ausland

Eine beliebte Gestaltung zur Verringerung der inländischen Belastung ist die Verlagerung von 24
Gewinnen in das niedrig besteuerte Ausland. Zu diesem Zweck wird im Ausland eine juristische Person gegründet, der zukünftig die erzielten Gewinne als im Ausland steuerpflichtiges Rechtssubjekt zugerechnet werden soll. In vielen Fällen fehlt dieser ausländischen Gesellschaften jedoch die erforderliche Substanz bzw. die Gesellschaft dient keinem eigenen wirtschaftlichen Zweck und entfaltet keine eigene wirtschaftliche Tätigkeit. Solche sog. Basisgesellschaften (Domizilgesellschaften) erfüllen den Tatbestand des § 42 AO (vgl. BFH, BStBl. II 1986, S. 496; BFH, BStBl. II 2002, S. 819; TK/*Drüen* § 42 Rn. 78; Pahlke/Koenig/*Koenig* § 42 Rn. 70; Pohlmann/*Ransiek* § 370 Rn. 1239). Als wirtschaftlicher Zweck, der die Zwischenschaltung einer ausländischen Gesellschaft nicht ausreichend rechtfertigt, ist bspw. das formale Präsentsein im Ausland zur sog. Imagepflege angesehen worden. Die Gesellschaft sollte sich deshalb am wirtschaftlichen Verkehr beteiligen. Die dabei an die Gesellschaft zu stellenden Mindestanforderungen sind umstritten, wobei der BFH (BStBl. II 2003, 50, 52; BFH, BStBl. II 2006, 118, 210) z.T. sehr niedrige Anforderungen an die Basisgesellschaft stellt, damit diese nicht mehr als missbräuchliche Gestaltung angesehen wird. In der Vergangenheit wurde neben den bloßen Repräsentationsaufgaben auch das bloße Halten als nicht ausreichender wirtschaftlicher Zweck gewürdigt (vgl. BFH, BStBl. II 1977, S. 265). Dagegen kann in einem nicht unbedeutenden Erwerb von Beteiligungen an in- und aus-

ländischen Kapitalgesellschaften eine wirtschaftliche Beteiligung liegen. Es genügt auch eine passive Vermögensverwaltung mit eigenem wirtschaftlichem Risiko (vgl. BFH, BStBl. II 2001, S. 222). Soweit der Steuerpflichtige mit seiner ausländischen Gesellschaft gemischte Tätigkeiten entfaltet, ist einheitlich für die ausländische Gesellschaft zu entscheiden, ob mit der Gesamttätigkeit eigenständige wirtschaftliche Ziele verfolgt werden (vgl. BFH, BStBl. II 1991, S. 84). Deshalb ist im Einzelfall unter Würdigung der Gesamtumstände zu prüfen, ob die Tätigkeit der Gesellschaft als reine Alibi-Funktion zu würdigen ist oder vielmehr aufgrund sowohl der Ausstattung der Gesellschaft mit Personal, Equipment als auch nach den wirtschaftlichen Zielen, die Rechtsmissbräuchlichkeit ausscheidet. Soweit weder Arbeitnehmer beschäftigt noch Büroräume unterhalten werden, hat dies eine indizielle Bedeutung für die Missbräuchlichkeit der Gestaltung aufgrund des fehlenden eigenen Unternehmerisikos (vgl. BFH, BStBl. II 1997, S. 118).

Es ist zu beachten, dass § 42 AO auch dann auf ausländische Gesellschaften Anwendung finden kann, wenn diese nicht in einem Niedrigsteuerland angesiedelt sind. Soweit der Steuerpflichtige ohne wirtschaftliche Gründe zur Vermeidung inländischer Besteuerung erzielte Einnahmen durch die ausländische Kapitalgesellschaft durchleitet (z.B. um im Ausland mögliche Verlustvorträge zu nutzen), kann dies ebenfalls als missbräuchliche Gestaltung angesehen werden (vgl. bspw. BFH, BStBl. II 2002, S. 819; anders bei Vorliegen wirtschaftlicher Gründe BFH, BStBl. II 2006, S. 118).

25 Die vorstehenden Grundsätze sind auch bei dem sog. Outsourcing von inländischen Gesellschaften zu beachten. In diesem Fall lagern inländischen Gesellschaften einzelne Tätigkeiten auf ausländische Kapitalgesellschaften aus, um zum einen z.B. Kostenvorteile durch niedrigere Arbeitslöhne im Ausland zu sichern, zum anderen jedoch auch um mögliche Gewinne in das Ausland zu verlagern. Grds. ist eine solche Verlagerung innerhalb des Konzerns nicht durch § 42 AO beschränkt, sondern unterliegt vielmehr den allgemeinen Regelungen des Steuerrechts und hier insb. des Außensteuerrechts. Insoweit hat bspw. der BFH die Beteiligung an einer inländischen Kapitalgesellschaft an einer gemeinschaftsrechtlich geförderten Gesellschaft in den irischen Dublin Docks als nicht rechtsmissbräuchlich gewürdigt, wenn die Management-Gesellschaft in ihrem Land Wertpapiergeschäfte tätigt und diese durch eigene Entscheidungsträger abwickelt. Nach zutreffender Auffassung des BFH entfaltete die Gesellschaft hierdurch eine eigene wirtschaftliche Betätigung (vgl. BFH, BStBl. II 2005, S. 14).

26 Die vorstehenden Grundsätze zur steuerlichen Behandlung von Basisgesellschaften, die primär durch die nationale Rechtsprechung gebildet wurden, stehen seit der EuGH-Entscheidung zu Cadburry Schweppes auf dem Prüfstand (vgl. EuGHE 2006, DStR 2006, 1286; FG Niedersachsen, EFG 2009, 1721; TK/*Drüen* § 42 Rn. 99; Kohlmann/*Ransiek* § 370 Rn. 507).

Mit Schreiben v. 08.01.2008 hat das BMF mit Blick auf die §§ 7 bis 14 AStG erste Folgerung aus diesem EuGH-Urteil im Hinblick auf die Konkretisierung der wirtschaftlichen Substanz gezogen (BMF, BStBl. I 2008, S. 99; ausführlich in Flick/Wassermeyer/Baumhof/*Schönfeld* vor §§ 7 bis 14 AStG Rn. 211 ff.).

2. Steuerumgehung und Abkommensrecht

27 Gestaltungen, die zu Erlangung von Vorteilen von anwendbaren Doppelbesteuerungsabkommen führen sollen, sind prinzipiell, soweit sie zivilrechtlich wirksam geschlossen wurden, als Missbrauch von Gestaltungsmöglichkeiten zu werten. Typischerweise sind die Gestaltungen, bei denen der Steuerpflichtige selbst keinen Anspruch auf die Vorteile des DBA hat, weil er in keinen Abkommenstaaten ansässig ist. Zur Erzielung der Vorteile wird deshalb in einem der Abkommenstaaten ein Rechtsträger, zumeist ein Kapitalgesellschaft errichtet, die dann die Abkommensvorteile in Anspruch nehmen soll. Bevor man nun in die Prüfung des § 42 AO eintritt, sind primär die spezialgesetzlichen Vorschriften, insb. die Missbrauchsvermeidungsvorschriften des Doppelbesteuerungsabkommens und nationale Spezialvorschriften wie der § 50d Abs. 3 EStG zu prüfen, die einen sog. Treaty override enthalten (vgl. hierzu ausführlich HHSp/*Fischer* § 42 Rn. 571).

5. Kapitel Haftung (§§ 71, 235 AO)

§ 71 AO Haftung des Steuerhinterziehers und des Steuerhehlers

Wer eine Steuerhinterziehung oder eine Steuerhehlerei begeht oder an einer solchen Tat teilnimmt, haftet für die verkürzten Steuern und die zu Unrecht gewährten Steuervorteile sowie für die Zinsen nach § 235.

A. Allgemeines

Bei § 71 AO handelt es sich um eine Haftungsnorm mit **Schadensersatzcharakter** (st. Rspr.; z.B. BFH v. 08.11.1988 – VII R 78/85, BStBl. II 1989, S. 118; BFH v. 26.02.1991 – VII R 3/90, BFH/NV 1991, 504; BFH v. 26.08.1992 – VII R 50/91, BStBl. II 1993, S. 8; BFH v. 27.03.2006 – VII B 117/05, BFH/NV 2006, 1254), durch die Täter und Teilnehmer einer Steuerhinterziehung oder Steuerhehlerei zum Ersatz des von ihnen angerichteten Schadens herangezogen werden sollen. Daneben verbessert § 71 AO die Rechtsposition des Steuergläubigers dadurch, dass er wegen der Steuerminderung auch Zugriff auf das Vermögen einer weiteren Person nehmen kann und dass dieser Zugriff durch die Finanzbehörde kraft eigenen Rechts erfolgen kann. **1**

Durch § 71 AO kommt es zu einer **unbeschränkten persönlichen Haftung** in Form der Nebenhaftung des Haftenden neben dem Steuerschuldner. Aufgrund der **Akzessorietät des Haftungsanspruchs** ist es zwingend erforderlich, dass die Steuerschuld, für die der Haftende einstehen soll, tatsächlich entstanden ist und noch besteht. Besteht nach materiellem Steuerrecht hingegen kein Steueranspruch, so ist selbst im Fall einer rechtmäßigen Verurteilung wegen Steuerhinterziehung § 71 AO nicht anwendbar. **2**

Neben der Inanspruchnahme nach § 71 AO bleibt für den Steuergläubiger auch in vollem Umfang die Möglichkeit bestehen, nach den Vorschriften des **Privatrechts** Schadensersatz wegen unerlaubter Handlung zu erlangen, da § 71 AO insoweit nicht als speziellere und abschließende Regelung anzusehen ist (vgl. BT-Drucks. VI/1982 zu § 71; BGH v. 08.11.1966 – VI ZR 40/65, NJW 1967, 156; FG Düsseldorf v. 04.08.1992 – 14 V 2425/92 – A [H], EFG 1992, 702; Koch/Scholtz/*Halaczinsky* § 71 Rn. 2; Schwarz/*Schwarz* § 71 Rn. 1; a.A. TK/*Loose* § 71 Rn. 1; wohl auch ablehnend, HHSp/*Boeker* § 71 Rn. 5). Diese, in der Praxis ausgesprochen selten genutzte Möglichkeit, kann von Bedeutung sein, wenn sich der Haftende im Ausland aufhält und der Aufenthaltsstaat keine steuerliche Amtshilfe leistet. **3**

§ 370 AO ist allerdings kein Schutzgesetz i.S.d. § 823 Abs. 2 BGB (BFH v. 24.10.1996, VII R 113/94, BStBl. II 1997, S. 308). **4**

Auch § 71 AO und § 14c Abs. 2 UStG schließen sich nicht gegenseitig aus. Grds. enthält § 14c Abs. 2 UStG einen ähnlichen Ansatz wie § 71 AO (ebenso TK/*Loose* § 71 Rn. 2; Schwarz/*Schwarz* § 71 Rn. 1), es wird allerdings für die Entstehung der Rechnungsteuer nur eine Gefährdung des Steueraufkommens vorausgesetzt. Ein konkreter Schaden ist hingegen – im Gegensatz zu § 71 AO – nicht erforderlich (vgl. BFH v. 28.01.1993 – V R 75/88, BStBl. II 1993, S. 357; BFH **5**

v. 27.10.1993 – XI R 47/90, UR 1994, 318; BFH v. 27.01.1994, V R 113/91, BStBl. II 1994, S. 342). Es ist allerdings auch eine Haftung nach § 71 AO für die Rechnungsteuer des § 14c Abs. 2 UStG möglich (BFH v. 17.02.1994 – VII B 168/93, BFH/NV 1994, 903). Eine ähnliche Haftungsfolge wegen Gefährdung des USt-Aufkommens ergibt sich aus § 13c UStG.

B. Tatbestandliche Voraussetzungen des § 71 AO

I. Steuerhinterziehung oder Steuerhehlerei

6 Der Haftungsanspruch gem. § 71 AO i.V.m. § 370 AO (Steuerhinterziehung) oder § 374 AO (Steuerhehlerei) entsteht gem. § 38 AO kraft Gesetzes mit der Verwirklichung des Tatbestandes, an den das Gesetz die Haftungsfolge knüpft. Folglich muss der Tatbestand der Steuerhinterziehung oder der Steuerhehlerei in objektiver und subjektiver Hinsicht erfüllt sein. Die Tat kann durch Handeln oder Unterlassen begangen worden sein und muss vollendet sein. Aus dem Schadensersatzcharakter der Norm ergibt sich allerdings, dass der hinterzogene Betrag bei steuerehrlichem Verhalten dem Steuergläubiger hätte zufließen müssen (vgl. Rdn. 27 f.). Die Beteiligung eines zuständigen Beamten an der Straftat lässt weder deren Strafbarkeit noch die Haftung gem. § 71 AO entfallen (BGH v. 14.12.2010 – 1 StR 275/10, wistra 2011, 186; BFH v. 25.10.2005 – VII R 10/04, BStBl. II 2006, S. 356).

7 Ein bloß **versuchtes Delikt** ist nicht ausreichend, da es an der verkürzten Steuer fehlt und somit kein Haftungsschaden vorliegt. Ist die Tat nur teilweise vollendet, so tritt die Haftung nur für den vollendeten Teil ein (HHSp/*Boecker* § 71 Rn. 13; TK/*Loose* § 71 Rn. 4).

8 Die Straftat muss **vorsätzlich** begangen worden sein, wobei bedingter Vorsatz ausreichend ist. Zur Tatbestandsmäßigkeit der Steuerhehlerei gehört darüber hinaus die Erfüllung des subjektiven Tatbestandsmerkmals der Bereicherungsabsicht. Eine **leichtfertige Steuerverkürzung** i.S.d. § 378 AO führt hingegen nicht zur Haftung gem. § 71 AO; es könnte jedoch § 69 AO anwendbar sein.

9 Der Straftatbestand muss ferner **rechtswidrig** begangen worden sein und es dürfen keine **Schuldausschließungs- oder Entschuldigungsgründe** vorliegen (FG Düsseldorf v. 04.08.1992 – 14 V 2425/92 A, EFG 1992, 702; TK/*Loose* § 71 Rn. 3; Schwarz/*Schwarz* § 71 Rn. 5; vgl. auch BFH v. 02.04.1998 – V R 60/97, BStBl. II 98, 530; a.A. BFH v. 08.11.1988 – VII R 78/85, BStBl. 1989 II, S. 118; Koch/Scholtz/*Halaczinsky* § 71 Rn. 4).

10 Liegt nach dem festgestellten Sachverhalt entweder eine Steuerhinterziehung oder eine Steuerhehlerei vor ohne dass sich feststellen lässt, welcher der beiden Tatbestände verwirklicht ist oder ob Täterschaft oder Teilnahme vorliegt, so ist für die Haftung nach § 71 AO eine **wahlweise Feststellung** ausreichen (BFH v. 14.12.1951 – II z 127/51 S, BStBl. III 1952, S. 21; BFH v. 12.05.1955 – V z 48/53 U, BStBl. III 1955, S. 215; Koch/Scholtz/*Halaczinsky* § 71 Rn. 4; TK/*Loose* § 71 Rn. 5 f.). Eine Wahlfeststellung zwischen aktivem Tun und Unterlassen ist allerdings nur zulässig, wenn zugleich die Handlungspflicht des Haftenden festgestellt wird (BFH v. 21.11.2000 – VII R 8/00 BFH/NV 01, 570)

11 Gem. § 14 InvZulG 2010 sind u.a. die Vorschriften der AO zur Haftung auf die **Investitionszulage** entsprechend anwendbar; zur Anwendbarkeit auf den Teilnehmer an einem Subventionsbetrug (vgl. FG Sachsen v. 24.06.2009 – 4 K 2207/04, EFG 2011, 691; Rev. zugelassen: BFH v. 20.07.2010 – III R 25/10, n.v.). Aufgrund dieser ausdrücklichen Verweisung ist § 71 AO auch auf solche Fälle des **Subventionsbetrugs** gem. § 264 StGB anwendbar, bei denen Investitionszulage ertrogen worden ist (BFH v. 27.04.1999 – III R 21/96, BStBl. II 1999, S. 670; TK/*Loose* § 71 Rn. 5; Schwarz/*Schwarz* § 71 Rn. 2a; vgl. auch FG Sachsen v. 24.06.2009 – 4 K 2207/04, n.v. zur Haftungsinanspruchnahme für zurückgeforderte Investitionszulage wegen Beihilfe zum Subventionsbetrug, Rev. zugelassen unter III R 25/10; vgl. dazu *Matthes*, EFG 2011, 694). In allen anderen Fällen begründen Betrug (§ 263 StGB), Subventionsbetrug und straflose Ersatzhehlerei (BFH v. 20.06.1990 – VII R 5/88, HFR 1990, 666) hingegen keine Haftung nach § 71 AO.

II. Haftungsschuldner

Mit Ausnahme des Steuerschuldners kann der Haftungstatbestand des § 71 AO von jedem ver- 12
wirklicht werden, der eine Steuerhinterziehung (§ 370 AO) oder Steuerhehlerei (§ 374 AO) als
Täter, Mittäter oder Nebentäter (§ 25 StGB) begeht oder an einer solchen Tat als Anstifter (§ 26
StGB) oder Gehilfe (§ 27 StGB) teilnimmt. Im Hinblick auf die Haftung ist es unschädlich, wenn
beim Teilnehmer ein die Strafbarkeit nach §§ 370, 374 AO begründendes persönliches Merkmal
fehlt (BFH v. 27.05.1986 – VII S 5/86, BFH/NV 1987, 10). Der Teilnehmer haftet hingegen
nicht, wenn die Haupttat nicht bekannt ist, da in diesem Fall eine Voraussetzung der
§§ 26, 27 StGB nicht vorliegt (BFH v. 16.07.2009 – VIII B 64/09, BStBl. II 2010, S. 8 bzgl. der
Beihilfe zur Steuerhinterziehung durch Bankmitarbeiter, wenn der Bankkunde als Haupttäter
nicht bekannt ist; vgl. dazu auch *Jope*, Stbg 2010, 299; *Pflaum*, wistra 2010, 368).

Der **Steuerschuldner** ist von der Haftung ausgeschlossen, da er den verkürzten Betrag schuldet, 13
während im Gegensatz dazu „Haftung" begrifflich das Einstehenmüssen für fremde Schuld
bezeichnet (BFH v. 11.05.1982 – VII R 97/81, BStBl. II 1982, S. 689; vgl. aber auch BFH
v. 15.04.1987 – VII R 160/83, HFR 1987, 501). **Zusammenveranlagte Gesamtschuldner** können
erst nach Aufteilung der Steuerschuld gem. § 268 AO als Haftungsschuldner für die Steuerschulden des jeweils anderen in Anspruch genommen werden (BFH v. 07.03.2006 – X R 8/05, BFH/
NV 2006, 1378).

Als Täter oder Teilnehmer einer Steuerhinterziehung, der nicht selbst Steuerschuldner ist, kom- 14
men i.d.R. solche Personen in Betracht, die für einen anderen tätig werden, z.B. Geschäftsführer,
Prokuristen, mit der Buchhaltung und den Steuern befasste Angestellte und steuerliche Berater
(vgl. z.B. BFH v. 19.12.2002 – IV R 37/01, BStBl. II 2003, S. 385; vgl. aber z.B. auch FG München v. 28.07.2011 – 14 K 3772/08, PStR 2011, 301 bzgl. eines Beihilfe leistenden Kurierfahrers)
sowie Bedienstete des FA (BFH v. 25.10.2005 – VII R 10/04, BFH/NV 2006, 384).

Handelt es sich bei dem Täter oder Teilnehmer der Tat um eine Person i.S.d. §§ 34, 35 AO, so 15
haftet er nach § 69 AO und § 71 AO (sog. **Anspruchskonkurrenz**). Dies kann von Bedeutung sein
im Hinblick auf den unterschiedlichen Haftungsumfang der Haftungsnormen. In diesem Fall
steht es der Finanzbehörde frei, die Haftung auch oder ausschließlich auf § 191 AO i.V.m. § 71
AO zu stützen, da dadurch der tatsächliche Vorgang, auf dem die auf Schadensersatz gerichtete
Haftung basiert, nicht geändert wird (vgl. BFH v. 26.08.1992 – VII R 50/91, BStBl. 1993 II,
S. 8).

III. Entscheidung über die Haftungsvoraussetzungen

Über das Vorliegen der Haftungsvoraussetzungen entscheidet die für den Erlass des Haftungsbe- 16
scheids gem. § 24 AO zuständige Finanzbehörde bzw. das FG selbstständig und unabhängig. Nach
dem AEAO zu § 71 soll die Entscheidung im Einvernehmen mit der für Straf- und Bußgeldsachen zuständigen Stelle erfolgen.

Eine vorhergehende **strafrechtliche Verurteilung** ist nicht erforderlich, sodass das Vorliegen einer 17
Selbstanzeige gem. § 371 AO, der Eintritt der Strafverfolgungsverjährung oder sonstige Verfah-
renshindernisse im Hinblick auf § 71 AO ohne Bedeutung sind. Da es sich bei § 71 AO um eine
steuerliche Bestimmung handelt, ist es Aufgabe der Finanzbehörde (§ 88 Abs. 1 AO) bzw. des FG
(§§ 76, 96 Abs. 1 FGO), die Voraussetzungen der Haftungsinanspruchnahme einschließlich der
Begehung der Steuerstraftat zu ermitteln. Die Finanzbehörde trägt die Feststellungslast für das
Vorliegen aller haftungsbegründenden Tatbestandsmerkmale des § 71 AO und damit auch der
Straftat i.S.d. §§ 370, 374 AO (BFH v. 05.03.1979, GrS 5/77, BStBl. II 1979, S. 570).

Es ist umstritten, ob im Hinblick auf § 71 AO auch der strafprozessuale Grundsatz „**in dubio pro** 18
reo" anwendbar ist; vgl. dazu Rdn. 39 f. Die praktische Auswirkung dieses Meinungsstreits ist
allerdings gering. Es gilt die steuerliche Feststellungslast des FA. Es besteht auch Einigkeit, dass für

das Vorliegen einer Steuerhinterziehung kein höherer Grad von Gewissheit erforderlich ist als für die Feststellung anderer Tatsachen, für die die Finanzbehörde die Feststellungslast trägt. Beweismaßerleichterungen, die im Besteuerungs- und Finanzgerichtsverfahren infolge verweigerter Mitwirkung des Steuerpflichtigen an der Aufklärung des Sachverhalts eintreten, dürfen allerdings bei der Feststellung einer Steuerhinterziehung dem Grunde nach nicht genutzt werden. Auch bei einer Verletzung von Mitwirkungspflichten sind die Voraussetzungen einer Steuerhinterziehung dem Grunde nach mit an Sicherheit grenzender Wahrscheinlichkeit festzustellen (BFH v. 16.07.2009 – VIII B 64/09, BStBl. II 2010, S. 8; BFH v. 07.11.2006 – VIII R 81/04, BStBl. II 2007, S. 364; *Jope*, Stbg 2010, 299). Das gilt auch für die Verletzung sog. erweiterter Mitwirkungspflichten bei internationalen Steuerpflichten nach § 90 Abs. 2 AO. Bei nicht behebbaren Zweifeln ist die Feststellung einer Steuerhinterziehung mittels reduzierten Beweismaßes nicht zulässig (BFH v. 20.06.2007 – II R 66/06, BFH/NV 2007, 2057).

19   Nach diesen Grundsätzen muss die Qualifizierung der jeweiligen Steuern als i.S.d. § 235 AO hinterzogen feststehen (BFH v. 07.11.2006 – VIII R 81/04, BStBl. II 2007, S. 364). Ihre betragsmäßige Höhe kann hingegen nach § 162 AO geschätzt werden (BFH v. 01.08.2001 – II R 48/00, BFH/NV 2002, 155; BFH v. 20.06.2007 – II R 66/06, BFH/NV 2007, 2057; FG München v. 08.10.2009 – 15 K 1779/06, EFG 2010, 298; BGH v. 26.10.1998 – 5 StR 746/97, HFR 1999, 578; TK/*Loose* § 235 Rn. 10; unklar *Nacke*, Die Haftung für Steuerschulden, Rn. 490). Allerdings ergibt sich insoweit nach herrschender Meinung aus der Geltung des Grundsatzes „in dubio pro reo", dass die **Schätzung** der hinterzogenen Steuern nicht entsprechend den allgemeinen Grundsätzen im Fall der Verletzung von Mitwirkungspflichten im Besteuerungsverfahren an der oberen Grenze des für den Einzelfall zu beachtenden Schätzrahmens ausgerichtet werden dürfen (vgl. BFH v. 20.12.2000 – I R 50/00, BStBl. II 2001, S. 381; BFH v. 20.06.2007 – II R 66/06, BFH/NV 2007, 2057).

20   Die Finanzbehörde und das FG sind nicht an ein bereits gegen den Haftungsschuldner ergangenes **Strafurteil** und die darin getroffenen rechtlichen und tatsächlichen Feststellungen gebunden (BFH v. 13.01.2005 – VII B 261/04, BFH/NV 2005, 936; BFH v. 29.10.1986 – VII R 119/82, BFH/NV 1987, 362; Schwarz/*Schwarz* § 71 Rn. 7; abweichend HHSp/*Boeker* § 71 Rn. 21; a.A. FG Berlin v. 27.01.1999 – 2 K 2138/97, EFG 1999, 680). Sofern der Haftende im Verwaltungs- bzw. Rechtsbehelfsverfahren jedoch keine substantiierten Einwendungen gegen die Feststellungen im Strafurteil erhebt, können sich Finanzbehörde und FG die tatsächlichen Feststellungen, Beweiswürdigungen und rechtlichen Beurteilungen des Strafgerichts zu eigen machen, wenn und soweit sie nach ihrer Ansicht zutreffend sind (BFH v. 12.01.1988 – VII R 74/84, BFH/NV 1988, 692; BFH v. 02.12.2003 – VII R 17/03, BFHE 204, 380; FG München v. 28.07.2011 – 14 K 3772/08, PStR 2011, 301; Kühn/v. Wedelstädt/*Blessinger* § 71 Rn. 6; *Jope*, Stbg 2010, 299; für den Strafbefehl: BFH v. 07.03.2006 – X R 8/05, BStBl. II 2007, S. 594). Dies gilt auch für den Fall, dass der Betroffene an dem Strafverfahren nicht beteiligt war (BFH v. 21.02.2006 – VII B 77/05, BFH/NV 2006, 1307).

21   Einer **Verfahrenseinstellung** nach § 153 StPO, § 153a StPO oder weil die Tat nicht nachweisbar ist, kommt keine Indizwirkung zu (vgl. BFH v. 28.10.2008 – VIII B 62/07, n.v.). Wird der Haftungsschuldner im Strafverfahren hingegen freigesprochen, so ist nach dem Grundsatz der pflichtgemäßen Ermessensausübung unter Berücksichtigung der unterschiedlichen Anforderungen im Ermittlungsverfahren zu prüfen, ob ein bereits ergangener Haftungsbescheid ganz oder teilweise gem. § 130 Abs. 1 AO zurückzunehmen ist (TK/*Loose* § 71 Rn. 12; Schwarz/*Schwarz* § 71 Rn. 10).

22   Eine Abweichung von der Entscheidung des Strafgerichts kommt v.a. infrage, falls nachträglich Tatsachen bekannt werden, die das Strafgericht bei seiner Entscheidung nicht berücksichtigte. Auch nach dem Tod des Täters oder Teilnehmers der Steuerstraftat darf festgestellt werden, dass er die Tat begangen hat (BFH v. 27.08.1991 – VIII R 84/89, BStBl. II 1992, S. 9).

23   Umstritten ist hingegen, ob eine Bindung der für die Haftung zuständigen Dienststelle an die **Entscheidung der Bußgeld- und Strafsachenstelle** besteht, wenn beide Dienststellen zu demsel-

ben FA gehören. Teilweise wird dies mit dem Argument bejaht, dass beide Sachgebietsleiter als Vertreter bzw. im Auftrag desselben Behördenvorstehers handeln. Aus dem Rechtsstaatsprinzip ergebe sich, dass ein und dieselbe staatliche Stelle in derselben Sache widerspruchsfrei entscheiden müsse (HHSp/*Boecker* § 235 Rn. 22; TK/*Loose* § 235 Rn. 12). Dem ist allerdings schon entgegen zu halten, dass diese Situation ausgesprochen selten sein wird, da in allen Bundesländern auf der Basis des § 387 Abs. 2 AO eine Zentralzuständigkeit besteht. Aber selbst wenn die zentral zuständige Bußgeld- und Strafsachenstelle und die für die Haftung zuständige Dienststelle Dienststellen desselben FA sind, ist eine Bindungswirkung zu verneinen, da die steuerlichen und die strafrechtlichen Ermittlungen nach unterschiedlichen Vorschriften ablaufen und somit auch zu unterschiedlichen Ergebnissen kommen können (wie hier Koch/Scholtz/*Halaczinsky* § 71 Rn. 5; Schwarz/ *Schwarz* § 71 Rn. 10; vgl. auch BFH v. 07.03.2006 – X R 8/05, BStBl. II 2007, S. 594). Folglich ist die für die Haftung zuständige Stelle in keinem Fall an die Feststellungen oder die Entscheidung der Bußgeld- und Strafsachenstelle gebunden.

C. Umfang der Haftung

Der Haftungsschuldner haftet für die verkürzten Steuern bzw. die zu Unrecht gewährten Steuer-   24
vorteile sowie für die Hinterziehungszinsen nach § 235 AO unbeschränkt und persönlich mit seinem gesamten Vermögen. Auf steuerliche Nebenleistungen (§ 3 Abs. 4 AO) und andere Ansprüche aus dem Steuerschuldverhältnis i.S.d. § 37 AO ist § 71 AO nicht anwendbar.

Die **Haftungssumme** ergibt sich aus einer unter steuerstrafrechtlichen Gesichtspunkten durchzu-   25
führenden Verkürzungsberechnung der Finanzbehörde. Dabei ist allerdings aufgrund des Schadensersatzcharakters des § 71 AO und der Akzessorietät der Haftung das **Kompensationsverbot** des § 370 Abs. 4 Satz 3 AO nicht zu berücksichtigen (BFH v. 26.02.2008 – VIII R 1/07, BStBl. 2008, S. 659; Kühn/v. Wedelstädt/*Blesinger* § 71 Rn. 10; HHSp/*Boeker* § 71 Rn. 28 f.). Folglich mindern bei der Berechnung der Haftungssumme solche Beträge den Haftungsbetrag, die in der strafrechtlichen Verkürzungsberechnung aufgrund des Kompensationsverbotes nicht zu berücksichtigen sind. Anderenfalls könnte es zu einer Haftung für tatsächlich nicht geschuldete Steuern kommen.

Der Umfang der Haftung wird allerdings vom **Vorsatz** des Täters der Steuerhinterziehung oder   26
-hehlerei begrenzt (Kühn/v. Wedelstädt/*Blesinger* § 71 Rn. 7; TK/*Loose* § 71 Rn. 16). Folglich erfasst § 71 AO nur diejenigen Steuerverkürzungen bzw. ungerechtfertigten Steuervorteile, auf die sich zumindest der bedingte Vorsatz bezogen hat. Der Teilnehmer muss zusätzlich den eigenen Beitrag vorsätzlich geleistet haben (sog. doppelter Teilnehmervorsatz). Hat also der Gehilfe die Beihilfe nur für einen Teil der Tat vorsätzlich geleistet, so haftet er auch nur für den entsprechenden Teil der hinterzogenen Steuern, selbst wenn der Täter Vorsatz für die ganze Tat gehabt hat (BFH v. 27.03.2006 – VII B 117/05, BFH/NV 2006, 1254). Ebenso ist im Fall der vorsätzlichen Hinterziehung von Einkommen- und USt die Haftung für die damit zusammenhängende Verkürzung der Gewerbesteuer ausgeschlossen, wenn insoweit nicht einmal bedingter Vorsatz bestand (Kühn/v. Wedelstädt/*Blesinger*§ 71 Rn. 7).

Es war umstritten, ob sich aus dem Schadensersatzcharakter des § 71 AO eine **Einschränkung des**   27
Haftungsumfangs ergibt. Nach der älteren Rechtsprechung des BFH war es unerheblich, ob der hinterzogene Betrag bei steuerehrlichem Verhalten dem Steuergläubiger zugeflossen wäre (BFH v. 02.04.1981 – V R 39/79, BStBl. II 1981, S. 627; BGH v. 05.06.1985 – VII R 57/82, BStBl. 1985 II, S. 688; ebenso *Halaczinsky* Rn. 179). In seiner neueren Rechtsprechung stellt der BFH jedoch hinsichtlich des Umfangs der Haftung darauf ab, inwieweit das strafrechtlich relevante Verhalten ursächlich für den Steuerausfall war (BFH v. 08.10.1991 – VII S 39/91, BFH/ NV 1992, 79; BFH v. 26.08.1992 – VII R 50/91, BStBl. II 1993, S. 8; BFH v. 02.03.1993 – VII R 90/90, BFH/NV 1994, 526; BFH v. 17.02.1994 – VII B 168/93, BFH/NV 1994, 603; BFH, V R 13/09, BFH/NV 2011, 81; ebenso HHSp/*Boeker* § 71 Rn. 31; TK/*Loose* § 71 Rn. 16; Kühn/

v. Wedelstädt/*Blesinger*§ 71 Rn. 4). Folglich ist – ausgehend vom Schadensersatzcharakter der Norm – eine **Kausalität zwischen Pflichtwidrigkeit und Schadenseintritt** erforderlich. Diese liegt z.B. nicht vor, wenn dem Steuerpflichtigen wegen Insolvenz keine hinreichenden Mittel zur Begleichung der geschuldeten Steuer zur Verfügung standen, sodass eine Inanspruchnahme in diesem Fall nach § 71 AO nicht möglich wäre (vgl. BFH v. 16.03.1993 – VII R 89/90, BFH/NV 1994, 359; BFH v. 08.11.1994 – VII R 1/93, BFH/NV 1995, 657). Ferner ist nach Ansicht des BFH auch i.R.d. § 71 AO der **Grundsatz der anteiligen Gläubigerbefriedigung** anwendbar, nach dem das FA zwar nicht vorrangig, aber auch nicht schlechter zu behandeln ist als die anderen Gläubiger, wenn die vorhandenen Mittel nicht zur Tilgung aller fälligen Schulden ausreichen (BFH v. 16.03.1993 – VII R 89/90, BFH/NV 1994, 359; BFH v. 06.03.2001 – BFH/NV 2001, 1100; BFH, V R 13/09, BFH/NV 2011, 81).

28 Beruft sich der Haftungsschuldner darauf, dass das strafrechtlich relevante Verhalten nicht oder nicht in vollem Umfang für den eingetretenen Schaden ursächlich wurde, so trifft ihn die **Darlegungslast**. Der Grundsatz der anteiligen Gläubigerbefriedigung und der Schadensersatzcharakter des § 71 AO führen hingegen nicht zu einer Beschränkung des Haftungsumfangs oder zum Ausschluss der Haftung, wenn bei ordnungsgemäßer Erfüllung der Steuererklärungspflicht der Steuerausfall vermieden worden wäre (BFH v. 25.04.1995 – VII R 99-100/94, BFH/NV 1996, 97, m.w.N.). Dies ist gegeben, wenn aussichtsreiche Vollstreckungsmaßnahmen vereitelt, der Steuerschuldner schon zu einem früheren Zeitpunkt schuldhaft außer Stande gesetzt wird, eine vorhersehbare Steuerschuld zu tilgen, oder der Finanzbehörde Aufrechnungsmöglichkeiten genommen werden (BFH v. 05.03.1991 – VII R 93/88, BStBl. II 1991, S. 678; BFH v. 25.04.1995 – VII R 99-100/94, BFH/NV 1996, 97). Dies ist auch im Fall eines sog. Umsatzsteuerkarussells zu berücksichtigen, in dem in einen (fiktiven) Warenkreislauf bewusst Personen eingeschaltet werden, die unterkapitalisiert sind (BFH v. 11.02.2002 – VII B 323/00, BFH/NV 2002, 891; vgl. auch BFH, V R 13/09, BFH/NV 2011, 81).

29 Die Haftung erstreckt sich auch auf die gem. § 235 AO als Folge der Hinterziehung entstandenen **Hinterziehungszinsen** (vgl. § 235 Rdn. 16 ff.). Da die Zinsen nicht durch die Tat verkürzt wurden, sondern erst durch die Verkürzung entstanden sind, war insoweit eine ausdrückliche Regelung in § 71 AO erforderlich (vgl. § 235 Rdn. 21, 22 f.), die in der Vorgängervorschrift des § 112 RAO nicht enthalten war. Im Fall der Steuerhehlerei gibt es weder Hinterziehungszinsen noch eine Haftung für diese Zinsen (Schwarz/*Schwarz* § 71 Rn. 8).

D. Geltendmachung der Haftung

30 Die Geltendmachung der Haftung nach § 71 AO erfolgt nach Anhörung des Haftungsschuldners (§ 91 AO) durch **Haftungsbescheid** (§ 191 Abs. 1 AO). Der Bescheid ist zu begründen (§ 121 AO) und muss somit die Tatbestandsvoraussetzungen des § 71 AO schlüssig darlegen (vgl. FG Düsseldorf, 8 V 2459/08 A [H], EFG 2009, 716 und BFH v. 16.07.2009 – VIII B 64/09, BStBl. II 2010, S. 8). Erlässt die Finanzbehörde gegen den Steuerschuldner einen Haftungsbescheid nach §§ 71, 191 AO und macht somit eine ggü. ihm nicht bestehende Haftungsschuld geltend, so kann der Haftungsbescheid aufgrund des eindeutigen Willens der Finanzbehörde nicht in einen Steuerbescheid umgedeutet werden (BFH v. 19.10.1976 – VII R 63/73, BStBl. II 1977, S. 255; a.A. noch BFH v. 12.05.1970 – VII R 34/68, BStBl. II 1970, S. 606).

Die Geltendmachung der Haftung liegt im **pflichtgemäßen Ermessen** der Finanzbehörde, wobei sowohl das Entschließungs- als auch das Auswahlermessen durch den Zweck des § 71 AO und die Erfüllung des Tatbestandes dahin gehend **vorgeprägt** sind, dass der Steuerstraftäter in Haftung zu nehmen ist und dass es einer besonderen Begründung dieser Ermessensausübung nicht bedarf (BFH v. 14.02.2006 – VII B 119/05, BFH/NV 2006, 1246; BFH v. 22.02.2005 – VII B 213/04, BFH/NV 2005, 1217; BFH v. 29.08.2001 – VII B 54/01, ZfZ 2002, 55; FG München v. 28.07.2011 – 14 K 3772/08, PStR 2011, 301; Schwarz/*Schwarz* § 71 Rn. 10). Nach dieser ständigen Rechtsprechung gilt die Vorprägung des Ermessens uneingeschränkt und ausnahmslos, sodass auch die Höhe des Haftungsanspruchs erfasst wird. Dies wird damit begründet, dass § 71 AO Schadensersatzcharakter habe und nicht zu einer weiteren Sanktion führen solle. Diesen für die Einführung des Haftungstatbestandes maßgebenden Überlegungen würde es zuwiderlaufen, wenn die Finanzbehörde über das Vorliegen des Tatbestandes der Haftungsnorm hinaus erneut Überlegungen zur Höhe des im konkreten Einzelfall geltend zu machenden Anspruchs anstellen müsste.

Sofern von **mehreren Haftungsschuldnern** einer nach § 71 AO haftet, kann er vorrangig in 31 Anspruch genommen werden (BFH v. 26.02.1991 – VII R 3/90, BFH/NV 1991, 504). Auch im Verhältnis zum **Steuerschuldner** ist seine Inanspruchnahme i.d.R. nicht ermessensfehlerhaft, da der sich aus § 219 Satz 1 AO ergebende Vorrang der Vollstreckung gegen den Steuerschuldner für die Geltendmachung der Haftung nach § 71 AO gem. § 219 Satz 2 AO aufgehoben ist. Neben dem Haftungsschuldner kann der Steuerschuldner selbst dann weiter in Anspruch genommen werden, wenn ihm keine Steuerstraftat vorgeworfen werden kann. Weder der Steuerschuldner noch der Rückforderungsschuldner einer an ihn zedierten und zu Unrecht erstatteten Steuervergütung hat ein subjektives Recht auf ermessensfehlerfreie Auswahlentscheidung darüber, ob nicht statt seiner ein Haftungsschuldner in Anspruch zu nehmen ist (BFH v. 08.07.2004 – VII B 257/03, BFH/NV 2004, 1513).

Die Höhe der Haftungsschuld im Vergleich zu den **finanziellen Möglichkeiten des Haftungs-** 32 **schuldners** ist für die Ermessensausübung ohne Bedeutung (BFH v. 04.05.1998 – I B 116/96, BFH/NV 1998, 1460). Entgegen der oben dargestellten Rechtsprechung zur Vorprägung des Ermessens wird z.T. jedoch zutreffend davon ausgegangen, dass neben dem Grad der Pflichtverletzung und dem Maß des Verschuldens auch zu berücksichtigen sei, wenn dem Haftenden aus der Tat kein Vorteil erwachsen sei (TK/*Loose* § 71 Rn. 17 f. und § 191 Rn. 40; FG Münster v. 11.12.2001 – 1 K 3470/98 E, EFG 2002, 728).

Die **Begründung** des Haftungsbescheids nach § 71 AO bedarf im Regelfall nach der oben darge- 33 stellten Rechtsprechung des BFH zur Vorprägung des Ermessens jedoch keiner Ausführungen zur Ausübung des Auswahlermessens (BFH v. 14.02.2006 – VII B 119/05, BFH/NV 2006, 1246; vgl. aber BFH v. 08.06.2007 – VII B 280/06, BFH/NV 2007, 1822; a.A. TK/*Loose* § 235, Rn. 18).

Die Inanspruchnahme des Hinterziehers von **Einfuhrumsatzsteuer** als Haftungsschuldner gem. 34 § 71 AO ist auch dann nicht ermessensfehlerhaft, wenn die Steuer im Fall ihrer Entrichtung von dem einführenden Unternehmer als Vorsteuer hätte abgezogen werden können, da die Abzugsfähigkeit der Einfuhrumsatzsteuer nichts an der Steuerpflicht ändert (BFH v. 05.06.1985 – VII R 57/82, n.v.; Schwarz/*Schwarz* § 71 Rn. 10).

Nimmt die Finanzbehörde hingegen sowohl den Arbeitgeber nach § 42d EStG als auch den frühe- 35 ren Gesellschafter-Geschäftsführer wegen **Lohnsteuer-Hinterziehung** nach § 71 AO in Haftung, so hat sie insoweit eine Ermessensentscheidung nach § 191 Abs. 1 i.V.m. § 5 AO zu treffen und diese Ermessensausübung regelmäßig zu begründen (BFH v. 09.08.2002 – VI R 41/96, BStBl. 2003 II, S. 160).

Sollte sich die Haftungsschuld vor Erlass einer Einspruchsentscheidung mindern, so ist dies im 36 Rahmen einer ordnungsgemäßen Ermessensausübung von der Finanzbehörde zu berücksichtigen (BFH v. 10.03.2005 – VII B 307/04, BFH/NV 2005, 1474). Eine spätere „Wiedergutmachung" des Hinterziehungsschadens wirkt sich hingegen nicht auf die Rechtmäßigkeit des Haftungsbescheides aus (BFH v. 27.03.2006 – VII B 117/05, BFH/NV 2006, 1254).

Gem. § 191 Abs. 3 Satz 2 AO beträgt die **Festsetzungsfrist** für den Haftungsbescheid sowohl in 37 Fällen der Steuerhinterziehung als auch der Steuerhehlerei 10 Jahre. Die Frist beginnt mit Ablauf des Jahres, in dem die Tat oder die Teilnehme daran beendet ist. Nach § 191 Abs. 5 Satz 2 AO kann ein Haftungsbescheid gem. § 71 AO selbst dann noch ergehen, wenn die Steuer gegen den Steuerschuldner wegen Ablaufs der Festsetzungsfrist nicht mehr festgesetzt, wegen Ablaufs der

Zahlungsverjährungsfrist nicht mehr erhoben werden kann oder die gegen den Steuerschuldner festgesetzte Steuer verjährt oder aus Billigkeitsgründen erlassen worden ist.

– Spezialprobleme

38 Es ist umstritten, ob im Hinblick auf § 71 AO auch der strafprozessuale Grundsatz „**in dubio pro reo**" anwendbar ist. Einigkeit besteht darin, dass in diesem steuerlichen Verfahren auch für die Ermittlung und Annahme der Straftat die steuerlichen, nicht dagegen die strafrechtlichen Grundsätze und Regeln gelten, wenn auch teilweise die Rechtsprechung missverständlich ist (vgl. z.B. BFH v. 15.09.1992 – VII B 62/92, BFH/NV 1994, 149; unklar auch *Nacke*, Die Haftung für Steuerschulden, Rn. 490).

39 Trotz dieses unstrittigen Ausgangspunkts wollen Rechtsprechung und herrschenden Meinung i.R.d. AO und FGO den strafprozessualen Grundsatz „in dubio pro reo" berücksichtigen (BFH v. 08.11.2000 – XI B 38/00, BFH/NV 2001, BFH v. 19.03.1998 – V R 54/97, BStBl. II 1998, S. 466; BFH v. 28.10.2008 – VIII B 62/07, n.v.; BFH v. 21.10.1988 – III R 194/84, BStBl. II 1989, S. 216; BFH v. 05.03.1979 – GrS 5/77, BStBl. II 1979, S. 570; Koch/Scholtz/ *Halaczinsky* § 71 Rn. 3; *Kamps/Wulf*, DStR 2003, 2045). Dies soll allerdings keine Übernahme von Grundsätzen des Strafverfahrens bedeuten, sondern nur Ausfluss der Tatsache sein, dass die Behörde im finanzgerichtlichen Verfahren die objektive Beweislast (Feststellungslast) für steueranspruchsbegründende Tatsachen trägt. Für das Vorliegen einer Steuerhinterziehung ist deshalb auch nach dieser Ansicht kein höherer Grad von Gewissheit erforderlich als für die Feststellung anderer Tatsachen, für die die Finanzbehörde die Feststellungslast trägt. Dies erscheint zumindest begrifflich nicht überzeugend, da es zwar auch im Besteuerungsverfahren um die Anwendung strafrechtlicher Vorschriften geht, aber das Ziel nicht die Bestrafung des Täters ist, sondern die Festsetzung eines Anspruchs aus aus dem Steuerschuldverhältnis. Deshalb wird folgerichtig teilweise die Anwendbarkeit des Grundsatze „in dubio pro reo" verneint (TK/*Loose* § 71 Rn. 9; Schwarz/*Schwarz* § 71 Rn. 6).

40 Zu den praktischen Auswirkungen dieses Streitstandes vgl. Rdn. 18 f.

§ 235 AO   Verzinsung von hinterzogenen Steuern

(1) [1]Hinterzogene Steuern sind zu verzinsen. [2]Zinsschuldner ist derjenige, zu dessen Vorteil die Steuern hinterzogen worden sind. [3]Wird die Steuerhinterziehung dadurch begangen, dass ein anderer als der Steuerschuldner seine Verpflichtung, einbehaltene Steuern an die Finanzbehörde abzuführen oder Steuern zu Lasten eines anderen zu entrichten, nicht erfüllt, so ist dieser Zinsschuldner.

(2) [1]Der Zinslauf beginnt mit dem Eintritt der Verkürzung oder der Erlangung des Steuervorteils, es sei denn, dass die hinterzogenen Beträge ohne die Steuerhinterziehung erst später fällig geworden wären. [2]In diesem Fall ist der spätere Zeitpunkt maßgebend.

(3) [1]Der Zinslauf endet mit der Zahlung der hinterzogenen Steuern. [2]Für eine Zeit, für die ein Säumniszuschlag verwirkt, die Zahlung gestundet oder die Vollziehung ausgesetzt ist, werden Zinsen nach dieser Vorschrift nicht erhoben. [3]Wird der Steuerbescheid nach Ende des Zinslaufs aufgehoben, geändert oder nach § 129 berichtigt, so bleiben die bis dahin entstandenen Zinsen unberührt.

(4) Zinsen nach § 233a, die für denselben Zeitraum festgesetzt wurden, sind anzurechnen.

Literaturübersicht

Bublitz, Neue Aspekte bei Hinterziehungszinsen, DStR 1990, 438; *Dißars*, Verfahrensrechtliche Folgen einer Steuerstraftat oder Steuerordnungswidrigkeit, StB 2001, 169; *Gast-de Haan*, Berechnung von Hinterziehungszinsen, wistra 1988, 298; *Gast-de Haan*, Erlaß von Hinterziehungszinsen aus sachlichen Billigkeitsgründen in den sog. Bankenfällen, DB 1999, 2441; *Krieger*, Verjährung von Hinterziehungszinsen, DStR 2002, 750; *Loose*, Kein Ausschluß der Hinterziehungszinsen von der insolvenzrechtlichen Restschuldbefreiung, EFG 2011, 946.

A. Allgemeines

Durch die Erhebung von Hinterziehungszinsen beim Nutznießer einer Steuerhinterziehung soll dessen Zinsvorteil abgeschöpft werden (BFH v. 27.09.1991 – VI R 159/89, BStBl. II 1992, S. 163; BFH v. 31.07.1996 – XI R 82/95, BStBl. II 1996, S. 554). Der Vorteil wird dabei ebenso wie bei der Normalverzinsung nach § 233a AO in typisierender Weise bemessen. Aufgrund dessen ist die Berufung darauf, dass tatsächlich kein entsprechender Liquiditätsvorteil erzielt wurde, ausgeschlossen (BFH-Urt. v. 20.09.1995 – X R 86/94, BStBl. II 1996, S. 53; BFH v. 01.08.2001 – II R 48/00, BFH/NV 2002, 155). Es ist allerdings festzustellen, dass die Verzinsung i.H.v. 6 % als eher gering anzusehen ist, da sie i.d.R. unter den banküblichen Kontokorrentzinsen und unter den Säumniszuschlägen gem. § 240 Abs. 1 Satz 1 AO liegt. **1**

Da es sich um eine der Gleichmäßigkeit der Besteuerung dienende Ausgleichs- und nicht um eine Strafmaßnahme handelt (FG Baden-Württemberg v. 10.03.2010 – 11 K 62/10, EFG 2010, 1095), können Hinterziehungszinsen auch nach dem Tod des Steuerpflichtigen festgesetzt werden, zu dessen Vorteil die Steuerhinterziehung begangen worden ist (BFH v. 27.08.1991 – VIII R 84/89, BStBl. II 1992, S. 9; Schwarz/*Schwarz* § 235 Rn. 1). Sie können nicht als Betriebsausgaben, Werbungskosten oder Sonderausgaben abgezogen werden (TK/*Loose* § 235 Rn. 1; Kühn/v. Wedelstädt/*Wagner* § 235 Rn. 1). **2**

Zu verzinsen sind gem. § 235 Abs. 1 Satz 1 AO hinterzogene Steuern (vgl. § 370 AO Rdn. 239 ff., 316 ff.), hingegen nicht **leichtfertig verkürzte Steuern** (vgl. § 378 AO). Da es sich bei der leichtfertigen Steuerverkürzung um eine Ordnungswidrigkeit handelt, kann der gezogene Vorteil schon nach § 17 Abs. 4 OWiG vollständig abgeschöpft werden. **3**

Hinterziehungszinsen sind folglich festzusetzen für verkürzte Steuern, was auch Steuervorauszahlungen und den Solidaritätszuschlag umfasst, für ungerechtfertigt erlangte Steuervorteile wie z.B. Steuervergütungen, für zu Unrecht erlangte Steuervergünstigungen (z.B. Steuerbefreiungen und Steuerermäßigungen) und ungerechtfertigt erlangte Prämien und Zulagen, auf die die Vorschriften der Abgabenordnung über Steuervergütungen entsprechend anwendbar sind (vgl. AEAO zu § 235 AO, Nr. 2). **4**

§ 235 AO stellt keine Spezialvorschrift dar, die den Vorschriften über die **strafprozessuale Rückgewinnungshilfe** vorgeht. Allerdings sind die erhobenen Hinterziehungszinsen von der Arrestsumme abzuziehen. Ebenso findet der durch § 235 AO ausgeglichene Zinsvorteil bei der **Strafzumessung** keine Berücksichtigung (TK/*Loose* § 235 Rn. 1; Schwarz/*Schwarz* § 235 Rn. 2). **5**

6 Nach seinem eindeutigen Wortlaut ist § 235 AO nicht auf **steuerliche Nebenleistungen** i.S.d. § 3 Abs. 4 AO anwendbar, sodass bei hinterzogenen Steuern kein Zinseszins zu erheben ist. Ebenso werden auch Haftungs- und Erstattungsansprüche nicht gem. § 235 AO verzinst.

B. Tatbestandliche Voraussetzungen des § 235 AO

I. Steuerhinterziehung

7 **Hinterzogen** sind Steuern i.S.d. § 235 AO, wenn der Tatbestand des § 370 AO rechtswidrig und schuldhaft verwirklicht wurde. Es müssen also die objektiven und subjektiven Voraussetzungen einer Steuerhinterziehung gegeben sein (BFH v. 27.08.1991 – VIII R 84/89, BStBl. II 1992, S. 9) und die Tat muss **vollendet** sein (BFH v. 24.05.2000 – II R 25/99, BStBl. II 2000, S. 378; vgl. § 370 Rdn. 490 ff.). Ein gem. § 370 Abs. 2 AO strafbarer Versuch reicht nicht aus (BFH v. 12.11.1975 – I B 72/75, BStBl. II 1976, S. 260; in: TK/*Loose* § 235 Rn. 4).

8 Die Tat muss ferner **rechtswidrig** und **schuldhaft** sein (BFH v. 27.10.2000 – VIII B 77/00, BStBl. II 2001, S. 16; Schwarz/*Schwarz* § 235 Rn. 3 f.; TK/*Loose* § 235 Rn. 5, m.w.N.; a.A. hingegen HHSp/*Heuermann* § 235 Rn. 18, der davon ausgeht, dass ein Verschulden des Täters nicht erforderlich ist). Liegt ein Rechtfertigungs- oder ein Schuldausschließungsgrund vor, besteht kein Zinsanspruch. Insoweit ist allerdings zu beachten, dass § 21 StGB als Strafzumessungsregel die Zinspflicht nicht ausschließt. Ferner ist zu berücksichtigen, dass ein Jugendlicher (vgl. § 1 JGG) strafrechtlich verantwortlich ist, wenn er z.Zt. der Tat nach seiner sittlichen und geistigen Entwicklung reif genug ist, das Unrecht der Tat einzusehen und nach dieser Einsicht zu handeln (vgl. § 3 JGG). Die vorsätzliche Hinterziehung eines Jugendlichen, also einer Person, die bei Tatbegehung 14, aber noch nicht 18 Jahre alt ist, soll auch dann eine Zinspflicht begründen, wenn er nicht verantwortlich gemacht werden kann (HHSp/*Heuermann* § 235 Rn. 16; Schwarz/*Schwarz* § 235 Rn. 4).

9 Es ist jedoch nicht erforderlich, dass bei mehreren in Betracht kommenden Personen der konkrete Straftäter festgestellt wird. Vielmehr ist ausreichend, wenn feststeht, dass zumindest eine der in Betracht kommenden Personen eine Steuerhinterziehung zum Vorteil des Zinsschuldners begangen hat (BFH v. 19.03.1998 – V R 54/97, BStBl. II 1998, S. 466; Kühn/v. Wedelstädt/*Wagner* § 235 Rn. 3). Auch **mittelbare oder Mittäterschaft** sind für das Entstehen von Hinterziehungszinsen ausreichend (FG BW v. 25.08.1989 – IX K 31/89, EFG 1990, 155). **Anstiftung** und **Beihilfe** begründen hingegen keine Zinspflicht, so z.B. wenn die Tat nicht schuldhaft begangen wurde, ein Teilnehmer daran sich jedoch als Anstifter (§ 26 StGB) oder Gehilfe (§ 27 StGB) strafbar gemacht hat (TK/*Loose* § 235 Rn. 4; Schwarz/*Schwarz* § 235 Rn. 4; Klein/*Rüsken* § 235 Rn. 6; a.A. HHSp/*Heuermann* § 235 Rn. 19; vgl. auch für die Beihilfe bei der Grunderwerbsteuer BFH v. 06.11.1974 – II R 18/72, BStBl. II 1975, S. 129). Trotz der Strafbarkeit des Teilnehmers liegt in diesem Fall keine hinterzogene Steuer i.S.d. § 235 Abs. 1 Satz 1 AO vor.

10 **Persönliche Strafausschließungs- und Strafaufhebungsgründe** stehen der Zinspflicht nicht entgegen, sodass z.B. eine wirksame Selbstanzeige gem. § 371 AO (vgl. BFH v. 29.04.2008 – VIII R 5/06, BStBl. II 2008, S. 844), eine persönliche Amnestie, die Einstellung des Verfahrens gem. § 398 AO oder §§ 153 ff. StPO (TK/*Loose* § 235 Rn. 5; Kühn/v. Wedelstädt/*Wagner* § 235 Rn. 3) oder der Eintritt der Verfolgungsverjährung (vgl. FG München v. 22.02.1988, XIII 30/86 E, EFG 1988, 545) nicht die Entstehung der Hinterziehungszinsen hindern (Schwarz/*Schwarz* § 235 Rn. 4; Kühn/v. Wedelstädt/*Wagner* § 235 Rn. 3).

11 Neben der Steuerhinterziehung kann sich die Verzinsung nach § 235 AO auch im Fall des gewerbsmäßigen, gewaltsamen und bandenmäßigen **Schmuggels** i.S.d. § 373 Abs. 1 Satz 1 Halbs. 1 AO ergeben, da es sich dabei um eine qualifizierte Form der Steuerhinterziehung handelt (BGH v. 15.03.2005 – 5 StR 592/04, BFH/NV Beilage 2006, 84). Die Zinspflicht besteht hingegen nicht in den Fällen des Bannbruchs (§ 372 AO), der Wertzeichenfälschung (§§ 148,

149 StGB), der Begünstigung (§ 257 StGB) und der Steuerhehlerei (§ 374 AO), da es sich insoweit zwar um Steuerstraftaten i.S.d. § 369 AO jedoch nicht um eine Steuerhinterziehung handelt (TK/*Loose* § 235 Rn. 3; Kühn/v. Wedelstädt/*Wagner* § 235 Rn. 3). Ist im Einzelfall nicht festzustellen, ob eine Person eine Steuerhinterziehung oder eine Steuerhehlerei begangen hat, so ist zwar unter strafrechtlichen Gesichtspunkten und für die Frage der Haftung nach § 71 AO eine **Wahlfeststellung** möglich. Hinterziehungszinsen entstehen hingegen mangels eindeutiger Feststellung einer Steuerhinterziehung nicht (ebenso HHSp/*Heuermann* § 235 Rn. 23; TK/*Loose* § 235 Rn. 6; Schwarz/*Schwarz* § 235 Rn. 4).

Da es für § 235 AO lediglich erforderlich ist, dass der Tatbestand des § 370 AO rechtswidrig und **12** schuldhaft vollendet wurde, ist eine **strafrechtliche Verurteilung** für die Erhebung von Hinterziehungszinsen ohne Bedeutung (BFH v. 24.05.2000 – II R 25/99, BStBl. II 2000, S. 378; BFH v. 05.11.2002 – II R 58/00, BFH/NV 2003, 353; FG Hamburg v. 10.05.2011 – 4 V 19/11, PStR 2011, 216). Ob Steuern i.S.d. § 235 AO hinterzogen wurden, entscheidet die für die Festsetzung der (hinterzogenen) Steuer und der Zinsen zuständige Finanzbehörde nach steuerlichen Grundsätzen und Regeln in einem eigenständigen, vom Strafverfahren unabhängigen Besteuerungsverfahren.

Bei ihrer Entscheidung ist die für die Erhebung der Hinterziehungszinsen zuständige Finanzbe- **13** hörde nicht an die Feststellungen und Wertungen der Strafsachenstelle, der StA und des Strafgerichtes gebunden. Sie kann vielmehr eigene Ermittlungen anstellen und eigene Entscheidungen treffen (BFH v. 18.03.1970 – I R 176/69, BStBl. II 1970, S. 556; BFH v. 13.06.1973 – VII R 58/71, BStBl. II 1973, S. 666). Entgegen einer früher vertretenen Auffassung (vgl. z.B. FG Berlin v. 27.01.1999 – 2 K 2138/97, n.v.) ist eine Bindungswirkung an die Entscheidung der Strafsachenstelle oder eines Strafgerichts zu verneinen, da nach der StPO einerseits und der AO/FGO andererseits unterschiedliche Beweis- und Verfahrensvorschriften gelten (ebenso BFH v. 20.06.2007 – II R 66/06, BFH/NV 2007, 2057; Koch/Scholtz/*Baum* § 235 Rn. 5; Schwarz/*Schwarz* § 235 Rn. 5; Kühn/v. Wedelstädt/*Wagner* § 235 Rn. 4).

Die Finanzbehörde kann sich allerdings ihr zutreffend erscheinende tatsächliche Feststellungen, **14** Beweiswürdigungen und rechtlichen Beurteilungen in einem Strafurteil anlehnen (vgl. § 71 Rdn. 20). Es besteht für die Hinterziehungszinsen auch keine rechtliche Bindung an die Beurteilung der Verjährungsfrage in den Nachforderungsbescheiden (BFH v. 14.08.1991 – X R 86/88, BStBl. II 1992, S. 128).

Die wohl herrschende Meinung will den strafprozessualen Grundsatz „**in dubio pro reo**" auf **15** Grundlage der AO und FGO zugunsten des Zinsschuldners „beachten" bzw. „berücksichtigen" (BFH v. 05.03.1979 – GrS 5/77, BStBl. II 1979, S. 570; BFH v. 20.06.2007 – II R 66/06, BFH/NV 2007, 2057; FG München v. 20.04.2011 – 13 V 446/11, PStR 2011, 245; Schwarz/*Schwarz* § 235 Rn. 5; Kühn/v. Wedelstädt/*Wagner* § 235 Rn. 5). Dies soll allerdings keine Übernahme von Grundsätzen des Strafverfahrens bedeuten, sondern nur Ausfluss der Tatsache sein, dass die Behörde im finanzgerichtlichen Verfahren die objektive Beweislast (Feststellungslast) für steueranspruchsbegründende Tatsachen trägt. Für das Vorliegen einer Steuerhinterziehung ist deshalb auch nach herrschender Meinung dabei kein höherer Grad von Gewissheit erforderlich als für die Feststellung anderer Tatsachen, für die die Finanzbehörde die Feststellungslast trägt. Vgl. zu diesem Streitstand § 71 Rdn. 39 f. Danach muss die Qualifizierung der jeweiligen Steuern als i.S.d. § 235 AO hinterzogen feststehen. Ihre betragsmäßige Höhe kann hingegen **nach § 162 AO geschätzt** werden (BFH v. 01.08.2001 – II R 48/00, BFH/NV 2002, 155; BFH v. 20.06.2007 – II R 66/06, BFH/NV 2007, 2057; FG München v. 08.10.2009 – 15 K 1779/06, EFG 2010, 298; BGH v. 26.10.1998 – 5 StR 746/97, HFR 1999, 578).

II. Gegenstand der Verzinsung

16   Die hinterzogene Steuer ist die **Bemessungsgrundlage** für den Zinsanspruch. Steuern sind die in § 3 Abs. 1 und 3 AO umschriebenen Geldleistungen. Bezieht sich eine Steuerhinterziehung hingegen auf Eingangsabgaben anderer Länder (vgl. § 370 Abs. 6 AO), entstehen aufgrund des klaren Wortlautes des § 235 AO keine Hinterziehungszinsen.

17   Maßgeblich für die Verzinsung ist somit die **hinterzogene Steuer**, d.h. die Differenz zwischen der tatsächlich festgesetzten Steuer und der ohne Steuerhinterziehung festzusetzenden Steuer (zur Berechnung vgl. § 370 Rdn. 357 ff.). Die Höhe der hinterzogenen Steuer kann nach § 162 AO geschätzt werden (TK/*Loose* § 235 Rn. 6; Schwarz/*Schwarz* § 235 Rn. 7; vgl. auch zur Schätzung und zur Anwendung des Grundsatzes „in dubio pro reo" Rdn. 15).

Wird festgestellt, dass nur ein Teil der Steuern hinterzogen, ein anderer Teil hingegen leichtfertig verkürzt wurde, so ist nach dem Wortlaut des § 235 AO allein der hinterzogene Teil für die Verzinsung maßgeblich.

18   § 370 Abs. 4 Satz 3 AO ist im Hinblick auf die Entstehung der Hinterziehungszinsen nicht anwendbar. Wird die durch die Aufdeckung der Steuerhinterziehung sich erhöhende Steuer aus anderen Gründen tatsächlich wieder ermäßigt, so ist dies unter strafrechtlichen Gesichtspunkten nach dem **Kompensationsverbot** (§ 370 Abs. 4 Satz 3 AO) unbeachtlich. Da im Umfang der sich steuerlich ergebenden Ermäßigung keine tatsächliche Hinterziehung von Steuern vorliegt und es sich beim Kompensationsverbot um eine rein strafrechtliche Regelung handelt (vgl. § 370 Rdn. 365 ff.), kommt nur eine Verzinsung nach § 235 AO im Hinblick auf die faktisch eingetretene Hinterziehung infrage. Auf diesem Wege wird dem Regelungszweck des § 235 AO Rechnung getragen (nur) den zu Unrecht erlangten Vorteil abzuschöpfen (HHSp/*Heuermann* § 235 Rn. 20; Schwarz/*Schwarz* § 235 Rn. 5; Kühn/v. Wedelstädt/*Wagner* § 235 Rn. 5; unklar TK/*Loose* § 235 Rn. 10).

19   Umstritten ist, ob auch das Erwirken einer **ungerechtfertigten Steuervergütung** eine Hinterziehung von Steuern i.S.d. § 235 AO darstellt. Teilweise wird dies aufgrund des klaren Wortlautes des § 235 AO, der nur auf Steuern abstellt, verneint (Kühn/v. Wedelstädt/*Wagner* § 235 Rn. 2). Die herrschende Meinung geht hingegen davon aus, dass Steuervergütungen Steuervorteile sind (§ 370 Abs. 4 Satz 2 AO) und für sie § 235 AO gilt, da auf Steuervergütungen gem. § 1 Abs. 1 AO die AO anzuwenden ist. Daraus wird gefolgert, dass wegen der Anwendbarkeit der Regeln über Steuervergütungen auf Sparprämien, Wohnungsbauprämien, Bergmanns-Prämien, Eigenheimzulage und andere Zulagen auch eine Zinspflicht bei der Hinterziehung dieser Subventionen besteht (BFH v. 27.04.1999 – III R 21/96, BStBl. II 1999, S. 670; Koch/Scholtz/*Baum* § 235 Rn. 12; TK/*Loose* § 235 Rn. 7; Schwarz/*Schwarz* § 235 Rn. 6).

20   Bzgl. **steuerlicher Nebenleistungen** besteht keine Zinspflicht gem. § 235 AO, da eine Hinterziehung von steuerlichen Nebenleistungen nicht möglich ist und sich § 235 Abs. 1 Satz 1 AO ausdrücklich nur auf Steuern bezieht. Ferner schließt § 233 Satz 2 AO eine diesbezügliche Zinspflicht aus.

III. Zinsschuldner

21   Zinsschuldner ist nach § 235 Abs. 1 Satz 2 AO derjenige, zu dessen Vorteil die Steuern hinterzogen worden sind, also der **steuerliche Nutznießer** der Straftat (BFH v. 27.09.1991 – VI R 159/89, BStBl. II 1992, S. 163; BFH v. 19.03.1998 – V R 54/97, BStBl. II 1998, S. 466). Der steuerliche Vorteil besteht darin, dass die hinterzogene Steuer später bezahlt wird. Diesen Vorteil erlangt der Schuldner der verkürzten Steuern. Er muss jedoch nicht zwingend Täter oder Teilnehmer der Steuerhinterziehung sein. Dadurch wird der Tatsache Rechnung getragen, dass es sich bei § 235 AO nicht um eine Strafvorschrift, sondern um einen Ausgleich für zu Unrecht erlangte Vorteile handelt (BFH v. 27.08.1991 – VIII R 84/89, BStBl. II 1992, S. 9; FG Münster v. 06.11.1986 – IV

159/85, EFG 1987, 281; HHSp/*Heuermann* § 235 Rn. 29). Folglich schuldet z.B. eine GmbH Hinterziehungszinsen für Steuern, die ihr Geschäftsführer zu ihrem Vorteil hinterzogen hat (BFH v. 18.07.1991 – V R 77/87, BFH/NV 1992, 150). Auch ein gutgläubiger Tatmittler, der aufgrund fingierter Rechnungen Vorsteuern in Anspruch genommen hat, ist Zinsschuldner i.S.d. § 235 AO (BFH v. 31.07.1996 – XI R 82/95, BStBl. II 1996, S. 554). Auf wirtschaftliche, aber nicht steuerliche Vor- oder Nachteile kommt es i.R.d. § 235 AO nicht an (BFH v. 12.10.1993 – VII R 44/93, BStBl. II 1994, S. 438; BFH v. 31.07.1996 – XI R 82/95, BStBl. II 1996, S. 554; FG München v. 09.05.2006 – 13 K 4451/01, EFG 2006, 1220). Folglich liegt aufgrund des ausschließlichen Abstellens auf den unmittelbaren steuerlichen Vorteil im Fall der Hinterziehung von USt durch zu hohen Vorsteuerabzug in der möglichen oder tatsächlichen Steuerzahlung kein Grund zum Entfallen der Hinterziehungszinsen (BFH v. 31.07.1996 – XI R 82/95, BStBl. II 1996, S. 554). Allgemein gilt, dass dieser steuerliche Vorteil auch dann besteht, wenn dem Steuerschuldner durch die Steuerhinterziehung des Dritten ein wirtschaftlicher Nachteil entstanden ist (BFH v. 27.06.1991 – V R 9/86, BStBl. II 1991, S. 822; FG Hamburg v. 10.05.2011 – 4 V 19/11, PStR 2011, 216).

Der Steuerhinterzieher, der nach § 71 AO haftet, ist nicht Zinsschuldner nach § 235 AO, weshalb **22** § 71 AO ausdrücklich die Haftung auch auf die Hinterziehungszinsen erstreckt (HHSp/*Heuermann*§ 235 Rn. 31; Schwarz/*Schwarz* § 235 Rn. 12; vgl. auch § 71 Rdn. 29). Die Haftung ist somit auch für diejenigen Hinterziehungszinsen angeordnet, für die nach § 235 Abs. 1 Satz 2 und 3 AO ein anderer Zinsschuldner ist.

Die **nach §§ 34, 35 verpflichteten Personen** gehören nicht zu den Zinsschuldnern i.S.d. § 235 **23** AO, da nicht sie selbst steuerlicher Nutznießer der Tat sind, sondern die Person bzw. das Gebilde, für die bzw. das sie tätig sind (BFH v. 18.07.1991 – V R 72/87, BStBl. II 1991, S. 781; BFH v. 27.09.1991 – VI R 159/89, BStBl. II 1992, S. 163; Schwarz/*Schwarz* § 235 Rn. 12; Kühn/v. Wedelstädt/*Wagner* § 235 Rn. 7) Diesen Personenkreis erfasst § 71 AO, sodass sie für die Hinterziehungszinsen haften, diese jedoch nicht schulden.

Wird eine Steuerhinterziehung durch die Nichterfüllung einer Verpflichtung zur Abführung ein- **24** behaltener Steuern an die Finanzbehörde oder zur Entrichtung von Steuern zulasten eines anderen begangen, so ist gem. § 235 Abs. 1 Satz 3 AO Zinsschuldner nicht der Steuerschuldner, sondern derjenige, der die Steuer einzubehalten und abzuführen oder zu entrichten hat. Folglich ist bei **Steuerabzugsbeträgen** Zinsschuldner z.B. der Arbeitgeber bzgl. der von ihm einbehaltenen und vorsätzlich nicht abgeführten Lohnsteuer und der Schuldner der Kapitalerträge bzgl. der entsprechenden Kapitalertragsteuer. Ebenso ist der Versicherer Zinsschuldner bzgl. der Versicherungsteuer (BFH v. 27.09.1991 – VI R 159/89, BStBl. II 1992, S. 163) und der Leistungsempfänger nach §§ 51 ff. UStDV (Schwarz/*Schwarz* § 235, Rn. 13; vgl. aber auch BFH v. 19.03.1998 – V R 54/97, BStBl. II 1998, S. 466).

Schuldner von Hinterziehungszinsen nach § 235 Abs. 1 Satz 3 AO ist der Abzugs- und Entrich- **25** tungsverpflichtete, nicht sein gesetzlicher Vertreter, Geschäftsführer, Vermögensverwalter oder Verfügungsberechtigter (BFH v. 27.09.1991 – VI R 159/89, BStBl. II 1992, S. 163; BFH v. 18.06.1993 – VI R 83/91, BFH/NV 1993, 708; AEAO zu § 235, Nr. 3.3). § 235 Abs. 1 Satz 3 AO greift ebenfalls nicht ein, wenn der Abzugs- und Entrichtungspflichtige die Steuern erst gar nicht einbehalten hat, da der Verpflichtete dann keinen Vorteil erlangt hat (BFH v. 05.11.1993 – VI R 16/93, BStBl. II 1994, S. 557). Auch bei **pauschalierter Lohnsteuer** ist § 235 Abs. 1 Satz 3 AO nicht anwendbar, weil in diesem Fall der Arbeitgeber Steuerschuldner ist und folglich im Fall einer diesbezüglichen Steuerhinterziehung Schuldner der Hinterziehungszinsen. Etwas anderes kann jedoch gelten, wenn die Pauschalierung fehlschlägt (BFH v. 05.11.1993 – VI R 16/93, BStBl. II 1994, S. 557).

Sofern eine Steuer gesamtschuldnerisch geschuldet wird, ist jeder **Gesamtschuldner** auch Zinsschuldner (vgl. für Ehegatten BFH v. 13.10.1994 – IV R 100/93, BStBl. II 1995, S. 484; AEAO zu § 235, Nr. 3.1).

IV. Umfang der Verzinsung

1. Beginn des Zinslaufs

26 Gem. § 235 Abs. 2 Satz 1 AO beginnt der Zinslauf grds. mit dem Eintritt der Verkürzung bzw. mit der Erlangung des Steuervorteils (vgl. dazu § 370 Rdn. 471 ff.). Dies ist i.d.R. mit der **Bekanntgabe des Steuerbescheides** gegeben, in dem die zu niedrige Steuer festgesetzt wird, vgl. §§ 122, 124 Abs. 1 Satz 2, 155 Abs. 1 Satz 2 AO. Folglich beginnt der Zinslauf bei der üblichen Übermittlung des Steuerbescheides durch die Post im Geltungsbereich der AO erst mit Ablauf des 3. Tages nach Aufgabe zur Post (§ 122 Abs. 2 Nr. AO; vgl. auch BFH v. 18.03.1970 – I R 176/69, BStBl. II 1970, S. 556). In den Fällen der zu niedrigen Steuerfestsetzung ist allerdings i.d.R. § 235 Abs. 2 Satz 1 Halbs. 2 AO zu beachten, durch den der Beginn des Zinslaufes ggf. auf den Zeitpunkt des späteren Fälligwerdens verschoben wird. Danach ist der Beginn für den Zinslauf das Ende des Tages, an dem die hinterzogene Steuer fällig geworden wäre, wenn die Hinterziehung unterblieben wäre. Dies gilt insb. für die Veranlagungsteuern, die i.d.R. nicht schon mit der Bekanntgabe des Steuerbescheides fällig werden, sondern erst nach Ablauf einer Frist oder – wie z.B. Vorauszahlungen – zu bestimmten Zeitpunkten. Wird eine Steuer ohne Festsetzung fällig (sog. Fälligkeitsteuern), so beginnt der Zinslauf mit dem Ablauf des Fälligkeitstages (vgl. AEAO zu § 235, Nr. 4.1.2).

27 Unterbleibt aufgrund der **Nichtabgabe** einer Steuererklärung eine Steuerfestsetzung, so ist die Steuerhinterziehung in dem Zeitpunkt vollendet, in dem die Steuer bei Abgabe der Erklärung normalerweise festgesetzt worden wäre. Dies ist mit dem grundsätzlichen Abschluss der Veranlagungsarbeiten in dem für den Steuerpflichtigen zuständigen Arbeitsbereich des FA anzunehmen (Koch/Scholtz/*Baum* § 235 Rn. 9; Schwarz/*Schwarz* § 235 Rn. 8; AEAO zu § 235, Nr. 4.1.3).

28 Wird wegen der Nichtabgabe der Steuererklärung vor Vollendung der Tat die Steuerfestsetzung aufgrund geschätzter Besteuerungsgrundlagen durchgeführt, so gilt der Zeitpunkt des Wirksamwerdens des **Schätzungsbescheides** bzw. der Fälligkeit der festgesetzten Steuer.

29 Bei **Steueranmeldungen** (§ 150 Abs. 1 Satz 2 AO) wie z.B. bei LSt-Anmeldungen, USt-Voranmeldungen und USt-Jahreserklärungen, ist die Steuerhinterziehung mit dem Eingang beim FA bzw. mit dem gesetzlichen Fälligkeitszeitpunkt vollendet. Etwas anderes gilt lediglich, wenn das FA die Steuer abweichend von der Steueranmeldung festsetzt (§ 167 Satz 1 AO) bzw. mit Zustimmung der Finanzbehörde, wenn eine solche erforderlich ist, um die Steueranmeldung wie eine Steuerfestsetzung zu behandeln (§ 168 Satz 2 AO). In diesen Fällen ist die Steuer erst mit der abweichenden Festsetzung oder der Zustimmung der Finanzbehörde zu niedrig festgesetzt.

30 Sofern der Steuerpflichtige fortgesetzt die Abgabe der Umsatzsteuervoranmeldungen unterlässt, verkürzt er ab dem 10.1. des Folgejahres auch die Jahressteuerschuld (Nds. FG v. 23.07.1992 – V 62/88, EFG 1992, 711; TK/*Loose* § 235 Rn. 19).

31 Ist Gegenstand einer Steuerhinterziehung z.B. eine **Stundung**, ein **Billigkeitserlass** oder eine **Billigkeitserstattung**, die der Begünstigte durch falsche Angaben ggü. der Finanzbehörde erlangt hat, so ist die Steuerhinterziehung mit der Bekanntgabe des gewährenden Verwaltungsaktes vollendet (HHSp/*Heuermann* § 235 Rn. 34; Schwarz/*Schwarz* § 235 Rn. 8).

2. Ende des Zinslaufes

32 Der Zinslauf endet gem. § 235 Abs. 3 Satz 1 AO mit der **Zahlung** der hinterzogenen Steuer und damit mit dem Wegfall des durch die Hinterziehung erlangten Vorteils. Folglich ist der Zeitpunkt der Entdeckung der Tat insoweit bedeutungslos (a.A. FG Hamburg v. 09.12.1992 – V 48/90, EFG 1993, 424). Die Sicherung des Anspruchs durch eine auf der Grundlage eines dinglichen Arrestes erfolgten **Beschlagnahme von Vermögenswerten** steht einer Zahlung der Steuer nicht gleich, sodass Hinterziehungszinsen deshalb auch für die Zeit nach der Beschlagnahme von Vermögen festgesetzt werden können (BFH v. 27.10.2000 – V B 145/00, BFH/NV 2001, 424).

Die anderen Erlöschensgründe des § 47 AO sind der Zahlung gleichzustellen. Bei der **Aufrech-** 33
nung ist allerdings zu beachten, dass als Tag der Zahlung der Tag gilt, an dem die Schuld des Auf-
rechnenden fällig wird (§ 389 BGB; wie hier TK/*Loose* § 235 Rn. 20; Schwarz/*Schwarz* § 235
Rn. 10; Klein/*Rüsken* § 235 Rn. 24).

Eine Besonderheit gilt nach § 235 Abs. 3 Satz 2 AO allerdings für die Zeiträume, für die ein 34
Säumniszuschlag verwirkt, die Zahlung **gestundet** oder die Vollziehung **ausgesetzt** ist. Für diese
Zeiträume werden keine Hinterziehungszinsen erhoben, um eine Verdopplung der sich aus der
Nichtzahlung ergebenden Belastungen zu verhindern. Folglich ist in diesen Fällen der Zinslauf in
aller Regel mit der Fälligkeit der hinterzogenen Steuern beendet. Nach dem eindeutigen Wortlaut
des § 235 Abs. 3 Satz 2 AO kommt es allerdings auf die tatsächliche Zahlung, den Erlass oder
auch nur Festsetzung etwa von Stundungs- oder Aussetzungszinsen nicht an (HHSp/*Heuermann*
§ 235 Rn. 39; TK/*Loose* § 235 Rn. 26).

Im Fall einer **Selbstanzeige** schließt die Gewährung einer Zahlungsfrist nach § 371 Abs. 3 AO hin- 35
gegen für ihre Laufzeit Hinterziehungszinsen nicht aus, da es sich insoweit um eine rein strafrechtliche Frist handelt, die nicht zu konkurrierenden Zahlungszuschlägen und somit auch nicht zu
einer Mehrfachbelastung führt.

Nach Sinn und Zweck des Abs. 3 kommen Hinterziehungszinsen für solche zurückzuzahlenden 36
Zulagen nicht in Betracht, die z.B. bereits nach § 12 InvZulG 2010 zu verzinsen sind (vgl. Koch/
Scholtz/*Baum* § 235 Rn. 6; Schwarz/*Schwarz* § 235 Rn. 11).

3. Höhe der Zinsen

Die Höhe der Zinsen ergibt sich aus § 238 Abs. 1 Satz 1 und 2 AO und beträgt für jeden vollen 37
Monat des Zinslaufes 0,5 %. Angefangene Monate werden insoweit nicht berücksichtigt.

Der zu verzinsende Betrag wird zur Zinsberechnung gem. § 238 Abs. 2 AO für jede Steuerart auf 38
den nächsten durch 50,00 € teilbaren Betrag abgerundet. Daraus ergibt sich, dass jede Steuerart,
nicht hingegen jeder Besteuerungszeitraum gesondert zu behandeln ist (vgl. TK/*Loose* § 238 Rn. 6;
Schwarz/*Schwarz* § 238 Rn. 4).

Mit dem Ziele einer **Vereinfachung hat die Finanzverwaltung in** AEAO zu § 238 AO, Nr. 2 gere- 39
gelt, dass jeder einzelne zu verzinsende Anspruchs – also die Einzelforderung anstelle des Gesamt-
betrages pro Steuerart – abzurunden ist (zustimmend Koch/Scholtz/*Baum* § 239 Rn. 5). Dieses
Vorgehen kann sich auch im Hinblick auf § 239 Abs. 2 AO auswirken, wonach Zinsen nur dann
festgesetzt werden, wenn sie mindestens 10,00 € betragen, denn für die Ermittlung der Grenze
von 10,00 € ist die dargestellte Berechnung maßgebend. Wird folglich der Gesamtbetrag jeder
Steuerart auf volle 50,00 € abgerundet, so ist die Höhe der Zinsen aus dem Gesamtbetrag entscheidend. Wird hingegen die Vereinfachungsregelung des AEAO § 238 AO, Nr. 2 angewandt, so
dürften die Zinsen aus dem Einzelanspruch maßgebend sein (Schwarz/*Schwarz* § 238, Rn. 6;
Koch/Scholtz/*Baum* § 238 Rn. 5; ebenso AEAO zu § 239 AO, Nr. 3; a.A. wohl TK/*Loose* § 238
Rn. 6).

Das **Kompensationsverbot** des § 370 Abs. 4 Satz 3 AO ist bei der Festsetzung von Hinterzie- 40
hungszinsen nicht anwendbar (BFH v. 26.02.2008 – VIII R 1/07, BStBl. 2008, S. 659; FG München v. 02.07.2008 – 1 K 2599/07, n.v.; FG München v. 28.06.2000 – 1 K 137/99; vgl. auch
Rdn. 18).

4. Nachforderungszinsen

Gem. § 235 Abs. 4 AO sind bei der Zinsfestsetzung nach § 235 AO Zinsen nach § 233a AO anzu- 41
rechnen, die für denselben Zeitraum festgesetzt wurden. Durch diese Regelung soll eine **Doppel-**
verzinsung nach § 235 AO und § 233a AO verhindert werden. Den Hinterziehungszinsen kommt
nach § 235 Abs. 4 AO – im Gegensatz zur Regelung in § 235 Abs. 3 AO – der Vorrang zu und die

Nachzahlungszinsen werden auf diese angerechnet (BFH v. 11.10.2004 – XI R 30/04, BStBl. II 2005, S. 274). Weil dadurch die Nachzahlungszinsen quasi zu Hinterziehungszinsen umqualifiziert werden, bleibt die Nichtabzugsfähigkeit der Hinterziehungszinsen auch bestehen, wenn die Nachforderungszinsen als Betriebsausgaben oder Werbungskosten abziehbar wären (vgl. BFH v. 10.11.2004 – XI R 30/04, BStBl. II 2005, S. 274).

42   Nach dem Wortlaut des § 235 Abs. 4 AO sind nur bereits vorher für denselben Zeitraum festgesetzte Nachforderungszinsen auf die Hinterziehungszinsen anrechenbar. Die Anrechnung ist bereits bei der Festsetzung der Zinsen und nicht erst i.R.d. Erhebung zu berücksichtigen (wie hier TK/*Loose* § 235 Rn. 27; Schwarz/*Schwarz* § 235 Rn. 11a; Kühn/v. Wedelstädt/*Wagner* § 235 Rn. 15). Umstritten ist, was gelten soll, wenn die Hinterziehungszinsen vor den Nachforderungszinsen festgesetzt werden. Teilweise wird vertreten, dass der Bescheid über die Festsetzung der Hinterziehungszinsen ein Folgebescheid des Bescheids über die Nachforderungszinsen sei. Daraus ergibt sich, dass im Fall der Änderung des Bescheides nach § 233a AO oder bei Festsetzung der Nachforderungszinsen nach der Festsetzung der Hinterziehungszinsen, dieser Bescheid nach § 175 Abs. 1 Satz 1 Nr. 1 AO zu ändern sei (Koch/Scholtz/*Baum* § 235 Rn. 15; TK/*Loose* § 235 Rn. 27; Kühn/v. Wedelstädt/*Wagner* § 235 Rn. 15). Nach einer anderen Ansicht, ist in dem Fall, dass die Festsetzung der Nachforderungszinsen erst nach der Festsetzung nach § 235 AO erfolgt, bei Letzterer die Zeit der Hinterziehung auszuklammern (Schwarz/*Schwarz* § 235 Rn. 11a). In der Praxis kommen allerdings beide Ansichten zum gleichen Ergebnis.

C. Festsetzung der Zinsen

43   Die Hinterziehungszinsen sind durch **Zinsbescheid** festzusetzen (§ 239 Abs. 1 Satz 1 AO i.V.m. §§ 155 ff. AO). Bzgl. der Inanspruchnahme des Zinsschuldners steht der Finanzbehörde kein Ermessensspielraum zu (BFH v. 27.06.1991 – V R 9/86, BStBl. II 1991, S. 822). Folglich ist die Zinsfestsetzung zwingend, selbst wenn der Zinsschuldner nicht mit dem Steuerhinterzieher identisch ist und Letzterer im Haftungsweg in Anspruch genommen werden könnte (BFH v. 19.04.1989 – X R 3/86, BStBl. II 1989, S. 596; TK/*Loose* § 235 Rn. 22).

Auch wenn der Finanzbehörde für die Zinsfestsetzung kein Entschließungsermessen zusteht, so hat sie aber trotzdem ein **Auswahlermessen** ggü. welchem Steuerpflichtigen sie bei Gesamtschuldnern die Hinterziehungszinsen festsetzt (FG Hessen v. 28.01.2009 –3 K 107/05, n.v.). Dasselbe gilt, wenn Zinsschuldner und Haftender gem. § 71 AO Gesamtschuldner sind (TK/*Loose* § 235 Rn. 22; Kühn/v. Wedelstädt/*Wagner* § 235 Rn. 13). Zu der Frage, inwieweit das Ermessen vorgeprägt ist und wie sich dies auf das Erfordernis einer Begründung der Ermessensentscheidung auswirkt vgl. BFH v. 02.02.2010 – II B 46/09, BFH/NV 2010, 837 und § 71 Rdn. 30 ff.

44   Aus dem Zinsbescheid muss sich **hinreichend deutlich** ergeben, wer Bekanntgabe bzw. Inhaltsadressat ist (BFH v. 03.11.2005 – V B 9/04, BFH/NV 2006, 248). Im Hinblick auf den zu verzinsenden Betrag ist der Zinsbescheid bestimmt genug, wenn auf den Steuerbescheid Bezug genommen wird (Nds. FG v. 28.10.1999 – V 360/92, EFG 2000, 659). Ein (rechtswidrig) erlassener Zinsbescheid kann nicht in einen Haftungsbescheid **umgedeutet** werden, da der Erlass eines Haftungsbescheids im Gegensatz zum Zinsbescheid eine Ermessensentscheidung voraussetzt (BFH v. 18.07.1991 – V R 72/87, BStBl. II 1991, S. 781).

45   Für das **Verfahren** gelten gem. § 239 Abs. 1 Satz 1 AO die §§ 85 ff., 155 f. AO, sofern nicht strafprozessuale Grundsätze eingreifen (vgl. Rdn. 15 und § 71 Rdn. 39 f.). Der Schuldner ist nur insoweit zur Mitwirkung verpflichtet, wie er sich nicht der Gefahr einer strafrechtlichen Verfolgung aussetzt (TK/*Loose* § 235 Rn. 22).

46   Da gem. § 239 Abs. 1 Satz 1 AO auf die Zinsen die für die Steuern geltenden Vorschriften entsprechend anzuwenden sind, ist z.B. bei Hinterziehungshandlungen innerhalb einer Personengesellschaft eine **einheitliche und gesonderte Feststellung** (§§ 179 ff. AO) der Grundlagen für den

Zinsbescheid durchzuführen (BFH v. 19.04.1989 – X R 3/86, BStBl. II 1989, S. 596; BFH v. 10.10.1994 – I B 30/94, BFH/NV 1995, 471; BFH v. 10.12.2003 – X B 134/02, BFH/NV 2004, 906). Folglich ist über die Frage, ob und in welchem Umfang Steuernachforderungen auf Hinterziehungshandlungen beruhen und somit tatbestandlich den Zinsanspruch des § 235 AO auslösen, im Verfahren der einheitlichen und gesonderten Feststellung zu entscheiden. Sollte dies unterbleiben, so ist der Gewinnfeststellungsbescheid zu ergänzen (§ 179 Abs. 3 i.V.m. § 239 Abs. 1 Satz 1 AO; vgl. BFH v. 13.07.1994 – XI R 21/93, BStBl. II 1994, S. 885). Der Feststellungsbescheid ist somit nicht nur für die Folgesteuern bindend, sondern zugleich auch Grundlagenbescheid für die Zinsfestsetzung nach § 235 AO (§§ 182 Abs. 1 Satz 1, 171 Abs. 10 i.V.m. § 239 Abs. 1 Satz 1 AO; BFH v. 16.03.1993 – XI R 42/90, BFH/NV 1994, 75).

Nach dem Wortlaut des § 235 AO ist eine vorherige Festsetzung der Steuer, auf die die Hinterziehungszinsen festgesetzt werden sollen, nicht erforderlich. Dennoch geht (Schwarz/*Schwarz* § 235 Rn. 14) davon aus, dass bzgl. festzusetzenden Steuern (anders z.B. bei Hinterziehung durch Stundungserschleichung) eine Zinsfestsetzung nur dann zulässig sei, wenn eine Steuerfestsetzung vorausgegangen ist. **47**

Ein **Verzicht** auf die Hinterziehungszinsen ist im Gegensatz zu den Regelungen für Stundungs- (§ 234 Abs. 2 AO) und Aussetzungszinsen (§ 237 Abs. 4 AO i.V.m. § 234 Abs. 2 AO) nicht möglich. Prinzipiell anwendbar sind hingegen die §§ 163, 227 AO, wobei i.d.R. die erforderliche Würdigkeit für eine abweichende Steuerfestsetzung aus Billigkeitsgründen oder einen Erlass nicht gegeben sein dürfte. **48**

Die **Zuständigkeit** für die Festsetzung der Hinterziehungszinsen liegt bei der für die Verwaltung der Steuer zuständigen Finanzbehörde, nicht dagegen bei der Strafsachenstelle. Auch eine inhaltliche Bindung an die Ermittlungsergebnisse und Entscheidungen der Strafsachenstelle besteht nicht. Daraus ergibt sich auch, dass die Strafsachenstelle in den Fällen, in denen eine wirksame Selbstanzeige vorliegt, keine strafrechtlichen Ermittlungshandlungen nach strafprozessualen Vorschriften mehr durchführen darf, um die Voraussetzungen für die Festsetzung von Hinterziehungszinsen zu ermitteln (Schwarz/*Schwarz* § 235 Rn. 14). **49**

Bei hinterzogenen **Realsteuern** sind die Hinterziehungszinsen von der Stelle festzusetzen, die die Steuer festsetzt. Dabei handelt es sich i.d.R. um die Gemeinde (Ausnahme: Stadtstaaten). Die Finanzbehörde stellt die Berechnungsgrundlage gem. § 184 Abs. 1 AO fest und der Messbescheid ist Grundlagenbescheid für den von der Gemeinde zu erlassenden Zinsbescheid (BVerwG v. 16.09.1997 – 8 B 143/97, BStBl. II 1997, S. 782; AEAO zu § 235 Nr. 6.2). **50**

Der Zinsbescheid und ein diesbezüglicher Feststellungsbescheid können gem. § 347 Abs. 1 Nr. 1 AO mit dem **Einspruch** angefochten werden. Wird der Steuerbescheid nach Ende des Zinslaufes aufgehoben, geändert oder nach § 129 AO berichtigt, so bleiben die bis dahin entstandenen Hinterziehungszinsen gem. § 235 Abs. 3 Satz 3 AO unberührt. Durch diese Regelung soll erreicht werden, dass sich die Höhe der Hinterziehungszinsen allein nach dem hinterzogenen Steuerbetrag richtet und spätere Minderungen der Steuer keinen Einfluss auf die Zinshöhe haben. **51**

Die **Verjährungsfrist** für die Festsetzung von Hinterziehungszinsen beginnt gem. § 239 Abs. 1 Satz 2 Nr. 3 AO mit Ablauf des Kalenderjahres, in dem die Festsetzung der hinterzogenen Steuer unanfechtbar geworden ist. Die Anlaufhemmung des § 239 Abs. 1 Satz 2 Nr. 3 Halbs. 2 AO greift allerdings nur ein, wenn ein Strafverfahren rechtzeitig – nämlich bereits in demjenigen Jahr, in dem die Festsetzung der hinterzogenen Steuern unanfechtbar geworden ist – eingeleitet und nach den Vorschriften der StPO abgeschlossen wurde (BFH v. 24.08.2001 – VI R 42/94, BStBl. II 2001, S. 782; *Krieger*, DStR 2002, 751). Dafür reicht jegliche, nicht offensichtlich rechtswidrige Einleitungsmaßnahme aus, selbst wenn sie z.B. zunächst nur auf die Überprüfung der Wirksamkeit einer abgegebenen Selbstanzeige gerichtet ist (BFH v. 29.04.2008 – VIII R 5/06, BStBl. II 2008, S. 844). **52**

53   In der **Praxis** sollte die Zinsfestsetzung allerdings ausgesetzt werden, bis die Festsetzung der hinterzogenen Steuern unanfechtbar ist oder ggf. bis zum rechtskräftigen Abschluss des Steuerstrafverfahrens. Im Hinblick auf die Festsetzungsfrist ist ein solches Vorgehen aufgrund § 239 Abs. 1 Satz 2 Nr. 3 AO unproblematisch. Zur Festsetzungsverjährung der Hinterziehungszinsen vgl. § 239 AO.

54   Steuerhinterzieher, die nicht zugleich Steuerschuldner sind, können nach § 71 AO auch wegen der Hinterziehungszinsen im Haftungswege in Anspruch genommen werden (vgl. Rdn. 22 f. und § 71 Rdn. 29).

6. Kapitel Benennung von Gläubigern und Zahlungsempfängern (§ 160 AO)

§ 160 AO Benennung von Gläubigern und Zahlungsempfängern

(1) [1]Schulden und andere Lasten, Betriebsausgaben, Werbungskosten und andere Ausgaben sind steuerlich regelmäßig nicht zu berücksichtigen, wenn der Steuerpflichtige dem Verlangen der Finanzbehörde nicht nachkommt, die Gläubiger oder die Empfänger genau zu benennen. [2]Das Recht der Finanzbehörde, den Sachverhalt zu ermitteln, bleibt unberührt.

(2) § 102 bleibt unberührt.

A. Grundsätzliches

I. Regelungsgegenstand

1   Kann der Steuerpflichtige bei Schulden und anderen Lasten, Betriebsausgaben und Werbungskosten, die bei ihm zu einer Minderung der Steuerschuld führen, die Gläubiger oder die Empfänger der Zahlungen nicht benennen, sind Zahlungen und entsprechender Aufwand regelmäßig nicht zu seinen Gunsten steuermindernd zu berücksichtigen (Pahlke/Koenig/*Cöster* § 160 Rn. 1; Klein/*Rüsken* § 160 Rn. 1). Die Norm ist auch bei außergewöhnlichen Belastungen anzuwenden (BFH, BStBl. II 1997, S. 346). § 160 AO erlaubt der Finanzverwaltung nach pflichtgemäßem Ermessen die Versagung der steuermindernden Berücksichtigung von Schulden und Ausgaben, wenn der Steuerpflichtige auf Verlangen der Finanzbehörde (FB) den Gläubiger oder Empfänger nicht benennt (Pahlke/Koenig/*Cöster* § 160 Rn. 1). Die Vorschrift setzt voraus, dass steuerlich relevante Abzugsbeträge tatsächlich entstanden sind, auch wenn diese Ausgaben nur durch Schätzung und damit nicht genau ermittelt werden können (BFH, BStBl. II 1966, S. 518; 1986, S. 318; 1997, S. 404; Klein/*Rüsken* § 160 Rn. 1; vgl. HHSp/*Trzaskalik* § 160 Rn. 7). Die Regelung verlangt vor Eintritt dieser Rechtsfolge zwei aufeinanderfolgende, selbstständige Ermessensentscheidungen der Finanzverwaltung unter Berücksichtigung der Grundsätze des § 5 AO; zunächst muss die FB nach pflichtgemäßem Ermessen entscheiden, ob sie überhaupt ein Benennungsverlangen nach § 160 Abs. 1 Satz 1 AO stellen will, anschließend trifft die FB eine Ermessensentscheidung darüber, ob und in welcher Höhe die Schulden und Ausgaben zum (Betriebsausgaben-) Abzug zugelassen werden, bei denen der Empfänger nicht genau benannt ist (BFH, BStBl. II 1989, S. 995; 1998, S. 51; BFH/NV 1987, 13; 2003, 241; Pahlke/Koenig/*Cöster* § 160 Rn. 1; Klein/*Rüsken* § 160 Rn. 1). § 160 AO kann grundsätzlich für jede Steuerart Bedeutung erlangen (Pahlke/Koenig/*Cöster* § 160 Rn. 1). Typischerweise praxisrelevant ist diese Norm für den Betriebsausgabenabzug im Zusammenhang mit Ertragsteuern.

II. Regelungszweck

2   § 160 AO soll primär Steuerausfälle im Inland verhindern, die dadurch eintreten können, dass bei dem Steuerpflichtigen Schulden und Ausgaben gem. § 4 Abs. 4 EStG gewinnmindernd geltend gemacht werden und dadurch zu einer Steuerminderung beim Steuerpflichtigen führen, obwohl der Gläubiger oder Empfänger die geltend gemachten Schulden und Ausgaben bei sich nicht entsprechend steuererhöhend als Einnahmen erfasst und deklariert (BFH, BStBl. II 1983, S. 654; 1998, S. 51; 1999, S. 121; BFH/NV 2003, 1241; 2006, 1618; Pahlke/Koenig/*Cöster* § 160 Rn. 6; Schwarz/*Frotscher* § 160 Rn. 1; TK/*Seer* § 160 Rn. 3; Klein/*Rüsken* AO § 160 Rn. 1; vgl. BT-Drucks. VI/1982, S. 146). Die Vorschrift beruht auf Zweckmäßigkeits- und Zurechnungsüberle-

gungen. Steuerlich relevante Auskünfte sollen von demjenigen Beteiligten verlangt werden können, der über die erforderlichen Kenntnisse verfügt, insb. dann, wenn die Möglichkeit der Informationsbeschaffung in seiner Sphäre liegt (vgl. § 90 Abs. 2 AO), weil er die maßgeblichen Verhältnisse gestaltet hat (BFH BStBl. II 1986, 318; BFH/NV 1994, 357; Klein/*Rüsken* § 160 Rn. 1). Aufgrund von § 160 AO besteht für die FB eine zusätzliche Kontrollmöglichkeit. Diese kann Steuerausfälle durch Kontrollmitteilungen (§ 194 Abs. 3 AO) verhindern, oder indem sie bei fehlender Empfängerbenennung den Betriebsausgabenabzug versagt (Pahlke/Koenig/*Cöster* § 160 Rn. 6).

In zweiter Linie soll die Vorschrift mit der Drohung der Nichtabzugsfähigkeit intransparenten   3
Aufwands von (steuer-) rechtswidrigen Geschäften abschrecken und präventiv Schmiergeldzahlungen, Bestechungen, Schwarzarbeit und Ohne-Rechnung-Geschäften entgegenwirken; nach herrschender Rechtsprechung ist dies nur ein Nebenzweck des § 160 AO und soll allenfalls erschwerend – zugunsten der Zulässigkeit eines Benennungsverlangens oder nachfolgend der Versagung des Abzugs – bei der Ermessensausübung der FB (s.u.) zu berücksichtigen sein (BFH/NV 1987, 689; Pahlke/Koenig/*Cöster* § 160 Rn. 6). Nach überwiegender Auffassung soll hingegen § 160 AO weder dazu dienen, beim Steuerpflichtigen die Besteuerungsgrundlagen (§ 157 Abs. 2 AO) zutreffend zu ermitteln noch dem Staat zusätzliche Einnahmen zu verschaffen (Pahlke/Koenig/*Cöster* § 160 Rn. 6). Soweit vertreten wird, § 160 AO schränke den Amtsermittlungsgrundsatz (§ 88 Abs. 1 Satz 1 AO) ein (Klein/*Rüsken* § 160 Rn. 1), so ist damit wohl lediglich gemeint, dass die FB aufgrund der Vorschrift gewissermaßen ein Wahlrecht (nach pflichtgemäßem Ermessen) hat, ob sie gemäß § 160 AO vorgeht oder, wenn sie dies nicht tut, den tatsächlichen Sachverhalt, d.h. die wirtschaftlichen Empfänger – notfalls unter Einsatz von Zwangsmitteln (§§ 328 ff. AO) –, von Amts wegen ermittelt und die daran anknüpfenden Rechtsfolgen festsetzt.

III. Rechtscharakter

§ 160 AO stellt mithin eine Art steuerliche Gefährdungshaftung dar; der Steuerpflichtige kann für   4
fremde Steuerschulden in Anspruch genommen werden, wenn er ein berechtigtes Benennungsverlangen nicht erfüllt, seine Rolle ist daher der eines Haftungsschuldners vergleichbar (BFH, BStBl. II 1983, S. 654; 1999, S. 434; BFH/NV 1995, 2; 2002, 312; Pahlke/Koenig/*Cöster* § 160 Rn. 2; Klein/*Rüsken* § 160 Rn. 1; Schwarz/*Frotscher* § 160 Rn. 1). § 160 AO ist hingegen selbst weder eine Schätzungsvorschrift (BFH, BStBl. II 1998, S. 51) noch eine Straf- oder Bußgeldnorm (BFH, BStBl. II 1981, S. 333; **zur strafrechtlichen Bedeutung eingehend s.u. Rdn. 66 ff.**).

IV. Verfassungsrechtliche und Europarechtliche Einordnung

§ 160 AO ist nach zutreffender herrschender Meinung verfassungsgemäß, v.a. verstößt die Norm   5
als solche nicht gegen den aus Art. 20 Abs. 3 GG abzuleitenden Grundsatz der Verhältnismäßigkeit (BFH, BStBl. II 1981, S. 333; Pahlke/Koenig/*Cöster* § 160 Rn. 3; a.A. Scheuffele FR 1971, 359). Dies muss schon deshalb gelten, weil in jedem problematischen Einzelfall nicht erforderliche, unverhältnismäßige oder unzumutbare Folgen i.S.d. Art. 20 Abs. 3 GG durch eine entsprechende – das Übermaßverbot berücksichtigende – Ermessensausübung der FBn zu vermeiden sind und durch einen Verzicht auf die Empfängerbenennung oder jedenfalls die Untersagung des Abzugs auch vermieden werden können (vgl. auch Pahlke/Koenig/*Cöster* § 160 Rn. 3). Daraus ist allerdings zu folgern, dass die Anwendung des § 160 AO im Einzelfall gemessen an Art. 20 Abs. 3 GG durchaus verfassungswidrig sein kann, wenn sich die erste oder zweite Ermessensentscheidung, d.h. das Benennungsverlangen oder die Versagung des Abzugs als im Ergebnis ungeeignete, nicht erforderliche oder übermäßige Maßnahmen zur Erreichung des unter Rdn. 2 genannten legitimen Zwecks der Vorschrift erweisen.

§ 160 AO steht nach herrschender Meinung auch nicht im Widerspruch zu geltendem europäi-   6
schen Recht (FG München, DStRE 2008, 244 ff. = IStR 2008, 191 ff.; Pahlke/Koenig/*Cöster*

§ 160 Rn. 4). Die Regelung verstößt weder gegen die Niederlassungsfreiheit (Art. 43 ff. EGV) noch gegen die Dienstleistungsfreiheit (Art. 49 ff. EGV). Auch eine (mittelbare) Diskriminierung von EU-Ausländern liegt nach herrschender Meinung nicht vor, da die Benennungspflicht des § 160 AO rein inländische und grenzüberschreitende Sachverhalte gleichermaßen betrifft (FG München, DStRE 2008, 244 ff.; Pahlke/Koenig/*Cöster* § 160 Rn. 4). Soweit der BFH bei Auslandssachverhalten – hinsichtlich von EU-Mitgliedsstaaten europarechtlich diskutabel erscheinende – höhere Anforderungen an die Mitwirkung des Steuerpflichtigen stellt, beruht dies nach überwiegender Auffassung nicht auf § 160 AO selbst, sondern auf den gesteigerten Mitwirkungspflichten des § 90 Abs. 2 AO (Pahlke/Koenig/*Cöster* § 160 Rn. 4; Hruschka IStR 2002, 753; a.A. Sedemund IStR 2002, 279). Nach überwiegender Auffassung ist jedoch auch die letztgenannte Norm mit dem Gemeinschaftsrecht vereinbar (vgl. TK/*Seer* § 90 Rn. 30 m.w.N.). Zudem sind funktionslose – und damit i.R.d. § 160 AO regelmäßig nicht als Empfänger anerkannte – Domizilgesellschaften nach herrschender Meinung durch die Art. 43 ff., 49 ff. EGV gerade nicht geschützt, da diese wirtschaftlich weder Lieferungen noch Leistungen erbringen und damit weder unter die Dienstleistungs- noch unter die Niederlassungsfreiheit fallen (Pahlke/Koenig/*Cöster* § 160 Rn. 4 i.V.m. Rn. 23, 26 f., 32; Schwarz/*Frotscher* § 160 Rn. 2).

V. Systematische Stellung, Normkonkurrenzen und Anwendungsbereich

7   Die FB kann die Benennung von Gläubigern und Zahlungsempfängern nicht nur nach § 160 AO, sondern auch nach dem **allgemeinen Auskunftsrecht gem. § 93 AO** verlangen (Pahlke/Koenig/ *Cöster* § 160 Rn. 9; krit. HHSp/*Trzaskalik* § 160 Rn. 3). Ein wesentlicher Unterschied besteht darin, dass ein Auskunftsersuchen i.S.d. § 93 AO mit der Androhung und Anwendung von Zwangsmitteln gem. §§ 328 ff. AO durchsetzbar ist. Das Benennungsverlangen nach § 160 AO übt hingegen indirekten Druck aus, indem es dem Adressaten die Empfängerbenennung – gewissermaßen als steuerrechtliche Obliegenheit – nahelegt, verbunden mit der Sanktion der Nichtberücksichtigung der Ausgaben bzw. Schulden für den Fall der Nichterfüllung (BFH, BStBl. II 1986, S. 537; Pahlke/Koenig/*Cöster* § 160 Rn. 9 u. 49 f.). Die Benennung selbst kann gerade nicht nach §§ 328 ff. AO erzwungen werden. Die Regelung des § 160 AO ist neben einer **Schätzung der Besteuerungsgrundlagen** durch die FB nach **§ 162 Abs. 1 bis 3 AO** anwendbar, wobei die bei der Anwendung des § 160 AO erforderlichen Ermessensentscheidungen (§ 5 AO) eine unterlassene Schätzung nicht ersetzen können (BFH BStBl. II 1998, 51; Pahlke/Koenig/*Cöster* § 160 Rn. 10). Die FB muss daher zunächst die Höhe der Betriebsausgaben ermitteln oder ggf. nach § 162 Abs. 1 bis 3 AO schätzen, und nur soweit danach noch erforderlich, hat sie zu prüfen, ob und inwieweit die fehlende Benennung der Zahlungsempfänger den Abzug der Ausgaben nach § 160 AO ausschließt (BFH, BStBl. III 1966, S. 360; BStBl. II 1998, S. 51; Pahlke/Koenig/*Cöster* § 160 Rn. 10). Eine Schätzung kann jedoch verzichtbar sein, wenn die ggf. zu schätzenden Ausgaben ohnehin nach § 160 AO nicht abziehbar sind. Auch **§ 159 AO** (**Nachweisverlangen bzgl. der Treuhänderstellung**) ist neben § 160 AO anwendbar (HHSp/*Traszkalik* § 160 Rn. 3; Pahlke/Koenig/*Cöster* § 160 Rn. 11).

8   Die **materiellen Abzugsverbote der §§ 4 Abs. 4a bis 8, 9 Abs. 5 EStG** gehen formal der Regelung in § 160 AO vor, da § 160 nur nach den Einzelsteuergesetzen an sich berücksichtigungsfähige Lasten und Ausgaben erfasst (TK/*Seer* § 160 Rn. 6; Pahlke/Koenig/*Cöster* § 160 Rn. 12). Zur Handhabung in der Verwaltungspraxis – Vorrang verfahrensökonomischer Gesichtspunkte vor steuersystematischen – ist insb. zur Abgrenzung der Anwendung des § 160 AO von der des **§ 4 Abs. 5 Nr. 10 EStG** auf das BMF-Schreiben v. 10.10.2002 – IV A 6 – S 2145 – 35/02 (BStBl. I 2002, S. 1031, 1035 Rn. 35 f. = DStR 2002, 1990, 1994) hinzuweisen (hier Rn. 36): „Sind der Finanzbehörde lediglich Tatsachen bekannt, die den Verdacht einer straf- oder bußgeldbewehrten Vorteilszuwendung begründen, hat sie zur Ermittlung eines unbekannten Zahlungsempfängers ein Benennungsverlangen nach § 160 AO zu stellen. Dies setzt allerdings voraus, dass die Finanzbehörde zunächst ihrer Belehrungspflicht nachkommt. Kommt der Steuerpflichtige dem Benennungsverlangen nicht nach und kann die Finanzbehörde voraussichtlich die Tatbestandserfüllung

einer Vorteilszuwendung nicht zweifelsfrei nachweisen, ist es aus Gründen der Verfahrenserleichterung nicht zu beanstanden, wenn die Nichtabziehbarkeit derartiger Betriebsausgaben auf § 160 AO gestützt wird (vgl. Tz. 35)." Dies hat in der Praxis oft die Anwendung des § 160 AO zur Folge, wenn die tatsächlichen Voraussetzungen eines materiellen Abzugsverbots gem. § 4 Abs. 5 Nr. 10 EStG möglich und durchaus naheliegend erscheinen, aber schwer nachweisbar sind und ein Benennungsverlangen nicht erfüllt werden konnte. Eine Versagung der Abzugsfähigkeit nach § 160 AO statt nach § 4 Abs. 5 Nr. 10 EStG und damit ein Vorgehen nach dem BMF-Schreiben v. 10.10.2002 (Rdn. 36) dürfte – insb. vor dem Hintergrund der im Zusammenhang mit der Anwendung des § 4 Abs. 5 Nr. 10 EStG in der Praxis größeren strafrechtlichen Risiken (gem. § 370 AO; §§ 266, 299, 331 ff. StGB; vgl. § 4 Abs. 5 Nr. 10 Satz 3 EStG) – regelmäßig im Interesse des Steuerpflichtigen liegen.

Die (erhöhte) Mitwirkungspflicht bei Auslandssachverhalten gem. **§ 90 Abs. 2 AO** erlegt dem   **9** Beteiligten bzgl. Auslandsaspekten eine Sachverhaltsaufklärungs- und Beweismittelbeschaffungspflicht auf, da die FB im Ausland nicht oder nur mit nicht unerheblichen Aufwand auf dem Weg der zwischenstaatlichen Rechts- und Amtshilfe nach § 117 AO ermitteln kann; gleichwohl lässt dies die Amtsermittlungspflicht der FB unberührt (Pahlke/Koenig/*Wünsch* § 90 Rn. 16). Nach § 90 Abs. 2 Satz 1 AO hat der Beteiligte den Sachverhalt mit (auch teilweisem) Auslandsbezug aufzuklären und Beweismittel zu beschaffen (BFH/NV 2006, 1987; Pahlke/Koenig/*Wünsch* § 90 Rn. 16); er muss die Beweismittel als sog. präsente Beweismittel nicht nur bezeichnen, sondern in Deutschland zur Verfügung stellen, also z.B. ausländische Urkunden beibringen (BFH/NV 1988, 13; Pahlke/Koenig/*Wünsch* § 90 Rn. 16). Diese erhöhte Mitwirkungspflicht des Beteiligten besteht insb. auch i.R.d. § 160 AO für die Benennung des im Ausland ansässigen Zahlungsempfängers (Domizilgesellschaften etc.; Pahlke/Koenig/*Wünsch* § 90 Rn. 17). § 90 Abs. 2 Satz 3 AO verpflichtet den Beteiligten zudem zur Beweisvorsorge, die sich im Zusammenhang mit § 160 AO auswirken kann; der Steuerpflichtige kann bei auslandsbezogenen Benennungsverlangen nicht entlastend geltend machen, er könne den Sachverhalt mit Auslandsbezug nicht aufklären und Beweismittel nicht beschaffen, denn er hätte sich bei Gestaltung seiner Verhältnisse die Möglichkeit dazu beschaffen können; bei steuerlich bedeutsamen Auslandsbeziehungen hat der Beteiligte sich demnach rechtzeitig die Mittel zur Sachverhaltsaufklärung und die diesbezüglichen Beweismittel zu beschaffen (BFH/NV 1995, 2; Pahlke/Koenig/*Wünsch* § 90 Rn. 19). Insbesondere kann er vor dem Hintergrund des § 90 Abs. 2 Satz 3 AO sein (aktuelles) Unvermögen zur Benennung auch nicht damit rechtfertigen, seine Vertragspartner oder seine ausländische Betriebsstätte stellten die für die Sachverhaltsaufklärung erforderlichen Unterlagen und Nachweise nicht zur Verfügung; derartige Erschwernisse liegen generell im Verantwortungsbereich des Steuerpflichtigen (vgl. BFH/NV 2001, 957; 2002, 134; Pahlke/Koenig/Wünsch AO § 90 Rn. 19).

Auch **§ 16 AStG** intensiviert und definiert bei Auslandssachverhalten den Umfang der sich aus   **10** § 160 AO ergebenden Verpflichtung, schränkt nach herrschender Meinung hingegen nicht etwa den Anwendungsbereich des § 160 AO ein (BFH/NV 2003, 1241; FG Düsseldorf EFG 2002, 884; Pahlke/Koenig/*Cöster* § 160 Rn. 14; Gosch StBp 1999, 80). Insb. folgt aus der Vorschrift keine Einschränkung in dem Sinne, dass von dem Steuerpflichtigen allgemein bzw. bei Benennungsverlangen nicht mehr verlangt werden könne, als § 16 AStG selbst vorschreibe, er daher nur seine eigenen Beziehungen zu der ausländischen Gesellschaft offenzulegen habe (BFH/NV 2003, 1241 = BFH DStR 2003, 1340 f.; TK/*Seer* § 160 Rn. 17). I.Ü. erstreckt sich das in § 16 Abs. 1 AStG bestimmte Erfordernis der „Offenlegung der Beziehungen" zur ausländischen Person oder Gesellschaft nach herrschender Meinung zwar nicht auf beliebige Verhältnisse zu Dritten (HHSp/ *Trzaskalik* § 160 Rn. 30; Schmitz IStR 1997, 193, 197), wohl aber auf Geschäftsbeziehungen oder Verhältnisse zu Fremden, die hinter dem ausländischen Gläubiger stehen oder ihm sonst nahe stehen (BFH/NV 2003, 1241 = DStR 2003, 1340 f. m.w.N.; Pahlke/Koenig/*Cöster* § 160 Rn. 14). § 16 AStG enthält hingegen keine selbstständige Eingriffsermächtigung für die Finanzverwaltung (Pahlke/Koenig/*Cöster* § 160 Rn. 14).

11 Besonderheiten gelten bei **Bauleistungen** (§ 48 Abs. 1 Satz 3 EStG) aufgrund der vorrangig anzuwendenden Spezialvorschriften der §§ 48 ff. EStG (vgl. Pahlke/Koenig/*Cöster* § 160 Rn. 13). § 160 AO ist nach § 48 Abs. 4 Nr. 1 EStG nicht anwendbar, wenn der Empfänger einer Bauleistung (§ 48 Abs. 1 Satz 1 EStG) seine Verpflichtung aus §§ 48 ff. EStG zur Anmeldung und Abführung des Steuerabzugsbetrags bei Bauleistungen eingehalten hat. Dasselbe gilt nach § 48b Abs. 5 EStG i.V.m. § 48 Abs. 4 Nr. 1 EStG, wenn dem Empfänger einer Bauleistung eine im Zeitpunkt der Gegenleistung gültige Freistellungsbescheinigung vorlag; hinsichtlich der betroffenen Gegenleistung ist in diesem Fall eine Versagung des Betriebsausgaben- oder Werbungskostenabzugs nach § 160 Abs. 1 Satz 1 AO nicht möglich (Pahlke/Koenig/*Cöster* § 160 Rn. 13). In der Baubranche anwendbar ist § 160 AO hingegen, wenn ein Steuerpflichtiger einen Steuerabzug angemeldet und abgeführt oder wenn ihm eine Freistellungsbescheinigung vorgelegen hat, obwohl es sich nicht um eine Bauleistung gem. § 48 Abs. 1 Satz 3 EStG, sondern um eine anders definierte Leistung, z.B. nur um eine Arbeitnehmerüberlassung handelt (BMF-Schreiben v. 27.12.2002, BStBl. I 2002, S. 1399, i.d.F. des BMF-Schreibens v. 04.09.2003, BStBl. I 2003, 431; Pahlke/Koenig/*Cöster* § 160 Rn. 13).

B. Tatbestandsvoraussetzungen

I. Allgemeines

12 Die gesetzmäßige Anwendung des § 160 AO durch die FB erfolgt – wie eingangs erwähnt – in zwei separaten Prüfungsschritten (vgl. BFH BStBl. II 1987, S. 481; 1989, S. 995; 1996, 51; 1998, S. 51; BFH/NV 1996, 891; Pahlke/Koenig/*Cöster* § 160 Rn. 1; Klein/*Rüsken* § 160 Rn. 2): Zunächst ist zu prüfen, ob das Verlangen der Empfängerbenennung im Rahmen pflichtgemäßen Ermessens zulässig und für den Steuerpflichtigen zumutbar ist (BFH BStBl. II 1989, 995; BFH/ NV 2002, 609; Klein/*Rüsken* § 160 Rn. 2). Auf der Basis der eingegangenen oder auch im Fall der verweigerten oder unterbliebenen Empfängerbenennung durch den Steuerpflichtigen hat die Finanzverwaltung anschließend zu prüfen und zu entscheiden, ob und wenn ja in welcher Höhe die Hinzurechnung bzw. steuerliche Nichtberücksichtigung pflichtgemäßem Ermessen entspricht (BFH, BStBl. II 1987, S. 481; 1989, S. 995; 1996, S. 51; 1998, S. 51; Klein/*Rüsken* § 160 Rn. 2).

II. Voraussetzungen des Benennungsverlangens (§ 160 Abs. 1 Satz 1 AO)

13 Voraussetzung eines Benennungsverlangens ist, dass es auf die Identifizierung des Gläubigers oder Empfängers von Schulden und anderen Lasten, Betriebsausgaben, Werbungskosten und anderen Ausgaben abzielt (§ 160 Abs. 1 Satz 1 AO).

1. Lasten und Ausgaben

14 **Lasten** ist der allgemeine Begriff für Verpflichtungen aller Art, einschließlich **Schulden**. Andere Lasten gem. § 160 Abs. 1 Satz 1 AO sind, im Gegensatz zu Schulden, noch nicht fällige Verpflichtungen zu wiederkehrenden Leistungen, bspw. Renten- und Nießbrauchlasten (TK/*Seer* § 160 Rn. 6; Pahlke/Koenig/*Cöster* § 160 Rn. 17).

15 Der Begriff der **Betriebsausgaben** in § 160 Abs. 1 Satz 1 AO deckt sich mit dem **Betriebsausgabenbegriff des § 4 Abs. 4 EStG**, der Begriff der **Werbungskosten** entspricht dem des § 9 EStG (Pahlke/Koenig/*Cöster* § 160 Rn. 18). Erfasst werden alle Betriebsausgaben, unabhängig davon, ob sich diese Ausgaben steuerlich sofort oder später auswirken, z.B. im Rahmen einer Absetzung für Abnutzung nach §§ 7 ff. EStG und/oder bei der Veräußerung eines aktivierungspflichtigen Wirtschaftsguts (BFH, BStBl. III 1951, S. 77; 1966, S. 360; BStBl. II 1981, S. 333). Nach herrschender Rechtsprechung gilt dies nicht bei Teilwertabschreibungen nach § 6 Abs. 1 Nr. 1, 2 EStG (BFH BStBl. II 1999, S. 333; FG Hamburg, EFG 2008, 426; a.A. FG Düsseldorf, EFG 2009, 1538, nrkr. – Rev. Az. IV R 27/09; Pahlke/Koenig/*Cöster* § 160 Rn. 18; TK/*Seer* § 160 Rn. 9). Auf eine

zutreffende Verbuchung als Betriebsausgaben kommt es nicht an: Ausgaben, die – auch unter Verstoß gegen handelsrechtliche Rechnungslegungsvorschriften – erlösmindernd gebucht worden sind, werden ebenso erfasst (vgl. FG Hamburg, Beschl. v. 13.02.2004, DANUS 0817528). Unerheblich ist auch, ob den Betriebsausgaben bereits Zahlungen zugrunde liegen; Rückstellungen – bspw. wegen drohenden Franchise-Zahlungen an Domizilgesellschaften – können unter den Voraussetzungen des § 160 AO Gewinn erhöhend aufzulösen sein (vgl. zuletzt FG Baden-Württemberg, Beschl. v. 08.02.2011, Juris; s. zu Rückstellungen jedoch auch Rdn. 18). **Sonstige Ausgaben** i.S.d. § 160 Abs. 1 Satz 1 AO sind z.B. Sonderausgaben nach § 10 EStG und außergewöhnliche Belastungen nach §§ 33, 33a EStG (Pahlke/Koenig/*Cöster* § 160 Rn. 18).

Nicht erfasst werden **durchlaufende Posten** bei demjenigen, bei dem sie lediglich durchgereicht werden; dort handelt es sich nicht um Betriebseinnahmen bzw. Betriebsausgaben (BFH, BStBl. II 1997, S. 404; Pahlke/Koenig/*Cöster* § 160 Rn. 19; vgl. auch § 4 Abs. 3 Satz 2 EStG). Werden Schmiergelder an einen Vermittler gezahlt, zum Zweck der (unverminderten) Weiterleitung an Dritte, so kommt eine Anwendung des § 160 AO nach herrschender Meinung nur ggü. dem Auftraggeber der Zahlung, nicht aber ggü. dem Vermittler in Betracht (FG München EFG 2001, 191; Pahlke/Koenig/*Cöster* § 160 Rn. 19). Fraglich ist, ob dies auch gelten kann, wenn nur ein Teil des dem Vermittler gezahlten Betrags die Funktion eines Einschlusses zugunsten Dritter hatte und ein Teil zum Verbleib beim Vermittler bestimmt war. Insofern kann möglicherweise nicht ohne Weiteres von einer reinen Durchleitung gesprochen werden. Maßgeblich dürfte hier im Ergebnis allgemein die Abbildung des Vorgangs in der Buchführung des Vermittlers sein: wenn dieser hinsichtlich des Zahlungseingangs in voller Höhe einen Ertrag und hinsichtlich des weitergeleiteten Betrags ergebniswirksam einen Aufwand bucht, scheint die Aussage des FG München nicht ohne Weiteres einschlägig; insoweit kann nicht von einer reinen Durchleitung gesprochen werden. Aufgrund des Umstandes, dass in diesem Fall die Zahlung des Auftraggebers von dem Vermittler in voller Höhe als Ertrag erfasst wurde, wäre – vor dem Hintergrund des Regelungszwecks des § 160 AO (s. Rdn. 2 f.) – ein entsprechendes Benennungsverlangen ggü. dem Auftraggeber hinsichtlich des von dem Vermittler weitergeleiteten Betrags eine unverhältnismäßige Maßnahme. Als milderes Mittel zur Vermeidung von Steuerausfällen käme vielmehr eine Kontrollmitteilung (§ 194 Abs. 3 AO) in Betracht (vorausgesetzt der Vermittler ist in Deutschland ansässig bzw. steuerpflichtig). Das für den Vermittler zuständige FA könnte dann – nach pflichtgemäßem Ermessen – entscheiden, ob es ggü. dem Vermittler ein Benennungsverlangen stellt. Anders im Fall einer nur teilweise ergebniswirksamen Verbuchung: erfasst der Vermittler nur den zu seiner Vergütung bestimmten Teil der Zahlung als Ertrag und verbucht er den weiterzuleitenden Teilbetrag als durchlaufenden Posten, so bleibt – wie im Grundfall – ein Benennungsverlangen ggü. dem Auftraggeber der Zahlung legitim. Eine solche Vorgehensweise ließe sich im Ergebnis auch mit der herrschenden Rechtsprechung vereinbaren, wonach § 160 AO bei der Festsetzung von Ertragsteuern (nur insoweit) nicht auf Schulden angewendet werden kann, deren Ansatz in der Jahresbilanz erfolgsneutral ist (BFH, BStBl. II 1988, S. 759; Pahlke/Koenig/*Cöster* § 160 Rn. 19; s. Rdn. 18).

2. Steuerliche Abzugsfähigkeit

Die Voraussetzungen für die Benennung als Zahlungsempfänger nach § 160 AO sind nur zu prüfen, wenn feststeht, dass nach den einschlägigen Steuerrechtsvorschriften tatsächlich dem Grunde und der Höhe nach grds. abziehbare Lasten, insb. Werbungskosten (§ 9 EStG) oder Betriebsausgaben (§ 4 Abs. 4 EStG) vorliegen (BFH, BStBl. II 1997, S. 404; 1998, S. 51; BFH/NV 2005, 2161; BFH DStRE 2006, 117; Pahlke/Koenig/*Cöster* § 160 Rn. 19; Klein/*Rüsken* § 160 Rn. 4). Denn sonst ist ihr Abzug von vornherein unmöglich, ohne dass die FB mittels des § 160 AO die richtige Besteuerung des Empfängers durchsetzen dürfte (Klein/*Rüsken* § 160 Rn. 4). Die Existenz abzugsfähiger Positionen muss vor einem Benennungsverlangen allerdings durch die FB nicht zweifelsfrei festgestellt werden; ist die materielle Abzugsfähigkeit zweifelhaft, können diese Zweifel dahinstehen, wenn der Steuerpflichtige dem Benennungsverlangen nicht nachkommt (BFHE 128, 1 ff.; BFH, BStBl. II 1989, S. 995; FG Münster, EFG 1998, 920; Klein/*Rüsken* § 160 Rn. 4). Durch die

16

17

Unsicherheit darüber, ob die Position evtl. grds. nicht abzugsfähig ist (vgl. etwa § 4 Abs. 5 EStG), soll der Steuerpflichtige nach herrschender Meinung i.R.d. § 160 Abs. 1 AO nicht begünstigt werden. Der Umstand, dass dem Steuerpflichtigen mit Sicherheit (abzugsfähige) Betriebsausgaben entstanden sind, schließt ein Benennungsverlangen nach § 160 Abs. 1 AO ebenfalls nicht aus, da die Vorschrift nicht seine Besteuerung, sondern die des Zahlungsempfängers sicherstellen soll, sofern diese einem steuerlichen Abzugsposten des Steuerpflichtigen entspricht, d.h. einen Ausgleich für die mutmaßliche Nichtversteuerung beim unbekannten Empfänger schaffen kann (BFH, BStBl. II 1983, S. 654; 1989, S. 995; 1998, S. 51; BFH/NV 1994, 241; Klein/*Rüsken* § 160 Rn. 7; vgl. zur Möglichkeit der Berücksichtigung andererseits BFH, BStBl. II 1981, S. 333; BFH/NV 1996, 801).

18   Die Vorschrift kann nach herrschender Meinung bei der Festsetzung von Ertragsteuern nicht auf vorgebliche Darlehen angewendet werden, da der Mittelzufluss dann tatsächlich eine Einlage darstelle und in der Jahresbilanz erfolgsneutral sei; auch wenn es sich um eine verdeckte Betriebseinnahme handele, könne dies nicht gem. § 160 AO erfasst werden, sondern nur eine Zuschätzung gem. § 162 AO rechtfertigen (BFH, BStBl. II 1988, S. 759; BFH/NV 1992, 439; Klein/*Rüsken* § 160 Rn. 4). Auch die Anerkennung der Bildung einer Rückstellung wegen Inanspruchnahme aus *Bürgschaften* darf nach herrschender Meinung nicht von der Benennung des *Darlehens*gläubigers abhängig gemacht werden (BFH, BStBl. II 1999, S. 333; Klein/*Rüsken* § 160 Rn. 4).

3. Gläubiger bzw. Empfänger

a) Wahrer wirtschaftlicher Gläubiger oder Empfänger

19   Die Begriffe des Empfängers und des Gläubigers sind in § 160 Abs. 1 Satz 1 AO gleichberechtigt (BFH/NV 2010, 3). Gläubiger bzw. Empfänger i.S.d. § 160 Abs. 1 Satz 1 AO ist derjenige, der wirtschaftlicher Eigentümer der Forderung ist bzw. bei Zahlungen derjenige, zu dessen Gunsten wirtschaftlich die Zahlung erfolgt. Entscheidend ist, wem der in der Ausgabe enthaltene wirtschaftliche Wert übertragen wird (BFH, BStBl. II 1987, S. 286; BFH/NV 2000, 299; BFH/NV 2003, 1241; BFH/NV 2010, 3; Pahlke/Koenig/*Cöster* § 160 Rn. 22). Empfänger einer Betriebsausgabe ist regelmäßig derjenige, dem der in der Betriebsausgabe enthaltene wirtschaftliche Wert übertragen wird (BFH, BStBl. II 1972, S. 442; 1987, S. 286; BFH/NV 2010, 3), der sog. „wirtschaftliche Zahlungsempfänger" (BFH/NV 2002, 312; Klein/*Rüsken* § 160 Rn. 8). Dies muss nach h.M. nicht zwingend derjenige sein, der das Geld physisch erhalten hat (FG Münster, EFG 2010, 1053 = BeckRS 2010, 26030214; FG Hamburg, EFG 2007, 974; Pahlke/Koenig/*Cöster* § 160 Rn. 22; a.A. FG Hessen, EFG 1981, 323). Der wahre (wirtschaftliche) Empfänger ist zu benennen (BFH, BStBl. II 1998, S. 51). Empfänger kann auch eine Personengesellschaft als solche (trotz fehlender eigener Rechtspersönlichkeit) sein (BFH, BStBl. II 1987, S. 286). Es kommt auch bei einer ausländischen Gesellschaft nicht darauf an, ob und unter welchen Voraussetzungen diese als eigenständiges Rechtssubjekt anzuerkennen ist (BFH/NV 2009, 1398).

b) Zwischengeschaltete natürliche oder juristische Person (Domizilgesellschaft)

20   Ist eine **natürliche oder juristische Person**, die die Zahlungen des Steuerpflichtigen entgegennahm, lediglich **zwischengeschaltet**, weil sie entweder mangels eigener wirtschaftlicher Betätigung die vertraglich bedungenen Leistungen gar nicht erbringen konnte oder weil sie aus anderen Gründen die ihr erteilten Aufträge und die empfangenen Gelder an Dritte weiterleitete, so ist nicht sie Empfänger i.S.d. § 160 Abs. 1 Satz 1 AO, sodass die hinter ihr stehenden Personen, an die die Gelder letztlich gelangt sind, zu benennen sind (BFH, BStBl. II 1996, S. 51; 1998, S. 51; BFH/NV 2007, 849; BFH/NV 2009, 1398; FG Hamburg, EFG 2007, 974; Klein/*Rüsken* § 160 Rn. 8). Dies gilt sowohl bei ausländischen als auch bei zwischengeschalteten inländischen Personen oder Gesellschaften (BFH/NV 2009, 1398), auch bei der Zwischenschaltung einer sog. Servicegesellschaft im Baugewerbe (FG Düsseldorf, Urt. v. 11.02.2009 – 2 K 508/08 F, BeckRS 2009, 26028030 m.w.N. zur Rspr.).

Insb. ist dies regelmäßig bei sog. Domizilgesellschaften der Fall (zur Identifizierung vgl. 21
FG Baden-Württemberg, Beschl. v. 08.02.2011 – 2 V 1263/10, BeckRS 2011, 95289). Der
Begriff der **Domizilgesellschaft** findet sich etwa in Art. 32 Abs. 1 der Schweizerischen Verordnung
über das Handelsregister v. 07.06.1937; danach handelt sich dabei um eine **Gesellschaft ohne
eigene Büroräume und ohne erkennbare eigene wirtschaftliche Betätigung** (BFH, DStR 1999,
193, 195). Für den Anwendungsbereich der §§ 160 AO, 16 AStG ist es jedoch nach herrschender
Rechtsprechung unerheblich, ob die Gesellschaft die Voraussetzungen, unter denen das schweizerische Recht (oder das eines anderen Sitzlandes) vom Bestehen einer Domizilgesellschaft ausgeht,
in allen Punkten erfüllt oder ob das Sitzland der Gesellschaft diesen Begriff kennt
(BFHE 149, 381, BFH, BStBl. II, 1987, S. 481 BFH, DStR 1999, 193, 195). Maßgeblich nach
§ 160 AO ist allein, dass die Umstände des Sachverhalts den Verdacht nahe legen, die die Überweisung empfangende Gesellschaft sei selbst **nicht in nennenswertem Umfang wirtschaftlich tätig**
gewesen (BFH, DStR 1999, 193, 195; FG Baden-Württemberg, Beschl. v. 08.02.2011 – 2 V
1263/10, BeckRS 2011, 95289). Bei inländischen Gesellschaften lässt sich nach neuer instanzgerichtlicher Praxis jedenfalls dann eine Scheingesellschaft bzw. Domizilgesellschaft vermuten, wenn
neben der Rechnungsstellung ohne detaillierte Leistungsbeschreibung auch die Arbeitsabwicklung
ohne Leistungsnachweise sowie die Zahlungsweise in bar und ohne Abschlagszahlungen erfolgt
(FG Saarland, Gerichtsbescheid v. 13.01.2010 – 1 K 1101/05, BeckRS 2010, 26028733).

Im Fall von zwischengeschalteten „Strohmännern" und Domizilgesellschaften ist zudem zunächst 22
zu prüfen, ob der Steuerpflichtige überhaupt eine Leistung, für die angabegemäß die Gegenleistung gezahlt worden sein soll, erhalten hat oder lediglich ein Scheingeschäft (§ 41 Abs. 2 Satz AO)
vorliegt (vgl. AEAO zu § 160 Tz. 3). Ist sichergestellt, dass der Steuerpflichtige eine Leistung von
objektiv feststellbarem wirtschaftlichen Wert erhalten hat, so ist zu beachten, dass Empfänger bzw.
Gläubiger i.S.d. § 160 AO nicht notwendigerweise der zivilrechtliche Gläubiger der Forderung ist
(FG Düsseldorf, Urt. v. 11.02.2009 – 2 K 508/08 F, BeckRS 2009, 26028030 m.w.N. zur Rspr.).

c) Empfängerfeststellung bei zwischengeschalteten natürlichen oder juristischen Personen (insb. Domizilgesellschaften)

Ist für den Steuerpflichtigen bei der Vornahme des Geschäfts daher erkennbar, dass jemand den 23
Wert für einen anderen entgegennimmt, so ist nicht diese zwischengeschaltete Person als Empfänger anzusehen, sondern der hinter ihr stehende Dritte, an den die Gelder letztlich wirtschaftlich
geflossen sind (BFH, BStBl. II 1999, 121; BFH/NV 2001, 609; 2006, 1618; Pahlke/Koenig/*Cöster* § 160 Rn. 23). Entscheidend ist, wer ertragsteuerlich die mit der Zahlung verbundenen Einnahmen zu versteuern gehabt hätte, auch wenn die juristische Person umsatzsteuerlich als Leistende anzusehen wäre (BFH/NV 1996, 267; FG Düsseldorf, Urt. v. 11.02.2009 – 2 K 508/08 F,
BeckRS 2009, 26028030; Klein/*Rüsken* § 160 Rn. 8). Unerheblich ist hingegen, ob der wirtschaftliche Empfänger hierzu zivilrechtlich auch berechtigt war (BFH, BStBl. II 1972, S. 442; FG Hessen, EFG 1981, 323; Klein/*Rüsken* § 160 Rn. 8). Leitet der Steuerpflichtige etwa über eine zwischengeschaltete Person Gelder an eigene Schwarzarbeiter, so sind Letztere die Empfänger gem.
§ 160 Abs. 1 Satz 1 AO (BFH/NV 1996, 801; Pahlke/Koenig/*Cöster* § 160 Rn. 24).

Wird eine (ausländische) Gesellschaft erkennbar lediglich als Zahlstelle zwischengeschaltet, ist 24
Empfänger i.S.d. § 160 AO der wirtschaftlich hinter dieser Gesellschaft stehende Dritte (BFH,
BStBl. II 1987, S. 481; 1999, S. 121; 2007, S. 855; BFH/NV 1987, 13; 1995, 2; 1995, 181; 1996,
267; 2000, 299; 2002, 312; 2003, 1241; 2006, 1618; FG Saarland, EFG 1997, 44; Pahlke/Koe-
nig/*Cöster* § 160 Rn. 23; Klein/*Rüsken* § 160 Rn. 8). Dieser kann ein (evtl. mittelbarer) Gesellschafter der Domizilgesellschaft sein (vgl. BFH/NV 1994, 357; 1995, 2). Dies muss aber nicht
zwingend der Fall sein (BFH, BStBl. II 1999, S. 121; BFH/NV 2000, 817). Sind die Anteilseigner
der Domizilgesellschaft lediglich Treuhänder, die die Gelder an verdeckte Treugeber weiterleiten,
sind Empfänger i.S.d. § 160 AO nur die Treugeber (BFH/NV 2003, 1241; Pahlke/Koenig/*Cöster*
§ 160 Rn. 23). Bestehen konkrete Anhaltspunkte dafür, dass die Anteile an einer ausländischen
Basisgesellschaft treuhänderisch für einen Dritten gehalten werden, ist daher nach herrschender

Rechtsprechung zu benennender Gläubiger und Empfänger dieser Dritte (BFH/NV 2009, 1398). Dass Gesellschafter einer Domizilgesellschaft nicht zugleich wirtschaftliche Empfänger sind, ist in der Praxis insb. dann naheliegend, wenn es sich um Individuen oder Gesellschaften mit typischer Treuhänderfunktion handelt, insb. wenn es sich um Treuhänder, Steuerberater, Anwälte (bzw. Anwaltskanzleien), Beratungs- oder Vermögensverwaltungsunternehmen oder um Gesellschaften handelt, die kommerziell Domizilgesellschaften oder Vorratsgesellschaften gründen, halten oder verwalten (vgl. dazu FG Baden-Württemberg, Beschl. v. 08.02.2011 – 2 V 1263/10, BeckRS 2011, 95289). Als wirtschaftliche Empfänger kommen etwa auch Auftragnehmer der Domizilgesellschaft (Subunternehmer) in Betracht, die die mit dem Steuerpflichtigen vertraglich vereinbarte Leistung tatsächlich ausführen (BFH, BStBl. II 1987, S. 481; 1999, 121; BFH/NV 1996, 267; 2000, 817; 2002, 312; Pahlke/Koenig/Cöster AO § 160 Rn. 23; Klein/*Rüsken* AO § 160 Rn. 8; krit. Spatscheck/Alvermann DStR 1999, 1427).

25 Der Steuerpflichtige muss sich im Fall zwischengeschalteter natürlicher oder juristischer Personen über die Person des Hintermannes bzw. der Hintermänner Gewissheit verschaffen (BFH, BStBl. II 1987, S. 286; BFH/NV 1987, 13). Unzumutbare Aufklärungsmaßnahmen darf das FA allerdings nicht verlangen (BFH/NV 2002, 312; Pahlke/Koenig/*Cöster* § 160 Rn. 23). Der Steuerpflichtige braucht grds. nur Umstände offenzulegen, die in seinem Kenntnisbereich liegen oder von denen er sich in zumutbarerweise Kenntnis beschaffen kann; er muss nicht die bloße Möglichkeit ausschließen, dass der von ihm benannte Empfänger ein Treuhänder für Dritte sein könnte (BFH/NV 1995, 2; Klein/*Rüsken* § 160 Rn. 8).

d) Abgrenzung zur Domizilgesellschaft als bloßer Zahlungsempfänger auf Weisung des Vertragspartners (Empfängereigenschaft des Vertragspartners und Leistungserbringers)

26 In der neueren Rechtsprechung (BFH, Beschl. v. 17.11.2010 – I B 143/10 in: BFH/NV 2011, 198 m. Anm. Rübenstahl StBp 2011, 329 ff.; FG Hamburg, EFG 2007, 974 = BeckRS 2007, 26022764; FG Münster EFG 2010, 1053 = BeckRS 2010, 26030214 m. Anm. Rübenstahl PStR 2011, 164) wird betont, dass aber der **leistungserbringende Vertragspartner als (i.S.d. § 160 AO zu benennender) Empfänger bzw. Gläubiger einer Überweisung an eine Domizilgesellschaft** anzusehen ist, wenn Letztere **auf Geheiß** des Vertragspartners und Leistenden eine Zahlung erhält. Zum Begriff des (Zahlungs-)Empfängers i.S.d. § 160 AO führt der BFH in seinem Urteil ergänzend aus, dass eine Person nicht als Zahlungsempfänger anzusehen ist, wenn sie die geleistete Zahlung für einen anderen entgegennimmt, der die entgoltene Leistung erbracht hat und für den die Zahlung deshalb nach dem übereinstimmenden Verständnis der Parteien bestimmt ist. Dies gilt auch dann, wenn jemand bei dem Empfang der Zahlung zwar im eigenen Namen auftritt, den ihm übertragenen Wert aber nur zwecks Weiterleitung an einen Dritten erhält. Diese auf den eigentlichen Leistungsgrund für die Zahlung aufbauende Auslegung des Empfängerbegriffs sei zugrunde zulegen (BFH/NV 2011, 198 unter Verweis auf BFH/NV 2007, 849). Der in der Betriebsausgabe enthaltene wirtschaftliche Wert werde nämlich vom Steuerpflichtigen demjenigen übertragen, der sich die Zahlungen aufgrund eigener Leistungen verdient habe (FG Münster EFG 2010, 1053), und § 160 AO bezwecke lediglich, den wirtschaftlichen Vertragspartner zu erfassen, der die Betriebseinnahme zu versteuern hat (FG Hamburg EFG 2007, 974 = BeckRS 2007, 26022764; FG Münster, EFG 2010, 1053). Schließt daher ein Steuerpflichtiger mit einem wirtschaftlich tätigen Geschäftspartner einen Vertrag ab, so ist dieser Geschäftspartner bzgl. der vertraglich vereinbarten Entgeltforderung Gläubiger und Empfänger i.S.d. § 160 Abs. 1 Satz 1 AO, auch dann, wenn der Geschäftspartner den Steuerpflichtigen anweist (§ 787 BGB), die Zahlungen an einen Dritten zu leisten, denn auch in diesem Fall erlöscht die Forderung durch die Zahlungund diese fließt dem Geschäftspartner wirtschaftlich zu (FG Hamburg, EFG 2007, 974 m. Anm. Kühnen; FG Münster, EFG 2010, 1053). Auch ohne eine konkrete Anweisung i.S.d. § 787 BGB müsse entsprechendes gelten, wenn ein Steuerpflichtiger nachweislich eine Leistungsbeziehung mit einem (ausländischen) wirtschaftlich aktiven Unternehmen unterhält und nur die Zahlung an einen Dritten mit der Maßgabe erfolgt, dass die Zahlung auf das Entgelt mit dem

Lieferanten anzurechnen ist (FG Münster, EFG 2010, 1053). Würde die Auskunftspflicht über die natürliche oder juristische Person hinaus gehen, mit der die Leistungs- und Vertragsbeziehung besteht, überdehne man die Grenzen der Auskunftspflicht (vgl. HHSp/ *Trzaskalik* § 160 Rn. 29), da der Steuerpflichtige eine etwaige Steuergefährdung nicht selbst veranlasst habe und ihm keine Auskünfte zu dritten (Domizil-) Gesellschaften, zu denen er in keinen eigenen Geschäftsbeziehungen stehe, zumutbar seien; es mache im Ergebnis keinen Unterschied, ob der Vertragspartner das Entgelt zunächst selbst in Empfang nehme, um es weiterzuleiten, oder ob es im abgekürzten Zahlungsweg unmittelbar an den Dritten gezahlt werde (FG Münster, EFG 2010, 1053; vgl. HHSp/ *Trzaskalik* § 160 Rn. 29).

Von der **Rechtsprechung des BFH zu Domizilgesellschaften** sind nur solche Fälle betroffen, in **27** denen die **behauptete Leistungserbringung durch die Domizilgesellschaften erfolgt sein soll oder jedenfalls (Lieferanten-) Verträge mit der Domizilgesellschaft geschlossen wurden**, die vereinbarten Leistungen aber nicht durch diese Domizilgesellschaft erbracht worden sind (bzw. sein können), sondern durch eine dahinter stehende Person, an die die Domizilgesellschaft auch die Erlöse auskehrt. Diese Rechtsprechung gilt hingegen nicht, wenn die Verträge mit wirtschaftlich tätigen Unternehmen geschlossen werden, die die vereinbarten Leistungen selbst erbringen (BFH/ NV 2011, 198; FG Hamburg, EFG 2007, 974). Zahlungen für deren Leistungen an (ausländische) Domizilgesellschaften sind auch ohne Benennung der Hintermänner der Domizilgesellschaften gemessen an § 160 AO abzugsfähig.

Die neuere Rechtsprechung zu § 160 AO betont, Gläubiger bzw. Empfängersei stets, **wer bei wirt- 28 schaftlicher Betrachtung die vom Steuerpflichtigen durch seine Zahlung entgoltene Leistung erbringt** (BFH/NV 2011, 198; 2007, 849; FG Hamburg, EFG 2007, 974; Beermann/Gosch/ *Buciek* § 160 Rn. 32; Rübenstahl StBp 2011, 329, 330 f.). Vor diesem Hintergrund scheint naheliegend, dass es für die Empfängerbestimmung nicht primär oder gar ausschließlich auf die formal gegebenen zivilrechtlichen Vertragsverhältnisse ankommt. Maßgeblich dürfte vielmehr die Identifizierung und der Nachweis (1.) der vom Steuerpflichtigen bezahlten Leistung, (2.) des zugehörigen Leistungserbringers sowie (3.) des Bezuges der Zahlung des Steuerpflichtigen auf Leistung und Leistungserbringer sein. Selbst wenn ein aktives Unternehmen **ohne ersichtliche Vertragsgrundlage** an den Steuerpflichtigen eine nachweisbare Leistung erbringt und der Steuerpflichtige diese Leistung durch Überweisung an einen Dritten (u.U. Domizilgesellschaft) bezahlt, ist Empfänger gem. § 160 AO dieses aktive, leistende Unternehmen. Insgesamt dürfte es in der Konsequenz dieser Rechtsprechung liegen, dass (inhaltliche) Leistungsbestimmung, Leistungsnachweis und (personelle) Leistungszuordnung für die Empfängerbestimmung vorrangige Bedeutung erlangen (zur Indizwirkung vgl. FG Baden-Württemberg, Beschl. v. 08.02.2011 – 2 V 1263/10; Rübenstahl StBp 2011, 329, 330).

Dennoch kommt der **Vertragslage** jedenfalls **bei wirtschaftlich aktiven (Lieferanten-)Unterneh- 29 men erhebliche indizielle Bedeutung** für die Identifizierung des (leistungserbringenden) Empfängers zu, denn sie wird regelmäßig zumindest Anhaltspunkte bzgl. Leistungsbestimmung und -zuordnung liefern. Liegt ein Vertrag mit einem konkret leistungsfähigen Unternehmen vor, ist dieses bei Fehlen anderweitiger Anhaltspunkte im Regelfall prima facie als Erbringer von nachgewiesenen vertragsgegenständlichen Leistungen anzusehen. In diesem Sinne differenziert auch die Finanzverwaltung (vgl. Nr. 4 des AEAO zu § 160; s. dazu im Einzelnen Rdn. 36). Das FA soll auf den Empfängernachweis verzichten (zur Bedeutung der Selbstbindung der Finanzverwaltung i.R.d. Ermessensausübung s. Rdn. 24), wenn keine Anhaltspunkte für eine straf- oder bußgeldbewehrte Vorteilszuwendung vorliegen und feststeht, dass die Zahlungen im Rahmen eines **üblichen Handelsgeschäftes** erfolgten, der Geldbetrag ins Ausland abgeflossen ist und der Empfänger nicht der deutschen Steuerpflicht unterliegt. Bei der Beurteilung der Frage, ob und inwieweit die Zahlungen im Rahmen eines üblichen Handelsgeschäftes erfolgten, wird – nicht ausschließlich aber vordringlich – die Dokumentation zur bestehenden Vertragslage und den erbrachten Leistungen heranzuziehen sein (vgl. ausf. Rübenstahl StBp 2011, 329, 330 f.).

30 Umgekehrt ist dann, wenn **Zahlungen (ganz oder teilweise) nicht (erkennbar) für vertragsgegenständliche und nachgewiesene Leistungen** erfolgen, nicht zwingend davon auszugehen, dass bzgl. dieser Zahlungen ein wirtschaftlich aktiver (formaler) Vertragspartner als Zahlungsempfänger i.S.d. § 160 AO anzusehen ist, wenn die Überweisungen nicht an ihn, sondern an Dritte, insb. Domizilgesellschaften bzw. „Strohmänner" erfolgen. In derartigen Fällen ist durch die FB weiter unter Berücksichtigung aller Umstände des Einzelfalls zu erwägen, ob in Betracht kommt, dass die Domizilgesellschaft bzw. der „Strohmann" durch nicht mit dem Vertragspartner identische Hintermänner zwischengeschaltet wurde, um die Zahlungen für durch die Hintermänner zu erbringende Leistungen entgegenzunehmen. In diesem Fall ist die oben unter Rn. 20 beschriebene Konstellation gegeben, die ein Benennungsverlangen bzgl. der Hintermänner der Domizilgesellschaft bzw. des Strohmanns erlaubt. Anhaltspunkte hierfür könnten sich – je nach den Umständen des Einzelfalls – u.U. auch aus **buchhalterischen Auffälligkeiten** ableiten lassen, etwa wenn eine Zahlung in unterschiedliche Aufwandsarten unterteilt ist, von denen nur ein Teil mit den vertragsgegenständlichen Leistungen korrespondiert, wenn bestimmte, nachgewiesenermaßen im Zusammenhang mit Schmiergeldzahlungen bebuchte Aufwandskonten verwendet werden oder wenn die Zahlung ganz oder teilweise nicht zugunsten des wirtschaftlich aktiven Vertragspartners kreditorisch verbucht ist u.v.. Die Heranziehung solcher Indizien setzt jedoch eine genaue Analyse der Buchführungsgepflogenheiten des konkreten Steuerpflichtigen voraus und sollte zulasten des Steuerpflichtigen nur zurückhaltend erfolgen. Insb. erscheint eine unreflektierte Übertragung (vermeintlicher) Erkenntnisse von buchhalterischen Auffälligkeiten bei anderen Steuerpflichtigen nicht legitim (vgl. Rübenstahl StBp 2011, 329, 331).

31 Insb. können die Vertragslage, die Buchführung und die wirtschaftlichen Rahmenbedingungen bei der **Einschaltung von aktiven Dritten zur Leistungserbringung (Subunternehmer u.ä.) durch aktive Unternehmer u. ä.)** indizieren, dass der Vertragspartner des Steuerpflichtigen der Empfänger von Zahlungen an Domizilgesellschaften ist. So ist ein als Kreditor erfasstes wirtschaftlich aktives Unternehmen A, das einen Vertrag über eine Leistung mit dem Steuerpflichtigen hat, dabei (ganz oder teilweise) den wirtschaftlich aktiven Subunternehmer B zur Leistungserbringung ggü. dem Steuerpflichtigen einschaltet und die Überweisung des Honorars für diese Leistungen an die ausländische Domizilgesellschaft C erbittet, bzgl. dieser Zahlungen regelmäßig Empfänger i.S.d. § 160 AO. Weder ein Benennungsverlangen betreffend B (oder Gesellschaftern) noch betreffend C (oder Gesellschaftern/Hintermännern) wäre im Regelfall berechtigt, denn bei wirtschaftlicher Betrachtung zahlt hier der Steuerpflichtige regelmäßig an A, in dessen wirtschaftlicher Verantwortung die Leistungserbringung nach der Vertragslage regelmäßig stehen dürfte (vgl. ausf. Rübenstahl StBp 2011, 329, 331 f.).

4. Kriterien der Ermessensentscheidung über die Empfängerbenennung

a) Allgemeine Kriterien der Ermessensentscheidung (§ 5 AO)

32 Die FB entscheidet nach pflichtgemäßem Ermessen (§ 5 AO), ob sie die Empfängerbenennung nach § 160 Abs. 1 Satz 1 AO verlangen will (Entschließungsermessen). Nach § 5 AO gilt, dass die FB dann, wenn sie ermächtigt ist, nach ihrem Ermessen zu handeln, ihr Ermessen entsprechend dem Zweck der Ermächtigung auszuüben und die gesetzlichen Grenzen des Ermessens einzuhalten hat. Das bedeutet, dass die aufgrund des Ermessens getroffene Anordnung den Zweck der Vorschrift – hier des § 160 AO (s.o. Rdn. 3) – erfüllen muss (BFH, BStBl. II 1992, S. 57). Ermessensfehlgebrauch bzw. Ermessensüberschreitung sind gegeben, wenn die gesetzlichen Grenzen des Ermessens überschritten werden oder von dem Ermessen in einer dem Zweck der Ermächtigung nicht entsprechenden Weise Gebrauch gemacht wird (vgl. BFH, BStBl. II 1990, S. 1008; 1992, 57; BFH/NV 1988, 672). Stets sind die Grundsätze der Gleichmäßigkeit der Besteuerung, der Billigkeit und von Treu und Glauben zu berücksichtigen sowie das Willkürverbot; auch ein sonstiger Verstoß gegen den Gleichheitssatz (Art. 3 Abs. 1 GG) ist regelmäßig ermessensfehlerhaft (BFH, BStBl. 1988, S. 359; 1990, 198). Wenn eine Behörde ohne zureichenden Grund von einer einheitlich geübten Ermessenspraxis abweicht, verletzt dies den Gleichheitsgrundsatz; eine solche

Selbstbindung der Verwaltung entsteht regelmäßig durch eine einheitliche Ermessenspraxis, die auf ständiger Wiederholung oder auf Befolgung ermessensleitender Verwaltungsvorschriften beruht (BFH, BStBl. II 1991, S. 752 m.w.N.; BFH/NV 1986, 664; 1993, 392). Nur eine örtlich, sachlich und funktionell zuständige FB kann eine ermessensfehlerfreie Ermessensentscheidung treffen, denn nur dieser ist sie übertragen worden; grundsätzlich kann nicht angenommen werden, dass keine andere Entscheidung in der Sache hätte getroffen werden können (BFH, BStBl. II 1989, S. 483). Eine fehlerfreie Entscheidung setzt zudem einen umfassend und einwandfrei ermittelten Sachverhalt voraus (BFH, BStBl. II 1996, S. 2 m.w.N.), der nicht auf bloßen Vermutungen und Annahmen beruhen darf (FG Rheinland-Pfalz, EFG 1981, 341). § 5 AO führt als Maßstab für die Ausübung des Ermessens weder das Übermaßverbot noch den Verhältnismäßigkeitsgrundsatz explizit auf; beides hat jedoch Verfassungsrang und ist daher stets zu beachten (BVerfGE 43, 106 ff.; BFH, BStBl. II 1992, S. 57; BFH/NV 2007, 1950; 2005, 1739; vgl. Pahlke/Koenig/*Cöster* § 160 Rn. 25). Die Behörde muss danach die Maßnahme auf das unumgänglich Notwendige beschränken, d.h. prüfen, welche unter den an sich geeigneten Maßnahmen den Betroffenen am wenigsten belastet (BVerfGE 30, 316 ff.; BFH, BStBl. II 1992, S. 57; BFHE 144, 316); die Maßnahme muss geeignet sein, den angestrebten legitimen Zweck (s.o.) zu erreichen (BFH, BStBl. II 1992, S. 57). Das Benennungsverlangen nach § 160 Abs. 1 Satz 1 AO kann nach herrschender Meinung ermessensfehlerfrei auch noch während einer Außenprüfung (§§ 193 ff. AO), insb. im Verlauf der Betriebsprüfung, an den Steuerpflichtigen gerichtet werden (BFH, BStBl. II 1987, S. 286; Pahlke/Koenig/*Cöster* § 160 Rn. 25).

Nach der Rechtsprechung ist ein Benennungsverlangen nach § 160 AO bei summarischer Prüfung **33** ermessensfehlerhaft und damit rechtswidrig, wenn der Name des Empfängers oder Gläubigers der FB bereits bekannt ist oder bekannt sein muss (FG Münster, EFG 2010, 2053; vgl. auch BFH/NV 2011, 198). Es stellt sich bei positiver Kenntnis des Empfängers – und bloßer rechtlicher Verkennung der Einordnung als Empfänger im Rechtssinn – die Frage, ob der FB überhaupt ein Ermessen hinsichtlich der Einholung einer Empfängererklärung eröffnet ist. Implizit dürfte § 160 AO zu entnehmen sein, dass sich die Anfrage auf die Benennung unbekannter Empfänger beschränkt und die Rechtsfolge deren Benennung ist. Die Unbekanntheit des Empfängers (nach zutreffender rechtlicher Würdigung) für die FB dürfte als ungeschriebenes Merkmal des § 160 Abs. 1 Satz 1 AO anzusehen sein. Andernfalls hätte § 160 AO nicht nur eine Verpflichtung des Steuerpflichtigen zur Benennung des Empfängers, sondern ggf. auch zur rechtlichen Begründung der Empfängerstellung zur Folge.

b) Regelmäßig ermessensgerechtes Benennungsverlangen: Naheliegende Möglichkeit der Nichtversteuerung auf Empfängerseite

Regelmäßig gerechtfertigt ist ein Benennungsverlangen der FB, wenn die Vermutung nahe liegt, **34** dass der Zahlungsempfänger den Bezug nicht versteuert hat (BFH, BStBl. II 1986, S. 318; 1989, S. 995; 1996, S. 51; BFH/NV 1994, 241; 1996, 267; 1996, 891; FG Niedersachsen, EFG 2002, 1045; Pahlke/Koenig/*Cöster* § 160 Rn. 26; Klein/*Rüsken* § 160 Rn. 6). Dies ist nach herrschender Meinung nahezu immer bei **Bestechungen, Schmiergeldzahlungen und Ohne-Rechnung-Geschäften** der Fall (Pahlke/Koenig/*Cöster* § 160 Rn. 26). Dasselbe gilt regelmäßig für Zahlungen mit ungewöhnlichen Zahlungswegen, wie z.B. bei Barzahlungen in größerem Umfang (BFH/NV 2005, 1209), bei Zahlungen durch Barschecks sowie bei Zahlungen an ausländische Unternehmer für Tätigkeiten im Inland (FG Bremen, EFG 1990, 49). Auch wenn eine Vielzahl von unbekannten Empfängern in Betracht kommt, ist ein Benennungsverlangen nach der Vorschrift des § 160 AO nicht ausgeschlossen (BFH, BStBl. II 1996, S. 51).

c) Ermessensfehlerhaftes Benennungsverlangen: Ausschluss der Steuerverkürzung beim Empfänger

Falls auszuschließen ist, dass der Zahlungsempfänger die Zahlung nicht richtig versteuert, ist das **35** Verlangen nach Empfängerbenennung ermessensfehlerhaft (BFH, BStBl. II 1952, S. 275; 1956,

20; BFH/NV 1998, 561; Schwarz/*Frotscher* § 160 Rn. 4; Klein/*Rüsken* § 160 Rn. 6). Dies gilt, wenn feststeht, dass der Empfänger die Zahlung richtig versteuert hat (FG Hamburg, EFG 1999, 634); zweifelhaft hingegen ist, ob ein Ermessensfehler bereits dann vorliegt, wenn die Gefahr einer Steuerverkürzung seitens des Empfängers gering ist (vgl. FG Hamburg, EFG 1999, 634). Ein Benennungsverlangen ist ermessensfehlerhaft, wenn zweifelsfrei durch die Verbindlichkeit oder die Ausgabe des Steuerpflichtigen auf der Seite des Gläubigers oder Empfängers kein steuerpflichtiger Tatbestand verwirklicht worden ist und damit auch kein Steuerausfall entstanden sein kann (BT-Drucks. VI/1982 S. 146; BFH, BStBl. III 1952, S. 275; BStBl. II 1999, S. 333; Pahlke/Koenig/*Cöster* § 160 Rn. 30). Dies ist u.a. der Fall, wenn mit an Sicherheit grenzender Wahrscheinlichkeit davon auszugehen ist, dass die Zahlung an einen im Ausland ansässigen Empfänger gelangt ist, dort verblieben ist und der Empfänger im Inland nicht steuerpflichtig ist (BFH, BStBl. II 1987, S. 13; BFH/NV 2004, 919; vgl. AEAO Nr. 4 zu § 160). Ein Benennungsverlangen ist daher auch nicht zulässig, wenn keinerlei Anhaltspunkt dafür besteht, dass der wirtschaftliche Empfänger in Deutschland überhaupt steuerpflichtig ist (BFH, BStBl. II 1983, S. 654; 1986, S. 318; 1996, S. 51; Klein/*Rüsken* § 160 Rn. 6), da dann naturgemäß keine Steuerverkürzung durch den Empfänger möglich ist. Derartige Anhaltspunkte müssen aber nach der herrschenden Rechtsprechung mit an Sicherheit grenzender Wahrscheinlichkeit ausgeschlossen sein; die bloße Möglichkeit einer im Inland für den Empfänger nicht bestehenden Steuerpflicht reicht für die Unzulässigkeit des Benennungsverlangens nicht aus (BFH, BStBl. II 1986, S. 318; Klein/*Rüsken* § 160 Rn. 6). Ermessensfehlerhaft wäre daher ein Benennungsverlangen, wenn feststeht, dass der hinter der Domizilgesellschaft stehende tatsächliche Empfänger deutscher Besteuerung nicht unterliegt (BFH, BStBl. II 1999, S. 333; BFH, DStR 2003, 1340; BFH/NV 2000, 299, Klein/*Rüsken* § 160 Rn. 8). Allerdings muss der Hintermann der Domizilgesellschaft, soweit für diese Feststellung erforderlich, identifiziert sein, bei bloßer Möglichkeit einer nicht bestehenden Steuerpflicht des Empfängers bzw. Gläubigers bleibt ein Benennungsverlangen nach § 160 AO zulässig (BFH, BStBl. II 1986, S. 318; BFH/NV 2004, 919; Pahlke/Koenig/*Cöster* § 160 Rn. 30).

36 Vor diesem Hintergrund soll bei Zahlungen an ausländische Empfänger nach **Nr. 4 des AEAO zu § 160** unter dort festgelegten Voraussetzungen auf den Empfängernachweis verzichtet werden können (zust. Klein/*Rüsken* § 160 Rn. 6). Nr. 4 AEAO zu § 160 (Anwendungserlass zur Abgabenordnung [AEAO] v. 02.01.2008, BStBl. I 2008, S. 26 ff.) lautet: *„(1) Bei Zahlungen an ausländische Empfänger soll das Finanzamt – soweit keine Anhaltspunkte für eine straf- oder bußgeldbewehrte Vorteilszuwendung vorliegen – auf den Empfängernachweis nach § 160 verzichten, wenn feststeht, dass die Zahlung im Rahmen eines üblichen Handelsgeschäfts erfolgte, der Geldbetrag ins Ausland abgeflossen ist und der Empfänger nicht der deutschen Steuerpflicht unterliegt. (2) Hierzu ist der Empfänger in dem Umfang zu bezeichnen, dass dessen Steuerpflicht im Inland mit hinreichender Sicherheit ausgeschlossen werden kann. (3) Die bloße Möglichkeit einer im Inland nicht bestehenden Steuerpflicht reicht nicht aus [...]. (4) In geeigneten Fällen ist eine Erklärung der mit dem Geschäft betrauten Personen sowie des verantwortlichen Organs des Unternehmens zu verlangen, dass ihnen keine Umstände bekannt sind, die für einen Rückfluss der Zuwendung an einen inländischen Empfänger sprechen. (5) Die Zulässigkeit der Mitteilung von Erkenntnissen deutscher Finanzbehörden im Rahmen des § 117 bleibt hiervon unberührt.“*

d) Regelmäßig ermessensgerechtes Benennungsverlangen: Konkrete Anhaltspunkte für Zwischenschaltung einer ausländischen Domizilgesellschaft

37 Ein Benennungsverlangen bei Domizilgesellschaften als Gläubiger bzw. Zahlungsempfänger ist grds. rechtmäßig, wenn aufgrund der Lebenserfahrung die Vermutung nahe liegt, dass der tatsächliche Empfänger einer Zahlung die Einnahme zu Unrecht nicht versteuert hat; diese Vermutung begründet bei Auslandsbeziehungen eine – unter Berücksichtigung der regelmäßig schwierigen Aufklärung der Verhältnisse – zumutbare Mitwirkungspflicht (BFH/NV 2003, 738; Klein/*Rüsken* § 160 Rn. 6). Bei ausländischen Gesellschaften genügen konkrete Anhaltspunkte, dass es sich um eine Domizilgesellschaft handelt (BFH/NV 2002, 609; Pahlke/Koenig/*Cöster* § 160 Rn. 26), denn

bei Auslandssachverhalten ergibt sich für den Steuerpflichtigen aus § 90 Abs. 2 AO eine erhöhte Mitwirkungspflicht, die auch i.R.d. § 160 AO gilt (BFH/NV 1987, 13; Pahlke/Koenig/*Cöster* § 160 Rn. 30). Das FA darf nach herrschender Rechtsprechung zur Beurteilung der Frage, ob eine Gesellschaft eine Domizilgesellschaft ist, zudem auf Erkenntnisse des Bundesamtes für Finanzen (d. h. heute des Bundeszentralamtes für Steuern) zurückgreifen (BFH/NV 1996, 267; 2000, 817; Pahlke/Koenig/*Cöster* § 160 Rn. 26). Die Auskünfte des Bundeszentralamtes für Steuern beruhen regelmäßig auf der Sammlung von Tatsachen und haben selbst keine unmittelbaren Rechtswirkungen (BFH/NV 2000, 677; Pahlke/Koenig/*Cöster* § 160 Rn. 26). Ob allein die fehlende wirtschaftliche Betätigung einer ausländischen Gesellschaft im Sitzstaat die Annahme begründet, dass es sich um eine Domizilgesellschaft handelt, ist in der höchstrichterlichen Rechtsprechung noch nicht entschieden (ablehnend FG München, EFG 2002, 880; offen gelassen in BFH/NV 2002, 312). Die instanzgerichtliche Rechtsprechung nimmt zumindest an, dass die bloße Feststellung des Bundeszentralamtes, dass eine eigene Geschäftätigkeit einer Gesellschaft nicht erkennbar ist, nicht ausreicht (FG München, EFG 2000, 769), anders dürfte es sein, wenn die Gesellschaft zudem ihren Sitz in einem Niedrigsteuerland hat (FG Hamburg, EFG 2002, 881). Bei einem in Großbritannien ansässigen (Bau-) Unternehmen, das Leistungen im Inland erbringt, besteht der Rechtsprechung zufolge im Allgemeinen kein Anlass für die Annahme, dass es sich um eine Domizilgesellschaft handelt, da eine generelle Verdächtigung derartiger Sachverhalte – ohne weitere, konkrete Anhaltspunkte – gegen die europarechtliche Niederlassungsfreiheit (Art. 43 ff. EGV) verstoßen würde (BFH/NV 2001, 609; Pahlke/Koenig/*Cöster* § 160 Rn. 26). Entsprechendes sollte auch bei anderen Unternehmen gelten, die in einem (anderen) Mitgliedsstaat ansässig sind und im Inland oder einem vom Sitzland abweichenden EU-Mitgliedsstaat tätig werden. Ein Benennungsverlangen ist allerdings nicht schon allein deshalb rechtswidrig, weil ggü. dem zahlenden Unternehmer eine in der EU ansässige Person oder Gesellschaft als Vertragspartner aufgetreten ist (BFH/NV 2004, 4; Pahlke/Koenig/*Cöster* § 160 Rn. 26), wenn Anhaltspunkte dafür vorliegen, dass es sich bei dieser um eine ausländische Domizilgesellschaft handelt.

e) Regelmäßig ermessensfehlerfreies Benennungsverlangen: Lediglich nachträgliches Unvermögen der Erfüllung des Benennungsverlangens

Ein Benennungsverlangen ist nach herrschender Meinung nicht ermessensfehlerhaft, wenn der **38** Steuerpflichtige zu diesem Zeitpunkt die Forderung der FB nicht mehr erfüllen kann, weil er Namen und Anschrift des Empfängers nicht kennt, wenn er diese Daten bei einem ordnungsgemäßen Verhalten hätte kennen müssen (TK/*Seer* § 160 Rn. 13; Pahlke/Koenig/*Cöster* § 160 Rn. 27). Ausreichend ist, dass es für den Steuerpflichtigen zum Zeitpunkt der Zahlung nach den Gepflogenheiten eines ordnungsgemäßen kaufmännischen Geschäftsverkehrs zumutbar war, sich der Identität seines jeweiligen – tatsächlichen – Gläubigers bzw. Zahlungsempfängers zu vergewissern (BFH/NV 2005, 1739; Pahlke/Koenig/*Cöster* § 160 Rn. 27). Hat der Steuerpflichtige die Identität seines Geschäftspartners von vornherein bewusst nicht festgestellt, kann er sich später nicht darauf berufen, dass dieser an der damaligen Adresse ohnehin nicht mehr erreichbar wäre, wenn sich ihm bei der Zahlung aufdrängen musste, dass der Empfänger diese nicht versteuern wird (BFH, BStBl. II 1999, S. 434; BFH/NV 1993, 633; 2002, 609; Klein/*Rüsken* § 160 Rn. 16). Vor diesem Hintergrund sind Benennungsverlangen gem. § 160 AO auch bei einer Vielzahl von Geschäftsvorfällen zumindest hinsichtlich solcher Empfänger rechtmäßig, bei denen nicht nur geringfügige Steuerausfälle zu befürchten sind und zum Zeitpunkt der Zahlung eine Feststellung der Identität zumutbar war, auch wenn dies zum Zeitpunkt des Benennungsverlangens unmöglich geworden ist (BFH, BStBl. II 1999, S. 434; BFH/NV 2005, 1739; Pahlke/Koenig/*Cöster* § 160 Rn. 27; Klein/*Rüsken* § 160 Rn. 16). Unzumutbarkeit der Benennung wegen nachträglicher Unmöglichkeit kann gegeben sein, wenn der Steuerpflichtige die Empfänger deshalb nicht kennt, weil der Kontakt zu ihnen allein einem inzwischen verstorbenen Mitgesellschafter-Geschäftsführer oblag (BFH/NV 1992, 449). Nur in Ausnahmefällen, in denen die Suche nach dem Empfänger – nach den oben beschriebenen Maßstäben der Rechtsprechung bei Durchführung des Geschäfts, nicht, wenn die Unzumutbarkeit lediglich nachträglich eingetreten ist – auf nicht oder kaum zu bewältigende tatsächliche und rechtliche Schwierigkeiten stößt, ist dem Steuerpflichtigen eine Benennung billigerweise nicht zuzumuten; das FA kann dann aber alle Angaben fordern, die es ihm ermöglichen, eigene Ermittlungen anzustellen (BFH, BStBl. II 1987, S. 286; BFH/ NV 2002, 609; Pahlke/Koenig/*Cöster* § 160 Rn. 27). Ermessensfehlerhaft ist das Benennungsverlangen, wenn für den Steuerpflichtigen auch bei Ausschöpfung seiner zumutbaren Erkenntnismöglichkeiten bei Vornahme des Geschäfts – ex ante – nicht erkennbar ist, dass es sich bei dem Zahlungsempfänger um eine (ausländische) Domizilgesellschaft handelt (BFH/NV 2002, 609). Erst recht ist ein Benennungsverlangen der FB ermessensfehlerhaft, wenn der Steuerpflichtige selbst über die Person des Gläubigers oder Empfängers getäuscht wurde und er diese Täuschung nicht bemerken konnte (BFH/NV 1996, 801; Pahlke/Koenig/*Cöster* § 160 Rn. 31).

f) Ermessensfehlerhaftigkeit des Benennungsverlangens: Unnötigkeit (fehlender Erforderlichkeit)

39 Ermessensfehlerhaft ist das Benennungsverlangen nach herrschender Meinung auch, wenn es nicht erforderlich ist, so z.B. wenn der tatsächliche Gläubiger oder Empfänger der FB bereits namentlich – „genau" i.S.d. § 160 Abs. 1 Satz 1 AO – bekannt bzw. benannt ist (FG Münster, EFG 1980, 159; 2010, 2053; Pahlke/Koenig/*Cöster* § 160 Rn. 30; s.o.: Die Ermessensausübung ist nicht eröffnet). Auf ergänzende eigene Ermittlungen – etwa zum genauen, vollständigen Namen mit Gesellschaftsbezeichnung, zu Adresse, zu Gesellschaftern bzw. Hintermännern etc. – muss sich die FB allerdings nicht verweisen zu lassen, insb. dann nicht, wenn die Ermittlungen nicht einfach sind und ihr Ergebnis ungewiss ist (BFH BStBl. II 1986, 318; 1996, 51; Pahlke/Koenig/*Cöster* § 160 Rn. 30). Die Anerkennung der Bildung einer Rückstellung nach § 249 Abs. 1 Satz 1 HGB wegen Inanspruchnahme aus Bürgschaften (§§ 765 ff. BGB) kann nicht von der Benennung des Darlehensgläubigers abhängig gemacht werden, da der Bürge den Darlehensgläubiger lediglich von einem sonst eintretenden Verlust befreit (BFH, BStBl. II 1999, S. 333; Pahlke/Koenig/*Cöster* § 160 Rn. 30; Gosch StBp 1999, 80). Ein Benennungsverlangen ist auch dann ermessensfehlerhaft, wenn feststeht, dass die Steueransprüche gegen den Empfänger bereits verjährt sind (BFH, BStBl. II 1987, S. 286; Pahlke/Koenig/*Cöster* § 160 Rn. 30).

g) Ermessensfehlerhaftigkeit des Benennungsverlangens: Unzumutbarkeit, Übermaßverbot und Treu und Glauben

40 Ein weiterer rechtlicher Gesichtspunkt, der – ganz oder teilweise – die Ermessensfehlerhaftigkeit eines Benennungsverlangens begründet, ist die Unzumutbarkeit der Empfängerbenennung für den Steuerpflichtigen. Grds. ist es dem Steuerpflichtigen allerdings stets zuzumuten, den Empfänger zu benennen (Klein/*Rüsken* § 160 Rn. 13b). Bei zumutbarem Benennungsverlangen des FA trifft den Steuerpflichtigen das Risiko der Unaufklärbarkeit der wirtschaftlichen Zahlungsempfänger (BFH/NV 2002, 312; Pahlke/Koenig/*Cöster* § 160 Rn. 27).

41 Der Begriff der Unzumutbarkeit umfasst im Anwendungsbereich des § 160 AO nach dem Verständnis der herrschenden Meinung auch den des **Übermaßverbots bzw. der Verhältnismäßigkeit im engeren Sinne (Art. 20 Abs. 3 GG)** und ist mithin insofern **relativ**. Ein Benennungsverlangen ist demnach nicht unverhältnismäßig (und damit unzumutbar), sofern die für den Steuerpflichtigen zu befürchtenden Nachteile nicht außer Verhältnis zum beabsichtigten Aufklärungserfolg stehen, wobei die Verhältnismäßigkeit des Benennungsverlangens für den einzelnen Geschäftsvorfall zu prüfen ist (BFH/NV 2002, 609; Klein/*Rüsken* § 160 Rn. 13b). Eine Unverhältnismäßigkeit stünde bei einer wirtschaftlichen Existenzgefährdung des Steuerpflichtigen durch ein Benennungsverlangen im Raum, wenn der beabsichtigte Aufklärungserfolg nur zu geringfügigen Steuernachholungen bei den Empfängern führen kann (BFH, BStBl. II 1987, S. 286; 1999, S. 434; BFH/ NV 1987, 13; 1987, 689; Pahlke/Koenig/*Cöster* § 160 Rn. 25). Wegen seiner größeren Beweisnähe kann sich derjenige, der unmittelbaren geschäftlichen Kontakt mit dem Zahlungsempfänger hat, nicht darauf berufen, dass es wegen der großen Anzahl von Geschäftspartnern unzumutbar sei, anlässlich der Geschäftskontakte die notwendigen Angaben zu erbitten (vgl. BFH, BStBl. II

1987, S. 286). Ob die Ermittlung von Privatanschriften durch den Steuerpflichtigen unzumutbar ist, wenn die FB auf erheblich einfachere Art und Weise den Empfänger ausfindig machen kann, hat die Rechtsprechung offen gelassen (BFH, BStBl. II 1996, S. 51); in der Literatur wird vertreten, dass dies nur ausnahmsweise bejaht werden könne (Klein/*Rüsken* § 160 Rn. 13b). Zutreffend ist, dass der Vorteil der FB jedenfalls dann außer Verhältnis zur größeren Belastung des Steuerpflichtigen steht, wenn die eigenständige Empfängerbestimmung keinen erheblichen wirtschaftlichen oder sonstigen Aufwand auf Seiten der FB verursacht und hinreichend sicher durch das FA direkt erfolgen kann, auf der anderen Seite aber der Steuerpflichtige relevanten wirtschaftlichen oder Arbeitsaufwand auf sich nehmen müsste, ohne aber der FB durch die Benennung einen überschießenden Erkenntnisgewinn zu verschaffen. Ein Problem dürfte hier die Glaubhaftmachung einer solchen Konstellation durch den Steuerpflichtigen darstellen, zumal die vielfach gegebene Sachnähe des Steuerpflichtigen regelmäßig dafür spricht, dass er die Benennung sicherer und einfacher vornehmen kannund die Bestimmung des wirtschaftlichen Empfängers nicht allein von objektiv äußerlich und eindeutig in Erscheinung tretenden Umständen abhängen muss. Insb. können auch mündliche vertragliche Vereinbarungen bzw. Absprachen maßgeblich sein, während formale gesellschaftsrechtliche Konstruktionen oder Vertragsurkunden die wirtschaftlichen Realitäten u.U. nur verbergen sollen.

In der Rechtsprechung wird im Zusammenhang mit der Unzumutbarkeit teilweise auch auf den **Grundsatz von Treu und Glauben gem. § 242 BGB** abgestellt; ein Benennungsverlangen verstößt aber nicht bereits deshalb unter dem Gesichtspunkt des Vertrauensschutzes gegen Treu und Glauben, wenn die FB eine nun verlangte Empfängerbenennung bei früheren Prüfungen nicht gefordert hatte (FG Baden-Württemberg, EFG 1979, 110). **42**

Die Unzumutbarkeit kann aber auch allein aus den einschneidenden, **absolut gesehen nicht hinzunehmenden Folgen für den Steuerpflichtigen** resultieren: Ein Benennungsverlangen ist etwa wegen Unzumutbarkeit ermessensfehlerhaft, wenn ausnahmsweise mit der Benennung des Empfängers konkrete Gefährdungen von Leib und Leben des Steuerpflichtigen oder seiner Angehörigen einhergehen (FG Hessen, EFG 1981, 571; TK/*Seer* § 160 Rn. 12; Pahlke/Koenig/*Cöster* § 160 Rn. 31; Klein/*Rüsken* § 160 Rn. 14). Dies mag etwa der Fall sein, wenn es sich um Schutzgeldzahlungen an die organisierte Kriminalität handelt, in extrem gelagerten Einzelfällen auch bei Zahlungen an kriminelle Amtsträger in Staaten ohne funktionierenden Rechtsstaat (in denen der Steuerpflichtige, seine Angehörigen oder Arbeitnehmer sich aufhalten muss). In der Literatur wird zudem vertreten, dies sei auch der Fall, wenn eine Bedrohung des Eigentums des Steuerpflichtigen gegeben sei (Schwarz/*Frotscher* § 160 Rn. 25; Pahlke/Koenig/*Cöster* § 160 Rn. 31 vgl. BFH, BStBl. II 1963, S. 342; FG Baden-Württemberg, EFG 1993, 277 [Wettbewerbsnachteile]). Bei bloß wirtschaftlichen Folgen wird es richtigerweise auf das Ausmaß und den Konkretisierungsgrad der Eigentums- oder Vermögensgefährdung ankommen. Ein Benennungsverlangen der FB dürfte jedenfalls dann unzumutbar sein, wenn durch die Benennung und nicht durch die andernfalls im Raum stehende Verweigerung des Betriebsausgabenabzugs die wirtschaftliche Existenz des Steuerpflichtigen gefährdet wird, insb. durch die zu erwartende negative Reaktion des Empfängers, etwa wenn die Benennung bei einer außergewöhnlichen Notsituationen, die zum Zusammenbruch der Versorgung durch den allg. Markt geführt hat, die Bezugsquelle des Steuerpflichtigen auf einem Schwarzmarkt verloren gehen würde (BFH, BStBl. III 1951, S. 77; 1957, 364; Pahlke/Koenig/*Cöster* § 160 Rn. 31). Dies kann selbstverständlich nur in einer Not- oder Zwangssituation bzgl. legal handelbarer Waren gelten (nicht etwa BtM usw.). Hierfür genügt zudem noch nicht, dass der Steuerpflichtige die Geschäfte nur unter ungewöhnlichen Marktbedingungen abschließen konnte (BFH, BStBl. II 1979, S. 587). Zudem soll es einem Kreditinstitut als Emittent von Inhaberschuldverschreibungen (§§ 793 ff. BGB) nach herrschender Rechtsprechung unzumutbar sein, einem Verlangen des FA gem. § 160 Abs. 1 Satz 1 AO nachzukommen und die Gläubiger der verbrieften Ansprüche und der hierauf zu zahlenden Zinsen zu benennen, auch wenn es von den Forderungsinhabern tatsächlich Kenntnis hat oder sich diese Kenntnis verschaffen kann, da Inhaberschuldverschreibungen zivilrechtlich gem. § 793 Abs. 1 BGB ein Forderungsrecht des jeweiligen **43**

Urkundeninhabers verbriefen (BFH, BStBl. II 2004, S. 582; BFH/NV 2004, 1209; Pahlke/Koenig/*Cöster* § 160 Rn. 27; Klein/*Rüsken* § 160 Rn. 13). Generell kann es nach der Rechtsprechung an der Zumutbarkeit auch dann fehlen, wenn die Empfängerfeststellung wegen der Art der Geschäfte nicht zumutbar ist (BFH, BStBl. II 1987, S. 286; Klein/*Rüsken* § 160 Rn. 13a). Eine Unzumutbarkeit der Benennung des Empfängers kann u.E. gemessen am deutschen „ordre public" (insbesondere Art. 1, 2 GG) u.U. auch dann gegeben sein, wenn – nur ganz ausnahmsweise – (1.) zu befürchten ist, dass dem Empfänger der Zahlung bei Aufdeckung Tod, Folter o.ä. droht (etwa bei Schmiergeldzahlungen an chinesische Amtsträger o.ä.) und zugleich (2.) eine Geheimhaltung durch die deutschen Finanzbehörden nicht gewährleistet und zugesichert wird.

III. Benennungsverlangen

1. Inhalt und Umfang des Benennungsverlangens

44 Die FB kann grds. nur die Angabe des (vertragsgemäßen) Gläubigers oder (Zahlungs-) Empfängers verlangen, und nicht von hinter diesen stehenden Personen, wenn kein objektiver Anhaltspunkt dafür besteht, dass der unmittelbare Geschäftspartner des Steuerpflichtigen nicht selbst der endgültige Empfänger oder Gläubiger ist (Pahlke/Koenig/*Cöster* § 160 Rn. 28). Unsubstantiierte Vermutungen der FB genügen nicht für eine weitergehende Anfrage (BFH BFH/NV 1995, 181; Pahlke/Koenig/*Cöster* § 160 Rn. 28). Das Benennungsverlangen muss zudem hinreichend bestimmt sein (BFH, BStBl. II 1987, S. 286; Pahlke/Koenig/*Cöster* § 160 Rn. 28). Die Aufforderung der FB, bei Zahlungen an eine (ausländische) Domizilgesellschaft die Empfänger, d.h. die hinter der Gesellschaft stehenden Personen, zu benennen, ist jedenfalls ermessensfehlerfrei, wenn für den Steuerpflichtigen bei Vornahme des Geschäfts erkennbar war, dass die von der Domizilgesellschaft angebotene Leistung nicht von deren Personal erbracht werden kann und daher von der Einschaltung anderer (inländischer) Leistungsträger auszugehen war (BFH BStBl. II 1999, S. 121; BFH/NV 1996, 267; 2000, 817; 2002, 609; Pahlke/Koenig/*Cöster* § 160 Rn. 28; vgl. auch BStBl. II 1987, S. 13; BFH/NV 1995, 2; 2000, 817; krit. Spatscheck/Alvermann DStR 1999, 1427; Gosch StBp 1999, 80). Bei handelsüblichen Kaufgeschäften können dagegen Angaben über die Person des Vorlieferanten des Verkäufers nicht verlangt werden (BFH/NV 1995, 181; Pahlke/Koenig/*Cöster* § 160 Rn. 29). Bei Darlehensgeschäften gilt entsprechendes für die Refinanzierung des Darlehens beim Darlehensgeber (BFH/NV 1995, 2; Pahlke/Koenig/*Cöster* § 160 Rn. 29).

2. (Nicht-)Erfüllung des Benennungsverlangens

45 Der Steuerpflichtige muss den wahren (wirtschaftlichen) Empfänger bzw. Gläubiger genau benennen (§ 160 Abs. 1 Satz 1 AO). Zur Benennung gehören alle Angaben, die bei ordnungsgemäßer Verbuchung erforderlich gewesen wären, etwa auch Art der Lieferung, Ankaufspreise usw. (BFH/NV 1993, 633; 1996, 801; Klein/*Rüsken* § 160 Rn. 9). Dazu gehört grds. auch die Angabe des vollen Namens und der richtigen Adresse (BFH, BStBl. II 1987, S. 13; BFH/NV 1993, 633; 1996, 801; Pahlke/Koenig/*Cöster* § 160 Rn. 32). Die Benennung des Empfängers muss so genau sein, dass seine Person ohne eigene zusätzliche Ermittlungen der FB und ohne besondere Schwierigkeiten exakt festgestellt werden kann. Die Empfängerbenennung gem. § 160 AO erfordert, dass das FA die Angaben verifizieren kann (BFH/NV 2001, 424; Pahlke/Koenig/*Cöster* § 160 Rn. 32), die Benennung muss mithin in der Praxis beweiskräftig sein. Hingegen ist es für die Erfüllung des Benennungsverlangens unschädlich, wenn der Steueranspruch mangels ausreichender Beweismittel oder aus anderen Gründen ggü. dem zutreffend und genau Benannten letztlich nicht durchgesetzt werden kann (BFH/NV 2007, 849; Klein/*Rüsken* § 160 Rn. 11).

46 Wenn die Existenz des benannten Empfängers für die FB trotz Erfüllung ihrer Amtsermittlungspflicht nicht feststellbar ist, ist das Benennungsverlangen nicht erfüllt (BFH, BStBl. II 1972, S. 442; BFH/NV 1993, 633; 1996, 801; 1998, 279; 2001, 414; Klein/*Rüsken* § 160 Rn. 11). Auf ein Verschulden des Steuerpflichtigen kommt es dabei nicht an, dies kann aber bei der Ausübung des Rechtsfolgenermessens bzgl. der Verweigerung des Betriebsausgabenabzugs ausschlaggebend

sein (BFH BStBl. II 1999, 434; BFH/NV 1996, 801; Klein/*Rüsken* § 160 Rn. 11). Die Benennung ist insb. unzureichend, wenn sich herausstellt, dass der Name und/oder die Adresse fingiert ist oder der angegebene Empfänger nicht existiert (BFH BStBl. II 1998, 51; BFH/NV 1996, 801). Der Empfänger ist ebenfalls nicht benannt, wenn trotz vorgelegter Unterlagen nicht festgestellt werden kann, wer tatsächlicher Zahlungsempfänger ist (FG Münster, EFG 2003, 1436). Es genügt nach herrschender Rechtsprechung z.B. nicht, Personen zu benennen, die möglicherweise als wahre Zahlungsempfänger in Betracht kommen, die dieses aber ihrerseits – nicht ohne Weiteres widerlegbar – in Abrede stellen (BFH/NV 1996, 267), oder einen Empfänger zu benennen, der zwar existiert, aber einen falschen Namen benutzt, um seinen Verbleib zu verschleiern (BFH/ NV 1993, 633; 1996, 801; Klein/*Rüsken* § 160 Rn. 11) und der mit Klarnamen nicht ohne Weiteres feststellbar ist. Zur genauen Bezeichnung genügt es nicht, dass lediglich die Nummer eines CpD-Kontos einer Bank bezeichnet wird, auf das eine bestimmte Zahlung erfolgte (BFH/ NV 1987, 689). Bei Zahlungen an Taxiunternehmer genügt nicht die Benennung der Ordnungs-nummer des Taxis (BFH, BStBl. III 1967, S. 396). Der Steuerpflichtige muss sich in Zweifelsfällen Gewissheit verschaffen und ggf. eine Identitätsüberprüfung durchführen (BFH BStBl. II 1999, 434). Durch andere Beweismittel oder durch das Anerbieten einer eidesstattlichen Versicherung (§ 95 AO) kann eine Benennung des Gläubigers bzw. Empfängers nicht ersetzt werden (BFH/ NV 1998, 1331; Pahlke/Koenig/*Cöster* § 160 Rn. 33). Es genügt zur Empfängerbenennung erst recht nicht ein Beweisermittlungsantrag, durch den die ladungsfähige Anschrift des Empfängers erst beschafft werden soll (BFH/NV 1998, 1331; Klein/*Rüsken* § 160 Rn. 10). Der Nichtbenen-nung des Empfängers steht es gleich, wenn der Steuerpflichtige lediglich erklärt, er habe mit einer ihm unbekannten Person einen Vertrag abgeschlossen (BFH, BStBl. II 1963, S. 342; Klein/*Rüsken* § 160 Rn. 9).

Hingegen ist es nicht nötig, dass der Empfänger auch in späteren Jahren – zum **Zeitpunkt des** 47 **Benennungsverlangens** – unter der angegebenen Adresse tatsächlich zu erreichen ist und dass das FA ihn mit den erzielten Einnahmen zur Besteuerung heranziehen kann (Pahlke/Koenig/*Cöster* § 160 Rn. 32). Es genügt, wenn der Empfänger zum Zeitpunkt der Leistungserbringung unter dem angegebenen Namen und der angegebenen Adresse zu erreichen war (BFH/NV 1993, 633; Pahlke/Koenig/*Cöster* § 160 Rn. 32).

Bei **natürlichen Personen** ist der Name und die exakte Wohnanschrift anzugeben (BFH, 48 BStBl. II 1996, S. 51), in Ermangelung eines Wohnsitzes der gewöhnliche Aufenthalt, denn danach richtet sich die Zuständigkeit des für die Besteuerung des Empfängers zuständigen FA (BFH, BStBl. II 1996, S. 51; vgl. BFH, BStBl. II 1987, S. 286; BFH/NV 1987, 689); dass die Angaben die FB in die Lage versetzen, die exakte Wohnanschrift selbst zu ermitteln, reicht nicht aus (BFH BStBl. II 1996, 51). Ist der Empfänger eine (dt.) Personenhandelsgesellschaft, so reicht die Benennung mit deren Firma i.S.d. § 17 Abs. 1 HGB aus; bei einer GbR ist die Angabe einzel-ner Gesellschafter genügend, an die die Stpfl. die Zahlung geleistet hat (BFH, BStBl. II 1987, S. 286; Pahlke/Koenig/*Cöster* § 160 Rn. 32).

Ist eine (**ausländische**) **Domizilgesellschaft** zwischengeschaltet, müssen die hinter der Gesellschaft 49 stehenden wirtschaftlichen Empfänger der Zahlung genannt werden, ggf. indirekte bzw. mittel-bare Empfänger als deren Hinterleute, soweit dem Steuerpflichtigen diese bekannt sind oder hät-ten bekannt sein müssen (BFH, BFH/NV 2003, 1241). Der Zweck des § 160 AO ist bei Domizil-gesellschaften erst erreicht, wenn sichergestellt ist, dass der wirkliche Empfänger der Zahlungen entweder im Inland nicht steuerpflichtig ist oder seine steuerlichen Pflichten erfüllt hat (BFH, BStBl. II 1987, S. 13; 1999, S. 333; BFH/NV 1988, 208; 1994, 357; 1995, 2; 1996, 267; Pahlke/ Koenig/*Cöster* § 160 Rn. 32). Darüber hinaus muss der Steuerpflichtige bei ausländischen Domi-zilgesellschaften nach § 16 Abs. 1 AStG auch über Beteiligungsverhältnisse der Gesellschaft, beson-ders über eigene Beteiligungen Aufklärung erteilen (BFH/NV 1988, 208; vgl. Christian/Schwehm DStZ 1997, 324). Verbleibende Unsicherheiten hinsichtlich der Person des Empfängers gehen zulasten des Stpfl. (BFH/NV 2002, 312).

50 **Gelockerte Darlegungsverpflichtungen** gelten hingegen nach herrschender Meinung bei – in der Praxis wohl nur kleinvolumigen – **Bargeschäften des täglichen Lebens** (Schwarz/*Frotscher* § 160 Rn. 19; Pahlke/Koenig/*Cöster* § 160 Rn. 27).

IV. Rechtsfolgen der Nichterfüllung des Benennungsverlangens – Ermessensentscheidung über die Nichtabzugsfähigkeit

1. Ermessensentscheidung über die Nichtberücksichtigung dem Grund nach

51 Dass es sich bei der Rechtsfolgenentscheidung bzgl. der Nichtberücksichtigung ebenfalls um eine Ermessensentscheidung handelt, ergibt sich aus dem Wort „regelmäßig" (vgl. Klein/*Rüsken* § 160 Rn. 12). Kommt der Steuerpflichtige dem Benennungsverlangen der FB nicht nach, so entscheidet diese nach pflichtgemäßem Ermessen (§ 5, s.o. Rdn. 32), ob und in welcher Höhe die Lasten und Ausgaben steuerlich nicht zu berücksichtigen sind (BFH, BStBl. II 1988, S. 927; Pahlke/Koenig/*Cöster* § 160 Rn. 36). Logisch vorrangig ist die Entscheidung, ob die Berücksichtigungsfähigkeit überhaupt infrage gestellt werden muss. Diese Entscheidung trifft die FB i.R.d. Steuerfestsetzung bzw. im Verfahren zur gesonderten Feststellung von Besteuerungsgrundlagen (§§ 179 ff. AO) insb. bei Mitunternehmern. Sie bildet einen unselbstständigen Teil des Festsetzungs- bzw. Feststellungsbescheids (BFH BStBl. II 1988, S. 927). Hat der Steuerpflichtige dem Benennungsverlangen objektiv voll entsprochen, ist für eine Ermessensausübung kein Raum mehr; eine steuerliche Nichtberücksichtigung gem. § 160 AO ist insgesamt ausgeschlossen (BFH BFH/NV 2004, 919). Die allgemeinen Ermessensgrenzen des Übermaßverbots und der Zumutbarkeit sind auch hier zu beachten (BFH BStBl. II 1987, S. 286; Klein/*Rüsken* § 160 Rn. 12). Typischerweise ist allerdings in der Praxis zu erwarten, dass die Entscheidung der FB dem Grunde nach fast immer zulasten des Steuerpflichtigen ausgehen wird und etwaige Zumutbarkeits- und Verhältnismäßigkeitsgesichtspunkte in die Entscheidung über die Höhe der Nichtberücksichtigung einfließen. Wenn Steuerausfälle durch Nichtversteuerung beim Empfänger auszuschließen sind, ist ein Abzug trotz Nichtbenennung zuzulassen; sonstige Erwägungen, die nicht in Zusammenhang mit der Möglichkeit eines Steuerausfalls stehen, sind grds. ermessensfehlerhaft (BFH, BStBl. II 1989, S. 995; 1996, S. 51; 1998, S. 51; Klein/*Rüsken* § 160 Rn. 22). Nach neuerer instanzgerichtlicher Rechtsprechung soll bei der Ermessensentscheidung über die Versagung des Betriebsausgabenabzugs bei Nichtbenennung neben dem Steuerausfall ergänzend auch der Gedanke des Ausfalls von Sozialabgaben bzw. eines Sozialleistungsbetrugs durch die Empfänger berücksichtigt werden können (FG Hamburg, Urt. v. 07.09.2010 – 3 K 13/09, BeckRS 2010, 26030126, n.rk.); nach bisheriger Rechtsprechung des BFH und nach dem Schutzzweck der Norm erscheint dies zweifelhaft. Die Rechtsfolge § 160 Abs. 1 AO ist nicht anzuwenden, wenn der Unternehmer seinen Verpflichtungen zum Steuerabzug bzw. zur Prüfung einer Freistellungsbescheinigung bei Bauleitungen (§§ 48 ff. EStG) nachgekommen ist (Klein/*Rüsken* § 160 Rn. 22), da es sich hier um Sonderregelungen handelt.

2. Ermessensentscheidung über die Nichtberücksichtigung der Höhe nach

52 Folge einer unterlassenen Empfängerbenennung ist bei Bejahung der Nichtberücksichtigung dem Grund nach, dass die FB eine gedanklich nachgelagerte, aber als Verwaltungsakt damit verknüpfte Ermessensentscheidung über die Höhe des zu versagenden Ausgabenabzugs zu treffen hat (vgl. Klein/Rüsken AO § 160 Rn. 22). Regelmäßig ist es der Rechtsprechung zufolge bei unterlassener Empfängerbenennung nicht per se ermessensfehlerhaft, wenn die Lasten und Ausgaben in voller Höhe unberücksichtigt bleiben („regelmäßig"); nur in Ausnahmefällen sei davon abzuweichen (BFH BFH/NV 2006, 1618; Pahlke/Koenig/*Cöster* § 160 Rn. 37). Die Versagung des Abzugs ist allerdings nach Maßgabe der steuerlichen Verhältnisse des Gläubigers bzw. Empfängers, einschließlich dessen Steuersatz und dessen mutmaßlicher Betriebsausgaben (soweit bekannt bzw. zumindest abschätzbar), auszugestalten, da es nur darum geht, den mutmaßlichen – allenfalls den max. möglichen – Steuerausfall beim unbenannten Empfänger zu kompensieren (BFH BStBl. II 1998, 519; FG Münster EFG 1998 251; 1998, 920; Pahlke/Koenig/*Cöster* § 160

Rn. 37 f.; Klein/*Rüsken* § 160 Rn. 22). Regelmäßig ist daher eine Schätzung des Steuerausfalls beim Empfänger geboten, wobei ein Unsicherheitszuschlag zulasten des Steuerpflichtigen von der herrschenden Meinung als zulässig angesehen wird (BFH, BStBl. II 1979, S. 587; 1983, 654; BFH/ NV 1996, 891; Pahlke/Koenig/*Cöster* § 160 Rn. 38; Klein/*Rüsken* § 160 Rn. 22). Bei der Ermittlung des drohenden Steuerausfalls ist auch eine eventuelle GewSt-Pflicht des Empfängers zu beachten (BFH/NV 1994, 241; Pahlke/Koenig/*Cöster* § 160 Rn. 38). Dass bei dem Steuerpflichtigen tatsächlich Betriebsausgaben in der geltend gemachten Höhe angefallen sind, ist nach herrschender Meinung für die Entscheidung über ihre Nichtberücksichtigung grds. ohne Bedeutung (BFH BStBl. II 1979, S. 587; 1989, S. 995; BFH/NV 1994, 241; Pahlke/Koenig/*Cöster* § 160 Rn. 37; Klein/*Rüsken* § 160 Rn. 22; einschränkend BFH BStBl. II 1981, S. 333; BFH/NV 1996, 801), denn der Steuerpflichtige hat der Sache nach mit der steuerlichen Nichtberücksichtigung wie ein Haftender die Folgen der mutmaßlichen Nichtversteuerung beim Empfänger zu kompensieren, auf die Berechtigung des Abzugs in seiner Person kommt es daher nicht an. Soweit (teilweise) Steuerausfälle durch Nichtversteuerung beim Empfänger nicht zu erwarten sind, weil dieser nicht steuerpflichtig ist bzw. von (teilweisen) Steuererklärungen bzw. -zahlungen auszugehen ist, ist ein Abzug trotz Nichtbenennung zuzulassen (BFH, BStBl. II 1989, S. 995; 1996, S. 51; 1998, S. 51; Klein/*Rüsken* § 160 Rn. 22). Auch hier sind nach herrschender Meinung Schätzungen zulässig, in deren Rahmen die Einkommensverhältnisse der Empfänger (BFH, BStBl. II 1989, S. 995; BFH/NV 1994, 241) und die dem Empfänger voraussichtlich entstandenen Betriebsausgaben berücksichtigt werden sollen (BFH, BStBl. II 1981, S. 333; 1999, 333; BFH/NV 1996, 801).

Nach herrschender Rechtsprechung darf bei **Ohne-Rechnung-Geschäften** davon ausgegangen   53
werden, dass beim Empfänger wegen einer Beschaffung durch Diebstahl oder Unterschlagung die Kosten eher geringfügig sind (BFH, BStBl. II 1979, S. 587; BFH/NV 1994, 241; 1996, 801; Pahlke/Koenig/*Cöster* § 160 Rn. 38); diese pauschale Annahme erscheint nicht tragfähig, da die Abwicklung ohne Rechnung auch gänzlich andere, etwa steuerrechtliche Gründe haben kann; faktisch handelt es sich um eine Bestrafung mit den Mitteln des Steuerrechts für – bloß mutmaßlich – kriminelle Geschäfte. Unsicherheiten in tatsächlicher Hinsicht zur Höhe des drohenden Steuerausfalls beim Empfänger sollen im Zusammenhang mit § 160 AO stets zulasten des Steuerpflichtigen gehen (BFH, BStBl. II 1989, S. 995; BFH/NV 1994, 241; Pahlke/Koenig/*Cöster* § 160 Rn. 38; Klein/*Rüsken* § 160 Rn. 23). Regelmäßig sind zunächst die geleisteten Ausgaben zu ermitteln, u.U. durch Schätzung; anschließend ist § 160 AO anzuwenden; ersteres kann unterbleiben, wenn die Ausgaben nach dieser Vorschrift ohnehin nicht anzuerkennen sind (vgl. BFH, BStBl. II 1998, S. 51; FG Köln, EFG 2000, 460; Klein/*Rüsken* § 160 Rn. 23).

Entgegen der allgemeinen Maßstäbe des § 160 AO ist eine Hinzurechnung bei der Feststellung   54
des **GewSt-Messbetrages** auch dann vorzunehmen, wenn der **Empfänger nicht gewerbesteuerpflichtig** ist, da die Rechtsprechung der Vorschrift des § 7 GewStG Vorrang vor einer teleologischen Einschränkung des § 160 AO eingeräumt hat (BFH, BStBl. II 1996, 51; Pahlke/Koenig/ *Cöster* § 160 Rn. 39; Klein/*Rüsken* § 160 Rn. 24; a.A. FG München, EFG 2001, 189; Gosch StBp 1996, 44).

Nach billigem Ermessen muss bei Sachverhaltskonstellationen, bei denen eine signifikante **Wahr-**   55
scheinlichkeit besteht, dass die Zahlungen ganz oder teilweise letztlich in Deutschland nicht steuerpflichtigen juristischen oder natürlichen Personen zugeflossen sind – wenn dies nicht sogar bzgl. des Gesamtbetrags nachgewiesen werden kann (Nr. 4 AEAO zu § 160; s.o.) –die Abzugsfähigkeit hinsichtlich eines erheblich höheren Teilbetrags bejaht werden – trotz Nichtbenennung des wirtschaftlichen Empfängers – als in Fällen, in denen es konkrete Anhaltspunkte dafür gibt, dass der wirtschaftliche Empfänger in Deutschland beschränkt oder unbeschränkt steuerpflichtig ist. Vor diesem Hintergrund darf bei vertriebsbezogenen Zahlungen ins Ausland, insb. an offshore Domizilgesellschaften, im Zusammenhang mit Auslandsgeschäften, bei denen ein verdeckter Rabatt an das Kundenunternehmen oder eine Verwendung als Schmiergeld naheliegen mag, aber eine (Bestechungs-)Tat i.S.d. **§ 4 Abs. 5 Nr. 10 Satz 1 EStG** oder ein sonstiges Abzugsverbot nicht nachweisbar ist, allenfalls ein geringer Teilbetrag der Betriebsausgaben den Rechtsfolgen des § 160

AO unterworfen werden. In diesen Konstellationen liegt es regelmäßig nahe, dass der wirtschaftliche Empfänger der ausländische Kunde ist oder in der Sphäre des ausländischen Kunden steht und nicht in Deutschland steuerpflichtig ist. Es ist hier – gerade wenn deutliche Anhaltspunkte für Rückflüsse bestehen – hinreichend sicher, dass allenfalls Teilbeträge des Aufwands bei einem wirtschaftlichen Empfänger in Deutschland steuerpflichtig sein könnten und jedenfalls der überwiegende Teil des Aufwands für in Deutschland nicht steuerpflichtige ausländische Empfänger bestimmt ist. Auch wenn dies – mangels voller Nachweisbarkeit – nicht zwingend zu einem völligen Ausschluss der Nichtberücksichtigung führen muss, muss dies nach pflichtgemäßem Ermessen bei der Bestimmung der Höhe des nichtabzugsfähigen Betrags maßgeblich berücksichtigt werden, da der primäre Zweck des § 160 Abs. 1 Satz 1 AO nicht ist, die FB von den Nachweiserfordernissen der Abzugsverbote, insb. denen des § 4 Abs. 5 Nr. 10 EStG, zu entbinden. Es muss für eine zumindest überwiegende Abzugsfähigkeit – in Anlehnung an den Gedanken der Nr. 4 AEAO zu § 160 AO – ausreichen, dass der überwiegende Abfluss ins Ausland an nicht Steuerpflichtige glaubhaft erscheint, wie es in den oben beschriebenen Fällen anzunehmen ist. Paradoxerweise muss daher an sich gelten: Je deutlicher die Anhaltspunkte für Bestechungszahlungen ins Ausland – unterhalb des Nachweises der Voraussetzungen des § 4 Abs. 5 Nr. 10 EStG – desto geringer die anteilige Höhe der Versagung der Abzugsfähigkeit gem. § 160 AO an dem betroffenen Aufwand.

56   Anders könnte es sich bei einem Abfluss der Zahlungen zunächst in eine **Schwarze Kasse** zur weiter vorbehaltenen Verwendung verhalten, wenn die Zahlung zwar ins Ausland erfolgt (etwa auf ein off-shore Konto), ggf. auch an eine ausländische Domizilgesellschaft, die Schwarze Kasse aber dauerhaft durch in Deutschland steuerpflichtige Rechtssubjekte, sei es das Lieferantenunternehmen oder dessen (inländische) Mitarbeiter oder Organe, privat oder dienstlich kontrolliert wird und zunächst kein dritter wirtschaftlicher Empfänger bestimmt ist. Die Gegenausnahme hierzu – mit der Rechtsfolge wie unter Rn. 44 – wäre, wenn die Zahlbeträge von vornherein konkret zur Weiterleitung an im Vorhinein festgelegte ausländische wirtschaftliche Empfänger bestimmt waren, die Schwarze Kasse mithin eine reine Durchleitfunktion hatte und ihre wirtschaftlich Berechtigten daher nicht als wirtschaftliche Empfänger der ein- oder vielmehr durchgehenden Zahlungen angesehen werden können.

57   Dass nach einer älteren Rechtsprechung des BFH eine **unbillige Härte** in der steuerlichen Erfassung der Aufwendungen selbst regelmäßig nur i.R.d. §§ 163, 227 AO zu berücksichtigen ist (BFH, BStBl. III 1963, S. 342; Pahlke/Koenig/*Cöster* § 160 Rn. 40), erscheint mit dem allgemein – auch bei der Anwendung des § 160 AO – zu berücksichtigenden Verhältnismäßigkeitsprinzip (Art. 20 Abs. 3 GG) nicht ohne Weiteres vereinbar. Führt die Versagung des Abzugs der Lasten und Ausgaben nach § 160 AO zu einer Existenzgefährdung des Stpfl., so sollte grds. bereits i.R.d. § 160 AO geprüft werden, ob dies gegen das Übermaßgebot verstößt.

C. Fortgeltung der Amtsermittlungspflicht und des Auskunftsverweigerungsrechts (§ 160 Abs. 1 Satz 2, Abs. 2 AO)

I. Amtsermittlungsgrundsatz (§§ 160 Abs. 1 Satz 2, 88 AO)

58   Nach der ausdrücklichen Regelung in § 160 Abs. 1 Satz 2 AO wird der Untersuchungsgrundsatz (§ 88 AO) nicht durch die Möglichkeit der FB eingeschränkt, nach § 160 Abs. 1 Satz 1 AO die Benennung von Gläubigern und Zahlungsempfängern zu verlangen. Dies gilt auch für eine tatsächlich konkret angefragte Empfängerbenennung hinsichtlich eines Vorgangs. Die FB kann also ohne Weiteres hinsichtlich derselben Transaktion zweigleisig vorgehen (BFH/NV 1996, 267; Pahlke/Koenig/*Cöster* § 160 Rn. 43). Dies beinhaltet auch die Anwendung der im Besteuerungsverfahren zur Verfügung stehenden Zwangsmittel.

II. Auskunftsverweigerungsrecht (§§ 160 Abs. 2, 102 AO)

160 Abs. 2 AO stellt klar, dass das in § 102 AO enthaltene – § 53 StPO weitgehend entspre- **59** chende – Auskunftsverweigerungsrecht der Berufsgeheimnisträger nicht durch ein Benennungsverlangen der FB nach § 160 Abs. 1 Satz 1 AO eingeschränkt wird (Pahlke/Koenig/*Cöster* § 160 Rn. 46). Verweigert somit der Steuerpflichtige berechtigterweise nach § 102 AO die Benennung des Gläubigers bzw. Empfängers, so kann der Abzug nicht nach § 160 Abs. 1 AO versagt werden. Der Ausspruch des Benennungsverlangens bleibt jedoch auch bei Bestehen eines Auskunftsverweigerungsrechts nach § 102 AO zulässig (HHSp/*Trszakalik* § 160 Rn. 66; Pahlke/Koenig/*Cöster* § 160 Rn. 46), da § 102 AO kein Gebot enthält, von dem Auskunftsverweigerungsrecht auch Gebrauch zu machen (vgl. aber § 203 StGB, Geheimnisverrat, und das einschlägige Berufsrecht). Vor dem Hintergrund der unverändert fortbestehenden Amtsermittlungspflicht (s.o.) ist allerdings davon auszugehen, dass der Steuerpflichtige – soweit dies ohne Verletzung einer anderweitig rechtlich begründeten Schweigepflicht möglich ist – gut daran tun wird, die Versteuerung beim Empfänger glaubhaft zu machen; der Nachweis, dass Ausgaben gemacht worden sind (bzw. Schulden bestehen), genügt auch bei ihm nicht (Klein/*Rüsken* § 160 Rn. 26). Die Angehörigen der u.a. steuerberatenden Berufe, die für den aussageverweigerungsberechtigten Steuerpflichtigen dessen Unterlagen verwahren, dürfen nach herrschender Meinung die Vorlage solcher Urkunden usw. nach § 104 Abs. 2 AO nicht verweigern; tun sie dies trotzdem, kann nach herrschender Meinung von der Hinzuschätzung Gebrauch gemacht werden (Klein/*Rüsken* § 160 Rn. 26). Für Journalisten, die nach § 102 Abs. 1 Nr. 4 AO ein Auskunftsverweigerungsrecht haben, ist dort explizit bestimmt, dass § 160 AO unberührt bleibt; insofern genießt diese Berufsgruppe nur einen eingeschränkten Schutz durch § 160 Abs. 2 AO. Trotz des Gebrauchs von einem der vorgenannten Rechte kann das FA die Rechtsfolgen des § 160 AO zur Anwendung bringen, selbst dann, wenn an den Angaben der Auskunftsperson keine Zweifel bestehen, denn die Vorschrift dient dazu, das Steueraufkommen Dritter überprüfen zu können (vgl. BFH, BStBl. III 1955, S. 30; Klein/*Rüsken* § 160 Rn. 27).

D. Verfahrensfragen

I. Rechtsschutz gegen das Benennungsverlangen

Die Entscheidungen über das Benennungsverlangen und über die Verweigerung der Abzugsfähigkeit **60** kann nur i.R.d. Anfechtung der Steuerfestsetzung überprüft werden; das Benennungsverlangen nach § 160 Ab. 1 Satz 1 AO ist kein selbstständig anfechtbarer Verwaltungsakt mit unmittelbarer rechtlicher Außenwirkung (§ 118 Satz 1 AO), sondern nur eine unselbstständige Vorbereitungshandlung zum Erlass eines Steuerbescheids; das Benennungsverlangen konkretisiert nach herrschender Meinung lediglich die schon nach allgemeinen Rechtsgrundsätzen bestehenden Mitwirkungspflichten (BFH BStBl. II 1986, S. 537; 1988, S. 927; 1999, S. 199; Pahlke/Koenig/*Cöster* § 160 Rn. 49; Klein/ *Rüsken* § 160 Rn. 29; Sorgenfrei IStR 2002, 469; a.A. früher FG Düsseldorf, EFG 1978, 108; FG München, EFG 1984, 433).

Schwierigkeiten können in der Praxis entstehen, wenn sich aus der festgesetzten Steuer des durch **61** das Benennungsverlangen vorbereiteten **Änderungsbescheids keine Beschwer i.S.d. § 350 AO** ergibt und deshalb seitens der Finanzverwaltung die Zulässigkeit eines Einspruchs verneint wird. I.d.R. wird sich aus der Versagung des Betriebsausgabenabzugs eine Erhöhung der Steuerschuld ergeben, eine Beschwer mithin zu bejahen sein. Sind jedoch bspw. die an eine vermeintliche Domizilgesellschaft im Rahmen eines langfristigen Fertigungsauftrages gezahlten Provisionen aktiviert worden und verneint das FA wegen einer unzureichenden Empfängerbenennung die Aktivierungsfähigkeit dieser Ausgaben unter gleichzeitiger Versagung des Betriebsausgabenabzugs, dann wird die bilanzielle Gewinnminderung aus der Kürzung der aktivierten Herstellungskosten durch die außerbilanzielle Ergebniserhöhung aus der Versagung des Betriebsausgabenabzugs aufgehoben. Im Ergebnis ändern sich dadurch das zu versteuernde Einkommen im Vergleich zum

Ausgangsbescheid und damit auch die Steuerlast nicht. Bei einer solchen Konstellation ist regelmäßig streitig, ob eine Beschwer gegeben ist. Würde man eine Beschwer verneinen, wäre gegen die Ermessensentscheidung des FA kein Rechtsschutz gegeben. Dies wäre mit Art. 19 Abs. 4 GG nicht vereinbar. Insofern ist vorliegend in der Begründung des Änderungsbescheides selbst – Versagung des Betriebsausgabenabzugs mangels ausreichender Empfängerbenennung – ausnahmsweise die Beschwer zu sehen (vgl. zu weiteren Ausnahmefällen Beermann/Gosch/*Bartone* § 350 Rn. 31; Schwarz/*Dumke* § 350, Rn. 23 ff.; vgl. zur Rechtsverletzung auch in den Fällen eines steuerneutralen Begehrens FG Bremen, EFG 1982, 380).

II. Zwangsmittel

62 Das Benennungsverlangen selbst kann nicht mit Zwangsmitteln i.S.d. §§ 328 ff. AO durchgesetzt werden (Pahlke/Koenig/*Cöster* § 160 Rn. 50), da § 328 Abs. 1 Satz 1 AO einen Verwaltungsakt voraussetzt, dessen Regelungsgehalt es durchzusetzen gilt. Zudem ist über die Rechtsfolge des § 160 Abs. 1 AO sichergestellt, dass eine angemessene Reaktion erfolgen kann.

III. Tatsächliche Verständigung

63 Obwohl mit der Bezugnahme auf § 160 AO in einer tatsächlichen Verständigung, mit der die Nichtabziehbarkeit vereinbart wird, zugleich eine rechtliche Folge beschrieben wird, ist dies ist zulässig, da eine Verständigung über tatsächliche (Vor-) Fragen nach der Rechtsprechung des BFH erlaubt und die Nichtabzugsfähigkeit nach § 160 AO die mögliche und notwendige Konsequenz der als Vorfrage anzusehenden fehlenden Empfängerbenennung ist (BFH/NV 1998, 498 f.; FG Düsseldorf, EFG 2010, 546). Mit einer Vereinbarung über die Höhe der nichtabziehbaren Betriebsausgaben haben sich die Beteiligten zugleich über den schwer festzustellenden Sachverhalt der Höhe der vermutlich ausgefallenen Steuer verständigt; dies ist regelmäßig erforderlich, um die Höhe des nichtabziehbaren Teils der Betriebsausgaben zu bestimmen; daher ist auch eine Verständigung über die Nichtabziehbarkeit von Betriebsausgaben nach § 160 AO als tatsächliche Verständigung grds. wirksam (FG Düsseldorf, EFG 2010, 546). Voraussetzung einer tatsächlichen Verständigung ist hier, dass eine tatsächliche Ungewissheit darüber besteht, wer wirtschaftlicher Empfänger der Gelder ist und keine offensichtlich unzutreffenden Ergebnisse vereinbart werden (BFH BStBl. II 1996, S. 625, m.w.N.; FG Düsseldorf, EFG 2010, 546). Bereits aus der Bezugnahme auf die Vorschrift des § 160 AO in einer tatsächlichen Verständigung kann sich hinreichend klar ergeben, dass es an einer verlangten Benennung des tatsächlichen Empfängers von bestimmten Zahlungen fehlte, auch wenn dies i.Ü. nicht explizit oder näher dargestellt wird (FG Düsseldorf, EFG 2010, 546). Eine solche tatsächliche Verständigung über § 160 AO kann unter den Voraussetzungen der §§ 123, 119 BGB wegen arglistiger Täuschung bzw. Irrtums angefochten werden (FG Düsseldorf, EFG 2010, 546).

IV. Finanzgerichtliches Verfahren

64 Das FG überprüft (inzident) ein **Benennungsverlangen der FB** gem. § 160 Abs. 1 Satz 1 AO und die Entscheidung der FB über die Nichtberücksichtigung der Ausgaben oder Schulden **als Ermessensentscheidung nach § 5 AO nur eingeschränkt**, nämlich nach Maßgabe des § 102 FGO dahin gehend, ob die gesetzlichen Grenzen des Ermessens überschritten sind oder von dem Ermessen in einer dem Zweck der Ermächtigung nicht entsprechenden Weise Gebrauch gemacht wurde (Pahlke/Koenig/*Cöster* § 160 Rn. 51). Soweit in der Rechtsprechung unzutreffend angenommen wurde, dass das FG ein Benennungsverlangen der FB uneingeschränkt überprüfen dürfe (FG Hamburg EFG 2002, 881), steht dies im offenen Widerspruch zu § 102 Satz 1 FGO. Allerdings kann das **FG jederzeit selbst nach eigenem Ermessen nach § 160 Abs. 1 Satz 1 AO ein eigenes Benennungsverlangen** zum selben Sachverhalt oder zu anderen (verfahrensgegenständlichen) Sachverhalten stellen, denn nach § 96 Abs. 1 FGO gilt § 160 AO im finanzgerichtlichen

Verfahren entsprechend (BFH, BStBl. II 1998, S. 51; BFH/NV 1996, 891; Pahlke/Koenig/*Cöster* § 160 Rn. 51; Klein/*Rüsken* § 160 Rn. 18; a.A. Padberg StuW 1978, 47). Insb. hat das FG ein vom FA unterlassenes oder fehlerhaft bzw. unzureichend formuliertes Benennungsverlangen im gerichtlichen Verfahren nach eigenem Ermessen nachzuholen (BFH BStBl. II 1987, S. 286; 1998, S. 51; BFH/NV 2006, 1618; Pahlke/Koenig/*Cöster* § 160 Rn. 51; Klein/*Rüsken* § 160 Rn. 18). Eine Einvernahme von Zeugen im finanzgerichtlichen Verfahren zur Empfängerbenennung ist im Hinblick auf § 160 i.V.m. § 96 Abs. 1 FGO nicht erforderlich (BFH/NV 2007, 1523; Pahlke/Koenig/ *Cöster* § 160 Rn. 51). Ist zweifelhaft, ob eine Domizilgesellschaft vorliegt, ist das FG nach § 76 FGO verpflichtet, entscheidungserheblichen Beweisanträgen zu entsprechen (BFH/NV 2000, 299; Pahlke/Koenig/*Cöster* § 160 Rn. 51). Dem BFH ist als Revisionsinstanz der für die Sachverhaltsermittlung geltende § 160 AO nicht zugänglich (BFH, BStBl. II 1998, S. 51; Pahlke/Koenig/ *Cöster* § 160 Rn. 51; Klein/*Rüsken* AO § 160 Rn. 18).

Sowohl **im Einspruchs- als auch im Klageverfahren** kann der Steuerpflichtige bis zur letzten 65 mündlichen Tatsachenverhandlung ein **Benennungsverlangen der FB nach § 160 Abs. 1 AO aus dem Besteuerungsverfahren erfüllen**; bei umfassender Empfängerbenennung sind seine Ausgaben und Schulden bei ihm vollständig zu berücksichtigen (BFH/NV 2002, 1; Pahlke/Koenig/*Cöster* § 160 Rn. 52; Klein/*Rüsken* § 160 Rn. 31). Bei Benennung erst im gerichtlichen Verfahren muss das FG dann nach § 96 FGO i.V.m. § 160 Abs. 1 AO nach eigenem Ermessen über die Rechtsfolgen – Nichtberücksichtigung dem Grunde und der Höhe nach – entscheiden, auch wenn es nicht um die Nichterfüllung eines gerichtlichen Benennungsverlangens geht (Klein/*Rüsken* § 160 Rn. 31; unklar BFH, BStBl. II 1998, S. 51). Eine eigene Ermessensentscheidung über die Rechtsfolgen ist ferner zu treffen, wenn eine von der FB vorgenommene Ermessensausübung gemessen an § 102 FGO fehlerhaft ist (Klein/*Rüsken* § 160 Rn. 31). Erst recht hat das FG bzgl. der Höhe der Nichtberücksichtigung sein eigenes Ermessen auszuüben, wenn es das Benennungsverlangen selbst gestellt hat (Klein/*Rüsken* § 160 Rn. 24); der Rechtsprechung zufolge bleibt eine 25 %-ige Anrechnung als Betriebsausgaben an der unteren Grenze des Ermessens (BFH/NV 1996, 891; Klein/*Rüsken* § 160 Rn. 24). Bei voller Bestandskraft des Steuerbescheids zum Zeitpunkt der Benennung führt diese nach herrschender Meinung nur unter den Voraussetzungen des § 173 Abs. 1 Nr. 2 AO zu einer entsprechenden Änderung des Bescheids (Pahlke/Koenig/*Cöster* § 160 Rn. 52; vgl. Klein/*Rüsken* § 160 Rn. 31; a.A. Schwarz/*Frotscher* § 160 Rn. 33).

E. Steuerstrafrecht und § 160 Abs. 1 AO

I. Keine täterschaftliche Steuerhinterziehung des Steuerpflichtigen hinsichtlich der Betriebsausgaben

1. Allgemeines

Nach heute herrschender Auffassung führt allein die Verletzung des § 160 Abs. 1 AO für den Steu- 66 erpflichtigen nicht zu einer Strafbarkeit wegen täterschaftlicher Steuerhinterziehung (§ 370 AO) aufgrund der steuerlichen Geltendmachung des eigenen Aufwands (vgl. zusammenfassend Spatscheck/Alvermann DStR 1999, 1427, 1430). Insb. ist unstrittig, dass die bloße unterlassene Aufzeichnung der Zahlungsempfänger bei Abziehbarkeit der Zahlungen als Betriebsausgaben keine Steuerhinterziehung des Steuerpflichtigen zu eigenen Gunsten darstellt, da das Unterlassen der Aufzeichnung für sich genommen keinen Verkürzungserfolg i.S.d. § 370 Abs. 4 AO bewirkt (BGHSt 33, 383, 385 ff.; FG Düsseldorf, EFG 1997, 588, 590; Spatscheck/Alvermann DStR 1999, 1427, 1430; Bublitz BB 1987, 167). Anderes kann bzgl. einer Beihilfestrafbarkeit hinsichtlich einer Steuerhinterziehung des Empfängers gelten (s.u.).

2. Nichterfüllung eines Benennungsverlangens und Vorlage von Scheinrechnungen im Vorfeld

67   Die bloße **Nichtbeachtung eines Benennungsverlangens gem.** § 160 AO ist nicht als eigene **Steuerhinterziehung des Steuerpflichtigen strafbar**, denn nicht dieser, sondern die Zahlungsempfänger verkürzen Steuern, wenn sie die Zahlungen des Steuerpflichtigen dem FA verschweigen (BGHSt 33, 383, 385 = BGH, NStZ 1986, 271 ff.; OLG Karlsruhe, wistra 1985, 163, 165), die Abzugsfähigkeit der Ausgaben des Steuerpflichtigen i.Ü. vorausgesetzt. Konkret hat der BGH auch entschieden, dass das **Vorlegen von Scheinrechnungen zur Verhinderung eines Zwischenverfahrens nach** § 160 AO noch keine Strafbarkeit nach § 370 AO begründet, soweit es sich um die Hinterziehung eigener Steuern handelt (BGHSt 33, 383, 385 = BGH, NStZ 1986, 271 ff.; LS). Die vorherige anderslautende Rechtsprechung dehne den Tatbestand des früheren § 205a RAO und des nunmehrigen § 160 AO 1977 unzulässig aus; es bestehen Bedenken gegen eine entsprechende Erweiterung des strafrechtlichen Anwendungsbereichs. So handele es sich bei § 160 AO um eine außergewöhnliche Regelung, mit der die FB den Steuerpflichtigen wegen der ihr bei dem unbekannten Dritten entgehenden Steuern in Anspruch nehmen könne, weil er die Benennung des Empfängers seiner Geldleistung verweigert und dies nach der Lebenserfahrung dafür spreche, dass der Dritte die Einnahme nicht versteuert; das Schwergewicht der Regelung liege in der Begründung einer eigenständigen Gefährdungshaftung des Steuerpflichtigen (BGH, NStZ 1986, 271). Auch bei Ohne-Rechnung-Geschäften sei es angesichts des bestehenden Ermessens nicht zwingend, dass eine Aufforderung des FA an den Steuerpflichtigen ergehe, den Gläubiger oder Empfänger seiner Geldleistung zu benennen, etwa bei Bekanntheit des Namens des Dritten aus anderer Quelle, bei Unzumutbarkeit oder Unverhältnismäßigkeit; zudem stehe es im Belieben des Steuerpflichtigen, ob er dem Verlangen der Steuerbehörde entspricht, da dieses nicht zwangsweise durchsetzbar sei; ferner sei bei Verweigerung eine weitere Ermessensentscheidung über die Nichtberücksichtigung und deren Ausmaß nötig, die ebenfalls Tatbestandsvoraussetzung für die Haftung des Steuerpflichtigen ist (BGH, NStZ 1986, 271, 272).

68   Die Angabe fingierter Firmen in der Buchführung und den Geschäftsunterlagen etc. vor einem Benennungsverlangen ist nach allgemeinen Grundsätzen (§ 22 StGB) auch noch **kein Versuch der täterschaftlichen Steuerhinterziehung**; eine Vorverlagerung der Strafbarkeit gem. § 370 AO würde der Struktur des § 160 AO widersprechen (BGH, NStZ 1986, 271, 272).

3. Benennung eines unzutreffenden (Zwischen-) Empfängers

69   Der BGH hat kürzlich – obiter dictum – auch festgehalten, dass ein „Verstoß" gegen § 160 AO dergestalt, dass durch den Steuerpflichtigen den **FBn ggü. aktiv eine Zahlstelle – Durchgangsstation für dahinterstehende Zahlungsempfänger – und nicht der wirtschaftliche (End-) Empfänger benannt wird**, allein nicht den Vorwurf der Steuerhinterziehung gegen den Steuerpflichtigen im Hinblick auf die betreffenden Ausgaben rechtfertigen würde (BGH, NStZ 2004, 575, 577). „Selbst ein Verstoß gegen § 160 Abs. 1 AO" könne eine steuerstrafrechtliche Verantwortlichkeit nicht ohne Weiteres begründen, denn auch die unter § 160 Abs. 1 AO fallenden Aufwendungen seien Betriebsausgaben, die grds. abzugsfähig sind; ihre Geltendmachung stelle damit auch keine Tathandlung i.S.d. § 370 Abs. 1 Nr. 1 oder Nr. 2 AO dar, weil weder ein unrichtiger Sachverhalt ggü. der FB erklärt noch diese über steuerlich erhebliche Tatsache in Unkenntnis gelassen werde (BGH NStZ 2004, 575, 577; vgl. BGHSt 33, 383 ff.). Anders wäre dies selbstverständlich, wenn der Aufwand nachweislich etwa einem Abzugsverbot gem. § 4 Abs. 5 EStG – insb. gem. § 4 Abs. 5 Nr. 10 EStG (Bestechungszahlung) oder § 4 Abs. 5 Nr. 1 EStG (Geschenke) – unterfallen sollte, da insoweit selbstverständlich gerade keine *abzugsfähige* Betriebsausgabe vorliegt. Unklar ist nach der Sachverhaltsdarstellung des BGH allerdings, ob hier überhaupt ein förmliches Benennungsverlangen bzgl. des tatsächlichen Empfängers – und nicht bzgl. des in den Buchführungsunterlagen angegebenen Zwischenempfängers – gem. § 160 AO gestellt wurde, oder von der revisionsführenden StA nur aus dem Inhalt der Buchführung gefolgt wurde, dass die dortigen Angaben nicht den Anforderungen eines (etwaigen) Benennungsverlangens nach den Maßgaben des § 160 AO

entsprachen bzw. entsprochen hätten. Der Volltext des revisionsrichterlichen Urteils (BGH, Urt. v. 28.11.2002 – 5 StR 145/02, BeckRS 2003, 00433) enthält leider keine Angaben zum genauen Gang des Besteuerungsverfahrens. Da ein „Verstoß" gegen § 160 Abs. 1 AO wohl allenfalls dann vorliegt, wenn ein tatsächlich gestelltes Benennungsverlangen nicht oder unzureichend erfüllt wird, spricht der Wortlaut des obiter dictum dafür, dass der BGH eine Strafbarkeit gem. § 370 AO bzgl. der Betriebsausgaben des Steuerpflichtigen auch nicht für den Fall bejaht, dass auf ein formelles Ersuchen gem. § 160 Abs. 1 AO unzutreffende oder unzureichende Angaben gemacht werden. Dies wäre konsequent, da diejenigen Argumente, die einer solchen Strafbarkeit für den Fall irreführender oder unterlassener Aufzeichnungen oder fehlender Angaben widersprechen (s.o. Rdn. 55), hier entsprechend gelten.

4. Fehlende Empfängerbenennung ohne Betriebsausgabenabzug

Erst recht ist mit dem BVerfG festzuhalten, dass keine Steuerhinterziehung durch den Steuer- 70 pflichtigen begangen wird, wenn dieser den Verwendungszweck und die **Zahlungsempfänger für bestimmte Zahlungen lediglich nicht offen legt und dieselben Ausgaben nicht als Betriebsausgaben gewinnmindernd geltend macht** (BVerfG, NStZ-RR 2005, 207). Das BVerfG geht allgemein davon aus, dass die Angabe des Zahlungsempfängers steuerrechtlich nicht geboten und ihr Unterlassen nicht strafbewehrt ist (BVerfG, NStZ-RR 2005, 207). Wer die Empfängerbezeichnung verweigere, nehme lediglich hin, dass die Berücksichtigung als gewinnmindernde Ausgabe unterbleibt; wenn der Steuerpflichtige von vornherein darauf verzichte, die fraglichen Zahlungen als Betriebsausgaben geltend zu machen, und damit die Rechtsfolge einer verweigerten Auskunft vorwegnehme, dürfe er so handeln, ohne gegen steuerrechtliche Normen zu verstoßen und ohne Straftatbestände zu erfüllen (BVerfG, NStZ-RR 2005, 207).

5. Fehlende Empfängerbenennung bei nicht erfassten Betriebsausgaben neben nicht erfassten Betriebseinnahmen

Dass in der Rechtsprechung abschließend für alle Fallkonstellationen geklärt ist, dass die Nicht- 71 oder Falschbenennung von Empfängern bzw. Gläubigern gem. § 160 AO unter keinen Umständen eine eigene Steuerhinterziehung des Steuerpflichtigen hinsichtlich der diesbezüglichen Betriebsausgaben begründen kann, wird nur vordergründig durch ein obiter dictum in einem älteren Urteil des BGH für den Fall infrage gestellt, dass die **Betriebsausgaben gar nicht in der Buchführung erfasst und aus nicht erklärten Einkünften bestritten** wurden (BGH, wistra 1990, 232). Darauf aufbauend entschied der BFH, dass dann, wenn der Steuerpflichtige geltend mache, er habe steuerlich nicht erklärte Einnahmen verwendet, um betrieblich veranlasste Zahlungen an nicht benannte Dritte zu leisten, die Annahme einer vollendeten Steuerhinterziehung davon abhänge, ob das FA bei richtigen Angaben des Steuerpflichtigen über die Betriebseinnahmen die angeblichen Zahlungen unter Berücksichtigung des § 160 AO als Betriebsausgaben anerkannt hätte (BFH, DStRE 1999, 682, 683 f.; vgl. BGH, wistra 1990, 232). Auch Schmiergeldzahlungen i.R.d. Ermittlung der hinterzogenen Steuern seien grds. als Betriebsausgaben zu behandeln. Hier greife jedoch das Kompensationsverbot des § 370 Abs. 4 Satz 3 AO, sodass die an unbenannte Dritte gezahlten Beträge nicht berücksichtigt werden könnten.; handele es sich bei den mutmaßlichen tatsächlichen Empfängern um Steuerinländer, würden derartige Aufwendungen i.d.R. nicht zum Abzug zugelassen (BFH, DStRE 1999, 682, 683 f.; vgl. BFH, HFR 1983, 455; DStR 1983, 549). Hier ist jedoch zu berücksichtigen, dass die laut BFH, gegebene Steuerhinterziehung nicht aus einer steuerstrafrechtlich relevanten Verkürzung der Betriebsausgaben selbst unter Verstoß gegen § 160 AO resultiert, sondern diese lediglich wegen ihrer Nichtberücksichtigungsfähigkeit gem. § 160 AO aus strafrechtlichen Gründen (§ 370 Abs. 4 Satz 3 AO) nicht zur Kompensation der Steuerverkürzung durch die fehlende Erklärung von (Teilen der) Betriebseinnahmen des Steuerpflichtigen herangezogen werden könnten. Demnach ist auch dem BFH zufolge die Geltendmachung von § 160 AO unterliegenden Betriebsausgaben selbst nicht steuerstrafrechtlich relevant.

72   Überzeugend wird in der Literatur auch das Ergebnis des BFH kritisiert. Wenn Schwarzeinnahmen durch entsprechende Betriebsausgaben voll kompensiert werden, kann eine Steuerverkürzung – auch hinsichtlich der Schwarzeinnahmen – nicht beim Steuerpflichtigen, sondern allenfalls bei den Empfängern der Betriebsausgaben vorliegen, wenn Letztere diese Einkünfte nicht erklären (Spatscheck/Alvermann DStR 1999, 1427, 1430). Dies ergibt sich daraus, dass der BGH in Strafsachen konzediert hat, dass bei mit den Einnahmen zusammenhängenden Ausgaben, also etwa Zahlungen an Lieferanten bei Einnahmen aus den entsprechenden Lieferungen, das Kompensationsverbot gem. § 370 Abs. 4 Satz 3 AO gerade nicht eingreift (BGH, wistra 1990, 232; BGH, NStZ 1986, 271, 272). Da § 160 AO für die Betriebsausgaben des Steuerpflichtigen rein steuerliche Bedeutung hat (s.o.), müssen auch „schwarze" Betriebsausgaben – wenn sie nachgewiesen und ihre Konnexität zu den verschwiegenen Einnahmen nicht widerlegbar sind – *steuerstrafrechtlich* kompensierend wirken bis hin zum völligen Ausschluss eines steuerstrafrechtlich relevanten Steuerschadens. Gerade in der hier genannten Konstellation liegt auch hinsichtlich der nicht deklarierten Einnahmen keine täterschaftliche Hinterziehung eigener Steuern durch den Steuerpflichtigen vor (zutreffend Spatscheck/Alvermann DStR 1999, 1427, 1430).

6. Abweichende frühere Rechtsprechung

73   In der **älteren Rechtsprechung** fanden sich zudem Entscheidungen, in denen für den **Fall einer genauen, aber (vorsätzlich) unzutreffenden Benennung des Empfängers** eine steuerstrafrechtliche Relevanz gesehen wurde: In derartigen Fällen habe das FA noch nicht einmal die Möglichkeit, Auskunft zu verlangen, weil genau bezeichnete Scheinfirmen als Empfänger benannt waren und darüber das FA getäuscht werden sollte; dass in diesem Fall tatsächlich Aufwendungen in der angegebenen Höhe entstanden seien und bei Offenlegung der Schwarzgeschäfte mit Benennung der wirklichen Empfänger auch hätten gewinnmindernd geltend gemacht werden können, ändere nichts, denn die Abzugsfähigkeit von Betriebsausgaben, die nicht genau bezeichneten Dritten zugeflossen sind, setze nach § 160 AO zusätzlich eine entsprechende Entscheidung des FA voraus, nämlich ob die Betriebsausgaben auch ohne Benennung der Empfänger anerkannt werden können; werde eine solche Entscheidung seitens des Steuerpflichtigen unterlaufen, indem dieser Scheinadressen genau benenne, sei nach dem von § 160 AO verfolgten Zweck ein Betriebsausgabenabzug zu verneinen (BGH, MDR 1979, 772 f.; BGH, Urt. v. 08.03.1966 – 5 StR 344/65; vgl. Lohmeyer, NJW 1968, 388, 389). Zudem hat der BGH früher hilfsweise erwogen, dass der Steuerpflichtige nach der seinerzeit geltenden Vorgängervorschrift des § 160 AO (§ 205a RAO) auf Verlangen des FA den Empfänger genau zu bezeichnen habe; wenn er ihn dennoch verschweige indem er ihn in seiner Steuererklärung nicht angebe, dann habe das FA nicht die Möglichkeit, eine dahingehende Auskunft zu verlangen; das irreführende Verhalten des Steuerpflichtigen nehme diesem das Recht, seine Aufwendungen absetzen zu dürfen (BGH, MDR 1979, 772 f.; BGH, Urt. v. 08.03.1966 – 5 StR 344/65). Andernorts wurde ausgeführt, der strafrechtliche Bereich werde berührt, wenn der Steuerpflichtige, der den Empfänger einer Betriebsausgabe unter allen Umständen verheimlichen wolle, in Kenntnis dessen, dass das FA bei Nichtangabe des Empfängers die Abzugsfähigkeit ganz oder teilweise versagen werde, einen fingierten Empfänger benenne, sodass das FA an einer Anwendung von § 205a RAO gehindert werde, und der Steuerpflichtige sich damit einen unberechtigten Steuervorteil verschaffe; denn in diesem Fall habe sein steuerunehrliches Verhalten eine Verringerung seiner Steuerschuld zur Folge (OLG Karlsruhe, Justiz 1985, 322 ff.). Vor dem Hintergrund der neueren Judikative dürfen diese Ausführungen wohl als überholt gelten.

II. Beteiligung des Steuerpflichtigen an einer Steuerhinterziehung des Empfängers

1. Im Inland steuerpflichtiger Empfänger

74   Die vorsätzliche Nichtbeantwortung eines Benennungsverlangens gem. § 160 AO durch den Steuerpflichtigen bei Erfüllungsmöglichkeit oder die Vereitelung der Benennbarkeit im Vorfeld kann aber auch

nach heutiger Rechtsprechung durchaus eine strafbare Beteiligung – regelmäßig weder (mittelbare noch Mit-) Täterschaft (§ 25 Abs. 1, 2. Alt., Abs. 2 StGB) noch Anstiftung (§ 26 StGB), sondern nur **Beihilfe (§ 27 StGB) – an einer etwaigen Steuerhinterziehung des Empfängers** bzgl. der Verkürzung deutscher Steuern (insb. KSt, ESt, GewSt, USt) bzw. der von § 370 Abs. 6 AO erfassten Einfuhr- und Ausfuhrabgaben sein. Der BGH hat nämlich die täterschaftliche Verwirklichung des § 370 AO durch den Steuerpflichtigen bzgl. seiner Betriebsausgaben maßgeblich auch deshalb verneint, weil ein kriminalpolitisches Bedürfnis hierfür fehle, da „in aller Regel" eine Verurteilung des Steuerpflichtigen wegen Teilnahme an der Steuerhinterziehung des Empfängers möglich sein werde (BGH, NStZ 1986, 271, 272). Dies setzt hinsichtlich der vorsätzlichen Steuerverkürzung des Empfängers und der unterstützenden Wirkung der Verweigerung der Empfängerbenennung bedingten Vorsatz – Möglichkeitsbewusstsein und „billigende" Inkaufnahme (BGHSt 2, 279, 281; BGH, wistra 1993, 181; OLG Düsseldorf, StraFo 2002, 21, 22) – des Steuerpflichtigen voraus (vgl. BGHSt 33, 383, 385 ff. = BGH NStZ 1986, 271, 272; Spatscheck/Alvermann DStR 1999, 1427, 1430). Hierbei ist zu beachten, dass die Ansprüche an den Konkretisierungsgrad des Vorsatzes eines Gehilfen nach der Rechtsprechung des BGH gering sind (stdg. Rechtsprechung, vgl. etwa BGH, NStZ 2002, 145, 146). Es reicht aus, wenn die Haupttat des Empfängers nach ihrem wesentlichen Unrechtsgehalt und der Angriffsrichtung umrissen und nicht schon in allen Einzelheiten konkretisiert ist (BGHSt 11, 66; 42, 135, 138; 42, 332, 334; BGH, NStZ-RR 2000, 326; wistra 2007, 143). Es kann u.U. genügen, wenn der Steuerpflichtige weiß, dass seine Handlung dem Empfänger eine sonst noch nicht weiter konkretisierte Haupttat bestimmter Art – z.B. eine Steuerhinterziehung – ermöglicht oder erleichtert (vgl. BGHSt 42, 135 ff.).

Demgegenüber wird in der Literatur (Streck/Rainer NStZ 1986, 272 f.) darauf verwiesen, dass **75** allein etwa eine **Bargeldzahlung ohne Empfängerbenennung** keine Beihilfehandlung zur Steuerhinterziehung des Empfängers sei, denn derartige Zahlungen kämen häufig vor, „ohne dass an eine Hinterziehungshilfe zu denken" sei. Für eine Beihilfe müsse ein konkreter Bezug zwischen der unterlassenen Empfängerbenennung und einem Steuerdelikt des Empfängers bestehen. Es ist zu befürchten, dass ein solches Erfordernis in der Praxis von der FB jedenfalls bei größeren Barbeträgen als lebensfremd abgetan werden könnte, wenn nicht besondere Umstände (fehlende Verfügbarkeit des elektronischen Zahlungsverkehrs etc.) vorliegen. Bei Off-shore-Überweisungen an Domizilgesellschaften (zugunsten deutscher wirtschaftlicher Berechtigter) aber auch bei einer nachgewiesenermaßen bewussten Verschleierung der Empfängeridentität in der Buchführung dürfte dieser Zusammenhang zudem als gegeben angesehen werden. Auch **Vorsatz hinsichtlich der Hinterziehung des Empfängers** sei laut der Literaturstimme nicht anzunehmen, denn der Steuerpflichtige kenne regelmäßig die Steuerbedingungen und das steuerliche Verhalten des Empfängers nicht (Streck/Rainer NStZ 1986, 272, 273). Vor dem Hintergrund der geringen Anforderungen der herrschenden Rechtsprechung an den subjektiven Tatbestand der Beihilfe, insb. an den bedingten Vorsatz (s.o.), ist nicht davon auszugehen, dass die fehlenden Detailkenntnisse des Steuerpflichtigen hinsichtlich der steuerlichen Verhältnisse des Empfängers und ein mangelndes Interesse an dessen steuerlicher Pflichterfüllung aus Sicht der Rechtsprechung einen bedingten Beihilfevorsatz ausschließt. Dieser ist insb. auch in Fällen anzunehmen, in denen sich ein Gehilfe mit einem Taterfolg abfindet, der ihm eigentlich unerwünscht (oder gleichgültig) ist, weil er hierdurch sein eigentliches Ziel – hier evtl. die Vermeidung der Nichtberücksichtigung nach § 160 AO – zu erreichen versucht. Soweit hingegen angeführt wird, die **Nichtbenennung des Empfängers in den Buchführungsunterlagen** sei für eine Beihilfe nicht ausreichend, da der Empfänger erst auf Verlangen zu benennen sei und die Verwendung von Scheinbelegen in erster Linie bezwecke, den Steuerpflichtigen vor den Rechtsfolgen des § 160 AO zu schützen (Streck/Rainer NStZ 1986, 272, 273), scheint dies der **strengen BGH-Rechtsprechung zu berufstypischen bzw. neutralen, für sich betrachtet erlaubten Beihilfehandlungen** noch keine Rechnung zu tragen, wonach dann, wenn der Hilfeleistende mit einer Straftatbegehung rechnet und die Tatgeneigtheit des Täters erkennt, der Tatbeitrag seinen Charakter als berufstypische, neutrale Handlung verliert und taugliche Beihilfehandlung wird (BGHSt 46, 107; BGH, NJW 2001, 2409; 2002, 1963, 1965; wistra 2000, 459, 460; NStZ-RR 2001, 241).

76 Es kann aber zugunsten des Steuerpflichtigen auf die **neuere Rechtsprechung des BVerfG** (BVerfG, NStZ-RR 2005, 207) verwiesen werden, wonach die Angabe des Zahlungsempfängers i.S.d. § 160 AO steuerrechtlich nicht geboten und ihr Unterlassen nicht strafbewehrt ist und jedenfalls dann, wenn von vornherein durch den Steuerpflichtigen darauf verzichtet wird, die fraglichen Zahlungen als Betriebsausgaben geltend zu machen, kein Verstoß gegen steuerrechtliche Normen oder Straftatbestände vorliege sowie insb. kein Verdacht einer aktiven Bestechung begründet sei. Weitergehend hält das BVerfG explizit fest, dass in einer solchen Konstellation der Verdacht gegen den Steuerpflichtigen auf Beihilfe zur Steuerhinterziehung des Empfängers nicht durch die fehlende Empfängerbenennung zu begründen sei (BVerfG, NStZ-RR 2005, 207, 208). Auch Schutzgeldzahlungen und das Erfüllen erpresserischer Forderungen würden mit der Rechtsfolge aus § 160 Abs. 1 Satz 1 AO so in die Buchhaltung aufgenommen, weil der Empfänger entweder unbekannt ist oder den Steuerpflichtigen zu seiner Geheimhaltung genötigt hat (BVerfG, NStZ-RR 2005, 207, 208). Nach diesen Maßstäben des BVerfG kann bezweifelt werden, ob der Verdacht der Beihilfe zur Steuerhinterziehung zugunsten des Empfängers gegen den Steuerpflichtigen berechtigt ist, wenn der Steuerpflichtige – anders als im entschiedenen Sachverhalt – seine Betriebsausgaben geltend macht, ohne den Empfänger (zutreffend) zu benennen. Die Geltendmachung des Abzugs könnte dafür sprechen, dass der Steuerpflichtige die Betriebsausgaben – etwa im Ausland durch Ausländer erpresste Zahlungen (außerhalb des Anwendungsbereichs des § 4 Abs. 5 Nr. 10 EStG) – für materiell abzugsfähig hält und gerade nicht mit einer Steuerpflichtigkeit (und Steuerhinterziehung) des Empfängers in Deutschland rechnet. In einer solchen Konstellation besteht materiell kein Anlass, auf die Geltendmachung des Betriebsausgabenabzugs zu verzichten. Allein die formale Vorschrift des § 160 AO könnte der Abzugsfähigkeit entgegen stehen. Zudem ist darauf hinzuweisen, dass laut BVerfG selbst dann, wenn tatsächliche Anhaltspunkte für aktive Bestechungsstraftaten des Steuerpflichtigen bestehen, offen bleiben muss, ob dies bereits den Verdacht auf eine Steuerhinterziehung des Empfängers der unlauteren Zuwendung – und damit ggf. einen zusätzlichen Beihilfeverdacht gegen den Steuerpflichtigen – begründen kann (BVerfG, NStZ-RR 2005, 207, 208).

77 Ungeklärt ist zudem, ob und inwieweit diese Rechtsprechung des BVerfG auch auf Fälle übertragbar ist, bei denen eine Hilfeleistung des Steuerpflichtigen (§ 27 StGB) deutlich über eine bloße Verweigerung der Empfängerbenennung gem. § 160 AO oder eine Verschleierung im Vorfeld einer konkreten Empfängerbenennung hinaus geht. Es kann nicht ausgeschlossen werden, dass die Finanz- oder Strafverfolgungsbehörden – bei nachweislich zielgerichtet unwahren schriftlichen Angaben auf ein Benennungsverlangen gem. § 160 AO hinsichtlich des Empfängers, oder entsprechenden Äußerungen in Gesprächen i.R.d. Betriebsprüfung oder gar von Gesprächen oder Schriftverkehr im Vorfeld einer tatsächlichen Verständigung – den Verdacht der Beihilfe des Steuerpflichtigen, seiner Mitarbeiter oder Berater zur Steuerhinterziehung des Zahlungsempfängers annehmen würden, wenn dessen Steuerpflicht in Deutschland möglich erscheint (§ 370 AO, § 27 StGB; vgl. oben Rdn. 74). Dies könnte in der Praxis stark von der Beweislage hinsichtlich des subjektiven Tatbestands und der nachweislich auf die Verschleierung des wahren Empfängers verwendete Energie abhängen. Unabhängig davon ist schon aus atmosphärischen Gründen und um die Tragfähigkeit einer etwaigen hierauf beruhenden tatsächlichen Verständigung nicht zu gefährden, von unzutreffenden Angaben i.S.d. § 160 AO ggü. der Finanzverwaltung besonders in einer laufenden Betriebsprüfung oder Verständigungsverhandlungen dringend abzuraten, insb. wenn auch korruptionsstrafrechtliche Aspekte im Raum stehen oder gar bereits ein (Steuer-)Strafverfahren eingeleitet ist. Steht neben § 160 AO auch ein materielles Abzugsverbot – etwa gem. § 4 Abs. 5 Nr. 10 EStG – im Raum, könnten vorsätzlich unzutreffende Angaben des Steuerpflichtigen, seiner Mitarbeiter oder Berater zum Empfänger i.S.d. § 160 AO in diesem Kontext u.U. zusätzlich auch strafrechtliche Risiken u.a. gem. §§ 370 AO (ggf. i.V.m. 27 StGB) oder gem. § 257 StGB bzgl. des geltend gemachten Abzugsbetrags selbst begründen.

2. Im Ausland steuerpflichtiger Empfänger

Ergänzend ist im Blick zu behalten, dass dies bei **Auslandssachverhalten**, bei denen die Konstella-   78
tion nahe legt, dass der **Endempfänger nicht in Deutschland steuerpflichtig** ist, der Verdacht der
Beihilfe zur Steuerhinterziehung gem. § 370 AO, § 27 StGB regelmäßig unbegründet ist. Bspw.
gilt dies bei Auslandsaufträgen, bei denen vertriebsfördernde Zahlungen bzw. Schmiergeldzahlungen mutmaßlich in die Sphäre im Ausland ansässiger Kundenunternehmen bzw. an deren im
Ausland wohnhafte Führungskräfte geleistet wurden. Naheliegend ist dies – vorbehaltlich entgegenstehender Umstände im Einzelfall – vielfach bei der Verwendung ausländischer Bankverbindungen und Domizilgesellschaften.

Anders kann sich dies insbesondere darstellen, wenn Anhaltspunkte für Rückflüsse in die Sphäre   79
des deutschen steuerpflichtigen Unternehmens oder deutscher Mittelspersonen vorliegen, insb. für
eigennützige Veruntreuungen durch dt. Führungskräfte oder Mitarbeiter (§ 266 StGB) über ausländische Zahlstellen.

Es gilt bei Auslandsempfängern unter Compliance-Gesichtspunkten stets zu beachten, dass nicht   80
von vornherein ausgeschlossen werden kann, dass wegen verschleierter Zahlungen in Drittländer
(insb. klassische Niedrigsteuerländer) strafbare und verfolgbare **Fiskaldelikte der Mitarbeiter des
steuerpflichtigen Unternehmens nach einer ausländischen Rechtsordnung** vorliegen, insb. eine
Beteiligungsstrafbarkeit bzgl. möglicher Steuerstraftaten der ausländischen Empfänger nach
dem Recht ihres Wohnsitz- oder Herkunftslandes.

7. Kapitel Steuerfestsetzung (§ 162 AO)

A. Zulässigkeit von Schätzungen

1   In **Steuerstrafverfahren** ist die **Schätzung** von Besteuerungsgrundlagen zulässig, wenn feststeht, dass der Steuerpflichtige einen Besteuerungstatbestand erfüllt hat, das Ausmaß der verwirklichten Besteuerungsgrundlagen aber ungewiss ist (BGH, 28.07.2010 – 1 StR 643/09, Rn. 40). Das gilt auch und gerade dann, wenn Belege nicht mehr vorhanden sind. Auch der unverschuldete Verlust von Unterlagen hindert die Finanzbehörde nicht daran, die Besteuerungsgrundlagen zu schätzen (BFH v. 26.10.2011 – X B 44/11, BFH/NV 2012, 168). Auch eine fehlende Buchhaltung befreit nicht von steuerstrafrechtlicher Verantwortung. Das gilt auch dann, wenn keine handelsrechtliche Buchführungspflicht besteht, etwa ab dem Geschäftsjahr 2008 in den Fällen des § 241 a HGB, zumal besondere steuerliche Aufzeichnungspflichten (z. B. §§ 141 ff. AO, § 22 UStG i.V.m. §§ 63 ff. UStDV) hiervon unberührt bleiben. Zur Durchführung der Schätzung kommen die auch im Besteuerungsverfahren anerkannten **Schätzungsmethoden** in Betracht. Der Tatrichter muss in den Urteilsgründen für das Revisionsgericht nachvollziehbar darlegen, wie er zu den Schätzungsergebnissen gelangt ist (BGH, 26.04.2001 – 5 StR 448/00). Erweist sich eine konkrete Ermittlung oder Schätzung der tatsächlichen Umsätze von vornherein oder nach entsprechenden Berechnungsversuchen als nicht möglich, kann im Steuerstrafverfahren auch pauschal geschätzt werden (BGH, 28.07.2010 – 1 StR 643/09, Rn. 41). Die **Schätzung** unterliegt dabei dem Tatrichter selbst. Er darf Schätzungen der Finanzbehörden nur dann übernehmen, wenn er selbst von ihrer Richtigkeit unter Berücksichtigung der vom Besteuerungsverfahren abweichenden strafrechtlichen Verfahrensgrundsätze überzeugt ist (BGH, NStZ RR 2005, 209, 2011, BGH, wistra 2001, 308, 309). Einer ins Einzelne gehenden Darstellung der Berechnung der verkürzten Abgaben bedarf es nur dann nicht, wenn der Angeklagte aufgrund eigener Sachkunde die ihm vorgeworfenen Steuerhinterziehungen auch der Höhe nach einräumt (BGH, 24.05.2007 – 5 StR 58/07, Rn. 12). Zur Durchführung der Schätzung kommen die auch im Besteuerungsverfahren anerkannten – und erforderlichenfalls kombiniert anzuwendenden – **Schätzungsmethoden** in Betracht (BGH, 24.05.2007 – 5 StR 58/07, Rn. 14).

2   Unter Berücksichtigung der ständigen finanzgerichtlichen Rechtsprechung ist eine **Schätzung eines Lebenssachverhalts** unzulässig (FG Rheinland-Pfalz, 20.11.2002, DStRE 2004, 86). Der Schätzung sind nur die Besteuerungsgrundlagen nicht der Lebenssachverhalt und auch nicht die Steuer selbst zugänglich. Im Rahmen von Gewinneinkünften kann daher nicht die verkürzte Steuer geschätzt werden; es ist daher zunächst die Gewinnermittlungsmethode festzustellen (BGH, 19.07.2007 – 5 StR 251/07, wistra 2007, 470). Gelingt eine Schätzung mittels einer aner-

kannten Schätzungsmethode nicht, weil sich bei einer Überprüfung der Ergebnisse herausstellt, dass diese Schätzungsmethodik dem tatsächlichen Lebenssachverhalt nicht entsprechen kann, kann die Strafkammer bzw. der Tatrichter auf eine generalisierende Schätzungsmethode zurückgreifen (BGH, 28.07.2010 – 1 StR 645/09, Rn. 44). Auch die Bildung eines Mischwertes aus zwei Richtsatzwerten im Verhältnis der jeweiligen Umsatzanteile begegnet in der höchstrichterlichen Strafrechtsprechung keinen Bedenken (BGH, 28.07.2010 – 1 StR 645/09, Rn. 44).

Das materielle Steuerrecht kennt verschiedene **Schätzungsverbote**, wie z.B. § 6 Abs. 1 Nr. 4 **3** Sätze 2 und 3 EStG, wonach zwingend die 1 %-Regelung anzuwenden ist, wenn vom Steuerpflichtigen kein Fahrtenbuch geführt wird und eine Schätzung der privaten Kfz-Nutzung ausgeschlossen ist (BFH, 24.02.2000, BStBl. II 2000, S. 273). § 158 AO enthält eine widerlegbare Vermutung der Ordnungsmäßigkeit der Buchführung. Diese ist dann ordnungsgemäß, wenn sie einem sachverständigen Dritten innerhalb angemessener Zeit einen Überblick über die Geschäftsvorfälle und über die Lage des Unternehmens vermitteln kann, § 145 Abs. 1 AO. Die Buchungen und sonstigen Aufzeichnungen müssen vollständig, richtig, zeitgerecht und geordnet sein, § 146 Abs. 1 Satz 1 AO. Dazu gehört die Sammlung von Belegen, wobei jede Buchung im Zusammenhang mit einem Beleg stehen muss und die empfangenen Geschäftsbriefe aufzubewahren sind, § 147 Abs. 1 Nr. 2 und 4 AO. Fehlen sie, so ist eine Buchführung nicht ordnungsgemäß (BFH, 24.06.1997, BStBl. II 1998, S. 51).

Ist der Steuerpflichtige nicht verpflichtet, **Aufzeichnungen** zu führen, so kann ebenfalls geschätzt **4** werden, wenn er nicht in der Lage ist, vollständige Angaben zu machen (Meyer, DStR 2005, 2114, 2115).

Nach § 162 Abs. 1 Satz 2 AO sind bei einer Schätzung der Besteuerungsgrundlagen alle Umstände **5** zu berücksichtigen, die für die Schätzung von Bedeutung sind. Das gewonnene **Schätzungsergebnis** muss schlüssig, wirtschaftlich möglich und vernünftig sein (BFH, 28.03.2001 – VII B 213/00, BFH/NV 2001, 1217) und darf den Denkgesetzen und den allgemeinen Erfahrungssätzen nicht widersprechen (FG Düsseldorf, 15.02.2007 – 16 V 4691/06, EFG 2007, 814). Die Methodenwahl der Schätzung steht im pflichtgemäßen **Ermessen** der Finanzverwaltung (BFH, 03.09.1998 – XI B 209/95, BFH/NV 1999, 290). Die Schätzungsmethode muss auf zumutbare Weise zum Ergebnis mit der größten Wahrscheinlichkeit führen (BFH, 17.10.2001 – I R 103/00, BFH/NV 2002, 134). Eine Schätzung erweist sich erst dann als rechtswidrig, wenn sie den durch die Umstände des Falls gezogenen Schätzungsrahmen verlässt (FG München, 30.08.2011 – 10 V 735/11). Wird die Schätzung wegen Verletzung der Buchführungs- oder Aufzeichnungspflichten erforderlich, darf sich das FA an der oberen Grenze des Schätzungsrahmens orientieren (BFH, 01.10.1992 – IV R 34/90, BStBl. II 1993, S. 259). Da jede Schätzung gewisse **Unsicherheiten** enthält (BFH, 18.12.1984 – VIII R 195/82, BStBl. II 1986, S. 226, 228) muss der Steuerpflichtige, will er eine abweichende Schätzung herbeiführen, erweisbare Tatsachen oder Erfahrungssätze vortragen, die geeignet sind, zu dem Schluss zu gelangen, dass ein anderer als der von der Finanzbehörde geschätzte Betrag wahrscheinlicher ist (BFH, 05.02.1993 – VIII B 103/92, BFH/NV 1993, 351).

Die Schätzung hat sich auf nicht geltend gemachte steuermindernde Tatsachen bei der Feststel- **6** lung der Steuerverkürzung wegen des **Kompensationsverbots** nicht zu erstrecken. Nicht vom Kompensationsverbot erfasst werden die Umstände, die als Faktoren i.R.d. Schätzung selbst berücksichtigt werden müssen (BGH, 06.09.2011 – 1 StR 633/10, wistra 12, 29, 37). In die Schätzung einbezogen werden müssen jedenfalls solche steuermindernde Faktoren, für die das Kompensationsverbot ohnehin nicht gilt, weil sie mit den verschwiegenen steuererhöhenden Umständen in einem unmittelbaren wirtschaftlichen Zusammenhang stehen, sodass die Steuerermäßigung nicht „aus anderen Gründen" zu erfolgen hat. Hierunter fallen namentlich solche Betriebsausgaben, die unmittelbar mit verschwiegenen Betriebseinnahmen zusammenhängen, nicht aber solche Betriebsausgaben, die andere als die nicht verbuchten Geschäfte betreffen (BGH, 18.11.1960 – 4 StR 131/60, BStBl. I 1961, S. 496; BGH, 06.09.2011 – 1 StR 633/10, wistra 12, 29, 37). Diese vom Kompensationsverbot erfassten steuermindernden Umstände sind dann bei der Strafzumessung zu berücksichtigen (BGH, 08.01.2008 – 5 StR 582/07, wistra 2008, 153); ihr Umfang ist erforderlichenfalls ebenfalls durch Schätzung zu bestimmen (BGH, 06.09.2011 – 1 StR 633/10, wistra 12, 29, 37).

B. Steuerliche Schätzungsmethoden

I. Grundlage, § 162 AO

7   Soweit die Finanzbehörde die Besteuerungsgrundlagen nicht ermitteln oder berechnen kann, hat sie diese zu schätzen, § 162 Abs. 1 Satz 1 AO. Dabei sind alle Umstände zu berücksichtigen, die für die **Schätzung** von Bedeutung sind, § 162 Abs. 1 Satz 2 AO. § 162 AO ist die Generalklausel, mit der materielle Steuerschätzungen im allgemeinen Steuerrecht zulässig sind. Zu schätzen ist gem. § 162 Abs. 2 AO insb. dann, wenn der Steuerpflichtige über seine Angaben keine ausreichenden Aufklärungen zu geben vermag oder weitere Auskünfte oder eine Versicherung an Eides statt verweigert oder seine Mitwirkungspflichten nach § 90 Abs. 2 AO verletzt. Das gleiche gilt, wenn der Steuerpflichtige Bücher oder Aufzeichnungen, die er nach den Steuergesetzen zu führen hat, nicht vorlegen kann, wenn die Buchführung oder die Aufzeichnungen der Besteuerung nicht nach § 158 AO zugrunde gelegt werden können oder wenn tatsächliche Anhaltspunkte für die Unrichtigkeit oder Unvollständigkeit der vom Steuerpflichtigen gemachten Angaben zu steuerpflichtigen Einnahmen oder Betriebsvermögensmehrungen bestehen und der Steuerpflichtige die Zustimmung nach § 93 Abs. 7 Satz 1 Nr. 5 AO nicht erteilt. Hat der Steuerpflichtige seine **Mitwirkungspflichten** nach § 90 Abs. 2 Satz 3 AO verletzt, so wird widerlegbar vermutet, dass steuerpflichtige Einkünfte in Staaten oder Gebieten i.S.d. § 90 Abs. 2 Satz 3 AO vorhanden oder höher als die erklärten Einkünfte sind. Die Schätzungsbefugnis der Finanzverwaltung entsteht somit aus einem Defekt zwischen der Verletzung der Mitwirkungspflichten der Beteiligten gem. § 90 AO und der faktischen Unerfüllbarkeit des Untersuchungsgrundsatzes der Finanzverwaltung nach § 88 AO. Nach § 88 Abs. 1 Satz 1 AO hat die Finanzbehörde den Sachverhalt grds. von Amts wegen zu ermitteln. Diese Amtsermittlungspflicht korrespondiert mit der Mitwirkungspflicht des Beteiligten. Der Steuerpflichtige kommt seiner Mitwirkungspflicht insb. dadurch nach, dass er die für die Besteuerung erheblichen Tatsachen vollständig und wahrheitsgemäß offenlegt und die ihm bekannten Beweismittel angibt, § 90 Abs. 1 Satz 2 AO. Losgelöst von dem Untersuchungsgrundsatz in § 88 AO hat der Steuerpflichtige den steuerlichen Sachverhalt aufzuklären und die erforderlichen Beweismittel innerhalb seiner rechtlichen und tatsächlichen Möglichkeiten auszuschöpfen. Ein Beteiligter kann sich insb. nicht darauf berufen, dass er Sachverhalte nicht aufklären oder Beweismittel nicht beschaffen kann, wenn er sich nach Lage des Falls bei der Gestaltung seiner Verhältnisse die Möglichkeit dazu hätte beschaffen oder einräumen lassen können, § 90 Abs. 2 AO.

8   Bei Sachverhalten, die Vorgänge mit **Auslandsbezug** treffen, hat ein Steuerpflichtiger über die Art und den Inhalt seiner Geschäftsbeziehungen mit nahe stehenden Personen i.S.d. § 1 Abs. 2 Außensteuergesetz Aufzeichnungen zu erstellen.

9   Voraussetzung jeder steuerlichen Schätzung, insb. damit auch jeder steuerstrafrechtlichen Schätzung, ist eine **tatsächliche Ungewissheit** über die vom Steuerpflichtigen verwirklichten Besteuerungsgrundlagen (FGJ/*Joecks* § 370 Rn. 58).

II. Einzelne Schätzungsmethoden

1. Nachkalkulation

10 Die **Nachkalkulation** ist eine anerkannte Schätzungsmethode, die so zuverlässig ist, dass sie die Beweiskraft selbst einer formell ordnungsgemäßen Buchführung widerlegen und i.H.d. errechneten Beträge nicht verbuchte Betriebseinnahmen nachweisen kann (FG München, 04.05.2010 – 13 V 540/10). Die Methodenwahl der Schätzung und damit auch die Wahl der Nachkalkulation

stehen im pflichtgemäßen Ermessen der Finanzverwaltung (BFH, 03.09.1998 – XI B 209/95, BFH/NV 1999, 290). Die Schätzungsmethode muss auf zumutbare Weise zum Ergebnis mit der größten Wahrscheinlichkeit führen (BFH, 17.10.2001 – I R 103/00, BFH/NV 2002, 134). Wird eine Schätzung wegen Verletzung der Buchführungs- oder Aufzeichnungspflichten erforderlich, so kann sich das FA an der oberen Grenze des **Schätzungsrahmens** orientieren, weil der Steuerpflichtige möglicherweise Einkünfte verheimlichen will (BFH, 29.03.2001 – IV R 67/99, BStBl. II 2001, S. 484). Die **Hinzuschätzung** weiterer Einkünfte im Rahmen einer Nachkalkulation setzt voraus, dass der Gewerbebetrieb des Steuerpflichtigen Betriebseinnahmen und Gewinne in der geschätzten Höhe überhaupt „abwerfen" kann (BFH, 28.01.2009 – X R 20/05, BFH/NV 2009, 912). § 393 Abs. 1 AO verbietet zwar nach seinem ausdrücklichen Wortlaut Zwangsmittel gem. § 328 AO, dazu zählen aber keine Schätzungen nach § 162 AO (FG München, 04.05.2010 – 13 V 540/10).

Die **Nachkalkulation** eröffnet der Finanzverwaltung die Möglichkeit der Überprüfung der durch   11
den Steuerpflichtigen erklärten Umsätze und Gewinne i.R.d. Gewinneinkunftsarten. Sie ist eine übliche Verprobungsmethode des sog. **inneren Betriebsvergleichs**. Im Rahmen einer Nachkalkulation fordert die Finanzverwaltung – i.d.R. die Betriebsprüfung – von dem Steuerpflichtigen Angaben zu folgenden Besteuerungsgrundlagen:

- Eigenverbrauch;
- Verderb, Schwund und Diebstahl von Waren;
- Unentgeltliche oder verbilligte Personalabgabe;
- Sonderpreise, Rabatte, Zugaben.

I.R.d. allgemeinen Mitwirkungspflichtigen nach § 90 AO, die im Rahmen einer Betriebsprüfung   12
durch § 200 AO konkretisiert werden, stützt sich die **Nachkalkulation** insb. auch auf Preislisten. **Preislisten** sind nach § 147 Abs. 1 Nr. 5 AO sonstige Unterlagen, die für die Besteuerung von Bedeutung sind. Können die für den Prüfungszeitraum gültigen Preislisten vom Steuerpflichtigen nicht vorgelegt werden, so werden die Preise mithilfe der Erlösnachkalkulation auf Basis der gültigen Preislisten rückgerechnet. Auch bei einem eingeleiteten Steuerstrafverfahren bleiben im Grundsatz die Mitwirkungspflichten im Besteuerungsverfahren bestehen; diese sind jedoch faktisch gem. § 393 Abs. 1 Satz 2 AO suspendiert, da selbige nicht mehr mit Zwangsmitteln durchgesetzt werden können.

Einwendungen gegen die Kalkulation und deren Ergebnis eines höheren Umsatzes hat der Steuer-   13
pflichtige genau und nachprüfbar im Einzelnen vorzutragen (FG Bremen, 01.10.2003 – 2 V-628-634/02). Verbleiben im Rahmen einer **Nachkalkulation** unaufklärbare Differenzen, ist zu unterscheiden, ob die Buchführung formell ordnungsgemäß war oder nicht.

a) Formell ordnungsgemäße Buchführung

Nach § 158 AO ist die Buchführung und sind die Aufzeichnungen des Steuerpflichtigen, die den   14
Vorschriften der §§ 140 bis 148 AO entsprechen, grds. der Besteuerung zugrunde zu legen, soweit nach den Umständen des Einzelfalls kein Anlass besteht, ihre sachliche Richtigkeit zu beanstanden. Die **Kalkulation** ist als eine **Schätzungsmethode** zwangsläufig mit Unsicherheiten behaftet (BFH, 26.04.1983, BStBl. II 1983, S. 618). Diese Unsicherheitsfaktoren, auch **Unschärfebereich** genannt, dürfen dem Steuerpflichtigen, dessen Buchführung formell ordnungsgemäß ist, nicht zum Nachteil gereichen. Die Rechtsprechung zieht hieraus die Konsequenz, dass keine Zuschätzung erfolgen darf, wenn sich der Betrag, der hinzugeschätzt werden soll, im Verhältnis zu der vom Steuerpflichtigen selbst erklärten Besteuerungsgrundlage im sog. Unschärfebereich befindet. Nach der Rechtsprechung des BFH (26.04.1983, BStBl. II 1983, S. 618) ist der Unschärfebereich bei einer Abweichung (vom Umsatz) von 1,5 % bis 2,7 % noch nicht verlassen. Bei einer Abweichung von 3 % hat die Rechtsprechung im Einzelfall eine Hinzuschätzung bei formell ordnungsgemäßer Buchführung für zulässig erachtet (BFH, 28.03.1964, BStBl. III 1964, S. 381). Wird der Unschärfebereich nicht verlassen, ist mithin eine **Zuschätzung** i.R.d. Nachkalkulation unzulässig.

Wird der Unschärfebereich von 2,7 % nach oben verlassen, darf hinzugeschätzt werden, auch wenn die Buchführung formell ordnungsgemäß ist.

b) Nicht formell ordnungsgemäße Buchführung

15 Bei einer **nicht formell ordnungsgemäßen Buchführung** gibt es keinen **Unschärfebereich** als Korridor, der den Steuerpflichtigen vor einer Hinzuschätzung schützt. Der Steuerpflichtige muss mithin Schätzungsunschärfen hinnehmen, da er durch die formell nicht ordnungsgemäße Buchführung selbst Anlass zur Schätzung gem. § 162 AO gegeben hat (FG Niedersachsen, 02.09.2004 – 10 V 52/04).

16 Bei einer **Nachkalkulation** setzt die Betriebsprüfung betriebsinterne Daten wie Wareneinsatz und vorgegebene Verkaufspreise in Beziehung und rechnet diese hoch (Meyer, DStR 2005, 2114, 2115). Die Nachkalkulation führt zu großen **Unschärfen**, wenn ein Betrieb mit unterschiedlichen Aufschlagsätzen arbeitet, viele verschiedenen Warengruppen im Sortiment hat oder sehr unterschiedliche Dienstleistungen erbringt, da die einzelnen Kalkulationen und der Lohneinsatz differieren und dieses nicht ohne weiteres aus den Waren- und Materialeingangsrechnungen zu ersehen ist (Meyer, DStR 2005, 2114, 2115). Bei bis zu zehn Warengruppen wird es als zumutbar angesehen, diese Besonderheiten bei einer Nachkalkulation zu berücksichtigen (BFH, 17.11.1981, BStBl. II 1982, S. 430). Deshalb sind nicht alle Betriebe einer Nachkalkulation zugänglich. Folglich wird die Nachkalkulation regelmäßig nur bei Kleinst-, Klein- und Mittelbetrieben als taugliche Verprobungsmethode in Betracht kommen.

17 Kommt es bei einer Kapitalgesellschaft zu Zuschätzungen von Einnahmen aufgrund einer Nachkalkulation, so sind diese Zuschätzungen als **verdeckte Gewinnausschüttungen** an die Gesellschafter steuerlich zu erfassen, wenn die Nachkalkulation den zwingenden Schluss zulässt, dass die Kapitalgesellschaft Betriebseinnahmen in der Buchführung nicht vollständig erfasst hat und demnach folgerichtig den Gesellschaftern außerhalb des Buchführungswerkes Einnahmen der Kapitalgesellschaft zugeflossen sein müssen (BFH, 22.09.2004 – III R 9/03 DStR 2005, 10).

2. Geldverkehrsrechnung

18 Die **Geldverkehrsrechnung** ist eine auf den Geldbereich beschränkte **Vermögenszuwachsrechnung** (*Meyer*, DStR 2005, 2114, 2116). Sie beruht auf der Überlegung, dass ein Steuerpflichtiger in einem bestimmten Zeitraum nicht mehr Geld ausgeben kann als ihm aus seinen Einkünften und sonstigen Quellen zufließt (BFH, 02.03.1982, BStBl. II 1984, S. 504). Die Geldverkehrsrechnung beruht auf einer umfassenden Gegenüberstellung sämtlicher Einnahmen und Ausgaben im betrieblichen und außerbetrieblichen Bereich in einem bestimmten Zeitraum und stellt überwiegend nur auf die Zahlungsbewegungen ab. Die Geldverkehrsrechnung kann als Gesamtgeldverkehrsrechnung durchgeführt werden und umfasst dann die gesamten betrieblichen und privaten Geldflüsse. Möglich ist auch eine reine Bargeldverkehrsrechnung, bei der nur die **Bargeldströme** berücksichtigt werden. Die Barabhebungen werden dabei den tatsächlich geleisteten Barausgaben gegenübergestellt. Die Geldverkehrsrechnung stellt demnach Mittelabflüsse in Form von Zahlungsabgängen dem Mittelbestand bzw. Mittelzuflüssen in einem bestimmten Zeitraum ggü. Mittelverwendungen können sein:

– Bareinlagen in den Betrieb;
– Erwerb von Immobilien und Wertpapieren mit Banküberweisung; Schenkungen oder Darlehen an Dritte;
– Schuldentilgung;
– private Ausgaben wie Versicherungsbeiträge, Zahlungen für Urlaubsreisen und Anschaffungen im privaten Konsumverhalten;
– Steuerzahlungen.

Verfügbare Mittel sind die während des **Referenzzeitraums** dem Steuerpflichtigen zur Verfügung stehenden Geldmittel: 19

- Barbestand und Bankguthaben am Anfang des Referenzzeitraums;
- Privatentnahmen aus dem Betrieb;
- Netto-Einnahmen aus nicht selbstständiger Arbeit oder Kapitalvermögen;
- Veräußerungserlöse aus Immobilien, Wertpapieren etc.;
- Mittelzufluss aufgrund aufgenommener Darlehen;
- nachgewiesene, erhaltene Schenkungen, Erbschaften, Lottogewinne.

Ergibt sich bei einer **Geldverkehrsrechnung** in ihren verschiedenen Formen ein ungeklärter **Vermögenszuwachs**, so lässt sich daraus schließen, dass die Betriebseinnahmen nicht vollständig erklärt worden sind (BFH, 25.07.1991 – XI R 27/87, BFH/NV 1991, 796). Allerdings kommt die Geldverkehrsrechnung nur bei überschaubaren Verhältnissen in Betracht und liefert weniger zuverlässige Ergebnisse als die Vermögenszuwachsrechnung. I.d.R. erstreckt sich die Geldverkehrsrechnung auf den Prüfungszeitraum von drei bis vier Jahren. Je länger der Vergleichszeitraum ist, desto ungenauer wird die Verteilung der steuerpflichtigen Erträge auf die einzelnen Jahre des **Referenzzeitraums**. Da der Steuerpflichtige keinen geschlossenen Nachweis über die Herkunft seines Privatvermögens zu führen hat (BFH, 07.06.2000 – III R 82/97, BFH/NV 2000, 1462) kann ihm kein Nachteil daraus erwachsen, wenn er Unterlagen aus dem privaten Bereich nicht vollständig vorlegen kann. Dies entbindet den Steuerpflichtigen jedoch nicht von der Glaubhaftigkeit seiner Angaben. Geschätzt werden kann insb. die Höhe der Ausgaben für die private Lebensführung. Die Geldverkehrsrechnung wird von der Steuerrechtsprechung anerkannt (BFH, 21.02.1974, BStBl. II 1974, S. 591). In der Praxis wird durch die Geldverkehrsrechnung die Feststellungslast bei einem **Ausgabeüberhang** umgekehrt. Durch die Einkünfteverprobung mithilfe der Geldverkehrsrechnung kann die widerlegbare Vermutung des § 158 AO erschüttert bzw. widerlegt werden (BFH, 02.03.1982 – VIII R 225/80). 20

Ein Effekt der **Geldverkehrsrechnungen** – in eingeschränkter oder uneingeschränkter Form – ist, dass, falls sie bei einer Gewinnermittlung nach § 4 Abs. 3 EStG zu Fehlbeträgen und Gewinnzuschätzungen führen, für den Beginn des ersten Schätzungsjahres kein Wechsel der Gewinnermittlungsart anzunehmen ist und eine Gewinnkorrektur unterbleibt. Die Hinzuschätzungsbeträge sind Ist-Beträge (BFH, 21.02.1974 – I R 65/72). 21

Die **Geldverkehrsrechnung** unterliegt sehr strengen Anforderungen, da sie unabhängig von der **Ordnungsmäßigkeit der Buchführung** dem Nachweis von Umsatz- bzw. Gewinnverkürzungen dient (BFH, 02.03.1982, BStBl. II 1984, S. 504). Erklärte Einkünfte sind für die Geldverkehrsrechnung zu bereinigen. Nur die tatsächlich gezahlten Beträge sind zu berücksichtigen. Renten sind daher nicht mit dem Ertragsanteil, sondern mit den tatsächlich gezahlten Beträgen anzusetzen. Unberücksichtigt bleiben Freibeträge, Sparer-Pauschbetrag, Abschreibungen und Sonderabschreibungen. Erhaltungsaufwand, Anschaffungs- oder Herstellungskosten sind erst im Zeitpunkt der Zahlung zu berücksichtigen. 22

a) Gesamtgeldverkehrsrechnung

Prüfungsgegenstand der **Gesamtgeldverkehrsrechnung** sind alle betrieblichen und privaten Vermögenswerte und Vermögensbewegungen des Steuerpflichtigen. Die Gesamtgeldverkehrsrechnung umfasst den betrieblichen wie auch den privaten Bereich des Steuerpflichtigen. Sie ist immer dann zwingend vorzunehmen, wenn der Steuerpflichtige den Gewinn mittels Einnahme-Überschussrechnung nach § 4 Abs. 3 EStG ermittelt. 23

b) Teilgeldverkehrsrechnung

Die **Teilgeldverkehrsrechnung** umfasst die Formen der sog. privaten Geldverkehrsrechnung und der betrieblichen Geldverkehrsrechnung. Die auf den betrieblichen Bereich beschränkte Geldver- 24 kehrsrechnung hat in der Praxis kaum Bedeutung. Bei der privaten Geldverkehrsrechnung umfasst diese Schätzungsmethode den privaten Bereich des Steuerpflichtigen. Aus dem betrieblichen Bereich werden nur die Entnahmen und Einlage übernommen.

c) Bargeldverkehrsrechnung

25 Bei dieser Form der **Geldverkehrsrechnung** wird ausschließlich der Bargeldverkehr verprobt. Die Anwendung dieser Methode kommt in Betracht, wenn ein Steuerpflichtiger über keine privaten Konten verfügt oder sich alle unbaren Vorgänge ausgleichen.

26 Die Schätzungsmethode der **Vermögenszuwachsrechnung** unterscheidet sich von derjenigen der **Geldverkehrsrechnung** lediglich dadurch, dass die Mittelverwendung für Vermögensanlagen stärker betont wird (BFH, 08.11.1989 – X R 178/87).

3. Vermögenszuwachsrechnung

27 Nach der Rechtsprechung des BFH ist die **Vermögenszuwachsrechnung** ein geeignetes Schätzungsverfahren, insb. um nicht verbuchte Betriebseinnahmen festzustellen (BFH, 01.07.1987 – I R 284 – 286/83. Ergibt sich durch eine Vermögenszuwachsrechnung ein ungeklärter Vermögenszuwachs, so kann die Finanzverwaltung daraus den Schluss ziehen, dass der Vermögenszuwachs aus bisher noch nicht versteuerten steuerpflichtigen Einkünften stammt. I.R.d. faktischen **Umkehr der Feststellungslast** obliegt es dann dem Steuerpflichtigen darzulegen, wie er das Vermögen erworben hat (BFH, 13.11.1969 – IV R 22/67). Die Vermögenszuwachsrechnung kann auch bei einer formell ordnungsgemäßen Buchführung zu **Zuschätzungen** führen, da sie nach Auffassung des BFH eine sachliche Unrichtigkeit der Buchführung ausreichend sicher nachweist (BFH, 28.05.1986 – I 256/83, BStBl. II 1987, S. 732). Mithilfe der Vermögenszuwachsrechnung lässt sich das steuerpflichtige Einkommen für einen längeren Zeitraum aus dem Vermögenszuwachs zzgl. der nicht abziehbaren Ausgaben für den Lebensunterhalt und abzgl. der steuerfreien Zuflüsse schätzungsweise ermitteln (TK/*Seer* § 162 Rn. 64). Die Vermögenszuwachsrechnung erstellt einen Vergleich zwischen den erklärten Einkünften und der Entwicklung des Vermögens des Steuerpflichtigen. Ein Vermögenszuwachs kann sich nur aus versteuerten Einkünften, sonstigen steuerfreien Einnahmen und/oder anderen nachweisbaren Quellen ergeben. In der Vermögenszuwachsrechnung wird die Mittelverwendung für Vermögensanlagen stärker fokussiert als in der Schätzungsmethode der Geldverkehrsrechnung. Barentnahmen und Bareinlagen werden nicht berücksichtigt. Die Vermögenszuwachsrechnung berücksichtigt Wirtschaftsgüter des privaten Vermögens, die am Anfang und Ende des Vergleichszeitraums vorhanden sind, mit den identischen Werten. Die AfA wird gesondert ausgewiesen. Kursgewinne bzw. Kursverluste sind zu berücksichtigen. Wird im Referenzzeitraum privates Vermögen angeschafft, so ist es im Endvermögen mit den Anschaffungs- oder Herstellungskosten anzusetzen. Die AfA ist gesondert auszuweisen. Bei Betriebsvermögen wird i.R.d. Gewinnermittlung in der Form der Bilanzierung gem. § 4 Abs. 1 EStG der Stand des Eigenkapitals übernommen. Ermittelt der Steuerpflichtige seinen Gewinn nach Maßgabe der Einnahmen-Überschuss-Rechnung gem. § 4 Abs. 3 EStG, ist der Vermögenszuwachs um Bestandsänderungen aus Waren, Forderungen und Verbindlichkeiten des Betriebsvermögens zu ergänzen. Zum sonstigen privaten Endvermögen gehört insb. Bargeld, Bankguthaben, private Vermögensgegenstände wie Schmuck, Münzen, Bilder, Wertpapiere, Einrichtungsgegenstände in der Wohnung und private Kfz. Als Referenzzeitraum akzeptiert die Rechtsprechung regelmäßig den Zeitraum einer Betriebsprüfung von drei bis vier Jahren (BFH, 02.03.1982 – VIII R 225/80, BStBl. II 1984, S. 504). Die Vermögenszuwachsrechnung berücksichtigt insb. auch Informationen aus der steuerlich grds. irrelevanten Privatsphäre des Steuerpflichtigen. Dabei gilt es insb. zu beachten, dass der Steuerpflichtige grds. nicht verpflichtet ist, im privaten Bereich Unterlagen gesondert aufzubewahren (BFH/NV 2009, 912, 914). Deshalb ist der Steuerpflichtige nicht verpflichtet, einen in sich geschlossenen Nachweis über die Herkunft seines Privatvermögens zu führen (BFH/NV 2000, 1462, 1464).Gleichwohl können ungeklärte Kapitalzuflüsse auf einem betrieblichen Konto i.R.d. Schätzungsbefugnis so gewürdigt werden, dass diese auf nicht versteu-

erten Einnahmen beruhen (BFH/NV 2002, 476/NV 2009, 912, 914). Sind bessere Erkenntnisquellen nicht aus dem Privatbereich des Steuerpflichtigen nicht vorhanden, kann die Finanzverwaltung die Kosten der privaten Lebensführung auf Basis statistischer Durchschnittswerte schätzen (TK/*Seer* § 162Rn. 65). Nach Auffassung des BFH kann ein ungeklärter Vermögenszuwachs, der mithilfe einer Vermögenszuwachsrechnung ermittelt wurde auch bei einer formell ordnungsgemäßen Buchführung die Annahme rechtfertigen, er stamme aus unversteuerten Einkünften (BFH, 03.08.1966 – IV R 75, 152/66, BStBl. III 1966, S. 650).

4. Richtsatzschätzung

Das BMF veröffentlicht in der Form eines koordinierten Ländererlasses jährlich eine sog. Richtsatzsammlung. Die Veröffentlichung der Richtsatzsammlung erfolgt i.d.R. Mitte des folgenden Jahres für das vorangegangene Kalenderjahr. Die Finanzverwaltung zieht die **Richtsätze** sowohl zur Verprobung aber auch als Grundlage zur Schätzung von Betriebsergebnissen Gewerbetreibender heran, sofern keine geeigneten Unterlagen durch den Steuerpflichtigen vorgelegt werden. Es handelt sich bei den Richtsätzen nicht um Rechtsnormen, sondern um Anhaltspunkte für die Finanzverwaltung, die im Fall des Fehlens oder der vollständigen Verwerfung einer Buchführung als Grundlage für eine Schätzung herangezogen werden können. Eine Schätzung ist unter Heranziehung der Richtsätze zulässig (R 4.1 Abs. 2 EStR). Die Anwendung der Richtsätze im Fall einer Schätzung i.S.v. § 162 AO erfolgt technisch als sog. **äußerer Betriebsvergleich**, wobei diesem bei Einwendungen des Steuerpflichtigen gegen das Schätzungsergebnis regelmäßig ein geringerer Beweiswert zukommt, als bei inneren Betriebsvergleichen (BFH, 26.04.1983 – VIII R 38/82). Allein die Abweichung eines Ergebnisses von den Richtsätzen der Finanzverwaltung rechtfertigt keine (Hinzu-)Schätzung; die Mängel in der Buchführung müssen vielmehr dazu führen, dass diese formell und materiell als ordnungswidrig angesehen werden muss (BFH/NV 1995, 373). Da der Steuerpflichtige keinen Anspruch auf die Anwendung einer bestimmten Schätzungsmethode hat (BFH/NV 1999, 290), hat der Steuerpflichtige auch keinen Anspruch, dass der Besteuerung die Richtsätze zugrunde gelegt werden, wenn diese geringer ausfallen als sein Ergebnis der Buchführung. Richtsätze finden bei Großbetrieben keine Anwendung. Die Richtsätze stellen auf Betriebe ab, die ihren Gewinn durch Betriebsvermögensvergleich ermitteln. Dies bedingt Anpassungen, sofern der Steuerpflichtige seinen Gewinn nach Maßgabe einer Einnahmen-Überschuss-Rechnung ermittelt. Die Richtsätze werden von der Finanzverwaltung in Prozentsätzen des wirtschaftlichen Umsatzes für den Rohgewinn, den Halbreingewinn und den Reingewinn ermittelt. Die Richtsätze sind dreigeteilt, sie umfassen einen **oberen** und einen **unteren Rahmensatz** sowie einen **Mittelsatz**. Der Mittelsatz stellt das gewogene Mittel aus den Einzelergebnissen der geprüften Betriebe einer Gewerbeklasse dar. Grds. ist davon auszugehen, dass bei der Schätzung nach Richtsätzen die Wahrscheinlichkeit am größten ist, die tatsächlichen Verhältnisse abzubilden, wenn die Mittelsätze zur Anwendung kommen. Sofern die Richtsätze bei einzelnen Gewerbeklassen einen Rahmen für den wirtschaftlichen Umsatz angeben, kommt es für die Richtsätze darauf an, ob der wirtschaftliche Umsatz die angegebenen Grenzwerte über- oder unterschreitet. Bewegt sich der wirtschaftliche Umsatz im unteren Bereich der jeweiligen Begrenzung, kommen die Richtsätze aus der oberen Rahmenhälfte zum Tragen. Schätzt das FA den Gewinn nach Rohgewinnaufschlagsätzen aus **Richtsatzsammlungen**, ist diese Schätzung nur zulässig, wenn das FA nachweist, dass der Betrieb nicht mit deutlich niedrigeren Rohgewinnaufschlagsätzen kalkuliert (FG München, 30.08.2011 – 10 V 735/11). Wird bei der Ermittlung des durchschnittlichen **Rohgewinnaufschlagsatzes** das arithmetische Mittel aus verschiedenen Rohgewinnaufschlagsätzen in Form von Prozentsätzen errechnet, wird gegen grundlegende statistische Regeln verstoßen. Das arithmetische Mittel darf nur für metrische Daten, d.h. Daten, die mindestens auf Intervallskalenniveau liegen, errechnet werden (FG München, 30.08.2011 – 10 V 735/11). Eine **Nachkalkulation** durch Ermittlung des durchschnittlichen Rohgewinnaufschlagsatzes setzt die Aufteilung des Wareneinsatzes in mehrere unterschiedlich preiskalkulierte Warengruppen voraus (FG Bremen, 17.01.2007 – 2 K 229/04 (5), EFG 2008, 8).

29 Eigene Kalkulationen des Steuerpflichtigen können die **Richtsatzschätzungen** des Betriebsprüfers i.d.R. nicht erschüttern (FG Münster, 31.10.2000, EFG 2001, 401). Der äußere Betriebsvergleich ist gleichwohl nur bedingt tauglich für die Grundlage einer Zuschätzung (*Meyer*, DStR 2005, 2114 2115). Er vergleicht folgende Kennziffern:

– wirtschaftlicher Rohgewinn als Unterschiedsbetrag, um den der wirtschaftliche Umsatz bei Handelsbetrieben den wirtschaftlichen Wareneinsatz übersteigt und bei Fertigungsbetrieben den wirtschaftlichen Materialeinsatz und den wirtschaftlichen Einsatz an Fertigungslöhnen übersteigt;

– den Rohgewinnsatz als die Verhältniszahl des wirtschaftlichen Rohgewinns zum wirtschaftlichen Umsatz;

– den Rohgewinnaufschlagsatz als die Verhältniszahl des wirtschaftlichen Rohgewinns bei Handelsbetrieben zum wirtschaftlichen Wareneinsatz und bei Fertigungsbetrieben zum wirtschaftlichen Materialeinsatz und wirtschaftlichen Einsatz an Fertigungslöhnen.

5. Chi-Quadrat

30 Der **Chi-Quadrat-Test** ist eine Methode der Betriebsprüfung zur Ermittlung falscher Zahlen in der Buchführung. Der Test dient dem Vergleich der beobachteten absoluten Häufigkeiten von Zahlen mit den erwarteten absoluten Häufigkeiten (*Meyer*, DStR 2005, 2114, 2116). Dabei wird getestet, ob eine Ziffer in der Buchführung überproportional auftritt (*Blenkers*, StBp 2003, 261). Nach Auffassung des FG Münster (Urt. v. 05.12.2002 – VIII V 5774/02, EFG 2004, 9) können die Ergebnisse des Chi-Quadrat-Tests – zusammen mit anderen offensichtlich unschlüssigen Auffälligkeiten – den Schluss zulassen, dass die Zahlen in der Buchführung vom Steuerpflichtigen frei erfunden sind. Das Ergebnis eines Chi-Quadrat-Tests reicht aber für sich alleine nicht aus, die sachliche Richtigkeit einer formell ordnungsgemäßen Buchführung zu widerlegen. Der Chi-Quadrat-Test basiert auf dem Gedanken, dass jeder Mensch bewusst oder unbewusst eine oder mehrere Lieblingsziffern hat, die er im Zusammenhang mit frei erfundenen Zahlen entsprechend häufiger verwendet. Der BGH lässt die Anwendung mathematisch statistischer Verfahren ausdrücklich zu (Urt. v. 14.12.1989 – 4 StR 419/89, BGHSt 36, 320). Das FG Hamburg sieht in dem Chi-Quadrat-Test ein aussagekräftiges Indiz für eine fehlerhafte Buchführung aber nicht einen Nachweis (FG Hamburg, 24.06.2005 – I 153/04). Nach Ansicht des FG Rheinland-Pfalz (Urt. v. 24.08.2011, 2 K 1277/10) ist der Chi-Quadrat-Test alleine nicht geeignet, den Beweis dafür zu erbringen, dass die Buchführung nicht ordnungsgemäß ist.

6. Betriebsvergleichsschätzung

31 Beim **äußeren Betriebsvergleich** unterscheidet man den **Einzelbetriebsvergleich** und den **Richtsatzvergleich**. Es werden die steuerlichen Kennzahlen des zu prüfenden Betriebs mit den Kennzahlen gleichartiger Betriebe verglichen. Zuschätzungen auf Basis eines äußeren Betriebsvergleichs sind nach der Rechtsprechung des BFH grds. nur in Ausnahmefällen zulässig. Eine formell ordnungsgemäße Buchführung ist mit einem äußeren Betriebsvergleich nur ausnahmsweise zu widerlegen (BFH, 26.04.1983, BStBl. II 1983, S. 618). Ein Grund hierfür kann darin liegen, dass der Betrieb den untersten Rohgewinnsatz der Richtsatzsammlung unterschreitet. Aber auch in diesem Fall steht noch nicht fest, dass die Buchführung auch sachlich unrichtig ist.

7. Zeitreihenvergleich

32 Der **Zeitreihenvergleich** ist ein Instrument des sog. **inneren Betriebsvergleichs**. Er vergleicht Zahlen, die sich regelmäßig aufgrund wechselseitiger Abhängigkeit gleichförmig zueinander zu entwickeln pflegen, z.B.

– Umsatz- und Wareneinkauf;

– Umsatz- und Gewinn;

– Umsatz- und Rohgewinnaufschlag;

- Umfang des Wareneinkaufs nach Lieferdaten für ein Kalenderjahr;
- Erfassung der täglichen Einnahmen und ggf. unbaren Geldzuflüsse.

Die Schwäche des **Zeitreihenvergleichs** liegt darin, dass er in seiner Betrachtung starr ist und auf   33
Abweichungen im betrieblichen Ablauf keine Rücksicht nimmt. Er geht von einmal getroffenen
Konstanten aus. Dies wird am Beispiel der Gastronomie deutlich: Wechselnde Gerichte, Aktions-
wochen, Einkauf auf Lager oder andere betriebliche Besonderheiten werden nicht erfasst. Die im
Rahmen von Nachkalkulationen auf Basis des Zeitreihenvergleichs errechneten Mehrumsätze
erreichen dieserhalb nicht selten Höhen, die jeder tatsächlichen Realität entbehren.

Nach einer Entscheidung des FG Münster (FG Münster, 17.02.1999 – 10 K 3407/98) genügt für   34
die Verprobung eine Zeitreihe von sieben Wochen. Im Rahmen von Betriebsprüfungen wird regelmäßig eine Zeitreihe von zehn Wochen je Prüfungsjahr ausgewählt. Das FG Münster hat die Auffassung der Finanzverwaltung bestätigt, dass der höchste, nach der Buchführung des Gastronomen
über sieben Wochen tatsächlich erzielte Rohgewinnaufschlagsatz für den gesamten Prüfungszeitraum anzuwenden sei. Die Rechtsprechung hat den **Zeitreihenvergleich** als **Schätzungsmethode**
in den Fällen angewandt, in denen die Buchführung nach § 158 AO aus anderen Gründen nicht
der Besteuerung zugrunde gelegt werden konnte (FG Münster, 17.02.1999 – 10 K 3407/98,
FG Münster, 11.02.2000 – 9 V 5542/99, DStRE 2000, 549). Das FG Düsseldorf hat in zwei
Entscheidungen (Beschl. v. 15.02.2007, 16 V 4691/06, EFG 2007, 814; v. 20.03.2008, 16 K
4689/06, EFG 2008, 1256) den Zeitreihenvergleich als Methode des inneren Betriebsvergleichs
bezeichnet, der kaum Zweifel daran lasse, dass Erlöse und Wareneinsatz nicht zutreffend verbucht
worden seien. Mit dem Zeitreihenvergleich als innerem Betriebsvergleich können der Umsatz und
der Gewinn eines Betriebs grds. nachkalkuliert werden (FG Münster, 19.08.2004 – 8 V 3055/04,
EFG 2004, 1810). Der Zeitreihenvergleich geht bei hierfür geeigneten Betrieben, wie insb. Speise-
gaststätten, davon aus, dass eingekaufte Waren in einem überschaubaren Zeitraum verbraucht
werden und eine nennenswerte Vorratshaltung nicht stattfindet. Diese Methode der Schätzung
basiert darauf, dass es keinem Steuerpflichtigen in der Praxis möglich sein wird, wochenweise oder
über andere unterjährige Zeiträume genau den Wareneinkauf zu verschweigen, mit dem nicht verbuchte Erlöse erzielt werden (FG Düsseldorf, 20.03.2008 – 16 K 4689/06, EFG 2008, 1256). Bei
Zugrundelegung des Zeitreihenvergleichs ermittelt der Prüfer der Finanzverwaltung für jede
Kalenderwoche des Jahres aus den gebuchten Betriebseinnahmen und den gebuchten Warenein-
käufen die tatsächlich erzielten Rohgewinnaufschläge. Nach Auffassung des FG Münster
(FG Münster, 19.08.2004 – 8 V 3055/04, EFG 2004, 1810) kann man mithilfe des Zeitreihenvergleichs zu zutreffenden Schätzungsergebnissen beim Umsatz und Gewinn eines Betriebes kommen. Das FG Münster hält den Zeitreihenvergleich im Verhältnis zur Schätzung nach Richtsätzen
für überlegen.

8. Schätzung in Auslandssachverhalten

Nach § 90 Abs. 2 AO besteht bei Sachverhalten, die sich auf Vorgänge außerhalb der BR Deutschland   35
beziehen, eine erhöhte Mitwirkungspflicht der Beteiligten. Zur Erfüllung dieser Pflichten haben die
Beteiligten im Rahmen ihrer rechtlichen und tatsächlichen Möglichkeiten auch in grenzüberschreitenden **Verrechnungspreisfällen** insb. selbst **Auslandssachverhalte** aufzuklären, Auskünfte im Ausland
einzuholen, im Ausland lebende Zeugen im Inland zu stellen und erforderliche Beweismittel, die sich
körperlich im Ausland befinden, zu beschaffen und damit eine entsprechende Beweisvorsorge zu treffen. Vom Steuerpflichtigen ist dabei insb. aufzuklären, auf welche Weise die zwischen ihm und nahe
stehenden Personen vereinbarten Preise zustande gekommen sind, welche vertraglichen Vereinbarungen bestehen (§ 90 Abs. 2 Satz 1 und 2 AO), welche Funktionen, Risiken und Wirtschaftsgüter bei der
Preisfindung berücksichtigt wurden, welche Verrechnungspreismethode angewandt wurde, wie kalkuliert wurde, ob und was der Steuerpflichtige zur Durchführung von Fremdvergleichen unternommen
hat und inwieweit nahestehende Personen auf die Preisgestaltung Einfluss ausgeübt haben. Nach § 90
Abs. 2 Satz 3 AO kann sich ein Beteiligter nicht darauf berufen, dass er Sachverhalte nicht aufklären
oder Beweismittel nicht beschaffen kann, wenn er nach Lage des Sachverhalts bei der Gestaltung sei-

ner Verhältnisse die Möglichkeit hätte, i.R.d. Beweisvorsorge die Beweismittel ins Inland zu verbringen. Nach § 162 Abs. 2 AO sind die Besteuerungsgrundlagen insb. dann zu schätzen, wenn sie nicht ermittelt oder berechnet werden können, weil der Steuerpflichtige seine Mitwirkungspflichten verletzt. Eine Verletzung der Mitwirkungspflichten ist insb. dann zu unterstellen, wenn der Steuerpflichtige seinen **Mitwirkungspflichten** nach § 90 Abs. 2 AO bei Sachverhalten mit Auslandsbezug nicht nachgekommen ist. Verletzt der Steuerpflichtige seine Mitwirkungspflichten bei **Auslandssachverhalten**, ist das Beweismaß zugunsten der Finanzbehörde gemindert (BFH, 15.02.1989, BStBl. II 1989, S. 462). Verstößt der Steuerpflichtige dadurch gegen seine Aufzeichnungspflichten, dass er

– trotz Aufforderung durch die Finanzbehörde keine Aufzeichnungen oder im Wesentlichen unverwertbare Aufzeichnungen vorlegt oder
– verwertbare Aufzeichnungen für außergewöhnliche Geschäftsvorfälle nicht zeitnah (§ 3 GAufzV) erstellt hat,

36 wird nach § 162 Abs. 3 Satz 1 AO widerlegbar vermutet, dass die Einkünfte auf Geschäftsbeziehungen mit **nahe stehenden Personen** durch eine, gemessen am Maßstab des **Fremdvergleichs**, nicht fremdübliche Preisgestaltungen gemindert worden sind.

37 Verstößt der Steuerpflichtige dadurch gegen seine Aufzeichnungspflicht nach § 90 Abs. 3 AO, dass er trotz Anforderung durch die Finanzbehörde keine Aufzeichnungen vorlegt oder unverwertbare Aufzeichnungen vorlegt oder verwertbare Aufzeichnungen verspätet vorlegt, ist gegen ihn ein **Zuschlag** festzusetzen. Der Zuschlag ist eine steuerliche Nebenleistung gem. § 3 Abs. 4 AO, der auf die Einkommen- bzw. Körperschaftsteuer entfällt. Er ist gem. § 12 Nr. 3 EStG und § 10 Nr. 2 KStG nicht abzugsfähig.

9. Sicherheitszuschläge

38 **Strafschätzungen** sind grds. unzulässig. Zulässig ist jedoch die Festsetzung eines **Sicherheitszuschlags**. Nach der Rechtsprechung des BFH (BFH, 13.07.2000 – IV R 55/99, BFH/NV 2001, 3) kann ein Sicherheitszuschlag dann festgesetzt werden, wenn schwerwiegende Buchführungsmängel vorliegen oder der Steuerpflichtige seinen Mitwirkungspflichten nach § 90 AO nicht oder nur unvollständig nachkommt. Sicherheitszuschläge sind ein Instrument des Steuerrechts und grds. im Steuerstrafverfahren nicht zu berücksichtigen (*Meyer*, DStR 2005, 2114, 2119).

IV. Schätzung der Gewinnermittlungsart

39 I.R.d. Ermittlung gewerblicher Einkünfte und deren Besteuerungsgrundlagen hat der Tatrichter zunächst die Gewinnermittlungsmethode festzustellen (BGH, 10.11.2009 – 1 StR 283/09, NStZ 2010, 635, 636; BGH, 06.09.2011 – 1 StR 633/10, wistra 12, 29, 36). Denn zu schätzen sind nicht die verkürzten Steuern, sondern die je nach Gewinnermittlungsmethode maßgeblichen Besteuerungsgrundlagen (BGH, 19.07.2007 – 5 StR 251/07, wistra 2007, 470). Welche **Besteuerungsgrundlagen** zu ermitteln sind, hängt von der **Gewinnermittlungsmethode** ab. Maßgeblich für die Schätzung ist daher, ob der Gewinn durch Betriebsvermögensvergleich (§ 4 Abs. 1 EStG, § 5 EStG) oder nach Maßgabe von § 4 Abs. 3 EStG als Überschuss der Betriebseinnahmen über die Betriebsausgaben zu bestimmen ist. Betriebsvermögensvergleich und Einnahmen-Überschuss-Rechnung sind zwei unterschiedliche, aber grds. gleichwertige steuerliche Gewinnermittlungsmethoden. Die Gewinnermittlung durch Betriebsvermögensvergleich (Bilanzierung) als Grundform hat nur Bedeutung für die Frage, nach welcher Methode der Gewinn zu ermitteln ist, wenn der Steuerpflichtige keine (steuerlich wirksame) Wahl für die eine oder andere Gewinnermittlungsart getroffen hat. Kann der Tatrichter eine solche steuerlich wirksame Wahl nicht feststellen, bleibt es bei der Grundform der Bilanzierung gem. § 4 Abs. 1 EStG, also bei der Gewinnermittlung durch Betriebsvermögensvergleich (BFH, 19.03.2009 – IV R 57/07, BFHE 224, 513). Formal wird das Wahlrecht dabei allein durch die Bestandskraft der Steuerfestsetzung begrenzt. In materiell-rechtli-

cher Hinsicht wird das Wahlrecht auch durch die in § 4 Abs. 3 Satz 1 EStG genannten Voraussetzungen beschränkt (BFH, 21.07.2009 – X R 46/08, BFH/NV 2010, 186). Es ist daher zu prüfen, ob sich aus den von dem Steuerpflichtigen eingereichten Steuererklärungen die Ausübung des Wahlrechts entnehmen lässt (BFH, 24.09.2008 – X R 58/06, BFHE 223, 80). Die für die Bestimmung des tatbestandlichen Schuldumfangs ggf. durch Schätzung zu ermittelnden Besteuerungsgrundlagen hängen strafrechtlich auch davon ab, ob i.R.d. steuerlichen Erklärungen nicht geltend gemachte steuermindernde Tatsachen bei der Feststellung der Steuerverkürzung wegen des **Kompensationsverbots** in § 370 Abs. 4 Satz 3 AO nicht zu berücksichtigen sind. Auf diese hat sich – sofern trennbar – die Schätzung der für den tatbestandlichen Schuldumfang bedeutsamen Tatsachen nicht zu erstrecken. Nicht vom Kompensationsverbot erfasst werden im Ergebnis auch solche Umstände, die als Faktoren i.R.d. Schätzung selbst berücksichtigt werden müssen (BGH, 06.09.2011 – 1 StR 633/10, wistra 12, 29, 37).

Die Gewinnermittlungsart hat entscheidende Bedeutung für die Frage, in welchem Veranlagungs- 40 zeitraum es zu Steuerverkürzungen gekommen ist (*Rau*, PStR 2012, 98, 99). In der aktuellen höchstrichterlichen Rechtsprechung des BFH gibt es feinsinnige Unterschiede in der Rechtsauffassung zweier Senate hinsichtlich der vom BGH geforderten steuerlich wirksamen Wahl für eine Gewinnermittlungsmethode (Rau, PStR 2012, 99, 100):

Der IV. Senat erkennt in seiner Entscheidung vom 19.03.2009 (BFH, 19.03.2009 – IV R 57/07, 41 BStBl. II 2009, S. 659) in dem Erstellen und geordneten Sammeln von Einnahmen und Ausgabebelegen eine wirksame Wahl zur Einnahmen-Überschuss-Rechnung an. Demgegenüber kommt der X. Senat in seiner Entscheidung vom 21.07.2009 (BFH, 21.07.2009 – X R 28/06, BFH/NV 2009, 1979) zu dem Ergebnis, dass in den Fällen, in denen nicht bereits zu Beginn des Veranlagungszeitraums eine wirksame Wahl für eine Gewinnermittlungsart gem. § 4 Abs. 3 EStG getroffen worden ist, i.R.d. Schätzung zwingend die Gewinnermittlungsart nach § 4 Abs. 1 EStG zugrunde zu legen ist. Wird überhaupt keine Wahl seitens des Gewinneinkünfte erzielenden Steuerpflichtigen ausgeübt, verbleibt es bei der Schätzung nach Maßgabe der Bilanzierung gem. § 4 Abs. 1 EStG. Diese ist dann auch steuerstrafrechtlich zugrunde zu legen. Ist der Jahresabschluss bereits abgegeben worden, kann – rückwirkend – mit steuerlicher Wirkung nicht mehr zugunsten der Einnahmen-Überschuss-Rechnung optiert werden.

Bei einer **Schätzung der Gewinnermittlungsart** nach Maßgabe der Bilanzierung gem. § 4 Abs. 1 42 EStG ist i.R.d. Feststellung des Verkürzungserfolgs zu beachten, dass – anders bei der Gewinnermittlung durch Einnahmen-Überschuss-Rechnung – **Rückstellungen** mit steuerlicher Wirkung gebildet werden können. Nachforderungen von Sozialversicherungsbeiträgen sind in dem Jahr der Anforderung als sonstige Verbindlichkeit in die Bilanz einzustellen (BFH, 16.02.1996 – I R 73/95, BStBl. II 1996, S. 592). Nach Auffassung des FG Nürnberg ist eine Rückstellung für betriebliche Mehrsteuern im Anschluss an eine Steuerfahndungsprüfung für das Jahr zu bilden, zu dem sie wirtschaftlich gehört (FG Nürnberg. 16.06.2010 – 5 K 687/2009, EFG 2010, 1987).

V. Tatsächliche Verständigung über Schätzungsmethode

Eine Tatsächliche Verständigung über die Form der Schätzungsmethode ist steuerlich zulässig. 43 Wesensmerkmal der Tatsächlichen Verständigung ist die Einigung über die Besteuerungsgrundlagen. Können diese nur im Schätzungswege ermittelt werden, kann sich der Steuerpflichtige mit der Finanzverwaltung über die Methode der Schätzung im Rahmen einer Tatsächlichen Verständigung einigen (BFH, 12.08.1999 – XI R 27/98).

VI. Schätzung bei Auslandskonten

Durch die Rechtsprechung des BFH ist geklärt, dass eine Hinzurechnung von Einnahmen nicht 44 nur bei einem ungeklärten Vermögenszuwachs zulässig ist, sondern dass i.R.d. Beweiswürdigung die Verletzung abgabenrechtlicher Mitwirkungspflichten gem. § 90 AO zur Folge haben kann, dass das FA zum Nachteil des Steuerpflichtigen steuerlich von einem Sachverhalt ausgehen kann, für den unter Berücksichtigung der Beweisnähe des Steuerpflichtigen und seiner Verantwortung für die Aufklärung des Sachverhalts die größte Wahrscheinlichkeit spricht (BFH, 15.02.1989 – 10 R 16/86, BStBl. II 1989, S. 462; 16.12.1992 – XR 77/91, BFH/NV 1993, 547). Nach Maßgabe der steuerlichen Rechtsprechung entspricht es der Lebenserfahrung, dass Steuerpflichtige Beträge von mehr als 1 Mio. DM, wenn diese nicht alsbald benötigt werden, i.d.R. nicht als Bargeld aufbewahren, sondern zinsbringend anlegen (BFH, 21.01.2005 – VIII B 163/03). Trägt ein Steuerpflichtiger vor, er habe mehr als 2 Mio. DM in bar aufbewahrt, hat der Steuerpflichtige steuerlich nach Maßgabe vorgenannter BFH-Rechtsprechung eine entsprechende Beweisvorsorge i.R.d. Erfüllung der steuerlichen Mitwirkungspflicht, § 90 AO, zu treffen. In diesen Fällen hat der Steuerpflichtige alle zumutbaren Anstrengungen zur Aufklärung des Sachverhalts zu unternehmen; leistet er diese nicht oder nicht in vollem Umfang, können daraus für ihn negative Schlüsse dergestalt gezogen werden, dass die Finanzverwaltung mit steuerlicher Wirksamkeit unterstellen darf, dass Einkünfte aus Kapitalvermögen mit dem vermeintlich in einem Tresor liegenden Bargeld erzielt worden sind. Der Steuerpflichtige hat insb. auch den Aufbewahrungsort seiner angeblichen Bargeldbestände mitzuteilen und dies entsprechend nachzuweisen (FG Nürnberg, 03.06.2003 – VI 99/1999, EFG 2003, 1356).

C. Schätzungen im Steuerstrafrecht

45 Auch im **Steuerstrafverfahren** ist die Schätzung von Besteuerungsgrundlagen zulässig (BGH, wistra 1992, 147; wistra 1986, 65), wenn zwar feststeht, dass der Steuerpflichtige einen Besteuerungstatbestand erfüllt hat, das Ausmaß der verwirklichten Besteuerungsgrundlagen aber ungewiss ist (BGH, 28.07.2010 – 1 StR 643/09, Rn. 40). Steuerstrafrechtlich darf der Tatrichter in den Fällen, in denen es ihm nicht möglich ist, mithilfe einer steuerlich anerkannten Schätzungsmethode die Besteuerungsgrundlagen zu ermitteln auch auf generalisierende Schätzungsmethoden zurückgreifen. Auch die Bildung eines Mischwertes aus zwei Richtsatzwerten im Verhältnis der jeweiligen Umsatzanteile begegnet steuerstrafrechtlich keinen Bedenken (BGH. 28.07.2010 – 1 StR 643/09, Rn. 44). Die Schätzung obliegt dem Tatrichter selbst. Er darf Schätzungen der Finanzbehörden nur dann übernehmen, wenn er von ihrer Richtigkeit unter Berücksichtigung der vom Besteuerungsverfahren abweichenden strafrechtlichen Verfahrensgrundsätze (§ 261 StPO) überzeugt ist (BGH, NStZ – RR 2005, 209, 211; BGH, wistra 2001, 308, 309). In jedem Fall hat der Tatrichter in den Urteilsgründen für das Revisionsgericht nachvollziehbar darzulegen, wie er zu den Schätzungsergebnissen gelangt ist. Ist in einer steuerlichen Schätzung ein Sicherheitszuschlag enthalten, ist dieser Sicherheitszuschlag i.R.d. Schätzung im Steuerstrafverfahren herauszurechnen. **Sicherheitszuschläge** sind im **Steuerstrafverfahren** nicht zu berücksichtigen (*Meyer*, DStR 2005, 2114, 2119). In der Rechtspraxis wird es häufig angezeigt sein, die im Rahmen von Schätzungen ermittelten Besteuerungsgrundlagen steuerstrafrechtlich um sog. **Sicherheitsabschläge** zu reduzieren, um dem strafrechtlichen Grundsatz in dubio pro reo und damit den Besonderheiten des Strafverfahrens Rechnung zu tragen. Eine Verurteilung wegen Steuerhinterziehung setzt den Beweis einer vorsätzlichen, rechtswidrigen und schuldhaften Tat voraus. Die Ermittlung der Höhe der verkürzten Steuern ist ein bestimmender **Strafzumessungsgrund**. Der Strafrichter ist daher bei der Darstellung des Urteils – zum Zwecke der revisionsgerichtlichen Überprüfung – gehalten, den Verkürzungserfolg exakt zu ermitteln und die Berechnung der Steuerverkürzung – differenzierend nach jeder Steuerart und jedem Veranlagungszeitraum – darzustellen (BGH, 12.05.2009 – 1 StR 718/08, BGHR StPO § 267 Abs. 1, Steuerhinterziehung). Dabei muss erkennbar werden, dass der Strafrichter in seinem Urteil nicht lediglich pauschal auf Feststellungen der Steuerfahndung oder Straf- und Bußgeldsachenstellen im sog. Rot-Bericht als dem strafrechtlichen Abschlussbericht Bezug nimmt und damit pauschal dessen Feststellungen übernimmt, sondern es muss erkennbar werden, dass der Tatrichter nach den Grundsätzen der StPO in freier Beweiswürdigung höchst selbst zu dem Schluss gekommen ist, dass der Täter in dem darzustellen-

den Umfang Steuern hinterzogen hat. Der Tatrichter muss begründen, wie er zu den Schätzungsergebnissen gelangt ist (OLG Hamm, 20.05.2008 – 3 Ss 179/08).

Bei einer Verurteilung wegen **Beihilfe zur Steuerhinterziehung** muss sich aus dem Urteil auch ergeben, in welcher Höhe die eingetretene Steuerverkürzung vom Gehilfen gefördert wurde, wenn der Haupttäter unabhängig von den Beihilfehandlungen des Gehilfen weitere Steuern verkürzt hat (BGH, 24.06.2009 – 1 StR 229/09). Bereits steuerlich ist die Feststellung einer Steuerhinterziehung im Schätzungswege mittels reduziertem Beweismaß bei nicht behebbaren Zweifeln unzulässig (BFG, 07.11.2006 – VIII R 81/04, BStBl. II 2007, S. 364), sodass in diesen Fällen auch steuerstrafrechtlich eine Schätzung zu unterbleiben hat. 46

Strafschätzungen sind unzulässig (BFH, 20.12.2000 – I R 50/00). 47

Hängt die Rechtmäßigkeit eines Steuerbescheids davon ab, dass eine Steuerhinterziehung tatbestandlich erfüllt ist, kann der Tatrichter eine Straftat nur feststellen, wenn er von ihrem Vorliegen überzeugt ist (BFH, 19.12.2007 – X B 34/07). Die Schätzung der Höhe nach hinterzogenen Steuern bleibt trotz Geltung des strafrechtlichen Grundsatzes in dubio pro reo zulässig. 48

8. Kapitel Investitionszulagengesetz 2010

A. Einleitung

I. Rechtsgrundlagen

1   Das Investitionszulagengesetz wurde erstmals 1969 mit dem StÄndG (BGBl. I 1969, S. 1211) verabschiedet. Zweck der gesetzlichen Regelung war die spezifische Förderung strukturschwacher Gebiete (Fördergebiete). Damit wurde der gezielte Einsatz von Subventionen ggü. steuerlichen Förderinstrumenten, wie z.B. verbesserten Sonderabschreibungsmöglichkeiten, bevorzugt. Mit dem Instrument der Zulage sollte v.a. die Förderung auch wirtschaftlich schwächerer Unternehmen gewährleistet werden (vgl. *Heß/Martin* InvZulG Einleitung Rn. 27).

2   Mit weiteren Investitionszulagengesetzen wurde die Absicht des Gesetzgebers, regional schwach entwickelte Gebiete (regionaler Aspekt) sowie einzelne Sektoren der Wirtschaft (sektoraler Aspekt) durch Investitionszulagen zu fördern, fortgeschrieben.

Gegenstand der Förderung nach dem InvZulG 2010 ist die **Anschaffung und Herstellung neuer** 3
abnutzbarer beweglicher Wirtschaftsgüter des Anlagevermögens im Rahmen von Erstinvestitionsvorhaben (§ 2 Abs. 1 i.V.m. § 2 Abs. 3 InvZulG 2010). Konstitutionelles Element der Förderung ist
zudem der Verbleib des Anlagevermögens innerhalb des Fördergebiets für einen bestimmten Zeitraum (§ 2 Abs. 1 Nr. 2 a, b InvZulG 2010). Mit Ersetzung des Begriffs der „Erstinvestition" durch
den Begriff des „Erstinvestitionsvorhabens" stellt die Förderung seit dem InvZulG 2007 nicht mehr
auf einzelne Wirtschaftsgüter, sondern vielmehr auf das zu fördernde Gesamtvorhaben ab.

Bei der Investitionszulage handelt es sich um eine staatliche Beihilfe i.S.v. Art. 107 Abs. 1 AEUV 4
(ex Art. 87 Abs. 1 EGV). Um das nach Art. 108 Abs. 3 AEUV (ex Art. 88 Abs. 3 EGV) erforderliche Einzelnotifizierungsverfahren für staatliche Beihilfen zu vereinfachen, hat die Kommission mit
der Allgemeinen Gruppenfreistellungverordnung (AGFV, ABl. EU 2008 Nr. L 214, S. 3)
bestimmte, den Kriterien der AGFV entsprechende staatliche Beihilfen von der Notifizierungspflicht ausgenommen. Dazu zählen auch Subventionen nach dem InvZulG (vgl. ABl. EU 2009
Nr. C 280, S. 7). Die Freistellung greift allerdings nur unter der Voraussetzung, dass sowohl das
Gesetz als auch die einzelnen Beihilfen von der AGFV erfasst sind (*Heß/Martin* InvZulG § 9
Rn. 8). § 9 Abs. 1 InvZulG 2010 sieht daher die ausdrückliche Anwendung der AGFV vor.

Für die Auslegung einzelner Begriffe des InvZulG entfalten zudem die Empfehlungen, Leitlinien 5
und Mitteilungen der Kommission Bindungswirkung. Diese Bindungswirkung ergibt sich aus der
vom EuGH statuierten Auslegungskompetenz der Kommission im Bereich des Beihilferechts
(„weites Ermessen, weitgehende Entscheidungsfreiheit", vgl. EuGH, Urt. v. 07.03.2002 – Rs. C-
310/99, Italien/Kommission, Slg. 2002, I-2289). So ist für die Auslegung des im InvZulG verwandten Begriffs der kleinen und mittleren Unternehmen (KMU), für die erhöhte Fördersätze
gelten (§ 6 Abs. 2 InvZulG 2010), auf die Empfehlungen der Kommission v. 06.05.2003 abzustellen (vgl. ABl. EU 03 Nr. L 124, 36).

Für die Auslegung der einzelnen Bestimmungen des InvZulG 2010 kann ferner auf die durch das 6
BMF herausgegebenen Anwendungsschreiben zu dem jeweils in Kraft befindlichen InvZulG
zurückgegriffen werden (BMF-Schreiben v. 08.05.2008, BStBl. I, S. 590 i.d.F. v. 08.07.2010,
BStBl. I, S. 600). Es handelt sich dabei um ermessenslenkende Verwaltungsvorschriften (*Heß/Mar-
tin* InvZulG Einl. Rn. 20).

II. Investitionszulagen und Strafrechtsschutz

Mit Einführung des Straftatbestands des Subventionsbetrugs durch das 1. WiKG v. 29.07.1976 7
(BGBl. I, S. 2034) sollte die zunehmend an Bedeutung gewinnende öffentliche Wirtschaftsförderung auch einem effektiveren strafrechtlichen Schutz unterstellt werden. Ergänzend wurde im gleichen Jahr das Gesetz gegen die missbräuchliche Inanspruchnahme von Subventionen (SubvG)
verabschiedet und mit § 5a erstmals eine strafrechtliche Verweisungsnorm in das InvZulG 1975
aufgenommen.

Auch das InvZulG 2010 (BGBl. I 2008, S. 2350) enthält, ebenso wie seine Vorläufer 8
(InvZulG 1999, 2005, 2007), keine eigenen Straftatbestände, sondern verweist in § 15 deklaratorisch auf die §§ 263 und 264 StGB sowie auf den in § 257 StGB normierten Tatbestand der
Begünstigung. § 15 InvZulG 2010 hat folgenden Wortlaut:

> *„Für die Verfolgung einer Straftat nach den §§ 263 und 264 des Strafgesetzbuchs, die sich auf die
> Investitionszulage bezieht, sowie der Begünstigung einer Person, die eine solche Straftat begangen
> hat, gelten die Vorschriften der Abgabenordnung über die Verfolgung von Steuerstraftaten entspre-
> chend".*

Straftaten, die sich auf Investitionszulagen beziehen, sind daher materiell betrachtet keine Steuer 9
straftaten (*Heß/Martin* InvZulG § 15 Rn. 9). In prozessualer Hinsicht nimmt das InvZulG Bezug
auf die Vorschriften der Abgabenordnung zur Verfolgung von Steuerstraftaten (§§ 385

bis 408 AO). Das InvZulG enthält insoweit auch eine Kompetenzzuweisung, da die Verfolgung von im Zusammenhang mit Investitionszulagen begangenen Straftaten zunächst den Finanzbehörden zugewiesen ist (§ 386 Abs. 1 AO).

10   Die materiellen Strafnormen der Abgabenordnung einschließlich der Vorschriften über die strafbefreiende Selbstanzeige finden jedoch auf die in § 15 InvZulG 2010 bezeichneten Straftaten keine Anwendung. Dies gilt ungeachtet des Umstands, dass die *„Anweisungen für das Straf- und Bußgeldverfahren in Steuersachen"* (AStBV 2011) Straftaten, die sich auf Investitionszulagen beziehen, als den „Steuerstraftaten vergleichbare Straftaten" definieren (AStBV 2011 Teil I Nr. 19 Nr. 2 bis 4).

B. Der Tatbestand des Subventionsbetrugs

11   Bei strafrechtlich relevanten Verstößen gegen das InvZulG steht der Vorwurf des Subventionsbetrugs in der Praxis der Strafverfolgungsbehörden regelmäßig im Vordergrund. Der Straftatbestand des Betrugs bleibt v.a. in den Fällen einschlägig, in denen es der Subventionsgeber im Zulagenbescheid versäumt hat, die subventionserheblichen Tatsachen gem. § 264 Abs. 8 Nr. 1 StGB i.V.m. § 2 Abs. 1 SubvG hinreichend deutlich zu bezeichnen.

12   Der Vorwurf der Begünstigung nach § 257 StGB besitzt in Strafverfahren wegen des Vorwurfs des Subventionsbetrugs dagegen nur geringe praktische Relevanz. Dies gilt schon deshalb, weil in Fällen der Begünstigung i.d.R. auch ein Verstoß gegen Verwendungsbeschränkungen nach § 264 Abs. 1 Nr. 2 StGB in Betracht kommt, hinter den der Tatbestand der Begünstigung zurücktritt.

I. Normzweck

13   Mit zunehmender Relevanz öffentlicher Wirtschaftsförderung durch Subventionsmaßnahmen wurde allgemein ein erhebliches Kontrolldefizit für das Vergabeverfahren konstatiert und ein wirksamerer Einsatz des strafrechtlichen Instrumentariums gefordert (vgl. *Tiedemann*, ZStW 86, 908 ff.).

14   Erklärte Absicht des Gesetzgebers war in diesem Zusammenhang auch eine Vorverlagerung der Strafbarkeit, da der Betrugstatbestand nicht ausreichend auf die Besonderheiten des Subventionsverfahrens zugeschnitten sei. Dem sollte in objektiver Hinsicht durch Verzicht auf einzelne Tatbestandsmerkmale des Betrugs, wie Irrtumserregung und Vermögensschaden, Rechnung getragen werden. Es gehe darum, „bereits die Täuschungshandlung selbst zu pönalisieren" (BT-Drucks. 7/5291, S. 3).

15   Die für die Implementierung des Subventionsstraftatbestands angeführten Motive waren allerdings nicht in jeder Hinsicht überzeugend: Soweit auf die vermeintlich unzureichende Zweckverfehlungslehre bei Anwendung des Betrugstatbestands verwiesen wurde, begründete dieser Aspekt keine Strafbarkeitslücke bei der Verfolgung von Subventionsstraftaten. So entsprach es der damals vorherrschenden Auffassung, dass nicht unter die Legaldefinition des § 264 Abs. 7 StGB fallende staatliche Leistungen unter Berücksichtigung der Zweckverfehlungslehre problemlos durch § 263 StGB erfasst werden konnten (*Fischer* § 264 Rn. 2 m.w.N.).

16   Der Einführung des Tatbestands des Subventionsbetrugs dürfte letztlich v.a. das kriminalpolitische Bedürfnis zugrunde gelegen haben, Beweisschwierigkeiten zu beheben, da der Nachweis einer durch Täuschungshandlungen bedingten Irrtumserregung mit Einführung des § 264 StGB obsolet wurde (A/R/*Wattenberg*, IV 2 Rn. 4; MüKo-StGB/*Wohlers* § 264 Rn. 3; SSW-StGB/*Saliger* § 264 Rn. 1).

17   Zu diesem Zweck wurden die Nachweisanforderungen auch in subjektiver Hinsicht erheblich herabgesetzt da, anders als sonst im Vermögensstrafrecht, bereits die leichtfertige Begehungsweise unter Strafe gestellt (§ 264 Abs. 4 StGB) wurde.

§ 264 StGB wurde in der Folge mehrfach geändert: Das 6. StrRG führte mit § 264 Abs. 3 StGB   **18**
den Qualifikationstatbestand der bandenmäßigen und gewerbsmäßigen Begehungsweise auch für
den Subventionsbetrug ein. Durch Art. 2 des EG-Finanzschutzgesetzes v. 10.09.1998 (BGBl. II,
S. 2322) wurden Verstöße gegen Verwendungsbeschränkungen pönalisiert (§ 264 Abs. 1
Nr. 2 StGB). Mit Neufassung des § 264 Abs. 7 StGB wurde schließlich dem Übereinkommen über
den Schutz der finanziellen Interessen der Europäischen Gemeinschaften v. 26.07.1995 auch in
strafrechtlicher Hinsicht Rechnung getragen (BT-Drucks. 13/10425, S. 6 f.).

Die geltende Fassung des § 264 StGB hat nunmehr folgenden Wortlaut: **19**

I.   *„Mit Freiheitsstrafe bis zu fünf Jahren oder mit Geldstrafe wird bestraft, wer*
   1. *einer für die Bewilligung einer Subvention zuständigen Behörde oder einer anderen in das
      Subventionsverfahren eingeschalteten Stelle oder Person (Subventionsgeber) über subventi-
      onserhebliche Tatsachen für sich oder einen anderen unrichtige oder unvollständige Anga-
      ben macht, die für ihn oder den anderen vorteilhaft sind;*
   2. *einen Gegenstand oder ein Geldleistung, deren Verwendung durch Rechtsvorschriften oder
      durch den Subventionsgeber im Hinblick auf eine Subvention beschränkt ist, entgegen der
      Verwendungsbeschränkung verwendet;*
   3. *den Subventionsgeber entgegen den Rechtsvorschriften über die Subventionsvergabe über
      subventionserhebliche Tatsachen in Unkenntnis lässt oder*
   4. *in einem Subventionsverfahren eine durch unrichtige oder unvollständige Angaben erlangte
      Bescheinigung über eine Subventionsberechtigung oder über subventionserhebliche Tatsa-
      chen gebraucht."*
II.   *In besonders schweren Fällen ist die Freiheitsstrafe von 6 Monaten bis zu 10 Jahren. Ein
      besonders schwerer Fall liegt i.d.R. vor, wenn der Täter*
   1. *aus grobem Eigennutz oder unter Verwendung nachgemachter oder verfälschter Belege für
      sich oder einen anderen eine nicht gerechtfertigte Subvention großen Ausmaßes erlangt,*
   2. *seine Befugnisse oder seine Stellung als Amtsträger missbraucht oder*
   3. *die Mithilfe eines Amtsträgers ausnutzt, der seine Befugnisse oder seine Stellung miss-
      braucht.*
III.   *§ 263 Abs. 5 gilt entsprechend.*
IV.   *Wer in den Fällen des Abs. 1 Nr. 1 bis 3 leichtfertig handelt, wird mit Freiheitsstrafe bis zu
      3 Jahren oder mit Geldstrafe bestraft.*
V.   *Nach den Abs. 1 und 4 wird nicht bestraft, wer freiwillig verhindert, dass aufgrund der Tat
      die Subvention gewährt wird. Wird die Subvention ohne Zutun des Täters nicht gewährt, so
      wird er straflos, wenn er sich freiwillig und ernsthaft bemüht, das Gewähren der Subvention
      zu verhindern.*
VI.   *Nach einer Freiheitsstrafe von mindestens einem Jahr wegen einer Straftat nach den Abs. 1
      bis 3 kann das Gericht die Fähigkeit, öffentliche Ämter zu bekleiden und die Fähigkeit,
      Rechte aus öffentlichen Wahlen zu erlangen, aberkennen (§ 45 Abs. 2). Gegenstände, auf die
      sich die Tat bezieht, können eingezogen werden; § 74a ist anzuwenden.*
VII.   *Subvention im Sinne dieser Vorschrift ist*
   1. *eine Leistung aus öffentlichen Mitteln nach Bundes- oder Landesrecht an Betriebe oder
      Unternehmen, die wenigstens z. T.*
   a) *ohne marktmäßige Gegenleistung gewährt wird und*
   b) *der Förderung der Wirtschaft dienen soll;*
   2. *eine Leistung aus öffentlichen Mitteln nach dem Recht der Europäischen Gemeinschaften,
      die wenigstens z. T. ohne marktmäßige Gegenleistung gewährt wird.*
   Betrieb oder Unternehmen i.S.d. Satzes 1 Nr. 1 ist auch das öffentliche Unternehmen.
VIII.   *Subventionserheblich i.S.d. Abs. 1 sind Tatsachen,*
   1. *die durch Gesetz oder aufgrund eines Gesetzes von dem Subventionsgeber als subventioner-
      heblich bezeichnet sind oder*

2. von denen die Bewilligung, Gewährung, Rückforderung, Weitergewährung oder das Belassen einer Subvention oder eines Subventionsvorteils gesetzlich abhängig ist."

II. Geschütztes Rechtsgut

20 Die Frage nach dem durch § 264 StGB geschützten Rechtsgut ist nach wie vor umstritten und lässt sich auch durch die Gesetzgebungsgeschichte nicht eindeutig beantworten.

21 In der Regierungsbegründung zum Gesetzentwurf wurde einerseits ausgeführt, die Norm solle bereits der **Gefahr** entgegenwirken, dass dem Täter durch subventionsunehrliches Verhalten ungerechtfertigte Subventionen gewährt werden (BT-Drucks. 7/3441, S. 25). Dieser Aspekt rückt den Schutz der staatlichen Dispositionsfreiheit und Wirtschaftslenkung in den Vordergrund (OLG Hamburg, NStZ 1984, 218; *Kindhäuser,* JZ 1991, 494; MüKo-StGB/*Wohlers* § 264 Rn. 8).

22 Andererseits wurde im Gesetzgebungsverfahren die Nähe des Subventionsbetrugs zum Betrugstatbestand hervorgehoben ("Sonderregelung gegenüber dem Betrugstatbestand", BT-Drucks. 7/5291, S. 5). Damit wird der klassische durch den Betrugstatbestand gewährleistete Vermögensschutz in den Blick genommen. Zutreffend ist, dass § 264 StGB einen „doppelten Rechtsgutsbezug" aufweist (SSW-StGB/*Saliger,* § 264 Rn. 1 unter Hinweis auf BGHZ 106, 204, 207) und daher dem Schutz staatlicher Wirtschaftsförderung durch gezielten Einsatz öffentlichen Vermögens dient. Zwischen beiden Rechtsgütern besteht, wie das InvZulG belegt, ein unmittelbarer Zusammenhang. Durch gezielte nach bestimmten gesetzlichen Kriterien gewährte Zuwendungen, soll eine aus staatlicher Sicht sinnvolle Wirtschaftsförderung betrieben werden.

23 Die teilweise vertretene Auffassung, § 264 StGB diene ausschließlich dem Schutz staatlichen Vermögens (vgl. *Fischer* § 264 Rn. 2a m.w.N.), entspricht dagegen weder der Gesetzgebungsgeschichte noch ließe sich damit die Pönalisierung auch leichtfertiger Begehungsweisen (§ 264 Abs. 4 StGB) erklären, die dem klassischen Vermögensstrafrechtsschutz fremd ist (zutreffend SSW-StGB/*Saliger* § 264 Rn. 1). Auch die Tatbestandsalternative des § 264 Abs. 1 Nr. 2 StGB, der einen Verstoß gegen Verwendungsbeschränkungen pönalisiert, lässt sich auch bei weiter Auslegung der Zweckverfehlungslehre nur schwer mit dem Gedanken eines reinen Vermögensschutzes in Einklang bringen.

III. Der Subventionsbegriff

24 Unter den Subventionsbegriff fallen nach der Legaldefinition des § 264 Abs. 7 **Nr. 1** StGB aus öffentlichen Mitteln nach Bundes- oder Landesrecht gewährte Leistungen an Betriebe oder Unternehmen, die wenigstens z.T.

a) ohne markmäßige Gegenleistung gewährt werden und
b) der Förderung der Wirtschaft dienen.

25 Subventionen, die nach EG-Recht vergeben werden, § 264 Abs. 7 **Nr. 2** StGB, sind dagegen auch dann erfasst, wenn sie weder der Wirtschaftsförderung dienen noch an Betriebe oder Unternehmen vergeben werden. Der strafrechtliche Schutz umfasst damit auch Subventionen aus dem Sozial- oder Kulturbereich (Übersicht bei *Fischer* § 264 Rn. 12; SSW-StGB/*Saliger* § 264 Rn. 16). Zu den Leistungen der Europäischen Gemeinschaft zählen auch Mittel, die im Gesamthaushaltsplan der EG festgelegt sind, jedoch, wie im Regelfall, durch nationale Stellen verwaltet und vergeben werden (vgl. Sch/Sch/*Perron* § 264 Rn. 26).

26 Subventionen nach Bundes- und Landesrecht sind dagegen Haushaltsmittel des Bundes, der Länder oder Gemeinden einschließlich deren Sondervermögen. Für Leistungen, die nach dem InvZulG gewährt werden, ist die Einordnung damit unproblematisch. Es handelt sich um Subventionen nach § 264 Abs. 7 Nr. 1 StGB. Die Leistungen werden „aus öffentlichen Mitteln" nach Bundesrecht erbracht, da die Investitionszulage nach § 10 InvZulG aus den Einnahmen an ESt bzw. Körperschaftsteuer auszuzahlen ist. Die umstrittene Frage, ob es sich bei der Gewährung von Investitions-

zulagen um Auftragsverwaltung des Bundes (so wohl *Heß/Martin* InvZulG Einl. Rn. 16) oder um landeseigene Verwaltung (vgl. *Streck/Spascheck*, DStR-BEIH. 1997, 2) handelt, ist für die Definition der Investitionszulage als Subvention i.S.d. § 264 Abs. 7 Nr. 1 StGB unerheblich.

Der Umstand, dass zu dem Kreis der Destinatäre nach dem InvZulG auch natürliche Personen gehö- **27** ren (§ 1 Abs. 1 InvZulG), § 264 Abs. 7 Nr. 1 StGB jedoch Leistungen „an Betriebe oder Unternehmen" voraussetzt, steht der Anwendung des § 264 StGB auf Investitionszulagen ebenfalls nicht entgegen. Der in § 264 Abs. 7 Nr. 1 StGB verwendete Begriff „Betrieb" bzw. „Unternehmen" ist weit zu verstehen (LK-StGB/*Tiedemann* § 264 Rn. 39; A/R-*Wattenberg* IV 2 Rn. 37). Darunter fallen selbst freie Berufe (BGH, NStZ 2003, 541, 542; LK/*Tiedemann* § 264 Rn. 39 SSW-StGB/*Saliger* § 264 Rn. 14). Eine bestimmte Rechtsform wird in § 264 Abs. 7 StGB mithin nicht vorausgesetzt.

Nach § 2 Abs. 1 Nr. 2 InvZulG 2010 sind überdies nur solche Investitionen begünstigt, die zum **28** Anlagevermögen „eines Betriebs oder einer Betriebsstätte" gehören. Die Gewährung von Zulagen nach dem InvZulG setzt mithin betriebliche Investitionen voraus. Dies gilt i.Ü. auch für Investitionszulagen an Private nach § 2 Abs. 2 InvZulG 2010 (Anschaffung neuer Gebäude), da auch diese nur als Erstinvestitionsvorhaben nach § 2 Abs. 3 InvZulG 2010 gefördert werden können (a.A. *Ludolph*, Investitionszulagengesetz 2010, S. 229 unter Hinw. auf BGH, Beschl. v. 26.01.2006 – 5 StR 334/05. Die in Bezug genommene Entscheidung befasst sich allerdings nicht mit den Voraussetzungen des Subventionsstraftatbestands).

Da die Investitionszulage als verlorener Zuschuss ohne marktmäßige Gegenleistung gewährt wird **29** und der regionalen wie sektoralen Wirtschaftsförderung dient, fallen Investitionszulagen nach dem InvZulG 2010 auch hinsichtlich der weiteren in § 264 Abs. 7 StGB genannten Voraussetzungen unter den Subventionsbegriff des StGB.

IV. Zum Begriff der subventionserheblichen Tatsachen

1. Bezeichnungspflicht des Subventionsgebers

Die einzelnen in § 264 StGB normierten Tatbestandsalternativen knüpfen, mit Ausnahme der **30** Vorschrift des § 264 Abs. 1 Nr. 2 StGB, an den Begriff der „subventionserheblichen Tatsachen" an. Der Begriff ist in § 264 Abs. 8 StGB näher definiert. Danach sind subventionserhebliche Tatsachen solche,

1. die durch Gesetz oder aufgrund eines Gesetzes von dem Subventionsgeber als subventionserheblich bezeichnet sind oder
2. von denen die Bewilligung, Gewährung, Rückforderung, Weitergewährung oder das Belassen einer Subvention oder eines Subventionsvorteils gesetzlich abhängig ist.

Zweck der Vorschrift ist ein zweifacher: § 264 Abs. 8 Nr. 1 StGB enthält einerseits die auch in § 2 **31** SubvG normierte Verpflichtung des Subventions**gebers**, die subventionserheblichen Tatsachen ausdrücklich zu bezeichnen. Dadurch soll u.a. einer Fehlleitung von Subventionen entgegengewirkt werden (SSW-StGB/*Saliger* § 264 Rn. 17).

Darüber hinaus dient die in § 264 Abs. 8 Nr. 1 StGB normierte Bezeichnungspflicht der Informa- **32** tion des Subventions**nehmers** (MüKo-StGB/*Wohlers* § 264 Rn. 73k). Sie nimmt eine Warnfunktion wahr, da dem Antragsteller auf diesem Wege die strafrechtliche Relevanz seiner im Subventionsverfahren abgegebenen Erklärungen deutlich gemacht werden soll.

Wegen der weiten Fassung des Straftatbestands und der Erfassung einer auch leichtfertigen Bege- **33** hungsweise in § 264 Abs. 4 StGB kommt der ausdrücklichen Bezeichnung der subventionserheblichen Tatsachen nach der Rechtsprechung besondere Bedeutung zu (BGHSt 44, 233, 238). Der Frage, ob der Subventionsgeber seiner Bezeichnungspflicht im Einzelfall nachgekommen ist, kommt in Verfahren wegen des Vorwurfs des Subventionsbetrugs regelmäßig auch erhebliche praktische Bedeutung zu.

34 Die in § 264 Abs. 8 Nr. 1 StGB enthaltene Formulierung „durch Gesetz oder aufgrund eines Gesetzes" hat einen materiellen Gehalt. Der Subventionsgeber darf die jeweiligen Tatsachen nur innerhalb der gesetzlich zulässigen Grenzen als subventionserheblich bezeichnen. Werden in den Antragsformularen bzw. im Zuwendungsbescheid Tatsachen als subventionserheblich bezeichnet, die es nach den jeweiligen gesetzlichen der Förderung zugrunde liegenden Regelungen nicht sind, so kommt eine Strafbarkeit wegen Subventionsbetrugs nicht in Betracht (SSW-StGB/*Saliger* MüKo-StGB/*Wohlers* § 264 Rn. 72; LG Hamburg, wistra 1988, 362).

35 Das Gleiche gilt auch dann, wenn der Subventions- bzw. Förderbescheid die subventionserheblichen Tatsachen lediglich pauschal oder formelhaft bezeichnet oder sich in einer Wiedergabe der strafrechtlichen Normen erschöpft (BGHSt 44, 233, 238; LG Magdeburg, wistra 2005, 155, 156; LG Düsseldorf, NStZ 81, 223).

36 Vor dem oben skizzierten Hintergrund genügt die in den Antragsformularen für die Investitionszulage verwandte Formulierung den gesetzlichen Anforderungen nicht. Der Antragsteller hat danach u.a. folgende Versicherung abzugeben:

> „Mir ist bekannt, dass die von mir in diesem Antrag in den Zeilen 12 bis 137 sowie in den Anlagen zu diesem Antrag angegebenen Tatsachen sowie die Tatsachen, die ich unverzüglich anzuzeigen habe, subventionserhebliche Tatsachen im Sinne des § 264 des Strafgesetzbuchs sind."

37 Abgesehen davon, dass in dem Antrag nicht nur Tatsachen mitzuteilen, sondern auch normative Rechtsbegriffe auszulegen sind, entspricht die in dem Antragsformular verwandte Formulierung der auch in § 2 SubvG normierten Bezeichnungspflicht nicht in ausreichender Weise (zweifelnd *Heß/Martin* InvZulG § 15 Rn. 12; a.A. *Jasper/Sönksen/Rosarius* § 8 Rn. 5). Dem Antragsteller ist durch die Bezeichnung unmissverständlich deutlich zu machen, welche **konkreten Tatsachen** als subventionserheblich zu qualifizieren sind und damit strafrechtliche Relevanz gewinnen. Ergibt sich dagegen die Subventionserheblichkeit für den Normadressaten erst aus dem Zusammenhang, so fehlt es an einer eindeutigen den Anforderungen des § 264 Abs. 8 Nr. 1 StGB entsprechenden Bezeichnung (BGHSt 44, 233, 238; LG Düsseldorf, NStZ 1981, 223; LG Magdeburg, wistra 2005, 155 f.; MüKo-StGB/*Wohlers* § 264 Rn. 73).

2. Gesetzliche Bezeichnung der subventionserheblichen Tatsachen

38 Fraglich erscheint, ob das InvZulG oder andere materielle Rechtsnormen eine gesetzliche Bezeichnung der subventionserheblichen Tatsachen enthalten und damit die Voraussetzungen § 264 Abs. 8 Nr. 2 StGB erfüllen (so *Heß/Martin* InvZulG § 15 Rn. 12).

39 Das SubvG enthält in § 3, ebenso wie die Landessubventionsgesetze, keine Definition der subventionserheblichen Tatsachen (A/R-HWSt/*Wattenberg*, IV 2 Rn. 21; *Ranft*, NJW 1986, 3163, 3170; a.A. *Fischer* § 264 Rn. 17). Das Subventionsgesetz begründet daher keine gesetzliche Abhängigkeit i.S.d. § 264 Abs. 8 Nr. 2 StGB.

40 Im InvZulG 2010 sind dagegen die Bewilligungsvoraussetzungen gesetzlich normiert (§§ 1 bis 4 InvZulG). Auch bei einer gesetzlichen Bezeichnung nach Abs. 8 Nr. 2 ist jedoch erforderlich, dass sich die Voraussetzungen der Bewilligung hinreichend deutlich bereits dem Gesetz entnehmen lassen (BGH, StV 2011, 163, 164; BGHSt 44, 233, 241; LG Magdeburg, wistra 2005. 155, 157; MüKo-StGB/*Wohlers* § 264 Rn. 76). Ob dies für alle im InvZulG 2010 genannten Bewilligungsvoraussetzungen zutrifft, erscheint zumindest fraglich.

41 Während sich einzelne Bewilligungsvoraussetzungen, wie etwa der Kreis der nach § 3 InvZulG begünstigten Betriebe (vgl. dazu die Klassifikation der Wirtschaftszweige) oder der begünstigte Zeitraum (vgl. dazu OLG München zu § 4b InvZulG 1975, NJW 1982, 457) noch relativ einfach dem Gesetz entnehmen lassen, gilt dies für andere im Gesetz verwendete Termini, wie etwa den Begriff „neuer abnutzbarer beweglicher Wirtschaftsgüter" nach § 2 Abs. 1 InvZulG nicht in gleicher Weise. Es ist daher im Einzelfall unter Berücksichtigung der jeweiligen Regelung im InvZulG

zu entscheiden, ob eine hinreichende gesetzliche Bezeichnung der subventionserheblichen Tatsachen vorliegt.

Die Rechtsprechung hat es allerdings auch genügen lassen, dass sich die Bezeichnung der subven- 42
tionserheblichen Tatsachen („wirtschaftliche Verhältnisse des Antragstellers") dem Gesetzeszweck
eindeutig entnehmen lassen (BGH, wistra 1992, 257).

3. Zum Tatsachenbegriff

Der in § 264 Abs. 8 StGB verwendete Tatsachenbegriff umfasst sowohl äußere als auch innere Tat- 43
sachen, wie etwa Absichtserklärungen, soweit diese hinreichend objektivierbar sind (BGHSt 34,
111, 114; *Fischer* § 263 Rn. 7 m.w.N.). Eine Tatsachenerklärung enthält etwa die Versicherung des
Antragstellers, zukünftig die in § 2 Abs. 1 Satz 1 Nr. 2 Satz 2 InvZulG 2010 statuierten Bindungs-
fristen zu beachten oder die geförderten Wirtschaftsgüter nur in dem gesetzlich zugelassenen
Umfang zu nutzen (§ 2 Abs. 1 Satz 1 Nr. 2c InvZulG 2010).

Zu beachten ist ferner, dass in dem amtlichen Vordruck für die Bewilligung von Investitionszula- 44
gen nicht nur Angaben rein tatsächlicher Art gefordert werden. Ob es sich um begünstigte Erstinvestitionsvorhaben oder nicht förderfähige nachträgliche Herstellungs- bzw. Erhaltungsarbeiten
handelt (vgl. Tz. 18 des Antragsformulars auf Bewilligung einer Investitionszulage), ist anhand
rechtlicher Kriterien zu entscheiden, die dem Gesetz nicht unmittelbar zu entnehmen sind.

Gleiches gilt auch für Anschaffungsvorgänge neuer Gebäude oder Gebäudeteile nach § 2 Abs. 2 45
InvZulG 2010 (vgl. dazu BMF, 08.05.2008, BStBl. I 2008, S. 590, Tz. 89 ff. unter Hinweis auf die
dazu ergangene umfangreiche Rechtsprechung des BFH).

Die teils schwierige Abgrenzung zwischen materiellen und immateriellen Wirtschaftsgütern (Tz. 46
19 des Antragsformulars) ist unter Berücksichtigung der Rechtsprechung des BFH vorzunehmen
(vgl. für Softwareprogramme BFH, BStBl. II 1990, S. 794; BFH, BStBl. II 2003, S. 365; BFH,
BStBl. II 2009, S. 527). Der Antrag verlangt daher neben reinen Tatsachenbehauptungen auch
eine Auslegung einzelner Rechtsbegriffe durch den Antragsteller. Da die jeweiligen Investitionsvor-
haben in den beigefügten Anlagen jedoch regelmäßig näher zu beschreiben sind (vgl. Tz. 30 – 32
des Antragsformulars), handelt es sich jedenfalls in der Gesamtschau auch insoweit um Tatsachen-
angaben. Entscheidend für die strafrechtliche Beurteilung ist jedoch nicht die bloße – ggf. rechtlich unzutreffende – Subsumtion anhand des vorformulierten Antragsformulars, sondern sind die
im Antrag enthaltenen tatsächlichen Beschreibungen des Investitionsvorhabens.

V. Tathandlungen

1. § 264 Abs. 1 Nr. 1 StGB

Nach der ersten Tatbestandsalternative des § 264 StGB macht sich strafbar, wer ggü. 47

„einer für die Bewilligung einer Subvention zuständigen Behörde oder einer anderen in das Subventionsverfahren eingeschalteten Stelle oder Person (Subventionsgeber) über subventionserhebliche Tatsachen für sich oder einen anderen unrichtige oder unvollständige Angaben macht, die für
ihn oder den anderen vorteilhaft sind".

Tatsachenerklärungen des Antragstellers oder eines von ihm beauftragten Dritten im Subventions- 48
verfahren sind unter entsprechender Anwendung von § 133 BGB auszulegen (so ausdrücklich für
die Gewährung einer Investitionszulage BFH, BStBl. II 1989, S. 1024). Unrichtig sind Angaben,
wenn sie mit der Wirklichkeit nicht übereinstimmen (BGHSt 34, 111, 115).

Dies ist etwa der Fall, wenn entgegen den tatsächlichen Verhältnissen vorgetäuscht wird, die Inves- 49
titionszulage werde für die Anschaffung neuer Wirtschaftsgüter beantragt, während tatsächlich
gebrauchte Wirtschaftsgüter angeschafft werden sollen oder das Wirtschaftsgut nicht dem
Anlage – sondern vielmehr dem Umlagevermögen zuzuordnen ist (vgl. *Dörn*, DStZ 1995,

164, 166). Unrichtig sind Angaben auch dann, wenn im Rahmen einer beantragten Investitionszulage verschwiegen wird, dass seitens des Verkäufers Provisionen auf den Kaufpreis zugesagt wurden, die die Anschaffungskosten vermindern (BGH, wistra 1986, 67 f.; AG Hamburg, wistra 84, 151).

50 Behauptet der Antragsteller dagegen in unzutreffender Bewertung der Rechtslage, dass es sich bei den im Rahmen einer Erstinvestition erworbenen Wirtschaftsgütern nicht um geringwertige Wirtschaftsgüter handelt (Tz. 40 des Antragsformulars), so stellt dies noch nicht zwangsläufig eine unrichtige und damit strafbewehrte Tatsachenbehauptung im Subventionsverfahren dar. Das InvZulG 2010 schließt abnutzbare bewegliche Wirtschaftsgüter von der Förderung aus, soweit diese selbstständig nutzbar sind und die Anschaffungs- oder Herstellungskosten, vermindert um die Vorsteuer, den Betrag von 410,00 € Euro nicht übersteigen (§ 2 Abs. 1 Satz 2 InvZulG).

51 Der Begriff des geringwertigen Wirtschaftsguts setzt daher eine selbstständige Nutzungsmöglichkeit voraus, die sowohl von den technischen Eigenschaften (BFH, BStBl. II 2004, S. 958) als auch von der Zweckbestimmung durch den Steuerpflichtigen abhängt. Zur Frage der selbstständigen Nutzung einzelner Wirtschaftsgüter hat der BFH eine teilweise schwer überschaubare Rechtsprechung entwickelt (vgl. die Übersicht bei *Ludolph*, Investitionszulagengesetz 2010, S. 95 ff.).

52 Beurteilt der Antragsteller die Frage der selbstständigen Nutzung aufgrund einer fehlerhaften Rechtsauffassung im Antrag unzutreffend (Antragsformular Tz. 40), teilt der Finanzbehörde jedoch in den Erläuterungen die relevanten Tatsachen, aus denen sich eine selbstständige Nutzung ergibt, zutreffend mit, so macht er keine unrichtigen Angaben nach § 264 Abs. 1 Nr. 1 StGB.

53 Die gleiche Feststellung gilt etwa für die Erklärung, wonach das bewegliche Wirtschaftsgut in ungebrauchtem Zustand erworben oder aus ungebrauchten Teilen hergestellt wurde (Tz. 39 des Antragsformulars). Der BFH hat dazu ausgeführt, dass etwa eine bloße Nutzung zu Ausstellungszwecken förderunschädlich sei (Beschl. v. 30.11.2001 – III B 12/01), eine längere Ingebrauchnahme zu Ausstellungszwecken hingegen förderschädlich (BFH, BStBl. II 1979, S. 287). Hinsichtlich des Umfangs des noch zulässigen Gebrauchs ist derzeit noch ein Revisionsverfahren beim BFH anhängig (BFH – III R 13/08, zitiert nach Ludolph, Investitionszulagengesetz, S. 85).

54 Teilt der Subventionsnehmer alle Tatsachen mit, aus denen das FA eine förderschädliche Nutzungsdauer entnehmen kann, kreuzt in Verkennung der Rechtslage jedoch gleichzeitig die Tz. 39 des Antragsformulars an, so sind seine Angaben in strafrechtlicher Hinsicht nicht „unrichtig".

55 Aufgrund der vom Subventionsnehmer zu nutzenden standardisierten Formulare, stellt sich für das Subventionsstrafrecht eine aus dem Steuerstrafrecht bekannte Frage: Darf der Antragsteller hinsichtlich des Umfangs seiner Erklärungspflichten die eigene vertretbare Rechtsauffassung zugrunde legen oder muss er die davon abweichende Rechtsprechung und Verwaltungspraxis der Finanzbehörden berücksichtigen (vgl. dazu *Wannemacher/Kürzinger* Rn. 105 ff.; FGJ/*Joecks* § 370 Rn. 123 f.).

56 Die Rechtsprechung verfolgt einen differenzierenden Mittelweg, der auch für die Antragstellung im Subventionsverfahren zu beachten ist. Danach muss der Antragsteller jedenfalls diejenigen Tatsachen mitteilen, die unter Beachtung der Rechtsprechung und Verwaltungspraxis für die Gewährung der Zulage potenziell von Bedeutung sein können (BGHSt 37, 266, 284 f.; a.A. für das Steuerstrafrecht FGJ/*Joecks*, § 370 Rn. 128, der auf eine vertretbare Rechtsauffassung des Steuerpflichtigen abstellt).

a) Zum Merkmal der Vorteilhaftigkeit

57 Die Tatbestandsalternative des § 264 Abs. 1 Nr. 1 StGB erfährt eine gewisse Einschränkung dadurch, dass unrichtige oder unvollständige Angaben im Subventionsverfahren nur dann erfasst werden, wenn diese für den Subventionsempfänger vorteilhaft sind. Die Auslegung dieses Tatbestandsmerkmals ist jedoch umstritten.

Der BGH hatte zunächst ausgeführt, das Merkmal der Vorteilhaftigkeit setze voraus, dass der 58
Angeklagte seine Chancen auf Gewährung einer Subvention durch unzutreffende Angaben im
Subventionsverfahren tatsächlich verbessert habe (BGH, wistra 85, 150). Dies sei nicht der Fall,
wenn auch bei zutreffend wiedergegebenem Sachverhalt ein Anspruch des Subventionsnehmers
bestanden hätte.

In einer späteren Entscheidung hat der BGH dieses Tatbestandsmerkmal allerdings sehr weit aus- 59
gelegt. Angaben im Subventionsverfahren seien bereits dann vorteilhaft, wenn sie geeignet seien,

> *„das Subventionsverfahren im Sinne des Antragstellers günstig zu beeinflussen, unabhängig davon,
> wie sich die Dinge bei Kenntnis sämtlicher (auch der nicht vorgebrachten) Umstände der Subventi-
> onsbehörde darstellen würden" (BGHSt 34, 265, 270).*

Nach der Rechtsprechung soll der Tatbestand des § 264 Abs. 1 Nr. 1 StGB auch dann erfüllt sein, 60
wenn unter Berücksichtigung der tatsächlichen, vom Antragsteller aber nicht vorgetragenen Verhältnisse ein Anspruch auf die Subvention bestanden hätte (BGHSt 36, 373, 374 für Ausfuhrver-
gütungen).

Diese durch den BGH vorgenommene Auslegung des Tatbestandsmerkmals der Vorteilhaftigkeit 61
überzeugt jedoch nicht. Dies gilt schon deshalb, weil damit die bloße Täuschungshandlung unter
Strafe gestellt würde, obwohl eine Gefährdung des Subventionszwecks auszuschließen ist. Berücksichtigt man ferner, dass für diese Tatbestandsalternative bereits die leichtfertige Begehungsweise
genügt (§ 264 Abs. 4 StGB), so entfernt sich das Gesetz damit von seiner Intention, den zweckge-
richteten Einsatz staatlichen Vermögens zu schützen.

So entfällt der Anspruch auf Gewährung einer Investitionszulage nicht allein deshalb, weil der 62
Antragsteller das Wirtschaftsgut fälschlicherweise einer Betriebstätte zuordnet, zu der nicht die
engste Beziehung besteht (vgl. zu dieser Voraussetzung BFH, 30.05.2008 – III B 37/07). Besteht
die engere Beziehung tatsächlich zu einer anderen jedoch gleichfalls im Fördergebiet gelegenen
Betriebsstätte des Antragstellers und sind die sonstigen gesetzlichen Voraussetzungen erfüllt, so
sind die unzutreffenden Angaben des Subventionsnehmers nicht „vorteilhaft" i.S.d. § 264 StGB.

Der Tatbestand des Subventionsbetrugs entfernt sich bei der von der Rechtsprechung vorgenom- 63
menen weiten Auslegung in nicht zu begründender Weise auch von den Strafvorschriften der
Abgabenordnung. So lässt das Steuerstrafrecht, unter Beachtung des Kompensationsverbots (§ 370
Abs. 4 Satz 3 AO), auch die Berücksichtigung eines vom Steuerpflichtigen nicht vorgetragenen
Sachverhalts zu dessen Gunsten zu. Der BGH hat dazu Folgendes ausgeführt:

> *„Auf neue Tatsachen, die der Täter dem Finanzamt nicht vorgetragen hatte und die eine Ermäßi-
> gung des Steueranspruchs begründen würden, darf er sich im Strafverfahren nicht berufen. Jedoch
> dürfen ihm solche Steuervorteile nicht vorenthalten werden, die ihm schon aufgrund seiner richtigen
> Angaben oder jedenfalls auch dann ohne weiteres von Rechts wegen zugestanden hätten, wenn er
> anstelle der unrichtigen die der Wahrheit entsprechenden Angaben gemacht hätte"*

(BGH, 31.01.1978 – 5 StR 458/77 zitiert nach *Kohlmann*-Steuerstrafrecht, § 370 AO 1977
Rn. 687).

Es ist nicht einzusehen, weshalb für Investitionszulagen, die nach § 10 InvZulG 2010 aus den 64
Einnahmen an ESt bzw. Körperschaftsteuer aufzubringen sind, ein wesentlich strengerer Maßstab
anzulegen sein sollte als im Steuerstrafrecht.

b) Täterschaft und Teilnahme

§ 264 Abs. 1 Nr. 1 StGB stellt nicht nur falsche oder unrichtige Angaben des Subventionsempfän- 65
gers, sondern auch entsprechende Erklärungen anderer am Verfahren Beteiligter unter Strafe.
Tauglicher Täter kann auch eine Person sein, die der Antragsteller i.R.d. Subventionsverfahrens

beauftragt hat. Bei § 264 Abs. 1 Nr. 1 StGB handelt es sich nicht um ein Sonderdelikt. Täter kann vielmehr jedermann sein, der zugunsten des Subventionsnehmers handelt (BGH, NJW 1981, 1744, 1755; OLG Hamburg, NStZ 1984, 218; LK-StGB/*Tiedemann* § 264 Rn. 20).

66 Der Umstand, dass der nach § 7 InvZulG zu stellende Antrag durch den Antragsberechtigten persönlich zu unterzeichnen ist und dieser damit die Gewähr für die Richtigkeit der in dem Antrag enthaltenen Tatsachen übernimmt (BFH, BStBl. II 1999, S. 313), steht der Täterqualifikation weiterer Personen nicht entgegen (BGH, StV 2011, 163, 164).

c) Strafbarkeit des Beraters

67 Von Bedeutung ist in diesem Zusammenhang insb. die Strafbarkeit des im Investitionszulageverfahren häufig beigezogenen Steuerberaters oder eines Wirtschaftsprüfers. Soweit dieser sich darauf beschränkt, lediglich Antragsunterlagen zusammenzustellen und diese zur Unterzeichnung dem Antragsteller vorzulegen, macht der Berater keine eigenen Angaben ggü. dem Subventionsgeber (vgl. *Streck/Spatscheck*, DStR-Beih 1997, 2, 18).

68 Anders ist dies aber, wenn der Steuerberater oder Wirtschaftsprüfer i.R.d. Investitionszulageverfahrens eigene Erklärungen ggü. den Finanzbehörden abgibt und etwa die Zugehörigkeit eines bestimmten Wirtschaftsguts zum Anlagevermögen testiert (*Streck/Spatscheck*, DStR-Beih 1997, 2, 18).

69 Daneben kommt aber auch eine Strafbarkeit des steuerlichen Beraters wegen Beihilfe zum Subventionsbetrug in Betracht. Dies gilt etwa dann, wenn der Berater im Einverständnis mit dem Antragsteller unrichtige Aufzeichnungen anfertigt oder falsche Rechnungen oder Kontobelege erstellt mit dem Zweck, diese im Subventionsverfahren der Bewilligungsbehörde vorzulegen (Nachweise aus der Rechtsprechung zur Steuerhinterziehung bei Kohlmann/*Ransiek* § 370 Rn. 189).

70 Tauglicher Täter eines Subventionsbetrugs nach § 264 Abs. 1 Nr. 1 StGB kann schließlich auch ein Amtsträger sein, der Subventionsanträge entgegen nimmt und diese in Kenntnis der unrichtigen Angaben des Antragstellers an die zuständige Stelle weiterleitet (BGHSt 32, 203, 205).

71 Vollendet ist die Tathandlung nach § 264 Abs. 1 Nr. 1 StGB mit Eingang des Investitionszulagenantrags bei der zuständigen Stelle der Finanzverwaltung. Auf die anschließende Kenntnisnahme kommt es für den Vollendungszeitpunkt nicht an

2. Verstoß gegen Verwendungsbeschränkungen – § 264 Abs. 1 Nr. 2 StGB

72 Die Vorschrift des § 264 Abs. 1 Nr. 2 StGB wurde durch das EG-FinSchG in das Gesetz aufgenommen. Sie hat untreueähnlichen Charakter (krit. zur weiten Tatbestandsfassung *Fischer* § 264 Rn. 25).

73 Anlass für die Aufnahme dieser Tatbestandsalternative war u.a., dass § 3 Abs. 2 SubvG für aus dem EG-Haushalt vergebene Subventionen keine Anwendung fand und die Vergabevorschriften der EG selbst keine besonderen Mitteilungspflichten vorsahen (vgl. BT-Drucks. 13/10425, S. 6). Die Anwendbarkeit dieser Vorschrift ist allerdings nicht auf EG-Subventionen beschränkt, hat für die aufgrund von Landes- oder Bundesgesetzen vergebenen Subventionen allerdings nur geringe praktische Bedeutung. Durch § 264 Abs. 1 Nr. 3 StGB i.V.m. § 3 Abs. 2 SubvG bzw. in den jeweiligen Subventionsgesetzen der Länder wird ohnehin eine strafbewehrte Berichtigungspflicht statuiert, falls der Subventionsnehmer eine Subvention entgegen einer Beschränkung verwenden will.

74 Die jeweiligen Verwendungsbeschränkungen können sich aus Verordnungen oder Gesetzen einschließlich des Rechts der Europäischen Gemeinschaften ergeben (MüKo-StGB/*Wohlers* § 264 Rn. 92).

§ 264 Abs. 1 Nr. 2 StGB verbietet sowohl die zweckwidrige Verwendung von Gegenständen als **75** auch von Geldleistungen. Streitig ist dabei, ob ein Verstoß gegen Verwendungsbeschränkungen nur bei direkt gewährten Zuwendungen vorliegt (so *Bock/Gubitz*, StraFO 2011, 73 ff.) oder auch bei einer nicht dem Subventionszweck entsprechenden Verwendung von Surrogaten (*Fischer* § 264 Rn. 25; Sch/Sch/*Perron* § 264 Rn. 49b; SK-StGB/*Hoyer* § 264 Rn. 61). Der Wortlaut lässt jedenfalls eine Erfassung von Surrogaten zu, da sich das Merkmal der „Verwendungsbeschränkung" sowohl auf Gegenstände als auch auf Geldleistungen bezieht (anders offenbar *Bock/Gubitz*, StraFo 2011, 73, 74). Ein Verstoß gegen Verwendungsbeschränkungen kann daher auch dann vorliegen, wenn mit Investitionszulagen angeschaffte Wirtschaftsgüter außerhalb der Nutzungs-, Verbleibens- oder Verwendungsvorschriften eingesetzt werden (a.A. *Heß/Martin* InvZulG § 15 Rn. 17).

Aufgrund der weiten Tatbestandsfassung und der häufig nur fragmentarisch geregelten Verwen- **76** dungsbeschränkungen wird allerdings zu Recht eine einschränkende Auslegung der Vorschrift gefordert. Danach setzt diese Tatbestandsalternative voraus, dass der Subventionszweck durch die zweckwidrige Verwendung verfehlt wird (*Bock/Gubitz*, StraFo 2011, 73, 76). Ob dies der Fall ist, wird sich im Bereich des InvZulG 2010 häufig anhand der Anspruchsvoraussetzungen der §§ 1 bis 4 InvZulG ermitteln lassen.

Die aus § 264 Abs. 1 Nr. 2 StGB resultierende Verpflichtung richtet sich nicht nur an den Subven- **77** tionsnehmer selbst, sondern auch an denjenigen, demgegenüber die Verwendungsbeschränkung fortwirkt, so etwa den Erwerber eines subventionierten Gegenstandes.

3. Verstoß gegen Offenbarungspflichten – § 264 Abs. 1 Nr. 3 StGB

a) Rechtsnatur

Bei dieser Tatbestandsalternative handelt es sich um ein echtes Unterlassungsdelikt (vgl. *Ranft*, **78** NJW 1986, 3163, 3169). Täter kann nur der Antragsteller selbst sein, da sich § 3 Abs. 1 SubvG ausschließlich an den Subventionsnehmer richtet (BayObLG, NJW 82, 2202). Das In-Unkenntnis-Lassen des Subventionsgebers stellt mithin ein Sonderdelikt dar.

Aufgrund seiner Natur als Unterlassungsdelikt ist diese Tatbestandsalternative nur dann erfüllt, **79** wenn dem Subventionsgeber die subventionserheblichen Tatsachen nicht bereits auf anderem Wege bekannt geworden sind. Ist dies der Fall, so endet damit die Handlungspflicht des Subventionsnehmers (MüKo-StGB/*Wohlers* § 264 Rn. 101). Ein bloßer Verdacht der Vergabestelle, die bisherigen Angaben des Antragstellers könnten unzutreffend sein, schließt jedoch die Pflicht zur Offenbarung nach § 264 Abs. 1 Nr. 3 StGB nicht aus.

Die Offenbarungspflicht muss sich aus Rechtsvorschriften wie Gesetz oder Verordnungen ein- **80** schließlich der Rechtsvorschriften der Europäischen Gemeinschaften ergeben (LK-StGB/*Tiedemann* § 264 Rn. 93).

Entgegen einer weitverbreiteten Auffassung begründet § 3 Abs. 1 SubvG noch keine Mitteilungs- **81** pflichten i.S.d. § 264 Abs. 1 Nr. 3 StGB (so jedoch Sch/Sch/*Perron* § 264 Rn. 53; Müller-Gugenberger/Bieneck/*Bender* § 52 Rn. 16; *Ranft*, NJW 1986, 3163, 3170; Böttger/*Nuzinger* Kap. 2, Rn. 40). Insoweit gelten die Ausführungen zu § 264 Abs. 8 Nr. 2 StGB.

Sollen die mitteilungspflichtigen subventionserheblichen Tatsachen bereits dem Gesetz entnom- **82** men werden, so bedarf es einer eindeutigen gesetzlichen Bezeichnung dieser Tatsachen. Fehlt eine solche gesetzliche Regelung, kommt eine Strafbarkeit nach § 264 Abs. 1 Nr. 3 StGB nur dann in Betracht, wenn die subventionserheblichen Tatsachen seitens des Subventionsgebers nach § 264 Abs. 8 **Nr. 1** StGB ausreichend deutlich bezeichnet worden sind. Nur in diesem Fall reicht § 3 Abs. 1 SubvG, der selbst keine Bezeichnung der subventionserheblichen Tatsachen enthält, als gesetzliche Grundlage für eine Bestrafung nach § 264 Abs. 1 Nr. 3 StGB aus (A/R-HWSt/*Wattenberg*, Kap. IV, Rn. 58; wohl auch MüKo-StGB/*Wohlers* § 264 Rn. 98 Fn. 321). Andernfalls würde man für das in § 264 Abs. 1 Nr. 3 StGB normierte Unterlassungsdelikt weniger strenge Anforderungen an die Bezeichnungspflicht stellen, als bei dem durch § 264 Abs. 1 Nr. 1 StGB geregelten Tätigkeitsdelikt. Dies wäre systematisch nicht zu begründen.

b) Unterlassungsdelikte nach dem InvZulG

83 Mit Blick auf das Investitionszulagengesetz dürfte § 264 Abs. 1 Nr. 3 StGB v.a. für Konstellationen einschlägig sein, in denen sich nach Abgabe des Investitionszulagenantrags bzw. nach Gewährung der Zulage neue förderschädliche Sachverhalte ergeben. Der Unterlassungstatbestand greift jedoch auch dann, wenn der Antragsteller nachträglich erkennt, dass bereits in seinem ursprünglichen Antrag unzutreffende Erklärungen enthalten waren.

84 In einzelnen Fallkonstellationen ist jedoch bei bei Anwendung des Unterlassungstatbestands zu differenzieren:

aa)

85 Wird etwa das Wirtschaftsgut innerhalb des Bindungszeitraums dem Anlagevermögen entnommen oder außerhalb des Fördergebiets eingesetzt, so ist dies der Finanzverwaltung anzuzeigen. Für den Regelfall ist dies durch § 2 Abs. 1 Nr. 2 InvZulG 2010 auch hinreichend deutlich normiert, sodass eine ausreichende Grundlage für die strafbewehrte Mitteilungspflicht nach § 264 Abs. 1 Nr. 3 StGB existiert.

86 Weniger eindeutig ist die Rechtslage in anderen Fällen: Werden etwa Nutzungsverträge in der Weise geschlossen, dass das mit Zulagen geförderte bewegliche Wirtschaftsgut außerhalb des Fördergebiets oder durch einen nicht begünstigten Betrieb genutzt wird, ist für die Frage der Förderschädlichkeit auf die Dauer der Nutzung (i.d.R. nicht länger als 3 Monate vgl. BFH, BStBl. II 2004, S. 570) abzustellen. Die Verwendung für einen längeren Zeitraum außerhalb des Fördergebiets ist jedoch dann unschädlich, wenn der Einsatz nicht im Rahmen eines Nutzung – sondern vielmehr im Rahmen eines Geschäftsbesorgungsvertrags erfolgt (BFH, 19.08.2009 – III R 68/06). Hier besteht somit auch keine Offenbarungspflicht nach § 264 Abs. 1 Nr. 3 StGB.

87 Neben der Rechtsprechung des BFH ist für die Auslegung der Verbleibensvoraussetzungen auch das EU-Recht zu beachten. So stellt es keinen Verstoß gegen die Verbleibensregeln dar, wenn das bewegliche Wirtschaftsgut zwar nicht im Fördergebiet eingesetzt, dort jedoch der wirtschaftliche Nutzen gezogen und ein ortsgebundener Einsatz im Fördergebiet aufgrund der technischen Beschaffenheit und Verwendungsabsicht generell nicht möglich war (Messonde zur geophysikalischen Messung, Beihilfesache „Bo-Ra-Tec N 379/2002, ABl. EU 2003 Nr. C 34, S. 4; Beihilfesache „Rapid Eye AG" Nr. N 416/2002).

88 Die umfangreichen Erläuterungen zur Auslegung der Zugehörigkeits-, Verbleibens- und Nutzungsvorrausetzungen (vgl. BMF-Schreiben v. 08.05.2008, BStBl. I, S. 590 i.d.F. v. 08.07.2010 BStBl. I, S. 600, Tz. 52 ff.) verdeutlichen die Komplexität allein dieser Kriterien für die Gewährung einer Investitionszulage. Irrt der Subventionsnehmer über die tatsächlichen Bewilligungsvorraussetzungen, so kommt ein Unterlassungsdelikt nicht in Betracht.

bb)

89 Verschiebt sich ggü. dem ursprünglichen Antrag der Investitionsabschluss, so handelt es sich dabei um eine für die Subventionsvergabe erhebliche Tatsache i.S.d. § 264 Abs. 1 Nr. 3 StGB, da die Höhe der Investitionszulage auch vom Abschluss der Investition abhängig ist (§ 6 Abs. 1 i.V.m. § 4 Abs. 1 InvZulG 2010).

90 Das InvZulG 2010 enthält insoweit auch eine gesetzliche Definition. Investitionen sind nach § 4 Abs. 2 Satz 6 InvZulG in dem Zeitpunkt abgeschlossen, in dem die Wirtschaftsgüter angeschafft oder hergestellt worden sind. Für den Anschaffungszeitpunkt ist maßgebend, wann das bewegli-

che Wirtschaftsgut betriebsbereit ist. Bagatellmontagen sind insoweit unschädlich (BFH – III R 53/84, BStBl. II 98, S. 70), darüber hinausgehende Montagearbeiten schließen dagegen die Förderung aus (BFH – III R 53/84, BStBl. II 88, S. 1009). Für die Bestimmung des Anschaffungszeitpunkts ist aber auch darauf abzustellen, ob von der Investition bereits Beschäftigungs- oder Umsatzimpulse für den geförderten Investor ausgehen (BFH – III R 112/95, BStBl. II 98, S. 70).

Die vorgenannten Beispiele zeigen, dass ungeachtet der im InvZulG enthaltenen gesetzlichen **91** Regelungen erhebliche Zweifel entstehen können, welche Tatsachen subventionserheblich sind und damit eine Offenbarungspflicht ggü. dem Subventionsgeber auslösen. Wird ferner berücksichtigt, dass für die Strafbarkeit der Unterlassungsalternative ebenfalls eine leichtfertige Begehungsweise ausreicht, so ist auch insoweit eine restriktive Auslegung bereits im objektiven Tatbestand angezeigt.

c) Unterlassungsdelikt und nemo-tenetur Grundsatz

Kommt der Subventionsnehmer nach Gewährung der Subvention seiner Offenbarungspflicht **92** nach, um einer Bestrafung aus § 264 Abs. 1 Nr. 3 StGB zu entgehen, so stellt sich ein weiteres Problem: Beruht die Korrektur darauf, dass der Subventionsnehmer nach Gewährung der Subvention eine im Antrag bezeichnete Tatsache (z.B. Verwendung des Wirtschaftsguts im Umlauf – statt im Anlagevermögen) nachträglich anders beurteilt, so setzt er sich bei Offenbarung dem Vorwurf aus, er habe bereits bei Antragstellung zumindest leichtfertig falsche Angaben gemacht. Der persönliche Strafaufhebungsgrund des § 264 Abs. 5 StGB bietet keinen Schutz, wenn die Zulage bereits gewährt worden ist (dazu näher unter Rdn. 106 ff.). Einen der strafbefreienden Selbstanzeige der AO ensprechenden Strafaufhebungsgrund kennt das Subventionsstrafrecht nicht.

Hier manifestiert sich ein Konflikt, der aus der jüngsten Rechtsprechung des BGH zu strafbe- **93** wehrten Offenbarungspflichten im Steuerrecht bekannt ist: Dort hatte der BGH eine aus § 153 AO resultierende Berichtigungspflicht unrichtiger Steuererklärungen auch für den Fall postuliert, dass der Steuerpflichtige bereits bei Abgabe der Steuererklärung mit bedingtem Hinterziehungsvorsatz gehandelt habe. Erlange er nachträglich **sichere Kenntnis** von der Unrichtigkeit der Erklärung, so löse dies die in § 153 AO normierte Berichtigungspflicht aus. Komme der Steuerpflichtige dieser Pflicht nicht nach, so begehe er (erneut) eine Steuerstraftat nach § 370 AO Abs. 1 Nr. 2 AO (BGH, NJW 2009, 1984).

Dem auf der Hand liegenden Einwand, eine solche Pflicht kollidiere mit dem nemo-tenetur **94** Grundsatz, begegnete der BGH mit dem Hinweis auf das Institut der strafbefreienden Selbstanzeige sowie eines nicht näher konturierten „Beweismittelverwertungs- oder Verwendungsverbots" (BGH, NJW 2009, 1984, 1985). Dieser von der Rechtsprechung entwickelte ohnehin wenig überzeugende Ausweg (vgl. dazu ausführlich *Wulf*, PStR 2009, 190, 195), besteht wegen des anders als im Steuerstrafrecht ausgestalteten persönlichen Strafaufhebungsgrunds der tätigen Reue nicht.

Diesem Konflikt kann in verfassungskonformer Weise nur dadurch Rechnung getragen werden, **95** dass korrigierende Angaben des Subventionsnehmers einem vollständigen Verwendungsverbot entsprechend der Regelung des § 97 Abs. 1 Satz 3 InsO unterliegen und damit nicht Anlass der Einleitung eines Strafverfahrens sein können (vgl. BVerfGE 56, 37).

d) § 264 Abs. 1 Nr. 4 StGB – Gebrauch unrichtiger Bescheinigungen

Nach § 264 Abs. 1 Nr. 4 StGB wird bestraft, wer im Subventionsverfahren Bescheinigungen **96** gebraucht, die durch unrichtige oder unvollständige Angaben erlangt worden sind.

„Gebrauch machen" i.S.d. Gesetzes bedeutet nichts anderes als zugänglich machen. Der Begriff **97** des Gebrauchmachens in § 264 StGB entspricht dem in § 267 StGB.

98   In Betracht kommt die Tatbestandsalternative nur dann, wenn im Subventionsverfahren unrichtige Bescheinigungen nicht durch den Antragsteller selbst, sondern durch einen Dritten vorgelegt werden. In diesem Fall dürfte jedoch regelmäßig bereits eine Bestrafung des Dritten als Mittäter nach § 264 Abs. 1 Nr. 1 StGB greifen.

99   Unter den Begriff der Bescheinigung fallen Erklärungen von amtlichen oder privaten Stellen, die den Aussteller erkennen lassen und für die Entscheidung des Subventionsgebers von Bedeutung sind (MüKo-StGB/*Wohlers* § 264 Rn. 104).

100   Die Bescheinigung muss sich in beiden Tatbestandsalternativen auf subventionserhebliche Tatsachen beziehen, auch wenn dies für die Verwendung einer Bescheinigung „über eine Subventionsberechtigung" vom Wortlaut her nicht ausdrücklich vorausgesetzt wird (SSW-StGB/*Saliger* § 264 Rn. 33; *Fischer* § 264 Rn. 30; a.A. LK-StGB/*Tiedemann* § 264 Rn. 100). In der Praxis dürften aber ohnehin kaum Fälle denkbar sein, in denen eine durch unrichtige oder unvollständige Angaben erlangte Bescheinigung über eine Subventionsberechtigung vorgelegt wird, die ihrerseits keine subventionserheblichen Tatsachen enthält.

101   Der kriminalpolitische Zweck dieser Regelung ist nicht ganz einsichtig. Insb. überzeugt die Begründung des Gesetzgebers, sich andernfalls ergebende Strafbarkeitslücken zu schließen (BT-Drucks. 7/3441, S. 26), nicht ohne Weiteres. So wird etwa der Subventionsnehmer bereits nach § 264 Abs. 1 Nr. 1 StGB bestraft, wenn er im Subventionsverfahren vorsätzlich unrichtige Bescheinigung eines Dritten vorlegt (Sch/Sch/*Perron* § 264 Rn. 57 f.; Müller-Gugenberger-Bieneck/*Bender* § 52 Rn. 17)

VI. Subjektiver Tatbestand

1. Vorsatz

102   § 264 Abs. 1 StGB normiert zunächst die vorsätzliche Begehungsweise und sieht für den Grundtatbestand eine Freiheitsstrafe von 5 Jahren oder Geldstrafe vor.

103   Zum Vorsatz gehört in den Fällen der Nr. 1, 3 und 4 die Kenntnis des Täters von den jeweiligen subventionserheblichen Tatsachen (LK-StGB/*Tiedemann* § 264 Rn. 121; *Fischer* § 264 Rn. 33). In Fällen des § 264 Abs. 1 Nr. 1 StGB umfasst der Vorsatz auch die Kenntnis über die Unrichtigkeit bzw. Unvollständigkeit der Angaben.

104   In Fällen des § 264 Abs. 1 Nr. 2 StGB setzt der Vorsatz zudem die Kenntnis bestehender Verwendungsbeschränkungen voraus, im Fall des § 264 Abs. 1 Nr. 3 StGB die Kenntnis derjenigen Umstände, die die Mitteilungspflicht begründen. Anders als der Betrugstatbestand setzt der Vorsatz in § 264 keine Bereicherungsabsicht voraus (*Fischer* § 264 Rn. 32; SSW-StGB/*Saliger* § 264 Rn. 34). Da sich der Vorsatz jedoch auch auf das Tatbestandsmerkmal der Vorteilhaftigkeit beziehen muss, bestehen der Sache nach keine grundsätzlichen Differenzen zum Betrug.

105   Irrt der Täter über das Merkmal der Vorteilhaftigkeit, so handelt es sich um einen Tatbestandsirrtum, der den Vorsatz ausschließt. Ebenso liegt ein Tatbestandsirrtum vor, wenn der Täter seine Angaben für zutreffend und vollständig hält, im Fall des § 264 Abs. 1 Nr. 2 StGB jedoch eine Verwendungsbeschränkung nicht kennt oder ihm die nach § 264 Abs. 1 Nr. 3 StGB mitzuteilenden Tatsachen unbekannt sind (*Fischer* § 264 Rn. 34).

2. Leichtfertigkeit

106   Für die Verwirklichung der in § 264 Abs. 1 Nr. 1 bis 3 StGB bezeichneten Tatbestandsalternativen reicht in subjektiver Hinsicht leichtfertiges Handeln aus (§ 264 Abs. 4 StGB).

107   Der Begriff der Leichtfertigkeit beinhaltet eine gesteigerte Form der Fahrlässigkeit (BGH, 20.05.2010 – 5 StR 138/10) und entspricht der groben Fahrlässigkeit im Zivilrecht (Sch/Sch/*Sternberg-Lieben* § 15 Rn. 205 m.w.N.). Anders als im Zivilrecht ist dabei jedoch auf die persönli-

chen Fähigkeiten und Verhältnisse des Beschuldigten abzustellen. Danach handelt leichtfertig, wer die im Verkehr erforderliche Sorgfalt in ungewöhnlich hohem Maße verletzt und dabei jedem Dritten einleuchtende Einwände unberücksichtigt lässt (BGHZ 106, 204, 211; BGHSt 33, 66, 67). Leichtfertigkeit setzt eine besondere Gleichgültigkeit oder grobe Unachtsamkeit voraus (BGHSt 43, 158, 167 m.w.N.) und wird von der Rechtsprechung als „vorsatznahe Schuldform" verstanden (BGH, 20.05.2010 – 5 StR 138/10).

Die Rechtsprechung hat Leichtfertigkeit etwa in einem Fall angenommen, in dem Erklärungen, **108** die von einer Hilfskraft vorbereitet wurden, ohne jede Prüfung durch die Zeichnungsberechtigten unterschrieben worden sind (BGHZ 106, 204, 211). Dies gilt selbst dann, wenn es sich bei dem hinzugezogenen Mitarbeiter um eine Vertrauensperson des Subventionsnehmers bzw. Antragstellers handelt, die als persönlich zuverlässig eingeschätzt wird (BGH, NJW 1989, 974, 975).

Leichtfertigkeit liegt in diesen Fällen regelmäßig vor, wenn für das FA bestimmte Erklärungen **109** und Anlagen blindlings und ohne eigene Nachprüfung unterzeichnet werden (BayObLG, wistra 2002, 355).

Auch die Inanspruchnahme eines steuerlichen Beraters befreit den Steuerpflichtigen grds. nicht **110** von eigenen Sorgfaltspflichten. Dies beinhaltet insb. die Pflicht, den Berater über seine Verhältnisse zutreffend zu unterrichten, ihm vollständige Unterlagen vorzulegen und erbetene Auskünfte gewissenhaft zu erteilen (BFH, 07.02.2002, BFH/NV 755).

Der Vorwurf der Leichtfertigkeit scheidet dagegen aus, wenn der Antragsteller darauf vertraut, **111** dass die subventionserheblichen Tatsachen durch den Subventionsgeber zutreffend bezeichnet worden sind. Benennt der Subventionsgeber die subventionserheblichen Tatsachen in Verkennung der materiellen Rechtslage, so kann der Subventionsnehmer darauf generell vertrauen und seinen Antrag darauf einrichten. Eine Strafbarkeit wegen Leichtfertigkeit scheidet in diesen Fällen aus.

VII. Vollendung und Beendigung

1. Tatvollendung

Für die jeweiligen Tatbestandsalternativen gilt Folgendes: Eine Tat nach § 264 Abs. 1 Nr. 1 StGB **112** ist vollendet, sobald die falschen oder unvollständigen Angaben dem Subventionsgeber zugegangen sind (BGHSt 34, 266, 267; OLG München, NStZ 2006, 330, 331). Die Tat nach § 264 Abs. 1 Nr. 3 StGB ist vollendet, wenn der Täter die erste Möglichkeit zur Offenbarung nicht genutzt hat. In den Fällen des § 264 Abs. 1 Nr. 4 StGB ist die Tat mit dem erstmaligen Gebrauch der erlangten Bescheinigung vollendet.

Demgegenüber handelt es sich bei der Tatbestandsalternative des § 264 Abs. 1 Nr. 2 StGB um ein **113** Dauerdelikt, das mit der erstmaligen Verwendung entgegen der Verwendungsbeschränkung vollendet ist (MüKo-StGB/*Wohlers* § 264 Rn. 116).

2. Tatbeendigung

In den Fällen des § 264 Abs. 1 Nr. 1 StGB ist die Tat beendet, sobald der Subventionsempfänger **114** auf Grundlage des Zuwendungsbescheides die letzte Teilzahlung erhält (BGH, NStZ 2007, 217, 218; wistra 2008, 348, 349; anders OLG München, NStZ 2006, 630, 631, das unter Hinweis auf den Charakter des Subventionsbetruges als Tätigkeitsdelikt auf den Bewilligungszeitraum abstellt).

Für die Tatbestandsalternative des § 264 Abs. 1 Nr. 3 StGB ergeben sich allerdings erhebliche Ver- **115** jährungsprobleme: Nach herrschender Meinung ist das Unterlassungsdelikt in dem Zeitpunkt beendet, zu dem die Subvention endgültig versagt oder belassen wird (BGH, NStZ 2007, 217, 218; *Fischer* § 264 Rn. 38; LK-StGB/*Tiedemann* § 264 Rn. 108; Sch/Sch/*Perron* § 264 Rn. 66;

„Endgültig belassen" in subventionsrechtlicher Hinsicht ist die Subvention aber erst mit Ablauf der Festsetzungsfrist bzw. dem Ausschluss der Rückforderung.

116 § 14 InvZulG 2010 sieht die entsprechende Anwendung der für Steuervergütungen geltenden Vorschriften der Abgabenordnung für Investitionszulagen vor. Folgt man der Rechtsprechung des BFH, wonach die verlängerten Festsetzungsfristen des § 169 Abs. 2 Satz 2 AO auch für die ungerechtfertigte Inanspruchnahme von Investitionszulagen gelten (BFH, BStBl. II 1997, S. 827; FG Berlin-Brandenburg, DStRE 2010, 251 für Eigenheimzulagen; a.A. TK/*Kruse* § 169 Rn. 17), so endet die Festsetzungsfrist in Fällen des vorsätzlich begangenen Subventionsbetrugs nach § 169 Abs. 2 Satz 2 AO frühestens 10 Jahre nach Ablauf des Jahres, in dem der Antrag gestellt worden ist.

117 Nach § 171 Abs. 7 AO endet die steuerliche Festsetzungsfrist überdies nicht vor Ablauf der Verjährung einer Steuerstraftat oder Steuerordnungswidrigkeit. Hält man auch diese Vorschrift über § 14 InvZulG in Fällen von Subventionsstraftaten für anwendbar, so gelangt man zu dem skurrilen Ergebnis, dass eine Verjährung des Unterlassungsdelikts nach § 264 Abs. 1 Nr. 3 StGB gänzlich ausgeschlossen ist (vgl. Hentschel, wistra 2000, 80, 82). Etwas anders gilt nur dann, wenn die Verjährungsfrist durch Tatentdeckung zu einem früheren Zeitpunkt in Lauf gesetzt wird (OLG Hamburg, wistra 1996, 239).

118 Dieses Ergebnis ist mit Blick auf die Funktion der Verjährungsregelungen, Rechtssicherheit zu gewährleisten, allerdings kaum zu vereinbaren. Eine Lösung könnte darin bestehen, den Zeitpunkt der Tatbeendigung beim Unterlassungsdelikt mit dem der Tatvollendung gleichzusetzen. Dies würde allerdings der anerkannten Dogmatik widersprechen, wonach bei echten Unterlassungsdelikten die Handlungspflicht über den Vollendungszeitraum hinausreicht (BGHSt 28, 371, 380).

119 Alternativ könnte der Zeitpunkt der Tatbeendigung ohne Berücksichtigung der Vorschrift des § 171 Abs. 7 AO bestimmt werden. Auch in diesem Fall wäre der Verjährungszeitpunkt des Unterlassungsdelikts allerdings weit hinausgeschoben.

VIII. Regelbeispiele und Qualifikationstatbestände

1. Regelbeispiele

120 § 264 Abs. 2 StGB normiert besonders schwere Fälle des Subventionsbetruges und ist im Wesentlichen den besonders schweren Fällen der Steuerhinterziehung (§ 370 Abs. 3 AO) nachgebildet. Grober Eigennutz liegt vor, wenn der Täter unter Berücksichtigung der Gesamtumstände sich in besonders anstößiger Weise von seinem Gewinnstreben leiten lässt (BGH, wistra 1991, 106; SSW-StGB/*Saliger*, § 264 Rn. 36).

121 Eine *„nicht gerechtfertigte Subvention großen Ausmaßes"* soll in Betracht kommen, wenn der Subventionsbetrag eine Summe von 50.000,00 € überschreitet (*Fischer* § 264 Rn. 46; offen gelassen von BGH, StV 2002, 144).

122 Starre Wertgrenzen lassen sich weder der Rechtsprechung noch der Gesetzesbegründung entnehmen. Maßgeblich ist vielmehr eine Einzelfallbetrachtung, wobei auch auf die Höhe der nach den jeweiligen Rechtsgrundlagen zu gewährenden Subventionen abzustellen ist.

123 § 264 Abs. 2 Nr. 2 StGB sieht als weiteren Regelbeispielsfall den Missbrauch der Amtsträgerstellung vor. Als Amtsträger kann auch derjenige handeln, der zwar nicht bei einer Behörde beschäftigt aber doch in deren Auftrag tätig ist. Dies gilt selbst dann, wenn der Betreffende keine eigene Entscheidungsbefugnis besitzt (BGHSt 32, 203, 205). Ein Missbrauch der Befugnisse liegt vor, wenn der Amtsträger außerhalb seines Zuständigkeitsbereichs handelt oder eine unrichtige Bescheinigung erstellt.

Nach § 264 Abs. 2 Nr. 3 StGB macht sich auch derjenige strafbar, der die Mithilfe eines seine 124
Befugnisse überschreitenden Amtsträgers ausnutzt.

2. Qualifikationstatbestände

Der Tatbestand des Subventionsbetrugs enthält in § 264 Abs. 3 StGB den auch im Betrugstatbe- 125
stand geregelten Qualifikationstatbestand der banden- und gewerbsmäßigen Begehungsweise.
Danach ist ein Strafrahmen von einem bis zu 10 Jahren vorgesehen, wenn der Täter als Bandenmitglied und gewerbsmäßig handelt. Der Begriff der Bande setzt nach der Rechtsprechung den
Zusammenschluss von mindestens drei Personen voraus (BGHSt 46, 321, 339 f.), die sich mit
dem Ziel verbunden haben, zukünftig mehrere gleich gelagerte Straftaten zu begehen.

Die erforderliche Bandenabrede kann ausdrücklich oder auch konkludent erfolgen und muss auf 126
die Begehung einer Mehrzahl zukünftiger, wenn auch noch ungewisser Taten gerichtet sein
(*Fischer* § 244 Rn. 17). Eine Bande kann sich aus Mittätern und Gehilfen zusammensetzen.

Eine gewerbsmäßige Begehung liegt vor, wenn sich der Täter durch eine wiederholte Begehung 127
eine fortlaufende Einnahmequelle erschließen will (BGH, NStZ 1995, 85). Besteht eine solche
Absicht, so kann gewerbsmäßiges Handeln bereits bei der ersten Tatbegehung vorliegen (BGH,
StV 1998, 663).

IX. Tätige Reue

§ 264 Abs. 5 StGB regelt die Voraussetzungen der tätigen Reue. Es handelt sich bei dieser Norm 128
um einen persönlichen Strafaufhebungsgrund. Entgegen des insoweit missverständlichen Wortlauts gilt § 264 Abs. 5 StGB auch in Fällen des leichtfertig begangenen Subventionsbetrugs und in
den in § 264 Abs. 2 StGB benannten Regelbeispielsfällen (MüKo-StGB/*Wohlers* § 264 Rn. 118).

In den Fällen der Qualifikation nach § 264 Abs. 3 StGB ist eine tätige Reue angesichts des eindeu- 129
tigen Wortlauts dagegen ausgeschlossen (SSW-StGB/*Saliger* § 264 Rn. 42; *Fischer* § 264 Rn. 40;
a.A. NK/*Hellmann* § 264 Rn. 160 unter Hinweis auf § 24 StGB).

Der Strafaufhebungsgrund der tätigen Reue ist, anders als die strafbefreiende Selbstanzeige nach 130
§ 371 AO, auf Fälle beschränkt, in denen bereits die Gewährung der Investitionszulage durch freiwillige Angaben des Täters verhindert wird. Abzustellen ist mithin auf den Zeitpunkt der Auszahlung der Investitionszulage. Nach diesem Zeitpunkt scheidet die Anwendung des § 264 Abs. 5
StGB aus.

Ein Fall der tätigen Reue liegt auch dann vor, wenn sich der Täter ernsthaft darum bemüht hat, 131
die Auszahlung der Investitionszulage durch Korrektur falscher Angaben zu verhindern, der Subventionsgeber jedoch bereits aus anderen Gründen von der Auszahlung Abstand genommen hat.
Das Gleiche gilt, wenn der Täter nach Tatvollendung, jedoch noch vor der Auszahlung der
Zulage, seine ursprünglichen Angaben korrigiert hat. Kommt es dennoch zur Auszahlung der
Investitionszulage, so bleibt der Täter nach § 264 Abs. 5 StGB straflos, weil sein Verhalten nicht
kausal für die Auszahlung geworden sind (BGH, NStZ 2010, 327).

Bei mehreren Tatbeteiligten gelten für die Anwendung des Strafaufhebungsgrundes die gleichen 132
Erwägungen wie bei § 24 Abs. 2 StGB. Danach wird bei mehreren Tatbeteiligten derjenige straffrei, der freiwillig die Subventionsgewährung verhindert oder sich jedenfalls ernsthaft um die Verhinderung bemüht hat (MüKo-StGB/*Wohlers* § 264 Rn. 121).

X. Einziehung und verwandte Maßnahmen

Nach § 264 Abs. 6 Satz 2 StGB können Gegenstände, auf die sich die Tat bezieht, entsprechend 133
der Regelung der §§ 74, 74a StGB eingezogen werden. Das Gesetz ermöglicht damit auch die
Anwendung der erweiterten Einziehungsvorschriften des § 74a StGB. Anders als für die in § 264

Abs. 6 Satz 1 StGB bezeichneten Nebenfolgen reicht eine leichtfertige Begehungsweise für die Anordnung der Einziehung aus.

134　Unter die sog. Beziehungsgegenstände des § 74 StGB fällt allerdings nicht die Investitionszulage selbst (Sch/Sch/*Perron* § 264 Rn. 84; MüKo-StGB/*Wohlers* § 264 Rn. 145). In Betracht kommt die Einziehung dagegen hinsichtlich solcher Wirtschaftsgüter die mit Investitionszulagen angeschafft wurden, wenn diese entgegen einer Verwendungsbeschränkung eingesetzt werden. Das Gleiche gilt bei einer Verwendung außerhalb des Fördergebiets (§ 2 Abs. 1 Nr. 2a InvZulG 2010).

135　§ 5 Abs. 1 SubvG statuiert für den Subventionsnehmer darüber hinaus eine Herausgabepflicht. Wird eine Investitionszulage, deren Verwendung durch Gesetz oder durch den Subventionsgeber beschränkt ist, entgegen einer Verwendungsbeschränkung verwendet, so sind die daraus entstehenden Vorteile an den Subventionsgeber herauszugeben. § 5 SubvG bezieht sich ausdrücklich nur auf solche Vorteile, die aus einer zweckwidrigen Verwendung herrühren.

136　Der Umfang der Herausgabe richtet sich nach den Vorschriften über die Herausgabe bei ungerechtfertigter Bereicherung. Der Herausgabepflichtige kann sich jedoch auf den Einwand des Wegfalls der Bereicherung nach § 818 Abs. 3 BGB nicht berufen, soweit er die Verwendungsbeschränkung kannte oder infolge grober Fahrlässigkeit nicht kannte.

XI. Subventionsbetrug – Betrug – Konkurrenzen

137　Die unberechtigte Auszahlung einer Investitionszulage oder deren zweckwidrige Verwendung kann prinzipiell auch durch den Betrugstatbestand erfasst werden, wenn die weiteren Tatbestandsmerkmale des § 263 StGB erfüllt sind. § 263 StGB tritt jedoch hinter § 264 StGB auch in Fällen des tatsächlichen Schadenseintritts zurück (BGHSt 32, 206, 208; Sch/Sch/*Perron* § 264 Rn. 87).

138　§ 263 StGB kommt dagegen zur Anwendung, wenn sich die jeweiligen subventionserheblichen Tatsachen nicht aus dem Gesetz ergeben und durch den Subventionsgeber im Bewilligungsbescheid auch nicht hinreichend deutlich bezeichnet worden sind (h.M. wenn auch mit unterschiedlicher Begründung LK-StGB/*Tiedemann* § 264 Rn. 163; MüKo-StGB/*Wohlers* § 264 StGB Rn. 122; *Fischer* § 264 Rn. 54a). Der für den vollendeten Betrug konstitutive Vermögensschaden besteht in der Auszahlung der gesamten Subvention, auf die unter Zugrundelegung des tatsächlichen Sachverhalts kein Anspruch bestanden hätte.

XII. Anzeige- und Informationspflichten

139　Nach § 6 SubvG und den entsprechenden Landessubventionsgesetzen besteht eine Anzeigepflicht für Gerichte und für Behörden von Bund, Ländern und kommunalen Trägern sowie der öffentlichen Verwaltung, falls diese dienstlich Tatsachen erfahren, die den Verdacht eines Subventionsbetrugs begründen. In diesen Fällen sind die Strafverfolgungsbehörden zu benachrichtigen. Die Vorschrift ist derjenigen des § 116 AO nachgebildet. Es besteht darüber hinaus auch eine Pflicht der Mitgliedsstaaten der EU, die Kommission über Unregelmäßigkeiten bei der Inanspruchnahme und Verwendung von Mitteln aus dem Gemeinschaftshaushalt in Kenntnis zu setzen.

140　Umgekehrt haben die Strafverfolgungsbehörden nach § 406d StPO den von der Straftat Verletzten auf Antrag über den Ausgang des Verfahrens zu informieren. Der Steuerfiskus ist dabei als Verletzter im Sinne dieser Vorschrift anzusehen (BGH, StraFo 2001, 100, 101). Den Finanzbehörden steht darüber hinaus das Recht auf Akteneinsicht in die Strafakten nach § 406e StPO zu. Das für die Akteneinsicht vorausgesetzte „berechtigte Interesse" der subventionsgewährenden Behörde liegt im Regelfall darin begründet, dass der Ausgang des Ermittlungsverfahrens Einfluss auf die Bewilligung bzw. Rückforderung einer Subvention hat.

C. Rechtsfolgen für das Subventionsverfahren

I. Festsetzungsfristen und Ablaufhemmung

Wie ausgeführt, finden die verlängerten Festsetzungs- bzw. Rückforderungsfristen des § 169 Abs. 2 **141**
Satz 2 AO nach der Rechtsprechung auch Anwendung auf eine durch Subventionsbetrug erlangte
Investitionszulage (BFH, BStBl. II 1997, S. 827, 828; so auch *Heß/Martin* InvZulG § 14 Rn. 55;
a.A. TK/*Kruse* § 169 AO Rn. 17 m.w.N.). Die Anwendung der verlängerten Festsetzungsfrist auf
Investitionszulagen nach dem BerlinFG hat der BFH damit begründet, dass sich die Anwendung
des § 169 Abs. 2 Satz 2 AO bereits unmittelbar aus dem InvZulG und der darin enthaltenen
gesetzlichen Verweisung auf die Vorschriften der Abgabenordnung ergebe. Es handele sich daher
auch nicht um eine rechtliche Lückenausfüllung durch analoge Anwendung straf- oder steuerrechtlicher Gesetze (BFH, BStBl. II 1997, S. 828). Für vorsätzlich begangene Subventionsstraftaten, die sich auf Zulagen beziehen, betrage die verlängerte Festsetzungsfrist daher 10 Jahren, für
leichtfertig begangene Taten nach § 264 Abs. 4 StGB 5 Jahre.

Diese Wertung verträgt sich allerdings nicht ohne Weiteres mit dem Umstand, dass in der Abga- **142**
benordnung hinsichtlich der verlängerten Festsetzungsfristen zwischen Straftaten nach § 370 AO
einerseits und Ordnungswidrigkeiten nach § 378 AO differenziert hat. Übernähme man diese Differenzierung für das Subventionsverfahren, so wäre für den **Straftatbestand** des leichtfertigen Subventionsbetrugs ebenfalls von einer 10-jährige Festsetzungsfrist auszugehen.

Der Vergleich zeigt, dass eine bruchlose Übertragung der steuerrechtlichen Vorschriften auf das **143**
Subventionsverfahren trotz der in § 14 InvZulG enthaltenen Verweisung im Einzelfall Schwierigkeiten bereitet.

II. Aufhebung und Änderung von Steuerbescheiden

Der in § 14 InvZulG enthaltene Verweis auf die Anwendung der Vorschriften der Abgabenord- **144**
nung hat ferner Auswirkung auf die Frage, unter welchen Voraussetzungen eine Aufhebung von
Steuerbescheiden nach § 173 Abs. 2 AO möglich ist. § 173 Abs. 2 AO sieht vor, dass Steuerbescheide, die aufgrund einer Außenprüfung ergangen sind, über § 173 Abs. 1 AO hinaus aufgehoben werden können, soweit der Tatbestand der Steuerhinterziehung oder leichtfertigen Steuerverkürzung erfüllt ist.

Das FG Sachsen-Anhalt hat eine entsprechende Anwendung des § 173 Abs. 2 AO auf Fälle einer **145**
unrechtmäßig erlangten Investitionszulage in einer neueren Entscheidung ausdrücklich abgelehnt
(FG-Sachsen-Anhalt, 24.11.2008, DStRE 2009, 882). Eine Durchbrechung der in § 173 Abs. 2
AO aufgrund einer Außenprüfung eingetretenen Änderungssperre sei zwar in Fällen der Steuerhinterziehung und leichtfertigten Steuerverkürzung, nicht jedoch in Fällen des Subventionsbetrugs möglich. Es sei bereits fraglich, ob eine Durchbrechung der Änderungssperre in Fällen des
Subventionsbetrugs nicht bereits eine verbotene Analogie darstelle, da es sich um eine verfahrens-
rechtliche Regelung mit materieller steuerbelastender Wirkung handele. In jedem Fall enthalte die
Regelung des § 173 Abs. 2 AO jedoch keine unbewusste Regelungslücke, da der Gesetzgeber sich
bisher nicht zu einer Neufassung des Abs. 2 veranlasst gesehen habe, obwohl zahlreiche FG deren
Anwendung in Fällen des Subventionsbetrugs ausgeschlossen hätten.

Die vorbezeichnete Rechtsprechung des FG Sachsen-Anhalt dürfte jedoch mit der Auffassung des **146**
BFH zur Anwendung der verlängerten Festsetzungsfristen nach § 169 Abs. 2 Satz 2 AO auf Fälle
des Subventionsbetrugs nicht in Einklang stehen.

III. Steuerliche Haftung

Hinsichtlich der steuerlichen Haftungsvorschriften wird ebenfalls überwiegend vertreten, dass § 71 **147**
AO auch auf Fälle des Subventionsbetrugs Anwendung findet. Dies gelte auch für die nach § 235

AO geschuldeten Hinterziehungszinsen (BFH, DStR 1999, 1560 für das InvZulG 1982; Klein, § 71 Rn. 4; **a.A.** TK/*Loose* § 71 Rn. 5, der allerdings die Anwendung des § 71 AO auf Straftaten zur Erlangung einer Investitionszulage ausdrücklich bejaht).

148 Der steuerliche Haftungsbestand kann nicht nur durch den unmittelbaren Täter eines Subventionsbetrugs, sondern auch durch dessen Gehilfen verwirklicht werden (FG Sachsen, Beck RS 2009, 260, 29188).

D. Verfahrensvorschriften zur Verfolgung von Steuerstraftaten

I. Allgemeine Verweisungsnorm

149 § 15 InvZulG 2010 regelt für die Verfolgung von Subventions- und Steuerstraftaten, soweit sie sich auf Investitionszulagen beziehen, die entsprechende Anwendung der steuerstrafrechtlichen Verfahrensvorschriften (§ 385 bis 393 AO).

150 Da das InvZulG nur auf die **verfahrensrechtlichen** Vorschriften der AO für die Verfolgung von Steuerstraftaten verweist, finden die materiellen Vorschriften der §§ 369 bis 384 AO bei Subventionsstraftaten nach dem InvZulG keine Anwendung (*Heß/Martin*-InvZulG 2010 § 15 Rn. 42). Dies gilt sowohl für die strafbefreiende Selbstanzeige als auch für die in § 375 AO geregelten Nebenfolgen, die allerdings in § 264 Abs. 6 StGB ihre Entsprechung finden.

151 Auch die in § 376 AO normierte Vorschrift zur Verfolgungsverjährung bei Steuerstraftaten finden im Subventionsstrafrecht keine Anwendung, obwohl die Verjährungsvorschriften überwiegend prozessuale Wirkung beigemessen wird (*Fischer*-StGB vor § 78 Rn. 2 m.w.N.).

II. Sachliche Zuständigkeit der Finanzbehörden – Verfahrensabgabe an die StA

152 Der Verweis auf die verfahrensrechtlichen Vorschriften der Abgabenordnung begründet zunächst die sachliche Zuständigkeit der Finanzbehörden nach § 386 Abs. 1 AO für das Ermittlungsverfahren wegen des Vorwurfs des Subventionsbetrugs. Zuständig ist dabei diejenige Finanzbehörde, die die betreffende Steuer verwaltet (§ 387 Abs. 1 AO). Innerhalb der FA sind die Bußgeld- und Strafsachenstellen für die Verfolgung von Subventionsstraftaten nach dem InvZulG zuständig.

153 Die Vorschrift des § 386 AO stellt keine Durchbrechung des Ermittlungsmonopols der StA dar, sondern bewirkt, wie das in § 386 Abs. 4 Satz 2 AO geregelte Evokationsrecht der StA zeigt, lediglich eine Einschränkung der Ermittlungskompetenz der StA (FGJ/*Randt* § 386 Rn. 4).

154 Ebenso wie die Finanzbehörde die Strafsache jederzeit an die StA abgeben kann (§ 386 Abs. 4 Satz 1 AO), steht es im Ermessen der StA, die Strafsache jederzeit an sich zu ziehen. Eine äußere zeitliche Einschränkung bildet lediglich der Abschluss des Strafverfahrens durch die Finanzbehörden (FGJ/*Randt* § 386 Rn. 42).

155 Der BGH hat in einem Beschl. v. 30.04.2009 (1 StR 90/09) ausdrücklich darauf hingewiesen, dass aus § 386 Abs. 4 Satz 1 AO nicht nur das Recht der StA folge, in geeigneten Fällen die weitere Ermittlung in Steuerstrafverfahren selbst zu führen, sondern er hat daraus auch eine Verpflichtung der Finanzbehörden hergeleitet, die StA frühzeitig zu unterrichten, sobald eine Abgabe des Verfahrens absehbar ist.

156 Die Kompetenz zur selbstständigen Durchführung von strafrechtlichen Ermittlungsverfahren der Finanzbehörden endet, sobald gegen den Beschuldigten wegen der Tat ein Haft- oder Unterbringungsbefehl erlassen ist (§ 386 Abs. 3 AO). Maßgeblich ist dabei der Erlass des Haftbefehls und nicht etwa erst dessen Vollstreckung. Im Fall der Aussetzung des Haftbefehls und der anschließenden erneuten Inhaftierung verbleibt es bei der Ermittlungskompetenz der StA (Kohlmann/*Hilgers-Klautzsch* § 386 Rn. 109).

Teilweise wird vertreten, dass bereits der Antrag zum Erlass eines Haftbefehls in die ausschließli- **157** che Kompetenz der StA fällt (so Kohlmann/*Hilgers-Klautzsch* § 386 Rn. 107 unter Hinweis auf Nr. 18 Abs. 2 Nr. 2 AStBV[St] 2011). Dies dürfte angesichts der weitreichenden Konsequenzen für den Beschuldigten auch sachgerecht sein.

Die selbstständige Ermittlungskompetenz der Finanzbehörde endet auch dann, wenn Betrugs- **158** oder Subventionsstraftaten, die sich auf Investitionszulagen beziehen, materiell oder prozessual tateinheitlich mit anderen Straftaten, wie etwa der Urkundenfälschung oder Korruptionsstraftaten zusammentreffen. In diesen Fällen besteht bereits zu Beginn des Verfahrens eine ausschließliche Ermittlungskompetenz der StA (Kohlmann/*Hilgers-Klautzsch* § 386 Rn. 91). Den Finanzbehörden verbleibt jedoch nach § 402 Abs. 1 AO eine unselbstständige Ermittlungskompetenz, da sie als Ermittlungsbehörden im Auftrag der StA tätig werden.

Dies hat etwa zur Folge, dass verjährungsunterbrechende Maßnahmen der Finanzbehörde den **159** Eintritt der Verjährung auch hinsichtlich der mit der Steuerstraftat materiell konkurrierenden Straftat unterbrechen (BGHSt 36, 283). Nach weiter gehender Auffassung soll dies auch für Taten gelten, die mit der Steuerstraftat lediglich in prozessualer Tatidentität zusammenfallen (OLG Braunschweig, wistra 1998, 71).

Nach § 386 Abs. 4 AO ist der Finanzbehörde zudem das Ermessen eingeräumt, eine Strafsache **160** jederzeit an die StA abzugeben und zwar auch dann, wenn es sich um eine reine Steuerstraftat handelt. Die Abgabe hat für die StA bindende Wirkung und begründet eine Pflicht zur Übernahme des Verfahrens (Kohlmann/*Hilgers-Klautzsch* § 386 Rn. 126). Nach Nr. 22 der AStBV(St) 2011 kommt eine Abgabe an die StA in Betracht, wenn

1. eine Maßnahme der Telekommunikationsüberwachung beantragt werden soll;
2. die Anordnung der Untersuchungshaft (§§ 112, 113 StPO) geboten erscheint;
3. die Strafsache besondere verfahrensrechtliche Schwierigkeiten aufweist;
4. der Beschuldigte außer einer Tat i.S.d. Nr. 18 und 19 noch eine andere – prozessual selbstständige – Straftat begangen hat und die Taten in einem einheitlichen Ermittlungsverfahren verfolgt werden sollen;
5. Freiheitsstrafe zu erwarten ist, die nicht im Strafbefehlsverfahren geahndet werden kann;
6. gegen die in den Nr. 151 bis 154 genannten Personen ermittelt wird;
7. ein Amtsträger der Finanzverwaltung der Beteiligung verdächtig ist.

In den Fällen der Nr. 6 und 7 sehen die AStBV (St) eine Abgabe an die StA zwingend vor. **161**

III. Verhältnis von Besteuerungsverfahren zum Strafverfahren

Über die Verweisung des § 15 InvZulG gilt § 393 AO auch für die Verfolgung von Straftaten, die **162** sich auf Investitionszulagen beziehen. Danach richten sich die Rechte und Pflichten des Steuerpflichtigen und der Finanzbehörden im Besteuerungs- und Strafverfahren nach den für das jeweilige Verfahren geltenden Vorschriften.

Im Steuerstrafverfahren hat der Beschuldigten daher das Recht, Angaben zur Sache zu verweigern **163** (§ 136 Abs. 1 Satz 2 StPO). Andererseits verbleibt es im Besteuerungsverfahren bei den allgemeinen steuerlichen Mitwirkungspflichten zur Aufklärung des Sachverhalts. Lediglich der Einsatz von Zwangsmitteln nach § 328 AO ist unzulässig, soweit sich der Steuerpflichtige durch Aufklärung des Sachverhalts wegen einer von ihm begangenen Steuerstraftat oder Steuerordnungswidrigkeit selbst belasten müsste (§ 393 Abs. 1 Satz 2 AO).

Zu den in § 393 Abs. 1 Satz 2 AO genannten Steuerstraftaten zählen über die Verweisung in § 14 **164** InvZulG auch Straftaten, die sich auf Investitionszulagen beziehen (FGJ/*Joecks* § 385 Rn. 30, § 393 Rn. 21).

165 § 393 Abs. 2 AO statuiert darüber hinaus ein Verwertungsverbot für das Strafverfahren. Das Verwertungsverbot gilt allerdings nur, soweit der Steuerpflichtige sich durch wahrheitsgemäße Angaben „in Erfüllung steuerrechtlicher Pflichten" einer Nichtsteuerstraftat bezichtigt. Das Verwertungsverbot greift hingegen nicht, wenn der Steuerpflichtige im Zusammenhang mit steuerlichen Erklärungen weitere Straftaten, etwa eine Urkundenfälschung durch Vorlage gefälschter Belege begeht (BGH, wistra 2003, 429) Der BGH hat diese Rechtsauffassung im Wesentlichen damit begründet, dass die Vorlage gefälschter Urkunden nicht „in Erfüllung steuerlicher Pflichten" erfolge. Das BVerfG hat diese Rechtsprechung zwischenzeitlich verfassungsrechtlich gebilligt (BVerfG, wistra 2005, 175).

166 Erkenntnisse aus dem Besteuerungsverfahren können ferner für die Aufklärung von Straftaten verwendet werden, an deren Verfolgung ein zwingendes öffentliches Interesse besteht (§ 30 Abs. 4 Nr. 5 AO). Dies ist etwa der Fall, wenn die unberechtigte Gewährung einer Investitionszulage den Qualifikationstatbestand des § 264 Abs. 3 StGB verwirklicht.

167 Eine entsprechende Befugnis der Finanzbehörden zur Unterrichtung der zuständigen Stelle ergibt sich aus § 31a Abs. 1 Nr. 1 b) bb) AO. Unter den Begriff der dort bezeichneten „öffentlichen Mittel" fallen insb. Subventionen (TK/*Drüen*, § 31a Rn. 8).

9. Kapitel Steuerliche Verwertbarkeit von Erkenntnissen aus dem Steuerstrafverfahren

A. Allgemeines

Literaturübersicht

Geuenich, Steuerliches Verwertungsverbot analog § 136a StPO bei Zusammentreffen von Außenprüfung und steuerstrafrechtlichen Ermittlungen?, DStZ 2006, 295 – 300; *Jungbluth/Stepputat*, Der „Ankauf von Steuerdaten": Rechtsstaatliche Möglichkeiten und ihre Grenzen, DStZ 2010, 781; *Müller*, Ermittlungsfehler der Finanzverwaltung, AO-StB 2009, 20; *v. Wedelstädt*, Verwertungsverbote bei Ermittlungsmaßnahmen, AO-StB 2004, 93.

Wie sich aus **§ 393 Abs. 3 Satz 1 AO** (eingefügt durch das JStG 2008 v. 20.12.2007, **1** BGBl. I 2007, S. 3150) ergibt, sind Erkenntnisse, die die Finanzbehörde oder die StA rechtmäßig im Rahmen strafrechtlicher Ermittlungen gewonnen hat, auch im Besteuerungsverfahren verwertbar (vgl. § 393 Rdn. 128; TK/*Seer* § 88 Rn. 23). Diese Verwertbarkeit ist rechtlich zweifelsfrei und unstrittig, da ansonsten Personen, gegen die sich strafrechtliche Ermittlungsmaßnahmen richten und die ihren steuerlichen Pflichten nicht ordnungsgemäß nachgekommen sind, steuerlich im Ergebnis besser stehen würden als Personen, die ihre steuerlichen Pflichten ordnungsgemäß erfüllen (vgl. z.B. BVerfG, 12.04.1996 – 2 BvL 18/93, wistra 1996, 227). Gem. **§ 393 Abs. 3 Satz 2 AO** (ebenfalls eingefügt durch das JStG 2008 v. 20.12.2007, BGBl. I 2007, S. 3150) i.V.m. § 413 AO erstreckt sich die Verwertbarkeit auch auf die rechtmäßig gewonnen Erkenntnisse, die dem **Brief-, Post- und Fernmeldegeheimnis** (Art. 10 GG) unterliegen (vgl. § 393 Rdn. 131 ff.).

Fraglich ist hingegen, ob sich aus § 393 Abs. 3 AO der Umkehrschluss ergibt, dass **unter strafpro- 2 zessualen Gesichtspunkten rechtswidrig gewonnene Erkenntnisse** einem grundsätzlichen steuerrechtlichen Verwendungsverbot unterliegen. Eine solch generelle Aussage ist allerdings nicht zutreffend (vgl. § 393 Rdn. 129). Einerseits besteht für einen entsprechenden Regelungswillen des Gesetzgebers kein Anhaltspunkt und andererseits würde eine solche Auslegung dem allgemeinen Grundsatz widersprechen, dass sich die Frage nach dem Vorliegen und dem Umfang eines Verwertungsverbots im Steuerrecht nur im jeweiligen Einzelfall nach den anwendbaren Verfahrensvorschriften und Verfassungsgrundsätzen beantworten lässt (BVerfG, 02.07.2009 – 2 BvR 2225/08, NJW 2009, 3225 für strafprozessuale Verwertungsverbote; für das Steuerrecht z.B. BFH, 28.10.2009 – I R 28/08, BFH/NV 2010, 432; BFH, 23.02.2002 – XI R 10, 11/01, BStBl. II 2002, S. 328; FGJ/*Joecks* § 393 Rn. 50 f., 89; HHSp/*Söhn*, § 88 Rn. 292; TK/*Seer*, § 88 Rn. 16; a.A. HHSp/*Hellmann*, § 393 Rn. 127, 195, der von der „radikalen Nichtverwertbarkeit" von rechtswidrig gewonnenen strafprozessualen Erkenntnissen ausgeht).

Grds. ist es für die Verwertung von Erkenntnissen durch die Finanzbehörde ohne Bedeutung, auf **3** welche Weise und in welcher Verfahrensart sie erlangt wurden. Die rechtsstaatliche Ordnung erfordert jedoch, dass sich die Sachverhaltsaufklärung im Rahmen des bestehenden Rechts bewegt. Ist dies nicht der Fall, ist die Frage zu klären, welche Auswirkungen das rechtswidrige Verhalten der Ermittlungsbehörden bei der Sachverhaltsermittlung im anschließenden Steuerfestsetzungsverfahren hat und ob die so erlangten Besteuerungsgrundlagen verwertet werden dürfen.

4 Im Steuerrecht führt nicht jede rechtswidrige Ermittlungsmaßnahme zu einem Verwertungsverbot, da die Gesetzmäßigkeit und Gleichmäßigkeit der Besteuerung fundamentale Besteuerungsprinzipien sind, sodass ein **Verwertungsverbot eine Ausnahme** darstellt (z.B. BVerfG, 02.07.2009 – 2 BvR 2225/08, NJW 2009, 3225; BFH, 25.11.1997 – VIII R 4/94, BStBl. II 1998, S. 461; HHSp/*Söhn*, § 88 Rn. 291 f.; *Müller*, AO-StB 2009, 20, 21). Eine Übernahme der **strafprozessualen Verwertungsverbotslehre** in das Steuerrecht wäre denkbar, da in beiden Verfahren die materielle Wahrheit von Amts wegen zu erforschen ist. Dagegen spricht jedoch, dass nach § 393 Abs. 1 Satz 1 AO im Besteuerungs- und im Strafverfahren die für das jeweilige Verfahren geltenden Vorschriften anzuwenden sind. Besteuerungs- und Strafverfahren stehen damit grds. unabhängig und gleichrangig nebeneinander (z.B. BFH, 28.04.1997 – X B 123, 124/95, BFH/NV 1997, 641; BFH, 19.08.1998 – XI R 37/97, BStBl. II 1999, S. 7; HHSp/*Hellmann*, § 393 1977 Rn. 32; Klein/*Jäger*, § 393 Rn. 1; *Rolletschke*/Kemper, § 393 Rn. 8; vgl. auch FGJ/*Joecks*, § 393 Rn. 4). Folglich ist die Frage nach einem Verwertungsverbot im Besteuerungsverfahren nach abgabenrechtlichen Vorschriften, ggf. unter Einbeziehung vorrangiger Verfassungsgrundsätze zu beantworten (vgl. Rdn. 7 ff.; ebenso BFH, 26.02.2001 – VII B 265/00, BStBl. II 2001, S. 464; HHSp/*Söhn*, § 88 Rn. 294 m.w.N.).

B. Verstöße gegen Form- und Ordnungsvorschriften

5 Im Hinblick auf das Strafverfahren ist zu unterscheiden zwischen solchen Maßnahmen, die gegen Form- und Ordnungsvorschriften verstoßen, und solchen, die den Steuerpflichtigen in seinen Grundrechten verletzen (BFH, 04.10.2006 – VIII R 53/04, BStBl. II 2007, S. 227; HHSp/*Söhn*, § 88 Rn. 295 ff.). Bei **Verstößen gegen Form- und Ordnungsvorschriften** greift im Besteuerungsverfahren generell kein Verwertungsverbot ein, sodass formelle Fehler keinen Einfluss auf die Steuerfestsetzung haben. Dies liegt darin begründet, dass die Finanzbehörde die so erlangten Erkenntnisse auch legal hätte gewinnen können. In solchen Fällen überwiegt das Interesse an einer gesetzmäßigen und gleichmäßigen Steuerfestsetzung dasjenige des betroffenen Stpfl. an einem formal rechtmäßigen Verfahren (BFH, 25.11.1997 – VIII R 4/94, BStBl. II 1998, S. 461; BFH, 04.10.2006 – VIII R 54/04, BFH/NV 2007, 190; FGJ/*Joecks*, § 393 Rn. 51; TK/*Seer*, § 88 Rn. 16; HHSp/*Söhn*, § 88 Rn. 297 ff.; Schwarz/*Schmitz*, § 93 Rn. 81). Dieses Ergebnis entspricht auch dem Grundgedanken des § 127 AO, wonach der Steuerpflichtige nicht schon deshalb eine Aufhebung eines Verwaltungsaktes verlangen kann, weil dieser unter Verstoß gegen Formvorschriften zustande gekommen ist.

6 Die Rechtsprechung verneint darüber hinaus auch generell Verwertungsverbote bei sog. **Vorbehaltsbescheiden** gem. § 164 AO (BFH, 25.11.1997 – VIII R 4/94, BStBl. II 1998, S. 461; BFH, 17.01.2002 – V B 88/01, BFH/NV 2002, 748) und bei sog. **Erstbescheiden** (BFH, 13.12.1995 – XI R 43-45/89, XI R 43/89, XI R 44/89, XI R 45/89, BStBl. II 1996, S. 232).

C. Verletzung verfassungsrechtlich geschützter Güter

7 Etwas anderes gilt hingegen, wenn durch die Ermittlungsmaßnahme der **verfassungsrechtlich geschützte Bereich des Stpfl. verletzt** wird. Ermittlungsmaßnahmen, die den Steuerpflichtigen in seinen Grundrechten verletzen, seine durch die Europäische Menschenrechtskonvention geschützte Sphäre verletzen oder unter Verletzung des Übermaßverbots in eine grundrechtlich geschützte Position des Stpfl. eingreifen, führen zu einem uneingeschränkten Verwertungsverbot der gewonnenen Erkenntnisse und Tatsachen (sog. **qualifiziertes materiell-rechtliches Verwertungsverbot**; BFH, 02.04.2004 – II B 13/02, BFH/NV 2005, 58; BFH, 26.02.2001 – VII B 265/00, BStBl. II 2001, S. 464; BFH, 04.10.2006 – VIII R 53/04, BStBl. II 2007, S. 227; BFH, 04.10.2006 – VIII R 54/04, BFH/NV 2007, 190; Schwarz/*Schmitz*, § 93 Rn. 81; HHSp/*Söhn*, § 88 Rn. 308; TK/*Seer*, § 88 Rn. 17).

Das **Verwertungsverbot** soll den Steuerpflichtigen vor Eingriffen der öffentlichen Gewalt in seine 8 Rechtssphäre durch solche Maßnahmen schützen, die die öffentliche Gewalt unter Einhaltung der Verfahrensordnung nicht hätte vornehmen können (*v. Wedelstädt*, AO-StB 2004, 93). In diesen Fällen genießt das Interesse des Stpfl. an einem **effektiven Grundrechtsschutz** Vorrang vor dem allgemeinen Interesse an einer möglichst vollständigen Wahrheitsermittlung und einer materiell-rechtlich korrekten Steuerfestsetzung. Eine Heilung des Verstoßes durch zulässige, erneute Ermittlungsmaßnahmen ist ausgeschlossen (BFH, 04.10.2006 – VIII R 53/04, BStBl. II 2007, S. 227; BFH, 04.10.2006 – VIII R 54/04, BFH/NV 2007, 190; Schwarz/*Frotscher*, § 193 Rn. 17a; HHSp/*Söhn*, § 88 Rn. 308).

Verwertungsverbote für das Besteuerungsverfahren gelten somit z.B. in den folgenden Fällen: 9

- **Tagebuchaufzeichnungen** soweit die unantastbare Intimsphäre des Stpfl. oder Dritter berührt werden (vgl. BVerfG, 14.09.1989 – 2 BvR 1062/87, BVerfGE 80, 367; BVerfG, 26.06.2008 – 2 BvR 219/08, StraFo 2008, 421; steuerrechtlich HHSp/*Söhn*, § 88 Rn. 309);
- **heimliche Tonbandaufnahmen, heimliche Fotos oder Filmaufnahmen** soweit sie nicht strafprozessual zulässig sind (vgl. BVerfG, 31.03.1973 – BvR 454/71, BVerfGE 34, 238, 248; BVerfG, 31.07.2001 – 1 BvR 304/01, NZA 2002, 284; TK/*Seer*, § 88 Rn. 17);
- **Verstöße gegen das Brief-, Post- und Fernmeldegeheimnis** (TK/*Seer*, § 88 Rn. 17; HHSp/ *Söhn*, § 88 Rn. 309);
- bewusster Missachtung oder gleichwertige grobe Verkennung der Voraussetzungen des für eine **Wohnungsdurchsuchung** bestehenden Richtervorbehalts bzgl. der bei der Durchsuchung gewonnen Beweismittel an (vgl. z.B. BGH, 18.04.2007 – 5 StR 546/06, NJW 2007, 2269 für das strafprozessuale Verwertungsverbot; zum steuerrechtlichen HHSp/*Söhn*, § 88 Rn. 309).

D. Verstöße gegen § 136a StPO

Einer besonderen Betrachtung bedarf das **Beweismethodenverbot** des § 136a StPO. Nach § 136a 10 Abs. 3 Satz 2 StPO dürfen Aussagen von Beschuldigten, Zeugen oder Sachverständigen strafprozessual nicht als Beweis verwertet werden, wenn sie kausal aufgrund **verbotener Vernehmungsmethoden** i.S.d. § 136a Abs. 1 StPO zustande gekommen sind. Dies gilt selbst dann, wenn der Vernommene der Verwertung zugestimmt hat (Radtke/Hohmann/*Kretschmer*, § 136a Rn. 4; *Meyer-Goßner*, § 136a Rn. 27 f.; Graf/*Monka*, § 136a Rn. 28). Insoweit wird der Vernommene vor sich selbst geschützt und den Strafverfolgungsbehörden wird aufgrund dieses extrem schweren Fehlverhaltens die Möglichkeit entzogen, jemals wieder auf dieses Beweismittel zuzugreifen.

Die verbotenen Vernehmungsmethoden sind in § 136a Abs. 1 StPO aufgezählt, wobei im Hin- 11 blick auf die Praxis in Steuerstrafverfahren lediglich drei Verbote relevant sein dürften:

- **Täuschung** ist verboten, List hingegen erlaubt. Eine genaue Abgrenzung insoweit ist schwierig, aber es lassen sich die folgenden Grundlinien feststellen: Da Verschweigen keine Täuschung ist, muss der vernehmende Beamte nicht alles sagen, was er weiß. Was er sagt, muss jedoch wahr, aber nicht klar sein, da es sich bei doppeldeutigen Erklärungen oder Fangfragen noch um List handelt. Auch ein Irrtum des Beschuldigten – sofern er sich nicht auf die Aussagefreiheit gem. § 136 StPO bezieht – darf ausgenutzt, aber nicht herbeigeführt werden (vgl. BGH GrS, 13.05.1996 – GSSt 1/96, BGHSt 42, 139, 149; Radtke/Hohmann/*Kretschmer*, § 136a Rn. 19 ff.; *Meyer-Goßner*, § 136a Rn. 12 ff.; Graf/*Monka*, § 136a Rn. 15 ff.).
- Eine **Drohung mit verfahrensrechtlich unzulässigen Maßnahmen** liegt nicht schon in Hinweisen (z.B. „Ihr Schweigen wird Ihnen nichts nutzen." „Das bekommen wir auch so raus."). Ebenso ist die Drohung mit zulässigen Maßnahmen erlaubt. Eine verbotene Vernehmungsmethode liegt hingegen vor, wenn z.B. mit der rechtswidrigen Invollzugsetzung eines Haftbefehls gedroht wird, (BGH, 16.09.2004 – 4 StR 84/04, wistra 2004, 472; Radtke/Hohmann/*Kretschmer*, § 136a Rn. 24; *Meyer-Goßner*, § 136a Rn. 21; Graf/*Monka*, § 136a Rn. 24).

– Ein **Versprechen nicht vorgesehener Vorteile** liegt vor, wenn eine bindende Zusage abgegeben wird, obwohl allenfalls eine Prognose zulässig wäre. Dies ist z.B. gegeben, wenn ein BuStra-Sachbearbeiter oder ein Steuerfahnder eine Geldbuße oder eine Bewährungsstrafe in Form eines Strafbefehls für den Fall eines Geständnisses fest zusagt. Zulässig wäre es hingegen anzukündigen, dass man sich für einen entsprechenden Verfahrensabschluss einsetzen werde und in aller Regel die Gerichte zustimmen. Es muss aber deutlich werden, dass insoweit noch ein gewisses – wenn auch geringes – Maß an Unsicherheit besteht (BVerfG, 19.10.1983 – 2 BvR 859/83, NJW 1984, 428; Radtke/Hohmann/*Kretschmer*, § 136a Rn. 25; *Meyer-Goßner*, § 136a Rn. 23; Graf/*Monka*, § 136a Rn. 25 f.; vgl. aber auch BGH, 08.03.1990 – 2 StR 367/89, NJW 1990, 1921).

12 Fraglich ist, welche Rechtsfolgen ein Verstoß gegen § 136a StPO im Hinblick auf die spätere Verwendung der erlangten Kenntnisse im Besteuerungsverfahren zeitigt. Aufgrund der Schwere des Verstoßes ist es angezeigt, für jeden Verstoß gegen § 136a StPO nicht nur ein strafprozessuales sondern auch **steuerliches Verwertungsverbot** anzunehmen, da es sich um eine Ausformung des Art. 1 Abs. 1 GG handelt und die schrankenlos gewährleistete Menschenwürde in jedem Verfahren zu beachten ist (*Rolletschke*/Kemper, § 393 Rn. 62; HHSp/*Söhn*, § 88 Rn. 309; TK/*Seer*, § 88 Rn. 17; unklar FGJ/*Joecks*, § 393 AO Rn. 51). Ob dies Ergebnis mit dem Übergreifen des § 136a StPO ins Steuerrecht, einer analogen Anwendung oder der unmittelbaren Wirkung der Verfassung begründet wird, ist letztendlich unerheblich (wie hier *Rolletschke*/Kemper, § 393 Rn. 62).

13 Fraglich ist allerdings, welche Wirkungen sich ergeben, wenn der Stpfl. z.B. nicht über sein Recht, die Mitwirkung in bestimmten Fällen zu verweigern, belehrt wird. Nach Ansicht des BFH stellt ein **Verschweigen von Rechten und Tatsachen** keine Täuschung i.S.d. § 136a StPO dar. Ein Verstoß gegen § 136a StPO läge danach selbst dann nicht vor, wenn der Betriebsprüfer bewusst den steuerstrafrechtlichen Ermittlungszweck seiner Prüfung verschwiegen haben sollte (BFH, 30.05.2008 – V B 76/07, BFH/NV 2008, 1441, m.w.N.; BFH, 23.07.2009 – X B 10/09, n.v.). Folglich bewirkt die **Verletzung der Belehrungspflicht** nach Ansicht der Rechtsprechung **kein steuerliches Verwertungsverbot**, sodass die erlangten Kenntnisse uneingeschränkt für steuerliche Zwecke verwendet werden können (BFH, 23.01.2002 – XI R 10, 11/01, BStBl. II 2002, S. 328 m.w.N.; BFH, 03.04.2007 – VIII B 110/06, BFH/NV 2007, 1273; BFH, 30.05.2008 – V B 76/07, BFH/NV 2008, 1441 m.w.N.; BFH, 23.07.2009 – X B 10/09, n.v.; BFH, 28.10.2009 – I R 28/08, BFH/NV 2010, 432; zustimmend Kühn/v. Wedelstädt/*Blesinger*, § 393 AO Rn. 4; Schwarz/*Dumke*, § 393 Rn. 34; für ein Verwertungsverbot hingegen Klein/*Jäger*, § 393 Rn. 41; HHSp/*Hellmann*, § 393 Rn. 123; Kohlmann/*Hilgers-Klautzsch*, § 393 Rn. 60, 63.2; *Rolletschke*/Kemper, § 393 Rn. 62; *Müller*, AO-StB 2009, 20, 21; unklar, FGJ/*Joecks*, § 393 Rn. 51). Dem ist jedoch entgegenzuhalten, dass in der strafprozessualen Rechtsprechung und Literatur seit dem Urteil des BGH vom 27.02.1992 im Grundsatz unstrittig ist, dass eine unterlassene Belehrung über die Aussagefreiheit ein Beweisverwertungsverbot nach sich zieht (BGH, 27.02.1992 – 5 StR 190/91, BGHSt 38, 214; BGH, 03.07.2007 – 1 StR 3/07, NStZ 2007, 653; Radtke/Hohmann/*Kretschmer*, § 136 Rn. 25; *Meyer-Goßner*, § 136 Rn. 20; Graf/*Monka*, § 136 Rn. 21). Dies liegt unter anderem darin begründet, dass das nemo-tenetur-Prinzip ein die gesamte Rechtsordnung prägender Grundsatz ist, der auch im Steuerrecht gilt. Folglich ist im Falle einer unterlassenen Belehrung ein Verwertungsverbot anzunehmen (zu den Ausnahmen von der Belehrungspflicht, in denen auch kein Verwertungsverbot eintritt, vgl. § 399 Rdn. 161). Eine Differenzierung danach, ob die Belehrung absichtlich oder versehentlich unterlassen wurde, verbietet sich aufgrund des einheitlichen Schutzzwecks der gesetzlichen Regelungen zur Belehrungspflicht und der mit einer solchen Unterscheidung verbundenen Nachweisprobleme (a.A. Kohlmann/*Hilgers-Klautzsch*, § 393 Rn. 63.2).

E. Fernwirkung

Eine generelle **Fernwirkung von Verwertungsverboten** gibt es auch im Steuerrecht nicht (BFH, 14
04.10.2006 – VIII R 53/04, BStBl. II 2007, S. 227; TK/*Seer*, § 88 Rn. 19). Sie kommt allenfalls
bei qualifizierten, grundrechtsrelevanten Verfahrensverstößen in Betracht oder wenn die Erkenntnismittel durch die öffentliche Gewalt in strafbarer Weise erlangt wurden (BFH, 04.10.2006 –
VIII R 53/04, BStBl. II 2007, S. 227; BFH, 06.11.2008 – IX B 144/08, BFH/NV 2009, 195; T/
K/*Seer*, § 88 Rn. 19; HHSp/*Söhn*, § 88 Rn. 334).

Werden Sachverhaltsermittlungen völkerrechtswidrig durch deutsche Hoheitsträger auf fremdem 15
Hoheitsgebiet durchgeführt, so greift ein **völkerrechtliches Verwertungsverbot** ein (TK/*Seer*, § 88
Rn. 20; HHSp/*Söhn*, § 88 Rn. 312).

Problematisch ist die Verwertung von Erkenntnismitteln, die sich **Privatpersonen** ohne entspre- 16
chenden Auftrag der Strafverfolgungsorgane rechtswidrig – z.B. durch Diebstahl oder Unterschlagung – verschafft und dann den Strafverfolgungsorganen überlassen haben. Das materiell rechtswidrige Verhalten einer Privatperson schlägt jedoch i.d.R. nicht auf das finanzbehördliche
Handeln durch, sodass die zur Verfügung gestellten Beweismittel verwertbar sind (HHSp/*Söhn*,
§ 88 Rn. 337; vgl. auch Wendt, DStZ 1998, 145 mit Nachweisen zu pro und contra; zum Strafverfahren ebenso BGH, 21.07.1998 – 5 StR 302/97, BGHSt 44, 129; BGH, 12.04.1989 – 3 StR
453/88, BGHSt 36, 167; Radtke/Hohmann/*Kretschmer*, § 136a Rn. 47). Dasselbe gilt, wenn ein
Geheimnisträger unter Verstoß gegen § 203 StGB Tatsachen offenbart (BGH, 12.01.1956 –
GS 3 StR 195/55, BGHSt 9, 59).

Ein Verwertungsverbot wird nur ausnahmsweise angenommen, wenn die rechtswidrige Beweisbe- 17
schaffung durch den Privaten den Makel einer besonders krassen Verletzung des unantastbaren
Kernbereichs der privaten Lebensgestaltung trägt (Art. 1 GG; BGH, 21.07.1998 – 5 StR 302/97,
BGHSt 44, 129; OLG Hamburg, 14.06.2005 – IV 1/04, NJW 2005, 2326; Radtke/Hohmann/
Kretschmer, § 136a Rn. 47; *Meyer-Goßner*, § 136a Rn. 3; *Beulke*, Jura 2008, 653). Folglich besteht
kein Verwertungsverbot, wenn die Finanzverwaltung Informationen ankauft, die Private durch
strafbare Handlungen erlangt haben (wie hier HHSp/*Söhn*, § 88 Rn. 338; vgl. auch BVerfG,
09.11.2010 – 2 BvR 2101/09, NStZ 2011, 103 jeweils zum Ankauf von Daten-CDs).

Besteht ein Verwertungsverbot, so sind die davon betroffenen Erkenntnisse **in jeder Hinsicht unver-** 18
wertbar. Sie können mithin weder eine erstmalige Steuerfestsetzung noch die Aufhebung oder
Änderung einer Steuerfestsetzung begründen. Die unverwertbaren Erkenntnisse sind als nicht existent zu behandeln (ebenso HHSp/*Söhn*, § 88 Rn. 332; *Ruban*, DStZ 1998, 354, 356 f.; zum Strafprozessrecht vgl. Radtke/Hohmann/*Kretschmer*, § 136a Rn. 41; Graf/*Monka*, § 136a Rn. 30).

F. Sonderfall: Bindung durch Spezialitätsvorbehalt

Stellt ein ausländischer Staat auf Ersuchen im Rahmen strafrechtlicher Ermittlungen einer deut- 19
schen Staatsanwaltschaft Beweismittel zur Verfügung, so sind gemäß **§ 72 IRG Bedingungen** zu
beachten, die der ausländische Staat an die **Rechtshilfe** geknüpft hat. Ein Verwertungsverbot
besteht folglich, soweit Beweismittel unter „Bedingungen" zur Verfügung gestellt wurden, die
ihrer schrankenlosen Verwendung entgegenstehen (vgl. BGH, 11.11.2004 – 5 StR 299/03,
BGHSt 49, 317; FG München, 16.03.2010 – 6 K 241/07, juris).

Haben die ausländischen Institutionen ein Verwertungsverbot verfügt (sog. „**Spezialitätsvorbe-** 20
halt"), so richtet sich dessen Reichweite nicht nach dem zugrunde liegenden Recht des ausländischen Staates, sondern ausschließlich nach dem Wortlaut des maßgeblichen Vorbehaltes. Mithin
kommt es auch nicht auf die Vereinbarkeit des Spezialitätsvorbehalts mit dem zugrundeliegenden
ausländischen Recht an (BGH, 11.11.2004 – 5 StR 299/03, BGHSt 49, 317; FG München,
16.03.2010 – 6 K 241/07, juris; ebenso Schweizerisches Bundesgericht, 29.05.2000 – 1A.155/
2000, BGE 126 II 316).

10. Kapitel Vermögenssicherung

Literaturübersicht
Bach, Verhältnis von strafprozessualem dinglichem Arrest und steuerlichem dinglichem Arrest im Steuerstrafverfahren iSv § 386 Abs. 2 AO, JR 2010, 286; ***Braun***, Der schnelle Zugriff der Finanzverwaltung auf das Vermögen des Steuerpflichtigen, PStR 2004, 258; ***Bruschke***, Der dingliche Arrest im Steuerrecht, BB 1996, 81;
Bruschke, Dinglicher Arrest im Steuerrecht, DStR 2003, 54; ***Greiner***, Zum Spannungsverhältnis zwischen
Insolvenzrecht und strafprozessualer Vermögensabschöpfung, ZInsO 2007, 953; ***Kempf/Schilling***, Vermögensabschöpfung; ***Podolsky/Brenner***, Vermögensabschöpfung in der Praxis, 4. Aufl. 2010; ***Rönnau***, Vermögensabschöpfung in der Praxis; ***Roth***, Der StPO-Arrest im Steuerstrafverfahren – Ausschluss des Steuerfiskus
von der Rückgewinnungshilfe nach § 111b Abs. 2 und 5 StPO?, wistra 2010, 335; ***Schmid/Winter***, Vermögensabschöpfung in Wirtschaftsstrafverfahren – Rechtsfragen und praktische Erfahrungen, NStZ 2002, 8 ff.;

Theile, Art. 14 GG und der strafprozessuale dingliche Arrest, StV 2009, 161; *v. Gleichenstein*, Die Rückgewinnungshilfe gem. §§ 111b ff. StPO in der Insolvenz des Täters, ZIP 2008, 1151; *Webel*, Rückgewinnungshilfe in Steuerstrafverfahren – unzulässig oder unverzichtbar und zwingend?, wistra 2004, 249 ff.; *Weingartz/ Lenßen*, Überlegungen zum Sicherungsinteresse bei der Vermögensabschöpfung im Zusammenhang mit Steuerstraftaten, Stbg 2011, 82 ff.; *Werner*, Vermögensabschöpfung im (Steuer-)Strafverfahren, PStR 2002, 8 ff.; *Wulf*, Dinglicher Arrest in Steuerfahndungsverfahren, Steuerfahndung und Steuerstreit, Beratungs Akzente 44 (2007), S. 67 ff.

§ 324 AO   Dinglicher Arrest

(1) [1]Zur Sicherung der Vollstreckung von Geldforderungen nach den §§ 249 bis 323 kann die für die Steuerfestsetzung zuständige Finanzbehörde den Arrest in das bewegliche oder unbewegliche Vermögen anordnen, wenn zu befürchten ist, dass sonst die Beitreibung vereitelt oder wesentlich erschwert wird. [2]Sie kann den Arrest auch dann anordnen, wenn die Forderung noch nicht zahlenmäßig feststeht oder wenn sie bedingt oder betagt ist. [3]In der Arrestanordnung ist ein Geldbetrag zu bestimmen, bei dessen Hinterlegung die Vollziehung des Arrestes gehemmt und der vollzogene Arrest aufzuheben ist.

(2) [1]Die Arrestanordnung ist zuzustellen. [2]Sie muss begründet und von dem anordnenden Bediensteten unterschrieben sein. [3]Die elektronische Form ist ausgeschlossen

(3) [1]Die Vollziehung der Arrestanordnung ist unzulässig, wenn seit dem Tag, an dem die Anordnung unterzeichnet worden ist, ein Monat verstrichen ist. [2]Die Vollziehung ist auch schon vor der Zustellung an den Arrestschuldner zulässig, sie ist jedoch ohne Wirkung, wenn die Zustellung nicht innerhalb einer Woche nach der Vollziehung und innerhalb eines Monats seit der Unterzeichnung erfolgt. [3]Bei Zustellung im Ausland und öffentlicher Zustellung gilt § 169 Abs. 1 Satz 3 entsprechend. [4]Auf die Vollziehung des Arrestes finden die §§ 930 bis 932 der Zivilprozessordnung sowie § 99 Abs. 2 und § 106 Abs. 1, 3 und 5 des Gesetzes über Rechte an Luftfahrzeugen entsprechende Anwendung; an die Stelle des Arrestgerichts und des Vollstreckungsgerichts tritt die Vollstreckungsbehörde, an die Stelle des Gerichtsvollziehers der Vollziehungsbeamte. [5]Soweit auf die Vorschriften über die Pfändung verwiesen wird, sind die entsprechenden Vorschriften dieses Gesetzes anzuwenden

§ 325 AO   Aufhebung des dinglichen Arrestes

Die Arrestanordnung ist aufzuheben, wenn nach ihrem Erlass Umstände bekannt werden, die die Arrestanordnung nicht mehr gerechtfertigt erscheinen lassen.

§ 327 AO   Verwertung von Sicherheiten

[1]Werden Geldforderungen, die im Verwaltungsverfahren vollstreckbar sind (§ 251), bei Fälligkeit nicht erfüllt, kann sich die Vollstreckungsbehörde aus den Sicherheiten befriedigen, die sie zur Sicherung dieser Ansprüche erlangt hat. [2]Die Sicherheiten werden nach den Vorschriften dieses Abschnitts verwertet. [3]Die Verwertung darf erst erfolgen, wenn dem Vollstreckungsschuldner die Verwertungsabsicht bekannt gegeben und seit der Bekanntgabe mindestens eine Woche verstrichen ist.

§ 73 StGB   Voraussetzungen des Verfalls

(1) Ist eine rechtswidrige Tat begangen worden und hat der Täter oder Teilnehmer für die Tat oder aus ihr etwas erlangt, so ordnet das Gericht dessen Verfall an. Dies gilt nicht, soweit dem Verletzten aus der Tat ein Anspruch erwachsen ist, dessen Erfüllung dem Täter oder Teilnehmer den Wert des aus der Tat Erlangten entziehen würde.

(2) Die Anordnung des Verfalls erstreckt sich auf die gezogenen Nutzungen. Sie kann sich auch auf die Gegenstände erstrecken, die der Täter oder Teilnehmer durch die Veräußerung eines erlangten Gegenstandes oder als Ersatz für dessen Zerstörung, Beschädigung oder Entziehung oder auf Grund eines erlangten Rechts erworben hat.

(3) Hat der Täter oder Teilnehmer für einen anderen gehandelt und hat dadurch dieser etwas erlangt, so richtet sich die Anordnung des Verfalls nach den Absätzen 1 und 2 gegen ihn.

(4) Der Verfall eines Gegenstandes wird auch angeordnet, wenn er einem Dritten gehört oder zusteht, der ihn für die Tat oder sonst in Kenntnis der Tatumstände gewährt hat.

§ 73a StGB   Verfall des Wertersatzes

Soweit der Verfall eines bestimmten Gegenstandes wegen der Beschaffenheit des Erlangten oder aus einem anderen Grunde nicht möglich ist oder von dem Verfall eines Ersatzgegenstandes nach § 73 Abs. 2 Satz 2 abgesehen wird, ordnet das Gericht den Verfall eines Geldbetrags an, der dem Wert des Erlangten entspricht. Eine solche Anordnung trifft das Gericht auch neben dem Verfall eines Gegenstandes, soweit dessen Wert hinter dem Wert des zunächst Erlangten zurückbleibt.

§ 73b StGB   Schätzung

Der Umfang des Erlangten und dessen Wert sowie die Höhe des Anspruchs, dessen Erfüllung dem Täter oder Teilnehmer das aus der Tat Erlangte entziehen würde, können geschätzt werden.

§ 73c StGB   Härtevorschrift

(1) Der Verfall wird nicht angeordnet, soweit er für den Betroffenen eine unbillige Härte wäre. Die Anordnung kann unterbleiben, soweit der Wert des Erlangten zur Zeit der Anordnung in dem Vermögen des Betroffenen nicht mehr vorhanden ist oder wenn das Erlangte nur einen geringen Wert hat.

(2) Für die Bewilligung von Zahlungserleichterungen gilt § 42 entsprechend.

§ 111b StPO   Sicherstellung

(1) Gegenstände können durch Beschlagnahme nach § 111c sichergestellt werden, wenn Gründe für die Annahme vorhanden sind, daß die Voraussetzungen für ihren Verfall oder ihre Einziehung vorliegen. § 94 Abs. 3 bleibt unberührt.

(2) Sind Gründe für die Annahme vorhanden, daß die Voraussetzungen des Verfalls von Wertersatz oder der Einziehung von Wertersatz vorliegen, kann zu deren Sicherung nach § 111d der dingliche Arrest angeordnet werden.

(3) Liegen dringende Gründe nicht vor, so hebt das Gericht die Anordnung der in Absatz 1 Satz 1 und Absatz 2 genannten Maßnahmen spätestens nach sechs Monaten auf. Begründen bestimmte Tatsachen den Tatverdacht und reicht die in Satz 1 bezeichnete Frist wegen der besonderen Schwierigkeit oder des besonderen Umfangs der Ermittlungen oder wegen eines anderen wichtigen Grundes nicht aus, so kann das Gericht auf Antrag der Staatsanwaltschaft die Maßnahme verlängern, wenn die genannten Gründe ihre Fortdauer rechtfertigen. Ohne Vorliegen dringender Gründe darf die Maßnahme über zwölf Monate hinaus nicht aufrechterhalten werden.

(4) Die §§ 102 bis 110 gelten entsprechend.

(5) Die Absätze 1 bis 4 gelten entsprechend, soweit der Verfall nur deshalb nicht angeordnet werden kann, weil die Voraussetzungen des § 73 Abs. 1 Satz 2 des Strafgesetzbuches vorliegen.

§ 111c StPO   Beschlagnahme zur Sicherstellung

(1) Die Beschlagnahme einer beweglichen Sache wird in den Fällen des § 111b dadurch bewirkt, daß die Sache in Gewahrsam genommen oder die Beschlagnahme durch Siegel oder in anderer Weise kenntlich gemacht wird.

(2) Die Beschlagnahme eines Grundstückes oder eines Rechtes, das den Vorschriften über die Zwangsvollstreckung in das unbewegliche Vermögen unterliegt, wird dadurch bewirkt, daß ein Vermerk über die Beschlagnahme in das Grundbuch eingetragen wird. Die Vorschriften des Gesetzes über die Zwangsversteigerung und die Zwangsverwaltung über den Umfang der Beschlagnahme bei der Zwangsversteigerung gelten entsprechend.

(3) Die Beschlagnahme einer Forderung oder eines anderen Vermögensrechtes, das nicht den Vorschriften über die Zwangsvollstreckung in das unbewegliche Vermögen unterliegt, wird durch Pfändung bewirkt. Die Vorschriften der Zivilprozeßordnung über die Zwangsvollstreckung in Forderungen und andere Vermögensrechte sind insoweit sinngemäß anzuwenden. Mit der Beschlagnahme ist die Aufforderung zur Abgabe der in § 840 Abs. 1 der Zivilprozeßordnung bezeichneten Erklärungen zu verbinden.

(4) Die Beschlagnahme von Schiffen, Schiffsbauwerken und Luftfahrzeugen wird nach Absatz 1 bewirkt. Bei solchen Schiffen, Schiffsbauwerken und Luftfahrzeugen, die im Schiffsregister, Schiffsbauregister oder Register für Pfandrechte an Luftfahrzeugen eingetragen sind, ist die Beschlagnahme im Register einzutragen. Nicht eingetragene, aber eintragungsfähige Schiffsbauwerke oder Luftfahrzeuge können zu diesem Zweck zur Eintragung angemeldet werden; die Vorschriften, die bei der Anmeldung durch eine Person, die auf Grund eines vollstreckbaren Titels eine Eintragung in das Register verlangen kann, anzuwenden sind, gelten hierbei entsprechend.

(5) Die Beschlagnahme eines Gegenstandes nach den Absätzen 1 bis 4 hat die Wirkung eines Veräußerungsverbotes im Sinne des § 136 des Bürgerlichen Gesetzbuches; das Verbot umfaßt auch andere Verfügungen als Veräußerungen.

(6) Eine beschlagnahmte bewegliche Sache kann dem Betroffenen
1. gegen sofortige Erlegung des Wertes zurückgegeben oder
2. unter dem Vorbehalt jederzeitigen Widerrufs zur vorläufigen weiteren Benutzung bis zum Abschluß des Verfahrens überlassen
werden. Der nach Satz 1 Nr. 1 erlegte Betrag tritt an die Stelle der Sache. Die Maßnahme nach Satz 1 Nr. 2 kann davon abhängig gemacht werden, daß der Betroffene Sicherheit leistet oder bestimmte Auflagen erfüllt.

§ 111d StPO   Arrest wegen Wertersatz, Geldstrafe oder Kosten

(1) Wegen des Verfalls oder der Einziehung von Wertersatz, wegen einer Geldstrafe oder der voraussichtlich entstehenden Kosten des Strafverfahrens kann der dingliche Arrest angeordnet werden. Wegen einer Geldstrafe und der voraussichtlich entstehenden Kosten darf der Arrest erst angeordnet werden, wenn gegen den Beschuldigten ein auf Strafe lautendes Urteil ergangen ist. Zur Sicherung der Vollstreckungskosten sowie geringfügiger Beträge ergeht kein Arrest.

(2) Die §§ 917 und 920 Abs. 1 sowie die §§ 923, 928, 930 bis 932, 934 Abs. 1 der Zivilprozeßordnung gelten sinngemäß.

(3) Ist der Arrest wegen einer Geldstrafe oder der voraussichtlich entstehenden Kosten angeordnet worden, so ist eine Vollziehungsmaßnahme auf Antrag des Beschuldigten aufzuheben, soweit der Beschuldigte den Pfandgegenstand zur Aufbringung der Kosten seiner Verteidigung, seines Unterhalts oder des Unterhalts seiner Familie benötigt.

§ 111e StPO   Anordnung der Beschlagnahme oder des Arrests

(1) Zu der Anordnung der Beschlagnahme (§ 111c) und des Arrestes (§ 111d) ist nur das Gericht, bei Gefahr im Verzug auch die Staatsanwaltschaft befugt. Zur Anordnung der Beschlagnahme einer beweglichen Sache (§ 111c Abs. 1) sind bei Gefahr im Verzuge auch die Ermittlungspersonen der Staatsanwaltschaft (§ 152 des Gerichtsverfassungsgesetzes) befugt.

(2) Hat die Staatsanwaltschaft die Beschlagnahme oder den Arrest angeordnet, so beantragt sie innerhalb einer Woche die gerichtliche Bestätigung der Anordnung. Dies gilt nicht, wenn die Beschlagnahme einer beweglichen Sache angeordnet ist. Der Betroffene kann in allen Fällen jederzeit die Entscheidung des Gerichts beantragen.

(3) Der Vollzug der Beschlagnahme und des Arrestes ist dem durch die Tat Verletzten, soweit er bekannt ist oder im Verlauf des Verfahrens bekannt wird, unverzüglich durch die Staatsanwaltschaft mitzuteilen.

(4) Die Mitteilung kann durch einmalige Bekanntmachung im elektronischen Bundesanzeiger erfolgen, wenn eine Mitteilung gegenüber jedem einzelnen Verletzten mit unverhältnismäßigem Aufwand verbunden wäre oder wenn zu vermuten ist, dass noch unbekannten Verletzten aus der Tat Ansprüche erwachsen sind. Zusätzlich kann die Mitteilung auch in anderer geeigneter Weise veröffentlicht werden. Personendaten dürfen nur veröffentlicht werden, soweit ihre Angabe unerlässlich ist, um den Verletzten zur Durchsetzung ihrer Ansprüche den Zugriff auf die gesicherten Vermögenswerte zu ermöglichen. Nach Beendigung der Sicherungsmaßnahmen veranlasst die Staatsanwaltschaft die Löschung der im elektronischen Bundesanzeiger vorgenommenen Veröffentlichung.

§ 111f StPO   Vollstreckungskompetenz

(1) Die Durchführung der Beschlagnahme (§ 111c) obliegt der Staatsanwaltschaft, bei beweglichen Sachen (§ 111c Abs. 1) auch deren Ermittlungspersonen. § 98 Abs. 4 gilt entsprechend.

(2) Die erforderlichen Eintragungen in das Grundbuch sowie in die in § 111c Abs. 4 genannten Register werden auf Ersuchen der Staatsanwaltschaft oder des Gerichts bewirkt, welches die Beschlagnahme angeordnet hat. Entsprechendes gilt für die in § 111c Abs. 4 erwähnten Anmeldungen.

(3) Soweit ein Arrest nach den Vorschriften über die Pfändung in bewegliche Sachen zu vollziehen ist, kann dies durch die in § 2 der Justizbeitreibungsordnung bezeichnete Behörde, den Gerichtsvollzieher, die Staatsanwaltschaft oder durch deren Ermittlungspersonen (§ 152 des Gerichtsverfassungsgesetzes) bewirkt werden. Absatz 2 gilt entsprechend. Für die Anordnung der Pfändung eines eingetragenen Schiffes oder Schiffsbauwerkes sowie für die Pfändung einer Forderung aufgrund des Arrestes gemäß § 111d ist die Staatsanwaltschaft oder auf deren Antrag das Gericht, das den Arrest angeordnet hat, zuständig.

(4) Für die Zustellung gilt § 37 Abs. 1 mit der Maßgabe, dass auch die Ermittlungspersonen der Staatsanwaltschaft (§ 152 des Gerichtsverfassungsgesetzes) mit der Ausführung beauftragt werden können.

(5) Gegen Maßnahmen, die in Vollziehung der Beschlagnahme oder des Arrestes getroffen werden, kann der Betroffene jederzeit die Entscheidung des Gerichts beantragen.

§ 111g StPO   Vorrangige Befriedigung von Ansprüchen des Verletzten bei Arrest

(1) Die Beschlagnahme eines Gegenstandes nach § 111c und die Vollziehung des Arrestes nach § 111d wirken nicht gegen eine Verfügung des Verletzten, die auf Grund eines aus der Straftat erwachsenen Anspruches im Wege der Zwangsvollstreckung oder der Arrestvollziehung erfolgt.

(2) Die Zwangsvollstreckung oder Arrestvollziehung nach Absatz 1 bedarf der Zulassung durch das Gericht, das für die Anordnung der Beschlagnahme (§ 111c) oder des Arrestes (§ 111d) zuständig ist. Die Entscheidung ergeht durch Beschluß, der von der Staatsanwaltschaft, dem Beschuldigten und dem Verletzten mit sofortiger Beschwerde angefochten werden kann. Die Zulassung ist zu versagen, wenn der Verletzte nicht glaubhaft macht, daß der Anspruch aus der Straftat erwachsen ist. § 294 der Zivilprozeßordnung ist anzuwenden.

(3) Das Veräußerungsverbot nach § 111c Abs. 5 gilt vom Zeitpunkt der Beschlagnahme an auch zugunsten von Verletzten, die während der Dauer der Beschlagnahme in den beschlagnahmten Gegenstand die Zwangsvollstreckung betreiben oder den Arrest vollziehen. Die Eintragung des Veräußerungsverbotes im Grundbuch zugunsten des Staates gilt für die Anwendung des § 892 Abs. 1 Satz 2 des Bürgerlichen Gesetzbuches auch als Eintragung zugunsten solcher Verletzter, die während der Dauer der Beschlagnahme als Begünstigte aus dem Veräußerungsverbot in das Grundbuch eingetragen werden. Der Nachweis, daß der Anspruch aus der Straftat erwachsen ist, kann gegenüber dem Grundbuchamt durch Vorlage des Zulassungsbeschlusses geführt werden. Die Sätze 2 und 3 gelten sinngemäß für das Veräußerungsverbot bei den in § 111c Abs. 4 genannten Schiffen, Schiffsbauwerken und Luftfahrzeugen. Die Wirksamkeit des Veräußerungsverbotes zugunsten des Verletzten wird durch die Aufhebung der Beschlagnahme nicht berührt. Die Sätze 1 und 5 gelten entsprechend für die Wirkung des Pfandrechts, das durch die Vollziehung eines Arrestes (§ 111d) in das bewegliche Vermögen entstanden ist.

(4) Unterliegt der Gegenstand, der beschlagnahmt oder aufgrund des Arrestes gepfändet worden ist, aus anderen als den in § 73 Abs. 1 Satz 2 des Strafgesetzbuches bezeichneten Gründen nicht dem Verfall oder ist die Zulassung zu Unrecht erfolgt, so ist der Verletzte Dritten zum Ersatz des Schadens verpflichtet, der ihnen dadurch entsteht, daß das Veräußerungsverbot nach Absatz 3 zu seinen Gunsten gilt.

(5) Die Absätze 1 bis 4 gelten entsprechend, wenn der Verfall eines Gegenstandes angeordnet, die Anordnung aber noch nicht rechtskräftig ist. Sie gelten nicht, wenn der Gegenstand der Einziehung unterliegt.

§ 111h StPO   Herausgabe an den Verletzten

(1) Betreibt der Verletzte wegen eines aus der Straftat erwachsenen Anspruches die Zwangsvollstreckung oder vollzieht er einen Arrest in ein Grundstück, in welches ein Arrest nach § 111d vollzogen ist, so kann er verlangen, daß die durch den Vollzug dieses Arrestes begründete Sicherungshypothek hinter seinem Recht im Rang zurücktritt. Der dem vortretenden Recht eingeräumte Rang geht nicht dadurch verloren, daß der Arrest aufgehoben wird. Die Zustimmung des Eigentümers zur Rangänderung ist nicht erforderlich. Im übrigen ist § 880 des Bürgerlichen Gesetzbuches sinngemäß anzuwenden.

(2) Die Rangänderung bedarf der Zulassung durch den Richter, der für den Arrest (§ 111d) zuständig ist. § 111g Abs. 2 Satz 2 bis 4 und Abs. 3 Satz 3 ist entsprechend anzuwenden.

(3) Ist die Zulassung zu Unrecht erfolgt, so ist der Verletzte Dritten zum Ersatz des Schadens verpflichtet, der ihnen durch die Rangänderung entsteht.

(4) Die Absätze 1 bis 3 gelten entsprechend, wenn der Arrest nach § 111d in ein Schiff, Schiffsbauwerk oder Luftfahrzeug im Sinne des § 111c Abs. 4 Satz 2 vollzogen ist.

§ 111i StPO   Aufrechterhaltung der Beschlagnahme und des Arrests

(1) Das Gericht kann anordnen, dass die Beschlagnahme nach § 111c oder der Arrest nach § 111d für die Dauer von höchstens drei Monaten aufrechterhalten wird, soweit das Verfahren nach den §§ 430 und 442 Abs. 1 auf die anderen Rechtsfolgen beschränkt worden ist und die sofortige Aufhebung gegenüber dem Verletzten unbillig wäre.

(2) Hat das Gericht lediglich deshalb nicht auf Verfall erkannt, weil Ansprüche eines Verletzten im Sinne des § 73 Abs. 1 Satz 2 des Strafgesetzbuchs entgegenstehen, kann es dies im Urteil feststellen. In diesem Fall hat es das Erlangte zu bezeichnen. Liegen insoweit die Voraussetzungen des § 73a des Strafgesetzbuchs vor, stellt es im Urteil den Geldbetrag fest, der dem Wert des Erlangten entspricht. Soweit

1. der Verletzte bereits im Wege der Zwangsvollstreckung oder der Arrestvollziehung verfügt hat,
2. der Verletzte nachweislich aus Vermögen befriedigt wurde, das nicht beschlagnahmt oder im Wege der Arrestvollziehung gepfändet worden ist, oder
3. dem Verletzten die erlangte Sache nach § 111k herausgegeben worden ist,

ist dies im Rahmen der nach den Sätzen 2 und 3 zu treffenden Feststellungen in Abzug zu bringen.

(3) Soweit das Gericht nach Absatz 2 verfährt, hält es die Beschlagnahme (§ 111c) des im Sinne des Absatzes 2 Satz 2 und 4 Erlangten sowie den dinglichen Arrest (§ 111d) bis zur Höhe des nach Absatz 2 Satz 3 und 4 festgestellten Betrages durch Beschluss für drei Jahre aufrecht. Die Frist beginnt mit Rechtskraft des Urteils. Sichergestellte Vermögenswerte soll es bezeichnen. § 917 der Zivilprozessordnung ist nicht anzuwenden. Soweit der Verletzte innerhalb der Frist nachweislich aus Vermögen befriedigt wird, das nicht beschlagnahmt oder im Wege der Arrestvollziehung gepfändet worden ist, hebt das Gericht die Beschlagnahme (§ 111c) oder den dinglichen Arrest (§ 111d) auf Antrag des Betroffenen auf.

(4) Die Anordnung nach Absatz 3 sowie der Eintritt der Rechtskraft sind dem durch die Tat Verletzten unverzüglich durch das Gericht mitzuteilen. Die Mitteilung ist zu verbinden mit dem Hinweis auf die in Absatz 5 genannten Folgen und auf die Möglichkeit, Ansprüche im Wege der Zwangsvollstreckung oder Arrestvollziehung durchzusetzen. § 111e Abs. 4 Satz 1 bis 3 gilt entsprechend.

(5) Mit Ablauf der in Absatz 3 genannten Frist erwirbt der Staat die nach Absatz 2 bezeichneten Vermögenswerte entsprechend § 73e Abs. 1 des Strafgesetzbuchs sowie einen Zahlungsanspruch in Höhe des nach Absatz 2 festgestellten Betrages, soweit nicht

1. der Verletzte zwischenzeitlich wegen seiner Ansprüche im Wege der Zwangsvollstreckung oder der Arrestvollziehung verfügt hat,
2. der Verletzte nachweislich aus Vermögen befriedigt worden ist, das nicht beschlagnahmt oder im Wege der Arrestvollziehung gepfändet worden war,
3. zwischenzeitlich Sachen nach § 111k an den Verletzten herausgegeben oder hinterlegt worden sind oder
4. Sachen nach § 111k an den Verletzten herauszugeben gewesen wären und dieser die Herausgabe vor Ablauf der in Absatz 3 genannten Frist beantragt hat.

Zugleich kann der Staat das durch die Vollziehung des dinglichen Arrestes begründete Pfandrecht nach den Vorschriften des Achten Buches der Zivilprozessordnung verwerten. Der Erlös sowie hinterlegtes Geld fallen dem Staat zu. Mit der Verwertung erlischt der nach Satz 1 entstandene Zahlungsanspruch auch insoweit, als der Verwertungserlös hinter der Höhe des Anspruchs zurückbleibt.

(6) Das Gericht des ersten Rechtszugs stellt den Eintritt und den Umfang des staatlichen Rechtserwerbs nach Absatz 5 Satz 1 durch Beschluss fest. § 111l Abs. 4 gilt entsprechend. Der Beschluss kann mit der sofortigen Beschwerde angefochten werden. Nach Rechtskraft des Beschlusses veranlasst das Gericht die Löschung der im elektronischen Bundesanzeiger nach Absatz 4 vorgenommenen Veröffentlichungen.

(7) Soweit der Verurteilte oder der von der Beschlagnahme oder dem dinglichen Arrest Betroffene die hierdurch gesicherten Ansprüche des Verletzten nach Ablauf der in Absatz 3 genannten Frist befriedigt, kann er bis zur Höhe des dem Staat zugeflossenen Verwertungserlöses Ausgleich verlangen. Der Ausgleich ist ausgeschlossen,

1. soweit der Zahlungsanspruch des Staates nach Absatz 5 Satz 1 unter Anrechnung des vom Staat vereinnahmten Erlöses entgegensteht oder
2. wenn seit dem Ablauf der in Absatz 3 genannten Frist drei Jahre verstrichen sind.

(8) In den Fällen des § 76a Abs. 1 oder 3 des Strafgesetzbuchs sind die Absätze 2 bis 7 auf das Verfahren nach den §§ 440 und 441 in Verbindung mit § 442 Abs. 1 entsprechend anzuwenden.

§ 111k StPO   Herausgabe an den Verletzten

Wird eine bewegliche Sache, die nach § 94 beschlagnahmt oder sonst sichergestellt oder nach § 111c Abs. 1 beschlagnahmt worden ist, für Zwecke des Strafverfahrens nicht mehr benötigt, so soll sie dem Verletzten, dem sie durch die Straftat entzogen worden ist, herausgegeben werden, wenn er bekannt ist und Ansprüche Dritter nicht entgegenstehen. § 111f Abs. 5 ist anzuwenden. Die Staatsanwaltschaft kann die Entscheidung des Gerichts herbeiführen, wenn das Recht des Verletzten nicht offenkundig ist.

§ 111l StPO   Notveräußerung

(1) Vermögenswerte, die nach § 111c beschlagnahmt oder aufgrund eines Arrestes (§ 111d) gepfändet worden sind, dürfen vor der Rechtskraft des Urteils veräußert werden, wenn ihr Verderb oder eine wesentliche Minderung ihres Wertes droht oder ihre Aufbewahrung, Pflege oder Erhaltung mit unverhältnismäßigen Kosten oder Schwierigkeiten verbunden ist. In den Fällen des § 111i Abs. 2 können Vermögenswerte, die aufgrund eines Arrestes (§ 111d) gepfändet worden sind, nach Rechtskraft des Urteils veräußert werden, wenn dies zweckmäßig erscheint. Der Erlös tritt an deren Stelle.

(2) Im vorbereitenden Verfahren und nach Rechtskraft des Urteils wird die Notveräußerung durch die Staatsanwaltschaft angeordnet. Ihren Ermittlungspersonen (§ 152 des Gerichtsverfassungsgesetzes) steht diese Befugnis zu, wenn der Gegenstand zu verderben droht, bevor die Entscheidung der Staatsanwaltschaft herbeigeführt werden kann.

(3) Nach Erhebung der öffentlichen Klage trifft die Anordnung das mit der Hauptsache befaßte Gericht. Der Staatsanwaltschaft steht diese Befugnis zu, wenn der Gegenstand zu verderben droht, bevor die Entscheidung des Gerichts herbeigeführt werden kann; Absatz 2 Satz 2 gilt entsprechend.

(4) Der Beschuldigte, der Eigentümer und andere, denen Rechte an der Sache zustehen, sollen vor der Anordnung gehört werden. Die Anordnung sowie Zeit und Ort der Veräußerung sind ihnen, soweit dies ausführbar erscheint, mitzuteilen.

(5) Die Notveräußerung wird nach den Vorschriften der Zivilprozessordnung über die Verwertung einer gepfändeten Sache durchgeführt. An die Stelle des Vollstreckungsgerichts (§ 764 der Zivilprozeßordnung) tritt in den Fällen der Absätze 2 und 3 Satz 2 die Staatsanwaltschaft, in den Fällen des Absatzes 3 Satz 1 das mit der Hauptsache befaßte Gericht. Die nach § 825 der Zivilprozeßordnung zulässige Verwertung kann von Amts wegen oder auf Antrag der in Absatz 4 genannten Personen, im Falle des Absatzes 3 Satz 1 auch auf Antrag der Staatsanwaltschaft, gleichzeitig mit der Notveräußerung oder nachträglich angeordnet werden. Wenn dies zweckmäßig erscheint, kann die Notveräußerung auf andere Weise und durch eine andere Person als den Gerichtsvollzieher erfolgen.

(6) Gegen Anordnungen der Staatsanwaltschaft oder ihrer Ermittlungspersonen kann der Betroffene gerichtliche Entscheidung durch das nach § 162 zuständige Gericht beantragen. Die §§ 297 bis 300, 302, 306 bis 309, 311a und 473a gelten entsprechend. Das Gericht, in dringenden Fällen der Vorsitzende, kann die Aussetzung der Veräußerung anordnen.

A. Allgemeines

In Steuerstrafverfahren gehen die Strafverfolgungsorgane immer mehr dazu über, schon im laufenden Verfahren – i.d.R. zeitgleich mit der ersten Durchsuchung – Vermögenswerte zu sichern, um die Durchsetzbarkeit des sich aus dem Steuerstrafverfahren ergebenden Steueranspruchs zu gewährleisten. Zur Erreichung dieses Zwecks gibt es mit dem strafprozessualen dinglichen Arrest gem. §§ 111b ff. StPO, 73, 73a StGB und dem abgabenrechtlichen dinglichen Arrest gem. § 324 AO zwei denkbare Wege. 1

2 Beiden Arresten ist gemeinsam, dass es sich jeweils um vorläufige Sicherungsmaßnahmen handelt, und dass es durch die Arrestierung nicht zu einer endgültigen Verwertung der gesicherten Vermögenswerte und Befriedigung des Gläubigers FA kommt.

3 Beim **dinglichen Arrest nach AO** sichert die Finanzbehörde als Gläubigerin zu eigenen Gunsten. Beim **strafprozessualen dinglichen Arrest** ist die Ausgangslage hingegen eine andere: Im Strafverfahren tritt die Steuergläubigerin „Finanzbehörde" – der sog. **Finanzfiskus** – als Verletzte auf, zu deren Gunsten durch den **Justizfiskus** (Gericht oder StA) Vermögenswerte gesichert werden (grundlegend und mittlerweile unstrittig BGH v. 28.11.2000 – 5 StR 371/00, StV 2001, 275 m.w.N.). Führt die Finanzbehörde das strafrechtliche Ermittlungsverfahren selbstständig durch, so nimmt die **Bußgeld- und Strafsachenstelle** die staatsanwaltschaftliche Funktion wahr. Folglich agiert sie – wie sonst auch – nicht als Teil des Finanzfiskus, sondern entsprechend ihrer materiellen Aufgabe als Teil des Justizfiskus, der gedanklich streng vom geschädigten Finanzfiskus zu trennen ist.

4 Folglich ergibt sich aus dem strafprozessualen Arrest als solchem keine Befriedigung des geschädigten Finanzfiskus, sondern es ist erst eine **Überleitung in das abgabenrechtliche Vollstreckungsverfahren** erforderlich (vgl. § 111h StPO). Deshalb muss das Veranlagungsfinanzamt aufgrund der Mitteilung des Justizfiskus (§ 111e Abs. 3 StPO) einen vollstreckbaren Bescheid oder einen Arrest nach AO erlassen. Nach der Überleitung auf die Gläubigerin wird der strafprozessuale Arrest aufgehoben. Besteht allerdings bereits ein Arrest nach § 324 AO, so ist ein zeitlich nachfolgender strafprozessualer Arrest nicht zulässig, da im Hinblick auf die bereits vorhandene abgabenrechtliche Sicherungsmöglichkeit in diesem Fall kein Bedürfnis mehr für eine Sicherung der Ansprüche der Gläubigerin durch die Justiz besteht.

5 Im Fall des abgabenrechtlichen Arrests kommt es dadurch zur Befriedigung der Geschädigten, dass der Steueranspruch gem. § 327 AO in die Sicherheit hineinwächst. Dies geschieht allerdings erst, wenn die Vollstreckungsvoraussetzungen nach § 254 Abs. 1 AO vorliegen.

6 Im Hinblick auf die Voraussetzungen gibt es zahlreiche Parallelen zwischen dem strafprozessualen und dem abgabenrechtlichen Arrest. Trotzdem sollen diese beiden Rechtsinstitute in der Folge getrennt dargestellt werden.

B. Der abgabenrechtliche dingliche Arrest

7 Der Arrest dient der Sicherung von Steueransprüchen, **die im Zeitpunkt seiner Anordnung noch nicht vollstreckbar** sind. Dies ist der Fall, wenn ihre Festsetzung noch nicht erfolgt, die Fälligkeit noch nicht eingetreten oder nach Bekanntgabe des Leistungsgebots die sich aus § 254 Abs. 1 Satz 1 AO ergebende Schonfrist von mindestens einer Woche (in der Praxis i.d.R. ein Monat) noch nicht verstrichen ist. Folglich kann auch noch nach Erlass eines auf Zahlung gerichteten Bescheids ein Arrest angeordnet werden. Dies gilt allerdings nur so lange, wie der Bescheid wegen noch nicht eingetretener Fälligkeit der angeforderten Zahlung oder wegen Nichtablaufs der in § 254 Abs. 1 Satz 1 AO vorgeschriebenen Wochenfrist noch nicht vollstreckbar ist. Ebenso kann ein Arrest gegen einen Anfechtungsschuldner angeordnet werden, wenn ein **Duldungsbescheid** oder ein **Haftungsbescheid** ergangen und eine im Bescheid gesetzte Frist noch nicht abgelaufen oder die Vollstreckung gem. § 14 AnfG noch nicht zulässig ist.

8 Durch den abgabenrechtlichen dinglichen Arrest soll verhindert werden, dass die spätere Zwangsvollstreckung aufgrund der erst später eintretenden Vollstreckbarkeit und der sich daraus ergebenden Möglichkeiten für den Steuerpflichtigen vereitelt oder erschwert wird.

9 Das Arrestverfahren ist ein zweistufiges Verfahren, das aus der Arrestanordnung (vgl. Rdn. 10 ff.) und der Vollziehung des Arrestes (vgl. Rdn. 62 ff.) besteht.

I. Die Anordnung des dinglichen Arrests nach AO

1. Allgemeines

Die Anordnung des dinglichen Arrests ist ein selbstständiger **Verwaltungsakt** i.S.d. § 118 AO, bei 10
dem es sich um eine besonders ausgestaltete Form einer **vorläufigen Steuerfestsetzung** handelt
(Schwarz/*Dumke* § 324 Rn. 2; TK/*Kruse* § 324 Rn. 3). Dieser Verwaltungsakt enthält die Feststellung, dass mit überwiegender Wahrscheinlichkeit ein Geldanspruch besteht, für den ein Sicherungsbedürfnis gegeben ist. Die Arrestanordnung ist somit i.S.v. § 218 Abs. 1 AO Grundlage der
Verwirklichung des Arrestanspruchs.

Örtlich und sachlich **zuständig** für die **Anordnung** des Arrests ist gem. § 324 Abs. 1 Satz 1 AO die 11
Finanzbehörde, die für die Festsetzung des zu sichernden Anspruchs zuständig wäre.

Innerhalb der Finanzbehörde ist für die Anordnung des dinglichen Arrestes gem. § 324 Abs. 1 12
Satz 1 AO die **Stelle des FA zuständig**, die die betreffenden **Geldansprüche festsetzt**, da es sich
bei der Arrestanordnung nicht um eine Vollstreckungsmaßnahme handelt. Sie hat zu prüfen, ob
die Arrestvoraussetzungen vorliegen, und ihr obliegt es, die Arrestanordnung zu fertigen. Die Entscheidung über die Arrestanordnung trifft wegen ihrer einschneidenden Wirkung gemäß des in
den FÄ geltenden Zeichnungsrechts jedoch der **Vorsteher** (vgl. Schwarz/*Dumke* § 324 Rn. 11).

Die Zuständigkeit für die **Vollziehung** der Arrestanordnung liegt hingegen bei der **Vollstreckungs-** 13
stelle des Veranlagungsfinanzamtes, da es sich bei der Arrestvollziehung um eine Vollstreckungsmaßnahme handelt.

Die **Anordnung** des Arrests liegt nach dem klaren Wortlaut des § 324 Abs. 1 Satz 1 AO im pflicht- 14
gemäßen Ermessen der Finanzbehörde. Nach herrschender Meinung bedarf allerdings das **Ent-**
schließungsermessen in der Arrestanordnung keiner besonderen Begründung, da es sich insoweit
nur um ein eingeschränktes Ermessen handelt (FG München v. 21.02.1995 – 14 K 2598/91,
EFG 1995, 954; FG des Saarlandes v. 01.03.2005 – 1 K 246/04, juris; FG des Saarlandes
v. 16.01.2003 – 1 K 35/03, EFG 2004, 242; Schwarz/*Dumke* § 324 Rn. 12; TK/*Kruse* § 324
Rn. 6; a.A. *Bruschke*, DStR 2003, 54). Aus diesem **intendierten Ermessen** ergibt sich, dass ein
ordnungsgemäß handelnder Beamter bei Vorliegen der tatbestandlichen Voraussetzungen eines
abgabenrechtlichen dinglichen Arrests diesen auch anzuordnen hat. Folglich ist auch keine weitere
Begründung der Ermessensausübung erforderlich, wenn die Voraussetzungen des § 324 Abs. 1 AO
vorliegen.

Sind mehrere Schuldner für den Arrestanspruch vorhanden, so bedarf es einer Begründung des 15
Auswahlermessens nur, wenn die Anordnung nicht gegen alle erfolgen soll, die die Voraussetzun-
gen des § 324 AO erfüllen (Schwarz/*Dumke* § 324 Rn. 12; a.A. TK/*Kruse* § 324 Rn. 6; vgl. auch
Rdn. 205 und § 71 AO Rdn. 30 ff.).

Wie sich aus dem Zweck des Arrests ergibt, ist eine **Anhörung** des Arrestschuldners vor der 16
Anordnung des Arrests nicht erforderlich (Klein/*Brockmeyer* § 324 Rn. 11; TK/*Kruse* § 324 Rn. 28;
Kühn/v. Wedelstädt/*Lemaire*, § 324 Rn. 2; *Bruschke*, DStR 2003, 54).

2. Arrestschuldner

Arrestschuldner kann jeder künftige inländische oder ausländische **Vollstreckungsschuldner** sein, also 17
außer dem Steuerschuldner auch eine Person, die für eine Steuer haftet oder verpflichtet ist, die Vollstreckung zu dulden. Es kann sich dabei um eine natürliche oder juristische Person handeln.

Falls das FA bei der Inanspruchnahme von **Gesamtschuldnern** sein Auswahlermessen zutreffend 18
ausübt und begründet, ist ein Arrest gegen (nur) einen Gesamtschuldner auch dann möglich,
wenn daneben weitere Schuldner vorhanden sind, bei denen eine Gefährdung des Steueranspruchs
jedoch nicht vorliegt. Auch bei **zusammenveranlagten Ehegatten** ist dies möglich, wobei der in
der Person des einen Ehegatten bestehende Arrestgrund nicht auch für den anderen Ehegatten

gilt. Insoweit sind bei der Ermessensausübung evtl. zu erwartende **Aufteilungsanträge** gem. §§ 268 ff. AO zu berücksichtigen, sodass gegen jeden Ehegatten eine Arrestanordnung nur in der Höhe erfolgen darf, in der der Anspruch nach einer Aufteilung auf die einzelnen Ehegatten bestehen würde (FG Münster v. 10.02.1988, X 2430/85, EFG 1988, 216; FG Niedersachsen v. 05.06.1989, XIII 108/89, EFG 1989, 612; FG Bremen v. 05.12.1995, 2 95 237 K 2, EFG 1996, 307). Ein über die Aufteilung hinausgehender Zugriff könnte allerdings gem. § 278 Abs. 2 AO möglich sein.

19 Ergehen Arrestanordnungen gegen **Gesamtschuldner**, so ist in der Arrestanordnung jedes einzelnen Gesamtschuldners jeweils auf das Arrestverfahren gegen den oder die anderen Schuldner und auf die dort bezeichnete(n) Arrestsumme(n) hinzuweisen. Darüber hinaus ist der **Hinweis** aufzunehmen, dass Zahlungen und Hinterlegungen des bzw. der anderen Arrestschuldner(s) ebenfalls berücksichtigt werden (Pahlke/Koenig/*Zöllner* § 324 Rn. 21; *Bruschke*, BB 1996, 81).

3. Arrestanspruch

20 Der zu sichernde Anspruch muss gem. § 324 Abs. 1 Satz 1 AO auf eine **Geldforderung** gerichtet sein, die sich aus den Steuergesetzen ergibt. Dabei handelt es sich v.a. um **Ansprüche aus dem Steuerschuldverhältnis** i.S.d. § 37 AO, also um Steuern (§ 3 Abs. 1 AO), steuerliche Nebenleistungen (§ 3 Abs. 4 AO; str. allerdings bzgl. Zwangsgeldern: bejahend wie hier Schwarz/*Dumke* § 324 Rn. 4; HHSp/*Hohrmann* § 324 Rn. 16; a.A. *Weinreuter*, DStZ 2000, 162), Haftungsansprüche, Ansprüche auf Rückgewähr unberechtigt erfüllter Ansprüche aus dem Steuerschuldverhältnis nach § 37 Abs. 2 AO und Ansprüche auf Duldung der Befriedigung aus einem Gegenstand wegen eines Geldanspruchs aus einem Steuerschuldverhältnis (Schwarz/*Dumke* § 324 Rn. 4; Kühn/v. Wedelstädt/*Lemaire* § 324 Rn. 2; *Weinreuter*, DStZ 2000, 162; vgl. auch FG Rheinland-Pfalz v. 24.10.2000, 2 K 2948/99, juris). Geldforderungen in diesem Sinne sind weiterhin Geldbußen, die von der Bußgeld- und Strafsachenstelle festgesetzt wurden, die Kosten eines solchen Verfahrens und gem. § 150 FGO Kosten und Ordnungsgelder des finanzgerichtlichen Verfahrens. Zivilrechtliche Geldforderungen sind nicht im Verfahren nach § 324 AO, sondern nach §§ 916 ff. ZPO zu sichern. Wie sich schon aus dem Wortlaut des § 324 Abs. 1 Satz 1 AO ergibt („Vollstreckung von Geldforderungen"), kann die Vollstreckung wegen **Handlungen**, **Duldungen** oder **Unterlassungen** nach den §§ 328 ff. AO nicht durch einen dinglichen Arrest gesichert werden. Nichtvermögensrechtliche Ansprüche, die nicht in eine Geldforderung übergehen können (z.B. Auskunftsverlangen oder Abgabe einer Steuererklärung), sind zur Sicherung durch Arrest nicht geeignet (Schwarz/*Dumke* § 324 Rn. 3; HHSp/*Hohrmann* § 324 Rn. 16). Etwas anderes gilt hingegen, wenn diese Ansprüche später in eine Geldforderung übergehen können (vgl. § 916 Abs. 1 ZPO; ebenso FG Rheinland-Pfalz v. 24.10.2000 – 2 K 2948/99, juris; HHSp/*Hohrmann* § 324 Rn. 14; Koch/Scholtz/*Wolf* § 324 Rn. 8; a.A. Schwarz/*Dumke* § 324 Rn. 3).

21 Bzgl. des Arrestanspruches gilt das **Konkretisierungsgebot** der §§ 119 Abs. 1, 157 Abs. 1 AO, sodass die Arrestanordnung die Bezeichnung der zu sichernden Geldforderung jeweils nach Steuerart, Steuerhöhe und Besteuerungszeitraum enthalten muss. Fehlt diese Konkretisierung der zu sichernden Geldforderung, so ist die Arrestanordnung unheilbar nichtig (BFH v. 23.03.1983 – I R 49/82, BStBl. II 1983, S. 441, 442; FG Hamburg v. 06.09.1999 – IV 86/99, juris; Schwarz/*Dumke* § 324 Rn. 16a; TK/*Kruse* § 324, Rn. 36).

22 Der Anspruch auf die Geldforderung muss aufgrund des **vorläufigen Charakters** des Arrests im Verfahren nicht bereits zur vollen Überzeugung feststehen. Im zivilprozessualen Arrestverfahren ist erforderlich, dass der Arrestanspruch glaubhaft dargelegt wird (§ 920 Abs. 2 ZPO; vgl. auch für den abgabenrechtlichen Arrest Abschn. 54 Abs. 1 Nr. 1 VollstrA; *Bruschke*, BB 1996, 81, 82). Da im Arrestverfahren gem. § 324 AO die Finanzbehörde den Arrest jedoch selbst anordnet und das Vorliegen der Voraussetzungen folglich selbst festzustellen hat, ist dies auf das abgabenrechtliche Verfahren nicht übertragbar. Deshalb wird teilweise vertreten, dass für das Vorliegen des Arrestanspruchs zumindest eine **überwiegende Wahrscheinlichkeit** vorliegen muss (FG Baden-Württem-

berg v. 18.12.1989 – IX K 243/89, EFG 1990, 507, 511; FG Düsseldorf v. 18.07.1977, II 140/ 76 S, EFG 1978, 60; Klein/*Brockmeyer* § 324 Rn. 9; Schwarz/*Dumke* § 324, Rn. 13; HHSp/*Hohrmann* § 324 Rn. 47). Teilweise wird auch vertreten, dass einen **hinreichende Wahrscheinlichkeit** gegeben sein muss (BFH v. 26.02.2001, VII B 265/00, BStBl. II 2001, S. 464; FG München v. 21.02.1995,– 14 K 2598/91, EFG 1995, 954; TK/*Kruse* § 324, Rn. 23 f.). In der Praxis dürfte es zwischen diesen Ansichten jedoch keine Unterschiede geben (TK/*Kruse* § 324, Rn. 24; Kühn/ von Wedelstädt/*Lemaire* § 324 Rn. 4; Pahlke/Koenig/*Zöllner* § 324 Rn. 8). Einigkeit besteht auch, dass die bloße Möglichkeit, dass ein Arrestanspruch gegeben ist, nicht ausreicht (FG Baden-Württemberg v. 18.12.1989 – IX K 243/89, EFG 1990, 507, 511; TK/*Kruse* § 324 Rn. 24).

Die **erforderliche Wahrscheinlichkeit** ist (schon) dann gegeben, wenn der Sachverhalt, auf dessen   **23** Grundlage der Arrestanspruch schlüssig wäre, wahr zu sein scheint. Davon kann ausgegangen werden, wenn nach Abwägung aller Umstände **mehr Gründe für als gegen** das Bestehen des in der Arrestanordnung bezeichneten Anspruchs bestehen (FG Hamburg v. 06.09.1999 – IV 86/99, juris; Hessisches FG v. 10.01.1996, 6 K 1804/90, EFG 1996, 414; FG Baden-Württemberg v. 18.12.1989 – IX K 243/89, EFG 1990, 507, 511; Tipke/Kruse/*Kruse* § 324 Rn. 24; Kühn/von Wedelstädt/*Lemaire* § 324 Rn. 4), sodass das Nichtvorliegen des Sachverhalts nicht mehr wahrscheinlich, sondern allenfalls möglich erscheint (Schwarz/*Dumke* § 324 Rn. 13).

Steht allerdings der Sachverhalt für die Entstehung des Anspruchs noch nicht mit Sicherheit fest,   **24** so geht die **finanzbehördliche Ermittlungspflicht** bis zur Grenze des Zumutbaren. Insoweit dürfen allerdings an die Ermittlungspflicht keine überspannten Anforderungen gestellt werden, da es sich um ein eilbedürftiges Verfahren handelt (BGH v. 03.10.1985, III ZR 28/84, HFR 1987, 96; Schwarz/*Dumke* § 324 Rn. 13).

Das Erfordernis der hinreichenden Wahrscheinlichkeit bezieht sich allerdings nur auf den dem   **25** Arrestanspruch zugrunde liegenden Lebenssachverhalt. Ob der Sachverhalt den zur Entstehung des Steueranspruchs erforderlichen Gesetzestatbestand erfüllt, beurteilt sich wie auch im Festsetzungsverfahren anhand der **abschließend geklärten Rechtslage** (RFH v. 26.01.1938, VI 756/37, RStBl. 1938, 267; TK/*Kruse* § 324 Rn. 26).

Der den Arrestanspruch begründende Tatbestand muss schon **vollständig verwirklicht** sein, der   **26** Steueranspruch muss hingegen noch nicht i.S.d. § 38 AO endgültig entstanden sein. Es genügt, dass er begründet ist. (Schwarz/*Dumke* § 324 Rn. 6; TK/*Kruse* § 324 Rn. 9; Kühn/v. Wedelstädt/ *Lemaire* § 324 Rn. 4; a.A. Klein/*Brockmeyer* § 324 Rn. 3). Dies ist bei Steuern der Fall, deren Entstehen vom Ablauf oder Beginn eines Zeitraums abhängig ist, wie z.B. bei einer noch nicht entstandenen Einkommensteuer-Vorauszahlung des laufenden Kalenderjahres, wenn der die Steuer auslösende wirtschaftliche Tatbestand erfüllt ist und für das Entstehen der Einkommensteuervorauszahlungen lediglich der Beginn der betreffenden Kalendervierteljahre (§ 37 Abs. 1 Satz 2 EStG) noch abzuwarten ist.

Es ist allerdings erforderlich, dass der **Anspruch** im Steuerfestsetzungsverfahren **realisierbar** ist.   **27** Kann der Anspruch aus Rechtsgründen nicht festgesetzt werden, z.B. durch Eintritt der Festsetzungsverjährung (FG Berlin v. 23.03.1992 – IX 367/92, EFG 1993, 121) oder aufgrund eines im Besteuerungsverfahren bestehenden Verwertungsverbotes (BFH v. 26.02.2001 – VII B 265/00, BStBl. II 2001, 464), so darf keine Arrestanordnung erlassen werden (Schwarz/*Dumke* § 324 Rn. 6a; HHSp/*Hohrmann* § 324 Rn. 21; TK/*Kruse* § 324 Rn. 13).

Wie sich aus § 324 Abs. 1 Satz 2 AO ergibt, muss der durch den Arrest zu sichernde Anspruch   **28** **nicht fällig** sein. Es ist vielmehr ausreichend, wenn er bedingt oder betagt ist (vgl. Abschn. 54 Abs. 1 Nr. 1 VollstrA). Bei der **aufschiebenden Bedingung** i.S.d. § 158 Abs. 1 BGB ist in entsprechender Anwendung des § 916 Abs. 2 ZPO ein Arrest aber nur zulässig, wenn die Möglichkeit des Eintrittes der Bedingung nicht so fern liegt, dass dem bedingten Anspruch kein gegenwärtiger Vermögenswert zukommt (FG Rheinland-Pfalz v. 24.10.2000 – 2 K 2948/99, juris; Schwarz/ *Dumke* § 324 Rn. 6c; HHSp/*Hohrmann* § 324 Rn. 19; TK/*Kruse* § 324 Rn. 11). Auch im Fall einer

auflösenden Bedingung ist eine Arrestierung zulässig, da die Forderung bis zum Bedingungseintritt besteht (HHSp/*Hohrmann* § 324 Rn. 19; TK/*Kruse* § 324 Rn. 11). Ein Arrest ist hingegen nicht zulässig zur Sicherung eines in Zukunft möglicherweise einmal entstehenden Steueranspruchs oder wenn der Anspruch bereits vollstreckbar ist (vgl. Rdn. 7).

29 Daraus ergibt sich im Hinblick auf **Geldbußen** Folgendes: Für Ordnungswidrigkeiten sind gem. § 412 Abs. 2 Satz 1 AO die Vorschriften über die Vollstreckung und das Arrestverfahren anwendbar. Somit kann die Geldbuße vor Eintritt der Rechtskraft nicht durch einen Arrest gesichert werden. Die Vollstreckbarkeit tritt allerdings mit Eintritt der Rechtskraft und Ablauf der Vollstreckungsschonfrist ein, vgl. § 95 Abs. 1 OWiG. Eine Sicherung durch Arrest ist deshalb nur innerhalb der sich aus § 95 Abs. 1 OWiG ergebenden zweiwöchigen Vollstreckungsschonfrist möglich.

4. Arrestgrund

30 Gem. § 324 Abs. 1 Satz 1 AO kann der Arrest angeordnet werden, wenn zu befürchten ist, dass die **Beitreibung anderenfalls vereitelt oder wesentlich erschwert** wird. Diese Voraussetzung ist gegeben, wenn die Umstände in ihrer Gesamtheit geeignet sind, bei der Finanzbehörde bei ruhiger und vernünftiger Abwägung die Besorgnis aufkommen zu lassen, dass ohne die Arrestanordnung der Anspruch nicht verwirklicht werden könnte (vgl. BFH v. 13.12.1962 – IV 410/58, HFR 1963, 222). Es wird hieran deutlich, dass der Arrest als Mittel zur Sicherung künftiger Vollstreckung von steuerlichen Geldforderungen verhindern soll, dass der Steuerpflichtige den bestehenden Zustand seines Vermögens verändert, um die künftige Zwangsvollstreckung, die erst nach Schaffung der ordnungsgemäßen Vollstreckungsvoraussetzungen erfolgen kann, zu gefährden (FG des Saarlandes v. 01.03.2005 – 1 K 246/04, juris). Die Vereitelung und die wesentliche Erschwerung der Beitreibung begründen gleichwertig eine Arrestanordnung (BFH v. 25.04.1995 – VII B 174/94, BFH/NV 1995, 1037).

31 Bei der Prüfung des Arrestgrundes kommt es auf den **objektiven Sachverhalt** und nicht auf die subjektiven Absichten des Schuldners oder auf sein **böswilliges oder schuldhaftes Verhalten** an (BFH v. 04.07.1978 – VII R 21/78, BStBl. II 1978, S. 548; FG Niedersachsen v. 12.07.1994 – XV 29/94, EFG 1995, 155, 156). Es ist daher nicht erforderlich, dass der Schuldner die Absicht hat, die spätere Vollstreckung zu gefährden, oder sonst mit seinen Maßnahmen unlautere Ziele verfolgt; auch wirtschaftlich berechtigte Maßnahmen, die die Vollstreckung gefährden, können einen Arrestgrund darstellen (Schwarz/*Dumke* § 324 Rn. 9; HHSp/*Hohrmann* § 324 Rn. 27; TK/*Kruse* § 324 Rn. 14).

32 **Ungünstige wirtschaftliche Verhältnisse** sind für sich allein jedoch kein Arrestgrund, zumal in diesem Fall die alsbaldige Vollstreckung i.d.R. nicht aussichtsreicher ist als die spätere. Vielmehr fehlt in den Fällen, in denen Vollstreckungsmaßnahmen nach den §§ 249 bis 323 AO ausgeschlossen sind, ein Sicherungsbedürfnis.

33 Dies ist z.B. der Fall nach Eröffnung eines **Insolvenzverfahrens**, da in diesem Fall gem. § 89 InsO während der Dauer des Verfahrens eine Einzelvollstreckung in das Vermögen des Steuerpflichtigen und damit auch eine Arrestanordnung ausgeschlossen ist (vgl. Rdn. 216 ff.).

34 Ebenso ist bei **offensichtlicher Vermögenslosigkeit** des Schuldners ein Arrest schon begrifflich nicht zulässig, da eine Gefährdung der Forderung nicht gegeben sein kann, wenn ihre Uneinbringlichkeit bereits feststeht (FG Stuttgart v. 14.12.1965 – I 466/65, EFG 1966, 200; Schwarz/*Dumke* § 324 Rn. 7a; Kühn/v. Wedelstädt/*Lemaire* § 324 Rn. 6). Ferner liegt auch kein Arrestgrund vor, wenn die Finanzbehörde durch **vorhandene Sicherheiten** (Übereignungen, Abtretungen, Bürgschaften, Pfandrechte) auch für entstandene, aber noch nicht vollstreckbare Forderungen ausreichend gesichert ist (Schwarz/*Dumke* § 324 Rn. 7a). Dasselbe gilt, wenn die Steuergläubigerin durch andere Rechtsinstitute ausreichend gesichert ist (zur Nachlassverwaltung bei Gefährdung von Steueransprüchen durch den Erben des Steuerschuldners vgl. Schwarz/*Dumke* § 324 Rn. 7a).

Das Sicherungsbedürfnis wird hingegen nicht dadurch ausgeschlossen, dass die Forderung noch 35 gegen weitere Schuldner als **Gesamtschuldner** besteht oder der Arrestanspruch **auflösend bedingt** ist (vgl. § 324 Abs. 1 Satz 2 AO; vgl. auch Rdn. 28).

Die Feststellung des Arrestgrunds ist nach dem **Maßstab eines verständigen und gewissenhaft** 36 **prüfenden Menschen** zu beurteilen (BFH v. 25.04.1995 – VII B 174/94, BFH/NV 1995, 1037; Schwarz/*Dumke* § 324 Rn. 9; a.A. FG Hamburg v. 06.09.1999, IV 86/99, juris; Klein/*Brockmeyer* § 324 Rn. 5; HHSp/*Hohrmann* § 324 Rn. 26: objektive Würdigung unter ruhiger und vernünftiger Abwägung aller Umstände).

Für die Annahme eines Arrestgrundes genügt – wie beim Arrestanspruch – eine gewisse Wahr- 37 scheinlichkeit. Er muss nicht zur vollen Überzeugung feststehen, sondern eine **Mutmaßung des Geschehensablaufs** reicht aus (FG Saarland v. 03.12.2003 – 1 K 35/03, EFG 2004, 242; vgl. auch FG Hamburg v. 06.09.1999 – IV 86/99, juris; TK/*Kruse* § 324 Rn. 27). Das ergibt sich aus dem Sicherungscharakter des Verfahrens und der damit verbundenen **Vorläufigkeit und Eilbedürftigkeit der Entscheidung**. Kann durch beschleunigte (ggf. unter dem Vorbehalt der Nachprüfung stehende) Steuerfestsetzung und rasche Vollstreckung oder durch Anforderung einer Sicherheitsleistung das Ziel ebenso erreicht werden, ist ein Arrest nicht zulässig.

Der Arrestgrund ergibt sich insb. aus einem **Verhalten des Arrestschuldners**, das den bestehenden 38 Zustand eines pfändbaren Vermögens verändert und dadurch die Vollstreckungsmöglichkeiten verschlechtert. Die folgenden Umstände dürften i.d.R. ausreichend sein, um einen Arrestgrund darzustellen:

– **Verschieben von Vermögenswerten** durch den Steuerpflichtigen auf eine andere Personen.
– **Verschleuderung von Vermögenswerten** durch den Steuerpflichtigen oder Übertragungen auf nahe Angehörige (FG Brandenburg v. 29.01.1996 – 5 K 1018/95 AO, EFG 1996, 1078; Klein/*Brockmeyer* § 324 Rn. 5; HHSp/*Hohrmann* § 324 Rn. 28).
– **Einseitige Begünstigung eines Gläubigers** durch den Steuerpflichtigen (HHSp/*Hohrmann* § 324 Rn. 28).
– Beabsichtigte **Belastung des einzigen noch zur Verfügung stehenden Wertgegenstandes** bis zur Wertgrenze (FG Brandenburg v. 29.01.1996 – 5 K 1018/95 AO, EFG 1996, 1078; HHSp/ *Hohrmann* § 324 Rn. 28).
– **Beabsichtigte Veräußerung** des wertvollsten Gegenstands des Vermögens des Steuerpflichtigen, die dazu führt, dass das Vermögen der Vollstreckung leichter entzogen werden kann, wenn i.Ü. keine Vermögenswerte vorhanden sind, die eine erfolgreiche Vollstreckung versprechen, und die Veräußerungsabsicht durch konkrete Maßnahmen dokumentiert ist (BFH v. 10.03.1983 – V R 143/76, BStBl. II 1983, S. 401).
– Die **Veräußerung von Grundbesitz** kann im Einzelfall einen Arrest rechtfertigen, weil Bargeld und Geldforderungen einfacher der Vollstreckung zu entziehen sind als unbewegliches Vermögen (BFH v. 01.08.1963 – IV 287/62, HFR 1963, 450; FG Saarland v. 01.03.2005 – 1 K 246/ 04, juris).
– **Einbringung** eines wesentlichen Teils des unbelasteten inländischen Grundbesitzes **in eine KG**, wenn das verbleibende Vermögen keine erfolgreiche Befriedigung verspricht (BFH v. 25.04.1995 – VII B 174/94, BFH/NV 1995, 1037).
– Die **Beseitigung von Geschäftsunterlagen** durch den Steuerpflichtigen (RG v. 19.01.1922, III A 182/21, StuW 1922, Nr. 619; RG v. 03.04.1935 – VI A 219/35, RStBl. 1935, S. 694), was auch die Auslagerung auf einen nicht in Deutschland befindlichen Server einschließt, da die Finanzverwaltung keinen Zugriff auf diesen hat.
– **Verschwendungssucht** des Steuerpflichtigen (RG v. 19.01.1922 – III A 182/21, StuW 1922, Nr. 619).
– Häufiger, dem FA **nicht angezeigter Wohnungswechsel** und **Nichtabgabe von Steuererklärungen** mit der Absicht, die Vollstreckung zu vereiteln.

- Auch die **Beseitigung von Belegen** und die **Anlage von Bankguthaben im Ausland** unter fremden Namen lassen es glaubhaft erscheinen, dass der Stpfl. auch die Beitreibung noch festzusetzender Steuern stören wird (RFH v. 03.04.1935 – VI A 219/35, RStBl. 1935, S. 694).
- **Falsche Angaben** im Steuerermittlungsverfahren, wenn der Stpfl. dabei erhebliche kriminelle Energie entwickelt (BFH v. 13.12.1962 – IV 410/58, HFR 1963, 222; vgl. dazu Rdn. 226 ff.).
- Verdacht der **Vorbereitung von Vermögensverschiebungen** durch Bevollmächtigte, selbst wenn sich der Stpfl. in Untersuchungshaft befindet (FG Freiburg v. 01.09.1964 – I 52 – 53/63 [Zoll], EFG 1965, 87).
- Nachhaltige Schmälerung des Betriebsvermögens durch die **Einbuchung von Scheinrechnungen** (FG Saarland v. 03.12.2003 – 1 K 35/03, EFG 2004, 242).
- **Auflösen sämtlicher Bankguthaben** beim bzw. unmittelbar nach dem Erscheinen der Steuerfahndung (BFH v. 21.02.1952 – IV 429/51, BStBl. III 1952, S. 90; HHSp/*Hohrmann* § 324 Rn. 28).
- Gefahr des Wegschaffens von **Vermögen ins Ausland** (FG München v. 21.02.1995 – 14 K 2598/91, EFG 1995, 954).
- Überweisung liquider Mittel in wesentlichem Umfang ins Ausland (FG Hamburg v. 06.09.1999, IV 86/99, juris).
- **Notwendigkeit der Vollstreckung** eines späteren Leistungsgebots **im Ausland** (BFH v. 02.03.1962 – III 454/58 U, BStBl. III 1962, S. 258; BFH v. 06.12.1962 – IV 377/59, HFR 1963, 220; BFH v. 26.02.2001 – VII B 265/00, BStBl. II 2001, S. 464), wenn die Gegenseitigkeit der Vollstreckung nicht gegeben ist und im Inland keine ausreichende Vermögensmasse verbleibt (FG Hamburg v. 06.09.1999 – IV 86/99, juris; Klein/*Brockmeyer* § 324 Rn. 5) oder die verbleibenden Gegenstände ohne besondere Umstände schnell der Vollstreckung entzogen werden können (vgl. Schwarz/*Dumke* § 324 Rn. 10).

39 Für einen Arrest sollen hingegen **als alleiniger Grund nicht ausreichen:**

- Das Vorliegen einer **Steuerhinterziehung**, wenn die Tat nicht mit einer erheblichen kriminellen Energie begangen wurde (BFH, 21.02.1952 – IV 429/51, BStBl. III 1952, S. 90; vgl. dazu auch Rdn. 226 ff.); soll die Steuerhinterziehung ausnahmsweise den alleinigen Arrestgrund darstellen, so darf sie nicht lange Zeit zurückliegen (FG Freiburg, 28.11.1960 – I 2/60 [Zoll], EFG 1961, 273).
- **Ausländische Staatsangehörigkeit** (FG Freiburg v. 10.03.1956 – RML I 397-400/53, DStZ/E 1956, 355; FG Saarland v. 30.01.1964 – II 7/61, EFG 1964, 404; HHSp/*Hohrmann* § 324 Rn. 33; TK/*Kruse* § 324 Rn. 15).
- **Konkurrenz anderer Gläubiger** (LAG Hamm v. 13.03.1977 – 8 Ta 48/77, MDR 1977, 611; LG Augsburg v. 29.09.1975 – 4 T 223/75, NJW 1975, 2350; BGH v. 19.10.1995 – IX ZR 82/94, NJW 1996, 321; FG des Saarlandes v. 01.03.2005 – 1 K 246/04, juris).
- **Allgemein schlechte Vermögenslage** des Steuerpflichtigen und die bloße Möglichkeit der Vermögensveräußerung (FG des Saarlandes v. 01.03.2005 – 1 K 246/04, juris; FG Hamburg v. 06.09.1999 – IV 86/99, juris).
- **Drohender wirtschaftlicher Zusammenbruch** mit der Gefahr, dass die Vollstreckung überhaupt nicht (mehr) möglich sein wird (Schwarz/*Dumke* § 324 Rn. 10).
- **Wahrung des besseren Ranges** eines Pfändungspfandrechts (VG Berlin v. 11.06.1963 – X A 33/63, EFG 1964, 85).
- **Wechsel der Rechtsform** eines Unternehmens (BGH v. 03.10.1985 – III ZR 28/84, NJW 1986, 2952).
- Einmalige **Verlegung des Geschäftssitzes** (FG Brandenburg v. 29.01.1996 – 5 K 1018/95 AO, EFG 1996, 1078).
- Lediglich **für die Veranlagung ungenügende Angaben** (RFH v. 10.04.1922 – IV A 66/22, StuW 1922, Nr. 618) oder **Nichtabgabe von Steuererklärungen**, da insoweit die Möglichkeit der Schätzung besteht (FG Brandenburg v. 29.01.1996 – 5 K 1018/95 AO, EFG 1996, 1078).

- Ggü. Erben genügt ein **Arrestgrund in der Person des Erblassers** nicht. Kein Arrestgrund besteht bei Gefährdung von Steueransprüchen durch den Erben des Steuerschuldners, weil insoweit beim Nachlassgericht die Nachlassverwaltung beantragt werden kann.
- **Bestellung von Eigentümergrundschulden** in auffallender Höhe, wenn weiteres wesentliches Vermögen vorhanden ist.

Auch diese für die Bejahung eines Arrestgrundes allein nicht ausreichenden Gesichtspunkte, sind allerdings in die Gesamtabwägung einzubeziehen, ob eine wesentliche Erschwerung oder Vereitelung der Vollstreckung zu befürchten ist. Entscheidend ist das **Gesamtbild aller Sachverhaltsumstände**, sodass ein Arrestgrund auch gegeben sein kann, wenn eine einzelne Handlung isoliert betrachtet eine Vollstreckungsbeeinträchtigung nicht befürchten lässt und kein Punkt nach Rdn. 38 vorliegt (FG München, 21.02.1995 – 14 K 2598/91, EFG 1995, 954; HHSp/*Hohrmann* § 324 Rn. 26; TK/*Kruse* § 324 Rn. 14).   **40**

Die Tatsachen, die zum Zeitpunkt des Erlasses der Arrestanordnung einen Arrestgrund begründen, können im Rechtsbehelfs- oder Gerichtsverfahren erweitert oder ersetzt werden (vgl. Rdn. 58 f.).   **41**

5. Arrestanordnung

Bei der Arrestanordnung handelt es sich um einen Verwaltungsakt i.S.d. § 118 Satz 1 AO.   **42**

a) Arrestgegenstand

Arrestgegenstand kann das bewegliche und/oder das unbewegliche Vermögen des Schuldners sein. Meist wird der Arrest in das **gesamte Vermögen des Arrestschuldners** angeordnet, es besteht jedoch auch die Möglichkeit, den Arrest nur für bestimmte Vermögensteile oder für einzelne Vermögensgegenstände anzuordnen, die dann in der Anordnung allerdings zu spezifizieren sind (BFH, 21.02.1952 – IV 429/51, BStBl. III 1952, S. 90; HHSp/*Hohrmann* § 324 Rn. 41 f.). Zur Arrestvollziehung vgl. Rdn. 62 ff.   **43**

b) Form der Anordnung

Wie sich aus § 324 Abs. 2 Satz 2 AO ergibt, ist die Arrestanordnung **schriftlich zu erlassen und zu begründen**. Sie muss nach § 119 Abs. 3 AO die anordnende Behörde erkennen lassen und erfordert die eigenhändige Unterschrift des anordnenden Amtsträgers. Werden diese Formvorschriften verletzt, so ist die Arrestanordnung nichtig (BGH, 07.05.1991 – IX ZR 30/90, NJW 1991, 2147; Schwarz/*Dumke* § 324 Rn. 15; TK/*Kruse* § 324 Rn. 30).   **44**

Gem. § 324 Abs. 2 Satz 3 AO ist die **elektronische Form ausgeschlossen**. Auch der Verstoß gegen dieses Verbot bewirkt die Nichtigkeit der Anordnung (Schwarz/*Dumke* § 324 Rn. 15; TK/*Kruse* § 324 Rn. 30).   **45**

c) Inhalt der Anordnung

Damit die Arrestanordnung i.S.d. § 119 Abs. 1 AO inhaltlich hinreichend bestimmt ist, muss sie die folgenden Punkte enthalten (vgl. Abschn. 54 Abs. 2 und 3 VollstrA):   **46**

- Der Arrestschuldner muss durch exakte Angaben zu Familienname, Vorname und Wohnanschrift so genau bezeichnet werden, dass er zweifelsfrei identifizierbar ist.
- Der Arrestanspruch ist nach Steuerart, Steuerzeitraum und Betrag genau zu bezeichnen. Umfasst die Arrestanordnung mehrere Geldforderungen, so sind die Beträge einzeln nach Steuerart, Zeitraum und Betrag anzugeben (BFH, 23.03.1983 – I R 49/82, BStBl. II 1983, S. 441; vgl. auch Rdn. 20 ff.). Ist diese Aufteilung nicht vorhanden, so ist die Arrestanordnung unheilbar nichtig (BFH, 23.03.1983 – I R 49/82, BStBl. I 1983, 441; FG Hamburg v. 06.09.1999 – IV 86/99, juris; TK/*Kruse* § 324 Rn. 36).

– Es sind ferner die Tatsachen anzugeben, aus denen sich das Bestehen und die Höhe des Arrestanspruchs ergibt (BFH, 21.02.1952 – IV 429/51 U, BStBl. III 1952, 90; Klein/Brockmeyer
§ 324 Rn. 11; TK/*Kruse* § 324 Rn. 37). Dabei handelt es sich um die Angabe des steuerlichen
Sachverhaltes und die Steuerberechnung. Sollte es sich um einen Fall handeln, in dem die Steuerfestsetzung nur noch aufgrund der verlängerten Festsetzungsfrist nach §§ 169 Abs. 2
Satz 2, 171 Abs. 7 AO möglich ist, so ist auch der Tatbestand der Steuerhinterziehung bzw. der
leichtfertigen Steuerverkürzung darzulegen sowie ggf. die Gründe dafür, dass noch keine Verfolgungsverjährung eingetreten ist.

Liegt dem Arrest ein **Haftungsanspruch** zugrunde, so ist darzulegen, dass die Inanspruchnahme
durch Haftungsbescheid in Betracht kommt und beabsichtigt ist (FG München, 21.02.1995 –
14 K 2598/91, EFG 1995, 954; Schwarz/*Dumke* § 324 Rn. 16a). Eine weiter gehende Darlegung
der Ermessensgründe für die Haftungsinanspruchnahme ist nicht erforderlich (FG München,
21.02.1995 – 14 K 2598/91, EFG 1995, 954; Schwarz/*Dumke* § 324 Rn. 16a; a.A. FG Köln,
30.09.1981 – VIII 88/81 S, EFG 1982, 283). Im anschließenden Einspruchs- oder Klageverfahren kann der **Arrestanspruch nicht mehr ausgewechselt** werden (BFH, 10.03.1983 – V R 143/
76, BStBl. II 1983, 401; FG Bremen, 05.12.1995 –2 95 237 K 2, EFG 1996, 307; TK/*Kruse*
§ 324 Rn. 34 vgl. auch Rdn. 58 f.; a.A. FG Köln, 30.09.1981 – VIII 88/81 S, EFG 1982, 283).

– Die Tatsachen, aus denen sich der **Arrestgrund** ergibt, sind darzustellen (BFH, 21.02.1952 –
IV 429/51 U, BStBl. III 1952, 90; TK/*Kruse* § 324 Rn. 38). Die Wiedergabe des Wortlautes
des § 324 Abs. 1 Satz 1 AO ist nicht ausreichend (Klein/*Brockmeyer* § 324 Rn. 11; HHSp/*Hohrmann* § 324 Rn. 48).
– Der Arrestgrund kann durch neue Tatsachen bis spätestens zur mündlichen Verhandlung vor
dem FG noch ergänzt oder ersetzt werden, da maßgeblich ist, ob der Arrestgrund im Zeitpunkt der Entscheidung vorliegt. Ein **Begründungsaustausch** ist somit zulässig (BFH,
10.03.1983 –VI R 143/76, HFR 1983, 358; Schwarz/*Dumke* § 324 Rn. 16b; HHSp/*Hohrmann* § 324 Rn. 48, 94; Pahlke/Koenig/*Zöllner* § 324, Rn. 19, 33; vgl. auch Rdn. 58).
– Da es sich bei der Anordnung des Arrestes um eine Ermessensentscheidung handelt, ist ggf. die
Ausübung des Auswahlermessens zu verdeutlichen (vgl. aber Rn. 205). Bzgl. des **Entschließungsermessens** bedarf es solcher Ausführungen hingegen nicht, da es sich um ein intendiertes
Ermessen handelt (vgl. Rdn. 204).
– Die **Arrestsumme** muss benannt werden, d.h. die Geldsumme, bis zu deren Höhe der Arrest
vollzogen werden kann. Diese Arrestsumme ist ein Gesamtbetrag, der niedriger sein kann als
die Höhe des Arrestanspruchs. Fehlt diese Angabe, so ist die Arrestanordnung nichtig
(FG München, 17.04.1985 – III 156/84, EFG 1985, 478; Schwarz/*Dumke* § 324 Rn. 16b;
TK/*Kruse* § 324 Rn. 33).
– Der **Arrestbefehl**, d.h. der Ausspruch, dass zur Sicherung des Arrestanspruchs der dingliche
Arrest in das Vermögen des Arrestschuldners angeordnet wird. Die Arrestanordnung darf hingegen kein Leistungsgebot enthalten, da der Arrest nur auf Sicherung des Gläubigers gerichtet
ist und nicht auf seine Befriedigung.
– Die **Hinterlegungssumme** (§ 324 Abs. 1 Satz 3 AO), durch deren Hinterlegung (§ 241 Abs. 1
Nr. 1 AO) die Vollziehung des Arrests gehemmt wird bzw. der vollzogene Arrest aufzuheben ist
(vgl. dazu Rdn. 68). Die Hinterlegungssumme entspricht in aller Regel der Arrestsumme und
sie ist so zu bemessen, dass durch sie Hauptanspruch und Nebenleistungen gedeckt sind. Fehlt
die Angabe der Hinterlegungssumme, so kann dieser Fehler durch Nachholung geheilt werden
(Schwarz/*Dumke* § 324 Rn. 16c; TK/*Kruse* § 324 Rn. 41).
– Die **Unterschrift** des zuständigen Amtsträgers, **Dienstsiegel** und **Datum**, an dem die Unter-
schriftsleistung erfolgte (vgl. Rdn. 44).
– Die **Rechtsbehelfsbelehrung**; zulässige Rechtsbehelfe sind, sowohl der Einspruch (§ 347 AO)
als auch die Anfechtungsklage nach § 45 Abs. 4 FGO (vgl. Rdn. 55 ff.).

d) Zustellung der Anordnung

Nach § 324 Abs. 2 Satz 1 AO i.V.m. § 122 Abs. 5 Satz 2 AO ist die Arrestanordnung dem Arrest- 47
schuldner nach den Vorschriften des VwZG zuzustellen. In der Praxis wird die Arrestanordnung
entweder bei Beginn der Arrestvollziehung nach § 5 VwZG **gegen Empfangsbekenntnis ausgehändigt** oder innerhalb einer Woche nach der Vollziehung nach § 5 VwZG zugestellt (vgl. § 324
Abs. 3 Satz 2 AO), da bei einer Zustellung nach § 3 VwZG zu befürchten ist, dass die Vollziehung
der Arrestanordnung vereitelt werden würde.

Ist für das Besteuerungsverfahren gem. § 80 AO ein **Zustellungsbevollmächtigter** bestellt, kann 48
die Arrestanordnung auch diesem zugestellt werden (Schwarz/*Dumke* § 324 Rn. 17).

Wird bei zur ESt zusammenveranlagten Ehegatten eine gemeinsame Arrestanordnung für beide 49
Ehegatten erlassen, so ist im Fall der Zustellung gegen Empfangsbekenntnis (§ 5 Abs. 1 VwZG)
jedem Ehegatten eine Ausfertigung zuzustellen (FG Bremen, 23.06.1992 – II 87/91 K,
EFG 1992, 758; FG Bremen, 05.12.1995 – 2 95 237 K 2, EFG 1996, 307; Schwarz/*Dumke*
§ 324 Rn. 17).

e) Berichtigung und Aufhebung der Anordnung

Da es sich bei der Arrestanordnung um einen **Verwaltungsakt** handelt, kann sie nach **§ 129 AO** 50
berichtigt werden und auch die **§§ 130, 131 AO** sind anwendbar. Folglich ist nach Eintritt der
Unanfechtbarkeit des Verwaltungsakts der Finanzbehörde ein Ermessensspielraum eingeräumt, ob
sie eine Korrektur vornimmt. § 325 AO schließt für die Arrestanordnung den Ermessensspielraum
hinsichtlich der Korrektur jedoch aus (Schwarz/*Dumke* § 325 Rn. 2; HHSp/*Hohrmann* § 325
Rn. 5). Die den Arrest anordnende Finanzbehörde muss vielmehr die Arrestanordnung ständig
kontrollieren und ggf. die Korrektur von Amts wegen vornehmen (BFH, 17.12.2003 – I R 1/02,
BStBl. II 2004, S. 392; Schwarz/*Dumke* § 325 Rn. 2; HHSp/*Hohrmann* § 325 Rn. 3; TK/*Kruse*
§ 325 Rn. 1, 6; Koch/Scholtz/*Wolf* § 325 Rn. 3). Der Arrestschuldner hat einen **Rechtsanspruch
auf die Korrektur**, sodass das pflichtwidrige Unterlassen der Korrektur Ersatzansprüche gem.
§ 839 BGB i.V.m. Art. 34 GG begründen kann (BGH, 03.10.1985 – III ZR 28/84, HFR 1987,
96; Schwarz/*Dumke* § 325 Rn. 2; HHSp/*Hohrmann* § 325 Rn. 21).

Wurde der Arrest bis zum Ablauf der sich aus § 324 Abs. 3 Satz 1 AO ergebenden Vollziehungs- 51
frist **nicht vollzogen**, hat der Arrestschuldner ebenfalls nach § 325 AO einen Anspruch auf Aufhebung des Arrestes. Ebenso hat der Arrestschuldner für den Fall eines **teilweisen Vollzugs** des Arrestes einen Anspruch auf dessen Teilaufhebung insoweit, als der Arrest nicht vollzogen worden ist
und wegen des Ablaufs der Vollziehungsfrist auch nicht mehr Grundlage weiterer Vollziehungsmaßnahmen sein kann. Zu den Fristen bei der Arrestvollziehung vgl. Rdn. 65 ff.

Durch die **Aufhebung der Arrestanordnung** entfällt die Rechtsgrundlage für die Vollziehung des 52
Arrestes. Die Aufhebung bewirkt jedoch nicht automatisch, dass die Vollziehungswirkungen entfallen. Vielmehr müssen die Vollziehungsmaßnahmen durch Verwaltungsakt aufgehoben werden
(Schwarz/*Dumke* § 325 Rn. 9; TK/*Kruse* § 325 Rn. 6). Erst hierdurch entfallen die Pfandverstri-
ckung und das Arrestpfandrecht, und die Sicherungshypothek verwandelt sich in eine Eigentü-
mergrundschuld.

Nach **Vollzug der Arrestanordnung** oder nach **Leistung der Hinterlegungssumme** ist die Arrest- 53
anordnung hingegen nicht aufzuheben. Eine Gefährdung der Vollstreckung liegt in diesen Fällen
zwar nicht mehr vor, aber durch die Aufhebung der Arrestanordnung würde die Rechtsgrundlage
für den Arrestvollzug oder die Leistung der Hinterlegungssumme entfallen, sodass die arrestierten
Vermögenswerte bzw. das hinterlegte Geld zurückgeben wären. Ist im Zeitpunkt der Leistung der
Hinterlegungssumme die Anordnung bereits vollzogen, so ist die Vollziehung nach § 131 Abs. 1
AO zu widerrufen (vgl. § 934 Abs. 1 ZPO), aber auch in diesem Fall bleibt die Arrestanordnung
bestehen, da sie als Rechtsgrund für die Hinterlegung erforderlich ist (Schwarz/*Dumke* § 325
Rn. 3, 8; HHSp/*Hohrmann* § 325 Rn. 13).

54 Auch wenn der Anspruch vollstreckbar wird, ist die Arrestanordnung nicht aufzuheben, um den jeweiligen Rang zu wahren. Dasselbe gilt auch im Fall der Eröffnung des Insolvenzverfahrens über das Vermögen des Arrestschuldners, wenn bereits ein Absonderungsrecht erlangt wurde (BFH, 17.12.2003 – I R 1/02, BStBl. II 2004, S. 392; vgl. Rdn. 218).

f) Rechtsschutz gegen die Arrestanordnung

55 Die Anordnung des dinglichen Arrestes ist nach § 347 Abs. 1 Satz 1 AO mit dem **Einspruch** anfechtbar, oder es kann nach § 45 Abs. 4 FGO unmittelbar und ohne Zustimmung der Finanzbehörde „**Sprungklage**" beim FG erhoben werden. Insoweit steht dem Arrestschuldner bis zu Einspruchseinlegung gem. § 357 AO bzw. Klagerhebung gem. § 64 FGO ein Wahlrecht zu (vgl. BFH, 27.09.1994 – VIII R 36/89, BStBl. II 1995, S. 357; Schwarz/*Dumke* § 324 Rn. 18).

56 Ist die gesicherte Geldforderung vor Ergehen der Entscheidung **vollstreckbar geworden** und hat die Finanzbehörde eine Verwertungsankündigung gem. § 327 AO erlassen, so ist das Einspruchsbzw. Klageverfahren erledigt (BFH, 07.07.1987 – VII R 167/84, BFH/NV 1987, 702; BFH, 27.07.1994 – II R 109/91, BFH/NV 1995, 322; BFH, 06.07.2001 – III B 58/00, BFH/NV 2001, 1530; Schwarz/*Dumke* § 324 Rn. 18b; Kühn/v. Wedelstädt/*Lemaire* § 324 Rn. 8). Die Arrestanordnung wird gegenstandslos, sodass eine Aufhebung nicht mehr in Betracht kommt (FG des Saarlandes v. 01.03.2005 – 1 K 246/04, juris).

57 Die Rechtswidrigkeit der Arrestanordnung kann in einem solchen Falle nur noch durch den Übergang zur **Fortsetzungsfeststellungsklage** gem. § 100 Abs. 1 Satz 4 FGO festgestellt werden (FG des Saarlandes v. 01.03.2005 – 1 K 246/04, juris). Das erforderliche besondere Feststellungsinteresse ist jedoch nur gegeben, wenn die Entscheidung über den Arrest für den Schadensersatzprozess nicht unerheblich ist, der Schadensersatzprozess mit Sicherheit zu erwarten ist und die Schadensersatzklage nicht offensichtlich aussichtslos ist (Hessisches FG v. 10.01.1996 – 6 K 1804/90, EFG 1996, 414; vgl. Schwarz/*Dumke* § 324 Rn. 18b; Kühn/v. Wedelstädt/*Lemaire* § 324 Rn. 8). Ein allgemeines Rehabilitationsinteresse allein reicht zur Annahme eines berechtigten Interesses nicht aus (BFH v. 27.07.1994 – II R 109/91, BFH/NV 1995, 322).

58 Wird durch den Arrestschuldner Einspruch oder Klage gegen die Arrestanordnung eingelegt, erfolgt eine **Überprüfung in vollem Umfang**, wobei abzustellen ist auf den Sach- und Streitstand im Zeitpunkt der Einspruchsentscheidung bzw. des finanzgerichtlichen Urteils (BFH v. 17.12.2003 – I R 1/02, BStBl. II 2004, S. 392; FG Düsseldorf v. 18.07.1977 – II 140/76 S, EFG 1978, 60, 61; HHSp/*Hohrmann* § 324 Rn. 93; TK/*Kruse* § 324 Rn. 51 f.). Folglich sind auch Veränderungen und neue Erkenntnisse zu berücksichtigen, die sich nach Erlass der Arrestanordnung ergeben haben. Bzgl. des **Arrestgrundes** führt dies dazu, dass z.B. im Hinblick auf das nachträgliche Verhalten des Arrestschuldners der Arrestgrund ausgewechselt oder ergänzt werden kann (BFH, 10.03.1983 – V R 143/76, BStBl. II 1983, S. 401; TK/*Kruse* § 324 Rn. 51; HHSp/*Hohrmann* § 324 Rn. 94).

59 Auch bzgl. des **Arrestanspruchs** sind neue Erkenntnisse zu berücksichtigen, jedoch ist eine Verbösserung durch Erhöhung der Arrestsumme ebenso unzulässig wie die Berücksichtigung von in der Zwischenzeit neu entstandenen Arrestansprüchen. Folglich kann der zu sichernde Anspruch nicht durch einen anderen ersetzt werden, da der Arrest einen Vollstreckungstitel hinsichtlich einer bestimmten Steuerforderung gewährt. Die Aufrechterhaltung des Arrestes ist an das Vorliegen des bestimmten, dem Grunde nach bezeichneten Steueranspruchs gebunden (BGH v. 10.03.1983 – V R 143/76, BStBl. II 1983, S. 401; Schwarz/*Dumke* § 324 Rn. 18c; TK/*Kruse* § 324 Rn. 52; a.A. RFH v. 03.04.1935 – VI A 219/35, RStBl. 1935, S. 694; FG Köln v. 30.09.1981 –VIII 88/81 S, EFG 1982, 283).

60 Dem Einspruch und der (Sprung-)Klage kommen im Hinblick auf die Arrestvollziehung **keine hemmende oder aufschiebende Wirkung** nach § 361 Abs. 1 AO oder § 69 Abs. 1 FGO zu. Es

kann jedoch ein **Antrag auf Aussetzung der Vollziehung** gestellt werden (BFH v. 20.03.1969 – V B 5/69, BStBl. II 1969, S. 399; Schwarz/*Dumke* § 324 Rn. 18d).

Die Aussetzung **kann** grds. **nur gegen Sicherheitsleistung** erfolgen, da anderenfalls der Siche- 61 rungszweck des Arrestes vereitelt werden würde (FG München v. 04.10.1979 – III 153/79, EFG 1980, 110; FG Köln v. 27.04.1988 – 10 V 215/88, EFG 1988, 524; FG Hamburg v. 02.08.1999, IV 87/99, juris; Klein/*Brockmeyer* § 324 Rn. 12; Schwarz/*Dumke* § 324 Rn. 18d; TK/*Kruse* § 324 Rn. 48; Kühn/v. Wedelstädt/*Lemaire* § 324 Rn. 20; offen gelassen in BFH v. 18.08.1987 – VII B 97/87, BFH/NV 1988, 374). Der Antrag ist hingegen wegen fehlenden Rechtsschutzbedürfnisses unzulässig, wenn er bzgl. einer nicht vollzogenen Arrestanordnung erst nach Ablauf der Monatsfrist des § 324 Abs. 3 Satz 1 AO gestellt wird. In diesem Fall ist der Arrest- schuldner durch die Frist ausreichend geschützt (FG Köln v. 15.06.1983 – X A 106/83, DStZ 1983, 503).

II. Die Vollziehung des Arrestes

1. Allgemeines

Die **Sicherungswirkung des Arrestes** ergibt sich noch nicht aus der Arrestanordnung, da sie ledig- 62 lich die Grundlage für die Arrestvollziehung darstellt. Erst die Vollziehung des Arrests ermöglicht im Wege der Überleitung den Übergang in das reguläre Vollstreckungsverfahren. Deshalb kommt der Arrestierung im Wege der Pfändung **keine Zahlungswirkung** zu, sodass die Finanzbehörde als Gläubigerin nicht befriedigt wird und weiterhin Hinterziehungszinsen entstehen (BFH v. 05.11.2002 – II R 58/00, BFH/NV 2003, 353). Die **Zuständigkeit** für die Vollziehung der Arrestanordnung liegt bei der Finanzbehörde, die für den Erlass der Arrestanordnung zuständig ist, und dort organisatorisch bei der **Vollstreckungsstelle.**

Voraussetzung der Arrestvollziehung ist eine **rechtswirksame und vollziehbare Arrestanordnung** 63 (vgl. Rdn. 42 ff.) . Im Fall einer nichtigen Arrestanordnung erfasst die Nichtigkeit auch die Voll- streckungsmaßnahmen (BGH v. 07.05.1991 – IX ZR 30/90, NJW 1991, 2147). Die Arrestord- nung muss somit ausgefertigt sein, da sie vorher nicht existent ist. Mithin muss sie u.a. auch durch den anordnenden Amtsträger unterschrieben worden sein (vgl. Rdn. 44).

Die **Zustellung der Arrestanordnung** ist hingegen keine Voraussetzung ihrer Vollziehung. Viel- 64 mehr ist gem. § 324 Abs. 3 Satz 2 AO die Vollziehung auch zulässig, wenn die Zustellung der Arrestanordnung binnen einer Woche nach Durchführung der Vollziehungshandlung **nachgeholt** wird. Geschieht dies nicht, so entfallen die Rechtswirkungen der Vollziehung. Die Zustellung gilt gem. § 324 Abs. 3 Satz 3 AO i.V.m. § 169 Abs. 1 Satz 3 AO als bewirkt, wenn bei Zustellung an einen **im Ausland befindlichen Arrestschuldner** die Arrestanordnung innerhalb der Wochenfrist den Bereich der zuständigen Finanzbehörde verlassen hat oder bei öffentlicher Zustellung die Arrestanordnung oder eine Benachrichtigung innerhalb der Wochenfrist ausgehängt worden ist (vgl. Schwarz/*Dumke* § 324, Rn. 21).

2. Vollziehungsfrist

Nach § 324 Abs. 3 Satz 1 AO ist die Vollziehung der Arrestanordnung unzulässig, wenn seit dem 65 Tag, an dem die Anordnung unterzeichnet worden ist, **ein Monat** verstrichen ist. Dies folgt daraus, dass Ziel des Arrests ist, in einer eilbedürftigen Situation aufgrund besonderer Umstände zeitnah eine Sicherheit zu erlangen. Wird das Verfahren hingegen durch die Finanzverwaltung selbst verzögert, so ist davon auszugehen, dass auch kein eilbedürftiges Sicherungsbedürfnis besteht. Dementsprechend ist auch die nicht vollzogene Arrestanordnung nach dem Fristablauf gem. § 325 AO aufzuheben, selbst wenn sie im Zeitpunkt des Erlasses rechtmäßig war (FG Baden-Württemberg v. 18.12.1989 – IX K 243/89, EFG 1990, 507).

66 Die Monatsfrist beginnt allerdings nicht erst mit der Zustellung der Arrestanordnung zu laufen, sondern in Abweichung vom Grundsatz des § 124 Abs. 1 Satz 1 AO bereits mit der **Unterzeichnung der Arrestanordnung**.

67 Die Monatsfrist ist eingehalten, wenn mit der **Vollstreckung begonnen** wurde (BFH v. 27.11.1973 – VII R 100/71, BStBl. II 1974, S. 119). Dies ist der Fall, wenn von der Vollstreckungsbehörde nach außen wirkende Handlungen vorgenommen wurden wie z.B. das Erscheinen des Vollziehungsbeamten beim Arrestschuldner zur Ausführung des ihm erteilten Auftrags, die Zustellung einer Pfändungsverfügung oder der Antrag auf Eintragung einer Sicherungshypothek (Schwarz/*Dumke* § 324, Rn. 23). Die Vollstreckungsmaßnahmen müssen innerhalb der Frist noch nicht zum Erfolg geführt haben und sie dürfen – sofern sie vor Ablauf der Frist eingeleitet wurden – auch nach Fristablauf weitergeführt werden, wenn der zeitliche Zusammenhang gewahrt ist (Klein/*Brockmeyer* § 324 Rn. 12; Schwarz/*Dumke* § 324 Rn. 23; TK/*Kruse* § 324 Rn. 66). Neue Vollstreckungsmaßnahmen in andere Vermögensgegenstände sind hingegen nicht zulässig (Schwarz/*Dumke* § 324, Rn. 23; TK/*Kruse* § 324 Rn. 67).

3. Keine Vollziehung der Arrestanordnung

68 Die Vollziehung der Arrestanordnung wird durch die **Hinterlegung** eines bestimmten Geldbetrages gem. § 324 Abs. 1 Satz 3 AO gehemmt bzw. es ist der vollzogene Arrest aufzuheben. Statt der Hinterlegung von Geld kann die Sicherheit mit Zustimmung der Vollstreckungsbehörde auch auf anderem Wege erbracht werden (HHSp/*Hohrmann* § 324 Rn. 79). Im Fall der Hinterlegung ist die Arrestanordnung allerdings nicht aufzuheben (vgl. Rdn. 53).

69 Darüber hinaus sind bei der Vollziehung der Arrestanordnung bestehende **Pfändungsverbote und -beschränkungen** – insb. gem. §§ 811 ff., 832 ff., 850 ff. ZPO – zu beachten.

4. Durchführung der Vollziehung

70 Die Durchführung erfolgt nach den §§ 249 bis 323 AO in entsprechender Anwendung, wobei zu berücksichtigen ist, dass das Arrestverfahren der Sicherung und nicht der Schuldtilgung dient. Dies schließt allerdings nicht die Möglichkeit einer **eidesstattliche Versicherung** gem. § 284 AO zur Ermittlung der Vermögensverhältnisse i.R.d. Arrestvollziehung aus (FG Hamburg v. 02.07.1970 – IV 5/70 H, EFG 1971, 45; HHSp/*Hohrmann* § 324 Rn. 56; TK/*Kruse* § 324 Rn. 62; Kühn/v. Wedelstädt/*Lemaire* § 324 Rn. 16; a.A. OLG Koblenz v. 23.03.1979 – 4 W 77/79, NJW 1979, 2521 m.w.N.; Schwarz/*Dumke* § 324 Rn. 26; Pahlke/Koenig/*Zöllner* § 324 Rn. 27).

71 Auf die Vollziehung des Arrestes finden gem. § 324 Abs. 3 Satz 4 AO vorrangig die §§ 930 bis 932 ZPO, § 99 Abs. 2, § 106 Abs. 1, 3, 5 LuftRG Anwendung. Im Gegensatz zu den zivilprozessualen Vorschriften der §§ 928 ff. ZPO tritt bei der Vollziehung eines abgabenrechtlichen Arrestes nach § 324 Abs. 3 Satz 4 die **Vollstreckungsbehörde** (§ 249 AO) an die Stelle des Vollstreckungsgerichts, und anstelle des Gerichtsvollziehers wird der **Vollziehungsbeamte** (§ 285 AO) tätig. Soweit die Sondervorschriften auf Vorschriften über die Pfändung verweisen, finden die §§ 281, 282 AO Anwendung (§ 324 Abs. 3 Satz 5 AO).

72 Auf die Vollziehung in **bewegliches Vermögen und Forderungen** ist § 930 ZPO analog anwendbar. Ein Verwertungsrecht besteht aufgrund des Sicherungscharakters des Arrests nur im Ausnahmefall des § 930 Abs. 3 ZPO. Dementsprechend ist auch die **Einziehung** von Forderungen oder anderen Vermögensrechten **im Arrestverfahren nicht zulässig**. Eine Ausnahme besteht lediglich im Hinblick auf die Pfändung von Hypotheken, Grund- und Rentenschulden, für die ein Brief besteht. In diesem Fall ist die Anordnung der Einziehung zulässig, damit die zur Wirksamkeit der Pfändung erforderliche Herausgabe des Hypothekenbriefes erzwungen werden kann (TK/*Kruse* § 324 Rn. 75; HHSp/*Hohrmann* § 324 Rn. 68).

Bzgl. der Vollziehung in **eingetragene Schiffe, Schiffsbauwerke und Schwimmdocks** ist § 931 73
ZPO entsprechend anwendbar, wobei im Hinblick auf Schiffe, die sich auf der Reise befinden,
§ 482 HGB zu beachten ist.

Die Vollziehung in **Grundstücke** erfolgt in entsprechender Anwendung des § 932 ZPO. 74

Bei der Vollziehung in **Luftfahrzeuge** sind die §§ 99 Abs. 2, 106 Abs. 1, 3, 5 LuftRG anzuwenden. 75

III. Die Überleitung ins Vollstreckungsverfahren

Wird die durch die Arrestanordnung gesicherte Geldforderung nach Vollziehung des Arrests i.S.d. 76
§§ 251, 254 AO **vollstreckbar und bei Fälligkeit nicht erfüllt**, kann sich die Vollstreckungsbehörde gem. § 327 AO aus den arrestierten Vermögenswerten oder den zur Abwendung der Arrestvollziehung erlangten Sicherheiten befriedigen. Durch § 327 AO ist ein neues Vollstreckungsverfahren zur Durchführung der Verwertung nicht erforderlich, da durch § 327 AO das bis zur
Fälligkeit fehlende Verwertungsrecht hinsichtlich erlangter Sicherheit begründet wird. Es muss
keine erneute Pfändung durch die Finanzbehörde erfolgen. Die durch den Arrestvollzug erlangten
Sicherheiten bleiben bestehen und behalten ihren Rang.

Um eine **Arresthypothek** in eine Sicherungshypothek umzuwandeln, muss auf Antrag der Voll- 77
streckungsbehörde eine Umschreibung des Grundbuchs erfolgen. Dadurch bleibt der Rang des
durch die Arrestvollziehung erworbenen Pfandrechts bestehen (BFH v. 28.08.1968 – I B 18/68,
BStBl. II 1968, S. 832; BFH v. 07.07.1987 – VII R 167/84 [NV], BFH/NV 1987, 702). Der
Umschreibungsantrag hat grds. keinen rechtsbegründenden Charakter, sondern stellt nur eine
Berichtigung dar (Schwarz/*Dumke* § 324 Rn. 32a; HHSp/*Hohrmann* § 324 Rn. 87).

C. Der strafprozessuale dingliche Arrest

I. Verfall und Rückgewinnungshilfe

Die Grundnorm für die strafprozessuale Entziehung von Tatvorteilen ist § 73 StGB, der die 78
Voraussetzungen des Verfalls regelt. Sinn und Zweck der Entziehung ist, dem durch die Tat
Begünstigten die Tatvorteile unabhängig von seiner Schuld zu entziehen und damit die **rechtswidrig geschaffene Bereicherung rückgängig zu machen**. Wie sich schon daraus entnehmen lässt,
handelt es sich nicht um eine Strafe, sondern um eine **Ausgleichsmaßnahme eigener Art** mit
zumeist **quasi-kondiktioneller Ausgleichswirkung** (BGH v. 21.08.2002 – 1 StR 115/02,
wistra 2002, 422 ff.; BGH v. 28.11.2000 – 5 StR 371/00, StV 2001, 275; Sch/Sch/*Eser* Vor § 73,
Rn. 18; Sch/Sch/*Fischer* § 73 Rn. 3).

Es sind verschiedene Arten der strafprozessualen Entziehung von Tatvorteilen zu unterscheiden: 79

1. Verfall des Erlangten

Das Gericht ordnet den Verfall des Erlangten gem. § 73 Abs. 1 Satz 1 StGB an, wenn es unmittel- 80
bar für eine oder aus einer rechtswidrig begangenen Tat erlangt wurde (zur Unmittelbarkeit vgl.
BGH v. 21.03.2002 – 5 StR 138/01, BGHSt 47, 260). Dies gilt sowohl für vollendete, wie auch
für versuchte Taten, sofern dem Täter oder Dritten bereits die Vorteile der Tat zugeflossen sind
(Sch/Sch/*Eser* § 73, Rn. 5). Es macht auch keinen Unterschied, ob der Vorteil durch den Täter
oder den Teilnehmer gezogen wurde (Sch/Sch/*Eser* § 73, Rn. 5). Bei dem gezogenen Vorteil kann
es sich gem. § 73 Abs. 1 StGB um die **Originalsache** (z.B. Diebesgut, Bestechungslohn) oder nach
§ 73 Abs. 2 StGB um Nutzungen oder Ersatzgegenstände (z.B. ein vom Bestechungslohn erworbener Pkw) handeln. Ein immaterieller Vorteil reicht insoweit nicht aus.

2. Verfall des Wertersatzes

81 Ist der Verfall jedoch wegen der Beschaffenheit des Erlangten – der Originalsache – oder aus sonstigen Gründen (z.B. wegen Unauffindbarkeit des Verfallsobjekts oder seines Untergangs) nicht möglich, so ordnet das Gericht gem. § 73a StGB den Verfall des Wertersatzes an. Es wird mithin ein **Geldbetrag** für verfallen erklärt, dessen Höhe dem Wert der erlangten Originalsache entspricht.

82 Handelt es sich um Vermögenszuwächse, die sich nicht in einem bestimmten Gegenstand oder einem bestimmten Recht konkretisieren, sondern sich in **saldierungsbedürftigen Gewinnen** niederschlagen, wie z.B. bei der Ersparung von Aufwendungen oder in einem Guthaben auf einem Girokonto, so ist der Verfall i.d.R. wegen der Beschaffenheit des Erlangten nicht durchführbar, sodass es sich um einen Fall des § 73a StGB handelt (BGH v. 21.03.2002 – 5 StR 138/01, BGHSt 47, 269; BGH v. 02.12.2005 – 5 StR 199/05, BGHSt 50, 299, 311; LG Berlin v. 26.02.1990 – 505 Qs 27/89, wistra 1990, 157; Sch/Sch/*Eser* § 73, Rn. 16, 21, § 73a, Rn. 4; Sch/Sch/*Fischer* § 73 Rn. 9; *Meurer*, NStZ 1991, 439; *Wulf*, wistra 1998, 363).

83 Im Fall einer **Steuerhinterziehung** kommen zwei Varianten infrage: Der Täter kann sich durch falsche oder unterlassene Steuererklärungen eine Steuerzahlung ersparen oder eine Steuererstattung erschleichen. In beiden Fällen handelt es sich nicht um einen bestimmten (Original-) Gegenstand, sondern einen **rechnerisch erfassbaren Vermögensvorteil** (z.B. den Anspruch gegen ein Kreditinstitut oder die Finanzbehörde auf Auszahlung eines bestimmten Betrages). Folglich ist in diesen Fällen der Verfall aufgrund der Beschaffenheit des Erlangten ausgeschlossen, da ein geldwerter Vorteil anderer Art erlangt wurde. Bei einer Steuerhinterziehung würde sich deshalb der Verfall gem. § 73a StGB auf den Wertersatz und somit auf einen dem Wert des erlangten Vorteils entsprechenden Geldbetrag richten (OLG Schleswig v. 08.01.2002, 1 Ws 407/01, juris).

3. Rückgewinnungshilfe bei Steuerhinterziehung

84 Gem. § 73 Abs. 1 Satz 2 StGB ist die Anordnung des Verfalls jedoch ausgeschlossen, soweit dem **Verletzten** aus der Tat ein Anspruch erwachsen ist, dessen Erfüllung dem Täter oder Teilnehmer den Wert des aus der Tat Erlangten entziehen würde. Dem Anspruch des Geschädigten kommt somit Vorrang ggü. dem Anspruch des Staates zu, damit einerseits der **Geschädigte mit seinem Anspruch nicht leer ausgeht** (BGH v. 28.11.2000 – 5 StR 371/00, StV 2001, 275; LK-StGB/ *Schmidt* § 73, Rn. 34), und andererseits der **Begünstigte vor doppelter Inanspruchnahme geschützt** wird (BGH v. 28.11.2000 – 5 StR 371/00, StV 2001, 275; BayObLG v. 27.04.2000 – 3 ObOWi 16/2000, wistra 2000, 395; *Podolsky/Brenner* S. 48; *Jäger*, PStR 2001, 6). Somit ist aufgrund des Vorrangs des § 73 Abs. 1 Satz 2 StGB bei Eigentums- und Vermögensdelikten die Anordnung des Verfalls oder des Wertersatzverfalls ausgeschlossen (BGH, NStZ 2006, 621; OLG Schleswig v. 08.01.2002, 1 Ws 407/01, juris; OLG Schleswig v. 22.01.2001 – 2 Ss 342/00, wistra 2001, 312 f.; Sch/Sch/*Fischer* § 73, Rn. 17 f.; *Podolsky/Brenner* S. 49; *Goos*, wistra 2001, 313).

85 **Geschädigte** können natürliche Personen, Personengesamtheiten und juristische Personen sein. Auch der **Steuerfiskus** gilt als Geschädigter im Verhältnis zum Justizfiskus (BGH, 28.11.2000 – 5 StR 371/00, StV 2001, 275; Sch/Sch/*Fischer* § 73 Rn. 21; *Podolsy/Brenner* S. 48; *Faust* S. 223; vgl. auch BGH v. 13.7.2010 – 1 StR 239/10, wistra 2010, 406). Im Hinblick auf die Anwendung des § 73 Abs. 1 Satz 2 StGB ist nur die rechtliche Existenz des Anspruchs maßgeblich, die Geltendmachung ist hingegen ohne Bedeutung. Folglich hat die Erfüllung der Steuerforderungen Vorrang ggü. dem Anspruch des Staates auf Verfallserklärung. Als strafprozessuale Sofortmaßnahme zur Sicherung des Steueranspruchs kommt im Fall einer Steuerhinterziehung somit in aller Regel nicht der Verfall oder der Verfall von Wertersatz, sondern nur die Rückgewinnungshilfe gem. §§ 73 Abs. 1 Satz 2, 73a StGB in Betracht.

Diese wird durch Anordnung des dinglichen Arrests und dessen Vollzug bewirkt (§§ 111b Abs. 2   **86**
und 5, 111d, 111e StPO). Dieses Vorgehen ist streng zu unterscheiden von der Beschlagnahme
i.S.d. § 111b Abs. 1 StPO, die sich nur auf konkrete, aus der Tat erlangte Gegenstände bezieht
und somit **im Steuerstrafverfahren unanwendbar** ist.

II. Die Anordnung des dinglichen Arrests nach StPO

1. Allgemeines

Damit ein dinglicher Arrest nach StPO zulässig ist, müssen verschiedene Voraussetzungen erfüllt   **87**
sein.

1. Es muss ein steuerstrafrechtliches Ermittlungsverfahren eingeleitet sein, d.h. es besteht der
   Anfangsverdacht einer Steuerhinterziehung.
2. Es muss ein einfacher oder dringender Tatverdacht bestehen, dass in bestimmter oder geschätzter (§ 73b StGB) Höhe Vermögensvorteile aus einer Steuerhinterziehung erlangt wurden und
   der Verfall eines bestimmten Gegenstandes wegen der Beschaffenheit des Erlangten oder aus
   einem anderen Grund nicht möglich ist (sog. Arrestanspruch; vgl. Rdn. 93 ff.).
3. Ferner muss die Besorgnis bestehen, dass ohne die Sicherstellung die Nachzahlung oder die
   Beitreibung der verkürzten Steuerbeträge vereitelt oder wesentlich erschwert werden würde
   (Sicherungsbedürfnis/Arrestgrund, vgl. § 111d Abs. 2 StPO i.V.m. § 917 ZPO; vgl. Rdn. 98 ff.).
4. Die Maßnahme muss verhältnismäßig sein (vgl. Rdn. 110).

Aufgrund der zahlreichen Parallelen zwischen dem dinglichen Arrest nach AO und nach StPO sei zu   **88**
den folgenden Punkten auch jeweils auf die Ausführung zum abgabenrechtlichen Arrest verwiesen.

2. Arrestschuldner und Arrestgläubiger

Die Regelungen zum Arrest unterscheiden im Hinblick auf den Arrestschuldner nicht zwischen   **89**
der Arrestierung beim Beschuldigten der Straftat (Täter oder Teilnehmer, vgl. § 73 Abs. 1 StGB)
und der bei einem an der Tat unbeteiligten Dritten (vgl. § 73 Abs. 3 StGB; vgl. dazu Rdn. 183 ff.).
Ein Unterschied besteht zum abgabenrechtlichen Arrest insoweit, als ein Arrest nach StPO auch
möglich ist, wenn der Steuerpflichtige bzw. der Haftungsschuldner wegen undurchsichtiger Steu-
erverhältnisse noch nicht feststeht.

Der **Arrestgläubiger** ist gem. § 73 Abs. 1 Satz 2 StGB der Verletzte, dem aus der Tat ein Anspruch   **90**
erwachsen ist. Durch den Vorrang, den die Ansprüche des Verletzten vor dem staatlichen Verfalls-
anspruch haben, soll sichergestellt werden, dass der Verletzte nicht aufgrund einer doppelten Inanspruchnahme des Arrestschuldners leer ausgeht. (vgl. Sch/Sch/*Fischer* § 73 Rn. 17; vgl. auch
Rdn. 84).

Verletzter ist, wer durch die Tat individuell geschädigt ist. Dabei kann es sich sowohl um eine   **91**
natürliche wie auch um eine juristische Person handeln. Bei **Steuerdelikten** ist der Steuerfiskus
Verletzter i.S.d. § 73 Abs. 1 Satz 2 StGB (BGH v. 28.11.2000 – 5 StR 371/00, StV 2001, 275;
Sch/Sch/*Fischer* § 73 Rn. 21; Sch/Sch/*Eser* § 73 Rn. 26; Lackner/*Kühl* § 73, Rn. 6; *Podolsy/Brenner*
S. 48; *Faust* S. 223).

Werden Allgemeinrechtsgüter verletzt, gilt § 73 Abs. 1 Satz 2 StGB nicht. Daher ist der Dienstherr   **92**
eines Amtsträgers bei **Bestechungsdelikten** gem. §§ 331 ff. StGB grds. nicht der Verletzte (BGH
v. 12.09.1984 – 3 StR 333/84, BGHSt 33, 37; BGH v. 11.05.2001 – 3 StR 549/00,
BGHSt 47, 22; BGH v. 15.01.2003 – 5 StR 362/02, NStZ 2003, 423; Sch/Sch/*Fischer* § 73
Rn. 22). In diesem Fall gehen allerdings Ansprüche des Steuerfiskus, die sich aus der Einkommensteuerhinterziehung hinsichtlich des Bestechungslohns ergeben, den Ansprüchen des Justizfiskus
auf Verfall vor (BGH, 15.01.2003 – 5 StR 362/02, NStZ 2003, 423; BGH, 05.05.2004 – 5 StR
139/03, NStZ-RR 2004, 242).

3. Arrestanspruch

93 Der dingliche Arrest darf neben den in § 111d Abs. 1 Satz 1 StPO genannten Fällen gem. § 111b Abs. 5 StPO auch zur Sicherung des Anspruchs des Verletzten i.S.d. § 73 Abs. 1 Satz 2 StGB angeordnet werden, wenn ohne diesen Anspruch eine Verfallserklärung zulässig wäre (LG Kiel v. 23.12.1998 – 31 Qs 46/98, SchlHA 1999, 131; LG Berlin v. 26.02.1990 – 505 Qs 27/89, NStZ 1991, 437; Radtke/Hohmann/*Kiethe* § 111d Rn. 2; *Meyer-Goßner* § 111d Rn. 4). Dies gilt auch in Bezug auf Dritte i.S.d. § 73 Abs. 3 StGB (vgl. dazu Rdn. 183 ff.).

94 Folglich muss ein **einfacher oder dringender Tatverdacht** dahin gehend bestehen, dass in bestimmter oder geschätzter (§ 73b StGB) Höhe Vermögensvorteile aus einer Steuerhinterziehung erlangt wurden und der Verfall eines bestimmten Gegenstandes wegen der Beschaffenheit des Erlangten oder aus einem anderen Grund nicht möglich ist. Diesbezüglich sind **nachvollziehbare Berechnungen** erforderlich, wobei an den Nachweis aufgrund des frühen Stadiums des Verfahrens keine zu hohen Anforderungen gestellt werden dürfen. Allerdings sind die zur Verfügung stehenden Erkenntnisquellen durch die das Strafverfahren führende Dienststelle insoweit auszuschöpfen. Ferner bedarf es zwingend einer **Konkretisierung der hinterzogenen Steuern** nach Steuerart, Steuerhöhe und Besteuerungszeitraum.

95 Zur Sicherung eines (Ausgleichs-) Anspruchs des einen Tatbeteiligten gegen den anderen ist die Anordnung eines dinglichen Arrestes nicht zulässig (OLG Karlsruhe v. 13.08.2004 – 3 Ws 159/ 04, NJW 2005, 1815; *Meyer-Goßner* § 111d Rn. 4).

96 Durch den Arrest können gem. § 111d Abs. 1 Satz 2 StPO auch **Geldstrafen** und **Verfahrenskosten** gesichert werden, wenn bereits ein Urteil vorliegt, in dem eine Geldstrafe festgesetzt wird bzw. in dem dem Angeklagten die Verfahrenskosten auferlegt wurden. Ein **Strafbefehl** steht insoweit einem Urteil nicht gleich (*Meyer-Goßner* § 111d Rn. 5; KK/*Nack* § 111d Rn. 5). Eine Sicherung der **Vollstreckungskosten** durch den Arrest ist gem. § 111d Abs. 1 Satz 3 StPO hingegen nicht zulässig.

97 Nach § 111d Abs. 1 Satz 3 StPO darf der dingliche Arrest nicht zur Sicherung **geringfügiger Beträge** angeordnet werden. Wann ein Betrag geringfügig ist, ist im Wege der Auslegung zu ermitteln. Dabei ist zu berücksichtigen, dass § 11d Abs. 1 Satz 3 StPO nicht dem Schutz des Beschuldigten dient, sondern ein Ausdruck des Grundsatzes der Verhältnismäßigkeit ist und verhindern soll, dass durch die Anordnung und Vollziehung des Arrests ein Verwaltungsaufwand entsteht, der in keinem angemessenen Verhältnis zur Bedeutung der Sache steht (Graf/*Huber* § 111d Rn. 6; Radtke/Hohmann/*Kiethe* § 111d Rn. 3; *Meyer-Goßner* § 111d Rn. 7; LR-StPO/*Schäfer* § 111d Rn. 14). Die Frage, wann ein geringfügiger Betrag vorliegt, wird in Literatur und Rechtsprechung unterschiedlich beantwortet. Die vorgeschlagenen Beträge liegen zwischen 100 und 300,00 € (vgl. z.B. Graf/*Huber* § 111d Rn. 6 = 125,00 €; *Meyer-Goßner* § 111d Rn. 7 = 125,00 €; KK/*Nack* § 111d Rn. 5 = 150,00 €; LR-StPO/*Schäfer* § 111d Rn. 14 = 150,00 €). Teilweise wird ausgehend von dem mit einem Arrest verbundenen erheblichen Aufwand auch die Geringfügigkeit bis zu einem Betrag von 5.000,00 € bejaht (*Bach*, JR 2008, 233, Fn. 43). Dem ist insoweit zuzustimmen, als dass aufgrund des damit verbundenen Aufwandes dingliche Arreste in Wirtschafts- und Steuerstrafverfahren bei dreistelligen Beträgen praktisch nicht vorkommen werden. Trotzdem sollte – entsprechend des Vorgehens des Gesetzgebers – von einer festen Betragsgrenze abgesehen werden, denn entscheidend sind die Umstände des Einzelfalls und der jeweilige mit der Maßnahme verbundene Aufwand (wie hier *Faust* S. 209).

4. Arrestgrund

98 Gem. § 111d Abs. 2 StPO ist § 917 ZPO entsprechend anwendbar. Folglich liegt ein Arrestgrund vor, wenn **zu besorgen ist, dass ohne die Anordnung des Arrestes die künftige Vollstreckung vereitelt oder wesentlich erschwert werden würde**, § 917 Abs. 1 ZPO. Die Feststellung konkreter Vereitelungshandlungen ist entsprechend dem Wortlaut der §§ 111d Abs. 1 StPO, 917 Abs. 1

ZPO nicht erforderlich. Vielmehr handelt es sich um eine Prognoseentscheidung über das zu erwartende Verhalten einer bestimmten Person oder eines Personenkreises, die allerdings auf konkreten Anhaltspunkten basieren muss (*Bittmann/Kühn*, wistra 2002, 248; *Faust* S. 134 f.).

Ein Arrestgrund besteht demnach, wenn aufgrund von feststellbaren Umständen zu befürchten **99** ist, dass eine zukünftige Vollstreckung ohne die Anordnung des dinglichen Arrestes vereitelt oder wesentlich erschwert werden würde (vgl. KG [Z] v. 07.01.2010 – 23 W 1/10, wistra 2010, 116; OLG Oldenburg v. 26.05.2009 – 1 Ws 293/09, StraFo 2009, 283; OLG Hamburg v. 13.04.2004 – 620 Qs 13/04, NStZ-RR 2004, 215; OLG Frankfurt am Main v. 21.01.2005 – 3 Ws 42/05, NStZ-RR 2005, 111; OLG Stuttgart v. 11.04.2007 – 2 Ws 41/07, 2 Ws 41/2007, wistra 2007, 276; LG Halle v. 20.08.2008 – 22 Qs 15/08, wistra 2009, 39; Graf/*Huber* § 111d Rn. 7; *Meyer-Goßner* § 111d Rn. 8; *Bittmann/Kühn*, wistra 2002, 248). Es ist somit erforderlich, dass sich nach dem Gesamtbild der bekannten Umstände die Vollstreckungsmöglichkeiten ohne eine Arrestanordnung erheblich verschlechtern.

Als Arrestgrund kommen beispielhaft die folgenden Gesichtspunkte infrage (i.Ü. sind vorbehalt- **100** lich der Darstellung in Rdn. 226 ff. die für den AO-Arrest in Rdn. 38 dargestellten Arrestgründe übertragbar):

– Der Arrest müsste **bei fehlender Gegenseitigkeit im Ausland vollstreckt** werden, vgl. § 917 Abs. 2 ZPO (EuGH v. 10.02.1994 – C-398/92, NJW 1994, 1271; OLG Frankfurt am Main v. 11.04.1995 – 12 W 50/95, Rpfleger 1995, 468; LG Duisburg v. 29.01.1999 – 91 Qs [OWi] 5/99, NStZ-RR 1999, 221).
– Vermögenswerte werden **auf andere Personen verschoben** (LG Hildesheim v. 23.04.2007 – 25 Qs 2/07, StraFo 2008, 200).
– Vermögenswerte werden **versteckt** oder **verschleudert** (*Meyer-Goßner* § 111d Rn. 8; Radtke/ Hohmann/*Kiethe* § 111d Rn. 4; *Hellerbrand*, wistra 2003, 203).
– Die **Absicht, Grundeigentum zu veräußern**, da dadurch die Vermögenswerte leichter flüchtig werden (OLG Karlsruhe v. 17.10.1996 – 2 UF 140/96, NJW 1997, 1018).
– Die Schmälerung des Betriebsvermögens oder der Vorsteuer durch die **Einbuchung von Scheinrechnungen** (LR-StPO/*Schäfer* § 111d Rn. 16; *Faust* S. 134).
– **Verdunklung der Vermögenslage**, z.B. durch die Beseitigung von Geschäftsunterlagen (*Meyer-Goßner* § 111d Rn. 8; Radtke/Hohmann/*Kiethe* § 111d Rn. 4; *Hellerbrand*, wistra 2003, 203; *Faust* S. 134) oder die dauerhafte Verletzung von Anzeigepflichten und Falschangaben (LG Kiel v. 16.07.2004 – 37 Qs 44/04, wistra 2004, 440).
– **Unklare Vermögenslage** des Beschuldigten (OLG Frankfurt am Main v. 21.01.2005 – 3 Ws 42/05, NStZ-RR 2005, 111).
– Gute **Kontakte ins Ausland**, die den Transfer des hinterzogenen Vermögens ermöglichen (LG Magdeburg v. 15.07.2005 – 24 Qs 17/05, n.v.).

Als Arrestgrund reichen hingegen die folgenden Gesichtspunkte nicht aus: **101**

– Verbrauch der vorhandenen Vermögenswerte i.R.d. **normalen Lebensführung** (LG Bonn v. 09.11.2004 – 31 Qs 137/04, StraFo 2005, 111).
– **Ausländische Staatsangehörigkeit**.
– **Konkurrenz anderer Gläubiger** (OLG Frankfurt am Main v. 19.10.1993 – 3 Ws 614 + 615/ 93, StV 1994, 234; LG Kiel, 21.05.2001 – 5 Qs 45/01, wistra 2001, 319).
– **Allgemein schlechte Vermögenslage** (OLG Frankfurt am Main v. 19.10.1993 – 3 Ws 614 + 615/93, StV 1994, 234; LG Kiel v. 21.05.2001 – 5 Qs 45/01, wistra 2001, 319).
– Einfache **Nichtabgabe von Steuererklärungen**.

In der Rechtsprechung und Literatur ist die Frage umstritten, ob nur das **Vorliegen einer Steuer-** **102** **straftat**, d.h., einer gegen fremdes Vermögen gerichteten Tat **als Arrestgrund ausreichend** ist. Dies wäre nur der Fall, wenn sich auf dieser Grundlage im Rahmen einer Prognoseentscheidung zumindest die Befürchtung (vgl. § 917 Abs. 1 ZPO) ergibt, dass ohne die Anordnung des Arrestes die künftige Vollstreckung vereitelt oder wesentlich erschwert werden würde (vgl. *Bittmann/Kühn*, wistra 2002, 248). Entsprechend der zum zivilprozessualen dinglichen Arrest einhellig vertretenen Ansicht ist auch mit der herrschenden Meinung zum strafprozessualen dinglichen Arrest davon auszugehen, dass die Begehung einer gegen den Gläubiger gerichteten Vermögensstraftat die **Gefahr einer wesentlichen Vollstreckungserschwerung oder -vereitelung indiziert** und somit einen zivilprozessualen bzw. strafprozessualen Arrestgrund schafft (BGH v. 24.03.1983 – III ZR 116/82, WM 1983, 614; KG v. 7.1.2010, 23 W 1/10, wistra 2010, 116; OLG Dresden v. 13.02.1998 – 9 W 0197/98, 9 W 197/98, MDR 1998, 795; OLG Düsseldorf v. 09.06.1985 – 4 U 69/86, NJW-RR 1986, 1192; LAG Frankfurt v. 12.01.1965 – 5 Ta 1/65, NJW 1965, 989; Baumbach/Lauterbach/Albers/Hartmann/*Hartmann* § 917 Rn. 11; Zöller/*Musielak* § 917 Rn. 3; Zöller/*Vollkommer* § 917 Rn. 6; ebenso unter strafprozessualen Gesichtspunkten z.B. OLG Frankfurt am Main v. 21.01.2005 – 3 Ws 42/05, NStZ-RR 2005, 111; OLG Stuttgart v. 11.04.2007 – 2 Ws 41/07, 2 Ws 41/2007, wistra 2007, 276; LG Halle v. 20.08.2008 – 22 Qs 15/08, wistra 2009, 39; LG Kiel v. 16.07.2004 – 37 Qs 44/04, wistra 2004, 440; *Bittmann/Kühn*, wistra 2002, 248; *Hellerbrand*, wistra 2003, 201; *Gebert*, Leitfaden Gewinnabschöpfung im Strafverfahren, 37; LR-StPO/*Schäfer* § 111d Rn. 14; etwas enger, *Zöller* § 917 Rn. 1; a.A. *Faust*, S. 135 f.; *Rönnau*, Rn. 344; *Werner*, PStR 2002, 8; vgl. auch zur parallelen Problematik beim AO-Arrest Rdn. 226 ff.). Diese Indizwirkung ergibt sich daraus, dass eine gegen fremdes Vermögen gerichtete Straftat begangen worden ist, deren Ziel eine **Eigenbereicherung** ist. Diese kann allerdings nur erreicht werden, wenn die aus der Tat erlangten Vorteile bei dem Täter verbleiben. Eine solche auf einer anhaltenden Täuschung basierende Straftat dürfte nach allgemeiner Erfahrung auch die Hemmschwelle für weitere Unredlichkeiten, z.B. zur Sicherung des erlangten Vorteils, herabgesetzt haben, denn der Täter einer Steuerstraftat ist i.d.R. nicht ohne Weiteres bereit, die so erlangten Vermögensvorteile ohne Weiteres wieder herauszugeben.

103 Die Indizwirkung einer solchen konnexen Straftat könnte allenfalls erschüttert werden, wenn der Schuldner vor Anordnung des Arrests bereits die **Wiedergutmachung** des von ihm angerichteten Schadens begonnen hat, in entsprechender Höhe **Sicherheit leistet** oder sich aus seinem sonstigen Verhalten oder anderen Gesichtspunkten ergibt, dass er seine **Verbindlichkeiten erfüllen wird** (LG Halle v. 20.08.2008 – 22 Qs 15/08, wistra 2009, 39; *Bittmann/Kühn*, wistra 2002, 250 f. m.w.N.; vgl. auch LG Kiel v. 22.07.1998 – 36 Qs 28/98, wistra 1998, 363; dagegen z.B. OLG Oldenburg v. 26.11.2007 – 1 Ws 554/07, wistra 2008, 119; *Rönnau*, Rn. 344).

104 Das Gericht ist vor Erlass der Arrestanordnung nicht zu umfangreichen und zeitaufwendigen **Wertermittlungen** verpflichtet (OLG Köln v. 30.03.2004 – 2 Ws 105/04, NJW 2004, 2397; Radtke/Hohmann/*Kiethe* § 111d Rn. 4; *Meyer-Goßner* § 111d Rn. 8; krit. *Wehnert/Mosiek*, StV 2005, 573). Insoweit gelten der Amtsermittlungsgrundsatz und das Freibeweisverfahren (OLG Hamburg v. 23.07.2008 – 1 Ws 47/08, StraFo 2008, 426; Radtke/Hohmann/*Kiethe* § 111d Rn. 4).

5. Arrestanordnung

a) Zuständigkeit

105 Das Arrestgesuch i.S.d. § 920 ZPO wird von der **StA** oder im selbstständigen Verfahren von der die staatsanwaltschaftlichen Aufgaben wahrnehmenden **Bußgeld- und Strafsachenstelle** gestellt. Nach Klageerhebung kann das Gericht auch von Amts wegen handeln (Radtke/Hohmann/*Kiethe* § 111d Rn. 5; *Meyer-Goßner* § 111d Rn. 9).

106 Die Zuständigkeit für die Arrestanordnung richtet sich nach § 111e StPO und nicht nach der ZPO (BGH v. 01.09.2004 – 5 ARs 55/04, wistra 2005, 35; BGH v. 27.01.2005 – 3 StR 431/04, NStZ-RR 2005, 146; Graf/*Huber* § 111d Rn. 8; Radtke/Hohmann/*Kiethe* § 111d Rn. 6). Zuständig für die Arrestanordnung ist nach § 111e Abs. 1 Satz 1 StPO somit grds. der zuständige **Strafrichter**. Das Gericht entscheidet durch Beschluss. Dieser ist gem. § 34 StPO mit Gründen und den in § 920 Abs. 1 ZPO bezeichneten Angaben zu versehen (Radtke/Hohmann/*Kiethe* § 111d Rn. 7).

Liegt **Gefahr im Verzug** vor, so ist gem. § 111e Abs. 1 Satz 1 StPO die StA bzw. im selbstständigen   107
Verfahren gem. § 111e Abs. 1 Satz 1 StPO i.V.m. §§ 399 Abs. 1, 386 Abs. 2 AO die Bußgeld- und
Strafsachenstelle zur Anordnung befugt. Die Notwendigkeit dieser Entscheidung ist in den Akten
niederzulegen (Graf/*Huber* § 111d Rn. 8; Radtke/Hohmann/*Kiethe* § 111d Rn. 6; *Meyer-Goßner*
§ 111d Rn. 9). Wurde der Arrest wegen Gefahr im Verzug angeordnet, so ist nach § 111e Abs. 2
Satz 1 StPO die **richterliche Bestätigung** dieser Maßnahme innerhalb einer Woche ab dem Erlass
der Anordnung durch die Strafverfolgungsorgane zu beantragen. Insoweit handelt es sich allerdings lediglich um eine **Sollvorschrift**, sodass die Einhaltung dieser Frist nicht zur Rechtswidrigkeit der Anordnung führt (Graf/*Huber* § 111e Rn. 4; Radtke/Hohmann/*Kiethe* § 111d Rn. 3;
Meyer-Goßner § 111e Rn. 7; KK/*Nack* § 111e Rn. 6).

Die **Steuerfahndung ist niemals berechtigt**, alleine einen dinglichen Arrest anzuordnen, da § 111e   108
Abs. 1 Satz 2 StPO nur auf die im Steuerstrafverfahren nicht einschlägige Beschlagnahme, nicht
hingegen auf den dinglichen Arrest anwendbar ist.

b) Die Entscheidung des Gerichts

Der Betroffene ist vor der Entscheidung über den Arrest gem. § 33 Abs. 4 Satz 1 StPO nicht anzu-   109
hören (BVerfG v. 19.01.2006 – 2 BuR 1075/05, NJW 2006, 1048). Die gem. § 35 Abs. 2 Satz 2
StPO nicht formgebundene Bekanntgabe der Arrestanordnung erfolgt nach ihrer Vollziehung ggü.
dem Betroffenen (Radtke/Hohmann/*Kiethe* § 111d Rn. 7; *Meyer-Goßner* § 111d Rn. 11; KK/*Nack*
§ 111e Rn. 9; LR-StPO/*Schäfer* § 111e Rn. 12). Die Vollziehung ist nicht gem § 929 Abs. 2 ZPO
befristet (OLG Schleswig, 20.12.2005 – 2 W 205/05, SchlHA 2006, 321; *Meyer-Goßner* § 111d
Rn. 11). Weitere Mitteilungspflichten ergeben sich aus § 111e Abs. 3, Abs. 4.

Die Anordnung unterliegt dem **Grundsatz der Verhältnismäßigkeit** (BVerfG v. 14.06.2004 –   110
2 BvR 1136/03, StV 2004, 409; BVerfG v. 03.05.2005 – 2 BvR 1378/04, wistra 2005, 335;
BVerfG v. 29.05.2006 – 2 BvR 820/06, StV 2006, 449; BVerfG v. 17.07.2008 – 2 BvR 2182/06,
WM 2008, 1588; OLG Celle v. 20.05.2008 – 2 Ws 155/08, StV 2009, 120; OLG Köln
v. 30.03.2004 – 2 Ws 105/04, NJW 2004, 2397; OLG Köln v. 10.02.2004 – 2 Ws 704/03,
StV 2004, 413; OLG Stuttgart v. 11.04.2007 – 2 Ws 41/07, wistra 2007, 276; OLG Frankfurt
am Main v. 22.04.2008 – 3 Ws 372/08, StV 2008, 624; *Faust* S. 136 ff.; *Theile*, StV 2009, 161).
So ist nach der Rechtsprechung des BVerfG insb. der Umfang der jeweiligen Sicherungsmaß-
nahme zu berücksichtigen: Wird im Wege dieser vorläufigen Maßnahme das (nahezu) **gesamte
Vermögen** der Verfügungsbefugnis des Beschuldigten entzogen, so ist eine besonders sorgfältige
Prüfung erforderlich, und das Vorliegen eines Anfangsverdachts reicht aufgrund der hohen Ein-
griffsintensität in diesem Fall nicht aus (BVerfG v. 29.03.2006 – 2 BvR 820/06, NStZ 2006, 639;
LG Halle v. 20.08.2008 – 22 Qs 15/08, wistra 2009, 39; vgl. auch *Taschke*, StV 2007, 498).
Daneben sind i.R.d. Verhältnismäßigkeit auch die Dauer der Maßnahme, der Verdachtsgrad, die
Schadenshöhe und die den Strafverfolgungsbehörden entstehenden Kosten zu berücksichtigen
(BVerfG v. 03.05.2005 – 2 BvR 1378/04, wistra 2005, 335).

In der Vergangenheit wurde auch in der **Schutzbedürftigkeit des Geschädigten** ein taugliches Kri-   111
terium gesehen, sodass der Arrest aufgehoben wurde, wenn der Geschädigte sich über eine längere
Zeit nicht bemühte, seine Ansprüche zu titulieren und geltend zu machen (LG Landshut
v. 04.11.2004 – 3 Qs 364/02, wistra 2003, 1999 [18 Monate]; OLG Köln v. 10.02.2004 – 2 Ws
704/03, StV 2004, 413 [mehr als 2 Jahre]; vgl. auch *Rönnau*, StV 2003, 583). Diese Rechtsprechung ist allerdings mittlerweile überholt, da der Gesetzgeber durch die zum 01.01.2007 erfolgte
Änderung des § 111i StPO und die Einführung des Auffangrechtserwerbes in Abs. 5 sicher stellen
will, dass das Verhalten des Geschädigten gerade nicht dazu führen kann, dass die rechtswidrige
Vermögenslage bestehen bleibt, indem der Arrest aufgehoben wird und die Vermögenswerte wieder dem Täter zufließen (zutreffend *Weingartz/Lenßen*, Stbg 2011, 82, 83 f.).

Zu der Frage, ob es insoweit auf die Möglichkeit des Steuerfiskus ankommt, einen abgabenrechtli-   112
chen dinglichen Arrest zu erlassen, vgl. Rdn. 155 ff.

c) Rechtsfolge: Ermessen

113 Die Entscheidung über die Anordnung des strafprozessualen dinglichen Arrestes steht im Ermessen des Gerichts (Graf/*Huber* § 111d Rn. 3; *Meyer-Goßner* § 111d Rn. 4). Neben der **Prüfung der Verhältnismäßigkeit** ist die Ermessensausübung geeignet, **unbillige Härten** zu vermeiden. Es ist zwar zutreffend, dass eine strikte Trennung zwischen der Verhältnismäßigkeit und dem Ermessen kaum möglich ist, weil die Verhältnismäßigkeit ein bei der Ermessensentscheidung zu berücksichtigendes Kriterium ist, aber trotzdem müssen sich in der Anordnungsentscheidung Ausführungen zum Ermessen finden, da trotz des Vorliegens der Voraussetzungen für die Anordnung des Arrestes, dieser nicht zwingend ergehen muss (zutreffend *Faust* S. 155). Wurden keine Ermessenserwägungen angestellt, so liegt ein **Ermessensfehler** vor. Zu den Einzelheiten der Ermessensentscheidung vgl. Rdn. 203 ff. .

d) Arrestierung bei Dritten

114 Ein dinglicher strafprozessualer Arrest kann sich nicht nur gegen den Täter oder Teilnehmer der Steuerhinterziehung richten, sondern gem. § 73 Abs. 3 StGB auch gegen Dritte, die den Vorteil aus der Tat erlangt haben. Hat der Täter oder Teilnehmer für ein Unternehmen gehandelt und ist diesem der illegale Gewinn zugeflossen, so kann er auch dort wieder gesichert werden (dazu grundlegend BGH v. 19.10.1999 – 5 StR 336/99, in BGHSt 45, 235). Dasselbe gilt, wenn der Täter inkriminiertes Vermögen auf Dritte verschiebt.

115 In diesen Fällen bedarf es allerdings konkreter Anhaltspunkte und einer entsprechenden Begründung dafür, dass der Dritte durch das Handeln des Täters den Vorteil aus der Tat erlangt hat. Ferner ist i.R.d. Verhältnismäßigkeits- und Ermessensprüfung zu berücksichtigen, dass der Dritte nicht an der Tat beteiligt war. Im Einzelnen vgl. Rdn. 183 ff. .

e) Inhalt der Anordnung

116 Inhaltlich muss der Arrestbeschluss den genau bezifferten zu sichernden Anspruch (§ 111d Abs. 2 StPO i.V.m. § 920 ZPO Abs. 1 ZPO, vgl. Rdn. 93 ff.) , den Tatverdacht (§ 111b Abs. 2 und 3 StPO), den Arrestgrund (§ 111d Abs. 2 StPO i.V.m. § 917 ZPO; vgl. Rdn. 98 ff.) und die Abwendungsbefugnis (§ 111d Abs. 2 StPO i.V.m. §§ 923, 934 Abs. 1 ZPO; diese Angabe kann nachgeholt werden, vgl. OLG Hamburg, 18.02.1958 – 2 U 233/57, NJW 1958, 1145; *Meyer-Goßner* § 111d Rn. 10; LR-StPO/*Schäfer* § 111d Rn. 28; für den zivilprozessualen Arrest statt aller Baumbach/Lauterbach/Albers/Hartmann/*Hartmann* Grundz § 923 Rn. 2) enthalten. Der Betroffene ist ferner über die Möglichkeit eines Antrags auf richterliche Entscheidung zu belehren (§ 111e Abs. 2 Satz 3 StPO).

117 Eine Glaubhaftmachung ist nicht erforderlich, jedoch sind konkrete Anhaltspunkte für Arrestanspruch und -grund vorzulegen (*Hellebrand*, wistra 2003, 202; Radtke/Hohmann/*Kiethe* § 111d Rn. 8; *Meyer-Goßner* § 111d Rn. 10).

f) Aufhebung der Anordnung

118 Die Arrestanordnung ist grds. wirksam bis zum rechtskräftigen Abschluss des Verfahrens (BGH v. 11.05.1979 – StB 26 + 27/79 [4 BJs 40/79], BGHSt 29, 13; Radtke/Hohmann/*Kiethe* § 111d Rn. 9; *Meyer-Goßner* § 111d Rn. 15). Sie muss jedoch unverzüglich aufgehoben werden, wenn ihre Voraussetzungen nach §§ 111b Abs. 2, 111d Abs. 2 StPO entfallen oder der weitere Fortbestand des Arrestes unverhältnismäßig ist (BVerfG v. 07.06.2005 – 2 BvR 1822/04, StraFo 2005, 338; OLG Düsseldorf v. 20.02.2002 – 2 Ws 375, 377/01, NStZ-RR 2002, 173; OLG Frankfurt am Main v. 05.01.1996 – 3 Ws 92/96, NStZ-RR 1996, 255; LG Halle v. 06.09.2006 – 28 KLs 25/06, wistra 2007, 120). Ein erlassener Arrestbeschluß wird unverhältnismäßig, wenn der rechtskräftige Abschluss des Verfahrens allein durch Umstände aus der Sphäre des Staates unnötig verzögert wird, weil in diesem Fall eine durch die Sache nicht mehr gebotene und damit nicht mehr hin-

nehmbare Belastung des Angeklagten entsteht (OLG Frankfurt am Main V: 22.04.2008 – 3 Ws 372/08, StV 2008, 624; OLG Köln V: 10.02.2004 – 2 Ws 704/03, StV 2004, 413).

Mit **Insolvenzeröffnung** ist eine noch nicht vollzogene Arrestanordnung aufzuheben, denn für 119 den Vollzug des Arrestes und für die Zwangsvollstreckung des Verletzten in den arrestierten Gegenstand gelten die §§ 87 bis 89 InsO (vgl. umfassend zum Verhältnis von Insolvenz und Arrest Rdn. 216 ff.). Der Arrest ist hingegen nicht aufzuheben, wenn der Geschädigte im für § 88 InsO maßgeblichen Zeitpunkt bereits in den Gegenstand vollstreckt hat (vgl. Rdn. 218 ff.).

III. Die Arrestvollziehung

1. Allgemeines

Die Vollziehung des Arrestes richtet sich nach § 111d Abs. 2 StPO i.V.m. §§ 928, 930 120 bis 932, 934 Abs. 1 ZPO. Danach wird die Vollziehung des Arrestes in **bewegliches Vermögen** gem. § 930 Abs. 1 ZPO durch Pfändung bewirkt, wobei insb. die Pfändungsverbote und -beschränkungen der §§ 811, 850 ff. ZPO zu beachten sind. Durch die Pfändung entsteht für den Justizfiskus ein Pfandrecht (AG Saarbrücken V: 14.12.1999 – 7 Gs 1753/99, wistra 2000, 194; *Meyer-Goßner* § 111d Rn. 12a). **Gepfändetes Geld** ist gern § 930 Abs. 2 ZPO zu hinterlegen.

Bzgl. der Vollziehung in **eingetragene Schiffe, Schiffsbauwerke und Schwimmdocks** ist § 931 121 ZPO entsprechend anwendbar, wobei im Hinblick auf Schiffe, die sich auf der Reise befinden, § 482 HGB zu beachten ist.

Die Vollziehung in **Grundstücke** erfolgt in entsprechender Anwendung des § 932 ZPO. 122

Bei der Vollziehung in **Luftfahrzeuge** sind die §§ 99 Abs. 2, 106 Abs. 1, 3, 5 LuftRG anzuwenden. 123

Die Vollziehung des Arrestes in **Forderungen** erfolgt ebenfalls nach § 111d Abs. 2 StPO i.V.m. 124 § 930 ZPO durch Pfändung. Es ist allerdings zu berücksichtigen, dass es für die Pfändung von Forderungen – anders als bei Sachpfändungen – neben dem Arrestbeschluss **gesonderter Pfändungsbeschlüsse** bedarf.

Auch der Anspruch auf **Herausgabe einer freigewordenen Sicherheit** unterliegt der Pfändung 125 (OLG Frankfurt am Main V: 10.03.2005 – 2 Ws 66/04, NJW 2005, 1727 m. krit. Anm. *Herzog/ Hoch/Warius*, StV 2007, 542; bzgl. des Anspruchs bereits vor deren Freigabe BGH v. 24.06.1985 – III ZR 219/83, BGHZ 95, 109; OLG Frankfurt am Main v. 03.02.2000 – 20 W 400/99, StV 2000, 509; OLG München v. 05.08.1997 – 25 U 2527/97, StV 2000, 509; *Meyer-Goßner* § 111d Rn. 12; *Sättele*, StV 2000, 510). Sofern sich die Herausgabeobjekte allerdings schon im Besitz der Strafverfolgungsorgane befinden, sind die Gegenstände selbst zu pfänden und nicht der Herausgabeanspruch des Beschuldigten (OLG Frankfurt am Main v. 05.01.1996 – 3 Ws 92/96, NStZ-RR 1996, 255; OLG Frankfurt am Main v. 18.01.2005 – 3 Ws 1095/04, NStZ-RR 2005, 144).

2. Die Zuständigkeit für die Arrestvollziehung

Die **Zuständigkeit für die Arrestvollziehung** ergibt sich aus § 111f Abs. 3 StPO. Danach sind für 126 die Arrestvollziehung in **bewegliche Sachen** durch Pfändung die StA bzw. im selbstständigen Verfahren gem. § 399 Abs. 1 AO i.V.m. § 386 Abs. 2 AO die Bußgeld- und Strafsachenstelle, deren Ermittlungspersonen oder der Gerichtsvollzieher zuständig.

Die Vollstreckung in **Grundstücke und grundstücksgleiche Rechte** erfolgt gem. § 111f Abs. 2 127 Satz 1 StPO durch das Grundbuchamt in Form der Eintragung einer Arresthypothek ins Grundbuch auf Anordnung des Gerichts, der StA oder im selbstständigen Verfahren der Bußgeld- und Strafsachenstelle.

128 Für die Pfändung **eingetragener Schiffe oder Schiffsbauwerke** sind gem. § 111f Abs. 3 Satz 3 StPO die StA oder die staatsanwaltschaftliche Aufgaben wahrnehmende Bußgeld- und Strafsachenstelle bzw. auf deren Antrag das Gericht zuständig.

129 Soll der Arrest in **Luftfahrzeuge** oder **nicht eingetragene Schiffe** oder Schiffsbauwerke vollzogen werden, gelten dieselben Zuständigkeiten wie bei beweglichen Sachen nach § 111f Abs. 1 StPO.

130 Bei **Forderungen** liegt die Zuständigkeit für die Durchführung der Pfändung gem. § 111f Abs. 3 Satz 3 StPO bei der StA oder der staatsanwaltschaftliche Aufgaben wahrnehmende Bußgeld- und Strafsachenstelle bzw. auf deren Antrag beim Gericht, das den Arrest erlassen hat.

3. Die Notveräußerung

131 Nach § 111d StPO arrestierte Vermögenswerte dürfen gem. § 111l Abs. 1 Satz 1 StPO **vor Rechtskraft des Urteils** veräußert werden, wenn ihr Verderb oder eine wesentliche Minderung ihres Wertes droht oder ihre Aufbewahrung, Pflege oder Erhaltung mit unverhältnismäßigen Kosten oder Schwierigkeiten verbunden ist.

132 **Verderb** i.d.S. ist eine Veränderung der Substanz, die mit einer Aufhebung des Sachwertes verbunden ist (Radtke/Hohmann/*Kiethe* § 111l Rn. 2; *Meyer-Goßner* § 111l Rn. 2). Eine wesentliche Minderung des Wertes kann sich – wie z.B. bei einem Aktiendepot – insb. aus der Marktentwicklung ergeben (KMR/*Mayer* § 111l Rn. 4; *Meyer-Goßner* § 111l Rn. 2; vgl. auch BT-Drucks. 16/700, S. 19).

133 Ob die **Kosten** für die Aufbewahrung, Pflege oder Erhaltung unverhältnismäßig sind, beurteilt sich nach dem Verkehrswert des arrestierten Vermögenswertes. Insoweit ist entscheidend, ob ein wirtschaftlich denkender Eigentümer den Vermögenswert veräußern würde (OLG Hamm v. 23.07.1999 – 2 Ws 232/99, VRS 98 [2000], 133; OLG Koblenz v. 25.01.1985 – 1 Ws 41/85, MDR 1985, 516). Ob die Aufbewahrung, Pflege oder Erhaltung mit **unverhältnismäßigen Schwierigkeiten** verbunden sind, ist an dem Kostenaufwand zu messen, der bei einem Auftrag zur Aufbewahrung oder Pflege an einen Fachmann entstehen würde (Radtke/Hohmann/*Kiethe* § 111l Rn. 2; *Meyer-Goßner* § 111l Rn. 2).

134 Eine Notveräußerung kommt mithin insb. in Betracht bei arrestierten Tieren, Kfz, Schiffen, Luftfahrzeugen und Wertpapieren.

135 Die **Anordnung der Notveräußerung** erfolgt im Ermittlungsverfahren gem. § 111l Abs. 2 Satz 1 StPO durch die Steuerfahndung bzw. die im selbstständigen Verfahren gem. §§ 399 Abs. 1, 386 Abs. 2 AO staatsanwaltschaftliche Rechte wahrnehmende Bußgeld- und Strafsachenstelle. In Eilfällen steht die Anordnungskompetenz gem. § 111l Abs. 2 Satz 2 StPO auch den Ermittlungspersonen der StA zu. Für die Steuerfahndung ergibt sich dies aus § 111l Abs. 2 Satz 2 StPO i.V.m. §§ 404 Satz 2, 399 Abs. 2 Satz 2 AO.

136 Nach der Notveräußerung tritt gem. § 111l Abs. 1 Satz 3 StPO der **erzielte Erlös** an die Stelle des arrestierten Vermögenswertes.

4. Aufhebung der Arrestvollziehung

a) Hinterlegung der Lösungssumme

137 Die Arrestvollziehung – hingegen **nicht der Arrest selbst** – wird auf die Hinterlegung des nach § 923 ZPO festgestellten Geldbetrages bzw. einer entsprechenden selbstschuldnerischen Bankbürgschaft oder ausreichender Wertpapiere hin gem. § 934 Abs. 1 ZPO aufgehoben (Radtke/Hohmann/*Kiethe* § 111d Rn. 12; *Meyer-Goßner* § 111d Rn. 17).

b) Dauer des Arrestes

Nach § 111b Abs. 3 Satz 1 StPO rechtfertigt ein **einfacher Anfangsverdacht** i.S.d. § 152 Abs. 2   **138**
StPO den ursprünglichen Arrest nur für **max. 6 Monate** (BGH v. 12.07.2007 – StB 5/07,
NStZ 2008, 419; OLG Celle v. 11.02.2008 – 1 Ws 50/08, NStZ-RR 2008, 203; OLG Zweibrü-
cken v. 27.08.2002 – 1 Ws 407/02, NStZ 2003, 446; zur Dauer von max. 6 Monaten vgl.
OLG Hamburg v. 27.11.2008 – 2 Ws 197/08, StV 2009, 122, wo schon von einer Verschärfung
der Anforderungen nach 2 Monaten ausgegangen wird).

Liegen im Hinblick auf den Tatverdacht **bestimmte Tatsachen i.S.d.** § 100a StPO vor, und   **139**
erweist sich die Frist aus den dort genannten Gründen als zu kurz, so kann der Arrest gem. § 111b
Abs. 3 Satz 2 StPO durch das Gericht auf Antrag der StA bzw. der im selbstständigen Verfahren
staatsanwaltliche Aufgaben wahrnehmenden Bußgeld- und Strafsachenstelle um 6 Monate verlängert werden. Bestimmte Tatsachen i.S.d. § 100a StPO liegen vor, wenn konkrete und in gewisser
Hinsicht verdichtete Umstände als Tatsachenbasis für den Tatverdacht vorhanden sind, wobei es
sich jedoch noch nicht um einen hinreichenden Tatverdacht i.S.d. § 203 StPO oder einen dringenden Tatverdacht i.S.d. § 112 Abs. 1 Satz 1 StPO handeln muss (BVerfG v. 14.07.1999 – 1 BvR
2226/94, 1 BvR 2420/95, 1 BvR 2437/95, BVerfGE 100, 313, 395; BVerfG v. 12.03.2003 –
1 BvR 330/96, 1 BvR 348/99, NStZ 2003, 441; Graf/*Graf* § 100a Rn. 37; *Meyer-Goßner* § 100a
Rn. 9).

Für eine **über 12 Monate** hinausgehende Dauer – und somit einen schwereren Eingriff in die   **140**
Rechte des Betroffenen – bedarf es gem. § 111b Abs. 3 Satz 3 StPO **dringender Gründe**. Diese
dringenden Gründe entsprechen dem dringenden Tatverdacht (OLG Köln v. 18.06.2003 – 2 Ws
343/03, StV 2004, 121; Radtke/Hohmann/*Pegel* § 111b Rn. 4; LR-StPO/*Schäfer* § 111b Rn. 44),
und sie sind gegeben, wenn das Vorliegen einer entsprechenden Forderung des Geschädigten in
hohem Maß wahrscheinlich ist (OLG Celle v. 11.02.2008 – 1 Ws 50/08, NStZ-RR 2008, 203).

Je länger der Arrest dauert, desto schwerer wird der Eingriff in die Rechte des Betroffen, was   **141**
bereits unter dem Gesichtspunkt der **Verhältnismäßigkeit** schon zu einer Aufhebung des Arrestes
führen kann, wenn einerseits der zugrunde liegende Verdacht nicht sehr schwer wiegt und andererseits die Einschränkungen des Betroffenen erheblich sind (vgl. Rdn. 110).

c) Notlage des Beschuldigten

Eine Aufhebung des Arrestes ist gem. § 111d Abs. 3 StPO auch auf Antrag des Beschuldigten   **142**
möglich, wenn der Arrest wegen einer Geldstrafe oder der voraussichtlich entstehenden Verfahrenskosten angeordnet wurde (vgl. Radtke/Hohmann/*Kiethe* § 111d Rn. 13 ff.; *Meyer-Goßner*
§ 111d Rn. 18 ff.). Diese Konstellation dürfte in Steuerstrafverfahren nicht auftreten.

IV. Überleitung ins abgabenrechtliche Vollstreckungsverfahren

Die Grundgedanke der Rückgewinnungshilfe besteht darin, dass der Staat die Durchsetzung von   **143**
Schadensersatzansprüche Verletzter nach Möglichkeit fördert und sie durch die vorläufigen Maßnahmen nach den §§ 111b ff. StPO nicht gefährdet. Da das Verfahren der Rückgewinnungshilfe
durch dinglichen Arrest allerdings nur der **vorläufigen Sicherung der Ansprüche des Verletzten
bis zur Klärung der strafrechtlichen Vorwürfe** dient, bedarf es einer Überleitung in das abgabenrechtliche Vollstreckungsverfahren. Die gesicherten Wertsachen müssen bildlich gesprochen jetzt
von der Hand „Justizfiskus", die sie nur festhält und dadurch sichert, in die Hand „Steuerfiskus",
dessen Ansprüche als Geschädigter befriedigt werden sollen, überführt werden.

Dieses Verfahren richtet sich nach §§ 111g, 111h StPO. Folglich muss der Steuerfiskus als   **144**
Geschädigter einen **zumindest vorläufig vollziehbaren Titel** (dinglichen Arrest nach AO, Steuer-
bescheid oder Urteil) haben (BGH v. 06.04.2000 – IX ZR 442/98, NJW 2000, 2027;
OLG Hamm v. 25.02.1999 – 4 Ws 7271/98, wistra 1999, 278; OLG Düsseldorf v. 15.04.1992 –

1 Ws 254/92, MDR 1992, 986; Radtke/Hohmann/*Kiethe* § 111g Rn. 2; LR-StPO/*Schäfer* § 111g Rn. 3, 4). In der Folge kann der **Steuerfiskus** dann den **Herausgabeanspruch des Betroffenen** (z.B. gegen den Justizfiskus, die Bank oder die Hinterlegungsstelle) **pfänden** und die Herausgabe an einen Vollziehungsbeamten geltend machen. Damit die Vollstreckungsmaßnahmen nicht ggü. dem Arrest relativ unwirksam sind (vgl. *Rönnau* Rn. 441), bedürfen die Vollstreckungsmaßnahmen des Verletzten allerdings der **Zulassung durch das Gericht**, das für die Anordnung des Arrestes zuständig wäre, § 111g Abs. 2 Satz 1 StPO (vgl. OLG Köln v. 07.05.2003 – 2 Ws 170/03 + 2 Ws 171/03, NJW 2003, 2546). Das Gericht muss auf Antrag des Verletzten prüfen, ob der titulierte Anspruch aus derjenigen Tat erwachsen ist, die Anlass für die Anordnung war (OLG Celle v. 08.10.2007 – 2 Ws 296/07, NJW 2007, 3795), was der Verletzte glaubhaft machen muss, § 111g Abs. 2 Satz 3 StPO.

145 Ein **allgemein gehaltener Zulassungsantrag** des Geschädigten ist auch dann ausreichend, wenn er keine konkreten sichergestellten Vermögensgegenstände bezeichnet (Radtke/Hohmann/*Kiethe* § 111g Rn. 3). Auf diesen Antrag hin entscheidet das Gericht durch Beschluss ohne mündliche Verhandlung nach Anhörung der StA bzw. im selbstständigen Verfahren der Bußgeld- und Strafsachenstelle, des Beschuldigten und des Verletzten.

146 Auf der Basis der gerichtlichen Zulassung kann der Verletzte die Zwangsvollstreckung bzw. Arrestvollziehung betreiben. Dies ist auch schon vor der Zulassung möglich, hat aber zur Folge, dass in diesem Fall die Vollstreckungsmaßnahme ggü. dem Arrest relativ unwirksam ist (BGH v. 06.04.2000 – IX ZR 442/98, NJW 2000, 2027; *Rönnau*, Rn. 441). Bei **mehreren verletzten Gläubigern** richtet sich das Verhältnis konkurrierender Vollstreckungsmaßnahmen nach dem Prioritätsprinzip (§ 804 Abs. 3 ZPO; vgl. BGH v. 06.04.2000 – IX ZR 442/98, NJW 2000, 2027; Radtke/Hohmann/*Kiethe* § 111g Rn. 5). Es ist allerdings strittig, ob sich die Rangfolge nach den Zeitpunkten des Entstehens der Pfändungspfandrecht richtet (OLG Stuttgart v. 06.11.2000 – 1 Ws 210/00, ZIP 2001, 484; KK/*Nack* § 111g Rn. 8; *Malitz*, NStZ 2002, 337; *Schmid/Winter*, NStZ 2002, 8) oder ob sowohl die Zulassung als auch die Vollstreckung/Vollziehung maßgeblich sind (*Hees/Albeck*, ZIP 2000, 878). Eine förmliche Aufhebung des Arrestes nach § 111d StPO ist nicht erforderlich (Radtke/Hohmann/*Kiethe* § 111g Rn. 5; *Meyer-Goßner* § 111g Rn. 5).

147 Wurde der Arrest in ein Grundstück vollzogen, so kann der Verletzte gem. § 111h Abs. 1 Satz 1 StPO wegen seines Anspruchs aus der Straftat verlangen, dass die durch den Vollzug dieses Arrestes begründete Sicherungshypothek hinter seinem Recht im Rang zurücktritt. Die **Rangänderung** wird gem. § 111h Abs. 1 Satz 4 StPO vollzogen, bedarf jedoch abweichend von § 880 Abs. 2 Satz 2 BGB nicht der Zustimmung des Eigentümers, § 111h Abs. 1 Satz 3 StPO. Wird der Arrest aufgehoben, so bleibt der Rang gem. § 111h Abs. 1 Satz 2 StPO bestehen.

148 Gem. § 111h Abs. 2 StPO bedarf die Rangänderung der **Zulassung** durch den für den Arrest zuständigen Richter. Der Verletzte kann die Zulassung nur bis zur Rechtskraft des Urteils oder bis zum Ablauf der Verlängerungsfrist nach § 111i StPO beantragen (Radtke/Hohmann/*Kiethe* § 111h Rn. 3). Die Zulassung erfolgt durch Beschluss.

149 Nach § 111h Abs. 4 StPO gelten die Abs. 1 bis 3 entsprechend, sofern der dingliche Arrest nach § 111d StPO in ein **Schiff**, **Schiffsbauwerk** (§ 931 ZPO) oder **Luftfahrzeug** iSd. § 111c Abs. 4 Satz 2 StPO vollzogen ist, obwohl die Vollziehung der Pfändung nach den **Vorschriften über die Pfändung beweglicher Sachen** erfolgt (vgl. Rdn. 129). § 26 Luftfahrzeuggesetz und § 26 Schiffsregistergesetz enthalten eine § 880 BGB entsprechende Regelung (Radtke/Hohmann/*Kiethe* § 111h Rn. 5; *Meyer-Goßner* § 111h Rn. 4).

150 Der Vorrang der Ansprüche des Verletzten gem. § 111g Abs. 1 StPO gilt allerdings gern. Abs. 5 Satz 2 nicht, wenn es sich um **Einziehungsgegenstände** handelt. Dies ergibt sich daraus, dass die Einziehung von Gegenständen primär dem Schutz der Allgemeinheit dient und sie auch den berechtigten Belangen des Eigentümers oder Besitzers Rechnung trägt (vgl. §§ 74 Abs. 2, 74d Abs. 3 StGB; ebenso Graf/*Huber* § 111g Rn. 1; Radtke/Hohmann/*Kiethe* § 111d Rn. 1; KK/*Nack* § 111g Rn. 1).

V. Rechtschutz

Der Betroffene kann gem. § 111e Abs. 2 Satz 3 StPO **jederzeit** einen **Antrag auf richterliche Ent-** 151
scheidung über den dinglichen Arrest stellen. Über dieses Recht muss der Betroffene analog § 98
Abs. 2 Satz 6 StPO belehrt werden (Radtke/Hohmann/*Kiethe* § 111e Rn. 7; *Meyer-Goßner* § 111e
Rn. 8; LR-StPO/*Schäfer* § 111e Rn. 9). Betroffener i.d.S. ist jeder, in dessen Gewahrsam oder
Rechte durch den Arrest eingegriffen wird (Radtke/Hohmann/*Kiethe* § 111e Rn. 7; LR-StPO/
Schäfer § 111e Rn. 24). Das Gericht prüft – nachdem dem Betroffenen rechtliches Gehör gewährt
wurde – ob die Aufrechterhaltung der Maßnahme zum Zeitpunkt der Prüfung noch gerechtfertigt
ist (BVerfG v. 03.05.2005 – 2 BvR 1378/04, NJW 2005, 3630; Radtke/Hohmann/*Kiethe* § 111e
Rn. 7). Folglich bietet sich eine gerichtliche Überprüfung immer wieder an, wenn sich entsprechende Entwicklungen im Verfahren oder Änderungen beim Betroffenen ergeben oder schon aufgrund der Dauer des Verfahrens eine Aufhebung (vgl. Rdn. 137 ff.) aus den oben genannten
Gründen infrage kommt.

Wurde der dingliche Arrest durch einen Gerichtsbeschluss angeordnet, so besteht darüber hinaus 152
auch die Möglichkeit einer **Beschwerde nach § 304 StPO** (vgl. § 399 Rdn. 278 ff.) und bei einem
Wert von mehr als 20.000,00 € einer **weiteren Beschwerde** ans OLG nach § 310 Abs. 1
Nr. 3 StPO (Radtke/Hohmann/*Kiethe* § 111e Rn. 8). Wird ein Antrag auf richterliche Entscheidung nach § 111e Abs. 2 Satz 3 StPO gestellt, so sollte er ausdrücklich entsprechend gekennzeichnet werden, damit er nicht als Beschwerde gedeutet wird. Zu den Rechtsfolgen eines Wechsels der
richterlichen Zuständigkeit vgl. OLG Hamburg v. 11.1.2011 – 2 Ws 184/10 in wistra 2011, 195
und 2 Ws 189/10 in StraFo 2011, 182.

Als Grundlage jeglicher Maßnahme besteht ein **Anspruch auf Akteneinsicht**, der in Arrestverfah- 153
ren – auch unter Berufung auf § 147 Abs. 2 StPO – nicht verweigert werden darf (LG Kiel,
14.06.2006 – 46 Qs 42/06, NStZ 2007, 424).

Sofern beim Arrest Gegenstände gepfändet wurden, die im Eigentum unbeteiligter Dritter stehen 154
oder an denen die Veräußerung hindernde Rechte Dritter i.S.d. § 771 ZPO bestehen, so ist dies
nicht im Wege einer **Drittwiderspruchsklage**, sondern eines **Antrages auf Entscheidung des**
Gerichts gem. § 111f Abs. 5 StPO geltend zu machen (Radtke/Hohmann/*Kiethe* § 111f Rn. 10;
Meyer-Goßner § 111f Rn. 15).

D. Sonderprobleme

I. Strafprozessualer Arrest im Steuerstrafverfahren

Es ist strittig, ob im Steuerstrafverfahren neben dem abgabenrechtlichen auch der strafprozessuale 155
Arrest anwendbar ist, oder ob dem dinglichen Arrest nach § 324 AO der Vorrang ggü. dem strafprozessualen Arrest zukommt und Letzterer somit im Steuerstrafverfahren nicht einschlägig ist.
Das **Verhältnis zwischen strafprozessualem und abgabenrechtlichem dinglichen Arrest** ist bisher
nicht gesetzlich geregelt und entsprechende Bestrebungen haben noch nicht zu einem Ergebnis
geführt. Daraus folgt, dass sich für Steuerstrafverfahren **theoretisch drei Rangverhältnisse der bei-**
den Sicherungsmöglichkeiten bilden lassen:

Es könnte ein genereller Vorrang des strafprozessualen vor dem abgabenrechtlichen Arrest beste- 156
hen, sodass Letzterer in Strafverfahren ausgeschlossen ist (vgl. Rdn. 157). Es wäre auch die gegenteilige Ansicht vertretbar, dass der abgabenrechtliche Arrest den strafprozessualen in Strafverfahren
verdrängt (vgl. Rdn. 158 ff.). Die dritte Möglichkeit wäre, dass beide Arreste in Steuerstrafverfahren anwendbar sind (vgl. Rdn. 179 f.).

a) Die erste Möglichkeit eines **generellen Vorranges des strafprozessualen dinglichen Arrestes vor** 157
dem abgabenrechtlichen wird bisher – zu Recht – nicht vertreten (ebenso *Bach*, JR 2010,
286, 287).

158 b) Die zweite Möglichkeit besteht darin, dass der **strafprozessuale dingliche Arrest durch den abgabenrechtlichen ganz oder zumindest teilweise verdrängt** wird. Dementsprechend finden sich in der neueren Rechtsprechung und Literatur zahlreiche Äußerungen, die dahin gehend ausgelegt werden können, dass ein strafprozessualer Arrest in Steuerstrafverfahren nicht zulässig sei (z.B. LG Berlin v. 06.03.2006 – 526/Qs 47 – 49/2006, wistra 2006, 358; OLG Oldenburg v. 26.11.2007 – 1 Ws 554/07, wistra 2008, 119; *Bach*, JR 2010, 286; *Käbisch*, wistra 1984, 10, 14).

159 Bzgl. dieser Möglichkeit ist zunächst festzustellen, dass der **Steuerfiskus** nach mittlerweile einhelliger Ansicht **Verletzter i.S.d. § 73 Abs. 1 Satz 2 StGB** sein kann (vgl. BGH, 28.11.2000 – 5 StR 371/00, StV 2001, 275 und Rdn. 85). Diese Feststellung basiert darauf, dass der Steuerfiskus begrifflich streng vom Justizfiskus, den Organen der öffentlichen Hand, die materielle Aufgaben der Strafverfolgung wahrnehmen, zu trennen ist. Es bleibt allerdings fraglich, ob es tragfähige Argumente dafür gibt, dass der strafprozessuale Arrest in Steuerstrafverfahren vom abgabenrechtlichen Arrest verdrängt wird.

160 (1) Aus dem **Wortlaut der Ermächtigungsgrundlagen** des § 324 AO und des § 111b StPO ergibt sich kein Rang- oder Ausschlussverhältnis, sodass dies nicht für einen Ausschluss sondern dafür spricht, dass beide Arreste gleichberechtigt nebeneinander stehen. Der Grundsatz **lex specialis derogat legi generali** ist in diesem Fall nicht anwendbar, da die beiden Regelungen des Arrestes nicht im Verhältnis eines engeren zu einem weiteren Tatbestand stehen (*Bach*, JR 2010, 286, 288). Auch der Grundsatz **lex posterior derogat legi priori** führt zu keiner anderen Bewertung. Zwar stammen die §§ 111b ff. StPO von 1974 und die Abgabenordnung trat erst am 01.01.1977 in Kraft, aber die Regelung des § 324 AO war auch schon in der Reichsabgabenordnung vorhanden, die auf das Jahr 1919 zurück geht (vgl. HHSp/*Hohrmann* § 324 Rn. 1 f.). Folglich ließe sich ausgehend vom Wortlaut der Ermächtigungsgrundlagen allenfalls ein Vorrang des strafprozessualen Arrestes vor dem abgabenrechtlichen begründen, was in der Sache aber nicht überzeugt und auch nicht vertreten wird (*Bach*, JR 2010, 286, 288, vgl. auch Rn. 157).

161 (2) Unter **teleologischen** Gesichtspunkten lässt sich ebenfalls kein Stufenverhältnis der Normen feststellen, da sie abweichende Tatbestandsvoraussetzungen enthalten z.B. im Hinblick auf die erforderliche Wahrscheinlichkeit für das Vorliegen des Arrestanspruchs, die zu sichernden Ansprüche, die anordnende Behörde und die Frage, ob der Steuerpflichtige bereits eindeutig feststehen muss (LG Hamburg v. 13.11.2003 – 620 Qs 99/103, wistra 2004, 115 m. Anm. *Webel*; *Baum*, JR 2010, 286, 288 f.; *Roth*, wistra 2010, 335, 336; *Theile*, StV 2009, 161). Es darf allerdings nicht übersehen werden, dass mit den beiden unterschiedlichen Formen des Arrestes auch unterschiedliche Ziele verfolgt werden:

162 Der **abgabenrechtliche Arrest** dient – wie auch der zivilprozessuale – der **Sicherung der Ansprüche der Gläubigerin** (BFH v. 10.03.1983 – V R 143/76, BStBl. II 1983, S. 401; FG des Saarlandes v. 01.03.2005 – 1 K 246/04, juris; Schwarz/*Dumke* Vorbem. §§ 324 bis 326 Rn. 2; HHSp/*Hohrmann* § 324 Rn. 8; für den zivilprozessualen Arrest vgl. Baumbach/Lauterbach/Albers/Hartmann/ *Hartmann* Grundz § 916 Rn. 2; *Zöller* Vor § 916 Rn. 1). Der Gläubigerin wird die Möglichkeit gegeben, im eigenen Interesse Vereitelungs- oder Beeinträchtigungsmaßnahmen zu verhindern, eine spätere Vollstreckung von Geldforderungen vorläufig zu sichern und einer Erschwernis der späteren Vollstreckung vorzubeugen.

163 Im Gegensatz dazu verfolgt der Gesetzgeber beim **strafprozessualen Arrest** das Ziel, die rechtswidrige **Zuordnung des Erlöses** aus der Tat zum Tätervermögen durch hoheitliche Maßnahmen **rückgängig zu machen**, und damit dafür zu sorgen, dass sich Verbrechen nicht lohnt (BT-Drucks. 16/ 700, S. 8; BVerfG v. 14.01.2004 – 2 BvR 564/95, BVerfGE 110, 1, 16 f.; SK-StGB/*Wolters/Horn* § 73 Rn. 3c; *Weingartz/Lenßen*, Stbg 2011, 82, 83). Dies wird auch deutlich an der Änderung des § 111i StPO zum 01.01.2007, durch die der Gesetzgeber verhindern wollte, „dass das durch die Straftat Erlangte oder dessen Wert wieder an den Täter zurückfällt, nur weil die Verletzten unbekannt sind oder ihre Ansprüche nicht geltend machen" (BT-Drucks. 16/700, S. 9). Das Hauptziel der strafprozessualen Vermögenssicherung ist folglich auch in den Fällen der Rückgewinnungshilfe, den aus der Tat resultierenden Vermögenszuwachs zu entziehen. Der Schutz des Geschädigten ist lediglich ein Nebeneffekt (ebenso *Weingartz/Lenßen*, Stbg 2011, 82, 83; vgl. auch *Podolsky/Brenner*, S. 17 ff.; *Kempf/Schilling*, Rn. 18) der sich daraus ergibt, dass eine doppelte Inanspruchnahme durch den Justizfiskus und den Geschädigten verhindert werden soll bzw. der Verfall die individuellen Ausgleichsinteressen des Verletzten nicht vereiteln soll (SK-StGB/*Wolters/Horn* § 73 Rn. 3a). Folglich läßt sich unter teleologischen Gesichtspunkten kein Stufenverhältnis der verschiedenen Arreste begründen.

(3) Auch unter **verfassungsrechtlichen Gesichtspunkten** ergibt sich kein Stufenverhältnis des **164** abgabenrechtlichen und des strafprozessualen Arrests. Nach der Rechtsprechung des BVerfG haben die Gerichte das Sicherungsinteresse des Geschädigten im jeweiligen Einzelfall zu prüfen und die jeweiligen besonderen Umstände erkennbar zu berücksichtigen (BVerfG v. 29.05.2006 – 2 BvR 820/06, StV 2006, 449, 450; BVerfG v. 14.06.2004 – 2 BvR 1136/03, StV 2004, 409, 410; BVerfG v. 07.06.2005 – 2 BvR 1822/04, StrFo 2005, 338). Ferner muss das angerufene Gericht die Voraussetzungen des Eingriffsrechts prüfen und darf sich in seiner Entscheidung nicht auf formelhafte Bemerkungen zurückziehen (BVerfG v. 29.05.2006 – 2 BvR 820/06, StV 2006, 449, 450 f.; BVerfG v. 07.06.2005 – 2 BvR 1822/04, StrFo 2005, 338; BVerfG v. 12.03.2003 – 1 BvR 330/96, 1 BvR 348/99, BVerfGE 107, 299, 325). Aus der Rechtsprechung des BVerfG ergibt sich allerdings auch, dass sich das Sicherstellungsbedürfnis, das besteht, wenn der Geschädigte ohne die vorläufige Sicherungsmaßnahme nur unter Schwierigkeiten in der Lage ist, seinen aus der Tat erwachsenen Anspruch gegen den Täter durchzusetzen, mit dem Ausmaß der vorwerfbaren Untätigkeit desjenigen reduziert, zu dessen Gunsten die Sicherstellung vorgenommen wurde (BVerfG v. 07.06.2005 – 2 BvR 1822/04, StrFo 2005, 338). Allerdings ist diese Rechtsprechung bereits im Jahr 2005 zur überholten Gesetzesfassung ergangen und somit nicht mehr anwendbar (vgl. Rdn. 111, 180).

(4) Die Ansicht, dass in Steuerstrafverfahren aufgrund der Möglichkeit eines abgabenrechtlichen **165** Arrestes der strafprozessuale dingliche Arrest ganz oder zumindest teilweise ausgeschlossen sei, wird insb. damit begründet, dass das FA die ggü. anderen Geschädigten effektivere Möglichkeit habe, selbst eine steuerliche Arrestanordnung nach § 324 AO zu erlassen. Mache es davon keinen Gebrauch, so bestehe für einen strafprozessualen Arrest kein Bedürfnis. Dies wird im Wesentlichen damit begründet, dass in einem solchen Fall kein **Rechtsschutzbedürfnis** des Fiskus gegeben sei, denn es bestehe keine Notwendigkeit, die Ansprüche des Steuerfiskus durch strafprozessuale Maßnahmen zu sichern (OLG Oldenburg v. 26.12.2007 – 1 Ws 554/07, wistra 2008, 119; OLG Düsseldorf, 22.02.2002 – 2 Ws 375/01, NStZ-RR 2002, 173).

Teilweise werden diese Gesichtspunkte auch bei der Prüfung des **Ermessens** berücksichtigt **166** (OLG Celle v. 20.05.2008 – 2 Ws 155/08, StV 2009, 120; vgl. Rdn. 207 ff.) oder in die **Verhältnismäßigkeitsprüfung** einbezogen (LG Saarbrücken v. 19.03.2008 – 2 Qs 5/08, wistra 2008, 240; vgl. Rdn. 110).

Das **Rechtsschutzbedürfnis** ist u.a. dann zu verneinen, wenn das angestrebte Ziel auf einem ande- **167** ren Weg schneller, einfacher oder effektiver erreicht werden könnte. Dementsprechend wird vertreten, dass die Finanzverwaltung ohne „fremde" Hilfe durch die Strafgerichte selbst ihren Anspruch sichern könne.

Da die Folge der Verneinung des Rechtsschutzbedürfnisses allerdings die Verwehrung des Rechts- **168** schutzes für den geschädigten Steuerfiskus ist, ist insoweit ein strenger Maßstab anzulegen. Folglich muss ein alternativer Weg **eindeutig vorzugswürdig** sein (BGH v. 20.01.1971 – VIII ZR 251/69, BGHZ 55, 201, 206; Eyermann/*Rennert* vor §§ 40 bis 53 Rn. 12).

(a) Es ist insgesamt fraglich, ob diese Argumentation tragfähig ist. Sie basiert auf der Annahme, **169** dass die Finanzverwaltung im Gegensatz zu anderen Geschädigten ohne langwierige Zivilprozesse und damit effektiver in der Lage sei, selbst einen Titel zu schaffen und über alle dafür erforderlichen Kenntnisse verfüge (*Bach*, JR 2010, 286, 289). Dabei ist allerdings zu berücksichtigen, dass der **Arrest nach §§ 916 ff. ZPO nicht weniger effektiv ist als der nach § 324 AO** (zutreffend *Roth*, wistra 2010, 335, 337). Dies ergibt sich einerseits aus den Möglichkeiten, die die §§ 916 ff. ZPO dem Geschädigten bieten und andererseits aus den Beschränkungen, denen die Finanzverwaltung i.R.d. § 324 AO unterliegt. Diese Beschränkungen wie z.B. die auf den abgabenrechtlichen Arrest anwendbaren Formvorschriften (vgl. Rdn. 44, 46) sind auf andere Geschädigte i.R.d. §§ 916 ff. ZPO nicht anwendbar. Ferner ist ein dinglicher Arrest gem. § 324 AO im Gegensatz zu einem Arrest gem. §§ 916 ff. ZPO z.B. nicht zugunsten künftiger Ansprüche möglich (Schwarz/*Dumke* § 324 Rn. 3 ff.). Folglich ist es zwar durchaus zutreffend, dass die Finanzverwaltung selbst den Arrest erlassen kann. Jedoch bleibt bei einer umfassenden und alle maßgeblichen Gesichtspunkte einbeziehenden Bewertung unklar, warum die Finanzverwaltung effektiver in der Lage sein soll, sich durch einen dinglichen Arrest nach AO zu sichern als andere Gläubiger durch einen zivilprozessualen dinglichen Arrest. Mithin ist der Arrest nach § 324 AO nicht effektiver als der zivilrechtliche oder strafprozessuale dingliche Arrest.

170 (b) Erheblichen Bedenken ist auch die Behauptung ausgesetzt, dass die Finanzverwaltung im Fall einer Steuerhinterziehung über die für den Erlass eines Arrestes gem. § 324 AO erforderliche **Kenntnis des Sachverhaltes** verfüge. Diese Kenntnis ist in vielen Fällen bei den Veranlagungsfinanzämtern, die für den Erlass des dinglichen Arrestes nach § 324 AO zuständig sind (vgl. Rdn. 11 f.) , nicht vorhanden, da die strafrechtlichen Ermittlungen durch den Justizfiskus geführt werden. Häufig ist zwar aufgrund der Anforderung der Steuerakten im Veranlagungsfinanzamt deutlich, dass steuerstrafrechtliche Ermittlungen geführt werden, aber der genaue Sachstand ist nicht bekannt, da die Veranlagungsfinanzämter nicht immer unmittelbar über den aktuellsten Stand der Ermittlungen informiert werden. Folglich liegen i.d.R. nicht fortlaufend ausreichende Kenntnisse zum Erlass eines abgabenrechtlichen Arrestes vor.

171 (c) Fraglich ist allerdings, ob die **Kenntnisse der Bußgeld- und Strafsachenstelle bzw. Steuerfahndung dem geschädigten Veranlagungsfinanzamt zuzurechnen** sind (so z.B. stillschweigend LG Saarbrücken v. 05.05.2008 – 2 Qs 22/08, NStZ-RR 2008, 284; LG Mannheim v. 21.12.2006 – 25 Qs 14/06, StraFo 2007, 115). Dies dürfte allerdings schon aus systematischen Gründen auszuschließen sein, da die undifferenzierte Gleichstellung verschiedener Teile der Finanzverwaltung die **grundlegende Trennung zwischen Justiz- und Steuerfiskus** nicht beachtet; das den Fall bearbeitende Strafsachenfinanzamt bzw. die entsprechenden Dienststellen sind nicht Teil des geschädigten Steuerfiskus und auch nicht für die Steuerfestsetzung zuständig. Ferner würde eine solche Gleichstellung zu dem sinnwidrigen Ergebnis führen, dass ggf. Verfahren, die von der StA geführt werden oder in denen im Hinblick auf die Gewerbesteuer eine Gemeinde Geschädigte ist, anders zu beurteilen sind, als Verfahren, die gem. § 386 Abs. 2 AO durch die Bußgeld- und Strafsachenstelle geführt werden. In den zuerst genannten Fällen käme eine Wissenszurechnung – ggf. auch ab dem Augenblick, in dem die Finanzbehörde das Verfahren an die StA abgibt oder die StA das Verfahren an sich zieht, § 386 Abs. 4 AO – nicht mehr infrage. Eine solche Ungleichbehandlung entbehrt jedoch einer sachlichen Grundlage. Vielmehr ist unabhängig davon, wer die Verfahrensherrschaft ausübt, ab Verfahrenseinleitung die StPO anwendbar (so auch § 393 AO). Dementsprechend hat auch die **Bußgeld- und Strafsachenstelle ggü. dem geschädigten (Veranlagungs-)FA nur die Möglichkeit anzuregen, einen dinglichen Arrest nach § 324 AO zu erlassen.**

172 Etwas anderes würde gelten, wenn eine Verpflichtung der Bußgeld- und Strafsachenstelle bzw. Steuerfahndung bestehen würde, das geschädigte Veranlagungsfinanzamt jeweils zeitnah und auch schon vor strafprozessualen Maßnahmen über den Stand der Ermittlungen zu informieren. Eine solche Mitteilung wäre gem. § 30 Abs. 4 Nr. 1 AO zulässig. Eine Mitteilungsverpflichtung ergibt sich aus § 30 AO jedoch nicht. Ebenso ist § 474 StPO nicht anwendbar. Dies folgt einerseits daraus, dass es sich bei dem geschädigten Veranlagungsfinanzamt nicht um eine Behörde i.S.d. § 474 Abs. 1 StPO handelt, und andererseits ergibt sich auch aus § 474 Abs. 2 StPO nur ein **Recht**

auf Akteneinsicht, jedoch keine Verpflichtung zur Mitteilung an den Geschädigten. Im Hinblick auf dieses Auskunftsrecht sind allerdings auch die §§ 477 Abs. 2 und 33 Abs. 4 StPO zu beachten.

Eine Verpflichtung zur frühzeitigen Information des Geschädigten würde vielmehr auch dem Willen des Gesetzgebers widersprechen wie sich aus der Änderung des § 111e Abs. 3 StPO zum 01.01.2007 ergibt. Nach der bis zu diesem Zeitpunkt geltenden Fassung war der Verletzte bereits über die bloße Anordnung des Arrestes zu unterrichten. Um jedoch u.a. den Erfolg der Maßnahme nicht zu gefährden wurde § 111e Abs. 3 StPO dahin gehend geändert, dass jetzt erst der **Vollzug des Arrestes dem Geschädigten unverzüglich mitzuteilen** ist (BT-Drucks. 16/700, S. 9). Folglich besteht keine Grundlage dafür, die Kenntnisse der Bußgeld- und Strafsachenstelle bzw. Steuerfahndung dem geschädigten Veranlagungsfinanzamt zuzurechnen, oder eine diesbezügliche Mitteilungspflicht anzunehmen. **173**

(d) Somit bleibt festzustellen, dass **der geschädigte Steuerfiskus häufig aufgrund der faktischen Unkenntnis über das Verfahren nicht in der Lage ist, sich durch einen abgabenrechtlichen Arrest zu sichern.** Ferner ist der abgabenrechtliche Arrest kein effektiverer Schutz im Verhältnis zum zivilrechtlichen Arrest, der einem privaten Geschädigten zu Gebote steht. Folglich **verdrängt der Arrest gem. § 324 AO auch nicht den strafprozessualen dinglichen Arrest** (ebenso OLG Schleswig v. 28.07.2009 – 2 Ws 290/09, n.v.; OLG Schleswig v. 09.06.2009 – 2 Ws 208/09, n.v.; OLG Zweibrücken v. 08.04.2009 – 1 Ws 339/08, wistra 2009, 484; OLG Celle v. 20.05.2008 – 2 Ws 155/08, wistra 2008, 359; OLG Oldenburg v. 26.11.2007 – 1 Ws 554/07, wistra 2008, 119; LG Halle/Saale v. 20.08.2008 – 22 Qs 15/08, wistra 2009, 39; LG Düsseldorf v. 31.07.2008 – 152 Gs 1317/08, n.v.; *Roth*, wistra 2010, 335; a.A. LG Saarbrücken v. 05.05.2008 – 2 Qs 22/08, NStZ-RR 2008, 284; LG Berlin v. 06.03.2006 – 526 Qs 47-49/2006, wistra 2006, 358; *Bach*, JR 2010, 286). **174**

Dieses Ergebnis wird auch durch die unterschiedlichen Zielrichtungen des abgabenrechtlichen und des strafprozessualen dinglichen Arrestes bestätigt (vgl. Rdn. 162 f.). Da Letzterer dem Ziel dient, das rechtswidrig erlangte Vermögen zu entziehen, ist es **gleichgültig, ob der Geschädigte seinen Ersatzanspruch geltend macht**. Der Gesetzgeber wollte vielmehr durch § 111i StPO gerade sicher stellen, dass das Verhalten des Geschädigten nicht dazu führen kann, dass die rechtswidrige Vermögenslage bestehen bleibt (zutreffend *Weingartz/Lenßen*, Stbg 2011, 82, 83 f.). **175**

(e) Auch die Berücksichtigung der Möglichkeit der Geschädigten, sich selbst gem. § 324 AO zu sichern, i.R.d. **Ermessensausübung** überzeugt nicht. Einerseits würde dies voraus setzen, dass der abgabenrechtliche Arrest einen geringeren Eingriff als der strafprozessuale darstellt. Es ist jedoch nicht ersichtlich, warum dies der Fall sein sollteRdn.. Andererseits dürfen i.R.d. Ermessens nur solche Gesichtspunkte berücksichtigt werden, die dem **Zweck der Ermächtigung** entsprechen (BVerwG v. 13.03.1997 – 3 C 2/97, BVerwGE 104, 154; *Eyermann/Rennert* § 114 Rn. 20; *Sodan/Ziekow/Wolff* § 114, 162). Dies gilt jedoch nicht für die Möglichkeit der eigenen Sicherung der Geschädigten i.R.d. Arrestes nach §§ 111b ff. StPO, da der Schutz des Tatopfers nicht Zweck der gesetzlichen Regelung ist (ebenso *Weingartz/Lenßen*, Stbg 2011, 82, 84; vgl. Rdn. 163). Folglich stellt die Berücksichtigung der Möglichkeit, einen Arrest nach § 324 AO zu erlassen, eine Erwägung dar, die nicht mit der Zielsetzung der Ermessensnorm übereinstimmt. Es handelt sich folglich um eine sachfremde Erwägung und damit um einen Ermessensfehler. **176**

(f) Auch im Hinblick auf den **Verhältnismäßigkeitsgrundsatz** führt die Möglichkeit des Arrestes nach § 324 AO zu keiner anderen Beurteilung, da der abgabenrechtliche Arrest keinen geringeren Eingriff darstellt als ein strafprozessualer (zutreffend *Weingartz/Lenßen*, Stbg 2011, 82, 85). **177**

(g) Daraus sind mehrere Folgerungen zu ziehen: **178**

– Die einfache Feststellung, dass in Steuerstrafverfahren immer auch die Möglichkeit bestehe, einen dinglichen Arrest nach § 324 AO zu erlassen, ist so nicht zutreffend, da sie schon die **Anordnungsbefugnis** verkennt. In einem Strafverfahren sind die StA oder die Bußgeld- und Strafsachenstelle verfahrensleitend tätig. Beide sind jedoch nicht in der Lage, einen dinglichen Arrest nach AO zu erlassen.

Auch im Bezug auf die Bußgeld- und Strafsachenstelle ist **die Behauptung eines fehlenden Rechtsschutzbedürfnisses unzutreffend**, da sie auf die unzutreffende Gleichstellung von Justizfiskus und geschädigtem Steuerfiskus hinausläuft.

– Ausgehend von der gesetzlich vorgegebenen Zuständigkeits- und Aufgabenteilung zwischen Veranlagungsfinanzamt und StA bzw. Bußgeld- und Strafsachenstelle ist schon im Normalfall eines Arrestes **nicht davon auszugehen, dass es sich bei dem dinglichen Arrest nach § 324 AO um ein einfacheres, effektiveres oder gar milderes Mittel handelt.** Darüber hinaus gibt es **zahlreiche Fälle, in denen der abgabenrechtliche Arrest nicht möglich ist.** Dies ist aufgrund der zu erfüllenden formellen Voraussetzungen beim Vorliegen von Gefahr im Verzug ebenso der Fall wie in den meisten Fällen, in denen ein dinglicher Arrest gegen einen Dritten (vgl. Rdn. 183 ff., insb. 199 f.) ergehen müsste.

– Führte man die Argumentation, dass ein Rechtsschutzinteresse fehle, weil sich der Geschädigte selbst eine Sicherung verschaffen könne, konsequent weiter, so müsste dies ergeben, dass auch bei jedem anderen Geschädigten als dem Finanzfiskus, der nicht unmittelbar einen Arrest gem. §§ 916 ff. ZPO erwirkt, das Sicherungsinteresse von Anfang an zu verneinen ist. Diese Schlussfolgerung wird jedoch – soweit ersichtlich – bzgl. anderer Geschädigter wie Privatpersonen nicht vertreten.

179   Die Feststellung, dass ein Sicherungsinteresse aufgrund der Möglichkeit eines dinglichen Arrestes nach § 324 AO entfalle, dass diese Möglichkeit i.R.d. Ermessensabwägung einzubeziehen sei oder die Anordnung eines strafprozessualen dinglichen Arrestes unverhältnismäßig mache, ist mithin unzutreffend. **Beide Formen des Arrestes bestehen – entsprechend dem Wortlaut – nebeneinander ohne sich gegenseitig zu verdrängen.** Anderenfalls wäre es im Ergebnis für den Täter einer Steuerhinterziehung einfacher, im Besitz des Taterlöses zu bleiben, als für Täter anderer Straftaten, was der Intention des Gesetzgebers widerspricht (zutreffend *Weingartz/Lenßen*, Stbg 2011, 86).

180   Dieses Ergebnis steht auch **nicht im Widerspruch zur Rechtsprechung des BVerfG** (v. 07.06.2005 – 2 BvR 1822/04, StraFo 2005, 338). In der Entscheidung ging es um die Frage der Aufrechterhaltung eines Arrestes, nicht hingegen um den erstmaligen Erlass. Folglich kommt ihr im Hinblick auf den Erlass eines Arrestes nur eingeschränkte Aussagekraft zu. Darüber hinaus bezieht sie sich auch auf die Rechtslage vor dem 01.01.2007, nach der dem Täter der Vermögensvorteil nur zu entziehen war, wenn der Geschädigte seinen Ersatzanspruch geltend machte. Wurde er insoweit nicht aktiv, verringerte sich mit fortschreitendem Verfahren die Wahrscheinlichkeit, dass dem Täter die Tatvorteile entzogen werden könnten. Folglich ergab sich aus der Untätigkeit des Geschädigten ein Wegfall des Sicherungsinteresses. Nach der geltenden Rechtslage ist es allerdings auch möglich, dem Täter die Tatvorteile zu entziehen ohne dass der Geschädigte seine Ansprüche geltend macht. Folglich ist es ausgehend vom Sinn und Zweck des Verfalls, die rechtswidrig geschaffene Bereicherung des Täters rückgängig zu machen, **ohne Bedeutung, ob der Geschädigte selbst tätig wird. Mithin muss es auch gleichgültig sein, ob der Geschädigte eine Möglichkeit hat, seinen Ersatzanspruch selbst abzusichern.**

181   (h) Geht man dennoch von der abzulehnenden Ansicht (vgl. Rdn. 165 ff.) aus, dass die Möglichkeit eines abgabenrechtlichen Arrestes dazu führt, dass das Rechtsschutzbedürfnis für einen strafprozessualen Arrest fehlt, so kann dies **nur im konkreten Einzelfall** gelten. Voraussetzung dafür wäre, dass das zuständige Veranlagungsfinanzamt im jeweiligen Fall ausreichende Kenntnisse für den Erlass eines dinglichen Arrestes hat und die Tatbestandsvoraussetzungen des § 324 AO erfüllt sind. Bei der Beantwortung dieser Frage ist allerdings die Rechtsprechung des BVerfG zu berücksichtigen, nach der eine umfassende Abwägung der beteiligten Interessen im jeweiligen Einzelfall erforderlich ist (vgl. BVerfG v. 29.05.2006 – 2 BvR 820/06, StV 2006, 449, 450; BVerfG v. 14.06.2004 – 2 BvR 1136/03, StV 2004, 409, 410; BVerfG v. 07.06.2005 – 2 BvR 1822/04, StraFo 2005, 338; vgl. Rdn. 111, 164). Aus dieser Abwägung folgt jedoch, dass ein dinglicher Arrest gem. § 324 AO selbst bei ausreichender aktueller Sachkenntnis des Veranlagungsfinanzamtes nicht möglich ist in Fällen der **Gefahr im Verzug**, wenn die **Kenntnisse des Veranlagungsfi-**

nanzamtes im steuerlichen Verfahren nicht verwertbar sind oder kein i.S.d. AO ausreichender Wahrscheinlichkeitsgrad gegeben ist (vgl. LG Halle v. 20.08.2008 – 22 Qs 15/08, wistra 2009, 39, das einen ausreichenden Wahrscheinlichkeitsgrad erst mit dem Abschluss der strafrechtlichen Ermittlungen annimmt). Ebenso wird das Rechtsschutzbedürfnis für den strafprozessualen dinglichen Arrest auch in den Fällen nicht zu verneinen sein, in denen es mehrere Geschädigte gibt oder der Arrest gegen Dritte ergehen müsste, da in diesen Fällen der abgabenrechtliche Arrest kein einfacheres Mittel ist.

Es kann somit auch nach dieser abzulehnenden Ansicht **nur in begründungsbedürftigen Einzelfäl-** **len** dazu kommen, dass ein strafprozessualer dinglicher Arrest aufgrund der Möglichkeit eines abgabenrechtlichen Arrestes ausgeschlossen ist. Dies wäre z.B. der Fall, wenn durch das zuständige Veranlagungsfinanzamt bereits ein abgabenrechtlicher Arrest erlassen wurde oder die strafrechtlichen Ermittlungen zuvor abgeschlossen sind und das Veranlagungsfinanzamt schon den Bericht der Strafverfolgungsbehörden erhalten hat (LG Halle v. 20.08.2008 – 22 Qs 15/08, wistra 2009, 39).   **182**

II. Dritte als Betroffene bei einem strafprozessualen dinglichen Arrest

Ein strafprozessualer dinglicher Arrest kann sich nicht nur gegen den Täter oder Teilnehmer der Steuerhinterziehung richten, sondern gem. § 73 Abs. 3 StGB auch gegen **Dritte, die den Vorteil aus der Tat erlangt haben** (dazu grundlegend BGH v. 19.10.1999 – 5 StR 336/99, StV 2000, 130 und dieser Entscheidung zustimmend BVerfG v. 14.06.2004 – 2 BvR 1136/03, StV 2004, 409, 411). Bei § 73 Abs. 3 StGB handelt es sich um die sog. **Vertreterklausel**, die in der Praxis insb. in den sog. **Verschiebungsfällen** Anwendung findet. Dabei handelt es sich um die Ausnahme ggü. dem Normalfall der Vermögenssicherung beim Täter oder Teilnehmer, durch die sichergestellt werden soll, dass sich Verbrechen nicht lohnt. Die Maßnahmen nach § 73 Abs. 3 StGB enthalten jedoch **kein Unwerturteil ggü. dem Dritten**, sondern es sollen durch die Einbeziehung des Täterumfeldes lediglich objektiv vorliegende Vermögensverschiebungen rückgängig gemacht werden.   **183**

Bei dem tatunbeteiligten Dritten i.S.d. § 73 Abs. 3 StGB kann es sich um **jede natürliche oder juristische Person** handeln und nach zutreffender herrschenden Meinung auch um eine GbR (*Fischer* § 73 Rn. 29). Der Tatunbeteiligte muss keine Kenntnis der rechtswidrigen Tat haben, und es ist unbeachtlich, ob er gut- oder bösgläubig ist. Er darf lediglich nicht Täter oder Teilnehmer der rechtswidrigen Tat sein, da sonst bereits ein Fall des § 73 Abs. 1 StGB vorliegt (*Podolsky/Brenner*, S. 70).   **184**

Unter welchen Voraussetzungen der Verfall gegen den Dritten angeordnet werden kann, ergibt sich allerdings nicht eindeutig aus der Vorschrift des § 73 Abs. 3 StGB. Die Norm bedarf daher insb. hinsichtlich der Merkmale „für einen anderen" und „dadurch etwas erlangt" der Auslegung. Im Ergebnis ist festzustellen, dass das Handeln für einen anderen **nicht auf den Fall der** (echten) **Stellvertretung zu beschränken** ist. Vielmehr soll es nicht auf die Erkennbarkeit nach außen ankommen, und auch ein gezieltes Handeln für den Dritten ist nicht zu fordern. Allerdings soll die **Vermögensverschiebung unmittelbar**, also ohne zwischengeschaltete Rechtsgeschäfte, eintreten. § 73 Abs. 3 StGB erfasst darüber hinaus auch – unabhängig davon ob mit oder ohne zwischengeschaltete Rechtsgeschäfte – die **gezielte Vermögensverschiebung auf einen bösgläubigen Dritten**, nicht hingegen die Verschiebung auf einen gutgläubigen Dritten, wenn ein zusätzliches Rechtsgeschäft dazwischentritt. Maßgeblich sind somit die drei Kriterien Entbehrlichkeit der Erkennbarkeit nach außen, Entbehrlichkeit von gezieltem Handeln und Erfordernis der unmittelbaren Vermögensverschiebung (dazu ausführlich BGH v. 19.10.1999 – 5 StR 336/99, StV 2000, 130; im Einzelnen ist insoweit noch vieles strittig, vgl. *Fischer* § 73 Rn. 29 ff.; Sch/Sch/*Eser* § 73 Rn. 34 ff.; *Rönnau*, Rn. 261 ff.). Daraus ergeben sich für die praktische Anwendung verschiedene Fallgruppen i.S.d. § 73 Abs. 3 StGB: **185**

(1) Handelt der Täter oder Teilnehmer als **Organ einer Personen- oder Kapitalgesellschaft** oder in **Stellvertretung** für einen anderen, und erlangt der Vertretene **unmittelbar** einen Vermögens-   **186**

vorteil z.B. in Form einer Steuererstattung für die Kapitalgesellschaft, so ist § 73 Abs. 3 StGB anwendbar (*Podolsky/Brenner*, S. 70 f.). Auf die Bösgläubigkeit des Dritten kommt es nicht an (BGH v. 14.09.2004 – 1 StR 202/04, wistra 2004, 465, 466).

187 Die Vertretung muss nicht nach außen erkennbar sein. Insoweit ist es ausreichend, wenn der Handelnde bei oder im Zusammenhang mit der rechtswidrigen Tat auch – und sei es nur faktisch – im Interesse des Dritten handelt (BGH v. 19.10.1999 – 5 StR 336/99, StV 2000, 130; OLG Hamm v. 31.03.2009 – 2 Ws 69/09, NStZ 2010, 334). Handelt der Täter oder Teilnehmer für eine juristische Person, und ist deren Unternehmensleitung gutgläubig, so ist § 73c Abs. 1 Satz 1 StGB zu beachten (BGH v. 21.08.2002 – 1 StR 115/02, BGHSt 47, 369, 376; BGH v. 14.09.2004 – 1 StR 202/04, wistra 2004, 465, 466).

188 (2) § 73 III StGB ist auch anwendbar, wenn der Täter oder Teilnehmer handelt und ein **Dritter unmittelbar den Vorteil aus der Tat erlangt**, so z.B. wenn er eine Steuererstattung von der Finanzbehörde unmittelbar auf das Konto des Dritten überweisen lässt. Es ist dafür nicht erforderlich, dass der Handelnde in einem Vertretungs- oder Organschaftsverhältnis zu dem Dritten steht (BT-Drucks. V/4095; LK-StGB/*Schmidt* § 73 Rn. 54).

189 (3) Dasselbe gilt in den sog. **Verschiebungsfällen** (BGH v. 30.05.2008 – 1 StR 166/07, BGHSt 52, 227; BGH, 29.06.2010 – 1 StR 245/09, wistra 2010, 477; BGH v. 13.7.2010 – 1 StR 239/10, wistra 2010, 406; OLG Köln v. 23.09.2009 – 2 Ws 440/09, juris; LG Hildesheim, 05.09.2006 – 25 Qs 6/06, wistra 2007, 274; *Fischer*, StGB, § 73 Rn. 35; *Podolsky/Brenner*, S. 74 ff.; krit. *Rönnau*, Rn. 281 ff.), wenn **inkriminiertes Taterlangtes auf Dritte übertragen** wird und diese Übertragung

– unentgeltlich geschieht,
– entgeltlich auf einen bösgläubigen Dritten erfolgt oder
– entgeltlich auf einen grob fahrlässig unwissenden Dritten erfolgt.

190 **Doppelte oder mehrfache Verschiebung** des inkriminierten Vermögens ändert nichts an der Anwendbarkeit des § 73 Abs. 3 StGB (BGH v. 30.05.2008 – 1 StR 166/07, BGHSt 52, 227). Ebenso wird § 73 Abs. 3 StGB auch nicht dadurch ausgeschlossen, dass der Taterlös mit legalem Vermögen vermischt und erst dann an den Dritten verschoben wurde (OLG Hamburg v. 10.12.2004 – 1 Ws 216/04, wistra 2005, 157, 158 f.).

191 Es besteht neben dem dinglichen Arrest in Verschiebungsfällen allerdings auch die Möglichkeit, gegen den Dritten gem. § 73a i.V.m. § 73 Abs. 3 StGB den Verfall anzuordnen (BGH v. 13.07.2010 – 1 StR 239/10, wistra 2010, 406).

192 (4) § 73 Abs. 3 StGB ist hingegen nicht anwendbar, wenn der Täter oder Teilnehmer das inkriminierte Vermögen **entgeltlich** auf einen Dritten überträgt, der Dritte bzgl. des inkriminierten Vermögens **weder bösgläubig noch grob fahrlässig unwissend** ist und die **Forderung des Dritten nicht bemakelt** ist und nicht im Zusammenhang mit der Tat steht (BGH v. 19.10.1999 – 5 StR 336/99, StV 2000, 130; *Fischer*, StGB, § 73 Rn. 36).

193 (5) § 73 Abs. 3 StGB ist hingegen einschlägig, wenn der Täter oder Teilnehmer sein legales Vermögen bei **drohender Zwangsvollstreckung** durch eine **Vereitelungsmaßnahme i.S.d. § 288 StGB** auf einen Dritten überträgt (*Podolsy/Brenner*, S. 77). Eine solche Maßnahme droht, wenn sie absehbar ist. In diesem Fall wird das legale Vermögen durch die Übertragung auf den Dritten inkriminiert, sodass der Dritte es i.S.d. § 73 III StGB unmittelbar erlangt hat. Vgl. zur Anwendbarkeit des § 288 StGB auf die Vereitelung der strafprozessualen Rückgewinnungshilfe BVerfG v. 12.11.2002 – 2 BvR 1513/02, NJW 2003, 1727.

194 In den Fällen des § 73 Abs. 3 StGB bedarf es allerdings **konkreter Anhaltspunkte** für die Vermögensverschiebung und einer entsprechenden Begründung dafür, dass der Dritte durch das Handeln des Täters etwas aus der Tat erlangt hat. So ist z.B. durch den Justizfiskus darzulegen, dass

der Täter nach der Tat inkriminierte Vermögenswerte auf eine bestimmte andere Person weiterleitete, bei der nun arrestiert werden soll.

Darüber hinaus muss der **Arrestgrund in der Person des Dritten** vorliegen, was häufig zweifelhaft 195 ist, und der **Härtefallklausel** des § 73c StGB kommt eine größere Bedeutung zu (vgl. BGH v. 13.07.2006 – 5 StR 106/06, wistra 2006, 384).

Die dargestellte Rechtsprechung ist allerdings nicht unproblematisch. So wird z.B. kritisiert, dass 196 zur Begründung der Rechtsprechung § 822 BGB herangezogen wird, und diese Anbindung an zivilrechtlichen Grundsätze der Kondiktion nach Einführung des Bruttoprinzips zweifelhaft sei (*Fischer* § 73 Rn. 37; zu weiteren Kritikpunkten vgl. z.B. Sch/Sch/*Eser* § 73, Rn. 37 ff.; *Fischer* § 73 Rn. 38; *Rönnau*, Rn. 284 ff., 290 f.)

Für den Dritten können sich faktisch in den Fällen, in denen er nicht bösgläubig ist, erhebliche 197 Probleme ergeben, da er mit den Sicherungsmaßnahmen nicht rechnet und sie auch nicht auf seinem eigenen schuldhaften Verhalten beruhen. Folglich wird für ihn **unvorhersehbar und massiv in seine Vermögenssphäre eingegriffen**, was die vom Dritten im Hinblick auf das ihm zugeflossene Vermögen getroffene Entscheidungen entwertet bzw. ihnen die Grundlage entzieht. Dies kann zur **Gefährdung seiner wirtschaftlichen Existenz** führen, um den Grundsatz durchzusetzen, dass sich Verbrechen nicht lohnen soll. Allerdings ist zu berücksichtigen, dass die Gutgläubigkeit des Dritten einen ganz zentralen Ermessensgesichtspunkt bei der Feststellung einer unbilligen Härte i.S.d. § 73c Abs. 1 Satz 1 StGB darstellt (BGH v. 13.07.2006 – 5 StR 106/06, wistra 2006, 384).

Die Rechtsprechung des BGH erscheint auch dadurch problematisch, dass der **Beschuldigte und** 198 **der unbeteiligte Dritte im Hinblick auf die rechtlichen Voraussetzungen der vermögenssichernden Maßnahmen gleich behandelt** werden. Im Gegensatz z.B. zu den §§ 102, 103 StPO ergibt sich dies jedoch eindeutig aus den §§ 111b ff. StPO i.V.m. §§ 73 Abs. 3 und 4, 73a StGB, sodass eine diesbezügliche Änderung allenfalls durch den Gesetzgeber erfolgen könnte (vgl. *Faust*, S. 101 f.). Eine unterschiedliche Behandlung von Beschuldigtem und (unbeteiligtem) Dritten wäre allerdings im Hinblick auf die mit der Regelung verfolgten Ziele und deren praktische Umsetzung problematisch.

Ein **abgabenrechtlicher dinglicher Arrest** setzt hingegen voraus, dass ein Anspruch auf eine 199 öffentlich-rechtliche Geldforderung besteht, sodass er sich in aller Regel nur gegen den Steueroder den Haftungsschuldner richten wird. Dritte, auf die das Vermögen „lediglich" verschoben wurde, kommen hingegen als Arrestschuldner nach der AO nicht infrage.

Etwas anderes gilt lediglich, wenn die Übertragung von Vermögenswerten angefochten werden 200 kann gem. §§ 2 ff. AnfG. In diesem Fall besteht für die Finanzbehörde die Möglichkeit, gem. § 191 AO i.V.m. dem Anfechtungsgesetz durch **hoheitlichen Duldungsbescheid** den Duldungsanspruch festzusetzen. Bis zur Anfechtung kann die Finanzbehörde den Anfechtungsanspruch unter den Voraussetzungen des § 254 AO dadurch sichern, dass ein dinglicher Arrest angeordnet und vollzogen wird.

Faktisch kommt dies allerdings aufgrund des erheblichen damit verbundenen Ermittlungsaufwan- 201 des, dem umfangreichen Verwaltungsverfahren und der in einem Strafverfahren eher eng bemessenen Zeit nicht vor.

Trotz dieser Probleme ist jedoch festzuhalten, dass die dargestellte Rechtsprechung die sich aus der 202 offenen Fassung des Gesetzestextes (vgl. *Rönnau*, Rn. 267) ergebenden Probleme i.R.d. Möglichen gut gelöst hat und ihr – bei angemessener Anwendung des § 73c Abs. 1 Satz 1 StGB (unbillige Härte) – zuzustimmen ist.

III. Die Ausübung des Entschließungsermessens beim dinglichen Arrest

203 Sowohl beim strafprozessualen als auch beim abgabenrechtlichen dinglichen Arrest handelt es sich um Ermessensentscheidungen.

1. Abgabenrechtlicher Arrest

204 Die Anordnung des abgabenrechtlichen dinglichen Arrestes ist zulässig, wenn ein Arrestanspruch und ein Arrestgrund vorliegen (§ 324 Abs. 1 AO, Abschn. 54 Abs. 1 Nr. 1 und 2 VollstrA). Die Anordnung des Arrestes liegt im Ermessen des zuständigen Veranlagungsfinanzamtes (§ 5 AO). Das **Entschließungsermessen**, ob die Finanzbehörde einen Arrest ggü. dem Arrestschuldner erlässt, braucht nicht besonders begründet zu werden, da das Ermessen insoweit eingeschränkt ist. Es handelt sich um einen Fall des **intendierten Ermessens**, sodass bei Vorliegen der Voraussetzungen des § 324 Abs. 1 AO aufgrund der Verpflichtung der Finanzbehörde zur vollständigen und gleichmäßigen Erhebung der Steuern (§ 85 Abs. 1 AO) ein ordnungsgemäß handelnder Beamter die dementsprechenden Maßnahmen zu treffen hat (FG Saarland v. 03.12.2003 – 1 K 35/03, EFG 2004, 242; FG München v. 21.02.1995 – 14 K 2598/91, EFG 1995, 954; TK/*Kruse* § 324 Rn. 6; Schwarz/*Dumke* § 324 Rn. 12; Pahlke/Koenig/*Zöllner* § 324, Rn. 17; a.A. *Bruschke*, DStR 2003, 54, 55). Einen dinglichen Arrest nach AO bei Vorliegen seiner objektiven Voraussetzungen nicht zu erlassen, ist folglich lediglich in besonders gelagerten Ausnahmefällen möglich.

205 Das **Auswahlermessen**, welcher von mehreren möglichen Arrestschuldnern in Anspruch genommen wird, ist hingegen zu begründen. Umstritten ist allerdings, ob es einer Begründung des Auswahlentscheidung auch bedarf, wenn mehrere Schuldner für den Arrestanspruch vorhanden sind und sich die Anordnung gegen alle richtet, die die Voraussetzungen des § 324 AO erfüllen (bejahend TK/*Kruse* § 324 Rn. 6 und Pahlke/Koenig/*Zöllner* § 324 Rn. 17; verneinend Schwarz/*Dumke* § 324 Rn. 12).

2. Strafprozessualer Arrest

206 Die Anordnung des strafprozessualen dinglichen Arrestes steht nach allg. Meinung im **pflichtgemäßen Ermessen** der Strafverfolgungsbehörden und Gerichte (Graf/*Huber* § 111d Rn. 3; Meyer-Goßner § 111d Rn. 4; *Faust*, S. 233 m.w.N.). Da die Arrestierung zum Zwecke der Rückgewinnungshilfe zumindest auch zugunsten des Geschädigten erfolgt, steht dem Verletzten auch ein **Anspruch auf eine ermessensfehlerfreie Ausübung** zu (*Faust*, S. 233).

207 Umstritten ist jedoch, ob insoweit eine **Ermessensreduzierung auf Null** gegeben ist, sodass ein Anspruch des Geschädigten auf Sicherstellung und spiegelbildlich eine Pflicht der Strafverfolgungsbehörden und Gerichte zur Anordnung eines strafprozessualen dinglichen Arrestes besteht.

208 Teilweise wird vertreten, dass i.d.R. ein zugunsten des Verletzten wirkender Arrest nicht angezeigt sei, weil das Strafverfahren nicht der Durchsetzung zivilrechtlicher Ansprüche des Verletzten diene. Etwas anderes gelte nur, wenn nur die Sicherstellung durch dinglichen Arrest den Verletzten davor bewahre, seiner Ersatzansprüche verlustig zu gehen (KK/*Nack* § 111b Rn. 18). Daraus ließe sich aber im Hinblick auf den Steuerfiskus als Geschädigten ableiten, dass insoweit eine Sicherstellung zu unterbleiben habe, da aufgrund der Möglichkeit des Arrests nach AO ein anderer Weg gegeben sei, den Verlust der Ersatzansprüche zu vermeiden (vgl. dazu OLG Celle v. 20.05.2008 – 2 Ws 155/08, StV 2009, 120).

209 Dem ist jedoch entgegenzuhalten, dass Ermessen nicht willkürlich ausgeübt werden darf, sondern durch gesetzliche Maßstäbe gebunden ist. Somit sind die Schwere des Eingriffs in das Eigentumsgrundrecht des Betroffenen – insb. im Hinblick auf Höhe und voraussichtliche Dauer des Arrests – und der Verdachtsgrad zu berücksichtigen (BVerfG v. 07.06.2005 – 2 BvR 1822/04, StraFo 2005, 338). Daneben sind allerdings auch Sinn und Zweck der Vermögenssicherung und das Willkürverbot in die Abwägung einzubeziehen. Deshalb kommt der Möglichkeit eines abga-

benrechtlichen Arrestes insoweit keine Bedeutung zu. Die Berücksichtigung der abgabenrechtlichen Möglichkeiten stellt insoweit einen Ermessensfehler dar (vgl. Rdn. 176 ff.).

Hält man es hingegen für zulässig, zu berücksichtigen, dass die geschädigte Finanzbehörde einen 210 abgabenrechtlichen Arrest erlassen kann, so ist die Frage zu klären, ob bei einer Betrachtung ex ante die für die Steueransprüche zuständige Finanzbehörde im konkreten Fall durch die Anordnung eines dinglichen Arrests nach § 324 AO ebenso schnell und effektiv eine vorläufige Sicherung ihrer Ansprüche erreichen kann wie durch einen strafprozessualen dinglichen Arrest. Ist dies nicht der Fall, weil z.B. das für den abgabenrechtlichen dinglichen Arrest zuständige Veranlagungsfinanzamt nicht laufend über den neuesten Stand der Ermittlungen informiert wird (vgl. dazu Rdn. 170 ff.), so ist der strafprozessuale dingliche Arrest bei Vorliegen seiner tatbestandlichen Voraussetzungen in aller Regel zwingend zu beantragen bzw. anzuordnen. Eine Ausnahme kommt allenfalls infrage, wenn ein relativ geringer Schaden gegeben ist, die Rückgewinnungshilfe hingegen einen hohen Aufwand erfordert, oder wenn nur ein schwacher Tatverdacht besteht und dem Betroffenen durch den Arrest das gesamte oder nahezu gesamte Vermögen entzogen würde (BVerfG v. 07.06.2005 – 2 BvR 1822/04, StraFo 2005, 338; *Schmid/Winter*, NStZ 2002, 13; *Webel*, wistra 2004, 253; vgl. auch *Achenbach*, NStZ 2001, 401, 402 m.w.N., der von einer Reduktion des Ermessens auf null ausgeht; zustimmend *Faust*, S. 236 ff.; vgl. ferner *Hellerbrand*, wistra 2003, 204; *Jäger*, PStR 2001, 7).

3. Haftungsfragen

Da es sich beim Erlass bzw. bei der Beantragung eines dinglichen Arrestes um Ermessensentscheidungen handelt, stellt sich auch die Frage nach der **Haftung des handelnden Amtsträgers für den Fall einer fehlerhaften Ermessensausübung.** 211

Im Fall eines **abgabenrechtlichen Arrestes** ist diese Frage recht einfach zu beantworten: Wird trotz 212 des Vorliegens der Voraussetzungen des § 324 Abs. 1 AO und ohne dass ein ganz besonders gelagerter Ausnahmefall vorliegt ein dinglicher Arrest vom zuständigen Amtsträger nicht erlassen, so handelt es sich um einen Haftungsfall. Der Amtsträger muss mithin für den seinem Dienstherrn durch die spätere Uneinbringlichkeit der Forderung entstandenen Schaden persönlich haften.

Bei der Frage, ob ein **strafprozessualer dinglicher Arrest** zu beantragen bzw. zu erlassen ist, ist 213 weiterhin die Rechtsprechung des BGH in Zivilsachen zu berücksichtigen. Dort wird mit Blick auf die StA betont, dass für diese eine **Amtspflicht** zum Einschreiten im Interesse der möglicherweise von einer Straftat Betroffenen nicht besteht. Etwas anderes kann aber laut BGH gelten, „wenn der Staatsanwaltschaft in einem laufenden Ermittlungsverfahren **konkrete Schutzpflichten** gegenüber dem durch die Straftat Geschädigten erwachsen, etwa zur Sicherstellung der Diebesbeute im Interesse des Bestohlenen" (BGH v. 28.03.1996 – III ZR 141/95, NJW 1996, 2373; OLG Bamberg v. 02.09.2002 – 4 U 27/02, OLGR Bamberg 2003, 231). Dies ergibt sich neben der im Strafverfahren erheblichen Bedeutung des **Opferschutzes** auch aus der **Drittschutzdogmatik** (vgl. *Vogel*, NJW 1996, 3401 f.; *ders.*, wistra 1996, 222 f.). Diesen Grundsatz erklärt der BGH auch bei Vermögensdelikten für anwendbar (BGH v. 28.03.1996 – III ZR 141/95, NJW 1996, 2373; OLG Bamberg v. 02.09.2002 – 4 U 27/02, OLGR Bamberg 2003, 231), sodass er auch auf den Fall einer Steuerhinterziehung übertragbar sein dürfte. Insoweit ergibt sich auch aus der Person des Geschädigten keine abweichende Beurteilung, da entsprechend der obigen Darstellung der Steuerfiskus ebenso zu behandeln ist wie jeder andere Geschädigte (vgl. Rdn. 85). Folglich können sich u.U. aus der Entscheidung der StA, einen dinglichen Arrest nach StPO nicht zu beantragen, **Amtshaftungsansprüche des geschädigten Steuerfiskus** ergeben.

Dies gilt hingegen aufgrund des **Richterspruch-Privilegs** des § 839 Abs. 2 Satz 1 BGB nicht für 214 Richter. Nach dieser Vorschrift wird für Amtspflichtverletzungen „bei einem Urteil in einer Rechtssache" nur gehaftet, „wenn die Pflichtverletzung in einer Straftat besteht", sodass Schadensersatzansprüche für Richterunrecht weitgehend ausgeschlossen werden (MüKo-BGB/*Papier* § 839 Rn. 321 m.w.N.). Die ratio legis dieser Vorschrift liegt darin, dass die Rechtskraft richterlicher

Entscheidungen gesichert und dadurch verhindert werden soll, dass rechtskräftig entschiedene Streitgegenstände in Form des Amtshaftungsprozesses wieder aufgerollt werden (BGH v. 05.05.1975 – BGHZ 64, 347, 349; Erman/*Hecker* § 839 Rn. 62; MüKo-BGB/*Papier* § 839 Rn. 323 m.w.N.; Staudinger/*Wurm* § 839 Rn. 313 f.). Daraus folgt, dass **Urteil in einer Rechtssache** all die Entscheidungen sein können, die ein Prozessrechtsverhältnis für die Instanz ganz oder teilweise mit bindender Wirkung beenden und in einem geordneten Verfahren mit den Merkmalen eines Urteilsverfahrens, insb. der Gewährung rechtlichen Gehörs, zustande kommen (BGH v. 19.02.1961 – BGHZ 36, 379, 383; Erman/*Hecker* § 839 Rn. 63; MüKo-BGB/*Papier* § 839 Rn. 324 f.). Im Gegensatz zu Haftbefehlen (BGH v. 29.05.1958 – III ZR 38/57, BGHZ 27, 338, 346 ff.; BGH v. 27.09.1990 – III ZR 314/89, BGHR BGB § 839 Abs. 1 Satz 1 Staatsanwalt 3 [Gründe]) wird der Urteilscharakter für **Beschlüsse im Arrestverfahren** bejaht (BGH v. 09.12.2004 – III ZR 200/04, BGHZ 161, 298; Erman/*Hecker* § 839 Rn. 63; Palandt/*Sprau* § 839 Rn. 65; Staudinger/*Wurm* § 839 Rn. 325, 328; a.A. noch BGH v. 21.05.1953 – III ZR 272/51, BGHZ 10, 55, 60; MüKo-BGB/*Papier* § 839 Rn. 326).

215 Folglich ist eine sich aus einem richterlichen Beschluss in einer Arrestsache ergebende Amtshaftung ausgeschlossen, selbst wenn sich aus der Unrichtigkeit des Beschlusses ein Schaden ergibt.

IV. Dinglicher Arrest und Insolvenz

1. Allgemeines

216 Gerät der Betroffene in die Insolvenz, treffen mit den Insolvenzgläubigern und denjenigen, deren Interessen durch den dinglichen Arrest geschützt werden, **zwei Gruppen von Gläubigern** aufeinander. Es ist somit die Frage zu klären, welche dieser Gruppen schutzwürdiger ist und welchem Verfahren der Vorrang einzuräumen ist (vgl. auch für den strafprozessualen Arrest *Faust*, S. 107 ff.). Um diese Frage zu beantworten, ist danach zu unterscheiden, wann der Insolvenzfall eintritt, und ob es sich um einen rechtmäßigen abgabenrechtlichen oder einen rechtmäßigen strafprozessualen dinglichen Arrest handelt. Ist die **Arrestierung** hingegen **rechtswidrig**, so kommt der InsO in jedem Fall Vorrang zu.

2. Insolvenzeröffnung vor Vollziehung des Arrestes

217 Wird das **Insolvenzverfahren vor der Vollziehung des dinglichen Arrestes** eröffnet, so wird die Vollziehung gem. § 89 Abs. 1 InsO durch die Eröffnung des Insolvenzverfahrens über das Vermögen des Arrestschuldners unzulässig (KG v. 06.07.2005 – 2 AR 85/05, wistra 2005, 476; *Meyer-Goßner* § 111d Rn. 1; Schwarz/*Dumke* § 324 Rn. 7a; *v. Gleichenstein*, ZIP 2008, 1151, 1153). Insoweit macht es keinen Unterschied, ob es sich um einen abgabenrechtlichen oder einer strafprozessualen dinglichen Arrest handelt.

3. Insolvenzeröffnung nach Vollziehung des Arrestes

218 Etwas anderes gilt hingegen, wenn das **Insolvenzverfahren erst nach der Vollziehung des Arrestes eröffnet** wird: Hat das FA die **abgabenrechtliche Arrestanordnung** bereits vollzogen, ist bereits die Monatsfrist des § 88 InsO abgelaufen und hat es ein Absonderungsrecht i.S.d. § 50 InsO erlangt, so ist eine rechtmäßig erlassene Arrestanordnung nicht wegen der Eröffnung des Insolvenzverfahrens über das Vermögen des Arrestschuldners aufzuheben (BFH v. 17.12.2003 – I R 1/02, BStBl. II 2004, S. 392).

219 Handelt es sich hingegen um einen **strafprozessualen dinglichen Arrest**, so kommt der Eröffnung des Insolvenzverfahrens Vorrang vor dem Arrest in das Vermögen des Betroffenen zu. Dies ergibt sich daraus, dass Maßnahmen der Einzelzwangsvollstreckung – und damit auch ein dinglicher Arrest oder eine Pfändung zugunsten des durch eine Straftat Verletzten – gem. § 89 Abs. 1 InsO nach der Verfahrenseröffnung ausgeschlossen sind. Etwas anderes gilt nur, wenn der Gläubiger bereits vor dem Monatszeitraum des § 88 InsO eine Sicherheit erlangt hat, die ihn nach Maßgabe

der §§ 166 bis 173 InsO zur abgesonderten Befriedigung berechtigt, vgl. § 50 InsO. Insoweit ist zu unterscheiden zwischen einem dinglichen Arrest, der angeordnet wurde, um den staatlichen Anspruch auf Einziehung des aus der Tat Erlangten (§ 73 Abs. 1 Satz 1 StGB) oder des Wertersatzes (§ 73a StGB), mithin den Verfall zu sichern und einem dinglichen Arrest mit dem Ziel, die Ansprüche Verletzter zu sichern (§ 73 Abs. 1 Satz 2 StGB; sog. Rückgewinnungshilfe). Soll **durch den Arrest der Verfall gesichert** werden, so erwirbt der Staat mit Ablauf der Monatsfrist des § 88 InsO ein Absonderungsrecht, sodass die Pfändung trotz des Insolvenzverfahrens bestehen bleibt (KG v. 11.07.2008 – 3 Ws 137/08, StraFo 2008, 511).

Im Fall eines dinglichen Arrestes zur **Sicherung der Ansprüche Verletzter** wird ein Absonderungs- **220** recht durch den Verletzten hingegen erst erworben, wenn der Verletzte in den jeweiligen Vermögensgegenstand vollstreckt oder ihn nach § 324 AO arrestiert hat.

Nicht ausreichend sind insoweit der dingliche Arrest nach StPO oder der Zulassungsantrag nach **221** §§ 111g, 111h StPO, denn der strafprozessuale dingliche Arrest stellt nur ein **relatives Veräußerungsverbot i.S.d. § 136 BGB** dar, das nach Eröffnung des Insolvenzverfahrens gem. § 80 II 1 InsO wirkungslos wird (OLG Frankfurt am Main v. 03.06.2009 – 3 Ws 214/09, ZInsO 2009, 1446; Braun/*Bäuerle* InsO § 50, Rn. 16; *Faust*, S. 109 f.; *Häsemeyer*, Insolvenzrecht, Rn. 18.19; *Malitz*, NStZ 2002, 337, 341; vgl. auch BVerfG v. 19.10.1983 – 2 BvR 485/80, BVerfGE 65, 182, 188; ein absolutes, insolvenzfestes Veräußerungsverbot nehmen hingegen z.B. *Kiehtel/Groechke/Hohmann*, ZIP 2003, 185, 188; *Moldenhauer/Momsen*, wistra 2001, 456; *Nerlich/ Römermann* InsO § 80 Rn. 179 an). Folglich kann es nach Insolvenzeröffnung auch keine Wirkung mehr zugunsten des Verletzten entfalten (BGH, 24.05.2007 – IX ZR 41/05, NJW 2007, 3350). Dieses Ergebnis steht auch im Einklang mit der Gesetzesbegründung (vgl. BT-Drucks. 16/ 700, S. 13 f.), sodass die früher vertretene Ansicht, dass der strafprozessuale dingliche Arrest ein absolutes Veräußerungsverbot begründe, überholt ist.

Somit bleiben im Fall eines dinglichen Arrestes in einem Steuerstrafverfahren gem. § 80 II 2 InsO **222** die durch die Arrestierung gem. § 111d Abs. 2 StPO i.V.m. § 930 ZPO zugunsten des Justizfiskus entstandenen Pfandrechte trotz der Eröffnung des Insolvenzverfahrens wirksam und begründen ein **Absonderungsrecht**. Da der Justizfiskus aber lediglich zur Sicherung der Ansprüche des Geschädigten Steuerfiskus arrestierte, stehen ihm keine Ansprüche zu und er kann selbst daraus keine eigenen Rechte geltend machen. Der Verletzte kann seine Rechte hingegen aufgrund des Ausschlusses von Maßnahmen der Einzelzwangsvollstreckung nicht mehr durchsetzen. Folglich stellt der Arrest nur einen **sinnlos gewordenen Platzhalter** dar, sodass er **aufzuheben** ist (OLG Frankfurt am Main v. 03.06.2009 – 3 Ws 214/09, ZInsO 2009, 1446; KG v. 06.07.2005 – 2 AR 85/05, wistra 2005, 476; *Greier*, ZInsO 2007, 953, 957 f.; *v. Gleichenstein*, ZIP 2008, 1151, 1160; vgl. aber auch OLG Köln v. 08.08.2003 – 2 Ws 433/03, ZIP 2004, 2013). Mithin sind die durch die Strafverfolgungsbehörden im Wege des Arrestes **sichergestellten Vermögensgegenstände freizugeben** (*Faust*, S. 110).

Die Wirkung des § 89 InsO bezieht sich allerdings **ausschließlich** auf **das zur Insolvenzmasse** **223** **gehörende Vermögen**. Wurde z.B. das Insolvenzverfahren über das Vermögen einer GbR eröffnet, so bleibt die Einzelzwangsvollstreckung in das Privatvermögen der Gesellschafter zulässig (vgl. LG Saarbrücken v. 22.04.2009 – 2 Qs 8/09, StraFo 2009, 243; OLG Saarbrücken v. 29.07.2009 – 1 Ws 118/09, ZInsO 2009, 1704). Ebenso bliebe die Einzelzwangsvollstreckung in das Vermögen des Treunehmers zulässig, wenn über das Vermögen des Treugebers das Insolvenzverfahren eröffnet wurde. Dasselbe gilt für nicht zur Insolvenzmasse gehörenden Neuerwerb.

4. Noch keine Insolvenzeröffnung

Verlangt der **vorläufige Insolvenzverwalter** bereits vor Eröffnung des Insolvenzverfahrens die Frei- **224** gabe der gesicherten Vermögenswerte, so ist zu berücksichtigen, dass zu diesem Zeitpunkt der vorläufige Insolvenzverwalter lediglich die Kostendeckung des Insolvenzverfahrens prüft. Da in diesem Verfahrensstadium somit noch nicht feststeht, ob überhaupt ein Insolvenzverfahren eröffnet wird, ist auch eine **Freigabe von Vermögenswerten nicht erforderlich**.

225 Der vorläufige Insolvenzverwalter ist allerdings über die Art bzw. den Wert der sichergestellten Vermögenswerte zu informieren, um die Kostendeckung vollumfänglich prüfen zu können (OLG Köln v. 06.10.2000 – 2 W 172/00, ZInsO 2000, 606; HK-InsO/*Kirchhof* § 26 Rn. 4 ff.; *Faust*, S. 110).

V. Der Arrestgrund beim dinglichen Arrest nach der AO

226 Es besteht die generelle Frage, welche Voraussetzungen ein Arrestgrund im Rahmen eines dinglichen Arrestes nach AO erfüllenmuss. Ein Arrestgrund liegt vor, wenn die Befürchtung besteht, dass ohne Anordnung und Vollzug des Arrestes die Vollstreckung in das Vermögen des Schuldners vereitelt oder wesentlich erschwert wird. Es ist somit erforderlich, dass sich nach dem Gesamtbild der bekannten Umstände die Vollstreckungsmöglichkeiten im Hinblick auf den Vollstreckungserfolg oder die konkreten Vollstreckungsmaßnahmen ohne eine Arrestanordnung erheblich verschlechtern (statt aller BFH v. 25.04.1995 – VII B 174/94, BFH/NV 1995, 1037; BFH v. 26.02.2001 – VII B 265/00, BStBl. 2001, 464; Schwarz/*Dumke* § 324 Rn. 7; Kühn/v. Wedelstädt/*Lemaire* § 324 Rn. 5).

227 Für die Annahme eines Arrestgrundes genügt eine **gewisse Wahrscheinlichkeit**, sodass aufgrund der vorläufigen Sicherungscharakters des Arrestes eine Mutmaßung des Geschehensablaufs ausreicht (FG Saarland v. 03.12.2003 – 1 K 35/03, EFG 2004, 242; vgl. auch Rdn. 37).

228 Bzgl. der einzelnen Arrestgründe gibt es nur einen gewichtigen Unterschied zu denen beim strafprozessualen Arrest. Bei Letzterem soll nach herrschender Meinung das **Vorliegen einer Steuerstraftat als Arrestgrund** ausreichen (vgl. Rn. 102). Beim abgabenrechtlichen Arrest soll hingegen nach der allgemein akzeptierten Rechtsprechung des BFH der dringende Verdacht einer Steuerhinterziehung für sich allein nicht zur Begründung einer Arrestanordnung ausreichen (BGH v. 03.10.1985 – III ZR 28/84, NJW 1986, 2952; BFH v. 26.02.2001 – VII B 265/00, BStBl. II 2001, S. 464; FG Hamburg v. 24.08.2007 – 2 K 166/07, juris; Schwarz/*Dumke* § 324 Rn. 10; Kühn/v. Wedelstädt/*Lemaire* § 324 Rn. 6). Die Ansicht, dass das Vorliegen einer „normalen" Steuerhinterziehung alleine als Arrestgrund nicht ausreichend sei, wird immer wieder ohne weitere Argumente mit dem Verweis auf das Urteil des BFH v. 21.02.1952 – IV 429/51 U, BStBl. III 1952, S. 90 begründet. Es ist jedoch ausgesprochen fraglich, ob diese Ansicht jemals zutreffend war und heute noch zutreffend ist.

229 Einerseits ergibt sich bei einem **Vergleich des Wortlautes** des § 324 Abs. 1 AO mit dem gem. dem Verweis in § 111o Abs. 2 StPO auch für den strafprozessualen dinglichen Arrest anwendbaren § 917 Abs. 1 ZPO keine Abweichung, die eine unterschiedliche Deutung der beiden Normen nahe legt. Folglich dürfte ausgehend vom Wortlaut die herrschende Meinung zum strafprozessualen Arrest auch ohne Weiteres auf den abgabenrechtlichen Arrest zu übertragen sein, wonach eine gegen fremdes Vermögen gerichtete Straftat wie z.B. eine Steuerhinterziehung als Arrestgrund ausreicht. I.Ü. geht auch die ganz herrschende Meinung zu § 917 ZPO davon aus, dass das Vorliegen einer gegen das Vermögen des Schuldners gerichteten Tat als Arrestgrund ausreichend ist (vgl. nur Baumbach/Lauterbach/Albers/Hartmann/*Hartmann* § 917 Rn. 11 m.w.N.: „Was soll der Antragsteller eigentlich [*sonst*] noch abwarten?"; vgl. auch KG v. 7.1.2010 – 23 W 1/10, wistra 2010, 116). Völlig zutreffend ging dementsprechend schon der RFH (v. 12.07.1922, IV D 1/22, RFHZ 10, 34, 39 f.; ebenso RG, 06.11.1923 – III 344/23, RGZ 108, 253, 255) davon aus, dass die ZPO zur Auslegung des Arrestvorschriften der AO heranzuziehen sei. Warum es dann allerdings gerade im Hinblick auf den Arrestgrund nach der Ansicht des BFH zu einer von der ZPO abweichenden Auslegung kommen soll, bleibt völlig schleierhaft.

230 Ferner ist schon der **Wortlaut der** oben zitierten **Entscheidung des BFH** unklar. Einerseits sagt der BFH ausdrücklich, dass das Vorliegen einer Steuerhinterziehung als Arrestgrund ausreichen

könne und verweist diesbezüglich auf RFH, 06.04.1932 – VI A 553/32, RStBl. 1932, S. 419, wo diese Aussage ebenfalls getroffen wird. Andererseits müsse auch die objektive Abwägung des Gesamtfalls befürchten lassen, dass ohne eine Arrestanordnung die Vollstreckung der Steueransprüche vereitelt oder wesentlich erschwert werden würde. Dabei reiche allein die Tatsache, dass sich der Arrestschuldner unehrlich gezeigt habe, nicht als Arrestgrund aus (BFH v. 21.02.1952 – IV 429/51 U, BStBl. III 1952, S. 90). Folglich ist das Urteil, das die alleinige – und in der Folgezeit kaum reflektierte – Basis dieser Meinung bildet, widersprüchlich, zumindest aber unklar in seiner Aussage.

Darüber hinaus hat der **Täter** einer Steuerhinterziehung mit seiner Tat bereits **zu erkennen gege-** **231** **ben, dass er zur Erlangung finanzieller Vorteile nicht vor dem Mittel der Unehrlichkeit und Gesetzeswidrigkeit zurückschreckt.** Er hat durch seine unzutreffenden oder unterlassenen Angaben nicht nur die Ermittlungen im Besteuerungsverfahren erheblich erschwert, sondern darüber hinaus die Absicht gehabt, seine Vermögenslage zu verdunkeln und dadurch die Beitreibung der rechtmäßig festzusetzenden Steuer zu erschweren bzw. gänzlich unmöglich zu machen. Deshalb ist allein dadurch das Vertrauen in seine Person erschüttert und ein **objektiver Dritter** wird bei ruhiger und vernünftiger Abwägung der Umstände verständlicherweise die Erschwernis der Vollstreckung befürchten. Schließlich ist es gerade der Kern von Straftaten gegen fremdes Vermögen, dass der Täter die Vermögensvorteile erlangen und auch behalten will. Folglich ist mit hoher Wahrscheinlichkeit davon auszugehen, dass er auch alles tun wird, um das gesetzwidrig Erlangte dem Zugriff der Strafverfolgung und des Geschädigten zu entziehen.

Mithin bedarf es in einer solchen Situation nicht weiterer Gründe, um einen Arrestgrund zu beja- **232** hen, sondern es sind **besondere Gründe erforderlich, die die Annahme rechtfertigen, dass die Wiederholung der Unehrlichkeit nicht zu befürchten ist** (vgl. LAG Frankfurt v. 12.01.1965 – 5 Ta 1/65, NJW 1965, 989). Bestehen keine gewichtigen Gründe für das Nichtvorliegen der drohenden Gefahr der Vollstreckungserschwerung, so ist der Verdacht der fortgesetzten Unehrlichkeit gegen den Täter nicht erschüttert. Eine Ausnahme liegt insoweit jedoch vor, wenn der Täter über ein so großes inländisches Vermögen verfügt, dass deshalb eine Erschwerung der Vollstreckung nicht zu befürchten ist (vgl. RFH v. 03.04.1935 – VI A 219/35, RStBl. 1935, S. 694). Ist dies hingegen nicht der Fall, ist ein Arrestgrund i.S.d. § 324 Abs. 1 AO allein durch das Vorliegen einer gegen das Vermögen des Geschädigten gerichteten Straftat gegeben.

Selbst wenn man aber mit der absolut herrschenden Meinung davon ausgeht, dass als Arrestgrund **233** bei einem abgabenrechtlichen Arrest das alleinige Vorliegen einer „normalen" Steuerstraftat nicht ausreiche, so ist nicht klar, worin **das erforderliche „Mehr"** für einen Arrestgrund bestehen soll. Teilweise wird z.B. davon ausgegangen, es sei eine „erhebliche kriminelle Energie" erforderlich, teilweise werden zusätzliche Maßnahmen zur Vollstreckungsvereitelung gefordert (Schwarz/*Dumke* § 324 Rn. 10) oder als Beispiel für weitere erschwerende Umstände wird das Vorliegen einer Wiederholungsgefahr genannt (HHSp/*Hohrmann* § 324 Rn. 30).

Unstrittig dürfte allerdings Folgendes sein: In dem in der Praxis häufigen Fall, dass **neben der** **234** **Steuerhinterziehung auch Urkunden gefälscht** wurden, müsste dies als Arrestgrund ausreichen, da eine über die „normale" Hinterziehung hinausgehende mehr oder weniger umfangreiche Täuschung bezweckt wird.

Ferner stammt das obige grundlegende **Urteil des BFH** aus dem Jahr 1952. Folglich ist es in man- **235** cherlei Hinsicht heute **nicht mehr zeitgemäß** und entspricht auch nicht den heutigen Erscheinungsformen der Steuerhinterziehung. So waren **Umsatzsteuerkarusselle** zur damaligen Zeit noch nicht bekannt. Da sich diese Begehungsform jedoch die Besonderheiten des Umsatzsteuersystems in „parasitärer" Weise zunutze macht, dürfte auch insoweit allein durch die Tat als solche ein ausreichendes „Mehr" ggü. einer „normalen" Steuerhinterziehung gegeben sein.

236 Folglich müsste sich auch ausgehend von der Rechtsprechung des BFH in den dargestellten Fallgruppen allein aufgrund der Art der konkreten Tatbegehung ein Arrestgrund ergeben, wobei es
gleichgültig ist, ob die Tat längere Zeit zurück liegt.

VI. Die Haftung beim dinglichen Arrest nach AO

1. Persönliche Haftung

237 Aus der Anordnung eines dinglichen Arrestes nach § 324 AO und/oder seiner späteren Vollziehung kann sich für den Betroffenen ein **persönlich gegen den Vorsteher des den Arrest erlassenen
Veranlagungsfinanzamtes gerichteter Anspruch auf Schadensersatz** ergeben. Dies setzt allerdings
eine schuldhafte Amtspflichtverletzung i.S.d. § 839 BGB i.V.m. Art. 34 GG voraus.

238 Voraussetzung einer solche **schuldhaften Amtspflichtverletzung** ist vorsätzliches oder grob fahrlässiges Handeln (vgl. § 75 Abs. 1 BBG). **Grobe Fahrlässigkeit** liegt z.B. noch nicht vor, wenn Geset-
zesvorschriften falsch angewandt werden. Vielmehr muss eine schlichtweg unentschuldbare
Pflichtverletzung vorliegen bzw. dürfen einfachste Überlegungen nicht angestellt worden sein
(*Battis*, BBG, § 75 Rn. 8; GKÖD/*Franke* § 78 BBG Rn. 35; *Plog/Wiedow*, BBG [alt], § 78 Rn. 25;
BVerwG, 17.09.1964 – II C 147.61, BVerwGE 19, 243, 248). Folglich wäre die Haftung zu bejahen, wenn eine erkennbar rechtswidrige Anordnung ohne Prüfung durch den Vorsteher ergeht
und dann vollzogen wird.

239 Bzgl. der **Anforderungen an den Handelnden** ist allerdings zu berücksichtigen, dass sie umso
geringer sind, je stärker Entschlusskraft und Schnelligkeit gefordert sind (*Plog/Wiedow*, BBG [alt],
§ 78 Rn. 25). Eine falsche, jedoch nachvollziehbar begründete Rechtsanwendung schließt die Haftung hingegen aus.

2. Haftung der Körperschaft

240 Es ist zu unterscheiden zwischen der Haftung für einen Schaden durch die **bloße fehlerhafte
Anordnung des Arrestes** – z.B. durch deren Bekanntwerden – und den Fällen, in denen eine
Arrestanordnung vollzogen wird, die von Anfang an ungerechtfertigt war oder bzgl. derer Fehler
bei der Vollziehung begangen werden.

241 Im ersten Fall ist der Eintritt eines ersatzfähigen Schadens zwar nicht generell auszuschließen, er
dürfte aber nur selten entstehen.

242 Fraglich ist bzgl. beider Schadensvarianten, auf welche Anspruchsnorm sich der Betroffene berufen kann.

243 (1) Ein Schadensersatzanspruch unter dem Gesichtspunkt des **enteignungsgleichen Eingriffs**
ergibt sich aus der ungerechtfertigten Anordnung und Vollziehung eines dinglichen Arrestes nicht.
Die Entschädigung für einen enteignungsgleichen Eingriff soll zwar Vermögensschäden aus einem
Eingriff in ein vermögenswertes Recht ausgleichen. Der enteignungsgleiche Eingriff löst aber als
unrechtmäßiger Eingriff der Staatsgewalt nur dann eine Entschädigungsberechtigung des Betroffenen aus, wenn er sich für den Fall seiner gesetzlichen Zulässigkeit sowohl nach seinem Inhalt wie
nach seiner Wirkung als eine Enteignung darstellt. Im Fall eines sich nachträglich als von Anfang
an ungerechtfertigt erweisenden und trotzdem vollzogenen Arrestes liegt jedoch keine enteignende
Maßnahme vor (vgl. BGH v. 25.05.1959 – III ZR 39/58, BGHZ 30, 123).

244 (2) Haftungsgrundlage ist in jedem Fall **§ 839 BGB i.V.m. Art. 34 Satz 1 GG**, wenn es sich bei
dem Erlass und dem Vollzug des Arrestes um eine Amtspflichtverletzung handelt. Dadurch werden allerdings lediglich schuldhafte Verhaltensweisen erfasst (vgl. 238 f.) .

245 (3) Als Haftungsgrundlage kommt auch **§ 945 ZPO** infrage. Allein aus der **Anordnung eines
ungerechtfertigten dinglichen Arrestes** nach § 324 AO kann sich für den Betroffenen nach einhelliger Meinung allerdings aus § 945 ZPO kein Anspruch auf Schadensersatz gegen die Gebiets-

körperschaft ergeben (BGH v. 07.06.1988 – IX ZR 278/87, NJW 1988, 3268; OLG Branden-burg v. 01.07.2008, 2 U 20/05, juris; HHSp/*Hohrmann* § 324 Rn. 112; Schwarz/*Dumke* § 324 Rn. 33).

Fraglich ist allerdings, ob § 945 ZPO im Fall der **ungerechtfertigten Anordnung und Vollziehung** 246 **eines Arrestes** (analoge) Anwendung findet. Die Anwendbarkeit dieser Norm hätte für den Betroffenen den Vorteil, dass es sich dabei um eine **Gefährdungshaftung** handelt.

Bejaht wird die **Anwendbarkeit des § 945 ZPO** durch den BGH (grundlegend BGH 247 v. 25.05.1959 – III ZR 39/58, BGHZ 30, 123, bestätigt durch BGH v. 26.11.1974 – VI ZR 124/ 72, NJW 1975, 540; ebenso FG München v. 02.03.2009 – 7 K 4374/06, EFG 2009, 949; OLG Brandenburg v. 01.07.2008, 2 U 20/05, juris) und Teilen der Literatur (Klein/*Brockmeyer* § 324 Rn. 16; TK/*Kruse* § 324 Rn. 54; Kühn/v. Wedelstädt/*Lemaire* § 324 Rn. 21; Koch/Scholtz/ *Wolf* § 324 Rn. 28;Baumbach/Lauterbach/Albers/Hartmann/*Hartmann* § 945 Rn. 2; *Zöller* § 945 Rn. 4). Dies wird damit begründet, dass für die Haftung der öffentlichen Hand eine Entschädi-gung nicht nur für schuldhafte Amtspflichtverletzungen nach § 839 BGB, sondern auch für recht-mäßiges oder schuldlos rechtswidriges Vorgehen anerkannt sei. Dies entspreche im Gegensatz zur alten Rechtsprechung des Reichsgerichts (RG v. 06.11.1923 – III 344/23, RGZ 108, 253), der die Anwendbarkeit des § 945 ZPO auf den abgabenrechtlichen Arrest ablehnte, auch dem **heutigen Rechtsstaatsverständnis**. Ferner wird auf § 114 Abs. 3 FGO verwiesen, der die sinngemäße Anwendung des § 945 ZPO für den Fall der einstweiligen Anordnungen durch das FG bestimmt. Dieser Regelung könne nach Ansicht des BGH entnommen werden, dass vom Gesetzgeber eine generelle Besserstellung der öffentlichen Hand im Hinblick auf die Haftung nicht gewollt sei.

Gegen die Anwendbarkeit des § 945 ZPO auf den dinglichen Arrest nach § 324 AO sprechen 248 jedoch gewichtige Argumente. Den oben zitierten Entscheidungen des BGH liegt noch § 378 Abs. 2 RAO zugrunde. Im Gegensatz zu dieser Norm schreibt § 324 Abs. 3 Satz 3 AO **ausdrück-lich nur die Anwendbarkeit der §§ 930 bis 932 ZPO** vor. Da eine ausdrückliche Verweisung folg-lich nicht vorliegt, kommt allenfalls eine analoge Anwendung des § 945 ZPO infrage, wenn bei identischer Interessenlage eine planwidrige Gesetzeslücke besteht.

Eine **planwidrige Gesetzeslücke** dürfte allerdings zu verneinen sein, da der Gesetzgeber bei der 249 Fassung der Vorschriften der AO 1977 diese Problematik kannte, aber eine klare Regelung der Anwendbarkeit des § 945 ZPO unterließ. Vielmehr ging er davon aus, für die Übergangszeit durch die o.g. Rechtsprechung des BGH eine Rechtsunsicherheit nicht befürchten zu müssen, und wollte danach die Regelung der Haftung durch das neue **Staatshaftungsgesetz** (vgl. BT-Drucks. VI/1982 zu §§ 307 bis 309). Da dieses Gesetz aber später vom BVerfG für nichtig erklärt wurde, können jetzt nicht die darin enthaltenen Regelungen über den Umweg der analogen Anwendung des § 945 ZPO doch zur Anwendung gebracht werden (ebenso HHSp/*Hohrmann* § 324 Rn. 107). Vielmehr greift wegen der gewollten Nichtregelung der Haftungsansprüche in der AO und der sich daraus ergebenden Ermangelung einer planwidrigen Regelungslücke die spezielle Haftungsgrundlage des § 839 BGB i.V.m. Art. 34 GG ein.

Ferner spricht auch die Regelung des **§ 114 Abs. 3 FGO** nicht für eine analoge Anwendung des 250 § 945 ZPO auf abgabenrechtliche Arreste. Die Gefährdungshaftung besteht nach § 114 Abs. 3 ZPO nämlich ausschließlich für den Antragsteller, der die einstweilige Anordnung gegen die Finanzbehörde zu Unrecht erwirkt hat (vgl. HHSp/*Hohrmann* § 324 Rn. 108). Die Finanzbehörde kann nach dieser Norm hingegen nicht nach § 114 Abs. 3 FGO haften.

I.Ü. ist auch zu berücksichtigen, dass es sich im Zivilrecht und damit auch im Fall des zivilprozes- 251 sualen dinglichen Arrestes um gleichgeordnete Parteien handelt, die ihre eigenen, von Parteiinte-ressen geprägten Ziele verfolgen. Im Bereich der AO wird hingegen die Finanzbehörde im **Interesse der Allgemeinheit** tätig. Sie ist sowohl zur umfassenden und unparteiischen Sachver-haltsermittlung als auch zur rechtmäßigen und angemessenen Vollziehung von Vollstreckungs-maßnahmen verpflichtet (HHSp/*Hohrmann* § 324 Rn. 109).

252 Mithin ist § 945 ZPO bei abgabenrechtlichen Arresten nicht anwendbar (ebenso HHSp/*Beer-mann* Vor §§ 249 bis 346 Rn. 82; HHSp/*Hohrmann* § 324 Rn. 106; Schwarz/*Dumke* § 324 Rn. 33; Pahlke/Koenig/*Zöllner* § 324 Rn. 37).

253 Sollte man hingegen der Ansicht des BGH folgen, so müsste folgerichtig die Haftung des Staates gem. § 839 BGB i.V.m. Art. 34 GG auch im Bereich der Steuerfestsetzung durch die Anwendbarkeit des § 945 ZPO ergänzt werden – ein Schritt, den selbst der BGH nicht geht (vgl. BGH v. 31.01.1963 – III ZR 138/61, BGHZ 39, 77). Allerdings wird abzuwarten sein, ob der BGH seine Rechtsprechung im Hinblick auf die analoge Anwendbarkeit des § 945 ZPO auf dingliche Arreste nach § 324 AO aufrechterhalten wird. So lässt er in der Entscheidung v. 03.10.1985 (III ZR 38/84, NJW 1986, 2952) die Anwendbarkeit des § 945 ZPO ausdrücklich noch zu, in einer späteren Entscheidung aus dem Jahr 1995 lässt er hingegen diesbezügliche Zweifel erkennen (BFH v. 25.04.1995 – VII B 174/94, BFH/NV 1995, 1037: „möglicherweise analog § 945 ZPO").

254 Unabhängig davon, ob man die Rechtsgrundlage für einen Schadensersatzanspruch in der entsprechenden Anwendung des § 945 ZPO oder in § 839 BGB i.V.m. Art. 34 GG sieht, sind im Hinblick auf den Schadensersatzanspruch verschiedene Gesichtspunkte zu berücksichtigen: **Aufwendungen**, die dem Arrestschuldner bei Vollziehung **i.H.d. tatsächlichen Forderung** entstanden sind, begründen keinen Schadensersatzanspruch. Die Vorschrift des § 254 BGB (**Mitverschulden**) ist entsprechend anzuwenden, wenn der Arrestschuldner durch sein Verhalten Anlass zu dem Arrest gegeben hat oder er die Einlegung von Rechtsmitteln dagegen unterließ (BGH v. 09.05.1978 – VI ZR 212/76, NJW 1978, 2024; HHSp/*Hohrmann* § 324 Rn. 111; Schwarz/ *Dumke* § 324 Rn. 34; TK/*Kruse* § 324 Rn. 58; *Zöller* § 945 Rn. 2). Der Schadensersatzanspruch muss vom Arrestschuldner **umfassend dargelegt und bewiesen** werden, was insb. unter dem Gesichtspunkt der Kausalität Probleme bereiten kann. Ferner besteht kein Schadensersatzanspruch, wenn der Arrest von der Finanzbehörde zu Recht angeordnet wurde, seine **Voraussetzungen später jedoch entfallen** oder sich im Hauptsacheverfahren herausstellt, dass der durch den Arrest gesicherte Anspruch nicht besteht (HHSp/*Hohrmann* § 324 Rn. 112). Zu den Haftungsansprüchen des Arrestschuldners im Fall der Arrestvollziehung ins Eigentum eines Dritten vgl. OLG Brandenburg v. 01.07.2008 – 2 U 20/05, juris.

255 Im Fall eines **strafprozessualen dinglichen Arrestes** kann sich ein Ausgleichsanspruch nach dem **StrEG** ergeben. Der von einer strafprozessualen Maßnahme Betroffene kann danach den Ersatz des ihm durch diese Maßnahme (z.B. vorläufige Festnahme, Beschlagnahme, Arrest oder Durchsuchung, vgl. § 2 Abs. 2 StrEG) entstandenen Vermögensschadens verlangen. Dazu gehören auch die sich auf die jeweilige Maßnahme beziehenden Verteidigungskosten. Voraussetzung ist allerdings, dass der Betroffene freigesprochen oder das Verfahren gegen ihn eingestellt wird. Erfolgt die Einstellung jedoch nach einer Ermessensvorschrift, so wird nach § 3 StrEG eine Entschädigung nur gewährt, wenn dies der Billigkeit entspricht. Dies dürfte bei einer Verfahrenseinstellung nach § 153a StPO zu verneinen sein.

256 Daneben gibt es mit § 111h III StPO eine weitere Schadensersatznorm, die im Fall eines strafprozessualen Arrestes anwendbar ist.

11. Kapitel Tatsächliche Verständigung/Strafprozessuale Absprache

A. Einleitung

I. Einführung/Allgemeines

1 Verständigungen sind sowohl im reinen Besteuerungsverfahren als auch im (Steuer) Strafverfahren in geeigneten Fällen gängige Möglichkeiten eines Verfahrensabschlusses. Dies insb. dann, wenn sich dadurch ein Gesamtverfahrensabschluss ohne belastende, öffentliche Hauptverhandlung im Strafverfahren erreichen lässt. Eine besonders gewichtige Rolle spielt die Verfahrensabsprache daher aufgrund häufig sehr komplexer Sachverhalte und schwieriger, oftmals ungeklärter Rechtsfragen im Wirtschaftsstrafrecht allgemein und im Steuerstrafrecht im Besonderen. Insoweit ist zwischen der Schiene des Steuerverfahrens und der Schiene des Strafverfahrens zu unterscheiden.

1. Die „Tatsächliche Verständigung" im Steuerverfahren

a) Begriff

2 Im Steuerverfahren spricht man bei Absprachen von einer „Tatsächlichen Verständigung". Der Begriff folgt der Terminologie des Reichsfinanzhofes (RFH, Urt. v. 20.10.1925 – II A 453/25, RFHE 18, 92, 94 f.), die der BFH in seiner die Tatsächliche Verständigung senatsübergreifend institutionalisierenden Entscheidung übernommen hat (BFH, Urt. v. 11.12.1984 – XIII R 131/76, BStBl. II 1985, S. 354 und im Anschluss daran z.B.: BFH, Urt. v. 05.10.1990 – III R 19/88 BStBl. II 1991, 45 sowie Urt. v. 08.10.2008 I R 63/07, BStBl. II 2009, S. 121, jeweils m.w.N.). Bereits diese Terminologie, die bis heute fortgilt, macht deutlich, dass die „Tatsächliche Verständi-

gung" lege artis nur Absprachen über „Tatsachen", letztlich also über den Sachverhalt bzw. die Sachbehandlung gestattet, nicht aber über Rechtsfragen (Allg. Auff. und st. Rspr.: BFH, Urt. v. 11.12.1984 – XIII R 131/76, BStBl. II 1985, S. 354; BFH, Urt. v. 08.09.1994 – V R 70/91, BStBl. II 1995, S. 32; BFH, Urt. v. 28.07.1993 – XI R 68/92, BFH/NV 1994, 290; BFH, Urt. v. 07.07.2004 – X R 24/03, BStBl. II 2004, S. 975; BFH, Urt. v. 01.09.2009, VIII R 78/06, HFR 2010, 562). Während der Reichsfinanzhof diesbezüglich zur Begründung lapidar anführte, dass sich für einen „Vergleich auch über das anzuwendende Recht ein Grund nicht finden lasse" (RFH, Urt. v. 20.10.1925 — II A 453/25, RFHE 18, 92, 94 f.), wird dieser Umstand heute zu Recht damit begründet, dass Verständigungen über die Rechtslage nach den Grundsätzen der Gesetzmäßigkeit und Gleichmäßigkeit der Besteuerung (§ 85 AO) unzulässig sind (vgl. nur BFH, Urt. v. 06.02.1991 – I R 13/86, BStBl. II 1991, S. 673).

Durchweicht wird dieser Grundsatz in Praxis sowie Rechtsprechung bereits dadurch, dass die 3 Grenzen zwischen Sachverhalts- und Rechtsfragen häufig fließend sind. In diesen sog. „gemischten Fragen", bei denen eine rechtliche Wertung auf tatsächliche Faktoren zurückgreift (HHSp/*Söhn* § 78 Rn. 126 m.w.N.), in denen also eine Verständigung mittelbar den Tatbestandsbereich einer Rechtsnorm erfasst, nimmt die höchstrichterliche Rechtsprechung dennoch die Möglichkeit einer wirksamen Verständigung an (BFH, Urt. v. 08.10.2008 – I R 83/07, BStBl. II 2009, S. 121; BFH, Urt. v. 01.02.2001 – IV R 3/00, BStBl. II 2001, S. 520; BFH, Beschl. v. 13.08.1997 –I R 12/97, BFH/NV 1998, 498, 499; *Seer*, BB 1999, 78, 80; TK/*Seer* vor § 118 Rn. 10 f.; *Apitz*, StBp 2008, 93, 94 f. m.w.N.). Beispiele dafür sind etwa der Fremdvergleich bei Verträgen zwischen nahestehenden Personen oder die Angemessenheitsprüfung einer Geschäftsführergesamtvergütung (§ 8 Abs. 3 Satz 2 KStG).

b) Bis heute als Richter- und Verwaltungsrecht institutionalisiert

Die „Tatsächliche Verständigung" ist bis dato nicht kodifiziert. Sie stellt ausschließlich Richter- 4 recht, insb. der höchstrichterlichen Rechtsprechung des BFH, dar, der den „Rechtsfortbildungsauftrag" (TK/*Seer* vor § 118 Rn. 10) der Praxis und des RFH angenommen hat. Mit diesem Rüstzeug lassen sich in der Praxis in geeigneten Verfahren bereits seit Jahrzehnten gute Ergebnisse mit der Finanzverwaltung sowie der Finanzgerichtsbarkeit erzielen.

Zusätzlich hat in jüngerer Vergangenheit das BMF im Jahr 2008 (BMF, 30.07.2008 – IV A 3- 5 S 0223/07/10002, BStBl. I 2008, S. 831) in Anlehnung an die vorangehenden Verwaltungsanweisungen verschiedener OFDen (vgl. etwa OFD Hannover v. 08.02.2008 – S 0223/19/StO 143; OFD Magdeburg v. 01.03.2005 – S 0223-2-2 St 251; OFD Nürnberg v. 17.07.2003, S0223-20/st 24) eine die höchstrichterliche Rechtsprechung aus Sicht der Finanzverwaltung zusammenfassende Richtlinie verfasst, die in Zweifelsfällen (natürlich) eine der Verwaltung günstige Auffassung einnimmt. Die Verwaltungsanweisung des BMF enthält jedoch eine übersichtliche und praktikable (Kurz-)Zusammenstellung der wichtigsten Einzelfragen einer Tatsächlichen Verständigung für die Praxis.

Auch nach dieser Vw-Richtlinie ist im Steuerverfahren von vornherein zu unterscheiden zwischen 6 Tatsächlichen Verständigungen, die die Kriterien der höchstrichterlichen Rechtsprechung und des BMF-Schreibens aus 2008 erfüllen, also Verständigungen **mit rechtlicher Bindungswirkung** als Rechtsfolge, sowie Verständigungen, die diesen Voraussetzungen **nicht in jeder Hinsicht entsprechen.** Letztere entfalten diese rechtlich einklagbare Bindungswirkung nicht, gleichgültig ob bewusst oder unbewusst eingesetzt, sondern lediglich **eine faktische Bindungswirkung** (s. dazu unten Rdn. 137 Tz. B. IV. 3.; *Mack* DStR 1991, 272; *Streck/Spatscheck* Rn. 838, 850). Gleichwohl spielen nach wie vor gerade auch diese „faktischen Verständigungen", quasi als „Gentlemen-Agreement" zwischen Steuerpflichtigem und Finanzverwaltung – bewusst eingesetzt – in der Praxis eine nicht unerhebliche Rolle. Denn häufig bestehen für die Erstellung einer formwirksamen Tatsächlichen Verständigung, die erheblichen Aufwand erfordert, in der Praxis weder die zeitlichen noch die personellen Kapazitäten, um mit ihr zu der gewünschten zügigen Verfahrensbeendigung zu kommen. Daneben bietet die „faktische Verständigung" noch weitere Vorteile, da sie nicht nur kurzfristig, sondern auch anderweitig sehr flexibel handhabbar ist (s. dazu unten Rdn. 137).

2. Die „Absprache" im Strafverfahren

a) Entstehung

7 Auch im Strafverfahren sind Verständigungen übliche Praxis, insb. im Wirtschafts- und Steuerstrafrecht. Hier geht es häufig um Sachverhalte, deren Aufklärung mit einem hohen Ermittlungsaufwand für die Justiz und langwierigen Beweisaufnahmen im Hauptverfahren verbunden wären. Daher war die Verständigung auch im Strafverfahren, spätestens seit im Jahr 1975 § 153a StPO eingeführt wurde, die Realität des Strafverfahrens in sämtlichen Verfahrensstadien vom Ermittlungsverfahren bis zur Hauptverhandlung (vgl. nur FGJ/*Randt* § 404 Rn. 97 m.w.N.).

8 Sie stützte sich in der Vergangenheit ebenfalls, wie die Tatsächliche Verständigung im Steuerverfahren, auf Richterrecht. Wegweisend war insoweit die Grundsatzentscheidung des BGH in Strafsachen aus dem Jahr 1997 (BGH, Urt. v. 28.08.1997 – 4 StR 240/97, wistra 1997, 341) zum Institut der **Höchststrafenabrede**, die allerdings nur für die Hauptverhandlung galt. Sie hat ähnlich wie die höchstrichterliche Rechtsprechung des BFH gewissermaßen eine „Verfahrensordnung" (vgl. *Weigand*, NStZ 1999, 57) für Absprachen im Strafprozess aufgestellt. Danach durfte das Gericht im Fall eines Geständnisses des Angeklagten in öffentlicher Hauptverhandlung und unter Aufnahme ins Protokoll vor der Urteilsberatung zwar keine bestimmte Strafe zusagen. Das Gericht konnte allerdings für den Fall des Geständnisses eine **Strafobergrenze** im Vorhinein angeben, die es im Fall der Ablegung des Geständnisses nicht überschreiten werde. Zwar hat der BGH in dieser grundlegenden Entscheidung aus dem Jahr 1997 Vorgespräche vor oder außerhalb der Hauptverhandlung zwischen den Beteiligten ausdrücklich zugelassen. Gleichwohl war die Übertragbarkeit dieser Grundsätze auf gerade im Steuerstrafrecht häufige **Absprachen im Ermittlungsverfahren** durchaus umstritten und wegen deren möglicherweise fehlender Bindungswirkung das ein oder andere Mal mit einem „unguten Bauchgefühl" versehen (vgl. FGJ/*Randt* § 404 Rn. 102; *Streck/Spatschek* Rn. 858). Es kam darauf an, dass die Beteiligten ihr Wort halten und damit der zugesagte Abschluss auch tatsächlich zustande kommt. Dem Verfasser ist über Jahrzehnte hinweg kein Fall bekannt geworden, in dem die Beteiligten nicht ihr Wort gehalten hätten. Gleichwohl verblieb bis zur Wirksamkeit der Absprache oft eine Restunsicherheit, insb. beim Mandanten.

b) Gesetzliche Regelung seit August 2009 (insb. §§ 160b, 202a, 257b, 257c StPO)

9 Nunmehr ist die Absprache im Strafverfahren durch das „Gesetz zur Regelung der Verständigung im Strafverfahren" v. 29.07.2009, BGBl. I 2009, S. 2353 in der StPO, gesetzlich geregelt und seit 04.08.2009 in Kraft getreten. Es ist erklärtes Ziel des Gesetzgebers, bereits ab dem Stadium des Ermittlungsverfahrens über sämtliche Verfahrensstadien hinweg, also über das Zwischenverfahren bis hin zur Hauptverhandlung, die Erörterung des späteren Prozessstoffes oder möglicher verfahrensbeendender Erledigungsformen verfahrensfördernd zwischen den Verfahrensbeteiligten zu legalisieren (BT-Drucks. 16/12310 v. 18.03.2009, S. 12). Dies hat in der gesetzlichen Regelung ihren Niederschlag gefunden, insb. in den Normen der §§ 160b Satz 1, 202a sowie 257b und 257c Abs. 1 StPO. In Steuerstrafsachen (§§ 370 ff., 385 ff., AO) ist im Ermittlungsverfahren die Finanzbehörde Verfahrensbeteiligte (vgl. *Niemöller/Schlothauer/Weider* § 160b Rn. 12).

10 Zwar wird die Neuregelung aus 2009 zu Recht in vielfacher Hinsicht kritisiert, Schünemann spricht gar von einem „Wetterzeichen vom Untergang der deutschen Rechtskultur" (NJW-Editorial, Heft 36/2009; vgl. auch *Leipold*, NJW-Spezial, Heft 16, 2009, 520). Es wird ihre Verfassungsmäßigkeit aufgrund des Erfordernisses der staatsanwaltschaftlichen Zustimmung mit Widersprüchen zu Art. 92, 97 GG (rechtsprechende Gewalt allein den Gerichten anvertraut) bezweifelt. Gleichwohl schafft das Gesetz gerade in den für das Steuerstrafrecht wichtigen Verfahrensstadien des Ermittlungsverfahrens oder des Zwischenverfahrens für das Institut der Verständigung eine gewisse Rechtssicherheit in der Praxis, die für diese Verfahrensbereiche vorher nicht vorhanden war.

II. Notwendige Abgrenzung zwischen „Tatsächlicher Verständigung" und strafrechtlicher „Absprache"

Wie bereits aus Rdn. 1 ff. ersichtlich, verlaufen steuerrechtliche Verständigung und strafrechtliche **11** Absprache im Idealfall parallel „Hand in Hand", jedenfalls in geeigneten Sachverhalten. Gleichwohl wird deutlich, dass beide Rechtsinstitute aufgrund der unterschiedlichen Verfahrensordnungen, unterschiedlichen Voraussetzungen unterliegen und auch unterschiedliche Rechtsfolgen bewirken, die nachfolgend im Einzelnen dargestellt werden. Im vorausschauenden Überblick ergibt sich allerdings bereits aus der Terminologie beider Verständigungsarten ein maßgeblicher Unterschied.

1. Weiter gefasstes Institut im Strafverfahren

Zwar ist von der Terminologie her nun auch im Strafverfahren sehr viel von „Verständigung" die **12** Rede, nicht zuletzt aufgrund des „Gesetzes zur Regelung der Verständigung im Strafverfahren" v. 29.07.2009 (BGBl. I 2009, S. 2353). Gleichwohl zeigt die bisherige, überwiegende Ausdrucksweise auf der strafrechtlichen Schiene des Steuerstrafverfahrens, in der man vorwiegend über „Absprachen" diskutierte, dass es sich bei der strafrechtlichen Variante der Verständigung um ein weiter gefasstes Institut als im Steuerverfahren handelt.

Dies wird auch und insb. bei den zulässigen Einigungs- bzw. Verständigungsbestandteilen offen- **13** bar. Im Gegensatz zur steuerrechtlichen Verständigung hat die strafrechtliche Absprache gerade und explizit auch Verständigungen über **Rechtsfolgen** im Sinn, die Inhalt des Urteils und der dazugehörigen Beschlüsse sein können. Das betrifft insb. die Höhe der Strafe, aber auch sonstige verfahrensbezogene Maßnahmen im Ermittlungsverfahren sowie das Prozessverhalten der Verfahrensbeteiligten, wie etwa das Stellen von Beweisanträgen etc. (§ 257c Abs. 2 Satz 1 StPO). Ausgeschlossen sind lediglich eine Absprache über den Schuldspruch sowie Maßregeln der Besserung und Sicherung (§ 257c Abs. 2 Satz 3 StPO).

2. Abgrenzung aufgrund Ziel und Ablauf eines Steuerstrafverfahrens

Die wichtigste Verständigungsfrage i.R.d. strafrechtlichen Absprache ist sicherlich die Frage von **14** Art und Höhe einer Strafe. Sie bildet sozusagen die „Gretchenfrage" des Strafverfahrens, während im Steuerverfahren das Hauptaugenmerk auf der insgesamt (also auch im steuerlich nicht verjährten Zeitraum, § 169 Abs. 2 AO) nachzubezahlenden Steuer liegt. Ziel des Steuerstrafverteidigers und seines Mandanten ist es, eine Bestrafung so gut als möglich zu vermeiden oder zu minimieren und die Steuerzahllast gering zu halten.

a) Der „natürliche" Ablauf eines Steuerstrafverfahrens aus der Natur der Sache

Da im Steuerstrafverfahren in allererster Linie die Höhe der hinterzogenen Steuer das Maß der **15** Schuld (§ 46 Abs. 1 StGB) und damit auch die Höhe der Strafe bestimmt (statt aller: *Schäfer* Strafzumessung), ist dieser „Gretchenfrage" bei der strafrechtlichen Absprache in natürlicher Weise die Berechnung der hinterzogenen Steuern zeitlich vorgelagert. Dieser Grundsatz gilt in aller Regel auch unter Berücksichtigung des Umstandes, dass die steuerstrafrechtliche Berechnung der hinterzogenen Steuern nicht ohne Weiteres den materiellen Einzelsteuergesetzten folgt, sondern unter Berücksichtigung strafrechtlicher Besonderheiten, z.B. des Kompensationsverbotes (§ 370 Abs. 4 Satz 3 AO), also (auch) nach den Regeln des Strafprozessrechts erfolgt.

In der Praxis erfolgt daher der strafrechtliche Verfahrensabschluss (auch in Form der Absprache) **16** in aller Regel zeitlich **nach** dem steuerrechtlichen Abschluss des Verfahrens (vgl. auch *Streck/Spatschek* Rn. 852 ff.). Der Strafrichter ist zwar an die steuerrechtlichen Feststellungen der Finanzverwaltung und an etwaige Entscheidungen/Verständigungen im Steuerverfahren nicht gebunden (s. Rdn. 111 ff.). Er hat die volle Entscheidungskompetenz in strafrechtlichen Vorfragen, somit also auch bzgl. der Frage des Eintritts einer Steuerverkürzung, sowohl dem Grunde als auch insb. der

Höhe nach (*Kohlmann* § 385 Rn. 518; HHSp/*Hübner* § 396 Rn. 11). Nach der höchstrichterlichen Rechtsprechung des BGHSt muss der Tatrichter die hinterzogene Steuer selbstständig ermitteln und darf die Berechnungen der Finanzverwaltung, also regelmäßig aus dem Ermittlungsbericht der Steuerfahndungsstelle oder aus dem roten Aktenvermerk der Betriebsprüfung, nicht ungeprüft übernehmen. Sie müssen bei einer Verurteilung wegen Steuerhinterziehung für jede Steuerart und für jeden Steuerabschnitt gesondert und unzweideutig nachgewiesen werden wie die sonstigen Merkmale des gesetzlichen Hinterziehungstatbestandes (ständige Rechtsprechung: BGH, Beschl. v. 26.04.2001 – 5 StR 584/00, wistra 2001, 266; BGH, Beschl. v. 13.10.2005 – 5 StR 368/05, StraFo 2006, 37 [„kleiner Grundkurs"]; BGH, Beschl. v. 19.04.2007 – 5 StR 549/06, wistra 2007, 346; BGH, Urt. v. 12.05.2009 – 1 StR 718/08, NJW 2009, 2546; *Jäger*, StraFo 2006, 447 ff.; FGJ/*Joecks* § 370 Rn. 72 f., 55; *Kohlmann* § 370 Rn. 471 ff.).

17 Tatsächlich wird in der Praxis der Tatgerichte allerdings in den allermeisten Fällen im Strafverfahren nur selten von den steuerlichen Feststellungen abgewichen bzw. diese werden nur „angepasst", was neben der Arbeitsersparnis sicherlich auch an der unbestreitbar besseren Fachkompetenz der Finanzverwaltung in der Steuerberechnung liegen dürfte. Insofern haben Verfahrensabschlüsse im Besteuerungsverfahren, und damit auch diesbezügliche „Tatsächliche Verständigungen", insgesamt eine das Gesamtverfahren beherrschende oder zumindest wesentlich beeinflussende Rolle.

b) Problem: oftmals lange Verfahrensdauer im Besteuerungsverfahren

18 Ein Problem im Rahmen dieses geradezu „natürlichen Verfahrensablaufes" im Steuerstrafverfahren ergibt sich allerdings in großen und/oder öffentlichkeitswirksamen Verfahren aus der teilweise sehr langen Verfahrensdauer im Besteuerungsverfahren (insb. wenn man noch finanzgerichtliche Klageverfahren mit einrechnet, die ohne Weiteres zu einer Gesamtverfahrensdauer von 10 Jahren und mehr führen können). Dies gilt für das Steuerstrafverfahren allgemein und für die verständigungsweise Beendigung im Besonderen. In Haftsachen, in denen strafrechtlich das Beschleunigungsgebot gilt, oder aber in anderen Verfahren mit einem hohen Steuerschaden, hinkt oftmals die Finanzverwaltung der strafrechtlichen Erledigung des Verfahrens (trotz an sich höherer Fachkompetenz) zeitlich hoffnungslos hinterher.

19 Der Gesetzgeber hat diesen Fall der Notwendigkeit der Klärung von steuerlichen Vorfragen zwar, wie die Möglichkeit der Aussetzung des Strafverfahrens gem. § 396 Abs. 1 AO zeigt, vorhergesehen. Dabei hat diese Norm den Zweck, im Interesse der Einheitlichkeit der Rechtsprechung und Rechtssicherheit divergierende Entscheidungen zu vermeiden. Sie hemmt daher gem. § 396 Abs. 3 AO sogar den Ablauf der „absoluten" Strafverfolgungsverjährung i.S.d. § 78 Abs. 3 Satz 2 StGB (Urt. des BayObLG v. 22.02.1990 – 4 St 216/89, wistra 1990, 203; OLG Karlsruhe, Urt. v. 08.03.1990 – 2 Ss 222/89, wistra 1990, 205; FGJ/*Jäger* § 396 Rn. 57 m.w.N.). Bedauerlicherweise wird von dieser gesetzlich gegebenen Möglichkeit weder von den Staatsanwaltschaften noch den Strafgerichten – selbst in umfangreichen Steuerstrafverfahren ohne Haft – besonders häufig Gebrauch gemacht. Dies sicherlich auch deshalb, weil die Komplexität/Klärungsbedürftigkeit steuerlicher Vorfragen von der Strafjustiz häufig stark unterschätzt wird.

20 So kann es gerade in größeren Verfahren dazu kommen, dass ein Steuerpflichtiger vor dem Strafgericht verurteilt wird, anschließend aber Jahre später vor dem FG eine ihm günstigere (oder gar steuerfreie) Lösung entweder im Wege eines Urteils oder aber einer Tatsächlichen Verständigung erzielt wird. Eine rechtliche Bindung der unterschiedlichen Verfahrensschienen aneinander im Steuerstrafverfahren hinsichtlich der Verfahrensbeendigung besteht nicht, auch nicht i.R.d. Verständigung (s.a. § 393 Abs. 1 Satz 1 AO sowie Rdn. 111 ff.).

21 Der übliche Fall ist dies jedoch, wie oben unter Rdn. 15 ff. geschildert, glücklicherweise nicht. In aller Regel besitzt der steuerrechtliche Verfahrensabschluss im Steuerstrafverfahren, gerade auch eine Tatsächliche Verständigung, eine das Gesamtverfahren dominierende Rolle. Sie erleichtert oder ermöglicht überhaupt erst die angestrebte strafrechtliche Erledigung. Aus diesem Grunde dreht es sich in der abschließenden Besprechung mit der Finanzverwaltung, in aller Regel die

Steuerfahndungs- und/oder Betriebsprüfungsstelle unter evtl. Einbeziehung des Veranlagungsbezirks, regelmäßig in erster Linie um die Feststellung/Berechnung der Besteuerungsgrundlagen (§ 199 Abs. 1 AO). Steuerstrafrechtliche Fragen werden in dieser Besprechung, sofern nicht – möglicherweise auf Wunsch des Verteidigers – die Straf- und Bußgeldsachenstelle oder StA daran teilnimmt, i.d.R. ausgeklammert, da insoweit die Prüfungsstellen sowie der Veranlagungsbezirk nicht zuständig und entscheidungsbefugt sind.

Ist also in einer geeigneten Sache das Ziel einer abschließenden Besprechung der Abschluss einer **22** Tatsächlichen Verständigung mit einer parallelen Absprache auch im Strafverfahren („Königsweg"), sollte darauf gedrängt werden, dass Straf- und Bußgeldsachenstelle und/oder StA an der Besprechung teilnehmen.

B. Die Tatsächliche Verständigung im Steuerverfahren

I. Zulässigkeit der Anwendung und Form nach ständiger Rechtsprechung des BFH

1. Zulässigkeit

Eine Tatsächliche Verständigung ist nach der höchstrichterlichen Rechtsprechung des BFH **aus- 23 schließlich im Bereich der Sachverhaltsermittlung zulässig** (vgl. BFH, Urt. v. 11.12.1984 – VIII R 131/76, BStBl. II 1985, S. 354; Urt. v. 31.07.1996 – XI R 78/95 BStBl. II 1996, S. 625; Urt. v. 01.09.2009 – VIII R 78/06, BFH/NV 2010, 593; BMF, 30.07.2008, IV A 3-S 0223/07/ 10002, BStBl. I 2008, S. 831). Dabei ist zu beachten, dass sie auf Sachverhalte beschränkt ist, deren Ermittlung nur unter erschwerten Umständen möglich ist (dazu unten Rdn. 54 ff.). **Wichtige Anwendungsgebiete** sind dabei insb. Fälle, in denen

– ein Schätzungsspielraum (also Verständigungen über die Besteuerungsgrundlagen selbst und/ **24** oder über das einzuschlagende Schätzungsverfahren),
– Bewertungsspielräume (z.B. über den Wert eines Grundstücks oder die Methode der Bewertung),
– Beurteilungsspielräume (z.B. im Ermessensbereich bei § 160 AO, in der Außenprüfung bei §§ 193 f. AO)
– Beweiswürdigungsspielräume oder
– Pauschalierungen

in Betracht kommen (vgl. HHSp/*Söhn* § 78 Rn. 125).

Die Tatsächliche Verständigung ist demgegenüber nach höchstrichterlicher Rechtsprechung und **25** einhelliger Meinung **nicht zulässig**

– zur Klärung zweifelhafter **Rechtsfragen**, **26**
– über den Eintritt bestimmter **Rechtsfolgen**, ganz im Gegensatz zur strafrechtlichen Absprache (s.o. Rdn. 11 ff.),
– über die Anwendung bestimmter Rechtsvorschriften (BMF, Erlass v. 30.07.2008, a.a.O. Tz. 2).

Bei einer Einigung über derartige Rechtsfragen wäre eine Tatsächliche Verständigung unwirksam **27** und würde keine Bindungswirkung herbeiführen. Anders verhält es sich bei den sog. „gemischten Fragen" (s.o. Rdn. 2 ff. m.w.N.; BFH, Urt. v. 01.02.2001 – IV R 3/00, BStBl. II 2001, S. 520). Soweit im Rahmen einer rechtlichen Beurteilung über eine Vorfrage zum Sachverhalt zu entscheiden ist, ist eine Tatsächliche Verständigung weiter möglich. Die Grenzen sind insoweit fließend, weshalb in der Praxis bei beiderseitigem Einigungswillen i.d.R. eine wirksame steuerliche Verständigung erzielt werden kann.

2. Formerfordernisse der Tatsächlichen Verständigung

a) Auffassung der Rechtsprechung

28 Nach ständiger Rechtsprechung bedarf eine wirksame Tatsächliche Verständigung **nicht der Schriftform** und nicht der Unterzeichnung durch die Beteiligten. Sie unterliegt somit nach Auffassung der Rechtsprechung **keinem Formerfordernis**. Der BFH hat auch eine „formlose", z.B. mündliche, Tatsächliche Verständigung als wirksam angesehen (BFH, Urt. v. 31.07.1996 – XI R 78/95, BStBl. II 1996, S. 625, 626; BFH Beschl. v. 21.06.2000 – IV B 138/99, BFH/NV 2001, 2; BFH, Urt. v. 20.09.2007 – IV R 20/05, BFH/NV 2008, 532, 535). Die Rechtsprechung hält zwar eine schriftliche Niederlegung auch für zweckmäßig und nimmt diese als Indiz dafür, dass sich die Beteiligten binden wollten. Sie sieht diese aber nicht als zwingend an (vgl. neben den genannten Urteilen auch FG Baden-Württemberg, Urt. v. 24.10.2004, EFG 2004, 862, 863).

b) Auffassung von Finanzverwaltung und Literatur

29 Demgegenüber ist nach der **Finanzverwaltung** (AEAO Tz. 5 zu § 201 AO mit Verweis auf BMF – Schreiben v. 30.07.2008 a.a.O, dort Tz. 5.5) für eine formwirksame Tatsächliche Verständigung die **Schriftform erforderlich**. Die Tatsächliche Verständigung soll in einfacher, aber beweissicherer Form unter Darstellung der Sachlage schriftlich festgehalten werden und von den Beteiligten aus Beweisgründen unterschrieben werden.

30 Dieses Interesse hat grds. auch der Steuerpflichtige und sein Berater, weshalb die **Literatur** nahezu geschlossen für die Schriftform als Wirksamkeitsvoraussetzung einer Tatsächlichen Verständigung in verschiedenen Formen argumentiert (grundlegend: *Seer* S. 348 und in BB 1999, 78, 82; TK/ *Seer* vor § 118 Rn. 26 f.; *Offerhaus*, DStR 2001, 2093 [2096]; *Streck/Spatschek* Rn. 832 und 843 ff.; *Kohlmann* § 385 Rn. 517). Dabei ist die Meinung des Schrifttums zunächst in Richtung der Rechtsprechung tendierend, teilweise aus pragmatischen Gründen, insofern weiter als die Auffassung der Finanzverwaltung, als für die Wirksamkeit einer Einigung keine Urkunde mit eigener Unterschrift der Beteiligten gefordert wird. Es wird für die Wirksamkeit als ausreichend angesehen, wenn sich die Vereinbarung aus einem zwischen Berater und Finanzverwaltung geführten **Schriftwechsel** oder aus einem an Amtsstelle aufgenommenen **Protokoll** ergibt (TK/*Seer* vor § 118 Rn. 27).

31 Zur Begründung ihrer Auffassung kann vonseiten der Literatur in rechtlich-systematischer Hinsicht angeführt werden, dass die AO 1977 bei Vorwegbindungen im Vorfeld der Steuerfestsetzung durchweg die Schriftform verlangt (*Seer*, BB 1999, 78, 82; TK//*Seer* vor § 118 Rn. 26). Dies gilt sowohl für die verbindliche Zusage nach § 205 Abs. 1 AO wie für gesonderte Feststellungsbescheide nach §§ 181 Abs. 1 i.V.m. 157 Abs. 1 Satz 1 AO nach dem Grundsatz der Formen-Akzessorietät. Darüber hinaus werden zu Recht neben der allgemein Rechtssicherheit schaffenden **Beweisfunktion** zugunsten des Schriftformerfordernisses auch eine gewisse **Warnfunktion**, insb. auch für den Steuerpflichtigen und seinen Berater, sowie eine **Kontrollfunktion** – nicht nur i.S.e. verwaltungseigenen Binnenkontrolle – angeführt (*Seer* S. 347 f., 476 ff. und in BB 1999, 78, 82).

c) Fazit

32 In der Praxis werden die unterschiedlichen Rechtsauffassungen zwischen Rechtsprechung und Verwaltung sowie Schrifttum in aller Regel wenig zum Tragen kommen, da bei einer gefundenen, dem Steuerpflichtigen in aller Regel günstigen Einigung schon aus den angesprochenen Beweisgründen sämtliche Beteiligten – insb. der Steuerpflichtige und sein Berater – ein erhebliches Interesse an der schriftlichen Fixierung der getroffenen Verständigung haben. Unterschiedliche Auffassungen können sich aber bei der Art und Weise der schriftlichen Fixierung (s. dazu unten Rdn. 45 ff. und Rdn. 109 ff.) ergeben.

33 Die Schriftform ist jedenfalls **dringend anzuraten**, gleichgültig in welcher Form. Sie hängt letztlich vom jeweiligen Einzelfall ab und der Frage, ob eine bindende formwirksame Tatsächliche Ver-

ständigung gewollt ist (und aufgrund der Beteiligten sowie des zeitlichen Rahmens möglich ist) oder aber eine nicht bindende, bloß faktische Einigung (s. dazu unten Rdn. 137 ff. und Rdn. 4 ff.). Auch im letzteren Falle, wenn z.B. nicht sämtliche zum Abschluss einer bindenden Tatsächlichen Verständigung notwendigen Amtsträger an der Besprechung teilgenommen haben (s. dazu unten Rdn. 65 ff. ist zumindest die Niederlegung des gefundenen Ergebnisses durch den Berater in einem **Bestätigungsschreiben** an das zuständige Veranlagungsfinanzamt sowie die zuständige Prüfungsstelle (Steuerfahndungs- und/oder Betriebsprüfungsstelle) anzuraten (ähnlich einem „kaufmännischen Bestätigungsschreiben", auch wenn dessen Grundsätze der einseitigen Willenserklärung vorliegend natürlich nicht gelten). In jedem Fall muss das zuständige FA reagieren, wenn es mit den Darlegungen im Bestätigungsschreiben nicht einverstanden ist. Reagiert das FA nicht, so können die Grundsätze von Treu und Glauben, die auch im Besteuerungsverfahren – gerade bei der Tatsächlichen Verständigung (s. dazu unten Rdn. 39 – gelten, zugunsten des Steuerpflichtigen herangezogen werden.

Dies gilt erst recht im Bewusstsein der Tatsache, dass nach Rechtsauffassung des BFH zwar keine **34** Schriftform verlangt ist, allerdings die Schriftform durchaus als zweckmäßig anerkannt wird und als Indiz dafür, dass sich die Beteiligten durch die Verständigung binden wollten bzw. umgekehrt die Nichteinhaltung der Schriftform von der Rechtsprechung als Indiz dafür gesehen wird, dass sich die Beteiligten **nicht** haben binden wollen (vgl. BFH, Beschl. v. 21.06.2000 – IV B 138/99, BFH/NV 2001, 2).

Im Ergebnis kann daher die Auffassung der Rechtsprechung durchaus Argumentationsspielräume in **35** Einzelfällen eröffnen. Im Normalfall ist jedoch die Schriftform – in Fällen mit großem steuerlichen Ausmaß durchaus in der von der Verwaltung vorgesehenen Urkundsform mit Unterschrift aller notwendig Beteiligten – dringend anzuraten, zumindest aber in der Form des von Teilen der Literatur für ausreichend gehaltenen Briefwechsels/Bestätigungsschreibens an die Finanzverwaltung.

II. Rechtsnatur der Tatsächlichen Verständigung

Die Tatsächliche Verständigung stellt – wie bereits unter Rdn. 2 ff. ausgeführt – ein von der Recht- **36** sprechung nach den Bedürfnissen der Praxis entwickeltes Rechtsinstitut dar. Umstritten ist allerdings bis heute ihre Rechtsnatur.

1. Auffassung des Schrifttums und der herrschenden Lehre

Das ganz überwiegende Schrifttum sowie die herrschende Lehre stuft die Tatsächliche Verständi- **37** gung als **öffentlich-rechtlichen Vertrag** ein (so bereits *Schick* S. 27 ff.; *Seer* S. 47 ff.; *Seer*, BB 1999, 78; TK/*Seer* vor § 118 Rn. 15 ff.; *Offerhaus*, DStR 2001, 2093, 2097 ff.; *Wassermeyer*, FR 1987, 513, 521 ff.). Typischerweise wird der Vertrag als Vergleichsvertrag i.S.d. § 55 VwVfG gesehen (*Seer*, StuW 1995, 213, 223; HHSp/*Söhn* § 78 Rn. 116). Auch diverse FG haben sich dieser Auffassung angeschlossen (FG Hamburg, Urt. v. 04.12.1991 – II 125/89, EFG 1992, 379; FG Baden-Württemberg, Urt. v. 26.03.1992 – 3 K 132/86, EFG 1992, 706; EFG 1992, 379; FG Düsseldorf, Urt. v. 06.09.1996 – 18 K 4217/93 E, EFG 1998, 5).

Diese Lehre sieht sich in rein rechtlicher Hinsicht ggü. derjenigen der Rechtsprechung in mehrfa- **38** cher Hinsicht als überlegen an (vgl. *Raupach*, StuW 1997, 188, 190; *Seer* BB 1999, 78, 80 f.): dies gilt hinsichtlich der rechtlichen Begründung für die sofortige Bindungswirkung einer Verständigung, insb. aber auch für weitere Regelungen betreffend die Auswirkung von Willensmängeln bei der Verständigung oder etwa für die Korrektur unwirksamer Verständigungen über eine nachträgliche Heilung des Vertrages bzw. eine nachträgliche Genehmigung nach den Vorschriften des Bürgerlichen Gesetzbuches.

2. Die höchstrichterliche Rechtsprechung

39 Demgegenüber sieht die höchstrichterliche Rechtsprechung die Grundlage der Tatsächlichen Verständigung in dem bestehenden, konkreten Steuerrechtsverhältnis zwischen FA und Steuerpflichtigem. Damit wird sie letztlich aus der Korrespondenz der gegenseitigen Pflichten begründet: einerseits der Amtsermittlungspflicht des FA (§§ 88 ff. AO) und andererseits den diesbezüglich korrespondierenden Mitwirkungspflichten des Steuerpflichtigen gem. §§ 90 ff. AO und § 200 AO für das Betriebsprüfungsverfahren, die über § 393 Abs. 1 Satz 1 bis 3 AO auch im Steuerstrafverfahren ihre Geltung behalten, aber nicht mehr erzwingbar sind. Zum zweiten und insb. leitet der BFH das Institut der Tatsächlichen Verständigung aus dem allgemeinen, auch im Steuerrecht als allgemeine Rechtsgrundlage uneingeschränkt anerkannten Rechtsgrundsatz von **Treu und Glauben** her (BFH, Urt. v. 09.08.1989 – I R 181/85, BStBl. II 1989, S. 990).

40 Der Grundsatz von Treu und Glauben gebietet in der Fallgruppe des „venire contra factum proprium", dass jeder am Steuerrechtsverhältnis Beteiligte auf die berechtigten Belange des anderen Teiles angemessen Rücksicht nimmt und sich nicht zu seinem eigenen früheren Verhalten, auf das der andere vertraut hat und unwiderruflich disponiert hat, in Widerspruch setzt (grundlegend: BFH, Urt. v. 31.07.1996 – XI R 78/95, BStBl. II 1996, S. 625, 626 m.w.N.). Die diesbezüglich notwendige „Disposition" der Beteiligten sieht der BFH im Hinblick auf den gewünschten, möglichst frühzeitigen Eintritt der Bindungswirkung im Hinblick auf Tatsächliche Verständigungen gerade auch im steuerlichen Ermittlungsverfahren, z.B. i.R.d. Außenprüfung oder einer Steuerfahndungsprüfung, bereits in der „Aufgabe" der unterschiedlichen Ausgangspositionen und dem einvernehmlichen Verzicht auf weitere Ermittlungen in Bezug auf den durch die Verständigung festgelegten Sachverhalt. Somit tritt auch nach Rechtsauffassung des BFH die Rechtsfolge der Bindungswirkung einer Tatsächlichen Verständigung unverzüglich ein, da **die gegenseitige Bindung jeder Tatsächlichen Verständigung immanent sei** (so der BFH in seiner Entscheidung v. 31.07.1996 [XI R 78/95, BStBl. II 1996, S. 625, 626 m.w.N.]).

41 Zwischendurch wurde im Laufe der Jahre vom BFH zwar die Frage der Rechtsnatur einer Tatsächlichen Verständigung, wohl i.S.e. Zuwendung zur herrschenden Lehre, offen gelassen (vgl. BFH, Urt. v. 24.01.2002, III R 49/00, BStBl. II 2002, S. 408, 410). In jüngeren Entscheidungen wird das Vorliegen eines öffentlich-rechtlichen Vertrages jedoch wieder ausdrücklich verneint (z.B. BFH, Beschl. v. 25.08.2006 – VIII B 13/06, BFH/NV 2006, 2122, 2123).

3. Auffassung der Finanzverwaltung und Fazit:

42 Die Finanzverwaltung hat auch in ihrem maßgeblichen BMF-Schreiben v. 30.07.2008 (a.a.O.) (noch) keine abschließende Entscheidung hinsichtlich ihrer Meinung zur Frage der Rechtsnatur einer Tatsächlichen Verständigung getroffen. Einerseits argumentiert sie unter Tz. 6.1 ihres Schreibens hinsichtlich der Rechtsfolgen der Tatsächlichen Verständigung auf dem Boden der Auffassung der Rechtsprechung, also nach Treu und Glauben. Auf der anderen Seite möchte das BMF, was aus Praktikabilitätsgründen sicherlich zu befürworten wäre, aber auf „wackeligem rechtlichen Boden steht", die Regelungen über Willensmängel bei Willenserklärungen, nachträgliche Zustimmung (Tz. 5.3 sowie Tz. 8.2), Fälle der Unwirksamkeit von Willenserklärungen, auf die Tatsächliche Verständigung anwenden. Dies spricht wiederum eher für die Auffassung des Schrifttums. In jedem Fall zeigt diese offenbare Unentschiedenheit auch der Finanzverwaltung, dass auch von ihrer Seite i.R.d. vorliegenden Rechtsinstituts praktikable und pragmatische Lösungen in der Praxis erwünscht sind.

43 Letztlich ist der bis heute nicht zur Gänze entschiedene Theorienstreit zur Rechtsnatur der Tatsächlichen Verständigung eher ein „theoretischer Streit" (geworden) (vgl. HHSp/*Söhn* § 78 Rn. 117), da die unterschiedlichen Auffassungen sich im Ergebnis angenähert haben, was insb. für den besonders relevanten Zeitpunkt des Eintritts der Bindungswirkung gilt (s. dazu unten Rdn. 111). Praktische Auswirkungen ergeben sich in Fällen, in denen ein Nichtzuständiger aus der Verwaltung eine unwirksame Tatsächliche Verständigung herbeigeführt hat (Rdn. 126 ff.). Nach

der Auffassung der Rechtsprechung müsste eine solche Vereinbarung als nicht existent angesehen werden, während nach der Vertragstheorie eine rechtliche Genehmigung gem. § 184 BGB einer durch einen Vertreter ohne Vertretungsmacht abgeschlossenen Vereinbarung ohne Weiteres erfolgen kann, mithin die ursprüngliche Verständigung „geheilt" werden kann. In der Praxis dürfte dies ggü. dem FA aber auch über den Grundsatz von Treu und Glauben durchzusetzen sein.

Daher spielt gerade im Steuerstrafverfahren weniger die Rechtsnatur der Verständigung eine Rolle, als vielmehr die weitere grundlegende Frage des „ob" einer Verständigung, also ob überhaupt eine Verständigung getroffen werden soll, und – wenn ja – ihrer Art und ihres Zeitpunktes: in aller Regel notwendigerweise vor Abschluss des Strafverfahrens. Alternativ: Offenhalten des Steuerrechtsstreits und primärer Abschluss des Strafverfahrens oder aber Herbeiführung des Idealfalles der Hand in Hand gehenden Verfahrensbeendigung von Besteuerungsverfahren und Strafverfahren. **44**

III. Legitimation und Wirksamkeitsvoraussetzungen der Tatsächlichen Verständigung

Nach § 88 Abs. 1 AO hat die Finanzbehörde den Sachverhalt nach ihrem pflichtgemäßen Ermessen (§ 5 AO) von Amts wegen zu ermitteln (§ 88 Abs. 1 Satz 1 AO). Dabei bestimmt sie gem. § 88 Abs. 1 Satz 2 AO selbst Art und Umfang der Ermittlungen. Es besteht dabei nicht nur ein Recht zur Ermittlung, sondern eine **Amtsermittlungspflicht.** D.h. die Finanzbehörde ist an den Vortrag und die Beweisanträge der Beteiligten (§ 78 AO) nicht gebunden, sondern hat ihre Ermittlungen an den Umständen des Einzelfalles auszurichten (§ 88 Abs. 1 Satz 3 AO). Korrespondierend zu dieser Amtsermittlungspflicht stehen ihr die Mitwirkungspflichten der Beteiligten ggü. (§§ 90, 93 ff. AO). **45**

Wie stets unterliegt die Verwaltung bei ihrem Handeln den allgemeinen Prinzipien der Gesetzmäßigkeit der Verwaltung sowie insb. dem Gleichheitsgrundsatz (Art. 3 GG) und damit dem Prinzip der Gleichmäßigkeit der Besteuerung (§ 85 Satz 1 AO). Obwohl das in § 85 AO nochmals zum Ausdruck kommende Legalitätsprinzip damit Vergleiche über Steueransprüche nicht gestattet, **sind i.R.d. Sachverhaltsermittlung letztlich Zweckmäßigkeitserwägungen gleichkommende Entscheidungen** der Finanzverwaltung im Interesse der Förderung der Effektivität der Besteuerung **zulässig** (vgl. Tz. 1 AEAO zu § 88 AO mit Verweis auf BVerfG, Beschl. v. 20.06.1973 – 1 BvL 9/71, 1 BvL 10/71, BStBl. II 1973, S. 720). In Fällen erschwerter Sachverhaltsaufklärung kann somit auf das Verhältnis zwischen voraussichtlichem Arbeitsaufwand und steuerlichem Erfolg abgestellt werden und damit eine Einigung über eine bestimmte Sachbehandlung herbeigeführt werden (vgl. BFH, Urt. v. 11.12.1984, VIII R 131/76, BStBl. II 1985, S. 354 und BMF, Schreiben v. 30.07.2008 – IV A 3-S 0223/07/10002, BStBl. I 2008, S. 831). **46**

1. Zweck und Anwendungsbereich – Legitimation

Die Tatsächliche Verständigung hat im Steuerverfahren den Sinn und Zweck, einen möglichst „zutreffenden Besteuerungssachverhalt im Sinne des § 88 AO einvernehmlich festzulegen", wenn und soweit die Klärung eines für die Steuerfestsetzung notwendigen Sachverhaltes schwierig ist (HHSp/*Söhn* § 78 Rn. 114). **47**

Sie soll damit nach allgemein anerkannter Ansicht Unsicherheiten sowie Ungenauigkeiten i.R.d. Besteuerungsverfahrens beseitigen und dient somit einerseits der Förderung und Beschleunigung des Besteuerungsverfahrens, andererseits – wie jede Einigung – auch allgemein dem Rechtsfrieden (BFH, Urt. v. 31.07.1996 – XI R 78/95, BStBl. II 1996, S. 625, 626). Streck spricht – zu Recht –, subjektiv aus der Sicht des Steuerbürgers und seines Beraters gesehen, von einer größeren Legitimationskraft der Verständigung (jedenfalls einzelfallbezogen) als von jedem Steuergesetz und damit von einem „durchaus staatstragenden Wert" (*Streck* StuW 1993, 366 und *Streck/Spatschek* Rn. 826). **48**

Aufgrund des obigen Sinn und Zwecks der Tatsächlichen Verständigung kann dieses Instrument nach ständiger Rechtsprechung des BFH (BFH, Urt. v. 11.12.1984 – VIII R 131/76, BStBl. II 1985, S. 354; **49**

v. 08.09.1994 – V R 70/91, BStBl. II 1995, S. 32; v. 31.07.1996 – XI R 78/95, BStBl. II 1996, S. 625; so auch das BMF im Schreiben v. 30.07.2008, a.a.O.) in **jedem Verfahrensstadium des Steuerverfahrens** angewendet werden. Der Anwendungsbereich erstreckt sich damit über sämtliche Stadien des Veranlagungsverfahrens, steuerstrafrechtlich relevant insb. das Ermittlungsverfahren anlässlich einer Außenprüfung (§§ 193 ff. AO i.V.m. der Betriebsprüfungsordnung [BpO 2000 v. 15.03.2000, BStBl. I, 368 i.d.F. v. 22.01.2008, BStBl. I 2008, S. 274]), Steuerfahndungsprüfungen (§§ 385 ff. AO i.V.m. AEAO vor §§ 389 bis 412 sowie Anweisungen für das Straf- und Bußgeldverfahren [Steuer] AStBV 2011 v. 08.11.2010, gleichlautender Ländererlass v. 31.12.2010, FinMin Baden-Württemberg, 3-S0720/1, BStBl. I 2010, 1434) über das eigentliche Veranlagungsverfahren (Festsetzungs- und Feststellungsverfahren [§§ 155 ff. AO]) bis hin zum Rechtsbehelfsverfahren (§§ 347 ff. AO).

50 Eine große Rolle für das Instrument der Tatsächlichen Verständigung spielt in der Praxis dabei die Norm des **§ 364a AO, die Verpflichtung der Finanzverwaltung zur Abhaltung eines Erörterungstermines zur Diskussion des Sach- und Rechtsstandes des Verfahrens vor Erlass einer Einspruchsentscheidung**. In nicht wenigen Verfahren kann anlässlich eines solchen Termines auch bei steuerstrafrechtlichem Hintergrund eine Lösung zumindest für das Besteuerungsverfahren erreicht werden, da § 364a AO nach seinem erklärten Sinn und Zweck (vgl. Tz. 1 AEAO zu § 364a AO) gerade eine einvernehmliche Erledigung von Einspruchsverfahren fördern und Streitfälle von den FG fernhalten soll. Ziel eines solchen Gespräches kann daher gerade nach dem AEAO die Tatsächliche Verständigung sein, was der Gesetzgeber zu Recht mit dieser Norm aus den neunziger Jahren gefördert hat.

51 Selbst begleitend zum finanzgerichtlichen Rechtsstreit kann **außergerichtlich** – etwa um im Fall von mehreren notwendigen finanzgerichtlichen Hauptverhandlungsterminen (die sich regelmäßig über Jahre hinweg erstrecken) eine Verfahrensabkürzung zu erreichen oder um bei Aussetzung des Verfahrens gem. § 396 AO vom Strafgericht in den Raum gestellte Fristen einzuhalten – häufig die Tatsächliche Verständigung mit dem Beklagten gesucht werden. Gerade bei langwierigen Verfahren, bei denen die Finanzverwaltung eine gewisse Distanz des FG zu ihrer eigenen Auffassung erkennt, steigt die Chance auf eine Tatsächliche Verständigung im Wege beiderseitiger Erledigungserklärung vor dem FG mit zunehmender Verfahrensdauer.

2. Die Wirksamkeitsvoraussetzungen einer Tatsächlichen Verständigung

52 Eine wirksame und damit bindende Tatsächliche Verständigung hat im Wesentlichen **vier Voraussetzungen** (vgl. nur jeweils m.w.N. HHSp/*Birk* § 5 Rn. 80; HHSp/*Söhn* § 78 Rn. 125 ff.; BMF, Schreiben v. 30.07.2008 – IV A 3-S 0223/07/10002, BStBl. I 2008, S. 831):

53 – Einigung über einen bestimmten Sachverhalt (Rdn. 54)
– „Schwierig zu ermittelnde Sachverhaltsumstände" im jeweiligen Einzelfall (Rdn. 62)
– Handeln eines zuständigen Amtsträgers aufseiten der Finanzbehörde und ordnungsgemäße Bevollmächtigung des steuerlichen Beraters (Rdn. 65)
– Kein offensichtlich unzutreffendes Ergebnis und kein Verstoß gegen das „Koppelungsverbot" (Rdn. 73).

a) Einigung über einen bestimmten Sachverhalt

54 Eine Tatsächliche Verständigung im Besteuerungsverfahren gestattet eine Einigung lediglich im Bereich der Sachverhaltsermittlung, d.h. im Bereich der tatsächlichen Besteuerungsgrundlagen (Legaldefinition in § 199 Abs. 1 AO). Diese Voraussetzung verhält sich gänzlich anders als bei Absprachen im Strafverfahren, bei denen angestrebter und zulässiger Einigungsbestandteil gerade die Absprache über Rechtsfragen und Rechtsfolgen darstellt (vgl. z.B. *Tormöhlen*, AO-StB 2010, 178, 179; s.a. Rdn. 12). Das ist im Steuerverfahren allgemeine Auffassung der Rechtsprechung sowie dementsprechend auch der Finanzverwaltung (BMF, Schreiben v. 30.07.2008 – IV A 3-S 0223/07/10002, BStBl. I 2008, S. 831 Tz. 2.1).

Im Einzelfall ist die Grenze zwischen Sachverhaltsfragen und Rechtsfragen oftmals fließend und 55 nicht genau bestimmbar. Insoweit wird von „**gemischten Fragen**" gesprochen (HHSp/Söhn § 78 Rn. 126; s.o. Rdn. 2 f., bei denen die rechtliche Wertung auf tatsächliche Faktoren zurückgreift, z.B. beim Fremdvergleich im Rahmen von Verträgen zwischen nahen Angehörigen oder der Angemessenheitsprüfung einer Geschäftsführer-Gesamtvergütung (§ 8 Abs. 3 Satz 2 KStG), ebenso im Bereich der Anwendung von § 160 Abs. 1 Satz 1 AO. Nach der höchstrichterlichen Rechtsprechung ist es unschädlich, wenn eine Verständigung mittelbar den Tatbestandsbereich einer Rechtsnorm erfasst, weshalb auch unter diesen Voraussetzungen bei „gemischten Fragen" eine wirksame Verständigung angenommen wird (BFH, Beschl. v. 31.08.2009 – I B 21/09, BFH/NV 2010, 163; BFH, Urt. v. 08.10.2008 – I R 83/07, BStBl. II 2009, S. 121; BFH, Urt. v. 01.02.2001 – IV R 3/00, BStBl. II 2001, S. 520; BFH, Beschl. v. 13.08.1997 – I R 12/97, BFH/NV 1998, 498, 499; *Seer*, BB 1999, 78, 80; TK/*Seer* vor § 118 Rn. 10 f.; *Apitz* StBp 2008, 93, 94 f. m.w.N.).

aa) „Bestimmter" Sachverhaltsausschnitt und „Paket-Lösung"

In aller Regel betrifft die Tatsächliche Verständigung nur **einen bestimmten** Sachverhalt bzw. 56 einen Ausschnitt aus einem Gesamtsachverhalt, was aber nicht Wirksamkeitsvoraussetzung ist (HHSp/*Söhn* § 78 Rn. 125; HHSp/*Birk* § 4 Rn. 330 m.w.N.). Dementsprechend und im Hinblick auf die Wirksamkeit einer Tatsächlichen Verständigung lehnt die Verwaltung grds. „Paketlösungen" über mehrere Sachverhalte in dem Sinne ab, dass hier Absprachen getroffen werden, die in ihrem Bestand voneinander abhängig gemacht werden (BMF, Schreiben v. 30.07.2008, a.a.O., Tz. 5.4; HHSp/*Söhn* § 78 Rn. 125a; anders: BFH, Urt. v. 20.09.2007 – IV R 20/05, BFH/NV 2008, 532, 535). Vielmehr sollen für diesen Fall nach Meinung der Verwaltung über jeden einzelnen Sachverhalt einzelne Verständigungen herbeigeführt werden, was allenfalls bei umfangreichen Sachverhalten im Interesse des Steuerpflichtigen sein könnte. Grds. wird der Steuerpflichtige jedoch ein Interesse daran haben, dass sein Nachgeben im einen Sachverhaltskomplex abhängig ist vom Bestand der gesamten weiteren Einigungsregelungen in anderen Sachverhalten. Dies, damit die Verwaltung nicht in der Lage ist, über Einzel-Einigungen im Wege einer „Rosinentheorie" vorzugehen. Der **BFH** hat in dem genannten Urt. v. 20.09.2007 „**Paketlösungen" über mehrere Regelungsgegenstände/Sachverhalte ausdrücklich anerkannt** (s. dazu unten Rdn. 119 ff.).

Häufige Beispiele eines solchen Sachverhaltsausschnittes sind die Annahme von Schätzungsgrund- 57 lagen bei Unternehmen mit schwarzen Einnahmen (oftmals Gastronomiebranche, Bäckereien, Metzger [„BMW-Betriebe"], jüngst Metall verarbeitende Betriebe), bei denen die Schätzungsgrundlagen im Sinne z.B. des Rohaufschlagsatzes auf den Wareneinkauf oder das Vorhandensein eines Wareneinkaufes überhaupt im Verhältnis zu zwar dem Grunde nach belegbaren, aber der Höhe nach nicht beweisbaren Scheinlieferungen beim Wareneinkauf im Wege der Verständigung gemeinsam festgelegt werden.

bb) Erstreckung auf künftige Veranlagungszeiträume/Sachverhalte

Nach der höchstrichterlichen Rechtsprechung soll sich eine Tatsächliche Verständigung – wie eine 58 Absprache im Strafverfahren – nur auf **abgeschlossene, in der Vergangenheit liegende Sachverhalte, nicht dagegen auf künftige Steuersachverhalte** beziehen können (BFH, Urt. v. 13.02.2008 – I R 63/06, BStBl. II 2009, S. 414, 418; BMF, Schreiben v. 30.07.2008, a.a.O., Tz. 4.2; HHSp/*Söhn* § 78 Rn. 133 m.w.N.).

In der Praxis kann im Einzelfall jedoch häufig das Bedürfnis bestehen, die Tatsächliche Verständi- 59 gung etwa **bei Dauersachverhalten**, wie z.B. Miet-, Darlehens- und Anstellungsverträgen oder Abschreibungssachverhalten, nicht nur auf die vom Steuerstrafverfahren umfassten Jahre, sondern **auch auf Folgezeiträume**, zu erstrecken. Vom Schrifttum wird insoweit zu Recht eine Ausnahme vom Grundsatz der Regelbarkeit ausschließlich vergangener Sachverhalte befürwortet (vgl. etwa *Seer*, BB 1999, 78, 80; TK/*Seer* vor § 118 Rn. 14; *Kotke*, DB 1999, 820, 822; *Schmidt-Liebich*, DStR 1996, 643, 644). Die Rechtsprechung hat eine mögliche Regelung für die Zukunft bisher noch nicht ausdrücklich, allenfalls in Ausnahmefällen, bejaht oder aber offen gelassen (z.B. BFH, Urt. v. 08.10.2008 – I R 63/07, BStBl. II 2009, S. 121, 123 und Urt. v. 13.02.2008 – I R 63/06, BStBl. II 2009, S. 414, 418). In derartigen Sachverhalten stellt sich das Problem aufgrund langer Verfahrensdauer ständig.

60 Auch die Verwaltung hat als unmittelbar Beteiligter einer Tatsächlichen Verständigung dieses Bedürfnis erkannt und bejaht unter der Voraussetzung „ansonsten gleichbleibender Verhältnisse" die Möglichkeit der Regelung der Tatsächlichen Verständigung auch für in der Zukunft liegende Sachverhalte am Beispiel der Festlegung der Nutzungsdauer eines Wirtschaftsgutes oder der Abgrenzung von Erhaltungs- und Herstellungsaufwendungen (BMF, Schreiben v. 30.07.2008, a.a.O., Tz. 4.2). Somit dürfte für die Praxis die oftmals auftretende und notwendige Erstreckung der Tatsächlichen Verständigung auch auf künftige, jedenfalls nach dem Prüfungszeitraum liegende Besteuerungszeiträume positiv geklärt sein (jedenfalls bis auf Weiteres). Sie widerspricht nicht dem Grundsatz der Abschnittsbesteuerung.

61 Hinsichtlich der übrigen Besteuerungsgrundlagen und -sachverhalte, die von einer Tatsächlichen Verständigung nicht umfasst sind, bestehen die gesetzlichen Ermittlungspflichten der Finanzverwaltung zur Ermittlung des Sachverhaltes von Amts wegen (selbstverständlich) gem. §§ 85, 88 AO ebenso wie die Mitwirkungspflichten des Steuerpflichtigen (§§ 90, 93 ff. AO) fort.

b) Fall „erschwerter Sachverhaltsermittlung"

62 Zweite und im Steuerstrafverfahren sicherlich am einfachsten zu erfüllende Voraussetzung einer wirksamen Tatsächlichen Verständigung ist das Vorliegen von „schwierig zu ermittelnden Sachverhalts-Umständen". Gemeint sind damit Sachverhaltsunklarheiten und Sachverhaltsungewissheiten, die im Steuerstrafrecht aufgrund der „Kreativität" oder Nachlässigkeit der handelnden Steuerpflichtigen an der Tagesordnung sind, wie z.B. das Fehlen von vollständigen, aussagekräftigen Buchungsunterlagen, Kassenbüchern, Aufzeichnungen über den Wareneinsatz etc. In derartigen Fällen ist die Sachverhaltsermittlung, auch durch Schätzung gem. § 162 AO, regelmäßig „schwierig", aber zur Festsetzung der Steuer notwendig.

63 „Schwierig/erschwert" bedeutet in diesem Zusammenhang, dass „die tatsächliche Unsicherheit nicht oder nur unter erheblichem/überdurchschnittlichem und unangemessenem Arbeits- oder Zeitaufwand" beseitigt werden könnte (vgl. Tz. 1 AEAO zu § 88 AO, 2. Abs.; BFH, Urt. v. 31.07.1996 – XI R 78/95, BStBl. II 1996, S. 625, 626; HHSp/Söhn § 78 Rn. 129; BMF, Schreiben v. 30.07.2008, a.a.O., Tz. 3). „Parade-Beispiel" hierfür sind die erwähnten Schätzungsfälle, z.B. des Gastwirtes, der nicht nur schwarze Einnahmen nicht aufgezeichnet hat, sondern auch einen entsprechenden „schwarzen Wareneinkauf" (WEK). Hier bedarf es der Schätzung des WEK sowie eines angemessenen Rohaufschlagsatzes im Wege eines internen oder externen Betriebsvergleiches, über die eine Tatsächliche Verständigung zumeist im Interesse des Steuerpflichtigen getroffen werden kann. Ähnliches gilt im Bereich des derzeit aktuellen Schrott- und Metallhandels, bei dem in der Vergangenheit oftmals keine Aufzeichnungen über die Anlieferung von Waren seitens ausländischer Firmen, Kleinlieferanten, etc. existieren. Selbiges gilt für die aktuellen Fälle der CD-Ankäufe durch den Fiskus, also von nicht versteuerten Kapitaleinkünften aus dem Ausland: allein durch die gebotene Sachverhaltsermittlung im Ausland ergibt sich in diesen Fällen, auch unter Berücksichtigung verbesserter Ermittlungsmöglichkeiten über § 90 Abs. 2 AO sowie die diversen Nachbesserungen in Verhandlungen/Doppelbesteuerungsabkommen entsprechend Art. 26 OECD-Musterabkommen, ein Fall erschwerter Sachverhaltsermittlung mit der Möglichkeit zur Schätzung bzw. Tatsächlichen Verständigung.

64 Ob diese Voraussetzung zu bejahen ist, ist letztlich eine Frage des Einzelfalles. Natürlich reicht – so auch das BMF im Schreiben v. 30.07.2008, a.a.O. Tz. 3 – die Komplexität des Sachverhaltes allein für die Annahme einer erschwerten Sachverhaltsermittlung nicht aus. Gleichwohl dürfte diese Voraussetzung im Steuerstrafrecht in aller Regel unschwer erfüllt sein.

c) Handeln eines zuständigen Amtsträgers aufseiten der Finanzbehörde und ordnungsgemäße Bevollmächtigung des steuerlichen Beraters

Dritte Voraussetzung ist, aufseiten der Finanzverwaltung das Handeln eines zuständigen Amtsträgers und – was häufig übersehen wird – aufseiten des Steuerpflichtigen entweder die ordnungsgemäße Bevollmächtigung des steuerlichen Beraters oder aber der Abschluss der Tatsächlichen Verständigung durch den Steuerpflichtigen selbst.

Der **Steuerpflichtige** kann sich gem. § 80 AO auch bei Abschluss der Tatsächlichen Verständigung durch einen Bevollmächtigten vertreten lassen (BFH, Urt. v. 06.02.1991 – I R 13/86, BStBl. II 1991, S. 673, 674, s.a. BMF, Schreiben v. 30.07.2008, a.a.O., Tz. 5.2). Eine uneingeschränkte Vollmacht i.S.d. § 80 Abs. 1 Satz 2 AO umfasst auch die Befugnis zum Abschluss einer Tatsächlichen Verständigung. Dabei ist zu beachten, dass sich die Finanzbehörde gem. § 80 Abs. 3 AO i.d.R. an den Bevollmächtigten halten soll und nur im Ausnahmefall an den Steuerpflichtigen selbst herantreten darf (was von den Finanzbehörden häufig nicht beachtet wird).

Auf der **Seite der Finanzverwaltung** verlangt die zwischenzeitlich ständige höchstrichterliche Rechtsprechung, dass bei Abschluss der Verständigung ein für die Entscheidung über die Steuerfestsetzung (abschließende Zeichnung) zuständiger Amtsträger unmittelbar beteiligt ist (BFH, Urt. v. 08.10.2008 – I R 63/07, BStBl. II 2009, 121 [123]; Urt. v. 31.07.1996, XI R 78/95, BStBl. II 1996, 625 [626]; v. 05.10.1990, III R 19/88, BStBl. II 1991, 45; BMF, Schreiben v. 30.07.2008, a.a.O., Tz. 5.3). Das ist i.d.R. der Vorsteher bzw. sein ständiger Vertreter, der häufig gleichzeitig Sachgebietsleiter der Rechtsbehelfsstelle ist und neben dem vorrangig zuständigen Sachgebietsleiter für den jeweiligen Veranlagungsbezirk als Leiter der Rechtsbehelfsstelle im Einspruchsverfahren ebenfalls zum Abschluss einer Tatsächlichen Verständigung befugt ist (vgl. BFH, Beschl. v. 02.08.2006, I B 156/04, BFH/NV 2006, 2031).

Daraus folgt, dass im Steuerstrafverfahren ein Steuerfahnder oder Steuerfahndungssachgebietsleiter oder aber ein das Steuerstrafverfahren einleitender Betriebsprüfer (§ 10 BpO) oder sein Sachgebietsleiter grds. keine rechtswirksamen Zugeständnisse und Aussagen i.S.e. Tatsächlichen Verständigung zu den Besteuerungsgrundlagen machen können. Es gilt insoweit der alte Grundsatz: „Herr des Verfahrens ist der Innendienst". In Ausnahmefällen, d.h. wenn er zur Entscheidung über die Steuerfestsetzung befugt ist, etwa wenn eine veranlagende Außenprüfung durchgeführt wird, kann auch der Sachgebietsleiter der Betriebsprüfungsstelle eine Tatsächliche Verständigung rechtswirksam vereinbaren (BFH, Urt. v. 22.09.2004 – III R 9/03, BStBl. II 2005, S. 160; Beschl. v. 16.02.2006 – X B 176/05, BFH/NV 2006, 1052; HHSp/*Söhn* § 78 Rn. 135; TK/*Seer* vor § 118 Rn. 24).

Dies zeigt, dass der steuerliche Berater im Fall einer gewünschten, rechtswirksamen Tatsächlichen Verständigung sein Ggü. im Hinblick auf dessen Zuständigkeit genau überprüfen muss. Dies insb. auch deshalb, weil die Geschäftsordnung für FA (FAGO), BStBl. I 2002 540 (545), nicht abschließend ist, sondern sich die einzelnen Bundesländer, wie etwa z.B. Bayern, einzelne Zeichnungsrechte gesondert vorbehalten haben (vgl. etwa OFD Nürnberg v. 17.07.2003, S 0223-20 St 24, DStZ 2003, 703 Tz. 4.2.). Auf bloße Versprechungen der Steuerfahndungsstelle ohne Absprache mit dem zuständigen Veranlagungsbezirk kann also insoweit nicht gebaut werden!

Ähnliches gilt, wenn ein Steuerstrafverfahren nicht nur die persönliche Veranlagung eines Steuerpflichtigen, sondern auch dessen Unternehmen, gleichgültig ob Kapital- oder Personengesellschaft, betrifft und evtl. mehrere Gesellschafter involviert sind. In einem solchen Falle sind ggf. mehrere FA, in jedem Fall Wohnsitz- und Betriebsstättenfinanzamt (sofern diese differieren) und deren zuständige Vertreter an einer Tatsächlichen Verständigung zu beteiligen (zum Problem s. FGJ/*Randt* § 404 Rn. 95).

Zu beachten ist in diesem Zusammenhang, dass selbst (schriftliche) Zusagen durch vorgesetzte Mittel- und Oberbehörden wie OFD und Landesfinanzministerium im Zusammenhang der Tatsächlichen Verständigung mangels Zuständigkeit nach höchstrichterlicher Rechtsprechung **nicht**

bindend sein dürften, da die Rechtsprechung das Erfordernis der **Beteiligung des Veranlagungs-bezirks** konstituiert hat (s. FG Baden-Württemberg, Urt. v. 21.02.1990, V K 98/89, EFG 1990, 454; FG Düsseldorf, Urt. v. 23.11.1983, III 321/80 GE, EFG 1984, 409; FGJ/*Randt* § 404 Rn. 96). Zur Begründung wird angeführt, dass die OFD nicht Partner des Steuerrechtsverhältnisses mit dem Steuerpflichtigen ist und infolgedessen die Grundsätze von Treu und Glauben nicht anwendbar sind. Außerdem seien OFD und Ministerium funktionell (instanziell) unzuständig. Auf der anderen Seite kann natürlich die Mittel- oder Oberbehörde dem zuständigen FA auf dem üblichen Verwaltungswege – verbunden mit allen diesbezüglichen Berichts- und Ermessensverpflichtungen – eine Weisung für den konkreten Sachverhalt erteilen.

72   Rechtlich umstritten ist zudem, ob im Fall einer unwirksamen, also durch einen unzuständigen Amtsträger abgeschlossenen Verständigung, diese als „schwebend unwirksam" anzusehen ist und entsprechend dem für den Vertragsschluss geltenden Rechtsgedanken der Genehmigung nach §§ 177 Abs. 1, 184 Abs. 1 BGB (nach der Lehre vom öffentlichen Vertrag, s. dazu auch oben Rdn. 36) genehmigt werden kann (so das überwiegende Schrifttum, vgl. nur *Seer*, BB 1999, 78, 82 und TK/*Seer* vor § 118 Rn. 24; befürwortend auch FGJ/*Randt* § 404 Rn. 95). In der Praxis wird man im Ergebnis, zu einer pragmatischen Lösung kommen, da jedenfalls auch die Finanzverwaltung diese Möglichkeit einer nachträglichen Zustimmung (Heilung) befürwortet (BMF, Schreiben v. 30.07.2008, a.a.O., Tz. 5.3).

d) Kein offensichtlich unzutreffendes Ergebnis und kein Verstoß gegen das „Koppelungsverbot"

73   Letzte Wirksamkeitsvoraussetzung ist negativ formuliert das Nichtvorliegen einer „offensichtlich unzutreffenden Besteuerung" sowie das Fehlen eines Verstoßes gegen das insb. im steuerstrafrechtlichen Verfahren relevante „Koppelungsverbot" (BFH, Urt. v. 08.10.2008 – I R 63/07, BStBl. II 2009, S. 121, 123; Beschl. v. 02.08.2006 – I B 156/04, BFH/NV 2006, 2031; Urt. v. 07.07.2004 – X R 24/03, BStBl. II 2004, S. 975; Urt. v. 31.07.1996 – XI R 78/95, BStBl. II 1996, S. 625, 626; BFH, Urt. v. 06.02.1991 – I R 13/86, BStBl. II 1991, S. 673; BMF, Schreiben v. 30.06.2008, BStBl. I 2008, S. 831 Tz. 2.2 und 8.1; *Kohlmann* § 385 Rn. 517 und 519; TK/*Seer* vor § 118 Rn. 29 ff.). In beiden Fällen wäre eine Tatsächliche Verständigung wegen eines Verstoßes gegen das Fundamentalprinzip der Gesetzmäßigkeit der Besteuerung (§ 85 Satz 1 AO) nichtig (vgl. TK/*Seer* vor § 118 Rn. 29 f.; *Seer*, BB 1999, 78, 83; *Kohlmann* § 385 Rn. 517).

74   Wann der Tatbestand dieser beiden Negativvoraussetzungen erfüllt ist, ist aufgrund von bis dato nur wenigen diesbezüglichen gerichtlichen Entscheidungen noch weitgehend ungeklärt um nicht zu sagen streitig, (so z.B. BFH, Beschl. v. 26.10.2005 – X B 41/05, BFH/NV 2006, 243; FG Köln, Urt. v. 20.10.2011 – 15 K 3692/08 (noch nicht veröffentlicht); FG Baden-Württemberg, Urt. v. 22.06.1990 – IX K 7/89, EFG 1991, 59; FG Münster, Urt. v. 26.02.1997 – 1 K 4356/94, EFG 1997, 929).

aa) Anzuwendende Betrachtungsweise

75   Streitig ist bereits, ob für die Beurteilung des Vorliegens/Nichtvorliegens dieser beiden Merkmale, eine „ex-post-Betrachtung" anzuwenden ist, die auch nach dem Verständigungszeitpunkt bekannt werdende und/oder später eintretende Ereignisse berücksichtigt (so HHSp/*Söhn* § 78 Rn. 144). Demgegenüber hebt die „Ex-ante-Perspektive" auf den Erkenntnisstand zum Zeitpunkt der Verständigung ab (TK/*Seer* vor § 118 Rn. 30 m.w.N.).

76   Diese Auffassung der Ex-ante-Betrachtung mit Berücksichtigung der bekannten Tatsachen und Verhältnisse zum Zeitpunkt des Abschlusses der Verständigung dürfte – nicht zuletzt im Interesse des Steuerpflichtigen – vorzugswürdig sein, da sich die Verwaltung ansonsten relativ einfach aufgrund weiterer, seien es auch „nur" steuerstrafrechtliche Ermittlungen und daraus resultierende Erkenntnisse, von einer im Nachhinein als unvorteilhaft empfundenen Verständigung lösen könnte. Auch Söhn als Vertreter der Ex-post-Perspektive sieht keinen Fall einer „offensichtlich

unzutreffenden Besteuerung", wenn sich eine aufgrund bestehender Sachverhaltsunsicherheit getroffene Verständigung im Nachhinein aufgrund neuer Erkenntnisse so als nicht zutreffend erweist (HHSp/*Söhn* § 78 Rn. 144). Denn letztlich – und dies dürfte ganz i.S.d. Rechtsprechung des BFH sein – ist eine gewisse Unsicherheit über den Sachverhalt jeder Verständigung aufgrund der Voraussetzung der „schwierigen Sachverhaltsermittlung" immanent. Zudem ist nach der höchstrichterlichen Rechtsprechung die gegenseitige Bindung der an einer Verständigung Beteiligten **zum Zeitpunkt des Abschlusses der Verständigung** einer jeden Tatsächlichen Verständigung ebenfalls immanent (vgl. nur BFH, Urt. v. 31.07.1996 – XI R 78/95, BStBl. II 1996, S. 625). Daher kann es auch nach der Rechtsprechung nur auf den Zeitpunkt des Abschlusses der Verständigung i.S.e. „Ex-ante-Betrachtung" ankommen.

Dies gilt in besonderem Maße im Steuerstrafverfahren aufgrund des parallel verlaufenden Strafverfahrens mit teilweise eigenen, über die Ermittlung der Besteuerungsgrundlagen oftmals hinausgehenden, zusätzlichen Ermittlungen der Strafverfolgungsbehörden. 77

bb) Kein „offensichtliches unzutreffendes Ergebnis"

Ein „offensichtlich unzutreffendes Ergebnis" ist zu bejahen, wenn die Vereinbarung nach den Verhältnissen zum Zeitpunkt des Vertragsabschlusses gegen die Regeln der Logik oder gegen allgemeine Erfahrungssätze verstößt, was im Rahmen einer Gesamtwürdigung aller Umstände zu beurteilen ist (BFH, Urt. v. 06.02.1991 – I R 13/86, BStBl. II 1991, S. 673; Beschl. v. 26.10.2005 – X B 41/05, BFH/NV 2006, 243). Entsprechend dem Wortlaut der Voraussetzung des „offensichtlich" unzutreffenden Ergebnisses beschränkt der Verweis des BFH auf die allgemeinen Erfahrungssätze dieses Negativ-Merkmal einer Tatsächlichen Verständigung ersichtlich auf „grobe Verstöße" gegen den Grundsatz der Gesetzmäßigkeit der Besteuerung. „Offensichtlich" ist in diesem Sinne etwas, das für einen unvoreingenommenen, urteilsfähigen Betrachter ohne Weiteres und unzweifelhaft ersichtlich ist (FG Baden-Württemberg, Urt. v. 09.06.1999 – 2 K 292/97, EFG 1999, 932 f.). 78

Zu beachten ist in diesem Zusammenhang aber, dass auch unter Anwendung der ex-ante-Perspektive zum Zeitpunkt der Einigung eine Verständigung dann unwirksam sein muss, wenn positiv festgestellt wird, dass der Steuerpflichtige (ggf. in Zusammenarbeit mit seinem Berater) den Sachverhalt im Zeitpunkt der Verständigungs-Verhandlungen bewusst verfälscht oder verschleiert dargestellt hat oder für die Besteuerung wesentliche Tatsachen verschwiegen hat (TK/*Seer* vor § 118 Rn. 30). **Aufgrund allgemeiner steuerstrafrechtlicher Grundsätze** – Verletzung der Mitwirkungsverpflichtung zu wahrheitsgemäßen und vollständigen Angaben (§ 90 Abs. 1 AO) i.S.d. § 370 Abs. 1 Nr. 1 und 2 AO – **kann ein derartiges Vorgehen auch steuerstrafrechtliche Konsequenzen haben** (vgl. dazu unten Rdn. 79 ff.; und BGH, Urt. v. 26.10.1998 – 5 StR 746/97, wistra 1999, 103, 106). 79

▶ Beispiele für ein offensichtlich unzutreffendes Ergebnis wurden von der Rechtsprechung gesehen 80
  – in der Nichtberücksichtigung eines ausländischen Endvermögens i.H.v. 11,6 Mio. DM aufgrund Verschweigens im Rahmen einer zur Tatsächlichen Verständigung führenden Schätzung gem. § 162 AO (wobei das Vermögen zudem offensichtlich nicht versteuerte Kapitaleinkünfte und Bestechungsgelder enthalten sollte), BGH, Urt. v. 26.10.1998 – 5 StR 746/97, wistra 1999, 103, 106;
  – in der falschen Sachverhalts-Annahme im Rahmen einer Tatsächlichen Verständigung, dass der Steuerpflichtige auch im Streitjahr Schwarzeinkäufe bei drei Großhändlern getätigt habe, FG Münster, Urt. v. 26.02.1997 – 1 K 4356/94 U, EFG 1997, 929 (m.w.N.).

cc) Kein Verstoß gegen das „Koppelungsverbot"

Besonders relevant ist im vorliegenden Zusammenhang des Steuerstrafverfahrens das Nichtvorliegen eines Verstoßes gegen das „Koppelungsverbot". Das Koppelungsverbot als besondere Ausprägung des Gesetzmäßigkeitsprinzips der Besteuerung verbietet eine von sachfremden Erwägungen 81 getragene, dysfunktionale Verknüpfung von Besteuerungsverfahren und Strafverfolgung (*Seer* S. 275 ff.; TK/*Seer* vor § 118 Rn. 31; *Kohlmann* a§ 385 Rn. 519).

82 Dadurch soll der Steuerpflichtige vor einer überschießenden Verhandlungsmacht der Finanzbehörde im Rahmen von Verständigungsverhandlungen geschützt werden. Das Prinzip der Verständigung erfordert neben der Angemessenheit von Leistung und Gegenleistung, dass die Gegenleistungen (auf der Basis der Theorie des öffentlich-rechtlichen Vertrages) in einem sachlichen Zusammenhang stehen müssen (vgl. *Seer* S. 280). Es soll verhindert werden, dass die Verständigung unter der Ausübung unzulässigen Drucks aus dem anhängigen Strafverfahren zustande kommt und dadurch eine zwar naheliegende, aber unzulässige Beeinflussung des Steuerpflichtigen und seines Beraters erfolgt (vgl. auch BMF, Schreiben v. 30.07.2008, a.a.O., Tz. 8.1).

83 Unzulässig wäre insoweit nach der Rechtsprechung das Herbeiführen der Akzeptanz einer hohen steuerlichen Hinzuschätzung durch den Steuerpflichtigen für bestimmte Veranlagungsjahre im Gegenzug zu der Zusage, bei Anerkennung der Schätzung kein Ermittlungsverfahren, einzuleiten. Oder die Vereinbarung, bei Zustimmung zu einer hohen Schätzung eine milde Strafe gegen Geständnis und Begleichung der Steuern herbeizuführen (vgl. FG Münster, Beschl. v. 29.01.1996 – 8 V 5581/95 E und 8 V 188/964, EFG 1996, 464; *Kohlmann* § 385 Rn. 519 m.w.N.).

84 Demgegenüber will die Verwaltung nicht in jeder, aus Sorge vor weiteren, lästigen Ermittlungen, etwaiger Faulheit des Beraters und unter dem Druck eines laufenden Steuerstrafverfahrens abgegebenen Willenserklärung im Rahmen einer Tatsächlichen Verständigung durch den Steuerpflichtigen einen Verstoß gegen das Koppelungsverbot sehen (vgl. BMF, Schreiben v. 30.07.2008, a.a.O., Tz. 8.1). In diese Richtung geht auch die Entscheidung des FG Hessen, Beschl. v. 03.07.2006 – 1 V 325/06, AO-StB 2007, 34: das FG hat die Androhung der Erweiterung des bis dato geprüften, 3-jährigen Regel-Prüfungszeitraumes (§ 4 Abs. 3 BpO) zuzüglich weiterer, auch strafrechtlich relevanten Hinzuschätzungen (jedenfalls soweit der 5-jährige Strafverfolgungszeitraum noch nicht abgelaufen war) auf der Grundlage eines bereits für die 3 Jahre laufenden Strafverfahrens als rechtmäßig angesehen. Das FG hielt einen solchen „Hinweis" des FA auf eine mögliche und gebotene Ausweitung des Prüfungszeitraumes nicht nur für zulässig, sondern vielmehr für „geradezu geboten".

85 Dieses Beispiel macht deutlich, dass die Grenzen zwischen unzulässiger Druckausübung über das parallel laufende Strafverfahren und noch zulässigen „Hinweisen", aber faktischen Drohungen, fließend und schwer bestimmbar sind sowie vom Einzelfall abhängen. Ohnehin kann es in der Praxis bei einer gewünschten Bezugnahme auf das Koppelungsverbot häufig zu Beweisschwierigkeiten kommen, da derartige „Angebote" vonseiten der Verwaltung in aller Regel nicht schriftlich, sondern allenfalls mündlich in Verhandlungen erfolgen. Daher fragt sich, ob es nicht sinnvoll wäre, bereits ein derartiges „Angebot" schriftlich zu dokumentieren. Allerdings könnte ein solcher „Schuss" taktisch gesehen auch „nach hinten losgehen", indem eine derartige Dokumentation zu erheblicher Zurückhaltung der Verwaltung bzw. der Nichtverfolgung derartiger Verfahrenslösungen im weiteren Fortgang des Verfahrens führen kann.

86 Die obigen Beispiele zeigen ferner, dass der „Ausstieg" aus einer einmal getroffenen Tatsächlichen Verständigung im Besteuerungsverfahren bei Bedarf für alle Beteiligten, insb. aber den Steuerpflichtigen, nicht ohne Weiteres zu erreichen ist. Auch aus diesem Grunde ist sowohl taktisch als auch bei der Abfassung der Verständigung, nicht zuletzt aufgrund deren das Gesamtverfahren dominierender Rolle (vgl. oben Rdn. 14) vorsichtig und mit Augenmaß vorzugehen (s.a. unten Rdn. 87 sowie Rdn. 124).

3. Praktische Durchführung der Tatsächlichen Verständigung bei Vorliegen der Wirksamkeitsvoraussetzungen

a) Gründe für die Empfehlung der Schriftform

87 Keine Wirksamkeitsvoraussetzung einer Tatsächlichen Verständigung ist wie oben unter Tz. B. I. 2 dargelegt, die Schriftform der Verständigung. Gleichwohl ist aber die klare und eindeutige, sorg-

fältige schriftliche Formulierung einer Tatsächlichen Verständigung nach einhelliger Auffassung im Schrifttum unbedingt zu empfehlen, am Besten sogar die zumindest handschriftliche Protokollierung der dahin führenden Verhandlungen (vgl. *Streck/Spatschek* Rn. 838, 843 ff.; *Kohlmann* § 385, Rn. 519 jeweils m.w.N.).

Dies gilt zum einen natürlich aus **Beweisgründen** für das Besteuerungsverfahren, zum anderen   88
aufgrund der erheblichen Folgen einer Tatsächlichen Verständigung für das i.d.R. nachgelagerte Strafverfahren (s. Rdn. 14). Dies, obgleich die Tatsächliche Verständigung rechtlich besehen **weder eine Bindungswirkung für das Steuerstrafverfahren** entfaltet (vgl. BVerfG, Beschl. v. 15.10.1990 – 2 BvR 385/87, wistra 1991, 175; *Kohlmann* § 385 Rn. 518), da das Strafgericht nur an Recht und Gesetz gebunden ist. Auch hat eine Tatsächliche Verständigung **keine Geständniswirkung**, weil der Strafrichter nach der Rechtsprechung des BGHSt nicht einfach die Ergebnisse der Finanzverwaltung übernehmen kann, sondern eine eigene Steuerberechnung im Urteil darlegen muss, die er aufgrund der Beweiserhebungen im Strafverfahren angestellt hat (vgl. hierzu BGHSt, Urt. v. 15.03.2005 – 5 StR 469/04, wistra 2005, 307; FGJ/*Randt* § 404 Rn. 92a; *Streck/Spatschek* Rn. 840).

Bereits aus diesen Gründen einer **Warn- und Kontrollfunktion** sollte das Instrument der Tatsächli-   89
chen Verständigung vom qualifizierten Berater nur sehr vorsichtig und zurückhaltend in geeigneten Fällen angewendet werden. Eine (vorzeitige) Festlegung auf einen bestimmten Besteuerungssachverhalt ist letztlich nur dann angezeigt, wenn sie – und dies sollte vorher mit **allen** zuständigen und beteiligten Stellen, von der Straf- und Bußgeldsachenstelle/StA bis zur zuständigen Gerichtsbarkeit über den Veranlagungsbezirk hinweg abgeklärt werden – eine **Gesamtbeendigung** des Verfahrens verspricht oder jedenfalls eine erhebliche Erleichterung für das Strafverfahren. Ersteres dürfte vorwiegend in den Fällen möglich sein, in denen die Finanzbehörde das Steuerstrafverfahren über die zuständige Straf- und Bußgeldsachenstelle selbst führt, also in kleineren bis mittleren Verfahren, in denen nicht der mögliche Steuerschaden sofort zur Zuständigkeit der StA und einer Verfahrensbeendigung nur über eine Anklage an das zuständige Schöffen- oder LG führt.

b) Die Verwaltungstechnische Umsetzung einer gefundenen Verständigung

Im Idealfall erfolgt die schriftliche Fixierung der Tatsächlichen Verständigung im unmittelbaren   90
Anschluss an die diesbezüglichen Verhandlungen am FA oder auch in einer mündlichen Verhandlung vor dem FG in Anwesenheit der zuständigen Amtsträger und der sonstigen Beteiligten. Häufig scheitert diese Möglichkeit daran, dass entweder nicht die zuständigen Amtsträger anwesend sind oder aber die Verhandlungen zu lange über einen komplexen Sachverhalt angedauert haben, als dass im Anschluss daran noch eine zutreffende sowie klare und eindeutige Vereinbarung formuliert werden könnte.

Für diesen Fall – und dies ist ohnehin der anzustrebende und zu bevorzugende Ablauf – werden   91
Entwürfe von Vereinbarungen, die einer der Beteiligten entsprechend dem Verhandlungsergebnis formuliert (häufig das FA, besser aber sollte dies durch den Berater erfolgen), in Umlauf gegeben und nach entsprechender Durchsicht und entsprechenden Änderungswünschen nach Einigung über die Endfassungen zur Unterzeichnung erneut in Umlauf gegeben. Es wird nicht verkannt, dass ein solches Vorgehen u.U. neues „Streitpotenzial" über die genaue Abfassung der Verständigung in sich birgt – im Gegensatz zu einer sofortigen Unterzeichnung der Verständigung in oder nach den diesbezüglichen Verhandlungen. Es dürfte jedoch Einigkeit darüber bestehen, dass eine nicht abgeschlossene Verständigung für den Steuerpflichtigen günstiger sein dürfte, als eine „Verständigung um jeden Preis", die möglicherweise zudem noch rechtliche Fehler enthält, und damit „teuer" ist und sich v.a. negativ auf das Strafverfahren auswirkt.

Rechtlich nicht ausreichend (nach Auff. von Lit. und Verwaltung) für die Annahme einer rechts-   92
wirksamen Verständigung – aber dennoch als Minimum zu empfehlen – ist dagegen ein **bloßes Bestätigungsschreiben** des steuerlichen Beraters über die Verhandlungsergebnisse, das allerdings in

der Praxis auch heutzutage häufig und bewusst angewendet wird. Es führt in aller Regel ebenfalls zu der angestrebten Einigung mit der Finanzbehörde, zumal dieses Institut der „faktischen Verständigung" (dazu unten Rdn. 137 ff.) auch von der Verwaltung als existent vorausgesetzt wird (vgl. Tz. 5 in BMF-Schreiben v. 30.07.2008, a.a.O.). In diesem maßgeblichen Schreiben der Finanzverwaltung heißt es in Satz 2 der Tz. 5 wörtlich wie folgt:

„In Fällen, denen keine wesentliche Bedeutung zukommt, soll eine Einigung außerhalb einer tatsächlichen Verständigung angestrebt werden. Es kann z.B. eine (ggf. auch fernmündliche) Einigung in Form einer Absprache für die Behandlung in Besteuerungsverfahren mit anschließendem Aktenvermerk getroffen werden ...."

c) (Mindest)-Inhalt einer rechtswirksamen Tatsächlichen Verständigung und Beispiele aus der Praxis

93 Auch die Finanzverwaltung stellt sich inhaltlich eine „schlanke" Formulierung der Tatsächlichen Verständigung vor. Daher verlangt sie von ihren FA eine schriftliche Ausfertigung, aber „in einfacher, beweissicherer Form" (vgl. BMF, Schreiben v. 30.07.2008, a.a.O., Tz. 5.5). Danach soll sich die Tatsächliche Verständigung i.d.R. nur auf einen einzelnen Sachverhalt (BMF, Schreiben v. 30.07.2008, a.a.O., Tz. 5.4), beziehen, der zudem in der Vergangenheit liegt (Tz. 4.2 des BMF Schreibens v. 30.07.2008, a.a.O. und oben Rdn. 58 ff.). Allerdings sieht auch die Finanzverwaltung das praktische Bedürfnis, zumindest bei Dauersachverhalten, wie z.B. der Nutzungsdauer eines Wirtschaftsgutes, Mietverhältnissen zwischen nahen Angehörigen oder jahrelangen Provisionszahlungen über den eigentlichen Prüfungszeitraum hinaus, eine Ausdehnung der Wirkung der Tatsächlichen Verständigung auch **in die Zukunft hinein zuzulassen.** (vgl. oben Rdn. 58 ff. und Tz. 4.2 des BMF Schreibens v. 30.07.2008, a.a.O.).

aa) Vorschlag der Finanzverwaltung

94 Die Verwaltung schlägt daher im BMF-Schreiben 2008 folgendes Beispiel einer Niederschrift vor (Tz. 5.5. des BMF-Schreibens v. 30.07.2008, a.a.O.):

„Nach Erörterung der Sachlage erklären das Finanzamt ..., vertreten durch ..., – und der Steuerpflichtige ..., vertreten durch ..., übereinstimmend und verbindlich, dass [Sachverhalt] ....
Die Tatsächliche Verständigung ist für alle Beteiligten bindend. Die Beteiligten bzw. ihre durch Vollmacht ausgewiesenen Vertreter haben am [Datum einsetzen] eine Ausfertigung der Niederschrift erhalten. [Unterzeichnung durch die Beteiligten]."

95 Eine solche Formulierung wäre äußerst (zu)knapp gehalten. Sie zeigt einmal mehr, dass die Verwaltung für Einigungen und Verständigungen äußerst offen ist und hierfür ein großes praktisches Bedürfnis sieht. Auf der anderen Seite will sie den Steuerpflichtigen an solchen Einigungen aber auch unbedingt festhalten.

bb) Praxisproblem: Nach Finanzverwaltung „Rechtsfolgen" nicht Inhalt der schriftlichen Verständigung

96 Problematisch stellt sich für den Steuerpflichtigen und seinen Berater allerdings der Umstand dar, dass das BMF letztlich seine nachgeordneten Behörden über das Schreiben v. 30.07.2008 anweist, regelmäßig **keine Ausführungen zu den Rechtsfolgen** einer Tatsächlichen Verständigung, und damit in allererster Linie über die daraus folgende Steuerlast, in die Verständigung mit aufzunehmen (Tz. 5.5 des BMF-Schreibens v. 30.07.2008, a.a.O.).

97 Dies ist zwar rechtlich konsequent, da die Tatsächliche Verständigung eine Einigung über tatsächliche Umstände/Sachverhalte und nicht über Rechtsfolgen bedeutet. Eine Einigung über Rechtsfolgen ist anders als bei der strafrechtlichen Abrede nicht zulässig. Allerdings wird auf diese Art und Weise das Risiko von Fehlern bei der Berechnung der Rechtsfolgen in Gestalt der nachzube-

zahlenden Steuern i.R.d. Verhandlungen in erster Linie dem Steuerpflichtigen und seinem Berater aufgebürdet.

Denn gerade bei komplexen, zudem nicht aufklärbaren Sachverhalten, die Voraussetzung für eine **98** Tatsächliche Verständigung sind, kann es zumindest zu unterschiedlichen Auffassungen bei den Rechtsfolgen und damit bzgl. der nachzubezahlenden Steuern kommen. Gleichwohl wäre nach Auffassung der Finanzverwaltung und auch der höchstrichterlichen Rechtsprechung die Tatsächliche Verständigung wirksam, der Steuerpflichtige müsste die höheren Steuern bezahlen, wie gerade das nachfolgende **Beispiel 1** zeigt. Der Steuerpflichtige hat zwar die Möglichkeit, bei Meinungsverschiedenheiten bzgl. der Rechtsfolgen der Tatsächlichen Verständigung gegen die Steueränderungsbescheide vorzugehen. Er wird dabei jedoch vom zuständigen FA, und insb. vom FG, erfahrungsgemäß von vornherein mit Misstrauen „beäugt", da er sich vermeintlich abrede- und treuwidrig gegen eine vormals einverständlich getroffene Verständigung und damit gegen sein eigenes Verhalten wendet.

Insofern ist für die Praxis **dringend anzuraten**, gerade in komplexen Fällen vor rechtsgültigem **99** Abschluss einer Verständigung in den Verhandlungen **Einigung auch über die voraussichtlichen steuerlichen Rechtsfolgen** herbeizuführen, zumal die formwirksame Tatsächliche Verständigung das Beiziehen des zuständigen Veranlagungssachgebietsleiters (Einkommensteuer- oder Körperschaftsteuerstelle) erfordert. Dies gilt erst recht angesichts des Umstandes, dass die jüngere Rechtsprechung, sowohl die höchstrichterliche als auch diejenige der FG, sehr deutlich zum Ausdruck bringt, dass an einer einmal geschlossenen Tatsächlichen Verständigung unbedingt festgehalten werden soll nach dem Motto „pacta sunt servanda".

Der BFH hat insoweit unmissverständlich zum Ausdruck gebracht, dass z.B. die „Motivations- **100** lage" eines Steuerpflichtigen für den Abschluss einer Tatsächlichen Verständigung, selbst dann, wenn sie dem FA ggü. offengelegt wurde, völlig unbeachtlich ist (BFH, Urt. v. 08.10.2008 – I R 63/07, BStBl. II 2009, S. 121; s. auch FG Köln vom 20.10.2011, 15 K 3692/08). Sie kann gerade auch nicht als rechtserhebliche „Geschäftsgrundlage" in analoger Anwendung von § 313 BGB (n.F.) angesehen werden (s. dazu unten Rdn. 131 ff).

cc) Formulierungs-Beispiele aus der Praxis über rechtswirksame Tatsächliche Verständigungen:

▶ **Beispiel 1:** **101**

Dieses Beispiel zeigt die Formulierung einer Tatsächlichen Verständigung, die vor dem FG Hessen bestätigt wurde, nachdem sich der Steuerpflichtige davon lösen wollte (vgl. FG Hessen, Beschl. v. 03.07.2006, 1 V 325/06, AO-Steuerberater 2007, 34). Sie zeigt erneut, wie schwierig es ist, aufgrund der Rechtsprechung sowie der Auffassung der Finanzverwaltung von einer einmal getroffenen Tatsächlichen Verständigung, gerade im Fall einer Fehlberechnung der nachzubezahlenden Steuern durch den steuerlichen Berater, „wieder loszukommen". Auf der anderen Seite zeigt sie die Möglichkeiten einer rechtswirksamen Formulierung einer Tatsächlichen Verständigung mit folgendem Wortlaut auf:

„Tatsächliche Verständigung **102**

▶ über die Annahme eines bestimmten Sachverhalts oder eine bestimmte Sachbehandlung.
Beteiligt sind für den Steuerpflichtigen: .....
Für die Finanzverwaltung:
der Prüfer .....
der Sachgebietsleiter BP .....
der Sachgebietsleiter Innendienst .....
Nach eingehender Erörterung sind die Parteien sich einig, dass vorliegender Sachverhalt gegeben ist bzw. folgende Sachbehandlung angenommen wird:
In den Jahresabschlüssen von .....:
für die Wirtschaftsjahre .....

sind die Erlöse bisher nicht in zutreffender Höhe erfasst. Die Erlöse sind daher wie in Tz. .....
des Prüfungsberichtes vom ..... für ..... (den Steuerpflichtigen) dargestellt, zu erhöhen.

Diese Vereinbarung stellt eine Tatsächliche Verständigung über eine bestimmte Sachbehandlung dar. Sie ist nach den BFH-Urteilen vom 11.12.1984 (BStBl. II 1985, S. 354) und vom 05.10.1990 (BStBl. II 1991, S. 45) zulässig und für beide Seiten verbindlich.

Andere Prüfungsfeststellungen – insbesondere solche rechtlicher Art – werden von der Bindungswirkung nicht erfasst.

Eine straf- oder bußgeldrechtliche Würdigung aller Prüfungsfeststellungen durch die Strafsachenstelle des Finanzamtes ..... bleibt davon unberührt.

Beteiligte:

Steuerpflichtiger: .....

Steuerberater: .....

SGL-Veranlagung: .....

SGL-BP: .....

Prüfer/BP: .....“

103 An dieser Stelle ist nochmals explizit darauf hinzuweisen, dass die Tatsächliche Verständigung vom Steuerpflichtigen **allein** abgeschlossen werden kann. Die zusätzliche Unterschrift des steuerlichen Beraters ist nicht erforderlich. Selbiges gilt aufseiten der Finanzverwaltung für die Unterschriften des Prüfers sowie des Sachgebietsleiters Betriebsprüfung, die beide nicht selbstständig zum Abschluss einer Tatsächlichen Verständigung befugt sind. Insofern hätte die Unterschrift des Sachgebietsleiters der Veranlagungsstelle/Innendienst ausgereicht. Darüber hinaus ist anzumerken, dass die Bezugnahme auf den Betriebsprüfungsbericht zulässig war. Aus der angeführten Textziffer ergab sich eindeutig, auf welcher Bemessungsgrundlage eine Erhöhung der Erlöse sowohl brutto wie netto erfolgt und zu welchen Ergebnissen dies letztendlich führt. Ausführungen über die steuerlichen Rechtsfolgen sind bedauerlicherweise in der Tatsächlichen Verständigung nicht enthalten gewesen. Nach Auffassung von Rechtsprechung und Finanzverwaltung ist dies jedoch, wie oben dargestellt, auch nicht notwendig. Gleichwohl kann nur nochmals dazu geraten werden, Rechtsfolgen zumindest ansatzweise, wie im nachfolgenden Beispiel 2, mit in die Verständigung aufzunehmen oder dies zumindest zu versuchen.

104 ▶ **Beispiel 2:**

Dieses Beispiel zeigt die Niederschrift über eine wirksame Tatsächliche Verständigung mit einem FA in Baden-Württemberg im Bereich des auch im Steuerstrafrecht häufig auftauchenden § 160 AO, Versagung des Betriebsausgabenabzuges aufgrund fehlender Empfängerbenennung. Auf diesem Gebiet ist bereits streitig, ob es sich insoweit nicht um eine einer Verständigung nicht zugängliche Rechtsfrage handelt. Die jüngere höchstrichterliche Rechtsprechung hat jedoch deutlich (gemischte Frage, vgl. oben Rdn. 1 ff.) zum Ausdruck gebracht, dass im Bereich des § 160 Abs. 1 Satz 1 AO zwar eine trennscharfe Abgrenzung zwischen Tat- und Rechtsfrage nicht von vornherein möglich ist, aber sowohl die Entscheidung über die Versagung des Betriebsausgabenabzuges „dem Grunde nach“ als auch „der Höhe nach“ Tatsachenelemente aufweisen und damit einer Tatsächlichen Verständigung zugänglich sind (BFH, Beschl. v. 31.08.2009 – I B 21/09, BFH/NV 2010, 163). Der Wortlaut der Tatsächlichen Verständigung lautete wie folgt:

105 ▶ Finanzamt .....

Niederschrift über eine Tatsächliche Verständigung

Zwischen dem Finanzamt ..... und der ..... GmbH, geschäftsansässig ....., vertreten durch ihren Geschäftsführer ....., wird folgende Tatsächliche Verständigung getroffen:

1. Die Beteiligten stimmen darüber ein, dass wegen erschwerter Sachverhaltsermittlungen und hinsichtlich folgenden strittigen Punktes die Voraussetzungen für eine Tatsächliche Verständigung vorliegen: Provisionszahlungen in den Jahren 2007 bis 2009 an die ... Ltd. in Höhe von € 900.000,00, die im Zusammenhang mit dem Vermittlungsvertrag Nr. ..... stehen.

2. Zum Zwecke der Verfahrensbeschleunigung bzw. -vereinfachung und zur Herstellung des Rechtsfriedens wird deshalb verbindlich vereinbart, hinsichtlich des oben genannten strittigen Punktes bei der Besteuerung folgenden Sachverhalt zugrunde zu legen:

In Höhe von € 400.000,00 können die Zahlungen gemäß § 160 AO nicht als Betriebsausgaben (§ 4 Abs. 4 EStG) berücksichtigt werden.

Im Prüfungszeitraum (2007 und 2008) sowie im Jahr 2009 ergeben sich daher folgende außerbilanzielle Hinzurechnungen:

in 2007: € 280.000,00
in 2008: € 80.000,00
in 2009: € 60.000,00

Ort, ...

....

SGL-Körperschaftsteuerstelle   GmbH, vertreten durch
                                          den Geschäftsführer

Die vorliegende Tatsächliche Verständigung bringt hinsichtlich der Rechtsfolgen deutlich die **106** Höhe der außerbilanziellen Hinzurechnungen zum Ausdruck. Außerdem ist klargestellt, dass lediglich der Betriebsausgabenabzug versagt wird und nicht – wie häufig – eine verdeckte Gewinnausschüttung an den Geschäftsführer angenommen wird. Dies sollte hinsichtlich der Rechtsfolgen in einem derartigen Falle unbedingt abgeklärt werden, da die FA häufig zum „Allgemein-Heilmittel" der verdeckten Gewinnausschüttung neigen, gerade in steuerstrafrechtlichen Verfahren.

dd) Keine strafrechtlichen Ausführungen in der Tatsächlichen Verständigung

Abzulehnen sind Formulierungsvorschläge des FA in Tatsächlichen Verständigungen, die aus- **107** drücklich für das Strafverfahren relevante Äußerungen oder gar Geständnisse beinhalten, wie bspw. das „Bielefelder Formular" oder sonstige Formulierungsvorschläge der Finanzverwaltung, z.B. i.R.d. „CD-Ermittlungen", die häufig aus Nordrhein-Westfalen stammen. Danach soll der Steuerpflichtige bereits in der **steuerlichen** Verständigung „einräumen", dass er die aus der Tatsächlichen Verständigung sich ergebenden Mehrsteuern „vorsätzlich verkürzt hat". Das hat mit einer Verständigung weder tatsächlich noch rechtlich zu tun.

Zu Recht wird in der Literatur darauf hingewiesen, dass nach einem solchen Geständnis bereits **108** die Voraussetzungen einer Tatsächlichen Verständigung, nämlich „schwierig zu ermittelnde Sachverhaltsumstände" nicht mehr vorliegen, da das Geständnis die Tatsachengrundlagen ja völlig eindeutig und unmittelbar belegt (vgl. *Streck/Spatscheck* Rn. 846). Überdies ist darauf hinzuweisen, dass die an der Tatsächlichen Verständigung beteiligten Amtsträger, jedenfalls sofern sie zur Unterzeichnung der Tatsächlichen Verständigung zuständig sind, für das Strafverfahren absolut unzuständig sind und daher keine derartigen Erklärungen fordern und annehmen können. Daher sollte sich der steuerliche Berater derartigen Wünschen und Formulierungsvorschlägen verweigern.

IV. Rechtsfolgen einer Tatsächlichen Verständigung

Übliche Rechtsfolge einer den oben unter Rdn. 52 ff. dargestellten Wirksamkeitsvoraussetzungen **109** entsprechenden Tatsächlichen Verständigung ist nach der Rechtsprechung die sowohl das FA als auch den Steuerpflichtigen über den Grundsatz von Treu und Glauben **bindende und einklagbare Rechtswirkung** der Verständigung. Diese Bindungswirkung ist nach der höchstrichterlichen **Rechtsprechung** einer Tatsächlichen Verständigung **immanent** und tritt im Zeitpunkt der Unterschrift bzw. des Abschlusses der Tatsächlichen Verständigung (auch für den nicht schriftlichen Fall) **sofort** ein und bedarf nicht des Ergehens der darauf beruhenden Steueränderungsbescheide (z.B. BFH, Urt. v. 06.02.1991, I R 13/86, BStBl. II 1991, 673 und Urt. v. 31.07.1996, XI R 79/

95, BStBl. II 1996, 625 [626]; BFH, Beschl. v. 25.08.2006, VIII B 13/06, BFH, NV 2006, 2122 [2123]; BFH Beschl. v. 31.08.2009, I B 21/09, BFH/NV 2010, 163).

110 Nach der vorherrschenden Auffassung der **Literatur** ergibt sich diese Bindungswirkung aus der Rechtsnatur der Tatsächlichen Verständigung **als öffentlich-rechtlicher Vertrag** bzw. aus den dazu führenden übereinstimmenden Willenserklärungen der Beteiligten (vgl. statt aller: TK/*Seer* vor § 118 Rn. 15 ff. m.w.N. und oben Rdn. 36 ff.). Wie oben dargestellt, kommen beide Auffassungen in der Praxis insoweit weitestgehend zu ähnlichen wenn nicht denselben Ergebnissen, das Schriftformerfordernis – das von beiden Auffassungen in aller Regel befürwortet oder zumindest eingehalten wird – einmal außen vor gelassen.

1. Regelfall der Bindungswirkung

a) Persönlicher Umfang der Bindungswirkung

111 Die Bindungswirkung tritt nur für die **Beteiligten** (vgl. § 78 AO) ein, d.h. i.d.R. FA und Steuerpflichtiger (st. Rechtsprechung z.B. BFH, Urt. v. 31.07.1996, XI R 78/95, BStBl. II 96, S. 625, 626; BMF v. 30.07.2008, a.a.O., Tz. 6.1; HHSp/*Söhn* § 78 Rn. 145). **Dritte** werden **nicht** in die Rechtsbindung miteinbezogen. Einzige Ausnahme ist der Gesamtrechtsnachfolger des Steuerpflichtigen, der steuerlich besehen quasi in die „Fußstapfen des Erblassers" tritt (vgl. BMF v. 30.07.2008, a.a.O., Tz. 6).

aa) Keine Bindung für den Strafrichter

112 Schon aufgrund der nicht gegebenen Drittwirkung gilt die Bindungswirkung insb. nicht für den Strafrichter im parallel verlaufenden Steuerstrafverfahren. Außerdem ist der Strafrichter lediglich an Recht und Gesetz gebunden und keinen Präjudizien aus dem Besteuerungsverfahren unterworfen (vgl. *Kohlmann* § 385 Rn. 518). Natürlich hat hierzu auch die höchstrichterliche Rechtsprechung des BGHSt zur tatrichterlichen Überzeugungsbildung bei Verurteilungen wegen Steuerhinterziehung beigetragen (vgl. nur BGH, Beschl. v. 13.10.2005, 5 StR 368/05, StraFo 2006, 37 [„kleiner Grundkurs"]; *Jäger*, StraFo 2006, 447 ff; und oben Rdn. 15 ff.). Diese Rechtsprechung stellt zu Recht sehr hohe Voraussetzungen an die Überzeugungsbildung des Tatrichters bei Verurteilungen wegen Steuerhinterziehung. Daher kann einer aus wirtschaftlichen und/oder steuerlichen Gründen abgeschlossenen Tatsächlichen Verständigung zur Beseitigung von tatsächlichen Unsicherheiten bereits aus ihrem Wesen heraus **keine geständnisgleiche Wirkung** im Steuerstrafverfahren beigemessen werden. Denn ein ungeklärter, ungewisser Sachverhalt ist unabdingbare Voraussetzung einer Verständigung im Steuerverfahren. Folglich kann ein diesbezüglicher, beiderseitiger Kompromiss zwischen Steuerpflichtigem und Finanzverwaltung nicht das Eingeständnis eines strafrechtlich relevanten, fehlerhaften Verhaltens darstellen (dazu s.a. *Streck/Spatschek* Rn. 840 f.)

bb) Keine Bindung für unbeteiligte FA

113 Bis in das Jahr 2004 war ungeklärt, ob die Bindungswirkung einer Tatsächlichen Verständigung nur diejenigen FA erfasst, die an der Tatsächlichen Verständigung beteiligt sind (s.o.), oder ob durch die Tatsächliche Verständigung die gesamte Finanzverwaltung gebunden wird. Hierzu hat der BFH am 07.07.2004 klarstellend und ausdrücklich die Entscheidung getroffen, dass selbst zuständige Finanzbehörden nur dann gebunden sein sollen, wenn diese am Zustandekommen der Tatsächlichen Verständigung beteiligt waren (BFH, Urt. v. 07.07.2004 – X R 24/03, BStBl. II 2004, S. 975, 978 f.).

114 Weitere, somit geklärte Rechtsfolge der Bindungswirkung nur unter den Beteiligten ist daher, dass – und dies mag erstaunen – auch andere, unbeteiligte FA **nicht** von der Bindungswirkung der Verständigung umfasst werden. Dies hat bereits im Steuerverfahren, erst recht aber im Zusammenhang mit steuerstrafrechtlichen Aspekten, erhebliche Auswirkungen:

▶ **Beispiel 1:**   115

Tatsächliche Verständigungen des zuständigen Betriebsstättenfinanzamtes mit dem steuerpflichtigen Unternehmen eines Arbeitgebers (z.B. im Hinblick auf strafrechtlich relevante geringfügige Beschäftigung) sind rechtlich nicht bindend für die Besteuerung von Arbeitnehmern an deren jeweiligen Wohnsitz-FA.

Es müssten zur Ausweitung der Bindungswirkung sämtliche Wohnsitz-FA, die als zuständig für die   116 *Arbeitnehmer in Betracht kommen, an der Tatsächlichen Verständigung beteiligt werden. Gleichwohl wird in der Praxis in diesem Fall sicherlich eine den Vereinbarungen entsprechende, einheitliche Besteuerung der Arbeitnehmer aufgrund der Nachfragemacht des Unternehmens (wenn vorhanden) und insb. von Treu und Glauben sowie einer ansonsten eintretenden Flut von Einsprüchen erfolgen.*

▶ **Beispiel 2:**   117

Tatsächliche Verständigungen mit Unternehmen über die strafrechtlich relevante Nichtabzugsfähigkeit von Vorsteuerbeträgen aufgrund der Nichtabführung der USt durch einige Lieferanten (z.B. Scheinlieferanten oder Nichtunternehmer) binden nach der Rechtsprechung nicht die Betriebsstätten-FA der Scheinlieferanten, sondern wiederum „nur" den Unternehmer sowie dessen Betriebsstätten-FA.

D.h., dass z.B. trotz wirksamer Tatsächlicher Verständigung dieses Unternehmers mit der Finanzver-   118 *waltung nach der bisherigen Rechtsprechung zur Tatsächlichen Verständigung eine Haftung des Unternehmers über Haftungsbescheide der Betriebsstätten-FA der Lieferanten nach § 71 AO in Betracht kommt. Denn diese Ämter können an der Tatsächlichen Verständigung ebenso wie im Beispiel 1 nicht alle beteiligt werden. Ein nicht tragbares Ergebnis, das noch auf eine Lösung wartet, möglicherweise über Treu und Glauben oder den Erlassweg.*

b) Inhaltlicher und temporärer Umfang der Bindungswirkung

Inhaltlich erstreckt sich die rechtlich einklagbare Bindungswirkung der Tatsächlichen Verständi-   119 gung auf den Sachverhalts-Ausschnitt, über den die Sachverhaltsunsicherheit bestand und daher die Vereinbarung getroffen wurde. Folglich gilt dringend die Empfehlung der Schriftform (s.o. Rdn. 87 ff. – auch wenn sie von der höchstrichterlichen Rechtsprechung nicht vorausgesetzt wird. Die Tatsächliche Verständigung sollte daher – ähnlich einer Prüfungsanordnung der Verwaltung – hinsichtlich des Sachverhalts, Veranlagungsjahren/Steuerarten etc. genau umgrenzt werden und auch hinsichtlich der daraus resultierenden Rechtsfolgen klar bestimmbar sein. Sollten dennoch hinsichtlich des Inhaltes Zweifelsfragen auftreten, muss der einvernehmlich abgeschlossene Inhalt bzw. Sachverhalt über die allgemeinen Auslegungsregeln ermittelt werden (vgl. etwa HHSp/ *Söhn* § 78 Rn. 146; *Buciek*, DStZ 1999, 389, 398; *Apitz*, StBp 2008, 93, 97 f. s.a. BMF, Schreiben v. 30.07.2008, a.a.O., Tz. 5.5).

Auch **zeitlich** erstreckt sich die Bindungswirkung der Tatsächlichen Verständigung auf diejenigen   120 Besteuerungszeiträume, für die die Verständigung getroffen wurde. Für den Fall einer Außenprüfung z.B. auf den von der Prüfungsanordnung umgrenzten Prüfungszeitraum bzw. die darin benannten Veranlagungsjahre. Eine Auswirkung auf **künftige** Veranlagungszeiträume besteht grds. nicht. Eine Ausnahme ist lediglich für den Fall gegeben, dass es um **Dauersachverhalte** geht, also um in der Vergangenheit verwirklichte Sachverhalte mit Auswirkungen auf zukünftige Besteuerungszeiträume: Hier kann – unter der Voraussetzung einer entsprechenden Vereinbarung zwischen den Beteiligten – sich die Tatsächliche Verständigung sowohl auf den in der Vergangenheit liegenden Sachverhalt wie auch auf die künftigen Besteuerungszeiträume beziehen, z.B. Zugehörigkeit eines Wirtschaftsgutes zum Betriebsvermögen, Anerkennung eines Mietverhältnisses zwischen Angehörigen oder Nutzungsdauer eines Wirtschaftsgutes (vgl. BFH, Urt. v. 13.02.2008 – I R 63/06, BFH/NV 2008, 1250; FG Baden-Württemberg Urt. v. 26.03.1992 – 3 K 132/86, EFG 1992, 706; BMF v. 30.07.2008, a.a.O., Tz. 4.2). Zeitlich nach Abschluss der Tatsächlichen Verständigung bekannt werdende neue Tatsachen, die das bisherige Ergebnis beeinflussen könnten, bleiben grds. unberücksichtigt und tangieren die Bindungswirkung der Tatsächlichen Verständigung nicht mehr (vgl. BMF v. 30.07.2008, a.a.O., Tz. 6.1.).

c) Auswirkungen in der Praxis des Steuerstrafverfahrens

121 Umgesetzt in die Praxis des Steuerstrafverfahrens bedeutet „Bindungswirkung" im Ergebnis Folgendes: das FA muss das oder die Ergebnisse einer rechtswirksamen Tatsächlichen Verständigung in einem oder mehreren anschließenden Steuerbescheid(en) bzw. im Rahmen seiner Einspruchsentscheidungen beachten und verwerten. Im Rahmen dieser Steuerfestsetzung steht dem FA im Umfang der Reichweite der Tatsächlichen Verständigung kein erneutes Prüfungsrecht zu. Das FA muss das Ergebnis der Tatsächlichen Verständigung ohne erneute sachliche Prüfung den Änderungsbescheiden zugrunde legen (BFH, Urt. v. 11.12.1984 – VIII R 131/76, BStBl. II 1985, S. 354, 357). Der Steuerpflichtige kann gegen den oder die Steuerbescheide (Einspruchsentscheidung[en]) nicht mehr mit der Begründung vorgehen, dass der vom FA nunmehr entsprechend der Tatsächlichen Verständigung zugrunde gelegte Sachverhalt und die daraus resultierenden steuerlichen Folgerungen unzutreffend seien (vgl. etwa HHSp/*Söhn* § 78 Rn. 147 m.w.N.). Der Rechtsbehelf wäre zulässig, aber unbegründet. Die Verständigung bewirkt also die einklagbare Bindungswirkung unter den Beteiligten. Insb. hat die Tatsächliche Verständigung keine Wirkung eines Geständnisses für das parallel verlaufende/anschließende Steuerstrafverfahren (s.o.), wohl aber besteht das bereits mehrfach angesprochene Risiko einer faktischen Bindungswirkung oder einer nunmehr dominierenden Rolle des steuerlichen Ergebnisses für das weitere Strafverfahren (vgl. *Kohlmann* § 385 Rn. 518).

122 In der Praxis lässt sich auch die Tendenz von Rechtsprechung und Verwaltung feststellen, dass an einer einmal abgeschlossenen Tatsächlichen Verständigung nahezu „um jeden Preis" festgehalten werden soll. Ein schönes Beispiel zum Beleg dieser Tendenz bildet das Urteil des FG Düsseldorf v. 02.12.2008 – 6 K 2722/06 K, EFG 2010, 546.

123 Bedauerlicherweise sind die Finanzbehörden – insb. wenn es um steuerstrafrechtliche Vorfragen vonseiten des Steuerpflichtigen geht – nicht immer so großzügig. Dieser (Un) Sitte/Gepflogenheit der Verwaltung entspricht die Bestimmung unter Tz. 7.1 im BMF-Schreiben v. 30.07.2008, wonach Tatsächliche Verständigungen von den Beteiligten nach Auffassung der Verwaltung in erster Linie nur „einvernehmlich aufgehoben oder geändert werden" können/sollen. Dabei wird allerdings zu Recht darauf hingewiesen, dass ein derartiger Vorgang im Hinblick auf den Zweck dieses Rechtsinstitutes auf „Ausnahmefälle" beschränkt bleiben soll. Dementsprechend fällt auf, dass es nur wenig Rechtsprechung, zum Thema der Unwirksamkeit sowie Aufhebung/Änderung einer Tatsächlichen Verständigung gibt, wie die nachfolgende Tz. 2 dieses Abschnittes zeigt. Dies deutet auf das regelmäßige Bestehenbleiben von einmal getroffenen Verständigungen in der Praxis hin, was angesichts der oben angeführten Tendenz der Rechtsprechung wenig verwundert. Es zeigt überdies, dass mit diesem Instrument aufgrund seiner weitreichenden Auswirkung auf das Steuerstrafverfahren sehr behutsam umgegangen werden muss.

2. Die Unwirksamkeit einer Tatsächlichen Verständigung sowie ihre Anfechtbarkeit

124 Die Unwirksamkeit einer Tatsächlichen Verständigung kann sowohl vonseiten des Steuerpflichtigen als auch vonseiten der beteiligten Finanzbehörde geltend gemacht werden. Die möglichen Fallgruppen der Unwirksamkeit und Anfechtbarkeit einer Tatsächlichen Verständigung sind rechtlich seit Längerem entwickelt und geklärt. Gleichwohl handelt es sich bei diesem Thema um ein bisher weitgehend ungeklärtes Rechtsgebiet Streck spricht zu Recht von einem „unentwickelten Recht" der Nichtigkeit, Unwirksamkeit und Anfechtbarkeit von Verständigungen (*Streck/Spatschek* a.a.O. Rn. 838; s. auch Sommer, PStR 2012,164).

125 Hinzu kommen die immer noch bestehenden, unterschiedlichen Auffassungen der vorherrschenden Literatur und der Rechtsprechung zur Herleitung und Rechtsnatur der Tatsächlichen Verständigung (vgl. dazu oben Rdn. 36 ff.). Dieses Thema wirkt sich im vorliegenden Bereich – im

Gegensatz zu sonstigen Rechtsgebieten – unmittelbar aus: wird vertreten, dass die Tatsächliche Verständigung entsprechend der Auffassung der Literatur ein öffentlich-rechtlicher Vertrag ist, sind die gesetzlichen Regelungen zum Vertrag aus dem Bürgerlichen Recht, z.B. die §§ 119, 123 BGB, unmittelbar anwendbar. Wird mit der höchstrichterlichen Rechtsprechung die Rechtsnatur der Tatsächlichen Verständigung aus Treu und Glauben hergeleitet, gelten sie „nur" über die allgemeinen Grundsätze von § 242 BGB.

a) Vertretungsmängel (§§ 164 ff. BGB)

Eine Verständigung ist von vornherein unwirksam, wenn sie entgegen den Wirksamkeitsvorausset- **126** zungen (vgl. oben Rdn. 65 ff.) entweder nicht durch einen zuständigen Amtsträger aufseiten der Finanzbehörde oder aufseiten des Steuerpflichtigen durch einen ordnungsgemäß bevollmächtigten Berater oder den Steuerpflichtigen selbst abgeschlossen worden ist. Aufseiten der Finanzverwaltung wäre eine Verständigung bspw. dann unwirksam, wenn sie lediglich durch einen Betriebsprüfer oder Steuerfahnder abgeschlossen worden wäre (BFH, Urt. v. 05.10.1990 – III R 19/89, BStBl. II 1991, S. 45; BFH, Urt. v. 31.07.1996 – XI R 78/95, BStBl. II 1996, S. 626; BFH, Urt. v. 25.11.1997 – IX R 47/94, BFH/NV 1998, 580; BMF, Schreiben v. 30.07.2008, a.a.O., Tz. 5.3; OFD Nürnberg v. 17.07.2003 – S 0223-20/St 24, DStZ 2003, 703, Tz. 4.2).

b) Unwirksamkeit infolge von Willens- und Einigungsmängeln/Anfechtbarkeit (§§ 117, 119 ff., 154 BGB)

Als einseitige Auflösung der Bindungswirkung – im Gegensatz zur oben angesprochenen, beidsei- **127** tigen bzw. einvernehmlichen Aufhebung einer Tatsächlichen Verständigung – kommen Willens- und Einigungsmängel in Betracht. Nicht möglich ist ein bloßer einseitiger Widerruf der eigenen Verständigungserklärung durch den jeweiligen Beteiligten (BFH, Urt. v. 01.09.2009 – XIII R 78/06, BFH/NV 2010, 593; Klein/*Rüsken* § 162 Rn. 33). Dies gilt selbst dann, wenn der Steuerpflichtige bei Abschluss der Tatsächlichen Verständigung, bspw. aus Gründen der Kostenersparnis, im Besteuerungsverfahren nicht steuerlich beraten war (BFH, Beschl. v. 11.07.2001 – XI B 23/01, Haufeindex 639727).

– Scheingeschäft (§ 117 BGB) **128**
– Anfechtung aufgrund Irrtum, Täuschung oder Drohung (§§ 119, 120 und 123 BGB)
– Offener Einigungsmangel (§ 154 BGB).

An sich wäre hinsichtlich der Anwendung dieser Unwirksamkeitsgründe zu unterscheiden nach **129** dem Rechtsgrund der Bindungswirkung, also der Frage Anwendung der Grundsätze von Treu und Glauben oder von Vertragsgrundsätzen. Nach der Rechtsprechung des BFH dürfte eine entsprechende Anwendung der §§ 119 ff. BGB nicht in Betracht kommen (vgl. HHSp/*Söhn* § 78 Rn. 147 a). Gleichwohl wendet auch der BFH – zumindest vereinzelt (vgl. BFH, Urt. v. 01.09.2009 – VIII R 78/06, BFH/NV 2010, 593 unter Verweis auf das Schrifttum, insb. Klein/*Rüsken* § 162 Rn. 33; *Buciek*, DStZ, 1999, 389, 400 m.w.N.) – entsprechend der vorzugswürdigen Lehre vom öffentlich-rechtlichen Vertrag die Anfechtungsvorschriften der §§ 119, 123 BGB „grundsätzlich entsprechend" an (vgl. FG Köln, Urteil vom 20.10.2011 – 15 K 3692/08 s. dazu: Sommer, PStR 2012, 164). Auch die Finanzverwaltung wendet diese Grundsätze, obgleich sie sich nicht auf die Lehre vom öffentlich-rechtlichen Vertrag festlegen möchte, ohne Weiteres an (vgl. BMF v. 30.07.2008, a.a.O., Tz. 8.2).

Unwirksam ist eine Tatsächliche Verständigung auch dann, wenn einer der Beteiligten den Sach- **130** verhalt bewusst verfälscht oder verschleiert hat (zu möglichen steuerstrafrechtlichen Folgen s.u. Rdn. 147). Umstritten ist insoweit allerdings, ob hier der Maßstab von § 130 Abs. 2 Nr. 2 bis 4 AO gilt (so BMF v. 30.07.2008, a.a.O., Tz. 8.2) oder aber derjenige der §§ 172 Abs. 1 Nr. 2 c, 173 AO. Beide Normen sind nicht direkt anwendbar, da eine Tatsächliche Verständigung allenfalls ein Vertrag, aber kein Verwaltungsakt ist. I.Ü. dürfte ein derartiger Sachverhalt bereits über § 123 BGB abgedeckt sein. Insoweit gilt eine Ausnahme von dem Grundsatz, dass neue Tatsachen oder Beweismittel eine bereits abgeschlossene Tatsächliche Verständigung nicht mehr tangieren können.

c) Wegfall oder Störung der Geschäftsgrundlage (§§ 242, 313 BGB)

131 Eine Lösung von der Bindungswirkung einer Verständigung kommt auch durch Störungen der Geschäftsgrundlage in Betracht. Was Geschäftsgrundlage ist, richtet sich nach § 313 BGB. Diese Frage ist für das Steuerstrafrecht besonders schwer zu beantworten. **Keine rechtserhebliche „Geschäftsgrundlage" ist jedenfalls die Motivationslage der Parteien** im Hinblick auf den Abschluss der Vereinbarung, und zwar auch dann nicht, wenn sie ggü. dem FA offengelegt wurde. So der BFH in seinem Urt. v. 08.10.2008 – I R 63/07, BStBl. II 2009, S. 121 für den Fall des Abschlusses einer Tatsächlichen Verständigung durch den Steuerpflichtigen unter dem ausdrücklichen „Vorbehalt", „keiner steuerlichen Mehrbelastung in einer gesamtwirtschaftlichen Betrachtungsweise" ausgesetzt sein zu wollen. Der BFH verweist diese häufig vorkommende Motivation zum Abschluss einer Verständigung zu Recht in den Bereich eines **unbeachtlichen Motivirrtums** (vgl. auch FG Düsseldorf, Urt. v. 02.12.2008, 6 K 2722/06 K, EFG 2010, 546; TK/*Seer* vor § 118 Rn. 33; *Buciek*, DStZ 1999, 389, 400, Fn. 155).

d) Offensichtlich unzutreffendes Ergebnis einer Tatsächlichen Verständigung

132 Per se nichtig ist eine Verständigung aufgrund Nichtvorliegens einer Wirksamkeitsvoraussetzung, wenn sie zu einem „offensichtlich unzutreffenden Ergebnis" der Besteuerung führt. Insoweit kann auf die Ausführungen oben unter Rdn. 73 ff.) verwiesen werden. Danach ist das Vorliegen eines „offensichtlich unzutreffenden Ergebnisses" eine Frage des Einzelfalles, das nur in besonderen Ausnahmefällen in Betracht kommt. Abstrakt ausgedrückt ist ein unzutreffendes Ergebnis zu bejahen, wenn eine Vereinbarung gegen die Regeln der Logik und der allgemeinen Erfahrungswerte verstößt, was im Rahmen einer Gesamtwürdigung aller Umstände des Falles zu beurteilen ist (vgl. BFH, Beschl. v. 26.10.2005 – X B 41/05, BFH/NV 2006, 243; BFH, Urt. v. 06.02.1991 – I R 13/86, BStBl. II 1991, S. 673; FG Baden-Württemberg, Urt. v. 09.06.1999, 2 K 292/97; EFG 1999, 932).

e) Verstoß gegen das Koppelungsverbot

133 Auch bei einem diesbezüglichen Verstoß ist eine Tatsächliche Verständigung per se nichtig wegen Fehlens einer Wirksamkeitsvoraussetzung (s.o. Rdn. 73 ff.). Im Steuerstrafverfahren ist dieser Nichtigkeitsgrund besonders bedeutsam, da die Finanzbehörden regelmäßig dazu neigen, über das „strafrechtliche Schwert" Druck auf den Steuerpflichtigen im Besteuerungsverfahren auszuüben. Dies reicht von der Androhung weiterer, geschäftsschädigender Ermittlungen bei Lieferanten und Kunden über hohe steuerliche Hinzuschätzungen bis hin zur Untersuchungshaft für den Fall, dass eine von der Verwaltung angebotene Lösungsalternative nicht angenommen wird.

134 Problematisch ist allerdings auch im Hinblick auf diesen relativ unbestimmten Nichtigkeitsgrund, dass die Beweislast für eine „Druckausübung" beim Steuerpflichtigen liegt. Ferner der Umstand, dass die Grenzen zwischen einer unzulässigen, zu einer Nichtigkeit führenden Druckausübung auf den Steuerpflichtigen sowie bloßen „Hinweisen" des FA oder einer „Aufklärung über die bestehende Rechtslage", wie z.B. Pflicht der Fahndungsbeamten zu weiteren Ermittlungshandlungen aufgrund des Legalitätsprinzips/Amtsaufklärungsgrundsatzes, fließend sind. Diese Problematik zeigt sich auch im Inhalt der angeführten Entscheidungen sowie ihrer geringen Anzahl. Sie verneinen i.d.R. das Vorliegen einer zur Nichtigkeit führenden Druckausübung.

f) Folgen einer Unwirksamkeit/Teilunwirksamkeit der Tatsächlichen Verständigung

135 Bei Unwirksamkeit der Tatsächlichen Verständigung ist die getroffene Einigung für beide Seiten unbeachtlich: das FA kann den betreffenden Sachverhalt uneingeschränkt neu würdigen, z.B. durch geänderte Steuerbescheide, einseitige Schätzungsbescheide etc. Der Steuerpflichtige kann ohne Weiteres einen Einspruch gegen die geänderte Steuerfestsetzung einlegen. Der weitere ver-

fahrensrechtliche Ablauf gestaltet sich danach, ob die Tatsächliche Verständigung bereits in Steuerbescheiden/Entscheidungen der Finanzverwaltung berücksichtigt worden war oder nicht (vgl. BMF v. 30.07.2008, a.a.O., Tz. 8.3) und welche Seite – ob FA oder in aller Regel der Steuerpflichtige – die Unwirksamkeit der Einigung geltend macht (Beweislast) sowie in welchem Stadium sich das Verfahren befindet. Die Unwirksamkeit einer Tatsächlichen Verständigung im steuerlichen Ermittlungsverfahren ist anders zu behandeln als diejenige einer Verständigung vor dem FG. Allerdings ergeben sich insoweit zwar unterschiedliche Szenarien, aber keine wesentlichen steuerverfahrensrechtlichen Besonderheiten (vgl. zu den unterschiedlichen Möglichkeiten: BMF v. 30.07.2008, a.a.O., Tz. 8.3). Damit ist auch das weitere Strafverfahren (wieder) völlig offen. Gleichwohl wird selbst eine gescheiterte Tatsächliche Verständigung eine nicht unerhebliche faktische Wirkung auf das weitere Steuerstrafverfahren entfalten, die je nach Sachlage vom steuerlichen Berater durchaus nützlich verwendet werden kann.

Problematisch ist in diesem Zusammenhang lediglich, ob die genannten Unwirksamkeitsgründe **136** auch zu einer **Teilunwirksamkeit** der Tatsächlichen Verständigung in dem Sinne führen können, dass einzelne Teile der Verständigung wirksam bleiben und lediglich hinsichtlich bestimmter Teile die Unwirksamkeit eintritt. Denkbar wäre dies nur bei einer Verständigung, die mehrere Regelungsgegenstände bzw. Sachverhalte umfasst, die also i.S.e. „Paket-Lösung" (vgl. oben Rdn. 56 ff.) erfolgt. Eine solche Verständigung, auf die der Steuerpflichtige bei mehreren relevanten Sachverhalten regelmäßig drängen sollte, würde der Auffassung der Finanzverwaltung im BMF-Schreiben v. 30.07.2008, a.a.O., Tz. 5.4, widersprechen. Darin fordert die Finanzverwaltung für jeden Einzelsachverhalt eine gesonderte Tatsächliche Verständigung, was jedoch bereits von vornherein nicht praktikabel ist. Hinzu kommt, dass der BFH in seinem Urt. v. 20.09.2007 (BFH, Urt. v. 20.09.2007 – IV R 20/05, BFH/NV 2008, 532) zum einen die Möglichkeit einer „Paket-Lösung" bejaht hat. Zum anderen hat er klargestellt, dass eine mehrere Regelungsgegenstände/Sachverhalte umfassende Verständigung als „Paket-Lösung" zu verstehen ist, da sie im Wege gegenseitigen Nachgebens erfolgt und somit die **jeweiligen Einzelsachverhalte als aufeinander abgestimmt anzusehen** sind. Daher **scheidet eine Teilunwirksamkeit einzelner Regelungsgegenstände aus.** Auch in diesem Sinne sollte der Steuerpflichtige auf eine „Paket-Lösung" bei einer Tatsächlichen Verständigung bestehen und sich nicht zu einzelnen, angeblich voneinander unabhängigen Verständigungsregelungen drängen lassen.

3. Der Abschluss einer bewusst rechtsunwirksamen, gleichwohl faktisch bindenden, „faktischen Verständigung"

Nicht unterschätzt oder gar vergessen werden darf im Zusammenhang der Rechtsfolgen und Bin- **137** dungswirkung einer Tatsächlichen Verständigung im Besteuerungsverfahren die davon zu unterscheidende, in der Praxis des Steuerstrafverfahrens aber weitaus häufiger anzutreffende „faktische Verständigung". Sie entspricht bewusst nicht den oben (vgl. Rdn. 52 ff.) dargestellten Wirksamkeitsvoraussetzungen einer formal wirksamen Tatsächlichen Verständigung. Der häufigste Fall ist derjenige, dass an Besprechungen nicht die erforderlichen Teilnehmer seitens der Verwaltung anwesend/verfügbar sind oder aber die Einigung sogar telefonisch (evtl. mit einem anschließenden Bestätigungsschreiben) erfolgt. Sie beruht damit allein auf dem „Wort" der Beteiligten, auf dem Zusammenspiel der gegenseitigen Interessen i.S.e. „Fair Play" oder eines „Gentlemen Agreement". Mack spricht bei ihr zu Recht von einer echten, ja sogar „besseren Alternative" (vgl. *Mack*, DStR 1991, 272; ihr folgend: *Streck/Spatschek* Rn. 838 und 850).

Der Grund ihrer häufigen Anwendung liegt in ihrer Flexibilität ggü. der formell häufig schwerfäl- **138** ligen, rechtsbindenden Tatsächlichen Verständigung. Die faktische Verständigung ist weitaus praktikabler: Sie erfordert keinen großen „Aufmarsch" in einer diesbezüglichen Besprechung, kann kurzfristig und sogar telefonisch erfolgen (dies wäre bei der Tatsächlichen Verständigung nach Auffassung der Rechtsprechung zwar auch möglich, ist aber nicht zu empfehlen). Außerdem sind Nachbesserungen und Vervollständigungen im Fall von Regelungslücken oder weiterem Handlungsbedarf (neue Tatsachen) aufgrund der fehlenden Rechtsbindung, die im Fall der Tatsächlichen Verständigung bereits bei Abschluss eintritt (vgl. oben Rdn. 109) weitaus zügiger und unproblematischer möglich (vgl. *Streck/Spatschek* Rn. 850). Sicher auch aus diesen Gründen setzt selbst die Verwaltung das Institut einer solchen faktischen/formlosen Verständigung als gegeben voraus. Dies jedenfalls für Fälle „ohne wesentliche Bedeutung" (vgl. BMF, Schreiben v. 30.07.2008, a.a.O., Tz. 5), was immer damit gemeint sein mag.

139 Der (eventuelle) Nachteil der „faktischen Verständigung" liegt auf der Hand und ergibt sich bereits aus ihrer Bezeichnung: es ist die fehlende, einklagbare rechtliche Bindungswirkung, die natürlich – nicht zuletzt für den steuerlichen Berater – ein gewisses Risiko in sich birgt. Ihre Wirksamkeit tritt erst mit Rechtskraft der darauf beruhenden Steuerbescheide/Verwaltungsakte ein. Gleichwohl halten auch derartige Verständigungen in der Praxis in den allermeisten Fällen, wohl gerade aufgrund der Notwendigkeit des bis zuletzt fairen Umgangs der Beteiligten miteinander. Dem Verfasser ist kein Fall des Wortbruches der Beteiligten in Jahrzehnten bekannt. Zumindest für den Berater wäre es auch sehr gefährlich, sich ohne triftige Begründung von der zunächst nicht bindenden, faktischen Einigung zu lösen. Er würde schnell den Ruf als „wortbrüchig" erhalten und wäre damit für künftige Einigungslösungen „verbrannt". Insoweit wäre ihm eher die Mandatsniederlegung anzuraten, zumal sich in aller Regel eine Lösung von einer derartigen Einigung aufgrund des „Corps-Geistes der Finanzverwaltung" auch für den Steuerpflichtigen nicht empfiehlt. Daher muss diese Art der Verständigung, nicht nur aufgrund ihrer häufigen Praxisbewährung, in der Tat zumindest als echte Alternative zur formal wirksamen, aber häufig schwerfälligen Tatsächlichen Verständigung angesehen werden.

V. Vermeidung möglicher Fehlerquellen bei Abschluss einer Tatsächlichen Verständigung im Steuerstrafverfahren

140 Ziel der Tatsächlichen Verständigung im Steuerstrafverfahren muss trotz der unterschiedlichen Zuständigkeiten für die jeweilige verfahrensbeendende Entscheidung im Steuer- und Strafverfahren die Gesamtbeendigung des Verfahrens im Wege paralleler Einigungen bzw. Absprachen sein, oder zumindest den Boden dafür zu bereiten (vgl. oben Tz. A. II. 2; *Kohlmann* § 385 Rn. 19). Zumindest in Einzelfällen, die aufgrund der Größenordnungen nicht zu einer Anklage führen müssen, kann dies bei Teilnahme der StraBu/StA an abschließenden Besprechungen mit der Finanzverwaltung oder einer Vorweg-Abklärung mit den Strafverfolgungsbehörden bei geeigneten Sachverhalten ohne weiteres gelingen.

141 Allgemeine und vorrangige Voraussetzung dafür ist, dass die „verkürzte Steuer" i.S.d. Steuerhinterziehungstatbestandes als Erfolgsdelikt (§ 370 Abs. 1, Abs. 3 Nr. 1 AO) zutreffend, um nicht zu sagen bestmöglich, berechnet ist und damit feststeht oder im Wege einer günstigen Schätzung einverständlich festgelegt ist. Dies ist sozusagen die vorrangige „Königsdisziplin" i.R.d. Steuerstrafverfahrens, da die hinterzogene Steuer das „Maß der Schuld" gem. § 46 Abs. 1 StGB maßgeblich bestimmt. Ihre Beantwortung entscheidet somit nicht nur über den Ausgang des Besteuerungsverfahrens, sondern gerade auch über die strafrechtliche Folge im Strafverfahren, somit also über die „Gretchenfrage" des Strafverfahrens. Aufgrund dieser Ausgangsposition wird deutlich, welch entscheidende „Weichenstellung" im Rahmen einer Tatsächlichen Verständigung und der daraus resultierenden Besteuerungsfolgen für das Steuerstrafverfahren erfolgt: auch in geeigneten Fällen muss daher mit jeder Form einer Verständigung, erst recht mit einer formwirksamen und rechtsbindenden Verständigung, vorsichtig und zurückhaltend umgegangen werden. Es gilt insb. die nachfolgenden, möglichen Fehlerquellen bei Abschluss der Verständigung zu vermeiden.

1. Unzutreffende Berücksichtigung/Berechnung der steuerlichen Rechtsfolgen aus der Tatsächlichen Verständigung

142 Wie oben mehrfach ausgeführt (vgl. Rdn. 14 ff.) sollte eine Tatsächliche Verständigung schriftlich, sowie klar und eindeutig formuliert sein. Dies gerade zu dem Zweck, damit im Anschluss kein Streit über die das Steuerstrafverfahren dominierenden, nachzubezahlenden Steuern entsteht.

Denn jegliche Form der Verständigung, selbst eine gescheiterte Verständigung, wird für das Strafverfahren das Risiko einer faktischen Auswirkung (vgl. *Kohlmann* § 385 Rn. 518) entfalten. Daher muss bspw. aus der Verständigung eindeutig hervorgehen, auf welche Bemessungsgrundlage für die Steuer eine geschätzte Hinzurechnung erfolgt, ob diese bspw. auf den bisher erklärten Gewinn einzelner Jahre oder auf den bisherigen Umsatz aufsetzt. Dies gilt insb. angesichts der Tatsache, dass die Lösung von einer wirksam vereinbarten Tatsächlichen Verständigung sehr schwer möglich sein wird.

2. Unzureichende Berücksichtigung der zu erwartenden strafrechtlichen Schlussfolgerungen aus der Tatsächlichen Verständigung

Trotz fehlender rechtlicher Bindungswirkung hat jede Form einer Verständigung im Steuerverfahren, gleichgültig ob formwirksam oder nicht, selbst eine gescheiterte Tatsächliche Verständigung, eine faktische Bindungswirkung auf das Strafverfahren. Dies obgleich die Verständigung erst recht keine Geständniswirkung haben kann, da mit ihrem Abschluss gerade ein „ungewisser", nicht aufklärbarer Sachverhalt bejaht und im Wege eines beiderseitigen Nachgebens angenommen bzw. zugrunde gelgt wird. Folglich müssen sich steuerlicher Berater und insb. auch der Steuerpflichtige **bereits bei Abschluss der Tatsächlichen Verständigung** neben der steuerlichen Schlussfolgerung gerade über die zu erwartenden/angestrebten strafrechtlichen Folgen klar werden. | 143

Dies erfordert nicht nur einen (auch) strafrechtlich sachkundigen Berater. Es sollte vielmehr der rechtswirksame steuerliche Abschluss bis zur entsprechenden parallelen Absprache im Strafverfahren offen gehalten werden. Zumindest sollte mit den strafrechtlichen Entscheidungsträgern vorab die strafrechtliche Schlussfolgerung auf der Basis der gefundenen steuerlichen Einigung abgeklärt werden (vgl. *Kohlmann* § 385 Rn. 519). Dies kann bspw. über die Anbringung eines „Vorbehaltes" eines bestimmten oder zumindest annehmbar erscheinenden strafrechtlichen Abschlusses (vgl. *Streck/Spatschek* Rn. 854) erfolgen oder aber über das einfache Zurückhalten und Verzögern der Unterschrift/Abstimmung i.R.d. schriftlichen Durchführung der Tatsächlichen Verständigung. In jedem Fall sollte bereits bei Vereinbarung der Tatsächlichen Verständigung auf eine Formulierung gedrängt werden, aus der hervorgeht, dass die Einigung lediglich im Besteuerungsverfahren und ohne geständnisgleiche Wirkung für das Strafverfahren erfolgt. Dies kann unter Hinweis auf die bereits „steuerliche Unaufklärbarkeit des Sachverhaltes" und die daraus gezogene Schlussfolgerung einer „wirtschaftlichen und kostengünstigen Verfahrensbeendigung" erfolgen. | 144

Fatal wäre es für den Steuerpflichtigen gerade im Rahmen von steuerlichen Verkürzungsbeträgen, die eine Anklage erforderlich machen und/oder darüber hinaus im Bereich von nicht mehr bewährungsfähigen Freiheitsstrafen liegen könnten, eine Einigung abzuschließen, ohne vorher die mögliche strafrechtliche Beendigung des Verfahrens auf der Basis dieser Einigung zumindest abgeklärt oder besser im Einzelnen bereits „festgeklopft" zu haben. Ggf. (je nach Verfahrensstadium) muss dies auch mit dem zuständigen Gericht erfolgen oder kann erst nach Zulassung einer Anklage zum Hauptverfahren geschehen. Selbstverständlich muß bei all den entsprechenden Verhandlungen das oben erörterte Koppelungsverbot (vgl. Rdn. 73 ff.), also die dysfunktionale Verknüpfung von Besteuerungs- und Strafverfahren, beachtet werden. | 145

3. Abschluss einer Tatsächlichen Verständigung mit einem unzuständigen Amtsträger

Wird eine Tatsächliche Verständigung mit einem unzuständigen Amtsträger, bspw. einem Betriebsprüfer oder Steuerfahnder (ohne Beteiligung des zuständigen Veranlagungssachgebietsleiters), abgeschlossen, so ist die Verständigung dadurch unwirksam und nicht bindend. Aufgrund der unterschiedlichen Zeichnungsrechte, die sich einzelne Bundesländer, wie etwa Bayern (vgl. OFD Nürnberg v. 17.07.2003 – S 0223-20 St 24, DStZ 2003, 703) vorbehalten haben, sollte die Zuständigkeit des jeweils beteiligten Amtsträger ggf. vor Abschluss der Verständigung abgeklärt werden. Dies gilt natürlich ebenfalls parallel für die zur Entscheidung befugte Strafverfolgungsbehörde betreffend den Abschluss des Strafverfahrens. Steuerlich kann eine fehlgeschlagene Tatsäch- | 146 liche Verständigung möglicherweise noch über die Darlegung einer faktischen Verständigung (vgl. Rdn. 137) gerettet werden, sofern sich die Finanzverwaltung trotz Unzuständigkeit des Amtsträgers – wie häufig – an die Vereinbarungen/Verhandlungen gebunden fühlt.

4. Fehlerhafte Sachverhaltsdarstellung i.R.d. Abschlusses der Tatsächlichen Verständigung (mit eventueller strafrechtlicher Relevanz)

147 Die Tatsächliche Verständigung dient zwar der einvernehmlichen Beseitigung von Ungewissheiten bzw. Unklarheiten im Sachverhalt, also letztlich der Beseitigung eines ungewissen Sachverhaltes im Wege von Wahrscheinlichkeitsüberlegungen und Schätzungen. Dennoch kann, und darüber muss sich der steuerliche Berater im Klaren sein, nach Auffassung des BGHSt in der Abgabe von bewusst unzutreffenden und/oder unvollständigen Angaben zum Sachverhalt i.R.d. Abschlusses der Tatsächlichen Verständigung wiederum eine (neue) Steuerhinterziehungshandlung gesehen werden (vgl. BGH, Urt. v. 26.10.1998, 5 StR 746/97, wistra 1999, 103, 106; dazu *Spatschek/Mantas* PStR 1999, 198; zum Thema auch: *Salditt*, StuW 1998, 283). Diese Gefahr kommt dann zur steuerlichen Unwirksamkeit der Tatsächlichen Verständigung in Gestalt des Herbeiführens einer unzutreffenden Besteuerung noch hinzu. Bei dem vom BGH entschiedenen Fall handelte es sich jedoch um einen extremen Sachverhalt des bewussten Verschweigens eines zur Steuertilgung noch vorhandenen Endvermögens i.H.v. damals 11,6 Mio. DM. Gleichwohl kann ein derartiger Sachverhalt ebenso wie fehlerhafte Angaben vor dem FG unter den Tatbestand des § 370 Abs. 1 AO subsumiert werden. Daher sollte der steuerliche Berater ein solches Risiko aufgrund der von ihm weitergegebenen Angaben zum Sachverhalt bei Abschluss der Tatsächlichen Verständigung von vornherein weitestgehend minimieren (Gefahr des Verdachts einer Beihilfe).

§ 257c StPO   [Verständigung]

(1) Das Gericht kann sich in geeigneten Fällen mit den Verfahrensbeteiligten nach Maßgabe der folgenden Absätze über den weiteren Fortgang und das Ergebnis des Verfahrens verständigen. § 244 Absatz 2 bleibt unberührt.

(2) Gegenstand dieser Verständigung dürfen nur die Rechtsfolgen sein, die Inhalt des Urteils und der dazugehörigen Beschlüsse sein können, sonstige verfahrensbezogene Maßnahmen im zugrundeliegenden Erkenntnisverfahren sowie das Prozessverhalten der Verfahrensbeteiligten. Bestandteil jeder Verständigung soll ein Geständnis sein. Der Schuldspruch sowie Maßregeln der Besserung und Sicherung dürfen nicht Gegenstand einer Verständigung sein.

(3) Das Gericht gibt bekannt, welchen Inhalt die Verständigung haben könnte. Es kann dabei unter freier Würdigung aller Umstände des Falles sowie der allgemeinen Strafzumessungserwägungen auch eine Ober- und Untergrenze der Strafe angeben. Die Verfahrensbeteiligten erhalten Gelegenheit zur Stellungnahme. Die Verständigung kommt zustande, wenn Angeklagter und Staatsanwaltschaft dem Vorschlag des Gerichtes zustimmen.

(4) Die Bindung des Gerichtes an eine Verständigung entfällt, wenn rechtlich oder tatsächlich bedeutsame Umstände übersehen worden sind oder sich neu ergeben haben und das Gericht deswegen zu der Überzeugung gelangt, dass der in Aussicht gestellte Strafrahmen nicht mehr tat- oder schuldangemessen ist. Gleiches gilt, wenn das weitere Prozessverhalten des Angeklagten nicht dem Verhalten entspricht, das der Prognose des Gerichtes zugrunde gelegt worden ist. Das Geständnis des Angeklagten darf in diesen Fällen nicht verwertet werden. Das Gericht hat eine Abweichung unverzüglich mitzuteilen.

(5) Der Angeklagte ist über die Voraussetzungen und Folgen einer Abweichung des Gerichtes von dem in Aussicht gestellten Ergebnis nach Absatz 4 zu belehren.

A. Verständigung im Steuerstrafverfahren

Verständigungen mit den Behörden sind aus dem Alltag des Steuerstrafverteidigers nicht wegzudenken. Sowohl die Finanzbehörden im Besteuerungsverfahren als auch die Strafverfolgungsorgane im Strafverfahren erledigen einen Teil ihres Verfahrensdrucks durch einvernehmliche Absprachen mit den Beteiligten. Für den Beschuldigten kann dies eine Gelegenheit sein, zu einem für ihn günstigen Ergebnis zu kommen. Häufig liegt die Chance im Strafverfahren in einer Beschränkung des Verfahrensstoffs. Den Verteidiger darf diese Praxis nicht dazu verleiten, gute Aussichten in einem streitigen Prozess leichtfertig aus **Bequemlichkeit** zu vergeben. Der Berater muss (sich) kritisch hinterfragen, ob eine konsensuale Verfahrensbeendigung den Interessen des Mandanten wirklich dient („korrumpierender Effekt" der Absprache; vgl. *Schünemann* FS Rieß, S. 525, 534). Die weitverbreitete Verständigungspraxis hat den deutschen Inquisitionsprozess geschwächt. „Deals" vereinfachen die Verteidigung des Schuldigen und erschweren die des Unschuldigen. Wer heute als Angeklagter in der Hauptverhandlung einen Freispruch erzielen will, wird heute einem größeren Druck ausgesetzt, als ihn die StPO in ihrer Grundkonzeption vorsieht. Dadurch erhöht sich die Gefahr falscher Urteile signifikant (*Ransiek*, ZIS 2008, 116, 117; BeckOK-StPO/*Eschelbach* § 257c Rn. 1.5). Die Justiz scheint dies und den langsamen Abschied von der Wahrheitssuche im Strafprozess durch das Einführen eines neuen „Konsensprinzips" zu verschmerzen (vgl. zum Konsensprinzip auch § 385 Rdn. 34). 1

Bei der Verständigung ist ganz besonders die **Zweispurigkeit des Steuerstrafverfahrens** zu beachten: Das Strafverfahren und das Besteuerungsverfahren laufen *nebeneinander*. Was nützt die Einigung im Strafverfahren, wenn außerordentliche Belastungen im Steuerstrafverfahren den Mandanten finanziell erdrücken? Was nützt eine günstige Festsetzung der Steuer im Rahmen einer tatsächlichen Verständigung, wenn ein Freiheitsentzug durch das strafrichterliche Urteil die Zahlung selbst kleinster Beträge unmöglich macht? Die Kunst der (Steuerstraf-)Verteidigung besteht darin, beide Verfahrensstränge so zu vereinen, dass ein akzeptables **Gesamt**ergebnis erzielt werden kann. Ein streitiges Steuerverfahren führt nahezu zwangsläufig in ein streitiges Strafverfahren. Sollte der Mandant Einigungs- *und* Zahlungsbereitschaft mit sich bringen, können die pekuniären Interessen der Staatsorgane nach der Formel „Steuern statt Strafe" (*Randt*, Der Steuerfahndungsfall, Rn. 92) instrumentalisiert werden. In der Praxis haben sich Verteidigerteams bewährt, die einerseits steuerliche andererseits strafrechtliche Expertise in das Verfahren einbringen. Die personell getrennte, aber inhaltlich eng abgestimmte Aufstellung der Berater ermöglicht den effizientesten Umgang mit den unterschiedlichen Verfahrensprinzipien, insb. den unterschiedlichen Offenbarungspflichten, im Strafverfahren und im Besteuerungsverfahren (vgl. § 393 Rdn. 64 ff.). 2

Die Verständigung im Strafverfahren wurde **2009** in Gesetzesform gegossen und in die **Strafprozessordnung** eingeführt (BGBl. I, S. 2353). Praktiziert wurde sie schon Jahrzehnte zuvor; (Fach-)Öffentlichkeit offenbart, wurden die Praktiken erst in den frühen 80er Jahren durch einen Aufsatz von *Weider* (StV 1982, 545), der sich damals als Autor noch gezwungen sah, unter einem Pseudonym zu publizieren (RA *Detlef Deal* aus Mauschelhausen). Mit der StPO in ihrer damaligen Gestalt war ein solcher „strafprozessualer Vergleich" nicht vereinbar und die Rechtsprechung sah sich gezwungen, in den 2000er Jahren Leitlinien einer prozessualen Verständigung festzulegen 3 (vgl. insb. BGHSt 50, 40 m.w.N.). Diese Leitlinien wurden später Grundlage des Gesetzes zur Regelung der Verständigung im Strafverfahren.

4   Ob es dem Gesetzgeber gelungen ist, die von der Praxis *contra legem* eingeführte Form der einverständlichen Verfahrenserledigung dogmatisch überzeugend in die StPO zu integrieren, darf bezweifelt werden. Die **zentralen Grundsätze** des herkömmlichen deutschen **Strafprozesses**, wie die Inquisitionsmaxime, der Öffentlichkeitsgrundsatz, die Unmittelbarkeit der Beweisaufnahme und das Schuldprinzip, werden **durchbrochen** (*Altenhain/Haimerl*, JZ 2010, 327; *Fischer*, StraFo 2009, 177; *Murmann*, ZIS 2009, 526, 532f., 534; *Rieß*, StraFo 2010, 10, 11; *Schünemann* ZRP 2009, 104; *Wattenberg* StV 2010, 471). An dem Einzug einer neuen „**Konsensmaxime**" als weiterer Verfahrensgrundsatz des deutschen Strafprozesses ändert das freilich nichts (*Jahn/Müller*, NJW 2009, 2625; s.a. § 385 Rdn. 34).

5   Das Verständigungsverfahren im Strafprozess **benachteiligt** sozial und intellektuell schwache Angeklagte, die zudem häufig weniger komplexen Anklagevorwürfen ausgesetzt sind und deshalb weniger „zu verhandeln" haben (*Fischer*, StraFo 2009, 177, 185; AnwK-StPO/*Püschel* § 257c Rn. 4). Ein Minimum an Komplexität des Falles ist die Grundvoraussetzung dafür, dass es für die beteiligten Justizangehörigen attraktiv sein könnte, Entgegenkommen zu zeigen und einen einvernehmlichen Verfahrensabschluss zu finden. Art. 3 Abs. 1 GG gewährleistet jedoch allen Angeklagten den gleichen Zugang zu einer Absprache (*Altenhain/Hagemeier/Haimerl*, NStZ 2007, 71, 72; krit. zur faktischen Ungleichbehandlung von verteidigtem und nicht verteidigtem Beschuldigten auch *Murmann*, ZIS 2009, 526, 535; *Tully*, PStR 2010, 137, 141).

6   **Zentrale Vorschrift** der neuen gesetzlichen Verständigungsarchitektur ist § 257c StPO. Daneben ermöglicht § 160b StPO der **StA** bereits im **Ermittlungsverfahren** verfahrensfördernde Erörterungen mit den anderen Verfahrensbeteiligten. Deren Ziel z.B. eine Einstellung nach §§ 153ff. sein, aber auch eine Verfahrensbeendigung im Strafbefehlsverfahren. § 202a StPO eröffnet dem **Gericht** im **Zwischenverfahren** ein entsprechendes Vorgehen. Der wesentliche Inhalt der Erörterungen ist jeweils **aktenkundig** zu machen ist. § 212 StPO erklärt § 202a StPO für die Zeit **nach Eröffnung des Hauptverfahrens** für anwendbar; für die **Hauptverhandlung gilt** § 257b StPO. Erörterungen nach den §§ 202a, 212 StPO sind vom vorsitzenden Richter in der Hauptverhandlung gem. § 243 Abs. 4 StPO mitzuteilen. Nach § 273 Abs. 1a StPO sind der wesentliche Ablauf, der Inhalt und das Ergebnis einer Verständigung zu **protokollieren**. Da dies als *ausdrücklich* erwähnte zu protokollierende Förmlichkeit i.S.d. § 274 Satz 1 StPO einzuordnen ist, entfaltet das Protokoll negative Beweiskraft (BGH, NStZ-RR 2010, 213; OLG Frankfurt am Main, NStZ-RR 2010, 213; so bereits vor der Neuregelung des § 273: BGH NStZ 2007, 355). Nach § 273 Abs. 1a Satz 3 StPO ist aber auch zu protokollieren, dass eine Verständigung nicht stattgefunden hat (sog. „Negativattest"), mit der Folge, dass auch diesem Vermerk negative Beweiskraft zukommt (vgl. vertiefend die eingehende Analyse dieser Norm bei *Brandt/Petermann*, NJW 2010, 268). Ist dem Urteil eine Verständigung vorausgegangen, ist dies in den Urteilsgründen anzugeben, § 267 Abs. 3 Satz 5 StPO (vgl. hierzu BGH, NStZ 2011, 170). Allein die Bereitschaft des Angeklagten, wegen eines bestimmten Sachverhalts eine Strafe hinzunehmen, die das gerichtlich zugesagte Höchstmaß nicht überschreitet, entbindet das Gericht nicht von der Pflicht zur Aufklärung und Darlegung des Sachverhalts, soweit dies für den Tatbestand der dem Angeklagten vorgeworfenen Gesetzesverletzung erforderlich ist (BGH, StV 2011, 647 m.Anm. *Schlothauer*; vgl. auch OLG Celle, StV 2011, 341). Schließlich sieht der geänderte § 302 Satz 2 StPO vor, dass bei erfolgter Verständigung ein **Rechtsmittelverzicht ausgeschlossen** ist (dazu näher Rdn. 21).

7   Der systematische Standort des § 257c StPO als zentrale Verständigungsnorm innerhalb der Strafprozessordnung ist wenig überzeugend gewählt (*Meyer-Goßner* § 257c Rn. 1). Denn dort steht er am Ende der Beweisaufnahme. Tatsächlich werden die „Weichen" schon viel früher gestellt worden sein. Die Absprache zielt nicht zuletzt darauf, eine Beweisaufnahme zu umgehen.

8   Insgesamt handelt es sich bei diesem bereits im Vorfeld extrem kontrovers diskutierten Gesetz bestenfalls um eine Art „Rahmenrecht", bei dem wesentliche Inhalte von der Praxis noch konkreti

siert werden müssen. Die Justiz wird in den nächsten Jahren nicht nur Arbeitserleichterung durch Verständigungen haben, sondern mit der Klärung einer Vielzahl von Einzelfragen zusätzlich belastet werden (erste Rechtsprechungsübersichten finden sich bei *Schlothauer*, StraFo 2011, 487 und *Burhoff*, StRR, 2011, 248).

B. Regelungsgehalt der zentralen strafprozessualen Verständigungsnorm § 257c StPO

Abs. 1 Satz 1 legitimiert das Gericht, sich in geeigneten Fällen in der Hauptverhandlung mit den **9** Verfahrensbeteiligten über den weiteren Fortgang und das Ergebnis des Verfahrens zu verständigen. Es handelt sich um eine sog. **Kann-Vorschrift**, es steht also im pflichtgemäßen Ermessen des Gerichtes, ob es die Initiative ergreift. Mit der Vorschrift wurde ein quasivertragliches Element (*Niemöller/Schlothauer/Weider*, VerstG § 257c Rn. 8) in den Inquisitionsprozess eingeführt („Konsensmaxime", vgl. Rdn. 4 und § 385 Rn. 34). Dem Gericht wird ein weitgehender Spielraum für seine Ermessensausübung gegeben (schärfer *Hettinger*, JR 2011, 292, 298: *„Geeignet ist, was dem Gericht passt"*).

Ungeeignet sind jedenfalls Fälle, in denen Angeklagter und Verteidigung unmissverständlich deut- **10** lich gemacht haben, dass sie den Anklagevorwürfen entgegen treten, kein Verständigungspotenzial sehen oder aus anderen Gründen auf eine unabgekürzte Beweisaufnahme bestehen. Denn **Verständigen** beinhaltet Einvernehmen (RegE BT-Drucks. 16/11736, S. 15). In diesem Zusammenhang äußerte der BGH sehr deutlich, dass die Vorlage – ggf. mehrfach – „nachgebesserter Angebote" seitens des Gerichts zur Erlangung verfahrensabkürzender Geständnisse regelmäßig nicht tunlich sei. Erfolgten solche Angebote in der Weise, dass ein immer günstigerer Verfahrensausgang angeboten werde, je länger Beschuldigte früheren Angeboten „nicht näher treten", so führe dies sowohl in der Darstellung ggü. den Verfahrensbeteiligten als auch in der öffentlichen Wahrnehmung zum Eindruck eines „Aushandelns" des staatlichen Strafausspruchs, das mit der Würde des Gerichts nicht vereinbar sei (BGH, StV 2011, 74).

Das Gericht ist gehalten, nicht zu schnell auf eine Urteilsabsprache **auszuweichen**. Zuvor muss die **11** Anklage tatsächlich (anhand der Akten) und rechtlich geprüft worden sein (RegE BT-Drucks. 16/11736, S. 15; BGH [GS], NJW 2005, 1440, 1442).

I. Inhalt der Verständigung

1. Taugliche Gegenstände einer Verständigung

Taugliche Gegenstände einer Verständigung sind nach Abs. 2 Satz 1 die Rechtsfolgen, der Inhalt **12** des Urteils und der dazugehörigen Beschlüsse, sonstige verfahrensbezogene Maßnahmen im Erkenntnisverfahren und das Prozessverhalten einzelner Beteiligter. Im Gegenzug soll ein Geständnis Bestandteil jeder Absprache sein (Abs. 2 Satz 2).

Regelmäßig bezieht sich die Verständigung auf den **Strafausspruch**; in diesem Fall soll das Gericht **13** gem. Abs. 3 Satz 2 einen **Strafrahmen** festlegen, mithin eine Strafobergrenze (für diese gilt dann auch das Verschlechterungsverbot i.S.d. § 358 Abs. 2 Satz 1 StPO, BGH, StV 2010, 470 m. krit. Anm. *Wattenberg*) und nach teilweise vertretener Ansicht auch zwingend eine Strafuntergrenze. Die Verständigung über eine Punktstrafe ist unzulässig (BGH, StV 2011, 75; NStZ 2010, 650). Die Angabe einer Strafuntergrenze trägt v.a. den Interessen der StA Rechnung, deren Zustimmung – anders als vor Inkrafttreten des § 257c StPO – unerlässlich ist (BGH, StV 2011, 75). Ob das Gericht bei der Bekanntgabe des möglichen Verfahrensergebnisses einen Strafrahmen anzugeben hat oder ob, da es sich um eine „Kann-Vorschrift" handelt, die isolierte Angabe einer Strafober- oder Strafuntergrenze ausreicht, wird kontrovers diskutiert (Letzteres bejahend: *Bittmann*, wistra 2009, 414, 415; *Bockemühl/Staudinger*, StraFo 2010, 425, 426; *Niemöller/Schlothauer/Wieder* VerstG § 257c Rn. 46; *Tully*, PStR 2010, 137, 141 f.; SK-StPO/*Velten* § 257c Rn. 21; nur Obergrenze zulässig: BeckOK-StPO/*Eschelbach* § 257c Rn. 12; GesStrafR/*König/Harrendorf* § 257c

StPO Rn. 16; grds. verneinend: *Meyer-Goßner* § 257c Rn. 20). Ausgehend vom Wortlaut der Vorschrift („Ober- und Untergrenze der Strafe"; „der in Aussicht gestellte Strafrahmen [Abs. 4 S. 1]") und den Gesetzesmaterialien (BT-Drucks. 16/13095, S. 3 [Beschlussempfehlung und Bericht des Rechtsausschusses]: „wobei das Gericht eine [...] tat- und schuldangemessene Strafober- und Strafuntergrenze anzugeben hat") sprechen die gewichtigeren Gründe dafür, dass nach dem Willen des Gesetzgebers das Gericht nach fallbezogener Verengung des gesetzlichen Strafrahmens stets einen konkreten Rahmen für die schuldangemessene Strafe, bestehend aus einer Strafober- und einer Strafuntergrenze, anzugeben hat (so BGH, NStZ 2011, 170; StV 2011, 75). Im Hinblick auf die Ergebnisoffenheit des Gerichts bis zur Sachentscheidung ist dies allerdings nicht unbedenklich (BeckOK-StPO/*Eschelbach* § 257c Rn. 1).

14 Anders als eine Verständigung über den Straftatbestand und damit den Schuldspruch (Abs. 2 Satz 3), sind Bestandteile des Rechtsfolgenausspruches absprachetauglich, insb. die Anordnung von **Bewährungsauflagen** (*Meyer-Goßner* § 257c Rn. 12; *Niemöller/Schlothauer/Weider* VerstG § 257c Rn. 57; KMR/*v. Heintschel-Heinegg* § 257c Rn. 27; GesStrafR/*König/Harrendorf* § 257c StPO Rn. 10). Auch das Absehen von der Bildung einer Gesamtstrafe nach § 53 Abs. 2 Satz 2 StGB ist verhandelbar.

15 Während sämtliche Maßregeln der Besserung und Sicherung (Abs. 2 Satz 3) nicht verhandelbar sind, kann über **Nebenstrafen**, **Nebenfolgen** und sonstige Maßnahmen – wie **Einziehung** und **Verfall** – eine Verständigung erzielt werden, obwohl ihre Anordnung partiell (§§ 73 ff. StGB) obligatorisch ist (krit.: SK-StPO/*Velten* § 257c Rn. 11, die für eine Zulässigkeit darauf abstellen möchte, in welchem Umfang und zu welchem Zweck das Gericht bei der Entscheidung über die Nebenstrafen etc. frei ist; verneinend: BeckOK-StPO/*Eschelbach* § 257c Rn. 15; *Niemöller/Schlothauer/Weider* VerstG § 257c Rn. 52).

16 **Verfahrensbezogene Maßnahmen im zugrunde liegenden Erkenntnisverfahren** sind v.a. **Verfahrenseinstellungen** und -beschränkungen nach §§ 153 ff. (OLG Frankfurt am Main, NStZ-RR 2011, 49; *Kirsch*, StraFo 2010, 96, 97; *Niemöller*, GA 2009, 172, 181; RegE BT-Drucks. 16/11736, 16) und Entscheidungen über die Anordnung und Fortdauer von Zwangsmaßnahmen wie z.B. die Aufhebung oder Außervollzugsetzung eines **Haftbefehls** oder die Aufhebung eines Verschonungsbeschlusses (AnwK-StPO/*Püschel* § 257c Rn. 11).

17 Das sonstige **Prozessverhalten** der Verfahrensbeteiligten kann Bestandteil einer Verständigung sein; nahe liegt dies für strafzumessungsrelevantes Verhalten des Angeklagten, wie eine Sachaufklärung durch Geständnis oder Aufklärungshilfe (zulasten Dritter), die Schadenswiedergutmachung oder das Bemühen um einen Täter-Opfer-Ausgleich. Daneben wird es für zulässig erachtet, sonstige Verhaltensweisen zu vereinbaren, die lediglich zu einer Abkürzung des Verfahrens führen (AnwK-StPO/*Püschel* § 257c Rn. 13: z.B. der Verzicht auf Beweisanträge, Befangenheitsanträge, Besetzungs- und Zuständigkeitsrügen, ausführliche Zeugenbefragungen oder das Fragerecht insgesamt sowie die Zustimmung zur Verlesung von Vernehmungsprotokollen oder zur Verwertung bestimmter Beweisergebnisse).

18 Das disponible Prozessverhalten der **StA** umfasst Anträge und Zustimmungen der Anklagebehörde nach §§ 153 ff. (OLG Frankfurt am Main, NStZ-RR 2011, 49) und ist nicht auf das zugrunde liegende Erkenntnisverfahren beschränkt. Denn anders als bei den verfahrensbezogenen Maßnahmen kennt Abs. 2 Satz 1 hier keine entsprechende Beschränkung. Daher sind Zusagen der StA für Strafvollstreckung und -vollzug statthafter Verhandlungsgegenstand (AnwK-StPO/*Püschel* § 257c Rn. 13; a.A. BGH, StV 2011, 74; StV 2011, 338).

19 Das **Geständnis** soll nach Abs. 2 Satz 2 Bestandteil jeder Verständigung sein. Es unterliegt keinen besonderen Anforderungen und muss daher weder umfassend noch nachprüfbar sein (so die Gegenäußerung der Bundesregierung v. 18.03.2009 zur Stellungnahme des Bundesrates v. 06.03.2009; vgl. *Duttge* FS Böttcher, S. 53, 66 ff.). Auch ein Formalgeständnis des Inhalts, dass die Anklagevorwürfe zutreffend sind, kann ausreichen (*Jahn/Müller*, NJW 2009, 2625, 2628 f.;

a.A. *Weimar/Mann*, StraFo 2010, 13, 14). Eine andere Frage ist, ob weitere Beweise zu erheben sind. Das wird nur notwendig sein, solange es die Aufklärungspflicht nach § 244 Abs. 2 StPO gebietet. Ferner muss beachtet werden, dass die Qualität eines Geständnisses in der Strafzumessung der Gerichte durchaus Gewicht hat (vgl. § 46 StGB Rdn. 42 ff.).

2. Unzulässige Inhalte einer Verständigung

Abs. 2 Satz 3 statuiert, was keinesfalls Gegenstand einer Verständigung sein darf: Der **Schuld-** **20** **spruch** und **Maßregeln der Besserung und Sicherung** (vgl. § 61 StGB).

Ebenfalls nicht verhandelbar ist ein **Rechtsmittelverzicht**. Aus § 302 Abs. 1 Satz 2 StPO ergibt **21** sich, dass ein Rechtsmittelverzicht im Fall der Verständigung **verboten** ist (dennoch befürchtet *Rieß* StraFo 2010, 10, 11, dass das herkömmliche Rechtsmittelsystem „weitgehend immunisiert" werde, da die Verständigung ihrer Natur nach darauf angelegt sei, dass sie rechtskräftig werde. Erste Praxiserfahrungen bestätigen diese Prognose). Ferner bestimmt § 35a Satz 3 StPO, dass ein (künftiger) Rechtsmittelverzicht auch nicht rechtsverbindlich zugesagt werden kann. Alle Verfahrensbeteiligte dürfen nach einer vorausgegangenen Verständigung unbeschränkt Rechtsmittel einzulegen (BGHSt 43, 195; 50, 40; BGH, wistra 2010, 451). Wird dennoch ein (unzulässiger) Verzicht erklärt, bleibt dem Angeklagten die Frist zur Einlegung eines Rechtsmittels erhalten (BGH, NStZ-RR 2010, 244; OLG Frankfurt am Main, NStZ-RR 2011, 49). Die Unwirksamkeit eines entsprechenden Rechtsmittelverzichts setzt jedoch voraus, dass die Urteilsabsprache nachgewiesen wird. Enthält das Hauptverhandlungsprotokoll weder eine Verständigung nach § 257c StPO, noch ein sog. Negativattest gem. § 273 Abs. 1a StPO, sondern lediglich den Vermerk, „die Sach- und Rechtslage wurde erörtert", ist die Frage, ob eine Verständigung oder lediglich eine Erörterung stattgefunden hat, im Freibeweisverfahren aufzuklären (OLG Frankfurt am Main, NStZ-RR 2010, 213, 214). Für die Rechtslage vor Einführung des § 302 Abs. 1 Satz 2 StPO ist zu beachten, dass der nach einer Verständigung wirksam erklärte Rechtsmittelverzicht – i.V.m. dem Rechtsmittelverzicht der anderen rechtsmittelberechtigten Verfahrensbeteiligten – die Rechtskraft unmittelbar herbeiführt (BGH [GS], BGHSt 50, 40). § 302 Abs. 1 Satz 2 StPO beseitigt die vor Inkrafttreten des Gesetzes bereits eingetretene Rechtskraft nicht (BGH, NJW 2010, 310).

Eine **Zurücknahme des Rechtsmittels** soll aber bei vorausgegangener Verständigung grds. auch **22** dann wirksam sein, wenn sie noch vor Ablauf der Frist zu seiner Einlegung erfolgt (BGH, NStZ 2010, 409; *Fischer*, ZRP 2010, 249, 250; *Malek*, StraFo 2010, 251; *Niemöller* StV 2010, 474 und *Staudinger*, HRRS 2010, 347 sehen darin eine Umgehungsmöglichkeit des § 302 Abs. 1 Satz 2 StPO).

3. Verständigung und Amtsaufklärungspflicht

Wie sich eine Verständigung im Strafverfahren mit dem grundlegenden Prinzip der Amtsaufklä- **23** rung vereinbaren lässt (vgl. auch Rdn. 4), ist bisher ungeklärt. Schließlich ist die Beschränkung der Sachverhaltsaufklärung ein wesentlicher Bestandteil der Verständigung. Der Gesetzgeber stellt in Abs. 1 Satz 2 schlicht fest, die richterliche **Amtsaufklärungspflicht** des § 244 Abs. 2 StPO bleibe auch im Fall der Absprache unberührt. Näher liegt es zu behaupten, beides sei nicht miteinander zu vereinbaren (BeckOK-StPO/*Eschelbach* § 257c Rn. 1) oder schärfer: „nichts weniger als unrealistisch und in sich widersprüchlich" (*Jahn/Müller*, NJW 2009, 2625, 2631). Gemeint sein könnte, dass trotz erfolgter Verständigung ein Mindestmaß an Sorgfalt bei der Abfassung der Urteilsgründe gewahrt bleiben solle (BGH, StV 2011, 76; 2010, 60; NStZ-RR 2010, 336; Beschl. v. 03.11.2010 – 1 StR 449/10).

4. Verfahren

Abs. 3 gibt ein Mindestmaß an Verfahrensregeln für eine strafrechtliche Verständigung in der **24** Hauptverhandlung vor: Zunächst gibt das Gericht bekannt, welchen Inhalt die Verständigung nach seiner **Vorstellung** haben könnte (*Weimar/Mann*, StraFo 2010, 12, 16, erachten die gesetzlichen Vorgaben des Abs. 3 als wenig hilfreich, da eine Verständigung u.a. soziale Kompetenz erfordere und solch weiche Faktoren einer Normierung nicht zugänglich seien). Dem Vorschlag hat eine **Erörterung** nach § 257b StPO **vorauszugehen**. Inhaltlich enthält er als Kernaussage i.d.R. die aktuelle (vorläufige) Strafeinschätzung des Gerichts. Anzugeben ist ein Strafrahmen, also eine Strafo*ber-* und ggf. eine Strafu*nter*grenze (vgl. auch Rdn. 13).

25 Vielfach verbreitet ist es, nicht nur einen Strafrahmen zu benennen, sondern dazu eine „Alternativstrafe" für die Strafzumessung nach langer streitiger Verhandlung. Die Rechtsprechung beanstandet das bisher nicht (BGH, StV 2011, 202, 204). Die vom Gericht eröffneten Strafrahmen setzen den Angeklagten unter gehörigen Druck. Je weiter die „Sanktionsschere" geöffnet wird, stellt sich umso dringlicher die Frage nach der Zulässigkeit des Vorgehens und der Unparteilichkeit des Richters (vgl. auch Rdn. 43). Unter einer **Sanktionsschere** versteht man das unverhältnismäßige Auseinanderklaffen von Strafobergrenzen, je nachdem ob das Verfahren durch ein Geständnis abgekürzt werden kann oder ob eine Beweisaufnahme durchgeführt werden soll. Die Justiz gewährt erhebliche „Strafrabatte" für ein Geständnis, ohne dass dies in der Praxis straftheoretisch näher begründet wird. Die „Schonung der knappen ‚Ressource Recht,'" flackert hin und wieder als einziger Begründungstopos auf. Kommunikationspsychologisch gewendet, kommt aber beim Angeklagten, dem Empfänger der Nachricht, weniger das Angebot eines Vorteils an, sondern vielmehr die implizite Drohung, es komme alles schlimmer, wenn man sich wehrt.

26 Das Geständnis, das im Rahmen einer Verfahrensabsprache abgegeben wird, bedarf dringend einer intensiven wissenschaftlichen Untersuchung: zum einen inhaltlich/psychologisch wegen seines Wahrheitsgehalts; zum anderen straftheoretisch wegen seines Gewichts in der Strafzumessung (vgl. hierzu auch *Hettinger*, JR 2011, 292, 299 f.). Ein Geständnis allein kann keinen Strafrabatt von mehr als einem Drittel rechtfertigen (*Meyer-Goßner*, ZRP 2009, 107, 109; vgl. a. BGH, NStZ 2005, 393; NStZ 2007, 655; NStZ 2008, 170).

27 Der BGH hat hierzu zuletzt ausgeführt (BGH, StV 2011, 202, 204): „Wird allerdings bei Verständigungsgesprächen die bei einem ‚streitigen Verfahren, zu erwartende Sanktion genannt, dann darf die Differenz zu der für den Fall eines Geständnisses zugesagten Strafobergrenze nicht zu groß sein (‚**Sanktionsschere**,). Die ohne Absprache in Aussicht gestellte Sanktion darf nicht das vertretbare Maß überschreiten, so dass der Angeklagte inakzeptablem Druck ausgesetzt wird. Entsprechend darf das Ergebnis des Strafnachlasses im Hinblick auf ein Geständnis nicht unterhalb der Grenze dessen liegen, was noch als schuldangemessene Sanktion hingenommen werden kann (BGHSt 50, 40, 50). Die Frage nach dem Vorliegen einer unzulässig weit geöffneten ‚Sanktionsschere, bezieht sich hinsichtlich beider Alternativen (mit und ohne Geständnis) auf den Zeitpunkt der Verständigungsgespräche. Der Unterschied in der – antizipierten – Strafzumessungsbewertung im Falle eines streitigen Verfahrens im Vergleich zum einvernehmlichen Verfahren liegt dann zwar allein in der Ablegung eines Geständnisses und dessen Folgen, wie Verkürzung der Hauptverhandlung oder Schonung der Opfer der Straftat. Das Gewicht eines Geständnisses kann allerdings in verschiedenen Verfahren gleichwohl sehr unterschiedlich sein. Deshalb verbietet sich eine mathematische Betrachtung, etwa der angemessene Strafrabatt dürfe in der Regel nicht mehr als 20 % bis 30 % betragen (so aber *Meyer-Goßner* § 257c Rn. 19). Maßgeblich sind immer die Verhältnisse des Einzelfalls."

28 Bisher hat sich die Rechtsprechung nicht damit auseinandergesetzt, ob das Äußern einer „**Alternativstrafe**" (ohne Geständnis) überhaupt zulässig ist. Das Gesetz erlaubt die *Strafantizipation* nur im Hinblick auf ein Verständigungsergebnis (§ 257c Abs. 3 Satz 1 u. 2 StPO). Wenn der 1. Senat des Bundesgerichtshofs ohnehin davon ausgeht, dass die zu Beginn einer Hauptverhandlung in den Raum gestellten Strafrahmen i.d.R. keine Bedeutung für die Strafzumessung nach langer streitiger Hauptverhandlung haben (so BGH, StV 2011, 202, 204), dann dürfte es kaum tunlich sein, eine solche bereits frühzeitig zu beziffern. Richtig ist es deshalb, dass eine „Alternativstrafe" nicht ausgesprochen werden darf (SK-StPO/*Velten* § 257c Rn. 21, 26) und die Besorgnis der Befangenheit begründet (*Schlothauer*, StV 2011, 205, 207). Der 1. Strafsenat des BGH hat hingegen in einem

obiter dictum die Bezifferung einer Alternativstrafe innerhalb bestimmter Grenzen für zulässig erachtet, solange der Angeklagte dadurch keinem unangemessenen Druck ausgesetzt sei (BGH, StV 2011, 202 m.Anm. *Schlothauer*). Es liegt auf der Hand, das solche „weichen" Kriterien dem betroffenen Bürger wenig Rechtssicherheit bieten.

Nachdem das Gericht seine Vorstellungen geäußert hat, erhalten die Verfahrensbeteiligten Gelegenheit zur Stellungnahme, was das Gericht wiederum veranlassen kann, seine vorige Einschätzung zu modifizieren und einen neuen Vorschlag zu unterbreiten. Die Verständigung kommt zustande, wenn Angeklagter und Staatsanwalt zustimmen (gegen die maßgebliche Rolle der StA bei der Verständigung und das darauf beruhende Urteil gibt es verfassungsrechtliche Bedenken, vgl. z.B. *Meyer-Goßner* § 257c Rn. 5; *Tully*, PStR 2010, 137, 142). Erörterungen vor oder nach der Hauptverhandlung haben in der Regel keine Bindungswirkung (BGH, StV 2011, 645). **29**

Ungeklärt ist die Form der **Teilnahme der Laienrichter** an der Verständigung. Das Gesetz erwähnt sie nicht und die Praxis handhabt es sehr unterschiedlich. Je stärker die Vorsitzenden noch dem alten „Geheimverfahren" des sog. Deals anhängen, umso später werden die Schöffen eingebunden. Nicht selten geben Vorsitzende ersichtlich Zusagen, ohne dass überhaupt mit einem Laienrichter kommuniziert wurde. Dabei ist ohnehin schwer vorstellbar, wie Schöffen ihrer richterlichen Aufgabe nachkommen sollen, wenn sie im Zeitpunkt der entscheidenden Absprache vielleicht bestenfalls den Anklagesatz kennen bzw. einmal gehört haben. **30**

Am Beispiel einer Großen Strafkammer beim LG aufgezeigt, wäre folgendes Vorgehen korrekt: Die Strafkammern sind mit drei Berufsrichtern und zwei Schöffen besetzt (§ 76 Abs. 1 Satz 1 GVG). Bei Entscheidungen außerhalb der Hauptverhandlung wirken die Schöffen nicht mit (§ 76 Abs. 1 Satz 2 GVG). Je nachdem, ob eine Verständigung innerhalb oder außerhalb der Hauptverhandlung stattfindet, ist jeweils der gesamte Spruchkörper einzubinden. Das Gericht kann sich über eines seiner Mitglieder äußern – das wird i.d.R. der Vorsitzende sein. Nach der Rechtsprechung muss dann aber gewährleistet sein und nach außen kenntlich werden, dass dem ein **ausdrücklicher Auftrag des gesamten Spruchkörpers** zugrunde liegt (BGH, StV 2011, 202, 203 m. krit. Anm. *Schlothauer*). Für den außen Stehenden ist dies aber nicht ohne Weiteres erkennbar. Die anderen Verfahrensbeteiligten dürfen sich darauf verlassen, dass eine entsprechende Initiative des Vorsitzenden vom Gericht insgesamt gedeckt ist. In diesem Fall, wie auch in vielen anderen, ist ungeklärt, wie mit „Störungen" bei Verständigungen umzugehen ist. Was soll geschehen, wenn der Vorsitzende im Außenverhältnis (zum Angeklagten) Versprechungen macht, die ihm Innenverhältnis (zum Spruchkörper) nicht gedeckt sind? Mit einer Ablehnung wegen der Besorgnis der Befangenheit, ist dem Angeklagten möglicherweise nicht gedient. Denn vielleicht hat er im Vertrauen auf das Versprechen ein Geständnis abgegeben. Selbst wenn dieses unverwertbar wäre, ist seine Verteidigung faktisch geschwächt. Die „Leistungsstörung" im Verständigungsverfahren ist das am dringendsten zu klärende Kapitel des Gesetzes zur Regelung der Verständigung im Strafverfahren. **31**

II. „Leistungsstörungen"

Eine Verständigung braucht Einvernehmen. Dieses kann später entfallen oder von vornherein (offen oder versteckt) nie vorhanden gewesen sein. Das Gesetz hat in § 257c Abs. 4 StPO eine **fragmentarische Regelung** getroffen, wie mit „Leistungsstörungen" umzugehen ist. Über die normierten Teilbereiche hinaus, bestehen in der Praxis große Unsicherheiten, die sicherlich noch einige Jahre der Klärung durch Wissenschaft und Rechtsprechung bedürfen. **32**

Da § 257c Abs. 4 StPO statuiert, wann die Bindung des Gerichts an die Vereinbarung entfällt. Im Umkehrschluss ergibt sich eine unantastbare **Bindungswirkung**, solange kein Fall des Abs. 4 vorliegt (RegE BT-Drucks. 16/11736, S. 17). **33**

1. Wegfall der Bindungswirkung

34 Die Bindungswirkung der Absprache entfällt, wenn rechtlich oder tatsächlich bedeutsame Umstände übersehen wurden oder neu hinzugetreten sind. Eine schlichte Meinungsänderung („das Gericht hat es sich anders überlegt") genügt nicht (Beschlussempfehlung des Rechtsausschusses, BT-Drucks. 16/13095, S. 14). Es ist zu unterscheiden: Werden *neue Umstände* bekannt, handelt es sich um einen auch für den besonnenen Angeklagten nachvollziehbaren „**Wegfall der Geschäftsgrundlage**". Andererseits rechtfertigen es **Irrtümer** und **Nachlässigkeiten** des Gerichts nicht ohne Weiteres, den eingetretenen Vertrauensschutz des Angeklagten zu beseitigen. Zumal er in dieser Phase des Verfahrens im Vertrauen auf die Absprache ein Geständnis bereits abgegeben haben wird. Selbst dessen Unverwertbarkeit im weiteren Verfahren versetzt alle Verfahrensbeteiligten dann nicht mehr in einen unschuldigen *status quo ante* (vgl. über den psychologischen Suggestiveffekt, BeckOK-StPO/*Eschelbach* § 257c Rn. 5, zu Perseveranz-, Inertia- und Schulterschlusseffekte, vgl. *Schünemann*, StV 2000, 159). In diesen Fällen muss Abs. 4 Satz 1 so eng wie möglich ausgelegt werden.

35 Eine restriktive Auslegung ist ebenfalls bei Abs. 4 Satz 2 geboten, wonach eine Bindung des Gerichts entfällt, wenn das weitere **Prozessverhalten** des Angeklagten nicht dem Verhalten entspricht, welches das Gericht seiner Prognose zugrunde gelegt hat. Die neuen Gesetze zur Verständigung im Strafverfahren dienen nicht dazu, den Angeklagten gefügig zu machen. Die Bindungswirkung entfällt nur, wenn der Angeklagte von ausdrücklich zugesagtem Prozessverhalten abrückt. Die bloße Enttäuschung unausgesprochener Erwartungen des Gerichts reicht nicht aus (AnwK-StPO/*Püschel* § 257c Rn. 27).

36 Kernproblem des Wegfalls der Bindungswirkung ist das Schicksal des i.d.R. bereits abgegebenen Geständnisses des Angeklagten. Nach Abs. 4 Satz 3 darf das **Geständnis** des Angeklagten, das er als seinen Beitrag und im Vertrauen auf den Bestand der Verständigung abgegeben hat, nicht verwertet werden. Jede Tatsachenangabe, die der Angeklagte nach und aufgrund der Verständigung geäußert hat, ist **unverwertbar**, die geeignet ist – sei es allein oder im Verbund mit anderen Tatsachen – als Grundlage für einen Schuldspruch zu dienen (BGH, StV 2011, 76). Im Rahmen eines *fairen Verfahrens* werden dadurch die recht weiten Möglichkeiten des Gerichts, sich von einer Verständigung wieder zu lösen, kompensiert (RegE BT-Drucks. 16/11736, S. 18; *Meyer-Goßner* § 257c Rn. 28). Der Angeklagte ist alsbald darüber aufzuklären, dass sein Geständnis bei einer entsprechenden Abkehr des Gerichts von der Verständigung einem Verwertungsverbot unterliegt (BGH, StV 2011, 76).

37 Die Unverwertbarkeit des Geständnisses erfolgt unmittelbar aus Gesetz, sodass die Verteidigung der Verwertung in der Hauptverhandlung **nicht widersprechen** muss (*Niemöller/Schlothauer/Weider*VerstG § 257c Rn. 151; GesStrafR/*König/Harrendorf* § 257c StPO Rn. 28; SK-StPO/*Velten* § 257c Rn. 51; BeckOK-StPO/*Eschelbach* § 257c Rn. 36).

38 Gem. Abs. 4 Satz 4 hat das Gericht die Pflicht, **unverzüglich** seine Abweichung von einem in Aussicht gestellten Ergebnis **mitzuteilen**, und zwar nicht nur dem Angeklagten, sondern allen Verfahrensbeteiligten. Denn alle müssen ihr weiteres Prozessverhalten auf die neue Lage einstellen. Eine solche Mitteilung sollte in Form eines Beschlusses verkündet werden (*Niemöller/Weider/Schlothauer* VerstG § 257c Rn. 113). Grds. ist dann in der weiteren Hauptverhandlung eine erneute Vernehmung des Angeklagten zur Sache geboten. Auch bei der weiteren Beweisaufnahme muss das Gericht die geänderte Sachlage berücksichtigen. Der Angeklagte wird regelmäßig einen **Aussetzungsanspruch** nach § 265 Abs. 4 oder jedenfalls eine längerfristige **Unterbrechung** geltend machen können, da er seine Verteidigung im Hinblick auf die geänderte Lage neu organisieren muss (AnwK-StPO/*Püschel* § 257c Rn. 29).

2. Belehrung

Die Komplexität einer Verständigung und ihre weitreichenden Folgen verlangen einen besonderen 39 **Schutz des Angeklagten.** Abs. 5 fordert daher vom Gericht eine umfassende Belehrung über die Voraussetzungen einer Verständigung und die Folgen einer Abweichung von dem in Aussicht gestellten Ergebnis. Die Informationspflicht des Angeklagten greift mehrfach: sobald eine Verständigung ins Auge gefasst wird über die Hinweispflicht des Abs. 4. Satz 4, aber auch im Fall des Scheiterns der Verständigung eben über Abs. 5.

Ein Verstoß gegen die Belehrungspflicht des Abs. 5 führt zwar nicht zu einem **Verwertungsverbot** 40 des Geständnisses, das erst nach der Verständigung abgegeben wurde; jedoch bleibt das Gericht dann an die Absprache gebunden (BGH, StV 2011, 76). In der Revision kommt es bei unterlassener Belehrung nach Abs. 5 darauf an, ob das Geständnis hiervon beeinflusst ist, ob also der Angeklagte das Geständnis nicht oder mit anderem Inhalt abgegeben hätte, wenn er vom Vorsitzenden über die Möglichkeit des Gerichts, sich unter bestimmten Voraussetzungen von der Verständigung zu lösen, und über die sich daraus ergebenden Folgen aufgeklärt worden wäre (BGH, StV 2011, 76). Diese Rechtsprechung des BGH wird aktuell durch Individualverfassungsbeschwerden angegriffen (Az. 2 BvR 2155/11, 2 BvR 2628/10 und 2 BvR 2883/102). Soweit keine Belehrung nach § 257c Abs. 5 StPO erfolgt ist, erachten die Beschwerdeführer die Rechtsprechung für verfassungswidrig, wonach dieser Fehler unbeachtlich wie, wenn das Gericht von dem in Aussicht gestellten Strafrahmen nicht abweicht. Darüb, weil insoweit ihr Grundrecht aus Art. 2 Abs. 1, 2 Abs. 2 S. 1 GG i.V.m dem Nemo-tenetur-Grundsatz verletzt wird. Darüber hinaus wird auch für den Fall, dass eine Belehrung vorliegt, die Verfassungswidrigkeit der Norm selbst gerügt (vgl. hierzu ausführlich die Stellungnahme des Deutschen Anwaltvereins Nr. 58/2012 vom Juni 2012).

Dass der Angeklagte nicht mit einer Strafe aus dem zugesicherten Strafrahmen rechnen kann, 41 wenn er den Tatvorwurf nicht gesteht, erachtet der BGH als Konsequenz als so selbstverständlich, dass eine fehlende Belehrung darüber das Aussageverhalten des Angeklagten regelmäßig nicht zu beeinflussen vermöge (BGH, StV 2011, 76).

3. Sonstige Leistungsstörungen

Ungeklärt ist die Verwertbarkeit von dem Geständnis **folgenden Beweiserhebungen**, die an das 42 frühere Geständnis anknüpfen. Das Gesetz hat keine Regelung getroffen und es ist daher zu befürchten, dass die Rechtsprechung Verwertungsverbote nur sehr zurückhaltend annehmen wird. Eine Fernwirkung des Beweisverwertungsverbots kommt in Betracht, wenn die Gründe für das Scheitern der Absprache in die Sphäre des Gerichts fallen (AnwK-StPO/*Püschel* § 257c Rn. 28). Eine Verwertung der nur infolge des Geständnisses erlangten weiteren Beweismittel ist jedenfalls dann mit einem fairen Verfahren unvereinbar, wenn das Gericht seine Pflicht nach Abs. 3. Satz 2 zur „Berücksichtigung aller Umstände des Falls" grob fahrlässig verletzt hat (vgl. auch *Jahn/Müller*, NJW 2009, 2625, 2629).

C. Praktische Hinweise

Allein die Initiative des Gerichts zu einer Verständigung begründet keine **Besorgnis der Befangen-** 43 **heit** gem. § 24 Abs. 2 StPO (RegE BT-Drucks. 16/11736, S. 15; vgl. bzgl. Erklärungen des Vorsitzenden nach Scheitern eines Verständigungsverfahrens als Ablehnungsgrund LG Verden, StV 2010, 234). Das ist freilich kein Freibrief zum Eingriff in die Freiheit der Willensentschließung des Angeklagten: So begründet bspw. das Aufdrängen einer Verständigung bei einem artikuliertem Ziel des Freispruchs (AnwK-StPO/*Püschel* § 257c Rn. 2) oder das Aufzeigen einer strafzumessungsrechtlich unvertretbaren **Sanktionsschere** (BGHSt, 50, 40, 50; BGH, StV 2011, 202; NStZ 2008, 170 f.; vgl. auch Rdn. 25) Zweifel an der Unbefangenheit des Gerichts. Gleiches gilt, wenn eine begründete Besorgnis besteht, unter Beschneidung von Teilhaberechten einzelner Verfahrensbeteiligter würden Absprachen zulasten Dritter getroffen werden: **Heimliche Verständi-**

gungsgespräche, d.h. unter Ausschluss oder verspäteter Einbeziehung der Mitangeklagten und ihrer Verteidigung, gefährden das Vertrauen in die Unbefangenheit des Richters (BGHSt 37, 99; 41, 348; StV 2006, 118). Gerade für Verfahren mit mehreren Angeklagten hat der BGH deutlich gemacht, dass es einem Richter grds. nicht verwehrt ist, zur Förderung des Verfahrens mit den Verfahrensbeteiligten auch außerhalb der Hauptverhandlung Kontakt aufzunehmen, hierbei hat er jedoch die gebotene Zurückhaltung zu wahren, um jeden Anschein der Parteilichkeit zu vermeiden. Dies gilt mit Blick auf einen möglichen Interessenwiderstreit in besonderem Maße, wenn Gespräche über eine verfahrensbeendende Absprache mit einem Angeklagten unter Ausschluss eines vom gleichen Tatkomplex betroffenen, von seinem Aussageverweigerungsrecht Gebrauch machenden oder die Tatvorwürfe bestreitenden Mitangeklagten geführt würden. In solchen Fallkonstellationen liegt es nahe, dass bei dem an dem Gespräch nicht beteiligten Mitangeklagten berechtigte Zweifel an der Unvoreingenommenheit der Richter aufkommen können, da aus seiner Sicht zu befürchten steht, dass auch auf Betreiben des Gerichts seine Tatbeteiligung hinter verschlossenen Türen und ohne seine Kenntnis mitverhandelt wird. Dieser verständlichen Besorgnis kann dem BGH zufolge nur dadurch zuverlässig begegnet werden, dass Gespräche, die die Möglichkeit einer Verständigung zum Inhalt haben, auch außerhalb der Hauptverhandlung nur in Anwesenheit aller Verfahrensbeteiligten oder offen in der Hauptverhandlung geführt werden. Haben Erörterungen mit einzelnen Verfahrensbeteiligten allein stattgefunden, so hat der Vorsitzende auch bei einem ergebnislosen Verlauf darüber in der Hauptverhandlung umfassend und unverzüglich unter Darlegung der Standpunkte aller beim Gespräch anwesenden Verfahrensbeteiligten zu informieren. Allein so kann von vornherein jedem Anschein der Heimlichkeit und der hieraus entstehenden Besorgnis der Befangenheit vorgebeugt und dem Recht auf ein faires, rechtsstaatliches Verfahren Rechnung getragen werden kann (BGH, StV 2011, 72).

44   In der täglichen Praxis stellt sich häufig die Frage, wann der günstigste Zeitpunkt erreicht ist, um über ein konkretes Strafmaß zu verhandeln. Abgesehen von den Besonderheiten des Einzelfalls gibt es psychologische Untersuchungen darüber, dass das **erstgenannte Strafmaß** das „Gegenangebot" der StA und auch den Vorschlag des Gerichts **maßgeblich** beeinflusst (vgl. *Englich, B., & Soder, K.* (2009). Moody experts – How mood and expertise influence judgmental anchoring. Judgment and Decision Making, 4, 41 – 50; *Bieneck*, Informationsverarbeitung, 2006, 85 ff. – sog. **Ankereffekt**). Die Verteidigung sollte diese Erkenntnisse nutzen und i.d.R. in einer Verhandlung über eine Verständigung das „erste Gebot" abgeben (AnwK-StPO/*Püschel* § 257c Rn. 32).

45   Hat man zu einer Einigung gefunden, muss die „**Geschäftsgrundlage**" *en detail* **erfasst** und protokolliert werden. Nur so können spätere Missverständnisse vermieden werden – dazu gehören auch Inhalt, Form und Umfang eines Geständnisses. Als Faustformel gilt: Je schlanker das Geständnis ist, umso weniger Reibungspunkte gibt es im weiteren Verlauf des Verfahrens. Schließlich sollte deklaratorisch aufgenommen werden, dass keine weiteren Zusagen zum Prozessverhalten existieren, um ein Abweichen des Gerichts von der Verständigung nach § 257c Abs. 4 StPO zu erschweren (AnwK-StPO/*Püschel* § 257c Rn. 33; vgl. auch Rdn. 35). Ferner gilt es zu berücksichtigen, dass der Inhalt der Verständigung nicht im Urteil niedergelegt werden muss, sondern dass der bloße Hinweis, dem Urteil sei eine Verständigung vorausgegangen, ausreichend ist. Insofern ist die Dokumentation der Verständigung in der Sitzungsniederschrift (§ 273 Abs. 1a StPO) die Grundlage für die – vom Revisionsgericht nicht von Amts wegen, sondern ausschließlich aufgrund einer Verfahrensrüge unter erforderlichem Tatsachenvortrag vorzunehmende – Prüfung, ob das Verfahren nach § 257c StPO eingehalten worden ist (BGH, NStZ-RR 2010, 151). Fehlt es an der gesetzlich gebotenen Dokumentation im Hauptverhandlungsprotokoll ist der Angeklagte sehr weitgehend schutzlos gestellt. Denn es ist verfassungsrechtlich nicht zu beanstanden, dass nach der auch im Freibeweisverfahren gebotenen Sachaufklärung nicht zu beseitigende Zweifel am Vorliegen von Verfahrenstatsachen zu Lasten des Angeklagten gehen. Das Risiko der Unaufklärbarkeit des Sachverhalts findet aber dort seine Grenze, wo die Unaufklärbarkeit des Sachverhalts und dadurch entstehende Zweifel des Gerichts ihre Ursache in einem Verstoß gegen eine gesetzlich angeordnete Dokumentationspflicht finden (BVerfG NJW 2012, 1136, 1137).

In der Praxis wird man immer wieder mit Vorschlägen konfrontiert, die zulässigerweise nicht 46
Gegenstand der Vereinbarung sein können (Rechtsmittelverzicht) oder wo dies nicht hinreichend
geklärt ist (Zusagen zur Vollstreckung oder Vollzug). Erklärtes gesetzgeberisches Ziel der Neurege-
lung über die Verständigung ist die **Verhinderung heimlicher Absprachen** (vgl. zur nicht binden-
den Wirkung informeller Absprachen BGH, StV 2010, 673). Eine bewusste Umgehung dieser
Vorschriften kann möglicherweise Straftatbestände erfüllen (*Jahn/Müller*, NJW 2009, 2625, 2631;
Schlothauer/Weider, StV 2009, 600, 606) oder eine zivilrechtliche Haftung des Beraters begründen
(BeckOK-StPO/*Eschelbach* § 257c Rn. 59 ff.).

12. Kapitel Haftung der Organe für Steuerschulden

§ 69 AO   Haftung der Vertreter

Die in den §§ 34 und 35 bezeichneten Personen haften, soweit Ansprüche aus dem Steuerschuldverhältnis (§ 37) infolge vorsätzlicher oder grob fahrlässiger Verletzung der ihnen auferlegten Pflichten nicht oder nicht rechtzeitig festgesetzt oder erfüllt oder soweit infolgedessen Steuervergütungen oder Steuererstattungen ohne rechtlichen Grund gezahlt werden. Die Haftung umfasst auch die infolge der Pflichtverletzung zu zahlenden Säumniszuschläge.

A. Einleitung

1   Unter der Haftung der Organe für Steuerschulden versteht man grds. das Einstehenmüssen für eine fremde Steuerschuld. Unter einem Organ in diesem Sinne versteht man den verfassungsmäßig berufenen Vertreter einer juristischen Person, d.h. im Wesentlichen den Geschäftsführer einer GmbH und den Vorstand einer AG oder eines Vereins. Im weiteren Sinne kann man darunter aber auch die geschäftsführungsbefugten Gesellschafter einer OHG oder KG verstehen.

2   § 69 AO dürfte in der Praxis für die Haftung von Organen für Steuerschulden, der von ihnen vertretenen Gesellschaften, von größter Bedeutung sein. § 69 AO ist weder eine ausdrückliche, noch eine abschließende Haftungsnorm für Organe, sondern umfasst ausweislich ihrer Überschrift „Haftung der Vertreter" und ihres Regelungsgehalts alle Personen, die aufgrund der §§ 34, 35 AO steuerliche Pflichten von Steuerrechtssubjekten zu erfüllen haben, die mangels Handlungs- oder Geschäftsfähigkeit selbst nicht wirksam handeln können. Soweit in den nachfolgenden Ausführungen auf „Vertreter" i.S.d. § 69 AO Bezug genommen wird, sind dementsprechend auch Organe im oben genannten Sinne umfasst.

3   Da § 69 AO keine abschließende Haftungsnorm u.a. für Organe ist, können sich weitere Haftungstatbestände aus der AO (z.B. § 72 AO „Haftung bei Verletzung der Pflicht zur Kontenwahrheit") oder aus einer Reihe von Einzelsteuergesetzen (z.B. Lohnsteuerhaftung des Arbeitgebers [§ 42d EStG], Haftung des Entrichtungspflichtigen für Kapitalerträge [§§ 44 Abs. 5, 45a Abs. 6 EStG]) oder aus außersteuerlichen Gesetzen (§ 25 HGB, § 128 HGB, Haftung der Geschäftsführer oder Vorstände für Steuerschulden einer Vorgesellschaft etc.) ergeben. Im Fall einer Steuerhinterziehung kann sich die Haftung auch aus § 71 AO ergeben.

§ 69 AO findet ausweislich seines zeitlichen Anwendungsbereiches erstmals Anwendung soweit 4
der haftungsbegründende Tatbestand nach dem 31.12.1976 verwirklicht worden ist (Art. 97 § 11
EGAO).

Zweck der Vorschrift ist es, solche Personen in Anspruch zu nehmen, die gem. §§ 34, 35 AO die 5
Pflichten des Steuerschuldners zu erfüllen haben, die dieser aber mangels eigener Handlungs- oder
Geschäftsfähigkeit oder aus anderen Gründen nicht selbst erfüllen kann. Verstoßen diese Personen
vorsätzlich oder grob fahrlässig gegen die ihnen nach §§ 34, 35 AO auferlegten Pflichten, haften
sie nach § 69 AO für den dadurch entstandenen Schaden.

Die Haftung nach § 69 AO ist eine Schadensersatzhaftung, d.h. ihr Ziel ist nicht die Erfüllung der 6
vom Vertretenen geschuldeten Steuern, sondern der Ausgleich eines vom Vertreter schuldhaft ver-
ursachten Steuerausfalls (BFH, Urt. v. 26.07.1988 – VII R 83/87, BStBl. II 1988, S. 859; BFH,
Urt. v. 21.06.1994 – VII R 34/92 BStBl. II 1995, S. 230; BFH, Urt. v. 25.02.1997 – VII R 15/96,
BStBl. II 1998, S. 2, 6; BFH, Urt. v. 01.08.2000 – VII R 110/99, BStBl. II 2001, S. 271; BFH,
Beschl. v. 31.03.2000 – VII B 187/99, BFH/NV 2000, 1322; BFH, Beschl. v. 25.08.2000 – VII B
30/00, BFH/NV 2001, 294). § 69 AO schließt zivilrechtliche Schadensersatzansprüche aus
(FG Baden Württemberg, Urt. v. 25.09.1991 – 2 K 141/85, EFG 1992, 204, 206, a.A. *Rößler*,
DStZ 1994, 128). Die dem Vertreter nach §§ 34, 35 AO obliegenden Pflichten haben öffentlich-
rechtlichen Charakter. Die aus der Verletzung dieser Pflichten resultierende Haftung ist ebenfalls
öffentlich-rechtlicher Natur und daher nicht abdingbar (BFH v. 12.07.1983 – VII B 19/83,
BStBl. II 1983, S. 655; BFH, Urt. v. 27.03.1990 – VII R 26/89, BStBl. II 1990, S. 939, 940). § 69
AO konstituiert eine für den gesetzlichen Vertreter persönliche, unbeschränkte und verschuldensabhängige Schadensersatzhaftung.

Die Haftung nach § 69 AO ist keine Ausfallhaftung, sondern Steuerschuldner und Haftungs- 7
schuldner stehen als Gesamtschuldner grds. nebeneinander (§ 44 Abs. 1 Satz 1 AO). Wen der
Steuergläubiger letzten Endes in Anspruch nehmen wird, steht in seinem Ermessen (sog. Auswahlermessen).

Die steuerrechtliche Haftung ist ggü. der Steuerschuld teils akzessorisch, teils verselbstständigt. 8
Der Haftungsanspruch entsteht grds. nur, wenn zumindest gleichzeitig auch eine Steuerschuld
entstanden ist (BFH, Urt. v. 24.06.1986 – VII R 193/82, BStBl. II 1986, S. 872, 874; BFH,
Beschl. v. 24.01.1989 – VII B 188/88, BStBl. II 1989, S. 315; BFH, Urt. v. 13.07.1994 – I R 112/
93, BStBl. II 1995, S. 198, 200; BFH, Urt. v. 30.08.1994 – VII R 101/92, BStBl. II 1995, S. 278).
Der Haftungsanspruch erlischt durch Zahlung der Steuerschuld, durch Aufrechnung, Erlass und
Befriedigung im Vollstreckungsverfahren oder Verjährung. Er darf nicht mehr geltend gemacht
werden, soweit die Steuerschuld gegen den Steuerschuldner nicht festgesetzt worden ist und wegen
Ablaufs der Festsetzungsverjährung auch nicht mehr festgesetzt werden kann (§ 191 Abs. 5 Satz 1
Nr. 1 AO) oder die gegen den Steuerschuldner festgesetzte Steuer verjährt oder erlassen worden ist
(§ 191 Abs. 5 Satz 1 Nr. 2 AO). Etwas anderes gilt jedoch, wenn die Haftung auf Steuerhinterziehung oder Steuerhehlerei beruht (§ 191 Abs. 5 Satz 2 AO). In diesem Fall ist der Erlass eines Haftungsbescheides innerhalb der Festsetzungsfrist auch dann möglich, wenn die Steuerschuld schon
festsetzungsverjährt ist und deshalb nicht mehr festgesetzt werden kann.

B. Haftungsvoraussetzungen

I. Haftungsschuldner

Von der Haftung nach § 69 AO sind ausschließlich die in §§ 34, 35 AO bezeichneten Personen 9
betroffen. Es haften dementsprechend

- die gesetzlichen Vertreter natürlicher und juristischer Personen (§ 34 Abs. 1, 1. Alt.),
- die Geschäftsführer von nicht rechtsfähigen Personenvereinigungen und Vermögensmassen
  (§ 34 Abs. 1, 2. Alt. AO),

- Mitglieder oder Gesellschafter nicht rechtsfähiger Personenvereinigungen, soweit kein Geschäftsführer vorhanden ist (§ 34 Abs. 2 Satz 1 AO),
- Personen, denen das Vermögen nicht rechtsfähiger Vermögensmassen zusteht, soweit kein Geschäftsführer vorhanden ist (§ 34 Abs. 2 Satz 2 AO),
- Vermögensverwalter (§ 34 Abs. 3 AO) und
- Verfügungsberechtigte (§ 35 AO).

10 Weiterhin kommt aber auch der sog. faktische Geschäftsführer als Haftungsschuldner nach § 69 AO in Betracht (BFH, Urt. v. 21.02.1989 – VII R 165/85, BStBl. II 1989, S. 491; BFH, Urt. v. 10.05.1989 – I R 121/85, BFH/NV 1990, 7; BFH, Urt. v. 24.04.1991 – I R 56/89, BFH/NV 1992, 76; BFH, Urt. v. 07.04.1992 – VII R 104/90, BFH, Urt. v. 07.04.1992 – VII R 104/90, BFH/NV 1993, 213; BFH, Urt. v. 27.02.2007, VII R 67/05, BStBl. II 2009, S. 348; BFH, Urt. v. 24.03.2009 – VII B 178/08, BFH/NV 2009, 1277). Dieser ist als Verfügungsberechtigter nach § 35 AO einzustufen.

11 Verfügungsberechtigter i.S.d. § 35 AO ist danach jeder, der rechtlich und wirtschaftlich über Mittel, die einem anderen zuzurechnen sind, verfügen kann (BFH Urt. v. 21.02.1989 – VII R 165/85, BStBl. II 1989, S. 491; BFH, Urt. v. 27.05.2009 – VII B 156/08, BFH/NV 2009, 1591). Hinzukommen muss jedoch auch die rechtliche Verfügungsmöglichkeit. Die Pflichten eines gesetzlichen Vertreters (§ 34 Abs. 1 AO) werden dem als verfügungsberechtigt Auftretenden nach § 35 AO nur auferlegt, „soweit er sie tatsächlich und rechtlich erfüllen kann". Die tatsächliche Verfügungsmöglichkeit reicht demnach nicht aus, vielmehr muss die Fähigkeit im Außenverhältnis wirksam handeln zu können hinzukommen, also die bürgerlich-rechtliche Verfügungsmacht. Im Fall der Vertretung kann die Verfügungsmacht auch auf einer Duldungs- oder Anscheinsvollmacht beruhen (BFH, Urt. v. 11.12.2007 – VII B 172/07, BFH/NV 2008, 748). Der Verfügungsberechtigte muss des Weiteren in dieser Eigenschaft – im eigenen oder fremden Namen – nach außen auftreten. Auftreten bedeutet Teilnahme am Wirtschafts- und Rechtsverkehr, die über die Beziehungen zum Vertretenen hinausgehen (BFH, Urt. v. 29.10.1985 – VII R 186/82, BFH/NV 1986, 192). Ein Auftreten des faktischen Geschäftsführers ggü. Gesellschaftern und Organen der Gesellschaft genügt (BFH, Urt. v. 24.04.1991, I R 56/89, BFH/NV 1992, 76). Nicht erforderlich ist, dass der Verfügungsberechtigte in steuerlichen Angelegenheiten auftritt (BFH, Urt. v. 29.10.1985, VII R 186, 82), BFH/NV 1986, 192; BFH, Urt. v. 27.11.1990 – VII R 20/89, BStBl. II 1991, 284). Der Verfügungsberechtigte muss nach außen ausdrücklich oder schlüssig zu erkennen geben, dass er von seiner Verfügungsmacht Gebrauch macht oder machen will (BFH, Urt. v. 21.02.1989 – VII R 165/86, BStBl. II 1989, S. 491; BFH, Urt. v. 16.01.1980 – I R 7/77, BStBl. II 1980, S. 526).

12 Ob letztlich eine handelnde Person als faktischer Geschäftsführer und als Verfügungsberechtigter i.S.d. § 35 AO zu qualifizieren ist, ist anhand des Gesamterscheinungsbildes seines Auftretens zu würdigen (FG Köln, Urt. v. 12.09.2005 – 8 K 5677/01, DStRE 2006, 496; BGH, Urt. v. 27.06.2005 – II ZR 113/03, BB 2005, 1867; BFH, Urt. v. 10.05.1989 – I R 121/85, BFH/NV 1990, 7). Folgende Beweisanzeichen für ein Auftreten als Verfügungsberechtigter sind bislang vom BFH anerkannt:

- Unterzeichnung von Überweisungsaufträgen und Schecks (BFH, Urt. v. 13.09.1988 – VII R 35/85; BFH, Urt. v. 27.11.1990 – VII R 20/89, BStBl. II 1991, S. 282),
- Geldbeträge einnehmen und Schulden regulieren (HHSp/*Boeker* § 35 AO Rn. 11), Kreditverhandlungen führen (BFH, Urt. v. 20.07.1988 – I R 104/83, BFH/NV 1989, 478; BFH, Urt. v. 27.11.1990 – VII R 20/89, BStBl. II 1991, 284; zweifelnd Pahlke/Koenig/*Koenig* § 35 Rn. Rn. 8),
- Unterzeichnung von Steuererklärungen bzw. Steuervoranmeldungen und der Eröffnungsbilanz (BFH, Urt. v. 20.07.1988 – I R 7/77, BFH/NV 1989, 478; BFH, Urt. v. 13.08.2007 – VII B 20/07, BFH/NV 2008, 10; BFH, Urt. 20.07.1988 – I R 7/77, BFH/NV 1989, 478),
- Entgegennahme von Wechseln (BFH, Urt. v. 20.07.1988 – I R 104/83, BFH/NV 1989, 478).

Faktischer Geschäftsführer ist aber nicht, wer von einer ihm eingeräumten Kontovollmacht Gebrauch macht (FG Sachsen-Anhalt, Urt. v. 06.08.2007 – 2 V 316/07, BeckRS 2007, 26024602).

Von Bedeutung ist auch die Frage, innerhalb welchen Zeitraums ein Handeln oder Unterlassen **13** eines Vertreters i.S.d. § 69 AO haftungsauslösend sein kann. Maßgeblich für die steuerlichen Pflichten des Geschäftsführers ist der Zeitpunkt seiner Bestellung zum Geschäftsführer. Entscheidend ist dabei die Fassung des Gesellschafterbeschlusses und nicht die Eintragung im Handelsregister; Letztere hat nur deklaratorische Wirkung (BFH, Urt. v. 26.02.1985 – VII R 110/79, BFH/ NV 1985, 20). Der Abschluss eines entsprechenden Dienstvertrages ist ebenfalls unerheblich. Voraussetzung ist aber, dass der neu bestellte Geschäftsführer seine Bestellung annimmt (Baumbach/Hueck/*Zöllner/Noack* § 35 Rn. 10). Von diesem Zeitpunkt an hat der bestellte Geschäftsführer die steuerlichen Pflichten der Gesellschaft zu erfüllen. Ob und in welchem Umfang der Haftende die seiner Stellung entsprechenden Aufgaben auch tatsächlich ausübt, ist nicht entscheidend (FG Hamburg, Urt. v. 20.09.2010 – 2 K 349/09, BeckRS 2010, 26030267). Auch ein Strohmann ohne eigene Befugnisse kann nach § 69 AO haften. Die Pflichten eines Geschäftsführers sind wegen ihres öffentlich-rechtlichen Charakters auch nicht abdingbar.

Die steuerlichen Pflichten des Geschäftsführers enden mit dem Zeitpunkt der Niederlegung seines **14** Amtes oder dessen Abberufung, wobei auch hier die Eintragung im Handelsregister unerheblich ist. Wird der Geschäftsführer abberufen, kommt es allein auf die Wirksamkeit des Abberufungsbeschlusses an. Hierzu ist der Zugang des Widerrufs der Bestellung als Geschäftsführer erforderlich (BFH, Urt. v. 27.10.1987 – VII R 12/84, BFH/NV 1988, 485). Legt der Geschäftsführer sein Amt nieder, ist der Zugang der Erklärung über die Niederlegung maßgeblich (BFH, Urt. v. 27.10.1987 – VII R 12/84, BFH/NV 1988, 485). Es reicht schon eine mündliche Erklärung ggü. einem Gesellschafter aus (BFH, Urt. v. 17.09.2001 – II R 378/99, GmbHR 2002, 26). Soweit der Geschäftsführer aber noch Jahre nach der Niederlegung seines Geschäftsführeramtes hinsichtlich des Geschäftskontos der GmbH verfügungsberechtigt bleibt und die Beendigung der Geschäftsführung weder zur Eintragung im Handelsregister angemeldet, noch im Insolvenzverfahren beim AG angezeigt wird und sich noch als Geschäftsführer der GmbH im Rechtsverkehr vorstellt, kann er sich nicht auf die Beendigung seiner Geschäftsführungsbefugnis berufen (FG Sachsen, Urt. v. 01.11.2010 – 8 K 418/09).

Soweit die in § 34 AO bezeichneten Personen ihre Befugnis, für den Vertretenen zu handeln verlieren, oder die Verfügungsberechtigten i.S.v. § 35 AO nicht mehr als solche auftreten, werden sie von ihren Verpflichtungen nach § 34 Abs. 1 AO frei. Dies gilt jedoch nur für die Zukunft, d.h. Pflichten die bereits vorher entstanden sind, bleiben nach § 36 AO jedoch weiterhin bestehen, zumindest soweit sie der Verpflichtete noch erfüllen kann.

II. Pflichtverletzung

Weitere Voraussetzung ist, dass die Vertreter, eine ihnen auferlegte Pflicht verletzt haben. Die **15** Pflichten können durch positives Tun (z.B. durch Abgabe einer inhaltlich falschen Steuererklärung) oder durch Unterlassen (z.B. Nichtabgabe einer Steuererklärung) verletzt werden. Die Vertreter haben steuerliche Pflichten aber nur insoweit zu erfüllen, als sie rechtlich dazu in der Lage sind. Welche Pflichten die Vertreter konkret zu erfüllen haben, ist in §§ 34, 35 AO geregelt. Danach haben die Vertreter während des Bestehens ihrer Vertretungs- oder Verfügungsmacht (§ 36 AO) die steuerlichen Pflichten zu erfüllen, die den Vertretenen durch die AO und die Einzelsteuergesetze auferlegt sind. Sie haben u.a.

- Steuern aus dem verwalteten Vermögen zu entrichten (§ 34 Abs. 1 Satz 2 AO),
- Die Vollstreckung in das verwaltete Vermögen zu dulden (§ 77 AO),
- Auskünfte zur erteilen (§ 93 AO),
- Mitteilungen nach den §§ 137 bis 139 AO zu machen,

– Steuern für Rechnung eines Dritten einzubehalten und an das FA abzuführen (z.B. § 38 Abs. 3, § 41a Abs. 1 Nr. 2 EStG),
– Bücher und Aufzeichnungen zu führen (§§ 140 bis 148 AO) und
– Steuererklärungen fristgemäß abzugeben und zu berichtigen (§§ 140 bis 153 AO).

Allerdings ist die Frage der Pflichtverletzung nicht einheitlich für alle Steuerarten zu beantworten, insb. die Lohnsteuer erfordert eine differenzierte Betrachtungsweise.

1. Pflicht zur Entrichtung der Steuerschulden

16   Die vermutlich am häufigsten vorkommende Pflichtverletzung, ist die Verletzung der Pflicht zur Entrichtung der Steuerschulden (§ 34 Abs. 1 Satz 2 AO). Der Vertreter hat im Zeitpunkt der Fälligkeit die Steuerschulden des Vertretenen an das FA zu zahlen. Die Pflicht zur Steuerentrichtung erstreckt sich dabei aber nur auf die verwalteten Mittel, d.h. reichen die vorhandenen Mittel nicht aus, um alle Schulden zu zahlen, ist der Vertreter nicht verpflichtet, das FA vorrangig zu befriedigen. Er verletzt daher seine Pflicht nur dann, wenn er die Steuerschulden nicht angemessen im Verhältnis zu allen anderen bestehenden Verbindlichkeiten berücksichtigt. Reichen die Zahlungsmittel nicht aus um alle Gläubiger zu befriedigen, so ist der Vertreter verpflichtet, alle Gläubiger im gleichen Umfang zu befriedigen (Grundsatz der anteiligen Tilgung). D.h., der Fiskus darf nicht ggü. anderen Gläubigern benachteiligt werden, andernfalls verletzt der Vertreter seine Pflicht (BFH, Urt. v. 26.07.1988 – VII R 83/87, BStBl. II 1988, S. 859).

Das bedeutet aber nicht, dass erst im Zeitpunkt der Fälligkeit für die Entrichtung der Steuerschulden zu sorgen ist, sondern die Mittel des Steuerschuldners sind bereits vor Fälligkeit so zu verwalten, dass dieser zur pünktlichen Zahlung erst später fällig werdender Steuerschulden in der Lage ist (BFH, Urt. v. 27.10.1987 – VII R 12/84, BFH/NV 1988, 485). D.h. eine Pflichtverletzung kann bspw. auch dann vorliegen, wenn der Vertreter sich vor Fälligkeit der Steuern durch Vorwegbefriedigung anderer Gläubiger oder in anderer Weise schuldhaft außerstande setzt, bereits entstandene oder künftig fällig werdende Steuerforderungen zu tilgen (BFH, Beschl. v. 17.07.2008 – I B 2/08).

2. Ausnahme vom Grundsatz der anteiligen Tilgung

17   Etwas anderes gilt nach der Rechtsprechung hinsichtlich der Lohnsteuer, da sie als treuhänderisch verwaltete Fremdgelder zu qualifizieren sind. Der Arbeitgeber ist grds. verpflichtet, von den Arbeitslöhnen seiner Arbeitnehmer die Lohnsteuer einzubehalten und zu den gesetzlichen Fälligkeitszeitpunkten an das FA abzuführen. Er ist zwar nicht der Schuldner der Lohnsteuer, aber er haftet für sie (§ 42d EStG). Diese Haftungsschuld wird auch durch die Haftung des Vertreters gem. § 69 AO erfasst.

Etwaige Liquiditätsschwierigkeiten können ihn nicht von seiner Verpflichtung zur Einbehaltung und Abführung der Lohnsteuer befreien. Grds. liegt daher regelmäßig eine zumindest grob fahrlässige, die Haftung des Vertreters auslösende Pflichtverletzung vor, wenn er seiner Verpflichtung zur gleichrangigen Befriedigung der Arbeitnehmer hinsichtlich der Löhne und des FA der darauf entfallenden Lohnsteuer nicht nachkommt. Reichen die zur Verfügung stehenden Mittel zur Zahlung der vollen Löhne einschließlich der Lohnsteuer nicht aus, so müssen die Löhne in dem Umfang gekürzt werden, dass die darauf entfallende Lohnsteuer aus den vorhandenen Mitteln an das FA bezahlt werden kann (st. Rspr. seit BFH, Urt. v. 11.05.1962 – VI 195/60 U, BStBl. II 1962, S: 342; BFH, Urt. v. 26.07.1988 – VII R 83/87, BStBl. II 1988, S. 859; BFH, Urt. v. 06.03.1990 – VII R 63/87, BFH/NV 1990, 756; BFH, Beschl. v. 11.06.1996, BFH/NV 1997, 7; BFH, Beschl. v. 21.12.1998 – VII B 175/98 BFH/NV 1999, 745). Hierbei ist auf die Liquiditätslage der Gesellschaft im Zeitpunkt der Auszahlung der Löhne abzustellen. Bei unvorhersehbaren Verschlechterungen, die zwischen dem Zeitpunkt der Lohnzahlung und der Fälligkeit der Lohnsteuer eingetreten sind, kann dem Geschäftsführer die unterlassene Kürzung nicht vorgeworfen werden. Nach der Rechtsprechung des BFH ist der Vertreter daher nur dann zur Kürzung der Löhne und Bereitstellung der darauf entfallenden Lohnsteuer verpflichtet, wenn die Liquiditätslage der Gesellschaft im Zeitpunkt der Auszahlung der Löhne befürchten lässt, dass die finanziellen Mittel für die abführende Lohnsteuer bei Fälligkeit nicht ausreichen werden (BFH, Urt. v. 20.04.1993 – VII R 67/92, BFH/NV 1994, 142)

3. Weitere Pflichten

Eine weitere Pflichtverletzung, die dem Haftungsschuldner vorgeworfen werden kann, ist die 18 Pflicht zur rechtzeitigen Abgabe der Steuererklärung. Wann ein Steuerpflichtiger seine Steuererklärung abzugeben hat, richtet sich danach, ob die Steuer anzumelden oder eine Steuererklärung abzugeben ist. Wann eine Steuer anzumelden ist, ergibt sich aus dem jeweiligen Einzelsteuergesetz. Im Fall der verspäteten Abgabe der Steuererklärung kann es – entgegen dem Grundsatz der anteiligen Tilgung – dazu kommen, dass eine volle Haftung für den Steuerausfall eintritt, wenn bei rechtzeitiger Abgabe und dem gewöhnlichen Verlauf des Veranlagungsgeschäftes eine Erfolg versprechende Vollstreckungsmöglichkeit bestanden hätte und diese durch die verspätete Abgabe vereitelt wurde (BFH, Urt. v. 20.02.2001 – VII B 110/00, BFH/NV 2001, 1097).

Des Weiteren kann eine Pflichtverletzung darin liegen, dass der Geschäftsführer einer GmbH vor- 19 handene Vermögenswerte nicht sichert und ggf. nicht realisiert, insb. wenn deren Werthaltigkeit durch einen eingestellten Geschäftsbetrieb nachhaltig zu verfallen droht (FG München, Urt. v. 27.04.2010 – 6 K 1462/07, BeckRS 2010, 26029484).

Zu den Pflichten eines GmbH-Geschäftsführers gehört auch Vorsorge dafür zu treffen, dass die 20 GmbH im Fall der plötzlichen Verhinderung ihrer Geschäftsführer handlungsfähig bleibt. Wird er inhaftiert, müsste er alsbald einen Vertreter bestellen oder notfalls seine Geschäftsführertätigkeit niederlegen (FG Münster, Urt. v. 07.07.2010 – 11 K 800/09, EFG 2011, 2).

4. Aussetzung der Vollziehung/Stundung

Problematisch kann sein, ob ein Vertreter bei gewährter Aussetzung der Vollziehung verpflichtet 21 ist, Steuerzahlungen zur Befriedigung des Steuergläubigers zurückzuhalten und ob er sich pflichtwidrig verhält, wenn er die zurückbehaltenen Mittel für die Steuerzahlungen zur Befriedigung anderer Gläubiger einsetzt. Nach der finanzgerichtlichen Rechtsprechung (BFH, Urt. v. 04.05.1998 – I B 116/96, BFH/NV 1998, 1460; BFH, Urt. v. 12.05.2000 – I B 51/99; FG München, Urt. v. 27.04.2010 – 6 K 1462/07, BeckRS 2010 26029484; FG München Urt. v. 22.02.2010 – 14 K 2841/09, BeckRS 2010, 26029201; FG München, Urt. v. 17.11.2009 – 14 V 2365/09, BeckRS 2009, 26028283) muss ein Steuerpflichtiger aber trotz der gewährten Aussetzung der Vollziehung und auch wenn sein Steuerberater einen Erfolg der Rechtsbehelfe vorhergesagt hat, grds. mit einem negativen Ausgang des Rechtsbehelfsverfahrens rechnen und Vorsorge für eine spätere Steuerzahlung treffen, solange das FA es ablehnt, die angefochtenen Bescheide antragsgemäß zu ändern oder aufzuheben. Selbst wenn ein objektiv Erfolg versprechender Antrag auf Aussetzung der Vollziehung die Zahlungspflicht vorläufig entfallen lassen würde oder wenn eine später bewilligte Aussetzung der Vollziehung dazu führen würde, dass die Kausalität zwischen der Pflichtverletzung der zunächst bestehenden Zahlungspflicht und dem eingetretenen Schaden verneint werden müsste, verbleibt es zumindest bei der Pflicht des Steuerpflichtigen, für die evtl. spätere Steuerzahlung vorzusorgen.

III. Schaden

Weitere Voraussetzung der Haftung ist die Entstehung eines Schadens, der darin besteht, dass 22 Ansprüche aus dem Steuerschuldverhältnis nicht oder nicht rechtzeitig festgesetzt oder erfüllt worden sind. Durch die Haftung nach § 69 AO sollen nur Steuerausfälle, die der Vertreter durch schuldhafte Pflichtverletzung verursacht hat, ausgeglichen werden. Daraus folgt, dass der Haftungsanspruch erlischt, wenn die Primärschuld erloschen ist. Um welche Ansprüche aus dem

Steuerschuldverhältnis es sich handelt, ergibt sich aus § 37 AO (TK/*Loose* § 69 Rn. 13). Danach handelt es sich um Steueransprüche, Haftungsansprüche und Ansprüche auf steuerliche Nebenleistungen gegen den Vertretenen. Zu den steuerlichen Nebenleistungen gehören Verspätungszuschläge (§ 152 AO), Zinsen (§§ 233 bis 237 AO), Säumniszuschläge (§ 240 AO) und Zwangsgelder (§ 329 AO) und Kosten (BFH, Urt. v. 26.07.1988 – VII R 83/87, BStBl. II 1988, S. 859).

1. Keine oder nicht rechtzeitige Festsetzung der Ansprüche aus dem Steuerschuldverhältnis

23 Ein Schaden des Fiskus kann dadurch entstehen, dass Ansprüche aus dem Steuerschuldverhältnis ganz oder teilweise nicht festgesetzt werden. Diese Tatbestandsvariante des § 69 AO bezieht sich sonach nur auf die Steueransprüche, die durch Steuerbescheid festgesetzt werden (§ 155 AO). Wird die Steuer nicht festgesetzt, besteht insoweit keine Verpflichtung, die Steuer zu entrichten. Steueranmeldungen i.S.d. §§ 167, 168 AO stehen einer Steuerfestsetzung unter Vorbehalt der Nachprüfung gleich (§ 168 Satz 1 AO). Wird ein Steueranspruch, der zur seiner Verwirklichung einer Festsetzung oder Steueranmeldung bedarf, aufgrund einer Pflichtverletzung des Vertreters nicht festgesetzt oder nicht angemeldet, haftet der Vertreter, wenn dadurch ein Schaden (Steuerausfall) verursacht wird. Unter „nicht festgesetzt" in diesem Sinne ist die auch falsche oder unvollständige Abgabe einer Steuererklärung oder Steueranmeldung zu verstehen (BFH, Urt. v. 12.04.1988 – VII R 131/85, BStBl. II 1988, S. 742).

24 Nicht rechtzeitig festgesetzt sind die Ansprüche aus dem Steuerschuldverhältnis, wenn sie nicht bis zu dem Zeitpunkt festgesetzt worden sind, zu dem dies nach dem Gang der laufenden Veranlagungsarbeit üblicherweise der Fall gewesen wäre (BFH, Urt. v. 01.03.1956 – StR 462/55, BStBl. I 1956, S. 441; BFH, Urt. v. 11.12.1990 – VII R 85/88, BStBl. II 1991, S. 282). Eine bestimmte Frist, innerhalb derer ein Anspruch festgesetzt werden muss, gibt es nicht. Nach Auffassung des BFH (BFH, Urt. v. 18.03.1970 – I R 176/69, BStBl. II 1970, S. 556; a.A. TK/*Loose* § 69 Rn. 16) ist die „Festsetzungsfrist" – nicht zu verwechseln mit der Festsetzungsverjährung – spätestens dann erreicht, wenn die Abgabefrist für die Steuererklärung des darauf folgenden Jahres endet. Soweit Steueranmeldungen i.S.v. § 167 AO abzugeben sind, ist die Festsetzung bereits dann nicht rechtzeitig i.S.d. § 69 AO, wenn die Steueranmeldung nicht innerhalb der Abgabefrist beim FA eingeht (Hübschmann/Hepp/Spitaler/*Boeker* § 69 Rn. 26; TK/*Loose* § 69 Rn. 16). Gem. § 168 Satz 1 AO wird die Steueranmeldung der Steuerfestsetzung unter dem Vorbehalt der Nachprüfung gleichgestellt.

Umgekehrt ist für den Vertreter jede Haftung ausgeschlossen, wenn das FA die Steuer nach Ablauf der Festsetzungsfrist festlegt, denn nach deren Ende besteht sowohl der Steueranspruch gegen die GmbH als auch der akzessorische Haftungsanspruch gegen deren Geschäftsführer nicht mehr (§ 191 Abs. 5 AO).

2. Keine oder nicht rechtzeitige Erfüllung der Ansprüche aus dem Steuerschuldverhältnis

Der Geschäftsführer haftet auch bei unterbliebener oder nicht rechtzeitiger Befriedigung der Ansprüche des Fiskus aus dem Steuerschuldverhältnis.

25 Nicht erfüllt werden Ansprüche aus dem Steuerschuldverhältnis, wenn sie durch den Primärsteuererschuldner nicht beglichen und dadurch zum Erlöschen (§ 47 AO) gebracht werden. Ist der Anspruch aber bspw. durch Verjährung erloschen, kann gleichwohl unter den Voraussetzungen des § 191 Abs. 5 Satz 2 AO ein Haftungsbescheid ergehen.

Voraussetzung ist grds., dass der Anspruch entstanden, festgesetzt und fällig ist, sowie ein entsprechendes Leistungsgebot ggü. dem Steuerschuldner ergangen ist.

26 Nicht rechtzeitig erfüllt werden Ansprüche aus dem Steuerschuldverhältnis, wenn der Vertreter nicht zum Fälligkeitszeitpunkt leistet (BFH, Urt. v. 12.04.1988 – VII R 131/85 BStBl. II 1988, S. 742, 744). Die Fälligkeit bestimmt sich nach den Einzelsteuergesetzen und der Regelung des § 220 Abs. 2 AO.

Wird der Steueranspruch vor Fälligkeit oder mit Rückwirkung zur Fälligkeit gestundet (§ 222 AO), oder ein Zahlungsaufschub vor Fälligkeit gewährt (§ 223 AO) oder vorher die Vollziehung ausgesetzt (§ 361 Abs. 2 Satz 1 AO bzw. § 69 Abs. 2 Satz 1 AO), ist mangels Fälligkeit der Steuerschuld die Verwirklichung dieser Haftungsvariante nicht denkbar. Soweit der Vertretene zwischen dem ursprünglichen und dem hinausgeschobenen Fälligkeitszeitpunkt zahlungsunfähig wird, hat der Vertreter seine Pflicht zur rechtzeitigen Erfüllung der Steuerschuld jedoch nicht verletzt und kann daher nicht haftbar gemacht werden (HHSp/*Boeker* § 69 Rn. 28). Im Fall der Steueranmeldung oder Vorausentrichtung ist für die Haftung der Zeitraum maßgebend, in dem die Steuer bei pflichtgemäßen Verhalten fällig geworden wäre. Maßgebend sind die Verhältnisse im Voranmeldungszeitraum bzw. Vorauszahlungszeitraum (BFH, Urt. v. 12.04.1988 – VII R 131/85 BStBl. II 1988, S. 742, 744; BFH, Urt. v. 05.03.1991 – VII R 93/88, BStBl. II 1991, S. 678).

Umgekehrt verhält es sich mit einer nachträglichen Stundung ohne Rückwirkung, einer nach Fälligkeit bewirkten Aussetzung der Vollziehung oder eines Zahlungsaufschubs. Diese Umstände sind auf den bereits entstandenen Haftungsanspruch ohne Einfluss (BFH, Urt. v. 17.09.1987 – VII R 62/85, BFH/NV 1988, 7; BFH, Urt. v. 11.03.2004 – VII R 19/02, BStBl. II 2004, S. 967).

3. Steuererstattungs- und/oder -vergütungsansprüche ohne rechtlichen Grund gezahlt

Schließlich kann der Geschäftsführer nach § 69 AO für die Rückzahlung ohne Rechtsgrund   27
gezahlter Steuervergütungen und Steuererstattungen in Anspruch genommen werden.

IV. Kausalität

Die Pflichtverletzung des Vertreters muss für den Schaden ursächlich gewesen sein. Das ist dann   28
der Fall, wenn der Schaden ohne die Pflichtverletzung nicht eingetreten wäre (BFH, Urt. v. 26.04.1984 – V R 128/79, BStBl. II 1984, 776, S. 778; BFH, Urt. v. 05.05.1989 – 7 R 61/87, BStBl. II 1989, S. 979) oder der Schaden auch bei pflichtgemäßen Verhalten eingetreten wäre (BFH Urt. v. 05.09.1989 – VII R 61/87, BStBl. II 1989, S. 979; BFH, Urt. v. 05.03.1991 – VII R 93/88, BStBl. II 1991, S. 678). Die Kausalität gehört zu den anspruchsbegründenden Tatbestandsvoraussetzungen, für die die Finanzbehörde die Feststellungslast trägt (FG Münster, Urt. v. 18.06.2007 – 1 K 6201/03 [rk.], EFG 2007, 1566).

Ob und inwieweit die Pflichtverletzung ursächlich war, richtet sich wie bei den zivilrechtlichen   29
Schadensersatzansprüchen nach der Adäquanztheorie. Danach können nur solche Pflichtverletzungen für den eingetretenen Schaden ursächlich sein, die allgemein oder erfahrungsgemäß geeignet sind, diesen Schaden zu verursachen (HHSp/*Boeker* § 69 Rn. 31). Verwendet der Geschäftsführer Mittel der Gesellschaft, ohne auf bereits entstandene oder fällig werdende Steuerschulden Rücksicht zu nehmen, so ist diese Pflichtverletzung dann ursächlich für den Schaden, wenn feststeht, dass der Steuergläubiger bei pflichtgemäßen Verhalten bei Fälligkeit der Steuerschulden befriedigt worden wäre (BFH, Urt. v. 26.04.1984, V R 128/79, BStBl. II 1984, S. 776, 778; FG Münster, Urt. v. 18.06.2007 – 1 K 6201/03 [rk.], EFG 07, 1566).

Eine Pflichtverletzung durch Unterlassen ist dann für einen Schaden ursächlich, wenn bei Vor-   30
nahme der unterlassenen Handlung der Schaden nicht eingetreten wäre; die bloße Möglichkeit oder Wahrscheinlichkeit des Nichteintritts genügen jedoch nicht (BFH, Urt. v. 17.11.1992 – VII R 13/92, BStBl. II 1993, S. 471). Die Pflichtverletzung ist daher dann ursächlich für den eingetretenen Schaden, wenn durch die unterlassene oder verspätete Steuererklärung oder -anmeldung eine aussichtsreiche Vollstreckungsmöglichkeit des FA vereitelt worden ist (BFH, Urt. v. 05.03.1991 – VII R 93/99, BStBl. 1991, S. 678, 681; BFH, Urt. v. 06.03.2001 – VII R 17/00, BFH/NV 2001, 1100). Etwas anderes gilt in dem Fall, wenn der Steuerausfall mangels ausreichender Zahlungsmittel und vollstreckbaren Vermögens auch eingetreten wäre, wenn der Vertreter die Steuererklärung oder -anmeldung fristgerecht eingereicht hätte. In diesem Fall ist die Pflichtverletzung der Erklärungspflicht nicht ursächlich (HHSp/*Boeker* § 69 Rn. 35). Gleichwohl ist auch

hier der Grundsatz der anteiligen Tilgung zu beachten, d.h. wären bei rechtzeitiger Abgabe der Steuererklärung oder -anmeldung und damit einhergehend bei rechtzeitiger Steuerfestsetzung nur Mittel oder vollstreckbares Vermögen zur anteiligen Tilgung der Steuerschulden (bzw. sämtlicher Verbindlichkeiten) vorhanden gewesen, ist die unterbliebene oder nicht rechtzeitige Festsetzung nur insoweit für den Schaden – d.h. Steuerausfall – ursächlich, als dieser bei anteiliger Tilgung nicht entstanden wäre (BFH, Urt. v. 05.03.1991 – VII R 93/99, BStBl. II 1991, S. 678, 681; BFH, Urt. v. 26.08.1992 – VII R 50/91, BStBl. II 1993, S. 8; a.A. TK/*Loose* § 69 Rn. 20)

31   Betraut der Vertreter einen Mitarbeiter mit der Erstellung von Steuererklärungen und unterlässt es, diesen zu überwachen, ist diese Pflichtverletzung dann nicht ursächlich für einen etwaige durch den Mitarbeiten verursachten Steuerschaden, wenn die zu treffenden Überwachungsmaßnahmen nicht geeignet gewesen wären, den Fehler durch den Mitarbeiten verursachten Fehler aufzudecken bzw. zu verhindern (BHF, Urt. v. 27.11.1990 – VII R 20/89, BStBl. II 1991, S. 284).

32   Nach dem Schutzzweck des § 69 AO ist es jedoch ausgeschlossen – anders als im Zivilrecht – hypothetische Kausalverläufe zu berücksichtigen (BFH, 05.06.2007 – VII R 65/05, BFHE 217, 233). Lange Zeit war auch streitig ob die erfolgreiche Insolvenzanfechtung erst nach Fälligkeit abgeführter Lohnsteuer den Kausalverlauf zwischen Pflichtverletzung und Schadenseintritt unterbrechen kann (FG Köln, Urt. v. 12.09.2005 – 8 K 5677/01, EFG 2006, 86; FG Köln, Urt. v. 12.09.2005 – 8 K 5677/01, EFG 2006, 241; FG Düsseldorf, Urt. v. 31.01.2006 – 9 K 4573/03 H, EFG 2006, 706; a.A. FG Baden Württemberg, Urt. v. 28.07.2004 – 1 V 30/04, EFG 2004, 1425; FG Baden Württemberg, Urt. v. 30.08.2004 – 1 V 49/03, EFG 2005, 2; FG Saarland, Urt. v. 20.12.2004 – 2 V 385/04, EFG 2005, 680; FG Saarland, Urt. v. 22.03.2005 – 2 V 354/04, EFG 2005, 1091; FG Münster, Urt. v. 23.06.2004 – 7 K 5031/02, EFG 2006, 12; FG Rheinland Pfalz, Urt. v. 13.10.2005 – 6 K 2803/04, EFG 2006, 83; FG München Urt. v. 09.11.2004 – 7 K 2143/00, EFG 2006, 538; FG Düsseldorf, Urt. v. 10.01.2006 – 10 K 4216/02 H EFG 2006, 619). Nach der Entscheidung des BFH v. 11.11.2008 (VII R 19/08, GmbH-StB 2009, 60; vgl. auch BFH, Urt. v. 05.06.2007 – VII R 65, BStBl. II 2008, S. 273; BFH, Urt. v. 05.06.2007 – VII R 30/06, BFH/NV 2008, 1; BFH, Urt. v. 04.07.2007 – VII B 268/06, BFH/NV 2007, 2059; BFH, Urt. v. 19.09.2007, VII R 39/05, BFH/NV 2008, 18; BFH, Urt. v. 04.12.2007 – VII R 18/06, BFH/NV2008, 521; BFH, Urt. v. 22.04.2009 – VII B 226/08; BFH, Urt. v. 15.05.2009 – VII B 196/08, BFH/NV 2009, 1605) dürfte die Rechtsprechung zu dieser Frage gefestigter sein. Ausweislich der Entscheidungsgründe zu dieser Entscheidung sieht der BFH in der nicht rechtzeitigen Zahlung zum Fälligkeitszeitpunkt eine schuldhafte Pflichtverletzung; die Ursächlichkeit der Pflichtverletzung für den eingetretenen Steuerausfall entfalle durch die erfolgreiche Insolvenzanfechtung jedenfalls dann nicht, wenn der Fälligkeitszeitpunkt vor dem Beginn der Anfechtungsfrist lag (so auch TK/*Loose* § 69 Rn. 21).

V. Verschulden

33   Eine Haftung nach § 69 AO kommt nur in Betracht, wenn der Haftungsschuldner schuldhaft, d.h. vorsätzlich oder grob fahrlässig gehandelt hat. Leichte Fahrlässigkeit genügt nicht. Das Verschulden bezieht sich auf die Pflichtverletzung (BFH, Urt. v. 17.09.1987 – VII R 62/84, BFH/NV 1988, 7; BFH, Urt. v. 26.02.1991 – VII R 107/89, BFH/NV 1991, 578). Vorsätzlich handelt, wer seine Pflichten kennt und bewusst missachtet (HHSp/*Boeker* § 69 Rn. 38). Unerheblich ist, ob er den durch die Pflichtverletzung eintretenden Schaden gewollt hat.

34   Grob fahrlässig handelt, wer die im Rechtsverkehr erforderliche Sorgfalt, zu der er nach den Umständen und seinen persönlichen Kenntnissen und Fähigkeiten verpflichtet und imstande ist, in ungewöhnlich hohem Maße außer Acht lässt (BFH, Urt. v. 21.02.1989 – VII R 165/85, BStBl. II 1989, S. 491; BFH, Urt. v. 12.05.1992 – VII R 52/91, BFH/NV 1992, 785). Unerheblich ist, ob der Vertreter die Folgen seines Handelns erkannt, aber darauf vertraut hat, dass sie nicht eintreten werden (bewusste Fahrlässigkeit) oder ob er sie nicht vorausgesehen hat, obwohl er sie hätte erkennen können (unbewusste Fahrlässigkeit) (TK/*Loose* § 69 Rn. 25; HHSp/*Boeker* § 69 Rn. 38).

Zahlt der Vertreter bei mangelnder Liquidität entgegen dem Grundsatz der anteiligen Tilgung 35
bspw. die Löhne in voller Höhe aus, im Vertrauen darauf, dass die Lohnsteuer zum Fälligkeitszeitpunkt bezahlt werden oder mit Erstattungsansprüchen aufgerechnet werden kann (wobei die Möglichkeit der Aufrechnung bei der Lohnsteuer durch den Arbeitgeber ohnehin nicht gegeben sein dürfte, vgl. Pahlke/Koenig/*Koenig* § 226 Rn. 11 m.w.N.), verletzt er vorsätzlich seine nach § 34 AO obliegenden Pflichten (BFH, Urt. v. 06.03.1990 – VII R 63/87, BFH/NV 1990, 756; BFH, Urt. v. 04.09.1990 – VII B 40/90, BFHNV 1991, 427). Allerdings darf nach der neueren Rechtsprechung des BFH (BFH, Urt. v. 20.04.1993 – VII R 67/92, BFH/NV 1994, 142) der Vertreter eines wirtschaftlich „gesunden" Unternehmens in Zeiten normaler Geschäftätigkeit darauf vertrauen, dass er die abzuführenden Steuern im Fälligkeitszeitpunkt aus den verfügbaren Mittel einschließlich eingeräumter Kredite entrichten kann. Wird der Vertretene zwischen Lohnzahlung und Fälligkeit der darauf entfallenden Lohnsteuer unvorhergesehen zahlungsunfähig, haftet er daher nicht für die nicht abgeführte Lohnsteuer. Im letzteren Fall scheidet aber bereits eine Pflichtverletzung aus.

Zu beachten ist auch, wer als Handelnder auftritt. Ein Vertreter kann z.B. auch die Pflichtverlet 36
zung durch ein Handeln eines Mitarbeiters begehen. Grds. haftet ein Vertreter nur für eigenes Verschulden, d.h. auch in dem Fall, wenn er sich zur Erfüllung seiner Pflichten fremder Hilfe bedient. Ihm obliegt aber eine Auswahl- und Überwachungspflicht. D.h. Angestellte und Mitarbeiter sind sorgfältig auszuwählen (BFH, Urt. v. 30.06.1995 – VII R 85/94, BFH/NV 1996, 2; BFH, Urt. v. 30.05.2005 – VII S 27/04, BFH/NV 2005, 1487) und zu überwachen (BFH, Urt. v. 22.01.1985 – VII R 110/78, BFH/NV 1985, 18; BFH, Urt. v. 10.05.1988 – VII R 24/85, BFH/NV 1989, 72, 74; BFH, Urt. v. 27.11.1990 – VII R 20/89, BStBl. II 1991, 284, 286; FG Hamburg, Urt. v. 22.05.1997, II 161/95, EFG 1997, 1414). Welche Überwachungsmaßnahmen zu treffen sind, wenn die Erledigung steuerlicher Angelegenheiten auf einen Mitarbeiter übertragen wird, hängt weitgehend von den Umständen des Einzelfalls ab (BFH, Urt. v. 30.08.1994 – VII R 101/92, BStBl. II 1995, S. 278; BFH, Urt. v. 30.06.1995 – VII R 85/ 94, BFH/NV 1996, 2; BFH, Urt. v. 28.08.2008 – VII B 240/07, BFH/NV 2008, 1983; BFH, Urt. v. 26.11.2008 – V B 210/07, BFH/NV 2009, 362). Werden die steuerlichen Aufgaben nicht oder nur mangelhaft erfüllt, muss der Vertreter einschreiten und selbst für die Pflichterfüllung sorgen (RFH, Urt. v. 11.01.1928 – VI A 606/27; RFHE 22, 319, 321). Die Ausführung von Steuerzahlungen muss der Geschäftsführer immer überwachen (BFH, Urt. v. 24.02.1987 – VII R 23/85, BFH/NV 1987, 283). Hinweisen des FA auf Unregelmäßigkeiten muss er nachgehen (BFH, Urt. v. 26.06.1990 – VII B 20/90, BFH/NV 1991, 209). Gerät das Unternehmen allerdings in die Krise muss sich der Geschäftsführer persönlich um die Erfüllung der steuerlichen Angelegenheiten kümmern (FG Münster, Urt. v. 01.09.1994 – 1 K 1959/97 [rk.], EFG 1998, 617).

Bedient sich der Vertreter bei der Erfüllung der steuerlichen Pflichten eines Steuerberaters, so besteht seine Pflicht darin, den Steuerberater sorgfältig auszuwählen und seinen Organisations- und Überwachungspflichten laufend nachzukommen. Soweit der Vertreter diese Pflichten erfüllt und keinen Anlass findet, die Ordnungsmäßigkeit der Arbeit des steuerlichen Beraters infrage zu stellen, verletzt dieser seine nach § 34 AO obliegenden Pflichten nach der Rechtsprechung des BFH nicht grob fahrlässig (BFH, Urt. v. 30.08.1994 – VII R 101/92, BStBl. II 1995, S. 278; BFH, Urt. v. 04.05.2004 – VII B 318/03, BFH/NV 2004, 1363; BFH, Urt. v. 28.08.2008 – VII B 240/ 07, BFH/NV 2008, 1983; BFH, Urt. v. 26.11.2008 – V B 210/07, BFH/NV 2009, 362). Das Maß der Verpflichtungen des Vertreters hängt aber auch hier von den Umständen des jeweiliges Einzelfalles ab (BFH, Urt. v. 04.05.2004 – VII B 318/03, BFH/NV 2004, 1363). Das Verschulden des Steuerberaters muss sich der Geschäftsführer nicht zurechnen lassen (§ 278 BGB findet keine Anwendung, FG Nürnberg Urt. v. 22.10.1991 – II 201/91, EFG 1992, 241). Voraussetzung ist jedoch, dass der Geschäftsführer den vollen Sachverhalt zur rechtlichen Beurteilung darlegt (BFH, Urt. v. 19.09.1985 – VII R 88/85, BFH/NV 1986, 133; BFH, Urt. v. 07.01.2003 – VII B 196/01, BFH/NV 2003, 445).

37   Soweit mehrere Geschäftsführer, Vorstandsmitglieder oder andere gesetzliche Vertretungsorgane vorhanden sind, gilt grds. erstmal der Grundsatz der Gesamtverantwortung, d.h. grds. ist jeder Geschäftsführer für die Erfüllung der steuerlichen Pflichten verantwortlich (BFH, Urt. v. 23.06.1998 – VII R 4/98, BStBl. II 1998, 761, 763). Es kann aber intern zwischen den Geschäftsführern eine Geschäftsverteilung erfolgen, z.B. in einen kaufmännischen und technischen Bereich (BFH, Urt. v. 11.05.1962 – VI 195/60, BStBl. II 1962, 342; a.A. FG Hamburg, Urt. v. 29.09.1985 – II 156/71, EFG 1973, 184). Für die Frage des Verschuldens und der Haftung ist dann entscheidend, wer für die Steuerangelegenheiten zuständig ist (RFH, Urt. v. 20.12.1927 – IV A 400/27, RFHE 22, 281, 284; RStBl. 31, S. 479). Hier ist zu beachten, dass die interne Geschäftsverteilung aber eindeutig durch Gesellschaftsvertrag, Gesellschafterbeschluss oder durch eine sonstige schriftliche Vereinbarung getroffen worden sein muss, damit sie Wirksamkeit entfaltet, andernfalls haften alle Geschäftsführer gemeinsam (BFH, Urt. v. 04.03.1986 – VII S 33/85, BStBl. II 1986, S. 383; BFH, Urt. v. 15.05.1988 – VII R 90/85, GmbHR 1989, 170; BFH, Urt. v. 23.06.1998 – VII R 4/98, NJW 1998, 3374; BFH, Urt. v. 21.10.2003 – VII B 353/02, BFH/NV 2004, 157; BFH, Urt. v. 27.05.2009 – VII B 231/08; TK/*Loose* § 69 Rn. 33). Der Haftungsschuldner trägt die Darlegungs- und Feststellungslast für die Geschäftsverteilung (TK/*Loose*, § 69 Rn. 33). Ist die Geschäftsverteilung in der zuvor beschriebenen Weise erfolgt, so kann eine etwaige Pflichtverletzung des intern für Steuerangelegenheiten Zuständigen nicht ohne weiteres dem anderen zugerechnet werden. Er hat aber eine Überwachungspflicht (BFH, Urt. v. 27.11.1990 – VII R 20/89, BStBl. II 1991, S. 284; BFH, Urt. v. 21.10.2003 – VII B 353/02, BFH/NV 2004, 157; BFH, Urt. v. 21.01.2006 – VII B 220/05, BStBl. II 2006, S. 906; FG München, Urt. v. 15.07.2010 – 14 V 1552/10; TK/*Loose* § 69 AO Rn. 32). Der nicht unmittelbar zuständige Geschäftsführer muss sich fortlaufend über den Geschäftsgang unterrichten und Gewissheit darüber verschaffen, dass der intern zuständige Geschäftsführer die steuerlichen Pflichten ordnungsgemäß erfüllt, sodass ihm Unregelmäßigkeiten nicht über einen längeren Zeitraum verborgen bleiben können (BFH, Urt. v. 27.11.1990 – VII R 20/89, BStBl. II 1991, S. 284; BFH, Urt. v. 16.04.1985 – VII R 132/80, BFH/NV 1987, 273; BFH, Urt. v. 22.07.1997 – I B 44/97, BFH/NV 1998, 11). Der Geschäftsführer, der intern nicht für die Steuerangelegenheiten zuständig ist, ist aber zum Eingreifen verpflichtet, wenn Anhaltspunkte dafür bestehen, dass die Erfüllung der Gesellschaft obliegenden Aufgaben durch den zuständigen Geschäftsführer nicht mehr gewährleistet ist (BGH, Urt. v. 15.10.1996 – VI ZR 319/95, INF 1997, 31; BFH, Urt. v. 12.03.1997 – II B 71/96, BFH/NV 1997, 642; BFH, Urt. v. 04.05.1998 – I B 116/96, BFH/NV 1998, 1460; BFH, Urt. v. 23.06.1998 – VII R 4/98, BStBl. II 1998, S. 761; FG München, Urt. v. 15.07.2010 – 14 V 1552/10). Treten bspw. Zahlungsschwierigkeiten auf oder ist die GmbH überschuldet, so hat sich auch der intern nicht zuständige Geschäftsführer um die Gesamtbelange der Gesellschaft zu kümmern und die steuerlichen Pflichten selbst zu verantworten (BFH, Urt. v. 26.04.1984 – V R 128/79, BStBl. II 1984, S. 776; BFH, Urt. v. 17.05.1988 – VII R 90/85, GmbHR 1989, 170; BFH, Urt. v. 15.10.1996 – VI ZR 319/95, INF 1997, 31; BFH, Urt. v. 20.04.2006 – VII B 280/05, BFH/NV 2006, 1441; BFH, Urt. v. 07.07.2009 – VII B 248/08; FG Münster, Urt. v. 01.09.1997 – 1 K 1959/97 [rk.], EFG 1998, 617, TK § 69 Rn. 32).

38   Tritt der Geschäftsführer nur als Strohmann auf oder werden die Geschäfte der Gesellschaft unter „Ausschaltung" des Geschäftsführers tatsächlich von einer anderen Person geführt, so darf der Geschäftsführer dieses nicht dulden. Kann er sich nicht durchsetzen oder handeln, ist zum Rücktritt verpflichtet (BFH, Urt. v. 12.05.2009. BFH/NV 2009, 1589; BFH, Urt. v. 29.07.2009 – VI B 42/09; FG München, Urt. v. 15.07.2010 – 14 V 1552/10). Erst nach dem Rücktritt entfällt die Haftung (BFH, Urt. v. 07.03.1995 – VII B 172/94, BFH/NV 1995, 941).

39   Ein Rechtsirrtum schließt den Vorsatz aus. Sollte der Rechtsirrtum unvermeidbar sein, so ist auch grobe Fahrlässigkeit ausgeschlossen (Palandt/*Grüneberg* § 276 Rn. 11, 22). Ein Rechtsirrtum kann bspw. durch falsche Auskünfte von Steuerberatern (BFH, Urt. v. 19.09.1985, VII R 88/85, BFH/NV 1986, 133) oder Finanzbehörden (BFH, Urt. v. 26.04.1988, VII R 105/85, BFH/NV 1988, 625) hervorgerufen werden.

Fraglich ist, ob eine Pflichtverletzung im Einzelfall entschuldbar ist, ähnlich eine Notstandsituation 40 (bejahend TK/*Loose* § 69 Rn. 35). Nach der Auffassung des BFH (BFH, Urt. v. 02.07.1987 – VII R 162/84, BFH/NV 1988, 220; BFH, Urt. v. 26.06.1990, VII B 20/90, BFH/NV 1991, 209) scheiden Gründe, wie z.B. Sicherung der Arbeitsplätze der Arbeitnehmer oder Betriebserhaltung als Entschuldigungsgrund aus. Mangelnde Kenntnisse des bundesdeutschen Rechts, insb. bei einem ausländischen Geschäftsführer, oder auch schwierige Verhältnisse im Betrieb entschuldigen den Geschäftsführer jedenfalls nicht (BFH, Urt. v. 17.08.2000 – VII S 6/00, BFH/NV 2001, 411).

VI. Mitverschulden der Finanzbehörde

Es stellt sich die Frage, ob ggf. ein etwaiges Mitverschulden der Finanzbehörde Auswirkungen auf 41 den Haftungsanspruch, insb. auf die Höhe der Haftung hat. Eine § 254 BGB entsprechende Vorschrift gibt es in der AO nicht; § 254 BGB findet nach der ständigen Rechtsprechung des BFH im öffentlichen Recht keine Anwendung (HHSp/*Boeker* § 69 Rn. 53 m.w.N.). Nach dem BFH (BFH, Urt. v. 25.04.1989 – VII S 15/89, BFH/NV 1989, 757; BFH, Urt. v. 28.08.1990 – VII S 9/90, BFH/NV 1991, 290; BFH, Urt. v. 29.07.1992, I R 112/91, BFH/NV 1994, 357) soll ein Mitverschulden der Finanzbehörde erst i.R.d. Ermessensentscheidung berücksichtigt werden und auch nur dann, wenn das FA vorsätzlich oder unter grober Verletzung den Steuerausfall mit verursacht hat. Beispiele für ein Mitverschulden der Finanzbehörde: verspätete Steuerfestsetzung gegen den Steuerschuldner (BFH, Urt. v. 06.10.1982, II R 34/81, BStBl. II 1983, 135), unterlassene Vollstreckungsmaßnahmen (TK/*Loose* § 69 Rn. 28a), versäumte Aufrechnung des FA gegen einen Erstattungsanspruch (FG Saarland, Urt. v. 04.11.1993 – 2 K 179/91, EFG 1994, 329).

VII. Haftungsumfang

Die Haftung nach § 69 AO umfasst alle Ansprüche aus dem Steuerschuldverhältnis i.S.v. § 37 AO. 42 Dazu gehören auch die Nebenleistungen gem. § 3 Abs. 4 AO, wie z.B. Säumniszuschläge und Verspätungszuschläge.

Da es sich bei § 69 AO um eine Schadensersatzhaftung (BFH, Urt. v. 05.09.1989 – VII R 61/ 43 87 – BStBl. II 1989, S. 979; BFH, Urt. v. 01.08.2000 – VII R 110/99, BStBl. II 2001, S. 271) handelt, ist die Haftung unabhängig vom Verschuldensgrad, sondern ergibt sich allein aus der Ursächlichkeit der Pflichtverletzung für den beim Staat eingetretenen Vermögensschaden (BFH, Urt. v. 01.08.2000 – VII R 110/99, BStBl. II 2001, S. 271). Diese Grundsätze gelten auch für steuerliche Nebenleistungen (BFH, Urt. v. 12.05.1992 – VII R 52/91, BFH/NV 1992, 785). Für Ansprüche, die nach der Pflichtverletzung entstehen und für die der Vertreter nicht verantwortlich ist, wird nicht nach § 69 AO gehaftet. Eine Ausnahme betrifft die infolge der Pflichtverletzung zu zahlenden Säumniszuschläge, § 69 Satz 2 AO. Für sie haftet der Vertreter auch dann, wenn sie nach der Haftung für Ansprüche aus dem Steuerschuldverhältnis begründenden Pflichtverletzung entstanden sind (BFH, Urt. v. 22.02.1980 – VI R 185/79, BStBl. II 1980, S. 375; BFH, Urt. v. 03.02.1982 – VII R 101/79, BStBl. II 82, S. 355; BFH, Urt. v. 24.01.1989 – VII B 188/88, BStBl. II 1989, S. 315). Dagegen erstreckt sich die Haftung nicht auf später entstandene Zinsen und Kosten der Zwangsvollstreckung und auf später festgesetzte Verspätungszuschläge und Zwangsgelder.

Reichen die Mittel zur Begleichung aller Steuerschulden nicht aus, kann der Vertreter nur als Haf- 44 tungsschuldner in Anspruch genommen werden, soweit er die Steuerschulden mit diesen Mitteln hätte tilgen können; ausgenommen hiervon ist die Lohnsteuer. Er haftet daher nur in dem Umfang, in dem er den Steuergläubiger ggü. anderen Gläubigern benachteiligt hat. Wird der Vertreter für zu Unrecht geltend gemachte und erstattete Vorsteuerbeträge als Haftungsschuldner in Anspruch genommen, ist der Grundsatz der anteiligen Tilgung ebenfalls nicht anwendbar. Der Vertreter haftet für den vollen Betrag (FG München, Urt. v. 12.01.1994 – 3 K 2111/92, EFG 1994, 809). Soweit der Vertreter die Steuern über einen längeren Zeitraum nicht oder nicht vollständig entrichtet, ist die Haftungsquote überschlägig zu berechnen. Werden Steuern mit unterschiedlichen Fälligkeitszeitpunkten über einen längeren Zeitraum hinweg nicht entrichtet, so ist die Haftungssumme zeitraumbezogen zu ermitteln; d.h. hinsichtlich der vorhandenen Zahlungsverpflichtungen und der hierauf geleiteten Zahlungen ist auf den ganzen Haftungszeitraum abzustellen (BFH, Urt. v. 12.06.1986 –VII R 192/83 – BStBl. II 1998, S. 657). Der Haftungszeitraum beginnt grds. mit dem Tag der ältesten Fälligkeit der für die Steuern in Betracht kommenden Ansprüche und endet mit dem Zeitpunkt, zu dem der Steuerschuldner zahlungsunfähig geworden ist. Ist der Haftungsschuldner vor Eintritt der Zahlungsunfähigkeit des Steuerschuldners aus seinem Amt ausgeschieden, endet der Haftungszeitraum mit diesem Zeitpunkt (BFH, Beschl. v. 08.05.1990, VII B 173/89, BFH/NV 1991, 12; BFH, Urt. v. 27.10.1987 – VII R 12/84, BFH/NV 1988, 485).

45 Mit der Haftungsankündigung wird das FA regelmäßig einen Vordruck zur Mittelverwendung an den Haftungsschuldner übersenden. Auf Basis dieses Vordrucks, der von der Rechtsprechung des BFH bestätigt wurde, wird anhand der vorhandenen Zahlungsverpflichtungen und der hierauf geleisteten Zahlungen auf den ganzen Haftungszeitraum die durchschnittliche Tilgungsquote berechnet (BFH, Urt. v. 31.03.2000 – VII B 187/99, BFH/NV 2000, 1322). In die Berechnung zur Ermittlung der durchschnittlichen Tilgungsquote sind die im Haftungszeitraum insgesamt zu tilgenden Verbindlichkeiten einzubeziehen. Die Berücksichtigung der Lohnsteuer in diesem Berechnungsbogen, hat nach der aktuellen BFH Rechtsprechung weder bei den Gesamtverbindlichkeiten noch bei den geleisteten Zahlungen zu erfolgen (BFH, Urt. v. 27.02.2007 – VII R 60/05, BFH/NV 2008, 508). Die OFD Hannover hat am 20.11.2009 (S – 0190 – 10 – StO 141) ein Berechnungsschema zur Ermittlung der Haftungssumme verfügt. Soweit der Haftungsschuldner seine Mitwirkung verweigert oder nur unvollständig nachkommt, kann das FA die Tilgungsquote schätzen, vorausgesetzt, dass FA hat alle zumutbaren Aufklärungsmöglichkeiten ausgeschöpft. Das FA kann sich die erforderliche Unterlagen gem. § 97 Abs. 1 AO vorlegen lassen und die benötigen Information hieraus selbst ermitteln. Sollten sich die Unterlagen beim Insolvenzverwalter befinden, kann das FA ihn als „andere Person" i.S.d. § 93 Abs. 1 Satz 1 AO in Anspruch nehmen und um Erteilung der benötigten Auskünfte ersuchen (BFH, Urt. v. 04.12.2007 – VII R 18/06, BFH/NV 2008, 521). Erst nach Ausschöpfung dieser oder auch anderer nahe liegenden Ermittlungsmöglichkeiten zur Aufklärung des Sachverhalts darf die Haftungsquote im Wege der Schätzung festgelegt werden (BFH, Urt. v. 23.08.1994 – VII R 134/92, BFH/NV 1995, 570; BFH, Urt. v. 04.12.2007 – VII R 18/06, BFH/NV 2008, 521). Die Schätzung der Tilgung kann durch das FG nur eingeschränkt überprüft werden (BFH, Urt. v. 30.09.2008, VII S 17/08, BFH/NV 2009, 203; BFH, Urt. v. 15.10.2008 – VII B 153/08).

C. Heranziehung zur Haftung

I. Haftungsbescheid

46 Das FA ist nicht verpflichtet, den Vertreter als Haftungsschuldner in Anspruch zu nehmen. Die Entscheidung, ob und in welcher Höhe der Haftungsschuldner in Anspruch genommen wird, steht im Ermessen des FA (Entschließungsermessen). Darüber hinaus steht im Ermessen des FA, ob es den eigentlichen Steuerschuldner, den Haftungsschuldner oder bei mehreren Haftungsschuldnern, welchen von diesen, es in Anspruch nehmen will (Auswahlermessen). Will das FA einen Vertreter gem. § 69 AO in Anspruch nehmen, muss es gegen diesen einen Haftungsbescheid gem. § 191 AO erlassen. Der Haftungsbescheid ist Grundlage für die Verwirklichung des Haftungsanspruchs (§ 218 Abs. 1 AO).

Grundlage für den Erlass des Haftungsbescheides ist § 191 AO. Ermächtigungsgrundlage für den Erlass, Änderung usw. des Haftungsbescheides sind nicht die allgemeinen Festsetzungs- und Änderungsvorschriften für Steuerbescheide, sondern die geänderten Festsetzungsvorschriften für

Haftungsbescheide, die durch die allgemeinen Festsetzungs- und Änderungsvorschriften (§§ 130 ff. AO) ergänzt werden, § 191 Abs. 3 AO.

Die Festsetzungsfrist für einen Haftungsbescheid beträgt gem. § 191 Abs. 3 Satz 2 AO 4 Jahre. In 47 den Fällen des § 70 AO verlängert sie sich bei Steuerhinterziehung auf 10 Jahre und bei leichtfertiger Steuerverkürzung auf 5 Jahre. In den Fällen des § 71 AO beträgt die Festsetzungsfrist 10 Jahre. Zu beachten ist, dass sich die Festsetzungsfrist nach dem klaren Wortlaut des § 191 Abs. 3 Satz 2 AO nicht verlängert, wenn zwar Steuern hinterzogen wurden, der Haftungsbescheid aber allein auf § 69 AO, nicht hingegen auf §§ 70 oder 71 AO gestützt wird (FG Mecklenburg-Vorpommern, Urt. v. 09.05.2007 – 1 K 634/03). Etwas anderes gilt wohl im Fall der leichtfertigen Steuerverkürzung, da es hierfür keine eigene Haftungsvorschrift gibt (BFH, Beschl. v. 07.02.2002 – V B 86/01; FG Mecklenburg-Vorpommern, Urt. v. 09.05.2007 – 1 K 634/03). Die Festsetzungsfrist beginnt mit Ablauf des Jahres, in dem der Tatbestand verwirklicht worden ist, an den das Gesetz die Haftungsfolge knüpft. Eine Anlaufhemmung, wie sie für Steuerbescheide gilt, gibt es nicht. Der Ablauf der Festsetzungsfrist für Haftungsschulden kann aus folgenden Gründen gehemmt sein:

- Die Steuer wurde gegen den Erstschuldner noch nicht festgesetzt. Die Festsetzungsfrist für den Haftungsbescheid endet in diesem Fall nicht vor Ablauf der Festsetzungsfrist für die Steuer.
- Seit Bekanntgabe des Steuerbescheides sind noch keine 2 Jahre vergangen (§ 191 Abs. 3 Satz 4 i.V.m. § 171 Abs. 10 AO).
- Soweit der Haftungsbescheid mit einem Einspruch oder einer Klage angefochten wurde, läuft die Festsetzungsfrist nicht ab, bevor über den Einspruch oder die Klage unanfechtbar entschieden wurde (§ 191 Abs. 3 Satz 4 i.V.m. § 171 Abs. 3a AO).

Ein Haftungsbescheid kann nicht mehr ergehen – ausgenommen bei Steuerhinterziehung und Steuerhehlerei – soweit die Steuer gegen den Erstschuldner nicht festgesetzt worden ist oder wegen Ablauf der Festsetzungsfrist nicht mehr festgesetzt werden kann oder soweit die gegen den Erstschuldner festgesetzte Steuer zahlungsverjährt oder erlassen worden ist (§ 191 Abs. 5 AO). Soweit der Haftungsbescheid vor Eintritt der Zahlungsverjährung eingetreten ist, hat diese keine Auswirkungen auf die Rechtmäßigkeit des Haftungsbescheids (BFH, Urt. v. 11.07.2001 – VII R 28/99, BStBl. II 2002, S. 267; BFH, Urt. v. 16.06.2005 – VII B 296/04, BFH/NV 2005, 1748).

Gem. § 191 Abs. 1 AO „kann" die Finanzbehörde den Haftungsschuldner in Anspruch nehmen. Es handelt sich hierbei um eine Ermessenentscheidung. Die Prüfung einer Ermessensentscheidung des FA erfolgt in zwei Stufen.

Auf der ersten Stufe ist zu entscheiden, ob die tatbestandsmäßigen Voraussetzungen für eine 48 Ermessensentscheidung vorliegen. Hier wird also geprüft, ob die Voraussetzungen für eine Haftung nach § 69 AO tatbestandlich vorliegen. Diese Frage kann uneingeschränkt durch das FG überprüft werden. Sind die tatbestandlichen Voraussetzungen erfüllt, wird auf einer zweiten Stufe die Ermessensentscheidung der Behörde geprüft. Die Ermessensentscheidung wiederum erfolgt in zwei Schritten. Im ersten Schritt muss die Behörde entscheiden, ob sie einen Haftungsbescheid erlassen will (sog. Entschließungsermessen). I.R.d. Entschließungsermessens sind die Belange des Steuergläubigers mit denen des Haftungsschuldners abzuwägen (BFH, Urt. v. 01.06.1965 – VII 228/63 U, BStBl. III 1965, S. 495). Da der Steuergläubiger aus dem öffentlichen Interesse heraus verpflichtet ist, die ausstehenden Steuern zu erheben, wird der Erlass eines Haftungsbescheids i.d.R. nur wegen ganz ungewöhnlicher Umstände ermessensfehlerhaft sein. Soweit eine vorsätzliche Pflichtverletzung und Steuerhinterziehung vorliegt, ist das Entschließungsermessen der Finanzbehörde aber in der Weise vorgeprägt, dass die Inanspruchnahme des Haftungsschuldners auch ohne nähre Darlegung der Ermessenerwägungen im Haftungsbescheid oder in der Einspruchsentscheidung als ermessensgerecht nach § 102 FGO anzusehen ist (BFH, Urt. v. 08.06.2007 – VII B 280/06, DStRE 2007, 1523; BFH, Urt. v. 22.02.2005 – VII B 213/04 BeckRS 2005, 25008012; BFH, Urt. v. 26.02.1991 – VII R 3/90, BFH/NV 1991, 504).

49 In einem zweiten Schritt muss sie dann entscheiden, wen sie in Haftung nehmen will (sog. Auswahlermessen). Diese Entscheidungen müssen zwecks Nachprüfbarkeit durch den Inanspruchgenommenen grds. im Haftungsbescheid und spätestens im Einspruchsbescheid begründet werden. Die Ermessensentscheidung ist fehlerhaft, wenn die Behörde bei ihrer Entscheidung Gesichtspunkte tatsächlicher oder rechtlicher Art, die nach dem Sinn und Zweck der Ermessensvorschrift zu berücksichtigen wären, außer Acht lässt. Die Steuerbehörde muss insb. zum Ausdruck bringen, warum sie den Haftungsschuldner anstatt anderer ebenfalls für die Haftung in Betracht kommender Personen in Anspruch nehmen will. Gerade bei dieser Entscheidung werden nicht selten seitens der Finanzbehörde Fehler gemacht, die zur Rechtswidrigkeit der Haftung führen. Neben dem tatsächlich bestellten und für Steuern zuständigen Geschäftsführer sind durch das FA auch weitere Haftungsschuldner in Erwägung zu ziehen, insb. der faktische Geschäftsführer, Prokuristen, Generalbevollmächtigte und ggf. auch weiter Geschäftsführer.

In der Praxis kommt es nicht selten vor, dass die Finanzbehörde das Vorhandensein eines faktischen Geschäftsführers übersieht oder ihr dies nicht bekannt ist und sich erst im Klageverfahren herausstellt, dass es neben dem Geschäftsführer noch einen faktischen Geschäftsführer gibt. In diesem Fall kommt es für die ermessenfehlerfreie Inanspruchnahme des Geschäftsführers und damit für die Rechtmäßigkeit des Haftungsbescheides darauf an, ob zum Zeitpunkt der Einspruchsentscheidung für die Behörde erkennbar, dass ein faktischer Geschäftsführer neben dem in Anspruch genommenen Geschäftsführer für die GmbH tätig geworden ist. Bestanden Anhaltspunkte für das Vorliegen eines faktischen Geschäftsführers (z.B. von ihm unterschriebene Verträge oder Steuererklärungen, die sich in einer Akte des FA befinden) wäre das FA verpflichtet gewesen, den Sachverhalt aufzuklären. Sie hätten ermitteln müssen, ob weitere Indizien für die Stellung als faktischer Geschäftsführer vorliegen, da eine fehlerfreie Ermessensausübung voraussetzt, das der entscheidungserhebliche Sachverhalt einwandfrei und erschöpfend ermittelt wird (BFH, Urt. v. 15.06.1983 – I R 76/82, BStBl. II 1983, S. 672).

Im Fall einer vorsätzlich begangenen Steuerstraftat ist das Auswahlermessen der Finanzbehörde aber in der Weise vorgeprägt, dass die Abgaben gegen den Steuerstraftäter festzusetzen sind und es einer besonderen Begründung dieser Ermessensentscheidung nicht bedarf; dies gilt auch dann, wenn andere Täter Beihilfe geleistet haben könnten (BFH, Urt. v. 08.06.2007 – VII B 280/06, DStRE 2007, 1523; BFH, Urt. v. 02.12.2003 – VII R 17/03, BFHE 204, 380).

50 Es stellt sich dann im finanzgerichtlichen Verfahren die Frage, ob das FA bei fehlender oder rechtswidriger Ermessensentscheidung eine rechtmäßige Ermessensentscheidung nachschieben kann. Gem. § 102 Satz 2 FGO kann die Finanzbehörde ihre Ermessensentscheidung hinsichtlich eines Verwaltungsaktes bis zum Abschluss der Tatsacheninstanz ergänzen. Es besteht aber mittlerweile Einigkeit zwischen Rechtsprechung und Literatur, dass eine „Ergänzung" i.S.v. § 102 Satz 2 FGO nur dann anzunehmen ist, wenn es sich um eine Vervollständigung der bisherigen Ermessenserwägungen handelt. Damit ist nicht eine „Nachholung" oder „Nachbesserung" gemeint, sondern nur eine Vertiefung, Klarstellung bereits an- oder dargestellter Ermessenserwägungen. Erstmalige Ermessenserwägungen oder vollständige Auswechselung oder Nachholung sind nicht erfasst (BFH, Urt. v. 08.11.1994 – VII R 1/93, BFH/NV 1995, 657). Werden somit völlig neue Ermessenserwägungen in das gerichtliche Verfahren eingeführt, so sind diese nicht zu beachten. Alternativ könnte der Ermessenfehler auch durch vollständigen Austausch des Haftungsbescheides im Klageverfahren beseitigt werden. Das FA hebt insofern den ursprünglichen Haftungsbescheid mit dem Ermessenfahler auf und erlässt – soweit noch keine Festsetzungsverjährung eingetreten ist – einen neuen Haftungsbescheid mit rechtmäßigen Ermessenserwägungen. Der neue Haftungsbescheid wird nach Auffassung des BFH Gegenstand des finanzgerichtlichen Verfahrens (BFH, Urt. v. 16.12.2008 – I R 29/08, DStRE 2009, 697).

51 Ein anderes Problem ist die Frage der Zulässigkeit des Austauschs der Haftungsgrundlage im Klageverfahren. Damit sind solche Fälle gemeint, in denen das FG bspw. den Haftungsbescheid insoweit für rechtswidrig hält, als er z.B. auf § 69 AO gestützt wird, aber z.B. für rechtmäßig im Hin-

blick auf die Erfüllung der Voraussetzungen des § 71 AO hält. Dieser Austausch der Haftungsgrundlage ist dann zulässig, wenn er auf dem gleichen Lebenssachverhalt beruht. Es ist daher in
diesen Fällen zu prüfen, ob sich aufgrund der neuen Begründung für die Inanspruchnahme der
Sachverhalt geändert hat (BFH, Urt. v. 08.11.1994 – VII R 1/93, BFH/NV 1995, 657, FG Niedersachsen Urt. v. 12.01.2006 – 11 K 295/03).

II. Aufforderung zur Zahlung

Ist ein Haftungsbescheid ergangen, darf die Zahlung grds. nur unter den Voraussetzungen des   52
§ 219 Satz 1 AO verlangt werden. Beruht die Haftung darauf, dass der Haftungsschuldner Steuerhinterzieher oder Steuerhehlerei begangen hat oder gesetzlich verpflichtet war Steuern einzubehalten und abzuführen oder zulasten eines anderen zu entrichten, kann das FA mit dem Haftungsbescheid den Haftungsschuldner zugleich auch zur Zahlung auffordern (§ 219 Satz 2 AO).

13. Kapitel Verbot mehrmaliger Bestrafung („ne bis in idem")

A. Einleitung

1 **Das Verbot mehrmaliger Bestrafung** ist ein **Prozessgrundrecht**, das den staatlichen Strafanspruch im Interesse der Freiheit und Würde des Betroffenen begrenzt. Der Sache nach hat der Staat nur ein Recht auf einmalige Strafverfolgung.

2 In der **Reichsstrafprozessordnung** – RStPO – v. 01.02.1877 (RGBl. 1877, S. 253 ff.) wurde das Verbot mehrmaliger Bestrafung („*ne bis in idem*") nicht positiv normiert (vgl. aber § 5 RStGB). Das Reichsgericht ging jedoch im Geltungsbereich der RStPO wegen des dort verankerten Anklagegrundsatzes davon aus, dass eine erneute Verfolgung des Verurteilten oder Freigesprochenen unzulässig ist. Erstmals wurde dies in einem Urt. v. 16.10.1880 – 2517/80 – herausgestellt (RGSt 2, 347, 348 f.):

> *„Nach der historischen Entwicklung der Materie im preußischen Recht und im Hinblick auf die in den Motiven zum Entwurf der Strafprozeßordnung und bei dessen Beratung hervorgetretenen Anschauungen kann auch nicht angenommen werden, daß die Einleitung einer neuen Verfolgung dann nicht ausgeschlossen sein solle, wenn Thatsachen oder Beweise, welche erst nach eingetretener Rechtskraft des Urteiles zum Vorschein gekommen sind, vorher aber nicht bekannt und nicht zur Sprache gebracht worden waren, die That unter einem anderen rechtlichen Gesichtspunkte strafbar erscheinen lassen. [...] Eben der Zusammenhang zwischen der Klageänderung und dem Grundsatze ne bis in idem weist daher auch den Umfang des letzteren Grundsatzes nach; er gilt, soweit eine Klageänderung zulässig ist, er versagt, wenn und soweit eine andere That vorliegt."*

3 Einige Länder sicherten das Verbot mehrmaliger Bestrafung noch vor dem Inkrafttreten des Grundgesetzes sogar **verfassungsrechtlich** ab. So heißt es u.a. in Art. 22 Abs. 3 der am 29.10.1946 durch die Verfassungsberatende Landesversammlung beschlossene und in der Volksabstimmung am 01.12.1946 angenommenen Verfassung des Landes Hessen: „Niemand kann wegen derselben Tat mehr als einmal bestraft werden." Das mit Ablauf des 23.05.1949 in Kraft getretene Grundgesetzes für die BRD – GG – vollzog diese Entwicklung nach. **Art. 103 Abs. 3 GG** lautet daher:

„Niemand darf wegen derselben Tat aufgrund der allgemeinen Strafgesetze mehrmals bestraft werden."

Das Verbot mehrmaliger Bestrafung sollte durch die Aufnahme in das Grundgesetz nicht inhaltlich geändert werden. Vielmehr nimmt Art. 103 Abs. 3 GG nach seiner Entstehungsgeschichte auf den bei Inkrafttreten des Grundgesetzes geltenden Stand des Prozessrechts und seiner Auslegung durch die herrschende Rechtsprechung Bezug (BVerfG, 18.12.1953 – 1 BvR 230/51, BVerfGE 3, 248, 252 = NJW 1954, 69). Daher ist bei der (historischen) Auslegung des Art. 103 Abs. 3 GG von dem **vorverfassungsrechtlichen Gesamtbild des Prozessrechts** auszugehen (BVerfG, 08.01.1959 – 1 BvR 396/55, BVerfGE 9, 89, 96 = NJW 1959, 427 f.).

Die **Wurzeln** dieses Prozessgrundrechts reichen allerdings bis in die **Antike** zurück. Schon im atti- 4
schen Recht war anerkannt, dass derselbe Verfahrensgegenstand nur einmal vor Gericht verhandelt
werden kann.
– Παραγραφὴ ὑπὲρ Φορμίωνος: ἀκούετε τοῦ νόμου λέγοντος, ὦ ἄνδρες Ἀθηναῖοι, τά τ ἄλλ ὧν μὴ
εἶναι δίκας, καὶ ὅσα τις ἀφῆκεν ἢ ἀπήλλαξεν –
(*Demosthenes*, Rede für Phormion [36, 25]; sinngemäß: „Hört, ihr Männer von Athen! Das Gesetz
sagt unter anderem, dass über das, worüber schon einmal gerichtet worden ist, nicht noch einmal
gerichtet werden darf.")

Auch das römische Recht folgte diesem Grundsatz. – *bis de eadem re ne sit actio* – („Zweimal sei 5
in einer Sache keine Klage."; vgl. nur *Gaius*, Inst. IV § 106; dort zugleich zur erforderlichen Einrede der entschiedenen Angelegenheit, der *exceptio rei iudicatae*). Nachfolgend wird das Verbot
mehrmaliger Bestrafung in der „unrömischen", aber gebräuchlichen Kurzform **ne bis in idem**
wiedergegeben.

Trotz dieser antiken, auch andere Rechtsordnungen beeinflussenden Wurzeln ist Art. 103 Abs. 3 6
GG **auf Verurteilungen durch den deutschen Staat beschränkt** (vgl. BVerfG, 17.01.1961 – 2 BvL
17/60, BVerfGE 12, 62, 66 = NJW 1961, 867, 868), selbst wenn für die im Ausland abgeurteilte
Tat das Weltrechtsprinzip gilt (vgl. § 6 StGB; BGH, 13.05.1997 – 5 StR 596/96, NStZ 1998,
149, 150 m.w.N.). Es besteht des Weiteren **keine allgemeine Regel des Völkerrechts** i.S.d.
Art. 25 GG des Inhalts, dass eine Person wegen desselben Lebenssachverhalts, dessentwegen sie
bereits in einem dritten Staat zu einer Freiheitsentziehung verurteilt wurde und diese Strafe auch
verbüßt hat, in einem anderen Staat nicht neuerlich angeklagt oder verurteilt werden darf oder
jedenfalls die im Drittstaat erlittenen Freiheitsentziehung im Fall einer neuerlichen Verurteilung
angerechnet oder berücksichtigt werden muss (vgl. BVerfG, 31.03.1987 – 2 BvM 2/86,
BVerfGE 75, 1, 18 ff. = NJW 1987, 2155, 2157 ff.). Zu beachten sind indessen bi- und multilaterale völkerrechtliche Übereinkommen, die eine mehrfache Verfolgung oder Bestrafung ausschließen, insb. Art. 54 des Übereinkommens zur Durchführung des Übereinkommens von Schengen
v. 14.06.1985 zwischen den Regierungen der Benelux-Wirtschaftsunion, der BRD und der Französischen Republik betreffend den schrittweisen Abbau der Kontrollen an den gemeinsamen
Grenzen v. 19.06.1990 – SDÜ –.

Besonderer Erwähnung bedarf die „supranationale" Gerichtsbarkeit, die der **Europäische** 7
Gerichtshof ausübt und die sich als zwischenstaatliche Gerichtsbarkeit der geläufigen Unterscheidung zwischen ausländischer und inländischer Gerichtsbarkeit entzieht. Hier greift der Grundsatz
ne bis in idem mit der Maßgabe, dass im Einzelfall zu prüfen ist, ob in den jeweiligen Verfahren
der volle Unrechtsgehalt der Tat geahndet werden kann, wie er sich nach dem Gemeinschaftsrecht
und dem nationalen Recht darstellt (BGH, 17.12.1970 – KRB 1/70, BGHSt 24, 54, 57 =
NJW 1970, 521, 522 f.).

B. ne bis in idem im nationalen Recht (Art. 103 Abs. 3 GG)

Durch die verfassungsrechtliche Verankerung des *ne bis in idem* wird – wie oben (Rdn. 1) 8
erwähnt – der staatliche Anspruch, eine Straftat zu verfolgen, begrenzt. Das bleibt nicht ohne Folgen für das Verfahrensrecht. Insb. das Strafprozessrecht beschreibt die Voraussetzungen, unter
denen (weitestgehende) Eingriffe in die Freiheits- und Persönlichkeitsrechte der Individuen eröffnet sind. In einem Rechtsstaat bedürfen diese Regelungen in besonderem Maße der Ausrichtung
am geltenden Verfassungsrecht. Das gilt für ihren Erlass wie ihre Anwendung im Rechtsalltag gleichermaßen. In diesem Abschnitt soll daher der Regelungsgehalt des Art. 103 Abs. 3 GG näher
betrachtet werden.

Verbot mehrmaliger Bestrafung („ne bis in idem")

I. Mehrmalige Bestrafung

9 Dem Wortlaut nach verbietet Art. 103 Abs. 3 GG allein die **mehrmalige Bestrafung**. Jedoch muss der Betroffene zuvor nicht bestraft worden sein. Denn als von Amts wegen zu beachtendes Verfahrenshindernis (vgl. BGH, 10.11.1965 – 2 StR 387/65, BGHSt 20, 292, 293 = NJW 1966, 114, 115 m.w.N.) steht der Grundsatz *ne bis in idem* schon der Einleitung eines Verfahrens entgegen, das zu einer erneuten Verurteilung führen könnte. Das ist bereits zu Beginn der Ermittlungen durch die Ermittlungsbehörde in den Blick zu nehmen, weshalb sogar die Ermittlung eines Lebenssachverhalts hiernach ausgeschlossen ist, wenn er nach hinreichend sicherer Kenntnis der Ermittlungsbehörde offensichtlich „dieselbe Tat" (s.u. Rdn. 24 ff.) betrifft. Sollen indessen Maßnahmen ergriffen werden, um erst einmal festzustellen, ob ein Lebenssachverhalt bereits einem Richter zur Entscheidung vorgelegen hat, so ist dies zulässig (vgl. Maunz/Dürig/*Schmidt-Aßmann*, GG, Art. 103 Rn. 301).

10 Hinzu tritt: **Nicht jede Erstentscheidung** entfaltet die erforderliche Sperrwirkung. Als **Grundsatz** lässt sich festhalten, dass die Sperrwirkung unter dem Gesichtspunkt der Rechtskraft und des Strafklageverbrauchs soweit reicht, wie die Sachentscheidung durch ein nationales Strafgericht aufgrund der Anklage und dem Eröffnungsbeschluss in tatsächlicher und rechtlicher Hinsicht geboten war (BGH, 11.06.1980 – 3 StR 9/80, BGHSt 29, 288, 292 = NJW 1980, 2718). **Im Einzelnen** ist die Sperrwirkung deutlich abgestuft.

11 Ein Prozesshindernis bilden zunächst alle aufgrund einer Hauptverhandlung ergangenen Erkenntnisse verurteilender oder freisprechender Art (**Sachurteile**). Auch der rechtskräftige **Strafbefehl** verbraucht die Strafklage im selben Umfang wie ein rechtskräftiges Urteil (vgl. §§ 373a, 410 Abs. 3 StPO; BVerfG, 07.12.1983 – 2 BvR 282/80, BVerfGE 65, 377, 382 f. = NJW 1984, 604, 605). Allerdings ist bei einem Strafbefehl die Wiederaufnahme zuungunsten des Verurteilten auch dann zulässig, wenn neue Tatsachen oder Beweismittel (*nova*) beigebracht sind, die allein oder i.V.m. den früheren Beweisen geeignet sind, die Verurteilung wegen eines Verbrechens zu begründen (§ 373a Abs. 1 StPO).

12 Urteile, welche die Einstellung des Verfahrens nach § 260 Abs. 3 StPO aussprechen (**Prozessurteile**), entfalten keine Sperrwirkung, soweit sie keine Entscheidung in der Sache enthalten. Beruht aber die Einstellung nicht auf einem Befassungsverbot, sondern auf einem Bestrafungsverbot hinsichtlich der angeklagten Tat – wie der Verjährung als nicht behebbarem Prozesshindernis (vgl. § 78 Abs. 1 Satz 1 StGB) –, kommt der einstellenden Entscheidung die gleiche Wirkung wie einem die Strafklage verbrauchenden Sachurteil zu (BGH, 05.06.2007 – 5 StR 383/06, NJW 2007, 3010, 3011 f.; OLG Stuttgart, 02.09.2008 – 2 Ws 338/07, StV 2008, 402).

13 **Beschlüsse** können ebenfalls eine, wenn auch **i.d.R. nur eingeschränkte Sperrwirkung** entfalten. Den Ausführungen in Rdn. 12 entsprechend verbraucht allerdings ein gerichtlicher Nichteröffnungsbeschluss oder ein Einstellungsbeschluss nach § 206a StPO die Strafklage, wenn tragender Grund der Entscheidung ein Bestrafungsverbot ist (vgl. *Meyer-Goßner* 53. Aufl. Einleitung Rn. 172; ferner BGH, 21.12.2007 – 2 StR 495/06, NStZ 2008, 296); vgl. i.Ü. für einige praktisch bedeutsame Fälle nachfolgend Rdn. 14 bis 21.

14 Wird die **Eröffnung des Hauptverfahrens** durch einen nicht mehr anfechtbaren Beschluss **abgelehnt**, kann nach §§ 174 Abs. 2, 211 StPO die Klage allein aufgrund von nova (oben Rdn. 11) wieder aufgenommen werden. Werden die Ermittlungen wieder aufgenommen und kommt es zu einer erneuten Anklage, kann sich der Beschuldigte wegen des Rechtssatzes *ne bis in idem* im fortgesetzten oder neuerlichen Verfahren auf das Fehlen von nova berufen, was von Amts wegen zu berücksichtigen ist (BVerfG, 03.09.2004 – 2 BvR 2001/02, HRRS 2005 Nr. 133; s.a. oben Rdn. 9). Wenn es jedoch gelingt, *nova* zu präsentieren, die es dem Gericht ermöglichen, zu einer anderen rechtlichen Bewertung zu kommen, ist eine Wiederaufnahme zulässig (BGH, 15.04.2008 – 5 StR 635/07, NStZ 2008, 332, 333); vgl. ferner Rdn. 13.

Die **Einstellung des Verfahrens** wegen eines Verfahrenshindernisses **nach § 206a StPO** entfaltet eine   15
Sperrwirkung nur nach Maßgabe von Rdn. 13. Fallen daher i.Ü. die tatbestandlichen Voraussetzungen der Einstellung nachträglich weg (z.B. nach Wiederherstellung der Verhandlungsfähigkeit oder nachträglicher Eintritt einer Verfahrensvoraussetzung), kann das Verfahren weiter betrieben oder neu eingeleitet werden. Stellt sich nach Einstellung des Verfahrens wegen eines dauerhaften Verfahrenshindernisses (z.B. Tod des Angeklagten) heraus, dass dieses bewusst und dem Angeklagten zurechenbar nur fingiert wurde, um ein Verfahrenshindernis zu erzeugen, kann das Verfahren ausnahmsweise in Durchbrechung der Rechtskraft entsprechend dem Rechtsgedanken des § 362 StPO wieder aufgenommen werden. In diesem Fall ist der Einstellungsbeschluss aufzuheben und das Verfahren in dem Stand fortzusetzen, in welchem es sich vor der Einstellung befunden hatte (BGH, 21.12.2007 – 2 StR 495/06, NStZ 2008, 296, 297).

Haben die StA oder die Finanzbehörde als Strafverfolgungsbehörde das Verfahren **nach § 153**   16
Abs. 1 StPO eingestellt, können sie es wieder aufnehmen, wenn sachliche Gründe vorliegen (KK-StPO/*Schoreit* § 153 Rn. 27 und 44 m.w.N.; a.A. *Radtke*, NStZ 1999, 481, 483, der § 153a Abs. 1 Satz 5 StPO entsprechend anwenden will). Eine weitere Sperrwirkung besteht insofern nicht. Anders sind die Wirkungen, wenn das Gericht das Verfahren **nach § 153 Abs. 2 StPO** eingestellt hat. Hier ist eine erneute Strafverfolgung nur dann zulässig, wenn die Tat nicht wie angenommen ein Vergehen, sondern ein Verbrechen darstellt (grundlegend: BGH, 26.08.2003 – 5 StR 145/03, BGHSt 48, 331, 333 ff. = NStZ 2004, 218 ff.) oder sich als Teil einer (fortgesetzten) umfangreicheren Tat erweist (KK-StPO/*Schoreit* § 153 Rn. 63 f.). Strittig ist, ob es entsprechend §§ 174 Abs. 2, 211 StPO, 47 Abs. 3 JGG ausreichend ist, dass *nova* (oben Rdn. 11) bekannt werden (ablehnend BGH, 26.08.2003 – 5 StR 145/03, BGHSt 48, 331, 333 ff. = NStZ 2004, 218 ff.; ebenso KK-StPO/*Schoreit* § 153 Rn. 63, 65 m.w.N. auch zur Gegenansicht), oder ob dies erst dann gilt, wenn die *nova* unter einem anderen rechtlichen Gesichtspunkt eine erhöhte Strafbarkeit begründen (unklar BGH, 26.08.2003 – 5 StR 145/03, BGHSt 48, 331, 333 ff. = NStZ 2004, 218 ff.; ablehnend mit überzeugender Begründung KK-StPO/*Schoreit* § 153 Rn. 63, 66 m.w.N.). Zulässig ist eine selbstständige Anordnung von Verfall oder Einziehung (§§ 76a Abs. 1 und 3 StGB, 440 ff. StPO).

Bei der Einstellung **nach § 153a StPO** lässt sich § 153a Abs. 1 Satz 5 StPO entnehmen, dass die   17
Tat nicht mehr als Vergehen verfolgt werden kann, wenn der Beschuldigte die ihm erteilten Auflagen und Weisungen erfüllt hat. Wird also das Verfahren nach Erfüllung der Auflagen und Weisungen endgültig eingestellt, so entsteht hierdurch ein Verfolgungshindernis, das die gesamte prozessuale Tat erfasst, selbst wenn sich herausstellt, dass diese einen weitaus größeren Unrechts- oder Schuldgehalt aufweist, dass sie ein schweres Vergehen darstellt oder dass weitere tateinheitliche oder tatmehrheitliche Vergehen hinzutreten (OLG Frankfurt am Main, 21.03.1985 – 3 Ws [B] 13/85, NJW 1985, 1850; OLG Karlsruhe, 14.08.1989 – 1 Ws 145/98, Justiz 1990, 28). Wie bei § 153 StPO kann die StA oder das Gericht ein objektives Verfahren (§ 76a Abs. 1 und 3 StGB, §§ 440 ff. StPO) betreiben. Bei Ausübung des Ermessens ist jedoch zu berücksichtigen, ob der Beschuldigte darauf vertrauen durfte, dass neben den Auflagen und Weisungen keine weiteren Maßnahmen gegen ihn ergriffen werden (*Meyer-Goßner* 53. Aufl., § 153a Rn. 59).

Soweit ein Verfahren **nach § 153b StPO** eingestellt wird, gelten im Wesentlichen die gleichen   18
Grundsätze wie bei § 153 StPO (oben Rn. 16). Da indessen § 153b StPO selbst bei Verbrechen Anwendung findet (vgl. nur KK-StPO/*Schoreit* § 153b Rn. 1), ist nach einer gerichtlichen Entscheidung eine erneute Strafverfolgung allein zulässig, wenn sich die Tat als Teil einer (fortgesetzten) umfangreicheren Tat erweist. Zu beachten ist ferner, dass die Vorschrift nicht bei persönlichen Strafaufhebungsgründen eingreift. Das hat besondere Bedeutung für die Selbstanzeige nach § 371 AO, die als persönlicher Strafaufhebungsgrund einzuordnen ist (Rolletschke/*Kemper* § 371 Rn. 5 m.w.N.). Die selbstständige Anordnung von Verfall und Einziehung ist zulässig (§§ 76a Abs. 1 und 3 StGB, §§ 440 ff. StPO).

19 Hat die StA von der Verfolgung einer Tat nach § 154 Abs. 1 StPO abgesehen, kann sie das Verfahren bei Vorliegen eines sachlichen Grundes jederzeit wieder aufnehmen (BGH, 26.06.1981 – 3 StR 83/81, BGHSt 30, 165). Die die Möglichkeit der Wiederaufnahme einschränkenden Abs. 3 und 4 des § 154 StPO gelten nur im Fall einer gerichtlichen Einstellung nach § 154 Abs. 2 StPO (BGH, 25.01.2006 – 1 StR 438/05, NStZ-RR 2007, 20). Hiernach ist eine Wiederaufnahme des eingestellten Verfahrens nur zulässig, wenn die im Bezugsverfahren getroffene Entscheidung wieder aufgehoben wird (§ 154 Abs. 3 StPO) oder sich aufgrund des Ausgangs des Bezugsverfahrens die ursprüngliche Prognose, der eine bestimmte Erwartung über die im anderen Verfahren zu verhängende Sanktion zugrunde lag, nicht bestätigt hat (§ 154 Abs. 4 StPO). In beiden Fällen darf die Tat noch nicht verjährt sein (s.a. oben Rdn. 12 f.). Stets bedarf es für die Wiederaufnahme eines Gerichtsbeschlusses (§ 154 Abs. 5 StPO), wobei dieser im Fall des § 154 Abs. 4 StPO binnen 3 Monaten nach Rechtskraft der Entscheidung im Bezugsverfahren ergehen muss. Auch nach Ablauf der 3 Monate kann das Verfahren jedenfalls dann wieder aufgenommen werden, wenn sich herausstellt, dass die Tat im eingestellten Verfahren nicht als Vergehen, sondern als Verbrechen zu werten ist (BGH, 12.06.1985 – 3 StR 35/85, NStZ 1986, 36). Für eine Wiederaufnahme nicht ausreichend ist es aber, wenn die im Bezugsverfahren erkannte Strafe lediglich nicht vollstreckt oder Maßregel der Besserung und Sicherung nicht vollzogen werden kann (OLG Hamm, 05.06.2008 – 1 Ws 254/08, StraFo 2008, 282). Die eingestellten Taten können bei einer Verurteilung wegen anderer Taten i.R.d. Beweiswürdigung oder der Strafzumessung nur berücksichtigt werden, wenn der durch die Einstellung bewirkte Vertrauenstatbestand erschüttert wurde (BGH, 07.05.2003 – 5 StR 103/03, NStZ 2004, 162). Kann die Strafverfolgung nicht wieder aufgenommen werden, ist auch bei § 154 StPO ein objektives Verfahren nach §§ 76a Abs. 1 und 3 StGB, 440 ff. StPO möglich (LG Osnabrück, 13.02.2007 – 10 Qs 1/07 – 730 Js 23947/06 –, juris Rn. 5).

20 Die Beschränkung der Strafverfolgung nach § 154a Abs. 1 StPO auf einzelne abtrennbare Teile einer Tat oder einzelne von mehreren Gesetzesverletzungen, die durch dieselbe Tat begangen worden sind, bindet die StA nicht. Sie kann bis zur Anklageerhebung jederzeit die Strafverfolgung wieder auf die ausgeschiedenen Tatteile oder Gesetzesverletzungen ausdehnen. Nach Anklageerhebung und bei der Beschränkung der Strafverfolgung durch das Gericht nach § 154a Abs. 1 StPO gilt einheitlich § 154a Abs. 3 StPO. Zum einen ändert die Abtrennung nichts daran, dass mit der Anklage die ganze Tat anhängig wird; für den ausgeschiedenen Tatteil handelt es sich allerdings um eine „latente" Anhängigkeit, die sich durch die Wiedereinbeziehung des ausgeschiedenen Tatteils in eine reguläre verwandelt (*Meyer-Goßner* 53. Aufl. § 154a Rn. 5). Zum anderen hat das Gericht die ganze Tat zu würdigen, sodass es gehalten sein kann, den ausgeschiedenen Teil wieder einzubeziehen, um seiner Pflicht nach §§ 244 Abs. 2, 264 StPO zu genügen (vgl. nur BGH, 18.07.1995 – 1 StR 320/95, NStZ 1995, 540, 541 m.w.N.). Deshalb kann das Gericht nach § 154a Abs. 3 Satz 1 StPO und muss auf Antrag der StA (§ 154a Abs. 3 Satz 2 StPO) in jeder Lage des Verfahrens von sich aus ausgeschiedene Teile einer Tat oder Gesetzesverletzungen wieder einbeziehen. Das gilt selbst dann, wenn die StA versehentlich nach § 154 Abs. 1 StPO eingestellt oder wegen einer Gesetzesverletzung keine Anklage erhoben hat (BGH, 11.07.1985 – 4 StR 274/85, NStZ 1985, 515; BGH, 24.11.2004 – 5 StR 206/04, NStZ 2005, 514, 515). Die ausgeschiedenen Tatteile oder Gesetzesverletzungen können wie bei § 154 StPO i.R.d. Beweiswürdigung oder der Strafzumessung nur berücksichtigt werden, wenn der durch die Einstellung bewirkte Vertrauenstatbestand erschüttert wurde (BGH, 23.09.2003 – 1 StR 292/03, NStZ 2004, 277, 278). Soweit eine Wiedereinbeziehung nicht erfolgt, tritt mit der Rechtskraft der die Tat i.Ü. betreffenden Entscheidung Strafklageverbrauch ein. Sodann ist auch bei § 154a StPO ein objektives Verfahren nach §§ 76a Abs. 1 und 3 StGB, 440 ff. StPO möglich (LG Osnabrück, 13.02.2007 – 10 Qs 1/07 – 730 Js 23947/06, juris Rn. 5).

21 Rechtskräftige **Sachurteile** über eine Tat als **Ordnungswidrigkeit** stehen auch ihrer Verfolgung als Straftat entgegen (§ 84 Abs. 2 Satz 1 OWiG). Dem Urteil entsprechen der ohne Hauptverhandlung ergehende Beschluss nach § 72 OWiG in der Sache und eine Sachentscheidung des Rechtsbeschwerdegerichts nach § 79 Abs. 6, 1. Alt. OWiG. Diese Sachentscheidungen entfalten die glei-

che Sperrwirkung wie ein Strafbefehl. Hier ist die Wiederaufnahme ebenfalls auch dann zuungunsten des Betroffenen zulässig, wenn *nova* (oben Rdn. 11) beigebracht sind, die allein oder i.V.m. den früher erhobenen Beweisen geeignet sind, die Verurteilung des Betroffenen wegen eines Verbrechens zu begründen (§ 85 Abs. 3 Satz 2 OWiG). Ist der **Bußgeldbescheid** rechtskräftig geworden oder hat das Gericht über die Tat als Ordnungswidrigkeit oder als Straftat entschieden, kann dieselbe Tat auch nicht mehr als Ordnungswidrigkeit verfolgt werden (§ 84 Abs. 1 OWiG). Zur Sperrwirkung etwaiger **Prozessurteile** vgl. oben Rdn. 12. Bei der Einstellung des Verfahrens nach § 47 Abs. 2 OWiG durch das *Gericht* gelten die obigen Ausführungen zu § 153 Abs. 2 StPO (Rdn. 16) entsprechend (vgl. nur OLG Oldenburg, 21.12.1982 – Ss 634/82, MDR 1985, 515). Bei der Einstellung durch die *Verwaltungsbehörde* kann diese auch nach Zustellung eines Bußgeldbescheides das Verfahren durch Erlass eines neuen Bußgeldbescheides fortführen (h.M., vgl. nur BayObLG, 09.04.1999 – 2 ObOWi 138/99, NZV 1999, 393, 394; a.A. ab Zustellung des Bußgeldbescheides K K-OWiG/*Bohnert* § 47 Rn. 27). Erfolgt die Einstellung im Zwischenverfahren durch die *StA* kommt dem die Wirkung einer Nichteröffnung des Hauptverfahrens (oben Rdn. 14) auch unter dem Aspekt einer Straftat zu. Die Wiederaufnahme erfolgt in diesem Fall ebenfalls durch Erlass eines Bußgeldbescheides durch die Verwaltungsbehörde (BayObLG, 24.10.1972 – RReg. 5 St 611/72 OWi, NJW 1972, 257, 259; KK-OWiG/*Bohnert* § 47 Rn. 33 m.w.N.). Bei der Einstellung nach § 47 Abs. 2 OWiG können Einziehung und Verfall selbstständig angeordnet werden (§§ 27 Abs. 4, 29a Abs. 4, 46 Abs. 1 OWiG, §§ 440 ff. StPO).

Aus den vorstehenden Ausführungen (Rdn. 15 ff.) ergibt sich, dass **Entscheidungen der StA und** 22 **der Finanzbehörde als Verfolgungsbehörde** grds. keine Sperrwirkung zukommt. Insb. führt die **Einstellung nach § 170 Abs. 2 StPO** nicht zu einem Strafklageverbrauch. Das Verfahren kann daher jederzeit wieder aufgenommen werden, wenn Anlass dazu besteht (RG, 09.10.1933 – II 391/33, RGSt 67, 315, 316). Das gilt auch für eine Einstellung wegen Geringfügigkeit **nach** § 398 AO. Die Einschränkungen des § 398 AO ggü. § 153 Abs. 1 Satz 1 StPO haben wegen § 153 Abs. 1 Satz 2 StPO keine praktische Bedeutung mehr (*Meyer-Goßner* 53. Aufl. § 153 Rn. 20; KK-StPO/*Schoreit* § 153 Rn. 40).

Wiederaufnahmeverfahren *zugunsten* des Verurteilten werden durch Art. 103 Abs. 3 GG nicht 23 erfasst. Die Wiederaufnahme des Strafverfahrens *zuungunsten* des Verurteilten nach § 362 StPO stellt hingegen einen Eingriff in den Schutzbereich des Art. 103 Abs. 3 GG dar (Maunz/Dürig/ *Schmidt-Aßmann* Art. 103 Rn. 270). Das Rechtsinstitut der Wiederaufnahme eines rechtskräftig abgeschlossenen Strafverfahrens ist allein dazu bestimmt, den Konflikt zwischen den Grundsätzen der materiellen Gerechtigkeit und der Rechtssicherheit zu lösen, die sich beide verfassungskräftig aus dem Rechtsstaatsprinzip ableiten (BVerfG, 14.09.2006 – 2 BvR 123/06 u.a., NJW 2007, 207 m.w.N.). Daher ist sie nur zulässig, wenn und soweit das Festhalten *am ne bis in idem* ein „unerträgliches Zurückweichen vor dem Recht" darstellte (vgl. KK-StPO/*Schmidt* § 362 Rn. 1). Das bedingt eine restriktive Handhabung der Wiederaufnahme zuungunsten des Verurteilten.

II. Wegen derselben Tat

Wie erwähnt, ist bei der (historischen) **Auslegung des Art. 103 Abs. 3 GG** von dem vorverfas- 24 sungsrechtlichen Gesamtbild des Prozessrechts auszugehen (BVerfG, 08.01.1959 – 1 BvR 396/55, BVerfGE 9, 89, 96 = NJW 1959, 427 f.). Dies stellt gleichsam den Ausgangspunkt zur Bestimmung des nicht originär verfassungsrechtlichen Tatbegriffs dar. Entscheidend bleiben aber für den Begriff der Tat i.S.d. Art. 103 Abs. 3 GG der eigene Schutzzweck der Norm und der verfassungsrechtliche Kontext (vgl. BVerfG, 07.03.1968 – 2 BvR 354/66 u.a., BVerfGE 23, 191, 202 = NJW 1968, 982, 983).

Dieselbe Tat i.S.d. Art. 103 Abs. 3 GG ist der geschichtliche – und damit zeitlich und sachverhalt- 25 lich begrenzte – Vorgang, auf welchen Anklage und Eröffnungsbeschluss hinweisen und innerhalb dessen der Angeklagte als Täter oder Teilnehmer einen Straftatbestand verwirklicht haben soll, wobei diese Definition nicht identisch mit dem strafprozessualen Tatbegriff der §§ 155, 264 StPO ist (BVerfG, 08.01.1981 – 2 BvR 873/80, BVerfGE 56, 22, 27 ff. = NJW 1981, 1433, 1434 f.). Sie ist auch nicht identisch mit dem Begriff der Tateinheit i.S.d. § 52 StGB. Das folgt aus dem Zweck des Art. 103 Abs. 3 GG, die Grenzen der materiellen Rechtskraft abzustecken, während die §§ 52 ff. StGB die Frage behandeln, wie der Schuld- und Strafausspruch zu bilden sind, wenn ein Täter durch eine oder mehrere Handlungen denselben Tatbestand mehrmals oder mehrere Tatbestände erfüllt, um hierdurch das Ziel bestmöglicher Verwirklichung materieller Gerechtigkeit zu erreichen (BVerfG, 28.08.2003 – 2 BvR 1012/01, NJW 2004, 279 m.w.N.). Kurz: **Tateinheit bedeutet nicht notwendigerweise** – aber i.d.R. – **Tatidentität** i.S.d. *ne bis in idem*.

26 Ausnahmsweise bleibt der verfassungsrechtliche Tatbegriff hinter der Tateinheit i.S.d. § 52 StGB zurück, wenn das materielle Recht wie bei den sog. **Organisations- und Dauerdelikten** komplexe rechtliche Handlungseinheiten bildet, die unterschiedlichste, ihrer Natur nach selbstständige Sachverhalte verklammern (BGH, 11.06.1980 – 3 StR 9/80, BGHSt 29, 288, 293 ff. = NJW 1980, 2718 f.; BVerfG, 08.01.1981 – 2 BvR 873/80, BVerfGE 56, 22, 34 ff. = NJW 1981, 1433, 1434 f.). Gleiches gilt bei der Annahme einer **Bewertungseinheit** resp. rechtlichen Handlungseinheit (BGH, 14.01.2010 – 1 StR 587/09, juris Rn. 10 f.). Das rechtskräftig verurteilende Straferkenntnis verbraucht in diesen Fällen diejenigen Einzelakte, die vor der letzten Tatsachenverhandlung oder vor Erlass des Strafbefehls begangen wurden, auch wenn sie in dem Verfahren nicht behandelt worden sind. Ihm kommt also eine **Zäsurwirkung** zu. Denn der gerichtlichen Kognitionspflicht kann jedenfalls kein strafbares Verhalten unterfallen, welches dem richterlichen Erkenntnis zeitlich nachfolgt (BGH, 23.10.2008 – 1 StR 526/08, juris; *BGH*, 11.06.1980 – 3 StR 9/80, BGHSt 29, 288, macht eine Ausnahme für die mit dem Organisationsdelikt des § 129 StGB ideal konkurrierenden schwereren Straftaten). Für das nach der Zäsur liegende Verhalten gilt der Rechtssatz *ne bis in idem* nicht. Es sind aber für eine erneute Strafverfolgung u.a. bei einem nicht beendeten Dauerdelikt ein neuer, von der ersten Verurteilung qualitativ verschiedener Tatentschluss (BVerfG, 27.12.2006 – 2 BvR 1895/05, StraFo 2007, 369) oder eine auf einem neuen Willensentschluss beruhende schwerere Tat, durch welche die Dauerstraftat unterbrochen wird, erforderlich (vgl. nur *Meyer-Goßner* 53. Aufl. Einleitung Rn. 175).

III. Aufgrund der allgemeinen Strafgesetze

27 Die **allgemeinen Strafgesetze** umfassen das **Haupt- und Nebenstrafrecht** (Maunz/Dürig/*Schmidt-Aßmann* GG, Art. 103 Rn. 286). **Nicht** erfasst werden durch diesen Begriff **Sanktionen des Ordnungswidrigkeitenrechts** (BVerfG, 09.11.1976 – 2 BvL 1/76, BVerfGE 43, 101, 105 = NJW 1977, 293, zur Erzwingungshaft; zu eigenständigen Verfolgungshindernissen bei den Ordnungswidrigkeitentatbeständen s.o. Rdn. 21), **Disziplinarrechts** (BVerfG, 02.05.1967 – 2 BvR 391/64 u.a., BVerfGE 21, 378, 384 ff. = NJW 1967, 1651, 1652), **sitzungspolizeiliche Ordnungsmaßnahmen** (Maunz/Dürig/*Schmidt-Aßmann* Art. 103 Rn. 290), **verwaltungsrechtliche Eingriffe** (BVerfG, 18.11.1966 – 1 BvR 173/63, BVerfGE 20, 365, 372 = NJW 1967, 29, 30) oder des **Berufsstrafrechts** (BVerfG, 04.04.1984 – 1 BvR 1287/83, BVerfGE 66, 337, 357 = NJW 1984, 2341, 2342).

28 Wegen dieser Begrenzung auf die allgemeinen Strafgesetze lässt sich Art. 103 Abs. 3 GG **kein umfassendes Verbot** entnehmen, aus Anlass eines Sachverhalts **verschiedene Sanktionen zu verhängen**. Verboten ist lediglich die wiederholte *strafrechtliche* Ahndung ein und derselben Tat (vgl. BVerfG, 27.09.1995 – 2 BvR 1734/90, NStZ-RR 1996, 122). Allerdings können sich aus dem Rechtsstaatsprinzip, v.a. aus dem Grundsatz der Verhältnismäßigkeit weitere Beschränkungen in Bezug auf Doppelsanktionen ergeben. Insb. können von Verfassungs wegen über die Folgenbegrenzung durch Anrechnungsklauseln hinaus Anpassungen erforderlich sein (Maunz/Dürig/*Schmidt-Aßmann* GG, Art. 103 Rn. 292). So verbraucht eine Disziplinarmaßnahme wegen eines Verhaltens, das zugleich eine dienstliche oder berufliche Verfehlung und eine Straftat darstellt, zwar nicht die Strafklage. Umgekehrt kommt eine Disziplinarmaßnahme neben einer straf- oder bußgeldrechtlichen Ahndung aber nur noch insoweit in Betracht, als das Verhalten, ohne den Tat-

bestand einer Strafvorschrift oder einer Bußgeldvorschrift zu erfüllen, eine ahndbare Pflichtverletzung enthält (disziplinarischer Überhang; vgl. § 16 Abs. 3 WDO, § 14 BDG, § 118 Abs. 2 BRAO, § 109 Abs. 2 StBerG, § 83 Abs. 2 WPO, § 102 Abs. 2 PatAO).

C. ne bis in idem im internationalen Kontext

Der Rechtssatz *ne bis in idem* stellt **keine allgemeine Regel des Völkerrechts** i.S.d. Art. 25 GG dar **29** (vgl. oben Rdn. 6; ferner BVerfG, 04.12.2007 – 2 BvR 38/06, StraFo 2008, 151, 153 m.w.N.). Das steht jedoch der Vereinbarung dieses Rechtssatzes im Völkervertragsrecht nicht entgegen. Hier soll nur auf Art. 54 SDÜ eingegangen werden, zu dem die BRD einen hier nicht näher zu betrachtenden Anwendungsvorbehalt nach Art. 55 Abs. 1 Buchst. a) und b SDÜ erklärt hat; vgl. zu weiteren unterschiedlich ausgestalteten Verboten mehrfacher Verfolgung oder Bestrafung nur *Meyer-Goßner*, StPO, 53. Aufl., Einleitung Rn. 117b. **Art. 54 SDÜ** lautet:

> „Wer durch eine Vertragspartei rechtskräftig abgeurteilt worden ist, darf durch eine andere Vertragspartei wegen derselben Tat nicht verfolgt werden, vorausgesetzt, dass im Fall einer Verurteilung die Sanktion bereits vollstreckt worden ist, gerade vollstreckt wird oder nach dem Rechts des Urteilsstaats nicht mehr vollstreckt werden kann.“

Dieses multilateral vereinbarte Verbot mehrfacher Bestrafung gilt außer in Deutschland derzeit in folgenden Staaten: Belgien, Bulgarien, Dänemark, Estland, Finnland, Frankreich, Griechenland, Irland, Island, Italien, Lettland, Litauen, Luxemburg, Malta, Niederlande, Norwegen, Österreich, Polen, Portugal, Rumänien, Schweden, Schweiz, Slowakei, Slowenien, Spanien, Tschechien, Ungarn, Vereinigtes Königreich und Zypern. Wenn in einem Vertragsstaat ein zweites Verfahren gegen dieselbe Person eingeleitet wird, muss in diesem Vertragsstaat geprüft werden, ob alle Voraussetzungen für die Anwendung des *ne bis in idem* vorliegen, wobei Art. 54 SDÜ zum Zeitpunkt der ersten Entscheidung noch nicht in einem der beteiligten Vertragsstaaten in Kraft gewesen sein muss (EuGH, 09.03.2006 – C-436/04, Slg. 2006 I-2333 Rn. 20 ff. = NJW 2006, 1781 „Van Esbroeck“). Eine entsprechende Anwendung von Art. 54 SDÜ auf Urteile von Staaten, für die das Abkommen nicht gilt, ist ausgeschlossen. Hier bleibt im Wesentlichen nur die Anrechnung nach § 51 Abs. 3 StGB.

Art. 54 SDÜ ist Bestandteil eines völkerrechtlichen Vertrages und muss als solcher ausgelegt wer- **30** den (BGH, 13.05.1997 – 5 StR 596/96, NStZ 1998, 149, 151). Dabei ist zugleich von einem gegenseitigen Vertrauen der Vertragsstaaten in ihre jeweiligen Strafjustizsysteme auszugehen und, dass jeder von ihnen die Anwendung des in den anderen Vertragsstaaten geltenden Strafrechts akzeptiert, auch wenn die Durchführung seines eigenen nationalen Rechts zu einem anderen Ergebnis führen würde (EuGH, 28.09.2006 – C-467/04, Slg. 2006 I-9245 Rn. 30 = NJW 2006, 3403, 3404 „Gasparini“). Denn Art. 54 SDÜ soll das Recht auf Freizügigkeit wirksam gewährleisten, um nicht auf dem Umweg unterschiedlicher Strafrechtssysteme Hindernisse für die Freizügigkeit im Schengen-Gebiet zu schaffen (EuGH, 09.03.2006 – C-436/04, Slg. 2006 I-2333 Rn. 33 ff. = NJW 2006, 1781, 1782 „Van Esbroeck“ m.w.N.).

I. Mehrmalige Verfolgung

Maßgeblich ist, ob aus Sicht des zuerst entscheidenden Vertragsstaates eine Entscheidung vorliegt, **31** der vom nationalen Recht dieses Staates **Rechtskraft** beigemessen wird. Das kann wegen der Eigenverantwortung des Zweitverfolgerstaates in Bezug auf die Prüfung der Voraussetzungen des Art. 54 SDÜ (EuGH, 09.03.2006 – C-436/04, Slg. 2006 I-2333 Rn. 20 ff. = NJW 2006, 1781 „Van Esbroeck“) eine Anfrage bei den ausländischen Behörden erfordern, ob und in welchem Umfang diese Voraussetzung nach dem Recht des zuerst entscheidenden Vertragsstaates vorliegen.

Die **Sperrwirkung** ist **jedenfalls dann** zu bejahen, wenn eine Fortsetzung des Verfahrens im zuerst **32** entscheidenden Vertragsstaat nicht allein vom Vorliegen von *nova* (oben Rn. 11), sondern ähnlich dem Recht der Wiederaufnahme an weitere Voraussetzungen geknüpft wird. Als weitere Voraussetzung genügt auch, wenn eine Einstellung durch die StA eines Vertragsstaates nach Erfüllung von Auflagen ohne Mitwirkung eines Gerichts erfolgt (EuGH, 11.02.2003 – C-187/01 u.a., Slg. 2003 I-1345 Rn. 30 f. = NJW 2003, 1173 „Gözütök und Brügge"). Einer Einstellung ohne Auflagen – hier soll es wohl auch am Merkmal der Vollstreckung fehlen (vgl. EuGH, 11.02.2003 – C-187/01 u.a., Slg. 2003 I-1345, Rn. 30; vgl. aber auch unten Rdn. 35) – oder eine Einstellung mit der Möglichkeit der Fortsetzung oder Wiederaufnahme des Verfahrens bei bloßem Vorliegen von *nova* wie etwa bei § 211 StPO reichen ebenso wenig aus wie eine nicht endgültige und nicht bindende Einstellung wie nach § 170 Abs. 2 StPO, wenn diese Einstellungsentscheidung nach dem nationalen Recht des zuerst entscheidenden Vertragsstaates die Strafklage nicht endgültig verbraucht und damit in diesem Staat kein Hindernis für eine erneute Strafverfolgung wegen derselben Tat bildet (EuGH, 22.12.2008 – C-491/07, Slg. 2008 I-11041 Rn. 45 = NStZ-RR 2009, 109, 110 „Turanský"); vgl. auch Rn. 34.

33 Neben den auf **Verurteilung** lautenden Straferkenntnissen (s. aber auch Rdn. 35) bewirkt ein rechtskräftiger Freispruch ebenfalls einen Strafklageverbrauch nach Art. 54 SDÜ. Anderenfalls wäre die Wendung „im Fall der Verurteilung" sowie die Differenzierung zwischen Ab- und Verurteilung in Art. 54 SDÜ nicht verständlich (*BGH*, 28.02.2001 – 2 StR 458/00, BGHSt 46, 307, 309 = NStZ 2001, 557, 558 m.w.N.). Nicht maßgeblich ist, ob der **Freispruch** aus Mangel an Beweisen (EuGH, 28.09.2006 – C-150/05, Slg. 2006 I-9350 Rn. 56 ff. = NJW 2006, 3406 LS „Van Straten") oder wegen Verjährung (EuGH, 28.09.2006 – C-467/04, Slg. 2006 I-9245 Rn. 30 ff. = NJW 2006, 3403, 3404 „Gasparini") erfolgt. Auch sonstigen Entscheidungen, die das Verfahren nicht wegen eines Befassungsverbots, sondern wegen eines Bestrafungsverbots beenden (vgl. oben Rdn. 12), wird man diese Wirkung wohl beimessen können. Maßgeblich ist letztlich, dass die in Rede stehende Entscheidung der Rechtskraft fähig ist. Sie muss nicht in Urteilsform ergangen sein, was sich für den deutschen Strafbefehl an §§ 373a, 410 Abs. 3 StPO zeigt.

34 Auch **Beschlüssen oder Verfügungen der StA** kommt im Einzelfall eine Sperrwirkung zu (vgl. nur Rdn. 32). Diese Sperrwirkung kann allerdings – wie im Fall des § 153a Abs. 1 Satz 5 StPO – begrenzt sein (vgl. oben Rdn. 17). Der Zweitverfolgerstaat ist dann berechtigt, unter Beachtung dieser begrenzten Sperrwirkung die Strafverfolgung zu betreiben. Das Recht auf Freizügigkeit gebietet insofern nicht, über die Grenzen des Vertrauensschutzes hinauszugehen. Der Betroffene kann aber nur darauf vertrauen, wegen der zugrunde liegenden Tat im selben (wie z.B. nach Art. 103 Abs. 3 GG) oder einem anderen Vertragsstaat nach Art. 54 SDÜ nicht mehr verfolgt zu werden, soweit die Rechtskraft der zu seinen Gunsten ergangenen Entscheidung im zuerst entscheidenden Vertragsstaat reicht. Außerhalb dieser durch die Rechtskraft gezogenen Grenzen wird der Betroffene vor wiederholter Strafverfolgung in der gleichen Sache nicht geschützt (EuGH, 22.12.2008 – C-491/07, Slg. 2008 I-11041 Rn. 44 f. = NStZ-RR 2009, 109, 110 „Turanský"). Entscheidungen, die ohne ein Mindestmaß an sachlicher Beurteilung des dem Betroffenen angelasteten rechtswidrigen Verhaltens ergehen, insb. der Verzicht auf die Strafverfolgung, weil in einem anderen Vertragsstaat Strafverfolgungsmaßnahmen gegen ihn wegen derselben Tat eingeleitet worden sind, kommt allgemein keine Sperrwirkung zu. Anzuführen sind v.a. Gründe der wirksamen Verhütung und Bekämpfung der Kriminalität in der EU (EuGH, 10.03.2005 – C-469/03, Slg. 2005 I-2011 Rn. 33 f. = NJW 2005, 1337, 1338 „Miraglia").

II. Notwendigkeit einer Vollstreckung

35 **Bei einem auf Verurteilung lautendem Straferkenntnis** sieht Art. 54 SDÜ als **weitere Voraussetzung** vor, dass die verhängte Sanktion bereits **vollstreckt** worden ist, gerade vollstreckt wird oder nach dem Recht des Urteilsstaates nicht mehr vollstreckt werden kann. Auch eine Einstellung gegen Auflagen soll Verurteilung in diesem Sinne sein, wobei dann wegen der erforderlichen Vollstreckung auf die Erfüllung der Auflage abzustellen sei (EuGH, 11.02.2003 – C-187/01 u.a., Slg. 2003 I-1345 Rn. 30 = NJW 2003, 1173 „Gözütök und Brügge"). Allerdings ist die Erfüllung

der Auflage bei § 153a StPO tatbestandliche Voraussetzung der Einstellung und kann wegen des zeitlichen Ablaufs nicht die Vollstreckung des Einstellungsbeschlusses darstellen. Wird der Betroffene kurzfristig in **Polizei- oder Untersuchungshaft** genommen und ist dieser Freiheitsentzug nach dem Recht des zuerst entscheidenden Vertragsstaates auf eine spätere Vollstreckung der Haftstrafe anzurechnen, ist dies gerade keine Vollstreckung i.S.d. Art. 54 SDÜ, weil die Vollstreckung hierfür der Verurteilung nachfolgen muss (EuGH, 18.07.2007 – C-288/05, Slg. 2007 I-6442 Rn. 49 ff. = NJW 2007, 3412, 3414 f. „Kretzinger").

Nicht mehr vollstreckt werden kann eine Sanktion, wenn sie zum Zeitpunkt des zweiten Verfahrens nach dem Recht des zuerst entscheidenden Vertragsstaats nicht mehr vollstreckt werden kann. Ob sie dort zuvor vollstreckt werden konnte, ist ohne Belang (EuGH, 11.12.2008 – C-297/07, Slg. 2008 I-9446 Rn. 47 ff. = NJW 2009, 3149, 3151 „Bourquain"). 36

Keine Sperrwirkung entfalten bis zu dem Zeitpunkt, in dem die Sanktion aus Rechtsgründen nicht mehr vollstreckt werden kann (Rdn. 36), **rein tatsächliche Hindernisse** hinsichtlich der Vollstreckung, etwa weil sich der Betroffene im Ausland befindet, flüchtig oder unbekannten Aufenthalts ist. Es kommt auch nicht darauf an, ob der zuerst entscheidende Staat naheliegende Fahndungsmaßnahmen ergreift oder unterlässt (EuGH, 18.07.2007 – C-288/05, Slg. 2007 I-6442 Rn. 60, 64 = NJW 2007, 3412, 3415 „Kretzinger"). 37

Eine **Bewährungsstrafe**, deren Vollstreckung ausgesetzt ist, erfüllt ebenfalls die Voraussetzungen des Art. 54 SDÜ. Sie wird i.S.d. Art. 54 SDÜ ab Rechtskraft gerade vollstreckt und ist mit Ablauf der Bewährungszeit als vollstreckt anzusehen (EuGH, 18.07.2007 – C-288/05, Slg. 2007 I-6442 Rn. 42 = NJW 2007, 3412, 3414 „Kretzinger"). Nämliches muss bei einer vorbehaltenen Geldstrafe gelten. Schließlich wird man bei einer **Geldstrafe** eine Sperrwirkung bejahen können, solange diese noch beigetrieben oder als Ersatzfreiheitsstrafe vollstreckt werden kann (a.A. OLG Saarbrücken, 16.12.1996 – Ss 90/95, NStZ 1997, 245). Dem steht eine zeitweilige Stundung nicht entgegen. Gerade Sanktionen, deren Vollstreckung zur Bewährung ausgesetzt worden sind – wie bei der vorbehaltenen Geldstrafe – und die normalerweise wegen weniger schwerer Straftaten verhängt werden, ist die Wirkung des Art. 54 SDÜ beizumessen (EuGH, 18.07.2007 – C-288/05, Slg. 2007 I-6442 Rn. 42 = NJW 2007, 3412, 3414 „Kretzinger" Rn. 43). Solange die Vollstreckung der Geldstrafe betrieben wird, muss der Betroffene darauf vertrauen dürfen, wegen derselben Tat nicht erneut verfolgt zu werden. 38

III. Wegen derselben Tat

Ob es sich um **dieselbe Tat** i.S.d. Art. 54 SDÜ handelt, ist autonom europarechtlich zu bestimmen. Die Auslegung durch den Europäischen Gerichtshof bindet die Gericht der Vertragsstaaten, weshalb der Begriff der Tat in Art. 54 SDÜ nicht mit demjenigen in § 264 StPO gleichzusetzen ist (BGH, 09.06.2008 – 5 StR 342/04, BGHSt 52, 275, 280 = NStZ 2009, 458 f.) oder mit der Tateinheit i.S.d. § 52 StGB. Daher hat sich die Prüfung der zuständigen nationalen Instanzen darauf zu beschränken, ob die Tat einen Komplex von Tatsachen darstellt, die in zeitlicher und räumlicher Hinsicht sowie nach ihrem Zweck unlösbar miteinander verbunden sind, ohne dass es auf Erwägungen im Hinblick auf das geschützte rechtliche Interesse ankommt (vgl. in diesem Sinne EuGH, 09.03.2006 – C-436/04, Slg. 2006 I-2333 Rn. 25 ff. = NJW 2006, 1781, 1792 „Van Esbroeck"; zweifelnd BGH, 09.06.2008 – 5 StR 342/04, BGHSt 52, 275, 281 f. = NStZ 2009, 458 f., falls das nationale Recht im zuerst entscheidenden Vertragsstaat eine Berücksichtigung bestimmter Geschehensabläufe in anderen Vertragsstaaten nicht zulässt). 39

Ausgehend von diesem eigenständigen Tatbegriff können auch **mehrere Taten i.S.d. nationalen materiellen Strafrechts** in einer Weise verknüpft sein, dass sie dem Tatbegriff des Art. 54 SDÜ unterfallen (EuGH, 18.07.2007 – C-367/05, Slg. 2007 I-6619 Rn. 28 = NJW 2007, 3416, 3417 „Kraaijenbrink"). Umgekehrt reicht ein **einheitlicher Vorsatz allein nicht** aus, um mehrere Handlungen zu einer Tat zu verknüpfen (EuGH, 18.07.2007 – C-367/05, Slg. 2007 I-6619 Rn. 29 = NJW 2007, 3416, 3417 „Kraaijenbrink"). Allerdings kann ein einheitlicher Wille das verbindende Element darstellen (BGH, 09.06.2008 – 5 StR 342/04, BGHSt 52, 275, 281 f. = NStZ 2009, 458 f.). 40

14. Kapitel Amtshilfe in Steuersachen

A. Internationale Amts- und Rechtshilfe im Besteuerungs- und Steuerstrafverfahren aus deutscher Sicht

I. Grundsätzliches

Steuerlich und strafrechtlich relevante Sachverhalte sind zunehmend grenzüberschreitend; Informationen aus dem Ausland werden daher für Finanz- und Strafverfolgungsbehörden immer wichtiger. Ein schrankenloser Vollzug des materiellen Rechts scheitert am territorialen Verfahrensrecht: deutsche Behörden können Vorschriften des deutschen Steuer- und Strafrechts nur auf deutschem 1

Hoheitsgebiet vollziehen; auf fremdem Staatsgebiet können sie z.B. im Steuerstrafverfahren relevante Maßnahmen wie Durchsuchungen, Beschlagnahmen oder Vernehmungen nicht durchführen (ausführlich *Hendricks* S. 50 f.). Um die völkerrechtlichen Schranken der Ermittlungstätigkeit zu überwinden und Vollzugsdefizite zu vermeiden, lassen sich deutsche Finanz- und Strafverfolgungsbehörden von ausländischen Behörden unterstützen. Diese können auf ihrem Hoheitsgebiet im Rahmen **zwischenstaatlicher Amts- und Rechtshilfe** als „verlängerter Arm" deutscher Behörden agieren (Gosch/Kroppen/Grotherr/*Höppner* Art. 26 OECD-MA Rn. 9). Im Gegenzug leistet Deutschland ausländischen Behörden entsprechende Hilfe (vgl. *Hendricks* S. 304 f.). Nachstehend wird die Rechtslage für **ausgehende Ersuchen** deutscher Behörden um Gewährung zwischenstaatlicher Amts- und Rechtshilfe dargestellt. Die rechtliche Situation ist komplex; bereits die bloße Zahl verschiedener Rechtsgrundlagen mit unterschiedlicher Regelungstechnik verwirrt (vgl. *Höppner* FS Flick, S. 817, 822) und begünstigt Fehler bei der Rechtsanwendung. Weil sich entwickelnde zwischenstaatliche Beziehungen das Recht beständig ändern, hat der Praktiker stets die Aktualität der Regelungen zu prüfen; auch amtliche Übersichten reflektieren nicht immer den aktuellen Rechtsstand (Wabnitz/Janovsky/*Veh*, 22. Kap., Rn. 39).

1. Begrifflichkeiten

2 Die Begriffe „zwischenstaatliche Amtshilfe" und „zwischenstaatliche Rechtshilfe" sind nicht verbindlich definiert. Nach einem Erklärungsansatz wird Rechtshilfe nur von Gerichten und Amtshilfe nur von Behörden geleistet (vgl. TK § 117 Rn. 6); andere differenzieren nach der Art des Verfahrens und sprechen von Amtshilfe, soweit es um die Unterstützung des Besteuerungsverfahrens geht und von Rechtshilfe, soweit Unterstützung eines Straf- oder allgemein eines gerichtlichen Verfahrens in Anspruch genommen oder geleistet wird. Auch diese Definition ist nicht vollständig bruchlos durchzuhalten, weil z.B. ältere zwischenstaatliche Abkommen den Begriff der zwischenstaatlichen Rechtshilfe auch im Zusammenhang mit der Unterstützung im Besteuerungsverfahren verwenden (vgl. etwa Art. 22 Abs. 1 DBA Dänemark v. 30.01.1962 BGBl. II 1963, S. 1311). Den folgenden Erläuterungen liegt der Sprachgebrauch der Finanzverwaltung zugrunde. Sie spricht von zwischenstaatlicher **Amtshilfe**, wenn es um die grenzüberschreitende Unterstützung im **Besteuerungsverfahren** geht (vgl. BMF Merkblatt v. 25.01.2006, BStBl. I 2006, S. 26, Tz. 1.1); als zwischenstaatliche **Rechtshilfe** bezeichnet sie die grenzüberschreitende Unterstützung in **strafrechtlichen** Angelegenheiten (vgl. BMF Schreiben v. 16.11.2006, BStBl. I 2006, S. 698, Tz. 1.1).

3 Jenseits der sprachlichen Differenzierung ist eine trennscharfe **Abgrenzung** zwischen Amts- und Rechtshilfe auch inhaltlich zuweilen schwierig. So kann die Steuerfahndung sowohl im Besteuerungs- als auch im Strafverfahren tätig werden (vgl. § 208 AO, § 393 AO). Soweit sie zur **Ermittlung einer Steuerstraftat oder -ordnungswidrigkeit** tätig wird, hat sie ausschließlich nach den Regeln über die zwischenstaatliche Rechtshilfe tätig zu werden; ob dies der Fall ist oder sie im Besteuerungsverfahren agiert, richtet sich danach, wie sie **nach außen hin objektiv und erkennbar handelt** (BFH, BStBl. II 1987, S. 440). Allerdings kann die Steuerfahndung nach Einleitung des Strafverfahrens im Wege der Amtshilfe Informationen einholen, wenn und soweit die Informationen einer Ermittlung der Besteuerungsgrundlagen dienen (BFH, BStBl. II 1987, S. 440).

2. Formen der Amtshilfe im Überblick

4 Zwischenstaatliche Amtshilfe kommt bei der Festsetzung von Steuern, bei der Erhebung festgesetzter Steueransprüche als sog. internationale **Beitreibungshilfe** (vgl. BMF Merkblatt v. 19.01.2004, BStBl. I 2004, S. 66) und bei der Zustellung schriftlicher Verwaltungsakte im Ausland als sog. internationale **Zustellungshilfe** in Betracht. In der Praxis ist der **Auskunftsaustausch** die wichtigste Form zwischenstaatlicher Amtshilfe in Steuersachen. Ferner kann auf ausländische Datenbanken zugegriffen werden und können Beamte sowie Richter an hoheitlichen Maßnahmen im Ausland teilnehmen. Immer bedeutsamer für die zwischenstaatliche Amtshilfe wird der **ersuchensunabhängige** Austausch von Informationen durch sog. Spontanauskünfte oder automatische Auskünfte. In diesen Fällen wird die Hilfe nicht auf ein einzelfallbezogenes Ersuchen hin durchge-

führt, sondern der eine Staat übermittelt Daten über die Grenze, weil er vermutet, dass sie im anderen Staat steuerlich von Bedeutung sind. Der Sache nach handelt es sich jeweils um Kontrollmitteilungen über die Grenze (vgl. *Klos*, INF 1995, 519). Auf diese Form der zwischenstaatlichen Amtshilfe kann an dieser Stelle nicht näher eingegangen werden; dargestellt werden im Folgenden die **ersuchensabhängigen** Formen zwischenstaatlicher Amtshilfe.

3. Formen der Rechtshilfe im Überblick

Strafverfolgungsbehörden und Gerichte können bei Ermittlungshandlungen wie der **Vernehmung** 5 von Beschuldigten, Zeugen oder Sachverständigen zwischenstaatliche Rechtshilfe in Anspruch nehmen. Auch die Durchführung von **Durchsuchungen und Beschlagnahmen** kann ebenso Gegenstand eines Rechtshilfeersuchens sein wie Unterstützung bei der Auslieferung von Personen oder bei Maßnahmen des Strafvollzugs. Die zwischenstaatliche Rechtshilfe im Strafverfahren beruht auf dem **Prinzip der international-arbeitsteiligen Strafverfolgung** (vgl. BVerfGE 61, 28, 34). Die internationale Arbeitsteilung darf jedoch weder eine faire und rechtsstaatliche Strafverfolgung erschweren noch Rechte des Beschuldigten beschneiden, die er nach dem Recht eines der beteiligten Staaten hat und die seine Verteidigung tangieren können (vgl. *Schomburg/Lagodny/ Gleß/Hackner* Einleitung Rn. 106).

II. Überblick über die Rechtsgrundlagen

Die Situation ist durch ein Nebeneinander zahlreicher Rechtsgrundlagen gekennzeichnet; eine 6 umfassende Zusammenstellung der in Betracht kommenden Regelungswerke existiert nicht und wäre angesichts der beständigen Fortentwicklung des Rechts auch kaum zu erstellen. Nachstehend werden die praktisch wichtigsten Rechtsgrundlagen für ausgehende Ersuchen um Gewährung zwischenstaatlicher Amts- und Rechtshilfe überblicksartig dargestellt. Auf Einzelheiten wird im Zusammenhang mit konkreten Ermittlungsmaßnahmen eingegangen.

1. Ausgehende Ersuchen um Gewährung zwischenstaatlicher Amtshilfe

Eine deutsche Behörde kann ein Ersuchen um Gewährung zwischenstaatlicher Amtshilfe im 7 Besteuerungsverfahren, insb. um **Auskunftserteilung**, auf eine Vielzahl rechtlicher Grundlagen stützen. Dies gilt bereits dann, wenn sie die Unterstützung einer Behörde eines Mitgliedsstaates der EU in Anspruch nehmen will. Als mögliche Rechtsquellen kommen insb. in Betracht:

a) Doppelbesteuerungsabkommen

aa) Allgemeines

Die Abkommen zur Vermeidung der Doppelbesteuerung („DBA") enthalten insb. **Auskunftsklau-** 8 **seln**, die sich zumeist an Art. 26 des OECD-Musterabkommens („OECD-MA"; vgl. Vogel/Lehner/*Engelschalk*Art. 26 Rn. 58 und Rn. 86) orientieren. Allerdings beziehen sich die Klauseln sich regelmäßig nur auf die von dem jeweiligen Abkommen erfassten direkten Steuern (z.B. Steuern auf das Einkommen oder das Vermögen). Zu unterscheiden ist hinsichtlich der Reichweite der Klauseln. Die sog. **kleinen Klauseln** dienen ausschließlich dem Austausch von Informationen, die für die Anwendung des konkreten DBA erforderlich sind; für die Anwendung nicht relevante Informationen dürfen nicht übermittelt werden. Die sog. **großen Klauseln** erlauben hingegen auch den Austausch von Informationen, die nicht unmittelbar für eine Anwendung des DBA erforderlich sind (vgl. BMF Merkblatt v. 25.01.2005, BStBl. I 2006, S. 26 ff., 30, Tz. 1.5.1).

bb) Art. 26 OECD-MA

(aa) Allgemeines

9 Zum Zwecke die dringendsten, auf dem Gebiet der internationalen Doppelbesteuerung auftauchenden gemeinsamen Probleme auf einheitlicher Grundlage zu lösen, hat die OECD für seine Mitgliedstaaten das OECD-Musterabkommen („OECD-MA") geschaffen, an dem sich die jeweiligen Vertragstaaten orientieren sollen. Gleichzeitig hat die OECD einen Musterkommentar („MA-Komm.") zu den einzelnen Regelungen verfasst, um deren Auslegung im Einzelfall zu erleichtern. Art. 26 OECD-MA bezieht sich auf den zwischenstaatlichen Informationsaustausch der Steuerbehörden. Die Mustervorschrift soll gegen den anderen Vertragsstaat einen völkerrechtlichen Auskunftsanspruch begründen. Das MA sieht hierbei nicht nur die sog. „kleine Auskunftsklausel", sondern darüber hinaus auch die sog. „große Auskunftsklausel" vor.

(bb) Zu Art. 26 Abs. 1 OECD-MA (Voraussetzungen des Informationsaustauschs)

10 Art. 26 Abs. 1 OECD-MA sieht vor, dass die zuständigen Behörden der Vertragsstaaten die Informationen austauschen, die zur Durchführung des DBA oder des innerstaatlichen Rechts betreffend Steuern jeder Art und Bezeichnung voraussichtlich erheblich sind, soweit die entsprechende Besteuerung nicht dem DBA widerspricht. Welche Stelle als **zuständige Behörde** i.d.S. gilt, wird von den jeweiligen Vertragsstaaten in Art. 3 Abs. 1 Buchst. f) OECD-MA festgelegt. Auf deutscher Seite ist die zuständige Behörde für das Auskunftsersuchen in der Praxis der Bundesminister für Finanzen.

11 Der **Begriff der Information** i.S.d. **Art. 26 OECD-MA** ist weit auszulegen (Engelschalk, in: Vogel/Lehner, DBA Art. 26 OECD-MA Rn. 33). Darunter fallen sowohl tatsächliche Gegebenheiten als auch rechtliche Verhältnisse, wobei kein Bezug zu einem bestimmten Steuerpflichtigen bestehen muss. Es soll den zuständigen Behörden vielmehr auch erlaubt sein, andere sensible auf die Steuerverwaltung oder Verbesserung des Vollzugs bezogene Informationen auszutauschen (z.B. Techniken der Risikoanalyse oder Steuervermeidungs- oder verkürzungsgestaltungen, vgl. MA-Komm. Nr. 5.1). Darüber hinaus muss die erbetene Mitteilung zur Durchführung des DBA bzw. des nationalen Rechts voraussichtlich erheblich sein. Von einer **Erheblichkeit** ist dann auszugehen, wenn der ersuchende Staat sich die Information nicht durch eigene Nachforschungen auf seinem Staatsgebiet beschaffen kann. Daraus folgt, dass vor einem Auskunftsersuchen stets die innerstaatlichen Auskunftsquellen ausgeschöpft werden müssen (MA-Komm. Nr. 9a; BMF-Merkblatt BStBl. I 2006, S. 26, 33, 2.1.2; im Einzelnen vgl. s.u.).

12 Soweit in Art. 26 Abs. 1 OECD-MA von einem „**Austausch**" von Informationen die Rede ist, ist damit allerdings kein „Zug-um-Zug-Austausch" gemeint, sondern nur die Gegenseitigkeit unter den Vertragsstaaten in dem Sinne, dass sich beide vertraglich zu Auskünften unter vergleichbaren Umständen und in vergleichbarem Umfang verpflichten (Engelschalk, in: Vogel/Lehner, DBA Art. 26 OECD-MA Rn. 37; vgl. dazu auch Abs. 3 s.u.). Der MA-Komm. erwähnt als grds. mögliche Formen des Auskunftsaustausches den Informationsaustausch auf Ersuchen, den automatischen und den spontanen Auskunftsverkehr (MA-Komm. Nr. 9; im Einzelnen s.u.).

13 Eine **Ablehnung des Auskunftsersuchens** ist nach dem OECD-MA nur dann möglich, wenn **keine Erheblichkeit** i.S.v. Art. 26 Abs. 1 OECD-MA vorliegt **oder** ein Fall des **Art. 26 Abs. 3 OECD-MA** gegeben ist (dazu s.u.). Daneben hat ein Vertragsstaat auch dann von einer Auskunftserteilung abzusehen, wenn er aufgrund konkreter Umstände ernstliche **Zweifel an der Wahrung des Steuergeheimnisses im ersuchenden Staat** hat und diese auch durch eine entsprechende Zusicherung des ersuchenden Staates (vgl. BMF-Merkblatt BStBl. I 2006, S. 26, 33, 1.3.2) nicht ausgeräumt werden (Vogel/Lehner/*Engelschalk* Art. 26 OECD-MA Rn. 38).

14 Welche **Frist für die Beantwortung eines Ersuchens** eingehalten werden müssen, wird weder von dem OECD-MA noch der MA-Komm. festgelegt. Allerdings empfiehlt das „OECD Manual on the Implementation of Exchange of Information Provisions for Tax Purposes" hierfür als Grund-

satz die Einhaltung einer 90-Tage-Frist (Modul 1, Nr. 21; Engelschalk, in: Vogel/Lehner, DBA Art. 26 OECD-MA Rn. 38). Der ersuchte Vertragsstaat hat die anzustellenden Ermittlungen nach seinem Recht des um Auskunft unter ausschließlicher Verantwortung seiner Behörden vorzunehmen; eine Einflussmöglichkeit des ersuchenden Staates besteht nicht (Vogel/Lehner/*Engelschalk* Art. 26 OECD-MA Rn. 42).

(cc) Zu Art. 26 Abs. 2 OECD-MA (Steuergeheimnis)

Nach Art. 26 Abs. 2 OECD-MA sind alle Informationen, die ein Vertragsstaat nach Art. 26 Abs. 1 **15** OECD-MA erhalten hat, „ebenso geheim zu halten wie die auf Grund des innerstaatlichen Rechts dieses Staates beschafften Informationen und sie dürfen nur den Personen oder Behörden (einschließlich der Gerichte, Verwaltungsbehörden und Überwachungsbehörden) zugänglich gemacht werden, die mit der Veranlagung und Erhebung, der Vollstreckung oder Strafverfolgung oder mit der Entscheidung von Rechtsmitteln hinsichtlich der" unter das Abkommen fallenden Steuern befasst sind. „Diese Personen oder Behörden dürfen die Informationen nur für diese Zwecke verwenden"; gleichzeitig dürfen sie sie jedoch „in einem öffentlichen Gerichtsverfahren oder einer Gerichtsentscheidung offen legen".

Durch die für den ersuchenden Staat geltende Regelung, die ausgetauschten Informationen im **16** gleichen Umfang zu schützen wie nach den Regeln des nationalen Steuergeheimnisses, wird eine abkommensrechtliche Pflicht begründet. Demgemäß stellt sich die Verletzung des nationalen Steuergeheimnisses zugleich als Verletzung des völkerrechtlichen Vertrags dar, wogegen dem Abkommenspartner – nicht dem individuell betroffenen Steuerpflichtigen die völkerrechtlich zulässigen Sanktionen offenstehen (Vogel/Lehner/*Engelschalk*, DBA Art. 26 OECD-MA Rn. 81). Durch diese abkommensrechtliche Geheimhaltungsverpflichtung wird eine im nationalen Recht des Empfängerstaates bestehende Verpflichtung zur Bekanntgabe der erhaltenen Information verdrängt (Vogel/Lehner/*Engelschalk* DBA Art. 26 OECD-MA Rn. 85). Daher ist hinsichtlich im Amtshilfewege erhobener Informationen etwa **in Deutschland die gesetzlich vorgesehene Durchbrechung des Steuergeheimnisses** zur Bekämpfung der illegalen Beschäftigung (§ 31a AO) oder der Geldwäsche (§ 31b AO) bei Informationen, die die deutsche Steuerverwaltung im Wege des zwischenstaatlichen Informationsaustausches erhalten hat, ebenso **unbeachtlich** wie die Ermächtigung nach § 77 Abs. 3 AuslG, steuerliche Daten an die Ausländerbehörden weiterzugeben (Vogel/Lehner/*Engelschalk* DBA Art. 26 OECD-MA Rn. 85).

Des Weiteren ergibt sich aus Art. 26 Abs. 2 Satz 3 OECD-MA die Möglichkeit zur Offenlegung **17** der Informationen in einem **öffentlichen Gerichtsverfahren** oder einer Gerichtsentscheidung. Darunter fallen ausnahmslos solche Verfahren i.S.v. Art. 26 Abs. 2 Satz 1 OECD-MA (Finanzgerichtsverfahren und Steuerstrafverfahren; Engelschalk, in: Vogel/Lehner, DBA Art. 26 OECD-MA Rn. 85; Debatin/Wassermeyer/*Eilers* DBA Art. 26 OECD-MA Rn. 32). Sofern die Information einmal in dieser Weise offengelegt ist, gilt sie als bekannt und unterliegt nicht mehr der Zweckbindung nach Art. 26 Abs. 2 Satz 3 und 4 OECD-MA (Vogel/Lehner/*Engelschalk* DBA Art. 26 OECD-MA Rn. 85).

(dd) Zu Art. 26 Abs. 3 OECD-MA (Auskunftsverweigerungsrechte des ersuchten Staates und ordre public-Vorbehalt)

Nach Art. 26 Abs. 3 OECD-MA ist ein Vertragsstaat nicht verpflichtet zur Durchführung von **18** Verwaltungsmaßnahmen, „die von den Gesetzen und der Verwaltungspraxis" eines der Vertragsstaaten „abweichen" (Buchst. a); zu Informationen, „die nach den Gesetzen oder im üblichen Verwaltungsverfahren" eines der Vertragsstaaten „nicht beschafft werden können" (Buchst. b); und auch nicht zu Informationen, deren Inhalt unter den Schutzbereich eines „Handels-, Industrie-, Geschäfts-, Gewerbe- oder Berufsgeheimnisses" fällt, deren Übermittlung „ein Geschäftsverfahren preisgeben würde oder deren Erteilung der öffentlichen Ordnung widerspräche" (Buchst. c). Abs. 3 regelt verschiedene Fälle eines Auskunftsverweigerungsrechts; Sofern ein Fall des Art. 26

Abs. 3 Buchst. a) bis c OECD-MA gegeben ist, entfällt eine jegliche Auskunfts- oder Ermittlungspflicht ggü. dem ersuchenden Staat.

19 Unter **Verwaltungsmaßnahmen i.S.v. Art. 26 Abs. 3 Buchst. a) OECD-MA** sind sämtliche Handlungen des um Auskunft ersuchten Staates, die durch das Auskunftsersuchen veranlasst sind, zu verstehen (Vogel/Lehner/*Engelschalk* DBA Art. 26 OECD-MA Rn. 100). Dabei kommt es nicht darauf an, von welcher Stelle dieses Staates die Handlung vorzunehmen wäre, weshalb auch gerichtliche Untersuchungshandlungen als Verwaltungsmaßnahmen i.d.S. gelten (Vogel/Lehner/*Engelschalk* DBA Art. 26 OECD-MA Rn. 100).

20 Gem. **Art. 26 Abs. 3 Buchst. b) OECD-MA** ist der ersuchte Staat auch nicht zur Weitergabe solcher Informationen verpflichtet, die er **nach seinen Gesetzen oder im üblichen Verwaltungsverfahren nicht beschaffen kann** oder die der ersuchte Vertragsstaat seinerseits nicht beschaffen könnte. Insoweit gilt das Prinzip der Gegenseitigkeit (s. dazu auch unten). Der Begriff der Gesetze umfasst alle Vorschriften, an die die Behörden des betreffenden Staates nach ihrem Verfassungs- und Verwaltungsrecht gebunden sind, mithin auch Verwaltungsrichtlinien (Vogel/Lehner/*Engelschalk* DBA Art. 26 OECD-MA Rn. 100).

21 Daneben findet gem. **Art. 26 Abs. 3 Buchst. c) OECD-MA** eine weitere Einschränkung bei **Wirtschafts- und Berufsgeheimnissen** statt. Dem ersuchten Vertragsstaat soll die Möglichkeit eingeräumt werden, einen Missbrauch des steuerlichen Auskunftsverkehrs zum Zwecke der Wirtschaftsspionage zu verhindern (Engelschalk, in: Vogel/Lehner, DBA Art. 26 OECD-MA Rn. 107; Menck, DStZ 1971, 57, 61). Gleichzeitig wird die Möglichkeit geschaffen, zum Schutz des Geheimnisses im Interesse des Steuerpflichtigen eine nach Art. 26 OECD-MA begehrte Auskunft abzulehnen (Vogel/Lehner/*Engelschalk* DBA Art. 26 OECD-MA Rn. 107).

22 Schließlich können ersuchte Vertragsstaaten die Auskunft im Interesse ihrer **öffentlichen Ordnung** („ordre public") verweigern, wenn die Auskunftserteilung mit den grundlegenden Werten ihres innerstaatlichen Rechts nicht zu vereinbaren ist. Dies ist jedoch nur in Ausnahmefällen zulässig, da die Berufung auf den „ordre public" ein Instrument zur Beseitigung rechtlicher Wertungswidersprüche in Extremfällen ist (Vogel/Lehner/*Engelschalk* DBA Art. 26 OECD-MA Rn. 112). Ein Verstoß gegen den ordre public ist nur dann anzunehmen, wenn sich aus einem Vergleich des Zwecks des Besteuerungsverfahrens mit den Grundwerten des nationalen Rechts des ersuchten Staates ergibt, dass eine Hilfe des um Auskunft ersuchten Staates zu seinen grundlegenden Gerechtigkeitsvorstellungen in einem unerträglichen Widerspruch stünde (vgl. BGHZ 50, 376; 75, 32; BGH, AWD 1961, 316; BGH, HFG 1980, 27) bzw. das Ergebnis der Anwendung ausländischen Rechts im konkreten Fall zu den Grundgedanken der deutschen Regelungen und den in ihnen enthaltenen Gerechtigkeitsvorstellungen in so starkem Widerspruch stehe, dass es nach deutscher Vorstellung untragbar erscheine (BFH, IStR 2011, 194 ff. unter Verweis auf BGHZ 138, 331; 118, 312; BGH, NJW 1992, 3096). Nach deutschem Recht finden derartige tragende Wertungen v.a. in den Grundrechten ihren Ausdruck (Höppner, in: Gosch/Kroppen/Grotherr, DBA, Art. 26 OECD-MA Rn. 224; Vogel/Lehner/*Engelschalk* Art. 26 OECD-MA Rn. 112).

(ee) Zu Art. 26 Abs. 4 OECD-MA (Verpflichtung des ersuchten Staates zur Informationsbeschaffung)

23 Nach Art. 26 Abs. 4 OECD-MA ist ein ersuchter Vertragsstaat verpflichtet, zur Beantwortung eines Auskunftsersuchens die ihm nach nationalem Recht zustehenden Möglichkeiten zur Informationsbeschaffung auszuschöpfen, soweit die Verpflichtung nicht nach Art. 26 Abs. 3 OECD-MA entfällt. Dies gilt auch wenn kein eigenes steuerliches Interesse an der zu beschaffenden Information besteht. Der ersuchte Vertragsstaats ist danach verpflichtet, Informationen für die steuerlichen Zwecke des ersuchenden Staates auf die gleiche Weise und in dem gleichen Umfang zu beschaffen, als handelte es sich um seine eigenen Steuern. Allerdings ist für die Beschaffung der Information im ersuchten Vertragsstaat erforderlich, dass dieser nach nationalem Recht befugt ist, Verwaltungsmaßnahmen ausschließlich im Interesse eines anderen Staates durchzuführen (Vogel/

Lehner/*Engelschalk* DBA Art. 26 OECD-MA Rn. 124), es bedarf mithin einer innerstaatlichen Ermächtigungsgrundlage.

(ff) Zu Art. 26 Abs. 5 OECD-MA (Irrelevanz des Bankgeheimnisses im ersuchten Staat)

In Art. 26 Abs. 5 OECD-MA wird klargestellt, dass sich die in Art. 26 Abs. 3 OECD-MA aufge- 24
führten Ausnahmen von der vertraglichen Auskunftspflicht nicht auf Informationen im Besitz von Banken und Finanzinstituten, Informationen von Beauftragten, Bevollmächtigten, Treuhändern oder auf Informationen über Beteiligungsverhältnisse beziehen. Durch diese Regelung wird der Schutz nationaler Berufs- und Wirtschaftsgeheimnisse nach Art. 26 Abs. 3 OECD-MA somit wieder eingeschränkt. Insb. kann danach der ersuchte Vertragsstaat unter Berufung auf den nationalen Geheimnisschutz ein Auskunftsersuchen nicht ablehnen, wenn es sich bei dem infrage stehenden Geheimnis um das Bankgeheimnis oder die Geheimhaltung von Beteiligungsverhältnissen handelt (Vogel/Lehner/Engelschalk DBA Art. 26 OECD-MA Rn. 128). Zu der Problematik des gesetzlichen Bankgeheimnisses in Bezug auf Luxemburg und Österreich s. u.

b) Besondere völkerrechtliche Abkommen

Zwischen einigen Staaten existieren besondere völkerrechtliche Abkommen zur Regelung der zwi- 25
schenstaatlichen Kooperation. In diesen Abkommen geht es ausschließlich um Amtshilfe durch Informationsaustausch, durch Vollstreckung ausländischer Steuerforderungen oder durch Zustellung ausländischer Steuerverwaltungsakte. Zumeist handelt es sich um bilaterale Abkommen, vereinzelt wurden aber auch multilaterale Abkommen abgeschlossen. Als Beispiel kann die **Konvention über die gegenseitige Amtshilfe in Steuersachen von Europarat und OECD** (Convention on Mutual Administrative Assistance in Tax Matters) genannt werden. Sie gilt für nahezu alle Steuerarten und für Beiträge zur Sozialversicherung (vgl. OECD-*Ausschuss für Steuerfragen*, Steuerlicher Informationsaustausch zwischen den Mitgliedstaaten der OECD, Rn. 9 ff.).

c) EG-Amtshilfe-Richtlinie und nationale Umsetzungsvorschriften

Der Austausch von Informationen unter europäischen Behörden wird v.a. von der Richtlinie 77/ 26
799/EWG v. 19.12.1977 und den hierzu ergangenen Änderungsrichtlinien bestimmt (EG-Amtshilfe-Richtlinie). Sie verpflichtet die Mitgliedstaaten zur gegenseitigen Unterstützung insb. bei der Festsetzung von Steuern auf das **Einkommen, den Ertrag und das Vermögen**. Bei ihrer Zusammenarbeit stützen sich die Steuerbehörden naturgemäß nicht unmittelbar auf die Richtlinie; insoweit kommen vielmehr die zahlreichen nationalen Umsetzungsbestimmungen zur Anwendung. Die nationalen Bestimmungen können einen weiter gehenden Informationsaustausch vorsehen. Die EG-Amtshilfe-Richtlinie setzt lediglich einen **europäischen Mindeststandard** fest, der durch weiter gehende nationale Vorschriften ergänzt werden kann (BFH, BStBl. II 1995, S. 497, 499; zum Inhalt der Richtlinie vgl. *Hendricks*, Internationale Informationshilfe im Steuerverfahren, S. 184 f.).

d) EG-Zusammenarbeits-Verordnung

Die Zusammenarbeit auf dem Gebiet der **Mehrwertbesteuerung** ist umfassend in der Verordnung 27
(EG) Nr. 1798/2003 v. 07.10.2003 (EG-Zusammenarbeits-Verordnung) geregelt. Zum 01.01.1993 trat die I. EG-Zusammenarbeits-Verordnung in Kraft, durch die die Zusammenarbeit in Bezug auf den innergemeinschaftlichen Erwerb intensiviert wurde. Die seit dem 01.01.2004 geltende II. EG-Zusammenarbeits-Verordnung erstreckt sich auf alle Erscheinungsformen der USt.

e) Sonderbestimmungen zur Zinsbesteuerung

Zunehmende Bedeutung erlangen besondere Bestimmungen zur **Zinsbesteuerung**. Insb. ist die sog. 28
Zinsrichtlinie (Richtlinie 2003/48/EG des Rates v. 03.06.2003, ABl. EG 2003 Nr. L 157 S. 38) zu

nennen. Sie regelt den zwischenstaatlichen Austausch von Informationen über Zinserträge und ist **ersuchensunabhängig** ausgestaltet; ihr wird im Folgenden nicht weiter nachgegangen.

f) Verwaltungsabkommen

29 Details der zwischenstaatlichen Amtshilfe werden häufig in sog. Verwaltungsabkommen (administrative agreements) geregelt. Hierbei handelt es sich um völkerrechtlich verbindliche Vereinbarungen, die zwischen den Verwaltungen der Staaten abgeschlossen werden. Im Bereich des Informationsaustauschs werden hier v.a. die Fallgruppen näher eingegrenzt, in denen **ersuchensunabhängig** Auskünfte erteilt werden sollen. Nach dem im deutschen Recht herrschenden Verständnis begründen Verwaltungsabkommen jedoch nur i.V.m. anderen Rechtsgrundlagen eine Ermächtigung für zwischenstaatliche Amtshilfe.

g) Sonstige nationale Bestimmungen

30 Einige Staaten haben weitere Rechtsgrundlagen für die zwischenstaatliche Amtshilfe in Steuersachen geschaffen. So regeln zahlreiche nationale Gesetze, unter welchen Voraussetzungen Informationen an andere Staaten übermittelt werden können, auch wenn keine völkerrechtliche oder europarechtliche Pflicht zum Beistand besteht. Als Beispiel kann hier auf § 117 Abs. 3 AO verwiesen werden. Danach können Informationen übermittelt werden, wenn der andere Staat im umgekehrten Falle ebenfalls zur Hilfeleistung bereit und in der Lage wäre.

2. Ausgehende Ersuchen um Gewährung zwischenstaatlicher Rechtshilfe

31 Auch im Strafverfahren können deutsche Behörden ein Ersuchen um Gewährung zwischenstaatlicher Rechtshilfe auf eine Vielzahl von Rechtsgrundlagen stützen; eine allgemeine und umfassende Regelung für ausgehende Ersuchen um Rechtshilfe existiert nicht. Innerhalb Europas wurden überwiegend multilaterale Vereinbarungen getroffen; außerhalb Europas bestehen zumeist bilaterale Vereinbarungen. Weitgehend lückenfüllenden Charakter hat das Gesetz über die Gewährung internationaler Rechtshilfe in Strafsachen („IRG"); Regelungen zum Verfahrensrecht für ausgehende Ersuchen enthalten nur die §§ 68 bis 72 IRG. Vor einem Ersuchen um zwischenstaatliche Rechtshilfe haben Behörden und Gerichte nach innerstaatlichem Recht über die erstrebte Maßnahme zu entscheiden. Ob z.B. eine Durchsuchung angeordnet werden kann, richtet sich in erster Linie nach der StPO. Erst nach Klärung solcher **innerstaatlicher Vorfragen**, insb. nach StPO, JGG, GVG, BZRG und GG, kann ein Ersuchen um zwischenstaatliche Rechtshilfe zu stellen sein (vgl. *Schomburg/Lagodny/Gleß/Hackner* Vor § 68 Rn. 2). Die in Betracht kommenden Rechtsquellen werden hier nur kurz vorgestellt; weiter gehende Ausführungen s. unter Rn. 126 ff.

a) IRG

32 Das Gesetz über die internationale Rechtshilfe in Strafsachen (IRG) v. 27.04.1994 (BGBl. I 1994, S. 1537) ist grds. die wichtigste nationale Rechtsquelle und im Wesentlichen Bedeutung für den vertraglosen Rechtshilfeverkehr. Die Vorschriften sind **subsidiär**, wenn und soweit multilaterale oder bilaterale völkerrechtliche Vereinbarungen über zwischenstaatliche Rechtshilfe bestehen. Entscheidend für die Subsidiarität ist die Reichweite der jeweils in Betracht kommenden völkerrechtlichen Vereinbarung (OLG Köln, NStZ-RR 2003, 339, 340; Wabnitz/Janovsky/*Veh*, 22. Kap., Rn. 82).

b) Europäische Übereinkommen über die Rechtshilfe in Strafsachen

33 Das Europäische Übereinkommen über die Rechtshilfe in Strafsachen („EuRhÜbk") v. 20.04.1959 (BGBl. II 1964, S. 1369 und BGBl. II 1976, S. 1799) ist eine **Basiskonvention** für die innereuropäische Rechtshilfe in Strafsachen und wird **ergänzt** durch **Zusatzprotokolle und bilaterale Verträge** (BMF Schreiben v. 16.11.2006, BStBl. I 2006, S. 698, Tz. 1.2.2).

Seit 2006 können sich die Strafverfolgungsbehörden überdies für eine Kooperation in Steuerstraf- **34** sachen auf das Übereinkommen über Rechtshilfe in Strafsachen zwischen den Mitgliedstaaten der EU v. 29.05.2006 (Convention on Mutual Assistance in Criminal Matters between the Member States of the European Union) stützen (vgl. BMF Schreiben v. 16.11.2006, BStBl. I 2006, S. 698, Tz. 1.2.3). Das Übereinkommen regelt formelle Erleichterungen für Rechtshilfeersuchen; vorgesehen sind z.B. ein direkter Geschäftsverkehr zwischen den Justizbehörden, Vernehmungen per Videokonferenz oder die Bildung gemeinsamer Ermittlungsgruppen.

c) Schengener Durchführungsübereinkommen

Weitere Erleichterungen im Rechtshilfeverkehr finden sich im Schengener Durchführungsüberein- **35** kommen v. 19.06.1990 für zahlreiche europäische Vertragsstaaten (BGBl. II 1993, S. 1010, 1992).

d) Richtlinien für den Verkehr mit dem Ausland in strafrechtlichen Angelegenheiten

Die Richtlinien für den Verkehr mit dem Ausland in strafrechtlichen Angelegenheiten (RiVASt) **36** sind Verwaltungsvorschriften der Bundesregierung und der Regierungen der Länder. Sie werden vom BMJ im Einvernehmen mit dem Auswärtigen Amt auf dem Laufenden gehalten (*Meyer-Goßner* Einleitung Rn. 214), wobei jedoch insb. der Länderteil (vgl. Anhang II RiVASt) nicht immer aktuell ist (Wabnitz/Janovsky/*Veh*, 22. Kap., Rn. 85).

III. Ausgehende Amtshilfeersuchen deutscher Finanzbehörden im Besteuerungsverfahren

1. Allgemeine Voraussetzungen für ausgehende Amtshilfeersuchen

a) Subsidiarität

Die Frage, ob bei grenzüberschreitenden Sachverhalten ohne Weiteres ein Amtshilfeverfahren in **37** Gang gesetzt werden darf oder ob zunächst versucht werden muss, den Sachverhalt durch andere Erkenntnismittel aufzuklären, wird kontrovers diskutiert (*Hendricks*, Informationshilfe im Steuerverfahren, S. 362). Der *BFH* und *weite Teile der Literatur* gehen diesbezüglich von einem verfassungsrechtlichen **Ultima-Ratio-Vorbehalt** bzw. der **Subsidiarität** der internationalen Amtshilfe aus (BFH, BStBl. II 2009, S. 338 [*Einkunftsmillionär*]; Ritter, DStZ 1974, 267, 274; Fischer, DB 1984, 738, 743). Danach setzt die Inanspruchnahme zwischenstaatlicher Amtshilfe voraus, dass die deutsche Steuerfahndung die Verhältnisse nicht durch eigene Ermittlungen aufklären kann und alle eigenen Ermittlungsmöglichkeiten erfolglos ausgeschöpft wurden. Zur Ermittlung des fraglichen Sachverhalts können die deutschen Finanzbehörden insb. Maßnahmen nach §§ 93 bis 100 AO ergreifen (*Hendricks*, Informationshilfe im Steuerverfahren, S. 329). Als solche kommen hiernach namentlich in Betracht: Nach § 93 AO die Einholung von Auskünften bei dem betroffenen Steuerpflichtigen bzw. bei anderen Personen (z.B. Behörden); gem. § 94 AO die Beantragung der eidlichen Vernehmung einer vom Betroffenen verschiedenen Person durch das zuständige FG; nach § 95 AO die Aufforderung des betroffenen Steuerpflichtigen zur eidesstattlichen Versicherung; gem. § 96 AO die Hinzuziehung von Sachverständigen; nach § 92 Satz 2 Nr. 4 AO i.V.m. § 98 AO die Inaugenscheinnahme von Gegenständen und Vorgängen, wobei die Behördenmitarbeiter nach Maßgabe von § 99 AO berechtigt sind, zu diesem Zwecke Grundstücke und Räume zu betreten sowie nach § 97 AO bzw. § 100 AO die Vorlage von Urkunden bzw. Wertsachen durch den Betroffenen oder Dritte. Die Subsidiarität der Inanspruchnahme grenzüberschreitender Hilfe folge nach dieser Ansicht aus dem verfassungsrechtlichen Verhältnismäßigkeitsprinzip (Art. 20 Abs. 3 GG), da die Inanspruchnahme zwischenstaatlicher Hilfe stets den intensivsten denkbaren Eingriff darstelle.

Von anderen Stimmen in der Literatur wird der Subsidiaritätsgrundsatz als maßgeblich anerkannt, **38** aber abweichend ausgelegt. Es müsse auf den konkreten Einzelfall abgestellt werden, sodass unter einer grundsätzlichen Anerkennung der Subsidiarität in besonderen Fällen die vorherige Ausschöpfung anderer Erkenntnisquellen entbehrlich sei (Randt Der Steuerfahndungsfall C Rn. 255;

Pump/Leibner/*Loy* § 117 Rn. 14; *Hendricks*, Internationale Informationshilfe im Steuerverfahren, S. 362 f.; HHSp/*Söhn* § 117 Rn. 25). Zutreffend wird darauf hingewiesen, dass zu berücksichtigen sei, dass keine abstrakt-generelle Aussage darüber getroffen werde könne, ob die Inanspruchnahme von Ersuchenshilfe im zwischenstaatlichen Rechtsverkehr aus Sicht des Steuerpflichtigen mehr oder weniger belastend ist (*Hendricks*, Informationshilfe im Steuerverfahren, S. 362). Sofern z.B. aufgeklärt werden soll, ob ein Steuerpflichtiger ein im Ausland gelegenes Grundstück veräußert hat, könne eine Anfrage bei den ausländischen Behörden weniger belastend sein, als wenn der Betroffene entsprechende amtliche Dokumente selbst beschaffen und auf eigene Kosten (nach § 87 Abs. 2 AO) übersetzen muss (Hendricks, Informationshilfe im Steuerverfahren, S. 362 f.). Auf der anderen Seite werde der Steuerpflichtige Auszüge aus der Rechnungslegung einer ausländischen Betriebsstätte, die der deutsche Fiskus benötigt, lieber in eigener Verantwortung den deutschen Behörden vorlegen, als eine ersuchensbedingte Außenprüfung der ausländischen Steuerbehörden über sich ergehen zu lassen (Hendricks, Informationshilfe im Steuerverfahren, S. 363). In der Praxis wird diese Auffassung wohl vielfach nicht zu anderen Ergebnissen kommen als die herrschende Meinung

39 Eine dritte Auffassung in der Literatur nimmt sogar ein Primat der Ersuchensauskunft an. Hiernach könne von den nach § 90 Abs. 2 AO grds. zur erweiterten Mitwirkung verpflichteten Beteiligten eine Mitwirkung im Einzelfall erst dann gefordert werden, wenn der Sachverhalt mithilfe zwischenstaatlicher Kooperation nicht aufgeklärt werden konnte (*Schwochert*, RIW 1991, 407, 409; *Stahl*, KÖSDI 1993, 9373). Diese von den Umständen des Einzelfalls abstrahierende Sichtweise erscheint nicht sachgerecht.

b) Erforderlichkeit

40 Gem. § 117 Abs. 1 AO können die deutschen Finanzbehörden zwischenstaatliche Amtshilfe nach Maßgabe des deutschen Rechts (§§ 111 ff. AO) in Anspruch nehmen. Aus § 111 Abs. 1 Satz 1 AO folgt, dass ein Amtshilfeersuchen nach deutschem Recht nur erfolgreich gestellt werden kann, wenn die Amtshilfe zur Durchführung der Besteuerung, d.h. die Festsetzung und Erhebung der Besteuerung nach Maßgabe der (deutschen) Gesetze (vgl. § 85 Satz 1 AO), **erforderlich** ist (s. BMF-Merkblatt BStBl. I 2006, S. 26, 33, 2.1.1; *Schaumburg*, Internationales Steuerrecht, Rn. 19.36 f.; Hendricks, IStR 2009, 846, 850; *Carl/Klos*, RIW 1995, 146, 147; *Schwarz* § 117 Rn. 21). Dies ist wiederum dann der Fall, wenn die Voraussetzungen des § 112 Abs. 1 Nr. 1 bis 5 AO vorliegen (TK/*Seer* § 117 Rn. 10, 11; Hendricks, IStR 2009, 846, 850). Danach kommt ein Ersuchen nur in Betracht, wenn die Finanzbehörde aus rechtlichen oder tatsächlichen Gründen (z.B. bei Fehlen erforderlicher Dienstkräfte oder Einrichtungen) die Amtshandlung nicht selbst vornehmen kann (Nr. 1 und Nr. 2); wenn sie zur Durchführung ihrer Aufgaben auf die Kenntnis von Tatsachen angewiesen ist, die ihr unbekannt sind und die sie selbst nicht ermitteln kann (Nr. 3); wenn sie zur Durchführung ihrer Aufgaben Urkunden oder sonstige Beweismittel benötigt, die sich im Besitz der ersuchten Behörde befinden (Nr. 4) oder wenn sie die Amtshandlung nur mit wesentlich größerem Aufwand als die ersuchte Behörde vornehmen könnte (Nr. 5). Durch diese Vorschriften werden Erforderlichkeits- und Subsidiaritätserfordernisse von Amtshilfeersuchen auch einfachgesetzlich festgeschrieben. Bei fehlender Erforderlichkeit ist von der **Rechtswidrigkeit** des Ersuchens auszugehen, da die tatbestandlichen Grundvoraussetzungen schon nicht gegeben sind (FG Köln, EFG 2004, 1734, 1736). Rechtswidrigkeit eines Auskunftsersuchens ist nach der Rspr. etwa anzunehmen, wenn die Finanzbehörde bereits von der inländischen Steuerpflicht überzeugt ist, eine Besteuerung im Ausland offenbar nicht in Betracht kommt und dem Ersuchen darüber hinaus ein unvollständiger bzw. widersprüchlicher Sachverhalt zugrunde liegt (FG Köln, EFG 2004, 1734, 1736).

41 Vor dem Hintergrund, dass § 117 Abs. 1 AO internationale Amtshilfe nach Maßgabe deutscher Rechtsvorschriften erlaubt, ist zu berücksichtigen, dass das Steuerverfahrensrecht der Staaten z.T. erheblich voneinander abweicht. So verfügen Steuerbehörden mancher Staaten teilweise über Ermittlungsmöglichkeiten, die über die Befugnisse der AO (§§ 93 ff. AO) hinausgehen (*Hendricks*,

Informationshilfe im Steuerverfahren, S. 364). In diesem Zusammenhang stellt sich die Frage, ob die deutschen Finanzbehörden diese weiter gehenden Befugnisse im Wege eines entsprechenden Auskunftsersuchens in den Dienst der deutschen Besteuerung stellen können; ein solches Vorgehen widerspricht jedoch eindeutig Sinn und Zweck des § 117 Abs. 1 AO (*Hendricks*, Informationshilfe im Steuerverfahren, S. 364). Durch diese Vorschrift wollte der Gesetzgeber der Finanzverwaltung ausschließlich eine Möglichkeit einräumen, die grundsätzliche Beschränkung hoheitlicher Ermittlungsmaßnahmen auf das eigene Hoheitsgebiet durch zwischenstaatliche Kooperation zu kompensieren (*Hendricks*, Informationshilfe im Steuerverfahren, S. 365). Keinesfalls sollte dadurch ermöglicht werden, ausdrückliche Befugnisschranken der AO zu überwinden. Sofern die deutsche Finanzbehörde von einem Auskunftsersuchen nur deshalb Gebrauch macht, um damit einen Ermittlungserfolg herbeizuführen, der einer nationalen Handlungsbeschränkung widerspricht (sog. „**Befugnis-Shopping**"), steht dies im Widerspruch zum Zweck der Bestimmung (*Hendricks*, Informationshilfe im Steuerverfahren, S. 364). Demnach darf etwa ein Auskunftsersuchen nicht gestellt werden, um auf diesem Wege ein Zwangsmittelverbot nach deutschem Verfahrensrecht zu umgehen, das im Steuerverfahrensrecht des ersuchten Staates gerade nicht besteht (z.B. § 95 Abs. 6 AO; *Hendricks*, Informationshilfe im Steuerverfahren, S. 365 f.). Ebenso ist ein auf Umgehung der Auskunfts- und Vorlageverweigerungsgründe nach §§ 101 ff. AO gerichtetes Ersuchen nach zutreffender Auffassung unstatthaft. So ist es z.B. unzulässig, um die Vernehmung des Angehörigen eines Steuerpflichtigen, der über einen Doppelwohnsitz verfügt, bei dem anderen Wohnsitzstaat nur deshalb zu ersuchen, weil das dortige Steuerverfahrensrecht ein Auskunftsverweigerungsrecht für Angehörige nicht kennt (*Hendricks*, Informationshilfe im Steuerverfahren, S. 365). Über die teleologische Auslegung des § 117 Abs. 1 AO schlagen inländische Befugnisbeschränkungen auf die Inanspruchnahme von Ersuchenshilfe durch; ein missbräuchliches Auskunftsersuchen ist stets unzulässig (*Hendricks*, Informationshilfe im Steuerverfahren, S. 365).

Ein eingeleitetes **Steuerstrafverfahren steht dem zwischenstaatlichen Amtshilfeersuchen nicht entgegen**, sofern die Auskünfte für das Besteuerungsverfahren erforderlich sind (BMF, 25.01.2006, BStBl. I 2006, S. 26, Rn. 1.2; Pahlke/Koenig/*Zöllner* § 117 Rn. 5; *Klein* § 117 Rn. 13). Amtshilfe kann auch auch durch die Steuerfahndungsstelle beansprucht werden, jedoch darf diese ausschließlich im Besteuerungsverfahren tätig sein (BFH, BStBl. II 1987, S. 440). Sind Auskünfte hingegen für das Steuerstrafverfahren erforderlich, so ist um sie nach Maßgabe der Regelungen über Rechtshilfe in Strafsachen zu ersuchen; die Finanzbehörde darf gerade nicht eines der Verfahren frei wählen (Pahlke/Koenig/*Zöllner* § 117 Rn. 5; *Spatscheck/Alvermann*, IStR 2001, 33). **42**

2. Allgemeine Verfahrensregeln für ausgehende Amtshilfeersuchen

Soweit nicht in den einzelnen zwischenstaatlichen Regelwerken ein unmittelbarer Geschäftsverkehr der vertragsstaatlichen Behörden vorgesehen ist (z.B. Art. 4 des Vertrages mit Österreich über Rechtsschutz und Rechtshilfe in Abgabensachen v. 04.10.1954, BStBl. 55 I, S. 433, 434, s.u.), ist für zwischenstaatliche Amtshilfeersuchen der übliche Dienstweg über das **Bundesministerium für Finanzen (BMF)** zu beschreiten (TK/*Seer* § 117 Rn. 42; HHSp/*Söhn* § 117 Rn. 71; Pump/Leibner/*Loy* § 117 Rn. 17). Das BMF hat von seiner in § 5 Abs. 1 Nr. 5, 9 FVG vorgesehenen Möglichkeit, die eigene Zuständigkeit in derartigen Fällen auf das **Bundeszentralamt für Steuern (BZSt)** zu delegieren, Gebrauch gemacht (BMF, BStBl. I 2004, S. 66, 68; *Klein* § 117 Rn. 16). Sofern ein FA beabsichtigt, ein zwischenstaatliches Auskunftsersuchen an eine ausländische Finanzbehörde zu stellen, hat es einen entsprechenden Antrag bei dem BZSt anzuregen (s. BMF-Merkblatt BStBl. I 2006, S. 26, 32, zu 1.6.2). Hierüber entscheidet dann das BZSt nach **pflichtgemäßem Ermessen** (TK/*Seer* § 117 Rn. 42). Gleichzeitig nimmt das BZSt eine Prüfung vor, ob dem inländischen Beteiligten ein mit dem Zweck der Amtshilfe nicht zu vereinbarender Schaden entstehen kann (Rechtsgedanke des § 117 Abs. 3 Nr. 4 AO; s. BMF-Merkblatt BStBl. I 2006, S. 26, 33 zu 2.1.1). Das an das BMF bzw. BZSt zu richtende Auskunftsersuchen muss dabei gewisse **inhaltliche und formale Voraussetzungen** erfüllen, die dem Muster der Anlagen 3 – 5 zum BMF-Merkblatt BStBl. I 2006, S. 26, 33, 2.2.1, 41 – 75 zu entnehmen sind (TK/*Seer* § 117 Rn. 42). **43**

44 Dabei handelt es sich im Einzelnen um folgende Angaben (s. Anlage 2 zum BMF-Merkblatt BStBl. I 2006, S. 26, 41; *Carl/Klos* S. 116 f.; HHSp/*Söhn* § 117 Rn. 71a):

– Bezeichnung der inländischen und ausländischen Personen, deren steuerliche und/oder wirtschaftliche Verhältnisse Gegenstand des Ersuchens sind;
– Gestraffte Darstellung des steuerlichen Sachverhalts und der sich daraus für das Ersuchen ergebenden Folgerungen und Vermutungen, wobei der Zusammenhang mit den von der ausländischen Steuerverwaltung gewünschten Ermittlungen deutlich werden muss;
– Angabe der betroffenen Jahre und Steuerarten;
– Konkrete Fragen hinsichtlich gewünschter Ermittlungen und genaue Bezeichnung der erbetenen Unterlagen;
– Hinweise auf etwaige Auskunfts- und Vorlageverweigerungsrechte nach deutschem Recht (§§ 101 bis 106 AO) sowie auf das im deutschen Recht bestehende Verbot im Besteuerungsverfahren Zwangsmittel gegen den Steuerpflichtigen zu verwenden, wenn dieser dadurch gezwungen würde, sich selbst wegen einer von ihm begangenen Steuerstraftat oder Steuerordnungswidrigkeit zu belasten (§ 393 Abs. 1 AO);
– Angabe der Rechtsgrundlage;
– Hinweise auf die Eilbedürftigkeit und die Angabe von Gründen hierfür, z.B. ein drohender Verjährungseintritt;
– Hinweise, ob gegen den Betroffenen im Inland ein Steuerstrafverfahren eingeleitet ist und die erbetenen Auskünfte der Ermittlung der Besteuerungsgrundlagen dienen;
– Hinweise, ob die Auskünfte zur Durchführung eines DBA oder zur zutreffenden Besteuerung nach deutschem Recht benötigt werden;
– Hinweise, dass die in dem Ersuchen enthaltenen Angaben und die aufgrund dieses Ersuchens erteilten Auskünfte den Geheimhaltungsbestimmungen der einschlägigen Regelungen unterliegen und nur für die in diesen Regelungen genannten Zwecke, beschränkt auf die dort genannten Steuern, verwendet werden dürfen;
– Hinweise, dass die Inanspruchnahme der Amtshilfe erforderlich ist, da die Sachverhaltsaufklärung unter Anwendung der inländischen Ermittlungsmöglichkeiten nicht zum Ziel führte bzw. keinen Erfolg verspricht.

45 Sobald die Antwort des ersuchten Staates bei dem BMF bzw. BZSt eingegangen ist, ist die anfragende inländische Behörde zu informieren (s. BMF-Merkblatt BStBl. I 2006, S. 26, 32, 1.6.2). Übersetzungen von Auskunftsersuchen und Auskünften deutscher Finanzbehörden werden dabei durch das BZSt veranlasst (BMF-Merkblatt BStBl. I 2006, S. 26, 32, 1.7).

46 Die Amtshilfeersuchen deutscher Finanzbehörden sind mangels unmittelbarer Außenwirkung (§ 118 Satz 1 AO) **kein Verwaltungsakt** (Stahlschmidt/Laws, Handbuch des Auskunftsverkehrs in Steuersachen S. 175; Pahlke/Koenig/*Zöllner* § 117 Rn. 33; Klein § 117 Rn. 16; Pump/Leibner/*Loy* § 117 Rn. 19). Vielmehr sind diese rechtlich als nichtregelnde, zwischenbehördliche bzw. zwischenstaatliche Willenserklärungen zu charakterisieren (HHSp/*Söhn* § 117 Rn. 81). Sofern sich die inländische Finanzbehörde zu einem zwischenstaatlichen Auskunftsersuchen entschließt, hat sie aufgrund der zwischenstaatlichen Vereinbarungen regelmäßig einen Anspruch auf Auskunftserteilung, weil die zwischenstaatlichen Vereinbarungen regelmäßig eine Verpflichtung zur Auskunftserteilung vorsehen (z.B. Art. 26 OECD-MA; vgl. oben); Die Durchführung der Hilfeleistung richtet sich nach den § 117 Abs. 4 AO entsprechenden Vorschriften des ausländischen Rechts (Pahlke/Koenig/*Zöllner* § 117 Rn. 15). Die deutsche Finanzbehörde ist an die Auskunft der ausländischen Behörde **nicht gebunden**. Sie kann sie frei würdigen, eine rechtliche oder tatsächliche Bindung an die Auskunft besteht nicht (Pahlke/Koenig/*Zöllner* § 117 Rn. 15; HHSp/*Söhn* § 117 Rn. 78).

47 Der betroffene Steuerpflichtige ist nach der Verwaltungspraxis und den Vorgaben des BMF durch die deutschen Finanzbehörden nicht zwingend vor einem zwischenstaatlichen Amtshilfeersuchen anzuhören (BMF-Merkblatt BStBl. I 1988, S. 460, 470; BStBl. I 1999, S. 228, 232; BStBl. I 2006, S. 26, 33). Vielmehr liegt eine solche **Anhörung** im pflichtgemäßen **Ermessen** der Behörde analog

§ 117 Abs. 4 Satz 3 AO i.V.m. § 91 AO (Pahlke/Koenig/*Zöllner* § 117 Rn. 15; HHSp/*Söhn* § 117 Rn. 74; Pump/Leibner/Loy § 117 Rn. 18) und **sollte** nach Ansicht der Finanzverwaltung allerdings **die Regel sein** (BMF-Merkblatt BStBl. I 2006, S. 26, 33, 2.1.3; Pahlke/Koenig/*Zöllner* § 117 Rn. 15).

Jedenfalls ist eine **vorherige Anhörung geboten**, wenn die **Gefahr besteht, dass dem Steuerpflich-** **48** **tigen ein mit der Amtshilfe nicht zu vereinbarender Schaden i.S.v. § 117 Abs. 3 Satz 1 Nr. 4 AO droht** (*Schaumburg*, Internationales Steuerrecht, Rn. 19.66; Pump/Leibner/*Loy* § 117 Rn. 18). Hierfür werden in der Literatur folgende Beispiele gegeben: Die Offenbarung übermittelter Betriebs- oder Geschäftsgeheimnisse im ausländischen Besteuerungsverfahren ermöglicht eine Verwertbarkeit dieser Geheimnisse durch unbefugte Dritte; das Besteuerungsverfahren wird zur politischen Verfolgung betrieben oder zur Festsetzung von Steuern, die anstelle der Einziehung deutschen Vermögens erhoben werden; die ersuchende Finanzbehörde beabsichtigt, die verlangten Informationen für eine (nichtsteuer-)strafrechtliche Verfolgung des inländischen Beteiligten, z.B. wegen eines Devisenvergehens, zu nutzen (Klein§ 117 Rn. 56; HHSp/*Söhn* § 117 Rn. 191). Die Gefahr eines solchen Schadens dürfte angesichts der mit dem Ersuchen im Allgemeinen notwendig verbundenen Offenbarung von Steuergeheimnissen grds. anzunehmen sein (Klein § 117 Rn. 16). Sofern mit der Begründung des Auskunftsersuchens die Bekanntgabe personen- oder betriebsbezogener Daten an die ausländische Stelle einhergeht, handelt es sich um einen – durch § 30 Abs. 4 Nr. 1 AO legitimierten – **Eingriff** in das **Recht auf informationelle Selbstbestimmung** (Art. 2 Abs. 1 GG i.V.m. Art. 1 Abs. 1 GG) und die **Wirtschaftsfreiheiten** des Betroffenen (Berufs-, Eigentumsfreiheiten nach Art. 12 Abs. 1, 14 Abs. 1 GG; vgl. Seer IWB 2009, Gr. 2, F. 10, 2067, 2077). Auch aus dem Grundsatz des **effektiven Rechtsschutzes nach Art. 19 Abs. 4 GG** folgt nach zutreffender Ansicht, dass einem solchen Eingriff grds. ein Anhörungsverfahren vorgeschaltet sein muss (Schaumburg, Internationales Steuerrecht, Rn. 19.66; Hendricks, Informationshilfe im Steuerverfahren, S. 367). Eine zutreffende (höhere) Besteuerung stellt jedoch nach der Verwaltungspraxis keinen derartigen Schaden dar (BMF-Merkblatt BStBl. I 1988, S. 466, 470; BStBl. I 1999, S. 228, 232; BStBl. I 2006, S. 26, 33, 2.1.3).

Von der Unterrichtung kann aber dennoch abgesehen werden, wenn dies nach den Umständen **49** des Einzelfalles zur Sicherung des Verfahrens geboten oder eine Anhörung ersichtlich unnötig ist. Das ist gem. **§ 91 Abs. 2 Nr. 1 bis 5, Abs. 3 AO** insb. dann der Fall,

- wenn nach Nr. 1 eine sofortige Entscheidung wegen Gefahr im Verzug oder im öffentlichen Interesse notwendig erscheint (z.B. bei Vernichtung von Beweismaterial durch den Beteiligten und Flucht ins Ausland oder bei Gefährdung des Steueranspruchs im Arrestverfahren, Pahlke/Koenig/*Zöllner* § 91 Rn. 31);
- wenn durch die Anhörung die Einhaltung einer für die Entscheidung maßgeblichen Frist (z.B. Festsetzungsfrist, § 169 AO) infrage gestellt würde (Nr. 2);
- wenn von den tatsächlichen Angaben eines Beteiligten, die dieser in einem Antrag oder einer Erklärung gemacht hat, nicht zu seinen Ungunsten abgewichen werden soll (Nr. 3);
- wenn die Finanzbehörde eine Allgemeinverfügung oder gleichartige Verwaltungsakte in größerer Zahl oder mithilfe automatischer Einrichtungen erlassen will (Nr. 4);
- wenn Maßnahmen in der Vollstreckung getroffen werden sollen (Nr. 5);
- gem. Abs. 3, wenn einer Anhörung ein zwingendes öffentliches Interesse (s. § 30 Abs. 4 Nr. 5 AO, d.h. Bestehen der Gefahr eines schweren Nachteils für das allgemeine Wohl) entgegensteht, wobei eine derartige Fallgestaltung in der Praxis bisher nicht ersichtlich ist (Pahlke/Koenig/*Zöllner* § 117 Rn. 37; *Klein* § 117 Rn. 14).

Darüber hinaus hat eine Anhörung allgemein zu **unterbleiben**, wenn durch sie der Zweck des **50** Ersuchens vereitelt würde (*Klein* § 117 Rn. 16; *Schwarz* § 117 Rn. 23). Dies soll nach herrschender Rechtsprechung etwa bei Einholung einer Auskunft über ausländische Domizilgesellschaften des Steuerpflichtigen angenommen werden, da bei vorheriger Anhörung der Betroffene erkennen könnte, welche Erkenntnisse die Finanzbehörde voraussichtlich erlangen wird und dementsprechend sein Verhalten darauf einstellen würde (BVerfG, HFR 2008, 623; *Klein* § 117 Rn. 16).

3. Zu den typischen Maßnahmen der Amtshilfe im Einzelnen

a) Auskunftsaustausch

51 Die bedeutendste Form der zwischenstaatlichen Amtshilfe ist der Auskunftsaustausch (*Hendricks*, Internationale Informationshilfe im Steuerverfahren, S. 50). Dabei ist zwischen Auskünften auf Ersuchen und ersuchensunabhängigen Auskünften zu unterscheiden (s. BMF-Merkblatt BStBl. I 2006, S. 26, 31, 1.5.4).

aa) Auskunft auf Ersuchen

52 Bei der **Auskunft auf Ersuchen** handelt es sich um die am meisten praktizierte und herkömmliche Form des zwischenstaatlichen Auskunftsaustausches (*Schwarz* § 117 Rn. 39; HHSp/*Söhn* § 117 Rn. 254; *Hendricks*, Internationale Informationshilfe im Steuerverfahren, S. 61). In diesen Fällen wird das Informationshilfeverfahren durch die Anfrage eines Staates in einem bestimmten Steuerverfahren bei einem anderen Staat auf Übermittlung von Daten, die für die zutreffende Festsetzung der Steuern geeignet sein können, eingeleitet (*Seer*, IWB 2009, Gr. 2, F. 10, 2067, 2075; vgl. etwa Art. 1 Abs. 1 RL 77/799/EWG). So können z.B. Auskünfte über die Richtigkeit von Tatsachenbehauptungen oder über Beweismittel angefordert werden, die zur steuerlichen Beurteilung erforderlich sind (BMF-Merkblatt BStBl. I 2006, S. 26, 30, 1.5.1.1). Die ersuchte Behörde hat dabei grds. **dieselben Aufklärungsinstrumente** wie auch bei der Ermittlung **eigener nationaler Steuerfälle** anzuwenden (Art. 2 Abs. 2 RL 77/799/EWG; Art. 26 Abs. 4 OECD-MA 2005; Art. 5 Abs. 2 EG-Zusammenarbeits-Verordnung). Die ersuchende Behörde hat insoweit **keine** Möglichkeit zu **Weisungen an oder Einflussnahme auf** die ersuchte ausländische Stelle (sog. **Passiver Informationsaustausch**, *Seer*, IWB 2009, Gr. 2, F. 10, 2067, 2075). Sie kann durch ihre Anfrage die ersuchte Finanzbehörde lediglich veranlassen, tätig zu werden; welche Ermittlungsmaßnahmen die ersuchte Finanzbehörde sodann ergreift, liegt allerdings ausschließlich in deren Kompetenz (*Seer*, IWB 2009, Gr. 2, F. 10, 2067, 2076). Dabei darf die ersuchte Behörde sich im Regelfall (etwa nach Art. 2 Abs. 2 Satz 1 RL 77/799/EWG, Art. 26 Abs. 4 OECD-MA) **nicht** mit der **bloßen Akteneinsicht** (Auskunft nach Aktenlage) begnügen, sondern muss, wie sie dies auch bei inländischen Sachverhalten zu tun hat, auch **weiter gehende**, zur Sachaufklärung geeignete **Ermittlungsmaßnahmen** (z.B. Auskunfts-, Urkundevorlageersuchen, einzelfallbezogene Buchprüfung beim Steuerpflichtigen) nach pflichtgemäßem Ermessen ergreifen (Seer, IWB 2009, Gr. 2, F. 10, 2067, 2076). Auch in Bezug auf die Frage, ob und welche der nach dem Recht des ersuchten Staates in Betracht kommenden Ermittlungsmaßnahmen zu ergreifen sind, kommt der ersuchenden Finanzbehörde wiederum lediglich eine passive Position ohne Weisungsmöglichkeit zu (*Seer*, IWB 2009, Gr. 2, F. 10, 2067, 2076).

53 Um das Ersuchen für den ausländischen Staat verständlich zu machen, ist es zumeist erforderlich, dass die deutschen Behörden bestimmte **fallbezogene Hintergrundinformationen** zur Verfügung stellen (HHSp/*Söhn* § 117 Rn. 69; *Hendricks*, Internationale Informationshilfe im Steuerverfahren, S. 366). Sofern hierbei **personen- oder betriebsbezogene Daten** ins Ausland übermittelt werden, stellt dies einen **Eingriff** in das Grundrecht auf **informationelle Selbstbestimmung** bzw. die **Eigentumsfreiheit** dar. Dieser Eingriff ist jedoch – wie gesagt – **gerechtfertigt** über § 30 Abs. 4 Nr. 1 AO, da er letztlich dem deutschen Besteuerungsverfahren dient.

54 Für die Auskunft*serteilung* ist in den meisten Rechtsgrundlagen – § 3 Abs. 1 Nr. 4 EGAHiG und in Art. 9 der Zusammenarbeits-Verordnung (ZVO), in den Auskunftsklauseln der DBA (Art. 26 Abs. 3 Buchst. c) OECD-Musterabkommen) und in § 117 Abs. 3 Nr. 4 AO – ein **Geheimnisschutz** festgelegt. Da dieser über das Steuergeheimnis gem. § 30 AO hinausgeht, wirkt er – trotz seiner unmittelbaren Geltung nur für die *Erteilung* von Auskünften – auch als Schranke gegen Auskunft*sersuchen* gem. § 117 Abs. 1 AO (TK/*Seer* § 117 Rn. 31; *Schaumburg*, Internationales

Steuerrecht, Rn. 19.68). Daraus ergibt sich, dass bei der Inanspruchnahme zwischenstaatlicher Amtshilfe nichts offenbart werden darf, was bei ihrer Gewährung auch nicht mitgeteilt werden darf (*Schaumburg*, Internationales Steuerrecht, Rn. 19.68). Deutschen Finanzbehörden ist es mithin untersagt, i.R.d. Ersuchens ein Handels-, Industrie-, Gewerbe- oder Berufsgeheimnis oder ein Geschäftsverfahren preiszugeben, wenn die Gefahr besteht, dass hierdurch ein mit dem Zweck des Auskunftsersuchens nicht zu vereinbarender Schaden entsteht (*Carl/Klos*, Leitfaden zur internationalen Amts- und Rechtshilfe in Steuersachen, S. 91; *Schaumburg*, Internationales Steuerrecht, Rn. 19.68).

Derartige **Geschäftsgeheimnisse** werden von der BFH-Rechtsprechung und herrschender Literaturmeinung gemeinhin dann angenommen, wenn es sich um Tatsachen und Umstände handelt, die von **erheblicher wirtschaftlicher Bedeutung** und **praktisch nutzbar** sind und deren unbefugte Nutzung zu **beträchtlichen Schäden** führen kann (BFH, BStBl. II 1979, S. 268; *Vögele/Engler* Kap. F Rn. 174; *Carl/Klos*, IStR 1995, 225, 227 f.). Folglich muss es sich im Einzelnen um Kenntnisse handeln, die **außerhalb** des **Besteuerungsverfahrens** im Wirtschaftsverkehr **selbstständig beruflich oder geschäftlich nutzbar** sind (*Vögele/Engler* Kap. F Rn. 174). Dabei gilt nach h. Verwaltungspraxis, dass bloße Einzelheiten einer Geschäftsbeziehung, insb. die Art der Abwicklung der Geschäfte zwischen zwei vom Auskunftsverkehr betroffenen Unternehmen, nicht als Geschäftsgeheimnis zu werten sind (auch nicht, wenn Dritte eingeschaltet sind; BMF-Merkblatt v. 03.02.1999, BStBl. I 1999, S. 237, 3.3.1.4; *Vögele/Engler* Kap. F Rn. 174). Zu den Geschäftsgeheimnissen zählen vielmehr – sofern keine allgemeine Zugänglichkeit besteht – z.B. Bankverbindungen, -guthaben und -depots, Beschaffenheit der Waren und Rezepturen, Bilanzen, Jahresabschluss- und Buchhaltungsunterlagen, Kunden- und Lieferantenlisten sowie Marktkenntnisse und Marktstrategien (*Vögele/Engler* Kap. F Rn. 174 m. w. Bsp.).

Werden einer deutschen Finanzbehörde aufgrund ihres Ersuchens Auskünfte erteilt, so unterliegen diese der **Geheimhaltung je nach einschlägiger Rechtsgrundlage** (Hendricks, Internationale Informationshilfe im Steuerverfahren, S. 372 ff.; Schaumburg, Internationales Steuerrecht, Rn. 19.69). Soweit die Auskünfte von EU-Staaten auf der Grundlage der EG-Amtshilferichtlinie und/oder der ZVO ergehen ergibt sich dies aus **Art. 7 der EG-Amtshilferichtlinie** (in Deutschland umgesetzt in § 4 EGAHiG) bzw. aus **Art. 41 ZVO**; sofern sie auf Abkommensbasis erteilt werden, aus dem **internationalen Steuergeheimnis der Auskunftsklauseln der DBA** oder aber aus dem **Steuergeheimnis gem. § 30 AO** in allen übrigen Fällen. Dabei gilt, dass zugunsten des betroffenen Steuerpflichtigen jeweils der anwendbare Geheimnisschutz mit der größten Reichweite Geltung findet (*Hendricks*, Internationale Informationshilfe im Steuerverfahren, S. 375; *Schaumburg*, Internationales Steuerrecht, Rn. 19.66).

Die Entscheidung, ob ein Auskunftsersuchen gestellt wird, trifft die deutsche Finanzbehörde gem. § 5 AO nach **pflichtgemäßem Ermessen**, wobei zu berücksichtigen ist, dass durch ein Auskunftsersuchen die **Festsetzungsverjährung weder unterbrochen noch gehemmt** wird (*Randt* Der Steuerfahndungsfall, C Rn. 238). Die Erledigung des Auskunftsersuchens durch die ausländische Behörde kann in der Praxis – je nach Umfang und ersuchtem Staat – mehrere Wochen, aber auch mehr als ein Jahr dauern (*Vögele/Engler* Kap. F Rn. 153). Daher wird vonseiten der Finanzverwaltung regelmäßig durch flankierende Maßnahmen sichergestellt, dass zwischenzeitlich keine Festsetzungsverjährung eintritt. Als eine solche Maßnahme kommt vornehmlich die vorläufige Steuerfestsetzung nach § 165 Abs. 1 AO in Betracht (BMF-Merkblatt BStBl. I 2006, S. 26, 34, 2.2.6). Soweit die ausländische Behörde sodann die jeweiligen, nur innerhalb ihrer Landesgrenzen zu erhaltenden Informationen weiterleitet, liegt eine Ersuchensauskunft vor (*Hendricks*, Internationale Informationshilfe im Steuerverfahren, S. 61). Sollte die Auskunft aus Sicht der ersuchenden Behörde unzureichend sein oder ergibt sich in diesem Zusammenhang ein zusätzliches Aufklärungsbedürfnis, so kann ein **ergänzendes Ersuchen (Anschlussersuchen)** gestellt werden. Ergeben sich bei der Auswertung einer Auskunft Anhaltspunkte, dass sich der Sachverhalt anders darstellt als von der ausländischen Behörde übermittelt, so ist diese davon zu unterrichten. Bei Anschlussersuchen und der Richtigstellung von Sachverhalten kann nach der Verwaltungsauffassung auf den sonst vorgegebenen Dienstweg verzichtet werden, soweit das Anschlussersuchen keinen neuen Sachverhalt betrifft und die Richtigstellung nicht zugleich Gegenstand einer Spontanauskunft ist (BMF-Merkblatt BStBl. I 2006, S. 26, 34, 2.2.7).

bb) Ersuchensunabhängige Auskunft

58 Gem. § 117 Abs. 1 AO können deutsche Finanzbehörden zwischenstaatliche Amtshilfe nach Maßgabe des deutschen Rechts in Anspruch nehmen. Da dies begrifflich kein Ersuchen im obigen Sinn voraussetzt, wächst i.R.d. zwischenstaatlichen Zusammenarbeit die Bedeutung von **ersuchensunabhängigen Auskünften** (TK/*Seer* § 117 Rn. 13). Innerhalb dieser Gruppierung ist wiederum zwischen sog. „**Spontanauskünften**" und „**automatischen Auskünften**" zu differenzieren (*Vögele/Engler* Kap. F Rn. 185). Aufgrund der unterschiedlichen Regelungen im internationalen Steuerrecht und der fließenden Grenzen zwischen den beiden Auskunftsarten sind trennscharfe Definitionen der beiden Begriffe letztlich nicht möglich (Hendricks, Internationale Informationshilfe im Steuerverfahren, S. 62 f.). Sowohl die Spontanauskunft als auch die automatische Auskunft entsprechen im nationalen Bereich den sog. Kontrollmitteilungen (§ 194 Abs. 3 AO), sodass beide Auskunftsformen der Sache nach als „**Kontrollmitteilungen über die Grenze**" bezeichnen werden können (*Carl/Klos*, DStR 1992, 528, 529; *Randt* Der Steuerfahndungsfall C Rn. 236; *Becker/Höppner/Grotherr/Kroppen*, DBA Art. 26 OECD-MA Rn. 140; HHSp/*Söhn* § 117 Rn. 260, 275; *Hendricks*, Internationale Informationshilfe im Steuerverfahren, S. 63). Da beide Auskunftsarten eine unterschiedliche Zielrichtung haben, lässt sich eine **Rangfolge** nicht erstellen. Wie die Ersuchensauskunft ist auch die Spontanauskunft individuell auf die Minderung eines konkreten Risikos ausgerichtet und mithin zielgenauer (*Seer*, IWB 2009, Gr. 2, F. 10, 2067, 2076). Demgegenüber ist die automatische Auskunft generell auf die Minderung eines abstrakten Risikos hin ausgerichtet und besitzt daher eine breitere Streuung (*Seer*, IWB 2009, Gr. 2, F. 10, 2067, 2076).

(aa) Spontanauskunft

59 Überwiegend werden als „*Spontanauskünfte*" solche bezeichnet, die – losgelöst von einem Ersuchen im Einzelfall – übermittelt werden, weil vonseiten der mitteilenden Behörde die Vermutung besteht, dass im Empfängerstaat eine fehlerhafte Steuerfestsetzung oder Steuererhebung erfolgte (s. BMF-Merkblatt BStBl. 06 I, S. 26, 31, 1.5.4 und 4.1.1; *Schaumburg* Rn. 19.116 ff.; HHSp/*Söhn* § 117 Rn. 260).

(bb) Automatische Auskunft

60 Demgegenüber ist von „*automatischen Auskünften*" stets dann auszugehen, wenn Informationen nicht einzelfallbezogen, sondern systematisch und regelmäßig über bestimmte Fallgruppen gleichartiger Sachverhalte erteilt werden, wobei die Bestimmung der Fallgruppen i.d.R. an konkreten materiell-rechtlich relevanten Lebenssachverhalten anknüpft (s. BMF-Merkblatt BStBl. I 2006, S. 26, 31, 1.5.4 und 4.1.2; *Vögele/Engler* Kap. F Rn. 138; *Schaumburg*, Internationales Steuerrecht, Rn. 19.121 ff.; *Hendricks*, Internationale Informationshilfe im Steuerverfahren, S. 62; HHSp/*Söhn* § 117 Rn. 275; *Stahlschmidt/Laws*, Handbuch des Auskunftsverkehrs in Steuersachen, S. 167).

(cc) Europäisches Recht als Rechtsgrundlage für eine ersuchensunabhängige Auskunft

61 Die Möglichkeiten zum Informationsaustausch im Wege einer Spontanauskunft oder einer automatischen Auskunft ergeben sich im Einzelnen aus den jeweiligen einschlägigen Rechtsgrundlagen. So folgt aus der Präambel der **Richtlinie 77/799/EWG (EG-Amtshilferichtlinie)**, dass die **EU-Mitgliedsstaaten** sich „auch ohne Ersuchen gegenseitig Auskünfte erteilen sollten, die für die zu treffende Festsetzung der Steuern vom Einkommen und vom Vermögen geeignet erscheinen, insbesondere in den Fällen, in denen künstliche Gewinnverlagerungen zwischen Unternehmen zweier Mitgliedsstaaten zur Steuerersparnis über ein drittes Land geleitet werden, oder schließlich wenn aus irgendeinem Grunde eine Steuerverkürzung eingetreten ist oder eintreten kann." Art. 3 der Richtlinie legt fest, dass für Gruppen von Einzelfällen, welche in Konsultationsverfahren durch die Mitgliedstaaten zu konkretisieren sind, automatische Auskünfte erteilt werden. Deutschland hat dies bislang u.a. in konkretisierenden Verwaltungsabkommen mit den **Niederlanden** (BStBl. I 1997, S. 970), **Frankreich** (BStBl. I 2004, S. 1184), **Dänemark** (BStBl. I 2005, S. 1008), **Estland** (BStBl. I 2006, S. 355), **Lettland** (BStBl. I 2006, S. 359) und **Ungarn** (BStBl. I 2006, S. 694) vereinbart (Seer, IWB 2009, Gr. 2, F. 10, 2067, 2075 f.).

Der **spontane Auskunftsaustausch** ist gem. Art. 4 Abs. 1 der EG-Amtshilferichtlinie in **folgenden Fällen** zulässig: 62

– wenn die zuständige Behörde eines Mitgliedstaats Gründe für die Vermutung einer Steuerverkürzung in dem anderen Mitgliedsstaat hat;
– wenn ein Steuerpflichtiger eine Steuerermäßigung oder Steuerbefreiung in einem Mitgliedstaat erhält, die für ihn eine Steuererhöhung oder eine Besteuerung in einem anderen Mitgliedstaat zur Folge haben müsste;
– bei Geschäftsbeziehungen zwischen einem Steuerpflichtigen eines Mitgliedstaates und einem Steuerpflichtigen eines anderen Mitgliedstaats, die über ein oder mehrere weitere Länder in einer Weise geleitet werden, die in einem der beiden oder in beiden Mitgliedstaaten zur Steuerersparnis führen kann;
– wenn die zuständige Behörde eines Mitgliedstaats Gründe für die Vermutung einer Steuerersparnis durch künstliche Gewinnverlagerungen innerhalb eines Konzerns hat;
– wenn in einem Mitgliedstaat im Zusammenhang mit Auskünften, die ihm von der zuständigen Behörde eines anderen Mitgliedstaats erteilt worden sind, ein Sachverhalt ermittelt worden ist, der für die Steuerfestsetzung in dem anderen Mitgliedstaat geeignet sein kann.

Darüber hinaus können die zuständigen Behörden der Mitgliedstaaten gem. Art. 4 Abs. 2 den spontanen Auskunftsaustausch auch auf weitere Fälle im Rahmen von Konsultationsverfahren ausdehnen.

(dd) Art. 26 OECD-MA und entsprechende DBAs als Rechtsgrundlage für eine ersuchensunabhängige Auskunft

Auch auf der Basis von bilateralen DBAs sind spontane und automatische Auskünfte zulässig. 63 Dies gilt trotz des Umstandes, dass **Art. 26 OECD-MA** (s.o.) diese Formen des Auskunftsverkehrs nicht ausdrücklich erwähnt. Der amtliche MA-Kommentar benennt seit 1977 jedoch neben der Auskunft auf Ersuchen explizit auch die spontane und die automatische Auskunft als weitere Möglichkeiten des Informationsaustausches (s. MA-Kommentar Nr. 9). Gemäß des Grundsatzes, dass für die Auslegung der DBA einzig die zum Zeitpunkt des jeweiligen Vertragsschlusses geltende Fassung des MA-Kommentars heranzuziehen ist (*Vogel/Lehner/Engelschalk* DBA Art. 26 Rn. 39, Einl. Rn. 127 ff. m.w.N.), sollte zutreffenderweise demnach ein spontaner bzw. automatischer Auskunftsaustausch bei **DBA, die vor 1977** abgeschlossen wurden, nicht zulässig sein, es sei denn er ist in dem jeweiligen Abkommen ausdrücklich gestattet; so auch die Rechtsprechung, die für die Zulässigkeit einer Spontanauskunft nach dem DBA mit Russland ausdrücklich darauf hinweist, dass das DBA auf Basis des MA 1977 abgeschlossen wurde (BFH/NV 2006, 922). Allerdings ist die große Mehrheit der OECD-Staaten der Ansicht, dass der spontane und automatische Informationsverkehr bereits nach dem MA 1963 zulässig war und der MA-Kommentar 1977 dies lediglich klargestellt habe (*Vogel/Lehner/Engelschalk* DBA Art. 26 Rn. 39; s. hierzu auch: MA-Kommentar 1977 Nr. 4).

I.R.d. **automatischen Auskunftsverkehrs** wird i.d.R. die dem Informationsaustausch zugrunde liegende Verwaltungsvereinbarung die Informationen definieren, die generell für die Besteuerung im anderen Vertragsstaat erheblich sind (BMF-Merkblatt BStBl. I 2006, S. 26, 37, 4.1.2 i.V.m. bestehenden Vereinbarungen; *Vogel/Lehner/Engelschalk* DBA Art. 26 Rn. 41). 64

65 Zu diesem Zwecke hat die **OECD** eine **Modell-Vereinbarung** erstellt und den Mitgliedstaaten zur Verwendung empfohlen (*Recommendation of the Council on the use of the OECD model memorandum of understanding on automatic exchange of information for tax puposes*, C200128/Final; vgl. www.oecd.org, Stand: Juni 2011). Nach dieser sollen die zuständigen Behörden der jeweiligen Vertragsstaaten sich gegenseitig mit automatischen Auskünften versorgen über:

- einen Wohnsitzwechsel einer Person von einem Staat zum anderen;
- Einkünfte aus unbeweglichem Vermögen i.S.v. Art. 6 OECD-MA;
- Dividenden i.S.v. Art. 10 OECD-MA;
- Zinsen i.S.v. Art. 11 OECD-MA;
- Lizenzgebühren i.S.v. Art. 12 OECD-MA;
- Gewinne aus der Veräußerung von Vermögen i.S.v. Art. 13 OECD-MA;
- Einkünfte aus unselbstständiger Arbeit i.S.v. Art. 15 OECD-MA;
- Aufsichtsrats- und Verwaltungsratsvergütungen i.S.v. Art. 16 OECD-MA;
- Einkommen von Künstlern und Sportlern i.S.v. Art. 17 OECD-MA;
- Ruhegehälter i.S.v. Art. 18 OECD-MA;
- Einkünfte aus dem öffentlichen Dienst i.S.v. Art. 19 OECD-MA;
- andere Einkünfte i.S.v. Art. 21 OECD-MA;
- andere Gegenstände, einschließlich solcher aus indirekten Steuern wie USt bzw. USt, Verbrauchsteuer sowie Sozialversicherungszahlungen und schließlich über Kommissionen und ähnlichen Zahlungen („other items including items on indirect taxes such as VAT/sales tax and excise duties and social security payments").

(ee) Voraussetzungen von Spontanauskünften (aus Deutschland an Drittstaaten)

66 Im Hinblick auf den **spontanen Auskunftsverkehr** fordert der BFH in seiner Rechtsprechung das Vorliegen von objektiven Anhaltspunkten für eine tatsächliche oder mögliche Steuerverkürzung (BFH, BStBl. II 2006, S. 616 zu § 2 EGAHiG). Auch für eine Spontanauskunft nach Art. 26 OECD-MA ist nach herrschender Meinung eine derartige Vermutung zu verlangen (*Vogel/ Lehner/Engelschalk* DBA Art. 26 Rn. 41). Dabei ist nach dem *FG Köln* diesem Erfordernis Genüge getan, wenn die ernste Möglichkeit besteht, dass der andere Vertragsstaat abkommensrechtlich ein Besteuerungsrecht hat und ohne die Spontanauskunft von dem Gegenstand dieses Besteuerungsrechts keine Kenntnis erlangen würde (FG Köln, IStR 2007, 335; *Vogel/Lehner/Engelschalk* DBA Art. 26 Rn. 41). Nach dem EuGH soll ein Mitgliedstaat gem. Art. 4 Abs. 1a der Richtlinie 77/799/ EWG angehalten sein, eine Spontanauskunft zu erteilen, wenn er Gründe für die Vermutung hat, dass ohne diese Auskunft in dem anderen Staat eine nicht gerechtfertigte Steuerersparnis bestehen oder gewährt werden könnte (Rs C-420/98, Slg. 2000, I-2847 – WN gegen Staatscretaris van Financiën; *Vogel/Lehner/Engelschalk* DBA Art. 26 Rn. 39). Dies gilt jedoch gerade nicht für Art. 26 OECD-MA, weil hiernach lediglich eine Befugnis zur Erteilung von Spontanauskünften existiert, wobei es den Vertragsstaaten freisteht, hiervon Gebrauch zu machen (*Vogel/Lehner/Engelschalk* DBA Art. 26 Rn. 41).

(ff) Voraussetzungen von Automatischen Auskünften nach der EU-Zusammenarbeits-Verordnung auf dem Gebiet der USt

67 Auch nach der **EU-Zusammenarbeits-Verordnung auf dem Gebiet der USt** (Nr. 1798/ 2003 v. 07.10.2003, ABl. EU L 264, 1 ff.) ist ein Informationsaustausch ohne vorheriges Ersuchen gewährleistet. So regelt Art. 17, dass **automatische Auskünfte** zulässig sind, wenn:

- die Besteuerung im Bestimmungsmitgliedstaat erfolgen soll und die Wirksamkeit der dortigen Kontrollen notwendigerweise von der Übermittlung von Informationen aus dem Herkunftsmitgliedstaat abhängt;
- ein Mitgliedstaat Grund zur Annahme hat, dass in dem anderen Mitgliedstaat ein Verstoß gegen die MWSt.-Vorschriften begangen oder vermutlich begangen wurde;
- in einem anderen Mitgliedstaat die Gefahr eines Steuerverlustes besteht.

Nach Art. 19 können sich die zuständigen Behörden der Mitgliedstaaten „gegenseitig in jedem Fall im Wege des **spontanen Austauschs**" MWSt.-relevante Informationen „übermitteln, die ihnen bekannt werden" (*Hendricks*, Internationale Informationshilfe im Steuerverfahren, S. 260).

(gg) Zukünftig: Automatische und spontane Auskünfte auf der Basis der neuen Richtlinie 2011/16/EU über die Verwaltungszusammenarbeit im Bereich der Besteuerung

Am 15.02.2011 wurde die **neue Richtlinie 2011/16/EU** über die Verwaltungszusammenarbeit im 68 Bereich der Besteuerung geschaffen (Amtsblatt der EU L 064 v. 11.03.2011, S. 1 ff.; s.a. Mitteilung auf www.datev.de v. 11.03.2011). Sie **ersetzt die oben erwähnte Amtshilfe-Richtlinie 77/799/EWG** und gilt neben direkten auch für indirekte Steuern (mit Ausnahme der USt). Die Richtlinie beinhaltet die Einführung von Erleichterungen für den standardisierten Auskunftsaustausch über steuererhebliche Informationen ab 2011 zwischen den Mitgliedstaaten, wobei dieser Austausch vornehmlich auf elektronischem Wege erfolgen soll (Art. 21). Hinsichtlich der Regelungen zum Auskunftsaustausch orientiert sich die Richtlinie deutlich am OECD-Mustersteuerabkommen. Als Auskunftsformen sind der Informationsaustausch auf Ersuchen (Art. 5) sowie der „verpflichtende automatische" (Art. 8) und der „spontane Informationsaustausch" (Art. 9) geregelt. Sofern eine Finanzbehörde beabsichtigt, eine ausländische Stelle um die Erteilung einer Auskunft zu ersuchen, hat sie sich zuvor an das von den einzelnen Mitgliedstaaten jeweils festgelegte zentrale Verbindungsbüro zu wenden (Art. 4). Der **automatische Auskunftsverkehr** wird **spätestens ab 2015** greifen (Art. 29 Abs. 1). Die zuständigen Behörden jedes Mitgliedstaats übermitteln hierzu systematisch zuvor festgelegte Informationen an die zuständige Behörde jedes anderen Mitgliedstaats ohne deren vorheriges Ersuchen in regelmäßigen, im Voraus bestimmten Abständen – jedoch mindestens einmal jährlich (Art. 8 Abs. 6). Gem. Art. 8 Abs. 1 Buchst. a) bis e) werden hierbei in Bezug auf **Besteuerungszeiträume ab dem 01.01.2014** verfügbare Informationen über Personen übermittelt hinsichtlich des Einkommens aus unselbstständiger Arbeit, Aufsichts- oder Verwaltungsratsvergütungen, Lebensversicherungsprodukte, Ruhegehälter, Eigentum an unbeweglichen Gegenständen und Einkünfte daraus. Bis **Ende 2012** wird die EU-Kommission die für den automatischen Informationsaustausch geltenden praktischen Regelungen festlegen. Die für einen spontanen Informationsaustausch erforderlichen Voraussetzungen sind mit den in der Amtshilfe-Richtlinie 77/799/EWG hierzu genannten Fallgruppen identisch. Im Hinblick auf die Geheimhaltung der übermittelten Informationen gilt das Recht des empfangenden Staates (Art. 16). Eine Verwendung der Informationen für andere Zwecke als die Durchführung einer ordnungsgemäßen Besteuerung, darf, ebenso wie eine Weiterleitung an dritte Mitgliedstaaten, nur mit Zustimmung des übermittelnden Staates erfolgen (Art. 16 Abs. 2 und 3). Mitgliedstaaten können das **Übermitteln von Informationen verweigern**, wenn diese sich auf **Besteuerungszeiträume vor dem 01.01.2011** beziehen und die Übermittlung nach der Amtshilfe-Richtlinie 77/799/EWG hätte verweigert werden können (Art. 18 Abs. 3). Nach Art. 18 Abs. 2 kann eine ersuchte Behörde eines Mitgliedsstaates nunmehr die Erteilung einer Auskunft nicht mehr mit Hinweis auf das Bankgeheimnis (wonach in manchen Staaten keine Verpflichtung besteht, Informationen, die ausschließlich von Banken erlangt wurden, weiterzugeben) ablehnen. Die Richtlinie muss von den Mitgliedstaaten bis zum **01.01.2013** in nationales Recht umgesetzt werden.

b) Zugriff auf Datenbanken

Ein **Online-Zugriff** ist derzeit noch auf die **USt** und innerhalb der USt auf die Besteuerung des 69 innergemeinschaftlichen Erwerbs **beschränkt**. Die Möglichkeit dieses Online-Zugriffs ist Bestandteil des Mehrwertsteuer-Informationsaustausch-Systems (Value-Added-Tax-Information-Exchange-System, VIES; vgl. Art. 22 ff. VO 1798/2003/EG v. 07.10.2003, ABl. EG Nr. L 264 S. 1 und 2. Erwägungsgrund der Verordnung 143/2008/EG v. 12.02.2008 zur Änderung der VO/1798/2003/EG, ABl. EG Nr. L 44 v. 20.02.2008, S. 1). Wegen der positiven Erfahrungen der Finanzverwaltungen mit dieser Form der Kooperation ist jedoch damit zu rechnen, dass der Online-Zugriff demnächst auch in anderen Bereichen zum Einsatz kommen wird.

c) Anwesenheit deutscher Beamter

70 Oftmals ist ein unmittelbarer Eindruck vom Sachverhalt kaum verzichtbar. Daher haben Steuerbehörden schon vor Jahrzehnten begonnen, es Beamten eines ersuchenden Staates zu gestatten, an Ermittlungsmaßnahmen im hilfeleistenden Staat **teilzunehmen** (krit. *Eilers*, CR 1988, 901, 905; *Hamacher*, RIW 1987, 458 ff.). Man spricht insoweit von der „Hilfe durch Hinzuziehung zu inländischen Ermittlungshandlungen" (*Hendricks*, Internationale Informationshilfe im Steuerverfahren, S. 48 m.w.N.). Bei dieser Form der Kooperation darf ein Steuerbeamter des informationsbedürftigen Staates bei Ermittlungshandlungen des unterstützenden Staates **anwesend** sein. Es handelt sich um eine Sonderform der Ersuchenshilfe. Innerhalb Europas kann sie v.a. auf die EG-Amtshilfe-Richtlinie und die umsetzenden Bestimmungen sowie die EG-Zusammenarbeits-Verordnung gestützt werden. Nur der im Ausland zuständige Beamte ist jedoch befugt, eigene Ermittlungsmaßnahmen zu ergreifen; er ist Herr des Verfahrens und erlässt alle notwendigen Verfügungen. Der deutsche Beamte ist Repräsentant der deutschen Finanz- oder Strafverfolgungsbehörde. Bei den Ermittlungshandlungen hat er eine **passive Rolle**; seine Tätigkeit ist im Wesentlichen auf das **Beobachten** und die **Würdigung vorgelegter Beweismittel** beschränkt.

4. Folgen von Verfahrensfehlern und Rechtsschutz

71 Amts- und Rechtshilfeverfahren sind anfällig für Fehler. Dies liegt nicht ausschließlich daran, dass die Rechtslage komplex ist. Vereinzelt ist auch zu beobachten, dass Amts- oder Rechtshilfeersuchen gestellt werden, um Ermittlungshindernisse nach deutschem Recht zu umgehen (missbräuchliche Ersuchen). Ferner kann es vorkommen, dass der übermittelnde Staat seine Erkenntnisse durch Ermittlungsmaßnahmen erlangt hat, die gegen dort geltendes Recht verstoßen. Die Folgen solcher Verfahrensfehler und Möglichkeiten des Rechtsschutzes werden nachstehend dargestellt.

a) Folgen von Verfahrensfehlern

72 Erlangen deutsche Behörden ihre Erkenntnisse durch ein fehlerhaftes Verfahren, stellt sich die Frage, ob die Erkenntnisse im Besteuerungs- oder Strafverfahren **verwertbar** sind. Für das **Besteuerungsverfahren** wird ein Verwertungsverbot aus der Sphäre der Finanzverwaltung grds. abgelehnt (vgl. *Dreßler*, StBp 1982, 233, 237; *Runge*, RIW 1979, 73, 81), während aus der Sphäre der Berater ein Verwertungsverbot z.T. bereits dann gefordert wird, wenn Rechte des Steuerpflichtigen beschnitten wurden (vgl. Vögele/*Engler* Kap. D Rn. 92; *Kaligin*, DStZ 1990, 263, 264)

73 Ob und wenn ja, in welchem Umfang Beweismittel, die in einem fehlerhaften Amts- oder Rechtshilfeverfahren erlangt wurden, im Besteuerungs- oder im Strafverfahren verwertbar sind, ist damit in aller Regel eine Frage des Einzelfalls und von den jeweiligen Fachgerichten zu klären. Allerdings verspricht die insoweit erforderliche Abwägung kein allzu hohes Maß an Rechtsschutz und erhöht die Unsicherheit. Insb. das einzustellende Strafverfolgungsinteresse des Staates kann als abstrakte Größe nur schwer bewertet oder gar beziffert werden; ohnehin könnten ein steuerliches Mehrergebnis oder eine zu erwartende Geldstrafe aber nicht mit rechtsstaatlich begründeten Verfahrenspositionen saldiert werden. In **Zweifelsfällen** sollte auch zur Disziplinierung der Behörden ein Beweisverwertungsverbot bereits dann angenommen werden, wenn die Behörden im Amts- oder Rechtshilfeverfahren **bewusst** gegen Vorschriften verstoßen haben und die Rechtsposition des Steuerpflichtigen respektive des Beschuldigten infolge des fehlerhaften Verfahrens verschlechtert wurde (vgl. Rdn. 179).

b) Rechtsschutz gegen deutsche ausgehende Amtshilfeersuchen in Deutschland

aa) Zulässigkeit und statthafte Rechtsbehelfe

74 Für Rechtsbehelfe gegen deutsche ausgehende Amtshilfeersuchen im Besteuerungsverfahren ist der **Finanzrechtsweg** ist eröffnet (*Klein* § 117 Rn. 16). Da ausgehende Amtshilfeersuchen deutscher

Finanzbehörden mangels unmittelbarer Außenwirkung bloße nichtregelnde, zwischenbehördliche bzw. zwischenstaatliche Willenserklärungen darstellen und mithin **keine Verwaltungsakte** gem. § 118 AO sind, kann gegen ausgehende Ersuchen weder Einspruch noch Anfechtungsklage erhoben werden (*Schwarz* § 117 Rn. 48; HHSp/*Söhn* § 117 Rn. 81 f.). Dem Steuerpflichtigen stehen gegen das Auskunftsersuchen lediglich die Rechtsbehelfe der **Feststellungsklage nach § 41 Abs. 1 FGO** und der **vorbeugenden Unterlassungsklage** zur Verfügung (*Vögele/Engler*, Handbuch der Verrechnungspreise, Kap. F Rn. 154; *Korts/Korts*, IStR 2006, 869, 876 f.; *Pahlke/Koenig/Zöllner* § 117 Rn. 33; HHSp/*Söhn* § 117 Rn. 82; *Pump/Leibner/Loy* § 117 Rn. 19; TK/*Seer* § 117 Rn. 44). Zuständiges Gericht ist nach § 38 Abs. 2 FGO das FG, in dessen Bezirk der Kläger bzw. Antragsteller seinen Wohnsitz oder seine Geschäftsleitung hat (*Schwarz* § 117 Rn. 48). **Klagegegner** ist stets das **BMF** bzw. – sofern eine Zuständigkeitsübertragung nach § 5 Abs. 1 Nr. 5, 9 FVG erfolgt ist – das für die Entscheidung über die Auskunftserteilung zuständige **BZSt** (*Klein* § 117 Rn. 16). Gegen das FA, das dem BMF Informationen vorlegt, ist hingegen ein Unterlassungsanspruch nicht gegeben (BFH, 23.07.1986, BStBl. II 1987, S. 92, 93; *Stahlschmidt/Laws*, Handbuch des Auskunftsverkehrs in Steuersachen, S. 177). Eine Klagebefugnis kann sich aus **§ 30 Abs. 1 AO i.V.m. § 1004 Abs. 1 Satz 1 BGB analog** ergeben, wonach der betroffene Steuerpflichtige ein subjektives Recht auf Unterlassung des Ersuchens wegen drohender Verletzung des Steuergeheimnisses und des Rechts auf informationelle Selbstbestimmung im Wege der **Unterlassungsklage** geltend machen kann (BFH, BStBl. II 1992, S. 645, 646; BFH, IStR 2006, 351, 353; Pelz, RIW 2007, 457, 460).

bb) Begründetheit

Soweit i.R.d. Amtshilfeersuchens von der informationsbedürftigen Stelle personen- oder betriebs- 75 bezogene Daten ins Ausland übermittelt werden, stellt dies einen Eingriff in das Grundrecht auf informationelle Selbstbestimmung insb. hinsichtlich des Steuergeheimnisses (Art. 2 Abs. 1 i.V.m. Art. 1 Abs. 1 GG) bzw. vgl. § 30 Abs. 1 AO i.V.m. § 1004 Abs. 1 Satz 1 BGB analog) dar (*Hendricks*, Internationale Informationshilfe im Steuerverfahren, S. 367). Da dieser Eingriff letztlich dem Besteuerungsverfahren dient, ist zwar dessen Zulässigkeit gem. § 30 Abs. 4 Nr. 1 AO gegeben (*Schaumburg*, Internationales Steuerrecht, Rn. 19.67; Runge, RIW 1979, 73, 84; *Hendricks*, Internationale Informationshilfe im Steuerverfahren, S. 372). Allerdings ergibt sich aus dem Verhältnismäßigkeitsgrundsatz, dass die Angaben auf das Notwendigste zu beschränken sind (*Randt*, Der Steuerfahndungsfall, C Rn. 254). Entspricht das Ersuchen nicht diesen Vorgaben, so ist es als rechtwidrig anzusehen. Ebenso ist von der Rechtswidrigkeit des Auskunftsverkehrs auszugehen, wenn der ersuchende oder der ersuchte Staat, entgegen seiner sich aus den jeweiligen einschlägigen Rechtsgrundlagen ergebenden Verpflichtungen zum Geheimnisschutz, von seiner Auskunftsverweigerungsrecht nicht Gebrauch macht und die dem Steuergeheimnis unterliegenden Angaben offenbart. Dabei gestaltet sich für den betroffenen Steuerpflichtigen der Nachweis oder zumindest die Glaubhaftmachung der fehlenden Einhaltung des Steuergeheimnisses im Empfängerstaat zumeist als sehr schwierig (*Seer*, IWB 2009, Gr. 2, F. 10, 2067, 2078). Erfolgreich nachgewiesen wurde dies jedoch etwa in einem Verfahren des vorläufigen Rechtsschutzes (Anordnungsverfahren) vor dem FG Köln durch Vorlage eines empirischen Privatgutachtens (FG Köln, EFG 2008, 1764 m. Anm. Herlinghaus). Dabei hatte der Privatgutachter Auskünfte von türkischen Steuerberatern, Verbänden, Journalisten und Anwälten eingeholt sowie Pressemitteilungen über die Verletzung des Steuergeheimnisses durch türkische Finanzbehörden ausgewertet. Auf dieser Basis untersagte das FG Köln einstweilig die beabsichtigte Spontanauskunft des FA für Groß- und Konzernbetriebsprüfung an die türkische Finanzverwaltung, obwohl Art. 26 Abs. 1 Satz 2 DBA Türkei eine „Große Auskunftsklausel" enthält, da das in Art. 26 Abs. 1 Satz 2 DBA Türkei verankerte internationale Steuergeheimnis in der Türkei nicht gewährleistet sei (*Seer*, IWB 2009, Gr. 2, F. 10, 2067, 2078). Der ausländische Steuerpflichtige kann sich gegen die Auskunfterteilung durch eine deutsche Finanzbehörde nur erfolgreich wehren, wenn sie seine Geheimnissphäre berührt, nicht wegen ihrer Auswirkungen auf seine (zutreffende) Besteuerung (vgl. HHSp/*Söhn* Rn. 210).

cc) Einstweiliger Rechtsschutz

76 Zusätzlich kann der betroffene Steuerpflichtige als vorläufigen Rechtsschutz eine **einstweilige Anordnung gem. § 114 FGO** beantragen, nicht durch einen Antrag auf Aussetzung der Vollziehung, AdV (BFH, DB 2006, 877; TK/*Seer* § 117 Rn. 44; HHSp/*Söhn* § 117 Rn. 82; Pump/Leibner/*Loy* § 117 Rn. 19). Sein Vorgehen hat dabei insb. Aussicht auf Erfolg, wenn gewährleistet ist, dass sich der Sachverhalt auch durch seine Mitwirkung oder durch im Inland verfügbare Beweismittel hinreichend klären ließe und er die Vorlage der Unterlagen zeitnah ankündigt, da dann nicht von einer Erforderlichkeit des Auskunftsersuchens ausgegangen werden kann (Pump/Leibner/*Loy* § 117 Rn. 19). Will sich der betroffene Steuerpflichtige im Wege des einstweiligen Rechtsschutzes gegen einen Verstoß gegen den Geheimnisschutz wenden, so hat er substantiiert nachzuweisen, dass seine Geschäfts- und Betriebsgeheimnisse bei Weitergabe der Informationen ernsthaft gefährdet seien (*Seer*, IWB 2009, Gr. 2, F. 10, 2067, 2079). Als Anordnungsgrund genügen solche Nachteile nicht, die von der Erfassung tatsächlich erzielter Einnahmen in einem ausländischen Besteuerungsverfahren ausgehen (FG Hessen, EFG 1995, 756), denn sie entsprechen dem Zweck der Amtshilfeleistung. Ein Anordnungsgrund ist nur dann gegeben, wenn ins Gewicht fallende und über die Besteuerung im Ausland hinausgehende Nachteile glaubhaft gemacht werden (BFH, BStBl. II 1988, S. 412).

5. Besonderheiten der Gewährung von Amtshilfe durch einzelne Staaten

77 Ob und ggf. unter welchen Voraussetzungen sowie in welchem Umfang Amtshilfe geleistet wird, unterscheidet sich im Einzelfall erheblich. In der jüngeren Vergangenheit ist grds. eine **Intensivierung der Amtshilfe** zu beobachten; insb. manche als „Steueroasen" bezeichnete Länder haben auf internationalen Druck den OECD-Standards entsprechende Regelungen implementiert, um einen Eintrag in „schwarzen Listen" zu vermeiden. Nachstehend werden Besonderheiten bei der Gewährung von Amtshilfe in einigen Staaten exemplarisch dargestellt, mit denen der im Steuerstrafrecht tätige Praktiker regelmäßig zu tun hat (zu Besonderheiten im Rechtshilfeverkehr vgl. Rdn. 282 ff.).

a) Luxemburg

aa) DBA mit Luxemburg von 1958

78 Die BRD hat mit dem Großherzogtum Luxemburg 1958 ein *„Abkommen zur Vermeidung der Doppelbesteuerungen und über die gegenseitige Amts- und Rechtshilfe auf dem Gebiete der Steuern vom Einkommen und vom Vermögen sowie der Gewerbesteuern und der Grundsteuern"* geschlossen, welches 1960 in Kraft trat (BStBl. I 1959, S. 1022 ff. u. BStBl. I 1960, S. 398) und durch das Ergänzungsprotokoll von 1973 (BStBl. I 1978, S. 72) geändert wurde.

79 Die Amtshilfe ist in diesem Abkommen in Art. 23 geregelt. Hierin wird zunächst in Abs. 1 festgelegt, dass die beiden Vertragsstaaten sich bei der Veranlagung und Erhebung der unter das DBA fallenden Steuern gegenseitig Amtshilfe gewähren. Der Informationsaustausch kann insoweit in Form von **Ersuchensauskünften** und/oder **automatischen und spontanen Auskünften** erfolgen. In der **Praxis** werden allerdings **automatische Auskünfte nicht** erteilt (*Stahlschmidt/Laws*, Handbuch des Auskunftsverkehrs in Steuersachen, S. 256). In Abs. 2 wird sodann deutlich gemacht, dass solche Auskünfte ausgetauscht werden sollen, die zur Durchführung dieses Abkommens, insb. zur Vermeidung von Steuerverkürzungen, notwendig sind (**„kleine Auskunftsklausel"**, Debatin/Wassermeyer/*Siegers* Luxemburg Art. 23 Rn. 16 ff.; a.A. Gosch/Kroppen/Grotherr Art. 23 Luxemburg Rn. 3).

80 Die hierunter fallenden **Steuerverkürzungen** sind ausschließlich solche, die im Zusammenhang mit der Durchführung des Abkommens stehen (Debatin/Wassermeyer/*Siegers* Luxemburg Art. 23 Rn. 21). Dabei ist zu beachten, dass für den Informationsaustausch ein Verdacht einer Steuerstraftat nicht bestehen muss, da lediglich eine „Verkürzung" gefordert ist, die auch ohne Vorsatz oder Fahrlässigkeit des Steuerpflichtigen vorliegen kann (Debatin/Wassermeyer/*Siegers*

Luxemburg Art. 23 Rn. 21). Aus dem Hinweis auf die Steuerverkürzung folgt, dass die „Durchführung" des Abkommens weit auszulegen ist, also letztlich jede in Bezug zum Abkommen stehende Steuerminderung ausreicht (Debatin/Wassermeyer/*Siegers* Luxemburg Art. 23 Rn. 21).

▶ **Beispiel:**

Aus Einkünften, die der Steuerpflichtige aus dem ersuchten Staat bezieht kann sich eine steuererhöhende Wirkung im ersuchenden Staat ergeben; anders jedoch, wenn der Wohnsitzstaat beim anderen Vertragsstaat um Auskunft zu Einkünften ersucht, für die der andere Vertragsstaat unter keinen Umständen ein Besteuerungsrecht haben kann (Debatin/Wassermeyer/Siegers Luxemburg Art. 23 Rn. 21).

Weiterhin ist es nach dem Abkommen möglich, Auskünfte zu erteilen, die der **Bestimmung der rich- 81 tigen abkommensrechtlichen Einkunftsart** dienen, sofern dies Auswirkungen auf die Besteuerungsrechte nach DBA haben kann. Demgemäß ist im Endeffekt eine gewisse Annäherung an die „große Auskunftsklausel" zu verzeichnen (Debatin/Wassermeyer/*Siegers* Luxemburg Art. 23 Rn. 21).

Nach Abs. 2 Satz 2 ist eine **ausgedehnte Ermittlungspflicht** der nationalen Behörden, die über 82 vorhandene oder ohne besonderen Ermittlungsaufwand beschaffbare Informationen hinausgeht, **nicht notwendig.** Sofern die angefragten Informationen den luxemburgischen Behörden nicht verfügbar sind, kommen die innerstaatlichen Regelungen über die zulässigen Ermittlungsbefugnisse der Finanzverwaltung zur Anwendung (*Stahlschmidt/Laws*, Handbuch des Auskunftsverkehrs in Steuersachen, S. 256). Eine **Weitergabe** von verfügbaren Informationen ist der Finanzverwaltung nur dann gestattet, wenn der betroffene **Steuerpflichtige vorab** von dem Vorgang **unterrichtet** worden ist und ihm die Möglichkeit eingeräumt wurde, seine rechtlichen Bedenken bzw. die Rechtmäßigkeit der Auskunftserteilung bei den Behörden geltend zu machen (*Stahlschmidt/Laws*, Handbuch des Auskunftsverkehrs in Steuersachen, S. 256 f.). Nach Abs. 3 unterliegt der Vertragsstaat der Verpflichtung, die erhaltenen Informationen entsprechend dem geltenden innerstaatlichen Recht **geheim zu halten** und keinen anderen Personen zugänglich zu machen, als denen, die i.R.d. Steuerveranlagung und -erhebung bei zuständigen Behörden und Gerichten mit der Sache befasst sind.

bb) EG-Amtshilfe Richtlinie

Die **Richtlinie 77/799/EWG** über die gegenseitige Amtshilfe wurde von Luxemburg in inner- 83 staatliches Recht umgesetzt (*Stahlschmidt/Laws*, Handbuch des Auskunftsverkehrs in Steuersachen, S. 257). Die EG-Amtshilfe-Richtlinie gewährt den luxemburgischen Behörden keine weiter gehenden Rechte und Ermittlungsbefugnisse, als diejenigen, die im luxemburgischen Recht verankert sind. Die von Luxemburg zur Erfüllung seiner Pflichten aus der gegenseitigen Amtshilfe angewendeten Regelungen und Voraussetzungen sind so beschaffen, dass möglichst die z.T. gegensätzlichen Interessen der persönlichen Freiheit, der staatlichen Souveränität und der Solidarität zu den anderen EG-Mitgliedstaaten angemessen Berücksichtigung finden (*Stahlschmidt/Laws*, Handbuch des Auskunftsverkehrs in Steuersachen, S. 257). Die **Neufassung der EU-Amtshilfe-Richtlinie** (RL 2011/16/EU) wird auch den Informationsaustausch zwischen Deutschland und Luxemburg nachhaltig beeinträchtigen, da insoweit der automatische Auskunftsverkehr verpflichtend wird und eine bloße Berufung auf das Bankgeheimnis dann nicht mehr möglich ist (www.spiegel.de v. 07.12.2010; www.sueddeutsche.de v. 08.12.2010; Monatsbericht des Bundesfinanzministeriums vom Dezember 2010 auf www.bundesfinanzministerium.de).

In Nr. 27 des Schlussprotokolls zu dem Abkommen wird neben den üblichen Geheimhaltungs- 84 klauseln wird explizit der Schutz des sog. **Bankgeheimnisses** vereinbart. Danach besteht keine Verpflichtung, dass Informationen, die ausschließlich von Banken erlangt wurden, dem Vertragspartner mitgeteilt werden müssen. Aufgrund der nationalen Vorschriften in Luxemburg ergibt sich überdies sogar ein **Verbot** der Weitergabe solcher Daten (*Stahlschmidt/Laws*, Handbuch des Auskunftsverkehrs in Steuersachen, S. 257).

cc) Änderungsprotokoll zum DBA mit Luxemburg von 2009

85 Im Jahr 2009 unterzeichneten beide Staaten ein noch nicht ratifiziertes **Protokoll zur Änderung des Abkommens**. Erfasst werden von diesem dann **Steuerjahre oder Veranlagungszeiträume, die 2010 beginnen** (s.: staatenbezogene Informationen zu Luxemburg auf www.bundesfinanzministerium.de, Stand: Juni 2011). Nach diesem Revisionsprotokoll enthält Art. 23 nunmehr Regelungen über den Informationsaustausch, welche sich weitestgehend an Art. 26 des OECD-Musterabkommens orientieren. Hiernach tauschen die zuständigen Behörden der Vertragsstaaten die Informationen aus, die zur Durchführung dieses Abkommens oder zur Anwendung oder Durchsetzung des innerstaatlichen Rechts betreffend Steuern jeder Art und Bezeichnung, die für Rechnung eines Vertragsstaats, eines seiner Länder oder einer ihrer Gebietskörperschaften erhoben werden, voraussichtlich erheblich sind („**Große Auskunftsklausel**").

b) Fürstentum Liechtenstein

86 Ein **DBA** zwischen dem Fürstentum Liechtenstein und Deutschland **existierte bisher nicht**. In der **Vergangenheit** wäre die Gewährung umfassender bilateraler Amtshilfe in Steuerangelegenheiten durch das Fürstentum Liechtenstein regelmäßig nicht möglich gewesen. Anonymität und Verschwiegenheit wurden als Standortfaktoren und Stützpfeiler des Finanzplatzes Liechtenstein angesehen (*Hecht/Lampert/Schulz*, BB 2010, 2727, 2727). Im Anschluss an die Initiative zur Bekämpfung des schädlichen Steuerwettbewerbs Ende der neunziger Jahre setzte die OECD das Fürstentum Liechtenstein zusammen mit 34 anderen Staaten auf die sog. „Schwarze Liste" der unkooperativen Steueroasen. In den folgenden Jahren bekannte sich die Mehrzahl der gelisteten Staaten zum OECD-Standard, sodass das Fürstentum Liechtenstein im Jahr 2004 eines von zu diesem Zeitpunkt nur noch fünf gelisteten Staaten war. Bis ins Jahr 2008 hatte Liechtenstein mit noch keinem Staat ein Steuerinformationsabkommen geschlossen. Erst 2008 diesem Jahr schloss das Fürstentum Liechtenstein mit den USA sein erstes Steuerinformationsabkommen überhaupt (*Hosp/Langer*, Steuerstandort Liechtenstein, § 3, Rn. 52). Rechtshilfe (nicht steuerrechtliche Amtshilfe) gewährte das Fürstentum Liechtenstein lediglich in Fällen sog. Steuerbetrugs Rechtshilfe.

87 Am 12.03.2009 hat das Fürstentum Liechtenstein schließlich die OECD-Standards zur internationalen Kooperation in Steuerangelegenheiten anerkannt („Liechtenstein Declaration"). Für den **Amtshilfeverkehr mit Deutschland** ist das „Abkommen über die Zusammenarbeit und den Informationsaustausch in Steuersachen" aus dem Jahr 2009 (**Tax Information Exchange Agreement**, „**TIEA**" s.: staatenbezogene Informationen zu Liechtenstein auf www.bundesfinanzministerium.de, Stand: Juni 2011 maßgeblich. Das TIEA bildet ein **selbstständiges Regelwerk**, was es von anderen internationalen Regelungen, die in DBA integriert sind, unterscheidet. Grundlage des TIEA bildet das Musterabkommen der OECD über Steuerinformationsabkommen aus dem Jahr 2002, welches vom DBA-MA der OECD zu unterscheiden ist.

aa) Zeitliche Anwendbarkeit des TIEA

88 Das TIEA ist seit dem 28.10.2010 in Kraft (vgl. Art. 13 Abs. 1 TIEA) und ist **nur auf die Steuerjahre oder Veranlagungszeiträume anzuwenden, die am oder nach dem 01.01.2010 beginnen** (Art. 13 Abs. 2 TIEA). Die deutsche Finanzverwaltung darf daher kein Ersuchen auf Auskunft über Informationen stellen, die sich auf Veranlagungszeiträume vor dem 01.01.2010 beziehen. Insofern ist **keine direkte Rückwirkung** des TIEA möglich. Es besteht jedoch Einvernehmen darüber (vgl. Nr. 4 des Protokolls), dass nach dem TIEA erteilte Auskünfte i.R.d. in Art. 1 TIEA genannten Zwecke zur weiteren Beurteilung auch für Zeiträume herangezogen werden können, auf die die erteilten Auskünfte nicht bezogen waren. Man kann daher von einer **indirekten Rückwirkung** sprechen, da die deutsche Finanzverwaltung Informationen, die sie i.R.d. Informationsaustauschs erlangt hat, auch für die steuerrechtliche Beurteilung von Veranlagungszeiträumen vor 01.01.2010 nutzen kann, so z.B. im Wege der Schätzung gem. § 162 AO (vgl. *Hecht/Lampert/Schulz*, BB 2010, 2727, 2729). Die Amtshilfe auf Basis des TIEA könnte daher insb. bei nach-

weislich langjährigen Geldanlagen in Liechtenstein mit unversteuerten Kapitalerträgen Informationen zutage fördern, die für den gesamten nicht festsetzungsverjährten Zeitraum auch vor 2010, d.h. u.U. 10 Jahre zurück (§ 169 Abs. 2 Satz 2 AO) Festsetzungen im Schätzungswege ermöglichen.

bb) Verfahrensrechtliche und inhaltliche Besonderheiten im Hinblick auf das Fürstentum Liechtenstein

Zuständige Behörde nach Art. 1 TIEA ist in Liechtenstein die Regierung des Fürstentums Liech- 89 tenstein oder deren Bevollmächtigter. In **Art. 3 TIEA** sind die von dem Abkommen umfassten Steuern abschließend aufgeführt (vgl. *Hecht/Lampert/Schulz*, BB 2010, 2727, 2729). **Auf deutscher Seite** erscheint es problematisch, ob auch die **Schenkungsteuer** einbezogen werden soll, da diese vom Wortlaut des Art. 3 TIEA **nicht eigens erfasst** ist. Zu einer Erfassung der Schenkungsteuer käme man mit dem Argument, die Vertragsparteien hätten mit der Benennung der „Erbschaftsteuer" alle Steuern gemeint, die im Erbschaftsteuergesetz enthalten sind. Gegen diese Auffassung spricht jedoch einerseits, dass Art. 3 TIEA im Unterschied zu Art. 26 OECD-MA den sachlichen Anwendungsbereich auf die darin genannten Steuern beschränkt und damit der grundsätzliche Wille der Vertragsparteien deutlich wird, diesen möglichst restriktiv zu halten. Dies spricht gegen eine Anwendung des TIEA auf Steuern, die nicht ausdrücklich in Art. 3 Abs. 1 TIEA genannt sind (*Hosp/Langer* § 4 Rn. 21). Noch deutlicher offenbart Art. 3 Abs. 2 TIEA, der die Aufnahme von Steuern in den Katalog des Art. 3 an Bedingungen geknüpft ist, die sogar über die Bedingungen des OECD-MA für TIEA hinausgehen, wie wichtig es den Vertragsparteien war, dass sich der sachliche Anwendungsbereich nicht etwa automatische erweitert, sondern stattdessen – im Sinne größtmöglicher Klarheit – jede erfasste Steuer im Abkommen ausdrücklich und formgemäß zu benennen ist. Den Begriff der Schenkungsteuer als von dem der Erbschaftsteuer umfasst anzusehen, dürfte diesem Willen der Vertragsparteien widersprechen (*Hosp/Langer* § 4 Rn. 21). Im Ergebnis sprechen die besseren Gründe **gegen die Ausweitung des sachlichen Geltungsbereichs** über den Wortlaut des Art. 3 Abs. 1 Buchst. a) TIEA hinaus auf die Schenkungsteuer.

Die **wesentlichen Maßnahmen** sind in den **Art. 5 bis 7 TIEA** geregelt. Nach Art. 5 TIEA kann 90 Auskunft auf Ersuchen erteilt werden. Art. 6 TIEA trifft Regelungen hinsichtlich Steuerprüfungen im Ausland. Art. 7 TIEA regelt, unter welchen Voraussetzungen das Ersuchen einer Vertragspartei von der anderen Vertragspartei abgelehnt werden kann, wobei sich die Voraussetzungen gleichermaßen auf Art. 5 TIEA und Art. 6 TIEA beziehen.

Im Unterschied zu Art. 26 Abs. 1 OECD-MA (vgl. Rn. 12; OECD-MA-Komm. Art. 26, 91 Rn. 9; Vogel/Lehner/*Engelschalk* Art. 26 OECD-MA, Rn. 39) werden **Auskünfte nach Art. 5 Abs. 1 Satz 1 TIEA nur auf Ersuchen** erteilt. Eine automatischer und spontaner Auskunftsverkehr ist ausgeschlossen. Abweichend zum OECD-MA (vgl. Rn. 11) ist ferner, dass das **Ersuchen auf „voraussichtlich erhebliche" Informationen beschränkt** ist. Damit muss die verlangte Information konkret, d.h. **im Einzelfall** erheblich sein und die ersuchende Vertragspartei muss gem. Art. 5 Abs. 5 Buchst. a) und e) TIEA in ihrem Ersuchen begründen, warum sie die verlangte Information für **konkret erheblich** hält; Zweck dieses Erfordernisses ist es, abstrakte Anfragen, mit denen Beweisausforschung betrieben werden kann, zu verhindern (*Hosp/Langer* § 4 Rn. 120). Dabei muss die ersuchte Vertragspartei die Informationen weder für ihre eigenen steuerlichen Zwecke benötigen, noch muss das Verhalten im ersuchten Staat, wäre es auf dessen Boden begangen worden, eine Straftat darstellen (Art. 5 Abs. 1 Satz 1 TIEA). I.R.d. detaillierten Ersuchens ist für die hinreichend bestimmte Identität iSd. **Art. 5 Abs. 5 TIEA Buchst. g)** eine **Namensnennung nicht erforderlich**, sofern sich die Identität aus anderen Anhaltspunkten bestimmten lässt (vgl. Nr. 2 der Protokollbestimmungen). Damit ist Buchst. g) weniger streng als im Fall eines Auskunftsersuchens an die Schweiz, die eine zweifelsfreie Identifikation des Informationsinhabers verlangt (Art. 5 Abs. 3 Buchst. b) Nr. 3 der sog. Verordnung über die Amtshilfe und Doppelbesteuerungsabkommen [ADV]) (*Hosp/Langer* § 4 Rn. 122; *Schwartz/Tippelhofer*, IStR 2011, 249, 253). Die praktische

Relevanz dieser ausnahmsweise für Buchst. g) ausreichenden Kontonummer dürfte sich allerdings in Grenzen halten, da die Voraussetzungen des Art. 5 Abs. 5 TIEA kumulativ vorliegen müssen. Bei der verpflichtenden Auskunftserteilung verfügt die Behörde der ersuchte Vertragspartei entweder über **eigene Informationen** oder muss die Informationen alternativ **von Dritten** beschaffen, vgl. Art. 5 Abs. 3 TIEA. In letztgenanntem Fall ist die ersuchte Vertragspartei auch zur Anwendung von Zwangsmaßnahmen verpflichtet (*Hosp/Langer* § 4 Rn. 37 f.). Die ersuchte Vertragspartei hat dabei folgende in **Art. 5 Abs. 4 TIEA** abschließend aufgeführten Informationen zu erteilen, wobei der ersuchende Staat (Deutschland) die Form der Auskunftserteilung (Art. 5 Abs. 3 TIEA) festlegen kann:

– Auskünfte von Banken, anderen Finanzinstituten oder Personen, einschließlich Bevollmächtigten und Treuhändern, die als Vertreter oder Treuhänder handeln;
– Auskünfte über Eigentumsverhältnisse an Gesellschaften, Gemeinschaften und anderen Personen, einschließlich
– bei Investmentfonds oder Investmentsystemen für gemeinsame Anlagen Auskünfte über Gesellschaftsanteile, Fondsanteile und sonstige Anteile;
– bei Trusts Auskünfte über Treugeber, Protektoren und Treuhandbegünstigte;
– bei Stiftungen und Anstalten Auskünfte über Gründer, Mitglieder des Stiftungsrats und Begünstigte.

Dies gilt allerdings nur unter der Voraussetzung, dass durch dieses Abkommen keine Verpflichtung der Vertragsparteien geschaffen wird, Informationen über Eigentumsverhältnisse einzuholen oder zu erteilen, die börsennotierte Gesellschaften oder öffentliche Investmentfonds oder öffentliche Investmentsysteme für gemeinsame Anlagen betreffen, es sei denn, diese Informationen können ohne unverhältnismäßig große Schwierigkeiten eingeholt werden.

92 **Art. 6 TIEA** erlaubt darüber hinaus **Steuerprüfungen des ersuchenden Vertragsstaats im ersuchten Vertragsstaat**. Dies sowohl in der Form, dass Steuerbeamte der ersuchenden Vertragspartei selbstständig im Hoheitsgebiet der ersuchten Partei Steuerprüfungen durchführen (Art. 6 Abs. 1 TIEA), als auch, dass Steuerbeamte der ersuchenden Vertragspartei bei Steuerprüfungen durch die zuständige Behörde der ersuchten Vertragspartei anwesend sind (Art. 6 Abs. 2 und 3 TIEA). **Voraussetzung** hierfür ist das Ersuchen einer Vertragspartei sowie im Fall des Art. 6 Abs. 1 TIEA zusätzlich die Zustimmung der betroffenen Personen. Art. 6 Abs. 2 TIEA erfordert diese Zustimmung nicht. Nach dessen Wortlaut („kann [...] gestatten") ist jedoch das Ersuchen in das Ermessen der ersuchten Vertragspartei gestellt. Steuerbeamten des ersuchenden Staates wird die Einreise in den ersuchten Staat gewährt, um dort natürliche Personen zu befragen und Unterlagen zu prüfen. Jedoch haben die Steuerbeamten der ersuchenden Vertragspartei keine Ermittlungsbefugnisse, d.h. sie können Zwangsmaßnahmen nicht androhen und erst recht nicht anwenden (*Hosp/Langer* § 4 Rn. 60).

93 Nach **Art. 7 TIEA** besteht die Möglichkeit der **Ablehnung eines Ersuchens**. Die Bestimmungen des Art. 7 TIEA gelten allgemein als negative Voraussetzungen für die Art. 5 und 6 TIEA. Gem. **Art. 7 Abs. 1 TIEA** kann die zuständige Behörde der ersuchten Vertragspartei ein Ersuchen der ersuchenden Partei ablehnen, wenn

– das Ersuchen nicht in Übereinstimmung mit diesem Abkommen gestellt wurde;
– die ersuchende Vertragspartei nicht alle ihr zur Verfügung stehenden alternativen Maßnahmen ergriffen hat, mit Ausnahme solcher, die unverhältnismäßig wären;
– die Erteilung der erbetenen Auskünfte der öffentlichen Ordnung (ordre public) der ersuchten Vertragspartei widerspräche. Zu beachten ist hierbei, dass die **Interpretationen** hinsichtlich der öffentlichen Ordnung (**ordre public**) gem. OECD-MA und gem. TIEA Liechtenstein **auseinanderfallen:** Nach dem OECD-MA handelt es sich bei dem Vorbehalt des ordre public um eine besondere Ausprägung des völkerrechtlichen Grundsatzes, dass eine Vertragspartei nicht zu Maßnahmen verpflichtet ist, die mit den grundlegenden Wertungen des innerstaatlichen Rechts nicht zu vereinbaren wären, weil sie lebenswichtige Interessen des Staates selbst betref-

fen (vgl. OECD-Komm., Art. 26, Nr. 19.5). Es handelt sich um ein Instrument zur Beseitigung rechtlicher Wertungswidersprüche in Extremfällen, das demgemäß nur in Ausnahmefällen zulässig ist (Vogel/Lehner/*Engelschalk* Art. 26 OECD-MA, Rn. 112), weil die Auskunft in einen unerträglichen Widerspruch zu den grundlegenden Gerechtigkeitsvorstellungen der ersuchten Vertragspartei stehen würde (Vogel/Lehner/*Engelschalk* Art. 26 OECD-MA, Rn. 112). Der OECD-MA-Komm. nennt beispielhaft, dass steuerliche Ermittlungen durch die ersuchende Vertragspartei durch politische, rassische oder religiöse Verfolgung motiviert wären (OECD-Komm., Art. 26, Nr. 19.5). Nach **Liechtensteinischer Auffassung** hingegen scheint der ordre-public-Vorbehalt bereits dann zulässig zu sein, wenn das Verfahren der ersuchenden Vertragspartei erst durch eine strafbare Handlung in Liechtenstein ermöglicht wurde, bspw. durch den „Diebstahl" von Bankdaten und deren Ankauf (*Hosp/Langer* § 4 Rn. 72, 126).

Gem. **Art. 7 Abs. 2 TIEA** verpflichtet das Abkommen die ersuchte Vertragspartei darüber hinaus nicht

- zur Übermittlung von Informationen, die einem Aussageverweigerungsrecht unterliegen, oder zur Preisgabe eines Handels-, Industrie-, Gewerbe- oder Berufsgeheimnisses oder eines Geschäftsverfahrens, wobei hierin eine Ausnahmeregelung zu Art. 5 Abs. 4 TIEA zu sehen ist;
- zur Durchführung rechtswidrigen Verwaltungshandelns des ersuchten Staates mit Ausnahme der Verpflichtungen aus Art. 5 Abs. 4 TIEA.

Um einem einseitigen Informationsverkehr vorzubeugen, ist die ersuchte Vertragspartei gem. **94** Art. 7 Abs. 4 TIEA darüber hinaus nicht zu Auskünften verpflichtet, die die ersuchende Vertragspartei innerhalb ihres Hoheitsgebietes nach innerstaatlichem Recht nicht ermitteln dürfte oder deren Ermittlung – obwohl erlaubt – nicht ihrer Verwaltungspraxis entspräche (**Reziprozitätsprinzip**). Der Informationsaustausch wird damit auf Informationen beschränkt, die nach Recht und Verwaltungspraxis beider Vertragsparteien ermittelt würden. Ferner müssen Auskünfte nicht erteilt werden, wenn die Auskunft dazu führt, dass Staatsangehörige der ersuchten Vertragspartei ggü. Staatsangehörigen der ersuchenden Partei benachteiligt werden, **Art. 7 Abs. 5 TIEA (Diskriminierungsverbot)**. Allerdings darf ein Auskunftsersuchen nicht mit der Begründung abgelehnt werden, dass die dem Ersuchen zugrunde liegende Steuerforderung strittig sei, Art. 7 Abs. 3 TIEA.

Nach **Art. 8 Abs. 1 TIEA** unterliegen die von den zuständigen Behörden der Vertragsparteien **95** erteilten und empfangenen Auskünfte der **Vertraulichkeit**. Die Auskünfte dürfen gem. Art. 8 Abs. 2 TIEA nur den Personen oder Behörden zugänglich gemacht werden, die mit den in Art. 1 TIEA bezeichneten Aufgaben befasst sind. Im Unterschied zu Art. 26 Abs. 2 OECD-MA sind damit die Vollstreckung und die Entscheidung über Rechtsmittel nicht mit eingeschlossen.

c) Schweiz

Die Entwicklungen zur Gewährung von Amtshilfe bei Steuersachen durch die Schweiz sind im **96** Fluss. Noch bis vor Kurzem war die Schweiz bei der Gewährung zwischenstaatlicher Amts- und Rechtshilfe ausgesprochen zurückhaltend. Grds. hat auch die Schweiz im Jahr 2009 erklärt, die OECD-Standards anzuerkennen und entsprechende Regelungen umsetzen zu wollen. Für Amtshilfeersuchen deutscher Behörden ist derzeit zunächst das bilaterale, **revidierte Doppelbesteuerungsabkommen** zwischen Deutschland und der Schweiz (**DBA DE/CH**; s.: staatenbezogene Informationen zur Schweiz auf www.bundesfinanzministerium.de, Stand: Juni 2011) relevant („Protokoll zur Änderung des Abkommens vom 11. August 1971 zwischen der Bundesrepublik Deutschland und der Schweizerischen Eidgenossenschaft zur Vermeidung der Doppelbesteuerung auf dem Gebiete der Steuern vom Einkommen und vom Vermögen in der Fassung des Revisionsprotokolls vom 12. März 2002"). Insgesamt wird die **Amtshilfe deutlich erleichtert werden** (vgl. *Holenstein*, PStR 2011, 41 ff.), v.a. durch die Vereinbarung einer „großen" Auskunftsklausel nach den Vorgaben des Art. 26 OECD-MA im neu gefassten Art. 27 DBA DE/CH (*Schwartz/Tippelhofer*, IStR 2011, 249, 249). Ein **konkreter Verdacht** hinsichtlich einer Steuerstraftat ist dann **nicht mehr erforderlich**; erst recht muss **kein Steuerstrafverfahren** geführt werden. Vielmehr wird es genügen, dass die begehrten Informationen voraussichtlich **für die Besteuerung erheblich** sind. Für die Amtshilfe im Besteuerungsverfahren wird nicht mehr erforderlich sein, dass das nach dem Amtshilfeersuchen geschilderte Verhalten eines ausländischen Steuerbürgers nach Schweizer Recht als Abgaben- oder Steuerbetrug anzusehen wäre (vgl. *Holenstein*, PStR 2011, 41, 42).

aa) Zeitliche Anwendbarkeit des DBA DE/CH

97 Das **am 27.10.2010 unterzeichnete** Protokoll **bedarf zu seiner Wirksamkeit noch der Ratifikation**, wobei davon auszugehen ist, dass die Ratifikation **im Laufe des Jahres 2011** erfolgen wird (*Schwartz/Tippelhofer*, IStR 2011, 249, 250). Das revidierte DBA DE/CH tritt mit Austausch der Ratifikationsurkunden in Kraft, vgl. Art. 6 Abs. 2 des Änderungsprotokolls DBA DE/CH.

98 Hiervon zu unterscheiden ist die **zeitliche Anwendbarkeit der Neuregelungen** auf Auskunftsersuchen. Das revidierte DBA DE/CH ist ausschließlich auf Auskunftsersuchen anwendbar, die **nach dem Inkrafttreten des Änderungsprotokolls DBA DE/CH** gestellt werden und sich auf **Zeiträume nach dem 01.01.2011** beziehen. Jedoch wurde bei der Aushandlung des Änderungsabkommens durchgehend zwischen Bankdaten und sonstigen Informationen unterschieden, was sich auch in Art. 6 Abs. 2 Buchst. d) des Änderungsprotokolls DBA DE/CH niederschlug, welcher eine differenzierende Anwendungsregelung vorsieht, wenngleich auch diese auf den Zeitpunkt ab dem 01.01.2011 abstellt. Danach können Informationen ab dem Veranlagungszeitraum 2011 unabhängig vom Zeitpunkt des Austausches der Ratifikationsurkunden ausgetauscht werden. Informationen über Altjahre können nach dem DBA DE/CH nicht abgefragt werden (*Schwartz/Tippelhofer*, IStR 2011, 249, 250). Es ist aber nach Inkrafttreten mit Versuchen der Finanzverwaltung der Auswertung der zu den Jahren ab 01.01.2011 erlangten Auskünfte durch die Finanzbehörden zu den vorhergehenden nicht festsetzungsverjährten Besteuerungszeiträumen zu erwarten. Den Auskünften könnte durch die Finanzverwaltung nach den Umständen des Einzelfalls indizieller Beweiswert zu (unversteuerten) Kapitaleinkünften aus derselben Quelle vor dem 01.01.2011 zugesprochen werden. Entsprechendes gilt auch für die – nach DBA/CH wohl zulässige (s.u., Art. 27 Abs. 2 Satz 3 DBA DE/CH) – Auswertung der Amtshilferesultate im Rahmen eines Steuerstrafverfahrens auch für die Besteuerungszeiträume vor dem 01.01.2011.

bb) Verfahrensrechtliche Besonderheiten im Hinblick auf die Schweiz

99 Hinsichtlich der **Durchführung eines Auskunftsersuchens** ergeben sich in Bezug auf die Schweiz im Einzelnen folgende Besonderheiten. **Rechtsgrundlage** für ein solches Amtshilfeersuchen ist **§ 117 Abs. 1 AO i.V.m. Art. 27 DBA DE/CH**. Der **verfahrensrechtliche Vollzug der Amtshilfe** bestimmt sich in der Schweiz sodann nach der sog. Verordnung über die Amtshilfe nach Doppelbesteuerungsabkommen (**ADV**) v. 01.09.2010 (Inkrafttreten am 01.10.2010 mit Geltung für neue oder revidierte DBA, die nach diesem Zeitpunkt in Kraft treten, vgl. Art. 1 Abs. 1 ADV) und einem zusätzlichen Bericht mit Datum v. 20.09.2010 (*Schwartz/Tippelhofer*, IStR 2011, 249, 250; abrufbar unter: http://www.estv.admin.ch/intsteuerrecht/the-men/00170/01094/index.html), worin das Schweizer Verständnis der Durchführung von Auskunftsersuchen nach OECD-MA-Standards festgelegt ist (*Schwartz/Tippelhofer*, IStR 2011, 249, 250).

100 Auch in Bezug auf die Schweiz gilt der **Grundsatz der Subsidiarität**. Dieser wurde ausdrücklich (vgl. Art. 5 Abs. 3 des Änderungsprotokolls DBA DE/CH) in das Protokoll zum DBA DE/CH übernommen (*Schwartz/Tippelhofer*, IStR 2011, 249, 251). In Nr. 3 Buchst. a) zu Art. 27 DBA DE/CH heißt es: „Es besteht Einvernehmen darüber, dass der ersuchende Vertragsstaat ein Ersuchen auf Austausch von Informationen erst dann stellt, wenn er alle in seinem innerstaatlichen Steuerverfahren vorgesehenen üblichen Mittel zur Beschaffung von Informationen ausgeschöpft hat".

101 Bei einem Auskunftsersuchen betreffend eines Sachverhalts mit Bezug auf die Schweiz, ist dieses zunächst auf dem Dienstweg an das Bundeszentralamt für Steuern (BZSt) weiterzuleiten (BMF, 25.01.2006, IV B 1 – S. 1320 – 11/06, BStBl. I 2006, S. 26, BeckVerw 71902, Nr. 1.6.2.

Buchst. a)). Von hier aus wird das Ersuchen an die **Eidgenössische Steuerverwaltung (ESTV)** als **zuständige ersuchte Behörde** in der Schweiz (Art. 2 ADV) weitergeleitet. Nach einer Überprüfung des Amtshilfeersuchens führt diese bei dessen Zulässigkeit das Amtshilfeverfahren in der Schweiz durch. Die Rückübermittlung der erbetenen Informationen erfolgt sodann über denselben Weg (BMF, 25.01.2006 – IV B 1 – S. 1320 – 11/06, BStBl. I 2006, S. 26, BeckVerw 71902, Nr. 1.6.2. Buchst. a).

Gem. **Art. 1 Abs. 3 ADV** ist die **Amtshilfe** – u.a. DBA DE/CH – **ausschließlich auf Ersuchen** 102 geleistet. Diese Regelung schließt damit auch künftig einen automatischen oder spontanen Informationsaustausch aus (*Schwartz/Tippelhofer*, IStR 2011, 249, 252). Eine **Einleitung des Verfahrens** seitens der ESTV erfolgt bei **positiver Vorprüfung** nach den **Voraussetzungen** des **Art. 5 Abs. 3**. Insb. muss das Amtshilfeersuchen Angaben zur zweifelsfreien **Identifikation** der **betroffenen Person** (Art. 5 Abs. 3 Buchst. a) Nr. 2 ADV) sowie des **Informationsinhabers** (Art. 5 Abs. 3 Buchst. a) Nr. 3 ADV) enthalten. Das sind nach Art. 5 Abs. 5 Änderungsprotokoll DBA DE/CH wenigstens der Name und soweit bekannt, Geburtsdatum, Adresse, Kontonummer oder ähnliche identifizierende Informationen über die betroffene Person sowie Name und, soweit bekannt, auch die Anschrift des mutmaßlichen Informationsinhabers. Insgesamt handelt es sich daher um verhältnismäßig **strenge Anforderungen**, wonach die bloße Kenntnis einer Schweizer Kontonummer oder eines Stiftungsnamens nicht für die Einleitung eines Amtshilfeverfahrens ausreichen wird (*Schwartz/Tippelhofer*, IStR 2011, 249, 253). Ferner muss das Ersuchen nach Art. 5 Abs. 3 Buchst. b) ADV

– Angaben zur anwendbaren rechtlichen Grundlage,
– eine Beschreibung der verlangten Informationen sowie Angaben zur Form, in der der ersuchende Staat diese Informationen zu erhalten wünscht,
– den Steuerzweck und die Gründe, weshalb die verlangten Informationen für den angeführten Steuerzweck voraussichtlich von Belang sind,
– die Gründe zur Annahme, dass sich die ersuchten Informationen im Besitz der Informationsinhaberin oder des Informationsinhabers befinden,
– die Steuerperiode (Anfangs- und Schlussdatum) und, sofern nicht damit übereinstimmend, die Zeitspanne (Anfangs- und Schlussdatum), für die Informationen die verlangt werden, und
– die Erklärung, dass der ersuchende Staat, die nach seinen innerstaatlichen Steuerverfahren üblichen Auskunftsquellen ausgeschöpft hat

enthalten. Gem. **Art. 5 Abs. 4 Satz 2 ADV** sind **schriftliche Ergänzungen** möglich sofern das Ersuchen nicht den Voraussetzungen des Art. 5 Abs. 3 ADV entspricht, worüber die ESTV die ersuchende Behörde unterrichtet. Darüber hinaus werden Amtshilfeersuchen nur dann eingeleitet, wenn es sich nicht um eine unerlaubte Beweisausforschung handelt, vgl. Art. 5 Abs. 3 Buchst. c) ADV. Ausgeschlossen werden sollen damit sog. „fishing expeditions" sowie abstrakte und kollektive Suchaktionen (*Schwartz/Tippelhofer*, IStR 2011, 249, 253; vgl. S. 10 des erläuternden Berichts zur ADV).

Eine **Ablehnung des Amtshilfeersuchens** seitens der ESTV erfolgt nach **Art. 5 Abs. 2 ADV**, wenn 103

– die Leistung der Amtshilfe mit den grundlegenden Werten des schweizerischen Rechts (ordre public) oder wesentlichen Interessen der Schweiz nicht vereinbar ist;
– es dem Grundsatz von Treu und Glauben widerspricht; oder
– es auf Informationen beruht, die durch nach schweizerischem Recht strafbare Handlungen beschafft oder weitergeleitet worden sind.

Durch die Verwendung der oben genannten unbestimmten Rechtsbegriffe wird praktisch in gewissem Maß die Möglichkeit offengehalten, Amtshilfeersuchen auch künftig abzulehnen (*Schwartz/Tippelhofer*, 2011, 249, 253). Auf S. 9 des erläuternden Berichts zur ADV heißt es dazu jedoch, dass die Anforderungen an die Verweigerungsgründe sehr hoch sein müssen und nur in sehr engen Grenzen Anwendung finden könnten.

cc) Unterschiede zwischen Art. 26 OECD-MA und Art. 27 DBA DE/CH

104 Betreffend das Doppelbesteuerungsabkommen zwischen Deutschland und der Schweiz entspricht der **Art. 27 DBA DE/CH** im Wesentlichen dem seitens des OECD vorgegebenen Standard in Art. 26 OECD-MA. Bzgl. der **Verwendung von Informationen** ist das **DBA DE/CH weiter gefasst als das OECD-MA. Art. 27 Abs. 2 Satz 3 DBA DE/CH** sieht vor, dass die Informationen im Unterschied zum OECD-MA über die Verwendung in einem öffentlichen Gerichtsverfahren oder in einer Gerichtsentscheidung auch **schon in einem verwaltungs- oder strafrechtlichen Ermittlungsverfahren** verwendet werden dürfen. In **Art. 27 Abs. 2 Satz 4 DBA DE/CH** sieht das DBA DE/CH eine über die in Art. 26 Abs. 2 OECD-MA festgelegten Verwendungsmöglichkeiten der Informationen hinausgehende vor, wenn solche Informationen nach dem Recht beider Staaten für solche anderen Zwecke verwendet werden dürfen und die zuständige Behörde des übermittelnden Staates dieser anderen Verwendung zugestimmt hat. I.Ü. unterscheiden sich die genannten Art. lediglich in sprachlicher Hinsicht, nicht jedoch in inhaltlicher. Nach **Art. 27 Abs. 4 Satz 1 DBA DE/CH** „**nutzt** der andere Vertragsstaat die [...] Informationen", wodurch der Akzent noch stärker auf die Durchsetzung des Abkommens gelegt werden soll. Ferner werden in **Art. 27 Abs. 4 Satz 2 DBA DE/CH** sowie **Art. 27 Abs. 5 Satz 1 DBA DE/CH** der Ausschluss der darin genannten Einwände besonders betont („in keinem Fall").

d) Österreich

105 Zwischen der BRD und Österreich existiert ein sehr gut ausgebauter Amtshilfeverkehr. So kann diesbezüglich auf diverse Rechtsgrundlagen zurückgegriffen werden.

aa) DBA mit Österreich von 2000

106 Im Jahr 2000 wurde ein **Doppelbesteuerungsabkommen** vereinbart (BStBl. I 2002, S. 684), in dem in Art. 26 weitestgehend wörtlich die sog. „**Große Auskunftsklausel**" des OECD-Musterabkommens geregelt ist, wonach sich der Austausch von Informationen nicht nur auf Fragen bezieht, die zur Durchführung des Abkommens erforderlich sind, sondern auch auf solche, die das originär innerstaatliche Recht der Vertragsstaaten betreffen. Darüber hinaus ergeben sich nur **wenige Unterschiede zum OECD-MA.** Insb. dürfen nach Art. 26 Abs. 1 Satz 5 in einem **öffentlichen Gerichtsverfahren** oder in einer Gerichtsentscheidung die Informationen nur dann **offengelegt** werden, wenn die zuständige Behörde des anderen Vertragsstaates keine Einwendungen dagegen erhebt. Des Weiteren dürfen unter dem Gesichtspunkt des **Datenschutzes** gem. Art. 26 Abs. 1 Satz 6 die Informationen an andere Stellen als Steuerbehörden nur dann weiter übermittelt werden, wenn die übermittelnde Behörde des anderen Vertragsstaates dem vorab zustimmt.

107 Zudem enthält **Nr. 13 des Protokolls zu Art. 26 eine Datenschutzklausel**, die stets zu beachten ist, soweit aufgrund des Abkommens nach Maßgabe des innerstaatlichen Rechts personenbezogene Daten übermittelt werden. Nach Nr. 13 **Buchst. a)** des Protokolls hat bei jedem Informationsaustausch die übermittelnde Stelle das Recht, von der ersuchenden Behörde Auskunft über die Verwendung der Daten und der erzielten Ergebnisse zu verlangen, wobei eine Verpflichtung zur automatischen Unterrichtung jedoch nicht besteht. Gem. **Buchst. b)** ist es die Pflicht der übermittelnden Behörde, für die Richtigkeit der Informationen zu sorgen. Sofern der übermittelnden Behörde die Unrichtigkeit der Informationen bekannt wird, hat diese die empfangende ausländische Stelle unverzüglich darüber zu informieren. Die empfangende Stelle hat sodann ihrerseits die Berichtigung oder Vernichtung der Daten vorzunehmen. Gleichzeitig hat die übermittelnde Behörde auch auf die Erforderlichkeit und Verhältnismäßigkeit in Bezug auf den mit der Übermittlung verfolgten Zweck zu achten (zu den Begriffen Erforderlichkeit/Verhältnismäßigkeit s.o.). Nach **Buchst. c)** ist dem betroffenen Steuerpflichtigen auf dessen Antrag hin Auskunft über die zu seiner Person übermittelten Daten zu geben. Diese Verpflichtung besteht jedoch dann nicht, soweit nach einer Abwägung das öffentliche Interesse, die Auskunft nicht zu erteilen, das Interesse des Betroffenen an der Auskunftserteilung überwiegt. Das Recht des betroffenen Steuerpflichtigen

richtet sich insoweit nach dem nationalen Recht des Vertragsstaates, in dessen Hoheitsgebiet die Auskunft beantragt wird, d.h. des ersuchenden Staates. Da es gerade der Zweck der Vorschrift ist, dass der Betroffene Auskünfte über den Informationsaustausch erhält, wird davon auszugehen sein, dass er in beiden Vertragsstaaten die Auskunft beantragen kann (Debatin/Wassermeyer/ *Schuch/Haslinger* Österreich Art. 26 Rn. 9). Im österreichischen Recht ist die Akteneinsicht in § 90 Bundesabgabenordnung (BAO) geregelt, wonach die Abgabenbehörde den Parteien Einsicht und Abschriftnahme der Akten oder Aktenteile zu gewähren hat, soweit die Kenntnis zur Geltendmachung oder Verteidigung ihrer abgabenrechtlichen Interessen oder zur Erfüllung abgabenrechtlicher Pflichten erforderlich ist (Debatin/Wassermeyer/*Schuch/Haslinger* Österreich Art. 26 Rn. 9). Allerdings sind von der Akteneinsicht gem. § 90 Abs. 2 BAO Beratungsprotokolle, Amtsvorträge, Erledigungsentwürfe und sonstige Schriftstücke, deren Einsichtnahme eine Schädigung berechtigter Interessen dritter Personen herbeiführen würde, ausdrücklich ausgenommen. **Buchst. d)** legt fest, dass die empfangende Behörde nach Maßgabe des innerstaatlichen Rechts haftet, wenn der Betroffene infolge der Übermittlungen i.R.d. Datenaustausches geschädigt wird (vgl. Debatin/ Wassermeyer/*Schuch/Haslinger* Österreich Art. 26 Rn. 9). Die empfangende Stelle kann sich ggü. dem Betroffenen nicht auf eine Verursachung des Schadens durch die übermittelnde Behörde berufen. Da die übermittelnde Behörde allerdings für die Richtigkeit der Daten verantwortlich ist, ist sie verpflichtet, der empfangenden Stelle den Schadensersatz, den diese aufgrund eines Schadens, der durch die Verwendung von unrichtig übermittelten Daten verursacht wurde, geleistet hat, zu erstatten (Debatin/Wassermeyer/*Schuch/Haslinger* Österreich Art. 26 Rn. 9). Nach **Buchst. e)** hat die empfangene Behörde die übermittelten personenbezogenen Daten zu löschen, sobald sie für den Zweck, für den sie übermittelt worden sind, nicht mehr benötigt werden. Zudem sind sowohl die übermittelnde als auch die empfangende Stelle nach **Buchst. f)** dazu verpflichtet, die Übermittlung und den Empfang der Daten zur besseren Nachvollziehbarkeit aktenkundig zu machen. Schließlich sind die Behörden beider Seiten gem. **Buchst. g)** dazu verpflichtet, die Daten wirksam gegen jegliche unbefugte Veränderung und Bekanntgabe sowie gegen unbefugten Zugang zu schützen.

bb) Österreichisches EG-Amtshilfe-Gesetz von 1994

Als weitere Rechtsgrundlage für den Amtshilfeverkehr ist das **österreichischen EG-Amtshilfe-Gesetz** (EG-AHG; *Bundesgesetz zur Durchführung der Richtlinie der Europäischen Gemeinschaften über die gegenseitige Amtshilfe im Bereich der direkten und indirekten Steuern,* österreichisches BGBl. 1994, S. 657 i.d.F. des österreichischen BGBl. I 2007, S. 24) zu nennen. Durch dieses wurde die **EG-Amtshilfe-Richtlinie** wurde in innerstaatliches österreichisches Recht transformiert. Nach § 1 Abs. 1 Nr. 1 und Nr. 2 bezieht sich dieses Gesetz auf die Erhebung der **Steuern vom Einkommen, Ertrag, Vermögen** und die **Erhebung von Versicherungsteuern**. Die in dem Gesetz vorgesehene Amtshilfe bezieht sich sowohl auf den Bereich der **direkten Steuern** (Steuern vom Einkommen, Ertrag und Vermögen) als auch auf den der **indirekten Steuern** (USt und der Verbrauchsteuer auf Mineralöl, Alkohol, alkoholische Getränke und auf Tabakwaren), wobei die näheren Bestimmungen i.S.d. in Art. 1 EG-Amtshilferichtlinie enthaltenen obligatorischen Generalklausel zu verstehen sind, wonach sich die zuständigen Behörden der Mitgliedsstaaten gegenseitig alle Auskünfte erteilen, die für die zutreffende Festsetzung der Steuern, die in den sachlichen Anwendungsbereich der Richtlinie fallen, geeignet sein können (*Stahlschmidt/Laws,* Handbuch des Auskunftsverkehrs in Steuersachen, S. 281). **108**

Zuständige Behörde für die Auskunftsermittlung ist hiernach das österreichische **Bundesfinanzministerium**, wobei die Ermittlungen selbst i.d.R. durch nachgeordnete Dienststellen, vornehmlich die zuständigen FA, erfolgen (§ 1 Abs. 2 EG-AHG; Stahlschmidt/Laws, Handbuch des Auskunftsverkehrs in Steuersachen, S. 281). In § 1 Abs. 3 EG-AHG wird geregelt, dass Bestimmungen in innerstaatlich anwendbaren völkerrechtlichen Vereinbarungen und unionsrechtliche Vorschriften, die eine weiter gehende Amtshilfe zulassen, unberührt bleiben. In diesem Zusammenhang ist darauf zu verweisen, dass mit der deutschen Finanzverwaltung eine **Verständigungsvereinbarung** dahin gehend getroffen wurde, dass der bilaterale Amtshilfeverkehr auch nach dem Beitritt Öster- **109** reichs zur EU vorrangig nach den Regeln der auf dem Gebiet der Steuern sowie Zölle und Verbrauchsteuern bestehenden Amtshilfeverträge abgewickelt wird (Verständigungsprotokoll v. 01.06.1994; die bestehenden bilateralen Vertragsinstrumente sind das DBA, BGBl. 221/1995 [Art. 20], s.o., sowie die Amtshilfeverträge BGBl. 249/1995 [anwendbar auf alle öffentlichen Abgaben, einschließlich der Landesabgaben, sofern sie steuerlichen Charakter haben, ausgenommen die vom Bund verwalteten Verbrauchsteuern sowie Zölle und Monopolabgaben, jedoch einschließlich der USt] und BGBl. 430/1971 i.F. BGBl. 126/1981 [anwendbar auf Zölle und Verbrauchsteuern, die nicht in den Anwendungsbereich des erstgenannten Amtshilfevertrages fallen]; vgl. dazu *Stahlschmidt/Laws*, Handbuch des Auskunftsverkehrs in Steuersachen, S. 281). Gem. § 2 EG-AHG kann der **Auskunftsaustausch auf Ersuchen** (§ 2 Abs. 1 EG-AHG), als **Spontanauskunft** (§ 2 Abs. 2 EG-AHG) oder als **automatische Auskunft** (§ 2 Abs. 3 EG-AHG) erfolgen. Generell wird die Amtshilfe für Zwecke des Vollzugs des innerstaatlichen Rechts der Mitgliedstaaten geleistet, was der „großen Auskunftsklausel" aufgrund von DBA entspricht (*Stahlschmidt/ Laws*, Handbuch des Auskunftsverkehrs in Steuersachen, S. 282).

110 Die in Art. 4 EG-Amtshilfe-Richtlinie aufgelisteten **Anwendungsfälle** für die Erteilung einer **Spontanauskunft**, werden in § 2 Abs. 2 Nr. 1 bis 6 EG-AHG präzisiert. Danach ist eine Spontanauskunft an einen anderen EU-Mitgliedstaat – etwa Deutschland – möglich, wenn Anhaltspunkte die Vermutung rechtfertigen, dass:

- Steuern dieses Mitgliedsstaates verkürzt worden sind oder werden könnten;
- indirekte Steuern dieses Mitgliedstaats nicht zutreffend erhoben worden sind oder werden könnten;
- zum Zwecke der Steuerumgehung Geschäftsbeziehungen über dritte Mitgliedstaaten oder andere Staaten geleitet worden sind;
- insgesamt eine niedrigere Steuerbelastung dadurch eintreten kann, dass Gewinne zwischen nahestehenden Personen nicht wie zwischen nicht nahestehenden Personen abgegrenzt werden;
- ein Sachverhalt, aufgrund dessen eine Steuerermäßigung oder Steuerbefreiung gewährt worden ist, für den Steuerpflichtigen zu einer Besteuerung oder Steuererhöhung in diesem Mitgliedstaat führen könnte;
- ein im Zusammenhang mit der Auskunftserteilung eines anderen Mitgliedstaats ermittelter Sachverhalt für die zutreffende Steuererhebung in diesem Mitgliedstaat erheblich ist.

111 Den zuständigen Behörden steht nach § 4 EG-AHG ein **Auskunftsverweigerungsrecht** in folgenden Fällen zu:

- wenn die dazu dienende Amtshandlung in einem Besteuerungsverfahren zur Erhebung inländischer Abgaben nach inländischem Recht nicht vorgenommen werden könnte oder der allgemeinen Verwaltungspraxis zuwiderlaufen würde;
- wenn dies die öffentliche Ordnung beeinträchtigt, insb. die Geheimhaltung in dem Mitgliedstaat nicht im Umfang des § 5 EG-AHG gewährleistet ist;
- soweit die Gefahr besteht, dass dem inländischen Beteiligten durch die Preisgabe eines Handels-, Industrie-, Gewerbe- oder Berufsgeheimnisses oder eines Geschäftsverfahrens ein mit dem Zweck der Auskunftserteilung nicht zu vereinbarender Schaden entsteht;
- wenn bei einem Ersuchen nach § 2 Abs. 1 EG-AHG Anlass zu der Annahme besteht, dass der Mitgliedstaat die eigenen Ermittlungsmöglichkeiten nicht ausgeschöpft hat, obwohl er von ihnen hätte Gebrauch machen können, ohne den Ermittlungszweck zu gefährden;
- wenn keine Gegenseitigkeit besteht;
- wenn sie die Auskünfte nur mit unverhältnismäßig großem Aufwand erteilen könnte;
- wenn sie durch die Erteilung der Auskünfte die Erfüllung ihrer eigenen Aufgaben ernstlich gefährden würde.

112 In § 5 EG-AHG werden **Geheimhaltungspflichten** bzw. **Verwendungsbeschränkungen** hinsichtlich der erteilten Auskünfte normiert. Nach Abs. 1 dürfen erlangte Auskünfte ausschließlich an die mit dem Steuerverfahren sowie Finanzverfahren befassten Behörden oder Gerichten offenbart wer-

den und auch nur für diese Verfahrenszwecke verwendet werden, selbst wenn das innerstaatliche Recht eine weiter gehende Verwendung zuließe. Anders soll dies nur sein, wenn der die Auskunft erteilende Staat einer solchen Verwendung bzw. Offenbarung zustimmt. Zu den berechtigten Informationsempfängern zählen auch ausdrücklich Kontroll- und Aufsichtsbehörden. Abs. 2 legt fest, dass die Offenbarung von Auskünften in öffentlichen Gerichtsverhandlungen nur dann zulässig ist, wenn die zuständige Behörde des Auskunft gebenden Mitgliedsstaates dagegen keine Einwendung erhebt. Schließlich wird in Abs. 4 bestimmt, dass die Weiterleitung von Informationen an dritte Mitgliedsstaaten ist nur bei (vermutetem) erheblichen Interesse dieses Staates und auch nur dann zulässig ist, wenn die ausdrückliche Zustimmung Auskunft erteilenden Staates vorliegt. Zur Möglichkeit des Zugriffs auf Datenbanken und der Anwesenheit deutscher Beamter s.o.

cc) Zukünftige Rechtsgrundlagen der Amtshilfe mit Österreich

(aa) Zukünftige EU-Amtshilfe Richtlinie 2011/16/EU

Ähnlich wie im Fall von Luxemburg galt bislang bei der Auskunftsübermittlung vonseiten Österreichs das strikte **Bankgeheimnis**. Insoweit ist jedoch erneut auf die zukünftige Änderung der Rechtslage aufgrund der Schaffung der neuen **EU-Amtshilfe Richtlinie 2011/16/EU** hinzuweisen (s.o.).   113

(bb) Revisionsprotokoll zum deutsch-österreichischen Doppelbesteuerungsabkommen v. 18.01.2011

Gleichzeitig wurde bereits ein **Revisionsprotokoll zum deutsch-österreichischen Doppelbesteuerungsabkommen** unterzeichnet (s.: staatenbezogene Informationen zu Österreich auf www.bundesfinanzministerium.de, Stand: Juni 2011). Gegenstand des noch nicht ratifizierten Protokolls ist die vollständige Umsetzung des OECD-Standards für Transparenz und effektiven Informationsaustausch in Steuersachen. Nach Inkrafttreten dieses Änderungsprotokolls wird Österreich mithin auf deutsche Ersuchen hin, steuererhebliche Bankdaten übermitteln, ohne dass die bisher von österreichischer Seite geforderte Voraussetzung der förmlichen Einleitung eines Strafverfahrens in Deutschland erfüllt sein muss. Dieser erweiterte Informationsaustausch zu Bankinformationen wird für Steuerjahre bzw. Veranlagungszeiträume anzuwenden sein, die am oder nach dem 01.01.2011 beginnen (s. Pressemitteilung des Bundesfinanzministeriums v. 18.01.2011 auf www.bundesfinanzministerium.de).   114

e) Karibische Staaten

aa) Jamaika

Zwischen Deutschland und **Jamaika** besteht seit 1976 ein **DBA** (s.: staatenbezogene Informationen zu Jamaika auf www.bundesfinanzministerium.de, Stand: Juni 2011). Dieses Abkommen ist in Deutschland auf die Steuern anzuwenden, die für die am oder nach dem 01.01.1973 beginnenden Veranlagungszeiträume erhoben werden (s. Art. 29 des Abkommens). Das Abkommen wurde abgeschlossen zur Vermeidung der Doppelbesteuerung auf dem Gebiet der Steuern vom Einkommen und vom Vermögen und folgt in seinem Aufbau und Inhalt weitgehend dem OECD-Musterabkommen 1963. So ist der Austausch von Informationen in Art. 26 geregelt. Dabei ist zu beachten, dass ausschließlich die sog. „**kleine Auskunftsklausel**" vereinbart ist, d.h. es ist nur der Austausch von Informationen zugelassen, die zur Durchführung des Abkommens erforderlich sind. Bereits am 30.09.1989 wurde ein **Revisionsabkommen** zwischen beiden Staaten paraphiert, wobei es bislang zur Unterzeichnung nicht gekommen ist, sodass die weitere Entwicklung abzuwarten bleibt (Debatin/Wassermeyer/*Müller* Vor Art. 1 Jamaika Rn. 5).   115

bb) Trinidad und Tobago

116 Mit **Trinidad und Tobago** hat die BRD ein **DBA** vereinbart, das im Jahr 1977 in Kraft trat. Das Abkommen gilt **nur für Steuern vom Einkommen**, also nicht für Steuern vom Vermögen und ist in Deutschland auf die Steuern anzuwenden, die für die am oder nach dem 01.01.1972 beginnenden Veranlagungszeiträume erhoben werden (rückwirkende Anwendung, s. Art. 28 Abs. 2 des Abkommens). Im Aufbau und Inhalt folgt es wiederum weitgehend dem Musterabkommen 1963. Der **Informationsaustausch** ist in **Art. 25** geregelt, unterscheidet sich jedoch von der OECD-Musterregelung 1963 in mehreren Punkten (Debatin/Wassermeyer/*Müller* Trinidad/Tobago, Art. 26 Rn. 1): Zunächst ist erneut nur die **„kleine Auskunftsklausel"** vereinbart. Des Weiteren fehlt die seit dem Musterabkommen 1977 in Art. 26 Abs. 1 eingefügte S. 2, der verdeutlicht, dass der Auskunftsverkehr nicht durch Art. 1 (Bestimmung über die Ansässigkeit bzw. über den persönlichen Geltungsbereich) beschränkt wird (Vogel/Lehner/*Engelschalk* Art. 26 Rn. 57; Debatin/Wassermeyer/*Müller* Trinidad/Tobago, Art. 26 Rn. 3). Zudem ist **keine Geheimhaltungspflicht** nach dem Recht des ersuchenden Staates vorgesehen (Art. 26 Abs. 2 OECD-MA, Vogel/Lehner/EngelschalkArt. 26 Rn. 81; Debatin/Wassermeyer/*Müller* Trinidad/Tobago, Art. 26 Rn. 3). Schließlich sind Abweichungen in Abs. 1 zu Art. 26 Abs. 1 Musterabkommen hinsichtlich der Aufzählung der Behörden und der Entscheidung von Rechtsmitteln sowie hinsichtlich der von Art. 26 erfassten Steuern zu verzeichnen. Dies ist jedoch als bloßer Ausfluss der „Kleinen Auskunftsklausel" ggü. der im Musterabkommen verankerten „Großen Auskunftsklausel" zu werten (Debatin/Wassermeyer/*Müller* Trinidad/Tobago, Art. 26 Rn. 4).

cc) **Anguilla, Antigua und Barbuda, Bahamas, Bermuda, British Virgin Islands, Cayman Islands, Dominica, St. Lucia, St. Vincent und Grenadinen, Turks- und Caicosinseln**

(aa) Derzeit: Vertragslose Amtshilfe (Kulanz)

117 Derzeit gestaltet sich die Möglichkeit zum Erhalt von Informationen von diesen Staaten über dortige steuerlich relevante Tatsachen noch sehr schwierig. Mangels anderweitiger Rechtsgrundlagen ermächtigt zurzeit lediglich § 117 Abs. 1 AO als Auffangtatbestand die deutschen Finanzbehörden, diese Staaten um Amtshilfe nach Maßgabe des deutschen Rechts zu *ersuchen*. Die *Gewährung* von Amtshilfe ist jedoch allein von der **Kulanz** des ersuchten Staates abhängig (Carl/Klos, RIW 1995, 146, 147; *Carl/Klos*, Leitfaden zur internationalen Amts- und Rechtshilfe in Steuersachen, S. 86 f.); diese können für den Einzelfall eine völkerrechtliche Vereinbarung über die Gewährung von Amtshilfe an Deutschland treffen, sind hierzu jedoch rechtlich nicht verpflichtet.

(bb) Zukünftig: DBAs mit großer Auskunftsklausel (entsprechend Art. 26 OECD-MA)

118 In den Jahren 2009 und 2010 hat die BRD mit verschiedenen Karibik-Staaten mehrere nahezu gleichlautende **Abkommen auf dem Gebiet des Informationsaustausches in Steuersachen** geschlossen. Diese orientieren sich an den OECD-Standards und bedürfen für ihr Inkrafttreten jedoch allesamt noch der Ratifikation (Stand: Juni 2011). Sie sind mithin bisher noch nicht in Kraft getreten Im Einzelnen handelt es sich dabei um Abkommen mit **Anguilla**, **Antigua und Barbuda**, den **Bahamas**, **Bermuda**, den **British Virgin Islands**, den **Cayman Islands**, **Dominica**, **St. Lucia**, **St. Vincent und Grenadinen** und den **Turks- und Caicosinseln** (s. hierzu jeweils Doppelbesteuerungsabkommen/weitere staatenbezogene Veröffentlichungen auf www.bundesfinanzministerium.de, Stand: Juni 2011).

119 In Bezug auf die BRD gelten diese Abkommen für Einkommens-, Körperschafts-, Gewerbe-, Vermögens-, Erbschafts-, Umsatz-, Versicherungsteuer einschließlich der hierauf erhobenen Zuschläge. Zudem sind die Abkommen – ggf. nach entsprechender Vereinbarung – auch auf alle Steuern gleicher oder im Wesentlichen ähnlicher Art anzuwenden, die nach der Unterzeichnung der Abkommen neben den genannten Steuern oder an deren Stelle von einer der Vertragsparteien erhoben werden (s. jeweils Art. 3 Abs. 1 der einzelnen Abkommen).

Diese Abkommen enthalten jeweils in **Art. 5** Regelungen über den **Informationsaustausch** auf- 120
grund von Auskünften, die eine „**große Auskunftsklausel**" vorsehen. Es wurde jeweils ausdrücklich vereinbart, dass die Vertragsparteien die Befugnis haben folgende Informationen auf Ersuchen
einzuholen oder zu erteilen:

– Informationen von Banken, anderen Finanzinstituten oder Personen, einschließlich Bevollmächtigten und Treuhändern, die als Vertreter oder Treuhänder handeln;
– Informationen über die Eigentumsverhältnisse an Gesellschaften, Gemeinschaften und anderen
  Personen, einschließlich – bei Investmentfonds oder Investmentsystemen für gemeinsame
  Anlagen – Informationen über Gesellschaftsanteile, Fondsanteile und sonstige Anteile;
– bei Trusts Informationen über Treugeber, Treuhänder, Protektoren und Treuhandbegünstigte;
– bei Stiftungen Informationen über Gründer, Mitglieder des Stiftungsrates und Begünstigte (s.
  jeweils Art. 5 Abs. 4 der Abkommen).

Dies gilt allerdings nur unter der Voraussetzung, dass durch dieses Abkommen keine Verpflichtung der Vertragsparteien geschaffen wird, Informationen über Eigentumsverhältnisse einzuholen
oder zu erteilen, die börsennotierte Gesellschaften oder öffentliche Investmentfonds oder öffentliche Investmentsysteme für gemeinsame Anlagen betreffen, es sei denn, diese Informationen können ohne unverhältnismäßig große Schwierigkeiten eingeholt werden (s. jeweils Art. 5 Abs. 4 a.E.
der Abkommen).

Neben den Regelungen über den Informationsaustausch aufgrund von Auskünften enthalten diese 121
Abkommen auch jeweils Bestimmungen, nach denen es **Vertretern der zuständigen ersuchenden
Behörde** gestattet ist, **bei Steuerprüfungen** im Hoheitsgebiet der ersuchten Partei **anwesend zu
sein** (s. jeweils Art. 6 Abs. 2 der einzelnen Abkommen).

IV. Ausgehende Rechtshilfeersuchen im Steuerstrafverfahren

1. Allgemeines zur internationalen Rechtshilfe

Durch die Globalisierung der Wirtschaft und der Finanzmärkte weisen wirtschaftliche und steuer- 122
liche Sachverhalte und damit verbunden auch Wirtschafts- und Steuerstrafverfahren zunehmend
internationale Dimensionen auf (MAH-WiStra/*Vogel* § 14 Rn. 1). Die Strafverfolgungsbehörden
sind daher zunehmend darauf angewiesen, auf im Ausland belegene Beweismittel und Erkenntnisquellen (Zeugen, Urkunden, Daten, öffentliche Register usw.) zuzugreifen. Der Bereich der internationalen Rechtshilfe in Strafsachen umfasst damit die **grenzüberschreitende Zusammenarbeit**
in strafrechtlichen und damit auch steuerstrafrechtlichen Angelegenheiten (*Hackner/Lagodny/
Schomburg/Wolf*, § 1 Rn. 4, *Korts/Korts*, IStR 2006, 869, 876). Systematisch betrachtet ist das
Rechtshilferecht Bestandteil eines **transnationalen Strafprozessrechts**, mit dem die Behandlung
von Inlandssachverhalten mit Auslandsbezug geregelt wird.

a) Erforderlichkeit der internationalen Rechtshilfe

Deutsche Strafverfolgungsbehörden sind in Steuerstrafsachen unabhängig von den umfassenden 123
Mitwirkungspflichten des Steuerpflichtigen bei Auslandssachverhalten nach § 90 Abs. 2 AO auf
internationale Rechtshilfe angewiesen, wenn zur Durchführung eines inländischen Strafverfahrens
Erkenntnisse aus dem Ausland erforderlich sind. Aus dem völkerrechtlichen **Territorialitätsprinzip**
folgt der Grundsatz, dass ein Übergreifen der Strafverfolgungstätigkeit in das Gebiet eines anderen
Staates unzulässig ist, sodass die Befugnisse deutscher Behörden an der Staatsgrenze enden (*Meyer-
Goßner* 53. Aufl. 2010 Einl. Rn. 210). Ein nicht bewilligtes Tätigwerden ausländischer Ermittlungsbehörden verstößt gegen die Souveränität eines Staates, sodass es stets einer ausdrücklichen
Rechtsgrundlage bedarf, damit inländische Behörden selbst oder mit Unterstützung ausländischer
Behörden auf fremden Territorien tätig werden dürfen (Jarass/*Pieroth* GG Art. 25 Rn. 9; TK/*Seer*
§ 117, Rn. 2). Nach einzelnen Rechtsordnungen kann eine Verletzung dieses Grundsatzes sogar
zur Verwirklichung eines eigenständigen Straftatbestandes führen (vgl. „*Verbotene Handlungen für*

einen fremden Staat", Art. 271 des Schweizerischen StGB). Für Auslandsermittlungen zur Gewinnung notwendiger Informationen und Beweismitteln im Rahmen eines Strafverfahrens muss von den Ermittlungsbehörden daher vorbehaltlich weniger Ausnahmen der Rechtshilfeweg beschritten werden, selbst dann, wenn der Betroffene oder ein zu vernehmender Zeuge sein Einverständnis für die Gewinnung von beweiserheblichen Tatsachen aus dem Ausland erklärt.

b) Ausgestaltungen der internationalen Rechtshilfe

124 Terminologisch wird zwischen der **„großen" Rechtshilfe** und der **„kleinen" oder „sonstigen"** **Rechtshilfe** (§ 59 Abs. 1 IRG) unterschieden. Unter dem Begriff der „großen" Rechtshilfe werden Aus- und Durchlieferung verfolgter Personen sowie die Vollstreckung strafrechtlicher Sanktionen gefasst. Der Begriff der „kleinen" Rechtshilfe umfasst hingegen alle strafprozessualen Ermittlungsmaßnahmen, wie Vernehmungen, Durchsuchungen oder Beschlagnahmen sowie sonstige Beschaffung von Informationen, Urkunden oder sonstigen Unterlagen (*Schmidt*, NStZ-RR 2005, 161, 167).

Die zwischenstaatliche strafrechtliche Kooperation basiert auf verschiedenen Regeln der internationalen Rechtshilfe in Strafsachen. In Deutschland wird die (**vertraglose**) **Zusammenarbeit** mit anderen Staaten grds. durch das „Gesetz über die Internationale Rechtshilfe in Strafsachen" (**„IRG"**) geregelt. Dieses ist jedoch nach § 1 Abs. 3 IRG ggü. den zahlreichen bi- und multilateralen **vertraglichen** Übereinkommen **subsidiär** (*Wegener*-Praxis Steuerstrafrecht 1/2008, Seite 9). Auf völkerrechtlicher Ebene sind primär das Übereinkommen zwischen den Mitgliedsstaaten des Europarates (**„EuRhÜbK"**) v. 20.04.1959, ergänzt durch **Zusatzprotokolle** und das „Schengener Durchführungsübereinkommen" (**„SDÜ"**) v. 19.06.1990 relevant. Dieses Übereinkommen wird im Geltungsbereich der EU durch das „Übereinkommen über die Rechtshilfe zwischen den Mitgliedsstaaten der Europäischen Union" (**„EU-RhÜbK"**) v. 20.05.2000 erweitert. Durch das Zusatzprotokoll zum EU-RhÜbK (**„ZP-EU-RhÜbk"**) v. 16.10.2001 haben sich die Signaturstaaten u.a. zusätzlich dazu verpflichtet, auch Auskünfte über Bankkonten zu erteilen.

125 Sämtliche Vereinbarungen und Regelungen zu Durchführung und Umfang der Rechtshilfe sind zwischen den einzelnen Staaten untereinander uneinheitlich ausgestaltet, sodass der Anwender auf ein mehr als unübersichtliches Regelungsgeflecht trifft. Das **BMF** hat mit Schreiben v. 16.11.2006 (IV B 1 – S 1320 – 66/06, BStBl. I 2006, S. 698 ff.) zur zwischenstaatlichen Rechtshilfe in Steuerstrafsachen Stellung genommen und Grundsätze für den Rechtshilfeverkehr in Steuerstrafsachen (einschließlich Steuerordnungswidrigkeiten) zusammengefasst. Dabei beziehen sich die Ausführungen in diesem Schreiben allerdings ausschließlich auf den Bereich der sonstigen Rechtshilfe und nicht die Auslieferung und Vollstreckung.

2. Rechtsgrundlagen ausgehender Rechtshilfeersuchen

126 Deutsche Finanzbehörden leisten und beanspruchen im Rahmen ihrer Zuständigkeit zwischenstaatliche Rechtshilfe bei der Ermittlung und Verfolgung von Steuerstraftaten und Steuerordnungswidrigkeiten (BMF-Schreiben v. 16.11.2006, BStBl. I 2006, S. 699). Unter dem Begriff der Rechtshilfe ist **jede Unterstützung** gemeint, die für ein Verfahren in einer **strafrechtlichen Angelegenheit** in einem anderen Staat gewährt wird bzw. zu leisten ist – unabhängig davon, ob das Verfahren vor einem Gericht oder einer Behörde betrieben wird (Nr. 2 RiVASt, *Wegener*, Praxis Steuerstrafrecht 1/2009, Seite 9).

Die für die zwischenstaatliche Rechtshilfe in Steuerstrafsachen erforderlichen Rechtsgrundlagen ergeben sich aus vielzähligen bi- und multilateralen Verträgen. Das IRG und die RiVASt gelten ergänzend für die nicht in den Vertragswerken geregelten Fragen bzw. für den Rechtshilfeverkehr zwischen Staaten, die keine vertragliche Vereinbarung getroffen haben. Insb. auf folgenden Rechtsgrundlagen basiert der steuerstrafrechtliche Rechtshilfeverkehr.

a) Europäisches Übereinkommen über die Rechtshilfe in Strafsachen („EuRhÜbk")

Die „**Mutterkonvention**" für den vertraglich geregelten Rechtshilfeverkehr in der EU ist das Euro- 127
päische Übereinkommen über die Rechtshilfe in Strafsachen („**EuRhÜbk**") v. 20.04.1959,
(ergänzt durch das **1. Zusatzprotokoll** v. 17.03.1978 [„**ZP-EuRhÜbk**", BGBl. II 1990,
S. 124, 1991, II 909], das **2. Zusatzprotokoll** v. 08.11.2001 [„**2. ZP-EuRhÜbk**"], sowie durch
bilaterale Verträge).

Das EuRhÜbk begründet die Verpflichtung der Staaten, einander so weit wie möglich Rechtshilfe
zu leisten. Vornehmlich wurde mit diesem Übereinkommen die Rechtshilfe für Zeugenvernehmungen, Zustellungen und Durchsuchungen geregelt (BMF-Schreiben v. 16.11.2006,
BStBl. I 2006, S. 699). Die **Reichweite und Schranken** ergeben sich dabei unmittelbar aus Bestimmungen des Übereinkommens, aber auch aus Zusatzprotokollen, verschiedensten Vorbehalten
und Erklärungen einzelner Unterzeichnerstaaten (abrufbar unter: www.conventions.coe.int), multilateralen Verträgen, die diese Mutterkonvention ergänzen sollen und bilateralen Zusatzverträgen
oder -vereinbarungen. (*Schomburg/Lagony/Gleß/Hacker* Vor Art. 1 Rn. 2 EuRhÜbk).

Insb. das 2. ZP-EuRhÜbk hat die sonstige Rechtshilfe zwischen den Vertragsstaaten reformiert, 128
indem u.a. die Möglichkeiten der grenzüberschreitenden Video- und Telefonvernehmungen sowie
die Durchführung verdeckter Ermittlungen und der Einsatz gemeinsamer Ermittlungsteams
erleichtert wurden.

b) Übereinkommen über die Rechtshilfe in Strafsachen zwischen den Mitgliedstaaten der EU („EU-RhÜbk")

Zweck des Übereinkommen über die Rechtshilfe in Strafsachen zwischen den Mitgliedstaaten der 129
EU („**EU-RhÜbk**") v. 29.05.2000 ist es, die Anwendung des EuRhÜbk v. 20.04.1959 und dessen
1. Zusatzprotokoll im Verhältnis zwischen den EU-Mitgliedstaaten zueinander zu erleichtern und
bestimmte Regelungen des SDÜ zu ersetzen (Art. 2 EU-RhÜbk). Daneben enthält das EU-
RhÜbk eine Reihe von formellen Erleichterungen für Rechtshilfeersuchen (Art. 4 ff. EU-RhÜbk).

So wurden durch Art. 2 EU-RhÜbk die Art. 49a, 52, 53 und 73 SDÜ aufgehoben. Der noch in 130
Art. 2 EuRhÜbk formulierte **Fiskalvorbehalt** wurde im Protokoll v. 16.10.2001 zum EU-RhÜbk
(„**ZP-EU-RhÜbk**") **aufgegeben**. Darüber hinaus haben sich die EU-Mitgliedstaaten verpflichtet,
Auskünfte über Bankkonten i.R.d. Rechtshilfe in Strafsachen zu erteilen. Ein evtl. nach nationa-
lem Recht bestehendes Bankgeheimnis darf der Beantwortung nicht entgegenstehen. Durch Art. 8
Abs. 3 des Protokolls wurde Art. 50 SDÜ aufgehoben. Weitergehende bi- oder multilaterale Ver-
einbarungen zwischen den EU-Mitgliedstaaten bzw. den sog. Schengen-Staaten sind daneben
anwendbar (Art. 1 Abs. 2 EU-RhÜbk bzw. Art. 48 Abs. 2 SDÜ).

c) Das Europäische Auslieferungsübereinkommen („EuAlÜbk")

Das Europäische Auslieferungsübereinkommen („**EuAlÜbk**") des Europarates v. 13.12.1957 131
(BGBl. II 1964, S. 1369; II 1976, S. 1778; I 1982, S. 2071; II 1994, S. 299) bildet den Grundstein
für das europäische vertragliche Auslieferungsrecht. Es begründet als „**Mutterübereinkommen**"
Verpflichtungen zur **Auslieferung** verfolgter Personen zur **Strafverfolgung**, zur **Strafvollstreckung**
sowie zur Vollstreckung von **Maßregeln zur Besserung und Sicherung**. Auch eine Pflicht zur
Durchlieferung, also einer Beförderung eines Verfolgten im Vollzug einer Auslieferung durch das
Hoheitsgebiet eines dritten Staates wird ebenfalls begründet. In Deutschland trat das Übereinkommen am 01.01.1977 in Kraft und mittlerweile erstreckt sich die Anwendbarkeit zwischen
sämtlichen europäischen Staaten sowie Israel und Südafrika. Eine aktuelle Übersicht über den
Ratifikationsstand sowie etwa erklärte Vorbehalte kann auch unter www.conventions.coe.int abgerufen werden.

d) Ergänzungen des EuAlÜbk

132 Ergänzt wird das EuAlÜbk durch das 1. Zusatzprotokoll v. 15.10.1975 („**ZP-EuAlÜbk**"), und das 2. Zusatzprotokoll v. 17.03.1978 („**2. ZP-EuAlÜbk**"). Das 2. ZP-EuAlÜbk ist am 05.06.1983 in Kraft getreten und ersetzt im Rahmen seines Geltungsbereichs die Regelung des **Art. 5 EuAlÜbk** durch Art. 2 2.ZP-EuAlÜbk, der sich auf die Auslieferung bei „*fiskalisch strafbaren Handlungen*" bezieht. Zwar wird auf eine Definition der „*fiskalisch strafbaren Handlungen*" verzichtet, um Auslegungsschwierigkeiten aufgrund der unterschiedlichen Gesetzeslagen der Staaten zu vermeiden. Es wird jedoch nunmehr eine **Auslieferungspflicht** auch in Fiskalsachen festgeschrieben. Wesentlich sind außerdem **Erleichterungen** im Geschäftsweg und im Anwendungsbereich. Deutschland und die meisten Vertragsstaaten des EuAlÜbk sind dem 2. Zusatzprotokoll beigetreten, z.T. erklärten einzelne Staaten einen **Vorbehalt** zur Auslieferungsverpflichtung in Fiskalsachen, wie etwa die Schweiz.

Eine weitere Ergänzung erfährt das „Mutterübereinkommen" durch die Vorschriften des Übereinkommens v. 27.10.1996 über die Auslieferung zwischen den Mitgliedstaaten der EU („**EU-AuslÜbk**"). Zweck des Übereinkommens ist, die verschiedenen völkerrechtlichen Übereinkommen im Bereich der Auslieferung zu ergänzen und die Anwendung zu erleichtern (*Erläuternder Bericht* vom Rat der EU v. 23.06.1997, ABl. Nr. C 191/13). Insb. wurden mit diesem Übereinkommen weitere Auslieferungshindernisse zwischen den Mitgliedsstaaten eingeschränkt.

133 Unter dem 10.05.1995 wurde das Übereinkommen für das vereinfachte Auslieferungsverfahren zwischen den Mitgliedsstaaten („**EU-VereinfAuslÜbk**") beschlossen (BGBl. II 1998, S. 2229). Dieses Übereinkommen enthält selbst keine Verpflichtung zur Auslieferung (Wannemacher/*Klos* Rn. 3559), sondern verfolgt das Ziel, die – auch im Fall der Zustimmung der betroffenen Person bestehende – lange Dauer des Auslieferungsverfahrens abzukürzen (*Erläuternder Bericht* ABl. EG C 375/4 v. 12.12.1996).

134 Als spontane politische Reaktion auf die Herausforderungen an die internationale Kooperation in Strafsachen nach dem 11.09.2001 wurde der Rahmenbeschluss über den Europäischen Haftbefehl und die Übergabeverfahren zwischen den Mitgliedsstaaten (2002/584/JI) am 13.06.2002 getroffen („**RB-EUHb**", ABl. L 190 v. 18.07.2002, 1). Das zur Umsetzung des RB-EUHb zunächst erlassene Europäische Haftbefehlsgesetz („EuHbG") v. 21.07.2004 wurde vom **BVerfG** für verfassungswidrig und nichtig erklärt. Nunmehr sind die entsprechenden Regelungen zum Europäischen Haftbefehl in das IRG aufgenommen worden. Der Europäische Haftbefehl gilt in den **EU-Mitgliedsstaaten** Belgien, Bulgarien, Dänemark, Deutschland, Estland, Finnland, Frankreich, Griechenland, Großbritannien, Irland, Italien, Lettland, Litauen, Luxemburg, Malta, Niederlande, Österreich, Polen, Portugal, Rumänien, Schweden, Slowenien, Slowakei, Spanien, Tschechien, Ungarn, Zypern. Obwohl die **Schweiz** auch dem SDÜ beigetreten ist, wurden die Regelungen zum Europäischen Haftbefehl nicht angenommen, sodass sich der Auslieferungsverkehr weiter nach dem EuAlÜbk und den entsprechenden bilateralen Verträgen richtet.

e) Bilaterale Rechtshilfeabkommen/Schengener Durchführungsübereinkommen („SDÜ")

135 Mit zahlreichen Staaten bestehen bilaterale Abkommen über die Rechtshilfe in (Steuer-S) trafsachen. Hier ist insb. das „Schengener Durchführungsabkommen" („**SDÜ**") zu nennen, das bereits am 01.09.1993 in Kraft getreten ist (BGBl. II 1994, S. 631 ff.) und am 26.03.1995 zunächst in den Staaten Belgien, Deutschland, Frankreich, Luxemburg, Niederlande, Portugal und Spanien umgesetzt wurde. In den Staaten Bulgarien, Dänemark, Estland, Griechenland, Italien, Irland, Island, Lettland, Litauen, Malta, Norwegen, Österreich, Polen, Schweden, Schweiz, Slowakei, Slowenien, Tschechien, Ungarn und im Vereinigten Königreich trat sukzessive das SDÜ (durch Ratifizierung oder Beitritt zur EU) in Kraft. Es ist zu beachten, dass das SDÜ nicht vollständig von allen „Schengen-Staaten" übernommen wurde, sondern eine Vielzahl an Ausnahmeklauseln und nationale Sonderregelungen bestehen.

f) Gesetz über die Internationale Rechtshilfe in Strafsachen („IRG")

Auch ohne eine ausdrückliche völkerrechtliche Vereinbarung kann ein anderer Staat um Rechts- **136** hilfe ersucht werden. Man spricht insoweit vom **vertragslosen Rechtshilfeverkehr**. In diesen Fällen sind ausschließlich die allgemeinen innerstaatlichen Regelungswerke, insb. das „Gesetz über die Internationale Rechtshilfe in Strafsachen" („**IRG**") anwendbar, das IRG ist am 01.07.1982 in Kraft getreten. Aufgrund der Zunahme des zwischenstaatlichen Rechtshilfeverkehrs bedurfte es einer erleichterten und praktikableren Gestaltung des Rechtshilfeverfahrens, welches den **rechtsstaatlichen Garantien des Grundgesetzes** entspricht (BT-Drucks. 9/1338, S. 25).

Das IRG regelt primär die Handhabung eingehender Rechtshilfeersuchen. **Ausgehende Ersuchen** werden hingegen nur **fragmentarisch** im 6. Teil (§§ 68 ff. IRG) geregelt. Außerdem sind die Regelungen zur Vollstreckungshilfe nicht einheitlich gefasst, sondern auf §§ 48 ff. und § 71 IRG aufgeteilt; die Anwendung der jeweiligen Norm richtet sich danach, ob Deutschland Vollstreckungs- oder Urteilsstaat ist.

g) Richtlinie für den Verkehr mit dem Ausland in strafrechtlichen Angelegenheiten („RiVASt")

Neben den völkerrechtlichen Verträgen und dem IRG existieren noch weitere Regelungen, die das **137** Rechtshilferecht ergänzen. Das Verfahren des Rechtsverkehrs mit dem Ausland in Strafsachen ist in den sog. Richtlinien für den Verkehr mit dem Ausland in strafrechtlichen Angelegenheiten (**RiVASt**) niedergelegt. Die Richtlinien wurden zuletzt im Dezember 2008 neu gefasst und die Neufassung ist seit dem 01.01.2009 in Kraft. Bei den RiVASt handelt es sich um Verwaltungsvorschriften, die für die Gerichte, Staatsanwaltschaften und andere Behörden bestimmt sind (Nr. 1 Abs. 1 RiVASt). Für die StA und die anderen Behörden haben die RiVASt Bindungswirkung, wohingegen sie für die Gerichte nur unverbindliche Hinweise enthalten (*Kühne*, Rn. 84). Auch wenn den Vorschriften keine Gesetzeskraft zukommt, schreiben die Richtlinien doch fest, welche internationalen Rechtsbräuche bestehen und zu beachten sind (OLG Saarbrücken, 13.11.2009 – 1 Ws 2007/09, Rn. 13; OLG Brandenburg, 21.05.2007 – 1 Ws 92/07, Rn. 7).

h) Verhältnis der Regelungswerke

Aus § 1 Abs. 3 IRG folgt der Anwendungsvorrang völkerrechtlicher Vereinbarungen für den Fall, **138** dass sie unmittelbar anwendbares Recht geworden sind. Bei der Anwendbarkeit mehrerer völkerrechtlicher Vereinbarungen richtet sich der Vorrang nach allgemeinen Regeln (Spezialität). Es ist im Einzelfall zu entscheiden, welches Abkommen heranzuziehen ist.

3. Grenzen ausgehender Rechtshilfeersuchen

a) Ordre Public

Die zwischenstaatliche Rechtshilfe wird auch bei einer umfassenden gegenseitigen vertraglich ver- **139** einbarten Verpflichtung nicht grenzenlos gewährt. Die Beteiligten genießen durch innerstaatliche Regelungen und auch durch internationale Vereinbarungen einen gewissen **Schutz**. Rechtshilfe ist gem. § 73 IRG **unzulässig**, wenn sie **wesentlichen Grundsätzen** der deutschen Rechtsordnung **widerspricht** („**Ordre Public**"). Dies ist grds. dann der Fall, wenn das Ersuchen zu elementaren verfassungsrechtlichen oder völkerrechtlichen Geboten des Grundrechts- bzw. Menschenrechtsschutzes in offensichtlichem Widerspruch steht, z.B. die Gefahr herbeigeführt oder vergrößert wird, dass ein Betroffener einer unangemessenen Strafverfolgung oder einer politischen Verfolgung ausgesetzt wird. Dieser Grundsatz gilt im umgekehrten Fall gleichermaßen. Ersuchte Staaten behalten es sich ebenso vor, die Vereinbarkeit des Ersuchens mit den nationalen und internationalen Rechtsgrundsätzen zu prüfen. Entsprechende Vorbehalte finden sich in den jeweils nationalen Rechtshilfegesetzen.

b) Gegenseitigkeit und beiderseitige Strafbarkeit

140 Unter dem Begriff der **Gegenseitigkeit** ist zu verstehen, dass der ersuchende Staat im vergleichbaren umgekehrten Fall ebenfalls zu Rechtshilfe bereit und fähig sein muss (Wabnitz/Janovsky/*Veh* Kap. 22 Rn. 133). Im Rechtshilfeverkehr besteht keine völkerrechtliche Pflicht, die Gewährung von Rechtshilfe vom Gegenseitigkeitsprinzip abhängig zu machen. Angesichts weitreichender Abkommen ist das Kriterium der Gegenseitigkeit v.a. im Bereich der vertragslosen Rechtshilfe von Bedeutung (Widmaier/*Lagodny*, Münchener Anwaltshandbuch Strafverteidigung, § 21 Rn. 19). Soweit die BRD dem ersuchten Staat keine Rechtshilfe gewährt, muss indes im Fall eines ausgehenden Ersuchens im vertragslosen Rechtshilfeverkehr damit gerechnet werden, dass unter Berufung auf die fehlende Gegenseitigkeit keine Rechtshilfe geleistet wird.

141 Von diesem Grundsatz ist das Prinzip der **beiderseitigen Strafbarkeit** zu unterscheiden, das sich darauf bezieht, ob das Verhalten eines Verfolgten, das zum Gegenstand des Ersuchens gemacht wurde, auch nach dem Recht des ersuchten Staates strafbar wäre (Widmaier/*Lagodny*, Münchener Anwaltshandbuch Strafverteidigung, § 21 Rn. 20). Dieses Prinzip wird durch die Reformen der bi- und multilateralen Abkommen zunehmend zurückgedrängt (EU-AuslÜbk, RB-EUHb). Auch im vertragslosen Auslieferungsverkehr ist das Prinzip der beiderseitigen Strafbarkeit wenig verbreitet (Wabnitz/Janovsky/*Veh* Kap. 22, Rn. 135a). Gleichwohl ist das Prinzip in § 1 Abs. 1 IRG hinsichtlich der Auslieferung abgeschwächt verankert, wonach die zugrunde gelegte Tat auch nach deutschem Recht eine rechtswidrige Tat darstellen muss, die den Tatbestand eines (irgendeines) Strafgesetzes verwirklicht, oder wenn sie bei sinngemäßer Umstellung des Sachverhalts auch nach deutschem Recht eine solche Tat wäre.

c) Verbot der Doppelbestrafung – „ne bis in idem"

142 Auch im Rechtshilfeverfahren ist das in Art. 103 Abs. 3 GG verankerte Verbot der Doppelbestrafung („**ne bis in idem**") zu beachten. Dieses betrifft grds. allein die Einmaligkeit der **Verurteilung durch deutsche Gerichte**, sodass dieser Grundsatz für **Verurteilungen in anderen Staaten** nicht zwingend anwendbar ist (BVerfGE 12, 62, 66). Eine Verurteilung durch ein ausländisches Gericht verbraucht die Strafklage für die deutschen Gerichte daher grds. nicht, soweit nicht ein bi- oder multilaterales völkerrechtliches Übereinkommen eine Doppelbestrafung ausschließt (*Schomburg/Lagodny/Gleß/Hackner*, Internationale Rechtshilfe in Strafsachen, Art. 53 SDÜ Rn. 3, 4). Eine derartige Regelung findet sich u.a. in **Art. 54 SDÜ**, mit der das Verbot der **Doppelbestrafung** unilateral auf ausländische Verurteilungen durch die **Schengener Vertragsparteien** erstreckt wird (vgl. für den Auslieferungsverkehr auch Art. 3 Nr. 2 RB-EUHb). In Art. 54 ff. SDÜ werden dem Grunde nach nur „Urteile" als gerichtliche Entscheidungen genannt. Nach der Rechtsprechung des Europäischen Gerichtshofs (EuGH NStZ 2003, 332) wird der Anwendungsbereich jedoch auch auf **Verfahren** erstreckt, die in einem Mitgliedsstaat ohne Mitwirkung der Gerichte durch die Strafverfolgungsbehörden **nach Erfüllung von Auflagen** eingestellt werden. Korrespondierend hierzu ist auch stets zu prüfen, ob aufgrund der Einleitung des ausländischen Verfahrens oder aufgrund einer ausländischen Entscheidung ein Verfahrenshindernis nach dem Grundsatz „ne bis in idem" und nach den §§ 54 ff. SDÜ gegeben ist. Die Rechtslage weicht im Verhältnis zu den verschiedenen Vertragsstaaten erheblich voneinander ab. Während z.B. im Verhältnis zu den Niederlanden, Israel und Tschechien bereits ab Übernahme der Strafverfolgung ein Verfolgungshindernis eintritt, ist dies im Verhältnis zu Italien, Österreich, der Schweiz sowie einigen Nachfolgestaaten Jugoslawiens erst nach einer endgültigen Verfahrenseinstellung der Fall (vgl. Wabnitz/Janovsky/*Veh* Kap. 22 Rn. 94 ff.). Die Voraussetzungen eines Verfolgungshindernisses sind anhand der Ergänzungsverträge zum EuRhÜbK sowie sonstigen bilateralen Verträgen zu prüfen.

d) Verhältnis zum Steuergeheimnis

143 Nach § 30 Abs. 1 AO haben Amtsträger das Steuergeheimnis zu wahren. Vom Steuergeheimnis umfasst sind fremde Verhältnisse sowie fremde Betriebs- und Geschäftsgeheimnisse (TK/*Drüen*

§ 30 Rn. 11). Das **Steuergeheimnis** gilt grds. auch **ggü. ausländischen Amtsträgern** (BStBl. I 2006, S. 701). Ausnahmen zur **Durchbrechung** des Steuergeheimnisses sind insb. in § 30 Abs. 4 AO aufgeführt. Hiernach steht das Steuergeheimnis dem Rechtshilfeverkehr dann nicht entgegen, soweit die mit einem deutschen Rechtshilfeersuchen verbundene Offenbarung steuerlicher Verhältnisse zur **Durchführung eines Steuerstraf- oder Bußgeldverfahrens** nach § 30 Abs. 4 Nr. 1 AO zulässig und erforderlich ist oder nach § 30 Abs. 4 Nr. 2 AO die mit der Erledigung eines ausländischen Rechtshilfeersuchens verbundene Offenbarung steuerlicher Verhältnisse **durch völkerrechtliche Vereinbarungen** oder ausdrücklich durch § 117 AO i.V.m. § 59 Abs. 3 IRG zugelassen ist (BStBl. I 2006, S. 701; TK/*Drüen* § 30 Rn. 106). Auch alle Informationen zu fremden Verhältnissen, die den deutschen Finanzbehörden auf dem Rechtshilfeweg bekannt werden, unterliegen dem Steuergeheimnis.

4. Verfahrensablauf ausgehender Rechtshilfeersuchen

Nachfolgend wird der Ablauf des Verfahrens ausgehender Rechtshilfeersuchen an das Ausland anhand der innerstaatlichen Verfahrensregeln dargestellt. Hinsichtlich der Besonderheiten für das Verfahren bei Auslieferungsersuchen werden auf die Ausführungen unter Rn. 202 ff. verwiesen. 144

a) Vorüberlegungen

Grds. steht die Entscheidung über das Stellen eines Rechtshilfeersuchens im **Ermessen** der zuständigen deutschen Ermittlungsbehörde. Dabei ist zunächst der **Grundsatz der Subsidiarität** zu beachten, wonach der Weg über die internationale Rechtshilfe nur dann beschritten werden soll, wenn die deutschen Behörden zuvor **sämtliche** ihr zu Verfügung stehenden **innerstaatlichen Ermittlungsmöglichkeiten** ausgeschöpft haben. Daneben besteht allerdings der Untersuchungsgrundsatz (§ 244 Abs. 2 StPO), wodurch letztlich eine Pflicht zur Einholung von Auskünften mittels internationaler Rechtshilfe entstehen kann. Entsprechendes gilt für Beweisanträge der Verfahrensbeteiligten, die Beweiserhebungen des Gerichts durch Rechtshilfeersuchen veranlassen können (*Meyer-Goßner* § 244 Rn. 63). Vor der Entscheidung darüber, ob ein entsprechendes Rechtshilfeersuchen gestellt werden kann oder sollte, sind verschiedene Vorüberlegungen anzustellen. Insb. muss geprüft und abgewogen werden, ob der **Rechtshilfeweg eröffnet** ist, die **Ermittlungszuständigkeit** der ersuchenden Behörde gegeben ist, ein **förmliches Ersuchen** erforderlich ist und ob ein Rechtshilfeverfahren unter **Opportunitätsgesichtspunkten** eingeleitet werden sollte bzw. dem Grunde nach erfolgsversprechend ist. 145

aa) Eröffnung des Rechtshilfewegs – Abgrenzung zur Amtshilfe

Unter dem Begriff der Rechtshilfe ist nach der Definition des § 59 Abs. 2 IRG jede behördenunabhängige Art von verfahrensbezogener Unterstützung in einer **strafrechtlichen Angelegenheit** zu verstehen. Nach der Gesetzesbegründung des IRG (BT-Drucks. 9/1338, S. 34) umfasst der Begriff der strafrechtlichen Angelegenheit insb. das Ermittlungs- und Strafverfahren, das Vollstreckungsverfahren und nach § 1 Abs. 2 IRG ausdrücklich Verfahren wegen Ordnungswidrigkeiten. Unter den Begriff der strafrechtlichen Angelegenheit des IRG fällt damit ausdrücklich nur repressives Handeln von Strafverfolgungsbehörden. In Verfahren wegen Fiskaldelikten (vgl. § 369 AO) ist die Rechtshilfe daher insb. zulässig in Fällen der **Steuerhinterziehung** (§ 370 AO) sowie im Bereich der **Steuerordnungswidrigkeiten** (§§ 377, 409 ff. AO). Da die Finanzbehörden sowohl im Besteuerungsverfahren als auch im Steuerstrafverfahren tätig werden können, stehen ihnen dem Grunde nach die Wege der Amtshilfe als auch der Rechtshilfe offen. Die zwischenstaatliche Zusammenarbeit im **Verwaltungs- bzw. Besteuerungsverfahren** erfolgt i.R.d. **internationalen Amtshilfe**, während nur bei der Führung eines **Steuerstrafverfahrens** die **internationale Rechtshilfe** zur Anwendung kommt (*Korts, Korts,* IStR 2006, 869, vgl. Rdn. 2 f.). Daher scheidet die internationale Rechtshilfe aus, wenn durch die Finanzbehörden im Zeitpunkt der Antragstellung nur das **Besteuerungsverfahren** oder aber lediglich **Vorfeldermittlungen** i.S.d. § 208 Abs. 1 Satz 1 Nr. 3 AO geführt werden. In diesem Fall kommt lediglich **Amtshilfe** in Betracht (BStBl. I 2006, S. 701). 146

bb) Ermittlungszuständigkeit der ersuchenden Behörde

147 Die um Rechtshilfe ersuchende Behörde muss für die Ermittlungsführung und zur Entscheidung über die Vornahme der **Ermittlungsmaßnahme zuständig** sein. Dies folgt aus dem Grundsatz, dass die Zulässigkeit eines Rechtshilfeersuchens keine Frage des internationalen Rechtshilferechts ist, sondern sich nach deutschem Strafverfahrensrecht zu richten hat (*Schomburg/Lagodny/Gleß/ Hackner* Vor § 68 Rn. 2). Die **innerstaatlichen strafprozessualen Zuständigkeitsregelungen** werden durch besondere Zuständigkeitszuweisungen des Rechtshilferechts nicht verdrängt. Während diese Frage bei Rechtshilfeersuchen der StA oder eines Strafgerichts schnell beantwortet ist, wird eine dezidierte Prüfung namentlich bei Ermittlungsmaßnahmen der Polizei (§ 163 StPO) sowie der Steuer- und Zollbehörden (§§ 386 Abs. 2, 393 Abs. 1 AO) erforderlich. Es ist im Einzelfall zu prüfen, ob die Polizeibeamten als Hilfsbeamte der StA im Rahmen eines strafrechtlichen Ermittlungsverfahrens tätig werden. Nur in diesem Fall ist der Weg zur Rechtshilfe eröffnet.

148 Bei Ersuchen der Finanz- und Zollbehörden ist zu differenzieren. In § 386 Abs. 2 AO wird der Finanzbehörde (FA, Hauptzollamt) bei dem Verdacht einer Steuerstraftat die Zuständigkeit einer Ermittlungsbehörde zugewiesen, soweit das Verfahren nicht an die StA abgegeben wird oder die StA das Verfahren an sich zieht. Der § 393 AO stellt dabei klar, dass die Finanzbehörde auch nach Einleitung des Steuerstrafverfahrens parallel für das Besteuerungsverfahren zuständig bleibt und insoweit auch dazu berechtigt ist, das Rechtshilfeverfahren in Strafsachen zu betreiben (BFH, BStBl. II 1987, S. 440). Die Finanzbehörden dürfen nicht beliebig zwischen den Instrumenten der Amts- und Rechtshilfe wählen. Es muss objektiv erkennbar sein, in welcher Funktion und aufgrund welcher Rechtsvorschriften die Finanzbehörde tätig wird (*Spatscheck/Alvermann*, IStR 2001, 33, 35). Dies gilt nicht zuletzt vor dem Hintergrund der daraus abzuleitenden Rechtsschutzmöglichkeiten des Betroffenen.

cc) Erforderlichkeit eines förmlichen Ersuchens

149 Grds. ist aufgrund des Territorialprinzips die Einhaltung des förmlichen Rechtshilfeweges erforderlich. Die völkerrechtlichen Übereinkommen sehen jedoch **Ausnahmen** für einzelne Maßnahmen vor, in denen auch ohne eine Genehmigung im Einzelfall Amtshandlungen deutscher Behörden in das Ausland zulässig sind.

(aa) Unmittelbare Maßnahmen

150 Auch **unmittelbar** in das Ausland **hineinwirkende Maßnahmen** sind streng genommen solche auf dem Gebiet der internationalen Rechtshilfe, wenngleich eine Genehmigung im Einzelfall entbehrlich ist. Dies betrifft vereinzelte Maßnahmen mit geringer Eingriffsintensität. Nach entsprechenden bilateralen Abkommen mit der **Schweiz** (BGBl. II 2001, S. 962) sowie den **Vertragsstaaten** des **SDÜ** bzw. **EU-RhÜbk** können Schriftstücke in den jeweiligen Vertragsstaaten unmittelbar per Post zugestellt werden. Über Art. 52 SDÜ bzw. Art. 5 EU-RhÜbk wird in Bezug auf § 37 Abs. 1 StPO i.V.m. § 183 Abs. 1 Nr. 1 ZPO eine Zustellungsfiktion begründet. Hiervon werden sämtliche in **Ermittlungs- und Strafverfahren zustellungsbedürftigen Schriftstücke** erfasst, soweit nicht ein ausdrücklicher Rechtshilfevorbehalt besteht. Das Verfahren sowie den notwendigen Inhalt von Zustellungen regeln die Nr. 115, 116 RiVASt. Die Einholung schriftlicher Zeugenaussagen ist i.d.R. zulässig (*Wabnitz/Janovsky/Veh* 22. Kap. Rn. 87a). Das Gleiche gilt bei der schriftlichen Klärung von Vorfragen einer Zeugenvernehmung, wie der voraussichtlichen Beweiserheblichkeit der Aussage (BGH, NStZ 1995, 244, 245; NStZ 2002, 653) bzw. der Aussagebereitschaft (BGH, NStZ 1985, 375).

(bb) Ausnahme Auslandsvertretungen

151 Besonderheiten gelten auch für **Auslandsvertretungen** (Nr. 128 Abs. 1 RiVASt, Botschaften, Generalkonsulate, Konsulate), die in Steuerstrafverfahren und Besteuerungsverfahren unmittelbar **unterstützende Amtshandlungen** vornehmen können. Dies folgt unmittelbar aus Art. 35 Abs. 1

GG, wonach sich alle Behörden des Bundes und der Länder als Konkretisierung des Bundesstaatsprinzips gegenseitig Rechts- und Amtshilfe leisten (BVerfGE 31, 43, 46). Auslandsvertretungen können in eigener Zuständigkeit Ersuchen um Amtshandlungen vornehmen, u.a. **Zustellungen** bewirken sowie **Zeugen, Sachverständige** und **Beschuldigte vernehmen.** Bei der Inanspruchnahme der Rechtshilfe durch Auslandsvertretungen handelt es sich nicht um ein internationales Rechtshilfeersuchen, sondern um **innerstaatliche Rechtshilfe** (*Rose*, wistra 1998, 11, 14). Insb. vor dem Hintergrund der Verfahrensbeschleunigung kann dieser Weg in der laufenden Hauptverhandlung empfehlenswert sein (*Meyer-Goßner* § 244 Rn. 63).

dd) Opportunitätsgesichtspunkte

Bei der Entscheidung, ob ein Ersuchen auf Rechtshilfe gestellt werden soll, sind insb. auch **Opportunitätsgesichtspunkte** zu berücksichtigen. So kann es nach den Ergänzungsverträgen zum EuRhÜbK geboten sein, mittels eines **Verfolgungsersuchens** i.S.d. Art. 21 Abs. 1 EuRhÜbK (vgl. Nr. 145 und 146 RiVASt) auf die Einleitung eines Ermittlungsverfahrens im Ausland hinzuwirken, um die Ermittlungen bei Übernahme durch den ersuchten Staat im Inland einstellen zu können.

152

b) Erfordernis einer innerstaatlichen Anordnung

Soweit für die beabsichtigte Maßnahme eine förmliche innerstaatliche Anordnung erforderlich ist, muss diese vor dem Stellen des Rechtshilfeersuchens eingeholt werden, da diese dem Ersuchen beizufügen ist. Zu nennen sind hier **Durchsuchungs-** und **Beschlagnahmebeschlüsse** (§§ 98, 102, 103, 105 StPO) und **Haftbefehle** (§§ 112 ff. StPO, RB-EUHb; EuHbG, § 69 Abs. 2 IRG). Die prozessualen Voraussetzungen sowie die Zuständigkeiten richten sich nach innerstaatlichem Verfahrensrecht. Dementsprechend sind insoweit auch die Rechtsmittel der StPO anwendbar.

153

c) Zuständigkeit der ersuchenden Behörde zum Abfassen des Rechtshilfegesuchs

In Steuerstrafsachen können je nach Ermittlungsmaßnahme das **Gericht,** die **StA** (Nr. 30 RiVASt), deren **Hilfsbeamte** (Nr. 123 und 124 RiVASt; Art. 39 Abs. 1 SDÜ) oder die **Finanzbehörden** (Nr. 127 RiVASt) zuständig sein, ein entsprechendes Rechtshilfeersuchen abzufassen. In Fällen der Auslieferung wird das Ersuchen nach Nr. 88 RiVASt bei der **obersten Justizbehörde** angeregt. Die Zuständigkeit zum Abfassen eines Rechtshilfeersuchens deckt sich i.d.R. mit der Ermittlungszuständigkeit.

154

Durch Nr. 127 RiVASt wird zwar die grundsätzliche Befugnis der Finanzbehörden (§ 6 AO) festgelegt, im Rahmen ihrer Zuständigkeit (vgl. auch § 74 IRG) Rechtshilfeersuchen zu erledigen und zu stellen sowie kriminaltechnische Gutachten zu erstatten. Nach dem **EuRhÜbK** wird die Zuständigkeit für das Stellen von Rechtshilfeersuchen jedoch ausdrücklich den **Justizbehörden** zugewiesen. Der Begriff der Justizbehörde wird in der deutschen Erklärung zu Art. 24 EuRhÜbK dahin gehend konkretisiert, dass hierunter deutsche **Gerichte** und **Staatsanwaltschaften** zu verstehen sind. **Finanzbehörden** i.S.d. § 6 AO oder deren **Bußgeld- und Strafsachenstellen** werden in der deutschen Erklärung dagegen nicht explizit aufgeführt. Soweit demnach eine Finanzbehörde das Steuerstrafverfahren nach § 368 AO führt und die Durchführung von Rechtshilfe für erforderlich hält, muss sie entweder das Verfahren nach § 386 Abs. 4 AO an die StA abgeben oder die StA i.R.d. innerstaatlichen Amtshilfe dazu veranlassen, ein entsprechendes Ersuchen zu stellen. Etwas anderes gilt dann, wenn die Finanzbehörden im Steuerstrafverfahren nach § 386 Abs. 2 AO selbstständig ermitteln und in **bilateralen Verträgen** mit dem entsprechenden Land als zuständige Behörden aufgeführt sind (bspw. im Rechtshilfeverkehr mit Kanada vgl. Art. 11 Abs. 1 des Rechtshilfevertrags v. 13.02.2002, Revisionsprotokoll v. 12.03.2002, BGBl. II 2003, S. 67, 436; BStBl. I 2003, S. 165, 329). In diesen Fällen kann ein entsprechendes Ersuchen unter Beachtung der RiVASt unmittelbar durch die Finanzbehörden gestellt werden.

155

d) Inhalt und Form des Ersuchens

156 Inhalt und Form des Rechtshilfeersuchens werden u.a. durch Art. 14 EuRhÜbk vorgegeben. **Muster** zur Abfassung von Rechtshilfeersuchen finden sich in Nr. 150 RiVASt sowie in der Anlage zum BMF-Schreiben v. 16.11.2006 „Zwischenstaatliche Rechtshilfe in Steuerstrafsachen" (BStBl. 2006 Teil I, S. 708). Hiernach hat das Ersuchen die Angabe der ersuchenden **Behörde**, den **Gegenstand** und **Grund** des Ersuchens, die **Identität des Beschuldigten** sowie die **Bezeichnung** der **Straftat** oder **Ordnungswidrigkeit** und eine **Sachverhaltsdarstellung** zu enthalten. Soweit dem Ersuchen komplizierte tatsächliche und steuerrechtliche Fallgestaltungen zugrunde liegen, sollten diese verständlich erläutert werden. Dies gilt umso mehr, als dem Empfänger im Ausland keine Akten zur Verfügung stehen, die ihm eine Aufarbeitung des Sachverhaltes oder die Klärung von Zweifelsfragen ermöglichen würden. Etwaige innerstaatliche Anordnungen (Durchsuchungs- und Beschlagnahmebeschlüsse, Haftbefehle) sind dem Ersuchen beizufügen (Nr. 114 ff. RiVASt). Daneben enthalten die Nr. 162 bis 165 RiVASt besondere Richtlinien für den Verkehr mit den Mitgliedstaaten der EU betreffend ausgehende Auslieferungsersuche aufgrund eines Europäischen Haftbefehls. Um Verfahrensfehler möglichst zu vermeiden, sollte bereits in dem Ersuchen auf bestehende innerstaatliche **Beweiserhebungsverbote**, insb. **Aussage-, Zeugnis-, Auskunftsverweigerungsrechte** und **Beschlagnahmeverbote** (§§ 52 ff., 97, 136 Abs. 1, 160a StPO) hingewiesen werden. Soweit nicht in völkerrechtlichen Übereinkünften etwas anderes bestimmt ist (vgl. Länderteil zur RiVASt), sind einem Ersuchen und seinen Anlagen **Übersetzungen** beizufügen (Nr. 14 Abs. 1 RiVASt). Die Übersetzungspflichten aus Art. 6 Abs. 3a EMRK bleiben unberührt (Nr. 181 Abs. 2 RiStBV). Auch wenn ein **Übersetzungsverzicht** vereinbart wurde, kann bei besonders bedeutsamen oder eilbedürftigen Ersuchen die Beifügung einer Übersetzung hilfreich sein. Für **ausgehende Ersuchen** existieren mehrsprachige **Vordrucke** (Muster Nr. 2a, 31b, 33b). I.Ü. sind die Übersetzungen von der Behörde zu beschaffen, die das dem Ersuchen zugrunde liegende Verfahren betreibt. Diese Übersetzungen müssen den die Richtigkeit der Übersetzung bestätigenden **Vermerk** eines amtlich bestellten oder vereidigten **Übersetzers/Dolmetschers** tragen, wenn dies in völkerrechtlichen Übereinkünften (insb. in Auslieferungsvereinbarungen) vorgesehen ist oder wenn Rechtshilfe auf vertragsloser Grundlage begehrt wird. In Zweifelsfällen sollte das beabsichtigte Ersuchen vor Anfertigung der Übersetzungen der Bewilligungsbehörde vorgelegt werden. Nach Nr. 31 RiVASt besteht die Pflicht, die um Rechthilfe ersuchte ausländische Behörde über jede bedeutsame **Änderung** der Sachlage unverzüglich zu **unterrichten**.

e) Anwesenheit deutscher Beamter bei der Amtshandlung im Ausland

157 Aufgrund des Territorialprinzips dürfen **deutsche Beamte** oder **deutsche Richter im Ausland keine eigenen Amtshandlungen** vornehmen. Dem Bedürfnis, an entsprechenden Amtshandlungen ausländischer Beamter in Erfüllung des Rechtshilfeersuchens teilzunehmen, kann bei Vorliegen einer **Genehmigung** des **ausländischen Staates** sowie einer Genehmigung der **obersten Justiz- oder Verwaltungsbehörde** Rechnung getragen werden. Z.T. sind diese Genehmigungen bereits allgemein erteilt. Soweit dies nicht der Fall ist, muss i.R.d. Rechtshilfeersuchens sowohl die Genehmigung der ausländischen Regierung (Nr. 142 RiVASt) als auch diejenige der obersten Justiz- oder Verwaltungsbehörde (Nr. 140 RiVASt) eingeholt werden. Die Teilnahme eines deutschen Beamten oder deutschen Richters an Amtshandlungen im Ausland soll jedoch die Ausnahme darstellen (Nr. 141 RiVASt). Eine Teilnahme soll nur angeregt werden, wenn **besondere Umstände** eine **Anwesenheit erfordern**, namentlich wenn zu erwarten ist, dass durch die Inanspruchnahme der ausländischen Behörden allein der mit dem Ersuchen erstrebte Zweck nicht erreicht würde (zur Anwesenheit deutscher Steuerfahnder bei Ermittlungen in Österreich vgl. *Carl*, wistra 1995, 95).

f) Geschäftsweg

158 Aufgrund des § 74 Abs. 2 IRG wurde die Ausübung von Befugnissen im Rechtshilfeverkehr mit dem Ausland in strafrechtlichen Angelegenheiten durch die Bundesregierung mit der Zuständigkeitsvereinbarung v. 28.04.2004 (BAnz. Nr. 100 v. 29.05.2004, S. 11494) auf die Landesregierungen übertragen. Die Landesregierungen haben auf dieser Grundlage jeweils eigenständige Regelungen der **Geschäftswege** getroffen (vgl. *Piller/Herrmann*, Abschn. 2 f., S. 29 ff.). Bei der Einhaltung des Geschäftsweges handelt es sich um eine wesentliche Förmlichkeit des Verfahrens (OLG Düsseldorf, StV 2004, 146). Wird der Geschäftsweg nicht eingehalten, leidet das Rechtshilfeersuchen an einem Verfahrensfehler, der zur Unverwertbarkeit der erhobenen Beweismittel führen kann (vgl. Wabnitz/Janovsky/*Veh* Kap. 22 Rn. 117). Grds. ist zwischen dem unmittelbaren, dem konsularischen, dem ministeriellen und dem diplomatischen Geschäftsweg zu unterscheiden (vgl. Nr. 5 RiVASt).

Wenn der **unmittelbare Geschäftsweg** eröffnet ist, kann die ersuchende Behörde unmittelbar mit **159** der ersuchten Behörde in Kontakt treten (Nr. 5 Abs. 1d RiVASt). Dies geschieht nach Nr. 5, 6 RiVASt unter Einschaltung der Prüfungs- und Bewilligungsbehörde sowie der Übermittlungsstellen (BKA, LKA). Der unmittelbare Geschäftsweg gilt insb. für ausgehende Rechtshilfeersuchen nach Art. 53 Abs. 1 SDÜ, Art. 6 Abs. 1 EU-RhÜbk und bilateralen Ergänzungsverträgen zum EuRhÜbk (Schweiz, Tschechien).

Auf dem **konsularischen Geschäftsweg** treten die konsularische Vertretung im Gebiet des ersuchten **160** Staates und die Behörden dieses Staates miteinander in Verbindung (Nr. 5 Abs. 1c RiVASt). Das Rechtshilfeersuchen sowie alle weiteren Unterlagen sind nach Nr. 30 Abs. 4 Satz 2 RiVASt in dreifacher Ausfertigung und zweifacher Übersetzung an die deutsche Auslandsvertretung zu senden.

Sofern der **ministerielle Geschäftsweg** vorgesehen ist, wird der Kontakt zwischen den jeweils **161** obersten Justiz- oder Verwaltungsbehörden geführt (Nr. 5 Abs. 1b RiVASt).

Soweit kein anderer Geschäftsweg zugelassen ist, gilt der **diplomatische Geschäftsweg** (Nr. 5 **162** Abs. 2 RiVASt). In diesem Fall treten die Regierung eines der betroffenen Staaten und die diplomatische Vertretung des anderen Staates in Verbindung (Nr. 5 Abs. 1a RiVASt). Das Ersuchen ist dann über die oberste Justiz- oder Verwaltungsbehörde einzureichen.

g) Prüfung und Bewilligung des Ersuchens

Da durch die Rechtshilfe die auswärtigen Beziehungen tangiert werden, bedürfen ausgehende **163** **Rechtshilfeersuchen** der völkerrechtlichen **Bewilligung** durch die Bundesregierung oder durch die von ihr durch Delegation bestimmten Stellen (BStBl. 2006 Teil I, S. 702). Die jeweils zuständigen **Prüfungs-** und **Bewilligungsbehörden** i.S.d. Nr. 7 RiVASt sind in § 74 IRG, der Zuständigkeitsvereinbarung v. 28.04.2004 (BAnz. Nr. 100 v. 29.05.2004, S. 11494) sowie in den jeweiligen Landesverordnungen (vgl. *Piller/Herrmann*, Abschn. 2 f., S. 29 ff.) festgelegt. Wenn das Rechtshilfeersuchen durch eine Strafverfolgungsbehörde oder ein Gericht vorbereitet wurde, obliegt die Entscheidung über das Stellen des Ersuchens der zuständigen Prüfungs- und Bewilligungsbehörde. Wenn der **unmittelbare** oder **konsularische Geschäftsweg** eröffnet ist, liegt die Zuständigkeit für die Bewilligung regelmäßig bei der **Behördenleitung**. Die Bewilligungsbehörde prüft die innerstaatliche Zulässigkeit der gewünschten Maßnahme, das Bestehen zwischenstaatlicher Rechtshilfevoraussetzungen und nach pflichtgemäßem Ermessen die außen- und kriminalpolitische Zweckmäßigkeit des Ersuchens (*Park*, Handbuch Durchsuchung und Beschlagnahme, Rn. 833). Gerade bei der Verfolgung von Fiskaldelikten wird die Strafverfolgungsbehörde vor der Beantragung von Rechtshilfe, insb. aber die Bewilligungsbehörde, deren **Erfolgsaussichten** abzuwägen haben (OLG Hamm, NStZ 1982, 215). Zwar wird im Schengen-Raum und innerhalb der EU die Verpflichtung zur Leistung gegenseitiger Rechtshilfe ausgebaut. Dabei sind jedoch Besonderheiten und Länderspezifika zu beachten.

Nach Art. 50 Abs. 1 SDÜ besteht eine **Rechtshilfeverpflichtung** der Vertragsstaaten bei Verstößen **164** gegen die gesetzlichen Bestimmungen und Vorschriften im Bereich der Verbrauchsteuern, der USt und des Zolls. Nach **Art. 50 Abs. 4 SDÜ** erfährt diese Rechtshilfeverpflichtung eine Einschränkung, indem die Rechtshilfe **verweigert** werden **kann**, wenn der verkürzte oder erschlichene Betrag 25.000,00 € oder der Wert der unerlaubt ein- oder ausgeführten Waren 100.000,00 €

voraussichtlich nicht übersteigt. Eine **Weigerung** ist allerdings dann **nicht** möglich, wenn die Steuerstraftat wegen ihrer Art oder aufgrund der Person des Täters von der ersuchenden Vertragspartei als **sehr schwerwiegend** betrachtet wird.

165 Jeder Staat kann grds. **freiwillig Rechtshilfe** leisten. Insb. bei Steuerdelikten reagieren andere Staaten häufig nur zurückhaltend auf Rechtshilfeersuchen deutscher Behörden, was dadurch bedingt sein dürfe, dass die fiskalischen Interessen des ersuchten Staates i.d.R. nicht tangiert sind. Durch den förmlichen Weg des Rechtshilfeverfahrens ist zudem mit einer erheblichen zeitlichen Komponente zu rechnen, die sich negativ auf die zu erwartenden Ergebnisse der Maßnahmen auswirken kann.

h) Erledigung des Ersuchens

166 Wenn eine bundesdeutsche Behörde ein Rechtshilfeersuchen an einen anderen Staat richtet, folgt aus dem Rechtssatz „**locus regit actum**", dass sich die Erledigung des Rechtshilfeersuchens regelmäßig nach dem **Recht des ersuchten Staates** richtet. Etwas anderes gilt, wenn das Rechtshilfeersuchen im Geltungsbereich des EU-RhÜbk (u.a. skandinavische und baltische EU-Mitgliedsstaaten, Belgien, Frankreich, Großbritannien und Nordirland, Niederlande, Österreich, Polen, Portugal, Schweden, Slowenien, Spanien, Ungarn, Zypern) gestellt wird. In diesem Fall kann der ersuchende Staat nach Art. 4 Abs. 1 EU-RhÜbk und dem neu geschaffenen Grundsatz „**lex forum regit actum**" verlangen, dass Verfahrensvorschriften des **ersuchenden Staates** zur Anwendung kommen (Widmaier/ *Lagodny*, Münchener Anwaltshandbuch Strafverteidigung, § 21 Rn. 60). Entsprechendes gilt im Anwendungsbereich des 2. ZP-EuRhÜbk.

167 Die Entscheidung, welche Behörden und Stellen zur Erledigung des Ersuchens eingeschaltet werden, obliegt dem ersuchten Staat. Dies werden i.d.R. die nach nationalem Recht zuständigen allgemeinen Strafverfolgungs- und Finanzbehörden sein. Da die Behörden nicht in der gleichen Art und Weise mit dem deutschen Verfahrensrecht vertraut sind, sollte im Vorfeld auf die maßgeblichen einzuhaltenden Grundsätze (z.B. Zeugnisverweigerungsrechte) hingewiesen werden. U.U. bietet es sich an, eine Teilnahme deutscher Beamter an der ausländischen Amtshandlung anzuregen.

168 Die erhobenen Beweismittel werden der ermittelnden inländischen Behörde nach Abschluss der Maßnahmen zugeleitet. Wenn das Ersuchen nur unzureichend erledigt wird oder sich aus den Beweismitteln **weiterer Aufklärungsbedarf** ergibt, kann unter den allgemeinen Voraussetzungen unter Einhaltung des Geschäftsweges ein ergänzendes **Anschlussersuchen** gestellt werden.

i) Kosten des Ersuchens

169 Die Frage der Kostentragung für die Erledigung von Rechtshilfeersuchen ist i.d.R. in den betreffenden völkerrechtlichen Vereinbarungen geregelt. So sieht z.B. Art. 20 EuRhÜbk vor, dass Erledigung von Rechtshilfeersuchen grds. keinen Kostenerstattungsanspruch gegen die BRD begründet. Dieser Grundsatz findet sich zudem im überwiegenden Teil der Rechtshilfeabkommen. Ausnahmen bestehen hinsichtlich der Beiziehung von Sachverständigen und den Kosten für die Überstellung von Häftlingen. Einzelheiten der Kostentragung werden zudem in Nr. 15 RiVASt geregelt.

5. Rechte des Beschuldigten im Rechtshilfeverfahren

a) Unterrichtung des Beschuldigten über ausgehende Ersuchen

170 Es besteht **keine Verpflichtung**, den Beschuldigten über die Einleitung des Rechtshilfeweges und die beabsichtigten Ermittlungsmaßnahmen **zu unterrichten** (Art. 77 IRG i.V.m. § 33 Abs. 4 StPO). Ungeachtet dessen ist es jedoch zulässig, den Beschuldigten auf das Stellen des Rechtshilfeersuchens hinzuweisen (BStBl. I 2006, S. 207). Hierdurch können eine Mithilfe des Betroffenen und damit eine Beschleunigung der Ermittlungen erreicht werden. Um dem Betroffenen eine gerichtliche Überprüfung (der innerstaatlichen Maßnahme) zu ermöglichen, wird jedoch spätestens nach Abschluss der Maßnahme über das Rechtshilfeersuchen zu unterrichten und **rechtliches Gehör** (§ 33 Abs. 3 StPO) und **Akteneinsicht** (§ 147 Abs. 2 StPO) zu gewähren sein.

b) Rechtsschutzmöglichkeiten gegen ausgehende Ersuchen und Beweiserhebungen im Ausland

Während dem Beschuldigten bei eingehenden Rechtshilfeersuchen die allgemeinen Rechtbehelfe **171** der StPO zur Verfügung stehen, sieht das deutsche Verfahrensrecht **keine Rechtsschutzmöglichkeiten gegen ausgehende Rechtshilfeersuchen** vor. Ebenso wenig finden sich entsprechende Rechtsbehelfe in den maßgeblichen Rechtsgrundlagen der internationalen Rechtshilfe (*Ahlbrecht*, Internationales Strafrecht, Rn. 622). Da verfahrensrechtlich zwischen der innerstaatlichen Anordnung (bspw. Durchsuchungsanordnungen nach §§ 102, 103 StPO) und dem Rechtshilfeersuchen zu unterscheiden ist, muss auch der Rechtsschutz differenziert betrachtet werden (*Park*, Handbuch Durchsuchung und Beschlagnahme, Rn. 837). Die **innerstaatliche Anordnung** als solche **kann** mit den jeweiligen **nach deutschem Recht** einschlägigen Rechtsbehelfen **angegriffen** werden (§ 77 IRG i.V.m. EGGVG, GVG, StPO, JGG, AO, OWiG), wobei nur die innerstaatliche Zulässigkeit Gegenstand einer gerichtlichen Überprüfung sein kann. Um dem Betroffenen die Möglichkeit einer gerichtlichen Überprüfung zu ermöglichen, ist ihm auch bei ausgehenden Rechtshilfeersuchen **Akteneinsicht** in die innerstaatlichen Rechtshilfeakten zu gewähren. In entsprechender Anwendung des § 147 Abs. 2 StPO kann sie (zunächst) verweigert werden, wenn sie den Untersuchungszweck gefährden könnte (*Park* Handbuch Durchsuchung und Beschlagnahme Rn. 836). Eine gerichtliche Überprüfung der Rechtmäßigkeit des Rechtshilfeersuchens darf nach den allgemeinen Grundsätzen des Anspruchs auf rechtliches Gehör im Rechtsschutzverfahren gegen strafprozessuale Zwangsmaßnahmen jedoch nicht ergehen, bevor der Beschuldigte über seinen Verteidiger Akteneinsicht erhalten hat und sich dazu äußern konnte (*Park,* StV 2009, 276, 277).

Streitig ist dagegen, ob die **Entscheidung der Bewilligungsbehörde** über das Rechtshilfeersuchen **172** angefochten werden kann sowie welcher Rechtsweg eröffnet ist (Meinungsstand bei: Grützner/Pötz/Kreß/*Vogel*, Internationaler Rechtsverkehr, Vor § 1 Rn. 133 ff.). Für den Fall, dass die Zulässigkeit eines Rechtsbehelfs angenommen würde, dürfte eine Anfechtung der Bewilligungsentscheidung angesichts des der Behörde eingeräumten Ermessensspielraums und der eingeschränkten Prüfungskompetenz kaum Erfolg versprechend sein (Wabnitz/Janovsky/*Veh* Kap. 22 Rn. 124; vgl. auch OLG Hamm, NStZ 1982, 215). Bei ausgehenden Rechtshilfeersuchen sind die Rechtsschutzmöglichkeiten daher vor den Gerichten des ersuchten Staates am effektivsten, was ein Hinzuziehen eines spezialisierten Anwalts des ersuchten Staates erforderlich macht.

6. Beweisverwertung im deutschen Strafverfahren

Das Gesetz sieht nur in wenigen normierten Einzelfällen ausdrücklich Beweisverwertungsverbote **173** vor (z.B. §§ 69 Abs. 3, 136a, 252 StPO). Nach § 385 AO gelten im Steuerstrafverfahren die strafprozessualen Grundsätze über die Beweisverwertung. Im Bereich des Rechtshilferechts ist in § 39 Abs. 2 SDÜ für Verstöße gegen das Zustimmungserfordernis ausdrücklich ein **Beweisverwertungsverbot** verankert.

Sofern keine ausdrückliche gesetzliche Anordnung eines Beweisverwertungsverbots vorliegt, fehlen allgemein verbindliche Regelungen. Grds. soll die **Unzulässigkeit** oder **Rechtswidrigkeit** einer **Beweiserhebung** jedenfalls nicht ohne Weiteres zu einem **Beweisverwertungsverbot** führen. Insb. nach der Rechtsprechung des BVerfG besteht kein Rechtssatz des Inhalts, dass im Fall einer rechtsfehlerhaften Beweiserhebung die Verwertung der gewonnenen Beweise stets unzulässig wäre (BVerfG, NStZ 2000, 488; NStZ 2000, 489; NStZ 2006, 46; NJW 2009, 3225). Zwar erlaube das Strafverfahren **keine Wahrheitserforschung um jeden Preis**, doch verlange eine funktionierende Strafrechtspflege, dass die Beweisaufnahme auf alle bedeutsamen Beweismittel erstreckt werde. Ein absolutes **Verbot**, ein Beweismittel zu verwerten, sei daher eine Ausnahme von der Pflicht zur Wahrheitserforschung, die nur nach ausdrücklicher gesetzlicher Vorschrift oder übergeordneten **wichtigen Gründen im Einzelfall** anzuerkennen sei. Anerkannt ist ein solches absolutes Beweisverwertungsverbot etwa für den absoluten Kernbereich privater Lebensführung (vgl. BVerfG, NJW 2004, 999 m.w.N.). Ferner besteht von Verfassungs wegen ein absolutes Beweisverwertungsverbot bei **schwerwiegenden, bewussten oder willkürlichen Verfahrensverstößen**, bei denen die grundrechtlichen Sicherungen planmäßig oder systematisch außer Acht gelassen wurden (vgl. BVerfG, NJW 2006, 2684, 2686 m.w.N.).

174 Die Rechtsprechung geht in der Folge bei Beweiserhebungsverboten, die lediglich dem Schutz des Staates oder Dritten dienen, von der sog. **Rechtskreistheorie** aus. Ein Beweisverwertungsverbot scheidet in diesen Fällen aus, weil in den Rechtskreis des unmittelbar Betroffenen nicht eingegriffen wird.

In den übrigen Fällen findet nach Auffassung der Rechtsprechung die **Abwägungslehre** Anwendung. Die Frage der Verwertbarkeit ist jeweils nach den **Umständen** des **Einzelfalls**, insb. nach der Art des Verbots und dem Gewicht des Verstoßes unter Abwägung der widerstreitenden Interessen zu entscheiden (BGHSt 38, 214, 219 f.; 44, 243, 249; 51, 285, 289 f.). Nur das Vorliegen eines besonders schwerwiegenden Fehlers kann ein Verwertungsverbot nach sich ziehen (vgl. BGHSt 31, 304, 306 ff.; BGHSt 51, 285, 292; BGH, NStZ 2007, 601 ff.).

a) Allgemeines zu Beweisverwertungsverboten in Fällen mit Auslandsbezug

175 Nach den der Rechtshilfe zugrunde liegenden Rechtsquellen, u.a. Art. 4 Abs. 1 EU-RhÜbK, gilt i.d.R. der Grundsatz der **Erledigung** von Rechtshilfeersuchen nach dem **Recht** des **ersuchenden Staates**. Die Verwertbarkeit des Beweisergebnisses in einem deutschen Strafverfahren hängt i.d.R. nicht davon ab, ob die Erledigung des Rechtshilfeersuchens deutschen Verfahrensregeln nahe kommt oder nicht (BGHSt 2, 300, 304; BGH, NStZ 1985, 376; BGH, NStZ-RR 2002, 67). Wesentliche Abweichungen vom deutschen Recht können jedenfalls bei der Beweiswürdigung berücksichtigt werden (BGH, NStZ 1998, 154; BGHSt 2, 300, 304; OLG Hamm, DAR 1959, 192, 193).

Wenn der ausländische Staat die erbetene Rechtshilfe leistet, ist es Aufgabe der innerstaatlich zuständigen Stellen und insb. auch der Verteidigung, die **Verwertbarkeit** der erlangten Beweismittel mit Blick auf Verstöße bei deren Gewinnung bzw. Schaffung zu **prüfen**.

b) Verstöße gegen das Völkerrecht

176 Im Bereich der Rechtshilfe sind verschiedene Konstellationen denkbar, in denen Verstöße gegen das Völkerrecht gegeben sein könnten.

aa) Territorialprinzip als subjektives Recht bei Umgehung der Rechtshilfe

177 Relevanz erlangen insb. Verletzungen des **Territorialprinzips**. Deutsche Ermittlungsbehörden haben außerhalb des Rechtshilfeweges keine Befugnis, eigene Ermittlungen in einem fremden Staat anzustellen. Die Ermittlungszuständigkeit deutscher Behörden endet grds. an der Staatsgrenze. Erst durch die Regelungen über die Rechtshilfe werden Auslandsermittlungen möglich, sodass Verstöße gegen das Territorialprinzip den Beschuldigten unmittelbar betreffen und ein Beweisverwertungsverbot nach sich ziehen können (*Gleß*, JR 2008, 317; NStZ 2000, 57, 58; *Meyer-Goßner* Einl. Rn. 56d). Soweit Ermittlungshandlungen nach Rechtshilferecht unzulässig sind oder aber der **Rechtshilfeweg umgangen** wurde, stellt sich stets die Frage der strafprozessualen Verwertbarkeit der erhobenen Beweise.

178 Die Rechtsprechung ist im Hinblick auf **Verstöße** gegen das **Völkerrecht**, insb. bei **Umgehung des Rechtshilfeweges**, restriktiv und tendiert dazu, i.d.R. eine Verwertbarkeit der Beweismittel zu bejahen. Nach der Rechtsprechung des BGH scheidet ein Beweisverwertungsverbot unter Anwendung der **Rechtskreistheorie** bei Verletzung des völkerrechtlichen Souveränitätsgebotes regelmäßig aus, da dieses nicht die subjektiven Rechte des Betroffenen schütze (BGHSt 37, 30 = JZ 1990, 1033). Aus einer ggü. einem anderen Staat verübten Völkerrechtswidrigkeit können hiernach keine strafprozessualen Vorteile des Beschuldigten hergeleitet werden.

Etwas anderes kann jedoch dann gelten, wenn der Rechtshilfeweg durch deutsche Ermittlungsbe- 179
hörden **willkürlich und absichtlich umgangen** wird (BVerfG NJW 2006, 2684, 2686;
NJW 2005, 1917, 1923; OLG Stuttgart, NStZ 2008, 238, 239) und die völkerrechtliche Regelung im konkreten Einzelfall individual schützenden Charakter entfaltet (BVerfGE 49, 343, 362).
Nach Art. 25 GG wirken die allgemeinen völkerrechtlichen Regeln auch unmittelbar auf den
Rechts- und Pflichtenkreis der Bewohner. Daraus können zwar nicht unmittelbar subjektive
Rechte abgeleitet werden (BVerfGE 63, 343). Wenn das Territorialprinzip sich auch primär auf
die Souveränität des jeweiligen Staates bezieht, wird jedoch im Bereich der Rechtshilfe durch die
konkrete Ermittlungsmaßnahme unmittelbar in die individuelle Rechtsstellung des Betroffenen
eingegriffen (*Spatscheck/Alvermann*, IStR 2001, 33, 37). Dies ist dann der Fall, wenn der Rechtshilfeverkehr vollständig umgangen wird und die Verwertung des außerhalb eines vereinbarten
Rechtshilfeverkehrs erlangten Beweismittels selbst völkerrechtswidrig ist (BGHSt 34, 334, 343;
BGH, NJW 1990, 1801 = NStZ 1990, 401).

bb) Umgehung der Rechtshilfe durch „Steuer-CDs"

Deutsche Strafgerichte hatten sich in jüngster Zeit mit der strafprozessualen **Verwertbarkeit** von 180
Kunden- und **Kontendaten** zu befassen, die durch Mitarbeiter ausländischer Banken (insb. Liechtenstein, Schweiz) entwendet und deutschen Finanzbehörden zugespielt worden waren („**Steuer-
CDs**" – LG Bochum, NStZ 2010, 351, 352; NStZ-RR 2011, 84). Diese aus dem Ausland stammenden Daten waren unzweifelhaft nicht auf dem vorgesehenen Rechtshilfeweg in den Verfü-
gungsbereich der Ermittlungsbehörden gelangt; es liegt vielmehr eine Strafbarkeit der an der
Erlangung Beteiligten nahe (vgl. *Trüg/Habetha*, NJW 2008, 887 ff.; *Kelnhofer/Krug*, StV 2008,
660 ff.; *Ignor/Jahn*, JuS 2010, 390 ff.).

Im Fall einer Verfassungsbeschwerde gegen einen auf derart illegal erhobene Daten gestützten 181
Durchsuchungsbeschluss hat sich das BVerfG der Auffassung der Instanzgerichte angeschlossen,
wonach selbst bei einer etwaigen **Umgehung** der **völkerrechtlichen Übereinkommen** über die
Rechtshilfe der möglicherweise vorliegende Rechtsverstoß abgeschlossen gewesen sei, sodass die
Nutzung der Daten für einen **Anfangsverdacht** keine erneute Beeinträchtigung der Übereinkom-
men bedeutet habe (BVerfG, DStR 2010, 2512 ff.; NStZ 2011, 103 ff.; Anm. *Zimmermann* in
Beck Online FD-StrafR 2010, 311378).

Im Ausgangsfall kommt das BVerfG damit zum Ergebnis, dass die Daten-CD den Anfangsverdacht 182
für den Erlass des Durchsuchungsbeschlusses wirksam begründen konnte. Dieser Argumentation
folgend können deutsche Behörden nun grds. auch mit illegal, unter Umgehung des Rechtshilfeverkehrs erlangten Daten Ermittlungsmaßnahmen (z.B. Durchsuchungs- und Beschlagnahmebeschluss, Herausgabeersuchen) erwirken und auf dieser Grundlage eigenständige Rechtshilfeersuchen
zur weiteren Beweiserhebung stellen, die dann den strafprozessualen und rechtshilferechtlichen
Anforderungen entsprechen. Das Eidgenössische Bundesamt der Justiz hat darauf mit einem Rundschreiben v. 04.10.2010 an die für den Vollzug von Rechtshilfeersuchen zuständigen kantonalen
Behörden und Bundesbehörden reagiert (http://www.rhf.admin.ch) und klargestellt, dass ein Staat
insofern nicht gutgläubig ein Rechtshilfeersuchen stellen kann, das sich auf Daten stützt, welche in
der Schweiz oder in einem Drittstaat auf illegale Weise beschafft wurden.

Konsequenterweise ist auf die **Vorauswirkung von Beweisverwertungsverboten** abzustellen. Deren 183
Folgen sind aber auch bei Annahme eines Beweisverwertungsverbots von Literatur und Rechtspre-
chung nicht abschließend geklärt (vgl. BVerfG, NJW 1977, 1489, 1493 „keine Verwertung zu
Beweiszwecken"; OLG Stuttgart, NJW 1977, 2276, 2277 „nicht zur Begründung eines Anfangs-
verdachts" nach § 152 Abs. 2 StPO, so wohl auch BGH, DStRE 2005, 1424, 1425 sowie LR-
StPO/*Beulke* § 152 Rn. 27 m.w.N.), wobei eine vermittelnde Auffassung (KK/*Schoreit* § 152
Rn. 32 „keine Maßnahmen mit Eingriffscharakter") sachgerecht erscheint.

cc) Geltendmachung

184 Beweisverwertungsverbote haben in jeder Phase eines Strafverfahrens Bedeutung. Im Ermittlungsverfahren bindet das Legalitätsprinzip die StA; darüber hinaus kann bereits im Rahmen einer sog.
Schutzschrift oder Stellungnahme auf die Nichteinhaltung strafprozessualer Schutzvorschriften
hingewiesen werden. Auch eine für die Zulassung der Anklage erforderliche überwiegende Verurteilungswahrscheinlichkeit entfällt, soweit die Beweismittel unverwertbar sind. In der Hauptverhandlung ist aufgrund der von der Rechtsprechung vertretenen **Widerspruchslösung** spätestens in
direktem Anschluss an die Einführung des rechtswidrig erlangten Beweismittels im Rahmen einer
Erklärung nach § 257 StPO ein **ausdrücklicher** und **begründeter Widerspruch gegen die Verwertung** zu erheben. Dabei gilt der Protokollierung besonderes Augenmerk, um bei Erhebung einer
Verfahrensrüge in der Revision Gehör finden zu können.

7. Einzelmaßnahmen in Rechtshilfeverfahren

185 Nach § 59 Abs. 1 IRG ist zwischen der **„großen" Rechtshilfe"** und der **„kleinen"** oder **„sonstigen"
Rechtshilfe** zu unterscheiden. Während der Begriff der „großen" Rechtshilfe Aus- und Durchlieferung verfolgter Personen sowie die Vollstreckung strafrechtlicher Sanktionen umfasst, werden mit
der „kleinen" Rechtshilfe die strafprozessualen Ermittlungsmaßnahmen, insb. Vernehmungen,
Beschaffung von Urkunden oder sonstigen Unterlagen sowie Durchsuchungen oder Beschlagnahmen umschrieben (zum Verfahren vgl. Rdn. 144 ff.).

a) Große Rechtshilfe

aa) Auslieferung in Steuerstrafsachen

186 Unter **Auslieferung** ist die, auch vorübergehende, Übergabe einer Person an einen darum ersuchenden Staat für Zwecke der dortigen Strafverfolgung oder Strafvollstreckung zu verstehen (Wab-
nitz/Janovsky/*Veh* 22. Kap. Rn. 44, *Fromm*, StRR 2011, 208). Da für die Auslieferung in Steuerstrafsachen grds. die allgemeinen Regelungen gelten, richtet die nachfolgende Darstellung ihr
Augenmerk auf Besonderheiten der Auslieferung bei Fiskaldelikten.

187 Die **praktische Bedeutung** der Auslieferung in Steuerstrafsachen war in der Vergangenheit eher
von geringer Relevanz. Dies ist nicht zuletzt auf den nicht unerheblichen Arbeitsaufwand zurückzuführen, der mit einem Auslieferungsersuchen verbunden ist. In der Praxis wird ein Auslieferungsersuchen daher vorwiegend bei Kapitaldelikten bzw. bei einer zu erwartenden Freiheitsstrafe
von mindestens einem Jahr gestellt. Die in den letzten Jahren zu beobachtende Verschärfung des
Steuerstrafrechts als auch die zunehmende Anzahl steuerstrafrechtlicher Ermittlungsverfahren lässt
jedoch vermuten, dass auch die Anzahl von Auslieferungsersuchen in Steuerstrafsachen zunehmen
wird. So wurde bspw. unlängst ein Fall bekannt, in dem die Schweiz einen deutschen Staatsangehörigen auslieferte, gegen den ein Haftbefehl wegen Steuerhinterziehung vorlag (*Wegner*,
PStR 2011, 137). Ungeachtet dessen ist zu bedenken, dass für einen Straftäter selbst in einem
Staat, der die Auslieferung wegen Fiskaldelikten verweigert, kein sicherer Schutz besteht, da die
Auslieferung im Kulanzwege jederzeit möglich bleibt (Wannemacher/*Klos* Rn. 3564).

188 Die **Intensität** der Rechtshilfe und damit auch der Auslieferung differenziert je nach betroffenem
Staat und betroffener Steuerart. Die Auslieferung in Steuerstrafsachen ist am weitesten gediehen
zwischen den Mitgliedstaaten der EU und dort wiederum bei den Verbrauchsteuern, der USt als
auch den Zöllen.

(aa) Rechtsgrundlagen ausgehender Auslieferungsersuche

189 Der Auslieferungsverkehr mit außereuropäischen Staaten richtet sich im Wesentlichen nach **bina-
tionalen Auslieferungsverträgen**, wobei an dieser Stelle eine Darstellung der einzelnen Auslieferungsverträge nicht erfolgen kann, sondern – hinsichtlich der Auslieferungsverträge mit **Australien, Kanada**, den **Vereinigten Staaten von Amerika** sowie **Indien** – auf die Darstellung bei

*Schomburg/Lagodny/Gleß/Hackner*Hauptteil V A. verwiesen wird. Die folgenden Ausführungen beziehen sich allein auf die Rechtsgrundlagen im europäischen Vertragsnetzwerk.

Das Europäische Auslieferungsübereinkommen v. 13.12.1957 („EuAlÜbk") begründet in Art. 1   **190** die **grundsätzliche Verpflichtung zur Auslieferung** von Personen, die wegen einer strafbaren Handlung verfolgt oder zur Vollstreckung einer Strafe oder einer Maßregel der Sicherung und Besserung gesucht werden. Voraussetzung ist, dass die zugrunde liegende strafbare Handlung allgemein **auslieferungsfähig** i.S.d. Art. 2 EuAlÜbk ist (abstrakte Strafbarkeit und Mindestsanktion), in keinem Staat Verjährung eingetreten ist (Art. 10 EuAlÜbk) und im ersuchten Staat kein Auslieferungshindernis besteht.

Für **fiskalisch strafbare Handlungen** sah Art. 5 EuAlÜbk jedoch ein **Weigerungsrecht** vor. Durch   **191** die Neufassung der Norm durch Art. 2 des 2. ZP-EuAlÜbk besteht nunmehr auch in **Fiskalsachen** eine **grundsätzliche Auslieferungspflicht**. Diese wird nach Art. 5 Abs. 1 des EuAlÜbk bei Abgaben-, Steuer-, Zoll- und Devisenstrafsachen zwischen den Vertragsparteien nach Maßgabe des Übereinkommens wegen Handlungen bewilligt, die nach dem Recht der ersuchten Vertragspartei einer strafbaren Handlung derselben Art entsprechen. Eine Auslieferung darf zudem nach Art. 5 Abs. 2 EuAlÜbk nicht mit der Begründung abgelehnt werden, dass das Recht der ersuchten Vertragspartei nicht dieselbe Art von Abgaben oder Steuern oder keine Abgaben-, Steuer-, Zoll- und Devisenbestimmungen derselben Art wie das Recht der ersuchenden Vertragspartei vorsieht. Zwar setzt die Auslieferungsverpflichtung voraus, dass es sich bei der strafbaren Handlung um eine nach dem Recht der ersuchten Vertragspartei strafbare **Handlung derselben Art** handelt, doch soll eine Auslieferung nicht an einer engen Auslegung der Norm scheitern. Daher darf mit Unterschieden in den Abgaben-, Steuer-, Zoll- und Devisenbestimmungen eine Auslieferungsversagung nicht begründet werden (Wabnitz/Janovsky/*Veh* 22. Kap. Rn. 140).

Zwischen den „Schengen-Staaten" ist die Auslieferung bei **Fiskaldelikten** durch **Art. 50, 63 SDÜ**   **192** geregelt. Nach **Art. 50 Abs. 1 SDÜ** besteht zunächst eine grundsätzliche **Rechtshilfepflicht** im **Bereich der indirekten** (Verbrauchsteuern, der USt und des Zolls), nicht jedoch hinsichtlich der direkten **Steuern** (Wannemacher/*Klos* Rn. 3554; *Schomburg/Lagodny/Gleß/Hackner* Art. 50 SDÜ Rn. 2). **Art. 50 Abs. 2 SDÜ** sieht vor, dass Ersuchen in Verfahren wegen des Verdachts der Hinterziehung von Verbrauchsteuern nicht mit der Begründung abgelehnt werden dürfen, dass von der ersuchten Vertragspartei Verbrauchsteuern auf die in dem Ersuchen genannten Waren nicht erhoben werden. **Art. 50 Abs. 4 SDÜ** sieht für den Bereich der **indirekten Steuern** die **Möglichkeit** einer **Verweigerung der Rechtshilfe** vor, wenn der verkürzte oder erschlichene Betrag **25.000,00 €** oder der Wert der unerlaubt ein- oder ausgeführten Waren **100.000,00 €** voraussichtlich nicht übersteigt. Der ersuchte Vertragsstaat kann aber von der Möglichkeit der Verweigerung der Rechtshilfe **keinen Gebrauch** machen, wenn die Tat wegen ihrer Art oder wegen der Person des Täters von der ersuchenden Vertragspartei als sehr schwerwiegend betrachtet wird.

Nach Art. 63 SDÜ besteht auch eine **Auslieferungsverpflichtung** bei Fiskaldelikten. Diese ist aber   **193** aufgrund des Verweises des Art. 63 SDÜ auf die in Art. 50 Abs. 1 SDÜ genannten strafbaren Handlungen **beschränkt**. Aufgrund der Regelung des Art. 50 Abs. 4 SDÜ hat auch eine Auslieferung als Rechtshilfemaßnahme bei einer Verbrauchsteuerhinterziehung bzw. einer Umsatzsteuerhinterziehung von mehr als 25.000,00 € sowie bei der Hinterziehung von Zöllen, wenn der Warenwert 100.000,00 € übersteigt, zu erfolgen. Ein **Vorbehalt** gegen die beschränke Auslieferungsverpflichtung ist hingegen **unzulässig** (Art. 137 SDÜ).

Die **Schweiz** hat im Juni 2005 ihre Zustimmung zum Assoziierungsabkommen mit der EU und   **194** der EG zum Schengen-Raum erklärt und setzt seit dem 12.12.2008 das SDÜ um. Dies hat zur Folge, dass die Schweiz in den vorstehenden Fällen ebenfalls **zur Auslieferung verpflichtet** ist. Das Schweizer Bundesgericht hat unlängst in einer Entscheidung v. 13.04.2010 (1C 163/2010) bestätigt, dass die Schweiz gem. Art. 63, 50 Abs. 1 SDÜ zur Auslieferung in den dort genannten Fällen der indirekten Fiskalität verpflichtet ist (*Wegner*, PStR 2011, 137). Der Entscheidung lag die

Beschwerde eines deutschen Staatsangehörigen zugrunde, der aufgrund eines vorliegenden Haftbefehls von der Schweiz an Deutschland ausgeliefert wurde.

195 Das EU-AuslÜbk **ergänzt** die Vorschriften des **EuAlÜbk** im Verhältnis zu den EU-Mitgliedstaaten (Art. 1 Abs. 1 EU-AuslÜbk), indem in **Art. 6** des EU-AuslÜbk **Auslieferungshindernisse abgebaut** und die Möglichkeit der Erklärung eines Vorbehaltes zur Auslieferungsverpflichtung in Fiskalsachen ggü. der Regelung im 2. Zusatzprotokoll zum EuAlÜbk begrenzt werden (vgl. Rdn. 131 ff.).

196 Die Abs. 1 und 2 des Art. 6 EU-AuslÜbk haben **Vorrang** vor den Artikeln des Europäischen Auslieferungsübereinkommens sowie des SDÜ. Dabei enthält **Art. 6 Abs. 1 EU-AuslÜbk** den Grundsatz, dass die Auslieferung auch bei Abgaben-, Steuer-, Zoll- und Devisenstrafsachen (fiskalisch strafbare Handlungen) bewilligt wird, die nach dem Recht des ersuchten Mitgliedstaats einer strafbaren **Handlung derselben Art** entspricht. Bei der Beurteilung der Frage, ob nach seinem Recht eine strafbare Handlung vorliegt, die der strafbaren Handlung entspricht, wegen der um Auslieferung ersucht wird, wurde dem ersuchten Mitgliedstaat ein **weiter Ermessensspielraum** eingeräumt (*Schomburg/Lagodny/Gleß/Hackner* Art. 6 EU-AuslÜbk Rn. 4). Damit das Erfordernis der beiderseitigen Strafbarkeit vorliegt, ist daher nicht notwendig, dass die strafbare Handlung materiellrechtlich einheitlich beurteilt wird. Vielmehr reicht es aus, dass sie als strafbare Handlung derselben Art betrachtet wird. **Art. 6 Abs. 2 EU-AuslÜbk** sieht – entsprechend der Regelung des Art. 5 Abs. 2 EuAlÜbk i.d.F. des 2. ZP-EuAlÜbk – vor, dass die Auslieferung nicht mit der Begründung abgelehnt werden darf, dass das Recht des ersuchten Mitgliedstaats nicht dieselbe Art von Abgaben oder Steuern oder keine Abgaben-, Steuer-, Zoll- und Devisenbestimmungen derselben Art wie das Recht des ersuchenden Mitgliedstaats vorsieht.

197 Nach **Art. 6 Abs. 3** EU-AuslÜbk kann ein **Vorbehalt** bzgl. der Bewilligung von Auslieferungsersuchen erklärt werden, die auf Handlungen basieren, welche keine strafbaren Handlungen auf dem Gebiet der **Verbrauchsteuern**, der **USt** oder des **Zolls** darstellen. Bei Auslieferungsersuchen, die sich auf Abgaben-, Steuer-, Zoll- und Devisenstrafsachen beziehen, kann dagegen kein Vorbehalt gegen eingelegt werden. Insoweit besteht zwischen den **EU-Mitgliedsstaaten** eine **Auslieferungsverpflichtung** nach Art. 6 Abs. 1 EU-AuslÜbk.

(bb) Rahmenbeschluss über den Europäischen Haftbefehl („RB-EUHb")

198 Auf der Ebene des Auslieferungsverkehrs zwischen den **EU-Mitgliedstaaten** kommt dem Rahmenbeschluss über den Europäischen Haftbefehl v. 13.06.2002 („RB-EUHb") entscheidende Bedeutung zu. Mit dem Europäischen Haftbefehl („EuHb") ist ein **Instrumentarium für Fahndung und Auslieferung** geschaffen worden, das das bisherige Auslieferungsersuchen ersetzt. Der EuHb ist kein zusätzlicher, neben die §§ 112 ff. StPO tretender Haftbefehlstyp, sondern stellt lediglich eine **besondere Form des Auslieferungsersuchens** dar (*Wabnitz/Janovsky/Veh* 22. Kap. Rn. 50). Der EuHb hat die Abschaffung des förmlichen Verfahrens der Auslieferung zur Strafvollstreckung und die **Beschleunigung der Auslieferung** zur Strafverfolgung zum Ziel (*Vogel* JZ 2001, 937), sodass der EuHb kein Haftbefehl im engeren Sinne ist, sondern ein auf nationaler Haftgrundlage beruhendes Fahndungsinstrument (*Sieber/Brüner/Satzger/v. Heintschel-Heinegg*, Europäisches Strafrecht, § 37 Rn. 24).

199 Nach Art. 31 RB-EUHb treten die Regelungen der Übereinkommen zur Auslieferung zwischen den EU-Mitgliedsstaaten weitgehend außer Kraft und finden nur noch insoweit Anwendung, als sie eine über das in dem RB-EUHb vorgesehene Verfahren hinausgehende Vereinfachung oder Erleichterung der Übergabe der verfolgten Person ermöglichen (*Hackner/Schomburg/Lagodny/Wolf*, Rn. 92). Auch nach dem Günstigkeitsprinzip könnten vereinzelt die EU-Übereinkommen noch zur Anwendung gelangen; etwa im Bereich der Spezialitätsregelungen und der Verjährungsfragen (so *Wabnitz/Janovsky/Veh* 22. Kap. Rn. 51a).

200 Voraussetzung für den Erlass des EuHb ist nach Art. 2 Abs. 1 RB-EUHb, dass Verstöße gegen Rechtsvorschriften des Ausstellungsmitgliedstaates geahndet werden, die mit **Freiheitsstrafe** oder

freiheitsentziehender Maßregel der Besserung und Sicherung im Höchstmaß von **mindestens 12 Monaten** bedroht sind.

Der **Fiskalcharakter der Straftat** ist hingegen kein Ablehnungsgrund für eine Auslieferung. Zwar 201 kann nach **Art. 4 Nr. 1 RB-EUHb** grds. die Vollstreckung des EuHb verweigert werden, wenn in einem der in Art. 2 Abs. 4 RB-EUHb genannten Fälle die dem EuHb zugrunde liegende Handlung nach dem Recht des Vollstreckungsmitgliedstaats keine Strafe darstellt. Doch der Umstand, dass das Recht des Vollstreckungsmitgliedstaats keine gleichartigen Steuer-, Zoll- und Währungsbestimmungen enthält wie das Recht des Ausstellungsmitgliedstaats, ist kein Ablehnungsgrund in diesem Sinne. Damit hat es der ersuchende Mitgliedstaat in der Hand, bei Fiskalstraftaten (die im Höchstmaß mit einer Freiheitsstrafe von mindestens 12 Monaten bedroht sind) durch den Erlass eines EuHb **jegliche noch bestehende Auslieferungsbeschränkung im Fiskalbereich auszuschalten** (Wabnitz/Janovsky/*Veh* 22. Kap. Rn. 140). Dies gilt insb. für sämtliche Fälle der vorsätzlichen Steuerhinterziehung nach § 370 AO, die im Höchstmaß mit einer Freiheitsstrafe bis zu 5 Jahren bedroht ist. Daneben kann ein EuHb bspw. wegen Steuerhehlerei (§ 374 AO), Begünstigung (§ 369 Abs. 1 Nr. 4 i.V.m. § 257 StGB), gewerbs- oder bandenmäßiger Schädigung des Umsatzsteueraufkommens (§§ 26b, 26c UStG), Bannbruch (§ 372 AO) oder Steuerzeichenfälschung (§ 369 Abs. 1 Nr. 3 i.V.m. § 148 StGB) erlassen werden (vgl. auch *Bielefeld*, DStR 2008, 1122 ff.).

(cc) Auslieferungsverfahren

Ein erster Schritt in einem Auslieferungsverfahren ist die Ausschreibung des Gesuchten durch den 202 ersuchenden Staat im „**Schengener Informationssystem**" („**SIS**"). Nach Erlass eines Auslieferungshaftbefehls kann der Betroffene sodann in Auslieferungshaft genommen werden. Hinsichtlich des allgemeinden Verfahrensablaufs ausgehender Rechtshilfeersuchen wird auf die allgemeinen Ausführungen unter Rn. 144 ff. verwiesen. Die nachfolgenden Anmerkungen beschränken sich daher weitgehend auf die bei ausgehenden Auslieferungsverfahren zu beachtenden Besonderheiten (s. dazu auch *Hackner/Schomburg/Lagodny/Wolf* Rn. 80 ff.).

(1) Förmliches Auslieferungsverfahren

Es bedarf grds. eines förmlichen Auslieferungsersuchens, das über die zuständigen Behörden an 203 die ersuchende Behörde zu richten ist. Die Form des Auslieferungsersuchens sowie die einzureichenden Unterlagen sind insb. in Art. 12 EuAlÜbk sowie Art. 5 des 2. ZP-EuAlÜbk geregelt. Danach ist dem Ersuchen gem. Art. 12 Abs. 2 Buchst. c) EuAlÜbk der **Gesetzeswortlaut der einschlägigen Strafnormen** sowie der **Haftbefehl** oder eine Urkunde mit gleicher Rechtswirkung beizufügen (Art. 12 Abs. 2 Buchst. b) EuAlÜbk, s. **RiVASt-Muster Nr. 22**).

Zudem hat die Anregung eines Auslieferungsersuchens zu erfolgen, wenn die Auslieferung **zuläs-** 204 **sig**, **verhältnismäßig** und **aussichtsreich** erscheint. Im Einzelnen sieht Nr. 88 Abs. 1 RiVASt vor, dass die Anregung eines Auslieferungsersuchens erfolgt, wenn konkrete Anhaltspunkte dafür vorliegen, dass sich die verfolgte Person in einem bestimmten ausländischen Staat aufhält, dieser Staat vertraglich zur Auslieferung verpflichtet ist oder die Auslieferung nach dem Recht dieses Staates auch ohne vertragliche Verpflichtung zulässig erscheint und die mit der Auslieferung für die verfolgte Person verbundenen Nachteile, insb. die Dauer des Auslieferungsverfahrens und die Haftverhältnisse im ausländischen Staat, zu dem öffentlichen Interesse an der Strafverfolgung oder Vollstreckung nicht außer Verhältnis stehen. Bei der Abwägung können auch erhebliche Schwierigkeiten, die mit der Erstellung der Auslieferungsunterlagen verbunden sind, und vermutlich durch die Erstellung der Unterlagen und den Vollzug der Auslieferung entstehenden hohen Kosten berücksichtigt werden.

Ferner ist der **Spezialitätsgrundsatz** zu berücksichtigen, der die Verfügungsgewalt des ersuchten 205 Staates auf die der Auslieferungsbewilligung zugrunde liegende Tat i.S.d. historischen Lebenssachverhalts, so wie sie sich aus dem Auslieferungsersuchen und ergänzend auch der Ausschreibung zur Fahndung ergibt, beschränkt (BGH, NStZ 1999, 363; *Hackner/Schomburg/Lagodny/Wolf* Rn. 94).

Die Spezialität ist nach dem prozessualen Tatbegriff i.S.d. § 264 StPO zu beurteilen. Innerhalb dieser Grenzen hindert die Spezialität eine von dem Auslieferungsersuchen abweichende rechtliche oder tatsächliche Beurteilung nicht, sofern insoweit ebenfalls Auslieferungsfähigkeit besteht (BGH, NStZ 1986, 557; *Hackner/Schomburg/Lagodny/Wolf* Rn. 94). Die Voraussetzungen und der Umfang der Spezialität ergeben sich aus den jeweiligen vertraglichen Bestimmungen (Art. 14 EuAlÜbk; Art. 66 Abs. 2 SDÜ; Art. 10 EU-AuslÜbk) sowie Nr. 100 RiVASt.

206 Befindet sich der Beschuldigte im anderen Staat bereits in **Auslieferungshaft**, ist in zeitlicher Hinsicht die **Frist** des Art. 16 Abs. 3 EuAlÜbk zu beachten. Danach kann die vorläufige Haft aufgehoben werden, wenn das Auslieferungsersuchen und die nach Art. 12 EuAlÜbk erforderlichen Unterlagen dem ersuchten Staat nicht innerhalb von **18 Tagen** nach der Verhaftung vorliegen. Die StA wird daher zweckmäßigerweise zunächst darum bitten, die Frist von 40 Tagen ausnutzen zu dürfen.

(2) Vereinfachtes Auslieferungsverfahren

207 Mit dem EU-VereinfAuslÜbk soll die Anwendung des EuAlÜbk zwischen den Mitgliedstaaten der EU erleichtert werden (Art. 1 Abs. 1 EU-VereinfAuslÜbk). Zugunsten der **Beschleunigung** des Verfahrens wird weitestgehend auf die Durchführung eines Zulässigkeitsverfahrens verzichtet. Die Anwendung günstiger zwei- oder mehrseitiger Abkommen bleibt durch das EU-VereinfAuslÜbk unberührt (Art. 1 Abs. 2 EU-VereinfAuslÜbk). So bedarf es **nicht** mehr der Vorlage eines **förmlichen Auslieferungsersuchens** i.S.d. Art. 12 EuAlÜbk (Art. 3 Abs. 2 EU-VereinfAuslÜbk), was eine erhebliche Verfahrensvereinfachung darstellt. Stattdessen genügt die Übermittlung der in Art. 4 EU-VereinfAuslÜbk aufgeführten Informationen. Diese müssen von der zuständigen Behörde des ersuchten Staates grds. als ausreichend für ihre Entscheidung über die Übergabe der Person angesehen werden.

208 Die Durchführung eines vereinfachten Auslieferungsverfahrens ist jedoch von der **Zustimmung** des **Verfolgten** abhängig (Art. 5 EU-VereinfAuslÜbk). Die Zustimmung kann für den Verfolgten den Vorteil der Verkürzung der Auslieferungshaft haben. Zudem sieht Art. 9 EU-VereinfAuslÜbk vor, dass die verfolgte Person auch noch auf die Einhaltung des **Spezialitätsgrundsatzes verzichten** kann. Die Übergabe erfolgt **spätestens 40 Tage** nach dem Tag, der auf den Zeitpunkt der Zustimmung der betreffenden Person folgt (*Erläuternder Bericht* zum EU-VereinfAuslÜbk, ABl. EG Nr. C 375/4 v. 12.12.1996).

(3) Auslieferungsverfahren mittels Europäischen Haftbefehls

209 Der Erlass eines EuHb setzt das Bestehen eines **innerstaatlichen Haftbefehls** voraus. Die StA erstellt den EuHb auf der Basis eines innerstaatlichen gerichtlichen Haftbefehls nach § 114 StPO, der nach dem – zwingend zu verwendenden – einheitlichen **Formblatt** erstellt wird (s. Anhang des RB-EUHb, Nr. 162 RiVASt). Einzelheiten hinsichtlich des Inhalts und der Form des EuHb sind in Art. 8 RB-EUHb geregelt. Durch das Formblatt sollte ein Arbeitsmittel geschaffen werden, das leicht von der ausstellenden Justizbehörde ausgefüllt und von der vollstreckenden Behörde anerkannt wird. Das Formblatt darf nicht verändert werden, da es grds. die einzige Grundlage für die Festnahme und spätere Übergabe der gesuchten Person ist. Bei der Ausstellung eines EuHb wegen der Verfolgung einer Steuerstraftat muss nach Art. 2 Abs. 4 RB-EUHb der Straftatbestand im Wortlaut wiedergegeben werden, um dem ersuchten Staat die Prüfung einer Strafbarkeit nach innerstaatlichem Recht zu ermöglichen.

210 Die (durch den RB-EUHb nicht geregelten) zeitlichen Vorgaben für die Übermittlung eines EuHb nach der Verhaftung der verfolgten Person sind in den Regelungen der einzelnen Mitgliedstaaten uneinheitlich getroffen worden (*Hackner* NStZ 2005, 311, 314). Nur einzelne Staaten knüpfen an die 40-Tage-Regelung des Art. 16 Abs. 4 EuAlÜbk an. Die überwiegende Anzahl der Staaten haben sich für eine deutlich engere Begrenzung entschieden, die sich teilweise auf 48 Std. beläuft (vgl. zu den **Übermittlungsfristen** die Übersicht bei *Schomburg/Lagodny/Gleß/Hackner*

Hauptteil I Vor § 78 Rn. 30). I.d.R. erfolgt eine **direkte Übermittlung des EuHb** von der ausstellenden Behörde an die vollstreckende Justizbehörde des ersuchten Mitgliedstaates (Art. 9 RB-EUHb).

Soweit der ersuchte Staat den EuHb nicht bereits als Auslieferungsersuchen anerkennt, hat er die Wirkung eines Ersuchens um vorläufige Festnahme (vgl. Rn. 223; ebenso *Schomburg/Lagodny/Gleß/Hackner* Hauptteil I Vor § 78 Rn. 29).

(dd) Voraussetzungen und Grenzen der Auslieferung

(1) Materielle Auslieferungsvoraussetzungen

Der Auslieferungsverkehr auf **vertragloser** Ebene erfolgt regelmäßig nur, wenn der Grundsatz der **Gegenseitigkeit** gewährleistet ist. Nach dem Grundsatz der Gegenseitigkeit hängt die Auslieferung davon ab, ob der ersuchende Staat in einem entsprechenden Fall einem Auslieferungsersuchen des ersuchten Staates ebenfalls nachkommen würde. Im **Vertragsbereich** stellt dagegen das jeweilige Übereinkommen im Umfang seines Regelungsbereichs die Gegenseitigkeit her. Art. 2 Abs. 7 EuAlÜbk enthält eine **fakultative** Anwendungsregelung des Grundsatzes der Gegenseitigkeit.   211

Das Prinzip der **beiderseitigen Straf- und Verfolgbarkeit** muss ebenso gegeben sein (Art. 2 Abs. 1, Abs. 2 EuAlÜbk, Art. 1 2. Zusatzprotokoll zum EuAlÜbk, Art. 2 Abs. 1 EU-AuslÜbk). An die Prüfung der **beiderseitigen Strafbarkeit** sollten im Geltungsbereich des Art. 2 ZP-EuAlÜbk allerdings keine zu restriktiven Maßstäbe angelegt werden (Wabnitz/Janovsky/*Veh* Kap. 22 Rn. 140).   212

An der Voraussetzung der beiderseitigen Straf- und Verfolgbarkeit hält der RB-EUHb grds. fest, allerdings muss diese bei Vorliegen eines **EuHb** nach Art. 2 Abs. 2 RB-EUHb nicht mehr geprüft werden, wenn es sich um Straftaten handelt, die im Ausstellungsmitgliedstaat im Höchstmaß von mindestens 3 Jahren bedroht sind und dem **Katalog** des Art. 2 Abs. 2 RB-EUHb unterfallen. In diesem Zusammenhang kommen als auslieferungsfähige Straftaten u.a. die Beteiligung an einer kriminellen Vereinigung, Korruption, Betrugsdelikte (auch zum Nachteil der finanziellen Interessen der EU) und Geldwäsche in Betracht. **Fiskaldelikte** werden in diesem Straftatenkatalog jedoch ausdrücklich **nicht** aufgeführt. Sofern mit der in Deutschland verfolgten Steuerstraftat keine einschlägige Katalogtat (z.B. Betrug, Geldwäsche) verbunden ist, bedarf es grds. einer **Feststellung** der (eingeschränkten) **beiderseitigen Verfolgbarkeit** durch den ersuchten Staat.   213

(2) Auslieferungshindernisse

Das Auslieferungsrecht kennt bei bestimmten Deliktstypen Einschränkungen der Auslieferungsfähigkeit. Bei der Ausstellung des EuHb muss bedacht werden, dass das Auslieferungsersuchen keinen Erfolg haben wird, wenn im ersuchten Staat entsprechend Art. 4 RB-EUHb die **Möglichkeit** geschaffen wurde, die **Vollstreckung** in Einzelfällen **abzulehnen**. Für **Fiskaldelikte** besteht dabei die **Besonderheit**, dass nach Art. 4 Nr. 1 Satz 1 Halbs. 2 RB-EUHb in Steuer-, Zoll- und Währungsangelegenheiten die Vollstreckung des Europäischen Haftbefehls jedenfalls nicht aus dem Grund abgelehnt werden kann, dass das Recht des ersuchten Staates keine gleichartigen Steuern vorschreibt oder keine gleichartigen Steuer-, Zoll- und Währungsbestimmungen enthält wie das Recht des ersuchenden Staates.   214

Die meisten Staaten liefern **eigene Staatsangehörige** – teilweise sogar Personen, die auf ihrem Staatsgebiet dauerhaft ansässig sind – nicht aus (Wabnitz/Janovsky/*Veh* 22. Kap. Rn. 139). Zwischen den EU-Mitgliedstaaten ist durch die Umsetzung des RB-EUHb das Auslieferungshindernis eigener Staatsangehörigkeit entfallen. Die Auslieferung eines eigenen Staatsangehörigen aufgrund eines **EuHb** kann jedoch an die Bedingung der späteren Rücküberstellung zur Strafvollstreckung geknüpft werden (Art. 5 Abs. 3 RB-EUHb).   215

216 Ausschlussgründe können auch durch im nationalen Recht des ersuchten Staates verankerte Regelungen begründet werden, einen EuHb im Fall der **Einleitung eines Ermittlungsverfahrens** durch den ersuchten Staat (Art. 4. Nr. 2 RB-EUHb; Art. 4 Nr. 3 RB-EUHb) nicht zu vollstrecken.

217 Von besonderer Rolle im Auslieferungsverkehr ist schließlich die **Strafverfolgungsverjährung**. Der Art. 10 **EuAlÜbk** sieht ein Auslieferungs**verbot** vor, wenn nach den **Rechtsvorschriften** des **ersuchenden** oder des **ersuchten** Staates die Strafverfolgung oder die Strafvollstreckung verjährt ist. Das SDÜ enthält mit Art. 59 Abs. 1 SDÜ i.V.m. Art. 10 EuAlÜbk eine entsprechende Regelung. Die **Unterbrechung** der Verjährung richtet sich nach Art. 62 Abs. 1 SDÜ hingegen allein nach den Vorschriften der **ersuchenden** Vertragspartei (OLG Stuttgart, NJW 2002, 3343). Damit sind die zu Art. 10 EuAlÜbk entwickelten Grundsätze, die auch einen Rückgriff auf Unterbrechungsvorschriften des ersuchten Staates erlauben (BGH, NJW 1985, 570; *v. Bubnoff* NStZ 1987, 355), bei Eingreifen des Art. 62 SDÜ nicht anzuwenden. Die Regelung des Art. 62 Abs. 1 SDÜ gilt entsprechend für die Hemmung und das Ruhen der Verjährung (*Schomburg/Lagodny/Gleß/Hackner* Art. 62 SDÜ Rn. 2).

218 Im Geltungsbereich des **EU-AuslÜbk** und des **EuHb** richtet sich der Auslieferungsverkehr dagegen grds. nach den **Verjährungsvorschriften** des **ersuchenden** Staates (Art. 8 Abs. 1 EUAuslÜbk; Art. 4 Nr. 4 RB-EUHb). Eine **Ausnahme** von diesem Grundsatz besteht jedoch, wenn hinsichtlich der fraglichen Handlung nach dem Recht des ersuchten Staates eine eigene Gerichtsbarkeit bestand (**konkurrierende Gerichtsbarkeit**). In diesem Fall kann die Auslieferung **auch** dann verweigert werden, wenn die Tat nach dem Recht des **ersuchten** Staates verjährt ist (Art. 8 Abs. 2 EU-AuslÜbk; Art. 4 Nr. 4 RB-EUHb).

219 Zu beachten ist, dass die Fertigung eines EuHb durch die StA nicht dazu geeignet ist, die Verjährung nach § 78c Abs. 1 Nr. 5 StGB zu unterbrechen, da es sich hierbei nicht um eine richterliche Entscheidung bzw. Maßnahme handelt (OLG Saarbrücken, NJW 2009, 609). Das EU-AuslÜbk bzw. ein EuHb haben im Verhältnis zu der Regelung des SDÜ Vorrang (Wabnitz/Janovsky/*Veh* 22. Kap. Rn. 136). Liegt keine konkurrierende Gerichtsbarkeit vor, hindert daher allein die Verjährung nach dem Recht des ersuchenden Staates die Auslieferung.

220 Schließlich ist in Art. 3 Abs. 2 RB-EUHb als Ausprägung des Grundsatzes **„ne bis in idem"** ein Auslieferungshindernis für den Fall verankert, dass bereits in einem anderen Mitgliedstaat (oder einem Drittstaat, Art. 4 Nr. 5 RB-EUHb) eine Verurteilung wegen der gleichen Tat erfolgt ist.

bb) Vollstreckung und Haft in Steuerstrafsachen

(aa) Auslieferung zur Vollstreckung inländischer Urteile

221 Im Bereich der **Vollstreckung** von Verurteilungen wegen **Steuerstraftaten** ergeben sich keine Besonderheiten im Vergleich zur Vollstreckung anderer strafgerichtlicher Verurteilungen. Voraussetzung für einen **EuHb** zum Zwecke der Strafvollstreckung ist eine rechtskräftige Verurteilung zu einer Freiheitsstrafe von mindestens 4 Monaten. Entscheidend ist dabei nicht die Höhe einer Teilstrafe oder der verbleibenden Vollzugsdauer, sondern ausschließlich der Urteilstenor (vgl. auch OLG Stuttgart, NStZ-RR 2005, 115, 116 zu § 81 Nr. 2 IRG). Verhältnismäßigkeitsgesichtspunkte sind angesichts der möglichen Dauer des Auslieferungsverfahrens bei kurzen Freiheitsstrafen zu beachten.

(bb) Vollstreckungshilfe

222 Unter Vollstreckungshilfe ist die Vollstreckung einer im Ausland rechtskräftig verhängten Strafe oder sonstiger Sanktion zu verstehen. Die Vollstreckungshilfe unterscheidet sich von der Auslieferung dadurch, dass i.R.d. Vollstreckungshilfe eine Person nicht dem Staat übergeben wird, dessen Strafe vollstreckt werden soll, sondern gerade aus dem Urteilsstaat in einen anderen Staat übergeben wird, der die Vollstreckung einer fremden Strafe übernimmt (Wabnitz/Janovsky/*Veh* 22. Kap. Rn. 59). Die Vollstreckungshilfe hat nur eine **geringe praktische Relevanz**. Hat ein Auslieferungs-

ersuchen keine Aussicht auf Erfolg, etwa weil ein Auslieferungshindernis entgegensteht, kann anstelle der Auslieferung zum Zwecke der Strafvollstreckung ein Vollstreckungsersuchen sinnvoll sein.

(cc) Vorläufige Inhaftnahme und polizeiliche Festnahme

Hat die zuständige deutsche Behörde konkrete Anhaltspunkte über den Aufenthaltsort einer ver- 223 folgten Person, kann i.R.d. Fahndung eines sich im Ausland befindlichen Straftäters die zuständige ausländische Behörde um Verhängung oder Aufrechterhaltung der **vorläufigen Auslieferungshaft** ersucht werden (Art. 16 EuAlÜbk; Nr. 86 Abs. 1 RiVASt). Dies setzt jedoch die Vorlage eines **Haftbefehls** oder einer Urkunde mit gleicher Wirkung voraus. Ferner muss beabsichtigt werden, ein Auslieferungsersuchen anzuregen und die Inhaftnahme muss **zur Sicherung der späteren Auslieferung** zweckmäßig und nach dem Recht des ausländischen Staates nicht von vornherein unzulässig erscheinen. Aus dem Haftbefehl muss sich die Anordnung der Inhaftnahme des Verfolgten zum Zwecke der Strafverfolgung wegen einer bestimmten, nach Ort, Zeit sowie Art und Weise der Begehung hinreichend individualisierten Straftat ergeben (Art. 16 Abs. 2 EuAlÜbk; Nr. 86 Abs. 3 RiVASt). Ein Auslieferungsersuchen erscheint nach dem Recht des ersuchten Staates dann nicht von vornherein als unzulässig, wenn ein **Auslieferungsübereinkommen** mit Deutschland besteht und **kein Auslieferungshindernis** (z.B. Vorbehalt bei Fiskaldelikten) ersichtlich ist. Über das Ersuchen und damit die etwaige Festnahme entscheiden die Behörden des ersuchten Staates nach dessen Recht. Ist ein Haftbefehl noch nicht erlassen, kann in **dringenden Fällen** die **polizeiliche Festnahme im Ausland angeregt** werden (Nr. 86 Abs. 2 RiVASt). In jenen Fällen muss gleichzeitig der Haftbefehl beantragt und nach seinem Erlass unverzüglich das Ersuchen um vorläufige Inhaftnahme gestellt werden.

b) Sonstige Rechtshilfe

Für die konkrete Ausgestaltung der sonstigen Rechtshilfe existieren nur wenige gesetzliche Rege- 224 lungen, wie z.B. für die vorübergehende Überstellung Gefangener und im Maßregelvollzug Untergebrachter aus dem und in das Ausland für ein Verfahren in Deutschland, was in §§ 69, 70 IRG geregelt ist.

Im Grundsatz können deutsche Richter und Ermittlungsbehörden die zuständigen Behörden im 225 Ausland um **jede Ermittlungsmaßnahme** ersuchen, die nach **deutschem Recht zulässig** ist. Nach § 3 Abs. 1 EuRhÜbk werden solche Ersuchen, die eine Vornahme von Untersuchungshandlungen oder Übermittlung von Beweismitteln, Akten oder Schriftstücken zum Gegenstand haben, in der Form durchgeführt, die von den Rechtsvorschriften des ersuchten Staates vorgegeben werden. Nach den Regelungen des 2. ZP-EuRhÜbk kann hingegen von dem ersuchenden Staat verlangt werden, dass – soweit möglich und in dem ersuchten Staat zulässig – Verfahrensvorschriften des **ersuchenden Staates** zur Anwendung kommen (Grundsatz **„lex forum regit actum"**, vgl. Rn. 166). Entsprechendes gilt, wenn Rechtshilfeersuchen im Geltungsbereich des EU-RhÜbk gestellt werden (Art. 4 Abs. 1 EU-RhÜbk).

Rechtshilfemaßnahmen, die im **vertragslosen Bereich** stattfinden, müssen nach dem **Recht des** 226 **ersuchten Staates** zulässig sein (BGHSt 42, 86, 90; BGH, StV 2001, 5). Dabei ist grds. unschädlich, wenn einzelne Maßnahmen in dem ersuchten Staat nicht der Justiz vorbehalten sind, sondern der Polizei oder anderen Einrichtungen obliegen.

aa) Durchsuchung, Beschlagnahme und Herausgabe von Beweismitteln

(aa) EuRhÜbk

Im Geltungsbereich des EuRhÜbk gilt für das **Auffinden** und die **Herausgabe** von **beweismittel-** 227 **geeigneten Dokumenten und Gegenständen** grds. eine **Rechtshilfepflicht** (Art. 3 Abs. 1, 5 Abs. 1 EuRhÜbk, Art. 20 Abs. 1 EuAlÜbk). Da allerdings Deutschland von den Vorbehaltsmöglichkeiten aus Art. 5 Abs. 1 Ziff. a und c EuRhÜbk Gebrauch gemacht hat, werden **Durchsuchungs-** und **Beschlagnahmemaßnahmen** (im Nicht-EU-Raum) nur dann umgesetzt, wenn der den Zwangsmaßnahmen zugrunde liegende Vorwurf in beiden Staaten **strafbar** und die Maßnahmen mit dem Recht des ersuchten Staates **vereinbar** ist (**Grundsatz der beiderseitigen Strafbarkeit**, Art. 5 Abs. 2 EuRhÜbk; vgl. auch Rn. 141).

(bb) SDÜ und Europäische Beweisanordnung („EBA")

228   Die Durchführung von Durchsuchungsmaßnahmen und Herausgabe von Beweismitteln zwischen den „Schengen-Staaten" und innerhalb der EU unterliegt noch geringeren Anforderungen. Nach der Regelung des Art. 51 SDÜ ist das **Prinzip der beiderseitigen Strafbarkeit** insoweit **gelockert** worden, dass es für die Ermöglichung von Durchsuchungs- und Beschlagnahmemaßnahmen ausreicht, wenn die der ersuchten Maßnahme zugrunde liegende Zuwiderhandlung in einem der Vertragsstaaten als eine **Ordnungswidrigkeit** geahndet wird, über die ein Strafgericht entscheiden würde.

229   Eine weitere Lockerung erfolgte durch den von dem Rat der EU unter dem 18.12.2008 angenommenen „**Rahmenbeschluss des Rates über die Europäische Beweisanordnung zur Erlangung von Sachen, Schriftstücken und Daten zur Verwendung in Strafsachen**" („EBA"; ABl. L 350/72 v. 29.12.2008, Seite 72 – 92). Liegen die unter Art. 14 Abs. 2 genannten Katalogtaten vor, kommt es auf eine beiderseitige Strafbarkeit nicht mehr an.

230   Mit dem Rahmenbeschluss wird eine Standardisierung der Durchsuchungs- und Beschlagnahmemaßnahmen zwischen den Schengen-Staaten eingeführt, um sicher zu stellen, dass die Beweisanordnungen bestimmten Rechtsgrundsätzen und Formalien entsprechen, um so eine einheitliche Grundlage für diese Form der Rechtshilfe zu schaffen. Damit wird das Ziel verfolgt, die **Beweiserhebung** den (in Art. 5 definierten) Strafverfahren von Justiz- und Verwaltungsbehörden **zu erleichtern**. Im Gegenzug verpflichten sich die Mitgliedsstaaten zur **gegenseitigen Anerkennung** einer EBA ohne weitere Prüfung im Vollstreckungsstaathttp://beck-online.beck.de/?vpath=bibdata/komm/EisenbergStPO_7/cont/EisenbergStPO.glud2.glud5.glI.gl4%2Ehtm – FNID0EKKWO, wenn die Gegenstände, Schriftstücke oder Daten im weiteren Verfahren als Beweismittel in Strafsachen dienen können. Auf diese Art und Weise können Gegenstände, Schriftstücke oder Daten erlangt werden, die von Dritten **bereitgestellt** wurden oder aus **Durchsuchungen** stammen. Zugriffsmöglichkeiten bestehen auch im Hinblick auf historische Daten aus einer **Inanspruchnahme von Dienstleistungen** (einschließlich Finanzgeschäften), historische Protokolle von **Aussagen, Vernehmungen oder Anhörungen sowie andere Unterlagen** (und Ergebnisse) aus speziellen Ermittlungsmethoden (ABl. L 350/72 v. 29.12.2008, Seite 72).

231   Die EBA selbst ist dabei in Art. 1 Abs. 1 des Rahmenbeschlusses als eine von einer zuständigen Behörde eines Mitgliedsstaates erlassene justizielle Entscheidung zur Erlangung von Sachen, Schriftstücken und Daten aus einem anderen Mitgliedstaat definiert.

232   Eine EBA soll an einen Mitgliedsstaat nur dann übermittelt werden, wenn ein **hinreichender Grund** zu der Annahme besteht, dass sich relevante Sachen, Schriftstücke oder Daten in dem Vollstreckungsland befinden (Art. 8 Abs. 1 Satz 1des Rahmenbeschlusses). Zudem hat der Anordnungsstaat in jedem Einzelfall zu prüfen, ob eine entsprechende Anordnung auch in dem Hoheitsgebiet des ersuchenden Staates zugelassen wäre und es muss sichergestellt werden, dass ein staatliches Organ über die EBA nicht im Ausland an Beweise gelangt, die es im Inland wegen entgegenstehenden Verfahrensrechts nicht hätte erlangen können (sog. „**forum-shopping**").

233   Eine unter diesen und in Art. 7 genannten Voraussetzungen erlassene und übermittelte Beweisanordnung ist in sämtlichen anderen Mitgliedstaaten zur Gewinnung der aufgelisteten Sachen, Schriftstücke und Daten **ohne weitere Formalität** anzuerkennen und unverzüglich zu vollstrecken (Art. 1, Abs. 2, 11 Abs. 1). Die Vollstreckung hat in der Weise zu erfolgen, in der eine Behörde des Vollstreckungsstaates an die Beweismittel gelangen würde.

Eine **Anerkennung und Vollstreckung** einer EBA, die **nicht** auf eine Durchsuchung oder 234
Beschlagnahme ausgerichtet ist, also keine Zwangsmaßnahme darstellt, kann nicht von der Überprüfung der **beiderseitigen Strafbarkeit** abhängig gemacht werden (Art. 14 Abs. 1). Eine Anerkennung oder Vollstreckung von **Durchsuchungs- und Beschlagnahmebeschlüssen** hängt zwar grds.
noch von der beiderseitigen Strafbarkeit des zugrunde liegenden Straftatbestandes ab; dieses Erfordernis wurde durch die Regelung des **Art. 14 Abs. 2** jedoch erheblich eingeschränkt. Dienen die
Durchsuchungs- und Beschlagnahmebeschlüsse der Verfolgung dort aufgelisteten und umschriebenen **Katalogstraftaten**, so darf das Vorliegen der beiderseitigen Strafbarkeit keinesfalls nachge-
prüft werden.

Die **Fiskaldelikte** unterfallen (mit Ausnahme eines ggf. mitverwirklichten Betruges) nicht den Kata- 235
logtaten des Art. 14 Abs. 2, sodass grds. die gegenseitige Strafbarkeit bei der Vollstreckung von
Durchsuchungs- und Beschlagnahmebeschlüssen zu prüfen ist. Eine Vollstreckung der Zwangsmaßnahmen bei Straftaten, die sich auf Steuern, Abgaben, Zölle oder Devisen beziehen, kann hingegen
nicht aus dem Grund abgelehnt werden, dass das Recht des Vollstreckungsstaats keine gleichartigen
Steuern oder Abgaben vorschreibt oder keine gleichartige Steuer-, Abgabe-, Zoll und Devisenrege-
lung enthält wie das Recht des Anordungsstaates (Art. 14 Abs. 3 des Rahmenbeschlusses).

Die Anerkennung der Vollstreckung einer EBA kann letztlich nur dann **versagt** werden, wenn 236
einer der in Art. 13 des Rahmenbeschlusses aufgezählten **Versagungsründe** einschlägig ist. Ein Versagungsgrund ist nur dann gegeben, wenn durch die Umsetzung des EBA gravierende Rechtsver-
stöße begangen werden würden (wie z.B. die Verletzung des Grundsatzes „ne bis in idem"),
wesentliche nationale Interessen entgegen stehen oder gravierende Formfehler bei Erlass der EBS
begangen worden sind.

Eine Anerkennung oder Vollstreckung kann daneben aufgrund eines der in Art. 16 des Rahmenbeschlusses genannten Gründe **aufgeschoben** werden. Die Aufschubgründe beziehen sich auch auf
Fehler bei der Ausfüllung der Formblätter oder wenn die Durchführung eigener laufender Ermittlungen beeinträchtigt werden könnten.

Nach Art. 18 Abs. 1 des Rahmenbeschlusses sollen **Rechtsbehelfe** gegen die erforderlichen Maß- 237
nahmen eingeführt werden. Die jeweiligen Mitgliedstaaten sollen solche Rechtsbehelfe einführen,
die allen Betroffenen und Dritten ermöglicht, gegen die Anerkennung und Vollstreckung einer
EBA vorzugehen. Diese Rechtsbehelfe sind allerdings bei einem Gericht des Anordnungsstaates zu
erheben (zur Kritik hinsichtlich der Effektivität s. *Ahlbrecht*, NStZ 2006, 73 ff. und zu Mängeln
an Ablehnungs- bzw. Verteidigungsrechten s. *Bendler*, StV 2003, 133 ff.). Wird ein Rechtsbehelf in
dem Vollstreckungsstaat erhoben, so ist der Anordnungsstaat hiervon und den wesentlichen Gründen zu unterrichten, damit die wesentlichen Argumente vom Anordnungsstaat vorgebracht werden können (Art. 18 Abs. 4).

bb) Überlassung von Akten und Erteilung von Auskünften

Relevante Informationen können auch mittels einfachen **Auskunftsersuchen** und Übermittlung 238
von **Verfahrensakten** zwischen den Staaten ausgetauscht werden. Die Ermittlungsbehörden können sich für eine Auskunft oder Übermittlung von Akten nicht direkt an die Akten führende
Behörde wenden, sondern müssen auch hier den Weg über die obersten Justiz- bzw. Verwaltungsbehörden einhalten (Nr. 118 Abs. 1 RiVASt).

Nach Art. 7 EU-RhÜbk kann ein Informationstausch zwischen den Staaten auch **ohne Ersuchen** 239
stattfinden (sog. „**Spontanauskunft**"). Damit erhält die in der EU seit Langem geübte Praxis eine
entsprechende Rechtsgrundlage. Eine Spontanauskunft ist dann möglich, wenn innerstaatliche
Vorschriften den Austausch zulassen, etwaige Anforderungen und Verwendungsbeschränkungen
regeln. Von dieser Möglichkeit hat Deutschland mit Einführung des § 61a IRG (durch das
Umsetzungsgesetz zum EU-RhÜbk BGBl. I 2005, S. 2189) Gebrauch gemacht.

Somit ist auch die Übermittlung personenbezogener Daten aus strafprozessualen Ermittlungen **ohne Ersuchen** zulässig, wenn nicht ein Übermittlungsverbot des § 61a Abs. 3 einschlägig ist.

Art. 46 SDÜ erlaubt einen spontanen Informationsaustausch ausdrücklich nur zur präventiven Zwecken.

cc) Vernehmung von Zeugen, Sachverständigen oder Beschuldigten

240 Grds. können Zeugen, Sachverständige oder Beschuldigte zur Vernehmung nach Deutschland geladen oder eine Behörde vor Ort ersucht werden, die Vernehmung durchzuführen, wobei die Durchführung von Vernehmungsersuchen im Geltungsbereich des Eu-RhÜbk i.d.R. zügig umgesetzt wird. (Zu dem allgemeinen Verfahrensgang eines Rechtshilfesuchens s. Rdn. 144 ff.)

(aa) Festlegung der Vernehmungsbehörde

241 Wird eine ausländische Behörde um die **Vernehmung vor Ort** ersucht, so sind die Vernehmungsersuchen nach Maßgabe der Nr. 117 RiVASt und in Anlehnung der RiVASt-Muster Nr. 32 für Beschuldigte und RiVASt-Muster Nr. 32a für Zeugen oder Sachverständige abzufassen. Dabei sollte i.R.d. Ersuchens angegeben werden, ob im Hinblick auf die Bedeutung der Aussage und ihrer späteren Verwertbarkeit in einer Hauptverhandlung die Vernehmung durch ein Gericht, eine StA oder andere Behörden erfolgen soll. Bei einem Ersuchen um eine **richterliche** Vernehmung von Zeugen oder Sachverständigen ist ferner anzugeben, ob um **eidliche** oder **uneidliche** Vernehmung ersucht wird. Für den Fall, dass das Recht des ersuchten Staates keine Beeidigung kennt oder zulässt bzw. wenn unklar ist, ob eine Beeidigung möglich ist, so sollte das Ersuchen auch den Hinweis enthalten, dass die Person unter Abgabe der nach dem Recht des ersuchten Staates zulässigen **feierlichen Wahrheitsversicherung** vernommen werden sollte.

242 Sofern um eine richterliche uneidliche Vernehmung erbeten wird und nicht feststeht, ob auch nach dem Recht des ersuchten Staates eine uneidliche Vernehmung möglich ist, so empfiehlt es sich, soweit dies nach dem Recht des ersuchten Staates zulässig ist, die ausländische Behörde hilfsweise um die eidliche Vernehmung zu ersuchen.

(bb) Beachtung von Form- und Verfahrensvorschriften

243 Nach Art. 3 Abs. 1 EuRhÜbk hat sich auch die Erledigung der Vernehmungsersuchen grds. nach dem Recht des ersuchten Staates zu richten („**locus regit actum**", vgl. Rn. 166). Dieser Ansatz wurde hingegen durch die Einführung des **Art. 4 Abs. 1 EU-RhÜbk** ersetzt, wonach nunmehr die Form- und Verfahrensvorschriften des ersuchenden Staates im Geltungsbereich des EU-RhÜbk maßgebend sind („**forum regit actum**", *Perron*, ZStW 112 [2000], 207 f., *Vogel*, ZStW 110 [1998], 977). Im Einzelfall muss allerdings der ersuchende Staat hinnehmen, wenn die Einhaltung seiner Verfahrensvorschriften nicht möglich ist, da Art. 4 Abs. 1 EU-RhÜbk nicht zu einer Nichtbeachtung oder Änderung innerstaatlichen Rechts führen kann. In diesen Fällen kann zwischen den Staaten vereinbart werden, in welcher Form oder Einhaltung etwaiger Bedingungen das Ersuchen weiter bearbeitet wird (*Erläuternder Bericht* ABl. C 379 v. 29.12.2000, 7). Außerhalb des Anwendungsbereichs des EU-RhÜbk (und bei fehlender entsprechender Vereinbarung) sind weiterhin für die **Beweiserhebung** und deren **Verwertung** die Regelungen des Form- und Verfahrensrechts des ersuchten Staates maßgebend (st. Rspr. BGH, NStZ 1992, 394; 1985, 376, KK/*Mayr* § 251 Rn. 18, *Böse*, ZStW 114 [2002], 151, *Wohlers*, NStZ 1995, 46).

(cc) Teilnahmerechte bei der Vernehmung im Ausland

244 Bei umfangreichen Vorwürfen und komplexen Sachverhalten werden die ermittelnden Beamten und auch die Verfahrensbeteiligten regelmäßig um eine persönliche **Teilnahme** an der Vernehmung ersuchen, damit in der Vernehmungssituation ergänzende Fragen und Vorhalte angeregt werden können. Dabei beinhaltet das Recht, an einer Vernehmung persönlich vor Ort teilnehmen zu dürfen, regelmäßig keine Berechtigung eine selbstständige Beweisaufnahme im ausländischen Staat durchzuführen (Wabnitz/Janovsky/*Veh* Kap. 22 Rn. 150).

Die Teilnahme deutscher Ermittlungsbeamter an einer Vernehmung im Ausland ist nach Einho- 245 lung entsprechender **Zustimmungen** möglich. Zum einen muss der **ersuchte Staat** nach Art. 5 EuRhÜbk zustimmen, wenn „beteiligte Behörden" oder „interessierte Personen" bei Erledigung des Rechtshilfeersuchens teilnehmen möchten. Daneben ist grds. auch eine Zustimmung der obersten deutschen Justiz- oder Verwaltungsbehörde (oder einer durch Übertragung der Genehmigungsbefugnis zuständigen Behörde) erforderlich. Diese sollte vor Versendung des entsprechenden Ersuchens an eine ausländische Behörde oder an eine deutsche Auslandsvertretung eingeholt werden (Nr. 140 Abs. 1 RiVASt). Nur **ausnahmsweise** können Beamte der **Finanzbehörden** nach den Voraussetzungen der Nr. 141 RiVASt im Rahmen ihrer Zuständigkeit auch ohne Genehmigung entsandt werden, wenn ohne die sofortige Entsendung der Ermittlungszweck nicht erreicht werden kann und auch eine Zustimmung der ausländischen Behörde vorliegt.

Die um eine Vernehmung im Ausland ersuchenden Ermittlungsbeamten oder Richter haben 246 darauf hinzuwirken, dass **andere Verfahrensbeteiligte**, die berechtigt sind, an der Vernehmung vor Ort teilzunehmen (insb. Verteidiger), **rechtzeitig** Kenntnis von dem Vernehmungstermin erlangen (BGH, NStZ 1988, 563 m. Anm. *Taschke,* StV 1988, 138).

(dd) Audiovisuelle Zeugenvernehmung

Ist eine persönliche Teilnahme der deutschen Ermittlungsbehörden an der Vernehmung nicht 247 möglich oder unverhältnismäßig, so kann eine Fernvernehmung über **Telefon- oder Videokonferenz** durchgeführt werden, was aufgrund der Regelungen der Art. 10, 11 EU-RhÜbk und Art. 9, 10 2. ZP-EuRhÜbk grds. zulässig ist. Daher ist der ersuchte Staat gem. Art. 10 Abs. 2 bzw. Art. 11 Abs. 3 EU-RhÜbk stets verpflichtet, einem Ersuchen zu entsprechen, es sei denn, der Rückgriff auf dieses Verfahren würde den Grundprinzipien seiner Rechtsordnung zuwiderlaufen.

Seit der Einführung des § 247a StPO durch das Zeugenschutzgesetz v. 30.04.1998 (BGBl. I, 248 S. 820) können anders nicht erreichbare Zeugen mittels zeitgleicher Bild- und Tonübertragung vernommen werden, wenn sie sich im Ausland befinden (BGHSt 45, 188, BGH, wistra 2000, 148, 150; BGH, NStZ 2001, 160; BGH, StV 2001, 93, 95, 664, 665). Eine solche Vernehmung muss in **tatsächlicher** und in **rechtlicher** Hinsicht auf dem Rechtshilfeweg möglich sein und die Anforderungen der strafprozessualen Regelungen und Verfahrensgarantien gewahrt bleiben, indem bspw. der Vorsitzende des deutschen Gerichts die **Verhandlungsleitung** inne behält und die übrigen Prozessbeteiligten ihre **prozessualen Rechte** uneingeschränkt ausüben können. Zudem muss der Zeuge selbst die Vorgänge im Gerichtssaal möglichst umfassend wahrnehmen können. Seine Rolle darf sich also nicht darauf beschränken, die an ihn gestellten Fragen etwa über Kopfhörer oder Telefon entgegenzunehmen (BGH, NStZ 2000, 157, 160, *Meyer-Goßner* § 247a Rn. 10).

Eine **schlichte Aufzeichnung** einer kommissarischen Vernehmung durch ein Gericht des Aufent- 249 haltsstaates unter Teilnahme deutscher Verfahrensbeteiligter genügt mangels Sachleitung durch den Vorsitzenden des deutschen Tatgerichts und fehlender interaktiver Kommunikationsmöglichkeiten nicht den Anforderungen des § 247a StPO. Allenfalls als ergänzende Inaugenscheinnahme kann eine derartige Aufzeichnung unter den Voraussetzungen des § 251 Abs. 1 StPO eingeführt werden (BGHSt 48, 268, 274, BGH, NStZ 2004, 188, 190).

Die Entscheidung, ob eine **konsularische Vernehmung** des Zeugen und Verlesung des Protokolls 250 in der Hauptverhandlung oder Sachverständigen ausreicht oder eine grenzüberschreitende Fernvernehmung mittels audiovisueller Direktschaltung zur Wahrheitsfindung notwendig ist, steht im pflichtgemäßen Ermessen des Gerichts (BGH, wistra 2000, 148, 150; BGH, StV 2000, 345; 2001, 93, 95; 664, 665; BGH, NStZ 2001, 160; *Schlothauer,* StV 2000, 167). Zu berücksichtigen ist dabei stets, dass eine Vernehmung per Videokonferenz im Hinblick auf etwaige nonverbale Erkenntnisse und Berücksichtigung des Aussageverhaltens die aussagekräftigere Methode ist.

(ee) Ladung von Vernehmungspersonen für die Einvernahme nach Deutschland

251 Es wird regelmäßig strafprozessual erforderlich sein, dass sich das Gericht einen unmittelbaren und persönlichen Eindruck von den entsprechenden **Zeugen** oder **Sachverständigen** verschaffen muss, sodass diese **unmittelbar** in Deutschland vernommen werden müssen (BGH, NJW 2002, 2403; BGH, NStZ 2004, 347). Die Ladung erfolgt dann entweder mittels unmittelbarer Zustellung per Post, wenn dieser Weg vertraglich zugelassen ist (Art. 52 SDÜ), über die Auslandsvertretungen der Bundesrepublik oder im Wege der Zustellung durch den ersuchten Staat (Art. 7 Abs. 1 EU-RhÜbk, Art. 3 ZP-EuRhÜbk). Da für den geladenen Zeugen und Sachverständigen hingegen keine Verpflichtung besteht, dieser Ladung Folge zu leisten, kann das Erscheinen **nicht** durch **Zwangsmaßnahmen** durchgesetzt werden (Art. 8 EuRhÜbk, Art. 52 ff. SDÜ, § 59 IRG). Daher dürfen auch Zwangsmaßnahmen (einschließlich der Festsetzung von Ordnungsmitteln für den Fall des Ausbleibens) **nicht angedroht** werden (Nr. 116 Abs. 1 Satz 3 RiVASt). Ein in Haft befindlicher Zeuge kann bei Vorliegen der Voraussetzungen des Art. 11 EuRhÜbk allerdings zur Vernehmung überstellt werden.

252 Der ersuchende Staat kann dem Zeugen nach Art. 12 EuRhÜbk jedoch „freies Geleit" zusichern und ihm eine Schutz-/Schonfrist von (zumeist) 15 Tagen gewähren, um seine Bereitschaft zu erhöhen, der Ladung Folge zu leisten. Den Sinn und Zweck des freien Geleits und die Grenzen der Sanktionsmöglichkeiten in diesem Fall werden in der „**Empfehlung R (83) 12 des Ministerkomitees der Mitgliedstaaten des Europarates betreffend das freie Geleit für Zeugen in Anwendung des Art. 12 Abs. 1 des EuRhÜbk vom 23.09.1983**" genannt (s. auszugsweiser Abdruck in *Schomburg/Lagodny/Gleß/Hacker* Vor § 68 Rn. 70). Bereits in der Ladung sollte der Hinweis auf freies Geleit aufgenommen werden (BGHSt 32, 68, 74, BGH, NJW 1979, 1788). Für den Fall, dass dieser Zusatz fehlt, kann die Annahme der Unerreichbarkeit eines Zeugen unzutreffend sein, da die Entscheidung eines Zeugen, der Ladung Folge zu leisten, maßgeblich davon abhängt, ob er in einem Land eine Aussage macht, in dem er strafrechtlich verfolgt und ggf. festgehalten werden kann. Dies könnte wiederum einen **Revisionsgrund** darstellen, da nicht ausschließbar ist, dass nach einer Einvernahme das Tatgericht für den Angeklagten günstigere Feststellungen getroffen hätte (BGH, NStZ 1984, 375; BGH, NJW 1983, 528).

253 Auch einem **Beschuldigten** steht es frei, einer Ladung durch den ersuchten Staat nachzukommen. Ihm ggü. dürfen zwar grds. Zwangsmaßnahmen bei Nichterscheinen angedroht werden, er muss aber in dem zuzustellenden Schriftstück darauf hingewiesen werden, dass diese im Hoheitsgebiet des ersuchten Staates nicht vollstreckt werden können (Nr. 116 Abs. 1 Satz 3 RiVASt). Eine zwangsweise Durchsetzung würde eine Umgehung der Regelungen der Auslieferung und die erhöhten Anforderungen, die an einen Auslieferungshaftbefehl zu stellen sind, bedeuten.

(ff) Zeugnisverweigerungsrechte

254 **Zeugnisverweigerungsrechte** können gem. Art. 10 Abs. 5 Ziff. e EU-RhÜbk sowohl nach dem Recht des ersuchenden als auch des ersuchten Staates geltend gemacht werden, wodurch verhindert werden soll, dass die Vorschriften des ersuchenden Staates durch eine solche Vernehmung im Ausland umgangen werden könnten (*Böse*, ZStW 114 [02] 152, *Vogel*, ZStW 116 [04] 408, *Ahlbrecht/Lagodny*, StraFo 2003, 334). Über die Berechtigung der Geltendmachung eines Zeugnisverweigerungsrechts ebenso wie eines Verwertungsverbots wegen Verletzung des Art. 10 Abs. 5e EuRhÜbk entscheidet die Vernehmungsperson, dabei nur hinsichtlich der erstgenannten Frage allerdings wiederum unter Kontrolle durch eine Person der ersuchten Justizbehörde.

255 Auch wenn das ausländische Recht ein Zeugnisverweigerungsrecht der Verlobten eines Beschuldigten nicht vorsieht, so darf bei der Verwertung der Aussage der Rechtsgedanke des § 252 StPO nicht unberücksichtigt bleiben (BGH, NStZ 1992, 394).

(gg) Verwertbarkeit der Aussagen im deutschen Strafprozess

Sind die **Vernehmungsniederschriften** nach den Zuständigkeitsregelungen und den Verfahrens- **256** vorschriften des ersuchten Staates ordnungsgemäß zustande gekommen, dann erfüllen sie eine vergleichbare Funktion wie die Protokolle über eine inländische richterliche Vernehmung. Werden bei der Anhörung und deren Beurkundung auch den grundlegenden rechtstaatlichen Anforderungen Genüge getan, so können sie auch als richterliche Vernehmungsniederschrift **verlesen** werden (BGH, NStZ 1983, 181, BGH, StV 2001, 663, BGH, StV 1982, 153, 154, *Rose*, NStZ 1998, 154, 155). Damit hängt eine Verwertbarkeit der auf Basis der ausländischen Strafprozessordnungen durch ausländische Behörden durchgeführten Vernehmungen **nicht** von der **Einhaltung des deutschen Strafprozessrechts** ab (BGHSt 7, 15, 16; 42, 86, 90, BGH, NStZ 1996, 609 f.; 2000, 547 f., BGH, StV 2001, 5), soweit die grundlegenden rechtstaatlichen Anforderungen eingehalten worden sind (BGH, NStZ 1983, 181; 1992, 394, StV 1995, 231, *Rose*, NStZ 1998, 154, 155, *Böse*, ZStW 114 [2002], 148, 163 ff.). Dies wird damit begründet, dass bei Vernehmungen im Ausland nicht erwartet werden kann, dass neben der Einhaltung der dort geltenden Verfahrensvorschriften auch auf die Einhaltung des deutschen Prozessrechts geachtet wird (BGHR StPO § 251 Abs. 1 Nr. 2 Auslandsvernehmung 6 m.w.N.; zustimmend *Rose* NStZ 1998, 154; zu Beweisverwertungsverboten vgl. Rdn. 173 ff.)

Die fehlende Möglichkeit an der Vernehmung teilzunehmen, Fragen zu stellen oder sonstige aus **257** den unterschiedlichen Prozessordnungen resultierende Defizite oder Ungenauigkeiten führen insoweit auch **nicht** grds. zu einer **Unverwertbarkeit** der Aussage. Vielmehr sind diese Umstände im Einzelfall i.R.d. Beweiswürdigung zu werten und etwaige Defizite entsprechend auszugleichen (BGHSt 2, 300, 304). Allerdings kann aus dem verfassungsmäßigen **Recht auf ein faires Verfahren** eine **eingeschränkte Verwertbarkeit** des im Rechtshilfeweg entstandenen Protokolls resultieren. Nach Art. 6 Abs. 3d MRK hat jeder Beschuldigte das Recht, Fragen an Belastungszeugen zu stellen oder stellen zu lassen. Die durch den BGH aufgestellten Grundsätze an ein faires Verfahren (BGHSt 31, 148 ff.) können nicht deshalb entfallen, wenn das Verfahren einen Bezug ins Ausland hat. Daher ist zumindest die Wahrung des **Fragerechts** zu ermöglichen, indem bspw. schriftlich Fragen eingereicht werden können, wenn bestehende Anwesenheitsrechte von Verfahrensbeteiligten nicht gewahrt werden können (BGH, GA 1976, 242, 244, BGH, NStZ 1985, 376, 377, *Nagel*, Beweisaufnahme im Ausland, S. 283 ff., *Wabnitz/Janovsky-Veh*, Kap. 22, Rn. 149).

Eine **Unverwertbarkeit** der Aussagen kann allerdings unter dem Gesichtspunkt in Betracht kommen, **258** dass es unterlassen wurde, soweit möglich auf die Beachtung der deutschen Verfahrensvorschriften **hinzuwirken** (BGH, NStZ 1988, 569 m. Anm. *Naucke*; *Rose*, NStZ 1998, 154, 155). Dies gilt insb. für die Vorschriften der **Belehrung** (OLG Bremen, NJW 1962, 2314), **Vereidigung** (BGH, NStZ 1996, 609) und der **Anwesenheitsrechte** Verfahrensbeteiligter (BGHSt 42, 86, 90, BayObLG, MDR 1985, 164, *Böse*, ZStW 114 [2002], 148, 168 f.).

Der Verwertbarkeit einer Aussage eines Beschuldigten in einem ähnlich gelagerten ausländischen **259** Strafverfahren steht nach der Rechtsprechung des BGH (Urt. v. 10.08.1994, 3 StR 53/94, NJW 1994, 3364 ff.) nicht entgegen, dass der Angeklagte vor den Beschuldigtenvernehmungen nicht entsprechend der Regelung des § 136 Abs. 1 2 StPO belehrt worden ist. Seine Angaben in dem ausländischen Prozess unterliegen nicht per se einem Beweisverwertungsverbot. Ein solches ist nicht einschlägig, wenn der Beschuldigte – trotz unterbliebener Belehrung – Kenntnis von der Aussagefreiheit hatte. Allerdings hat dies der inländische Tatrichter ggf. mit den Mitteln des Freibeweises zu überprüfen.

Auch im umgekehrten Fall, wenn bei der Vernehmung gegen das nationale Strafprozessrecht des **260** ersuchten Staates verstoßen wurde, folgt daraus grds. **keine Unverwertbarkeit** der Aussage (BGH, GA 1976, 218, 219; NStZ 1985, 376, 377, zustimmend *Böse*, ZStW 114 [2002], 148, 152 f. anders: Grützner/Pötz/Kreß/*Wilkitzki* Vor § 68 IRG Rn. 17.).

dd) Zustellung von Verfahrensurkunden

261 Im Geltungsbereich des SDÜ können Verfahrensurkunden der Vertragsstaaten unmittelbar an natürliche und juristische Personen, die sich im Hoheitsgebiet eines anderen Vertragsstaates aufhalten, auf dem Postweg übermittelt werden (Art. 52 Abs. 1 SDÜ). Welche Dokumente auf direktem Wege übermittelt werden dürfen, sind in den jeweiligen Staaten auf unterschiedlichen Listen aufgezählt (s. RiVASt Anlage III zu Anhang II, www.bmj.bund.de).

262 Im Geltungsbereich des EuRhÜbk sind Verfahrensurkunden und Gerichtsentscheidungen grds. von dem ersuchten Staat an den Empfänger zuzustellen, die diesem hierzu von dem ersuchenden Staat übermittelt werden (Art. 7 Abs. 1 Satz 1 EuRhÜbk). Dabei wird das Dokument durch einfache Übergabe an den Empfänger übermittelt, es sei denn, der ersuchende Staat verlangt ausdrücklich die Einhaltung einer bestimmten Form (Art. 7 Abs. 1 Satz 2, 3).

263 Der **Nachweis** einer Zustellung erfolgt durch eine datierte und vom Empfänger unterzeichnete Empfangsbestätigung oder eine Beurkundung der Zustellung (nebst Datum und Form) durch Erklärung des ersuchten Staates (Art. 7 Abs. 2 EuRhÜbk).

ee) „Kontenabfragen" nach dem ZP-EU-RhÜbK

264 Durch die Möglichkeit der Kontenabfragen nach dem ZP-EU-RhÜbK ist ein weiteres effektives Instrument für grenzüberschreitende Ermittlungsmaßnahmen in steuerlichen Angelegenheiten geschaffen worden.

(aa) Möglichkeit der Einholung von Bankauskünften

265 Nach Art. 1 ZP-EU-RhÜbK sind die Mitgliedsstaaten verpflichtet, auf Antrag eines ersuchenden Staates unter bestimmten Voraussetzungen bestehende **Bankkonten ausfindig** zu machen und die Daten an den ersuchenden Staat weiterzuleiten. Ein Rechtshilfeersuchen darf nach Art. 7 ZP-EU-RhÜbk nicht wegen eines evtl. bestehenden **Bankgeheimnisses** abgelehnt werden. Die ersuchenden Staaten sollen jedoch auch nicht in die Lage versetzt werden, reine Ausforschungsersuchen („**Fischzüge**" oder „**fishing expeditions**") zu unternehmen (*Schomburg/Lagodny/Gleß/Hacker* Art. 1 ZP-EU-RhÜbK Rn. 16; *Erläuternder Bericht* ABl. C 257 v. 24.10.2002, 1). Der Anwendungsbereich wird insoweit durch Art. 1 Abs. 3 ZP-EU-RhÜbK eingegrenzt. Darin wird eine Pflicht des ersuchten Staates zur sorgfältigen Prüfung sowie das weitere Erfordernis normiert, dass bestimmte Mindeststrafrahmen (vier Jahre Freiheitsstrafe im ersuchenden und 2 Jahre Freiheitsstrafe im ersuchten Staat) oder entsprechende Katalogtaten erfüllt sein müssen. **Fiskaldelikte** sind in dem Straftatenkatalog zwar nicht aufgeführt, dagegen aber die hiermit häufig verknüpften Korruptions- und Geldwäschetatbestände.

(bb) Verfahren der Auskunftserteilung

266 Das Eingriffsverfahren ist mehrstufig ausgestaltet. Auf der **ersten Stufe** besteht nach Art. 1 Abs. 1 ZP-EU-RhÜbK die Verpflichtung der Vertragsstaaten, bestehende **Kontoverbindungen** zu **ermitteln** und alle diesbezüglichen Angaben an den ersuchenden Staat **weiterzuleiten**. Die Verpflichtung beschränkt sich dabei auf Bankkonten einer natürlichen oder juristischen Person, gegen die strafrechtliche Ermittlungen geführt werden (*Schomburg/Lagodny/Gleß/Hacker* Art. 1 ZP-EU-RhÜbK Rn. 4). Für das Ersuchen ist eine Kenntnis des kontoführenden Kreditinstituts nicht erforderlich. Erforderlich und ausreichend ist insoweit die Identität des Beschuldigten. Einbezogen in das Auskunftsersuchen sind nach Art. 1 Abs. 1 ZP-EU-RhÜbK dabei **Bankdaten des Beschuldigten** sowie Bankdaten über Konten, für die der Beschuldigte lediglich über eine **Kontovollmacht** verfügt oder deren **wirtschaftlicher Nutznießer** er ist (Treuhand, Verwaltung). Durch das Instrument der Kontenabfragen haben Ermittlungsbehörden die Möglichkeit, Bankkonten des Beschuldigten im EU-Ausland oder in Nicht-EU-Staaten aufzuspüren und Zahlungswege nachzuverfolgen.

Wenn eine entsprechende Bankverbindung ermittelt werden konnte, kann auf der **zweiten Stufe** 267
nach Art. 2 ZP-EU-RhÜbK die **Kontoöffnung** beantragt werden, sodass dem ersuchenden Staat
alle Angaben über alle Bankgeschäfte zu übermitteln sind, die während eines bestimmten Zeitraums im Zusammenhang mit einem in dem Ersuchen angegebenen Bankkonto getätigt wurden.
Die hierdurch begründete Auskunftspflicht erstreckt sich auf **sämtliche Bankgeschäfte** (alle Über-
weisungs- und Empfängerkonten) im Zusammenhang mit dem ermittelten Konto. Es ist dabei
nicht erforderlich, dass strafrechtliche Ermittlungen gegen die weiter betroffenen Personen geführt
werden. Es besteht vielmehr auch eine Verpflichtung zur Rechtshilfe für **Konten Dritter**, die nur
in einem mittelbaren Zusammenhang zu dem Ermittlungsverfahren stehen (*Schomburg/Lagodny/
Gleß/Hacker* Art. 2 ZP-EU-RhÜbK Rn. 3).

Als zusätzliche Maßnahme kann auf der **dritten Stufe** nach Art. 3 ZP-EU-RhÜbK beantragt wer- 268
den, dass **zukünftige Bankgeschäfte**, die während eines bestimmten Zeitraums im Zusammenhang mit einem im Ersuchen genannten Bankkonto getätigt werden, überwacht werden. Die
erhobenen Kontodaten sind dem ersuchenden Staat zu übermitteln.

(cc) Vertraulichkeit

Durch Art. 4 ZP-EU-RhÜbk wird klargestellt, dass Vertraulichkeit zu gewährleisten ist. Die 269
ersuchten Banken dürfen weder den betroffenen Bankkunden noch sonstige Dritte über die vorgenommenen Maßnahmen oder die laufenden Ermittlungen in Kenntnis setzen. Eine Benachrichtigung kommt erst nach Abschluss der Maßnahmen in Betracht.

ff) Grenzüberschreitende Überwachung des Fernmeldeverkehrs

(aa) Voraussetzungen der Maßnahme

In Steuerstrafverfahren sind die Ermittlungsbehörden auf Erkenntnisse aus der **Überwachung** des 270
Fernmeldeverkehrs angewiesen. Insb. in grenzüberschreitenden Verfahren (z.B. Ermittlungen von
Umsatzsteuerkarussellen) würden es zwischenstaatliche Standortwechsel der Beschuldigten und
sonstigen Betroffenen unmöglich machen, über Mobiltelefone oder im Ausland belegene
Anschlüsse geführte Gespräche zu überwachen. Die Zulässigkeitsvoraussetzungen der **grenzüberschreitenden Telefonüberwachung** ergeben sich innerhalb der Europäischen Gemeinschaft aus
dem Eu-RhÜbk. Nach Art. 18 Eu-RhÜbk ist die Überwachung des Fernmeldeverkehrs sowohl
zulässig, wenn die **Zielperson** sich auf dem **Territorium** des **ersuchten Mitgliedsstaates** aufhält,
als auch dann, wenn sie sich im Hoheitsgebiet des ersuchenden Staates oder demjenigen eines
Drittstaates befindet (*Schomburg/Lagodny/Gleß/Hackner* Art. 18 Eu-RhÜbK Rn. 17, 19; *Eisenberg*
StPO Rn. 472). Weiter ist auf Art. 20 Eu-RhÜbk (Überwachung des Telekommunikationsverkehrs
ohne technische Hilfe eines anderen Mitgliedstaats) hinzuweisen.

Ein **Rechtshilfeersuchen** auf Durchführung einer **Telefonüberwachung im Ausland** darf nur dann 271
gestellt werden, wenn der **Verdacht einer Katalogtat** i.S.d. § 100a StPO gegeben ist (*Meyer-Goßner* § 100a Rn. 5). In Steuerstrafsachen stellen die **Steuerhinterziehung** in einem besonders schweren Fall (§ 370 Abs. 5 Satz 2 Nr. 5 AO), der gewerbsmäßige, gewaltsame und bandenmäßige
Schmuggel (§ 373 AO) sowie die gewerbsmäßige und bandenmäßige **Steuerhehlerei** (§ 374 Abs. 2
AO) Katalogtaten dar, die eine Überwachung der Telekommunikation rechtfertigen (§ 100a Abs. 2
Nr. 2 a) bis c) StPO).

Nach dem im Anwendungsbereich des Eu-RhÜbk geltenden Grundsatz „**lex forum regit actum**" 272
richtet sich die Ausführung der Überwachung des Telekommunikationsverkehrs nach dem Recht
des ersuchenden Staates. Im Gegenzug ist dem ersuchten Staat nach Art. 18 Abs. 5b Eu-RhÜbk
das **Prüfungsrecht** eingeräumt, ob die Maßnahme in einem **vergleichbaren innerstaatlichen Verfahren** zulässig wäre, wenn sich die Zielperson in seinem Hoheitsgebiet aufhält und die Maßnahme technisch bedingt auch nur dort durchgeführt werden kann. Unter diesem Gesichtspunkt

ist es dem ersuchten Staat möglich, die Verwertung der Beweisergebnisse an **Bedingungen** zu knüpfen (vgl. Art. 18 Abs. 5b Satz 2 bzw. Art. 18 Abs. 6 Satz 2 Eu-RhÜbk).

(bb) Verwertbarkeit im deutschen Strafprozess

273 Die Erkenntnisse aus der Telefonüberwachung können in einem deutschen Strafverfahren unter den Voraussetzungen des deutschen Verfahrensrechts verwertet werden, namentlich dann, wenn die **Vorgaben** des § 100a StPO eingehalten wurden. **Beweisverwertungsverbote** können des Weiteren auch aus einer etwaigen **Bedingung** des ersuchten Staates nach Art. 18 Abs. 5b und Art. 18 Abs. 6 Satz 2 Eu-RhÜbk sowie aus der **Fortsetzung der Überwachung** nach Art. 20 Eu-RhÜbk folgen. Ein **Beweisverwendungsverbot** kann dann gegeben sein, wenn die Maßnahme nach dem **Recht des ersuchten Staates unzulässig** ist und der Aufenthaltsstaat nach Art. 20 Abs. 4b Eu-RhÜbk die Beendigung der Maßnahme verlangt (*Eisenberg* StPO Rn. 475; vgl. auch Rn. 173 ff.).

gg) Grenzüberschreitende Observation

(aa) Voraussetzungen der Maßnahme

274 Nach Art. 40 Abs. 1 SDÜ können deutsche Ermittlungsbeamte eine **Observation**, die **in Deutschland** wegen des Verdachts einer auslieferungsfähigen Straftat **bereits begonnen** wurde, auf dem Hoheitsgebiet eines anderen Schengen-Mitgliedstaates **fortsetzen** (*Schomburg/Lagodny/Gleß/Hackner* Art. 40 SDÜ Rn. 1). Hierzu ist jedoch grds. eine Genehmigung des betreffenden Staates erforderlich. Die **Genehmigung** wird im Rahmen eines Rechtshilfeverfahrens eingeholt und kann durch den ersuchten Staat **mit Auflagen** versehen werden. In Ausnahmefällen, namentlich dann, wenn der Ermittlungsbedarf „besonders dringlich" ist, kann nach Art. 40 Abs. 2 SDÜ eine grenzüberschreitende Observation auch **ohne vorherige Zustimmung** durchgeführt werden. Voraussetzung dafür ist, dass sich der Tatverdacht auf eine Katalogtat i.S.d. Art. 40 Abs. 7 SDÜ bezieht. Die zuständige Behörde des anderen Staates muss von dem **Grenzübertritt** unverzüglich **unterrichtet** werden und ein ordnungsgemäßes **Rechtshilfeersuchen nachgeholt** werden (Art. 40 Abs. 2 SDÜ). **Steuerstraftaten** werden von dem Katalog des Art. 40 Abs. 7 SDÜ **nicht erfasst**, sodass i.d.R. eine Genehmigung einzuholen sein wird, es sei denn, die Steuerstraftat fällt mit einer **Katalogtat** (z.B. schwerer Betrug, Geldwäsche) zusammen. Die **Observation** ist nach Art. 40 Abs. 2 Satz 2 SDÜ **einzustellen**, sobald der ersuchte Staat dies verlangt oder die Zustimmung nicht binnen 5 Std. nach Grenzübertritt erteilt. Die Art und Weise der Observation richtet sich nach dem Recht des Staates, auf dessen Hoheitsgebiet sie vorgenommen wird. Anordnungen der zuständigen ausländischen Behörden sind zu befolgen (Art. 40 Abs. 3a SDÜ). Soweit der ausländische Staat dies verlangt, ist die Observation an die ausländischen Ermittlungsbehörden zu übergeben (Art. 40 Abs. 1 Satz 3 SDÜ).

(bb) Verwertbarkeit im deutschen Strafprozess

275 Eine **Verletzung** des Art. 40 SDÜ führt anders als z.B. Art. 39 Abs. 2 SDÜ **nicht** zu einem unmittelbaren **Beweisverwertungsverbot** der Ergebnisse aus der Observation. Vielmehr richtet sich die Frage der Verwertbarkeit der Ermittlungsergebnisse nach allgemeinen Grundsätzen. Dabei wird es auf die Bedeutung der verletzten Vorschrift und die Reichweite eines Verstoßes ankommen (vgl. auch Rn. 173 ff.). Überwiegende Bedeutung werden dabei den allgemeinen Voraussetzungen der Observation nach Art. 40 Abs. 3 Ziff. a bis h SDÜ sowie den erteilten Auflagen zukommen (*Eisenberg* StPO Rn. 489c).

hh) Grenzüberschreitender Datenzugriff – „Transborder Searches"

276 Durch einen grenzüberschreitenden Zugriff auf Daten, die in einem fremden Hoheitsbereich gespeichert sind („**Transborder Searches**"), wird das **Territorialprinzip** stets tangiert (vgl. *Gercke*, StraFo 2009, 271, 272), unabhängig von der physischen Anwesenheit eines Vertreters der deut-

schen Staatsgewalt (LG Hamburg, StV 2009, 70). Daher bedarf es für **grenzüberschreitende Ermittlungsmaßnahmen** auf elektronischem Wege einer **Ermächtigungsgrundlage**.

(aa) Keine Ermächtigungsgrundlage in § 110 Abs. 3 StPO

Nach **§ 110 Abs. 1 StPO** steht die Durchsicht von Papieren des Betroffenen grds. nur der StA und auf Anordnung deren Ermittlungspersonen zu. Unter den Begriff der Papiere fallen auch elektronische Datenträger und **Datenspeicher** (*Meyer-Goßner* § 110 Rn. 1). Andere Ermittlungsbeamte, insb. die **Finanzbehörden**, dürfen Papiere und **Daten** nur mit **Genehmigung** des Inhabers sichten (§ 110 Abs. 2 StPO).   277

Zum 01.01.2008 wurde der **§ 110 Abs. 3 StPO** eingeführt, wonach es möglich ist, bei der **Durchsicht** elektronischer Speichermedien auf alle räumlich getrennten aber **technisch verbundenen Speichermedien** zuzugreifen. Voraussetzung dafür ist, dass ohne eine Durchsicht der Verlust beweiserheblicher Daten zu befürchten ist und der externe Speicherplatz von dem durchsuchten Zugangsgerät auch zugänglich sein muss (*Meyer-Goßner* § 110 Rn. 6). Unter diesen Voraussetzungen ist auch ein Zugriff auf beim Provider **gespeicherte E-Mails** zulässig, soweit auf sie von dem Speichermedium aus zugegriffen werden kann (vgl. *Knierim,* StV 2009, 206, 211).   278

Gerade in Unternehmen werden interne Netzwerke und Server eingesetzt, sodass die Daten sowohl auf einem Server im Inland als auch bei einem **ausländischen Dienstleister** oder einer ausländischen Tochtergesellschaft gespeichert sein können. Es sind demnach Konstellationen denkbar, in denen bei der Durchsicht nach § 110 Abs. 3 StPO technisch auch auf Daten zugriffen werden könnte, die im Ausland belegen sind. Die nationalen strafprozessualen Befugnisse erstrecken sich jedoch immer nur auf den Hoheitsbereich des eigenen Staates, sodass über **§ 110 Abs. 3 StPO kein Zugriff** auf Datenbestände **im Ausland** begründet werden kann (*Bär,* MMR 2008, 215, 221).   279

Befinden sich die Beweismittel (elektronischen Daten) im Ausland, ist der **Rechtshilfeweg** einzuhalten (*Gercke,* StraFo 2009, 271, 272). Eine Datenerhebung im Ausland ohne entsprechende Ermächtigungslage kann eine Umgehung des Rechtshilfeweges und als Verletzung des § 110 StPO einen schwerwiegenden Verfahrensverstoß darstellen, der zu einem **Beweisverwertungsverbot** führen kann (*Meyer-Goßner* § 110 Rn. 10; vgl. auch Rn. 173 ff.). Voraussetzung dafür dürfte jedoch entsprechend der Rechtsprechung zu anderen Fehlern bei der Erlangung von Erkenntnissen sein, dass i.d.R. nur willkürliche oder absichtliche Verstöße ein Verwertungsverbot nach sich ziehen (BVerfG, NJW 2006, 2684, 2686; NJW 2005, 1917, 1923; OLG Stuttgart, NStZ 2008, 238, 239). Wenn der Ermittlungsbeamte bei der Durchsicht der Daten nicht bemerkt, dass der gesichtete Server im Ausland belegen ist, könnte dies mangels eines bewussten Rechtsverstoßes dazu führen, dass das Tatgericht von einer prozessualen Verwertbarkeit der Daten ausgeht. Wenn die Durchsicht nach § 110 Abs. 3 StPO jedoch gezielt dazu genutzt wird, im Ausland belegene Daten, etwa die einer Tochtergesellschaft, auszuwerten, handelt es sich dabei um eine bewusste Umgehung des Rechtshilfeverkehrs, die zu einem Beweisverwertungsverbot führen kann.   280

(bb) Ermächtigungsgrundlagen der Cybercrime-Konvention

Soweit die beweiserheblichen **Daten offen** über das Internet **zugänglich** sind, ist im Anwendungsbereich des Art. 32 Buchst. a) Cybercrime-Konvention (BGBl. II 2008, S. 1242, in Kraft für Deutschland seit dem 01.07.2009), anderenfalls nach internationalem Gewohnheitsrecht, ein **Zugriff** durch deutsche Ermittlungsbehörden gerechtfertigt, **ohne** dass eine **Zustimmung** des anderen Staates erforderlich ist (*Gercke* StraFo 2009, 271, 273). Eines förmlichen Rechtshilfeersuchens bedarf es nicht.   281

Für den Zugriff auf im Ausland gespeicherte, **zugriffsgeschützte Daten** ist der **Rechtshilfeweg** einzuhalten, da es insoweit an einer völkerrechtlichen Vereinbarung fehlt. Transborder Searches außerhalb des Rechtshilfeweges sind völkerrechtswidrig (*Gaede* StV 2009, 96, 101). Nach Art. 31

Cybercrime-Konvention kann der ausländische Staat um **Durchsuchung** oder ähnlichen Zugriff, um **Beschlagnahme** oder ähnliche **Sicherstellung** und um **Weitergabe** von **Daten** ersucht werden, die mittels eines Computersystems gespeichert sind, das sich im Hoheitsgebiet des ersuchten Staates befindet.

8. Länderspezifische Besonderheiten

282 Wie bei den Einzelmaßnahmen ausgeführt, sind im Bereich der Rechtshilfe in Steuerstrafsachen länderspezifische Besonderheiten zu beachten. Nachfolgend werden diese anhand ausgewählter Staaten dargestellt (zu Besonderheiten im Amtshilfeverfahren vgl. Rn. 77 ff.)

a) Liechtenstein

283 Das Fürstentum Liechtenstein leistet grds. Rechtshilfe nach dem Liechtensteinischen Rechtshilfegesetz (**RHG**). Liechtenstein ist zwar Vertragspartner des EuAlÜbk, des EuRhÜbk sowie des EuGeldwäscheÜbk und hat am 12.03.2009 die OECD-Standards zur internationalen Kooperation in Steuerangelegenheiten anerkannt („**Liechtenstein Declaration**"). Im Gegensatz zu den für den Bereich der Amtshilfe abgeschlossenen Steuerinformations- und Doppelbesteuerungsabkommen ist nach der bislang in Liechtenstein geltenden Rechtslage **Rechtshilfe** in **Fiskalstrafsachen unzulässig**. In Art. 51 RHG ist insoweit ein genereller Fiskalvorbehalt vorgesehen, der jegliche Rechtshilfe in Steuerstrafsachen ausschließt. Wenn wegen anderer Straftaten Rechtshilfe geleistet wird, dürfen nach dem **Spezialitätsvorbehalt** des Art. 52 IRG Gegenstände oder Akten im ersuchenden Staat weder zu Beweis- noch zu Erhebungszwecken wegen möglicher Fiskalstraftaten verwendet werden. Es gibt im Jahr 2011 Bestrebungen der Liechtensteinischen Regierung, dem ZP-EuRhÜbk beizutreten und die Rechtshilfe in eingeschränktem Umfang auch für Fiskaldelikte zuzulassen.

b) Österreich und Luxemburg (Schengen-Staaten)

284 Besonderheiten bestehen aufgrund der Harmonisierung der Rechtshilfe im Schengen-Raum in keinem bedeutsamen Umfang mehr. Für den europäischen Rechtshilfeverkehr gilt die umfassende **Pflicht** zur **Rechtshilfe** bei **Fiskalstraftaten**. Dabei richtet sich der Rechtshilfeverkehr uneingeschränkt nach dem EuRhÜbK, dem 1. ZP-EuRhÜbk, dem SDÜ, dem EU-RhÜbk und dem ZP-EU-RhÜbk. Der in Art. 2 EuRhÜbK grds. mögliche Fiskalvorbehalt wurde im Zusatzprotokoll v. 16.10.2001 zum EU-RhÜbk aufgehoben. Nach Art. 50 SDÜ besteht zudem eine Rechtshilfeverpflichtung bei Verstößen aus dem Bereich der Verbrauchsteuern, USt und Zölle. Die Einschränkung des Art. 50 Abs. 4 SDÜ für direkte Steuern wurde im Bereich der EU durch Art. 8 Abs. 3 ZP-EU-RhÜbK v. 16.10.2001 aufgehoben. Ggf. sind bei Fiskaldelikten jedoch **Wertgrenzen** zu beachten. Das österreichische Bankgeheimnis steht der Gewährung von Rechtshilfe nicht entgegen (Klein/*Jäger* § 385 Rn. 32; Österr. VGH wistra 1995, 38).

c) Schweiz

285 Die Schweiz leistet nach dem Bundesgesetz über internationale Rechtshilfe in Strafsachen (**IRSG**) grds. jedem anderen Staat Rechtshilfe, wenn insoweit **Gegenseitigkeit** besteht. Dabei führen die Schweizer Behörden auch strafprozessuale Zwangsmaßnahmen durch (Hausdurchsuchungen, Beschlagnahme von Beweismitteln, Vorladungen unter Androhung zwangsweiser Vorführung, Einvernahmen als Zeugen sowie Aufhebung gesetzlicher Geheimhaltungspflichten). Voraussetzung dafür ist, dass die im Ersuchen dargelegte Tat auch in der Schweiz strafbar ist (**Grundsatz der beidseitigen Strafbarkeit**). Die Schweiz leistet keine Rechtshilfe für militärische (Gehorsamsverweigerung, Desertion) oder politische Straftaten (Art. 3 Abs. 1 IRSG). Hierunter fallen nicht die Tatbestände des Völkermordes oder anderer als besonders verwerflich erachteter Straftaten (Art. 3 Abs. 2 IRSG; z.B. Flugzeugentführungen, Geiselnahmen).

Bei **Fiskaldelikten** gewährt die Schweiz grds. nur dann Rechtshilfe, wenn der im Ersuchen darge- **286** legte Sachverhalt einem **Steuer- oder Abgabebetrug** nach **schweizerischem Recht entspricht** (Art. 3 Abs. 3 IRSG). Ein **Steuerbetrug** i.S.d. Schweizer Rechts ist gegeben, wenn zwecks Steuerhinterziehung und Täuschung der Steuerbehörden gefälschte, verfälschte oder inhaltlich unwahre Urkunden wie Geschäftsbücher, Bilanzen, Erfolgsrechnungen oder Lohnausweise verwendet werden. Ein **Abgabebetrug** liegt vor, wenn dem Gemeinwesen durch arglistiges Verhalten eine Abgabe, ein Beitrag oder eine andere Leistung vorenthalten wird. Voraussetzung ist insoweit eine aktive Täuschungshandlung.

In Fällen von **Steuerhinterziehung** i.S.d. Schweizer Rechts wird keine Rechtshilfe geleistet. Eine **287** Steuerhinterziehung nach Schweizer Recht begeht, wer in der Steuererklärung Einkünfte verschweigt, damit eine Veranlagung unterbleibt oder unvollständig ist. Besonderheiten gelten i.R.d. Schengener Zusammenarbeit. Die Schweiz hat im Juni 2005 dem Assoziierungsabkommen mit der EU und EG zum Schengen-Raum zugestimmt. Das SDÜ wird seit 2008 in der Schweiz angewandt. Insoweit wird Rechtshilfe nach Art. 50 SDÜ auch wegen **Hinterziehungen** im Bereich der **Verbrauchsteuern**, **USt** und **Zollabgaben** geleistet. Nicht zu den Fiskaldelikten zählt der Subventionsbetrug nach § 264 StGB (Schweizerisches Bundesgericht wistra 1986, 177).

Eine weitere Besonderheit des Schweizer Rechtshilferechts besteht im **Grundsatz der Spezialität**. **288** Rechtshilfe wird hiernach unter dem Vorbehalt geleistet, dass die Behörden des ersuchenden Staates die Ermittlungsergebnisse nur wegen Taten, für die Rechtshilfe zulässig ist, für Ermittlungen nutzen oder als Beweismittel verwenden. Auch eine indirekte Verwertung der anlässlich der Rechtshilfe erlangten Beweismittel und Erkenntnisse, etwa durch informelle Hinweise der Strafverfolgungsbehörden an die Steuer- oder Zollbehörden, ist unzulässig (zur Verwertung in deutschen Strafverfahren vgl. BGHSt 49, 317 ff.).

Merkblätter zu den Grundsätzen des Schweizer Rechtshilferechts, Formulare und Musterschreiben **289** können unter http://www.rhf.admin.ch abgerufen werden.

d) Vereinigte Staaten von Amerika

Mit den Vereinigten Staaten von Amerika haben die EU am 25.06.2003 (**EU-USA-Abkommen**), **290** die BRD am 14.10.2003 jeweils bilaterale Verträge über die Rechtshilfe in Strafsachen geschlossen. Zur Harmonisierung dieser beiden Abkommen hat die Bundesrepublik zudem am 18.04.2006 einen Zusatzvertrag zu dem Rechtshilfeabkommen v. 14.10.2003 unterzeichnet. Die Rechtshilfeverträge v. 14.10.2003 und 18.04.2006 sind am 18.10.2009 (**US-RhV**), das EU-USA-Abkommen v. 25.06.2003 am 01.02.2010 in Kraft getreten (BGBl. II 2010, S. 829).

Die Abkommen sehen den Auslieferungsverkehr und sonstige **Rechtshilfe** auch für **Fiskaldelikte** **291** vor. Der US-RhV umfasst u.a. die Einholung von Bankinformationen, die Gründung gemeinsamer Ermittlungsgruppen sowie audiovisuelle Vernehmungen. Telefonüberwachungen sind im Wege des Rechtshilfeverkehrs ausgeschlossen. Der **bilaterale Vertrag** zwischen der BRD und den Vereinigten Staaten von Amerika über die Rechtshilfe in Strafsachen sieht eine ausdrückliche **Rechtshilfeverpflichtung** in Fiskalstrafsachen (Zoll-, Abgaben- und Steuerstraftaten) vor (Art. 1 Abs. 1). Es ist zu beachten, dass die zur Erledigung des Rechtshilfeersuchens übermittelten Unterlagen „public documents" darstellen, die für jedermann einzusehen sind. Es sollte angesichts des Steuergeheimnisses nach Art. 14 US-RhV um Vertrauensschutz gebeten werden (*Riegel* FPR 2010, 502, 504).

e) Kanada

Zwischen der BRD und Kanada ist der Rechtshilfevertrag (**CAN-RhV**) v. 13.02.2002 **292** (BGBl. II 2004, S. 962) seit dem 23.10.2004 (BGBl. II 2004, S. 1564) in Kraft. Nach Art. 1 Abs. 4 des Abkommens besteht eine ausdrückliche Verpflichtung zur Rechtshilfe in strafrechtlichen Angelegenheiten, einschließlich Verfahren betreffend **Fiskalstraftaten** im Zusammenhang mit

Abgaben, Steuern und Zöllen. Die Rechtshilfe umfasst insb. die Vernehmung und Beschaffung von Aussagen von Personen, Erteilung von Auskünften und Überlassung von Schriftstücken und anderen Unterlagen, einschließlich Auszügen aus Strafregistern, Fahndung nach Personen und Sachen einschließlich deren Identifizierung, Durchsuchung und Beschlagnahme, Herausgabe von Gegenständen einschließlich der Überlassung von Beweisstücken. Nach Art. 7 des Übereinkommens kann Richtern oder Beamten des ersuchenden Staates und anderen mit dem Verfahren befassten Personen die Anwesenheit bei der Erledigung des Ersuchens und die Teilnahme an dem Verfahren im ersuchten Staat gestattet werden. Telefonüberwachungen sind auch nach dem CAN-RhV im Rechtshilfeverkehr unzulässig.

f) Asien/Ozeanien

293 Mit dem überwiegenden Teil der wirtschaftlich äußerst bedeutsamen **asiatischen** und **ozeanischen Staaten** (u.a. China, Japan, Singapur, Indonesien, Neuseeland) bestehen keine Rechtshilfeabkommen. Der Rechtshilfeverkehr erfolgt auf **vertragsloser Grundlage**.

294 Rechtshilfeabkommen, die auch die Auslieferung bei **Fiskaldelikten** vorsehen, bestehen mit **Australien** (BGBl. II 1990, S. 111, 716) und **Indien** (BGBl. II 2003, S. 1635; BGBl. II 2004, S. 787).

B. Rechts- und Amtshilfe in Steuersachen – Liechtenstein (Deutschland – Liechtenstein)

I. Grundtext TIEA Deutschland – Liechtenstein

Literatur:
Bussjäger, Die neue Rechtsprechung des Staatsgerichtshofes und des Verwaltungsgerichtshofes zur Amtshilfe in Finanzangelegenheiten, LJZ 2010, 56 – 67; *Frommelt/Holenstein/Leitner/Spatschek* Steuerfahndung im Dreiländereck; *Gey*, Internationale Amtshilfe im liechtensteinischen Finanzmarkt- und Steuerrecht; *Götzenberger*, Der gläserne Steuerbürger, 2. Aufl.; *Hosp*, Der Internationale Informationsaustausch Liechtensteins, ZfS 2009, 183 – 188; *Hosp/Langer*, Das liechtensteinische Steueramtshilfegesetz: Umsetzung und praktische Anwendung, IStR 2010, 905 – 909; *Marxer & Partner Rechtsanwälte* (Hrsg.), Liechtensteinisches Wirtschaftsrecht; *Müller*, Rechtsfragen der bevorstehenden Assoziierung Liechtensteins zum Schengen- und Dublin-Acquis der Europäischen Union – 1. Teil, Jus&News 1/2007, 47 – 83; *OECD* Agreement on Exchange of Information on Tax Matters – Commentary released in April 2002, www.oecd.org/dataoecd/15/43/2082215.pdf; *Vogel/Lehner* (Hrsg.) Doppelbesteuerungsabkommen – Kommentar.

295 Am 02.09.2009 haben die Regierungen der BRD und des Fürstentums Liechtenstein das Abkommen über die Zusammenarbeit und den Informationsaustausch in Steuersachen (in der Folge TIEA-DL) unterzeichnet, das am 28.10.2010 in Kraft getreten ist.

296 Der Geltungsbereich des TIEA-DL ist in dessen Art. 1 wie folgt geregelt:

> *Die zuständigen Behörden der Vertragsparteien leisten einander Unterstützung durch den Austausch von Informationen, die für die Durchführung des jeweiligen Rechts der Vertragsparteien betreffend die unter dieses Abkommen fallenden Steuern voraussichtlich erheblich sind, einschließlich Auskünften, die für die Festsetzung und Erhebung dieser Steuern oder für Ermittlungen beziehungsweise Strafverfolgungsmaßnahmen in Steuersachen voraussichtlich erheblich sind. Die persönlichen Rechte und Sicherheiten, welche die Gesetze oder die Verwaltungspraxis der ersuchten Vertragspartei gewähren, bleiben anwendbar.*

297 Art. 5 des TIEA-DL ist mit der Überschrift „Informationsaustausch auf Ersuchen" versehen und lautet wie folgt:

> *(1) Auf Ersuchen der ersuchenden Vertragspartei erteilt die zuständige Behörde der ersuchten Vertragspartei Auskünfte für die in Artikel 1 genannten Zwecke. Diese Auskünfte werden ohne Rücksicht darauf erteilt, ob die ersuchte Vertragspartei diese Auskünfte für eigene steuerliche Zwecke benötigt oder ob das Verhalten, das Gegenstand der Ermittlungen ist, nach dem Recht der ersuchten*

Vertragspartei eine Straftat darstellen würde, wäre es im Gebiet der ersuchten Vertragspartei erfolgt. Die zuständige Behörde der ersuchenden Vertragspartei stellt nur dann ein Auskunftsersuchen nach diesem Artikel, wenn sie die erbetenen Auskünfte nicht durch andere Maßnahmen in ihrem eigenen Gebiet erlangen konnte; ausgenommen sind Fälle, in denen der Rückgriff auf derartige Maßnahmen unverhältnismäßig große Schwierigkeiten mit sich bringen würde.

(2) Reichen die der zuständigen Behörde der ersuchten Vertragspartei vorliegenden Auskünfte nicht aus, um dem Auskunftsersuchen entsprechen zu können, so ergreift diese Vertragspartei nach eigenem Ermessen alle geeigneten Maßnahmen zur Beschaffung von Informationen, die erforderlich sind, um der ersuchenden Vertragspartei die erbetenen Auskünfte zu erteilen, auch wenn die ersuchte Vertragspartei diese Informationen zu dem betreffenden Zeitpunkt nicht für eigene steuerliche Zwecke benötigt.

(3) Auf ausdrückliches Ersuchen der zuständigen Behörde der ersuchenden Vertragspartei erteilt die zuständige Behörde der ersuchten Vertragspartei in dem nach dem Recht der ersuchten Vertragspartei zulässigen Umfang Auskünfte nach diesem Artikel in Form von Zeugenaussagen und beglaubigten Kopien von Originaldokumenten.

(4) Beide Vertragsparteien gewährleisten, dass ihre zuständigen Behörden in Übereinstimmung mit diesem Abkommen die Befugnis haben, folgende Auskünfte auf Ersuchen einzuholen oder zu erteilen:
a) Auskünfte von Banken, anderen Finanzinstituten oder Personen, einschließlich Bevollmächtigten und Treuhändern, die als Vertreter oder Treuhänder handeln;
b) Auskünfte über die Eigentumsverhältnisse an Gesellschaften, Gemeinschaften und anderen Personen, einschließlich
    aa) bei Investmentfonds oder Investmentsystemen für gemeinsame Anlagen Auskünfte über Gesellschaftsanteile, Fondsanteile und sonstige Anteile;
    bb) bei Trusts Auskünfte über Treugeber, Treuhänder, Protektoren und Treuhandbegünstigte; bei Stiftungen und Anstalten Auskünfte über Gründer, Mitglieder des Stiftungsrats und Begünstigte;
dies gilt unter der Voraussetzung, dass durch dieses Abkommen keine Verpflichtung der Vertragsparteien geschaffen wird, Auskünfte über Eigentumsverhältnisse einzuholen oder zu erteilen, die börsennotierte Gesellschaften oder öffentliche Investmentfondsoder öffentliche Investmentsysteme für gemeinsame Anlagen betreffen, es sei denn, diese Auskünfte können ohne unverhältnismäßig große Schwierigkeiten eingeholt werden.

(5) Jedes Auskunftsersuchen ist möglichst detailliert abzufassen und muss die folgenden schriftlichen Angaben enthalten:
a) die Identität der Person, der die Ermittlung oder Untersuchung gilt;
b) den Zeitraum, für den die Auskünfte erbeten werden;
c) die Art der erbetenen Auskünfte und die Form, in der die Auskünfte der ersuchenden Vertragspartei vorzugsweise zur Verfügung zu stellen sind;
d) den steuerlichen Zweck, für den um die Auskünfte ersucht wird;
e) die Gründe für die Annahme, dass die erbetenen Auskünfte für die Durchführung des Steuerrechts der ersuchenden Vertragspartei in Bezug auf die unter Buchstabe a bezeichnete Person voraussichtlich erheblich sind;
f) die Gründe für die Annahme, dass die erbetenen Auskünfte der ersuchten Vertragspartei vorliegen oder sich im Besitz oder in der Verfügungsmacht einer Person im Hoheitsbereich der ersuchten Vertragspartei befinden;
g) den Namen und die Anschrift von Personen, soweit bekannt, in deren Besitz sich die erbetenen Auskünfte vermutlich befinden;
h) eine Erklärung, dass das Ersuchen dem Recht und der Verwaltungspraxis der ersuchenden Vertragspartei entspricht, dass die erbetenen Informationen, würden sie sich im Hoheitsbereich der ersuchenden Vertragspartei befinden, von der zuständigen Behörde der ersuchenden Vertragspartei nach dem Recht der ersuchenden Vertragspartei oder im Rahmen der üblichen Verwaltungspraxis eingeholt werden könnten und dass das Ersuchen in Übereinstimmung mit diesem Abkommen gestellt wurde; und

*i) eine Erklärung, dass die ersuchende Vertragspartei alle im eigenen Gebiet zur Verfügung stehen-
den Maßnahmen zur Einholung der Auskünfte ausgeschöpft hat, ausgenommen Fälle, in denen
dies unverhältnismäßig große Schwierigkeiten mit sich bringen würde.*

*(6) Die zuständige Behörde der ersuchten Vertragspartei bestätigt der zuständigen Behörde der ersu-
chenden Vertragspartei den Eingang des Ersuchens; sie bemüht sich nach besten Kräften, die erbetenen Auskünfte dem ersuchenden Vertragsstaat innerhalb der kürzesten vertretbaren Frist zu übermitteln.*

II. Grundtext liechtensteinisches Steueramtshilfegesetz (SteAHG)

298   Die liechtensteinische Umsetzung der von der Regierung mit anderen Staaten abgeschlossenen
Abkommen über die Zusammenarbeit und den Informationsaustausch in Steuersachen („Tax
Information Exchange Agreements", nachfolgend TIEA) findet ihre Regelung im SteAHG (Art. 1
lit. b. SteAHG).

299   Inwieweit Informationen aus dem Geheimbereich von der internationalen Amtshilfe in Steuersachen erfasst sind, wird durch Art. 12 SteAHG geregelt, der wie folgt lautet:

*1) Gesetzliche Vorschriften über ein Berufs- oder Geschäftsgeheimnis stehen der Beschaffung der
Informationen, abgesehen von den in den Abs. 2 und 3 genannten Fällen, nicht entgegen.*
*2) Ein dem Anwaltsgeheimnis verpflichteter Rechtsanwalt muss der Steuerverwaltung Informatio-
nen, die ihm in seiner Eigenschaft als Rechtsanwalt zum Zwecke der anwaltlichen Beratung oder
zum Zwecke der Verwendung in laufenden oder in Erwägung gezogener Rechtsverfahren anvertraut
worden sind, nicht preisgeben. Darüber hinausgehende Informationen hat der Rechtsanwalt der
Steuerverwaltung preiszugeben.*
*3) Handels-, Geschäfts-, Industrie-, Gewerbe- oder Berufsgeheimnisse oder Geschäftsverfahren hat der
Informationsinhaber nicht preiszugeben, wobei Informationen nicht lediglich deshalb als geheimhaltungswürdig betrachtet werden dürfen, weil sie sich im Besitz von Banken, anderen Finanzinstituten
oder Personen befinden, die als Vertreter oder in treuhänderischer Eigenschaft handeln.*

300   Art. 13 SteAHG enthält eine nicht abschliessende Aufzählung von Informationen, welche die
liechtensteinische Steuerverwaltung auf Ersuchen hin zu beschaffen hat:

Die Steuerverwaltung hat, sofern dies im Ersuchen verlangt wird,
insbesondere folgende Informationen zu beschaffen:
*a) Informationen, die sich im Besitz von Banken, anderen Finanzinstituten oder Personen, ein-
   schliesslich Bevollmächtigter und Treuhänder, die als Agent oder in treuhänderischer Eigenschaft
   handeln, befinden;*
*b) Informationen über die Eigentumsverhältnisse von Rechtsträgern, einschliesslich Informationen
   über alle Personen in einer Kette von Eigentümern;*
*c) bei Personengesellschaften Informationen über die Identität der Mitglieder der Personengesell-
   schaften;*
d) bei Trusts Informationen über die Settlors, Trustees und Begünstigten;
e) bei Stiftungen Informationen über die Stifter, Mitglieder des Stiftungsrats und Begünstigten.

III. Rechts- und Amtshilfe in Steuersachen

1. Einleitung

301   Die beiden Begriffe Rechtshilfe und Amtshilfe sind relativ unscharf (vgl. *Joecks*, DAI – Beratung
und Verteidigung in Steuerstrafsachen 2008, S. 182; *Bussjäger*, LJZ 2010, 56, 56; m.w.N. zu
Abgrenzungstheorien *Gey*, Internationale Amtshilfe im liechtensteinischen Finanzmarkt- und
Steuerrecht, S. 4 ff.) und können nicht immer leicht auseinandergehalten werden, obwohl sich die

beiden Rechtsinstitute hinsichtlich Sinn und Zweck sowie den anwendbaren Bestimmungen unterscheiden (vgl. Urteil des Staatsgerichtshofes v. 06.02.2006 [StGH 2005/50]).

In Fiskalsachen gewährte das Fürstentum Liechtenstein bis vor einigen Jahren weder Rechts- noch 302
Amtshilfe (*Joecks*, DAI – Beratung und Verteidigung in Steuerstrafsachen 2008, S. 189). Dies hat sich in jüngster Zeit drastisch verändert, was insbesondere. durch die allgemein bekannten Datenskandale und die damit einhergehenden politischen Erdbeben, den zunehmenden internationalen Druck auf das Bankgeheimnis sowie die Wirtschaftskrise bedingt ist.

In der Folge soll zunächst auf den Begriff sowie einige Aspekte der Rechtshilfe eingegangen wer- 303
den, um zu verdeutlichen, welchen Standpunkt Liechtenstein in diesem Zusammenhang vertritt (Rdn. 304 ff.). Sodann wird die durch Liechtenstein erst seit kurzer Zeit gewährte Amtshilfe in Steuersachen erläutert (Rdn. 309 ff.). Schließlich werden die Auswirkungen diskutiert, die der Betritt Liechtensteins zu den Schengen-Abkommen in Bezug auf die Rechts- und Amtshilfe in Steuersachen zeitigt (Rdn. 344 ff.).

2. Rechtshilfe

Rechtshilfe kann jede Art verfahrensbezogener Unterstützung in strafrechtlichen Angelegenheiten 304
umfassen und bedeutet die Vornahme einer Amtshandlung durch ein Gericht oder eine Justizbehörde (v.a. der StA) für eine um Hilfeleistung ersuchende Justizbehörde (Marxer*&Partner*, Liechtensteinisches Wirtschaftsrecht, 3.11.1 und 4.3.1.).

Anfang 1970 trat Liechtenstein dem Europäischen Übereinkommen v. 20.04.1959 über die 305
Rechtshilfe in Strafsachen (ERHÜ) bei. 1992 trat das erste Gesetz über die internationale Rechtshilfe in Strafsachen in Kraft, welches im Jahr 2000 mit dem Ziel novelliert wurde, das Rechtshilfeverfahren zu beschleunigen. Der in Art. 2 des ERHÜ verankerte Fiskalvorbehalt schlägt sich auch in Art. 51 Abs. 1 Nr. 1 i.V.m. Art. 15 Nr. 2 Rechtshilfegesetz (RHG) nieder. Dementsprechend gewährt Liechtenstein grundsätzlich keine Rechtshilfe für Straftaten, die im Ausland begangen wurden und „die nach liechtensteinischem Recht ausschliesslich in der Verletzung von Abgaben-, Monopol-, Zoll- oder Devisenvorschriften oder von Vorschriften über die Warenbewirtschaftung oder über den Aussenhandel bestehen".

Dieser grundsätzliche Fiskalvorbehalt erfuhr in der Folge verschiedene Lockerungen. So schloss 306
Liechtenstein im Jahr 2002 mit den Vereinigten Staaten von Amerika einen bilateralen Rechtshilfevertrag (Mutual Legal Assistance Treaty; MLAT), mit welchem Rechtshilfe auf Basis eines erweiterten Steuerbetrugsbegriffes vereinbart wurde. Darüber hinaus bedingte die Umsetzung der 2. EU-Geldwäscherichtlinie die Rechtshilfefähigkeit schwerer Fälle von Mehrwertsteuerbetrug und bestimmter qualifizierter Zolldelikte ab Juli 2007. I.R.d. Umsetzung der 3. EU-Geldwäscherichtlinie lockerte Liechtenstein den Fiskalvorbehalt nochmals zugunsten von Mehrwertsteuerbetrug, sofern damit eine Schädigung des Haushalts der EU verbunden ist. Die Inkraftsetzung des Schengen-Abkommens für Liechtenstein wird eine weitere Lockerung des Fiskalvorbehaltes mit sich bringen, wenn nicht vor dem Hintergrund, dass Liechtenstein sodann umfassende Rechtshilfe bei Steuerbetrugsfällen leisten wird, gar von einer Aufhebung des Fiskalvorbehaltes in seiner jetzigen allgemeinen Form zu sprechen ist. Derzeit wird darüber hinaus ein Entwurf der Regierung im Liechtensteinischen Parlament diskutiert, der im Rechtshlfebereich den Fiskalvorbehalt weitgehend aufhebt. Damit soll das bestehende Ungleichgewicht zwischen erlaubter Amtshilfe in Fiskalsachen und untersagter Rechtshilfe in demselben Bereich überwunden werden. Mit Inkrafttreten dieser Änderungen ist noch im Verlaufe des Jahres 2012 zu rechnen.

Im Jahr 2001 trat Liechtenstein darüber hinaus dem Übereinkommen v. 08.11.1990 über Geld- 307
wäsche sowie Ermittlung, Beschlagnahme und Einziehung von Erträgen aus Straftaten des Europarates bei.

Am 12.03.2009 hat sich Liechtenstein, mit der sog. „Liechtenstein Declaration", zu einer interna- 308
tionalen Kooperation in Steuerangelegenheiten gem. der OECD Standards bekannt. In der Folge

hat Liechtenstein derzeit fünf Doppelbesteuerungsabkommen (DBA) (Luxemburg, San Marino, Hongkong, Uruguay, Deutschland) und zwanzigSteuerinformationsaustauschabkommen (Tax Information Exchange Agreement – TIEA – fortlaufend aktualisierte Liste mit Informationen unter – www.llv.li/amtstellen/llv-stv-internationales.htm) abgeschlossen. Das Abkommen mit Deutschland wurde bereits am 02.09.2009 unterzeichnet und ist am 28.10.2010 in Kraft getreten. In diesem Abkommen ist nicht nur die reine Amtshilfe in Steuersachen geregelt, sondern auch der Informationsaustausch zur weiteren Ausermittlung von Steuerstraftaten. Geht man insoweit davon aus, dass durch Letzteres der Schutzzweck des Rechtshilfegesetzes tangiert wäre, so läge darin eine Durchbrechung des Art. 51 RHG in Bezug auf Abgabevorschriften. Neu wird somit im fiskalischen Bereich zwar Amtshilfe aufgrund des nach wie vor bestehenden Vorbehalts im Bereich der Rechtshilfe, aber keine Strafrechtshilfe gewährt. Ein Widerspruch dessen Auflösung wie bereits erwähnt derzeit unmittelbar bevorsteht..

3. Amtshilfe in Steuersachen (de lege lata)

309 Amtshilfe bedeutet die Zusammenarbeit von Verwaltungsbehörden. In Steuersachen hat sich Liechtenstein in der letzten Zeit verstärkt der gegenseitigen Amtshilfe geöffnet. Durch den Abschluss des TIEA mit Deutschland ist der Weg für einen gegenseitigen bilateralen Informationsaustausch geebnet. Auch wenn die TIEAs gerne als erste Abkommen auf dem Weg zu Doppelbesteuerungsabkommen bezeichnet werden, so haben die in den TIEAs enthaltenen Regelungen ein anderes Ziel, nämlich einzig den Austausch von Steuerinformationen zwischen Staaten mit unterschiedlichen Besteuerungssystemen (vgl. schon die Kritik zum engeren Informationsaustausch nach der „grossen Auskunftsklausel" des OECD-MA für Doppelbesteuerungsabkommen –Vogel/Lehner/*Engelschalk* Art. 26 Rn. 3, bzgl. Informationsaustauschabkommen Rn. 6). Für die praktische Umsetzung des TIEA-DL und dessen Anwendung bedurfte es in Liechtenstein einer nationalen gesetzlichen Grundlage, dem Steueramtshilfegesetz (SteAHG), das am 01.09.2010 in Kraft getreten ist. Dieses Gesetz war notwendig, da der Steuerbehörde Liechtensteins bei inländischen Delikten keine so weitreichenden Befugnisse zur Informationserhebung zustanden, wie sie die TIEA Abkommen voraussetzen.

a) Informationsaustausch in Steuersachen

310 Der Umfang innerhalb dessen aufgrund des Steuerinformationsaustauschabkommens zwischen Deutschland und Liechtenstein Amtshilfe geleistet wird, richtet sich aus Liechtensteiner Sicht vornehmlich nach dem TIEA-DL, dem dazugehörigen Protokoll (Protokoll TIEA-DL) und dem SteAHG.

311 Zielsetzung des TIEA ist der Austausch von steuerlich relevanten Informationen, also solchen Informationen, die für das Steuerfestsetzungs- und -erhebungsverfahren wesentlich sind, einschließlich Auskünften, die für die „Festsetzung und Erhebung dieser Steuern oder für Ermittlungen beziehungsweise Strafverfolgungsmassnahmen in Steuersachen voraussichtlich erheblich sind.". Die steuerliche Relevanz bestimmt sich allein danach, ob die angefragten Informationen die Höhe der Steuerschuld eines bestimmten Steuerpflichtigen beeinflussen können. Unerheblich ist hingegen die Frage, ob im ersuchenden Staat ein Steuerstrafverfahren eingeleitet wurde, noch ist entscheidend, ob nach liechtensteinischem Recht ein Steuerbetrug oder eine verwaltungsrechtlich zu verfolgende Steuerhinterziehung vorliegt. (vgl. zum Ganzen: BuA 27/2010, S. 10)

aa) Das Ersuchen

312 Der Informationsaustausch findet grundsätzlich nur auf Ersuchen einer der Parteien statt; einen Spontanaustausch gibt es nicht (Art. 5 TIEA-DL; vgl. auch *Hosp*, ZfS 2009, 183, 184).

313 Relevante Steuern nach dem Abkommen sind in Bezug auf Deutschland die ESt, die Körperschaftsteuer, die Gewerbesteuer, die Vermögensteuer, die Erbschaftsteuer, die USt und die Versicherungsteuer (Art. 3 Abs. 1 Buchst. a) TIEA-DL).

Die Prüfung der Zulässigkeit des Ersuchens obliegt der Steuerverwaltung. Über die Zulässigkeits- 314
entscheidung wird keine gesondert anfechtbare Verfügung ausgefertigt (Art. 9 Abs. 4 SteAHG).
Die Zulässigkeitsentscheidung ist vielmehr Teil der Schlussverfügung, die binnen 14 Tagen ab
Zustellung mit Beschwerde an den VGH angefochten werden kann (Art. 26 SteAHG).

Die zu übermittelnde Stelle ist dazu verpflichtet, die Richtigkeit der Daten und deren voraussicht- 315
liche Erheblichkeit zu prüfen. In Nr. 3 Buchst. c) TIEA-DL Protokoll findet sich eine Legaldefinition, die aber wieder mit auslegungsbedürftigen Begriffen versehen ist. Demnach sind Daten
voraussichtlich erheblich

> *„...wenn im konkreten Fall die ernstliche Möglichkeit besteht, dass die andere Vertragspartei ein*
> *Besteuerungsrecht hat, und keine Anhaltspunkte dafür vorliegen, dass die Daten der zuständigen*
> *Behörde der anderen Vertragspartei bereits bekannt sind oder dass die zuständige Behörde der ande-*
> *ren Vertragspartei ohne die Auskunft von dem Gegenstand des Besteuerungsrechts Kenntnis erlangt."*

Bei Übermittlung hat die ersuchte Partei somit darauf zu achten, ob eine ernstliche Möglichkeit 316
eines Besteuerungsrechts der ersuchenden Partei vorliegt. Diese Prüfungsmöglichkeit hat die
ersuchte Partei rein praktisch kaum, denn sie muss sich insoweit auf die Informationen in dem
Ersuchen stützen. Die Steuerverwaltungsbehörde kann nur mit großem Aufwand rechtlich nach-
prüfen, ob in dem ersuchenden Land die ernstliche Möglichkeit besteht, dass die ersuchende Partei ein Besteuerungsrecht hat.

Das Ersuchen muss präzise formuliert sein, es darf kein Ausforschungsersuchen darstellen (NR. 317
3 OECD MA TIEA Commentary zu Art. 1; Bericht und Antrag der Regierung zum SteAHG
[BuA 29/2010], S. 16), vielmehr muss es gem. Art. 5 Abs. 5 TIEA DL und Art. 7 SteAHG folgende Angaben enthalten:

- die Identität der Person, der die Ermittlung oder Untersuchung gilt;
- den Zeitraum, für den die Auskünfte erbeten werden;
- die Art der erbetenen Auskünfte und die Form, in der die Auskünfte der ersuchenden Vertragspartei vorzugsweise zur Verfügung zu stellen sind;
- den steuerlichen Zweck, für den um die Auskünfte ersucht wird;
- die Gründe für die Annahme, dass die Auskünfte in Bezug auf die bezeichnete Person steuerrechtlich erheblich sind;
- die Gründe für die Annahme, dass die ersuchten Auskünfte der anderen Partei vorliegen oder
  sich in Besitz oder Verfügungsmacht einer Person im Hoheitsgebiet befinden,
- die Namen und Anschriften der Personen, die die Informationen vermutlich in Besitz haben;

sowie

- eine Erklärung, dass die Informationen im eigenen Hoheitsgebiet, lägen sie dort vor, im Einklang mit Recht und Gesetz der ersuchenden Partei eingeholt werden dürften, und dass die
  ersuchende Partei alle innerstaatlichen Möglichkeiten zur Einholung der Einkünfte ausgeschöpft hat.

Die Identität einer Person ist gem. Nr. 1 Protokoll TIEA-DL nicht vom Namen abhängig. Es ent- 318
spricht den Anforderungen des Art. 5 TIEA-DL, wenn sich die Identität aus anderen Anhaltspunkten bestimmen lässt. Um welche Anhaltspunkte es sich genau handeln soll, ist nicht definiert. In Nr. 58 Kommentar zum OECD Muster des TIEA wird ein Beispiel angeführt, das als
ausreichend die Benennung einer Kontonummer vorschlägt. Eine Kontonummer kann aber auf
mehrere berechtigte Identitäten schließen lassen, die von dem Ersuchen eigentlich nicht umfasst
waren. Die Abgrenzung zu einem nicht hinreichend präzise formulierten Ersuchen könnte somit
an dieser Stelle erfolgen. Die Grenze zu Ermittlungen, die ins Blaue hinein geführt werden, ist
hier fließend (*Götzenberger* S. 217). Gegen die Bestimmbarkeit anhand von unkonkreten Anhaltspunkten muss hier das Verbot der „fishing expeditions" sprechen (Nr. 3 OECD MA TIEA Commentary zu Art. 1). So möchte *Hosp* auch einzig eine Namensnennung für die Bestimmung der
Identität ausreichen lassen (*Hosp*, Zfs 2009, 183, 184, IStR 2010, 905, 906 f.).

319 Damit ein Ersuchen hinreichend präzise formuliert ist und nicht gegen die Rechtsstaatlichkeit verstößt, sollten deswegen zumindest noch andere Anhaltspunkte, die eine hinreichende Konkretisierung ermöglichen, benannt werden, als nur eine Kontonummer. Ist ein Ersuchen nicht hinreichend präzise formuliert, so kann es abgelehnt werden. Die genauen Voraussetzungen für eine Ablehnung finden sich in Art. 7 Abs. 1 TIEA-DL und im SteAHG Art. 8. Ein Ersuchen kann abgelehnt werden, wenn

- es nicht in Übereinstimmung mit dem Abkommen gestellt wurde,
- die ersuchende Partei nicht alle im eigenen Gebiet zur Verfügung stehenden Maßnahmen ausgeschöpft hat,
- oder die Erteilung der erbetenen Auskünfte der öffentlichen Ordnung (ordre public) der ersuchten Partei widerspräche.

320 In Bezug auf den ordre public hat sich Liechtenstein in Art. 8 Abs. 2 SteAHG vorbehalten, solche Ersuchen abzulehnen, die aus Informationen herrühren, die durch eine in Liechtenstein gerichtlich strafbare Handlung erlangt wurden. Im SteAHG hat Liechtenstein damit einen sog. kollisionsrechtlichen ordre public Vorbehalt vorgesehen. Ein Ersuchen kann abgelehnt werden, weil es in dem Fall des Art. 8 Abs. 2 SteAHG innerstaatlichen Rechtsgrundsätzen widerspricht und diese verletzt. Die Grundsätze der eigenen Rechtsordnung sollen so geschützt werden. Diese Maßnahme ist insbesondere von Bedeutung, da Liechtenstein bei einem Ersuchen als ersuchte Partei grundsätzlich davon auszugehen hat, dass es sich wegen des völkerrechtlichen Vertrauensgrundsatzes nicht um ein rechtsmissbräuchliches Ersuchen handelt (BuA zum Steueramtshilfegesetz Nr. 29/2010, 18 f.). Zwar wird dieser völkerrechtliche Vertrauensgrundsatz im Zusammenhang mit den in dem Ersuchen abgegebenen Erklärungen der ersuchenden Partei genannt, hat aber eben auch Relevanz für die Umgehung der rechtlichen Souveränität des Staates Liechtenstein. Zu diesem kollisionsrechtlichen ordre public Vorbehalt im SteAHG haben die Erfahrungen im Zusammenhang mit den unter das Stichwort „Datenklau" fallenden Sachverhalten des Diebstahls und Ankaufs von Bankdaten geführt. Dies insbesondere auch in Anbetracht der Tendenzen in Deutschland, eine grundsätzliche gerichtliche Verwertbarkeit dieser geklauten und angekauften Daten anzunehmen bzw. zumindest die Anwendung von Beweiserhebungsverboten abzulehnen (vgl. BVerfG v. 09.11.20102 – BvR 2101/09).

321 Abzulehnen ist das Ersuchen auch, wenn nach ausländischem Recht die Verjährung eingetreten ist (BuA Nr. 29/2010, 22 f.). Die inländischen Behörden sollten aus diesem Grund auf eine entsprechende Erklärung bzgl. der Verjährung in dem Ersuchen selbst hinwirken.

bb) Innerstaatliche Maßnahmen zur Erfüllung des zulässigen Ersuchens

322 Ergibt die oben beschriebene Prüfung des Ersuchens dessen Zulässigkeit, so benachrichtigt die Steuerverwaltung den Informationsinhaber über den Eingang des Ersuchens sowie die verlangten Informationen und fordert diesen auf, sofern die Informationen der Steuerbehörde nicht bekannt sind, diese binnen 14 Tagen der Steuerverwaltung zukommen zu lassen (Art. 10 Abs. 1 Buchst. a) – c) SteAHG). Leistet der Informationsinhaber der Aufforderung, die verlangten Informationen herauszugeben binnen der festgesetzten Frist nicht freiwillig Folge, erlässt die Steuerverwaltung eine Verfügung über die Anordnung von Zwangsmaßnahmen, für deren Wirksamkeit es allerdings der Bewilligung eines Einzelrichters des VGH bedarf (Art. 14 f. SteAHG). Als mögliche Zwangsmaßnahmen kommen Haus- und Personendurchsuchungen, Zwangs- und Beugemittel, sowie die Beschlagnahme von Dokumenten und sonstigen Unterlagen in Betracht. Ausgeschlossen ist jedoch explizit die Verhängung einer Beugehaft (Art. 15 c. SteAHG).

323 Art. 5 Abs. 4 TIEA-DL verpflichtet die beiden Vertragsparteien, zu gewährleisten, dass ihre zuständigen Behörden in Übereinstimmung mit diesem Abkommen die Befugnis haben, auf Ersuchen

a) Auskünfte von Banken, anderen Finanzinstituten oder Personen, einschließlich Bevollmächtigten und Treuhändern, die als Vertreter oder Treuhänder handeln;

b) Auskünfte über die Eigentumsverhältnisse an Gesellschaften, Gemeinschaften und anderen Personen, einschließlich
   aa) bei Investmentfonds oder Investmentsystemen für gemeinsame Anlagen Auskünfte über Gesellschaftsanteile, Fondsanteile und sonstige Anteile;
   bb) bei Trusts Auskünfte über Treugeber, Treuhänder, Protektoren und Treuhandbegünstigte; bei Stiftungen und Anstalten Auskünfte über Gründer, Mitglieder des Stiftungsrats und Begünstigte;

einholen oder erteilen zu dürfen. Dies gilt unter der Voraussetzung, dass durch das TIEA-DL keine Verpflichtung der Vertragsparteien geschaffen wird, Auskünfte über Eigentumsverhältnisse einzuholen oder zu erteilen, die börsennotierte Gesellschaften oder öffentliche Investmentfonds oder öffentliche Investmentsysteme für gemeinsame Anlagen betreffen, es sei denn, diese Auskünfte können ohne unverhältnismäßig große Schwierigkeiten eingeholt werden.

Art. 12 Abs. 1 SteAHG statuiert die Grundregel, dass die (spezialgesetzlich) verankerten Berufs- und Geschäftsgeheimnisse, allen voran das Anwalts-, Bank-, Treuhänder- und Vermögensverwaltungsgeheimnis, der Beschaffung der Informationen durch die Steuerbehörde grundsätzlich nicht entgegenstehen, d.h. die Steuerbehörde wird durch die entsprechenden gesetzlichen Bestimmungen regelmäßig nicht daran gehindert, die Informationen von den entsprechenden Geschäfts- und Berufsgeheimnisträgern herauszuverlangen und auch an die ersuchende Behörde weiterzuleiten. **324**

Dieser Grundregel zur Durchbrechung der beruflichen Geheimhaltungspflichten stehen aber die Ausnahmebestimmungen des Art. 12 Abs. 2 und 3 SteAHG gegenüber, die derart ausgestaltet sind, dass die Konzeption des Art. 12 SteAHG gesamthaft betrachtet nicht zu überzeugen vermag. **325**

Dies gilt insbesondere hinsichtlich der Ausnahmebestimmung des Art. 12 Abs. 3 SteAHG, die anordnet, dass der Informationsinhaber Handels-, Geschäfts-, Industrie-, Gewerbe- oder Berufsgeheimnisse oder Geschäftsverfahren nicht preiszugeben hat. Hiermit wird aber unter Bezugnahme auf Art. 12 Abs. 1 SteAHG die Grundregel von Abs. 1 so stark limitiert, dass nur noch jene Fälle übrig bleiben, die in Art. 12 Abs. 3 SteAHG a. E. aufgeführt sind. Demnach sind Informationen im Einklang mit Art. 7 Abs. 2 Buchst. a) TIEA-DL nicht lediglich deshalb als geheimhaltungswürdig zu betrachten, weil sie sich im Besitz von Banken, anderen Finanzinstituten oder Personen befinden, die als Vertreter oder in treuhänderischer Eigenschaft handeln. **326**

Speziell im Hinblick auf das in Liechtenstein geschützte Versicherungsgeheimnis wirft dies Fragen auf. Insbesondere ist fraglich, ob Versicherungen von der Ausnahme in Art. 12 abs. 3 a. E. SteAHG betroffen sind, oder ob für sie die Ausnahme zur Grundregel in Art. 12 Abs. 3 Halbs. 1 SteAHG maßgebend ist. Eine Ausnahme vom grundsätzlichen Schutz der Versicherungen könnte dann bestehen, wenn sie als „andere Finanzinstitute" i.S.d. Gesetzes verstanden werden könnten. Dies aber ist auslegungsbedürftig. Unter Zugrundelegung der Definition des Finanzinstituts, so wie sie etwa in Art. 3 Abs. 2 Buchst. b) der Richtlinie 2005/60/EG des Europäischen Parlamentes und des Rates v. 26.10.2005 zur Verhinderung der Nutzung des Finanzsystems zum Zwecke der Geldwäsche und der Terrorismusfinanzierung gegeben wird, könnten etwa Versicherungsunternehmen darunter fallen, die gem. der Richtlinie 2002/83/EG des Europäischen Parlaments und des Rates v. 05.11.2002 über Lebensversicherungen ordnungsgemäß zugelassen sind, soweit sie Tätigkeiten ausüben, die unter jene Richtlinie fallen. Unter Berücksichtigung der Definition des Art. 3a Abs. 1 Nr. 19 des liechtensteinischen Bankengesetzes (BankG) v. 21.10.1992, ist vorliegend aber davon auszugehen, dass Versicherungen keine anderen Finanzinstitute i.S.d. Art. 12 Abs. 3 SteAHG darstellen. Nach Art. 3a Abs. 1 Nr. 19 sind Finanzinstitute nämlich Unternehmen, deren Haupttätigkeiten darin bestehen, Beteiligungen zu erwerben oder die mit Ausnahme der Entgegennahme von Einlagen und anderen rückzahlbaren Geldern, von Handelsauskünften und der Schliessfachverwahrungsdienste alles tun dürfen, was einer Bank auch erlaubt ist. Wiewohl die Vertragsparteien des TIEA-DL, insbesondere auch die liechtensteinische Seite davon ausgehen, dass das Versicherungsgeheimnis zugunsten von steuerrelevanten Informationen durchbrochen werden kann, so wünschenswert wäre es dies in einer unzweifelhaften gesetzlichen Bestimmung festzuhalten. **327**

328 Dies insbesondere, da Art. 13 SteAHG, der die inhaltliche Ausgestaltung der Grundsatzregel des Art. 12 Abs. 1 SteAHG zum Gegenstand hat, nicht als Ergänzung oder Abänderung des Art. 12 SteAHG zu verstehen sein kann. Vielmehr füllt er Art. 12 SteAHG in dessen Rahmen lediglich inhaltlich im Umfang auf.

329 Unstrittig ist hingegen, dass die ersuchte Behörde verpflichtet ist, bei Banken und Treuhändern Informationen über

a) die Eigentumsverhältnisse von Rechtsträgern, einschließlich Informationen über alle Personen in einer Kette von Eigentümern,
b) die Identität der Mitglieder von Personengesellschaften;
c) die Settlors, Trustees und Begünstigten bei Trusts, und
d) die Stifter, Mitglieder des Stiftungsrates und Begünstigten bei Stiftungen

grundsätzlich zu beschaffen und nicht als Inhalt eines entsprechenden Geheimnisses oder Geschäftsverfahrens anzusehen.

Insgesamt zeigt sich hingegen, dass die Konzeption des Art. 12 SteAHG auch weitere legistische Schwächen aufweist.

330 So bringt die unvollständige gesetzliche Regelung die betroffenen Informationsinhaber, die gleichzeitig Berufs- oder Geschäftsgeheimnisträger sind, wie z.B. Banken, Treuhänder, und Vermögensverwalter, in ein gewisses Dilemma. Diese werden weder durch das TIEA-DL, noch durch das SteAHG, von ihren – mit Inkraftsetzen von TIEA-DL und SteAHG grundsätzlich unverändert gebliebenen – spezialgesetzlich verankerten Verpflichtungen zur Wahrung des entsprechenden Berufs- bzw. Geschäftsgeheimnisses explizit entbunden. Gleichzeitig werden die Berufs- und Geschäftsgeheimnisträger – mit Ausnahme des RA für Informationen, welche ihm zu anderen Zwecken als denen der anwaltlichen Beratung oder Verwendung in laufenden oder in Erwägung gezogenen Rechtsverfahren anvertraut worden sind (Art. 12 Abs. 2 Satz 2 SteAHG) – aber auch weder durch das TIEA-DL, noch durch das SteAHG zur Preisgabe bestimmter Informationen explizit verpflichtet. Dementsprechend lässt die derzeitige Rechtslage die für den Berufs- bzw. Geschäftsgeheimnisträger wesentliche Rechtssicherheit dahin gehend, dass er im Fall der freiwilligen Bekanntgabe der verlangten Informationen weder straf-, noch zivilrechtlich für eine Verletzung seines Berufs- bzw. Geschäftsgeheimnisses zur Verantwortung gezogen werden kann, vermissen. Dies ist insbesondere. im Lichte der Entscheidungen des liechtensteinischen Staatsgerichtshofes – dem Verfassungsgericht in Liechtenstein – zu den Berufsgeheimnissen zu sehen, die den Geheimhaltungsbereich umfassend definieren und somit auch zu einer weitgehenden strafrechtlichen Verantwortung führen können. In einer Entscheidung v. 16.09.2002 (StGH 2001/80) sprach sich der Staatsgerichtshof dafür aus, das in Art. 11 Treuhändergesetz verankerte Treuhändergeheimnis umfassend zu verstehen. Während eines laufenden Treuhändermandates gehöre alles, was dem Treuhänder aufgrund dieses Mandates bekannt werde, zu den Tatsachen, zu deren Geheimhaltung er verpflichtet sei. Das Treuhändergeheimnis erfasse die gesamten Geschäftsbeziehungen zwischen einem Treuhänder und seinem Kunden. Dazu gehöre auch die Funktion als Stiftungsrat oder Organ der Verbandsperson. In einer Entscheidung v. 30.06.2008 (StGH 2007/130) urteilte der Staatsgerichtshof, dass die Identität des Klienten in den Schutzbereich des Berufsgeheimnisses des RA falle. Die berufliche Verschwiegenheitspflicht des RA erfasse sämtliche Informationen, die dieser i.R.d. Mandatsverhältnisses in seiner Eigenschaft als RA erhalte. Es diene gleich wie das Bankgeheimnis primär dem Schutz der Persönlichkeit des Klienten. Der Geheimnisschutz beziehe sich demnach auf alle klientenbezogenen Daten und Informationen, von denen sich der Klient wünsche, dass sie geheim gehalten würden. I.d.R. sei bei Anwaltsmandaten wie auch bei Bankkunden der Geheimhaltungswille des Klienten insbesondere. in Bezug auf seine Identität zu vermuten.

331 Unabhängig von der vorgenannten Problematik im Zusammenhang mit der innerstaatlichen gesetzlichen Regelung ist die ersuchte Partei weiter nicht zur Einholung von Auskünften verpflichtet, wenn nach dem Recht oder der üblichen Verwaltungspraxis der ersuchenden Partei, diese selbst die Informationen, wären sie innerhalb ihre Hoheitsgebietes, nicht einholen könnte (Art. 7 TIEA-DL).

Der Steuerpflichtige soll, außerhalb eines Steuerstrafverfahrens, über die Absicht des Auskunftsersuchens informiert werden (Nr. 2 Protokoll-TIELA). Diese Nr. 2 beinhaltet nach dem Wortlaut allerdings lediglich die Selbstverpflichtung der ersuchenden Partei, den Steuerpflichtigen zu informieren. Die Steuerverwaltung in Liechtenstein trägt dem Informationsinhaber auf, betroffene Personen mit Sitz im Ausland über den Eingang des Ersuchens, die verlangten Informationen, sowie das eingeleitete inländische Verfahren zu informieren (Art. 10 SteAHG), außer die ersuchende Behörde hat um die vertrauliche Behandlung des Ersuchens ersucht (Art. 24 Abs. 2 SteAHG). Dann entfällt die Benachrichtigung. Art. 24 SteAGH normiert weitere Rechte des Berechtigten. Berechtigter ist gem. Definition in Art. 3 Abs. 1 Buchst. e) SteAHG der Informationsinhaber oder Betroffene. So hat er ein grundsätzliches Recht zur Akteneinsicht, das nur unter den Voraussetzungen in Art. 24 Abs. 2 SteAHG, d.h., wenn dies im Interesse des ausländischen Verfahrens, zum Schutz eines wesentlichen Interesses, sofern die zuständige ausländische Behörde es verlangt, wegen der Natur oder der Dringlichkeit der zu treffenden Amtshilfehandlung, zum Schutz wesentlicher privater Interessen oder im Interesse eines liechtensteinischen Verfahrens geboten ist, teilweise oder ganz verweigert werden kann. 332

Weiterhin kann der Berechtigte gem. Art. 24 SteAHG auch seine schutzwürdigen Interessen wahrnehmen. So regt *Hosp* in diesem Zusammenhang den Gebrauch von Privatgutachten an, die für Nachfragen der liechtensteinischen Steuerbehörde bei der ersuchenden Behörde im Zusammenhang mit der Erheblichkeit des Ersuchens dienlich sein können (*Hosp*, IStR 2010, 905, 908). Diese Möglichkeit ist insbesondere. interessant, da wie oben erwähnt, die übermittelnde Behörde zur Prüfung der Erheblichkeit verpflichtet ist, obwohl ihr eigentlich eine objektive Entscheidungsgrundlage fehlt, da sie sich allein auf die Informationen aus dem Ersuchen stützen kann. Ein Gutachten, das von einem Berechtigten eingereicht würde, könnte folglich u.U. darlegen, ob überhaupt die ernstliche Möglichkeit eines Besteuerungsrechts der ersuchenden Partei vorliegt bzw. ob evtl. eine Verjährung nach dem Recht der ersuchenden Partei eingetreten ist. Inwieweit dieses Vorgehen zweckdienlich ist, hängt jedoch letztlich stark vom Willen der liechtensteinischen Steuerverwaltung an einer umfassenden Sachverhaltsaufklärung und einer gesonderten Beweiswürdigung ab. 333

Nach Abschluss der Informationssammlung entscheidet die Steuerbehörde mit Schlussverfügung zum einen über die Zulässigkeit des Ersuchens und weiterhin darüber, welche Informationen an die ausländische Behörde weiter gegeben werden (Art. 21 SteAHG). Eventuell weitere, aus den Informationen erkennbare Begünstigte, sind von der Steuerverwaltung vor der Übermittelung unkenntlich zu machen, da sonst die Anforderungen an ein hinreichend präzise formuliertes Ersuchen zugunsten von Ausforschungsersuchen leicht umgangen werden könnte (BuA zum Steueramtshilfegesetz Nr. 29/2010). Erst in diesem Stadium können die gegebenenfalls angeordneten Zwangsmaßnahmen mit Beschwerde an den VGH angefochten werden (Art. 27 Abs. 1 SteAHG). 334

Sofern die ersuchte Partei der ersuchenden Partei Informationen zur Verfügung stellen kann, gilt ein grundsätzliches Rückwirkungsverbot. Die Informationen sind zeitlich begrenzt auf die Steuerjahre ab 2010 (Art. 13 Abs. 2 TIEA-DL). Allerdings ist in Nr. 4 Protokoll TIEA-DL geregelt, dass erteilte Auskünfte i.R.d. in Art. 1 TIEA-DL genannten Zwecke, auch zur Beurteilung weiterer Zeiträume herangezogen werden können. 335

In Art. 20 SteAHG ist ein vereinfachtes Verfahren für den Fall vorgesehen, dass alle Berechtigten vor Abschluss des Verfahrens der Übermittlung der Informationen zustimmen. In diesem Fall ergeht keine eigentliche Schlussverfügung. 336

Gem. Art. 8 Abs. 2 TIEA-DL dürfen die Auskünfte nur Personen oder Behörden zugänglich gemacht werden, die mit Aufgaben befasst sind, die in Art. 1 des TIEA-DL bezeichnet sind. Diese 337

Auskünfte dürfen auch in öffentlichen Gerichtsverfahren oder für eine Gerichtsentscheidung verwendet werden. Im Protokoll TIEA-DL ist jedoch in Nr. 3 Buchst. b) eine Ausweitung insofern vorgesehen als die Auskünfte, nach Zustimmung der übermittelnden Vertragspartei, auch für andere Zwecke verwendet werden dürfen, wenn die Auskünfte nach dem Recht beider Parteien dafür verwendet werden können. Eine Verwendung ohne vorherige Zustimmung ist auch zulässig, wenn

„…sie zur Abwehr einer im Einzelfall bestehenden Gefahr für das Leben, die körperliche Unversehrtheit oder die persönliche Freiheit einer Person oder zum Schutz bedeutender Vermögenswerte erforderlich ist und Gefahr im Verzug besteht."

Es ist allerdings unverzüglich um eine nachträgliche Genehmigung der Zweckänderung zu ersuchen. Wird diese verweigert, so ist die weitere Verwendung der Auskünfte für den anderen Zweck unzulässig.

338 Der Anwendungsbereich des TIEA-DL sieht schließlich auch die Möglichkeit der Einreise von Vertretern der ersuchenden Vertragspartei in das Gebiet der ersuchten Partei vor, um dort natürliche Personen zu befragen und Unterlagen zu prüfen. Darüber hinaus ist auch eine Teilnahme von Vertretern der Behörde der ersuchenden Vertragspartei an relevanten Teilen von Steuerprüfungen auf dem Gebiet der ersuchten Partei vorgesehen (Art. 6 TIEA-DL). Voraussetzungen hierfür sind aber jedenfalls eine angemessene Vorankündigung sowie die schriftlichen Genehmigungen der betroffenen Personen und des zuständigen liechtensteinischen Finanzministeriums. Die Prüfung muss schließlich auch nach inländischem Recht grundsätzlich zugänglich sein.

b) Informationsaustausch in Steuerstrafsachen

Begrifflich unterscheidet das TIEA-DL nur deswegen zwischen Steuersachen allgemein und Steuerstrafsachen, weil dies für die Bestimmung der zuständigen Behörde relevant ist (vgl. BuA 27/2010, S. 13).

339 Für den Informationsaustausch in Steuerstrafsachen finden die gleichen Vorschriften Anwendung, wie oben zum allgemeinen Austausch in Steuersachen beschrieben. Denn gem. Art. 1 TIEA-DL findet der Informationsaustausch auch Anwendung für Ermittlungen bzw. Strafverfolgungsmaßnahmen von voraussichtlich erheblichen Informationen. I.S.d. TIEA-DL Art. 4 Abs. 1 Buchst. o)

„bedeutet der Ausdruck ‚Steuerstrafsachen' Steuersachen im Zusammenhang mit vorsätzlichem Verhalten, das nach dem Strafrecht des ersuchenden Vertragsstaates strafbewehrt ist.
Gemäss Art. 4 Abs. 1 lit p TIEA-DL bedeutet der Ausdruck ‚Strafrecht' sämtliche nach dem Recht der Vertragsparteien als solche bezeichneten steuerstrafrechtlichen Bestimmungen, unabhängig davon, ob sie im Steuerrecht, im Strafgesetzbuch oder in anderen Gesetzen enthalten sind;"

340 Das Ersuchen und das damit zusammenhängende materielle Recht sind einzig nach dem Recht des ersuchenden Staates zu beurteilen. Der Grundsatz der beiderseitigen Strafbarkeit findet – entgegen der Regelungen bei der Rechtshilfe – keine Anwendung.

341 Nach dem TIEA-DL endet die Ermittlungstätigkeit eines Staates nicht an der Grenze des anderen. Zwar ist die Einreise zum Zwecke von Befragungen und Prüfungen gem. Art. 6 TIEA-DL an die Genehmigung des ersuchten Staates gebunden und kann gem. Art. 7 TIEA-DL auch abgelehnt werden; bei Vorliegen der Voraussetzungen an ein Ersuchen ist aber von einer grundsätzlichen Genehmigungspflicht auszugehen. Da die Steuerverwaltung in Deutschland durch die Steuerfahndung auch Ermittlungsbehörde in steuerstrafrechtlichen Verfahren ist, handelt es sich bei den in Art. 6 TIEA-DL vorgesehen Möglichkeiten um eine sehr weitreichende Form der Amtshilfe, die in ihrer praktischen Ausweitung auch schon als Durchbrechung des – derzeit noch bestehenden – grundsätzlichen Fiskalvorbehalts in Rechtshilfeverfahren bezeichnet werden kann.

Zu der Amtshilfe nach dem TIEA-DL gibt es noch keine grundsätzliche Rechtsprechung. In ande- 342
ren Amts- bzw. Rechtshilfesachen insbesondere zum Finanzmarktrecht gibt es hingegen vielfältige
Rechtsprechung. Die daraus entwickelten Grundsätze lassen sich aber kaum auf die Ersuchen nach
dem TIEA-DL ausdehnen, da das zugrunde liegende Recht eine andere Ausgestaltung hat.

Bspw. wird in der Entscheidung StGH 2005/50 des liechtensteinischen Staatsgerichtshofes zum 343
Bereich der Finanzmarktaufsicht, insbesondere zum Wertpapierrecht, betont, dass es eine klare
Trennung zwischen Rechtshilfe und Amtshilfe geben müsse, insbesondere um eine Umgehung der
strengeren Vorschriften der Rechtshilfe zu vermeiden. Diesem Urteil lagen wie erwähnt Vorschriften zum Wertpapierrecht zugrunde. Bei Amtshilfe, die auf dem TIEA-DL beruht, lässt sich diese
klare Trennung in Steuerstrafsachen, wie oben aufgezeigt, jedoch nicht mehr durchhalten, da es
sich bei dem TIEA-DL und dem SteAHG insoweit um leges speciales handelt. Wie bereits diskutiert, wird der noch bestehende Gegensatz zwischen Amts- und Rechtshilfe durch die derzeit
durchgeführte Reform der Rechtshilfe deutlich gemildert.

4. Amtshilfe in Steuersachen – Ausblick auf die Vorschriften nach dem Beitritt zum Schen-
gen-Aquis (de lege ferenda)

Am 28.02.2008 hat Liechtenstein die Vertragstexte zur Assoziierung an Schengen/Dublin unter- 344
zeichnet und am 14.01.2009 ratifiziert. Das Ratifikationsverfahren aufseiten der EU ist noch
nicht abgeschlossen. Die Assoziierung Liechtensteins wird aber, wie oben bereits erwähnt, demnächst erwartet.

Im Bericht und Antrag Nr. 79/2008 S. 8 heißt es bzgl. der Rechtshilfe: 345

> *„Im Bereich der Rechtshilfe wird die Schengen-Assoziierung für Liechtenstein verschiedene Auswir-
> kungen haben, insbesondereesondere hinsichtlich der Rechtshilfe im Fiskalbereich."*

Folglich muss sich die Frage stellen, welche Auswirkungen in der Amtshilfe/Rechtshilfe zwischen 346
Deutschland und Liechtenstein dies genau sind und wie sich diese Auswirkungen von denen im
Steuerinformationsaustauschabkommen unterscheiden.

Dazu soll hier hauptsächlich auf die Rechtshilfe bei Strafsachen im Fiskalbereich eingegangen wer- 347
den (für einen weiter gehenden Überblick zu Schengen/Dublin und Liechtenstein s. *Müller*,
Rechtsfragen der bevorstehenden Assoziierung Liechtensteins zum Schengen- und Dublin-Acquis
der EU – 1. Teil, Jus&News 1/2007, 47 – 83). Denn in diesem Bereich hätte die Schengen-Assoziierung vor Abschluss des TIEA-DL noch zu einer wesentlichen Ausweitung der Rechtshilfever-
pflichtungen gegenüber Deutschland geführt, insbesondere. durch die Anwendung von Art. 49
bis 51 Schengener Durchführungsübereinkommen (SDÜ) (*Gey*, Internationale Amtshilfe im
liechtensteinischen Finanzmarkt- und Steuerrecht, S. 65).

In Titel III SDÜ sind die Vorschriften über die Polizei und Sicherheit festgelegt. Wobei im Schen- 348
gen-Acquis keine eindeutige Abgrenzung zwischen Amts- und Rechtshilfe vorgenommen wird
(*Gey*, Internationale Amtshilfe im liechtensteinischen Finanzmarkt- und Steuerrecht, S. 70).

Die Ausgestaltung der polizeilichen Zusammenarbeit ist in Kap. 1 SDÜ normiert und die Rechts- 349
hilfe in Strafsachen in Kap. 2. Durch Art. 8 Abs. 3 des Protokolls zum EU-Rechtshilfeübereinkom-
men wird die Einschränkung des Art. 50 SDÜ aufgehoben und künftig sind unter „Schengen"
sämtliche Fiskaldelikte erfasst in Bezug auf Verbrauchsteuern, USt, Zölle, Einkommens-, Vermö-
gens-, Gewinn- und Kapitalsteuern (*vgl. Gey*, Internationale Amtshilfe im liechtensteinischen
Finanzmarkt- und Steuerrecht, S. 67).

Aber auch in diesem Fall bedarf es für die polizeiliche grenzüberschreitende Zusammenarbeit, wie 350
bei der Zusammenarbeit nach dem TIEA zwischen den Steuerbehörden, eines Ersuchens
(Art. 39, 40 SDÜ) und für die grenzüberschreitende Observation eines Tatverdachts innerhalb des
Tatenkatalogs in Art. 40 Abs. 7 SDÜ.

351 Gem. Art. 48 Abs. 1 SDÜ sollen die Bestimmungen des 2. Kap.

> *„das Europäische Übereinkommen über Rechtshilfe in Strafsachen vom 20. April 1959 ergänzen und seine Anwendung erleichtern."*

352 Wobei die zwischen den Vertragsparteien geltenden weiter gehenden Bestimmungen aufgrund bilateraler Abkommen unberührt bleiben (Art. 48 Abs. 2 SDÜ). Folglich gelten die Bestimmungen des TIEA-DL unbeschadet einer zukünftigen Schengen-Assoziierung fort. Damit bleibt das TIEA-DL zumindest im Bereich der Amts-/Rechtshilfe in Steuersachen weitreichender. Bspw. bleibt die beiderseitige Ahndungsfähigkeit über das Europäische Übereinkommen über Rechtshilfe in Strafsachen (Art. 5) und Art. 51 Buchst. a) SDÜ Voraussetzung für die Rechtshilfe bei Ersuchen um Durchsuchung und Beschlagnahme. In Fällen von Steuerbetrug wird aus diesem Grund uneingeschränkt Rechtshilfe allein schon aufgrund der SDÜ zu leisten sein. Nach den Schengen Regeln allein hätte Liechtenstein grundsätzlich keine Rechtshilfe in Fällen von Steuerhinterziehung zu leisten, da diese in Liechtenstein nicht strafbar ist (fehlen der Strafbarkeit). Diese Einschränkung gilt zumindest im Verhältnis zu Deutschland und den anderen Staaten mit denen Liechtenstein TIEAs abgeschlossen hat jedoch nicht, da hier die TIEAs wie erwähnt weiter gehende bilaterale Bestimmungen beinhalten (vgl. *Gey*, Internationale Amtshilfe im liechtensteinischen Finanzmarkt- und Steuerrecht, S. 74). Insofern ist ein allfällig bestehender Widerspruch zwischen der derzeitig entsprechenden Rechtshilfebestimmung und der TIEA – Amtshilfe mit den betreffenden Ländern aufgelöst. Hinzu kommt, dass die neuen demnächst in Kraft tretenden Regelungen des Rechtshilfegesetzes endgültige Klarheit schaffen werden.

C. Amtshilfe in Steuersachen – Luxemburg (Deutschland – Luxemburg)

I. Grundtext

353 Deutschland und Luxemburg haben am 11.12.2009 durch Änderungsprotokoll das bestehende Doppelbesteuerungsabkommen v. 23.08.1958 (BGBl. I 1959, S. 1022), das seit Veranlagungszeitraum 1959 in Kraft ist und durch ein Zusatzprotokoll v. 15.06.1973 (BGBl. I 1978, S. 72) ergänzt wurde, im Hinblick auf den Informationsaustausch modifiziert. Zudem haben Deutschland und Luxemburg am 23.04.2012 ein vollständig neu gefasstes Doppelbesteuerungsabkommen unterzeichnet, welches das bestehende Doppelbesteuerungsabkommen mit Inkrafttreten ersetzen wird und dessen Ratifizierung noch für das Jahr 2012 zu erwarten ist, so dass es ab Veranlagungszeitraum 2013 Anwendung findet. Der den Informationsaustausch betreffende Art. 25 DBA Lux 2012 bzw. bis zum Inkrafttreten des DBA Lux 2012 der inhaltsgleiche Art. 23 DBA Lux lauten für Sachverhalte ab Veranlagungszeitraum 2010:

354 *(1) Die zuständigen Behörden der Vertragsstaaten tauschen die Informationen aus, die zur Durchführung dieses Abkommens oder zur Anwendung oder Durchsetzung des innerstaatlichen Rechts betreffend Steuern jeder Art und Bezeichnung, die für Rechnung eines Vertragsstaats, eines seiner Länder oder einer ihrer Gebietskörperschaften erhoben werden, voraussichtlich erheblich sind, soweit die diesem Recht entsprechende Besteuerung nicht dem Abkommen widerspricht. Der Informationsaustausch ist durch Artikel 1 nicht eingeschränkt und gilt für Personen mit oder ohne Wohnsitz in einem der Vertragsstaaten.*

(2) Alle Informationen, die ein Vertragsstaat nach Absatz 1 erhalten hat, sind ebenso geheim zu halten wie die aufgrund des innerstaatlichen Rechts dieses Staates beschafften Informationen und dürfen nur den Personen oder Behörden (einschließlich der Gerichte und der Verwaltungsbehörden) zugänglich gemacht werden, die mit der Veranlagung oder Erhebung, der Vollstreckung oder Strafverfolgung oder mit der Entscheidung über Rechtsmittel hinsichtlich der in Absatz 1 genannten Steuern oder mit der Aufsicht darüber befasst sind. Diese Personen oder Behörden dürfen die Informationen nur für diese Zwecke verwenden. Sie dürfen die Informationen in einem öffentlichen

Gerichtsverfahren oder in einer Gerichtsentscheidung offen legen. Ungeachtet der vorstehenden Bestimmungen können die Informationen für andere Zwecke verwendet werden, wenn sie nach dem Recht beider Staaten für diese anderen Zwecke verwendet werden können und die zuständige Behörde des übermittelnden Staates dieser Verwendung zugestimmt hat.

(3) Absätze 1 und 2 sind nicht so auszulegen, als verpflichteten sie einen Vertragsstaat,

a) für die Erteilung von Informationen Verwaltungsmaßnahmen durchzuführen, die von den Gesetzen oder der Verwaltungspraxis dieses oder des anderen Vertragsstaats abweichen;

b) Informationen zu erteilen, die nach den Gesetzen oder im üblichen Verwaltungsverfahren dieses oder des anderen Vertragsstaats nicht beschafft werden können;

c) Informationen zu erteilen, die ein Handels-, Industrie-, Gewerbe- oder Berufsgeheimnis oder ein Geschäftsverfahren preisgeben würden oder deren Erteilung der öffentlichen Ordnung (ordre public) widerspräche.

(4) Ersucht ein Vertragsstaat gemäß diesem Artikel um Informationen, so nutzt der andere Vertragsstaat die ihm zur Verfügung stehenden Möglichkeiten zur Beschaffung der erbetenen Informationen, selbst wenn dieser andere Staat diese Informationen für seine eigenen steuerlichen Zwecke nicht benötigt. Die im vorhergehenden Satz enthaltene Verpflichtung unterliegt den Beschränkungen nach Absatz 3, wobei diese jedoch nicht so auszulegen ist, dass ein Vertragsstaat die Erteilung von Informationen nur deshalb ablehnen kann, weil er kein innerstaatliches steuerliches Interesse an solchen Informationen hat.

(5) Absatz 3 ist in keinem Fall so auszulegen, als könne ein Vertragsstaat das Ersuchen auf Erteilung von Informationen nur deshalb ablehnen, weil sich die Informationen bei einer Bank, einem sonstigen Finanzinstitut, einem Bevollmächtigten, Vertreter oder Treuhänder befinden oder weil sie sich auf das Eigentum an einer Person beziehen.

Die a.F. des Art. 23 DBA Lux, die weiterhin für Sachverhalte bis einschließlich Veranlagungszeitraum 2009 anzuwenden ist, lautet hingegen: **355**

(1) Die beiden Vertragstaaten werden sich bei der Veranlagung und Erhebung der in Artikel 1 genannten Steuern gegenseitig Amts- und Rechtshilfe gewähren.

(2) Zu diesem Zweck werden sich die zuständigen Behörden der Vertragstaaten die Mitteilungen machen, die zur Durchführung dieses Abkommens, insbesondere zur Vermeidung von Steuerverkürzungen notwendig sind. Die zuständigen Behörden können Auskünfte ablehnen, die nicht auf Grund der bei den Finanzbehörden vorhandenen Unterlagen gegeben werden können, sondern ausgedehnte Ermittlungen notwendig machen würden.

(3) Der Inhalt der auf Grund dieses Artikels zur Kenntnis der zuständigen Behörden gelangten Mitteilungen ist geheimzuhalten, unbeschadet der Befugnis, ihn Personen zugänglich zu machen, die nach den gesetzlichen Vorschriften bei der Veranlagung oder der Erhebung der Steuern im Sinne dieses Abkommens mitwirken. Diese Personen haben die gleiche Verpflichtung wie die zuständigen Behörden.

(4) Absatz 1 ist in keinem Falle so auszulegen, dass einem der Staaten die Verpflichtung auferlegt wird,

a) verwaltungstechnische Maßnahmen durchzuführen, die den Vorschriften der beiden Vertragstaaten oder ihrer Verwaltungspraxis widersprechen;

b) Einzelheiten mitzuteilen, deren Angabe nach den gesetzlichen Vorschriften der beiden Vertragstaaten nicht gefordert werden kann.

(5) Mitteilungen, die rein gewerbliches oder berufliches Geheimnis offenbaren würden, dürfen nicht gegeben werden.

(6) Mitteilungen können aus gründen allgemeiner Staatsführung versagt werden.

356 Die Ratifikation der Neufassung des DBA Lux erfolgte am 08.07.2010 im deutschen Bundestag und am 24.09.2010 im deutschen Bundesrat. Die Zustimmung des luxemburgischen Parlaments erfolgte durch Gesetz v. 31.03.2010 (*Mémorial* A Nr. 51 v. 06.04.2010). Nach Austausch der Ratifizierungsurkunden am 23.12.2010 ist die Neufassung des DBA Lux gem. Art. III Abs. 2 des Änderungsprotokolls ab Veranlagungszeitraum 2010 anwendbar. Das DBA Lux 2012 findet gem. Art. 30 Abs. 2 ab dem Veranlagungszeitraum, der auf den Austausch der Ratifizierungsurkunden folgt, Anwendung, also ab Veranlagungszeitraum 2013; gleichzeitig tritt das DBA Lux außer Kraft (Art. 30 Abs. 3 DBA Lux 2012). Im Hinblick auf den Informationsaustausch bedeutet dies, dass für alle Anfragen betreffend Veranlagungszeitraum 2009 und früher weiterhin die a.F. von Art. 23 DBA Lux (o. Rdn. 355) bzw. Nr. 27 des zugehörigen Schlussprotokolls (u. Rdn. 359) gilt, wonach bei Banken in Luxemburg gehaltene Informationen nicht an Deutschland übermittelt werden.

357 Der Wortlaut des Art. 25 DBA Lux 2012 (Verweise auf diese Vorschrift sind bis zum Inkrafttreten des DBA Lux 2012 als Verweise auf Art. 23 DBA Lux zu lesen) entspricht Art. 26 des OECD-Musterabkommens, Stand 2005. Art. 25 DBA Lux 2012 wird einerseits konkretisiert, andererseits begrenzt durch die ebenfalls neu gefasste Nr. 5 des Schlussprotokolls zum DBA Lux 2012, und ist demnach immer im Zusammenhang mit dieser zu lesen. Das Schlussprotokoll wurde bereits mit der Neufassung von Art. 23 DBA Lux an diese Vorschrift angepasst und dann inhaltsgleich als Nr. 5 des Schlussprotokolls zum DBA Lux 2012 weitergeführt. Nr. 5 des Schlussprotokolls bzw. bis zum Inkrafttreten des DBA Lux 2012 dessen Nr. 27 haben ab Veranlagungszeitraum 2010 folgenden Wortlaut (Verweise auf Art. 25 entsprechen in Nr. 27 des Schlussprotokolls zum DBA Lux solchen auf Art. 23 DBA Lux):

358 *(1) Es besteht Einvernehmen darüber, dass die zuständige Behörde eines Vertragsstaates bei der Stellung eines Amtshilfeersuchens nach Artikel 25 des Abkommens der zuständigen Behörde des ersuchten Staates die nachstehenden Angaben zu liefern hat:*

a) hinreichende Angaben zur Identifikation der in eine Überprüfung oder Untersuchung einbezogenen Person (typischerweise der Name und, soweit bekannt, die Adresse, Kontonummer oder ähnliche identifizierende Informationen);

b) die Zeitperiode, für welche die Informationen verlangt werden;

c) eine Beschreibung der verlangten Informationen sowie Angaben hinsichtlich der Art und Form, in der der ersuchende Staat diese Informationen vom ersuchten Staat zu erhalten wünscht;

d) den Steuerzweck, für den die Informationen verlangt werden;

e) die Gründe für die Annahme, dass die ersuchten Informationen dem ersuchten Vertragsstaat vorliegen oder sich im Besitz oder in der Verfügungsmacht einer Person im Hoheitsbereich des ersuchten Vertragsstaates befinden;

f) eine Erklärung, dass der ersuchende Vertragsstaat alle ihm in seinem Staat zur Verfügung stehenden Maßnahmen zur Einholung der Auskünfte ausgeschöpft hat, ausgenommen solche, die unverhältnismäßig große Schwierigkeiten mit sich bringen würden und

g) den Namen und, soweit bekannt, die Adresse des mutmaßlichen Inhabers der verlangten Informationen.

(2) Der Zweck der Verweisung auf Informationen, die erheblich sein können, besteht darin, einen möglichst weit gehenden Informationsaustausch in Steuerbelangen zu gewährleisten, ohne den Vertragsstaaten zu erlauben „fishing expeditions" zu betreiben oder Informationen anzufordern, deren Erheblichkeit hinsichtlich der Steuerbelange einer steuerpflichtigen Person unwahrscheinlich ist. Während Absatz 1 wichtige verfahrenstechnische Anforderungen enthält, die „fishing expeditions" vermeiden sollen, sind die Buchstaben a bis g so auszulegen, dass sie einen wirksamen Informationsaustausch nicht behindern.

(3) Obwohl Artikel 25 des Abkommens die für den Informationsaustausch möglichen Verfahrensweisen nicht einschränkt, sind die Vertragsstaaten nicht dazu verpflichtet, Informationen auf automatischer oder spontaner Basis auszutauschen. Die Vertragsstaaten erwarten voneinander, sich gegenseitig die zur Durchführung des Abkommens nötigen Informationen zu liefern.

(4) Es besteht Einvernehmen darüber, dass im Falle des Austauschs von Informationen nach Artikel 25 des Abkommens die im ersuchten Staat geltenden Bestimmungen des Verwaltungsverfahrensrechts über die Rechte der Steuerpflichtigen (wie zum Beispiel das Recht auf Benachrichtigung oder das Recht auf Beschwerde) vorbehalten bleiben, bevor die Informationen an den ersuchenden Staat übermittelt werden. Es besteht im Weiteren Einvernehmen darüber, dass diese Bestimmungen dazu dienen, dem Steuerpflichtigen ein ordnungsgemäßes Verfahren zu gewähren und nicht bezwecken, den wirksamen Informationsaustausch zu verhindern oder übermäßig zu verzögern.

(5) Soweit nach Artikel 25 personenbezogene Daten übermittelt werden, gelten ergänzend die nachfolgenden Bestimmungen:

a) Die Verwendung der Daten durch die empfangende Stelle ist in Übereinstimmung mit Artikel 25 Absatz 2 nur zu dem von der übermittelnden Stelle angegebenen Zweck und nur zu den durch die übermittelnde Stelle vorgeschriebenen Bedingungen zulässig.

b) Die übermittelnde Stelle ist verpflichtet, auf die Richtigkeit der zu übermittelnden Daten und ihre voraussichtliche Erheblichkeit im Sinne des Artikels 25 Absatz 1 Satz 1 und Verhältnismäßigkeit in Bezug auf den mit der Übermittlung verfolgten Zweck zu achten. Voraussichtlich erheblich sind die Daten, wenn im konkreten Fall die ernstliche Möglichkeit besteht, dass der andere Vertragsstaat ein Besteuerungsrecht hat und keine Anhaltspunkte dafür vorliegen, dass die Daten der zuständigen Behörde des anderen Vertragsstaats bereits bekannt sind oder dass die zuständige Behörde des anderen Vertragsstaates ohne die Auskunft von dem Gegenstand des Besteuerungsrechts Kenntnis erlangt. Erweist sich, dass unrichtige Daten oder Daten, die nicht übermittelt werden durften, übermittelt worden sind, so ist dies der empfangenden Stelle unverzüglich mitzuteilen. Diese ist verpflichtet, die Berichtigung oder Löschung solcher Daten unverzüglich vorzunehmen. Sind Daten ohne Ersuchen übermittelt worden, hat die empfangende Stelle unverzüglich zu prüfen, ob die Daten für den Zweck erforderlich sind, für den sie übermittelt worden sind; nicht benötigte Daten hat sie unverzüglich zu löschen.

c) Die empfangende Stelle unterrichtet die übermittelnde Stelle auf Ersuchen im Einzelfall zum Zweck der Auskunftserteilung an den Betroffenen über die Verwendung der Daten und die dadurch erzielten Ergebnisse.

d) Die empfangende Stelle hat den Betroffenen über die Datenerhebung bei der übermittelnden Stelle zu informieren; es sei denn, dass die Daten ohne Ersuchen übermittelt wurden. Die Information kann unterbleiben, soweit und solange eine Abwägung ergibt, dass das öffentliche Interesse an dem Unterbleiben der Information gegenüber dem Informationsinteresse des Betroffenen überwiegt.

e) Dem Betroffenen ist auf Antrag über die zu seiner Person übermittelten Daten sowie über den vorgesehenen Verwendungszweck Auskunft zu erteilen. Buchstabe d Satz 2 gilt entsprechend.

f) Die übermittelnde und die empfangende Stelle sind verpflichtet, die Übermittlung und den Empfang von personenbezogenen Daten aktenkundig zu machen.

g) Die übermittelten personenbezogenen Daten sind zu löschen, sobald sie für den Zweck, für den sie übermittelt worden sind, nicht mehr erforderlich sind.

h) Die übermittelnde und die empfangende Stelle sind verpflichtet, die übermittelten personenbezogenen Daten wirksam gegen unbefugten Zugang, unbefugte Veränderung und unbefugte Bekanntgabe zu schützen.

Die a.F. von Nr. 27 des Schlussprotokolls zum DBA Lux, anzuwenden auf Sachverhalte bis Veranlagungszeitraum 2009 einschließlich, lautet: **359**

Die Verpflichtung der zuständigen Behörden, Auskünfte zu erteilen, bezieht sich nicht auf Tatsachen, deren Kenntnis die Finanzbehörden von Banken erlangt haben. Soweit die Kenntnis von Tatsachen auch aus anderen Quellen stammt, können Auskünfte erteilt werden.

1. Einleitung

360 Durch die Neufassung von Art. 23 DBA Lux (bzw. ab Veranlagungszeitraum 2012 Art. 25 DBA Lux 2012) und Nr. 27 (bzw. ab Veranlagungszeitraum 2012 Nr. 5) des Schlussprotokolls hat sich die luxemburgische Politik in Sachen Informationsaustausch wesentlich gewandelt. Während Luxemburg als ersuchter Staat bisher die Übermittlung an Deutschland jedweder Informationen, welche sich im Hoheitsbereich von Banken befinden, mit Hinweis auf das strenge luxemburgische Bankgeheimnis abgelehnt hat und dies unter dem DBA Lux auch bis Veranlagungszeitraum 2009 einschließlich weiterhin kan, ist Luxemburg i.R.d. neuen, ab Veranlagungszeitraum 2010 gültigen Regeln weitgehend zur Übermittlung der von Deutschland erbetenen Informationen verpflichtet und hat im nationalen luxemburgischen Recht für den grenzüberschreitenden Rechtsverkehr die notwendigen Änderungen vorgenommen, um die luxemburgischen Banken i.S.d. Informationsaustausches zur Kooperation zu bewegen, während im rein innerluxemburgischen Verhältnis das Bankgeheimnis fortbesteht.

2. Anwendungsbereich des Informationsaustausches

361 Die neuen Regeln zum Informationsaustausch haben einen breiten, umfassenden Anwendungsbereich: Zunächst beziehen sie sich auf sämtliche Steuern, die im ersuchenden Vertragsstaat oder einer seiner territorialen Untergliederung von Bedeutung sein können, sind also nicht auf die vom DBA Lux umfassten und in Art. 1 Abs. 2 DBA Lux genannten Steuern begrenzt, vorausgesetzt freilich, dass das für die Besteuerung maßgebliche Recht nicht dem DBA Lux 2012 widerspricht (Art. 25 Abs. 1 DBA Lux 2012). Zudem gilt der Informationsaustausch für alle Steuersubjekte unabhängig von ihrem Wohnort (dieser kann sich demnach in einem der Vertragsstaaten oder auch außerhalb davon befinden) und unabhängig davon, ob der ersuchte Staat an der Informationserhebung ein Interesse hat oder nicht.

3. Konkretisierungen und Beschränkungen des Anwendungsbereiches

362 Der Anwendungsbereich des Informationsaustausches wird konkretisiert und beschränkt durch v.a. in Nr. 5 des Schlussprotokolls enthaltene Punkte, welche sich beziehen auf die an das Informationsersuchen zu stellenden inhaltlichen Anforderungen, Sonderregeln bei personenbezogenen Daten natürlicher Personen und Regeln zum Rechtsschutz des Informationsinhabers und des betroffenen Steuersubjektes in Luxemburg. Schließlich können Situationen bestehen, in denen Luxemburg das deutsche Informationsersuchen zurückweisen kann.

a) Beschränkung auf Informationsaustausch auf Anfrage

363 Der durch Art. 23 DBA Lux n.F. eingeführte und in Art. 25 DBA Lux 2012 in identischer Form weitergeführte Informationsaustausch ist beschränkt auf den Informationsaustausch auf Einzelanfrage. Zwar entspricht der Wortlaut des Art. 25 DBA Lux 2012 dem des Art. 26 OECD-MA, und in Übereinstimmung mit der Interpretation des OECD-MAs gibt es drei mögliche Arten des Informationsaustausches: den auf Einzelanfrage, den automatisierten Austausch und den spontanen Austausch (also die Informationsübermittlung auf spontaner Basis, wann immer ein Vertragsstaats Daten erhält und diese für im anderen Vertragsstaat relevant hält). Die OECD hat Luxemburg ggü. klargestellt, dass bereits der Informationsaustausch auf Einzelanfrage den Anforderungen der OECD genügt. Dementsprechend hat Luxemburg in den neuen oder neu verhandelten Doppelbesteuerungsabkommen, welche den Informationsaustausch enthalten, diesen auf den Austausch auf Einzelanfrage begrenzt, im Doppelbesteuerungsabkommen mit Deutschland ist diese Begrenzung in Nr. 5 des Schlussprotokolls ausgeformt. Dadurch ist gewährleistet, dass Grundlage jeder Anfrage aus Deutschland konkrete Anhaltspunkte auf in Luxemburg vorhandene Daten sein müssen, die sich auf ein eindeutig zu identifizierbares Steuersubjekt beziehen (vgl. näher dazu u. Rdn. 365 – 366).

b) Inhaltliche Anforderungen an das Auskunftsersuchen und Schutz von Informationsinhaber und betroffenem Steuersubjekt

An das von Deutschland an Luxemburg gerichtete Ersuchen zum Informationsaustausch sind **364** bestimmte inhaltliche Anforderungen zu richten. Zugleich gilt es, die Reichweite der Informationsbeschaffung zu bestimmen. Weiterhin gelten Sonderregeln für Informationsanfragen betreffend natürliche Personen. Schließlich folgen Erläuterungen zum Rechtsschutz des betroffenen Informationsinhabers und des betroffenen Steuersubjektes.

aa) Inhaltliche Anforderungen an Auskunftsersuchen

Für ein gültiges deutsches Auskunftsersuchen sind bestimmte, in Nr. 5 Abs. 1 Buchst. a) bis g) des **365** Schlussprotokolls genannte Angaben zum betroffenen Steuersubjekt sowie den von ihm in Luxemburg unterhaltenen Konten im Auskunftsersuchen zu machen, um das Steuersubjekt und den Halter der Informationen ausreichend zu identifizieren. Der Name des Informationshalters ist dabei ein zwingender Bestandteil des Auskunftsersuchen, und es besteht – anders als zwischen Deutschland und der Schweiz vereinbart – keine Möglichkeit für deutsche Anfragen an Luxemburg, in denen der Name des Informationsinhabers nicht zwingend enthalten ist (vgl. zur Schweiz FAZ v. 16.02.2011 und 11.01.2012 und die Verständigungsvereinbarung zwischen den zuständigen Behörden der beiden Staaten v. 15.12.2011, näher dazu u. Rdn. 539). Außerdem hat die zuständige deutsche Behörde – als Ausfluss des Subsidiaritätsprinzips – zu erklären, dass sie zunächst alle ihr zumutbaren Informationsquellen ausgeschöpft hat.

Im Sinne eines wirksamen Informationsaustausches gilt die Auslegungsregel der Nr. 5 Abs. 2 **366** Satz 2 des Schlussprotokolls, sodass die mit „soweit bekannt" bezeichneten Teilbereiche in Nr. 5 Abs. 1 Buchst. a) bis g) des Schlussprotokolls nicht zwingend Teil der deutschen Informationsanfrage sein müssen. Zugleich wird Luxemburg eine deutsche Anfrage zurückweisen können, wenn auf deutscher Seite die in Nr. 5 Abs. 1 Buchst. a) bis g) des Schlussprotokolls aufgezählten Angaben lediglich so bruchstückhaft bekannt sind, dass eine eindeutige Identifizierung des betroffenen Steuersubjektes sowie eine ausreichende Identifizierung des Halters der Information in Luxemburg nicht möglich ist. Ebenso besteht für Luxemburg die Möglichkeit, auf der Basis von Nr. 5 Buchst. f) des Schlussprotokolls Deutschland zur Substantiierung betreffend die Ausschöpfung der Informationsmöglichkeiten mit eigenen Mitteln aufzufordern. Schließlich kann Luxemburg Deutschland zu näheren Darlegungen aufzufordern, warum aus deutscher Sicht die angefragten Informationen voraussichtlich erheblich i.S.d. Art. 25 Abs. 1 Satz 1 DBA Lux 2012 sind (i.d.S. auch Vogel/Lehner/*Engelschalk* Art. 26 Rn. 36)

bb) Verbot von fishing expeditions

Wesentliches Kriterium für den Informationsaustausch ist – neben der Übermittlung der in Nr. 5 **367** Abs. 1 des Schlussprotokolls aufgeführten Angaben zur Identifizierung von betroffenem Steuersubjekt und Informationshalter – die in Art. 25 Abs. 1 DBA Lux 2012 und Nr. 5 Abs. 2 des Schlussprotokolls enthaltene Beschränkung auf bestimmte Informationen, die Gegenstand einer Informationsanfrage sein können, wozu die Ausdrücke „erheblich sein können" und „voraussichtliche Erheblichkeit" in Abgrenzung zu Informationen, deren „Erheblichkeit [...] unwahrscheinlich ist", gebraucht werden. Diese Einschränkung dient dazu zu vermeiden, dass Deutschland durch die Hintertür einen quasi-automatischen Informationsaustausch einführt, indem etwa FA Listen mit Steuerpflichtigen systematisch auf das Vorhandensein von Bankverbindungen in Luxemburg überprüfen, ein als *fishing expeditions* (Fischzüge) bezeichnetes Verhalten, das durch Nr. 5 Abs. 2 des Schlussprotokolls ausdrücklich vom Anwendungsbereich des Informationsaustausches ausgeschlossen ist (vgl. näher dazu u. Rdn. 388 – 392).

cc) Reichweite der Informationsbeschaffung

368 Aus dem Zusammenhang der Neuregelung des Informationsaustausches ergibt sich, dass seine Zielrichtung v.a. Banken und sonstige Finanzdienstleister sind, nicht aber freie Berufe wie etwa RA, sofern diese in ihrer Funktion als Rechtsberater des betroffenen Steuersubjektes und nicht als Treuhänder tätig sind, denn lediglich das luxemburgische Bankgeheimnis sollte für die Zwecke der Informationsübermittlung aufgehoben werden, nicht aber die für spezielle Berufsgruppen geltenden Sonderregeln (vgl. näher dazu Vogel/Lehner/*Engelschalk* Art. 26 Rn. 104, 130).

369 Aus Sinn und Zweck der Regeln über den Informationsaustausch ergibt sich ferner, dass die Pflicht des Informationsinhabers zur Informationsübermittlung nur eine Pflicht zur Herausgabe der bei der betroffenen Bank gehaltenen, also dort positiv bekannten Informationen ist und folglich keine Nachforschungspflicht aufseiten der Bank umfasst.

dd) Sonderregeln bei personenbezogenen Daten

370 Neben den in Nr. 5 Abs. 1 des Schlussprotokolls genannten inhaltlichen Anforderungen hat Luxemburg eine Prüfungsobliegenheit betreffend die voraussichtliche Erheblichkeit von Daten, soweit personenbezogene Daten vom Informationsaustausch betroffen sind. Nach § 3 Abs. 1 BDSG handelt es sich dabei um „Einzelangaben über persönliche oder sachliche Verhältnisse einer bestimmten oder bestimmbaren natürlichen Person (Betroffener)." Somit ist der Maßstab bei Anfragen betreffend natürliche Personen in Nr. 5 Abs. 5 des Schlussprotokolls leicht abweichend ggü. Anfragen betreffend juristische Personen insofern, als Luxemburg als ersuchter Staat eine positive Überwachungspflicht hinsichtlich der Richtigkeit, der Verhältnismäßigkeit zwischen Übermittlung und verfolgtem Zweck sowie der Erheblichkeit der übermittelten Daten hat.

371 Der an die Prüfung der voraussichtlichen Erheblichkeit anzulegende Maßstab besteht aus zwei, in Nr. 5 Abs. 5 Buchst. b) Satz 2 des Schlussprotokolls aufgeführten Teilen, nämlich zum einen der „ernstlichen Möglichkeit" des Bestehens eines Besteuerungsrechtes des ersuchenden Staates, wodurch fernliegende Anfragen ausgeschlossen werden sollen; zum anderen der bereits bestehenden Kenntnis der erbetenen Informationen beim ersuchenden Staats bzw. der Möglichkeit, vom „Gegenstand des Besteuerungsrechts" auf andere Weise als den Informationsaustausch Kenntnis zu erlangen, wodurch – wiederum als Ausfluss des Subsidiaritätsprinzips – die Zahl der Anfragen an Luxemburg und folglich an luxemburgische Banken so weit wie möglich beschränkt werden soll auf Fälle, in denen die auf deutscher Seite vorhandenen Informationen erschöpft sind oder die vollständige Informationsbeschaffung den deutschen Behörden unverhältnismäßig große Schwierigkeiten machen würde. Während sich der erste Teilaspekt des Prüfungsmaßstabes auf die „Daten" bezieht und es Luxemburg demnach schwer fallen dürfte geltend zu machen, dass sämtliche Daten der zuständigen deutschen Behörde bereits bekannt sind, ist der zweite Teilaspekt durch den Begriff „Gegenstand des Besteuerungsrechts" enger gefasst und es ist durchaus denkbar, dass sich Luxemburg auf den Standpunkt zurückzieht, die ersuchende deutsche Behörde habe die Möglichkeit, selbst vom „Gegenstand des Besteuerungsrechts", etwa einem in Luxemburg geführten Bankkonto, Kenntnis zu erlangen.

372 Zugleich hat Luxemburg die Möglichkeit, Deutschland nach Nr. 5 Abs. 5 Buchst. a) des Schlussprotokolls i.R.d. Art. 25 Abs. 2 DBA Lux 2012 einen Verwendungszweck für die übermittelten Daten als Bedingungen für deren Verwendung vorzugeben. Vor diesem Hintergrund wird deutlich, dass die Daten natürlicher Personen etwas stärker geschützt sind als die Daten juristischer Personen, bei denen Nr. 5 Abs. 5 des Schlussprotokolls unanwendbar ist.

ee) Rechtsschutz und Schutz von personenbezogenen Daten

373 Allen betroffenen Steuersubjekten, also sowohl natürlichen wie juristischen Personen, sowie den zur Informationsübermittlung aufgeforderten Informationsinhabern steht der ordentliche, wenngleich beschleunigte Verwaltungsrechtsweg über zwei Instanzen mit Suspensiveffekt offen (vgl.

näher dazu u. Rdn. 422 – 424). Besonderer Schutz gilt erneut den personenbezogenen Daten natürlicher Personen: Nr. 5 Abs. 5 des Schlussprotokolls legt sowohl dem ersuchenden wie auch dem ersuchten Staat besondere Schutz- und Auskunftspflichten ggü. dem betroffenen Steuersubjekt auf, wie etwa die Pflicht, den Informationsaustausch aktenkundig zu machen und die Pflicht zum Schutz der Daten gegen unbefugten Zugang, zur Löschung falscher, unrichtig übermittelter oder ohne Ersuchen übermittelter und nicht benötigter Daten, zur Informationen des betroffenen Steuersubjektes über die Datenerhebung nach Abwägung der öffentlichen Interessen am Unterbleiben der Information sowie die Auskunft an das betroffene Steuersubjekt, sofern die öffentlichen Interessen am Unterbleiben der Auskunft nicht überwiegen.

c) Möglichkeiten zur Verweigerung der Auskunftserteilung

Im Anwendungsbereich des Art. 25 DBA Lux 2012 verbleiben Luxemburg kaum Möglichkeiten, die Erteilung einer von Deutschland erbetenen Auskunft abzulehnen. Neben von vornherein – weil vom Anwendungsbereich des Art. 25 DBA Lux 2012 nicht umfasst – unzulässigen Anfragen, die Teil von Fischzügen (*fishing expeditions*) sind oder solche, die auf für die Besteuerung eines bestimmten Steuersubjektes voraussichtlich unerhebliche Daten abzielen, bietet Art. 25 Abs. 3 Buchst. c) DBA Lux 2012 durch den Hinweis auf die öffentliche Ordnung (*ordre public*) einen Ansatzpunkt für Luxemburg, ein deutsches Informationsersuchen abzulehnen. Art. 25 Abs. 3 DBA Lux 2012 ist hingegen im Zusammenhang mit Art. 25 Abs. 5 DBA Lux 2012 zu lesen: Letzterer beschränkt den Anwendungsbereich von Art. 25 Abs. 3 DBA Lux 2012 und führt dazu, dass Luxemburg als ersuchter Staat eine deutsche Informationsanfrage nicht mehr alleine mit dem Argument zurückweisen kann, die erbetene Information befinde sich bei einer luxemburgischen Bank und das luxemburgische Bankgeheimnis verhindere ihre Weitergabe an Deutschland. | 374

Die Situation ist jedoch anders, wenn die deutschen Steuerbehörden für die bereits für das Stellen einer Informationsanfrage nach Nr. 5 Abs. 1 des Schlussprotokolls notwendigen Angaben auf solche Daten zurückgreifen, die sie nicht vom Steuersubjekt selbst erhalten haben, sondern die ursprünglich unter Verstoß gegen das luxemburgische Bankgeheimnis entwendet und in der Folge an Deutschland übermittelt wurden. In einer derartigen Konstellation kann sich Luxemburg unter Hinweis auf Art. 25 Abs. 3 Buchst. c) DBA Lux 2012 weigern, der deutschen Informationsanfrage Folge zu leisten, da das im innerluxemburgischen Recht fortbestehende Bankgeheimnis unter luxemburgischem Recht zum *ordre public* zählt; Art. 25 Abs. 5 DBA Lux 2012 steht dem nicht entgegen, da die Auskunftsverweigerung nicht auf der Tatsache beruht, dass sich die erbetenen Informationen bei einer Bank befinden, sondern vielmehr darauf, dass Grundlage für die Anfrage ein Verstoß gegen den luxemburgischen *ordre public* ist. Ein vergleichbares Problem stellt sich unter dem europäischen Rechtshilfeabkommen (vgl. näher zum Informationsaustausch bei Datenklau u. Rdn. 393 – 407 (zum DBA Lux 2012) und Rdn. 408 – 416 (zm europäischen Rechtshilfeabkommen). | 375

4. Innerluxemburgisches Verfahren des Informationsaustausches

Auf luxemburgischer Seite gliedert sich das Verfahren des Informationsaustausches in zwei Abschnitte: In einem ersten Schritt überprüft die zuständige luxemburgische Behörde die deutsche Anfrage dahin gehend, ob die Voraussetzungen der Nr. 5 des Schlussprotokolls (also v.a. ausreichende Merkmale zur genügenden Identifizierung und voraussichtliche Erheblichkeit der Informationen für das deutsche Besteuerungsverfahren) sowie des Art. 25 DBA Lux 2012 (also v.a. keine Verletzung des *ordre public*) erfüllt sind (Art. 4 des Gesetzes v. 31.03.2010 zur Umsetzung der neuen Regeln des Informationsaustausches (*Mémorial* A Nr. 51 v. 06.04.2010)). Falls die luxemburgische Behörde hier zu dem Ergebnis gelangt, dass die von Deutschland übermittelten Informationen noch nicht für den Informationsaustausch ausreichen, wird sie von Deutschland weitere Einzelheiten erfragen oder u.U. den Austausch der Informationen ablehnen. | 376

377 In einem zweiten Schritt, vorausgesetzt die Vorprüfung des ersten Schritt verläuft erfolgreich, beschafft die zuständige luxemburgische Behörde die erbetenen Informationen bei dem Halter dieser Informationen, also i.d.R. bei der luxemburgischen Bank. Letztere ist zur Herausgabe der erbetenen Informationen innerhalb eines Monats verpflichtet. Kommt die Bank dieser Herausgabeverpflichtung nicht nach, kann ihr ein Zwangsgeld auferlegt werden. Dasselbe muss gelten, wenn die erbetenen Informationen nur unvollständig an die zuständige luxemburgische Behörde übermittelt werden. Sowohl gegen die Auferlegung des Zwangsgeldes wie auch gegen die Aufforderung zur Informationsübermittlung an sich steht der Rechtsweg zum VG (einschließlich Berufungsmöglichkeit) mit Suspensiveffekt offen. Die Gestaltung des Rechtsweges sucht einen Ausgleich herzustellen zwischen der Gewährung eines effektiven Rechtsschutzes einerseits und der effizienten Durchführung des Informationsaustausches andererseits. Aus diesem Grund sind – im Vergleich zum generellen luxemburgischen Verwaltungsverfahrensrecht – die Fristen zur Einreichung von Schriftsätzen, deren Anzahl sowie die Frist zur Entscheidung auf einen Monat bzw. grundsätzlich einen Schriftsatz beschränkt (vgl. näher dazu u. Rdn. 424).

II. Spezialprobleme

378 Dieser Abschnitt zu Spezialproblemen soll folgende Punkte vertiefen: Zum einen wird ein kurzer historischer Überblick über die Entwicklung des Bankgeheimnisses in Luxemburg gegeben, vor dessen Hintergrund und in dessen Zusammenhang die aktuelle Diskussion zu sehen, und der wesentlich für das Verständnis der Diskussion um, und die Neufassung von, Art. 23 DBA Lux (bzw. ab Veranlagungszeitraum 2013 Art. 25 DBA Lux 2012) ist (dazu u. Rdn. 379 – 387); zum Zweiten sind Einzelheiten zur Abgrenzung von erlaubten Informationsanfragen zu unerlaubten *fishing expeditions* zu erläutern, insb. wenn sich die Anfrage auf mehr als ein bestimmtes nicht deklariertes Konto eines bestimmten Steuersubjektes bezieht (dazu u. Rdn. 388 – 392); drittens ist zu prüfen, ob die Amtshilfe nach dem DBA Lux 2012 bzw. die Rechtshilfe unter dem europäischen Rechtshilfeabkommen auch im Fall von Datenklau, also bei Informationsanfragen, die auf unter Verstoß gegen das luxemburgische (innerstaatliche) Bankgeheimnis erworbenen Daten beruhen, von Luxemburg gewährt werden muss (dazu u. Rdn. 393 – 407 (zum DBA Lux 2012) und Rdn. 408 – 416 (zum europäischen Rechtshilfeabkommen)); schließlich sind viertens Einzelheiten zum luxemburgischen Verfahrensrecht darzulegen (dazu u. Rdn. 417 – 424).

1. Geschichtlicher Abriss: Von den Anfängen des Bankgeheimnisses zum OECD-Standard

379 Art. 25 DBA Lux 2012 führt zu einer weitgehenden Aushöhlung des luxemburgischen Bankgeheimnisses i.R.d. DBA Lux, wenngleich das Bankgeheimnis innerstaatlich und für Luxemburg als ersuchenden Staat (vgl. dazu Kap. 17) weiterhin bestehen bleibt. Das Bankgeheimnis hat in Luxemburg eine lange Tradition, und die Bedeutung, welche die Neufassung von Art. 23 DBA Lux (bzw. ab Veranlagungszeitraum 2013 Art. 25 DBA Lux 2012) mit sich bringt, kann nur vor dem Hintergrund der geschichtlichen Entwicklung des Bankgeheimnisses vollständig erfasst werden.

a) Ursprünge des luxemburgischen Bankgeheimnisses

380 Die Ursprünge des luxemburgischen Bankgeheimnisses lassen sich bis zum von Frankreich übernommenen Strafgesetzbuch (*code pénal*) von 1791 zurückverfolgen. 1879 änderte das luxemburgische Parlament Art. 458 des Strafgesetzbuches in der Weise ab, dass Ärzte und Personen, denen in vergleichbarer Weise als Ergebnis ihrer Tätigkeit vertrauliche Informationen übermittelt werden, derartige Informationen unter Androhung von Gefängnisstrafe von bis zu 6 Monaten nicht weiterverbreiten dürfen. Als durch zwei Bankengesetze von 1981 (Gesetz v. 23.04.1981, *Mémorial* A Nr. 24 v. 23.04.1981) und 1993 (Gesetz v. 05.04.1993, *Mémorial* A Nr. 27 v. 10.04.1993) das Bankgeheimnis formalisiert wurde, war in den Gesetzesbegründungen einerseits der Hinweis enthalten, dass sich Art. 458 des luxemburgischen Strafgesetzbuches auch auf Banken erstrecke und demnach im Bankengesetz von 1981 lediglich ein Hinweis auf die bestehenden Regeln zum Bank-

geheimnis erfolge, anstatt neue Regeln betreffend Banken zu begründen (Gesetzesbegründung zu Art. 16 des Gesetzes von 1981, *dossier parlementaire* Nr. 2402), und dass andererseits das Bankgeheimnis wegen seines zwingenden Charakters und der Strafbewehrung Teil des luxemburgischen *ordre public* sei (Gesetzesbegründung zu Art. 41 des Gesetzes von 1993, *dossier parlementaire* Nr. 3600).

In der Folgezeit erfolgten verschiedene Einschränkungen des strengen Bankgeheimnisses, insb. zur Bekämpfung der Geldwäsche und des Steuerbetrugs (§ 396 Abs. 5 luxemburgische AO: „Handelt es sich bei der Steuerhinterziehung um einen wesentlichen Betrag entweder in absoluter oder in relativer Höhe und wurde sie durch systematische betrügerische Handlung begangen [...] wird sie als Steuerbetrug [...] bestraft.")(Originaltext: „Si la fraude porte sur un montant significatif d'impôt soit en montant absolu soit en rapport avec l'impôt annuel dû et a été commise par l'emploi systématique de manoeuvres frauduleuses tendant à dissimuler des faits pertinents à l'autorité ou à lui persuader des faits inexacts, elle sera punie comme escroquerie fiscale [...]."), da hier der Staatsanwalt im Rahmen eines Strafverfahrens die Aufhebung des Bankgeheimnisses anordnen kann (der Text der luxemburgischen AO geht in weiten Teilen auf die deutsche AO von 1931 zurück und ist deshalb nur in den später geänderten Teilen auf Französisch gefasst; anders als im BMF-Schreiben v. 16.11.2006 betreffend die „zwischenstaatliche Rechtshilfe in Steuersachen" [BStBl. I 2006, Nr. 19] angegeben, sind sowohl die „absolute Höhe" [in der Praxis Beträge über 125.000,00 €] als auch die „relative Höhe" [in der Praxis Beträge über 25 % der Jahressteuer] unbestimmte Rechtsbegriffe und nicht gesetzlich fixiert. Im Gegensatz dazu steht die einfache Steuerhinterziehung nach § 396 Abs. 1 luxemburgische AO [„Wer zum eigenen Vorteil oder zum Vorteil eines anderen nicht gerechtfertigt Steuervorteile erschleicht oder vorsätzlich bewirkt, dass Steuereinnahmen verkürzt werden, wird wegen Steuerhinterziehung [...] bestraft."], bei der das Bankgeheimnis erhalten bleibt). Außerdem erfolgte eine Einschränkung des Bankgeheimnisses i.R.d. Europäischen Abkommens über Rechtshilfe in Strafsachen von 1959, ergänzt durch ein Zusatzprotokoll von 1978. Luxemburg ist dem Abkommen unter verschiedenen Vorbehalten mit Gesetz v. 21.07.1976 (*Mémorial* A Nr. 42 v. 26.07.1976) und dem Zusatzprotokoll unter Vorbehalten durch Gesetz v. 27.08.1997 (*Mémorial* A Nr. 66 v. 05.09.1997) beigetreten (vgl. zum Rechtshilfeabkommen bei Datenklau u. Rdn. 408 – 416). Die maßgeblichen Vorschriften des europäischen Rechtshilfeabkommens und des Zusatzprotokolls zu dem verankerten Grundsatz zur gegenseitigen Rechtshilfe in Steuerstraftaten lauten:

Artikel 1

1. *Die Vertragsparteien verpflichten sich, gemäß den Bestimmungen dieses Übereinkommens einander soweit wie möglich Rechtshilfe zu leisten in allen Verfahren hinsichtlich strafbarer Handlungen, zu deren Verfolgung in dem Zeitpunkt, in dem um Rechtshilfe ersucht wird, die Justizbehörden des ersuchenden Staates zuständig sind. [...]*

Artikel 2

Die Rechtshilfe kann verweigert werden:
a. *wenn sich das Ersuchen auf strafbare Handlungen bezieht, die vom ersuchten Staat als politische, als mit solchen zusammenhängende oder als fiskalische strafbare Handlungen angesehen werden;*
b. *wenn der ersuchte Staat der Ansicht ist, daß die Erledigung des Ersuchens geeignet ist, die Souveränität, die Sicherheit, die öffentliche Ordnung (ordre public) oder andere wesentliche Interessen seines Landes zu beeinträchtigen.*

Artikel 1 des Zusatzprotokolls lautet:

Die Vertragsparteien üben das in Artikel 2 Buchstabe a des Übereinkommens vorgesehene Recht zur Verweigerung der Rechtshilfe nicht allein aus dem Grund aus, daß das Ersuchen eine strafbare Handlung betrifft, welche die ersuchte Vertragspartei als eine fiskalische strafbare Handlung ansieht.

b) Neufassung des OECD-Musterabkommens 2005 und G20-Gipfel in London April 2009

382 Nach der Hinzufügung von Abs. 5 zu Art. 26 OECD-MA im Jahr 2005 machte Luxemburg, zusammen mit Österreich, Belgien und der Schweiz, in einem Vorbehalt deutlich, dass es diese Vorschrift bei der Verhandlung seiner Doppelbesteuerungsabkommen nicht anwenden werde. Mit dieser Position war Luxemburg freilich zunehmend isoliert, insb. nach dem Beschluss der G20-Staaten auf dem Gipfel in London v. 02.04.2009, „Sanktionen [gegen unkooperative Staaten] anzuwenden, um unsere öffentlichen Finanzen und Finanzsysteme zu schützen". Außerdem wurde verkündet, die „Ära des Bankgeheimnisses" sei vorüber (Abschlusskommuniqué Nr. 15). Um seiner Nennung auf der sog. „schwarzen Liste" der OECD (Liste der Staaten, die in Sachen Informationsaustausch den OECD-Standard nach Art. 26 OECD-MA nicht anwenden – im OECD-Fortschrittsbericht am 04.01.2011 taucht in dieser Rubrik kein einziger Staat auf, am 02.04.2009 sind hingegen noch Costa Rica, Malaysia, Philippinen und Uruguay genannt) zu entgehen, willigte Luxemburg mit Beschl. v. 13.03.2009 (und nach Erhalt der Zusage durch den OECD-Generalsekretär, dass die Teilnahme am System des Informationsaustausches auf Einzelanfrage zur Erfüllung des OECD-Standards zum Informationsaustausch in Steuerangelegenheiten ausreichend ist [vgl. dazu u. Rdn. 385]) ein, zukünftig die OECD-Standards zum Informationsaustausch anzuwenden, wie etwa der luxemburgische Justizminister Luc Frieden in einer Stellungnahme am 13.03.2009 (<http://www.gouvernement.lu/salle_presse/discours/autres_membres/2009/03-mars/13-frieden/index.html> [17.07.2012]) verlautbaren ließ.

383 Luxemburg erschien deshalb auf der anlässlich des Londoner G20-Gipfels von der OECD am 02.04.2009 veröffentlichten sog. „grauen Liste" (Liste der Staaten, die in Sachen Informationsaustausch der Anwendung des OECD-Standards nach Art. 26 OECD-MA zugestimmt, diesen aber noch nicht in ausreichender Weise umgesetzt haben – im OECD-Fortschrittsbericht am 04.01.2011 sind in dieser Rubrik noch Liberia, Montserrat, Nauru, Niue, Panama und Vanuatu als Steueroasen sowie Costa Rica, Guatemala und Uruguay als sonstige Finanzzentren genannt, am 02.04.2009 waren es noch 30 Steueroasen und acht sonstige Finanzzentren), zusammen mit Österreich, Belgien und der Schweiz. Die OECD legte als Test für die Umsetzung ihres Standards zum Informationsaustausch die Zahl von 12 Doppelbesteuerungsabkommen, in denen ein solcher Standard verankert ist, fest. Luxemburg nahm rasch Verhandlungen zu Ländern auf, zu denen noch kein Doppelbesteuerungsabkommen bestand und teilte zugleich allen Vertragspartnern von bestehenden Doppelbesteuerungsabkommen die Bereitschaft mit, eine neue, dem Art. 26 Abs. 5 OECD-MA entsprechende Vorschrift einzufügen. Nach kurzer Zeit hatte Luxemburg fünf neue Doppelbesteuerungsabkommen abgeschlossen (mit Armenien, Bahrain, Katar, Monaco und Liechtenstein) und in 16 bestehende Doppelbesteuerungsabkommen eine Art. 26 Abs. 5 OECD-MA entsprechende Regelung zum Informationsaustausch eingefügt (u.a. diejenigen Doppelbesteuerungsabkommen mit den USA, Großbritannien, Frankreich, Niederlanden, Schweiz und Deutschland sowie dasjenige mit Indien automatisch mittels einer Meistbegünstigungsklausel), die sämtlich mit Gesetz v. 31.03.2010 (*Mémorial* A Nr. 51 v. 06.04.2010) verabschiedet wurden, sodass sich Luxemburg bereits im Sommer 2009 auf der „weißen Liste" der OECD (Liste der Staaten die in Sachen Informationsaustausch kooperieren) wieder fand. Im September 2011 gab die OECD in ihrem Bericht zur Überprüfung der Qualität des luxemburgischen Rechts- und regulatorischen Systems im Hinblick auf den Informationsaustausch (1. Teil des peer review) bekannt, dass insoweit die Anforderungen des OECD-Standards zum Informationsaustausch erfüllt werden (Bericht verfügbar über <http://www.oecd.org/document/47/0,3746,en_2649_34897_48570799_1_1_1_1,00.html> (17.07.2012).

c) Beschränkung auf Informationsaustausch auf Anfrage

384 Bei der Beschränkung des Systems des Informationsaustausches auf den Informationsaustausch auf Anfrage handelte es sich um eine *conditio sine qua non* für Luxemburg, um überhaupt dem OECD-System zum Informationsaustausch in Steuersachen beizutreten, und die luxemburgische Regierung hat dies im Gesetzgebungsverfahren mehrfach betont (vgl. die Begründung zum Gesetz

v. 31.03.2010, *dossier parlementaire* Nr. 6072). Hintergrund ist, dass der Wortlaut des Art. 26 OECD-MA drei Arten der Informationsübermittlung zulassen würde, nämlich die Übermittlung auf Anfrage, wie sie jetzt im DBA Lux vorgesehen und konkretisiert ist, die spontane Übermittlung (also die Informationsübermittlung auf spontaner Basis, wann immer ein Vertragsstaats Daten erhält und diese für im anderen Vertragsstaat relevant hält) und die automatisierte Übermittlung. Seit Beginn der Verhandlungen zur Übernahme der OECD-Standards betreffend den Informationsaustausch durch Luxemburg war die luxemburgische Verhandlungsposition, dass einzig ein Informationsaustausch auf Anfrage zustimmungsfähig wäre. Der Generalsekretär der OECD bestätige durch seine an den luxemburgischen Finanzminister gerichtete Note v. 13.03.2009, dass der Informationsaustausch auf Anfrage in Übereinstimmung mit den OECD-Standards zum Informationsaustausch in Steuersachen steht. Zugleich erhält die Note den Hinweis, dass auf dieser Grundlage keine *fishing expeditions* durchgeführt werden können und keine Informationen auszutauschen sind, deren Bedeutung für ein konkretes Besteuerungsverfahren unwahrscheinlich ist:

„Der Standard verpflichtet lediglich zum Informationsaustausch auf Ersuchen. Wenn um Informationen ersucht wird, sind sie nur in dem Umfang auszutauschen, als sie zur Anwendung oder Durchsetzung des innerstaatlichen Rechts der Vertragspartner voraussichtlich erheblich sind. Staaten sind nicht berechtigt, sich an ‚fishing expeditions‘ zu beteiligen oder Informationen zu verlangen, die voraussichtlich für die steuerlichen Verhältnisse eines bestimmten Steuersubjektes nicht von Bedeutung sind. Bei der Formulierung eines Ersuchens sind die zuständigen Behörden gehalten, die voraussichtliche Erheblichkeit der Informationen darzulegen. Es wäre beispielsweise nicht zulässig, dass ein Staat wahllos um Informationen über Bankkonten seiner Ansässigen bei Kreditinstituten im anderen Staat ersucht. Ebenso wäre es einer Steuerverwaltung selbst im Rahmen der Prüfung eines Steuersubjektes verwehrt, um Informationen zu einem bestimmten Steuersubjekt zu ersuchen, wenn keine Transaktion oder kein Hinweis auf eine mögliche Transaktion festgestellt wurde, die eine Verbindung mit dem anderen Staat zur Folge hat."(Originaltext: „The standard requires information exchange on request only. Where information is requested, it must be exchanged only where it is ‚foreseeably relevant‘ to the administration or enforcement of the domestic laws of the treaty partner. Countries are not at liberty to engage in ‚fishing expeditions‘, or to request information that is unlikely to be relevant to the tax affairs of a given taxpayer. In formulating their requests, competent authorities should demonstrate the foreseeable relevance of the requested information. It would, for instance, not be possible for a State to request information randomly on bank accounts held by its residents in banks located in the other State. Also, even when auditing a tax payer, a tax administration would not request information on a specific taxpayer when no transaction or indication of possible transactions has been identified as involving a nexus with the other State. [...]".) (zitiert nach dem Bericht der Finanz- und Budgetkommission v. 09.03.2010, *dossier parlementaire* Nr. 6072). **385**

Diese Erklärung kann zweifellos für die Auslegung des DBA Lux 2012 herangezogen werden. Im Doppelbesteuerungsabkommen zwischen Luxemburg und Österreich ist der Wortlaut der Note gar zum Bestandteil der Änderungsvereinbarung gemacht worden. **386**

Die für den Informationsaustausch in Art. 25 DBA Lux 2012 gewählte Formulierung entspricht Art. 26 OECD-MA, lässt also theoretisch alle drei Möglichkeiten des Informationsaustausches (auf Anfrage, spontan und automatisch) offen, um dann aber durch die Konkretisierungen in Nr. 5 des Schlussprotokolls den Informationsaustausch auf den Informationsaustausch auf Anfrage zu beschränken und die anderen beiden Möglichkeiten explizit auszuschließen (vgl. Nr. 5 Abs. 3 Satz 1 des Schlussprotokolls). Nr. 5 des Schlussprotokolls ist betreffend die Auslegung des neuen Art. 25 DBA Lux 2012 besonders ausführlich gestaltet und enthält einen eigenen Abschnitt über die Übermittlung und Behandlung von personenbezogenen Daten. In Doppelbesteuerungsabkommen zwischen Luxemburg und anderen Staaten findet sich im Text des jeweiligen Doppelbesteuerungsabkommens der vollständige Wortlaut des Art. 26 OECD-MA, der durch ein Begleitschreiben oder Ähnliches begrenzt und präzisiert wird. Interessant ist in diesem Zusammenhang **387** zu sehen, dass im Hinblick auf Nr. 5 Abs. 1 Buchst. g) des Schlussprotokolls Deutschland und Luxemburg einen Mittelweg gewählt haben, der für ein Informationsersuchen zumindest die Nennung des Namens des Finanzinstitutes, bei dem die Informationen gehalten werden, vorsieht. Andere von Luxemburg abgeschlossene Doppelbesteuerungsabkommen verlangen Namen und Anschrift des Inhabers der Informationen nur, soweit sie bekannt sind (z.B. Doppelbesteuerungsabkommen zwischen Luxemburg und Großbritannien, Dänemark, Finnland oder den Niederlanden), während das Doppelbesteuerungsabkommen zwischen Luxemburg und Frankreich es dem ersuchenden Staat überlässt, ob er Namen und Anschrift, soweit bekannt, mitteilt. Im Ergebnis ist die mit Deutschland gewählte Lösung die praxistauglichste, denn eine Anfrage ohne die Nennung mindestens des Namens des Informationshalters läuft angesichts der großen Anzahl alleine von Finanzdienstleistern mit Bankstatus in Luxemburg (Stand 02.07.2012: 117 unter luxemburgischem Recht gegründete Institute, 31 Filialen von Banken aus anderen EU-Mitgliedsstaaten und 6 Filialen von Banken aus Staaten außerhalb der EU <http://www.cssf.lu> [17.07.2012]) auf eine unerlaubte *fishing expedition* hinaus.

2. Fallbeispiele zu fishing expeditions

388 Bedeutsamkeit kann die Frage, ob eine Informationsanfrage als unerlaubte *fishing expedition* zu werten ist, u.a. in folgenden Fallkonstellationen werden:

a) Anfrage betreffend alle Konten bei allen luxemburgischen Banken bzgl. aller deutschen Steuersubjekte

Hier ist deutlich, dass keine konkrete Verbindung zwischen dem Informationsersuchen und einem bestimmten Steuersubjekt besteht, wie dies der Sinn und Zweck von Nr. 5 des Schlussprotokolls jedoch erfordert. Eine derartige Informationsanfrage kann deshalb von Luxemburg als unzulässige *fishing expedition* abgelehnt werden. Die Beantwortung der Frage, ob es sich um eine *fishing expedition* handelt oder nicht, kann auch nicht davon abhängen, ob in Luxemburg als ersuchtem Staat eine Liste aller Konten verfügbar ist, sodass das Zusammenstellen der gewünschten Informationen keines größeren Aufwands bedürfte, denn aus Gründen der Rechtssicherheit muss es sich hierbei um ein objektivierbares Kriterium handeln, was durch die konkrete Beziehung zu mit einem bestimmten Steuersubjekt in Verbindung zu bringenden Bankverbindungen am besten gewährleistet ist. Dieses Ergebnis steht in Übereinstimmung mit Nr. 5 Abs. 1 des Schlussprotokolls, da weder dessen Buchst. a) (Identifizierung des Steuersubjektes) noch Buchst. g) (Identifizierung des Inhabers der Information) erfüllt sind. Etwas anderes könnte sich allenfalls ergeben, wenn die Anfrage vom Umfang her beschränkt ist, sich etwa auf alle Mitarbeiter eines Unternehmens bezieht und zugleich gegen alle Mitarbeiter dieses Unternehmens entsprechende Verdachtsmomente bestehen sowie hinreichend konkrete Spuren nach Luxemburg bekannt sind (vgl. dazu auch sogleich, Rdn. 390).

b) Anfrage betreffend alle Konten bei allen luxemburgischen Banken bzgl. eines einzigen deutschen Steuersubjektes

389 Eine zweite Konstellation betrifft den Fall, in dem das Informationsersuchen sich auf ein Steuersubjekt beschränkt, aber wiederum alle Konten bei allen luxemburgischen Banken, die dieses Steuersubjekt dort unterhält, umfasst, ohne dass aber Einzelheiten zu solchen Konten bekannt sind. Ähnlich wie im vorherigen Fall ist auch hier von einer unerlaubten *fishing expedition* auszugehen, solange nicht eine konkrete Verbindung zumindest zu einer Bank hergestellt ist, so dass die Anfrage betreffend diese bestimmte Bank ggf. als zulässig anzusehen ist (vgl. näher sogleich, Rdn. 390). Dieses Ergebnis steht in Übereinstimmung mit Nr. 5 Abs. 1 des Schlussprotokolls, die in Buchst. a) zwar die Nennung von einzelnen Kontonummern nicht zur zwingenden Vorbedingung für eine Informationsanfrage erklärt, jedoch in Buchst. g) die konkrete Benennung von betroffenen Informationsinhabern (Banken) fordert.

c) Anfrage betreffend alle Konten bei einer bestimmten luxemburgischen Bank bezügliches eines einzigen deutschen Steuersubjektes

Abgrenzungsschwierigkeiten ergeben sich dann, wenn sich die Informationsanfrage auf alle Kon- 390 ten, die ein bestimmtes Steuersubjekt bei einer bestimmten Bank unterhält, bezieht. Die von Nr. 5 Abs. 1 Buchst. a) wie Buchst. g) des Schlussprotokolls aufgestellten Mindestanforderungen sind nur erfüllt, wenn die deutschen Behörden bereits positive Kenntnis mindestens eines bestehenden, nicht deklarierten Kontos haben. In diesem Fall ist es zulässig, die Anfrage auf alle weiteren, nicht deklarierten Konten bei derselben Bank auszudehnen. Der in Art. 25 Abs. 1 Satz 1 DBA Lux 2012 und Nr. 5 Abs. 2 des Schlussprotokolls verankerte Erheblichkeitstest scheitert hingegen, wenn alle den deutschen Behörden bekannten Konten ordnungsgemäß deklarierte Konten sind: In diesem Fall kann nicht von der Existenz eines solchen ordnungsgemäß deklarierten Kontos auf die Existenz eines nicht deklarierten Kontos bei derselben Bank geschlossen werden.

d) Anfrage betreffend alle Kunden einer bestimmten luxemburgischen Bank, die ein bestimmtes Steuerplanungsprodukt erworben haben

Ein weiterer Grenzfall kann sich ergeben, wenn sich die Informationsanfrage auf Auskunft zu allen 391 Kunden einer bestimmten Bank bezieht, die ein konkret bezeichnetes Steuerplanungsprodukt erworben haben. Zwar ist Nr. 5 Abs. 1 Buchst. g) des Schlussprotokolls bzgl. aller Bezieher des konkreten Steuerplanungsproduktes erfüllt; soweit die deutschen Steuerbehörden jedoch kein konkretes Verfahren gegen einzelne Bezieher führen, mangelt es insofern an der Erfüllung von Nr. 5 Abs. 1 Buchst. a) des Schlussprotokolls. Die Informationsanfrage braucht demnach nur für von deutscher Seite konkret benannte Steuersubjekte beantwortet zu werden, es sei denn, die Bezieher sind aufgrund der besonderen Gestaltung des Produktes eindeutig individualisierbar.

e) Anfrage betreffend ein oder mehrere Konten bei einer oder mehreren, genau bestimmten luxemburgischen Banken

Keinen Spielraum für Auslegung lässt hingegen eine Informationsanfrage, in der sowohl das Steu- 392 ersubjekt, als auch eine oder mehrere luxemburgische Banken und pro Bank ein oder mehrere dort geführte, nicht in Deutschland deklarierte Konten konkret bezeichnet sind. Wie bereits oben (Rdn. 390) kann die Anfrage jeweils auf sämtliche bei der betreffenden Bank für das betroffene Steuersubjekt geführte Konten ausgedehnt werden.

3. Datenklau

a) Problemstellung

Angesichts der jüngsten Praxis des deutschen Fiskus, Datenträger mit im Ursprungsland unter 393 Verstoß der dort geltenden Bankgeheimnisregeln beschafften Bankdaten (vgl. hierzu nur den Datendiebstahl bei der LGT Treuhand in Liechtenstein, der zur medienwirksamen Festnahme des damaligen Vorstandsvorsitzenden der Deutschen Post, Klaus Zumwinkel, führte, sowie diverse Fälle aus der Schweiz) anzukaufen und anschließend im Besteuerungs- bzw. Steuerstrafverfahren zu verwenden, stellt sich die Frage, ob die luxemburgischen Finanzbehörden Informationsanfragen aus Deutschland beantworten müssen, falls die deutschen Steuerbehörden die Grundlagen ihrer Informationsanfrage einem solchen Datenträger entnommen haben, der unter Verstoß gegen das luxemburgische Bankgeheimnis beschaffte und dann dem deutschen Fiskus übermittelte Daten enthält. Während bislang nur Fälle von Datendiebstahl aus Lichtenstein (vor allem bei der LGT Treuhand) und der Schweiz auftraten, wurde erstmals Mitte Oktober 2011 der Ankauf einer Daten-CD betreffend die luxemburgische Niederlassung der HSBC durch die deutschen Steuerbehörden öffentlich (vgl. FAZ v. 15.10.2011 und 17.10.2011). Gleichwohl in den Medienberichten hierzu nicht ausdrücklich erwähnt, ist dennoch davon auszugehen, dass die auf dieser CD enthaltenen Daten vor dem Erwerb durch die deutschen Steuerbehörden unter Bruch des (im innerstaatlichen Rahmen fortgeltenden) luxemburgischen Bankgeheimnisses aus der Sphäre der betroffenen Bank entwendet worden waren. Für das innerdeutsche Verfahren hat das BVerfG jüngst die Verwendung solcher, unter Bruch gegen ein ausländisches Bankgeheimnis erlangter Daten erlaubt (Urt. v. 30.11.2010, Az. 2 BvR 2101/09). Ein vergleichbares Problem ergibt sich, wenn die deutschen Behörden die relevanten Daten aus öffentlich zugänglichen Quellen wie dem Internet entnehmen (vgl. FAZ v. 18.01.2011 und 08.02.2011 zur Veröffentlichung von gestohlenen Bankdaten der Schweizer Bank Julius Bär durch den ehemaligen Angestellten Rudolf Elmer auf der Internetplattform *Wikileaks*). Das Problem, wie Luxemburg in Fällen von Datenklau reagieren kann, stellt sich seit Veranlagungszeitraum 2010, seitdem also die n.F. des Art. 23 DBA Lux (bzw. ab Veranlagungszeitraum 2013 Art. 25 DBA Lux 2012) und der Nr. 27 (bzw. ab Veranlagungszeitraum 2013 Nr. 5) des Schlussprotokolls anwendbar sind. Für Sachverhalte betreffend Veranlagungszeitraum 2009 und früher verbleibt es bei der alten Fassung von Art. 23 DBA Lux und Nr. 27 des zugehörigen Schlussprotokolls, wonach bei Banken gehaltene Informationen nicht übermittelt werden. Soweit eine deutsche Anfrage sowohl den Zeitraum von Veranlagungszeitraum 2009 und früher, wie auch Veranlagungszeitraum 2010 und später betrifft, kann der Teil der Anfrage betreffend Veranlagungszeitraum 2009 und früher ohne Weiteres zurückgewiesen werden; für den Teil betreffend Veranlagungszeitraum 2010 und später gilt hingegen das hier Gesagte. Ein ähnliches Problem wie unter dem DBA Lux 2012 kann sich im Fall von Rechtshilfe unter dem europäischen Rechtshilfeabkommen stellen (vgl. dazu u. Rdn. 408).

b) Informationsaustausch unter dem DBA Lux 2012 bei Datenklau

394 Überlegungen zur Beweisverwertung im nationalen luxemburgischen Recht spielen i.R.d. DBA Lux keine und nur i.R.d. Rechtshilfeabkommens von 1959 (vgl. näher dazu u. Rdn. 409 – 416) eine Rolle, weil ein deutsches Informationsersuchen nach dem DBA Lux 2012 bereits auf der Grundlage von Art. 25 Abs. 3 Buchst. c), 2. Alt. DBA Lux 2012 zurückgewiesen werden kann mit der Begründung, dass die „Erteilung [der Auskunft] der öffentlichen Ordnung (*ordre public*) widerspräche", wenn die Spuren, welche die deutsche Behörde zum Stellen eines Informationsaustauschgesuches veranlasst haben, auf ursprünglich unter Verstoß gegen das luxemburgische Bankgeheimnis, mithin nach luxemburgischem Recht rechtswidrig, beschaffte Daten zurückgehen.

395 Zunächst sind bis zum Inkrafttreten der Neuregelung zum Informationsaustausch – also bis Veranlagungszeitraum 2009 einschließlich für Deutschland (ebenso nur Frankreich und Indien, bis Veranlagungszeitraum 2010 einschließlich bzw. entsprechend später für alle anderen Staaten, im Verhältnis zu denen das jeweilige Doppelbesteuerungsabkommen iSd. Art. 26 OECD-MA geändert worden ist) – sämtliche deutsche Informationsanfragen, also auch solche, die nicht in Zusammenhang mit unrechtmäßigem Datenerwerb stehen, mit Verweis auf die a.F. von Art. 23 DBA Lux und das (bis zu diesem Zeitpunkt) geltende strenge Bankgeheimnis abzulehnen.

396 Nicht infrage als Grundlage für die Ablehnung eines solchen Gesuches aus luxemburgischer Sicht kommt Art. 25 Abs. 3 Buchst. c), 1. Alt. i.V.m. Abs. 5 DBA Lux 2012: Diese Vorschrift schützt zwar zunächst in Abs. 3 Berufsgeheimnisse und mit ihr die Gesamtheit der wirtschaftlichen Tätigkeit (Vogel/Lehner-DBA/*Engelschalk*, Art. 26 Rn. 109), schränkt diesen Schutz in Abs. 5 hingegen wieder für bei Banken oder sonstigen Finanzinstituten vorhandene Informationen durch die Klarstellung ein, dass das Bankgeheimnis nicht als Wirtschafts- und Berufsgeheimnis iSd. Art. 25 Abs. 3 Buchst. c), 1. Alt. DBA Lux 2012 zu verstehen ist (Vogel/Lehner-DBA/*Engelschalk* Art. 26 Rn. 128).

397 Art. 25 Abs. 3 Buchst. c), 2. Alt. DBA Lux 2012 hingegen enthält einen Verweis auf die öffentliche Ordnung (*ordre public*). Entsprechend der Auslegungsregel des Art. 3 Abs. 2 DBA Lux 2012 (Art. 2 Abs. 2 DBA Lux) („Bei der Anwendung dieses Abkommens durch einen der Vertragsstaaten wird jeder Begriff, der nicht in diesem Abkommen bestimmt worden ist, die Auslegung erfahren, die sich aus den Gesetzen ergibt, die in dem Vertragstaat in Kraft sind und sich auf Steuern im Sinne des Abkommens beziehen, falls der Zusammenhang keine andere Auslegung erfordert."), nach der die Auslegung eines Begriffs – sofern keine Bestimmung im Doppelbesteuerungsabkom-

men selbst enthalten ist und der Zusammenhang keine andere Auslegung erfordert – für jeden Vertragsstaat nach dem innerstaatlichen Recht dieses Vertragsstaates erfolgt, ist für die Interpretation des Begriffs *ordre public* mangels näherer Bestimmung im DBA Lux aus luxemburgischer Sicht auf das luxemburgische Recht abzustellen. Dass es sich hierbei um einen generellen unbestimmten Rechtsbegriff handelt, dessen Reichweite sich nicht auf Gesetze betreffend die dem DBA Lux 2012 unterliegenden Steuern beschränkt, ist hinzunehmen, da das luxemburgische Steuerrecht als solches keinen eigenen *ordre public*-Begriff kennt. Auch bestehen weder in Deutschland und Luxemburg einheitliche Auslegungsgrundsätze zur Bestimmung des *ordre public*, noch erfordert das DBA Lux 2012 eine abweichende Auslegung, etwa nach dem kleinsten gemeinsamen Nenner zwischen Deutschland und Luxemburg. Dementsprechend muss es für das Recht Luxemburgs, eine Informationsanfrage Deutschlands auf der Grundlage der Verletzung seines *ordre public* abzulehnen, unerheblich sein, ob durch diese Anfrage zugleich die öffentliche Ordnung in Deutschland verletzt wäre oder eine Verletzung einträte, würde Luxemburg unter denselben Bedingungen selbst eine Informationsanfrage an Deutschland stellen.

aa) Luxemburgisches Bankgeheimnis als Teil des luxemburgischen ordre public

Die Basis des *ordre public* ist in Art. 6 des luxemburgischen Zivilgesetzbuches (*Code civil*) angelegt, **398** der bestimmt, dass „eine Abweichung durch Individualabrede von den Gesetzen, die Teil des *ordre public* sind und von den guten Sitten" (Originaltext: „On ne peut déroger, par des conventions particulières, aux lois qui intéressent l'ordre public et les bonnes moeurs.") nicht möglich ist. Generell werden im luxemburgischen Recht – in Übereinstimmung mit dem französischen und dem belgischen Recht – solche Gesetze als dem *ordre public* zugehörig angesehen, auf denen die wirtschaftliche Ordnung (*ordre économique*) basiert (für das Zivilrecht) und welche die wesentlichen Interessen (*intérêts essentiels*) des Staates berühren (für das öffentliche Recht). Die Abgrenzung zu zwingenden Regeln (*loi impératives*) erfolgt neben der Zielrichtung der betreffenden Regel über die Tatsache, dass die Verletzung der dem *ordre public* zugehörige Gesetze und Regeln strafbewehrt ist (vgl. nur *P. Mousel*, Diagonales, 503, 509, 513).

Für Luxemburg als führendem europäischem Bankenplatz ist das Bankgeheimnis von ausschlagge- **399** bender Bedeutung, denn selbst im Krisenjahr 2008 wurden rund 32 % des luxemburgischen BIP auf direkte oder indirekte Weise im Finanzgewerbe erwirtschaftet (zum Vergleich: 2007 waren es noch 43 %), davon ein wesentlicher Teil im Bereich des *private banking*, in dem das Bankgeheimnis eine bedeutende Rolle spielt (vgl. *Comité pour le Développement de la Place Financière*, Etude d'impact de l'industrie financière sur l'économie luxembourgeoise, November 2009, <http://www.cssf.lu> [17.07.2012]). Tatsächlich ist das Bankgeheimnis eine weit in die luxemburgische Geschichte zurückgehende Institution, die in Luxemburg nie infrage gestellt wurde und zudem über die durch äußeren Druck erzwungene Lockerung hinaus im nationalen Verhältnis weiterhin besteht. Die Vehemenz, mit der sich Luxemburg gegen jede Abschaffung des Bankgeheimnisses sperrt, oft im Zusammenspiel mit Österreich, Belgien und der Schweiz, macht deutlich, was für ein Interesse am Fortbestand der luxemburgische Staat dem Bankgeheimnis ggü. aufbringt, um seinen Rechtssubjekten einen geregelten Rechtsverkehr ohne weitgehende staatliche Einmischung zu ermöglichen.

Bei der Kodifizierung, Konkretisierung und Ausgestaltung des Bankgeheimnisses in den Banken- **400** gesetzen von 1981 und 1993 (vgl. näher dazu o. Rdn. 380) hat der luxemburgische Gesetzgeber seinen Willen zum Ausdruck gebracht, dass Art. 458 des Strafgesetzbuches sich auch auf Banken erstreckt, demnach das Bankgeheimnis bereits zuvor in voller Breite bestand und jetzt – betreffend Banken – lediglich kodifiziert, nicht aber neu begründet wird (Gesetzesbegründung zu Art. 16 des Gesetzes von 1981, *dossier parlementaire* Nr. 2402); zudem hat er klar gemacht, dass das Bankgeheimnis wegen der Strafbewehrung und seines zwingenden Charakters als Teil des luxemburgischen *ordre public* anzusehen ist (Gesetzesbegründung zu Art. 41 des Gesetzes von 1993, *dossier parlementaire* Nr. 3600); in diesem Sinne auch die jüngere Rechtsprechung (Berufungsgericht [*Cour d'appel*] Luxemburg, 02.04.2003, J.T. 2003, Nr. 16, 315, Bull. Droit et Banque Nr. 34,

August 2003, 52; Cour d'appel Luxemburg, 18.03.2004, Bull. Droit et Banque, Nr. 35, Juni 2004, 57) sowie Braum/Covolo, Ann. Dr. Lux. 2010, 73; *A. Hoffmann*, Bull. Droit et Banque, Nr. 31, April 2001, 34; *J. Kauffman*, Le secret bancaire en droit luxembourgeois. Actualité et perspectives, in: Droit bancaire et financier au Grand-Duché de Luxembourg, 1994, S. 521, 534; *Steichen*, Bull. Droit et Banque, Nr. 24, November 1995, 24, 29; differenzierend *D. Spielmann*, Le secret bancaire et l'entraide judiciaire internationale pénale au Grand-Duché de Luxembourg, 2007, S. 26 – 29; a.A. *Serebriakoff*, Droit bancaire et financier au Luxembourg. Recueil de doctrine 2004, Bd. 1, 283.

401 Zählt das luxemburgische Bankgeheimnis demnach zum luxemburgischen *ordre public*, so kommt es mit jedem Verstoß gegen das Bankgeheimnis, wenn also Kundendaten die geschützte Sphäre einer Bank verlassen, zu einem Verstoß gegen diesen *ordre public*. Beantwortete Luxemburg aber nun eine deutsche Informationsanfrage, an deren Ursprung eine solche Verletzung des luxemburgischen *ordre public* stand, so käme es zu einer Verfestigung der ursprünglichen *ordre-public*-Verletzung, sodass die Erteilung der zusätzlich erbetenen Informationen insgesamt im Widerspruch zum *ordre public* stünde, selbst wenn die Übermittlung Letzterer an sich nicht dem *ordre public* widerspräche.

bb) Fraus Omnia Corrumpit

402 Hinzu kommt folgende Überlegung: Angenommen, der deutsche Fiskus würbe in Zeitungsanzeigen dafür, Daten luxemburgischer Banken zu Bestpreisen erwerben zu wollen (wobei eine Beschaffung nur unter Verstoß gegen das luxemburgische Bankgeheimnis möglich ist). Hier wird deutlich, dass Luxemburg eine deutsche Anfrage, die auf Daten aus derartigem Beschaffungswege beruht, nicht nur unter Hinweis auf den *ordre public*, sondern auch unter Bezugnahme auf den allgemeinen Grundsatz *„fraus omnia corrumpit"* zurückweisen könnte. Zumindest indirekt freilich erzielt Deutschland durch den öffentlichkeitswirksam inszenierten Ankauf von gestohlenen Daten aus Liechtenstein und der Schweiz dieselbe Wirkung ggü. potenziellen Datendieben, indem (gestärkt durch die bereits erzielten Ergebnisse und das Urteil des BVerfG [Urt. v. 30.11.2010 Az. 2 BvR 2101/09] deutlich vermittelt wird: Sofern das „Preis-Leistungs-Verhältnis" stimmt, wird man sich einem Angebot von entwendeten Daten aus Luxemburg nicht verschließen, sodass unseres Erachtens nach für Luxemburg der Verweis auf den Grundsatz *fraus omnia corrumpit* auch unter diesen Umständen möglich ist und Luxemburg deshalb in derartigen Situationen von der Informationsübermittlung Abstand nehmen sollte.

cc) Wiener Vertragsrechtskonvention

403 Ferner ist unserer Auffassung nach eine Ablehnung der deutschen Informationsanfrage, die sich auf illegal beschaffte Bankdaten stützt, durch Luxemburg mit folgender Begründung möglich, wovon Luxemburg ebenfalls Gebrauch machen sollte: Die Wiener Vertragsrechtskonvention von 1969, der Luxemburg 2003 (Gesetz v. 04.04.2003, *Mémorial* A Nr. 51 v. 23.04.2003) und Deutschland 1987 beigetreten sind, bildet das Grundgerüst für die Auslegung von bi- und multilateralen Verträgen. Nach einer auf Treu und Glauben gestützten Auslegung des DBA Lux 2012 und der Umstände, unter denen die Neuregelungen zum Informationsaustausch in Abkommen und Schlussprotokoll verhandelt wurden, muss es Deutschland klar sein, dass die luxemburgische Regierung zwar grds. dem Informationsaustausch auf Anfrage zustimmen wollte, dass dies jedoch nicht gilt, wenn die der Anfrage zugrunde liegenden Daten zuvor unter Verstoß gegen das in Luxemburg als wesentlicher Bestandteil der Rechtsordnung angesehene Bankgeheimnis zusammen getragen und dann an Deutschland übermittelt wurden.

dd) Internationale Rücksichtnahme

404 Schließlich stellt sich für Deutschland unter Berücksichtigung des von Wolfgang Ritter geprägten Begriffs der „internationalen Rücksichtnahme" die Frage, ob in einem Fall des Datenklaus nicht

von einer an Luxemburg gerichteten Informationsanfrage Abstand genommen werden sollten. Unter dem Grundsatz der internationalen Rücksichtnahme verstand Ritter als Ausdruck der grundlegenden Prinzipien des internationalen Steuerrechts die Verpflichtung eines Staates, in steuerlicher Hinsicht nicht nur seine eigenen Interessen, sondern auch die Interessen anderer Staaten wahrzunehmen. Die Verbindung über ein Doppelbesteuerungsabkommen sei dabei Ausdruck einer tieferen Gemeinschaft der Staaten, die zur Berücksichtigung der Interessen des anderen Staates und zur Bereitschaft, steuerliche Probleme gemeinsam zu lösen, führen sollte, wobei dies nicht im Widerspruch stehe zur Berechtigung, aktiv seine eigenen Rechte geltend zu machen und seine eigene Auffassung zum Ausdruck zu bringen (vgl. näher dazu *Lindencrona* FS Wolfgang Ritter S. 539, 539 f.).

c) Übermittlung entwendeter Daten an deutsche Steuerbehörden ohne Gegenleistung

Die Möglichkeit einer Ablehnung durch Luxemburg bzw. die Abstandnahme von eine Anfrage **405** durch Deutschland gilt – unter Verweis auf die Wiener Vertragsrechtskonvention von 1969 und das Prinzip der internationalen Rücksichtnahme – auch dann, wenn die deutschen Behörden ohne eigene Gegenleistung in den Besitz der gestohlenen Daten gelangen, etwa durch deren Veröffentlichung im Internet oder durch ihre anonyme Übermittlung an die deutschen Finanzbehörden.

d) Reichweite des Verwertungsverbotes entwendeter Daten

Das Vorstehende gilt zunächst bzgl. der auf dem Datenträger enthaltenen Daten, sodass etwa **406** betreffend eine bestimmte Kontonummer, die auf dem Datenträger mit einem Kontoauszug für einen bestimmten Zeitraum enthalten ist, für dieses Konto keine Informationen zu anderen Zeiträumen abgefragt werden können. In der Logik der Bedeutung eines Verstoßes gegen das (innerstaatlich) weiterhin bestehende Bankgeheimnis muss dasselbe aber für die gesamte Bank gelten, sodass sich eine Anfrage, deren Grundlage ein auf dem entwendeten Datenträger enthaltenes Konto A bei Bank B für Steuersubjekt C ist, nicht auf „alle weiteren Konten von Steuersubjekt C bei Bank B" beziehen kann. Ebenfalls, und bereits als *fishing expedition* ausgeschlossen ist eine Anfrage zu „allen Konten von C generell in Luxemburg" (vgl. näher dazu o. Rdn. 389).

e) Kein Verstoß gegen Art. 25 Abs. 5 DBA Lux 2012

Die zum Datenklau vorstehend entwickelten Ergebnisse stehen auch nicht im Widerspruch zu **407** Art. 25 Abs. 5 DBA 2012, wonach Abs. 3 nicht so auszulegen ist, dass eine Ablehnung alleine auf die Tatsache gestützt werden kann, dass sich die erbetene Information bei einer Bank befindet. Die luxemburgische Ablehnung stützte sich ja gerade nicht einzig darauf, dass sich die Information bei einer Bank befindet; als wesentlicher Erschwernisgrund kommt vielmehr hinzu, dass am Ursprung der Informationskette eine Verletzung des luxemburgischen *ordre public* steht.

f) Rechtshilfe unter dem europäischen Rechtshilfeabkommen bei Datenklau

Dasselbe Ergebnis wie unter dem DBA Lux 2012 – wenngleich mit unterschiedlicher Argumenta- **408** tion – gilt i.R.d. europäischen Rechtshilfeabkommens von 1959, ergänzt durch das Zusatzprotokoll von 1997; beidem ist Luxemburg mit Vorbehalten beigetreten (vgl. näher dazu o. Rdn. 381). Luxemburg verpflichtet sich hier zur Rechtshilfe, allerdings durch den zu Art. 2 Buchst. b) des europäischen Rechtshilfeabkommens erklärten Vorbehalt begrenzt auf Steuerbetrug iSd. § 396 Abs. 5 luxemburgische AO („Handelt es sich bei der Steuerhinterziehung um einen wesentlichen Betrag entweder in absoluter oder in relativer Höhe und wurde sie durch systematische betrügerische Handlung begangen [...] wird sie als Steuerbetrug [...] bestraft."), sodass sämtliche Anfragen, die sich auf Steuerhinterziehung beziehen, von vornherein unbeantwortet bleiben können. Entsprechend dem von Luxemburg erklärten Vorbehalt ist bei der Auslegung, ob es sich bei einem bestimmten Verhalten um Steuerbetrug handelt, von der luxemburgischen Auslegung auszugehen.

409 Bei Steuerbetrug hängt die Möglichkeit der luxemburgischen Gerichte, sich i.R.d. Rechtshilfe auf den *ordre-public*-Vorbehalt nach Art. 2 Buchst. b) des europäischen Rechtshilfeabkommens zu berufen, wesentlich davon ab, ob in einem nationalen luxemburgischen Verfahren die betreffenden, unter Bruch des luxemburgischen Bankgeheimnisses entwendeten Daten als Beweismittel verwertbar wären oder nicht. Wären sie in einem nationalen Verfahren verwertbar, scheidet ein Rückgriff auf den *ordre public* unter dem europäischen Rechtshilfeabkommen aus; ist dies hingegen nicht der Fall, kann auch keine Verpflichtung zur Rechtshilfe vonseiten luxemburgischer Gerichte bestehen.

410 Auf der Basis gefestigter belgischer und französischer Rechtsprechung (näher dazu sogleich Rdn. 411 – 415), deren Übertragung nach Luxemburg zu erwarten ist, scheidet eine Verwertung von unter derartigen Umständen erlangten Beweismitteln im Strafverfahren aus, da in Luxemburg das Bankgeheimnis zum *ordre public* gehört (vgl. näher dazu o. Rdn. 398 – 401; in diesem Sinne auch *D. Spielmann*, Le secret bancaire et l'entraide judiciaire internationale pénale au Grand-Duché de Luxembourg, 2007, S. 90). Im Ergebnis gilt demnach die Auskunftpflicht der luxemburgischen Gerichte unter dem europäischen Rechtshilfeabkommen nicht bei Steuerhinterziehung und – im Fall von Datenklau unter Berufung auf den *ordre-public*-Vorbehalt in Art. 2 Buchst. b) des europäischen Rechtshilfeabkommens – auch nicht bei Steuerbetrug.

411 Für das rein innerluxemburgische Verhältnis fehlt bislang – soweit ersichtlich – eine obergerichtliche Entscheidung zur Verwertbarkeit von gestohlenen Bankdaten. In derartigen Fällen kann – wegen der Nähe des luxemburgischen zum belgischen und französischen Rechtssystem – auf die belgische und ggf. die französische obergerichtliche Rechtsprechung zurückgegriffen werden. Für das allgemeine Strafverfahren unterscheiden die Gerichte dort heute, nachdem sie zunächst von einer absoluten Unverwertbarkeit unrechtmäßig erlangter Beweismittel ausgingen, dann aber die Rechtsprechung in Richtung Verwertbarkeit solcher Beweismittel aufgeweicht haben, wie folgt:

412 Zunächst bleiben Beweismittel, die durch einen Verstoß gegen einfache Gesetze erlangt wurden, grds. verwertbar. Das Gericht kann ein unrechtmäßig erlangtes Beweismittel von der Verwertung jedoch unter verschiedenen Bedingungen ausnehmen, dazu gehören die Verletzung zwingender Formvorschriften, falls die Unrechtmäßigkeit des Beweismittels seine Glaubhaftigkeit beeinträchtigt oder falls die Verwertung eines unrechtmäßig erlangten Beweismittels das Recht auf ein faires Verfahren verletzt. Zusätzlich kann in die Abwertung des Gerichts, ob ein solches Beweismittel verwertet werden kann oder nicht, einfließen, ob die Schwere des mit dem Verfahren verfolgten Deliktes bei Weitem die Unrechtmäßigkeit bei der Erhebung des Beweismittels überwiegt, ob die Ermittlungsbehörden eine Verbindung zur unrechtmäßigen Beschaffung des Beweismittels haben und ob das fehlerhaft erlangte Beweismittel nur einen begrenzten Teilbereich des verfolgten Deliktes betrifft (belgischer Kassationsgerichtshof [*Cour de cassation*], 14.02.2001, JT 2001, Nr. 26, 593; 23.03.2004, Az. P040012N, veröffentlicht auf <http://www.juridat.be> [17.07.2012]; 08.11.2005, Az. P051106N/1, veröffentlicht auf <http://www.juridat.be> [17.07.2012]; 31.05.2011, JT 2011, Nr. 28, 583, Az. P102037F, veröffentlicht auf <http://www.juridat.be> [17.07.2012]).

413 Dem ggü. stehen Beweismittel, die durch einen qualifizierten Rechtsverstoß erlangt wurden: Dazu zählen v.a. Verstöße gegen den *ordre public* und gegen ausländisches Recht. Solche Beweismittel sind grds. unverwertbar, unabhängig davon, zu welchem Zeitpunkt während oder vor dem Verfahren der Verstoß bei der Beschaffung begangen wurde (belgische Cour de cassation, 14.06.1965, Pas., I, 1102; 30.05.1995, JT 1996, 528; 23.05.2000, JT 2001, Nr. 19, 450; 06.04.2005, Az. P050218F/1, veröffentlicht auf <http://www.juridat.be> [17.07.2012]; französische Cour de cassation, 28.10.1991, JCP 1992, II, 21952 m. Anm. *Pannier* [[Bestätigung des Urteils der Cour d'appel Paris v. 26.04.1990, JCP 1991, II, 21704 – Fall von bei der schweizerischen UBS gestohlenen Daten, die Cour d'appel geht auf die Souveränität und den *ordre public* der Schweiz ein; die Cour de cassation bestätigt diese Urteil, stützt sich jedoch nicht auf die diesbezügliche Argumentation der Cour d'appel]).

Anders stellt sich die Situation dar bei Verstößen gegen bloße vertragliche Verpflichtungen, etwa 414
die Verpflichtung eines Arbeitnehmers, keine vertraulichen Dokumente aus dem Unternehmens-
gebäude zu entfernen: Verstöße gegen derartige Vorschriften bei der Beschaffung des Beweismittels beeinträchtigen die Verwertbarkeit des Beweismittels nicht (belgische Cour de cassation,
04.01.1994, Az. 6388, veröffentlicht auf <http://www.juridat.be> [17.07.2012]).

In einem jüngsten Urteil der belgischen Cour d'appel (Urt. v. 10.12.2010, JT 2011, 415
Nr. 3, 54, 55, 58, Bestätigung von Tribunal correctionnel Brüssel v. 08.12.2009, JT 2010,
Nr. 1, 6), das sich auf bei der luxemburgischen Kredietbank Luxembourg S.A. entwendete Kundendaten bezieht, ist als Rechtsauffassung des Ermittlungsrichters, zu deren Richtigkeit sich die
Cour d'appel in ihrem Urteil hingegen nicht äußert, erwähnt, dass das Recht auf ein ordnungsgemäßes Verfahren nicht bereits dann verletzt ist, wenn sich das Verfahren auf gestohlene Dokumente bezieht, die jedoch ordnungsgemäß beschlagnahmt worden sind, solange der Diebstahl
durch die Ermittlungsbehörden nicht initiiert oder auf ihre Initiative hin ausgeführt worden ist
(*„la régularité d'une procédure ne pouvait être mise en cause même si elle venait à s'appuyer sur des
documents volés, régulièrement saisis lors d'une perquisition, à la condition, néanmoins, que leur vol
n'ait pas été initié [sic] par les autorités judiciaires ou réalisé à l'initiative de celle-ci"*, Cour d'appel
Bruxelles v. 10.12.2010, JT 2011, Nr. 3, 54, 55). Diese Auffassung geht in Richtung der oben
(Rdn. 412) erläuterten belgischen Rechtsprechung zur Verwertbarkeit von mit einfachen Rechts-
verstößen bei der Beschaffung behafteten Beweismitteln, indem sie auf die Verbindung der
Ermittlungsbehörden zur unrechtmäßigen Beschaffung als Kriterium für die Unverwertbarkeit
abstellt. Das diese Entscheidung der belgischen Cour d'appel bestätigende Urteil der belgischen
Cour de Cassation (Urt. v. 31.05.2011, JT 2011, Nr. 28, 583) baut die oben (Rdn. 412) erwähnte
Formel der heutigen ständigen belgischen Rechtsprechung betreffend die Voraussetzungen, wann
unrechtmäßig erlangte Beweismittel das Recht auf ein faires Verfahren soweit beeinträchtigen können, dass die Verwertbarkeit ausgeschlossen ist, aus. Eigentlich hätte, sofern die Beschaffung der
Beweismittel durch die Verletzung des luxemburgischen Bankgeheimnisses erfolgte, die Unverwertbarkeit der auf diesem Wege beschafften Beweismittel bereits wegen des Verstoßes gegen das
luxemburgische Bankgeheimnis festgestellt werden müssen, jedoch spielte diese Frage wegen der
zahlreichen Mängel im Ermittlungsverfahren, die den Schwerpunkt des Verfahrens bildeten und
aus denen sich bereits die Unverwertbarkeit der Beweismittel ergab, im Urteil keine Rolle.

Für das Besteuerungsverfahren besteht ein Urteil des luxemburgischen VG (*tribunal administratif* 416
v. 29.02.2009, Az. 23487), das sich mit einem Verstoß gegen das in Art. 178 bis der luxemburgischen AO niedergelegte Verbot der Finanzbehörden, Auskunftsersuchen an Banken zum Zwecke
der Besteuerung von Steuersubjekten zu richten (Originaltext: *„aucun renseignement aux fins de
l'imposition du contribuable ne peut être demandé: 1) aux établissements de crédit; [...]"*) befasst.
Nach Auffassung des Gerichtes führt der Verstoß gegen die Verwaltungsvorschrift der AO nicht
zur Nichtigkeit des Steuerbescheides, sondern löst lediglich eine Staatshaftung oder die Haftung
des Auskunft erteilenden Bankmitarbeiters aus. Nach der oben (Rdn. 412 – 414) vorgenommenen Dreiteilung von fehlerhaft beschafften Beweismitteln ist diese Entscheidung folgerichtig, da es sich
lediglich um einen einfachen Verstoß handelt und das Beweismittel demnach trotzdem verwertbar
ist (und somit der Steuerbescheid wirksam).

4. Sonderfragen zum Verfahren auf luxemburgischer Seite

Die innerstaatlichen Verfahrensvorschriften zur innerluxemburgischen Informationsbeschaffung 417
finden sich in den Art. 2 bis 6 des luxemburgischen Gesetzes v. 31.03.2010 zur Umsetzung der
neuen Regeln des Informationsaustausches in das innerstaatliche luxemburgische Recht (*Mémorial*
A Nr. 51 v. 06.04.2010), welche folgenden Wortlaut haben:

Art. 2 (1) Die im Rahmen der Anwendung des von den in Art. 1 genannten Doppelbesteuerungsab- 418
*kommen (Anm.: Betrifft solche [neuen oder bestehenden] Doppelbesteuerungsabkommen, in denen
die Übernahme des OECD-Standards zum Informationsaustausch vereinbart wurde) vorgesehenen*

Informationsaustausches gestellten Anfragen fallen, je nach Art der Steuer, Abgaben und Gebühren, in den jeweiligen Zuständigkeitsbereich der Behörde für die direkten Steuern (Administration des contributions directes), der Einregistrierungsbehörde (Administration de l'enregistrement et des domaines) und der Zollbehörde (Administration des douanes et accises). Diese Zuständigkeit ergibt sich aus den anwendbaren Gesetzen und Verordnungen.

*(2) Falls keine der genannten Behörden auf der Grundlage von Abs. 1 zuständig ist, ist die Behörde für die direkten Steuern (**Administration des contributions directes**) für Informationsanfragen zuständig.*

Art. 3 (1) Die Finanzbehörden sind befugt, die in Anwendung des in den in Art. 1 genannten Doppelbesteuerungsabkommen vorgesehenen Informationsaustausches erbetenen Informationen beim Inhaber der Informationen abzufragen.

(2) Der Inhaber der Informationen ist verpflichtet, diese innerhalb eines Monats nach Zugang der Entscheidung über die Anordnung zur Herausgabe der betroffenen Informationen zu übermitteln.

Art. 4 Nach Überprüfung, dass die von der zuständigen Behörde des ersuchenden Staates gestellte Anfrage zum Informationsaustausch den in den in Art. 1 genannten Doppelbesteuerungsabkommen vorgesehenen gesetzlichen Anforderungen entspricht, übermittelt die zuständige Finanzbehörde ihre Entscheidung, die erbetenen Informationen herauszuverlangen, per eingeschriebenem Brief an den Inhaber der Informationen. Die Zustellung der Entscheidung an den Inhaber der erbetenen Informationen gilt als Zustellung an jede weitere in der Entscheidung genannte Person.

Art. 5 (1) Werden die erbetenen Informationen nicht innerhalb eines Monats ab Zustellung der Entscheidung über die Anordnung zur Herausgabe der betroffenen Informationen übermittelt, kann dem Inhaber der Informationen ein Zwangsgeld von maximal 250.000 Euro auferlegt werden. Der Betrag wird durch den Direktor der zuständigen Steuerverwaltung oder seinen Vertreter festgelegt.

(2) Das Zwangsgeld verjährt innerhalb von fünf Jahren ab dem 31. Dezember des Jahres, in dem es auferlegt wird.

*Art. 6 (1) Gegen die in Art. 4 genannten Entscheidungen ist der Rechtsweg zum Widerruf der Entscheidung vor dem Verwaltungsgericht (**tribunal administratif**) jeder der in der betroffenen Entscheidung genannten Person sowie jedem betroffenen Dritten eröffnet. Gegen die in Art. 5 genannten Entscheidungen ist der Rechtsweg zur Abänderung der Entscheidung vor dem Verwaltungsgericht dem Inhaber der Informationen eröffnet. Das Rechtsmittel gegen die in Art. 4 und Art. 5 genannten Entscheidungen ist innerhalb eines Monats nach Zustellung der Entscheidung an den Inhaber der betroffenen Informationen einzulegen. Das Rechtsmittel hat Suspensiveffekt. Abweichend von den Regeln über das Verwaltungsverfahren, kann jede Partei nur einen Schriftsatz, einschließlich des verfahrenseinleitenden Schriftsatzes, einreichen. Der Antwortschriftsatz muss innerhalb eines Monats nach Zustellung des verfahrenseinleitenden Schriftsatzes eingereicht werden. Jedoch kann der Vorsitzende der zuständigen Kammer im Verfahrensinteresse von Amts wegen die Erstellung von Zusatzschriftsätzen innerhalb der von ihm festzulegenden Frist anordnen. Das Verwaltungsgericht entscheidet innerhalb eines Monats ab der Zustellung des Antwortschriftsatzes oder dem Ablauf der Frist für die Einreichung des Antwortschriftsatzes. Ist die Erstellung eines Zusatzschriftsatzes angeordnet worden, entscheidet das Gericht innerhalb eines Monates ab der Zustellung des Zusatzschriftsatzes, andernfalls innerhalb eines Monats ab Ablauf der Frist für die Einreichung des Zusatzschriftsatzes.*

*(2) Gegen die Entscheidungen des Verwaltungsgerichtes kann zum Oberverwaltungsgericht (**Cour administrative**) Berufung eingelegt werden. Die Berufung ist innerhalb von zwei Wochen ab der Zustellung des Urteils durch den Urkundsbeamten der Geschäftsstelle. Während der Berufungsinstanz hat die Berufung aufschiebende Wirkung. Abweichend von den Regeln über das Verwaltungsverfahren, kann jede Partei nur einen Schriftsatz, einschließlich des berufungseinleitenden Schriftsatzes, einreichen. Der Antwortschriftsatz muss innerhalb eines Monats nach Zustellung des Berufungsschriftsatzes eingereicht werden. Jedoch kann der Vorsitzende Richtes des Oberverwaltungsgerichtes im Verfahrensinteresse von Amts wegen die Erstellung von Zusatzschriftsätzen innerhalb der von ihm festzulegenden Frist anordnen. Das Oberverwaltungsgericht entscheidet innerhalb eines Monats ab der Zustellung des Antwortschriftsatzes oder dem Ablauf der Frist für die Einreichung des Antwortschriftsatzes. Ist die Erstellung eines Zusatzschriftsatzes angeordnet worden, entscheidet das*

Oberverwaltungsgericht innerhalb eines Monates ab der Zustellung des Zusatzschriftsatzes, andern-
falls innerhalb eines Monats ab Ablauf der Frist für die Einreichung des Zusatzschriftsatzes. (**Origi-**
naltext: „*Art. 2. (1) Les renseignements qui sont demandés pour l'application de l'échange de ren-*
seignements tel que prévu par les Conventions visées par l'article 1er, relèvent, selon la nature des
impôts, droits et taxes, de la compétence respective de l'Administration des contributions directes, de
l'Administration de l'enregistrement et des domaines et de l'Administration des douanes et accises.
Cette compétence est déterminée sur base des dispositions légales et réglementaires en vigueur.
(2) En l'absence de compétence de l'une des administrations en vertu du paragraphe précédent, les
renseignements demandés relèvent de la compétence de l'Administration des contributions directes.
Art. 3. (1) Les administrations fiscales sont autorisées à requérir les renseignements qui sont deman-
dés pour l'application de l'échange de renseignements tel que prévu par les Conventions visées par
l'article 1er auprès du détenteur de ces renseignements.
(2) Le détenteur des renseignements est obligé de les fournir endéans le délai d'un mois à partir de
la notification de la décision portant injonction de fournir les renseignements demandés.
Art. 4. Après avoir examiné que la demande d'échange de renseignements émanant de l'autorité
compétente de l'Etat requérant satisfait aux conditions légales de l'octroi de l'échange de renseigne-
ments tel que prévu par les Conventions visées par l'article 1er, l'administration fiscale compétente
notifie par lettre recommandée sa decision portant injonction de fournir les renseignements demandés
au détenteur des renseignements. La notification de la décision au détenteur des renseignements
demandés vaut notification à toute autre personne y visée.
Art. 5. (1) Si les renseignements demandés ne sont pas fournis endéans le délai d'un mois à partir de
la notification de la décision portant injonction de fournir les renseignements demandés, une
amende administrative fiscale d'un maximum de 250.000 euros peut être infligée au détenteur des
renseignements. Le montant en est fixé par le directeur de l'administration fiscale compétente ou son
délégué.
(2) L'amende administrative fiscale se prescrit par cinq ans à partir du 31 décembre de l'année dans
laquelle elle est notifiée.
Art. 6. (1) Contre les décisions visées à l'article 4, un recours en annulation est ouvert devant le tri-
bunal administratif à toute personne visée par ladite décision ainsi qu'à tout tiers concerné. Contre
les décisions visées à l'article 5, un recours en réformation est ouvert devant le tribunal administratif
au détenteur des renseignements. Le recours contre les décisions visées aux articles 4 et 5 doit être
introduit dans le délai d'un mois à partir de la notification de la décision au détenteur des renseig-
nements demandés. Le recours a un effet suspensif. Par dérogation à la législation en matière de pro-
cédure devant les juridictions administratives, il ne peut y avoir plus d'un mémoire de la part de
chaque partie, y compris la requête introductive d'instance. Le mémoire en réponse doit être fourni
dans un délai d'un mois à dater de la signification de la requête introductive. Toutefois, dans
l'intérêt de l'instruction de l'affaire, le président de la chambre appelée à connaître de l'affaire peut
ordonner d'office la production de mémoires supplémentaires dans le délai qu'il détermine. Le
tribunal administratif statue dans le mois à dater de la signification du mémoire en réponse ou de
l'expiration du délai pour le dépôt du mémoire en réponse. Lorsque la production d'un mémoire sup-
plémentaire a été ordonnée, le tribunal statue dans le mois de la signification du mémoire supplé-
mentaire, sinon dans le mois de l'expiration du délai pour le dépôt de ce mémoire.
(2) Les décisions du tribunal administratif peuvent être frappées d'appel devant la Cour administra-
tive. L'appel doit être interjeté dans le délai de 15 jours à partir de la notification du jugement par
les soins du greffe. Il est sursis à l'exécution des jugements pendant le délai et l'instance d'appel. Par
dérogation à la législation en matière de procédure devant les juridictions administratives, il ne peut
y avoir plus d'un mémoire de la part de chaque partie, y compris la requête d'appel introductive. Le
mémoire en réponse doit être fourni dans un délai d'un mois à dater de la signification de la requête
d'appel. Toutefois, dans l'intérêt de l'instruction de l'affaire, le magistrat présidant la juridiction
d'appel peut ordonner d'office la production de mémoires supplémentaires dans le délai qu'il déter-
mine. La Cour d'appel statue dans le mois à dater de la signification du mémoire de réponse, sinon
dans le mois de l'expiration du délai pour le depot de ce mémoire. Lorsque la production d'un

mémoire supplémentaire a été ordonnée, la Cour statue dans le mois de la signification du mémoire supplémentaire, sinon dans le mois de l'expiration du délai pour le dépôt de ce mémoire.")

419 Art. 2 des Umsetzungsgesetzes regelt die Frage, welche luxemburgische Behörde für den Informationsaustausch zuständig ist. Nach der im Gesetz getroffenen Lösung hängt die Zuständigkeit von der Art der Steuern, welche die deutsche Informationsanfrage betrifft, ab. So kann die Zuständigkeit zwischen der Finanzbehörde für direkte Steuern (*Administration des contributions directes*, im Wesentlichen betreffend die ESt), der Einregistrierungsbehörde (*Administration de l'enregistrement*, im Wesentlichen betreffend die USt sowie der Zollbehörde (*Administration des douanes et accises*, im Wesentlichen betreffend Zoll und Akzisensteuern, etwa Mineralöl- oder Tabaksteuer) wechseln. Die Zuständigkeitsverteilung folgt der allgemeinen Zuständigkeitsverteilung nach nationalem luxemburgischem Recht. Lediglich für sonstige Anfragen besteht eine Auffangzuständigkeit der Finanzbehörde für direkte Steuern.

420 Nicht geklärt im Gesetz ist die Frage, welche Zuständigkeit bei bereichsübergreifenden Anfragen gelten soll, wenn also die deutsche Anfrage nicht nur die ESt, sondern etwa zugleich auch die USt betrifft. Unter Umständen wird der Halter der erbetenen Informationen demnach mit bis zu drei Anfragen der verschiedenen luxemburgischen Steuerbehörden – jeweils beschränkt auf deren eigene Zuständigkeit – konfrontiert. Möglicherweise werden sich die verschiedenen luxemburgischen Behörden untereinander konsultieren und ggü. Deutschland mit einer einheitlichen Linie auftreten. Um derlei Abgrenzungsprobleme zu vermeiden, war im Gesetzgebungsverfahren vom Staatsrat (*Conseil d'Etat*) vorgeschlagen worden, eine zentrale Zuständigkeit zu schaffen und diese beim Finanzministerium anzusiedeln (vgl. die Stellungnahme des Conseil d'Etat v. 02.02.2010, *dossier parlementaire* Nr. 6072), was letztendlich jedoch nicht befolgt wurde.

421 Weiterhin ist die nähere Ausgestaltung der Aufforderung zur Informationsübermittlung der luxemburgischen Behörde an den Halter der Information offen, v.a., ob, und wenn ja, in welcher Form die Aufforderung zu begründen ist. Zu erwarten steht, dass die luxemburgische Behörde sich auf die deutsche Informationsanfrage bezieht und ggf. eine Kopie an die Bank übermittelt, um der Bank und dem betroffenen Steuersubjekt die Möglichkeit zu geben, die Erfüllung der Anforderungen von Art. 25 DBA Lux 2012 und Nr. 5 des Schlussprotokolls an die deutsche Anfrage selbst zu prüfen.

422 Art. 6 des Umsetzungsgesetzes sieht zwei Rechtsmittel vor, nämlich zum einen eine Anfechtungsklage des Informationshalters gegen die Auferlegung des in Art. 5 Abs. 1 des Umsetzungsgesetzes vorgesehenen Zwangsgeldes; zum anderen eine Abänderungsklage entweder des Halters der Informationen oder jedes betroffenen Dritten, womit v.a. das betroffene Steuersubjekt gemeint ist, da nach Art. 4 Satz 2 des Umsetzungsgesetzes auch die an die Bank gerichtete Aufforderung zur Herausgabe der Informationen unmittelbar ggü. jeder in der Aufforderung genannten Person gilt. Im Rahmen beider Klagen wird der Kläger sich jeweils auf die Aufhebung des Bankgeheimnisses trotz Nichterfüllens der Voraussetzungen von Art. 25 DBA Lux 2012 bzw. Nr. 5 des Zusatzsatzprotokolls für den Informationsaustausch berufen.

423 Im Laufe des Gesetzgebungsverfahrens wurde der Rechtsschutz leicht erweitert. Während nunmehr jeder betroffene Dritte Gebrauch von der Abänderungsklage machen kann, beschränkte der ursprüngliche Gesetzentwurf den Rechtsschutz auf betroffene Dritte, die ein zulässiges eigenes Interesse (*intérêt légitime personnel*) geltend machen können (vgl. die ursprüngliche Gesetzesfassung von Art. 6 Abs. 1 Satz 1 des Umsetzungsgesetzes v. 01.10.2009, *dossier parlementaire* Nr. 6072).

424 Um sich nicht dem Vorwurf der Behinderung oder Verzögerung des effektiven Informationsaustausches auszusetzen und zugleich in Übereinstimmung mit Nr. 5 Abs. 4 Satz 2 des Schlussprotokolls, ist der Rechtsschutz vom Umfang her, nicht aber von der Wirksamkeit her begrenzt, da die Rechtsmittel Suspensiveffekt haben. Während nach allgemeinem Verwaltungsverfahrensrecht grds. zwei Schriftsätze pro Instanz vorgesehen sind, ist das Verfahren zur Anfechtung der Anordnung

zur Übermittlung von Bankdaten an die luxemburgischen Steuerbehörden oder der Strafzahlung auf einen einzigen Schriftsatz pro Partei begrenzt. Um jedoch wiederum den Besonderheiten jedes Einzelfalles gerecht zu werden, besteht für das jeweils zuständige Gericht die Möglichkeit, einen oder mehrere weitere Schriftsätze zuzulassen und für deren jeweilige Einreichung eine Frist festzusetzen. Zwar ist die Frist nicht wie für die regulären Schriftsätze mit einem Monat festgelegt, die Monatsfrist kann jedoch als guter Anhaltspunkt gelten und dürfte, wenn überhaupt, nur in wenigen Ausnahmefällen überschritten werden. Zudem ist den entscheidenden Gerichten eine Frist zur Urteilsfindung von einem Monat ab der Zustellung der Replik (oder der jeweils dafür vorgesehenen Frist) auferlegt, während das allgemeine Verwaltungsverfahrensrecht keine solchen Fristen kennt.

D. Amtshilfe in Steuersachen – Luxemburg (Luxemburg – Deutschland)

I. Keine luxemburgischen Informationsanfragen zu erwarten

Die Erläuterungen zu luxemburgischen Informationsanfragen an Deutschland können kurz gehalten werden aus einem einfachen Grund: Es wird aller Voraussicht nach keine geben. Im nationalen Verhältnis zu den in Luxemburg ansässigen Steuersubjekten bleibt das Bankgeheimnis unverändert bestehen. Zwar ermöglicht es Art. 23 DBA Lux (bzw. ab Veranlagungszeitraum 2013 Art. 25 DBA Lux 2012) ab Veranlagungszeitraum 2010 Luxemburg grundsätzlich, an Deutschland Informationsanfragen zu stellen; da die Steuerbehörden bei rein luxemburgischen Sachverhalten jedoch das Bankgeheimnis zu respektieren haben, wäre ein Auskunftsersuchen an Deutschland rechtlich vom DBA Lux wohl gedeckt, aber nicht stringent mit dem nationalen luxemburgischen Recht. Zuglich bestünde für Deutschland die Möglichkeit, die Informationsanfrage auf der Basis des als Gesetzgebungsklausel (*clause de législation*, dazu u. Rdn. 427-430) bezeichneten allgemeinen Grundsatzes zurückzuweisen. **425**

II. Mögliche Ablehnung der Auskunft durch Deutschland

Für Deutschland als ersuchter Staat besteht darüber hinaus im Fall einer luxemburgischen Informationsanfrage die Möglichkeit, diese unter Verweis auf Art. 25 Abs. 3 Buchst. b DBA Lux 2012 abzulehnen, weil derartige Informationen nach nationalem luxemburgischem Recht nicht beschafft werden können. Unserer Ansicht nach steht diesem Ergebnis Art. 25 Abs. 5 DBA Lux 2012 nicht entgegen, denn letztere Vorschrift bezieht sich von ihrem Sinn und Zweck her nur auf das Recht des ersuchten Staates und will so verhindern, dass der ersuchte Staat sein eigenes nationales Bankgeheimnis vorschiebt, um einer Informationsanfrage nicht nachzukommen. Anders als die Situation, die Art. 25 Abs. 5 DBA Lux 2012 im Blick hat, ist die Situation jedoch, wenn sich der ersuchte Staat auf das Recht des ersuchenden Staates bezieht (was ihm nach Art. 25 Abs. 3 Buchst. b DBA Lux 2012 möglich ist): In diesem Fall greift die Schutzrichtung des Art. 25 Abs. 5 DBA Lux 2012 nicht, so dass Deutschland eine luxemburgische Informationsanfrage vor diesem Hintergrund mit gutem Grund ablehnen könnte. In der Praxis sollte Luxemburg freilich in Kohärenz zum eigenen nationalen Recht bereits von vornherein von Informationsanfragen an Deutschland absehen. **426**

III. Gesetzgebungsklausel (clause de législation)

Hinzu kommt ein übergeordnetes, aus zwei Bestandteilen bestehendes Prinzip aus dem internationalen Steuerrecht, das aus einer Zeit vor Einführung des Art. 26 Abs. 5 OECD-MA stammt und deshalb unabhängig vom genauen Verhältnis des Art. 25 Abs. 5 DBA Lux 2012 zu Art. 25 Abs. 3 DBA Lux 2012 besteht. **427**

Sein erster Teil besagt, dass der ersuchte Staat im Bereich der Informationsübermittlung solche Anfragen zurückweisen kann, die dem ersuchenden Staat nicht auch unter seinem eigenen natio- **428** nalen Recht erlaubt wären, etwa weil im innerstaatlichen Recht des ersuchenden Staates das Bankgeheimnis fortbesteht. Für den umgekehrten Fall bedeutet dies als zweiter Teil grundsätzlich, dass der ersuchte Staat bezüglich der Informationsbeschaffung und -übermittlung an den ersuchenden Staat nicht über das hinausgehen kann, was ihm selbst nach seiner eigenen nationalen Rechtsordnung erlaubt ist. Dieses Prinzip wird in der französischen Literatur als *clause de législation* (Gesetzgebungsklausel) bezeichnet (vgl. dazu auch Steichen, Manuel de droit fiscal, 4. Aufl. 2006, Nr. 833; Tixier/Gest/Kerogues, Droit fiscal international, 2. Aufl. 1990, Nr. 505-510).

429 Ausschlaggebend ist demnach für die Reichweite der zwischenstaatlichen Amtshilfe im Ergebnis immer das strengere Recht: Ist das innerstaatliche Recht des ersuchten Staates strenger als das innerstaatliche Recht des ersuchenden Staates und erlaubt nach innerstaatlichem Recht keine Anfragen zur Informationsübermittlung, kann der ersuchende Staat zwar grundsätzlich eine Informationsanfrage stellen, wird aber keine Antwort erhalten, und sollte deshalb aus Rücksicht auf das strengere Recht des ersuchten Staates von vornherein von einer Anfrage absehen (Zweiter Teil der Gesetzgebungsklausel). Andersherum: Ist das innerstaatliche Recht des ersuchenden Staates strenger als das innerstaatliche Recht des ersuchten Staates und erlaubt dieses strengere Recht im nationalen Rahmen keine Anfragen zur Informationsübermittlung, kann der ersuchte Staat die Auskunft an den ersuchenden Staat verweigern (Erster Teil der Gesetzgebungsklausel).

430 Der zweite Teil der Gesetzgebungsklausel (Auskunft durch den ersuchten an den ersuchenden Staat nur im Rahmen dessen, was dem ersuchten Staat auch nach eigenem nationalen Recht möglich ist) ist durch die Sonderregeln zum Informationsaustausch in den Neufassungen von Art. 23 DBA Lux (bzw. ab Veranlagungszeitraum 2013 Art. 25 DBA Lux 2012) und Nr. 27 (bzw. ab Veranlagungszeitraum 2013 Nr. 5) des Schlussprotokolls abbedungen; bezüglich des ersten Teils hingegen (keine Auskunft auf Anfragen durch ersuchten Staat, die über das nach dem nationalen Recht des ersuchenden Staates erlaubte Maß hinausgehen), besteht mangels eindeutiger abweichender Regelung im DBA Lux 2012 oder dem zugehörigen Schlussprotokoll kein Grund, nicht von seinem Fortbestand im Grundsatz auszugehen. Auf der Grundlage dieser Gesetzgebungsklausel und angewendet auf das DBA Lux 2012, sollte Luxemburg wegen des Fortbestandes des Bankgeheimnisses unter eigenem nationalem Recht grundsätzlich von vornherein von Informationsanfragen an Deutschland absehen und kann Deutschland zugleich eine solche Anfrage, falls sie dennoch gestellt würde, ablehnen. Isoliert auf der Basis des DBA Lux 2012 betrachtet gelangt man zum selben Ergebnis, nämlich dass eine luxemburgische Informationsanfrage an Deutschland vom DBA Lux zwar gedeckt ist, jedoch dann für Deutschland die Möglichkeit der Ablehnung unter Hinweis auf Art. 25 Abs. 3 lit. b DBA Lux 2012 besteht.

IV. Exkurs: Informationsaustausch zwischen Staaten mit beibehaltenem Bankgeheimnis

431 Vor diesem Hintergrund sei ergänzend hinzugefügt, dass im Verhältnis Luxemburgs zu Staaten, die – trotz einer Vereinbarungen zum Informationsaustausch im jeweiligen Doppelbesteuerungsabkommen entsprechend Art. 25 DBA Lux 2012 – ebenfalls ihr nationales Bankgeheimnis aufrecht erhalten (z.B. Österreich), der Informationsaustausch etwa nach dem österreichisch-luxemburgischen Doppelbesteuerungsabkommen im Ergebnis ins Leere läuft: Zwar hindert – isoliert betrachtet – die Art. 25 DBA Lux 2012 entsprechende Vorschrift weder Luxemburg noch Österreich daran, an den jeweils anderen Staat eine Informationsanfrage zu stellen. Unter Einbeziehung der Gesetzgebungsklausel sollten jedoch beide Staaten von einer Anfrage an den jeweils anderen Staat absehen, da es beiden Staaten möglich wäre, eine Informationsanfrage des jeweils anderen Staates auf der Grundlage des ersten Teils der Gesetzgebunngsklausel zurückzuweisen, da die Beschaffung der angefragten Informationen unter dem nationalen Recht des ersuchenden Staates nicht möglich wäre. Darüber hinaus – und ohne Bezugnahme auf die Gesetzgebungsklausel – bietet das zwischen Österreich und Luxemburg bestehende Doppelbesteuerungsabkommen beiden Staaten die Möglichkeit, als ersuchter Staat eine Informationsanfrage des jeweils anderen Staates

unter Berufung auf die Art. 25 Abs. 3 lit. b DBA Lux 2012 entsprechende Vorschrift im österreichisch-luxemburgischen Doppelbesteuerungsabkommen abzulehnen.

E. Amts- und Rechtshilfe durch Österreich in Steuerangelegenheiten

I. Einleitende Bemerkungen

Die Bereiche der grenzüberschreitenden Zusammenarbeit staatlicher Organe im Bereich des Steuerrechts und Steuerstrafrechts (in Österreich ist der in der Folge gebrauchte Terminus des Finanzstrafrechts üblich) haben auch in Österreich eine längere Tradition.[1] Die Vergangenheit der **Amts- und Rechtshilfe** in Abgabensachen zwischen Deutschland und Österreich ist aber hinsichtlich der rechtlichen Strukturen durchwachsen und hat erst in den vergangenen Jahren eine systematische Erweiterung erfahren. Lange Zeit war die Rechtshilfe von größerer Bedeutung, als die Amtshilfe – auf die Gründe wird in weiterer Folge noch eingegangen. Im Zuge der jüngsten Rechtsentwicklungen, die v.a. Folge intensiver politischer Bestrebungen einer Reihe von Staaten waren, zu denen auch Deutschland gehört, hat sich das Bild gewandelt. Zahlreiche Staaten haben die Umsetzung der OECD-Standards über den Austausch steuerlich relevanter Informationen aufgenommen oder – so wie Österreich – deren nationale Umsetzung erweitert und angepasst. Als Folge dieser Entwicklungen gewinnt nun die Amtshilfe stark an Bedeutung und tritt künftig ggü. der Rechtshilfe in den Vordergrund.

1. Unterscheidung von Rechts- und Amtshilfe

Mit Blick auf die Rechtslage zwischen Österreich und Deutschland können diverse **Arten der behördlichen Zusammenarbeit** unterschieden werden, die in weiterer Folge relevant sind (zu den von der OECD anerkannten Arten des Austauschs steuerlicher Informationen s. *Putzer*, Das neue Bankgeheimnis (2010) 13). Primär voneinander zu unterscheiden sind die Amts- und die Rechtshilfe als Grundbegriffe. Die Amtshilfe ist die Vornahme von Verfahrenshandlungen durch verfahrensfremde Verwaltungsbehörden und die Rechtshilfe ist die Vornahme von Verfahrenshandlungen durch verfahrensfremde Gerichte (s. ausführlicher *Putzer*, Das neue Bankgeheimnis (2010) 23 f.). Diese Unterscheidung ist für eine weitere Analyse grds. geeignet, wenngleich man anerkennen muss, dass sie alleine schon durch die Bezugnahme auf die Institutionen der Verwaltungsbehörden und der Gerichte als Unterscheidungsmerkmale Unschärfe erfährt, weil diese Begriffe in unterschiedlichen Rechtsräumen unterschiedlich voneinander abgegrenzt werden, was insb. im Bereich zwischenstaatlicher Amts- und Rechtshilfe relevant ist.

2. Kategorien der Zusammenarbeit

Als Unterarten dieser Formen der Zusammenarbeit können nach der **Art des Verfahrens** insb. Zustellungs-, Vollstreckungs- und Ermittlungs-Amts- oder Rechtshilfe unterschieden werden. Der bedeutsamste und in der Vergangenheit auch am kontroversesten diskutierte Bereich ist hier sich die Ermittlungshilfe. Während bei der Zustellungshilfe lediglich Briefverkehr grenzüberschreitend behördlich erledigt wird und bei der Vollstreckungshilfe bereits festgestellte Forderungen eingetrieben werden, erstreckt sich die Ermittlungshilfe auf ein weites Gebiet ermittlerischer Tätigkeiten, seien sie etwa rein erhebungstechnischer Art oder auch solche in einem Strafverfahren. Hierbei spielt die Informationsbarriere des österreichischen Bankgeheimnisses eine besondere Rolle, weil es grds. einem Informationsersuchen vorgeht. Nur bei Vorliegen klarer Ausnahmetatbestandsmerkmale kann es durchbrochen werden.

432

433

434

---

1 Vorweg sei bemerkt, dass im folgenden Abschnitt Verweise auf Gesetzte oder Gesetzesstellen als Verweis in das österreichische Recht zu verstehen sind, sofern diesen nicht ein entsprechender Verweis auf eine andere Rechtsordnung beigefügt ist.

435 Der **Art der Kooperation** nach können primär die Zusammenarbeit auf Ersuchen, der automatische Austausch von Informationen und der spontane Austausch von Informationen unterschieden werden. Alle drei Formen sind mittlerweile auch im österreichischen Finanzstrafrecht von gewisser Bedeutung, was sich an den nachfolgenden Ausführungen zeigen wird.

II. Die Rechtshilfe in Steuerangelegenheiten

1. Vorbemerkung

436 Wie eingangs erwähnt, kam der Rechtshilfe ggü. der Amtshilfe im **Finanzstrafrecht** in der Vergangenheit eine wichtigere Rolle zu. Nunmehr tritt die Amtshilfe aufgrund neuer Regularien verstärkt in den Vordergrund. Dennoch seien hier die wesentlichen einschlägigen Regelungen dargestellt (s. mit einer übersichtlichen Darstellung *Flora*, Bankgeheimnisdurchbrechung im Strafrecht, insb. Finanzstrafrecht, Wechselwirkungen zum ADG, in *Leitner* (Hrsg) Finanzstrafrecht 2010 (2011) 75 (81 f.).

2. Die Rechtshilfeverträge v. 04.10.1954 und v. 11.09.1970

437 Erstmals mit dem Rechtshilfevertrag zwischen Österreich und Deutschland aus dem Jahr 1954 (BGBl. 1955, S. 249.) hat sich Österreich zur **Rechtshilfe in Abgabensachen** ggü. Deutschland verpflichtet. Diese Regelung war jedoch im Hinblick auf Veranlagungsinformationen relativ zahnlos, weil eine Herausgabe von Informationen durch eine Bank nicht hätte erzwungen werden können (*Flora*, Das Bankgeheimnis im gerichtlichen Strafverfahren (2007) 169).

438 Der Rechtshilfevertrag v. 11.09.1970 (BGBl. 1971, S. 430) sah weitere Möglichkeiten der Rechtshilfe zwischen Österreich und Deutschland vor. Jedoch bestanden hierbei **Erschwernisse** im Bereich der Strafverfolgung, weshalb es eher als Grundlage der Amtshilfe als der Rechtshilfe herangezogen wurde (s. dazu unten; vgl. *Leitner/Toifl/Brandl*, Österreichisches Finanzstrafrecht³ (2008) Rn. 2350).

3. Das Rechtshilfeübereinkommen der EU in Strafsachen und das Protokoll v. 16.10.2001

439 Neben dem europäischen Rechtshilfeübereinkommen und seinem Zusatzprotokoll v. 17.03.1978 und dem Schengener Durchführungsübereinkommen, die ein grundlegendes Gefüge von Amts- und Rechtshilfebestimmungen geschaffen haben (vgl. im Detail *Dannecker/Reinel*, Rechts- und Amtshilfe in der EG – aktuelle Entwicklungen, in *Leitner* (Hrsg), Finanzstrafrecht 2006 (2007) 49 (56 ff.) und *Leitner/Toifl/Brandl*, Österreichisches Finanzstrafrecht³ (2008) Rn. 2350 ff.), ist es primär das Rechtshilfeübereinkommen der EU in Strafsachen mit seinem Protokoll v. 16.10.2001, das im Rechtshilfebereich klare Regelungen für Auskünfte über die in Steuerstrafverfahren regelmäßig relevanten **Bankdaten** vorsieht (s. *Dannecker/Reinel*, Rechts- und Amtshilfe in der EG – aktuelle Entwicklungen, in *Leitner* (Hrsg), Finanzstrafrecht 2006 (2007) 49 (59).

440 Diese Regelung wurde in Gestalt des damaligen § 145a StPO umgesetzt (s. ausführlich hierzu *Flora*, Die Auskunft zu Bankkonten nach dem Protokoll zum Übereinkommen über die Rechtshilfe in Strafsachen zwischen den Mitgliedstaaten der EU, ÖBA 2006, 738.). Heute erfolgt die Regelung in §§ 116 i.V.m. 109 StPO. Auf dieser Basis können, vorausgesetzt es kann ein **Konnex** zwischen der jeweils zur Last gelegten Straftat und einem Bankkonto hergestellt werden, Informationen, die dem Bankgeheimnis unterliegen, ausgehoben werden. Hierzu ergeht eine Anordnung zur Kontoöffnung nach § 116 stopp (s. hierzu auch *Leitner/Toifl/Brandl*, Österreichisches Finanzstrafrecht³ (2008) Rn. 2378 f.) Das zur Last gelegte Delikt muss dabei aufgrund seiner Schwere in die landesgerichtliche Zuständigkeit fallen (s. hierzu bereits *Flora*, Die Auskunft zu Bankkonten nach dem Protokoll zum Übereinkommen über die Rechtshilfe in Strafsachen zwischen den Mitgliedstaaten der EU, ÖBA 2006, 738 (739 f.). Eine solche Anordnung kann an alle Banken Österreichs versendet werden, sodass alle im jeweiligen Fall kontoführenden Institute zur Offenlegung verhalten werden.

III. Die Amtshilfe in Steuerangelegenheiten

Ursprünglich wurde auch die Amtshilfe in Steuerangelegenheiten zwischen Österreich und 441 Deutschland auf den Rechtshilfevertrag von 1970 gegründet (s. *Leitner/Toifl/Brandl*, Österreichisches Finanzstrafrecht[3] (2008) Rn. 2350). Als das zentrale Kriterium für die **Gleichwertigkeit ausländischer Verfahren** stellte sich in der Praxis die Frage der Einleitung eines Strafverfahrens heraus (vgl. hierzu *Arnold*, Bankgeheimnis: Ausländische verwaltungsbehördliche Finanzstrafverfahren am (qualifizierten) Prüfstand der Rechtsstaatlichkeit, ÖBA 2006, 722). Denn nur im Rahmen eingeleiteter Strafverfahren wegen vorsätzlicher Finanzvergehen, ausgenommen Finanzordnungswidrigkeiten, ist eine Durchbrechung des Bankgeheimnisses nach § 38 BWG vorgesehen.

Damit erfolgte kein grundsätzlicher Ausschluss ausländischer Finanzstrafverfahren vom Eingriff in 442 das österreichische Bankgeheimnis, aber es wurden **Reziprozität und die Gleichwertigkeit** des Rechtsschutzes des Betroffenen im ersuchenden Staat mit den Rechtsschutzmechanismen in einem österreichischen Verfahren gefordert, in dem eine Bankgeheimnisdurchbrechung möglich wäre (vgl. u.a. *Jirousek*, The international Battle against Tax Fraud and Tax Evasion: Recent Developments in Austria, in *Kofler/Mason/van Thiel* (Hrsg), Tax Evasion and Tax Avoidance: Symposium on EU Tax Policy (2011) 21 (22). Neben einer zwischenstaatlichen Ermächtigungsgrundlage, die überhaupt erst das Übermitteln eines Amtshilfeersuchens zulässig machte (Rechtshilfeabkommen), war es also lediglich erforderlich, dass das ausländische Verfahren einem österreichischen Finanzstrafverfahren gleichkäme, in welchem das Bankgeheimnis durchbrochen würde. Diese Kriterien wurden vom österreichischen VwGH mehrfach aufgegriffen.

1. Die Rechtsprechung des österreichischen VwGH

Es überrascht nicht, dass die Wahrung des Bankgeheimnisses und die Erhebung steuerlich relevan- 443 ter Informationen einander **widerstreiten**. Entsprechende Grundgedanken kennt auch das deutsche Recht (*Kalkbrenner/Koch*, Bankgeheimnis und Datenschutz (2009) 37 f.), wenngleich in anderer Ausprägung, als das österreichische.

Mit seinem Erkenntnis 2004/14/0022 v. 26.07.2006 bestätigte der österreichische VwGH, dass 444 deutsche Steuerstrafverfahren mangels einer bescheidmäßigen und damit bekämpfbaren **Eröffnung** in Österreich nicht als eingeleitet zu betrachten sind und daher eine Amtshilfe nicht möglich war (s. *Arnold*, Bankgeheimnis: Ausländische verwaltungsbehördliche Finanzstrafverfahren am (qualifizierten) Prüfstand der Rechtsstaatlichkeit, ÖBA 2006, 722). Nicht betroffen von diesem Erkenntnis waren gerichtliche Strafverfahren und die Möglichkeiten der dort offenstehenden Rechtshilfe

2. Die EU-Amtshilferichtlinie

Das EG-AHG ist in Umsetzung der Amtshilferichtlinie (Richtlinie 77/799/EWG des Rates 445 v. 19.12.1977 über die gegenseitige Amtshilfe zwischen den zuständigen Behörden der Mitgliedstaaten im Bereich der direkten Steuern, ABl L 336 v. 27.12.1977) ergangen. Diese Richtlinie hat lange Zeit das Rückgrat des **Ermittlungsamtshilfewesens** in der EU gebildet. Allerdings wurde sie zuletzt zunehmend als unzureichend und auch als bürokratisch beurteilt. Um die Amtshilfe schneller zu machen und umfassendere Eingriffe zu ermöglichen, wurde daher eine neue Amtshilferichtlinie geschaffen, die im Jahr 2013 die bisherige ablösen wird (Richtlinie 2011/16/EU des Rates v. 15.02.2011 über die Zusammenarbeit der Verwaltungsbehörden im Bereich der Besteuerung und zur Aufhebung der Richtlinie 77/799/EWG, ABl L 64 v. 11.03.2011). Diese Amtshilferichtlinie, die dann auch in einem neuen AHG umgesetzt werden wird, gilt sachlich im Bereich der Steuern mit Ausnahme der USt, der Zölle, der Verbrauchsteuern, der Sozialversicherungsbeiträge und der verwaltungsrechtlichen und vertraglichen Gebühren (s. *Leitner*, Das österreichische Bankgeheimnis (2011) 33 f.).

446 Neben einer Amtshilfe auf Ersuchen, die dem OECD-Standard entspricht, ist auch ein eingeschränkter **automatischer Informationsaustausch** vorgesehen, der ab 2015 folgende Einkunftsquellen und die betreffenden Steueransprüche umfassen wird:

– Unselbstständige Einkünfte
– Lebensversicherungen
– Pensionen
– Einkünfte aus Vermietung und Verpachtung
– Vorstands- und Aufsichtsratsvergütungen

447 Ferner sind **Spontanauskünfte** (s. hierzu generell *Leitner/Toifl/Brandl*, Österreichisches Finanzstrafrecht[3] (2008) Rn. 2344 ff.) hinsichtlich bestimmter Tatbestände vorgesehen, die taxativ in der Richtlinie aufgeführt werden (auch heute existieren Regelungen über spontane Auskünfte im EG-AHG (vgl. zur bisherigen Rechtslage *Dangl*, Internationale Amtshilfe, Mitwirkungspflichten und Auskünfte nach dem US-Quellensteuer-Abzugsverfahren (2001) 30 ff.):

– die zuständige Behörde eines Mitgliedstaats hat **Gründe für die Vermutung** einer Steuerverkürzung in dem anderen Mitgliedstaat;
– ein Steuerpflichtiger erhält eine **Steuerermäßigung oder Steuerbefreiung** in einem Mitgliedstaat, die eine Steuererhöhung oder eine Besteuerung in dem anderen Mitgliedstaat zur Folge haben würde;
– Geschäftsbeziehungen zwischen einem Steuerpflichtigen eines Mitgliedstaats und einem Steuerpflichtigen eines anderen Mitgliedstaats werden über ein oder mehrere weitere Länder in einer Weise geleitet, die in einem der beiden oder in beiden Mitgliedstaaten zur **Steuerersparnis** führen kann;
– die zuständige Behörde eines Mitgliedstaats hat Gründe für die Vermutung einer Steuerersparnis durch künstliche **Gewinnverlagerungen** innerhalb eines Konzerns;
– in einem Mitgliedstaat ist im Zusammenhang mit Informationen, die ihm von der zuständigen Behörde eines anderen Mitgliedstaats übermittelt worden sind, ein Sachverhalt ermittelt worden, der für die Steuerfestsetzung in dem anderen Mitgliedstaat **erheblich** sein könnte.

448 Darüber hinaus wird das neue Amtshilferecht auch erleichterte **gemeinsame Ermittlungen** ermöglichen, indem ausländischen Behördenvertretern die Anwesenheit bei Amtshandlungen im Inland gestattet werden wird.

3. Sonstige Bestimmungen des Gemeinschaftsrechts

449 Ergänzend zu erwähnen ist einerseits die **Verbrauchsteuer-Amtshilfeverordnung** (Verordnung (EG) 2073/2004 des Rates v. 16.11.2004 über die Zusammenarbeit der Verwaltungsbehörden auf dem Gebiet der Verbrauchsteuern, ABl L 359 v. 04.12.2004), die im Bereich der Verbrauchsteuern spezielle Amtshilferegelungen geschaffen hat (vgl. Leitner, Das österreichische Bankgeheimnis (2011) 32 f.). Bei diesen Steuern handelt es sich gem Art. 2 Z 19 leg cit um die Steuern, für die Gemeinschaftsvorschriften auf dem Gebiet der Verbrauchsteuern gelten, einschließlich der Steuern auf Energieerzeugnisse und elektrischen Strom gemäß der Richtlinie 2003/96/EG.

450 Und Andererseits ist auch noch die **Mehrwertsteuer-Amtshilfeverordnung** (Verordnung (EG) 1798/2003 des Rates v. 07.10.2003 über die Zusammenarbeit der Verwaltungsbehörden auf dem Gebiet der USt und zur Aufhebung der Verordnung (EWG) 218/92, ABl L 264 v. 15.10.2003.) zusammen mit der Mehrwertsteuer-Betrugsbekämpfungsverordnung(Verordnung (EU) Nr. 904/ 2010 des Rates v. 07.10.2010 über die Zusammenarbeit der Verwaltungsbehörden und die Betrugsbekämpfung auf dem Gebiet der USt, ABl 2010 L 268 v. 12.10.2010.) anzuführen. Ihr Regelungsgegenstand ist gem Art. 1 Abs. 1 der Mehrwertsteuer-Amtshilfeverordnung die Zusammenarbeit der Verwaltungsbehörden im Bereich der Anwendung der Vorschriften auf dem Gebiet der USt auf Warenlieferungen und Dienstleistungen, den innergemeinschaftlichen Erwerb von Gegenständen und die Einfuhr von Waren.

Diese Spezialbestimmungen ergänzen die **Amtshilfestandards** in besonders prominenten Berei- 451
chen.

4. Amtshilfe in der Zollverwaltung

Zur Vollständigkeit des Bildes der Amtshilfe zu erwähnen sind auch die Regelungen hinsichtlich 452
der grenzüberschreitenden Zusammenarbeit der Zollverwaltungsbehörden. Eine auffällige Rolle
spielt dieser Rechtsbereich schon alleine dadurch, dass die Zollvergehen (s. zur Rolle der Zolldelikte i.R.d. Finanzdelikte *Leitner/Toifl*, Steuerstrafrecht International (2007) 53). des Schmuggels
oder der Hinterziehung von Eingangs- oder Ausgangsabgaben schon ohne eine Finanzverbre-
chensdefinition – wie in weiterer Folge i.R.d. Geldwäschereibekämpfung dargestellt – seit Langem
Vortaten der Geldwäscherei darstellen und als solche auch erweiterten Amts- und Rechtshilfeme-
chanismen zugänglich sind (generell zur Bedeutung der Zollverwaltungsbehörden im Hinblick auf
die Geldwäschereibekämpfung vgl. *Dannecker/Bürger*, wistra 2004, 81, 82).

Den Kern der zollrechtlichen Amtshilfebestimmungen bildet der Abschnitt G, Unterabschnitt 1 453
des ZollR-DG (s. *Leitner/Toifl/Brandl*, ÖsterreichischesFinanzstrafrecht[3] (2008) Rn. 2348). Hier ist
eine **intensive Zusammenarbeit** vorgesehen, bei der neben Auskunftseinholung auf Ersuchen auch
ein spontaner Informationsaustausch vorgesehen ist. Diesem kommt hinsichtlich der Finanzstraf-
delikte gem § 111 Abs. 4 Z 1 ZollR-DG besonders im Bereich der neuen oder besonders gefährlichen Methoden zur Begehung von Zuwiderhandlungen gegen Zoll- oder Verbrauchsteuervorschriften Bedeutung zu.

Ergänzend ist zu erwähnen, dass **Festnahmen, Hausdurchsuchungen und Personendurchsuchun-** 454
gen von der Amtshilfe im Zollrecht ausgenommen sind.

5. Grenzüberschreitende Zusammenarbeit der Geldwäschemeldestellen

Wie schon die Regelungen im Bereich der Zollverwaltung zeigen, gibt es mittlerweile auch einen 455
wichtigen Zusammenhang zwischen dem Bereich des österreichischen Finanzstrafrechts und
jenem der **Geldwäschereibekämpfung**. Begann die Geldwäschereibekämpfung in den achtziger
Jahren des vorigen Jahrhunderts von den USA, im Speziellen Florida, ausgehend als Mittel zur
Bekämpfung organisierter Drogenkriminalität, hat sich dieser Rechtsbereich in den folgenden
Jahrzehnten stark ausgeweitet. In Österreich etwa existieren heute weit über 160 Tatbestände, die
als Vortaten zur Geldwäscherei definiert sind. Zuletzt erfolgte eine wesentliche Ausweitung durch
die Finanzstrafgesetz-Novelle 2010 (FinStrG-Novelle 2010), die hier in weiterer Folge erläutert
sei.

a) Exkurs: Die österreichische Finanzstrafgesetz-Novelle 2010

Mit 01.01.2011 erfolgte in Österreich die Umsetzung der FinStrG-Novelle 2010 (zur Entwick- 456
lung s. etwa *Lang*, Finanzstrafrechtliches Risiko bei steuerlich nicht deklariertem Auslandsvermö-
gen, ecolex 2010, 725, 727). Mit ihr fand im Steuerstrafrecht ein Paradigmenwechsel statt, indem
erstmals in Österreich Abgabendelikte mittels **Verbrechensdefinition** als Vortaten zur Geldwäscherei definiert wurden (zur Auflösung der teils abweichenden Lehrmeinungen zur Rechtslage vor der
FinStrG-Novelle 2010 s. *Putzer*, Das neue Bankgeheimnis (2010) 132 ff.). Diese Erweiterung kann
zum einen vor dem Hintergrund zunehmend systematischerer Bekämpfung von Steuerstraftaten
auf nationalere Ebene und zum anderen vor jenem der einschlägigen Ansätze der FATF gesehen
werden (zu letzterem vgl. *FATF* (Hrsg), The Review of the Standards – Preparation for the 4th
Round of Mutual Evaluations (2010); s.a. *Putzer*, Das neue Bankgeheimnis (2010) 146 f.; die
Erhebungen der FATF werden dazu dienen, den von ihr in diesem Zusammenhang verwendeten
Begriff der tax crimes näher zu definieren). Es zeigte sich bei den Länderprüfungen Frankreichs
und der Niederlande in 2011, dass deren einschlägige Bestimmungen, die weniger weit bzw. weni-
ger präzise gefasst sind, als die einschlägigen Regelungen des § 261 des deutschen StGB, von der
FATF als positiv bewertet wurde. In diesem Bereich erfolgte keine Kritik der FATF. Daraus kann

auch abgeleitet werden, dass die aktuellen österreichischen Bestimmungen ebenfalls einschlägigen Überlegungen der FATF genüge tun werden. Es bleibt jedoch zu berücksichtigen, dass die Standards der FATF permanent überarbeitet und erweitert werden.) Insb. haben sich auch im Bereich der organisierten Kriminalität die Formen steuer- und abgabenbezogene Delikte verändert und weiterentwickelt, sodass die gegenständlichen Entwicklungen wenig überraschen. Nunmehr haben auch die Regelungen der Geldwäschereibekämpfung direkten Einfluss auf die Frage nach den Möglichkeiten der Amtshilfe im Finanzstrafrechtsbereich.

457 Konkret wurden durch die FinStrG-Novelle 2010 drei Tatbestände im FinStrG als Vortaten zur Geldwäscherei definiert. Es sind dies (vgl. auch *Brandl/Leitner/Schrottmeyer/Toifl*, Die Finanzstrafgesetz-Novelle 2010 (2010) 8 ff.):

Bezeichnung	Bestimmung
bandenmäßige Begehung von Schmuggel, Abgabenhinterziehung oder Hinterziehung von Eingangs- oder Ausgangsabgaben unter Mitwirkung (§ 11 FinStrG) eines anderen Bandenmitglieds bei ausschließlicher Gerichtszuständigkeit (§ 38a Abs. 2 Buchst. a) FinStrG);	§ 38a Abs. 1 Buchst. a) FinStrG
bewaffneter Schmuggel mit dem Vorsatz, mit der Waffe den Widerstand einer Person zu überwinden oder zu verhindern, bei ausschließlicher Gerichtszuständigkeit (§ 38a Abs. 2 Buchst. a) FinStrG)	§ 38a Abs. 1 Buchst. b) FinStrG
Abgabenbetrug[1] hinsichtlich eines strafbestimmenden Wertbetrags von mehr als 250.000,00 €	§ 39 Abs. 3 Buchst. b) und Buchst. c) FinStrG

1 Bei **Abgabenbetrug** handelt es sich um Abgabenhinterziehung, Schmuggel, Hinterziehung von Eingangs- oder Ausgangsabgaben oder Abgabenhehlerei, wenn sie in ausschließliche Gerichtszuständigkeit fallen und entweder unter Verwendung falscher oder verfälschter Urkunden bzw. falscher oder verfälschter Daten oder anderer solcher Beweismittel (mit Ausnahme unrichtiger nach abgaben-, monopol- oder zollrechtlichen Vorschriften zu erstellenden Abgabenerklärungen, Anmeldungen, Anzeigen, Aufzeichnungen und Gewinnermittlungen oder unter Verwendung von Scheingeschäften und anderen Scheinhandlungen begangen werden. Ebenfalls erfasst ist Abgabenhinterziehung durch die Geltendmachung von nicht zustehenden Vorsteuerbeträgen.

458 Die Folge dieser Regelungen ist, dass nunmehr bei Vorliegen eines Verdachts oder auch nur begründeter Annahmen hinsichtlich eines solchen Delikts eine **Meldung** durch Meldepflichtige (insb. Banken) an das Bundeskriminalamt zu erfolgen hat und bei Ermittlungen in diesen Zusammenhängen das Bankgeheimnis durchbrochen wird.

459 Zu beachten ist bei alledem freilich, dass nur die in § 3 FinStrG i.S.e. **sachlichen Anwendungsbereichs** des gesamten Gesetzes angeführten Abgaben unter die gegenständlichen Tatbestandsdefinitionen und damit auch den Vortatenbegriff fallen können (s. hierzu *Lafite/Varro*, Abgabenhinterziehung als neue Vortat zur Geldwäscherei, ecolex 2011, 947, 949; vgl. ausführlich unter Berücksichtigung der unterschiedlichen Lehrmeinungen *Bülte* in *Dannecker/Leitner* (Hrsg), Handbuch der Geldwäsche-Compliance (2010) Rn. 657 ff.; a.A. *Leitner*, Das österreichische Bankgeheimnis (2011) 118). Dies schließt andere Abgaben einschließlich ausländischer vom Anwendungsbereich aus. Dies schränkt letztlich die Bedeutung der FinStrG-Novelle für den Bereich der Amtshilfe wiederum ein, weil eben ausländische Abgaben nicht unter den Schutzbereich der neuen Bestimmungen fallen.

b) Verfahrensrechtliche Neuerungen im Finanzstrafrecht

Begleitet wurde die Neuregelung zudem von mehreren verfahrensrechtlichen Anpassungen. Insb. **460** wurde dem **Eröffnungsbescheid** im finanzstrafrechtlichen Verfahren gem § 83 Abs. 2 FinStrG die Rechtsmittelfähigkeit aberkannt. Er ist also nicht mehr eigenständig bekämpfbar. Nachdem diese Bekämpfbarkeit aber in der Vergangenheit eines der Kriterien war, die der österreichische VwGH in Amtshilfesachen heranzog, um letztlich festzustellen, dass ausländische Verfahren, die diese bescheidmäßige Einleitung mit gleichzeitiger Bekämpfbarkeit nicht vorsahen, mangels formaler Einleitung nicht den österreichischen Erfordernissen für eine Durchbrechung des Bankgeheimnisses genügten, stellt sich die Frage, ob die Neuregelung diese vergangene Hürde beseitigt. Aufgrund weiterhin bestehender Unterschiede in der Einleitung des Verfahrens wäre dies jedoch zu verneinen (im Detail vgl. *Putzer/Rasner/Wittmann*, Bankenspezifische Auswirkungen der FinStrG-Novelle 2010, ecolex 2011, 130, 132 ff.). Allerdings ist zu berücksichtigen, dass ggü. Deutschland der Informationsaustausch in Steuersachen – auch in Finanzstrafrechtssachen – nach nunmehriger Ratifizierung des erforderlichen Abkommens auf dem Wege des ADG und damit anhand der OECD-Standards(S. hierzu unten.) erfolgen wird (s. *Putzer/Rasner/Wittmann*, Bankenspezifische Auswirkungen der FinStrG-Novelle 2010, ecolex 2011, 130, 133 f.). Insofern ist die Bedeutung der Rechtsprechung des VwGH zu dieser Frage von nur mehr geringer Bedeutung.

c) Zusammenfassende Bemerkungen

Es zeigt sich also, dass zwischen Geldwäschereibekämpfung in Österreich und dem Finanzstraf- **461** recht nunmehr eine deutliche Brücke geschlagen wurde. Allerdings besteht diese nur im Bereich innerstaatlichen Steuerrechts und nicht auch in internationalen Zusammenhängen. Generell ist letztlich zu erwähnen, dass das österreichische Recht zudem ein **Verwertungsverbot** für Ergebnisse der Geldwäschereiermittlungen dergestalt vorsieht, dass diese gem § 41 Abs. 6 BWG bei sonstiger Nichtigkeit nicht in Verfahren verwertet werden dürfen, die Finanzvergehen zum Gegenstand haben, die keine Vortaten zur Geldwäscherei sind (s. *Leitner*, Das österreichische Bankgeheimnis (2011) 119 f.). Dieses Verwertungsverbot kann aber bei Sachverhalten mit Auslandsbezug geschwächt sein. Denn die inländischen Geldwäschereiermittlungsbehörden können bei Sachverhalten mit Auslandsbezug auch mit ausländischen Geldwäschereiermittlungsbehörden zusammen arbeiten. Letztere wiederum unterliegen in ihrem Hoheitsgebiet ggf. keiner vergleichbaren Einschränkung, was zur Folge haben kann, dass die ausländische Geldwäschereiermittlungsbehörde (z.B. ein deutsches LKA) die im Wege der Zusammenarbeit gewonnenen Daten innerstaatlich auch Behörden weitergibt, die diese Daten in einfachen Finanzstrafsachen verwerten (z.B. FA).

6. Die Bedeutung der Zinsrichtlinie

Im Hinblick auf Österreich – wie auch auf einige andere europäische Länder und assoziierte **462** Gebiete – kommt der Zinsrichtlinie in der EU(Richtlinie 2003/48/EG des Rates v. 03.06.2003 im Bereich der Besteuerung von Zinserträgen, ABl L 157 v. 26.06.2003.) eine wichtige Rolle im Hinblick auf die **Weiterentwicklung der Amtshilfevarianten** im Steuer- und Abgabenbereich zu.

Die Zinsrichtlinie sieht vor, dass die Mitgliedstaaten untereinander **automatisch Informationen** **463** über Zinseinkünfte der Steuerpflichtigen der anderen Mitgliedstaaten austauschen, die in einem der Staaten anfielen. Mittlerweile (nach dem Ausscheiden Belgiens aus dieser Runde) führen noch Luxemburg und Österreich das Alternativregime durch, demzufolge keine Informationen ausgetauscht werden, sondern eine Quellensteuer auf die betreffenden Zinseinkünfte erhoben wird. Diese wird nach Abzug eines Verwaltungserstattungsbetrags an den Heimatstaat des jeweiligen Steuerpflichtigen übertragen.

Für das **Alternativregime** ist vorgesehen, dass dieses endet, wenn die in der Zinsrichtlinie definier- **464** ten Drittstaaten San Marino, Liechtenstein, Monaco, Andorra und die Schweiz den OECD-Standard über Informationsaustausch (auf Anfrage) in Steuersachen ggü. der gesamten EU erfüllen sowie seitens des Rates anzunehmen ist, dass die USA diesen Standard oder vergleichbare Regelungen ggü. der EU ebenfalls umgesetzt haben.

465   Neben der Diskussion über eine Überarbeitung der Zinsrichtlinie, die laufend im Rat der Finanz-minister geführt wird und bei der eine Anpassung der Übergangsregelungen mehrfach diskutiert wurde, erfolgen parallel Verhandlungen mit Liechtenstein zur Umsetzung eines **Betrugsbekämp-fungsabkommens**, das den genannten OECD-Standard inkludieren soll. Dieses Abkommen könnte ein Muster für weitere Regelungen mit den anderen Drittstaaten sein. Somit kann es bei Fortsetzung dieser Entwicklungen in einigen Jahren zur Ablösung der Einhebung der EU-Quel-lensteuer durch einen automatischen Informationsaustausch über Zinserträge kommen. Insofern ist auch hier eine weitere Entwicklung im Bereich der Amtshilfe denkbar.

466   Durch die relativ **rasche Entwicklung** im Bereich der Umsetzung der OECD-Standards über den Informationsaustausch in Steuerangelegenheiten und auch durch die Entwicklung von innereuro-päischen Standards, die in Qualität und Detaillierungsgrad über den der Zinsrichtlinie hinausge-hen – zu denken ist insb. an die zwischen Deutschland und der Schweiz sowie zwischen Großbri-tannien und der Schweiz ausverhandelten Abkommen im Steuerbereich – hat die Zinsrichtlinie gesamteuropäisch betrachtet aber etwas an Bedeutung verloren.

IV. Die Entwicklungen der vergangenen Jahre

1. Zweistufige Umsetzung der OECD-Standards über den Informationsaustausch

467   In den letzten Jahren haben sich im Zuge umfassender internationaler Fortschritte im Bereich der Amtshilfe in Steuersachen auch in Österreich **wesentliche Veränderungen** ergeben (s. u.a. *Wieder-mann*, Internationaler Informationsaustausch, Bankgeheimnis und steuerlich nicht deklarierte Veranlagungen im Ausland, ecolex 2010, 724). Während Österreich in der Vergangenheit einen Vorbehalt gegen die vollumfängliche Umsetzung des Amtshilfestandards erklärt hatte, der im OECD-Doppelbesteuerungsmusterabkommen und im Muster-TIEA vorgesehen ist, wurde dieser Vorbehalt im Zuge der internationalen Entwicklungen fallen gelassen (dieser lautete „Austria reserves the right not to include paragraph 5 in its conventions. However, Austria is authorised to exchange information held by a bank or other financial institution where such information is requested within the framework of a criminal investigation which is carried on in the requesting State concerning the commitment of tax fraud."; *OECD* (Hrsg), Model Tax Convention on Income and on Capital/Condensed Version (2008) Commentary on Article 26 Rn. 23; vgl. *Putzer*, Das neue Bankgeheimnis (2011) 8).

468   Der Vorbehalt erwuchs aus dem Umstand, dass das österreichische Bankgeheimnis, dessen Abän-derung ein besonderes Zustimmungsquorum im Nationalrat voraussetzt, im Widerspruch zu dieser Art der Durchführung von Amtshilfe gestanden hatte. Im Zuge der Prüfung einer vollstän-digen Umsetzung der OECD-Standards wurde in Österreich beschlossen, eine zweistufige Lösungsvariante zu wählen (vgl. *Vogel/Ashauer-Moll*, Steueroasen (2010) 96 f.). Um nicht jedes relevante bi- oder multilaterale Abkommen einer Beschlussfassung im Nationalrat zu unterziehen, die jener für **Verfassungsbestimmungen** entspricht (zur Regelungstechnik vgl. *Putzer*, Das neue Bankgeheimnis (2011) 25 f.) wurde ein Gesetz geschaffen, das mit den erforderlichen Quoren beschlossen wurde und das nunmehr als Einflussgrundlage für alle Regelungstatbestände dient, die eine einschlägige Amtshilfe vorsehen. Somit ist die nunmehr gewählte Form der Umsetzung der OECD-Standards eine zweistufige: Das grundlegende Gesetz – das Amtshilfe-Durchführungsge-setz (ADG) – ermöglicht eine verfahrenstechnische Umsetzung von Amtshilfevorschriften, die in anderen Regelungen (Ermächtigungstatbeständen) enthalten sind, seien diese einfachgesetzlicher, völkerrechtlicher oder europarechtlicher Natur. Dabei wird vom ADG auch die Bankgeheimnis-durchbrechung geregelt. Einfach ausgedrückt regelt das ADG die Umsetzung einer Amtshilfe und die dabei notwendige Durchbrechung des Bankgeheimnisses, während die Frage, wem ggü. diese Form der Amtshilfe überhaupt erbracht wird, mittels der Ermächtigungstatbestände beantwortet wird. Dies ist freilich nur eine grobe Differenzierung und es bleibt unbenommen, dass bspw. auch in Ermächtigungstatbeständen eine erweiterte Regelung von Amtshilfevoraussetzungen erfolgt.

a) Stand der Umsetzung der OECD-Standards

Auf Basis des ADG wurden bereits eine Reihe von Ermächtigungsbestimmungen geschaffen. Konkret sind die nachfolgenden Regelungen zu nennen. Daraus ergibt sich, in welchen Fällen und ggü. welchen Staaten das ADG i.S.e. **sachlichen und örtlichen Anwendungsbereichs** umgesetzt wird. Der sachliche Anwendungsbereich ergibt sich hier grundsatzlich aus jenem der jeweiligen Ermächtigungsbestimmung. 469

Staaten mit DBA bzw TIEA nach aktuellem Standard der OECD	Anmerkungen
Bahrain	BGBl. III 14/2011
Belgien	noch nicht ratifiziert
Bosnien und Herzegowina	BGBl. III 168/2011
Bulgarien	BGBl. III 30/2011
Dänemark	BGBl. III 27/2010
Deutschland	BGBl. III 32/2012
Finnland	BGBl. III 159/2011
Großbritannien	BGBl. III 135/2010
Hongkong	BGBl. III 09/2011
Irland	BGBl. III 45/2011
Katar	BGBl. III 52/2012
Luxemburg	BGBl. III 58/2010
Mexiko	BGBl. III 45/2010
Niederlande	BGBl. III 44/2010
Norwegen	noch nicht ratifiziert
San Marino	BGBl. III 38/2010
Schweden	BGBl. III 55/2010
Schweiz	BGBl. III 27/2011
Serbien	BGBl. III 8/2011
Singapur	BGBl. III 39/2010
Südafrika	BGBl. III 19/2012
Andorra (TIEA)	BGBl. III 129/2010
Gibraltar (TIEA)	BGBl. III 35/2010
Monaco (TIEA)	BGBl. III 54/2010
St. Vinzent und die Grenadinen (TIEA)	BGBl. III 158/2011

Ferner zu beachten ist das **Doppelbesteuerungsgesetz** (Bundesgesetz über die Vermeidung einer Doppelbesteuerung im Verhältnis zu Gebieten ohne Völkerrechtssubjektivität; DBG) (s. BGBl. I 69/2010.) mit welchem völkerrechtliche Sonderfälle geregelt wurden. 470

b) Die Umsetzung der überarbeiteten Beitreibungsrichtlinie im EU-VAHG

Letztlich wurde bereits erwähnt, dass auch europarechtliche Ermächtigungstatbestände über das ADG Einzug in die österreichische Rechtsordnung halten können. Derzeit bestehen aber keine 471 direkt in die österreichische Rechtsordnung einfließenden Rechtsakte des Europarechts – also keine Verordnungen – mit einschlägigem Regelungsinhalt. Zu erwähnen ist in diesem Kontext aber die überarbeitete **Beitreibungsrichtlinie**, die in Österreich im EU-Vollstreckungsamtshilfegesetz (EU-VAHG) zum 01.01.2012 umgesetzt wurde (s. BGBl. I 112/2011). Der Ermächtigungstatbestand ist somit letztlich ein österreichisches Gesetz. Der einschlägige § 5 EU-VAHG lautet:

472

„*§ 5. (1) Auf Ersuchen teilt das zentrale Verbindungsbüro der ersuchenden Behörde alle Auskünfte mit, die bei der Vollstreckung eines Abgabenanspruchs gemäß § 1 voraussichtlich erheblich sein werden. Zur Beschaffung dieser Auskünfte veranlasst die Vollstreckungsbehörde alle dafür erforderlichen behördlichen Ermittlungen, die nach der Bundesabgabenordnung in vergleichbaren Fällen vorgesehen sind.*

(2) Das zentrale Verbindungsbüro erteilt keine Auskünfte,

1. die für die Vollstreckung derartiger Abgabenansprüche nicht beschafft werden könnten, wenn diese in Österreich entstanden wären;

2. mit denen ein Handels-, Gewerbe- oder Berufsgeheimnis preisgegeben würde;

3. die die Sicherheit oder die öffentliche Ordnung (ordre public) in Österreich verletzen würden.

(3) Abs. 2 ist in keinem Fall so auszulegen, dass die Erteilung von Auskünften nur deshalb abgelehnt werden kann, weil die betreffenden Informationen sich bei einer Bank, einem sonstigen Finanzinstitut, einem Bevollmächtigten, Vertreter oder Treuhänder befinden oder sich auf Eigentumsanteile an einer Person beziehen.

(4) Kann das zentrale Verbindungsbüro dem Auskunftsersuchen nicht stattgeben, so sind der ersuchenden Behörde die Gründe hiefür mitzuteilen."

473 Wenngleich hier das ADG nicht ausdrücklich als Verweisquelle angegeben wird, sind Auskünfte i.S.d. § 5 Abs. 3 EU-VAHG nur im Wege des ADG erteilbar, weil dieses die einzige **Durchbrechungsregelung für das Bankgeheimnis** in solchen Amtshilfefällen darstellt.

474 Der sachliche Anwendungsbereich des Gesetzes ist die **Vollstreckungsamtshilfe**, also lediglich die Beitreibung bereits festgestellter Forderungen. Die Erhebungen in anderen Mitgliedstaaten können aber auch hier für die Behörden weitere Erkenntnisgewinne – insb. über vollstreckungsfähige Vermögensmassen – bringen.

c) Kontrolle der Umsetzung durch die OECD

475 Mittels sog. **peer reviews** erfolgt in einem zweistufigen Verfahren die Kontrolle der korrekten Umsetzung der OECD-Standards über den Informationsaustausch in Steuerangelegenheiten (vgl. *OECD* (Hrsg), The Global Forum on Transparency and Exchange of Information for Tax Purposes/Information Brief 15 December 2011 (2011); *OECD* (Hrsg), Tax Transparency 2011: Report on Progress (2011); s.a. *Jirousek*, SWI 2009, 488, 489). In der ersten Stufe des Überprüfungsprozesses wird die abstrakte Umsetzung der OECD-Standards im Rechtsgefüge des geprüften Staats beurteilt. Die peers (Abgesandte anderer OECD-Staaten, die nach einem Auswahlsystem der OECD entsendet werden) geben hierüber einen Phase-1-Bericht ab. In der zweiten Stufe wird auf Basis der Ergebnisse des Phase-1-Berichts eine konkrete Umsetzungskontrolle in der Verwaltungspraxis vorgenommen. Hierüber wird ein Phase-2-Bericht erstellt, womit bei positiver Berichterstattung das Verfahren abgeschlossen ist.

476 Österreich wurde 2011 i.R.d. Phase 1 überprüft und der durchaus positive Bericht am 12.09.2011 veröffentlicht. Die **Phase 2** erfolgt im zweiten Halbjahr 2012 und es wird auch hier mit einem positiven Abschluss gerechnet. Einzelne Verbesserungen, die Österreich in der Phase 1 als Empfehlungen aufgezeigt wurden, werden parallel bearbeitet (s. hierzu http://www.eoi-tax.org/jurisdictions/AT#peerreview (Stand: 05.02.2012; vgl. auch *OECD* (Hrsg), Tax Transparency 2011: Report on Progress (2011) 46).

2. Das Verfahren der Amtshilfe nach dem ADG

a) Die behördliche Vorgehensweise

Unabhängig von der Art des Ermächtigungstatbestandes sollen alle Verfahren nach dem ADG 477
nach dem gleichen Muster abgewickelt werden. Die zuständige Behörde für die Bearbeitung ausländischer Anfragen ist dabei das **Bundesministerium für Finanzen**. Dort werden die eintreffenden Informationsersuchen vom zentralen Verbindungsbüro bearbeitet.

Eine ausländische Behörde kann in dem Rahmen und in dem sachlichen Anwendungsbereich, der 478
von einer Ermächtigungsquelle vorgesehen ist, eine Anfrage übermitteln. Dabei müssen die Voraussetzungen erfüllt sein, die in der Ermächtigungsbestimmung angeführt sind (§ 2 Abs. 3 ADG; s. hierzu im Detail *Putzer*, Das neue Bankgeheimnis (2010) 29 ff.; zu den Ergänzungen in den Gesetzesmaterialien s. *Putzer*, Das neue Bankgeheimnis (2010) 35) – dies wird vom zentralen Verbindungsbüro **auf abstrakter Ebene** geprüft. Eine einzelfallbezogene Überprüfung der Angaben des ersuchenden Staates ist grds. nicht vorgesehen. So muss der ausländische Staat bspw. die steuerliche Relevanz der ersuchten Information für seine Erhebungen darlegen. Diese Darlegung muss zwar vorhanden sein; es wird vom zentralen Verbindungsbüro aber nicht ergänzend kontrolliert, ob im jeweiligen Fall für den ersuchenden Staat tatsächlich eine steuerlich relevante Information übermittelt werden kann (zur prinzipiellen Berechtigung, dies zu prüfen s. u.a. *Jirousek*, Umsetzung des OECD-Amtshilfestandards in Österreich – ADG und die Folgen, in *Leitner* (Hrsg), Finanzstrafrecht 2010 (2011) 67, 72; wie dies bspw. Liechtenstein nach Art. 21 seines SteAHG tut).

Generell ist der Informationsaustausch nach dem ADG in einfachen **Erhebungsverfahren** ebenso 479
anwendbar, wie in strafrechtlichen Verfahren. Das ADG selbst sieht vor, dass die ausländische Behörde in letzterem Fall die Anhängigkeit eines verwaltungsbehördlichen oder eines gerichtlichen Strafverfahrens nach § 2 Abs. 2 ADG mitteilen muss.

Sofern das zentrale Verbindungsbüro eine Anfrage für zulässig befunden hat, wird das weitere Ver- 480
fahren eingeleitet. Dabei wird der Betroffene ebenso wie das allenfalls kontoführende Kreditinstitut vom zentralen Verbindungsbüro mittels **Informationsschreibens** über die Verfahrenseröffnung informiert. Hierauf kann der Betroffene innert 2 Wochen die Ausstellung eines **Bescheides** begehren. Dieser wird dem Betroffenen zugestellt und ist nicht mit ordentlichen Rechtsmitteln bekämpfbar.

Als **außerordentliche Rechtsmittel** stehen die Beschwerde an den VwGH oder den Verfassungsge- 481
richtshof zur Verfügung. Diese müssen innerhalb von 6 Wochen ab der Zustellung des Bescheids bei sonstiger Vollstreckbarkeit erhoben werden. Auch bei Erhebung einer Bescheidbeschwerde ist der Bescheid dennoch vollstreckbar, wenn der angerufene Gerichtshof der Bescheidbeschwerde keine aufschiebende Wirkung zuerkennt. Diese Zuerkennung dürfte aber mE in den Fällen des ADG relativ selten gewährt werden, weil sie voraussetzt, dass dem Beschwerdeführer durch die sofortige Umsetzung des Bescheids ein unverhältnismäßiger – de facto also nicht oder nur schwer wiedergutmachbarer – Nachteil entstünde, der von rechtlich anerkannten Interessen gedeckt wäre und dem öffentliche Interessen nicht überwiegend entgegen stünden (s. hierzu *Putzer*, Das neue Bankgeheimnis (2010) 49). Eine solche Konstellation ist bei der bloßen Informationsübermittlung voraussichtlich selten gegeben.

Erwächst der Bescheid in Rechtskraft oder wird ein solcher gar nicht beantragt, erhebt das zentrale 482
Verbindungsbüro – unter Einschaltung der erforderlichen Behörden – die angeforderten Informationen beim **festgestellten Informationsinhaber**. Ist dieser ein Kreditinstitut, wird hierzu das Bankgeheimnis durchbrochen. Die Erhebungsergebnisse werden dem ersuchenden Staat anschließend zur Verfügung gestellt.

b) Die Bedeutung des ADG-Verfahrens für die strafbefreiende Selbstanzeige in Deutschland

483 Die strafbefreiende Selbstanzeige gemäß PAR 371 dAO hat in den vergangenen Jahren auch in der öffentlichen Wahrnehmung eine besondere Rolle eingenommen. Zuletzt wurden in Deutschland ebenso wie in Österreich die Voraussetzungen für die Erreichung einer Strafbefreiung durch eine rechtzeitige Vornahme der Selbstanzeige **verschärft**. Umso bedeutsamer ist die Frage, welche Rolle hier dem ADG für die Selbstanzeige einer betroffenen in Deutschland steuerpflichtigen Person spielt.

484 Mit Mitteilung über die Eröffnung eines Verfahrens nach dem ADG ist dem Betroffenen in Deutschland noch nicht zwingend die Kenntnis darüber verschafft, dass ein steuerstrafrechtliches Ermittlungsverfahren gegen ihn eröffnet wurde. Denn wie vielfach im Rahmen internationaler und nationaler Abstimmungen und Verhandlungen diskutiert, kann ein Verfahren nach dem ADG eben auch **im Rahmen von Erhebungen** durch ein ausländisches Auskunftsersuchen initiiert werden, wenn keinerlei steuerstrafrechtlicher Verdacht vorliegt.(S. dazu die Diskussion um das Erfordernis des sog. begründeten Verdachts. War man in Österreich anfangs davon ausgegangen, die Einleitung eines Verfahrens nach dem ADG i.S.d. OECD-Standards über den Austausch steuerlich relevanter Informationen sei nur bei Vorliegen eines begründeten Verdachts hinsichtlich der Verübung einer Steuerstraftat zulässig, hat man in weiterer Folge auf dieses Kriterium verzichtet.) Dies wird auch klar ersichtlich aus der Differenzierung zwischen § 2 Abs. 1 und § 2 Abs. 2 ADG, von denen nur letzterer strafrechtliche Verfahren zum Gegenstand hat, während auch bloße Abgabenermittlungsverfahren von § 2 Abs. 1 ADG erfasst sein können. Die bloße Eröffnung eines ADG-Verfahrens gibt somit keinen klaren Anhaltspunkt für die Annahme einer schädlichen Entdeckung, die eine strafbefreiende Wirkung einer Selbstanzeige vereiteln würde. Daher kann auch nach Eingang einer Mitteilung nach dem ADG weiterhin eine Selbstanzeige mit strafbefreiender Wirkung erstattet werden, sofern nicht besondere Faktoren hinzukommen. Als ein solcher besonderer Faktor wäre insb. zu werten, wenn der Mitteilung nach dem ADG eine Sachverhaltsdarstellung der Behörde des ersuchenden Staats (Deutschlands) oder Vergleichbares beigefügt wäre, aus dem die Eröffnung des Strafverfahrens in Deutschland hervorginge (generell zur Bedeutung der Art der Formulierungen in einem behördlichen Schreiben in Finanzstrafsachen vgl. im Kontext der – mit Deutschland durchaus vergleichbaren – österreichischen Rechtslage *Plückhahn/Schrottmeyer*, SWK 2009, 842).

c) Das Abkommen zwischen Österreich und Deutschland

485 Zwischen Deutschland und Österreich wird das ADG durch ein Protokoll zur Anpassung des bestehenden DBA im Bereich der Steuern vom Einkommen und vom Vermögen anwendbar gemacht (s. Anhang 2, Rdn. 498). Der **Informationsaustausch** steht ab dem 01.03.2012 offen und kann bis zum 01.01.2011 zurück ergehen.

486 Die gewählte Textierung des einschlägigen Artikels weist **keine erwähnenswerten Abweichungen** zum Standardtext der OECD auf.

487 Besondere Beachtung verdient hier aber Z 13a Buchst. e) des Protokolls zum Abkommen i.d.F. gem Art. II der aktuellen Änderung. Demnach besteht Einigkeit der Vertragsparteien darüber, dass man die **Kommentare der OECD** in der jeweils geltenden Fassung bei der Auslegung berücksichtigt. Dieses in Österreich seit geraumer Zeit praktizierte Prinzip (s. Erlass in AÖFV 122/1995 (284) kann eine Öffnung für künftige Änderungen des Informationsaustauschstandards sein. Zu denken ist hier an die angedachte Anpassung des OECD-Kommentars zum Muster-DBA dahin gehend, dass ein Informationsaustausch nicht nur bei Bezeichnung konkreter Betroffener durch den ersuchenden Staat möglich sein soll, sondern auch im Rahmen sog. Gruppenanfragen, bei denen alle Betroffenen beauskunftet werden sollen, die im Rahmen eines – noch näher zu definierenden – Tatmusters gehandelt haben, das die Begehung von Steuerdelikten vermuten lässt.

Letztlich ist aber auch anzuführen, dass die genannte Bestimmung nur eine Berücksichtigung, 488
nicht eine zwingende direkte Übernahme der Kommentarwerke der OECD bei der Auslegung der
einschlägigen Bestimmungen – und damit auch des ADG – vorsieht. Die konkrete Ausgestaltung
künftiger Veränderungen in diesem Bereich wird damit weiterhin **bi- und multilateralen Verhandlungen** mit den Vertragspartnern solcher Abkommen folgen. Zudem ist zu betonen, dass
Änderungen in der Kommentarliteratur keinesfalls Abweichungen vom klaren Wortlaut der bestehenden Abkommen ermöglichen.

Fragen wirft regelmäßig auch eine protokollarische Bestimmung in dem gegenständlichen Vertrag 489
auf, die folgendermaßen lautet: „Es besteht Einvernehmen, dass nach diesem Abkommen erteilte
Auskünfte im Rahmen der in Artikel 26 Absatz 1 genannten Zwecke zur weiteren Beurteilung
auch für Zeiträume herangezogen werden können, auf die die erteilten Auskünfte nicht bezogen
waren." Hiermit wird von den Vertragsparteien nicht – wie vereinzelt vermutet – eine **Rückwirkung** des Abkommens vor den von ihm erfassten Zeitraum angestrebt (zur generellen Problematik
der Überlegung rückwirkender Anfrageregelungen und den daraus gezogenen Konsequenzen der
Vermeidung von Rückwirkungen s *Janko/Jirousek/Kofler*, Die Zukunft des österreichischen Bankgeheimnisses im internationalen Kontext, in *Dullinger/Kaindl* (Hrsg), Bank- und Kapitalmarkt-
recht aktuell/Jahrbuch 2009/2010 (2010) 42 (77 ff.). Es wird damit nur klargestellt, dass keine der
beiden Parteien Einwände dagegen hat, wenn die im Wege der Abkommensregelungen erhobenen
Informationen im jeweils ersuchenden Staat für Rückschlüsse auf frühere Zeiträume – regelmäßig
im Wege der Steuerschätzung – herangezogen werden. In Deutschland gilt hier aber stets das Verbot der Strafschätzung (s. etwa *Erb*, Verteidigungsansätze in Schätzungsfällen, Steueranwaltsmagazin 2007, 124, 125).

Am Rande sei noch erwähnt, dass damit eine Anwendung des deutschen **Steuerhinterziehungsbe-** 490
kämpfungsgesetzes (Deutsches BGBl. I 2009, S. 2302) auf Österreich ausscheidet.

3. Mögliche Auswirkungen neuer Abkommenstypen für die Amtshilfe

Z.Zt. der Verfassung dieser Abhandlung war das neue Abkommen zwischen Deutschland und der 491
Schweiz (ein Parallelabkommen wurde zwischen Großbritannien und der Schweiz ausgehandelt)
bereits Gegenstand von Nachverhandlungen. Auf Basis der entsprechenden Bestimmungen soll
hier auf die potenziellen Auswirkungen auf bzw. in Österreich eingegangen werden.

Österreich ist zwar nicht Vertragspartei der gegenständlichen völkerrechtlichen Vereinbarungen. 492
Jedoch war die Entwicklung der Amtshilfestandards und damit einhergehend insb. auch jene des
Bankgeheimnisses in der Schweiz stets ein **relevanter Einflussfaktor für die Entwicklungen in
Österreich**. Auch im konkreten Fall beeinflusst das neue Abkommen diese Rechtsgebiete und
berührt in diesem Zusammenhang zudem die Standards der sog. EU-Zinsrichtlinie, deren Vorga-
ben auch von der Schweiz auf Basis entsprechender Abkommen beachtet werden.

Das gegenständliche Abkommen hat **drei wesentliche Kapitel**. Im ersten werden Nachversteue- 493
rungsfragen behandelt, im zweiten künftige Quellensteuererhebungen und -abführungen und im
dritten allgemeine Regelungen zur Umsetzung des Abkommenszwecks; hierzu gehören auch
Bestimmungen über die Amtshilfe.

Ohne an dieser Stelle auf die Details dieser Regelungen einzugehen – dem könnte zweifelsohne 494
eine eigene umfängliche Arbeit gewidmet werden – soll doch analysiert werden, welche **Auswirkungen** die Vereinbarung neuer Standards innerhalb Europas haben kann.

Erwähnt seien aufgrund der materiellen Bedeutung die im dritten Kap. des Abkommens abgefass- 495
ten **Amtshilfestandards**. Diese weichen vom OECD-Standard in mehrerlei Hinsicht ab; einerseits
bestehen qualitative Erleichterungen, andererseits quantitative Einschränkungen ggü. diesem Standard. Insgesamt stellt das Abkommen jedenfalls eine Konformität mit den Standards der OECD
im Bereich des Austauschs steuerlich relevanter Informationen her.

496 Durch seine beiden anderen Abkommensteile geht es aber weit über bisherige Standards im Bereich der Doppelbesteuerungsregelungen hinaus. Es schafft eine weitestgehend vollständige Erledigung von **nachdeklarationsbedürftigen Veranlagungen** deutscher Steuerpflichtiger mit nicht deklarierten Veranlagungen in der Schweiz. Zugleich stellt es aber auch die zukünftige Quellenbesteuerung auf neue Grundlagen. Die bilateralen Vereinbarungen zur Anwendung der Standards der Zinsrichtlinie (vgl. *Aigner*, Die Sparzinsenrichtlinie (2009) 87 ff.) bleiben zwar bestehen und die EU-Quellensteuer wird demnach auch weiterhin auf die relevanten Erträgnisse von EU-Bürgern in der Schweiz abgezogen. Hinsichtlich der deutschen Anleger wird aber parallel der Abgeltungsteuersatz umgesetzt. Dies wird erreicht, indem in jenen Bereichen, in denen sich Abgeltungsteuersatz (inklusive Solidaritätszuschlag 28,375 % zzgl. einer allfälligen Kirchensteuer) mit dem EU-Quellensteuersatz überlagert, nur der EU-Quellensteuersatz (35 %) erhoben wird. In den restlichen Anwendungsbereichen der Abgeltungsteuer wir der äquivalente Quellensteuersatz (inklusive Solidaritätszuschlag 28,375 % zzgl. einer allfälligen Kirchensteuer) einbehalten. Der Unterschiedbetrag zwischen der EU-Quellensteuer und dem Abgeltungsteuersatz ist zudem weiterhin erstattungsfähig für den Betroffenen. Die ursprüngliche Planung, bei der die schweizerische Bank als zuständige Stelle der Erstattung agieren sollte, wurde aber fallen gelassen. Die Erstattung muss im Wege der steuerlichen Veranlagung geltend gemacht werden. Angesichts der zahlreichen Vorteile des Abkommens im Hinblick auf eine Kombination von Nachversteuerung, Quellenbesteuerung mit Endbesteuerungswirkung und Aufrechterhaltung des Bankgeheimnisses wird es eine logische Bestrebung auch anderer Staaten – zu denen auch Österreichs zählen dürfte – sein, vergleichbare Standards auch innerhalb der EU zu erwirken; sei dies durch vergleichbare Abkommen oder andere völkerrechtliche, oder doch auch gemeinschaftsrechtliche Akte. Zudem wurde bereits ein vergleichbares Parallelabkommen Österreichs mit der Schweiz vereinbart und es sind auch Parallelabkommen Deutschlands und Österreichs mit Liechtenstein angedacht.

Anhang 1: Das ADG im Volltext

497

Bundesgesetz über die Umsetzung der OECD-Grundsätze der internationalen abgabenrechtlichen Amtshilfe (Amtshilfe-Durchführungsgesetz – ADG)
BGBl I 102/2009

Anwendungsbereich des Gesetzes
§ 1. Dieses Bundesgesetz regelt die Umsetzung der OECD-Grundsätze für bilateralen Informationsaustausch in Steuerfragen.

Erledigung von Amtshilfeersuchen
§ 2. (1) Soweit in diesem Bundesgesetz nicht anderes bestimmt ist, richtet sich der Umfang der auf Grund von Gemeinschaftsrecht, Doppelbesteuerungsabkommen, anderen völkerrechtlichen Verträgen oder sonstigen innerstaatlichen oder im Verhältnis zu ausländischen Gebieten anzuwendenden Rechtsgrundlagen zu leistenden verwaltungsbehördlichen Amtshilfe nach den Bestimmungen dieser Normen und nach den inländischen Abgaben- und sonstigen maßgeblichen Rechtsvorschriften. Im Rahmen der anzuwendenden Vorschriften sind die in Erfüllung eines ausländischen Amtshilfeersuchens erforderlichen Erhebungsmaßnahmen in gleicher Weise vorzunehmen, als ob es sich bei den ausländischen Abgaben um inländische handelte. Die Erhebungsmaßnahmen gelten als abgabenbehördliche Maßnahmen zur Durchführung der Abgabenvorschriften im Sinn des § 49 Abs. 2 der Bundesabgabenordnung, BGBl. Nr. 194/1961.
(2) Ist auf Grund von Gemeinschaftsrecht, Doppelbesteuerungsabkommen, anderen völkerrechtlichen Verträgen oder sonstigen innerstaatlichen oder im Verhältnis zu ausländischen Gebieten anzuwendenden Rechtsgrundlagen Amtshilfe nicht nur für Zwecke der Abgabenfestsetzung, sondern auch für Zwecke der Strafverfolgung zu leisten, so sind sinngemäß die Verfahrensvorschriften des verwaltungsbehördlichen Finanzstrafverfahrens anzuwenden, wenn die zuständige Behörde des um Amtshilfe ersuchenden Vertragsstaats bestätigt, dass ein verwaltungsbehördliches oder gerichtliches Strafverfahren anhängig ist.

(3) Liegt ein ausländisches Amtshilfeersuchen im Sinn des Abs. 1 vor, ist von der für die Durchführung des Amtshilfeverfahrens in Österreich zuständigen Behörde vor Veranlassung der erforderlichen Erhebungsmaßnahmen unverzüglich zu prüfen, ob die Voraussetzungen für die Erteilung der Amtshilfe gemäß den Bestimmungen des Gemeinschaftsrechts, des Doppelbesteuerungsabkommens, des anderen völkerrechtlichen Vertrags oder der sonstigen innerstaatlichen oder im Verhältnis zu einem ausländischen Gebiet anzuwendenden Rechtsgrundlage vorliegen. Allfällige Fragen, die sich im Zusammenhang mit dieser Prüfung ergeben, sind unverzüglich mit der um Amtshilfe ersuchenden zuständigen ausländischen Behörde abzuklären. Ist im Zuge der Erfüllung eines ausländischen Amtshilfeersuchens die Beschaffung von Informationen erforderlich, die unter das Bankgeheimnis fallen, sind diese zu beschaffen und zu erteilen, wenn das anwendbare Gemeinschaftsrecht, Doppelbesteuerungsabkommen, der andere völkerrechtliche Vertrag oder die sonstige innerstaatliche oder im Verhältnis zu einem ausländischen Gebiet anzuwendende Rechtsgrundlage eine Amtshilfebestimmung enthält, wonach die Erteilung von Informationen in keinem Fall nur deshalb abgelehnt werden darf, weil sich die Informationen bei einem Kreditinstitut befinden.

(4) Der Bundesminister für Finanzen kann andere Abgaben- oder Finanzstrafbehörden des Bundes mit der Vornahme und Koordinierung der zur Erfüllung des Amtshilfeersuchens erforderlichen Erhebungsmaßnahmen im eigenen Verantwortungsbereich beauftragen. Dies gilt insbesondere für die Entscheidung, welche Erhebungsmaßnahmen für die Beschaffung der benötigten Informationen zu ergreifen sind, für deren Vornahme sowie für erforderliche Abstimmungen mit Vertretern der zuständigen Behörde des anderen Vertragsstaats.

Beschaffung von Bankauskünften bei ausländischen Auskunftsersuchen

§ 3. (1) Wird gemäß § 2 Abs. 3 von einem Kreditinstitut die Erteilung von Informationen verlangt, die unter das Bankgeheimnis fallen, so ist das über diese Informationen verfügende Kreditinstitut verpflichtet, diese Informationen zu erteilen sowie die Urkunden und Unterlagen einsehen zu lassen und herauszugeben. Die für die Durchführung des Amtshilfeersuchens in Österreich zuständige Behörde hat die Erteilung dieser Informationen unter Setzung einer angemessenen Frist ab dem Zeitpunkt, zu dem die Voraussetzungen gemäß § 4 Abs. 3 vorliegen, unverzüglich zu verlangen. In diesem Verlangen hat die in Österreich zuständige Behörde zu bestätigen, dass die Voraussetzungen gemäß § 4 Abs. 3 erfüllt sind.

(2) Die Offenbarung und Herausgabe von Informationen hat auf Verlangen auf einem elektronischen Datenträger in einem allgemein gebräuchlichen Dateiformat zu erfolgen, wenn zur Führung der Geschäftsverbindung automationsunterstützte Datenverarbeitung verwendet wird.

Feststellung und Prüfung der Offenbarungspflicht bei Bankauskünften

§ 4. (1) Die vom ausländischen Amtshilfeersuchen betroffenen, aus der Geschäftsverbindung mit dem Kreditinstitut verfügungsberechtigten Personen sind nach erfolgter Prüfung gemäß § 2 Abs. 3 unverzüglich über das ausländische Amtshilfeersuchen und die erbetenen Auskünfte von der für die Durchführung des Amtshilfeverfahrens in Österreich zuständigen Behörde unter gleichzeitiger Benachrichtigung des Kreditinstituts zu verständigen.

(2) Auf begründeten Antrag der vom ausländischen Amtshilfeersuchen betroffenen, aus der Geschäftsverbindung mit dem Kreditinstitut verfügungsberechtigten Personen ist über das Vorliegen der gemäß § 2 Abs. 3 für die Durchbrechung des Bankgeheimnisses maßgeblichen Voraussetzungen durch Bescheid der für die Durchführung des Amtshilfeverfahrens in Österreich zuständigen Behörde abzusprechen. Allfällige Fragen, die sich im Zusammenhang mit der Prüfung des Antrags ergeben, sind unverzüglich mit der um Amtshilfe ersuchenden zuständigen ausländischen Behörde abzuklären. Der Antrag auf bescheidmäßige Feststellung der maßgeblichen Voraussetzungen ist bis zum Ablauf einer Frist von zwei Wochen nach Verständigung der betroffenen Personen im Sinn des Abs. 1 an die für die Durchführung des Amtshilfeverfahrens in Österreich zuständige Behörde zu richten. Diese Behörde entscheidet in erster und letzter Instanz.

(3) Dem ausländischen Amtshilfeersuchen ist nach Ablauf der Antragsfrist zur bescheidmäßigen Feststellung der maßgeblichen Voraussetzungen oder im Falle eines Antrags auf bescheidmäßige Feststellung nach Ablauf einer Frist von sechs Wochen nach Zustellung des Bescheides unverzüglich zu

entsprechen. Im Falle der Einbringung einer Beschwerde gegen diesen Bescheid an den Verfassungsgerichtshof oder an den Verwaltungsgerichtshof, sofern gemäß § 85 Abs. 2 des Verfassungsgerichtshofgesetzes, BGBl. Nr. 85/1953, oder § 30 Abs. 2 des Verwaltungsgerichtshofgesetzes, BGBl. Nr. 10/1985, die Zuerkennung von aufschiebender Wirkung beantragt wurde, ist auf Antrag des Beschwerdeführers bis zur Entscheidung des Verfassungsgerichtshofs oder Verwaltungsgerichtshofs über die Zuerkennung der aufschiebenden Wirkung zuzuwarten. Der Antrag ist unter Anschluss einer Kopie der Beschwerde zeitgleich mit der Einbringung der Beschwerde beim Verfassungsgerichtshof oder beim Verwaltungsgerichtshof an die zuständige Behörde gemäß Abs. 1 zu richten.

Abgrenzung zur gerichtlichen Rechtshilfe

§ 5. (1) Vorbehaltlich des Abs. 2 findet dieses Bundesgesetz auf die gerichtliche Rechtshilfe keine Anwendung.

(2) Dieses Bundesgesetz ist in jenen Fällen, in denen im ersuchenden Staat ein gerichtliches Strafverfahren wegen einer Abgabenangelegenheit anhängig ist, nur insoweit anzuwenden, als die mit dem Strafverfahren betraute Justizbehörde ein Ersuchen um Ermittlung des Sachverhalts an die zuständige Verwaltungsbehörde dieses Staates richtet. In diesem Fall ist, ungeachtet der allfälligen Möglichkeit der Einleitung eines gerichtlichen Rechtshilfeersuchens auf Grund eines internationalen Vertrags über die gerichtliche Rechtshilfe, ein Ersuchen gemäß § 1 zulässig.

Verweisungen

§ 6. Sofern in diesem Bundesgesetz auf andere Bundesgesetze verwiesen wird, sind diese, sofern nichts Anderes bestimmt ist, in ihrer jeweils geltenden Fassung anzuwenden.

Vollziehung

§ 7. Mit der Vollziehung dieses Bundesgesetzes ist der Bundesminister für Finanzen betraut.

Inkrafttreten

§ 8. Dieses Bundesgesetz tritt mit dem der Kundmachung folgenden Tag in Kraft.

Anhang 2: Aktualisierung des DBA Österreich-Deutschland

498

Aus dem BGBl III 32/2012:
„Die vom Bundespräsidenten unterzeichnete und vom Bundeskanzler gegengezeichnete Ratifikationsurkunde wurde am 23. Dezember 2011 ausgetauscht; das Protokoll tritt gemäß seinem Art. III Abs. 2 am 1. März 2012 in Kraft."

Protokoll
zwischen der Republik Österreich und der BRD zur Abänderung des am 24.08.2000 in Berlin unterzeichneten Abkommens zur Vermeidung der Doppelbesteuerung auf dem Gebiet der Steuern vom Einkommen und vom Vermögen

Die Republik Österreich und die BRD,
VON DEM WUNSCHE GELEITET, ein Protokoll zur Abänderung des am 24.08.2000 in Berlin unterzeichneten Abkommens zur Vermeidung der Doppelbesteuerung auf dem Gebiet der Steuern vom Einkommen und vom Vermögen (im Folgenden als „Abkommen" bezeichnet) abzuschließen, haben Folgendes vereinbart:

Art. I

Art. 26 wird wie folgt neu gefasst:

„Artikel 26
Informationsaustausch

(1) Die zuständigen Behörden der Vertragsstaaten tauschen die Informationen aus, die zur Durchführung dieses Abkommens oder zur Verwaltung bzw. Vollstreckung des innerstaatlichen Rechts betreffend Steuern jeder Art und Bezeichnung, die für Rechnung der Vertragsstaaten oder ihrer Gebietskörperschaften erhoben werden, voraussichtlich erheblich sind, soweit die diesem Recht ent-

sprechende Besteuerung nicht dem Abkommen widerspricht. Der Informationsaustausch ist durch Artikel 1 und 2 nicht eingeschränkt.

(2) Alle Informationen, die ein Vertragsstaat gemäß Absatz 1 erhalten hat, sind ebenso geheim zu halten wie die aufgrund des innerstaatlichen Rechts dieses Staates beschafften Informationen und dürfen nur den Personen oder Behörden (einschließlich der Gerichte und der Verwaltungsbehörden) zugänglich gemacht werden, die mit der Veranlagung oder Erhebung, der Vollstreckung oder Strafverfolgung oder mit der Entscheidung von Rechtsmitteln hinsichtlich der in Absatz 1 genannten Steuern oder mit der Aufsicht darüber befasst sind. Diese Personen oder Behörden dürfen die Informationen nur für diese Zwecke verwenden. Sie dürfen die Informationen in einem öffentlichen Gerichtsverfahren oder in einer Gerichtsentscheidung offen legen. Ungeachtet der vorstehenden Bestimmungen können die Informationen für andere Zwecke verwendet werden, wenn sie nach dem Recht beider Staaten für diese anderen Zwecke verwendet werden können und die zuständige Behörde des übermittelnden Staates dieser Verwendung zugestimmt hat. Ohne vorherige Zustimmung der zuständigen Behörde des übermittelnden Staates ist eine Verwendung für andere Zwecke nur zulässig, wenn sie zur Abwehr einer im Einzelfall bestehenden dringenden Gefahr für das Leben, die körperliche Unversehrtheit oder die persönlichen Freiheit einer Person oder für bedeutende Vermögenswerte erforderlich ist und Gefahr im Verzug besteht. In diesem Fall ist die zuständige Behörde des übermittelnden Staates unverzüglich um nachträgliche Genehmigung der Zweckänderung zu ersuchen. Wird die Genehmigung verweigert, ist die weitere Verwendung der Informationen für den anderen Zweck unzulässig; ein durch die zweckändernde Verwendung der Informationen entstandener Schaden ist zu ersetzen.

(3) Die Absätze 1 und 2 sind nicht so auszulegen, als verpflichteten sie einen Vertragsstaat,

a) für die Erteilung von Informationen Verwaltungsmaßnahmen durchzuführen, die mit den Gesetzen und der Verwaltungspraxis dieses oder des anderen Vertragsstaates unvereinbar sind;

b) Informationen zu erteilen, die nach den Gesetzen oder im üblichen Verwaltungsverfahren dieses oder des anderen Vertragsstaates nicht beschafft werden können;

c) Informationen zu erteilen, die ein Handels-, Industrie-, Gewerbe- oder Berufsgeheimnis oder ein Geschäftsverfahren offenlegen würden oder deren Erteilung der öffentlichen Ordnung widerspräche.

(4) Ersucht ein Vertragsstaat gemäß diesem Artikel um Informationen, so nutzt der andere Vertragsstaat die ihm zur Verfügung stehenden Möglichkeiten zur Beschaffung der erbetenen Informationen, selbst wenn er diese Informationen für seine eigenen steuerlichen Zwecke nicht benötigt. Die im vorstehenden Satz enthaltene Verpflichtung unterliegt den Beschränkungen gemäß Absatz 3, wobei diese jedoch in keinem Fall so auszulegen sind, dass ein Vertragsstaat die Erteilung von Informationen nur deshalb ablehnen kann, weil er kein inländisches Interesse an solchen Informationen hat.

(5) Absatz 3 ist in keinem Fall so auszulegen, dass ein Vertragsstaat die Erteilung von Informationen nur deshalb ablehnen kann, weil die Informationen sich bei einer Bank, einem sonstigen Finanzinstitut, einem Bevollmächtigten, Vertreter oder Treuhänder befinden oder sich auf Eigentumsanteile an einer Person beziehen."

Art. II

Das Protokoll zum Abkommen wird wie folgt geändert:

1. Nach Ziff. (13) zu Art. 26 wird eine neue Ziff. (13a) mit folgendem Wortlaut eingefügt:

„(13a) Zu Artikel 26

a) Die zuständige Behörde des ersuchenden Staates stellt der zuständigen Behörde des ersuchten Staates im Rahmen der Darlegung der voraussichtlichen Erheblichkeit der Auskünfte die folgenden Informationen zur Verfügung, wenn diese ein Auskunftsersuchen gemäß dem Abkommen stellt:

(aa) die Bezeichnung der Person, der die Ermittlung oder Untersuchung gilt;

(bb) die Art der erbetenen Auskünfte und die Form, in der die Auskünfte dem ersuchenden Staat vorzugsweise zur Verfügung zu stellen sind;

(cc) den steuerlichen Zweck, für den um die Auskünfte ersucht wird;

(dd) die Gründe für die Annahme, dass die erbetenen Auskünfte dem ersuchten Staat vorliegen oder sich im Besitz oder in der Verfügungsmacht einer Person im Hoheitsbereich des ersuchten Staates befinden;

(ee) den Namen und die Anschrift von Personen, soweit bekannt, in deren Besitz sich die erbetenen Auskünfte vermutlich befinden;

(ff) eine Erklärung, dass der ersuchende Staat alle ihm im eigenen Gebiet zur Verfügung stehenden Maßnahmen zur Einholung der Auskünfte ausgeschöpft hat, ausgenommen solche, die unverhältnismäßig große Schwierigkeiten mit sich bringen würden.

b) Es besteht Einvernehmen, dass die in Artikel 26 vorgesehene Amtshilfe nicht Maßnahmen einschließt, die lediglich der Beweisausforschung durch anlasslose Ermittlungen „ins Blaue" dienen („fishing expeditions").

c) Es besteht Einvernehmen, dass Artikel 26 Absatz 5 des Abkommens den Vertragsstaaten erlaubt, sie jedoch nicht dazu verpflichtet, Informationen im Sinne dieses Absatzes auf automatischer oder spontaner Basis auszutauschen.

d) Es besteht Einvernehmen, dass nach diesem Abkommen erteilte Auskünfte im Rahmen der in Artikel 26 Absatz 1 genannten Zwecke zur weiteren Beurteilung auch für Zeiträume herangezogen werden können, auf die die erteilten Auskünfte nicht bezogen waren.

e) Es besteht Einvernehmen, dass zur Auslegung des Artikels 26 neben den oben angeführten Grundsätzen auch die aus den für den Informationsaustausch maßgeblichen Kommentaren der OECD in ihrer jeweils geltenden Fassung abzuleitenden Anwendungsgrundsätze zu berücksichtigen sind."

Art. III

1. Dieses Protokoll bedarf der Ratifikation. Die Ratifikationsurkunden werden so bald wie möglich in Wien ausgetauscht.

2. Dieses Protokoll tritt am ersten Tag des dritten Monats in Kraft, der dem Monat folgt, in dem der Austausch der Ratifikationsurkunden stattgefunden hat und ist auf Steuerjahre oder Veranlagungszeiträume anzuwenden, die am oder nach dem 01.01.2011 beginnen.

3. Dieses Protokoll ist Bestandteil des Abkommens und bleibt ebenso lange in Kraft wie das Abkommen selbst.

GESCHEHEN zu Berlin am 29.12.2010 in zwei Urschriften, jede in deutscher Sprache.

F. Rechts- und Amtshilfe der Schweiz in Steuerstrafsachen

I. Vorbemerkungen

499 Erfordert die Verfolgung einer Steuerstraftat Informationen aus dem Ausland, sind die Möglichkeiten der deutschen Behörden zur Beschaffung der sachdienlichen Informationen und Beweismittel durch die Souveränität des ausländischen Staates begrenzt. Die deutschen Strafverfolgungsbehörden sind nicht berechtigt, die erforderlichen Informationen und Beweismittel auf dem Gebiet des ausländischen Staates selber zu erheben, sondern müssen sich dazu der Unterstützung der dafür vorgesehenen Organe des ausländischen Staates bedienen (*Pawlik*, JZ 2010, 693, 694).

Das schweizerische Recht stellt Handlungen für einen fremden Staat, die auf schweizerischem Gebiet ohne entsprechende Bewilligung vorgenommen werden, unter Strafe (Art. 271 CH-StGB). Schutzobjekt dieser Strafbestimmung ist die schweizerische Souveränität. Wer verbotene Handlungen für einen fremden Staat vornimmt, wird mit Freiheitsstrafe bis zu drei Jahren oder Geldstrafe, in schweren Fällen mit Freiheitsstrafe nicht unter einem Jahr bestraft.

500 Möchte ein ausländischer Staat aus der Schweiz Beweismittel und Informationen beschaffen, die der Verfolgung von Steuerstraftaten dienen, stehen ihm zwei Kanäle zur Verfügung, die internationale Strafrechtshilfe sowie die internationale Amtshilfe in Steuersachen. Dabei steht es dem ersuchenden Staat grds. frei, ob er gestützt auf die Bestimmungen des Rechtshilferechts ein Rechtshilfeersuchen stellen will oder ein Amtshilfeersuchen gestützt auf die einschlägigen Rechtsquellen (BGer, Urt. v. 20.12.2010, 1C_485/2010, E. 2.3). Die Frage, ob es sich um eine Amts- oder eine Rechtshilfeangelegenheit handelt, richtet sich nach den anwendbaren internationalen und innerstaatlichen Rechtsquellen (BGer, Urt. v. 20.12.2010, 1C_485/2010 E. 2.3.1), und nicht nach dem materiellen Inhalt des Ersuchens.

Bis vor Kurzem war der Weg über die Rechtshilfe die einzige Möglichkeit, um von der Schweiz **501** Informationen zur Ahndung von Steuerdelikten zu erlangen. Aufgrund der jüngsten Entwicklungen – insb. der Vereinbarung einer dem OECD-Standard entsprechenden Auskunftsklausel im Revisionsprotokoll v. 27.10.2010 zum DBA zwischen der Schweiz und Deutschland – ist der Amtshilfeweg der am wenigsten beschwerliche Weg zu den Informationen. Allerdings steht dieser nur für Informationen offen, welche die Steuerperioden 2011 und später betreffen.

Zum Zweck der Verfolgung von Steuerdelikten kann der ausländische Staat für **alle Steuerarten** **502** die „**kleine**" **Rechtshilfe** verlangen, falls das dem Ersuchen zugrunde liegende Verhalten unter den **Abgabebetrug** fällt (nachstehend Rdn. 503 ff.). „**Kleine**" **Rechtshilfe** ist zudem möglich bei der **Hinterziehung indirekter Steuern** (nachstehend Rdn. 520 ff.). Für die Steuerjahre **vor 2011** kann der ersuchende Staat zur Durchführung seines innerstaatlichen Steuerrechts **Amtshilfe** verlangen, sofern ein **Steuerbetrug** vorliegt (nachstehend Rdn. 522 ff.) . Im Bereich der **indirekten Fiskalität** ist zudem im Fall der **Hinterziehung Amtshilfe** möglich (nachstehend Rdn. 528 ff.). Für den ersuchenden Staat am günstigsten ist die **Amtshilfe** gestützt auf die dem **OECD-Standard** entsprechende Auskunftsklausel im Revisionsprotokoll v. 27.10.2010 zum DBA-CH (nachstehend Rdn. 529 ff.).

Neuerdings liefert die Schweiz auch in Fiskalstrafsachen Verdächtige aus, sofern diesen ein qualifizierter Abgabebetrug oder im Bereich der Verbrauchsteuern, der USt oder dem Zoll, Handlungen vorgeworfen werden, die sowohl nach dem Recht des ersuchenden als auch nach dem des ersuchten Staates mit einer Freiheitsstrafe im Höchstmaß von mindestens einem Jahr oder mit einer schwereren Strafe bedroht sind (nachstehend Rdn. 544 ff.).

II. „Kleine" Rechtshilfe bei Abgabebetrug

1. Rechtsgrundlage

Das sowohl von der Schweiz als auch von Deutschland ratifizierte EueR berechtigt die Vertragsstaa- **503** ten, die Rechtshilfe in Fiskalstrafsachen zu verweigern (Art. 2 Buchst. a EueR). Weil die Schweiz das die Rechtshilfe bei Fiskalstrafsachen vorsehende Zusatzprotokoll Nr. 99 des Europarates v. 17.03.1978 zum EueR zwar unterzeichnet, nicht aber ratifiziert hat, und das zwischen der Schweiz und Deutschland abgeschlossene Zusatzabkommen zum EueR keine Verpflichtung zur Rechtshilfe bei Steuerdelikten enthält, ist die Schweiz nach geltendem Recht völkerrechtlich nicht verpflichtet, Deutschland für die Verfolgung der Verkürzung direkter Steuern Rechtshilfe zu leisten.

Die Schweiz hat jedoch eine **innerstaatliche Rechtsgrundlage** für die **Rechtshilfe bei Abgabebe-** **504** **trug** erlassen (**Art. 3 Abs. 3 IRSG**). Die Bestimmung hat folgenden Wortlaut:

„Einem Ersuchen wird nicht entsprochen, wenn Gegenstand des Verfahrens eine Tat ist, die auf eine Verkürzung fiskalischer Abgaben gerichtet erscheint (....). Jedoch kann einem Ersuchen um Rechtshilfe nach dem dritten Teil des Gesetzes entsprochen werden, wenn Gegenstand des Verfahrens ein Abgabebetrug ist."

Obwohl die Bestimmung als Kann-Vorschrift ausgestaltet ist, sind nach der Rechtsprechung die **505** schweizerischen Behörden zur Rechtshilfeleistung verpflichtet, wenn alle maßgebenden Voraussetzungen erfüllt sind (BGE 125 II 250 E. 2., S. 252, 111 Ib 242 E. 4c, S. 248).

Die bei Abgabebetrug mögliche „**kleine Rechtshilfe**" beinhaltet die Zustellung von Schriftstücken, **506** die Beweiserhebung sowie die Herausgabe von Akten und Schriftstücken (Art. 63 Abs. 2 IRSG).

Die in Art. 63 Abs. 2 IRSG ebenfalls vorgesehene Herausgabe von Gegenständen oder Vermögenswerten zur Einziehung oder Rückerstattung an den Berechtigten (Abschöpfung) ist bei Fiskaldelikten nicht zulässig (BGE 133 IV 215 E. 2.2.2, S. 221).

2. Rechtshilfe nur bei Abgabebetrug

507 Damit die Schweiz zur Leistung von Rechtshilfe verpflichtet ist, muss der im Rechtshilfeersuchen geschilderte Sachverhalt nach schweizerischem Steuerstrafrecht als **Abgabebetrug** zu qualifizieren sein, wenn er sich in der Schweiz abgespielt hätte. Einen solchen begeht, wer durch sein **arglistiges Verhalten** bewirkt, dass dem Gemeinwesen unrechtmäßig und in einem erheblichen Betrag eine Abgabe vorenthalten wird (Art. 14 Abs. 2 VStrR).

508 Nach der Rechtsprechung gelten folgende Verhaltensmuster als rechtsmittelfähiger Abgabebetrug:

– **Überfakturierung:** Die Zwischenschaltung einer Gesellschaft in die Lieferkette, die dem Abnehmer überhöhte Rechnungen stellt, sofern zumindest ein Teil des überhöhten Rechnungsbetrages verdeckt an den Lieferanten oder an den Abnehmer zurückfliesst (BGE 111 Ib 242 E. 5b, S. 249; BGer, Urt. v. 20.07.2001, 1A.63/2001, E. 4.c);
– **Fiktive Rechnungen:** Die Verwendung von Rechnungen für gar nicht erbrachte Leistungen (*Waldburger*, IFF-Forum für Steuerrecht 2004, 40, 44);
– **Pro forma gestellte Rechnungen:** Stellt eine zwischengeschaltete Gesellschaft Rechnungen an den Erstverkäufer, obwohl die Zahlung nicht über die rechnungstellende Gesellschaft, sondern direkt vom Endabnehmer an den Erstverkäufer erfolgt, ist die Verwendung der Proforma-Rechnungen als Abgabebetrug zu ahnden (BGE 111 Ib 242 E. 5c, S. 250);
– **Falsche Geschäftsbücher:** Die Verwendung von nach kaufmännischer Art geführten Geschäftsbücher, welche nicht sämtliche Erträge enthalten oder Vorgänge verbucht haben, die effektiv nicht stattgefunden haben, ist arglistig.
– **Planmäßiges Verschleiern des Wohnsitzes:** Der Steuerpflichtige, der durch mehrere fingierte Mietverträge über sein Haus und durch ein unzutreffendes Gästeregister verschleiert, dass er seinen Wohnsitz weiterhin in Deutschland hat, begeht eine arglistige Täuschung der Steuerbehörden (BGer Urt. v. 12.08.2004, 1A.117/2004 E. 3.3.2). Hingegen ist das Einschalten einer Sitzgesellschaft zur Verschleierung der wirtschaftlichen Berechtigung noch nicht arglistig. Dadurch ist die Grenze zum Abgabebetrug jedoch schon erreicht. Kommen weitere täuschende Elemente hinzu, ist Abgabebetrug anzunehmen. Dies ist der Fall, wenn es nicht einfach um das Verbergen von Vermögenswerten und den daraus fliessenden Erträgen geht, sondern um das „Einschieben" einer Domizilgesellschaft in den Geschäfts- oder Warenverkehr und Manipulation der Ertragslage des ausländischen Steuersubjekts mittels künstlich überhöhter oder vertiefter Preise für Waren oder Dienstleistungen (Bundesstrafgericht, Entscheid v. 28.10.2008, RR.2008.165, E. 5.9).

3. Anforderungen an das Rechtshilfeersuchen und herauszugebende Beweismittel

509 Im Rechtshilfeverfahren ist nicht zu überprüfen, ob der im Rechtshilfeersuchen geschilderte Sachverhalt tatsächlich zutrifft. Abzustellen ist auf den Sachverhalt, wie er im Rechtshilfeersuchen und seinen Beilagen und Ergänzungen geschildert ist, es sei denn, diese Darstellung enthalte offensichtliche Fehler, Lücken oder Widersprüche (BGE 125 II 250 E. 5b S. 257). Um zu verhindern, dass sich der ersuchende Staat unter dem Deckmantel eines vom ihm ohne Vorhandensein von Verdachtsmomenten lediglich behaupteten Abgabebetruges Beweise verschafft, die zur Ahndung nicht rechtshilfefähiger Fiskaldelikte dienen sollen, gelten in Rechtshilfeverfahren betreffend Abgabebetrug strengere Vorschriften. Es ist erforderlich, dass die ersuchende Behörde **hinreichende Verdachtsmomente** darlegt. Dabei muss sie Indizien vorbringen, welche einen hinreichenden Verdacht des dem Beschuldigten angelasteten Abgabebetruges zu begründen vermögen (BGE 116 Ib 96 E. 4c, S. 103).

Sind die Voraussetzungen für die Gewährung der Rechtshilfe erfüllt, so sind der ersuchenden 510
Behörde sämtliche Unterlagen auszuhändigen, die sich möglicherweise auf den im Rechtshilfeersuchen dargestellten Sachverhalt beziehen können (**potenzielle Erheblichkeit**). Nicht zu übermitteln sind nur diejenigen Akten, die für das ausländische Strafverfahren mit Sicherheit nicht erheblich sind (BGE 122 II 367 E. 2c, S. 371).

4. Spezialitätsvorbehalt

Aufgrund des sog. **Spezialitätsvorbehaltes** darf der ersuchende Staat die ihm von der Schweiz 511
rechtshilfeweise übermittelten Erkenntnisse im Verfahren zur Festsetzung von Steuern nicht verwenden. Dasselbe gilt für Steuerstrafverfahren, wenn das zu beurteilende Verhalten nach schweizerischem Verständnis lediglich als einfache Steuerhinterziehung und nicht als Abgabebetrug zu
beurteilen wäre. Dieses **Verwendungsverbot** gilt auch, falls die Schweiz die Rechthilfe wegen eines
Abgabebetruges geleistet hat und es im Strafverfahren zu einem Schuldspruch kommt (BGE
115 Ib 373 E. 8, S. 376). Der Spezialitätsvorbehalt hat zur Folge, dass der ersuchende Staat
gestützt auf die von der Schweiz im Rechtshilfeverfahren übermittelten Informationen zwar den
Täter bestrafen, nicht aber die hinterzogenen Steuern nacherheben darf.

Zur Beschaffung von Informationen, welche der **Durchsetzung des Steuerrechtes** dienen, muss
sich der ersuchende Staat der **Amtshilfe** bedienen.

5. Grundzüge des Rechtshilfeverfahrens

Die ersuchende deutsche Justizbehörde kann ihr Rechtshilfeersuchen entweder an das Bundesamt 512
für Justiz oder direkt an die zuständige kantonale Behörde richten. Die ausführende Behörde
nimmt eine **Vorprüfung** vor und erlässt im Fall, dass die gesetzlichen Anforderungen für die
Rechtshilfe erfüllt sind, eine nicht selbstständig anfechtbare **Eintretens- und Zwischenverfügung**.
Diese **Eintretens- und Zwischenverfügung** enthält die Anordnung der als zulässig erachteten
Rechtshilfemaßnahmen. Im Anschluss an die **Eintretens- und Zwischenverfügung** erfolgt der
Vollzug der angeordneten Maßnahmen. Auch der Vollzug ist nicht separat anfechtbar. Im
Anschluss an den Vollzug der Rechtshilfemaßnahmen kann die von der Rechtshilfe betroffene Person ihre Argumente gegen die Gewährung der Rechtshilfe vortragen. Die Einlassung des Betroffenen verbleibt in den innerstaatlichen Verfahrensakten und geht nicht an die ersuchende Behörde.

Wenn alle Berechtigten der Herausgabe der Schriftstücke oder Auskünfte zustimmen, findet das 513
Rechtshilfeverfahren seinen Abschluss (**vereinfachte Ausführung; Art. 80c IRSG**). Die Zustimmung zur vereinfachten Ausführung beinhaltet den Verzicht auf die Rechtsmittel. Die Vollzugsbehörde kann anschließend die von der Einigung betroffenen Dokumente umgehend an den ersuchenden Staat herausgeben.

Soweit es nicht zu einer gütlichen Erledigung des Verfahrens kommt, erlässt die Vollzugsbehörde 514
eine begründete **Schlussverfügung** über die Gewährung und den Umfang der Rechtshilfe. Diese
Schlussverfügung ist zusammen mit den vorangehenden Zwischenverfügungen bei der Beschwerdekammer des Bundesstrafgerichts anfechtbar.

Gegen den Entscheid der Beschwerdekammer des Bundesstrafgerichts über die Herausgabe von 515
Informationen ist die Beschwerde ans Bundesgericht nur dann möglich, wenn er Informationen
aus dem Geheimbereich betrifft und es sich um einen besonders bedeutenden Fall handelt. Dies
ist insb. dann der Fall, wenn Gründe für die Annahme bestehen, dass elementare Verfahrensgrundsätze verletzt worden sind oder das Verfahren im Ausland schwere Mängel aufweist.

Den Rechtsmitteln kommt hinsichtlich der Herausgabe der Beweismittel **aufschiebende Wirkung** zu. 516
Die schweizerischen Behörden dürfen somit die im Rechtshilfeverfahren erhobenen Beweismittel erst
nach rechtskräftiger Erledigung der Rechtsmittel an den ersuchenden Staat herausgeben.

517 Zur Teilnahme am Verfahren und zur Beschwerde ist **legitimiert**, wer durch die Rechtshilfemaßnahme **direkt und persönlich betroffen** ist. Bei Auskünften über ein Bankkonto ist es nur der **nominelle Kontoinhaber**. Nicht legitimiert sind demnach am Konto nur wirtschaftlich Berechtigte, Personen, die am Konto Vollmacht haben oder deren Name in den Bankunterlagen genannt ist. Gehört das Konto bspw. einer juristischen Person (z.B. einer Sitz- bzw. Briefkastengesellschaft oder einer Stiftung), so ist der an den Vermögenswerten lediglich wirtschaftlich Berechtigte grds. nicht zur Erhebung von Rechtsmitteln berechtigt. Dies gilt auch dann, wenn sich das ausländische Steuerstrafverfahren gegen ihn richtet. Die Beschuldigtenstellung im ausländischen Strafverfahren alleine verleiht im Rechtshilfeverfahren keine Parteistellung (BGer, Urt. v. 27.03.2000, 1A. 359/ 1999 E. 3. e.aa). Ist hingegen Kontoinhaberin eine juristische Person, die aufgelöst worden ist, sind die an den Konten bzw. Wertschriftendepots wirtschaftlich Berechtigten berechtigt, in eigenem Namen am Verfahren teilzunehmen. Dadurch soll vermieden werden, dass Rechtshilfe geleistet würde, ohne dass sich die Kontoinhaber oder ihre Rechtsnachfolger zur Wehr setzen konnten (BGer, Urt. v. 23.05.2011, 1C.122/2011, E. 4.2).

6. Herausgabe von Vermögenswerten an den ersuchenden Staat zwecks Abschöpfung

518 In Fällen von Abgabebetrug ist die Herausgabe von Vermögenswerten an den ersuchenden Staat zwecks **Abschöpfung nicht möglich**. Zwar ist die Rechtsgrundlage für die Herausgabe zwecks Einziehung an den ersuchenden Staat im dritten Teil des Gesetzes geregelt. Der Einziehung unterliegen jedoch nur Vermögensvorteile, welche aus einer Straftat herrühren. Bei einer Steuerstraftat rührt das Vermögen des Beschuldigten nicht aus dem Steuerdelikt her, weshalb es nicht der Einziehung unterliegt (BGE 133 IV 215 E. 2.2.1 S. 220). Allenfalls kann der unrechtmäßige Steuervorteil durch eine Ersatzforderung abgeschöpft werden. Für die Herausgabe von Vermögenswerten an den ersuchenden Staat zur Erfüllung einer solchen Ersatzforderung zwecks Abschöpfung der deliktischen Steuerersparnis enthält das Gesetz jedoch keine Rechtsgrundlage. Daher ist die Herausgabe von Vermögenswerten an den ersuchenden Staat bei Steuerdelikten ausgeschlossen (BGE 133 IV 215 E. 2.2.2 S. 221).

7. Geplante Gesetzesänderung

519 Der Schweizerische Bundesrat hat am 29.06.2011 das Eidgenössische Justiz- und Polizeidepartement beauftragt, bis Mitte 2012 eine Vorlage zur Änderung des IRSG und zur Übernahme der einschlägigen Zusatzprotokolle zum Rechtshilfeübereinkommen des Europarates (EueR) auszuarbeiten. Diese Vorlage soll vorsehen, dass der im IRSG verankerte Vorbehalt, wonach lediglich bei Vorliegen eines Abgabebetruges Rechtshilfe geleistet wird, gegenüber Staaten nicht mehr angewendet wird, mit denen die Schweiz im DBA eine dem OECD-Standard entsprechende Amtshilfeklausel vereinbart hat. Im Verhältnis zu diesen Staaten soll der Fiskalvorbehalt für alle Instrumente der Rechtshilfe entfallen: die Beweiserhebung, die Auslieferung sowie die Übernahme von Strafverfahren sowie die Strafvollstreckung. Derzeit ist noch nicht absehbar, ob und gegebenenfalls bis wann die geplante Gesetzesänderung umgesetzt wird.

III. Rechtshilfe bei der Hinterziehung indirekter Steuern

1. Anwendungsbereich

520 Die Schweiz hat sich im BBA sowie im SAA erstmals bereit erklärt, auch bei **einfacher Hinterziehung** Amts- und Rechtshilfe zu leisten. So gewährt sie in allen Fällen der Hinterziehung der unter das BBA fallenden indirekten Steuern (Zoll-, USt, Verbrauchsteuern, besondere Verbrauchsteuern [Art. 2 Nr. 1 Buchst. a) BBA]) Rechtshilfe, auch wenn die Steuerhinterziehung nach schweizerischem Recht nur mit Busse bedroht ist. Vorausgesetzt ist kumulativ, dass das Recht des **ersuchenden Staates** für die betreffende Tat eine Höchststrafe von **mindestens 6 Monaten Freiheitsentzug** androht, der mutmaßlich hinterzogenen Betrag mehr als 25.000,00 € beträgt und die Tat auch in der Schweiz strafbar wäre. Dabei gilt das BBA auch bei reinen Inlandsachverhalten oder innerge

meinschaftlichen Vorgängen. Sein Anwendungsbereich ist demnach nicht auf grenzüberschreitende Vorgänge zwischen der Schweiz und einem oder mehreren EU-Mitgliedstaaten beschränkt.

Formell bedeutet diese Bestimmung eine **Absenkung der Zugangsschranke** zur Rechtshilfe im Bereich der **indirekten Steuern**. Soweit die Hinterziehung von indirekten Steuern – insb. der USt – im Verschweigen von Einnahmen durch Buchführungspflichtige besteht, ändert sich jedoch materiell bei der Rechtshilfe im Bereich der indirekten Steuern nichts. Verwendet der Buchführungspflichtige im Besteuerungsverfahren eine unvollständige Jahresrechnung, begeht er einen Abgabebetrug, der bereits nach geltendem Recht rechtshilfefähig ist.

2. Übergangsbestimmung

Das Betrugsbekämpfungsabkommen gilt nach seinem Inkrafttreten für Rechts- und Amtshilfeersuchen wegen Straftaten, die mindestens 6 Monate nach der am 26.10.2004 erfolgten Unterzeichnung begangen wurden. Das Abkommen wirkt somit auch auf Delikte vor seinem Inkrafttreten zurück. Die **Retroaktivität** ist jedoch auf Straftaten **begrenzt**, die am oder nach dem **26.04.2005** begangen worden sind. Allerdings enthält das SAA eine mit Art. 31 BBA textlich übereinstimmende Rechtshilfeverpflichtung, ohne eine ausdrückliche Übergangsbestimmung zu enthalten. Nach der Rechtsprechung des Bundesstrafgerichts ist somit die Rechtshilfebestimmung des SAA nach deren Inkrafttreten am 12.12.2008 auch auf Vorgänge anwendbar, die sich vor seinem Inkrafttreten und seiner Unterzeichnung ereignet haben. Mit dieser Rechtsprechung hebelt das Bundesstrafgericht die ausdrückliche Übergangsbestimmung des BBA im Ergebnis aus. 521

IV. Amtshilfe bei Steuerbetrug (direkte Steuern)

1. Allgemeines

Bis vor wenigen Jahren war die Amtshilfepolitik der Schweiz in Steuersachen von ihrem **Vorbehalt** zu **Art. 26 OECD-Musterabkommen** geprägt. Sofern die Schweiz überhaupt eine Amtshilfeklausel in ihre DBA aufgenommen hatte, handelte es sich – mit Ausnahme des DBA-USA – durchwegs um die sog. „kleine Auskunftsklausel". Diese beinhaltet den Austausch derjenigen Auskünfte, die für die richtige Durchführung des Abkommens notwendig sind. Hingegen gehören die Informationen, welche dem ersuchenden Staat zur Durchsetzung seines eigenen Steuerrechts dienen, nicht zu den unter der „kleinen Auskunftsklausel" erhältlichen Auskünften. 522

2. Revisionsprotokoll v. 12.03.2002

Bis zum Inkrafttreten des Revisionsprotokolls v. 12.03.2002 zum DBA mit Deutschland galt auch im Verhältnis zu Deutschland die „kleine Auskunftsklausel". Die im Revisionsprotokoll v. 12.03.2002 neu gefasste Amtshilfeklausel beinhaltet nun die auf **Betrugsdelikte** beschränkte **erweiterte Amtshilfe**. 523

Damit die Schweiz Informationen zur Durchsetzung des innerstaatlichen deutschen Steuerrechts liefert, muss das fragliche Verhalten unter den Tatbestand des **Steuerbetrugs** fallen. Nach geltendem Recht muss daher der Täter notwendigerweise gefälschte, verfälschte oder inhaltlich unwahre Urkunden zur Täuschung der Steuerbehörden verwendet haben. Die erweiterte Auskunftsklausel ist aufgrund der ausdrücklichen Übergangsbestimmung im Revisionsprotokoll nur auf Betrugsdelikte anwendbar, die am oder nach dem 01.01.2004 begangen werden. 524

Damit Bankinformationen auszutauschen sind, muss zwischen dem betrügerischen Verhalten und der gewünschten Amtshilfemaßnahme ein direkter Zusammenhang bestehen. Das Erfordernis des direkten Zusammenhangs beinhaltet, die im Bereich der Rechtshilfe nicht notwendige Unterscheidung zwischen Erst- und Zweittat. Als **Ersttat** gilt das Verhalten, das mit dem Verheimlichen von steuerrelevanten Angaben räumlich und zeitlich zusammenhängt. Dies ist bspw. nicht der Fall, wenn der Beschuldigte Einnahmen, die seiner buchführungspflichtigen Gesellschaft zustehen, pri- 525 vat, bar und ohne Verbuchung vereinnahmt und diese Schwarzeinnahmen in der Folge auf sein Bankkonto in der Schweiz überweist (*Waldburger*, IFF-Forum für Steuerrecht 2004, 40, 43).

3. Verwendung im Veranlagungs- und im Steuerstrafverfahren

526 Die auf dem Amtshilfeweg zwischen den zuständigen Steuerbehörden ausgetauschten Informationen gelangen in den Einflussbereich der Steuerbehörden des ersuchenden Staates. Diese können die amtshilfeweise erlangten Auskünfte – anders als die auf dem Rechtshilfeweg erlangten Informationen und Beweismittel – für die **Nachveranlagung von Steuern** verwenden.

527 Sofern die ESTV vorgängig ihre Zustimmung erteilt, dürfen die deutschen Steuerbehörden die auf dem Amtshilfeweg erlangten Informationen und Beweismittel auch an die **Steuerfahndung** oder an die **StA** zur Verfolgung von Steuerdelikten **weiterleiten**. Die ESTV darf ihre Zustimmung nur erteilen, wenn auch die Voraussetzungen für die Rechtshilfe erfüllt sind. Da die Voraussetzungen für die Amtshilfe in Steuersachen bei Steuerbetrug strenger sind als diejenigen für die Rechtshilfe bei Abgabebetrug, wird die ESTV der Weiterleitung an die Strafverfolgungsbehörden wohl in jedem Fall zustimmen können.

V. Amtshilfe bei der Hinterziehung indirekter Steuern

528 Gem. Art. 9 Nr. 1 Abs. 2 BBA ist die ersuchte Behörde verpflichtet, die ihr gemäß internem Recht zustehenden Befugnisse auszuschöpfen („Inländergleichbehandlung"). Weil die ESTV nach internem Recht auch bei der Hinterziehung von USt und Zollabgaben Zwangsmaßnahmen anordnen kann, beinhaltet dieser Verweis die Ausdehnung der Amtshilfe auf die „einfache" Hinterziehung von indirekten Steuern, sofern die hinterzogene Steuer mindestens den Betrag von 25.000,00 € erreicht. Zudem ist erforderlich, dass der ersuchende Staat vorgängig ein Ermittlungsverfahren eingeleitet hat und einen entsprechenden Durchsuchungsbefehl vorlegt.

Aufgrund der ausdrücklichen Übergangsbestimmung gilt die Amtshilfeverpflichtung nur für am oder nach dem 26.04.2005 begangenen Delikte.

VI. Amtshilfe nach OECD-Standard

1. Rechtsgrundlage

529 Im Revisionsprotokoll v. 27.10.2010 haben die Schweiz und Deutschland die Übernahme der **„grossen Auskunftsklausel"** in ihr DBA vereinbart. Der ersuchte Staat hat dem ersuchenden Staat auf Anfrage „die zur Durchführung dieses Abkommens oder zur Verwaltung oder Anwendung des innerstaatlichen Rechts betreffend Steuern jeder Art" **voraussichtlich erheblichen Informationen** zu liefern (Art. 27 Abs. 1 rev DBA-CH).

Das Revisionsprotokoll v. 27.10.2010 ist am 21.12.2011 in Kraft getreten. Die darin verankerte „grosse Auskunftsklausel" gilt für Steuerjahre ab 2011 (Art. 6 Ziff. 2 Bst. d des Revisionsprotokolls vom 27.12.2010).

530 Anders als noch das Revisionsprotokoll v. 12.03.2002 ist für die Amtshilfeleistung ein Verdacht eines Steuerdelikts nicht (mehr) vorausgesetzt. Die Amtshilfe nach OECD-Standard beinhaltet nicht nur – aber auch – die **Ausdehnung der Amtshilfe** auf die Steuerhinterziehung, sondern generell auf die **Erhebung von Steuern**.

531 Allerdings ist der ersuchte Staat nur dann zur Beschaffung der verlangten Informationen verpflichtet, wenn der ersuchende Staat nach seinen Gesetzen oder seinen üblichen Verwaltungsverfahren in der Lage wäre, die verlangten Informationen in seinem Inland unter denselben Voraussetzungen zu besorgen (Gegenseitigkeitsprinzip) (Art. 27 Abs. 3 Buchst. b) rev DBA-CH). Das **Gegenseitigkeitsprinzip** verhindert, dass sich der ersuchende Staat der umfassenderen Informationsmöglichkeiten des ersuchten Staates bedienen kann (OECD-Kommentar, Art. 26 OECD-MA, Nr. 15).

Zudem ist der ersuchte Staat grds. nicht verpflichtet, Verwaltungsmaßnahmen durchzuführen, die 532
von seinen Gesetzen und seiner Verwaltungspraxis abweichen (Art. 27 Abs. 3 Buchst. a) rev DBA-
CH) und Informationen zu erteilen, die er nach seinen Gesetzen oder im üblichen Verwaltungsverfahren nicht beschaffen kann (Art. 27 Abs. 3 Buchst. b) rev DBA-CH).

2. Zwangsmaßnahmen zur Beschaffung der Informationen

Den schweizerischen Steuerbehörden stehen im ordentlichen Veranlagungsverfahren **keine** 533
Zwangsmittel zur Verfügung. Weigert sich der Informationsinhaber, die von ihm verlangten
Informationen herauszugeben, ist zwar die Ausfällung einer Ordnungsbusse möglich, nicht aber
die zwangsweise Beschaffung im Rahmen einer Hausdurchsuchung. Zudem sind Drittpersonen
im Besteuerungsverfahren nur zur Erstellung von Bescheinigungen verpflichtet, nicht aber zur
Herausgabe von Dokumenten wie Verträgen, Rechnungen, Quittungen und dergleichen.

Im Bereich der direkten Steuern stehen den Steuerbehörden bei der Verfolgung der Steuerhinter- 534
ziehung (nur) dieselben Befugnisse zu wie im ordentlichen Veranlagungsverfahren. Sie können
somit **keine Zwangsmittel** zur Beschaffung von Informationen einsetzen.

Gilt das im Amtshilfeersuchen geschilderte Verhalten nach schweizerischem Verständnis jedoch als 535
schwere Steuerwiderhandlung (Steuerbetrug oder fortgesetzte Hinterziehung großer Beträge),
kann die ESTV Zwangsmittel einsetzen. Möglich sind die Durchsuchung von Räumen, Gegenständen, Dokumenten und Unterlagen in Schriftform oder auf Bild oder Datenträgern, die
Beschlagnahme von Gegenständen, Dokumente und Unterlagen in Schriftform oder auf Bild oder
Datenträger sowie die polizeiliche Vorführung gehörig vorgeladener Zeuginnen und Zeugen. Da
der ersuchte Staat im Amtshilfeverfahren lediglich diejenigen Mittel einsetzen muss, die ihm auch
im innerstaatlichen Verfahren zustehen, ist auch im Amtshilfeverfahren die Beschaffung der
Beweismittel durch den Einsatz von Zwangsmitteln an die Voraussetzung geknüpft, dass das im
Amtshilfeersuchen geschilderte Verhalten nach schweizerischem Recht als schwere Steuerwiderhandlung zu qualifizieren ist.

Von dieser Begrenzung der Zwangsmaßnahmen auf schwere Steuerwiderhandlungen nicht betroffen 536
sind – prima vista überraschend – die dem Bankgeheimnis unterliegenden Daten. Die zwangsweise
Beschaffung von Bankinformationen hat ihre Rechtsgrundlage in Art. 27 Abs. 5 rev DBA-CH.

Gemäß dieser Bestimmung ist es dem ersuchten Staat nicht erlaubt, die Erteilung von Informatio- 537
nen abzulehnen, nur weil sie sich im Besitz einer Bank, einer anderen Finanzinstitution, eines
Beauftragten, Bevollmächtigten oder Treuhänders befinden oder weil sie sich auf Beteiligungen an
einer Person beziehen.

Die von der Schweiz abgeschlossenen Abkommen enthalten zudem ein in Art. 26 Abs. 5 OECD- 538
MA nicht vorgesehene Ergänzung mit folgendem Inhalt:

„ungeachtet des Absatzes 3 oder entgegenstehender Bestimmungen des innerstaatlichen Rechts
verfügen die Steuerbehörden des ersuchten Staates, sofern dies für die Erfüllung der Verpflichtungen unter diesem Absatz erforderlich ist, über die Befugnisse, die Offenlegung der in diesem
Absatz genannten Informationen durchzusetzen" (Art. 27 Abs. 5 rev DBA-CH).

Diese Ergänzung ersetzt die fehlende landesrechtliche Grundlage zur Beschaffung von Bankinformationen in Veranlagungsverfahren und in Strafverfahren betreffend „einfacher" Hinterziehung
direkter Steuern. Sie stellt sicher, dass eine Rechtsgrundlage für Zwangsmaßnahmen zur Erlangung von Bankinformationen besteht.

3. Amtshilfe nur im Einzelfall

Nach schweizerischem Verständnis ist der Informationsaustausch auf **konkrete Anfragen im Ein-** 539
zelfall beschränkt. Daher ist im Amtshilfeersuchen sowohl die von der Anfrage betroffene Person
als auch der Informationsinhaber zu identifizieren. Sammelanfragen, welche lediglich ein

bestimmtes Verhalten namentlich nicht genannter Personen sowie den Informationsinhaber nennen, werden nach derzeitiger Rechtslage noch erfolglos bleiben. Die Identifikation der von der Untersuchung betroffenen Person erfolgt typischerweise durch Nennung des Namens und der Adresse. Diese Identifizierung kann jedoch auch durch andere Angaben geschehen, wie beispielsweise durch eine Kontonummer oder einen IBAN-Code. Zudem sind der Name und die Adresse des mutmasslichen Informationsinhabers, soweit bekannt, anzugeben. Die Anforderungen an die Identifikation der betroffenen Person sowie des Informationsinhabers sind in der Verständigungsvereinbarung v. 15.12.2011 zwischen den zuständigen Behörden der beiden Staaten festgehalten.

540 Im Update 2012 wird der Kommentar zu Art. 26 OECD-MA aller Voraussicht nach dahingehend angepasst, dass die Identifikation der von der Amtshilfe betroffenen Personen durch die Schilderung eines Verhaltensmusters (so genannte Gruppenanfrage) zum OECD-Standard wird. Diese Anpassung des Kommentars zu Art. 26 OECD-MA gilt jedoch nicht für Abkommen bzw. Revisionsprotokolle, die vor dem Update 2012 abgeschlossen worden sind. Somit hat die Änderung des Kommentars nicht ohne Weiteres zur Folge, dass, gestützt auf Art. 27 des zwischen der Schweiz und Deutschland bestehenden DBA in der Fassung des Revisionsprotokolls vom 27.10.2010, Gruppenanfragen zulässig sind.

541 Damit die Gruppenanfragen Eingang in den Amtshilfeverkehr zwischen der Schweiz und Deutschland finden, ist entweder das Revisionsprotokoll entsprechend anzupassen oder eine unilaterale, innerstaatliche Rechtsgrundlage in der Schweiz zu schaffen (*Holenstein*, IWB 2012, 17, 22).

4. Keine Amtshilfe bei gestohlenen Bankdaten

542 Beruht das Ersuchen auf Informationen, die durch nach schweizerischem Recht strafbare Handlungen beschafft oder weitergeleitet worden sind, wird die Amtshilfe abgelehnt. Dieser Ablehnungsgrund betrifft insb. **gestohlene Bankdaten**. Die Beschaffung und Weiterleitung von Bankdaten an ausländische Staaten verstößt nicht nur gegen das Bankgeheimnis, sondern auch gegen den zum Schutz der schweizerischen Souveränität erlassenen Straftatbestand der verbotenen Handlung für einen fremden Staat (Art. 271 Nr. 1 Abs. 1 CH-StGB).

543 Der damalige schweizerische Finanzminister Hans-Rudolf Merz hat anlässlich des Treffens v. 26.03.2010 ggü. dem deutschen Finanzminister Wolfgang Schäuble die Erklärung abgegeben, dass die Schweiz gestützt auf gestohlene Daten keine Amtshilfe leisten wird.

VII. Auslieferung für Steuerdelikte

1. Allgemeines

544 Bis zum Inkrafttreten des SAA war die Auslieferung sowohl im vertraglichen als auch im vertragslosen Auslieferungsverkehr ausgeschlossen, wenn dem Verfolgten eine fiskalische Straftat vorgeworfen wird. Hat der Beschuldigte neben Steuerstrafsachen auch noch auslieferungsfähige gemeinrechtliche Delikte begangen, so schützt ihn die Steuerstraftat jedoch nicht vor der Auslieferung. Allerdings steht die Auslieferung für die gemeinrechtlichen Delikte unter der Bedingung, dass der Verfolgte für die Fiskaldelikte weder bestraft noch deren Begehung bei der Strafzumessung für gemeinrechtliche Delikte berücksichtigt wird (BGE 102 Ib 55 E. 5d. bb, S. 57).

545 Vor ein paar Jahren ist das für die Auslieferungsentscheide zuständige Bundesamt für Justiz mit dem Segen des schweizerischen Bundesgerichts dazu übergegangen, Steuerdelikte in einen auslieferungsfähigen Betrug nach Art. 146 CH-StGB **umzudeuten**. Insb. führte die Ausnützung eines Steuerrückerstattungssystems durch den Täter, ohne dass dieser in ein entsprechendes Steuerverfahren involviert war, zur Umdeutung eines Steuerdelikts in einen gemeinrechtlichen Betrug. Das Bundesgericht hat u.a. in folgenden Fällen einen gemeinrechtlichen Betrug angenommen und die Auslieferung bewilligt:

- Organisierter Vorsteuerbetrug (BGer, Urt. v. 22.02.2002, 1A.189/2001; BGer, Urt. v. 28.10.2002, 1A.189/2002):
Die Beschuldigten haben zusammen mit Mitbeteiligten bestehende Gesellschaften genutzt und außerdem neue Gesellschaften gegründet, um über diese Handelsgeschäfte mit Mobiltelefonen zu fingieren. Die Mobiltelefone haben zwar existiert, sind jedoch während der ganzen Zeit bei der ersten Gesellschaft der angeblichen Lieferkette geblieben. Zwischen den einzelnen Gesellschaften des Systems zirkulierten fiktive Rechnungen. Die Beschuldigten und ihre Komplizen beanspruchten die Erstattung der – von den steuerpflichtigen Gesellschaften – nicht abgelieferten Vorsteuer.
- Rückforderung angemeldeter deutscher Kapitalertragsteuern auf fiktiven Gewinnausschüttungen (BGer, Urt. v. 18.08.2005, 1A.294/2005):
Der Beschuldigte hat zusammen mit einem Mitbeteiligten die Beteiligungsrechte an einer inaktiven GmbH erworben. Diese hat er dann an finanziell notleidende Kapitalgesellschaften mit hohen Verlustvorträgen veräußert. Anschließend hat er veranlasst, dass die inaktive GmbH einen angeblich vorhandenen Bilanzgewinn an ihre neuen Gesellschafter „ausschüttete" und die Kapitalertragsteuer auf dieser fiktiven Gewinnausschüttung anmeldete. Dadurch wollte er die Anrechnung der angemeldeten Kapitalertragsteuer bei der Ermittlung der Steuerschuld der neuen Gesellschafter erreichen, was zu Erstattungszahlungen an diese hätte führen sollen.
- Vorsteuerrückerstattung bei tatsächlich erfolgen Exportlieferungen (BGer, Urteil vom 13. Januar 2006, 1A.297/2005):
Der Beschuldigte hat als Alleingeschäftsführer seiner in Deutschland ansässigen GmbH gebrauchte Baumaschinen eingekauft und in der Folge tatsächlich weiterverkauft. Die meisten Lieferungen gingen ins Ausland. Die GmbH des Beschuldigten hat die Maschinen direkt von ihren tatsächlichen Lieferanten erhalten. Da diese jedoch einen Teil des Kaufpreises „schwarz" kassieren wollten und der Beschuldigte für seine Bücher eine Rechnung über den inklusive Schwarzzahlung effektiv bezahlten Betrag benötigte, hat er einige „Rechnungsschreiber" zwischen seine GmbH und die Lieferanten geschoben. Einer dieser Rechnungsschreiber hat die Umsatzsteuer auf dem von ihm in Rechnung gestellten Betrag nicht abgeliefert. Der Beschuldigte hat für seine GmbH die vom letzten „Rechnungsschreiber" in der Kette tatsächlich bezahlte Vorsteuer bei den Umsatzsteuervoranmeldungen geltend gemacht.

2. Schengen-Assoziierung

Seit dem 12.12.2008 ist der **Schengen-Besitzstand** auf die Schweiz vollständig anwendbar. 546
Gestützt auf Art. 2 Nr. 1 SAA sind im Bereich der indirekten Steuern für den Auslieferungsverkehr zwischen der Schweiz und Deutschland die Bestimmungen der Art. 59 ff. SDÜ anwendbar.

Dies bedeutet, dass die Schweiz Personen auszuliefern hat, denen eine qualifizierte Mehrwertsteu- 547
erhinterziehung (Bundesstrafgericht, Entscheid v. 25.08.2010, RR.2010.95), qualifizierte Zollwiderhandlungen (Bundesstrafgericht, Entscheid v. 17.03.2009, RR.2009.48) bzw. ein Abgabebetrug im Bereich der indirekten Fiskalität (Bundesgericht, Urt. v. 13.04.2010, 1C_163/2010) vorgeworfen wird.

Die Auslieferungsverpflichtung gilt dabei auch für Fiskaldelikte, die sich vor dem Inkrafttreten der 548
Schengen-Assoziierung ereignet haben (Bundesstrafgericht, Entscheid v. 17.03.2009, RR.2009.48, E. 1.4.1).

3. Geplante Weiterentwicklung

Noch nicht auslieferungsfähig sind die Steuerdelikte im Bereich der direkten Steuern. Art. 3 Abs. 3 549
IRSG sieht bei Abgabebetrug lediglich die „kleine" Rechtshilfe vor, wozu Beweiserhebungen, nicht aber die Auslieferung gehören. Es ist jedoch geplant, den Fiskalvorbehalt aufzuheben. Danach sollen sowohl der Abgabebetrug als auch die aus schweizerischer Sicht einfache Steuerhinterziehung auslieferungsfähig sein.

VIII. Steuerabkommen Deutschland – Schweiz

1. Allgemeines

550 Am 21.09.2011 haben der Finanzminister der Bundesrepublik Deutschland und die Schweizer Finanzministerin das zwischen diesen beiden Staaten vereinbarte Abkommen über Zusammenarbeit in den Bereichen Steuern und Finanzmarkt (Steuerabkommen Deutschland – Schweiz) unterzeichnet. Aufgrund des Widerstandes im deutschen Genehmigungsprozess waren in der Folge Nachverhandlungen nötig, welche in ein Änderungsprotokoll vom 5.4.12 mündeten. Dieses Abkommen sieht die Regularisierung der von deutschen Steuerpflichtigen bisher unversteuerten Vermögenswerten bei schweizerischen Banken und anderen Zahlstellen vor, sowie eine abgeltende Quellensteuer für künftige Steueransprüche. Die Regularisierung der Altlasten erfolgt per Stichtag 3 (voraussichtlich der 31.05.2013) entweder durch die Entrichtung einer Einmalzahlung von zwischen 21 % und 41 % des relevanten Kapitals oder durch freiwillige Meldung der von schweizerischen Banken verwalteten Vermögenswerten.

Zudem erheben die schweizerischen Banken von den Vermögenswerten ihrer deutschen Kunden zur Abgeltung der künftigen Steueransprüche die Abgeltungssteuer nach deutschem Recht.

551 Das Steuerabkommen ist ein Baustein der Weissgeldstrategie des schweizerischen Finanzplatzes. Inskünftig sollen schweizerische Banken nur noch versteuerte Vermögen ihrer deutschen Kunden verwalten.

2. Erweiterte Amtshilfe

552 Deutschen Steuerpflichtigen zuzurechnende Vermögenswerte, die sowohl am 31. Dezember 2010 als auch am Stichtag 3 (voraussichtlich dem 31.05.2013) bei einer schweizerischen Bank verbucht waren bzw. sind, unterliegen zwingend der Regularisierung entweder durch Einmalzahlung oder Meldung. Diese Vermögenswerte gelten im Umfang der Regularisierung als per Stichtag 3 (voraussichtlich 31.05.2013) versteuert.

553 Fliessen jedoch Vermögenswerte erst nach dem Stichtag 3 (voraussichtlich 31.05.2013), steht nicht fest, ob diese versteuert sind. Der Kunde ist nämlich nach geltendem Recht nicht verpflichtet, die Besteuerung dieser Vermögen nachzuweisen, und die Bank ist nicht verpflichtet abzuklären, ob die zugeflossenen Vermögen versteuert sind.

Um diese Lücke zu schliessen, sieht das Steuerabkommen Deutschland – Schweiz die über den derzeit geltenden OECD-Standard hinausgehende Amtshilfe vor. Die zuständige deutsche Steuerbehörde hat das Recht, eine beschränkte, vom gemeinsamen Ausschuss noch genau festzulegende Anzahl zwischen 900 und 1300 Anfragen pro Zwei-Jahres-Periode zu stellen, in welchen nur die in Deutschland steuerpflichtige Person zu identifizieren ist, nicht aber die Bank.

Stellt die Eidgenössische Steuerverwaltung bei ihren Untersuchungen fest, dass den Konten der von der Amtshilfe betroffenen Personen nach dem Stichtag 3 (voraussichtlich dem 31.05.2013) Vermögenswerte zugeflossen sind oder dass an diesen Vermögenswerten eine Änderung in der Nutzungsberechtigung oder ein Erbgang stattgefunden hat, so meldet sie der deutschen Behörde den Namen der Banken sowie die Anzahl der im angefragten Zeitraum bestehenden Konten oder Depots der betroffenen Person.

Um die Kontounterlagen über diese Konten oder Depots herauszuverlangen, muss die deutsche Behörde ein Amtshilfeersuchen gestützt auf das zwischen der Schweiz und Deutschland bestehende DBA stellen (vgl. vorstehend Rdn. 529 ff.).

G. Abkommen über die Zusammenarbeit in den Bereichen Steuern und Finanzmarkt

I. Vorbemerkung

Die BRD und die Schweizerische Eidgenossenschaft haben am 10.08.2011 das Abkommen über eine Zusammenarbeit in den Bereichen Steuern und **Finanzmarkt** paraphiert. Seitens der Regierungen wurde das Abkommen am 21.09.2011 unterzeichnet. **554**

Dieses Abkommen regelt die Zusammenarbeit für die Vergangenheit und die Zukunft auf drei verschiedenen Ebenen: **555**

- Vereinbarung einer **Abgeltungsteuer** für künftige Einkünfte aus Kapitalvermögen und Kapitalgewinne, die in der Schweiz durch deutsche Steuerbürger realisiert werden;
- Vereinbarung von **Auskunftsersuchen**. Damit soll ein Instrument geschaffen werden, dass die Neuanlage in der BRD unversteuerter Vermögenswerte in der Schweiz unattraktiv wird. Dabei bleiben sog. **fishing expeditions** auch künftig ausgeschlossen.
- Vereinbarung einer rückwirkenden Besteuerung für in der Vergangenheit erzielte Einkünfte aus Kapitalvermögen und Veräußerungsgewinne, sog. **Regularisierung**.

Das **Abkommen** soll gem. dem Abkommenstext zum 01.01.2013 in Kraft getreten. Mit dem Abkommen soll durch eine bilaterale Zusammenarbeit der Vertragsstaaten die Besteuerung der so bezeichneten betroffenen Personen in der BRD sichergestellt werden, Art. 1 Abs. 1; dabei sind sich die Vertragsstaaten einig, dass die in dem Abkommen vereinbarte Zusammenarbeit in ihrer Wirkung einem automatischen **Informationsaustausch** im Bereich der Einkünfte aus Kapitalvermögen dauerhaft gleichkommen soll. **556**

Das Abkommen selbst ist in vier Teile untergliedert; davon behandelt der Teil II die Regelungen zur Strafbefreiung und zur abgeltenden Quellenbesteuerung. In der Literatur (*Joecks*, wistra 2011, 441) werden Zweifel an der Verfassungsgemäßheit dieses Abkommens vorgetragen.

Das Abkommen über die Zusammenarbeit in den Bereichen Steuern und Finanzmarkt wurde durch das Änderungsprotokoll vom 05.04.2012 in Teilen ergänzt und geändert.

II. Änderung DBA Deutschland-Schweiz

Das Abkommen zwischen der BRD und der **Schweizerischen Eidgenossenschaft** über die Zusammenarbeit in den Bereichen Steuern und Finanzmarkt darf nicht verwechselt werden mit dem Entwurf eines Gesetzes zu dem Protokoll v. 27.10.2010 zur Änderung des Abkommens v. 11.08.1971 zwischen der Bundesrepublik Deutschland und der Schweizerischen Eidgenossenschaft zur Vermeidung der Doppelbesteuerung auf dem Gebiete der Steuern vom Einkommen und Vermögen (BT-Drucks. 17/6257). In diesem **Änderungsprotokoll** zum **DBA Schweiz** wird die bislang in Art. 27 Abs. 1 (a) enthaltene sog. **kleine Auskunftsklausel** zugunsten der **großen Auskunftsklausel** ersetzt. Nach Maßgabe der bisherigen Regelung im DBA Schweiz wurde **Amtshilfe** nur auf Ersuchen und nur dann gewährt, wenn der Informationsaustausch dazu diente, das Abkommen in Bezug auf eine Steuer durchzuführen, die unter das Abkommen fällt (*Jacob*, steueranwaltmagazin 2011, 170, 171). Auf Grundlage der bislang vereinbarten **kleinen Auskunftsklausel** erteilte die Schweiz bisher keine Auskünfte in den Fällen von Auskunftsersuchen, die sich ausschließlich auf Fälle „deutscher Steuerhinterziehung" nach Maßgabe der Regelungen in § 370 AO beschränkten. Hintergrund war, dass die Schweiz die einfache Steuerhinterziehung nicht als Straftat sondern lediglich als Ordnungswidrigkeit sanktioniert. Da das bisherige DBA Schweiz für eine Verpflichtung zur Auskunft eine beiderseitige Strafbarkeit voraussetzte, musste die deutsche Seite für ein Auskunftsersuchen nachweisen, dass nach Schweizer Verständnis ein **Steuerbetrug** vorliegen könnte. Dies setzte nach Schweizer Verständnis wiederum voraus, dass eine Steuerhinterziehung mittels Urkundenfälschung Gegenstand des Auskunftsersuchen war. **557**

558 Das **Änderungsprotokoll** zum **DBA Schweiz** sieht nunmehr in Art. 4 vor, dass in Art. 27 die **große Auskunftsklausel** für den Informationsaustausch verankert wird. Art. 27 erfährt vom Wortlaut her eine Regelung, die nahezu wortgleich Art. 26 Abs. 1 des **OECD-Musterabkommens** entspricht (*Jacob*, steueranwaltmagazin 2011, 170, 171). Art. 27 verpflichtet den ersuchten Staat dazu, auf Ersuchen Informationen (einschließlich Bankinformationen und Informationen über Anteilseigner an juristischen Personen) zu erteilen, die zur Besteuerung im ersuchenden Staat „voraussichtlich erheblich" sind. Die bisherigen Beschränkungen auf die zur Durchführung des Abkommens bzw. des innerstaatlichen Rechts bei Betrugsdelikten notwendigen Informationen entfallen, sodass die Informationen generell auch für die Anwendung oder Durchsetzung des innerstaatlichen Rechts erhältlich sind. Das bislang insoweit notwendige Erfordernis der Darlegung zumindest eines Anfangsverdachts für Steuer- oder **Abgabenbetrug** nach schweizerischem Recht entfällt. Es bedarf ebenfalls keiner Darlegung eines Anfangsverdachts einer Steuerhinterziehung. Allerdings bedarf es eines Anlasses für ein Ersuchen, um sog. **„fishing expeditions"**, also anlasslose Anfragen **„ins Blaue"** hinein auszuschließen.

559 Art. 27 des Abkommens ist für Steuern aller Art anwendbar. Damit wird der Informationsaustausch nach Maßgabe der **großen Auskunftsklausel** auch für Zwecke der USt, der Versicherungsteuer und – ohne vorherige Revision des deutsch-schweizerischen Erbschaftsteuerabkommens – der Erbschaftsteuer ermöglicht.

560 Wird ein derartiges **Auskunftsersuchen** von deutscher Seite gestellt, werden Informationen übermittelt, die sich auf Zeiträume, Steuerjahre bzw. Veranlagungszeiträume beziehen, die am 01.01.2011 begonnen haben (*Jacob*, steueranwaltmagazin 2011, 170, 173).

561 Auf Basis des neuen **DBA Schweiz** kann eine deutsche Steuerbehörde daher die Schweiz auf Informationen zwecks der Besteuerung von Einkünften aus Kapitalvermögen ersuchen, ohne darlegen zu müssen, dass ein Anfangsverdacht für Steuer- oder Abgabenbetrug oder eine Steuerhinterziehung angenommen wird.

562 Mit dem neuen **DBA Schweiz** hat die deutsche Seite damit ein Instrumentarium für **Auskunftsersuchen** ggü. der Schweiz an der Hand, welches jedenfalls für Sachverhalte ab dem 01.01.2011 Transparenz schaffen kann, ohne dass es insoweit zur parlamentarischen Ratifizierung des Abkommens über die Zusammenarbeit in den Bereichen Steuern und Finanzmarkt kommen muss.

III. Regularisierung

563 In steuerstrafrechtlicher Hinsicht ist sowohl die Zulässigkeit von Auskunftsersuchen zu beachten als auch – vorzugswürdig – die Technik der **Regularisierung** und die damit verbundene Frage, ob sich ein Anleger, der das in der **Schweiz** bislang verschwiegene Vermögen aufdecken möchte, besser stellt, von dem Instrument der Regularisierung oder der Selbstanzeige gem. § 371 AO Gebrauch zu machen.

564 Das Abkommen bietet für die **Nachversteuerung** bislang nicht in der deutschen Steuererklärung deklarierter Einkünfte aus Kapitalvermögen zwei Wege an, die anonyme, pauschale **Einmalzahlung** und die **freiwillige Meldung** und individuelle Nachversteuerung.

Daneben kann der Bankkunde die Kontoverbindung in der Schweiz bis zum 31. Mai 2013 auflösen und so der Anwendbarkeit der Regeln des Abkommens auf ihn entgehen. Demnach finden sich insgesamt drei Handlungsvarianten (*Wulf*, Stbg 2012, 71, 74):

– Nachversteuerung durch Einmalzahlung
– Freiwillige Meldung als Selbstanzeige
– Kontoauflösung bis zum 31.5.2013.

1. Verfahrensgang

Nach Art. 4 Abs. 1 haben die **schweizerischen Zahlstellen** die Konto- und Depotinhaber inner- 565
halb einer Frist von 2 Monaten nach dem Inkrafttreten des Abkommens über den Inhalt dieses
Abkommens und die daraus resultierenden Rechte und Pflichten für die betroffenen Personen zu
unterrichten. Soweit dies auf schriftlichem Wege geschieht, steht zu erwarten, dass den betroffenen Personen in den Monaten Januar und Februar 2013 seitens der Post zahlreiche Informations-
briefe zugestellt werden.

a) Betroffene Person

Der Ausdruck „**betroffene Person**" bezeichnet eine in Deutschland ansässige natürliche Person, 566
die als Vertragspartner einer schweizerischen Bank **Konto- oder Depotinhaber** oder Nutzungsbe-
rechtigter, d.h. Bevollmächtigter entsprechender Vermögenswerte ist. Regelungstechnik des
Abkommens ist es dabei, dass es nicht darauf ankommt, ob die Vermögenswerte in einer Sitzgesellschaft (Stiftung, Trust etc.) oder unter einem Lebensversicherungsmantel oder mittels einer
Kaskade weiterer Personen gehalten werden.

Das Abkommen und damit die Regelungen zur Nachversteuerung gelten für alle zum 31.12.2010
in Deutschland ansässigen Personen, die sowohl zum 31.12.2010 als auch zum 31. Mai 2013 in
der Schweiz über eine Kapitalanlage verfügen (*Wulf*, Stbg 2012, 71, 74)

In den Fällen der **Gesamtrechtsnachfolge** tritt der Rechtsnachfolger an die Stelle der betroffenen 567
Person.

Ist zumindest eine betroffene Person an einer **Kollektivbeziehung** oder einem Gemeinschaftskonto 568
beteiligt, so sind die Vermögenswerte der betroffenen Person zuzurechnen. Dies gilt nur dann
nicht, wenn die Schweizer Bank sämtliche beteiligten Personen bestimmen kann.

b) Vermögenswerte

Unter dieser Begrifflichkeit versteht das Abkommen das bei den Schweizer Banken auf Konten 569
oder Depots verbuchte **Vermögen**. Darunter fallen kraft ausdrücklicher Bestimmung im Abkommen nicht die Inhalte von **Schließfächern**.

c) Identitätsfeststellung

Um die Identität und die Ansässigkeit der betroffenen Person zu ermitteln, registriert die Schweizer 570
Bank nach geltenden schweizerischen Sorgfaltspflichten für die Aufnahme einer Geschäftsbeziehung
den Namen, Vornamen, das Geburtsdatum und die Anschrift und Angaben zum Wohnsitz.

Eine betroffene Person ist eine in der BRD ansässige natürliche Person. Hinsichtlich der Regeln 571
zur **Ansässigkeit** gelten mithin die §§ 8, 9 AO.

Eine betroffene Person, die am **Stichtag 2** (= 31.12.2010) und am Stichtag 3 (= 31.05.2013) bei 572
derselben Schweizer Bank ein Konto oder Depot unterhält, muss der schweizerischen Bank spätestens zum 31.05.2013 schriftlich mitteilen, für welche der am 31.05.2013 bestehenden Konten
oder Depots die **Nachversteuerung durch Einmalzahlung** nach Art. 7 dieses Abkommens erfolgen
soll oder für welche Konten oder Depots sie den Weg der **freiwillige Meldung** nach Art. 9 des
Abkommens wählt. Eine einmal abgegebene Mitteilung an die schweizerische Bank nach dem
Inkrafttreten des Abkommens ist unwiderruflich, Art. 5 Abs. 1.

Entscheidet sich die betroffene Person zur Nachversteuerung durch Einmalzahlung, so hat sie den für 573
die Begleichung der **Einmalzahlung** erforderlichen Geldbetrag sicherzustellen, d.h. vorzuhalten.

Bei Konten oder Depots, bei denen die betroffene Person bis zum Stichtag 3, dem 31.05.2013, 574
keine Mitteilung abgegeben hat, erfolgt automatisch gem. Art. 5 Abs. 3 die Nachversteuerung
durch eine **Einmalzahlung**.

575 Art. 6 des Abkommens regelt dezidiert die Abkommensrelevanz der Aufnahme einer neuen Kundenbeziehung zu einer Schweizer Bank zwischen dem 31.12.2010 und dem 31.05.2013.

2. Nachversteuerung durch Einmalzahlung

a) Steuersatz

576 Die schweizerischen Banken buchen zum 31.05.2013 von den bei Ihnen unterhaltenen Vermögenswerten gem. Art. 7 Abs. 1 die **Einmalzahlung** ab. Die Höhe der Einmalzahlung bemisst sich nach Anhang I des Abkommens und einer überaus komplexen Steuerformel. Der Steuersatz beträgt als **Ausgangssteuersatz** 34 % vom Vermögen. Über die **Steuerformel** kann eine Reduktion auf 19 % möglich sein.

Das Änderungsprotokoll vom 05.04.2012 korrigiert diese Steuersätze auf 21 % des relevanten Kapitals als Mindestbetrag bis maximal 41 % (Art. 7 Abs. 2 des Steuerabkommens in der Fassung des Änderungsprotokolls). Das relevante Kapital besteht aus dem Kapitalbestand entweder am 31.12.2010 (K 8) oder am 31.12.2012 (K 10). Maßgebend für die Berechnung ist grundsätzlich der höhere dieser beiden Kapitalstände. Ist der Kapitalbestand am 31.12.2012 höher als derjenige am 31.12.2010, ist das relevante Kapital (Kr) grundsätzlich auf das 1,2fache des Kapitalbestands am 31.12.2010 begrenzt, es sei denn, die Wertzunahme ist auf Wertsteigerungen oder auf Zuflüsse zurückzuführen, die frühere Abflüsse kompensieren (*Holenstein*, PStR 2012, 126, 127). Über diesen Hebel sollen Zuflüsse vermieden werden, mit denen deutsche Bankkunden dann über einen günstigen schweizer Steuersatz anderweitiges Geld legalisieren wollen.

Die konkrete Höhe des abzuführenden Nachversteuerungsbetrages bestimmt sich im Wesentlichen aus der Abhängigkeit von zwei Faktoren zueinander: Dem so bezeichneten „relevanten Kapital", in der Formel, die dem Abkommen als Anlage beigefügt ist, mit „Kr" bezeichnet und dem anzuwendenden Steuersatz. Die Höhe des anzuwendenden Steuersatzes wiederum bestimmt sich in Abhängigkeit von der Dauer des Unterhaltens der Kontoverbindung vor dem maßgeblichen Stichtag, dem 31.12.2010, und der Höhe des Anfangsbestandes zum frühesten abkommensrelevanten Zeitpunkt acht Jahre zuvor, dem 31.12.2002. Eine genaue Analyse der mathematischen Formel führt allerdings relativ schnell zu der Erkenntnis, dass im Blick auf die tatsächliche Wertentwicklung der meisten Konten und Depots der (Eingangs-)Steuersatz von 19 % zur Anwendung kommen dürfte (*Obenhaus*, Stbg 2011, 508, 510; *Wulf*, Stbg 2012, 71, 74). Dieser Satz gilt nämlich immer dann, wenn der Wertzuwachs über die Dauer der Kontoverbindung 30 % nicht überstiegen hat. Ein Wertzuwachs von über 30 % dürfte aus den Erfahrungen der Praxis in den seltensten Fällen vorliegen. Wie *Wulf* (Stbg 2012, 71) zutreffend ausführt, unterliegt dem Maximalsteuersatz nur der Kunde, der wesentlich erst zum Ende des relevanten Zeitraums – zum 31.12.2012 – die Vermögenswerte in die Schweiz überführt hat. Auch dies dürfte wiederum die Ausnahme sein. Die Wanderungsbewegungen des Kapitals in die Schweiz dürften mehrheitlich bereits nach 1994 eingesetzt haben.

In der Literatur (*Holenstein*, PStR 2012, 128) wird davon ausgegangen, dass sich die Erhöhung der Steuersätze für hohe Vermögen nicht auswirkt, da die meisten Kunden eine Einmalzahlung in einer Größenordnung zwischen 20 % und 25 % des relevanten Kapitals eingezahlt haben dürften.

577 Gleichzeitig mit der Erhebung der **Einmalzahlung** erstellt die Schweizer Bank der betroffenen Person eine **Bescheinigung**, die neben den Angaben zur Identität der Person den Betrag der Einmalzahlung und die Berechnungsmodalitäten ausweist. Erhebt die betroffene Person gegen diese Bescheinigung nicht innerhalb von 30 Tagen nach deren Zustellung Einspruch, gilt die Bescheinigung als genehmigt, Art. 7 Abs. 3 a.E.

578 Die **Einmalzahlungen** werden von den Schweizer Banken in Euro berechnet, abgezogen und an die zuständige schweizerische Behörde überwiesen.

b) Abgeltungswirkung

Mit der vollständigen Gutschrift der Einmalzahlung gelten die deutschen 579

- Einkommensteuer-,
- Umsatzsteuer-,
- Vermögensteuer-,
- Gewerbesteuer-,
- Erbschaftsteuer- und Schenkungsteueransprüche,

die „auf" den entsprechenden Konten und Depots verbuchten relevanten **Vermögenswerten** entstanden sind, im Zeitpunkt ihres Entstehens als erloschen.

Zu dem „Rätsel" des Art. 7 und den durch die z.T. missglückte Formulierung ausgelösten Wertungswidersprüchen vgl.: *Samson/Wulf*, wistra 2012, 245, 249.

Das ist der entscheidende amnestierende Regelungszweck des Abkommens. Ein Blick auf den 580 numerus clausus der erloschenen Steueransprüche zeigt, dass in dem Falle, in dem der deutsche Steuerpflichtige „lediglich" die Einkünfte aus Kapitalvermögen oder privaten Veräußerungsgewinnen aus der schweizerischen Bankverbindung nicht der deutschen Besteuerung unterworfen hat, die deutsche **Selbstanzeige** der deutlich günstigere Weg ist. Die Selbstanzeige hat zur Folge, dass die Einkünfte aus Kapitalvermögen mit dem jeweiligen Einkommensteuersatz des jeweiligen Veranlagungszeitraums zzgl. 6 % Hinterziehungszinsen belegt werden, aber eben „nur" die Erträgnisse und nicht der Vermögensstamm. **Bemessungsgrundlage** der Schweizer **Regulation** ist indessen das Vermögen. Aus der Erfahrung zahlreicher Selbstanzeige-Beratungen bei Einkünften aus Kapitalvermögen lässt sich die Erkenntnis ziehen, dass im Fall einer Selbstanzeige über die nachträgliche Versteuerung der Einkünfte aus Kapitalvermögen und die tatsächliche Höhe der Schweizer Einkünfte der Vermögensstamm in einer Größenordnung von 12 % – 15 % gemindert wird, hingegen im Fall der Schweizer Regulation mindestens ein Steuersatz von 21 % auf das Vermögen zum Stichtag berechnet wird.

In den Fällen indessen, in denen über die Laufzeit der Kontoverbindung in der Schweiz z.B. eine 581 verschwiegener Erbfall eingetreten war oder auch der Kapitalstamm selbst Gegenstand weiterer Hinterziehungshandlungen war (Schwarzgeld, Hinterziehung von Umsatz- und Gewerbesteuern) wird deutlich, dass bei Hinzutreten dieser Umstände die Schweizer **Regulation** steuerlich günstiger sein kann. Unter Außerachtlassung der erbschaftsteuerlichen Freibeträge beträgt der Erbschaftsteuersatz bei einem Vermögen bis 600.000,00 € in der Steuerklasse I bereits 15 %, sodass in derartigen Fallgestaltungen die Schweizer Regulation betragsmäßig attraktiv sein kann. Auch ist sie für Betroffene „interessant", die aufgrund berufsrechtlicher Folgen faktisch keine Selbstanzeige abgeben können: Beamte, Ärzte, Notare etc.

Die **Erlöschenswirkung** erstreckt sich auf alle **Gesamtschuldner.** 582

Soweit die Steueransprüche durch die Einmalzahlung erloschen sind, findet keine Verfolgung von 583 Steuerstraftaten nach § 369 AO oder von Steuerordnungswidrigkeiten nach § 377 AO statt.

Indessen lässt das Abkommen unklar, ob die Abgeltungswirkung „auf" die bei der Schweizer Bank unterhaltenen Vermögenswerte auch Sachverhalte umfasst, bei denen das Vermögen z.B. zunächst in Luxemburg – unversteuert – angelegt und z.B. erst nach den sog. DreBa I und II-Beschlüssen des Bundesverfassungsgerichts zur Rechtmäßigkeit der Auswertung von bei der seinerzeitigen Dresdner Bank AG betreffend Luxemburg beschlagnahmten Unterlagen in die Schweiz verbracht und – fortwährend – nicht versteuert wurde. Das Abkommen regelt diese Frage nicht ausdrücklich (*Wulf*, Stbg 2012, 71, 75). Nach dem hiesigen Verständnis kann das Abkommen mit der Schweiz diesen Sachverhalt nicht regeln, so dass mit der Schweizer Regulation Steueransprüche aus vorherigen ausländischen Kapitalanlagen – sofern die Festsetzungsfrist noch nicht abgelaufen ist – noch nicht abgegolten sind.

c) Sperre der Erlöschenswirkung

584 Die **Erlöschenswirkung** tritt nicht ein,

- soweit die **Vermögenswerte** aus Verbrechen i.S.d. deutschen Strafrechts (mit Ausnahme des zwischenzeitlich wieder aufgehoben § 370a AO) herrühren oder
- vor Unterzeichnung dieses Abkommens (am 21.09.2011) seitens der deutschen Ermittlungsbehörden (StA oder Straf- und Bußgeldsachenstellen) ein **Anfangsverdacht** nach § 152 Abs. 2 StPO in Bezug auf die in der Schweiz verwahrten nicht versteuerten Vermögenswerte bejaht wurde und die betroffene Person dies wusste oder bei verständiger Würdigung der Sachlage damit rechnen musste.

585 Damit greift das Abkommen hinsichtlich der **Sperrwirkung** sprachlich auf Detailregelungen zur Sperre einer Selbstanzeige gem. § 371 Abs. 2 Nr. 2 AO zurück. In diesen Fällen, d.h. einer Sperrwirkung für die Erlöschenswirkung, wird die geleistete Einmalzahlung nach dem Abkommenstext schlicht als freiwillige Zahlung auf die geschuldeten Steuern behandelt.

d) Fehlende flüssige Mittel für die Erhebung der Einmalzahlung

586 Verfügt eine betroffene Person zum **Stichtag 3**, also dem 31.05.2013, nicht über einen ausreichenden Geldbetrag auf dem Konto bei der schweizerischen Bank, so muss die schweizerische Bank der betroffenen Person gem. Art. 11 des Abkommens schriftlich eine Fristverlängerung von längstens 8 Wochen für die Sicherstellung eines ausreichenden Geldbetrages auf dem Konto einräumen. Zugleich muss die betroffene Person über die Rechtsfolgen dauerhaft fehlender flüssiger Mittel i.H.d. **Einmalzahlung** belehrt werden. Wurde eine Fristverlängerung gewährt, so erhebt die Schweizer Bank die Einmalzahlung am Tage des gewährten Fristablaufs. Kann hingegen die Einmalzahlung aufgrund fehlender flüssiger Mittel nicht oder nicht vollständig erhoben werden, muss die Schweizer Bank den Kunden mit den Daten einer freiwilligen Meldung melden, d.h. in diesem Fall wird der Kunde ggü. der deutschen Finanzverwaltung identifiziert.

587 Kann die Schweizer Bank die Einmalzahlung nur in teilweise vollständiger Höhe erheben, so kann die Schweizer Bank der betroffenen Person den fehlenden Betrag zuzüglich eines Verzugszinses nachbelasten, Art. 13 Abs. 1.

3. Nachversteuerung durch freiwillige Meldung

588 Die betroffene Person kann anstelle einer Einmalzahlung auch die Schweizer Bank zum Stichtag 31.05.2013 ermächtigen, die in Art. 9 Abs. 2 im Einzelnen genannten Informationen an die zuständige deutsche Finanzbehörde zu melden. Die Schweizer Bank übermittelt in diesem Fall folgende Angaben:

- Name und Geburtsdatum und Wohnsitz der betroffene Person;
- soweit bekannt, die Steuer-Identifikationsnummer, § 139b AO;
- Name und Anschrift der Schweizer Bank;
- Kundennummer der betroffenen Person sowie
- den jährlichen Kontostand zum 31. Dezember für den Zeitraum zwischen dem 31.12.2002 und dem Inkrafttreten des Abkommens.

589 Die erste Übermittlung erfolgt einen Monat nach dem Stichtag 3, mithin nach dem 31.05.2013.

590 Bei einer **freiwilligen Meldung** erhält die betroffene Person von der Schweizer Bank gem. Art. 9 Abs. 4 eine **Bescheinigung** über die übermittelten Informationen. Kann die zuständige deutsche Finanzbehörde die betroffene Person aufgrund der übermittelten Informationen nicht identifizieren, so kann sie die Schweizer Finanzbehörde um weitere Informationen ersuchen, Art. 9 Abs. 5.

a) Wirkung der freiwilligen Meldung

Die **freiwillige Meldung** gilt ab dem Zeitpunkt der schriftlichen Ermächtigung ggü. der schweize- 591
rischen Bank als Abgabe einer wirksamen **Selbstanzeige** nach § 371 AO bezogen „auf" die gemeldeten Konten oder Depots.

Diese Rechtsfolge ist in zweierlei Hinsicht bemerkenswert. Zum einen wird damit faktisch die 592
vom BGH verworfene Teil-Selbstanzeige jedenfalls für Schweizer Bankkonten, die Gegenstand
einer freiwilligen Meldung sind, für wirksam erachtet, denn die Selbstanzeige erstreckt sich nach
Maßgabe der Regelung in Art. 10 Abs. 1 ausschließlich nur auf die gemeldeten Konten. Darüber
hinaus kann der Kunde einer Schweizer Bank mit bislang verschwiegenen Vermögen über eine
freiwillige Meldung nicht nur die mit einer Selbstanzeige verbundenen Kosten der Beratung sparen sondern umgeht aufgrund der zwingenden Rechtsfolge der Anwendbarkeit der Regeln einer
wirksamen Selbstanzeige auch die komplexe Rechtsprechung zu den Voraussetzungen einer wirksamen Selbstanzeige.

b) Sperrwirkung

In gleicher Weise wie bei einer Einmalzahlung tritt analog zu den dortigen **Sperrwirkungen** die 593
Rechtsfolge einer wirksamen Selbstanzeige im Fall einer freiwilligen Meldung nicht ein,

– wenn die der freiwilligen Meldung unterliegenden schweizerischen Vermögenswerte aus Verbrechen i.S.d. deutschen Strafrechts (mit Ausnahme des aufgehoben § 370a AO) herrühren
  oder
– vor der Unterzeichnung des Abkommens am 21.09.2011 bereits ein Anfangsverdacht der Steuerhinterziehung betreffend diese schweizerischen Vermögenswerte seitens der deutschen
  Ermittlungsbehörden bejaht wurde und die betroffene Person dies wusste oder bei verständiger
  Würdigung der Sachlage damit rechnen musste.

Auch insoweit bedient sich das Abkommen der Technik der Sperre zur Selbstanzeige gem. § 371 594
Abs. 2 Nr. 2 AO.

Die Sperrgründe des Abkommens sind nicht inhaltsgleich mit den Sperren für eine Selbstanzeige
gem. § 371 Abs. 2 AO. Sollte ein Sperrgrund nach § 371 Abs. 2 AO greifen (z.B. Zustellung einer
Prüfungsanordnung), ist dieser für die Anwendbarkeit des Abkommens unbeachtlich, weil die
abkommensrechtlichen Regelungen als lex speziale verdrängende Wirkung haben.

Das Abkommen verhält sich nicht über die Frage, ob die Strafbefreiung an die Voraussetzung
geknüpft ist, dass die Steuer auch tatsächlich nachgezahlt wird. Bei wortlautgetreuer Auslegung
kommen Teile der Literatur (*Joecks*, wistra 2011, 441, 442 und *Wulf*, Stbg 2012, 71, 79) zu dem
Ergebnis, dass die Straffreiheit auch dann eintritt, wenn die Steuer tatsächlich nicht gezahlt wird.
Andere (*Kubaile/Probst*, IWB 2011, 753, 761) kommen in einer Art Sinnauslegung zu dem Ergebnis, dass die Nachzahlung der Steuer Voraussetzung für die Straffreiheit ist.

4. Wirkung der Bescheinigung

Sowohl im Fall der anonymen Einmalzahlung gem. Art. 7 Abs. 3 als auch im Fall der freiwilligen 595
Meldung, Art. 9 Abs. 2, erstellt die Schweizer Bank eine **Bescheinigung** ggü. der betroffenen Person entweder über den Betrag der Einmalzahlung und die Berechnungsmodalitäten oder die Kontodaten.

Die Wirkung dieser Bescheinigung – für weitere Ermittlungsverfahren – ist in Art. 14 des Abkom- 596
mens näher geregelt. Sofern den deutschen Ermittlungsbehörden aus anderem Anlass die schweizerischen Vermögenswerte bekannt werden, die entweder über die Einmalzahlung oder über die
freiwillige Meldung nachversteuerten wurden, kann die betroffene Person über die Bescheinigung
den Nachweis der erfolgten Versteuerung erbringen; dieser Nachweis gilt durch Vorlage der
Bescheinigung als erbracht.

5. Verzicht auf die Verfolgung von Straftaten, OWi und Haftung

597 Das Abkommen hat nicht nur für den Betroffenen die **Erlöschenswirkung** der namentlich genannten Steueransprüche; das Abkommen führt auch zum Wegfall des Ermittlungsdrucks Schweizer Banker.

a) Verzicht auf die Verfolgung von Straftaten und Ordnungswidrigkeiten

598 **Beteiligte** (= Mittäter und Gehilfen) einer Steuerstraftat oder Steuerordnungswidrigkeit, die vor Unterzeichnung des Abkommens von einer betroffenen Person hinsichtlich der Vermögenswerte bei der **Schweizer Bank** begangen wurde, werden nicht verfolgt. In diesen Fällen wird auch keine **Geldbuße** gegen juristische Personen (Banken) wegen der Steuerstraftat, Steuerordnungswidrigkeit festgesetzt. Auch hier gilt die Sperrwirkung analog § 371 Abs. 2 Nr. 2 AO. Der Verzicht auf die Verfolgung von Straftaten und Ordnungswidrigkeiten gilt nicht, wenn der nach deutschem Recht zuständigen Behörde im Zeitpunkt der Unterzeichnung des Abkommens bereits zureichende tatsächliche Anhaltspunkte i.S.v. § 152 Abs. 2 StPO für eine Beteiligung an einer Steuerstraftat oder Steuerordnungswidrigkeit vorgelegen haben und die Beteiligten dies wussten oder bei verständiger Würdigung der Sachlage damit rechnen mussten.

b) Verzicht auf Haftung

599 Vorbehaltlich vorgenannter Sperre wird nicht nur ggü. den Beteiligten einer Steuerstraftat, begangen durch den Betroffenen, auf die Verfolgung von Straftaten und Ordnungswidrigkeiten verzichtet; unter den Voraussetzungen des Art. 17 Abs. 1 des Abkommens entfällt auch die **Haftung** nach § 71 AO. Danach haftet derjenige, der eine Steuerhinterziehung oder eine Steuerhehlerei begeht oder an einer solchen Tat teilnimmt, für die verkürzten Steuern. Diese Regelung, wonach faktisch die Bank für den Steuerausfall des vermögenslosen Kunden haftet, kommt unter den Voraussetzungen des Abkommens in Art. 17 Abs. 1 den Wegfall (zum zweifelhaften Regelungsgehalt des Art. 17 vgl.: *Samson/Wulf,* wistra 2012, 245, 247).

6. Zielstaatenregelung

600 Seit der Einigung über den Inhalt des Abkommens am 10.08.2011 stehen die Regelungen des Abkommens im Fokus der Öffentlichkeit. Dies könnte manchen Anleger dazu veranlassen oder veranlasst haben, der Schweiz den Rücken zu kehren und die Vermögenswerte zugunsten vermeintlich sicherer verschwiegenerer Anlageorte abzuziehen. Diesem Unterfangen will Art. 16 entgegenwirken. Danach teilt die Schweizer Finanzverwaltung der deutschen Finanzverwaltung innerhalb von 12 Monaten nach dem Stichtag 3, also voraussichtlich dem 31.05.2013, die gemessen am Volumen der Vermögenswerte 10 wichtigsten Staaten oder Territorien in der Reihenfolge ihrer Richtigkeit mit, wohin diejenigen betroffenen Personen, die ihr Konto oder Depot zwischen der Unterzeichnung dieses Abkommens und dem Stichtag 3, also zwischen dem 21.09.2011 und dem 31.05.2013 aufgelöst haben, die Vermögenswerte der saldierten Konten und Depots überwiesen haben.

Das Änderungsprotokoll hat den relevanten Stichtag vom 31.05.2013 auf den 01.01.2013 vorgezogen.

7. Quellenbesteuerung künftiger Erträge

601 Die künftig in der Schweiz von deutschen Steuerpflichtigen empfangenen Kapitalerträge (Zinsen und Dividenden) werden nach dem Abkommen mit einem einheitlichen Steuersatz i.H.v. 26,375 % erfasst und der Besteuerung unterworfen. Dieser Steuersatz entspricht dem deutschen **Abgeltungsteuersatz** unter Einschluss des Solidaritätszuschlages. Der Steuereinzug und damit die Steuerzahlung erfolgt hinsichtlich des Vermögens unmittelbar durch die Schweizer Banken. Die Einzelheiten sind in Art. 18 normiert.

8. Auskunftsersuchen

Für die Sicherung des Zwecks des Abkommens erteilt die zuständige Schweizer Finanzverwaltung 602 nach Art. 31 Abs. 1 des Abkommens der deutschen Finanzverwaltung Auskünfte auf Grundlage von Ersuchen, die unter Angabe der Identität (nicht zwingend der Angabe des Namens der schweizerischen Bank) der in der BRD steuerpflichtigen Person und eines plausiblen Anlasses gestellt werden.

Zur Identifizierung der in der BRD steuerpflichtigen Person übermittelt die zuständige deutsche 603 Behörde i.R.d. Auskunftsersuchens

- den Namen
- die Adresse
- das Geburtsdatum
- die ausgeübte Tätigkeit dieser Person und
- soweit bekannt, weiter der Identifizierung dieser Person dienende Informationen.

Ein plausibler Anlass für ein Auskunftsersuchen liegt gem. Art. 31 Abs. 3 vor, wenn die nach deut- 604 schem Recht zuständige deutsche Behörde aufgrund des Gesamtbildes der Umstände es als not- wendig erachtet, die Angaben einer in der BRD steuerpflichtigen Person auf ihre Vollständigkeit und Richtigkeit hin zu überprüfen. Diese Zulässigkeitsschwelle für ein Auskunftsersuchen liegt damit bewusst niedrig. Allerdings sind „**Ersuchen ins Blaue**" hinein ausgeschlossen, Art. 31 Abs. 3 a.E.

Die nach deutschem Recht zuständige deutsche Behörde unterrichtet gem. Art. 31 Abs. 4 des 605 Abkommens die in der BRD steuerpflichtige Person über das beabsichtigte Auskunftsersuchen. Der Rechtsweg gegen das Auskunftsersuchen steht der betroffenen Person offen.

Nach Art. 31 Abs. 8 ist die Anzahl der Ersuchen in einer 2-Jahres-Periode beschränkt. Sie lag gem. 606 Art. 31 Abs. 9 der Ursprungsfassung für die erste 2-Jahres-Periode im „obersten Viertel des drei- stelligen Bereiches". Ausweislich des Änderungsprotokolls hat die zuständige deutsche Behörde nunmehr das Recht, in einer 2-Jahres-Periode insgesamt zwischen 900 und 1.300 Amtshilfeersu- chen zu stellen.

9. Spezialitätsgrundsatz

Nach Art. 34 Abs. 1 sind alle Informationen, die ein Vertragsstaat i.R.d. Durchführung dieses 607 Abkommens erhalten hat, nicht nur vertraulich zu behandeln; sie dürfen ohne Einwilligung der betroffenen Personen nur in einem Verwaltungs- oder Gerichtsverfahren in Steuersachen oder in einem Strafverfahren wegen einer Steuerstraftat oder in einem Bußgeldverfahren wegen einer Steu- erordnungswidrigkeit verwendet werden.

10. Erbschaftsteuer

Vor dem Änderungsprotokoll enthielt das Abkommen in der Fassung vom 21.09.2011 keine 608 Regelung, die die Erhebung von Erbschaftsteuer auf das fortwährend anonyme Vermögen in der Schweiz bei späteren Erbfällen sicherstellte. Damit hätte sich eine „Gestaltungspraxis" dahinge- hend eröffnet, dass in der Schweiz liegendes anonymes, regularisiertes Vermögen ohne Erbschaft- steuerbelastung vererbt werden könnte. Dies verhindert nunmehr Art. 31 in der Fassung des Änderungsprotokolls. Erhält die Bank vom Tod ihres Kunden Kenntnis, sperrt sie die dem ver- storbenen Kunden im Zeitpunkt seines Todes zuzurechnenden Vermögenswerte (*Holenstein*, PStR 2012, 129). Wird die Schweizer Bank von den Erben – mit Erbschein – nicht innerhalb eines Jahres ab dem Zeitpunkt des Todes schriftlich ermächtigt, die Identität des Erblassers sowie den Kontostand im Zeitpunkt des Todes der betroffenen Person zu melden, erhebt sie eine Steuer von 50 % der im Zeitpunkt des Todes der betroffenen Person bei ihr verbuchten Vermögenswerte, die dem Erblasser zuzurechnen sind. Entsprechend der Arichtektur des Abkommens erstellt die

Bank darüber eine Bescheinigung. Wird seitens der Erben diese Bescheinigung im Rahmen einer bundesdeutschen Erbschaftsteuerveranlagung nicht vorgelegt, ist mit der Zahlung von 50 % des bei der Bank verbuchten Vermögens die Erbschaftsteuerbelastung abgegolten. Über diese Größenordnung wird faktisch der Erbe gezwungen, das anonymisierte Vermögen in der Schweiz aufzudecken, da insbesondere bei Erbfällen in der Steuerklasse I in Deutschland eine erheblich geringere Erbschaftsteuerbelastung entsteht.

3. Teil Steuerrecht als ausfüllende Normen

1. Kapitel Einkommensteuergesetz (§ 4 Abs. 5 Nr. 10 EStG)

§ 4 EStG Gewinnbegriff im Allgemeinen

(1) [1]Gewinn ist der Unterschiedsbetrag zwischen dem Betriebsvermögen am Schluss des Wirtschaftsjahres und dem Betriebsvermögen am Schluss des vorangegangenen Wirtschaftsjahres, vermehrt um den Wert der Entnahmen und vermindert um den Wert der Einlagen. [2]Entnahmen sind alle Wirtschaftsgüter (Barentnahmen, Waren, Erzeugnisse, Nutzungen und Leistungen), die der Steuerpflichtige dem Betrieb für sich, für seinen Haushalt oder für andere betriebsfremde Zwecke im Laufe des Wirtschaftsjahres entnommen hat. [3] ... [8] Einlagen sind alle Wirtschaftsgüter (Bareinzahlungen und sonstige Wirtschaftsgüter), die der Steuerpflichtige dem Betrieb im Laufe des Wirtschaftsjahres zugeführt hat; ... [9]Bei der Ermittlung des Gewinns sind die Vorschriften über die Betriebsausgaben, über die Bewertung und über die Absetzung für Abnutzung oder Substanzverringerung zu befolgen.

(2) ...

(3) [1]Steuerpflichtige, die nicht auf Grund gesetzlicher Vorschriften verpflichtet sind, Bücher zu führen und regelmäßig Abschlüsse zu machen, und die auch keine Bücher führen und keine Abschlüsse machen, können als Gewinn den Überschuss der Betriebseinnahmen über die Betriebsausgaben ansetzen. ...

(4) Betriebsausgaben sind die Aufwendungen, die durch den Betrieb veranlasst sind.

(4a) ...

(5) [1]Die folgenden Betriebsausgaben dürfen den Gewinn nicht mindern:

1. Aufwendungen für Geschenke an Personen, die nicht Arbeitnehmer des Steuerpflichtigen sind. [2]Satz 1 gilt nicht, wenn die Anschaffungs- oder Herstellungskosten der dem Empfänger im Wirtschaftsjahr zugewendeten Gegenstände insgesamt 35 Euro nicht übersteigen;
2. Aufwendungen für die Bewirtung von Personen aus geschäftlichem Anlass, soweit sie 70 Prozent der Aufwendungen übersteigen, die nach der allgemeinen Verkehrsauffassung als angemessen anzusehen und deren Höhe und betriebliche Veranlassung nachgewiesen sind. [2]Zum Nachweis der Höhe und der betrieblichen Veranlassung der Aufwendungen hat der Steuerpflichtige schriftlich die folgenden Angaben zu machen: Ort, Tag, Teilnehmer und Anlass der Bewirtung sowie Höhe der Aufwendungen. [3]Hat die Bewirtung in einer Gaststätte stattgefunden, so genügen Angaben zu dem Anlass und den Teilnehmern der Bewirtung; die Rechnung über die Bewirtung ist beizufügen;
3. ...
4. Aufwendungen für Jagd oder Fischerei, für Segeljachten oder Motorjachten sowie für ähnliche Zwecke und für die hiermit zusammenhängenden Bewirtungen;
5. – 6b.
7. andere als die in den Nummern 1 bis 6 und 6b bezeichneten Aufwendungen, die die Lebensführung des Steuerpflichtigen oder anderer Personen berühren, soweit sie nach allgemeiner Verkehrsauffassung als unangemessen anzusehen sind;
8. – 9.

10. die Zuwendung von Vorteilen sowie damit zusammenhängende Aufwendungen, wenn die Zuwendung der Vorteile eine rechtswidrige Handlung darstellt, die den Tatbestand eines Strafgesetzes oder eines Gesetzes verwirklicht, das die Ahndung mit einer Geldbuße zulässt. [2]Gerichte, Staatsanwaltschaften oder Verwaltungsbehörden haben Tatsachen, die sie dienstlich erfahren und die den Verdacht einer Tat im Sinne des Satzes 1 begründen, der Finanzbehörde für Zwecke des Besteuerungsverfahrens und zur Verfolgung von Steuerstraftaten und Steuerordnungswidrigkeiten mitzuteilen. [3]Die Finanzbehörde teilt Tatsachen, die den Verdacht einer Straftat oder einer Ordnungswidrigkeit im Sinne des Satzes 1 begründen, der Staatsanwaltschaft oder der Verwaltungsbehörde mit. [4]Diese unterrichten die Finanzbehörde von dem Ausgang des Verfahrens und den zugrundeliegenden Tatsachen;
...

[2]Das Abzugsverbot gilt nicht, soweit die in den Nummern 2 bis 4 bezeichneten Zwecke Gegenstand einer mit Gewinnabsicht ausgeübten Betätigung des Steuerpflichtigen sind. 3 § 12 Nummer 1 bleibt unberührt

(5a – 6) ...

(7) [1]Aufwendungen im Sinne des Absatzes 5 Satz 1 Nummer 1 bis 4, 6b und 7 sind einzeln und getrennt von den sonstigen Betriebsausgaben aufzuzeichnen. [2]Soweit diese Aufwendungen nicht bereits nach Absatz 5 vom Abzug ausgeschlossen sind, dürfen sie bei der Gewinnermittlung nur berücksichtigt werden, wenn sie nach Satz 1 besonders aufgezeichnet sind.

(8) ...

A. Überblick

1   In den letzten Jahren wurden sowohl die steuerlichen als auch die strafrechtlichen Regeln über die Bestechung sukzessive verschärft. Während bis zum 01.01.1996 der Abzug von Bestechungsgeldern im Grundsatz ohne Weiteres möglich und lediglich potenziell durch § 160 begrenzt war

(Schmidt/*Heinicke* § 4 Rn. 520, 630), hat das Jahressteuergesetz 1996 zu einem Paradigmenwechsel geführt; der Grundsatz der wertneutralen Nettobesteuerung (§ 40) wurde nach gut 50 Jahren erstmals wieder durchbrochen (Nachw. bei Kirchhof/*Söhn* § 4 Rn. Q 2). Vom 01.01.1996 bis zum 31.12.1998 bedurfte es für das Verbot des Betriebsausgabenabzugs noch einer rechtskräftigen Entscheidung durch eine Strafverfolgungsbehörde (§ 4 Abs. 5 Nr. 10 Satz 1 EStG 1996), seither reicht die abstrakte Strafbarkeit (§ 4 Abs. 5 Nr. 10 Satz 1 EStG 1999).

Parallel hat sich die strafrechtliche Lage insb. durch das Korruptionsbekämpfungsgesetz **2** (v. 13.08.1997, BGBl. II 1997, S. 2038), das EU-Bestechungsgesetz (EUBestG v. 10.09.1998, BGBl. II 1998, S. 2340) und das Gesetz zur Bekämpfung internationaler Bestechung (IntBestG v. 10.09.1999, BGBl. II 1998, S. 2327) verschärft. Speziell durch das EUBestG und das IntBestG hat auch hier ein Paradigmenwechsel stattgefunden. Erstmals werden nicht mehr nur inländische Rechtsgüter vor der Bestechung geschützt, auf der Basis der Neuerungen kann auch die Bestechung ausländischer Amtsträger und – jedenfalls seit der 2002 erfolgten Einführung des § 299 Abs. 3 StGB (h.M.; a.A. *Wichterich/Glockemann*, INF 2000, 1 ff., 40 ff.: auch vorher schon) – Angestellter von Privatunternehmen im Ausland als strafbar angesehen werden. Die komplexen strafrechtlichen Regeln haben über § 4 Abs. 5 Nr. 10 EStG steuerliche Auswirkungen, die i.R.d. Betriebsprüfung bzw. der laufenden Beratung zu berücksichtigen sind, soweit § 4 Abs. 5 Nr. 10 EStG nicht hinter vorrangigen anderweitigen Regelungen zurücktritt.

Für Wirtschaftsjahre nach dem 01.01.1996 ist mit § 4 Abs. 5 Nr. 10 damit eine Norm in das EStG **3** aufgenommen worden, die mit dem politischen Anliegen, das Bestechungsunwesen zu bekämpfen (BT-Drucks. 13/1686, S. 18), die Abgrenzung des Steuer- vom Strafrecht durchbricht. Betriebsausgaben sind seither nicht mehr abziehbar, wenn sie Bestechungsgelder darstellen. Die Norm erweist sich als problematisch.

Steuerlich wird sowohl des Neutralitätsgebot (§ 40 AO) wie auch der Grundsatz der Besteuerung **4** nach der Leistungsfähigkeit (Art. 3 GG) durchbrochen, wenn zwar die illegal gewonnenen Einkünfte, nicht aber die damit zusammenhängenden Ausgaben berücksichtigt werden. Ob die Durchbrechung verfassungsrechtlich haltbar ist, ist verfassungsgerichtlich bislang nicht geprüft. Eine Durchbrechung des Neutralitätsgrundsatzes ist bei gewichtigen Gründen möglich (BVerfG v. 23.01.1990 – 1 BvL 4,5,6,7/87, BVerfGE 81, 228, 237; BVerfG v. 04.12.20022 – BvR 400/ 98 Rn. 52, www.BVerfG.de). Ob hier derartige Gründe vorliegen, ist streitig (vgl. Nachw. bei Kirchoff/*Söhn* § 4 Rn. Q 16 Fn. 27). Selbiges gilt für die Durchbrechung des Grundsatzes der Besteuerung nach der Leistungsfähigkeit (vgl. Nachw. bei HHR/*Bahlau* § 4 Rn. 1847). Doch selbst wenn man § 4 Abs. 5 Nr. 10 EStG mit Blick auf das steuerliche Betriebsausgabenabzugsverbot für verfassungsmäßig hält (so die ganz h.M.) besagt dies noch nicht, dass auch die Mitteilungspflichten verfassungsgemäß sind (Rdn. 3, 232 ff.).

In der mit § 4 Abs. 5 Nr. 10 Satz 3 EStG statuierten Mitteilungspflicht liegt eine verfassungsrechtlich **5** bedenkliche Durchbrechung des Steuergeheimnisses (§ 30). Die Bedenken resultieren aus der Beeinträchtigung des grundgesetzlichen (Art. 2 Abs. 1 i.V.m. Art. 1 Abs. 1 GG) Verbotes des Zwangs zur strafrechtlichen Selbstbelastung (nemo tenetur se ipsum accusare; vgl. insb. § 393 Abs. 1 Satz 2, Abs. 2 Satz 1, §§ 136, 136a StPO). Dieser Verfassungssatz genießt auch den Schutz nach Art. 6 EMRK und ist berührt, wenn die Finanzverwaltung Informationen, die sie vom Steuerpflichtigen erhält, zum Zwecke der Herbeiführung einer strafrechtlichen Verurteilung an die Strafverfolgungsbehörden mitteilt (§ 4 Abs. 5 Nr. 10 Satz 3 EStG).

Einstweilen frei. **6 – 10**

B. Steuerliche Voraussetzungen des Abzugsverbots

I. Anwendungsbereich

11   Das Abzugsverbot gilt unmittelbar für die **Gewinneinkunftsarten** (§ 2 Abs. 1 Nr. 1 bis 3 EStG) und via § 9 Abs. 5 EStG auch für die **Überschusseinkünfte**.

12   Geltung entfaltet die Norm im Anwendungsbereich des EStG, also soweit die Zuwendenden **natürliche Personen** sind.

13   § 8 Abs. 1 KStG verweist für die Ermittlung des Einkommens der **Körperschaft** auf § 4 EStG. In diesen Fällen soll es für das Abzugsverbot auf ein **korruptives Verhalten des Organs** ankommen (BMF v. 10.10.2002, BStBl. I 2002, S. 1031 Tz. 7; ebenso Kirchhof/*Söhn* § 4 Rn. Q 23; *Stapf,* DB 2000, 1092, 1097; Lademann/*Meurer* § 4 Rn. 764). Korruptionsdelikte nachgeordneter Ebenen, in deren Taten die Geschäftsleitung nicht involviert ist (zum Unternehmensstrafrecht vgl. Einf. §§ 377 ff. Rdn. 21 ff.), führen in der Folge nicht zum Abzugsverbot (Kirchhof/*Söhn* § 4 Rn. Q 24) und damit auch nicht zur Mitteilungsbefugnis.

14   Neben den Betriebsausgaben (Rdn. 16 ff.) werden vom Abzugsverbot auch die mit der Betriebsausgabe „zusammenhängenden Aufwendungen" erfasst. Dies sind Kosten des Leistenden, die ihm aufgrund der Zuwendung der illegitimen Leistung entstehen. Dazu sollen die unmittelbar mit der Zuwendung zusammenhängenden Reise-, Transport, Versicherungs- oder Überweisungskosten etc. (Transaktionskosten) aber auch Beratungs- und Verteidigungskosten, die infolge der Begehung der Straftat oder Ordnungswidrigkeit anfallen, gehören (h.M.; BT-Drucks. 13/1686, 18; BMF v. 10.10.2002, BStBl. I 2002, 1031 Tz. 8; HHR/*Bahlau* § 4 Rn. 1855). Dies erscheint zweifelhaft, wo ein unmittelbarer Zusammenhang mit der Vorteilszuwendung fehlt. So werden bspw. die Verteidigungskosten häufig erst Jahre später anfallen, womöglich als Folge der Mitteilung nach § 4 Abs. 5 Nr. 10 EStG. Ob diese Kosten absetzbar sind richtet sich vielmehr nach ihrer betrieblichen Veranlassung (vgl. FG Rheinland-Pfalz v. 15.04.2010 – 4 K 2699/08, www.justiz.rlp.de; FG Münster v. 19.08.2011 – 14 K 2610/10 E, BeckRS 2011, 96567).

15 – 20   Einstweilen frei.

II. Betriebsausgabe

21   Zugewandte **Vorteile i.S.d. Strafrechts** sind nicht stets Betriebsausgaben. Bei Prüfung des Anwendungsbereichs des § 4 EStG ist auf den steuerlichen Begriff der Betriebsausgabe abzustellen.

22   Das Abzugsverbot setzt eine Betriebsausgabe voraus. „**Betriebsausgaben** sind die Aufwendungen, die durch den Betrieb veranlasst sind" (§ 4 Abs. 4 EStG; zum Betriebsausgabenbegriff im Einzelnen vgl. Schmidt/*Heinicke* § 4 Rn. 470 ff.; LBP/*Nacke* § 4 Rn. 1616 ff.).

23   Aufwendungen, die privat veranlasst sind, sind nicht betrieblicher Natur und scheiden daher aus. Hier ist allein § 12 Nr. 1 EStG (**Aufwendungen privater Lebensführung**) einschlägig. Seit der Entscheidung des Großen Senats des BFH gilt dies nicht mehr für sog. **Mischaufwendungen** (BFH, DStR 2010, 101; vgl. Schmidt/*Drenseck* § 12 Rn. 2 ff.), wenn also eine private Veranlassung die betriebliche begleitet. Soweit § 12 Nr. 1 EStG greift, kommt eine Mitteilung nach § 4 EStG nicht in Betracht.

24   Zuwendungen, die für den Leistenden nicht mit Aufwendungen verbunden sind (**kein Wertabgang**; z.B. unentgeltliche Dienstleistungen, Rabattgewährungen, zinsfreie Darlehen), stellen den Empfänger zwar besser, sind aber aufseiten des Zuwendenden keine Betriebsausgaben (**entgangene Einnahmen**; vgl. BMF v. 10.10.2002, BStBl. I 2002, S. 1031 Tz. 7; Kirchhof/*Söhn* § 4 Rn. Q 39). Sie fallen nicht unter § 4 Abs. 5 Nr. 10 EStG, dürfen daher auch nicht mitgeteilt werden.

Eine untere **Wertgrenze** der nichtabzugsfähigen Betriebsausgabe kennt § 4 Abs. 5 Nr. 10 EStG 25
nicht. Das Abzugsverbot greift allerdings nicht, wenn die Zuwendung strafrechtlich sozialadäquat
ist. Zur diesbezüglichen Wertgrenze vgl. Rdn. 31, 90.

Einstweilen frei. 26 – 30

III. Abgrenzung zu anderen Steuernormen

Laut BMF-Anwendungserlass (v. 10.10.2002, BStBl. I 2002, S. 1031 Tz. 35) ist für den Fall, dass 31
die „Anwendung verschiedener Abzugsverbote in Betracht [kommt], ... vorrangig nicht auf steuer-
systematische, sondern auf **verfahrensökonomische** Gesichtspunkte abzustellen. Nach Nr. 1 des
AE zu § 88 AO darf für die Anforderungen, die an die Aufklärungspflicht der Finanzbehörden zu
stellen sind, die Erwägung eine Rolle spielen, dass die Aufklärung einen nicht mehr vertretbaren
Zeitaufwand erfordert. Dabei kann auf das Verhältnis zwischen voraussichtlichem Arbeitsaufwand
und steuerlichem Erfolg abgestellt werden. Die Finanzbehörde kann den Angaben eines Steuerpflichtigen Glauben schenken, wenn nicht greifbare Umstände vorliegen, die darauf hindeuten,
dass seine Angaben falsch oder unvollständig sind (Nr. 2 des AE zu § 88 AO)." Es wird aber häufig
verfahrensökonomisch sein, nicht den Streit über das Vorliegen oder Fehlen einer Korruptionstat
zu klären, sondern weniger stigmatisierende Abzugsverbote anzuwenden.

1. Sonstige Abzugsverbote nach § 4 Abs. 5 EStG

Eine systematische Vorrangstellung einzelner der in § 4 Abs. 5 EStG genannten Abzugsverbote ist 32
nicht ersichtlich, die Abzugsverbote gelten mithin nebeneinander. Gelegentlich können sich
Berührungspunkte zu Nr. 1 (Geschenke; Rn. 33), Nr. 2 (Bewirtungen; Rn. 34), Nr. 4 (Jagd, Boote
u.Ä.) und Nr. 7 (sonstige unangemessene Aufwendungen) ergeben.

Eine Überschneidung des Abzugsverbots nach § 4 Abs. 5 **Nr. 1** EStG (**Geschenke**) mit jenem der 33
Nr. 10 kann sich nicht ergeben. Korruptionsdelikte sind nicht freigiebig, sie setzen stets eine
Gegenleistung voraus, auch wenn diese sich im Einzelfall auf ein künftiges Wohlwollen beziehen
kann und keine, bereits konkretisierte Diensthandlung erforderlich ist (a.A. HHR/*Bahlau* § 4
Rn. 1849; *Stapf*, DB 2000, 1092, 1093: gleichrangig). Der Streit ist angesichts der Summe
35,00 € von kaum praktischer Bedeutung, da bis zu dieser Summe zumeist eine noch sozialadäquate Zuwendung vorliegt und die Strafbarkeit entfällt (Rdn. 90).

Soweit eine Korruption durch **Bewirtung** (§ 4 Abs. 5 **Nr. 2** EStG) erfolgt sein soll, kann dies regel- 34
mäßig nur bei einem unverhältnismäßigen Aufwand angenommen werden, anderenfalls wäre die
Bewirtung sozialadäquat (Rdn. 90). Sind Gewinne und Umsätze hoch oder erfolgt die Bewirtung
bei für den geschäftlichen Erfolg wichtigen Kunden, können auch hohe Bewirtungskosten angemessen sein (Beck'sches Steuer- und Bilanzrechtslexikon/*Maier* Nicht abziehbare Betriebsausgaben
Rn. 20).

2. Pauschalversteuerung von Sachzuwendungen (§ 37b EStG)

Sachzuwendungen können nach § 37b EStG vom Zuwendenden pauschal mit befreiender Wir- 35
kung für den Empfänger versteuert werden. Da sich die Ausschlussnorm des § 37 Abs. 2 Satz 2
und 3 EStG nicht auf § 4 Abs. 5 EStG bezieht, ist die Pauschalbesteuerung auch für betrieblich
veranlasste Vorteilszuwendungen i.S.d. § 4 Abs. 5 Satz 1 Nr. 10 EStG möglich (BMF
v. 29.04.2008 BStBl. I 2008, S. 566 Rn. 34).

3. Empfängerbenennung (§ 160 AO)

§ 160 AO gibt dem FA die Möglichkeit (Ermessen), abziehbare Betriebsausgaben wegen **fehlender** 36
Empfängerbenennung nicht anzuerkennen. § 160 AO setzt also abziehbare Betriebsausgaben
voraus. Diese liegen bei Bestechungsgeldern aufgrund § 4 Abs. 5 Nr. 10 EStG nicht vor, sodass es

normlogisch zu keiner Überschneidung der Normen kommt. Praktisch kommt es immer wieder zu Überschneidungen, weil ungeklärt ist, ob die als Betriebsausgabe gebuchte Summe ein Bestechungsgeld darstellt und der Steuerpflichtige nicht bereit ist, den Empfänger zur Aufklärung des Sachverhalts zu benennen. Die bloße Nichtbenennung des Empfängers allein rechtfertigt jedenfalls **keinen Anfangsverdacht** für eine von § 4 Abs. 5 Nr. 10 EStG in Bezug genommene Tat (BVerfG v. 09.02.2005 – 2 BvR 1108/03 Rn. 20, www.BVerfG.de) Steht fest, dass das Abzugsverbot nach § 4 Abs. 5 Nr. 10 EStG greift, darf an den Steuerpflichtigen kein Benennungsverlangen gerichtet werden (Kirchhof/*Söhn* § 4 Rn. Q 208; HHR/*Bahlau* § 4 Rn. 1849; a.A. BMF v. 10.10.2002, BStBl. I 2002, S. 1031 Rn. 36), denn dieses ist für steuerliche Zwecke entbehrlich und könnte zu keinem anderen Ergebnis führen als § 4 Abs. 5 Nr. 10 EStG.

37 – 40 Einstweilen frei.

C. Strafrechtliche Voraussetzungen des Abzugsverbots

41 Nach dem Wortlaut der Norm muss die Betriebsausgabe (Rdn. 21 ff.) gleichzeitig „eine rechtswidrige Handlung [Rdn. 171 ff.] darstell[en], die den Tatbestand eines Strafgesetzes oder eines [Ordnungswidrigkeiten-] Gesetzes [Rdn. 46 ff.] verwirklicht."

42 – 45 Einstweilen frei.

I. Sanktionsnormen

46 Anders als in seiner Ursprungsfassung enthält § 4 Abs. 5 Nr. 10 EStG keinen Katalog von relevanten Straftaten, die zum Abzugsverbot führen. Die Taten werden abstrakt erfasst als **strafbare oder ordnungswidrige Vorteilszuwendung**. Ob daneben die Annahme des Vorteils strafbar oder ordnungswidrig ist, ist i.R.d. § 4 Abs. 5 Nr. 10 EStG irrelevant.

47 Die Zuwendung als solche muss sanktioniert sein, d.h. wegen des Zuwendungsvorgangs muss das Geschehen unter Sanktionsdrohung stehen. Da bspw. die Sanktionsdrohungen des Betrugs (§ 263 StGB) oder der wettbewerbsbeschränkenden Absprache (§ 298 StGB) nicht an den Zuwendungsvorgang anknüpfen, scheiden sie als Straftaten i.S.d. Abzugsverbots aus.

48 In 4.14 EStH 2009 wird – nicht abschließend – auf folgende Tatbestände hingewiesen.

Straftaten:

- § 108b StGB (Wählerbestechung),
- § 108e StGB (Abgeordnetenbestechung),
- § 299 Abs. 2 und 3 StGB (Bestechung im in- und ausländischen geschäftlichen Verkehr),
- § 333 StGB (Vorteilsgewährung),
- § 334 StGB (Bestechung),
- Art. 2 § 2 des Gesetzes zur Bekämpfung internationaler Bestechung (Bestechung ausländischer Abgeordneter im Zusammenhang mit internationalem Zahlungsverkehr),
- § 119 Abs. 1 BetrVG (Straftaten gegen Betriebsverfassungsorgane und ihre Mitglieder; vgl. BGH, 13.09.2010, 1 StR 220/09, dazu *Weidemann*, PStR 2011, 14 ff., der § 119 BetrVG als Bezugsnorm ablehnt),

Ordnungswidrigkeiten:

- § 81 Abs. 3 Nr. 2 i.V.m. § 21 Abs. 2 GWB (Vorteilsgewährung für wettbewerbsbeschränkendes Verhalten),
- § 405 Abs. 3 Nr. 7 AktG (Vorteilsgewährung in Bezug auf das Stimmverhalten in der Hauptversammlung),
- § 152 Abs. 1 Nr. 2 GenG (Vorteilsgewährung in Bezug auf das Abstimmungsverhalten in der Generalversammlung),

- § 23 Abs. 1 Nr. 4 des Gesetzes betreffend die gemeinsamen Rechte der Besitzer von Schuldverschreibungen (Vorteilsgewährung in Bezug auf die Abstimmung in der Gläubigerversammlung).

Daneben ist auf   49

- Art. 2 EUBestG

hinzuweisen, mit dem die Anwendung der auf Deutschland beschränkten §§ 334 bis 336 StGB auf Richter und Amtsträger im EU-Raum erweitert wird.

Teilweise ist bereits das **Anbieten oder Versprechen** des jeweiligen Vorteils strafbar. Im Kontext   50
des § 4 Abs. 5 Nr. 10 EStG ist mehr erforderlich. Der **Vorteil muss zugewendet** worden sein, da
er anderenfalls – dies ist entscheidend – keine Betriebsausgabe ausgelöst haben kann.

Einstweilen frei.   51 – 55

Zentral im Zusammenhang mit § 4 Abs. 5 Nr. 10 EStG sind in der Praxis § 299 StGB und   56
§§ 332, 334 StGB; letztere bei Auslandssachverhalten ggf. i.V.m. dem EUBestG und dem Int-
BestG. Auf diese soll nachfolgend eingegangen werden.

1. Inland

a) Öffentliche Hand

Zuwendungen im Zusammenhang mit der öffentlichen Hand stellen den klassischen Bereich der   57
Korruption dar.

Der Bürger kann wegen Vorteilsgewährung (§ 333 StGB) bzw. Bestechung (§ 334 StGB) bestraft   58
werden. Beide Delikte haben einen gemeinsamen Kern. Die Strafdrohung reicht bis zu 10 Jahren
(§ 335 StGB). Ein solcher Fall liegt bspw. bei der gewerbs- oder bandenmäßigen Bestechung oder
im Fall eines Vorteils großen Ausmaßes vor.

aa) Gemeinsamer Kern von §§ 332, 334 StGB

Wer einem Amtsträger für seinen Dienst einen Vorteil anbietet, verspricht oder gewährt, macht   59
sich strafbar, wer dies nur versucht bleibt – mit Ausnahme der Richterbestechung (§ 334 Abs. 2
Satz 2 StGB) – straffrei. Da es zu einer Betriebsausgabe gekommen sein muss (Rdn. 21 ff.), ist im
Rahmen dieser Betrachtung allein die Strafbarkeitsvariante der vollendeten Gewährung eines Vorteils relevant.

(1) Amtsträger

Die Einordnung einer Person als „klassischen" Amtsträger bereitet in den meisten Fällen wenig   60
Probleme (vgl. dazu AnwK-StGB/*Tsambikakis* § 11 Rn 19 ff., 24 ff.). Der Amtsträgerbegriff ist legal
definiert in § 11 Abs. 1 Nr. 2 StGB: a) Beamte im staatsrechtlichen Sinne und Richter, b) Personen, die in einem sonstigen öffentlich-rechtlichen Amtsverhältnis stehen (z.B. Notare, Minister
der Bundes- und Landesregierung). Abgeordnete des Bundestages, der Landtage und auch der
Kommunalvertretungen gehören hingegen nicht zu den Amtsträgern (vgl. BGH, Urt. v.
09.05.2006 – 5 StR 453/05, NJW 2006, 2050), ein Stimmenkauf ist aber gem. § 108e StGB
strafbar und unterliegt dem Abzugsverbot (Rdn. 48).

In der praktischen Anwendung ist die Ermittlung der „sonstigen" Amtsträger i.S.d. § 11 Abs. 1   61
Nr. 2c StGB problematisch: Personen die sonst dazu bestellt sind, bei einer Behörde oder bei einer
sonstigen Stelle oder in deren Auftrag Aufgaben der öffentlichen Verwaltung wahrzunehmen.

Sofern ein förmlicher **Bestellungsakt** erfolgt, sind auch diese sonstigen Amtsträger unschwer zu   62
ermitteln. Dann liegt ein schriftliches Dokument vor, in dem festgehalten wird, dass ein Privater
im Auftrag der Behörde eigenständig deren Aufgaben wahrnimmt. Allerdings bedarf es nach der

Rechtsprechung keines solchen Dokuments. Eine Bestellung kann auch **konkludent** erfolgen (BGHSt 43, 96, 102 f.; anders bei Kettenbeauftragung OLG Stuttgart, StV 2009, 77). Dazu ist zwar mehr als ein bloßer privatrechtlicher Vertrag – etwa ein Werkvertrag – erforderlich, wann dieses „mehr" überschritten ist, lässt sich aber nur schwer bestimmen. Der Vertrag muss sich jedenfalls auf die Wahrnehmung staatlicher Aufgaben beziehen, sodass rein mechanische oder gänzlich untergeordnete Hilfs-/ Schreibarbeiten ausscheiden (AnwK-StGB/*Tsambikakis* § 11 Rn. 35 m.w.N.). Die **Zusammenarbeit** müsse **langfristig** angelegt sein, in der Ausgangsentscheidung waren dies rund 20 Jahre (BGH, Urt. v. 29.01.1998 – 1 StR 64/97, NJW 1998, 2373 ff.). Alternativ kann eine konkludente Bestellung auch über eine **Eingliederung** in die Behördenstruktur erfolgen (BGHSt 43, 96, 105). Bei juristischen Personen des Privatrechts, die ganz oder teilweise der öffentlichen Hand gehören, soll eine Bestellung **entbehrlich** sein, wenn kraft öffentlichrechtlichen Vertrages Aufgaben öffentlicher Verwaltung übernommen wurden und die öffentliche Hand die Gesellschaft beherrscht („verlängerter Arm des Staates"; BGHSt 43, 370, 377; wistra 2007, 17, 18; AnwK-StGB/*Tsambikakis* § 11 Rn. 29; vgl. Rdn. 68). Die Auslegung der Rechtsprechung ist bedenklich weit, denn die Warnfunktion eines Bestellungsaktes – wie sie den funktionalen Beamten i.S.d. § 11 Abs. 1 Nr. 2 a und b StGB mit der Übergabe von Ernennungsurkunden erreicht – geht unter (AnwK-StGB/*Tsambikakis* § 11 Rn. 36).

63   Unter „**sonstigen Stellen**" i.S.d. Vorschrift versteht man ohne Rücksicht auf ihre Organisationsform behördenähnliche Institutionen, die zwar keine Behörde sind, aber bei der Ausführung von Gesetzen und öffentlichen Aufgaben mitwirken, namentlich rechtsfähige Anstalten des öffentlichen Rechts oder organisatorisch abgrenzbare Teile von Behörden, Notariaten, Vereinigungen, Ausschüssen oder Beiräten (vgl. BGH, Urt. v. 19.12.1997 – 2 StR 521/97, BGHSt 43, 370 ff.: GmbH-Mitarbeiter der GTZ; BGH, Urt. v. 16.07.2004 – 2 StR 486/03, BGHSt 49, 214 ff.: beurlaubter Bahnbeamter kein Amtsträger; *Fischer* § 11 Rn. 19, 19a). Dazu zählen bspw. Stadtwerke-GmbH, Kreiskrankenhaus, Sparkasse, Handwerkskammer, Universitätsklinik etc.

64   Von besonderer Relevanz ist die Frage, ob und wann in einem **privatrechtlich organisierten Unternehmen** der GmbH-Mitarbeiter zum Amtsträger wird. Angesichts der in der Vergangenheit erfolgten Auslagerung staatlicher Aufgaben hatte sich die Rechtsprechung mehrfach mit dieser Frage zu befassen.

65   Zur Annahme der Amtsträgereigenschaft ist zunächst erforderlich, dass **öffentliche Aufgaben** wahrgenommen werden. Dazu zählt jedenfalls die Eingriffsverwaltung; z.B. die Verteilung von Knöllchen durch einen privaten Dienstleister. Eingriffsverwaltung durch Private ist aber eine seltene Ausnahme.

66   Der Regelfall ist die Leistungsverwaltung einschließlich der sog. **Daseinsvorsorge**. Es muss sich um Aufgaben handeln, die vorwiegend im Interesse der Allgemeinheit wahrgenommen werden. Dabei ist es ohne Belang, ob es eine staatliche Monopolstellung gibt oder leistungsfähige private Anbieter existent sind.

67   Die Beispiele aus der Rechtsprechung sind zahlreich (BGH, Urt. v. 10.03.1983 – 4 StR 375/82, wistra 1983, 151: Vorstandsmitglied einer Landesbank, auch wenn im Geschäftsbankenbereich tätig: Amtsträger; BGH, Urt. v. 19.12.1997 – 2 StR 521/97, BGHSt 43, 370 ff.: Angestellter der GTZ: Amtsträger; BGH, NStZ 2000, 90 f.; OLG Hamburg, StV 2001, 277 ff., 284 ff.: Oberarzt in einem Kreis- bzw. Universitätskrankenhaus: Amtsträger; BGH, Urt. v. 14.11.2003 – 2 StR 164/03, NJW 2004, 693: Geschäftsführer der städtischen Energieversorgungs-GmbH: Amtsträger; BGH, Urt. v. 03.03.1999 – 2 StR 437/98, BGHSt 45, 16: Mitarbeiter der Bauabteilung der im staatlichen Besitz stehenden Flughafen Frankfurt Main AG: kein Amtsträger; BGH, Urt. v. 15.03.2001 – 5 StR 454/00, BGHSt 46, 310: Geschäftsführer des Bayerischen Roten Kreuzes und dessen Blutspendedienste: kein Amtsträger; BGH, Beschl. v. 26.10.2006 – 5 StR 70/06, wistra 2007, 17 ff.; Geschäftsführer einer Müllentsorgungsgesellschaft: Amtsträger; BGH, Urt. v. 02.12.2005 – 5 StR 119/05, BGHSt 50, 299 ff.: Geschäftsführer einer Abfallverwertungsgesellschaft: kein Amtsträger).

Werden öffentliche Aufgaben wahrgenommen, erfolgt die **Abgrenzung** zwischen der Wahrneh- 68
mung als Amtsträger oder Privater anhand der staatlichen Lenkungsmöglichkeiten. Diese ergeben
sich primär aus den inneren, gesellschaftsrechtlichen Gegebenheiten. Der BGH (BGHSt 43,
370 ff.; 45, 16 ff.; 46, 310 ff.; 49, 214 ff.; 50, 299 ff.) fordert, dass neben der Wahrnehmung der
öffentlichen Aufgabe das Privatrechtssubjekt bei einer Gesamtbetrachtung als **verlängerter Arm
des Staates** erscheint und die Tätigkeit inhaltlich mit typischerweise behördlicher Tätigkeit vergleichbar ist. Zentral sind dabei die **Steuerung durch die öffentlich-rechtlichen Gesellschafter**
und **Mitwirkungsrechte privater Minderheitsgesellschafter**; liegen Sperrminoritäten in privater
Hand, handelt es sich nicht um eine sonstige Stelle (BGH, Urt. v. 02.12.2005 – 5 StR 119/05,
BGHSt 50, 299 ff.).

Ausnahmsweise kann mangels staatlicher Steuerung auch bei einer Alleininhaberschaft der öffent- 69
lichen Hand noch keine staatliche oder kommunale Steuerung der Gesellschaft vorliegen
(BGHSt 45, 16 ff.: FRAPORT; BGH, Urt. v. 16.07.2004 – 2 StR 486/03, BGHSt 49, 214 ff.:
Deutsche Bahn AG; anders BGH v. 19.06.2008 – 3 StR 490/07, 2008, 560: DB Netz AG).

Einstweilen frei. 70 – 75

(2) (Dritt-)Vorteil

Vorteil ist jede Leistung, auf die der Amtsträger (oder der von ihm bestimmte Drittempfänger) 76
keinen Anspruch hat und welche die wirtschaftliche, rechtliche oder auch nur persönliche Lage
des Empfängers objektiv verbessert (NK/*Kuhlen* § 331 Rn. 33 m.w.N.).

Ob der Vorteil dem Amtsträger unmittelbar oder – mit seinem Wissen und Wollen – einem Drit- 77
ten (Eheparter, Förderverein, sonstiger Dritter) zugeht, ist irrelevant.

Auch **immaterielle** Vorteile sollen erfasst werden, allerdings ist hier Zurückhaltung geboten. Wäh- 78
rend die „Hergabe für Hingabe" als ausreichender immaterieller Vorteil gesehen wird, würde die
Befriedigung des Ehrgeizes oder der Eitelkeit heute wohl nicht mehr als hinreichender immaterieller Vorteil angesehen werden. Jedenfalls müsste im vorliegenden Zusammenhang auch der immaterielle Vorteil beim Vorteilsgeber mit einem Wertabgang (Betriebsausgabe) verbunden sein.

Einen **materiellen** Vorteil stellt bereits der Abschluss eines Vertrages dar, den man ohne seine Stel- 79
lung als Amtsträger nicht angeboten bekommen hätte. Wird mit einem Amtsträger ein Kaufvertrag zu günstigen Bedingungen abgeschlossen oder wird er mit Vortragstätigkeiten beauftragt,
kann schon darin ein illegitimer Vorteil liegen. Auch ein wirtschaftlich ausgewogener Vertrag –
wenn der Amtsträger also bspw. ein marktgerechtes Vortragshonorar erhält – ist ein illegitimer
Vorteil i.S.d. §§ 331 ff. StGB (NK/*Kuhlen* § 331 Rn. 47 m.w.N.).

Einstweilen frei. 80 – 85

(3) Unrechtsvereinbarung

Zu den weiteren Gemeinsamkeiten der §§ 331 ff. StGB gehört die Notwendigkeit einer sog. 86
Unrechtsvereinbarung, also eine Abrede über einen zwischen den Parteien der Tat gewollten
Zusammenhang zwischen dem Vorteil und der Gegenleistung des Amtsträgers („für" die Dienst-
ausübung).

Die Vereinbarung bildet keinen vertragsähnlichen Zustand ab, denn der Vorteil muss zwar für die 87
Amtsausübung gewährt werden, nicht aber die Amtsausübung gerade wegen des Vorteils erfolgen.
Der den Vorteil annehmende Amtsträger muss aber erkannt und in Kauf genommen haben, dass
der andere den Vorteil für die Dienstausübung gewährt.

Laut BGH (Urt. v. 14.10.2008 – 1 StR 260/08) dienen als *„mögliche Indizien für oder gegen das* 88
Ziel, mit dem Vorteil auf die künftige Dienstausübung Einfluss zu nehmen oder die vergangene Dienst-
ausübung zu honorieren, (die) Plausibilität einer anderen – behaupteten oder sonst in Betracht kom-

menden – Zielsetzung ... die Stellung des Amtsträgers und die Beziehung des Vorteilsgebers zu dessen dienstlichen Aufgaben, die Vorgehensweise bei dem Angebot, dem Versprechen oder dem Gewähren von Vorteilen sowie die Art, der Wert und die Zahl solcher Vorteile. So können etwa dienstliche Berührungspunkte zwischen Vorteilsgeber und Amtsträger ebenso in Ausschlag gebender Weise für eine Unrechtsvereinbarung sprechen, wie die Heimlichkeit des Vorgehens." Mit dem BGH ist allerdings festzustellen, dass auch unter Anwendung der Indizien *„das Merkmal der Unrechtsvereinbarung ... im Randbereich kaum trennscharfe Konturen aufweist; dies kann zu Beweisschwierigkeiten führen und räumt dem Tatrichter eine beträchtliche Entscheidungsmacht ein."*

89 Da der Vorteil „für" die Dienstausübung gewährt werden muss, ist es nicht ausreichend, wenn es sich um einen Vorteil handelt, der „zur" Dienstausübung befähigen soll. Die **zur Amtsausübung erforderlichen Mittel** werden vom Tatbestand nicht erfasst, etwa die Übernahme von Reisekosten zu einem Ortstermin von dem sich der Zuwendende eine günstige Beurteilung seines Falls verspricht (vgl. OLG Zweibrücken, NStZ 1982, 204: Benzinkosten für Polizisten, der Privatermittlungen anstellen soll).

90 Ein Vorteil wird auch dann nicht „für" die Dienstausübung gewährt, wenn die Zuwendung **sozialadäquat** ist und ihr damit keine Anreizfunktion zukommt. Dies ist bei sozial üblichen und allgemein gebilligten Verhaltensweisen der Fall, etwa ein Neujahrspräsent an Postboten oder Müllwerker oder Trinkgelder bzw. Kaffeekassen, wo dies (immer seltener werdende) übliche Praxis ist (z.B. Krankenstation, nicht aber Polizeiwache; vgl. *Fischer* § 331 Rn. 25). Dies gilt auch im Rahmen von **Geschäftsessen**, soweit die Einladungen sozialer Üblichkeit entsprechen, z.B. beim Abschluss nach längeren Vertragsverhandlungen oder – insb. bei Gegenseitigkeit – im Rahmen dauernder Geschäftsbeziehungen. Sozialadäquat sind die Einladungen solange, wie das „Ob" der Einladung nicht schon allgemein missbilligt wird und sie i.Ü. dem Lebensstandard des Eingeladenen noch entsprechen, sie also objektiv nicht den Eindruck vermitteln, dass der Eingeladene hier zur Dankbarkeit verpflichtet werden könnte. Bei hoheitlichen Funktionen (Eingriffsverwaltung) wird schon das „Ob" der Einladung oftmals als sozial inadäquat gekennzeichnet (BGH, NStZ 1998, 194: Freibier für Polizeibeamten; hingegen üblich: Kaffee oder Wasser während Durchsuchung). Sofern nicht bereits das „Ob" als inadäquat zu kennzeichnen ist, gibt es rechtlich keine feste Wertgrenze, wenngleich die Rechtsprechung oft auf die Notwendigkeit „relativer Geringwertigkeit" hinweist. So können bei einem Vorstandsvorsitzenden einer Landesbank auch höherwertige Einladungen gemessen an seinem Lebensumfeld noch „relativ geringwertig" und damit noch sozialadäquat sein (BGH, Urt. v. 10.03.1983 – 4 StR 375/82, BGHSt 31, 264 ff.), die beim Kreditsachbearbeiter inadäquat wären. Für die praktische Handhabung geben **Compliance-Regeln** oftmals vereinfachend Wertgrenzen an, z.B. – orientiert an § 4 Abs. 5 Nr. 1 EStG – 35,00 €. In der strafrechtlichen Literatur findet man teilw. auch geringere (oft: 30,00 €) aber auch höhere Beträge (*Lesch*, AnwBl. 2003, 261, 262: 50,00 €; Freiwillige Selbstkontrolle für die Arzneimittelindustrie e.V.: 60,00 €, www.fs-arzneimittelindustrie.de). Diese mögen den Mitarbeiter intern binden, können aber nicht den Maßstab der von den Gerichten zu bewertenden Sozialadäquanz verbindlich definieren. Entsprechend Rdn. 34 können auch hohe Bewirtungskosten noch angemessen sein.

91 – 95 Einstweilen frei.

bb) Unterschiede zwischen § 333 und § 334 StGB

96 Der zentrale Unterschied zwischen Vorteilsgewährung und Bestechung ist die **Rechtswidrigkeit** der Diensthandlung, auf die sich die Unrechtsvereinbarung bezieht. Weil i.R.d. Bestechung die Rechtswidrigkeit beurteilt werden muss, bezieht sich die Tat auf eine **konkrete Diensthandlung**, nicht auf die allgemein wohlwollende Dienstausübung.

97 Allerdings kann eine Diensthandlung auch rechtwidrig sein, wenn das Ergebnis als solches nicht zu beanstanden ist. Lässt sich der Amtsträger bei der **Ausübung von Ermessen** auch von dem Vorteil leiten, so ist sein Entscheidungsprozess sachwidrig und die Entscheidung schon deswegen rechtswidrig (BGH, Urt. v. 09.07.2009 – 5 StR 263/08; *Fischer* § 332 Rn. 9 m.w.N.). Die Rechts-

widrigkeit geht nicht dadurch unter, dass die Entscheidung unabhängig vom Vorteil vertretbar ist. Die gleichen Grundsätze gelten bei der sachwidrigen Auslegung **unbestimmter Rechtsbegriffe** oder der sachwidrigen Zusammenstellung eines Sachverhalts, der einem anderem Amtsträger als Entscheidungsgrundlage dient (*Fischer* § 332 Rn. 9).

Mit Blick auf die Rechtwidrigkeit der konkreten Diensthandlung ist diese i.R.d. § 334 StGB auch **98** nicht genehmigungsfähig, während eine vorherige oder unmittelbar nachträglich eingeholte **Genehmigung** des zuständigen Dienstherrn die Strafbarkeit der Vorteilsnahme entfallen lässt (§ 333 Abs. 3 StGB).

Einstweilen frei **99 – 105**

b) Privatwirtschaft (§ 299 StGB)

aa) Überblick

Auf anderer gesetzlicher Basis (§ 299 StGB) wird auch korruptives Verhalten in der Privatwirt- **106** schaft verfolgt. Sofern öffentliche Aufgaben durch (juristische) Personen des Privatrechts ausgeübt werden, ist vorab zu prüfen, ob diese Person nicht ein „sonstiger Amtsträger" i.S.d. § 11 Abs. 1 Nr. 2c StGB ist (Rdn. 61 ff.).

Die Strafbarkeit ist nicht neu, schon früher wurde die Bestechung im geschäftlichen Verkehr mit **107** § 12 UWG unter Strafe gestellt. Verfolgt wurden dies aber nur selten, denn § 12 UWG war ein reines Antragsdelikt, die Unternehmen sahen aber regelmäßig von Anzeigen ab und regelten die Dinge im Innenverhältnis. Seitdem das Delikt in das Strafgesetzbuch verlagert wurde, ist es nicht nur sichtbarer geworden, es mutierte auch zum **relativen Antragsdelikt** (§ 301 StGB: Antrag durch öffentliches Interesse an der Strafverfolgung ersetzbar). Den Antrag kann der „Verletzte" (§ 77 StGB) stellen. Dies sind der benachteiligte Mitbewerber und der geschädigte Geschäftsherr. Weiterhin steht das Recht zum Strafantrag nach § 301 Abs. 2 StGB auch jeder der in § 8 Abs. 3 Nr. 1, 2 und 4 UWG bezeichneten Gewerbetreibenden, Verbänden und Kammern (z.B. Industrie- und Handelskammern, Handwerkskammern) zu.

Einstweilen frei. **108 – 110**

bb) Abweichungen zu den §§ 331 ff. StGB

Die Voraussetzungen des § 299 StGB sind überwiegend deckungsgleich mit den Voraussetzungen **111** des § 333 StGB. Nachfolgend wird daher nur auf die Abweichungen eingegangen.

Die bestochene Person nach § 299 Abs. 1 StGB muss ein Angestellter oder ein Beauftragter eines **112** geschäftlichen Betriebes sein. **Angestellter** ist, wer in einem mindestens faktischen Dienstverhält- nis zum Geschäftsherrn steht und dessen Weisungen unterworfen ist. **Beauftragter** ist, wer ohne Angestellter zu sein, befugtermaßen für einen Geschäftsbetrieb tätig wird. Er muss aufgrund seiner Stellung im Betrieb berechtigt und verpflichtet sein, auf Entscheidungen, die den Waren- und Lei- stungsaustausch des Betriebes betreffen, Einfluss zu nehmen (*Fischer* § 299 Rn. 9, 10). Darunter fallen z.B. einseitig gebundene Handelsvertreter, sowie – je nach Vertrag – externe Berater.

Weder Angestellter noch Beauftragter ist der **Geschäftsinhaber**. Bekommt er Geld, damit er einen **113** bestimmten Anbieter bevorzugt, so erfüllt dies nicht den Tatbestand, obwohl auch in diesem Fall der eine Wettbewerber ggü. einem anderen bevorzugt wird. Streitig ist dies bei niedergelassenen Ärzten mit Kassenzulassung. Diese werden z.T. als Beauftragte der Krankenkassen angesehen (so OLG Braunschweig, NStZ 2010, 392; Vorlagebeschlüsse des BGH v. 05.05.2011 – 3 StR 458/10, MedR 2011, 651, v. 20.07.2011 – 5 StR 115/11, BeckRS 2011, 19728; sehr str. vgl. Nachw. bei *Fischer* § 299 Rn. 10b ff.).

Ob die **Organe** einer juristischen Person dem Geschäftsinhaber gleichzustellen, Angestellte oder **114** Beauftragte sind, ist streitig (vgl. *Fischer* § 299 Rn. 8a, 10a).

115   Die Unrechtsvereinbarung („zu Zwecken des Wettbewerbs") richtet sich auf eine **unlautere Bevorzugung im Wettbewerb**.

116   Der Wettbewerb muss allerdings nicht objektiv vorliegen, es genügt der darauf gerichtete Vorsatz (dolus directus ersten Grades: Zielgerichtetheit). Ist eine Wettbewerbsbeeinflussung allerdings objektiv unmöglich, soll § 299 StGB scheitern (*Fischer* § 299 Rn. 15).

117   Die Bevorzugung ist unlauter, wenn aus sachwidrigen Gründen der Wettbewerb umgangen und die Konkurrenz ausgeschaltet wird. Ob dies – wie bei Ermessensentscheidungen (Rdn. 97) – schon durch kausale Verknüpfung von Vorteil und Bevorzugung gegeben ist (so *Fischer* § 299 Rn. 16), das Tatbestandsmerkmal also überflüssig wäre, erscheint zweifelhaft.

118   Die Unrechtsvereinbarung muss auf den bevorzugten **Bezug von Waren oder gewerblichen Leistungen** gerichtet sein. Ob darunter auch die **Leistungen der freien Berufe** zu subsumieren sind, ist streitig (*Fischer* § 299 Rn. 14 m.w.N.); der gesetzgeberische Wille spricht zwar für ein weites Verständnis der Norm, ihr Wortlaut spricht jedoch dagegen (§ 1 StGB).

119   Ware bzw. gewerbliche Leistung müssen – ähnlich § 334 StGB (Rdn. 96) – als Bezugspunkt der (nicht notwendig pflichtwidrigen; *Fischer* § 299 Rn. 16) Gegenleistung konkretisiert sein. Die „**Klimapflege**" oder das sog. „**Anfüttern**", also das Bestreben nach Sicherung des bloßen künftigen Wohlwollens, sind als Vorteilsgewährungen ohne einen konkreten Bezug zu einer Gegenleistung nicht von § 299 StGB erfasst (*Bernsmann/Gatzweiler* Rn. 611; *Fischer* § 299 Rn. 13).

120   Der Vorteilsbegriff entspricht dem der §§ 331 ff. StGB (Rdn. 76 ff.), jedoch ist i.R.d. § 299 StGB die Möglichkeit sog. **Dankeschönzahlungen** verblieben. Aus der Formulierung „dafür fordert (etc.) ..., daß er ... bevorzuge" ist ein Zukunftsbezug der Unrechtsvereinbarung abzuleiten, sodass die Zahlung für eine bereits erbrachte Wettbewerbsbevorzugung nicht strafbar ist, wenn dieser Zahlung nicht ein Versprechen vorausgegangen ist.

121   Anders als § 333 StGB kennt § 299 StGB keine Regelung zur strafbefreienden Wirkung einer Genehmigung seitens des Geschäftsherrn. Es ist streitig, ob eine vorherige Genehmigung als eine die Rechtswidrigkeit ausschließende **Einwilligung** interpretiert werden kann. Überwiegend wird dies verneint, da von § 299 StGB auch der Wettbewerb geschützt werde. Der Geschäftsinhaber ist aber nicht Träger dieses Rechtsguts und könne in dessen Verletzung nicht einwilligen. Allerdings ist der Wettbewerb in gleicher Weise beeinträchtigt, wenn nicht der Angestellte sondern der Geschäftsinhaber Vorteile zu privatem Nutzen entgegennimmt und daher den anderen ggü. seinen Wettbewerbern bevorzugt. Eine Vorteilszuwendung an den Geschäftsinhaber ist aber nicht strafbar (Rdn. 113). Dann aber kann derjenige, der in seinem Auftrag bzw. unter seiner Weisung handelt, nicht strafbar sein, wenn er entsprechend dem Willen und Wissen des Geschäftsherrn agiert (Müller-Gugenberger/Bieneck/*Blessing* § 53 Rn. 81; NK/*Dannecker* § 299 Rn. 80).

122 – 125   Einstweilen frei.

2. Ausland

a) Internationales Strafrecht

126   Das sog. internationale Strafrecht ist ein rein nationales Recht über die Anwendung deutschen Strafrechts bei Taten mit Auslandsbezug. Es ist geregelt in den §§ 3 bis 7 StGB. Sofern eine Straftat Auslandsbezug hat, muss zunächst festgestellt werden, ob eine inländische Strafgewalt vorliegt. Dies richtet sich zunächst primär nach dem Ort der Tat (§ 9 StGB). Liegt danach einer von möglicherweise mehreren Tatorten im Inland, gilt gem. § 3 StGB deutsches Strafrecht; Entsprechendes gilt bei unter deutscher Flagge fahrenden Schiffen (§ 4 StGB). Lässt sich kein deutscher Tatort feststellen, kann nur ausnahmsweise gemäß dem Katalog der §§ 5 bis 7 StGB ein inländischer Anknüpfungspunkt für eine Strafbarkeit vorliegen.

b) Öffentliche Hand

Die Strafbarkeit der Bestechung ist in den letzten Jahren insb. durch das Korruptionsbekämp- 127
fungsgesetz (v. 13.08.1997, BGBl. II 1997, S. 2038), das EU-Bestechungsgesetz (EUBestG,
v. 10.09.1998, BGBl. II 1998, S. 2340) und das Gesetz zur Bekämpfung internationaler Bestechung (IntBestG, v. 10.09.1999, BGBl. II 1998, S. 2327) auch für Auslandstätigkeiten stetig verschärft worden.

Die Bestechung inländischer Amtsträger war seit Langem gem. §§ 331 ff. StGB strafbar. Durch 128
das EUBestG und das IntBestG wird der Anwendungsbereich dieser Normen auf die aktive Bestechung ausländischer Amtsträger innerhalb der EU (EUBestG) und auch für alle sonstigen ausländischen Amtsträger (IntBestG) erweitert.

Art. 2 § 1 EUBestG verweist auf §§ 332, 334 bis 336, 338 StGB. Art. 2 § 1 IntBestG verweist nur 129
auf §§ 334 bis 336, 338 Abs. 2 StGB. Beide verweisen nicht auf § 333 StGB (Vorteilsgewährung),
sodass als **Anknüpfungstat** i.S.d. des § 4 Abs. 5 Nr. 10 EStG **nur** die Bestechung eines ausländischen Amtsträgers zur Erlangung einer rechtswidrigen Diensthandlung (**§ 334 StGB** i.V.m.
EUBestG oder IntBestG) in Betracht kommt. Betriebsausgaben zur Erlangung einer rechtmäßigen
ausländischen Diensthandlung sind somit absetzbar.

Der **Amtsträgerbegriff** des § 11 Nr. 5 StGB erfasst nur inländische Beamte etc. Welche Einzelfälle 130
mit der Ausdehnung durch das EUBestG und das IntBestG erfasst sind, ist streitig. Der BGH
(Urt. v. 29.08.2008 – 2 StR 587/07) hat unter Darstellung des bisher dazu vertretenen Streitstandes für das IntBestG entschieden, dass die Auslegung des Begriffes am OECD-Übereinkommen
über die Bekämpfung der Bestechung ausländischer Amtsträger im internationalen Geschäftsverkehr v. 17.12.1997 (BGBl. II 1998, S. 2329) zu orientieren ist. Danach ist der Begriff des Amtsträgers zu definieren als „eine Person, die in einem anderen Staat durch Ernennung oder Wahl ein
Amt im Bereich der ... Verwaltung ... innehat."

Einstweilen frei. 131 – 135

c) Privatwirtschaft

§ 299 StGB, mit dem § 12 UWG a.F. fast wortgleich ersetzt wurde, untersagt die Bestechung im 136
privat-geschäftlichen Verkehr. Dieses Verbot galt schon immer für den innerdeutschen Wettbewerb. Aufgrund der Internationalisierung des Wettbewerbs war lange streitig, ob die Bestechung
von Angestellten im Ausland in Deutschland gem. § 299 StGB strafbar sein soll (so: *Wichterlich/
Glockemann*, INF 2000, 1 ff., 40 ff.; zu Recht a.A. *Kiesel*, DStR 2000, 949 ff.; da § 299 StGB den
§ 12 UWG a.F. nahezu wortgleich ersetzt hat, ist m.E. die wettbewerbsrechtliche Rechtsprechung
zum Territorialitätsprinzip fortzuführen, d.h., der Wettbewerb hat sich nach den wirtschaftlichen
Verhältnissen des jeweiligen Markts zu richten; eine Strafbarkeit kommt danach auf Auslands-
märkten nur in Ausnahmefällen in Betracht, vgl. dazu bspw. BGH, RIW 1982, 665, 667.). Der
Streit hat sich durch den 2002 eingeführten § 299 Abs. 3 StGB erledigt.

Dass in nicht wenigen Teilen der Welt Provisionen und Anerkennungen jeglicher Art nicht unüblich 137
sind, wird eine Sozialadäquanz nicht begründen können. Derartige Marktumstände stellen auch
keine Rechtfertigung dergestalt dar, dass legitime Ziele oder wirtschaftliche Erfolge in korruptiven
Staaten nur mithilfe von Schmiergeld-Leistungen möglich sind. Allerdings vertritt *Wollschläger*
(StV 2010, 385 ff.) die Auffassung, der Tatbestand benötige eine teleologische Reduktion auf solche
Auslandsmärkte, die in ihrem Wettbewerbsverhalten inländischen Usancen entsprechen.

Einstweilen frei. 138 – 170

II. Rechtswidrige, tatbestandsmäßige Handlung

171 Die Zuwendung des Vorteils muss „eine rechtswidrige Handlung" darstellen, die einen Straf- oder Bußgeld- „Tatbestand" verwirklicht.

172 Unstreitig setzt dies nicht voraus, dass ein Strafantrag vorliegt, die Tat noch nicht verjährt ist oder der Empfänger schuldhaft (§§ 19 ff. StGB) bzw. vorwerfbar (§ 12 OWiG) gehandelt hat; **Strafverfolgungsvoraussetzungen** und auch **Schuld** (Vorwerfbarkeit; vgl. § 377 Rdn. 34) gehören nicht zum gesetzlichen Tatbestand.

173 Teilweise wird angenommen, dass es nur auf die Erfüllung des **objektiven Tatbestands** ankomme und irrelevant sei, ob Vorsatz gegeben ist (Kirchhof/*Söhn* § 4 Rn. Q 41; wohl auch Schmidt/*Heinicke* § 4 Rn. 607 „obj. Erfüllung"). Andere (*Stapf*, DB 2000, 1092, 1097; *Wichterich/Glockemann*, INF 2000, 1, 2 Fn. 23) verlangen, dass auch der **subjektive Tatbestand** (Vorsatz) erfüllt sein müsse. Letzteres ist zutreffend, hängt aber wesentlich davon ab, welcher strafrechtlichen **Unrechtslehre** (vgl. Sch/Sch/*Lenckner/Eisele* Vorbem. §§ 13 ff. Rn. 51 ff.) man anhängt. Zwar ist die „rechtswidrige Handlung" in § 11 Nr. 5 StGB (vgl. § 1 Abs. 2 OWiG) legal definiert. Die Definition lässt aber offen, ob der Vorsatz als subjektives Tatbestandsmerkmal oder als Bestandteil der Schuld zu verstehen ist. Nach früher herrschender Auffassung (objektive Unrechtslehre) gehörten subjektive Elemente zur Schuld, nicht zum Tatbestand; allein der objektive Tatbestand und damit der Erfolgsunwert bildet danach die rechtswidrige Handlung. Herrschend ist heute hingegen eine – im Detail umstrittene – personale Unrechtslehre, die das subjektive Element (Vorsatz bzw. Sorgfaltsmangel) in den Tatbestand einbezieht; der objektive Erfolgsunwert allein genügt für die rechtswidrige Handlung nicht, er muss um das subjektive Handlungsunrecht ergänzt werden, erst dadurch wird er zur rechtswidrigen Tat.

174 Unabhängig von der Unrechtslehre ist i.R.d. § 4 Abs. 5 Nr. 10 EStG jedenfalls das Vorliegen auch des subjektiven Elements (Vorsatz, Fahrlässigkeit) zu fordern. Dies ergibt sich aus einem Blick auf das OWiG, denn in den Anwendungsbereich der Norm fallen auch Ordnungswidrigkeiten (Rdn. 46, 48). Insoweit stellt § 4 Abs. 5 Nr. 10 EStG darauf ab, dass die Handlung mit „Geldbuße bedroht" ist. Dieser Begriff wird – klarer als in § 11 Nr. 5 StGB – in § 1 Abs. 2 OWiG legal definiert als eine „rechtswidrige Handlung, die den Tatbestand [einer Ordnungswidrigkeit] verwirklicht, auch wenn sie nicht vorwerfbar gegangen ist." Nur das Vorwerfbarkeitselement darf fehlen. Dieses ist in § 12 OWiG geregelt und entspricht dem Schuldelement i.e.S., Vorsatz oder Fahrlässigkeit sind nicht in § 12 OWiG sondern in § 10 OWiG angesprochen. Es ist kein Grund ersichtlich, warum das Eingreifen des Abzugsverbots im Ordnungswidrigkeitenrecht von Vorsatz und Fahrlässigkeit abhängt, dieses subjektive Element für den Fall einer strafrechtlichen Untersagungsnorm aber nicht erforderlich sein soll.

175 – 180 Einstweilen frei.

III. Prüfungsmaßstab

181 Eine Abgabe des Falls zur strafrechtlichen Beurteilung durch die Strafgerichte ist nicht (mehr) erforderlich, die Finanzbehörde prüft das Vorliegen der rechtswidrigen, tatbestandsmäßigen Handlung in eigener Kompetenz als Vorfrage der Versagung des Betriebsausgabenabzugs. Eine Bindung an Strafverfolgungsbehörden, die für die Ordnungswidrigkeiten zuständigen Verwaltungsbehörden oder Strafgerichte besteht nicht.

182 Die Beweisführung folgt den Regeln der AO bzw. FGO, also auf Basis der Normentheorie; jede Seite hat die ihr günstigen Tatsachen zu beweisen. Für das Vorliegen einer Betriebsausgabe obliegt die Beweislast dem Steuerpflichtigen, gelingt ihm der Nachweis nicht – z.B. weil die Betriebsausgabe mangels Empfängerbenennung nicht verifiziert werden kann (§ 160 AO) – ist der Abzug zu versagen. Verweigert der Steuerpflichtige die nicht erzwingbare (TK/*Seer* § 161 Rn. 36) Empfängerbenennung aufgrund der Gefahr der Selbstbelastung wegen nichtsteuerlicher Taten, greift

§ 160 AO (§ 160 Abs. 2 AO verweist nicht auf § 103). Steht eine Betriebsausgabe fest, ist das FA für die Nichtabziehbarkeit beweispflichtig. Da die Nichtabziehbarkeit an das Vorliegen einer tatbestandsmäßigen, rechtswidrigen (Straf-)Tat anknüpft, muss das FA das Vorliegen des objektiven und subjektiven Tatbestands (Rdn. 173 f.) beweisen. Bei dieser Beweisführung kann auf Beweismaßerleichterungen infolge verweigerter Mitwirkung nicht zurückgegriffen werden (TK/*Loose* § 71 Rn. 10), der verfassungsrechtlich gesicherte Zweifelsgrundsatz (**in dubio pro reo**) ist – entsprechend der Rechtsprechung zur Haftung gem. § 71 AO – von den Finanzbehörden zu beachten (ganz h.M. vgl. BFH GrS, BStBl. II 1979, S. 570, 573; BFH, BStBl. II 1999, S. 28; 2007, 364; BFH, Urteil v. 7.11.2006 – VIII R 81/04, DStRE 2007, 648 f. mwN., dazu kritisch *Rau*, PStR 2007, 130 ff.).

Bei Unaufklärbarkeit kann eine vorläufige Steuerfestsetzung (§ 165) erfolgen. 183

Einstweilen frei. 184 – 190

D. Mitteilung

§ 4 Abs. 4 Nr. 10 EStG normiert drei Mitteilungstatbestände: In den Sätzen 2 und 4 jeweils eine 191
Mitteilungspflicht der Strafverfolgungsbehörden ggü. dem FA (Rdn. 192 ff.), in Satz 3 eine Mitteilungspflicht in umgekehrter Richtung (Rdn. 201 ff.).

I. Mitteilungspflicht der Strafverfolgungsbehörden (§ 4 Abs. 5 Nr. 10 Satz 2, 4 EStG)

Gerichte (auch Zivilgerichte etc.), Staatsanwaltschaften und Verwaltungsbehörden haben dienst- 192
lich erfahrene Tatsachen, die den Verdacht einer rechtswidrigen Tat i.S.d. § 4 Abs. 5 Nr. 10 EStG begründen, der Finanzbehörde zum Zwecke der Besteuerung und Verfolgung von Steuerstraftaten oder -ordnungswidrigkeiten des Zuwendenden (HHR/*Bahlau* § 4 Rn. 1869) mitzuteilen.

Wie bei Satz 3 ist der notwendige strafprozessuale Verdachtsgrad streitig (vgl. Rdn. 219 ff.). 193

Bedeutsam ist, dass die Gerichte etc. auch dann eine Mitteilungspflicht haben, wenn sie selbst das 194
Vorliegen einer Straftat verneinen. Notwendig und ausreichend sind Tatsachen, die Tatbestand und Rechtswidrigkeit der Norm ausfüllen (Rdn. 171 ff.); auf z.B. strafrechtliche Schuld oder Verjährung kommt es i.R.d. Sätze 2 und 4 nicht an.

Soweit sich ein Verdacht im Verfahren gegen den Vorteilsempfänger ergibt, besteht lediglich hin- 195
sichtlich des Vorteilsgebers eine Mitteilungspflicht aus § 4 Abs. 5 Nr. 10 EStG. Ob hinsichtlich der steuerlichen Erfassung beim Empfänger eine Mitteilungspflicht besteht, richtet sich allein nach den Regeln des § 116 AO bzw. § 30 AO.

Soweit die Gerichte etc. mit einem Sachverhalt i.S.d. § 4 Abs. 5 Nr. 10 EStG befasst waren, in dem 196
sie selbst einen Hinweis nach Satz 2 erteilt hatten oder der auf einen Hinweis des FA zurückgeht, haben sie über den Ausgang des Verfahrens Mitteilung zu machen (Satz 4). Dies gilt unabhängig von der Art des Ausgangs, also sowohl bei Verurteilung wie auch bei Einstellung nach §§ 170, 153a StPO etc. Da die Finanzbehörden das Abzugsverbot in eigener Zuständigkeit prüfen, sind nicht nur der rechtliche Verfahrensabschluss, sondern auch die diesen begründenden Tatsachen mitzuteilen.

Die Mitteilungspflichten laut Satz 2 und 4 konkretisieren die allgemeine Mitteilungspflicht nach 197
§ 112 AO und sind als solche unproblematisch.

Einstweilen frei. 198 – 200

II. Mitteilungspflicht der Finanzbehörden (§ 4 Abs. 5 Nr. 10 Satz 3 EStG)

1. Überblick

201 Mit Satz 3 begründet § 4 Abs. 5 Nr. 10 EStG eine Mitteilungspflicht der Finanzbehörden ggü. den Strafverfolgungsbehörden, die bei einer einschränkungslosen Auslegung verfassungsrechtlich problematisch (Rdn. 232 ff.) wäre. Je nach Situation im Besteuerungsverfahren würde bei einschränkungsloser Anwendung gegen den Grundsatz der Selbstbelastungsfreiheit (nemo tenetur) verstoßen. Eine sachgerechte Auslegung kann dies verhindern (Rdn. 211 ff.).

202 Historisch ist die Mitteilungspflicht erklärbar, denn das Abzugsverbot bestand in der Ursprungsfassung des § 4 Abs. 5 Nr. 10 EStG 1996 nur bei rechtskräftiger Verurteilung wegen der korruptiven Bezugstat. Doch auch damals war eine umfassende und absolute Mitteilungspflicht aus den nachfolgend näher darzustellenden Gründen nicht verfassungskonform.

203 Die verfassungsrechtlichen Friktionen ergeben sich daraus, dass der Fiskus einerseits an rechtswidrig erzielten Gewinnen partizipiert (§ 40 AO), er sich aber – anders als bei sonstigen Delikten – nicht an das Steuergeheimnis (§ 30 AO) halten will. Angesichts des verfassungsrechtlichen Selbstbelastungsverbots ist aber das Steuergeheimnis notwendige Kehrseite der Pflicht, über illegale Gewinne Buch zu führen, sie zu erklären und darauf Steuern zu zahlen; sichert man dem Hehler nicht zu, dass seine Taten nicht der StA mitgeteilt werden, kann man ihn nicht verpflichten, seine Hehlerei zum Zwecke der Besteuerung offenzulegen. Nichts anders kann für den – ansonsten steuerlich ehrlichen – Täter einer Bestechung gelten.

204 Nimmt man keine tatbestandliche Beschränkung (Rdn. 211 ff.) der Mitteilung vor, führt die Mitteilungspflicht auch nach den verfassungsrechtlich gebotenen Einschränkungen (Rdn. 232 ff.) zu willkürlichen und wenig plausiblen Ergebnissen (Rdn. 251). Zur Vermeidung derartiger Ergebnisse sollte die Mitteilungspflicht tatbestandlich eingegrenzt (Rdn. 211 ff.) oder doch zumindest dahin gehend einschränkend ausgelegt werden, dass sie nur greift, wenn § 30 Abs. 4 AO die Durchbrechung erlaubt (Rdn. 249 ff.). Dies ist für Pflichtangaben im Steuerverfahren verfassungsrechtlich unabdingbar. Eine sachgerechte Behandlung der Fälle sollte darüber hinaus aber auch nicht-pflichtige Angaben über Drittbeteiligte erfassen.

205 – 210 Einstweilen frei.

2. Voraussetzungen der Mitteilung

211 Nach dem Gesetzeswortlaut teilt die Finanzbehörde der StA oder der Verwaltungsbehörde die Tatsachen mit, die den Verdacht einer Straftat oder einer Ordnungswidrigkeit i.S.d. Satzes 1 begründen.

212 Die Finanzbehörde teilt der StA oder Verwaltungsbehörde den ihr bekannten **Lebenssachverhalt** (Tatsachen) mit.

213 Der Lebenssachverhalt muss aufgrund der Verweisung des Satz 3 unter § 4 Abs. 5 Nr. 10 Satz 1 EStG zu subsumieren sein. Satz 1 lautet vollständig: „Die folgenden Betriebsausgaben dürfen den Gewinn nicht mindern: ... Nr. 10 die Zuwendung von Vorteilen sowie damit zusammenhängende Aufwendungen, wenn die Zuwendung der Vorteile eine rechtswidrige Handlung darstellt, die den Tatbestand eines Strafgesetzes oder eines Gesetzes verwirklicht, das die Ahndung mit einer Geldbuße zulässt."

214 Die Mitteilungspflicht soll voraussetzen, dass die tatbestandlichen Voraussetzungen des Abzugsverbots vorliegen (Kirchhof/*Söhn* § 4 Rn. Q 175), jedenfalls wird einheitlich gefordert, dass sich in dem zugewandten Vorteil eine **Betriebsausgabe** widerspiegeln muss (HHR/*Bahlau* § 4 Rn. 1873; Kirchhof/*Söhn* § 4 Rn. Q 175), was nicht bei jedem Vorteil der Fall ist (Rdn. 23 f.).

215 Bei einer solchen Prämisse (Rdn. 214) wird man auch fordern müssen, dass die Betriebsausgabe **Gewinn mindernder Natur** ist und sie nur in diesen Fällen mitgeteilt werden darf (Kichhof/*Söhn* § 4 Rn. 177; a.A. HHR/*Bahlau* § 4 Rn. 1876). Jedenfalls lässt sich die Prämisse, es dürften nur

korruptive Betriebsausgaben, nicht aber sonstige Vorteile mitgeteilt werden, nicht allein aus dem Wortlaut der Mitteilungspflicht (Rückbezug auf Satz 1) ableiten; dieser Rückbezug ließe sich auch in der Weise verstehen, dass jegliche Tatsachen, die einen Verdacht i.S.e. korruptiven Tat des Satz 1 (Rdn. 46 ff.) begründet, mitzuteilen ist. Dieser Schluss wird – zu Recht – nicht gezogen, weil Satz 1 auf Betriebsausgaben Bezug nimmt und nur insoweit Korruptionstaten etc. in den Blick nimmt. Satz 1 bezieht sich aber nicht auf Betriebsausgaben im Allgemeinen, sondern auf Gewinn mindernde („dürfen Gewinn nicht mindern"). Auch das BMF unterscheidet zwischen einem Mitteilungsrecht (BMF v. 10. 10, 2002, BStBl. I 2002, S. 1031 Tz. 31 S. 1; dieses kann dann aber wohl nur i.R.d. § 30 AO bestehen) und einer erst beim Ansatz als Betriebsausgabe einsetzenden Pflicht (BMF v. 10. 10, 2002, BStBl. I 2002, S. 1031 Tz. 31 S. 2)

Für eine solche Betrachtung spricht auch die systematische Stellung im Besteuerungssystem. § 4 **216** Abs. 5 EStG ist eine den Fiskus begünstigende Norm, die erst zur Anwendung kommt, wenn der Steuerpflichtige Betriebsausgaben hatte und diese auch steuerwirksam geltend gemacht hat.

Auch verfassungsrechtliche Überlegungen (Rdn. 232 ff.) bestätigen die Einschränkung der Mittei- **217** lungspflicht auf Gewinn mindernde Betriebsausgaben (HHR/*Bahlau* § 4 Rn. 18, bejaht aus diesen Gründen nur Verwertungsverbot, nicht Mitteilungsverbot). Ob bei Scheitern der Mitteilungspflicht gem. § 4 Abs. 5 Nr. 10 EStG eine Befugnis aus – dem verfassungsrechtlich gleichfalls zweifelhaften (vgl. FGJ/*Joecks* § 393 Rn. 72 ff.; *Heerspink* AO-StB 2007, 304, 305) – § 30 Abs. 4 Nr. 5b folgt, soll hier dahinstehen; regelmäßig wird die restriktive Handhabung dieser Norm der Mitteilung entgegenstehen.

Da der von der Mitteilungsbefugnis in Bezug genommene Satz 1 nur die Taten des Zuwenden- **218** den, nicht aber jene des Empfängers erfasst, darf die Finanzbehörde die Versteuerung der Bestechungsgelder durch den **Empfänger** nicht zum Anlass für eine Mitteilung an die StA nehmen (a.A. Kirchhof/*Söhn* § 4 Rn. Q 174: Korruptionsbekämpfungszweck). Dies würde das Steuergeheimnis (§ 30 AO) verletzen und wäre ggf. strafbar (§ 355 StGB).

Streitig ist, welcher **Verdachtsgrad** die Mitteilungspflicht auslöst. **219**

Wohl überwiegend wird das Vorliegen eines Anfangsverdachts gefordert (BFH v. 14.07.2008 – VII **220** B 92/08, BStBl. II 2008, S. 850; *Dörn*, DStZ 2001, 736, 737; *Stapf*, DB 2000, 1092, 1099] *Wichterich/Glockemann*, INF 2000, 40, 42; HHR/*Bahlau* § 4 Rn. 1873; Kirchhof/*Söhn* § 4 Rn. Q 171, vgl. TK/*Drüen* § 30 Rn. 113). Dieser spiegelt sich in § 152 Abs. 2 StPO wieder und liegt vor, wenn zureichende tatsächliche Anhaltspunkte für das Vorliegen einer verfolgbaren Straftat vorliegen. Der Anfangsverdacht muss tatsachenbasiert sein, dazu genügen auch Indizien, nicht aber bloße Mutmaßungen (*Meyer-Goßner* § 152 Rn. 4). Der bloße Umstand, dass die Empfängerbenennung verweigert wird, rechtfertigt keinen Anfangsverdacht (BVerfG, 2 BvR 1108/03 v. 09.02.2005, Rn. 20, www.BVerfG.de; HHR/*Bahlau* § 4 Rn. 1873; Kirchhof/*Söhn* § 4 Rn. Q 171). Da sich der Anfangsverdacht aber auf eine verfolgbare Tat richten muss (*Meyer-Goßner* § 152 Rn. 4), sind i.R.d. Prüfung des Anfangsverdachts auch etwaige Strafverfolgungshindernisse zu prüfen, also ob ein Strafantrag oder Schuldunfähigkeit vorliegt, Verwertungsverbote bestehen (vgl. aber einschränkend BVerfG v. 09.11.2010 – 2 BvR 2101/09, Rn. 42, www.BVerfG.de), Verjährung eingetreten ist etc. (a.A. BFH v. 14.07.2008 – VII B 92/08, BStBl. II 2008, S. 850, 851; Kirchhof/*Söhn* § 4 Rn. Q 178). Zwar ist steuerlich für das Abzugsverbot allein eine rechtswidrige und tatbestandsmäßige Handlung erforderlich (Rdn. 171 ff.). Das sagt aber nichts darüber aus, wann ein strafrechtlich definierter Anfangsverdacht vorliegt, der nötig ist, um das von § 355 StGB geschützte Steuergeheimnis (§ 30 AO) zu durchbrechen. Die Finanzbehörden sind insoweit auch nicht überfordert (so aber: BFH v. 14.07.2008 – VII B 92/08, BStBl. II 2008, 850, 851; Kirchhof/*Söhn* § 4 Rn. Q 178), denn in den Straf- und Bußgeldsachenstellen ist Personal vorhanden, das tagtäglich berufen ist, über das Vorliegen oder Fehlen eines Anfangsverdachts zu entscheiden. Eine Mitteilung an die StA zur Prüfung, ob ein Anfangsverdacht überhaupt vorliegt, wäre daher meines Erachtens rechtswidrig; auch in einem derartigen Fall würde das Steuergeheimnis durchbrochen, obwohl noch kein Anfangsverdacht bejaht wurde.

221   Nach a.A. soll **hinreichender Tatverdacht**, also die weiter gehende Anklagereife i.S.d. § 203 StPO, erforderlich sein (Lademann/*Meurer* § 4 EStG Rn. 766; OFD München v. 28.12.1999 – S 2144 – 66ST41/42M, DB 2000, 178). Entsprechend hat sich der Gesetzgeber mit Blick auf die Mitteilungspflicht der Staatsanwaltschaften etc. nach § 4 Abs. 5 Nr. 10 Satz 2 EStG geäußert (BT-Drucks. 14/265, 171; BR-Drucks. 910/98, 170; vgl. OFD Nürnberg v. 28.12.1999, FR 2000 227, 228).

222   Unstreitig (vgl. BMF v. 10.10.2002, BStBl. I 2002, S. 1031 Tz. 30) ist, dass der Steuerpflichtige über sein **Schweigerecht (§ 393 Abs. 1 AO) zu belehren** ist, wenn man ihn zur Aufklärung einer bestehenden Verdachtslage heranzieht (ähnlich § 10 BpO). Geschieht dies nicht, wird regelmäßig ein strafrechtliches (BFH v. 23.01.2002 – XI R 10101, 11/01, BStBl. II 2002, S. 328, 329; BMF v. 10.10.2002, BStBl. I 2002, S. 1031 Tz. 30; OFD München v. 11.07.2003, DB 2003, 1821; *Heerspink*, wistra 2001, 441, 443; *Kiesel*, DStR 2000, 949, 952) ggf. auch ein steuerliches (*Werner*, PStR 2002, 207, 208 f.; a.A. BFH v. 23.01.2002 – XI R 10101, 11/01, BStBl. II 2002, S. 328, 329; BMF v. 10.10.2002, BStBl. I 2002, S. 1031 Tz. 30; Kirchhof/*Söhn* § 4 Rn. Q 145) Beweisverwertungsverbot vorliegen.

223   Der Steuerpflichtige kann auch nicht **gezwungen** (§§ 328 ff. AO) werden, bei der Aufklärung des sich gegen ihn richtenden Verdachts mitzuwirken. Für den Verdacht einer mit dem Ansatz als Betriebsausgabe verbundenen Steuerhinterziehung oder -verkürzung (§§ 370, 378 AO) ergibt sich dies unmittelbar aus § 393 Abs. 1 Satz 2 AO, für den Verdacht der außersteuerlichen Straftat aus dessen analoger Anwendung oder unmittelbar aus der Verfassung (nemo tenetur; vgl. HHR/*Bahlau* § 4 Rn. 1873; Kirchhof/*Söhn* § 4 Rn. Q 184).

224 – 231   Einstweilen frei.

3. Einschränkungen der Mitteilungsbefugnis

232   Bei wortgetreuer Anwendung des § 4 Abs. 5 Nr. 10 EStG hat die Finanzbehörde eine uneingeschränkte Mitteilungspflicht ggü. den Ermittlungsbehörden, soweit ihr Tatsachen bekannt werden, die den Verdacht einer Tat i.S.d. § 4 Abs. 5 Nr. 10 EStG begründen. Eine derart umfassende Mitteilungsbefugnis bzw. -pflicht stößt auf verfassungsrechtliche Probleme.

233   Nimmt man eine **tatbestandliche Einschränkung** der Mitteilungspflicht vor (Rdn. 211 ff.), dürfen nur Fälle mitgeteilt werden, in denen die Bestechung mittels tatsächlich Gewinn mindernder Betriebsausgaben erfolgte; andere Vorteilszuwendungen werden von der Mitteilungspflicht nicht erfasst. Derartige Fälle werden vom Steuergeheimnis (§ 30 AO) geschützt, ihre Mitteilung ist gem. § 355 StGB strafbar. Die Mitteilung von anderen Fällen betrifft aufgrund des Verstoßes gegen das Betriebsausgabenabzugsverbot Fälle von Hinterziehungen. Eine Mitteilung wäre von der Ausnahme des § 30 Abs. 4 Nr. 1 AO (zur Durchführung eines Steuerstrafverfahrens) gedeckt und verfassungsrechtlich unbedenklich. Die Unbedenklichkeit folgt daraus, dass keine (erzwingbare) Pflichtangabe verwertet würde, sondern eine nicht pflichtgemäße Angabe von Betriebsausgaben. Die nachfolgend beschriebenen verfassungsrechtlichen Begrenzungen der Mitteilungspflicht oder der Verwertung der Mitteilung sind dann entbehrlich.

234   Soweit die **Mitteilungspflicht ohne tatbestandliche Beschränkungen** vertreten wird (so wohl OFD München, DB 2000, 178; nicht eindeutig ist der Anwendungsbeschluss des BMF, BStBl. I 1998, S. 630, 641), tritt das Steuergeheimnis gem. § 30 AO hinter die absolut formulierte Mitteilungspflicht des § 4 Abs. 5 Nr. 10 EStG zurück, sodass jeglicher Verdachtsfall i.S.e. Straftat oder Ordnungswidrigkeit des Satz 1 erfasst wäre, gleichgültig ob es sich um tatsächlich Gewinn mindernde Betriebsausgaben handelte (dies war bei BFH v. 14.07.2008 – VII B 92/08, BStBl. II 2008, S. 850, der Fall, vgl. Vorinstanz FG Baden-Württemberg, Beschl. v. 13.02.2008 – 4 V 630/07 bei jurion = EFG 2008, 760 ff.). Die Mitteilung müsste konsequent auch strafprozessual gegen den Steuerpflichtigen verwendet werden können. Dies gilt insb. für § 4 Abs. 5 Nr. 10

Satz 2 EStG 1996, da das Abzugsverbot durch die strafrechtliche Verwertung der Information bedingt ist; ohne Verwertung kommt es nicht zur seinerzeit steuerlich notwendigen Verurteilung.

Eine solche einschränkungslose Mitteilungspflicht wäre allerdings sinnlos, wenn ein strafprozes- **235** suales **Beweisverwertungs- oder -verwendungsverbot** besteht. Letzteres wird man aus verfassungsrechtlichen Gründen (dazu vgl. Gemeinschuldnerbeschluss, BVerfGE 56, 37 ff.) gem. § 393 Abs. 2 AO **für pflichtgemäße Angaben** des Steuerpflichtigen annehmen müssen. Das Erdulden sinnlosen Verwaltungshandelns dürfte aber weder Sinn und Zweck der Neuregelung gewesen sein, noch sollte man es dem Bürger zumuten (a.A. offenbar der BFH v. 14.07.2008 – VII B 92/08, BStBl. II 2008, S. 850, laut dem auch verjährte oder einem Verwertungsverbot unterliegende Fälle zu melden sind).

Diesem Ergebnis tritt *Stapf* (DB 2000, 1092, 1099) mit dem Einwand entgehen, dass der Gesetz- **236** geber entschieden habe, die **Prüfung der Verwertbarkeit** der Angaben (§ 393 Abs. 2 AO) auf die StA zu verlagern. Allerdings komme auf dieser Ebene dann die Schranke des zwingenden öffentlichen Interesses nach § 30 Abs. 4 Nr. 5 AO i.R.d. Beweisverwertungsverbots des § 393 Abs. 2 AO zur Geltung.

Eine derart verstandene Beschränkung aufseiten der Ermittlungsbehörden bei einer einschrän- **237** kungslosen Mitteilungspflicht des FA kann schon vom selbst gewählten Ansatz her nicht überzeugen. I.d.F. 1996 ist das Fehlen eines Beweisverwertungsverbotes gerade notwendige Voraussetzung für die Steuerfestsetzung, die eine rechtskräftige strafrechtliche Behandlung des Falls voraussetzt. Die Mitteilung hat somit jedenfalls den Sinn, eine strafrechtliche Behandlung des Falls zu ermöglichen, was bei einem Beweisverwertungsverbot unmöglich wäre. Die Mitteilung hätte dann keinen Sinn.

Dies gilt auch in der aktuell geltenden Fassung des § 4 Abs. 5 Nr. 10 EStG; eine strafrechtliche **238** Verurteilung ist nicht mehr erforderlich. Die strafrechtlichen Vorfragen können autonom im Finanzverfahren geklärt werden. Nicht umsonst war bei der Umstellung des alten § 4 Abs. 5 Nr. 10 EStG 1996 auf die noch heute gültige Systematik des EStG 1999 keine Mitteilungspflicht vorgesehen, weil „nach der neuen Systematik ... eine Mitteilungspflicht ... nicht mehr erforderlich" ist (BT-Drucks. 910/98). Sie wurde dann aber aufgrund generalpräventiver – also strafrechtlicher – Überlegungen beibehalten (Kirchhof/*Söhn* § 4 Rn. 166). Eine Mitteilung von Fällen, die einem Beweisverwertungs- oder -verwendungsverbot unterliegen, erscheint aber wiederum sinnlos.

Eine Mitteilung derartiger Fälle würde auch nicht zu einer steuerlichen Vereinfachung führen. Im **239** Gegenteil: Vor die Wahl gestellt, ein strafrechtliches Ermittlungsverfahren wegen Bestechung zu durchlaufen oder der Versagung des Betriebsausgabenabzugs zuzustimmen, wird der Steuerpflichtige regelmäßig einer außerbilanziellen Hinzurechnung zustimmen; steuerlich wäre dann die Mitteilung entbehrlich. Der Steuerpflichtige wird allerdings regelmäßig nicht zustimmen, wenn damit ein strafrechtlich verwertbares Geständnis einer Bestechungstat verbunden ist. Fiskalisch wäre somit eine Auslegung geboten, nach der eine Mitteilungspflicht entfällt, wenn eine Bestechung nicht als Betriebsausgabe angesetzt wird (so: *Stahl*, KÖSDI 1999, 12022, 12026; *Joecks*, DStR 1997, 1025, 1030). Dies gewährleistet die oben (Rdn. 211 ff.) beschriebene tatbestandliche Eingrenzung.

Eine darüber hinausgehende **Mitteilungspflicht** kann allein **strafrechtlich begründet** werden; sie **240** dient dem Zweck, den Ermittlungsbehörden einen Anfangsverdacht mitzuteilen, aufgrund dessen diese ein Ermittlungsverfahren erfolgreich durchführen können. Dies setzt – entgegen BFH v. 14.07.2008 – VII B 92/08, BStBl. II 2008, S. 850 – eine verfolgbare Tat und auch das Fehlen eines Beweisverwertungsverbots voraus. Die dargestellte (Rdn. 211 ff.) tatbestandliche Eingrenzung gewährleistet, dass nur Fälle mitgeteilt werden, in denen eine Beweisverwertung möglich ist.

Eine so begrenzte Mitteilungspflicht wäre auch verfassungsrechtlich sinnhaft. **241**

242   Bei der Auslegung des § 4 Abs. 5 Nr. 10 EStG, wird aus den vom BVerfG im Gemeinschuldnerbeschluss (BVerfGE 56, 37 ff.) genannten Gründen der mit § 393 Abs. 2 AO nur unvollkommen realisierte, verfassungsrechtlich geschützte nemo-tenetur-Grundsatz zu beachten sein. Danach unterliegen die Angaben des Steuerpflichtigen, die er in Erfüllung seiner steuerlichen Pflichten und noch vor der Bekanntgabe des Strafverfahrens gemacht hat, einem Beweisverwertungsverbot. Konkret bedeutet dies, dass diese Angaben hinsichtlich möglicher strafbarer Beteiligungen an Bestechungen etc. nicht strafrechtlich gegen ihn verwertet werden dürfen. § 4 Abs. 5 Nr. 10 Satz 2 EStG 1996 ist insoweit schon gar nicht durchführbar, denn das Verwertungsverbot hindert den Bedingungseintritt.

243   Die einfachgesetzliche Regel des § 4 Abs. 5 Nr. 10 EStG kann sich über den in § 393 Abs. 2 AO zum Ausdruck gebrachten (weiter gehenden) Verfassungsgrundsatz nicht hinwegsetzen. § 4 Abs. 5 Nr. 10 EStG ist nicht lex specialis ggü. § 393 Abs. 2 AO, sondern nachrangig ggü. der Verfassung. Der Steuerpflichtige selbst ist solange vor Strafverfolgung geschützt, wie er seinen steuerlichen Pflichten nachgekommen ist.

244   Sofern die angefallene Betriebsausgabe „Bestechungsgeld" nicht abgesetzt wird, verhält sich der Steuerpflichtige pflichtgemäß. In einem solchen Fall muss sich die Finanzverwaltung jeglicher Mitteilung enthalten, jedenfalls wäre die strafrechtliche Verwertung der Mitteilung verfassungs(Art. 2 Abs. 1 i.V.m. Art. 1 Abs. 1 GG) und konventionsrechtlich (Art. 6 Abs. 1 EMRK, vgl. auch Art. 14 Abs. 3g IPBPR) unzulässig, auch § 393 Abs. 2 AO stünde einer Verwertung entgegen. Die Mitteilung wäre also sinnlos und ist daher konsequent nicht von Tatbestand des § 4 Abs. 5 Nr. 10 EStG legitimiert (Rdn. 211 ff.). Eine gleichwohl erfolgende Mitteilung verstieße gegen § 30 AO und § 355 StGB.

245   Erstattet der Steuerpflichtige eine **Selbstanzeige**, erfüllt er eine „steuerliche Erklärungspflicht" i.S.d. § 393 Abs. 2 AO (FGJ/*Joecks* § 393 Rn. 55; *Kohlmann* 393 Rn. 70; HHSp/*Hellmann* § 393 Rn. 140), denn die Pflicht zur Erfüllung der steuerlichen Ursprungspflicht geht nicht unter, sie ist – da diesbezüglich bereits ein Steuerstraftatbestand erfüllt ist (§ 370 AO aufgrund der Gewinn mindernden Absetzung nicht abziehbarer Betriebsausgaben) – nur nicht mehr erzwingbar (§ 393 Abs. 1 Satz 2 AO). Da die Nachholung der Ursprungspflicht nicht erzwingbar ist, greift im Fall der Selbstanzeige allerdings nicht der verfassungsrechtliche Grundsatz nemo-tenetur; dieser greift nur bei staatlichem Zwang zur Selbstbelastung (BVerfG, NJW 2005, 352). Einfachgesetzlich ordnet aber **§ 393 Abs. 2 AO** ein entsprechendes Beweisverwertungsverbot für sämtliche Handlungen in Erfüllung steuerlicher Pflichten an (zutr. HHSp/*Hellmann* § 393 Rn. 140 gegen BGHSt 49, 136, 142 f.: dass die steuerlichen Pflichten i.S.d. § 393 AO auch „erzwingbar" sind, ist nicht erforderlich).

246   Der verfassungsrechtliche Grundsatz kommt allerdings zum Tragen, wenn man mit BGHSt 53, 210 im **Nachgang an eine bedingt vorsätzliche Steuerhinterziehung** eine Nacherklärungspflicht gem. § 153 AO annimmt und zugleich an der herrschenden Meinung festhält, dass die Pflicht nach § 153 AO erzwingbar ist (ausdrücklich HHSp/*Heuermann* § 153 Rn. 12, 16: § 153 AO gilt auch nach [bedingt] vorsätzlicher Hinterziehung und ist erzwingbar), deren Nichtbeachtung eine neuerliche Steuerhinterziehung produziert, sobald der Steuerpflichtige positive Kenntnis darüber erlangt, dass er tatsächlich eine (billigend in Kauf genommene) Steuerhinterziehung begangen hat. Wendet man diesen Maßstab an, ist aufgrund der Erzwingbarkeit der nemo-tenetur-Grundsatz berührt, sodass die Nacherklärung – inhaltlich eine Selbstanzeige – aus Verfassungsgründen nicht der strafrechtlichen Verwendung preisgegeben werden darf.

247   Die verfassungsrechtlich geschützten, erzwingbaren steuerlichen Erklärungspflichten i.S.d. § 393 Abs. 2 AO obliegen primär dem Steuerpflichtigen (§§ 33, 149, 31 KStG bzw. 14a GewStG) und deren Vertretern (§§ 34, 149 AO, 31 KStG bzw. 14a GewStG). **Dritten, z.B. Mitarbeitern**, die an den Bestechungen beteiligt waren, obliegen nur dann steuerliche Auskunftspflichten ggü. den Finanzbehörden, wenn sie entsprechend aufgefordert werden. Ist dies der Fall, sind ihre pflichtgemäßen Angaben unverwertbar (FGJ/*Joecks* § 393 Rn. 31, 54a; *Heerspink*, wistra 2001, 441, 446).

Die StA könnte gegen diese Dritten aber aufgrund der steuerlichen Mitteilungen der Geschäftsführung einschreiten (vgl. *Heerspink*, wistra 2001, 441, 446).

Bejaht man eine umfassende, aber verfassungsrechtlich (nemo tenetur) und durch § 393 AO   **248** gebundene Mitteilungspflicht, ergibt sich folgendes Schema (*Heerspink*, AO-StB 2001, 47, 50):

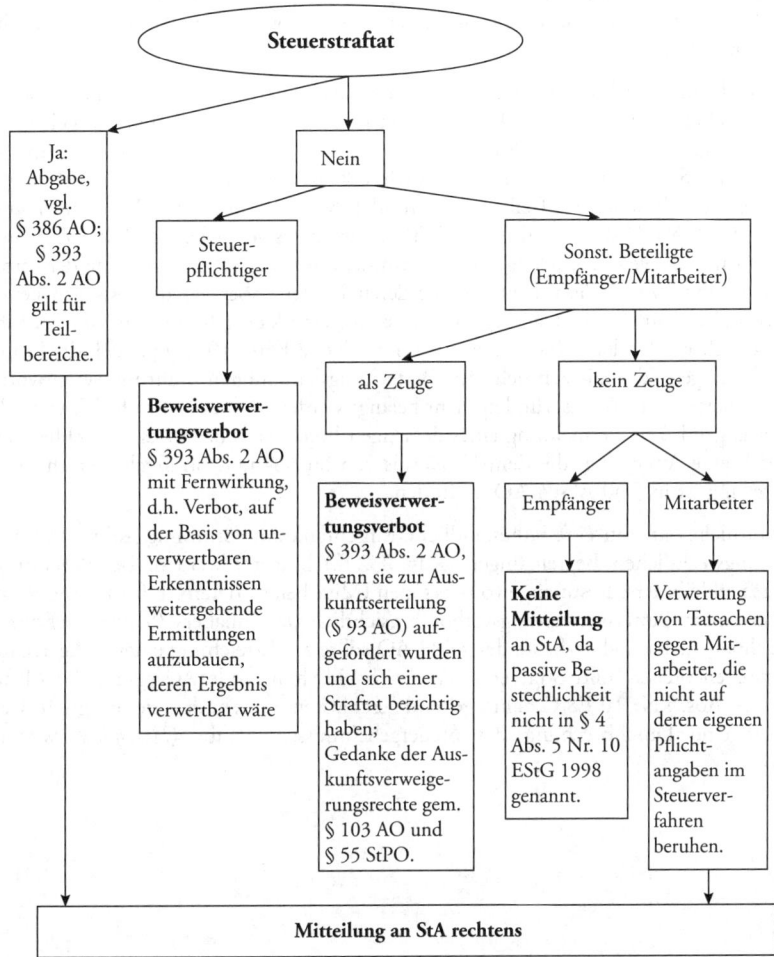

Es verbleiben somit zwei Konstellationen in denen eine Mitteilung an die StA bzw. eine strafrecht-   **249** liche Verwertung zulässig ist. Nachvollziehbar ist der Fall einer bestehenden Steuerstraftat. Nicht nachvollziehbar ist hingegen die Konstellation einer fehlenden Steuerstraftat, in der aus den steuerlichen Unterlagen Tatsachen hervorgehen, die auf die Strafbarkeit eines nicht steuererklärungspflichtigen Dritten (insb. Mitarbeiters) schließen lassen. In diesen Fällen würde eine Mitteilung zu dem Ergebnis führen, dass man „die Kleinen hängt und die Großen laufen läßt". Dies hat mit einer das Rechtsempfinden stärkenden Generalprävention nichts zu tun und verstößt eklatant gegen Gleichbehandlungserwägungen, wenn man vergleichbare Konstellationen betrachtet, in denen Mitarbeiter in das betriebliche Unrechtsgeschehen eingebunden sind. Das Steuerverfahren dient anderen Zwecken als das Strafverfahren, nur so ist die Existenz einer wertneutralen Nettobesteuerung und des sie sichernden Steuergeheimnisses zu erklären (§§ 40, 30 AO). Diese Prinzipien werden auch beachtet, soweit Straftatbestände betroffen sind, die keine Bestechung darstellen, aber von einem gleich- oder höherwertigen Unrechtsgehalt sind. Obwohl dem Hehler (§ 259 StGB) oder Beteiligten (vgl. § 28 Abs. 2 StGB) an einem Diebstahl (§ 242 StGB) die gleiche Strafe droht (bis zu 5 Jahren), wie dem Bestechenden (§ 334 StGB; bei §§ 299, 333 StGB nur 3 Jahre), werden sie nicht etwa deswegen der StA mitgeteilt, weil sie als regelmäßige Geschäftspartner aus der Buchführung des Diebes – Löhne, offene Forderungen – hervorgehen. Die steuerlichen Aufzeichnungen müssen Beteiligte und Hehler solange nicht fürchten, wie sie ihre Steuern ordnungsgemäß abführen. Sie werden durch das Steuergeheimnis (§ 30 AO) geschützt, ihnen droht allenfalls eine Kontrollmitteilung.

250   Zwar gibt es keine Gleichheit im Unrecht (Jarass/*Pieroth* Art. 3 Rn. 25 m.w.N.), doch geht es darum im Ergebnis auch nicht. Das Problem liegt im lediglich lückenhaften Ausgleich der divergierenden Zwecke von Steuer- und Strafverfahren, der mit § 393 versucht wird (HHSp/*Hellmann* § 393 Rn. 23 ff.). Soweit hier Lücken nicht durch § 30 AO geschlossen werden, behilft man sich der Analogie, hinsichtlich derer freilich im Einzelfall Streit besteht (vgl. HHSp/*Hellmann* § 393 Rn. 24 ff.). Durch § 4 Abs. 5 Nr. 10 Satz 2 EStG ist in dieses von §§ 30 und 393 AO auszutarierende Verhältnis eine weitere Lücke geschlagen worden, die zwar – bei Beachtung der verfassungsrechtlichen Grundsätze – relativ klein ist, für deren Existenz aber gerade deswegen kein hinreichender Grund ersichtlich ist. Das Ergebnis, dass nur eine kleine Restgruppe von ausführenden Organen bestraft werden kann (bei § 4 Abs. 5 Nr. 10 Satz 2 EStG 1996 ggf. auch die Empfänger), während diejenigen, die hinsichtlich der Bestechungshandlungen Führungsverantwortung zu übernehmen hätten, aus Rechtsgründen nicht belangt werden können, ist rechtlich vertretbar aber kaum überzeugend. Zur Vermeidung eines derartigen Ergebnisses bedarf es der Schließung dieser Lücke durch eine Auslegung, die dem Verhältnis von Steuer- und Strafrecht gerecht wird. Eine solche Regelung ist in § 30 Abs. 4 AO zu finden.

251   Soweit man nicht ohnehin eine tatbestandliche Einschränkung vornimmt (Rdn. 211 ff.), müssen die verfassungsrechtlichen Begrenzungen (Rdn. 232 ff.) beachtet werden. Bei Beachtung dieser Grundsätze verbleibt eine Restmenge von Personen (Mitarbeiter) deren strafrechtliche Verantwortlichkeit bei einem Beweisverwertungsverbot hinsichtlich des Inhabers (Steuerpflichtigen) nicht nachvollziehbar ist. Die Schutzlücke des § 393 AO sollte zur Erreichung eines sachgerechten Ausgleichs zwischen Steuer- und Strafverfahren durch einschränkende Auslegung der Mitteilungspflicht des § 4 Abs. 5 Nr. 10 EStG dahin gehend geschlossen werden, dass sie nur greift, wenn § 30 Abs. 4 AO eine Durchbrechung des Steuergeheimnisses erlaubt (*Heerspink*, wistra 2001, 141, 146 f.).

2. Kapitel Körperschaftsteuerhinterziehung/verdeckte Gewinnausschüttung (§ 8 Abs. 3 KStG)

§ 8 KStG Ermittlung des Einkommens

(3) Für die Ermittlung des Einkommens ist es ohne Bedeutung, ob das Einkommen verteilt wird. Auch verdeckte Gewinnausschüttungen sowie Ausschüttungen jeder Art auf Genussrechte, mit denen das Recht auf Beteiligung am Gewinn und am Liquidationserlös der Kapitalgesellschaft verbunden ist, mindern das Einkommen nicht. Verdeckte Einlagen erhöhen das Einkommen nicht. Das Einkommen erhöht sich, soweit eine verdeckte Einlage das Einkommen des Gesellschafters gemindert hat. Satz 4 gilt auch für eine verdeckte Einlage, die auf einer verdeckten Gewinnausschüttung einer dem Gesellschafter nahe stehenden Person beruht und bei der Besteuerung des Gesellschafters nicht berücksichtigt wurde, es sei denn, die verdeckte Gewinnausschüttung hat bei der leistenden Körperschaft das Einkommen nicht gemindert. In den Fällen des Satzes 5 erhöht die verdeckte Einlage nicht die Anschaffungskosten der Beteiligung.

Eine Körperschaftsteuerhinterziehung kann sich allein auf der Ebene der Besteuerung einer nach § 1 Abs. 1 KStG steuerpflichtigen Körperschaft abspielen, zumeist einer Kapitalgesellschaft, auf welche im Folgenden abgestellt werden soll. In Betracht kommen aber durchaus auch Betriebe juristischer Personen des öffentlichen Rechts, die gerade in jüngerer Vergangenheit verstärkt in den Fokus der Finanzverwaltung gerückt sind (BFH v. 15.12.2010 – 4 K 635/08; BFH v. 22.08.2007 – I R 32/06, BStBl. 2007, S. 961). **1**

Neben den auch bei anderen Steuerarten bekannten Tatumständen einer Hinterziehung ist bei der Hinterziehung von Körperschaftsteuer die sog. verdeckte Gewinnausschüttung (vGA) von zentraler Bedeutung. Eine vGA kann Körperschaftsteuer selbst dann auslösen, wenn die Gesellschaft keine steuerpflichtigen Gewinne erzielt. Das Körperschaftsteuerrecht und das damit zusammenhängende Problemfeld der verdeckten Gewinnausschüttung zählt gemeinhin zu den schwierigsten steuerrechtlichen Materien, die zudem durch den Gesetzgeber und die höchstrichterliche Finanzrechtsprechung einem stetigen Wandel unterworfen sind (*Hoffmann*, DStZ 2005, 97). **2**

Dementsprechend sind Hinterziehungsfälle aus dem Bereich des Körperschaftsteuerrechts bei Steuerfahndern, Staatsanwälten und Richtern alles andere als beliebt. Dies gilt zumindest für die Vergangenheit, also für die Zeit vor der grundlegenden Systemänderung des Körperschaftsteuerrechts mit dem Übergang ab dem Veranlagungszeitraum 2001 vom bis dahin geltenden Anrechnungsverfahren zum zunächst Halbeinkünfte- und jetzt Teileinkünfteverfahren. Schon die steuerrechtlichen Schwierigkeiten und deren strafrechtliche Umsetzung haben in der Vergangenheit oft zu einer Umgehung durch Verfahrenserledigungen nach §§ 154, 154a StPO geführt, indem allein die einkommensteuerliche Ebene eines Gesellschafters Gegenstand der strafrechtlichen Ermittlungen geblieben ist und die körperschaftsteuerliche Ebene „seiner" GmbH eingestellt wurde (zur Gesamtproblematik vgl. *Hardtke*, S. 35 ff.). **3**

Der Begriff der vGA ist allein in § 8 Abs. 3 KStG genannt. Dieser lautet: **4**

§ 8 KStG –   **Ermittlung des Einkommens.**

(1) ...

(2) ....

(3) Für die Ermittlung des Einkommens ist es ohne Bedeutung, ob das Einkommen verteilt wird. Auch verdeckte Gewinnausschüttungen sowie Ausschüttungen jeder Art auf Genussrechte, mit denen das Recht auf Beteiligung am Gewinn und am Liquidationserlös der Kapitalgesellschaft verbunden ist, mindern das Einkommen nicht. Verdeckte Einlagen erhöhen das Einkommen nicht. Das Einkommen erhöht sich, soweit eine verdeckte Einlage das Einkommen des Gesellschafters gemindert hat. Satz 4 gilt auch für eine verdeckte Einlage, die auf einer verdeckten Gewinnausschüttung einer dem Gesellschafter nahestehenden Person beruht und bei der Besteuerung des Gesellschafters nicht berücksichtigt wurde, es sei denn, die verdeckte Gewinnausschüttung hat bei der leistenden Körperschaft das Einkommen nicht gemindert. In den Fällen des Satzes 5 erhöht die verdeckte Einlage nicht die Anschaffungskosten der Beteiligung.

5   Was jedoch eine vGA darstellt, ist damit nicht geregelt. Hierzu kann allein auf die Rechtsprechung und der Ansicht der Fiskalverwaltung zurückgegriffen werden.

A. Gegenstand einer vGA

6   Die gesetzlichen Regelungen zur Gewinnermittlung bei einer Kapitalgesellschaft und die durch die Rechtsprechung aufgestellten Grundsätze zum Vorliegen einer vGA sind durch die Umstellung des Körperschaftsteuersystems vom früheren Anrechnungsverfahren auf das heutige Teileinkünfteverfahren weitgehend unberührt geblieben. Eine gesetzliche Definition einer vGA gibt es nicht. Der BFH definiert eine vGA als „eine Vermögensminderung oder verhinderte Vermögensmehrung der Kapitalgesellschaft, die durch das Gesellschaftsverhältnis veranlasst ist, sich auf die Höhe des Einkommens der Kapitalgesellschaft auswirkt und in keinem Zusammenhang mit einer offenen Ausschüttung steht" (st. Rspr. seit BFH v. 22.02.1989 – I R 44/85; fortgeführt u.a. v. 11.10.1989 – I R 12/87; v. 15.03.2000 – I R 40/99; v. 04.06.2003 – I R 38/02; so auch die Finanzverwaltung in R 36 KStR; vgl. auch BVerfG v. 26.06.2008 – 2 BvR 2067/07).

7   Das in früheren Entscheidungen bemühte Merkmal der „Sorgfalt eines ordentlichen und gewissenhaften Geschäftsleiters" hat nur noch Indizwirkung. Bei beherrschenden Gesellschaftern wird eine vGA sogar unter erleichterten Voraussetzungen bejaht (BGH v. 24.05.2007, DStRE 2008, 169). Im Verhältnis zwischen Gesellschaft und beherrschendem Gesellschafter sei eine Veranlassung durch das Gesellschaftsverhältnis auch dann anzunehmen, wenn es an einer klaren und im Voraus abgeschlossenen Vereinbarung darüber fehlt, ob und in welcher Höhe ein Entgelt für eine Leistung des Gesellschafters zu zahlen ist, oder wenn nicht einer klaren Vereinbarung entsprechend verfahren wird, z.B. in Fällen der Mitarbeit oder der Nutzungsüberlassung (Miete, Pacht oder Darlehen) (BFH v. 15.10.1997 – I R 42/97; *Rolletschke*, Steuerstrafrecht, Rn. 214). Der beherrschende Gesellschafter muss danach im Voraus klar und eindeutig vereinbaren, ob er für eine Leistung an seine Gesellschaft einen gesellschaftsrechtlichen oder einen schuldrechtlichen Ausgleich sucht. Er hat den Nachweis zu erbringen, dass eine klare und eindeutige Vereinbarung vorliegt und entsprechend dieser Vereinbarung verfahren worden ist. Ohne eine derartige Vereinbarung könne eine Gegenleistung nicht als schuldrechtlich begründet angesehen werden. Das gelte selbst dann, wenn ein Vergütungsanspruch aufgrund gesetzlicher Regelungen bestehen sollte, wie z.B. bei einer Arbeitsleistung oder einer Nutzungsüberlassung. Diese rigide Auffassung hat u.a. zur Konsequenz, dass sogar bei gesetzlichen Ansprüchen eine verdeckte Gewinnausschüttung ggf. anzunehmen ist; z.B., wenn im gesellschaftsrechtlichen Mutter–Tochter–Verhältnis zivilrechtliche Ansprüche auf Minderung geltend gemacht werden. Inwiefern diese z.T. überzogenen Nachweisanforderungen auch strafrechtlich durchschlagen, ist wenig geklärt. Der BGH hält diese Auffassung zwar für bedeutsam (BGH v. 24.05.2007, DStRE 2008, 169), gleichwohl kann sie im

Strafrecht keine direkte Geltung erlangen. Mit strafrechtlichen Beweisgrundsätzen ist sie nicht kompatibel. Vielmehr muss der Strafrichter in jedem Einzelfall feststellen, ob bei einem zugrunde liegenden Leistungsaustausch das Entgelt unangemessen gewesen ist oder nicht (ebenso FGJ/*Joecks* § 370 Rn. 210a). Nicht entscheidend ist, ob ein solcher Leistungsaustausch den hohen Anforderungen der Finanzverwaltung und Finanzrechtsprechung genügt. Der BGH hat in dem von ihm entschiedenen Fall auch nicht an Nachweiserfordernisse angeknüpft, sondern an festgestellte bewusste Missbräuche (BGH v. 24.05.2007, DStRE 2008, 169). Ein strafrechtliches Risiko wird sich jedenfalls dann nicht ergeben, wenn nicht widerlegt werden kann, dass es eine klare und eindeutige, im Voraus getroffene Vereinbarung gab, die aus irgendwelchen Gründen erst vor kurzer Zeit spurlos verschwunden ist. Zu beachten wäre in einem solchen Fall allein eine etwaige nachträgliche Berichtigungspflicht gem. § 153 AO, die jedoch erst ab Kenntnis vom Verschwinden dieser Vereinbarung eingreift. Diese steuerlichen Grundsätze für eine vGA gelten auch für „ausländische" Kapitalgesellschaften, die ihren Sitz oder ihre Geschäftsleitung im Inland haben.

Eine vGA als Vermögensminderung oder verhinderte Vermögensmehrung der Kapitalgesellschaft kann in verschiedensten Formen auftreten. Typische Gestaltungen dabei sind bspw. (*Tipke/Lang* § 31 Rn. 61): **8**

– eine unangemessen Höhe von Geschäftsführergehältern;
– über ein angemessenes Geschäftsführergehalt hinaus werden hohe Tantiemen gezahlt;
– die Gesellschaft gewährt ihrem Gesellschafter ein zinsloses Darlehen oder ein solches mit außergewöhnlich geringem Zinssatz;
– der Gesellschaft wird durch den Gesellschafter ein Darlehen zu einem unüblich hohen Zinssatz gewährt;
– ein Gesellschafter bezieht von der Gesellschaft Waren zu ungewöhnlich niedrigen Preisen und umgekehrt: die Gesellschaft bezieht von ihrem Gesellschafter Waren zu außergewöhnlich hohen Preisen;
– die Gesellschaft verzichtet auf die Durchsetzung von Rechten, die ihr ggü. ihrem Gesellschafter zustehen.

Gerade der letzte Punkt ist nicht eben selten bei Kapitalgesellschaften mit (alleinigen) Beteiligungen von Körperschaften des öffentlichen Rechts oder bei Betrieben gewerblicher Art von juristischen Personen des öffentlichen Rechts. So stellt die Übernahme von Kosten für gemeindliche Aufgaben durch eine gemeindeeigene Kapitalgesellschaft oder deren Betrieb gewerblicher Art regelmäßig eine vGA dar (FG Düsseldorf v. 07.02.2006, EFG 2006, 1007). **9**

Die vorgenannten Beispiele sind nicht abschließend und zeigen sich Gesellschafter bei der Gestaltung einer vGA oftmals ebenso kreativ, wie auch die Finanzverwaltung und ihr folgend regelmäßig die finanzgerichtliche Rechtsprechung bei der steuerlichen Annahme einer vGA. Erschwert wird dies auch durch den Umstand, dass sämtliche vorgenannten Beispiele nicht nur ggü. dem Gesellschafter einer Gesellschaft umsetzbar sind, sondern auch, wenn solche Vorteile nahestehenden Dritten eines Gesellschafters gewährt werden (BFH, DStR 1997, 535 – 537). Letztlich kommt es in allen solchen Fällen immer auf die Wertung an, ob der jeweilige Vorteil allein eine schuldrechtliche Grundlage oder – dann vGA – eher eine allein gesellschaftsrechtliche Veranlassung hat. Hier wird im Kern nach wie vor auf den sog. „Fremdvergleich" abgestellt, ob nämlich dieses Rechtsgeschäft auch mit einem fremden Dritten zu gleichen Konditionen abgeschlossen worden wäre oder sich die hier vorliegenden besonders günstigen Konditionen ggü. dem Gesellschafter oder einer diesem nahestehenden Person allein aus der gesellschaftsrechtlichen Verbundenheit des Gesellschafters mit der Gesellschaft erklären lassen (BFH, BStBl. 1993, S. 311). **10**

B. steuerliche Grundlagen der vGA

Das äußerst komplizierte und seit dem Veranlagungszeitraum 2001 nicht mehr anwendbare frühere Anrechnungsverfahren soll hier nur sehr kurz dargestellt werden. Es hat allenfalls für einen **11**

Übergangszeitraum Bedeutung, von welchem schon bei Abschaffung des Anrechnungsverfahrens in steuerstrafrechtlicher Hinsicht davon ausgegangen worden ist, dass dieser Zeitraum ungefähr im Jahr 2010 enden wird (*Schillhorn*, S. 256).

I. Das Anrechnungsverfahren

12   Mit dem früheren Anrechnungsverfahren sollte eine Doppelbelastung der von einer Kapitalgesellschaft ausgeschütteten Gewinne mit Körperschaftsteuer einerseits und Einkommensteuer auf der Ebene ihrer Gesellschafter andererseits vermieden werden. In einem ersten Schritt wurde ein positives zu versteuerndes Einkommen auf der Ebene der Kapitalgesellschaft mit der sog. Tarifbelastung besteuert. Der Steuersatz dieser Tarifbelastung schwankte in den letzten 20 Jahren vor Abschaffung des Anrechnungsverfahrens deutlich von 56 %, über 50 %, 45 % und 40 %. Dies führte dazu, dass bei einer Kapitalgesellschaft unterschiedliche „Töpfe" gebildet werden mussten, je nachdem mit welcher Tarifbelastung Gewinne in der Vergangenheit besteuert worden sind. Es ergab sich damit eine Eigenkapitalgliederung von sog. EK 56, EK 50, EK 45 und zuletzt EK 40, wobei die jeweiligen Zahlen die Höhe der tariflichen auf den jeweiligen Gewinn abgeführten Körperschaftsteuer darstellten (*Rolletschke*, Steuerstrafrecht, Rn. 201 ff.).

13   Wurden dann Gewinne an die Gesellschafter ausgeschüttet, musste in einem zweiten Schritt die sog. Ausschüttungsbelastung hergestellt werden. Dabei wurde beginnend mit den „Töpfen" der höchsten steuerlichen Belastung eine Ausschüttungsbelastung von nur 30 % hergestellt. Je nach vorhandenem sog. verwendbaren Eigenkapital (vEK) in den „Töpfen" hat sich die Körperschaftsteuer um den Unterschiedsbetrag zwischen Tarifbelastung und Ausschüttungsbelastung vermindert oder sogar erhöht, da auch (unterschiedliche) „Töpfe" mit EK 0, also ohne Tarifbelastung geführt wurden (für u.a. ausländische Einkünfte und Einlagen von Anteilseignern) (Einzelheiten bei *Hardtke*, S. 79 ff.).

14   Auf der Ebene des begünstigten Gesellschafters wurde eine Ausschüttung i.H.v. 100 % in Ansatz gebracht, die von der Gesellschaft getragene Ausschüttungsbelastung mit 30 % dann jedoch in voller Höhe auf die Gesamteinkommensteuerschuld des Gesellschafters angerechnet. Voraussetzung hierfür war eine Bescheinigung der ausschüttenden Kapitalgesellschaft nach § 44 KStG a.F., welche naturgemäß nur bei offenen Ausschüttungen erteilt werden konnte und bei beherrschenden Gesellschaftern ferner, dass die anzurechnende Körperschaftsteuer auch durch eine in dieser Höhe durch die Gesellschaft gezahlte Körperschaftsteuer gedeckt war (BGH v. 12.01.005 – 5 StR 301/04, wistra 2005, 144; *Rolletschke*, Steuerstrafrecht, Rn. 216; a.A. *Schillhorn*, S. 243)

15   Da eine verdeckte Gewinnausschüttung das Einkommen der Körperschaft auch schon unter Geltung des früheren Anrechnungsverfahrens nicht mindern durfte, wurde die vGA dem erklärten Betriebsergebnis der Gesellschaft wieder hinzugerechnet. Entsprechend dem für das jeweilige Jahr geltenden Steuersatz wurde sodann die Tarifbelastung hergestellt und im Weiteren dann die Ausschüttungsbelastung. Probleme ergaben sich jedoch bei der Anrechnung der Körperschaftsteuer, da gerade keine entsprechende Bescheinigung erteilt werden konnte und insb. in den Fällen, in denen die Herstellung der Ausschüttungsbelastung zu einer Verminderung der bisher entstandenen Körperschaftsteuer führte (*Muhler*, wistra 2001, 89, 96).

II. Halb- bzw. Teileinkünfteverfahren

16   Mit Wirkung v. 01.01.2001 wurde das Anrechnungsverfahren abgeschafft und das sog. Halbeinkünfteverfahren eingeführt (BGBl. I 2000, S. 1433). Für einen Übergangszeitraum von 15 Jahren gelten jedoch Sondervorschriften für Kapitalgesellschaften, die nach den Umgliederungen der EK-„Töpfe" bei Abschaffung des Anrechnungsverfahrens einen positiven Betrag im sog. EK 02 fortführen (vgl. §§ 36 ff. KStG). Die unterschiedlichen Steuersätze für einbehaltene Gewinne und für ausgeschüttete Gewinne wurden abgeschafft (*Tipke/Lang* § 11 Rn. 10 f.)Der Steuersatz auf der Ebene der Kapitalgesellschaft beträgt mittlerweile einheitlich 15 % (§ 23 Abs. 1 KStG).

Diese Steuerbelastung ist zu einer definitiven und endgültigen Steuerbelastung geworden. Die von 17 der Kapitalgesellschaft abzuführende Körperschaftsteuer findet keine Anrechnung mehr auf der Ebene der Einkommensteuer der Gesellschafter. Zur Vermeidung der Doppelbelastung der Gewinne einer Kapitalgesellschaft durch Versteuerung auf deren Ebene und der ihrer Anteilseigner unterlagen zunächst nur noch die Hälfte der Einnahmen einer natürlichen Person aus einer Gewinnausschüttung – auch einer vGA – der Einkommensteuer (§ 20 Abs. 1 Nr. 1, § 3 Nr. 40 EStG – Halbeinkünfteverfahren) (*Rolletschke*, Steuerstrafrecht, Rn. 217).

Seit dem 01.01.2009 werden nicht mehr nur die Hälfte, sondern 60 % der Einnahmen aus 18 Gewinnausschüttungen als Einkünfte aus Kapitalvermögen der ESt auf der Ebene des Gesellschafters unterworfen und nennt sich dieses Verfahren zur Vermeidung der Doppelbelastung nun Teileinkünfteverfahren (*Rolletschke/*Kemper § 370 Rn. 251).

Mit Einführung des Halb- bzw. nun Teileinkünfteverfahrens haben sich die Schwierigkeiten der 19 Berechnung der Körperschaftsteuerverkürzung im Zusammenhang mit der Herstellung der Ausschüttungsbelastung schlicht erledigt und ist seither eine Körperschaftsteuerhinterziehung hinsichtlich der Höhe des Hinterziehungserfolges nicht schwerer zu ermitteln und zu berechnen als bspw. die Hinterziehung von Einkommen- oder Umsatzsteuer. Es gibt keine Unterscheidung mehr zwischen Tarifbelastung und Ausschüttungsbelastung, keine Ansammlung von Körperschaftsteuerguthaben auf Eigenkapitalgliederungsposten und keine Versteuerung bzw. Anrechnung von anzurechnender Körperschaftsteuer. Am Institut der vGA hat sich jedoch gleichwohl nichts geändert (*Weidemann*, wistra 2007, 201 ff.).

C. vGA im Strafrecht

Die Tathandlung einer vGA liegt in den meisten Fällen in der Umqualifizierung der Leistungsbe- 20 ziehungen zwischen der Kapitalgesellschaft und ihrem Gesellschafter. Erlöse werden nicht erfasst, Aufwendungen vorgetäuscht oder Kosten der privaten Lebensführung gewinnmindernd als Aufwand der Kapitalgesellschaft behandelt. Häufig anzutreffen sind auch Schwarzeinnahmen, die ein Gesellschafter durch Einsatz seiner Kapitalgesellschaft erwirtschaftet aber direkt vereinnahmt und in den Steuererklärungen, sowohl denen der Gesellschaft als auch seiner eigenen, verschweigt (zu den Tathandlungen vgl. auch *Hardtke*, wistra 1997, 17).

Anders als die Bezeichnung „verdeckte" Gewinnausschüttung vermuten lässt, ist der gedankliche 21 Ansatz unzutreffend, dass in jeder vGA ein Element des Verheimlichens stecken müsste (RFH v. 09.07.1935, RStBl., S. 1128) Die durch eine vGA verursachte Vermögensminderung respektive verhinderte Vermögensmehrung auf der Ebene der Kapitalgesellschaft ist körperschaftsteuerlich vielmehr bereits deshalb vGA, weil sie in keinem Zusammenhang mit einer offenen Gewinnausschüttung steht. Dies bedeutet aber nicht notwendiger Weise, dass mit einer solchen vGA stets eine Tathandlung i.S.d. § 370 AO vorliegt, erst recht nicht, dass es zu einer ggf. auch nur versuchten Steuerverkürzung gekommen ist. Strafrechtlich wird eine vGA erst bedeutsam, wenn insoweit ggü. den Finanzbehörden unrichtige oder unvollständige Angaben gemacht werden oder Angaben dazu pflichtwidrig unterlassen werden (BGH v. 04.05.1990 – 3 StR 72/90, wistra 1991, 27).

Die Vornahme einer vGA ist straftatbestandlich noch irrelevant. Auch das unrichtige Verbuchen 22 einer vGA ist allenfalls straflose Vorbereitungshandlung, selbst wenn diese bereits den Ordnungswidrigkeitentatbestand des § 379 AO erfüllen sollte. Der Versuch einer Steuerhinterziehung beginnt erst mit Abgabe der Steuererklärung zur Körperschaft- oder Einkommensteuer. Wird der Sachverhalt einer vGA ggü. der Finanzbehörde offengelegt, ist schon der objektive Tatbestand des § 370 AO nicht erfüllt. Eine vGA ist also nicht per se verboten, vielmehr kann eine nicht auf einem Gewinnverteilungsbeschluss der Gesellschafter beruhende und damit verdeckte Gewinnausschüttung ggü. der Finanzbehörde offen erklärt und damit steuerstrafrechtliche Folgen vermieden werden. Die vGA wird dadurch zwar begrifflich nicht zu einer offenen Ausschüttung, denn sie ist steuerlich tatbestandsmäßig verwirklicht, sobald auf der Ebene der Kapitalgesellschaft eine Vermögensminderung oder verhinderte Vermögensmehrung und damit Einkommensminderung eintritt, was in aller Regel bereits im Laufe eines Wirtschaftsjahres der Fall ist. Eine bereits eingetretene vGA kann steuerlich auch nicht rückgängig gemacht werden. Verschweigt der Erklärungspflichtige aber eine an einen Gesellschafter erfolgte vGA, macht er insoweit unrichtige bzw. unvollständige Angaben i.S.d. § 370 Abs. 1 AO (BGH v. 24.05.2007 – 5 StR 72/07).

23 Als Täter einer vGA kommen in erster Linie Personen i.S.d. § 34 Abs. 1 AO in Betracht, denen die Erfüllung der steuerlichen Pflichten einer Kapitalgesellschaft auferlegt sind, sowie Verfügungsberechtigte i.S.d. § 35 AO (BFH v. 14.10.1993 – I R 14/92, BStBl. 1993, S. 351).

24 Die Berechnung des Verkürzungsschadens ist unter Geltung des Teileinkünfteverfahrens anders als in früherer Zeit recht einfach. Wurde festgestellt, dass eine vGA vorliegt und deren Höhe ermittelt, ist diese gem. § 8 Abs. 3 Satz 2 KStG dem Betriebsergebnis der Gesellschaft hinzuzurechnen und dann zu prüfen, ob sich für das betroffene Jahr ein positives zu versteuerndes Einkommen ergibt. Ist dies der Fall, ergibt sich unmittelbar die geschuldete Körperschaftsteuer mit dem definitiven Steuersatz von derzeit 15 % (*Rolletschke*, Steuerstrafrecht, Rn. 215)

25 Sollte sich trotz Hinzurechnung der vGA kein positives Einkommen ergeben, sich also lediglich ein Verlust vermindern, so gilt hier nichts anderes als in vergleichbaren Fällen bspw. einer Einkommensteuer- oder Umsatzsteuerverkürzung (*Weidemann*, wistra 2007, 201, 206).

26 Wie bei einer Einkommensteuerhinterziehung ist auch hier streitig, ob die unrichtige Feststellung eines rück- bzw. vortragsfähigen Verlustes i.S.v. § 10d EStG einen eigenen Taterfolg i.S.d. zweiten Taterfolgsalternative, der Erlangung eines nicht gerechtfertigten Steuervorteils darstellt. Eine Steuerverkürzung liegt mangels einer unrichtigen Steuerfestsetzung jedenfalls nicht vor. Nach hiesiger Auffassung, welcher sich inzwischen auch der BGH am Beispiel des einheitlichen und gesonderten Gewinnfeststellungsbescheides einer Personengesellschaft nach § 180 Abs. 1 Nr. 2 AO angeschlossen hat (BGH v. 10.12.2008 – 1 StR 322/08, wistra 2009, 114), liegt in der Bekanntgabe eines unrichtigen Feststellungsbescheides die Erlangung eines ungerechtfertigten Steuervorteils i.S.v. § 370 Abs. 4 Satz 2 AO (*Hardtke*, S. 117 ff.; *Hardtke/Leip*, NStZ 1996, 217; *Hardtke*, S. 629; *Hardtke*, AO StB 2002, 93).

27 Im Weiteren ist zu beachten, dass eine vGA auf der Ebene der Kapitalgesellschaft regelmäßig neben einer Hinterziehung von Körperschaftsteuer auch eine solche der Umsatzsteuer, der Gewerbesteuer und der Kapitalertragsteuer nach sich zieht. Auf der Ebene der Kapitalgesellschaft nicht erklärte Umsätze sind in aller Regel nach § 1 Abs. 1 Nr. 1 UStG umsatzsteuerpflichtig. Vom Gesellschafter schwarz vereinnahmte Erlöse sind Bruttobeträge, in denen neben dem Entgelt i.S.d. § 10 Abs. 1 Satz 1 und 2 UStG auch die darauf entfallene USt enthalten ist. Da eine vGA den Gewinn der Kapitalgesellschaft erhöht, steigt damit regelmäßig auch die Höhe der Gewerbesteuer. Die sich aus der Abziehbarkeit der Gewerbesteuer als Betriebsausgabe gem. §§ 8 Abs. 1 KStG, 4 Abs. 4 EStG ergebenden Schwierigkeiten bei der Berechnung sowohl der Höhe der Gewerbesteuer- als auch der Körperschaftsteuerhinterziehung haben sich seit dem Veranlagungszeitraum 2008 erledigt, da die Gewerbesteuer aufgrund der gesetzlichen Neuregelung des § 4 Abs. 5b) EStG seither nicht mehr als Betriebsausgabe abziehbar ist und somit nicht mehr die Bemessungsgrundlage der Körperschaftsteuer und ihre eigene Bemessungsgrundlage mindert (Schmidt/*Heinicke*, EStG, § 4 Rn. 614).

28 Da der Zufluss einer vGA bei einem begünstigten Gesellschafter zu Einkünften aus Kapitalvermögen nach § 20 Abs. 1 Nr. 1 Satz 2 und Abs. 3 EStG führt, muss die Kapitalgesellschaft in diesen Fällen gem. § 43 Abs. 1 Satz 1 Nr. 1 EStG Kapitalertragsteuer abführen. Steuerschuldner bleibt zwar der Empfänger der vGA (§ 44 Abs. 1 Satz 1 EStG), gleichwohl führt die Nichtanmeldung zum erforderlichen Anmeldungszeitpunkt zu einer Steuerhinterziehung auf Ebene der Kapitalgesellschaft durch pflichtwidriges in Unkenntnis lassen der Finanzbehörde.

29 In Einzelfällen ist ferner denkbar, dass es infolge einer vGA zur Hinterziehung von Lohnsteuer und der strafbaren Nichtabführung von Sozialversicherungsbeiträgen bei aus Schwarzeinnahmen

gezahlten Schwarzlöhnen kommt. Dies ist jedoch kein originäres Problem einer vGA (BFH v. 21.02.1992 – VI R 51/88, wistra 1992, 196).

Noch unter Geltung des Anrechnungsverfahrens haben sich zur Frage der Höhe des strafrechtli- **30** chen Verkürzungserfolges erhebliche Probleme im Bereich des Kompensationsverbotes nach § 370 Abs. 4 Satz 3 AO ergeben (BGH v. 04.05.1990 – 3 StR 72/90, wistra 1991, 27). Diese in der Anrechnung der Körperschaftsteuer auf die persönliche Einkommensteuer des Gesellschafters begründeten besonderen Probleme sind mit Einführung des Halb- bzw. nun Teileinkünfteverfahrens gänzlich entfallen. Im Bereich der Körperschaftsteuerhinterziehung sind nunmehr allein die auch sonst bekannten Problematiken des Kompensationsverbotes zu berücksichtigen (*Muhler*, wistra 2001, 89, 96).

Gleiches gilt für die Frage des Vorsatzes. Da vom Wissen und Wollen des Täters regelmäßig auch **31** die Höhe des Verkürzungsbetrages jedenfalls dem Grunde nach erfasst sein muss, haben sich aufgrund des früheren komplizierten Anrechnungsverfahrens hier oftmals Probleme ergeben (*Muhler*, wistra 2001, 130). Auch hier gilt seit der Abschaffung des Anrechnungsverfahrens nichts anderes als bei Steuerhinterziehungen anderer Steuerarten. Für den besonderen Bereich der vGA gilt jedoch, dass der Täter gewusst haben muss, dass bspw. sein Geschäftsführergehalt unangemessen hoch oder ein von der Gesellschaft gewährtes Darlehen unverhältnismäßig günstig gewesen ist oder der Gesellschaft ein Anspruch gegen ihren Gesellschafter zugestanden hat, auf dessen Durchsetzung verzichtet wurde. Die erleichterten steuerlichen Beweislastregelungen schlagen auch hier nicht durch.

Die auf der Ebene der Kapitalgesellschaft eintretende Körperschaftsteuerhinterziehung steht regel- **32** mäßig in Tatmehrheit mit der bei Nichterklärung dieser Einnahme korrespondierenden Einkommensteuerhinterziehung auf der Ebene des Gesellschafters (*Rolletschke*, Steuerstrafrecht, Rn. 215). Tateinheitlich mit der Körperschaftsteuerhinterziehung begangene Hinterziehungen zur Umsatzsteuer und zur Gewerbesteuer sind denkbar, wenn die jeweiligen Steuererklärungen gleichzeitig abgegeben worden sind, was vom Einzelfall abhängig und nicht regelmäßig der Fall ist.

3. Kapitel Sanktionsvorschriften der Kommunalabgabengesetze am Beispiel des Kommunalabgabengesetzes Nordrhein-Westfalen (KAG NW)

§ 17 KAG NW   Abgabenhinterziehung

(1) Mit Freiheitsstrafe bis zu zwei Jahren oder mit Geldstrafe wird bestraft, wer

a) der Körperschaft, der die Abgabe zusteht, oder einer anderen Behörde über abgabenrechtlich erhebliche Tatsachen unrichtige oder unvollständige Angaben macht oder

b) die Körperschaft, der die Abgabe zusteht, pflichtwidrig über abgabenrechtlich erhebliche Tatsachen in Unkenntnis lässt

und dadurch Abgaben verkürzt oder nicht gerechtfertigte Abgabenvorteile für sich oder einen anderen erlangt. § 370 Abs. 4, §§ 371 und 376 der Abgabenordnung in der jeweiligen Fassung gelten entsprechend.

(2) Der Versuch ist strafbar.

(3) Für das Strafverfahren gelten die §§ 385, 391, 393, 395 bis 398 und 407 der Abgabenordnung in der jeweiligen Fassung entsprechend.

§ 20 KAG NW   Leichtfertige Abgabenverkürzung und Abgabengefährdung

(1) Ordnungswidrig handelt, wer als Abgabenpflichtiger oder bei Wahrnehmung der Angelegenheiten eines Abgabenpflichtigen eine der in § 17 Abs. 1 bezeichneten leichtfertig begeht (leichtfertige Abgabenverkürzung). § 370 Abs. 4 und § 378 Abs. 3 der Abgabenordnung in der jeweiligen Fassung gelten entsprechend.

(2) Ordnungswidrig handelt auch, wer vorsätzlich oder leichtfertig

a) Belege ausstellt, die in tatsächlicher Hinsicht unrichtig sind, oder

b) den Vorschriften einer Abgabensatzung zur Sicherung oder Erleichterung der Abgabenerhebung, insbesondere zur Anmeldung und Anzeige von Tatsachen, zur Führung von Aufzeichnungen oder Nachweisen, zur Kennzeichnung oder Vorlegung von Gegenständen oder zur Erhebung und Abführung von Abgaben zuwiderhandelt und es dadurch ermöglicht, Abgaben zu verkürzen oder nicht gerechtfertigte Abgabenvorteile zu erlangen (Abgabengefährdung).

(3) Die Ordnungswidrigkeit kann in den Fällen des Absatzes 1 mit einer Geldbuße bis zu 10 000 Euro und in den Fällen des Absatzes 2 mit einer Geldbuße bis zu 5 000 Euro geahndet werden.

(4) Für das Bußgeldverfahren gelten die §§ 391, 393, 396, 397, 407 und 411 der Abgabenordnung in der jeweiligen Fassung entsprechend.

(5) Verwaltungsbehörde im Sinne des § 36 Abs. 1 Nr. 1 des Gesetzes über Ordnungswidrigkeiten ist die Körperschaft, der die Abgabe zusteht.

Schrifttum:
App, Kurzüberblick über strafrechtliche und ordnungswidrigkeitenrechtliche Aspekte der Verkürzung von Kommunalabgaben, KStZ 2003, 69; *Beckemper/Schmitz/Wegner/Wulf*, wistra 2011, 281; *Diehaus* (Hrsg.), Kommunalabgabenrecht (Loseblatt, 44. Ergänzung März 2011); *Hamacher/Menzel/Queitsch/Rudersdorf/ Schneider/Thomas*, Praxis der Kommunalverwaltung, KAG NW; *Gehrmann*, Noch einmal § 153 AO: Die große Unbekannte, PStR 2010, 41; *Hefendehl*, Kollektive Rechtsgüter im Strafrecht; *Krause*, Allgemeine

Rechtsfragen von „Vorermittlungen", Vorprüfungen und „AR"-Verfahren, in: FS-Strauda, S. 351; *Meier/Hasenberg*, Rechtliche Probleme bei der Festsetzung von Geldbußen zur Ahndung von Verstößen gegen Ge- und Verborte un kommunalen Steuersatzungen, KStZ 2006, 28; *Meier/Sander*, Problemfragen des kommunalabgabenrechtlichen Ermittlungsverfahrens, KStZ 2003, 41; *Salditt*, Gestutzte Selbstanzeige – Der Beschluss des 1. Strafsenats des BGH vom 20. Mai 2010, PStR 2010, 168; *Wegner*, Risiken der Abgabenhinterziehung nach dem Kommunalabgabengesetz, PStR 2008, 195; *ders.*, Checkliste: Zum Verdacht einer Steuerstraftat oder – ordnungswidrigkeit i.S. des § 10 BpO, PStR 2009, 86; *Wulff*, § 153 AO: Die strafbewehrte Berichtigungspflicht – eine Kritik an der neuen BGH-Rechtsprechung, PStR 2009, 190.

A. Überblick

Das Kommunalabgabenstrafrecht sanktioniert Zuwiderhandlungen gegen kommunale Abgabensatzungen und andere Gesetze, in denen die Erhebung von kommunalen Steuern, Gebühren und Beiträgen geregelt sind. Normiert sind die Sanktionsvorschriften überwiegend in den Kommunalabgabengesetzen (KAG) der Länder. **1**

Die Flächenstaaten haben von ihrer Gesetzgebungskompetenz erschöpfend Gebrauch gemacht und in den Kommunalabgabengesetzen Sanktionsnormen der vorsätzlichen und leichtfertigen Abgabenhinterziehung sowie der Abgabengefährdung geschaffen, die im Kern identisch sind, sodass die nachfolgende Darstellung beispielhaft am Kommunalabgabengesetz des Landes Nordrhein-Westfalen vorgenommen wird. Die Sanktionsnormen sind den §§ 370, 378, 379 AO weitgehend nachgebildet, sodass zu grundlegenden Strukturen und streitigen Einzelfragen auch auf die Kommentierung der o.a. Normen in diesem Buch verwiesen werden kann. **2**

Unterschiede ergeben sich insb. im Vergleich mit den Verfahrensvorschriften der AO und zwischen den KAGs der einzelnen Länder. Z.T. erhebliche Abweichungen bestehen zu den Verfahrensregeln der Straf- und Bußgeldvorschriften der AO. Bedeutendste Ausnahme hierzu sind die kommunalen Realsteuern (Grundsteuer A und B sowie Gewerbesteuer). Für diese gilt nach § 1 Abs. 2 Nr. 7 KAG NW der Achte Teil der Abgabenordnung unmittelbar. **3**

Die Stadtstaaten Berlin, Hamburg und Bremen haben nur teilweise von ihrer Gesetzgebungskompetenz Gebrauch gemacht und lediglich die Verkürzung bzw. Gefährdung des Kommunalsteueraufkommens sanktioniert. Die Verkürzung und Gefährdung der ebenfalls zu den Kommunalabgaben zu zählenden Beiträge und Gebühren ist dort strafrechtlich nicht sanktioniert. So hat etwa Berlin durch das Gesetz über den Anwendungsbereich der Abgabenordnung (AOAnwG v. 21.06.1977, GVBl., S. 1394); zuletzt geändert durch Art. II Nr. 1 ÄndG v. 28.11.1978 (GVBl. S. 2208) die Sanktionsvorschriften der AO auf Steuern, Steuervergütungen und steuerliche Nebenleistungen, soweit sie durch Berliner Finanzbehörden verwaltet werden und nicht durch Bundesrecht oder Recht der Europäischen Gemeinschaften geregelt sind, mit der Maßgabe für entsprechend anwendbar erklärt, dass das Höchstmaß der Freiheitsstrafe für eine vorsätzliche **4**

Abgabenhinterziehung 2 Jahre beträgt. Eine solche Einschränkung des Höchstmaßes der Freiheitsstrafe kennen das Hamburgische (v. 17.02.1976, GVBl., S. 45; zuletzt geändert durch Gesetz v. 16.11.1999, GVBl., S. 256) und das Bremische Abgabengesetz (v. 15.05.1962 (GVBl. S. 139; zuletzt geändert durch Gesetz zur Änderung des Bremischen Abgabengesetzes v. 19.09.2000, GVBl. S. 371) nicht. Dort wird in § 1 Nr. 1 des Hamburgischen Abgabengesetzes bzw. § 3 Abs. 1 Nr. 1 des Bremischen Abgabengesetzes § 370 AO ohne Einschränkungen auf Steuern, die der Landesgesetzgebung unterliegen, für anwendbar erklärt. Hingegen finden die Sanktionsvorschriften der AO auf nicht steuerrechtliche Abgaben etwa nach § 2 und § 3 des Hamburgischen Abgabengesetzes keine entsprechende Anwendung.

5 Die fiskalische Bedeutung der Kommunalabgaben ist in Zeiten äußerst angespannter kommunaler Haushalte nicht zu unterschätzen, hält allerdings nicht mit der kommunalpolitischen Bedeutung dieser Abgaben mit. Erahnen lässt sich die politische Sprengkraft etwa bei (oft nur sehr schwer durchsetzbaren) Versuchen der Kommunen, die Hundesteuer zu erhöhen. Die kriminalpolitische Bedeutung des Kommunalabgabenstrafrechts ist demgegenüber noch immer gering. Aussagekräftige Statistiken werden – soweit ersichtlich – nicht geführt. Gerichtsentscheidungen sind nur vereinzelt veröffentlicht. Die Gründe hierfür dürften unterschiedlicher Natur sein: So fällt der einzelne Verstoß angesichts der oftmals nur geringen Abgabe qualitativ nicht ins Gewicht und dürfte den Verwaltungsaufwand für die Verfolgung regelmäßig übersteigen. Die Bußgelder kommen ferner nur selten den Kommunen selbst zugute, sodass das primäre Interesse der Gebietskörperschaft auf die Eintreibung der Abgabe selbst und weniger auf die Sanktionierung des Verstoßes gerichtet sein wird.(Ohne Sonderregelung – Bsp. § 16 ABs. 6 KAG-LSA – findet § 90 Abs. 2 OWiG Anwendung.)

B. Kommunalabgaben

6 Kommunalabgaben sind gem. § 1 Abs. 1 KAG NW Steuern, Beiträge und Gebühren.

7 Nach § 3 Abs. 1 KAG NW können Gemeinden Steuern erheben. Jedoch ist diese Befugnisnorm entgegen dem Wortlaut sehr restriktiv auszulegen. So können Kommunen nur solche Steuern erheben, die in die Gesetzgebungskompetenz der Länder fallen. Hierzu gehören nach Art. 105 Abs. 2a GG nur solche örtlichen Ertrags- und Aufwandsteuern, soweit und solange diese nicht bundesgesetzlich geregelten Steuern gleichartig sind. Ferner haben die Länder die konkurrierende Gesetzgebungskompetenz, sofern der Bund von seinem Gesetzgebungsrecht keinen Gebrauch gemacht hat (Art. 105 Abs. 2 GG). Die bedeutendsten kommunalen Steuerarten sind danach die Hundesteuer, die Vergnügungsteuer, die Zweitwohnungsteuer und die Jagdsteuer.

8 Die Gemeinden sind ferner gem. § 4 Abs. 1 KAG NW befugt, Gebühren zu erheben. Nach der Legaldefinition des § 4 Abs. 2 KAG NW sind Gebühren Geldleistungen, die als Gegenleistung für eine besondere Leistung – Amtshandlung oder sonstige Tätigkeit – der Verwaltung (Verwaltungsgebühren) oder für die Inanspruchnahme öffentlicher Einrichtungen und Anlagen (Benutzungsgebühren) erhoben werden. Solche Gebühren sind etwa anzutreffen in den Bereichen Wasserversorgung, Abwasserentsorgung, Abfallentsorgung, Straßenreinigung, Rettungsdienst, Friedhöfe und Krematorien, Märkte, Bäder, Museen sowie Obdachlosenunterkünfte und Übergangsheime (*Hamacher/Menzel/Queitsch/Rudersdorf/Schneider/Thomas*, Praxis der Kommunalverwaltung, KAG NW, § 4 Rn. 12).

9 Unter den Begriff der Kommunalabgabe des § 1 Abs. 1 KAG NW fallen schließlich auch Beiträge nach § 8 KAG NW. Beiträge sind Geldleistungen, die dem Ersatz des Aufwandes für die Herstellung, Anschaffung und Erweiterung öffentlicher Einrichtungen und Anlagen i.S.d. § 4 Abs. 2 KAG NW, bei Straßen, Wegen und Plätzen auch für deren Verbesserung, jedoch ohne die laufende Unterhaltung und Instandsetzung, dienen. Sie werden von den Grundstückseigentümern als Gegenleistung dafür erhoben, dass ihnen durch die Möglichkeit der Inanspruchnahme der Einrichtungen und Anlagen wirtschaftliche Vorteile geboten werden.

Die Verfahrens- sowie die Straf- und Bußgeldvorschriften des KAG NW finden gem. § 1 Abs. 3   10
KAG NW auch auf Steuern, Gebühren und Beiträge sowie sonstige Abgaben Anwendung, die
aufgrund anderer Gesetze erhoben werden, soweit diese keine eigenen Bestimmungen treffen.
Erfasst sind somit bspw. die – in der Praxis an sich sehr (streit-) relevanten – Erschließungsbeiträge
nach §§ 127 ff. BauGB (*Hamacher/Menzel/Queitsch/Rudersdorf/Schneider/Thomas*, Praxis der Kommunalverwaltung, KAG NW, § 1 Rn. 71 m.w.Bsp).

C. Abgabenhinterziehung gem. § 17 KAG NW

Der Tatbestand der Abgabenhinterziehung in § 17 Abs. 1 Satz 1 KAG NW ist nahezu wortlauti-   11
dentisch mit § 370 Abs. 1 Nr. 1 und 2 AO. Nach § 17 Abs. 1 Satz 2 KAG NW gelten die §§ 370
Abs. 4, 371 und 376 AO entsprechend. Eine Versuchsstrafbarkeit ist in § 17 Abs. 2 KAG NW
sanktioniert. Die verfahrensrechtlichen Vorschriften der §§ 385, 391, 393, 395 bis 398 und 407
AO sind anwendbar.

Rechtsgut der Abgabenhinterziehung ist das öffentliche Interesse am rechtzeitigen und vollständi-   12
gen Aufkommen der (kommunalen) Abgaben (vgl. BGHSt 36, 100, 102; 40, 109, 111; 41, 1, 5;
46, 107, 120, 53, 71; Klein/*Jäger* § 370 Rn. 2; § 370 AO Rdn. 16 ff.). Die Abgabenhinterziehung
ist somit ein Vermögensdelikt und nach der Deliktsstruktur ein Verletzungsdelikt (ausführlich
Hefendehl, Kollektive Rechtsgüter im Strafrecht, S. 362 ff.; a.A. FGJ/*Joecks* § 370 Rn. 15). Ebenso
wie § 370 AO ist § 17 KAG NW eine Blankettstrafnorm, deren Verfassungsmäßigkeit keinen
durchgreifenden Zweifeln begegnet (vgl. BVerfG, NStZ 1991, 88 und BVerfG, NJW 1995,
1883).

I. Anwendungsbereich

§ 17 KAG NW ist anwendbar auf Abgaben i.S.d. § 1 Abs. 1 KAG NW. Darüber hinaus findet   13
§ 17 KAG NW entsprechend Anwendung auf Steuern, Gebühren, Beiträge und sonstige Abgaben,
die aufgrund anderer Gesetze erhoben werden, soweit diese keine eigenen Bestimmungen treffen.

Wird die Abgabe auf Grundlage einer Satzung erhoben, so kann ein sanktionsrechtlich relevantes   14
Fehlverhalten nur vorliegen, sofern die Satzung rechtswirksam ist (vgl. § 2 Abs. 1 KAG NW). Die
rechtlichen Anforderungen – und damit die Fehlerträchtigkeit – an das Verfahren zum Erlass einer
Satzung und an deren Inhalt sind nicht zu unterschätzen (Überblick bei *Hamacher/Menzel/
Queitsch/Rudersdorf/Schneider/Thomas*, Praxis der Kommunalverwaltung, KAG NW, § 2 Rn. 10 ff.,
48 ff.; vgl. auch *Meier/Hasenberg*, KStZ 2006, 28).

Schwierigkeiten bereitet die Anwendung des § 17 KAG NW auf den Kostenersatz für Haus- und   15
Grundstücksanschlüsse gem. § 10 KAG NW. Diese sind nach allgemeiner Ansicht weder Steuern,
Gebühren noch Beiträge und damit von der Definition des § 1 Abs. 1 KAG NW nicht erfasst
(*Hamacher/Menzel/Queitsch/Rudersdorf/Schneider/Thomas*, Praxis der Kommunalverwaltung, KAG
NW, § 1 Rn. 1). Ebenfalls nicht erfasst wird der Kostenersatz durch § 1 Abs. 3 KAG NW, denn
hierbei handelt es sich um eine sonstige Abgabe desselben Gesetzes. Somit ist auch eine entspre-
chende Anwendung des § 17 KAG gemäß dieser Norm ausgeschlossen. Insofern dürfte hier eine
Regelungslücke bestehen, die in einem Versäumnis des Gesetzgebers begründet ist. Gleichwohl ist
diese Regelungslücke wegen des strengen im Strafrecht geltenden Analogieverbotes des Art. 103
Abs. 2 GG nicht im Wege der Rechtsauslegung zuungunsten des Täters zu schließen. Der Wortsinn des Gesetzes markiert vielmehr die äußerste Grenze der Auslegung des Straftatbestandes. Die
Hinterziehung des Kostenersatzes i.S.d. § 10 KAG NW ist daher solange nicht strafbar, wie der
Landesgesetzgeber an dieser Stelle untätig bleibt (so auch Driehaus/*Lauenroth*, Kommunalabgabenrecht, § 17 Rn. 1).

II. Täter

16 § 17 Abs. 1 Satz 1a) KAG NW sanktioniert die Abgabenhinterziehung durch aktives Tun und ist wie § 370 Abs. 1 Nr. 1 AO ein Jedermannsdelikt. Täter i.S.d. § 25 Abs. 1 StGB kann somit nicht nur der Abgabenpflichtige, sondern jeder Dritte sein (*Hamacher/Menzel/Queitsch/Rudersdorf/ Schneider/Thomas*, Praxis der Kommunalverwaltung, KAG NW, § 17 Rn. 5.), der tatsächlich in der Lage ist, auf die Berechnung, Ermittlung, Festsetzung und Erhebung der gesetzlich geschuldeten Abgabe einzuwirken (s.a. § 370 Rdn. 33; FGJ/*Joecks* § 370 Rn. 19; Klein/*Jäger* § 370 Rn. 25.) So ist bspw. jedes Elternteil als Abgabepflichtiger bei der Berechnung der Beiträge für die Inanspruchnahme einer Kindertageseinrichtung verpflichtet, richtige und vollständige Angaben über die Vermögensverhältnisse zu machen (vgl. § 23 Kinderbildungsgesetz NRW). Bedient sich ein Elternteil der Hilfe eines Verwandten oder Bekannten zur Abgabe dieser Erklärung, so kommt diese Hilfsperson als (Mit-)Täter in Betracht. Ebenso ist der Abgabenpflichtige einer Benutzungsgebühr für die Einleitung in die Abwasseranlage verpflichtet, zutreffende Angaben über die anfallenden Abwässer zu machen. Diffizil wird die Bestimmung der Täterschaft und Teilnahme bspw. in einem Unternehmen, das mit einer Regenwassernutzungsanlage Frischwasser – etwa für den Betrieb der Toiletten – benutzt (vgl. näher *Hamacher/Menzel/Queitsch/Rudersdorf/Schneider/Thomas*, Praxis der Kommunalverwaltung, KAG NW, § 6 Rn. 178). Täter ist unzweifelhaft derjenige, der bösgläubig die falsche Erklärung als Vertreter des Unternehmens unterzeichnet (vgl. allgemein zu Täterschaft und Teilnahme s. § 370 Rdn. 32 ff.). Zumindest einem Teilnahmevorwurf setzen sich aber auch die Mitarbeiter aus, die den Wasserzähler (im Auftrag der Unternehmensleitung) manipulieren oder „falsch" ablesen. Hingegen soll die Sekretärin, die in Kenntnis der Sach- und Rechtslage eine Reinschrift der unrichtigen Erklärung über den Abwassergebrauch fertigt, sich noch keiner Beihilfe zur Kommunalabgabenhinterziehung strafbar machen (BGH, wistra 1986, 261).

17 Lediglich in der Unterlassensvariante des § 17 Abs. 1 Satz 1b) KAG NW erfolgt eine Begrenzung des Täterkreises auf Personen, denen eine besondere Informationspflicht ggü. der Körperschaft zukommt (vgl. § 370 AO Rdn. 152). Die hier bedeutsamen abgabenrechtlichen Erklärungspflichten sind i.d.R. gesetzlich ausdrücklich geregelt (vgl. hierzu § 370 Rdn. 152). Tauglicher Täter ist somit etwa nur derjenige, der einen Zweitwohnsitz begründet, da regelmäßig nur ihn Meldepflichten gemäß der einschlägigen Satzung über die Zweitwohnsitzsteuer treffen (vgl. etwa § 8 Abs. 1 der Zweitwohnungsteuer-Mustersatzung des Städte- und Gemeindebundes NRW; abgedruckt bei *Hamacher/Menzel/Queitsch/Rudersdorf/Schneider/Thomas*, Praxis der Kommunalverwaltung, KAG NW, § 3 Rn. 173). Gleiches gilt etwa für den Hundehalter, der ebenfalls aufgrund der einschlägigen Hundesteuersatzung meldepflichtig ist (vgl. § 8 Abs. 1 der Hundesteuer-Mustersatzung des Städte- und Gemeindebundes NRW; abgedruckt bei *Hamacher/Menzel/Queitsch/Rudersdorf/Schneider/Thomas*, Praxis der Kommunalverwaltung, KAG NW, § 3 Rn. 58). Zu beachten ist hier, dass i.d.R. Halter eines Hundes jedes erwachsene Mitglied des Haushaltes ist, in dem der Hund lebt.

18 Keine (strafbewehrte) Erklärungspflicht hat im Fall der Zeitwohnungsteuer hingegen der Vermieter. Dieser ist zwar im Besteuerungsverfahren gem. § 12 Abs. 1 Nr. 3a KAG NW i.V.m. § 93 AO zur Mitteilung über die Person des Steuerpflichtigen verpflichtet, jedoch findet § 93 AO keine Anwendung im Steuerstrafverfahren gem. § 385 AO (TK/*Seer* § 93 Rn. 3; FGJ/*Joecks* § 393 Rn. 12 f.).

III. Erfolg

19 Taterfolg der Abgabenhinterziehung ist die Verkürzung der Abgaben oder die Erlangung nicht gerechtfertigter Steuervorteile für sich oder einen anderen. Eine Abgabenverkürzung liegt nach § 17 Abs. 1 Satz 2 KAG NW i.V.m. § 370 Abs. 4 Satz 1 AO bereits vor, wenn die Abgaben nicht, nicht in voller Höhe oder nicht rechtzeitig festgesetzt werden. Eine Festsetzung liegt nach § 12 Abs. 1 Nr. 4b KAG NW i.V.m. § 155 AO vor, wenn der Abgabenbescheid erlassen wurde bzw. im

Fall unterlassener Angaben in dem Zeitpunkt, in dem ein Abgabenbescheid spätestens erlassen worden wäre, wenn der Täter ordnungsgemäße Angaben gemacht hätte. Ein ungerechtfertigter Abgabenvorteil kann in einer Abgabenvergütung, einem Erhebungsverzicht oder -verzögerung liegen, sofern die Voraussetzungen tatsächlich nicht vorliegen. Strafrechtlich irrelevant ist es, ob ordnungsgemäß festgesetzte Abgaben durch den Schuldner auch beglichen werden.

Gem. § 17 Abs. 1 Satz 2 KAG NW i.V.m. § 370 Abs. 4 Satz 3 AO ist auch im Kommunalabgaben- **20** strafrecht das Kompensationsverbot zu beachten (näher dazu § 370 AO Rdn. 365).

IV. Tathandlung

§ 17 Abs. 1 Satz 1 KAG NW beschreibt das tatbestandsmäßige Verhalten und sanktioniert sowohl **21** aktives Tun als auch Unterlassen. Nicht ausdrücklich beschrieben ist die Beziehung zwischen Tathandlung und Taterfolg, sodass die bekannten Auslegungsschwierigkeiten des Wortes „dadurch" in § 370 AO auch hier anzutreffen sind (vgl. § 370 AO Rdn. 217 ff.; Kohlmann/*Ransiek* § 370 Rn. 570 ff.; FGJ/*Joecks* § 370 Rn. 194 ff.)

1. Aktives Tun gem. § 17 Abs. 1 Satz 1a) KAG NW

Die Tathandlung des § 17 Abs. 1 Satz 1a) KAG NW begeht, wer ggü. der Körperschaft oder einer **22** anderen Behörde über abgabenrechtlich erhebliche Tatsachen unrichtige oder unvollständige Angaben macht.

Hessen hat als einziges Bundesland den Tatbestand enger gefasst und sanktioniert allein unrichtige **23** und unvollständige Angaben ggü. einer Gemeinde oder eines Landkreises. Falschangaben ggü. einer anderen Behörde bleiben ausweislich des ausdrücklichen Wortlautes in § 5 HessKAG straffrei, auch wenn hierdurch Abgaben verkürzt werden.

Angaben macht, wer ggü. der Körperschaft oder der Behörde eine Erklärung abgibt. Die Abga- **24** benhinterziehung durch aktives Tun setzt somit einen Kommunikationsakt voraus und ist damit Erkläungs- bzw. Äußerungsdelikt (vgl. MüKo-StGB/*Schmitz/Wulf* § 370 AO Rn. 201.) Weiter müssen Angaben über Tatsachen gemacht werden. Tatsachen sind konkrete Vorgänge oder Zustände der Vergangenheit oder der Gegenwart, die dem Beweis zugänglich sind (vgl. nur SSW-StGB/*Satzger* § 263 Rn. 12.). Keine Tatsachen sind hingegen Werturteile und Begriffe. Unrichtig ist die Erklärung, wenn sie mit der Wirklichkeit nicht übereinstimmt. Die Erklärung ist unvollständig, sofern die Angaben nicht dem Umfang der Erklärungspflicht genügen. Eine dem Abgabenpflichtigen günstige Rechtsmeinung enthält nach Ansicht des BGH jedenfalls keine unrichtige oder unvollständige Tatsachenbehauptung, solange der Abgabenpflichtige alle relevanten Tatsachen offenbart und auf seine von der Finanzbehörde abweichende Rechtsansicht hinweist (BGH, wistra 2000, 137). Zu den Einzelheiten vgl. § 370 AO Rdn. 132 ff.

Abgabenstrafrechtlich relevant sind nur unrichtige oder unvollständige Angaben, die sich auf **25** abgabenrechtlich erhebliche Tatsache beziehen. Solche Tatsachen liegen vor, wenn sie für die Entstehung, die Höhe oder die Fälligkeit von kommunalabgabenrechtlichen Ansprüchen herangezogen werden müssen (*Hamacher/Menzel/Queitsch/Rudersdorf/Schneider/Thomas*, Praxis der Kommunalverwaltung, KAG NW, § 17 Rn. 9; vgl. FGJ/*Joecks* § 370 Rn. 130; MüKo-StGB/*Schmitz/Wulf* § 370 AO Rn. 230 ff.). Die im Einzelnen erheblichen Tatsachen ergeben sich aus der einschlägigen Abgabensatzung. So sind abgabenrechtlich erhebliche Tatsachen der Hundesteuer bspw. Hundehalter, Hunderasse und Aufnahmezeitpunkt des Hundes in den Haushalt (§ 8 Abs. 1 der Hundesteuer-Mustersatzung des Städte- und Gemeindebundes NRW; abgedruckt bei *Hamacher/Menzel/Queitsch/Rudersdorf/Schneider/Thomas*, Praxis der Kommunalverwaltung, KAG NW, § 3 Rn. 58.)

Nach dem Wortlaut setzt das Gesetz eine Täuschungshandlung nicht voraus. Irrelevant ist auch **26** der Kenntnisstand der Körperschaft oder der Behörde. Eine Abgabenhinterziehung liegt auch vor, wenn der zuständige Beamte von allen für die Veranlagung relevanten Tatsachen Kenntnis hat (BGH, NStZ 2011, 283).

27 Erhebliche Schwierigkeiten bietet die strafrechtliche Beurteilung der rechtsmissbräuchlichen Nutzung abgabenrechtlicher Gestaltungsmöglichkeiten, die in jüngerer Zeit vermehrt im Bereich der Kommunalbeiträge und der Vergnügungsteuer zu beobachten sind (Driehaus/*Lauenroth*, Kommunalabgabenrecht, § 12 Rn. 246; *Hamacher/Menzel/Queitsch/Rudersdorf/Schneider/Thomas*, Praxis der Kommunalverwaltung, KAG NW, § 12 Rn. 37). Abgabenrechtlich kann dem Gestaltungsmissbrauch durch § 42 AO entgegen getreten werden. Selbst wenn die Voraussetzungen des § 42 AO erfüllt sind, liegt jedoch nicht zwingend eine Abgabenhinterziehung nach § 17 KAG vor. Eine Abgabenhinterziehung liegt erst vor, sobald abgabenrechtlich erhebliche Tatsachen falsch oder unvollständig mitgeteilt werden (BFH, wistra 1983, 202; FGJ/*Joecks* § 370 Rn. 139; Klein/*Ratschow* § 42 Rn. 15). Zu den weiteren Einzelheiten s. § 370 AO Rdn. 136 ff.

2. Unterlassen gem. § 17 Abs. 1 Satz 1b) KAG

28 Die Tathandlung des § 17 Abs. 1 Satz 1b) KAG erfüllt, wer die Körperschaft, der die Abgabe zusteht, über abgabenerhebliche Umstände pflichtwidrig in Unkenntnis lässt. Der Täterkreis ist damit erheblich begrenzt (s.o. Rdn. 17). Denn pflichtwidrig handelt nur, wer eine Rechtspflicht zur Offenbarung steuerlich erheblicher Tatsachen verletzt. Diese Rechtspflicht trifft nach § 12 Abs. 1 Nr. 4a KAG NW i.V.m. § 149 AO denjenigen, der nach den Einzelabgabengesetzen verpflichtet ist oder der durch die Körperschaft zur Erklärung aufgefordert wurde. I.d.R. wird sich die Rechtspflicht aus den kommunalen Abgabensatzungen ergeben (*Hamacher/Menzel/Queitsch/Rudersdorf/Schneider/Thomas*, Praxis der Kommunalverwaltung, KAG NW, § 17 Rn. 12).

29 Eine Erklärungspflicht i.S.d. § 17 Abs. 1 Satz 1b) KAG NW löst auch § 12 Abs. 1 Nr. 4a KAG NW i.V.m. § 153 AO aus, wenn der Abgabenpflichtige nachträglich erkennt, dass er unvollständige oder unrichtige Angaben gemacht hat (vgl. § 370 Rdn. 168 ff.; FGJ/*Joecks* § 370 Rn. 179; Klein/*Jäger* § 370 Rn. 63, *Gehrmann*, PStR 2010, 41). Nach Ansicht des BGH soll sogar eine bedingt vorsätzliche Falschangabe eine Berichtigungspflicht auslösen, wenn der Täter später zu der sicheren Erkenntnis gelangt, dass die Angabe falsch ist (BGHSt 53, 210 = wistra 2009, 312). Diese Rechtsprechung ist abzulehnen (*Wulff*, PStR 2009, 190). Zu den weiteren Einzelheiten s. § 370 Rdn. 174 ff.

V. Vorsatz und Irrtum

30 Der subjektive Tatbestand der Abgabenhinterziehung gem. § 17 KAG NW ist erfüllt, wenn der Täter die Vornahme der Tathandlung und die Verwirklichung des Taterfolges zumindest für möglich gehalten und billigend in Kauf genommen hat. Auch insoweit unterscheidet sich die Norm nicht von § 370 AO.

31 Irrt der Täter hingegen über objektive Tatumstände – etwa bei den Abwassergebühren über die Menge des eingeleiteten Abwassers – zu seinen Gunsten, so ist der Vorsatz gem. § 16 Abs. 1 Satz 1 StGB ausgeschlossen. Nach § 16 Abs. 1 Satz 2 StGB bleibt hierdurch eine Ordnungswidrigkeit der leichtfertigen Abgabenhinterziehung nach § 20 Abs. 1 KAG NW unberührt.

32 Aufgrund der zahlreichen normativen Tatbestandsmerkmal im Tatbestand des § 17 KAG NW ist eine Abgrenzung zwischen einem Tatumstandsirrtum gem. § 16 StGB und einem Verbotsirrtum gem. § 17 StGB von besonderer Bedeutung (vgl. § 370 Rdn. 653 ff.). Ein Verbotsirrtum liegt vor, wenn dem Täter die Einsicht fehlt, Unrecht zu tun. Eine Straflosigkeit des Verhaltens folgt daraus jedoch nur, wenn der Verbotsirrtum unvermeidbar i.S.d. § 17 Satz 1 StGB war. Die Voraussetzungen hierfür sind sehr hoch. Dem Täter darf sich nach den Umständen und nach der seinem Lebens- und Berufskreis zuzumutenden Anspannung seines Gewissens im Tatzeitpunkt kein Anlass geboten haben, über die Rechtswidrigkeit seines Verhaltens nachzudenken oder Rat einzuholen und auf diesem Weg zur Unrechtseinsicht zu kommen (*Fischer* § 17 Rn. 7 m.umf.Nachw.)

zur Rspr.) Ein solcher unvermeidbarer Verbotsirrtum wird im Kernsteuerstrafrecht kaum jemals anzutreffen sein, zumal die feste Erwartung in die Verfassungswidrigkeit einer Steuernorm keinen Verbotsirrtum zu begründen vermag (BGH, wistra 2008, 21; zustimmend Klein/*Jäger* § 370 Rn. 185).

Zweifelhaft erscheint hingegen, ob ein Abgabenpflichtiger stets und allzeit über alle kommunalen **33** Abgabensatzungen informiert sein muss bzw. hiervon Kenntnis hätte erlangen müssen, sodass ein unvermeidbarer Verbotsirrtum im Anwendungsbereich des KAG NW nicht den gleichen absoluten Ausnahmecharakter haben dürfte.

VI. Strafe und Selbstanzeige

§ 17 KAG NW droht Freiheitsstrafe bis zu 2 Jahren oder Geldstrafe an. Die konkrete Höhe der **34** Strafe bestimmt sich nach § 46 StGB, die Schuld des Täters ist Grundlage für die Strafzumessung. Nach § 56 Abs. 2 StGB können Freiheitsstrafen bis zu 2 Jahren zur Bewährung ausgesetzt werden, sodass bei Ersttätern einer Abgabenhinterziehung eine Freiheitsstrafe ohne Vollstreckungsaussetzung schwer vorstellbar ist.

Aus fiskalischen Gründen hat der Gesetzgeber den Steuerpflichtigen die Möglichkeit der Selbstan- **35** zeige gem. § 371 AO eingeräumt. Durch die Nacherklärung und Begleichung bislang noch nicht entdeckter Steuerschulden kann der Steuerpflichtige nachträglich Straffreiheit erlangen (näher § 371 Rdn. 183 ff.). Abgabenpflichtige steht diese Möglichkeit gem. § 17 Abs. 1 Satz 2 KAG NW – wie in allen anderen Ländern auch – ebenfalls offen (vgl. auch *App*, KStZ 2003, 69, 71). Zu beachten ist in diesem Zusammenhang, dass der BGH die Voraussetzungen der Selbstanzeige jüngst deutlich verschärft hat (BGH, NJW 2010, 2146 m. Anm. *Bittmann*; vgl. auch *Salditt*, PStR 2010, 168 und § 371 AO Rdn. 85 ff.). In der Folge hat sich der Gesetzgeber entschlossen, legislativ tätig zu werden und hat nunmehr mit dem sog. Schwarzgeldbekämpfungsgesetz die Möglichkeit einer strafbefreienden Selbstanzeige stark beschnitten (BGBl. I 2011, S. 676). Gleichwohl sind Befürchtungen unbegründet, der vom BGH geforderte „reine Tisch" könnte eine Selbstanzeige wegen einer unverjährten Einkommensteuerhinterziehung unwirksam werden lassen, weil der Steuerpflichtige für seinen Hund keine Hundesteuer abführt. Nach dem Schwarzgeldbekämpfungsgesetz setzt eine wirksame Selbstanzeige „nur" voraus, dass alle unverjährten Steuerstraftaten einer Steuerart – etwa der ESt – vollständig offenbart werden.

VII. Verfahren

Für das Strafverfahren sieht § 17 Abs. 3 KAG NW vor, dass die §§ 385, 391, 393, 395 bis 398 **36** und § 407 AO Anwendung finden. Ähnliche Verweise haben auch die anderen Länder normiert. Allein Bayern und Thüringen verzichten auf eine solche Verweisungsnorm, weshalb sich dort das Strafverfahren allein nach der StPO richtet.

Die abgabenberechtigten Körperschaften in NRW haben keine eigene Ermittlungsbefugnis i.S.d. **37** § 386 AO. Das Ermittlungsverfahren führen die bei den ordentlichen Gerichten ansässige StA nach § 385 AO i.V.m. §§ 13, 141 GVG. Ob der abgabenberechtigten Körperschaft ein Recht zu Vorermittlungen zukommt (*Hamacher/Menzel/Queitsch/Rudersdorf/Schneider/Thomas*, Praxis der Kommunalverwaltung, KAG NW, § 17 Rn. 23 und Driehaus/*Lauenroth*, Kommunalabgabenrecht, § 17 Rn. 3) ist äußerst zweifelhaft. Zunächst ist die Zuständigkeit der StA bereits begründet, wenn der Anfangsverdacht i.S.d. § 152 StPO einer Abgabenhinterziehung besteht. Da an den Anfangsverdacht regelmäßig keine gesteigerten Anforderungen zu stellen sind (vgl. *Meyer-Goßner* § 152 Rn. 4 und *Wegner*, PStR 2009, 86.) ist der Spielraum für solche Vorermittlungen sehr gering. Zudem sind Vorermittlungen unzulässig, die darauf gerichtet sind, Anhaltspunkte für einen Anfangsverdacht zu gewinnen (*Meyer-Goßner* § 152 Rn. 4a; *Krause* in FS-Strauda, S. 357 ff.).

38   Keine entsprechende Anwendung findet § 392 AO, sodass die Angehörigen der steuerberatenden Berufe von der Verteidigung ausgeschlossen bleiben (vgl. § 138 Abs. 1 StPO). Soweit Nordrhein-Westfalen – wie einige andere Länder auch – ein Akteneinsichtsrecht der abgabenberechtigten Körperschaft nach § 395 AO nicht ausdrücklich normieren, ist dies unschädlich. Diese hat ohnehin ein Akteneinsichtsrecht nach § 406e StPO. Anders als in einer Vielzahl anderer Länder ist in Nordrhein-Westfalen keine Einstellung nach § 398 AO möglich. Auch hier wird man aber über die allgemeinen strafprozessualen Regeln der §§ 153, 153a StPO stets zu sachgerechten Ergebnissen kommen können.

D. Bußgeldtatbestände gem. § 20 KAG NW

39   In § 20 KAG NW finden sich zwei Bußgeldtatbestände. Die leichtfertige Abgabenhinterziehung gem. § 20 Abs. 1 KAG NW ist eng an § 378 Abs. 1 AO angelehnt; d.h. die Abgrenzung der Ahndbarkeit erfolgt im subjektiven Bereich. Die Abgabengefährdung gem. § 20 Abs. 2 KAG NW ist eng an § 379 Abs. 1 Nr. 1 AO angelehnt und sanktioniert Fehlverhaltensweisen im Vorfeld der Abgabenhinterziehung.

40   Zuständig für die Verfolgung dieser Ordnungswidrigkeiten sind die kommunalen Behörden selbst. Die Vorschriften des OWiG finden (ergänzende) Anwendung gem. § 2 OWiG, soweit die KAG der Länder keine eigenständigen Regelungen treffen. Jedoch ist bei der leichtfertigen Abgabenhinterziehung gem. § 20 Abs. 1 KAG NW diese Zuständigkeit der kommunalen Behörden im Ermittlungsverfahren faktisch kaum je eröffnet (a.A. wohl *Hamacher/Menzel/Queitsch/Rudersdorf/ Schneider/Thomas*, Praxis der Kommunalverwaltung, KAG NW, § 20 Rn. 1; vgl. auch Verwaltungsverordnung zu § 17 KAG NW). Denn die kommunalen Behörden sind verpflichtet, bei dem Verdacht einer vorsätzlichen Abgabenhinterziehung die StA einzuschalten. Ein eigenes Ermittlungsrecht steht ihnen mangels einer § 386 AO vergleichbaren Kompetenznorm nicht zu. Sachverhaltskonstellationen, in denen sich der Tatverdacht allein auf eine leichtfertige Abgabenhinterziehung beschränkt, sind praktisch kaum denkbar. Der Verdacht vorsätzlichen Handelns wird i.d.R. nicht von vornherein ausschließbar sein. Nicht umsonst wird die leichtfertige Steuerhinterziehung als „Auffangtatbestand" bei Beweisschwierigkeiten bezeichnet (BGH, NStZ 1988, 276; Kohlmann/*Schauf* § 378 Rn. 5; Wannemacher/*Wegner*, Steuerstrafrecht, Rn. 2653 und die Ausführungen unter § 378 Rdn. 1).

I. Leichtfertige Steuerhinterziehung gem. § 20 Abs. 1 KAG NW

41   Nach § 20 Abs. 1 KAG NW macht sich strafbar, wer den objektiven Tatbestand des § 17 Abs. 1 StGB leichtfertig verwirklicht. Der Kreis möglicher Täter ist – wie schon bei § 378 AO im Verhältnis zu § 370 AO – enger gezogen als in § 17 Abs. 1 KAG NW. Täter kann nur sein, wer die Abgabenverkürzung als Abgabenpflichtiger bewirkt oder wer den Taterfolg herbeiführt, während er Angelegenheiten eines Abgabenpflichtigen wahrnimmt. Der Begriff des Abgabenpflichtigen bestimmt sich nach § 12 Abs. 1 Nr. 2a KAG NW i.V.m. § 33 AO (näher s. § 378 Rdn. 21 ff.; *Hamacher/Menzel/Queitsch/Rudersdorf/Schneider/Thomas*, Praxis der Kommunalverwaltung, KAG NW, § 20 Rn. 5.). Der Verkürzungserfolg bestimmt sich – ebenso wie bei der vorsätzlichen Abgabenhinterziehung – nach § 370 Abs. 4 AO.

1. Leichtfertigkeit

42   Leichtfertigkeit ist ein erhöhter Grad der Fahrlässigkeit. Eine gewisse Überschneidung der Leichtfertigkeit im sanktionsrechtlichen Sinne mit der dem Zivilrecht bekannten groben Fahrlässigkeit ist nicht von der Hand zu weisen (noch weiter gehend: Driehaus/*Lauenroth*, Kommunalabgabenrecht, § 20 Rn. 1). Nach Ansicht des BGH ist Leichtfertigkeit jedoch enger als die bloße Fahrlässigkeit und wird als vorsatznahe Schuldform verstanden, die eine besondere Gleichgültigkeit oder grobe Unachtsamkeit voraussetzt (BGHSt 43, 158, 167; BGH, NStZ-RR 2010, 331). Wesentli-

cher Unterschied ist zudem, dass der Maßstab die Fähigkeiten des Täters selbst sind und das Verhalten nicht an dem Pflichtenmaßstab eines sorgfältigen Dritten zu messen ist (vgl. BGHSt 50, 347, 352; BGH, wistra 2008, 424.). Leichtfertig handelt danach, wer die Sorgfalt außer Acht lässt, zu der er nach den besonderen Umständen des Falles und seinen persönlichen Fähigkeiten und Kenntnissen verpflichtet und imstande ist (s. § 378 Rdn. 61 ff.; Wannemacher/ *Wegner*, Steuerstrafrecht, Rn. 2593; Klein/*Jäger* § 378 Rn. 20; Kohlmann/*Schauf* § 378 Rn. 61; vgl. auch BGH, wistra 1998, 22).

2. Sanktion und Selbstanzeige

Die leichtfertige Abgabenhinterziehung kann gem. § 17 Abs. 3 KAG NW mit einer Geldbuße bis   43
zu 10.000,00 € geahndet werden. Dieser Strafrahmen ist in allen Ländern gleich. Zu beachten ist jedoch, dass es sich um eine „kann"-Bestimmung handelt, der Ordnungswidrigkeitenbehörde also ein Ermessensspielraum zukommt, ob überhaupt eine Sanktion verhängt werden soll (vgl. auch § 47 Abs. 1 OWiG).

Entschließt sich die Behörde zur Festsetzung einer Geldbuße, so ist die Höhe gem. § 17 Abs. 3   44
OWiG von der Bedeutung der Ordnungswidrigkeit – dem „Gewicht der Tat" – und dem individuellen Vorwurf, der dem Täter zu machen ist, abhängig. Ebenfalls zu berücksichtigen sind die wirtschaftlichen Verhältnisse des Täters, soweit nicht eine geringfügige Ordnungswidrigkeit i.S.d. § 17 Abs. 3 Satz 2 OWiG vorliegt. Zu beachten ist ferner, dass der gesetzliche Sanktionsrahmen nicht abschließend ist. Nach § 17 Abs. 4 Satz 1 OWiG soll die Geldbuße den wirtschaftlichen Vorteil übersteigen, den der Täter aus der Ordnungswidrigkeit gezogen hat. Reicht das gesetzliche Höchstmaß hierfür nicht aus, so kann es nach § 17 Abs. 4 Abs. 2 OWiG überschritten werden. Der praktische Anwendungsbereich dieser Vorschrift ist gerade im Kommunalabgabenstrafrecht angesichts des i.d.R. geringen Verkürzungserfolgs nur sehr gering.

Auch bei der leichtfertigen Steuerhinterziehung ist eine nachträgliche strafbefreiende Selbstanzeige   45
gem. § 20 Abs. 1 Satz 2 KAG NW i.V.m. § 378 Abs. 3 AO möglich.

II. Abgabengefährdung gem. § 20 Abs. 2 KAG NW

Mit der Abgabengefährdung gem. § 20 Abs. 2 KAG NW werden Vorbereitungshandlungen zu der   46
Abgabenhinterziehung sanktioniert (vgl. § 379 Rdn. 1; Wannemacher/*Wegner*, Steuerstrafrecht, Rn. 2714). Die Abgabengefährdung tritt hinter die Verkürzungsdelikte der vorsätzlichen und leichtfertigen Abgabenhinterziehung zurück, sofern es zu einem Verkürzungserfolg kommt (§ 379 Rdn. 153; Wannemacher/*Wegner*, Steuerstrafrecht, Rn. 2715). Diese Subsidiarität zwischen der Straftat der vorsätzlichen Abgabenhinterziehung und der Ordnungswidrigkeit der Abgabengefährdung ergibt sich unmittelbar aus dem Gesetz gem. § 21 OWiG. Diese Subsidiarität besteht auch dann, wenn die Tat im Versuch stecken bleibt oder die Tat nur als Beihilfe zu einer vorsätzlichen Abgabenhinterziehung geahndet werden kann. Mangels einer der in § 379 Abs. 4 AO normierten ausdrücklichen Subsidiaritätsklausel scheint die Abgabengefährdung neben der leichtfertigen Abgabenhinterziehung – beides Ordnungswidrigkeiten – Anwendung zu finden. Dies widerspricht jedoch dem Grundsatz der sog. materiellen Subsidiarität, nach dem Gefährdungsdelikte ggü. Erfolgsdelikten subsidiär sind, sofern beide Delikte das gleiche Rechtsgut und die gleiche Angriffsrichtung betreffen (*Rolletschke*/Kemper § 379 Rn. 73; FGJ/*Jäger* § 379 Rn. 71; *Fischer* Vor § 52 Rn. 41; LK/*Rissing van Saar* Vor § 52 Rn. 130; SSW-StGB/*Eschelbach* § 52 Rn. 20).

Zu beachten ist, dass die Abgabengefährdung – jedenfalls theoretisch (vgl. BMF v. 29.07.1981 –   47
IV A S – 0711 – 3/81, n.v., zitiert nach Kohlmann/*Matthes* § 379 AO Rn. 192) – wieder auflebt, sofern der Täter im Fall einer vorsätzlichen oder leichtfertigen Abgabenhinterziehung durch eine Selbstanzeige Straffreiheit erlangt (OLG Celle, MDR 1980, 77; BayOblG, NJW 1981, 1055). Diese Möglichkeit der Selbstanzeige hat der Landesgesetzgeber für die Abgabengefährdung nicht vorgesehen (s. ausführlich unten).

1. Tathandlung

48 Zwei Tathandlungen, die der Vorbereitung einer Abgabenhinterziehung dienen, sind in § 20 Abs. 2 KAG NW unter Strafe gestellt.

49 **a)** § 20 Abs. 2a) KAG NW sanktioniert die Ausstellung eines Beleges, der in tatsächlicher Hinsicht unrichtig ist. Belege sind alle Schriftstücke, die zum Beweis abgabenrechtlich erheblicher Tatsachen geeignet sind und den Aussteller erkennen lassen (BGHSt 3, 82; 12, 100). Der Kreis der möglichen Tatmittel ist damit denkbar weit. Entscheidend ist allein, ob das Schriftstück Aussagen über einen steuerlich erheblichen Vorgang trifft und zum Beweis im Rechtsverkehr bestimmt ist, ohne dass es auf eine subjektive Zweckbestimmung zu Steuerzwecken ankommt (§ 379 Rdn. 21 ff.; FGJ/*Jäger* § 379 Rn. 14.)

50 Ein Beleg ist in tatsächlicher Hinsicht unrichtig, wenn er eine Tatsachen nicht wahrheitsgemäß wiedergibt. Dabei erfasst § 20 Abs. 2a) KAG NW nur solche Belege, in denen der richtige Aussteller eine Tatsache unrichtig darstellt (sog. „schriftliche Lüge"). Täuscht der Beleg hingegen über den richtigen Aussteller, so liegt eine Urkundenfälschung gem. § 267 StGB vor, die zumindest die Abgabengefährdung gem. § 21 OWiG verdrängt (§ 379 Rdn. 153; Wannemacher/*Wegner*, Steuerstrafrecht, Rn. 2727; *Hamacher/Menzel/Queitsch/Rudersdorf/Schneider/Thomas*, Praxis der Kommunalverwaltung, KAG NW, § 20 Rn. 15).

51 **b)** Verstöße gegen Vorschriften einer Abgabensatzung zur Sicherung der Abgabenerhebung sanktioniert § 20 Abs. 2b) KAG NW. Diese Vorschriften müssen ihrerseits dem strengen Bestimmtheitsgebot des Art. 103 Abs. 2 GG/§ 3 OWiG genügen und die Pflichten, denen nachzukommen ist, genau beschreiben (*Hamacher/Menzel/Queitsch/Rudersdorf/Schneider/Thomas*, Praxis der Kommunalverwaltung, KAG NW, § 20 Rn. 16). Konkrete Regelungen in diesem Sinne sieht bspw. § 9 der Hundesteuer-Mustersatzung des Städte- und Gemeindebundes NRW vor. Danach handelt bspw. ordnungswidrig, wer als Hundehalter den Wegfall einer Steuervergünstigung nicht rechtzeitig anzeigt (Nr. 1) oder einen Hund nicht rechtzeitig oder unter falscher oder fehlender Angabe der Hunderasse anmeldet (Nr. 2).

52 Ordnungswidrig i.S.d. § 20 Abs. 2b) KAG NW kann auch Handeln, wer dem mit der Prüfung eines kommunalabgabenerheblichen Sachverhaltes beauftragten Amtsträger den Zutritt zu seinen Geschäftsräumen während der üblichen Geschäftszeiten verwehrt. Zwar ist auch der Kommunalabgabenpflichtige zu dieser Mitwirkung gem. § 12 Abs. 1 Nr. 3 KAG NW i.V.m. § 99 AO verpflichtet, eine zwangsweise Durchsetzung ist jedoch mangels Verweisung auf die §§ 328 ff. AO nicht möglich. Sofern in der kommunalen Satzung eine Berechtigung i.S.d. § 99 AO ausdrücklich normiert ist, bleibt zwar die zwangsweise Durchsetzung immer noch nicht möglich, aber die Weigerung kann als Abgabengefährdung geahndet werden (*Meier/Sander*, KStZ 2003, 41, 44).

53 **c)** Gemeinsames Merkmal beider Tatbestände ist schließlich, dass zwar keine Abgabenverkürzung eingetreten sein muss, aber die Tathandlung muss objektiv geeignet sein, Abgaben zu verkürzen. Die abstrakte Gefahr einer Abgabenverkürzung reicht aus (Klein/*Jäger* § 370 Rn. 15).

2. Täter

54 Die Abgabengefährdung ist ein „Jedermannsdelikt". Täter kann nicht nur der Abgabenpflichtige sein, sondern jeder, der unrichtige Belege ausstellt oder den Vorschriften einer Abgabensatzung zur Sicherung der Abgabenerhebung zuwiderhandelt.

3. Subjektiver Tatbestand

55 Den subjektiven Tatbestand erfüllt, wer vorsätzlich oder leichtfertig hinsichtlich der Unrichtigkeit des Beleges oder der Eignung zur Abgabenverkürzung handelt.

4. Sanktion

Die Abgabengefährdung kann nach § 20 Abs. 3 KAG NW mit einer Geldbuße i.H.v. 5.000,00 €   56
belegt werden. Etwa die Hälfte der anderen Länder hat den Bußgeldrahmen auf 10.000,00 € festgelegt. Die Entscheidung über die Höhe der Geldbuße erfolgt nach den Vorgaben des § 17
OWiG. So reduziert sich der Oberrahmen der Geldbuße bei einer fahrlässig begangenen Abgabengefährdung um die Hälfte gem. § 17 Abs. 2 OWiG.

Im Gegensatz zu den Verkürzungsdelikten hat der Gesetzgeber keine Möglichkeit der strafbefrei-   57
enden Selbstanzeige geschaffen. Die Gründe hierfür liegen gänzlich im Dunkeln. Es ist sachlich
nicht nachzuvollziehen, weshalb für das Verletzungsdelikt eine strafbefreiende Selbstanzeigemöglichkeit normiert ist, für das vorgelagerte Vorbereitungsdelikt jedoch nicht. Gleichwohl ist gegen
das Fehlen von Verfassungs wegen nichts zu erinnern (BVerfG, wistra 1997, 297). Die Finanzverwaltung hat diesen Wertungswiderspruch aufgegriffen und in einem Schreiben des Bundministeri-
ums der Finanzen angeregt, von einer Verfolgung der Steuergefährdung abzusehen, wenn der
Täter eine Selbstanzeige wegen Steuerhinterziehung oder leichtfertiger Steuerverkürzung erstattet
habe (BMF v. 29.07.1981 – IV A S – 0711 – 3/81, n.v., zitiert nach Kohlmann/*Matthes*, § 379
Rn. 192). Diese Anregung ist auf die Abgabengefährdung ohne Einschränkung zu übertragen.

III. Verfahren

Sachlich zuständig für das Bußgeldverfahren und damit Verwaltungsbehörde i.S.d. § 36 Abs. 1   58
Nr. 1 OWiG gem. § 20 Abs. 5 KAG NW soll die Körperschaft sein, der die Abgabe zusteht. Diese
Zuständigkeitsverteilung ist zumindest unglücklich bezeichnet, da eine juristische Person des
öffentlichen Rechts keine Verwaltungsbehörde sein kann (*Hamacher/Menzel/Queitsch/Rudersdorf/
Schneider/Thomas*, Praxis der Kommunalverwaltung, KAG NW, § 20 Rn. 22). Gemeint sein dürfte
vielmehr der jeweilige Hauptverwaltungsbeamte der zuständigen Verwaltungsbehörde (vgl. etwa
§ 7 Abs. 2 Satz 2 GO NRW).

Für das Strafverfahren sieht § 20 Abs. 4 KAG NW vor, dass die §§ 391, 393, 396, 397, 407 und   59
§ 411 AO Anwendung finden. Ähnliche Regelungen kennen auch die anderen Länder. Jedoch ver-
zichten hier erneut Bayern und Thüringen ganz auf Verfahrensvorschriften aus der AO. In Hessen
findet allein § 411 AO entsprechende Anwendung, weshalb dort – wie in NRW und den übrigen
Ländern – die Berufskammern in Verfahren gegen RA, Steuerberater, Steuerbevollmächtigten,
Wirtschaftsprüfer oder vereidigten Buchprüfer wegen einer Steuerordnungswidrigkeit, die er in
Ausübung seines Berufs bei der Beratung in Steuersachen begangen hat, gehört werden (zu den
Details s. die Darstellung zu § 411 AO).

Mangels einer gesetzlichen Bestimmung fließen die Bußgelder in die Landeskasse gem. § 90 Abs. 2   60
OWiG. Sachsen-Anhalt (§ 16 Abs. 6 KAG-LSA) und Bayern (Art. 17 BayKAG) haben hingegen
die gesetzlichen Grundalgen geschaffen, dass die Bußgelder der Körperschaft zu fließen, der die
Abgaben zustehen.

4. Kapitel Umsatzsteuergesetz (§§ 26b, 26c UStG)

§ 26b UStG Schädigung des Umsatzsteueraufkommens (Umsatzsteuerkarussell; Zahlungsverzug; Missbrauch des Vorsteuerabzugs)

(1) Ordnungswidrig handelt, wer die in einer Rechnung im Sinne von § 14 ausgewiesene Umsatzsteuer zu einem in § 18 Abs. 1 Satz 3 oder Abs. 4 Satz 1 oder 2 genannten Fälligkeitszeitpunkt nicht oder nicht vollständig entrichtet.

(2) Die Ordnungswidrigkeit kann mit einer Geldbuße bis zu fünfzigtausend Euro geahndet werden.

Literaturübersicht:
Ammann, Anmerkungen zum Entwurf des Steuerverkürzungsbekämpfungsgesetzes, UR 2001, 428; **ders.**, Fortschritte bei der Umsatzsteuerbetrugsbekämpfung, UR 2003, 332; **ders.**, Betrugsresistenz der Umsatzsteuer sowie Vertrauensschutz für Steuerfreiheit und Vorsteuerabzug sind gleichzeitig möglich, UR 2005, 233; **Bender**, Neuigkeiten im Steuerstrafrecht für die Zollverwaltung, ZfZ 2002, 146; **Bielefeld,** Schützen die §§ 26b, 26c UStG das Umsatzsteueraufkommen?, BB 2004, 2441; **ders.**, Fortbildung des Umsatzsteuerrechts durch den EuGH, wistra 2007, 9; **Braun,** Als Fahrgast im Umsatzsteuer-Karussell, PStR 2005, 58; **Burger,** Die Einführung der gewerbs- und bandenmäßigen Steuerhinterziehung sowie aktuelle Änderungen im Bereich der Geldwäsche, wistra 2002, 1; **Danzer,** Bekämpfung von Umsatzsteuerkarussellgeschäften, 2008; **Dathe,** Umsatzsteuerhinterziehung, 2. Aufl., 2009; **Ebner,** Die Steuerstrafsachenstatistik des BMF – ein Nachruf!, wistra 2008, 298; **Fahl,** Der neue § 370a AO – causa finita?, wistra 2003, 10; **Friedrich**, Schädigung des Umsatzsteueraufkommens, PStR 2007, 82; **Gaede**, Leerlauf der gewerbs- oder bandenmäßigen Schädigung des Umsatzsteueraufkommens?, PStR 2011, 233; **Gast-de Haan**, Ist § 27b UStG verfassungswidrig?, PStR 2002, 264; 9; **Gehm**, Steuerliche und steuerstrafrechtliche Aspekte des Umsatzsteuerkarussells, NJW 2012, 1257; **Gotzens/Wegner,** Das Steuerverkürzungsbekämpfungsgesetz: Eine erste Einschätzung, PStR 2002, 32; **Grieser,** Strafrechtliche Analyse der Umsatzsteuerhinterziehung und ihre Bekämpfung, 2005; **Heil**, Das Steuerverkürzungsbekämpfungsgesetz, StuB 2002, 221; **Hellmann**, Steuerstrafrechtliche Risiken umsatzsteuerfreier innergemeinschaftlicher Lieferungen, wistra 2005, 161; **Hentschel**, Die Bedeutung des Steuerordnungswidrigkeitenrechts bei grenzüberschreitender Umsatzsteuerhinterziehung, wistra 2005, 371; **Hillmann-Stadtfeld**, Umsatzsteuernachschau und Verschärfung der Strafrechtslage durch das Steuerverkürzungsbekämpfungsgesetz, DStR 2002, 434; **Jäger**, Aus der Rechtsprechung des BGH zum Steuerstrafrecht, 2005/2007, 1. Teil, NStZ 2007, 688; **Jochum**, Kann der Betrugsanfälligkeit des geltenden Umsatzsteuerrechts allein durch einen Systemwechsel wirksam begegnet werden?, UR 2005, 88; **Joecks**, Strafrechtliche Vorschriften im Steuerverkürzungsbekämpfungsgesetz, wistra 2002, 201; **Kemper**, Umsatzsteuerkarussellbetrug – Organisierte Kriminalität und ihre wirtschaftlichen Zusammenhänge, UR 2005, 1; **ders.**, Inhalt und mögliche Konsequenzen des organisierten Umsatzsteuerbetrugs, PStR 2005, 143; **ders.**, „Umsatzsteuerkarusselle" als besondere Begehungsform der schweren Steuerhinterziehung, ZRP 2006, 205; **ders.**, Qualifizierung der Umsatzsteuerhinterziehung und ihre systematische Bekämpfung, UR 2006, 569; **Klawikowski/Leitmeier/ Zühlke**, Umsatzsteuerkarussellgeschäfte. Nationale Ohnmacht – internationaler Umsatzsteuerbetrug?, StBp 2002, 121; **Kruhl**, Reichen die Maßnahmen des Steuerverkürzungsbekämpfungsgesetzes zur Betrugsbekämpfung aus oder ist eine Änderung des Umsatzsteuersystems notwendig?, BB 2002, 1018; **Küffner/Zugmaier**, Unwissentlich im Umsatzsteuerkarussell, UVR 2008, 30; **Kußmaul/Hillmer**, Umsatzsteuerbetrug – Ausprägungsformen und bisherige Reaktionen des Gesetzgebers, SteuerStud 2006, 525; **Leonard**, Steuerverkürzungsbekämpfungsgesetz und 6. EG-Richtlinie, UR 2002, 241; **Leplow**, Scheingutschrift und strafbewehrte Erklärungspflicht des Nichtunternehmers, PStR 2010, 38; **Matheis/Groß**, Best of Both Worlds – Lösungsansätze zur Ausgestaltung und Umsetzung des Reverse-Charge-Verfahrens, UR 2006, 379; **Merkt**, Mehrwertsteuerbetrug des innergemeinschaftlichen Erwerbers, UR 2008, 757; **Mittler**, Die Mehrwertsteuer wird zur Achillesferse der Staatseinnahmen in Europa, UR 2004, 1; **Muhler**, Die Umsatzsteuerhinterziehung, wistra 2009, 1; **A. Müller**, Die Umsatzsteuerhinterziehung, AO-StB 2008, 80; **G. Müller**, Die Neuregelung der gewerbsmäßigen oder bandenmäßigen Steuerhinterziehung, DStR 2002, 1641; **Nieuwenhuis**, Umsatzsteuerkarusselle – Eine Zusammenfassung der Rechtslage, UR 2005, 177; **Nöhren**, Die Hinterziehung von Umsatzsteuer, 2005; **Reiß,** Vorsteuerabzug – Achillesferse der Mehrwertsteuer?, UR 2002, 561; **Salditt**, Die

Schlingen des neuen Steuerstrafrechts, StV 2002, 214; **Schiffer**, Schwere Steuerhinterziehung (§ 370a AO): Reichweite und Konsequenzen, BB 2002, 1174; **Spatscheck/Wulf**, „Schwere Steuerhinterziehung" und Geldwäsche, DB 2002, 392; **Stadie**, Das unsinnige sog. Soll-Prinzip bei der Umsatzsteuer, UR 2004, 136; **ders.**, Soll oder Ist – das ist sehr wohl jetzt die Frage?, 2004, 398; **Tormöhlen**, Steuerstraf- und bußgeldrechtliche Reaktion auf Umsatzsteuer-Karussellgeschäfte, UVR 2006, 207; **Webel**, Schädigung des Umsatzsteueraufkommens, PStR 2005, 259; **Wegner**, Zum Anwendungsbereich des § 370a AO, wistra 2002, 205; **ders.**, Missbrauch beim CO2-Emmissionshandel, PStR 2010, 89; **Weyand**, Neue Strafgeldtatbestände und Bußgeldtatbestände infolge des Steuerverkürzungsbekämpfungsgesetzes, Information StW 2002, 183; **Widmann**, Die umsatzsteuerrechtlichen Änderungen zum 1.1.2002, DStR 2002, 166; **ders.**, Chancen und Risiken eines Umsatzsteuersystemwechsels, UR 2002, 588; **Wilhelm**, Schutz des Umsatzsteueraufkommens durch §§ 26b, 26c UStG, UR 2005, 474; **Wilke**, Typische Erscheinungsformen der Hinterziehung von Umsatzsteuer, wistra 1989, 295.

Übersicht

A. Allgemeines

I. Entstehung der neu geschaffenen Ordnungswidrigkeit

Die Vorschrift beruht auf dem **Gesetz zur Bekämpfung von Steuerverkürzungen bei der USt und** 1 **zur Änderung anderer Gesetze** (sog. Steuerverkürzungsbekämpfungsgesetz, BGBl. 2001 I, S. 3922 [3923]). Dieses Gesetz führte zum 01.01.2002 Neuregelungen insb. in das UStG ein, um dem sog. Umsatzsteuerbetrug Herr zu werden (zum Gesetzesentwurf BT-Drucks. 14/6883 und 14/7470, 7471). Erst auf eine Forderung des Bundesrates wurden zu diesem Zweck kurzfristig ohne eine erkennbare sorgfältige Prüfung sowohl die Ordnungswidrigkeit des § 26b UStG als auch die in § 26c UStG vorgesehene Strafbarkeit Gesetz (BT-Drucks. 14/7471, S. 3 [5 f., 7 f.]; Rolletschke/ Kemper § 26b Rn. 2). Beide Tatbestände zielen primär darauf ab, diejenigen **Fälle des Missbrauchs bei der Umsatzsteuererhebung** (sog. **Umsatzsteuerkarusselle**) zu erfassen, die nicht durch die Steuerhinterziehung pönalisiert sind. Gerade damit soll in Zukunft Schaden von der Allgemeinheit und von steuerehrlichen Unternehmern abgewendet werden (BT-Drucks. 14/7471, S. 8; zu diesem Anliegen schon BT-Drucks. 14/6883, S. 1 [7 ff.]).

Schon die für Umsatzsteuerkarusselle charakteristische **Nichtentrichtung** der in Rechnungen aus- 2 gewiesenen USt **soll geahndet werden**, weil sie infolge des **mit der Rechnung prinzipiell ermöglichten Vorsteuerabzuges** zu einer gefährlichen Schieflage des Mehrwertsteuersystems und zu Wettbewerbsverzerrungen führen kann (BT-Drucks. 14/7471, S. 5 f. [7 f.]; Rolletschke/Kemper § 26b Rn. 19 f.). Konkret soll schon mit Geldbuße geahndet oder in den Fällen des § 26c UStG bestraft werden können, wer in diesen Fällen USt nach den Maßgaben des § 14 UStG als sog. **missing trader** in Rechnung stellt, den Finanzbehörden ggü. ordnungsgemäß erklärt und diese sodann vorsätzlich nicht entrichtet (BT-Drucks. 14/7471, S. 8; zur bestehenden Lücke des § 370

AO vgl. FGJ/*Joecks* § 370 Rn. 324; krit. Rolletschke/*Kemper* § 26b Rn. 11; auch § 26c UStG Rdn. 1, 3). Der Gesetzgeber beurteilt damit die bereits bisher mögliche Erhebung von Säumniszuschlägen nach § 240 AO für die USt als ungenügend. Er verschärft die Rechtslage erheblich.

3   Die Vorschrift stellt eine **Steuerordnungswidrigkeit i.S.d. § 377 Abs. 1 AO** dar. Auch für § 26b UStG gelten deshalb die Vorschriften der §§ 409 ff. AO einschließlich der Vorschriften zur Verfolgungszuständigkeit der Finanzbehörden. Dies gilt, soweit sie nicht explizit nur Regeln für die Steuerordnungswidrigkeiten der AO aufstellen (z.B. zur Verjährung § 384 AO; § 26b UStG Rdn. 49). Die Vorschriften des Ersten Teils des OWiG finden über § 377 Abs. 2 AO Anwendung (zur Einwirkung des OWiG auf Steuerordnungswidrigkeiten s. allgemein § 377 AO Rdn. 2 ff.).

4   Die zur Normsetzung Anlass gebenden Fälle weisen im Wesentlichen ein **Muster** auf, **nach welchem Lieferungen wie bei einem Karussell ggf. mehrfach über die Grenze kreisen** (*Bielefeld*, wistra 2007, 9; *Stadie* § 25d Rn. 4; RKLW/*Tormöhlen* § 26b Rn. 3; zu Karussellen bei Klimazertifikaten *Wegner*, PStR 2010, 89 f.): Ein Unternehmer liefert aus dem EU-Ausland eine zumeist hochpreisige und leicht zu transportierende Ware als steuerfreie innergemeinschaftliche Lieferung (Parallelvorschriften zu §§ 4 Nr. 1 Buchst. b), 6a UStG) nach Deutschland an einen weiteren Unternehmer (den sog. *missing trader*) für z.B. 100.000,00 €. Dieser *missing trader* unterliegt zwar der Besteuerung des innergemeinschaftlichen Erwerbs (§§ 1 Abs. 1 Nr. 5, 1a UStG). Dem steht jedoch zugleich ein Vorsteuerabzug in gleicher Höhe ggü. (§ 15 Abs. 1 Nr. 3 UStG). Der *missing trader* ist ein im Wesentlichen nur als Scheinunternehmen fungierendes Unternehmen, das ordnungsgemäß beim FA angemeldet ist. Dieses Unternehmen liefert die Ware nun im Inland z.B. für 104.000,00 € brutto mit einem oft nur geringen Gewinnaufschlag an einen dritten Unternehmer (sog. *Distributor*) weiter. Hierbei meldet es den in einer Rechnung ausgewiesenen Umsatz korrekt an. Es entsteht ein Umsatzsteueranspruch, den der *missing trader* jedoch plangemäß nicht zahlt und der tatsächlich ausfällt, weil der *missing trader* nicht mehr auffindbar und/oder insolvent ist. Der dritte Unternehmer (zahlt zunächst die vereinbarte Bruttosumme und) liefert die hochpreisigen Waren dann verbilligt ins Ausland für z.B. 95.000,00 € weiter. Jene Lieferung stellt für diesen Unternehmer eine steuerfreie innergemeinschaftliche Lieferung (§§ 4 Nr. 1 Buchst. b), 6a UStG) dar, für die er einen Anspruch auf Vorsteuervergütung i.H.d. vom *missing trader* geschuldeten USt geltend machen kann. Der Preis der Ware hat sich damit zulasten des geprellten Steueraufkommens erheblich verbilligt. Die Beteiligten erlangen offen über die sich selbst eingeräumten Gewinnspannen oder über interne Verteilungsvorgänge beträchtliche Profite, die max. die Höhe der nicht abgeführten USt des *missing traders* erreichen.

5   Dieses Tatmodell nutzt die Steuerbefreiung der innergemeinschaftlichen Lieferung und den Vorsteuerabzug systematisch aus. Der Weg über die Grenze dient dazu, die Verfolgung derartiger Geschäfte zu erschweren. Oftmals schließen sich zahlreiche weitere Lieferungsvorgänge an, die den ursprünglichen Sachverhalt verdecken und/oder die Ware weiter verbilligen sollen (vgl. z.B. *Kußmaul/Hilmer*, SteuerStud 2006, 525 [527 f.]; *Klawikowski/Leitmeier/Zühlke*, StBp 2002, 121 f.). Hierzu werden sog. *Buffer* vor den Einsatz des Distributors geschaltet, die – u.U. gutgläubig – den wahren Charakter des Geschäfts zusätzlich verdunkeln. Ebenso typisch ist der Einsatz von **Scheinlieferungen**, bei denen die vorgeblich im- und exportierten Waren entweder nicht bewegt werden oder schon gar nicht existieren (instruktiv *Kemper*, UR 2005, 1 ff.: nur selten finden tatsächlich Warenbewegung im Kreis statt; *Nöhren* S. 250 ff.; *Hellmann*, wistra 2005, 161 f.; *Rolletschke* S. 188 ff.). Diese Scheinlieferungen unterfallen § 26b UStG jedoch nicht (§ 26b UStG Rdn. 12). Durch diese zahlreichen Formen der Karussellgeschäfte entstehen für den Fiskus beträchtliche, auf Milliarden geschätzte Steuermindereinnahmen, da die USt nie gezahlt wurde und Ausfälle durch die zu vergütende Vorsteuer eintreten.

II. Kritik und Leerlauf der Norm

6   Die Gesetz gewordene Vorschrift geht in ihrem Wortlaut weit über den in der Gesetzesbegründung niedergelegten Gesetzeszweck hinaus (*Widmann*, DB 2002, 166, 169; Rolletschke/*Kemper*

§ 26b Rn. 5 f.; RKLW/*Tormöhlen* § 26b Rn. 8.1; Sölch/Ringleb/*Klenk* § 26b Rn. 2; *Webel*, PStR 2005, 259). Schon im Gesetzgebungsverfahren wurde die **Unverhältnismäßigkeit** der Norm einschließlich ihrer **Ungeeignetheit** gerügt (BT-Drucks. 14/7471, S. 5). Praktisch läuft § 26b UStG v.a. darauf hinaus, **in Verzug befindliche Unternehmer durch Geldbuße zu ahnden** oder über § 26c UStG zu kriminalisieren (*Heil*, StuB 2002, 221 [223]; *Wilhelm*, UR 2005, 474 [479]; *Danzer* S. 148 f. [158 f., 271]; Rolletschke/*Kemper* § 26b Rn. 12, § 26c UStG Rn. 4 [19]; RKLW/ *Tormöhlen* § 26b Rn. 3; *Kohlmann* § 370 Rn. 1199.2). Soweit die Norm tatsächlich den sog. orga-nisierten Umsatzsteuerbetrug eindämmen will, setzt sie „mit untauglichen Mitteln am falschen Ende" an (so mit weiterer prinzipieller Kritik *Stadie* §§ 26b/26c Rn. 5; RKLW/*Tormöhlen* § 26b Rn. 3). Falls man die §§ 26b, 26c UStG überhaupt noch einer verfassungskonformen Auslegung für zugänglich und daher für verfassungsgemäß hält, wird ihr **weitgehendes Leerlaufen** von Praxis und Wissenschaft längst konstatiert (*Wilhelm*, UR 2005, 474 f.; *Tormöhlen*, UVR 2006, 207 [211, 213]; *Friedrich*, PStR 2007, 82 f.; Rolletschke/*Kemper* § 26b Rn. 12 [48, 57]; *Stadie* §§ 26b, 26c Rn. 1, 5; zur breiten Erfassung durch § 370 AO: FGJ/*Joecks* § 370 Rn. 323; § 26c UStG Rdn. 3 f.; positiver nun aber Graf/Jäger/Wittig/*Bülte* §§ 26b, 26c Rn. 35 und Graf/Jäger/Wittig/ *Jäger* Vor § 369 Rn. 19: große Bedeutung des § 26b UStG in der Praxis). Schon die Finanzverwal-tung scheint Verdachtssachverhalte, die allein § 26b UStG betreffen, nahezu nicht zu verfolgen und sich auf die Fälle der Steuerhinterziehung zu konzentrieren (Rolletschke/*Kemper* § 26b Rn. 48: faktisch vorweggenommene Anwendung des Opportunitätsgrundsatzes). Auch wenn die Motivation zu dieser Nichtanwendung zweifelhaft sein mag, ist ein eng gefasster Anwendungsbe-reich in der Tat unvermeidlich. Die im Gesetzgebungsverfahren deutlich zutage getretene Ausrich-tung auf Fälle organisierter Kriminalität muss dazu führen, den Anwendungsbereich insb. im Hinblick auf die systematisch vorgegebene Bedeutung für § 26c UStG zu begrenzen. Soweit dage-gen vereinzelt aus einzelnen Bundesländern, z.B. **Hamburg**, eine Praxis berichtet wird, die nach einer dreimalig verspäteten oder ausgebliebenen Zahlung eine Geldbuße mit dem Hinweis auf die mögliche Annahme von Gewerbsmäßigkeit verhängt, um so die Steuerzahlung und die Geldbuße durchzusetzen, entspricht dies bei Weitem nicht den leitenden Vorstellungen des Gesetzgebers.

III. Praktisch bedeutsame flankierende Rechtsinstitute

▶ **Praxistipp:** 7

Für den rechtlichen Umgang mit etwaigen Umsatzsteuerkarussellen ist zu bedenken, dass das Steuerverkürzungsbekämpfungsgesetz nicht nur aufseiten des Steuerschuldners zu einer Ver-schärfung der Rechtslage geführt hat. Zu beachten ist vielmehr auch die in **§ 25d UStG** gere-gelte und zwischenzeitlich **erweiterte Haftung von Unternehmern**, die durch ihre Eingangs-umsätze an den in einer Rechnung ausgewiesenen Umsätzen sog. missing trader beteiligt sind (dazu näher Sölch/Ringleb/*Klenk* § 25d Rn. 1 ff. [7 ff.]; *Danzer* S. 111 ff.; abl. *Stadie* § 25d Rn. 5 ff.; BT-Drucks. 14/6883, S. 7 [8 f.]). Auch diese Haftungsnorm kommt freilich nur bei tatsächlichen und nicht fingierten Umsätzen zur Anwendung (*Widmann*, UR 2002, 468, 470; *Danzer* S. 111; krit. Sölch/Ringleb/*Klenk* § 25d Rn. 8). Sie lässt schon genügen, dass der am Umsatz beteiligte **Unternehmer** nach der Sorgfalt eines ordentlichen **Kaufmanns vom bevor-stehenden Ausfall der USt hätte Kenntnis haben können.** Zudem soll von dieser Kenntnis oder der fahrlässigen Unkenntnis gem. § 25d Abs. 2 UStG schon bei der Inrechnungstellung von Preisen auszugehen sein, die unter dem marktüblichen Preis liegen (dazu *Stadie* § 26d Rn. 9; *Danzer* S. 126 f.). Diese Vorschrift wird z.B. von *Stadie* bereits als verfassungswidrig bezeichnet, soweit der Haftungstatbestand nicht – seinen Leerlauf in Kauf nehmend – auf ein kollusives Zusammenwirken der Beteiligten reduziert wird (*Stadie* § 26d Rn. 5 f.; abl. auch *Dathe* S. 53 ff.; zu weiterer Kritik und Nachweisproblemen *Danzer* S. 119 ff.).

§ 25d UStG   Haftung für die schuldhaft nicht abgeführte Steuer

(1) Der Unternehmer haftet für die Steuer aus einem vorangegangenen Umsatz, soweit diese in einer nach § 14 ausgestellten Rechnung ausgewiesen wurde, der Aussteller der Rechnung entsprechend seiner vorgefassten Absicht die ausgewiesene Steuer nicht entrichtet oder sich vorsätzlich außer Stande gesetzt hat, die ausgewiesene Steuer zu entrichten und der Unternehmer bei Abschluss des Vertrags über seinen Eingangsumsatz davon Kenntnis hatte oder nach der Sorgfalt eines ordentlichen Kaufmanns hätte haben müssen. Trifft dies auf mehrere Unternehmer zu, so haften diese als Gesamtschuldner.

(2) Von der Kenntnis oder dem Kennenmüssen ist insbesondere auszugehen, wenn der Unternehmer für seinen Umsatz einen Preis in Rechnung stellt, der zum Zeitpunkt des Umsatzes unter dem marktüblichen Preis liegt. Dasselbe gilt, wenn der ihm in Rechnung gestellte Preis unter dem marktüblichen Preis oder unter dem Preis liegt, der seinem Lieferanten oder anderen Lieferanten, die am Erwerb der Ware beteiligt waren, in Rechnung gestellt wurde. Weist der Unternehmer nach, dass die Preisgestaltung betriebswirtschaftlich begründet ist, finden die Sätze 1 und 2 keine Anwendung.

(3) Örtlich zuständig für den Erlass des Haftungsbescheides ist das Finanzamt, das für die Besteuerung des Unternehmers zuständig ist. Im Falle des Absatzes 1 Satz 2 ist jedes Finanzamt örtlich zuständig, bei dem der Vorsteueranspruch geltend gemacht wird.

(4) Das zuständige Finanzamt hat zu prüfen, ob die Voraussetzungen für den Erlass des Haftungsbescheides vorliegen. Bis zum Abschluss dieser Prüfung kann die Erteilung der Zustimmung im Sinne von § 168 Satz 2 der Abgabenordnung versagt werden. Satz 2 gilt entsprechend für die Festsetzung nach § 167 Abs. 1 Satz 1 der Abgabenordnung, wenn sie zu einer Erstattung führt.

(5) Für den Erlass des Haftungsbescheides gelten die allgemeinen Grundsätze, mit Ausnahme des § 219 der Abgabenordnung.

8   Um die Beachtung des geltenden Umsatzsteuerrechts besser sicher zu stellen, wurden den Finanzbehörden auch neue Verfahrensbefugnisse zugestanden. Mit dem Steuerverkürzungsbekämpfungsgesetz wurde insb. die sog. **Umsatzsteuer-Nachschau (§ 27b UStG)** eingeführt. Sie ermöglicht eine eher kursorische, den Verfolgungsdruck aus Sicht des Gesetzgebers aber entscheidend erhöhende Unternehmensüberprüfung (s. zu ihrer Entstehung BT-Drucks. 14/6883, S. 9 und dann maßgeblich BT-Drucks. 14/7471, S. 8). Mit ihr sind den Finanzbehörden **nur hinsichtlich der USt** steuerrechtliche Ermittlungsrechte zugestanden und den Steuerpflichtigen Mitwirkungspflichten auferlegt worden, die teilweise über die Regelungen zur Außenprüfung hinausgehen. So ist z.B. eine **Ankündigung** der bevorstehenden Prüfung – problematischerweise – **entbehrlich**. Das Institut der Umsatzsteuer-Nachschau soll es v.a. ermöglichen, Scheinunternehmer (*missing trader*) schnell durch eine Überprüfung ihrer tatsächlichen Geschäftstätigkeit aufzuspüren.

§ 27b UStG   Umsatzsteuer-Nachschau

(1) Zur Sicherstellung einer gleichmäßigen Festsetzung und Erhebung der Umsatzsteuer können die damit betrauten Amtsträger der Finanzbehörde ohne vorherige Ankündigung und außerhalb einer Außenprüfung Grundstücke und Räume von Personen, die eine gewerbliche oder berufliche Tätigkeit selbständig ausüben, während der Geschäfts- und Arbeitszeiten betreten, um Sachverhalte festzustellen, die für die Besteuerung erheblich sein können (Umsatzsteuer-Nachschau). Wohnräume dürfen gegen den Willen des Inhabers nur zur Verhütung dringender Gefahren für die öffentliche Sicherheit und Ordnung betreten werden.

(2) Soweit dies zur Feststellung einer steuerlichen Erheblichkeit zweckdienlich ist, haben die von der Umsatzsteuer-Nachschau betroffenen Personen den damit betrauten Amtsträgern auf Verlangen Aufzeichnungen, Bücher, Geschäftspapiere und andere Urkunden über die der Umsatzsteuer-Nachschau unterliegenden Sachverhalte vorzulegen und Auskünfte zu erteilen. Wurden die in Satz 1 genannten Unterlagen mit Hilfe eines Datenverarbeitungssystems erstellt, können die mit der Umsatzsteuer-

Nachschau betrauten Amtsträger auf Verlangen die gespeicherten Daten über die der Umsatzsteuer-Nachschau unterliegenden Sachverhalte einsehen und soweit erforderlich hierfür das Datenverarbeitungssystem nutzen. Dies gilt auch für elektronische Rechnungen nach § 14 Abs. 1 Satz 8.

(3) Wenn die bei der Umsatzsteuer-Nachschau getroffenen Feststellungen hierzu Anlass geben, kann ohne vorherige Prüfungsanordnung (§ 196 der Abgabenordnung) zu einer Außenprüfung nach § 193 der Abgabenordnung übergegangen werden. Auf den Übergang zur Außenprüfung wird schriftlich hingewiesen.

(4) Werden anlässlich der Umsatzsteuer-Nachschau Verhältnisse festgestellt, die für die Festsetzung und Erhebung anderer Steuern als der Umsatzsteuer erheblich sein können, so ist die Auswertung der Feststellungen insoweit zulässig, als ihre Kenntnis für die Besteuerung der in Absatz 1 genannten Personen oder anderer Personen von Bedeutung sein kann.

B. Objektiver Tatbestand

Dem objektiven Tatbestand des § 26b UStG unterfällt nicht jede (teilweise) ausbleibende Entrich- 9
tung einer Umsatzsteuerschuld. Tatsächlich ist noch immer eine Reihe von Merkmalen zu beachten. Es muss sich um eine nach § 14 UStG **in einer Rechnung ausgewiesene Umsatzsteuerschuld** handeln (dazu näher § 26b UStG Rdn. 10 ff.). Diese Steuerschuld muss der Täter **zum Fälligkeitszeitpunkt nicht beglichen haben, obschon er dazu in der Lage war** (dazu näher § 26b UStG Rdn. 13 ff.).

I. Ausweis von USt gem. § 14 UStG

§ 14 UStG   Ausstellung von Rechnungen

(1) Rechnung ist jedes Dokument, mit dem über eine Lieferung oder sonstige Leistung abgerechnet wird, gleichgültig, wie dieses Dokument im Geschäftsverkehr bezeichnet wird. Die Echtheit der Herkunft der Rechnung, die Unversehrtheit ihres Inhalts und ihre Lesbarkeit müssen gewährleistet werden. Echtheit der Herkunft bedeutet die Sicherheit der Identität des Rechnungsausstellers. Unversehrtheit des Inhalts bedeutet, dass die nach diesem Gesetz erforderlichen Angaben nicht geändert wurden. Jeder Unternehmer legt fest, in welcher Weise die Echtheit der Herkunft, die Unversehrtheit des Inhalts und die Lesbarkeit der Rechnung gewährleistet werden. Dies kann durch jegliche innerbetriebliche Kontrollverfahren erreicht werden, die einen verlässlichen Prüfpfad zwischen Rechnung und Leistung schaffen können. Rechnungen sind auf Papier oder vorbehaltlich der Zustimmung des Empfängers elektronisch zu übermitteln. Eine elektronische Rechnung ist eine Rechnung, die in einem elektronischen Format ausgestellt und empfangen wird.

(4) Eine Rechnung muss folgende Angaben enthalten:
1. *den vollständigen Namen und die vollständige Anschrift des leistenden Unternehmers und des Leistungsempfängers,*
2. *die dem leistenden Unternehmer vom Finanzamt erteilte Steuernummer oder die ihm vom Bundeszentralamt für Steuern erteilte Umsatzsteuer-Identifikationsnummer,*
3. *das Ausstellungsdatum,*
4. *eine fortlaufende Nummer mit einer oder mehreren Zahlenreihen, die zur Identifizierung der Rechnung vom Rechnungsaussteller einmalig vergeben wird (Rechnungsnummer),*
5. *die Menge und die Art (handelsübliche Bezeichnung) der gelieferten Gegenstände oder den Umfang und die Art der sonstigen Leistung,*
6. *den Zeitpunkt der Lieferung oder sonstigen Leistung; in den Fällen des Absatzes 5 Satz 1 den Zeitpunkt der Vereinnahmung des Entgelts oder eines Teils des Entgelts, sofern der Zeitpunkt der Vereinnahmung feststeht und nicht mit dem Ausstellungsdatum der Rechnung übereinstimmt,*

7. das nach Steuersätzen und einzelnen Steuerbefreiungen aufgeschlüsselte Entgelt für die Lieferung oder sonstige Leistung (§ 10) sowie jede im Voraus vereinbarte Minderung des Entgelts, sofern sie nicht bereits im Entgelt berücksichtigt ist,

8. den anzuwendenden Steuersatz sowie den auf das Entgelt entfallenden Steuerbetrag oder im Fall einer Steuerbefreiung einen Hinweis darauf, dass für die Lieferung oder sonstige Leistung eine Steuerbefreiung gilt, und

9. in den Fällen des § 14b Abs. 1 Satz 5 einen Hinweis auf die Aufbewahrungspflicht des Leistungsempfängers.

In den Fällen des § 10 Abs. 5 sind die Nummern 7 und 8 mit der Maßgabe anzuwenden, dass die Bemessungsgrundlage für die Leistung (§ 10 Abs. 4) und der darauf entfallende Steuerbetrag anzugeben sind. Unternehmer, die § 24 Abs. 1 bis 3 anwenden, sind jedoch auch in diesen Fällen nur zur Angabe des Entgelts und des darauf entfallenden Steuerbetrags berechtigt.

10   Der Tatbestand des § 26b UStG ist nicht schon bei jeder Nichtentrichtung von USt trotz Fälligkeit einschlägig (OSL/*Blesinger* § 26b Rn. 15 [22]; Rolletschke/*Kemper* § 26b Rn. 17; nur scheinbar anders Graf/Jäger/Wittig/*Bülte* §§ 26b, 26c Rn. 15 und 23). Erforderlich ist der **Ausweis von USt in einer Rechnung gem. § 14 UStG**. Ausweis meint insoweit, dass die Rechnung in den wirtschaftlichen Verkehr gebracht worden sein muss (Rolletschke/*Kemper* § 26b Rn. 438). Vorliegen muss eine Rechnung, die den **Vorsteuerabzug gem. § 15 Abs. 1 Satz 1 Nr. 1 UStG legitim ermöglicht** (*Danzer* S. 138 f.; OSL/*Blesinger* § 26b Rn. 16 f.; FGJ/*Joecks* § 370 Rn. 331; Rolletschke/*Kemper* § 26b Rn. 24 ff.; Graf/Jäger/Wittig/*Bülte* §§ 26b, 26c Rn. 10 f.; Sölch/Ringleb/*Klenk* § 26b Rn. 5; *Stadie* §§ 26b/26c Rn. 2; Rau/Dürrwächter/*Nieskens* § 26b Rn. 17). Hierauf kann entgegen einer abweichenden Meinung nicht verzichtet werden, die formale Mindeststandards einer Rechnung genügen lassen will, soweit nur das Entgelt gesondert in ihr enthalten ist und eine Vergütung der Vorsteuer in der Praxis faktisch erfolgen könnte (so aber *Nöhren* S. 71 ff.; Wannemacher/*Traub* § 26b Rn. 1355; *Wilhelm*, UR 2005, 474 [475]; *Tormöhlen*, UVR 2006, 207 [210]; RKLW/*Tormöhlen* § 26b Rn. 5.1; noch weiter Hartmann/Metzenmacher/*Küffner* § 26b Rn. 17; siehe nun auch Klein/*Jäger* § 370 AO Rn. 474). Dies folgt schon aus dem Sinn und Zweck des Tatbestandes, der lediglich verhindern sollte, dass Vorsteuerbeträge *rechtmäßig* geltend gemacht werden können, ohne dass der Staat korrespondierende Umsatzsteuereinnahmen erzielt (§ 26b UStG Rdn. 2 ff.). Soweit eine Rechnung dies nicht legitim ermöglicht, genügt sie nicht zur Begründung einer Sanktion gem. § 26b Abs. 2 UStG oder gar § 26c StGB, da der Täter in diesem Fall keine hinreichend qualifizierte und ihm zurechenbare Gefahrerhöhung bewirkt (i.E. auch schon Graf/Jäger/Wittig/*Bülte* §§ 26b, 26c Rn. 11). Nur wenn die Auslegung der §§ 14 Abs. 4, 15 Abs. 1 Satz 1 Nr. 1 UStG selbst zur Folge hat, dass einzelne mangelnde Angaben den Vorsteuerabzug nicht nur versehentlich nicht ausschließen, liegt die in einer Rechnung ausgewiesene Umsatzsteuerschuld i.S.d. §§ 26b Abs. 1, 26c UStG vor (wie hier i.E. z.B. schon zur Steuernummer Rau/Dürrwächter/*Nieskens* § 26b Rn. 17; *Dathe* S. 66).

11   Die Rechnung muss folglich insb. die für den Vorsteuerabzug bedeutsamen **Maßgaben des § 14 Abs. 4 UStG erfüllen**, um die entscheidende Vorsteuerabzugsberechtigung zu begründen, die den Gesetzgeber zu § 26b UStG motiviert hat (OSL/*Blesinger* § 26b Rn. 16; Rolletschke/*Kemper* § 26b Rn. 24 ff.; FGJ/*Joecks* § 370 Rn. 331; Bunjes/Geist/*Leonard* § 26b Rn. 4; *Danzer* 138 f.; a.A. RKLW/*Tormöhlen* § 26b Rn. 5.1 mit Rückausnahmen). Es genügt nicht schon jede Rechnung i.S.d. § 14 Abs. 1 UStG Graf/Jäger/Wittig/*Bülte* §§ 26b, 26c Rn. 10 f.). Der Schutz des Steueraufkommens wird darüber hinaus schon durch § 370 AO gewährleistet (dazu m.w.N. OSL/*Blesinger* § 26bRn. 17; Rolletschke/*Kemper* § 26b Rn. 25 [32]).

12   **Sonderprobleme:** § 26b UStG ist nicht auf eine gem. § 14c Abs. 2 Satz 2 UStG unberechtigt oder überhöht ausgewiesene USt anwendbar, da derartige Rechnungen keine berechtigte Vorsteuervergütung auslösen können (wie hier schon *Bielefeld*, BB 2004, 2441 ff.; *Danzer* S. 139 f.; OSL/*Blesinger* § 26b Rn. 23; *Stadie* §§ 26b, 26c Rn. 2; Rolletschke/*Kemper* § 26b Rn. 35 f.). Die betroffenen Konstellationen sind bereits hinreichend über § 370 AO erfasst. Lediglich die von ihm

gelassenen „Lücken" sollten die §§ 26b, 26c UStG schließen (BT-Drucks. 14/1471 S. 8; a.A. Graf/ Jäger/Wittig/*Bülte* §§ 26b, 26c Rn. 13, der die §§ 26b, 26c UStG entgegen seiner Rn. 1 frei mit § 370 AO konkurrieren lassen will). Damit fällt ein Großteil der praktisch betriebenen Karussellgeschäfte aus dem Anwendungsbereich der §§ 26b, 26c UStG heraus (*Bielefeld*, BB 2004, 2441 ff.). Gleiches gilt für sog. **Abdeckrechnungen**, bei denen über eine andere als die tatsächlich ausgeführte Leistung abgerechnet wird, da für die tatsächlich ausgeführte Leistung schon keine – für § 26b UStG unentbehrliche – Rechnung existiert (OSL/*Blesinger* § 26b Rn. 21; FGJ/*Joecks* § 370 Rn. 333; Rolletschke/*Kemper* § 26b Rn. 34). Problematisch ist die Berücksichtigung von **Berichtigungen** einer fehlerhaft ausgewiesenen USt. Nach der bislang herrschenden Ansicht lässt eine Berichtigung die Verantwortlichkeit nach den §§ 26b, 26c UStG nur dann entfallen, wenn sie vor dem Fälligkeitszeitpunkt erfolgt (OSL/*Blesinger* § 26b Rn. 20; FGJ/*Joecks* § 370 Rn. 334; zur Selbstanzeige aber § 26b UStG Rdn. 39).

II. Nichtentrichtung der ausgewiesenen USt zum Fälligkeitszeitpunkt trotz Fähigkeit zu ihrer Entrichtung

Der Täter muss die in der Rechnung ausgewiesene USt zum gesetzlichen Fälligkeitszeitpunkt **13** nicht oder nur teilweise entrichtet haben, obgleich ihm dies zu diesem Zeitpunkt möglich war.

1. Maßgeblicher Fälligkeitszeitpunkt

§ 18 UStG   Besteuerungsverfahren

(1) Der Unternehmer hat bis zum 10. Tag nach Ablauf jedes Voranmeldungszeitraums eine Voranmeldung nach amtlich vorgeschriebenem Datensatz durch Datenfernübertragung nach Maßgabe der Steuerdaten-Übermittlungsverordnung zu übermitteln, in der er die Steuer für den Voranmeldungszeitraum (Vorauszahlung) selbst zu berechnen hat. Auf Antrag kann das Finanzamt zur Vermeidung von unbilligen Härten auf eine elektronische Übermittlung verzichten; in diesem Fall hat der Unternehmer eine Voranmeldung nach amtlich vorgeschriebenem Vordruck abzugeben. § 16 Abs. 1 und 2 und § 17 sind entsprechend anzuwenden. Die Vorauszahlung ist am 10. Tag nach Ablauf des Voranmeldungszeitraums fällig.

(2) Voranmeldungszeitraum ist das Kalendervierteljahr. Beträgt die Steuer für das vorangegangene Kalenderjahr mehr als 7 500 Euro, ist der Kalendermonat Voranmeldungszeitraum. Beträgt die Steuer für das vorangegangene Kalenderjahr nicht mehr als 1 000 Euro, kann das Finanzamt den Unternehmer von der Verpflichtung zur Abgabe der Voranmeldungen und Entrichtung der Vorauszahlungen befreien. Nimmt der Unternehmer seine berufliche oder gewerbliche Tätigkeit auf, ist im laufenden und folgenden Kalenderjahr Voranmeldungszeitraum der Kalendermonat.

(2a) Der Unternehmer kann an Stelle des Kalendervierteljahres den Kalendermonat als Voranmeldungszeitraum wählen, wenn sich für das vorangegangene Kalenderjahr ein Überschuss zu seinen Gunsten von mehr als 7 500 Euro ergibt. In diesem Fall hat der Unternehmer bis zum 10. Februar des laufenden Kalenderjahres eine Voranmeldung für den ersten Kalendermonat abzugeben. Die Ausübung des Wahlrechts bindet den Unternehmer für dieses Kalenderjahr.

(3) Der Unternehmer hat für das Kalenderjahr oder für den kürzeren Besteuerungszeitraum eine Steuererklärung nach amtlich vorgeschriebenem Datensatz durch Datenfernübertragung nach Maßgabe der Steuerdaten-Übermittlungsverordnung zu übermitteln, in der er die zu entrichtende Steuer oder den Überschuss, der sich zu seinen Gunsten ergibt, nach § 16 Absatz 1 bis 4 und § 17 selbst zu berechnen hat (Steueranmeldung). In den Fällen des § 16 Absatz 3 und 4 ist die Steueranmeldung binnen einem Monat nach Ablauf des kürzeren Besteuerungszeitraums zu übermitteln. Auf Antrag kann das Finanzamt zur Vermeidung von unbilligen Härten auf eine elektronische Übermittlung verzichten; in diesem Fall hat der Unternehmer eine Steueranmeldung nach amtlich vorgeschriebenem Vordruck abzugeben und eigenhändig zu unterschreiben.

(4) Berechnet der Unternehmer die zu entrichtende Steuer oder den Überschuss in der Steueranmeldung für das Kalenderjahr abweichend von der Summe der Vorauszahlungen, so ist der Unterschiedsbetrag zugunsten des Finanzamts einen Monat nach dem Eingang der Steueranmeldung fällig. Setzt das Finanzamt die zu entrichtende Steuer oder den Überschuss abweichend von der Steueranmeldung für das Kalenderjahr fest, so ist der Unterschiedsbetrag zugunsten des Finanzamts einen Monat nach der Bekanntgabe des Steuerbescheids fällig. Die Fälligkeit rückständiger Vorauszahlungen (Absatz 1) bleibt von den Sätzen 1 und 2 unberührt.

14   Der maßgebliche Fälligkeitszeitpunkt ist in Abhängigkeit von § 18 UStG zu bestimmen. Für die Fälligkeit ist danach zu unterscheiden, ob es um die Entrichtung der in Voranmeldungen berechneten USt (§ 18 Abs. 1 Satz 4 UStG) oder um USt geht, die für das Kalenderjahr berechnet oder festgesetzt wird (§ 18 Abs. 4 Satz 1 oder 2 UStG):

a)   § 26b Abs. 1, 1. Alt. StGB

15   Ist der **Unternehmer zur Voranmeldung verpflichtet**, ist die USt im Wege der Vorauszahlung am 10. Tag nach Ablauf des Voranmeldungszeitraums zu entrichten (§ 18 Abs. 1 **Satz 4** UStG, **§ 26b Abs. 1, 1. Alt. StGB**). Der Voranmeldungszeitraum richtet sich im Detail nach § 18 Abs. 2, 2a UStG und kann je nach Steuervolumen ein Vierteljahr oder einen Monat betragen. Nimmt der Unternehmer seine berufliche oder gewerbliche Tätigkeit auf, ist im laufenden und folgenden Kalenderjahr Voranmeldungszeitraum der Kalendermonat (§ 18 Abs. 2 Satz 3 UStG). Diese Regelung soll helfen, sog. *missing trader* bzw. Phönixfirmen schneller identifizieren zu können (BT-Drucks. 14/6883, S. 7 [8]; *Danzer* S. 53 f.). Zu beachten ist auch das evtl. ausgeübte Wahlrecht nach § 18 Abs. 2a UStG.

16   Nach dem Wortlaut des § 26b Abs. 1, 1. Alt. UStG, der lediglich auf den im Gesetz beschriebenen Fälligkeitszeitpunkt und nicht auf die eintretende Fälligkeit verweist, scheint es auf Anmeldungen/Erklärungen des Steuerschuldners nicht anzukommen (so aber auf eine Voranmeldung verzichtend *Fahl*, wistra 2003, 10 [11]; *Muhler*, wistra 2009, 1 [5]; Graf/Jäger/Wittig/*Bülte* §§ 26b, 26c Rn. 19 f.). In Abweichung vom Wortlaut der Norm ist aber nach zutreffender Ansicht nicht nur die Überschreitung des Fälligkeitszeitpunkts erforderlich. § 26b Abs. 1, 1. Alt. UStG findet nur Anwendung, wenn die **Umsatzsteuerschuld zuvor angemeldet wurde** (*Wegner*, wistra 2002, 205 [208]; *Nöhren* S. 68 f.; Wannemacher/*Traub* § 26b Rn. 1370 f.; OSL/*Blesinger* § 26b Rn. 29 ff. [65]; Rolletschke/*Kemper* § 26b Rn. 38; FGJ/*Joecks* § 370 Rn. 328; RKLW/*Tormöhlen* § 26b Rn. 5; *Stadie* §§ 26b/26c Rn. 3). Die verspätete oder mangelnde Erklärung/Anmeldung einer Steuer kann allein als Steuerhinterziehung gem. § 370 AO geahndet werden. Der Wortlaut der §§ 26b, 26c UStG bedarf der Einschränkung, da der Gesetzgeber selbst auf Fälle ordnungsgemäßer Erklärungen ggü. dem FA abstellte (BT-Drucks. 14/7471, S. 7 f.). Er wollte lediglich die missbräuchliche Ermöglichung des Vorsteuerabzugs in nicht gem. § 370 AO strafbaren Fallgruppen erfassen (vgl. schon BT-Drucks. 14/7471, S. 6, 7 f. und Klein/*Jäger* § 370 AO Rn. 483; *Gehm*, NJW 2012, 1257 [1261]). Dieses Ziel ist aber nicht einschlägig, wenn ein Vorsteuerabzug mangels ordnungsgemäßer Anmeldung ausscheidet und das Tatgeschehen bereits gem. § 370 AO strafbar ist. Bekanntlich muss auch innerhalb des Gesetzeswortlauts der Wille des Gesetzgebers, ein bestimmtes Geschehen nicht erfassen zu wollen, respektiert werden (s. grundlegend anhand der Untreue BVerfGE 126, 170 [198 m.w.N.]; § 369 AO Rdn. 79, 88 ff.). Soweit § 370 AO im Einzelfall wegen § 371 AO nicht eingreift (auch daher abl. etwa Graf/Jäger/Wittig/*Bülte* §§ 26b, 26c Rn. 20), ist dies eine Konsequenz eben dieser Gesetzesnorm, die nicht sinnwidrig über die lediglich ergänzenden §§ 26b, 26c UStG zu korrigieren ist (s. zur Selbstanzeige auch § 26b UStG Rdn. 39 und § 26c UStG Rdn. 32 f.).

17   **Sonderproblem:** Für **Taten, die seit dem 01.01.2009 begangen worden sind**, ist durch eine weitere Novellierung des UStG ein zusätzliches Problem entstanden (dazu schon *Gaede*, PStR 2011, 233 ff.). Dass es bislang keine Beachtung gefunden hat, verdeutlicht, wie wenig die Praxis die §§ 26b, 26c UStG als geltendes Recht versteht. In der Alternative der Steuervoranmeldung ist mit

der **Neufassung des § 18 Abs. 1 UStG** durch das „Steuerbürokratieabbaugesetz" v. 20.12.2008 (BGBl. I 2008, S. 2850 [2855]) ein **fehlgehender Verweis** entstanden. § 26b Abs. 1 UStG verweist für den maßgeblichen Fälligkeitszeitpunkt verfehlt noch immer **auf § 18 Abs. 1 Satz 3 UStG**. Die ursprünglich tatsächlich in § 18 Abs. 1 Satz 3 UStG geregelte **Fälligkeit** ist jedoch seit dem Steuerbürokratieabbaugesetz **in § 18 Abs. 1 Satz 4 UStG geregelt**, da der Gesetzgeber eine sprachliche Änderung des alten Satz drei durchgeführt hat. Aufgrund des Umstands, dass Verweise in Strafgesetzen bestimmt sein müssen (§ 369 AO Rdn. 70, 82), stellt sich die Frage, ob § 26b Abs. 1, 1. Alt. UStG und mit ihm § 26c UStG infolge einer fehlgehenden Verweisung seitdem leer laufen. Dagegen spricht, dass noch immer eine explizite und – für sich genommen – bestimmt erscheinende gesetzliche Regelung über die Fälligkeit bei Umsatzsteuervoranmeldungen existiert. Unabhängig davon, ob man die Fälligkeit als normatives Tatbestandsmerkmal oder als Blankettmerkmal begreifen möchte, könnte die Tatbeschreibung des § 26b Abs. 1, 1. Alt. UStG daher trotz des fehlgehenden Verweises als bestimmt und die Rechtsanwendung als vorhersehbar beurteilt werden. Es könnte insoweit ein gesetzgeberisches „Redaktionsversehen" vorliegen, das der verständige und durch Beratung im Steuerrecht kundige Bürger zu erkennen hat. Für einen Verstoß gegen Art. 103 Abs. 2 GG und damit für das Leerlaufen der Alternative spricht indes der Umstand, dass derartige Ausnahmen für offensichtliche „Redaktionsversehen" dem Art. 103 Abs. 2 GG bislang zu Recht gänzlich fremd sind (s. im Kontext des Analogieverbotes BVerfG, wistra 2003, 255 [257]; § 369 AO Rdn. 90, 92; zur Anwendbarkeit auf Ordnungswidrigkeiten *Gaede*, PStR 2011, 233, 235 f.). Es ist kaum anzugeben, wann dem Bürger die Erkenntnis eines offensichtlichen gesetzgeberischen Versehens und zusätzlich der Schluss auf die wahre Regelungsabsicht abverlangt werden kann. Zudem erschöpft sich Art. 103 Abs. 2 GG nicht in der für die konkrete Konstellation vielleicht noch zu bejahenden Vorhersehbarkeit. Das Gesetzlichkeitsprinzip fordert eine klare Verantwortungsübernahme für ein strafrechtliches Verbot gerade durch den Gesetzgeber (§ 369 AO Rdn. 51). Da das strafrechtliche bzw. ordnungswidrigkeitenrechtliche Sanktionsgesetz (§§ 26b Abs. 1, 1. Alt., 26c UStG) für den Bürger vorrangig maßgeblich sein muss und sich dieses Gesetz *explizit* nur für Fälligkeitszeitpunkte öffnet, die in § 18 Abs. 1 *Satz* 3 UStG durch Maßstäbe bestimmt werden, ist ein Leerlauf der Norm wegen der fehlgehenden Verweisung hinzunehmen. Der Bürger muss den Gesetzgeber insb. im Strafrecht an seiner Gesetzgebung festhalten können. Wenn der Gesetzgeber sich derart liederlich um eine Strafnorm kümmert, demonstriert er vielmehr, dass für diese vergessene Norm offenbar kein aktuelles praktisches Bedürfnis besteht. Es verbleibt daher allein noch § 26b Abs. 1, 2. Alt. UStG darauf zu prüfen, ob und inwiefern er zu einer Ahndung führt (§ 26b UStG Rdn. 21 ff., näher *Gaede*, PStR 2011, 233, 234 ff.).

b) § 26b Abs. 1, 2. Alt. StGB

Entsteht bei der Jahressteuererklärung (Steueranmeldung, § 18 Abs. 3 UStG) eine zu entrichtende **18** Steuer bzw. ein Überschuss zugunsten des FA, der von der Summe etwaiger Vorauszahlungen abweicht, hat der Unternehmer den Unterschiedsbetrag zugunsten des FA gem. **§ 18 Abs. 4 Satz 1 UStG** einen Monat nach Eingang dieser Steueranmeldung zu entrichten (**§ 26b Abs. 1, 2. Alt., 1. Fall StGB**). Soweit das FA die zu entrichtende Steuer oder den Überschuss zugunsten des FA abweichend von der Steueranmeldung für das Kalenderjahr gem. **§ 18 Abs. 4 Satz 2 UStG** festsetzt, so ist der Unterschiedsbetrag zugunsten des FA einen Monat nach der Bekanntgabe des Steuerbescheids fällig (**§ 26b Abs. 1, 2. Alt., 2. Fall StGB**).

Für eine Tat gem. § 26b Abs. 1, 1. Alt. UStG muss unstreitig eine **Umsatzsteuerjahresanmeldung 19** erfolgt sein (s. schon § 26b UStG Rdn. 16) oder das FA muss eine Festsetzung durchgeführt haben (*Stadie* §§ 26b/26c Rn. 3; Graf/Jäger/Wittig/*Bülte* §§ 26b, 26c Rn. 21).

Soweit der Täter § 26b Abs. 1, 1. Alt. UStG verwirklicht hat, weil er die Fälligkeit einer oder meh- **20** rerer monatlich oder vierteljährlich abgegebener Voranmeldungen von z.B. 1.000,00 € nicht beachtet hat, entsteht durch die Nichtzahlung dieses Betrages nach der Jahressteueranmeldung keine weitere Tat (OSL/*Blesinger* § 26b Rn. 35): § 18 Abs. 4 Satz 3 UStG stellt ausdrücklich klar, dass die Fälligkeit der Voranmeldung weiter fortbesteht. Der **§ 18 Abs. 4 Satz 1 und 2 UStG**

regelt nur die Fälligkeit etwaiger Unterschiedsbeträge zwischen der Jahresanmeldung bzw. -festsetzung und den vorangemeldeten Beträgen. Ergibt sich kein Unterschied, wird der bereits vorangemeldete Betrag nicht nochmals fällig. Nur dann, wenn bei der Jahresanmeldung ein Unterschiedsbetrag zugunsten des FA entsteht und sodann fällig wird, kann eine Tat gem. § 26b Abs. 1, 2. Alt. UStG hinzutreten (wie hier schon OSL/*Blesinger* § 26b Rn. 35).

21 **Sonderproblem:** Soweit man § 26b Abs. 1, 1. Alt. UStG wegen des fehlgehenden Verweises auf § 18 Abs. 1 Satz 3 UStG a.F. für unanwendbar hält, stellt sich die Frage, ob die gem. § 18 Abs. 1 Satz 4 UStG fälligen Beträge u.U. über die §§ 26b Abs. 1, 2. Alt., 18 Abs. 1 Satz 1 und 2 UStG erfasst werden können. Nach den vorhergehenden Ausführungen stellt die, 2. Alt. jedoch keinen Rettungsanker dar, da § 18 Abs. 4 Satz 1 und Satz 2 UStG nur für etwaige Unterschiedsbeträge zu früheren Voranmeldungen eine Fälligkeit begründet. Die mangelnde gesetzgeberische Sorgfalt wird also auch durch die Alternative des § 26b Abs. 1, 2. Alt. UStG, die überdies gerade von zwei unterschiedlichen Fallgruppen und Fälligkeitszeitpunkten ausgeht, nicht geheilt (dazu schon *Gaede*, PStR 2011, 233, 235 f.).

2. Ganz oder teilweise Nichtentrichtung der USt

22 Der Täter muss die in der Rechnung ausgewiesene USt nicht oder nur teilweise entrichtet haben. Die ganz herrschende Meinung sieht das Delikt deshalb als Unterlassungsdelikt an (FGJ/*Joecks* § 370 Rn. 329; RKLW/*Tormöhlen* § 26b Rn. 2; OSL/*Blesinger* § 26b Rn. 44, § 26c Rn. 50). Genauer gesagt handelt es sich um ein **echtes Unterlassungsdelikt**, weil schon der gesetzliche Tatbestand ein Unterlassen beschreibt (OSL/*Blesinger* § 26c Rn. 50; *Grieser* S. 171; *Nöhren* S. 79; a.A. RKLW/*Tormöhlen* § 26b Rn. 10, s. dort aber auch § 26c Rn. 1). Das eigentlich pönalisierte Geschehen ist nämlich nicht schon die Ausstellung einer Rechnung nach Durchführung eines Umsatzes mit anschließender Anmeldung ggü. dem FA. Hiermit erfüllen die Beteiligten in erster Linie ihre gesetzlichen Pflichten (s. etwa zur Rechnungsausstellung § 14 Abs. 2 UStG). Das vom Tatbestand erfasste Geschehen ist vielmehr die Nichtentrichtung der Steuer zum Fälligkeitszeitpunkt. Die Anmeldung einer tatsächlich entstandenen Umsatzsteuerschuld schafft lediglich die für den Tatbestand erforderliche Ausgangssituation. Die Tatbeteiligten müssen diese Ausgangssituation allerdings auch in ihren Vorsatz aufnehmen (§ 26b UStG Rdn. 32).

23 Der Täter muss **gerade die in der Rechnung ausgewiesene USt** nicht oder nur teilweise entrichtet haben (FGJ/*Joecks* § 370 Rn. 329). Ob er diese USt rechtzeitig entrichtet hat, richtet sich im Einzelnen nach den §§ 224 ff. AO. So muss z.B. für eine wirksame Aufrechnung nach § 226 AO eine Aufrechnungslage im Zeitpunkt der Fälligkeit der USt bestanden haben (FGJ/*Joecks* § 370 Rn. 336). Die **Schonfrist des § 240 Abs. 3 Satz 1 AO**, nach der 3 Tage nach Fälligkeit keine Säumniszuschläge erhoben werden, soll die Fristüberschreitung und damit eine Tat gem. § 26b UStG nicht verhindern (so OSL/*Blesinger* § 26b Rn. 27 [52]; Rolletschke/*Kemper* § 26b Rn. 45; RKLW/*Tormöhlen* § 26b Rn. 9; Hartmann/Metzenmacher/*Küffner* Rn. 18). Dem ist jedoch nicht zu folgen, weil die thematisch einschlägige Norm des § 240 Abs. 3 Satz 1 AO in systematischer Auslegung einzubeziehen ist und eine Übertragung der Schonfrist auf § 26b UStG dem gesetzgeberischen Anliegen dient, die Tat nur auf Fälle bedrohlicher organisierter Kriminalität zuzumessen (i.E. wie hier Wannemacher/*Traub* Rn. 1356; *Wilhelm*, UR 2005, 474 [476]). Anderenfalls wäre oftmals eine Einstellung gem. § 47 OWiG geboten (dazu auch RKLW/*Tormöhlen* § 26b Rn. 9; OSL/*Blesinger* § 26b Rn. 27 [52 f.]; *Webel*, PStR 2005, 259 [261]). Wenn der Unternehmer seine steuerpflichtigen Umsätze nur z.T. mit gesondertem Umsatzsteuerausweis abgerechnet hat und er seine Umsatzsteuerschulden teilweise beglichen hat, ist nach dem „**Günstigkeitsprinzip**" anzunehmen, dass er vorrangig die in Rechnungen offen ausgewiesene USt entrichtet hat (*Reiß*, UR 2002, 561 [567]; zust. schon Sölch/Ringleb/*Klenk* § 26b Rn. 7; FGJ/*Joecks* § 370 Rn. 340; *Dathe* S. 63).

24 Soweit die Entrichtung der USt vor Eintritt der Fälligkeit **gem. § 222 AO gestundet** wird, mangelt es an einer Tatbestandsverwirklichung (Rolletschke/*Kemper* § 26b Rn. 43; noch weiter gehend RKLW/*Tormöhlen* § 26b Rn. 13). Auch dann, wenn der Steuerschuldner bei einer Zahlung i.S.d.

§ 225 Abs. 1 AO die USt als zu tilgende Schuld angibt, das FA die Zahlung aber auf eine andere Schuld verbucht, ist die Tat nicht verwirklicht (so zu Recht in Anknüpfung an § 380 AO OSL/ *Blesinger* § 26b Rn. 25). Soweit die **Stundung nach eingetretener Fälligkeit** erfolgt, hindert dies allein die Tatverwirklichung jedoch nicht (Rolletschke/*Kemper* § 26b Rn. 43; *Weyand*, INF 2002, 183 [184]; partiell auch OSL/*Blesinger* § 26b Rn. 36 und Graf/Jäger/Wittig/*Bülte* §§ 26b, 26c Rn. 22, die eine Ausnahme für eine rückwirkende Stundung des FA anerkennen). Liegen die Voraussetzungen für eine Stundung einschließlich der „erheblichen Härte für den Schuldner" und der auszuschließenden Gefährdung der Umsatzsteuervereinnahmung aber vor, wird nahezu stets ein einstellungswürdiger Fall gegeben sein (i.E. auch schon *Weyand*, INF 2002, 183 [184]). Ist eine Festsetzung des FA angefochten und die Vollziehung des Verwaltungsakts ausgesetzt, ist dies so zu behandeln, als sei die Fälligkeit entfallen, da dem FA in dieser Situation kein Forderungsrecht zusteht (wie hier schon OSL/*Blesinger* § 26b Rn. 37). Gleiches gilt für eine Steuer(vor)anmeldung (OSL/*Blesinger* § 26b Rn. 37). Soweit die angemeldete oder festgesetzte Steuer später herabgesetzt wird, entfällt rückwirkend die Fälligkeit (näher OSL/*Blesinger* § 26b Rn. 38; Graf/ Jäger/Wittig/*Bülte* §§ 26b, 26c Rn. 22).

Die **Anwendung des § 26b UStG bedarf im Hinblick auf § 16 Abs. 2 UStG einer Einschrän** 25
kung. Für den § 26b UStG ist in Abkehr vom weiten Wortlaut der Norm anerkanntermaßen nur Raum, wenn die **Summe der USt**, die formal in Rechnung gestellt wurde, den Betrag der ordnungsgemäß abzuziehenden Vorsteuern übersteigt (*Heil*, StuB 2002, 221 [223]; Wannemacher/ *Traub* § 26b Rn. 1356; FGJ/*Joecks* § 370 Rn. 339 ff.; Hartmann/Metzenmacher/*Küffner* Rn. 20; Rolletschke/*Kemper* § 26b Rn. 41; RKLW/*Tormöhlen* § 26b Rn. 8). Der Unternehmer meldet zum Fälligkeitszeitpunkt lediglich das Ergebnis seiner Steuerberechnung an, das nicht nur aus der isolierten Zahllast, sondern auch aus einer Saldierung mit Vorsteuern folgt (s. § 16 Abs. 2 UStG). Dadurch sind Fälle auszuscheiden, in denen der Unternehmer „nichts zu entrichten" hat und das zu schützende Umsatzsteueraufkommen daher auch insgesamt nicht schädigen kann. Wenn ein Unternehmer mehrere Umsätze anmeldet, bei denen er nur z.T. eine Rechnung nach § 14 UStG ausgestellt hat, sind zugleich geltend gemachte Vorsteuern nach dem **„Lästigkeitsprinzip"** primär mit den per Rechnung erbrachten Umsatzsteuern zu verrechnen (*Reiß*, UR 2002, 561 [567]; FGJ/ *Joecks* § 370 Rn. 340; Hartmann/Metzenmacher/*Küffner* Rn. 21; Rolletschke/*Kemper* § 26b Rn. 41).

Stadie verlangt darüber hinaus einschränkend als **ungeschriebenes Tatbestandsmerkmal**, dass der 26
Unternehmer die von ihm ausgewiesene und **geschuldete USt zum Fälligkeitszeitpunkt zuvor als Teil der Gegenleistung vereinnahmt** haben muss. Nur wenn er die USt daraufhin nicht oder nur teilweise entrichte, soll der Tatbestand eingreifen (*Stadie* §§ 26b/26c Rn. 4; a.A. z.B. RKLW/*Tormöhlen* § 26b Rn. 6). Der Unternehmer dürfe – soll die Verhältnismäßigkeit und die Gesetzgebungskompetenz gewahrt bleiben – nicht als Gehilfe des Staates zwangsverpflichtet werden, bei der Umsatzbesteuerung die USt des Staates vorzufinanzieren (*Stadie* §§ 26b/26c Rn. 4; Vorbem. Rn. 20 [43 ff.]). Diese Ansicht würde die Anwendung der Norm auch in den typischen Fällen des Umsatzsteuerkarussells ausschließen, in denen die Rechnung nicht beglichen wird (*Stadie* §§ 26b/ 26c Rn. 5). Sie steht und fällt mit der verfassungsrechtlichen Beurteilung des Soll-Prinzips der USt. Eine andere Einschränkung schlägt *Küffner* vor. Er fordert, dass das Umsatzsteueraufkommen dadurch tatsächlich geschädigt sein muss, dass der **Leistungsempfänger den Vorsteuerabzug in Anspruch genommen** hat (Hartmann/Metzenmacher/*Küffner* Rn. 10 f.). Diese Form der Schädigung hat der Gesetzgeber aber erkennbar mit Bedacht nicht als Tatbestandsmerkmal vorgesehen, vielmehr insofern lediglich eine Gefährdung genügen lassen (Graf/Jäger/Wittig/*Bülte* §§ 26b, 26c Rn. 3). Selbst durch eine verfassungskonforme Auslegung wäre dies nicht zu korrigieren.

3. Fähigkeit zur Entrichtung der USt

Steuerstrafgesetze sind stets aus der Perspektive des allgemeinen Strafrechts zu lesen, in dem der 27
Gesetzgeber auch das Steuerstrafrecht mit § 369 Abs. 2 AO verankert hat (s. § 369 AO Rdn. 35 ff.). Mit der Einordnung des § 26b UStG als (echtes) Unterlassungsdelikt und seiner

Funktion für § 26c UStG geht deshalb einher, dass auch **§ 26b UStG alle allgemein bestehenden Voraussetzungen der (echten) Unterlassungstat erfüllen muss**, da aus den §§ 26b, 26c UStG selbst nichts Gegenteiliges zu schließen ist. Zu den allgemeinen Voraussetzungen jeder Unterlassungstat gehört prinzipiell auch die Tatmacht bzw. die Fähigkeit des Täters, die von ihm geforderte Handlung durchzuführen (zu § 266a StGB vgl. etwa m.w.N. BGHSt, 47, 318 [319 f.]; BGH, StV 2009, 188 [190]; SSW-StGB/*Saliger* § 266a Rn. 17 ff.; zu § 380 AO FGJ/*Jäger* § 380 Rn. 24a; m.w.N. zum *unechten* Unterlassungsdelikt NK-StGB/*Wohlers* § 13 Rn. 12 f.). Dies bedeutet für § 26b UStG, dass der **Schuldner der USt zu ihrer Entrichtung tatsächlich zumutbar in der Lage gewesen** sein muss (OSL/*Blesinger* § 26b Rn. 44 ff., § 26c UStG Rdn. 14 f.; FGJ/*Joecks* § 370 Rn. 337; Rolletschke/*Kemper* § 26b Rn. 45 [49]; RKLW/*Tormöhlen* § 26b Rn. 10; Rolletschke Rn. 440; ebenso zu § 380 AO FGJ/*Jäger* § 380 Rn. 24a; zum Ordnungswidrigkeitenrecht allg. anhand des unechten Unterlassungsdelikts KK-OWiG/*Rengier* § 8 Rn. 55 [57]; a.A. mit unhaltbarer Begründung Hartmann/Metzenmacher/*Küffner* Rn. 22). So entfällt eine Tat schon von vornherein, wenn der Unternehmer nach Abgabe seiner Steuervoranmeldung zur Begleichung der Umsatzsteuerforderung unverschuldet nicht in der Lage war (m.w.N. Wannemacher/*Traub* § 26b Rn. 1357; *Nöhren* S. 81 ff.; FGJ/*Joecks* § 370 Rn. 337). Eine dem entgegenstehende Vorschrift wie § 38 Abs. 4 EStG fehlt für die USt, bei der der Unternehmer überdies zur Ausstellung einer Rechnung verpflichtet ist und eine eigene Steuerschuld zu begleichen hat (Rolletschke/*Kemper* § 26b Rn. 50 f.; OSL/*Blesinger* § 26b Rn. 45 ff.; *Nöhren* S. 84 f.). Soweit der Unternehmer keine insgesamt ausreichenden Mittel zur Verfügung hat, um seine Umsatzsteuerschuld zu begleichen, handelt er nicht tatbestandsmäßig, wenn er eine gleichmäßige quotale Befriedigung aller Gläubiger nach den zu § 69 AO verbreiteten Grundsätzen vornimmt (m.w.N. FGJ/*Joecks* § 370 Rn. 338; *Nöhren* S. 81 [84 ff.]; i.E. Hartmann/Metzenmacher/*Küffner* Rn. 40; a.A. OSL/*Blesinger* § 26b Rn. 59: Vorrang der durch § 26b UStG verstärkten Verbindlichkeit).

28 Eine **Berufung** auf den **Einwand der Illiquidität** wird im Schrifttum überwiegend dann **ausgeschlossen**, wenn der Unternehmer die ausgewiesene USt, die er treuhänderisch dem Staat schuldet, tatsächlich vereinnahmt hat (FGJ/*Joecks* § 370 Rn. 338; *Wilhelm*, UR 2005, 474 [477]; *Stadie* §§ 26b/26c Rn. 6). Darüber hinaus wird regelmäßig ganz allgemein eine Ausnahme für den Fall der sog. *omissio libera in causa* geltend gemacht, bei der sich der Täter vorsätzlich um die Fähigkeit gebracht hat, die Umsatzsteuerpflicht begleichen zu können (*Burger*, wistra 2002, 1 [3]; *Grieser* S. 173; RKLW/*Tormöhlen* § 26b Rn. 10; OSL/*Blesinger* § 26b Rn. 47; sogar für Leichtfertigkeit noch *Dathe* S. 60). Eine Parallele findet dies in der entsprechenden Rechtsprechung zum Vorenthalten und Veruntreuen von Arbeitsentgelt gem. § 266a StGB (BGHSt 47, 318 [320 ff.]; krit. zusf. dazu SSW-StGB/*Saliger* § 266a Rn. 18 ff.; allgemein so z.B. auch LK-StGB/*Weigend* § 13 Rn. 67; *Kühl* AT § 18 Rn. 22). Eine Verantwortlichkeit gemäß der *omissio libera in causa* wird insb. – mit dem Fokus auf § 26c UStG – für den Fall angenommen, in dem der *missing trader* vorsätzlich plangemäß mittellos ist (so i.E. OSL/*Blesinger* § 26c Rn. 23; *Rolletschke* Rn. 440; Rolletschke/*Kemper* § 26b Rn. 54 ff., § 26c UStG Rdn. 29 ff.).

29 **Kritik:** Auch dieser Fall der vorsätzlich herbeigeführten Zahlungsunfähigkeit bzw. der Stellung als *missing trader* bedarf zunächst eines nicht einfach zu führenden Beweises. Gelingt dieser Beweis, kann schon eine vorrangige Steuerhinterziehung vorliegen (Rolletschke/*Kemper* § 26c Rn. 31 [64 ff.]). Allgemein muss bedacht werden, dass die *omissio libera in causa* schon im Strafrecht umstritten ist (m.w.N. nur NK-StGB/*Wohlers* § 13 Rn. 13; *Baier*, GA 1999, 272 [279 ff.]; konkret zu § 26b UStG instruktiv Wannemacher/*Traub* § 26b Rn. 1359 ff.). Es stimmt *gerade zu § 26b UStG* bedenklich, dass eine konkrete gesetzliche Anordnung der *omissio libera in causa* und damit eines problematisch ausgreifenden Vorverschuldens verzichtbar sein soll, wenn der Gesetzgeber doch in *§ 25d UStG* in der Lage war, den Fall der vorsätzlich herbeigeführten Zahlungsunfähigkeit explizit anzusprechen und durch eine (hinreichende?) steuerliche Haftungsvorschrift zu erfassen (Wannemacher/*Traub* § 26b Rn. 1361; *Nöhren* S. 85 f.). Die **Rechtsprechung** hat die *omissio libera in causa* zu den §§ 26b, 26c UStG soweit ersichtlich auch **noch nicht anerkannt**. Eine Übertragung der zu § 266a StGB geltenden Grundsätze ist angesichts der erstrebten Erfassung des *missing*

traders aber wahrscheinlich. Über diese Grundsätze dürfte die Rechtsprechung zu §§ 26b, 26c UStG aber auch nicht hinausgehen. Danach setzt die Pflicht zur Erhaltung der eigenen Leistungsfähigkeit erst ein, wenn ein **sich abzeichnender Liquiditätsengpass** vorliegt, der durch **angemessene und rechtlich zulässige finanztechnische Maßnahmen** hätte abgewendet werden können, zu denen z.B. Kreditaufnahmen nicht zählen (BGHSt, 47, 318 [322 ff.]; SSW-StGB/*Saliger* § 266a Rn. 18 f.). Das Vorliegen des so gearteten Engpasses muss der Täter auch in seinen **Vorsatz** aufgenommen haben (BGHSt, 47, 318, 323; SSW-StGB/*Saliger* § 266a Rn. 24).

▶ **Praxistipp:**   30

Soweit der vermeintliche Täter zur Erfüllung der Steuerpflicht – außerhalb des Anwendungsbereichs der eben geschilderten *omissio libera in causa* – außerstande war und ist, darf nicht vorschnell allein auf eine **ermessensabhängige Einstellung gem. § 47 OWiG** abgestellt werden (so aber Rolletschke/*Kemper* § 26b Rn. 46; krit. schon *Grieser* S. 174 f.; Graf/Jäger/Wittig/*Bülte* §§ 26b, 26c Rn. 46). Die Anwendung des § 47 OWiG setzt voraus, dass ein tatbestandsmäßiges, rechtswidriges und vorwerfbares Verhalten möglich ist. Steht z.B. fest oder ist nicht mehr auszuschließen, dass der „Täter" zur Entrichtung der USt außerstande war, **hat** eine **Einstellung nach § 46 OWiG i.V.m. § 170 Abs. 2 StPO zu erfolgen.** Der Betroffene/Mandant ist nicht auf die Beurteilungsspielräume der Finanzbehörde angewiesen.

Soweit der Täter die in der Rechnung korrekt ausgewiesene USt zum Fälligkeitszeitpunkt trotz   31
Zahlungsfähigkeit nicht oder nur teilweise entrichtet hat, ist die Tat **vollendet** (RKLW/*Tormöhlen* § 26b Rn. 8).

C. Subjektiver Tatbestand

Ordnungswidrig ist **nur vorsätzliches Unterlassen** (*Dathe* S. 60; FGJ/*Joecks* § 370 Rn. 342; Hart-   32
mann/Metzenmacher/*Küffner* Rn. 25; i.E. Bunjes/Geist/*Leonard* § 26b Rn. 5; a.A. evident unrichtig RKLW/*Tormöhlen* § 26c Rn. 11; unklar Rau/Dürrwächter/*Nieskens* Rn. 16). Dies folgt aus § 10 OWiG, der über § 377 Abs. 2 AO auch für § 26b UStG gilt. Der Täter muss sich daher in Kenntnis aller Sachverhaltsumstände zur Tatverwirklichung entschieden haben (sog. **Wissen und Wollen**, näher § 377 AO Rdn. 46 ff.; Matt/Renzikowski-StGB/*Gaede* § 15 Rn. 4 ff.). Damit muss der Täter mindestens für möglich halten, dass

- ein bestehender **Umsatzsteueranspruch in einer Rechnung** i.S.d. § 14 UStG ausgewiesen wurde,
- und trotz der **Überschreitung des Fälligkeitszeitpunktes** (dazu § 26b UStG Rdn. 13 ff.),
- **die USt nicht oder nicht vollständig entrichtet** wurde,
- **obschon dies dem Steuerpflichtigen möglich** war (zu dem ebenfalls zu erfassenden Tatbestandsmerkmal der Zahlungsfähigkeit schon § 26b UStG Rdn. 27 ff.).

Es genügt auch *dolus eventualis*, sodass es z.B. ausreicht, wenn der Täter das Bestehen eines   33
Umsatzsteueranspruchs ernsthaft für möglich hält und dies wie alle anderen Tatumstände billigend in Kauf nimmt (OSL/*Blesinger* § 26b Rn. 40; RKLW/*Tormöhlen* § 26b Rn. 11; allgemein zum *dolus eventualis* § 377 AO Rdn. 46; § 15 Rdn. 2 ff.). Soweit der Täter z.B. einen nach den Maßstäben des § 226 AO aufrechnungsfähigen Anspruch besitzt und deshalb glaubt, schon vor der Aufrechnungserklärung keine Steuer entrichten zu müssen, handelt er in einem tatbestandsausschließenden **Tatbestandsirrtum** und deshalb nicht vorsätzlich (RKLW/*Tormöhlen* § 26b Rn. 12, Graf/Jäger/Wittig/*Bülte* §§ 26b, 26c Rn. 25; vgl. **§ 11 Abs. 1 Satz 1 OWiG**). Auch wenn der Täter davon ausgeht, ein anderer Geschäftsführer habe die Schuld des Unternehmens bereits beglichen, fehlt es infolge eines Tatbestandsirrtums am Tatvorsatz (OSL/*Blesinger* § 26b Rn. 41).

Der Vorsatz erfordert aber nicht, dass der Täter bereits bei der Ausweisung der USt in der Rechnung zur Tat entschlossen war (OSL/*Blesinger* § 26b Rn. 42; § 26b UStG Rdn. 22).

34 **Fahrlässiges Verhalten unterfällt der Norm dagegen nicht**, da eine explizite Anordnung der Fahrlässigkeitsstrafbarkeit fehlt. Die aus dem allgemeinen Strafrecht (§ 15 StGB Rdn. 3 ff.; Matt/Renzi-
kowski-StGB/*Gaede* § 15 Rn. 14 ff.) und z.B. von der Steuerhinterziehung (§ 370 AO Rdn. 633 ff.)
bekannte Abgrenzung zwischen Vorsatz und Fahrlässigkeit ist auch hier heranzuziehen (§ 377 AO
Rdn. 46). Sie ist für das Vorliegen der Tat entscheidend. Wer z.B. nur aus **Unachtsamkeit** oder
schlechter Organisation heraus seine umsatzsteuerliche Entrichtungspflicht oder den Fälligkeitszeitpunkt tatsächlich nicht kennt, handelt nur – in ggf. hohem Grade – fahrlässig.

35 **Sonderproblem:** Scheidet ein vorsätzliches Unterlassen aus, kann im Einzelfall allerdings eine
Ordnungswidrigkeit gem. § 130 OWiG zu ahnden sein, wenn die in der Nichtentrichtung von
USt liegende Zuwiderhandlung gegen steuerliche Pflichten auf einer **Aufsichtspflichtverletzung**
des Inhabers oder des nach § 9 OWiG Verpflichteten beruht (OSL/*Blesinger* § 26b Rn. 43).

D. Weitere Ahndungserfordernisse und Rechtsfolgen

I. Rechtswidrigkeit und Vorwerfbarkeit

36 Die Tat muss **rechtswidrig und vorwerfbar** verwirklicht werden (hierzu schon § 377 AO
Rdn. 34 f., anhand der Straftat § 369 AO Rdn. 152 ff.). Eine aus Zahlungsschwierigkeiten hergeleitete Rechtfertigung kommt praktisch nicht in Betracht (RKLW/*Tormöhlen* § 26b Rn. 13; § 369 AO
Rdn. 154). Der Unternehmer ist auf die Geltendmachung der in der AO vorgesehenen Institute
wie **Stundung oder Erlass** beschränkt. Besonders zu prüfen ist in diesen Fällen jedoch die Fähigkeit, die USt entrichten zu können (§ 26b UStG Rdn. 27 ff.). Fehlt sie, liegt tatsächlich schon der
Tatbestand nicht vor.

37 ▶ **Praxistipp:**

Von möglichen **Entschuldigungsgründen** (vgl. in der Sache § 15 Abs. 3 OWiG: Notwehrex-
zess), **unvermeidbaren Verbotsirrtümern** (§ 11 Abs. 2 OWiG) und einer **tatausschließenden
Unzumutbarkeit** (m.w.N. KK-OWiG/*Rengier* § 8 Rn. 57 f.; s. schon § 26b UStG Rdn. 28 f.)
abzugrenzen sind die Ausführungen aus BT-Drucks. 14/7471, S. 8 (s.a. schon Graf/Jäger/Wit-
tig/*Bülte* §§ 26b, 26c Rn. 46). Nach ihnen soll für „entschuldbare" Fälle der mangelnden Entrichtung der USt eine Einstellung nach dem Opportunitätsprinzip (§ 47 OWiG) insb. durch
die Finanzbehörde in Betracht kommen (näher § 26b UStG Rdn. 47). Hierfür sollen die „in
§ 266a Abs. 5 StGB" genannten Umstände Maßstäbe liefern (heute § 266a Abs. 6 StGB). Mit
diesem Hinweis auf eine Opportunitätseinstellung können nur Fälle gemeint sein, in denen die
Tat vorwerfbar verwirklicht wurde, jedoch bestimmte geltend gemachte Gründe die begangene Tat immerhin verständlich machen. **Fehlt es ersichtlich z.B. schon am Tatbestand oder
an der individuellen Vorwerfbarkeit** und mangelt es daher bereits an einer hinreichenden Verurteilungswahrscheinlichkeit, **muss** eine **Einstellung gem. §§ 46 Abs. 1 OWiG, 170 Abs. 2
StPO** erfolgen, die nicht erst vom „pflichtgemäßen Ermessen der Verfolgungsbehörde" (§ 47
Abs. 1 OWiG) abhängig ist (näher dazu KK-OWiG/*Bohnert* § 47 Rn. 98 ff.)!

II. Täterschaft

38 Nach dem im Ordnungswidrigkeitenrecht geltenden **Einheitstäterprinzip** ist jeder Täter, der
(quasi-)kausal (und zurechenbar) vorsätzlich zur Tatverwirklichung beigetragen hat (OSL/*Blesinger*
§ 26b Rn. 54; FGJ/*Joecks* § 370 Rn. 344; *Webel*, PStR 2005, 259 [260]). Hierfür kommt primär
der zur Entrichtung der Steuer verpflichtete Unternehmer in Betracht (OSL/*Blesinger* § 26b
Rn. 55; RKLW/*Tormöhlen* § 26b Rn. 14). Darüber hinaus soll nach der überwiegenden Ansicht
nur derjenige Täter des § 26b UStG sein können, der zur Entrichtung der USt z.B. nach den
§§ 34, 35 AO verpflichtet war (OSL/*Blesinger* § 26b Rn. 55 f.; Graf/Jäger/Wittig/*Bülte* §§ 26b, 26c
Rn. 5; i.E. auch RKLW/*Tormöhlen* § 26b Rn. 14: Sonderdelikt). Tatsächlich stellt § 14 Abs. 1
Satz 2 OWiG diese Begrenzung immerhin infrage (ohne die explizite Einschränkung auch Rol-

letschke/*Kemper* § 26b Rn. 64 f.). Nach ihm ist die Tatbeteiligung selbst dann möglich, wenn der Tatbeteiligte besondere persönliche Merkmale nicht selbst aufweist, diese Merkmale aber hinsichtlich einer tatbeteiligten Person vorliegen (vgl. z.B. Göhler/*Gürtler* § 14 Rn. 11; zu Problemen dieser Konstellation z.B. KK-OWiG/*Rengier* § 14 Rn. 37 ff.). Zwar hat der BGH der Pflicht, die USt (als Unternehmer) entrichten zu müssen, schon die Stellung als besonderes persönliches Merkmal i.S.d. § 28 Abs. 1 StGB und damit auch i.S.d. § 14 Abs. 1 Satz 2 OWiG abgesprochen (so entschieden im Verfahren BGH v. 23.08.2006 – 5 StR 231/06 zu § 26c UStG im Anschluss an den Verwerfungsantrag des Generalbundesanwalts, vgl. *Jäger*, NStZ 2007, 688 f.). Wenn § 14 Abs. 1 Satz 2 OWiG aber sogar für besondere persönliche Merkmale die Ahndung nicht ausschließt, ist nicht ersichtlich, wie der weite § 14 OWiG allein durch den Verweis auf eine besondere Pflichtenstellung zu verdrängen sein sollte (s. für aktives Tun dann auch Graf/Jäger/Wittig/*Bülte* §§ 26b, 26c Rn. 7: Anwendung unabhängig von der Entrichtungspflicht). Etwa Fälle der „Anstiftung des Pflichtigen" könnten insoweit durchaus sinnvoll zu erfassen sein. Ob § 26b UStG tatsächlich eine Einschränkung des § 14 OWiG entnommen werden kann, ist vor diesem Hintergrund zweifelhaft. Für den Insolvenzverwalter (§ 34 Abs. 3 AO) ist aber in jedem Fall die Schranke des § 251 Abs. 2 InsO zu beachten.

III. Anwendbarkeit der Selbstanzeige

Die Selbstanzeige des § 378 Abs. 3 AO soll nach der bislang vorherrschenden Meinung nicht auf § 26b UStG zu übertragen sein (OSL/*Blesinger* § 26b Rn. 49 f.; RKLW/*Tormöhlen* § 26b Rn. 17; wohl auch FGJ/*Joecks* § 370 Rn. 362). Stattdessen wird auf eine denkbare Einstellung gem. § 47 OWiG bei einer (zügigen) Nachentrichtung der USt verwiesen (OSL/*Blesinger* § 26b Rn. 49 f.; FGJ/*Joecks* § 370 Rn. 362). Tatsächlich ist eine analoge **Anwendung geboten** (zur Begründung § 26c UStG Rdn. 33; wie hier schon zu § 26c UStG *Joecks*, wistra 2002, 201 [203]).   39

IV. Konkurrenzen

Unterlässt der Steuerschuldner die Begleichung fälliger USt mehrmals bzgl. verschiedener Anmeldungszeiträume, liegt **Tatmehrheit** vor (§ 20 OWiG; OSL/*Blesinger* § 26b Rn. 35, 66). Wenn ein Unternehmer z.B. in einem Jahr vierteljährlich jeweils Voranmeldungen zugunsten des FA einreicht und nach ihrer Fälligkeit die USt nicht entrichtet, hat er tatmehrheitlich vier Ordnungswidrigkeiten verwirklicht. Reicht er danach eine weitere Jahresanmeldung ein, die einen zusätzlichen Umsatzsteuerbetrag fällig werden lässt (s. § 26b UStG Rdn. 20 f.), tritt eine fünfte Tat hinzu (s.a. OSL/*Blesinger* § 26b Rn. 67).   40

Stellt sich die Tatverwirklichung zugleich als **tateinheitlich begangene Straftat** dar, wird gem. § 21 Abs. 1 OWiG nur die Straftat verfolgt. Dies ist z.B. der Fall, wenn die Tat zugleich vorsätzlich gewerbsmäßig oder bandenmäßig verwirklicht wurde und deshalb **§ 26c UStG** eingreift. Die Ordnungswidrigkeit des § 26b UStG wird dann durch die handlungseinheitlich vorliegende und ihn inkorporierende Straftat § 26c UStG verdrängt.   41

Für das **Verhältnis des § 26b UStG** und damit auch des § 26c UStG **zu § 370 AO** ist nach den einschlägigen Fallgestaltungen zu differenzieren: Soweit **keine USt angemeldet wird**, kommt nach der hier vertretenen herrschenden Auffassung allein eine Strafbarkeit wegen Steuerhinterziehung nach § 370 Abs. 1 Nr. 2 AO in Betracht. Auch wenn in diesen Fällen die USt nicht entrichtet wird, mangelt es bereits am Tatbestand des § 26b UStG (s.o. bereits § 26b UStG Rdn. 16). Soweit **USt falsch und damit zu niedrig angemeldet** wird, um dadurch Steuern zu verkürzen, kommt eine Strafbarkeit wegen Steuerhinterziehung nach § 370 Abs. 1 Nr. 1 AO in Betracht. Wird die angemeldete USt später auch nicht gezahlt, ist in diesem Fall auch § 26b UStG zusätzlich verwirklicht (Rolletschke/*Kemper* § 26b Rn. 67: bei verschiedenen Taten). Die Ordnungswidrigkeit bleibt regelmäßig mangels Tateinheit verfolgbar, dürfte jedoch oftmals einer Einstellung anheimfallen. Sind jedoch in diesem Fall auch die qualifizierenden Merkmale des § 26c UStG verwirklicht, ist   42

Tatmehrheit (§ 53 StGB) zwischen beiden Straftatbeständen gegeben, da die falsche Erklärung (§ 370 AO) und die Nichtentrichtung der Steuer (§§ 26b, 26c UStG) unterschiedlich ansetzende Angriffe auf das Steueraufkommen darstellen (OSL/*Blesinger* § 26b Rn. 65; Rolletschke/*Kemper* § 26b Rn. 66 f.). Auch hier ist eine Einstellung jedoch u.U. möglich (vgl. §§ 153 ff. StPO).

43   Soweit § 26b UStG und § 370 AO danach parallel verwirklicht werden können, soll **§ 26b UStG wieder aufleben**, falls die Strafbarkeit aus § 370 AO infolge einer Selbstanzeige entfällt (RKLW/ *Tormöhlen* § 26b Rn. 17). Diese Überlegung folgt aus § 21 Abs. 2 OWiG i.V.m. § 377 Abs. 2 AO, da diese Norm die Verfolgbarkeit einer Ordnungswidrigkeit wieder aufleben lässt, wenn im Einzelfall eine Bestrafung der Straftat nicht möglich ist. Diese These ist aber deshalb zurückzuweisen, weil auch für § 26b UStG eine **Ahndungsbefreiung analog § 371 AO** eintritt (§ 26b UStG Rdn. 39). Zudem ist regelmäßig schon keine Tateinheit zwischen beiden Gesetzesverletzungen gegeben (vgl. für dieses Erfordernis abermals § 21 Abs. 1 OWiG; KK-OWiG/*Bohnert* § 21 Rn. 4), sodass es schon keines Wiederauflebens bedürfte. Das vermeintliche Wiederaufleben ist auch dann ausgeschlossen, wenn das Strafverfahren wegen der gesamten prozessualen Tat einschließlich der Nichtentrichtung der USt gem. § 153a StPO eingestellt wurde, soweit damit die mit § 153a StPO verbundene begrenzte Rechtskraftwirkung eingetreten ist (RKLW/*Tormöhlen* § 26b Rn. 17; *Meyer-Goßner* § 153a Rn. 43 ff., 52).

V. Rechtsfolgen

1. Bußgeldrahmen und Erhöhung gem. § 17 Abs. 4 OWiG

44   Die Tat ist gem. § 26b Abs. 2 UStG mit einer **Geldbuße von bis zu 50.000,00 €** bußgeldbewehrt. Sie stellt damit eine – dem Bußgeldrahmen nach – vergleichsweise schwerwiegende Ordnungswidrigkeit dar. Der Gesetzgeber hat den Bußgeldrahmen bewusst aber ohne Begründung an die von den §§ 378, 383 AO bekannten Größenordnungen angelehnt. Einen Anschluss an die milderen Bußgeldrahmen der §§ 379 ff. AO hat er als „nicht sachgerecht" beurteilt (BT-Drucks. 14/7471, S. 8). Dies soll berechtigt sein, weil § 26b UStG nicht nur eine Gefährdung, sondern eine „konkrete Schädigung des Steueraufkommens" erfordere (Bunjes/Geist/*Leonard* § 26b Rn. 7; sehr zw.; krit. *Reiß*, UR 2002, 561 [567]: exzeptionell hoch; nur eine abstrakt-konkrete Gefährdung sieht Graf/Jäger/Wittig/*Bülte* §§ 26b, 26c Rn. 3).

45   Über den höheren allgemeinen Bußgeldrahmen hinaus ist auch für § 26b UStG eine Erhöhung der Geldbuße gem. **§ 17 Abs. 4 OWiG** prinzipiell denkbar, wenn wirtschaftliche Vorteile der Tat vorliegen, die nur durch eine Erhöhung der Ahndungssumme abzuschöpfen sind. Dazu wird es jedoch schon deshalb kaum kommen, weil weiterhin gem. § 240 AO die altbekannten Säumniszuschläge zu erheben sind. Zu bedenken ist zudem, dass eine ggf. vereinnahmte und nun einbehaltene USt bereits durch den **fortbestehenden Umsatzsteueranspruch des Staates** kompensiert wird. Sie bedarf daher nicht zusätzlich der Abschöpfung über § 17 Abs. 4 OWiG (unter Verweis auf BGH, wistra 2001, 96 [98] so schon OSL/*Blesinger* § 26b Rn. 72; Rolletschke/*Kemper* § 26b Rn. 72).

2. Bußgeldzumessung und Opportunitätsentscheidungen

46   Da in einschlägigen **Verfahren möglicher organisierter Kriminalität** zumeist eine Steuerhinterziehung oder doch eine Straftat nach § 26c UStG im Raum steht, hat der Bußgeldrahmen des § 26b UStG diesbezüglich keine Praxis erlangt. Soweit der Verzug von Unternehmern i.Ü. geahndet wird, scheint eine Ahndung überwiegend bei der Häufung von späten oder ausbleibenden Zahlungen zu erfolgen (siehe schon § 26c UStG Rdn. 6). Für nähere Erwägungen zur Bußgeldbemessung ist auf die § 377 AO Rdn. 60 ff., § 378 AO Rdn. 126 ff. zu verweisen. An eine formale Unterscheidung nach Täterschaft und Teilnahme kann der Richter i.R.d. Steuerordnungswidrigkeiten zwar nicht anknüpfen (zur **Einheitstäterschaft** § 14 OWiG und § 377 AO Rdn. 53 ff.). I.R.d. Bußgeldbemessung ist jedoch nach den ggf. unterschiedlichen Tatanteilen einzelner Betroffener

und nach den ihnen obliegenden Pflichten zu differenzieren. Die Dauer und das Ausmaß der Nichtentrichtung stellen wesentliche Zumessungsgesichtspunkte dar (RKLW/*Tormöhlen* § 26b Rn. 12). Eine nachträgliche Steuerentrichtung ist mildernd zu berücksichtigen und steht bei der GmbH einer Haftung nach § 64 GmbHG entgegen (BGH, BB 2011, 781 ff.). Auch zu § 26b UStG ist zu beachten, dass ein Bußgeld gem. § 30 OWiG (Verbandsgeldbuße) auch gegen eine juristische Person oder gegen bestimmte Personengesellschaften verhängt werden kann (FGJ/*Joecks* § 370 Rn. 345).

Die **größte Bedeutung bei der Rechtsfolgenentscheidung** zu § 26b UStG erlangt bislang die **Ver-** 47 **fahrenseinstellung gem. § 47 OWiG.** Die Finanzverwaltung sieht von der Verfolgung regelmäßig ab, wenn der gefährdete Steuerbetrag insgesamt weniger als 5.000,00 € beträgt, sofern kein besonders verwerfliches Verhalten vorliegt (**Nr. 104 Abs. 3 Satz 1 AStBV [St]**; krit. dazu RKLW/*Tormöhlen* § 26b Rn. 8.1). Gleiches gilt, wenn der Gefährdungszeitraum sich nicht über 3 Monate hinaus erstreckt und der Betrag unter 10.000,00 € liegt (**Nr. 104 Abs. 3 Satz 2 AStBV [St]**). Allgemein tritt das Schrifttum insb. bei „bloßen Nachlässigkeiten" oft für das Absehen von der Verfolgung ein, soweit Fälle zu behandeln sind, die fernab von organisierter Kriminalität liegen (statt vieler RKLW/*Tormöhlen* § 26b Rn. 8.1). Falls das zuallererst zu prüfende Vorsatzerfordernis hier nicht übersehen wird (zu ihm oben § 26b UStG Rdn. 32 ff., insb. Rn. 34), ist dem grds. zu folgen. Schon nach den Gesetzgebungsmaterialien kommt eine **Verfahrenseinstellung im Wege der Opportunität gem. § 47 OWiG i.V.m. § 377 Abs. 2 AO** insb. bei der „entschuldbaren" Nichtentrichtung von USt in Betracht (klarstellend dazu aber auch schon § 26b UStG Rdn. 37). Namentlich dann, wenn der Betroffene dem FA unverzüglich und plausibel darlegt, weshalb ihm die Entrichtung der USt zum Fälligkeitszeitpunkt trotz ernsthaften Bemühens nicht möglich ist oder nicht möglich war, und er anschließend in der gesetzten Frist die USt entrichtet, soll diese Beseitigung der Gefährdung des Umsatzsteueraufkommens i.d.R. zu einem Absehen von der Verfolgung führen (BT-Drucks. 14/7471, S. 8; RKLW/*Tormöhlen* § 26b Rn. 18). Diese ermessensleitenden Maßstäbe folgen auch aus einer Anlehnung an den heutigen **§ 266a Abs. 6 StGB** (BT-Drucks. 14/7471, S. 8; krit. OSL/*Blesinger* § 26b Rn. 50 f.; abl. *Grieser* S. 175: § 227 AO maßgeblich). Er bestimmt für die mangelnde Entrichtung von Sozialabgaben konkret:

§ 266a Abs. 6 StGB

(6) In den Fällen der Absätze 1 und 2 kann das Gericht von einer Bestrafung nach dieser Vorschrift absehen, wenn der Arbeitgeber spätestens im Zeitpunkt der Fälligkeit oder unverzüglich danach der Einzugsstelle schriftlich
1. die Höhe der vorenthaltenen Beiträge mitteilt und
2. darlegt, warum die fristgemäße Zahlung nicht möglich ist, obwohl er sich darum ernsthaft bemüht hat.

Liegen die Voraussetzungen des Satzes 1 vor und werden die Beiträge dann nachträglich innerhalb der von der Einzugsstelle bestimmten angemessenen Frist entrichtet, wird der Täter insoweit nicht bestraft. In den Fällen des Abs. 3 gelten die Sätze 1 und 2 entsprechend.

▶ **Praxistipp:** 48

Jedem Unternehmer, der zwar im ordnungs- und strafrechtlichen Sinne noch vorwerfbar/ schuldhaft (vgl. zur Schranke § 26b UStG Rdn. 36 f.), jedoch nachvollziehbar und im weiteren Sinne entschuldbar in Zahlungsschwierigkeiten gerät, ist daher zu raten, umgehend mit dem FA Kontakt aufzunehmen, um die Umstände einer Nichtentrichtung der USt frühzeitig klarzustellen (so schon Bunjes/Geist/*Leonard* § 26b Rn. 6). Wie die Orientierung an § 266a Abs. 6 StGB zeigt, gilt dies auch dann, wenn der Unternehmer das FA ohne schuldhaftes Zögern (§ 121 Abs. 1 Satz 1 BGB) nach Eintritt der Fälligkeit unterrichtet. Allerdings ist **Vorsicht geboten.** Der Rat kann schon vor dem Hintergrund der Selbstbelastungsfreiheit nur dann gegeben werden, wenn nicht zugleich – etwa wegen einer wiederholten Tatbegehung – der Vorwurf eines gewerbs- oder bandenmäßigen Handelns im Raum stehen kann. Darüber hinaus wird die Situation des § 266a Abs. 6 StGB tatsächlich eher selten sein (Graf/Jäger/Wittig/*Bülte* §§ 26b, 26c Rn. 46).

3. Verfolgbarkeit: Verjährung

49   Strafverfolgungsverjährung tritt gem. § 31 Abs. 2 Nr. 1 OWiG i.V.m. § 377 Abs. 2 AO nach 3 Jahren ein. Die längere Fünfjahresfrist des § 384 AO wurde nicht auf § 26b UStG erstreckt (OSL/*Blesinger* § 26b Rn. 68; RKLW/*Tormöhlen* § 26b Rn. 4). Allerdings **beginnt die Verjährungsfrist erst mit der Beendigung der Tat** (§ 31 Abs. 3 OWiG). Diese liegt erst vor, wenn die Zahlungspflicht gem. § 47 AO erloschen ist (so OSL/*Blesinger* Rn. 69; prinzipiell auch Rolletschke/*Kemper* § 26b Rn. 69 und BGH, BB 2011, 781 [782 – „Dauerdelikt"]; näher dazu § 26c UStG Rdn. 42).

§ 26c UStG   Gewerbsmäßige oder bandenmäßige Schädigung des Umsatzsteueraufkommens (Umsatzsteuerkarussell; Umsatzsteuerbetrug)

Mit Freiheitsstrafe bis zu fünf Jahren oder mit Geldstrafe wird bestraft, wer in den Fällen des § 26b gewerbsmäßig oder als Mitglied einer Bande, die sich zur fortgesetzten Begehung solcher Handlungen verbunden hat, handelt.

A. Allgemeines

I. Entstehung und Funktion der neu geschaffenen Straftat

1   Ebenso wie § 26b UStG beruht auch § 26c UStG auf dem **Gesetz zur Bekämpfung von Steuerverkürzungen bei der USt und zur Änderung anderer Gesetze** (Steuerverkürzungsbekämpfungs-

gesetz, BGBl. I 2001, S. 3922 [3923]). Dieses Gesetz führte auf eine Forderung des Bundesrates hin im Anschluss an einen Vorschlag des Finanzausschusses kurzfristig zum 01.01.2002 den **Straftatbestand** des § 26c UStG ein, um das gesetzliche Arsenal gegen den zunehmenden „**Umsatzsteuerkarussellbetrug**" entscheidend zu erweitern (BT-Drucks. 14/7471, S. 3 [5 f., 8]). Der Tatbestand der gewerbsmäßig oder als Bandenmitglied verwirklichten Schädigung des Umsatzsteueraufkommens baut auf der Ordnungswidrigkeit des § 26b UStG auf und soll Fälle erfassen, in denen schon die objektiven Tatbestandsmerkmale der Steuerhinterziehung nicht vorliegen (BT-Drucks. 14/7471, S. 5 f.; zur wahrgenommenen Lücke schon § 26b UStG Rdn. 2 ff.). Tätergruppen, die gezielt korrekte und zu einem Vorsteuerabzug berechtigende Umsatzsteuervoranmeldungen und/oder Jahresanmeldungen abgeben, sodann aber „tatplanmäßig" die geschuldete Steuer nicht entrichten, sollen durch § 26c UStG einer Bestrafung zugeführt werden (BT-Drucks. 14/7471, S. 5 f. [8]). Es soll damit nicht länger möglich sein, alle strafbewehrten steuerrechtlichen Erklärungspflichten zu erfüllen und dennoch Ausfälle bei der USt durch die Inanspruchnahme des Vorsteuerabzuges hervorzurufen (BT-Drucks. 14/7471, S. 5 [8]; OSL/*Blesinger* § 26b Rn. 7 f.; Graf/Jäger/Wittig/*Bülte* §§ 26b, 26c Rn. 1; enthusiastisch zust. Bunjes/Geist/*Leonard* § 26c Rn. 2; Hartmann/Metzenmacher/*Küffner* Rn. 10).

Die Strafnorm des § 26c UStG soll primär **Strukturen Organisierter Kriminalität** erfassen (BT-Drucks. 14/7471, S. 8; Rolletschke/*Kemper* § 26c Rn. 9; OSL/*Blesinger* § 26c Rn. 4; Bunjes/Geist/*Leonard* § 26c Rn. 2; s. schon BT-Drucks. 14/6883, S. 7). Gemeint sind die sog. Umsatzsteuerkarusselle (beispielhaft dazu § 26b UStG Rdn. 4 f.; zu einem Definitionsversuch des Gesetzgebers BT-Drucks. 14/7085, S. 2 f.; OSL/*Blesinger* § 26c Rn. 5 [18]). Der Gesetzgeber geht stillschweigend davon aus, die anvisierten Fallgruppen über die zusätzlichen, alternativen Merkmale der gewerbsmäßigen oder bandenmäßigen Nichtentrichtung der fälligen USt erfassen zu können. Eine nähere Begründung für diese Vermutung bleibt er jedoch schuldig (s.a. schon krit. für die **Verfassungswidrigkeit der Norm** infolge vermeidbarer Unbestimmtheit *Reiß*, UR 2002, 561 [566 ff.]; *Wilhelm*, UR 2005, 474 [478]; Rolletschke/*Kemper* § 26c Rn. 4 [24], § 26b Rn. 5 f.; *Dathe* S. 62 [65]; § 26c UStG Rdn. 10, 19; a.A. *Danzer* S. 156 f.; *Nöhren* S. 66 f.; OSL/*Blesinger* § 26c Rn. 18 [3]: Rechtfertigung durch die Besonderheiten des Mehrwertsteuersystems einschließlich der Neutralität der USt).

Die Strafbarkeit stellt nicht nur ein Novum im deutschen Steuerrechtsgefüge dar, das den Säumniszuschlag des § 240 AO überlagert (so schon OSL/*Blesinger* § 26b Rn. 3; FGJ/*Joecks* § 370 Rn. 322; *Kohlmann* § 370 Rn. 1199.2: Systembruch). Sie schafft ein **Novum im deutschen Vermögensstrafrecht** überhaupt, denn § 26c UStG pönalisiert die gewerbs- oder bandenmäßige Nichtentrichtung einer Forderung ohne ein untreue- oder betrugsähnliches Element. Dies hat der Gesetzgeber befürwortet, obschon eine strafbare Teilnahme an den Taten der Rechnungsempfänger möglich ist, die zu Unrecht einen Vorsteuerabzug geltend machen (so für **nicht ausgeführte Umsätze** z.B. BGH, wistra 2002, 384; FGJ/*Joecks* § 370 Rn. 348; *Reiß*, UR 2002, 561 [566]) und sich die gesetzgeberische Begründung so verstehen lässt, als sei genau dieser Fall der für die Normsetzung ausschlaggebende (BT-Drucks. 14/7471, S. 7 f.). Es hätte sich insoweit auch eine Änderung des Umsatzsteuerrechts insb. durch erweiterte Erklärungspflichten angeboten, die den beklagten Umsatzsteuerbetrug über § 370 AO adäquat hätten erfassen können. Die Strafbarkeit strafwürdiger Tatkonstellationen hätte damit abgesichert werden können. Der ausgreifende Tatbestand des § 26c UStG, dessen Merkmale der Gewerbsmäßigkeit und der Bandenmäßigkeit bei der Adaption auf betrugs- bzw. hinterziehungsspezifische Sachverhalte tatsächlich ebenfalls zu weitreichenden Auslegungs- und Beweisschwierigkeiten führen (dazu § 26c UStG Rdn. 15 ff., 24 f.), wäre verzichtbar gewesen. Insoweit ist bemerkenswert, dass auch in der heutigen Verfolgung sog. Umsatzsteuerkarussellen tatsächlich § 370 AO vollumfassend im Vordergrund steht. Mit der jüngeren, allerdings problematischen (§ 369 AO Rdn. 52, 95; dazu auch früh krit. *Bielefeld*, wistra 2007, 9 [11 ff.]; heute etwa *Bülte*, HRRS 2011, 465 ff.) Rechtsprechung des BGH werden auch **zu tatsächlich geleisteten Umsätzen** vermehrt Möglichkeiten zur strafbaren Teilnahme geschaffen, indem Steuervergünstigungen in Missbrauchskonstellationen versagt werden (s. im

Anschluss an die Rechtsprechung des EuGH zur Verantwortlichkeit deutscher Lieferanten m.w.N. BGHSt, 53, 45 ff.; BGH, DStR 2009, 1688 ff.; in Reaktion auf die bestätigende EuGH-Entscheidung BGH, NJW 2011, 3797 ff.; s.a. schon Rolletschke/*Kemper* § 26b Rn. 11; *Reiß*, UR 2002, 561 [566]).

4   Der Tatbestand ist in der Sache als **Auffangtatbestand** konzipiert, der Beweisschwierigkeiten hinsichtlich der primär verfolgten Steuerhinterziehung überbrücken soll (instruktiv OSL/*Blesinger* § 26b Rn. 7 ff. [10]; Rolletschke/*Kemper* § 26b Rn. 12 [37, 57 f., 62 f., 39]; *Danzer* S. 136 ff.). Zudem soll er offenbar einen „**geeigneteren Ermittlungsansatz**" in Fällen bieten, in denen ein Verdacht der Beihilfe zur Steuerhinterziehung nur aufgrund aufwendiger Ermittlungen gegen die Haupttäter zu gewinnen war (so *Kohlmann* § 370 AO Rn. 1199.2). Hierzu bekennt sich der Gesetzgeber indes selbst nicht. Auch wenn aktuelle Daten der Steuerstrafsachenstatistik leider nicht mehr zur Verfügung stehen (dazu mit Recht krit. *Ebner*, wistra 2008, 298 ff.), muss davon ausgegangen werden, dass das **Delikt in der Praxis leer läuft** (*Tormöhlen*, UVR 2006, 207 [211, 213]; Rolletschke/*Kemper* § 26c Rn. 9 f. [24, 45]: immer ein Grund für die Nichtanwendung zu finden; m.w.N. schon § 26b UStG Rdn. 6). Sie dient allenfalls als problembeladenes Durchsetzungsinstrument für § 26b UStG (§ 26b UStG Rdn. 6). Dies dürfte zum einen daran liegen, dass das von den §§ 26b, 26c UStG aufgegriffene Modell der ordnungsgemäßen Anmeldung bei anschließender Nichtentrichtung der USt von vornherein kaum oder nicht mehr betrieben wird, da es mit einem besonders hohen Entdeckungsrisiko verbunden ist (*Wegner*, wistra 2002, 205 [208]; Rolletschke/*Kemper* § 26c Rn. 33). Zum anderen durchziehen den Tatbestand zahlreiche strukturelle Auslegungsprobleme, die seine Handhabbarkeit bedeutend schmälern (s. nur zur Strafnorm selbst § 26c UStG Rdn. 15 ff., 24 f.).

II. Rechtsgut und Einordnung des Delikts

5   Primäres Rechtsgut ist nach der Gesetzesbegründung und Systematik das **staatliche Steueraufkommen bzw. -vermögen**, aus dem sich niemand „hemmungslos zu Lasten des Steuerzahlers bereichern" dürfen soll (BT-Drucks. 14/7471, S. 8; Bunjes/Geist/*Leonard* § 26c Rn. 2; schon BT-Drucks. 14/6883, S. 7). Mangels einer § 370 Abs. 6 AO entsprechenden Norm ist nur das **Aufkommen der deutschen USt** geschützt (vgl. auch § 369 AO Rdn. 149 f.). Ergänzend führt der Gesetzgeber den **Schutz redlicher Unternehmer (Wettbewerbsschutz)** ins Feld. Sie sollen nicht von Unternehmen vom Markt gedrängt oder geschädigt werden, die ihre Leistungen durch Umsatzsteuerkarusselle gleichsam „subventionieren", indem sie zwar die Vorsteuer vereinnahmen, die anfallende USt aber nicht entrichten (BT-Drucks. 14/6883, S. 7; 14/7471, S. 4 [8]; OSL/*Blesinger* Rn. 6; Bunjes/Geist/*Leonard* § 26c Rn. 2). Damit greift der Gesetzgeber Beobachtungen auf, nach denen Unternehmen, die an Umsatzsteuerkarussellen beteiligt sind, die „gesparte Steuer" z.T. in ihre Kalkulation „einpreisen", um ihre Ware billiger am Markt anbieten zu können (BT-Drucks. 14/6883, S. 7, 14/7471, S. 8; OSL/*Blesinger* § 26c Rn. 4; Rolletschke/*Kemper* § 26c Rn. 8). Die hierdurch naheliegenden Wettbewerbsverzerrungen sollen ebenfalls mit dem Tatbestand des § 26c UStG verhindert werden und seine Legitimität begründen (Graf/Jäger/Wittig/*Bülte* §§ 26b, 26c Rn. 1 [32]). Tatsächlich können jene Erwägungen aber in systematischer Hinsicht nicht als zweites, auslegungsleitendes Rechtsgut anerkannt werden, da sie Wirkungen ausbleibender Steuerzahlungen beschreiben, die auch bei § 370 AO in nennenswerter Form vorhanden sind. Es handelt sich vielmehr um ein allgemeines Phänomen wirtschaftsstrafrechtlicher Delikte, dass sie begangen werden, um sich durch die Missachtung gesetzlicher Anforderungen etwa des Umwelt-, des Kapitalmarkt- oder eben des Steuerrechts Kostenvorteile ggü. Konkurrenten zu verschaffen.

6   Die Vorschrift stellt eine **Steuerstraftat i.S.d. § 369 Abs. 1 Nr. 1 AO** dar. Auch für § 26c UStG gelten daher die Vorschriften der §§ 369 ff. AO und der §§ 385 ff. AO, soweit sie nicht explizit nur Regeln für Steuerstraftaten der AO aufstellen (vgl. so z.B. zu den Nebenfolgen § 375 AO). Das StGB findet gem. § 369 Abs. 2 AO Anwendung (dazu § 369 AO Rdn. 35 ff.). Die Anwendbarkeit des deutschen Strafrechts richtet sich insoweit allein nach den §§ 3 ff. StGB (§ 369 AO

Rdn. 146 ff.). Eine gesonderte Vorschrift, welche die Anwendbarkeit des § 26c UStG für Auslandstaten ausweitet (vgl. z.B. § 370 Abs. 7 AO) liegt nicht vor und kann auch nicht im Wege einer
Analogie begründet werden (dazu schon § 369 AO Rdn. 149).

Die Tat des § 26c UStG ist ein **echtes Unterlassungsdelikt** (*Nöhren* S. 79; Rolletschke/*Kemper*   7
§ 26c Rn. 12; OSL/*Blesinger* § 26c Rn. 49 f.; Wannemacher/*Traub* § 26c Rn. 1356: eigenständiger
Begriff der Entrichtung; Graf/Jäger/Wittig/*Bülte* §§ 26b, 26c Rn. 4; s. schon § 26b UStG
Rdn. 22). Teilweise wird die Norm als Erfolgsdelikt eingeordnet (OSL/*Blesinger* § 26b Rn. 48,
abrückend aber Rn. 50; Rolletschke/*Kemper* § 26b Rn. 21). Dies ist jedoch aus der Formulierung
und der Sinngebung der §§ 26b, 26c UStG nicht überzeugend herzuleiten (wie hier Graf/Jäger/
Wittig/*Bülte* §§ 26b, 26c Rn. 3 [10 f.], der sich für ein Eignungsdelikt ausspricht). Der **Versuch
der Tat ist straflos** (arg. § 23 Abs. 1 StGB, § 369 Abs. 2 AO).

B. Objektiver Tatbestand

Der objektive Tatbestand des § 26c UStG setzt sich zunächst aus allen objektiven Merkmalen des   8
inkorporierten § 26b UStG zusammen (vgl. § 26c UStG Rdn. 9). Ergänzend muss mindestens ein
besonderes persönliches Merkmal hinzukommen (Gewerbsmäßigkeit oder Handeln als Bandenmitglied, vgl. die § 26c UStG Rdn. 11 ff., 20 ff.). Beide ergänzenden Merkmale weisen erhebliche
Auslegungsprobleme auf. Sie müssen bis zum heutigen Tage als ungeklärt gelten. Darin spiegeln
sich die gravierenden Zweifel an der Verfassungsmäßigkeit der Norm wider.

I. Verwirklichung des § 26b Abs. 1 UStG

Die zu § 26b UStG bereits beschriebenen strengen Anforderungen an den **Ausweis von USt in**   9
einer Rechnung müssen auch für § 26c UStG als konstitutive Tatbestandsmerkmale verwirklicht
sein (vgl. bereits § 26b UStG Rdn. 10 ff.). Zudem muss der Täter gerade die **ausgewiesene USt**
zum Fälligkeitszeitpunkt nicht oder nur teilweise entrichtet haben (§ 26b UStG Rdn. 13 ff.),
wobei hier insb. der Leerlauf des § 26b Abs. 1, 1. Alt. UStG nach dem 01.01.2009 zur Kenntnis
zu nehmen ist (§ 26b UStG Rdn. 17). Auch und gerade bei der Integration in den Straftatbestand
des § 26c UStG ist zu unterstreichen, dass eine Tat nur vorliegt, wenn der Täter zum Fälligkeitszeitpunkt zur Entrichtung der ausgebliebenen USt in der Lage war (Rolletschke/*Kemper* § 26c
Rn. 26 ff.; auch dazu näher schon § 26b UStG Rdn. 27 ff.).

II. Heraufstufung zur Straftat durch ein alternatives qualifizierendes Tatmerkmal

Der Gesetzgeber verfolgt in § 26c UStG das Modell des sog. **unechten Mischtatbestandes**. Bei   10
ihm wächst dem Tatbestand einer Ordnungswidrigkeit durch die Hinzufügung eines weiteren
qualifizierenden Tatmerkmals der Charakter einer Straftat zu (zu dieser Technik im Überblick
KK-OWiG/*Rogall* Vor § 1 Rn. 11 [13]). Diese prinzipiell taugliche Gesetzgebungstechnik steht
hier jedoch in ihrer Anwendung in der Kritik, da die gewählten qualifizierenden Tatmerkmale nur
schwerlich ein fassbares steuerstrafrechtliches Unrecht beschreiben (*Reiß*, UR 2002, 561 [566 ff.];
s.o. schon § 26c UStG Rdn. 2).

1. Gewerbsmäßiges Handeln bei der Tat (§ 26c 1. Alt. UStG)

Die Gewerbsmäßigkeit ist ein besonderes persönliches Merkmal, das in § 26c UStG gem. § 28   11
Abs. 1 StGB, § 369 Abs. 2 AO strafbegründend wirkt (Rolletschke/*Kemper* § 26c Rn. 16; i.E. so
auch aber mit falschem Verweis auf § 28 Abs. 2 StGB RKLW/*Tormöhlen* Rn. 7; zur Teilnahme aber
einschränkend § 26c UStG Rdn. 37). Es ist daher nur auf den **Tatbeteiligten** anzuwenden, **der**
selbst gewerbsmäßig handelt.

Der Gesetzgeber, der den neuen Straftatbestand nahezu *ad hoc* auf die Anregung des Bundesrates   12
geschaffen hat, handelte offenbar in der Vorstellung, mit dem qualifizierenden Tatmerkmal des

gewerbsmäßigen Handelns ein alt hergebrachtes, im allgemeinen Strafrecht und § 373 Abs. 1 AO bewährtes Merkmal in die neue Steuerstrafnorm einzuführen. Es ist deshalb in der Praxis anzunehmen, dass **auf § 26c UStG im Zweifel die bisherigen Maßstäbe der Rechtsprechung zu übertragen** sind, die zur Gewerbsmäßigkeit bei anderen Delikten entwickelt worden sind (zu diesen Maßstäben sogleich § 26c UStG Rdn. 13 f.). Ob und wie diese Übertragung tatsächlich gelingen kann, ist bislang allerdings unklar (§ 26c UStG Rdn. 15 ff.).

a) Tradierte Maßstäbe der Rechtsprechung zu anderen Delikten

13 Gewerbsmäßiges Handeln liegt nach der tradierten Definition vor, wenn der Täter in der **Absicht** handelt, sich durch die **wiederholte Tatbegehung eine fortlaufende Einnahmequelle von einiger Dauer und einigem Umfang zu verschaffen** (vgl. nur zum Betrug BGHSt, 49, 177 [181]; BGH, NStZ 2004, 265 [266]; FGJ/*Jäger* § 373 Rn. 11; übernehmend OSL/*Blesinger* § 26c Rn. 11 f.; RKLW/*Tormöhlen* § 26c Rn. 5 f.; *Dathe* S. 61; *Hillmann-Stadtfeld*, DStR 2002, 434 [435 f.]; *Müller* AO-StB 2008, 80 [83]). Das Merkmal wird also rein subjektiv interpretiert (dazu etwa krit. *Kohlmann* § 373 Rn. 35). Liegt die beschriebene Absicht vor, soll schon die **erste der ins Auge gefassten Taten als gewerbsmäßig** anzusehen sein (OSL/*Blesinger* § 26c Rn. 12; Rolletschke/*Kemper* § 26c Rn. 23; RKLW/*Tormöhlen* § 26c Rn. 7; Hartmann/Metzenmacher/*Küffner* Rn. 21; m.w.N. [zu § 263 StGB] BGHSt, 49, 177 [181]; BGH, NStZ 2004, 265 [266]; a.A. schon NK-StGB/ *Kindhäuser* § 263 Rn. 391; AnwaltK-StGB/*Gaede* § 263 Rn. 178). Es soll nicht erforderlich sein, dass der Täter beabsichtigt, Straftaten zu seinem Gewerbe zu machen, indem er seinen Lebensunterhalt allein oder auch nur überwiegend durch die Begehung der Straftaten bestreiten will (BGHSt 1, 383 f. zu § 260 StGB; BGH, NStZ 1995, 85; OLG Stuttgart, wistra 2003, 33 f. [zu § 373 AO]: die Tat müsse nicht *gewerblich* sein; FGJ/*Jäger* § 373 Rn. 12; übertragend z.B. RKLW/ *Tormöhlen* § 26c Rn. 5). Ebenso soll der Gewerbsmäßigkeit nicht entgegenstehen, dass der Täter handelt, um mit dem erlangten Geld Verbindlichkeiten abtragen und – auch zur Verdeckung und Fortsetzung seiner Taten – Schadenswiedergutmachung leisten zu können (BGH, NStZ 2004, 265 [266 zu § 263 StGB]; *Fischer* § 263 Rn. 210).

14 Voraussetzung ist aber stets, dass es dem Täter tatsächlich auf die Erlangung der Vermögensvorteile ankommt – nur dann handelt er **absichtlich** (dazu betont Graf/Jäger/Wittig/*Bülte* §§ 26b, 26c Rn. 34). Zudem muss der **Täter eigennützig und damit nicht lediglich altruistisch motiviert** handeln. Der Täter soll indes schon eigennützig handeln, wenn er eine mittelbare finanzielle Besserstellung z.B. durch seinen Arbeitgeber oder über eine von ihm kontrollierte Gesellschaft anstrebt, die zu Einnahmen des Täters führt, auf die er ohne Weiteres zugreifen kann (so für § 263 StGB m.w.N. BGH, HRRS 2009 Nr. 596; NStZ 2008, 282 f.; zur Tat über eine Gesellschaft m.w.N. BGH, NStZ-RR 2008, 282; wistra 2008, 342 [343]; FGJ/*Jäger* § 373 Rn. 11; schon übertragend RKLW/*Tormöhlen* § 26c Rn. 5; *Weyand*, INF 2002, 183 [185]). **Eine Einnahmequelle „von einigem Umfang"** liegt aber nicht vor, wenn die erstrebten Steuerersparnisse oder Mittelzuflüsse völlig untergeordnete Bedeutung haben und deshalb vernachlässigenswert sind (OSL/*Blesinger* § 26c Rn. 13; Rolletschke/*Kemper* § 26c Rn. 20; *Kohlmann* § 373 Rn. 36; *Danzer* S. 151; *Tormöhlen*, UVR 2006, 207 [213]: Unternehmer muss nachhaltig im Leistungsaustausch tätig sein). An Letzterem wird es bei geringfügigen Fristüberschreitungen, die zu geringen Zinsvorteilen führen, von vornherein fehlen (so auch Graf/Jäger/Wittig/*Bülte* §§ 26b, 26c Rn. 34).

b) Probleme der Übertragung und Einschränkungsansätze

15 Die **Rechtsprechung** hat das Ob und das Wie einer möglichen Übertragung der tradierten Auslegung der Gewerbsmäßigkeit bislang **noch nicht geklärt**. Entsprechend kommt eine schlichte Anwendung der eben geschilderten Maßstäbe in Betracht, nach der schon in der **Absicht, Aufwendungen durch die Nichtentrichtung ersparen zu wollen**, ein gewerbsmäßiges Handeln zu erblicken sein könnte (so prinzipiell Graf/Jäger/Wittig/*Bülte* §§ 26b, 26c Rn. 31 ff.; Rolletschke/ *Kemper* § 26c Rn. 21; *Tormöhlen*, UVR 2006, 207 [212]). Es hat aber den Anschein, als würde auch die Praxis von einer unterschiedslosen Übertragung der bisherigen Auslegung zur Gewerbs-

mäßigkeit im Ergebnis absehen und eine nicht näher umrissene einschränkende Auslegung verfolgen. Tatsächlich schwindet die Aussage- und Unterscheidungskraft der Gewerbsmäßigkeit beträchtlich, soweit man für das auf wiederholte und erzwungene Erklärungen geradezu zugeschnittene Steuerstrafrecht bei der tradierten Definition stehen bleibt (so schon zu § 370a AO a.F. krit. BGH, NJW 2004, 2990 [2991]; *Bender*, ZfZ 2002, 146 [147 f.]; *Salditt*, StV 2002, 214 f.; *Müller*, DStR 2002, 1641 [1644]; Rolletschke/*Kemper* § 26c Rn. 19; Wannemacher/*Traub* § 26c Rn. 1364; verhalten auch Graf/Jäger/Wittig/*Bülte* §§ 26b, 26c Rn. 31: „gewisse Schwierigkeiten"). Zudem ist die gewerbsmäßige Begehungsweise nach ihrer bisherigen Deutung mit dem bandenmäßigen Handeln bei Vermögensdelikten praktisch stets mitverwirklicht (s. bereits zur Kritik anhand von § 263 Abs. 5 StGB AnwaltK-StGB/*Gaede* § 263 Rn. 178). Im Schrifttum überwiegen deshalb mittlerweile die Stimmen, die eine **schlichte Übertragung der Auslegung zu anderen Tatbeständen ablehnen** (*Reiß*, UR 2002, 561 [566 ff.]; *Müller*, DStR 2002, 1641 [1643 ff.]; *Spatscheck/Wulf*, DB 2002, 392 ff.; *Wilhelm*, UR 2005, 474 [478]; Wannemacher/*Traub* § 26c Rn. 1363 f.; Rolletschke/*Kemper* § 26c Rn. 19 ff.; Hartmann/Metzenmacher/*Küffner* Rn. 16 ff.) oder doch eine restriktive Anwendung anmahnen (Bunjes/Geist/*Leonard* § 26c Rn. 4; Graf/Jäger/Wittig/*Bülte* §§ 26b, 26c Rn. 34 ff.; *Danzer* S. 151 f.; a.A. aber z.B. *Tormöhlen*, UVR 2006, 207 [212]). In der Tat können Rechtsbegriffe in unterschiedlichen Gesetzen durchaus unterschiedliche Bedeutungen haben, wenn und weil der Regelungskontext ihnen veränderte Bedeutungen zuweist (sog. **Relativität der Rechtsbegriffe**, vgl. statt vieler *Demko*, Zur „Relativität der Rechtsbegriffe" in strafrechtlichen Tatbeständen, 2002; *Gaede*, HRRS 2004, 318 [319]). Die Zielrichtung der Norm, organisierte Kriminalität in Form von Umsatzsteuerkarussellen zu erfassen, zwingt mindestens zu einer einschränkenden Auslegung.

aa) Orientierung an der dauerhaften Entgeltvereinnahmung

Joecks tritt dafür ein, § 26c UStG auf Fälle zu beschränken, in denen der Täter das Mehrwertsteuersystem – wie bei den Umsatzsteuerkarussellen üblich – zur dauerhaften Liquiditätsschöpfung ausnutzt (FGJ/*Joecks* § 370 Rn. 352; OSL/*Blesinger* § 26c Rn. 15; ähnlich Wannemacher/*Traub* § 26c Rn. 1363 f.). Dies soll erfordern, dass der Täter eine **nicht nur auf Zeit berechnete Nichtentrichtung der vereinnahmten USt** anstrebt und sich eine „Wertschöpfung durch Umsatzsteuer" zum [kriminellen] Gewerbe gemacht hat (*Joecks*, wistra 2002, 201 [202 ff.]; FGJ/*Joecks* § 370 Rn. 352; vgl. auch zum Betrug AnwaltK-StGB/*Gaede* § 263 Rn. 178 und zu § 26b UStG § 26b UStG Rdn. 1 ff.). Das bloße Nichtabführen von USt falle dagegen schon nicht unter den tradierten Begriff der Einnahmequelle, dessen allgemeiner Sprachgebrauch einen **tatsächlichen Zufluss** voraussetze (*Spatscheck/Wulf*, DB 2002, 392 ff.; FGJ/*Joecks* § 370 Rn. 352; m.w.N. Wannemacher/*Traub* § 26c Rn. 1363; *Müller*, DStR 2002, 1641 [1644 f.]). Ein solcher Zufluss ist bei der bloßen Absicht, Steuern sparen zu wollen, nicht gegeben (a.A. aber z.B. Rolletschke/*Kemper* § 26c Rn. 21; *Nöhren* S. 87 [59 f.]; *Tormöhlen*, UVR 2006, 207 [212]; Hartmann/Metzenmacher/*Küffner* Rn. 18; zu § 373 AO auch m.w.N. OLG Stuttgart, wistra 2003, 33 f.; OLG Hamm, ZfZ 1957, 339; m.w.N. FGJ/*Jäger* § 373 Rn. 12; s.a. abl. Graf/Jäger/Wittig/*Bülte* §§ 26b, 26c Rn. 31 ff.: Subsumtion unter den Wortlaut geboten). Gewerbsmäßigkeit soll in diesem Sinne vorliegen, wenn sich der Täter durch die wiederholte Nichtzahlung *vereinnahmter* USt eine Einnahmequelle von einiger Dauer und einigem Umfang verschaffen will, die nicht nur als Verkürzung auf Zeit geplant ist (FGJ/*Joecks* § 370 Rn. 352). Auch *Blesinger* betont, dass bei der Auslegung der Gewerbsmäßigkeit die Abstufung zwischen der nicht vorwerfbaren Zahlungsstockung, der schlicht ordnungswidrigen Nichtentrichtung (§ 26b UStG) und der kriminellen Schöpfung von Liquidität zu leisten sei (OSL/*Blesinger* § 26c Rn. 14 f.: § 26c UStG). Straflos müsse die mehrfache Nichtentrichtung jedenfalls dann sein, wenn es an dem Willen fehle, dauerhafte Vermögensvorteile zu erzielen. Nach diesen Auffassungen wäre insb. der Unternehmer schon unabhängig vom Umfang der Zinsvorteile (s. schon § 26c UStG Rdn. 14) straffrei, der vorübergehend gegen Liquiditätsmängel durch eine Verzögerung der Umsatzsteuerentrichtung „ankämpft".

bb) Orientierung an der Vorsteuervergütung

17   Nach einem anderen Einschränkungsansatz setzt die Gewerbsmäßigkeit voraus, dass der Täter mit seinem Verhalten Einnahmen aus dem Zufluss der Vorsteuervergütung beabsichtigt (Wannemacher/*Traub* § 26c Rn. 1363 f.; a.A. Rolletschke/*Kemper* § 26c Rn. 21). Hiermit wird zutreffend der Anschluss an die zum Gelingen des Umsatzsteuerkarussells erforderliche Vorsteuervergütung gesucht und insoweit eine Verbindung zu den Anlass gebenden Umsatzsteuerkarussellen hergestellt. Allerdings wird jene Deutung der Gewerbsmäßigkeit oft auch kumulativ zum vorherigen Ansatz vertreten. Soweit keine USt vereinnahmt wird, soll der Konnex zu den Karussellgeschäften, die den Grund für die Tatbestandsschaffung ausmachen und v.a. den **Zufluss einer vordergründig berechtigten Vorsteuervergütung zum Ziel** haben, auch über diese hergestellt werden können (*Nöhren* S. 87; RKLW/*Tormöhlen* § 26c Rn. 6).

cc) Orientierung an erstrebten Wettbewerbsvorteilen

18   Ein weiterer Ansatz fordert einschränkend, dass der Täter belegtermaßen in der **Absicht gehandelt haben muss, sich (auf Dauer) Wettbewerbsvorteile zu verschaffen** (Hartmann/Metzenmacher/*Küffner* Rn. 18 ff.; a.A. FGJ/*Joecks* § 370 Rn. 352). Damit wird der Bezug zu dem behaupteten zweiten, zur Legitimation des Tatbestandes herangezogenen Rechtsgut herbeigeführt, das jedoch abzulehnen ist (dazu aber schon § 26b UStG Rdn. 5). Der Vorteil soll zudem immer schon dann vorliegen, wenn der Täter mangels Entrichtung von USt Ware billiger anbieten *kann* (Hartmann/Metzenmacher/*Küffner* Rn. 18). Entsprechend wäre eine Absicht zwar immer noch erst einmal zu belegen, kaum aber jemals sicher zu verneinen. Die Ansicht trägt damit keine bedeutsame Einschränkung.

19   ▶ **Praxistipp:**

Ob jene Einschränkungsansätze eine hinreichend bestimmte Deutung des Tatmerkmals der Gewerbsmäßigkeit und dem Tatbestand mithin eine verlässliche Praxis verschaffen können, ist zu bezweifeln. Die auf Einschränkung bedachten Autoren haben zwar – gemessen an dem gesetzgeberischen Ziel – *prima facie* legitime Anwendungsbereiche im Auge. Die Begrenzungsversuche setzen aber an einem Merkmal an, das von vornherein auf die vom Tatbestand zu erfassenden Karussellgeschäfte nicht spezifisch genug ausgerichtet ist (s. schon *Reiß*, UR 2002, 561, 566 [568]; OSL/*Blesinger* § 26c Rn. 15; *Dathe* S. 63 ff.). Abgesehen von der noch immer vertretenen weiten Übertragung der bisherigen Rechtsprechung zu anderen Delikten führen die einschränkenden Ansätze überwiegend zu neuen Beweisschwierigkeiten. Die große Zurückhaltung der Praxis deutet darauf hin, dass die Reparaturversuche des Schrifttums – gemessen an dem Ziel eines ernsthaften und sinnvollen Anwendungsbereichs – untaugliche Versuche darstellen, über die Gewerbsmäßigkeit eine bestimmt gefasste Strafbarkeit des *missing traders* herbeizuführen. Auch eingedenk der Typisierungsbefugnis des Gesetzgebers und seiner Befugnis zur entwicklungsoffenen Formulierung (vgl. § 369 AO Rdn. 78), ist von einem Verstoß gegen Art. 103 Abs. 2 GG auszugehen (s. schon oben § 26c UStG Rdn. 2, 10). Dem Vorwurf des gewerbsmäßigen Handelns ist deshalb aus der Sicht der Beratungspraxis – mindestens dann, wenn nicht alle vertretenen Einschränkungsansätze zur Gewerbsmäßigkeit gelangen – regelmäßig entgegenzutreten.

2. Handeln als Mitglied einer zur fortgesetzten Begehung des § 26b UStG entschlossenen Bande (§ 26c, 2. Alt. UStG)

20   Der Gesetzgeber hatte bekanntlich als Fall des § 26c, 2. Alt. UStG v.a. **Umsatzsteuerkarussellgeschäfte** vor Augen (OSL/*Blesinger* § 26c Rn. 17 f.; Sölch/Ringleb/*Klenk* Rn. 9; FGJ/*Joecks* § 370 Rn. 350). Dennoch verzichtete er darauf, die Geschäfte, die den Grund der Strafbarkeit ausmachen, tatbestandlich zu umschreiben (zust. OSL/*Blesinger* § 26c Rn. 18; für einen Verstoß gegen Art. 103 Abs. 2 GG aber *Reiß*, UR 2002, 561 [566 ff.]). Stattdessen griff der Gesetzgeber – neben der Gewerbsmäßigkeit – auf den im allgemeinen Strafrecht bereits tradierten Begriff des Handelns

als Mitglied einer Bande zurück. Er erhoffte sich offenbar, dem neuen Tatbestand durch diese Anleihe an ein bekanntes Tatbestandsmerkmal Kontur zu verleihen. Die **Bandenmitgliedschaft** stellt hierbei unstreitig ein **besonderes persönliches Tatmerkmal** dar, das die Strafbarkeit im Fall des § 26c UStG – anders als im typischen Fall des StGB – nicht nur schärft (§ 28 Abs. 2 StGB), sondern begründet (§ 28 Abs. 1 StGB, § 369 Abs. 2 AO; Rolletschke/*Kemper* § 26c Rn. 34).

a) Mitgliedschaft in einer zur fortgesetzten Begehung des § 26b UStG entschlossenen Bande

Der **Täter muss Mitglied in einer Bande sein**, die sich **zur fortgesetzten Verwirklichung der in 21 § 26b UStG beschriebenen Ordnungswidrigkeit entschlossen** hat. Es ist davon auszugehen, dass die Rechtsprechung ihre insb. zu § 244 Abs. 1 Nr. 2 StGB entwickelten Grundsätze zur Auslegung der Bande und zur Bandenmitgliedschaft übertragen wird (Rolletschke/*Kemper* § 26c Rn. 37 ff.; implizit Graf/Jäger/Wittig/*Bülte* §§ 26b, 26c Rn. 36 f.). Sie haben den Gesetzgeber auch für das Regelbeispiel des § 370 Abs. 3 Satz 2 Nr. 5 AO zur Umsatzsteuerhinterziehung geleitet (BT-Drucks. 16/5846, S. 75).

aa) Tradierte Maßstäbe der Rechtsprechung zu anderen Delikten

Eine Bande setzt danach lediglich den ausdrücklich oder stillschweigenden **Zusammenschluss von 22 mindestens drei Personen** voraus, die sich mit dem Willen verbunden haben, künftig für eine gewisse Dauer mehrere selbstständige, im Einzelnen noch ungewisse **Taten gem. § 26b UStG** zu begehen (FGJ/*Joecks* § 370 Rn. 350 [274c]; OSL/*Blesinger* § 26c Rn. 19; Graf/Jäger/Wittig/*Bülte* §§ 26b, 26c Rn. 36; anders bemerkenswerterweise *Webel*, PStR 2005, 259 [261]: Zweck der Steuerhinterziehung!). Die Bandenmitglieder müssen damit zumindest beabsichtigen, Rechnungen i.S.d. § 14 UStG auszustellen, die USt anzumelden oder zu erklären, sodann jedoch nicht zu entrichten. Es soll genügen, dass diese Praxis ein **Nebenzweck** der Bandenabrede ist (OSL/*Blesinger* § 26c Rn. 20; FGJ/*Joecks* § 370 Rn. 351; Rolletschke/*Kemper* § 26c Rn. 42; Graf/Jäger/Wittig/*Bülte* §§ 26b, 26c Rn. 36; a.A. *Müller*, DStR 2002, 1641 [1645 f. zu § 370a AO]). Ein gefestigter Bandenwille oder ein Tätigwerden in einem übergeordneten Bandeninteresse soll – wie zu den Tatbeständen des StGB – nicht mehr erforderlich sein (zum StGB grundlegend BGHSt, 46, 321 ff.; 49, 177 [187]; BGH, NStZ 2007, 269; zu § 26c UStG FGJ/*Joecks* § 370 Rn. 274b [350]; Graf/Jäger/Wittig/*Bülte* §§ 26b, 26c Rn. 37; RKLW/*Tormöhlen* § 26c Rn. 8).

Auch die Zusage **„nicht ganz untergeordneter"** Beiträge als Gehilfe soll genügen, um eine Person 23 als Bandenmitglied einstufen zu können, mit dem die Drei-Personen-Schranke erreicht wird (zw., so aber zu § 244 Abs. 1 Nr. 2 StGB BGHSt, 47, 214 ff.; anhand von § 263 Abs. 5 StGB, BGH, NStZ 2007, 269 [270]; NStZ-RR 2007, 307 [308]; zu § 26c UStG RKLW/*Tormöhlen* § 26c Rn. 9; a.A. z.B. m.w.N. *Gaede* StV 2003, 78 ff.; MüKo-StGB/*Hefendehl* § 263 StGB Rn. 768; *Wessels/Hillenkamp* BT/II Rn. 271c). Zu § 26c UStG sollen auch Personen Bandenmitglieder sein können, die nicht selbst als Steuerschuldner oder über die §§ 34, 35 AO zur Zahlung der USt verpflichtet sind (OSL/*Blesinger* § 26c Rn. 21).

bb) Probleme der Übertragung und Einschränkungsansätze

Soweit man den Bandenbegriff überhaupt für übertragbar hält (dazu unten § 26c UStG Rdn. 25), 24 stellt sich die Frage, wie man den im Wortlaut und im bisherigen Verständnis der Bande nur eingeschränkt widergespiegelten, die Heraufstufung zur Straftat tragenden Zweck des § 26c UStG in die Rechtspraxis umsetzen kann, gerade die organisierte Kriminalität mit der Norm zu erfassen (§ 26c UStG Rdn. 2, 19). Hier ist die Anlehnung an eine Entscheidung des LG Berlin sinnvoll. Das LG hat in Anknüpfung an eine entsprechende gesetzgeberische Zielsetzung für § 263 Abs. 5 StGB deliktsspezifisch ein höheres Maß an Verbundenheit unter den Bandenmitgliedern gefordert und den Tatbestand damit tendenziell **auf Fälle professionell organisierter Kriminalität begrenzt** (LG Berlin, StV 2004, 545; zust. SSW-StGB/*Satzger* § 263 Rn. 319; AnwaltK-StGB/*Gaede* § 263 Rn. 175; s. schon BT-Drucks. 13/8587, S. 64 [42, 22]; a.A. aber *Fischer* § 263 Rn. 213/229). Gleiches muss für § 26c UStG gelten, der ebenfalls der Erfassung organisierter Kriminalität dienen und *strafbegründend* wirken soll. Insb. die persönlich begründete Verbindung eines Ehepaars mit einem Steuerberater, die bei der Tat zusammenwirken, wird so kaum jemals für eine Bande i.S.d. § 26c UStG genügen (s.a. zu § 370 Abs. 3 Satz 2 Nr. 5 AO FGJ/*Joecks* § 370 Rn. 274b; zu § 370a AO a.F. *Spatscheck/Wulf* DB 2002, 392 [395]: mindestens drei Bandenmitglieder müssen Steuerpflichtige sein [dazu aber a.A. zu § 370 AO n.F. BT-Drucks. 16/5846, S. 75]). Zudem sind zumindest für den nach der Definition genügenden *stillschweigenden* Zusammenschluss zu einer Bande strenge Nachweis- und Darstellungsanforderungen aufzustellen. *Joecks* verlangt demgegenüber zur Begrenzung des Tatbestandes, dass die Täter die in Rede stehende USt für sich vereinnahmen wollen (FGJ/*Joecks* § 370 Rn. 350; ähnlich OSL/*Blesinger* § 26c Rn. 21: Ziel, aus der Geltendmachung der USt Liquidität zu schöpfen). Dies schaltet die Auslegung aber bedenklich mit der zur Gewerbsmäßigkeit vorgeschlagenen Auslegung gleich (§ 26c UStG Rdn. 16).

25 Abseits dieser Einschränkungsversuche führt auch die Übertragung des Bandenbegriffs auf § 26c UStG schon in ein grundsätzliches Dilemma. Das bandenmäßige Handeln müsste angesichts des tatbestandlich beschriebenen Verhaltens geradezu auf ein schwer vorstellbares „**bandenmäßiges Unterlassen**" der Steuerentrichtung gerichtet sein (Rolletschke/*Kemper* § 26c Rn. 40 [45]: Übernahme des Bandenbegriffes falsch; Wannemacher/*Traub* § 26c Rn. 1367 ff.; *Wilhelm*, UR 2005, 474 [479]; Rolletschke/*Kemper* § 26c Rn. 444). Das vom Gesetzgeber zum Ausgang genommene gesamte „Karussellgeschehen" einschließlich der Inanspruchnahme des Vorsteuerabzuges (darauf will OSL/*Blesinger* § 26c Rn. 17 abstellen; zust. Graf/Jäger/Wittig/*Bülte* §§ 26b, 26c Rn. 38) und der Vereinnahmung der USt (dazu FGJ/*Joecks* § 370 Rn. 350) hat der Gesetzgeber selbst gerade nicht als tatbestandsmäßiges Verhalten umschrieben (OSL/*Blesinger* § 26c Rn. 18; vgl. auch Wannemacher/*Traub* § 26c Rn. 1367: Steuerhinterziehung nicht tatbestandlich; *Wilhelm*, UR 2005, 474 [479]). Es ist fraglich, ob auf diese **tatbestandsfremden Verhaltensweisen zur Begründung der Bandenmitgliedschaft bzw. der Bande** überhaupt abgestellt werden darf. Angesichts des erforderlichen Tatbezugs auch der Bandendelikte ist dies unmittelbar zu verneinen. Der Gesetzgeber muss sich hier gem. Art. 103 Abs. 2 GG an seiner gewählten Unrechtskonstruktion festhalten lassen. Die Bandenmitgliedschaft von Personen, die selbst nicht zur Zahlung der Steuer verpflichtet sind, wird daher i.d.R. nur eingreifen, wenn die zur Zahlung verpflichteten Täter auf Geheiß dieser Personen tätig sind (s. z.B. FG Hessen, EFG 2004, 1558 [1560: „Diktat der Hintermänner"]) und/oder die Tat von der Zusage materieller Vorteile aus dem geltend gemachten Vorsteuerabzug abhängig machen (zu möglichen Beihilfeformen auch Rolletschke/*Kemper* § 26c Rn. 57). Davon abgesehen könnten allein in Beiträgen zur Schaffung der Ausgangslage der Tathandlung (insb.: Etablierung eines geeigneten Unternehmens, Hilfen bei der Rechnungstellung) über die §§ 26b, 26c UStG erfassbare Verabredungsinhalte liegen, soweit man mit der herrschenden Meinung (s. schon § 26c UStG Rdn. 23) auch die Zusage von Beihilfehandlungen für die Bandenmitgliedschaft genügen lassen will.

b) Tatausführung als Bandenmitglied

26 Der Täter verwirklicht eine Tat als Bandenmitglied, wenn seine **konkrete Tat in einem inhaltlichen Zusammenhang mit der Bandenabrede** steht (Graf/Jäger/Wittig/*Bülte* §§ 26b, 26c Rn. 37). Anderenfalls handelt er nicht in seiner Eigenschaft als Bandenmitglied. Die Mitwirkung eines anderen Bandenmitgliedes im konkreten Einzelfall ist hingegen entbehrlich (zu beidem anhand des insoweit parallelen § 263 Abs. 5 StGB MüKo-StGB/*Hefendehl* § 263 Rn. 768). Eine erst nachträglich nach einer ersten Tat gefasste Bandenabrede macht die erste Tat nicht rückwirkend zu einer bandenmäßig begangenen Tat (s. schon BGH, NStZ 2006, 176; FGJ/*Joecks* § 370 Rn. 274c).

c) Spezialproblem: Beteiligung an der Tat

27 Für die **Beteiligung an der Tat** gelten die allgemeinen Regeln (vgl. die §§ 25 ff. StGB, dazu § 25 Rdn. 1 ff., § 26 Rdn. 1 ff., § 27 Rdn. 1 ff.). Folglich resultiert insb. aus einer Bandenmitgliedschaft

allein noch keine Tatbeteiligung z.B. in Form der Beihilfe (so fraglos übertragbar zum Betrug BGH, NStZ-RR 2007, 307 [308]; 2003, 265 [267]; wistra 2007, 100 [101]; AnwaltK-StGB/ *Gaede* § 263 Rn. 176). Erforderlich ist eine **konkrete Mitwirkung an der einzelnen Tat**. Bei der Teilnahme ist jedoch einschränkend die Sonderregel des § 14 Abs. 4 OWiG für Mischtatbestände zu beachten (§ 26c UStG Rdn. 37).

C. Subjektiver Tatbestand

Der Täter muss gem. §§ 15, 16 StGB, § 369 Abs. 2 AO vorsätzlich handeln. S. zu den Anforde- 28
rungen des Tatvorsatzes bereits § 26b UStG Rdn. 32 ff. und § 15 StGB Rdn. 1 ff.; näher Matt/Ren-
zikowski-StGB/*Gaede* § 15 Rn. 3 ff. Der Vorsatz muss insb. die **qualifizierenden Merkmale** der
Gewerbsmäßigkeit und/oder der bandenmäßigen Tatbegehung erfassen, soweit sie jeweils objektiv
vorliegen und die Tat begründen. Dies bedeutet bei der **Gewerbsmäßigkeit**, dass die Tätervorstellung ihre (nach der Rechtsprechung) allein subjektiv verstandenen Definitionsmerkmale aufweisen
muss. Gefordert ist insofern die **Absicht** des Täters, da es dem Täter gerade auf die Erlangung der
wirtschaftlichen Vorteile ankommen muss (so auch RKLW/*Tormöhlen* § 26c Rn. 12, der dies auf
das bandenmäßige Handeln überträgt). Soweit sich ein Beteiligter über den Sachverhalt irrt, der
die objektiven Komponenten der qualifizierenden Merkmale ausfüllt, scheidet der Vorsatz gem.
§ 16 Abs. 1 Satz 1 StGB wegen eines **Tatbestandsirrtums** aus (§ 16 StGB Rdn. 2 ff. und bereits die
Beispiele in § 26b UStG Rdn. 33).

Sonderproblem: Scheidet ein vorsätzliches Unterlassen aus, kann auch für § 26c UStG im Einzel- 29
fall noch eine **Ordnungswidrigkeit gem.** § 130 OWiG in Betracht kommen, wenn die in der
Nichtentrichtung von USt liegende Zuwiderhandlung gegen steuerliche Pflichten auf einer **Aufsichtspflichtverletzung** des Inhabers oder des nach § 9 OWiG Verpflichteten beruht (OSL/*Blesinger* § 26b Rn. 43). Dies kann im Fall des § 26c UStG gem. § 130 Abs. 3 Satz 1 OWiG zu einem
Bußgeld von bis zu 1 Mio. € führen.

D. Weitere Strafbarkeitserfordernisse und Rechtsfolgen

I. Rechtswidrigkeit und Schuld

Wie für jede Straftat muss für § 26c UStG auch ein rechtswidriges und schuldhaftes Verhalten 30
vorliegen (vgl. bereits § 369 AO Rdn. 155 f.). Eine Rechtfertigung kommt praktisch nicht in
Betracht. Eine mangelnde Fähigkeit zur Entrichtung der Steuer ist keine Frage der Schuld, sondern bereits eine solche des Tatbestandes (dazu schon § 26b UStG Rdn. 27 f., § 26c UStG Rdn. 9).

II. Wahlfeststellung

Ist aufgrund von Beweisschwierigkeiten **trotz Ausschöpfung aller Aufklärungsmöglichkeiten** 31
unklar geblieben, ob der Täter *entweder* eine Steuerhinterziehung gem. § 370 AO *oder* eine Schädigung des Umsatzsteueraufkommens gem. § 26c UStG durch die mangelnde Entrichtung einer
fälligen und bestehenden Umsatzsteuerschuld begangen hat, wird im Schrifttum eine **Wahlfeststellung** befürwortet (so auch für § 26b UStG OSL/*Blesinger* § 26c Rn. 47; Rolletschke/*Kemper*
§ 26c Rn. 69). Da die Rechtsprechung eine Wahlfeststellung im allgemeinen Strafrecht trotz ihrer
mangelnden gesetzlichen Grundlage auch bei verschiedenen aber doch vergleichbaren Delikten
zulässt (BGHSt, 9, 390 [392 ff.]; 32, 146 [149]; RGSt 68, 257 ff. – sog. ungleichartige Wahlfeststellung), ist davon auszugehen, dass sie sich dieser Meinung anschließen wird, weil sie § 370 AO
und § 26c UStG für hinreichend vergleichbar erachten dürfte. In jedem Fall muss für eine Wahlfeststellung aber zugleich eindeutig feststehen, dass **mindestens eine der beiden *verfolgbaren*
Taten begangen wurde** (BGHSt 12, 386 [388 ff.]; m.w.N. AnwaltK-StGB/*Gaede* § 1 Rn. 48). Dies
bedarf einer exakten Prüfung und Darstellung im Urteil (BGH, NStZ 1981, 33 f.; 1986, 373;

NJW 1983, 405; StV 1987, 378; OLG Celle, NJW 1988, 1225 f.). Beide Taten müssen angeklagt sein (BGHSt, 32, 146, 150 ff.; BGH, NStZ 1999, 363, 364; AnwaltK-StGB/*Gaede* § 1 Rn. 48). Konsequenz der Wahlfeststellung wäre eine wahlweise Verurteilung mit einer Bestrafung aus dem jeweils milderen Tatbestand. Dies wäre § 26c UStG, da dieser Tatbestand angesichts § 370 Abs. 3 AO regelmäßig die **mildere Bestrafung** ermöglicht. Es bestehen aber schon im allgemeinen Strafrecht durchgreifende Bedenken, eine ungleichartige Wahlfeststellung ohne jede gesetzliche Anordnung und Ausgestaltung nur auf der Basis einer kaum bestimmten Vergleichbarkeitsabwägung zuzulassen (daher z.B. abl. m.w.N. NK-StGB/*Frister* nach § 2 Rn. 93 ff.; AnwaltK-StGB/*Gaede* § 1 Rn. 51).

III. Anwendbarkeit der Selbstanzeige

32   Da § 26c UStG ein **Vorfelddelikt zur Steuerhinterziehung** des § 370 AO darstellt, das im Gesetzgebungsprozess mit Lücken der Steuerhinterziehung erklärt wurde und mit dem eine Wahlfeststellung zulässig sein soll (§ 26c UStG Rdn. 31), drängt sich die Frage auf, ob die Selbstanzeige des § 371 AO nicht auch auf die gewerbs- oder bandenmäßig begangene Schädigung des Umsatzsteueraufkommens Anwendung finden muss. Diese Einschränkung der Strafbarkeit wird jedoch bislang zumeist zurückgewiesen, weil der Gesetzgeber dies nicht durch einen Verweis auf § 371 AO klargestellt habe (OSL/*Blesinger* § 26c Rn. 56; Graf/Jäger/Wittig/*Bülte* §§ 26b, 26c Rn. 40; RKLW/*Tormöhlen* § 26c Rn. 15; *Weyand*, INF 2002, 183 [185]; *Dathe* S. 63; *Nöhren* S. 69 ff.; methodisch fragwürdig auch Hartmann/Metzenmacher/*Küffner* Rn. 35). Z.T. wird das Ergebnis auch auf eine größere Nähe des § 26c UStG zum früheren § 370a AO gestützt (*Grieser* S. 183). Stattdessen wird auf die – tatsächlich nachrangig mögliche – Anwendbarkeit des § 46 Abs. 2 StGB verwiesen, nach dem die Selbstanzeige als Wiedergutmachung und damit als strafmilderndes Nachtatverhalten zu berücksichtigen ist (so OSL/*Blesinger* § 26c Rn. 58).

33   Zutreffend ist es hingegen, die **Anwendung des § 371 AO auf §§ 26b, 26c UStG** jedenfalls im Wege einer begünstigenden Rechtsfortbildung insb. für Fälle der parallelen Anwendbarkeit des § 26c UStG neben § 370 AO zu befürworten (so i.E. schon über eine Analogie FGJ/*Joecks* § 370 AO Rn. 355; Rolletschke/*Kemper* § 26c Rn. 74; *Danzer* S. 153 ff.: Gebot der Gleichbehandlung). Eine planwidrige Regelungslücke liegt vor, zumal aus den Gesetzgebungsmaterialien, die eher eine wenig sorgfältige *ad-hoc*-Gesetzgebung aufzeigen, keine plangemäße Nichtanwendung hervorgeht (s. z.B. Rolletschke/*Kemper* § 26c Rn. 73, § 26b UStG Rn. 2; *Grieser* S. 183). Auch wenn die Interessenlage nicht völlig gleich liegt, da §§ 26b, 26c UStG nicht primär am Unrecht unrichtiger Erklärungen ansetzen, ist eine Erstreckung des § 371 AO auf §§ 26b, 26c UStG geboten. Die Strafbarkeit gem. §§ 26b, 26c UStG versteht sich als vorverlagernde Abrundung des § 370 AO, zu dem § 371 AO *de lege lata* ein integraler Bestandteil ist. Auch bei § 370 Abs. 1 Nr. 3 AO, auf den § 371 AO nach heute einhelliger Ansicht Anwendung findet (m.w.N. MüKo-StGB/*Kohler* § 371 Rn. 27), besteht die Tathandlung nicht in einer Erklärung. Für § 26c UStG bedarf es immerhin i.R.d. ausschlaggebenden Tatsituation einer vorherigen Erklärung. Die Nachentrichtung vor dem Eingreifen von Sperrgründen erschließt bislang praktisch nicht erreichbare Steuerquellen. Beschränkt man §§ 26b, 26c UStG gemäß der Gesetzgebung auf organisierte Umsatzsteuerkarusselle, ist die Nachentrichtung auch als Rückkehr zur Steuerehrlichkeit zu deuten. Dass § 26c UStG eher § 370 AO gleich steht als § 370a AO a.F., ergibt sich schon aus der gesetzgeberischen Bewertung, die § 26c UStG in Strafrahmen und Deliktsart an § 370 AO anlehnt. Insb. ist § 26c UStG wie § 370 AO lediglich ein Vergehen und kein Verbrechen (vgl. § 12 StGB).

IV. Täterschaft und Teilnahme

34   **Täter** des § 26c UStG kann nur sein, wer selbst zur Entrichtung der ausgewiesenen USt verpflichtet ist (OSL/*Blesinger* § 26c Rn. 39; FGJ/*Joecks* § 370 Rn. 356; Rolletschke/*Kemper* § 26c Rn. 49). Die Tat ist insofern ein **Sonderdelikt** (Graf/Jäger/Wittig/*Bülte* §§ 26b, 26c Rn. 28; RKLW/*Tormöhlen* § 26c Rn. 13, § 26b Rn. 14 [mit verfehltem Verweis auf § 13 Abs. 1 StGB]; Rolletschke/

Kemper § 26c Rn. 49). Die Verpflichtung trifft zum einen den Unternehmer als **Schuldner der USt.** Eine Sonderverantwortung für die Entrichtung der USt kann sich zum anderen auch aus den §§ 34, 35 AO ergeben (näher dazu mit Hinweis auf § 251 Abs. 2 InsO OSL/*Blesinger* § 26c Rn. 31 ff.). Darüber hinaus sind insb. bei juristischen Personen Merkmalsüberwälzungen gem. §§ 14 StGB, 369 Abs. 2 AO theoretisch denkbar, die jedoch in einem problematischen Spannungsverhältnis zu den möglicherweise abschließenden Sondervorschriften des Steuerrechts stehen (für die Anwendung des § 14 StGB aber offenbar OSL/*Blesinger* § 26c Rn. 30; Graf/Jäger/Wittig/ *Bülte* §§ 26b, 26c Rn. 4).

Täter des § 26c UStG kann des Weiteren nur sein, wer selbst das **besondere persönliche Merkmal** 35 **des gewerbsmäßigen Handelns** und/oder der **Bandenmitgliedschaft** in eigener Person verwirklicht (OSL/*Blesinger* Rn. 34; Rolletschke/*Kemper* § 26c Rn. 50; zu § 373 AO BGH, wistra 1987, 30 f.; FGJ/*Jäger* § 373 Rn. 14).

Die Teilnahme (Beihilfe; Anstiftung) richtet sich nach den **allgemeinen Vorschriften der §§ 26 ff.** 36 **StGB.** Die Pflicht, die USt (als Unternehmer) entrichten zu müssen, ist kein besonderes persönliches Merkmal i.S.d. § 28 Abs. 1 StGB. Liegt sie beim Teilnehmer nicht vor, führt dies daher für sich genommen zu keiner ergänzenden Milderung (so entschieden vom BGH im Verfahren 5 StR 231/06 v. 23.08.2006 im Anschluss an den Verwerfungsantrag des Generalbundesanwalts, vgl. *Jäger*, NStZ 2007, 688 f.).

Soweit ein Teilnehmer das qualifizierende Merkmal der Gewerbsmäßigkeit oder der Bandenmit- 37 gliedschaft nicht in eigener Person aufweist, stellt sich jedoch ein **Sonderproblem,** das aus der **Konkurrenz des § 28 Abs. 1 StGB und des § 14 Abs. 4 OWiG** entsteht. Nach einer Ansicht soll die Teilnahme an § 26c UStG infolge § 377 Abs. 2 AO, § 14 Abs. 4 OWiG entfallen und nur eine täterschaftliche Ahndung nach § 26b UStG, § 14 OWiG, § 377 Abs. 2 AO möglich sein (RKLW/ *Tormöhlen* § 26c Rn. 13), weil dies vom Wortlaut des § 14 Abs. 4 OWiG geboten sei. Er bestimmt für Tatbestände, die wie § 26c UStG prinzipiell eine Ordnungswidrigkeit ausmachen, jedoch bei Vorliegen eines besonderen persönlichen Merkmals des Täters zur Straftat werden (sog. unechte Mischtatbestände), dass die hierin liegende Sanktionsverschärfung nur für den Beteiligten gilt, bei dem die besonderen persönlichen Merkmale vorliegen. Nach a.A. sind die ebenfalls ihrem Wortlaut nach einschlägigen §§ 27, 28 Abs. 1 StGB i.V.m. § 369 Abs. 2 AO anzuwenden, weil die Gewerbsmäßigkeit und die bandenmäßige Begehung unstreitig strafbegründende Merkmale i.S.d. § 28 StGB darstellen (OSL/*Blesinger* § 26c Rn. 38; FGJ/*Joecks* § 370 Rn. 357). Daher soll die Strafe gem. § 28 Abs. 1 StGB nur zwingend für den Teilnehmer zu mildern sein, weiterhin jedoch eine Straftat vorliegen (FGJ/*Joecks* § 370 Rn. 357; Rolletschke/*Kemper* § 26c Rn. 16 [57 f.]; OSL/*Blesin- ger* § 26c Rn. 38; Hartmann/Metzenmacher/*Küffner* Rn. 27). Folgt die Einstufung als Gehilfe nicht nur aus dem Fehlen eines besonderen persönlichen Merkmals, wird auf die hinzutretende allgemeine Milderung des § 27 Abs. 2 StGB hingewiesen (so – zu weit – FGJ/*Joecks* § 370 Rn. 357). Tatsächlich ist **§ 14 Abs. 4 OWiG** jedoch **der Vorzug zu geben** (s. so auch zum Natur- schutzstrafrecht OLG Düsseldorf, NStZ-RR 1997, 284 f.), da diese Norm – mag sie auch rechts- politisch zweifelhaft sein – bei einer Entscheidung zugunsten § 28 Abs. 1 StGB schlicht leer laufen würde. Die vollständige Aushöhlung des § 14 Abs. 4 OWiG zugunsten des § 28 Abs. 1 StGB wäre auch mit Art. 103 Abs. 2 GG unvereinbar, denn der Bürger muss mit einem vollständigen Leerlauf dieser begünstigenden Norm nicht rechnen. § 28 Abs. 1 StGB bleibt dagegen außerhalb sog. Mischtatbestände ein sinnvoller und erheblicher Anwendungsbereich. Zu beachten ist freilich, dass § 14 Abs. 4 OWiG zugleich ermöglicht, einen z.B. **gewerbsmäßig vorgehenden Teilnehmer** gem. § 26c UStG, § 27 StGB auch dann zu bestrafen, wenn im strafrechtlichen Sinne kein Täter i.S.d. § 25 StGB vorliegt (so zu anderen Delikten BayObLG, NJW 1985, 1566 f.; KK-OWiG/ *Rengier* § 14 Rn. 50): Entgegen den Regeln des allgemeinen Strafrechts wird hier auf eine vorsätzli- che und rechtswidrig begangene Haupttat verzichtet.

V. Konkurrenzen

38   Zum Verhältnis des § 26c UStG zu § 370 AO s. schon § 26b UStG Rdn. 42 f. Zur möglichen Tatmehrheit vgl. bereits § 26b UStG Rdn. 40 ff. Auch bei gewerbsmäßiger oder bandenmäßiger Begehung einzelner Taten handelt es sich prinzipiell – abseits besonderer Formen der Handlungseinheit – um mehrere Taten im materiellrechtlichen Sinne und damit um Fälle der Tatmehrheit
(OSL/*Blesinger* § 26c Rn. 46). Soweit ein Täter während einer Tat sowohl bandenmäßig als auch
gewerbsmäßig gehandelt hat, soll die bandenmäßige Begehung die gewerbsmäßige Begehung im
Wege der Konsumtion verdrängen (so OSL/*Blesinger* § 26c Rn. 46).

39   Auch hinsichtlich der Schädigung des Umsatzsteueraufkommens gem. § 26c UStG kann eine
Begünstigung gem. § 257 StGB als Steuerstraftat zu verfolgen sein (§ 369 Abs. 1 Nr. 4 AO; näher
OSL/*Blesinger* § 26c Rn. 60 ff.). Nur im Einzelfall kann eine Tateinheit mit §§ 129, 129b StGB
(Bildung krimineller Vereinigungen) vorliegen können (BGH, NStZ 2004, 574; RKLW/*Tormöhlen* § 26c Rn. 14).

VI. Rechtsfolgen einschließlich der Verjährung

40   Die Tat ist mit **Freiheitsstrafe von bis zu 5 Jahren oder mit Geldstrafe** strafbewehrt. Praxiserprobte Leitlinien zur Strafzumessung können angesichts des Leerlaufs der Vorschrift nicht dargestellt werden. Jedoch ist davon auszugehen, dass sich die Praxis an den Grundsätzen und Usancen
orientieren wird, die zur Steuerhinterziehung entwickelt worden sind (dazu s. § 46 StGB
Rn. 117 ff.). Da die Vorschrift, soweit man sie als legitim betrachtet, ihre Anwendungsbereiche
allein in Fällen der „organisierten Schädigung des Umsatzsteueraufkommens" (§ 26c UStG
Rdn. 2) haben darf, wird zudem das **Doppelverwertungsverbot** des § 46 Abs. 3 StGB, § 369 Abs. 2
AO besonders zu beachten sein: Dass der Täter die Tat als Teil eines Umsatzsteuerkarussells oder
einer organisierten Gruppe begangen hat, bildet den etwaig legitimen Grund für eine Anwendung
des Tatbestandes überhaupt. Ein – zumal pauschaler – Vorwurf einer solchen Fallgestaltung rechtfertigt daher keine Strafschärfung.

41   Auch wenn die analoge Anwendung des § 398 AO auf § 26c UStG bislang infolge seiner qualifizierenden Tatbestandsmerkmale eher verneint wird (OSL/*Blesinger* § 26c Rn. 59), ist bei geringfügigen Fristüberschreitungen an eine Verfahrenseinstellung nach den § 153 StPO und § 153a StPO
zu denken (OSL/*Blesinger*§ 26c Rn. 59).

42   Wann die **Verfolgungsverjährung** bei § 26c UStG zu laufen beginnt, ist umstritten. Die Verjährung beginnt gem. § 78a Satz 1 StGB, wenn die **Tat beendet** ist. Streitig ist, wann dies für § 26c
UStG anzunehmen ist. Eine tatbestandsspezifisch ausgerichtete Auffassung bejaht die Beendigung
bereits dann, wenn der Steuerschuldner den Fälligkeitstermin verstreichen ließ (FGJ/*Joecks* § 370
Rn. 358; Rolletschke/*Kemper* § 26c Rn. 63). Damit sollen v.a. Wertungswidersprüche zur Strafverfolgungsverjährung bei der Steuerhinterziehung behoben werden. Nach einer anderen, die allgemeinen Grundsätze des echten Unterlassungsdelikts aufrechterhaltenden Auffassung beginnt die
Verjährung infolge der Tatbeendigung erst dann, wenn die Pflicht zur Entrichtung der Steuerschuld gem. §§ 47, 228 Satz 2 AO wegen Zahlungsverjährung endet. Dafür spricht entscheidend
der Charakter des Delikts als echtes Unterlassungsdelikt (OSL/*Blesinger* § 26c Rn. 49 f. [im Widerspruch zu Rn. 29]; m.w.N. Graf/Jäger/Wittig/*Bülte* §§ 26b, 26c Rn. 43). Bei ihm tritt nach allgM
die für den Beginn der Verjährung maßgebliche Tatbeendigung erst mit dem Erlöschen der bislang missachteten Handlungspflicht ein (m.w.N. NK-StGB/*Saliger* § 78a Rn. 15 f.; OSL/*Blesinger*
§ 26c Rn. 49 f.).

5. Kapitel Rennwett- und Lotteriegesetz

§ 23 RennwLottG [Hinterziehung]

[1]Die Hinterziehung der Lotteriesteuer wird mit einer Geldstrafe im fünffachen Betrage der hinterzogenen Steuer, mindestens aber mit einer Geldstrafe von fünfhundert Mark bestraft. [2](Satz 1 ist durch Art. 8 Nr. 1 AOStrafÄndG v. 10.08.1967 [BGBl. I, S. 877] mit Wirkung zum 13.08.1967 aufgehoben worden.) Wegen Hinterziehung wird auch bestraft, wer im Inland den Vertrieb unversteuerter (§ 21) ausländischer Lose oder ausländischer Ausweise über Ausspielungen besorgt.

Vorgängerregelung:

§ 39 Reichsstempelgesetz

(1) [1]Die Nichterfüllung der in den §§ 34, 35, 36 und 37 [Reichsstempelgesetz] bezeichneten Verpflichtungen wird mit einer dem fünffachen Betrage der hinterzogenen Abgabe gleichkommenden Geldstrafe bestraft. [2]Dieselbe ist jedoch gegen den Unternehmer inländischer Lotterien oder Ausspielungen sowie gegen jeden, welcher den Vertrieb ausländischer Lose oder Ausweise über Ausspielungen im Bundesgebiete besorgt, nicht unter dem Betrage von zweihundertfünfzig Mark festzusetzen.

(2) Ist die Zahl der abgesetzten Lose oder die Gesamthöhe der Wetteinsätze nicht zu ermitteln, so tritt Geldstrafe von zweihundertfünfzig bis fünftausend Mark ein.

A. Anwendungsbereich

Die Vorschrift ist seit Inkrafttreten des RennwLottG v. 08.04.1922 (RGBl., S. 393) bis auf die **1** Streichung der Multiplarstrafdrohung in Satz 1 unverändert geblieben. Sie hat § 39 Reichsstempelgesetz v. 03.07.1913 (RGBl., S. 639) abgelöst (*Mende* RennwLottG [1922], S. 54; erg. zur Normenhistorie: *Bruschke* S. 396 f.; *Erbs/Kohlhaas/Wache* Vorbem. R 70 Rn. 1 ff.). Es handelt sich um vorkonstitutionelles Recht, welches gem. Art. 123 Abs. 1 GG als Bundesrecht fort gilt (*Bruschke* S. 396). § 23 RennwLottG ist neben dem zum 01.01.2002 eingeführten § 26c UStG *heute* der einzige noch außerhalb der AO existierende Steuerstraftatbestand im geltenden Bundesrecht. **Rechtstatsächlich** hat § 23 RennwLottG allerdings bis dato **keine Bedeutung** erlangt, was nicht zuletzt darauf zurück zu führen ist, dass die Hinterziehung von Lotteriesteuer, die in der Praxis zwar nicht häufig, aber doch hin und wieder auftreten kann (vgl. *Maslaton/Sensburg*, DStZ 2002, 24; *Welz*, UVR 2010, 308), i.d.R. mit Straftaten gem. §§ 284 ff. StGB einhergeht und daher entweder übersehen oder gem. §§ 154, 154a StPO von der Verfolgung ausgenommen wird (s. Rdn. 13 f.). Hinzu kommt, dass der Spezialfall des § 21 RennwLottG (steuerbares *Einbringen* [§ 21 Abs. 3 Halbs. 1 RennwLottG] ausländischer Lose oder Spielausweise in das Inland), auf den sich die Strafvorschrift allein bezieht (s. Rdn. 3), seinerseits nur vergleichsweise selten vorkommt (*Bruschke* S. 417).

§ 23 RennwLottG erweitert die Strafbarkeit wegen „Hinterziehung" (d.h. Steuerhinterziehung **2** i.S.v. § 370 AO [*v. Briel/Ehlscheid* § 1 Rn. 253; *Quedenfeld/Füllsack* Rn. 246]) von Lotteriesteuer

(§§ 17-22 RennwLottG) – nur – auf diejenigen Personen, die unversteuerte (§ 21 RennwLottG) *ausländische* Lose oder Ausweise über Ausspielungen (Spielausweise) im Inland (d.h. im Bundesgebiet) vertreiben (s. Rdn. 4). Die Norm führt damit dazu, dass der Vertrieb als typische **Beihilfe– oder Begünstigungshandlung zur täterschaftlichen Steuerhinterziehung hochgestuft** wird. Zur Abgabe einer Steueranmeldung i.S.v. (§ 139 AO i.V.m.) § 35 Satz 1 RennwLottAB verpflichtet – und damit für die Begehung einer Straftat gem. § 21 RennwLottG i.V.m. § 370 Abs. 1 Nr. 2 AO im eigentlichen Sinne prädestiniert – sind der Verbringer der Lose bzw. Spielausweise oder ihr erster inländischer Empfänger (vgl. § 21 Abs. 3 Halbs. 2 RennwLottG). (Nur) Letztere müssen vor dem Beginn des Vertriebs der ausländischen Lose oder Spielausweise, spätestens aber innerhalb von drei Tagen nach deren Einbringen in das Inland (vgl. § 35 Satz 1 RennwLottAB i.V.m. § 21 Abs. 4 RennwLottG) eine „Steueranmeldung" abgeben, wobei es sich dabei *nicht* um eine Steuer(vor-)anmeldung i.S.d. §§ 150 Abs. 1 Satz 3, 168 Satz 1 AO (mit der Wirkung einer Festsetzung unter dem Vorbehalt der Nachprüfung), sondern um eine „normale" Steuererklärung (§ 149 Abs. 1 AO) handelt, auf deren Grundlage das FA dann gem. § 36 Abs. 1 RennwLottAB die Lotteriesteuer gesondert festsetzt (vgl. *Bruschke* S. 425).

3 Wie sich aus dem Wortlaut von § 23 RennwLottG ergibt, bezieht sich die Vorschrift **ausschließlich** auf den (Spezial-) **Fall des § 21 RennwLottG, also das Einbringen ausländischer Lose oder Spielausweise in das Inland** (ausf. dazu *Bruschke* S. 408 ff.; nach [unzutr.] Auffassung von *Wilms* [UVR 1999, 63] soll § 21 RennwLottG europarechtswidrig sein [Verstoß gegen [ex-] Art. 59 f., 95 EG]). Unter „Einbringen" ist nach dem insoweit unter verfassungs- und strafrechtlichen Gesichtspunkten (Art. 103 Abs. 2 GG, § 1 StGB) nicht auslegungsfähigen Wortlaut von § 21 Abs. 3 RennwLottG nur das tatsächliche körperliche Verbringen von gegenständlichen Spielausweisen in das Inland (Einfuhr), **nicht** aber auch die Eröffnung der Möglichkeit zur **Online-Teilnahme** an ausländischen Lotterien oder Glücksspielen gemeint (vgl. *Bruschke* S. 417; erg. OLG Köln, ZUM 2011, 66; *Busse-Muskala* S. 81 ff. [Hyperlinks]; jurisPK-BGB/*Laukemann* § 763 Rn. 31 ff.). Von § 23 RennwLottG ebenfalls nicht erfasst sind im Umkehrschluss zu § 21 RennwLottG (argumentum e contrario) auch Wettscheine (§ 4 Abs. 1 Satz 1 RennwLottG) über (auch ausländische) (Pferde-) „Rennwetten" i.S.d. §§ 1-16 RennwLottG (grdl. *Bruschke* S. 399 ff.; abw. MüKo-StGB/*Groeschke/Hohmann* § 287 Rn. 33, wonach sich das RennwLottG insgesamt nur auf öffentliche Pferderennwetten beziehen soll) oder Oddset-Wetten (zum Begriff: *Fischer* § 284 Rn. 7; *Janz*, NJW 2003, 1694, 1695; erg. *Wannemacher/Traub* Rn. 1419). Das hat zur Folge, dass sich Personen, die im Inland unversteuerte (§ 17 RennwLottG) *inländische* Lose oder Spielausweise vertreiben, *nicht* gem. § 23 RennwLottG i.V.m. § 370 AO wegen täterschaftlich begangener Steuerhinterziehung, sondern allenfalls wegen Beihilfe zur Lotteriesteuerhinterziehung (§ 27 StGB) oder wegen Begünstigung (§ 369 Abs. 1 Nr. 4 AO i.V.m. § 257 StGB) strafbar machen können (erg. Rdn. 4). Gleiches gilt für die Schaffung bzw. Vermittlung der Möglichkeit zur Teilnahme an ausländischen Oddset-Wetten (erg. unter kernstrafrechtlichen Gesichtspunkten BGH, NStZ 2003, 372 m. Bespr. *Beckemper*, NStZ 2004, 39). Die Veranstaltungsarten **„Lotterie"** (Teilnahme mittels Los) und **„Ausspielung"** (Teilnahme mittels [Spiel-] Ausweis) werden *im Kernstrafrecht* (vgl. § 287 StGB) nur nach der Art des jeweils ausgelobten Preises bzw. Gewinns unterschieden (Oberbegriff: „Glücksspiel"), der bei einer Lotterie in Geld und bei einer Ausspielung in (beweglichen oder unbeweglichen) Sachen i.S.v. § 90 BGB besteht (vgl. *Fischer* § 287 Rn. 2 ff., 7 ff.; NK/*Wohlers* § 287 Rn. 2; *Wannemacher/Traub* Rn. 1415). Im *Steuerrecht* wird diese Grenze, wie sich aus §§ 27, 28 RennwLottAB ergibt, dagegen nicht derart eindeutig gezogen (vgl. RFHE 10, 128; *Bruschke* S. 410).

4 **Ohne § 23 RennwLottG** könnten Angehörige einer inländischen Vertriebsstruktur („Drücker") in steuerstrafrechtlicher Hinsicht (s. Rdn. 10, 13) allenfalls wegen (psychischer) Beihilfe (§ 27 StGB) zur Lotteriesteuerhinterziehung oder – im Nachgang – wegen Begünstigung (§ 369 Abs. 1 Nr. 4 AO i.V.m. § 257 StGB [grdl. zur Abgrenzung zwischen Beihilfe und Begünstigung, insbes. im Stadium zwischen Voll- und Beendigung: SSW-StGB/*Jahn* § 257 Rn. 10 ff.]) bestraft werden (abw. *Mirre/Baumann* RennwLottG [1934], § 23 Tz. 1: „Strafbar ist der Unternehmer. Doch kann

sich der Erwerber der Beihilfe oder der Begünstigung schuldig machen. Losehändler, Kollekteure und Agenten kommen nur als Gehilfen in Betracht."). Ungeachtet der tatsächlichen Problematik, dass sich oft nicht hinreichend sicher nachweisen lassen wird, wer die ausländischen Lose in das Bundesgebiet verbracht bzw. als erster im Inland empfangen und sich damit im Nichtanmeldungsfall (s. Rdn. 2) gem. § 370 Abs. 1 Nr. 2 AO strafbar gemacht hat, bewirkt § 23 RennwLottG in rechtlicher Hinsicht den Ausschluss der gem. § 27 Abs. 2 Satz 2 StGB obligatorischen Strafmilderung bei der Beihilfe. Ob dies kriminalpolitisch zu einer erhöhten Abschreckungswirkung geführt hat bzw. führt, ist ungewiss.

Da § 71 AO auch die Teilnahme an Vergehen der Steuerhinterziehung erfasst (vgl. Klein/*Rüsken*   5 § 71 Rn. 5), bewirkt § 23 RennwLottG allenfalls dann *zusätzlich* eine Erweiterung der steuerlichen Haftung, wenn die Vertriebsperson ansonsten „nur" wegen Begünstigung (§ 369 Abs. 1 Nr. 4 AO i.V.m. § 257 StGB) strafbar wäre (s. Rdn. 4).

B. Den „Vertrieb besorgen"

Unter „**Vertrieb**" i.S.v. § 23 RennwLottG ist in erster Linie die (ggf. mittelbare) Weitergabe der in   6 das Inland eingebrachten bzw. dort empfangenen unversteuerten ausländischen Lose oder Spielausweise zu verstehen. Ob der Täter die Lose oder Spielausweise selbst gegen Entgelt an Spielteilnehmer veräußert, ist nach dem Wortlaut der Vorschrift („wer den Vertrieb ... *besorgt*") ebenso unerheblich, wie der Umstand, dass der Täter kein Entgelt für seine Handlungen empfängt oder nur als Mittelsmann, also nicht direkt gegenüber dem Endabnehmer, auftritt. Ohne Belang ist auch, ob der Vertrieb als solcher für den Abnehmer entgeltlich oder unentgeltlich erfolgt. Mit dem Wortlaut lässt es sich des Weiteren vereinbaren, darunter auch Vorbereitungshandlungen, wie insbesondere die – u.U. bereits in § 287 Abs. 2 StGB gesondert unter Strafe gestellte (erg. Rdn. 10, 13) – *Werbung* für diese Lose oder Ausweise, zu subsumieren. Unter „Werbung" i.d.S. ist jede Aktivität zu fassen, die darauf abzielt, einen anderen zur Beteiligung am Spiel zu bewegen (vgl. BeckOK-StGB/*Beckemper* § 287 Rn. 19).

Der Vertrieb (und damit der Tatbestand des § 23 RennwLottG) ist **vollendet**, wenn die *erste*   7 äußerlich erkennbare Vertriebshandlung (s. Rdn. 6) abgeschlossen ist, also jedenfalls dann, wenn das erste unversteuerte ausländische Los an einen Dritten zum Zwecke des Weitervertriebs überlassen oder direkt an einen Spielteilnehmer abgegeben wurde. **Tatbeendigung** (insbes. i.S.v. § 78a Satz 1 StGB) tritt, da es sich um ein schlichtes Tätigkeitsdelikt handelt, erst dann ein, wenn *alle* unversteuerten ausländischen Lose bzw. Spielausweise im Bundesgebiet vertrieben sind oder der Vertrieb zuvor insgesamt eingestellt worden ist (vgl. *Fischer* § 78a Rn. 11). Bei Mittätern, die den Vertrieb bewusst gemeinschaftlich i.S.v. § 25 Abs. 2 StGB durchführen, ist die Tat für jeden Beteiligten erst dann beendet, wenn die *insgesamt* letzte Vertriebshandlung abgeschlossen ist (vgl. *Fischer* § 25 Rn. 4; Klein/*Jäger* § 376 Rn. 56).

Gem. § 23 RennwLottG i.V.m. § 370 Abs. 2 AO (erg. Rdn. 2) ist bereits der **Versuch** des Vertriebs   8 (s. Rdn. 6 f.) unversteuerter ausländischer Lose oder Spielausweise **strafbar**.

In jedem Fall muss sich der **Vorsatz** des Täters darauf beziehen, dass die von ihm (und/oder weiteren Personen [s. Rdn. 7]) vertriebenen ausländischen Lose oder Spielausweise *unversteuert* sind,   9 also insbesondere keine Steueranmeldung i.S.v. § 35 Satz 1 RennwLottAB (s. Rdn. 2) abgegeben werden soll bzw. worden ist. Bedingter Vorsatz, der sich indiziell etwa aus einem verdeckten modus operandi des Vertriebs ableiten lässt, ist ausreichend.

C. Konkurrenzen, Rechts- und Nebenfolgen

Straftaten gem. § 23 RennwLottG können auf **Konkurrenzebene** in unterschiedlichen Variationen   10 mit Vergehen des strafbaren Eigennutzes gem. §§ 284–287 StGB (vgl. RGSt 11, 16; 16, 301; 34,

148 [jew. noch zum Reichsstempelgesetz]; *Mirre/Baumann* RennwLottG [1934], § 23 Tz. 2) oder der strafbaren Werbung gem. § 16 UWG (vgl. BGHSt 2, 139, 145 f. [Schneeballsystem]; erg. LG Fulda, wistra 1984, 188, 190 f. m. Anm. *Möhrenschlager*, wistra 1984, 191) zusammentreffen. Insbesondere mit § 287 (Abs. 2) StGB kann *Tateinheit* (§ 52 StGB) bestehen (vgl. *Fischer* § 287 Rn. 15; Sch/Sch/*Heine* § 287 Rn. 23; erg. Rdn. 6 a.E., 13).

11   Wegen der einschränkungslos erfolgten Verweisung auf § 370 AO („Wegen *Hinterziehung* wird auch bestraft"; erg. Rdn. 2) gilt der Strafrahmen des § 370 Abs. 1 AO (*Quedenfeld/Füllsack* Rn. 246). Es kann daher bei der Strafzumessung *grds.* auch ein (benannter oder unbenannter) **besonders schwerer Fall** i.S.v. § 370 Abs. 3 AO in Betracht kommen.

12   Gem. § 375 Abs. 1 Nr. 1 AO („Steuerhinterziehung" ohne weiteren Normzusatz; erg. Rdn. 2) ist unter den dort genannten Voraussetzungen in den Fällen des § 23 RennwLottG die Anordnung von **Statusfolgen** möglich (s. § 375 Rdn. 13). Insbesondere bei hartnäckigen Wiederholungstätern kann zudem – praktisch eher relevant – ein (befristetes) **Berufsverbot** in Bezug auf den Vertrieb von (ausländischen) Losen und Spielausweisen (ggf. Tätigkeit als „Drücker") angeordnet werden (erg. § 375 Rdn. 42).

D. Verfahrensrechtliche Hinweise

13   Mit der Veranstaltung von Rennwetten und öffentlichen Lotterien, Ausspielungen und Oddset-Wetten im Inland geht – ungeachtet etwaiger [nichtsteuerlicher] Straftaten gem. §§ 5,6 RennwLottG – in der Praxis regelmäßig (vgl. Nr. 241 RiStBV) der Verdacht eines **strafbaren Eigennutzes** (§§ 284 ff., insbes. § 287 StGB) einher. Die mit der Verfolgung der Hinterziehung von Rennwett- und Lotteriesteuer befassten FinB (vgl. §§ 386 Abs. 1, Abs. 2 Nr. 1, 399 AO) haben daher stets zu prüfen (und ggf. mit der zuständigen StA abzustimmen), ob auch der Anfangsverdacht einer solchen (Kern-) Straftat besteht. Ist dies der Fall, *muss* die Strafsache gem. § 386 Abs. 4 Satz 1 AO *insgesamt* an die StA abgegeben werden. Gleiches (d.h. Verfahrensabgabe [dann aber gem. § 400 Halbs. 2 AO]) gilt, wenn zwar nur Steuerstraftaten im Raum stehen und daher der Erlass eines Strafbefehls in Betracht kommt (§§ 386 Abs. 2 Nr. 1, 400 Halbs. 1 AO), sich aber die (Möglichkeit der) Anordnung von Statusfolgen gem. § 375 Abs. 1 Nr. 1 AO abzeichnet (vgl. Rdn. 12; § 400 Rdn. 17 a.E., 25).

14   Die *StA* kann Vergehen i.S.v. § 23 RennwLottG gem. §§ 154 Abs. 1, 154a Abs. 1 StPO im Blick auf durch denselben Täter verwirklichte weitere Straftaten gem. §§ 287 (Abs. 2) StGB und/oder § 16 UWG (s. Rdn. 6, 10) von der Verfolgung ausnehmen. Die FinB sollte dies im Stadium vor einer Abgabe an die StA (s. Rdn. 13) nicht tun, um dieser alle Möglichkeiten offen zu halten bzw. ihr eine unnötige (jederzeit mögliche [vgl. *Meyer-Goßner* § 154 Rn. 15, 21a, § 154a Rn. 19]) Wiederaufnahme des Ermittlungsverfahrens in diesem Punkt zu ersparen.

6. Kapitel Steuer- und handelsbilanzielle Folgen von Steuerstraftaten

§ 4 EStG   Gewinnbegriff im Allgemeinen

(...)

(2) Der Steuerpflichtige darf die Vermögensübersicht (Bilanz) auch nach ihrer Einreichung beim Finanzamt ändern, soweit sie den Grundsätzen ordnungsgemäßer Buchführung unter Befolgung der Vorschriften dieses Gesetzes nicht entspricht; diese Änderung ist nicht zulässig, wenn die Vermögensübersicht (Bilanz) einer Steuerfestsetzung zugrunde liegt, die nicht mehr aufgehoben oder geändert werden kann. Darüber hinaus ist eine Änderung der Vermögensübersicht (Bilanz) nur zulässig, wenn sie in einem engen zeitlichen und sachlichen Zusammenhang mit einer Änderung nach Satz 1 steht und soweit die Auswirkung der Änderung nach Satz 1 auf den Gewinn reicht.

A. Einleitung

Die Tathandlungen, die zur Erfüllung Straftatbestandes führen, können bilanzielle Auswirkungen 1 haben. Gem. § 40 AO ist es für die Besteuerung unbeachtlich, ob ein Sachverhalt, der zu positiven oder negativen Einkünften im steuerlichen Sinne führt, gegen ein gesetzliches Gebot oder Verbot oder gegen die guten Sitten verstößt. Mit anderen Worten können auch die Sachverhalte, die unter das Strafgesetzbuch fallen, zum steuerpflichtigen Einkommen führen, wenn sie die Voraussetzungen der jeweiligen Steuergesetze erfüllen.

Die Straftaten selbst sowie die nachträgliche Aufarbeitung der Straftaten in Form von Wiedergutmachung oder Erstattung der durch die Wirtschaftstraftaten entstandenen Schäden müssen in der Handels- und Steuerbilanz abgebildet werden und wirken sich ggf. auf das zu versteuernde Einkommen aus. Die periodengerechte Abbildung der Tathandlungen und der Tatbeseitigungshandlungen bereitet in der Praxis häufig Schwierigkeiten, da die maßgebliche Regelung des § 4 Abs. 2 EStG strikte Vorgaben an die Zulässigkeit einer Bilanzberichtigung enthält. Um einen richtigen Periodengewinn zu ermitteln, müssen einzelne Bilanzpositionen in zutreffender Höhe in dem Wirtschaftsjahr angesetzt werden, in dem sie wirtschaftlich entstanden sind. Bilanzfehler hat der Steuerpflichtige gem. § 4 Abs. 2 Satz 1 EStG zu berichtigen, d.h. der falsche Bilanzansatz soll grds. an der Fehlerquelle durch den richtigen Bilanzansatz ersetzt werden (Schmidt/*Heinicke* EStG § 4 Rn. 680).

Grds. kann die Korrektur der Handels- und Steuerbilanzen entweder in Form einer Bilanzberich- 2 tigung oder in Form einer Bilanzänderung erfolgen. Eine Bilanz wird berichtigt, wenn sie einen Fehler ausweist. Unter einer Bilanzänderung versteht der Gesetzgeber dagegen den Austausch von richtigen Bilanzansätzen. Die für eine Bilanzkorrektur zugrunde zu legenden Grundsätze sind im Handelsrecht und Steuerrecht unterschiedlich.

I. Bilanzberichtigung bzw. Bilanzänderung im Handelsrecht

3   Im Handelsrecht wird unter einer Bilanzberichtigung bzw. Bilanzänderung jede Korrektur von Form und Inhalt eines festgestellten Jahresabschlusses verstanden, wenn es sich nicht um bloße Korrekturen von eindeutigen Schreibfehlern ohne inhaltliche Bedeutung handelt (Niemann/Sratj/ Wohlgemuth, § 253 Rn. 207k). Die bereits festgestellten Jahresabschlüsse, die nicht schwerwiegend fehlerhaft sind, können i.d.R. ohne zeitliche Einschränkung korrigiert werden, wenn die Änderung aus gewichtigen rechtlichen, wirtschaftlichen oder steuerlichen Gründen sowie bei Vorliegen werterhellender Erkenntnisse erfolgen kann (IDW RS HFA 6). Soweit der Jahresabschluss schwerwiegende Fehler ausweist, ist eine Änderung nur unter Einbeziehung der Gläubigerrechte der Gesellschafter aufgrund bereits gefasster Gewinnverwendungsbeschlüsse möglich, da die bereits verteilten Gewinne nur mit Zustimmung der einzelnen betroffenen Gesellschafter zurückgefordert werden können (Niemann/Sratj/Wohlgemuth § 253 Rn. 207k). Der Jahresabschluss ist allerdings nur dann fehlerhaft, wenn ein Gesetzesverstoß im Zeitpunkt der Feststellung des Jahresabschlusses erkennbar gewesen war. Spätere wertaufhellende Erkenntnisse führen nicht zur Fehlerhaftigkeit des Jahresabschlusses (IDW RS HFA 6).

4   Der Jahresabschluss muss geändert werden, wenn die Bilanzierungsfehler materielle Folgewirkungen, wie z.B. Beeinflussung der Höhe gewinnabhängiger Zahlungen haben (IDW RS HFA 6). Die Änderung und Berichtigung des Jahresabschlusses muss grds. von den Organen beschlossen werden, die den ursprünglichen Jahresabschluss verabschiedet haben. Eine Änderung der handelsrechtlichen Bilanz darf nicht willkürlich erfolgen. Sie darf auch dann nicht erfolgen, wenn eine Änderung des entsprechenden Bilanzansatzes in der Zukunft ausreicht.

II. Korrektur der Steuerbilanz

5   Eine Berichtigung der Steuerbilanz kann nur unter Beachtung der Voraussetzungen des § 4 Abs. 2 Satz 1 EStG erfolgen. Anderenfalls scheidet die rückwirkende Berichtigung bis zur Fehlerquelle aus Gründen der Rechtkraft grds. aus.

Gewerbetreibende i.S.d. § 5 Abs. 1 Satz 1 EStG mussten bis zu den Änderungen durch das BilMOG wegen des dort normierten Grundsatzes der formellen Maßgeblichkeit bei einer Änderung der Steuerbilanz auch die Handelsbilanz ändern, was aber auch nach der Änderung der Steuerbilanz erfolgen konnte (BFH, BStBl. II 1999, S. 272). Die Änderung der Handelsbilanz musste formgerecht erfolgen, d.h. es mussten alle handels- und gesellschaftsrechtliche Anforderungen an die Änderungen der Handelsbilanz erfüllt sein. Die Berichtigung der Steuerbilanz hat nicht die förmliche Änderung der Handelsbilanz zur Voraussetzung, da im Fall des Vorliegens der Voraussetzungen für die Bilanzberichtigung keine Bindung der Steuerbilanz an die Handelsbilanz besteht (Abkoppelung der Steuerbilanz von der Handelsbilanz durch BilMoG v. 25.05.2009; BStBl. I 2009, S. 1102)

B. Voraussetzungen einer Bilanzberichtigung nach § 4 Abs. 2 Satz 1 EStG

6   Gem. § 4 Abs. 2 Satz 1 EStG darf der Steuerpflichtige eine bereits beim FA mit der Steuererklärung eingereichte Bilanz nur dann ändern, wenn folgende Voraussetzungen kumulativ vorliegen:

– Die Bilanz ist fehlerhaft und
– Die Steuerfestsetzung für das Wirtschaftsjahr kann noch geändert werden.

I. Fehlerhaftigkeit einer Bilanz

7   Die zentrale Voraussetzung für eine Bilanzberichtigung ist die Fehlerhaftigkeit eines Bilanzansatzes. D.h., wenn der Bilanzansatz objektiv gegen ein handelrechtliches bzw. steuerrechtliches Bilanzierungsgebot oder -verbot verstößt und der Steuerpflichtige diesen Verstoß nach den im Zeit-

punkt der Bilanzerstellung bestehenden Erkenntnismöglichkeiten über die zum Bilanzstichtag gegebenen objektiven Verhältnisse bei pflichtgemäßer und gewissenhafter Prüfung erkennen konnte (BFH, BStBl. II 2008, S. 669; sog. normativ-subjektiver Fehlerbegriff; BStBl. II 2006, S. 688). War diese objektive Erkenntnismöglichkeit bei Bilanzerstellung nicht gegeben, ist die jeweilige Bilanz nicht fehlerhaft i.S.d. § 4 Abs. 2 EStG mit der Folge, dass eine Bilanzberichtigung zu diesem Stichtag und damit auch eine Berichtigung der darauf beruhenden Veranlagung aufgrund nachträglich eintretender tatsächlicher Umstände ausscheidet (Schmidt/*Heinecke* EStG § 4 Rn. 681). Die spätere Erkenntnis der richtigen tatsächlichen Verhältnisse muss jedoch in der nächste Schlussbilanz berücksichtigt werden (BFH/NV 90, 36). Auch die Rechtsunkenntnis ist nach diesen Grundsätzen zu behandeln.

Bei der Frage, ob ein objektiver Fehler in der Bilanz vorliegt, knüpft § 4 Abs. 2 Satz 1 EStG an die aus dem Handelsrecht stammenden Grundsätze der ordnungsgemäßen Buchführung und Bilanzierung (GoB) und die steuerlichen Bilanzierungsvorschriften an. Außerdem soll nach der Rechtsprechung des BFH eine Berichtigung der Bilanz auch dann möglich sein, wenn ein darin enthaltener Ansatz nicht gegen die GoB, wohl aber gegen die steuerlichen Vorschriften verstößt (BFH, BStBl. II 2006, S. 799; Blümich/*Witt*, EStG, § 4 Rn. 983; Schmidt/*Heinicke* EStG § 4 Rn. 681). Der BFH hat allerdings den Fehlerbegriff des § 4 Abs. 2 Satz 1 EStG um ein subjektives Element erweitert. So ist als zusätzliche Voraussetzung die Erkennbarkeit des Bilanzierungsfehlers im Zeitpunkt der Bilanzaufstellung zu berücksichtigen.

Neben dem Verstoß gegen die GoB unter der Beachtung der Vorschriften des EStG soll es nach der Auffassung des BFH darauf ankommen, dass der Steuerpflichtige bei einer pflichtgemäßen und gewissenhaften Prüfung den Fehler der Bilanz aufgrund der bei der Bilanzerstellung bestehenden Erkenntnismöglichkeiten über die tatsächlichen und rechtlichen Verhältnisse am Bilanzstichtag hätte erkennen müssen (BFH, BStBl. III 1961, S. 3; BFH, BStBl. II 1982, S. 12; BFH, BStBl. II 2007, S. 818). Folglich darf ein Steuerpflichtiger einen gegen die GoB und die Vorschriften des EStG verstoßenen Bilanzansatz dann nicht berichtigen, wenn ein gewissenhafter Kaufmann diesen Bilanzansatz im Zeitpunkt der Bilanzaufstellung ohne Verletzung einer Sorgfaltspflichten und bei vernünftiger kaufmännischer Beurteilung der Verhältnisse am Bilanzstichtag gewählt hätte. Maßgeblich sind dabei nicht die persönlichen Kenntnisse und Fähigkeiten des Steuerpflichtigen, sondern diejenigen eines vergleichbaren ordentlichen Kaufmannes (BFH, BStBl. 2007, S. 818).

II. Möglichkeit der Änderungen der Steuerfestsetzung

Gem. § 4 Abs. 2 Satz Halbs. 2 EStG ist die Berichtigung der Bilanz nur dann zulässig, wenn sie einer Steuerfestsetzung zugrunde liegt, die noch aufgehoben oder geändert werden kann.

Die zeitliche Begrenzung gilt allerdings nur für die für den Steuerpflichtigen günstigen Änderungen. Auch nach einer Bilanzeinreichung muss der Steuerpflichtige die Fehler, die zur einer Steuerverkürzung führen können, gem. § 153 AO bis zum Ablauf der Festsetzungsverjährungsfrist (§§ 169 bis 171 AO) richtig stellen. Sonstige Fehler, die zu seinen Lasten gehen, d.h. eine niedrigere Steuer nach sich ziehen oder sich steuerlich nicht auswirken, darf der Steuerpflichtige gem. §§ 4 Abs. 2 Satz 1 EStG dem FA anzeigen. Gem. §§ 85 und 88 AO wird das FA die angezeigten Bilanzierungsfehler bei der Veranlagung berücksichtigen.

Die Veranlagung der betroffenen Wirtschaftsjahre ist u.a. immer dann noch offen und kann geändert werden, wenn der entsprechende Steuerbescheid unter Vorbehalt der Nachprüfung i.S.d. § 164 AO steht oder wenn die Steuer nach § 165 AO vorläufig festgesetzt wurde oder die Festsetzungsverjährungsfrist noch nicht abgelaufen ist. Im Fall der Steuerbescheide, die unter Vorbehalt der Nachprüfung ergangen sind, kann die Änderung noch im vollen Umfang erfolgen. Bei den vorläufig festgesetzten Steuern ist die Änderungsmöglichkeit grds. auf die Reichweite der Vorläufigkeit beschränkt.

12   Da die Bilanzierungsfehler nur dann korrigiert werden können, wenn die fehlerhaften Jahre noch nicht festsetzungsverjährt sind, ist im Fall, dass der Bilanzierungsfehler in eine bereits festsetzungsverjährte Periode fällt, die Berichtigung in der Periode vorzunehmen, in der sie erstmalig möglich ist. Die Festsetzungsverjährungsfrist bemisst sich nach den §§ 169 bis 171 AO. Sie beträgt für Verbrauchsteuern und Verbrauchsteuervergütungen ein Jahr sowie für alle anderen Steuern 4 Jahre. Im Fall einer leichtfertigen Steuerverkürzung nach § 378 AO erhöht sich die Frist auf 5 Jahre und im Fall einer Steuerhinterziehung nach § 370 AO auf 10 Jahre. Der Lauf der Festsetzungsverjährungsfrist beginnt nach § 170 Abs. 2 Nr. 1 AO bei Steuerarten, die im Rahmen einer Steuererklärung oder einer Steuermeldung veranlagt werden mit Ablauf des Kalenderjahres, in dem die Steuererklärung bzw. die Steueranmeldung oder die Anzeige eingereicht wurden, spätestens jedoch mit Ablauf des dritten Kalenderjahres, das auf das Kalenderjahr folgt, in dem die Steuer entstanden ist, es sei denn, die Steuer ist tatsächlich später entstanden oder eine bedingt entstandene Steuer unbedingt geworden ist. Außerdem sind bei der Berechnung der Festsetzungsverjährungsfrist die Ablaufhemmungen des § 171 AO zu beachten.

13   Soweit die Veranlagung der betroffenen Wirtschaftsjahre bestandskräftig sind, ist eine Änderung ausschließlich i.R.d. Korrekturvorschriften der §§ 173 ff. AO möglich.

Als einschlägige Korrekturvorschriften kommen insb. §§ 173 und 175 AO in Betracht.

14   Gem. § 173 Abs. 1 Nr. 1 AO ist die Steuerfestsetzung zwingend zu ändern, soweit der Finanzverwaltung neue im Zeitpunkt der Steuerfestsetzung unbekannte Tatsachen oder Beweismittel bekannt werden, die zu einer höheren Steuer führen.

Soweit die neuen Tatsachen oder Beweismittel zu einer niedrigeren Steuer führen, ist eine Änderung nach § 173 Abs. 1 Nr. 2 AO nur möglich, wenn den Steuerpflichtigen kein zumindest grobes Verschulden daran trifft, dass die Tatsachen oder Beweismittel erst nachträglich der Finanzverwaltung bekannt geworden sind. Das Verschulden ist unbeachtlich, wenn die Tatsachen oder Beweismittel in einem unmittelbaren oder mittelbaren Zusammenhang mit den steuererhöhenden Tatsachen oder Beweismittel stehen.

15   Die falsche Bilanzierung selbst stellt keine Tatsache i.S.d. § 173 AO dar, sondern ist als Schlussfolgerung aus einer Tatsache oder einem Beweismittel zu verstehen (TK/Loose § 173 Rn. 101). Tatsachen sind die konkreten Lebenssachverhalte, die zu einer bestimmten Bilanzierung führen. Folglich kommt es für eine Aufhebung oder Änderung auf Grundlage des § 173 AO darauf an, ob der Finanzverwaltung nachträglich ein zu bilanzierender oder anders zu bilanzierender Sachverhalt bekannt wird. Die Bilanzberichtigung selbst ist für § 173 AO bedeutungslos. Die Bilanz ist Beweismittel, das aber im Fall der Bilanzberichtigung nicht nur nachträglich bekannt geworden, sondern auch nachträglich entstanden ist. Folglich ist § 173 AO auch in insoweit nicht einschlägig (TK/Loose § 173 Rn. 101). Dasselbe gilt auch für die Bilanzänderung nach § 4 Abs. 2 Satz 2 EStG.

16   Wird eine Bilanz rückwirkend für ein früheres Jahr geändert, so kann dies Auswirkungen auf die Veranlagungen der Folgejahre haben. In diesen Fällen werden die Folgejahre ebenfalls geändert. Im Fall der bestandskräftigen Veranlagung der Folgejahre erfolgt die Berichtigung nach § 175 Abs. 1 Nr. 2 AO (BFH, BStBl. II 2005, S. 809).

17   Des Weiteren ist die Änderungsvorschrift des § 177 AO zu beachten. Danach können im Fall der Änderung der Steuerfestsetzung zuungunsten des Steuerpflichtigen auch die Änderungen zugunsten des Steuerpflichtigen dann vorgenommen werden, wenn diese Änderungen nach anderen Änderungsvorschriften nicht möglich sind.

Somit können die bei der Steuerfestsetzung nicht berücksichtigten günstigen Tatsachen nach § 177 AO zu berücksichtigen sein, auch wenn sie zu keiner Änderung nach § 173 führen (BFH, BStBl. II 1987, S. 297). Auf ein Verschulden kommt es ebenso wenig an wie darauf, dass der Steueranspruch insoweit verjährt ist (BFH, BStBl. II 1992, S. 504). Eine Berichtigung eines materiellen Fehlers nach § 177 AO ist deshalb auch dann zulässig und geboten, wenn eine isolierte Änderung dieses Fehlers wegen Ablaufs der Festsetzungsfrist nicht möglich wäre.

Die Möglichkeit der Berichtigung materieller Fehler ist bei jeder Aufhebung oder Änderung eines Steuerbescheids zu prüfen. Materielle Fehler sind zu berichtigen, soweit die Voraussetzungen für die Aufhebung oder Änderung eines Steuerbescheids zuungunsten (§ 177 Abs. 1 AO) oder zugunsten des Steuerpflichtigen (§ 177 Abs. 2 AO) vorliegen; die Voraussetzungen des § 177 Abs. 1 und 2 AO können auch nebeneinander vorliegen. Materielle Fehler dürfen nur innerhalb des Änderungsrahmens berichtigt, d.h. gegengerechnet werden. Liegen sowohl die Voraussetzungen für Änderungen zugunsten des Steuerpflichtigen als auch solche zu dessen Ungunsten vor, sind die oberen und unteren Grenzen der Fehlerberichtigung jeweils getrennt voneinander zu ermitteln (BFH, BStBl. II 1994, S. 77). Eine Saldierung der Änderungstatbestände zuungunsten und zugunsten des Steuerpflichtigen ist deshalb nicht zulässig (Saldierungsverbot).

Nach der bestandskräftigen Festsetzung des zu berichtigenden Zeitraums ist eine Berichtigung von **18** Bilanzierungsansätzen nur im Rahmen einer Berichtigung der Veranlagung möglich (BFH, BStBl. II 1989, S. 407). Nach Ablauf der Festsetzungsverjährungsfrist i.S.d. § 169 Abs. 1 AO ist eine Berichtigung weder zugunsten noch zuungunsten des Steuerpflichtigen möglich.

III. Einzelfälle

Die praktische Umsetzung der Bilanzberichtigung soll anhand der folgenden Beispiele für **19** Abschreibungen und für vertragliche Ansprüche bzw. Schadensersatzansprüche dargestellt werden.

1. Abschreibungen

a) Unterlassene AfA

Die Grundsätze des Bilanzzusammenhangs gelten uneingeschränkt, wenn der Steuerpflichtige AfA **20** für ein bilanziertes Wirtschaftsgut nicht in Anspruch nimmt. Hier ist die Zweischneidigkeit der Bilanz in vollem Umfang gegeben. Der Steuerpflichtige kann die AfA über die Fortführung des ungekürzten Buchwertes nach allgemeinen Grundsätzen nachholen. Nur soweit der Steuerpflichtige die AfA willkürlich (d.h. bewusst rechtswidrig) unterlassen hat, um steuerliche Vorteile zu erlangen, kann er sich nach Treu und Glauben nicht auf den Bilanzzusammenhang berufen. Die Gewinnermittlung der Folgejahre wird dann ein um die mögliche AfA gekürzter, fiktiver Restbuchwert zugrunde gelegt. Die unterlassene AfA ist dann verloren (BFH, BStBl. II 1994, S. 638; Schmidt/*Heinicke* EStG § 4 Rn. 736).

b) Zu niedrige AfA

Die rechtliche Beurteilung ist ähnlich, wenn der Steuerpflichtige zu wenig AfA geltend gemacht **21** hat. War der AfA-Satz zu niedrig, ist der tatsächlich gebuchte Restwert auf die Restnutzungsdauer abzusetzen (BFH, BStBl. II 1981, S. 255). War die Bemessungsgrundlage zu niedrig, ist an den um die tatsächlich vorgenommene AfA gekürzten richtigen Wert anzuknüpfen. Auch hier können Grundsätze nach Treu und Glaube Anwendung finden.

c) Zu hohe AfA

Hat der Steuerpflichtige auf den richtigen Buchwert überhöhte AfA vorgenommen und lässt sich **22** dieser Fehler nicht rückwirkend korrigieren, ist der AfA-Satz ab dem ersten offenen Veranlagungszeitraum herabzusetzen. Es wird der tatsächlich gebuchte Restwert fortgeführt mit der Folge des Ausgleichs der überhöhten AfA durch höhere Gewinnrealisierung im Fall der Veräußerung oder Entnahme des Wirtschaftsguts. Die nachfolgenden AfA bemessen sich nach allgemeinen Grundsätzen.

2. Verbindlichkeiten aufgrund vertraglicher oder gesetzlicher Schadensersatzansprüche

23   Handelsrechtlich besteht ein Bilanzierungsgebot für alle Verbindlichkeiten, die betrieblich veranlasst und dem Grund und der Höhe nach rechtlich und wirtschaftlich entstanden sind, soweit kein Bilanzierungsverbot (Verpflichtung aus schwebenden Geschäften etc.) besteht. Dieses Prinzip aus der Handelbilanz war bis zur Änderung durch das BilMoG aufgrund der Maßgeblichkeit der Handelsbilanz für die Steuerbilanz gem. § 5 Abs. 1 Satz 2 EStG auch in der Steuerbilanz umzusetzen. Schulden i.S.d. Bilanzrechts und damit Verbindlichkeiten sind anzunehmen, wenn die folgenden drei Merkmale erfüllt sind:

– Leistungszwang ggü. einem Anderen (Außenverpflichtung),
– wirtschaftliche Belastung,
– Wahrscheinlichkeit der Inanspruchnahme.

Für die Frage, ob der Ausweis einer Verbindlichkeit in der Bilanz zu erfolgen hat, ist primär die wirtschaftliche Betrachtungsweise maßgebend. Dabei darf grds. eine rechtlich bestehende Verbindlichkeit in der Bilanz nicht unter dem Hinweis auf das Fehlen einer wirtschaftlichen Belastung außer Betracht bleiben (vergleiche hierzu Hachenburg-Gördeler/*Müller*, GmbHG, § 42 Rn. 57; *Winnefeld*, Bilanzhandbuch D, Rn. 1424; ADS § 246 Rn. 110). Nur wenn es an der Gewissheit über den Grund und/oder die Höhe einer Verbindlichkeit fehlt, kann eine Rückstellung für ungewisse Verbindlichkeiten gebildet werden.

Ein Leistungszwang ggü. einem Dritten kann aufgrund schuldrechtlicher Beziehungen oder aufgrund eines faktischen Zwangs bestehen. Die rechtliche Begründung der Verbindlichkeit kann sich aus Zivilrecht (gesetzliche oder rechtsgeschäftliche Schuldverhältnisse) oder aus öffentlichem Recht ergeben.

Eine wirtschaftliche Belastung ist dann gegeben, wenn die Verpflichtung bereits vor dem Stichtag rechtlich entstanden ist.

24   Im Hinblick auf das Vollständigkeits- und Vorsichtsprinzip kann nur in eng begrenzten Ausnahmefällen von einem Passivierungsgebot abgewichen werden. Eine Passivierung kann daher nur unterbleiben, wenn mit einer Inanspruchnahme durch den Gläubiger mit an Sicherheit grenzender Wahrscheinlichkeit nicht oder nicht mehr zu rechnen ist, sodass die bestehenden rechtlichen Verpflichtungen für den Steuerpflichtigen keine wirtschaftliche Bedeutung mehr hat (vgl. BFH, BStBl. II 1989, S. 359, 361; BFH, 12.12.1990, BStBl. II 1991, S. 479, 481; *Lademann*, § 5 EStG Rn. 1124; *Kirchhof*, EStG, § 5 Rn. 108). Steht aufgrund der konkreten objektiven Umstände des Einzelfalls fest, dass einzelne Verbindlichkeiten mit Sicherheit nicht erfüllt werden müssen, so führt dies nach den Grundsätzen ordnungsgemäßer Buchführung zu einem Bilanzierungsverbot.

25   Nach höchstrichterlicher Rechtsprechung sind generell Verbindlichkeiten mit ihrer Entstehung im Hinblick auf das Vollständigkeits- und Vorsichtsprinzip zu passivieren. Eine Ausnahme hierzu lässt die Rechtsprechung nur bei deliktischen Schadensersatzverpflichtungen zu. Hierzu hat der BFH festgestellt, dass Schadensersatzverpflichtungen dann passiviert werden dürfen, wenn nach den Verhältnissen am Bilanzstichtag und unter Berücksichtigung wertaufhellender Umstände bis zur Bilanzaufstellung ernsthaft mit der Tatentdeckung zu rechnen ist, sodass der geschädigte Gläubiger von Tat und Täter Kenntnis erlangt hat oder erlangen wird. Solange der Steuerpflichtige davon ausgehen kann, dass er unentdeckt bleibt, ist die entstandene Verpflichtung nicht wirtschaftlich belastend (BFH, 03.07.1991, BStBl. II 1991, S. 802).

Bei vertraglichen Ansprüchen ist dagegen die Kenntnis des Gläubigers von der ihm zustehenden Forderung nicht Voraussetzung für die Passivierung in der Bilanz des Schuldners (vgl. BFH, BStBl. II 1991, S. 479; BFH, BStBl. II 1993, S. 891; *Kirchhof*, EStG, § 5 Rn. 108; H/H/R, § 5 Rn. 482 ff.). Ein Verzicht auf Passivierung ist bei vertraglichen Ansprüchen nur dann denkbar, wenn nicht einmal mehr eine geringfügige Wahrscheinlichkeit dafür spricht, dass eine Inanspruchnahme erfolgen wird (BFH, BStBl. II 1989, S. 359; BFH, BStBl. II 1991, S. 479; BFH, NV 1992, 741; Beckścher Bilanzkommentar, § 247 Rn. 207).

Bisher nicht vom BFH entschieden wurde der Fall, dass gegen den Schädiger sowohl vertragliche als auch deliktische Ansprüche bestehen. Da es bei den vertraglichen Ansprüchen auf die Kenntnis des Gläubigers nicht ankommt, wäre eine Verbindlichkeit zu passivieren, bei den deliktischen Ansprüchen dagegen nicht.

C. Voraussetzungen einer Bilanzänderung nach § 4 Abs. 2 Satz 2 EStG

Eine Bilanzänderung liegt vor, wenn ein handels- und steuerrechtlich zulässiger Bilanzansatz durch   26
einen anderen handelsrechtlichen oder steuerrechtlichen ebenfalls zulässigen Ansatz ersetzt wird
(BFH, BStBl. II 90, S. 195). Die Bilanzänderung ersetzt mithin die Möglichkeit eines Austausches
zulässiger Werte, d.h. das Vorhandensein handels- und steuerrechtlicher Wahlrechte, voraus. Zwar
bedeutet eine Bilanzänderung, dass einem verwirklichten Sachverhalt innerhalb des gesetzlich
zulässigen Rahmens rückwirkend andere steuerlichen Rechtsfolgen zugeordnet werden. Die
Bilanzänderung ist jedoch kein Rechtsinstitut, mittels dessen das der Besteuerung zugrunde
gelegte tatsächliche Geschehen rückgängig gemacht oder beseitigt werden kann (BFH,
BStBl. III 1954, S. 4; Blümich/*Wied*, EStG, § 4 Rn. 1029). Aus diesem Grunde sind die tatsächlichen Geschäftsvorfälle wie Entnahmen, Einlagen oder die Erfassung von Einnahmen und Ausgaben als solche einer Bilanzänderung nach § 4 Abs. 2 Satz 2 EStG nicht zugänglich. Damit kann
die Korrektur der im Zuge einer Steuer- oder Wirtschaftsstraftat unterlassener Ansätze begrifflich
nicht als Bilanzänderung nach § 4 Abs. 2 Satz 2 EStG gestaltet werden.

Stichwortverzeichnis

Fett gesetzte Zahlen verweisen auf Paragrafen/Teil und Kapitel.

Gewöhnlich gesetzte Zahlen verweisen auf Randnummern.

Stichwortverzeichnis